# DICTIONNAIRE

# LAROUSSE

## Poche 2024



LAROUSSE
DICTIONNAIRES

21, rue du Montparnasse 75283 Paris Cedex 06

ISBN 978-2-03-602990-3/978-2-03-602991-0
Larousse 2023 / Paris, France

# SOMMAIRE

# LES RECTIFICATIONS DE L'ORTHOGRAPHE

# Les rectifications de l'orthographe

Les mots suivants ont fait l'objet de rectifications adoptées en 1990 par le Conseil supérieur de la langue française et approuvées par l'Académie française ; elles ont donné lieu à des décrets publiés au *Journal officiel*. Ces unifications, simplifications et modifications modérées de l'orthographe présentées ci-dessous n'impliquent pas que les graphies anciennes puissent être tenues pour fautives.

## A

**abat-jour** nm, des abat-jours
**abime** nm
**abimer** v
**abrègement** nm
**abréger** v, il abrègera, il abrègerait
**absoudre** v, absout, absoute pp
**à capella** loc adj, loc adv
**accéder** v, il accèdera, il accèderait
**accélérer** v, il accélèrera, il accélèrerait
**accroche-cœur** nm, des accroche-cœurs
**accroitre** v, il accroit, il accroitra, il accroitrait
**à contrario** loc adv
**acuponcteur, trice** n
**acuponcture** nf
**adagio** nm, des adagios
**addenda** nm, des addendas
**adhérer** v, il adhèrera, il adhèrerait
**adultérer** v, il adultèrera, il adultèrerait
**aérer** v, il aèrera, il aèrerait
**aéroclub** nm
**affèterie** nf
**affréter** v, il affrètera, il affrèterait
**affut** nm
**affutage** nm
**affuter** v
**à fortiori** loc adv
**agglomérer** v, il agglomèrera, il agglomèrerait
**agréger** v, il agrègera, il agrègerait
**agroalimentaire** adj, nm
**aide-mémoire** nm, des aide-mémoires
**aigu, aigüe** adj
**aiguiller** nm
**aimer** v, aimè-je
**ainé, ée** adj, n
**ainesse** nf
**aléser** v, il alèsera, il alèserait
**aliéner** v, il aliènera, il aliènerait
**allécher** v, il allèchera, il allècherait
**allègement** nm
**alléger** v, il allègera, il allègerait
**allègrement** adv
**allégro** adv, nm, des allégros
**alléguer** v, il allèguera, il allèguerait
**allo** interj
**allume-cigare** nm, des allume-cigares
**allume-feu** nm, des allume-feux
**alpha** nm, des alphas
**altérer** v, il altèrera, il altèrerait
**ambigu, ambigüe** adj
**ambigüité** nf
**amoncèlement** nm
**amonceler** v, il amoncèle, il amoncèlera, il amoncèlerait
**ampèreheure** nm, des ampèreheures
**amuse-gueule** nm, des amuse-gueules
**angstrœm** nm
**aout** nm
**aoutat** nm
**aoutien, enne** n
**à-pic** nm, des à-pics
**à postériori** loc adv
**apparaitre** v, il apparait, il apparaitra, il apparaitrait
**apparatchik** nm, des apparatchiks
**appâts** nm, pl, anciennement appas
**appuie-tête** nm, des appuie-têtes
**après-midi** n, des après-midis
**après-rasage** nm, des après-rasages
**après-ski** nm, des après-skis
**après-vente** adj, après-ventes
**à priori** loc adv
**apriori** nm, des aprioris
**aquavit** nm
**arcboutant** nm, des arcboutants
**arcbouter** arcbouter (s'), v
**argüer** v
**arpéger** v, il arpègera, il arpègerait
**arrière-gout** nm
**artéfact** nm
**ashkénaze** n, des ashkénazes
**assèchement** nm
**assécher** v, il assèchera, il assècherait
**asséner** v, il assènera, il assènerait
**assidument** adv
**assiéger** v, il assiègera, il asssiègerait
**assoir** v, anciennement asseoir
**asti** nm, des astis
**atteler** v, il attèle, il attèlera, il attèlerait
**attrape-nigaud** nm, des attrape-nigauds
**audimat** nm, des audimats
**audiovisuel** nm
**audiovisuel, elle** adj
**auroch** nm, des aurochs
**autocouchette** nf

**autoécole** nf
**autostop** nm
**autostoppeur, euse** n
**autovaccin** nm
**avant-gout** nm
**avérer (s')** v, il s'avèrera, il s'avèrerait
**avoir** v, eussè-je

# B

**babyboum** nm
**babyfoot** nm, des babyfoots
**babysitteur** n
**babysitting** nm
**bakchich** nm, des bakchichs
**ballotage** nm
**ballotement** nm
**balloter** v
**balltrap** nm
**banqueter** v, il banquète, il banquètera, il banquèterait
**baréter** v, il barètera, il barèterait
**barman** nm, des barmans
**baseball** nm
**basfond** nm
**basketball** nm
**bassecour** nf, des bassecours
**bassefosse** nf
**bat-flanc** nm, des bat-flancs
**becqueter** v, il becquète, il becquètera, il becquèterait, DI ou bèqueter v, il béquète, il béquètera, il béquèterait
**belcanto** nm, des belcantos
**bélitre** nm
**bélouga**
**benoit, oite** adj
**benoitement** adv
**bésicles** nf pl
**bestseller** nm
**bêta** nm, des bêtas
**bienaimé, ée** adj, n
**bienêtre** nm
**bienfondé** nm
**bienfonds** nm
**bienpensant, ante** adj, n
**biodiésel** nm
**bizut** nm
**blabla, blablabla** nm
**blackout** nm, des blackouts
**blasphémer** v, il blasphèmera, il blasphèmerait
**body** nm, des bodys
**bogie** nm
**boite** nf
**boitier** nm
**bolchévique** adj, n
**bonhommie** nf
**bonnèterie** nf
**bookmakeur** n
**bortch** nm
**bossanova** nf, des bossanovas
**bosseler** v, il bossèle, il bossèlera, il bossèlerait
**bouiboui** nm, des bouibouis
**boum** nm, anciennement boom
**boursoufflage** nm
**boursoufflé, ée** adj
**boursoufflement** nm
**boursouffler** v
**boursoufflure** nf
**boutentrain** nm, des boutentrains
**box** nm, des box
**boyscout** nm
**braintrust** nm
**branlebas** nm
**braséro** nm
**bravo** nm, des bravos
**breveter** v, il brevète, il brevètera, il brevèterait
**briquèterie** nf
**brise-glace** nm, des brise-glaces
**brise-jet** nm, des brise-jets
**brise-lame** nm, des brise-lames
**brise-motte** nm, des brise-mottes
**brisetout** nm, des brisetouts
**bronchopneumonie** nf
**brulage** nm
**brulant, ante** adj
**brulé** nm
**brulé, ée** adj
**brule-parfum** nm, des brule-parfums
**brule-pourpoint (à)** loc adv
**bruler** v
**brulerie** nf
**bruleur** nm
**brulis** nm
**bruloir** nm
**brulot** nm
**brulure** nf
**buche** nf
**bucher** nm
**bucher** v
**bucheron, onne** n
**buchette** nf
**bucheur, euse** n
**bulldozeur** nm

# C

**cacahouète** nf
**cachecache** nm, des cachecaches
**cache-col** nm, des cache-cols
**cache-pot** nm, des cache-pots
**cache-prise** nm, des cache-prises
**cache-sexe** nm, des cache-sexes
**cacheter** v, il cachète, il cachètera, il cachèterait
**cachoterie** nf
**cachotier, ère** n
**cafétéria** nf, des cafétérias
**cahincaha** adv
**cahutte** nf
**cale-pied** nm, des cale-pieds
**callgirl** nf
**caméraman** nm, des caméramans
**canada** nf, des canadas
**cannelloni** nm, des cannellonis
**canyon** nm
**caqueter** v, il caquète, il caquètera, il caquèterait
**cardiovasculaire** adj
**caréner** v, il carènera, il carènerait
**carreler** v, il carrèle, il carrèlera, il carrèlerait
**casse-cou** nm, des casse-cous
**casse-croute** nm, des casse-croutes
**casse-gueule** adj, n, des casse-gueules
**casse-noisette** nm, des casse-noisettes

**casse-pied** adj, n, des casse-pieds
**casse-tête** nm, des casse-têtes
**céder** v, il cèdera, il cèderait
**célébrer** v, il célèbrera, il célèbrerait
**cèleri** nm
**céphalorachidien, enne** adj
**cérébrospinal, ale** adj
**chah** «ancien souverain d'Iran» nm
**chaine** nf
**chainette** nf
**chainon** nm
**chalenge** nm
**chanceler** v, il chancèle, il chancèlera, il chancèlerait
**charriot** nm
**chasse-neige** nm, des chasse-neiges
**chauffe-assiette** nm, des chauffe-assiettes
**chauffe-biberon** nm, des chauffe-biberons
**chauffe-eau** nm, des chauffe-eaux
**chauffe-plat** nm, des chauffe-plats
**chaussepied** nm
**chaussetrappe** nf
**chauvesouris** nf
**chéchia** nf
**checkup** nm, des checkups
**cherry** nm, des cherrys
**chichekébab** nm, des chichekébabs
**chistéra** n
**chlamydia** nf, des chlamydias
**chlinguer** v
**chowchow** nm, des chowchows
**chronométrer** v, il chronomètrera, il chronomètrerait
**cicérone** n
**ci-git** loc verbale
**cigüe** nf
**cinéclub** nm
**ciseler** v, il cisèle, il cisèlera, il cisèlerait
**cleptomane** adj, n
**cleptomanie** nf
**cliquètement** nm
**cliqueter** il cliquète, il cliquètera, il cliquèterait
**clochepied (à)** loc adv
**cloitre** nm
**cloitrer** v
**clopinclopant** adv
**cogérer** v, il cogèrera, il cogèrerait
**colleter (se)** v, il se collète, il se collètera, il se collèterait
**columbarium** nm, des columbariums
**combattif, ive** adj
**combattivité** nf
**comparaitre** v, il comparait, il comparaitra, il comparaitrait
**complaire** v, il complait
**complètement** nm
**compléter** v, il complètera, il complèterait
**compte-goutte** nm, des compte-gouttes
**compte-tour** nm, des compte-tours
**concéder** v, il concèdera, il concèderait
**concélébrer** v, il concélèbrera, il concélèbrerait
**condottière** nm, des condottières
**conférer** v, il confèrera, il confèrerait
**conglomérer** v, il conglomèrera, il conglomèrerait
**connaitre** v, il connait, il connaitra, il connaitrait
**conquistador** nm, des conquistadors
**considérer** v, il considèrera, il considèrerait
**contigu, contigüe** adj
**contigüité** nf
**continument** adv
**contrallée** nf
**contramiral, ale** n
**contrattaque** nf
**contrattaquer** v
**contrechant** nm
**contrecourant** nm
**contrécrou** nm
**contreculture** nf
**contrefeu** nm
**contrefilet** nm
**contrehaut (en)** loc adv
**contrejour** nm
**contremaitre** n
**contremanifestant, ante** n
**contremanifestation** nf
**contremesure** nf
**contremploi** nm
**contrenquête** nf
**contreperformance** nf
**contrepied** nm
**contreplaqué** nm
**contreplongée** nf
**contrepoint** nm
**contrepouvoir** nm
**contrépreuve** nf
**contreprojet** nm
**contreproposition** nf
**contrepublicité** nf
**contrerévolution** nf
**contrerévolutionnaire** adj
**contrespionnage** nm
**contreterrorisme** nm
**contretorpilleur** nm
**contrevérité** nf
**contrevisite** nf
**contrexemple** nm
**contrexpertise** nf
**contrindication** nf
**contrindiqué, ée** adj
**contrinterrogatoire** nm
**controffensive** nf
**coopérer** v, il coopèrera, il coopèrerait
**cornflake** nm, des cornflakes
**corolaire** adj, nm
**corole** nf
**coucicouça** adv
**cougouar** nm
**coupe-chou** nm, des coupe-choux
**coupe-circuit** nm, des coupe-circuits
**coupecoupe** nm, des coupecoupes
**coupe-faim** nm, des coupe-faims
**coupe-feu** nm, des coupe-feux
**coupe-file** nm, des coupe-files
**coupe-gorge** nm, des coupe-gorges
**coupe-ongle** nm, des coupe-ongles
**coupe-papier** nm, des coupe-papiers
**coupe-vent** nm, des coupe-vents
**cout** nm
**coutant, ante** adj

**couter** v
**couteux, euse** adj
**couvrepied** nm,
des couvrepieds
**covergirl** nf
**cowboy** nm
**craquètement** nm
**craqueter** v, il craquète,
il craquètera,
il craquèterait
**crècerelle** nf
**crécher** v, il crèchera,
il crècherait
**crédo** nm, des crédos
**crèmerie** nf
**crènelé, ée** adj
**crèneler** v, il crénèle,
il crénèlera,
il crénèlerait
**crescendo** nm,
des crescendos
**crève-cœur** nm,
des crève-cœurs
**cricri** nm, des cricris
**critérium** nm,
des critériums
**crochepied** nm
**crocheter** v, il crochète,
il crochètera,
il crochèterait
**croitre** v, il croitra,
il croitrait
**croquemadame** nm,
des croquemadames
**croquemitaine** nm
**croquemonsieur** nm,
des croquemonsieurs
**croquemort** nm
**crosscountry** nm,
des crosscountrys
**croute** nf
**crouton** nm
**crument** adv
**cuisseau** nm,
anciennement cuissot
**cure-dent** nm,
des cure-dents
**cure-ongle** nm,
des cure-ongles
**cure-pipe** nm,
des cure-pipes
**cureter** v, il curète,
il curètera, il curèterait
**curriculum** nm,
des curriculums
**curriculum vitæ** nm,
des curriculums vitæ
**cutiréaction** nf
**cutteur** nm
**cyclocross** nm

# D

**dandy** nm, des dandys
**daredare** loc adv
**dealeur, euse** n
**déblatérer** v, il déblatèrera,
il déblatèrerait
**déboitement** nm
**déboiter** v
**décacheter** v, il décachète,
il décachètera,
il décachèterait
**décéder** v, il décèdera,
il décèderait
**décélérer** v, il décélèrera,
il décélèrerait
**déchainé, ée** adj
**déchainement** nm
**déchainer** v
**déchèterie** nf
**déchiqueter** v,
il déchiquète,
il déchiquètera,
il déchiquèterait
**décolérer** v, il décolèrera,
il décolèrerait
**décolleter** v, il décollète,
il décollètera,
il décollèterait
**déconsidérer** v,
il déconsidèrera,
il déconsidèrerait
**décrescendo** adv, nm,
des décrescendos
**décréter** v, il décrètera,
il décrèterait
**décroitre** v, il décroit,
il décroitra, il décroitrait
**déféquer** v, il défèquera,
il défèquerait
**déférer** v, il défèrera,
il défèrerait
**déficeler** v, il déficèle,
il déficèlera,
il déficèlerait
**défraichir** v
**dégénérer** v, il dégènerera,
il dégénèrerait
**dégoter** v
**dégout** nm
**dégoutant, ante** adj
**dégouté, ée** adj
**dégouter** v
**déléatur** nm, des déléaturs
**déléguer** v, il délèguera,
il délèguerait
**délibérer** v, il délibèrera,
il délibèrerait
**délirium trémens** nm,
des déliriums trémens
**delta** «lettre» nm,
des deltas
**démiurge** nm
**démoucheter** v,
il démouchète,
il démouchètera,
il démouchèterait
**démuseler** v, il démusèle,
il démusèlera,
il démusèlerait
**déniveler** v, il dénivèle,
il dénivèlera,
il dénivèlerait
**denteler** v, il dentèle,
il dentèlera,
il dentèlerait
**dentelier, ère** adj
**dépaqueter** v,
il dépaquète,
il dépaquètera,
il dépaquèterait
**déplaire** v, il déplait
**déposséder** v,
il dépossèdera,
il dépossèderait
**dépoussiérer** v,
il dépoussièrera,
il dépoussièrerait
**dépuceler** v, il dépucèle,
il dépucèlera,
il dépucèlerait
**dérèglementation** nf
**dérèglementer** v
**dérégler** v, il dérèglera,
il dérèglerait
**désagréger** v,
il désagrègera,
il désagrègerait
**désaltérer** v, il désaltèrera,
il désaltèrerait
**désenchainer** v
**désensorceler** v,
il désensorcèle,
il désensorcèlera,
il désensorcèlerait
**désespérer** v,
il désespèrera,
il désespèrerait
**désidérata** nm,
des désidératas
**désintégrer** v,
il désintègrera,
il désintègrerait
**despérado** nm,
des despérados
**dessécher** v, il dessèchera,
il dessècherait
**dessouler** v
**dételer** v, il détèle,
il dètèlera, il dètèlerait

**devoir** v, dussè-je
**dictat** nm
**diésel** nm
**différer** v, il diffèrera, il diffèrerait
**digérer** v, il digèrera, il digèrerait
**dime** nf
**diner** nm
**diner** v
**dinette** nf
**dineur, euse** nf
**dinghie** nm, des dinghies
**disparaitre** v, il disparait, il disparaitra, il disparaitrait
**disséquer** v, il dissèquera, il dissèquerait
**dissoudre** v, dissout, dissoute pp
**djébel** nm, des djébels
**donjuan** nm, des donjuans
**douçâtre** adj
**dument** adv
**duodénum** nm, des duodénums
**duplicata** nm, des duplicatas
**durite** nf
**dynamoélectrique** adj

# E

**ébrécher** v, il ébrèchera, il ébrècherait
**écrémer** v, il écrèmera, il écrèmerait
**édelweiss** nm
**égo** nm, des égos
**électroacoustique** nf
**électroaimant** nm
**électroencéphalogramme** nm
**emboitage** nm
**emboitement** nm
**emboiter** v
**embuche** nf
**empaqueter** v, il empaquète, il empaquètera, il empaquèterait
**empiètement** nm
**empiéter** v, il empiètera, il empièterait
**emporte-pièce** nm, des emporte-pièces
**encas** nm
**enchainement** nm
**enchainer** v
**encroutement** nm
**encrouter** v
**enfiévrer** v, il enfièvrera, il enfièvrerait
**ensorcèlement** nm
**ensorceler** v, il ensorcèle, il ensorcèlera, il ensorcèlerait
**entête** nm
**entrainant, ante** adj
**entrainement** nm
**entrainer** v
**entraineur, euse** n
**entraineuse** nf
**entrapercevoir** v
**entredéchirer (s')** v
**entredeux** nm
**entredévorer (s')** v
**entrejambe** nm, des entrejambes
**entretemps** adv, nm
**entretuer (s')** v
**énumérer** v, il énumèrera, il énumèrerait
**envoutant, ante** adj
**envoutement** nm
**envouter** v
**épeler** v, il épèle, il épèlera, il épèlerait
**épitre** nf
**épousseter** v, il époussète, il époussètera, il époussèterait
**epsilon** nm, des epsilons
**erg** nm, des ergs
**erratum** nm, des erratums
**espérer** v, il espèrera, il espèrerait
**essuie-glace** nm, des essuie-glaces
**essuie-main** nm, des essuie-mains
**essuietout** nm, de essuietouts
**êta** nm, des êtas
**etcétéra** nm, des etcétéras
**étincèlement** nm
**étinceler** v, il étincèle, il étincèlera, il étincèlerait
**étiqueter** v, il étiquète, il étiquètera, il étiquèterait
**étouffe-chrétien** nm, des étouffe-chrétiens
**évènement** nm
**évènementiel, elle** adj
**exagérer** v, il exagèrera, il exagèrerait
**exaspérer** v, il exaspèrera, il exaspèrerait
**excéder** v, il excèdera, il excèderait
**excréter** v, il excrètera, il excrèterait
**exécrer** v, il exècrera, il exècrerait
**exéma** nm, anciennement eczéma
**exémateux, euse** adj, anciennement eczémateux
**exigu, exigüe** adj
**exigüité** nf
**exlibris** nm
**exonérer** v, il exonèrera, il exonèrerait
**extra** nm, des extras
**extrafin, ine** adj
**extrafort, te** adj, nm
**extralucide** adj
**extramuros** adj, adv
**extrasensoriel, elle** adj
**extraterrestre** adj, n
**exvoto** nm, des exvotos

# F G

**facsimilé** nm, des facsimilés
**faine** nf
**fairepart** nm, des faireparts
**fairplay** nm, des fairplays
**faitage** nm
**faite** nm
**faiteau** nm
**fastfood** nm
**fatma** nf, des fatmas
**favéla** nf, des favélas
**fayoter** v
**fédayin** nm, des fédayins
**fédérer** v, il fédèrera, il fédèrerait
**féérie** nf
**féérique** adj
**fellaga** nm, des fellagas
**ferry** nm, des ferrys
**ferryboat** nm
**feuilleter** v, il feuillète, il feuillètera, il feuillèterait
**ficeler** v, il ficèle, il ficèlera, il ficèlerait
**fiftyfifty** loc adv
**finish** nm, des finishs
**fiord** nm
**fioul** nm
**flash** nm, des flashs

**flashback** nm,
des flashbacks
**flécher** v, il flèchera,
il flècherait
**flute** nf
**flutiau** nm
**fluvioglaciaire** adj
**fortissimo** nm,
des fortissimos
**fourmilion** nm
**fourretout** nm,
des fourretouts
**foxtrot** nm, des foxtrots
**fraichement** adj
**fraicheur** nf
**fraichir** v
**frais, fraiche** adj
**freezeur** nm
**frésia** nm
**fréter** v, il frètera,
il frèterait
**fricfrac** nm, des fricfracs
**frisoter** v
**frisotis** nm
**froufrou** nm,
des froufrous
**fume-cigarette** nm,
des fume-cigarettes
**fumerole** nf
**fureter** v, il furète,
il furètera, il futèterait
**fuseler** v, il fusèle,
il fusèlera, il fusèlerait
**fut** nm

**gageüre** nf
**gagne-pain** nm,
des gagne-pains
**gagnepetit** nm,
des gagnepetits
**gaiment** adv
**gaité** nf
**galérer** v, il galèrera,
il galèrerait
**gamma** nm, des gammas
**gangréner** v,
il gangrène,
il gangrènera,
il gangrènerait
**gangréneux, euse** adj
**garde-barrière** n,
des garde-barrières
**garde-boue** nm,
des garde-boues
**garde-chasse** n,
des garde-chasses
**garde-chiourme** n,
des garde-chiourmes
**garde-côte** «agent» n,
des garde-côtes
**garde-côte** «bateau» nm,
des garde-côtes
**garde-feu** nm,
des garde-feux
**garde-fou** nm,
des garde-fous
**garde-malade** n,
des garde-malades
**garde-manger** nm,
des garde-mangers
**garde-meuble** nm,
des garde-meubles
**garden-partie** nf,
des garden-parties,
ou garden-party nf,
des garden-partys
**garde-pêche** «agent» n,
des garde-pêches
**garde-pêche** «bateau» nm,
des garde-pêches
**garde-voie** nm,
des garde-voies
**garrotage** nm
**garroter** v
**gasoil** nm
**gastroentérite** nf
**gastroentérologie** nf
**gastroentérologue** n
**gay** adj, gays
**gélinotte** nf
**générer** v,
il génèrera,
il génèrerait
**gentleman** nm,
des gentlemans
**gerbéra** nm
**gérer** v, il gèrera, il gèrerait
**gésir** v, il git
**girole** nf
**gite** nf
**gite** nm
**giter** v
**globetrotteur, euse** n
**gobe-mouche** nm,
des gobe-mouches
**golden** nf, des goldens
**goulache** n
**goulument** adv
**gourou** nm
**gout** nm
**gouter** v, nm
**gouteur, euse** n
**gouteux, euse** adj, n
**goy** nm, des goys
**graffiti** nm, des graffitis
**grainèterie** nf
**gratte-ciel** nm,
des gratte-ciels
**gratte-cul** nm,
des gratte-culs
**gratte-papier** nm,
des gratte-papiers
**grelotement** nm
**greloter** v
**greneler** v, il grenèle,
il grenèlera,
il grenèlerait
**grigri** nm, des grigris
**grille-pain** nm,
des grille-pains
**grizzli** nm, des grizzlis
**grole** nf
**grommèlement** nm
**grommeler** v, il grommèle,
il grommèlera,
il grommèlerait
**guérilléro** nm
**guibole** nf
**guilde** nf, anciennement
ghilde
**guiliguili** nm,
des guiliguilis

## H I

**hachich** nm
**haleter** v, il halète,
il halètera,
il halèterait
**handball** nm
**harakiri** nm
**harceler** v, il harcèle,
il harcèlera, il harcèlerait
**hautecontre** n,
des hautecontres
**hautefidélité** adj, nf
**hautparleur** nm,
des hautparleurs
**hébètement** nm
**héler** v, il hèlera, il hèlerait
**héroïcomique** adj
**hifi** adj, nf, des hifis
**hippie** adj, n, des hippies
ou hippy adj, n,
des hippys
**hobby** nm, des hobbys
**holdup** nm, des holdups
**homme-sandwich** nm,
des hommes-sandwichs
**hoqueter** v, il hoquète,
il hoquètera,
il hoquèterait
**hors-bord** nm,
des hord-bords
**hors-jeu** nm,
des hors-jeux
**hors-piste** nm,
des hors-pistes
**hors-texte** nm,
des hors-textes

**hotdog** nm, des hotdogs
**houligan, ane** n
**houliganisme** nm
**huitre** nf
**hydroélectricité** nf
**hydroélectrique** adj
**hypothéquer** v, il hypothèquera, il hypothèquerait

**iglou** nm
**ile** nf
**ilien, enne** adj
**ilot** nm
**ilotage** nm
**ilotier, ère** n
**imbécilité** nf
**impédimenta** nm, des impédimentas
**imprégner** v, il imprègnera, il imprègnerait
**imprésario** nm, des imprésarios
**imprimatur** nm, des imprimaturs
**in extrémis** loc adv
**incarcérer** v, il incarcèrera, il incarcèrerait
**incinérer** v, il incinèrera, il incinèrerait
**incongrument** adv
**indifférer** v, il indiffèrera, il indiffèrerait
**indument** adv
**inférer** v, il infèrera, il infèrerait
**infolio** nm, des infolios
**infrason** nm
**ingérer** v, il ingèrera, il ingèrerait
**inoctavo** nm, des inoctavos
**inquarto** nm, des inquartos
**inquiéter** v, il inquiètera, il inquièterait
**insérer** v, il insèrera, il insèrerait
**intégrer** v, il intègrera, il intègrerait
**intercéder** v, il intercèdera, il intercèderait
**interférer** v, il interfèrera, il interfèrerait
**interpeler** v, nous interpelons
**interpénétrer (s')** v, ils s'interpénètreront, ils s'interpénètreraient
**interpréter** v, il interprètera, il interprèterait
**intervieweur, euse** n
**intramuros** adj, adv
**intraveineuse** nf
**intraveineux, euse** adj
**invétérer** v, il invétèrera, il invétèrerait
**iota** nm, des iotas

# J K L

**jamborée** nm
**jazzman** nm, des jazzmans
**jean** nm, des jeans
**jeanfoutre** nm, des jeanfoutres
**jéjunum** nm
**jerricane** nm
**jeuner** v, il jeunera, il jeunerait
**jeuneur, euse** n
**jiujitsu** nm
**joailler, ère** n
**jukebox** nm, des jukebox
**jumeler** v, il jumèle, il jumèlera, il jumèlerait

**kan** «titre mongol» nm
**kappa** nm, des kappas
**kayak** nm, des kayaks
**kéfié** nm
**khi** nm, des khis
**kibboutz** nm, des kibboutz
**kifkif** adj
**kilométrer** v, il kilomètrera, il kilomètrerait
**kirch** nm
**kitch** adj, nm, des kitchs
**kolkhoze** nm, des kolkhozes

**lacérer** v, il lacèrera, il lacèrerait
**lambda** adj, nm, des lambdas
**lance-missile** nm, des lance-missiles
**lance-pierre** nm, des lance-pierres
**lance-roquette** nm, des lance-roquettes
**lance-torpille** nm, des lance-torpilles
**land** nm, des lands
**lapilli** nm, des lapillis
**largo** nm, des largos
**lasagne** nf, des lasagnes
**latifundium** nm, des latifundiums
**lave-linge** nm, des lave-linges
**lave-main** nm, des lave-mains
**lave-vaisselle** nm, des lave-vaisselles
**lazzi** nm, des lazzis
**lèche-botte** nm, des lèche-bottes
**lèche-cul** adj, n, des lèche-culs
**lécher** v, il lèchera, il lècherait
**lèche-vitrine** nm, des lèche-vitrines
**légiférer** v, il légifèrera, il légifèrerait
**léguer** v, il lèguera, il lèguerait
**leitmotiv** nm, des leitmotivs
**lento** nm, des lentos
**lèse-majesté** nf, des lèse-majestés
**léser** v, il lèsera, il lèserait
**lève-glace** nm, des lève-glaces
**levreau** nm, anciennement levraut
**libérer** v, il libèrera, il libèrerait
**lied** nm, des lieds
**lieudit** nm, des lieudits
**linoléum** nm, des linoléums
**litchi** nm
**lobby** nm, des lobbys
**lockout** nm, des lockouts
**lunch** nm, des lunchs
**lunetier, ère** n

# M

**macaroni** nm, des macaronis
**macérer** v, il macèrera, il macèrerait
**macroéconomie** nf
**mafia** nf
**mafioso** nm, des mafiosos
**maharadja** nm, des maharadjas
**mainforte** nf
**maitre, maitresse** n

**maitre-autel** nm
**maitre-chien** nm
**maitresse** nf
**maitrisable** adj
**maitrise** nf
**maitriser** v
**majong** nm, anciennement mah-jong
**malstrom** nm
**mamelouk** nm
**manageur, euse** n
**mangetout** nm, des mangetouts
**maniacodépressif, ive** adj
**maraicher, ère** adj, n
**marengo** nm, des marengos
**marijuana** nf
**mariole** adj, n
**markéting** nm
**marqueter** v, il marquète, il marquètera, il marquèterait
**marquèterie** nf
**martini** nm, des martinis
**mass média** nm, des mass médias
**match** nm, des matchs
**maximum** nm, des maximas
**méconnaitre** v
**média** nm, des médias
**médicolégal, ale** adj
**médicosocial, ale** adj
**méhari** nm, des méharis
**melba** adj, nf, des melbas
**mélimélo** nm, des mélimélos
**mémento** nm
**mémorandum** nm, des mémorandums
**métrer** v, il mètrera, il mètrerait
**mezzo-soprano** nm, des mezzo-sopranos
**microéconomie** nf
**microondes** «four» nm
**milkshake** nm, des milkshakes
**millefeuille** nm, des millefeuilles
**millepatte** nm, des millepattes
**millepertuis** nm
**minicassette** nf
**minichaine** nf
**minijupe** nf
**minimum** nm, des minimums
**miss** nf, des miss
**mixeur** nm
**modérato** adv, nm, des modératos
**modérer** v, il modèrera, il modèrerait
**monte-charge** nm, des monte-charges
**monte-plat** nm, des monte-plats
**morcèlement** nm
**morceler** v, il morcèle, il morcèlera, il morcèlerait
**morigéner** v, il morigènera, il morigènerait
**motocross** nm, des motocross
**moucharabié** nm
**mout** nm
**mouvoir** v, mu pp
**mu** «lettre» nm, des mus
**mu** pp, voir mouvoir
**muezzine** nm
**muléta** nf
**mûr** adj, mure, murs, mures
**mure** nf
**murement** adv
**murier** nm
**murir** v
**murissage** nm
**murissant, ante** adj
**murissement** nm
**murisserie** nf
**musèlement** nm
**museler** v, il musèle, il musèlera, il musèlerait
**muserole** nf

# N O

**naitre** v, il nait, il naitra, il naitrait
**négrospiritual** nm
**nénufar** nm
**néocalédonien, enne** adj
**Néocalédonien, enne** n
**néoclassicisme** nm
**néoclassique** adj
**néocolonialisme** nm
**néocolonialiste** adj, n
**néolibéralisme** nm
**néonatal, ale** adj
**néoplatonicien, enne** adj, n
**néoplatonisme** nm
**néoréalisme** nm
**néoréaliste** adj
**néozélandais, aise** adj
**Néozélandais, aise** n
**neurovégétatif, ive** adj
**newlook** adj, nm, des newlooks
**nivèlement** nm
**niveler** v, il nivèle, il nivèlera, il nivèlerait
**noroit** nm
**nova** nf, des novas
**nu** «lettre» nm, des nus
**numérus clausus** nm
**nurserie** nf, des nurseries

**obérer** v, il obèrera, il obèrerait
**oblitérer** v, il oblitèrera, il oblitèrerait
**obséder** v, il obsèdera, il obsèderait
**obtempérer** v, il obtempèrera, il obtempèrerait
**off** adj, offs
**offset** nm, des offsets
**offshore** nm, des offshores
**ognon** nm
**oligoélément** nm
**omicron** nm, des omicrons
**open** adj, opens
**opérer** v, il opèrera, il opèrerait
**oppidum** nm, des oppidums
**optimum** nm, des optimums
**ostrogot, ote** adj, n
**otorhinolaryngologie** nf
**otorhinolaryngologiste** n
**oued** nm, des oueds
**oukase** nm
**ouléma** nm
**out** adj, outs
**ouvre-boite** nm, des ouvre-boites
**ouvre-bouteille** nm, des ouvre-bouteilles
**ouzbek** adj, n
**oxygéner** v, il oxygènera, il oxygènerait

# P

**paélia** nf
**pagaille** nf
**paitre** v, il pait, il paitra, il paitrait
**papèterie** nf
**parabellum** nm, des parabellums

**paraitre** v, il parait, il paraitra, il paraitrait
**pare-balle** nm, des pare-balles
**pare-brise** nm, des pare-brises
**pare-choc** nm, des pare-chocs
**pare-feu** nm, des pare-feux
**pare-soleil** nm, des pare-soleils
**parqueter** v, il parquète, il parquètera, il paquèterait
**passe-crassane** nf, passe-crassanes
**passe-droit** nm, des passe-droits
**passe-montagne** nm, des passe-montagnes
**passepartout** nm, des passepartouts
**passepasse** nm, des passepasses
**passe-plat** nm, des passe-plats
**passe-rose** nf, des passe-roses
**passetemps** nm
**pécher** «commettre une faute» v, il pèchera, il pècherait
**pédigrée** nm
**pêlemêle** adv
**pêlemêle** nm, des pêlemêles
**pelleter** v, il pellètera, il pellèterait
**pénalty** nm, des pénaltys
**pénétrer** v, il pénètrera, il pénètrerait
**perce-neige** n, des perce-neiges
**perce-oreille** nm, des perce-oreilles
**pérestroïka** nf
**perpétrer** v, il perpètrera, il perpètrerait
**persévérer** v, il persévèrera, il persévèrerait
**persifflage** nm
**persiffler** v
**persiffleur, euse** adj, n
**pèse-bébé** nm, des pèse-bébés
**pèse-lettre** nm, des pèse-lettres
**pèse-personne** nm, des pèse-personnes
**péséta** nm
**péso** nm
**péter** v, il pètera, il pèterait
**phénix** nm
**phi** «lettre» nm, des phis
**photoélectrique** adj
**photofinish** nf, des photofinishs
**phylloxéra** nm
**physicochimique** adj
**pi** «lettre» nm, des pis
**pianissimo** nm, des pianissimos
**pickup** nm, des pickups
**picolo** nm, des picolos
**piéger** v, il piègera, il piègerait
**piéta** nf, des piétas
**pingpong** nm, des pingpongs
**pinup** nf, des pinups
**pipeline** nm
**pique-assiette** nm, des pique-assiettes
**pique-feu** nm, des pique-feux
**pique-fleur** nm, des pique-fleurs
**piquenique** nm
**piqueniquer** v
**piqueter** v, il piquète, il piquètera, il piquèterait
**piqure** nf
**pissefroid** nm, des pissefroids
**pizzéria** nf
**pizzicato** nm, des pizzicatos
**placébo** nm
**plaire** v, il plait
**platebande** nf, des platebandes
**plateforme** nf, des plateformes
**playback** nm, des playbacks
**playboy** nm
**plénum** nm
**pogrome** nm
**pointeur** nm
**pommeler (se)** v, il se pommèle, il se pommèlera, il se pommèlerait
**pondérer** v, il pondèrera, il pondèrerait
**pop** adj, pops
**popcorn** nm, des popcorns
**porte-avion** nm, des porte-avions
**porte-bagage** nm, des porte-bagages
**porte-bébé** nm, des porte-bébés
**porte-billet** nm, des porte-billets
**porte-bonheur** nm, des porte-bonheurs
**porte-bouteille** nm, des porte-bouteilles
**porte-carte** nm, des porte-cartes
**porte-cigarette** nm, des porte-cigarettes
**porteclé** nm, des porteclés
**porte-couteau** nm, des porte-couteaux
**porte-document** nm, des porte-documents
**porte-drapeau** nm, des porte-drapeaux
**porte-greffe** nm, des porte-greffes
**porte-hélicoptère** nm, des porte-hélicoptères
**porte-jarretelle** nm, des porte-jarretelles
**porte-malheur** nm, des porte-malheurs
**portemanteau** nm, des portemanteaux
**portemine** nm, des portemines
**portemonnaie** nm, des portemonnaies
**porte-parapluie** nm, des porte-parapluies
**porte-parole** nm, des porte-paroles
**porteplume** nm, des porteplumes
**porte-revue** nm, des porte-revues
**porte-savon** nm, des porte-savons
**porte-serviette** nm, des porte-serviettes
**portevoix** nm
**posséder** v, il possèdera, il possèderait
**postnatal, ale** adj
**postscriptum** nm, des postscriptums
**potpourri** nm, des potpourris
**pouding** nm

**pourlécher (se)** v,
il se pourlèchera,
il se pourlècherait
**pousse-café** nm,
des pousse-cafés
**poussepousse** nm,
des poussepousses
**pouvoir** v,
puissè-je, pussè-je
**précéder** v, il précèdera,
il précèderait
**prêchiprêcha** nm,
des prêchiprêchas
**préélectoral, ale** adj
**préemballé, ée** adj
**préférer** v, il préfèrera,
il préfèrerait
**présidium** nm,
des présidiums
**presqu'ile** nf
**presse-citron** nm,
des presse-citrons
**presse-papier** nm,
des presse-papiers
**presse-purée** nm,
des presse-purées
**prestissimo** nm,
des prestissimos
**primadonna** nf,
des primadonnas
**procéder** v, il procèdera,
il procèderait
**proférer** v, il profèrera,
il profèrerait
**proliférer** v, il prolifèrera,
il prolifèrerait
**prorata** nm, des proratas
**proscénium** nm,
des proscéniums
**prospérer** v, il prospèrera,
il prospèrerait
**protège-dent** nm,
des protège-dents
**protéger** v, il protègera,
il protègerait
**prudhommal, ale** adj
**prudhomme** nm
**prunelier** nm
**psi** «lettre» nm, des psis
**puiné, ée** adj, n
**pulloveur** nm
**putsch** nm, des putschs
**quanta** nm, des quantas

# Q R

**quantum** nm,
des quantums
**quartier-maitre** n
**québécois, oise** adj, n
**quincailler, ère** n
**quotepart** nf

**rabat-joie** n,
des rabat-joies
**radiotaxi** nm
**rafraichir** v
**rafraichissant, ante** adj
**rafraichissement** nm
**ragout** nm
**ragoutant, ante** adj
**ramasse-miette** nm,
des ramasse-miettes
**ranch** nm, des ranchs
**rapiécer** v,
il rapiècera,
il rapiècerait
**rase-motte** nm,
des rase-mottes
**rasséréner** v,
il rassénèrera,
il rassénèrerait
**rassoir** v, anciennement
rasseoir
**râteler** v, il râtèle,
il râtèlera, il râtèlerait
**ravioli** nm, des raviolis
**réaléser** v, il réalèsera,
il réalèserait
**réapparaitre** v,
il réapparait,
il réapparaitra,
il réapparaitrait
**recéder** v, il recèdera,
il recèderait
**recéler** v, il recèlera,
il recèlerait
**recéleur, euse** n
**recomparaitre** v,
il recomparait,
il recomparaitra,
il recomparaitrait
**reconnaitre** v, il reconnait,
il reconnaitra,
il reconnaitrait
**reconsidérer** v,
il reconsidèrera,
il reconsidèrerait
**recordman** nm,
des recordmans
**récupérer** v, il récupèrera,
il récupèrerait
**référendum** nm,
des référendums
**référer** v, il réfèrera,
il réfèrerait
**refléter** v, il reflètera,
il reflèterait
**réflex** adj, nm
**réfréner** v, il réfrènera,
il réfrènerait
**réfrigérer** v, il réfrigèrera,
il réfrigèrerait
**régénérer** v, il régénèrera,
il régénèrerait
**règlementaire** adj
**règlementairement** adv
**règlementation** nf
**règlementer** v
**régler** v, il règlera,
il règlerait
**régner** v, il règnera,
il règnerait
**réinsérer, réinsérer (se)** v,
il (se) réinsèrera,
il (se) réinsèrerait
**réintégrer** v, il réintègrera,
il réintègrerait
**réitérer** v, il réitèrera,
il réitérerait
**relai** nm
**reléguer** v, il relèguera,
il relèguerait
**remboiter** v
**remonte-pente** nm,
des remonte-pentes
**rempaqueter** v,
il rempaquète,
il rempaquètera,
il rempaquèterait
**remue-ménage** nm,
des remue-ménages
**remue-méninge** nm,
des remue-méninges
**rémunérer** v,
il rémunèrera,
il rémunèrerait
**renaitre** v, il renait,
il renaitra, il renaitrait
**renouvèlement** nm
**renouveler** v, il renouvèle,
il renouvèlera,
il renouvèlerait
**réopérer** v, il réopèrera,
il réopèrerait
**repaitre** v, il repait,
il repaitra, il repaitrait
**reparaitre** v,
il reparait,
il reparaitra,
il reparaitrait
**répartie** nf
**répartir** «répliquer» v
**repérer** v, il repèrera,
il repèrerait
**répéter** v, il répètera,
il repèterait
**repose-pied** nm,
des repose-pieds

repose-tête nm, des repose-têtes
**réséquer** v, il résèquera, il résèquerait
**résoudre** v, résout, résoute pp
**ressemeler** v, il ressemèle, il ressemèlera, il ressemèlerait
**rétrocéder** v, il rétrocèdera, il rétrocèderait
**réveille-matin** nm, des réveille-matins
**révéler** v, il révèlera, il révèlerait
**réverbérer** v, il réverbèrera, il réverbèrerait
**révérer** v, il révèrera, il révèrerait
**révolver** nm
**rho** nm, des rhos
**ricrac** adv
**riesling** nm, des rieslings
**rince-bouteille** nm, des rince-bouteilles
**rince-doigt** nm, des rince-doigts
**risquetout** nm, des risquetouts
**riveter** v, il rivète, il rivètera, il rivèterait
**rockeur, euse** n
**rœstis** nm pl
**romancéro** nm
**rondpoint** nm, des rondpoints
**ronéo** nf, des ronéos
**rouspéter** v, il rouspètera, il rouspèterait
**royaltie** nf, des royalties
**rugbyman** nm, des rugbymans
**ruissèlement** nm
**ruisseler** v, il ruissèle, il ruissèlera, il ruissèlerait
**rush** nm, des rushs

# S

**saccarine** nf
**saccarose** nm
**sacrosaint, te** adj
**sagefemme** nf, des sagefemmes
**sanatorium** nm, des sanatoriums
**sandwich** nm, des sandwichs
**sans-abri** n, des sans-abris
**sans-cœur** n, des sans-cœurs
**sanscrit** nm
**sanscrit, ite** adj
**sans-culotte** nm, des sans-culottes
**sans-emploi** n, des sans-emplois
**sans-faute** nm, des sans-fautes
**sans-gêne** n, des sans-gênes
**sans-papier** n, des sans-papiers
**sans-plomb** nm, des sans-plombs
**satisfécit** nm, des satisfécits
**saufconduit** nm, des saufconduits
**saute-mouton** nm, des saute-moutons
**scampi** nm, des scampis
**scénario** nm, des scénarios
**sconse** nm, anciennement skunks
**scooteur** nm
**scotch** nm, des scotchs
**sèche-cheveu** nm, des sèche-cheveux
**sèche-linge** nm, des sèche-linges
**sèche-main** nm, des sèche-mains
**sécher** v, il sèchera, il sècherait
**sècheresse** nf
**sélect, te** adj
**self-made-man** nm, des self-made-mans
**sèneçon** nm
**sénescence** nf
**sènevé** nm
**sénior, e** adj, n
**séquoia** nm
**serpillère** nf
**serre-fil** nm, des serre-fils
**serre-file** nm, des serres-files
**serre-joint** nm, des serre-joints
**serre-livre** nm, des serre-livres
**serre-tête** nm, des serre-têtes
**sexy** adj, sexys
**shakeur** nm
**shampoing** nm
**shampouiner** v
**shampouineur, euse** n
**show** nm, des shows
**sidérer** v, il sidèrera, il sidèrerait
**siéger** v, il siègera, il siègerait
**sigma** nm, des sigmas
**sketch** nm, des sketchs
**skippeur** n
**smash** nm, des smashs
**snackbar** nm, des snackbars
**snif** interj
**snifer** v
**socioculturel, elle** adj
**socioéconomique** adj
**socioéducatif, ive** adj
**socioprofessionnel, elle** adj
**solo** nm, des solos
**sombréro** nm, des sombréros
**soprano** n, des sopranos
**sorgo** nm
**sottie** nf
**souffleter** v, il soufflète, il soufflètera, il soufflèterait
**souffre-douleur** nm, des souffre-douleurs
**soulant, ante** adj
**soulard, arde** adj, n
**soulaud, aude** n
**souler** v
**soulerie** nf
**soulot, ote** n
**sous-main** nm, des sous-mains
**sous-verre** nm, des sous-verres
**spaghetti** nm, des spaghettis
**spatiotemporel, elle** adj
**spéculos** nm
**spéculum** nm, des spéculums
**sprinteur, euse** n
**squatteur, euse** n
**staccato** nm, des staccatos
**standard** adj, standards
**statuquo** nm, des statuquos
**stimulus** nm, des stimulus
**stoupa** nm
**striptease** nm, des stripteases
**stripteaseur, euse** n
**subaigu, subaigüe** adj
**succéder** v, il succèdera, il succèderait
**suggérer** v, il suggèrera, il suggèrerait

**sulky** nm, des sulkys
**supernova** nf, des supernovas
**supporteur, trice** n
**sûr** adj, sure, surs, sures
**suraigu, suraigüe** adj
**surcout** nm
**surcroit** nm
**surdimutité** nf
**surement** adv
**surentrainement** nm
**sureté** nf
**suroit** nm
**surpiqure** nf
**sursoir** v, anciennement surseoir
**symposium** nm, des symposiums

# T

**tacheter** v, il tachète, il tachètera, il tachèterait
**taille-crayon** nm, des taille-crayons
**taliatelle** nf, des taliatelles
**talweg** nm
**tamtam** nm, des tamtams
**tapecul** nm
**taste-vin** nm, des taste-vins
**tatami** nm, des tatamis
**tâte-vin** nm, des tâte-vins
**tau** nm, des taus
**taveler** v, il tavèle, il tavèlera, il tavèlerait
**tchao** interj, anciennement ciao
**tchintchin** interj
**teeshirt** nm, des teeshirts
**tek** nm
**téléfilm** nm
**tempérer** v, il tempèrera, il tempèrerait
**tempo** nm, des tempos
**tennisman** nm, des tennismans
**téquila** nf
**terreplein** nm, des terrepleins
**têtebêche** adv
**téter** v, il tètera, il tèterait
**teufteuf** nm, des teufteufs
**thaï** nm, des thaïs
**thêta** nm, des thêtas
**thrilleur** nm
**tictac** interj, nm, des tictacs
**tire-botte** nm, des tire-bottes
**tirebouchon** nm
**tirebouchonner** v
**tire-clou** nm, des tire-clous
**tire-fesse** nm, des tire-fesses
**tirefond** nm, des tirefonds
**tire-lait** nm, des tire-laits
**tirelarigot (à)** loc adv
**tire-ligne** nm, des tire-lignes
**toccata** nf, des toccatas
**tohubohu** nm, des tohubohus
**tolérer** v, il tolèrera, il tolèrerait
**tord-boyau** nm, des tord-boyaux
**toréro** nm
**tory** nm, des torys
**tourne-disque** nm, des tourne-disques
**tragicomédie** nf
**tragicomique** adj
**trainage** nm
**trainailler** v
**trainant, ante** adj
**trainard, arde** n
**trainasser** v
**traine** nf
**traineau** nm
**trainée** nf
**trainer** v
**traine-savate** nm, des traine-savates
**traintrain** nm, des traintrains
**traitre, traitresse** adj, n
**traitreusement** adv
**traitrise** nf
**transférer** v, il transfèrera, il transfèrerait
**transparaitre** v, il transparait, il transparaitra, il transparaitrait
**trémolo** nm
**trole** nm
**trompéter** v, il trompètera, il trompèterait
**trouble-fête** n, des trouble-fêtes
**tsétsé** nf, des tsétsés
**tue-mouche** nm, des tue-mouches
**tumulus** nm, des tumulus
**turbo** nm, des turbos
**turboalternateur** nm

# U-Z

**ulcérer** v, il ulcèrera, il ulcèrerait
**ultramarin, ine** adj
**ultrasensible** adj
**ultrason** nm
**ultraviolet, ette** adj
**ultraviolet** nm
**upsilon** nm, des upsilons

**vadémécum** nm, des vadémécums
**vanupied** n, des vanupieds
**vatout** nm, des vatouts
**végéter** v, il végètera, il végèterait
**vélum** nm, des vélums
**vénérer** v, il vénèrera, il vénèrerait
**vènerie** nf
**véto** nm
**viceversa**
**vide-ordure** nm, des vide-ordures
**vide-poche** nm, des vide-poches
**vide-pomme** nm, des vide-pommes
**vilénie** nf
**vitupérer** v, il vitupèrera, il vitupèrerait
**vociférer** v, il vocifèrera, il vocifèrerait
**voleter** v, il volète, il volètera, il volèterait
**volleyball** nm
**volteface** nf, des voltefaces
**voute** nf
**vouté, ée** adj
**vouter** v

**wallaby** nm, des wallabys
**water** nm, des waters
**waterpolo** nm
**weekend** nm, des weekends
**whisky** nm, des whishys

**xi** nm, des xis

**yak** nm
**yéyé** n, des yéyés
**yidiche** nm
**yogourt** nm
**yoyo** nm

**zakouski** nm, des zakouskis
**zébrer** v, il zèbrera, il zèbrerait
**zêta** nm, des zêtas

## La prononciation du français

A été indiquée dans cet ouvrage la prononciation de certains mots qui présentent une difficulté. Afin que nos lecteurs étrangers puissent, aussi bien que les lecteurs français, lire ces prononciations, nous avons suivi le tableau des sons du français de l'alphabet phonétique international, en le simplifiant.

### Voyelles orales

| | | | |
|---|---|---|---|
| i | dans | il, habit, dîner | [i] |
| é | | thé, dé | [e] |
| è | | être, dais, procès | [ɛ] |
| a | | avoir, Paris, patte | [a] |
| o | | or, robe | [ɔ] |
| o | | dos, chevaux | [o] |
| ou | | ouvrir, couvert, loup | [u] |
| u | | user, tu, sûr | [y] |
| eu | | cœur, peur, neuf | [œ] |
| eu | | feu, jeu, peu | [ø] |
| e | | le, premier | [ə] |

### Voyelles nasales

| | | | |
|---|---|---|---|
| in | dans | intérêt, pain, sein | [ɛ̃] |
| un | | alun, parfum | [œ̃] |
| an, en | | blanc, entrer | [ɑ̃] |
| on | | ondée, bon, honte | [ɔ̃] |

### Semi-voyelles

| | | | |
|---|---|---|---|
| y | + voyelle dans | yeux, lieu | [j] |
| u | + voyelle dans | huile, lui | [ɥ] |
| ou | + voyelle dans | oui, ouate | [w] |

### Consonnes

| | | | |
|---|---|---|---|
| p | dans | pas, dépasser, cap | [p] |
| t | | tu, étaler, lutte | [t] |
| c, q, k | | caste, accueillir, bac, képi, que | [k] |
| b | | beau, abîmer, club | [b] |
| d | | dur, broder, bled | [d] |
| g | | gare, vague, zigzag | [g] |
| f | | fou, affreux, chef | [f] |
| v | | vite, ouvrir | [v] |
| s | | souffler, chasse, hélas ! | [s] |
| z ou s | | zone, raison, gaz | [z] |
| ch | | cheval, mâcher, match | [ʃ] |
| j ou g | | jambe, âgé, page | [ʒ] |
| l | | large, mollesse, mal | [l] |
| r | | rude, mari, ouvrir | [r] |
| m | | maison, amener, blême | [m] |
| n | | nourrir, fanal, dolmen | [n] |
| gn | | agneau, baigner | |
| ng | | camping | [ŋ] |

## Mode d'emploi

### Où trouver le mot que vous recherchez ?

• Un mot simple figure à son ordre alphabétique.

• Les verbes pronominaux sont souvent donnés sous le verbe transitif (**se promener** sous **promener**), de même que certains pluriels sont donnés sous le singulier d'un nom (**ciseaux** sous **ciseau**), tous deux étant présentés après un losange noir (◆).

• Les expressions (groupes de mots liés de façon étroite) figurent à la fin de l'article après un carré noir (■), classées par ordre alphabétique strict (chaque lettre étant prise en compte).

• Les noms composés tels que **musique classique**, **querelles de clocher** sont généralement définis sous le mot qui pose un problème de compréhension (**classique**, **clocher** dans les exemples cités) ; lorsque les deux mots ont le même statut, l'expression figure sous le premier nom (**galerie de mine** à **galerie**). Certains noms composés sont simplement donnés en exemple après une définition (**haricots verts** sous **haricot**).

• Les locutions verbales telles que **avoir peur**, **faire des manières** sont généralement définies sous le nom.

• Les locutions imagées telles que **chercher midi à quatorze heures** sont généralement classées sous le premier nom.

### Où trouver la définition du sens recherché ?

• Pour un verbe, les différents sens sont classés selon les emplois (sans complément, avec complément direct ou indirect), signalés par *vi*, *vt*, *vt ind*.

• De nombreuses définitions sont suivies d'un exemple d'emploi en contexte du mot (en italique) ; il arrive qu'un exemple soit donné sans être précédé d'une définition lorsqu'un verbe a un emploi pronominal ou intransitif dont la définition est la même que celle de l'emploi transitif (voir **amonceler**, **prier**).

• Les sens bien distincts sont séparés par un numéro ; les sens que ne distingue qu'une nuance, ou ceux qui sont une extension du sens précédent dans l'article, sont séparés par un point-virgule.

• Généralement, lorsqu'un mot isolé est donné après une définition, séparé d'elle par un point-virgule, il s'agit d'un synonyme du mot défini (voir **abattement**, **accroître**).

### Où trouver des réponses à des difficultés d'orthographe, de prononciation, etc. ?

• Le pluriel des noms composés ainsi que les pluriels irréguliers sont donnés entre parenthèses à la suite du mot ; pour les autres pluriels, se reporter au tableau des règles de formation du pluriel page 1014.

• Pour les verbes, nous n'indiquons que l'infinitif ; un numéro permet de retrouver l'ensemble de ses formes conjuguées en se reportant au tableau des conjugaisons pages 1018 à 1033. Les verbes en **-er** qui n'ont pas de numéro de conjugaison suivent le modèle d'**aimer** ; les verbes en **-ir** qui n'ont pas de numéro de conjugaison se conjuguent comme **finir**.

• Des remarques encadrées signalent les principales difficultés de la langue française.

• Seuls les mots posant un problème particulier de prononciation sont transcrits phonétiquement.

## Liste des abréviations utilisées dans ce dictionnaire

| | |
|---|---|
| *abrév* | abréviation |
| *adj* | adjectif, adjectival |
| ADMIN | administratif |
| *adv* | adverbe, adverbial |
| AÉRON | aéronautique |
| AGRIC | agriculture |
| ANAT | anatomie |
| ANC | ancien, anciennement *(s'applique à une chose qui n'existe plus)* |
| ANTIQ | Antiquité |
| ANTIQ GR | Antiquité grecque |
| ANTIQ ROM | Antiquité romaine |
| ARCHIT | architecture |
| ARG | argot |
| ARG SCOL | argot scolaire |
| ARG MIL | argot militaire |
| ARITHM | arithmétique |
| *art* | article |
| ASTRON | astronomie |
| auj. | aujourd'hui |
| AUTOM | automobile |
| AUTREF | autrefois *(s'applique à une chose qui n'existe plus)* |
| *auxil* | auxiliaire |
| BIOL | biologie |
| BOT | botanique |
| BOUCH | boucherie |
| BX-ARTS | beaux-arts |
| *card* | cardinal |
| CATH | catholique, catholicisme |
| CH DE F | chemin de fer |
| CHIM | chimie |
| CHIR | chirurgie |
| CIN | cinéma |
| COMM | commerce |
| cond. | conditionnel |
| *conj* / conj | conjonction, conjonctive/conjugaison |
| CONTR | contraire |
| COUT | couture |
| CUIS | cuisine |
| *dém* | démonstratif |
| DR | droit |
| ÉCOL | écologie |
| ÉCON | économie |
| ÉLECTR | électricité |
| *exclam* | exclamatif |
| *f, fém* | féminin |
| FAM | familier, familièrement |
| FIG | figuré *(au sens figuré)* |
| fut. | futur |
| GÉOGR | géographie |
| GÉOL | géologie |
| GÉOM | géométrie |

| | |
|---|---|
| GR | grec, grecque |
| GRAMM | grammaire |
| HIST | histoire |
| *impers* | impersonnel |
| IMPR | imprimerie |
| ind. | indicatif |
| *indéf* | indéfini |
| inf. | infinitif |
| INFORM | informatique |
| INJUR | injurieux |
| *interj* | interjection |
| *interr* | interrogatif |
| *inv* | invariable |
| IRON | ironique |
| LING | linguistique |
| LITT | littéraire *(s'emploie plutôt dans la littérature)* |
| LITTÉR | littérature, critique littéraire |
| LITURGIE CATH | liturgie catholique |
| *loc adj* | locution adjectivale |
| *loc adv* | locution adverbiale |
| *loc conj* | locution conjonctive |
| *loc prép* | locution prépositionnelle |
| *m, masc* | masculin |
| MAR | marine |
| MATH | mathématiques |
| MÉCAN | mécanique |
| MÉD | médecine |
| MIL | domaine militaire *(domaine de la défense militaire)* |
| MUS | musique |
| MYTH | mythologie |
| MYTH GR | mythologie grecque |
| *n* | nom |
| *nf* | nom féminin |
| *nm* | nom masculin |
| notamm. | notamment |
| *num* | numéral |
| onomat. | onomatopée |
| OPT | optique |
| *ord* | ordinal |
| PAR EXT | par extension |
| par oppos. | par opposition |
| PAR PLAIS | par plaisanterie |
| part. pass. | participe passé |
| passé s. | passé simple |
| PÉJOR | péjoratif |
| *pers* | personne ; personnel |
| PHILOS | philosophie |
| PHOT | photographie |
| PHYS | physique |
| PHYSIOL | physiologie |
| *pl* | pluriel |
| POÉT | poétique *(s'emploie surtout en poésie)* |

| | |
|---|---|
| *poss* | possessif |
| préf. | préfixe |
| *prép* | préposition |
| prés. | présent |
| *pron* | pronom |
| PSYCHAN | psychanalyse |
| PSYCHOL | psychologie |
| qqch | quelque chose |
| qqn | quelqu'un |
| recomm. off. | recommandation officielle |
| *rel* | relatif |
| RELIG | religion |
| RELIG CATH | religion catholique |
| ROM | romain |
| s. | siècle |
| SC NAT | sciences naturelles |
| SCOL | scolaire |
| *sing* | singulier |
| SOUT | soutenu *(s'emploie dans une langue recherchée)* |
| STAT | statistiques |
| subj. | subjonctif |
| suff. | suffixe |
| symb | symbole |
| SYN | synonyme |
| TECHN | technique *(domaine technique)* |
| TÉLÉCOMM | télécommunications |
| TÉLÉV | télévision |
| THÉOL | théologie |
| *v* | verbe |
| *v auxil* | verbe auxiliaire |
| VÉNER | vénerie |
| *v impers* | verbe impersonnel |
| *vi* | verbe intransitif |
| *vt* | verbe transitif |
| *vt ind* | verbe transitif indirect |
| *vpr* | verbe pronominal |
| VIEILLI | vieilli *(se dit d'un terme qui se comprend encore mais ne s'emploie plus)* |
| VX | vieux *(se dit d'un terme qui ne s'emploie plus)* |
| ZOOL | zoologie |

# NOMS COMMUNS

# A

**a** nm inv Première lettre de l'alphabet, et la première des voyelles. ■ **de A à Z :** du début à la fin, en totalité. ❑ **prouver par a + b :** rigoureusement.

**1. A** (symbole) Ampère.

**2. A** (abréviation) Autoroute : *l'A6*.

**à** prép **A.** MARQUE UN RAPPORT **1.** De direction : *aller à Marseille.* **2.** De lieu : *attendre à la porte.* **3.** De destination : *à monsieur le Directeur.* **4.** D'appartenance : *ce stylo est à moi.* **5.** De temps : *à sept heures.* **6.** De moyen : *écrire au stylo.* **7.** De manière : *jardin à la française.* **B.** INTRODUIT UN COMPLÉMENT **1.** D'objet indirect. **2.** D'attribution. **3.** Du nom. **4.** De l'adjectif.

**abaissement** nm **1.** Diminution, baisse. **2.** FIG Humiliation.

**abaisser** vt **1.** Faire descendre : *abaisser une manette.* **2.** Diminuer, réduire : *abaisser les impôts.* ◆ **s'abaisser** vpr [à] Perdre sa dignité, s'avilir.

**abajoue** nf Poche à l'intérieur des joues, chez certains mammifères comme le hamster.

**abandon** nm Action d'abandonner, de quitter, de cesser d'occuper. ■ **à l'abandon :** sans soin, en désordre.

**abandonner** vt **1.** Cesser d'occuper, quitter : *abandonner sa maison.* **2.** Délaisser, renoncer à : *abandonner ses études.* **3.** Faire défaut à : *ses forces l'abandonnèrent.* ◆ **s'abandonner** vpr [à] Se laisser aller : *s'abandonner au désespoir.*

**abaque** nm Graphique permettant de résoudre de nombreux calculs.

**abasourdir** vt **1.** Stupéfier : *cette réponse m'a abasourdi.* **2.** Étourdir par un grand bruit.

**abasourdissant, e** adj Qui abasourdit.

**abasourdissement** nm Stupéfaction.

**abâtardir** vt Faire perdre ses qualités originelles à, faire dégénérer.

**abâtardissement** nm Dégénérescence.

**abat-jour** nm inv Dispositif en tissu, en papier, etc., qui sert à diriger la lumière d'une lampe tout en protégeant les yeux de l'éblouissement.

**abats** nm pl Rognons, foie, cœur, gésier, etc., des animaux de boucherie.

**abattage** nm Action d'abattre un arbre, un animal. ■ FIG, FAM **avoir de l'abattage :** avoir du dynamisme.

**abattant** nm Partie d'un meuble que l'on peut lever ou abaisser.

**abattement** nm **1.** Diminution des forces physiques ou morales ; accablement. **2.** Déduction faite sur une somme à payer : *abattement fiscal.*

**abattis** nm Coupe faite dans un bois. ◆ pl Pattes, tête, cou, ailerons, etc., d'une volaille. ■ FAM **numérote tes abattis :** sois prêt à te battre.

**abattoir** nm Établissement où l'on tue les animaux de boucherie.

**abattre** vt (conj 56) **1.** Faire tomber, renverser : *abattre un arbre.* **2.** Tuer : *abattre un bœuf.* **3.** Tuer qqn avec une arme à feu : *abattre un dealer.* **4.** Ôter ses forces physiques ou morales à : *cet échec l'a abattu ; ne pas se laisser abattre.* ■ **abattre de la besogne :** faire une grande quantité de tâches. ❑ **abattre ses cartes, son jeu :** montrer ses cartes, étaler son jeu. ◆ **s'abattre** vpr Tomber avec violence : *la grêle s'est abattue sur les vignes.*

**abattu, e** adj Découragé, affaibli.

**abaya** nf Longue robe, souvent noire, portée par certaines femmes musulmanes.

**abbatial, e, aux** adj Relatif à une abbaye. ◆ nf Église d'une abbaye.

> ORTHOGRAPHE *Abbatial* s'écrit avec deux *b* comme tous les dérivés de *abbé*.

**abbaye** [abei] nf Monastère.

**abbé** nm Titre donné à un ecclésiastique ; supérieur d'une abbaye.

**abbesse** nf Supérieure d'une abbaye.

**abc** nm inv **1.** Petit livre contenant l'alphabet. **2.** FIG Premiers éléments d'un art, d'une science : *c'est l'abc du métier.*

**abcès** nm Amas de pus. ■ **crever l'abcès :** dénouer brutalement une situation de crise.

**abdication** nf Action d'abdiquer.

**abdiquer** vt **1.** Renoncer à : *abdiquer le trône.* **2.** (sans complément) Renoncer au pouvoir : *le roi a abdiqué.* ◆ vi Renoncer à agir : *abdiquer devant les difficultés.*

**abdomen** [abdɔmɛn] nm **1.** Chez l'homme, région du corps contenant essentiellement l'appareil digestif. **2.** Chez l'insecte, partie postérieure du corps.

**abdominal, e, aux** adj De l'abdomen. ◆ **abdominaux** nm pl Muscles de l'abdomen. ■ **faire des abdominaux :** faire des exercices destinés à renforcer ces muscles.

**abducteur** nm et adj ANAT Muscle qui écarte un membre de l'axe du corps. CONTR : adducteur.

**abduction** nf Mouvement qui écarte de l'axe du corps. CONTR : adduction.

**abécédaire** nm Livre d'apprentissage de l'alphabet et de la lecture.

**abeille** nf Insecte social, vivant dans une ruche, produisant le miel et la cire.

**aberrant, e** adj Qui s'écarte du bon sens, de la logique, de la norme : *idée, conduite aberrante.*

**aberration** nf **1.** Erreur de jugement, absurdité. **2.** OPT Ensemble des défauts des systèmes optiques qui ne donnent pas des images nettes. ■ BIOL **aberration chromosomique** : anomalie de nombre ou de structure des chromosomes.

**abêtir** vt Rendre bête, stupide.

**abêtissant, e** adj Qui abêtit, abrutit.

**abêtissement** nm **1.** Action d'abêtir. **2.** État de celui qui est abêti.

**abhorrer** vt LITT Avoir en horreur ; détester.

**abîme** nm **1.** Gouffre très profond. **2.** FIG Ce qui divise, sépare très profondément : *il y a un abîme entre eux.* ■ FIG **être au bord de l'abîme** : dans une situation quasi désespérée.

**abîmer** vt Détériorer, endommager : *abîmer ses chaussures.* ◆ **s'abîmer** vpr **1.** Se détériorer, se gâter : *un tissu qui s'abîme facilement.* **2.** LITT S'engloutir, s'enfoncer : *l'avion s'est abîmé dans la mer.*

**abject, e** adj Bas, vil, méprisable.

**abjection** nf Abaissement moral ; infamie.

**abjuration** nf Action d'abjurer.

**abjurer** vt **1.** Renoncer solennellement à une religion. **2.** FIG Renoncer publiquement à une opinion.

**ablatif** nm Dans certaines langues à déclinaisons, cas marquant l'éloignement, l'origine.

**ablation** nf CHIR Action d'enlever un organe, une tumeur.

**ablette** nf Petit poisson d'eau douce à écailles argentées.

**ablution** nf Chez les Orientaux, purification religieuse qui consiste à se laver le corps ou une partie du corps. ■ FAM **faire ses ablutions** : se laver.

**abnégation** nf Renoncement, sacrifice de soi ; dévouement.

**aboiement** nm Cri du chien.

**abois** nm pl ■ **être aux abois** : (a) se dit du cerf réduit à faire face aux chiens qui aboient (b) FIG être dans une situation désespérée.

**abolir** vt Supprimer, abroger.

**abolition** nf Suppression, abrogation.

**abolitionnisme** nm Attitude de ceux qui réclament l'abolition d'une loi ou d'un usage, notamm. de la peine de mort, de l'esclavage.

**abolitionniste** adj et n Qui est partisan de l'abolitionnisme. ◆ adj De l'abolitionnisme.

**abominable** adj Détestable, odieux : *un temps, un crime abominable.*

**abominablement** adv **1.** D'une manière abominable. **2.** Extrêmement : *coûter abominablement cher.*

**abomination** nf LITT Chose horrible : *ce crime est une abomination.*

**abominer** vt LITT Avoir en horreur.

**abondamment** adv De façon abondante ; amplement.

**abondance** nf **1.** Grande quantité : *avoir quelque chose en abondance.* **2.** Ressources importantes : *vivre dans l'abondance.*

**abondant, e** adj En grande quantité.

**abonder** vi Être, avoir en abondance : *le gibier abonde ici.* ■ **abonder en** : contenir, produire en grande quantité : *la rivière abonde en poissons.* ❑ **abonder dans le sens de quelqu'un** : se ranger à son avis.

**abonné, e** adj et n **1.** Qui a un abonnement : *abonné à une revue.* **2.** FAM Coutumier de qqch : *un élève abonné aux retards.* ■ **être aux abonnés absents** : se prétendre indisponible et injoignable : *depuis le début du scandale, le ministre est aux abonnés absents.*

**abonnement** nm Convention entre un fournisseur et un client pour l'usage habituel d'un service ou la fourniture régulière d'un produit.

**abonner** vt Prendre pour autrui un abonnement. ◆ **s'abonner** vpr [à] Prendre un abonnement pour soi.

**abord** nm Manière d'aborder, d'accueillir quelqu'un ; contact : *être d'un abord aimable.* ■ **au premier abord** : à première vue. ❑ **d'abord** ou **tout d'abord** : en premier lieu, pour commencer. ◆ **abords** pl Environs, accès immédiats : *aux abords de Paris.*

**abordable** adj Accessible à tous : *des prix abordables.*

**abordage** nm **1.** Attaque d'un navire. **2.** Collision de deux navires.

**aborder** vi Atteindre le rivage : *aborder dans une île.* ◆ vt **1.** S'approcher de quelqu'un pour lui parler ; accoster : *aborder quelqu'un dans la rue.* **2.** Commencer à traiter, à étudier : *aborder un sujet, une question.* **3.** S'engager dans : *aborder un virage.* **4.** Accoster un navire pour lui donner l'assaut. **5.** Heurter un navire par accident.

**aborigène** n et adj Personne originaire du pays où elle vit ; autochtone, indigène.

**abortif, ive** adj Qui fait avorter.

**abouchement** nm Action d'aboucher.

**aboucher** vt Joindre ouverture contre ouverture : *aboucher deux tuyaux.* ◆ **s'aboucher** vpr [avec] PÉJOR Se mettre en rapport avec.

**aboulie** nf Incapacité pathologique à agir, à prendre une décision.

**aboulique** adj et n Atteint d'aboulie.

**aboutir** vt ind [à] **1.** Toucher par un bout, arriver à : *cette rue aboutit à la Seine.* **2.** FIG Avoir un résultat : *mes démarches n'ont abouti à rien.* **3.** (sans complément) Avoir un résultat heureux, réussir : *les négociations ont abouti.*

**aboutissants** nm pl → **tenants.**

**aboutissement** nm Résultat.

**aboyer** vi (conj 3) Pousser son cri, en parlant du chien. ◆ vi et vt ind FAM Crier, hurler, invectiver avec violence : *aboyer après qqn.*

**abracadabrant, e** adj Bizarre, extravagant.

**abrasif, ive** adj et nm Se dit d'une matière qui use, polit par frottement : *poudre abrasive.*

**abrasion** nf Action d'user par frottement, d'enlever par grattage.

**abrégé** nm **1.** Forme réduite d'un écrit. **2.** Ouvrage contenant le résumé d'une science, d'une technique, etc. : *abrégé d'histoire.* ■ **en abrégé :** (a) en peu de mots (b) en utilisant des abréviations.

**abrègement** nm Action d'abréger.

**abréger** vt (conj 2 et 10) Rendre plus court : *abréger un discours, un séjour.*

**abreuver** vt **1.** Faire boire les animaux. **2.** FIG Donner en très grande quantité : *abreuver quelqu'un d'injures.* **3.** Mouiller abondamment : *terre, sol abreuvés d'eau.* ◆ **s'abreuver** vpr Boire, en parlant d'un animal.

**abreuvoir** nm Lieu où l'on mène boire les bestiaux.

**abréviatif, ive** adj Qui indique une abréviation : *signe abréviatif.*

**abréviation** nf **1.** Réduction d'un mot, souvent à sa première lettre ou syllabe. **2.** Mot abrégé.

**abri** nm Lieu où l'on peut se mettre à couvert de la pluie, d'un danger, etc. ; installation aménagée à cet effet. ■ **à l'abri (de) :** (a) à couvert (de) (b) hors d'atteinte (de).

**Abribus** [abribys] nm (nom déposé) Petit édifice servant d'abri pour les voyageurs à un arrêt d'autobus.

**abricot** nm Fruit comestible de l'abricotier, à noyau, à peau et chair jaunes.

**abricotier** nm Arbre fruitier donnant l'abricot.

**abrité, e** adj À l'abri du vent : *maison bien abritée.*

**abriter** vt **1.** Mettre à l'abri. **2.** Avoir comme occupant : *l'immeuble abrite dix familles.* ◆ **s'abriter** vpr [de] Se mettre à l'abri de : *s'abriter de la pluie.*

**abrogation** nf Annulation d'une loi, d'un décret.

**abroger** vt (conj 2) Annuler, abolir une loi, un décret.

**abrupt, e** adj **1.** Dont la pente est raide : *sentier abrupt.* **2.** FIG Rude et sans détour : *parler d'une manière abrupte.*

**abruptement** adv De façon abrupte : *rue qui descend abruptement ; répondre abruptement.*

**abruti, e** adj et n Qui ne comprend rien ; stupide.

**abrutir** vt **1.** Rendre incapable de rien comprendre, de rien sentir : *ce bruit nous abrutit ; la chaleur abrutit.* **2.** Accabler : *abrutir un élève de travail.*

**abrutissant, e** adj Qui abrutit.

**abrutissement** nm **1.** Action d'abrutir. **2.** État d'une personne abrutie.

**ABS** nm (abréviation de *Antiblockiersystem*) AUTOM Système qui évite le blocage des roues en cours de freinage.

**abscisse** nf MATH Sur un axe orienté, distance d'un point à l'origine, comptée algébriquement (par opposition à *ordonnée*).

**abscons, e** adj LITT Difficile à comprendre ; abstrus.

**absence** nf **1.** Fait de n'être pas présent : *une absence remarquée.* **2.** Manque : *absence de rigueur.* **3.** Moment d'inattention : *avoir des absences.* **4.** MÉD Trouble de la conscience. ■ **en l'absence de quelqu'un :** (a) pendant qu'il n'est pas présent (b) à défaut de quelqu'un.

**absent, e** adj et n Qui n'est pas présent. ◆ adj FIG Distrait : *air absent.*

GRAMMAIRE On dit *absent de la classe, de la réunion,* mais *absent au moment de la visite.*

**absentéisme** nm Fait d'être fréquemment absent du lieu de travail ou de l'école.

**absentéiste** adj et n Qui pratique l'absentéisme.

**absenter (s')** vpr [de] S'éloigner momentanément (d'un lieu).

**abside** nf Extrémité d'une église, située derrière le chœur.

**absinthe** [apsɛ̃t] nf Plante aromatique contenant une essence amère et toxique ; liqueur fabriquée avec cette plante.

**absolu, e** adj **1.** Complet, total : *confiance absolue.* **2.** Dont les pouvoirs sont sans limite : *monarque absolu.* **3.** Sans nuances ni concessions : *un caractère absolu.* ◆ nm Ce qui existe indépendamment de toute condition : *soif d'absolu.* ■ **dans l'absolu :** sans tenir compte des circonstances.

**absolument** adv **1.** Sans faute, à tout prix : *je dois absolument partir.* **2.** Complètement, totalement : *c'est absolument faux.* ■ GRAMM **employé absolument :** se dit d'un verbe transitif employé sans complément.

**absolution** nf RELIG Pardon des péchés.

**absolutisme** nm Régime politique dans lequel tous les pouvoirs sont sous l'autorité absolue du chef de l'État.

**absolutiste** adj et n Qui appartient à l'absolutisme ; qui en est partisan.

**absorbant, e** adj **1.** Qui absorbe, qui boit : *tissu absorbant.* **2.** FIG Qui occupe entièrement : *travail absorbant.*

**absorber** vt **1.** Retenir un liquide en s'en imprégnant : *l'éponge absorbe l'eau.* **2.** Boire, manger : *absorber une forte dose d'alcool.* **3.** Faire disparaître : *le noir absorbe la lumière ; l'entreprise a absorbé son concurrent.* **4.** Occuper entièrement : *ce travail l'absorbe.* ◆ **s'absorber** vpr S'occuper entièrement à : *s'absorber dans son travail.*

**absorption** nf Action d'absorber.

**absoudre** vt (conj 60) **1.** RELIG Remettre ses péchés à un pénitent. **2.** Déclarer non coupable : *absoudre un accusé.* **3.** Pardonner, excuser.

**absoute** nf RELIG Ensemble des prières dites autour du cercueil, après l'office des morts.

**abstenir (s')** vpr [de] (conj 22) **1.** Éviter de, renoncer à : *s'abstenir de boire ; s'abstenir de tout commentaire.* **2.** (sans complément) Ne pas prendre part à un vote, à une délibération.

**abstention** nf **1.** Action de s'abstenir. **2.** Fait de ne pas prendre part à un vote.

**abstentionnisme** nm Non-participation à un vote.

**abstentionniste** n Partisan de l'abstentionnisme ; qui s'est abstenu lors d'une élection.

**abstinence** nf Action de se priver de certains aliments ou de certains plaisirs : *faire abstinence.*

**abstinent, e** adj et n Qui pratique l'abstinence.

**abstraction** nf **1.** Action d'abstraire. **2.** Idée ou raisonnement qui en est le résultat. **3.** Conception ou idée sans contact avec la réalité. ■ **faire abstraction de :** ne pas tenir compte de.

**abstraire** vt (conj 79 ; s'emploie surtout à l'infinitif et aux temps composés) Isoler un élément d'un ensemble afin de le considérer à part. ◆ **s'abstraire** vpr [de] S'isoler mentalement pour réfléchir, méditer, etc.

**abstrait, e** adj **1.** Se dit d'une qualité considérée en elle-même, indépendamment de l'objet, comme *blancheur, bonté.* CONTR : concret. **2.** Difficile à comprendre, obscur. ■ **art abstrait :** qui ne s'attache pas à représenter la réalité tangible, visible (par opposition à *art figuratif*). ◆ nm ■ **l'abstrait :** (a) ce qui est abstrait (b) l'art abstrait. ❏ **dans l'abstrait :** sans tenir compte de la réalité.

**abstraitement** adv De façon abstraite.

**abstrus, e** adj LITT Difficile à comprendre ; abscons.

**absurde** adj Contraire à la raison, à la logique. ◆ nm ■ **l'absurde :** ce qui est absurde. ❏ **raisonnement par l'absurde :** démonstration qui consiste à établir une proposition en prouvant l'absurdité de la proposition contraire.

**absurdité** nf **1.** Manque de logique, de fondement : *l'absurdité d'une histoire.* **2.** Propos ou conduite absurde, inepte : *ne dire que des absurdités.*

**abus** nm **1.** Usage injustifié ou excessif ; mauvais usage : *l'abus d'alcool ; l'abus de pouvoir.* **2.** Injustice causée par le mauvais usage qui est fait d'un droit, d'un pouvoir : *dénoncer les abus.* ■ DR **abus de confiance :** délit consistant à tromper la confiance d'autrui. ❏ FAM **il y a de l'abus :** c'est exagéré.

**abuser** vt ind [de] **1.** Faire un usage mauvais ou excessif de : *abuser de l'alcool.* **2.** Profiter avec excès de la bonté, de la patience de quelqu'un, des circonstances : *abuser de la situation ; sincèrement, tu abuses.* ◆ **s'abuser** vpr LITT Se tromper soi-même. ■ **si je ne m'abuse :** si je ne fais pas erreur.

**abusif, ive** adj Qui constitue un abus.

**abusivement** adv De façon abusive.

**abyssal, e, aux** adj Des abysses.

**abysse** nm (surtout au pluriel) Grande profondeur sous-marine.

**acabit** [akabi] nm ■ PÉJOR **de cet acabit** ou **du même acabit :** du même genre, de la même espèce. ❏ **de tout acabit :** en tout genre, de toute sorte.

**acacia** nm Arbre épineux, à feuilles généralement persistantes.

**académicien, enne** n Membre d'une académie, en particulier de l'Académie française.

**académie** nf **1.** Société scientifique, littéraire ou artistique. **2.** Lieu où l'on s'exerce à la pratique d'un art, d'un jeu : *académie de musique, de billard.* **3.** Circonscription administrative de l'enseignement en France : *académie de Reims.* **4.** BX-ARTS Figure dessinée ou peinte d'après un modèle nu : *une académie d'homme.*

**académique** adj **1.** Propre à une académie : *inspection académique.* **2.** PÉJOR Qui suit étroitement les règles et les modèles traditionnels : *style, peinture académique.*

**académisme** nm Style académique.

**acadien, enne** adj et n D'Acadie.

**açai** [asaj] nm Baie pourpre produite par un palmier d'Amazonie.

**acajou** nm Arbre d'Amérique, au bois rougeâtre ; bois de cet arbre.

**acanthe** nf **1.** Plante épineuse, à feuilles larges et découpées. **2.** Ornement d'architecture imité de la feuille de cette plante sur les chapiteaux corinthiens.

**a capella** ou **a cappella** loc adv ou loc adj inv ■ **chanter a capella :** sans accompagnement instrumental.

**acariâtre** adj D'une humeur difficile à supporter ; hargneux, grincheux.

**acarien** nm Très petit animal, tels l'aoûtat et la tique, qui peut transmettre, par sa piqûre, le germe de certaines maladies.

**accablant, e** adj Qui accable.

**accablement** nm État de quelqu'un qui est écrasé par la fatigue, la chaleur, la douleur, etc. ; abattement.

**accabler** vt **1.** Ôter toute force, abattre : *chaleur qui accable.* **2.** Faire succomber sous une charge excessive, sous la peine physique ou morale : *accabler de fatigue, de soucis.* **3.** Prouver la culpabilité de : *ce témoignage l'accable.*

**accalmie** nf Calme momentané.

**accaparant, e** adj Qui accapare : *enfant accaparant ; passion accaparante.*

**accaparement** nm Action d'accaparer.

**accaparer** vt **1.** Prendre pour soi au détriment des autres : *accaparer le pouvoir.* **2.** Occuper exclusivement : *ses enfants l'accaparent.*

**accapareur, euse** n Personne qui accapare.

**accastillage** nm Ensemble des accessoires servant au gréement et à la manœuvre d'un bateau.

**accédant, e** n ■ **accédant à la propriété :** personne s'employant à devenir propriétaire.

**accéder** vt ind [à] (conj 10) **1.** Avoir accès à : *accéder au grenier par une trappe.* **2.** Parvenir à : *accéder à de hautes fonctions.* **3.** Donner son accord, consentir : *accéder à une demande.*

**accélérateur, trice** adj Qui accélère, précipite. ◆ nm **1.** Appareil commandant l'admission du mélange gazeux dans un moteur à combustion pour faire varier la vitesse du véhicule. **2.** PHYS Appareil communiquant à des particules élémentaires des vitesses élevées.

**accélération** nf Augmentation de vitesse, de rythme.

**accéléré** nm Au cinéma, technique rendant les mouvements plus rapides sur l'écran que dans la réalité.

**accélérer** vt et vi (conj 10) Augmenter la vitesse, le rythme : *accélérer le pas ; la voiture accélère.*

**accent** nm **1.** Signe graphique sur une voyelle : *accent aigu, grave, circonflexe.* **2.** Mise en relief par la voix d'une syllabe, d'un mot : *accent tonique.* **3.** Prononciation particulière : *l'accent du Midi.* **4.** Intonation expressive de la voix : *accent plaintif.* ■ **mettre l'accent sur :** mettre en relief, attirer l'attention sur.

**accentuation** nf Action ou manière d'accentuer.

**accentué, e** adj **1.** Qui porte un accent : *syllabe accentuée.* **2.** Marqué : *traits accentués.*

**accentuer** vt **1.** Marquer d'un accent. **2.** Renforcer, rendre plus intense : *cela accentue les traits de son visage.*

**acceptable** adj Qui peut être accepté.

**acceptation** nf Action d'accepter ; consentement.

**accepter** vt **1.** Consentir à prendre, à recevoir ; admettre : *accepter un cadeau ; accepter d'être contredit.* **2.** Admettre quelqu'un comme membre d'un groupe : *il a été accepté par la communauté.*

**acception** nf Sens particulier d'un mot : *les différentes acceptions du mot « cher ».*

> VOCABULAIRE Il ne faut pas confondre *acception* avec *acceptation,* « consentement ».

**accès** nm **1.** Possibilité d'atteindre un lieu : *accès interdit.* **2.** Abord : *île d'accès difficile.* **3.** Chemin, voie, etc., qui permet d'aller vers un lieu ou d'y entrer : *tous les accès de la maison sont surveillés.* **4.** Possibilité de comprendre : *livre d'accès difficile.* **5.** Manifestation brusque et intense de : *accès de colère, de fièvre, de délire.* **6.** INFORM Procédure de recherche ou d'enregistrement d'une donnée : *temps d'accès.* ■ **avoir accès auprès de quelqu'un :** avoir la possibilité de l'approcher.

**accessible** adj **1.** D'accès facile : *côte, personne accessible.* **2.** Compréhensible, intelligible : *livre accessible à tous.*

**accession** nf Fait d'accéder à quelque chose, d'y parvenir : *accession à la propriété.*

**accessit** [aksesit] nm Distinction honorifique pour ceux qui sont les plus proches des lauréats d'un prix, notamment scolaire.

**1. accessoire** adj Qui accompagne une chose principale ; secondaire : *cela n'a qu'un intérêt accessoire.* ◆ nm Ce qui est secondaire : *distinguer l'accessoire de l'essentiel.*

**2. accessoire** nm **1.** Pièce, outil, etc., qui ne font pas partie d'un appareil mais qui servent à son fonctionnement : *accessoires d'automobile.* **2.** Élément du décor, des costumes au théâtre, au cinéma. **3.** Élément qui complète la toilette (sac, ceinture, etc.).

**accessoirement** adv D'une manière accessoire.

**accessoiriser** vt Agrémenter d'accessoires une toilette, un costume.

**accessoiriste** n Personne qui s'occupe des accessoires au théâtre, au cinéma.

**accident** nm **1.** Événement malheureux entraînant des dommages : *accident de voiture, de la route ; accident du travail.* **2.** Événement imprévu : *c'est un accident de parcours.* ■ **accident de terrain :** inégalité du relief. ❑ **accident vasculaire cérébral (AVC) :** affection soudaine du cerveau, d'origine artérielle, correspondant soit à une hémorragie, soit à un infarctus d'une région cérébrale. ❑ **par accident :** par hasard.

**accidenté, e** adj Qui présente des inégalités dans son relief : *terrain accidenté.* ◆ adj et n Qui a subi un accident : *une voiture accidentée ; les accidentés de la route.*

**accidentel, elle** adj Qui arrive par accident, par hasard : *mort accidentelle ; rencontre accidentelle.*

**accidentellement** adv Par accident.

**accidenter** vt Causer un accident, un dommage à.

**accidentogène** adj Qui peut provoquer des accidents : *un virage accidentogène.*

**acclamation** nf Cri de joie, d'admiration. ■ **par acclamation :** unanimement ou massivement, sans vote.

**acclamer** vt Saluer par des cris de joie, d'approbation.

**acclimatation** nf Action d'acclimater un animal, un végétal à un nouveau milieu : *jardin d'acclimatation.*

**acclimatement** nm Adaptation à un nouvel environnement : *acclimatement à l'altitude.*

**acclimater** vt Adapter à un nouveau climat, à un nouveau milieu.

**accointances** nf pl PÉJOR ■ **avoir des accointances (avec quelqu'un, dans un milieu) :** avoir des fréquentations, des relations.

**accointer (s')** vpr [avec] FAM, PÉJOR Se lier avec quelqu'un.

**accolade** nf **1.** Geste d'amitié qui consiste à se tenir mutuellement entre les bras, en particulier, lors d'une remise de décoration. **2.** Signe graphique ( } ) utilisé pour réunir plusieurs lignes.

**accoler** vt Mettre ensemble, joindre : *accoler une particule à un nom.*

**accommodant, e** adj Conciliant, arrangeant.

**accommodation** nf **1.** Action d'accommoder, de s'accommoder. **2.** Adaptation de l'œil aux diverses distances de vision.

**accommodement** nm Arrangement, compromis.

**accommoder** vt **1.** Concilier, adapter : *accommoder ses paroles aux circonstances.* **2.** Apprêter (un mets). ◆ vi En parlant de l'œil, réaliser l'accommodation. ◆ **s'accommoder** vpr [de] Se contenter, se satisfaire de : *s'accommoder de tout.*

**accompagnateur, trice** n **1.** Personne qui accompagne un chanteur ou un instrumentiste à l'aide d'un instrument ou de la voix. **2.** Personne qui accompagne et guide un groupe de touristes, d'enfants, etc.

**accompagnement** nm **1.** Action d'accompagner. **2.** Chose qui accompagne : *viande servie avec des pâtes en accompagnement.* **3.** MUS Partie instrumentale ou vocale secondaire, soutenant une partie principale.

**accompagner** vt **1.** Aller avec quelqu'un ou à sa suite, escorter ou conduire : *accompagner quelqu'un à la gare.* **2.** Ajouter, associer à : *accompagner ses mots d'un geste.* **3.** MUS Exécuter l'accompagnement de : *accompagner au piano.* ■ **accompagner un malade, un mourant :** le soigner et le soutenir pour l'aider à supporter ses souffrances et son angoisse. ◆ **s'accompagner** vpr [de] Être suivi de.

**accompli, e** adj **1.** Achevé, révolu : *vingt ans accomplis.* **2.** Parfait : *un homme accompli.* ■ **le fait accompli :** ce sur quoi il n'est plus possible de revenir.

**accomplir** vt Exécuter, faire, réaliser entièrement. ◆ **s'accomplir** vpr **1.** Se produire ; se réaliser. **2.** S'épanouir pleinement : *s'accomplir dans son travail.*

**accomplissement** nm Réalisation, achèvement.

**accord** nm **1.** Conformité de sentiments, d'idées : *être en parfait accord avec quelqu'un.* **2.** Convention, arrangement : *signer un accord.* **3.** Acceptation, assentiment : *donner son accord.* **4.** Concordance, harmonie entre des choses : *une architecture en accord avec le site.* **5.** MUS Ensemble de sons émis simultanément. **6.** MUS Action d'accorder un instrument. **7.** GRAMM Rapport de forme établi entre des mots : *accord de l'adjectif avec le nom.* ■ **d'accord :** oui, entendu. ❑ **d'un commun accord :** avec le consentement de tous. ❑ **être d'accord :** être du même avis. ❑ **se mettre, tomber d'accord :** parvenir à s'entendre.

**accord-cadre** (pl *accords-cadres*) nm Accord entre partenaires sociaux donnant les orientations d'accords ultérieurs plus détaillés.

**accordéon** nm Instrument de musique portatif à touches, composé de languettes de métal actionnées par un soufflet d'accordéon. ■ **en accordéon :** (a) qui présente des plis comparables à ceux d'un soufflet d'accordéon : *pantalon en accordéon* (b) très variable, irrégulier : *circulation en accordéon.*

**accordéoniste** n Personne qui joue de l'accordéon.

**accorder** vt **1.** Consentir à donner : *accorder un délai.* **2.** MUS Régler la justesse d'un instrument : *accorder un violon.* **3.** GRAMM

Appliquer à un mot les règles de l'accord : *accorder un adjectif.* **4.** Mettre en harmonie : *accorder des couleurs.* ◆ **s'accorder** vpr **1.** Se mettre, être d'accord : *tout le monde s'accorde à dire que.* **2.** GRAMM Être en accord avec un autre mot : *le verbe s'accorde avec le sujet.* **3.** Être en accord, en harmonie : *ces couleurs s'accordent bien.*

**accordeur, euse** n Personne qui accorde les instruments de musique : *accordeur de pianos.*

**accorte** adj f LITT Gracieuse, avenante : *jeune fille accorte.*

**accostage** nm Action d'accoster.

**accoster** vt **1.** Aborder quelqu'un. **2.** MAR S'approcher très près de : *accoster le quai.*

**accotement** nm Partie latérale d'une route, entre la chaussée et le fossé.

**accoter** vt Appuyer par un côté : *accoter une échelle contre un mur.*

**accotoir** nm Accoudoir.

**accouchement** nm Action d'accoucher.

**accoucher** vi et vt ind [de] Mettre un enfant au monde. ◆ vt Aider une femme à accoucher.

**accoucheur, euse** n Médecin qui fait les accouchements. ◆ nf BELGIQUE Sage-femme.

**accouder (s')** vpr S'appuyer sur le coude ou les coudes.

**accoudoir** nm Appui pour les bras sur les côtés d'un siège.

**accouplement** nm Union sexuelle du mâle et de la femelle.

**accoupler** vt Réunir par deux : *accoupler deux mots.* ◆ **s'accoupler** vpr S'unir pour la reproduction, en parlant d'animaux.

**accourir** vi (conj 29 ; auxil : *avoir* ou *être*) Venir en hâte.

**accoutrement** nm Habillement bizarre, ridicule.

**accoutrer** vt Habiller bizarrement.

**accoutumance** nf **1.** Fait de s'accoutumer à : *accoutumance au bruit.* **2.** Phénomène d'adaptation d'un individu à une substance active ou toxique qui entraîne un accroissement progressif des doses.

**accoutumé, e** adj Ordinaire, habituel. ■ **comme à l'accoutumée** : comme d'habitude.

**accoutumer** vt Disposer quelqu'un à supporter, à faire. ◆ **s'accoutumer** vpr [à] Prendre l'habitude de.

**accréditation** nf Action d'accréditer ; fait d'être accrédité.

**accréditer** vt **1.** Rendre vraisemblable, crédible : *accréditer une rumeur.* **2.** Faire reconnaître officiellement : *accréditer un ambassadeur.* **3.** Délivrer une autorisation d'exercer sa profession à un journaliste, un photographe.

**accro** adj et n FAM **1.** Dépendant d'une drogue. **2.** Passionné par : *accro de jazz.*

**Accrobranche** nf (nom déposé) Activité sportive pratiquée en forêt et combinant le grimper et le déplacement d'arbre en arbre en suivant un parcours sécurisé démontable.

**accroc** [akro] nm **1.** Déchirure faite dans un tissu. **2.** FIG Incident malheureux : *tout s'est passé sans accroc.*

**accrochage** nm **1.** Action d'accrocher. **2.** FAM Querelle, dispute. **3.** MIL Combat de faible importance.

**accroche** nf Partie d'un texte conçue pour attirer l'attention.

**accroche-cœur** (pl *accroche-cœurs* ou inv) nm Mèche de cheveux aplatie en boucle sur la tempe.

**accrocher** vt **1.** Suspendre à un crochet, à un clou, etc. **2.** Faire une déchirure, un accroc à. **3.** Heurter légèrement : *accrocher une voiture.* **4.** FAM Réussir à obtenir, à saisir. ◆ **s'accrocher** vpr **1.** Se retenir à quelque chose. **2.** FAM Persévérer, être tenace. ■ FAM **s'accrocher avec quelqu'un** : se disputer avec lui.

**accrocheur, euse** adj **1.** FAM Tenace, opiniâtre. **2.** Qui retient l'attention : *titre accrocheur.*

**accroire** vt ■ LITT **en faire accroire à quelqu'un** : lui faire croire ce qui n'est pas.

**accroissement** nm Fait d'accroître, de s'accroître ; augmentation.

**accroître** vt (conj 64) Rendre plus grand, plus intense ; augmenter. ◆ **s'accroître** vpr Devenir plus grand, plus important ; augmenter.

**accroupir (s')** vpr S'asseoir sur les talons.

**accru, e** adj Plus grand : *responsabilités accrues.*

**accu** nm (abréviation) FAM Accumulateur. ■ **recharger ses accus** : reconstituer ses forces.

**accueil** nm **1.** Manière de recevoir quelqu'un : *accueil chaleureux, glacial.* **2.** Lieu où l'on accueille les visiteurs dans une administration, une entreprise : *se retrouver à l'accueil.*

**accueillant, e** adj Qui fait bon accueil : *famille accueillante.*

**accueillir** vt (conj 24) **1.** Recevoir, donner l'hospitalité à quelqu'un. **2.** Prendre, recevoir d'une certaine manière : *accueillir une nouvelle avec joie.*

**acculer** vt Pousser quelqu'un contre un obstacle ou le mettre dans une situation où il ne peut plus reculer : *acculer au mur, à la faillite.*

**acculturation** nf Processus par lequel un groupe assimile une culture différente de la sienne.

**acculturé, e** adj Qui a subi une acculturation.

**accumulateur** nm Appareil emmagasinant l'énergie pour la restituer par la suite.

**accumulation** nf Action d'accumuler, d'être accumulé.

**accumuler** vt Réunir en un ensemble important ; amasser, entasser : *accumuler des marchandises, des témoignages.* ◆ **s'accumuler** vpr Se mettre en tas, s'ajouter les uns aux autres.

**accusateur, trice** adj et n Qui accuse.

**accusatif** nm Dans certaines langues à déclinaisons, cas indiquant l'objet direct ou le but d'un mouvement.

**accusation** nf **1.** Action en justice par laquelle on accuse quelqu'un. **2.** Reproche fait pour une action jugée mauvaise.

**1. accusé** nm ■ **accusé de réception :** avis informant qu'un envoi a été reçu par son destinataire.

**2. accusé, e** n Personne donnée comme coupable d'un délit. ◆ adj Marqué, accentué : *traits accusés.*

**accuser** vt **1.** Présenter comme coupable de : *accuser de meurtre, de malhonnêteté.* **2.** Mettre en relief, accentuer : *maquillage qui accuse les traits.* ■ FAM **accuser le coup :** montrer qu'on est affecté, touché. ❑ **accuser réception :** avertir qu'on a reçu un envoi.

**ace** [es] nm Au tennis, balle de service que l'adversaire ne peut toucher.

**acéphale** adj Sans tête.

**acerbe** adj Piquant, mordant, agressif : *paroles acerbes.*

**acéré, e** adj **1.** Tranchant, aigu : *griffes acérées.* **2.** FIG Mordant, caustique.

**acérola** nf Fruit comestible ressemblant à une cerise et riche en vitamine C, produit par l'*acérolier,* arbuste des régions tropicales.

**acétate** nm **1.** CHIM Sel de l'acide acétique. **2.** Fibre textile artificielle.

**acétique** adj ■ **acide acétique :** acide auquel le vinaigre doit sa saveur. ❑ **fermentation acétique :** qui donne naissance au vinaigre.

**acétone** nf Liquide incolore, volatil et inflammable utilisé comme solvant.

**acétylène** nm Hydrocarbure obtenu en traitant le carbure de calcium par l'eau.

**acétylsalicylique** adj ■ **acide acétylsalicylique :** aspirine.

**achalandé, e** adj **1.** VX Qui a des clients. **2.** Fourni en marchandises, approvisionné : *magasin bien achalandé.*

**acharné, e** adj Qui a, qui dénote de l'acharnement.

**acharnement** nm Grande obstination, ténacité, ardeur opiniâtre. ■ **acharnement thérapeutique :** fait de maintenir en vie, par tous les moyens possibles, un malade dont l'état est reconnu désespéré.

**acharner (s')** vpr **1.** Poursuivre avec violence, hostilité : *le sort s'acharne sur lui.* **2.** S'obstiner à : *il s'acharne à la défendre.*

**achat** nm **1.** Action d'acheter. **2.** Objet acheté.

**acheminement** nm Action d'acheminer : *l'acheminement des colis postaux.*

**acheminer** vt Diriger vers un lieu. ◆ **s'acheminer** vpr Aller vers un résultat.

**acheter** vt (conj 7) **1.** Obtenir contre paiement. **2.** Payer la complicité de quelqu'un : *acheter un témoin.* **3.** Obtenir par des sacrifices : *acheter très cher sa liberté.*

**acheteur, euse** n Personne qui achète.

**achevé, e** adj Terminé : *les travaux sont achevés.* ■ **d'un ridicule achevé :** parfaitement ridicule.

**achèvement** nm Fin, exécution complète : *achèvement des travaux.*

**achever** vt (conj 9) **1.** Finir ce qui est commencé ; terminer : *achever un travail.* **2.** Porter le dernier coup qui amène la mort : *achever un animal blessé.* **3.** Finir d'accabler, de décourager : *cette mauvaise nouvelle l'a achevé.*

**Achille** ■ **talon d'Achille** nm FIG Point faible de quelqu'un.

**achoppement** nm ■ **pierre d'achoppement :** cause de difficulté, d'échec.

**achopper** vi **1.** LITT Buter du pied contre quelque chose. **2.** FIG Être arrêté par une difficulté : *achopper sur un problème.*

**achromatique** [akrɔmatik] adj Qui laisse passer la lumière blanche sans la décomposer.

**achromatisme** [akrɔmatism] nm Propriété d'un système optique achromatique.

**acide** adj **1.** Qui a une saveur aigre. **2.** Désagréable, blessant : *remarques acides.* ◆ nm **1.** CHIM Composé hydrogéné qui peut former des sels avec les bases. **2.** FAM LSD.

**acidifiant, e** adj Qui acidifie.

**acidification** nf Action d'acidifier.

**acidifier** vt **1.** Rendre plus acide. **2.** CHIM Transformer en acide.

**acidimétrie** nf Mesure de la concentration d'un acide.

**acidité** nf **1.** Saveur acide. **2.** Caractère mordant de quelque chose : *acidité d'une remarque.*

**acidulé, e** adj Légèrement acide : *bonbon acidulé.*

**acier** nm Alliage de fer et d'une faible quantité de carbone. ■ **acier inoxydable :** acier spécial à base de nickel et de chrome, résistant aux divers agents de corrosion. ❑ FIG **d'acier :** dur, solide, à toute épreuve : *des muscles, des nerfs, un moral d'acier.*

**aciérage** nm Opération qui donne à un métal la dureté de l'acier.

**aciérie** nf Usine où l'on fabrique l'acier.

**acmé** nf ou nm LITT Point culminant, apogée.

**acné** nf Maladie de la peau, caractérisée par des boutons, principalement sur le visage.

**acolyte** nm PÉJOR Compagnon, complice.

**acompte** nm Paiement partiel à valoir sur une somme due.

**aconit** [akɔnit] nm Plante vénéneuse, de la famille des renonculacées.

**a contrario** loc adv ou loc adj inv Se dit d'un raisonnement qui, partant d'une hypothèse opposée, aboutit à une conclusion opposée.

**acoquiner (s')** vpr PÉJOR Se lier avec qqn.

**à-côté** (pl *à-côtés*) nm Ce qui est accessoire, en supplément.

**à-coup** (pl *à-coups*) nm Arrêt brusque suivi d'une reprise brutale. ■ **par à-coups** : par intermittence. ❑ **sans à-coups** : sans incident.

**acoustique** adj Relatif aux sons. ◆ nf **1.** Partie de la physique qui étudie les sons. **2.** Qualité d'un local du point de vue de la propagation des sons.

**acquéreur** nm Acheteur.

**acquérir** vt (conj 21) **1.** Devenir propriétaire d'un bien : *acquérir une voiture.* **2.** Réussir à obtenir, à avoir : *ce timbre a acquis de la valeur ; acquérir de l'expérience.*

GRAMMAIRE Attention, le participe passé de *acquérir* est *acquis, acquise.*

**acquêt** nm Bien acquis à titre onéreux pendant le mariage, par opposition aux biens propres.

**acquiescement** nm Consentement.

**acquiescer** vi et vt ind [à] (conj 1) Dire oui, accepter : *acquiescer d'un signe de tête.*

**1. acquis** nm **1.** Ce qui est acquis, avantage, droit obtenu : *acquis sociaux.* **2.** Savoir, expérience : *vivre sur ses acquis.*

**2. acquis, e** adj **1.** Que les circonstances de la vie ont fait apparaître, que l'on a acquis (par oppos. à *naturel, inné*) : *caractères acquis.* **2.** Obtenu une fois pour toutes : *avantages acquis.* ■ **être acquis à qqn** : lui être dévoué. ❑ **être acquis à une idée** : en être partisan.

**acquisition** nf **1.** Action d'acquérir : *l'acquisition d'une maison, du langage.* **2.** Ce que l'on a acquis, achat : *une bonne acquisition.*

**acquit** [aki] nm DR Reconnaissance écrite d'un paiement. ■ **par acquit de conscience** : pour sa tranquillité d'esprit. ❑ **pour acquit** : formule au verso d'un chèque pour certifier que celui-ci a été payé.

**acquit-à-caution** (pl *acquits-à-caution*) nm Document administratif qui permet de faire circuler librement des marchandises soumises à l'impôt indirect non encore payé.

**acquittement** nm **1.** Action de payer ce qu'on doit ; remboursement. **2.** Action d'acquitter un accusé par une décision judiciaire. CONTR : condamnation.

**acquitter** vt **1.** Payer ce qu'on doit : *acquitter une facture.* **2.** Déclarer non coupable : *acquitter un accusé.* ◆ **s'acquitter** vpr [de] Faire ce qu'on doit, ce à quoi on s'est engagé.

**acra** nm Dans la cuisine créole, boulette de poisson ou de légumes pilés, enrobée de pâte à beignet et frite.

**acre** nf Ancienne mesure agraire, égale à environ 50 ares.

**âcre** adj Piquant, irritant au goût, à l'odorat.

**âcreté** nf Caractère de ce qui est âcre.

**acridien** nm Insecte orthoptère sauteur (sauterelle, etc.).

**acrimonie** nf LITT Agressivité qui se manifeste dans la manière de parler.

**acrimonieux, euse** adj LITT Aigre, acerbe.

**acrobate** n Artiste qui exécute des exercices d'agilité, d'adresse ou de force dans un cirque, un music-hall, etc.

**acrobatie** [akrɔbasi] nf **1.** Exercice d'acrobate. **2.** Manœuvre difficile : *acrobaties aériennes.*

**acrobatique** adj Qui relève de l'acrobatie.

**acronyme** nm Sigle qui peut être prononcé comme un mot ordinaire (EX : *CAPES*).

**acropole** nf Partie la plus haute d'une cité grecque et qui forme une citadelle.

**acrostiche** nm Poésie dont les premières lettres de chaque vers, lues verticalement, forment le nom voulu.

**acrylamide** nm Substance, probablement cancérogène, qui se forme notamm. lors de la cuisson à haute température d'aliments riches en amidon (frites, pain, biscuits, etc.).

**acrylique** nm Textile artificiel.

**1. acte** nm **1.** Mouvement d'un être vivant adapté à une fin ; action : *acte volontaire.* **2.** Manifestation de la volonté considérée dans son but : *acte de bravoure.* **3.** DR Écrit authentifiant un fait, une convention : *acte de vente.* ■ **faire acte de** : donner une preuve concrète de : *faire acte de bonne volonté.* ❑ **prendre acte de** : déclarer que l'on se prévaudra par la suite du fait qui a été constaté.

**2. acte** nm Chacune des grandes divisions d'une pièce de théâtre.

**acter** vt Prendre acte de ; entériner : *acter une décision.*

**acteur, trice** n **1.** Personne dont la profession est de jouer au théâtre ou au cinéma. **2.** Personne qui prend une part déterminante dans une action.

**actif, ive** adj **1.** Qui agit ; énergique. **2.** Qui exerce une activité professionnelle. **3.** Qui produit un effet, agit : *produit actif.* ■ GRAMM

**forme, voix active** : forme du verbe transitif ou intransitif qui présente l'action faite par le sujet (par oppos. à *passif*). ◆ nm **1.** FINANCES Ce qu'on possède (par oppos. à *passif*). **2.** GRAMM Forme, voix active. **3.** Personne exerçant ou recherchant un emploi. ■ **avoir qqch à son actif** : pouvoir s'en prévaloir.

**actinie** nf Animal de mer fixé aux rochers littoraux (nom usuel : *anémone de mer*).

**action** nf **1.** Manifestation concrète de la volonté dans un domaine déterminé. **2.** Manière dont agit un corps, une force : *l'action d'un acide.* **3.** Enchaînement des événements dans un récit, dans un film : *action rapide.* **4.** Exercice d'un droit en justice : *intenter une action.* **5.** FINANCES Titre représentant les droits d'un associé dans certaines sociétés. ■ **action de groupe** : action judiciaire collective permettant aux victimes d'un même préjudice matériel d'obtenir réparation.

**actionnaire** n Personne qui possède des actions dans une société.

**actionnariat** nm **1.** Division en actions du capital d'une entreprise. **2.** Ensemble des actionnaires.

**actionner** vt Mettre en mouvement : *actionner un mécanisme.*

**activement** adv De façon active.

**activer** vt **1.** Rendre plus rapide ; hâter, accélérer : *activer les préparatifs.* **2.** Rendre plus vif, plus actif : *activer le feu.* ◆ **s'activer** vpr Travailler activement ; s'affairer, se hâter.

**activisme** nm Attitude politique qui préconise l'action concrète, parfois au détriment de la réflexion, de la prudence.

**activiste** adj et n Relatif à l'activisme ; qui en est partisan.

**activité** nf **1.** Ensemble des phénomènes par lesquels se manifestent une forme de vie, un fonctionnement, un processus : *activité intellectuelle ; activité volcanique.* **2.** Dynamisme, animation : *période d'intense activité.* **3.** Occupation : *activité professionnelle.* ■ **en activité** : (a) en service, en parlant d'un soldat, d'un fonctionnaire (b) en fonctionnement, en parlant d'une usine.

**actuaire** n Spécialiste qui fait des calculs statistiques pour les assurances.

**actualisation** nf Action d'actualiser.

**actualiser** vt Rendre actuel, mettre à jour.

**actualité** nf **1.** Qualité de ce qui est actuel. **2.** Ensemble des faits actuels, récents. ◆ **actualités** pl Informations, nouvelles à la télévision, à la radio.

**actuel, elle** adj Qui existe dans le moment présent ; qui appartient, convient au moment présent : *un film actuel.*

**actuellement** adv En ce moment.

**acuité** nf **1.** Caractère de ce qui est aigu : *acuité d'un son, d'une douleur.* **2.** Degré de sensibilité d'un organe des sens : *acuité visuelle, auditive.*

**acupuncteur, trice** ou **acuponcteur, trice** n Médecin spécialiste de l'acupuncture.

**acupuncture** ou **acuponcture** nf Traitement médical d'origine chinoise, qui consiste à piquer des aiguilles en certains points du corps.

**acutangle** adj Se dit d'un triangle dont les trois angles sont aigus.

**adage** nm Proverbe, maxime.

**adagio** [adadʒjo] adv MUS Lentement. ◆ nm Morceau exécuté lentement.

**adamantin, e** adj LITT Qui a l'éclat du diamant.

**adaptable** adj Qui peut être adapté.

**adaptateur, trice** n Personne qui adapte une œuvre au cinéma, au théâtre. ◆ nm Dispositif permettant d'adapter un objet à une condition d'utilisation particulière : *adaptateur pour prises de courant.*

**adaptation** nf Action d'adapter ; fait de s'adapter.

**adapter** vt **1.** Appliquer, ajuster : *adapter un robinet à un tuyau.* **2.** Conformer à, approprier : *adapter les moyens au but.* **3.** Modifier une œuvre en vue d'un usage différent : *adapter une comédie au cinéma.* ◆ **s'adapter** vpr [à] Se plier, se conformer à : *s'adapter aux circonstances.*

**addenda** [adɛ̃da] nm inv Ce qu'on ajoute à un ouvrage pour le compléter.

**addictif, ive** adj Qui relève de l'addiction.

**addiction** nf Toxicomanie, alcoolisme, tabagisme, etc.

**addictologie** nf Discipline médicale qui étudie l'addiction et sa prévention.

**additif** nm **1.** Substance ajoutée à un produit. **2.** Addition faite à un texte.

**addition** nf **1.** Opération arithmétique qui ajoute des nombres, des quantités. **2.** Action d'ajouter ; ce qu'on ajoute : *addition d'eau.* **3.** Note de dépenses au café, au restaurant.

**additionnel, elle** adj Qui est ajouté : *article additionnel d'une loi.*

**additionner** vt Ajouter, faire le total, l'addition de : *additionner six nombres.* ◆ **s'additionner** vpr Être ajoutés les uns aux autres ; s'accumuler.

**additivé, e** adj ■ **carburant additivé** : carburant contenant des additifs qui diminuent son pouvoir détonant.

**adducteur** nm et adj m ANAT Muscle qui rapproche un membre de l'axe du corps. CONTR : abducteur.

**adduction** nf **1.** Action d'amener : *adduction d'eau potable.* **2.** Mouvement qui rapproche un membre de l'axe du corps. CONTR : abduction.

**adénite** nf Inflammation des ganglions lymphatiques.
**adénoïde** adj Qui se rapporte au tissu glandulaire.
**adénome** nm Tumeur bénigne qui se développe dans une glande.
**adénovirus** nm Virus dont le patrimoine génétique est constitué d'une molécule d'ADN.
**adepte** n **1.** Partisan d'une doctrine, d'une secte, etc. **2.** Personne qui pratique une activité, un sport.

VOCABULAIRE On est *adepte* d'une doctrine ; on est *disciple* d'un maître.

**adéquat, e** [adekwa, at] adj Adapté, approprié : *expression adéquate.*
**adéquation** [adekwasjɔ̃] nf Adaptation parfaite : *l'adéquation des moyens à la situation.*
**adhérence** nf **1.** État de ce qui adhère. **2.** Accolement normal ou pathologique de deux organes ou tissus.
**adhérent, e** adj Qui adhère. ◆ n Membre d'un parti, d'une association.
**adhérer** vt ind [à] (conj 10) **1.** Tenir fortement à une chose ; coller : *un papier qui adhère mal au mur.* **2.** FIG Partager une idée, une opinion. **3.** S'inscrire à une association, à un parti.
**adhésif, ive** adj Qui adhère, colle. ◆ nm Bande de papier, de toile, etc., dont une des faces est enduite d'un produit qui colle sans devoir être préalablement mouillé.
**adhésion** nf **1.** Action d'adhérer à un parti, à une association. **2.** Approbation, accord : *donner son adhésion à un projet.*
**ad hoc** loc adj inv Qui convient à la situation.
**adieu** interj et nm Formule de salut quand on se quitte pour longtemps ou pour toujours. ■ **dire adieu à quelque chose** : y renoncer.
**adipeux, euse** adj **1.** Qui renferme de la graisse : *tissu adipeux.* **2.** Bouffi de graisse.
**adiposité** nf Surcharge de graisse.
**adjacent, e** adj Attenant, contigu. ■ **angles adjacents** : angles ayant le même sommet et un côté commun.
**1. adjectif** nm Mot qui qualifie ou détermine le substantif auquel il est joint et qui s'accorde en genre et en nombre avec lui : *adjectif qualificatif, possessif, démonstratif.*
**2. adjectif, ive** ou **adjectival, e, aux** adj Qui a la fonction d'un adjectif : *locution adjective.*
**adjectivement** adv Comme adjectif : *mot employé adjectivement.*
**adjoindre** vt (conj 55) Associer une personne, une chose à une autre.
**adjoint, e** n et adj Personne associée à une autre pour l'aider dans ses fonctions.

ORTHOGRAPHE On écrit *directeur adjoint* sans trait d'union. On dit *l'adjoint du directeur* (complément avec *de*) mais, par usage, *l'adjoint au maire.*

**adjonction** nf Action d'adjoindre, d'ajouter : *pain sans adjonction de sel.*
**adjudant, e** n Sous-officier d'un grade intermédiaire entre ceux de sergent-chef et d'adjudant-chef.
**adjudant-chef, adjudante-chef** (pl *adjudants-chefs, adjudantes-chefs*) n Sous-officier d'un grade intermédiaire entre ceux d'adjudant et de major.
**adjudicataire** n Bénéficiaire d'une adjudication.
**adjudication** nf DR Attribution d'un marché ou d'un bien au plus offrant.
**adjuger** vt (conj 2) **1.** Attribuer, concéder par adjudication. **2.** Attribuer : *adjuger un prix.* ◆ **s'adjuger** vpr S'approprier : *s'adjuger la meilleure part.*
**adjuration** nf LITT Action d'adjurer.
**adjurer** vt LITT Supplier avec insistance.
**adjuvant, e** adj et nm Qui renforce l'action d'un autre médicament ou produit.
**ad libitum** loc adv Au choix.
**ADM** nf (sigle de *arme de destruction massive*) Arme nucléaire, biologique ou chimique provoquant des pertes matérielles ou humaines très supérieures à celles causées par les armes classiques.
**admettre** vt (conj 57) **1.** Recevoir : *admettre un candidat à un concours.* **2.** Laisser entrer : *les chiens ne sont pas admis.* **3.** Estimer vrai : *admettre un fait.* **4.** Supporter, tolérer : *cela n'admet pas de discussion.*
**administrateur, trice** n Personne qui administre, gère des affaires publiques ou privées.
**administratif, ive** adj De l'administration.
**administration** nf **1.** Action d'administrer les affaires publiques ou privées, de gérer des biens. **2.** (avec une majuscule) Ensemble des services de l'État : *travailler dans l'Administration.* **3.** Service public ; ensemble de ses employés : *administration des douanes.*
**administré, e** n Personne dépendant d'une administration.
**administrer** vt **1.** Diriger, gérer les affaires publiques ou privées. **2.** Conférer : *administrer les sacrements.* **3.** Faire prendre : *administrer un médicament.* **4.** Appliquer, infliger : *administrer une correction.*
**admirable** adj Digne d'admiration : *un livre, un courage admirable.*
**admirablement** adv De façon admirable.
**admirateur, trice** n et adj Personne qui admire.
**admiratif, ive** adj Qui marque de l'admiration : *regard admiratif.*
**admiration** nf Sentiment éprouvé devant la réalisation d'un certain idéal de beauté, de grandeur.

**admirativement** adv D'un air admiratif.

**admirer** vt Éprouver de l'admiration pour.

**admissibilité** nf Fait d'être admissible à un examen, un concours.

**admissible** adj et n Qui est reçu à l'écrit d'un concours, d'un examen. ◆ adj Valable, acceptable : *excuse admissible*.

**admission** nf **1.** Action d'admettre. **2.** Fait d'être admis.

**admonestation** nf LITT Avertissement solennel.

**admonester** vt LITT Faire une remontrance sévère.

**admonition** nf LITT Avertissement.

**ADN** nm (sigle de *acide désoxyribonucléique*) **1.** Constituant essentiel des chromosomes du noyau cellulaire. **2.** FIG Caractéristique fondamentale d'un entreprise, d'une marque : *l'ADN d'une maison de couture*.

**adolescence** nf Période de la vie entre la puberté et l'âge adulte.

**adolescent, e** n Personne qui est dans l'adolescence.

**adonis** [adɔnis] nm LITT Jeune homme remarquable par sa beauté.

**adonner (s')** vpr [à] Se livrer à une activité.

**adoptant, e** adj et n Qui adopte.

**adopté, e** adj et n Qui a fait l'objet d'une adoption.

**adopter** vt **1.** Prendre légalement pour fils ou pour fille. **2.** Faire sienne une manière de voir : *adopter un point de vue ;* prendre par choix, par décision : *adopter des mesures.* **3.** Approuver une loi, un texte par un vote.

**adoptif, ive** adj **1.** Qui a été adopté : *fils adoptif.* **2.** Qui a adopté : *mère adoptive*.

**adoption** nf Action d'adopter.

**adorable** adj Dont le charme est extrême ; délicieux, charmant.

**adorablement** adv De façon adorable.

**adorateur, trice** n Qui adore.

**adoration** nf **1.** Action d'adorer. **2.** Affection, amour extrêmes.

**adorer** vt **1.** Rendre un culte à un dieu. **2.** Aimer avec passion.

**adosser** vt [à, contre] Appuyer à, contre. ◆ **s'adosser** vpr [à, contre] S'appuyer à, contre quelque chose.

**adoubement** nm HIST Action d'adouber.

**adouber** vt Au Moyen Âge, remettre solennellement ses armes au nouveau chevalier.

**adoucir** vt **1.** Rendre plus doux : *adoucir la peau.* **2.** FIG Rendre moins pénible, plus supportable : *adoucir un chagrin, le caractère.* ■ **adoucir l'eau :** la débarrasser du calcaire qu'elle peut renfermer. ◆ **s'adoucir** vpr Devenir plus doux : *le temps s'adoucit*.

**adoucissant, e** adj et nm Qui adoucit, rend plus doux (l'eau, la peau, les textiles).

**adoucissement** nm Action d'adoucir, de s'adoucir.

**adoucisseur** nm Appareil servant à adoucir l'eau.

**ad patres** [adpatrɛs] loc adv ■ FAM **envoyer ad patres :** tuer.

**adragante** adj f ■ **gomme adragante :** substance extraite d'un arbrisseau épineux, utilisée en pharmacie et dans l'industrie.

**adrénaline** nf Hormone qui accélère le rythme cardiaque et augmente la pression artérielle. ■ FIG **poussée d'adrénaline :** vif accès de colère ou d'enthousiasme : *son arrogance m'a donné une poussée d'adrénaline*.

**1. adresse** nf **1.** Indication du domicile de quelqu'un. **2.** INFORM Localisation codée d'une information dans une mémoire électronique.

**2. adresse** nf **1.** Habileté dans les mouvements du corps. **2.** Finesse d'esprit.

**adresser** vt Envoyer, faire parvenir. ■ **adresser la parole à qqn :** lui parler. ◆ **s'adresser** vpr [à] **1.** Parler à qqn. **2.** Avoir recours à qqn. **3.** Être destiné à : *ce sport s'adresse à tous*.

**adret** nm Versant d'une vallée exposé au soleil. CONTR : ubac.

**adroit, e** adj **1.** Qui fait preuve d'adresse ; habile : *adroit de ses mains.* **2.** Qui marque de l'intelligence, de l'habileté : *politique adroite*.

**adroitement** adv Avec adresse, habileté.

**ADSL** nm (sigle de *asymmetric digital subscriber line*) Réseau large bande sur une ligne de téléphone, dédié à la transmission de données multimédias et audiovisuelles.

**adulateur, trice** adj et n LITT Qui flatte bassement.

**adulation** nf LITT Flatterie excessive.

**aduler** vt LITT Adorer passionnément.

**adulescence** nf Phénomène générationnel caractérisant les adulescents ; période de la vie où s'observe ce phénomène.

**adulescent, e** n et adj Jeune adulte qui continue à avoir un comportement comparable à celui qu'ont généralement les adolescents.

**adulte** adj Parvenu au terme de sa croissance : *ours, arbre adulte.* ◆ n Personne parvenue à sa maturité physique, intellectuelle et affective.

**adultération** nf VIEILLI Falsification.

**adultère** adj et n Qui viole la fidélité conjugale. ◆ nm Violation du devoir de fidélité conjugale.

**adultérer** vt (conj 10) VIEILLI Falsifier, altérer.

**adultérin, e** adj Né de l'adultère.

**advenir** vi (conj 22 ; auxil : *être*) Arriver par accident. ▪ **advienne que pourra :** peu importent les conséquences.

**adventice** adj **1.** Qui vient accidentellement, accessoirement. **2.** Qui croît sans avoir été semé : *plante adventice.*

**adventif, ive** adj BOT Se dit d'un organe qui se forme en un point anormal de la plante : *racine adventive.*

**adventiste** n et adj Membre d'un mouvement évangélique mondial qui attend un second avènement du Messie.

**adverbe** nm GRAMM Mot invariable dont la fonction est de modifier le sens d'un verbe, d'un adjectif ou d'un autre adverbe.

**adverbial, e, aux** adj Qui tient de l'adverbe : *locution adverbiale.*

**adverbialement** adv Comme adverbe.

**adversaire** n Personne qu'on affronte dans un combat, un conflit, un jeu ; rival.

**adverse** adj Contraire, opposé, hostile. ▪ DR **partie adverse :** contre laquelle on plaide.

**adversité** nf LITT Sort contraire ; malheur.

**ad vitam aeternam** loc adv Expression latine signifiant « pour toujours ».

**aède** nm Poète de la Grèce ancienne.

**aérateur** nm Appareil permettant l'aération d'une pièce.

**aération** nf **1.** Action d'aérer. **2.** Dispositif permettant d'aérer un local.

**aéré, e** adj Qui est ventilé, où l'air circule : *maison aérée.* ▪ **centre aéré :** organisme qui propose des activités de plein air aux jeunes enfants pendant les vacances.

**aérer** vt **1.** Renouveler l'air de : *aérer une pièce.* **2.** Exposer à l'air : *aérer un lit.* **3.** FIG Rendre moins dense : *aérer un texte.* ◆ **s'aérer** vpr Prendre l'air : *ça fait du bien de s'aérer.*

**aérien, enne** adj **1.** Qui se passe dans l'air : *phénomène aérien.* **2.** Qui concerne l'aviation, les avions : *base aérienne.* **3.** LITT Léger comme l'air : *grâce aérienne.*

**aérobic** nf Gymnastique basée sur l'activation de la respiration par des mouvements rapides exécutés en musique.

**aérobie** adj et nm Se dit d'un micro-organisme qui ne se développe qu'en présence d'air ou d'oxygène. CONTR : anaérobie.

**aéro-club** (pl *aéro-clubs*) nm Club pour l'apprentissage et la pratique en amateur de l'aviation.

**aérodrome** nm Terrain aménagé pour le décollage et l'atterrissage des avions.

VOCABULAIRE Il ne faut pas confondre *aéro-*, « air », avec *aréo-*, « densité ».

**aérodynamique** adj **1.** Qui a trait à la résistance de l'air. **2.** Qui est spécialement conçu pour offrir peu de résistance à l'air : *carrosserie aérodynamique.* ◆ nf Science qui étudie les phénomènes provoqués par l'air ou les gaz sur les corps solides en mouvement.

**aérofrein** nm Sur un avion, volet augmentant le freinage.

**aérogare** nf Dans un aéroport, ensemble des bâtiments réservés aux voyageurs et aux marchandises.

**aéroglisseur** nm Véhicule terrestre ou marin qui glisse sur un coussin d'air injecté sous lui.

**aérogramme** nm Lettre affranchie à tarif forfaitaire et expédiée par avion.

**aéromodélisme** nm Construction des modèles réduits d'avions.

**aéronautique** adj Relatif à la navigation aérienne. ◆ nf **1.** Science de la navigation aérienne. **2.** Technique de la construction des avions.

**aéronaval, e, als** adj Relatif à la fois à l'aviation et à la marine.

**aéronef** nm Tout appareil capable de s'élever dans les airs.

**aérophagie** nf Déglutition d'air dans l'estomac.

**aéroplane** nm VIEILLI Avion.

**aéroport** nm Ensemble des installations aménagées pour le trafic aérien.

**aéroporté, e** adj **1.** Transporté par voie aérienne puis parachuté : *division aéroportée.* **2.** Qui peut se transmettre par voie aérienne (toux, respiration, etc.) : *maladie aéroportée.*

**aéropostal, e, aux** adj Relatif à la poste aérienne.

**aéroréfrigérant, e,** adj et n Se dit d'un appareil ou d'une installation permettant, au contact de l'air, de refroidir l'eau réchauffée par une source d'énergie.

**aérosol** nm Récipient contenant un liquide ou un gaz sous pression et permettant de le projeter sous forme de fines particules.

**aérospatial, e, aux** adj Relatif à la fois à l'aéronautique et à l'astronautique.

**aérostat** nm Appareil rempli d'un gaz plus léger que l'air, pouvant s'élever dans l'atmosphère ; ballon.

**aérostatique** nf Étude des lois de l'équilibre de l'air et des gaz.

**aérotransporté, e** adj Transporté par voie aérienne et déposé au sol.

**affabilité** nf Politesse, courtoisie.

**affable** adj Aimable, courtois, accueillant.

**affabulation** nf Manière fantaisiste ou même mensongère de présenter les faits.

**affabuler** vi Se livrer à une affabulation.

**affadir** vt Rendre fade, sans saveur.

**affadissement** nm État de ce qui devient fade.

**affaiblir** vt Rendre faible. ◆ **s'affaiblir** vpr Devenir faible ou plus faible : *le malade s'affaiblit ; le sens de ce mot s'est affaibli.*

**affaiblissement** nm **1.** Fait de s'affaiblir. **2.** État de ce qui est affaibli, d'une personne affaiblie.

**affaire** nf **1.** Ce qui est à faire ; occupation. **2.** Ce qui concerne qqn : *c'est mon affaire.* **3.** Question, problème : *affaire d'argent, de cœur.* **4.** Procès, scandale, litige : *une affaire embrouillée.* **5.** Transaction, marché : *conclure une affaire.* **6.** Entreprise commerciale ou industrielle : *diriger une affaire.* ■ **avoir affaire à qqn :** (a) être en rapport avec lui (b) devoir lui rendre des comptes. ❑ **j'en fais mon affaire :** je m'en charge. ❑ **faire l'affaire :** convenir. ❑ **se tirer d'affaire :** se procurer une position honorable, sortir d'un mauvais pas. ◆ **affaires** pl **1.** Ce qui fait l'objet d'une gestion publique : *les affaires municipales, de l'État.* **2.** Activité commerciale, industrielle, financière : *être dans les affaires.* **3.** Objets usuels, vêtements : *ranger ses affaires.* ■ **Affaires étrangères :** tout ce qui concerne la politique extérieure : *le ministère des Affaires étrangères.* ❑ **homme, femme d'affaires :** qui travaille dans le milieu des affaires.

VOCABULAIRE Il faut distinguer *avoir affaire à* ou *avec qqn* et *avoir à faire son lit.*

**affairé, e** adj Qui a ou paraît avoir beaucoup à faire ; occupé.

**affairement** nm État d'une personne affairée.

**affairer (s')** vpr S'empresser, s'activer.

**affairisme** nm Tendance à tout subordonner aux affaires d'argent.

**affairiste** n Homme ou femme d'affaires sans scrupules.

**affaissement** nm Tassement, éboulement : *affaissement de terrain.*

**affaisser** vt Faire s'effondrer, baisser sous la charge. ◆ **s'affaisser** vpr Se tasser, s'effondrer.

**affaler** vt MAR Faire descendre : *affaler une voile.* ◆ **s'affaler** vpr FAM Se laisser tomber : *s'affaler dans un fauteuil.*

**affamé, e** adj et n Qui a très faim.

**affamer** vt **1.** Faire souffrir de la faim. **2.** Priver de vivres. **3.** Donner un grand appétit : *la promenade nous a affamés.*

**affectation** nf **1.** Destination, attribution : *affectation d'une somme.* **2.** Désignation à un poste, une formation militaire. **3.** Manque de naturel dans la manière d'agir.

**affecté, e** adj Non naturel ; recherché : *manières affectées.*

**affecter** vt **1.** Destiner à un usage déterminé : *affecter des fonds aux sinistrés.* **2.** Désigner quelqu'un à un poste, une formation militaire. **3.** Montrer ostensiblement un sentiment que l'on n'éprouve pas : *affecter l'indifférence.* **4.** Émouvoir : *cette nouvelle l'a beaucoup affecté.* **5.** Toucher : *maladie qui affecte le cœur.* ◆ **s'affecter** vpr [de] SOUT Être touché, peiné.

**affectif, ive** adj Qui relève des sentiments, de la sensibilité.

**affection** nf **1.** Attachement, tendresse. **2.** MÉD État maladif : *affection nerveuse.*

**affectionné, e** adj Aimé, dévoué.

**affectionner** vt SOUT Avoir un goût particulier pour quelque chose, de l'affection pour quelqu'un.

**affectivité** nf Ensemble des phénomènes affectifs (émotions, sentiments, etc.).

**affectueusement** adv D'une manière affectueuse ; tendrement.

**affectueux, euse** adj Plein d'affection, tendre : *caractère affectueux.*

**afférent, e** adj **1.** Qui revient à quelqu'un : *part afférente à un héritier.* **2.** ANAT Qui apporte un liquide à un organe : *vaisseaux afférents.*

**affermage** nm Action d'affermer.

**affermer** vt Louer à ferme ou à bail : *affermer une propriété.*

**affermir** vt Rendre ferme : *affermir les muscles ;* FIG consolider : *affermir son autorité.*

**affermissement** nm Action d'affermir ; son résultat.

**afféterie** nf LITT Manières affectées, prétentieuses.

**affichage** nm Action d'afficher ; son résultat : *affichage du score ; affichage numérique.*

**affiche** nf Avis officiel ou publicitaire placardé dans un lieu public. ■ **à l'affiche :** se dit d'un spectacle, d'un film représenté, projeté actuellement : *ce film est à l'affiche depuis des mois.* ❑ **tête d'affiche :** (a) artiste mentionné en premier sur l'affiche d'un spectacle, d'un film (b) FIG personne de premier plan ; vedette : *les têtes d'affiche d'un parti politique.*

**afficher** vt **1.** Poser une affiche. **2.** FIG Rendre public, étaler : *afficher une liaison.* **3.** Montrer au moyen d'un écran, d'une affiche, d'un tableau. ◆ **s'afficher** vpr Se montrer ostensiblement : *s'afficher avec quelqu'un.*

**affichette** nf Petite affiche.

**afficheur, euse** n Personne qui pose ou fait poser des affiches.

**affichiste** n Créateur d'affiches publicitaires.

**affilage** nm Action d'affiler.

**affilé, e** adj Aiguisé, tranchant.

**affilée (d')** loc adv Sans s'arrêter, sans discontinuer.

**affiler** vt Aiguiser.

**affiliation** nf Association à une corporation, à un parti, à la Sécurité sociale, etc.

**affilié, e** adj et n Qui appartient à une organisation, à un organisme, à la Sécurité sociale.

**affilier (s')** vpr [à] Se joindre, s'inscrire comme adhérent à : *s'affilier à un parti.*

**affinage** nm Action d'affiner ; son résultat.

**affiner** vt **1.** Rendre plus pur : *affiner de l'or.* **2.** Rendre plus fin, plus subtil : *affiner son goût.* ■ **affiner un fromage :** le laisser mûrir.

**affineur, euse** n Personne qui affine les métaux, les fromages.

**affinité** nf **1.** Ressemblance, conformité : *affinité de goûts.* **2.** CHIM Tendance d'un corps à se combiner avec d'autres.

**affirmatif, ive** adj Qui affirme.

**affirmation** nf **1.** Action d'affirmer. **2.** Énoncé par lequel on affirme quelque chose.

**affirmative** nf ■ **répondre par l'affirmative :** donner une réponse positive, approuver. ❑ **dans l'affirmative :** dans le cas d'une réponse positive.

**affirmativement** adv De façon affirmative : *répondre affirmativement.*

**affirmer** vt **1.** Assurer, soutenir qu'une chose est vraie. **2.** Manifester, prouver : *affirmer sa personnalité.*

**affixe** nm LING Préfixe ou suffixe.

**affleurement** nm Action, fait d'affleurer.

**affleurer** vi Apparaître à la surface. ◆ vt Être au niveau de, toucher.

**affliction** nf SOUT Chagrin vif, douleur profonde.

**affligeant, e** adj Qui cause de l'affliction.

**affliger** vt (conj 2) Causer du chagrin à ; navrer, consterner, désoler. ◆ **s'affliger** vpr [de] SOUT Éprouver un grand chagrin du fait de quelque chose.

**affluence** nf Grand nombre de personnes présentes en un même lieu.

**affluent** nm Cours d'eau qui se jette dans un autre.

**affluer** vi **1.** Couler vers un même point : *le sang afflue au cœur.* **2.** Arriver en grand nombre : *les visiteurs affluent.*

**afflux** nm Arrivée soudaine et en quantité : *afflux de touristes, de sang.*

**affolant, e** adj Qui trouble la raison, provoque une vive émotion.

**affolé, e** adj Rendu comme fou par la passion, la terreur, etc.

**affolement** nm État d'une personne affolée.

**affoler** vt Faire perdre son sang-froid à quelqu'un ; bouleverser. ◆ **s'affoler** vpr Perdre la tête.

**affouage** nm Droit de prendre du bois dans les forêts d'une commune.

**affouragement** nm Distribution de fourrage aux bestiaux.

**affourager** vt (conj 2) Donner du fourrage aux bestiaux.

**affranchi, e** n et adj **1.** HIST Esclave libéré. **2.** FAM Personne libérée de tout préjugé, des conventions sociales et morales.

**affranchir** vt **1.** Rendre libre : *affranchir un esclave.* **2.** Exempter d'une charge : *affranchir une propriété.* **3.** Payer le port d'un envoi au moyen de timbres-poste : *affranchir une lettre.* **4.** ARG Mettre au courant, initier. ◆ **s'affranchir** vpr [de] Se libérer de.

**affranchissement** nm Action d'affranchir ; son résultat.

**affres** nf pl LITT Angoisse : *les affres de la mort.*

**affrètement** nm Louage d'un navire, d'un avion.

**affréter** vt (conj 10) Prendre un navire, un avion en louage.

**affreusement** adv **1.** De façon affreuse. **2.** Extrêmement.

**affreux, euse** adj **1.** Qui provoque la peur, la douleur, le dégoût. **2.** Très laid. **3.** Désagréable, pénible.

**affriolant, e** adj Attirant, séduisant.

**affrioler** vt Attirer, allécher.

**affront** nm Injure publique, offense.

**affrontement** nm Action d'affronter, de s'affronter.

**affronter** vt Aborder de front, avec courage ; avoir pour adversaire : *affronter l'ennemi, un problème, le premier du classement.* ◆ **s'affronter** vpr S'opposer : *théories qui s'affrontent.*

**affubler** vt Habiller d'une manière bizarre, ridicule ; accoutrer.

**affût** nm **1.** Support d'un canon. **2.** Endroit où l'on se poste pour attendre le gibier. ■ **être à l'affût :** guetter l'occasion, le moment favorable, l'apparition de quelque chose.

**affûtage** nm Action d'affûter.

**affûter** vt Aiguiser un outil.

**affûteur** nm Ouvrier qui affûte.

**afghan, e** adj et n D'Afghanistan : *les Afghans.*

**aficionado** nm Amateur de courses de taureaux.

**afin que** loc conj ou **afin de** loc prép Marque l'intention, le but.

**a fortiori** [afɔrsjɔri] loc adv À plus forte raison.

**africain, e** adj et n De l'Afrique : *les Africains.*

**africanisme** nm Particularité de langage propre au français parlé en Afrique.

**africaniste** n Spécialiste des langues et des civilisations africaines.

**afrikaans** [afrikɑ̃s] nm Langue néerlandaise parlée en Afrique du Sud.

**afrikaner** ou **afrikaander** [afrikandɛr] n Personne parlant l'afrikaans, en Afrique du Sud.

**afro** adj inv Se dit d'une coupe de cheveux frisés formant une masse volumineuse autour du visage.

**afro-américain, e** (pl *afro-américain, es*) adj et n Qui est d'origine africaine, aux États-Unis.

**after** [aftœr] nm Réception, fête organisée après la fermeture des établissements ouverts la nuit.

**after-shave** [aftœrʃɛv] nm inv Lotion après-rasage.

**AFU** [afy] nm inv (sigle de *aide* ou *assistance au freinage d'urgence*) AUTOM Système qui, en cas d'urgence, amplifie la force de freinage.

**AG** nf (sigle de *assemblée générale*) FAM Réunion de tous les membres d'une association, d'une entreprise pour prendre des décisions.

**agaçant, e** adj Qui agace.

**agacement** nm Irritation, impatience.

**agacer** vt (conj 1) **1.** Causer de l'irritation, énerver. **2.** Taquiner.

**agacerie** nf Mine, parole, regard visant à essayer de séduire.

**agami** nm Oiseau d'Amérique du Sud, de la taille d'un coq.

**agapes** nf pl Repas copieux et joyeux entre amis : *faire des agapes*.

**agar-agar** (pl *agars-agars*) nm Sorte de glu extraite d'une algue marine d'Extrême-Orient.

**agaric** nm Champignon comestible à chapeau et à lamelles.

**agate** nf Variété de calcédoine, de couleurs vives et variées.

**agave** nm Plante des régions chaudes fournissant des fibres textiles.

**âge** nm **1.** Période déterminée de la vie ; temps écoulé depuis la naissance : *jeune âge ; âge avancé ; à l'âge de vingt ans ; âge mûr.* **2.** Vieillesse : *les effets de l'âge.* **3.** Époque, période de l'histoire : *l'âge du bronze.* ■ **entre deux âges :** ni jeune ni vieux. ❑ **le troisième âge :** l'âge de la retraite.

ORTHOGRAPHE On écrit avec une minuscule : *âge du fer ;* avec une majuscule : *Moyen Âge.*

**âgé, e** adj **1.** Qui a tel âge : *être âgé de vingt ans.* **2.** Vieux : *personnes âgées.*

**agence** nf **1.** Entreprise commerciale : *agence de voyages, de publicité.* **2.** Succursale d'une banque. **3.** Organisme administratif : *Agence nationale pour l'emploi.*

**agencement** nm Arrangement, disposition.

**agencer** vt (conj 1) Combiner, arranger.

**agenda** [aʒɛ̃da] nm **1.** Carnet pour inscrire jour par jour ce qu'on doit faire. **2.** FIG Ensemble des choses que l'on doit faire ; emploi du temps. ■ **agenda électronique :** ordinateur de poche assurant les fonctions d'agenda et de carnet d'adresses. SYN : organiseur.

**agenouillement** nm Action de s'agenouiller.

**agenouiller (s')** vpr Se mettre à genoux.

**agent** nm **1.** Tout ce qui agit, produit un effet : *agent d'érosion ; agents pathogènes.* **2.** Personne chargée de gérer, d'administrer pour le compte d'autrui : *agent d'assurances ; agent de change.* **3.** Intermédiaire entre un artiste, un auteur, etc., et les maisons, les organismes susceptibles de l'employer. ■ **agent de police** ou **agent :** fonctionnaire de police subalterne en uniforme. ❑ **agent de maîtrise :** salarié au statut intermédiaire entre celui d'ouvrier et celui de cadre. ❑ GRAMM **complément d'agent :** complément du verbe passif introduit par *par* ou *de*.

**agglomérat** nm **1.** Agrégat naturel de substances minérales. **2.** Assemblage de personnes ou de choses, plus ou moins disparates.

**agglomération** nf **1.** Ensemble d'une ville et de ses banlieues. **2.** Action d'agglomérer. **3.** État de ce qui est aggloméré.

**aggloméré** nm **1.** Élément de construction préfabriqué en béton. **2.** Bois obtenu par l'agglomération de copeaux et de sciure mêlés à de la colle. **3.** Briquette de combustible en poudre agglomérée.

**agglomérer** vt (conj 10) Réunir en une masse compacte : *agglomérer du sable et du ciment.*

**agglutination** nf Action d'agglutiner, de s'agglutiner.

**agglutiner** vt Réunir en une masse compacte. ◆ **s'agglutiner** vpr Se réunir en une masse compacte : *la foule s'agglutine sur la place.*

**aggravant, e** adj Qui aggrave : *circonstances aggravantes.*

**aggravation** nf Action d'aggraver ; fait de s'aggraver.

**aggraver** vt Rendre plus grave, plus pénible. ◆ **s'aggraver** vpr Devenir plus grave, empirer.

**agile** adj **1.** Qui a une grande facilité à se mouvoir ; souple. **2.** Qui comprend vite : *esprit agile.*

**agilement** adv Avec agilité.

**agilité** nf **1.** Légèreté, souplesse. **2.** Vivacité intellectuelle.

**agio** [aʒjo] nm (surtout au pluriel) Ensemble des frais retenus par une banque pour la rémunération de certaines opérations.

**agiotage** nm Spéculation excessive.

**agir** vi **1.** Faire quelque chose : *trop tard pour agir.* **2.** Produire un effet : *le médicament agit.* **3.** Se comporter : *agir honnêtement.* **4.** Intervenir : *agir auprès de.* ◆ **s'agir** vpr impers ■ **il s'agit de :** (a) il est question de (b) il est nécessaire de. ❑ **s'agissant de :** à propos de.

**agissant, e** adj Très actif, efficace.

**agissements** nm pl Façons d'agir plus ou moins troubles.

**agitateur, trice** n Personne qui cherche à provoquer des troubles.

**agitation** nf **1.** Mouvement désordonné. **2.** FIG Inquiétude, trouble, excitation. **3.** Mouvement de contestation.

**agité, e** adj et n **1.** Animé de mouvements rapides et irréguliers : *mer agitée.* **2.** Qui manifeste une excitation, une anxiété, un mécontentement : *malade, sommeil agité.*

**agiter** vt **1.** Remuer, secouer en tous sens. **2.** Causer une vive inquiétude ; exciter.

**agneau** nm Petit de la brebis ; chair, fourrure, cuir de cet animal. ■ **doux comme un agneau :** d'un caractère très doux.

**agnelage** nm **1.** Action de mettre bas, en parlant d'une brebis. **2.** Époque où une brebis met bas.

**agnelet** nm Petit agneau.

**agnelle** nf Agneau femelle.

**agnosticisme** nm Doctrine qui déclare l'absolu inaccessible à l'esprit humain, et la métaphysique inutile.

**agnostique** [agnɔstik] adj et n Qui appartient à l'agnosticisme ; qui le professe.

**agonie** nf **1.** Moment qui précède immédiatement la mort. **2.** FIG Fin, déclin : *l'agonie d'un monde.*

**agonir** vt ■ LITT **agonir quelqu'un d'injures :** l'en accabler.

CONJUGAISON Le participe passé de *agonir* est *agoni : il l'a agoni d'injures.* Il ne faut pas le confondre avec celui de *agoniser : agonisé.*

**agonisant, e** adj et n Qui est à l'agonie.

**agoniser** vi Être à l'agonie.

**agora** nf Principale place publique, dans les villes de la Grèce ancienne.

**agoraphobie** nf Crainte pathologique des larges espaces, des lieux publics.

**agouti** nm Mammifère rongeur de l'Amérique du Sud, de la taille d'un lièvre.

**agrafage** nm Action d'agrafer.

**agrafe** nf **1.** Pièce de métal permettant d'attacher plusieurs papiers ensemble. **2.** Crochet de métal qui joint les bords opposés d'un vêtement. **3.** Petite lame de métal servant à suturer les plaies. **4.** Crampon utilisé en maçonnerie pour rendre les matériaux solidaires.

**agrafer** vt Attacher avec une agrafe : *agrafer un manteau.*

**agrafeuse** nf Appareil servant à fixer avec des agrafes.

**agraire** adj Relatif aux terres, à l'agriculture.

**agrandir** vt Rendre plus grand, développer : *agrandir une maison, une photo.* ◆ **s'agrandir** vpr **1.** En parlant de quelque chose, devenir plus grand. **2.** Se développer : *une entreprise qui s'agrandit.* **3.** Étendre son logement ou en prendre un plus vaste.

**agrandissement** nm **1.** Accroissement, extension. **2.** PHOT Épreuve agrandie.

**agrandisseur** nm Appareil pour les agrandissements photographiques.

**agréable** adj Qui plaît, qui charme : *une ville, une personne agréable.*

**agréablement** adv De façon agréable.

**agréé, e** adj Qui a obtenu l'agrément d'une autorité : *fournisseur agréé.*

**agréer** vt Recevoir favorablement, accepter : *agréer une demande.* ■ **veuillez agréer mes salutations distinguées :** formule de politesse pour terminer un courrier. ◆ vt ind [à] LITT Plaire.

**agrégat** nm Réunion d'éléments juxtaposés ; assemblage.

**agrégatif, ive** n Personne qui prépare l'agrégation.

**agrégation** nf Concours pour le recrutement des professeurs de lycée ainsi que des professeurs de droit, de sciences économiques, de médecine et de pharmacie dans l'enseignement supérieur.

**agrégé, e** n Titulaire de l'agrégation.

**agréger** vt (conj 2 et 10) Réunir en un tout, une masse. ◆ **s'agréger** vpr [à] Se joindre à.

**agrément** nm **1.** Approbation, consentement : *donner son agrément.* **2.** Qualité par laquelle quelque chose plaît : *maison pleine d'agrément.* ■ **d'agrément :** destiné au plaisir : *voyage d'agrément.*

**agrémenter** vt Orner.

**agrès** nm pl **1.** Appareils de gymnastique. **2.** VX, LITT Tout ce qui sert à la manœuvre d'un navire.

**agresser** vt **1.** Attaquer, commettre une agression sur : *agresser un passant.* **2.** Provoquer quelqu'un par ses paroles ou par son comportement. **3.** Constituer une agression : *bruits qui agressent.*

**agresseur, euse** n Personne qui attaque, commet une agression.

**agressif, ive** adj **1.** Se dit d'une personne querelleuse, violente. **2.** Qui a un caractère d'agression : *ton agressif.*

**agression** nf Attaque brutale et soudaine, non provoquée.

**agressivement** adv De façon agressive.

**agressivité** nf Caractère agressif.

**agreste** adj LITT Rustique, champêtre.

**agricole** adj Qui concerne, qui se consacre à l'agriculture : *produit, exploitation, machine agricole ; population agricole.*

**agriculteur, trice** n Personne qui cultive la terre.

**agriculture** nf Culture du sol.

**agripper** vt Saisir, prendre vivement, en s'accrochant. ◆ **s'agripper** vpr [à] S'accrocher fermement à.

**agritourisme** nm Ensemble des espaces et des activités proposés aux touristes dans les exploitations agricoles.

**agroalimentaire** adj ■ **l'industrie agroalimentaire** ou **l'agroalimentaire** nm : industrie de transformation des produits agricoles.

**agrocarburant** nm Biocarburant issu de la filière agricole.

**agrochimie** nf Partie de l'industrie chimique qui fabrique des produits pour l'agriculture.

**agro-industrie** (pl *agro-industries*) nf Ensemble des industries dont l'agriculture est le fournisseur ou le débouché.

**agronome** n Qui enseigne ou pratique l'agronomie.

**agronomie** nf Science de l'agriculture.

**agronomique** adj Relatif à l'agronomie.

**agrume** nm Fruit tel que l'orange, le citron, le pamplemousse, etc.

**aguerrir** vt Habituer à soutenir des combats, des épreuves pénibles ; endurcir. ◆ **s'aguerrir** vpr S'endurcir : *il s'est aguerri contre la faim.*

**aguets** nm pl ■ **être aux aguets** : épier, être sur ses gardes.

**aguichant, e** adj Qui aguiche : *regard aguichant.*

**aguicher** vt Attirer, provoquer, chercher à séduire.

**aguicheur, euse** adj et n Se dit d'une personne qui aguiche et de son comportement.

**ah** interj Marque les impressions vives (joie, douleur, etc.).

**ahaner** vi Respirer bruyamment au cours d'un effort.

**ahuri, e** adj Stupéfait, abasourdi, étonné.

**ahurir** vt Troubler, étourdir, stupéfier.

**ahurissant, e** adj Stupéfiant, étonnant.

**ahurissement** nm **1.** État d'une personne ahurie. **2.** Stupéfaction.

**aï** [ai] nm ZOOL Paresseux.

**aidant, e** n Personne qui s'occupe d'une personne dépendante (âgée, malade ou handicapée).

**1. aide** nf **1.** Appui, secours, assistance : *appeler qqn à l'aide.* **2.** INFORM Assistance intégrée associée à un logiciel sous forme de pages de documentation. ■ **aide médicale de l'État (AME)** : en France, dispositif permettant aux étrangers en situation irrégulière d'accéder aux soins gratuits. ❑ **aide sociale** : système national de secours matériel ou financier aux personnes en difficulté. ◆ **à l'aide de** loc prép Grâce à, au moyen de.

**2. aide** n Personne qui aide, qui seconde quelqu'un dans un travail. ■ **aide de camp** : officier attaché à la personne d'un chef d'État, d'un général, etc.

**aide-mémoire** nm inv Abrégé de faits, de formules.

**aider** vt Secourir, assister. ◆ vt ind [à] Faciliter. ◆ **s'aider** vpr [de] Se servir de, utiliser.

**aide-soignant, e** (pl *aides-soignants, es*) n Personne chargée de donner des soins aux malades, et qui n'a pas le diplôme d'infirmier.

**aïe** interj Exprime la douleur.

**aïeul, e** n LITT Grand-père, grand-mère.

**aïeux** nm pl LITT Ancêtres.

**aigle** nm Oiseau rapace diurne de grande taille. ◆ nf **1.** Aigle femelle. **2.** Enseigne nationale ou militaire représentant un aigle.

**aiglefin** nm → **églefin.**

**aiglon, onne** n Petit de l'aigle.

**aigre** adj **1.** Acide, piquant : *vin aigre.* **2.** Criard, aigu : *voix aigre.* **3.** Blessant, désagréable : *paroles aigres.*

**aigre-doux, aigre-douce** adj **1.** À la fois acide et sucré : *sauce aigre-douce.* **2.** FIG Blessant, malgré une apparente douceur : *paroles aigres-douces.*

**aigrefin** nm LITT Homme indélicat, escroc.

**aigrelet, ette** adj Un peu aigre.

**aigrement** adv Avec aigreur.

**aigrette** nf **1.** Faisceau de plumes qui orne la tête de certains oiseaux. **2.** Panache d'un casque. **3.** ZOOL Sorte de héron.

**aigreur** nf **1.** Goût, caractère de ce qui est aigre. **2.** Sensation aigre dans la bouche ou l'estomac. **3.** FIG Amertume, animosité.

**aigri, e** adj et n Devenu amer, irritable après avoir subi des épreuves, des échecs.

**aigrir** vt **1.** Rendre aigre. **2.** FIG Rendre amer, irritable. ◆ vi ou **s'aigrir** vpr **1.** Devenir aigre. **2.** FIG Devenir irritable, méchant.

**aigu, ë** adj **1.** Terminé en pointe. **2.** FIG Clair et perçant : *voix aiguë.* **3.** Qui est à son paroxysme : *conflit aigu.* ■ **maladie aiguë** : qui apparaît brusquement et évolue rapidement.

**aigue-marine** (pl *aigues-marines*) nf Variété transparente de béryl dont la couleur bleu-vert évoque la mer.

**aiguière** nf Vase à anse et à bec.

**aiguillage** [egɥijaʒ] nm **1.** Dispositif mobile des rails permettant à un train de changer de voie ; manœuvre de ce dispositif. **2.** FIG Orientation.

**aiguille** [egɥij] nf **1.** Petite tige d'acier pointue, percée d'un trou, qui sert pour coudre. **2.** Petite tige effilée, souvent en métal, pour divers usages : *aiguille à tricoter ; l'aiguille aimantée de la boussole.* **3.** Partie verticale effilée d'un bâtiment : *aiguille de clocher.* **4.** Sommet pointu d'une montagne. **5.** BOT Feuille étroite des conifères : *aiguilles de pin.* **6.** Portion de rail mobile, servant à opérer les changements de voie. ■ **aiguille de mer** : orphie. ❑ **chercher une aiguille dans une botte, une meule de foin** : quelque chose d'introuvable. ❑ **de fil en aiguille** : en passant d'une chose à une autre.

**aiguillée** [egɥije] nf Longueur de fil enfilée sur une aiguille.

**aiguiller** [egɥije] vt **1.** Manœuvrer un aiguillage. **2.** Orienter, diriger : *aiguiller des recherches.*

**aiguillette** [egɥijɛt] nf **1.** Ornement militaire. **2.** CUIS Tranche de chair de volaille effilée. **3.** BOUCH Partie du romsteck.

**aiguilleur** [egɥijœr] nm Employé qui manœuvre les aiguilles sur une voie ferrée. ■ **aiguilleur du ciel** : contrôleur de la navigation aérienne.

**aiguillon** [egɥijɔ̃] nm **1.** Dard des abeilles, des guêpes. **2.** FIG Ce qui incite à l'action.

**aiguillonner** [egɥijɔne] vt FIG Stimuler, exciter.

**aiguisage** ou **aiguisement** nm Action d'aiguiser une arme, un outil.

**aiguiser** vt **1.** Rendre aigu, tranchant. **2.** FIG Exciter : *aiguiser l'appétit.*

**aiguiseur, euse** n Qui aiguise.

**aiguisoir** nm Outil servant à aiguiser.

**aïkido** nm Art martial.

**ail** [aj] (pl *aulx* ou *ails*) nm Plante potagère, dont le bulbe, constitué de plusieurs gousses, est utilisé comme condiment ; bulbe de cette plante.

**aile** nf **1.** Organe du vol chez les oiseaux, les chauves-souris, les insectes. **2.** Surface horizontale de portance d'un avion. **3.** Ce qui est contigu au corps principal d'un bâtiment : *les ailes d'un château.* **4.** Partie de la carrosserie d'une voiture placée au-dessus de chaque roue. **5.** Dans une formation politique, un groupe, ensemble de personnes manifestant une orientation qui s'éloigne de la ligne suivie : *l'aile radicale du gouvernement.* **6.** MIL Partie latérale d'une armée. **7.** SPORTS Extrémité de la ligne d'attaque d'une équipe. **8.** Chacun des châssis mobiles garnis de toile d'un moulin à vent. ■ **ailes du nez** : parois extérieures des narines. ❑ **battre de l'aile** : être en difficulté. ❑ **voler de ses propres ailes** : se passer de la protection d'autrui.

**ailé, e** adj Qui a des ailes.

**aileron** nm **1.** Extrémité de l'aile d'un oiseau. **2.** Nageoire : *aileron de requin.* **3.** Volet articulé placé à l'arrière d'une aile d'avion.

**ailette** nf TECHN Petite aile.

**ailier, ère** n SPORTS Joueur placé à l'extrémité de la ligne d'attaque.

**ailler** [aje] vt Garnir, frotter d'ail.

**ailleurs** adv En un autre lieu : *aller ailleurs ; venir d'ailleurs.* ■ **aller voir ailleurs** : tromper son conjoint. ❑ **avoir la tête ailleurs** ou **être ailleurs** : penser à autre chose qu'à ce qu'on fait. ❑ **d'ailleurs** : (a) du reste : *je n'aime pas ça, et elle non plus, d'ailleurs* (b) à propos : *tiens, d'ailleurs, je l'ai vu hier.* ❑ **par ailleurs** : d'un autre côté, en outre.

**ailloli** ou **aïoli** nm Sauce à l'ail finement pilé avec de l'huile d'olive.

**aimable** adj Qui cherche à être agréable, courtois ; gentil, bienveillant.

**aimablement** adv Avec amabilité.

**1. aimant** nm Morceau d'acier qui attire le fer.

**2. aimant, e** adj Porté à aimer.

**aimantation** nf Action d'aimanter.

**aimanter** vt Communiquer à un corps la propriété de l'aimant, rendre magnétique.

**aimer** vt **1.** Avoir de l'amour, de l'affection, de l'attachement pour qqn ou qqch. **2.** Avoir du goût, de l'intérêt pour : *aimer le chocolat, le football.* **3.** En parlant des plantes, se développer particulièrement bien quelque part : *plante qui aime le soleil.* **4.** (au conditionnel) Avoir envie de : *il aimerait partir en vacances.* ■ **aimer mieux, autant** : préférer.

**aine** nf Partie du corps à la jonction de la cuisse et du bas-ventre.

**aîné, e** adj et n **1.** Né le premier : *fils aîné.* **2.** Plus âgé qu'un autre : *je suis son aîné de trois ans.* ◆ n (surtout au pl) Personne âgée : *la société se doit de protéger ses aînés.*

**aînesse** nf Priorité d'âge entre frères et sœurs.

**ainsi** adv **1.** De cette façon : *ainsi soit-il.* **2.** LITT De même. ■ **pour ainsi dire** : s'utilise pour atténuer une expression : *d'une valeur pour ainsi dire nulle.* ◆ conj Par conséquent : *ainsi conclut-il que.* ◆ **ainsi que** loc conj **1.** Et : *je connais sa fille ainsi que son fils.* **2.** Comme : *ainsi que je l'ai expliqué.*

GRAMMAIRE Attention à l'accord du verbe selon que *ainsi que* signifie « et » ou « comme » : *Paris ainsi que Londres sont des capitales ; ton père, ainsi que ta mère, te fait confiance.*

**aïoli** nm → **ailloli.**

**1. air** nm **1.** Fluide gazeux qui forme l'atmosphère. **2.** Vent léger. ■ **en l'air** : en haut, au-dessus de la tête : *regarder en l'air.* ❑ TRÈS FAM **fiche, foutre en l'air** : (a) mettre à la poubelle (b) faire échouer. ❑ **il y a quelque chose dans l'air** : quelque chose va se passer. ❑ **l'air du temps** : les opinions et les comportements en vogue à une époque donnée. ❑ FAM **mettre, fiche en l'air** : en désordre. ❑ **le grand air** : l'air qu'on respire au-dehors. ❑ **paroles, promesses en l'air** : sans réalité. ❑ **prendre l'air** : aller se promener. ❑ **tête en l'air** : personne étourdie. ◆ **airs** pl Espace où se meuvent les oiseaux, les aéronefs, etc.

**2. air** nm **1.** Manière, façon. **2.** Expression des traits : *air triste.* **3.** Ressemblance : *air de famille.* ■ **avoir l'air** : paraître. ❑ **sans en avoir l'air** : en dépit de l'apparence. ◆ **airs** pl ■ **prendre de grands airs** : des manières hautaines.

GRAMMAIRE On écrit *elle a l'air reposée* (accord avec le sujet), mais *elle a un air reposé* (accord avec *air*).

**3. air** nm Suite de notes composant un chant ou une pièce instrumentale.

**airain** nm VX Alliage à base de cuivre ; bronze.

**airbag** nm Coussin qui se gonfle de gaz en cas de choc pour protéger les passagers à l'avant d'un véhicule.

**aire** nf **1.** Surface de terrain : *aire de jeux.* **2.** Nid des oiseaux de proie. **3.** FIG Domaine où s'étend l'action de quelqu'un : *aire d'influence.* **4.** GÉOM Mesure d'une surface limitée par des lignes.

**airelle** nf Petite baie rouge ou noire.

**aisance** nf **1.** Facilité dans les actions, les manières, le langage : *s'exprimer avec aisance.* **2.** Situation de fortune qui permet de vivre dans le confort. ■ VIEILLI **lieux, cabinets d'aisances** : destinés aux besoins naturels.

**1. aise** nf ■ **à l'aise** : sans peine. ❑ **en prendre à son aise** : ne pas se gêner, ne faire que ce qui plaît. ❑ **être mal à l'aise** : avoir un sentiment de gêne. ◆ **aises** pl Commodités de la vie, bien-être : *aimer ses aises.*

**2. aise** adj ■ LITT **être bien aise (de, que)** : être content.

**aisé, e** adj **1.** Facile. **2.** Fortuné.

**aisément** adv **1.** Facilement. **2.** Confortablement.

**aisseau** nm Planche mince de la couverture d'un toit.

**aisselle** nf Cavité au-dessous de la jonction du bras avec l'épaule.

**ajonc** [aʒɔ̃] nm Arbuste épineux à fleurs jaunes.

**ajouré, e** adj Percé, orné de jours, d'ouvertures : *drap ajouré.*

**ajourer** vt **1.** Orner avec des jours : *ajourer une étoffe.* **2.** Pratiquer des ouvertures : *ajourer une balustrade.*

**ajournement** nm Action d'ajourner, de renvoyer à une date ultérieure.

**ajourner** vt **1.** Renvoyer à une date ultérieure : *ajourner un rendez-vous.* **2.** Renvoyer à une autre session d'examen : *ajourner un candidat.*

VOCABULAIRE *Ajourner* ayant le sens de « remettre à plus tard », *ajourner à plus tard* est un pléonasme.

**ajout** nm Ce qu'on ajoute, notamment à un texte.

**ajouter** vt **1.** Joindre, mettre en plus : *ajouter une phrase dans un texte ; ajouter du sucre.* **2.** Dire en plus : *ajouter quelques mots.* ◆ **s'ajouter** vpr [à] Venir en plus : *à ce prix s'ajoutent les frais d'assurances.*

**ajustage** nm Action d'ajuster une pièce de machine.

**ajusté, e** adj Serré au buste et à la taille par des pinces.

**ajustement** nm Action d'ajuster, adaptation.

**ajuster** vt **1.** Adapter exactement : *ajuster un couvercle de boîte.* **2.** Resserrer un vêtement trop ample. **3.** MÉCAN Donner à une pièce la dimension exacte qu'elle doit avoir pour s'assembler avec une autre. **4.** Prendre pour cible : *ajuster un lièvre.* **5.** Arranger, disposer avec soin : *ajuster sa cravate.*

**ajusteur, euse** n Ouvrier, ouvrière qui réalise des pièces mécaniques.

**ajutage** nm Petit tuyau soudé à l'extrémité d'un tube d'écoulement à un orifice.

**akène** nm Fruit sec, au péricarpe non soudé à la graine.

**alabastrite** nf Variété de gypse.

**alacrité** nf LITT Entrain, enjouement.

**alaise** ou **alèse** nf Tissu placé sous le drap de dessous pour protéger le matelas.

**alambic** nm Appareil pour distiller.

**alambiqué, e** adj Raffiné jusqu'à être obscur, compliqué : *style alambiqué.*

**alanguir** vt Abattre l'énergie de, rendre mou.

**alanguissement** nm Fait d'être alangui.

**alarmant, e** adj Inquiétant, effrayant.

**alarme** nf **1.** Signal de la présence d'un danger. **2.** SOUT Vive inquiétude à l'approche d'un danger : *une chaude alarme.* ■ **donner l'alarme** : prévenir d'un danger.

**alarmer** vt Causer de l'inquiétude, de la frayeur. ◊ vpr : *inutile de s'alarmer.*

**alarmiste** adj et n Qui répand des nouvelles propres à inquiéter.

**albanais, e** adj et n De l'Albanie : *les Albanais.* ◆ nm Langue indo-européenne parlée en Albanie et au Kosovo.

**albâtre** nm **1.** Variété de gypse translucide. **2.** FIG Symbole de la blancheur.

**albatros** [albatros] nm Gros oiseau palmipède des mers australes.

**albigeois, e** adj et n De la ville d'Albi. ◆ nm pl HIST Cathares.

**albinisme** nm Anomalie caractérisée par la blancheur de la peau et des cheveux, ou des poils chez les animaux, et la rougeur des yeux.

**albinos** [albinos] adj et n Affecté d'albinisme.

**album** [albɔm] nm **1.** Cahier cartonné ou relié destiné à recevoir des timbres, des photographies, etc. **2.** Livre contenant un grand nombre d'illustrations : *album pour la jeunesse.* **3.** Disque.

**albumen** [albymɛn] nm **1.** Blanc d'un œuf. **2.** BOT Partie de la graine entourant l'embryon.

**albumine** nf Substance organique azotée, contenue dans le blanc d'œuf, le plasma, le lait.

**albuminé, e** adj BOT Qui contient de l'albumen.

**albuminurie** nf Présence d'albumine dans les urines.

**alcade** nm Maire, en Espagne.

**alcali** nm CHIM Substance dont les propriétés chimiques sont analogues à celles de la soude et de la potasse. ■ **alcali volatil :** ammoniaque.

**alcalimétrie** nf Détermination du titre d'une solution basique.

**alcalin, e** adj Relatif aux alcalis : *sel alcalin.*

**alcalinité** nf État alcalin.

**alcaloïde** nm Substance organique rappelant les alcalis par ses propriétés (morphine, nicotine).

**alcazar** nm Palais fortifié des rois maures d'Espagne.

**alchimie** nf Recherche de la transmutation des métaux en or à l'aide de la pierre philosophale.

**alchimique** adj Relatif à l'alchimie.

**alchimiste** n Personne qui pratique l'alchimie.

**alcool** [alkɔl] nm **1.** Liquide obtenu par la distillation du vin et d'autres liquides ou de jus fermentés : *alcool à 90°.* **2.** Toute boisson contenant de l'alcool. **3.** Liquide analogue obtenu par distillation de certains produits : *alcool méthylique.* ■ **alcool à brûler :** alcool additionné de méthylène servant de combustible.

**alcoolat** nm Résultat de la distillation de l'alcool sur une substance aromatique.

**alcoolémie** nf Présence d'alcool dans le sang : *taux d'alcoolémie.*

**alcoolique** adj Qui par nature contient de l'alcool : *boisson alcoolique.* ◆ adj et n Atteint d'alcoolisme.

**alcoolisation** nf **1.** Production, addition d'alcool dans les liquides. **2.** Consommation excessive d'alcool.

**alcoolisé, e** adj **1.** Qui contient de l'alcool, à quoi on a ajouté de l'alcool : *boisson alcoolisée.* **2.** Qui est sous l'emprise de l'alcool : *conducteur alcoolisé ;* où l'on consomme beaucoup d'alcool : *soirée alcoolisée.*

**alcooliser** vt Ajouter de l'alcool à.

**alcoolisme** nm Abus de boissons alcooliques ; dépendance, intoxication qui en résulte.

**alcoologie** nf Étude médicale de l'alcoolisme et des moyens de sa prévention.

**alcoomètre** nm Instrument servant à mesurer la teneur en alcool d'un liquide.

**alcoométrie** nf Détermination de la richesse en alcool d'un liquide.

**Alcotest** ou **Alcootest** nm (nom déposé) Appareil permettant d'évaluer l'imprégnation éthylique d'un sujet par la mesure de la teneur en alcool de l'air expiré.

**alcôve** nf Renfoncement dans le mur d'une chambre destiné à recevoir un ou des lits. ■ **secrets d'alcôve :** relatifs à l'intimité des liaisons amoureuses.

**alcyon** nm Oiseau de mer fabuleux de la mythologie grecque.

**aldéhyde** nm Liquide volatil dérivant d'un alcool par oxydation.

**al dente** [aldɛnte] loc adj inv et loc adv Se dit d'un aliment cuit de façon à rester ferme sous la dent.

**aléa** nm Chance, hasard ; (souvent au pluriel) risque : *les aléas du métier.*

**aléatoire** adj Hasardeux, incertain.

**aléatoirement** adv De façon aléatoire.

**alémanique** adj et n Qui appartient à la Suisse de langue allemande.

**alêne** nf Poinçon pour percer le cuir.

**alentour** adv Aux environs, tout autour.

**alentours** nm pl ■ **aux alentours** ou **dans les alentours :** aux environs, dans les environs. ❑ **aux alentours de :** approximativement.

**1. alerte** nf Alarme : *donner l'alerte.* ◆ interj Attention !

**2. alerte** adj Agile, vif.

**alertement** adv De façon alerte.

**alerter** vt **1.** Prévenir d'un danger ; donner l'alerte à. **2.** Attirer l'attention de : *fièvre, bruit qui alerte.*

**alésage** nm **1.** Action d'aléser. **2.** Diamètre intérieur d'un cylindre.

**alèse** nf → **alaise.**

**aléser** vt (conj 10) Mettre au diamètre l'intérieur d'un tube : *aléser un cylindre.*

**aleurone** nf Substance azotée de certaines graines.

**alevin** nm Jeune poisson, utilisé notamm. pour le repeuplement des étangs et des rivières.

**alevinage** nm Action d'aleviner.

**aleviner** vt Peupler d'alevins.

**alexandrin** nm Vers de douze syllabes.

**alezan, e** nm et adj Cheval dont la robe est fauve, jaune rougeâtre.

**alfa** nm Plante herbacée d'Afrique du Nord employée dans la fabrication des cordages, des semelles d'espadrilles, etc.

**algarade** nf Discussion vive et inattendue.

**algèbre** nf Science du calcul des grandeurs représentées par des lettres.

**algébrique** adj Relatif à l'algèbre.

**algébriquement** adv Suivant les règles de l'algèbre.

**algérien, enne** adj et n D'Algérie : *les Algériens.*

**algérois, e** adj et n D'Alger.

**algie** nf MÉD Douleur.

**algonkin** ou **algonquin** nm Famille de langues indiennes d'Amérique du Nord.

**algorithme** nm Procédé de calcul constitué d'une suite d'opérations.

**algothérapie** nf Traitement des maladies par les algues marines.

**algue** nf Plante aquatique sans racines ni vaisseaux.

**alias** [aljas] adv Autrement nommé.

**alibi** nm **1.** Preuve qu'au moment d'un crime ou d'un délit la personne accusée se trouvait ailleurs. **2.** Excuse quelconque.

**alidade** nf **1.** Règle graduée, portant un instrument de visée et permettant de mesurer un angle. **2.** Partie mobile d'un théodolite.

**alien** [aljɛn] n **1.** Être venu d'ailleurs ; extraterrestre. **2.** FIG Personne étrangère à un milieu.

**aliénable** adj DR Qui peut être aliéné.

**aliénant, e** adj Qui soumet à des contraintes.

**aliénation** nf **1.** DR Action d'aliéner. **2.** État d'asservissement ou de frustration.

**aliéné, e** n et adj VX Fou, folle.

**aliéner** vt (conj 10) **1.** DR Céder à un autre la propriété d'un bien, d'un droit. **2.** FIG Abandonner volontairement : *aliéner son indépendance.* ◆ **s'aliéner** vpr Détourner de soi : *s'aliéner les sympathies.*

**alignement** nm **1.** Action d'aligner, de s'aligner. **2.** Situation de plusieurs objets sur une ligne : *alignement de maisons.*

**aligner** vt **1.** Ranger en ligne : *aligner des élèves.* **2.** Énoncer dans un ordre cohérent : *aligner des faits.* **3.** Faire coïncider : *aligner le cours du dollar sur celui de l'euro.* ◆ **s'aligner** vpr **1.** Se ranger sur une même ligne. **2.** Se conformer à une autorité, se régler sur qqn.

**aligoté** nm et adj m Cépage blanc de Bourgogne ; vin qui en est issu : *bourgogne aligoté.*

**aliment** nm Tout ce qui sert de nourriture.

**alimentaire** adj **1.** Propre à servir d'aliment. **2.** Relatif à l'alimentation : *régime alimentaire.* ■ **complément alimentaire :** produit à base de vitamines, de minéraux, etc., destiné à compléter une alimentation carentielle. ❑ **pension alimentaire :** pension destinée à assurer la subsistance d'une personne et de sa famille.

**alimentation** nf **1.** Action de se nourrir. **2.** Approvisionnement.

**alimenter** vt **1.** Nourrir. **2.** Approvisionner : *alimenter une ville en eau.* ◆ **s'alimenter** vpr Se nourrir.

**alinéa** nm Ligne dont le premier mot est en retrait, annonçant le commencement d'un paragraphe ; texte compris entre deux de ces retraits.

**alise** nf Fruit rouge aigrelet de l'alisier.

**alisier** nm Arbre de la famille des rosacées, dont le bois sert en ébénisterie.

**alitement** nm Fait d'être alité.

**aliter** vt Faire garder le lit à. ◆ **s'aliter** vpr Garder le lit, par suite de maladie.

**alizé** adj m et nm Se dit des vents réguliers qui soufflent des hautes pressions subtropicales vers les basses pressions équatoriales.

**allaitement** nm Action d'allaiter.

**allaiter** vt Nourrir de son lait.

**allant** nm SOUT Entrain, ardeur.

**alléchant, e** adj **1.** Appétissant : *dessert alléchant.* **2.** Attirant, séduisant : *proposition alléchante.*

**allécher** vt (conj 10) **1.** Attirer par l'odeur ou la saveur. **2.** Séduire en laissant espérer quelque chose.

**allée** nf **1.** Passage étroit. **2.** Chemin bordé d'arbres. ■ **allées et venues :** déplacements de personnes en tous sens.

**allégation** nf **1.** Action d'alléguer. **2.** Affirmation, assertion.

**allégeance** nf Obligation de fidélité et d'obéissance à un souverain, une nation.

**allégement** nm Diminution de poids, de charge.

**allégé, e** adj Se dit d'un produit alimentaire dont on a diminué le taux de sucre ou de graisse : *yaourt allégé.*

**alléger** vt (conj 2 et 10) Rendre plus léger : *alléger un sac, une sauce, le programme scolaire.*

**allégorie** nf Expression d'une idée par une image, un tableau, un être vivant, etc. ;

œuvre littéraire ou artistique utilisant cette forme d'expression.

**allégorique** adj Qui appartient à l'allégorie : *figure allégorique.*

**allègre** adj Plein d'un entrain joyeux ; vif.

**allègrement** adv Gaiement ; avec entrain.

**allégresse** nf Grande joie.

**allegretto** adv MUS Moins vite qu' allegro.

**allégretto** nm Morceau de musique exécuté allegretto.

**allegro** adv MUS Vivement et gaiement.

**allégro** nm Morceau de musique exécuté allegro.

**alléguer** vt (conj 10) Mettre en avant, prétexter.

**alléluia** [aleluja] nm Mot hébreu signifiant « louez Dieu » et qui marque l'allégresse dans la liturgie juive et chrétienne.

**allemand, e** adj et n D'Allemagne : *les Allemands.* ◆ nm Langue du groupe germanique.

**1. aller** vi (conj 12 ; auxil : *être*) **1.** Se mouvoir d'un lieu à un autre : *aller à pied ; aller à Lyon ; aller voir un ami.* **2.** Mener, conduire : *cette route va à Paris.* **3.** Agir, se comporter : *aller vite dans son travail.* **4.** Marcher, fonctionner : *les affaires vont bien.* **5.** Se porter : *comment allez-vous ?* **6.** Convenir, être adapté : *ce pull te va bien.* ◆ auxil ■ **aller** (+ inf) : être sur le point de : *je vais partir.* ❑ **aller de soi** ou **aller sans dire** : c'est évident. ❑ **allons !, allez !, va !** : s'emploient pour encourager ou presser qqn. ❑ **il y va de** : il s'agit de : *il y va de sa vie.* ❑ **se laisser aller à** : s'abandonner à : *se laisser aller à la joie.* ❑ FAM **y aller fort** : exagérer. ◆ **s'en aller** vpr **1.** Quitter un lieu. **2.** Disparaître : *la tache ne s'en va pas.* **3.** LITT Mourir : *il s'en est allé.*

VOCABULAIRE On va *chez* le docteur, *chez* le coiffeur, mais on va *au* bureau, *à la* poste.

**2. aller** nm **1.** Trajet d'un endroit à un autre : *à l'aller ; des allers et retours.* **2.** Billet valable pour ce trajet : *un aller simple pour Caen.*

**allergène** nm Substance responsable d'une réaction de type allergique : *le pollen est un allergène.*

**allergénicité** nf Capacité d'une substance à provoquer une réaction allergique.

**allergie** nf **1.** Réaction anormale et excessive d'un individu particulièrement sensibilisé à une substance. **2.** FIG Hostilité.

**allergique** adj **1.** Relatif à l'allergie. **2.** FIG Réfractaire, hostile à : *allergique à la danse.*

**allergisant, e** adj Qui peut provoquer une allergie.

**allergologie** nf Discipline médicale qui étudie les mécanismes de l'allergie et les maladies allergiques.

**allergologue** n Médecin spécialisé en allergologie.

**aller-retour** (pl *allers-retours*) nm Trajet d'aller et de retour ; billet valable pour ce trajet.

**alleu** nm HIST Propriété héréditaire et exempte de toute redevance.

**alliacé, e** adj Qui évoque l'ail.

**alliage** nm Produit métallique résultant de l'incorporation d'éléments à un métal.

**alliance** nf **1.** Ligue, coalition entre États ou souverains. **2.** Union par mariage. **3.** Anneau de mariage. **4.** FIG Combinaison de plusieurs choses.

**allié, e** adj et n **1.** Uni par un traité d'alliance : *des pays alliés ; la victoire des alliés.* **2.** Uni par parenté, par mariage.

**allier** vt Mêler, combiner, unir. ◆ **s'allier** vpr [à, avec] S'unir, s'associer.

**alligator** nm Crocodile d'Amérique du Nord et de Chine.

**allitération** nf Répétition des mêmes sonorités à l'initiale de plusieurs syllabes ou mots.

**allô** interj Signale la présence d'un correspondant au téléphone.

**allocataire** n Personne qui perçoit une allocation.

**allocation** nf **1.** Action d'allouer, d'accorder une somme. **2.** Somme, chose allouée : *allocations familiales ; allocation chômage.*

**allocution** nf Discours bref.

**allogène** adj et n D'une autre origine que les autochtones : *peuples allogènes.*

**allonge** nf Longueur des bras chez un boxeur.

**allongé, e** adj **1.** Étiré, étendu en longueur. **2.** Couché : *rester allongé.* **3.** Qui exprime la déconvenue : *mine allongée.*

**allongement** nm Augmentation de longueur ou de durée : *l'allongement des jours.*

**allonger** vt (conj 2) **1.** Rendre plus long. **2.** Étendre : *allonger le bras.* ■ FAM **allonger un coup** : l'asséner. ❑ **allonger le pas** : marcher plus vite. ❑ **allonger une sauce** : y ajouter de l'eau ou du bouillon. ❑ FAM **allonger une somme** : la donner. ◆ vi Devenir plus long : *les jours allongent.* ◆ **s'allonger** vpr **1.** Devenir plus long : *la liste s'allonge.* **2.** S'étendre : *s'allonger dans l'herbe.*

**allopathie** nf Traitement des maladies avec des remèdes produisant des effets contraires à ceux de ces maladies (par opposition à *homéopathie*).

**allotropie** nf Propriété de certains corps, comme le carbone, de se présenter sous plusieurs aspects différents.

**allotropique** adj Qui résulte de l'allotropie.

**allouer** vt Accorder, attribuer un crédit, une indemnité, etc.

**allumage** nm **1.** Action d'allumer. **2.** Inflammation du mélange gazeux dans un moteur ; dispositif assurant cette inflammation.

**allumé, e** adj et n FAM **1.** Qui est un peu extravagant ; excentrique. **2.** Qui est passionné pour quelque chose : *une allumée de la vidéo.*

**allume-cigare** (pl *allume-cigares*) ou **allume-cigares** (pl inv) nm Dispositif pour allumer les cigarettes dans les automobiles.

**allume-feu** (pl *allume-feux*) ou **allume-feux** (pl inv) nm Matière combustible pour allumer le feu.

**allume-gaz** nm inv Petit appareil permettant d'allumer le gaz.

**allumer** vt **1.** Communiquer le feu à quelque chose. **2.** Répandre la lumière dans ; éclairer. **3.** Mettre un appareil en état de fonctionner : *allumer la télévision.* **4.** LITT, FIG Susciter : *allumer la discorde.* **5.** FAM Critiquer très vivement ; éreinter : *chanteur qui se fait allumer par la critique.* ◆ **s'allumer** vpr **1.** Prendre feu, s'enflammer. **2.** Devenir lumineux.

**allumette** nf Brin de bois imprégné à une extrémité d'une matière inflammable.

**allumeur** nm **1.** Dispositif servant à l'allumage d'un moteur. **2.** Dispositif pour provoquer la déflagration d'une charge explosive.

**allumeuse** nf FAM Femme aguichante.

**allure** nf **1.** Vitesse d'une personne, d'un animal, d'une voiture : *à toute allure.* **2.** Manière de marcher, de se conduire, de se présenter : *il a une drôle d'allure.* ■ **avoir de l'allure** : (a) de l'élégance et de la distinction (b) faire de l'effet : *un travail bien présenté qui a de l'allure.*

**allusif, ive** adj Qui contient une allusion.

**allusion** nf Mot, phrase qui évoquent qqn ou qqch sans le nommer : *faire allusion à.*

**allusivement** adv De façon allusive.

**alluvial, e, aux** adj Formé d'alluvions.

**alluvionnaire** adj Relatif aux alluvions.

**alluvions** nf pl Dépôt argileux ou sableux laissé par les eaux lorsqu'elles se retirent.

**almanach** [almana] nm Calendrier illustré donnant des indications astronomiques, des recettes, etc.

**aloès** [alɔɛs] nm Plante grasse d'Afrique, d'Asie et d'Amérique, dont les feuilles contiennent un suc amer employé en pharmacie et en teinturerie.

**aloe vera** [alɔevera] nm inv **1.** Aloès cultivé. **2.** (nom déposé) Substance médicinale ou produit cosmétique extraits de cette plante.

**aloi** nm ■ **de bon, de mauvais aloi** : de bonne ou de mauvaise qualité ou nature.

**alopécie** nf Chute de cheveux.

**alors** adv **1.** En ce temps-là : *il vivait alors à Londres.* **2.** En conséquence : *alors, je refuse.* **3.** FAM Marque l'interrogation, l'impatience, l'indignation, l'indifférence : *alors, tu viens ? ; ça alors !* ■ **jusqu'alors** : jusqu'à ce moment-là. ◆ **alors que** loc conj **1.** Marque la simultanéité : *je l'ai vu alors qu'il partait.* **2.** Marque l'opposition : *sortir alors que c'est interdit.*

**alose** nf Poisson de mer et d'eau douce, voisin de la sardine.

**alouate** nm Singe d'Amérique du Sud (appelé aussi : *singe hurleur*).

**alouette** nf Petit oiseau des champs à plumage gris tacheté ou brunâtre.

**alourdir** vt Rendre lourd, plus lourd.

**alourdissement** nm Action d'alourdir, fait de s'alourdir.

**aloyau** [alwajo] nm Pièce de bœuf coupée le long des reins.

**alpaga** nm **1.** Ruminant de l'Amérique du Sud, proche du lama. **2.** Étoffe faite notamment avec le poil de l'alpaga.

**alpage** nm Pâturage élevé.

**alpaguer** vt ARG Arrêter, appréhender : *la police l'a alpagué chez lui.*

**alpestre** adj Des Alpes.

**alpha** nm inv Première lettre de l'alphabet grec. ■ **l'alpha et l'oméga** : le commencement et la fin.

**alphabet** nm Liste des lettres d'une langue, énumérées selon un ordre conventionnel.

**alphabétique** adj **1.** Qui utilise, concerne un alphabet : *écriture alphabétique.* **2.** Qui suit l'ordre de l'alphabet : *index alphabétique.*

**alphabétiquement** adv Dans l'ordre alphabétique.

**alphabétisation** nf Action d'alphabétiser ; son résultat.

**alphabétiser** vt Enseigner la lecture et l'écriture à une population analphabète.

**alphanumérique** adj Qui comporte à la fois des chiffres et des caractères alphabétiques : *clavier alphanumérique.*

**alpin, e** adj **1.** Des Alpes ou de la haute montagne. **2.** Qui concerne l'alpinisme : *club alpin.* ■ **chasseur alpin** : soldat des troupes de montagne. ❑ **ski alpin** : ski pratiqué sur des pentes raides (par opposition à *ski de fond*).

**alpinisme** nm Sport des ascensions en montagne.

**alpiniste** n Personne qui pratique l'alpinisme.

**alsacien, enne** adj et n D'Alsace : *les Alsaciens.* ◆ nm Dialecte parlé en Alsace.

**altérabilité** nf Caractère de ce qui peut être dénaturé.

**altérable** adj Qui peut être dénaturé.

**altération** nf **1.** Changement en mal ; détérioration. **2.** Falsification : *altération des monnaies.* **3.** MUS Signe placé au début d'une partition et par lequel un son est toujours abaissé ou élevé d'un ou de deux demi-tons chromatiques (bémol, dièse, bécarre).

**altercation** nf Échange de propos violents, vive discussion ; querelle.

**alter ego** [alterego] nm inv Personne en qui on a toute confiance, que l'on charge éventuellement d'agir à sa place.

**altérer** vt (conj 10) **1.** Modifier l'état normal, provoquer un changement dans la forme, la valeur de : *le soleil altère les couleurs ; leur amitié n'a pas été altérée.* **2.** LITT Donner soif.

**altérité** nf Caractère de ce qui est autre, différent.

**altermondialisation** nf Mouvement de la société civile qui conteste le modèle libéral de la mondialisation et revendique un mode de développement plus soucieux de l'homme et de son environnement.

**altermondialisme** nm Ensemble des conceptions des partisans de l'altermondialisation.

**altermondialiste** adj et n Relatif à l'altermondialisme ; qui en est partisan.

**alternance** nf **1.** Succession régulière. **2.** Fait pour deux ou plusieurs partis politiques de se succéder au pouvoir. **3.** Formation en alternance ; situation d'un alternant. ■ **formation en alternance :** formation assurée pour partie en entreprise et pour partie en centre d'enseignement.

**alternant, e** adj Qui alterne. ◆ n Personne qui suit une formation en alternance.

**alternateur** nm Générateur de courant électrique alternatif.

**alternatif, ive** adj **1.** Qui change périodiquement de sens : *courant alternatif.* **2.** Qui propose un choix, une alternative.

**alternatif, ive** adj **1.** Qui change périodiquement de sens : *courant alternatif.* **2.** Qui propose un choix, une alternative. ■ **fait alternatif :** (a) information, fabriquée ou très approximative, présentée comme un fait réel (b) PAR EXT contrevérité manifeste.

VOCABULAIRE Une *alternative* étant un choix entre deux solutions, on ne doit pas dire : *j'hésite entre deux alternatives.*

**alternativement** adv Tour à tour.

**alterne** adj **1.** MATH Se dit, lorsque deux droites parallèles sont coupées par une troisième, des angles placés de chaque côté de la sécante. **2.** BOT Se dit de feuilles, de fleurs disposées à des hauteurs différentes sur la tige, et non en face les unes des autres.

**alterné, e** adj Qui s'effectue tour à tour ; en alternance : *circulation alternée.* ■ DR **résidence alternée :** mode de garde des enfants habitant alternativement chez l'un et l'autre parent, après séparation du couple.

**alterner** vi Se succéder plus ou moins régulièrement. ◆ vt Faire se succéder régulièrement : *alterner les cultures.*

**altesse** nf Titre d'honneur donné aux princes et aux princesses.

**altier, ère** adj Hautain.

**altimètre** nm Appareil mesurant l'altitude.

**altiport** nm Aire d'atterrissage en haute montagne.

**altiste** n Personne qui joue de l'alto.

**altitude** nf Élévation, hauteur d'un point au-dessus du niveau de la mer.

**alto** nm Instrument à cordes accordé à la quinte grave du violon.

**altruisme** nm Amour désintéressé d'autrui.

**altruiste** adj et n Généreux.

**Altuglas** nm (nom déposé) Matière synthétique très résistante.

**alumine** nf CHIM Oxyde d'aluminium.

**aluminerie** nf CANADA Usine de fabrication d'aluminium.

**aluminium** nm Métal blanc, léger, solide, qui a l'éclat de l'argent ; symb : Al.

**alun** nm Sulfate double d'aluminium et de potassium.

**alunir** vi Se poser sur la Lune.

**alunissage** nm Action d'alunir.

**alunite** nf Sulfate naturel d'aluminium et de potassium.

**alvéolaire** adj **1.** Relatif aux alvéoles. **2.** Constitué d'alvéoles : *béton alvéolaire.*

**alvéole** nf **1.** Cellule d'abeille. **2.** ANAT Cavité où la dent est enchâssée. **3.** Cavité dans le tissu du lobule pulmonaire.

**alvéolé, e** adj Composé d'alvéoles.

**alvéolite** nf Inflammation d'une alvéole.

**Alzheimer** ■ **maladie d'Alzheimer** nf Maladie neurologique dégénérative provoquant une démence progressive.

**amabilité** nf Politesse affable, courtoisie.

**amadou** nm Substance spongieuse et inflammable provenant de divers arbres.

**amadouer** vt Flatter de manière à apaiser, à obtenir ce qu'on désire.

**amaigrir** vt Rendre maigre. ◆ **s'amaigrir** vpr Devenir maigre.

**amaigrissant, e** adj Qui fait maigrir.

**amaigrissement** nm Diminution du volume et du poids du corps.

**amalgamation** nf Action d'amalgamer.

**amalgame** nm **1.** Alliage du mercure avec un autre métal ; alliage de différents métaux utilisé pour obturer les cavités dentaires. **2.** FIG Mélange d'éléments divers dont on fait un tout : *amalgame de théories.* ■ **faire l'amalgame :** mêler intentionnellement des choses, des personnes pour créer la confusion.

**amalgamer** vt Faire un amalgame.

**aman** [amɑ̃] nm En pays musulman, octroi de la vie sauve à un ennemi vaincu.

**amande** nf **1.** Fruit de l'amandier. **2.** Graine contenue dans un noyau.

**amandier** nm Arbre originaire d'Asie, cultivé pour ses graines ou amandes.

**amandine** nf Tartelette garnie d'une préparation à base d'amandes.

**amanite** nf Champignon à volve et à anneau dont une espèce, l'amanite phalloïde, est mortelle.

**amant** nm Homme avec qui une femme a des relations sexuelles en dehors du mariage.

**amarante** nf Plante ornementale aux fleurs rouges groupées en grappes. ◆ adj inv D'un rouge pourpre.

**amareyeur, euse** n Personne qui travaille dans les parcs à huîtres.

**amarrage** nm **1.** MAR Action d'amarrer. **2.** Opération de liaison rigide de deux vaisseaux spatiaux.

**amarre** nf Câble, cordage pour amarrer.

**amarrer** vt **1.** MAR Fixer une amarre sur un taquet. **2.** Retenir au moyen d'une amarre. **3.** Maintenir au moyen de liens ; attacher : *amarrer une malle sur une galerie de voiture.*

**amaryllidacée** nf Plante telle que le perce-neige, le narcisse, l'agave et l'amaryllis (les amaryllidacées forment une famille).

**amaryllis** [amarilis] nf Plante bulbeuse, à grandes fleurs rouges d'odeur suave.

**amas** nm Monceau, tas.

**amasser** vt Réunir en quantité importante ; entasser, accumuler : *amasser des papiers, des connaissances, de l'argent.*

**amateur, trice** n et adj **1.** Personne qui a du goût, un penchant pour qqch : *amateur de bon vin.* **2.** FIG Personne qui s'adonne à un art, à un sport, etc., sans en faire profession : *un peintre amateur.* **3.** FAM Acheteur. ◆ nm Personne qui manque de zèle ou de compétence ; dilettante.

**amateurisme** nm **1.** Qualité d'amateur en matière de sport, d'art, etc. **2.** Défaut de celui qui manque de zèle ou de compétence.

**amazone** nf Femme qui monte à cheval. ■ **monter en amazone :** monter un cheval en ayant les deux jambes du même côté.

**amazonien, enne** adj et n De l'Amazone ou de l'Amazonie.

**ambages** nf pl ■ LITT **sans ambages :** d'une manière franche et directe, sans détour.

**ambassade** nf **1.** Représentation diplomatique permanente d'un État auprès d'un État étranger. **2.** Services et personnel diplomatiques ; bâtiment qui les abrite.

**ambassadeur, drice** n **1.** Représentant d'un État auprès d'une puissance étrangère. **2.** Toute personne chargée d'une mission.

**ambiance** nf **1.** Atmosphère, climat d'un lieu, d'une réunion, etc. : *musique d'ambiance.* **2.** FAM Gaieté, entrain dans un groupe : *il y a de l'ambiance !*

**ambiant, e** adj Qui constitue le milieu dans lequel on vit : *air ambiant.*

> VOCABULAIRE *Milieu ambiant* est un pléonasme.

**ambidextre** adj et n Qui se sert aussi bien d'une main que de l'autre.

**ambigu, ë** adj **1.** Dont le sens est équivoque : *réponse ambiguë.* **2.** Difficile à cerner : *un personnage ambigu.*

**ambiguïté** nf Caractère de ce qui est ambigu.

**ambitieusement** adv Avec ambition.

**ambitieux, euse** adj et n Qui a ou qui témoigne de l'ambition.

**ambition** nf **1.** Désir de gloire, de fortune, etc. **2.** Désir profond de réussir qqch.

**ambitionner** vt Désirer ardemment quelque chose de valorisant, une meilleure situation ; aspirer à : *il ambitionne le poste de directeur ; il ambitionne d'être une vedette.*

**ambivalence** nf Caractère de ce qui a deux aspects radicalement différents ou opposés.

**ambivalent, e** adj Qui présente de l'ambivalence.

**amble** nm Allure d'un quadrupède qui fait mouvoir en même temps les deux jambes du même côté : *aller l'amble.*

**amblyope** adj et n Dont l'acuité visuelle est très diminuée.

**ambre** nm Résine fossile translucide et aromatique. ■ **ambre gris :** substance musquée produite dans l'intestin du cachalot, entrant dans la composition de parfums. ◆ adj inv Jaune doré.

**ambré, e** adj Qui a la couleur ou le parfum de l'ambre.

**ambrer** vt Parfumer à l'ambre gris.

**ambroisie** nf MYTH Nourriture des dieux de l'Olympe procurant l'immortalité.

**ambulance** nf Voiture servant au transport des malades ou des blessés.

**ambulancier, ère** n Conducteur d'une ambulance.

**ambulant, e** adj Qui va d'un lieu à un autre : *marchand ambulant.*

**ambulatoire** adj **1.** VX, DR Sans siège fixe. **2.** MÉD Qui n'interrompt pas les activités habituelles d'un malade : *traitement ambulatoire.*

**AME** [aɛmə] nf (sigle) Aide médicale de l'État.

**âme** nf **1.** Sur le plan religieux, principe de pensée, d'existence (par opposition au *corps*). **2.** Qualités morales, bonnes ou mauvaises : *âme noble, abjecte.* **3.** Conscience, caractère : *grandeur d'âme.* **4.** LITT Être humain, habitant : *ville de vingt mille âmes ; il n'y a pas âme qui vive.* **5.** Agent principal, moteur : *l'âme d'un complot.* ■ **avec âme** : avec sentiment. ❑ **état d'âme** : sentiment éprouvé dans une situation particulière. ❑ SOUT **rendre l'âme** : mourir. ❑ **trouver l'âme sœur** : le conjoint ou la conjointe idéal(e). ❑ **une bonne âme** : une personne compatissante.

**améliorable** adj Qui peut être amélioré.

**amélioration** nf Changement, transformation en mieux.

**améliorer** vt Rendre meilleur : *améliorer ses performances, ses rapports avec les autres.* ◆ **s'améliorer** vpr Devenir meilleur : *la situation s'améliore.*

**amen** [amɛn] nm inv Mot hébreu signifiant « ainsi soit-il ». ■ **dire amen** : consentir à une chose.

**aménageable** adj Qui peut être aménagé : *grenier aménageable.*

**aménagement** nm Action d'aménager ; son résultat.

**aménager** vt (conj 2) Transformer, modifier pour rendre plus rationnel, plus agréable, plus pratique, etc.

**amende** nf Peine, sanction pécuniaire : *payer une amende.* ■ **faire amende honorable** : avouer ses torts.

**amendement** nm **1.** Modification apportée à un projet, à une loi, etc. **2.** Chaux, marne, argile, etc., servant à améliorer une terre.

**amender** vt **1.** Modifier par amendement. **2.** Améliorer une terre.

**amène** adj LITT Courtois, affable.

**amener** vt (conj 9) **1.** Faire venir avec soi : *je vous amène un visiteur.* **2.** Transporter, conduire vers un endroit : *le taxi vous amènera directement.* **3.** Occasionner, entraîner. **4.** Pousser à : *cet incident m'a amené à réfléchir.*

**aménité** nf ■ SOUT **sans aménité** : avec rudesse.

**aménorrhée** nf Absence de menstruation.

**amentale** nf ou **amentifère** nm Arbre à fleurs en chatons (noyer, saule, hêtre, etc.).

**amenuisement** nm Diminution.

**amenuiser** vt Rendre plus petit. ◆ **s'amenuiser** vpr Diminuer.

**1. amer** [amɛr] nm MAR Objet fixe, situé sur la côte et servant de repère.

**2. amer, ère** adj **1.** Qui a une saveur aigre, rude et désagréable. **2.** FIG Méchant, violent, dur. **3.** LITT Qui exprime l'amertume : *reproches amers.*

**amèrement** adv Avec amertume.

**américain, e** adj et n D'Amérique ; des États-Unis : *les Américains.*

**américanisation** nf Action d'américaniser.

**américaniser** vt Donner un caractère américain à. ◆ **s'américaniser** vpr Prendre les manières, le mode de vie des Américains du Nord.

**américanisme** nm **1.** Particularité linguistique de l'anglais d'Amérique du Nord. **2.** Tendance à imiter le mode de vie des Américains du Nord.

**amérindien, enne** adj et n Se dit des peuples autochtones d'Amérique : *les Amérindiens.*

**amerrir** vi Se poser sur l'eau, sur la mer, en parlant d'un hydravion, d'une cabine spatiale.

**amerrissage** nm Action d'amerrir.

**amertume** nf **1.** Saveur amère. **2.** FIG Ressentiment mêlé de tristesse et de déception.

**améthyste** nf Pierre fine, variété violette de quartz.

**ameublement** nm Ensemble des meubles et de la décoration d'un appartement.

**ameublir** vt Rendre une terre plus meuble.

**ameuter** vt Rassembler en faisant du scandale : *ameuter la foule.*

**ami, e** n **1.** Personne avec qui on est lié par une affection réciproque : *une amie d'enfance.* **2.** FIG Personne portée vers quelque chose par goût : *les amis de la musique.* **3.** INFORM Membre d'un réseau social auquel un autre membre accorde l'accès à ses données personnelles. ■ **faux ami** : mot qui a la même forme qu'un mot d'une autre langue, mais qui n'a pas le même sens. ❑ **petit ami, petite amie** ou **ami, amie** : (a) personne qui entretient une relation amoureuse avec une autre (b) amant, maîtresse. ◆ adj Accueillant : *maison amie.*

**amiable** adj Fait par la voie de la conciliation : *partage amiable.* ■ **à l'amiable** : par consentement mutuel : *divorce à l'amiable ; s'arranger à l'amiable.*

**amiante** nm Matière fibreuse qui résiste à l'action du feu.

**amibe** nf Animal unicellulaire des eaux douces ou salées et de la terre humide, dont une espèce parasite l'intestin de l'homme.

**amibiase** nf Affection intestinale causée par une amibe.

**amibien, enne** adj Causé par une amibe.

**amical, e, aux** adj **1.** Qui manifeste de l'amitié : *conseils amicaux ; geste amical.* **2.** Se dit d'une rencontre sportive qui ne compte pas dans un championnat ou une compétition : *match amical.*

**amicale** nf Association de personnes d'une même profession ou activité.

**amicalement** adv De façon amicale.

**amidon** nm Fécule extraite de certaines céréales, utilisée notamment pour empeser le linge.

**amidonnage** nm Action d'amidonner.

**amidonner** vt Empeser le linge, l'enduire d'amidon.

**amidopyrine** nf Puissant sédatif de la douleur et de la fièvre.

**amincir** vt Rendre ou faire paraître plus mince.

**amincissant, e** adj Qui amincit.

**amincissement** nm Action d'amincir, de s'amincir.

**aminé, e** adj ■ **acide aminé :** Substance organique, constituant fondamental des protéines.

**amiral, e, aux** n Officier général d'une marine militaire.

**amirauté** nf **1.** Commandement suprême de la marine militaire. **2.** Siège de ce commandement.

**amitié** nf **1.** Attachement mutuel, sentiment d'affection, de sympathie. **2.** Plaisir : *faites-moi l'amitié de.* ◆ **amitiés** pl Témoignages d'affection.

**ammoniac** nm Gaz à l'odeur très piquante, formé d'azote et d'hydrogène combinés.

**ammoniacal, e, aux** adj Qui contient de l'ammoniac, ou en a les propriétés.

**ammoniaque** nf Solution aqueuse d'ammoniac (appelée aussi : *alcali volatil*).

**ammoniaqué, e** adj Qui contient de l'ammoniaque.

**ammonite** nf Mollusque fossile à coquille enroulée, caractéristique de l'ère secondaire.

**ammonium** nm Substance qui entre dans la composition des sels ammoniacaux.

**amnésie** nf Diminution ou perte de la mémoire.

**amnésique** adj et n Atteint d'amnésie.

**amniocentèse** nf Ponction de la cavité utérine pendant la grossesse, pour prélever du liquide amniotique afin de l'analyser.

**amniotique** adj ■ **liquide amniotique :** dans lequel baigne le fœtus.

**amnistie** nf Acte du pouvoir législatif qui efface un fait punissable, arrête les poursuites et anéantit les condamnations.

**amnistié, e** adj et n Qui a été l'objet d'une amnistie.

**amnistier** vt Accorder une amnistie.

**amocher** vt FAM **1.** Abîmer, détériorer. **2.** Défigurer.

**amodiataire** n Qui prend en location un bien rural.

**amodiation** nf Action d'amodier.

**amodier** vt Affermer une terre.

**amoindrir** vt Diminuer la force, la valeur ; affaiblir.

**amoindrissement** nm Diminution, affaiblissement.

**amollir** vt **1.** Rendre mou : *la chaleur amollit la cire.* **2.** FIG Affaiblir.

**amollissant, e** adj Qui amollit.

**amollissement** nm **1.** Action d'amollir ; son résultat. **2.** Affaiblissement, relâchement.

**amonceler** vt (conj 6) Réunir en grand nombre, en tas ; accumuler, entasser. ◊ vpr : *les feuilles s'amoncellent sur le trottoir.*

**amoncellement** nm Entassement.

**amont** nm Côté d'où vient le courant dans un cours d'eau. CONTR : aval. ■ **en amont :** (a) plus près de la source, par rapport à un point considéré (b) au début d'un processus.

**amoral, e, aux** adj Indifférent, étranger aux règles de la morale.

**amoralité** nf **1.** Caractère de ce qui est amoral. **2.** Conduite ne respectant pas les règles de la morale.

**amorçage** nm Action d'amorcer.

**amorce** nf **1.** Appât pour le poisson. **2.** Ce qui sert à produire l'explosion d'une charge de poudre. **3.** Commencement, ébauche.

**amorcer** vt (conj 1) **1.** Garnir d'une amorce : *amorcer un hameçon.* **2.** Commencer : *amorcer un travail.* **3.** Mettre en état de fonctionner : *amorcer une pompe.*

**amoroso** adv MUS D'une manière tendre.

**amorphe** adj Mou, inactif, sans énergie.

**amorti** nm Dans certains sports, action de diminuer ou de supprimer le rebond d'une balle, d'un ballon.

**amortie** nf Balle résultant d'un amorti.

**amortir** vt **1.** Affaiblir l'effet, la force de : *amortir un choc, un son.* **2.** Reconstituer progressivement le capital employé à une acquisition grâce aux bénéfices tirés de celle-ci : *amortir l'achat d'une voiture.*

**amortissable** adj Qui peut être amorti, dont la dette peut être remboursée : *rente amortissable.*

**amortissement** nm **1.** Affaiblissement : *amortissement d'un bruit.* **2.** Extinction graduelle d'une rente, d'une dette, etc.

**amortisseur** nm Dispositif qui amortit les chocs, les vibrations d'une machine, etc.

**amour** nm **1.** Élan du cœur, attachement, passion : *l'amour de la liberté, l'amour maternel.* **2.** Sentiment passionné, élan physique ou sentimental entre deux personnes : *inspirer de l'amour.* **3.** Personne aimée : *un amour de jeunesse.* **4.** Goût passionné : *amour des arts.* ■ **faire l'amour :** accomplir l'acte sexuel.

> GRAMMAIRE *Amour* est féminin au pluriel dans la langue littéraire : *des amours passionnées.*

**amouracher (s')** vpr [de] S'éprendre d'une passion soudaine et passagère.

**amourette** nf Amour passager.

**amourettes** nf pl Morceau de moelle épinière des animaux de boucherie.

**amoureusement** adv Avec amour.

**amoureux**, **euse** adj et n **1.** Qui aime d'amour, avec passion : *être, tomber amoureux de qqn.* **2.** Porté à aimer : *un amoureux des arts.* ◆ adj Qui exprime l'amour : *regard amoureux.*

**amour-propre** (pl *amours-propres*) nm Sentiment qu'on a de sa dignité, de sa propre valeur.

**amovibilité** nf Caractère de ce qui est amovible.

**amovible** adj **1.** Qui peut être déplacé, enlevé : *roue amovible.* **2.** Qui peut être destitué : *un fonctionnaire amovible.*

**AMP** nf (sigle) MÉD Assistance médicale à la procréation.

**ampélopsis** [ɑ̃pelɔpsis] nm Vigne vierge.

**ampère** nm Unité de mesure d'intensité des courants électriques ; symb : A.

**ampère-heure** (pl *ampères-heures*) nm Unité de mesure de quantité d'électricité transportée en une heure par un courant de 1 ampère ; symb : Ah.

**ampèremètre** nm Appareil mesurant l'intensité d'un courant électrique.

**amphétamine** nf Substance médicamenteuse qui stimule l'activité cérébrale, diminue le sommeil et la faim.

**amphibie** adj et nm **1.** Qui peut vivre dans l'air et dans l'eau : *animal, plante amphibie.* **2.** Qui peut se mouvoir sur terre et sur l'eau : *voiture amphibie.*

**amphibien** nm Vertébré à larve aquatique dont le type est la grenouille (les amphibiens forment une classe).

**amphibole** nf Silicate de fer et de magnésium.

**amphibologie** nf Ambiguïté, sens équivoque.

**amphibologique** adj Équivoque, ambigu.

**amphigouri** nm LITT Langage ou écrit embrouillé, inintelligible.

**amphigourique** adj LITT Embrouillé, inintelligible.

**amphithéâtre** nm **1.** Chez les Romains, vaste enceinte avec gradins, pour les fêtes publiques. **2.** Partie d'un théâtre située au-dessus des galeries et des balcons. **3.** Salle de cours aménagée en gradins.

**amphitryon** nm LITT Hôte chez qui l'on est invité à un repas.

**amphore** nf Vase antique, de forme ovoïde et à deux anses.

**ample** adj **1.** Large, vaste : *un vêtement ample.* **2.** FIG Abondant : *il m'a donné de plus amples renseignements.*

**amplement** adv Abondamment, largement : *amplement payé.*

**ampleur** nf **1.** Qualité de ce qui est ample. **2.** FIG Importance, portée de quelque chose.

**ampli** nm (abréviation) FAM Amplificateur.

**amplificateur**, **trice** adj Qui amplifie, exagère. ◆ nm **1.** Appareil qui augmente la puissance d'une oscillation électrique. **2.** Élément d'une chaîne haute-fidélité qui précède les haut-parleurs. SYN : FAM ampli.

**amplification** nf Action d'amplifier ; son résultat.

**amplifier** vt Accroître le volume, l'étendue, l'importance, la quantité de. ◆ **s'amplifier** vpr Augmenter en quantité, en importance, en force.

**amplitude** nf Distance entre des points extrêmes : *amplitude thermique.* ■ **amplitude diurne** : écart entre les températures extrêmes mesurées pendant 24 heures.

**ampoule** nf **1.** Partie en verre d'une lampe électrique ; cette lampe : *changer une ampoule.* **2.** Petit tube de verre contenant un liquide ; son contenu : *médicament en ampoule.* **3.** Petite boursouflure bénigne de l'épiderme, consécutive à un frottement prolongé.

**ampoulé**, **e** adj Prétentieux, emphatique : *style ampoulé.*

**amputation** nf Action d'amputer ; son résultat.

**amputé**, **e** adj et n Qui a subi une amputation.

**amputer** vt **1.** CHIR Enlever un membre, un organe, etc. **2.** FIG Retrancher une partie d'un tout.

**amulette** nf Objet que l'on porte sur soi par superstition, pour se préserver des dangers, des maladies, etc.

**amure** nf MAR Coin d'une basse voile fixé du côté d'où vient le vent ; cordage qui fixe ce coin.

**amusant**, **e** adj Qui amuse, divertit.

**amuse-bouche** (pl inv ou *amuse-bouches*) nm Amuse-gueule.

**amuse-gueule** (pl inv ou *amuse-gueules*) nm Petit gâteau salé, canapé, olive, etc., servis avec l'apéritif.

**amusement** nm **1.** Action d'amuser, de s'amuser. **2.** Distraction, divertissement.

**amuser** vt Procurer de la joie à ; divertir, distraire. ◆ **s'amuser** vpr **1.** Se distraire, prendre plaisir à. **2.** Perdre son temps en futilités.

**amuseur**, **euse** n Personne qui amuse les autres.

**amygdale** [amidal] nf ANAT Glande en amande, de chaque côté de la gorge.

**amygdalite** nf Inflammation des amygdales.

**amylacé, e** adj De la nature de l'amidon.

**an** nm **1.** Année : *en l'an 2000.* **2.** Mesure de l'âge : *elle a dix ans.* ■ **bon an, mal an** : compensation faite des bonnes et des mauvaises années. ❑ **le jour de l'an** ou **le nouvel an** : le 1er janvier. ◆ **ans** pl Vieillesse, temps : *le poids des ans.*

**anabaptiste** [anabatist] n et adj Membre d'une secte religieuse du XVIe s. qui déniait toute valeur au baptême des enfants et exigeait un second baptême à l'âge adulte.

**anabolisant, e** nm et adj Substance qui favorise les phénomènes d'assimilation chez les êtres vivants et qui sert parfois de dopant.

**anacarde** nm Fruit tropical produit par l'anacardier (appelé aussi : *noix de cajou*).

**anacardier** nm Arbre d'Amérique dont le fruit est comestible.

**anachorète** [anakɔrɛt] nm Religieux qui vit dans la solitude.

**anachronique** [anakrɔnik] adj Entaché d'anachronisme.

**anachronisme** [anakrɔnism] nm **1.** Faute contre la chronologie. **2.** Ce qui manifeste un retard par rapport à l'époque actuelle. **3.** Mœurs périmées.

**anacoluthe** nf Tournure de phrase qui consiste à changer brusquement une construction, la phrase ne s'achevant pas comme son début le laisserait supposer (EX : *dans l'attente de votre réponse, veuillez recevoir,* au lieu de : *dans l'attente de votre réponse, je vous prie de*).

**anaconda** nm Grand serpent de l'Amérique du Sud.

**anacrouse** nf MUS Note ou groupe de notes précédant la première barre de mesure et menant au premier temps fort.

**anaérobie** adj et nm Se dit de micro-organismes se développant en l'absence d'oxygène et d'air. CONTR : aérobie.

**anaglyphe** nm **1.** Ouvrage en relief. **2.** Photographie stéréoscopique en deux couleurs complémentaires, donnant la sensation du relief.

**anaglyptique** adj et nf Se dit d'un mode d'impression en relief à l'usage des aveugles.

**anagramme** nf Mot formé par la transposition des lettres d'un autre mot : *une anagramme de* gare *est* rage.

**anal, e, aux** adj Relatif à l'anus.

**analeptique** nm VIEILLI Médicament qui redonne des forces.

**analgésie** nf Suppression de la douleur.

**analgésique** nm et adj Substance qui produit l'analgésie, atténue ou fait cesser la douleur.

**anallergique** adj Qui ne provoque pas d'allergie : *crème de beauté anallergique.*

**analogie** nf Rapport, similitude partielle d'une chose avec une autre. ■ **par analogie** : d'après les rapports de ressemblance entre deux ou plusieurs choses.

GRAMMAIRE On dit *il y a analogie entre ceci et cela ; avec telle chose* ou *de ceci* et *de cela.*

**analogique** adj Fondé sur l'analogie : *solution analogique de celle qui était préconisée.*

**analogiquement** adv Par analogie.

**analogue** adj Qui offre une ressemblance, des rapports de similitude avec autre chose : *un problème analogue au précédent.*

**analphabète** adj et n Qui ne sait ni lire ni écrire.

**analphabétisme** nm État d'une personne, d'une communauté analphabète.

**analysable** adj Qu'on peut analyser.

**analyse** nf **1.** Décomposition d'une substance en ses principes constituants : *analyse de sang.* **2.** Étude faite en vue de discerner les diverses parties d'un tout. **3.** GRAMM Étude de la nature et de la fonction des mots dans une phrase. **4.** Psychanalyse.

**analyser** vt Soumettre à une analyse, étudier.

**analyste** n **1.** Personne versée dans l'analyse mathématique, financière, etc. **2.** Psychanalyste.

**analyste-programmeur, euse** (pl *analystes-programmeurs, analystes-programmeuses*) n Informaticien chargé des travaux d'analyse et de leur programmation.

**analytique** adj Qui procède par analyse : *méthode analytique.*

**anamorphose** nf **1.** Image déformée d'un objet donnée par un miroir courbe. **2.** Représentation, dessin volontairement distordu qui, vu sous un certain angle ou grâce à un système optique, reprend son aspect véritable.

**ananas** [anana] ou [ananas] nm Plante des régions chaudes cultivée pour son gros fruit à pulpe sucrée ; ce fruit.

**anapeste** nm Pied de vers grec ou latin composé de deux brèves et d'une longue.

**anaphore** nf **1.** Reprise d'un ou plusieurs mots au début de phrases successives, produisant un effet de renforcement. **2.** LING Dans un discours, fait pour un mot de renvoyer à un mot déjà énoncé (EX : *il y a un livre sur la table, je veux ce livre*).

**anaphorique** adj et nm LING Se dit d'un mot qui renvoie à un mot ou à une phrase apparus antérieurement dans le discours.

**anaphylactique** adj ■ **choc anaphylactique** : réaction violente de l'organisme à une substance injectée.

**anaphylaxie** nf MÉD État d'un organisme qui, sensibilisé par l'introduction d'une substance, réagit violemment à l'introduction ultérieure d'une nouvelle dose, même minime, de cette substance.

**anar** n FAM Anarchiste.

**anarchie** nf **1.** Anarchisme. **2.** État de trouble, de désordre dû à l'absence d'autorité politique, à la carence des lois. **3.** PAR EXT Désordre, confusion.

**anarchique** adj Qui tient de l'anarchie : *situation anarchique*.

**anarchiquement** adv De façon anarchique.

**anarchisant, e** adj et n Qui a des tendances anarchistes.

**anarchisme** nm Conception politique selon laquelle l'individu doit être libéré de toute tutelle étatique.

**anarchiste** adj et n Qui appartient à l'anarchisme ; qui en est partisan.

**anastigmatique** ou **anastigmate** adj Dépourvu d'astigmatisme.

**anastomose** nf **1.** ANAT Abouchement de deux vaisseaux. **2.** CHIR Abouchement de deux conduits, canaux ou cavités.

**anastomoser** vt CHIR Pratiquer une anastomose. ◆ **s'anastomoser** vpr Se joindre en formant une anastomose.

**anathème** nm **1.** RELIG Excommunication. **2.** Blâme solennel, condamnation publique.

**anatomie** nf **1.** Étude de la structure des organes des êtres organisés ; cette structure. **2.** Forme extérieure, aspect du corps.

**anatomique** adj Relatif à l'anatomie.

**anatomiste** n Spécialiste d'anatomie.

**anatoxine** nf Toxine microbienne atténuée, capable de conférer l'immunité.

**ancestral, e, aux** adj Relatif aux ancêtres, au passé très lointain.

**ancêtre** nm **1.** Ascendant antérieur aux parents. **2.** Initiateur lointain d'une doctrine, d'une idée ; première formule d'un objet, première forme d'une machine, etc. ◆ **ancêtres** pl **1.** Les ascendants. **2.** Ceux qui ont vécu avant nous ; aïeux.

**anche** nf Languette vibrante de certains instruments à vent.

**anchois** nm Petit poisson de mer, généralement consommé après conservation dans l'huile ou la saumure.

**ancien, enne** adj **1.** Qui existe depuis longtemps, vieux : *une tradition très ancienne*. **2.** Qui a existé autrefois : *les langues anciennes*. **3.** Qui n'est plus en fonction : *un ancien préfet*. ■ **à l'ancienne** : se dit de quelque chose qui est fait à la manière d'autrefois. ◆ n Personne qui en a précédé d'autres dans une fonction, une école : *les anciens de Polytechnique*. ◆ nm **1.** Ensemble de meubles, d'objets, etc., dont le style appartient à une époque révolue : *se meubler en ancien ; préférer l'ancien au moderne*. **2.** (avec une majuscule) Personnage de l'Antiquité gréco-latine.

**anciennement** adv Autrefois, jadis.

**ancienneté** nf **1.** État de ce qui est vieux, ancien. **2.** Temps passé dans un grade, un emploi, à compter du jour de l'entrée en fonction.

**ancillaire** adj ■ LITT **amours ancillaires** : avec une ou des servantes.

**ancolie** nf Plante cultivée pour ses fleurs à cinq éperons et de couleurs variées.

**ancrage** nm **1.** Action d'ancrer. **2.** Lieu pour ancrer.

**ancre** nf **1.** MAR Lourde pièce d'acier à deux becs qui, jetée au fond de l'eau, sert à retenir un bateau auquel elle est liée par une lourde chaîne : *jeter, lever l'ancre*. **2.** Pièce d'horlogerie qui régularise le mouvement du balancier.

**ancrer** vi Jeter l'ancre. ◆ vt **1.** Attacher avec une ancre. **2.** FIG Fixer profondément : *ancrer une idée dans l'esprit de quelqu'un*.

**andalou, ouse** adj et n D'Andalousie : *les Andalous*.

**andante** adv MUS D'un mouvement modéré. ◆ nm Morceau exécuté modérément.

**andantino** adv MUS D'un mouvement plus vif que l'andante. ◆ nm Morceau exécuté dans ce mouvement.

**andésite** nf Roche volcanique noire ou grise.

**andin, e** adj Des Andes.

**andouille** nf **1.** Produit de charcuterie qui se présente sous la forme d'un boyau de porc rempli de tripes, d'intestins ou de chair cuits de cet animal, et qui se mange froid. **2.** FAM Imbécile.

**andouiller** nm Petite corne ou bois du cerf, du daim, du chevreuil.

**andouillette** nf Petite andouille, qui se mange grillée ou sautée.

**andrinople** nf Étoffe de coton bon marché, généralement rouge.

**androgène** adj et nm Se dit d'une hormone qui provoque le développement des caractères sexuels mâles.

**androgyne** adj et nm **1.** Qui tient des deux sexes. **2.** BOT Se dit des végétaux qui réunissent à la fois des fleurs mâles et des fleurs femelles.

**androïde** nm Automate à aspect humain.

**andrologie** nf Spécialité médicale consacrée à l'appareil génital de l'homme.

**andrologue** n Spécialiste d'andrologie.

**andropause** nf Diminution de l'activité génitale de l'homme, à partir d'un certain âge.

**androstérone** nf Hormone sexuelle mâle.

**âne** nm **1.** Mammifère de la famille des équidés, plus petit que le cheval et à longues oreilles. **2.** FIG Homme ignorant, entêté.

**anéantir** vt **1.** Détruire entièrement. **2.** Mettre dans un état d'abattement, de désespoir. ◆ **s'anéantir** vpr Disparaître.

ORTHOGRAPHE *Anéantir* s'écrit avec un seul *n*, alors que *annihiler* s'écrit avec deux *n*.

**anéantissement** nm **1.** Destruction complète. **2.** Abattement.

**anecdote** nf Récit succinct d'un fait piquant, curieux ou peu connu.

**anecdotique** adj Qui tient de l'anecdote : *chronique anecdotique*.

**anémie** nf État maladif causé par une diminution du nombre des globules rouges du sang.

**anémié, e** adj **1.** Atteint d'anémie, pâle. **2.** Affaibli : *un pays anémié*.

**anémier** vt Rendre anémique.

**anémique** adj et n Atteint d'anémie.

**anémomètre** nm Instrument qui sert à mesurer la vitesse du vent.

**anémone** nf Plante sauvage ou cultivée pour ses fleurs décoratives.

**ânerie** nf Parole ou conduite stupide.

**anéroïde** adj Se dit d'un baromètre fonctionnant grâce à l'élasticité des métaux.

**ânesse** nf Femelle de l'âne.

**anesthésiant, e** adj et nm Anesthésique.

**anesthésie** nf Privation de la sensibilité d'une région du corps ou du corps tout entier : *anesthésie générale, locale ; être sous anesthésie*.

**anesthésier** vt **1.** Suspendre la sensibilité à la douleur avec un anesthésique. **2.** Faire perdre toute vivacité à : *anesthésier l'opinion publique*.

**anesthésique** nm et adj Substance qui provoque l'anesthésie.

**anesthésiste** n Médecin qui pratique l'anesthésie.

**aneth** [anɛt] nm Plante aromatique.

**anévrisme** ou **anévrysme** nm MÉD Poche formée par les parois distendues d'une artère.

**anfractuosité** nf Cavité profonde et irrégulière.

**ange** nm **1.** Être spirituel, messager de Dieu. **2.** FIG Personne très bonne, très douce. ■ **ange gardien :** (a) selon le dogme catholique, ange attaché à la personne de chaque chrétien (b) PAR EXT personne qui veille sur une autre, la protège. ❑ **être aux anges :** dans le ravissement.

**1. angélique** adj Très bon, très doux.

**2. angélique** nf Plante aromatique utilisée en confiserie.

**angéliquement** adv De façon angélique.

**angélisme** nm Désir de pureté extrême.

**angelot** nm Petit ange.

**angélus** [ɑ̃ʒelys] nm Sonnerie de cloche le matin, à midi et le soir pour indiquer aux chrétiens l'heure d'une prière qui, en latin, commence par le mot *angelus*.

**angevin, e** adj et n D'Angers ou de l'Anjou : *les Angevins*.

**angine** nf Inflammation de la gorge. ■ **angine de poitrine :** affection du cœur.

**angiographie** nf Radiographie des vaisseaux du corps.

**angiologie** nf Étude des vaisseaux de l'appareil circulatoire (artères, veines, etc.).

**angiome** nm Tumeur vasculaire bénigne.

**angiosperme** nf Plante dont les graines sont enfermées dans des cavités closes.

**anglais, e** adj et n D'Angleterre : *les Anglais*. ◆ nm La langue anglaise.

**anglaise** nf **1.** Écriture penchée à droite. **2.** Boucle de cheveux longue et roulée en spirale. ■ **à l'anglaise :** cuit à la vapeur : *pommes à l'anglaise*. ❑ **filer à l'anglaise :** s'en aller subrepticement.

**anglaiser** vt Sectionner les muscles qui servent à abaisser la queue, chez un cheval.

**angle** nm **1.** Coin, encoignure. **2.** MATH Figure formée par deux demi-droites, ou côtés, ou par deux demi-plans, ou faces, qui se coupent. ■ **sous l'angle de :** du point de vue de.

**anglican, e** adj et n Qui appartient à l'anglicanisme ; qui le professe.

**anglicanisme** nm Religion officielle de l'Angleterre.

**angliciser** vt Donner un air, un accent anglais à.

**anglicisme** nm **1.** Locution propre à la langue anglaise. **2.** Emprunt à l'anglais : *les mots « bulldozer », « selfie » sont des anglicismes*.

**angliciste** n Spécialiste de la langue et de la civilisation anglaises.

**anglo-américain** nm Anglais parlé aux États-Unis.

**anglo-arabe** (pl *anglo-arabes*) nm et adj Cheval issu d'un croisement de pur-sang anglais et arabe.

**anglomanie** nf Manie d'imiter les Anglais.

**anglo-normand** nm Dialecte français parlé des deux côtés de la Manche, après la conquête de l'Angleterre par les Normands.

**anglophile** adj et n Qui aime ou admire les Anglais.

**anglophobe** adj et n Qui a de l'aversion pour les Anglais.

**anglophone** adj et n Qui est de langue anglaise.

**anglo-saxon, onne** (pl *anglo-saxons, onnes*) adj et n Qui appartient à la communauté culturelle et linguistique anglaise : *les Anglo-Saxons*.

**angoissant, e** adj Qui angoisse.

**angoisse** nf **1.** Anxiété physique accompagnée d'une oppression douloureuse. **2.** Inquiétude profonde.

**angoissé, e** adj et n **1.** Sujet à l'angoisse. **2.** Marqué par l'angoisse.

**angoisser** vt Causer de l'angoisse à.

**angolais, e** adj et n D'Angola : *les Angolais*.

**angora** adj et nm **1.** Se dit d'un chat, d'un lapin, d'une chèvre aux poils longs et soyeux. **2.** Se dit d'une fibre textile faite de poil de chèvre ou de lapin angoras.

**angström** nm Unité de mesure de longueur d'onde et des dimensions atomiques ; symb : Å.

**anguille** nf Poisson d'eau douce à corps allongé et à peau visqueuse. ■ **il y a anguille sous roche :** quelque chose se prépare que l'on cherche à dissimuler.

**angulaire** adj Qui forme un ou plusieurs angles. ■ **pierre angulaire :** (a) pierre qui fait l'angle d'un bâtiment (b) FIG base, fondement essentiel d'une chose.

**anguleux, euse** adj Qui présente des angles, des arêtes vives. ■ **visage anguleux :** aux traits fortement prononcés.

**anhélation** nf MÉD **1.** Respiration difficile. **2.** Essoufflement.

**anhydre** adj CHIM Sans eau.

**anhydride** nm CHIM Corps qui donne naissance à un acide en se combinant avec l'eau.

**anicroche** nf FAM Petit obstacle, ennui, difficulté qui arrête.

**ânier, ère** n Personne qui conduit des ânes.

**aniline** nf Corps extrait de la houille par distillation : *l'aniline est la base de nombreux colorants*.

**animal** nm **1.** Être vivant organisé, doué de mouvement et de sensibilité (par opposition à *végétal, minéral*). **2.** Être animé autre que l'homme : *animal domestique ; les animaux sauvages*. **3.** FIG Personne grossière, brutale.

**animal, e, aux** adj Relatif à l'animal : *règne animal*.

**animalcule** nm Animal très petit, visible seulement au microscope.

**animalerie** nf Magasin où l'on vend des petits animaux domestiques.

**animalier, ère** adj et n Se dit d'un peintre, d'un sculpteur qui représente des animaux. ◆ adj ■ **parc animalier :** où vivent des animaux en liberté.

**animalité** nf Ensemble des caractères propres à l'animal.

**animateur, trice** n Personne chargée de diriger un débat, une émission, un jeu, un groupe.

**animation** nf **1.** Fait d'animer un groupe ; cette action : *une animation socioculturelle*. **2.** Vivacité, entrain : *mettre de l'animation dans un dîner ; discuter avec animation*. **3.** Mouvement, grande activité : *il y a de l'animation !*

**animé, e** adj **1.** Plein d'animation : *rue animée*. **2.** Doté de mouvement. ■ **dessin animé :** film réalisé à partir de dessins filmés image par image qui donnent l'impression du mouvement. ❏ **être animé :** être vivant.

**animer** vt **1.** Donner de la vie, du mouvement : *animer une marionnette*. **2.** Rendre plus vif, plus vivant : *animer la conversation*. **3.** Pousser à agir : *c'est la passion qui l'anime*. **4.** Diriger, présenter un débat, une émission, un jeu : *animer une réunion*. ◆ **s'animer** vpr Devenir vif, être plein de vie, d'animation : *le débat commençait à s'animer ; dès huit heures du matin, les rues s'animent*.

**animisme** nm Croyance qui attribue une âme aux animaux, à tous les phénomènes naturels.

**animiste** adj et n Qui appartient à l'animisme ; qui en est partisan.

**animosité** nf **1.** Malveillance, désir de nuire. **2.** Antipathie qui se manifeste souvent par de l'emportement.

**anion** nm Ion de charge électrique négative. CONTR : cation.

**anis** [ani] ou [anis] nm Plante odorante dont on extrait une essence servant à parfumer certaines boissons.

**aniser** vt Parfumer à l'anis.

**anisette** nf Liqueur d'anis.

**ankylose** nf Disparition totale ou partielle des mouvements d'une articulation.

**ankylosé, e** adj Atteint d'ankylose : *son bras était tout ankylosé*.

**ankyloser** vt Causer une ankylose à. ◆ **s'ankyloser** vpr **1.** Être atteint d'ankylose : *son genou s'ankylose*. **2.** FIG Perdre son dynamisme : *s'ankyloser dans la routine*.

**annal, e, aux** adj DR Qui dure un an.

**annales** nf pl **1.** Ouvrage qui rapporte les événements année par année : *les annales du bac*. **2.** LITT Histoire : *les annales du crime*.

**annaliste** n Auteur d'annales.

**annamite** adj et n De l'Annam.

**anneau** nm **1.** Cercle de matière dure, auquel on attache quelque chose. **2.** Bague sans pierre. **3.** ZOOL Chacun des segments d'un arthropode. ◆ **anneaux** pl Agrès mobile de gymnastique.

**année** nf Période de douze mois correspondant conventionnellement à la durée de la révolution de la Terre autour du Soleil ; an. ■ **année civile :** année qui commence le 1er janvier à 0 heure et se termine le 31 décembre à 24 heures. ❑ **année scolaire :** temps qui s'écoule entre l'ouverture des classes et les vacances d'été. ❑ **souhaiter la bonne année :** adresser ses vœux le 1er janvier.

**année-lumière** (pl *années-lumière*) nf Unité de longueur équivalant à la distance parcourue en un an par la lumière dans le vide ; symb : al.

**annelé, e** adj ZOOL Qui présente une succession d'anneaux.

**annélide** nf Ver annelé tel que le lombric (les annélides forment un embranchement).

**annexe** adj Qui est relié à une chose principale. ◆ nf Bâtiment, service, organe, document rattaché à un élément plus important.

**annexer** vt **1.** Joindre, réunir à. **2.** Faire passer tout ou partie d'un territoire sous la souveraineté d'un autre État. ◆ **s'annexer** vpr S'attribuer de manière exclusive quelqu'un ou quelque chose.

**annexion** nf Action d'annexer.

**annexionnisme** nm Théorie qui préconise l'annexion d'un ou de plusieurs États à un autre.

**annexionniste** adj et n Partisan de l'annexionnisme.

**annihilation** nf Action d'annihiler.

**annihiler** vt Réduire à rien, détruire : *annihiler un effort.*

**anniversaire** adj Qui rappelle le souvenir d'un événement arrivé à pareille date. ◆ nm Retour annuel d'un jour marqué par un événement.

**annonce** nf **1.** Avis d'un fait quelconque. **2.** Avis donné au public. **3.** Indice, signe, présage : *l'annonce du printemps.* ■ **effet d'annonce :** impact produit dans l'opinion par le seul fait d'annoncer une mesure, une réforme. ❑ **petite annonce :** dans un journal, offre, demande d'emploi, de logement, etc.

**annoncer** vt (conj 1) **1.** Faire savoir : *annoncer une nouvelle.* **2.** Être le signe certain de : *les hirondelles annoncent le printemps.* **3.** Faire savoir que qqn est arrivé et demande à être reçu : *veuillez m'annoncer au président.* ◆ **s'annoncer** vpr Se présenter de telle ou telle manière : *cette année s'annonce bien.*

**annonceur, euse** n Personne qui fait passer une annonce publicitaire dans un journal, à la radio, etc.

**annonciateur, trice** adj Qui annonce, indique, laisse présager quelque chose.

**Annonciation** nf Message de l'ange Gabriel à la Vierge pour lui annoncer qu'elle sera la mère du Messie ; jour où l'Église célèbre cette annonce.

**annoncier, ère** n Personne qui est chargée des petites annonces dans un journal.

**annotateur, trice** n Personne qui annote.

**annotation** nf Note sur un texte.

**annoter** vt Mettre des notes, des commentaires sur un texte, un ouvrage.

**annuaire** nm Ouvrage publié chaque année, donnant la liste des membres d'une profession, des abonnés à un service, etc.

**annualiser** vt Rendre annuel.

**annualité** nf Caractère de ce qui est valable pour une année : *l'annualité de l'impôt.*

**annuel, elle** adj **1.** Qui dure un an. **2.** Qui revient chaque année.

**annuellement** adv Chaque année.

**annuité** nf Paiement annuel.

**annulable** adj Qui peut être annulé.

**annulaire** adj En forme d'anneau. ◆ nm Quatrième doigt de la main.

**annulation** nf Action d'annuler.

**annuler** vt Rendre, déclarer sans effet, supprimer.

**anoblir** vt Accorder un titre de noblesse à.

> ORTHOGRAPHE *Anoblir* s'écrit avec un seul *n,* à la différence de *ennoblir.*

**anoblissement** nm Action d'anoblir.

**anode** nf Électrode positive d'une pile, d'une lampe, etc. CONTR : cathode.

**anodin, e** adj Inoffensif, insignifiant.

**anomalie** nf Irrégularité, bizarrerie.

**ânon** nm Petit de l'âne.

**anonacée** nf Arbre des pays chauds dont plusieurs espèces fournissent des fruits comestibles très appréciés (les anonacées forment une famille).

**ânonnement** nm Action d'ânonner.

**ânonner** vi Lire, parler, réciter avec peine et en hésitant.

**anonymat** nm État de ce qui est anonyme. ■ **garder l'anonymat :** ne pas se faire connaître.

**anonyme** adj Dont on ignore le nom, dont l'auteur est inconnu. ◆ n Personne dont on ne connaît pas le nom.

**anonymement** adv De façon anonyme.

**anophèle** nm Moustique dont la femelle peut transmettre le paludisme.

**anorak** nm Veste de sport imperméable et chaude avec ou sans capuchon.

**anorexie** nf MÉD Perte ou diminution de l'appétit. ■ **anorexie mentale :** refus de s'alimenter qui traduit un conflit psychique.

**anorexigène** adj et nm Se dit d'une substance qui coupe l'appétit.

**anorexique** adj et n Atteint d'anorexie.

**anormal, e, aux** adj Contraire aux règles, à l'ordre habituel des choses : *température anormale.* ◆ adj et n Se dit d'une personne atteinte d'une anomalie physique ou mentale.

**anormalement** adv De façon anormale.

**anoure** nm Amphibien dépourvu de queue à l'état adulte (les anoures forment un ordre comprenant les grenouilles et les crapauds).

**anoxie** nf Diminution ou suppression de l'oxygène dans les tissus.

**anse** nf **1.** Partie courbée par laquelle on prend un vase, un panier. **2.** GÉOGR Petite baie.

**antagonique** adj Contraire, opposé.

**antagonisme** nm Rivalité, lutte.

**antagoniste** n et adj Adversaire, ennemi.

**antalgique** adj et nm Se dit d'une substance propre à calmer la douleur. SYN : antidouleur.

**antan (d')** loc adj Du temps passé, de jadis : *le Paris d'antan.*

**antarctique** adj Des régions polaires australes du pôle Sud.

**antécédent, e** adj Qui précède. ◆ nm GRAMM Mot qui précède et auquel se rapporte le pronom relatif. ◆ **antécédents** pl Circonstances du passé de quelqu'un : *de bons antécédents.*

**Antéchrist** nm Adversaire du Christ qui, suivant l'Apocalypse, doit venir juste avant la fin du monde pour s'opposer à l'établissement du Royaume de Dieu.

**antédiluvien, enne** adj **1.** D'avant le Déluge. **2.** FIG Très ancien, démodé.

**anténatal, e, als** adj MÉD Qui s'effectue avant la naissance : *examens médicaux anténatals.*

**antenne** nf **1.** Organe mobile que les insectes et les crustacés ont sur la tête. **2.** Conducteur métallique permettant d'émettre et de recevoir les ondes radioélectriques. **3.** Poste, service fonctionnant en liaison avec un centre : *antenne de police.* ■ **antenne chirurgicale :** unité mobile destinée aux interventions de première urgence. ❑ FAM **avoir des antennes :** de l'intuition. ❑ FAM **avoir des antennes quelque part :** des sources d'information. ❑ **être à l'antenne :** passer en direct, lors d'une émission de radio, de télévision.

**antenne-relais** (pl *antennes-relais*) nf Émetteur-récepteur d'ondes hertziennes servant à l'acheminement des communications dans un réseau de téléphonie mobile.

**antépénultième** nf et adj Syllabe qui précède l'avant-dernière syllabe d'un mot. ◆ adj et n LITT Qui précède l'avant-dernier.

**antéposé, e** adj GRAMM Se dit d'un mot, d'un groupe de mots placé avant un autre.

**antérieur, e** adj Qui précède dans l'espace ou dans le temps : *les pattes antérieures ; une époque antérieure.*

**antérieurement** adv Avant, auparavant, précédemment.

**antériorité** nf Fait de précéder dans le temps.

**anthémis** [ɑ̃temis] nf Plante herbacée aromatique dont plusieurs espèces sont appelées *camomille.*

**anthère** nf BOT Petit sac de l'étamine qui renferme le pollen.

**anthérozoïde** nm BOT Cellule reproductrice mâle chez les végétaux.

**anthologie** nf Recueil de morceaux choisis d'œuvres littéraires ou musicales.

**anthracite** nm Charbon qui brûle avec une flamme courte, sans odeur ni fumée. ◆ adj inv Gris foncé.

**anthrax** nm Tumeur inflammatoire qui résulte de la réunion de plusieurs furoncles.

**anthropocène** nm Période actuelle des temps géologiques, qui a débuté avec la révolution industrielle, au XVIIIe s., et qui se caractérise par un fort impact des activités humaines sur les écosystèmes de la planète.

**anthropocentrique** adj Relatif à l'anthropocentrisme.

**anthropocentrisme** nm Conception qui considère toute chose de l'univers par rapport à l'homme.

**anthropoïde** nm et adj Singe d'une des espèces qui ressemblent le plus à l'homme.

**anthropologie** nf Étude de l'homme et des groupes humains. ■ **anthropologie culturelle :** étude différentielle des croyances, des institutions, des structures sociales.

**anthropologique** adj Relatif à l'anthropologie.

**anthropologue** n Spécialiste d'anthropologie.

**anthropométrie** nf Méthode d'identification des criminels, reposant essentiellement sur l'étude des empreintes digitales.

**anthropométrique** adj Qui relève de l'anthropométrie : *fiche anthropométrique.*

**anthropomorphe** adj Qui a la forme, l'apparence humaine.

**anthropomorphisme** nm **1.** Représentation d'un dieu sous les traits d'un être humain. **2.** Tendance à attribuer aux animaux des sentiments humains.

**anthropophage** adj et n Qui mange de la chair humaine ; cannibale.

**anthropophagie** nf Comportement anthropophage ; cannibalisme.

**anthurium** [ɑ̃tyrjɔm] nm Plante tropicale aux fleurs vivement colorées.

**antiacarien** adj et nm Se dit d'un produit qui détruit les acariens.

**antiadhésif, ive** adj Se dit d'un revêtement qui empêche les adhérences, en particulier sur les ustensiles de cuisine.

**antiaérien, enne** adj Qui a pour fonction de combattre les attaques aériennes : *défense antiaérienne*.

**antialcoolique** adj Qui combat l'abus de l'alcool : *ligue antialcoolique*.

**antiallergique** adj Qui traite ou prévient les allergies.

**antiamaril, e** adj ■ **vaccination antiamarile :** contre la fièvre jaune.

**antiatomique** adj Qui protège des radiations nucléaires : *abri antiatomique*.

**antibiogramme** nm MÉD Examen permettant d'apprécier la sensibilité d'une bactérie à divers antibiotiques.

**antibiotique** nm Substance chimique empêchant le développement ou la multiplication de certains microbes.

**antibrouillard** adj inv ■ **phare antibrouillard** ou **antibrouillard** nm : qui améliore la visibilité dans le brouillard.

**antibruit** adj inv Qui protège du bruit : *mur antibruit*.

**anticalcaire** adj et nm Se dit d'un produit qui empêche l'apparition de dépôts calcaires dans un appareil, un circuit, etc., ou sur le linge, la vaisselle.

**anticancéreux, euse** adj et nm Se dit d'un médicament ou d'un procédé employé pour la prévention ou le traitement du cancer.

**anticapitaliste** adj et n Hostile au régime capitaliste.

**antichambre** nf **1.** Vestibule dans un appartement. **2.** Pièce qui sert de salle d'attente dans un bureau.

**antichar** adj Qui s'oppose à l'action des blindés : *canon antichar*.

**antichoc** adj Qui permet d'amortir, d'éviter les chocs : *casque antichoc*.

**anticipation** nf Action de faire une chose d'avance : *anticipation de paiement*. ■ **par anticipation :** par avance. ❑ **roman, film d'anticipation :** dont l'action se passe dans un monde futur.

**anticipé, e** adj Qui devance le moment prévu.

**anticiper** vt ind [sur] **1.** Entamer avant le moment prévu : *anticiper sur ses revenus*. **2.** Devancer : *anticiper sur l'avenir*. ◆ vt Exécuter avant le temps fixé : *anticiper un paiement*.

**anticlérical, e, aux** adj et n Opposé à l'influence du clergé dans la vie publique.

**anticléricalisme** nm Attitude, politique anticléricale.

**anticlinal** nm GÉOL Partie convexe d'un pli géologique. CONTR : synclinal.

**anticoagulant, e** adj et nm Se dit d'un corps qui empêche ou retarde la coagulation du sang.

**anticolonialisme** nm Opposition au colonialisme.

**anticolonialiste** adj et n Opposé au colonialisme.

**anticommunisme** nm Hostilité au communisme.

**anticommuniste** adj et n Opposé au communisme.

**anticonceptionnel, elle** adj Qui empêche la fécondation ; contraceptif.

**anticonformisme** nm Opposition aux usages établis.

**anticonformiste** adj et n Opposé aux usages établis.

**anticonstitutionnel, elle** adj Contraire à la Constitution.

**anticorps** nm Substance défensive engendrée par l'organisme.

**anticyclone** nm Centre de hautes pressions atmosphériques.

**anticyclonique** ou **anticyclonal, e, aux** adj Relatif à un anticyclone.

**antidater** vt Mettre une date antérieure à la date réelle.

**antidémocratique** adj Opposé à la démocratie.

**antidépresseur** nm Médicament utilisé contre la dépression.

**antidérapant, e** adj et nm Se dit d'un matériau qui empêche de déraper.

**antidiphtérique** adj Contre la diphtérie.

**antidopage** adj inv Qui s'oppose à la pratique du dopage.

**antidote** nm **1.** Substance destinée à combattre les effets d'un poison. **2.** FIG Remède contre un mal quelconque.

> GRAMMAIRE On dit *un antidote d'un poison, à un poison* et non contre *un poison*.

**antidouleur** adj inv Qui est destiné à étudier la douleur et les moyens de la combattre : *centre antidouleur*. ■ **médicament antidouleur :** substance propre à supprimer la douleur. ◆ nm Antalgique.

**antienne** nf **1.** Verset qui se chante avant et après un psaume. **2.** LITT Discours répété sans cesse, d'une manière lassante.

**antifasciste** adj et n Opposé au fascisme.

**antifongique** adj MÉD Antimycosique.

**antigang** adj inv ■ **brigade antigang :** unité de police luttant contre la grande criminalité.

**antigaspi** adj inv Qui vise à combattre ou à réduire le gaspillage (alimentaire, notamm.) : *lutte, recette antigaspi.*

**antigel** nm Produit ajouté à l'eau du radiateur d'un moteur pour l'empêcher de geler.

**antigène** nm Substance (microbe, substance chimique, etc.) qui, introduite dans l'organisme, provoque la formation d'un anticorps.

**antigivrant, e** adj et nm Propre à empêcher la formation du givre sur les avions.

**antiglisse** adj inv Destiné à éviter de glisser sur une pente neigeuse, en cas de chute : *vêtement antiglisse.*

**antigouvernemental, e, aux** adj Opposé au gouvernement.

**antihausse** adj inv Destiné à lutter contre la hausse des prix.

**antihéros** nm Personnage n'ayant aucune des caractéristiques du héros traditionnel.

**anti-infectieux, euse** adj Se dit d'un médicament propre à combattre une infection.

**anti-inflammatoire** (pl *anti-inflammatoires*) adj et nm Se dit d'un médicament ou d'un procédé employé pour combattre une inflammation.

**antillais, e** adj et n Des Antilles : *les Antillais.*

**antilope** nf Mammifère ruminant d'Afrique et d'Asie.

**antimatière** nf Forme de la matière constituée d'antiparticules et qui constitue une hypothèse scientifique.

**antimilitariste** adj et n Hostile par principe aux institutions et à l'esprit militaires.

**antimissile** adj Destiné à neutraliser l'action de missiles assaillants.

**antimite** nm et adj inv Se dit d'un produit qui protège les vêtements contre les mites.

**antimitotique** adj et nm Se dit d'une substance qui s'oppose aux mitoses, qui empêche la multiplication cellulaire.

**antimoine** nm Métal d'un blanc d'argent, cassant et proche de l'arsenic.

**antimondialisation** nf Courant d'opinion qui manifeste son hostilité aux buts et aux effets de la mondialisation de l'économie.

**antimondialiste** adj et n Opposé à la mondialisation de l'économie.

**antimycosique** adj MÉD Se dit d'un médicament qui agit contre les mycoses, les champignons ; antifongique.

**antinataliste** adj Se dit d'une mesure politique visant à réduire la natalité.

**antineutron** nm Antiparticule du neutron.

**antinomie** nf Contradiction entre deux idées, deux principes.

**antinomique** adj Contradictoire.

**antinucléaire** adj et n Hostile à l'emploi de l'énergie et des armes nucléaires.

**antioxydant, e** adj et nm Qui a la propriété de ralentir ou d'empêcher l'oxydation.

**antipape** nm HIST Pape non reconnu par l'Église romaine (ce terme désigne aussi les papes d'Avignon et de Pise à l'époque du grand schisme d'Occident).

**antiparasite** adj et nm Se dit d'un dispositif qui diminue les perturbations affectant la réception des émissions radiophoniques et télévisées.

**antiparlementaire** adj Opposé au régime parlementaire.

**antiparticule** nf Particule élémentaire (positon, antiproton, antineutron) de charge électrique ou de moment magnétique opposés à ceux de la particule correspondante.

**antipasti** n m pl Assortiment de hors-d'œuvre (légumes, poissons, charcuteries, fromages, etc.) [spécialités italiennes].

**antipathie** nf Aversion, hostilité instinctive pour quelqu'un, quelque chose.

**antipathique** adj Qui inspire de l'antipathie.

**antipelliculaire** adj Qui agit contre les pellicules du cuir chevelu.

**antipersonnel** adj inv ■ **mine antipersonnel :** mine destinée à mettre les personnes hors de combat, sans s'attaquer au matériel.

**antiphrase** nf Manière de s'exprimer qui consiste à dire le contraire de ce qu'on pense.

**antipode** nm Lieu de la Terre diamétralement opposé à un autre lieu. ■ FIG **être à l'antipode, aux antipodes de :** à l'opposé, très éloigné de.

**antipoison** adj inv ■ **centre antipoison :** centre médical spécialisé dans le traitement des intoxications.

**antipollution** adj inv Destiné à lutter contre la pollution.

**antiprotectionniste** adj et n Opposé au protectionnisme.

**antiproton** nm Antiparticule du proton, de charge négative.

**antiprurigineux, euse** adj et nm Se dit d'un médicament qui calme les démangeaisons, combat le prurit.

**antiputride** adj Qui empêche la putréfaction.

**antipyrétique** adj Se dit d'un médicament qui fait tomber la fièvre.

**antiquaille** nf FAM Objet ancien de peu de valeur.

**antiquaire** n Commerçant en meubles et objets anciens.

**antique** adj **1.** Qui appartient à l'Antiquité, à la période gréco-romaine : *statue antique.*

**2.** Qui date d'une époque reculée : *une antique coutume.* **3.** Passé de mode ; suranné : *une antique guimbarde.* ◆ nm Ensemble des productions artistiques qui nous restent de l'Antiquité.

**antiquité** nf **1.** (avec une majuscule) Période qui va des origines des temps historiques à la chute de l'Empire romain : *l'Antiquité égyptienne.* **2.** (avec une majuscule) Civilisation gréco-romaine. **3.** Ancienneté : *l'antiquité d'une coutume.* **4.** Objet ancien : *cette montre est une antiquité.* **5.** (surtout pluriel) Objet, monument de l'Antiquité : *les antiquités grecques.*

**antirabique** adj MÉD Contre la rage.

**antiraciste** adj et n Hostile au racisme.

**antiradar** adj Destiné à neutraliser les radars ennemis.

**antirapprochement** adj inv Qui évite le rapprochement.

**antireflet** adj inv Qui supprime la lumière réfléchie sur la surface des verres d'optique : *traitement antireflet.*

**antiréglementaire** adj Contraire au règlement.

**antireligieux, euse** adj Contraire, hostile à la religion.

**antirépublicain, e** adj et n Opposé à la république et aux républicains.

**antirides** adj inv et nm inv Contre les rides : *crème antirides.*

**antirouille** nm et adj inv Substance qui préserve de la rouille ou l'enlève.

**antisalissure** adj Se dit d'un traitement appliqué à des textiles pour les empêcher de se salir et faciliter leur nettoyage.

**antisèche** nf ou nm FAM Feuille sur laquelle sont copiées des notes utilisées en fraude à un examen.

**antisémite** adj et n Hostile aux Juifs.

**antisémitisme** nm Hostilité systématique à l'égard des Juifs.

**antisepsie** nf Ensemble des méthodes qui préservent contre l'infection, en détruisant les microbes.

VOCABULAIRE Il ne faut pas confondre l'*antisepsie,* qui combat le microbe, et l'*asepsie,* qui empêche son introduction.

**antiseptique** adj et nm Se dit d'un produit, d'un médicament qui prévient l'infection.

**antisexisme** nm Opposition au sexisme.

**antisismique** adj Conçu pour résister aux séismes : *construction antisismique.*

**antisocial, e, aux** adj **1.** Contraire à la société, à l'ordre social. **2.** Contraire au progrès social.

**antispasmodique** adj et nm MÉD Se dit d'un médicament qui calme les spasmes.

**antispécisme** nm Vision du monde qui récuse, par oppos. au *spécisme*, la notion de hiérarchie entre les espèces animales et, en particulier, la supériorité de l'être humain sur les animaux.

**antistatique** adj et nm Se dit d'un produit qui limite la formation d'électricité statique.

**antisystème** adj inv et n Opposé au système politique en place, à ses formations, ses élus.

**antitabac** adj inv Qui combat l'usage du tabac : *campagne antitabac.*

**antiterroriste** adj Qui lutte contre le terrorisme.

**antitétanique** adj MÉD Qui combat ou prévient le tétanos.

**antithèse** nf Opposition de mots ou de groupes de mots traduisant des idées contraires (EX : *la nature est grande dans les petites choses*). ■ **l'antithèse de :** l'opposé de.

**antithétique** adj Qui forme, constitue une antithèse.

**antitoxine** nf Substance qui détruit ou annihile les toxines.

**antitrust** adj inv Qui s'oppose à la création ou à l'extension d'un trust : *loi antitrust.*

**antituberculeux, euse** adj Qui combat la tuberculose.

**antitumoral, e, aux** adj et nm Se dit d'un médicament ou d'un procédé employé contre une tumeur.

**antitussif, ive** adj Qui calme la toux.

**antivariolique** adj Qui combat la variole.

**antivax** adj Se dit d'un mouvement d'opinion marqué par une opposition à certains vaccins ou à la vaccination en général. ◆ n Partisan du mouvement antivax.

**antiviral, e, aux** adj et nm Se dit d'une substance qui agit contre les virus.

**antivirus** [ɑ̃tivirys] nm Logiciel qui détecte et détruit les virus informatiques.

**antivol** nm Dispositif de sécurité pour empêcher le vol.

**antonomase** nf Procédé d'expression par lequel un personnage est désigné par un nom commun (*le général* pour *de Gaulle*) ou par lequel un nom propre est pris pour un nom commun (un *harpagon* pour un *avare*).

**antonyme** nm Mot qui a un sens opposé à celui d'un autre (EX : *laideur* et *beauté*).

**antre** nm LITT Grotte, caverne, tanière.

**anus** [anys] nm Orifice extérieur du rectum.

**anxiété** nf Grande inquiétude.

**anxieusement** adv Avec anxiété.

**anxieux, euse** adj et n Soucieux, inquiet.

**anxiogène** adj Qui fait naître l'anxiété ou l'angoisse.

**anxiolytique** adj et nm MÉD Se dit d'un médicament qui apaise l'anxiété.

**AOC** nf (sigle) Appellation d'origine contrôlée.

**aorte** nf Artère qui naît à la base du ventricule gauche du cœur et est le tronc commun des artères portant le sang oxygéné dans le corps.

**août** [u] ou [ut] nm Huitième mois de l'année.

**aoûtat** [auta] nm Petit insecte dont la piqûre cause de vives démangeaisons.

**aoûtien, enne** [ausjɛ̃, ɛn] n Personne qui prend ses vacances au mois d'août.

**apaisant, e** adj Qui apaise.

**apaisement** nm Fait de s'apaiser.

**apaiser** vt **1.** Calmer, radoucir qqn : *apaiser une personne en colère.* **2.** Satisfaire un sentiment, un désir : *apaiser la curiosité de qqn.* ◆ **s'apaiser** vpr Se calmer, revenir au calme.

**apanage** nm HIST Portion du domaine que les souverains assignaient à leurs fils, à leurs frères, mais qui revenait à la couronne à la mort de ceux-ci. ■ **avoir l'apanage de qqch :** être seul à en jouir. ❑ **être l'apanage de qqn :** lui appartenir en propre.

EMPLOI L'*apanage* étant toujours exclusif, il est incorrect de préciser qu'il l'est.

**aparté** nm **1.** Ce qu'un acteur dit à part soi sur la scène et qui, conventionnellement, n'est entendu que des spectateurs. **2.** Paroles échangées à l'écart des autres lors d'une réunion.

**apartheid** nm **1.** Ségrégation systématique des gens de couleur pratiquée jusqu'en 1994 en Afrique du Sud. **2.** PAR EXT Discrimination ou exclusion d'une partie de la population.

**apathie** nf Absence de volonté, d'énergie ; indolence, mollesse.

**apathique** adj Indolent, mou, nonchalant.

**apatride** n et adj Personne sans nationalité légale.

**apatridie** nf Absence de nationalité légale ; situation d'une personne apatride.

**apercevoir** vt (conj 34) **1.** Voir plus ou moins nettement. **2.** Entrevoir un instant. ◆ **s'apercevoir** vpr [de, que] Remarquer, se rendre compte.

**aperçu** nm Vue d'ensemble, souvent sommaire.

**apéritif** nm Boisson prise avant le repas.

**apéro** nm (abréviation) FAM Apéritif.

**apesanteur** nf État dans lequel les effets de la pesanteur sont annihilés.

**apétale** adj Qui n'a pas de pétales.

**à-peu-près** nm inv Approximation.

**apeuré, e** adj Saisi de peur, effrayé.

**apex** nm inv ASTRON Point de la sphère céleste vers lequel semble se diriger le système solaire.

**aphasie** nf Perte de la parole, ou trouble du langage.

**aphasique** adj et n Atteint d'aphasie.

**aphélie** nm ASTRON Point de l'orbite d'une planète le plus éloigné du Soleil. CONTR : périhélie.

**aphérèse** nf Suppression d'une syllabe ou d'un son à l'initiale d'un mot (EX : *bus* pour *autobus*).

**aphone** adj Sans voix.

**aphonie** nf Extinction de voix.

**aphorisme** nm Pensée énoncée en peu de mots (EX : *tel père, tel fils*).

**aphrodisiaque** nm et adj Substance qui excite le désir sexuel.

**aphte** [aft] nm Petite lésion de la muqueuse buccale.

**aphteux, euse** adj Caractérisé par la présence d'aphtes. ■ **fièvre aphteuse :** fièvre épidémique virale des bestiaux.

**api** nm ■ **pomme d'api :** petite pomme rouge et blanche.

**API** [apei] nf (sigle de *application programming interface*) Interface de programmation qui permet à des applications différentes de communiquer entre elles et de s'échanger des données ou des services.

**à-pic** (pl *à-pics*) nm Falaise, rocher tombant à pic.

**apicole** adj Relatif à l'apiculture.

**apiculteur, trice** n Personne qui élève des abeilles.

**apiculture** nf Élevage des abeilles, pour leur miel notamment.

**apitoiement** nm Compassion.

**apitoyer** vt (conj 3) Susciter la pitié. ◆ **s'apitoyer** vpr [sur] Avoir pitié de : *s'apitoyer sur les malheureux.*

**APL** nf (sigle de *aide personnalisée au logement*) Prestation versée par les caisses d'allocations familiales aux personnes à faible revenu pour les aider à se loger.

**aplanir** vt **1.** Rendre plan, uni. **2.** FIG Faire disparaître ce qui fait obstacle : *aplanir les difficultés.*

**aplat** nm Surface de couleur uniforme dans une peinture, une gravure, etc.

**aplatir** vt Rendre plat ou plus plat. ◆ **s'aplatir** vpr **1.** Prendre une forme aplatie ; s'écraser. **2.** FAM Tomber. **3.** Prendre une attitude servile : *s'aplatir devant son chef.*

**aplatissement** nm Action d'aplatir, de s'aplatir.

**aplomb** nm **1.** Direction verticale : *le mur a perdu son aplomb.* **2.** Équilibre : *perdre l'aplomb.* **3.** FIG Assurance : *avoir de l'aplomb.* ■ **d'aplomb :** vertical et stable : *remettre l'armoire d'aplomb.* ❑ FAM **être, se remettre d'aplomb :** en bonne forme.

**apnée** nf Arrêt momentané de la respiration. ■ **plonger en apnée :** en retenant sa respiration.

**apocalypse** nf Catastrophe effrayante qui évoque la fin du monde.

**apocalyptique** adj Catastrophique.

**apocope** nf Chute d'une lettre, d'une ou de plusieurs syllabes à la fin du mot (EX : *moto* pour *motocyclette*).

**apocryphe** adj et nm Se dit d'un texte qui n'est pas authentique.

**apode** adj Sans pieds, sans pattes, sans nageoires : *l'anguille est apode.*

**apogée** nm **1.** FIG Le plus haut degré qu'on puisse atteindre : *être à l'apogée de sa gloire.* **2.** ASTRON Point de l'orbite d'un corps céleste où la distance de ce corps à la Terre est maximale.

**apolitique** adj et n Qui se refuse à prendre une position politique.

**apologétique** adj Qui contient une apologie : *discours apologétique.*

**apologie** nf Discours ou écrit qui défend avec force ou justifie une personne, une chose.

**apologiste** n Personne qui fait l'apologie de quelqu'un, quelque chose.

**apologue** nm Court récit à l'intention moralisatrice.

**aponévrose** nf Membrane blanche qui enveloppe les muscles.

**apophtegme** nm LITT Parole, sentence mémorable.

**apophyse** nf Excroissance naturelle de la surface d'un os.

**apoplectique** adj et n Prédisposé à l'apoplexie.

**apoplexie** nf Perte de connaissance brutale ; congestion cérébrale.

**apostasie** nf Renonciation publique à une doctrine, une religion, un parti.

**apostat, e** adj et n Qui a fait acte d'apostasie.

**a posteriori** loc adv et adj inv En se fondant sur les faits constatés : *a posteriori, je reconnais mes erreurs.* CONTR : a priori.

**apostille** nf Addition faite en marge d'un acte juridique.

**apostolat** nm Mission d'un apôtre ou d'un propagandiste : *l'enseignement est pour lui un apostolat.*

**apostolique** adj **1.** Relatif aux apôtres. **2.** Qui émane du Saint-Siège.

**apostrophe** nf **1.** Interpellation brusque, soudaine. **2.** Signe graphique (') de l'élision. **3.** GRAMM Fonction du mot qui désigne la personne à qui l'on s'adresse (EX : *toi* dans *Toi ! viens ici*).

**apostropher** vt Interpeller brusquement.

**apothème** nm **1.** MATH Perpendiculaire menée du centre d'un polygone régulier sur un de ses côtés. **2.** Perpendiculaire abaissée du sommet d'une pyramide régulière sur un des côtés du polygone de base.

**apothéose** nf Fin, très brillante, d'une action, d'un spectacle, etc.

**apothicaire** nm VX Pharmacien. ■ **compte d'apothicaire** : compte compliqué et mesquin.

**apôtre** nm **1.** Chacun des douze disciples de Jésus-Christ, chargés de prêcher l'Évangile. **2.** Personne qui se met au service d'une idée, d'une cause, d'une doctrine.

**apparaître** vi (conj 64) **1.** Commencer d'exister : *l'homme est apparu il y a des millions d'années.* **2.** Devenir visible, se montrer tout à coup : *sa tête apparut à la fenêtre.* **3.** Se présenter à l'esprit, devenir évident : *le projet lui apparaissait aujourd'hui possible.* ■ **il apparaît que** : on constate que.

> VOCABULAIRE Il faut distinguer *il apparaît que* « on constate que », et *il paraît que* « on dit, le bruit court que ».

**apparat** nm Déploiement de faste, pompe, éclat. ■ **d'apparat** : solennel, luxueux : *dîner d'apparat.*

**apparatchik** nm PÉJOR Membre de l'appareil d'un parti politique, particulièrement d'un parti communiste, d'un syndicat.

**apparaux** nm pl Ensemble des appareils de manœuvre d'un navire.

**appareil** nm **1.** Machine, assemblage de pièces disposées pour fonctionner ensemble : *appareil ménager ; appareil photo.* **2.** Avion : *l'appareil décolle.* **3.** Téléphone : *qui est à l'appareil ?* **4.** Prothèse dentaire : *porter un appareil.* **5.** Ensemble des organes qui concourent à une fonction du corps : *appareil digestif.* **6.** Ensemble des organismes constituant un parti, un syndicat. ■ LITT **dans le plus simple appareil** : entièrement nu.

**appareillage** nm **1.** MAR Action d'appareiller. **2.** Ensemble d'appareils et d'accessoires : *appareillage électrique.*

**appareiller** vt **1.** Grouper, assortir des objets pour former un ensemble. **2.** Munir d'un appareil de prothèse. ◆ vi MAR Quitter le port, prendre la mer.

**appareilleur** nm Spécialiste chargé de la pose des prothèses.

**apparemment** adv D'après les apparences.

**apparence** nf Aspect extérieur : *avoir belle apparence ; ne pas se fier aux apparences.* ■ **en apparence** : d'après ce que l'on voit, mais sans préjuger de la réalité. ❏ **sauver les apparences** : ne rien laisser paraître de ce qui pourrait nuire à la réputation.

**apparent, e** adj **1.** Visible : *poutres apparentes.* **2.** Dont l'aspect est trompeur : *une apparente simplicité.*

**apparentement** nm Alliance, association en matière politique, électorale.

**apparenter (s')** vpr [à] **1.** S'allier, en particulier par mariage. **2.** Avoir des caractères communs avec quelque chose. **3.** Pratiquer l'apparentement politique ou électoral.

**apparier** vt Unir par paire, par couple.

**appariteur** nm Huissier d'une université.

**apparition** nf **1.** Action, fait d'apparaître, de se manifester. **2.** Manifestation d'un être surnaturel ; spectre, vision.

**appart** [apart] nm (abréviation) FAM Appartement.

**appartement** nm Logement composé de plusieurs pièces.

**appartenance** nf Fait d'appartenir à.

**appartenir** vt ind [à] (conj 22) **1.** Être la propriété de : *ce livre lui appartient.* **2.** Faire partie de : *appartenir à un groupe.* ■ **il appartient à qqn de** : il est de son devoir de : *il vous appartient de lui répondre.* ◆ **s'appartenir** vpr ■ **ne plus s'appartenir** : ne plus être libre.

**appas** nm pl LITT Attraits, charmes physiques d'une femme.

**appât** nm **1.** Nourriture placée dans un piège ou fixée à un hameçon. **2.** FIG Ce qui excite le désir, ce qui pousse à agir : *l'appât du gain.*

**appâter** vt **1.** Attirer avec un appât. **2.** FIG Séduire, attirer.

**appauvrir** vt Rendre pauvre. ◆ **s'appauvrir** vpr Devenir pauvre.

**appauvrissement** nm Action d'appauvrir, fait de s'appauvrir.

**appeau** nm Sifflet imitant le cri des oiseaux pour les attirer.

**appel** nm **1.** Acte, geste, parole qui invite à venir ou à agir : *appel au secours, à l'insurrection.* **2.** Action de nommer des personnes pour constater leur présence : *faire l'appel ; manquer à l'appel.* **3.** Convocation des jeunes gens d'un contingent au service national : *devancer l'appel.* **4.** Recours à un juge, à un tribunal supérieur : *cour d'appel ; faire appel.* ■ **appel d'air** : afflux massif de personnes ou de choses : *créer un appel d'air.* ❑ **appel de phares** : variation rapide de l'intensité lumineuse des phares d'une automobile, pour signaler qqch. ❑ FAM **appel du pied** : invitation implicite. ❑ **appel téléphonique** : coup de téléphone.

**appelant, e** adj et n **1.** DR Qui fait appel d'un jugement. **2.** Qui appelle un organisme d'assistance téléphonique.

**appelé, e** n MIL Jeune soumis à la journée défense et citoyenneté. ◆ nm HIST Jeune qui accomplissait son service militaire : *les appelés du contingent.*

**appeler** vt (conj 6) **1.** Inviter à venir, à agir par la voix, le geste : *appeler des renforts.* **2.** Communiquer par téléphone : *appeler un ami.* **3.** Attribuer à un nom : *appeler un enfant Pierre.* **4.** Rendre nécessaire : *cela appelle des commentaires.* **5.** INFORM Faire fonctionner une séquence d'instructions autonome d'un programme : *appeler une routine.* ◆ vi ■ **en appeler à** : s'en remettre à. ◆ **s'appeler** vpr **1.** Avoir comme nom. **2.** FAM Se joindre par téléphone : *on s'appelle demain.*

**appellatif, ive** adj et nm LING Se dit d'un terme utilisé pour interpeller un interlocuteur.

**appellation** nf Façon d'appeler, de nommer ; qualificatif. ■ **appellation d'origine contrôlée (AOC)** : dénomination de l'origine d'un produit, en particulier d'un vin.

**appendice** [apɛ̃dis] nm **1.** ANAT Partie du gros intestin, en forme de doigt de gant. **2.** Partie qui prolonge, complète une partie principale. **3.** Ensemble de notes à la fin d'un ouvrage.

**appendicite** nf Inflammation de l'appendice intestinal.

**appentis** [apɑ̃ti] nm **1.** Petit toit à une seule pente. **2.** Petit bâtiment adossé contre un grand.

**appesantir** vt LITT Rendre pesant, alourdir. ◆ **s'appesantir** vpr [sur] Insister sur.

**appétence** nf LITT Envie, désir.

**appétissant, e** adj Qui excite l'appétit, le désir.

**appétit** nm **1.** Désir de manger. **2.** Vif désir de quelque chose ; appétit sexuel ; appétit de connaissances. ■ **bon appétit !** : souhait adressé avant le repas.

**applaudir** vt Battre des mains en signe d'approbation. ◆ vt ind [à] Approuver entièrement.

> EMPLOI *Applaudir des deux mains* est un pléonasme couramment utilisé pour marquer l'intensité.

**applaudissement** nm Battement de mains en signe d'approbation, d'enthousiasme.

**applicable** adj Qui doit ou peut être appliqué.

**applicateur** adj m et nm Se dit d'un dispositif qui permet d'étaler directement un produit sur une surface : *bouchon applicateur.*

**application** nf **1.** Action de poser une chose sur une autre : *l'application d'un papier peint sur un mur.* **2.** FIG Mise en pratique : *application d'un tarif, d'une théorie.* **3.** Soin, attention soutenue : *travailler avec application.* **4.** INFORM Programme créé pour faciliter l'exécution d'une tâche précise.

**applique** nf Appareil d'éclairage fixé au mur.

**appliqué, e** adj **1.** Qui manifeste du soin, une attention soutenue : *élève, écriture appliquée.* **2.** Se dit d'une activité, d'une science qui a des applications concrètes.

**appliquer** vt **1.** Mettre une chose sur une autre : *appliquer une pommade.* **2.** Mettre en œuvre, en pratique : *appliquer une théorie.* ◆ **s'appliquer** vpr **1.** Mettre toute son attention : *s'appliquer à bien faire.* **2.** Convenir, correspondre : *cela s'applique à ton cas.*

**appoint** nm Menue monnaie complétant une somme : *faire l'appoint.* ■ **d'appoint** : qui

s'ajoute à quelque chose, pour le compléter : *chauffage d'appoint*.
**appointements** nm pl Rémunération fixe pour un emploi.
**appointer** vt Verser des appointements : *appointer un employé*.
**appontement** nm Plateforme fixe pour le chargement et le déchargement des navires.
**apport** nm **1.** Action d'apporter. **2.** Ce qui est apporté, part, contribution : *l'apport des civilisations grecque et latine*.
**apporter** vt **1.** Porter à un endroit, porter avec soi : *apportez-moi ce livre*. **2.** Fournir, donner : *apporter des preuves*. **3.** Produire un résultat, un effet : *apporter un soulagement*.
**apposer** vt Appliquer, mettre : *apposer sa signature ; apposer des scellés*.
**apposition** nf **1.** Action d'apposer. **2.** GRAMM Mot ou groupe de mots qui, placé à côté d'un nom ou d'un pronom, le qualifie en le précisant (EX : *Paris, capitale de la France*).
**appréciable** adj Assez important, sensible : *progrès appréciable*.
**appréciateur, trice** n Qui apprécie : *en bon appréciateur des choses*.
**appréciation** nf **1.** Action d'apprécier ; évaluation : *l'appréciation d'une prestation*. **2.** Jugement ; indication écrite de ce jugement : *avoir de bonnes appréciations dans son cahier*.
**apprécier** vt **1.** Évaluer, estimer, déterminer une mesure, une quantité, un prix : *savoir apprécier les distances*. **2.** Juger comme étant bon, aimer : *apprécier un bon repas*. ◆ **s'apprécier** vpr En parlant d'une monnaie, prendre de la valeur par rapport à une autre.
**appréhender** vt **1.** Procéder à l'arrestation de : *appréhender un malfaiteur*. **2.** Craindre, redouter : *j'appréhende de le voir*. **3.** LITT Comprendre, saisir intellectuellement : *appréhender la réalité*.
**appréhension** nf Crainte vague.
**apprenant, e** n Personne qui suit un enseignement. ◆ adj **1.** Qui est en mesure d'apprendre : *nation apprenante*. **2.** Qui est consacré, au moins en partie, à l'apprentissage : *vacances apprenantes*.
**apprendre** vt (conj 54) **1.** Acquérir des connaissances, une pratique ; être informé de qqch : *apprendre un métier ; j'ai appris son décès*. **2.** Faire acquérir des connaissances, enseigner, informer : *il m'apprend l'anglais ; apprendre une nouvelle à qqn*.
**apprenti, e** n Personne qui apprend un métier, une profession. ■ **apprenti sorcier :** celui qui déchaîne des forces qu'il ne pourra pas contrôler.
**apprentissage** nm **1.** Formation professionnelle. **2.** Temps pendant lequel on est apprenti. ■ **faire l'apprentissage de :** s'exercer, s'habituer à.
**apprêt** nm **1.** Traitement que l'on fait subir à certaines matières premières (cuirs, tissus, etc.). **2.** Enduit appliqué sur une surface à peindre.
**apprêté, e** adj Dépourvu de simplicité, de naturel ; affecté : *style apprêté*.
**apprêter** vt Soumettre à un apprêt. ◆ **s'apprêter** vpr **1.** Se préparer, se disposer à. **2.** S'habiller : *s'apprêter pour sortir*.
**apprivoisement** nm Action d'apprivoiser.
**apprivoiser** vt **1.** Rendre un animal moins sauvage, domestiquer. **2.** FIG Rendre une personne plus sociable. ◆ **s'apprivoiser** vpr Devenir moins farouche.
**approbateur, trice** adj et n Qui approuve : *un silence approbateur*.
**approbatif, ive** adj Qui marque l'approbation : *geste approbatif*.
**approbation** nf Action d'approuver ; accord.
**approchant, e** adj Voisin, presque semblable.
**approche** nf **1.** Fait d'approcher, de s'approcher : *l'approche de l'hiver*. **2.** Manière d'aborder un sujet. ■ **travaux d'approche :** démarches intéressées auprès de qqn.
**approché, e** adj Proche de ce qui est exact.
**approcher** vt **1.** Mettre près ou plus près de : *approcher une chaise*. **2.** Avoir accès auprès de qqn : *une célébrité qu'on ne peut approcher*. ◆ vt ind [de] Être près d'atteindre : *approcher de la maison ; approcher de la soixantaine*. ◆ vi Être proche dans le temps : *l'hiver approche*. ◆ **s'approcher** vpr [de] Venir près de.
**approfondir** vt **1.** Rendre plus profond. **2.** FIG Examiner, étudier plus avant.
**approfondissement** nm Action d'approfondir.
**appropriation** nf Action de s'approprier.
**approprié, e** adj Qui convient ; juste, pertinent : *traitement approprié*.
**approprier** vt Adapter à une fonction, rendre propre à : *approprier son discours aux circonstances*. ◆ **s'approprier** vpr S'attribuer : *s'approprier un objet*.
**approuver** vt **1.** Considérer comme juste, louable : *approuver la présence de qqn*. **2.** Donner raison à : *approuver qqn*. **3.** Autoriser par une décision : *approuver un budget*.
**approvisionnement** nm Action d'approvisionner, fourniture des choses nécessaires.
**approvisionner** vt Fournir de provisions, de choses nécessaires. ◊ vpr : *s'approvisionner en essence*.
**approximatif, ive** adj **1.** Fait par approximation : *calcul approximatif*. **2.** Imprécis : *avoir une idée approximative de la situation*.
**approximation** nf **1.** Estimation, évaluation approchée d'une grandeur. **2.** Approche incorrecte, imprécise de la réalité.

**appui** nm **1.** Soutien, support. **2.** Aide, protection. ■ **à l'appui (de)** : pour servir de confirmation à.

**appuie-bras** (pl inv) ou **appui-bras** (pl *appuis-bras*) nm Support pour le bras dans un véhicule, un avion.

**appuie-tête** (pl inv) ou **appui-tête** (pl *appuis-tête*) nm Support pour la nuque adapté au dossier d'un siège.

**appuyer** vt (conj 3) **1.** Placer une chose contre une autre qui lui sert de support : *appuyer une échelle contre un mur.* **2.** FIG Soutenir, encourager : *appuyer une candidature.* ◆ vi **1.** Exercer une pression sur : *appuyer sur la pédale.* **2.** FIG Insister avec force : *appuyer sur les mots importants.* ◆ **s'appuyer** vpr [à, sur, contre] **1.** Se servir de quelque chose comme d'un support, d'un soutien : *s'appuyer sur une balustrade.* **2.** FIG Se fonder sur : *s'appuyer sur des faits.*

**âpre** adj **1.** Rude au goût : *un fruit âpre.* **2.** FIG Dur, violent : *ton âpre.* ■ **âpre au gain** : avide d'argent.

**âprement** adv Avec âpreté.

**après** prép et adv MARQUE LA POSTÉRIORITÉ **1.** Dans le temps : *après dîner.* **2.** Dans un ordre : *se classer après lui.* **3.** Dans l'espace : *la rue après le carrefour.* ■ **d'après** : suivant : *le jour d'après.* ❑ **et après !** : qu'est-ce que ça peut faire ? ❑ FAM **être après** : s'acharner sur. ◆ **après que** loc conj (+ ind.) Une fois que. ◆ **d'après** loc prép À l'imitation de, selon : *peindre d'après nature ; d'après lui, tout va bien.*

GRAMMAIRE Bien que le subj. soit courant derrière *après que*, c'est l'ind. qui est le plus logique car il indique que l'action a eu lieu effectivement.

**après-demain** adv Le second jour après celui où l'on est.

**après-guerre** (pl *après-guerres*) nm ou nf Période qui suit une guerre.

**après-midi** nm inv ou nf inv Partie du jour depuis midi jusqu'au soir.

**après-rasage** (pl *après-rasages*) adj inv et nm Se dit d'une lotion que l'on passe sur la peau pour calmer le feu du rasoir.

**après-shampooing** (pl *après-shampooings*) ou **après-shampoing** (pl *après-shampoings*) nm et adj inv Produit cosmétique servant à démêler et embellir les cheveux après lavage.

**après-ski** (pl *après-skis*) nm Chaussure chaude portée à la montagne lorsqu'on ne skie pas.

**après-soleil** (pl *après-soleils*) adj inv et nm Se dit d'un produit cosmétique servant à hydrater la peau après une exposition au soleil : *lait après-soleil.*

**après-vente** adj inv ■ **service après-vente** : qui assure l'installation, l'entretien et la réparation d'un appareil, d'un véhicule, etc.

**âpreté** nf Caractère âpre, dur, violent.

**a priori** loc adv et adj inv **1.** En se fondant sur des données admises avant toute expérience. CONTR : a posteriori. **2.** Au premier abord. ◆ nm inv Préjugé qui ne tient pas compte des réalités : *avoir des a priori.*

**apr. J.-C.** (abréviation) Après Jésus-Christ.

**à-propos** nm inv Pertinence de ce qui vient juste au moment convenable.

**apside** nf ASTRON Point de l'orbite d'un astre gravitant autour d'un autre où la distance des deux astres est maximale ou minimale.

**apte** adj [à] Qui a des dispositions pour, capable de : *être jugé apte à faire quelque chose.*

**aptère** adj ZOOL Sans ailes : *le pou est un insecte aptère.*

**aptéryx** nm Oiseau de Nouvelle-Zélande dont les ailes sont presque inexistantes.

**aptitude** nf Disposition naturelle ; capacité : *il a une aptitude au calcul, pour le calcul.*

GRAMMAIRE On a une *aptitude à* ou *pour* ; on est *apte à*.

**apurement** nm Vérification définitive d'un compte.

**apurer** vt Vérifier et arrêter définitivement un compte.

**aquabiking** [akwabajkiŋ] ou **aquabike** [-bajk] nm Activité sportive qui consiste à pédaler en piscine sur un vélo sans roues.

**aquaculture** ou **aquiculture** nf Élevage des animaux aquatiques et culture des plantes aquatiques.

**aquafortiste** n Graveur à l'eau-forte.

**Aquagym** [akwaʒim] nf (nom déposé) Gymnastique aquatique.

**aquaplane** nm Planche tirée sur l'eau par un bateau à moteur et sur laquelle on se tient debout.

**aquaplaning** [akwaplaniŋ] nm (anglicisme) Perte d'adhérence d'un véhicule, due à la présence d'une mince pellicule d'eau entre la chaussée et les pneus (recommandation officielle : *aquaplanage*).

**aquarelle** nf Peinture légère à délayer à l'eau ; œuvre ainsi exécutée.

**aquarelliste** n Peintre à l'aquarelle.

**aquarium** [akwarjɔm] nm Réservoir d'eau (douce ou salée) dans lequel on entretient des plantes aquatiques, des poissons, etc.

**aquatinte** nf Gravure imitant le dessin au lavis.

**aquatique** adj **1.** Qui croît, vit dans l'eau : *plante aquatique.* **2.** Où il y a de l'eau : *paysage aquatique.*

**aquavit** [akwavit] nm Eau-de-vie des pays nordiques parfumée par diverses substances végétales.

**aqueduc** nm Canal qui capte l'eau potable et la conduit d'un lieu à un autre ; pont supportant ce canal.

**aqueux, euse** adj **1.** De la nature de l'eau. **2.** Qui contient de l'eau.

**aquilin** adj m ■ **nez aquilin :** en bec d'aigle.

**aquilon** nm POÉT Vent du nord.

**ara** nm Grand perroquet d'Amérique latine au plumage vivement coloré.

**arabe** adj et n Relatif aux peuples parlant l'arabe : *les Arabes.* ■ **chiffres arabes :** ensemble de dix signes (de 0 à 9) utilisés pour représenter les nombres (par opposition aux *chiffres romains*). ◆ nm Langue sémitique parlée principalement en Afrique du Nord, au Proche-Orient et en Arabie.

**arabesque** nf **1.** Ornement peint ou sculpté fondé sur la répétition symétrique de motifs végétaux stylisés. **2.** Ligne sinueuse. **3.** Figure d'équilibre de la danse.

**arabica** nm Caféier originaire d'Arabie.

**arabique** adj De l'Arabie.

**arabisant, e** n Personne qui étudie la langue, la civilisation arabe.

**arabisation** nf Action d'arabiser.

**arabiser** vt Donner un caractère arabe à.

**arable** adj Labourable.

**arabophone** adj et n De langue arabe.

**arachide** nf Plante oléagineuse dont la graine ou *cacahuète* fournit de l'huile.

**arachnéen, enne** [arakneẽ, ɛn] adj **1.** Propre à l'araignée. **2.** FIG Qui a la légèreté de la toile d'araignée.

**arachnide** [araknid] nm Animal terrestre à quatre paires de pattes locomotrices, tel que l'araignée ou le scorpion (les arachnides forment une classe).

**arachnoïde** [araknɔid] nf ANAT Membrane très ténue qui enveloppe le cerveau.

**araignée** nf **1.** Animal à huit pattes et à l'abdomen non segmenté. **2.** Filet ténu à mailles carrées pour la pêche. **3.** En boucherie, morceau de bœuf. ■ **araignée de mer :** crabe épineux aux longues pattes.

**araire** nm Instrument de labour qui rejette la terre de part et d'autre du sillon.

**arasement** nm Action d'araser.

**araser** vt **1.** Mettre de niveau les assises d'une construction. **2.** Réduire l'épaisseur d'une pièce à emboîter.

**aratoire** adj Qui concerne le travail de la terre.

**araucaria** nm Arbre d'Amérique du Sud et d'Océanie, souvent cultivé dans les parcs européens.

**arbalète** nf Arme composée d'un arc d'acier monté sur un fût et se bandant avec un ressort.

**arbalétrier** nm Soldat armé d'une arbalète.

**arbitrage** nm **1.** Action d'arbitrer. **2.** Règlement d'un litige par un arbitre ; sentence ainsi rendue. **3.** Opération de Bourse, consistant à tirer profit des différences de cours existant au même moment sur plusieurs marchés.

**arbitraire** adj **1.** Qui dépend de la seule volonté, souvent aux dépens de la raison : *choix arbitraire.* **2.** Sans aucune considération de justice, d'équité ; injustifié : *arrestation arbitraire.* ◆ nm Autorité qui n'est soumise à aucune règle.

**arbitrairement** adv D'une manière arbitraire.

**arbitre** n **1.** Personne choisie par les parties intéressées pour trancher un différend. **2.** Personne dont l'autorité et la compétence sont suffisantes pour pouvoir juger, décider de quelque chose : *arbitre de la mode.* **3.** Personne chargée de faire appliquer les règles d'un sport, d'un jeu. ■ **libre arbitre :** faculté qu'a la volonté de choisir, de se déterminer en toute liberté.

**arbitrer** vt Juger ou contrôler en tant qu'arbitre.

**arborer** vt **1.** Planter, hisser, déployer : *arborer un drapeau.* **2.** Porter avec ostentation : *arborer une décoration.*

**arborescence** nf **1.** Forme arborescente : *les arborescences du givre.* **2.** INFORM Structure de graphe comportant un sommet origine relié à tous les autres par des chemins uniques.

**arborescent, e** adj Qui a la forme d'un arbre : *fougère arborescente.*

**arboricole** adj **1.** Qui vit dans les arbres. **2.** Relatif à l'arboriculture.

**arboriculteur, trice** n Personne qui s'occupe d'arboriculture.

**arboriculture** nf Culture des arbres, en particulier des arbres fruitiers.

**arborisation** nf Dessin naturel représentant des ramifications.

**arbouse** nf Fruit de l'arbousier.

**arbousier** nm Arbrisseau du Midi, à fruits rouges comestibles.

**arbre** nm **1.** Végétal ligneux dont la tige ou tronc, fixée au sol par ses racines, est nue à la base et chargée de branches et de feuilles à partir d'une certaine hauteur : *arbre fruitier.* **2.** MÉCAN Axe servant à transmettre un mouvement : *arbre à cames.* ■ **arbre généalogique :** tableau montrant, par ses ramifications, la filiation dans une famille.

**arbrisseau** nm Petit arbre qui se ramifie dès sa base.

**arbuste** nm Petit arbre.

**arbustif, ive** adj **1.** Relatif à l'arbuste. **2.** Composé d'arbustes.

**arc** nm **1.** Arme servant à lancer des flèches. **2.** Objet, forme, ligne décrivant une portion de courbe : *arc de cercle ; arc des sourcils.* **3.** ARCHIT Partie d'une construction décrivant une ou plusieurs courbes au-dessus d'un espace : *arc ogival.* ■ **arc de triomphe :** monument en forme d'arc, orné d'inscriptions et de sculptures. ❑ FIG **avoir plusieurs cordes à son arc :** avoir de nombreuses ressources pour réussir.

**arcade** nf Ensemble de piliers ou de colonnes laissant entre eux une ouverture dont la partie supérieure est en forme d'arc : *les arcades de la rue de Rivoli, à Paris.* ■ **arcade sourcilière :** proéminence située à la base de l'os frontal et au-dessus de chaque orbite.

**arcanes** nm pl LITT Secrets, mystères : *les arcanes de la politique.*

**arc-boutant** (pl *arcs-boutants*) nm Pilier qui se termine en demi-arc, et qui sert à soutenir un mur, une voûte.

**arc-bouter** vt Soutenir par un arc-boutant. ◆ **s'arc-bouter** vpr Prendre fermement appui pour exercer un effort de résistance.

**arceau** nm **1.** Partie cintrée d'une voûte. **2.** Objet en forme de demi-cercle.

**arc-en-ciel** (pl *arcs-en-ciel*) nm Phénomène lumineux en forme d'arc, parfois visible dans le ciel pendant une averse et qui présente les couleurs du spectre solaire.

PHONÉTIQUE On notera que la liaison entre *arc* et *en* est maintenue au pluriel, malgré le *s* de *arcs : des arcs-en-ciel* [arkɑ̃sjel].

**archaïque** [arkaik] adj Ancien, désuet : *tournure de langage archaïque.*

**archaïsme** [arkaism] nm **1.** Mot, tour de phrase vieilli. **2.** Caractère de ce qui est ancien, périmé.

**archange** [arkɑ̃ʒ] nm Ange d'un ordre supérieur : *l'archange Gabriel.*

**arche** nf Voûte en arc : *arche de pont.* ■ **arche de Noé :** grand bateau que Noé, sur l'ordre de Dieu, construisit pour échapper au Déluge, selon la Bible.

**archéologie** [arkeɔlɔʒi] nf Étude scientifique des civilisations passées, grâce aux monuments et objets qui en subsistent.

**archéologique** adj Relatif à l'archéologie : *fouilles archéologiques.*

**archéologue** n Spécialiste d'archéologie.

**archéoptéryx** [arkeɔpteriks] nm Oiseau fossile de l'ère secondaire associant des caractères d'oiseau et de reptile.

**archer, ère** n Tireur à l'arc.

**archet** nm Baguette tendue de crins et qui sert à jouer de certains instruments à cordes (violon, violoncelle, etc.).

**archétype** [arketip] nm Modèle primitif, idéal.

**archevêché** nm Étendue de la juridiction d'un archevêque ; sa résidence.

**archevêque** nm Premier évêque d'une province ecclésiastique comprenant plusieurs diocèses.

**archidiacre** nm Vicaire général qui administre une partie de diocèse.

**archiduc** nm Titre des princes de la maison d'Autriche.

**archiduchesse** nf Princesse de la maison d'Autriche.

**archiépiscopal, e, aux** adj Relatif à l'archevêque.

**archimandrite** nm **1.** Autrefois, titre des supérieurs de quelques monastères grecs. **2.** Aujourd'hui, titre honorifique conféré à un moine orthodoxe.

**archipel** nm Groupe d'îles.

**architecte** n Personne qui conçoit et réalise des édifices et en dirige l'exécution.

**architectonique** nf **1.** Ensemble des règles techniques propres à l'architecture. **2.** PAR EXT Organisation, structure d'une œuvre.

**architectural, e, aux** adj Relatif à l'architecture.

**architecture** nf **1.** Art de concevoir, construire et orner les édifices. **2.** FIG Structure, organisation d'un ensemble : *architecture d'une œuvre musicale.*

**architrave** nf ARCHIT Partie inférieure d'un entablement, reposant directement sur les supports.

**archivage** nm Action d'archiver.

**archiver** vt Classer dans des archives.

**archives** nf pl Ensemble de documents (pièces manuscrites, imprimés, etc.) qui proviennent d'une collectivité, d'une famille, d'une personne, etc. ; lieu où on les garde.

**archiviste** n Personne qui a la charge d'archives.

**archivolte** nf ARCHIT Face verticale à moulures d'un arc.

**archonte** [arkɔ̃t] nm Premier magistrat des cités grecques anciennes.

**arçon** nm **1.** Armature de la selle d'un cheval formée de deux pièces de métal reliées entre elles. **2.** Rameau de vigne courbé en arc.

**arctique** adj Du pôle Nord et des régions voisines.

**ardéchois, e** adj et n De l'Ardèche.

**ardemment** [ardamɑ̃] adv Avec ardeur.

**ardennais, e** adj et n Des Ardennes.

**ardent, e** adj **1.** Chaud, brûlant : *soleil ardent.* **2.** FIG Vif, passionné. ■ **ardent à :** empressé à.

**ardeur** nf Force qui porte à faire quelque chose ; empressement, enthousiasme.

**ardillon** nm Pointe de métal d'une boucle de ceinture pour arrêter la courroie.

**ardoise** nf **1.** Roche schisteuse, grise ou noire, servant à couvrir les toits. **2.** Tablette sur laquelle on écrit ou on dessine à la craie. ■ FAM **avoir une ardoise chez quelqu'un :** lui devoir de l'argent.

**ardoisé, e** adj De la couleur de l'ardoise.

**ardoisier, ère** adj De la nature de l'ardoise.

**ardoisière** nf Carrière d'ardoise.

**ardu, e** adj Difficile, compliqué.

**are** nm Surface agraire qui vaut 100 mètres carrés ; symb : a.

**arec** ou **aréquier** nm Palmier des régions chaudes de l'Asie du Sud-Est dont le fruit, la *noix d'arec*, contient une amande.

**aréique** adj GÉOGR Se dit d'une région, d'un sol privés d'écoulement régulier des eaux.

**arénavirus** nm Groupe de virus responsables de plusieurs zoonoses transmissibles à l'homme.

**arène** nf **1.** Espace sablé, au centre d'un amphithéâtre. **2.** GÉOL Sable formé de gros éléments. **3.** FIG Espace public où s'affrontent des courants d'idées : *arène politique*. ◆ **arènes** pl **1.** Amphithéâtre antique : *les arènes de Nîmes*. **2.** Édifice de construction analogue aménagé pour les courses de taureaux.

**arénicole** adj Se dit d'un animal qui vit dans le sable.

**aréole** nf **1.** Cercle rougeâtre qui entoure un point inflammatoire. **2.** Cercle pigmenté qui entoure le mamelon du sein.

**aréomètre** nm Instrument qui sert à déterminer la densité des liquides.

**aréopage** nm **1.** (avec une majuscule) Ancien tribunal d'Athènes. **2.** LITT Réunion de gens savants, particulièrement compétents.

**aréquier** nm → **arec**.

**arête** nf **1.** Os du squelette de certains poissons. **2.** Angle saillant, en particulier d'un rocher : *une arête rocheuse ; l'arête d'un toit*. **3.** Ligne qui sépare les deux versants d'une montagne.

**arêtier** nm Pièce de charpente, qui forme l'encoignure d'un comble.

**argan** nm Fruit de l'arganier. ■ **huile d'argan** : extraite du noyau de l'argan et utilisée en cosmétologie et en cuisine.

**arganier** nm Arbre épineux du Sud marocain, aux feuilles et fruits consommés par les ruminants.

**argent** nm **1.** Métal blanc, brillant, inaltérable ; symb : Ag. **2.** Monnaie en pièces ou en billets ; richesse qu'elle représente : *avoir de l'argent sur son compte en banque*.

**argentan** nm Alliage de cuivre, de nickel et de zinc.

**argenté, e** adj **1.** Qui a la couleur ou l'éclat gris de l'argent. **2.** Recouvert d'argent.

**argenterie** nf Vaisselle, couverts en argent ou en métal argenté.

**argentier** nm ■ FAM **grand argentier** : ministre des Finances.

**argentifère** adj Qui renferme de l'argent : *plomb argentifère*.

**argentin, e** adj et n De l'Argentine : *les Argentins*.

**argenture** nf Dépôt d'une couche d'argent à la surface d'un objet.

**argile** nf Roche sédimentaire tendre, absorbant l'eau et devenant alors une pâte imperméable.

**argileux, euse** adj Qui contient de l'argile.

**argon** nm Gaz qui entre pour un centième dans la composition de l'air ; symb : Ar.

**argonaute** nm Mollusque des mers chaudes.

**argot** nm **1.** Vocabulaire particulier à un groupe, à une profession, à une classe sociale : *argot sportif*. **2.** Langage des malfaiteurs, du milieu.

**argotique** adj Propre à l'argot.

**argotisme** nm Mot, tournure argotique.

**arguer** [argɥe] ou [arge] vt LITT Tirer comme conséquence, déduire : *que peut-on arguer de ce témoignage ?* ◆ vt ind [de] Prétexter de : *arguer de ses relations*.

**argument** nm **1.** Preuve, raison donnée à l'appui d'une affirmation. **2.** Résumé du thème d'une œuvre littéraire.

**argumentaire** nm Ensemble, liste d'arguments de vente ou venant à l'appui d'une opinion.

**argumentation** nf **1.** Action, art d'argumenter. **2.** Ensemble d'arguments.

**argumenter** vi Présenter des arguments pour appuyer une opinion, une démarche : *argumenter contre les juges*. ◆ vt Appuyer une thèse sur des arguments : *argumenter une démonstration*.

**argus** [argys] nm Publication spécialisée qui fournit des renseignements précis, chiffrés, notamm. sur certaines transactions (*L'Argus de l'automobile* est un nom déposé).

**argutie** [argysi] nf Raisonnement d'une subtilité excessive.

**aria** nf Mélodie vocale ou instrumentale, avec accompagnement.

**aride** adj **1.** Sec, stérile : *sol aride*. **2.** FIG Difficile : *sujet aride*.

**aridité** nf Sécheresse : *aridité d'une terre*.

**ariégois, e** adj et n De l'Ariège.

**arien, enne** adj et n Partisan de la doctrine d'Arius qui niait la divinité du Christ.

**ariette** nf Mélodie assez courte et de caractère gracieux.

**aristocrate** n et adj Membre de l'aristocratie.

**aristocratie** nf **1.** Classe des nobles. **2.** Gouvernement des nobles. **3.** LITT Élite.

**aristocratique** adj **1.** De l'aristocratie. **2.** Distingué, raffiné, digne d'un aristocrate.

**aristoloche** nf Plante vivace, toxique, du Midi, cultivée pour recouvrir les tonnelles.

**aristotélicien, enne** adj Qui relève de la philosophie d'Aristote.

**arithméticien, enne** n Spécialiste d'arithmétique.

**arithmétique** nf **1.** Science des nombres. **2.** Art de calculer. ◆ adj Fondé sur la science des nombres.

**arlequin** nm Personnage de comédie au vêtement formé de pièces de diverses couleurs.

**arlésien, ienne** adj et n D'Arles. ■ **l'Arlésienne :** personne ou chose dont on parle beaucoup et qu'on ne voit jamais.

**armada** nf Grand nombre de personnes ou de choses.

**armagnac** nm Eau-de-vie d'Armagnac.

**armateur** nm Personne qui équipe et exploite un navire.

**armature** nf **1.** Assemblage de pièces formant le support ou la partie essentielle d'un objet, d'un ouvrage, d'un appareil : *soutien-gorge à armature.* **2.** FIG Ce qui sert de base, de soutien.

**arme** nf **1.** Instrument qui sert à attaquer ou à se défendre : *arme blanche ; arme à feu.* **2.** FIG Moyen de lutte : *le silence est une arme.* **3.** MIL Chacun des corps de l'armée de terre (infanterie, artillerie, blindés). ■ **arme par destination :** tout objet qui, par oppos. à une *arme par nature,* n'est pas initialement conçu pour être une arme, mais est utilisé pour tuer, blesser ou menacer qqn. ❑ FAM **passer l'arme à gauche :** mourir. ◆ **armes** pl Emblèmes figurés sur l'écu : *les armes de Paris.* ■ **faire ses premières armes :** débuter dans une carrière. ❑ **fait d'armes :** trait de bravoure. ❑ **passer par les armes :** fusiller.

**armé, e** adj **1.** Muni d'armes. **2.** Pourvu d'une armature de métal : *béton armé.*

**armée** nf **1.** Ensemble des forces militaires d'une nation ; subdivision de ces forces : *armée de l'air et de l'espace, de terre.* **2.** Grande quantité, foule : *une armée de supporters.*

ORTHOGRAPHE On écrit : *corps, général d'armée ; groupe, commandant d'armées ; la Grande Armée ; l'Armée rouge ; l'Armée du salut.*

**armement** nm **1.** Action d'armer. **2.** Ensemble des armes : *armement moderne.* **3.** Équipement d'un navire.

**arménien, enne** adj et n D'Arménie : *les Arméniens.*

**armer** vt **1.** Pourvoir d'armes : *armer une forteresse.* **2.** Lever des troupes : *armer cent mille hommes.* **3.** Équiper un navire. **4.** Tendre le ressort d'un mécanisme : *armer un appareil photo.* **5.** FIG Donner à quelqu'un les moyens d'affronter une situation, d'y faire face : *être armé pour trouver un emploi.* ◆ **s'armer** vpr [de] Se munir de : *s'armer de patience.*

**armistice** nm Convention par laquelle des belligérants suspendent les hostilités sans mettre fin à l'état de guerre.

**armoire** nf Meuble de rangement à tablettes fermé par une ou des portes. ■ FAM **armoire à glace :** personne de large carrure.

**armoiries** nf pl Ensemble des signes, devises et ornements de l'écu d'un État, d'une ville, d'une famille.

**armoise** nf Plante aromatique.

**armoricain, e** adj et n De l'Armorique.

**armorier** vt Orner d'armoiries.

**armure** nf **1.** Ensemble des défenses métalliques (cuirasse, casque, etc.) qui protégeaient le corps d'un guerrier au Moyen Âge. **2.** Mode d'entrelacement des fils d'un tissu.

**armurerie** nf Atelier ou magasin d'armurier.

**armurier** nm Personne qui fabrique, qui vend des armes.

**ARN** nm (sigle) Acide ribonucléique.

**arnaque** nf FAM Escroquerie, tromperie.

**arnaquer** vt FAM Escroquer, voler, duper.

**arnaqueur, euse** n FAM Escroc, filou.

**arnica** nm ou nf Plante de montagne très toxique ; teinture extraite de cette plante utilisée contre les contusions.

**arobase** ou **arrobe** nf Signe typographique @, utilisé dans les messages électroniques.

**aromate** nm Toute substance parfumée d'origine végétale, utilisée en médecine, en parfumerie ou en cuisine.

**aromatique** adj De la nature des aromates ; qui en a le parfum : *plante aromatique.*

**aromatiser** vt Parfumer avec un aromate.

**arôme** nm Parfum agréable qui se dégage de certaines substances ; odeur, goût : *l'arôme du chocolat ; glace à l'arôme de vanille.*

**arpège** nm MUS Exécution successive des notes d'un accord.

**arpéger** vt (conj 2 et 10) MUS Jouer en arpège : *arpéger un accord.*

**arpent** nm Ancienne mesure agraire.

**arpentage** nm Évaluation de la superficie d'un terrain.

**arpenter** vt **1.** Mesurer la superficie des terrains. **2.** FIG Parcourir à grands pas : *arpenter une salle.*

**arpenteur** nm Celui qui effectue des relevés de terrains et des calculs de surfaces.

**arqué, e** adj Courbé en arc : *des jambes arquées.*

**arquebuse** nf Ancienne arme à feu portative.

**arquebusier** nm ANC Soldat armé d'une arquebuse.

**arquer** vt Courber en arc.

**arrachage** nm Action d'arracher.

**arrache (à l')** loc adv FAM **1.** De façon précipitée et sommaire : *loi votée à l'arrache.* **2.** Au gré des circonstances : *vivre à l'arrache.*

**arraché (à l')** loc adv Avec un effort violent : *victoire remportée à l'arraché.*

**arrachement** nm Séparation brutale et douloureuse ; déchirement.

**arrache-pied (d')** loc adv Avec acharnement et persévérance.

**arracher** vt **1.** Enlever de terre : *arracher des carottes.* **2.** Enlever de force : *le voleur lui arracha son sac.* **3.** Obtenir avec peine : *arracher un mot.* **4.** Détacher avec effort : *arracher une affiche.* ◆ **s'arracher** vpr **1.** Quitter à regret : *s'arracher d'un lieu.* **2.** Se disputer la présence de quelqu'un, la jouissance de quelque chose. ■ **s'arracher les cheveux :** être désespéré.

**arracheur** nm ■ **mentir comme un arracheur de dents :** mentir effrontément.

**arraisonnement** nm Action d'arraisonner.

**arraisonner** vt **1.** Arrêter en mer un navire et contrôler son état sanitaire, sa cargaison, l'identité de son équipage. **2.** Contrôler un avion en vol.

**arrangeant, e** adj Conciliant, avec qui on s'arrange facilement.

**arrangement** nm **1.** Action d'arranger. **2.** Manière dont une chose est arrangée : *arrangement d'une maison.* **3.** Conciliation : *trouver un arrangement.* **4.** Adaptation d'un morceau de musique.

**arranger** vt (conj 2) **1.** Mettre en ordre, disposer harmonieusement : *arranger un bouquet.* **2.** Mettre ou remettre en état : *arranger sa coiffure.* **3.** Régler de manière à supprimer les difficultés : *arranger une affaire.* **4.** Convenir à quelqu'un : *ce changement de date m'arrange.* ◆ **s'arranger** vpr **1.** Se mettre d'accord, s'entendre : *on s'arrangera entre nous.* **2.** Finir bien : *tout peut encore s'arranger.* **3.** Prendre ses dispositions pour : *s'arranger pour être à l'heure.*

**arrdt** (abréviation) Arrondissement.

**arrérages** nm pl Ce qui reste dû d'un revenu quelconque.

**arrestation** nf **1.** Action de se saisir de quelqu'un par autorité de justice ou de police. **2.** État d'une personne arrêtée.

**arrêt** nm **1.** Action d'arrêter, de s'arrêter : *arrêt brusque.* **2.** Cessation, interruption : *arrêt de travail.* **3.** Station où s'arrête un véhicule de transport en commun : *arrêt d'autobus.* **4.** Jugement : *arrêt de la Cour de cassation.* ■ **arrêt maladie :** interruption de travail due à un problème de santé. ❑ **coup d'arrêt :** arrêt brutal. ❑ **maison d'arrêt :** prison. ❑ **mandat d'arrêt :** ordre d'arrêter quelqu'un. ❑ **sans arrêt :** continuellement. ◆ **arrêts** pl Punition infligée à un militaire : *mettre aux arrêts.*

**arrêté** nm Décision écrite d'une autorité administrative.

**arrêter** vt **1.** Empêcher d'avancer, d'agir : *arrêter les voitures ;* interrompre un déroulement : *on n'arrête pas le progrès.* **2.** Cesser de faire : *arrêter de parler.* **3.** Appréhender, emprisonner. **4.** Fixer, déterminer : *arrêter un plan.* ◆ **s'arrêter** vpr Cesser de marcher, de parler, d'agir, de fonctionner.

**arrhes** nf pl Argent versé à l'avance pour assurer l'exécution d'un marché.

**arriération** nf ■ VIEILLI **arriération mentale :** grave déficit intellectuel.

**arrière** adv et adj inv **1.** Situé dans la partie postérieure : *roues arrière.* **2.** Du côté opposé : *faire machine arrière.* ◆ nm Partie postérieure d'un véhicule. ■ **en arrière :** (a) à une certaine distance derrière : *rester en arrière* (b) dans le sens opposé à l'orientation du corps, à la direction que l'on suit : *regarder en arrière.* ◆ interj ■ **arrière ! :** au loin ! reculez ! ◆ **en arrière de** loc prép Derrière.

**arriéré, e** adj En retard sur son époque : *idées arriérées.* ◆ nm Ce qui reste dû.

**arrière-ban** (pl *arrière-bans*) nm HIST Pouvoir de commandement exercé par le suzerain sur les vassaux de ses vassaux (*arrière-vassaux*).

**arrière-bouche** (pl *arrière-bouches*) nf Le fond de la bouche.

**arrière-boutique** (pl *arrière-boutiques*) nf Pièce située derrière une boutique.

**arrière-cour** (pl *arrière-cours*) nf Petite cour située à l'arrière d'un bâtiment et servant de dégagement.

**arrière-garde** (pl *arrière-gardes*) nf Détachement de sûreté placé en arrière d'une troupe en marche pour la couvrir. ■ FIG **d'arrière-garde :** dépassé, démodé.

**arrière-gorge** (pl *arrière-gorges*) nf Partie du larynx située derrière les amygdales.

**arrière-goût** (pl *arrière-goûts*) nm **1.** Goût désagréable que laisse dans la bouche un mets, une boisson. **2.** Sentiment qui subsiste après un fait : *un arrière-goût d'amertume.*

**arrière-grand-mère** (pl *arrière-grands-mères*) nf **1.** Mère du grand-père ou de la grand-mère. **2.** Bisaïeule.

**arrière-grand-père** (pl *arrière-grands-pères*) nm **1.** Père du grand-père ou de la grand-mère. **2.** Bisaïeul.

**arrière-grands-parents** nm pl Le père et la mère des grands-parents.

**arrière-pays** nm inv Partie d'un pays située en arrière de ses côtes.

**arrière-pensée** (pl *arrière-pensées*) nf Pensée qu'on n'exprime pas et qui est différente de celle qu'on manifeste.
**arrière-petite-fille** (pl *arrière-petites-filles*) nf Fille du petit-fils ou de la petite-fille.
**arrière-petit-fils** (pl *arrière-petits-fils*) nm Fils du petit-fils ou de la petite-fille.
**arrière-petits-enfants** nm pl Enfants du petit-fils, de la petite-fille.
**arrière-plan** (pl *arrière-plans*) nm Plan du fond dans une perspective. ■ FIG **à l'arrière-plan :** dans une position secondaire.
**arrière-saison** (pl *arrière-saisons*) nf Fin de l'automne.
**arrière-salle** (pl *arrière-salles*) nf Salle située derrière la salle principale d'un local.
**arrière-train** (pl *arrière-trains*) nm **1.** Partie postérieure du corps d'un quadrupède. **2.** Partie d'un véhicule supportée par les roues de derrière.
**arrimage** nm Action d'arrimer.
**arrimer** vt Fixer solidement le chargement d'un véhicule, d'un navire.
**arrivage** nm Arrivée de matériel, de marchandises par un moyen de transport ; ces marchandises elles-mêmes.
**arrivant, e** n Personne qui arrive en un lieu.
**arrivée** nf **1.** Action d'arriver. **2.** Moment ou lieu précis de cette action.
**arriver** vi (auxil : *être*) **1.** Parvenir à destination : *arriver chez soi.* **2.** Venir : *arriver de l'étranger.* **3.** Approcher, se produire : *l'hiver arrive ; ce sont des choses qui arrivent.* **4.** Réussir socialement : *vouloir arriver à tout prix.* ◆ vt ind [à] **1.** Atteindre un niveau, un point : *arriver à la conclusion ; arriver à maturité ; il m'arrive à l'épaule.* **2.** (+ inf) Parvenir à : *arriver à convaincre quelqu'un.* ■ **en arriver à :** finir par aboutir à : *il en est arrivé à mentir.* ◆ v impers Se produire parfois : *il arrive qu'il sorte le soir.*
**arrivisme** nm Comportement de l'arriviste.
**arriviste** n Personne qui veut arriver, réussir à tout prix.
**arrobe** nf → **arobase**.
**arrogance** nf Fierté qui se manifeste par des manières hautaines, méprisantes.
**arrogant, e** adj et n Qui a de l'arrogance ; hautain.
**arroger (s')** vpr (conj 2) S'attribuer illégitimement : *ils se sont arrogé des privilèges ; les privilèges qu'il s'est arrogés.*
**arrondi** nm Partie arrondie : *l'arrondi d'une jupe.*
**arrondir** vt **1.** Donner une forme ronde : *arrondir ses lettres en écrivant.* **2.** Augmenter, agrandir : *arrondir son capital.* **3.** Amener une somme, un résultat, à un chiffre rond, approximatif mais plus simple.
**arrondissement** nm **1.** Subdivision administrative d'une grande ville ou d'un département. **2.** Action d'arrondir une valeur numérique pour obtenir un chiffre rond.
**arrosage** nm Action d'arroser.
**arroser** vt **1.** Mouiller par irrigation, par aspersion. **2.** Couler à travers : *la Seine arrose Paris.* **3.** FAM Offrir à boire pour fêter un événement. **4.** FAM Donner de l'argent pour obtenir une faveur, un service.
**arroseur, euse** n Personne qui arrose. ■ FAM **l'arroseur arrosé :** celui qui est victime de ses propres machinations.
**arroseuse** nf Véhicule de nettoyage qui arrose les rues.
**arrosoir** nm Récipient portatif servant à arroser.
**arrow-root** [arorut] (pl *arrow-roots*) nm Fécule comestible, tirée de diverses racines.
**arsenal** (pl *arsenaux*) nm **1.** Centre de construction et de réparation des navires de guerre. **2.** Grande quantité d'armes : *la police a découvert un arsenal secret.* **3.** FIG Ensemble de moyens d'action, de lutte : *arsenal des lois.* **4.** Équipement, matériel compliqué : *l'arsenal d'un photographe.*
**arsenic** nm Substance toxique à base d'un corps simple chimique de couleur grise ; symb : As.
**arsenical, e, aux** ou **arsénié, e** adj CHIM Qui contient de l'arsenic.
**art** nm **1.** Expression d'un idéal de beauté correspondant à un type de civilisation déterminé : *œuvre d'art.* **2.** Ensemble des œuvres artistiques d'un pays, d'une époque : *l'art chinois.* **3.** Ensemble des règles et des techniques intéressant une profession, une activité humaine : *art vétérinaire ; art culinaire.* **4.** Talent, habileté : *avoir l'art de plaire.* ■ **Art nouveau :** style décoratif de la fin du XIX^e^ s., caractérisé par l'imitation des formes de la nature. ❑ **Art déco :** style décoratif des années 1920, caractérisé par le goût de la ligne droite.
**art.** (abréviation) Article.
**artefact** [artefakt] nm Phénomène d'origine artificielle ou accidentelle rencontré lors d'une observation, d'une expérience.
**artère** nf **1.** Vaisseau qui conduit le sang du cœur aux organes. **2.** Voie de communication urbaine.
**artériel, elle** adj Des artères.
**artériographie** nf Radiographie des artères.
**artériole** nf ANAT Petite artère.
**artériosclérose** nf MÉD Durcissement de la paroi des artères.
**artésien, enne** adj et n De l'Artois : *les Artésiens.* ■ **puits artésien :** puits qui donne une eau jaillissante.

**arthrite** nf MÉD Inflammation d'une articulation.

**arthritique** adj et n Atteint d'arthrite.

**arthropode** nm Animal invertébré (les arthropodes [insectes, arachnides, crustacés, etc.] forment un embranchement).

**arthrose** nf MÉD Affection chronique dégénérative des articulations.

**artichaut** nm Plante potagère dont on mange la fleur ; fleur de cette plante composée d'un réceptacle (fond) et de feuilles.

**article** nm **1.** Division d'un traité, d'une loi, d'un compte, etc. **2.** Écrit formant un tout distinct dans une publication : *article de journal.* **3.** Tout objet de commerce : *article de luxe.* **4.** GRAMM Particule qui précède un nom et le détermine. ■ **à l'article de la mort :** sur le point de mourir. ❑ **article de foi :** point important de croyance dans une religion. ❑ **faire l'article :** faire valoir une chose, faire l'éloge de quelqu'un.

**articulaire** adj Relatif aux articulations : *rhumatisme articulaire.*

**articulation** nf **1.** Jointure entre deux os. **2.** Élément de liaison entre deux pièces se mouvant l'une par rapport à l'autre. **3.** Liaison entre les parties d'un raisonnement, d'un discours, etc. **4.** Manière d'articuler les sons d'une langue.

**articulé, e** adj Qui a une ou plusieurs articulations.

**articuler** vt **1.** Faire entendre distinctement des sons, les syllabes des mots à l'aide des organes de la parole. **2.** Assembler par des jointures permettant un certain jeu. ◆ **s'articuler** vpr **1.** Se joindre, être uni par une jointure mobile : *le tibia s'articule sur le fémur.* **2.** Se succéder dans un ordre déterminé.

**artifice** nm Subtilité, ruse pour tromper. ■ **feu d'artifice :** tir détonant à effets lumineux pour une fête en plein air.

**artificiel, elle** adj **1.** Produit par une technique humaine et non par la nature : *un membre artificiel.* **2.** Qui manque d'authenticité : *sourire artificiel.* CONTR : naturel.

**artificiellement** adv D'une manière artificielle.

**artificier** nm **1.** Personne qui tire des feux d'artifice. **2.** Spécialiste de la manipulation des explosifs.

**artificieux, euse** adj LITT Rusé, hypocrite.

**artillerie** nf **1.** Partie du matériel de guerre qui comprend notamment les canons, les mitrailleuses, leurs munitions et ce qui sert à leur transport. **2.** Le corps des artilleurs. ■ FIG **artillerie lourde :** moyens puissants. ❑ **sortir la grosse artillerie :** user d'arguments percutants ou rebattus.

**artilleur** nm Militaire servant dans l'artillerie.

**artimon** nm MAR Mât arrière d'un voilier.

**artiodactyle** nm Ongulé ayant un nombre pair de doigts à chaque patte (ruminants, porcins).

**artisan, e** n Travailleur qui exerce pour son compte personnel un métier manuel. ■ **être l'artisan de :** l'auteur, le responsable de.

**artisanal, e, aux** adj Relatif à l'artisan : *fabrication artisanale* (par opposition à *industrielle*).

**artisanalement** adv D'une manière artisanale.

**artisanat** nm **1.** Métier de l'artisan. **2.** Ensemble des artisans.

**artiste** n **1.** Personne qui pratique un des beaux-arts : *artiste peintre.* **2.** Interprète d'une œuvre théâtrale, cinématographique, musicale, etc. ◆ adj Qui a le sentiment, le goût de ce qui est beau.

**artistique** adj **1.** Relatif aux arts. **2.** Fait avec art.

**artistiquement** adv Avec art.

**artothèque** nf Organisme de prêt d'œuvres d'art.

**art-thérapie** (pl *arts-thérapies*) nf Méthode de psychothérapie utilisant des modes d'expression artistiques (EX : peinture).

**arty** adj inv FAM Qui présente ou revendique une dimension artistique, génér. innovante : *habiter un quartier arty ; la mode arty.*

**arum** [arɔm] nm Plante dont la fleur est entourée d'un cornet blanc ou vert.

**aryen, enne** adj et n Qui concerne les Aryens.

**arythmie** nf MÉD Trouble du rythme du cœur.

**as** [ɑs] nm **1.** Carte à jouer, dé, marqués d'un seul point : *as de cœur ;* numéro un au tiercé, au loto, etc. **2.** Personne qui excelle dans une activité. ■ FAM **être fringué comme l'as de pique :** mal habillé. ❑ FAM **être plein aux as :** très riche. ❑ FAM **passer à l'as :** être oublié.

**AS** nf (sigle) Association sportive.

**ascaride** ou **ascaris** nm Ver parasite intestinal.

**ascendance** nf Ensemble des générations dont quelqu'un est issu.

**ascendant, e** adj Qui va en montant ou en progressant : *un courant ascendant.* ◆ nm **1.** Autorité, influence : *avoir de l'ascendant sur qqn.* **2.** En astrologie, point de l'écliptique qui se lève à l'horizon au moment de la naissance d'un individu. ◆ **ascendants** nm pl Les parents dont qqn est issu.

**ascenseur** nm **1.** Appareil permettant de transporter des personnes dans une cabine qui se déplace verticalement. **2.** INFORM Bande verticale ou horizontale qui sert à faire défiler sur l'écran le contenu à afficher. ■ **ascenseur social** : possibilité de promotion sociale par les études, la formation, le travail, etc. ❑ FAM **renvoyer l'ascenseur** : répondre à une complaisance, à un service par un acte comparable.

**ascension** nf **1.** Action de monter : *ascension d'une montagne* ; fait de s'élever : *ballon en pleine ascension.* **2.** Progression sociale, professionnelle. ■ **l'Ascension** : élévation miraculeuse de Jésus-Christ au ciel ; fête qui la commémore.

**ascensionnel, elle** adj Qui tend à monter, à faire monter : *force ascensionnelle.* ■ **parachute ascensionnel** : (a) parachute pouvant s'élever dans les airs (b) sport consistant à se faire tirer, muni de ce parachute, par un véhicule.

**ascèse** nf Discipline de vie, ensemble d'exercices pratiqués en vue d'un perfectionnement spirituel.

**ascète** n Personne qui tend à la perfection spirituelle par une discipline stricte.

**ascétique** adj D'ascète.

**ascétisme** nm Vie d'ascète.

**ascidie** nf Animal marin vivant fixé aux rochers (les ascidies forment une classe).

**ASCII** [aski] nm (sigle de *American Standard Code for Information Interchange*) ■ INFORM **code ASCII** : Code normalisé utilisé pour l'échange de données informatiques.

**ascomycète** nm Champignon supérieur (tel que la morille, la truffe) (les ascomycètes forment une classe).

**ascorbique** adj ■ **acide ascorbique** : vitamine C.

**asepsie** nf Ensemble des méthodes permettant de protéger l'organisme contre toute contamination microbienne.

VOCABULAIRE L'*asepsie* empêche la venue du microbe, alors que l'*antisepsie* le combat.

**aseptique** adj **1.** Qui a été débarrassé de tout microbe. **2.** De l'asepsie.

**aseptisé, e** adj **1.** Rendu aseptique. **2.** FIG Dépourvu d'originalité ; impersonnel.

**aseptiser** vt Rendre aseptique.

**asexué, e** adj Sans sexe.

**ashkénaze** n et adj Juif originaire d'Europe centrale, orientale ou septentrionale (par opposition à *séfarade*).

**ashram** nm En Inde, lieu de retraite où les adeptes reçoivent l'enseignement d'un maître.

**asiatique** adj et n D'Asie : *les Asiatiques.*

**asilaire** adj Relatif à l'asile psychiatrique.

**asile** nm **1.** Lieu où l'on peut trouver refuge, protection. **2.** VIEILLI Établissement psychiatrique. ■ **droit d'asile** : protection accordée par un État à des réfugiés politiques.

**asinerie** nf Ferme d'élevage d'ânes.

**asocial, e, aux** adj et n Inadapté à la vie sociale.

**asparagus** [asparagys] nm Plante d'ornement au feuillage délicat, de la famille des liliacées.

**aspartam** ou **aspartame** nm Produit chimique à fort pouvoir sucrant mais moins calorique que le sucre.

**aspect** [aspɛ] nm Manière dont un être ou une chose se présentent à la vue, à l'esprit.

**asperge** nf **1.** Plante potagère cultivée pour ses pousses en forme de bâton ; cette pousse consommée cuite. **2.** FIG, FAM Personne grande et maigre.

**asperger** vt (conj 2) Mouiller en projetant de l'eau, un liquide.

**aspérité** nf Saillie ou inégalité d'une surface.

**aspersion** nf Action d'asperger.

**asphaltage** nm Action d'asphalter.

**asphalte** nm Calcaire imprégné de bitume qui sert au revêtement des trottoirs, des chaussées, etc.

**asphalter** vt Couvrir d'asphalte.

**asphodèle** nm Plante bulbeuse à fleurs blanches.

**asphyxiant, e** adj Qui asphyxie.

**asphyxie** nf **1.** Manque d'oxygène, difficulté ou arrêt de la respiration. **2.** FIG Blocage, arrêt d'une activité.

**asphyxier** vt Causer l'asphyxie de, étouffer. ◆ **s'asphyxier** vpr Souffrir d'asphyxie ; mourir d'asphyxie.

**aspic** nm **1.** Vipère des lieux secs et pierreux. **2.** Grande lavande. **3.** Plat composé de viande ou de poisson froid enrobés de gelée.

**1. aspirant, e** n Grade intermédiaire entre l'adjudant-chef et le sous-lieutenant.

**2. aspirant, e** adj Qui aspire : *pompe aspirante.*

**aspirateur** nm Appareil qui aspire les fluides, les poussières.

**aspiration** nf **1.** Action d'aspirer. **2.** GRAMM Action de prononcer en aspirant : *aspiration du* h *en français.* **3.** FIG Mouvement vers un idéal : *avoir des aspirations élevées.*

**aspiré, e** adj ■ **consonne aspirée** : prononcée avec accompagnement d'un souffle.

**aspirer** vt **1.** Faire pénétrer l'air dans les poumons. **2.** Attirer un liquide, un fluide, des poussières, en créant un vide partiel. ◆ vt ind [à] Prétendre à : *aspirer à de hautes fonctions.*

**aspirine** nf Médicament calmant, anti-inflammatoire, faisant tomber la fièvre.

**assagir** vt Rendre sage.

**assaillant, e** adj et n Qui attaque.

**assaillir** vt (conj 23) **1.** Attaquer vivement. **2.** FIG Harceler, importuner : *assaillir de questions.*

**assainir** vt **1.** Rendre sain ou plus sain. **2.** FIG Ramener à la normale : *assainir une situation.*

**assainissement** nm Action d'assainir ; son résultat.

**assaisonnement** nm **1.** Action d'assaisonner. **2.** Mélange d'ingrédients pour assaisonner (poivre, sel, vinaigre, huile, etc.).

**assaisonner** vt Ajouter à un aliment des ingrédients qui en relèvent le goût.

**assassin, e** adj **1.** Qui tue ; meurtrier : *main assassine.* **2.** FIG Provocant : *regard assassin.* ◆ nm Personne qui commet un meurtre avec préméditation.

**assassinat** nm Meurtre prémédité.

**assassiner** vt Tuer.

**assaut** nm Action d'assaillir, attaque finale ayant pour objet l'irruption dans la position ennemie : *donner l'assaut.* ■ FIG **faire assaut de :** rivaliser de. ❑ **prendre d'assaut :** s'emparer par la force.

**assèchement** nm Action d'assécher.

**assécher** vt (conj 10) Priver d'eau ; mettre à sec : *assécher un étang.*

**Assedic** [asedik] nf pl (sigle de *Association pour l'emploi dans l'industrie et le commerce*) Indemnités de chômage versées par les organismes du même nom : *toucher les Assedic.*

**assemblage** nm **1.** Action d'assembler : *assemblage d'une charpente.* **2.** Réunion d'éléments divers ou hétéroclites : *un assemblage de couleurs.*

**assemblée** nf Réunion de personnes → **AG.** ■ **l'Assemblée nationale** ou **l'Assemblée :** en France, ensemble des députés élus par le peuple pour le représenter ; lieu où ils se réunissent.

**assembler** vt **1.** Mettre ensemble. **2.** Réunir, grouper.

**asséner** ou **assener** vt Porter avec violence : *asséner un coup.*

**assentiment** nm Consentement volontaire, approbation, accord.

**asseoir** vt (conj 44) **1.** Mettre sur un siège. **2.** FIG Établir d'une manière stable : *asseoir une théorie.* ◆ **s'asseoir** vpr Se mettre sur un siège, sur son séant.

**assermenté, e** adj Qui a prêté serment devant une autorité.

**assertion** nf Proposition donnée comme vraie.

**asservir** vt Réduire à un état de grande dépendance.

**asservissement** nm Servitude.

**asservisseur** nm Organe régulateur de certains appareils.

**assesseur, e** n Juge qui assiste le président d'un tribunal.

**assez** adv **1.** En quantité suffisante : *avoir assez mangé, assez d'argent.* **2.** Plutôt : *assez bon.* ■ FAM **en avoir assez (de) :** être excédé (par).

**assidu, e** adj Qui montre de l'assiduité : *élève, travail assidu ; visiteur assidu.*

**assiduité** nf **1.** Exactitude, application. **2.** Présence régulière à un poste, en un lieu.

**assidûment** adv Avec assiduité.

**assiégé, e** adj Dont on fait le siège : *ville assiégée.* ◆ adj et n Qui se trouve dans la place au moment d'un siège.

**assiégeant, e** adj et n Qui assiège.

**assiéger** vt (conj 2 et 10) **1.** Faire le siège d'une place. **2.** FIG Poursuivre, importuner qqn.

**assiette** nf **1.** Pièce de vaisselle à fond plat ou légèrement creux ; son contenu. **2.** Manière d'être assis à cheval. **3.** Position stable d'un corps. **4.** Base de calcul d'une cotisation, d'un impôt. ■ **assiette anglaise :** assortiment de viandes froides. ❑ FAM **ne pas être dans son assiette :** ne pas se sentir bien.

**assiettée** nf Contenu d'une assiette.

**assignable** adj Qui peut être assigné.

**assignat** nm Papier-monnaie sous la Révolution française.

**assignation** nf Citation à comparaître en justice.

**assigner** vt **1.** Appeler quelqu'un en justice. **2.** Affecter des fonds à une dépense. **3.** Attribuer, affecter : *assigner quelqu'un à une fonction.* ■ **être assigné à résidence :** contraint à résider en un endroit déterminé.

**assimilable** adj Qui peut être assimilé.

**assimilation** nf Action d'assimiler. ■ VX **assimilation chlorophyllienne :** photosynthèse.

**assimiler** vt **1.** Rendre semblable, considérer comme semblable : *assimiler une affaire à une autre.* **2.** Incorporer à l'organisme : *assimiler un aliment.* ■ **assimiler des connaissances :** les comprendre et les retenir. ◆ **s'assimiler** vpr Se considérer et pouvoir être considéré comme semblable à quelqu'un.

**assis, e** adj **1.** Qui est sur son séant, en appui sur ses fesses. **2.** FIG Bien établi, fondé.

**assise** nf **1.** Dans une construction, rangée de pierres posées horizontalement. **2.** FIG Base qui donne la solidité à un ensemble.

**assises** nf pl Congrès, notamment d'un parti politique, d'un syndicat. ■ **cour d'assises :** tribunal qui juge les causes criminelles.

**assistanat** nm **1.** Fonction d'assistant dans l'enseignement supérieur et dans les industries du spectacle. **2.** PÉJOR Fait d'être assisté.

**assistance** nf **1.** Action d'assister, de secourir. **2.** Auditoire : *assistance choisie.* ■ **Assis-**

**tance publique :** administration chargée de gérer les établissements hospitaliers publics à Paris et à Marseille. ❑ **assistance technique :** aide apportée à un pays en voie de développement. ❑ **assistance médicale à la procréation (AMP) :** ensemble des méthodes de traitement de la stérilité d'un couple (fécondation in vitro, insémination artificielle, etc.).

**assistant**, **e** n et adj **1.** Personne qui en assiste, en aide une autre. **2.** (surtout au pluriel) Personne qui assiste à une réunion, à une cérémonie. ■ **assistant social :** personne employée pour remplir un rôle d'assistance auprès des individus et des familles, dans le domaine moral, médical ou matériel.

**assisté**, **e** adj et n Qui bénéficie d'une assistance. ◆ adj Doté d'un dispositif qui amplifie ou allège l'effort fourni par l'utilisateur : *automobile à direction assistée.* ■ **assisté par ordinateur :** que l'on réalise avec l'aide d'un ordinateur : *enseignement assisté par ordinateur.*

**assister** vt Secourir, aider. ◆ vt ind [à] Être présent.

**associatif**, **ive** adj Relatif à une ou à des associations. ■ **mouvement associatif :** groupement de personnes qui s'unissent pour des actions sociales ou culturelles, ou pour défendre des intérêts communs. ◆ n Membre d'un mouvement associatif.

**association** nf **1.** Action d'associer, de s'associer. **2.** Groupement de personnes réunies dans un intérêt commun.

**associé**, **e** n et adj Personne liée par des intérêts communs avec une ou plusieurs autres.

**associer** vt **1.** Mettre ensemble, réunir : *associer des idées.* **2.** Faire participer quelqu'un à : *associer un ami à un projet.* ◆ **s'associer** vpr **1.** [à] Participer à : *s'associer à la manifestation.* **2.** [à, avec] S'entendre avec quelqu'un pour former une entreprise commune.

> GRAMMAIRE On dit : *associer quelqu'un à, avec, et quelqu'un ; associer quelqu'un à quelque chose ; associer quelque chose à, et quelque chose.*

**assoiffé**, **e** adj **1.** Qui a soif. **2.** FIG Avide : *assoiffé de vengeance.*

**assolement** nm Action d'assoler.

**assoler** vt Alterner les cultures.

**assombrir** vt **1.** Rendre sombre, obscurcir : *cette peinture assombrit la pièce.* **2.** Rendre triste : *la mort de son fils a assombri sa vie.*

**assommant**, **e** adj Fatigant, très ennuyeux.

**assommer** vt **1.** Frapper d'un coup qui tue, renverse ou étourdit. **2.** FIG Abattre, accabler. **3.** Ennuyer, importuner.

**assommoir** nm VX Débit de boissons de dernière catégorie.

**assomption** nf ■ **l'Assomption :** élévation de la Sainte Vierge au ciel ; jour où l'Église catholique en célèbre la fête (15 août).

**assonance** nf Répétition, à la fin de deux ou plusieurs vers, de la même voyelle accentuée (EX : *sombre, tondre ; âme, âge*).

**assorti**, **e** adj **1.** En accord, en harmonie : *cravate assortie au costume.* **2.** Pourvu des articles nécessaires : *magasin bien assorti.*

**assortiment** nm Assemblage complet de choses, de marchandises du même genre.

**assortir** vt **1.** Réunir des personnes, des choses qui se conviennent : *assortir des fleurs.* **2.** Approvisionner en marchandises : *assortir un magasin.*

**assoupir** vt **1.** Endormir à demi. **2.** LITT, FIG Calmer, atténuer. ◆ **s'assoupir** vpr S'endormir à demi.

**assoupissement** nm Demi-sommeil.

**assouplir** vt **1.** Rendre plus souple. **2.** FIG Rendre moins strict, moins rigoureux.

**assouplissant** ou **assouplisseur** nm Produit évitant au linge de devenir rêche lors de son lavage dans une eau calcaire.

**assouplissement** nm Action d'assouplir.

**assourdir** vt **1.** Rendre comme sourd par l'excès de bruit. **2.** Rendre moins sonore.

**assourdissant**, **e** adj Qui assourdit.

**assourdissement** nm Action d'assourdir ; son résultat.

**assouvir** vt Rassasier pleinement.

**assouvissement** nm Action d'assouvir.

**assujetti**, **e** adj et n Se dit d'une personne tenue par la loi de verser un impôt, une taxe ou de s'affilier à un organisme.

**assujettir** vt **1.** Placer sous une domination absolue : *assujettir un peuple.* **2.** Soumettre à une obligation stricte : *être assujetti à l'impôt.*

**assujettissement** nm Action d'assujettir, fait d'être assujetti.

**assumer** vt **1.** Se charger volontairement de : *assumer de hautes fonctions.* **2.** Se considérer comme responsable de, prendre sur soi : *assumer des risques.* ◆ **s'assumer** vpr Se prendre en charge, s'accepter tel qu'on est.

**assurance** nf **1.** Confiance en soi : *parler avec assurance.* **2.** Garantie, gage : *assurance maladie ; donner une assurance sérieuse.* **3.** Promesse formelle : *assurance de fidélité.* ◆ **assurances** pl ■ **compagnie d'assurances :** société qui, moyennant le paiement d'une prime, garantit contre certains risques.

**assurance-vie** (pl *assurances-vies*) nf Contrat d'assurance garantissant le versement d'une somme d'argent à une personne désignée par l'assuré au décès de ce dernier, ou à l'assuré lui-même, après un certain délai.

**assuré**, **e** adj **1.** Ferme, décidé : *regard assuré.* **2.** Certain, garanti : *gain assuré.* ◆ n

Personne garantie par un contrat d'assurance. ■ **assuré social :** personne inscrite à la Sécurité sociale.

**assurément** adv Certainement.

**assurer** vt **1.** Rendre plus stable, plus sûr, plus durable : *assurer la paix.* **2.** Garantir contre un dommage : *assurer contre l'incendie.* **3.** Donner comme sûr, certain, vrai : *il m'assure qu'il a dit la vérité.* **4.** Faire en sorte que quelque chose fonctionne, ne s'arrête pas : *assurer la permanence.* ◆ vi FAM **1.** Se contenter de maintenir son avantage. **2.** Se montrer à la hauteur. ◆ **s'assurer** vpr **1.** Acquérir la certitude de : *s'assurer qu'il n'y a pas de risques.* **2.** Passer un contrat d'assurance.

**assureur** nm Société qui prend les risques à sa charge dans un contrat d'assurance.

**assyrien, enne** adj et n De l'Assyrie : *les Assyriens.*

**aster** [aster] nm Plante souvent cultivée pour ses fleurs décoratives aux coloris variés.

**astérie** nf Étoile de mer.

**astérisque** nm Signe typographique en forme d'étoile (*).

**astéroïde** nm Petit corps rocheux ou métallique qui gravite autour du Soleil.

**asthénie** nf MÉD État de fatigue et d'épuisement.

**asthmatique** adj et n Atteint d'asthme.

**asthme** [asm] nm Maladie caractérisée par des accès de suffocation.

**asti** nm Vin blanc mousseux d'Asti (Italie).

**asticot** nm Larve de la mouche à viande.

**asticoter** vt FAM Taquiner, harceler.

**astigmate** adj et n Atteint d'astigmatisme.

**astigmatisme** nm Trouble de la vision dû à une anomalie de courbure du cristallin.

**astiquage** nm Action d'astiquer.

**astiquer** vt Faire briller en frottant.

**astragale** nm **1.** ANAT Os du pied. **2.** ARCHIT Moulure à la partie supérieure d'une colonne. **3.** BOT Plante dont une espèce fournit la gomme adragante.

**astrakan** nm Fourrure d'agneau à poil frisé.

**astral, e, aux** adj Relatif aux astres.

**astre** nm Corps céleste : *le mouvement des astres.*

**astreignant, e** adj Qui astreint, qui est pénible et ardu.

**astreindre** vt (conj 55) Soumettre à un devoir strict, à une tâche pénible, ardue. ◆ **s'astreindre** vpr [à] S'obliger à.

**astreinte** nf **1.** Obligation, contrainte. **2.** Obligation de disponibilité imposée pour assurer les urgences dans certaines professions.

**astringent, e** adj et nm MÉD Se dit d'une substance qui resserre les tissus.

**astrolabe** nm Instrument servant à observer l'instant où une étoile atteint une hauteur déterminée.

**astrologie** nf Art de prédire les événements d'après la position des astres.

**astrologique** adj Relatif à l'astrologie.

**astrologue** n Personne qui pratique l'astrologie.

**astronaute** n Pilote ou passager d'un engin spatial.

**astronautique** nf Science de la navigation dans l'espace.

**astronef** nm Véhicule spatial.

**astronome** n Spécialiste d'astronomie.

**astronomie** nf Science qui étudie les astres.

**astronomique** adj **1.** Relatif à l'astronomie. **2.** FAM Exagéré, très élevé : *des prix astronomiques.*

**astrophysique** nf Partie de l'astronomie qui étudie les propriétés physiques des astres.

**astuce** nf **1.** Manière d'agir, de parler qui dénote de l'habileté, de la finesse : *faire preuve d'astuce.* **2.** Plaisanterie, jeu de mots.

**astucieusement** adv Avec astuce.

**astucieux, euse** adj Qui a de l'astuce ; habile, malin.

**asymétrie** nf Défaut de symétrie.

**asymétrique** adj Sans symétrie.

**asymptomatique** adj MÉD Qui ne présente pas de symptômes caractéristiques : *malade, maladie asymptomatique.*

**asymptote** nf GÉOM Droite liée à une courbe dont elle s'approche indéfiniment sans pouvoir l'atteindre.

**asynchrone** adj Qui n'est pas synchrone.

**atavique** adj Relatif à l'atavisme.

**atavisme** nm Hérédité.

**atchoum** interj Bruit que fait un éternuement.

**atèle** nm Singe de l'Amérique du Sud, aux membres très longs.

**atelier** nm **1.** Lieu où travaillent des ouvriers, des artistes, etc. **2.** Groupe de travail.

**atemporel, elle** adj Qui n'est pas concerné par le temps.

**atermoiement** nm (souvent au pluriel) Action d'atermoyer, délai, faux-fuyant : *user d'atermoiements.*

**atermoyer** vi (conj 3) Différer, remettre à plus tard.

**athée** adj et n Qui nie l'existence de toute divinité.

**athéisme** nm Doctrine, attitude des athées.

**athénée** nm En Belgique, établissement d'enseignement secondaire.

**athermique** adj Qui ne dégage ni n'absorbe de chaleur.

**athérosclérose** nf Affection des artères.

**athlète** n **1.** Personne qui pratique l'athlétisme. **2.** Personne très musclée : *carrure d'athlète.*

**athlétique** adj Relatif aux athlètes, à l'athlétisme.

**athlétisme** nm Ensemble des sports individuels (course, saut, lancer, etc.).

**atlante** nm Statue d'homme qui soutient un entablement, une corniche.

**atlantique** adj Relatif à l'océan Atlantique, aux pays qui le bordent.

**atlas** nm **1.** Recueil de cartes géographiques, historiques. **2.** Première vertèbre du cou.

**atmosphère** nf **1.** Couche gazeuse qui enveloppe la Terre et d'autres astres. **2.** Air que l'on respire en un lieu : *atmosphère surchauffée.* **3.** Ambiance particulière au lieu où l'on se trouve : *atmosphère de paix.*

**atmosphérique** adj Relatif à l'atmosphère : *pression atmosphérique.*

**atoll** nm Île en forme d'anneau, constituée de récifs coralliens.

**atome** nm **1.** Particule d'un élément chimique qui forme la plus petite quantité pouvant se combiner et qui est elle-même formée de particules fondamentales. **2.** FIG Très petite quantité : *il n'a pas un atome de bon sens.* ■ FAM **avoir des atomes crochus avec quelqu'un :** bien s'entendre avec lui.

**atomicité** nf Nombre d'atomes constituant la molécule d'un corps.

**atomique** adj **1.** Relatif aux atomes. **2.** Qui utilise l'énergie provenant de la désintégration des noyaux d'atomes ; qui s'y rapporte : *arme atomique ; guerre atomique.*

**atomisé, e** adj et n Qui a subi les effets de radiations nucléaires.

**atomiser** vt **1.** Réduire un corps en fines particules. **2.** Détruire avec des armes atomiques. **3.** FIG Désagréger, réduire.

**atomiseur** nm Appareil servant à projeter un liquide sous forme de fines particules.

**atonal, e, als** ou **aux** adj MUS Écrit suivant les règles de l'atonalité.

**atonalité** nf MUS Système d'écriture musicale étranger aux règles tonales de l'harmonie.

**atone** adj **1.** Sans vitalité : *regard atone.* **2.** Sans accent : *voyelle, syllabe atone.*

**atonie** nf Manque de force, de vitalité.

**atours** nm pl ■ LITT **dans ses plus beaux atours :** dans sa plus belle toilette.

**atout** nm **1.** Dans les jeux de cartes, couleur qui l'emporte sur les autres ; carte de cette couleur. **2.** FIG Chance de réussir.

**atrabilaire** adj et n LITT Irascible.

**âtre** nm LITT Foyer de la cheminée.

**atrium** [atrijɔm] nm Chez les Romains, cour intérieure entourée d'un portique.

**atroce** adj **1.** Très cruel : *un crime atroce.* **2.** Horrible à supporter : *douleur atroce.*

**atrocement** adv D'une manière atroce : *souffrir atrocement.*

**atrocité** nf Crime, cruauté horribles.

**atrophie** nf MÉD Diminution de volume d'un organe, d'un membre.

**atrophier (s')** vpr **1.** MÉD Diminuer de volume. **2.** FIG Perdre de sa vigueur, s'affaiblir.

**atropine** nf Alcaloïde de la belladone, dilatant la pupille.

**attabler (s')** vpr Se mettre à table.

**attachant, e** adj Qui émeut, touche, suscite de l'intérêt.

**attache** nf **1.** Ce qui sert à attacher, lien, courroie, etc. **2.** Endroit où est fixé un muscle, un ligament. **3.** Poignet, cheville : *attaches fines.* ■ **port d'attache :** où un navire est immatriculé par la douane. ❑ **prendre attache :** se mettre en rapport avec qqn. ◆ **attaches** pl Relations, liens affectifs.

**attaché, e** n Membre d'une ambassade, d'un cabinet ministériel : *attaché culturel.* ■ **attaché(e) de presse :** personne chargée d'informer les médias.

**attaché-case** [ataʃekɛz] (pl *attachés-cases*) nm Mallette servant de porte-documents.

**attachement** nm Sentiment d'affection, de sympathie.

**attacher** vt **1.** Fixer, lier au moyen d'une corde, d'une chaîne, etc. **2.** Attribuer : *attacher de l'importance à.* **3.** FIG Lier, associer durablement : *attacher son nom à.* ◆ vi Coller au fond d'un récipient pendant la cuisson. ◆ **s'attacher** vpr [à] **1.** Devenir proche de, éprouver de l'intérêt pour : *s'attacher peu à peu à qqn.* **2.** S'appliquer à.

**attaquable** adj Qu'on peut attaquer.

**attaquant, e** adj et n Qui attaque.

**attaque** nf **1.** Action d'attaquer, agression. **2.** Accès subit d'une maladie. **3.** Accusation, critique violente. ■ FAM **être d'attaque :** se sentir en forme, prêt.

**attaquer** vt **1.** Entreprendre une action violente ou brusque, agresser physiquement : *attaquer un pays ; attaquer une personne dans la rue.* **2.** Critiquer violemment, incriminer : *attaquer les institutions.* **3.** Intenter une action judiciaire : *attaquer qqn en justice.* **4.** Causer du dommage à : *la rouille attaque le fer.* **5.** Entreprendre, commencer : *attaquer un travail.* ◆ **s'attaquer** vpr [à] Affronter.

**attardé, e** adj et n **1.** Dont l'intelligence est peu développée. **2.** En retard sur son époque.

**attarder (s')** vpr **1.** Rester longtemps quelque part. **2.** [à] Rester longtemps à faire qqch.

**atteindre** vt (conj 55) **1.** Toucher en blessant : *atteindre d'une flèche.* **2.** Émouvoir : *des paroles qui l'ont atteint.* **3.** Parvenir à : *atteindre le but.* ◆ vt ind [à] Parvenir avec effort : *atteindre à la perfection.*

**atteinte** nf **1.** Dommage, préjudice : *atteinte à la liberté.* **2.** Attaque : *les premières atteintes d'un mal.* ■ **hors d'atteinte :** qui ne peut être touché.

**attelage** nm **1.** Action ou manière d'atteler. **2.** Bêtes attelées.

**atteler** vt (conj 6) Attacher des animaux à une voiture ou à une machine agricole. ◆ **s'atteler** vpr [à] Entreprendre un travail long et difficile.

**attelle** nf Petite pièce de bois ou de métal pour maintenir des os fracturés.

**attenant, e** adj Contigu.

**attendre** vt et vi **1.** Rester dans un lieu jusqu'à ce qu'arrive qqn, qqch : *attendre le train.* **2.** Compter sur la venue prochaine de, espérer : *attendre un colis.* **3.** FIG Être prêt : *le dîner t'attend.* ■ **en attendant :** en tout cas. ◆ **s'attendre** vpr [à] Prévoir, compter sur.

**attendrir** vt **1.** Rendre moins dur : *attendrir une viande.* **2.** FIG Émouvoir, apitoyer : *attendrir les cœurs.*

**attendrissant, e** adj Qui émeut, touche.

**attendrissement** nm Mouvement de tendresse, de compassion.

**attendrisseur** nm Appareil de boucherie pour attendrir la viande.

**attendu** prép Vu, en raison de : *attendu les faits.* ◆ **attendu que** loc conj Vu que, puisque. ◆ nm pl Savoirs ou compétences que doit avoir acquis l'apprenant à un niveau donné.

**attentat** nm Attaque criminelle ou illégale contre les personnes, les droits, les biens. ■ **attentat à la pudeur :** agression sexuelle commise avec violence, menace ou contrainte ou par surprise.

**attentatoire** adj Qui porte atteinte.

**attente** nf **1.** Action d'attendre ; temps pendant lequel on attend. **2.** Espérance : *répondre à une attente.* ■ **contre toute attente :** contrairement à ce qui était prévu.

**attenter** vt ind [à] Commettre une tentative criminelle contre.

**attentif, ive** adj **1.** Qui prête attention à. **2.** Prévenant.

**attention** nf **1.** Action de fixer son esprit sur qqch. **2.** FIG Sollicitude, égard. ■ **à l'attention de :** destiné à. ❑ **faire attention (à) :** (a) prendre des précautions (avec) (b) se méfier (de). ◆ interj ■ **attention ! :** prenez garde !

**attentionné, e** adj Prévenant.

**attentisme** nm Politique d'attente et d'opportunisme.

**attentivement** adv Avec attention.

**atténuant, e** adj ■ **circonstances atténuantes :** qui diminuent la gravité d'un délit, la peine encourue.

**atténuation** nf Diminution, adoucissement.

**atténuer** vt Rendre moins fort, moins grave ; diminuer : *atténuer un mal de tête, la gravité d'un acte.*

**atterrant, e** adj Qui provoque la consternation.

**atterrer** vt FIG Accabler, consterner.

**atterrir** vi **1.** En parlant d'un avion, d'un engin spatial, prendre contact avec le sol. **2.** FAM Se trouver par hasard en un lieu.

**atterrissage** nm Action d'atterrir. ■ **train d'atterrissage :** dispositif qui permet à un avion d'atterrir.

**attestation** nf Affirmation verbale ou écrite ; certificat, témoignage.

**attester** vt **1.** Certifier, assurer la vérité ou la réalité d'une chose. **2.** Être la preuve de.

**attiédir** vt LITT Rendre tiède.

**attifement** nm FAM Accoutrement.

**attifer** vt FAM Habiller d'une manière bizarre.

**attirail** nm Ensemble d'objets nécessaires pour un usage déterminé.

**attirance** nf Attrait.

**attirant, e** adj Qui attire, attrayant.

**attirer** vt **1.** Tirer à soi : *l'aimant attire le fer.* **2.** FIG Appeler sur soi ; provoquer : *attirer l'attention ; une audace qui va lui attirer des ennuis.* **3.** Faire venir par l'intérêt, le charme suscité : *spectacle qui attire les foules.*

**attiser** vt **1.** Activer un feu. **2.** FIG Exciter, allumer.

**attitré, e** adj **1.** Chargé en titre d'un rôle, d'une fonction : *dépositaire attitré.* **2.** Réservé à un usage personnel : *place attitrée.*

**attitude** nf **1.** Façon de se tenir ; posture. **2.** Manière d'être à l'égard des autres, comportement.

**attouchement** nm Action de toucher, surtout avec la main.

**attractif, ive** adj Qui attire.

**attraction** nf **1.** Force en vertu de laquelle un corps est attiré par un autre. **2.** Distraction proposée au public : *parc d'attractions.* **3.** Numéro de cirque, de variétés. **4.** Objet d'intérêt ou de curiosité.

**attractivité** nf Caractère de ce qui est attractif.

**attrait** nm Qualité de ce qui attire par son charme, de ce qui éveille l'intérêt : *l'attrait de la nouveauté.*

**attrape** nf **1.** Tromperie faite pour plaisanter ; farce. **2.** Objet destiné à tromper par jeu : *magasin de farces et attrapes.*

**attrape-nigaud** (pl *attrape-nigauds*) nm Ruse grossière.

**attraper** vt **1.** Prendre à un piège : *attraper une souris.* **2.** Saisir, atteindre : *attraper au vol.* **3.** FAM Contracter une maladie : *attraper un rhume.* **4.** Faire des reproches, réprimander : *je vais me faire attraper.* **5.** FIG Tromper : *se laisser attraper par une farce.*

**attrayant, e** adj Qui attire par son aspect agréable : *manières attrayantes.*

**attribuer** vt **1.** Accorder comme avantage, donner : *attribuer un prix.* **2.** Supposer, prêter, imputer : *attribuer un échec à la fatigue.* ◆ **s'attribuer** vpr Revendiquer pour soi-même, s'approprier.

**attribut** nm **1.** Ce qui est propre à. **2.** Symbole, emblème distinctif : *les attributs de la justice.* **3.** GRAMM Fonction d'un mot (nom, adjectif, etc.) relié au sujet par des verbes d'état comme *être* (attribut du sujet) ou au complément d'objet direct par des verbes comme *rendre* (attribut de l'objet).

**attribution** nf Action d'attribuer. ■ GRAMM **complément d'attribution** : complément indiquant en faveur (ou au détriment) de qui ou de quoi un acte est accompli (EX : *Paul* dans *donner un livre à Paul*) [on parle aujourd'hui de *complément d'objet second*]. ◆ **attributions** pl Fonction, compétences : *cela dépasse mes attributions.*

**attristant, e** adj Qui attriste.

**attrister** vt Rendre triste, désoler.

**attroupement** nm Rassemblement.

**attrouper (s')** vpr Se rassembler en groupe.

**atypique** adj Qui diffère du type habituel, que l'on peut difficilement classer.

**au, aux** art contracté → **à.**

**aubade** nf Concert donné à l'aube sous les fenêtres de quelqu'un.

**aubaine** nf Avantage inespéré ; occasion.

EMPLOI L'*aubaine* est, par définition, favorable. Il est donc inutile de préciser *bonne aubaine.*

**1. aube** nf **1.** Première lueur du jour. **2.** Longue robe de tissu blanc portée par les prêtres, les enfants de chœur, etc.

**2. aube** nf Pale d'une roue, d'une turbine.

**aubépine** nf Arbrisseau épineux à baies rouges au goût âpre.

**aubère** adj et nm Se dit d'un cheval dont la robe est entre le blanc et le bai.

**auberge** nf Restaurant de campagne. ■ **auberge de jeunesse** : centre d'accueil bon marché pour les jeunes en voyage. ❑ **auberge espagnole** : lieu où on doit apporter tout ce qu'on souhaite y trouver. ❑ FAM **on n'est pas sortis de l'auberge** : il reste de nombreuses difficultés.

**aubergine** nf Plante annuelle dont le fruit violet est comestible ; fruit de cette plante.

**aubergiste** n Personne qui tient une auberge.

**aubier** nm Bois tendre entre l'écorce et le cœur d'un arbre.

**auburn** [obœrn] adj inv Se dit de cheveux châtains avec des reflets roux.

**aucun, e** adj et pron indéf **1.** (avec *ne* ou précédé de *sans*) Marque l'absence totale ; pas un. **2.** N'importe lequel : *être plus rapide qu'aucun autre.* ■ LITT **d'aucuns** : certains, quelques-uns.

**aucunement** adv En aucune façon.

**audace** nf Grande hardiesse.

**audacieusement** adv Avec audace.

**audacieux, euse** adj et n Qui a de l'audace ; décidé, téméraire.

**au-dedans** adv À l'intérieur. ◆ **au-dedans de** loc prép À l'intérieur de.

**au-dehors** adv À l'extérieur. ◆ **au-dehors de** loc prép À l'extérieur de.

**au-delà** adv **1.** Plus loin. **2.** Indique ce qui dépasse un seuil : *100 euros, pas au-delà.* ◆ nm inv La vie future, l'autre monde. ◆ **au-delà de** loc prép **1.** Plus loin que. **2.** À un niveau supérieur à : *au-delà de ses espérances.*

**au-dessous** adv À un point inférieur dans l'espace. ◆ **au-dessous de** loc prép **1.** Plus bas que. **2.** À un seuil, à un rang inférieur : *au-dessous de zéro.*

**au-dessus** adv À un point supérieur dans l'espace. ◆ **au-dessus de** loc prép **1.** Plus haut que. **2.** À un seuil, à un rang supérieur : *au-dessus de la moyenne.*

**au-devant** adv À la rencontre. ◆ **au-devant de** loc prép À la rencontre de.

**audible** adj **1.** Perceptible à l'oreille. **2.** Qui peut être écouté sans déplaisir.

**audience** nf **1.** Intérêt, attention rencontrés auprès du public : *avoir l'audience des jeunes.* **2.** Pourcentage de personnes touchées par un média. **3.** Entretien accordé par un supérieur, une personne en place : *solliciter une audience.* **4.** Séance d'un tribunal.

**Audimat** [odimat] nm (nom déposé) **1.** Audimètre utilisé à la télévision française. **2.** PAR EXT Taux d'audience d'une chaîne de télévision : *faire monter l'Audimat.*

**audimètre** nm Dispositif utilisé pour l'audimétrie.

**audimétrie** nf Mesure de l'audience d'une émission de radio ou de télévision.

**audiodescription** nf Procédé permettant de rendre un film, un spectacle, etc., accessible aux non-voyants grâce à une voix off qui le décrit.

**audiogramme** nm Courbe caractéristique de la sensibilité de l'oreille aux sons.

**Audioguide** nm (nom déposé) Appareil portatif permettant au visiteur d'une exposition ou d'un site d'entendre des commentaires préenregistrés sur ce qui lui est présenté.

**audionumérique** adj Se dit d'un support (disque) sur lequel les sons sont enregistrés sous forme de signaux numériques.

**audiovision** nf Procédé qui permet de rendre un film accessible aux non-voyants en intercalant dans la bande-son des commentaires descriptifs.

**audiovisuel, elle** adj et nm Qui appartient aux méthodes d'information, de communication ou d'enseignement associant l'image et le son.

**audit** [odit] nm **1.** Contrôle de la comptabilité et de la gestion d'une entreprise ; étude systématique des conditions de fonctionnement d'une entreprise : *audit marketing.* **2.** Personne chargée d'un audit.

**auditer** vt Soumettre à un audit.

**auditeur, trice** n Personne qui écoute un discours, un cours, un concert, une émission de radio, etc. ■ **auditeur libre :** personne qui suit un cours à l'université sans être soumise aux obligations des étudiants.

**auditif, ive** adj Qui concerne l'audition.

**audition** nf **1.** Fonction du sens de l'ouïe : *troubles de l'audition.* **2.** Action d'entendre ou d'écouter : *audition des témoins.* **3.** Présentation par un artiste d'un extrait de son répertoire en vue d'un engagement.

**auditionner** vt Faire passer une audition à un artiste. ◆ vi Passer une audition.

**auditoire** nm Ensemble des personnes qui écoutent un discours, une émission, assistent à un cours, etc.

**auditorium** nm Salle pour l'audition d'une œuvre musicale ou théâtrale, pour les enregistrements, etc.

**auge** nf **1.** Récipient où mangent et boivent certains animaux domestiques. **2.** Récipient à l'usage des maçons. **3.** Godet d'une roue hydraulique. **4.** Vallée à fond plat, généralement d'origine glaciaire.

**augmentatif, ive** adj et nm GRAMM Se dit d'un préfixe ou d'un suffixe qui renforce le sens d'un mot (EX : *archi-*, *-issime*, etc.).

**augmentation** nf **1.** Action d'augmenter ; accroissement. **2.** Accroissement de salaire.

**augmenter** vt **1.** Rendre plus grand, plus important. **2.** Faire bénéficier d'une rémunération plus élevée. ◆ vi Devenir plus grand, plus cher.

**augure** nm Signe qui semble annoncer l'avenir ; présage.

**augurer** vt LITT Présager, conjecturer.

**auguste** adj LITT Majestueux, imposant. ◆ nm Type de clown.

**aujourd'hui** adv **1.** Le jour où l'on est : *arriver aujourd'hui.* **2.** Dans le temps présent ; maintenant : *les jeunes d'aujourd'hui.* ◆ **aujourd'hui** nm inv Époque actuelle ; temps présent : *Des aujourd'hui moroses.*

**aulne** [on] ou **aune** nm Arbre qui croît dans les lieux humides.

**aulx** [o] nm pl → **ail**.

**aumône** nf Don fait aux pauvres.

**aumônier** nm Ecclésiastique attaché à un corps, à un établissement : *aumônier d'une prison.*

**aune** nm → **aulne**.

**auparavant** adv D'abord, avant.

**auprès de** loc prép **1.** Tout près de : *rester auprès de quelqu'un.* **2.** En s'adressant à : *déposer une plainte auprès des services compétents.* **3.** Dans l'esprit de : *passer pour un sot auprès de ses collègues.* **4.** SOUT En comparaison de : *mon mal n'est rien auprès du sien.*

**auquel** pron rel → **lequel**.

**auréole** nf **1.** Cercle lumineux dont les peintres entourent la tête des saints. **2.** FIG Gloire, prestige. **3.** Tache en forme d'anneau.

**auréoler** vt Entourer ou parer d'une auréole.

**auriculaire** adj **1.** Relatif à l'oreille. **2.** Qui a entendu de ses propres oreilles : *témoin auriculaire.* ◆ nm Le petit doigt.

**aurifère** adj Qui renferme de l'or.

**aurochs** [orɔk] nm Bœuf sauvage, d'extinction récente.

**aurore** nf **1.** Lumière qui précède le lever du soleil. **2.** FIG, LITT commencement : *l'aurore de la vie.* ■ **aurore polaire** ou **aurore boréale** ou **aurore australe :** phénomène lumineux se produisant parfois dans le ciel des régions polaires.

**auscultation** nf Action d'ausculter.

**ausculter** vt MÉD Écouter les bruits produits par les organes, soit directement par application de l'oreille sur le corps, soit par l'intermédiaire d'un stéthoscope.

**auspices** nm pl Présages que les Romains tiraient du vol des oiseaux, de leur chant ou de la manière dont ils mangeaient. ■ **sous d'heureux auspices :** avec espoir de succès. ❑ **sous les auspices de qqn :** sous sa protection.

**aussi** adv **1.** Marque l'égalité ; également, autant : *elle est aussi grande que lui ; si tu es content, moi aussi.* **2.** Introduit un ajout : *des enfants, et aussi quelques adultes.* **3.** Marque le degré extrême : *comment peut-on être aussi bête ?* ■ **aussi bien que :** autant que, de même que. ◆ conj C'est pourquoi.

**aussitôt** adv Au moment même, immédiatement. ◆ **aussitôt que** loc conj Dès que.

ORTHOGRAPHE Ne pas confondre *aussitôt* avec *aussi tôt,* contraire de *aussi tard.*

**austère** adj **1.** Sévère, rigide dans ses principes, dans son comportement. **2.** Dépouillé de tout ornement.

**austérité** nf Rigueur, sévérité.

**austral, e, als** ou **aux** adj De la moitié sud du globe terrestre. CONTR : boréal.

**australien, enne** adj et n D'Australie : *les Australiens.*

**australopithèque** nm Hominidé fossile d'Afrique australe dont plusieurs espèces se sont succédé entre 4,5 et 1,5 million d'années.

**autan** nm Vent chaud de l'Aquitaine.

**autant** adv **1.** Marque l'égalité de quantité, d'intensité, de qualité, de valeur : *autant de filles que de garçons.* **2.** Marque la grande quantité, le degré élevé, l'intensité : *n'avoir jamais autant ri.* ■ **autant** (+ inf) : mieux vaut : *autant renoncer.* ❑ **autant que** : dans la proportion ou de la même manière que. ❑ **d'autant** : dans la même proportion. ❑ **d'autant plus, d'autant mieux, d'autant moins** : encore plus, encore mieux, encore moins. ❑ **pour autant** : malgré cela ; cependant. ❑ **tout autant** : autant que. ◆ **d'autant que** loc conj Vu que. ◆ **pour autant que** ou **autant que** loc conj Dans la mesure où : *pour autant que je sache.*

**autarcie** nf Régime économique d'un pays qui se suffit à lui-même.

**autarcique** adj Fondé sur l'autarcie.

**autel** nm Table où l'on célèbre la messe.

**auteur, e** ou **trice** n **1.** Celui qui est la cause, le responsable de. **2.** Écrivain, créateur d'une œuvre. ■ **film, cinéma d'auteur** : exprimant l'imaginaire et le style personnels d'un réalisateur, par oppos. aux productions à visée commerciale.

**authenticité** nf Qualité de ce qui est authentique, vrai.

**authentifier** vt Rendre authentique.

**authentique** adj **1.** Dont la réalité, l'origine ne peut être contestée. **2.** Vrai, sincère.

**autisme** nm Trouble du développement neurologique caractérisé notamm. par une altération des relations sociales et de la communication.

**autiste** adj et n Atteint d'autisme.

**auto** nf VIEILLI Automobile.

**autobiographie** nf Vie d'un personnage écrite par lui-même.

**autobiographique** adj Relatif à la vie même d'un auteur.

**autobronzant, e** adj et nm Se dit d'un produit cosmétique permettant de bronzer sans soleil.

**autobus** [otɔbys] nm Grand véhicule automobile de transport en commun urbain.

**autocar** nm Grand véhicule automobile de transport collectif, routier ou touristique.

**autocariste** n **1.** Propriétaire d'une compagnie d'autocars. **2.** Conducteur d'autocar.

**autocassable** adj Se dit d'une ampoule qui peut se casser sans lime.

**autocensure** nf Censure exercée sur ses propres textes.

**autocentré, e** adj Qui centre tout sur soi-même, rapporte tout à soi ; égocentrique.

**autochtone** [otɔktɔn] n et adj Personne originaire du pays qu'elle habite. SYN : aborigène.

**autoclave** nm et adj Récipient métallique à parois épaisses et à fermeture hermétique, pour opérer la cuisson ou la stérilisation par la vapeur sous pression.

**autocollant** nm Étiquette, image qui adhère sans être humectée.

**autocorrection** nf Dispositif permettant de contrôler soi-même ses réponses à un test de connaissances.

**autocouchette** ou **autocouchettes** adj inv → **autos-couchettes.**

**autocrate** nm Souverain absolu.

**autocratie** [otɔkrasi] nf Système politique dans lequel le souverain dispose d'un pouvoir absolu.

**autocratique** adj Relatif à l'autocratie.

**autocritique** nf Jugement qu'on porte sur sa propre conduite.

**autocuiseur** nm Récipient métallique à fermeture hermétique pour la cuisson des aliments à la vapeur, sous pression.

**autodafé** nm **1.** Supplice du feu qu'ordonnait l'Inquisition. **2.** PAR EXT Destruction par le feu.

**autodéfense** nf Action de se défendre par ses seuls moyens.

**autodérision** nf Fait de se moquer de soi-même.

**autodestructeur, trice** adj Qui met tout en œuvre pour se détruire soi-même : *comportement autodestructeur.*

**autodestruction** nf Fait de se détruire soi-même, moralement ou physiquement.

**autodétermination** nf Action de décider par soi-même.

**autodétruire (s')** vpr **1.** En parlant d'une chose, se détruire toute seule. **2.** En parlant d'une personne, se détruire moralement ou physiquement.

**autodictée** nf Exercice scolaire qui consiste à retranscrire de mémoire un texte.

**autodidacte** adj et n Qui s'est instruit par lui-même, sans professeur.

**autodiscipline** nf Discipline que l'on s'impose volontairement.

**auto-école** (pl *auto-écoles*) nf École où l'on enseigne la conduite automobile.

**autoentrepreneur, euse** n Personne qui crée son entreprise, grâce à un régime juridique simplifié, pour exercer une activité professionnelle indépendante, à titre principal ou non.

**autofinancement** nm Financement qu'une entreprise réalise à l'aide de ses bénéfices.

**autofocus** [otofɔkys] nm Appareil photo équipé d'un système de mise au point automatique.

**autogène** adj Se dit de la soudure de deux pièces d'un même métal par fusion partielle au chalumeau.

**autogéré, e** adj Soumis à l'autogestion.

**autogestion** nf Gestion d'une entreprise par les travailleurs eux-mêmes.

**autographe** adj Écrit de la main de l'auteur. ◆ nm Écrit ou signature autographe d'un personnage célèbre.

**autoguidé, e** adj Qui se dirige de lui-même vers le but : *véhicule autoguidé*.

**automate** nm **1.** Machine qui imite le mouvement d'un corps animé. **2.** Personne qui agit comme une machine. **3.** Machine, mécanisme automatiques ; robot industriel.

**automatique** adj **1.** Qui fonctionne sans intervention humaine. **2.** Qui s'exécute sans la participation de la volonté. **3.** FAM Qui intervient de manière régulière ou inéluctable.

**automatiquement** adv D'une manière automatique.

**automatisation** nf Exécution de tâches techniques par des machines fonctionnant sans intervention humaine.

**automatisme** nm **1.** Caractère de ce qui est automatique, machinal. **2.** Mécanisme automatique. **3.** Geste accompli par habitude.

**automédication** nf Choix et prise de médicaments sans avis médical.

**automitrailleuse** nf Véhicule blindé armé de mitrailleuses ou d'un canon.

**automnal, e, aux** adj De l'automne.

**automne** [otɔn] nm Saison qui succède à l'été et précède l'hiver.

**automobile** adj **1.** Qui se meut par soi-même. **2.** Relatif à l'automobile : *coureur automobile*. ◆ nf Véhicule à moteur pour le transport des personnes. SYN : voiture.

**automobiliste** n Conducteur d'automobile.

**automoteur, trice** adj Qui se meut de soi-même : *véhicule automoteur*. ◆ **automotrice** nf Véhicule ferroviaire fonctionnant grâce à son propre moteur électrique.

**automutilation** nf Trouble psychiatrique consistant à s'infliger des blessures ; blessure ainsi produite.

**autonettoyant, e** adj Se dit d'un four dont les déchets sont éliminés par la chaleur.

**autonome** adj Qui jouit de l'autonomie.

**autonomie** nf **1.** Liberté qu'un territoire a de se gouverner par ses propres lois. **2.** Indépendance d'un individu, possibilité qu'il a de disposer librement de soi. **3.** Temps, distance pendant lesquels un appareil peut fonctionner sans nouvel apport d'énergie.

**autonomiser** vt Rendre autonome : *autonomiser un enfant, une université*. ◆ **s'autonomiser** vpr Devenir autonome.

**autonomiste** n et adj Partisan de l'autonomie politique d'un territoire.

**autopalpation** nf Méthode de dépistage du cancer du sein chez la femme, consistant à palper soi-même ses seins.

**autoportrait** nm Portrait d'un artiste par lui-même.

**autoproclamer (s')** vpr Se désigner soi-même à telle fonction ; décider soi-même que l'on aura tel statut : *s'autoproclamer roi*.

**autopropulsé, e** adj Qui assure sa propre propulsion.

**autopsie** nf MÉD Dissection et examen d'un cadavre.

**autopsier** vt Faire une autopsie.

**autoradio** nm Poste de radio intégré dans une voiture.

**autorail** nm Automotrice à moteur thermique.

**autorégulation** nf Régulation d'une machine, d'une fonction par elle-même.

**autoreverse** [otorivœrs] adj inv et nm Se dit d'un dispositif adapté sur un magnétophone et permettant le retournement automatique de la bande en fin de course.

**autorisation** nf **1.** Action d'autoriser. **2.** Écrit par lequel on autorise.

**autoriser** vt **1.** Donner le droit, la permission. **2.** Rendre possible, permettre. ◆ **s'autoriser** vpr [de] LITT S'appuyer sur.

**autoritaire** adj **1.** Qui use de toute son autorité. **2.** Qui ne supporte pas la contradiction.

**autoritairement** adv Avec autorité.

**autoritarisme** nm Caractère, système autoritaire.

**autorité** nf **1.** Droit ou pouvoir de commander, de se faire obéir. **2.** Qualité, ascendant par lesquels qqn se fait obéir. **3.** Auteur, opinion auxquels on se réfère. ■ **d'autorité** : sans consulter personne, sans ménagement. ◆ **autorités** pl Représentants du pouvoir.

**autoroute** nf Route à deux chaussées séparées qui ne croise aucune autre voie. ■ **autoroute électronique** ou **de l'information** : réseau informatique interactif à haut débit.

**autosatisfaction** nf Contentement de soi.

**autos-couchettes** ou **autocouchette** ou **autocouchettes** adj inv Se dit d'un train qui permet le transport de voyageurs en couchettes et de leur voiture.

**auto-stop** nm sing Pratique consistant, pour un piéton, à arrêter un automobiliste pour lui demander d'être transporté gratuitement.

**auto-stoppeur, euse** (pl *auto-stoppeurs, euses*) n Personne qui pratique l'auto-stop.

**autosuffisance** nf Capacité d'un pays, de quelqu'un de subvenir seul à ses besoins.

**autosuggestion** nf Fait de se persuader soi-même de quelque chose.

**autotest** nm Examen biologique réalisable et interprétable à domicile par le patient.

**autotracté, e** adj Se dit d'un engin à traction autonome.

**1. autour** adv **1.** Sur le tour, le pourtour : *mettre un ruban autour.* **2.** L'espace environnant : *des arbres tout autour.* ■ **tout autour :** de tous côtés. ◆ **autour de** loc prép **1.** Introduit la mention de ce qu'on entoure, de ce dont on fait le tour : *mettre un foulard autour du cou ; la Terre tourne autour du Soleil.* **2.** Dans le voisinage de : *autour de la maison, il y a des arbres.* **3.** FAM Environ : *le sac pèse autour de six kilos.* **4.** Introduit le thème, le sujet dont il est question : *débat autour d'un livre.*

**2. autour** nm Oiseau de proie.

**autovaccin** nm Vaccin obtenu à partir de germes prélevés sur le malade lui-même.

**autre** adj et pron indéf Distinct, différent ; supplémentaire : *dans un autre lieu ; encore un autre café.* ■ **autre part :** ailleurs. ❑ **d'autre part :** en outre. ❑ **de temps à autre :** parfois. ❑ **entre autres :** parmi plusieurs : *ce magasin vend entre autres des articles de sport.* ❑ **l'autre :** l'un des deux nommés (par oppos. à *l'un*).

**autrefois** adv Anciennement, jadis.

**autrement** adv **1.** D'une autre façon : *autrement dit.* **2.** Sinon, sans quoi : *autrement il sera perdu.* **3.** FAM Particulièrement : *c'est autrement bon.*

**autruche** nf Grand oiseau coureur inapte au vol ; peau tannée, chair de cet oiseau. ■ FAM **estomac d'autruche :** qui digère tout.

**autrui** pron indéf SOUT Les autres, le prochain : *le bien d'autrui.*

**auvent** nm Petit toit en saillie.

**auvergnat, e** adj et n D'Auvergne : *les Auvergnats.*

**auxiliaire** adj et n Qui aide, temporairement ou accessoirement. ■ GRAMM **verbes auxiliaires :** se dit des verbes *avoir* et *être* (mais aussi *faire, laisser*), parce qu'ils aident à conjuguer les autres. ◆ nm Verbe auxiliaire.

**auxquels, auxquelles** pron rel et interr pl → **lequel.**

**av.** (abréviation) Avenue.

**avachi, e** adj **1.** Déformé. **2.** FIG Sans énergie, mou.

**avachir (s')** vpr **1.** FAM Se déformer. **2.** S'affaler. **3.** FIG Se laisser aller.

**avachissement** nm Action de s'avachir.

**1. aval** (pl *avals*) nm **1.** DR Garantie donnée sur un effet de commerce par un tiers. **2.** Approbation.

**2. aval** nm sing Côté vers lequel descend un cours d'eau. CONTR : amont. ■ **en aval :** (a) plus près de l'embouchure (b) FIG plus près de la fin d'un processus. ◆ adj inv Se dit du côté du skieur tourné du côté de la vallée.

**avalanche** nf **1.** Masse de neige qui dévale les flancs d'une montagne à grande vitesse. **2.** FIG Grande quantité de choses.

**avaler** vt **1.** Faire descendre par le gosier. **2.** FAM Croire sur parole. **3.** FAM Supporter, endurer : *c'est dur à avaler.*

**avaliser** vt **1.** DR Revêtir d'un aval. **2.** Approuver.

**à-valoir** nm inv Paiement partiel anticipé, à déduire d'une plus forte somme qui est due.

**avance** nf **1.** Espace parcouru avant quelqu'un ou temps qui anticipe sur le moment prévu : *avoir une avance de cent mètres ; de l'avance dans son travail.* **2.** Mouvement en avant. **3.** Paiement anticipé. ■ **à l'avance** ou **d'avance** ou **par avance :** par anticipation. ❑ **en avance :** avant l'heure. ◆ **avances** pl Premières démarches pour nouer des relations : *faire des avances.*

EMPLOI Il faut éviter d'employer *à l'avance* avec des verbes qui, par eux-mêmes, en contiennent le sens, tels que *prédire, prévoir,* etc.

**avancé, e** adj **1.** Mis en avant : *poste avancé.* **2.** Loin de son début : *travail avancé.* **3.** En avance par rapport à la moyenne : *enfant avancé pour son âge.* **4.** Près de se corrompre : *viande avancée.*

**avancée** nf **1.** Ce qui fait saillie : *l'avancée d'un toit.* **2.** Progression, marche en avant. **3.** Partie d'une ligne à pêche que termine l'hameçon.

**avancement** nm **1.** Action d'avancer. **2.** Promotion dans une carrière.

**avancer** vt (conj 1) **1.** Porter en avant : *avancer la tête.* **2.** Prêter, verser par avance une somme d'argent. **3.** FIG Faire progresser ; hâter : *avancer son travail.* **4.** Effectuer, fixer avant le moment prévu : *avancer son départ.* **5.** Mettre en avant : *avancer une idée.* ◆ vi **1.** Aller en avant. **2.** Sortir de l'alignement : *mur qui avance.* **3.** Faire des progrès. **4.** Approcher du terme. **5.** Indiquer une heure en avance sur l'heure réelle : *ma montre avance.* ◆ **s'avancer** vpr **1.** Se porter en avant : *s'avancer à petits pas.* **2.** Se hasarder à dire, à faire : *parler de réussite, c'est s'avancer un peu.* **3.** Prendre de l'avance : *s'avancer dans son travail.*

**avanie** nf LITT Affront public.

**1. avant** prép et adv Marque la priorité dans le temps, l'ordre ou l'espace : *300 ans avant J.-C. ; le travail passe avant les loisirs ; avant le carrefour.* ■ **avant tout :** principalement. ❑ **d'avant :** précédent dans l'espace ou dans le temps. ❑ **en avant (de) :** devant. ❑ **mettre en avant :** alléguer. ◆ **avant que** loc conj ou **avant de** loc prép Indique l'antériorité dans le temps : *avant qu'il ne parte ; avant de partir.*

**2. avant** nm **1.** Partie antérieure : *l'avant du bateau.* **2.** Dans certains sports d'équipe, joueur qui fait partie de la ligne d'attaque. ■ **aller de l'avant :** avancer, progresser rapidement. ◆ adj inv Qui est en avant : *les roues avant.*

**avantage** nm **1.** Ce qui constitue un profit. **2.** Ce qui donne de la supériorité.

**avantager** vt (conj 2) Favoriser.

**avantageusement** adv D'une manière avantageuse.

**avantageux, euse** adj **1.** Qui procure un avantage, un profit. **2.** Économique, intéressant : *article avantageux.* **3.** SOUT Vaniteux, sûr de soi : *prendre un ton avantageux.*

**avant-bras** nm inv Partie du bras qui va du coude au poignet.

**avant-centre** (pl *avants-centres*) n Au football, joueur placé au centre de la ligne d'attaque.

**avant-corps** nm inv Partie d'une construction en saillie.

**avant-coureur** (pl *avant-coureurs*) adj m Qui annonce un événement prochain : *signes avant-coureurs.*

**avant-dernier, ère** (pl *avant-derniers, ères*) adj et n Qui est avant le dernier.

**avant-garde** (pl *avant-gardes*) nf **1.** Première ligne d'une armée, d'une flotte, etc. **2.** FIG Ce qui précède son époque par ses audaces : *cinéma d'avant-garde.*

**avant-goût** (pl *avant-goûts*) nm Première impression ; aperçu.

**avant-hier** adv Avant-veille du jour où l'on est.

**avant-port** (pl *avant-ports*) nm Rade qui précède l'entrée de certains ports : *Saint-Nazaire est l'avant-port de Nantes.*

**avant-première** (pl *avant-premières*) nf Présentation d'un spectacle, d'un film à des journalistes avant la première représentation, la première projection publique.

**avant-projet** (pl *avant-projets*) nm Étude préparatoire d'un projet.

**avant-propos** nm inv Préface, introduction en tête d'un livre.

**avant-scène** (pl *avant-scènes*) nf **1.** Partie antérieure de la scène d'un théâtre. **2.** Loge près de la scène.

**avant-soirée** (pl *avant-soirées*) nf À la télévision, tranche horaire qui précède le journal et les émissions du soir.

**avant-veille** (pl *avant-veilles*) nf Le jour qui précède la veille.

**avare** adj et n Qui aime accumuler de l'argent et craint de le dépenser. ■ **avare de :** économe de : *avare de son temps.*

**avarice** nf Attachement excessif à l'argent.

**avarie** nf **1.** MAR Dommage survenu à un navire ou à sa cargaison. **2.** Détérioration, dégât quelconque : *une avarie de moteur.*

**avarier** vt Endommager, gâter : *marchandises avariées.*

**avatar** nm **1.** Dans la religion hindoue, incarnation d'un dieu. **2.** Métamorphose, changement, le plus souvent en mal. **3.** FAM Événement fâcheux, accident.

**AVC** nm (sigle) Accident vasculaire cérébral.

**Ave** [ave] ou **Ave Maria** [avemarja] nm inv Prière catholique à la Vierge.

**avec** prép **1.** Indique une relation de complémentarité, d'accompagnement, d'accord, d'association : *partir avec un ami ; studio avec balcon ; avec les bons contre les méchants.* **2.** Indique la manière : *marcher avec prudence.* **3.** Indique le moyen : *ouvrir avec une clé.* **4.** Indique la simultanéité : *se lever avec le jour.* ◆ **d'avec** loc prép Indique la séparation : *elle a divorcé d'avec lui.*

**aveline** nf Grosse noisette, fruit de l'avelinier.

**avelinier** nm Variété de noisetier.

**aven** [avɛn] nm Gouffre.

**1. avenant** nm Acte par lequel on modifie les termes d'un contrat en vigueur.

**2. avenant, e** adj Qui plaît par sa bonne grâce : *des manières avenantes.* ◆ **à l'avenant** loc adv En accord, en harmonie avec ce qui précède : *de jolis yeux et un teint à l'avenant.*

**avènement** nm **1.** Venue, arrivée : *l'avènement du Christ.* **2.** Élévation à une dignité : *avènement au trône.*

**avenir** nm **1.** Temps futur : *se projeter dans l'avenir.* **2.** Situation future : *assurer son avenir.* **3.** Postérité : *l'avenir le dira.* ■ **à l'avenir :** désormais. ❑ **d'avenir :** appelé à se développer. ❑ **emploi d'avenir :** catégorie d'emplois créée dans certains secteurs d'activité pour faciliter l'insertion et la formation professionnelles de jeunes non ou peu qualifiés.

**avent** nm Temps fixé par l'Église catholique pour se préparer à la fête de Noël.

**aventure** nf **1.** Événement imprévu, surprenant : *voyage plein d'aventures.* **2.** Entreprise hasardeuse : *entraîner quelqu'un dans une aventure.* **3.** Liaison amoureuse passagère. ■ **à l'aventure :** sans dessein, au hasard : *aller à l'aventure.* ❑ **dire la bonne**

aventure : prédire l'avenir. ❑ LITT **par aventure** ou **d'aventure** : par hasard.

**aventurer** vt Hasarder, risquer. ◆ **s'aventurer** vpr Courir un risque, se hasarder.

**aventureux, euse** adj **1.** Qui s'expose, se hasarde. **2.** Plein d'aventures, de risques.

**aventurier, ère** n **1.** Personne qui cherche les aventures. **2.** PÉJOR Personne sans scrupule, intrigant.

**aventurisme** nm Tendance à prendre des mesures hâtives et irréfléchies.

**avenu, e** adj ■ **nul et non avenu** : Considéré comme n'ayant jamais existé.

**avenue** nf **1.** Large voie urbaine. **2.** Allée plantée d'arbres qui conduit à une habitation.

**avéré, e** adj Reconnu vrai.

**avérer (s')** vpr (conj 10) Se révéler, apparaître.

EMPLOI Au sens strict (« être reconnu comme vrai »), *s'avérer vrai* est pléonastique, *s'avérer faux* est contradictoire.

**avers** nm Côté face d'une monnaie. CONTR : revers.

**averse** nf Pluie subite, abondante.

**aversion** nf Vive antipathie : *aversion contre qqn, pour qqn, à l'égard de qqn.*

**averti, e** adj Instruit, avisé.

**avertir** vt Informer, prévenir.

**avertissement** nm **1.** Appel à la prudence. **2.** Remontrance. **3.** Courte préface.

**avertisseur, euse** adj et nm Qui avertit : *un avertisseur d'incendie.*

**aveu** nm **1.** Fait de reconnaître verbalement ou par écrit une action blâmable. **2.** Déclaration : *faire l'aveu de son incompétence, de son amour.* ■ **de l'aveu de** : au témoignage de.

**aveuglant, e** adj Qui éblouit.

**aveugle** adj et n **1.** Privé de la vue. **2.** FIG Qui manque de jugement : *être aveugle sur ses défauts.* **3.** Entier : *confiance aveugle.* ■ **essai thérapeutique en aveugle** : test d'efficacité d'un nouveau médicament dans lequel les patients seuls (*simple aveugle*) ou les patients et le médecin (*double aveugle*) ignorent si l'on utilise l'ancienne ou la nouvelle formule.

**aveuglement** nm Manque de discernement dû à la passion, à l'obstination.

**aveuglément** adv Sans discernement.

**aveugle-né, e** (pl *aveugles-nés, aveugles-nées*) n et adj Aveugle de naissance.

**aveugler** vt **1.** Priver de la vue. **2.** Éblouir. **3.** Priver de lucidité : *la colère l'aveugle.* **4.** Boucher, colmater.

**aveuglette (à l')** loc adv **1.** À tâtons, sans y voir. **2.** FIG Au hasard.

**aveulir** vt LITT Rendre veule, sans volonté.

**aveulissement** nm LITT Fait de rendre, de devenir veule.

**aviaire** adj Qui concerne les oiseaux : *peste, grippe aviaire.*

**aviateur, trice** n Personne qui pilote un avion.

**aviation** nf **1.** Navigation aérienne au moyen d'avions. **2.** Ensemble des avions.

**avicole** adj Qui concerne l'aviculture.

**aviculteur, trice** n Qui élève des oiseaux, des volailles.

**aviculture** nf Élevage d'oiseaux, de volailles.

**avide** adj **1.** Qui a un désir immodéré de. **2.** Cupide, insatiable.

**avidement** adv D'une manière avide.

**avidité** nf **1.** Désir ardent et insatiable. **2.** Convoitise.

**avilir** vt Rendre vil, déshonorer.

**avilissant, e** adj Qui avilit, déshonore.

**avilissement** nm État d'une personne avilie, dégradation.

**aviné, e** adj En état d'ivresse.

**avion** nm Appareil de navigation aérienne muni d'ailes et propulsé par un ou plusieurs moteurs.

**aviron** nm **1.** Rame d'embarcation. **2.** Sport du canotage.

**avis** nm **1.** Opinion, sentiment ; expression de cette opinion : *donner son avis ; avis du Conseil d'État.* **2.** Information, nouvelle diffusée, avertissement ; écrit donnant cette information : *avis au public, au lecteur ; avis de réception.* ■ **être d'avis de, que** : penser que.

**avisé, e** adj Prudent, circonspect.

**1. aviser** vt LITT Apercevoir : *aviser qqn dans la rue.* ◆ vi Réfléchir à ce qu'on doit faire. ◆ **s'aviser** vpr [de] **1.** Se rendre compte de. **2.** Se mettre en tête : *ne t'avise pas de venir.*

**2. aviser** vt LITT Avertir, informer.

**aviso** nm Navire chargé de porter des ordres, etc., d'effectuer des reconnaissances.

**avitaminose** nf Maladie produite par le manque de vitamines.

**aviver** vt **1.** Rendre plus ardent, plus éclatant : *aviver une couleur.* **2.** FIG Rendre plus vif, augmenter : *aviver une douleur.*

**av. J.-C.** (abréviation) Avant Jésus-Christ.

**1. avocat** nm Fruit de l'avocatier, en forme de poire.

**2. avocat, e** n **1.** Personne qui fait profession de plaider en justice : *avocat de la défense.* **2.** FIG Intercesseur : *se faire l'avocat d'une cause.* ■ **avocat du diable** : défenseur d'une mauvaise cause. ❑ **avocat général** : membre du ministère public, remplaçant les procureurs généraux en certains cas.

**avocatier** nm Arbre dont le fruit est l'*avocat*.

**avoine** nf Céréale dont le grain sert à la nourriture des chevaux. ■ **folle avoine :** avoine sauvage.

**1. avoir** vt **1.** Posséder : *avoir un livre.* **2.** Présenter telle caractéristique : *avoir dix ans.* **3.** Éprouver : *avoir faim.* **4.** Être en relation affective avec : *avoir des enfants, un chien.* **5.** FAM Tromper : *il s'est fait avoir.* ■ **avoir à** (+ inf) : devoir : *avoir des problèmes à régler.* ❑ **en avoir après** ou **en avoir contre :** éprouver de l'irritation envers. ❑ **en avoir pour :** (a) devoir payer au total (b) mettre tant de temps pour faire, terminer quelque chose. ❑ **il y a :** (a) il est, il existe (b) indique la durée : *je l'ai vu il y a un an.* ❑ **il n'y a qu'à :** il suffit de. ◆ v auxil Se construit avec le participe passé du verbe pour exprimer l'action accomplie.

**2. avoir** nm **1.** Ce qu'on possède. **2.** Partie d'un compte où l'on porte les sommes dues. CONTR : doit.

**avoisinant, e** adj Proche, voisin.

**avoisiner** vt **1.** Être voisin de. **2.** Être proche de.

**avorté, e** adj Qui a échoué.

**avortement** nm Action d'avorter.

**avorter** vi **1.** Expulser un fœtus avant terme. **2.** FIG Ne pas réussir, rester sans effet.

**avorton** nm **1.** Animal ou plante venu avant terme. **2.** FAM Être chétif, mal fait.

**avouable** adj Qui peut être avoué.

**avoué** nm Officier ministériel qui représente les parties devant les cours d'appel.

**avouer** vt **1.** Reconnaître que l'on a dit ou fait quelque chose de mal. **2.** Reconnaître comme vrai.

**avril** nm Quatrième mois de l'année. ■ **poisson d'avril :** attrape, plaisanterie traditionnelle du 1er avril.

**avulsion** nf MÉD Extraction d'une dent.

**avunculaire** [avɔ̃-] adj De l'oncle, de la tante.

**axe** nm **1.** Ligne qui divise un corps, un objet par son milieu en deux parties symétriques : *axe d'une rue.* **2.** Principal diamètre d'un corps : *axe d'une sphère.* **3.** Pièce servant à articuler une ou plusieurs autres pièces qui décrivent autour d'elle un mouvement circulaire : *axe d'une roue.* **4.** Grande voie de communication : *axe de circulation.* **5.** Direction générale, orientation : *l'axe d'une politique.*

**axer** vt Orienter suivant un axe.

**axial, e, aux** adj **1.** Relatif à l'axe. **2.** Disposé suivant un axe.

**axiome** nm **1.** Vérité évidente par elle-même. **2.** Principe fondamental d'une théorie.

**axis** [aksis] nm Deuxième vertèbre du cou.

**axolotl** nm Animal du Mexique appartenant à la classe des amphibiens.

**axone** nm Prolongement du neurone, parcouru par l'influx nerveux.

**ayant droit** (pl *ayants droit*) nm Personne qui a des droits à quelque chose.

**ayatollah** nm Chef religieux de l'islam chiite.

**aye-aye** [ajaj] (pl *ayes-ayes*) nm Mammifère primate de Madagascar.

**ayurvéda** nm Médecine traditionnelle indienne qui vise à favoriser l'harmonie entre le corps et l'esprit, entre l'individu et son environnement.

**ayurvédique** adj Relatif à l'ayurvéda : *massage ayurvédique.*

**azalée** nf Arbuste cultivé pour ses fleurs de couleurs variées.

**azimut** [azimyt] nm Angle du plan vertical d'un astre avec le plan méridien du lieu. ■ FAM **tous azimuts :** dans toutes les directions.

**azote** nm CHIM Corps simple gazeux, incolore, inodore et insipide ; symb : N.

**azoté, e** ou **azoteux, euse** adj CHIM Qui contient de l'azote.

**AZT** nm (nom déposé, sigle de *azidothymidine*) Médicament agissant sur le virus du sida.

**aztèque** adj Relatif aux Aztèques.

**azur** nm **1.** Couleur bleue. **2.** LITT L'air, le ciel.

**azuré, e** adj De couleur azur.

**azyme** adj ■ **pain azyme :** pain sans levain, utilisé rituellement pour la Pâque juive ou pour faire des hosties.

# B

**b** nm inv Deuxième lettre de l'alphabet et la première des consonnes.

**BA** nf (sigle) FAM Bonne action : *faire sa BA*.

**b.a.-ba** nm inv Connaissances élémentaires.

**1. baba** nm Gâteau imbibé de rhum.

**2. baba** adj FAM Stupéfait : *rester baba*.

**3. baba** nm RÉUNION bébé.

**baba cool** [babakul] (pl *babas cool*) ou **baba** n FAM Personne qui, dans les années 1970, adoptait le mode de vie et l'idéologie dictés par le mouvement hippie.

**babeurre** nm Résidu liquide de la fabrication du beurre.

**babil** nm Bavardage enfantin.

**babillage** nm Action de babiller.

**babiller** vi Bavarder d'une manière futile, enfantine.

**babines** nf pl Lèvres pendantes de certains animaux. ■ FAM **se lécher les babines** : se délecter à l'avance de quelque chose.

**babiole** nf FAM Bagatelle, chose de peu de valeur.

**babiroussa** nm Porc sauvage d'Indonésie.

**bâbord** nm Côté gauche d'un navire, quand on regarde vers l'avant (par opposition à *tribord*).

**babouche** nf Pantoufle en cuir de couleur, laissant le talon libre.

**babouin** nm Gros singe d'Afrique à museau allongé, très robuste.

**baby-boom** [bebibum] (pl *baby-booms*) nm (anglicisme) Augmentation soudaine de la natalité.

**baby-foot** [babifut] nm inv (anglicisme) Jeu simulant le football en miniature, composé d'une table sur laquelle des figurines, représentant les deux équipes d'un match, sont actionnées par des tiges mobiles.

**baby-sitter** [bebisitœr] (pl *baby-sitters*) n (anglicisme) Personne payée pour garder des enfants quand les parents sont sortis.

**baby-sitting** [bebisitiŋ] (pl *baby-sittings*) nm (anglicisme) Activité d'un, d'une baby-sitter.

**1. bac** nm **1.** Bateau large et plat qui sert à passer un cours d'eau, un bras de mer. **2.** Récipient, souvent rectangulaire, servant à divers usages : *bac à légumes, à fleurs, à sable, bac à glace*. **3.** Présentoir en forme de casier où sont proposés les disques à la vente.

**2. bac** nm (abréviation) FAM Baccalauréat.

**baccalauréat** nm Diplôme de fin d'études secondaires conférant le premier grade universitaire ; examen permettant son obtention.

**baccarat** nm Cristal de la manufacture de Baccarat.

**bacchanale** [bakanal] nf LITT Orgie. ◆ **bacchanales** pl Dans l'Antiquité gréco-romaine, fêtes en l'honneur de Bacchus.

**bacchante** [bakɑ̃t] nf Prêtresse du culte de Bacchus.

**bacchantes** nf pl FAM Moustaches.

**bâche** nf Toile épaisse et imperméabilisée qui sert à protéger les marchandises, les objets.

**bachelier, ère** n Personne qui a obtenu le baccalauréat.

**bâcher** vt Couvrir d'une bâche.

**bachique** adj **1.** Relatif à Bacchus. **2.** Qui célèbre le vin, l'ivresse.

**bachot** nm VIEILLI Baccalauréat.

**bachotage** nm FAM Action de préparer à la hâte et intensément un examen.

**bachoter** vi FAM Préparer un examen ou un concours de manière rapide et intensive dans le seul but d'être reçu.

**bacillaire** adj Relatif aux bacilles.

**bacille** [basil] nm Bactérie en forme de bâtonnet.

**bâclage** nm Action de bâcler.

**bâcler** vt Faire à la hâte et sans soin : *bâcler un travail*.

**bacon** [bekɔn] nm Fine tranche de lard fumé, en Angleterre, ou de filet de porc salé et fumé, en France.

**bactéricide** adj et nm Se dit d'une substance qui détruit les bactéries.

**bactérie** nf Être unicellulaire (bacille, vibrion, etc.) vivant aux dépens du milieu ambiant ou de l'organisme qu'il a envahi.

**bactérien, enne** adj Relatif aux bactéries : *maladie bactérienne*.

**bactériologie** nf Science qui étudie les bactéries.

**bactériologique** adj Relatif à la bactériologie.

**bactériologiste** n Spécialiste de bactériologie.

**bactériophage** nm et adj Virus infectant les bactéries.

**badaud, e** n et adj Personne qui s'attarde à regarder le spectacle de la rue.

**baderne** nf ■ FAM, PÉJOR **vieille baderne :** personne bornée et rétrograde.

**badge** nm Insigne.

**badiane** nf Arbuste asiatique produisant une essence anisée.

**badigeon** nm Enduit à la chaux dont on revêt les murs.

**badigeonner** vt **1.** Peindre un mur avec du badigeon. **2.** Enduire : *badigeonner de teinture d'iode.*

**badin, e** adj LITT Gai, léger, sans sérieux : *ton badin.*

**badinage** nm Action de badiner.

**badine** nf Canne mince et flexible.

**badiner** vi Plaisanter agréablement. ◆ vt ind ■ **ne pas badiner avec, sur :** ne pas plaisanter sur, ne pas prendre à la légère.

**badminton** [badmintɔn] nm Jeu de volant apparenté au tennis.

**BAFA** [bafa] nm (sigle) Brevet d'aptitude aux fonctions d'animateur.

**baffe** nf FAM Gifle.

**baffle** nm Élément d'une chaîne haute-fidélité comprenant un ou plusieurs haut-parleurs.

**bafouer** vt Railler sans pitié, ridiculiser.

**bafouillage** nm FAM Propos incohérents.

**bafouiller** vi et vt FAM Parler peu clairement ; bredouiller.

**bâfrer** vt et vi FAM Manger goulûment et avec excès.

**bagage** nm **1.** Ce qu'on emporte avec soi pour le voyage : *bagage à main ; faire ses bagages.* **2.** FIG Ensemble des connaissances acquises dans un domaine : *bagage culturel.* ■ **plier bagage :** partir.

**bagagiste** n Employé chargé de porter les bagages.

**bagarre** nf Bataille, querelle violente.

**bagarrer (se)** vpr Se battre, se quereller.

**bagarreur, euse** adj et n FAM Qui aime la bagarre.

**bagatelle** nf Chose de peu de valeur. ■ FAM **la bagatelle :** l'amour physique. ❑ **la bagatelle de :** la modique somme de.

**baggy** [bagi] nm et adj inv Pantalon taillé ample, qui se porte bas sur les hanches.

**bagnard** nm Forçat.

**bagne** nm Lieu où étaient détenus les condamnés aux travaux forcés.

**bagnole** nf FAM Automobile.

**bagou** ou **bagout** nm FAM Grande facilité de parole.

**baguage** nm Pose d'une bague.

**bague** nf **1.** Anneau que l'on met au doigt : *bague de fiançailles.* **2.** Objet ayant la forme d'un anneau et destiné à des usages divers.

**baguenauder** vi FAM Flâner sans but.

**baguer** vt Garnir d'une bague un oiseau, une plante, une machine.

**baguette** nf Bâton mince, plus ou moins long et flexible. ■ **baguette de pain :** pain long et mince d'environ 250 g.

**bah** interj Marque l'étonnement, le doute, l'insouciance.

**bahut** nm **1.** Coffre de bois à couvercle bombé ou non. **2.** Buffet bas. **3.** ARG SCOL Le lycée, le collège.

**bai, e** adj et nm Se dit d'un cheval dont la robe est d'un rouge brun.

**1. baie** nf **1.** Petit golfe. **2.** Ouverture de porte, de fenêtre : *baie vitrée.*

**2. baie** nf Fruit charnu à pépins, tel le raisin.

**baignade** nf **1.** Action de se baigner : *baignade interdite.* **2.** Endroit où l'on se baigne.

**baigner** vt **1.** Mettre dans un bain. **2.** FIG Arroser, mouiller. **3.** Border de ses eaux : *la Manche baigne la Normandie.* ◆ vi Être entièrement plongé : *baigner dans l'eau.* ■ FAM **ça baigne, tout baigne :** tout va bien. ◆ **se baigner** vpr Prendre un bain.

**baigneur, euse** n Personne qui se baigne. ◆ nm Jouet d'enfant figurant un bébé.

**baignoire** nf **1.** Appareil sanitaire dans lequel on se baigne. **2.** Loge de théâtre, au rez-de-chaussée.

**bail** [baj] (pl *baux* [bo]) nm Contrat de louage pour un temps donné.

**bâillement** nm Action de bâiller.

**bailler** vt ■ LITT **la bailler belle :** en faire accroire.

**bâiller** vi **1.** Respirer en ouvrant la bouche en grand et involontairement. **2.** Être entrouvert, mal fermé ou mal ajusté.

**bailleur, eresse** n Personne qui donne à bail. ■ **bailleur de fonds :** personne qui fournit de l'argent.

**bâilleur, euse** n Personne qui bâille.

**bailli** nm HIST Officier qui rendait la justice au nom du roi, du seigneur.

**bailliage** nm HIST Tribunal, juridiction d'un bailli.

**bâillon** nm Bandeau ou objet qu'on met sur ou dans la bouche pour empêcher de crier.

**bâillonnement** nm Action de bâillonner.

**bâillonner** vt **1.** Mettre un bâillon à. **2.** FIG Réduire au silence.

**bain** nm **1.** Eau ou autre liquide dans lequel on se baigne : *bain de boue.* **2.** Immersion du corps. **3.** Liquide dans lequel on plonge une substance : *bain de paraffine.* **4.** Exposition, station dans un milieu : *bain de soleil, de vapeur.* **5.** Partie du bassin d'une piscine :

*petit, grand bain.* ■ **bain de foule :** contact direct avec la foule. ❑ **mettre dans le bain :** habituer quelqu'un à une situation, l'initier à un travail. ◆ **bains** pl **1.** Établissement de bains. **2.** VIEILLI Cure thermale : *aller aux bains.* ■ **salle de bains :** pièce réservée aux soins de la toilette et contenant divers appareils sanitaires (baignoire, douche, etc.).

GRAMMAIRE On écrit *maillot, peignoir de bain, sels, serviette de bain,* mais *établissement, salle de bains.*

**bain-marie** (pl *bains-marie*) nm Eau bouillante dans laquelle on met un récipient contenant ce qu'on veut faire chauffer ; cette façon de faire chauffer : *cuisson au bain-marie.*

**baïonnette** nf **1.** Lame effilée qui s'adapte au bout d'un fusil. **2.** Dispositif de fixation par ergots engagés dans des crans : *ampoule à baïonnette.*

**baisemain** nm Geste de politesse consistant à baiser la main d'une dame.

**1. baiser** nm Action de poser ses lèvres sur. ■ **baiser de Judas :** de traître.

**2. baiser** vt Donner un baiser à, poser ses lèvres sur.

**baisse** nf **1.** Décroissance : *baisse d'un fleuve.* **2.** Diminution de prix. ■ **jouer à la baisse :** spéculer sur la baisse des valeurs en Bourse.

**baisser** vt **1.** Mettre plus bas, faire descendre : *baisser un store.* **2.** Incliner vers le bas : *baisser la tête.* **3.** Diminuer la force, l'intensité de : *baisser le ton.* ◆ vi **1.** Aller en diminuant : *la température baisse.* **2.** Diminuer de valeur : *les prix baissent.* **3.** S'affaiblir, décliner : *ses facultés intellectuelles baissent.* ◆ **se baisser** vpr Se courber.

**bajoue** nf **1.** Partie de la tête d'un animal depuis l'œil jusqu'à la mâchoire. **2.** FAM Joue humaine pendante.

**bakchich** nm FAM Pourboire.

**Bakélite** nf (nom déposé) Matière plastique artificielle.

**bal** (pl *bals*) nm Réunion où l'on danse ; local où se tient cette réunion : *bal populaire.*

**balade** nf FAM Promenade.

ORTHOGRAPHE Il ne faut pas confondre *balade* avec *ballade,* « poème ».

**balader (se)** vpr FAM Se promener.

**1. baladeur** nm Lecteur portatif, muni d'écouteurs, permettant d'écouter de la musique, des émissions, etc.

**2. baladeur, euse** adj FAM Qui aime à se balader. ■ **micro baladeur :** micro muni d'un long fil qui permet de le déplacer.

**baladeuse** nf Lampe électrique munie d'un long fil qui permet de la déplacer.

**baladin** nm LITT Comédien qui se produit dans des spectacles de rue.

**balafon** nm Xylophone d'Afrique subsaharienne.

**balafre** nf Longue blessure au visage ; cicatrice qui en reste.

**balafré, e** adj et n Qui a une balafre.

**balafrer** vt Faire une balafre.

**balai** nm **1.** Brosse munie d'un long manche et dont on se sert pour nettoyer. **2.** FAM Année d'âge : *avoir trente balais.* ■ **balai d'essuie-glace :** partie d'un essuie-glace faite d'un support métallique et d'une raclette en caoutchouc. ❑ **donner un coup de balai :** (a) enlever rapidement la poussière (b) FIG se débarrasser des personnes gênantes. ❑ FAM **du balai ! :** va-t'en ! allez-vous-en !

**balai-brosse** (pl *balais-brosses*) nm Brosse très dure montée sur un manche à balai.

**balaise** ou **balèze** adj et n FAM Très fort physiquement ou intellectuellement.

**balalaïka** nf Luth triangulaire à trois cordes.

**balance** nf **1.** Instrument pour peser : *la balance est l'emblème de la justice.* **2.** Filet pour les écrevisses. **3.** COMM Équilibre entre le débit et le crédit. ■ **faire pencher la balance d'un côté :** faire prévaloir quelque chose, avantager quelqu'un. ❑ **mettre en balance :** comparer. ◆ **Balance** nf Constellation zodiacale évoquant une balance ; signe astrologique des personnes nées entre le 23 septembre et le 22 octobre. ◆ n et adj Personne née sous le signe de la Balance : *elle est Balance.*

**balancé, e** adj Harmonieux : *une phrase bien balancée.* ■ FAM **personne bien balancée :** bien faite.

**balancement** nm Mouvement alternatif d'un corps en sens opposés, autour de son centre d'équilibre.

**balancer** vt (conj 1) **1.** Mouvoir tantôt d'un côté, tantôt de l'autre. **2.** FIG Peser, examiner. **3.** Compenser : *balancer les pertes.* **4.** FAM Se débarrasser de. ◆ vi LITT Hésiter. ■ FAM **s'en balancer :** s'en moquer.

**balancier** nm **1.** Pièce dont le balancement règle un mouvement : *balancier d'horloge.* **2.** Long bâton des danseurs de corde, qui leur sert à garder l'équilibre.

**balançoire** nf **1.** Siège suspendu entre deux cordes et sur lequel on se balance. **2.** Bascule.

**balayage** nm Action de balayer.

**balayer** [baleje] vt (conj 4) **1.** Nettoyer avec un balai. **2.** FIG Chasser, disperser.

**balayette** nf Petit balai.

**balayeur, euse** n Personne qui balaye.

**balayeuse** nf Machine pour balayer.

**balayures** nf pl Ordures balayées.

**balbutiant, e** adj Qui balbutie.

**balbutiement** nm **1.** Action de balbutier. **2.** (surtout au pluriel) Tâtonnement initial.

**balbutier** [balbysje] vi **1.** Articuler imparfaitement, avec difficulté. **2.** En être à ses débuts. ◆ vt Prononcer en bredouillant.

**balbuzard** nm Sorte de faucon qui se nourrit de poissons.

**balcon** nm **1.** Plateforme en saillie sur une façade. **2.** Dans une salle de spectacle, première galerie au-dessus de l'orchestre.

**baldaquin** nm Tenture dressée au-dessus d'un trône, d'un catafalque, d'un lit, etc.

**baleine** nf **1.** Mammifère marin de l'ordre des cétacés. **2.** Lamelle flexible servant à divers usages.

**baleiné, e** adj Garni de baleines.

**baleineau** nm Petit de la baleine.

**baleinier** nm Navire équipé pour la chasse à la baleine.

**baleinière** nf Canot de bord des grands navires.

**balénoptère** nm Mammifère marin voisin de la baleine.

**balèze** adj et n → **balaise**.

**balisage** nm Action de baliser.

**balise** nf **1.** Marque, objet (bouée, poteau, etc.) signalant en mer un chenal, des écueils et indiquant sur terre le tracé d'une piste d'aviation, d'une route, d'un canal, etc. **2.** INFORM Marque qui identifie un élément d'un fichier et sert à délimiter le champ auquel il appartient.

**baliser** vt Mettre des balises.

**balisier** nm Plante du genre *canna* originaire de l'Inde et cultivée pour sa racine comestible ou pour ses fleurs décoratives.

**balistique** adj Relatif à l'art de lancer des projectiles. ◆ nf Science qui étudie les mouvements des corps lancés dans l'espace, en particulier des projectiles.

**balivage** nm Choix des baliveaux.

**baliveau** nm Arbre réservé dans la coupe d'un taillis.

**baliverne** nf Propos futile, sornette.

**balkanique** adj Des Balkans.

**ballade** nf Poème narratif en strophes qui met en œuvre une légende populaire ou une tradition historique.

**ballant, e** adj Se dit d'une partie du corps qui pend et oscille : *bras ballants.* ◆ nm Mouvement d'oscillation.

**ballast** nm **1.** Pierres concassées maintenant les traverses d'une voie ferrée. **2.** Compartiment dont le remplissage permet à un sous-marin de plonger.

**1. balle** nf **1.** Petite sphère qui rebondit et qui sert à certains jeux : *balle de tennis.* **2.** Projectile des armes à feu. ■ **enfant de la balle** : qui est élevé dans le métier d'artiste de ses parents (comédien, acrobate, etc.). ❑ **prendre, saisir la balle au bond** : saisir l'occasion. ❑ FIG **renvoyer la balle** : riposter vivement.

**2. balle** nf Gros paquet de marchandises.

**3. balle** ou **bale** nf Enveloppe du grain des céréales dans l'épi.

**4. balle** nf FAM **1.** VIEILLI Franc. **2.** Euro : *j'en ai eu pour près de cinq cents balles de réparation.*

**ballerine** nf **1.** Danseuse de ballet. **2.** Chaussure de femme ressemblant à un chausson de danse.

**ballet** nm Composition, spectacle chorégraphique. ■ **compagnie de ballet** : troupe de danseurs.

**ballon** nm **1.** Grosse balle faite d'une vessie de caoutchouc gonflée d'air et recouverte de cuir, que l'on utilise dans divers sports : *ballon de basket, de football, de rugby.* **2.** Jouet d'enfant fait d'une sphère de baudruche ou de caoutchouc gonflée de gaz. **3.** Sommet arrondi des Vosges : *le ballon d'Alsace.* **4.** Aérostat : *ballon dirigeable.* **5.** Vase sphérique destiné à contenir un liquide ; verre à pied de forme sphérique ; contenu de ce verre : *ballon de rouge.* ■ FIG **ballon d'essai** : expérience que l'on fait pour sonder le terrain, l'opinion.

**ballonné, e** adj Gonflé, distendu.

**ballonnement** nm Distension du ventre par des gaz.

**ballonner** vt Gonfler.

**ballonnet** nm Petit ballon.

**ballon-sonde** (pl *ballons-sondes*) nm Ballon sans pilote, muni d'appareils enregistreurs, utilisé pour des observations météorologiques.

**ballot** nm **1.** Paquet de vêtements ou de marchandises. **2.** FIG, FAM Sot, imbécile.

**ballotin** nm Emballage en carton dans lequel on met des confiseries.

**ballottage** nm Résultat négatif obtenu dans une élection lorsque aucun des candidats n'a réuni la majorité requise, ce qui oblige à procéder à un nouveau scrutin ou *scrutin de ballottage.*

**ballottement** nm Mouvement d'un corps ballotté.

**ballotter** vt Secouer violemment. ■ **être ballotté entre deux choses** : hésiter entre deux choses, passer de l'une à l'autre. ◆ vi Remuer, être secoué en tous sens.

**ballottine** nf Sorte de galantine.

**ball-trap** [baltrap] (pl *ball-traps*) nm Appareil lançant des disques qui servent de cibles pour le tir au fusil.

**balluchon** ou **baluchon** nm FAM Paquet de vêtements, de linge.

**balnéaire** adj Se dit d'un lieu de séjour touristique au bord de la mer : *station balnéaire.*

**balnéothérapie** nf Traitement médical par différents types de bains.

**balourd, e** adj et n Grossier, stupide.

**balourdise** nf **1.** Caractère du balourd. **2.** Grosse maladresse, en parole ou en acte.

**balsa** nm Bois d'Amérique centrale, très léger, utilisé pour les modèles réduits.

**balsamine** nf Plante dont le fruit, à sa maturité, éclate si on le touche.

**balsamique** adj Qui a les propriétés du baume. ■ **vinaigre balsamique :** vinaigre de vin à base de moût cuit ou concentré et vieilli en fûts de chêne.

**balte** adj et n De la Baltique ou des pays Baltes : *les Baltes*.

**baluchon** nm → **balluchon**.

**balustrade** nf Rampe de pierre ou de bois soutenue par des petits piliers.

**balzacien, enne** adj Relatif à Balzac.

**balzan, e** adj Qui a des balzanes.

**balzane** nf Tache blanche aux pieds de certains chevaux.

**bamakois, e** adj De Bamako.

**bambin** nm Petit enfant.

**bambocher** vi FAM Sortir, s'amuser, faire de bons repas.

**bambou** nm Roseau arborescent des pays chauds ; canne de ce roseau.

**bamboula** nf FAM ■ **faire la bamboula :** faire la noce.

**ban** nm **1.** Proclamation officielle et publique d'un événement : *bans de mariage.* **2.** Roulement de tambour et sonnerie de clairon précédant ou clôturant certaines cérémonies militaires. **3.** Au Moyen Âge, ensemble des vassaux directs du suzerain ; convocation de ceux-ci. ■ **le ban et l'arrière-ban :** tout le monde. ❑ **être en rupture de ban :** (a) pour un banni, rentrer illégalement sur le territoire national (b) avoir rompu avec les contraintes imposées par son milieu social. ❑ **mettre qqn au ban de la société :** le dénoncer comme indigne, méprisable, le rejeter.

**1. banal, e, als** adj Commun, ordinaire, sans originalité.

**2. banal, e, aux** adj DR ANC Soumis à une redevance au seigneur : *fours banaux*.

**banalement** adv Avec banalité.

**banalisation** nf Action de banaliser ; fait d'être banalisé.

**banaliser** vt Rendre banal. ■ **véhicule banalisé :** véhicule de police dont les caractères distinctifs ont été supprimés.

**banalité** nf Caractère de ce qui est banal ; platitude.

**banane** nf **1.** Fruit du bananier, oblong, à peau jaune épaisse. **2.** Mèche de cheveux frontale gonflée en forme de rouleau. **3.** FAM Sourire : *avoir la banane.* ■ **(sac) banane :** petit sac de forme courbe, porté à la ceinture.

**bananeraie** nf Plantation de bananiers.

**bananier** nm Plante cultivée dans les pays chauds pour ses fruits, groupés en régimes.

**banc** [bɑ̃] nm **1.** Siège étroit et long : *le banc des accusés.* **2.** Amas formant un dépôt, une couche, ou constituant un obstacle : *banc de sable.* **3.** Troupe nombreuse de poissons : *banc de harengs.* **4.** Élévation du fond de la mer ou d'un cours d'eau. ■ **banc d'essai :** ce qui permet d'éprouver les capacités de.

**bancaire** adj Relatif à la banque.

**bancal, e, als** adj Instable, qui ne repose pas sur des bases solides.

**banco** nm ■ **faire banco :** à certains jeux, tenir seul l'enjeu contre le banquier.

**bandage** nm **1.** Action de bander une partie du corps. **2.** Assemblage de bandes servant à protéger une partie du corps. **3.** Cercle de métal, de caoutchouc entourant la jante d'une roue.

**1. bande** nf **1.** Pièce plus longue que large et de diverses matières, servant à orner, à protéger, à lier. **2.** Lanière de linge ou de gaze pour faire un pansement, un bandage. **3.** Toute forme étroite : *bande de terre.* **4.** Ruban magnétique servant de support d'enregistrement des sons, des images, des données informatiques : *bande vidéo.* **5.** MAR Inclinaison transversale d'un navire : *donner de la bande.* **6.** Ce qui entoure, borde ou délimite : *bande d'arrêt d'urgence.* ■ **bande dessinée (BD) :** histoire racontée par une série de dessins. ❑ **bande organisée :** groupe de personnes agissant de manière concertée pour préparer et commettre une infraction. ❑ **bande originale (BO) :** musique originale d'un film. ❑ FAM **par la bande :** indirectement.

**2. bande** nf Troupe, compagnie.

**bande-annonce** (pl *bandes-annonces*) nf Montage d'extraits de film que l'on présente au public avant la sortie officielle du film.

**bandeau** nm **1.** Bande pour entourer la tête, serrer le front, ou couvrir les yeux. **2.** INFORM Bannière. ■ FIG **avoir un bandeau sur les yeux :** ne pas voir la réalité telle qu'elle est.

**bandelette** nf Petite bande.

**bander** vt **1.** Entourer avec une bande. **2.** Tendre : *bander un arc.* ■ **bander les yeux :** les couvrir d'un bandeau.

**banderille** nf Dard orné de rubans que les toreros plantent sur le garrot des taureaux.

**banderillero** [bɑ̃derijero] nm Torero qui plante les banderilles.

**banderole** nf Longue bande d'étoffe attachée à des montants et portant une inscription.

**bande-son** (pl *bandes-son*) nf Support sur lequel le son d'un film, d'un document audiovisuel est enregistré.

**bandit** nm **1.** Malfaiteur qui vit d'attaques à main armée. **2.** Homme malhonnête, sans scrupules.

**banditisme** nm Actions criminelles commises par des bandits.

**bandoulière** nf Bande de cuir ou d'étoffe pour suspendre une arme, un sac, etc. ■ **en bandoulière** : en écharpe, de l'épaule à la hanche opposée : *porter le fusil en bandoulière.*

**banian** nm Grand figuier de l'Inde.

**banjo** nm Sorte de guitare ronde.

**banlieue** nf Ensemble des agglomérations qui environnent un centre urbain et participent à son activité.

**banlieusard, e** n FAM Personne qui habite la banlieue d'une grande ville (EX : Paris).

**banne** nf **1.** Panier d'osier. **2.** Toile, bâche placée au-dessus de la devanture d'un magasin pour la protéger des intempéries.

**banni, e** adj et n **1.** Proscrit, exilé. **2.** FIG Écarté, repoussé.

**bannière** nf **1.** Enseigne, pavillon, étendard. **2.** INFORM Partie d'une page web contenant un message publicitaire qui pointe vers le site de l'annonceur. ■ FAM **c'est la croix et la bannière** : c'est compliqué à faire, à obtenir.

**bannir** vt **1.** Expulser, proscrire. **2.** FIG Éloigner, repousser.

**bannissement** nm Exil.

**banque** nf **1.** Entreprise qui reçoit et avance des fonds, facilite les paiements par des prêts. **2.** Branche de l'activité économique constituée par de telles entreprises. **3.** À certains jeux, fonds d'argent qu'a devant lui celui qui tient le jeu. **4.** Organisme qui recueille, conserve et distribue des tissus vivants, des organes, du sang ou du sperme : *banque du sang.* ■ INFORM **banque de données** : ensemble de données organisées relatives à un domaine et accessibles en ligne ou à distance. ❑ **banque d'épreuves** : ensemble d'épreuves communes au concours d'entrée de plusieurs établissements d'enseignement supérieur d'une même filière.

**banqueroute** nf **1.** Faillite d'un commerçant, punie par la loi. **2.** FIG Échec total.

**banquet** nm Grand repas, festin.

**banqueter** vi (conj 8) **1.** Faire bonne chère. **2.** Prendre part à un banquet.

**banquette** nf **1.** Banc rembourré, avec ou sans dossier. **2.** Siège d'un seul tenant dans une voiture, le train, le métro. **3.** Banc de pierre dans l'embrasure d'une fenêtre.

**banquier, ère** n **1.** Personne qui dirige une banque. **2.** À certains jeux, celui qui tient la banque contre tous les joueurs.

**banquise** nf Ensemble des glaces formées, dans les régions polaires, par la congélation de l'eau de mer.

**baobab** nm Arbre des régions tropicales, à tronc énorme.

**baptême** [batɛm] nm **1.** Le premier des sacrements de la plupart des Églises chrétiennes. **2.** BELGIQUE Bizutage. ■ **baptême de l'air** : premier vol en avion. ❑ **baptême d'une cloche, d'un navire** : cérémonie solennelle pour les bénir. ❑ **nom de baptême** : prénom qu'on reçoit au baptême. ❑ **baptême du feu** : premier combat.

**baptiser** [batize] vt **1.** Faire chrétien par le baptême. **2.** Bénir (une cloche, un navire, etc.). **3.** Donner un nom à. **4.** FAM Salir pour la première fois quelque chose de neuf. ■ FAM **baptiser du vin** : y mettre de l'eau.

**baptismal, e, aux** [batismal, batismo] adj Relatif au baptême : *fonts baptismaux.*

**baptistère** [batistɛr] nm Chapelle d'une église où l'on baptise.

**baquet** nm Petite cuve de bois.

**1. bar** nm Poisson de mer estimé, voisin de la perche. SYN : loup.

**2. bar** nm **1.** Débit de boissons où l'on consomme debout ou assis. **2.** Comptoir où l'on peut consommer. ■ **bar à** (+ n) : (a) établissement commercial où l'on peut consommer un type particulier de boissons ou d'aliments : *bar à soupes* (b) établissement commercial où sont pratiqués des soins de beauté ciblés : *bar à cils.* ❑ SUISSE **bar à café** : qui ne propose que des boissons non alcoolisées. ❑ **bar à vins** : établissement où l'on peut boire des vins de qualité au verre.

**3. bar** nm Unité de pression atmosphérique (environ 750 mm de mercure).

**baragouin** ou **baragouinage** nm FAM Langage inintelligible.

**baragouiner** vt et vi FAM Parler mal.

**baragouineur, euse** n FAM Personne qui baragouine.

**baraque** nf **1.** Construction légère en planches. **2.** FIG Maison mal bâtie ou mal tenue.

**baraqué, e** adj FAM De forte carrure.

**baraquement** nm Ensemble de constructions provisoires destinées à abriter des soldats, des réfugiés, etc.

**baratin** nm FAM Bavardage destiné à séduire ou à tromper.

**baratiner** vt et vi FAM Raconter des boniments (à).

**baratineur, euse** n FAM Personne qui baratine.

**barattage** nm Action de baratter.

**baratte** nf Récipient où l'on bat la crème pour obtenir le beurre.

**baratter** vt Agiter la crème dans la baratte.

**barbant, e** adj FAM Ennuyeux.

**barbare** n et adj (avec une majuscule comme nom) Chez les Grecs et les Romains, tout étranger. ◆ adj **1.** Cruel, inhumain. **2.** Inculte, grossier. **3.** Incorrect : *terme barbare.*

**barbarie** nf **1.** Manque de civilisation, d'humanité. **2.** Cruauté, férocité.

**barbarisme** nm Emploi d'un mot déformé (EX : *vous disez* au lieu de *vous dites*).

**1. barbe** nf **1.** Poil du menton et des joues. **2.** Longs poils de certains animaux. **3.** Pointe des épis de céréales. **4.** Filament implanté de chaque côté d'une plume d'oiseau. **5.** Bavure sur le bord d'une pièce de métal, d'un papier. ■ **à la barbe de qqn :** en sa présence. ❑ **barbe à papa :** boule faite de filaments de sucre aromatisé. ❑ FAM **la barbe ! :** exclamation pour signifier que qqn ou qqch vous importune. ❑ FIG **rire dans sa barbe :** intérieurement.

**2. barbe** nm et adj Cheval de selle d'Afrique du Nord.

**barbeau** nm Poisson d'eau douce.

**barbecue** [barbəkju] nm Appareil pour griller les viandes, les poissons en plein air, au charbon de bois ; repas en plein air autour de cet appareil.

**barbe-de-capucin** (pl *barbes-de-capucin*) nf Chicorée sauvage.

**barbelé, e** adj ■ **fil de fer barbelé** ou **barbelé** nm : fil de fer muni de pointes, utilisé comme clôture ou comme moyen de défense.

**barber** vt FAM Ennuyer.

**barbet, ette** n et adj Espèce d'épagneul à poil long et frisé.

**barbiche** nf Petite touffe de barbe au menton.

**barbichette** nf Petite barbiche.

**barbichu, e** adj et n FAM Qui porte une barbiche.

**barbier, ère** n Personne dont la profession est de raser, de tailler la barbe.

**barbillon** nm Appendice sensoriel de la région buccale des poissons.

**barbiturique** nm Médicament utilisé dans le traitement de l'insomnie et ayant un effet calmant sur le système nerveux.

**barbon** nm LITT, PÉJOR Homme d'âge mûr.

**barboter** vi **1.** S'ébattre dans l'eau. **2.** Patauger dans la boue. **3.** FAM Voler, chiper.

**barboteuse** nf **1.** Vêtement de bébé ou de petit enfant. **2.** CANADA Pataugeoire.

**barbouillage** ou **barbouillis** nm **1.** Grossière application de couleur, de peinture. **2.** Écriture illisible.

**barbouiller** vt **1.** Peindre grossièrement. **2.** Salir, tacher. ■ FAM **barbouiller du papier :** écrire sans talent. ❑ FAM **être barbouillé** ou **avoir l'estomac barbouillé :** avoir la nausée.

**barbouilleur, euse** n **1.** Personne qui barbouille. **2.** FAM Mauvais peintre.

**barbouze** nm ou nf FAM Membre d'une police secrète.

**barbu, e** adj Qui a de la barbe.

**barbue** nf Poisson de mer, du genre turbot.

**barda** nm **1.** Équipement du soldat. **2.** FAM Bagage encombrant.

**1. barde** nm **1.** Poète et chanteur, chez les Celtes. **2.** Poète héroïque et lyrique.

**2. barde** nf Tranche de lard dont on enveloppe un rôti.

**bardeau** nm Planchette en forme de tuile pour couvrir les toitures, etc.

**1. barder** v impers ■ FAM **ça barde, ça va barder :** cela va devenir violent ou dangereux.

**2. barder** vt **1.** Couvrir d'une armure. **2.** Envelopper de tranches de lard.

**bardot** nm Petit mulet.

**barefoot** [bɛrfut] nm Sport semblable au ski nautique mais où l'on glisse sur la plante des pieds nus.

**barème** nm **1.** Livre contenant des calculs tout faits. **2.** Table ou répertoire de tarifs.

**baréter** vi Barrir.

**barge** nf **1.** Bateau plat, à voile carrée. **2.** Grande péniche à fond plat.

**barguigner** vi ■ VX **sans barguigner :** sans hésiter.

**barigoule** nf Farce pour garnir des légumes (artichauts surtout).

**baril** nm Petit tonneau.

**barillet** nm **1.** Petit baril. **2.** Pièce cylindrique du revolver, destinée à recevoir les cartouches. **3.** Boîte cylindrique contenant le grand ressort d'une montre, d'une pendule.

**bariolage** nm Assemblage disparate de couleurs ; bigarrure.

**bariolé, e** adj Marqué de bandes, de taches de couleurs vives.

**barioler** vt Peindre de couleurs vives.

**barmaid** [barmɛd] nf Serveuse de bar.

**barman** [barman] (pl *barmans, barmen* [barmɛn]) nm Serveur dans un bar.

**bar-mitsva** nf inv Cérémonie juive célébrant la majorité religieuse.

**baromètre** nm Instrument pour mesurer la pression atmosphérique.

**barométrique** adj Relatif au baromètre : *pression barométrique.*

**baron, onne** n Titre de noblesse au-dessous de celui de vicomte.

**baronet** ou **baronnet** nm En Angleterre, titre héréditaire de noblesse.

**baroque** nm Style artistique, musical et littéraire qui s'est développé en Europe et en Amérique latine du XVIᵉ au XVIIIᵉ s. ◆ adj **1.** Relatif au baroque. **2.** FIG Bizarre, original.

**baroqueux, euse** n Musicien spécialiste de musique baroque.

**baroud** nm **1.** ARG MIL Combat. **2.** FAM Vie aventureuse et pleine de risques : *reporter qui aime le baroud.* ■ **baroud d'honneur** : dernier combat livré pour l'honneur.

**barouder** vi FAM Mener une vie aventureuse et mouvementée : *étudiant qui baroude en Asie.*

**baroudeur, euse** n **1.** ARG MIL Soldat qui aime le baroud, le combat. **2.** FAM Personne dynamique qui aime l'aventure et le risque : *une baroudeuse du grand reportage.*

**barque** nf Petit bateau.

**barquette** nf Récipient ou pâtisserie rappelant la forme d'une barque.

**barracuda** nm Grand poisson marin carnassier.

**barrage** nm **1.** Action de barrer le passage. **2.** Obstacle : *un barrage de police.* **3.** Ouvrage qui barre un cours d'eau.

**barre** nf **1.** Longue et étroite pièce de bois, de fer, etc., rigide et droite. **2.** Ce qui a la forme d'une barre : *barre de chocolat.* **3.** Immeuble moderne construit en longueur : *les barres et les tours des cités.* **4.** Dans une lettre, trait horizontal : *barre du « t ».* **5.** SPORTS Traverse horizontale fixant le niveau à franchir en sautant ; appareil de gymnastique composé d'une traverse et de montants verticaux : *barre placée à 2 mètres ; barre fixe, barres asymétriques, parallèles.* **6.** Dans un tribunal, barrière derrière laquelle se tiennent les témoins : *appeler un témoin à la barre.* **7.** MAR Dispositif qui commande le gouvernail d'un bateau. **8.** Déferlement violent qui se produit près de certaines côtes lorsque la houle se brise sur les hauts-fonds. ◆ **barres** pl Espaces entre les dents du cheval, où repose le canon du mors.

**barreau** nm **1.** Petite barre. **2.** FIG Ensemble des avocats inscrits auprès d'un tribunal de grande instance.

**barrer** vt **1.** Empêcher le passage ; obstruer : *des éboulements barraient la route.* **2.** Biffer, rayer d'un trait de plume : *chèque barré.* **3.** CANADA Fermer à clé ; verrouiller. **4.** MAR Diriger en tenant la barre. ◆ **se barrer** vpr FAM S'en aller, s'enfuir.

**barrette** nf **1.** Pince pour tenir les cheveux. **2.** Ruban de décoration fixé à l'uniforme.

**barreur, euse** n Personne qui tient la barre du gouvernail dans une embarcation.

**barricade** nf Obstacle édifié dans une rue, avec des voitures, des pavés, etc. : *dresser une barricade.*

**barricader** vt **1.** Fermer par des barricades : *barricader une rue.* **2.** Fermer solidement : *barricader portes et fenêtres.* ◆ **se barricader** vpr S'enfermer pour empêcher toute intrusion.

**barrière** nf **1.** Assemblage de pièces de bois ou de métal fermant un passage. **2.** FIG Obstacle. ■ **gestes, mesures barrières** : ensemble des actions personnelles ou collectives utilisées pour diminuer le risque de transmission des maladies infectieuses.

**barrique** nf **1.** Tonneau d'une capacité de 200 à 250 litres pour le transport des liquides. **2.** Son contenu.

**barrir** vi Pousser son cri, en parlant de l'éléphant. SYN : baréter.

**barrissement** nm Cri de l'éléphant.

**bartavelle** nf Perdrix rouge.

**baryte** nf Hydroxyde de baryum.

**baryton** nm Voix d'homme entre le ténor et la basse ; chanteur ayant cette voix. ◆ adj m Se dit d'un instrument de musique rendant des sons du registre de la voix de baryton.

**baryum** nm Métal d'un blanc d'argent, très pesant ; symb : Ba.

**barzoï** nm Lévrier russe à poil long.

**1. bas** adv **1.** À faible hauteur : *voler bas.* **2.** Doucement, sans bruit : *parler bas.* ■ **à bas !** : cri d'hostilité. ❑ **bien bas** : dans un mauvais état physique ou moral. ❑ **en bas (de)** : (a) dans la partie inférieure (de) (b) au-dessous (de). ❑ **mettre bas** : faire des petits, en parlant des animaux.

**2. bas** nm **1.** Partie basse, inférieure. **2.** Pièce du vêtement féminin couvrant la jambe et le pied. ■ FAM **bas de laine** : argent économisé.

**3. bas, basse** adj **1.** Peu élevé. **2.** PAR EXT Inférieur : *basse Loire.* **3.** FIG Vil, abject : *sentiments bas.* **4.** Modique : *bas salaire.* **5.** Trivial : *mot bas.* ■ **avoir la vue basse** : ne voir que de très près. ❑ **bas âge** : première enfance. ❑ **bas latin** ou **basse latinité** : latin du Bas-Empire. ❑ **ce bas monde** : ici-bas, la terre. ❑ **ciel bas** : chargé de nuages. ❑ **faire main basse** : piller. ❑ **mer basse** : mer dont le niveau a baissé. ❑ **messe basse** : non chantée. ❑ **voix basse** : grave, peu intense.

**basalte** nm Roche volcanique compacte, noire, à cassure mate.

**basaltique** adj Formé de basalte.

**basane** nf Peau de mouton tannée.

**basané, e** adj Bronzé par le soleil, le grand air : *teint basané.*

**bas-bleu** (pl *bas-bleus*) nm VIEILLI Femme pédante, à prétentions littéraires.

**bas-côté** (pl *bas-côtés*) nm **1.** Nef latérale d'une église. **2.** Partie latérale d'une route, réservée aux piétons.

**bascule** nf **1.** Machine dont l'un des bouts s'élève quand on pèse sur l'autre. **2.** Sorte de balançoire pour enfants. **3.** Balance pour lourds fardeaux. ■ **à bascule** : se dit d'un siège qu'on peut faire mouvoir d'avant en arrière.

**basculer** vi **1.** Exécuter un mouvement de bascule. **2.** Tomber. ◆ vt Culbuter, renverser.

**bas-de-casse** nm inv Minuscule d'imprimerie.

**base** nf **1.** Surface sur laquelle un objet est posé : *base d'une statue.* **2.** Partie inférieure d'un objet, sur laquelle il repose : *base d'un édifice.* **3.** Principe fondamental sur lequel tout repose : *bases d'un accord.* **4.** GÉOM Côté d'un polygone ; face d'un solide : *base d'un triangle, d'un trapèze ; base d'un cône.* **5.** MATH Nombre entier supérieur à 1 indiquant la limite de passage à la colonne suivante des unités : *compter en base 6.* **6.** CHIM Substance qui, avec un acide, produit un sel. **7.** MIL Lieu de stationnement de formations militaires : *base navale.* **8.** Port, aérodrome d'attache pour sous-marins ou avions : *base sous-marine.* **9.** Ensemble des adhérents d'un parti politique ou d'un syndicat (par opposition aux *dirigeants*) : *consulter la base.* ■ **à base de :** dont le principal composant est. ❑ INFORM **base de données :** ensemble de données organisé pour être exploité par un logiciel. ❑ **de base :** essentiel à un approfondissement : *ouvrage, connaissances, techniques de base.*

**base-ball** [bɛzbol] nm Sport dérivé du cricket, populaire aux États-Unis.

**baser** vt **1.** Appuyer, fonder : *baser son raisonnement sur des faits.* **2.** (surtout au passif) Concentrer en un lieu : *unité militaire basée à Paris.* ◆ **se baser** vpr [sur] Se fonder sur.

**bas-fond** (pl *bas-fonds*) nm **1.** Terrain bas et enfoncé. **2.** Élévation du fond de la mer, d'un cours d'eau, au-dessus de laquelle un navire peut, en tout temps, passer sans danger. ◆ **bas-fonds** pl FIG Milieu où règne la misère.

**basicité** nf CHIM Propriété qu'a un corps de jouer le rôle de base.

**basilic** nm Plante aromatique utilisée comme condiment.

**basilique** nf **1.** Chez les Romains, édifice où l'on rendait la justice et où s'assemblaient les marchands. **2.** Ancienne église chrétienne. **3.** Église catholique de vastes proportions.

**basique** adj **1.** CHIM Se dit des sels qui contiennent un excès de base ou d'un corps qui a les propriétés d'une base. **2.** Fondamental, de base : *français basique.* ◆ nm Élément fondamental d'une garde-robe.

**basket** nf Chaussure de sport haute, en toile.

**basket-ball** [basketbol] ou **basket** nm sport d'équipe qui consiste à lancer un ballon dans un panier suspendu.

**basketteur, euse** n Joueur, joueuse de basket.

**basmati** nm Riz à grain long cultivé en Inde.

**basoche** nf **1.** ANC Ensemble des clercs des cours de justice. **2.** VIEILLI, FAM Ensemble des gens de loi.

**basquais, e** adj Cuit avec une garniture à base de tomates, de poivrons et de jambon cru.

**1. basque** nf Chacune des parties d'un vêtement qui, partant de la taille, recouvre les hanches. ■ FIG **être pendu aux basques de quelqu'un :** le suivre partout.

**2. basque** adj et n Du Pays basque : *les Basques.* ◆ nm Langue des Basques. ■ **tambour de basque :** tambourin à grelots.

**bas-relief** (pl *bas-reliefs*) nm Sculpture qui se détache avec une faible saillie sur un fond uni.

ORTHOGRAPHE On écrit *en bas relief* sans trait d'union.

**basse** nf MUS Partie, voix, instrument faisant entendre les sons les plus graves.

**basse-cour** (pl *basses-cours*) nf **1.** Partie d'une maison, d'une ferme, où l'on élève la volaille. **2.** Ensemble des animaux qui y vivent.

**basse-fosse** (pl *basses-fosses*) nf Cachot profond.

**bassement** adv D'une manière basse.

**bassesse** nf **1.** Caractère de ce qui est bas, vil. **2.** Action basse, vile.

**basset** nm et adj Chien courant à jambes courtes.

**bassin** nm **1.** Récipient portatif large, profond ; son contenu. **2.** Pièce d'eau dans un jardin. **3.** Chacune des parties d'une piscine, de profondeur variable : *petit, grand bassin.* **4.** Partie d'un port limitée par des quais et des digues ; rade. **5.** ANAT Ceinture osseuse à la base du tronc. **6.** GÉOGR Dépression naturelle arrosée par des cours d'eau : *le Bassin parisien.* **7.** Pays drainé par un cours d'eau : *le bassin du Rhin.* **8.** Gisement étendu ou groupe de gisements : *bassin houiller.*

**bassine** nf Récipient circulaire en métal ou en matière plastique, à usages domestiques ou industriels.

**bassiner** vt **1.** ANC Chauffer avec une bassinoire. **2.** Humecter légèrement. **3.** FAM Ennuyer.

**bassinet** nm Petit bassin ; cuvette.

**bassinoire** nf Bassin de métal à couvercle troué et qui, rempli de braises, servait à chauffer un lit.

**bassiste** n Contrebassiste.

**1. basson** nm Instrument à anche qui forme dans l'orchestre la basse de la série des hautbois.

**2. basson** ou **bassoniste** nm Personne qui joue du basson.

**basta** interj FAM Ça suffit ! ; assez !

**bastide** nf **1.** Maison de campagne, dans le Midi. **2.** Au Moyen Âge, petite ville fortifiée du sud-ouest de la France.

**bastille** nf **1.** AUTREF Ouvrage de défense, à l'entrée d'une ville. **2.** Château fort. **3.** (avec une majuscule) Ancienne prison d'État de Paris. **4.** FIG Symbole de l'arbitraire et des privilèges de certains.

**bastingage** nm MAR Bord de navire qui dépasse le pont.

**bastion** nm **1.** Fortification faisant partie d'un système de défense. **2.** FIG Ce qui forme un centre de résistance inébranlable.

**bastonnade** nf Volée de coups de bâton.

**bastringue** nm FAM **1.** Ensemble d'objets hétéroclites. **2.** Désordre, tapage.

**bas-ventre** (pl *bas-ventres*) nm Le bas du ventre.

**bât** nm Selle rudimentaire de bête de somme. ■ **voilà où, c'est là que le bât blesse :** c'est le point faible de quelqu'un, celui où l'on peut l'atteindre.

**bataclan** nm FAM Attirail insolite et encombrant. ■ **et tout le bataclan :** et tout le reste.

**bataille** nf **1.** Combat entre deux armées. **2.** FIG Combat quelconque ; querelle, dispute. **3.** Jeu de cartes. ■ **en bataille :** de travers, en désordre.

**batailler** vi **1.** Livrer bataille. **2.** FIG Se disputer.

**batailleur, euse** adj et n Qui aime à batailler ; belliqueux.

**bataillon** nm **1.** Unité militaire comprenant plusieurs compagnies. **2.** Groupe nombreux : *un bataillon de touristes.* ■ FAM **inconnu au bataillon :** totalement inconnu.

**1. bâtard** nm Pain court d'une demi-livre.

**2. bâtard, e** adj et n **1.** Se dit d'un enfant qui n'est pas légitime. **2.** Qui n'est pas de race pure, en parlant d'un animal : *chien bâtard.* ◆ adj Se dit d'une chose qui tient de deux genres différents ou opposés : *un compromis bâtard.*

**bâtarde** nf Écriture qui tient de la ronde et de l'anglaise.

**bâtardise** nf État de bâtard.

**batavia** nf Variété de laitue.

**bâté, e** adj ■ **âne bâté :** personne sotte ou ignorante.

**bateau** nm **1.** Embarcation, bâtiment de navigation : *bateau à moteur, à voiles ;* DR bâtiment naviguant en eau douce (par opposition à *navire*). **2.** Dépression du trottoir devant un garage, un passage pour piétons. **3.** FAM (en apposition) Banal, rebattu : *une question bateau.* ■ FAM **monter un bateau** ou **mener en bateau :** faire croire à une histoire inventée.

**bateau-citerne** (pl *bateaux-citernes*) nm Bateau aménagé pour le transport des liquides.

**bateau-mouche** (pl *bateaux-mouches*) nm Bateau qui assure un service de promenades d'agrément sur la Seine, à Paris.

**bateleur, euse** n VX Personne qui amuse le public, en plein air, par des bouffonneries, des tours d'adresse, etc.

**batelier, ère** n Personne qui conduit un bateau sur les cours d'eau.

**batellerie** nf **1.** Industrie du transport fluvial. **2.** Ensemble des bateaux servant à ce transport.

**bâter** vt Mettre un bât.

**bat-flanc** nm inv Pièce de bois pour séparer dans les écuries deux chevaux l'un de l'autre.

**bathymétrie** nf Mesure de la profondeur des mers ou des lacs.

**bathyscaphe** nm Engin autonome de plongée, permettant d'explorer les profondeurs marines.

**bâti** nm **1.** Assemblage de pièces de menuiserie ou de charpente. **2.** En couture, assemblage à grands points. **3.** Support pour assembler.

**batifolage** nm FAM Action de batifoler.

**batifoler** vi FAM S'amuser à des choses futiles ; folâtrer.

**batifoleur, euse** n FAM Personne folâtre, joueuse.

**bâtiment** nm **1.** Toute construction d'une certaine importance servant d'abri ou de logement. **2.** Engin de navigation. ■ **le bâtiment :** secteur professionnel lié à la construction : *ouvriers du bâtiment.*

**bâtir** vt **1.** Édifier, construire. **2.** Assembler, faufiler les parties d'un vêtement. **3.** FIG Établir : *bâtir une théorie.* ■ **bien, mal bâti :** bien, mal proportionné.

**bâtisse** nf Bâtiment quelconque.

**bâtisseur, euse** n **1.** Personne qui bâtit. **2.** Fondateur.

**batiste** nf Toile de lin très fine.

**bâton** nm **1.** Long morceau de bois rond et mince. **2.** Objet ayant cette forme : *bâton de ski.* **3.** Marque de certaines dignités : *bâton de maréchal.* **4.** Objet de forme cylindrique : *bâton de craie.* **5.** Trait droit que font les débutants en écriture. ■ **bâton de vieillesse :** personne qui prend soin d'un vieillard. ❑ **mener une vie de bâton de chaise :** une vie désordonnée. ❑ **mettre des bâtons dans les roues :** susciter des obstacles. ❑ FIG **parler à bâtons rompus :** d'une manière discontinue, sans suite. ❑ FAM, VIEILLI **un bâton :** un million d'anciens francs ou 10 000 francs.

**bâtonnet** nm Petit bâton ; objet qui en a la forme. ■ **bâtonnet glacé** : dessert fait de crème glacée moulée autour d'un bâtonnet.

**bâtonnier, ère** n Président de l'ordre des avocats auprès une cour ou d'un tribunal.

**batracien** nm VIEILLI Amphibien.

**battage** nm **1.** Action de battre les blés, la laine, les cotons. **2.** FAM Publicité tapageuse.

**1. battant** nm **1.** Pièce métallique suspendue à l'intérieur d'une cloche, dont elle vient frapper la paroi. **2.** Vantail de porte, de fenêtre.

**2. battant, e** n Personne combative et énergique.

**3. battant, e** adj ■ **pluie battante** : qui tombe avec violence. ❑ **porte battante** : qui se referme d'elle-même. ❑ **tambour battant** : (a) au son du tambour (b) FIG rondement, vivement.

**batte** nf **1.** Outil pour aplanir ou écraser. **2.** Au cricket et au base-ball, bâton pour frapper la balle.

**battement** nm **1.** Choc répété d'un corps contre un autre, provoquant un bruit rythmé, ou simple mouvement alternatif : *battement de mains.* **2.** Intervalle de temps dont on peut disposer entre deux actions. ■ **les battements du cœur** : ses pulsations.

**batterie** nf **1.** Groupement de plusieurs accumulateurs électriques, de plusieurs piles, etc., fonctionnant simultanément : *batterie de voiture.* **2.** Unité d'artillerie, composée de plusieurs pièces. **3.** Ensemble des instruments à percussion dans un orchestre ; instrument individuel à percussion fait de caisses et de cymbales. ■ **batterie de cuisine** : ensemble des ustensiles de métal d'une cuisine. ◆ **batteries** pl ■ **dévoiler ses batteries** : révéler ses intentions. ❑ FAM **recharger ses batteries** : reprendre des forces.

**batteur, euse** n Celui qui, dans un orchestre de jazz, de rock, de variétés, etc., tient la batterie. ◆ nm Appareil ménager qui bat, mélange certains produits alimentaires.

**batteuse** nf Machine à égrener les céréales.

**battoir** nm Palette de bois utilisée autrefois pour essorer le linge une fois celui-ci rincé.

**battre** vt (conj 56) **1.** Frapper, donner des coups. **2.** Agiter pour mélanger : *battre des œufs.* **3.** Vaincre : *battre l'ennemi.* **4.** Heurter avec violence : *la pluie bat les vitres.* **5.** Parcourir en explorant : *les gendarmes ont battu la région.* ■ **battre des mains** : applaudir. ❑ FIG **battre en retraite** : reculer, fuir. ❑ **battre la campagne** : (a) la parcourir en tous sens (b) FIG divaguer. ❑ **battre la mesure** : la marquer. ❑ **battre le pavé** : aller et venir sans but. ❑ **battre les cartes** : les mêler. ◆ vi Produire des mouvements répétés : *son cœur bat.*

**battu, e** adj Foulé, durci : *sol battu.* ■ **sortir des chemins, des sentiers battus** : avoir une manière originale d'agir, de penser. ❑ **suivre les sentiers battus** : agir, penser de manière banale. ❑ **yeux battus** : fatigués.

**battue** nf Chasse qu'on pratique en faisant battre les bois par des rabatteurs.

**baudet** nm FAM Âne.

**baudrier** nm **1.** Bande de cuir ou d'étoffe qui se porte en bandoulière et soutient une arme. **2.** Double anneau de corde auquel l'alpiniste attache la corde qui le lie à son compagnon.

**baudroie** nf Poisson comestible, à tête énorme (nom usuel : *lotte de mer*).

**baudruche** nf **1.** Pellicule fabriquée avec l'intestin du bœuf, du mouton. **2.** FIG Personne sotte et prétentieuse.

**bauge** nf **1.** Gîte du sanglier. **2.** Lieu très sale.

**baume** nm **1.** Résine odoriférante, qui coule de certains arbres. **2.** Préparation employée comme calmant ou pour cicatriser. ■ FIG **mettre du baume au cœur** : apaiser, consoler.

**bauxite** nf Minerai d'aluminium.

**bavard, e** adj et n **1.** Qui parle beaucoup, aime à parler. **2.** Indiscret.

**bavardage** nm Action de bavarder. ◆ **bavardages** pl Ragots.

**bavarder** vi **1.** Parler avec quelqu'un. **2.** Parler indiscrètement.

**bavarois, e** adj et n De Bavière.

**bavaroise** nf ou **bavarois** nm Entremets froid à base de purée de fruits et de crème.

**bavasser** vi FAM, PÉJOR Bavarder ; médire.

**bave** nf **1.** Salive qui coule de la bouche. **2.** Écume qui coule de la gueule des animaux.

**baver** vi **1.** Laisser couler de la bave. **2.** S'étaler largement en salissant : *encre qui bave.* ■ FAM **en baver** : (a) souffrir (b) se donner beaucoup de mal.

**bavette** nf **1.** Partie du tablier qui couvre la poitrine. **2.** BOUCH Partie inférieure de l'aloyau, près de la tranche grasse. ■ FAM **tailler une bavette** : bavarder.

**baveux, euse** adj **1.** Qui bave. **2.** Se dit d'une omelette peu cuite et moelleuse.

**bavoir** nm Pièce de lingerie protégeant la poitrine des bébés.

**bavure** nf **1.** Quantité d'encre, de peinture qui déborde. **2.** Conséquence plus ou moins grave, mais toujours fâcheuse, d'une action quelconque : *bavure policière.* ■ FAM **sans bavures** : d'une manière nette, irréprochable.

**bayer** vi ■ FAM **bayer aux corneilles** : regarder niaisement en l'air.

**bayou** nm En Louisiane, bras secondaire du Mississippi ou lac établi dans un méandre abandonné.

**bazar** nm **1.** Marché couvert, en Orient et en Afrique du Nord. **2.** Magasin où l'on vend toutes sortes d'objets. **3.** FAM Ensemble d'objets en désordre.

ORTHOGRAPHE *Bazar* s'écrit sans *d* final, malgré le verbe dérivé *bazarder.*

**bazarder** vt FAM **1.** Se débarrasser rapidement de. **2.** Vendre à n'importe quel prix.

**bazooka** [bazuka] nm Lance-roquettes antichar.

**BCBG** adj (sigle) FAM Bon chic bon genre : *ils sont très BCBG.*

**BCG** nm (nom déposé, sigle de *[vaccin] bacille bilié de Calmette et Guérin*) Vaccin antituberculeux.

**BD** nf (sigle) FAM Bande dessinée.

**béant, e** adj Largement ouvert.

**béarnais, e** adj et n Du Béarn : *les Béarnais.*

**béarnaise** nf Sauce à l'œuf et au beurre fondu.

**béat, e** adj Qui exprime un contentement exagéré : *sourire béat.*

**béatement** adv D'une manière béate.

**béatification** nf Acte par lequel le pape béatifie.

**béatifier** vt RELIG Mettre au nombre des bienheureux.

**béatitude** nf **1.** Satisfaction sans bornes, grand bonheur que rien ne vient troubler. **2.** RELIG Félicité des bienheureux.

**beatnik** [bitnik] n Adepte d'un mouvement américain en réaction contre les valeurs bourgeoises et la société de consommation.

**beau** ou **bel** (devant une voyelle ou un *h* muet), **belle** adj **1.** Qui plaît à l'œil ou à l'esprit. **2.** Agréable : *beau temps.* **3.** Noble, élevé : *belle âme.* **4.** Avantageux : *belle occasion.* **5.** Considérable : *belle fortune ; beau gâchis.* **6.** Bienséant, convenable : *il n'est pas beau de se vanter.* ■ **bel esprit** (pl *beaux esprits*) : homme lettré, mais parfois affecté et prétentieux. ❑ **le beau monde :** la société brillante. ❑ **le beau sexe :** les femmes. ❑ **le bel âge :** la jeunesse. ❑ **un beau jour** ou **un beau matin :** inopinément. ❑ **un bel âge :** un âge avancé. ◆ n ■ **faire le beau :** (a) se pavaner (b) se dit d'un chien qui se tient assis sur son arrière-train et lève ses pattes de devant. ◆ nm Ce qui fait éprouver un sentiment d'admiration : *aimer le beau.* ■ **c'est du beau :** il n'y a pas de quoi être fier. ◆ adv ■ **avoir beau** (+ inf) : s'efforcer en vain de : *avoir beau faire.* ❑ **bel et bien :** réellement. ❑ **de plus belle :** de plus en plus. ❑ **il fait beau :** le temps est agréable. ❑ LITT **il ferait beau voir :** il serait étrange de voir. ◆ nf Belle femme ou jeune fille.

**beauceron, onne** adj et n De la Beauce : *les Beaucerons.*

**beaucoup** adv **1.** Avec un verbe, exprime la grande quantité, l'intensité élevée : *boire beaucoup ; aimer beaucoup un livre.* **2.** Avec un nom, indique un grand nombre, une grande quantité : *beaucoup (de gens) sont d'accord ; avoir beaucoup (de choses) à dire.* **3.** Devant les adverbes *plus, moins, trop,* souligne l'importance de la différence, de l'écart. ■ **de beaucoup :** souligne l'importance d'une différence : *être de beaucoup le plus âgé.*

**beauf** nm (abréviation) **1.** FAM Beau-frère. **2.** PÉJOR Français moyen aux idées étroites.

**beau-fils** (pl *beaux-fils*) nm **1.** Gendre. **2.** Fils que son conjoint ou sa conjointe a eu d'une autre union.

**Beaufort** ■ **échelle de Beaufort** nf Échelle cotée de 0 à 12 qui mesure la force du vent.

**beau-frère** (pl *beaux-frères*) nm **1.** Conjoint de la sœur ou du frère, de la belle-sœur ou du beau-frère. **2.** Frère du conjoint ou de la conjointe.

**beaujolais** nm Vin du Beaujolais.

**beau-père** (pl *beaux-pères*) nm **1.** Père du conjoint ou de la conjointe. **2.** Conjoint d'un des parents, pour les enfants issus d'une union antérieure.

**beaupré** nm Mât placé obliquement sur l'avant d'un navire à voiles.

**beauté** nf Caractère de ce qui est beau. ■ **une beauté :** une femme très belle. ❑ **en beauté :** de façon brillante : *finir en beauté.*

**beaux-arts** nm pl Nom donné à l'architecture et aux arts plastiques (sculpture, peinture, gravure), auxquels on a parfois joint la musique, la danse, etc.

**beaux-enfants** nm pl Dans une famille recomposée, enfants d'un conjoint ou d'une conjointe nés d'une union antérieure.

**beaux-parents** nm pl Parents du conjoint ou de la conjointe.

**bébé** nm **1.** Tout petit enfant. **2.** Petit d'un animal : *bébé phoque.* **3.** FAM Question délicate dont on se décharge sur qqn ou dont on se voit chargé : *refiler le bébé ; hériter du bébé.* ■ FAM **jeter le bébé avec l'eau du bain :** rejeter globalement qqch sans tenir compte de ses éléments positifs.

**bébé-éprouvette** (pl *bébés-éprouvette*) nm Bébé conçu par fécondation in vitro.

**be-bop** [bibɔp] nm **1.** Style de jazz apparu aux États-Unis dans les années 1940. **2.** Danse rapide sur une musique de jazz.

**bec** nm **1.** Bouche cornée et saillante des oiseaux. **2.** Objet ayant la forme d'un bec d'oiseau : *le bec d'une cruche.* **3.** Pointe de terre au confluent de deux cours d'eau.

**4.** Extrémité de certains instruments de musique, qu'on tient entre les lèvres : *flûte à bec*. **5.** FAM Bouche. ■ FAM **avoir une prise de bec avec quelqu'un** : une dispute, une altercation. ❑ VX **bec de gaz** : lampadaire pour l'éclairage public. ❑ FAM **clouer le bec** : (a) faire taire (b) étonner. ❑ FAM **ouvrir le bec** : parler. ❑ **se défendre bec et ongles** : en utilisant tous les moyens à sa disposition.

**bécane** nf **1.** FAM Bicyclette, motocyclette. **2.** FAM Micro-ordinateur.

**bécarre** nm Signe musical qui annule l'effet du dièse ou du bémol.

**bécasse** nf **1.** Oiseau échassier à long bec. **2.** FAM Femme peu intelligente.

**bécasseau** nm Petit de la bécasse.

**bécassine** nf Oiseau échassier plus petit que la bécasse.

**bec-de-cane** (pl *becs-de-cane*) nm Poignée de porte, en forme de bec.

**bec-de-lièvre** (pl *becs-de-lièvre*) nm Malformation congénitale caractérisée par une fente de la lèvre supérieure.

**bêchage** nm Action de bêcher.

**béchamel** nf Sauce blanche faite avec du lait.

**bêche** nf Outil constitué d'une lame d'acier large et plate, pourvue d'un long manche, et qui sert à retourner la terre.

**bêcher** vt Retourner la terre avec une bêche. ◆ vi FAM Se montrer hautain et méprisant.

**bêcheur, euse** n FAM Personne prétentieuse, méprisante.

**bécot** nm FAM Petit baiser.

**bécoter** vt FAM Donner des petits baisers.

**becquée** nf Nourriture qu'un oiseau prend dans son bec pour la donner à ses petits.

**becquerel** nm Unité de mesure de radioactivité ; symb : Bq.

**becquet** nm **1.** Languette de papier que l'on colle sur une épreuve d'imprimerie pour signaler qu'elle porte une correction. **2.** Élément ajouté à la carrosserie d'une automobile pour la rendre plus aérodynamique.

**becqueter** vt (conj 8) Donner des coups de bec.

**bedaine** nf FAM Gros ventre.

**bédane** nm Outil tranchant pour pratiquer des entailles.

**bedeau** nm Employé laïque d'une église.

**bédéphile** n Amateur de bandes dessinées.

**bédéthèque** nf Collection de bandes dessinées ; meuble, lieu où on les entrepose.

**bedon** nm FAM Ventre rebondi.

**bedonnant, e** adj FAM Qui a du ventre.

**bedonner** vi FAM Prendre du ventre.

**bédouin, e** adj Relatif aux Bédouins.

**bée** adj f ■ **être, rester bouche bée** : frappé d'admiration, d'étonnement, de stupeur.

**béer** [bee] vi LITT Être grand ouvert.

**beffroi** nm Tour ou clocher où l'on sonnait l'alarme ; la cloche elle-même.

**bégaiement** nm Fait de bégayer.

**bégayer** vi (conj 4) Buter sur la prononciation de certaines syllabes ou les répéter involontairement. ◆ vt Balbutier : *bégayer une excuse*.

**bégonia** nm Plante cultivée pour son feuillage décoratif et ses fleurs vivement colorées.

**bègue** adj et n Qui bégaie.

**bégueule** nf FAM Femme prude, d'une réserve exagérée. ◆ adj Pudibond : *un critique bégueule*.

**1. béguin** nm Coiffe à capuchon, que portaient les béguines.

**2. béguin** nm ■ FAM **avoir le béguin pour quelqu'un** : en être amoureux.

**béguinage** nm Couvent de béguines.

**béguine** nf Femme d'une communauté religieuse chrétienne des Pays-Bas et de Belgique, où l'on entre sans prononcer de vœux.

**bégum** [begɔm] nf Titre donné aux princesses indiennes.

**béhaviorisme** nm Théorie qui étudie de façon scientifique et expérimentale le comportement des personnes sans tenir compte de leurs pensées, de leurs intentions, etc.

**beige** adj et nm D'une couleur brun clair proche du jaune.

**1. beigne** nf FAM Gifle, coup.

**2. beigne** nm CANADA Viennoiserie sucrée en forme d'anneau faite avec de la pâte frite.

**beignet** nm Pâte frite renfermant ordinairement un aliment (fruit, légume, etc.).

**béké** n Créole martiniquais ou guadeloupéen descendant d'immigrés blancs.

**bel** adj → **beau**.

**bel canto** nm inv Style de chant fondé sur la beauté du son et la virtuosité.

**bêlement** nm Cri des moutons et des chèvres.

**bêler** vi **1.** Pousser son cri, en parlant du mouton, de la chèvre. **2.** FIG Parler d'une voix tremblante et geignarde.

**belette** nf Petit mammifère carnivore au pelage fauve.

**belge** adj et n De Belgique : *les Belges*.

**belgicisme** nm Locution propre au français de Belgique.

**belgitude** nf BELGIQUE Ensemble des valeurs culturelles propres aux Belges ; caractère de ce qui est belge.

**bélier** nm **1.** Mâle de la brebis. **2.** ANC Machine de guerre pour battre ou renverser les murailles. **3.** (en apposition, avec ou sans trait d'union) Se dit d'un véhicule qui est utilisé à la manière d'un bélier du Moyen Âge : *vol à la voiture bélier.* ■ **bélier hydraulique** : machine à élever l'eau. ◆ **Bélier** nm Constellation zodiacale ; signe astrologique des personnes nées entre le 21 mars et le 20 avril. ◆ n et adj Personne née sous le signe du Bélier : *être Bélier ; une Bélier.*

**bélître** nm VX Mendiant, homme de rien.

**belladone** nf Plante à baies noires, très vénéneuse, utilisée en médecine à très faible dose.

**bellâtre** nm PÉJOR Homme qui a une beauté fade ou des prétentions à la beauté.

**1. belle** adj et nf → **beau**.

**2. belle** nf Partie décisive au jeu. ■ FAM **se faire la belle** : s'évader.

**belle-de-jour** (pl *belles-de-jour*) nf Liseron dont les fleurs ne s'épanouissent que le jour.

**belle-de-nuit** (pl *belles-de-nuit*) nf Plante dont les fleurs ne s'ouvrent que le soir. SYN : mirabilis.

**belle-famille** (pl *belles-familles*) nf Famille du conjoint ou de la conjointe.

**belle-fille** (pl *belles-filles*) nf **1.** Conjointe de l'un des enfants, par rapport aux parents de cet enfant. **2.** Fille que son conjoint ou sa conjointe a eue d'une autre union.

**belle-mère** (pl *belles-mères*) nf **1.** Mère du conjoint ou de la conjointe. **2.** Conjointe d'un des parents, pour les enfants issus d'une union antérieure.

**belles-lettres** nf pl Arts littéraires et poétiques.

**belle-sœur** (pl *belles-sœurs*) nf **1.** Conjointe du frère ou de la sœur, du beau-frère ou de la belle-sœur. **2.** Sœur du conjoint ou de la conjointe.

**bellicisme** nm Attitude ou opinion de ceux qui préconisent l'emploi de la force pour régler les affaires internationales.

**belliciste** adj et n Partisan du bellicisme. CONTR : pacifiste.

**belligérance** nf État d'un pays en guerre.

**belligérant, e** adj Qui fait la guerre : *nations belligérantes.* ◆ **belligérants** nm pl Pays qui sont en guerre.

**belliqueux, euse** adj **1.** Qui aime la guerre ; qui excite au combat : *discours belliqueux.* **2.** Qui aime les querelles, agressif : *un enfant belliqueux.*

**belon** nf Variété d'huître plate et ronde.

**belote** nf Jeu de cartes.

**béluga** ou **bélouga** nm Grand mammifère marin blanc, proche du narval.

**belvédère** nm Pavillon ou terrasse au sommet d'un édifice, d'où l'on peut voir au loin.

**bémol** nm MUS Signe qui baisse la note d'un demi-ton (le double bémol abaisse d'un ton entier la note qu'il affecte). ◆ adj Se dit de la note ainsi abaissée : *si bémol.*

**bénédicité** nm Prière chrétienne dite avant le repas, dont le premier mot est, en latin, *Benedicite*, « bénissez », en français.

**bénédictin, e** n Religieux, religieuse de l'ordre de Saint-Benoît.

**bénédiction** nf Acte religieux qui appelle la protection de Dieu sur qqn ou sur qqch. ■ **c'est une bénédiction** : c'est un événement heureux.

**bénéfice** nm **1.** Gain, profit. **2.** Avantage tiré d'un état ou d'une action : *être élu au bénéfice de l'âge.* ■ **sous bénéfice d'inventaire** : sous réserve de vérification.

**bénéficiaire** adj et n Qui profite d'un avantage. ◆ adj Qui produit un bénéfice. CONTR : déficitaire.

**bénéficier** vt ind [de] Tirer un profit, un avantage de.

**bénéfique** adj Favorable, bienfaisant.

**benêt** adj m et nm Niais, nigaud.

**bénévolat** nm Service assuré par une personne bénévole.

**bénévole** adj et n Qui fait quelque chose sans y être obligé, sans en tirer un profit. ◆ adj Fait sans obligation : *aide bénévole.*

**bénévolement** adv Gratuitement.

**1. bengali** [bɛ̃gali] adj et n Du Bengale. ◆ nm Langue indo-aryenne parlée au Bengale et au Bangladesh.

**2. bengali** nm Petit passereau à plumage bleu et brun, originaire d'Afrique tropicale.

**bénignité** nf **1.** Indulgence, douceur, bienveillance. **2.** Caractère peu grave d'une maladie.

**bénin, igne** adj Qui est sans conséquence grave : *une maladie bénigne ; un accident bénin.*

**bénir** vt (conj 15) **1.** Appeler la protection de Dieu sur. **2.** Remercier, se féliciter de.

> CONJUGAISON *Bénir* a deux participes passés : *béni,e* et *bénit,e*. *Bénit* ne s'emploie que pour les choses rituellement sanctifiées : *pain bénit, eau bénite.*

**bénitier** nm Bassin à eau bénite.

**benjamin, e** n Le plus jeune des enfants d'une famille.

**benjoin** nm Résine parfumée.

**benne** nf Caisson utilisé pour le transport, ou appareil pour la préhension et le déplacement de matières ou de matériaux.

**benoît, e** adj LITT Qui a un air, un aspect doucereux.

**benoîtement** adv LITT Hypocritement.

**benzène** nm Produit extrait des goudrons de houille.
**benzine** nf Nom commercial d'un mélange d'hydrocarbures provenant d'un traitement du benzol et utilisé comme solvant.
**benzol** nm Mélange de benzène et de toluène, extrait des goudrons de houille.
**béotien, enne** adj et n **1.** De la Béotie. **2.** FIG Ignorant, grossier, par allusion à la réputation des Béotiens.
**BEP** nm (sigle de *brevet d'études professionnelles*) Diplôme sanctionnant une formation d'ouvrier ou d'employé qualifié préparée en deux ans en lycée professionnel.
**béquille** nf **1.** Bâton surmonté d'une petite traverse, sur lequel les infirmes, les blessés s'appuient pour marcher. **2.** Support pour maintenir à l'arrêt un véhicule à deux roues.
**berbère** adj Des Berbères, peuple d'Afrique du Nord. ◆ nm Langue berbère.
**bercail** nm sing FAM Famille, maison paternelle : *rentrer au bercail.*
**berceau** nm **1.** Lit d'un tout jeune enfant. **2.** FIG Enfance : *dès le berceau.* **3.** Lieu de naissance, origine : *la Grèce est le berceau de la civilisation occidentale.* **4.** Ciseau de graveur. **5.** ARCHIT Voûte en forme de demi-cylindre. **6.** MÉCAN Support d'un moteur.
**bercement** nm Action de bercer.
**bercer** vt (conj 1) **1.** Balancer pour endormir. **2.** Procurer un sentiment de calme : *le bruit des vagues nous berçait.* ■ **être bercé de qqch dès l'enfance** : en être imprégné. ◆ **se bercer** vpr [de] S'illusionner, se leurrer.
**berceuse** nf Chanson pour endormir les enfants.
**béret** nm Coiffure sans bord, ronde et plate.
**bérézina** ou **Bérézina** nf FAM Échec complet de qqch, qqn : *une bérézina électorale.*
**bergamote** nf Espèce d'orange dont on extrait une essence.
**berge** nf **1.** Bord d'une rivière, d'un canal. **2.** FAM Année : *avoir soixante berges.*
**1. berger** nm Chien employé à la garde des troupeaux : *un berger allemand.*
**2. berger, ère** n Personne qui garde les moutons. ■ **étoile du berger** : nom de la planète Vénus.
**bergère** nf Fauteuil large et profond, dont le siège est garni d'un coussin.
**bergerie** nf **1.** Lieu où l'on abrite les moutons. **2.** ANC, FIG Poésie pastorale.
**bergeronnette** nf Oiseau passereau insectivore, qui marche en hochant sa longue queue. SYN : lavandière, hochequeue.
**béribéri** nm Maladie due à une insuffisance de vitamine B dans l'alimentation.
**berline** nf **1.** Carrosserie d'automobile à quatre portes. **2.** ANC Voiture hippomobile.
**berlingot** nm **1.** Bonbon de sucre cuit. **2.** Emballage pour la vente de certains liquides, notamment du lait.
**berlinois, e** adj et n De Berlin.
**berlue** nf ■ FAM **avoir la berlue** : avoir une hallucination, se tromper.
**bermuda** nm Short long.
**bernardin, e** n Religieux, religieuse d'une branche de l'ordre de Saint-Benoît.
**bernard-l'ermite** nm inv Crustacé qui se loge dans des coquilles vides. SYN : pagure.
**berne** nf ■ MAR **pavillon en berne** : pavillon hissé à mi-hauteur du mât et incomplètement déployé, en signe de deuil.
**berner** vt Tromper qqn en lui faisant croire des balivernes.
**bernique** nf Mollusque comestible à coquille conique. SYN : patelle.
**berrichon, onne** adj et n Du Berry : *les Berrichons.*
**béryl** nm Silicate naturel d'aluminium et de béryllium (coloré en vert, c'est l'émeraude ; en bleu nuancé de vert, c'est l'aigue-marine ; en rose, c'est la morganite ; en jaune, c'est l'héliodore).
**béryllium** nm Corps simple métallique ; symb : Be.
**besace** nf Long sac ouvert au milieu et dont les extrémités forment des poches.
**bésef** ou **bézef** adv ■ FAM **pas bésef** : pas beaucoup.
**bésicles** ou **besicles** nf pl VX Lunettes rondes.
**besogne** nf Travail, ouvrage. ■ **aller vite en besogne** : travailler vite ; FIG brûler les étapes.
**besogner** vi VIEILLI Travailler avec peine.
**besogneux, euse** adj et n PÉJOR Qui travaille scrupuleusement mais mal.
**besoin** nm **1.** Manque d'une chose nécessaire. **2.** État de pauvreté : *être dans le besoin.* ■ **au besoin** ou **si besoin est** : en cas de nécessité, s'il le faut. ❑ **avoir besoin de qqn, de qqch** : en sentir la nécessité, l'utilité. ❑ **avoir besoin de** (+ inf) : être dans la nécessité de. ◆ **besoins** pl **1.** Nécessités naturelles : *un chien qui fait ses besoins.* **2.** Choses nécessaires à l'existence : *avoir peu de besoins.*
**bestiaire** nm **1.** Gladiateur qui combattait les bêtes féroces au cirque. **2.** Recueil ayant trait aux animaux.
**bestial, e, aux** adj Qui fait ressembler l'homme à la bête.
**bestialement** adv D'une façon bestiale.
**bestialité** nf Caractère bestial ; sauvagerie.
**bestiaux** nm pl Gros animaux domestiques élevés en troupeaux.
**bestiole** nf Petite bête ; insecte.
**best-seller** (pl *best-sellers*) nm **1.** Livre qui a obtenu un grand succès. **2.** PAR EXT Grand succès commercial.

**1. bêta** nm inv Deuxième lettre de l'alphabet grec, correspondant au *b*. ■ **rayons bêta :** flux d'électrons émis par certains éléments radioactifs.

**2. bêta, asse** n et adj FAM Personne sotte.

**bétail** nm sing Ensemble des animaux de la ferme élevés pour la production agricole, à l'exception de la volaille.

**bétaillère** nf Véhicule, remorque pour le transport du bétail.

**bêta-lecteur, trice** (pl *bêta-lecteurs, trices*) n Lecteur proposant, via Internet, un avis ou des corrections sur la version provisoire d'un texte (de fiction), avant sa publication.

**1. bête** nf Tout être vivant autre que l'homme. ■ **bête à bon Dieu :** coccinelle. ❑ **bête de somme :** qui porte les fardeaux. ❑ **bête de trait :** qui tire une voiture, une machine agricole. ❑ FIG **bête noire :** personne qu'on déteste le plus. ◆ **bêtes** pl Le bétail.

**2. bête** adj Sot, stupide. ■ FAM **bête comme chou :** facile.

**bétel** nm Poivrier grimpant de l'Inde, dont on mâche les feuilles.

**bêtement** adv D'une manière sotte, stupide.

**bêtifiant, e** adj Qui bêtifie : *ton bêtifiant.*

**bêtifier** vi Parler d'une manière puérile.

**bêtise** nf **1.** Manque d'intelligence. **2.** Action ou parole bête : *faire, dire des bêtises.* **3.** Chose sans importance, futile.

**bêtisier** nm Recueil amusant de sottises relevées dans des écrits, des propos.

**béton** nm Mélange de ciment, d'eau et de sable employé dans les constructions. ■ **béton armé :** renfermant une armature métallique.

**bétonner** vt Construire avec du béton.

**bétonneur** nm PÉJOR Promoteur, entrepreneur qui construit sans souci de l'environnement : *les bétonneurs du littoral.*

**bétonnière** nf Machine servant à fabriquer du béton.

**bette** ou **blette** nf Plante voisine de la betterave, dont on mange les cardes des feuilles.

**betterave** nf Plante potagère à racine d'une saveur sucrée ; racine de cette plante.

**betteravier, ère** adj Relatif à la betterave. ◆ nm Producteur de betteraves.

**beuglement** nm Cri du bœuf, de la vache et du taureau.

**beugler** vi **1.** Pousser son cri, en parlant du bœuf, de la vache, du taureau. **2.** FAM Pousser de grands cris prolongés. **3.** FAM Produire un son trop fort : *la radio beugle.* ◆ vt FAM Chanter, crier très fort.

**beur** n (on rencontre le féminin *beurette*) FAM Jeune d'origine maghrébine né en France de parents immigrés. ◆ adj inv en genre Relatif aux beurs : *la culture beur.*

**beurre** nm **1.** Substance grasse et onctueuse, extraite du lait. **2.** Substance grasse extraite de divers végétaux : *beurre de cacao.* ■ CANADA **beurre d'érable :** pâte à tartiner à base de sirop d'érable. ❑ FAM **compter pour du beurre :** ne pas entrer en ligne de compte. ❑ FAM **œil au beurre noir :** au tour tuméfié à la suite d'un coup.

**beurré** nm Sorte de poire fondante.

**beurrée** nf Tartine de beurre.

**beurrer** vt Couvrir de beurre.

**beurrier** nm Récipient pour le beurre.

**beuverie** nf Réunion où l'on boit beaucoup.

**bévue** nf Méprise, erreur grossière.

**beyrouthin, e** adj et n De Beyrouth.

**bézef** adv → **bésef**.

**1. biais** nm Moyen indirect, détourné de résoudre une difficulté, d'atteindre un but. ■ **en biais** ou **de biais :** obliquement. ❑ **par le biais de :** par un moyen indirect.

**2. biais, e** adj Qui est oblique par rapport à la direction principale.

**biaisé, e** adj Légèrement faussé par rapport à la réalité.

**biaiser** vi **1.** Être de biais, aller de biais. **2.** FIG User de moyens détournés.

**bibelot** nm Petit objet décoratif.

**biberon** nm Petite bouteille munie d'une tétine et servant à l'allaitement des bébés.

**biberonner** vi FAM Être porté à la boisson.

**bibine** nf FAM Boisson alcoolisée de mauvaise qualité.

**bible** nf **1.** (avec majuscule) Recueil des livres saints juifs et chrétiens ; volume qui contient ces livres. **2.** Ouvrage qui fait autorité ou qu'on consulte souvent.

**bibliobus** nm Bibliothèque itinérante, installée dans un véhicule.

**bibliographe** n Auteur de bibliographies.

**bibliographie** nf Ensemble des livres écrits sur une question ou sur un auteur.

**bibliographique** adj Relatif à la bibliographie.

**bibliophile** n Amateur de livres rares et précieux.

**bibliophilie** nf Amour des livres.

**bibliothécaire** n Personne chargée du classement et du prêt des livres dans une bibliothèque.

**bibliothèque** nf **1.** Meuble, salle ou édifice destinés à recevoir une collection de livres. **2.** Collection de livres appartenant à un particulier, à une collectivité, etc.

**biblique** adj Relatif à la Bible.

**bibus** nm SUISSE Petit objet sans valeur ; gadget.

**Bic** nm (nom déposé) Stylo à bille de la marque de ce nom ; (emploi abusif) stylo à bille.

**bicamérisme** ou **bicaméralisme** nm Système politique comportant deux assemblées législatives.

**bicarbonate** nm Carbonate acide, et en particulier sel de sodium : *bicarbonate de soude*.

**bicarbonaté, e** adj Qui contient du bicarbonate.

**bicentenaire** adj Deux fois centenaire : *un arbre bicentenaire*. ◆ nm Commémoration d'un événement qui a eu lieu deux cents ans auparavant.

**bicéphale** adj Qui a deux têtes.

**biceps** nm Muscle long qui fléchit l'avant-bras sur le bras.

**biche** nf Femelle du cerf.

**bichon, onne** n Petit chien d'agrément à poil long.

**bichonner** vt FAM Entourer de petits soins. ◆ **se bichonner** vpr FAM Faire sa toilette ou se préparer avec recherche et coquetterie.

**bichromate** nm Sel de l'acide chromique.

**bichromie** nf Impression en deux couleurs.

**bicolore** adj Qui a deux couleurs.

**biconcave** adj Qui présente deux faces concaves opposées.

**biconvexe** adj Qui présente deux faces convexes opposées.

**bicoque** nf FAM Petite maison ou maison vieille et délabrée.

**bicorne** nm Chapeau d'uniforme à deux pointes.

**bicross** nm **1.** Vélo tout terrain, sans suspension ni garde-boue. **2.** Sport pratiqué avec ce vélo.

**bicyclette** nf Véhicule sans moteur, à deux roues d'égal diamètre.

**bidasse** nm FAM Simple soldat.

**bide** nm FAM **1.** Ventre. **2.** Échec complet : *faire un bide*.

**bidet** nm **1.** Petit cheval de selle. **2.** Appareil sanitaire à cuvette oblongue, servant à la toilette intime.

**bidon** nm **1.** Récipient fermé pour toute sorte de liquide. **2.** FAM Mensonge : *c'est du bidon*. ◆ adj inv FAM Faux, truqué.

**bidonner (se)** vpr FAM Rire.

**bidonville** nm Agglomération d'abris constitués avec des matériaux de récupération près des grands centres urbains, où vivent des populations misérables.

**bidouillage** nm FAM Action de bidouiller ; bricolage.

**bidouiller** vt FAM Bricoler.

**bidule** nm FAM Objet quelconque.

**bief** nm **1.** Canal de dérivation amenant l'eau à la roue d'un moulin. **2.** Espace qui sépare deux écluses d'un canal.

**bielle** nf Dans une machine, barre qui communique, transforme un mouvement.

**biélorusse** adj et n De Biélorussie : *les Biélorusses*.

**bien** nm **1.** Ce qui est conforme à un idéal, qui a une valeur morale : *le bien et le mal*. **2.** Ce qui est agréable, avantageux ou utile : *vouloir du bien à qqn*. **3.** Ce qu'on possède : *un bien de famille*. **4.** Richesse : *avoir du bien*. **5.** Ce qui est créé par le travail et qui correspond à un besoin : *biens de consommation*. ■ **le bien public** : ce qui est utile à tous. ❑ **biens publics** : biens, services qui sont à la disposition de tous et dont la consommation par une personne ne réduit pas la quantité disponible pour les autres. ❑ **biens publics mondiaux** : biens publics bénéficiant à la communauté internationale. ❑ **faire du bien** : (a) avoir un effet heureux (b) être bon pour la santé. ◆ adj inv **1.** Conforme à l'idée qu'on se fait de la perfection : *c'est très bien*. **2.** En bonne santé, à l'aise : *tu n'es pas bien ?* **3.** Qui a des qualités morales : *un type bien*. **4.** Beau, agréable : *bien de sa personne*. **5.** Comme il faut, distingué : *des gens bien*. ■ **être bien avec qqn** : en bons termes. ◆ adv **1.** Conformément à l'idée qu'on se fait de la perfection ; de façon satisfaisante : *bien agir*. **2.** Beaucoup, très : *je t'embrasse bien fort ; pensez-y bien*. **3.** Au moins : *il y a bien deux ans*. **4.** Effectivement, réellement : *elle habite bien ici*. ■ **aller bien** : être en bonne santé. ❑ **bien des** : beaucoup de. ❑ **bien plus** : en outre. ❑ **faire bien** : être de bon ton. ❑ **faire bien de** (+ inf) : avoir raison de. ◆ **bien que** loc conj Quoique : *bien qu'il soit malade, il fera cours*. ◆ **si bien que** loc conj De sorte que : *j'ai perdu mon texte si bien que j'ai dû tout récrire*. ◆ **eh bien !** interj Marque l'étonnement.

**bien-aimé, e** (pl *bien-aimés, es*) adj et n **1.** Tendrement aimé : *sa tante bien-aimée est morte*. **2.** Aimé d'amour : *elle a épousé son bien-aimé*.

**bien-être** nm inv **1.** Disposition agréable du corps, de l'esprit : *sensation de bien-être*. **2.** Aisance matérielle, financière.

**bienfaisance** nf ■ **œuvre, société de bienfaisance** : qui vient en aide aux plus démunis.

**bienfaisant, e** adj **1.** Qui fait du bien. **2.** Qui est salutaire.

**bienfait** nm **1.** LITT Bien que l'on fait, service, faveur : *combler qqn de bienfaits*. **2.** Avantage, effet bienfaisant : *les bienfaits de la science*.

**bienfaiteur, trice** n Personne qui fait du bien, qui accomplit des bienfaits.

**bien-fondé** (pl *bien-fondés*) nm **1.** Caractère légitime, raisonnable de qqch : *le bien-fondé d'une revendication*. **2.** Fait de reposer sur des bases sérieuses : *le bien-fondé d'une opinion*.

**bien-fonds** (pl *biens-fonds*) nm Bien immobilier (terre, maison, immeuble).

**bienheureux, euse** adj LITT Extrêmement heureux. ◆ n LITT, RELIG Qui jouit de la béatitude éternelle.

**biennal, e, aux** adj **1.** Qui dure deux ans. **2.** Qui a lieu tous les deux ans.

**biennale** nf Exposition, festival organisé tous les deux ans.

**bien-pensance** (pl *bien-pensances)* nf **1.** Opinion, comportement des bien-pensants : *se démarquer de la bien-pensance.* **2.** Ensemble des bien-pensants : *la bien-pensance a réagi.*

**bien-pensant, e** (pl *bien-pensants, es*) adj et n **1.** PÉJOR Dont les convictions sont jugées traditionnelles et conservatrices ; conformiste. **2.** Qui se conforme à l'ensemble des opinions dominantes.

**bienséance** nf SOUT Ce qu'il convient de dire ou de faire dans une société ; savoir-vivre : *les règles de la bienséance.*

**bienséant, e** adj SOUT Conforme à la bienséance.

**bientôt** adv Dans peu de temps.

**bientraitance** nf Fait de bien traiter un enfant, une personne âgée ou dépendante, un malade, etc. ; ensemble des bons traitements eux-mêmes. ■ **bientraitance animale :** ensemble des dispositions destinées à assurer le bien-être des animaux vivant au contact de l'homme.

**bienveillance** nf Disposition favorable envers quelqu'un.

**bienveillant, e** adj Qui marque la bienveillance : *air bienveillant.*

**bienvenu, e** adj et n **1.** Qui est accueilli avec plaisir : *soyez le bienvenu.* **2.** Qui arrive à propos : *une augmentation bienvenue.*

**bienvenue** nf ■ **souhaiter la bienvenue :** saluer qqn à son arrivée, lui faire bon accueil.

**1. bière** nf Boisson fermentée, faite avec de l'orge et du houblon : *bière blonde, brune.*

**2. bière** nf Cercueil : *mise en bière.*

**biérologie** nf Science de la dégustation de la bière, de sa fabrication et de son histoire.

**biface** nm Outil de pierre préhistorique taillé sur les deux faces.

**biffage** nm ou **biffure** nf Rature.

**biffer** vt Rayer ce qui est écrit.

**bifide** adj Fendu en deux parties : *langue bifide des serpents.*

**bifidus** nm Bactérie utilisée comme additif alimentaire dans certains produits laitiers.

**bifteck** nm Tranche de bœuf.

**bifurcation** nf Division en deux branches, en deux voies ; endroit où se fait cette division.

**bifurquer** vi **1.** Se diviser en deux. **2.** Prendre une autre direction : *bifurquer à gauche.*

**bigame** adj et n Marié à deux personnes en même temps.

**bigamie** nf État d'une personne bigame.

**bigarade** nf Orange amère utilisée en confiserie.

**bigaradier** nm Oranger produisant la bigarade.

**bigarré, e** adj Qui a des couleurs ou des dessins variés : *fleur bigarrée.*

**bigarreau** nm Cerise rouge et blanche, à chair très ferme et sucrée.

**bigarrure** nf LITT Aspect bigarré, disparate.

**big bang** nm sing **1.** En astrophysique, explosion gigantesque de matière qui serait à l'origine de l'expansion de l'Univers. **2.** FIG Bouleversement provoquant un changement radical dans un secteur : *le big bang de l'énergie solaire.*

**big data** nm inv Domaine technologique dédié à l'analyse de très grands volumes de données informatiques ; ces grands volumes de données (recomm. off. : *mégadonnées*).

**bigler** vi Loucher. ◆ vt FAM Regarder, loucher sur.

**bigleux, euse** adj et n FAM Qui a une mauvaise vue ou qui louche.

**bigorneau** nm Petit coquillage comestible.

**bigot, e** adj et n Qui est d'une dévotion exagérée.

**bigoterie** nf Dévotion excessive.

**bigouden, enne** [bigudɛ̃, bigudɛn] adj et n De la région de Pont-l'Abbé dans le Finistère : *les Bigoudens.*

**bigoudi** nm Petit rouleau sur lequel on enroule les mèches de cheveux pour les boucler.

**bigre** interj FAM Marque l'étonnement.

**bigrement** adv FAM Beaucoup.

**biguine** nf Danse des Antilles.

**bihebdomadaire** adj Qui paraît, qui a lieu deux fois par semaine.

**bijection** nf MATH Application qui établit, entre les éléments de deux ensembles, une correspondance telle que tout élément de l'un a un correspondant et un seul dans l'autre.

**bijou** (pl *bijoux*) nm **1.** Objet de parure, précieux par la matière ou par le travail. **2.** Chose particulièrement élégante, achevée, soignée : *ce studio est un petit bijou !*

**bijouterie** nf **1.** Fabrication et commerce des bijoux. **2.** Magasin, boutique où l'on vend des bijoux.

**bijoutier, ère** n Personne qui fabrique ou vend des bijoux.

**Bikini** nm (nom déposé) Maillot de bain deux-pièces, de dimensions réduites.

**bilan** nm **1.** Balance de l'actif et du passif d'une société. **2.** Résultat positif ou négatif d'un événement : *le bilan d'une catastrophe.* ■ **déposer son bilan :** se déclarer en faillite.

**bilatéral, e, aux** adj **1.** Qui a deux côtés ; qui se rapporte à deux côtés d'un objet, d'une chose : *stationnement bilatéral.* **2.** DR Qui engage les deux parties : *contrat bilatéral.*

**bilatéralement** adv Des deux côtés.

**bilboquet** nm Jouet formé d'une boule percée s'enfilant sur une tige à laquelle elle est reliée par une cordelette.

**bile** nf Liquide amer, jaune verdâtre, sécrété par le foie. ■ FAM **se faire de la bile :** s'inquiéter.

**bilharzie** nf Ver parasite de l'appareil circulatoire de l'homme.

**bilharziose** nf Maladie provoquée par les bilharzies.

**biliaire** adj Relatif à la bile.

**bilieux, euse** adj FAM Qui s'inquiète facilement.

**bilingue** adj Qui est en deux langues. ◆ adj et n Qui parle deux langues.

**bilinguisme** [bilɛ̃gɥism] nm Pratique de deux langues.

**bilirubine** nf Pigment de la bile.

**billard** nm **1.** Jeu constitué d'une table spéciale sur laquelle on fait rouler des boules d'ivoire en les poussant avec un bâton appelé *queue.* **2.** Salle où l'on joue à ce jeu. **3.** FAM Table d'opération chirurgicale : *passer sur le billard.* ■ **billard électrique :** flipper.

**bille** nf **1.** Petite boule de pierre, d'ivoire, etc. : *jouer aux billes.* **2.** MÉCAN Sphère d'acier pour roulements. **3.** Petite sphère métallique qui dépose de l'encre sur le papier : *stylo à bille.* **4.** FAM Tête : *elle a une bonne bille.* ■ FAM **reprendre, retirer ses billes :** se retirer d'une affaire. ❑ **bille de bois :** tronçon découpé dans un tronc ou une grosse branche.

**billet** nm **1.** Petite lettre ou carte que l'on adresse à qqn : *billet doux.* **2.** Imprimé ou écrit constatant un droit, une convention : *billet de théâtre, de chemin de fer, de loterie.* ■ **billet à ordre :** engagement de payer une somme à telle personne ou à son ordre. ❑ **billet de banque** ou **billet :** monnaie en papier.

**billetterie** nf Distributeur automatique de billets de banque ou de titres de transport.

**billevesée** [bilvəze] nf LITT (surtout au pluriel) Chose frivole.

**billion** nm Un million de millions.

**billot** nm **1.** Tronc de bois gros et court sur lequel on coupe de la viande, du bois, etc. **2.** Pièce de bois sur laquelle on tranchait la tête des condamnés. **3.** Masse de bois qui supporte une enclume.

**bimbeloterie** nf Fabrication, commerce de bibelots.

**bimensuel, elle** adj Qui paraît, qui a lieu deux fois par mois : *revue bimensuelle.*

**bimestriel, elle** adj Qui paraît, qui a lieu tous les deux mois.

**bimétallique** adj Composé de deux métaux.

**bimétallisme** nm Système monétaire établi sur un double étalon.

**bimoteur** adj m et nm Se dit d'un avion à deux moteurs.

**binaire** adj **1.** MATH Qui a 2 pour base : *numération binaire.* **2.** Qui simplifie à outrance ; simpliste : *un raisonnement binaire.* ■ **rythme binaire :** à deux temps.

**bindi** [bindi] nm Point, génér. rouge, apposé sur le front de certaines femmes hindoues.

**biner** vt Retourner la partie superficielle de la terre avec une binette.

**binette** nf Sorte de pioche servant à biner.

**biniou** nm Cornemuse bretonne.

**binocle** nm Lunettes sans branches, se fixant sur le nez. ◆ **binocles** pl FAM Lunettes.

**binoculaire** adj Qui se fait par les deux yeux : *vision binoculaire.*

**binôme** nm **1.** MATH Polynôme ayant deux termes. **2.** Ensemble de deux personnes qui travaillent de concert.

**bintje** [bintʃ] ou [bindʒ] nf Pomme de terre à chair peu ferme.

**bio** adj inv (abréviation) FAM Biologique : *des produits bio.* ◆ **bio** nm ■ **le bio :** l'agriculture, l'alimentation bio.

**bioastronomie** nf Partie de l'astronomie qui recherche et étudie la vie extraterrestre.

**biocarburant** nm Carburant fabriqué à partir de végétaux (oléagineux, céréales, etc.).

**biochimie** nf Partie de la chimie qui comprend l'étude des constituants de la matière vivante.

**biochimique** adj Relatif à la biochimie.

**biochimiste** n Spécialiste de biochimie.

**bioclimatique** adj Se dit d'un habitat visant à tirer le meilleur parti du rayonnement solaire pour le chauffage et la climatisation afin de réduire la consommation d'énergie.

**biodéchet** nm Élément solide et biodégradable des ordures ménagères.

**biodégradable** adj Qui peut être détruit par les bactéries ou d'autres agents biologiques : *produit, lessive biodégradables.*

**biodiesel** nm Biocarburant produit à partir d'oléagineux et qui, incorporé au gazole, peut être utilisé dans les moteurs Diesel.

**biodisponibilité** nf Mesure du taux et de la vitesse d'absorption du principe actif d'un médicament ou d'un nutriment.

**biodiversité** nf Diversité des espèces vivantes et de leurs caractères génétiques.

**bioéconomie** nf Ensemble des activités économiques liées à l'utilisation et à la valorisation des ressources naturelles.

**bioénergie** nf Énergie renouvelable obtenue par transformation chimique de la biomasse.

**bioéthique** nf Ensemble des problèmes engageant la responsabilité morale des médecins et des biologistes dans leurs recherches et les applications de celles-ci.

**biogaz** nm Gaz produit par fermentation de matières biologiques et fournissant une énergie renouvelable.

**biographe** n Auteur de biographies.

**biographie** nf Histoire écrite de la vie de qqn.

**biographique** adj Relatif à la biographie : *notes biographiques*.

**biologie** nf Science de la vie et, spécial., du cycle reproductif des espèces vivantes.

**biologique** adj **1.** Relatif à la biologie. **2.** Se dit d'une agriculture qui n'utilise ni engrais ni pesticides ; se dit des produits issus de cette agriculture.

**biologiste** n Spécialiste de biologie.

**biomasse** nf **1.** Masse totale des êtres vivants mesurée par unité de surface ou par unité de volume. **2.** Partie biodégradable des déchets et résidus agricoles, industriels et ménagers, utilisable comme énergie.

**biométhane** nm Gaz obtenu par épuration du biogaz et dont les propriétés chimiques sont équivalentes à celles du gaz naturel.

**biomimétisme** nm Transfert et adaptation à l'espèce humaine des solutions déjà élaborées par la nature (faune, flore, etc.).

**biophysique** nf Étude des phénomènes de la vie par les méthodes de la physique.

**biopic** nm Film dont le scénario s'inspire de la vie d'un personnage célèbre.

**bioplastique** nm Plastique biodégradable, issu de ressources renouvelables (EX : amidon) ou non ; plastique non biodégradable, bien qu'issu de ressources renouvelables.

**biopsie** nf Prélèvement d'un fragment de tissu sur un être vivant, en vue d'un examen.

**biorecyclage** nm Procédé de recyclage des polymères plastiques à l'aide d'enzymes spécifiques qui les dégradent en leurs constituants de base, alors réutilisables.

**biorythme** nm Variation périodique régulière d'un phénomène physiologique.

**biosciences** nf pl Sciences de la vie.

**biosphère** nf Couche que forme autour de l'écorce terrestre l'ensemble des êtres vivants et des milieux où ils vivent.

**biotechnologie** nf Technique produisant par manipulations génétiques des molécules biologiques ou des organismes transgéniques pour des applications industrielles.

**bioterrorisme** nm Forme de terrorisme ayant recours aux attentats biologiques.

**biovigilance** nf **1.** Surveillance sanitaire des cellules, tissus et organes prélevés sur l'homme ou les animaux. **2.** Surveillance des applications industrielles et agricoles des biotechnologies.

**bip** nm **1.** Signal sonore bref, parfois répété, émis par certains appareils : *laisser un message après le bip.* **2.** Appareil de radiomessagerie émettant ce signal.

**biparti, e** ou **bipartite** adj **1.** Composé de deux éléments : *feuille bipartite.* **2.** Constitué par l'association de deux partis politiques : *gouvernement bipartite.*

**bipartisme** nm Alternance au pouvoir de deux partis.

**bipartition** nf Division en deux parties : *la bipartition d'une graine.*

**bipède** adj et nm Qui a deux pieds.

**bipenne** adj ZOOL Qui a deux ailes.

**biper** vt Prévenir qqn au moyen d'un bip.

**biphasé, e** adj ÉLECTR Dont les deux phases fournissent des tensions égales et de signe contraire.

**biplace** adj et nm Se dit d'un avion, d'un véhicule à deux places.

**biplan** nm Avion à deux plans parallèles réunis par des montants.

**bipolaire** adj Qui a deux pôles. ■ **trouble bipolaire** : psychose maniaco-dépressive.

**bipolarité** nf **1.** PHYS Propriété d'un corps qui a deux pôles. **2.** PSYCHIATR Trouble bipolaire.

**bique** nf FAM Chèvre.

**biquet, ette** n FAM Chevreau.

**biquotidien, enne** adj Qui a lieu deux fois par jour.

**biréacteur** nm Avion à deux turboréacteurs.

**biréfringence** nf OPT Double réfraction.

**biréfringent, e** adj OPT Se dit d'un corps susceptible de produire une double réfraction.

**birman, e** adj et n De Birmanie : *les Birmans.*

**1. bis** [bis] adv Pour la seconde fois. ◆ interj et nm Cri par lequel on demande la répétition de ce qu'on vient d'entendre ou de voir.

**2. bis, e** [bi, biz] adj Gris-brun. ■ **pain bis** : pain de couleur grise.

**bisaïeul, e** (pl *bisaïeuls, eules*) n Père, mère de l'aïeul, ou de l'aïeule.

**bisannuel, elle** adj **1.** Qui revient tous les deux ans. **2.** BOT Qui ne fleurit, ne fructifie et ne meurt qu'au bout de deux ans (carotte, betterave, etc.).

**bisbille** nf FAM Petite querelle : *être en bisbille avec qqn.*

**biscornu, e** adj **1.** D'une forme irrégulière : *toit biscornu.* **2.** FAM Bizarre : *idée biscornue.*

**biscoteaux** nm pl FAM Biceps.

**biscotte** nf Tranche de pain séchée au four.

**biscuit** nm **1.** Petit gâteau sec : *biscuit sec.* **2.** Pâtisserie à base de farine, d'œufs et de sucre : *biscuit roulé.* **3.** Ouvrage de porcelaine blanc mat, cuit deux fois et non émaillé.

**biscuiterie** nf Industrie et commerce des biscuits et des gâteaux secs.

**1. bise** nf Vent froid.

**2. bise** nf FAM Baiser : *faire une bise à quelqu'un.*

**biseau** nm Bord taillé obliquement. ■ **en biseau** : dont le bord est coupé en oblique.

**biseautage** nm Action de biseauter.

**biseauter** vt **1.** Tailler en biseau. **2.** Marquer des cartes à jouer sur la tranche pour les reconnaître et tricher.

**biset** nm Pigeon sauvage, gris bleuté.

**bisexualité** nf **1.** Caractère des plantes et des animaux bisexués. **2.** Pour une personne, pratique sexuelle indifféremment homosexuelle ou hétérosexuelle.

**bisexué, e** adj Se dit d'un être vivant qui possède à la fois les deux sortes d'organes génitaux : mâles et femelles. SYN : hermaphrodite. ■ **fleur bisexuée** : possédant à la fois étamines et pistil.

**bisexuel, elle** adj et n Qui pratique la bisexualité.

**bismuth** nm Métal d'un blanc gris rougeâtre utilisé en médecine ; symb : Bi.

**bison** nm Bœuf sauvage caractérisé par son cou bossu et son grand collier de fourrure laineuse.

**bisou** ou **bizou** nm FAM Baiser.

**bisphénol** nm CHIM Famille de composés organiques de synthèse (le *bisphénol A* est présent dans des matières plastiques d'utilisation courante, et suspecté d'être toxique).

**bisque** nf Potage fait d'un coulis de crustacés : *bisque de homard.*

**bisquer** vi FAM ■ **faire bisquer qqn** : lui faire éprouver du dépit.

**bissecteur, trice** adj GÉOM Qui divise en deux parties égales. ◆ nf Demi-droite issue du sommet d'un angle et le divisant en deux angles égaux.

**bisser** vt Répéter ou faire répéter : *bisser un acteur, une chanson.*

**bissextile** adj ■ **année bissextile** : année de 366 jours, qui revient tous les quatre ans.

**bistouri** nm Petit couteau chirurgical pour faire des incisions dans les chairs.

**bistre** nm Couleur d'un brun jaunâtre. ◆ adj inv Qui est de couleur bistre.

**bistré, e** adj De couleur brun jaunâtre.

**bistronomie** nf Cuisine de type gastronomique, mais servie dans un restaurant simple (bistrot, café ou brasserie).

**bistrot** ou **bistro** nm FAM Débit de boissons.

**bisulfate** nm Sel de l'acide sulfurique.

**bisulfite** nm Sel de l'acide sulfureux : *bisulfite de soude.*

**bisulfure** nm Composé sulfuré à deux atomes de soufre.

**bit** [bit] nm INFORM Unité élémentaire d'information ne pouvant prendre que deux valeurs distinctes (notées 1 et 0).

**bitcoin** [bitkɔjn] nm Unité monétaire d'un système de paiement virtuel ; ce système de paiement (monnaie officielle du Salvador).

**bitension** nf ÉLECTR Système à deux tensions différentes.

**bitord** nm MAR Petit cordage composé de plusieurs fils de caret.

**bitte** nf Pièce de bois ou d'acier, cylindrique, qui sert à l'amarrage des bateaux.

**bitter** [bitɛr] nm Boisson apéritive, généralement non alcoolisée, parfumée avec des extraits de plantes et des substances amères (gentiane, quinquina, etc.).

**bitume** nm Mélange d'hydrocarbures dont on se sert pour le revêtement des chaussées et des trottoirs.

**bitumer** vt Enduire de bitume.

**bitumineux, euse** adj Qui contient du bitume. ■ **sable bitumineux** : mélange de bitume, de sable, d'eau et d'argile, à partir duquel on produit du pétrole.

**bivalent, e** adj Se dit d'un corps dont la valence chimique est 2.

**bivalve** adj À deux valves : *coquille bivalve.* ◆ nm Lamellibranche.

**bivouac** nm **1.** Campement provisoire et en plein air d'une armée ou d'une expédition. **2.** Lieu du bivouac.

**bivouaquer** vi Camper en plein air.

**bizarre** adj Qui sort de l'ordinaire, qui s'écarte de ce qui est considéré comme normal ; étrange, curieux.

**bizarrement** adv D'une façon bizarre.

**bizarrerie** nf **1.** Caractère de ce qui est bizarre. **2.** Chose bizarre.

**bizarroïde** adj FAM Qui a un aspect insolite ; bizarre.

**bizou** nm → **bisou**.

**bizut** ou **bizuth** [bizy] nm ARG SCOL Élève de première année dans une grande école.

**bizutage** nm ARG SCOL Action de bizuter.

**bizuter** vt ARG SCOL Faire subir des brimades à un bizut à son arrivée.

**bla-bla** nm inv FAM Abondance de paroles inutiles.

**black bloc** (pl *black blocs*) nm Groupe de militants radicaux, organisés pour attaquer, souvent avec violence, les symboles de l'État et du capitalisme lors de manifestations.

**blackbouler** vt FAM **1.** Refuser à un examen. **2.** Évincer par un vote.

**black jack** [blakdʒak] nm Jeu de cartes pratiqué par sept joueurs au maximum.

**blacklister** ou **black-lister** vt Inscrire qqn sur une liste noire, le désigner comme indésirable : *blacklister un internaute sur un blog.*

**black-out** [blakaut] nm inv Mesure de défense antiaérienne qui consiste à plonger une ville dans l'obscurité totale. ■ FIG **faire le black-out sur** : faire le silence sur un sujet.

**black-rot** [blakrɔt] (pl *black-rots*) nm Maladie de la vigne.

**blafard, e** adj D'un blanc terne.

**blague** nf **1.** Petit sac à tabac. **2.** FAM Farce, histoire plaisante, imaginée pour faire rire ou pour tromper : *raconter des blagues.* **3.** Faute commise par légèreté. ■ FAM **blague à part** : sérieusement.

**blaguer** vi FAM Dire des blagues ; plaisanter. ◆ vt FAM Taquiner, se moquer.

**blagueur, euse** adj et n FAM Qui dit des blagues.

**blaireau** nm **1.** Mammifère plantigrade omnivore des bois. **2.** Pinceau de poils de blaireau. **3.** Brosse qui sert à savonner la barbe. **4.** FAM Individu conformiste et borné.

**blairer** vt ■ FAM **ne pas pouvoir blairer qqn** : avoir de l'antipathie pour lui.

**blâmable** adj Digne de blâme ; répréhensible, condamnable.

**blâme** nm **1.** Opinion défavorable, désapprobation. **2.** Sanction disciplinaire, réprimande : *infliger un blâme.*

**blâmer** vt Désapprouver, réprouver.

**blanc, blanche** adj **1.** Qui est de la couleur du lait, de la neige : *cheveux blancs.* **2.** Peu coloré, pâle : *raisin blanc.* **3.** Innocent, pur : *blanc comme neige.* **4.** Sur lequel rien n'est écrit : *page blanche ; copie blanche.* **5.** Sans conséquence : *opération blanche.* ■ **arme blanche** : tranchante ou pointue. ❏ **bac, examen blanc** : passé avant l'épreuve officielle, à titre de préparation. ❏ **donner carte blanche à qqn** : lui donner pleins pouvoirs. ❏ **marche blanche** : marche collective silencieuse organisée à la suite d'un fait divers tragique. ❏ **nuit blanche** : passée sans dormir. ❏ **plan blanc** : ensemble de mesures mises en place dans les hôpitaux confrontés à une situation exceptionnelle. ❏ **sauce blanche** : liée avec de la farine et du beurre. ❏ **vers blancs** : sans rimes. ◆ n (avec une majuscule) Personne à la peau blanche. ◆ nm **1.** La couleur blanche. **2.** Matière colorante blanche. **3.** Linge de maison : *lessive de blanc.* **4.** Espace vide dans une page : *remplir des blancs.* **5.** Maladie cryptogamique de certaines plantes. **6.** Vin blanc : ■ **blanc de baleine** : matière grasse extraite de certains cétacés. ❏ **blanc de champignon** : mycélium d'agaric. ❏ **blanc de l'œil** : la cornée. ❏ **blanc d'œuf** : partie glaireuse de l'œuf. ❏ **blanc de poulet** : chair entourant le bréchet. ❏ **blanc d'Espagne** : carbonate de calcium très pur. ❏ **chauffer à blanc** : jusqu'à ce que la matière chauffée passe du rouge au blanc.

**blanc-bec** (pl *blancs-becs*) nm FAM Jeune homme sans expérience.

**blanchaille** nf Menus poissons blancs servant souvent d'appât.

**blanchâtre** adj Tirant sur le blanc.

**blanche** nf MUS Note qui vaut la moitié de la ronde, ou deux noires, ou quatre croches.

**blancheur** nf Qualité de ce qui est blanc.

**blanchiment** nm Action de blanchir : *le blanchiment d'une paroi ; le blanchiment de l'argent de la drogue.*

**blanchir** vt **1.** Rendre blanc : *blanchir un mur à la chaux.* **2.** Rendre propre : *blanchir le linge.* **3.** CUIS Passer à l'eau bouillante : *blanchir des choux.* **4.** FIG Disculper : *le tribunal l'a blanchi.* ■ **blanchir de l'argent sale, des capitaux** : faire disparaître toute preuve de leur origine frauduleuse. ◆ vi Devenir blanc : *ses cheveux blanchissent.*

**blanchissage** nm Action de blanchir le linge.

**blanchisserie** nf Magasin, entreprise où l'on blanchit du linge.

**blanchisseur, euse** n Personne dont la profession est le blanchissage et le repassage du linge.

**blanc-seing** [blɑ̃sɛ̃] (pl *blancs-seings*) nm Papier en blanc, au bas duquel on met sa signature.

**blanquette** nf **1.** Ragoût de viande blanche. **2.** Vin blanc mousseux : *blanquette de Limoux.*

**blasé, e** adj et n Qui ne s'intéresse plus à rien, dégoûté de tout.

**blaser** vt Rendre indifférent aux émotions vives, au plaisir, par lassitude ou dégoût.

**blason** nm Ensemble des armoiries ou des signes formant l'écu d'un État, d'une ville, d'une famille.

**blasphémateur, trice** n Personne qui blasphème.

**blasphématoire** adj Qui contient des blasphèmes.

**blasphème** nm **1.** Parole qui outrage la divinité, la religion. **2.** Parole outrageante, en général.

**blasphémer** vt et vi (conj 10) **1.** Proférer un blasphème. **2.** Tenir des propos injurieux.

VOCABULAIRE L'emploi intransitif *blasphémer contre* est le plus courant.

**blastoderme** nm Ensemble des cellules de l'œuf des oiseaux qui formeront l'embryon.
**blatte** nf Insecte nocturne que l'on trouve surtout dans les dépôts et les cuisines (appelé aussi : *cafard, cancrelat*).
**blazer** [blazɛr] nm Veste croisée ou droite en tissu bleu marine ou gris.
**blé** nm **1.** Plante herbacée annuelle de la famille des graminacées, dont le grain fournit la farine du pain ; grain de cette plante. **2.** FAM Argent. ■ **blé noir** : sarrasin. ❑ **blé de Turquie** : maïs. ❑ CANADA **blé d'Inde** : maïs. ❑ **manger son blé en herbe** : dépenser par avance son revenu.
**bled** [blɛd] nm **1.** En Afrique du Nord, l'intérieur des terres. **2.** FAM Localité isolée.
**blême** adj Très pâle.
**blêmir** vi Devenir blême.
**blêmissant, e** adj Qui blêmit.
**blêmissement** nm Action de blêmir, de pâlir.
**blende** [blɛ̃d] nf Sulfure naturel de zinc.
**blender** [blɛndœr] nm Mixeur à bol haut servant à broyer finement les ingrédients de soupes, de milk-shakes, de smoothies, etc.
**blennorragie** nf MÉD Infection des organes génito-urinaires, due au gonocoque.
**blessant, e** adj Offensant, injurieux.
**blessé, e** adj et n Qui a reçu une blessure : *un blessé léger.* ◆ adj Qui a été offensé, atteint dans son amour-propre.
**blesser** vt **1.** Frapper d'un coup, atteindre d'une balle, et produire une plaie ou une lésion : *il l'a blessé à la cuisse.* ◊ vpr : *elle s'est blessée à la main.* **2.** Causer une gêne importante, une douleur vive : *ces chaussures me blessent les pieds.* **3.** Affecter désagréablement : *cette musique blesse l'oreille.* **4.** FIG Causer une douleur morale ; offenser : *vos paroles l'ont blessé.*
**blessure** nf **1.** Lésion due à un coup, un choc, un objet piquant ou tranchant, une arme à feu ; plaie. **2.** FIG Ce qui blesse, afflige.
**blet, ette** adj Trop mûr : *poire blette.*
**blette** nf → **bette.**
**blettir** vi Devenir blet.
**blettissement** nm Fait de devenir blet.
**bleu, e** adj **1.** De la couleur du ciel sans nuages : *robe bleu ciel ; jupe bleu marine.* **2.** Se dit d'une viande rouge grillée très peu cuite : *un steak bleu.* ■ **peur, colère bleue** : violente. ❑ FAM **sang bleu** : sang noble. ◆ nm **1.** Couleur bleue : *le bleu du ciel.* **2.** Marque laissée sur la peau par un coup ; hématome : *se faire un bleu.* **3.** Vêtement de travail en toile bleue : *bleu de travail.* **4.** FAM Nouveau venu dans une caserne, un établissement. ■ LITT **bleu à l'âme** : meurtrissure morale ressentie par qqn après une épreuve douloureuse. ❑ **bleu d'Auvergne** : fromage à pâte persillée.
**bleuâtre** adj Qui tire sur le bleu.
**bleuet** nm Plante à fleurs bleues.
**bleuir** vt Rendre bleu. ◆ vi Devenir bleu.
**bleuissement** nm Fait de devenir bleu.
**bleuté, e** adj De nuance bleue.
**blindage** nm **1.** Action de blinder. **2.** Revêtement d'acier : *blindage de navire, de coffre-fort.*
**blindé, e** adj Recouvert d'un blindage : *porte blindée.* ◆ nm Véhicule de combat recouvert d'un blindage d'acier.
**blinder** vt **1.** Protéger par un blindage. **2.** FIG Rendre insensible, endurcir : *les épreuves qu'il a subies l'ont blindé.*
**blini** nm Petite crêpe épaisse de blé et de sarrasin servie avec certains hors-d'œuvre.
**blizzard** nm Vent très froid d'Amérique du Nord.
**blob** nm Myxomycète composé d'une cellule unique géante, capable de se déplacer et même d'apprendre (en fusionnant avec un autre blob, notamm.).
**bloc** nm **1.** Masse compacte et pesante : *bloc de marbre.* **2.** FIG Ensemble solide, dont toutes les parties dépendent les unes des autres : *éléments qui forment un bloc.* **3.** Coalition, union : *bloc politique.* **4.** Ensemble de feuilles collées les unes aux autres d'un côté et facilement détachables : *bloc d'ordonnances.* **5.** Bloc-notes. ■ **bloc opératoire** : ensemble constitué par la salle d'opération et les locaux qui en dépendent, dans un hôpital. ❑ **à bloc** : à fond. ❑ **en bloc** : en totalité : *nier en bloc.* ❑ **faire bloc** : s'unir étroitement.
**blocage** nm **1.** Action, fait de bloquer : *blocage des prix.* **2.** PSYCHOL Impossibilité d'agir ou de réagir dans une situation donnée.
**bloc-cuisine** (pl *blocs-cuisines*) nm Ensemble d'éléments (évier, plaque de cuisson, réfrigérateur, etc.) servant à équiper un studio.
**blockhaus** [blɔkos] nm inv Petit fort blindé servant à défendre un point particulier.
**bloc-moteur** (pl *blocs-moteurs*) nm **1.** Ensemble du moteur, de l'embrayage et de la boîte de vitesses. **2.** Partie d'un appareil ménager comprenant le moteur.
**bloc-notes** (pl *blocs-notes*) nm Ensemble de feuilles de papier détachables pour prendre des notes. SYN : bloc.
**blocus** [blɔkys] nm Siège d'une ville, d'un port, d'un pays pour l'empêcher de communiquer avec l'extérieur. ■ **blocus économique** ou **blocus** : mesures prises pour priver un pays de toute relation commerciale.
**blog** ou **blogue** nm Site Web sur lequel un internaute tient une chronique personnelle. SYN : weblog.

**blogosphère** nf **1.** Ensemble des blogs présents sur le Web. **2.** Communauté interactive formée par les blogueurs.
**blogueur, euse** n Auteur d'un blog.
**blond, e** adj D'une couleur entre le doré et le châtain clair. ■ **bière blonde :** fabriquée à partir de malts de couleur claire. ❑ **blond platine :** blond presque blanc : *cheveux blond platine.* ❑ **tabac blond :** dont la fermentation a été arrêtée au stade du jaunissement de la feuille. ◆ adj et n Qui a les cheveux blonds.
**blondasse** adj et n D'un blond fade.
**blonde** nf **1.** Bière blonde. **2.** Cigarette de tabac blond. **3.** CANADA, FAM Petite amie ; épouse.
**blondeur** nf Couleur blonde.
**blondinet, ette** adj et n Se dit d'un enfant qui a les cheveux blonds.
**blondir** vi Devenir blond.
**bloquer** vt **1.** Empêcher de bouger, immobiliser : *la circulation est bloquée.* **2.** Serrer à bloc : *bloquer son frein à main.* **3.** Barrer, obstruer : *bloquer le passage.* **4.** Réunir plusieurs choses ensemble, grouper : *bloquer ses rendez-vous.* **5.** Suspendre la variation, l'augmentation ou la disposition de : *bloquer les prix.* ◆ **se bloquer** vpr Se fixer dans une attitude de refus.
**blottir (se)** vpr Se replier sur soi-même, se pelotonner.
**blouse** nf **1.** Vêtement de travail porté pour se protéger : *blouse d'infirmière.* **2.** Corsage léger : *blouse de soie.*
**1. blouser** vt FAM Tromper, induire en erreur.
**2. blouser** vi Bouffer au-dessus de la ceinture, en parlant d'un vêtement.
**blouson** nm Veste d'allure sportive, courte et ample, serrée à la taille.
**blue-jean** [bludʒin] (pl *blue-jeans*) ou **blue-jeans** [bludʒins] nm → **jean.**
**blues** [bluz] nm Complainte du folklore afro-américain.
**bluff** [blœf] nm Parole, action propre à donner le change, à leurrer.
**bluffer** [blœfe] vt et vi Faire du bluff.
**blush** [blœʃ] (pl *blushs* ou *blushes*) nm Fard à joues que l'on applique avec un pinceau.
**bluter** vt Tamiser la farine.
**blutoir** nm Tamis servant à bluter les grains de blé broyés.
**BO** nf (sigle) Bande originale.
**boa** nm Grand serpent d'Amérique tropicale qui étouffe ses proies.
**bob** nm **1.** Chapeau cloche en toile. **2.** Bobsleigh.
**bobard** nm FAM Mensonge.
**bobèche** nf Disque de verre ou de métal, adapté à un bougeoir, pour empêcher la bougie de couler.
**bobinage** nm Action de bobiner.
**bobine** nf **1.** Petit cylindre en bois, en métal, en plastique sur lequel on enroule du fil, de la ficelle, des pellicules photographiques, etc. **2.** FAM Visage : *une drôle de bobine.* **3.** ÉLECTR Cylindre creux autour duquel est enroulé un fil métallique isolé.
**bobiner** vt Enrouler sur une bobine.
**1. bobo** nm FAM Douleur ou blessure légère.
**2. bobo** n (de *bourgeois bohème*) Citadin aisé et cultivé, revendiquant un progressisme sociétal et des préoccupations environnementales. ◆ adj Relatif aux bobos.
**bobsleigh** ou **bob** nm Sorte de traîneau utilisé pour les descentes sportives sur la glace ; sport ainsi pratiqué.
**bo bun** ou **bo-bun** [bobun] nm inv Plat vietnamien complet composé de nouilles de riz, de bœuf, de crudités, d'herbes parfumées, etc.
**bocage** nm Région où les champs sont clos par des haies.
**bocager, ère** adj Relatif au bocage.
**bocal** (pl *bocaux*) nm Récipient en verre à large ouverture.
**bock** nm Verre à bière, équivalant, en principe, à un quart de litre.
**body** nm Vêtement moulant, d'une seule pièce, couvrant le tronc, à manches longues ou courtes, et que l'on ferme avec des pressions à l'entrejambe.
**body-building** (pl *body-buildings*) nm Culture physique destinée à développer la musculature ; culturisme.
**boette** [bwɛt] nf Appât que l'on met à l'hameçon pour la pêche en mer.
**bœuf** [bœf], au pluriel [bø] nm **1.** Animal de l'espèce bovine. **2.** Mâle adulte de cette espèce que l'on a châtré ; sa chair : *bœuf charolais ; bœuf bourguignon.* ◆ adj inv FAM Très étonnant : *effet bœuf.*
**bof** interj Exprime l'indifférence, la lassitude, l'incertitude.
**bogie** [bɔʒi] ou **boggie** [bɔgi] nm Chariot à deux essieux, sur lequel pivote, dans les courbes, le châssis d'un wagon.
**1. bogue** nf Enveloppe de la châtaigne recouverte de piquants.
**2. bogue** nm INFORM Défaut de conception ou d'exécution d'un programme ; bug.
**boguer** vi INFORM Présenter un bogue ; bugger.
**bohème** adj et n Qui vit au jour le jour, d'une façon désordonnée. ◆ nf Milieu des artistes, des écrivains.
**bohémien, enne** adj et n De la Bohême. ◆ n SOUVENT PÉJOR Vagabond, homme ou femme, que l'on croyait originaire de la Bohême.
**1. boire** vt (conj 75) **1.** Absorber, avaler un liquide : *boire du lait.* **2.** (sans complément)

Prendre des boissons alcoolisées, souvent avec excès. **3.** En parlant d'une chose, absorber un liquide : *l'éponge boit l'eau.* ■ **boire les paroles de qqn** : l'écouter avec une admiration béate. ❑ **il y a à boire et à manger** : il y a des inconvénients et des avantages.

**2. boire** nm sing ■ **en perdre le boire et le manger** : ne plus boire et ne plus manger.

**bois** nm **1.** Substance dure et compacte de l'intérieur des arbres, constituant le tronc, les branches et les racines. **2.** Lieu planté d'arbres : *à l'ombre d'un bois.* **3.** Objet en bois : *bois sculpté.* ■ FIG **toucher du bois** : conjurer le mauvais sort en touchant un objet en bois. ◆ pl **1.** MUS Famille des instruments à vent en bois. **2.** Cornes caduques du cerf, du daim, etc.

**boisage** nm Revêtement de bois : *boisage d'un puits.*

**boisé, e** adj Garni d'arbres.

**boisement** nm Plantation d'arbres.

**boiser** vt **1.** Garnir d'une boiserie ou d'un boisage. **2.** Planter d'arbres.

**boiserie** nf Menuiserie dont on revêt les murs intérieurs d'une habitation.

**boisseau** nm Ancienne mesure de capacité pour les grains et les matières analogues (12,5 litres). ■ FIG **mettre qqch sous le boisseau** : cacher la vérité.

**boisson** nf **1.** Tout liquide que l'on boit : *boisson sucrée.* **2.** Alcoolisme : *s'adonner à la boisson.*

**boîte** nf **1.** Coffret de bois, de carton ou de métal, de matière plastique, etc. ; son contenu. **2.** FAM Lieu de travail ; école. ■ **boîte de conserve** : boîte métallique contenant des produits alimentaires stérilisés : *boîte de raviolis.* ❑ **boîte crânienne** : cavité osseuse qui renferme le cerveau. ❑ AUTOM **boîte à gants** : aménagement situé dans la planche de bord pour ranger des objets divers. ❑ **boîte aux lettres** ou **boîte à lettres** : (a) réceptacle muni d'une fente destiné à recevoir les lettres à expédier (b) INFORM espace de mémoire stockant des messages électroniques. ❑ **boîte noire** : appareil enregistreur d'un avion, d'un camion. ❑ **boîte de nuit** ou **boîte** : cabaret ouvert la nuit. ❑ **boîte postale** : boîte aux lettres réservée dans une poste. ❑ **boîte à rythmes** : instrument de musique électronique produisant des sons de batterie et de percussions. ❑ AUTOM **boîte de vitesses** : organe renfermant les trains d'engrenages du changement de vitesse d'un véhicule. ❑ TÉLÉCOMM **boîte vocale** : dispositif permettant l'enregistrement vocal de messages. ❑ FAM **mettre qqn en boîte** : se moquer de lui.

**boitement** nm Fait de boiter.

**boiter** vi **1.** Marcher en penchant d'un côté plus que de l'autre. **2.** Présenter un défaut d'équilibre, de cohérence : *raisonnement qui boite.*

**boiteux, euse** adj et n Se dit de quelqu'un qui boite. ◆ adj Qui n'a pas d'équilibre, de cohérence : *phrase boiteuse.*

**boîtier** nm **1.** Boîte renfermant un mécanisme, une pile. **2.** Corps d'un appareil photo sur lequel s'adapte l'objectif. ■ **boîtier numérique** : boîte en métal ou en plastique renfermant divers matériels informatiques.

**boitillement** nm Léger boitement.

**boitiller** vi Boiter légèrement.

**boit-sans-soif** n inv FAM Ivrogne.

**bol** nm **1.** Récipient hémisphérique ; son contenu : *un bol de lait.* **2.** FAM Chance. ■ **bol alimentaire** : bouchée mâchée que l'on avale. ❑ FAM **en avoir ras le bol** : ne plus rien supporter, être excédé.

**bolchevik** ou **bolchevique** n et adj Membre du parti de Lénine, qui prit le pouvoir en Russie en 1917.

**bolée** nf Contenu d'un bol : *une bolée de cidre.*

**boléro** nm **1.** Danse espagnole ; air sur lequel elle s'exécute. **2.** Veste droite, non boutonnée, s'arrêtant à la taille.

**bolet** nm Champignon dont plusieurs espèces comestibles sont dénommées cèpes.

**bolide** nm Véhicule qui va très vite.

**bolivien, enne** adj et n De Bolivie : *les Boliviens.*

**bombance** nf ■ VIEILLI, FAM **faire bombance** : manger beaucoup.

**bombarde** nf **1.** Machine de guerre qui servait à lancer de grosses pierres. **2.** MUS Instrument à vent en bois, de tonalité grave.

**bombardement** nm Action de bombarder.

**bombarder** vt **1.** Lancer des bombes. **2.** Lancer des projectiles : *bombarder de tomates.* **3.** FIG Accabler, harceler : *bombarder de questions.* **4.** FAM Nommer soudainement qqn un poste : *on l'a bombardé préfet.*

**bombardier** nm Avion de bombardement. ■ **bombardier d'eau** : avion équipé de réservoirs d'eau, utilisé pour lutter contre les feux de forêt.

**bombe** nf **1.** Projectile plein de matière explosive et muni d'un dispositif qui le fait éclater : *bombe à retardement.* **2.** Tout projectile explosif : *attentat à la bombe.* **3.** Récipient contenant un liquide sous pression destiné à être vaporisé : *bombe insecticide.* **4.** Coiffure rigide, à visière, que portent les cavaliers. **5.** FAM Personne particulièrement séduisante : *son frère est une bombe.* ■ **bombe nucléaire** : dont la puissance explosive utilise l'énergie nucléaire. ❑ **bombe glacée** : glace moulée. ❑ FAM **faire l'effet d'une bombe** : provoquer la stupéfaction, le scandale. ❑ FAM **faire la bombe** : faire la fête, la noce.

**bombé, e** adj Arrondi, renflé.

**bombement** nm Convexité, renflement : *le bombement d'un couvercle.*

**bomber** vt **1.** Renfler, rendre convexe : *bomber du verre.* **2.** Tracer, dessiner avec de la peinture en bombe : *bomber un slogan.* ■ FIG **bomber le torse** : faire le fier. ◆ vi FAM Aller, rouler très vite.

**bombyx** nm Genre de papillons dont l'espèce la plus connue, le bombyx du mûrier, a pour chenille le ver à soie.

**1. bon** nm Document autorisant quelqu'un à toucher de l'argent ou à recevoir quelque chose : *bon de commande ; bon d'essence.*

**2. bon, bonne** adj **1.** Généreux, sensible, charitable : *un bon père ; il a été bon avec moi.* **2.** Qui est habile, expert : *bon ouvrier.* **3.** Qui a les qualités requises : *bon outil.* **4.** Agréable au goût : *ton gâteau est très bon.* **5.** Qui procure du plaisir : *c'est un très bon film.* **6.** Avantageux, favorable : *bonne affaire ; la journée a été bonne ; c'est bon pour la santé.* **7.** Exact, correct : *c'est le bon numéro.* **8.** Grand, intense, fort : *deux bons kilomètres ; un bon coup sur la tête.* **9.** Sert à exprimer un souhait : *bonne année ! ; bonnes vacances !* ■ **bon !** : exclamation de doute, de surprise, de constatation, etc. ❑ **bon à** (+ inf) : qui est dans les conditions voulues pour : *c'est bon à savoir.* ❑ **c'est bon** : cela suffit. ◆ nm **1.** Ce qui est bon : *il y a du bon et du mauvais.* **2.** Personne qui pratique le bien : *les bons et les méchants.* ■ **un(e) bon(ne) à rien** : qui ne sait rien faire ; incapable. ◆ adv ■ **il fait bon** : Le temps est agréable. ❑ **pour de bon** : sérieusement. ❑ **sentir bon** : avoir une odeur agréable. ❑ **tenir bon** : ne pas céder.

**bonapartisme** nm Attachement au système politique ou à la dynastie de Napoléon Bonaparte.

**bonapartiste** adj et n Qui appartient au bonapartisme ; qui en est partisan.

**bonasse** adj D'une bonté, d'une simplicité excessives.

**bonbon** nm Confiserie à base de sucre aromatisé.

**bonbonne** nf Grosse bouteille de verre ou de grès.

**bonbonnière** nf **1.** Boîte à bonbons. **2.** FIG Petit appartement ravissant.

**bon-chrétien** (pl *bons-chrétiens*) nm Poire très estimée (appelée aussi : *poire Williams*).

**bond** nm **1.** Saut par lequel un homme, un animal, s'élève brusquement du sol. **2.** Rebondissement d'un corps élastique. **3.** FIG Progrès brusque et important, hausse : *bond en avant de l'industrie.* ■ **prendre la balle au bond** : profiter de l'occasion. ❑ **faire faux bond** : manquer à un engagement.

**bonde** nf **1.** Pièce métallique scellée à l'orifice d'écoulement d'un évier ou d'un appareil sanitaire. **2.** Trou rond dans une des douves d'un tonneau, pour y verser le liquide ; bouchon qui ferme ce trou. **3.** Fermeture du trou d'écoulement des eaux d'un étang.

**bondé, e** adj Rempli autant qu'il est possible : *un train bondé.*

**bondieuserie** nf **1.** FAM, PÉJOR Dévotion exagérée et superficielle. **2.** Objet de piété.

**bondir** vi **1.** Faire un bond. **2.** FIG Sursauter sous le coup d'une émotion.

**bonheur** nm **1.** État heureux ; félicité, joie. **2.** Chance, circonstance favorable : *nous avons eu le bonheur de la rencontrer.* ■ **au petit bonheur (la chance)** : par hasard. ❑ **par bonheur** : par chance, heureusement.

**bonhomie** nf Bonté du cœur jointe à une certaine simplicité dans les manières.

**1. bonhomme** (pl *bonshommes*) nm **1.** FAM Personne quelconque. **2.** Représentation humaine grossièrement dessinée ou façonnée : *bonhomme de neige.* ■ FAM **aller son petit bonhomme de chemin** : tranquillement, sans se hâter.

**2. bonhomme** adj Qui dénote de la bonhomie.

> <u>ORTHOGRAPHE</u> On notera que le pluriel du nom, *des bonshommes,* est différent du pluriel de l'adjectif, *des airs bonhommes.*

**boni** nm **1.** Excédent de la dépense prévue sur les sommes réellement dépensées. **2.** Tout bénéfice.

**boniche** ou **bonniche** nf FAM, PÉJOR Employée de maison, bonne.

**bonification** nf **1.** Avantage, points supplémentaires accordés à un concurrent dans une épreuve sportive. **2.** Amélioration d'une terre.

**bonifier** vt Rendre meilleur.

**boniment** nm Discours habile et trompeur pour flatter ou convaincre.

**bonimenteur, euse** n PÉJOR Personne qui raconte des boniments.

**bonite** nf Thon de la Méditerranée.

**bonjour** nm Terme employé pour saluer quelqu'un qu'on rencontre dans la journée.

**bonne** nf VIEILLI Employée de maison à plein temps.

**bonne femme** (pl *bonnes femmes*) nf FAM, PÉJOR Femme.

**bonne-main** (pl *bonnes-mains*) nf SUISSE Pourboire.

**bonne-maman** (pl *bonnes-mamans*) nf Grand-mère, dans le langage enfantin.

**bonnement** adv ■ **tout bonnement** : simplement.

**bonnet** nm **1.** Coiffure masculine ou féminine, en général souple et sans rebord :

*bonnet de bain.* **2.** Chacune des poches d'un soutien-gorge. ■ **bonnet phrygien :** bonnet porté dans l'Antiquité en Asie et adopté par la Révolution française (sous le nom de : *bonnet rouge*). ❑ FAM **avoir la tête près du bonnet :** être vif et emporté. ❑ **gros bonnet :** personnage important. ❑ **prendre sous son bonnet :** sous sa responsabilité. ❑ **c'est bonnet blanc et blanc bonnet :** c'est la même chose.

**bonneteau** nm Jeu de hasard frauduleux.

**bonneterie** nf Industrie, commerce des articles d'habillement en tissu à mailles ; ces articles (bas, chaussettes, slips, etc.).

**bonnetier, ère** n Fabricant, marchand de bonneterie.

**bonnetière** nf Armoire étroite et haute.

**bonniche** nf → **boniche.**

**bon-papa** (pl *bons-papas*) nm Grand-père, dans le langage enfantin.

**bonsaï** [bɔ̃zaj] ou [bɔnzaj] nm Arbre nain obtenu artificiellement.

**bonsoir** nm Terme employé pour saluer quelqu'un qu'on rencontre le soir.

**bonté** nf Qualité de qqn qui est bon ; bienveillance, douceur : *être d'une grande bonté ; parler avec bonté.* ◆ **bontés** pl Marques de bienveillance.

**bonus** [bɔnys] nm **1.** Réduction de la prime d'assurance automobile pour les conducteurs qui n'ont pas eu d'accident. **2.** FIG Ce qui vient améliorer un résultat ; qui aide une personne ou favorise une action. **3.** Ensemble des suppléments (interviews, making of, etc.) contenus dans un DVD.

**bonze, esse** n Prêtre bouddhiste.

**bookmaker** [bukmɛkœr] nm Celui qui reçoit les paris sur un champ de courses.

**booléen, enne** [buleɛ̃, ɛn] ou **boolien, enne** [buljɛ̃, jɛn] adj ■ **variable booléenne :** susceptible de prendre deux valeurs s'excluant mutuellement (par exemple 0 et 1).

**boom** [bum] nm Hausse soudaine, accroissement rapide : *un boom économique.*

**boomerang** [bumrɑ̃g] nm **1.** Arme de jet australienne qui revient à son point de départ après avoir suivi sa trajectoire. **2.** FIG Acte hostile qui se retourne contre son auteur.

**boots** [buts] nm pl Bottes courtes.

**boqueteau** nm Petit bois.

**borate** nm Sel de l'acide borique.

**borax** nm CHIM Borate de soude.

**borborygme** nm **1.** Bruit produit par les gaz dans l'abdomen. **2.** Parole incompréhensible.

**borchtch** [bɔrtʃ] nm → **bortsch.**

**bord** nm **1.** Partie qui forme le pourtour, la limite d'une surface, d'un objet : *bord d'une table ; bord de la route.* **2.** Rivage, côte : *aller au bord de la mer.* ■ **à bord :** à l'intérieur d'un navire, d'un avion, d'une voiture. ❑ **être au bord de :** sur le point de : *être au bord des larmes.* ❑ **être du bord de qqn** ou **être du même bord :** avoir la même opinion. ❑ FAM **sur les bords :** légèrement : *elle est un peu pingre sur les bords.* ❑ MAR **virer de bord :** faire demi-tour. ❑ FIG **virer, changer de bord :** changer d'opinion.

**bordeaux** nm Vin de Bordeaux. ◆ adj inv Rouge foncé tirant sur le violet.

**bordée** nf MAR Portion de route que parcourt un navire sans virer de bord. ■ FAM **tirer une bordée :** faire une escapade à terre, en parlant des marins. ❑ FAM **une bordée d'injures :** une grande quantité d'injures.

**bordel** nm TRÈS FAM **1.** Maison de prostitution. **2.** Grand désordre.

**bordelais, e** adj et n De Bordeaux.

**bordélique** adj TRÈS FAM Qui est très désordonné ; où règne un grand désordre.

**border** vt **1.** Occuper le bord, la périphérie de : *les maisons qui bordent la route.* **2.** Garnir le bord de : *border de fleurs une terrasse.* ■ **border un lit :** replier les draps, les couvertures sous le matelas.

**bordereau** nm Relevé récapitulatif d'un compte, d'un document, etc. : *bordereau de livraison, d'expédition.*

**bordier, ère** adj ■ **mer bordière :** mer située en bordure d'un continent.

**bordure** nf Ce qui garnit le bord ou s'étend sur le bord de qqch. ■ **en bordure de :** le long de.

**bordurette** nf Dispositif de séparation placé entre deux voix de circulation et destiné à protéger un couloir d'autobus.

**bore** nm CHIM Corps simple, solide, cristallisable et noirâtre ; symb : B.

**boréal, e, als** ou **aux** adj De la moitié nord du globe terrestre. CONTR : austral.

**borée** nm LITT Vent du nord.

**borgne** adj et n Qui a perdu un œil. ◆ adj ■ **hôtel borgne :** mal fréquenté.

**borique** adj Se dit d'un acide dérivé du bore.

**bornage** nm Limitation d'une propriété privée par des bornes.

**borne** nf **1.** Pierre ou autre marque de séparation, division : *borne kilométrique.* **2.** Dispositif évoquant par sa forme une borne : *borne d'incendie.* **3.** Point ou composant d'un circuit destiné à établir une connexion. **4.** FAM Kilomètre. ■ **borne interactive :** équipement multimédia composé d'un ordinateur et d'un écran vidéo, qui, dans un lieu public, permet d'obtenir des informations sur un sujet donné. ◆ **bornes** pl Limites. ■ **dépasser les bornes :** aller au-delà de ce qui est permis.

**borné, e** adj Limité intellectuellement.

**borne-fontaine** (pl *bornes-fontaines*) nf Petite fontaine en forme de borne.

**borner** vt **1.** Mettre des bornes. **2.** Limiter. **3.** FIG Modérer. ◆ **se borner** vpr [à] Se contenter de.

**bortsch** ou **borchtch** [bɔrtʃ] nm Pot-au-feu à base de chou et de betterave, servi avec de la crème aigre.

**bosniaque** adj et n Des Musulmans de Bosnie-Herzégovine.

**bosnien, enne** adj et n De Bosnie-Herzégovine : *les Bosniens*.

**bosquet** nm Petit bois.

**bossage** nm Saillie en pierre sur un mur.

**bossa-nova** (pl *bossas-novas*) nf Musique de danse brésilienne ; la danse elle-même.

**bosse** nf **1.** Enflure : *se faire une bosse au front*. **2.** Grosseur anormale au dos ou à la poitrine. **3.** Protubérance naturelle chez certains animaux : *les bosses du chameau*. **4.** Élévation arrondie sur une surface : *les creux et les bosses d'un terrain*. ■ FAM **avoir la bosse de :** être doué dans une discipline : *il a la bosse des maths*. ❑ FAM **rouler sa bosse :** voyager beaucoup.

**bosseler** vt (conj 6) Déformer par des bosses.

**bosselure** nf Bosse sur une surface.

**bosser** vi FAM Travailler.

**bosseur, euse** adj et n FAM Qui travaille beaucoup.

**bossoir** nm Tout appareil de levage à bord d'un navire pour hisser une ancre, une embarcation, etc.

**bossu, e** adj et n Qui a une bosse sur le dos ou sur la poitrine. ■ FAM **rire comme un bossu :** rire aux éclats.

**bot, e** adj Se dit d'une difformité du pied, de la main : *pied bot*.

**botanique** nf Science des végétaux. ◆ adj Relatif à cette science.

**botaniste** n Spécialiste de la botanique.

**botsard** adj SUISSE Qui est barbouillé de ;sale.

**1. botte** nf Assemblage de choses de même nature liées ensemble : *botte de radis ; botte de foin*.

**2. botte** nf **1.** Coup de fleuret ou d'épée. **2.** Attaque vive et imprévue.

**3. botte** nf Chaussure qui enferme le pied et la jambe. ■ **être à la botte de qqn :** lui être entièrement soumis. ❑ **sous la botte :** opprimé militairement.

**botter** vt **1.** Chausser de bottes. **2.** FAM Donner un coup de pied à, dans. **3.** FAM Convenir, plaire à : *ça le botte*.

**bottier, ère** n Artisan qui fait des chaussures et des bottes sur mesure.

**bottillon** nm Chaussure à tige montante, généralement fourrée.

**Bottin** nm (nom déposé) Annuaire téléphonique.

**bottine** nf Chaussure montante.

**botulisme** nm Empoisonnement microbien par des conserves avariées.

**boubou** nm Longue tunique flottante portée en Afrique subsaharienne.

**bouc** nm **1.** Mâle de la chèvre. **2.** Barbiche. ■ **bouc émissaire :** personne rendue responsable de toutes les fautes, de tous les torts.

**boucan** nm FAM Vacarme.

**boucanage** nm Action de boucaner.

**boucaner** vt Fumer de la viande, du poisson.

**boucanier** nm **1.** Chasseur de bœufs sauvages aux Antilles au XVIIe s. **2.** Pirate, aventurier.

**bouchage** nm Action de boucher.

**bouche** nf **1.** Cavité au bas du visage qui reçoit les aliments et donne passage à la voix (s'applique à certains animaux : cheval, etc.). **2.** FIG Personne à nourrir. **3.** Ouverture d'une cavité, d'un conduit : *bouche de métro ; bouche d'égout*. ■ **bouche à feu :** arme à feu non portative. ❑ **bouche d'incendie :** prise d'eau pour les pompiers. ❑ **de bouche à oreille :** confidentiellement et à l'insu des autres. ❑ **faire la fine bouche :** le difficile, le dégoûté. ❑ **faire venir l'eau à la bouche :** exciter le désir. ◆ **bouches** pl Nom donné à l'embouchure de certains fleuves : *bouches du Rhône*.

**bouché, e** adj **1.** Fermé, obstrué : *avoir le nez bouché*. **2.** Sans perspective d'accès : *carrière bouchée*. **3.** Où l'on circule très difficilement : *périphérique bouché*. **4.** FAM Qui comprend lentement. ■ **cidre bouché :** cidre pétillant, gardé dans une bouteille bouchée comme une bouteille de champagne. ❑ **temps bouché :** temps couvert.

**bouche-à-bouche** nm inv Méthode de respiration artificielle.

**bouchée** nf **1.** Quantité de nourriture portée à la bouche en une fois. **2.** Croûte en pâte feuilletée garnie : *bouchée à la reine*. **3.** Friandise de chocolat fourré. ■ **mettre les bouchées doubles :** aller plus vite. ❑ **pour une bouchée de pain :** pour presque rien. ❑ **ne faire qu'une bouchée de :** vaincre très facilement.

**1. boucher** vt **1.** Fermer une ouverture. **2.** Barrer, obstruer. ■ **boucher la vue :** faire écran.

**2. boucher, ère** n Personne qui vend au détail la viande. ◆ nm FIG Homme sanguinaire.

**boucherie** nf **1.** Boutique de boucher. **2.** Commerce de boucher. **3.** FIG Massacre, carnage.

**bouche-trou** (pl *bouche-trous*) nm Personne ou objet qui ne sert qu'à combler une place vide, à faire nombre.

**bouchon** nm **1.** Ce qui sert à boucher ; morceau de liège, de verre, de plastique pour boucher une bouteille, un flacon. **2.** Ce qui obstrue, bouche un conduit : *bouchon de cérumen.* **3.** Embouteillage momentané de la circulation. **4.** Poignée de paille tortillée. **5.** Flotteur d'une ligne de pêche. **6.** Jeu d'adresse.

**bouchonné, e** adj Se dit d'un vin qui a un goût de bouchon.

**bouchonner** vt Frotter, essuyer un cheval avec un bouchon de paille. ◆ vi Former un embouteillage.

**bouchot** nm Parc à moules.

**bouclage** nm **1.** Action de boucler. **2.** Opération militaire visant à encercler une zone pour la contrôler.

**boucle** nf **1.** Anneau ou rectangle de métal, avec ardillons : *boucle de ceinture.* **2.** Tout ce qui a la forme d'un anneau : *faire une boucle avec une corde.* **3.** Bijou pour les oreilles : *boucle d'oreille.* **4.** Spirale de cheveux frisés. **5.** Grande courbe d'un cours d'eau. **6.** INFORM Partie d'un programme qui ramène à un même point. ■ INFORM **en boucle** : se dit d'une séquence d'information qui est répétée en continu pendant un laps de temps : *programme de radio diffusé en boucle.*

**bouclé, e** adj Qui a des boucles : *cheveux bouclés.*

**boucler** vt **1.** Serrer avec une boucle : *boucler sa ceinture.* **2.** Donner la forme d'une boucle : *boucler des cheveux.* **3.** Enfermer, encercler : *boucler un quartier.* **4.** FAM Enfermer étroitement : *boucler un prisonnier dans sa cellule.* **5.** Terminer, mener à bien : *boucler la dernière édition d'un journal.* ■ **boucler son budget** : équilibrer les recettes et les dépenses. ❑ FAM **la boucler** : se taire. ◆ vi **1.** Former des boucles ; onduler : *ses cheveux bouclent.* **2.** INFORM Faire une boucle.

**bouclette** nf Petite boucle.

**bouclier** nm **1.** Plaque de métal, de cuir, etc., pour parer les traits ou les coups de l'ennemi. **2.** FIG Moyen de protection, défense : *bouclier atomique.* ■ FIG **levée de boucliers** : protestation générale contre un projet, une mesure.

**bouddha** nm Statue ou statuette représentant Bouddha.

**bouddhique** adj Du bouddhisme.

**bouddhisme** nm Religion fondée par Bouddha.

**bouddhiste** adj et n Qui appartient au bouddhisme ; qui en est partisan.

**bouder** vi Témoigner, laisser voir du dépit, de la mauvaise humeur. ◆ vt Montrer son mécontentement ou son indifférence à l'égard de qqn, qqch en l'évitant.

**bouderie** nf Action de bouder.

**boudeur, euse** adj et n Qui boude.

**boudin** nm **1.** Boyau rempli de sang et de graisse de porc assaisonnés : *boudin noir.* **2.** Spirale d'acier, de fil de fer : *ressort à boudin.* **3.** Saillie interne de la jante des roues sur rails. ■ FAM **tourner en eau de boudin** : finir par un échec.

**boudiné, e** adj FAM Serré dans ses vêtements.

**boudiner** vt FAM En parlant d'un vêtement, serrer de manière à faire apparaître des bourrelets : *cette robe te boudine.*

**boudoir** nm **1.** Petit salon de dame. **2.** Biscuit allongé saupoudré de sucre.

**boue** nf Terre ou poussière détrempée d'eau. ■ FIG **traîner qqn dans la boue** : l'accabler de propos infamants.

**bouée** nf **1.** Corps flottant, indiquant la route en mer, un obstacle, ou supportant certains appareils de signalisation. **2.** Anneau gonflable permettant de flotter : *bouée de sauvetage.*

**1. boueux** nm FAM Éboueur.

**2. boueux, euse** adj Plein de boue.

**bouffant, e** adj Qui semble gonflé : *des manches bouffantes.*

**bouffarde** nf FAM Grosse pipe.

**1. bouffe** adj ■ **opéra bouffe** : opéra comique.

**2. bouffe** nf FAM Nourriture.

**bouffée** nf **1.** Inspiration ou exhalaison : *aspirer une bouffée de tabac.* **2.** Souffle rapide et passager : *bouffée d'air frais.* **3.** FIG Accès brusque, fugitif : *bouffée de chaleur.*

**bouffer** vi Se gonfler, prendre un certain volume. ◆ vt et vi FAM Manger.

**bouffi, e** adj Boursouflé, gonflé : *des yeux bouffis.* ■ FIG **bouffi d'orgueil** : d'une grande vanité.

**bouffir** vt et vi Enfler, devenir enflé.

**bouffissure** nf Enflure.

**1. bouffon** nm **1.** Personnage de farce. **2.** Personnage grotesque qui amusait les rois par ses facéties.

**2. bouffon, onne** adj Plaisant, facétieux.

**bouffonnerie** nf Plaisanterie, facétie grossière.

**bougainvillée** nf ou **bougainvillier** nm Plante grimpante aux bractées violettes.

**bouge** nm **1.** Taudis. **2.** Café, bar mal fréquenté. **3.** Partie la plus renflée d'un tonneau.

**bougeoir** nm Support bas où l'on pose une bougie.

**bougeotte** nf ■ FAM **avoir la bougeotte** : la manie de bouger.

**bouger** vi (conj 2) **1.** Se mouvoir : *elle bouge sans arrêt.* **2.** Changer de lieu : *je n'ai pas bougé de la journée.* **3.** Changer, se modifier : *ce tissu ne bouge pas au lavage.* **4.** Passer à l'action : *les mécontents commencent à bouger.* ◆ vt Déplacer : *bouger une table.* ◆ **se bouger** vpr FAM Agir : *il serait temps de se bouger !*

**bougie** nf **1.** Chandelle de cire, à mèche tressée. **2.** AUTOM Organe d'allumage d'un moteur.

**bougnat** nm VIEILLI, FAM Marchand de charbon.

**bougon, onne** adj et n Grognon, de mauvaise humeur.

**bougonnement** nm Action de bougonner.

**bougonner** vi Murmurer, gronder entre ses dents.

**bougre, esse** n VIEILLI, FAM Gaillard. ◆ nm ■ FAM **c'est un bon bougre** ou **ce n'est pas un mauvais bougre** : c'est un brave type.

**bougrement** adv FAM Beaucoup.

**boui-boui** (pl *bouis-bouis*) nm FAM Café, restaurant médiocre.

**bouillabaisse** nf Plat provençal, composé de poissons cuits dans de l'eau ou du vin blanc et assaisonnés.

**bouillant, e** adj **1.** Qui bout : *eau bouillante.* **2.** Qui est brûlant : *café bouillant.* **3.** FIG Vif, ardent : *un caractère bouillant.*

**bouille** nf FAM Tête, figure.

**bouilleur** nm Distillateur d'eau-de-vie. ■ **bouilleur de cru** : propriétaire qui distille les produits de sa récolte.

**bouilli** nm Viande cuite dans l'eau pour faire du bouillon : *bouilli de bœuf.*

**bouillie** nf **1.** Aliment composé de lait et de farine bouillis ensemble. **2.** Pâte liquide. ■ **en bouillie** : écrasé.

**bouillir** vi (conj 31) **1.** Être en ébullition : *l'eau bout à 100 °C.* **2.** Plonger dans un liquide qui bout : *faire bouillir des légumes.* ■ **bouillir de colère, d'impatience** : être animé d'une violente colère, d'une grande impatience. ❑ **faire bouillir qqn** : provoquer son irritation, son impatience, l'exaspérer.

> CONJUGAISON Au futur, on dit : *l'eau bouillira,* et au subjonctif : *il faut que l'eau bouille.*

**bouilloire** nf Récipient en métal pour faire bouillir de l'eau.

**bouillon** nm **1.** Potage obtenu en faisant bouillir dans l'eau de la viande, des légumes. **2.** Bulle à la surface d'un liquide bouillant : *cuire à gros bouillons.* **3.** Flot tumultueux d'un liquide s'échappant avec force. **4.** Pli bouffant d'une étoffe. **5.** Ensemble des exemplaires invendus d'un journal. ■ FAM **boire un bouillon** : (a) avaler de l'eau en nageant (b) FIG perdre beaucoup d'argent dans une affaire. ❑ **bouillon de culture** : (a) liquide préparé comme milieu de culture biologique (b) FIG milieu favorable à qqch.

**bouillonnant, e** adj Qui bouillonne.

**bouillonnement** nm **1.** État d'un liquide qui bouillonne. **2.** FIG Agitation, effervescence.

**bouillonner** vi **1.** Former des bouillons : *torrent qui bouillonne.* **2.** FIG S'agiter vivement ou être animé d'un violent sentiment : *esprits qui bouillonnent ; bouillonner d'impatience.*

**bouillotte** nf **1.** Récipient que l'on remplit d'eau bouillante pour se réchauffer. **2.** VIEILLI Petite bouilloire.

**boulange** nf FAM Métier de boulanger.

**1. boulanger** vt et vi (conj 2) Pétrir du pain et le cuire.

**2. boulanger, ère** n Personne qui fait et vend du pain.

**boulangerie** nf **1.** Fabrication du pain. **2.** Boutique du boulanger.

**boule** nf **1.** Objet sphérique : *boule de billard ; boule de neige.* **2.** FAM Tête. ■ FIG **faire boule de neige** : grossir continuellement. ❑ FAM **se mettre en boule** : se mettre en colère. ❑ FAM **perdre la boule** : (a) s'affoler (b) devenir fou. ◆ **boules** pl Jeu qui se joue avec des boules (pétanque, boule lyonnaise, etc.). ■ TRÈS FAM **avoir les boules** : être angoissé, déprimé ou exaspéré.

**bouleau** nm Arbre à écorce blanche ; bois de cet arbre.

**boule-de-neige** (pl *boules-de-neige*) nf Forme cultivée d'obier à fleurs blanches ou verdâtres groupées en boules.

**bouledogue** nm Petit dogue à mâchoires proéminentes.

**bouler** vi ■ FAM **envoyer bouler** : envoyer promener, repousser.

**boulet** nm **1.** Projectile sphérique de pierre ou de métal dont on chargeait les canons. **2.** Boule fixée à une chaîne qu'on attachait au pied des forçats. **3.** FIG Personne, chose qui est une charge, une contrainte. **4.** Jointure de la jambe du cheval au-dessus du paturon. **5.** Aggloméré de charbon, de forme ovoïde. ■ **comme un boulet de canon** : très vite. ❑ **tirer à boulets rouges sur qqn** : l'attaquer très violemment.

**boulette** nf **1.** Petite boule de pain, de papier, de chair hachée. **2.** FIG, FAM bévue.

**boulevard** nm Large voie de circulation urbaine. ■ **théâtre de boulevard** : comédie légère où domine le vaudeville. ❑ **les Grands Boulevards** : les boulevards qui vont de la place de la République à la place de la Madeleine, à Paris.

**boulevardier, ère** adj Propre au théâtre de boulevard.

**bouleversant, e** adj Qui bouleverse.

**bouleversement** nm Trouble violent, grand désordre.

**bouleverser** vt **1.** Mettre en grand désordre, introduire la confusion : *bouleverser des horaires.* **2.** FIG Causer à qqn une grande émotion.

**boulier** nm Appareil comprenant des tiges de fer sur lesquelles sont enfilées des boules et qui sert à compter.

**boulimie** nf **1.** Besoin maladif d'absorber de grandes quantités de nourriture. **2.** FIG Frénésie : *une boulimie de travail.*

**boulimique** adj et n Atteint de boulimie.

**boulin** nm Pièce de bois horizontale d'un échafaudage fixée dans la maçonnerie.

**boulingrin** nm Parterre de gazon limité par une bordure.

**boulisme** nm Pratique du jeu de boules.

**bouliste** n Joueur de boules.

**boulocher** vi En parlant d'un lainage, former des petites boules pelucheuses à l'usage.

**boulodrome** nm Lieu spécialement aménagé pour le jeu de boules.

**boulon** nm Ensemble constitué par une vis et par l'écrou qui s'y adapte.

**boulonner** vt Fixer avec un boulon. ◆ vi FAM Travailler beaucoup.

**1. boulot** nm FAM Travail. ■ **petit boulot :** emploi précaire et mal payé : *elle ne vit que de petits boulots.*

**2. boulot, otte** adj et n FAM Gros et petit.

**1. boum** interj et nm Indique un bruit sonore.

**2. boum** nf FAM Après-midi ou soirée dansante.

**bouquet** nm **1.** Assemblage de fleurs, d'herbes aromatiques. **2.** FIG Parfum agréable du vin. **3.** Pièce qui termine un feu d'artifice. **4.** Grosse crevette rose. **5.** Partie du prix d'un bien en viager immédiatement payée au vendeur. ■ **bouquet d'arbres :** très petit bois. ❑ **bouquet de programmes :** ensemble des programmes de télévision diffusés par un satellite de radiodiffusion directe. ❑ **bouquet garni :** assortiment d'herbes aromatiques servant en cuisine. ❑ FAM **c'est le bouquet ! :** c'est le comble !

**bouqueté, e** adj Se dit d'un vin qui a du bouquet.

**bouquetière** nf Personne qui vend des fleurs dans les cabarets, les restaurants, etc.

**bouquetin** nm Chèvre sauvage des montagnes, à longues cornes.

[illegible]**in** nm **1.** Vieux bouc. **2.** Lièvre ou [illegible]le. **3.** FAM Livre.

[illegible] vi et vt FAM Lire.

[illegible] n Vendeur de livres d'occa-[illegible]

[illegible]s de boue.

**bourbeux, euse** adj Plein de bourbe ou de boue.

**bourbier** nm **1.** Lieu creux plein de boue. **2.** FIG Situation difficile : *sortir d'un bourbier.*

**bourbillon** nm Pus épais et blanc, au centre d'un furoncle.

**bourbon** nm Whisky à base de maïs fabriqué aux États-Unis.

**bourbonien, enne** adj Des Bourbons. ■ **nez bourbonien :** arqué.

**bourdaine** nf Arbuste dont les tiges sont utilisées en vannerie et dont l'écorce est laxative.

**bourde** nf FAM Erreur grossière, bévue : *commettre une bourde.*

**bourdon** nm **1.** Insecte à corps gros et velu, voisin de l'abeille. **2.** Grosse cloche à son grave : *sonner le bourdon.* **3.** Bâton de pèlerin. **4.** Un des jeux de l'orgue, qui fait la basse. ■ **faux bourdon :** mâle des abeilles. ❑ FAM **avoir le bourdon :** être triste, déprimé.

**bourdonnant, e** adj Qui bourdonne.

**bourdonnement** nm **1.** Bruit que fait le vol des insectes, etc. **2.** Bruit sourd et confus. **3.** Sensation d'un son grave qui ne provient pas d'un bruit extérieur : *bourdonnement d'oreille.*

**bourdonner** vi Faire entendre un bruit sourd et continu : *une mouche qui bourdonne ; avoir les oreilles qui bourdonnent.*

**bourg** [bur] nm Gros village.

**bourgade** nf Petit bourg.

**bourgeois, e** n Personne qui appartient à la bourgeoisie. ◆ adj **1.** Propre aux bourgeois : *préjugés bourgeois ; éducation bourgeoise.* **2.** Conformiste : *attitude bourgeoise.* **3.** Qui témoigne d'une certaine aisance matérielle : *un immeuble bourgeois.* ■ **cuisine bourgeoise :** simple et de bon goût.

**bourgeoisement** adv D'une manière bourgeoise.

**bourgeoisie** nf Catégorie sociale comprenant les personnes relativement aisées qui n'exercent pas un métier manuel.

**bourgeon** nm Petit renflement de la tige d'une plante qui, en se développant, donnera des feuilles ou des fleurs.

**bourgeonnement** nm Développement des bourgeons.

**bourgeonner** vi **1.** En parlant d'une plante, produire des bourgeons. **2.** FIG En parlant de la peau, se couvrir de boutons.

**bourgmestre** [burgmɛstr] n Nom donné au maire dans certains pays (Belgique, Suisse).

**bourgogne** nm Vin de Bourgogne.

**bourgueil** nm Vin rouge de Touraine.

**bourguignon, onne** adj et n De la Bourgogne : *les Bourguignons.* ■ **bœuf bourguignon :** ragoût de bœuf aux oignons et au vin rouge.

**bourlinguer** vi **1.** MAR En parlant d'un navire, rouler bord sur bord par grosse mer. **2.** FAM Mener une vie d'aventures, voyager beaucoup.

**bourlingueur, euse** n et adj FAM Personne qui bourlingue.

**bourrache** nf Plante à larges fleurs bleues, utilisée comme diurétique ; tisane préparée avec cette plante.

**bourrade** nf Coup brusque.

**bourrage** nm Action de bourrer. ■ FAM **bourrage de crâne :** propagande intensive.

**bourrasque** nf Coup de vent violent.

**bourrasser** vt CANADA Rudoyer, malmener.

**bourratif, ive** adj Qui alourdit l'estomac.

**bourre** nf **1.** Amas de poils, de déchets de tissus qui servent à garnir des meubles, des objets, à boucher des trous, etc. **2.** Ce qu'on met par-dessus la charge des armes à feu pour la maintenir. **3.** Partie grossière de la soie, de la laine. ■ FAM **être à la bourre :** en retard.

**bourré, e** adj FAM **1.** Trop plein, comble. **2.** Ivre.

**bourreau** nm **1.** Personne chargée d'exécuter les condamnés à mort. **2.** FIG Homme cruel. ■ FIG **bourreau de travail :** personne qui travaille beaucoup.

**bourrée** nf Danse d'Auvergne.

**bourrelé, e** adj ■ **bourrelé de remords :** torturé par le remords.

**bourrelet** nm **1.** Bande de feutre, de caoutchouc, etc., qui sert à obstruer une ouverture ou à amortir un choc. **2.** FAM Renflement adipeux : *bourrelets de chair.*

**bourrelier, ère** n Personne qui fabrique et vend des harnais et divers articles de cuir.

**bourrellerie** nf Métier et commerce de bourrelier.

**bourrer** vt **1.** Garnir de bourre. **2.** Remplir en tassant. **3.** FAM Gaver. **4.** Surcharger : *bourrer de travail.* ■ **bourrer de coups :** frapper à coups répétés. ❑ **bourrer le crâne :** (a) intoxiquer de propagande (b) en faire accroire. ◆ **se bourrer** vpr **1.** FAM Manger avec excès. **2.** S'enivrer.

**bourriche** nf Panier pour expédier du gibier, du poisson, des huîtres ; son contenu.

**bourricot** nm Petit âne.

**bourrin** nm FAM Cheval.

**bourrique** nf **1.** Âne, ânesse. **2.** FIG, FAM Personne têtue, stupide.

**bourru, e** adj D'un abord rude et renfrogné. ■ **vin bourru :** vin blanc nouveau.

**bourse** nf **1.** Petit sac pour mettre l'argent, de petits objets. **2.** FIG L'argent qu'on y met. **3.** Pension accordée pour des études : *bourse de licence.* ■ **sans bourse délier :** sans donner d'argent. ◆ **bourses** nf pl Scrotum.

**Bourse** nf **1.** Lieu, édifice où se font les opérations financières sur les valeurs publiques ; marché de ces valeurs. **2.** Milieu des boursiers. ■ **Bourse du travail :** lieu de réunion des syndicats ouvriers.

**boursicoter** vi FAM Faire de petites opérations de Bourse.

**boursicoteur, euse** n FAM Personne qui boursicote.

**1. boursier, ère** n Étudiant, élève qui bénéficie d'une bourse.

**2. boursier, ère** n Professionnel qui opère en Bourse. ◆ adj Relatif à la Bourse.

**boursouflé, e** adj **1.** Enflé, bouffi, gonflé. **2.** FIG Vaniteux et emphatique : *style boursouflé.*

**boursouflement** nm État de ce qui est boursouflé.

**boursoufler** vt Distendre, gonfler.

> ORTHOGRAPHE *Boursoufler* s'écrit avec un seul *f*, à la différence de *souffler.*

**boursouflure** nf **1.** Enflure. **2.** Emphase, grandiloquence.

**bousculade** nf **1.** Désordre d'une foule où l'on se bouscule. **2.** Hâte, précipitation.

**bousculer** vt **1.** Pousser en tous sens. **2.** FIG, FAM Presser : *ne me bousculez pas.* **3.** FIG Apporter un changement complet dans : *bousculer les idées reçues.* ◆ **se bousculer** vpr **1.** Se presser et s'agiter en se poussant les uns les autres. **2.** FIG Se succéder de façon désordonnée : *mes idées se bousculent.*

**bouse** nf Fiente des bovins.

**bousier** nm Insecte qui façonne des boulettes de bouse pour la nourriture de ses larves.

**bousiller** vt FAM **1.** Endommager gravement : *bousiller sa voiture.* **2.** Exécuter très mal, bâcler : *bousiller un travail.*

**boussole** nf Cadran dont l'aiguille, aimantée, se tourne toujours vers le nord. ■ FAM **perdre la boussole :** perdre la tête, s'affoler.

**bout** nm **1.** Extrémité : *bout d'un bâton.* **2.** Fin : *voir le bout d'un travail.* **3.** Fragment, morceau : *bout de papier, de gâteau.* **4.** MAR Cordage (dans ce sens, se prononce [but]). ■ **bout de :** petite partie de : *un bout de jardin.* ❑ **à bout portant :** à très courte distance. ❑ **à tout bout de champ :** à tout propos. ❑ **au bout de :** après une durée de : *au bout de cinq minutes.* ❑ [illegible] **bout du compte :** en définitive. ❑ **bout à** [illegible] l'un à la suite de l'autre. ❑ CIN **bout** [illegible] courte scène permettant de con[illegible] aptitudes d'un acteur avant son engagement. ❑ **de bout en bout** : d'une extrémité à l'autre. ❑ FAM **en connaître un bout** : être très compétent. ❑ **être à bout** : (a) être épuisé (b) être exaspéré. ❑ **être à bout de qqch** : ne plus en avoir : *être à bout d'arguments, de forces.* ❑ **pousser à bout** : faire perdre patience. ❑ FAM **tenir le bon bout** : être près de réussir. ❑ **venir à bout de** : triompher de qqn, terminer qqch.

**boutade** nf Mot d'esprit, propos paradoxal.

**bout-dehors** (pl *bouts-dehors*) nm MAR Pièce de mâture ajoutée à une vergue pour porter une voile.

**boute-en-train** nm inv Personne qui met les autres en train, en gaieté.

**bouteille** nf **1.** Récipient à goulot étroit, destiné aux liquides ; son contenu. **2.** Récipient métallique, de forme plus ou moins allongée : *bouteille d'oxygène, de gaz.* ■ FAM **avoir, prendre de la bouteille** : être vieux, vieillir. ❑ FAM **c'est la bouteille à l'encre** : une situation confuse, embrouillée.

**bouter** vt ■ BELGIQUE, SUISSE **bouter le feu** : Mettre le feu, incendier.

**boutique** nf Magasin où se tient un commerce : *boutique de luxe.* ■ FAM **parler boutique** : s'entretenir de sujets professionnels.

**boutoir** nm Groin de sanglier. ■ **coup de boutoir** : (a) choc violent (b) FIG propos brusque et blessant.

**bouton** nm **1.** Petite pièce pour attacher les vêtements : *fermer les boutons de sa robe.* **2.** Petite pustule sur la peau : *bouton de fièvre.* **3.** Pousse, bourgeon à fleurs : *bouton de rose.* **4.** Ce qui a la forme d'un bouton : *bouton de fleuret, de porte.* **5.** Interrupteur d'un appareil électrique, d'une sonnerie, etc. : *bouton de l'ascenseur.*

**bouton-d'or** (pl *boutons-d'or*) nm Renoncule jaune.

**boutonnage** nm **1.** Action de fermer avec des boutons. **2.** Manière dont un vêtement se boutonne.

**boutonner** vt Fermer par des boutons.

**boutonneux, euse** adj Qui a des boutons sur la peau.

**boutonnière** nf Fente faite à un vêtement pour passer le bouton.

**bouton-pression** (pl *boutons-pression*) nm ou **pression** nf Petit bouton qui s'emboîte par pression dans un œillet métallique.

**bout-rimé** (pl *bouts-rimés*) nm Pièce de vers faite sur des rimes imposées.

**bouturage** nm Multiplication des végétaux par bouture.

**bouture** nf Fragment d'un végétal, détaché artificiellement ou naturellement, et susceptible de s'enraciner.

**bouturer** vt Reproduire par boutures.

**bouvet** nm Rabot servant à faire des rainures.

**bouvier, ère** n Personne qui garde les bœufs.

**bouvreuil** nm Passereau à tête et ailes noires, à dos gris et ventre rose.

**bovidé** nm Mammifère ruminant aux cornes creuses (les bovidés forment une famille).

**bovin, e** adj et nm De l'espèce du bœuf.

**bowling** [buliŋ] nm Jeu de quilles d'origine américaine ; lieu où l'on y joue.

**bow-window** [bowindo] (pl *bow-windows*) nm Fenêtre en saillie sur une façade.

**box** (pl *boxes* ou inv) nm **1.** Dans une écurie, logement pour un seul cheval. **2.** Compartiment fermé d'une salle commune (dortoir, prétoire, etc.) : *le box des accusés.* **3.** Emplacement de parking fermé.

**boxe** nf Sport de combat où les deux adversaires s'affrontent à coups de poing.

**1. boxer** vi Pratiquer la boxe. ◆ vt FAM Frapper à coups de poing.

**2. boxer** [bɔksɛr] nm Chien de garde, voisin du bouledogue.

**3. boxer** [bɔksœr] nm Slip couvrant le haut des cuisses.

**boxeur** nm Personne qui pratique la boxe.

**box-office** (pl *box-offices*) nm Cote de succès d'un spectacle, d'un acteur, etc., calculée en fonction des recettes qu'il génère.

**boy** [bɔj] nm ANC Jeune serviteur indigène, dans les pays colonisés.

**boyard** nm ANC Noble de haut rang dans les pays slaves.

**boyau** [bwajo] nm **1.** Intestin d'un animal. **2.** Conduit de cuir, de toile, de caoutchouc, etc. : *boyau de pompe.* **3.** Corde faite avec l'intestin de certains animaux : *boyaux de raquette.* **4.** FIG Passage, chemin étroit. **5.** MIL Tranchée enterrée, reliant les ouvrages des assiégeants.

**boycottage** [bɔjkɔtaʒ] ou **boycott** [bɔjkɔt] nm Cessation volontaire de toutes relations avec un individu, une entreprise, une nation.

**boycotter** [bɔjkɔte] vt Pratiquer le boycottage de.

**boy-scout** [bɔjskut] (pl *boy-scouts*) nm VIEILLI Scout.

**BP** nf (sigle) Boîte postale.

**brabançon, onne** adj et n Du Brabant : *les Brabançons.*

**bracelet** nm Bijou, lanière, pièce de cuir ou d'étoffe en forme d'anneau que l'on porte au poignet : *bracelet de montre.* ■ **bracelet antirapprochement** : bracelet électronique qui permet de géolocaliser un auteur de violences conjugales et émet une alerte s'il tente de s'approcher de sa victime. ❑ **bracelet électronique** : dispositif de contrôle à distance fixé à la cheville ou au poignet d'un condamné afin de restreindre ou d'interdire ses déplacements.

**bracelet-montre** (pl *bracelets-montres*) nm Montre portée au poignet (on dit aussi : *montre-bracelet*).

**brachial, e, aux** [brakjal, o] adj ANAT Relatif au bras.

**braconnage** nm Action de braconner.

**braconner** vi Chasser ou pêcher sans permis ou à une époque interdite, avec des engins prohibés, en des endroits réservés.

**braconnier, ère** n Personne qui braconne.

**bractée** nf Petite feuille différente des autres, à la base de la tige d'une fleur.

**brader** vt FAM Vendre à très bas prix, liquider.

**braderie** nf Liquidation de marchandises à bas prix par les commerçants.

**bradeur, euse** n Personne qui se débarrasse à bas prix de quelque chose.

**braguette** nf Ouverture sur le devant d'un pantalon.

**brahmane** nm Membre de la caste sacerdotale, la première des castes, en Inde.

**brahmanique** adj Relatif au brahmanisme : *caste brahmanique*.

**brahmanisme** nm Système religieux, en Inde, auquel est liée une organisation sociale reposant sur une division en castes héréditaires.

**braies** nf pl Pantalon ample des Gaulois.

**braillard, e** adj et n Qui braille.

**braille** nm Écriture en relief à l'usage des aveugles.

**braillement** nm Cris, pleurs assourdissants.

**brailler** vt et vi FAM **1.** Parler, crier de façon assourdissante. **2.** Chanter mal et fort.

**braiment** nm Cri de l'âne.

**brainstorming** [brɛnstɔrmiŋ] nm (anglicisme) Recherche collective d'idées originales sur un sujet donné, au cours de laquelle chacun dit ce qui lui vient à l'esprit (recommandation officielle : *remue-méninges*).

**brain-trust** [brɛntrœst] (pl *brain-trusts*) nm Équipe d'experts, de techniciens chargés d'élaborer des projets.

**braire** vi (conj 79 ; seulement à l'indicatif présent et à l'infinitif) Crier, en parlant de l'âne.

**braise** nf Résidu, ardent ou éteint, de la combustion du bois.

**braiser** vt Faire cuire à feu doux, sans évaporation.

**brame** ou **bramement** nm Cri du cerf.

**bramer** vi Crier, en parlant du cerf.

**bran** nm Partie grossière du son.

**brancard** nm **1.** Civière pour porter des malades, des blessés, etc. **2.** Chacun des deux bâtons de bois entre lesquels on attelle le cheval. ■ FIG **ruer dans les brancards** : se rebiffer.

**brancardier** nm Porteur de civière.

**branchage** nm Ensemble des branches d'un arbre. ◆ **branchages** pl Branches coupées.

**branche** nf **1.** Ramification des tiges d'un arbre ou d'un arbuste. **2.** PAR EXT Division d'un élément principal : *branche d'un chandelier*. **3.** Élément mobile effilé de certains objets articulés : *branche de lunettes*. **4.** Activité particulière, spécialité : *dans quelle branche travaille-t-il ?* ■ **scier la branche sur laquelle on est assis** : compromettre sa propre situation par des actions inconsidérées.

**branché, e** adj et n FAM Au courant, dans le coup, à la mode.

**branchement** nm **1.** Action de brancher. **2.** Tuyau secondaire aboutissant au tuyau principal.

**brancher** vt **1.** Rattacher à une canalisation, à une conduite, à un circuit. **2.** Mettre quelque chose en relation avec une installation ou un circuit afin de le faire fonctionner : *brancher un poste de télévision*. ■ FAM **ça me branche** : ça m'intéresse, ça me plaît.

**branchial, e, aux** adj Des branchies.

**branchies** nf pl Organes respiratoires des poissons ; ouïes.

**brandade** nf Préparation de morue à la provençale.

**brandebourg** nm Passementerie, galon à dessins variés.

**brandir** vt **1.** Lever une arme d'un geste menaçant. **2.** Agiter en l'air : *brandir un drapeau*. **3.** FIG Agiter la menace de : *brandir la loi*.

**brandon** nm Débris enflammé. ■ FIG **brandon de discorde** : source de la discorde.

**brandy** nm Eau-de-vie, en Angleterre.

**branlant, e** adj Qui branle.

**branle** nm Mouvement d'oscillation, de va-et-vient. ■ FIG **mettre en branle** : donner l'impulsion initiale.

**branle-bas** nm inv ■ **branle-bas de combat** : (a) préparatifs de combat à bord d'un vaisseau (b) FIG grande agitation, désordre qui précède une action.

**branler** vi Chanceler, osciller, vaciller : *une chaise qui branle*. ■ FIG, FAM **branler dans le manche** : être en mauvaise posture. ◆ vt ■ **branler la tête** : la remuer.

**braquage** nm **1.** Action de braquer. **2.** FAM Attaque à main armée.

**braque** nm Chien de chasse à poil ras.

**braquer** vt **1.** Diriger sur un objectif : *braquer un fusil*. **2.** AUTOM Orienter les roues directrices d'une voiture pour virer. **3.** FAM

Menacer d'une arme à feu. **4.** Provoquer chez qqn une attitude de rejet. ◆ vi Tourner : *une voiture qui braque bien.* ◆ **se braquer** vpr Avoir une attitude de rejet systématique : *se braquer contre un projet.*

**braquet** nm Rapport de démultiplication entre le pédalier et le pignon d'une bicyclette. ■ FIG **changer de braquet** : se montrer plus efficace, passer à la vitesse supérieure.

**bras** nm **1.** Partie du membre supérieur de l'homme, entre l'épaule et le coude ; PAR EXT le membre supérieur en entier. **2.** Partie du membre antérieur du cheval entre le genou et l'épaule. **3.** Chacune des deux parties d'un fauteuil sur lesquelles on repose les bras. **4.** Tige qui transmet un mouvement : *bras de levier.* **5.** Division d'un fleuve, d'une mer. **6.** Personne qui fait un travail manuel : *l'agriculture manque de bras.* ■ **à bout de bras** : avec ses seules forces. ❑ **à bras raccourcis** : avec violence. ❑ **à tour de bras** : avec force. ❑ **avoir le bras long** : avoir de l'influence. ❑ **avoir qqn sur les bras** : l'avoir à sa charge. ❑ **baisser les bras** : abandonner. ❑ **bras cassé** : personne inutile, paresseuse ou incapable. ❑ **bras dessus, bras dessous** : en se donnant le bras. ❑ **le bras droit de qqn** : son principal assistant. ❑ **bras de fer** : épreuve de force. ❑ **bras d'honneur** : geste obscène de mépris. ❑ **les bras m'en tombent** : cela me stupéfie. ❑ **couper bras et jambes** : ôter toute force. ❑ **recevoir à bras ouverts** : accueillir avec joie.

**brasero** [brazero] nm Récipient métallique rempli de braise, de charbon allumé.

**brasier** nm **1.** Feu incandescent. **2.** Incendie, feu très violent.

**bras-le-corps (à)** loc adv **1.** Par le milieu du corps : *saisir qqn à bras-le-corps.* **2.** FIG Énergiquement : *prendre un problème à bras-le-corps.*

**brassage** nm **1.** Action de brasser. **2.** FIG Mélange : *le brassage des peuples.*

**brassard** nm Bande d'étoffe, ruban que l'on porte au bras comme insigne.

**brasse** nf Manière de nager sur le ventre en portant simultanément les deux bras en avant. ■ **brasse coulée** : brasse à temps d'expiration prolongé dans l'eau.

**brassée** nf Ce que peuvent contenir les deux bras : *une brassée de fleurs.*

**brasser** vt **1.** Préparer la bière en mélangeant du malt avec l'eau. **2.** Remuer, mêler. ■ FIG **brasser des affaires** : en traiter beaucoup.

**brasserie** nf **1.** Lieu où l'on brasse la bière. **2.** Établissement où l'on sert des boissons et des repas vite préparés. **3.** Grand café-restaurant, au décor typique, caractérisé par son service dynamique.

**brasseur, euse** n Personne qui fait de la bière et la vend en gros.

**brassière** nf **1.** Vêtement de bébé fermé dans le dos. **2.** Soutien-gorge ou haut moulant court, qui s'enfile par la tête.

**brasure** nf Soudure de deux morceaux de métal grâce à un métal plus fusible.

**bravache** nm et adj Fanfaron, faux brave.

**bravade** nf Action ou parole de défi, de forfanterie.

**brave** adj et n **1.** Vaillant, courageux : *homme brave.* **2.** Honnête, bon : *brave homme.*

**bravement** adv D'une manière brave.

**braver** vt Défier, affronter.

**bravo** interj Très bien ! ◆ nm Cri d'approbation, applaudissement.

**bravoure** nf Vaillance, intrépidité.

**break** [brɛk] nm Voiture qui possède à l'arrière un hayon relevable et une banquette amovible sur un plancher plat.

**brebis** nf Mouton femelle. ■ FIG **brebis galeuse** : personne dangereuse, indésirable.

**brèche** nf **1.** Ouverture faite dans un mur, une clôture, etc. **2.** Brisure faite au tranchant d'une lame. ■ **être toujours sur la brèche** : en action. ❑ **battre en brèche** : attaquer vivement.

**bréchet** nm Sternum des oiseaux.

**bredouillage** ou **bredouillement** ou **bredouillis** nm Action de bredouiller.

**bredouille** adj Qui a échoué, qui n'a rien pris : *rentrer bredouille.*

**bredouiller** vi et vt Parler d'une manière précipitée et peu distincte.

**1. bref** nm Lettre du pape, de moindre importance qu'une bulle et ne portant pas le sceau pontifical.

**2. bref, ève** adj De courte durée. ■ **d'un ton bref** : d'une voix tranchante, brutale. ❑ **pour être bref** : pour abréger. ◆ adv Enfin, en un mot : *bref, c'est non.*

**brelan** nm Réunion de trois cartes semblables, au poker : *brelan d'as.*

**breloque** nf Petit bijou attaché à un bracelet ou à une chaîne.

**brème** nf Poisson d'eau douce.

**brent** [brɛnt] nm Prix d'un baril de pétrole provenant de la mer du Nord et servant de référence pour le marché européen.

**brésilien, enne** adj et n Du Brésil : *les Brésiliens.*

**bretelle** nf **1.** Courroie pour porter un fardeau, un fusil. **2.** Bande de tissu retenant aux épaules certains vêtements ou sous-vêtements : *bretelles de soutien-gorge.* **3.** Courte voie reliant entre eux deux itinéraires routiers importants : *une bretelle d'autoroute.* ■ FAM **remonter les bretelles à qqn** : le rappeler à l'ordre, lui faire des reproches.

**breton, onne** adj et n De Bretagne : *les Bretons.* ◆ nm Langue celtique parlée dans l'ouest de la Bretagne.

**bretonnant, e** adj et n Qui parle breton ; qui a conservé les coutumes bretonnes.

**bretzel** [bredzɛl] nm ou nf Pâtisserie alsacienne salée.

**breuvage** nm LITT, PÉJOR Boisson.

**brève** nf **1.** Voyelle ou syllabe dont la durée d'émission est courte. **2.** Courte information de dernière heure ou peu importante.

**brevet** nm Diplôme délivré, après examen, par l'État et conférant certains droits : *brevet de pilote.* ■ **brevet (d'invention) :** titre protégeant une invention ou un procédé. ❑ **brevet des collèges :** examen de fin de premier cycle du secondaire.

**breveté, e** adj et n **1.** Qui est titulaire d'un brevet. **2.** Qui est garanti par un brevet : *invention brevetée.*

**breveter** vt (conj 8) Protéger par un brevet : *breveter une invention.*

**bréviaire** nm Livre contenant les prières que les prêtres catholiques doivent lire chaque jour.

**Brexit** nm Retrait de la Grande-Bretagne de l'Union européenne ; processus politique conduisant à ce retrait. (On parle aussi de Grexit [pour la Grèce], de Frexit [pour la France].)

**briard, e** adj et n De la Brie. ◆ nm Chien de berger, à poil long.

**bribe** nf (surtout au pluriel) Fragment d'un tout : *saisir des bribes d'une conversation.*

**bric-à-brac** nm inv Amas d'objets disparates, vieux ou en mauvais état.

**bric et de broc (de)** loc adv Avec des éléments pris de tous côtés, au hasard.

**1. brick** nm Voilier à deux mâts carrés.

**2. brick** nm Galette tunisienne à base de blé dur, fourrée de thon, d'œuf, etc., et frite.

**bricolage** nm **1.** Action de bricoler ; son résultat. **2.** Réparation provisoire. **3.** Travail vite et mal fait.

**bricole** nf FAM Chose sans importance ou sans valeur.

**bricoler** vi Faire des petits travaux d'installation, de réparation, chez soi ou à l'extérieur. ◆ vt FAM Réparer avec des moyens de fortune.

**bricoleur, euse** adj et n Qui bricole.

**bride** nf **1.** Partie du harnais du cheval qui sert à conduire celui-ci. **2.** COUT Boutonnière en points de chaînette. **3.** Lien de fer unissant deux pièces. ■ **à bride abattue :** très vite. ❑ **lâcher la bride à :** donner toute liberté à.

**bridé, e** adj ■ **yeux bridés :** dont les paupières sont étirées en longueur.

**brider** vt **1.** Mettre la bride à un cheval. **2.** Limiter la puissance d'un moteur, d'une machine. **3.** Ficeler une volaille. **4.** FIG Contenir, réfréner : *brider son imagination.*

**bridge** nm **1.** Jeu de cartes. **2.** Appareil dentaire formant un pont entre deux dents.

**bridger** vi (conj 2) Jouer au bridge.

**bridgeur, euse** n Personne qui joue au bridge.

**brie** nm Fromage de la Brie, à pâte molle.

**briefer** [brife] vt FAM Renseigner par un bref exposé.

**briefing** [brifiŋ] nm (anglicisme) Réunion d'information.

**brièvement** adv En très peu de mots.

**brièveté** nf Courte durée d'une action, d'un état.

**brigade** nf **1.** Unité militaire. **2.** Corps de police spécialisé : *brigade des mineurs.* **3.** Équipe d'ouvriers.

**brigadier, ère** n **1.** Chef d'une brigade de gendarmerie. **2.** Général de brigade. ◆ nm Bâton pour frapper les trois coups au théâtre.

**brigand** nm **1.** Personne qui vole et pille à main armée. **2.** VIEILLI Vaurien, bandit.

**brigandage** nm Acte de brigand.

**brigue** nf LITT Manœuvre pour triompher d'un rival.

**briguer** vt Chercher à obtenir : *briguer un poste, un honneur.*

**brillamment** adv Avec éclat.

**brillant, e** adj **1.** Qui brille par son éclat. **2.** FIG Qui brille par son intelligence. ◆ nm **1.** Éclat : *le brillant de l'or.* **2.** Diamant taillé à facettes.

**brillantine** nf Préparation parfumée pour donner du brillant aux cheveux.

**briller** vi **1.** Émettre de la lumière : *le soleil brille.* **2.** Avoir de l'éclat : *ses yeux brillent de joie.* **3.** Se faire remarquer par une qualité particulière : *briller par son esprit.*

**brimade** nf **1.** Épreuve que les anciens imposent aux nouveaux dans certaines écoles, à l'armée, etc. **2.** Mesure vexatoire et inutile.

**brimbaler** vt et vi → **bringuebaler.**

**brimborion** nm FAM Objet sans valeur.

**brimé, e** adj ■ **se sentir brimé :** éprouver un sentiment d'injustice, de frustration.

**brimer** vt Faire subir des brimades.

**brin** nm Petite partie d'une chose longue et mince ; petite tige : *un brin de paille, d'herbe, de muguet.* ■ FAM **un brin de :** un peu de. ❑ FAM **un beau brin de fille :** une fille grande et bien faite.

**brindille** nf Branche très mince et légère.

**1. bringue** nf ■ FAM **grande bringue :** fille grande et mince, dégingandée.

**2. bringue** nf ■ FAM **faire la bringue :** faire la fête.

**bringuebaler** ou **brinquebaler** ou **brimbaler** vt et vi FAM Secouer, être secoué de droite à gauche.

**brio** nm Virtuosité.

**brioche** nf **1.** Pâtisserie de pâte levée, souvent en forme de boule. **2.** FAM Gros ventre.

**brioché, e** adj ■ **pain brioché** : qui a le goût et la consistance de la brioche.

**brique** nf **1.** Matériau de construction à base d'argile, en forme de parallélépipède rectangle moulé et cuit au four. **2.** Emballage en forme de brique ; produit présenté sous cette forme : *brique de lait, de savon.* **3.** FAM Un million de centimes. ◆ adj inv Rougeâtre.

ORTHOGRAPHE On écrit *un mur en brique* mais *un mur en briques creuses*.

**briquer** vt FAM Nettoyer en frottant vigoureusement.

**briquet** nm Petit appareil servant à produire du feu.

**briqueterie** nf Lieu où l'on fabrique des briques.

**briquette** nf Brique faite de tourbe ou de poussière de charbon.

**bris** nm DR Fracture d'une porte, d'une glace, etc. : *bris de clôture*.

**brisant** nm Rocher à fleur d'eau, sur lequel les vagues se brisent.

**briscard** ou **brisquard** nm FAM Homme astucieux et retors.

**brise** nf Petit vent frais et doux.

**brisé, e** adj Formé de droites ou de plans qui se coupent : *une ligne brisée*.

**brisées** nf pl ■ LITT **aller sur les brisées de qqn** : entrer en concurrence avec lui.

**brise-glace** nm inv Navire muni d'une étrave renforcée pour briser la glace.

**brise-jet** (pl *brise-jets* ou inv) nm Petit tuyau prolongeant un robinet d'eau pour modérer et régulariser le jet.

**brise-lames** nm inv Digue en avant d'un port.

**brisement** nm Action de briser, de se briser.

**brise-mottes** nm inv Rouleau pour écraser les mottes de terre.

**briser** vt **1.** Rompre, mettre en pièces : *briser un vase.* **2.** Détruire : *briser une résistance.* **3.** Interrompre : *briser une discussion.* ■ **briser le cœur de qqn** : lui causer une grande peine. ◆ **se briser** vpr **1.** Se casser. **2.** Se diviser en heurtant un obstacle, en parlant des vagues.

**brise-tout** n inv FAM Personne qui casse tout ce qu'elle touche.

**briseur, euse** n ■ **briseur de grève** : Personne qui, dans une entreprise, travaille alors que les autres sont en grève.

**brisquard** nm → **briscard**.

**bristol** nm **1.** Carton fin. **2.** VIEILLI Carte de visite.

**brisure** nf **1.** LITT Fente, fêlure dans un objet brisé. **2.** Endroit où un objet formé de deux parties est articulé : *brisure d'un volet*.

**britannique** adj et n De Grande-Bretagne : *les Britanniques*.

**broc** [bro] nm Grand vase à anse et à bec.

**brocante** nf Commerce de brocanteur.

**brocanteur, euse** n Personne qui achète et revend des objets usagés, d'occasion.

**brocard** nm **1.** Chevreuil mâle. **2.** LITT Raillerie offensante.

**brocarder** vt LITT Railler.

**brocart** nm Étoffe brochée de soie, d'or ou d'argent.

**brochage** nm Action de brocher.

**broche** nf **1.** Bijou de femme muni d'une épingle. **2.** Tige de fer sur laquelle on pique la viande pour la faire rôtir. **3.** Tige recevant les bobines des métiers à tisser. **4.** Tige d'une serrure, pénétrant dans le trou d'une clé. **5.** CHIR Instrument pour maintenir les os fracturés. ◆ **broches** pl Défenses du sanglier.

**broché** nm Procédé de tissage formant sur l'étoffe des dessins ; étoffe ainsi tissée.

**brocher** vt **1.** Passer des fils d'or, de soie, etc., dans une étoffe. **2.** Plier, assembler, coudre et couvrir les feuilles d'un livre.

**brochet** nm Poisson d'eau douce qui peut atteindre 1 m de long.

**brochette** nf Petite broche sur laquelle on enfile des morceaux de viande, de poisson, etc., pour les faire griller ; aliments ainsi grillés. ■ FAM **une brochette de** : une rangée, un groupe de.

**brocheur, euse** n Personne qui broche des livres.

**brochure** nf **1.** Livre, ouvrage broché, peu volumineux. **2.** Travail du brocheur.

**brocoli** nm Chou-fleur vert d'Italie.

**brodequin** nm Grosse chaussure montante de marche, lacée sur le cou-de-pied.

**broder** vt **1.** Orner une étoffe de motifs en relief, à l'aiguille ou à la machine. **2.** FAM Amplifier un récit, en y ajoutant des détails fantaisistes.

**broderie** nf Art de broder ; ouvrage, motif brodé.

**brodeur, euse** n Personne qui brode.

**broiement** nm Broyage, écrasement.

**brome** nm CHIM Corps simple, liquide, rouge foncé ; symb : Br.

**broméliacée** nf Plante monocotylédone des pays tropicaux telle que l'ananas (les broméliacées forment une famille).

**bromique** adj CHIM Se dit d'un acide oxygéné du brome.

**bromure** nm Combinaison du brome avec un corps simple.

**bronca** nf Protestation véhémente d'une catégorie de personnes.

**bronche** nf Chacun des deux conduits par lesquels l'air s'introduit dans les poumons.

**broncher** vi Manifester son désaccord, sa mauvaise humeur par des paroles ou des gestes : *obéir sans broncher.*

**bronchiole** [brɔ̃ʃjɔl] nf Ramification terminale des bronches.

**bronchiolite** [brɔ̃ʃjɔlit] nf Inflammation des bronchioles.

**bronchique** adj Des bronches.

**bronchite** nf Inflammation des bronches.

**bronchitique** adj et n Atteint de bronchite.

**bronchodilatateur, trice** [brɔ̃ko-] nm et adj Substance provoquant une augmentation du diamètre des bronches, ce qui diminue la gêne respiratoire (due à l'asthme, notamm.).

**broncho-pneumonie** [brɔ̃ko-] (pl *broncho-pneumonies*) ou **broncho-pneumopathie** [brɔ̃ko-] (pl *broncho-pneumopathies*) nf Affection diffuse des petites bronches et des alvéoles pulmonaires.

**brontosaure** nm Reptile herbivore fossile de taille gigantesque apparu à l'ère secondaire.

**bronzage** nm Action de bronzer ; son résultat.

**bronzant, e** adj Qui fait bronzer.

**bronze** nm **1.** Alliage de cuivre et d'étain. **2.** Statue, objet en bronze.

**bronzé, e** adj Basané, hâlé : *teint bronzé.*

**bronzer** vt **1.** Brunir : *le soleil bronze la peau.* **2.** Donner la couleur du bronze à : *bronzer une statue.* ◆ vi Devenir brun de peau.

**bronzette** nf FAM Fait de se faire bronzer au soleil : *faire bronzette.*

**brossage** nm Action de brosser.

**brosse** nf **1.** Ustensile de nettoyage à filaments souples fixés sur une monture : *brosse à habits, à dents, à cheveux.* **2.** Sorte de pinceau pour étaler les couleurs. ■ **cheveux en brosse** : coupés courts et droits.

**brosser** vt Nettoyer avec une brosse. ■ FIG **brosser un tableau** : faire une description à larges traits, dépeindre. ◆ **se brosser** vpr **1.** Frotter ses vêtements, une partie de son corps avec une brosse : *se brosser les dents.* **2.** FAM Devoir se passer de ce sur quoi on comptait.

**brosserie** nf Fabrique, commerce de brosses.

**brou** nm Enveloppe verte des fruits à écale. ■ **brou de noix** : liquide brun tiré du brou de la noix.

**brouette** nf Petite caisse évasée montée sur une roue et munie de deux brancards.

**brouettée** nf Contenu d'une brouette.

**brouetter** vt Transporter avec une brouette.

**brouhaha** nm FAM Bruit de voix confus et tumultueux.

**brouillade** nf CUIS Préparation à base d'œufs brouillés : *une brouillade de truffes.*

**brouillage** nm Perturbation dans une transmission de radio qui la rend inaudible.

**brouillamini** nm FAM Affaire embrouillée ; désordre.

**brouillard** nm **1.** Amas de vapeur d'eau formant un nuage près du sol, limitant la visibilité. **2.** COMM Registre sur lequel on inscrit les opérations à leur date.

**brouillasse** nf Pluie fine semblable à du brouillard.

**brouillasser** v impers Se transformer en pluie fine, en parlant du brouillard.

**brouille** nf FAM Désaccord, mésentente.

**brouillé, e** adj ■ **œufs brouillés** : dont le jaune et le blanc mélangés sont constamment remués à la cuisson.

**brouiller** vt **1.** Mettre en désordre : *brouiller des fiches.* **2.** Rendre trouble : *brouiller la vue.* **3.** Rendre confus : *brouiller des idées.* **4.** Désunir, fâcher : *brouiller des personnes.* ■ FAM **être brouillé avec une discipline** : ne rien y comprendre : *être brouillé avec les maths.* ◆ **se brouiller** vpr **1.** Devenir trouble, confus : *ma vue se brouille.* **2.** Ne plus être en bons termes avec : *elle s'est brouillée avec lui.* ■ **le temps se brouille** : le ciel se couvre de nuages.

**1. brouillon, onne** adj et n Qui manque de clarté dans les idées.

**2. brouillon** nm Premier état d'un écrit : *un cahier de brouillon.*

**broussaille** nf Végétation touffue d'arbustes et de ronces entremêlés. ■ **cheveux, sourcils, barbe en broussaille** : en désordre.

**broussailleux, euse** adj Couvert de broussailles : *terrain broussailleux.*

**brousse** nf Végétation des régions tropicales sèches composée de buissons et d'arbustes ; terrain couvert de cette végétation.

**broutart** ou **broutard** nm Veau qui a brouté de l'herbe.

**brouter** vt En parlant du bétail, manger l'herbe, les jeunes pousses en les arrachant sur place. ◆ vi Fonctionner par à-coups (outil, machine, etc.).

**broutille** nf Chose de peu d'importance.

**brownie** [broni] ou [brawni] nm Petit gâteau au chocolat de forme carrée.

**brownien** [bronjɛ̃] ou [brawnjɛ̃] adj m ■ **mouvement brownien :** mouvement des particules microscopiques dans un liquide.

**browning** [brɔniŋ] ou [brawniŋ] nm Pistolet automatique.

**broyage** nm Action de broyer.

**broyer** [brwaje] vt (conj 3) Écraser, réduire en poudre : *broyer du sucre.* ■ **broyer du noir :** avoir des idées sombres.

**broyeur** nm Machine à broyer.

**brrr** interj Marque un sentiment de crainte, une sensation de froid, etc.

**bru** nf Conjointe d'un des enfants ; belle-fille.

**bruant** nm Genre de passereaux dont le type est l'ortolan.

**brucelles** nf pl Pince fine à ressort pour saisir de très petits objets.

**brucellose** nf Maladie marquée, chez l'homme, par la fièvre de Malte.

**bruche** nf Coléoptère qui pond dans les fleurs du pois.

**brugnon** nm Hybride de pêche à peau lisse.

**bruine** nf Pluie fine et froide.

**bruiner** v impers Tomber, en parlant de la bruine.

**bruineux, euse** adj Chargé de bruine : *temps bruineux.*

**bruire** vi LITT Faire entendre un murmure confus : *les arbres bruissent sous le vent.*

CONJUGAISON Ce verbe ne s'emploie que dans les formes *bruit, bruissent, bruissait, bruissaient, bruissant.*

**bruissement** nm Bruit faible et confus : *le bruissement des feuilles.*

**bruit** nm **1.** Son produit par des vibrations ; mélange confus de sons : *bruits de pas ; faire trop de bruit.* **2.** FIG Nouvelle : *un bruit qui court.* ■ **faire du bruit :** en parlant d'un événement, avoir un grand retentissement.

**bruitage** nm Action d'imiter artificiellement des bruits au cinéma, à la radio, etc. ; les bruits ainsi imités.

**bruiteur, euse** n Spécialiste du bruitage.

**brûlage** nm Action de brûler.

**brûlant, e** adj Qui brûle, très chaud. ■ FIG **sujet brûlant :** qui est d'actualité, qui soulève les passions.

**1. brûlé** nm Odeur répandue par une chose brûlée : *sentir le brûlé.*

**2. brûlé, e** adj ■ **cerveau brûlé** ou **tête brûlée :** individu exalté qui aime le risque.

**brûle-parfum** (pl *brûle-parfums* ou inv) nm Vase pour faire brûler des parfums.

**brûle-pourpoint (à)** loc adv Sans prévenir, brusquement.

**brûler** vt **1.** Détruire par le feu : *brûler des papiers.* **2.** Endommager par le feu ou des produits chimiques : *brûler la nappe avec une cigarette.* **3.** Causer une sensation de brûlure : *fumée qui brûle les yeux.* **4.** Employer comme source d'énergie pour le chauffage, pour l'éclairage : *brûler de l'électricité.* **5.** Franchir un signal d'arrêt : *brûler un feu.* ■ **brûler la cervelle :** tuer d'un coup de feu à la tête. ❑ **brûler une étape :** passer outre sans s'y arrêter. ❑ **brûler la politesse à qqn :** passer devant lui. ❑ **brûler ses vaisseaux :** se mettre dans l'impossibilité de reculer. ❑ FAM **être brûlé :** être démasqué. ◆ vi **1.** Se consumer sous l'action du feu : *la maison brûle.* **2.** Être détruit, endommagé par le feu : *le rôti a brûlé.* **3.** Être chaud, brûlant : *attention, ça brûle ! ; brûler de fièvre.* **4.** Désirer ardemment : *il brûle de lui parler.* **5.** Dans certains jeux, être sur le point de découvrir ce qu'il faut trouver : *tu brûles !* ◆ **se brûler** vpr Subir les effets du feu, d'une chaleur intense : *se brûler avec une allumette.*

**brûlerie** nf **1.** Atelier où l'on distille l'eau-de-vie. **2.** Lieu où l'on torréfie le café.

**brûleur** nm Appareil à combustion : *brûleur à gaz.*

**brûlis** nm Partie de forêt, de champ, incendiée pour y faire une culture.

**brûloir** nm Ustensile pour torréfier le café.

**brûlot** nm **1.** Eau-de-vie flambée avec du sucre. **2.** Journal, tract, article violemment polémique.

**brûlure** nf **1.** Lésion produite par le feu, les produits caustiques, l'électricité ou les rayonnements. **2.** Sensation de chaleur, d'irritation : *brûlure d'estomac.*

**brumaire** nm Deuxième mois du calendrier républicain (22 octobre-20 novembre).

**brumasser** v impers En parlant du temps, être légèrement brumeux.

**brume** nf Brouillard léger.

**brumeux, euse** adj Couvert de brume : *temps brumeux.*

**brun, e** adj D'une couleur intermédiaire entre le roux et le noir. ■ **bière brune :** bière de couleur foncée à base de malts spéciaux. ❑ **tabac brun :** tabac dont la fermentation a été poussée jusqu'à son terme et qui a subi une opération de torréfaction. ◆ adj et n Qui a les cheveux bruns. ◆ nm Couleur brune.

**brunâtre** adj Tirant sur le brun.

**brunch** [brœnʃ] (pl *brunchs* ou *brunches*) nm (anglicisme) Repas pris tard dans la matinée, et faisant office de petit-déjeuner et de déjeuner.

**brune** nf **1.** Bière brune. **2.** Cigarette de tabac brun.

**brunir** vt **1.** Rendre brun : *le soleil brunit la peau.* **2.** Polir un métal. ◆ vi Devenir brun, hâlé ; bronzer.

**brunissage** nm Action de brunir un métal.

**brunissement** nm Action de brunir la peau, de devenir brun.
**brunissoir** nm Outil pour brunir un métal.
**Brushing** [brœʃiŋ] nm (nom déposé) Mise en forme des cheveux à l'aide d'une brosse et d'un séchoir à main.
**brusque** adj **1.** Qui agit avec soudaineté et souvent avec violence : *un homme brusque.* **2.** Brutal, sec : *geste brusque ; ton brusque.* **3.** Qui arrive de façon soudaine, imprévue ; subit, inattendu : *départ brusque.*
**brusquement** adv D'une manière brusque.
**brusquer** vt **1.** Traiter d'une manière brusque, avec rudesse : *brusquer un enfant.* **2.** Hâter, précipiter : *brusquer une affaire.*
**brusquerie** nf Action ou paroles brusques.
**brut, e** adj **1.** Qui est resté à l'état de nature, qui n'a pas été façonné, poli : *du marbre brut.* **2.** Non raffiné : *pétrole brut.* **3.** Brutal, sauvage : *force brute.* **4.** Dont on n'a pas déduit certaines retenues (par opposition à *net*) : *salaire brut.* ■ FAM **brut de décoffrage :** qui est montré, exprimé tel qu'il a été conçu, sans élaboration ni fignolage : *revendications brutes de décoffrage.* ❑ **champagne brut :** champagne très sec. ❑ **poids brut :** poids d'une marchandise avec son emballage. ◆ adv Sans défalcation de poids ou de frais.

ORTHOGRAPHE On écrit : *ce sont des poids bruts* (adjectif), mais *ils pèsent trois kilos brut* (adverbe).

**brutal, e, aux** adj **1.** Qui fait preuve de violence : *un geste brutal ; un enfant brutal avec ses camarades.* **2.** FIG Soudain, inattendu : *mort brutale.*
**brutalement** adv Avec brutalité.
**brutaliser** vt Traiter brutalement.
**brutalité** nf **1.** Caractère de ce qui est brutal. **2.** Acte brutal.
**brute** nf Personne d'une violence ou d'une grossièreté excessive.
**bruyamment** adv Avec grand bruit.
**bruyant, e** adj **1.** Qui fait du bruit. **2.** Où il y a du bruit.
**bruyère** nf Plante ornementale à fleurs violettes ou roses, poussant sur les sols siliceux ; racine de cette plante. ■ **terre de bruyère :** produite par la décomposition des feuilles de bruyère. ❑ **coq de bruyère :** tétras.
**bryologie** nf Étude des mousses.
**bryozoaire** nm Petit animal marin vermiforme (les bryozoaires forment une classe).
**BT** nm (sigle de *brevet de technicien*) En France, diplôme sanctionnant une formation de technicien ou d'agent technique préparée en trois ans après la classe de troisième.
**BTP** nm (sigle) Bâtiment et travaux publics : *le secteur du BTP.*
**BTS** nm (sigle de *brevet de technicien supérieur*) Diplôme sanctionnant une formation préparée en deux ans par les bacheliers ou les titulaires d'un brevet de technicien.
**BU** nf (sigle) Bibliothèque universitaire.
**buanderie** nf **1.** Local où se fait la lessive. **2.** CANADA Blanchisserie.
**bubale** nm Antilope africaine.
**bubon** nm Ganglion inflammé.
**bubonique** adj Qui présente des bubons : *peste bubonique.*
**buccal, e, aux** adj De la bouche.
**buccin** [byksɛ̃] nm **1.** ANC Trompette romaine. **2.** Gros mollusque.
**bûche** nf Morceau de bois de chauffage. ■ **bûche de Noël :** pâtisserie en forme de bûche. ❑ FAM **ramasser, prendre une bûche :** tomber.
**1. bûcher** nm **1.** Lieu où l'on range le bois à brûler. **2.** Amas de bois sur lequel on brûlait les personnes condamnées au supplice du feu : *condamner au bûcher.*
**2. bûcher** vi et vt FAM Travailler, étudier sans relâche.
**bûcheron, onne** n Personne dont le métier est d'abattre les arbres.
**bûchette** nf Petit morceau de bois.
**bûcheur, euse** n FAM Personne qui travaille beaucoup.
**1. bucolique** adj Relatif à la vie des bergers ou à la poésie pastorale.
**2. bucolique** nf Poème pastoral.
**budget** nm État de prévision des recettes et des dépenses d'un pays, d'un département, d'une famille, d'un particulier, etc.
**budgétaire** adj Du budget.
**budgétisation** nf Inscription au budget.
**budgétiser** vt Intégrer dans le budget.
**buée** nf Vapeur d'eau condensée en fines gouttelettes.
**buffet** nm **1.** Armoire pour ranger la vaisselle et le service de table. **2.** Table où sont dressés les mets et les boissons dans une réception ; ensemble de ces mets et de ces boissons : *buffet froid.* **3.** Café, restaurant de gare. **4.** Ouvrage de menuiserie qui renferme le mécanisme d'un orgue.
**buffle** nm Mammifère ruminant de l'Europe méridionale, d'Asie et d'Afrique, qui ressemble au bœuf.
**bufflonne** nf Femelle du buffle.
**bug** [bœg] nm INFORM Bogue.
**bugger** [bœge] vi INFORM Boguer.
**building** [bildiŋ] nm Immeuble ayant un grand nombre d'étages.
**buis** nm Arbuste toujours vert, à bois dur ; bois de cet arbuste.

**buisson** nm **1.** Touffe d'arbrisseaux sauvages. **2.** CUIS Façon de disposer des crustacés en pyramide : *buisson d'écrevisses*.

**buissonneux, euse** adj Couvert de buissons.

**buissonnier, ère** adj ■ **faire l'école buissonnière** : se promener, au lieu d'aller en classe.

**bulbaire** adj Relatif à un bulbe.

**bulbe** nm **1.** Oignon de plante. **2.** ANAT Partie renflée, globuleuse de certains organes. ■ **bulbe rachidien** : partie supérieure de la moelle épinière.

**bulbeux, euse** adj **1.** BOT Formé d'un bulbe. **2.** ANAT Pourvu d'un bulbe.

**bulgare** adj et n De la Bulgarie : *les Bulgares*.

**bulldozer** nm Engin à chenilles pour aplanir le sol.

**1. bulle** nf **1.** Globule d'air à la surface d'un liquide, d'une matière en fusion ou prise dans une substance : *bulle de savon, de chewing-gum*. **2.** Petite ampoule sur la peau ; cloque. **3.** Dans une bande dessinée, élément graphique qui sort de la bouche d'un personnage et renferme ses paroles. **4.** FIG Endroit où l'on se sent protégé et sécurisé : *la bulle familiale*. ■ FAM **coincer la bulle** : paresser.

**2. bulle** nf Lettre apostolique d'intérêt général portant le sceau pontifical.

**buller** vi FAM Rester sans rien faire ; paresser.

**bulletin** nm **1.** Billet servant à exprimer un vote : *bulletin blanc, nul*. **2.** Information officielle concise : *bulletin de santé ; bulletin météorologique*. **3.** Écrit officiel, administratif ayant valeur d'attestation : *bulletin de naissance, de salaire ; bulletin de commande*. **4.** Rapport scolaire périodique : *bulletin trimestriel*.

**bulletin-réponse** (pl *bulletins-réponse*) nm Imprimé à remplir et à renvoyer pour participer à un jeu, à un concours.

**bull-terrier** (pl *bull-terriers*) nm Chien anglais, bon chasseur de rats.

**bungalow** [bœ̃galo] nm **1.** Dans les pays chauds, habitation entourée de vérandas. **2.** Construction légère servant de résidence de vacances dans un ensemble hôtelier, un camping, etc.

**1. bunker** [bunkɛr] nm Abri fortifié.

**2. bunker** [bunkœr] nm Au golf, fosse sableuse sur le parcours d'un trou.

**Bunsen** ■ **bec Bunsen** nm Brûleur à gaz dans les laboratoires.

**bupreste** nm Coléoptère qui attaque le bois.

**buraliste** n **1.** Personne qui est préposée à un bureau de paiement, de poste, etc. **2.** Personne qui tient un bureau de tabac.

**bure** nf Grosse étoffe de laine de couleur brune ; vêtement fait de cette étoffe.

**bureau** nm **1.** Table munie ou non de tiroirs, sur laquelle on écrit. **2.** Pièce où se trouve cette table. **3.** Lieu de travail des employés d'une administration, d'une entreprise ; personnel de ce lieu de travail. **4.** Président, vice-président et secrétaires d'une assemblée : *le bureau s'est réuni*. **5.** Établissement assurant au public des services administratifs, commerciaux, etc. : *bureau de poste, de vote, de tabac*. **6.** Service ou organisme chargé d'une fonction particulière : *bureau de change*.

**bureaucrate** n PÉJOR Employé dans les bureaux d'une administration.

**bureaucratie** nf **1.** Pouvoir d'un appareil administratif d'État, d'un parti, d'une entreprise, etc. **2.** PÉJOR Ensemble des bureaucrates, envisagé dans sa puissance abusive, routinière.

**bureaucratique** adj Relatif à la bureaucratie : *esprit bureaucratique*.

**bureaucratisation** nf Action de bureaucratiser ; son résultat.

**bureaucratiser** vt Transformer en bureaucratie.

**Bureautique** nf (nom déposé) Ensemble des techniques informatiques visant à l'automatisation des travaux de bureau.

**burette** nf **1.** Petit flacon à goulot long et étroit. **2.** Récipient de métal muni d'un tube effilé, pour graisser des rouages.

**burin** nm **1.** Instrument d'acier pour graver. **2.** Ciseau pour couper les métaux.

**buriné, e** adj Marqué de rides : *visage buriné*.

**buriner** vt Travailler au burin, graver.

**burlat** nf Variété de cerise bigarreau.

**burlesque** adj D'un comique extravagant : *situation, film burlesque*. ◆ nm ■ **le burlesque** : (a) genre littéraire traitant en style bas un sujet noble (b) genre cinématographique fondé sur une succession rapide de gags.

**burnous** nm **1.** Grand manteau des Arabes, en laine et à capuchon. **2.** Vêtement à capuchon pour bébés.

**burn-out** [bœrnawt] nm inv MÉD Syndrome d'épuisement professionnel caractérisé par une fatigue physique et psychique intense.

**burqa** ou **burka** [burka] nf ou nm Vêtement traditionnel porté par certaines femmes musulmanes et dissimulant leur corps de la tête aux pieds.

**bus** nm FAM Autobus.

**busard** nm Oiseau rapace diurne.

**1. buse** nf **1.** Oiseau rapace diurne, voisin du faucon. **2.** FIG Ignorant et sot : *c'est une buse*.

**2. buse** nf Tuyau : *buse d'aspiration*.

**business** [biznɛs] nm (anglicisme) FAM **1.** Affaires : *faire du business.* **2.** Affaire compliquée : *un drôle de business.*

**busqué, e** adj D'une courbure convexe : *nez busqué.*

**buste** nm **1.** Partie supérieure du corps humain, de la taille au cou. **2.** Poitrine de la femme. **3.** Sculpture représentant la tête et le haut du buste d'une personne.

**bustier** nm Corsage, avec ou sans bretelles, découvrant les épaules et enserrant le buste.

**but** [byt] ou [by] nm **1.** Point visé : *toucher le but.* **2.** Terme qu'on s'efforce d'atteindre : *dépasser son but.* **3.** Fin qu'on se propose : *poursuivre un but.* **4.** Endroit où l'on cherche à lancer le ballon : *envoyer la balle dans le but.* **5.** Point gagné : *marquer un but.* ■ **but en or** ou **but décisif** : premier but marqué au cours des prolongations d'un match de football, qui donne la victoire à l'équipe qui l'inscrit. ❑ **de but en blanc** : brusquement.

VOCABULAIRE Une personne a *pour but* ; une chose a *pour objet.*

**butane** nm Gaz combustible tiré du pétrole.

**buté, e** adj Entêté, obstiné.

**butée** nf **1.** Massif de pierre destiné à contrebalancer la poussée d'une voûte. **2.** MÉCAN Obstacle limitant le mouvement d'une pièce.

**butène** nm → **butylène.**

**buter** vt ind [contre, sur] **1.** Heurter un obstacle. **2.** Se trouver arrêté par une difficulté. ◆ **se buter** vpr S'entêter, se braquer.

**buteur, euse** n Joueur qui marque des buts.

**butin** nm **1.** Ce qu'on enlève à l'ennemi. **2.** Produit d'un vol. **3.** FIG Ce qu'on amasse.

**butiner** vt et vi Recueillir le suc des fleurs, en parlant des abeilles.

**butineur, euse** adj Qui butine.

**butoir** nm **1.** Obstacle artificiel placé à l'extrémité d'une voie ferrée. SYN : heurtoir. **2.** Pièce contre laquelle vient buter un mécanisme.

**butor** nm **1.** Oiseau échassier, à voix retentissante. **2.** FIG Homme grossier, stupide.

**butte** nf Petite colline, tertre : *butte de tir.* ■ FIG **être en butte à** : être exposé à.

**butter** vt Entourer une plante d'une butte de terre : *butter des pommes de terre.*

**butylène** ou **butène** nm Nom d'un hydrocarbure d'hydrogène.

**butyrique** adj **1.** Se dit d'un acide organique existant dans de nombreuses substances grasses. **2.** Relatif au beurre.

**buvable** adj Que l'on peut boire.

**buvard** nm Papier non collé, propre à absorber l'encre fraîche : *un buvard ; du papier buvard.*

**buvette** nf Petit local, comptoir où l'on sert à boire (dans une gare, un théâtre, etc.).

**buveur, euse** n Personne qui aime à boire du vin, etc.

**buzz** nm **1.** Forme de publicité dans laquelle le consommateur contribue à lancer un produit ou un service via des courriels, des blogs, etc. **2.** PAR EXT Rumeur, retentissement médiatique : *le film a fait un énorme buzz.*

**byzantin, e** adj et n De Byzance. ■ **discussions byzantines** : discussions oiseuses par excès de subtilité.

# C

**c** nm Troisième lettre de l'alphabet et la deuxième des consonnes.

**1. C** (symbole) Chiffre romain valant 100.

**2. C** (symbole) Celsius : *20 °C*.

**CA** nm (sigle) Chiffre d'affaires.

**ça** pron dém FAM Cette chose-là ; cela. ■ **c'est ça :** c'est exact.

**çà** adv de lieu ■ **çà et là :** de côté et d'autre. ◆ **ah, çà !** interj Marque l'étonnement, l'impatience : *ah, çà ! répondrez-vous ?*

**cabale** nf Menées secrètes, intrigue : *monter une cabale*.

**cabalistique** adj Mystérieux : *signes cabalistiques*.

**caban** nm Veste croisée en drap épais, comme en portent les matelots.

**cabane** nf **1.** Petite habitation construite grossièrement ; hutte, baraque, bicoque. **2.** Petite loge pour les animaux.

**cabanon** nm Petite cabane.

**cabaret** nm Établissement de spectacle où l'on peut consommer des boissons, dîner, danser.

**cabas** nm Grand sac souple en paille tressée.

**cabestan** nm Treuil vertical à barres horizontales pour rouler ou dérouler un câble, etc.

**cabillaud** nm Nom commercial de la morue fraîche.

**cabine** nf **1.** Chambre à bord d'un navire. **2.** Petite construction, habitacle à usage déterminé : *cabine d'ascenseur ; cabine de douche, d'essayage ; cabine téléphonique*. **3.** Espace aménagé pour le conducteur d'un camion, d'un engin, d'un train, pour le pilote d'un avion, etc.

**cabinet** nm **1.** Petite pièce dépendant d'une plus grande : *cabinet de travail, de toilette*. **2.** Local où s'exerce une profession libérale : *cabinet dentaire, médical*. **3.** Ensemble des ministres d'un État : *conseil de cabinet*. **4.** Ensemble des collaborateurs d'un ministre, d'un préfet : *chef de cabinet*. **5.** Lieu abritant des collections publiques ou privées : *cabinet des médailles*. **6.** Meuble, coffre à compartiments pour ranger des objets précieux. ◆ **cabinets** pl Toilettes.

**câblage** nm **1.** Action de câbler. **2.** Ensemble des fils entrant dans le montage d'un appareil électrique.

**câble** nm **1.** Gros cordage. **2.** Faisceau de fils conducteurs sous gaines isolantes : *câble sous-marin*. **3.** Télégramme envoyé par câble. ■ **la télévision par câble** ou **le câble :** distribution de programmes de télévision par un réseau de câbles à des abonnés.

**câbler** vt **1.** Tordre plusieurs cordes ensemble pour faire un câble. **2.** Établir les connexions d'un appareil électrique ou électronique. **3.** Télégraphier par câble.

**câblo-opérateur** (pl *câblo-opérateurs*) nm Entreprise qui met en place un réseau de télévision par câble.

**cabochard, e** adj et n FAM Qui n'en fait qu'à sa tête, têtu.

**caboche** nf **1.** FAM Tête. **2.** Clou à tête large et ronde.

**cabochon** nm Pierre précieuse polie, mais non taillée.

**cabosser** vt Déformer par des bosses ou des creux.

**cabot** nm **1.** FAM Chien. **2.** FAM Cabotin.

**cabotage** nm Navigation marchande côtière.

**caboter** vi Naviguer à faible distance des côtes.

**caboteur** nm Navire qui pratique le cabotage.

**cabotin, e** n **1.** Acteur médiocre qui a une haute opinion de lui-même. **2.** Personne au comportement affecté, théâtral.

**cabotinage** nm Comportement du cabotin.

**cabrer** vt **1.** Faire dresser un cheval sur les membres postérieurs. **2.** FIG Amener à une attitude d'opposition, de révolte.

**cabri** nm Chevreau.

**cabriole** nf (souvent au pluriel) Bonds légers et désordonnés.

**cabrioler** vi Faire des cabrioles.

**cabriolet** nm **1.** ANC Voiture à cheval à deux roues, munie d'une capote. **2.** Automobile décapotable.

**CAC** [kak] nm (nom déposé, sigle) Cotation assistée en continu. ■ **indice CAC 40 :** indice établi à partir du cours de quarante valeurs mobilières, servant de référence à la Bourse française.

**caca** nm Dans le langage enfantin, excrément.

**cacahouète** ou **cacahuète** nf Fruit ou graine de l'arachide.

**cacao** nm Graine du cacaoyer, d'où l'on extrait des matières grasses (*beurre de cacao*) et la poudre de cacao, qui sert à faire le chocolat.

**cacaoyer** ou **cacaotier** nm Arbre d'Amérique du Sud qui produit le cacao.

**cacarder** vi Crier, en parlant de l'oie.

**cacatoès** ou **kakatoès** nm Oiseau d'Océanie voisin du perroquet, à huppe jaune ou rouge.

**cacatois** nm MAR Petit mât au-dessus du mât de perroquet ; petite voile carrée sur ce mât.

**cachalot** nm Grand mammifère cétacé des mers chaudes.

**cache** nf Lieu secret pour cacher. ◆ nm PHOT Papier noir pour cacher à la lumière certaines parties d'un cliché photographique.

**cache-cache** nm inv Jeu d'enfants.

**cache-col** (pl *cache-cols* ou inv) nm Petite écharpe protégeant le cou.

**cachectique** adj et n Atteint de cachexie.

**cachemire** ou **cashmere** nm Tissu fin en poil de chèvre du Cachemire.

**cache-nez** nm inv Longue écharpe de laine.

**cache-pot** (pl *cache-pots* ou inv) nm Vase décoratif qui sert à dissimuler un pot de fleurs.

**cache-prise** (pl *cache-prises* ou inv) nm Dispositif de sécurité qui s'adapte dans une prise de courant.

**cacher** vt **1.** Soustraire à la vue en plaçant dans un lieu secret, en recouvrant. **2.** Dissimuler : *cacher son jeu.* ◆ **se cacher** vpr Se soustraire aux regards, aux recherches. ■ **ne pas se cacher de qqch** : en convenir : *il est impulsif, il ne s'en cache pas.* ❑ **se cacher de qqn** : lui cacher ce qu'on fait.

**cache-sexe** (pl *cache-sexes* ou inv) nm Triangle de tissu couvrant le sexe.

**cachet** nm **1.** Petit sceau gravé ; son empreinte : *un cachet de cire.* **2.** Tampon : *cachet de la poste.* **3.** Médicament en poudre contenu dans une capsule, une gélule ; comprimé. **4.** Rétribution que perçoit un artiste pour sa participation à un spectacle. **5.** Marque distinctive, originalité : *cette maison a du cachet.*

**cachetage** nm Action de cacheter.

**cacheter** vt (conj 8) **1.** Fermer une enveloppe en la collant. **2.** Fermer, sceller avec un cachet. ■ **vin cacheté** : vin en bouteille dont le bouchon est recouvert de cire.

**cachetier** nm Artiste payé au cachet.

**cachette** nf Lieu propre à cacher ou à se cacher. ■ **en cachette** : en secret, à la dérobée.

**cachexie** nf État d'affaiblissement, d'amaigrissement du corps.

**cachot** nm **1.** Cellule étroite, obscure. **2.** Prison en général.

**cachotterie** nf FAM Mystère sur des choses sans importance.

**cachottier, ère** adj et n FAM Qui se plaît aux cachotteries.

**cachou** nm Substance astringente extraite des fruits de l'arec.

**cacique** nm ARG SCOL Premier à un concours, en particulier à l'École normale supérieure.

**cacochyme** adj et n LITT Faible, languissant : *vieillard cacochyme.*

**cacophonie** nf Mélange de sons discordants.

**cacophonique** adj Discordant.

**cactacée** ou **cactée** nf Plante grasse adaptée à la sécheresse (les cactacées, ou cactées, forment une famille).

**cactus** [kaktys] nm Plante grasse épineuse.

**c.-à-d.** (abréviation) C'est-à-dire.

**cadastral, e, aux** adj Du cadastre.

**cadastre** nm Registre public qui porte le relevé détaillé des propriétés territoriales d'une commune.

**cadavéreux, euse** adj Qui tient du cadavre : *teint cadavéreux.*

**cadavérique** adj Propre à un cadavre. ■ **rigidité cadavérique** : durcissement des muscles dans les heures qui suivent la mort.

**cadavre** nm Corps d'un homme ou d'un animal mort.

**caddie** ou **caddy** nm SPORTS Personne qui porte les clubs d'un joueur de golf.

**Caddie** nm (nom déposé) Petit chariot utilisé en libre-service pour transporter les marchandises, les bagages, etc.

**cadeau** nm Objet offert pour faire plaisir ; présent. ■ FAM **ne pas faire de cadeau à qqn** : n'accepter aucune erreur de sa part.

**cadeauter** vt AFRIQUE Offrir un cadeau à.

**cadenas** nm Serrure mobile, munie d'un arceau métallique.

**cadenasser** vt Fermer avec un cadenas.

**cadence** nf **1.** Répétition de sons ou de mouvements d'une façon régulière ou mesurée. **2.** Rythme de travail.

**cadencé, e** adj Soumis à une cadence : *pas cadencé.*

**cadet, ette** n et adj **1.** Enfant qui vient après l'aîné ou qui est plus jeune qu'un ou plusieurs enfants de la même famille.

2. Personne moins âgée qu'une autre. 3. Sportif âgé de treize à seize ans. ■ **branche cadette** : lignée, famille issue du cadet des enfants. ❑ **c'est le cadet de ses soucis** : il ne s'en soucie pas du tout. ◆ nm Élève officier.

**cadmium** nm Métal mou et blanc ; symb : Cd.

**cadrage** nm Mise au point destinée à placer correctement le sujet dans l'image photographique ou cinématographique.

**cadran** nm 1. Surface devant laquelle se déplace une des aiguilles qui pointent le chiffre indiquant la valeur de la grandeur mesurée (temps, pression, vitesse, par exemple). 2. Dispositif manuel d'appel d'un téléphone. ■ **cadran solaire** : surface graduée sur laquelle la projection de l'ombre d'une pointe verticale centrale indique l'heure.

**1. cadre** nm 1. Bordure de bois, de métal, etc., qui entoure une glace, un tableau, etc. : *mettre sous cadre.* 2. Châssis en général : *cadre d'une bicyclette.* 3. FIG Ce qui entoure un objet, un espace, une scène, une personne : *habiter dans un cadre agréable.* 4. Ce qui borne l'action de quelqu'un : *sortir du cadre de ses attributions.* ■ **dans le cadre de** : dans les limites de.

**2. cadre** n Personne salariée exerçant une fonction de direction, de conception ou de contrôle dans une entreprise, une administration : *cadre moyen, supérieur.*

**cadrer** vi Avoir un rapport avec, concorder : *ceci cadre avec mon plan.* ◆ vt Effectuer un cadrage.

**cadreur, euse** n Opérateur chargé de la caméra. SYN : cameraman.

**caduc, caduque** adj 1. Qui n'a plus cours, périmé. 2. Qui tombe chaque année : *feuilles caduques ; bois caducs des cerfs.*

**caducée** nm Emblème du corps médical, composé d'un faisceau de baguettes autour duquel s'enroule le serpent d'Épidaure et que surmonte le miroir de la Prudence.

**caducité** nf État de ce qui est caduc.

**cæcal, e, aux** [sekal, o] adj Du cæcum.

**cæcum** [sekɔm] nm Partie du gros intestin faisant suite à l'intestin grêle.

**cæsium** ou **césium** nm Métal de la famille du potassium.

**CAF** [seaɛf] ou [kaf] adj et adv (sigle de *coût, assurance, fret*) Se dit d'une vente maritime dont le prix convenu comprend le coût de la marchandise, le transport jusqu'au port de destination et l'assurance.

**1. cafard** nm 1. Insecte nocturne, aplati, se déplaçant rapidement. SYN : blatte, cancrelat. 2. FAM Idées noires : *avoir le cafard.*

**2. cafard, e** n FAM Dénonciateur.

**cafarder** vt et vi FAM Dénoncer hypocritement. ◆ vi FAM Avoir le cafard.

**cafardeur, euse** n FAM Dénonciateur, mouchard.

**cafardeux, euse** adj 1. FAM Qui a des idées noires. 2. Qui donne le cafard.

**café** nm 1. Graine du caféier ; denrée constituée par ces grains torréfiés ou par leur poudre solubilisée ou lyophilisée : *café en grains ; café moulu, soluble.* 2. Boisson préparée avec cette denrée : *café au lait ; café crème.* 3. Établissement où l'on sert des boissons. ■ **café noir** : café servi sans addition d'autre liquide (lait, crème, etc.). ◆ adj inv D'un brun presque noir.

**café-concert** (pl *cafés-concerts*) nm Music-hall où le public pouvait consommer.

**caféier** nm Arbuste qui produit le café.

**caféine** nf Alcaloïde du café.

**cafetan** ou **caftan** nm Robe d'apparat, portée dans les pays musulmans.

**cafétéria** nf Lieu public où l'on sert du café, des repas légers.

**café-théâtre** (pl *cafés-théâtres*) nm Café, petite salle où se donnent de courts spectacles, souvent comiques.

**cafetier** nm VIEILLI Personne qui tient un café.

**cafetière** nf Appareil ménager qui sert à faire ou à verser le café.

**cafouillage** ou **cafouillis** nm FAM Déroulement confus.

**cafouiller** vi FAM Agir d'une manière désordonnée, confuse ; s'embrouiller.

**caftan** nm → **cafetan**.

**cafter** vi et vt ARG SCOL Dénoncer, moucharder.

**cafteur, euse** n ARG SCOL Personne qui dénonce les autres.

**cage** nf 1. Espace clos par des barreaux ou du grillage, pour enfermer des oiseaux, des animaux, etc. 2. SPORTS Espace délimité par un cadre et des filets qui y sont fixés, matérialisant le but. ■ **cage d'escalier, d'ascenseur** : espace où se trouve l'escalier, l'ascenseur. ❑ **cage thoracique** : cavité formée par les vertèbres, les côtes et le sternum, contenant le cœur et les poumons.

**cageot** nm Emballage léger pour transporter les fruits, les légumes, etc.

**cagibi** nm FAM Pièce exiguë.

**cagneux, euse** adj et n Qui a les jambes déformées (genoux rapprochés, pieds écartés).

**cagnotte** nf 1. Caisse commune des membres d'une association, d'un groupe ; somme recueillie par cette caisse.

**2.** Dans certains jeux de hasard, somme d'argent qui s'accumule au fil des tirages et que quelqu'un peut gagner. **3.** Argent économisé sur les dépenses courantes.

**cagole** nf RÉGIONAL (SUD-EST) Jeune femme extravertie, un peu écervelée et vulgaire.

**cagoule** nf **1.** Sorte de passe-montagne. **2.** Capuchon percé à l'endroit des yeux. **3.** Manteau de moine, sans manches et surmonté d'un capuchon.

**cahier** nm Assemblage de feuilles de papier réunies ensemble. ■ **cahier des charges** : ensemble des choses demandées à la personne, à l'entreprise qui obtient un marché, signe un contrat d'adjudication. ❑ **cahier de textes** : cahier servant à consigner le texte des sujets de devoirs scolaires.

**cahin-caha** loc adv FAM Tant bien que mal.

**cahot** nm Secousse causée à un véhicule par l'inégalité du sol.

VOCABULAIRE Il ne faut pas confondre *cahot*, secousse, avec *chaos*, désordre.

**cahotant, e** adj Qui cahote.

**cahotement** nm Fait de cahoter, d'être cahoté.

**cahoter** vi Être secoué, ballotté. ◆ vt Secouer.

**cahoteux, euse** adj Qui provoque des cahots : *chemin cahoteux*.

**cahute** nf Petite cabane, hutte.

**caïd** nm FAM Chef de bande.

**caillasse** nf FAM Cailloux, pierres.

**caille** nf Oiseau voisin de la perdrix.

**caillé** nm Lait caillé ; partie coagulée du lait servant à fabriquer le fromage.

**caillebotis** [kajbɔti] nm Entrecroisement de lattes de métal, de bois servant de plancher dans les endroits poussiéreux, humides ou boueux, de décoration murale, etc.

**cailler** vt Figer, coaguler. ◆ vi FAM Avoir froid.

**caillette** nf Dernière poche de l'estomac des ruminants.

**caillot** nm Petite masse de sang coagulé.

**caillou** (pl *cailloux*) nm **1.** Pierre de petite dimension. **2.** FAM Crâne, tête.

**caillouter** vt Garnir de cailloux.

**caillouteux, euse** adj Rempli de cailloux.

**caïman** nm Espèce de crocodile d'Amérique du Sud.

**caisse** nf **1.** Coffre de bois, à usages divers : *caisse à outils*. **2.** Meuble où un commerçant range sa recette ; la recette elle-même : *caisse enregistreuse ; partir avec la caisse*. **3.** Comptoir d'un magasin où sont payés les achats ; guichet d'une administration où se font les paiements. **4.** Carrosserie d'un véhicule ; FAM automobile. **5.** Établissement qui reçoit des fonds pour les administrer : *caisse d'épargne, de prévoyance, de retraite*. **6.** Tambour. ■ **grosse caisse** : gros tambour frappé avec une mailloche.

**caissette** nf Petite caisse.

**caissier, ère** n Personne qui tient la caisse d'un établissement.

**caisson** nm **1.** Petite caisse : *un caisson de bouteilles*. **2.** Grande caisse étanche pleine d'air permettant de faire des travaux sous l'eau. **3.** ARCHIT Compartiment de plafond. ■ FAM **se faire sauter le caisson** : se tuer d'une balle dans la tête.

**cajoler** vt Entourer d'attentions affectueuses, caresser.

**cajolerie** nf Action de cajoler ; paroles et manières caressantes.

**cajoleur, euse** adj et n Qui cajole.

**cajou** (pl *cajous*) nm ■ **noix de cajou** : autre nom de l'*anacarde*, fruit oléagineux comestible.

**cajun** [kaʒœ̃] adj et n (inv. en genre) Se dit des populations francophones de Louisiane, de leur culture : *les Cajuns*.

**cake** [kɛk] nm Gâteau garni de raisins de Corinthe et de fruits confits.

**1. cal** (pl *cals*) nm **1.** Durillon. **2.** Cicatrice saillante d'un os fracturé.

**2. cal** (symbole) Calorie.

**calage** nm Action de caler, d'étayer.

**calamar** nm → **calmar**.

**calamine** nf Résidu de la combustion des gaz qui encrasse les cylindres d'un moteur à explosion.

**calaminé, e** adj Couvert de calamine.

**calamistré, e** adj LITT Recouvert de brillantine : *cheveux calamistrés*.

**calamité** nf Grand malheur public : *la guerre, la peste sont des calamités*.

**calandre** nf **1.** Machine pour lisser et lustrer les étoffes, glacer les papiers. **2.** AUTOM Garniture placée devant le radiateur.

**calanque** nf Petite crique en Méditerranée.

**calao** nm Oiseau d'Asie et d'Afrique, muni d'un très gros bec surmonté d'une excroissance cornée.

**calcaire** adj Qui contient de la chaux : *roche, terrain calcaire*. ◆ nm Roche sédimentaire qui contient de la chaux.

**calcédoine** nf Silice translucide cristallisée, très utilisée en joaillerie dans l'Antiquité.

**calcémie** nf MÉD Quantité de calcium contenue dans le sang.

**calcification** nf Apport et fixation des sels de calcium dans les tissus organiques.

**calcifié, e** adj Converti en carbonate de calcium.

**calciner** vt **1.** Transformer des pierres calcaires en chaux par chauffage intense. **2.** Brûler, carboniser.

**calcium** nm Métal dont certains composés sont des substances de première utilité pour l'organisme humain.

**1. calcul** nm **1.** Opération que l'on fait pour trouver le résultat de la combinaison de plusieurs nombres. **2.** Art de résoudre les problèmes de l'arithmétique : *être bon en calcul.* **3.** FIG Combinaison, manœuvre intéressée : *faire un bon calcul ; agir par calcul.*

**2. calcul** nm MÉD Concrétion pierreuse : *calculs biliaires, rénaux.*

**calculable** adj Qui peut se calculer.

**1. calculateur** nm Machine capable d'effectuer automatiquement des opérations.

**2. calculateur, trice** adj et n **1.** Qui sait calculer. **2.** Qui agit par calcul.

**calculatrice** nf Machine qui effectue des opérations numériques.

**calculer** vt **1.** Faire une opération de calcul. **2.** FIG Évaluer, combiner : *calculer ses efforts.*

**calculette** nf Calculatrice électronique de poche.

**caldoche** n et adj FAM Blanc de la Nouvelle-Calédonie.

**1. cale** nf Objet qu'on place sous un autre pour le mettre d'aplomb.

**2. cale** nf **1.** Partie interne d'un navire destinée à la cargaison. **2.** Partie d'un quai en pente douce, pour le chargement et le halage des bateaux. ■ **cale sèche :** bassin que l'on peut mettre à sec pour y réparer un navire.

**calé, e** adj FAM **1.** Instruit, fort : *calé en histoire.* **2.** Difficile, compliqué.

**calebasse** nf Courge vidée et séchée servant de récipient.

**calèche** nf ANC Voiture à cheval découverte, suspendue, à quatre roues.

**caleçon** nm **1.** Sous-vêtement masculin en forme de culotte, à jambes longues ou courtes. **2.** Pantalon féminin moulant, en jersey.

**calédonien, enne** adj et n De la Calédonie.

**calembour** nm Jeu de mots fondé sur une similitude de sons (EX : *personnalité* et *personne alitée*).

**calembredaine** nf VIEILLI Propos extravagant.

**calendes** nf pl Premier jour du mois chez les Romains. ■ **renvoyer aux calendes grecques :** remettre à une époque qui n'arrivera pas (les mois grecs n'ayant pas de calendes).

**calendrier** nm **1.** Tableau des jours, des mois, des saisons, des fêtes de l'année. **2.** Programme, emploi du temps.

**cale-pied** (pl *cale-pieds*) nm Butoir retenant sur la pédale le pied du cycliste.

**calepin** nm Petit carnet servant à prendre des notes.

**caler** vt Assujettir avec des cales. ◆ vi **1.** S'arrêter brusquement, en parlant d'un moteur, d'une voiture. **2.** FAM Céder, renoncer : *caler devant les difficultés.* **3.** FAM Avoir l'estomac plein.

**calfatage** nm Action de calfater.

**calfater** vt Rendre étanche en garnissant d'étoupe, de poix les joints de la coque d'un navire.

**calfeutrage** ou **calfeutrement** nm Action de calfeutrer.

**calfeutrer** vt Boucher les fentes d'une porte, d'une fenêtre afin d'empêcher l'air de passer. ◆ **se calfeutrer** vpr Se tenir enfermé chez soi.

**calibrage** nm Action de calibrer.

**calibre** nm **1.** Diamètre d'un cylindre creux, d'un objet sphérique. **2.** Diamètre d'un projectile. **3.** Pièce servant de mesure, d'étalon. ■ FIG **être du même calibre :** se valoir.

**calibrer** vt **1.** Mettre au calibre, aux bonnes dimensions. **2.** Classer, trier suivant le calibre.

**calice** nm **1.** Vase sacré, dans lequel on verse le vin à la messe. **2.** Enveloppe extérieure des fleurs.

**calicot** nm **1.** Toile de coton. **2.** Bande d'étoffe portant une inscription.

**califat** nm Territoire soumis à l'autorité d'un calife.

**calife** ou **khalife** nm Titre que prirent les successeurs de Mahomet. ■ **devenir calife à la place du calife :** (du personnage de la BD *Iznogoud*, créée par R. Goscinny et J. Tabary [1961]), prendre la place de celui qui a le pouvoir, souvent par des moyens peu scrupuleux.

**californien, enne** adj et n De Californie : *les Californiens.*

**califourchon (à)** loc adv Jambe d'un côté, jambe de l'autre : *s'asseoir à califourchon sur une chaise.* SYN : à cheval.

> ORTHOGRAPHE *À califourchon* s'écrit sans *s* final, à la différence de *à croupetons, à tâtons.*

**câlin, e** adj et n Doux et caressant. ◆ nm Geste tendre, caresse affectueuse.

**câliner** vt Caresser tendrement ; cajoler.

**câlinerie** nf Attitude câline ; échange de câlins : *faire des câlineries.*

**calisson** nm Petit gâteau en pâte d'amandes, au dessus glacé, spécialité d'Aix-en-Provence.

**calleux, euse** adj Qui présente des callosités.

**call-girl** [kolgœrl] (pl *call-girls*) nf (anglicisme) Prostituée que l'on appelle par téléphone.

**calligramme** nm Texte dont la disposition typographique évoque le thème.

**calligraphie** nf Art de bien former les caractères de l'écriture ; écriture ainsi formée.

**calligraphier** vt Former avec art les lettres que l'on trace.

**callosité** nf Épaississement et durcissement de l'épiderme.

**calmant, e** adj Qui calme. ◆ nm Médicament qui calme la nervosité ou la douleur.

**calmar** ou **calamar** nm Mollusque marin voisin de la seiche.

**calme** adj Tranquille. ◆ nm **1.** Absence d'agitation : *le calme de la mer.* **2.** Maîtrise de soi : *garder son calme ;* absence de nervosité.

**calmement** adv De façon calme.

**calmer** vt **1.** Apaiser : *calmer les mécontents.* **2.** Atténuer : *calmer la douleur.* ◆ **se calmer** vpr **1.** Devenir moins violent, moins agité : *la tempête se calme.* **2.** Retrouver son sang-froid.

**calomniateur, trice** n Personne qui calomnie ; diffamateur.

**calomnie** nf Accusation fausse.

**calomnier** vt Dénigrer par la calomnie.

**calomnieux, euse** adj Qui contient des calomnies : *lettre calomnieuse.*

**calorie** nf **1.** Unité de quantité de chaleur. **2.** Unité de mesure de la valeur énergétique des aliments.

**calorifère** nm VIEILLI Appareil destiné au chauffage des maisons par air chaud.

**calorifique** adj Qui produit des calories.

**calorifuge** adj et nm Se dit des substances qui conservent la chaleur : *l'amiante est un calorifuge.*

**calorimètre** nm Instrument pour mesurer les quantités de chaleur.

**calorimétrie** nf Mesure de la chaleur.

**calorimétrique** adj Relatif à la calorimétrie : *échelle calorimétrique.*

**calorique** adj ■ **ration calorique :** quantité d'aliments nécessaire à un organisme.

**calot** nm **1.** Coiffure militaire souple. **2.** Grosse bille.

**calotte** nf **1.** Petit bonnet rond, ne couvrant que le sommet du crâne. **2.** FAM Tape sur la tête, sur la joue. ■ **calotte crânienne :** partie supérieure de la boîte crânienne. ❏ **calotte glaciaire :** masse de neige et de glace constituant le sommet arrondi de certaines montagnes.

**calque** nm **1.** Copie, reproduction d'un dessin sur papier transparent. **2.** Ce papier lui-même. **3.** FIG Imitation servile. **4.** Reproduction, représentation fidèle.

**calquer** vt **1.** Reproduire par calque ; décalquer. **2.** FIG Imiter exactement ou servilement.

**calumet** nm Pipe à long tuyau des peuples amérindiens.

**calva** nm (abréviation) FAM Calvados.

**calvados** [kalvados] nm Eau-de-vie de cidre.

**calvaire** nm **1.** Croix en plein air, commémorant la passion du Christ. **2.** FIG Longue suite de souffrances morales ou physiques.

**calville** [kalvil] nf Variété de pomme.

**calvinisme** nm Doctrine de Calvin.

**calviniste** adj et n Relatif au calvinisme ; qui s'en réclame.

**calvitie** [kalvisi] nf État d'une tête chauve.

**camaïeu** nm Peinture dans laquelle on n'emploie que les tons d'une même couleur, du clair au foncé.

**camarade** n **1.** Compagnon de travail, d'études, de chambre. **2.** Membre du même parti, du même syndicat.

**camaraderie** nf **1.** Familiarité, entente. **2.** Solidarité entre camarades.

**cambiste** n et adj Personne qui effectue des opérations de change sur les devises.

**cambodgien, enne** adj et n Du Cambodge : *les Cambodgiens.*

**cambouis** nm Graisse noircie par le frottement des roues d'une voiture ou des organes d'une machine.

**cambré, e** adj Courbé en arc.

**cambrer** vt Courber en arc. ◆ **se cambrer** vpr Se redresser en bombant le torse.

**cambriolage** nm Vol commis par quelqu'un qui s'est introduit dans un local fermé.

**cambrioler** vt Dévaliser une maison, un appartement par effraction.

**cambrioleur, euse** n Personne qui cambriole.

**cambrousse** nf FAM, PÉJOR Campagne : *habiter à la cambrousse.*

**cambrure** nf **1.** Courbure en arc. **2.** Pièce qui soutient la voûte plantaire, dans la semelle d'une chaussure.

**cambuse** nf MAR Magasin à vivres dans un navire.

**1. came** nf Dent ou saillie pour transmettre et transformer le mouvement d'une machine, d'une serrure, etc.

**2. came** nf ARG Drogue.

**camé**, **e** adj et n FAM Drogué.

**camée** nm Pierre fine sculptée en relief, portée comme bijou.

**caméléon** nm Sorte de lézard qui a la propriété de changer de couleur en fonction de son milieu.

**camélia** nm Arbrisseau ornemental, originaire d'Asie, dont les fleurs rappellent les roses.

**camélidé** nm Ruminant des régions arides, tel que le chameau, le dromadaire, le lama (les camélidés forment une famille).

**camelot** nm Marchand d'objets de peu de valeur.

**camelote** nf FAM Marchandise, produit de mauvaise qualité.

**camembert** nm **1.** Fromage à pâte molle, fabriqué en Normandie. **2.** FAM Graphique rond divisé en secteurs.

**caméo** nm (de l'anglais *cameo appearance*) Dans un film, brève apparition d'une vedette de cinéma ou d'une personne célèbre.

**caméra** nf Appareil de prise de vues, pour le cinéma ou la télévision.

**cameraman** (pl *cameramans* ou *cameramen*) nm Cadreur.

**camerlingue** nm ANC Cardinal qui administre les affaires de l'Église pendant la vacance du Saint-Siège.

**camerounais**, **e** adj et n Du Cameroun : *les Camerounais.*

**Caméscope** nm (nom déposé) Caméra vidéo portative.

**camion** nm Gros véhicule automobile pour le transport des charges lourdes et volumineuses.

**camion-citerne** (pl *camions-citernes*) nm Camion spécialement conçu pour le transport des liquides.

**camionnage** nm Transport par camion.

**camionner** vt Transporter par camion.

**camionnette** nf Petit camion.

**camionneur**, **euse** n **1.** Personne qui conduit un camion. **2.** Entrepreneur de camionnage.

**camisole** nf ■ **camisole de force :** blouse emprisonnant les bras le long du corps, utilisée autrefois pour immobiliser certains malades mentaux.

**camomille** nf Plante odoriférante vivace, à fleurs jaunes ; infusion de ces fleurs.

**camouflage** nm Art de dissimuler du matériel de guerre ou des troupes à l'observation ennemie.

**camoufler** vt Maquiller, déguiser. ◆ **se camoufler** vpr Se cacher.

**camouflet** nm LITT Affront, vexation humiliante.

**camp** nm **1.** Lieu où s'établit une formation militaire ; cette formation. **2.** Lieu où l'on campe ; campement : *camp scout.* **3.** Terrain où des personnes sont regroupées dans des conditions précaires : *camp de réfugiés.* **4.** Parti opposé à un autre : *choisir son camp.* ■ **camp retranché :** place forte entourée de forts. ❑ **camp volant :** provisoire. ❑ **lever le camp** ou FAM **ficher, foutre le camp :** s'en aller.

**campagnard**, **e** adj et n Qui est de la campagne.

**campagne** nf **1.** Étendue de pays plat et découvert. **2.** Les régions rurales, les champs : *vivre à la campagne.* **3.** Expédition militaire : *la campagne d'Italie.* **4.** Entreprise politique, économique, etc., de durée déterminée, ayant un but de propagande : *campagne électorale, publicitaire, d'affichage.* ■ **battre la campagne :** déraisonner, divaguer. ❑ **faire campagne :** déployer une activité pour. ❑ **se mettre en campagne :** partir à la recherche de.

**campagnol** nm Petit rat des champs.

**campanile** nm Tour construite près d'une église et abritant les cloches.

**campanule** nf Plante à fleurs violettes, en clochette, répandue dans les bois, les pâturages, etc.

**campé**, **e** adj ■ **bien campé :** solide, bien bâti.

**campement** nm **1.** Action de camper. **2.** Le lieu où l'on campe. **3.** Troupe campée : *campement de bohémiens.*

**camper** vi **1.** Établir un camp militaire. **2.** S'installer de façon provisoire et peu confortable. **3.** Faire du camping. ◆ vt Exprimer, représenter avec vigueur, précision : *camper un personnage.* ◆ **se camper** vpr Prendre une pose fière, décidée : *se camper devant un adversaire.*

**campeur**, **euse** n Personne qui fait du camping.

**camphre** nm Substance aromatique cristallisée, tirée du camphrier.

**camphré**, **e** adj Qui contient du camphre : *alcool camphré.*

**camphrier** nm Laurier du Japon, dont on extrait le camphre.

**camping** nm **1.** Mode de séjour en plein air consistant à camper en couchant sous une tente, dans une caravane ou un camping-car. **2.** Terrain aménagé pour camper. ■ **camping sauvage :** hors des terrains aménagés.

**camping-car** (pl *camping-cars*) nm Véhicule aménagé contenant des couchettes et du matériel de cuisine.

**Camping-Gaz** nm inv (nom déposé) Petit réchaud à gaz butane.

**campus** [kɑ̃pys] nm Ensemble universitaire regroupant unités d'enseignement et résidences.

**camus, e** adj Court et plat, en parlant du nez.

**canada** nf Variété de pomme.

**Canadair** nm (nom déposé) Avion équipé de réservoirs d'eau, utilisé pour lutter contre les incendies de forêt.

**canadianisme** nm Fait de langue propre au français parlé au Canada.

**canadien, enne** adj et n Du Canada : *les Canadiens.*

**canadienne** nf **1.** Veste doublée de fourrure. **2.** Petite tente de camping.

**canaille** nf Individu méprisable, sans moralité. ◆ adj Vulgaire, polisson : *des airs, des rires canailles.*

**canal** (pl *canaux*) nm **1.** Voie navigable creusée par l'homme : *le canal des Deux-Mers.* **2.** Conduit artificiel pour l'eau, le gaz, etc. : *canal d'adduction d'eau.* **3.** Bras de mer séparant deux rivages : *le canal de Mozambique.* **4.** ANAT Vaisseau du corps : *canal médullaire.* **5.** Espace de fréquences radioélectriques utilisé par un émetteur de radio ou de télévision. ■ **par le canal de** : par le moyen, par l'intermédiaire de.

**canalisation** nf **1.** Action de canaliser un cours d'eau. **2.** Conduite, tuyauterie assurant la circulation d'un fluide.

**canaliser** vt **1.** Rendre un cours d'eau navigable. **2.** FIG Acheminer dans une direction, empêcher de se disperser : *canaliser une foule.*

**canapé** nm **1.** Long siège à dossier et accoudoirs. **2.** Tranche de pain de mie sur laquelle on dispose diverses garnitures.

**canapé-lit** (pl *canapés-lits*) nm Canapé transformable en lit. SYN : convertible..

**canard** nm **1.** Oiseau aquatique palmipède migrateur à l'état sauvage. **2.** FAM Journal. **3.** Fausse note. **4.** Morceau de sucre trempé dans le café, l'eau-de-vie, etc. **5.** FIG, FAM Fausse nouvelle.

**canarder** vt FAM Envoyer des projectiles d'un lieu abrité.

**canari** nm Serin jaune. ◆ adj inv ■ **jaune canari** : jaune tirant sur le vert.

**canasson** nm FAM Mauvais cheval.

**canasta** nf Jeu de cartes qui se joue à quatre avec deux jeux de 52 cartes.

**cancan** nm FAM Bavardage médisant, commérage.

**cancaner** vi FAM Faire des cancans.

**cancanier, ère** adj et n Qui a l'habitude de faire des commérages.

**cancer** nm Tumeur maligne formée par la multiplication désordonnée des cellules d'un tissu ou d'un organe. ◆ **Cancer** nm Constellation zodiacale ayant la forme d'un crabe ; signe astrologique des personnes nées entre le 22 juin et le 22 juillet. ◆ n et adj Personne née sous le signe du Cancer.

**cancéreux, euse** adj De la nature du cancer : *tumeur cancéreuse.* ◆ adj et n Atteint d'un cancer.

**cancérigène** ou **cancérogène** adj Qui peut provoquer ou favoriser l'apparition d'un cancer.

**cancérologie** nf Discipline médicale qui étudie traite le cancer.

**cancérologue** n Spécialiste de cancérologie.

**cancoillotte** [kɑ̃kwajɔt] nf Fromage de Franche-Comté à pâte molle, fabriqué avec du lait caillé.

**cancre** nm Mauvais élève.

**cancrelat** nm Cafard.

**candélabre** nm **1.** Grand chandelier à plusieurs branches. **2.** VIEILLI Appareil d'éclairage public.

**candeur** nf Innocence naïve, ingénuité : *répondre avec candeur.*

**candi** adj m ■ **sucre candi** : purifié et cristallisé.

**candidat, e** n Personne qui se présente à un examen, postule à un emploi, une fonction, un titre.

**candidater** vi Postuler à un emploi, une fonction, etc. : *candidater au poste de directeur.*

**candidature** nf Qualité de candidat ; action de se porter candidat : *poser sa candidature aux élections.*

**candide** adj Qui dénote de la candeur : *jeune fille candide ; question candide.*

**candidement** adv Avec candeur.

**candidose** nf Infection de la peau ou des muqueuses buccales ou génitales, due à un champignon.

**cane** nf Canard femelle.

**caneton** nm Jeune canard.

**1. canette** nf Petite cane.

**2. canette** ou **cannette** nf **1.** Petite bouteille ou boîte métallique cylindrique contenant de la bière ou une autre boisson ; son contenu. **2.** Petit cylindre sur lequel est enroulé le fil dans la navette ou le fil d'une machine à coudre.

**canevas** nm **1.** Grosse toile claire pour faire la tapisserie. **2.** FIG Plan d'un ouvrage : *canevas de roman.*

**caniche** nm Variété de chien barbet à poils frisés.

**caniculaire** adj Propre à la canicule : *chaleur caniculaire*.

**canicule** nf Période très chaude de l'été.

**canidé** nm Mammifère carnassier aux molaires nombreuses, aux griffes non rétractiles tel que le loup, le chien, le renard (les canidés forment une famille).

**canif** nm Petit couteau de poche à lame pliante.

**canin, e** adj Relatif aux chiens.

**canine** nf Dent pointue située entre les incisives et les molaires.

**canisse** nf → **cannisse**.

**caniveau** nm Rigole d'évacuation des eaux le long d'une chaussée, généralement au bord des trottoirs.

**canna** nm Plante ornementale.

**cannabis** nm Chanvre indien ; drogue tirée de cette plante, telle que le haschisch ou la marijuana.

**cannage** nm Action de canner ; garniture cannée d'un siège.

**canne** nf **1.** Nom usuel de plusieurs grands roseaux. **2.** Bâton sur lequel on s'appuie en marchant. ■ **canne à pêche :** bâton flexible au bout duquel on fixe une ligne pour pêcher. ❑ **canne à sucre :** plante tropicale cultivée pour le sucre extrait de sa tige. ❑ **canne blanche :** canne d'aveugle.

**canné, e** adj Garni de tiges de jonc ou de rotin entrelacées : *chaise cannée*.

**cannelé, e** adj Orné de cannelures.

**1. cannelle** nf Poudre aromatique tirée de l'écorce d'un laurier des Indes, le *cannelier*.

**2. cannelle** nf Robinet d'un tonneau.

**cannelloni** (pl *cannellonis* ou inv) nm Pâte alimentaire roulée en cylindre et farcie.

**cannelure** nf Rainure creuse, strie : *cannelure de colonne*.

**canner** vt Garnir le fond ou le dossier d'un siège en entrelaçant des lanières de jonc, de rotin.

**cannette** nf → **canette**.

**cannibale** adj et n Anthropophage.

**cannibalisme** nm Anthropophagie.

**cannisse** ou **canisse** nf Claie de roseaux utilisée pour protéger du vent ou pour la décoration.

**canoë** nm Embarcation légère, à fond plat, mue à la pagaie simple ; sport pratiqué avec cette embarcation.

**canoéiste** n Sportif qui pratique le canoë. SYN : céiste.

**canoë-kayak** (pl *canoës-kayaks*) nm Ensemble des épreuves disputées en canoë et en kayak.

**1. canon** nm **1.** Pièce d'artillerie non portative servant à lancer des projectiles lourds. **2.** Tube d'une arme à feu par où passe le projectile : *canon de fusil.* **3.** Partie forée d'une clef. **4.** Os de la jambe du cheval. ■ **canon à neige :** appareil qui sert à projeter de la neige artificielle sur les pistes de ski.

**2. canon** nm **1.** Règle religieuse. **2.** Ensemble des prières et cérémonies essentielles de la messe. **3.** LITT Principe servant de règle ; objet pris comme type idéal : *les canons de la beauté.* **4.** MUS Composition à plusieurs voix répétant à intervalle et à distance fixes la même mélodie.

> ORTHOGRAPHE Les dérivés de *canon* (artillerie) ont deux *n ;* ceux de *canon* (religion), un seul *n*.

**3. canon** adj inv et nm FAM Qui possède une grande séduction physique : *des filles canon*.

**cañon** ou **canyon** [kanjɔn] nm Gorge profonde, creusée par un cours d'eau.

**canonial, e, aux** adj Réglé par les canons de l'Église.

**canonique** adj Conforme aux canons de l'Église. ■ **âge canonique :** âge respectable.

**canonisation** nf Action de canoniser.

**canoniser** vt Mettre au nombre des saints.

**canonnade** nf Suite de coups de canon.

**canonnière** nf Petit navire armé de plusieurs canons.

**canopée** nf Étage le plus élevé de la forêt tropicale humide, qui abrite la majorité des espèces y vivant.

**canot** nm Embarcation mue à la rame ou au moteur : *canot de sauvetage*.

**canotage** nm Action de canoter.

**canoter** vi Manœuvrer un canot, se promener en canot.

**canotier** nm Chapeau de paille, à bords plats.

**cantal** (pl *cantals*) nm Fromage d'Auvergne.

**cantaloup** nm Melon à côtes rugueuses et à chair orange foncé.

**cantate** nf Morceau de musique religieuse ou profane, à une ou plusieurs voix, avec accompagnement instrumental.

**cantatrice** nf Chanteuse professionnelle d'opéra ou de chant classique.

**cantine** nf **1.** Service qui prépare les repas d'une collectivité ; réfectoire où sont pris des repas. **2.** Petite malle. **3.** Service d'un établissement pénitentiaire qui permet aux détenus d'acheter des produits courants.

**cantique** nm Chant religieux.

**canton** nm **1.** En France, subdivision d'un arrondissement. **2.** En Suisse, État de la Confédération. **3.** Au Luxembourg, division administrative.

**cantonade** nf ■ **parler, crier à la cantonade :** sans paraître s'adresser précisément à quelqu'un.

**cantonal, e, aux** adj Relatif au canton. ■ VIEILLI **élections cantonales :** élections départementales.

**cantonnement** nm Lieu où cantonne une troupe.

**cantonner** vt **1.** Installer dans un cantonnement. **2.** Isoler, mettre à l'écart. ◆ vi S'installer, prendre ses quartiers. ◆ **se cantonner** vpr Se tenir à l'écart, se maintenir dans : *se cantonner dans son rôle.*

**cantonnier** nm Ouvrier chargé de l'entretien des routes.

**canular** nm FAM Mystification, blague.

**canule** nf Petit tuyau qui s'adapte au bout d'une seringue ou d'un tube à injection.

**canut, use** n Ouvrier qui tisse la soie.

**canyon** nm → **cañon.**

**canyoning** [kanjɔniŋ] nm Sport qui consiste à descendre des cours d'eau accidentés en alternant la randonnée, la nage en eau vive et l'escalade.

**CAO** nf (sigle) Conception assistée par ordinateur.

**caoutchouc** nm **1.** Substance élastique obtenue par le traitement du latex de diverses plantes tropicales. **2.** Vêtement, chaussure en caoutchouc.

**caoutchouter** vt Enduire, garnir de caoutchouc.

**caoutchouteux, euse** adj Qui a la consistance du caoutchouc.

**cap** nm Pointe de terre qui s'avance dans la mer : *le cap Gris-Nez.* ■ MAR **mettre le cap sur :** se diriger vers. ❑ FIG **passer le cap :** franchir une étape difficile, décisive.

**CAP** [seape] nm (sigle de *certificat d'aptitude professionnelle*) En France, diplôme de l'enseignement technologique préparé en deux ou trois ans en lycée professionnel ou en centre d'apprentissage.

**capable** adj **1.** Qui peut faire une chose, atteindre tel ou tel résultat : *capable de lire.* **2.** Qui a les qualités requises par ses fonctions : *directeur très capable.*

**capacité** nf **1.** Contenance : *mesures de capacité.* **2.** Aptitude d'une personne dans tel ou tel domaine ; compétence.

**caparaçon** nm Housse d'ornement des chevaux dans les cérémonies.

**caparaçonner** vt Couvrir d'un caparaçon : *cheval caparaçonné.*

**cape** nf Vêtement de dessus sans manches qui couvre les épaules et les bras. ■ **rire sous cape :** en cachette, sournoisement.

**capeline** nf Chapeau de femme à grands bords souples.

**CAPES** [kapɛs] nm (sigle) Certificat d'aptitude au professorat de l'enseignement du second degré.

**capésien, enne** [kapesjɛ̃, ɛn] n Candidat au CAPES ; titulaire du CAPES.

**CAPET** [kapɛt] nm (sigle) Certificat d'aptitude au professorat de l'enseignement technique.

**capétien, enne** adj Relatif aux Capétiens.

**capharnaüm** [kafarnaɔm] nm Lieu où des objets sont entassés dans le désordre.

**1. capillaire** adj Relatif aux cheveux. ■ **vaisseaux capillaires :** ramifications des artères et des veines.

**2. capillaire** nm Fougère.

**capillarité** nf Phénomène physique constitué par la tendance d'un liquide à s'élever vers le haut d'un tube très fin.

**capilotade** nf ■ FAM **mettre en capilotade :** réduire en bouillie.

**capitaine** n **1.** Officier des armées de terre et de l'air dont le grade est situé entre ceux de lieutenant et de commandant. **2.** Commandant d'un navire, d'un port, etc. **3.** Chef d'une équipe sportive.

**capitainerie** nf Bureau du capitaine d'un port.

**1. capital, e, aux** adj **1.** Essentiel, fondamental : *point capital.* **2.** Qui entraîne la mort : *peine capitale.* ■ **lettre capitale :** majuscule. ❑ **sept péchés capitaux :** péchés qui sont la source de tous les autres.

**2. capital** (pl *capitaux*) nm **1.** Ensemble de biens possédés, pouvant rapporter un revenu. **2.** Valeur de ces biens. **3.** FIG Ce qui est acquis et dont on peut disposer : *capital santé.* ◆ **capitaux** pl Ensemble des fonds disponibles ou en circulation.

**capitale** nf **1.** Ville où siège le gouvernement d'un État. **2.** Principal centre d'une activité industrielle, de services. **3.** Lettre majuscule.

**capitalisable** adj Qui peut être capitalisé.

**capitalisation** nf Action de capitaliser.

**capitaliser** vt **1.** Convertir en capital. **2.** Accumuler des choses pour en tirer profit ensuite. ◆ vi Amasser de l'argent.

**capitalisme** nm Système de production dont les fondements sont l'entreprise privée et la liberté du marché.

**capitaliste** adj Relatif au capitalisme. ◆ n et adj Personne qui possède des capitaux et les investit dans des entreprises.

**capital-risqueur** (pl *capital-risqueurs*) nm Personne ou société finançant la création ou le développement d'entreprises à risques mais à fort potentiel de croissance.

**capiteux, euse** adj sout. Qui porte à la tête : *vin, parfum capiteux*.

**capiton** nm **1.** Bourre de soie ou de laine. **2.** Division d'un siège capitonné. **3.** Amas adipeux sous-cutané.

**capitonnage** nm Action de capitonner.

**capitonner** vt Rembourrer avec du capiton ou une autre matière.

**capitulation** nf Action de capituler.

**capitule** nm Inflorescence formée de petites fleurs serrées les unes contre les autres.

**capituler** vi Cesser toute résistance, se reconnaître vaincu, abandonner.

**capoeira** [kapɔɛra] nf Art martial du Brésil se pratiquant sur un accompagnement musical.

**caporal, e, aux** n Militaire du grade immédiatement supérieur à celui de soldat.

**caporalisme** nm Autoritarisme étroit.

**1. capot** nm Couverture métallique du moteur d'une automobile.

**2. capot** adj inv Se dit du joueur qui n'a pas fait de levée dans certains jeux de cartes.

**capote** nf **1.** Couverture amovible d'une voiture, d'un landau d'enfant. **2.** Manteau militaire. ■ FAM **capote anglaise** ou **capote** : préservatif masculin.

**capoter** vi **1.** Se retourner, en parlant d'une voiture, d'un avion. **2.** Échouer, en parlant d'un projet, d'une entreprise. **3.** CANADA, FAM Perdre la tête.

**cappuccino** [kaputʃino] nm Café noir dans lequel on a ajouté du lait mousseux.

**câpre** nf Bouton du câprier (condiment).

**caprice** nm Envie subite et irréfléchie. ◆ **caprices** pl Variations soudaines dans le cours des choses : *les caprices de la mode*.

**capricieusement** adv Par caprice.

**capricieux, euse** adj et n Qui agit par caprice. ◆ adj Sujet à des changements imprévus : *temps capricieux*.

**capricorne** nm Insecte coléoptère aux longues antennes. ◆ **Capricorne** nm Constellation zodiacale de l'hémisphère austral ; signe astrologique des personnes nées entre le 22 décembre et le 20 janvier. ◆ n et adj Personne née sous le signe du Capricorne.

**câprier** nm Arbuste épineux qui produit les câpres.

**caprin, e** adj et nm Relatif à la chèvre.

**capsule** nf **1.** Petit couvercle en métal ou en plastique pour boucher une bouteille. **2.** Enveloppe soluble de certains médicaments. **3.** BOT Enveloppe sèche qui renferme les semences et les graines. ■ **capsule spatiale** : véhicule à bord duquel les cosmonautes effectuent leurs voyages dans l'espace.

**capsuler** vt Recouvrir d'une capsule le goulot d'une bouteille.

**captation** nf **1.** Fait de s'emparer d'une succession par des manœuvres répréhensibles. **2.** Enregistrement d'un spectacle scénique ; film qui en est tiré : *la captation d'un opéra*.

**CAPTCHA** nm (nom déposé) Test d'identification d'un internaute, permettant de différencier de manière automatisée un utilisateur humain d'un ordinateur.

**capter** vt **1.** Recevoir au moyen d'appareils radioélectriques : *capter une émission*. **2.** Recueillir une énergie, un fluide, etc., pour l'utiliser. **3.** Obtenir, gagner : *capter l'attention*. **4.** FAM Comprendre : *il n'a rien capté*.

**capteur** nm ■ **capteur solaire** : dispositif recueillant l'énergie calorifique du Soleil, en vue de son utilisation.

**captieux, euse** adj LITT Qui cherche de façon insidieuse à induire en erreur.

**captif, ive** n et adj LITT Prisonnier de guerre. ◆ adj Privé de liberté : *animal captif*. ■ **ballon captif** : aérostat retenu au sol par un câble. ❑ **client captif** : client contraint de rester fidèle au même fournisseur.

**captivant, e** adj Qui captive, séduit.

**captiver** vt Retenir l'attention, l'intérêt ; charmer, passionner : *captiver l'auditoire*.

**captivité** nf Privation de liberté ; situation de prisonnier de guerre.

**capture** nf Action de capturer. ■ INFORM **capture d'écran** : copie dans le presse-papiers ou dans un fichier de ce qui est affiché sur l'écran d'un ordinateur.

**capturer** vt S'emparer de.

**capuche** nf Sorte de capuchon.

**capuchon** nm **1.** Partie de vêtement qu'on peut mettre sur la tête ou rabattre en arrière. **2.** Bouchon d'un stylo, d'un tube, etc.

**capucine** nf Plante ornementale à feuilles rondes et à fleurs orangées.

**caque** nf Barrique où l'on conserve les harengs salés ou fumés.

**caquelon** nm Poêlon en fonte ou en terre assez profond, dans lequel on fait notamment des fondues.

**caquet** nm Gloussement de la poule. ■ **rabattre le caquet à qqn** : le faire taire, le remettre à sa place.

**caqueter** vi (conj 8) **1.** En parlant de la poule, pousser son cri. **2.** FIG Tenir des propos futiles, bavarder.

**1. car** conj Introduit l'explication, la raison de la proposition avancée.

**2. car** nm Autocar.

**carabe** nm Insecte coléoptère.

**carabin** nm FAM Étudiant en médecine.

**carabine** nf Fusil court, léger.

**carabiné, e** adj FAM Très fort, très intense : *un rhume carabiné.*

**carabinier** nm VX Soldat armé d'une carabine.

**caraco** nm **1.** Corsage féminin à basques porté naguère par les paysannes. **2.** Sous-vêtement féminin couvrant le buste.

**caracoler** vi **1.** Aller çà et là, de droite et de gauche : *le cavalier fait caracoler son cheval.* **2.** Sautiller. ■ **caracoler en tête de :** occuper la position de tête : *caracoler en tête du peloton.*

**caractère** nm **1.** Élément d'une écriture : *caractères chinois.* **2.** Lettre ou signe d'un style particulier dont on se sert dans l'imprimerie : *caractère gras.* **3.** FIG Manière habituelle de réagir propre à chaque personne ; personnalité : *avoir bon caractère.* **4.** Affirmation vigoureuse de la personnalité : *avoir du caractère.* **5.** Trait donnant à quelque chose son originalité : *immeuble sans caractère.* **6.** Signe distinctif, apparence, air : *caractère d'authenticité.* **7.** Ce qui est propre, particulier à : *caractères physiques.*

**caractériel, elle** adj et n Qui présente des troubles du caractère.

**caractérisé, e** adj Se dit de quelque chose qui est nettement marqué ; typique.

**caractériser** vt **1.** Définir par un caractère distinctif : *caractériser le style d'un auteur.* **2.** Constituer le caractère essentiel de : *la bonté le caractérise.* ◆ **se caractériser** vpr [par] Avoir pour signe distinctif.

**caractéristique** adj Qui caractérise : *relief caractéristique de la région.* ◆ nf Marque distinctive, trait particulier.

**caractérologie** nf Étude des types de caractère.

**carafe** nf Bouteille à base large et à col étroit ; son contenu : *carafe d'eau.* ■ FAM **rester en carafe :** attendre vainement.

**carafon** nm Petite carafe.

**carambolage** nm Série de chocs, surtout entre véhicules.

**caramboler** vi Au billard, pousser une bille et lui faire du même coup toucher les deux autres. ◆ **se caramboler** vpr En parlant de véhicules, se heurter en série.

**caramel** nm **1.** Sucre fondu et roussi par l'action du feu. **2.** Bonbon composé de sucre et d'un corps gras aromatisé. ◆ adj inv D'une couleur entre le beige et le roux.

**caramélisation** nf Réduction du sucre en caramel.

**caraméliser** vt **1.** Réduire le sucre en caramel. **2.** Recouvrir de caramel.

**carapace** nf **1.** Enveloppe dure protégeant le corps de certains animaux. **2.** FIG Protection, cuirasse.

**carapater (se)** vpr FAM S'enfuir.

**carat** nm **1.** Quantité d'or fin pesant un vingt-quatrième du poids total d'un alliage. **2.** Unité de poids de 20 centigrammes (diamants, perles, etc.). ■ FAM **dernier carat :** dernier moment.

**caravane** nf **1.** Troupe de voyageurs réunis pour franchir un désert, une contrée peu sûre, etc. **2.** Groupe. **3.** Remorque de camping.

**caravanier, ère** n **1.** Conducteur des bêtes de somme, dans une caravane. **2.** Personne qui pratique le caravaning.

**caravaning** nm Forme de camping pratiqué par ceux qui utilisent une caravane.

**caravansérail** nm En Orient, abri réservé aux caravanes.

**caravelle** nf Navire des XVe et XVIe s., rapide et de petit tonnage.

**carbochimie** nf Chimie industrielle de la houille et de ses dérivés.

**carbonarisme** nm Société politique secrète, formée au XIXe s. en Italie.

**carbonaro** (pl *carbonaros* ou *carbonari*) nm Affilié au carbonarisme.

**carbonate** nm CHIM Sel du gaz carbonique : *carbonate de soude.*

**carbone** nm **1.** CHIM Corps simple, non métallique, soit cristallisé (diamant), soit amorphe (charbon, houille). **2.** (en appos.) Se dit de ce qui concerne les émissions de dioxyde de carbone dans l'atmosphère : *bilan carbone ; taxe carbone.* ■ **empreinte carbone :** volume de gaz à effet de serre produit par une activité, un véhicule, un individu, etc. ❑ **papier carbone** ou **carbone :** papier placé entre la feuille où l'on écrit et une feuille vierge pour obtenir un double.

**carbonifère** adj Qui contient du charbon : *terrain carbonifère.*

**carbonique** adj Se dit d'un gaz résultant de la combinaison du carbone avec l'oxygène.

**carbonisation** nf Transformation d'un corps en charbon.

**carboniser** vt Brûler complètement, réduire en charbon.

**carburant** nm Combustible qui alimente un moteur à explosion.

**carburateur** nm Organe d'un moteur à explosion qui réalise le mélange d'essence et d'air.

**carburation** nf AUTOM Formation, dans le carburateur, du mélange gazeux inflammable et combustible alimentant le moteur à explosion.

**carbure** nm CHIM Combinaison du carbone avec un autre corps simple : *carbure d'hydrogène*.

**carburer** vi FAM Réfléchir, faire travailler son esprit.

**carcan** nm **1.** ANC Collier de fer pour attacher un condamné au poteau d'exposition. **2.** FIG Ce qui entrave la liberté, contrainte, sujétion.

**carcasse** nf **1.** Charpente osseuse d'un animal. **2.** FAM Corps humain : *traîner sa vieille carcasse*. **3.** Armature, charpente : *carcasse d'abat-jour, de voiture*.

**carcéral, e, aux** adj Relatif aux prisons, au régime pénitentiaire.

**carcinome** nm Sorte de cancer.

**cardamome** nf Plante aromatique d'Asie aux graines de saveur poivrée.

**cardan** nm MÉCAN Articulation permettant la transmission d'un mouvement de rotation dans toutes les directions.

**carde** nf Nervure comestible du cardon et de la blette.

**carder** vt Peigner la laine, le drap.

**cardia** nm Orifice supérieur de l'estomac.

**cardiaque** adj Relatif au cœur. ◆ adj et n Qui a une maladie de cœur.

**cardigan** nm Veste de tricot à manches longues, se fermant par-devant.

**1. cardinal** nm **1.** Membre du Sacré Collège, électeur et conseiller du pape. **2.** Oiseau au plumage rouge écarlate.

**2. cardinal, e, aux** adj LITT Qui constitue le point essentiel d'une doctrine, d'une action : *l'idée cardinale d'une théorie*. ■ **points cardinaux** : l'est, le sud, l'ouest et le nord. ❑ **nombre cardinal** : qui exprime la quantité : *un, deux, trois, etc., sont des nombres cardinaux*.

**cardinalat** nm Dignité de cardinal.

**cardinalice** adj Qui appartient à un cardinal.

**cardiogramme** nm Tracé obtenu à l'aide d'un cardiographe.

**cardiographe** nm Appareil enregistreur des mouvements du cœur.

**cardiographie** nf Étude du cœur à l'aide du cardiographe.

**cardiologie** nf Partie de la médecine qui traite du cœur.

**cardiologue** n Spécialiste des maladies du cœur.

**cardiopathie** nf Affection du cœur.

**cardio-vasculaire** (pl *cardio-vasculaires*) adj Relatif à la fois au cœur et aux vaisseaux.

**cardon** nm Plante potagère voisine de l'artichaut, dont on consomme les cardes.

**carême** nm Pour les catholiques et les orthodoxes, temps de pénitence allant du mercredi des Cendres au jour de Pâques.

**carénage** nm **1.** MAR Action de caréner. **2.** Endroit d'un port où l'on carène les navires.

**carence** nf **1.** Absence, manque de quelque chose : *carence en vitamines*. **2.** PAR EXT Action de se dérober, de manquer à un engagement : *la carence du pouvoir*.

**carène** nf Partie immergée de la coque d'un navire.

**caréné, e** adj Qui a une forme fuselée pour réduire la résistance de l'air.

**caréner** vt (conj 10) Nettoyer ou réparer la carène.

**carentiel, elle** adj Relatif, consécutif à une carence.

**caressant, e** adj Qui caresse, qui aime les caresses.

**caresse** nf Attouchement tendre.

**caresser** vt **1.** Faire des caresses. **2.** FIG Nourrir des espérances, etc.

**caret** nm **1.** Dévidoir utilisé par les fabricants de cordes. ■ **fil de caret** : gros fil servant à faire les cordages. **2.** Tortue des mers chaudes.

**car-ferry** (pl *car-ferrys* ou *car-ferries*) nm Navire pour le transport des automobiles.

**cargaison** nf Ensemble des marchandises transportées par un navire, un avion.

**cargo** nm Navire pour le transport des marchandises. ■ **cargo spatial** : véhicule spatial sans équipage, pouvant transporter du fret et ravitailler une station spatiale en orbite.

**cari** nm → **curry**.

**cariatide** nf → **caryatide**.

**caribou** nm Renne du Canada.

**caricatural, e, aux** adj **1.** Qui relève de la caricature : *dessin caricatural*. **2.** Grotesque, outré : *compte rendu caricatural*.

**caricature** nf **1.** Dessin, peinture satirique ou grotesque. **2.** Déformation grotesque et outrée de certains traits ou caractéristiques. **3.** FAM Personne ridicule.

**caricaturer** vt Faire la caricature de.

**caricaturiste** n Personne qui fait des caricatures.

**carie** nf Maladie de la dent détruisant ses parties dures.

**carié, e** adj Se dit d'une dent attaquée par une carie.

**carier** vt Gâter par l'effet de la carie.

**carillon** nm **1.** Ensemble de cloches accordées à différents tons ; sonnerie de ces cloches. **2.** Horloge qui sonne les heures. ■ **carillon électrique** : sonnerie électrique à plusieurs tons.

**carillonné, e** adj ■ **fête carillonnée** : fête solennelle annoncée par des carillons.

**carillonnement** nm Action de carillonner ; le son produit.

**carillonner** vi **1.** Sonner le carillon. **2.** FAM Agiter vivement une sonnette à une porte. ◆ vt Faire savoir à grand bruit : *carillonner une nouvelle*.

**cariste** nm Employé chargé de la manœuvre des chariots de manutention.

**caritatif, ive** adj Qui aide matériellement ou moralement les plus démunis.

**car-jacking** [kardʒakiŋ] (pl *car-jackings*) nm Vol d'un véhicule automobile sur la voie publique avec violences ou menaces sur son conducteur.

**carlin** nm Petit dogue à poil ras.

**carlingue** nf Partie de l'avion pour le pilote et les passagers.

**carliste** adj et n Partisan de don Carlos, prétendant à la couronne d'Espagne au XIXe s.

**carmagnole** nf **1.** Veste courte en usage pendant la Révolution. **2.** (avec une majuscule) Ronde et chanson révolutionnaire en 1793.

**carme** nm Religieux du Carmel.

**carmélite** nf Religieuse du Carmel.

**carmin** adj inv et nm D'un rouge vif.

**carminé, e** adj Qui tire sur le carmin.

**carnage** nm Massacre, tuerie.

**carnassier, ère** adj et n Qui se nourrit de chair crue. SYN : carnivore.

**carnassière** nf Sac pour le gibier.

**carnation** nf Teint, coloration de la peau.

**carnaval** (pl *carnavals*) nm Période de réjouissances allant de l'Épiphanie au mercredi des Cendres ; ces réjouissances (bal, cortèges).

**carnavalesque** adj **1.** Du carnaval. **2.** Grotesque, extravagant.

**carne** nf FAM Viande dure.

**carné, e** adj Qui se compose de viande : *alimentation carnée*.

**carnet** nm **1.** Petit cahier servant à inscrire des notes, des adresses, etc. : *carnet de bord*. **2.** Assemblage de tickets, de timbres, etc., détachables : *carnet de chèques*. ■ **carnet d'adresses** : base de données contenant notamm. les adresses électroniques des personnes avec qui l'on est en contact. ❑ **carnet de commandes** : ensemble des commandes reçues par une entreprise. ❑ **carnet de notes** : recueil des appréciations portées par les professeurs sur un élève. ❑ **carnet de voyage** : journal intime tenu par un voyageur sous la forme de notes et/ou de dessins. ◆ **carnets** pl Petits cahiers contenant des notes personnelles ou confidentielles : *des carnets de tournage*.

**carnettiste** n Personne qui tient un carnet de voyage.

**carnivore** adj et n **1.** Carnassier. **2.** Qui aime la viande. ◆ nm Mammifère qui se nourrit surtout de viande, tel que le chien, le chat, l'ours (les carnivores forment un ordre).

**carolingien, enne** adj et n Qui appartient à la dynastie des Carolingiens.

**caroncule** nf Excroissance charnue et rouge ornant la tête et le cou de divers animaux : *caroncule du coq, du dindon*.

**carotène** nm Pigment jaune ou rouge des végétaux (carotte) et des animaux.

**carotide** nf Chacune des deux artères qui conduisent le sang du cœur à la tête.

**carotte** nf **1.** Plante cultivée pour sa racine comestible ; racine de cette plante. **2.** Échantillon cylindrique de terrain retiré du sol. **3.** Enseigne des bureaux de tabac. ■ **la carotte et le bâton** : une alternance de promesses et de menaces. ❑ FAM **les carottes sont cuites** : il n'y a plus rien à faire. ◆ adj inv De couleur rouge tirant sur le roux.

**carotter** vt FAM Soutirer qqch par tromperie.

**caroube** ou **carouge** nf Gousse à pulpe sucrée, comestible et antidiarrhéique.

**carpaccio** [karpatʃjo] nm **1.** Viande de bœuf crue, coupée en fines lamelles et macérée dans de l'huile et du citron. **2.** Tout mets cru servi finement tranché.

**1. carpe** nf Poisson d'eau douce. ■ **muet comme une carpe** : tout à fait muet.

**2. carpe** nm Squelette du poignet.

**carpelle** nm Chacun des éléments soudés du pistil.

**carpette** nf Tapis de petites dimensions.

**carquois** nm Étui à flèches.

**carrare** nm Marbre blanc d'Italie.

**carre** nf **1.** Épaisseur d'un objet plat coupé à angle droit : *la carre d'une planche*. **2.** Baguette d'acier bordant la semelle du ski.

**1. carré** nm **1.** Quadrilatère plan à côtés égaux et à quatre angles droits ; ce qui a approximativement la forme d'un carré ou d'un cube : *carré de chocolat*. **2.** Compartiment de jardin où l'on cultive une même plante. **3.** Sur un navire, salle de repas des officiers. **4.** Réunion de quatre cartes semblables. **5.** Ensemble des côtelettes du mouton, de l'agneau, du porc. **6.** Produit d'un nombre multiplié par lui-même.

**2. carré, e** adj **1.** Qui a la forme d'un carré. **2.** FIG Franc, décidé. ■ **épaules carrées :** larges.

**carreau** nm **1.** Pavé plat, en terre cuite, en pierre, etc. : *les carreaux de la cuisine.* **2.** Sol pavé de carreaux : *laver le carreau.* **3.** Dessin de forme carrée dans un quadrillage : *jupe à carreaux.* **4.** Verre de fenêtre : *laveur de carreaux.* **5.** Aux cartes, couleur marquée par des losanges rouges : *dame de carreau.* **6.** Gros fer à repasser de tailleur. ■ FAM **se tenir à carreau :** être sur ses gardes. ❑ **sur le carreau :** (a) à terre, assommé ou tué (b) éliminé.

**carrefour** nm **1.** Lieu où se croisent plusieurs chemins ou rues. **2.** FIG Lieu de rencontre et de confrontation d'idées opposées.

**carrelage** nm **1.** Action de carreler. **2.** Sol recouvert de carreaux.

**carreler** vt (conj 6) Assembler des carreaux pour former un revêtement.

**carrelet** nm **1.** Filet carré. **2.** Plie (poisson).

**carreleur, euse** n Ouvrier qui pose des carrelages.

**carrément** adv **1.** Franchement, sans détours. **2.** FAM Complètement : *carrément nul.*

**carrer (se)** vpr S'installer à l'aise : *se carrer dans un fauteuil.*

**carrier** nm Personne qui extrait la pierre.

**1. carrière** nf **1.** Profession à laquelle on consacre sa vie ; ensemble des étapes de cette profession. **2.** Grand manège d'équitation en terrain découvert. ■ **la carrière :** la diplomatie.

**2. carrière** nf Terrain d'où l'on extrait la pierre : *carrière de grès.*

**carriérisme** nm PÉJOR Activité de celui qui ne cherche qu'à satisfaire son ambition personnelle.

**carriériste** n PÉJOR Personne qui fait preuve de carriérisme.

**carriole** nf Petite charrette.

**carrossable** adj Où les voitures peuvent circuler.

**carrosse** nm Ancienne voiture de luxe à quatre roues, tirée par des chevaux.

**carrosser** vt Munir d'une carrosserie.

**carrosserie** nf **1.** Revêtement, généralement en tôle, d'une voiture. **2.** Industrie, technique du carrossier.

**carrossier** nm Personne qui fabrique ou répare des carrosseries.

**carrousel** nm Parade au cours de laquelle des cavaliers exécutent des évolutions variées ; lieu où se donne cette parade.

> ORTHOGRAPHE *Carrousel* s'écrit avec un seul *s*. Il ne faut pas confondre avec *carrosse* et ses dérivés.

**carrure** nf Largeur du dos, d'une épaule à l'autre.

**cartable** nm Sac d'écolier.

**carte** nf **1.** Carton mince servant à divers usages : *carte d'invitation, carte de boutons.* **2.** Petit carton fin, portant des figures et servant à jouer : *battre les cartes.* **3.** Document prouvant l'identité ou permettant d'exercer certains droits : *carte d'électeur, de séjour.* **4.** Représentation géographique : *carte murale, routière.* **5.** Morceau de plastique rectangulaire disposant d'un système de mémorisation des données : *carte magnétique, à puce ; carte bleue, bancaire, de crédit, de téléphone.* **6.** Liste des plats dans un restaurant : *manger à la carte.* **7.** INFORM Assemblage de circuits électroniques adaptable à un ordinateur. ■ **à la carte :** selon un libre choix. ❑ **brouiller les cartes :** embrouiller une affaire. ❑ **carte grise :** certificat d'immatriculation d'un véhicule à moteur. ❑ INFORM **carte mère :** carte regroupant les circuits électroniques fondamentaux d'un ordinateur. ❑ **carte postale :** carte dont un des côtés sert à la correspondance et dont l'autre contient une photo, une illustration. ❑ **carte de visite :** petit rectangle de bristol sur lequel sont imprimés le nom, l'adresse, etc. ❑ **jouer cartes sur table :** ne rien dissimuler. ❑ **jouer la carte de :** s'engager à fond dans un choix. ❑ **jouer sa dernière carte :** faire une tentative ultime. ❑ **le dessous des cartes :** le secret d'une affaire. ❑ **tirer les cartes :** prédire l'avenir par les cartes.

**cartel** nm Entente industrielle ou politique.

**carte-lettre** (pl *cartes-lettres*) nf Carte mince se fermant au moyen de bords gommés.

**carter** [kartɛr] nm Enveloppe protectrice des organes d'un mécanisme.

**carte-réponse** (pl *cartes-réponse* ou *cartes-réponses*) nf Carte jointe à un questionnaire, à utiliser pour y répondre.

**cartésianisme** nm Philosophie de Descartes ou qui se réclame de Descartes.

**cartésien, enne** adj Relatif à la doctrine de Descartes.

**cartilage** nm Tissu blanc, dur et élastique aux extrémités des os.

**cartilagineux, euse** adj De la nature du cartilage : *tissu cartilagineux.*

**cartographe** n Personne qui dresse les cartes de géographie.

**cartographie** nf Art du cartographe. ■ **cartographie du génome :** localisation des gènes sur l'ADN des chromosomes, visant à établir le séquençage du génome humain.

**cartographique** adj Relatif à la cartographie.

**cartomancie** nf Art de prédire l'avenir par les cartes à jouer, les tarots.

**cartomancien, enne** n Personne qui pratique la cartomancie.

**carton** nm **1.** Matière composée de pâte à papier, plus rigide et plus épaisse que le papier. **2.** Boîte en carton : *carton à chaussures.* **3.** Portefeuille de dessin : *carton à dessin.* **4.** Modèle dessiné ou peint : *carton de vitrail.* ■ FAM **faire un carton :** (a) tirer sur qqn (b) FIG remporter un succès éclatant.

**cartonnage** nm Fabrication des objets en carton.

**cartonner** vt **1.** Relier un livre en carton. **2.** FAM Critiquer durement. ◆ vi FAM Remporter de grands succès.

**carton-pâte** (pl *cartons-pâtes*) nm Mélange de pâte à papier et de matières plastiques, servant à fabriquer des objets par moulage.

**cartophile** n Collectionneur de cartes postales.

**cartophilie** nf Collection, recherche de cartes postales.

**cartouche** nf **1.** Cylindre renfermant la charge d'un fusil, d'un pistolet, etc. **2.** Recharge cylindrique d'encre pour un stylo, de gaz pour un briquet. **3.** Emballage groupant plusieurs paquets de cigarettes. **4.** Boîtier contenant un logiciel vidéo ; ce logiciel.

**cartoucherie** nf Usine où l'on fabrique des cartouches.

**cartouchière** nf Sacoche ou ceinture où l'on met des cartouches de fusil.

**cary** nm → **curry**.

**caryatide** ou **cariatide** nf Colonne en forme de statue féminine.

**caryopse** nm Fruit sec soudé à la graine, tel le grain de blé.

**caryotype** nm Ensemble des chromosomes d'une cellule.

**1. cas** nm **1.** Fait, circonstance : *le cas est rare.* **2.** Situation : *que faire en pareil cas ?* **3.** MÉD Manifestation d'une maladie ; le malade lui-même. ■ **au cas où :** à supposer que. ❑ **cas contact :** sujet ayant été en contact avec une personne porteuse d'une maladie contagieuse, et susceptible de l'avoir contractée. ❑ **cas de conscience :** situation difficile à juger, à résoudre. ❑ **cas de figure :** situation envisagée par hypothèse. ❑ **en ce cas :** alors. ❑ **en tout cas :** quoi qu'il arrive. ❑ **faire cas, grand cas de :** accorder de l'importance à ; estimer.

**2. cas** nm GRAMM Dans les langues à déclinaisons, chacune des formes prises par certains noms, adjectifs, pronoms, participes, suivant leur fonction dans la phrase.

**casanier, ère** adj et n Qui aime à rester chez soi.

**casaque** nf Veste des jockeys. ■ FAM **tourner casaque :** changer de parti, d'opinion.

**casbah** nf Citadelle ou palais arabe ; quartier qui l'entoure.

**cascade** nf **1.** Chute d'eau. **2.** Acrobatie exécutée par un cascadeur. ■ FIG **en cascade :** en série.

**cascadeur, euse** n **1.** Artiste spécialisé qui double les comédiens pour les scènes dangereuses des films. **2.** Au cirque, acrobate spécialiste des chutes volontaires, des sauts dangereux.

**case** nf **1.** Habitation en paille, en branches, etc., dans certains pays tropicaux. **2.** Compartiment d'un meuble, d'un tiroir, etc. **3.** Carré de l'échiquier, du damier, etc.

**caséine** nf Substance du lait constituant le fromage.

**casemate** nf Abri enterré d'un fort, d'une citadelle, etc.

**caser** vt **1.** VIEILLI Placer, mettre : *caser des livres.* **2.** FIG, FAM Procurer un emploi, une situation à.

**caserne** nf Bâtiment affecté au logement des militaires ou des pompiers.

**casernement** nm **1.** Installation de militaires dans une caserne. **2.** Locaux d'une caserne.

**cash** adv Comptant : *payer cash.*

**cashmere** nm → **cachemire**.

**casier** nm **1.** Meuble ou partie de meuble garni de cases : *casier à musique.* **2.** Nasse : *casier à homards.* ■ **casier judiciaire :** relevé des condamnations encourues par une personne : *casier judiciaire vierge.*

**casino** nm Établissement de jeu, de réunion, etc., dans les stations balnéaires.

**casoar** nm Grand oiseau coureur d'Australie.

**casque** nm **1.** Coiffure qui protège la tête : *casque colonial.* **2.** Appareil d'écoute téléphonique ou radiophonique.

**casqué, e** adj Coiffé d'un casque.

**casquer** vi FAM **1.** Payer : *c'est encore lui qui a casqué.* **2.** FIG Faire les frais de quelque chose.

**casquette** nf Coiffure à visière.

**cassable** adj Qui peut se casser.

**cassandre** nf Personne qui, invariablement, prophétise une évolution funeste des événements : *projet de loi qui inspire les cassandres.*

**cassant, e** adj **1.** Qui se casse facilement. **2.** FIG Raide, tranchant : *ton cassant.*

**cassate** nf Crème glacée faite de tranches diversement parfumées.

**cassation** nf Annulation juridique d'un arrêté, d'une procédure. ■ **Cour de cassation :** cour suprême de justice.

**1. casse** nf **1.** Action de casser. **2.** Objets cassés : *payer la casse.* ■ **mettre à la casse :** jeter chez un ferrailleur.

**2. casse** nf Boîte à compartiments pour les caractères d'imprimerie.

**3. casse** nm ARG Cambriolage.

**cassé, e** adj ■ **blanc cassé :** tirant légèrement sur le gris ou le jaune. ❑ **voix cassée :** éraillée, tremblante.

**casse-cou** n inv et adj inv Personne qui prend des risques, qui n'a pas peur du danger. ■ VIEILLI **crier casse-cou :** avertir d'un danger.

**casse-croûte** nm inv FAM Repas sommaire.

**casse-gueule** adj inv FAM **1.** Se dit de quelqu'un qui est très téméraire. **2.** Se dit de quelque chose de risqué : *un projet casse-gueule.*

**cassement** nm ■ **cassement de tête :** souci intellectuel, fatigue causée par un problème à résoudre.

**casse-noisettes** ou **casse-noix** nm inv Pince pour casser des noisettes, des noix.

**casse-pieds** n inv et adj inv FAM Importun.

**casser** vt **1.** Mettre en morceaux sous l'action d'un choc, d'un coup ; briser. **2.** Causer une fracture à. **3.** Mettre hors d'usage un appareil. **4.** FIG Annuler : *casser un arrêt.* **5.** MIL Priver de son grade. **6.** FIG Interrompre le cours de : *casser des relations diplomatiques.* ■ FAM **à tout casser :** (a) tout au plus, au maximum (b) sans retenue. ❑ FAM **casser la figure, la gueule à quelqu'un :** lui infliger une correction. ❑ FAM **casser la tête, les oreilles :** fatiguer par du bruit, des paroles. ❑ FAM **casser les pieds à :** (a) importuner (b) agacer. ❑ FAM **ne rien casser** ou **ne pas casser des briques :** être sans originalité, sans intérêt. ◆ **se casser** vpr FAM Partir. ■ **se casser la figure :** tomber. ❑ **se casser la tête :** se tourmenter pour trouver une solution. ❑ **se casser le nez :** (a) trouver porte close (b) échouer.

**casserole** nf **1.** Ustensile de cuisine à fond plat et à manche. **2.** FAM Affaire compromettante qui entache la réputation. ■ TRÈS FAM **passer à la casserole :** (a) subir une épreuve pénible (b) pour une femme, être contrainte d'avoir des rapports sexuels.

**casse-tête** nm inv **1.** Massue. **2.** FIG Bruit assourdissant. **3.** Travail ou jeu qui présente des difficultés presque insolubles.

**cassette** nf **1.** Petit coffre. **2.** Étui contenant une bande magnétique préenregistrée ou non, un film, etc.

**casseur, euse** n FAM Personne qui casse, détériore exprès, se livre à des déprédations.

**1. cassis** [kasis] nm **1.** Arbuste à fruits noirs ; fruit de cet arbuste. **2.** Liqueur de cassis.

**2. cassis** [kasi] nm Rigole en travers d'une route qui imprime une secousse aux véhicules.

**cassolette** nf **1.** Brûle-parfum. **2.** Petit récipient pour hors-d'œuvre chaud ou froid. **3.** Plat préparé en cassolette.

**cassonade** nf Sucre roux qui n'a été raffiné qu'une fois.

**cassoulet** nm Ragoût de haricots blancs et de viandes.

**cassure** nf Endroit où un objet est cassé : *la cassure d'une pierre.*

**castagnettes** nf pl Instrument de percussion fait de deux pièces de bois ou d'ivoire qu'on s'attache aux doigts et qu'on fait résonner en les entrechoquant.

**caste** nf Division hiérarchique de la société, notamment en Inde : *la caste des brahmanes.*

**castillan, e** adj et n De la Castille.

**casting** [kastiŋ] nm (anglicisme) Recherche et sélection des acteurs, des figurants, des mannequins, pour un film, un spectacle (recommandation officielle : *distribution artistique*).

**castor** nm Mammifère rongeur qui construit des digues sur les cours d'eau.

**castrat** nm Chanteur dont la voix d'enfant était conservée par castration.

**castration** nf Ablation d'un organe de la génération, pour les deux sexes.

**castrer** vt Pratiquer la castration ; châtrer.

**casuistique** nf **1.** Partie de la théologie traitant des cas de conscience. **2.** PAR EXT, LITT Subtilité excessive.

**casus belli** [kazysbɛlli] nm inv Acte de nature à provoquer la guerre.

**cataclysme** nm Grand bouleversement destructeur, causé par un cyclone, un tremblement de terre, etc.

**catacombes** nf pl Souterrains ayant servi de sépultures ou d'ossuaires.

**catadioptre** nm Dispositif de signalisation à surface réfléchissante.

**catafalque** nm Estrade sur laquelle on place un cercueil.

**cataire** ou **chataire** nf Plante à fleurs blanches, très odorante, qui attire les chats. SYN : herbe-aux-chats.

**catalan, e** adj et n De la Catalogne : *les Catalans.* ◆ nm Langue romane parlée en Catalogne.

**catalepsie** nf Suppression apparente et momentanée de la vie par la suspension des mouvements.

**cataleptique** adj et n Relatif à la catalepsie ; qui en est atteint.

**catalogue** nm **1.** Liste par ordre : *catalogue d'une bibliothèque.* **2.** Ouvrage contenant une liste d'articles, de services proposés à la vente ; fonds constitué par ces articles : *catalogue de vente par correspondance.*

**cataloguer** vt **1.** Inscrire par ordre. **2.** PÉJOR Ranger, classer définitivement dans une catégorie.

**catalpa** nm Arbre à très grandes feuilles et à fleurs en grosses grappes de l'Amérique du Nord.

**catalyse** nf CHIM Action accélératrice qu'exercent certains corps sur des réactions chimiques, sans être eux-mêmes modifiés.

**catalyser** vt **1.** CHIM Agir comme catalyseur dans une réaction. **2.** FIG Provoquer une réaction par sa seule présence ou son intervention.

**catalyseur** nm **1.** CHIM Corps qui catalyse. **2.** FIG Élément qui catalyse.

**catalytique** adj ■ **pot catalytique :** pot d'échappement antipollution utilisant la catalyse.

**catamaran** nm Embarcation à voiles constituée par deux coques accouplées.

**cataplasme** nm Bouillie médicinale épaisse appliquée sur la peau pour combattre une inflammation.

**catapulte** nf **1.** ANTIQ Machine de guerre pour lancer des pierres. **2.** Appareil pour le lancement des avions sur un navire de guerre.

**catapulter** vt **1.** Lancer violemment et loin. **2.** FIG, FAM Nommer soudainement à un poste élevé.

**cataracte** nf **1.** Chute d'eau importante sur un fleuve. **2.** MÉD Opacité du cristallin produisant une cécité partielle ou totale.

**catarrhe** nm MÉD Inflammation aiguë des muqueuses.

**catastrophe** nf Événement subit qui cause un bouleversement, des destructions, des morts : *catastrophe ferroviaire, naturelle.* ■ **en catastrophe :** d'urgence.

**catastropher** vt FAM Jeter dans un grand abattement ; abattre, consterner.

**catastrophique** adj Qui a le caractère d'une catastrophe ; désastreux.

**catch** nm Lutte libre dans laquelle on peut pratiquer presque toutes les prises.

**catcheur, euse** n Personne qui pratique le catch.

**catéchèse** nf Instruction religieuse.

**catéchiser** vt **1.** Faire le catéchisme. **2.** PAR EXT Prêcher, endoctriner.

**catéchisme** nm Instruction religieuse élémentaire, donnée principalement à des enfants.

**catéchiste** n Personne qui enseigne le catéchisme.

**catéchumène** [katekymɛn] n Personne qui s'instruit dans la foi chrétienne pour préparer ou confirmer son baptême.

**catégorie** nf Classe de personnes ou d'objets de même nature : *catégorie socioprofessionnelle.*

**catégoriel, elle** adj Qui concerne une ou plusieurs catégories de personnes.

**catégorique** adj **1.** Clair, précis, absolu : *refus catégorique.* **2.** Qui juge d'une manière définitive ; affirmatif : *il est trop catégorique.*

**catégoriquement** adv De façon catégorique.

**catégorisation** nf Classement par catégories.

**catégoriser** vt Ranger dans une catégorie.

**caténaire** nf Câble conducteur servant à l'alimentation en courant des locomotives électriques.

**catgut** [katgyt] nm CHIR Lien pour la suture des plaies.

**cathare** adj et n Au Moyen Âge, adepte d'une secte religieuse manichéenne dans le sud-ouest de la France.

**cathédrale** nf Église principale d'un diocèse, où siège l'évêque résidant.

**cathéter** [kateter] nm CHIR Sonde.

**catho** adj et n (abréviation) FAM Catholique.

**cathode** nf **1.** Électrode de sortie du courant dans un appareil à électrolyse. **2.** Électrode qui est la source primaire d'électrons dans un tube.

**cathodique** adj **1.** De la cathode. **2.** FAM Relatif au média télévisuel. ■ **tube cathodique :** tube à vide parcouru par un faisceau d'électrons émis par la cathode et dont l'impact sur un écran produit une image.

**catholicisme** nm Religion des chrétiens qui reconnaissent l'autorité du pape.

**catholicité** nf **1.** Doctrine de l'Église catholique. **2.** Ensemble des catholiques.

**catholique** adj et n Qui appartient au catholicisme ; qui le professe. ◆ adj FAM Conforme à la règle, à la morale courante : *ceci n'est pas très catholique.*

**catimini (en)** loc adv FAM En cachette : *agir en catimini.*

**cation** [katjɔ̃] nm Ion de charge positive. CONTR : anion.

**catogan** nm Nœud retenant les cheveux sur la nuque.

**caucasien, enne** adj et n Du Caucase.

**cauchemar** nm **1.** Rêve pénible et agité. **2.** FAM Chose ou personne qui importune, tourmente.

**cauchemarder** vi FAM Faire des cauchemars.

**cauchemardesque** adj Analogue au cauchemar.

**cauchois, e** adj et n Du pays de Caux : *les Cauchoix*.

**caucus** [kokys] nm CANADA Réunion à huis clos des dirigeants d'un parti politique ; personnes ainsi réunies.

**caudal, e, aux** adj De la queue.

**caulerpe** nf Algue verte originaire des mers tropicales et aujourd'hui présente en Méditerranée.

**causal, e, als** ou **aux** adj **1.** GRAMM Qui exprime la cause. **2.** Qui annonce un rapport de cause à effet.

**causalité** nf Rapport causal.

**causant, e** adj FAM Qui parle volontiers, communicatif.

**cause** nf **1.** Ce qui fait qu'une chose existe ; origine, principe : *connaître la cause d'un phénomène.* **2.** Ce pour quoi on fait quelque chose ; motif, raison : *j'ignore la cause de son départ.* **3.** Ensemble d'intérêts et d'idées à soutenir : *cause juste ; grande cause.* **4.** GRAMM Expression de la raison ou du motif de l'action. **5.** DR Affaire pour laquelle quelqu'un comparaît. ■ **en tout état de cause :** de toute manière. ❑ **être en cause :** être l'objet du débat. ❑ **la bonne cause :** celle qu'on considère comme juste. ❑ **mettre en cause :** incriminer, rendre responsable de. ◆ **à cause de** loc prép En raison de ; par la faute de.

> ORTHOGRAPHE Dans *être cause de*, *cause* est invariable. Dans *avoir pour cause*, *cause* est variable, selon qu'il y a une ou plusieurs causes : *ce retard a pour causes la pluie et la grève.*

**1. causer** vt Être cause de, occasionner : *causer de la peine.*

**2. causer** vi **1.** S'entretenir familièrement : *causer avec un ami.* **2.** FAM Parler : *elle cause beaucoup.*

**causerie** nf Exposé sans prétention fait à un auditoire.

**causette** nf ■ FAM **faire la causette :** bavarder familièrement INFORM Recommandation officielle pour *2. chat*.

**causeur, euse** n Personne qui aime et sait causer.

**causeuse** nf Canapé à deux places.

**causse** nm Nom des plateaux calcaires du sud de la France.

**causticité** nf Caractère de ce qui est corrosif ou caustique.

**caustique** adj et nm Qui attaque les tissus organiques : *la soude est un caustique.* ◆ adj FIG Qui est acerbe, cinglant, mordant dans la plaisanterie ou la satire : *verve caustique.*

**cauteleux, euse** adj LITT Qui manifeste à la fois de la méfiance et de la ruse.

**cautère** nm Corps brûlant ou agent chimique employé pour brûler superficiellement un tissu organique. ■ FAM **un cautère sur une jambe de bois :** un remède inutile, un moyen inefficace.

**cautérisation** nf Action de cautériser : *cautérisation d'une plaie.*

**cautériser** vt MÉD Brûler superficiellement une plaie pour éviter l'infection.

**caution** nf **1.** Garantie morale donnée par quelqu'un qui jouit d'un grand crédit. **2.** Somme donnée en garantie d'un engagement. **3.** Engagement pris auprès d'un créancier de payer les dettes d'une personne si celle-ci ne peut le faire ; la personne même qui s'engage : *se porter caution pour quelqu'un.* ■ **sujet à caution :** suspect, douteux.

**cautionnement** nm Contrat de quelqu'un qui se porte caution.

**cautionner** vt **1.** Se porter garant pour une autre personne. **2.** Accorder son appui ; soutenir.

**cavalcade** nf Course agitée et bruyante d'un groupe de personnes.

**cavale** nf ARG Évasion. ■ **être en cavale :** être en fuite, s'être évadé.

**cavaler** vi FAM **1.** Courir à toutes jambes ; s'enfuir. **2.** Rechercher des aventures amoureuses.

**cavalerie** nf **1.** Corps d'armée constitué à l'origine par des troupes à cheval, puis motorisées. **2.** Troupe à cheval.

**1. cavalier, ère** n **1.** Personne à cheval. **2.** Personne avec laquelle on forme un couple, dans un cortège, une danse. ■ **faire cavalier seul :** agir isolément. ◆ nm **1.** Militaire servant dans la cavalerie. **2.** Pièce du jeu d'échecs. **3.** Clou en U. ■ **cavalier législatif :** disposition contenue dans un projet ou une proposition de loi, mais sans rapport avec eux.

**2. cavalier, ère** adj **1.** Destiné aux cavaliers : *allée cavalière.* **2.** D'une liberté excessive et sans gêne ; impertinent.

**cavalièrement** adv De façon cavalière, insolente : *répondre cavalièrement.*

**1. cave** nf **1.** Pièce en sous-sol servant de débarras ou de lieu de conservation pour les vins. **2.** Vins en réserve, vieillissant en bouteilles. **3.** Coffret à liqueurs, à cigares. **4.** Fonds d'argent à certains jeux.

**2. cave** adj ■ **veines caves** : celles qui déversent dans le cœur le sang veineux.

**caveau** nm Construction souterraine servant de sépulture.

**caverne** nf **1.** Cavité naturelle assez vaste dans une zone rocheuse. **2.** MÉD Cavité dans un organe malade : *caverne du poumon*.

**caverneux, euse** adj ■ **voix caverneuse** : grave.

**cavernicole** adj et nm Se dit des animaux qui supportent l'obscurité et vivent dans les grottes.

**caviar** nm Œufs d'esturgeon.

**cavicorne** nm Mammifère ruminant à cornes creuses.

**caviste** n Personne qui s'occupe des vins chez un producteur, dans un restaurant.

**cavité** nf **1.** Creux, vide dans qqch : *cavités d'un rocher*. **2.** Partie creuse du corps humain ou d'un de ses organes : *cavité buccale*.

**CB** [sibi] nf (sigle de *citizen band*) **1.** Bande de fréquence radio, utilisée notamment pour communiquer entre véhicules. **2.** Appareil émetteur-récepteur pour la citizen band.

**cc** (abrév) Certifié (ou copie) conforme.

**CC** (sigle) Corps consulaire.

**CCI** nf (sigle) Chambre de commerce et d'industrie.

**CCP** nm (sigle) Compte chèque postal.

**1. CD** nm (sigle) Corps diplomatique.

**2. CD** nm (sigle) Compact Disc.

**CDD** nm (sigle de *contrat à durée déterminée*) Contrat de travail dont la durée est fixée à l'avance : *être embauché en CDD*. ◆ n Personne titulaire d'un CDD.

**1. CDI** nm (sigle) Au collège et au lycée, centre de documentation et d'information.

**2. CDI** nm (sigle de *contrat à durée indéterminée*) Contrat de travail dont le terme n'est pas défini : *être embauché en CDI*. ◆ n Personne titulaire d'un CDI.

**CD-I** nm inv (sigle) Compact Disc interactif.

**CD-ROM** ou **CD-Rom** nm inv Cédérom.

**CDU** nf (sigle de *classification décimale universelle*) Répartition bibliographique des connaissances humaines fondée sur la numérotation décimale.

**CDV** nm (sigle) Compact Disc Video.

**1. ce** pron dém inv (s'élide en *c'* devant *e*) Indique la chose ou la personne dont il a été ou dont il va être question : *qu'est-ce que c'est ? ; c'est à lui ; prends ce que tu veux*.

**2. ce** ou **cet** (devant une voyelle ou un *h* muet), **cette, ces** adj dém **1.** Détermine la personne ou la chose qu'on désigne, qui se trouve à proximité ou dont on a parlé : *j'aimerais lire ce livre*. **2.** Indique que l'action se situe dans le moment présent ou qu'elle est proche : *il est venu ce matin*.

**1. CE** [seə] nm (sigle de *comité d'entreprise*) VIEILLI Organe de l'entreprise composé des représentants élus du personnel et présidé par le chef d'entreprise, qui a des attributions consultatives ou de contrôle en matière professionnelle.

**2. CE** [seə] nm (sigle de *cours élémentaire*) ■ **CE1, CE2** : classes de l'enseignement primaire où sont scolarisés les enfants de sept à neuf ans.

**céans** adv ■ **maître de céans** : maître des lieux.

**ceci** pron dém Cette chose-ci.

**cécité** nf État d'une personne aveugle.

**céder** vt (conj 10) **1.** Laisser, abandonner : *céder sa place*. **2.** Vendre : *céder un fonds de commerce*. ◆ vi **1.** Ne pas résister, se rompre : *la porte a cédé sous les coups*. **2.** Cesser d'opposer une résistance : *céder par faiblesse*. ◆ vt ind [à] **1.** Se soumettre : *céder à la force*. **2.** Succomber : *céder à la tentation*.

**cédérom** nm (abrév. de *compact disk read only memory*) Disque compact à lecture laser, à grande capacité de mémoire et qui stocke à la fois des textes, des images et des sons ; (on écrit aussi *CD-ROM* ou *CD-Rom*).

**cédétiste** adj et n De la Confédération française démocratique du travail (CFDT).

**CEDEX** [sedɛks] ou **Cedex** nm (sigle de *courrier d'entreprise à distribution exceptionnelle*) Système qui permet aux entreprises ou organismes de disposer plus rapidement de leur courrier.

**cédille** nf Signe graphique qui, placé sous le *c* devant *a*, *o*, *u*, indique le son *s* comme dans *façade*.

**cédrat** nm Fruit du cédratier, sorte d'énorme citron à peau épaisse, utilisé en confiserie, en parfumerie.

**cédratier** nm Espèce de citronnier, cultivé pour ses fruits.

**cèdre** nm Arbre conifère à branches étalées : *les cèdres du Liban*.

**cégétiste** adj et n De la Confédération générale du travail (CGT).

**ceindre** vt (conj 55) LITT Mettre autour d'une partie de son corps.

**ceinture** nf **1.** Bande de cuir, d'étoffe, etc., servant à fixer un vêtement autour de la taille. **2.** Partie fixe d'un vêtement qui entoure la taille. **3.** Taille : *serré à la ceinture*. **4.** En judo, chacun des grades des pratiquants. **5.** Réseau routier ou ferré concentrique à une agglomération : *chemin* *de fer de ceinture.* ■ **ceinture de sécurité :** bande coulissante destinée à maintenir un passager sur son siège. ❑ FAM **se serrer la ceinture :** (a) ne pas manger assez (b) se priver de quelque chose.

**ceinturer** vt Saisir par le milieu du corps en vue de maîtriser.

**ceinturon** nm **1.** Ceinture portée sur l'uniforme. **2.** Ceinture large en cuir.

**céiste** n Canoéiste.

**cela** pron dém Cette chose-là. ■ **c'est cela :** c'est exact.

**céladon** adj inv Vert pâle. ◆ nm Porcelaine d'Extrême-Orient de cette couleur.

**célébrant** nm Prêtre qui dit la messe.

**célébration** nf Action de célébrer.

**célèbre** adj Connu de tous, renommé : *un écrivain célèbre.*

**célébrer** vt (conj 10) **1.** Fêter solennellement : *célébrer l'anniversaire de la victoire.* **2.** Accomplir un office liturgique : *célébrer la messe.* **3.** LITT Faire l'éloge de, glorifier : *célébrer un artiste.*

**célébrité** nf **1.** Grande réputation, gloire, renom. **2.** Personnage célèbre.

**celer** [səle] vt (conj 5) LITT Cacher ; taire, dissimuler : *celer un secret.*

**céleri** [sɛlri] nm Plante potagère dont on consomme les côtes des pétioles ou la racine. ■ **branches de céleri** ou **céleri en branches :** côtes des pétioles du céleri. ❑ **céleri-rave :** variété de céleri cultivée pour sa racine charnue ; cette racine.

**célérité** nf LITT Vitesse, promptitude.

**céleste** adj **1.** Relatif au ciel : *corps céleste.* **2.** Divin : *puissances célestes.*

**célibat** nm État d'une personne non mariée.

**célibataire** adj et n Qui n'est pas marié.

**célibattant, e** n FAM Jeune célibataire, gai et combatif, qui entend profiter de sa liberté.

**celle, celles** pron dém f → **celui.**

**cellier** nm Pièce, lieu frais où l'on entrepose le vin, les fruits, etc.

**Cellophane** nf (nom déposé) Pellicule transparente utilisée pour l'emballage.

**cellulaire** adj **1.** Formé de cellules : *tissu cellulaire.* **2.** Se dit d'un réseau téléphonique divisé en cellules adjacentes dotées d'un relais radioélectrique. ■ **fourgon cellulaire :** voiture qui sert à transporter les prisonniers. ❑ **régime cellulaire :** régime dans lequel les prisonniers sont isolés.

**cellule** nf **1.** Petite chambre d'un religieux. **2.** Local où l'on enferme un détenu. **3.** Alvéole des rayons de cire des abeilles. **4.** BIOL Élément constitutif de tout être vivant. **5.** Élément constitutif fondamental d'un ensemble : *cellule familiale.* **6.** Groupe de travail constitué pour résoudre un problème particulier : *cellule de crise.* ■ **cellule photoélectrique :** appareil transformant l'énergie lumineuse en énergie électrique.

**cellulite** nf Envahissement graisseux du tissu cellulaire sous-cutané.

**Celluloïd** nm (nom déposé) Matière plastique très inflammable.

**cellulose** nf Substance organique formant la membrane des cellules végétales.

**cellulosique** adj Qui contient de la cellulose.

**celtique** ou **celte** adj et n Des Celtes.

**celui, celle** (pl *ceux, celles*) pron dém Se dit des personnes et des choses dont on parle : *prends celle qui est dans la cuisine.* ◆ **celui-ci, celle-ci** (pl *ceux-ci, celles-ci*) pron dém Désigne la personne ou la chose la plus proche. ◆ **celui-là, celle-là** (pl *ceux-là, celles-là*) pron dém Désigne la personne ou la chose la plus éloignée.

**cément** nm Tissu dur qui recouvre l'ivoire de la racine des dents.

**cémentation** nf Action de cémenter.

**cémenter** vt Modifier la composition d'un métal en lui incorporant à chaud un autre corps.

**cénacle** nm **1.** Salle où Jésus-Christ réunit ses disciples pour la Cène. **2.** LITT, FIG Cercle de gens de lettres, d'artistes, etc.

**cendre** nf Résidu de toute combustion. ◆ **cendres** pl Restes des morts : *paix à ses cendres.* ■ **renaître de ses cendres :** recommencer une vie nouvelle.

**cendré, e** adj Couleur de cendre : *des cheveux blond cendré.*

**cendrier** nm Petit récipient pour la cendre de tabac.

**cène** nf **1.** (avec une majuscule) Dernier repas de Jésus-Christ avec ses apôtres, la veille de sa Passion. **2.** Communion sous les deux espèces (pain et vin), chez les protestants : *prendre la cène.*

**cénobite** nm Moine qui vit en communauté.

**cénotaphe** nm Monument élevé à la mémoire d'un mort et qui ne contient pas son corps.

**cens** [sɑ̃s] nm Au Moyen Âge, redevance payée par des roturiers à leur seigneur.

**censé, e** adj Considéré comme, supposé : *nul n'est censé ignorer la loi.*

> ORTHOGRAPHE Il ne faut pas confondre *censé,* « supposé », avec *sensé,* « de bon sens ».

**censeur** nm **1.** ANC Fonctionnaire chargé de la discipline dans un lycée. **2.** Membre d'une commission de censure. **3.** LITT Personne qui s'érige en juge intransigeant d'autrui.

**censitaire** adj Relatif au cens.

**censure** nf **1.** Contrôle qu'un gouvernement, une autorité exerce sur des livres, journaux, films, etc., avant d'en autoriser la diffusion. **2.** Commission qui en décide l'autorisation ou l'interdiction. ■ **motion de censure** : vote hostile à la politique du gouvernement et pouvant entraîner sa démission.

**censurer** vt **1.** Interdire la publication ou la diffusion. **2.** Voter une motion de censure. **3.** PSYCHAN Refouler.

**cent** adj num **1.** Dix fois dix. **2.** Centième : *page cent.* ■ **cent pour cent** : entièrement. ❑ **pour cent** : pour une quantité de cent unités : *dix pour cent.*

ORTHOGRAPHE *Cent* prend un *s* quand il est multiplié : *deux cents euros ;* il reste invariable quand il est suivi d'un autre nombre ou quand il est employé pour centième : *deux cent dix euros, l'an mille neuf cent.*

**centaine** nf Groupe de cent unités ou environ.

**centaure** nm Être fabuleux, mi-homme, mi-cheval.

**centaurée** nf Plante herbacée aux nombreuses espèces, dont le *bleuet.*

**centenaire** adj et n Qui a cent ans ou plus. ◆ nm Centième anniversaire d'un événement mémorable.

**centésimal, e, aux** adj Divisé en cent parties : *échelle centésimale.*

**centiare** nm Centième partie de l'are : *le centiare vaut 1 m².*

**centième** adj. ord et n **1.** Qui occupe un rang marqué par le numéro cent. **2.** Qui se trouve cent fois dans le tout.

**centigrade** nm Centième partie du grade (unité d'angle).

**centigramme** nm Centième partie du gramme.

**centilitre** nm Centième partie du litre.

**centime** nm Centième partie du franc.

**centimètre** nm **1.** Centième partie du mètre. **2.** Ruban divisé en centimètres, servant de mesure.

**centrafricain, e** adj et n De la République centrafricaine : *les Centrafricains.*

**centrage** nm Action de centrer.

**1. central** nm Court principal d'un stade de tennis. ■ **central téléphonique** : lieu où aboutissent les lignes du réseau public.

**2. central, e, aux** adj **1.** Qui est au centre : *Europe centrale.* **2.** Qui constitue le centre ; qui centralise : *pouvoir central.* **3.** Essentiel : *idée centrale.*

**centrale** nf **1.** Usine génératrice d'électricité ou d'énergie en général : *centrale nucléaire, électrique.* **2.** Confédération nationale de syndicats. **3.** Prison où sont détenus les condamnés à de longues peines.

**centralien, enne** n Élève ou ancien élève de l'École centrale des arts et manufactures.

**centralisateur, trice** adj et n Qui centralise.

**centralisation** nf Action de centraliser.

**centraliser** vt **1.** Rassembler en un centre unique : *centraliser des fonds.* **2.** Faire dépendre d'un organisme, d'un pouvoir central : *centraliser des services.*

**centralisme** nm Système d'organisation qui entraîne la centralisation des décisions et de l'action.

**centre** nm **1.** Point situé à égale distance de tous les points d'une circonférence, d'une sphère. **2.** Point également éloigné des extrémités d'une étendue : *centre d'un tableau.* **3.** Milieu d'un espace quelconque : *le centre d'une ville.* **4.** Siège principal ou notable d'une activité : *centre des affaires ; centre touristique.* **5.** Organisme centralisateur : *centre d'information.* **6.** Lieu où sont rassemblées des personnes pour une activité commune : *centre aéré ; centre hospitalier.* **7.** Point principal, essentiel : *le centre de la question.* **8.** Ensemble des membres d'une assemblée politique qui siègent entre la droite et la gauche : *il est plutôt au centre.* ■ **centre commercial** : ensemble regroupant des magasins de détail et divers services. ❑ **centre d'appels** : service d'assistance commerciale ou technique par téléphone ou par Internet.

**centrer** vt **1.** Ramener au centre, équilibrer par rapport au centre : *centrer un titre dans une page.* **2.** Donner une orientation précise : *centrer un débat sur la violence.* **3.** TECHN Déterminer l'axe d'une pièce ou fixer une pièce en son centre. **4.** Au football, lancer le ballon de l'aile vers l'axe du terrain.

**centre-ville** (pl *centres-villes*) nm Quartier central d'une ville dans lequel il y a beaucoup d'animation.

**centrifuge** adj Qui tend à éloigner du centre : *force centrifuge.* CONTR : centripète.

**centrifuger** vt (conj 2) Soumettre à l'action de la force centrifuge.

**centrifugeuse** nf Appareil électrique pour faire des jus de fruits ou de légumes.

**centripète** adj Qui tend à rapprocher du centre. CONTR : centrifuge.

**centrisme** nm Tendance politique du centre.

**centriste** adj et n Du centre, en politique.
**centuple** adj et nm Qui vaut cent fois autant. ■ **au centuple :** cent fois plus, beaucoup plus.
**centupler** vt Porter au centuple.
**centurie** nf Dans la Rome antique, groupement de cent citoyens, de cent soldats.
**centurion** nm Officier commandant cent soldats dans l'armée romaine.
**cep** nm Pied de vigne.
**cépage** nm Plant de vigne.
**cèpe** nm Champignon comestible. SYN : bolet.
**cépée** nf Touffe de tiges ou rejets de bois sortant du même tronc.
**cependant** adv Néanmoins, toutefois.
**céphalée** ou **céphalalgie** nf MÉD Mal de tête.
**céphalopode** nm Mollusque marin dont la tête porte des tentacules munis de ventouses, tel que la pieuvre, la seiche, etc. (les céphalopodes forment une classe).
**céphalo-rachidien, enne** (pl *céphalo-rachidiens, ennes*) adj ■ **liquide céphalo-rachidien :** contenu entre les méninges.
**céphalothorax** nm Tête et thorax soudés ensemble chez les crustacés, les arachnides.
**cérame** adj ■ **grès cérame :** grès employé en poterie.
**céramique** nf **1.** Art de fabriquer des poteries et autres objets de terre cuite. **2.** Objet en terre cuite.
**céramiste** n Personne qui fabrique, décore la céramique ; personne qui pose les carreaux de céramique.
**céraste** nm Serpent venimeux d'Afrique et d'Asie dit *vipère à cornes*.
**cerbère** nm Gardien sévère.
**cerceau** nm **1.** Cercle de bois ou de fer propre à divers usages : *cerceau de tonneau.* **2.** Cercle léger que les enfants s'amusent à pousser devant eux.
**cerclage** nm Action de cercler.
**cercle** nm **1.** Courbe plane dont tous les points sont à égale distance d'un point fixe appelé centre. **2.** Circonférence d'un cercle : *tracer un cercle au compas.* **3.** Objet en forme de cercle : *cercle d'un tonneau.* **4.** Objets, personnes disposés en rond : *faire un cercle.* **5.** Réunion, assemblée, association ; lieu où elle se tient : *cercle d'études, de jeu.* **6.** FIG Étendue de ce qui vous entoure, de ce qu'on peut embrasser par l'esprit : *le cercle des connaissances humaines.* ■ **cercle vicieux :** (a) raisonnement où l'on donne comme preuve ce qu'il faudrait prouver (b) situation dans laquelle on se trouve enfermé, impasse. ❑ **premier cercle :** (a) ensemble des personnes les plus proches d'une personnalité, d'un pouvoir (b) ensemble des personnes qui dirigent un groupe, un mouvement.
**cercler** vt Garnir de cercles : *cercler un tonneau.*
**cercopithèque** nm Singe d'Afrique à longue queue.
**cercueil** nm Coffre où l'on enferme le corps d'un mort. SYN : bière.
**céréale** nf Plante dont les grains servent à la nourriture de l'homme et des animaux domestiques (blé, seigle, avoine, orge, riz, etc.). ◆ **céréales** pl Préparation alimentaire à base de blé, de maïs, d'avoine, etc. : *prendre des céréales au petit-déjeuner.*
**céréalier, ère** adj Relatif aux céréales. ◆ nm Producteur de céréales.
**cérébelleux, euse** adj Du cervelet.
**cérébral, e, aux** adj Qui concerne le cerveau.
**cérébro-spinal, e, aux** adj Du cerveau et de la moelle épinière.
**cérémonial** (pl *cérémonials*) nm Ensemble des règles qui président aux cérémonies.
**cérémonie** nf **1.** Acte plus ou moins solennel par lequel on célèbre un culte religieux, un événement de la vie sociale. **2.** Marque extérieure de solennité. ■ **sans cérémonie :** en toute simplicité.
**cérémonieusement** adv D'une façon cérémonieuse.
**cérémonieux, euse** adj Qui fait trop de cérémonies ; compassé.
**cerf** [sɛr] nm Mammifère ruminant dont le mâle porte des bois.
**cerfeuil** nm Plante aromatique.
**cerf-volant** (pl *cerfs-volants*) nm **1.** Jouet constitué par un planeur en toile ou en papier retenu au sol par une corde. **2.** Lucane (insecte).
**cerisaie** nf Lieu planté de cerisiers.
**cerise** nf Fruit à noyau du cerisier. ■ FAM **la cerise sur le gâteau :** le petit plus qui vient s'ajouter à un résultat déjà bénéfique. ◆ adj inv Rouge vif.
**cerisier** nm Arbre cultivé pour ses fruits, ou cerises ; bois de cet arbre.
**cerne** nm **1.** Cercle d'un gris bleuâtre qui entoure parfois les yeux. **2.** Couche concentrique d'un arbre coupé en travers. **3.** Trace d'un produit détachant autour de la partie nettoyée ; auréole.
**cerné, e** adj ■ **yeux cernés :** entourés d'un cerne.
**cerneau** nm Noix tirée de sa coque encore verte.
**cerner** vt Entourer, encercler. ■ **cerner un problème :** en distinguer l'étendue.

**certain, e** adj **1.** Sûr, assuré : *chose certaine.* **2.** Qui n'a aucun doute : *être certain de.* ◆ adj indéf Un, quelque : *certains jours ; un certain temps.* ◆ **certains** pron indéf pl Plusieurs : *certains disent.*

**certainement** adv **1.** Sans aucun doute. **2.** Probablement : *elle va certainement venir.*

**certes** adv **1.** Assurément, bien sûr. **2.** Marque une concession : *c'est difficile, certes, mais nous y parviendrons.*

**certificat** nm **1.** Écrit qui atteste un fait : *certificat médical, de scolarité.* **2.** Nom donné à divers examens ; diplôme les attestant.

**certification** nf **1.** Garantie donnée par écrit : *certification d'un chèque.* **2.** Attestation de conformité d'un produit à des normes particulières.

**certifié, e** n et adj Enseignant titulaire du CAPES ou du CAPET.

**certifier** vt Donner comme certain. ■ **certifié conforme :** attesté conforme au document original par une autorité compétente.

**certitude** nf **1.** Chose sur laquelle on n'a aucun doute ; conviction : *ce n'est pas une hypothèse, c'est une certitude.* **2.** Sentiment qu'on a de la vérité, de l'existence de ; assurance : *j'en ai la certitude.*

**cérumen** [serymɛn] nm Matière jaune et épaisse qui se forme dans l'oreille.

**cerveau** nm **1.** ANAT Centre nerveux situé dans le crâne. **2.** Ensemble des facultés mentales. **3.** FAM Personne exceptionnellement intelligente : *c'est un cerveau.* **4.** Centre de direction, d'organisation.

**cervelas** nm Grosse saucisse cuite.

**cervelet** nm Centre nerveux situé sous le cerveau en arrière du bulbe rachidien.

**cervelle** nf **1.** Substance du cerveau. **2.** Cerveau de certains animaux, destiné à l'alimentation. ■ **sans cervelle :** étourdi.

**cervical, e, aux** adj Du cou.

**cervidé** nm Ruminant aux cornes pleines appelées bois, tel que le cerf, le renne, le chevreuil, etc. (les cervidés forment une famille).

**cervoise** nf Dans l'Antiquité, bière à base de céréales.

**ces** adj dém → **ce.**

**césar** nm **1.** Titre d'empereur romain. **2.** Récompense cinématographique en France.

**césarienne** nf Opération chirurgicale consistant à extraire le fœtus par incision de la paroi abdominale.

**césariser** vt Attribuer un césar à (un film, un acteur, un réalisateur, etc.).

**cessant, e** adj ■ **toutes affaires cessantes :** avant toute chose.

**cessation** nf Suspension, arrêt.

**cesse** nf ■ **n'avoir pas (point) de cesse que :** ne pas s'arrêter avant que. ❑ **sans cesse :** sans discontinuer, sans arrêt.

**cesser** vt Mettre fin à, interrompre : *cesser le travail.* ◆ vi Prendre fin : *le vent a cessé.*

**cessez-le-feu** nm inv Arrêt des hostilités.

**cessible** adj DR Qui peut être cédé.

**cession** nf Transmission d'un droit dont on est propriétaire ou titulaire.

> ORTHOGRAPHE Il ne faut pas confondre *cession,* du verbe « céder », avec *session,* du verbe « siéger ».

**c'est-à-dire** loc conj Annonce une explication, une rectification (abrév : *c.-à-d.*).

**césure** nf Repos ménagé dans un vers pour en régler la cadence.

**cet, cette** adj dém → **ce.**

**cétacé** nm Grand mammifère marin tel que la baleine, le cachalot, le dauphin (les cétacés forment un ordre).

**cétoine** nf Coléoptère vert doré.

**ceux, celles** pron dém → **celui.**

**cévenol, e** adj et n Des Cévennes : *les Cévenols.* ■ **épisode cévenol :** fortes pluies continues tombant en automne sur les Cévennes et pouvant provoquer des inondations.

**cf.** (abréviation de *confer*) Notation servant à renvoyer le lecteur à un ouvrage ou un passage à consulter.

**CFAO** nf (sigle) Conception de fabrication assistée par ordinateur.

**CFC** nm (sigle de *chlorofluorocarbone*) Composé gazeux utilisé notamment dans les bombes aérosol, les isolants, les réfrigérants : *les CFC constituent une menace pour la couche d'ozone.*

**chabichou** nm Fromage de chèvre.

**chablis** nm Vin blanc sec récolté à Chablis, dans l'Yonne.

**chabot** nm Poisson à grosse tête.

**chacal** (pl *chacals*) nm Mammifère carnassier d'Asie et d'Afrique, qui se nourrit des restes laissés par les fauves.

**chacun, e** pron. indéf **1.** Chaque personne ou chose : *ces livres se vendent vingt euros chacun.* **2.** Tout le monde : *chacun se tait.*

**chafouin, e** adj FAM Sournois et rusé : *un air chafouin.*

**1. chagrin** nm **1.** Souffrance morale, tristesse, peine : *avoir du chagrin.* **2.** Cuir de chèvre utilisé en reliure. ■ FIG **peau de chagrin :** chose qui se rétrécit, diminue sans cesse.

**2. chagrin, e** adj LITT Triste, contrarié : *air chagrin.*

**chagriner** vt Attrister ; contrarier.

**chah** ou **shah** nm Titre des souverains d'Iran.

**chahut** nm Agitation, tapage faits pour gêner, protester.

**chahuter** vt et vi **1.** Faire du chahut. **2.** FAM Malmener, traiter sans ménagement.

**chahuteur, euse** adj et n Qui fait du chahut.

**chai** nm Lieu où l'on emmagasine les vins, les eaux-de-vie en fûts.

**chaîne** nf **1.** Succession d'anneaux passés les uns dans les autres, utilisée comme lien ou comme parure : *chaîne d'une ancre ; chaîne en or.* **2.** Ensemble de maillons métalliques articulés : *chaîne de vélo.* **3.** Fils parallèles disposés dans le sens de la longueur d'un tissu, entre lesquels passe la trame. **4.** Ensemble d'établissements commerciaux faisant partie de la même organisation : *chaîne hôtelière.* **5.** Réseau d'émetteurs de radio ou de télévision diffusant simultanément le même programme. **6.** Appareil de reproduction du son : *chaîne stéréo.* ■ **chaîne de montage :** série des opérations coordonnées en vue de la fabrication industrielle d'un produit. ❑ **chaîne de montagnes :** suite de montagnes qui forment une ligne continue. ❑ **faire la chaîne :** se placer à la suite les uns des autres pour se passer des objets. ❑ **réaction en chaîne :** (a) réaction chimique ou nucléaire qui produit les corps ou l'énergie nécessaires à sa propagation (b) FIG suite de phénomènes déclenchés les uns par les autres. ❑ **travail à la chaîne :** (a) au cours duquel chaque ouvrier exécute une seule et même opération sur chacune des pièces qui circulent devant lui (b) FIG, FAM travail astreignant, sans un moment de répit. ◆ **chaînes** pl Dispositif adapté aux pneus d'une voiture pour rouler sur la neige.

**chaînette** nf Petite chaîne servant de lien, de parure.

**chaînon** nm **1.** Anneau de chaîne. **2.** Partie d'une chaîne de montagnes.

**chair** nf **1.** Substance des muscles de l'homme et des animaux : *la chair et les os.* **2.** Le corps, par opposition à l'âme, à l'esprit ; instinct sexuel : *la chair est faible.* **3.** Préparation de viande hachée : *chair à saucisse.* **4.** Pulpe des fruits : *la chair du melon.* ■ **en chair et en os :** en personne. ◆ adj inv Rose très pâle : *des bas couleur chair.*

**chaire** nf **1.** Tribune, estrade où un prédicateur, un orateur parle à l'auditoire. **2.** Fonction de professeur : *chaire de philosophie.*

**chaise** nf Siège à dossier, sans bras. ■ **chaise à porteurs :** siège fermé et couvert, dans lequel on se faisait porter par deux hommes. ❑ **chaise électrique :** siège muni d'électrodes servant à électrocuter les condamnés à mort. ❑ **chaise longue :** fauteuil pliant en toile, sur lequel on peut s'allonger. ❑ FIG **entre deux chaises :** (a) dans une position fausse (b) entre deux solutions.

**chaisier, ère** n **1.** Préposé à la location des chaises dans un lieu public. **2.** Personne qui fabrique des chaises.

**1. chaland** nm Bateau à fond plat.

**2. chaland, e** n VX Acheteur, client.

**chalcographie** [kalkɔgrafi] nf **1.** Gravure sur cuivre. **2.** Établissement où l'on conserve les estampes.

**châle** nm Grande pièce de laine, de soie, couvrant les épaules.

**chalet** nm **1.** Habitation de montagne, généralement en bois. **2.** CANADA Maison de campagne.

**chaleur** nf **1.** Phénomène physique par lequel la température s'élève : *dégagement de chaleur.* **2.** Qualité de ce qui est chaud ; température élevée : *quelle chaleur !* **3.** Sensation que produit un corps chaud : *la chaleur du sable.* **4.** Élévation de la température du corps : *bouffée de chaleur.* **5.** FIG Ardeur, vivacité, enthousiasme : *dans la chaleur de la discussion.* ■ **être en chaleur :** désirer l'approche du mâle, en parlant des femelles des animaux domestiques. ◆ **chaleurs** pl **1.** Temps chaud : *les grandes chaleurs de l'été.* **2.** Période où les femelles des mammifères sont en chaleur.

**chaleureusement** adv De façon chaleureuse.

**chaleureux, euse** adj Qui manifeste de la chaleur, enthousiaste, cordial.

**châlit** nm Bois de lit ou armature métallique d'un lit.

**challenge** [ʃalɑ̃ʒ] nm **1.** Épreuve sportive, tournoi où est mis en jeu un titre de champion. **2.** FIG Défi.

**challenger** [ʃalɛndʒœr] ou [tʃalɛndʒœr] nm Sportif ou équipe qui défie officiellement le détenteur d'un titre.

**chaloir** vi ■ VX **peu me chaut** ou **peu m'en chaut :** peu m'importe.

**chaloupe** nf Grand canot, à bord des navires.

**chaloupé, e** adj ■ **danse, démarche chaloupée :** très balancée.

**chalumeau** nm Appareil produisant un jet de flamme très chaude pour fondre des métaux en vue de leur assemblage par soudage ou de leur découpage.

**chalut** nm Filet de pêche traîné sur le fond de la mer par un chalutier.

**chalutier** nm Bateau spécialement équipé pour la pêche au chalut.

**chamade** nf ■ **cœur qui bat la chamade :** qui, par émotion, bat à coups précipités.

**chamailler (se)** vpr Se quereller.

**chamaillerie** nf FAM Dispute, querelle légère.

**chamailleur, euse** adj et n FAM Qui aime à se chamailler.

**chaman, e** [ʃaman] n Prêtre, guérisseur ou devin dans certaines sociétés d'Asie septentrionale ou d'Amérique, par ex.

**chamarrer** vt Charger d'ornements.

**chamarrure** nf Ornements de mauvais goût.

**chambard** nm FAM Grand désordre ; chahut.

**chambardement** nm FAM Changement, bouleversement total.

**chambarder** vt FAM Renverser, bouleverser de fond en comble.

**chambellan** nm Officier chargé de la chambre d'un prince.

**chamboulement** nm FAM Action de chambouler ; fait d'être chamboulé.

**chambouler** vt FAM Bouleverser, mettre sens dessus dessous.

**chambranle** nm Encadrement de porte, de fenêtre, etc.

**chambray** nm Tissu chiné dont le fil de chaîne est bleu et le fil de trame écru.

**chambre** nf **1.** Pièce où l'on couche. **2.** Lieu où se réunissent certaines assemblées. **3.** (avec une majuscule) Ensemble des membres de ces assemblées : *la Chambre des députés*. **4.** Section d'un tribunal. ■ **chambre à air :** tube de caoutchouc placé à l'intérieur d'un pneu et gonflé à l'air comprimé. ❑ **chambre froide :** pièce spécialement équipée pour conserver les denrées périssables. ❑ **chambre noire :** pièce obscure d'un laboratoire utilisée pour le développement des photographies. ❑ **garder la chambre :** ne pas sortir parce qu'on est malade.

**chambrée** nf Ensemble de personnes (soldats, notamm.) couchant dans une même chambre ; cette chambre.

**chambrer** vt ■ **chambrer une bouteille de vin :** la faire séjourner dans une pièce pour l'amener à la température ambiante.

**chambrière** nf **1.** ANC Femme de chambre. **2.** Long fouet de manège.

**chameau** nm **1.** Mammifère ruminant d'Asie qui a deux bosses sur le dos. **2.** Nom usuel du *dromadaire*. **3.** FAM Personne méchante, acariâtre.

**chamelier** nm Conducteur de chameaux ou de dromadaires.

**chamelle** nf Femelle du chameau.

**chamois** nm Ruminant à cornes lisses et recourbées, vivant dans les hautes montagnes d'Europe et du Proche-Orient ; sa peau préparée. ■ **peau de chamois :** peau de mouton, de chèvre, assouplie. ◆ adj inv Couleur jaune clair : *gants chamois*.

**champ** nm **1.** Étendue de terre cultivable. **2.** FIG Domaine dans lequel s'exerce une activité, une recherche. **3.** Portion d'espace qu'embrasse l'œil, un objectif, etc. **4.** Dans un fichier informatique, zone réservée à une catégorie de données. ■ **à tout bout de champ :** à tout instant. ❑ **champ de bataille :** endroit où se livre un combat. ❑ **champ de courses :** hippodrome. ❑ LITT **champ d'honneur :** champ de bataille. ❑ **champ de mines :** espace où l'on a disposé de nombreuses mines explosives. ❑ **champ de tir :** terrain pour exercices de tir. ❑ **champ opératoire :** région du corps sur laquelle porte une intervention chirurgicale ; compresse qui limite cette zone. ❑ **prendre du champ :** prendre du recul. ❑ **profondeur de champ :** intervalle entre le point le plus rapproché et le point le plus éloigné d'un objectif, dans lequel l'image a une certaine netteté. ◆ **champs** pl Terres cultivées, prés.

**champagne** nm Vin blanc mousseux produit exclusivement en Champagne.

**champagnisation** nf Action de champagniser.

**champagniser** vt Rendre mousseux un vin de Champagne par une seconde fermentation en bouteille.

**champenois, e** adj et n De Champagne : *les Champenois*.

**champêtre** adj Relatif aux champs, à la campagne.

**champignon** nm **1.** Végétal sans fleurs et sans chlorophylle : *les moisissures, les bolets, les truffes sont des champignons*. ■ **champignon de couche** ou **champignon de Paris :** agaric des champs, cultivé dans des champignonnières. **2.** FAM Pédale d'accélérateur.

**champignonnière** nf Endroit où l'on cultive les champignons de couche.

**champignonniste** n Personne qui cultive des champignons.

**champion, onne** n **1.** Vainqueur d'une compétition sportive, d'un jeu. **2.** Défenseur ardent : *se faire le champion de la liberté*.

**championnat** nm Compétition sportive, tournoi où le vainqueur est proclamé champion.

**chance** nf Sort favorable ; circonstances heureuses. ■ **bonne chance ! :** exprime un souhait de réussite. ❑ **donner sa chance**

à : donner l'occasion de réussir. ❑ **porter chance à quelqu'un :** lui porter bonheur, lui être bénéfique. ❑ **tenter sa chance :** essayer de réussir. ◆ **chances** pl Probabilités.

**chancelant, e** adj Qui chancelle.

**chanceler** vi (conj 6) **1.** Vaciller sur ses pieds. **2.** FIG Manquer de fermeté, faiblir.

**chancelier, ère** n **1.** Garde des sceaux dans un corps, un consulat, un ordre. **2.** En Allemagne fédérale et en Autriche, chef du gouvernement.

**chancellerie** nf **1.** Ministère de la Justice. **2.** Services dépendant d'un chancelier. ■ **grande chancellerie de la Légion d'honneur :** organisme chargé de la direction et de la discipline de l'ordre.

**chanceux, euse** adj Qui a de la chance.

**chancre** nm MÉD Ulcération vénérienne de la peau, des muqueuses.

**chandail** nm Tricot de laine qu'on enfile par la tête. SYN : pull.

**Chandeleur** nf Fête de la présentation de Jésus au Temple et de la Purification de la Vierge (2 février).

**chandelier** nm Support pour une ou plusieurs chandelles, bougies.

**chandelle** nf **1.** Flambeau de suif, de résine, etc. **2.** Figure de voltige aérienne. ■ **devoir une fière chandelle à quelqu'un :** lui être redevable de quelque chose de très important. ❑ FAM **en voir trente-six chandelles :** éprouver un éblouissement après un coup, un choc. ❑ **monter en chandelle :** pour un avion, monter verticalement.

**1. chanfrein** nm Partie de la tête du cheval, du front aux naseaux.

**2. chanfrein** nm Arête abattue d'une pierre ou d'une pièce de bois ; biseau.

**change** nm **1.** Opération qui consiste à changer une monnaie contre une autre ; taux auquel se fait cette opération. **2.** Couche pour bébé, qui se jette après usage. ■ **donner le change :** tromper sur ses intentions. ❑ **lettre de change :** effet de commerce qui contient l'ordre de payer à une époque dite, à telle ou telle personne, une certaine somme. ❑ **perdre, gagner au change :** être désavantagé ou avantagé par un changement, un échange.

**changeant, e** adj **1.** Qui change : *couleur changeante.* **2.** FIG Qui change souvent d'idée, inconstant.

**changement** nm **1.** Action de changer. **2.** Modification, transformation, innovation. ■ **changement de vitesse :** mécanisme permettant de changer la vitesse d'un véhicule.

**changer** vt (conj 2) **1.** Remplacer une personne ou une chose par une autre : *changer l'acteur d'un film ; changer une ampoule.* **2.** Échanger, convertir une monnaie en une autre. **3.** Rendre différent, modifier : *les vacances l'ont changé.* **4.** Transformer : *le verglas a changé la rue en patinoire.* ■ **changer un bébé :** lui mettre une couche propre. ◆ vi Passer d'un état à un autre : *le temps change.* ◆ vt ind [de] **1.** Remplacer par qqn ou qqch d'autre : *changer de patron ; changer de train.* **2.** (sans complément) Lors d'un déplacement dans un moyen de transport en commun, prendre une correspondance : *changer à Lyon.* ■ **changer d'air :** partir. ❑ **changer de visage :** pâlir, rougir, perdre contenance. ◆ **se changer** vpr Mettre d'autres vêtements. ■ **se changer en :** se transformer en.

**changeur** nm Appareil qui échange une pièce ou un billet contre de la monnaie.

**chanoine** nm Dignitaire ecclésiastique.

**chanson** nf Composition musicale divisée en couplets et destinée à être chantée. ■ **chanson de geste :** poème épique du Moyen Âge célébrant les exploits des chevaliers.

**chansonnette** nf Petite chanson sans prétention.

**chansonnier, ère** n **1.** Auteur de sketches, surtout satiriques. **2.** CANADA Artiste qui se produit dans les bars en interprétant des chansons, souvent seul à la guitare.

**1. chant** nm **1.** Suite de sons modulés émis par la voix. **2.** Art consistant à chanter, à cultiver sa voix.

**2. chant** nm Côté étroit d'un objet : *poser une brique de chant.*

**chantage** nm Extorsion d'argent sous la menace de révélations scandaleuses.

**chantant, e** adj **1.** Mélodieux, musical : *accent chantant.* **2.** Facile et agréable à chanter : *un refrain très chantant.*

**chantefable** nf Récit médiéval alternant prose récitée et vers chantés.

**chanter** vt et vi Former avec la voix des sons musicaux. ■ **faire chanter :** pratiquer un chantage. ❑ FAM **si ça te (lui, etc.) chante :** si tu (il, etc.) en as envie.

**1. chanterelle** nf Corde d'un violon qui a le son le plus aigu.

**2. chanterelle** nf Autre nom de la girolle.

**chanteur, euse** n Personne qui chante, professionnellement ou non. ■ FIG **maître chanteur :** qui se livre au chantage.

**chantier** nm **1.** Lieu où s'effectuent des travaux de construction, de réparation : *chantier naval.* **2.** Lieu où sont accumulés des matériaux de construction, des combustibles, etc. **3.** FAM Lieu en désordre. ■ **en chantier :** en cours de réalisation. ❑ **mettre en chantier :** commencer.

**chantilly** nf Crème fraîche fouettée.

**chantonner** vt et vi Chanter à mi-voix.

**chantourner** vt Découper suivant un profil donné.

**chantre** nm **1.** Professionnel qui chante, en soliste, les chants liturgiques. **2.** LITT Laudateur : *le chantre du régime*.

**chanvre** nm Plante fournissant une excellente fibre textile ; fibre tirée de cette plante. ■ **chanvre indien** : chanvre dont on tire le haschich et la marijuana. SYN : cannabis.

**chaos** [kao] nm Grand désordre, confusion générale.

ORTHOGRAPHE Il ne faut pas confondre *chaos* avec *cahot*, ni *chaotique* avec *cahoteux*.

**chaotique** [kaɔtik] adj Confus, tumultueux.

**chap.** (abréviation) Chapitre.

**chapardage** nm FAM Action de chaparder.

**chaparder** vt FAM Commettre de petits vols.

**chapardeur, euse** adj et n FAM Qui chaparde.

**chape** nf **1.** Enduit imperméable (ciment ou asphalte). **2.** Partie extérieure constituant la bande de roulement d'un pneu. **3.** VX Vêtement liturgique en forme de grande cape.

**chapeau** nm **1.** Coiffure avec ou sans bord. **2.** Cône arrondi ou calotte qui forme la partie supérieure d'un champignon. ■ FAM **avaler, manger son chapeau** : être contraint de changer d'avis, de se dédire. ❑ FAM **sur les chapeaux de roue** : se dit d'un véhicule qui démarre ou prend un virage à grande vitesse. ❑ **tirer son chapeau à quelqu'un** : lui témoigner de l'admiration, de l'estime. ◆ interj ■ FAM **chapeau !** : bravo !

**chapeauté, e** adj FAM Coiffé d'un chapeau.

**chapeauter** vt FAM Avoir autorité sur un groupe de personnes, un organisme.

**chapelain** nm Prêtre desservant une chapelle privée.

**chapelet** nm **1.** Objet de piété formé d'un ensemble de grains enfilés qu'on fait glisser entre ses doigts en priant. **2.** FIG Série.

**chapelier, ère** n et adj Personne qui fait ou vend des chapeaux d'homme.

**chapelle** nf **1.** Petite église. **2.** Toute partie d'une église ayant un autel. ■ **chapelle ardente** : chambre mortuaire éclairée de cierges, souvent tendue de noir.

**chapellerie** nf Industrie, commerce du chapelier.

**chapelure** nf Pain séché râpé dont on saupoudre certains aliments avant de les faire cuire.

**chaperon** nm Personne qui en accompagne une autre pour la protéger, la surveiller.

**chaperonner** vt Accompagner en qualité de chaperon.

**chapiteau** nm **1.** Partie sculptée au-dessus d'un fût de colonne. **2.** Tente de cirque.

**chapitre** nm **1.** Division d'un livre, d'un règlement, d'un rapport, etc. **2.** Assemblée de religieux, de chanoines. ■ **au chapitre de** ou **sur le chapitre de** : en ce qui concerne. ❑ **avoir voix au chapitre** : avoir le droit de donner son avis.

**chapitrer** vt Réprimander.

**chapka** nf Bonnet de fourrure à rabats.

**chapon** nm Coq châtré et engraissé.

**chaptalisation** nf Action de chaptaliser.

**chaptaliser** vt Augmenter la teneur en alcool d'un vin en ajoutant du sucre au moût.

**chaque** adj indéf (sans pluriel) Toute chose ou personne, sans exception.

**char** nm **1.** ANTIQ Voiture à deux roues pour les combats, les jeux, etc. **2.** Aujourd'hui, voiture décorée pour les fêtes publiques. ■ **char à voile** : véhicule à roues muni d'une voile et mû par la seule force du vent. ❑ **char de combat** ou **char d'assaut** : véhicule automoteur blindé et armé, monté sur chenilles.

**charabia** nm FAM Langage inintelligible.

**charade** nf Sorte d'énigme.

**charançon** nm Petit coléoptère qui ronge les grains.

**charbon** nm Combustible solide de couleur noire, d'origine végétale. ■ **être sur des charbons ardents** : être très impatient ou très inquiet.

**charbonnage** nm (surtout au pluriel) Mines de charbon exploitées dans une région : *les charbonnages du Nord*.

**charbonneux, euse** adj Noirci.

**charbonnier, ère** n Personne qui vend du charbon.

**charcutage** nm FAM Action de charcuter.

**charcuter** vt FAM Opérer de façon maladroite, brutale.

**charcuterie** nf **1.** Commerce, boutique du charcutier. **2.** Préparation à base de viande de porc.

**charcutier, ère** n Personne qui prépare ou vend de la viande de porc, du boudin, des saucisses, etc.

**chardon** nm Plante à feuilles et tiges épineuses.

**chardonneret** nm Oiseau passereau chanteur, à plumage coloré.

**charentaise** nf (surtout au pluriel) Pantoufle fourrée et confortable.

**charge** nf **1.** Ce que peut porter un homme, un cheval, une voiture, etc. ; chargement. **2.** Quantité de matières explosives : *charge de plastic.* **3.** Quantité d'électricité portée par un corps : *charge d'un condensateur.* **4.** Dépense, obligation onéreuse, frais : *charges locatives.* **5.** Rôle, mission dont on a la responsabilité : *s'occuper des enfants dont on a la charge.* **6.** Preuve de culpabilité ; présomption : *relever de lourdes charges contre qqn.* **7.** Office ministériel : *charge de notaire.* **8.** Assaut : *charge de police.* **9.** Imitation outrée, caricature : *ce film est une charge des mœurs bourgeoises.* ■ **à charge de** : à condition de. ❑ **charge mentale** : poids psychologique que fait peser sur qqn (les femmes, partic.) la gestion des tâches domestiques et éducatives. ❑ **être à la charge de qqn** : (a) dépendre de lui pour sa subsistance (b) devoir être payé par lui : *facture à la charge d'une entreprise.* ❑ **prendre qqch en charge** : (a) payer qqch (b) s'occuper de qqch : *prendre en charge un dossier.* ❑ **prendre qqn en charge** : s'engager à l'entretenir financièrement. ❑ **revenir à la charge** : insister. ❑ **témoin à charge** : dont le témoignage est défavorable à l'accusé.

**chargé, e** n ■ **chargé d'affaires** : diplomate représentant momentanément son gouvernement à l'étranger. ❑ **chargé de mission** : fonctionnaire responsable d'une étude déterminée.

**chargement** nm **1.** Action de charger. **2.** Ensemble de choses chargées (sur une voiture, un camion, etc.).

**charger** vt (conj 2) **1.** Mettre une charge sur : *charger une voiture.* **2.** Couvrir abondamment : *un poignet chargé de bracelets.* **3.** Déposer contre : *charger un accusé.* **4.** Donner la responsabilité, la mission de : *charger d'un achat.* **5.** Attaquer avec impétuosité : *charger l'ennemi.* **6.** Mettre de la poudre, des projectiles dans une arme à feu : *charger un revolver.* **7.** Munir un appareil de ce qui est nécessaire à son fonctionnement : *charger un appareil photographique.* **8.** INFORM Télécharger. **9.** Exagérer. ◆ **se charger** vpr [de] Prendre la responsabilité de.

**chargeur** nm **1.** Dispositif pour charger une arme, un appareil de prise de vues. **2.** Appareil pour recharger une batterie.

**chariot** nm Véhicule utilisé pour le déplacement de charges, de bagages.

> ORTHOGRAPHE *Chariot* est le seul mot de la famille de *char* s'écrivant avec un seul *r.*

**charismatique** [karismatik] adj Qui jouit auprès des foules d'un prestige, d'un pouvoir de séduction extraordinaires. ■ **mouvement charismatique** : mouvement de renouveau chrétien.

**charisme** [karism] nm Grand prestige d'une personnalité exceptionnelle, ascendant qu'elle exerce sur les autres.

**charitable** adj Qui a de la charité pour son prochain ; qui a de l'indulgence, de la compassion.

**charitablement** adv Avec charité.

**charité** nf **1.** Vertu qui porte à faire ou à vouloir le bien d'autrui. **2.** Acte fait par amour du prochain.

**charivari** nm Bruit assourdissant, vacarme.

**charlatan** nm **1.** Imposteur qui exploite la crédulité des autres. **2.** Mauvais médecin.

**charlatanisme** nm Agissements de charlatan.

**charlot** nm FAM Individu peu sérieux.

**charlotte** nf Entremets à base de fruits, de crème et de biscuits.

**charmant, e** adj Très sympathique ; très agréable.

**1. charme** nm Attrait, séduction. ■ **faire du charme** : se mettre en valeur pour séduire. ❑ **se porter comme un charme** : être en très bonne santé.

**2. charme** nm Arbre à bois dur et blanc ; bois de cet arbre.

**charmer** vt Plaire extrêmement, ravir.

**charmeur, euse** adj et n Qui plaît, qui séduit.

**charmille** nf Allée plantée de charmes.

**charnel, elle** adj Qui a trait aux plaisirs des sens : *amour charnel.*

**charnellement** adv De façon charnelle.

**charnier** nm Fosse où l'on entasse les cadavres en grand nombre.

**charnière** nf Articulation formée de deux pièces métalliques assemblées sur un axe commun. ■ **à la charnière de** : au point de jonction, de transition.

**charnu, e** adj **1.** Bien en chair. **2.** Constitué de chair : *les parties charnues du corps.* **3.** Dont la pulpe est épaisse : *fruit charnu.*

**charognard** nm Animal qui se nourrit de cadavres.

**charogne** nf Cadavre d'une bête en décomposition.

**charolais, e** adj et n **1.** Du Charolais. **2.** Se dit d'un bovin d'une race française très appréciée pour la qualité de sa viande : *bœuf charolais.*

**charpente** nf **1.** Assemblage de pièces de bois ou de métal destiné à soutenir la construction. **2.** Ensemble des os ; ossature.

**charpenté, e** adj ■ **bien charpenté :** robuste, bien constitué.

**charpentier, ère** n Personne qui exécute des travaux de charpente.

**charpie** nf Filaments de linge usé employés autrefois pour panser les plaies. ■ **en charpie :** en menus morceaux, déchiqueté. ❑ **se faire mettre, réduire en charpie :** en pièces.

**charretée** nf Contenu d'une charrette.

**charretier, ère** n Personne qui conduit une charrette.

**charrette** nf Voiture de charge à deux roues.

**charriage** nm Action de charrier. ■ **nappe de charriage :** ensemble de couches géologiques détachées par plissement de leur lieu d'origine.

**charrier** vt **1.** Transporter des matériaux. **2.** Emporter dans son cours (fleuve). ◆ vi FAM Aller trop loin ; exagérer.

**charroi** nm Transport par chariot.

**charron** nm Personne qui fait et répare des charrettes, des charrues.

**charrue** nf Instrument servant à labourer la terre à l'aide d'un soc tranchant.

**charte** nf **1.** Lois constitutionnelles d'un État. **2.** PAR EXT Loi, règle fondamentale.

**charter** [ʃartɛr] nm Avion affrété par une organisation de tourisme et dont le tarif du billet est inférieur à celui des lignes régulières.

**chartreuse** nf Monastère de religieux de l'ordre de saint Bruno.

**chartreux** nm Chat à poil gris cendré.

**chas** [ʃa] nm Trou d'une aiguille.

**chasse** nf **1.** Action de chasser. **2.** Terrain réservé pour chasser : *chasse gardée.* **3.** Gibier pris ou tué en chassant : *une chasse abondante.* **4.** Action de chercher, de poursuivre : *chasse à l'homme, chasse au trésor.* **5.** Corps de l'armée de l'air destiné à poursuivre les avions ennemis : *avions de chasse.* ■ **chasse d'eau :** appareil produisant un rapide écoulement d'eau. ❑ **être en chasse :** être en chaleur, en parlant d'un animal femelle.

**châsse** nf **1.** Coffre où l'on conserve les reliques d'un saint. **2.** Monture : *la châsse d'un verre de lunette.*

**chassé-croisé** (pl *chassés-croisés*) nm Mouvement par lequel deux personnes se croisent sans réussir à se rencontrer.

**chasselas** nm Raisin blanc de table.

**chasse-neige** nm inv **1.** Engin servant à déblayer la neige sur une voie ferrée, une route. **2.** Position des skis utilisée pour freiner.

**chasser** vt **1.** Chercher à tuer ou à capturer un animal. **2.** Mettre dehors avec violence. **3.** Repousser : *le vent chasse les nuages.* **4.** Écarter ce qui importune ; dissiper : *chasser les soucis.* ◆ vi En parlant d'une voiture, déraper, se déporter à droite ou à gauche.

**chasseresse** nf et adj f POÉT Chasseuse : *Diane chasseresse.*

**chasseur, euse** n Personne qui chasse le gibier. ◆ nm **1.** Soldat de certains corps d'infanterie et de cavalerie. **2.** Appareil de l'aviation de chasse. ■ FAM **chasseur de têtes :** spécialiste en recrutement de cadres de haut niveau.

**chassie** nf Liquide visqueux qui coule des yeux.

**chassieux, euse** adj Qui a de la chassie.

**châssis** nm **1.** Encadrement en bois, en fer, soutenant un ensemble : *châssis d'une fenêtre.* **2.** Cadre supportant la caisse d'un véhicule.

**chaste** adj **1.** Conforme à la chasteté : *un baiser chaste.* **2.** Qui ne se réalise pas physiquement : *un amour chaste.*

**chastement** adv Avec chasteté.

**chasteté** nf Comportement d'une personne qui s'abstient des plaisirs charnels, jugés contraires à la morale.

**chasuble** nf Vêtement que le prêtre revêt par-dessus l'aube pour célébrer la messe.

**1. chat, chatte** n Petit mammifère carnassier génér. domestique. ■ **acheter chat en poche :** sans examiner la marchandise. ❑ **appeler un chat un chat :** dire les choses telles qu'elles sont. ❑ **avoir d'autres chats à fouetter :** avoir autre chose à faire. ❑ **avoir un chat dans la gorge :** être enroué. ❑ **il n'y a pas un chat :** il n'y a personne.

**2. chat** [tʃat] ou **tchat** nm INFORM Discussion informelle entre plusieurs personnes sur le réseau Internet (recomm. off. : *causette*).

**châtaigne** nf Fruit comestible du châtaignier.

**châtaigneraie** nf Lieu planté de châtaigniers.

**châtaignier** nm Grand arbre produisant les châtaignes ; bois de cet arbre.

**châtain** adj et nm Se dit de cheveux brun clair : *cheveux châtains.*

**chataire** nf → **cataire.**

**chatbot** [tʃatbɔt] nm Programme informatique basé sur l'intelligence artificielle et capable de répondre, tel un conseiller virtuel, aux questions d'un internaute (recomm. off. : *agent conversationnel*).

**château** nm **1.** Demeure féodale fortifiée. **2.** Habitation royale ou seigneuriale. **3.** Grande et belle demeure. ■ **château d'eau :** réservoir. ❑ **château en Espagne :** projet chimérique. ❑ **vie de château :** existence luxueuse et oisive.

**chateaubriand** ou **châteaubriant** nm Épaisse tranche de filet de bœuf grillé.

**châtelain, e** n Propriétaire ou locataire d'un château.

**chat-huant** (pl *chats-huants*) nm Hulotte.

**châtier** vt **1.** LITT Punir, corriger. **2.** FIG Polir : *châtier son style.*

**chatière** nf Ouverture au bas d'une porte, pour laisser passer les chats.

**châtiment** nm Peine sévère.

**chatoiement** nm Reflet brillant et changeant.

**1. chaton** nm **1.** Jeune chat. **2.** Bourgeon duveteux de certains arbres.

**2. chaton** nm Partie centrale d'une bague où une pierre ou une perle est enchâssée.

**chatouille** nf (surtout au pluriel) FAM Toucher qui chatouille intentionnellement.

**chatouillement** nm Action de chatouiller ; sensation qui en résulte.

**chatouiller** vt **1.** Causer, par des attouchements légers et répétés, un tressaillement qui provoque généralement le rire. **2.** FIG Flatter agréablement : *chatouiller l'amour-propre.*

**chatouilleux, euse** adj **1.** Sensible au chatouillement. **2.** FIG Susceptible.

**chatouillis** nm FAM Petite chatouille.

**chatoyant, e** adj Qui chatoie.

**chatoyer** vi (conj 3) Briller avec des reflets changeants selon l'éclairage.

**châtrer** vt Priver des organes de reproduction ; rendre stérile.

**chatter** [tʃate] ou **tchatter** vi INFORM Participer à un chat.

**chatterie** nf (surtout au pluriel) **1.** Caresse. **2.** Friandise délicate.

**chatterton** [ʃatɛrtɔn] nm Ruban adhésif pour isoler les fils électriques.

**chaud, e** adj **1.** Qui a ou donne de la chaleur : *climat chaud.* **2.** FIG Vif, animé : *chaude dispute.* **3.** Récent : *nouvelle toute chaude.* ■ **pleurer à chaudes larmes** : pleurer abondamment. ◆ nm Chaleur : *rester au chaud.* ■ **cela ne me fait ni chaud ni froid** : cela m'est indifférent. ❑ **opérer à chaud** : en état de fièvre, de crise. ❑ **un chaud et froid** : un refroidissement soudain. ◆ adv ■ **manger, boire chaud** : manger un plat chaud, absorber une boisson chaude. ❑ FAM **j'ai eu chaud** : j'ai eu peur.

**chaudement** adv **1.** De manière à avoir chaud. **2.** FIG Avec ardeur.

**chaud-froid** (pl *chauds-froids*) nm Volaille, gibier froids entourés de gelée ou de mayonnaise.

**chaudière** nf Appareil destiné à chauffer de l'eau en vue de produire de l'énergie ou de répandre de la chaleur.

**chaudron** nm Grand récipient à anse, destiné à aller sur le feu.

**chaudronnerie** nf Profession, marchandise du chaudronnier.

**chaudronnier, ère** n Personne qui fabrique ou vend des objets en tôle, en cuivre.

**chauffage** nm **1.** Action, manière de chauffer. **2.** Appareil pour chauffer. ■ **chauffage central** : distribution de chaleur dans un immeuble ou une maison à partir d'une source unique.

**chauffagiste** n Spécialiste de l'installation et de la réparation du chauffage.

**chauffant, e** adj Qui produit de la chaleur.

**chauffard** nm FAM Automobiliste maladroit ou imprudent.

**chauffe** nf ■ **chambre de chauffe** : local réservé aux chaudières, sur un navire.

**chauffe-assiette** (pl *chauffe-assiettes*) nm ou **chauffe-assiettes** nm inv Appareil pour chauffer les assiettes.

**chauffe-biberon** (pl *chauffe-biberons*) nm Appareil électrique qui chauffe les biberons au bain-marie.

**chauffe-eau** nm inv Appareil de production d'eau chaude.

**chauffe-plat** (pl *chauffe-plats*) nm Réchaud pour tenir les plats au chaud.

**chauffer** vt **1.** Rendre chaud. **2.** FIG Exciter, enthousiasmer : *chauffer une salle.* ◆ vi **1.** Devenir chaud : *moteur qui chauffe.* **2.** Produire de la chaleur : *le soleil chauffe.* ■ FAM **ça chauffe** ou **ça va chauffer** : il y a, il va y avoir de l'animation, du désordre. ◆ **se chauffer** vpr **1.** S'exposer à la chaleur : *se chauffer au feu.* **2.** Chauffer sa maison : *se chauffer au gaz.*

**chaufferette** nf Appareil pour chauffer les pieds.

**chaufferie** nf **1.** Chambre de chauffe. **2.** Local où sont installées les chaudières, dans un immeuble, etc.

**chauffeur** nm **1.** Conducteur d'automobile ou de camion. **2.** Ouvrier chargé d'entretenir une chaudière, un four.

**chauffeuse** nf Siège bas et rembourré, sans bras.

**chaufournier** nm Ouvrier d'un four à chaux.

**chauler** vt **1.** Passer au lait de chaux pour détruire les parasites. **2.** Amender un sol avec de la chaux.

**chaume** nm **1.** Tige des graminées. **2.** Tige des blés coupés qui reste dans les champs, après la moisson. **3.** Paille longue utilisée pour la toiture.

**chaumière** nf Petite maison couverte de chaume.

**chaussée** nf Partie de la voie publique aménagée pour la circulation.

**chausse-pied** (pl *chausse-pieds*) nm Lame incurvée facilitant l'entrée du pied dans la chaussure.

**chausser** vt **1.** Mettre des chaussures, des skis, etc. **2.** Fournir en chaussures. ◆ vt et vi Aller au pied de : *ces bottes te chaussent bien.* ◆ vi Avoir telle pointure.

**chausse-trape** (pl *chausse-trapes*) ou **chausse-trappe** (pl *chausse-trappes*) nf **1.** Piège fait d'un trou camouflé, pour y prendre les animaux sauvages. **2.** FIG Ruse pour tromper.

**chaussette** nf Pièce d'habillement qui s'enfile sur le pied et recouvre le mollet.

**chausseur** nm Fabricant, marchand de chaussures.

**chausson** nm **1.** Chaussure souple d'intérieur à talon bas. **2.** Chaussure souple et plate pour la danse. **3.** Pâtisserie fourrée de compote : *chausson aux pommes*.

**chaussure** nf Pièce d'habillement qui recouvre et protège le pied : *chaussure de ski.*

**chaut** → **chaloir**.

**chauve** adj et n Qui n'a plus, ou presque, de cheveux.

**chauve-souris** (pl *chauves-souris*) nf Mammifère insectivore volant, à ailes membraneuses.

**chauvin, e** adj et n **1.** Patriote fanatique. **2.** Qui manifeste une admiration exclusive pour sa ville, sa région.

**chauvinisme** nm Patriotisme outré.

**chaux** nf Oxyde de calcium formant la base de nombreuses pierres. ■ **chaux vive :** sans eau. ❑ **lait de chaux :** chaux délayée dans de l'eau et utilisée comme enduit.

**chavirement** nm **1.** Action de chavirer. **2.** FIG Bouleversement.

**chavirer** vi Pour un bateau, se renverser sens dessus dessous. ◆ vt FIG Émouvoir, bouleverser.

**chéchia** nf Coiffure cylindrique de certaines populations d'Afrique.

**check-list** [tʃɛklist] ou [ʃɛklist] (pl *check-lists*) nf Liste d'opérations destinée à vérifier le fonctionnement de tous les organes et dispositifs d'un avion, d'une fusée avant son envol (recomm. off. : *liste de vérification*).

**check-up** [tʃɛkœp] ou [ʃɛkœp] nm inv Examen médical complet ; bilan de santé.

**cheese-cake** [tʃizkɛk] (pl *cheese-cakes*) nm Gâteau à base de fromage blanc sucré, de biscuits émiettés, d'œufs et de crème fraîche.

**chef** ou **chef, cheffe** n **1.** Personne qui commande : *chef d'État.* **2.** Personne qui dirige la cuisine d'un restaurant. ■ **chef d'orchestre :** musicien qui dirige l'orchestre. ◆ nm ■ **au premier chef :** (a) avant tout (b) essentiellement. ❑ DR **chef d'accusation :** point sur lequel porte l'accusation. ❑ **de son propre chef :** de sa propre initiative.

**chef-d'œuvre** [ʃɛdœvr] (pl *chefs-d'œuvre*) nm Œuvre, action parfaite.

**chef-lieu** (pl *chefs-lieux*) nm Ville principale d'une division administrative.

**cheftaine** nf Jeune fille dirigeant un groupe de jeunes scouts.

**cheikh** [ʃɛk] nm Chef de tribu arabe.

**chéiroptère** [keirɔptɛr] nm → **chiroptère**.

**chelem** [ʃlɛm] nm Au bridge, réunion de toutes les levées dans un camp.

**chemin** nm **1.** Voie de communication locale, en général à la campagne. **2.** Direction à suivre : *demander son chemin.* **3.** Espace à parcourir, itinéraire : *le plus court chemin.* **4.** FIG Voie qui conduit à un but : *le chemin de la fortune.* ■ **en chemin :** pendant le trajet. ❑ **faire du chemin :** progresser.

**chemin de fer** (pl *chemins de fer*) nm **1.** Moyen de transport utilisant la voie ferrée. **2.** Administration et exploitation de ce mode de transport.

**cheminée** nf **1.** Foyer dans lequel on fait du feu. **2.** Partie de la cheminée qui fait saillie dans une pièce. **3.** Conduit par où passe la fumée.

**cheminement** nm **1.** Action de cheminer. **2.** FIG Évolution, progression.

**cheminer** vi **1.** Suivre un chemin souvent long, lentement et régulièrement. **2.** FIG Progresser régulièrement : *idée qui chemine dans les esprits.*

**cheminot, e** n Employé des chemins de fer.

**chemise** nf **1.** Vêtement en tissu léger couvrant le buste et les bras, avec col et boutonnage. **2.** Feuille repliée de papier fort ou de carton, dans laquelle on range des papiers. **3.** Enveloppe, revêtement d'une pièce mécanique : *chemise de moteur.* ■ **chemise de nuit :** vêtement de nuit en forme de robe.

**chemiser** vt Garnir d'un revêtement : *chemiser un cylindre.*

**chemiserie** nf Fabrique, magasin de chemises.

**chemisette** nf Chemise à manches courtes.

**chemisier, ère** n Personne qui fait ou vend des chemises. ◆ nm Corsage de femme.

**chênaie** nf Lieu planté de chênes.

**chenal** (pl *chenaux*) nm Passage navigable, resserré entre des terres ou des hauts-fonds.

**chenapan** nm Vaurien, garnement.

**chêne** nm Grand arbre à bois dur, dont le fruit est le gland ; bois de cet arbre.

**chêne-liège** (pl *chênes-lièges*) nm Espèce de chêne des régions méditerranéennes qui fournit le liège.

**chenet** nm Chacun des deux supports métalliques, sur lesquels on place les bûches dans une cheminée.

**chenil** [ʃənil] ou [ʃəni] nm Lieu où on élève, dresse, loge des chiens.

**chenille** nf **1.** Larve de papillon. **2.** Passement de soie velouté. **3.** AUTOM Bande métallique articulée, qui équipe les véhicules destinés à circuler sur tous terrains.

**chenu, e** adj LITT Blanchi par la vieillesse.

**cheptel** nm Ensemble du bétail d'une exploitation agricole, d'une région.

**chèque** nm Bon de paiement sur un compte : *chèque postal.* ■ **chèque de voyage :** à l'usage des touristes, émis par une banque et payable par l'un de ses correspondants. ❑ **chèque en blanc :** signé par le tireur, sans indication de somme. ❑ **chèque sans provision :** qui ne peut être payé faute d'un crédit suffisant.

**chèque-service** (pl *chèques-service*) nm Mode simplifié de règlement de certaines prestations de services (à domicile, notamm.). [On dit auj. *chèque emploi-service universel* ou *CESU*.]

**chéquier** nm Carnet de chèques.

**cher, ère** adj **1.** Tendrement aimé : *un être cher.* **2.** Précieux : *cette idée m'est chère.* **3.** S'emploie comme formule de politesse ou terme d'amitié : *cher monsieur.* **4.** D'un prix élevé : *un bijou cher.* ◆ adv À un prix élevé : *cela coûte cher.*

**chercher** vt **1.** S'efforcer de trouver une chose. **2.** Tâcher de : *chercher à plaire.* **3.** Vouloir provoquer : *chercher les ennuis.* ■ FAM **aller chercher dans les :** atteindre un prix.

**chercheur, euse** adj et n Qui cherche. ◆ n Personne qui se consacre à la recherche scientifique.

**chère** nf LITT Nourriture de qualité : *faire bonne chère.*

> ORTHOGRAPHE Ne pas confondre *chère,* « nourriture », *chère,* « coûteuse », *chair,* « viande » et *chaire,* « tribune ».

**chèrement** adv Au prix de gros sacrifices : *victoire chèrement acquise.*

**chéri, e** adj et n Tendrement aimé.

**chérir** vt Aimer tendrement ; être attaché à.

**cherry** nm Liqueur de cerise.

**cherté** nf Coût élevé : *la cherté de la vie.*

**chérubin** nm **1.** Une des catégories d'anges. **2.** FIG Charmant enfant.

**chétif, ive** adj De faible constitution, maigre.

**chevaine** ou **chevesne** nm Poisson d'eau douce.

**cheval** nm **1.** Mammifère domestique qui sert à l'homme de monture ou à tirer un attelage ; viande de cet animal. **2.** Équitation : *faire du cheval.* ■ **à cheval :** (a) monté sur un cheval (b) à califourchon : *être assis à cheval sur une branche* (c) de chaque côté de : *un lac à cheval sur deux communes.* ❑ **cheval de bataille :** thème, sujet favori. ❑ **cheval de frise :** pièce de bois hérissée de pointes. ❑ **cheval fiscal :** unité de mesure de cylindrée pour un véhicule (abrév : *CV*). ❑ FIG **être à cheval sur :** être ferme, inflexible : *être à cheval sur la discipline.* ❑ **monter sur ses grands chevaux :** s'emporter, le prendre de haut.

**cheval-d'arçons** (pl *chevaux-d'arçons* ou inv) nm ou **cheval-arçons** nm inv Appareil de gymnastique sur lequel on fait du saut, de la voltige.

**chevalement** nm Réunion de poutres et de madriers étayant un mur.

**chevaleresque** adj Qui manifeste des sentiments nobles et généreux.

**chevalerie** nf **1.** Classe de guerriers nobles au Moyen Âge. **2.** Ordre honorifique.

**chevalet** nm **1.** Support en bois sur lequel le peintre pose le tableau qu'il exécute. **2.** Support des cordes d'un violon.

**chevalier** nm **1.** Noble admis dans l'ordre de la chevalerie médiévale. **2.** Premier grade dans certains ordres honorifiques : *chevalier des palmes académiques.* **3.** Oiseau européen de l'ordre des échassiers.

**chevalière** nf Bague dont le dessus s'orne d'initiales ou d'armoiries gravées.

**chevalin, e** adj Relatif au cheval : *race chevaline.*

**chevauchant, e** adj Qui chevauche sur autre chose.

**chevauchée** nf Course ou promenade à cheval.

**chevauchement** nm Action de chevaucher.

**chevaucher** vi Aller à cheval. ◆ vt **1.** Être à califourchon sur. **2.** Recouvrir partiellement. ◊ vpr : *dents qui se chevauchent.*

**chevêche** nf Sorte de chouette.

**chevelu, e** adj Qui a des cheveux, en particulier des cheveux longs et touffus.

**chevelure** nf **1.** Ensemble des cheveux. **2.** Traînée lumineuse d'une comète.

**chevesne** nm → **chevaine**.

**chevet** nm **1.** Tête du lit : *lampe, table de chevet.* **2.** Hémicycle terminant le chœur d'une église. ■ **être au chevet d'un malade :** le veiller, le soigner. ❑ **livre de chevet :** livre favori.

**cheveu** nm Poil de la tête de l'homme. ■ FAM **comme un cheveu sur la soupe :** à contretemps, mal à propos. ❑ **faire dresser les cheveux sur la tête :** épouvanter. ❑ FAM **tiré par les cheveux :** qui résulte d'une exagération : *une histoire tirée par les cheveux.*

**cheville** nf **1.** Partie en saillie entre la jambe et le pied. **2.** Morceau de bois ou de métal pour boucher un trou, faire un assemblage, accrocher des objets, pour tendre les cordes d'un instrument de musique, etc. **3.** LITTÉR Mot de remplissage pour finir un vers. ■ FAM **avoir les chevilles qui enflent :** tirer trop de fierté d'un succès. ❑ FIG **cheville ouvrière :** personne jouant un rôle essentiel. ❑ FAM **être en cheville avec qqn :** être de connivence avec lui. ❑ **ne pas arriver à la cheville de :** être très inférieur à.

**cheviller** vt Assembler avec des chevilles.

**chèvre** nf Ruminant à cornes arquées en arrière, au menton garni d'une barbiche. ■ FAM **devenir chèvre :** s'énerver. ◆ nm Fromage au lait de chèvre.

**chevreau** nm Petit de la chèvre ; sa peau : *gants de chevreau.*

**chèvrefeuille** nm Liane aux fleurs odorantes.

**chevrette** nf **1.** Petite chèvre. **2.** Femelle du chevreuil.

**chevreuil** nm Ruminant des forêts d'Europe et d'Asie, de la famille des cervidés ; chair de cet animal.

**chevron** nm **1.** Pièce de bois, dans le sens de la pente, qui soutient les lattes d'un toit. **2.** Motif décoratif en forme de V. **3.** Tissu croisé présentant des côtes en zigzag. **4.** Galon d'ancienneté sur la manche d'un uniforme.

**chevronné, e** adj Expérimenté.

**chevrotant, e** adj ■ **voix chevrotante :** qui tremblote.

**chevrotement** nm Tremblement de la voix.

**chevroter** vi Chanter, parler d'une voix tremblotante.

**chevrotine** nf Gros plomb de chasse.

**chewing-gum** [ʃwiŋgɔm] (pl *chewing-gums*) nm Gomme à mâcher.

**chez** prép **1.** Dans la demeure, le milieu, la famille de : *chez moi.* **2.** Dans le groupe, la civilisation, l'espèce de : *chez les jeunes ; chez les Romains ; chez les abeilles.* **3.** Dans le caractère de, l'œuvre de : *c'est chez lui une habitude.*

**chez-soi, chez-moi, chez-toi** nm inv Domicile personnel : *aimer son petit chez-soi.*

**chia** [ʃja] ou [tʃja] nm Variété de sauge cultivée pour ses graines riches en nutriments.

**chiadé, e** adj FAM **1.** Réalisé avec soin ; fignolé : *du travail chiadé.* **2.** Difficile : *un problème chiadé.*

**chialer** vi TRÈS FAM Pleurer ; se plaindre.

**chianti** [kjɑ̃ti] nm Vin rouge italien.

**chiasme** [kjasm] nm Figure de style consistant à placer les éléments semblables de deux groupes successifs dans un ordre inverse (EX : *un roi chantait en bas, en haut mourait un dieu*).

**chic** nm Allure élégante, distinguée. ■ **avoir le chic pour :** avoir un talent spécial pour. ❑ **bon chic, bon genre (BCBG) :** conforme à une tradition bourgeoise ; classique, de bon ton. ◆ adj inv (en genre) **1.** Élégant et distingué : *des vêtements chics.* **2.** FAM Généreux, serviable : *c'est un chic type.* ◆ interj Exprime le contentement : *chic ! on part !*

**chicane** nf **1.** Querelle de mauvaise foi, portant sur des détails. **2.** Série d'obstacles disposés sur une route pour imposer un parcours en zigzag.

**chicaner** vi Contester sans motif. ◆ vt Faire des reproches mal fondés.

**chicanerie** nf Difficulté suscitée par esprit de chicane.

**chicaneur, euse** ou **chicanier, ère** adj et n Qui aime à chicaner.

**1. chiche** adj Qui répugne à dépenser, avare.

**2. chiche** adj m ■ **pois chiche :** gros pois gris.

**3. chiche** interj Exprime le défi : *« Tu plonges ? Chiche ! »*

**chiche-kebab** [ʃiʃkebab] (pl *chiches-kebabs*) nm Kebab.

**chichement** adv **1.** Avec avarice. **2.** Pauvrement.

**chichi** nm (surtout au pluriel) FAM Façons maniérées ; simagrées : *faire des chichis.*

**chichiteux, euse** adj et n FAM Qui fait des chichis.

**chicorée** nf **1.** Variété de salade. **2.** Poudre de racine de chicorée torréfiée, que l'on mélange au café.

**chicot** nm **1.** Ce qui reste d'un arbre rompu. **2.** FAM Reste d'une dent cassée.

**chicotin** nm VX Suc amer de la coloquinte, de l'aloès. ■ **amer comme chicotin :** très amer.

**chicouté** nf CANADA Petit fruit acidulé qui pousse dans les tourbières des régions froides.

**chien, enne** n **1.** Mammifère carnivore domestique à l'odorat développé, élevé pour la chasse, l'agrément, la garde ou le trait. **2.** Pièce d'une arme à feu qui se rabat sur la capsule pour en déterminer l'explosion. ■ **avoir du chien** : avoir de l'élégance, du charme. ❑ **avoir un mal de chien pour, à** : beaucoup de mal à. ❑ **couché en chien de fusil** : sur le côté, les jambes repliées. ❑ **entre chien et loup** : à la nuit tombante. ❑ **se regarder en chiens de faïence** : avec hostilité.

**chiendent** nm Herbe aux racines très développées et très tenaces, qui nuit aux cultures.

**chienlit** [ʃjɑ̃li] nf LITT Désordre, pagaille, confusion.

**chien-loup** (pl *chiens-loups*) nm Race de chiens domestiques ressemblant au loup.

**chier** vi TRÈS FAM Déféquer. ■ **ça va chier** : ça va provoquer un scandale. ❑ **faire chier qqn** : l'importuner vivement. ❑ **se faire chier** : (a) s'ennuyer à mourir (b) peiner.

**chiffe** nf ■ **chiffe molle** ou **chiffe** : personne sans énergie.

**chiffon** nm Vieux morceau d'étoffe. ■ **chiffon rouge** : sujet qui divise, provoque la discorde : *agiter le chiffon rouge de l'immigration*.

**chiffonné, e** adj ■ **visage chiffonné** : fatigué.

**chiffonner** vt **1.** Froisser. **2.** FAM Contrarier : *cette histoire me chiffonne*.

**chiffonnier, ère** n Personne qui ramasse les chiffons, les vieux objets dans les ordures. ◆ nm Petit meuble à tiroirs.

**chiffrable** adj Qui peut être évalué.

**chiffrage** nm Évaluation d'un montant, d'une dépense.

**chiffre** nm **1.** Chacun des caractères qui représentent les nombres. **2.** Montant, valeur d'une chose : *chiffre de la population*. **3.** Code secret. **4.** Combinaison d'une serrure, d'un coffre-fort. **5.** Initiales enlacées d'un ou de plusieurs noms. ■ **chiffre d'affaires** : montant de ventes cumulées entre deux bilans (abrév : *CA*). ❑ **politique du chiffre** : type de gestion qui privilégie la réalisation d'objectifs chiffrés au détriment de tout autre critère (la qualité, par ex.) : *dénoncer la politique du chiffre à l'hôpital*.

**chiffré, e** adj Qui utilise un code secret : *langage chiffré*.

**chiffrer** vi Atteindre un coût important. ◆ vt **1.** Numéroter. **2.** Évaluer le coût d'une opération financière.

**chignole** nf Perceuse portative.

**chignon** nm Cheveux de derrière la tête relevés sur la nuque.

**chihuahua** [ʃiwawa] nm Très petit chien à poil ras et à museau pointu.

**chiisme** [ʃiism] nm Courant minoritaire de l'islam né du schisme des partisans d'Ali à propos de la désignation du successeur du Prophète.

**chiite** [ʃiit] adj et n Se dit d'un musulman qui appartient à l'une des branches du chiisme.

**chikungunya** [ʃikungunja] nm Maladie infectieuse épidémique due à un virus transmis par un moustique et caractérisée par une forte fièvre et des douleurs articulaires.

**chili** [ʃili] ou [tʃili] (pl *chiles*) nm Petit piment rouge du Mexique. ■ **chili con carne** : ragoût mexicain à base de bœuf haché et de haricots rouges, très pimenté.

**chilien, enne** adj et n Du Chili : *les Chiliens*.

**chimère** nf **1.** Monstre fabuleux, tenant du lion et de la chèvre. **2.** Projet séduisant mais irréalisable ; utopie, illusion.

**chimérique** adj Sans fondement ; illusoire, utopique.

**chimie** nf Science qui étudie la nature et les propriétés des corps simples, l'action moléculaire de ces corps les uns sur les autres et les combinaisons dues à cette action.

**chimio** nf (abrév) FAM Chimiothérapie.

**chimiorésistance** nf Caractère d'une tumeur résistant à la chimiothérapie.

**chimiothérapie** nf MÉD Traitement par des substances chimiques.

**chimique** adj De la chimie.

**chimiquement** adv D'après les lois, les procédés de la chimie.

**chimiste** n Spécialiste de la chimie.

**chimpanzé** nm Singe anthropoïde des forêts d'Afrique équatoriale.

**chinchilla** [ʃɛ̃ʃila] nm Rongeur de l'Amérique du Sud ; fourrure grise de ce rongeur.

**chiné, e** adj De plusieurs couleurs mélangées.

**chiner** vi FAM Chercher des occasions chez les brocanteurs, les antiquaires, etc.

**chineur, euse** n FAM Qui aime chiner.

**chinois, e** adj et n De Chine : *les Chinois*. ◆ nm **1.** Langue parlée en Chine. **2.** Passoire métallique à fond pointu. ■ FAM **c'est du chinois** : c'est incompréhensible.

**chinoiser** vi FAM Ergoter, pinailler.

**chinoiserie** nf Objet d'art de Chine. ◆ **chinoiseries** pl FAM Formalités inutilement compliquées.

**chiot** nm Jeune chien.

**chiottes** nf pl TRÈS FAM Toilettes, cabinets.

**chiper** vt FAM Dérober.

**chipie** nf FAM Femme ou jeune fille désagréable ou prétentieuse.

**chipolata** nf Petite saucisse de porc.

**chipoter** vi FAM **1.** Faire des difficultés pour des vétilles. **2.** Faire le difficile pour manger.

**chipoteur, euse** n et adj FAM Personne qui chipote.

**chips** [ʃips] nf Mince rondelle de pomme de terre frite.

**chique** nf Morceau de tabac que l'on mâche.

**chiqué** nm FAM Affectation prétentieuse. ■ **faire du chiqué :** faire des manières.

**chiquenaude** nf Coup appliqué avec le doigt du milieu plié contre le pouce, puis détendu.

**chiquer** vt Mâcher du tabac.

**chiromancie** [kirɔmɑ̃si] nf Art de prédire l'avenir d'après les lignes de la main.

**chiromancien, enne** [kirɔmɑ̃sjɛ̃, ɛn] n Personne qui exerce la chiromancie.

**chiropracteur** [kirɔpraktœr] nm Personne qui pratique la chiropractie.

**chiropractie** [kirɔprakti] ou **chiropraxie** nf MÉD Traitement par manipulations des vertèbres.

**chiroptère** [ki-] ou **chéiroptère** [kei-] nm Mammifère souvent nocturne et insectivore, à ailes membraneuses, telle la chauve-souris (les chiroptères forment un ordre).

**chirurgical, e, aux** adj Relatif à la chirurgie.

**chirurgie** nf Discipline médicale qui comporte l'intervention du praticien sur une partie du corps, un organe, généralement au moyen d'instruments.

**chirurgien, enne** n Médecin qui exerce la chirurgie.

**chirurgien-dentiste** (pl *chirurgiens-dentistes*) n Praticien diplômé spécialisé dans les soins de la bouche et des dents. SYN : dentiste.

**chistera** [ʃistera] nm Panier recourbé et allongé qu'on attache au poignet pour jouer à la pelote basque.

**chitine** [kitin] nf Constituant principal de la carapace des insectes, araignées, crustacés, etc.

**chiure** nf Excrément de mouche.

**ch.-l.** (abréviation) Chef-lieu.

**chlamydia** [klamidja] (pl *chlamydiae*) nf Bactérie responsable d'infections variées.

**chlorate** [klɔrat] nm Sel de l'acide chlorique : *chlorate de potasse.*

**chlore** [klɔr] nm Corps simple de couleur verdâtre, d'une odeur suffocante ; symb : Cl.

**chloré, e** [klɔre] adj Qui contient du chlore.

**chlorhydrate** [klɔridrat] nm Sel de l'acide chlorhydrique.

**chlorhydrique** [klɔridrik] adj m ■ **acide chlorhydrique :** combinaison de chlore et d'hydrogène.

**chloroforme** [klɔrɔfɔrm] nm Liquide incolore d'une odeur éthérée, résultant de l'action du chlore sur l'alcool, longtemps utilisé comme anesthésique.

**chloroformer** [klɔrɔfɔrme] vt Anesthésier au chloroforme.

**chlorophylle** [klɔrɔfil] nf Pigment vert des végétaux, qui ne se forme qu'à la lumière.

**chlorophyllien, enne** [klɔrɔfiljɛ̃, ɛn] adj De la chlorophylle.

**chlorose** [klɔroz] nf MÉD, VX Anémie par carence en fer, chez la jeune fille.

**chlorure** [klɔryr] nm Combinaison de chlore avec un corps simple ou composé.

**chloruré, e** adj Qui contient un chlorure.

**choc** nm **1.** Heurt violent d'un corps contre un autre. **2.** Affrontement de troupes : *choc de deux armées.* **3.** FIG Émotion violente et brusque. ◆ adj (inv en genre) Qui produit de l'effet, est efficace : *une photo choc.* ■ **prix chocs :** défiant toute concurrence.

**chocolat** nm **1.** Aliment composé de cacao et de sucre : *chocolat au lait.* **2.** Bonbon, boisson à base de cacao : *une boîte de chocolats ; un chocolat chaud.* ◆ adj inv De couleur brun-rouge. ■ FAM **être chocolat :** être frustré de ce que l'on escomptait.

**chocolaté, e** adj Parfumé au chocolat.

**chocolatier, ère** n Personne qui fabrique, vend du chocolat.

**chocolatière** nf Récipient pour servir le chocolat liquide.

**chocolatine** nf RÉGIONAL (SUD-OUEST) ; CANADA Pain au chocolat.

**choéphore** [kɔefɔr] nf Femme qui, chez les Grecs, portait les offrandes aux morts.

**chœur** [kœr] nm **1.** Réunion de personnes exécutant des danses et des chants. **2.** Musiciens qui chantent ensemble. **3.** Composition musicale à plusieurs parties. **4.** Partie de l'église réservée aux cérémonies liturgiques. ■ **enfant de chœur :** (a) enfant employé au service du culte (b) personne naïve. ❑ **en chœur :** ensemble.

**choir** vi ■ (usité à l'inf. et au part. pass. *chu, e*) FAM **laisser choir :** laisser tomber, abandonner.

**choisi, e** adj **1.** De première qualité. **2.** Distingué : *langage choisi.*

**choisir** vt Prendre de préférence : *il a choisi la bonne solution ; elle a choisi de partir.*

**choix** nm **1.** Action de choisir. **2.** Ensemble de choses choisies. ■ **au choix** : avec liberté de choisir. ❑ **de choix** : excellent. ❑ **n'avoir que l'embarras du choix** : avoir de nombreuses possibilités de choisir.

**cholédoque** [kɔledɔk] adj Se dit du canal qui conduit la bile au duodénum.

**choléra** [kɔlera] nm Maladie épidémique intestinale.

**cholérique** [kɔlerik] adj Relatif au choléra.

**cholestérol** [kɔlɛsterɔl] nm Substance grasse de l'organisme provenant des aliments.

**chômage** nm Situation d'une personne, d'une industrie qui n'a pas ou qui n'a plus de travail ; période, situation qui en résulte. ■ **chômage partiel** : dû à une diminution des horaires ou à une fermeture momentanée de l'entreprise.

**chômé, e** adj ■ **jour chômé** : jour férié où l'on cesse le travail.

**chômer** vi **1.** Ne pas travailler par manque d'emploi. **2.** Suspendre le travail pendant les jours fériés. ■ FIG **ne pas chômer** : être très actif.

**chômeur, euse** n Personne qui est involontairement sans travail.

**chope** nf Grand verre à anse pour boire la bière ; son contenu.

**choper** vt FAM **1.** Prendre : *se faire choper par la police.* **2.** Contracter une maladie : *choper un rhume.* **3.** Voler : *choper un livre.*

**chopine** nf FAM Bouteille de vin.

**choquant, e** adj Qui choque ; offensant.

**choquer** vt **1.** Donner un choc, heurter. **2.** FIG offenser, blesser qqn dans ses sentiments ou ses principes.

**1. choral** [kɔral] (pl *chorals*) nm Chant religieux.

**2. choral, e, als** ou **aux** [kɔral, o] adj Du chœur : *chant choral.* ■ **film choral** : film dont les différentes intrigues finissent par se rejoindre pour former une unique trame dramatique.

**chorale** [kɔral] nf Groupe de personnes qui chantent ensemble.

**chorège** [kɔrɛʒ] nm ANTIQ GR Citoyen qui organisait à ses frais les chœurs des concours dramatiques ou musicaux.

**chorégraphe** [kɔregraf] n Personne qui compose des ballets.

**chorégraphie** [kɔregrafi] nf Art d'écrire, de diriger des ballets, des danses ; l'œuvre elle-même.

**chorégraphique** adj Relatif à la chorégraphie, à la danse.

**choriste** [kɔrist] n Personne qui chante dans un chœur.

**chorizo** [ʃɔrizo] nm Saucisson espagnol au piment rouge.

**choroïde** [kɔrɔid] nf Membrane de l'œil, entre la sclérotique et la rétine.

**chorus** [kɔrys] nm ■ **faire chorus** : manifester en chœur, approuver bruyamment.

**chose** nf Objet inanimé ou entité abstraite. ■ **la chose publique** : l'État. ❑ **c'est peu de chose** : sans importance. ❑ **de deux choses l'une** : indique une alternative impérative. ◆ adj ■ FAM **être, se sentir tout chose** : bizarre, mal à l'aise, souffrant. ◆ **choses** pl ■ **les choses** : la situation, les événements : *regarder les choses en face.*

ORTHOGRAPHE On écrit avec un pluriel : *état de choses ;* avec un singulier : *peu de chose.*

**chott** [ʃɔt] nm Lac salé plus ou moins desséché des plateaux algériens.

**1. chou** adj inv FAM Gentil, mignon.

**2. chou** (pl *choux*) nm **1.** Plante crucifère comprenant plusieurs espèces cultivées pour l'alimentation ; partie comestible de cette plante : *chou de Bruxelles ; chou rouge.* **2.** Pâtisserie soufflée et légère : *chou à la crème.* **3.** Terme d'affection : *mon chou.* ■ **bout de chou** : petit enfant. ❑ FAM **faire chou blanc** : obtenir un résultat nul.

**chouan** nm Insurgé royaliste des provinces de l'ouest de la France sous la Révolution.

**chouannerie** nf Insurrection des chouans royalistes en 1793.

**choucas** nm Petite corneille.

**chouchou, oute** n FAM Enfant, élève favori.

**chouchoutage** nm FAM Action de chouchouter.

**chouchouter** vt FAM Avoir pour chouchou ; gâter, dorloter.

**choucroute** nf Choux hachés et fermentés ; plat préparé avec ces choux accompagnés de charcuterie.

**1. chouette** nf Oiseau rapace nocturne d'Europe, sans aigrette, à la face aplatie.

**2. chouette** adj FAM **1.** Sympathique : *un type chouette.* **2.** Joli, agréable : *un costume très chouette.* ◆ interj Exprime la satisfaction.

**chou-fleur** (pl *choux-fleurs*) nm Variété de chou dont les fleurs naissantes sont comestibles ; fleur de ce chou.

**chouia** [ʃuja] nm ■ FAM **un chouia** : un petit peu de.

**chouquette** nf (surtout au pluriel) Petit chou recouvert de grains de sucre.

**chou-rave** (pl *choux-raves*) nm Variété de chou cultivée pour ses racines ; racine de ce chou.

**chow-chow** [ʃoʃo] (pl *chows-chows*) nm Chien originaire de Chine, à fourrure abondante.

**choyer** vt (conj 3) Entourer de tendresse, d'attention.

**CHR** nm (sigle) Centre hospitalier régional.

**chrême** [krɛm] nm Huile sacrée, utilisée pour certains sacrements.

**chrétien, enne** adj et n Qui professe la foi en Jésus-Christ.

**chrétiennement** adv D'une façon chrétienne.

**chrétienté** nf Ensemble des pays ou des peuples chrétiens.

**christ** nm Objet de piété représentant Jésus-Christ sur la Croix.

**christiania** nm Mouvement de virage et d'arrêt par changement de direction brutal des skis.

**christianiser** vt Convertir au christianisme.

**christianisme** nm Religion chrétienne.

**chromatique** adj MUS Se dit d'une série de sons procédant par demi-tons.

**chrome** [krom] nm Métal inoxydable à l'air et pouvant recevoir un beau poli ; symb : Cr. ◆ **chromes** pl Accessoires chromés d'une voiture, d'une bicyclette, etc.

**chromer** vt Recouvrir de chrome.

**chromique** adj m Se dit d'un acide oxygéné de chrome.

**chromo** nm Image en couleurs de mauvais goût.

**chromolithographie** nf Procédé par lequel on imprime en lithographie des images en couleurs ; l'épreuve obtenue.

**chromosome** nm Élément en forme de bâtonnet du noyau d'une cellule, porteur des facteurs de l'hérédité.

**chromosomique** adj Relatif aux chromosomes.

**chroniciser (se)** vpr Devenir chronique.

**chronicité** nf État de ce qui est chronique.

**1. chronique** adj **1.** MÉD Qui évolue lentement et se prolonge : *l'asthme est une maladie chronique.* CONTR : aigu. **2.** Qui sévit depuis longtemps, persiste : *chômage chronique.*

**2. chronique** nf **1.** Ouvrage qui relate des faits historiques en suivant l'ordre de leur déroulement. **2.** Article de presse consacré à l'actualité dans un domaine particulier : *chronique sportive.* **3.** Ensemble des bruits qui circulent : *défrayer la chronique.*

**chroniquer** vt **1.** Consacrer une rubrique de presse à : *chroniquer un roman.* **2.** Traiter sous forme de chronique : *chroniquer le quotidien.*

**chroniqueur, euse** n Auteur de chroniques : *chroniqueur théâtral.*

**chrono** nm (abréviation) FAM Chronomètre.

**chronologie** nf **1.** Science des temps ou des dates historiques. **2.** Ordre de succession des événements.

**chronologique** adj Relatif à la chronologie : *ordre chronologique.*

**chronologiquement** adv D'après la chronologie ; par ordre de date.

**chronométrage** nm Action de chronométrer.

**chronomètre** nm Montre de précision, permettant de mesurer des intervalles de temps en minutes, secondes, fractions de secondes.

**chronométrer** vt (conj 10) Mesurer exactement une durée.

**chronométreur, euse** n Personne qui chronomètre, notamment une épreuve sportive.

**chronophage** adj Qui demande beaucoup de temps ou qui en fait perdre : *activité chronophage.*

**chrysalide** nf Stade de formation de certains insectes, entre le stade de la chenille et celui de papillon.

**chrysanthème** nm Fleur ornementale à grosses boules de couleurs variées.

**CHSCT** nm (sigle de *comité d'hygiène, de sécurité et des conditions de travail*) VIEILLI Organisme consultatif de l'entreprise chargé de veiller au respect des conditions d'hygiène, de sécurité et de travail.

**ch'timi** adj et n FAM Se dit de qqn qui est originaire du nord de la France (abrév : *ch'ti*).

**CHU** [seaʃy] nm (sigle de *centre hospitalo-universitaire*) Établissement hospitalier où s'effectue l'enseignement des étudiants en médecine.

**chuchotement** nm Bruit de voix qui chuchotent.

**chuchoter** vi et vt Parler, dire à voix basse.

**chuintant, e** adj Se dit de certaines consonnes fricatives (*ch* et *ge*).

**chuintement** nm Sifflement sourd : *entendre le chuintement du gaz.*

**chuinter** vi **1.** Crier, en parlant de la chouette. **2.** Prononcer les consonnes *s* et *z* comme un *ch* et un *j*. **3.** Siffler, en parlant d'un liquide ou d'un gaz qui s'échappe.

**chut** interj Silence !

**chute** nf **1.** Fait de tomber : *chute de neige, des cheveux.* **2.** Débris de matière (papier, tissu, etc.) perdus après une coupe. **3.** Masse d'eau qui tombe d'une certaine hauteur : *les chutes du Niagara.* **4.** FIG Action de s'écrouler, ruine, effondrement : *la chute d'un gouvernement.* **5.** Pensée, trait final qui termine un texte. ■ **chute des reins** : le bas du dos. ❏ **point de chute** : endroit où l'on peut loger provisoirement en arrivant dans une ville inconnue.

**chuter** vi **1.** FAM Tomber : *faire chuter le ministère.* **2.** Diminuer : *les ventes ont chuté.*

**chyle** [ʃil] nm Liquide blanchâtre contenu dans l'intestin grêle et représentant le résultat de la digestion.

**chyme** [ʃim] nm Liquide contenu dans l'estomac et résultant de la digestion gastrique des aliments.

**chypriote** ou **cypriote** adj et n De Chypre : *les Chypriotes.*

**ci** adv de lieu Marque la proximité dans l'espace ou dans le temps : *cet homme-ci, ci-joint, ceux-ci.* ◆ pron dém ■ FAM **comme ci comme ça** : ni bien ni mal. ◆ **par-ci par-là** ou **de-ci de-là** loc adv De côté et d'autre.

**ciao** [tʃao] ou **tchao** interj FAM Au revoir.

**ci-après** loc adv Après ce passage-ci.

**cibiste** n Utilisateur de la CB.

**cible** nf **1.** Objet que l'on vise dans les exercices de tir. **2.** FIG Ce qui est visé ; but, objectif : *être la cible des critiques.* **3.** But, public visé par une campagne publicitaire ou une étude de marché.

**ciblé, e** adj Destiné à une catégorie précise de personnes : *produit bien ciblé.*

**cibler** vt Définir précisément le public qu'on cherche à atteindre.

**ciboire** nm Vase contenant les hosties consacrées.

**ciboule** nf Plante dont les feuilles servent de condiment. SYN : cive.

**ciboulette** nf Plante de la même famille que la ciboule, servant de condiment. SYN : civette.

**ciboulot** nm FAM Tête.

**cicatrice** nf **1.** Trace d'une plaie, d'une blessure. **2.** FIG Trace d'une blessure morale.

**cicatriciel, elle** adj Relatif à une cicatrice : *tissu cicatriciel.*

**cicatrisable** adj Qui peut se cicatriser.

**cicatrisant, e** adj et nm Qui favorise la cicatrisation.

**cicatrisation** nf Phénomène par lequel une plaie se ferme.

**cicatriser** vt **1.** Fermer une plaie. **2.** FIG Apaiser, calmer une douleur morale. ◆ vi ou **se cicatriser** vpr Se fermer, en parlant d'une plaie.

**cicérone** [siserɔn] nm LITT Guide.

**ci-contre** loc adv En regard, vis-à-vis.

**ci-dessous** loc adv Plus bas, en bas.

**ci-dessus** loc adv Plus haut, en haut.

**ci-devant** loc adv VX Avant ce temps-ci, précédemment. ◆ n inv Noble dépossédé de ses titres, sous la Révolution.

**CIDJ** nm (sigle) Centre d'information et de documentation de la jeunesse.

**cidre** nm Boisson faite avec le jus fermenté des pommes.

**cidrerie** nf Fabrique de cidre.

**Cie** (abréviation) Compagnie.

**ciel** (pl *cieux*) nm **1.** Espace visible au-dessus de nos têtes. **2.** (pl. *ciels*) Aspect de l'atmosphère selon le temps qu'il fait. **3.** Séjour des bienheureux après la mort. **4.** Dieu, la Providence. ■ **à ciel ouvert** : en plein jour, à découvert : *piscine à ciel ouvert.* ❏ **ciel de lit** (pl *ciels de lit*) : dais placé au-dessus d'un lit pour y suspendre des rideaux. ❏ **être au septième ciel** : être dans le plus grand bonheur. ◆ adj inv ■ **bleu ciel** : bleu clair. ◆ interj Exprime la surprise, la douleur.

**cierge** nm Longue chandelle de cire, qu'on brûle dans les églises.

**cigale** nf Insecte des régions chaudes, qui fait entendre un bruit strident.

**cigare** nm Petit rouleau de feuilles de tabac, que l'on fume.

**cigarette** nf Tabac roulé dans du papier très fin. ■ **cigarette électronique** : dispositif électronique produisant de la vapeur, que l'usager inhale comme une cigarette.

**cigarillo** nm Petit cigare.

**ci-gît** loc verbale Ici est enterré.

> CONJUGAISON *Gît* est une des rares formes conjuguées du verbe *gésir.*

**cigogne** nf Oiseau échassier migrateur.

**ciguë** nf Plante vénéneuse.

**ci-inclus, e** adj Contenu dans cet envoi.

**ci-joint, e** adj Joint à cet envoi : *la lettre ci-jointe ; veuillez trouver ci-joint une copie du document.*

> GRAMMAIRE *Ci-inclus* et *ci-joint* sont invariables avant le nom, variables après le nom.

**cil** nm Poil qui garnit le bord des paupières.

**cilié, e** adj Garni de cils.

**ciller** [sije] vt et vi Fermer et rouvrir rapidement les paupières.

**cimaise** ou **cymaise** nf **1.** ARCHIT Moulure supérieure d'une corniche. **2.** Moulure à hauteur d'appui sur un mur, et notamment d'une salle d'exposition de peinture ; le mur lui-même.

**cime** nf Sommet d'une montagne, d'un arbre.

**ciment** nm **1.** Poudre qui, additionnée de sable et d'eau, forme un mortier durcissant au séchage et liant les matériaux de construction. **2.** FIG Ce qui unit.

**cimenter** vt **1.** Lier avec du ciment. **2.** FIG Affermir, consolider : *cimenter une alliance.*

**cimenterie** nf Fabrique de ciment.

**cimeterre** nm Sabre oriental large et recourbé.

**cimetière** nm Lieu où on enterre les morts.

**cinabre** nm **1.** Sulfure de mercure. **2.** Couleur rouge vermillon.

**ciné** nm (abréviation) FAM Cinéma.

**cinéaste** n Auteur ou réalisateur de films.

**ciné-club** (pl *ciné-clubs*) nm **1.** Lieu où sont projetés et discutés les films les plus marquants de l'histoire du cinéma. **2.** Association qui organise ces séances.

**cinéma** nm **1.** Art de composer et de réaliser des films destinés à être projetés ; industrie liée à cet art : *travailler dans le cinéma.* **2.** Ensemble des films d'un pays, d'un auteur, etc. : *le cinéma italien.* **3.** Salle destinée à la projection de films. ■ FAM **faire du cinéma :** faire des manières, des complications.

**CinémaScope** nm (nom déposé) Procédé cinématographique de projection sur un large écran.

**cinémathèque** nf Endroit où l'on conserve et projette les films.

**cinématique** nf Partie de la mécanique qui traite des mouvements.

**cinématographique** adj Relatif au cinéma.

**cinémomètre** nm Indicateur de vitesse.

**cinéphile** n Amateur de cinéma.

**1. cinéraire** nf Plante ornementale à feuillage cendré.

**2. cinéraire** adj ■ **urne cinéraire :** qui renferme les cendres d'un corps incinéré.

**cinétique** adj Relatif au mouvement.

**cinglant, e** adj Qui cingle, fouette : *une pluie cinglante ; une cinglante leçon.*

**cingle** nm RÉGIONAL (SUD-OUEST). **1.** Grande couleuvre. **2.** Méandre.

**cinglé, e** adj et n FAM Fou.

**1. cingler** vi Naviguer vers.

**2. cingler** vt **1.** Frapper avec quelque chose de mince et de flexible. **2.** Frapper avec force, fouetter, en parlant du vent, de la pluie, etc. **3.** FIG Blesser par des paroles dures.

**cinoche** nm FAM Cinéma.

**cinq** adj num **1.** Quatre plus un. **2.** Cinquième : *tome cinq.* ◆ nm inv Chiffre, numéro qui représente ce nombre.

**cinquantaine** nf **1.** Nombre de cinquante ou d'environ cinquante. **2.** Âge d'à peu près cinquante ans.

**cinquante** adj num et nm inv **1.** Cinq fois dix. **2.** Cinquantième.

**cinquantenaire** nm Cinquantième anniversaire.

**cinquantième** adj num ord et n **1.** Qui occupe un rang marqué par le numéro cinquante. **2.** Qui se trouve cinquante fois dans le tout.

**1. cinquième** adj num ord et n Qui occupe un rang marqué par le numéro cinq. ◆ adj et nm Qui se trouve cinq fois dans le tout.

**2. cinquième** nf **1.** Deuxième année du premier cycle du secondaire. **2.** Cinquième vitesse.

**cinquièmement** adv En cinquième lieu.

**cintrage** nm Action de cintrer.

**cintre** nm **1.** ARCHIT Courbure concave et continue d'une voûte ou d'un arc. **2.** Arcade de bois sur laquelle on bâtit les voûtes en pierre. **3.** Support incurvé pour vêtements. ■ **plein cintre :** cintre dont la courbe est un demi-cercle. ◆ **cintres** pl THÉÂTRE Partie supérieure de la cage de scène, où l'on remonte les décors.

**cintrer** vt **1.** Donner une courbure à. **2.** Resserrer par des pinces un vêtement à la taille.

**cirage** nm **1.** Action de cirer. **2.** Produit pour cirer les chaussures. ■ FAM **être dans le cirage :** (a) ne rien voir (b) avoir l'esprit endormi.

**circaète** nm Oiseau rapace diurne du centre et du sud de la France.

**circoncire** vt (conj 72 sauf part passé *circoncis*) Pratiquer la circoncision.

**circoncis** adj et nm Qui a subi la circoncision.

**circoncision** nf Excision du prépuce.

**circonférence** nf Ligne courbe plane, fermée, limitant une surface.

**circonflexe** adj ■ **accent circonflexe :** signe (^) qui se place en français sur certaines voyelles longues.

**circonlocution** nf Moyen détourné de parler, périphrase.

**circonscription** nf Division administrative, militaire ou religieuse : *circonscription électorale.*

**circonscrire** vt (conj 71) **1.** Tracer des limites autour : *circonscrire une propriété par des murs.* **2.** Empêcher de dépasser certaines limites : *circonscrire un incendie.* **3.** Définir les limites de : *circonscrire son sujet.* **4.** GÉOM Tracer une figure dont les côtés sont tangents à une autre : *circonscrire un triangle à un cercle.*

**circonspect, e** [sirkɔ̃spɛ, ɛkt] ou [sirkɔ̃spɛkt] adj Prudent et réservé.

**circonspection** nf Prudence, discrétion dans ses actes ou ses paroles.

**circonstance** nf **1.** Particularité qui accompagne un événement : *une circonstance difficile.* **2.** Conjoncture, situation : *dans les circonstances actuelles.* ■ **de circonstance** : adapté à la situation.

**circonstancié, e** adj Détaillé.

**circonstanciel, elle** adj Qui dépend des circonstances. ■ GRAMM **complément circonstanciel** : celui qui exprime les circonstances dans lesquelles s'accomplit l'action.

**circonvenir** vt (conj 22 ; auxil : *avoir*) Séduire par des manœuvres habiles.

**circonvolution** nf Enroulement autour d'un axe central. ■ **circonvolutions cérébrales** : parties du cerveau déterminées par des sillons.

**circuit** nm **1.** Trajet qui représente le tour d'un lieu. **2.** Parcours touristique ou d'une épreuve sportive avec retour au point de départ. **3.** Jouet constitué d'un parcours fermé sur lequel on fait circuler des trains, des voitures. **4.** Suite de conducteurs électriques. **5.** Ensemble de tuyauteries assurant l'écoulement d'un fluide : *circuit d'alimentation.* **6.** Enchaînement d'opérations interdépendantes et continues, subies par des biens ou des services : *circuit de distribution.* ■ **en circuit fermé** : sans communication avec l'extérieur. ❑ **être hors circuit** : ne plus être en activité, ni au fait des choses.

**1. circulaire** adj **1.** Qui a la forme d'un cercle. **2.** Qui décrit un cercle : *geste circulaire.* **3.** Qui ramène au point de départ : *raisonnement circulaire.*

**2. circulaire** nf Lettre adressée à plusieurs personnes pour le même objet.

**circularité** nf État de ce qui est circulaire.

**circulation** nf **1.** Mouvement de ce qui circule : *circulation du sang.* **2.** Déplacement de personnes, de véhicules qui circulent ; trafic.

**circulatoire** adj Relatif à la circulation du sang.

**circuler** vi **1.** Se mouvoir en circuit fermé : *le sang, l'électricité circule.* **2.** Se déplacer sur des voies de communication : *circuler en ville.* **3.** Passer de main en main : *la monnaie circule.* **4.** FIG Se propager, se répandre : *nouvelle qui circule.*

**circumnavigation** [sirkɔmnavigasjɔ̃] nf Voyage maritime autour d'un continent ou de la Terre.

**circumpolaire** [sirkɔmpɔlɛr] adj Qui est ou qui se fait autour du pôle.

**cire** nf **1.** Substance sécrétée par les abeilles ouvrières, qui en font les rayons de leur ruche ; substance analogue, sécrétée par divers végétaux. **2.** Préparation à base de cire d'abeille ou de cire végétale pour l'entretien du bois. **3.** Composition utilisée pour cacheter les lettres, les bouteilles.

**ciré, e** adj ■ **toile cirée** : toile recouverte d'une composition vernissée qui la rend imperméable. ◆ nm Vêtement imperméable.

**cirer** vt Enduire, frotter de cire ou de cirage. ■ FAM **n'en avoir rien à cirer** : s'en moquer.

**cireur, euse** n Personne qui cire.

**cireuse** nf Appareil ménager électrique pour cirer les parquets.

**cireux, euse** adj De la couleur de la cire ; blême : *teint cireux.*

**cirque** nm **1.** Lieu destiné aux jeux publics, chez les Romains. **2.** Enceinte circulaire où se donnent des spectacles équestres, acrobatiques, etc. ; entreprise qui donne ces spectacles. **3.** FAM Désordre, agitation : *quel cirque !* **4.** Espace semi-circulaire en haute montagne.

**cirrhose** nf Maladie du foie.

**cirrus** nm Nuage blanc en forme de filaments ou de boucles de cheveux.

**cisaillement** nm Action de cisailler, de couper.

**cisailler** vt Couper avec des cisailles.

**cisailles** nf pl Gros ciseaux pour couper les plaques de métal, etc.

**cisalpin, e** adj En deçà des Alpes (par rapport à Rome).

**ciseau** nm Lame plate de fer ou d'acier tranchant pour travailler les corps durs. ◆ **ciseaux** pl Instrument d'acier à deux branches mobiles et tranchantes.

**ciseler** vt (conj 5) Sculpter finement.

**ciseleur, euse** n Artiste qui cisèle.

**ciselure** nf Ornement ciselé.

**ciste** nm Arbrisseau méditerranéen.

**cistercien, enne** adj et n De l'ordre de Cîteaux : *moine cistercien.*

**citadelle** nf Partie fortifiée de certaines villes.

**citadin, e** n Personne qui habite une ville. ◆ adj De la ville.

**citadine** nf Automobile conçue pour la conduite en ville.

**citation** nf **1.** Passage d'un auteur rapporté exactement. **2.** DR Sommation à comparaître devant la justice comme défendeur ou témoin. **3.** Récompense honorifique accordée à un militaire pour une action d'éclat.

**cité** nf **1.** LITT Ville. **2.** (avec une majuscule) Partie la plus ancienne de certaines villes : *la Cité de Londres.* **3.** Groupe d'immeubles ayant même destination : *cité universitaire.* **4.** Cité HLM. ■ **avoir droit de cité :** être admis.

**cité-dortoir** (pl *cités-dortoirs*) nf Agglomération suburbaine essentiellement destinée au logement.

**citer** vt **1.** Rapporter textuellement. **2.** Désigner avec précision, mentionner. **3.** DR Appeler à comparaître en justice.

**citerne** nf **1.** Réservoir d'eau de pluie. **2.** Cuve fermée contenant des liquides. **3.** Camion-citerne ; wagon-citerne.

**cithare** nf Instrument de musique à cordes, sans manche.

**citoyen, enne** n **1.** Membre d'un État considéré du point de vue de ses devoirs et de ses droits politiques. **2.** HIST Sous la Révolution, titre substitué à « monsieur », « madame ». ◆ adj **1.** Relatif à la citoyenneté. **2.** Qui fait preuve de civisme : *comportement citoyen.* **3.** Qui cherche à concilier éthique, responsabilité et rentabilité : *entreprise, taxe citoyenne.*

**citoyenneté** nf Qualité de citoyen.

**citrate** nm CHIM Sel de l'acide citrique.

**citrique** adj Se dit d'un acide extrait du citron ou d'autres fruits.

**citron** nm **1.** Fruit jaune clair du citronnier, contenant un jus acide. **2.** FAM Tête. **3.** CANADA Automobile, équipement ou appareil recelant de nombreux défauts de fabrication et de fonctionnement. ◆ adj inv Jaune clair.

**citronnade** nf Boisson à base d'eau sucrée et de jus de citron.

**citronné, e** adj **1.** Qui sent le citron. **2.** Où l'on a mis du jus de citron : *eau citronnée.*

**citronnelle** nf Plante aromatique, à l'odeur de citron.

**citronnier** nm Arbre produisant le citron ; bois de cet arbrisseau.

**citrouille** nf Nom usuel donné à certaines grosses courges et, parfois, au potiron.

**cive** nf Ciboule.

**civet** nm Ragoût de lièvre, de lapin ou d'autre gibier.

**1. civette** nf **1.** Petit mammifère carnassier. **2.** Sécrétion de la poche anale de cet animal, utilisée en parfumerie.

**2. civette** nf Ciboulette.

**civière** nf Brancards réunis par une toile, pour transporter des blessés, des malades.

**1. civil** nm Personne qui n'est ni un militaire ni un religieux. ■ **dans le civil :** en dehors de la vie militaire. ❑ **en civil :** qui porte un vêtement autre qu'un uniforme : *un policier en civil.*

**2. civil, e** adj **1.** Qui concerne les citoyens. **2.** Qui n'a pas de caractère religieux ou militaire : *le mariage civil aura lieu à la mairie ; un baptême civil ; des gendarmes en tenue civile.* **3.** SOUT Poli, courtois. ■ **droit civil :** partie du droit privé qui concerne les rapports entre particuliers. ❑ **droits civils :** droits des citoyens dans leur vie privée. ❑ **guerre civile :** entre citoyens. ❑ **liste civile :** somme annuelle allouée au chef de l'État. ❑ **partie civile :** plaideur qui, devant un tribunal, demande réparation d'un dommage.

**civilement** adv **1.** En matière civile. **2.** Sans cérémonie religieuse. **3.** SOUT Avec politesse.

**civilisateur, trice** adj et n Qui propage la civilisation.

**civilisation** nf **1.** Fait de se civiliser. **2.** Ensemble des caractères propres à la vie intellectuelle, artistique, morale et matérielle d'un pays, d'une société.

**civilisé, e** adj et n Se dit d'une société dont la culture et l'industrie sont très développées.

**civiliser** vt **1.** Amener à un plus grand développement culturel, matériel. **2.** Rendre qqn plus raffiné dans ses manières.

**civilité** nf **1.** Respect des bienséances, courtoisie. **2.** Ce qui indique le titre de qqn du point de vue de l'état civil (EX : *Mme* ou *M.*). ◆ **civilités** pl SOUT Actes de politesse.

**civique** adj Qui concerne le citoyen et son rôle dans la vie politique de son pays. ■ **éducation civique :** discipline destinée à préparer les élèves à leur rôle de citoyen.

**civisme** nm Dévouement à l'intérêt public : *faire acte de civisme.*

**cl** (symbole) Centilitre.

**clac** interj → **clic.**

**clafoutis** nm Gâteau constitué par un mélange de pâte et de fruits, notamment de cerises.

**claie** nf **1.** Panneau en osier à claire-voie. **2.** Treillage en bois ou en fer, etc.

**1. clair** nm ■ **clair de lune :** clarté répandue par la Lune. ❑ **en clair :** non chiffré ou non codé. ❑ **le plus clair de :** l'essentiel de. ❑ **tirer au clair :** éclaircir une affaire.

**2. clair, e** adj **1.** Qui répand ou reçoit beaucoup de lumière : *salle claire.* **2.** Net, distinct, sonore : *son clair.* **3.** Transparent, limpide : *eau claire.* **4.** Peu foncé : *bleu clair.* **5.** Peu consistant : *sauce claire.* **6.** FIG Facilement intelligible : *langage clair.* **7.** Évident, manifeste, certain : *clair comme le jour, comme de l'eau de roche.* ◆ adv ■ **il fait clair :** il fait grand jour. ❑ **voir clair :** distinctement.

**claire** nf **1.** Bassin d'élevage d'huîtres. **2.** Huître de claire.

**clairement** adv Nettement, franchement.
**clairet, ette** adj ■ **vin clairet** ou **clairet** nm : vin rouge léger et peu coloré.
**claire-voie (à)** loc adv Dont les éléments sont espacés, laissant passer la lumière.
**clairière** nf Endroit d'une forêt dégarni d'arbres.
**clair-obscur** (pl *clairs-obscurs*) nm **1.** Mélange de clarté et d'ombre dans un tableau, une gravure. **2.** Lumière douce, tamisée.
**clairon** nm **1.** Trompette à son aigu et perçant. **2.** Musicien qui joue de cet instrument.
**claironnant, e** adj Qui a le timbre puissant et clair du clairon : *voix claironnante*.
**claironner** vt Proclamer partout.
**clairsemé, e** adj **1.** Semé, planté de manière peu serrée : *gazon clairsemé.* **2.** Épars, dispersé et peu nombreux : *spectateurs clairsemés.*
**clairvoyance** nf Vue claire et pénétrante des choses ; lucidité, perspicacité.
**clairvoyant, e** adj Lucide, perspicace.
**clam** nm Coquillage comestible.
**clamer** vt Manifester, crier avec véhémence : *clamer son innocence*.
**clameur** nf Ensemble confus de cris et de bruits.
**clamser** ou **clamecer** (conj 1) vi FAM Mourir.
**clan** nm **1.** Tribu écossaise ou irlandaise. **2.** PÉJOR Groupe fermé de personnes.
**clandestin, e** adj Fait en secret : *réunion clandestine.* ◆ n Immigré clandestin ; personne qui est en situation illégale : *passager clandestin*.
**clandestinement** adv En secret.
**clandestinité** nf **1.** Caractère de ce qui est clandestin. **2.** État d'une personne qui mène une existence clandestine.
**clapet** nm Partie mobile d'une soupape.
**clapier** nm Cabane à lapins.
**clapotement** ou **clapotis** nm Agitation légère de l'eau, produisant un petit bruit.
**clapoter** vi Produire un clapotis.
**clappement** nm Bruit sec que fait la langue en claquant.
**claquage** nm Distension d'un ligament, d'un muscle.
**1. claque** nf **1.** Coup donné avec le plat de la main. **2.** Groupe de spectateurs payés pour applaudir : *faire la claque.* ■ FAM **en avoir sa claque (de) :** en avoir assez (de), être excédé (de).
**2. claque** nm Chapeau haut de forme à ressort qui peut s'aplatir.
**claquement** nm Bruit de ce qui claque : *claquement de fouet*.
**claquemurer** vt Enfermer étroitement.
**claquer** vi Produire un bruit sec : *faire claquer son fouet.* ■ FAM **claquer des dents :** avoir très froid. ◆ vt **1.** Donner une claque. **2.** FAM Fatiguer : *ce travail m'a claqué.* **3.** FAM Dépenser : *il a claqué toutes ses économies.* ■ **claquer la porte :** la fermer avec violence et bruit. ◆ **se claquer** vpr ■ **se claquer un muscle, un tendon :** se faire un claquage.
**claquettes** nf pl Danse d'origine américaine, dans laquelle la pointe et le talon de la chaussure, ferrés, frappent le sol.
**clarification** nf Action de clarifier.
**clarifier** vt Rendre clair, purifier ; éclaircir : *clarifier un liquide en le filtrant ; clarifier la situation*.
**clarine** nf Clochette qu'on pend au cou des animaux à l'alpage.
**clarinette** nf Instrument à vent, à clefs et à anche simple, de la catégorie des bois.
**clarinettiste** n Joueur de clarinette.
**clarté** nf **1.** Lumière : *la clarté de la lampe.* **2.** Transparence : *la clarté d'un verre.* **3.** FIG Caractère de ce qui est clair, intelligible : *parler avec clarté*.
**clash** [klaʃ] nm FAM Rupture, désaccord brutal et violent.
**classe** nf **1.** Catégorie dans laquelle on range les êtres : *classe sociale ; classe politique.* **2.** SC NAT Grande division d'un règne qui se subdivise en ordres ou en familles : *classe des oiseaux.* **3.** Chacun des degrés de l'enseignement primaire et secondaire : *en quelle classe est-il ?* **4.** Ensemble des élèves instruits par un même maître : *une classe de trente élèves.* **5.** Salle où se donne l'enseignement. **6.** Enseignement donné : *faire la classe.* **7.** Ensemble des jeunes gens atteignant la même année l'âge de faire leur service militaire. **8.** Catégorie, rang établis selon la valeur, l'importance, etc. : *première, seconde classe.* **9.** Distinction, raffinement, élégance : *avoir de la classe ; quelle classe !* ■ **classe de mer, classe de neige :** séjour d'une classe avec un enseignant à la mer ou à la montagne. ❑ **en classe :** à l'école. ❑ **faire ses classes :** (a) recevoir l'instruction militaire de base (b) FIG acquérir de l'expérience dans un domaine. ◆ adj FAM Distingué ; chic.
**classement** nm **1.** Action de classer. **2.** Rang auquel une personne est classée.
**classer** vt Ranger par catégories. ■ **classer une affaire :** la juger réglée. ◆ **se classer** vpr Obtenir un certain rang : *se classer premier*.
**classeur** nm **1.** Chemise de carton où l'on range des papiers. **2.** Meuble pour ranger des documents.
**classicisme** nm **1.** Caractère de ce qui est classique. **2.** Doctrine littéraire et

artistique fondée sur le respect de la tradition classique.

**classification** nf Distribution systématique en diverses catégories : *la classification des espèces.*

**classifier** vt **1.** Procéder à la classification de. **2.** MIL Protéger les informations intéressant la défense ou la sûreté de l'État, en limitant leur consultation.

**classique** adj **1.** Qui appartient à l'Antiquité gréco-romaine. **2.** Qui s'inspire des modèles esthétiques de l'Antiquité (auteurs, artistes, œuvres du XVII^e^ s.) : *théâtre classique.* **3.** Conforme aux usages établis : *vêtement classique.* ■ **danse classique :** dont les mouvements sont régis par un code très précis. ❑ **lettres classiques :** qui comportent l'étude du grec et du latin. ❑ **musique classique :** des grands compositeurs occidentaux (par opposition à *jazz, variétés*). ◆ nm **1.** Écrivain ou artiste de l'Antiquité ou qui s'est inspiré de l'Antiquité : *les classiques grecs.* **2.** Auteur, ouvrage qui peut servir de modèle, dont la valeur est universellement reconnue : *un classique du jazz.* **3.** Danse, musique classique.

**classiquement** adv Conformément à la norme, à l'habitude.

**claudication** nf SOUT Action de boiter.

**claudiquer** vi SOUT Boiter.

**clause** nf Disposition particulière d'un acte, d'un contrat. ■ **clause de style :** (a) clause commune aux actes juridiques de même nature (b) formule consacrée et sans importance.

**claustral, e, aux** adj Du cloître.

**claustration** nf Action d'enfermer dans un lieu clos.

**claustrer** vt Enfermer dans un lieu clos, isoler.

**claustrophobe** adj et n Atteint de claustrophobie.

**claustrophobie** nf Angoisse maladive de rester dans un lieu clos.

**clavaire** nf Champignon des bois.

**claveau** nm ARCHIT Pierre taillée en coin fermant une voûte.

**clavecin** nm MUS Instrument à clavier et à cordes.

**claveciniste** n Personne qui joue du clavecin.

**clavette** nf Cheville servant à assembler deux pièces.

**clavicule** nf Os long de l'épaule qui joint le sternum à l'omoplate.

**clavier** nm Ensemble des touches d'un piano, d'un ordinateur, etc.

**claviste** n Personne qui saisit un texte sur ordinateur.

**clayette** nf Étagère amovible à claire-voie qui sert de support dans les réfrigérateurs.

**clayon** [klɛjɔ̃] nm Petite claie.

**clé** ou **clef** nf **1.** Pièce métallique servant à ouvrir et fermer une serrure : *fermer à clé.* **2.** FIG Ce qui permet de comprendre, de résoudre un problème : *la clé d'un mystère.* **3.** MÉCAN Outil pour ouvrir ou fermer, serrer ou desserrer des écrous, etc. : *clé anglaise.* **4.** MUS Signe qui permet l'identification des notes : *clé de sol.* **5.** Pièce mobile qui bouche et ouvre les trous d'un instrument de musique à vent. **6.** SPORTS Prise de lutte, de judo. **7.** Dans l'écriture chinoise, élément graphique constituant la partie porteuse de sens d'un caractère. **8.** En apposition, indique que qqch joue un rôle essentiel : *personnage clé.* ■ **clé de voûte :** (a) ARCHIT pierre en forme de coin, qui occupe la partie centrale d'une voûte ou d'un arceau (b) FIG principe, base. ❑ **clés en main :** se dit d'une usine, d'une voiture, etc. livrées prêtes à être utilisées. ❑ **sous clé :** en un endroit fermé à clé.

**clean** [klin] adj inv (anglicisme) FAM Qui est propre et soigné : *un intérieur clean.*

**clébard** ou **clebs** [klɛbs] nm FAM Chien.

**clématite** nf Plante grimpante ornementale.

**clémence** nf **1.** Vertu qui consiste à pardonner. **2.** Douceur du climat.

**clément, e** adj **1.** Qui fait preuve de clémence. **2.** Dont la température est agréable ; doux : *hiver clément.*

**clémentine** nf Fruit proche de la mandarine.

**clenche** nf Pièce du loquet d'une porte qui la tient fermée.

**clepsydre** nf Horloge antique mesurant le temps par un écoulement d'eau.

**cleptomane** n → **kleptomane.**

**cleptomanie** nf → **kleptomanie.**

**clerc** [klɛr] nm **1.** Celui qui est entré dans l'état ecclésiastique. **2.** Employé d'une étude de notaire, d'avoué. ■ LITT **pas de clerc :** bévue, faute.

**clergé** nm Ensemble des prêtres d'un culte, d'une paroisse, d'un pays.

**clérical, e, aux** adj Relatif au clergé.

**cléricalisme** nm Doctrine favorable à l'intervention du clergé dans les affaires publiques.

**clic** interj Onomatopée exprimant un claquement sec : *clic ! clac !* ◆ nm Enfoncement puis relâchement rapides d'une touche de la souris d'un ordinateur.

**cliché** nm **1.** Image photographique négative. **2.** Plaque métallique permettant d'obtenir des épreuves typographiques. **3.** FIG Lieu commun, banalité ressassée.

**click and collect** [klikɛndkɔlɛkt] nm inv (anglicisme) Service permettant à un client de commander un produit en ligne et de venir le retirer rapidement sur le point de vente (recomm. off. : *cliqué-retiré*).

**client, e** n Personne qui se fournit chez un commerçant, qui recourt à une banque, à un avocat, etc.

**clientèle** nf Ensemble des clients.

**clignement** nm Action de cligner.

**cligner** vt et vi **1.** Fermer les yeux à demi. **2.** Rapprocher brusquement les paupières : *la lumière le fait cligner des yeux.* ■ **cligner de l'œil** : faire un clin d'œil à qqn.

**clignotant** nm Avertisseur lumineux à intermittence.

**clignotement** nm **1.** Clignement. **2.** Scintillement d'une lumière.

**clignoter** vi **1.** Remuer les paupières rapidement. **2.** S'allumer et s'éteindre par intermittence : *le phare clignote à l'horizon.*

**climat** nm **1.** Ensemble des phénomènes météorologiques auxquels est soumis un lieu. **2.** FIG Ensemble des circonstances dans lesquelles on vit ; ambiance.

**climatique** adj Relatif au climat.

**climatisation** nf Ensemble des procédés visant à maintenir l'atmosphère d'un endroit clos à une pression, à un degré d'humidité et à une température donnés.

**climatiser** vt Assurer la climatisation.

**climatiseur** nm Appareil de climatisation.

**climatologie** nf Étude du climat.

**climatosceptique** adj et n Qui nie ou minimise l'origine humaine du réchauffement climatique, voire ce réchauffement lui-même.

**clin** nm ■ **clin d'œil** (pl *clins d'œil*) : mouvement des paupières qu'on baisse et qu'on relève rapidement en signe de connivence. ❑ **en un clin d'œil** : en un temps très court.

EMPLOI On dit des *clins d'œil* mais des *clignements d'yeux.*

**clinicien, enne** n Médecin qui étudie les maladies par l'observation directe des malades.

**1. clinique** nf Établissement de soins privé.

**2. clinique** adj Qui se fait d'après l'examen direct du malade : *diagnostic clinique.* ■ **signe clinique** : signe que le médecin peut observer par la vue, le toucher. ❑ **tableau clinique** : ensemble des symptômes présentés par un malade ou typiques d'une maladie.

**cliniquement** adv D'après les signes cliniques : *cliniquement mort.*

**clinquant, e** adj Qui a plus d'éclat apparent extérieur que de valeur. ◆ nm Faux brillant, éclat trompeur.

**1. clip** nm Pince à ressort sur laquelle est monté un bijou ; le bijou lui-même.

**2. clip** nm Court-métrage cinématographique ou vidéo qui illustre une chanson, qui présente le travail d'un artiste (recomm. off. : *bande vidéo promotionnelle*).

**clipper** vt Fixer avec un clip.

**clique** nf **1.** Groupe de personnes qui intriguent ensemble. **2.** MIL Ensemble des tambours et des clairons d'une musique militaire. ■ FAM **prendre ses cliques et ses claques** : filer en emportant tout ce qu'on a.

**cliquer** vi Actionner la souris d'un micro-ordinateur.

**cliqué-retiré** (pl *cliqués-retirés*) nm Recomm. off. pour *click and collect.*

**cliquet** nm Petit levier qui interdit le retour en arrière d'une roue dentée.

**cliqueter** vi (conj 8) Produire un bruit d'entrechoquement.

**cliquetis** nm Succession de bruits produits par de petits chocs.

**clisse** nf **1.** Claie pour égoutter les fromages. **2.** Enveloppe d'osier, de jonc, pour bouteilles.

**clitoris** [klitɔris] nm ANAT Organe érectile de l'appareil génital féminin externe (vulve).

**clivage** nm **1.** Action de cliver des minéraux. **2.** Fissure dans une pierre. **3.** FIG Distinction entre deux groupes selon un certain critère : *clivage social.*

**clivant, e** adj Qui divise profondément l'opinion : *homme politique, thème clivant.*

**cliver** vt Fendre un corps minéral dans le sens naturel de ses couches.

**cloaque** nm **1.** Masse d'eau croupie. **2.** Lieu malpropre et infect. **3.** Orifice commun des voies urinaires, intestinales et génitales des oiseaux et des reptiles.

**clochard, e** n Personne qui n'a pas de domicile et qui vit de mendicité.

**clochardisation** nf Fait de devenir clochard.

**clochardiser** vt Réduire quelqu'un à la condition de clochard. ◆ **se clochardiser** vpr Se trouver privé de ressources, de domicile, et devenir peu à peu clochard.

**1. cloche** nf **1.** Instrument d'airain, creux, évasé, dont on tire des sons par un battant ou un marteau. **2.** Couvercle en verre pour protéger des aliments, des plantes : *cloche à fromage.* ■ **chapeau cloche** : à bords rabattus. ❑ FAM **son de cloche** : opinion d'une personne.

**2. cloche** adj FAM Bête, stupide.

**cloche-pied (à)** loc adv ■ **sauter à cloche-pied** : sur un pied.

**1. clocher** nm Tour d'une église, où sont les cloches. ■ **esprit de clocher :** attachement étroit au petit cercle où l'on vit. ❑ **querelles de clocher :** qui n'ont qu'un intérêt local.

**2. clocher** vi FAM Aller de travers, être défectueux.

**clochette** nf **1.** Petite cloche. **2.** Corolle de certaines fleurs en forme de cloche.

**clodo** n FAM Clochard.

**cloison** nf **1.** Paroi légère qui sépare deux espaces dans un bâtiment. **2.** Paroi qui divise un objet en compartiments. **3.** ANAT Membrane séparant des cavités : *la cloison nasale.* **4.** FIG Ce qui empêche la communication entre des groupes de personnes.

**cloisonnage** ou **cloisonnement** nm **1.** Action de cloisonner. **2.** Ensemble de cloisons.

**cloisonné, e** adj Divisé par des cloisons. ■ **émail cloisonné :** dans lequel les motifs sont circonscrits par de minces cloisons.

**cloisonner** vt Séparer par des cloisons.

**cloître** nm **1.** Partie d'un monastère formée de galeries ouvertes entourant une cour ou un jardin. **2.** Partie close d'un monastère.

**cloîtrer** vt **1.** Enfermer dans un cloître. **2.** PAR EXT Tenir enfermé. ◆ **se cloîtrer** vpr Vivre retiré, à l'écart des autres.

**clonage** nm Reproduction d'un animal, d'un végétal à partir d'une de ses cellules.

**clone** nm **1.** BIOL Individu ou population provenant de la reproduction asexuée d'un individu unique. **2.** FIG, FAM Individu qui serait la copie conforme d'un autre. **3.** FAM Imitation bon marché. **4.** INFORM Copie d'ordinateur compatible avec tous les matériels du modèle.

**cloner** vt Reproduire par clonage.

**clope** nm ou nf FAM Cigarette.

**clopin-clopant** loc adv FAM En marchant avec peine.

**clopiner** vi FAM Boiter un peu.

**clopinettes** nf pl ■ FAM **des clopinettes :** (a) presque rien (b) rien du tout.

**cloporte** nm Petit crustacé terrestre, qui vit sous les pierres.

**cloque** nf **1.** Ampoule de la peau. **2.** Boursouflure à la surface de quelque chose.

**cloquer** vi Former des boursouflures.

**clore** vt (conj 81) **1.** Fermer, boucher : *clore un passage.* **2.** Entourer : *clore un champ de fossés.* **3.** Mettre un terme à, finir : *clore la discussion.*

**1. clos** nm **1.** Terrain cultivé et fermé de murs, etc. **2.** Vignoble.

**2. clos, e** adj **1.** Fermé : *trouver porte close.* **2.** Terminé, achevé : *l'affaire est close.* ■ AUTREF **champ clos :** terrain entouré de barrières, pour les tournois. ❑ **maison close :** maison de prostitution.

**clôture** nf **1.** Barrière qui délimite un espace, clôt un terrain : *clôture électrique.* **2.** Action de terminer, de mettre fin à : *clôture d'un scrutin.* ■ **séance de clôture :** séance finale.

**clôturer** vt **1.** Entourer, fermer d'une clôture. **2.** Achever, mettre fin à.

**clou** nm **1.** Tige métallique pointue à un bout et servant à fixer ou à suspendre. **2.** FAM Attraction principale : *le clou de la fête.* **3.** FAM Furoncle. **4.** FAM, VX Mont-de-piété : *mettre au clou.* ■ **clou de girofle :** bouton du giroflier, employé comme épice. ❑ FAM **enfoncer le clou :** insister sur un point embarrassant. ❑ FAM **les clous :** passage clouté.

**clouer** vt **1.** Fixer avec des clous. **2.** FIG Fixer, immobiliser quelqu'un : *clouer sur place.*

**clouté, e** adj ■ **passage clouté :** passage pour piétons marqué par des clous à large tête sur la chaussée (remplacés aujourd'hui par des bandes peintes).

**clouter** vt Garnir de clous.

**clovisse** nf Coquillage comestible. SYN : palourde.

**clown** [klun] nm **1.** Comédien de cirque. **2.** Personne qui fait des pitreries.

**clownerie** [klunri] nf **1.** Facétie de clown. **2.** Pitrerie.

**clownesque** [klunɛsk] adj Propre au clown.

**club** [klœb] nm **1.** Association sportive, culturelle, politique. **2.** Cercle où l'on se réunit pour parler, jouer, lire. **3.** Canne de golf.

**cluse** nf GÉOGR Coupure transversale dans une chaîne montagneuse plissée.

**cm** (symbole) Centimètre.

**CM** nm (sigle de *cours moyen*) ■ **CM1, CM2 :** classes de l'enseignement primaire où sont scolarisés les enfants de neuf à onze ans.

**coaccusé, e** n Personne accusée avec une ou plusieurs autres.

**coach** [kotʃ] (pl *coachs* ou *coaches*) nm **1.** Personne qui entraîne une équipe, un sportif de haut niveau. **2.** Dans une entreprise, conseiller professionnel d'un salarié.

**coacquéreur** nm Personne avec qui l'on acquiert un bien en commun.

**coagulant, e** adj et nm Se dit d'une substance qui déclenche une coagulation rapide.

**coagulation** nf Phénomène par lequel un liquide (sang, lymphe, lait) se prend en une masse solide.

**coaguler** vt Figer un liquide, lui donner de la consistance. ◆ vi ou **se coaguler** vpr Se figer, en parlant d'un liquide.

**coalisé, e** adj et n Se dit de ceux qui sont ligués.

**coaliser (se)** vpr Former une coalition.

**coalition** nf Alliance entre personnes, partis, puissances, pour lutter contre des adversaires communs.

**coaltar** [koltar] nm Goudron de houille.

**coassement** nm Cri de la grenouille.

**coasser** vi Pousser son cri, en parlant de la grenouille.

**coassocié, e** n Personne associée à d'autres.

**coati** nm Mammifère de l'Amérique du Sud, à corps et à museau allongés.

**coauteur, e** n **1.** Auteur qui travaille avec un autre à une même œuvre littéraire, cinématographique, etc. **2.** DR Celui qui a commis une infraction en participation avec d'autres.

**cobalt** nm Métal blanc rougeâtre, dur et cassant ; symb : Co.

**cobaye** [kɔbaj] nm **1.** Petit mammifère rongeur. SYN : cochon d'Inde. **2.** FAM Personne sur qui on tente une expérience : *servir de cobaye.*

**cobot** nm Robot non autonome, travaillant en collaboration directe avec un humain.

**cobotique** nf Technologie dédiée à la conception et à la construction des robots collaboratifs (appelés : *cobots*).

**cobra** nm Serpent venimeux d'Inde et d'Afrique, pouvant dépasser 4 mètres de long.

**coca** nm Arbrisseau du Pérou qui fournit la cocaïne. ◆ nf Substance extraite des feuilles de cet arbrisseau.

**Coca** nm inv (abréviation) FAM Coca-Cola.

**Coca-Cola** nm (nom déposé) Boisson gazeuse sucrée de couleur marron.

**cocagne** nf ■ **mât de cocagne :** mât élevé, lisse et glissant, au sommet duquel sont suspendus des objets à décrocher. ❑ **pays, vie de cocagne :** d'abondance, de plaisirs.

**cocaïne** nf Alcaloïde extrait des feuilles de coca.

**cocaïnomane** n Personne qui se drogue à la cocaïne.

**cocarde** nf **1.** Emblème ou insigne circulaire aux couleurs nationales, en tissu plissé ou simplement peint. **2.** Nœud de ruban.

**cocardier, ère** adj et n Qui aime l'armée, l'uniforme, le panache.

**cocasse** adj FAM D'une bizarrerie drôle.

**cocasserie** nf Chose cocasse.

**coccinelle** [kɔksinɛl] nf Petit insecte coléoptère aux élytres orangés ou rouges ornés de points noirs (appelé aussi : *bête à bon Dieu*).

**coccyx** [kɔksis] nm Petit os à l'extrémité du sacrum.

**1. coche** nm **1.** AUTREF Grande diligence pour le transport des voyageurs et des marchandises. **2.** AUTREF Bateau remorqué par des chevaux : *coche d'eau.* ■ FAM **rater, louper le coche :** perdre une occasion.

**2. coche** nf Entaille, marque sur un objet.

**cochenille** nf Puceron souvent nuisible aux plantes cultivées et dont une espèce fournit une teinture rouge, le carmin.

**1. cocher** nm Conducteur d'une voiture à cheval : *cocher de fiacre.*

**2. cocher** vt Marquer d'un trait.

**cochère** adj f ■ **porte cochère :** grande porte à deux battants pour le passage des voitures.

**1. cochon** nm Mammifère domestique, qui fournit le lard, le saindoux, etc. SYN : porc. ■ **cochon de lait :** qui tète encore. ❑ **cochon d'Inde :** cobaye.

**2. cochon, onne** adj et n FAM **1.** Sale, dégoûtant. **2.** Malfaisant, déloyal. ◆ adj Pornographique, obscène : *histoire cochonne.*

**cochonnaille** nf FAM Charcuterie.

**cochonner** vt FAM Exécuter salement ; salir.

**cochonnerie** nf FAM **1.** Objet de mauvaise qualité. **2.** Parole obscène.

**cochonnet** nm **1.** Petit cochon. **2.** Petite boule servant de but, au jeu de boules.

**cochylis** [kɔkilis] nm Papillon dont la chenille attaque les feuilles de la vigne.

**cocker** [kɔkɛr] nm Chien à poils longs, à oreilles longues et tombantes.

**cockpit** [kɔkpit] nm **1.** Emplacement où se tient le barreur à l'arrière de certains yachts. **2.** Espace réservé au pilote d'un avion.

**cocktail** [kɔktɛl] nm **1.** Boisson obtenue par l'addition de différents alcools, jus de fruits, etc. **2.** Réception mondaine avec buffet. ■ **cocktail Molotov :** bouteille explosive à base d'essence. ❑ **effet cocktail :** effet toxique produit par l'exposition de l'organisme à un mélange de substances (EX : pesticides).

**coco** nm **1.** Fruit du cocotier (on dit aussi : *noix de coco*). **2.** FAM, PÉJOR Individu : *un drôle de coco.* **3.** FAM Terme d'affection. ◆ pl Haricots blancs, aux grains en forme d'œuf.

**cocon** nm Enveloppe soyeuse de certaines chrysalides, dont le ver à soie.

**cocorico** nm Onomatopée imitant le cri du coq.

**cocotier** nm Palmier des régions tropicales dont le fruit est la noix de coco.

**cocotte** nf **1.** Petite marmite en fonte. **2.** Poule, dans le langage enfantin. **3.** Morceau de papier plié, figurant une poule. **4.** FAM Femme de mœurs légères. **5.** FAM Terme d'affection.

**Cocotte-Minute** nf (nom déposé) Autocuiseur de la marque de ce nom.

**cocu, e** n et adj FAM Trompé par son conjoint, son amant, sa maîtresse.

**cocufier** vt FAM Rendre cocu.

**codage** nm Transformation d'un message exprimé en langage clair en des groupes de lettres ou de chiffres.

**code** nm **1.** Recueil de lois, de règlements : *Code civil, pénal.* **2.** Système convenu par lequel on transcrit un message, on représente une information, des données : *code postal.* **3.** FIG Ensemble des conventions en usage dans un domaine déterminé : *code de la politesse.* **4.** Ensemble des caractéristiques propres à une marque, à un domaine donnés, etc. : *les codes d'une maison de couture.* **5.** INFORM Combinaison alphanumérique qui autorise un accès. ■ **code(-)source,** ou **code :** ensemble d'instructions écrites dans un langage lisible par l'homme et devant être traduites en langage machine pour être exécutables par un ordinateur. ❑ **le Code de la route :** ensemble de la législation concernant la circulation routière. ❑ **code vestimentaire :** manière dont il convient de s'habiller dans une circonstance donnée, un milieu professionnel, etc. ◆ **codes** pl Feux de croisement.

**code-barres** (pl *codes-barres*) nm Barres verticales imprimées sur l'emballage d'un article et permettant son identification au moyen d'un lecteur optique. ■ **code-barres 2D** ou **code-barres à deux dimensions,** petits carrés imprimés sur de multiples supports et permettant d'exécuter différentes opérations (EX : envoi de SMS) au moyen d'un lecteur optique ou d'un téléphone intelligent.

**codébiteur, trice** n Personne qui doit de l'argent conjointement avec une autre.

**codéine** nf Alcaloïde de l'opium.

**coder** vt Procéder à un codage.

**codétenu, e** n Personne détenue avec une autre dans un même lieu.

**codex** nm VX Pharmacopée.

**codicille** [kɔdisil] nm Addition faite à un testament.

**codification** nf Action de codifier.

**codifier** vt **1.** Réunir dans un code des dispositions législatives ou réglementaires. **2.** Donner la forme d'un système à ; normaliser.

**codirecteur, trice** n et adj Personne qui dirige avec une ou plusieurs autres.

**codirection** nf Direction exercée en commun.

**coédition** nf Édition d'un ouvrage par plusieurs éditeurs.

**coefficient** nm **1.** Nombre placé devant une quantité qu'il multiplie. **2.** Facteur, pourcentage. **3.** Nombre fixant la valeur de chacune des épreuves d'un examen.

**cœlacanthe** [selakɑ̃t] nm Poisson osseux fossile dont les ancêtres remonteraient à 300 millions d'années et dont une espèce a survécu.

**cœlentéré** [selɑ̃tere] nm Animal, surtout marin, dont le corps est muni de tentacules urticants, telle la méduse.

**cœlioscopie** [seljɔskɔpi] nf Examen de la cavité abdominale par endoscopie.

**coéquipier, ère** n Personne qui fait équipe avec d'autres.

**coercitif, ive** adj Qui contraint.

**coercition** nf Action de contraindre.

**cœur** nm **1.** Organe creux et musculaire, de forme conique, situé dans la poitrine et permettant la circulation du sang. **2.** Ce qui a ou évoque la forme d'un cœur : *un cœur en cristal.* **3.** Une des quatre couleurs du jeu de cartes : *as de cœur.* **4.** FIG Partie centrale, la plus importante de : *le cœur d'une ville ; le cœur d'un problème.* **5.** Partie intérieure : *le cœur d'une salade.* **6.** Siège des sentiments, de l'amour, du courage, de la générosité. ■ **à cœur ouvert :** franchement. ❑ **aller (droit) au cœur :** toucher, émouvoir. ❑ **au cœur de :** au plus fort de. ❑ **avoir le cœur gros :** être affligé. ❑ **avoir mal au cœur :** avoir la nausée. ❑ **de bon cœur :** volontiers. ❑ **de tout cœur :** avec zèle. ❑ **en avoir le cœur net :** s'assurer de la vérité de qqch. ❑ **ouvrir son cœur :** dévoiler sa pensée. ❑ **par cœur :** de mémoire. ❑ **prendre à cœur :** s'intéresser vivement à.

**coexistence** nf Fait de coexister. ■ **coexistence pacifique :** principe qui permet à deux États d'entretenir des relations pacifiques, malgré leurs systèmes politiques opposés.

**coexister** vi Exister en même temps.

**coffrage** nm **1.** Habillage pour isoler, dissimuler une canalisation, un appareil, etc. **2.** Charpente pour éviter les éboulements dans les puits. **3.** Dispositif en bois destiné au moulage et à la prise du béton.

**coffre** nm **1.** Meuble dont la face supérieure est un couvercle mobile, et qui sert de rangement. **2.** Compartiment d'un coffre-fort loué par une banque. **3.** Espace pour le rangement des bagages dans une voiture. **4.** FAM Poitrine, poumons, voix. ■ **avoir du coffre :** du souffle, une voix qui porte.

**coffre-fort** (pl *coffres-forts*) nm Coffre d'acier à serrure de sûreté.

**coffrer** vt **1.** Entourer d'un coffrage. **2.** FAM Mettre en prison.

**coffret** nm **1.** Petit coffre : *coffret à bijoux.* **2.** Ensemble de disques compacts, de livres, etc., vendus dans un emballage cartonné.

**cofinancement** nm Financement réalisé par un établissement prêteur associé à un ou plusieurs autres.

**cofinancer** vt (conj 1) Financer quelque chose au moyen d'un cofinancement.

**cofondateur, trice** n Personne qui fonde ou a fondé qqch avec une autre, avec d'autres.

**cogérance** nf Gérance en commun.

**cogérant, e** n Personne qui exerce une cogérance.

**cogérer** vt (conj 10) Gérer en commun.

**cogestion** nf Administration exercée avec une ou plusieurs personnes.

**cogitation** nf FAM Pensée, réflexion.

**cogiter** vi et vt FAM Penser, réfléchir.

**cognac** nm Eau-de-vie de vin fabriquée dans la région de Cognac.

**cognassier** nm Arbre fruitier produisant les coings.

**cognée** nf Hache à long manche. ■ **jeter le manche après la cognée :** tout abandonner par découragement.

**cogner** vi et vt Donner un ou des coups. ◆ **se cogner** vpr Se donner un coup, se heurter.

**cognitif, ive** [kɔgnitif, iv] adj Se dit des processus par lesquels un être humain acquiert des informations sur son environnement. ■ **sciences cognitives :** ensemble des sciences qui portent sur la faculté qu'a l'homme de connaître, de percevoir (psychologie, linguistique, etc.).

**cognitivo-comportemental, e, aux** adj ■ **thérapie cognitivo-comportementale (TCC) :** psychothérapie intensive et brève ayant pour but de contrôler des comportements ou des réactions inadaptés telles les phobies.

**cohabitation** nf **1.** Fait de cohabiter. **2.** Présence simultanée d'un chef de l'État et d'une majorité parlementaire de tendances politiques opposées.

**cohabiter** vi **1.** Habiter ensemble. **2.** Coexister au sein d'un ensemble.

**cohérence** nf Caractère cohérent de : *cohérence d'un raisonnement.*

**cohérent, e** adj Dont tous les éléments se tiennent et s'harmonisent ou s'organisent logiquement.

**cohéritier, ère** n Personne qui hérite avec une ou plusieurs autres.

**cohésion** nf **1.** Qualité d'un groupe, d'un ensemble formant un tout aux parties bien liées. **2.** PHYS Force qui unit les molécules d'un corps.

**cohorte** nf **1.** ANTIQ ROM Subdivision d'infanterie. **2.** FAM Groupe de personnes.

**cohue** nf Grande foule ; confusion, bousculade.

**coi, coite** adj ■ LITT **rester, demeurer, se tenir coi :** calme, tranquille, silencieux.

**coiffe** nf **1.** Coiffure à l'usage des femmes, encore portée dans certaines provinces. **2.** Enveloppe destinée soit à assurer la protection d'un mécanisme, soit à revêtir l'ogive d'un projectile perforant.

**coiffé, e** adj ■ **être né coiffé :** avoir de la chance.

**coiffer** vt **1.** Couvrir la tête de quelqu'un d'une coiffure, d'un chapeau. **2.** Mettre sur sa tête : *coiffer une toque.* **3.** Arranger les cheveux de quelqu'un. **4.** Être à la tête de : *coiffer plusieurs services.* ■ **coiffer sainte Catherine :** dépasser vingt-cinq ans sans être mariée.

**coiffeur, euse** n Personne qui a pour profession de couper et de mettre en forme les cheveux.

**coiffeuse** nf Table de toilette munie d'une glace.

**coiffure** nf **1.** Ce qui sert à couvrir la tête. **2.** Arrangement des cheveux. **3.** Action, art de coiffer.

**coin** nm **1.** Angle formé par deux lignes, deux plans qui se coupent : *le coin d'une rue, d'une table.* **2.** Petit espace de terrain : *un coin de terre.* **3.** Alentours d'un lieu : *habiter dans le coin.* **4.** Instrument de fer en angle : *enfoncer un coin.* **5.** Morceau d'acier trempé gravé en creux pour frapper monnaies et médailles ; poinçon de garantie des pièces d'orfèvrerie et de bijouterie. ■ **coins de la bouche, des yeux :** commissures des lèvres, des paupières. ❑ **du coin de l'œil :** sans avoir l'air de regarder. ❑ FAM **en boucher un coin :** laisser muet de surprise. ❑ FAM **le petit coin :** les toilettes. ❑ **regard en coin :** oblique. ❑ **sourire en coin :** dissimulé.

**coincé, e** adj FAM Complexé, inhibé.

**coincement** nm État de ce qui est coincé, bloqué.

**coincer** vt (conj 1) **1.** Immobiliser en serrant : *coincer une chaise entre le mur et le lit.* **2.** Bloquer : *coincer une porte ; le tiroir est coincé.* **3.** FAM Mettre dans l'impossibilité de répondre, de s'échapper : *coincer un candidat, un voleur.* ◆ **se coincer** vpr Se bloquer, en parlant d'un mécanisme, d'une partie du corps : *serrure qui se coince ; se coincer une vertèbre.*

**coïncidence** nf Rencontre fortuite de circonstances ; simultanéité de faits.

**coïncident, e** adj MATH Qui coïncide.

**coïncider** vi **1.** MATH S'ajuster, se superposer. **2.** FIG Se produire en même temps : *faits qui coïncident.* **3.** Correspondre exactement : *témoignages qui coïncident.*

**coïnculpé, e** n Personne inculpée pour le même délit qu'une autre.

**coing** [kwɛ̃] nm Fruit jaune du cognassier.

**coït** [kɔit] nm Accouplement.

**coke** nm Combustible provenant de la distillation de la houille.

**cokéfaction** nf Transformation de la houille en coke.

**col** nm **1.** Partie de chemise, de vêtement, qui entoure le cou : *col en V ; col roulé.* **2.** Partie rétrécie et cylindrique d'un organe, d'un objet : *col du fémur ; col de bouteille.* **3.** GÉOGR Passage étroit entre deux montagnes. ■ FAM **col blanc** : employé de bureau. ❑ **faux col** : col glacé amovible.

**colchique** nm Plante des prés vénéneuse.

**coléoptère** nm Insecte dont les deux ailes supérieures (élytres) sont dures et impropres au vol, tels le hanneton, la coccinelle, etc. (les coléoptères forment un ordre).

**colère** nf Irritation, vif mécontentement accompagnés de réactions violentes.

EMPLOI *Être en colère après qqn* est une expression familière. Il est plus correct de dire : *être en colère contre qqn.*

**coléreux, euse** ou **colérique** adj Prompt à se mettre en colère : *un homme coléreux ; un tempérament colérique.*

**colibacille** nm Bactérie pouvant devenir pathogène.

**colibacillose** nf Maladie causée par le colibacille.

**colibri** nm Minuscule oiseau des régions tropicales, à long bec. SYN : oiseau-mouche.

**colifichet** nm Petit objet de fantaisie.

**colimaçon** nm VIEILLI Escargot. ■ **en colimaçon** : en spirale : *escalier en colimaçon.*

**colin** nm Poisson marin à dos noir (appelé aussi : *lieu*).

**colin-maillard** (pl *colin-maillards*) nm Jeu où l'un des joueurs a les yeux bandés et poursuit les autres à tâtons.

**colinot** nm Petit colin.

**colique** nf **1.** Douleur abdominale. **2.** FAM Diarrhée.

**colis** nm Paquet d'objets, de marchandises, destiné à être transporté.

**colistier, ère** n Dans une élection, candidat inscrit sur la même liste qu'un autre.

**colite** nf MÉD Inflammation du côlon.

**collabo** n (abréviation) FAM, PÉJOR Collaborateur, sous l'Occupation.

**collaborateur, trice** n Personne qui travaille avec une autre, d'autres.

**collaboratif** adj Qui fait appel à la collaboration de chacun ; contributif.

**collaboration** nf **1.** Action de collaborer. **2.** Pour les habitants d'un pays occupé, fait de coopérer avec l'ennemi, en particulier en France en 1940-1944.

**collaborer** vt ind Travailler avec, coopérer : *collaborer à un projet.*

**collage** nm **1.** Action de coller. **2.** Composition artistique faite de diverses matières, principalement de papier collé.

**collagène** nm BIOL Protéine de nature fibreuse qui constitue la substance intercellulaire du tissu conjonctif.

**1. collant** nm **1.** Sous-vêtement féminin associant le slip et les bas en une seule pièce. **2.** Vêtement de tissu extensible couvrant le corps de la taille aux pieds.

**2. collant, e** adj **1.** Qui colle : *papier collant.* **2.** Qui adhère exactement au corps ; moulant. **3.** FAM Importun, ennuyeux.

**collante** nf ARG SCOL Convocation à un examen.

**collapsologie** nf Théorie de l'effondrement global et systémique de la civilisation industrielle et des alternatives qui pourraient lui succéder (on dit aussi *effondrisme*).

**collatéral, e, aux** adj Qui est placé à côté : *nef collatérale.* ■ **dégâts, dommages collatéraux :** (a) conséquences annexes d'une opération militaire, touchant des biens ou des victimes civiles (b) FIG conséquences imprévues et souvent négatives d'une action, d'un événement. ◆ adj et n Qui est hors de la ligne directe de parenté : *des (parents) collatéraux.*

**collation** nf Léger repas.

**colle** nf **1.** Substance qui permet de faire adhérer par contact un matériau à un autre. **2.** FAM Question difficile : *poser une colle.* **3.** ARG SCOL Punition.

**collecte** nf Action de réunir, de recueillir de l'argent, des dons, etc.

**collecter** vt **1.** Faire une collecte. **2.** Recueillir un fluide.

**collecteur, trice** adj et n Qui collecte. ◆ adj et nm Se dit d'un conduit dans lequel se déverse qqch : *égout collecteur.*

**collectif, ive** adj **1.** Qui concerne un ensemble de personnes, de choses. **2.** Fait par plusieurs : *effort collectif.* ◆ nm Groupe de personnes ayant un but commun. ■ **collectif budgétaire** ou **collectif** : appellation courante des lois de finances rectificatives.

**collection** nf **1.** Réunion d'objets de même nature. **2.** Ensemble d'ouvrages, de publications, ayant une unité. **3.** Ensemble de modèles créés et présentés à chaque saison par les couturiers.

**collectionner** vt **1.** Réunir en collection : *collectionner des timbres.* **2.** FAM Accumuler : *collectionner les gaffes.*

**collectionneur, euse** n Personne qui aime collectionner, qui fait des collections.

**collectivement** adv De façon collective.

**collectivisme** nm Système économique qui vise à la mise en commun, au profit de tous, des moyens de production.

**collectiviste** adj Du collectivisme. ◆ n Partisan du collectivisme.

**collectivité** nf Groupe d'individus habitant le même pays, la même agglomération, ou ayant des intérêts communs. ■ **collectivité locale, territoriale** : circonscription administrative fonctionnant de manière autonome par rapport à l'État central (communes, départements, etc.). ❑ COM **collectivité d'outre-mer** : territoire de la France d'outre-mer au statut juridique plus souple que celui des départements et Régions d'outre-mer.

**collège** nm **1.** Établissement du premier cycle de l'enseignement secondaire. **2.** Réunion de personnes ayant la même fonction. **3.** Ensemble des électeurs.

**collégial, e, aux** adj **1.** Exercé par un organe collectif : *direction collégiale.* **2.** Qui appartient à un chapitre de chanoines : *église collégiale.*

**collégialité** nf Caractère de tout pouvoir collégial.

**collégien, enne** n Élève d'un collège.

**collègue** n Personne qui remplit la même fonction qu'une autre ou qui fait partie du même établissement.

**coller** vt **1.** Fixer avec de la colle : *coller une affiche.* **2.** Appuyer, placer contre : *coller son oreille à la porte.* **3.** FAM Ne pas quitter quelqu'un au point de l'importuner. **4.** FAM Mettre dans l'impossibilité de répondre à une question. **5.** FAM Punir. **6.** FAM Refuser à un examen : *se faire coller au bac.* **7.** FAM Mettre ; donner : *coller une gifle à quelqu'un.* ◆ vi **1.** Adhérer : *ce papier colle mal.* **2.** FAM S'adapter étroitement : *coller à la réalité.*

**collerette** nf **1.** Petit col de forme ronde et souvent plissé. **2.** TECHN Objet en forme de couronne.

**collet** nm **1.** Partie du vêtement qui entoure le cou. **2.** Nœud coulant pour piéger le gibier. **3.** Ligne de séparation entre la racine d'une dent et sa couronne. ■ **collet monté** : prude, guindé. ❑ **prendre au collet** : (a) saisir par le cou (b) arrêter.

**colleter (se)** vpr (conj 8) **1.** En venir aux mains, se battre. **2.** FIG Affronter une situation difficile : *se colleter (avec) ses problèmes.*

**colleur, euse** n Personne qui colle : *colleur d'affiches.*

**colley** nm Chien de berger écossais.

**collier** nm **1.** Bijou qui se porte autour du cou. **2.** Cercle de métal ou de cuir au cou d'un animal. **3.** Cercle métallique pour fixer un tuyau. **4.** Barbe courte et étroite sur l'ovale du visage. ■ **donner un coup de collier** : fournir un grand effort.

**collimateur** nm Appareil de visée pour le tir. ■ FAM **avoir quelqu'un dans le collimateur** : le surveiller de près, se préparer à l'attaquer.

**colline** nf GÉOGR Relief de faible hauteur, de forme arrondie.

**collision** nf Choc, heurt.

**colloïdal, e, aux** adj De la nature des colloïdes.

**colloïde** nm Système chimique dans lequel des particules se trouvent en suspension dans un fluide.

**colloque** nm Réunion organisée pour débattre entre spécialistes.

**collusion** nf Entente secrète au détriment de quelqu'un.

**collusoire** adj Fait par collusion : *arrangement collusoire.*

**collutoire** nm Médicament antiseptique qui agit sur le pharynx par pulvérisation.

**collyre** nm Médicament liquide pour les yeux.

**colmatage** nm Action de colmater.

**colmater** vt **1.** Boucher, fermer un orifice, une fente. **2.** AGRIC Exhausser les terrains bas grâce aux dépôts vaseux formés par les fleuves ou les mers.

**colo** nf (abrév) FAM Colonie de vacances.

**colocataire** n Locataire en même temps que d'autres dans un immeuble.

**colombage** nm Construction en pans de bois, dont les vides sont remplis par une maçonnerie légère.

**colombe** nf Variété de pigeon ou de tourterelle à plumage blanc (emblème de la douceur, de la pureté, de la paix).

**colombien, enne** adj et n De Colombie : *les Colombiens.*

**colombier** nm Bâtiment où l'on élève des pigeons.

**colombophile** n et adj Personne qui élève ou emploie des pigeons voyageurs.

**colombophilie** nf Élevage des pigeons voyageurs.

**colon** nm **1.** Habitant immigré ou descendant d'immigrés d'une colonie. **2.** Enfant d'une colonie de vacances.

**côlon** nm ANAT Partie du gros intestin comprise entre cæcum et le rectum.

**colonel, elle** n Grade le plus élevé des officiers supérieurs des armées de terre et de l'air. ◆ nf FAM, VIEILLI Femme d'un colonel.

**colonial, e, aux** adj Des colonies. ◆ n Personne qui a vécu aux colonies.

**colonialisme** nm **1.** Doctrine visant à légitimer l'occupation d'un pays, sa domination politique et son exploitation économique ; pratique de cette doctrine. **2.** Attitude dominatrice des colons.

**colonialiste** adj et n Qui soutient le colonialisme.

**colonie** nf **1.** Territoire administré par une nation en dehors de ses frontières, et demeurant attaché à la métropole par des liens étroits. **2.** Ensemble d'étrangers originaires d'un même pays et vivant dans la même ville ou la même région. **3.** Réunion de personnes, voire d'animaux, vivant en commun : *colonie agricole*. ■ **colonie de vacances** : groupe d'enfants réunis pour passer les vacances à la campagne, à la mer ou à la montagne.

**colonisateur, trice** adj et n Qui colonise : *pays colonisateur.*

**colonisation** nf Action de coloniser ; son résultat.

**colonisé, e** adj et n Qui subit ou a subi la colonisation.

**coloniser** vt **1.** Peupler de colons. **2.** Transformer un pays en un territoire dépendant d'une métropole.

**colonnade** nf Rangée de colonnes.

**colonne** nf **1.** Pilier cylindrique, avec base et chapiteau : *une colonne dorique.* **2.** Monument commémoratif en forme de colonne : *la colonne Vendôme.* **3.** Portion d'une page divisée verticalement : *colonnes d'un journal.* **4.** PHYS Masse cylindrique verticale : *colonne barométrique.* **5.** Alignement de personnes les unes derrière les autres : *marche en colonne.* ■ **colonne montante** : principale canalisation ascendante d'eau, de gaz, d'électricité dans un immeuble. ❑ **colonne vertébrale** : ensemble des vertèbres formant un axe osseux s'étendant de la base du crâne au coccyx.

**colopathie** nf Toute affection du côlon. ■ **colopathie fonctionnelle** : syndrome de l'intestin irritable.

**colophane** nf Résine jaune, solide.

**coloquinte** nf Plante voisine de la pastèque, donnant un fruit à pulpe amère et purgative.

**colorant, e** adj Qui colore. ◆ nm Substance employée pour colorer un support, un matériau ou certains aliments.

**coloration** nf **1.** Action de colorer. **2.** État d'un corps coloré.

**coloré, e** adj **1.** Qui a une couleur, notamment des couleurs vives : *pull coloré.* **2.** FIG Qui a de l'éclat, de l'originalité : *style coloré.*

**colorectal, e, aux** adj MÉD Qui affecte le côlon ou le rectum : *cancer, polype colorectal.*

**colorer** vt Donner une certaine couleur ou une couleur plus vive à.

**coloriage** nm **1.** Action de colorier ; résultat ainsi obtenu. **2.** Dessin à colorier.

**colorier** vt Appliquer des couleurs sur : *colorier un dessin.*

**coloris** nm **1.** Couleur. **2.** Éclat du teint, des fleurs, etc.

**colorisation** nf Mise en couleurs des images d'un film en noir et blanc grâce à un procédé électronique.

**coloriser** vt Ajouter, par un procédé électronique, des couleurs à un film qui était originellement en noir et blanc.

**coloriste** n Peintre qui s'exprime surtout par la couleur.

**colossal, e, aux** adj **1.** Extrêmement grand. **2.** Énorme, considérable : *richesse colossale.*

**colosse** nm **1.** Statue d'une grandeur extraordinaire. **2.** Homme très grand, très fort.

**colportage** nm Action de colporter.

**colporter** vt **1.** VIEILLI Faire le métier de colporteur. **2.** FIG Répandre, propager des bruits, des nouvelles.

**colporteur, euse** n **1.** Marchand ambulant. **2.** FIG Propagateur : *colporteur de ragots.*

**colt** [kɔlt] nm Revolver.

**coltiner** vt Porter sur la tête, les épaules de pesants fardeaux. ◆ **se coltiner** vpr FAM Se charger d'une tâche pénible et désagréable.

**columbarium** [kɔlɔ̃barjɔm] nm Bâtiment où sont conservées les cendres des personnes incinérées.

**colvert** nm Canard sauvage.

**colza** nm Plante à fleurs jaunes cultivée pour ses graines, qui fournissent de l'huile.

**COM** nf (sigle) Collectivité d'outre-mer.

**coma** nm MÉD État caractérisé par la perte de la conscience, de la motricité, de la sensibilité, avec conservation des fonctions végétatives.

**comateux, euse** adj Relatif au coma.

**combat** nm **1.** Lutte armée. **2.** Rencontre opposant deux adversaires : *combat de boxe.* **3.** FIG Lutte : *la vie est un combat perpétuel.*

**combatif, ive** adj **1.** Qui n'hésite pas à se battre, ne s'avoue jamais vaincu : *c'est un homme combatif, il s'en sortira.* **2.** Porté à la lutte ; belliqueux, agressif : *des troupes combatives.*

ORTHOGRAPHE Attention, *combatif* et *combativité* s'écrivent avec un seul *t.*

**combativité** nf Ardeur à se battre, goût de la lutte.

**combattant, e** n Personne qui prend part à un combat.

**combattre** vt et vi (conj 56) Soutenir un combat ; lutter : *combattre un ennemi, une injustice.*

**combe** nf GÉOGR Petite vallée creusée dans un plissement.

**combien** adv Sert à interroger sur une quantité, une grandeur, un nombre, un prix : *combien mesure-t-elle ? ; combien as-tu payé ?* ■ **combien de :** indique un grand nombre, une grande quantité : *combien de fois le lui ai-je dit !* ❑ **ô combien ! :** extrêmement.

**combientième** adj et n FAM À quel rang ; à quel ordre ?

**combinaison** nf **1.** Assemblage, arrangement, dans un certain ordre, de choses semblables ou diverses : *combinaison de couleurs.* **2.** CHIM Réunion de corps simples dans un composé. **3.** SOUVENT PÉJOR (au pluriel) Mesures prises pour assurer le succès de quelque chose ; calcul : *les combinaisons politiques pour prendre le pouvoir.* **4.** Sous-vêtement féminin d'une seule pièce. **5.** Vêtement d'une seule pièce, couvrant la totalité du corps, pour le travail, le sport, etc. : *combinaison de ski.* **6.** Agencement mécanique d'une serrure de sûreté permettant son ouverture.

**combinard, e** adj et n FAM, PÉJOR Qui recourt à des combines plus ou moins louches.

**combinat** nm HIST En URSS, unité industrielle regroupant divers établissements aux activités solidaires.

**combinatoire** adj Relatif aux combinaisons d'éléments. ◆ nf MATH Étude des combinaisons, des dénombrements ou des configurations d'ensembles finis.

**combine** nf FAM Moyen peu scrupuleux pour parvenir à ses fins. ■ FAM **être dans la combine :** être au courant d'une intrigue.

**combiné** nm **1.** Partie mobile d'un téléphone réunissant l'écouteur et le microphone. **2.** Épreuve réunissant plusieurs spécialités d'un sport. ■ **combiné alpin :** en ski alpin, compétition associant une descente et un slalom.

**combiner** vt **1.** Disposer dans un certain ordre : *combiner des couleurs, combiner des efforts.* **2.** Organiser en vue d'un but précis, d'une réussite ; préparer : *combiner un plan d'attaque.* **3.** CHIM Unir divers corps.

**1. comble** nm **1.** Faîte d'un bâtiment : *loger sous les combles.* **2.** FIG Point culminant, dernier degré : *être au comble du bonheur.* ■ **c'est un comble ! :** cela dépasse la mesure. ❑ **pour comble de :** par surcroît.

**2. comble** adj Se dit d'un lieu très ou trop plein : *salle comble.* ■ **la mesure est comble :** il est difficile d'en supporter davantage.

**comblement** nm Action de combler : *comblement d'un fossé.*

**combler** vt **1.** Remplir entièrement : *combler un fossé.* **2.** Satisfaire pleinement : *vos cadeaux l'ont comblée.* **3.** Donner à profusion : *combler d'honneurs.*

**comburant, e** adj et nm Se dit d'un corps qui, en se combinant avec un autre, entraîne la combustion de ce dernier.

**combustibilité** nf Propriété caractéristique des corps combustibles.

**combustible** adj Qui a la propriété de brûler. ◆ nm **1.** Toute matière capable de se consumer, notamment pour fournir du chauffage. **2.** PHYS Matière capable de dégager de l'énergie par fission ou fusion nucléaire.

**combustion** nf Action de brûler.

**come-back** [kɔmbak] nm inv (anglicisme) Retour en force dans la vie publique d'une vedette, d'une personnalité, après une période d'oubli ou d'inactivité.

**comédie** nf **1.** Pièce de théâtre, film destinés à faire rire. **2.** FIG Simulation hypocrite de sentiments : *jouer la comédie.* **3.** FAM Complication, situation difficile : *quelle comédie pour arriver jusqu'ici !* ■ **comédie musicale :** film, spectacle comportant des scènes dansées et chantées.

**comédien, enne** n Acteur, actrice qui joue au théâtre, à la télévision, au cinéma. ◆ n et adj FIG Personne qui feint des sentiments ; hypocrite.

**comédon** nm Petit point noir qui bouche un pore de la peau.

**comestible** adj Qui peut servir de nourriture à l'homme. ◆ nm Produit alimentaire.

**comète** nf Astre du système solaire, d'aspect diffus, accompagné d'une traînée de lumière appelée *queue* ou *chevelure.*

**comice** nm HIST Réunion d'électeurs, d'exploitants agricoles, etc.

**comique** adj **1.** Qui appartient à la comédie : *auteur comique.* **2.** Amusant, qui fait rire : *situation comique.* ◆ nm **1.** Le genre de la comédie. **2.** Ce qui est comique. **3.** Acteur, auteur comique.

**comité** nm Assemblée restreinte de personnes ayant une mission particulière : *comité d'études, de lecture.* ■ **en petit comité :** dans l'intimité, en petit nombre.

**commandant, e** n **1.** Officier supérieur dont le grade se situe entre celui de capitaine et celui de lieutenant-colonel. **2.** Officier qui commande un bâtiment de la marine de guerre. ■ **commandant de bord** : chef de l'équipage d'un avion civil.

**commande** nf **1.** Demande de marchandises adressée à un fournisseur ; travail demandé à un fabricant, etc. : *passer commande.* **2.** Marchandise commandée : *la commande n'est pas arrivée.* **3.** MÉCAN Élément d'un mécanisme qui assure le fonctionnement de l'ensemble. **4.** INFORM Signal déclenchant la réalisation d'une fonction déterminée. ■ **de commande** : qui n'est pas sincère : *sourire de commande.* ❑ **tenir les commandes** ou **être aux commandes** : contrôler, diriger.

**commandement** nm **1.** Action de commander. **2.** Ordre : *obéir à un commandement.* **3.** Pouvoir de celui qui commande : *exercer le commandement.* **4.** Loi, précepte : *les dix commandements.* **5.** Ordre signifié par huissier.

**commander** vt ind Ordonner à quelqu'un ce qu'il doit faire : *il nous a commandé de nous taire.* ◆ vt **1.** Avoir autorité sur : *commander une équipe.* **2.** Dominer par sa position : *fort qui commande une vallée.* **3.** COMM Faire une commande. **4.** TECHN Déclencher : *interrupteur qui commande tout le réseau.* ◆ vi Être le chef. ◆ **se commander** vpr Communiquer, en parlant des pièces d'un appartement. ■ **ne pas se commander** : être indépendant de la volonté : *l'amour, ça ne se commande pas.*

**commandeur** nm Grade dans un ordre de chevalerie ou dans un ordre national : *commandeur de la Légion d'honneur.*

**commanditaire** n et adj **1.** Personne qui commandite. **2.** Bailleur de fonds.

**commandite** nf **1.** Société commerciale entre associés, les uns la gérant, les autres étant les bailleurs de fonds. **2.** Ensemble des fonds versés par chacun des associés.

**commanditer** vt **1.** Avancer les fonds nécessaires à une entreprise. **2.** Financer un projet.

**commando** nm **1.** Petite formation militaire chargée de missions spéciales. **2.** Petit groupe d'hommes armés qui se livre à des actes de violence.

**comme** conj **1.** De même que, autant que : *lui comme toi.* **2.** Tel que : *un homme comme lui.* **3.** Indique la manière ; de la façon que : *comme on dit.* **4.** Pour ainsi dire : *il est comme mort.* **5.** En qualité de : *agir comme délégué.* **6.** Puisque. **7.** Au moment où : *comme il entrait.* ■ FAM **c'est tout comme** : cela revient au même. ❑ **comme tout** : au plus haut point : *il est beau comme tout.* ❑ FAM **comme ça** : ainsi, de cette manière. ❑ SUISSE **comme que comme** : quoi qu'il en soit, de toute façon : *comme que comme, on n'y peut rien.* ◆ adv **1.** Combien, à quel point : *comme il parle !* **2.** De quelle façon : *tu as vu comme il nous traite !*

**commedia dell'arte** nf Forme théâtrale italienne basée sur l'improvisation.

**commémoratif, ive** adj Qui commémore : *fête, plaque commémorative.*

**commémoration** nf Cérémonie qui commémore un événement important.

**commémorer** vt Rappeler le souvenir d'un événement, de la naissance ou de la mort d'une personne, avec plus ou moins de solennité : *commémorer une date.*

> EMPLOI On ne *commémore* pas un anniversaire, on le *fête*.

**commençant, e** n Personne qui débute dans une discipline ; débutant.

**commencement** nm Ce par quoi quelque chose commence ; début.

**commencer** vt (conj 1) **1.** Aborder, entamer, entreprendre : *commencer un exercice ; commencer le latin.* **2.** Prendre l'initiative de qqch : *commencer la guerre.* **3.** Être au début de qqch : *mot qui commence la phrase.* ◆ vt ind **1.** [à] Se mettre à : *il commence à pleuvoir.* **2.** [par] Faire qqch avant qqch d'autre : *commencer par le début.* ◆ vi Débuter : *le film commence.*

**commensal, e, aux** n LITT Personne qui mange à la même table qu'une autre. ◆ adj et n Se dit d'espèces animales qui vivent associées à d'autres, en se nourrissant de leurs déchets.

**comment** adv Sert à interroger sur la manière, le moyen : *comment fait-elle ? ; je ne sais pas comment elle vient.* ◆ interj Exprime la surprise, l'indignation : *comment ! vous voilà ?* ■ FAM **et comment !** : (a) évidemment (b) énormément. ◆ nm inv Manière dont une chose s'est faite : *le pourquoi et le comment.*

**commentaire** nm Remarque, observation sur un texte, un énoncé, un événement, etc.

**commentariat** nm Dans les médias, tendance à commenter en permanence l'actualité, de manière souvent polémique.

**commentateur, trice** n Personne qui fait des commentaires à la radio, à la télévision.

**commenter** vt Faire des remarques sur un texte, des événements.

**commérage** nm FAM Bavardage indiscret.

**commerçant, e** n Personne qui fait du commerce. ◆ adj Où se fait le commerce : *rue commerçante.*

**commerce** nm **1.** Achat et vente de marchandises. **2.** Ensemble des commerçants. **3.** Établissement commercial : *tenir un commerce.* **4.** LITT Relations, fréquentation : *être d'un commerce agréable.* ■ **chambre de commerce** : assemblée consultative de commerçants. ❑ **commerce électronique** : mode de distribution commerciale réalisée par l'intermédiaire du site web des entreprises. ❑ **commerce équitable** : échanges commerciaux basés sur une solidarité Nord-Sud, permettant d'améliorer l'économie des producteurs du Sud, tout en favorisant le développement durable. ❑ **livres de commerce** : registres de comptabilité.

**commercer** vi (conj 1) Faire du commerce.

**commercial, e, aux** adj **1.** Qui appartient au commerce. **2.** PÉJOR Exécuté dans un but purement lucratif : *film commercial.* ◆ n Personne appartenant aux services commerciaux d'une entreprise.

**commercialement** adv Du point de vue commercial.

**commercialisation** nf Action de commercialiser.

**commercialiser** vt Répandre dans le commerce : *commercialiser un produit.*

**commère** nf Personne bavarde, qui colporte les nouvelles.

**commettre** vt (conj 57) **1.** Faire un acte répréhensible ou malencontreux : *commettre une erreur.* **2.** DR Nommer à une fonction. ◆ **se commettre** vpr LITT Entretenir des relations compromettantes ou déshonorantes.

**comminatoire** adj LITT Qui menace, intimide : *ton comminatoire.*

**commis** nm Employé ; aide.

**commisération** nf Compassion.

**commissaire** n **1.** Personne chargée de fonctions temporaires. **2.** Personne qui vérifie la régularité d'une épreuve sportive. ■ **commissaire de police** : fonctionnaire de la police nationale chargé du maintien de l'ordre et de la sécurité publique.

**commissaire-priseur** (pl *commissaires-priseurs*) nm Officier ministériel chargé de l'estimation et de la vente dans une vente publique.

**commissariat** nm **1.** Ensemble des locaux où sont installés les services d'un commissaire de police. **2.** Fonction de commissaire.

**commission** nf **1.** Groupe de personnes chargées d'étudier une question, de régler une affaire : *une commission d'enquête.* **2.** Charge, mission que l'on confie à quelqu'un. **3.** Pourcentage qu'on laisse à un intermédiaire. ◆ **commissions** pl Achats quotidiens, courses.

**commissionnaire** n Personne qui vend et achète pour le compte d'autrui.

**commissure** nf ANAT Point de jonction de certaines parties du corps : *commissure des lèvres.*

**1. commode** adj **1.** Bien approprié à l'usage qu'on veut en faire. **2.** D'un caractère facile, aimable.

**2. commode** nf Meuble à tiroirs pour ranger le linge, les vêtements, etc.

**commodément** adv Aisément.

**commodité** nf Qualité de ce qui est commode, pratique, agréable.

**commotion** nf **1.** Secousse, ébranlement physique. **2.** FIG Émotion violente.

**commotionner** vt Frapper d'une commotion ; perturber.

**commuer** vt DR Changer une peine en une peine moindre.

**commun, e** adj **1.** Qui appartient à plusieurs, à tous ; qui concerne tout le monde : *salle commune.* **2.** Qui est fait à plusieurs : *œuvre commune.* **3.** Ordinaire, qui se trouve couramment : *expression peu commune.* **4.** Dépourvu de distinction, vulgaire : *manières communes.* ■ **en commun** : avec d'autres. ❑ **sens commun** : bon sens. ◆ nm ■ **le commun des mortels** : les gens en général. ◆ **communs** pl Bâtiments réservés au service, dans une grande maison.

**communal, e, aux** adj De la commune : *pré communal.* ◆ nf VIEILLI École communale.

**communard, e** n et adj Partisan de la Commune de Paris, en 1871.

**communautaire** adj **1.** Relatif à une communauté : *vie communautaire.* **2.** Relatif à l'Union européenne. ◆ n Citoyen de la Communauté européenne.

**communautarisme** nm SOUVENT PÉJOR Tendance d'une minorité à s'isoler du reste de la société et à revendiquer des droits particuliers.

**communautariste** adj et n SOUVENT PÉJOR Qui est favorable au communautarisme.

**communauté** nf **1.** État de ce qui est commun : *communauté d'idées.* **2.** DR Régime matrimonial dans lequel certains biens sont communs aux époux. **3.** Groupe social ayant des intérêts communs. **4.** Groupe de plusieurs États : *la communauté internationale.* **5.** Société religieuse, soumise à une règle.

**commune** nf Division territoriale, administrée par un maire.

**communément** adv Ordinairement.

**communiant, e** n RELIG Personne qui communie.

**communicant, e** adj Qui communique : *chambres communicantes.*

**communicateur, trice** n **1.** Personne qui excelle à communiquer, à faire circuler l'information. **2.** Personne chargée de la communication d'une entreprise, d'un groupe.

**communicatif, ive** adj **1.** Qui se communique, se gagne facilement : *rire communicatif.* **2.** Qui exprime volontiers ses pensées, ses sentiments ; expansif.

**communication** nf **1.** Action de communiquer : *être en communication avec qqn.* **2.** Action de transmettre qqch à qqn : *communication d'une nouvelle.* **3.** Pour une entreprise, action d'utiliser les médias pour faire connaître son activité et promouvoir son image auprès du public. **4.** Conversation téléphonique : *prendre, recevoir une communication.* **5.** Moyen de liaison.

**communier** vi **1.** RELIG Recevoir la communion. **2.** Être en parfait accord d'idées.

**communion** nf **1.** Union dans une même foi, dans un même état d'esprit. **2.** RELIG Réception de l'eucharistie.

**communiqué** nm **1.** Avis officiel. **2.** Avis diffusé par la presse, la radio, la télévision.

**communiquer** vt **1.** Transmettre : *le Soleil communique la chaleur.* **2.** Donner connaissance, faire partager : *communiquer une nouvelle importante.* ◆ vi Être en relation. ■ **communiquer sur qqch** : le faire connaître au public par les médias.

**communisme** nm Doctrine prônant l'abolition de la propriété privée, la collectivisation des moyens de production, et la répartition des biens de consommation suivant les besoins de chacun.

**communiste** n et adj Partisan du communisme.

**commutateur** nm Appareil pour établir ou interrompre le courant électrique dans un circuit.

**commutation** nf **1.** Réduction d'une peine en une peine moindre. **2.** LING Substitution d'un terme à un autre terme de même classe grammaticale ou lexicale.

**commuter** vt Modifier par substitution, par transfert.

**compacité** nf Qualité de ce qui est compact.

**compact, e** adj **1.** Dont les molécules sont fortement liées : *bois compact.* **2.** Qui forme une masse épaisse ; dense, serré : *foule compacte.* **3.** Qui est d'un faible encombrement : *appareil photo compact.* ■ **disque compact** ou **compact** nm : disque à lecture laser sur lequel sont enregistrés des sons, des images ou des textes.

**Compact Disc** nm (nom déposé) Disque compact.

**compacte** nf Automobile de catégorie intermédiaire entre la citadine et la routière.

**compagne** nf → **compagnon**.

**compagnie** nf **1.** Présence d'une personne, d'un animal auprès de quelqu'un : *tenir compagnie à un malade.* **2.** Réunion de personnes : *salut, la compagnie !* **3.** Société commerciale : *compagnie d'assurances.* **4.** Troupe d'infanterie commandée par un capitaine. **5.** Bande d'animaux de même espèce : *compagnie de perdreaux.* ■ **fausser compagnie** : se retirer brusquement. ❑ **la bonne compagnie** : les gens bien élevés.

**1. compagnon, compagne** n **1.** Personne qui accompagne quelqu'un. **2.** Personne qui vit en compagnie de.

**2. compagnon** nm **1.** Membre d'un compagnonnage. **2.** Ouvrier qui travaille pour un entrepreneur.

**compagnonnage** nm Association d'ouvriers dans une même profession.

**comparable** adj Qui peut être comparé.

**comparaison** nf Action de comparer ; parallèle. ■ GRAMM **degrés de comparaison** : le positif, le comparatif et le superlatif. ❑ **en, par comparaison** : relativement à.

**comparaître** vi (conj 64) Se présenter par ordre devant un magistrat, un tribunal.

**comparateur** nm Site internet qui analyse et classe les offres de prix pour un produit recherché.

**comparatif, ive** adj Qui établit une comparaison. ◆ nm Second degré de signification des adjectifs, qui exprime une qualité égale, supérieure ou inférieure : *« meilleur » est le comparatif de « bon ».*

**comparativement** adv Par comparaison, par rapport.

**comparé, e** adj Qui se fonde sur une comparaison. ■ **grammaire, linguistique comparée** : branche de la linguistique qui étudie les rapports des langues entre elles.

**comparer** vt **1.** Établir le rapport qui existe entre des personnes ou des choses. **2.** Mettre en parallèle.

**comparse** n **1.** Au théâtre, personnage muet ou sans rôle important. **2.** Personne qui joue un rôle secondaire dans une affaire.

**compartiment** nm **1.** Case, division d'un objet, d'une surface. **2.** Partie d'une voiture de chemin de fer divisée par des cloisons.

**compartimenter** vt Diviser en catégories ; cloisonner.

**comparution** nf Action de comparaître en justice. ■ **comparution immédiate** : fait de traduire devant un tribunal correctionnel, dans un délai très court, un prévenu suspecté d'être l'auteur d'un délit.

**compas** nm **1.** Instrument à deux branches mobiles pour tracer des circonférences. **2.** MAR Boussole. ■ FAM **avoir le compas dans l'œil** : apprécier exactement à l'œil une mesure.

**compassé, e** adj Raide, guindé.

**compassion** nf Action de compatir ; pitié.

**compassionnel, elle** adj **1.** Que l'on fait par compassion. **2.** Destiné à éveiller la compassion : *reportage compassionnel.*

**compatibilité** nf Qualité, état de choses compatibles.

**compatible** adj **1.** Qui peut s'accorder avec quelque chose d'autre. **2.** INFORM Qui peut être connecté avec du matériel de nature différente : *ordinateur, imprimante compatibles.* ◆ nm Ordinateur compatible.

**compatir** vt ind [à] Prendre part aux maux d'autrui.

**compatissant, e** adj Qui compatit.

**compatriote** n Personne du même pays, de la même région qu'une autre.

**compensateur, trice** adj Qui compense, qui dédommage.

**compensation** nf **1.** Action de compenser. **2.** Dédommagement.

**compensatoire** adj Qui constitue une compensation : *mesure compensatoire.*

**compensé, e** adj ■ **semelles compensées** : qui forment un seul bloc avec le talon.

**compenser** vt Équilibrer un effet par un autre.

**compère** nm Personne qui est complice d'une autre dans une supercherie.

**compère-loriot** (pl *compères-loriots*) nm Orgelet.

**compétence** nf **1.** Capacité reconnue en telle ou telle matière. **2.** DR Droit de juger une affaire.

**compétent, e** adj Capable, qualifié.

**compétiteur, trice** n **1.** Personne qui dispute un prix. **2.** Personne qui entre en concurrence avec une ou plusieurs autres personnes (dans une épreuve sportive, dans un marché financier, etc.).

**compétitif, ive** adj Susceptible de supporter la concurrence avec d'autres : *prix compétitifs.*

**compétition** nf **1.** Recherche simultanée par plusieurs personnes d'un même poste, de mêmes avantages. **2.** Épreuve sportive mettant aux prises plusieurs concurrents.

**compétitivité** nf Caractère de ce qui est compétitif.

**compilateur, trice** n **1.** Personne qui réunit des documents. **2.** PÉJOR Personne qui plagie.

**compilation** nf **1.** Action de compiler. **2.** Œuvre sans originalité, faite d'emprunts. **3.** Disque présentant une sélection de grands succès musicaux.

**compiler** vt **1.** Réunir des morceaux de divers auteurs pour en faire un ouvrage : *compiler une anthologie.* **2.** PÉJOR Copier, plagier.

**complainte** nf Chanson populaire sur les malheurs d'un personnage légendaire.

**complaire** vt ind [à] (conj 77) LITT Se rendre agréable à quelqu'un. ◆ **se complaire** vpr [à, dans] Trouver du plaisir, de la satisfaction dans tel ou tel état, telle ou telle activité : *se complaire dans le malheur.*

**complaisance** nf **1.** Désir d'être agréable, de rendre service ; obligeance : *elle est d'une extrême complaisance.* **2.** Indulgence excessive : *complaisance d'un enseignant envers un cancre.* **3.** Sentiment de satisfaction que l'on a envers soi-même : *se regarder avec complaisance.* ■ **certificat de complaisance** : délivré par obligeance à quelqu'un qui n'y a pas droit.

**complaisant, e** adj **1.** Qui cherche à plaire, à rendre service. **2.** Qui a une indulgence coupable.

**complément** nm **1.** Ce qui complète : *complément d'une somme ; complément d'information.* **2.** GRAMM Mot complétant le sens d'un autre mot : *complément d'objet direct, indirect.*

**complémentaire** adj Qui complète.

**complémentarité** nf Caractère de ce qui est complémentaire.

**1. complet** nm Costume de ville masculin dont toutes les pièces sont de la même étoffe.

**2. complet, ète** adj **1.** Qui a tous les éléments nécessaires : *collection complète.* **2.** Absolu, total : *échec complet.* **3.** Qui n'a plus de place ; plein, rempli : *autobus complet.* **4.** Dont toutes les qualités sont développées : *athlète complet.* ■ **au complet** : en totalité, intégralement. ❑ **pain complet** : pain fait avec du son et riche en éléments nutritifs.

**complètement** adv Entièrement.

**compléter** vt (conj 10) Rendre complet en ajoutant ce qui manque. ◆ **se compléter** vpr **1.** Devenir complet. **2.** Former un tout harmonieux : *ils se complètent à merveille.*

**complétion** nf ■ INFORM **complétion (automatique)** : fonctionnalité d'aide à la saisie qui propose des mots commençant par des lettres initialement tapées.

**complétive** adj f ■ GRAMM **proposition complétive** ou **complétive** nf : proposition subordonnée complément d'objet, sujet ou attribut.

**1. complexe** adj Qui contient plusieurs éléments ou parties, qui est difficile à analyser : *question complexe*.

**2. complexe** nm **1.** Ensemble d'industries concourant à une production particulière. **2.** Ensemble de bâtiments groupés en fonction de leur utilisation : *complexe sportif.* **3.** PSYCHAN Association de sentiments, de souvenirs inconscients pourvus d'une puissance affective. **4.** Sentiment d'infériorité, conduite timide.

**complexé, e** adj et n Qui a des complexes.

**complexer** vt Donner des complexes à quelqu'un.

**complexité** nf Caractère de ce qui est complexe, difficile.

**complication** nf **1.** État de ce qui est compliqué. **2.** Élément nouveau qui entrave le déroulement de quelque chose.

**complice** adj et n Qui participe au délit, au crime d'un autre. ◆ adj Qui manifeste un accord secret : *sourire complice*.

**complicité** nf **1.** Participation au délit, au crime d'un autre. **2.** Entente profonde.

**compliment** nm **1.** Mot élogieux adressé à quelqu'un ; félicitations : *faire des compliments.* **2.** Discours à l'occasion d'une fête.

**complimenter** vt Adresser des compliments, des félicitations.

**complimenteur, euse** adj et n Qui abuse des compliments.

**compliqué, e** adj Difficile à comprendre, à exécuter : *phrase compliquée ; mouvement compliqué.* ◆ adj et n Qui n'agit pas simplement : *c'est un compliqué, celui-là.*

**compliquer** vt Rendre difficile à comprendre, embrouiller. ◆ **se compliquer** vpr **1.** Devenir plus difficile, obscur. **2.** S'aggraver.

**complot** nm Projet concerté à plusieurs et secrètement contre des personnes ou des institutions. ■ **théorie du complot** : complotisme.

**comploter** vt et vi **1.** Former un complot. **2.** Préparer secrètement.

**comploteur, euse** n Personne qui complote.

**complotisme** nm Manière d'interpréter tendancieusement les événements propre aux complotistes. SYN : théorie du complot.

**complotiste** adj et n Qui cherche à démontrer qu'un événement résulte d'un complot fomenté par une minorité active.

**componction** nf LITT Air de gravité affectée.

**comportement** nm Manière de se comporter.

**comportemental, e, aux** adj Relatif au comportement.

**comporter** vt Comprendre par nature ; contenir : *la maison comporte plusieurs pièces.* ◆ **se comporter** vpr Se conduire d'une certaine manière.

**composant, e** adj Qui entre dans la composition de. ◆ nm **1.** Élément constitutif. **2.** TECHN Constituant élémentaire d'un appareil, d'un circuit électronique, etc.

**composé, e** adj **1.** Formé de plusieurs éléments : *un mot composé ; un bouquet composé.* **2.** GRAMM Se dit des temps d'un verbe qui se conjuguent avec un auxiliaire. ◆ nm Ensemble formé de plusieurs parties.

**composée** nf Plante herbacée dont les fleurs sont réunies en capitules serrés, telle que la pâquerette, le bleuet, le pissenlit (les composées forment une famille).

**composer** vt **1.** Former un tout en assemblant plusieurs parties : *composer un bouquet.* **2.** Entrer comme élément constitutif : *le riz compose l'essentiel du menu.* **3.** Former un numéro, un code sur un cadran, un clavier. **4.** IMPR Assembler ou commander l'assemblage de caractères pour former un texte. **5.** MUS Élaborer, concevoir une œuvre musicale. ◆ vi **1.** Faire un exercice scolaire en vue d'un examen : *composer en maths.* **2.** Transiger : *composer avec ses adversaires*.

**composite** adj Fait d'éléments très divers ; hétéroclite.

**compositeur, trice** n **1.** Personne qui compose de la musique. **2.** IMPR Personne qui dirige une entreprise de composition de textes.

**composition** nf **1.** Action de composer un tout. **2.** Manière dont les parties forment le tout ; structure. **3.** IMPR Assemblage des caractères typographiques. **4.** Art d'assembler les sons musicaux. **5.** VIEILLI Exercice scolaire en vue d'un classement. ■ **amener à composition** : amener à transiger. ❑ **être de bonne composition** : être accommodant.

**compost** [kɔ̃pɔst] nm Mélange de terre, de chaux, etc., qui sert d'engrais.

**1. compostage** nm Marquage au composteur.

**2. compostage** nm Préparation du compost, en le laissant fermenter avant son incorporation au sol.

**1. composter** vt Marquer ou valider au composteur.

**2. composter** vt Amender une terre avec du compost.

**composteur** nm **1.** Appareil à lettres ou à chiffres interchangeables servant à marquer, dater des documents. **2.** Appareil qui sert à valider un ticket, un billet de transport.

**compote** nf Fruits cuits avec du sucre. ■ FAM **en compote :** meurtri.

**compotier** nm Plat creux pour compotes, fruits, etc.

**compréhensible** adj Concevable, intelligible.

VOCABULAIRE Ne pas confondre *compréhensible*, « qui peut être compris », et *compréhensif*, « qui peut comprendre ».

**compréhensif, ive** adj Qui comprend les autres ; bienveillant, indulgent.

**compréhension** nf **1.** Aptitude à comprendre : *rapidité de compréhension.* **2.** Bienveillance, indulgence : *faire preuve de compréhension.* **3.** Aptitude à être compris : *texte de compréhension difficile.*

**comprendre** vt (conj 54) **1.** Concevoir, saisir le sens de : *comprendre les paroles de qqn.* **2.** Admettre les raisons d'une chose, les mobiles d'une personne : *comprendre l'attitude de qqn.* **3.** Avoir en soi, être formé de ; contenir : *la formule comprend un plat et un dessert.* **4.** Mettre dans un tout, incorporer : *comprendre les taxes dans le prix.*

**comprenette** nf FAM Faculté de comprendre.

**compresse** nf Pièce de gaze pour le pansement des plaies.

**compresseur** adj m Qui comprime. ■ **rouleau compresseur :** rouleau pour aplanir le sol. ◆ nm Appareil pour comprimer.

**compressible** adj Qui peut être comprimé : *fluide compressible.*

**compression** nf **1.** Action de comprimer. **2.** FIG Réduction de personnel ou de dépenses. ■ INFORM **compression numérique :** réduction du volume de signaux numérisés pour optimiser leur stockage et leur exploitation.

**comprimé, e** adj Diminué de volume.

**comprimé** nm Pastille pharmaceutique.

**comprimer** vt **1.** Presser un corps de manière à en réduire le volume. **2.** Diminuer : *comprimer les dépenses.* **3.** FIG Empêcher un sentiment de se manifester : *comprimer sa colère.*

**compris, e** adj Qui fait partie de : *mille euros, TVA comprise.* ■ **tout compris :** en comptant la totalité des services dans un prix : *payer trois mille euros tout compris.* ❑ **y compris** (invariable avant le nom) : en y incluant : *je prends ce modèle, y compris les options.*

**compromettant, e** adj De nature à compromettre.

**compromettre** vt (conj 57) **1.** Mettre en péril. **2.** Nuire à la réputation. ◆ **se compromettre** vpr Risquer sa réputation.

**compromis** nm Accord obtenu par des concessions réciproques.

**compromission** nf Action de compromettre ou de se compromettre.

**comptabilisation** nf Action de comptabiliser ; son résultat.

**comptabiliser** vt **1.** Faire apparaître dans une comptabilité. **2.** PAR EXT Compter, enregistrer.

**comptabilité** nf **1.** Technique des comptes. **2.** Ensemble des comptes d'une personne, d'une entreprise. **3.** Service chargé des comptes dans une entreprise.

**comptable** adj Qui concerne la comptabilité : *pièce comptable.* ◆ n Personne qui tient les comptes.

**comptage** nm Action de compter.

**comptant** adj m et nm Payé sur l'heure et en espèces. ■ **prendre pour argent comptant :** croire naïvement ce qui est dit ou promis. ❑ **vendre au comptant :** moyennant paiement immédiat. ◆ adv ■ **payer comptant :** immédiatement.

**compte** [kɔ̃t] nm **1.** Action d'évaluer une quantité : *faire le compte des membres du groupe.* **2.** État de ce qui est dû ou reçu ; écrit contenant l'énumération et le calcul de cet état : *vérifier ses comptes.* **3.** Ensemble des écritures au crédit et au débit d'un client, dans une banque : *ouvrir un compte.* ■ **à bon compte :** à bon marché. ❑ **à ce compte-là :** dans ces conditions. ❑ **au bout du compte, en fin de compte, tout compte fait :** tout bien considéré. ❑ **compte de dépôt :** compte ouvert dans une banque par un client et alimenté par les versements de ce dernier. ❑ **être loin du compte :** se tromper beaucoup. ❑ **rendre compte de :** raconter, expliquer, justifier. ❑ **se rendre compte de :** s'apercevoir de. ❑ **tenir compte de** ou **prendre qqch en compte :** le prendre en considération. ❑ **trouver son compte à qqch :** y trouver son avantage.

ORTHOGRAPHE Le participe passé de *se rendre compte* est toujours invariable : *elles se sont rendu compte.*

**compte chèques** (pl *comptes chèques*) ou **compte-chèques** (pl *comptes-chèques*) nm Compte bancaire ou postal fonctionnant au moyen de chèques.

**compte-gouttes** nm inv Tube de verre effilé pour compter les gouttes d'un liquide. ■ FAM **au compte-gouttes :** avec parcimonie.

**compter** vt **1.** Calculer le nombre, la quantité de : *compter de l'argent.* **2.** Mettre au nombre de : *compter qqn parmi ses amis.* **3.** Faire entrer dans un total : *il n'a pas compté le café dans l'addition.* **4.** Évaluer une quantité, une durée : *il faut compter trois heures de marche.* **5.** Comporter, être constitué de : *une ville qui compte un million d'habitants.* ◆ vt ind [sur] Se fier à : *je compte sur toi.* ◆ vi **1.** Entrer dans un calcul : *syllabe qui ne compte pas.* **2.** Effectuer un calcul : *savoir compter.* **3.** Avoir l'intention de, se proposer : *je compte partir demain.* **4.** Avoir de l'importance : *cela compte beaucoup.* ■ **à compter de :** à dater de. ❑ **sans compter :** avec générosité ou prodigalité.

**compte rendu** (pl *comptes rendus*) ou **compte-rendu** (pl *comptes-rendus*) nm Rapport sur qqch.

**compte-tours** nm inv Appareil servant à compter les tours d'un arbre de moteur en rotation pendant un temps donné.

**compteur** nm Appareil qui mesure ou qui enregistre des distances, des vitesses, des consommations.

**comptine** [kɔ̃tin] nf Poésie enfantine simple et rythmée.

**comptoir** nm **1.** Table longue sur laquelle les marchands étalent ou débitent leurs marchandises. **2.** Table élevée sur laquelle on sert les consommations dans un café. **3.** Agence commerciale à l'étranger.

**compulser** vt Consulter, feuilleter un livre, un document, etc.

**comte** nm Titre de noblesse entre ceux de marquis et de vicomte.

**1. comté** nm Domaine qui conférait le titre de comte.

**2. comté** nm Fromage cuit et pressé fabriqué en Franche-Comté.

**comtesse** nf Femme d'un comte.

**comtois, e** adj et n De Franche-Comté : *les Comtois.*

**con, conne** adj et n TRÈS FAM Stupide, idiot ; regrettable : *c'est con ce qui lui arrive.*

**concasser** vt Broyer une matière en fragments grossiers.

**concave** adj Dont la surface est creuse. CONTR : convexe.

**concavité** nf État de ce qui est concave.

**concéder** vt (conj 10) Accorder, octroyer.

**concélébrer** vt (conj 10) Célébrer à plusieurs un office religieux.

**concentration** nf **1.** Action de concentrer. **2.** Action de se concentrer ; application, tension d'esprit. ■ **camp de concentration :** lieu où sont rassemblés, sous surveillance militaire ou policière et au mépris des droits de l'homme, des populations civiles de nationalité ennemie, des suspects, des déportés politiques, etc.

**concentrationnaire** adj Relatif aux camps de concentration.

**concentré, e** adj FIG Très absorbé dans ses pensées. ■ **lait concentré :** dont on a réduit la partie aqueuse.

**concentré** nm Produit obtenu par élimination de l'eau : *concentré de tomate.*

**concentrer** vt **1.** Rassembler, réunir en un même point. **2.** FIG Fixer son attention, son regard sur. ◆ **se concentrer** vpr Réfléchir profondément.

**concentrique** adj Ayant un même centre : *courbes concentriques.*

**concept** nm **1.** Représentation intellectuelle d'un objet conçu par l'esprit. **2.** Définition des caractères spécifiques d'un projet, d'un produit par rapport à l'objectif visé.

**concepteur, trice** n Personne qui conçoit un type de publicité pour un projet, un produit.

**conception** nf **1.** Action par laquelle un enfant est conçu, reçoit l'existence. **2.** Représentation qu'on se fait de qqch ; idée, opinion. ■ **Immaculée Conception :** dogme catholique d'après lequel la Vierge Marie a été préservée du péché originel.

**conceptuel, elle** adj Qui concerne un concept.

**concernant** prép À propos de.

**concerner** vt Avoir rapport à, intéresser. ■ **en ce qui concerne :** quant à, pour ce qui est de.

**concert** nm **1.** Séance où sont interprétées des œuvres musicales : *concert classique.* **2.** Manifestation bruyante : *concert d'avertisseurs.* ■ **de concert :** avec entente, conjointement.

**concertation** nf Action de se concerter.

**concerter** vt Préparer en commun l'exécution d'un dessein : *concerter un mauvais coup.* ◆ **se concerter** vpr Se mettre d'accord pour agir ensemble.

**concertiste** n Instrumentiste qui joue dans un concert.

**concerto** nm MUS Composition pour un ou plusieurs solistes et un orchestre.

**concession** nf **1.** Privilège, droit que l'on obtient de l'État en vue d'une exploitation. **2.** Contrat par lequel l'Administration autorise une personne privée, moyennant une redevance, à réaliser un ouvrage public ou à occuper de manière privative le domaine public : *concession de sépulture.* **3.** Abandon de ses droits, de ses prétentions : *faire des concessions à qqn.*

**concessionnaire** n et adj **1.** Titulaire d'une concession de l'État. **2.** Intermédiaire commercial qui a un droit exclusif de vente dans une région donnée.

**concessive** adj f ■ GRAMM **proposition concessive** ou **concessive** nf : proposition introduite par *bien que, quoique* qui indique une opposition ou une restriction.

**concevable** adj Qui peut se concevoir.

**concevoir** vt (conj 34) **1.** Se représenter par la pensée, comprendre. **2.** Imaginer : *concevoir un projet.* ■ **bien, mal conçu :** bien, mal organisé, élaboré. ◆ vt et vi LITT Devenir enceinte.

**conchyliologie** [kɔ̃kiljɔlɔʒi] nf Étude scientifique des coquillages.

**concierge** n **1.** Gardien d'un immeuble, d'un hôtel. **2.** FAM, PÉJOR Personne bavarde colportant des commérages.

**conciergerie** nf **1.** Demeure du concierge d'un bâtiment administratif ou d'un château. **2.** Service d'un grand hôtel chargé de veiller au bon déroulement du séjour des clients. **3.** Service proposé à des particuliers ou à des salariés offrant des prestations personnalisées visant à leur faciliter la vie.

**concile** nm Assemblée d'évêques et de théologiens décidant de questions doctrinales.

**conciliable** adj Qui peut se concilier.

**conciliabule** nm Entretien, discussion secrète.

**conciliaire** adj Relatif à un concile.

**conciliant, e** adj Propre à concilier ; accommodant.

**conciliateur, trice** n et adj Personne qui concilie, aime à concilier.

**conciliation** nf Action de concilier.

**concilier** vt (conj 1) **1.** Trouver un accord entre des choses diverses : *concilier le travail et la vie de famille.* **2.** SOUT Mettre dans des dispositions favorables, rallier : *cette mesure lui a concilié la faveur du public.* ◆ **se concilier** vpr Disposer qqn en sa faveur.

**concis, e** adj Bref, laconique.

**concision** nf Qualité de ce qui est concis : *concision du style.*

**concitoyen, enne** n Personne qui est du même pays, de la même ville qu'une autre.

**conclave** nm Assemblée de cardinaux réunis pour élire un pape.

**concluant, e** adj Qui apporte une preuve ; probant, décisif.

**conclure** vt (conj 68) **1.** Régler, terminer : *conclure un marché.* **2.** Donner une conclusion : *conclure son discours par un appel.* ◆ vt et vt ind [à] Déduire comme conséquence : *j'en conclus que.*

CONJUGAISON Attention, le futur de *conclure* est *je conclurai,* et le participe passé, *conclu, e.*

**conclusion** nf **1.** Arrangement définitif, réalisation complète. **2.** Partie qui termine un discours, un écrit. **3.** Conséquence d'un raisonnement. ■ **en conclusion** : en conséquence.

**concocter** vt FAM Élaborer minutieusement.

**concombre** nm Plante potagère cultivée pour ses fruits allongés, que l'on consomme comme légume ou en salade ; ce fruit (le concombre appartient à la famille des cucurbitacées).

**concomitance** nf Simultanéité de deux ou plusieurs faits.

**concomitant, e** adj Qui se produit en même temps.

**concordance** nf **1.** Conformité, accord. **2.** GRAMM Accord des mots. ■ **concordance des temps** : ensemble des règles de syntaxe d'après lesquelles le temps du verbe d'une subordonnée dépend de celui de la principale.

**concordant, e** adj Qui s'accorde, qui converge : *témoignages concordants.*

**concordat** nm Traité entre le pape et un État souverain sur les affaires religieuses.

**concordataire** adj Relatif à un concordat.

**concorde** nf SOUT Bonne entente entre des personnes.

**concorder** vi Être en conformité avec autre chose ; coïncider.

**concourant, e** adj Convergent.

**concourir** vt ind [à] (conj 29) Tendre ensemble au même but, aider à : *concourir au succès de.* ◆ vi Participer à un examen, un concours, une compétition.

**concouriste** n Personne qui participe aux concours proposés dans les médias.

**concours** nm **1.** Action de coopérer, d'aider : *offrir son concours.* **2.** Examen permettant la sélection des candidats à un poste de la fonction publique, celle des candidats à l'entrée dans une grande école, etc. **3.** Compétition sportive : *concours hippique.* ■ **concours de circonstances** : événements survenant en même temps, coïncidence.

**concret, ète** adj **1.** Qui se rapporte à la réalité, à ce qui est matériel : *application concrète.* **2.** Qui a le sens des réalités : *esprit concret.* ■ **mot, terme concret** : qui désigne un être ou une chose accessible aux sens. CONTR : abstrait. ◆ nm Ce qui est concret.

**concrètement** adv De façon concrète.

**concrétion** nf GÉOL Agglomération de particules arrivant à former un corps solide.

**concrétisation** nf Action de concrétiser, fait de se concrétiser.

**concrétiser** vt Faire passer du projet à la réalisation ; matérialiser. ◆ **se concrétiser** vpr Devenir réel.

**concubin, e** n Personne qui vit en concubinage.

**concubinage** nm État de deux personnes non mariées, non pacsées, qui vivent en couple de manière stable.

**concupiscence** nf Dans le langage religieux, attrait pour les plaisirs sensuels.

**concupiscent, e** adj LITT Qui éprouve de la concupiscence ; qui l'exprime.

**concurremment** adv **1.** En même temps. **2.** Conjointement.

**concurrence** nf Rivalité d'intérêts provoquant une compétition dans le secteur industriel ou commercial. ■ **jusqu'à concurrence de** : jusqu'à la somme de.

**concurrencer** vt (conj 1) Faire concurrence à.

**concurrent, e** adj et n **1.** Qui participe à un concours, à une compétition. **2.** Qui est en rivalité d'intérêts avec d'autres.

**concurrentiel, elle** adj Où joue la concurrence ; compétitif.

**concussion** nf Malversation commise dans l'exercice d'une fonction publique.

**concussionnaire** adj et n Coupable de concussion.

**condamnable** adj Qui mérite d'être condamné.

**condamnation** nf Décision d'une juridiction prononçant une peine contre l'auteur d'une infraction ; la peine infligée.

**condamné, e** n Personne qui a subi une condamnation. ◆ adj Incurable, perdu : *malade condamné.*

**condamner** vt **1.** Prononcer une peine par jugement contre : *condamner un criminel.* **2.** Mettre dans l'obligation pénible de ; astreindre, contraindre : *condamner au silence.* **3.** Désapprouver, blâmer : *condamner une opinion.* ■ **condamner une porte, une ouverture** : en rendre l'usage impossible.

**condensateur** nm PHYS Appareil servant à emmagasiner une charge électrique.

**condensation** nf **1.** Action de condenser. **2.** Effet qui en résulte.

**1. condensé** nm Résumé succinct.

**2. condensé, e** adj ■ **lait condensé** : lait concentré sucré.

**condenser** vt **1.** Rendre plus dense. **2.** Liquéfier un gaz. **3.** Exprimer avec concision : *condenser sa pensée.* ◆ **se condenser** vpr Se résoudre en liquide.

**condenseur** nm Appareil servant à condenser une vapeur.

**condescendance** nf PÉJOR Attitude d'une personne qui accorde quelque chose en faisant sentir sa supériorité.

**condescendant, e** adj Qui marque de la condescendance.

**condescendre** vt ind [à] (conj 50) PÉJOR Consentir en donnant l'impression d'accorder une faveur.

**condiment** nm Substance aromatique qui relève la saveur des aliments.

**condisciple** n Camarade d'études.

**condition** nf **1.** Rang social : *humble condition.* **2.** État physique ou moral : *en bonne condition.* **3.** Circonstance dont dépend quelque chose : *dans ces conditions ; conditions de vie.* **4.** Base fondamentale ; qualité nécessaire : *le travail est une condition du succès.* **5.** Convention dont dépend l'exécution d'un marché. ■ **acheter à condition** : sous réserve de pouvoir rendre. ▫ **conditions de paiement** : prix, tarif et échelonnement des versements. ◆ **à condition de** loc prép À charge de. ◆ **à condition que** loc conj Pourvu que.

**conditionné, e** adj **1.** Soumis à certaines conditions. **2.** Qui a subi un conditionnement : *produit conditionné sous vide.* ■ **air conditionné** : air auquel on a donné une température et un degré d'humidité déterminés.

**conditionnel, elle** adj Soumis à certaines conditions. ◆ nm GRAMM Mode du verbe qui exprime une action subordonnée à une condition.

**conditionnement** nm **1.** Action de conditionner, fait d'être conditionné. **2.** Emballage de présentation d'une marchandise.

**conditionner** vt **1.** Être la condition de : *sa réponse conditionnera la mienne.* **2.** Déterminer quelqu'un à agir, à penser de telle ou telle façon.

**condoléances** nf pl Témoignage de regrets, de sympathie, devant la douleur d'autrui.

**condom** [kɔ̃dɔm] nm Préservatif masculin.

**condor** nm Grand vautour des Andes.

**condottiere** (pl *condottieres* ou *condottieri*) nm AUTREF Chef de mercenaires italiens.

**conducteur, trice** n Personne qui conduit un véhicule. ■ **conducteur de travaux** : agent qui, sur un chantier, dirige les travaux et surveille le personnel. ◆ adj Qui permet le passage de quelque chose. ■ **fil conducteur** : principe qui permet de poursuivre une recherche ; hypothèse. ◆ nm Tout corps capable de transmettre la chaleur, l'électricité.

**conductibilité** nf Propriété que possèdent les corps de transmettre la chaleur, l'électricité.

**conductible** adj Doué de conductibilité.

**conduction** nf Action de transmettre de proche en proche la chaleur, l'électricité.

**conduire** vt (conj 70) **1.** Diriger, assurer la manœuvre de : *conduire une voiture.* **2.** Mener d'un lieu à un autre : *conduire un enfant à l'école ; le chemin conduit directement à la maison.* **3.** Avoir la direction, le gouvernement de : *conduire une affaire.* **4.** Pousser, entraîner : *conduire au désespoir.* **5.** Avoir pour conséquence, amener à : *gestion qui conduit à la faillite.* ◆ **se conduire** vpr Se comporter, agir de telle ou telle façon.

**conduit** nm Canal, tuyau.

**conduite** nf **1.** Action de conduire, de diriger. **2.** Action d'accompagner : *faire la conduite.* **3.** Commandement, direction : *conduite d'une entreprise.* **4.** Manière de se conduire ; attitude, comportement : *bonne conduite.* **5.** TECHN Tuyau : *conduite d'eau.*

**cône** nm **1.** MATH Surface engendrée par une droite mobile passant par un point fixe et s'appuyant sur une courbe fixe ; solide déterminé par cette surface. **2.** Fruit des conifères. **3.** Inflorescence du houblon. **4.** Crème glacée dans un cornet en biscuit en forme de cône.

**confection** nf **1.** Action de confectionner. **2.** Fabrication en série de pièces d'habillement.

**confectionner** vt Exécuter quelque chose qui demande plusieurs opérations ; fabriquer.

**confectionneur, euse** n Personne qui fabrique des vêtements de confection.

**confédéral, e, aux** adj Relatif à une confédération.

**confédération** nf **1.** Union de plusieurs États qui se soumettent à un pouvoir général, tout en conservant leur autonomie. **2.** Groupement d'associations professionnelles, sportives, etc.

**confédéré, e** adj et n Uni par confédération.

**conférence** nf **1.** Réunion de personnes qui discutent d'un sujet commun. **2.** Exposé oral. ■ **conférence de presse :** réunion au cours de laquelle une ou plusieurs personnalités s'adressent aux journalistes et répondent à leurs questions.

**conférencier, ère** n Personne qui fait une conférence.

**conférer** vt (conj 10) Donner, accorder : *conférer un titre.* ◆ vi S'entretenir d'une affaire, discuter.

**confesse** nf RELIG Confession : *être, aller à confesse.*

**confesser** vt **1.** Déclarer (ses péchés) en confession. **2.** Entendre en confession. **3.** Avouer, reconnaître : *confesser son ignorance.* ◆ **se confesser** vpr Déclarer ses péchés.

**confesseur** nm Prêtre qui confesse.

**confession** nf **1.** Aveu de ses péchés à un prêtre. **2.** Aveu d'un fait. **3.** Appartenance à telle ou telle religion.

**confessionnal** (pl *confessionnaux*) nm Isoloir ou lieu où se met le prêtre pour entendre la confession.

**confessionnel, elle** adj Relatif à la foi religieuse.

**confetti** nm **1.** Rondelle de papier coloré, qu'on se lance dans les fêtes. **2.** Minuscule territoire ; petite île : *les confettis du Pacifique.*

**confiance** nf Sentiment de sécurité de celui qui se fie à : *avoir confiance en quelqu'un, en l'avenir.* ■ **avoir confiance en soi :** être assuré de ses possibilités. ❑ **faire confiance à :** se fier à.

**confiant, e** adj Qui a confiance.

**confidence** nf Déclaration faite en secret à quelqu'un. ■ **en confidence :** en secret.

**confident, e** n Personne à qui l'on confie ses plus secrètes pensées.

**confidentialité** nf Caractère confidentiel d'une information.

**confidentiel, elle** adj Qui se dit, se fait en confidence ; secret.

**confidentiellement** adv D'une manière confidentielle.

**confier** vt **1.** Remettre aux soins, à la garde de : *confier une mission.* **2.** Dire en confidence : *confier un secret.* ◆ **se confier** vpr Faire part de ses sentiments intimes, de ses idées.

**configuration** nf Forme générale, aspect d'ensemble.

**confiné, e** adj Reclus, enfermé : *rester confiné chez soi.* ■ **air confiné :** non renouvelé.

**confinement** nm Action de confiner ; fait de se confiner, d'être confiné. ■ **confinement (sanitaire) :** maintien à domicile de la population, destiné à réduire au maximum les risques de contagion lors d'une épidémie.

**confiner** vt ind [à] Être très proche de : *cet acte confine à la folie.* ◆ vt **1.** Tenir enfermé dans un espace étroit. **2.** Soumettre à un confinement sanitaire : *confiner un pays.* ◆ **se confiner** vpr **1.** S'enfermer ; s'isoler. **2.** Se limiter à : *se confiner dans une activité.*

**confins** nm pl Limites, extrémités d'un pays, d'un territoire : *aux confins de l'Asie.*

**confire** vt (conj 72) Conserver des aliments dans une substance qui en empêche l'altération.

**confirmation** nf **1.** Action de confirmer. **2.** RELIG Sacrement de l'Église qui affermit dans la grâce du baptême.

**confirmer** vt **1.** Affermir qqn dans une croyance, une intention. **2.** Rendre plus sûr, assurer l'exactitude de : *confirmer une nouvelle.* ◊ vpr : *la nouvelle se confirme.* **3.** RELIG Conférer le sacrement de confirmation.

**confiscation** nf Action de confisquer.

**confiserie** nf **1.** Art de travailler le sucre et de le transformer en friandises. **2.** Commerce du confiseur. **3.** Produit vendu ou fabriqué par le confiseur ; sucrerie.

**confiseur, euse** n Personne qui fait ou vend des sucreries.

**confisquer** vt Déposséder par un acte d'autorité.

**1. confit** nm Morceau de viande cuit et conservé dans la graisse : *confit d'oie.*

**2. confit, e** adj Conservé dans du sucre, du vinaigre, de la graisse, etc. ■ **confit en dévotion :** d'une dévotion excessive.

**confiture** nf Préparation constituée de fruits frais et de sucre cuits ensemble.

**confiturier** nm Récipient destiné à présenter à table de la confiture.

**conflagration** nf Conflit international de grande envergure aboutissant à la guerre.

**conflictuel, elle** adj Relatif à un conflit.

**conflit** nm **1.** Opposition d'opinions, de sentiments. **2.** Opposition d'intérêts entre deux pays, deux États.

**confluent** nm Lieu de rencontre de deux cours d'eau.

**confluer** vi Se réunir, en parlant de deux cours d'eau.

**confondant, e** adj Qui déconcerte, étonne : *tant d'idiotie, c'est confondant !*

**confondre** vt (conj 51) **1.** Prendre une chose, une personne pour une autre : *confondre des dates, des jumeaux.* **2.** Réduire au silence, mettre hors d'état de se justifier : *confondre un adversaire.* **3.** LITT Stupéfier, décontenancer : *voilà qui me confond.* ■ **être confondu :** très étonné ou embarrassé, rempli de confusion. ◆ **se confondre** vpr Être ou devenir indistinct ; se mêler avec. ■ SOUT **se confondre en remerciements, en excuses :** les multiplier.

**conformation** nf Forme particulière d'un organe ou d'un être vivant.

**conforme** adj **1.** Dont la forme est semblable à celle d'un autre objet. **2.** Qui convient, qui s'accorde.

**conformé, e** adj Qui a telle ou telle conformation naturelle.

**conformément à** loc prép En conformité avec.

**conformer** vt Mettre en accord avec ; adapter. ◆ **se conformer** vpr Se régler sur quelque chose : *se conformer au goût du jour.*

**conformisme** nm Respect étroit des usages établis, de la morale en usage.

**conformiste** adj et n PÉJOR Qui se conforme sans originalité aux usages généralement admis.

**conformité** nf État de ce qui présente un accord complet, une adaptation totale.

**confort** nm Bien-être matériel résultant des commodités dont on dispose.

**confortable** adj **1.** Qui procure le confort. **2.** FIG Important : *une confortable avance.*

**confortablement** adv D'une manière confortable.

**conforter** vt Rendre plus solide, raffermir : *cela me conforte dans mon idée.*

**confraternel, elle** adj Propre aux relations entre confrères.

**confraternité** nf Bons rapports entre confrères.

**confrère** nm Homme qui exerce la même profession libérale qu'une autre, qui appartient au même corps.

**confrérie** nf Association.

**confrontation** nf Action de confronter, de comparer.

**confronter** vt **1.** Mettre des personnes en présence, pour comparer leurs dires. **2.** Comparer : *confronter des écritures.*

**confucéen, enne** adj Relatif au confucianisme.

**confucianisme** nm Philosophie de Confucius.

**confus, e** adj **1.** Embrouillé, incertain, vague. **2.** FIG Honteux, désolé : *être confus de son erreur.*

**confusément** adv D'une manière confuse : *s'exprimer confusément.*

**confusion** nf **1.** État de ce qui est confus, mêlé, en désordre. **2.** Action de prendre une personne ou une chose pour une autre : *confusion de noms, de dates.* **3.** Embarras que causent la honte, la modestie : *être rouge de confusion.*

**congé** nm **1.** Autorisation donnée à quelqu'un de cesser son travail ; période de cette cessation : *congé maladie ; congé maternité.* **2.** Courtes vacances : *prendre du congé.* ■ **congés payés :** période de vacances payée que la loi accorde à tous les salariés. ❑ **donner congé à un locataire :** lui signifier qu'il devra quitter les lieux. ❑ **prendre congé de quelqu'un :** lui dire au revoir.

**congédiement** nm Renvoi.

**congédier** vt Renvoyer, mettre dehors.

**congélateur** nm Appareil pour congeler les produits alimentaires.

**congélation** nf Action de congeler.

**congeler** vt (conj 5) **1.** Transformer un liquide en solide par le froid. **2.** Soumettre au froid pour conserver : *viandes congelées*.

**congénère** n **1.** Animal qui est du même genre, de la même espèce qu'un autre. **2.** PÉJOR Personne de la même nature qu'une autre.

**congénital, e, aux** adj De naissance.

**congère** nf Amas de neige entassée par le vent.

**congestion** nf Accumulation anormale de sang dans les vaisseaux d'un organe : *congestion cérébrale*.

**congestionné, e** adj Se dit d'une partie du corps qui a subi un afflux de sang, une congestion : *visage congestionné*.

**congestionner** vt **1.** Provoquer une congestion dans une partie du corps. **2.** Encombrer un lieu.

**conglomérat** nm **1.** Roche formée de débris d'autres roches roulés et agglomérés. **2.** ÉCON Groupe d'entreprises aux productions variées.

**conglomérer** vt (conj 10) Réunir en une masse.

**1. congolais, e** adj et n Du Congo : *les Congolais*.

**2. congolais** nm Gâteau à la noix de coco.

**congratulations** nf pl LITT Félicitations réciproques.

**congratuler** vt LITT Féliciter chaleureusement.

**congre** nm Poisson de mer ayant la forme d'une anguille.

**congrégation** nf Association de religieux ou de laïques régie par des principes religieux.

**congrès** nm Réunion de personnes qui délibèrent sur des études communes.

**congressiste** n Membre d'un congrès.

**congru, e** adj LITT Approprié à un usage, une situation. ■ **portion congrue :** quantité de nourriture ou ressources à peine suffisantes pour vivre.

**conifère** nm Arbre souvent résineux, à feuillage génér. persistant, aux fruits en forme de cône, tels le pin, le sapin, le cèdre, etc. (les conifères forment un ordre).

**conique** adj En forme de cône.

**conjectural, e, aux** adj Fondé sur des conjectures.

**conjecture** nf Supposition, opinion fondée sur des probabilités.

**conjecturer** vt SOUT Juger par conjecture ; supposer.

**1. conjoint, e** adj ■ **note conjointe :** qui accompagne un texte.

**2. conjoint, e** n **1.** Chacun des époux par rapport à l'autre. **2.** PAR EXT Chacune des personnes liées par un pacs ou vivant en concubinage, par rapport à l'autre.

**conjointement** adv Ensemble.

**conjonctif, ive** adj ■ GRAMM **locution conjonctive :** qui joue le rôle d'une conjonction, comme *afin que*, *bien que*, *parce que*. ❑ **proposition conjonctive :** qui commence par une conjonction de subordination. ❑ ANAT **tissu conjonctif :** tissu animal jouant un rôle de remplissage, de soutien ou de protection.

**conjonction** nf **1.** LITT Rencontre, réunion. **2.** GRAMM Mot invariable qui sert à lier les mots ou les propositions.

**conjonctive** nf Muqueuse de l'intérieur des paupières.

**conjonctivite** nf MÉD Inflammation de la conjonctive.

**conjoncture** nf **1.** Concours de circonstances ; occasion. **2.** Ensemble des éléments qui déterminent la situation économique, sociale, politique, à un moment donné.

> <u>VOCABULAIRE</u> Ne pas confondre avec *conjecture*, « supposition ».

**conjoncturel, elle** adj Relatif à la conjoncture.

**conjugaison** nf **1.** LITT Réunion, rapprochement : *la conjugaison des efforts*. **2.** GRAMM Ensemble des formes des verbes selon les personnes, les modes, les temps et les voix ; groupe de verbes dont certaines terminaisons sont identiques.

**conjugal, e, aux** adj Qui concerne l'union entre les époux.

**conjugalement** adv En tant que mari et femme : *vivre conjugalement*.

**conjuguer** vt **1.** Unir, joindre en vue d'un résultat : *conjuguer des efforts*. **2.** GRAMM Énumérer toutes les formes d'un verbe dans un ordre déterminé.

**conjuration** nf Conspiration, complot pour renverser le pouvoir établi.

**conjuratoire** adj Destiné à conjurer le mauvais sort : *formule conjuratoire*.

**conjuré, e** n Membre d'une conjuration.

**conjurer** vt **1.** Supplier avec insistance : *conjurer qqn de venir*. **2.** Écarter, éloigner par des pratiques magiques ou religieuses : *conjurer les démons*. **3.** Éviter par un moyen quelconque : *conjurer un échec*.

**connaissance** nf **1.** Activité intellectuelle visant à avoir la compétence de qqch ; cette compétence. **2.** Personne que l'on connaît : *une vieille connaissance*. ■ **à ma connaissance :** d'après ce que je sais. ❑ **en connaissance de**

cause : en sachant bien de quoi il s'agit. ❑ **faire connaissance** : entrer en relation avec. ❑ **perdre connaissance** : s'évanouir. ❑ **prendre connaissance** : être informé. ◆ **connaissances** pl Savoir, instruction.

**connaisseur, euse** n et adj Personne qui se connaît en quelque chose, expert.

**connaître** vt (conj 64) **1.** Avoir l'idée, la notion d'une chose : *je ne connais pas son nom.* **2.** Être en relation avec : *connaître beaucoup de monde.* **3.** Être renseigné sur la nature, les défauts ou les qualités de : *connaître un bon restaurant.* **4.** Avoir la pratique, l'expérience de : *connaître son métier.* ■ **ne connaître que** : ne considérer que. ❑ **se faire connaître** : (a) dire son nom (b) acquérir de la réputation. ◆ **se connaître** vpr Avoir une idée juste de soi-même. ■ **ne plus se connaître** : être hors de soi. ❑ **se connaître, s'y connaître en quelque chose** : être habile, expert en quelque chose.

**connecté, e** adj **1.** Relié à un réseau informatique. **2.** Se dit d'un équipement raccordé à Internet ou relié à un téléphone intelligent dont il utilise les capacités : *télévision connectée ; montre connectée.*

**connecter** vt ÉLECTR Établir une connexion. ◆ **se connecter** vpr Établir une liaison avec un réseau télématique.

**connecteur** nm Appareil de connexion.

**connétable** nm HIST Premier officier militaire du roi de France.

**connexe** adj LITT Lié, uni.

**connexion** nf **1.** LITT Enchaînement, liaison. **2.** ÉLECTR Raccordement d'un appareil électrique à un circuit, ou de deux appareils électriques entre eux.

**connivence** nf Complicité, entente secrète.

**connotation** nf FIG Valeur que prend qqch en plus de sa signification première.

**connoter** vt Exprimer par connotation.

**connu, e** adj **1.** Su de manière certaine ; officiel. **2.** Découvert, exploré par l'homme. **3.** Célèbre, renommé.

**conque** nf MYTH Coquille servant de trompe aux dieux de la Mer.

**conquérant, e** adj et n Qui fait ou a fait des conquêtes.

**conquérir** vt (conj 21) **1.** Se rendre maître par les armes, par la force. **2.** Gagner, acquérir : *conquérir l'estime de.* **3.** FIG Gagner, séduire.

**conquête** nf **1.** Action de conquérir ; chose conquise. **2.** FAM Personne que l'on a séduite.

**conquis, e** adj **1.** Vaincu : *pays conquis.* **2.** Acquis : *être conquis par une idée.*

**conquistador** (pl *conquistadors* ou *conquistadores*) nm Nom donné aux aventuriers espagnols qui allèrent conquérir l'Amérique.

**consacré, e** adj **1.** Qui a reçu la consécration religieuse : *hostie consacrée.* **2.** Qui a reçu la sanction de l'usage : *expression consacrée.*

**consacrer** vt **1.** Dédier à Dieu. **2.** Faire, à la messe, la consécration du pain et du vin. **3.** Sanctionner, autoriser : *consacrer un usage.* **4.** FIG Employer : *consacrer son temps à.*

**consanguin, e** adj **1.** Issu du même père : *frère consanguin.* **2.** Qui est du même sang.

**consanguinité** [kɔ̃sɑ̃gɥinite] nf **1.** Parenté du côté du père. **2.** Parenté proche.

**consciemment** adv D'une façon consciente : *agir consciemment.*

**conscience** nf **1.** Perception, connaissance plus ou moins claire de notre existence, du monde extérieur : *avoir conscience de ce qui se passe.* **2.** Sentiment intérieur de la moralité, du devoir : *obéir à sa conscience.* ■ **avoir bonne, mauvaise conscience** : avoir le sentiment qu'on n'a rien ou qu'on a qqch à se reprocher. ❑ **avoir qqch sur la conscience** : avoir qqch à se reprocher. ❑ **conscience professionnelle** : soin avec lequel on fait son métier. ❑ **en conscience** : honnêtement, franchement. ❑ **pleine conscience** : pratique d'inspiration bouddhiste consistant à ramener son attention sur l'instant présent : *méditation en (ou de) pleine conscience.*

**consciencieusement** adv D'une manière consciencieuse.

**consciencieux, euse** adj **1.** Qui remplit avec soin tous ses devoirs. **2.** Fait avec soin.

**conscient, e** adj **1.** Qui a conscience de ce qu'il fait : *être conscient du risque couru.* **2.** Qui dispose de toute sa conscience ; éveillé : *le blessé est resté conscient.*

**conscription** nf MIL Système de recrutement fondé sur l'appel annuel de jeunes gens du même âge.

**conscrit** nm Recrue appelée par conscription.

**consécration** nf **1.** Action de consacrer : *la consécration de l'usage.* **2.** Action par laquelle le prêtre convertit au cours de la messe le pain et le vin en la substance du corps et du sang de Jésus-Christ.

**consécutif, ive** adj Qui se suit immédiatement : *trois jours consécutifs.* ■ **consécutif à** : qui résulte de.

**consécutivement** adv Sans interruption.

**conseil** nm **1.** Avis sur ce qu'il convient de faire : *demander conseil.* **2.** (souvent en apposition) Personne dont on prend avis : *des* *avocats-conseil.* **3.** Assemblée de personnes délibérant : *conseil municipal.* ■ **conseil d'administration :** réunion d'actionnaires pour gérer les affaires d'une société. ❑ **conseil de classe :** réunion trimestrielle des professeurs, des délégués des parents et des délégués des élèves d'une classe. ❑ **conseil de discipline :** assemblée chargée de donner un avis sur l'opportunité d'une sanction disciplinaire. ❑ **conseil de famille :** assemblée qui délibère sur les intérêts d'un mineur ou d'un majeur en tutelle. ❑ **conseil départemental :** assemblée qui délibère sur les affaires départementales. ❑ **Conseil d'État :** juridiction suprême en matière de décrets et de lois. ❑ VIEILLI **conseil général :** conseil départemental. ❑ **Conseil des ministres :** réunion des ministres sous la présidence du chef de l'État.

**1. conseiller** vt Donner un conseil à.

**2. conseiller, ère** n **1.** Personne qui donne un conseil : *conseiller d'orientation.* **2.** Membre d'un conseil : *conseiller municipal.* ■ **conseiller principal d'éducation (CPE) :** fonctionnaire qui exerce, dans un collège ou un lycée, des tâches éducatives et contrôle le personnel de surveillance.

**conseilleur, euse** n LITT, PÉJOR Personne qui prodigue des conseils.

**consensuel, elle** adj Qui repose sur un consensus : *politique consensuelle.*

**consensus** [kɔ̃sɛ̃sys] nm Accord de plusieurs personnes.

**consentant, e** adj Qui consent.

**consentement** nm Action de consentir ; accord.

**consentir** vt ind [à] Accepter qu'une chose ait lieu ; approuver.

**conséquence** nf Suite qu'une chose peut avoir. ■ **en conséquence :** d'une manière appropriée. ❑ **ne pas tirer à conséquence :** ne pas comporter de suites graves, être sans importance. ❑ **sans conséquence :** sans suite fâcheuse, sans importance.

**conséquent, e** adj **1.** Qui agit avec logique. **2.** FAM Important : *salaire conséquent.* ◆ **par conséquent** loc adv Donc.

**1. conservateur** nm **1.** Appareil frigorifique destiné à conserver des produits déjà congelés. **2.** Produit qui assure la conservation des denrées alimentaires.

**2. conservateur, trice** n **1.** Partisan du maintien de l'ordre social et politique établi. **2.** Titre de certains fonctionnaires. **3.** Personne qui a la charge des collections d'un musée, d'une bibliothèque.

**conservation** nf **1.** Action de conserver. **2.** État de ce qui est conservé.

**conservatisme** nm État d'esprit de ceux qui sont hostiles aux innovations politiques et sociales.

**1. conservatoire** adj DR Qui a pour but de conserver un droit.

**2. conservatoire** nm École où l'on enseigne la musique, la danse ou l'art dramatique.

**1. conserve** nf Aliment stérilisé et conservé dans un bocal ou une boîte en fer-blanc.

**2. conserve (de)** loc adv En suivant la même route.

**conservé, e** adj ■ **bien conservé :** se dit de quelqu'un qui, malgré son âge, paraît encore jeune.

**conserver** vt **1.** Maintenir en bon état, préserver de l'altération : *conserver de la viande.* **2.** Maintenir durablement, garder : *conserver son calme.*

**conserverie** nf Fabrique de conserves.

**considérable** adj Grand, important.

**considérablement** adv Beaucoup.

**considération** nf **1.** Raison, motif : *cette considération m'a guidé.* **2.** Égards, estime : *avoir la considération de tous.* **3.** Raisonnement, remarque : *se perdre dans des considérations sans intérêt.* ■ **en considération de :** en tenant compte de. ❑ **prendre en considération :** tenir compte de.

**considérer** vt (conj 10) **1.** Regarder attentivement. **2.** Examiner, peser : *tout bien considéré.* **3.** Être d'avis, croire, estimer que : *je considère qu'il est trop tard.*

**consignation** nf ■ **Caisse des dépôts et consignations :** établissement public qui reçoit des dépôts d'argent.

**consigne** nf **1.** Instruction formelle. **2.** Punition par privation de sortie à un militaire, à un élève. **3.** Service d'une gare, d'un aéroport, où l'on met en dépôt ses bagages. **4.** Somme perçue en garantie du retour d'un emballage. ■ **consigne automatique :** casier métallique servant à déposer des bagages.

**consigner** vt **1.** Mettre en dépôt. **2.** Priver de sortie un militaire, un élève. **3.** Rapporter, mentionner dans un écrit : *consigner des faits.* **4.** Facturer un emballage sous garantie de remboursement.

**consistance** nf **1.** État d'un corps considéré du point de vue de la cohésion de ses parties : *consistance dure, molle.* **2.** FIG Solidité, réalité : *bruit sans consistance.*

**consistant, e** adj **1.** Qui a de la consistance, de la solidité. **2.** Copieux, nourrissant : *repas consistant.* **3.** FIG Solide, fondé.

**consister** vt ind [à, dans, en] **1.** Être composé, formé de. **2.** Reposer sur, résider en : *en quoi consiste mon erreur ?*

**consistoire** nm **1.** Assemblée de cardinaux présidée par le pape. **2.** Assemblée de rabbins ou de pasteurs.

**consœur** nf Femme qui exerce la même profession libérale qu'une autre, qui appartient au même corps.

**consolant, e** adj Qui console ; apaisant.

**consolateur, trice** adj et n Qui console.

**consolation** nf **1.** Soulagement, réconfort apportés à la peine de quelqu'un. **2.** Personne, chose qui console. ■ **lot, prix de consolation** : lot de moindre importance attribué à des concurrents malchanceux.

**console** nf **1.** Support fixé à un mur ou appuyé contre celui-ci. **2.** Table étroite appliquée contre un mur. **3.** INFORM Périphérique ou terminal d'un ordinateur, permettant la communication directe avec l'unité centrale. ■ **console de jeux** : micro-ordinateur réservé à la pratique de jeux vidéo.

**consoler** vt Soulager, adoucir les ennuis, la tristesse de quelqu'un.

**consolidation** nf Action de consolider. ■ **consolidation budgétaire** : politique (de restriction des dépenses, partic.), destinée à réduire les déficits du budget d'un État.

**consolider** vt Rendre plus solide, plus résistant, plus fort.

**consommable** adj Que l'on peut consommer.

**consommateur, trice** n **1.** Personne qui achète un produit pour son usage. **2.** Personne qui mange ou boit dans un café, un restaurant, etc.

**consommation** nf **1.** Action de consommer. **2.** Boisson prise dans un café, etc. ■ **société de consommation** : type de société des pays riches au sein duquel les consommateurs sont poussés à effectuer des achats de biens souvent superflus.

**1. consommé** nm Bouillon de viande.

**2. consommé, e** adj **1.** Parfait : *art consommé*. **2.** Habile, expérimenté : *artiste consommé*.

**consommer** vt **1.** Faire usage de quelque chose comme aliment. **2.** Employer, utiliser pour son fonctionnement : *une voiture qui consomme beaucoup d'essence*. ◆ vi Prendre une boisson dans un café.

ORTHOGRAPHE *Consommer* s'écrit avec deux *m* ; *consumer* avec un *m*.

**consomption** nf LITT Amaigrissement et dépérissement progressifs.

**consonance** nf Succession, ensemble de sons : *un mot aux consonances harmonieuses*.

**consonne** nf Son produit par le passage du souffle dans les diverses cavités de la gorge et de la bouche ; lettre représentant ce son.

**consort** adj ■ **prince consort** : mari non couronné d'une reine, dans certains pays. ❑ **reine consort** : femme non couronnée du roi, en Grande-Bretagne. ◆ **consorts** nm pl ■ PÉJOR **et consorts** : ceux et celles qui appartiennent à la même catégorie.

**consortium** [kɔ̃sɔrsjɔm] nm Groupement d'entreprises, de banques, en vue d'opérations communes.

**conspirateur, trice** n Personne qui prend part à une conspiration.

**conspiration** nf Complot.

**conspirer** vi Comploter.

**conspuer** vt Manifester en groupe, publiquement, son mépris.

**constamment** adv Sans cesse.

**constance** nf **1.** Persévérance dans l'action, les opinions. **2.** LITT Force morale de celui qui ne se laisse pas abattre. **3.** Qualité de ce qui dure, de ce qui est stable ou se reproduit : *la constance d'un phénomène*.

**constant, e** adj **1.** Résolu, persévérant dans ses actes, ses opinions. **2.** Qui dure ou se répète de façon continue.

**constante** nf Tendance qui se manifeste d'une manière durable.

**constat** nm **1.** Procès-verbal dressé par un huissier ou un agent de la force publique. **2.** Reconnaissance de qqch : *constat d'échec*.

**constatation** nf Action de constater ; ce qui est constaté.

**constater** vt **1.** Consigner par écrit. **2.** Remarquer, observer, enregistrer : *constater une absence*.

**constellation** nf Groupe d'étoiles.

**consteller** vt **1.** Couvrir d'étoiles. **2.** Couvrir, parsemer de : *robe constellée de taches*.

**consternant, e** adj Qui consterne.

**consternation** nf Stupéfaction, abattement causés par un événement malheureux.

**consterné, e** adj Accablé.

**consterner** vt Jeter dans l'abattement, dans la stupeur ; atterrer.

**constipation** nf Difficulté d'aller à la selle.

**constipé, e** adj et n Qui souffre de constipation.

**constiper** vt Causer la constipation.

**constituant, e** adj Qui constitue. ◆ nm Élément qui entre dans la constitution d'un tout.

**constitué, e** adj **1.** Formé par. **2.** De telle ou telle constitution physique.

**constituer** vt **1.** Former un tout en rassemblant divers éléments. **2.** Former, avec d'autres éléments, un tout. **3.** Être l'élément essentiel, la base d'une chose : *présence qui constitue une menace.* ◆ **se constituer** vpr ■ **se constituer prisonnier** : se livrer à la justice.

**constitutif, ive** adj Qui constitue.

**constitution** nf **1.** Action de constituer ; établissement : *constitution d'une société.* **2.** Ensemble des éléments essentiels. **3.** Composition : *constitution de l'air.* **4.** Ensemble des caractéristiques physiques d'un individu : *constitution robuste.* **5.** (avec une majuscule) DR Loi fondamentale d'une nation.

**constitutionnel, elle** adj **1.** Soumis à une Constitution : *monarchie constitutionnelle.* **2.** Conforme à la Constitution : *procédure constitutionnelle.*

**constitutionnellement** adv Conformément à la Constitution d'un État.

**constricteur** nm et adj m ANAT Muscle qui resserre certains canaux ou orifices. ■ **boa constricteur** ou **constrictor** nm : grand serpent d'Amérique du Sud qui étouffe ses proies.

**constructeur, trice** n et adj Personne qui construit. ■ **constructeur automobile** : entreprise qui fabrique des automobiles.

**constructible** adj Où on peut construire.

**constructif, ive** adj Apte, propre à construire, à créer ; positif : *esprit constructif.*

**construction** nf **1.** Action, art de construire. **2.** Édifice construit. **3.** GRAMM Disposition des mots dans la phrase. **4.** Ensemble des techniques propres à l'industrie aéronautique, automobile, etc.

**constructivisme** nm Courant artistique du XX$^{e}$ s., apparu en URSS, qui privilégie une construction plus ou moins géométrique des formes.

**construire** vt (conj 70) **1.** Bâtir, édifier : *construire un immeuble.* **2.** Assembler les différentes parties d'une machine, d'un appareil : *construire un voilier.* **3.** FIG Élaborer, concevoir.

**consul** nm **1.** Magistrat de la Rome antique. **2.** En France, nom de chacun des trois représentants du pouvoir dans le Consulat. **3.** Agent officiel d'un État chargé de protéger ses compatriotes à l'étranger. ■ HIST **le Premier consul** : Bonaparte.

**consulaire** adj Qui appartient au consul.

**consulat** nm **1.** Charge de consul ; sa durée. **2.** Résidence d'un consul.

**consultable** adj Qui peut être consulté.

**consultant, e** n et adj Personne qui donne des consultations : *un consultant en gestion.*

**consultatif, ive** adj Qui donne des avis, des conseils : *comité consultatif.*

**consultation** nf **1.** Action de consulter. **2.** Action de donner un avis, en parlant d'un avocat, d'un juriste, d'un médecin. **3.** Examen d'un malade par un médecin.

**consulter** vt **1.** Prendre avis, conseil de. **2.** Chercher un renseignement dans : *consulter un dictionnaire.* ◆ vi Recevoir des malades, en parlant d'un médecin.

**consumer** vt Détruire par le feu. ◆ **se consumer** vpr LITT Dépérir.

**consumérisme** nm **1.** Mode de vie axé sur la consommation et caractérisé par une tendance à acheter systématiquement de nouveaux biens. **2.** Mouvement d'information et de défense des consommateurs.

**contact** nm **1.** État de corps qui se touchent : *certaines maladies se transmettent par simple contact.* **2.** Dispositif permettant l'ouverture et la fermeture d'un circuit électrique : *mettre le contact.* **3.** Rapport de connaissance entre des personnes : *entrer en contact.* **4.** Comportement vis-à-vis des autres : *avoir un contact facile.* ■ **verres de contact** : verres correcteurs de la vue qui s'appliquent directement sur la cornée.

**contacter** vt Entrer en relation avec qqn.

**contagieux, euse** adj **1.** Qui se transmet par contagion. **2.** Qui se communique facilement : *rire contagieux.* ◆ adj et n Atteint d'une maladie contagieuse.

**contagion** nf **1.** Transmission d'une maladie par contact direct ou indirect. **2.** Transmission par imitation involontaire : *la contagion du fou rire.*

**contagiosité** nf Nature de ce qui est contagieux.

**container** ou **conteneur** nm **1.** Caisse pour le transport de meubles, de marchandises, pour le parachutage d'armes, de vivres. **2.** Récipient destiné à recevoir des déchets triés.

**contamination** nf Transmission d'une maladie contagieuse : *foyer de contamination.*

**contaminer** vt **1.** Infecter par une maladie contagieuse : *sang contaminé.* **2.** FIG Corrompre : *se laisser contaminer par la morosité ambiante.*

**conte** nm Récit, assez court, d'aventures imaginaires : *conte de fées.*

**contemplateur, trice** n Personne qui contemple.

**contemplatif, ive** adj et n Qui se plaît dans la contemplation : *esprit contemplatif.*

**contemplation** nf **1.** Action de contempler. **2.** Méditation profonde.

**contempler** vt Considérer attentivement : *contempler le paysage.*

**contemporain, e** adj et n **1.** Du même temps, de la même époque. **2.** Du temps présent : *problèmes contemporains.*

**contempteur, trice** n LITT Personne qui méprise, dénigre.

**contenance** nf Quantité que peut contenir quelque chose ; capacité. ■ FIG **faire bonne contenance** : conserver la maîtrise de soi dans une situation délicate. ❑ **perdre contenance** : se troubler. ❑ **se donner une contenance** : dissimuler son trouble, son ennui.

**contenant** nm Ce qui contient qqch.

**conteneur** nm → **container.**

**contenir** vt (conj 22) **1.** Comprendre dans son étendue, dans sa capacité. **2.** Renfermer, avoir en soi : *l'enveloppe contenait une lettre.* **3.** Retenir : *contenir sa colère.* ◆ **se contenir** vpr Maîtriser ses sentiments.

**1. content** nm ■ **avoir son content de qqch** : en avoir autant qu'on désirait.

**2. content, e** adj **1.** Qui est satisfait. **2.** Qui exprime la joie ; joyeux, heureux : *air content.*

**contentement** nm Action de contenter ; joie, plaisir, satisfaction.

**contenter** vt Rendre content, satisfaire. ◆ **se contenter** vpr [de] Limiter ses désirs à ; se borner à.

**contentieux** nm Litige, conflit non résolu.

**contention** nf Procédé ou appareil destiné à immobiliser un animal ou une partie du corps humain dans un but thérapeutique.

**contenu** nm **1.** Ce qui est à l'intérieur d'un récipient. **2.** Idées qui sont exprimées dans un mot, un texte et, par ext., une image fixe, un film, etc.

**conter** vt Faire le récit de : *conter des histoires.* ■ **en conter à quelqu'un** : le tromper, l'abuser.

**contestable** adj Qui peut être contesté.

**contestataire** adj et n Qui conteste la société.

**contestation** nf **1.** Discussion, désaccord sur le bien-fondé de ; différend. **2.** Refus global des structures dans lesquelles on vit.

**conteste (sans)** loc adv Incontestablement.

**contester** vt Refuser de reconnaître comme fondé, exact : *contester un fait.*

**conteur, euse** n Auteur, récitant de contes.

**contexte** nm **1.** Ce qui accompagne, précède ou suit un texte, l'éclaire. **2.** Ensemble des circonstances qui accompagnent un événement.

**contigu, ë** adj Qui touche à ; voisin, proche.

**contiguïté** nf État de deux choses qui se touchent.

**continence** nf Abstinence des plaisirs sexuels.

**1. continent** nm Vaste étendue de terre émergée. ■ ÉCOL **continent de plastique** : accumulation de particules de plastique sur une immense étendue, dans le Pacifique nord.

**2. continent, e** adj Qui pratique la continence.

**continental, e, aux** adj Relatif aux continents.

**contingence** nf Éventualité, probabilité qu'une chose arrive ou non. ◆ **contingences** pl Événements qui peuvent se produire ou non, qui échappent à toute prévision.

**1. contingent** nm **1.** Ce qui peut arriver ou non. **2.** Quantité de choses fournies ou reçues. **3.** Ensemble des jeunes gens appelés au service national au cours d'une même année.

**2. contingent, e** adj Qui peut arriver ou non, qui est soumis au hasard.

**contingentement** nm Limitation de l'importation ou de la distribution d'un produit.

**contingenter** vt Fixer un contingentement.

**continu, e** adj Non interrompu. ◆ **en continu** loc adv Sans interruption : *informations diffusées en continu.*

**continuateur, trice** n Personne qui continue ce qu'une autre a commencé.

**continuation** nf Action de continuer ; suite, prolongement.

**continuel, elle** adj **1.** Qui dure sans interruption : *bruit continuel.* **2.** Qui se renouvelle constamment : *pannes continuelles.*

**continuellement** adv Sans arrêt.

**continuer** vt Poursuivre ce qui est commencé. ◆ vt ind [à, de] Persister : *continuer à fumer.* ◆ vi Ne pas cesser : *la séance continue.*

**continuité** nf **1.** Suite non interrompue. **2.** Prolongement, persistance.

**continûment** adv De façon continue.

**contondant, e** adj Qui meurtrit par écrasement, sans couper : *instrument contondant.*

**contorsion** nf Mouvement acrobatique ou forcé qui donne au corps ou à une partie du corps une posture étrange ou grotesque.

**contorsionner (se)** vpr Faire des contorsions.

**contorsionniste** n Équilibriste dont la spécialité est de faire des contorsions.

**contour** nm **1.** Ligne qui marque la limite d'un corps. **2.** Ligne sinueuse, courbe.

**contourné, e** adj Affecté, maniéré : *style contourné.*

**contourner** vt Faire le tour de quelque chose, de quelqu'un, pour l'éviter.

**contraceptif, ive** adj Relatif à la contraception. ◆ nm Moyen, produit destiné à empêcher la fécondation.

**contraception** nf Ensemble des méthodes destinées à éviter temporairement la fécondation.

**contractant, e** adj et n DR Qui passe contrat : *parties contractantes.*

**contracté, e** adj **1.** Tendu, nerveux. **2.** GRAMM Se dit d'un mot formé de la réunion de deux autres (EX : *au* « à le », *aux* « à les », *du* « de le », *des* « de les »).

**contracter** vt **1.** Réduire en un moindre volume. **2.** Rendre nerveux. **3.** Raidir, serrer : *contracter un muscle, ses mâchoires.* **4.** S'engager juridiquement ou moralement : *contracter une alliance.* ■ **contracter des dettes** : s'endetter. ❑ **contracter une habitude** : l'acquérir. ❑ **contracter une maladie** : l'attraper. ◆ **se contracter** vpr **1.** Diminuer de volume, de longueur. **2.** Se durcir, se raidir.

**contractile** adj Susceptible de se contracter : *organe contractile.*

**contraction** nf **1.** Diminution de volume par resserrement. **2.** PHYSIOL Réponse mécanique d'un muscle à une excitation, selon laquelle il se raccourcit en se gonflant. **3.** GRAMM Réduction de deux syllabes, de deux voyelles, en une. ■ **contraction économique** : diminution du niveau d'activité économique.

**contractuel, elle** adj Stipulé par contrat. ◆ n **1.** Agent public non fonctionnaire. **2.** Auxiliaire de police chargé d'appliquer les règlements de stationnement.

**contracture** nf MÉD Rigidité.

**contradicteur** nm Personne qui contredit.

**contradiction** nf Action de contredire, de se contredire. ■ **esprit de contradiction** : disposition à contredire sans cesse.

**contradictoire** adj Qui implique une contradiction. ■ DR **jugement contradictoire** : rendu après avoir entendu les intéressés.

**contraignant, e** adj Qui contraint.

**contraindre** vt (conj 55) Obliger qqn à faire qqch ; forcer.

**contraint, e** adj Peu naturel : *air contraint.*

**contrainte** nf **1.** Pression morale ou physique : *obtenir qqch par la contrainte.* **2.** Obligation créée par les règles en usage, une nécessité, etc. : *les contraintes du métier.* ■ **contrainte pénale** : peine alternative à l'emprisonnement applicable aux délits passibles d'une peine n'excédant pas 5 ans.

**contraire** adj **1.** Opposé, inverse : *sens contraire.* **2.** Non conforme à, qui va à l'encontre de : *contraire à la loi.* **3.** Défavorable, nuisible : *le vin lui est contraire.* ◆ nm L'opposé : *prouver le contraire.* ■ **au contraire** : (a) d'une manière opposée (b) loin de là. ❑ **au contraire de** : à l'inverse de.

**contrairement à** loc prép À l'inverse de.

**contralto** nm La plus grave des voix de femme. ◆ nm ou nf Chanteuse qui la possède.

**contrariant, e** adj **1.** Qui se plaît à contrarier. **2.** De nature à contrarier ; ennuyeux.

**contrarié, e** adj Dépité, fâché.

**contrarier** vt **1.** S'opposer, faire obstacle à. **2.** Causer du dépit à, ennuyer : *cela me contrarie.*

**contrariété** nf **1.** Ennui, dépit causé par l'opposition que l'on rencontre. **2.** Ce qui contrarie : *subir des contrariétés.*

**contraste** nm Opposition d'effets, de sentiments, etc. : *contraste de couleurs, d'opinions.*

**contrasté, e** adj Qui présente des contrastes : *photographie bien contrastée.*

**contraster** vi et vt ind [avec] Être en contraste avec, s'opposer à.

**contrat** nm Convention entre deux ou plusieurs personnes ; écrit qui la constate : *contrat à durée déterminée.*

**contravention** nf **1.** Infraction sanctionnée par une amende ; cette amende. **2.** Procès-verbal qui constate une infraction.

**contraventionnalisation** nf Fait de classer une infraction non comme un délit ou un crime, mais comme une contravention.

**contre** prép **1.** Marque une opposition, une action contraire : *se heurter contre un mur ; un sirop contre la toux.* **2.** Indique la proximité, la juxtaposition, le contact : *tout contre sa maison ; danser joue contre joue.* **3.** En échange de : *donner contre argent comptant.* **4.** Indique une proportion : *dix contre un.* ◆ adv ■ **être contre, voter contre** : s'opposer à qqn, qqch. ◆ nm L'opposé : *le pour et le contre.* ◆ **par contre** loc adv En revanche.

**contre-allée** (pl *contre-allées*) nf Allée latérale, parallèle à une voie principale.

**contre-amiral, contre-amirale** (pl *contre-amiraux, contre-amirales*) n Premier grade des officiers généraux de la marine.

**contre-attaque** (pl *contre-attaques*) nf Attaque lancée pour neutraliser une offensive adverse.

**contre-attaquer** vt Lancer une contre-attaque contre qqn ou qqch. ◆ vi Passer de la défensive à l'offensive.

**contrebalancer** vt (conj 1) Faire équilibre ; compenser.

**contrebande** nf Introduction, vente clandestines de marchandises ; ces marchandises.

**contrebandier, ère** n Personne qui fait de la contrebande.

**contrebas (en)** loc adv À un niveau inférieur.

**1. contrebasse** nf Le plus grand et le plus grave des instruments de musique à cordes et à archet.

**2. contrebasse** ou **contrebassiste** n Personne qui joue de la contrebasse.

**contrecarrer** vt S'opposer directement à, susciter des obstacles : *contrecarrer un projet*.

**contrechamp** nm CIN Prise de vues effectuée dans la direction exactement opposée à celle de la précédente.

**contre-chant** (pl *contre-chants*) nm MUS Phrase mélodique qui soutient le thème.

**contrecœur (à)** loc adv Avec répugnance, malgré soi.

**contrecoup** nm **1.** Répercussion d'un choc. **2.** Conséquence indirecte d'un acte, d'un événement.

**contre-courant** (pl *contre-courants*) nm Courant de direction contraire. ■ **à contre-courant :** (a) dans le sens opposé au courant principal (b) FIG dans le sens contraire à la tendance générale.

**contre-culture** (pl *contre-cultures*) nf Ensemble des manifestations culturelles hostiles ou étrangères aux formes de la culture dominante.

**contredanse** nf FAM Contravention.

**contredire** vt (conj 72) **1.** Dire le contraire de. **2.** Être en opposition avec. ◆ **se contredire** vpr Être en contradiction avec soi-même.

**contredit (sans)** loc adv Sans contestation possible ; indiscutablement.

**contrée** nf Étendue de pays.

**contre-écrou** (pl *contre-écrous*) nm Écrou vissé et bloqué derrière un autre.

**contre-emploi** (pl *contre-emplois*) nm Rôle ne correspondant pas au physique, au tempérament d'un comédien.

**contre-enquête** (pl *contre-enquêtes*) nf Enquête destinée à contrôler les résultats d'une enquête précédente.

**contre-épreuve** (pl *contre-épreuves*) nf Épreuve servant à en vérifier une autre.

**contre-espionnage** (pl *contre-espionnages*) nm Organisation chargée de déceler et de réprimer l'activité des services de renseignements étrangers.

**contre-exemple** (pl *contre-exemples*) nm Exemple qui contredit une affirmation, une règle.

**contre-expertise** (pl *contre-expertises*) nf Expertise qui en contrôle une autre.

**contrefaçon** nf Reproduction frauduleuse d'une œuvre, d'un produit, d'une monnaie.

**contrefacteur, trice** n Personne qui commet une contrefaçon. SYN : faussaire.

**contrefaire** vt (conj 76) **1.** Reproduire en imitant frauduleusement. **2.** Imiter les autres pour les tourner en ridicule. **3.** Feindre : *contrefaire la folie*. **4.** Déguiser : *contrefaire sa voix*.

**contrefait, e** adj **1.** Imité par contrefaçon. **2.** Dont le corps, une partie du corps est difforme.

**contre-feu** (pl *contre-feux*) nm **1.** Feu que l'on allume en avant d'un incendie et qui crée un vide permettant de l'arrêter. **2.** FIG Action de diversion menée pour tenter de faire échouer un projet hostile.

**contreficher (se)** vpr [de] FAM Se moquer éperdument de.

**contre-filet** (pl *contre-filets*) nm BOUCH Morceau de bœuf correspondant à la région du rein.

**contrefort** nm **1.** ARCHIT Pilier de maçonnerie servant d'appui à un mur. **2.** GÉOGR Montagne moins élevée bordant le massif principal.

**contre-haut (en)** loc adv En un point plus élevé.

**contre-indication** (pl *contre-indications*) nf MÉD Circonstance qui s'oppose à l'emploi d'un médicament, d'un traitement.

**contre-indiqué, e** (pl *contre-indiqués, es*) adj **1.** MÉD Écarté comme dangereux pour la santé. **2.** FIG Déconseillé.

**contre-interrogatoire** (pl *contre-interrogatoires*) nm Interrogatoire d'un témoin, d'un accusé, par la partie adverse.

**contre-jour** (pl *contre-jours*) nm Lumière qui éclaire un objet du côté opposé à celui par lequel on le regarde. ■ **à contre-jour :** dans le sens opposé au jour, dans un faux jour.

**contre-la-montre** nm inv SPORTS Épreuve cycliste sur route dans laquelle les concurrents, partant à intervalles irréguliers, sont chronométrés individuellement.

**contremaître, esse** n Personne qui dirige les ouvriers dans un atelier.

**contre-manifestant, e** (pl *contre-manifestants, es*) n Personne qui participe à une contre-manifestation.

**contre-manifestation** (pl *contre-manifestations*) nf Manifestation qui s'oppose à une autre.

**contremarche** nf Planche verticale d'une marche d'escalier.

**contremarque** nf **1.** Seconde marque apposée à un objet. **2.** Carte, ticket, jeton délivrés à des spectateurs qui sortent momentanément d'une salle de spectacle.

**contre-mesure** (pl *contre-mesures*) nf Disposition prise pour s'opposer à une action, un événement, ou pour les prévenir.

**contre-offensive** (pl *contre-offensives*) nf Opération d'ensemble répondant à une offensive de l'adversaire.

**contrepartie** nf **1.** Ce que l'on donne en échange d'autre chose. **2.** Compensation, dédommagement : *ce métier a pour contrepartie de longues vacances.* **3.** Opinion contraire. ■ **en contrepartie :** (a) en compensation (b) en revanche.

**contre-performance** (pl *contre-performances*) nf Échec subi par quelqu'un dont on attendait le succès.

**contrepèterie** nf Interversion plaisante de lettres ou de syllabes dans un groupe de mots (EX : *trompez, sonnettes,* pour *sonnez, trompettes*).

**contre-pied** (pl *contre-pieds*) nm Le contraire d'une chose. ■ **prendre le contre-pied de :** faire, dire l'inverse pour s'opposer.

**contreplaqué** nm Panneau de bois obtenu par collage de lames minces à fibres opposées.

**contre-plongée** (pl *contre-plongées*) nf CIN ET PHOT Prise de vue dirigée de bas en haut.

**contrepoids** nm **1.** Poids servant à équilibrer une force, un autre poids. **2.** Balancier d'un équilibriste. **3.** FIG Ce qui compense un effet.

**contrepoint** nm Technique d'écriture musicale consistant à combiner plusieurs lignes mélodiques.

**contrepoison** nm Remède contre le poison ; antidote.

**contre-pouvoir** (pl *contre-pouvoirs*) nm Pouvoir qui s'établit pour s'opposer à une autorité en place.

**contre-projet** (pl *contre-projets*) nm Projet opposé à un autre.

**contre-proposition** (pl *contre-propositions*) nf Proposition différente d'une autre, souvent opposée.

**contre-publicité** (pl *contre-publicités*) nf **1.** Publicité qui a un effet contraire à l'effet souhaité. **2.** Publicité destinée à lutter contre les effets d'une autre publicité.

**contrer** vt **1.** Au bridge, parier que l'équipe adverse ne fera pas le nombre de levées annoncé. **2.** S'opposer efficacement à.

**contre-révolution** (pl *contre-révolutions*) nf Mouvement politique tendant à détruire les effets d'une révolution.

**contre-révolutionnaire** (pl *contre-révolutionnaires*) adj et n Relatif à une contre-révolution ; qui en est partisan.

**contrescarpe** nf Pente du mur extérieur du fossé d'une fortification.

**contreseing** [kɔ̃trəsɛ̃] nm Signature de celui qui contresigne.

**contresens** nm **1.** Interprétation erronée d'un mot, d'une phrase. **2.** Ce qui va à l'encontre de la logique, du bon sens. ■ **à contresens :** dans un sens contraire.

**contresigner** vt **1.** Signer après celui dont l'acte émane. **2.** Apposer sa signature sur un acte pour en attester l'authenticité.

**contretemps** nm Événement fâcheux, imprévu. ■ **à contretemps :** mal à propos.

> ORTHOGRAPHE *Contretemps* s'écrit en un seul mot contrairement au mot *entre-temps.*

**contre-terrorisme** (pl *contre-terrorismes*) nm Ensemble d'actions ripostant au terrorisme.

**contre-torpilleur** (pl *contre-torpilleurs*) nm Petit bâtiment de guerre, très rapide, pour donner la chasse aux torpilleurs.

**contretype** nm **1.** Copie d'une photographie. **2.** Copie positive d'un film obtenue à partir d'un double du négatif original.

**contrevenant, e** n Personne qui enfreint une loi ou un règlement.

**contrevenir** vt ind [à] (conj 22 ; auxil : *avoir*) Agir contrairement à ; enfreindre, transgresser : *contrevenir à un règlement.*

**contrevent** nm Volet extérieur d'une fenêtre.

**contrevérité** nf Affirmation contraire à la vérité.

**contre-visite** (pl *contre-visites*) nf Visite médicale de contrôle.

**contribuable** n Personne qui paie des contributions.

**contribuer** vt ind [à] **1.** Payer sa part d'une dépense, d'une charge. **2.** Aider à l'exécution de : *contribuer au succès.*

**contributif, ive** adj **1.** Qui concerne les contributions : *part contributive.* **2.** Qui fait appel à la contribution de chacun ; participatif : *encyclopédie contributive.*

**contribution** nf Part apportée par chacun à une action commune ; concours. ■ **contribution pour le remboursement de la dette sociale (CRDS) :** taxe prélevée sur certains types de revenus pour combler le déficit de la Sécurité sociale. ❑ **contribution sociale généralisée (CSG) :** taxe prélevée sur tous les revenus pour équilibrer les comptes de la Sécurité sociale. ❑ **mettre à contribution :** avoir recours à. ◆ **contributions** pl Impôt payé à l'État.

**contrit, e** adj **1.** Qui a un grand regret de ses fautes. **2.** Mortifié, penaud : *air contrit.*

**contrition** nf RELIG Douleur sincère d'avoir offensé Dieu ; repentir.

**contrôlable** adj Vérifiable.

**contrôle** nm **1.** Vérification attentive et minutieuse de la régularité d'un acte, de la validité d'une pièce : *contrôle des billets.* **2.** Vérification, examen minutieux de l'état de : *contrôle d'une machine.* **3.** Endroit où se fait un contrôle. **4.** Maîtrise de sa propre conduite. **5.** Maîtrise de son véhicule. **6.** Exercice scolaire destiné à vérifier les connaissances. ■ **contrôle des naissances :** libre choix d'avoir ou non des enfants, par l'utilisation de méthodes anticonceptionnelles.

**contrôler** vt **1.** Vérifier : *contrôler un passeport.* **2.** Avoir la maîtrise de : *contrôler ses réactions.* ■ **contrôler une société :** détenir la majorité de son capital. ◆ **se contrôler** vpr Avoir la maîtrise de soi.

**contrôleur, euse** n Personne chargée d'exercer un contrôle : *contrôleur de gestion.*

**contrordre** nm Annulation d'un ordre donné précédemment.

**controverse** nf Débat, contestation, polémique.

**controversé, e** adj Contesté, discuté : *explication controversée.*

**contumace** nf Situation d'un accusé qui a refusé de comparaître en justice : *être condamné par contumace.*

**contusion** nf Meurtrissure sans plaie produite par un coup, un choc.

**contusionner** vt Blesser par contusion ; meurtrir.

**conurbation** nf Agglomération formée par plusieurs villes dont les banlieues se sont rejointes.

**convaincant, e** adj Propre à convaincre : *argument convaincant.*

**convaincre** vt (conj 85) Amener, par des arguments, à reconnaître l'exactitude ou la nécessité de ; persuader. ■ **convaincre qqn de :** apporter des preuves de sa culpabilité : *convaincre qqn de corruption.*

**convaincu, e** adj et n Profondément persuadé. ◆ adj Qui dénote la conviction.

**convalescence** nf Retour progressif à la santé.

**convalescent, e** adj et n Qui relève de maladie.

**convecteur** nm Appareil de chauffage dans lequel l'air est chauffé par convection.

**convection** ou **convexion** nf Mouvement d'un liquide ou d'un gaz (notamment l'air) qui s'effectue avec un transport de chaleur.

**convenable** adj **1.** Approprié à : *moment convenable.* **2.** Qui respecte les bienséances : *mot qui n'est pas convenable.* **3.** Qui a les qualités requises, sans plus : *logement convenable.*

**convenablement** adv D'une manière convenable.

**convenance** nf ■ **à votre convenance :** selon ce qui vous convient. ◆ **convenances** pl Manières d'agir des gens bien élevés : *respecter les convenances.* ■ **convenances personnelles :** raisons qui ne sont pas indiquées.

**convenir** vt ind [de, à] (conj 22 ; auxil : *avoir* dans le sens de « être approprié » ; dans les autres cas, auxil : *avoir* ou, en langage soutenu, *être*) **1.** Conclure un accord, s'arranger à l'amiable. **2.** Avouer, reconnaître comme vrai : *il a convenu de sa faute.* **3.** Être approprié à, agréer : *cette date me convient.* ◆ v impers Être utile, à propos : *il convient d'attendre.*

**convention** nf **1.** Accord, pacte : *convention collective.* **2.** Manifestation périodique qui réunit les membres d'un parti ou les spécialistes d'un domaine : *convention annuelle des écologistes.* ■ **de convention :** (a) qui est admis par accord tacite (b) qui manque de naturel. ◆ **conventions** pl Règles de la vie en société qu'il est convenu de respecter.

**conventionné, e** adj Lié à la Sécurité sociale par une convention de tarifs : *clinique conventionnée.*

**conventionnel, elle** adj **1.** Qui résulte d'une convention : *signe conventionnel.* **2.** Conforme aux conventions sociales : *morale conventionnelle.* **3.** Se dit d'un type d'hydrocarbures (pétrole, gaz) présent dans des réservoirs faciles d'accès et exploité de façon courante. ■ MIL **armes conventionnelles :** armes classiques (par oppos. à *armes nucléaires*).

**conventuel, elle** adj Du couvent.

**convenu, e** adj Artificiel, conventionnel : *langage convenu.*

**convergence** nf **1.** Direction commune vers un même point. **2.** FIG Tendance vers un résultat commun.

**convergent, e** adj Qui converge.

**converger** vi (conj 2) Tendre vers le même point ; FIG tendre vers le même but.

**conversation** nf Échange de propos sur un ton généralement familier. ■ **avoir de**

**la conversation** : savoir parler de choses diverses en société.

**conversationnel, elle** adj INFORM Interactif.

**converser** vi S'entretenir avec.

**conversion** nf **1.** Action de se convertir à une croyance, et spécialement de changer de religion. **2.** Changement d'opinion. **3.** Changement d'une chose, d'une valeur, en une autre : *la conversion des métaux en or.*

**converti, e** adj et n **1.** Amené ou ramené à la religion. **2.** Qui a changé de conduite ou d'opinion.

**convertibilité** nf Propriété de ce qui est convertible.

**convertible** adj **1.** Qui peut être échangé. **2.** Qui peut être transformé. ■ **canapé convertible** ou **convertible** nm : canapé-lit.

**convertir** vt **1.** Amener quelqu'un à la foi religieuse. **2.** Faire changer de religion, d'opinion, de conduite. **3.** Changer une chose en une autre. **4.** Échanger une monnaie contre une autre. ◆ **se convertir** vpr **1.** Changer de religion. **2.** Adopter des idées nouvelles : *se convertir au bio.*

**convertisseur** nm **1.** Appareil dans lequel la fonte se transforme en acier. **2.** Transformateur d'électricité.

**convexe** adj Courbé et saillant à l'extérieur ; bombé. CONTR : concave.

**convexion** nf → **convection.**

**convexité** nf Rondeur, courbure saillante d'un corps.

**conviction** nf Croyance ferme.

**convier** vt **1.** Engager, inviter à. **2.** LITT Inviter à un repas, à une fête.

**convive** n Personne qui prend part à un repas : *joyeux convives.*

**convivial, e, aux** adj **1.** Qui traduit des échanges amicaux, chaleureux, entre les membres d'un groupe : *atmosphère conviviale.* **2.** INFORM Simple à mettre en route et à utiliser, même pour un profane.

**convivialité** nf **1.** Caractère chaleureux des rapports régnant au sein d'un groupe. **2.** INFORM Qualité d'un système convivial.

**convocation** nf Action de convoquer : *répondre à une convocation.*

**convoi** nm **1.** Suite de véhicules de transport se dirigeant vers un même lieu. **2.** Train. **3.** Cortège funèbre.

**convoiter** vt Désirer avec avidité.

**convoitise** nf Désir immodéré de possession ; avidité, cupidité.

**convoler** vi LITT Se marier.

**convolvulacée** nf Plante aux pétales entièrement soudés, tel le liseron (les convolvulacées forment une famille).

**convoquer** vt **1.** Appeler, inviter à se réunir : *convoquer une assemblée.* **2.** Faire venir auprès de soi : *le directeur m'a convoqué.*

**convoyer** vt (conj 3) Escorter pour protéger.

**convoyeur, euse** n et adj Personne qui accompagne, escorte pour protéger ou surveiller : *convoyeur de fonds.*

**convulsé, e** adj Contracté violemment, crispé : *visage convulsé par la douleur.*

**convulsif, ive** adj Caractérisé par des convulsions ; saccadé : *rire convulsif.*

**convulsion** nf **1.** Contraction spasmodique des muscles, des membres. **2.** FIG Bouleversement, agitation : *convulsions politiques.*

**convulsionné, e** adj Déformé par des convulsions.

**convulsivement** adv D'une manière convulsive.

**cookie** [kuki] nm **1.** Petit gâteau sec comportant des éclats de chocolat, de fruits confits, etc. **2.** Petit bloc de données transmis par un site Internet pour être stocké sur la machine et récupéré par le serveur à la connexion suivante (recomm. off. : *témoin de connexion*).

**cool** adj inv (anglicisme) FAM **1.** Calme, décontracté : *elle est très cool.* **2.** Agréable, bien : *c'est cool, deux jours de vacances en plus.*

**coolie** [kuli] nm ANC Travailleur, porteur en Extrême-Orient.

**coolitude** nf État de décontraction, de calme : *la coolitude d'un patron de start-up.*

**coopérant, e** n Jeune volontaire qui effectue un service civil dans certains pays étrangers pour remplir une mission de coopération internationale.

**coopératif, ive** adj Qui participe volontiers à une action commune.

**coopération** nf **1.** Action de coopérer ; collaboration. **2.** Forme d'aide à certains pays en développement.

**coopérative** nf Groupement d'acheteurs, de commerçants ou de producteurs visant à réduire les prix de revient.

**coopérer** vt ind [à] (conj 10) Agir conjointement avec, participer à : *coopérer à un travail.*

**cooptation** nf Désignation d'un membre nouveau d'une assemblée par ceux qui en font déjà partie.

**coordinateur, trice** ou **coordonnateur, trice** adj et n (coordonnateur est un terme administratif) qui coordonne : *elle est la coordinatrice de l'équipe.*

**coordination** nf **1.** Action de coordonner. **2.** État des choses coordonnées. **3.** Ensemble de représentants d'un mouvement de protestation désignés en dehors des organisations syndicales ou politiques traditionnelles. ■ GRAMM **conjonction de coordination :** qui relie des mots ou des groupes de mots ayant le même statut dans la phrase.

**coordonné, e** adj **1.** Organisé pour produire un résultat cohérent. **2.** Qui est en harmonie ; assorti : *jupe et chemisier coordonnés.*

**coordonnée** nf MATH Élément servant à déterminer la position d'un point sur une surface ou dans l'espace. ◆ **coordonnées** pl Indications (adresse, téléphone) permettant de joindre quelqu'un.

**coordonner** vt **1.** Combiner, agencer en vue d'obtenir un ensemble cohérent, un résultat déterminé : *coordonner ses mouvements.* **2.** Assortir : *drap et taie coordonnés.* **3.** GRAMM Relier par une conjonction de coordination.

**coordonnés** nm pl Accessoires (sac, gants, etc.) assortis à une tenue vestimentaire.

**copain, copine** n FAM **1.** Ami. **2.** Petit ami ; amoureux.

**coparent** nm Personne exerçant avec une autre l'autorité parentale.

**copeau** nm Parcelle de bois, de métal, enlevée avec un instrument tranchant.

**copiage** nm Action de copier frauduleusement.

**copie** nf **1.** Reproduction d'un écrit. **2.** Imitation exacte d'un ouvrage d'art. **3.** Exemplaire d'un film. **4.** Devoir d'élève : *corriger des copies.* **5.** Feuille double de format écolier. **6.** FAM Sujet d'article de journal : *journaliste en mal de copie.* ■ FAM **revoir sa copie :** modifier le rapport et les proportions que l'on a présentés sur un sujet donné : *le ministre devra revoir sa copie.*

**copier** vt **1.** Reproduire un écrit, une œuvre d'art. **2.** FIG Imiter. **3.** Reproduire frauduleusement le travail d'autrui : *copier sur son voisin.*

**copieur, euse** n Élève qui copie.

**copieusement** adv De façon copieuse.

**copieux, euse** adj Abondant.

**copilote** n Pilote auxiliaire.

**copinage** nm FAM, PÉJOR Fait de favoriser ses amis dans certaines situations, au détriment d'autres personnes.

**copine** nf → **copain.**

**copiste** n Personne qui copiait des manuscrits, de la musique.

**coprah** ou **copra** nm Amande de coco débarrassée de sa coque.

**coprin** nm Champignon à chapeau rabattu contre le pied.

**coproduction** nf Production en commun d'un film ; ce film.

**copropriétaire** n Personne qui possède avec d'autres une maison, une terre, etc.

**copropriété** nf Droit de propriété sur une même chose, commun à plusieurs personnes.

**copte** n et adj Chrétien d'Égypte et d'Éthiopie. ◆ nm Langue issue de l'égyptien ancien.

**copulation** nf Accouplement d'un mâle et d'une femelle.

**copule** nf GRAMM Mot qui lie l'attribut au sujet : *le verbe « être » est la copule la plus fréquente.*

**copuler** vi **1.** En parlant des animaux, avoir des relations sexuelles. **2.** FAM En parlant des hommes, faire l'amour.

**copyright** [kɔpirajt] nm Droit exclusif de publier un ouvrage littéraire, artistique ou scientifique ; marque de ce droit.

**coq** nm **1.** Mâle de la poule. **2.** Mâle des oiseaux, notamment des gallinacés : *coq faisan.* **3.** Cuisinier sur les navires. ■ **coq au vin :** plat préparé avec un coq (ou un poulet) cuit dans du vin rouge. ❑ **coq gaulois :** un des emblèmes de la nation française. ❑ **être comme un coq en pâte :** être choyé. ❑ **passer du coq à l'âne :** passer sans transition d'un sujet à un autre.

**coq-à-l'âne** nm inv Fait de passer sans raison d'un sujet à l'autre.

> ORTHOGRAPHE On écrit *passer du coq à l'âne,* mais *un coq-à-l'âne.*

**coquard** ou **coquart** nm FAM Marque de coup à l'œil.

**coque** nf **1.** Enveloppe extérieure de l'œuf. **2.** Enveloppe de certains fruits : *coque de noix.* **3.** Mollusque bivalve comestible vivant dans le sable des plages. **4.** MAR Carcasse d'un navire. ■ **œuf à la coque :** œuf légèrement cuit dans l'eau bouillante, de façon que le jaune reste fluide.

**coquelet** nm Jeune coq.

**coquelicot** nm Plante des champs à fleurs rouges.

**coqueluche** nf **1.** Maladie contagieuse caractérisée par une toux convulsive. **2.** FIG Personne qui suscite un engouement général : *c'est la coqueluche de la ville.*

**coquet, ette** adj et n Qui cherche à plaire par sa toilette, son élégance. ◆ adj **1.** Qui a un aspect plaisant, élégant. **2.** FAM Se dit d'une somme d'argent assez considérable : *la coquette somme de.*

**coquetier** nm Petit godet creux pour servir les œufs à la coque.

**coquettement** adv Avec coquetterie.

**coquetterie** nf Caractère d'une personne coquette ; désir de plaire.

**coquillage** nm Mollusque revêtu d'une coquille ; la coquille même.

**coquille** nf **1.** Enveloppe dure qui couvre le corps de nombreux mollusques. **2.** Coque vide des œufs et des noix. **3.** IMPR Faute dans la composition d'un texte imprimé. ■ **coquille de noix** : petit bateau. ❑ **coquille Saint-Jacques** : mollusque bivalve comestible. ❑ **rentrer dans sa coquille** : se replier sur soi.

**coquillette** nf Pâte alimentaire ayant la forme d'un tube courbe.

**coquin, e** n et adj Enfant espiègle, malicieux. ◆ adj Canaille, grivois, égrillard : *histoire coquine*.

**1. cor** nm **1.** Ramification du bois d'un cerf. **2.** Instrument de musique à vent, enroulé sur lui-même. ■ **à cor et à cri** : à grand fracas.

**2. cor** nm Durillon sur les doigts de pied.

**corail** (pl *coraux*) nm **1.** Animal des mers chaudes, vivant en colonies, polype dont le squelette calcaire forme avec d'autres des polypiers pouvant constituer des récifs. **2.** Partie rouge de la coquille Saint-Jacques, de certains crustacés. ◆ adj inv De la couleur du corail rouge.

**Corail** adj inv (nom déposé) ■ **train Corail** ou **Corail** nm : train composé de voitures climatisées de conception moderne, divisées en deux salles aux sièges alignés qui se font face à mi-salle et laissent place à une allée centrale.

**corallien, enne** adj Formé de coraux : *récif corallien*.

**coranique** adj Du Coran.

**corbeau** nm **1.** Grand oiseau passereau, à vastes ailes, au plumage noir. **2.** Pierre ou pièce de bois en saillie pour soutenir une poutre. **3.** Auteur de lettres ou de coups de téléphone anonymes.

**corbeille** nf **1.** Panier de forme évasée ; son contenu. **2.** À la Bourse, espace circulaire entouré d'une balustrade, où se réunissent les agents de change dans certains pays. **3.** THÉÂTRE Balcon, au-dessus de l'orchestre.

**corbillard** nm Voiture servant à transporter les morts.

**cordage** nm Corde ou câble faisant partie du gréement d'un bateau.

**corde** nf **1.** Assemblage de fils tordus ou tressés ensemble : *corde à linge, à sauter*. **2.** Fil de boyau, d'acier, de Nylon, etc. : *corde de violon, de raquette*. **3.** GÉOM Ligne droite entre les deux extrémités d'un arc de cercle. ■ **avoir plus d'une corde, plusieurs cordes à son arc** : avoir le ou les moyens d'agir autrement. ❑ **être, ne pas être dans les cordes de qqn** : être, ne pas être de sa compétence. ❑ **sur la corde raide** : dans une situation difficile. ❑ **tenir la corde** : dans une course, être le plus près possible de la limite intérieure de la piste. ❑ **usé jusqu'à la corde** : très usé. ◆ **cordes** pl **1.** Ensemble des instruments de musique à cordes d'un orchestre. **2.** Limites d'un ring : *le boxeur est allé dans les cordes*. ■ **cordes vocales** : muscles et ligaments du larynx. ❑ **il pleut des cordes** : il pleut très fort, à verse.

**cordeau** nm Petite corde pour aligner. ■ **tiré au cordeau** : fait impeccablement.

**cordée** nf Groupe d'alpinistes reliés par une corde.

**cordelette** nf Petite corde.

**cordelière** nf Gros cordon servant de ceinture, ou utilisé dans l'ameublement.

**corder** vt **1.** Tordre en forme de corde. **2.** Garnir une raquette de tennis de cordes.

**cordial, e, aux** adj **1.** Chaleureux. **2.** Accueillant, affectueux. ◆ nm Boisson tonique ; remontant.

**cordialement** adv D'une manière cordiale : *recevoir cordialement*.

**cordialité** nf Qualité d'une personne ou d'une chose cordiale.

**cordillère** nf Chaîne de montagnes allongée et étroite : *la cordillère des Andes*.

**cordiste** n Professionnel du bâtiment, de la maintenance ou du nettoyage, qui exécute des travaux en hauteur, équipé de cordes et harnaché comme un alpiniste.

**cordon** nm **1.** Petite corde servant à attacher, à tirer, etc. **2.** Large ruban servant d'insigne à certaines décorations et à certaines fonctions. **3.** Ligne formée d'une suite de personnes ou de choses : *cordon de police*. ■ **cordon ombilical** : qui relie le fœtus au placenta.

**cordon-bleu** (pl *cordons-bleus*) nm Personne qui fait très bien la cuisine.

**cordonnerie** nf Métier, commerce du cordonnier.

**cordonnet** nm Petit cordon.

**cordonnier, ère** n Personne qui répare les chaussures.

**coréen, enne** adj et n De Corée : *les Coréens*.

**coreligionnaire** n Personne qui professe la même religion qu'une autre.

**coriace** adj **1.** Dur comme du cuir. **2.** FIG Dont on peut difficilement vaincre la résistance ; tenace.

**coriandre** nf Plante ombellifère utilisée comme condiment.

**corindon** nm **1.** Alumine naturelle, constituant le minéral le plus dur après le diamant, et utilisée en joaillerie (saphir, rubis). **2.** Alumine artificielle utilisée comme abrasif.

**corinthien**, **enne** adj et nm Se dit d'un ordre architectural grec.

**corme** nf Fruit du cormier.

**cormier** nm Sorbier domestique, à bois très dur.

**cormoran** nm Oiseau palmipède marin.

**cornac** nm Celui qui soigne et conduit un éléphant.

**cornaline** nf Variété rouge d'agate, employée en bijouterie.

**corne** nf **1.** Excroissance dure et conique qui se forme sur la tête de certains ruminants ; la matière dont elle est constituée : *peigne de corne.* **2.** Partie dure du pied de certains animaux. **3.** Excroissance charnue sur la tête des escargots, des limaces, etc. **4.** Callosité de la peau. **5.** Instrument d'appel : *corne de brume.* **6.** Pli fait au coin d'une feuille de papier, d'une page de livre. ■ FAM **faire les cornes :** pointer l'index de chaque main vers quelqu'un, en signe de moquerie.

**corné**, **e** adj Qui est de la nature de la corne : *couche cornée.*

**corned-beef** [kɔrnbif] nm inv Conserve de viande de bœuf.

**cornée** nf Partie transparente de la membrane qui enveloppe l'œil.

**cornéen**, **enne** adj Relatif à la cornée.

**corneille** nf Passereau voisin du corbeau.

**cornélien**, **enne** adj **1.** Relatif à Corneille. **2.** FIG Se dit d'une situation qui appelle une décision héroïque.

**cornemuse** nf Instrument de musique à vent, formé d'une poche de cuir servant de soufflerie sur laquelle sont fixés des tuyaux.

**1. corner** vi Faire entendre un bruit d'avertisseur : *la sirène d'un bateau corne dans la brume.* ◆ vt Faire des plis à l'angle d'une page.

**2. corner** [kɔrnɛr] nm Au football, coup franc accordé à une équipe quand un adversaire a envoyé le ballon derrière sa propre ligne de but.

**cornet** nm **1.** Papier roulé en cône pouvant contenir différentes choses : *cornet de frites.* **2.** Cône de pâtisserie contenant une glace. **3.** Godet de cuir pour agiter les dés, au jeu. ■ **cornet à pistons :** instrument de musique en cuivre, à pistons.

**cornette** nf Coiffure de certaines religieuses.

**corn flakes** [kɔrnflɛks] nm pl Aliment constitué à partir de semoule de maïs et qui se présente sous forme de pétales.

**corniaud** nm **1.** Chien bâtard. **2.** FAM Sot.

**corniche** nf Route en surplomb d'une paroi.

**cornichon** nm **1.** Petit concombre servi comme condiment. **2.** FAM Niais, sot.

**cornière** nf Canal à la jointure de deux pentes d'un toit et en recevant les eaux.

**corniste** n Joueur de cor dans un orchestre.

**cornouiller** nm Arbre des bois ou des haies, à bois dur.

**cornu**, **e** adj Qui a des cornes : *bêtes cornues.*

**cornue** nf CHIM Vase à col étroit et courbé, pour la distillation.

**corollaire** nm **1.** Proposition résultant d'une vérité déjà démontrée. **2.** Conséquence nécessaire et évidente.

**corolle** nf Ensemble des pétales d'une fleur.

**coron** nm Groupe de maisons en pays minier.

**coronaire** adj ■ **artère coronaire :** qui porte le sang dans le cœur.

**coronarien**, **enne** adj Relatif aux artères coronaires.

**coronarite** nf MÉD Inflammation des artères coronaires.

**coronavirus** nm Virus à ARN (EX : SARS-CoV-2), responsable d'infections bénignes en ORL, mais aussi du syndrome respiratoire aigu sévère (SRAS) ou de la pandémie mondiale de COVID-19.

**corporatif**, **ive** adj Relatif à une corporation : *intérêts corporatifs.*

**corporation** nf Ensemble des gens de même profession.

**corporatisme** nm Défense exclusive des intérêts d'une corporation.

**corporatiste** adj Qui relève du corporatisme.

**corporel**, **elle** adj Relatif au corps.

**corps** nm **1.** Partie matérielle, physique d'un être animé. **2.** Cadavre d'un être humain : *le corps a été retrouvé sur la plage.* **3.** Tronc de l'homme, par oppos. à la tête et aux membres : *plier le corps en avant.* **4.** Objet matériel : *la loi de la chute des corps.* **5.** Substance considérée dans sa nature physique ou chimique : *le carbone est un corps simple.* **6.** Partie principale de qqch : *le corps d'un article.* **7.** Ensemble de personnes exerçant la même profession ou ayant la même fonction : *le corps médical ; le corps électoral.* **8.** Unité militaire ou formation de volontaires : *corps d'armée ; corps franc.* **9.** IMPR Hauteur d'un caractère typographique. ■ **à corps perdu :** de toutes ses forces, sans retenue. ❑ **corps à corps :** de près, en saisissant directement l'adversaire. ❑ **corps et âme :** de tout son être, sans réserve. ❑ **corps de garde :** groupe de soldats assurant la garde d'un bâtiment. ❑ **corps mort :** ancre solide établie à poste fixe pour tenir une bouée. ❑ **esprit de corps :** solidarité entre membres d'une même profession. ❑ **faire corps :** être solidaire. ❑ **perdu corps et biens :** se dit d'un navire qui a sombré avec son équipage et sa cargaison. ❑ **prendre corps :** prendre forme.

**corps-à-corps** nm inv Combat où on frappe directement l'adversaire ; mêlée.

**corpulence** nf Grandeur et volume du corps humain.

**corpulent, e** adj Grand et fort.

**corpus** [kɔrpys] nm Ensemble de discours oraux ou écrits recueillis en vue d'une étude.

**corpusculaire** adj Relatif aux corpuscules.

**corpuscule** nm VX Très petite particule de matière.

**correct, e** adj **1.** Conforme aux règles. **2.** Honnête, régulier. **3.** Exact, juste : *addition correcte.* ■ **politiquement correct :** se dit d'un langage qui bannit tout ce qui pourrait être perçu comme une allusion désobligeante par telle ou telle catégorie de la population.

**correctement** adv D'une manière correcte : *parler correctement.*

**1. correcteur, trice** adj Qui sert à corriger quelque chose : *verres correcteurs.*

**2. correcteur, trice** n Personne qui corrige les copies d'un examen, les épreuves d'imprimerie. ◆ nm ■ **correcteur orthographique :** logiciel d'aide à la vérification automatique de l'orthographe d'un texte que l'on saisit.

**correctif, ive** adj Fait pour corriger, redresser. ◆ nm Mise au point, rectification.

**correction** nf **1.** Action de corriger. **2.** Action de compenser une déficience physique : *correction de la myopie.* **3.** Qualité d'une personne ou d'une chose correcte. **4.** Châtiment physique. **5.** Contrôle de la composition d'une épreuve d'imprimerie avec rectification des fautes.

**correctionnel, elle** adj Relatif aux délits. ■ **tribunal correctionnel :** qui juge les délits et non les crimes. ◆ nf Le tribunal correctionnel.

**corrélat** nm Élément à mettre en relation avec un autre.

**corrélatif, ive** adj Qui est en relation avec une autre chose.

**corrélation** nf Relation réciproque ; rapport causal.

GRAMMAIRE On dit : *il y a corrélation entre x et y ; x est en corrélation avec y.*

**corrélativement** adv De façon corrélative.

**correspondance** nf **1.** Rapport de conformité ; harmonie : *correspondance d'idées.* **2.** Concordance d'horaires entre deux moyens de transport ; moyen de transport qui assure la liaison avec un autre. **3.** Échange de lettres ; les lettres échangées : *entretenir une correspondance ; lire sa correspondance.* ■ **par correspondance :** par courrier : *cours par correspondance.*

**correspondant, e** adj Qui correspond. ■ GÉOM **angles correspondants :** angles formés par une sécante et deux parallèles, et qui sont, l'un interne, l'autre externe, d'un même côté de la sécante. ◆ n **1.** Personne avec qui on est en relation par lettre, par téléphone. **2.** Collaborateur d'un journal en province ou à l'étranger, qui transmet des informations, des articles. **3.** Personne responsable d'un élève pensionnaire hors de l'établissement scolaire.

**correspondre** vt ind [à] (conj 51) **1.** Être conforme à un état de fait : *cela correspond à la vérité.* **2.** Être l'homologue de : *ce diplôme étranger ne correspond pas au nôtre.* **3.** Être en relation avec : *la pédale qui correspond au frein.* ◆ vi Entretenir des relations épistolaires ou téléphoniques.

**corrida** nf Spectacle au cours duquel un homme affronte un taureau.

**corridor** nm Passage, couloir.

**corrigé** nm Solution type d'un devoir, d'un exercice.

**corriger** vt (conj 2) **1.** Faire disparaître les défauts, les erreurs de ; réviser, revoir : *corriger un défaut de vision, son jugement, une épreuve d'imprimerie.* **2.** Punir corporellement. ■ **corriger un devoir :** le noter après en avoir relevé les fautes. ◆ **se corriger** vpr Se défaire : *se corriger d'un défaut.*

**corrigible** adj Qui peut être corrigé.

**corroborer** vt Confirmer : *cela corrobore ses dires.*

**corroder** vt Ronger, entamer.

**corrompre** vt (conj 53) **1.** Engager à agir contre son devoir ; soudoyer : *corrompre un juge.* **2.** Altérer la pureté, pervertir, dénaturer : *corrompre les mœurs.* **3.** VX Altérer, provoquer le pourrissement d'une substance : *la chaleur risque de corrompre les aliments.*

**corrompu, e** adj et n Qui s'est laissé corrompre.

**corrosif, ive** adj et nm **1.** Qui corrode : *liquide corrosif.* **2.** FIG Mordant, caustique.

**corrosion** nf Destruction lente et progressive d'une matière, d'une surface.

**corroyer** [kɔrwaje] vt (conj 3) Apprêter le cuir.

**corrupteur, trice** adj et n Qui corrompt, pervertit.

**corruptible** adj Sujet à la corruption : *témoin corruptible.*

**corruption** nf Action de corrompre ; son résultat : *tentative de corruption de fonctionnaire.*

**corsage** nm **1.** VIEILLI Vêtement féminin qui habille le buste. **2.** Haut d'une robe.

**corsaire** nm et adj Capitaine, marin d'un navire qui, avec l'autorisation de son gouvernement, chassait et tentait de capturer des navires d'autres nationalités ; le navire lui-même.

**corsé, e** adj **1.** Qui a un goût relevé. **2.** FIG Scabreux, osé.

**corselet** nm Partie du thorax de certains insectes.

**corser** vt Donner de la force, de l'intérêt. ◆ **se corser** vpr Se compliquer, s'aggraver.

**corset** nm Sous-vêtement à baleines pour maintenir le ventre et la taille.

**corso** nm Défilé de chars fleuris au cours de certaines fêtes en plein air.

**cortège** nm **1.** Ensemble de personnes qui suivent qqn, qqch ou défilent sur la voie publique. **2.** LITT, FIG Suite, accompagnement.

**cortex** [kɔrtɛks] nm ANAT ■ **cortex cérébral :** revêtement superficiel de substance grise des hémisphères cérébraux. ❑ **cortex insulaire :** insula.

**cortical, e, aux** adj ANAT Relatif au cortex.

**corticoïde** adj et nm Se dit des hormones sécrétées par la partie périphérique de la glande surrénale.

**cortisone** nf Hormone anti-inflammatoire.

**corvéable** adj HIST Assujetti à la corvée.

**corvée** nf **1.** HIST Travail gratuit dû par le paysan à son seigneur ou à l'État. **2.** Travail pénible ou rebutant imposé à qqn.

**corvette** nf Petit navire d'escorte.

**corvidé** nm Passereau de grande taille, tel que le corbeau, la corneille, le geai (les corvidés forment une famille).

**coryphée** nm Chef de chœur, dans le théâtre grec ancien.

**coryza** nm MÉD Rhume de cerveau.

**cosaque** nm Soldat d'un corps de cavalerie russe.

**cosignataire** adj et n Qui a signé avec un autre, des autres.

**cosinus** [kɔsinys] nm GÉOM Pour un angle, sinus de son angle complémentaire.

**cosmétique** nm et adj Tout produit destiné aux soins du corps, des cheveux, à la toilette, à la beauté. ◆ adj Destiné à modifier superficiellement, à enjoliver : *une réforme cosmétique.*

**cosmétologie** nf Industrie des cosmétiques.

**cosmique** adj Relatif à l'Univers.

**cosmogonie** nf Science de la formation des planètes, des étoiles, des galaxies.

**cosmographie** nf Description scientifique de l'Univers.

**cosmologie** nf Science des lois générales de l'Univers.

**cosmonaute** n Pilote ou passager d'un engin spatial russe.

**cosmopolite** adj Où se trouvent des personnes de différentes nationalités.

**cosmopolitisme** nm État de ce qui est cosmopolite.

**cosmos** [kɔsmos] nm **1.** L'Univers considéré dans son ensemble. **2.** Espace intersidéral.

**cosse** nf **1.** Enveloppe de certains légumes : *cosse de haricot.* **2.** Garniture métallique de l'extrémité d'un conducteur électrique.

**cossu, e** adj Qui dénote la richesse.

**costal, e, aux** adj ANAT Relatif à une, des côtes.

**costard** nm FAM Costume d'homme.

**costaud, e** adj et n FAM **1.** Fort, corpulent : *homme costaud.* **2.** Solide ; résistant : *sac costaud.*

GRAMMAIRE Au féminin, on dit plus souvent *elle est costaud* que *elle est costaude.*

**costume** nm **1.** Vêtement masculin composé d'un pantalon, d'une veste et éventuellement d'un gilet. **2.** Vêtement typique d'un pays, d'une région ou d'une époque. **3.** Ensemble des différentes pièces d'un habillement : *costume de cérémonie, de théâtre, de déguisement.*

**costumé, e** adj ■ **bal costumé :** où l'on est déguisé.

**costumer** vt Vêtir d'un déguisement.

**costumier, ère** n Personne qui fait, vend ou loue des costumes de théâtre, de cinéma, etc.

**cotation** nf Action de coter ; son résultat.

**cote** nf **1.** Indication chiffrée de la valeur marchande de titres mobiliers, des chances de succès d'un concurrent, etc. : *la cote des actions d'une société.* **2.** Tableau, publication donnant le cours des valeurs, la valeur marchande : *la cote des véhicules d'occasion.* **3.** Indication de l'altitude d'un lieu, du niveau d'un cours d'eau, des dimensions réelles de qqch représenté en plan. **4.** Indication de la valeur morale ou intellectuelle accordée à qqn : *sa cote baisse.* ■ FAM **avoir la cote :** être très estimé. ❑ **cote d'alerte :** (a) niveau d'un cours d'eau au-dessus duquel il y a inondation (b) point critique d'un processus. ❑ **cote mal taillée :** compromis.

**côte** nf **1.** Chacun des os allongés et courbés qui forment la cage thoracique. **2.** BOUCH Morceau d'un animal (bœuf, veau, porc, mouton) découpé dans la région des côtes. **3.** Partie saillante, allongée : *velours à côtes ; les côtes d'un melon.* **4.** Partie en pente d'un chemin, d'une route. **5.** Rivage de la mer. ■ **côte à côte :** l'un à côté de l'autre. ❑ FAM **se tenir les côtes :** rire aux éclats.

**coté, e** adj **1.** Qui a une bonne cote ; estimé. **2.** FINANCES Admis à la cotation en Bourse.

**côté** nm **1.** Partie latérale extérieure du tronc de l'homme et des animaux. **2.** Partie latérale, limite extérieure d'une chose : *suivre le côté droit de la route.* **3.** Face d'un objet : *côté d'une médaille.* **4.** Partie, endroit quelconque par opposition à d'autres : *de l'autre côté du parc.* **5.** MATH Chacune des lignes formant le contour d'une figure. **6.** FIG Manière dont on envisage qqch, aspect sous lequel se présente une chose : *les bons côtés de la vie.* **7.** Ligne de parenté : *côté maternel.* ■ **à côté :** (a) tout près (b) dans la pièce, la maison voisine. ❑ **de côté :** de biais. ❑ **de mon côté :** quant à moi. ❑ **de tous côtés :** partout. ❑ **laisser de côté :** abandonner. ❑ **mettre de côté :** en réserve. ❑ **point de côté :** douleur à la poitrine. ◆ **à côté de** loc prép Auprès de ; en comparaison de. ◆ **du côté de** loc prép Dans la direction de ; aux environs de.

**coteau** nm Versant d'un plateau, d'une colline.

**côtelé, e** adj Se dit d'un tissu à côtes : *velours côtelé.*

**côtelette** nf Côte d'un animal de boucherie.

**coter** vt Attribuer une cote, un prix.

**coterie** nf PÉJOR Groupe de personnes réunies par le même intérêt et indifférentes à d'autres préoccupations.

**cothurne** nm ANTIQ Chaussure des acteurs tragiques.

**côtier, ère** adj De la côte ; qui se pratique sur les côtes : *pêche côtière.*

**cotillons** nm pl Objets divers (confettis, serpentins, etc.) utilisés pour s'amuser dans les fêtes.

**cotisant, e** adj et n Qui verse une cotisation.

**cotisation** nf Somme versée en vue de cotiser. ■ **cotisations sociales :** ensemble des retenues sur salaire qui assurent la protection sociale des salariés.

**cotiser** vi **1.** Payer sa quote-part. **2.** Verser régulièrement de l'argent à une association, un organisme : *cotiser à la Sécurité sociale.*

**côtoiement** nm Fait de côtoyer.

**coton** nm **1.** Fibre textile fournie par les graines du cotonnier ; fil ou étoffe que l'on fabrique avec cette fibre. **2.** Morceau d'ouate. ■ FAM **filer un mauvais coton :** (a) être très malade (b) se trouver dans une situation difficile.

**cotonnade** nf Étoffe de coton.

**cotonneux, euse** adj Qui évoque le coton.

**cotonnier, ère** adj Relatif au coton. ◆ nm Arbuste qui produit le coton.

**Coton-Tige** nm (nom déposé) Bâtonnet dont chaque extrémité est couverte de coton pour nettoyer les oreilles ou le nez.

**côtoyer** vt (conj 3) Rencontrer fréquemment, fréquenter.

**cotravail** nm Mode de travail basé sur l'utilisation d'un même espace par des professionnels indépendants. SYN : coworking.

**cotre** nm Voilier à un mât.

**cottage** [kɔtɛdʒ] ou [kɔtaʒ] nm Petite maison de campagne.

**cotte** nf ■ HIST **cotte de mailles :** tunique faite de petits anneaux de fer, qui protégeait les hommes d'armes.

**cotylédon** nm BOT Lobe charnu qui enveloppe la radicule de la graine.

**cou** nm Partie du corps qui joint la tête aux épaules. ■ **se jeter, sauter au cou de qqn :** l'embrasser avec effusion.

**couac** nm **1.** Son faux et discordant. **2.** FAM Action ou déclaration qui révèle un désaccord au sein d'un groupe.

**couard, e** adj et n LITT Poltron, lâche.

**couardise** nf LITT Lâcheté, poltronnerie.

**couchage** nm Action de coucher, de se coucher. ■ **sac de couchage :** sac garni de matière isolante utilisé pour dormir.

**couchant** adj m ■ **soleil couchant :** prêt à disparaître à l'horizon. ◆ nm LITT Côté de l'horizon où le soleil se couche.

**couche** nf **1.** Étendue uniforme d'une substance appliquée sur une surface : *couche de peinture, de neige.* **2.** Amas de terreau, de fumier : *semer sur couche.* **3.** GÉOL Masse de terrain sédimentaire présentant des caractères homogènes. **4.** Linge absorbant ou bande cellulosique jetable placé entre les jambes d'un nourrisson. **5.** Ensemble de personnes appartenant au même milieu : *couche sociale.* **6.** LITT Lit. ■ **fausse couche :** avortement involontaire. ◆ **couches** pl État d'une femme qui accouche ou qui vient d'accoucher.

**couche-culotte** (pl *couches-culottes*) nf Culotte pour bébé en tissu imperméable garnie d'une couche jetable.

**1. coucher** vt **1.** Mettre au lit : *coucher les enfants.* **2.** Étendre sur une surface plane : *coucher un blessé au sol.* **3.** Mettre par écrit, inscrire : *coucher ses idées sur un papier.* ◆ vi Passer la nuit : *coucher à l'hôtel.* ■ FAM **coucher avec qqn** : avoir des relations sexuelles avec lui. ◆ **se coucher** vpr **1.** Se mettre au lit. **2.** S'allonger : *se coucher sur l'herbe.* ■ **le soleil se couche** : il disparaît à l'horizon.

**2. coucher** nm Action de se coucher ; fait de se coucher : *coucher de soleil.*

**couche-tard** n inv et adj inv Personne qui a pour habitude de se coucher tard.

**couche-tôt** n inv et adj inv Personne qui a pour habitude de se coucher de bonne heure.

**couchette** nf Lit ou banquette de repos, dans un bateau, un train.

**coucheur, euse** nm ■ FAM **mauvais coucheur** : personne difficile à vivre.

**couci-couça** loc adv FAM Ni bien ni mal.

**coucou** nm **1.** Oiseau grimpeur insectivore qui dépose ses œufs dans les nids d'autres oiseaux. **2.** Plante à petites fleurs jaunes. **3.** Pendule. ◆ interj FAM Sert à attirer l'attention de qqn lorsqu'on arrive par surprise ou à rappeler sa présence : *coucou, je suis là !*

**coude** nm **1.** Partie extérieure du bras, à l'endroit où il se plie. **2.** Angle, courbure de qqch. ■ **coude à coude** : de façon solidaire. ❑ **se serrer, se tenir les coudes** : s'entraider. ❑ **sous le coude** : en attente.

**coudée** nf ■ **avoir les coudées franches** : une entière liberté d'agir.

**cou-de-pied** (pl *cous-de-pied*) nm Partie supérieure du pied.

**couder** vt Plier en forme de coude.

**coudoiement** nm SOUT Action de coudoyer.

**coudoyer** vt (conj 3) Être en contact avec, fréquenter : *coudoyer beaucoup de gens.*

**coudre** vt (conj 59) Attacher par une suite de points faits avec du fil et une aiguille.

> CONJUGAISON Attention à la conjugaison des formes *je couds* (présent), *je cousis* (passé simple), *je coudrai* (futur).

**coudrier** nm Noisetier.

**couenne** [kwan] nf Peau épaisse du porc employée en charcuterie.

**couette** nf **1.** Édredon de plume, de duvet ou de matière synthétique. **2.** Touffe de cheveux rassemblés en queue de chaque côté de la tête.

**couffin** nm Grand panier de vannerie servant de berceau portatif.

**couguar** ou **cougouar** nm Autre nom du puma.

**couillon** nm et adj m TRÈS FAM Imbécile, idiot.

**couinement** nm **1.** FAM Action de couiner. **2.** Bruit de grincement aigu.

**couiner** vi **1.** FAM Pousser des petits cris. **2.** Faire entendre un couinement.

**coulage** nm Action de couler un métal en fusion ou du béton.

**coulant, e** adj **1.** Qui coule. **2.** FIG Accommodant, indulgent. **3.** Aisé, naturel : *style coulant.* ■ **nœud coulant** : qui se serre et se desserre à volonté. ◆ nm Anneau qui coulisse sur une ceinture, un bracelet et sert à en maintenir l'extrémité.

**coulée** nf Matière plus ou moins liquide qui se répand : *coulée de lave.*

**coulemelle** nf Champignon comestible à chapeau couvert d'écailles.

**couler** vi **1.** Suivre sa pente, en parlant d'un liquide, d'un cours d'eau. **2.** S'échapper, se répandre : *le sang coulait.* **3.** Laisser échapper un liquide : *le robinet coule.* **4.** S'enfoncer dans l'eau ; sombrer ou se noyer : *bateau, nageur qui coule.* ■ **couler de source** : être évident. ❑ **faire couler de l'encre** : provoquer des commentaires. ◆ vt **1.** Verser dans un creux ou sur une surface une matière en fusion, une substance liquide ou pâteuse. **2.** Fabriquer un objet en métal fondu. **3.** Faire aller au fond de l'eau : *couler un bateau.* **4.** Ruiner une affaire, une entreprise : *il a coulé son commerce.* **5.** Discréditer quelqu'un. **6.** MÉCAN Détériorer un organe en mouvement par manque de graissage : *couler une bielle.* ■ **couler des jours heureux** : mener une vie paisible et heureuse. ◆ **se couler** vpr ■ FAM **se la couler douce** : vivre agréablement, sans se fatiguer.

**couleur** nf **1.** Impression que produit sur l'œil la lumière diffusée par les corps. **2.** Matière, substance colorante : *boîte de couleurs.* **3.** Ce qui n'est ni blanc ni noir : *linge de couleur ; photographie en couleurs.* **4.** Éclat, style brillant de qqch : *spectacle haut en couleur.* **5.** Chacun des quatre attributs qui distinguent les cartes à jouer (pique, cœur, carreau, trèfle). ■ FAM **annoncer la couleur** : faire connaître ses intentions. ❑ FAM **ne pas voir la couleur de qqch** : ne pas recevoir une chose due ou promise. ❑ **personne de couleur** : qui n'est pas blanche. ❑ **sous couleur de** : sous prétexte de. ◆ **couleurs** pl **1.** Teint du visage : *reprendre des couleurs.* **2.** Drapeau national : *hisser les couleurs.* ■ FAM **en voir de toutes les couleurs** : subir toutes sortes d'épreuves.

**couleuvre** nf Serpent non venimeux. ■ FIG, FAM **avaler des couleuvres** : recevoir des affronts sans protester.

**coulis** nm **1.** Purée liquide obtenue par la cuisson lente d'un aliment : *coulis de tomates.* **2.** Purée liquide de fruits écrasés : *coulis de framboises.*

**coulissant, e** adj Qui coulisse.

**coulisse** nf **1.** Rainure dans laquelle glisse une pièce mobile. **2.** Partie du théâtre, derrière la scène. ■ **regard en coulisse :** de côté, en coin. ◆ **coulisses** pl Côté secret d'un domaine d'activité : *les coulisses de la politique.*

**coulisser** vt Faire glisser sur des coulisses.

**couloir** nm **1.** Passage de dégagement assurant la communication entre les différentes pièces d'un appartement, les différentes parties d'un lieu : *couloirs de métro.* **2.** Passage étroit. ■ **couloir aérien :** itinéraire que doivent suivre les avions. ❑ **couloir d'autobus :** partie de la chaussée réservée aux autobus, aux taxis, aux voitures de secours. ❑ **couloir d'avalanche :** ravin qui entaille un versant montagneux et qui est souvent suivi par les avalanches.

**coulomb** nm ÉLECTR Quantité d'électricité transportée en 1 seconde par un courant de 1 ampère.

**coulure** nf Matière plus ou moins liquide qui coule, se répand.

**country** [kawntri] ou [kuntri] nm inv ou nf inv et adj inv Style de musique propre à la population blanche du sud-est des États-Unis.

**coup** nm **1.** Choc physique donné ou reçu : *en venir aux coups ; donner un coup de pied à qqn, qqch.* **2.** PAR EXT Émotion violente : *nouvelle qui provoque un coup.* **3.** Mouvement rapide réalisé avec un instrument : *biffer d'un coup de crayon ; passer un coup de balai.* **4.** Bruit soudain : *coup de fusil ; frapper trois coups à la porte.* **5.** Action malhonnête ou néfaste : *faire un sale coup.* **6.** Action, manœuvre en sport ou dans certains jeux : *faire un joli coup ; coup de dés.* ■ **à coup sûr :** certainement. ❑ **après coup :** quand il n'est plus temps. ❑ **à tout coup :** à chaque fois. ❑ FAM **boire un coup :** une boisson, surtout alcoolisée. ❑ **coup de chance :** heureux hasard. ❑ **coup sur coup :** sans interruption. ❑ FAM **coup dur :** épreuve morale, difficulté sérieuse. ❑ **coup d'État :** prise de pouvoir par des moyens illégaux, souvent violents. ❑ SPORTS **coup franc :** au football, au rugby, au basket, sanction contre une équipe pour irrégularité. ❑ **coup de grâce :** celui qui achève. ❑ **coup de main :** aide, assistance. ❑ **coup de maître :** réussite éclatante. ❑ **coup d'œil :** regard rapide. ❑ **coup de soleil :** insolation. ❑ **coup de téléphone :** appel téléphonique. ❑ **coup de tête :** action inspirée par le caprice, le dépit ou le désespoir. ❑ **coup de théâtre :** événement soudain et imprévu. ❑ FAM **du coup :** par conséquent. ❑ **du premier coup :** dès la première fois. ❑ **manquer son coup :** échouer. ❑ **sous le coup de :** sous l'effet de : *bégayer sous le coup de l'émotion.* ❑ **sur le coup :** tout de suite. ❑ FAM **tenir le coup :** résister physiquement ou moralement. ❑ FAM **tenter le coup :** essayer qqch de risqué. ❑ **tout à coup :** soudainement. ❑ **tout d'un coup :** en une seule fois. ❑ **valoir le coup :** valoir la peine.

**coupable** adj et n Qui a commis une faute ; fautif, responsable.

**coupage** nm Mélange de vin ou d'alcool avec de l'eau ou avec un vin ou un alcool différent.

**coupant, e** adj **1.** Qui coupe ; tranchant. **2.** FIG Péremptoire : *ton coupant.*

**coup-de-poing** (pl *coups-de-poing*) nm ■ **coup-de-poing américain :** arme de main faite d'une masse de métal percée de trous pour les doigts.

**1. coupe** nf **1.** Verre à pied ou récipient évasé, destiné à recevoir une boisson, un dessert, etc. **2.** Trophée attribué au vainqueur ou à l'équipe victorieuse d'une épreuve sportive ; la compétition elle-même : *participer à la Coupe de France.*

**2. coupe** nf **1.** Action ou manière de couper quelque chose : *coupe de cheveux.* **2.** Action, manière de tailler un tissu pour en faire un vêtement. **3.** Séparation d'un jeu de cartes en deux paquets. **4.** Étendue d'un bois destinée à être coupée. **5.** Légère pause marquée dans la diction d'un vers. **6.** Représentation graphique d'un bâtiment, d'un objet selon une section verticale. ■ **à la coupe :** en alimentation, se dit d'un article débité à la demande du client : *fromage à la coupe.* ❑ **coupe claire :** (a) qui laisse peu d'arbres (b) FIG réduction drastique. ❑ **coupe sombre :** (a) qui épargne beaucoup d'arbres (b) FIG réduction drastique (usage fautif). ❑ FAM **être sous la coupe de qqn :** sous sa dépendance.

**coupé** nm Voiture fermée à deux portes et à deux places.

**coupe-chou** (pl *coupe-choux*) ou **coupe-choux** (pl inv) nm FAM Rasoir à main.

**coupe-circuit** (pl *coupe-circuits* ou inv) nm Fil d'alliage fusible, intercalé dans un circuit électrique.

**coupe-coupe** nm inv Sabre utilisé pour se frayer un chemin dans la brousse.

**coupée** nf Ouverture servant d'accès dans le flanc d'un navire.

**coupe-faim** nm inv **1.** Médicament qui diminue l'appétit. **2.** Aliment pris pour calmer la faim.

**coupe-feu** nm inv Dispositif destiné à arrêter la progression d'un incendie.

**coupe-file** (pl *coupe-files*) nm Carte officielle donnant certaines priorités de circulation.

**coupe-gorge** nm inv Lieu où l'on risque de se faire attaquer.

**coupelle** nf Petite coupe.

**coupe-ongles** nm inv Pince ou ciseaux pour couper les ongles.

**coupe-papier** (pl *coupe-papiers* ou inv) nm Lame pour couper les feuilles de papier.

**couper** vt **1.** Diviser avec un instrument tranchant : *couper du pain.* **2.** Faire une entaille, une blessure. **3.** Tailler d'après un patron : *couper une robe.* **4.** Mêler un liquide avec un autre : *couper du vin avec de l'eau.* **5.** Rompre, interrompre : *couper une communication ; couper l'eau.* **6.** Passer au milieu, au travers de ; croiser : *route qui en coupe une autre.* **7.** Isoler qqn : *il l'a coupée des siens.* **8.** Au tennis, au ping-pong, renvoyer la balle en lui donnant un effet de rotation sur elle-même. **9.** Châtrer : *couper un chat.* ■ FAM **à couper au couteau :** très épais. ❑ **couper la route à qqn :** se mettre en travers de son chemin, l'empêcher d'avancer. ◆ vi Être tranchant : *ce couteau coupe bien.* ◆ vt et vi **1.** Prendre avec un atout une carte de son adversaire. **2.** Faire deux paquets d'un jeu de cartes : *couper les cartes.* **3.** Aller directement : *couper à travers bois.* ◆ vt ind [à] FAM Échapper à qqch. ◆ **se couper** vpr **1.** Se faire une coupure. **2.** FAM Se trahir, se contredire.

**couperet** nm **1.** Couteau large de cuisine ou de boucherie. **2.** Lame de la guillotine.

**couperose** nf MÉD Coloration rouge du visage due à une dilatation des vaisseaux capillaires.

**couperosé, e** adj Atteint de couperose : *visage couperosé.*

**coupe-vent** nm inv Vêtement qui protège de l'air vif, du vent.

**couplage** nm Assemblage de deux choses.

**couple** nm **1.** Personnes unies par le mariage, liées par un pacs ou vivant en concubinage. **2.** Rapprochement de deux personnes liées par l'amitié, des intérêts communs, etc. : *un couple d'amis.* **3.** Animaux réunis deux à deux : *couple de chevaux qui tirent une charrette.* **4.** MÉCAN Système de forces égales, parallèles, mais de sens contraires.

**coupler** vt Attacher deux à deux.

**couplet** nm Strophe d'une chanson.

**coupole** nf Intérieur d'un dôme.

**coupon** nm **1.** Reste d'une pièce d'étoffe. **2.** Billet attestant l'acquittement d'un droit.

**coupon-réponse** (pl *coupons-réponse*) nm Encart de papier détachable permettant de répondre à un concours, à une offre publicitaire, etc.

**coupure** nf **1.** Incision, entaille : *une coupure au doigt.* **2.** Interruption du courant électrique, du gaz, de l'eau courante. **3.** Passage supprimé d'un film, d'un ouvrage. **4.** Billet de banque : *payer en grosses, en petites coupures.* ■ **coupure de journal, de presse :** article de journal découpé.

**cour** nf **1.** Espace découvert, clos de murs ou limité par des bâtiments. **2.** Tribunal, juridiction d'une certaine importance : *cour d'appel.* **3.** Ensemble des personnages qui entourent un souverain ; résidence d'un souverain. **4.** Ensemble de personnes empressées de plaire à qqn. ■ THÉÂTRE **côté cour :** côté de la scène à la droite des spectateurs. ❑ **faire la cour à qqn :** chercher à lui plaire, à gagner ses faveurs. ❑ FAM **la cour des grands :** le petit cercle de ceux qui ont une importance prépondérante dans un domaine : *ce rôle l'a fait entrer dans la cour des grands.*

> ORTHOGRAPHE On écrit : *cour d'appel, cour d'assises,* mais *Cour de cassation, Cour des comptes, Haute Cour de justice.*

**courage** nm Fermeté en face d'une épreuve physique ou morale ; hardiesse, audace. ■ FIG **prendre son courage à deux mains :** se décider à entreprendre qqch.

**courageusement** adv Avec courage.

**courageux, euse** adj et n Qui a du courage.

**couramment** adv **1.** Habituellement, communément. **2.** Facilement : *parler anglais couramment.*

**1. courant** nm **1.** Masse d'eau ou d'air se déplaçant dans tel ou tel sens : *fleuve au courant rapide ; courant d'air.* **2.** Déplacement de charges électriques dans un conducteur : *couper le courant.* **3.** FIG Mouvement d'ensemble, tendance : *un courant de sympathie ; courant de pensée.* ■ **courant alternatif :** courant périodique dont la valeur moyenne dans le temps est nulle. ❑ **courant continu :** constant dans le temps. ❑ **dans le courant du mois, de la semaine :** à un moment quelconque de ces périodes de temps. ❑ **être au courant de :** être renseigné. ❑ **mettre, tenir au courant :** renseigner.

**2. courant, e** adj Habituel, ordinaire : *prix courants ; affaires courantes.* ■ **chien courant :** qui poursuit le gibier. ❑ **eau courante :** eau distribuée par les canalisations dans une habitation. ❑ **mois courant :** celui dans lequel on est.

**courbatu, e** adj LITT Courbaturé.

**courbature** nf Douleur dans les membres.

**courbaturé, e** adj Qui souffre de courbatures.

**courbaturer** vt Causer une courbature à.

**courbe** adj En forme d'arc : *rail courbe.* ◆ nf ligne courbe.

**courber** vt **1.** Rendre courbe. **2.** Pencher, incliner : *courber les épaules.* ◆ vi Plier, ployer : *courber sous le poids.*

**courbette** nf FAM (surtout au pluriel) Révérence obséquieuse. ■ **faire des courbettes à qqn** : être d'une politesse servile avec lui.

**courbure** nf État d'une chose courbée : *la courbure d'un arc.*

**courette** nf Petite cour intérieure.

**coureur, euse** n **1.** Personne qui participe à une course : *coureur cycliste.* **2.** Personne qui court vite. ◆ adj et n Qui recherche les aventures amoureuses.

**courge** nf Plante cultivée, aux fruits volumineux consommés comme légumes (citrouille, courgette, potiron, etc.).

**courgette** nf Courge, de forme allongée.

**courir** vi (conj 29) **1.** Se déplacer en effectuant un mouvement alternatif rapide des jambes. **2.** Prendre part à une épreuve de course. **3.** FIG S'écouler. **4.** Circuler, se propager : *le bruit court que.* ◆ vt **1.** Poursuivre à la course : *courir un lièvre.* **2.** Parcourir : *courir les champs.* **3.** Fréquenter : *courir les bals.* **4.** Être exposé à : *courir un risque, un danger.*

**courlis** nm Oiseau échassier migrateur à long bec arqué vers le bas.

**couronne** nf **1.** Objet circulaire qu'on porte sur la tête : *couronne royale ; couronne de fleurs.* **2.** Autorité royale, dynastie : *la couronne d'Angleterre.* **3.** Objet circulaire. **4.** Unité monétaire principale de divers pays. **5.** Partie visible de la dent, en émail ; prothèse fixe recouvrant cette partie en cas de lésion. ■ **couronne mortuaire** : fleurs offertes lors des funérailles et disposées sur un support circulaire.

**couronné, e** adj **1.** Qui porte une couronne. **2.** Récompensé. ■ FAM **genou couronné** : blessé, écorché.

**couronnement** nm **1.** Action de couronner. **2.** Cérémonie au cours de laquelle est couronné un souverain. **3.** FIG Achèvement, apothéose : *le couronnement d'une œuvre.*

**couronner** vt **1.** Mettre une couronne sur la tête de. **2.** Reconnaître comme souverain. **3.** FIG Honorer, récompenser. **4.** Former la partie supérieure de. **5.** FIG Constituer l'achèvement parfait de.

**courre** vt ■ **chasse à courre** : qui se pratique avec des chiens courants.

**courriel** nm Messagerie électronique ; message électronique.

**courrier** nm Correspondance écrite ou reçue. ■ **courrier du cœur** : dans un journal, publication de lettres et de conseils sur des problèmes sentimentaux. ❑ **courrier électronique** : messagerie, message électronique.

**courriériste** n Journaliste chargé d'un courrier dans un journal.

**courroie** nf Bande de matière souple. ■ FIG **courroie de transmission** : personne, organisme servant d'intermédiaire.

**courroucé, e** adj LITT Très irrité ; furieux : *regard courroucé.*

**courroucer** vt (conj 1) LITT Mettre en colère.

**courroux** nm LITT Vive colère.

**cours** nm **1.** Écoulement des eaux d'un fleuve, d'une rivière ; trajet de ceux-ci. **2.** FIG Déroulement, durée : *suivre son cours.* **3.** Promenade plantée d'arbres. **4.** Enseignement dispensé dans un domaine, sur un sujet ou à des personnes d'un niveau donné : *cours d'histoire.* **5.** Nom donné à certains établissements d'enseignement privé. **6.** Prix actuel d'une marchandise, d'un titre : *les cours de la Bourse.* ■ **au cours de** : pendant toute la durée de. ❑ **avoir cours** : avoir valeur légale. ❑ **cours d'eau** : fleuve, rivière, torrent, etc. ❑ **donner libre cours à** : laisser se manifester sans retenue. ❑ **être en cours** : en train de se dérouler : *travaux en cours.* ❑ **suivre son cours** : se développer comme prévu. ❑ **voyage au long cours** : longue traversée d'un bateau.

**course** nf **1.** Action de courir : *au pas de course.* **2.** Mouvement ou déplacement ; trajet parcouru : *payer la course.* **3.** Épreuve de vitesse : *course cycliste, course de chevaux.* **4.** FIG Mouvement vers un but : *course aux armements.* ■ **à bout de course** : épuisé, fatigué. ❑ FAM **ne plus être dans la course** : ne plus être adapté à son temps. ◆ **courses** pl **1.** Achats, commissions : *faire les courses.* **2.** Compétition équestre de vitesse.

**course-poursuite** (pl *courses-poursuites*) nf Poursuite rapide, le plus souvent en voiture, accompagnée de péripéties.

**courser** vt FAM Poursuivre à la course.

**coursier, ère** n Employé chargé de faire des courses en ville pour le compte d'une entreprise, d'un commerçant, etc.

**coursive** nf Passage étroit, dans le sens de la longueur d'un navire.

**1. court** nm Terrain de tennis.

**2. court, e** adj **1.** De peu de longueur. **2.** Bref. ■ **avoir la mémoire courte** : oublier rapidement ce qui dérange. ❑ **avoir la vue courte** : (a) ne pas voir de loin (b) FIG avoir l'esprit borné. ◆ adv ■ **à court de qqch** : privé ou démuni de qqch. ❑ **couper court à qqch** : le faire cesser brusquement. ❑ **prendre qqn de court** : au dépourvu. ❑ SOUT **rester court** : rester coi. ❑ **tourner court** : cesser brusquement.

**courtage** nm **1.** Profession du courtier ; exercice de cette profession. **2.** Commission en pourcentage due au courtier.

**courtaud, e** adj et n De taille courte, ramassée.

**court-bouillon** (pl *courts-bouillons*) nm Bouillon aromatisé dans lequel on fait cuire du poisson, de la viande.

**court-circuit** (pl *courts-circuits*) nm Mise en relation directe de deux points dont les potentiels électriques sont différents ; accident qui en résulte.

**court-circuiter** vt **1.** Mettre en court-circuit. **2.** FIG Sauter un intermédiaire en passant par une voie plus courte que la normale.

**courtepointe** nf Couverture piquée.

**courtier, ère** n Personne qui a un rôle d'intermédiaire dans des opérations commerciales, financières, etc.

**courtine** nf Mur entre deux bastions d'une fortification.

**courtisan** nm Personne qui flatte par intérêt.

**courtisane** nf HIST, LITT Prostituée qui ne travaillait que dans des milieux fortunés.

**courtiser** vt **1.** Faire sa cour à. **2.** LITT Flatter par intérêt.

**court-jus** (pl *courts-jus*) nm FAM Court-circuit.

**court-métrage** (pl *courts-métrages*) ou **court métrage** (pl *courts métrages*) nm Film de moins de trente minutes.

**courtois, e** adj Qui se conduit avec une parfaite correction, très poli.

**courtoisement** adv Avec courtoisie.

**courtoisie** nf Civilité, politesse.

**court-vêtu, e** (pl *court-vêtus, es*) adj Qui porte un vêtement court.

**couru, e** adj Recherché. ■ FAM **c'est couru d'avance** : c'est prévisible.

**couscous** [kuskus] nm Plat d'Afrique du Nord, à base de semoule de blé.

**cousette** nf VIEILLI, FAM Jeune ouvrière de la couture.

**1. cousin, e** n Personne issue de l'oncle ou de la tante.

**2. cousin** nm Insecte inoffensif commun en France, semblable à un grand moustique.

**cousinade** nf Réunion de famille à laquelle sont conviés tous les cousins.

**cousinage** nm Parenté entre cousins.

**coussin** nm Oreiller pour s'appuyer, s'asseoir, etc.

**coussinet** nm **1.** Petit coussin. **2.** MÉCAN Pièce cylindrique dans laquelle se meut un tourillon. **3.** Pièce de fonte maintenant les rails des voies ferrées.

**cousu, e** adj Réuni, assemblé par une couture. ■ **cousu de fil blanc** : se dit d'un stratagème grossier, facile à démasquer. ❑ FIG **cousu d'or** : extrêmement riche.

**coût** nm **1.** Ce qu'une chose coûte. **2.** FIG Effet négatif, conséquence néfaste d'une action : *le coût d'un échec sur une carrière.*

**coûtant** adj m ■ **au prix coûtant** : sans bénéfice pour le vendeur.

**couteau** nm **1.** Instrument tranchant, composé d'une lame et d'un manche. **2.** Mollusque bivalve. ■ **couteau suisse** : (a) couteau à nombreuses lames, qui peut être utilisé pour des applications très variées (b) FIG objet multifonction (EX : ordinateur, téléphone portable).

**coutelas** [kutla] nm Grand couteau.

**coutelier, ère** n Personne qui fabrique, vend des couteaux, etc. ◆ adj Relatif à la coutellerie.

**coutellerie** nf Atelier, commerce ou marchandise du coutelier.

**coûter** vi **1.** Être au prix de. **2.** FIG Être cause de quelque effort, de quelque souffrance : *il me coûte de sortir.* ■ **coûte que coûte** : à tout prix. ◆ vt Causer, occasionner : *les efforts que ce travail m'a coûtés.*

> ORTHOGRAPHE Noter l'accord du participe passé : *les trente euros qu'il a coûté* (sens propre), *les efforts que l'opération a coûtés* (sens figuré).

**coûteux, euse** adj Qui coûte cher.

**coutil** [kuti] nm Toile croisée et serrée.

**coutume** nf Habitude, usage.

**coutumier, ère** adj LITT Que l'on fait habituellement. ■ **être coutumier du fait** : avoir l'habitude de commettre une action déterminée.

**couture** nf **1.** Art ou action de coudre. **2.** Métier de la couture. **3.** Suite de points assemblant des tissus. **4.** LITT Cicatrice. ■ **battre qqn à plate couture** : complètement. ❑ **la haute couture** : l'ensemble des entreprises qui créent des modèles originaux.

**couturé, e** adj LITT Couvert de cicatrices.

**couturier, ère** n Personne qui confectionne des vêtements. ■ **grand couturier** : personne qui dirige une entreprise de haute couture et qui crée des modèles.

**couvain** nm Ensemble des œufs des insectes qui vivent en société.

**couvaison** nf Temps pendant lequel un oiseau couve ses œufs.

**couvée** nf Ensemble des œufs qu'un oiseau couve en même temps ; les petits qui en proviennent.

**couvent** nm Maison de religieux, de religieuses ; ceux qui l'habitent.

**couver** vt **1.** S'étendre sur ses œufs pour les faire éclore, en parlant d'un oiseau. **2.** FIG Entourer de soins exagérés : *couver un enfant.* **3.** Avoir à l'état latent : *couver une maladie.* ■ **couver des yeux** : regarder avec affection ou convoitise. ◆ vi Être à l'état latent : *colère qui couve*.

**couvercle** nm Pièce mobile qui sert à couvrir.

**1. couvert** nm La cuillère, le couteau et la fourchette. ■ **à couvert** : à l'abri. ❑ **mettre le couvert** : disposer sur la table ce qui est nécessaire à un repas. ❑ **le vivre et le couvert** : la nourriture et le logement.

**2. couvert, e** adj **1.** Muni d'un couvercle ou d'un toit, d'un chapeau, etc. **2.** Vêtu chaudement. **3.** FIG Chargé de : *couvert de décorations*. ■ **temps couvert** : nuageux.

**couverture** nf **1.** Pièce de tissu épais pour se couvrir dans un lit. **2.** Toit d'une maison. **3.** Première page plus ou moins épaisse d'un livre, d'une revue. **4.** FINANCES Valeurs servant à la garantie d'une opération financière ou commerciale. **5.** FIG Personne, action qui sert à protéger, à masquer : *se servir de qqn comme couverture*. **6.** Fait, pour un journaliste, de couvrir un événement. ■ **couverture chauffante** : qui chauffe grâce à un dispositif électrique. ❑ **couverture sociale** : protection dont bénéficie un assuré social. ❑ FAM **tirer la couverture à soi** : accaparer égoïstement tout le bénéfice d'une affaire. ❑ TÉLÉCOMM **zone de couverture** ou **couverture** : portion de territoire desservie par un réseau de téléphonie cellulaire ou couverte par les émissions d'un satellite.

**couveuse** nf **1.** Appareil où l'on fait éclore des œufs. **2.** Appareil à température constante dans lequel on place les bébés nés avant terme.

**couvrant, e** adj Qui recouvre sans laisser apparaître ce qui est en dessous : *peinture à fort pouvoir couvrant*.

**couvre-chef** (pl *couvre-chefs*) nm FAM Chapeau.

**couvre-feu** (pl *couvre-feux*) nm Interdiction de sortir de chez soi, à partir d'une certaine heure.

**couvre-lit** (pl *couvre-lits*) nm Pièce d'étoffe qui recouvre un lit.

**couvre-pied** (pl *couvre-pieds*) ou **couvre-pieds** (pl inv) nm Couverture de lit, faite de deux tissus superposés, garnis intérieurement de duvet, etc.

**couvreur, euse** n Ouvrier, entrepreneur qui pose ou répare les toits.

**couvrir** vt (conj 16) **1.** Mettre un objet ou une matière sur une personne, une chose, pour les protéger : *couvrir chaudement un enfant*. **2.** Mettre un couvercle sur : *couvrir un plat*. **3.** Répandre en grand nombre : *couvrir un tableau d'inscriptions*. **4.** Donner à qqn beaucoup de choses ; combler : *couvrir de cadeaux*. **5.** Parcourir : *couvrir une distance*. **6.** En parlant d'un journaliste, assurer l'information lors d'un événement : *couvrir un conflit*. **7.** Compenser, contrebalancer : *les dépenses couvrent les recettes*. **8.** Assumer la responsabilité des actes de qqn. **9.** Fournir une couverture financière. **10.** En parlant d'un animal mâle, s'accoupler à une femelle. ■ **couvrir un bruit, des voix** : empêcher qu'on les entende. ❑ **couvrir un risque** : le garantir, en assurer la responsabilité. ◆ **se couvrir** vpr **1.** Être gagné par qqch qui se répand à la surface : *les arbres se couvrent de fleurs*. **2.** Mettre des vêtements chauds. **3.** Se protéger, se garantir. **4.** S'obscurcir, en parlant du ciel, du temps.

**COVID-19, Covid-19** ou **Covid** nm ou nf (sigle de *coronavirus disease [2019]*) Maladie infectieuse causée par un coronavirus (le SARS-CoV-2, identifié en 2019), à l'origine d'une pandémie mondiale.

**covoiturage** nm Utilisation d'une seule voiture particulière par plusieurs personnes qui effectuent le même trajet.

**covoiturer** vi Faire du covoiturage. ◆ vt Transporter par covoiturage.

**cow-boy** [kɔbɔj] ou [kawbɔj] (pl *cow-boys*) nm Gardien d'un troupeau de bovins, en Amérique du Nord.

**coworking** [-wɔrkiŋ] nm (anglic) Cotravail.

**coxalgie** nf MÉD Tuberculose de la hanche.

**coyote** nm Mammifère carnivore d'Amérique du Nord, voisin du loup et du chacal.

**CP** nm (sigle de *cours préparatoire*) Classe de l'enseignement primaire où sont scolarisés les enfants de six ans.

**CPA** nm (sigle de *compte personnel d'activité*) Dispositif qui permet à un actif de sécuriser son parcours professionnel en capitalisant divers droits (formation, congés, chômage).

**CPE** n (sigle) Conseiller principal d'éducation.

**CPF** nm (sigle de *compte personnel de formation*) Dispositif inclus dans le CPA (compte personnel d'activité), permettant à un salarié de capitaliser des droits pour suivre une formation tout au long de sa vie active.

**CQFD** (sigle de *ce qu'il fallait démontrer*) Sert de conclusion à une démonstration.

**crabe** nm Crustacé marin comestible.

**crac** interj Exprime le bruit d'une chose qui se rompt.

**crachat** nm Salive ou mucosité qu'on crache.

**crachement** nm **1.** Action de cracher. **2.** FIG Crépitement d'un haut-parleur, d'un récepteur téléphonique.

**cracher** vt **1.** Rejeter hors de la bouche. **2.** Lancer, projeter. **3.** FAM Dire : *cracher des injures*. ■ FIG **tout craché** : très ressemblant. ◆ vi Rejeter des crachats. ◆ vt ind [sur] FAM Dédaigner, mépriser.

**cracheur, euse** n Personne qui crache.

**crachin** nm Pluie très fine.

**crachoir** nm Récipient pour cracher.

**crachotement** nm Action de crachoter.

**crachoter** ou **crachouiller** vi **1.** Cracher à petits coups répétés. **2.** Émettre des crépitements : *la radio crachote*.

**crack** nm **1.** Cheval favori dans une course du fait de ses nombreuses victoires. **2.** FAM Personne qui se distingue dans un domaine.

**cracker** [krakœr] nm INFORM Personne qui s'introduit dans un système ou un réseau informatique pour en entraver le fonctionnement ou le détruire (recomm. off. : *pirate*).

**craie** nf Roche calcaire, tendre et blanche ; petit bâton de cette matière.

**craindre** vt (conj 55) **1.** Redouter : *je crains qu'il ne parte*. **2.** Être sensible à : *craindre le froid*.

**crainte** nf Sentiment de qqn qui craint, qui a peur. ■ **de crainte que** (+ subj) ou **de crainte de** (+ inf) : pour éviter que, de.

**craintif, ive** adj et n Porté à la crainte, peureux.

**craintivement** adv Avec crainte.

**cramer** vi et vt FAM Brûler.

**cramoisi, e** adj **1.** Rouge foncé. **2.** Qui devient rouge sous l'effet de l'émotion, de la colère, de la honte, etc.

**crampe** nf Contraction douloureuse de certains muscles. ■ **crampe d'estomac** : douleur, tiraillements à l'estomac.

**crampon** nm **1.** Pièce de métal recourbée pour lier, retenir ou saisir fortement. **2.** FAM Importun. ■ **chaussures à crampons** : utilisées, au rugby, au football, pour ne pas glisser.

**cramponner (se)** vpr **1.** S'accrocher à. **2.** FIG Se tenir fermement à qqch, malgré les obstacles : *se cramponner à un espoir*.

**cran** nm **1.** Entaille dans un corps dur, pour accrocher ou arrêter. **2.** FIG Degré : *monter, baisser d'un cran*. **3.** FAM Fermeté, courage, audace : *avoir du cran*. **4.** Ondulation des cheveux. ■ **cran d'arrêt, de sûreté** : qui cale la gâchette d'une arme à feu, la lame d'un couteau. ❑ FAM **être à cran** : exaspéré.

**crâne** nm **1.** Boîte osseuse qui contient le cerveau. **2.** FAM Tête. ◆ adj LITT Décidé, fier.

**crânement** adv LITT D'une manière crâne.

**crâner** vi FAM Faire l'important.

**crâneur, euse** adj et n FAM Qui crâne ; prétentieux, vaniteux.

**crânien, enne** adj Relatif au crâne.

**cranter** vt Faire des crans.

**crapaud** nm **1.** Amphibien à forme lourde et trapue, à peau verruqueuse. **2.** Petit fauteuil bas. **3.** Petit piano à queue.

**crapule** nf Individu très malhonnête.

**crapuleux, euse** adj Plein de bassesse, malhonnête. ■ **crime crapuleux** : commis par intérêt.

**craquant, e** adj FAM Qui fait craquer ; irrésistible.

**craqueler** vt (conj 6) Fendiller la surface de.

**craquelin** nm Biscuit très dur.

**craquelure** nf Fendillement, fissure.

**craquement** nm Bruit sec que fait un objet qui craque.

**craquer** vi **1.** Se déchirer, se briser en produisant un bruit sec. **2.** Produire un bruit sec : *parquet qui craque*. **3.** FAM S'effondrer nerveusement. **4.** FAM Ne pas résister au charme de qqn, à l'attrait de qqch ; craquer pour un chanteur ; ce gâteau a l'air délicieux, je craque. ◆ vt Briser, déchirer. ■ **craquer une allumette** : l'allumer en la frottant sur une surface rugueuse.

**craquètement** ou **craquettement** nm **1.** Petit craquement. **2.** Cri de la cigogne.

**craqueter** vi (conj 8) **1.** Craquer de façon répétée. **2.** Pousser son cri, en parlant de la cigogne.

**crash** (pl *crashs* ou *crashes*) nm (anglicisme) Atterrissage improvisé, souvent brutal.

**crasher (se)** vpr (anglicisme) **1.** FAM En parlant d'un avion, s'écraser au sol. **2.** En parlant d'un véhicule, s'écraser contre un obstacle.

**crassane** nf Poire fondante.

**crasse** nf **1.** Couche de saleté. **2.** FAM Mauvais tour : *faire une crasse*. ◆ **crasses** pl Scories d'un métal en fusion. ◆ adj f ■ FAM **ignorance crasse** : grossière.

**crasseux, euse** adj Couvert de crasse.

**crassier** nm Amoncellement des déchets, scories et résidus d'une usine métallurgique.

**cratère** nm **1.** Ouverture d'un volcan. **2.** ANTIQ Vase à deux anses.

**cravache** nf Badine pour stimuler ou corriger un cheval.

**cravacher** vt Frapper avec une cravache.

**cravate** nf Bande d'étoffe qui se noue autour du cou, sous le col de la chemise.

**cravater** vt Mettre une cravate à qqn.

**crawl** [krol] nm Nage rapide, consistant en une rotation verticale alternative des bras et un battement continu des pieds.

**crawler** [krole] vi Nager le crawl.

**crayeux, euse** [krɛjø, øz] adj Qui contient de la craie ; qui en a l'aspect.

**crayon** [krɛjɔ̃] nm Bâtonnet de bois renfermant une mine de graphite ou de matière colorante et servant à écrire, à dessiner, etc. : *crayon de couleur.* ■ **coup de crayon :** habileté à dessiner.

**crayon-feutre** (pl *crayons-feutres*) nm Stylo à pointe de feutre.

**crayonnage** nm Dessin rapide au crayon.

**crayonné** nm Avant-projet, maquette d'une illustration.

**crayonner** vt Esquisser avec un crayon.

**CRDS** nf (sigle) Contribution pour le remboursement de la dette sociale (on dit aussi : *RDS*).

**créance** nf Droit que l'on a d'exiger qqch de qqn ; titre qui établit ce droit. ■ **lettres de créance :** lettres que remet un diplomate au chef de l'État auprès duquel il est accrédité.

**créancier, ère** n Personne à qui l'on doit de l'argent.

**créateur, trice** n et adj Personne qui crée, qui invente. ◆ nm ■ **le Créateur :** Dieu.

**créatif, ive** adj et n Qui a du goût pour la création ; qui la favorise.

**création** nf **1.** Action de créer ; la ou les œuvres ainsi créées : *la création du monde.* **2.** Fait de monter une œuvre, de jouer un rôle pour la première fois.

**créativité** nf Pouvoir de création, d'invention.

**créature** nf **1.** Être créé ; en particulier, être humain par rapport à Dieu. **2.** FAM Femme : *une créature de rêve.* **3.** PÉJOR Personne dévouée à une autre.

**crécelle** nf Moulinet de bois très bruyant. ■ **voix de crécelle :** criarde, aiguë.

**crécerelle** nf Oiseau voisin du faucon.

**crèche** nf **1.** Modèle réduit de l'étable où eut lieu la naissance de Jésus-Christ, avec de nombreuses figurines, qu'on expose à Noël. **2.** Établissement où l'on reçoit dans la journée les enfants en bas âge dont les parents travaillent.

**crécher** vi (conj 10) FAM Habiter quelque part : *crécher chez ses parents.*

**crédibiliser** vt Rendre crédible.

**crédibilité** nf Caractère d'une personne ou d'une chose que l'on peut croire.

**crédible** adj Vraisemblable, qu'on peut croire.

> VOCABULAIRE *Crédible* se dit d'une personne ou d'une chose, *croyable* ne se dit que d'une chose.

**crédit** nm **1.** Réputation de solvabilité. **2.** Délai accordé pour un paiement. **3.** Partie d'un compte où est écrit ce qui est dû à qqn. **4.** Dans le cursus LMD, unité qu'un étudiant peut conserver jusqu'à la validation d'un diplôme ou d'une équivalence. **5.** FIG Confiance qu'inspire qqn : *perdre tout crédit.* ■ **à crédit :** avec paiement échelonné.

**crédit-bail** (pl *crédits-bails*) nm Contrat de location d'un bien mobilier ou immobilier, à l'issue duquel le locataire peut devenir propriétaire.

**créditer** vt Inscrire une somme au crédit de qqn : *créditer un compte.* ■ **être crédité de :** se voir attribuer : *coureur crédité d'un bon temps.*

**créditeur, trice** n Personne qui a des sommes portées à son crédit. ◆ adj ■ **compte créditeur :** qui se trouve en crédit. CONTR : **débiteur.**

**credo** [kredo] nm inv **1.** (avec une majuscule) Texte contenant les articles fondamentaux de la foi catholique. **2.** Ensemble des principes sur lesquels on fonde ses opinions.

**crédule** adj Qui croit facilement ce qu'on lui dit.

**crédulité** nf Caractère d'une personne crédule.

**créer** vt **1.** Concevoir, imaginer, faire exister : *créer une robe, une société.* **2.** FIG Susciter, occasionner : *créer des ennuis.* ■ **créer un rôle :** l'interpréter pour la première fois.

**crémaillère** nf **1.** Pièce de métal, à crans, qu'on fixe à la cheminée pour suspendre les marmites, chaudrons, etc. **2.** Pièce munie de crans, servant à supporter, arrêter, etc. : *bibliothèque à crémaillères.* ■ **pendre la crémaillère :** organiser une fête après un emménagement.

**crémation** nf Action de brûler les morts ; incinération.

**crématoire** adj Relatif à la crémation. ■ **four crématoire :** où l'on incinère.

**crématorium** nm Lieu où l'on incinère les morts.

**crème** nf **1.** Matière grasse du lait : *crème fraîche ; crème fouettée.* **2.** Dessert à base de lait et d'œufs. **3.** PAR EXT Pâte onctueuse pour la toilette, les soins de beauté : *crème à raser.* **4.** FAM Ce qu'il y a de meilleur parmi : *la crème des hommes.* **5.** Fromage fondu ou fromage à tartiner : *crème de gruyère.* **6.** Liqueur sirupeuse à base de fruits : *crème de cassis.* ■ CUIS **crème anglaise :** crème à la vanille, assez liquide. ❑ CUIS **crème glacée :** glace à base de lait. ◆ adj inv D'une couleur blanche, légèrement teintée de jaune. ◆ nm Café additionné d'un peu de crème ou de lait.

**crémerie** nf Boutique où l'on vend du lait, du beurre, des fromages.

**crémeux, euse** adj Qui contient beaucoup de crème.

**crémier, ère** n Personne qui tient une crémerie.

**crémone** nf Verrou pour fermer les croisées ou les portes.

**créneau** nm **1.** Maçonnerie dentelée au sommet d'une tour, d'une citadelle. **2.** FIG Temps disponible dans un emploi du temps. ■ **faire un créneau :** se garer entre deux véhicules stationnés.

**crénelé, e** adj Qui présente des créneaux.

**créneler** vt (conj 6) Entailler de découpures, de dents : *créneler une roue*.

**créole** n et adj Personne d'ascendance européenne, née dans les anciennes colonies (Antilles, Guyane, La Réunion, etc.). ◆ nm Langue parlée dans ces territoires. ◆ nf Boucle d'oreille faite d'un grand anneau.

**créosote** nf Liquide antiseptique et caustique.

**crêpage** nm Action de crêper.

**1. crêpe** nm **1.** Tissu léger de soie ou de laine. **2.** Bande de tissu noir portée en signe de deuil.

**2. crêpe** nf Galette légère de blé ou de sarrasin.

**crêper** vt ■ **crêper les cheveux :** les faire bouffer de façon à les épaissir. ◆ **se crêper** vpr ■ FAM **se crêper le chignon :** (a) se disputer (b) se battre physiquement.

**crêperie** nf Restaurant où les plats sont à base de crêpes.

**crépi** nm Enduit de plâtre ou de mortier non lissé.

**crêpier, ère** n Marchand de crêpes.

**crêpière** nf Poêle ou plaque de cuisson qui sert à faire des crêpes, des galettes de sarrasin.

**crépine** nf Membrane de la panse du mouton, du porc, du veau.

**crépinette** nf Saucisse plate entourée de crépine.

**crépir** vt Enduire d'un crépi.

**crépissage** nm Action de crépir.

**crépitement** nm Bruit de ce qui crépite.

**crépiter** vi Pétiller, faire entendre un bruit sec et fréquent.

**crépon** nm et adj m Tissu ou papier gaufré.

**crépu, e** adj Se dit de cheveux frisés en touffes serrées.

**crépusculaire** adj Du crépuscule : *clarté crépusculaire*.

**crépuscule** nm **1.** Lumière qui suit le soleil couchant jusqu'à la nuit close. **2.** FIG, LITT Déclin : *crépuscule de la vie*.

**crescendo** [kreʃendo] adv MUS Indication de l'augmentation progressive de l'intensité du son. ◆ nm inv Accroissement progressif.

**cresson** [kresɔ̃] ou [krəsɔ̃] nm Plante herbacée comestible qui croît dans l'eau douce.

**cressonnière** nf Bassin d'eau courante où l'on fait pousser le cresson.

**crétacé** nm Période géologique de la fin de l'ère secondaire.

**crête** nf **1.** Excroissance charnue, rouge et dentelée sur la tête de certains gallinacés. **2.** Ligne du sommet d'un mur, d'une vague. ■ **ligne de crête :** (a) ligne passant par les points les plus élevés du relief (b) FIG position délicate entre deux points de vue ou exigences opposés : *être sur la ligne de crête entre rentabilité et justice sociale*.

**crétin, e** adj et n FAM Idiot, imbécile.

**crétinerie** nf FAM Sottise, stupidité.

**cretonne** nf Tissu d'ameublement en coton imprimé.

**creusage** ou **creusement** nm Action de creuser.

**creuser** vt **1.** Rendre creux en ôtant de la matière : *creuser la terre*. **2.** Faire une cavité : *creuser un puits*. **3.** FIG Approfondir : *creuser un problème*. **4.** FAM Donner de l'appétit : *le grand air creuse*. ◆ **se creuser** vpr ■ FAM **se creuser la cervelle, la tête :** faire un effort de réflexion.

**creuset** nm **1.** Récipient pour faire fondre certaines substances. **2.** LITT Lieu où se mêlent diverses choses : *la Méditerranée, un creuset de civilisations*.

**Creutzfeld-Jakob** ■ **maladie de Creutzfeld-Jakob** nf Encéphalopathie spongiforme humaine.

**creux, euse** adj **1.** Dont l'intérieur est vide : *tige creuse*. **2.** Qui présente une concavité : *assiette creuse*. **3.** FIG Vide d'idées, de sens : *phrase creuse*. **4.** FIG Où l'activité, l'affluence sont réduites : *heure creuse*. ◆ adv ■ **objet qui sonne creux :** qui rend un son indiquant qu'il est vide. ◆ nm **1.** Cavité : *le creux d'un rocher*. **2.** Partie concave : *le creux de la main*. **3.** Profondeur entre deux vagues : *un creux de 2 mètres*. **4.** FIG Moment de moindre activité : *période de creux*. ■ **au creux de la vague :** dans une période d'échec, de dépression. ❑ **avoir un creux :** avoir faim.

**crevaison** nf Éclatement ou déchirure d'un objet gonflé, en particulier d'un pneu.

**crevant, e** adj FAM **1.** Épuisant. **2.** Très drôle.

**crevasse** nf **1.** Fissure à la surface d'un mur, d'un sol. **2.** Fente étroite et profonde dans un glacier. **3.** Fente peu profonde de la peau.

**crevasser** vt Faire des crevasses.

**crève** nf FAM ■ **attraper la crève :** prendre froid, attraper un rhume, la grippe, etc.

**crève-cœur** nm inv Chose qui désole.

**crever** vt (conj 9) **1.** Faire éclater, déchirer, percer : *crever un ballon, un œil.* **2.** FAM Fatiguer, épuiser : *cette marche m'a crevée.* ■ **crever les yeux :** être évident. ◆ vi **1.** Éclater, se rompre : *pneu qui crève.* **2.** Être victime d'une crevaison : *le camion a crevé ; j'ai crevé sur l'autoroute.* **3.** Mourir, en parlant d'un animal, d'une plante. ■ FAM **crever de :** éprouver au plus haut degré : *crever de faim.*

**crevette** nf Petit crustacé marin.

**cri** nm **1.** Son perçant que lance la voix : *pousser un cri.* **2.** Son propre à chaque animal. ■ FAM **dernier cri :** à la pointe de la mode.

**criaillement** nm Cri désagréable.

**criailler** vi FAM Crier beaucoup, pour rien.

**criaillerie** nf (souvent au pluriel) Suite de récriminations, cris fréquents.

**criant, e** adj **1.** Manifeste, évident : *vérité criante.* **2.** Révoltant : *injustice criante.*

**criard, e** adj **1.** Qui crie fort et beaucoup. **2.** Qui a un timbre déplaisant : *voix criarde.* ■ FIG **couleur criarde :** qui choque la vue.

**criblage** nm Action de cribler.

**crible** nm Instrument percé de trous pour trier le grain. ■ **passer au crible :** examiner avec soin.

**cribler** vt **1.** Trier avec un crible. **2.** Couvrir, marquer en de nombreux endroits : *cribler de coups.* ■ **être criblé de dettes :** en être accablé.

**cric** [krik] nm Appareil pour soulever les fardeaux, les automobiles.

**cricket** [kriket] nm Jeu de balle anglais.

**cricri** nm FAM Grillon.

**criée** nf Vente publique aux enchères.

**crier** vi **1.** Pousser un cri ou des cris : *crier de douleur.* **2.** Parler très haut et avec colère : *parler sans crier.* ■ **crier au scandale :** dénoncer vigoureusement le scandale. ◆ vt **1.** Dire d'une voix forte : *crier un ordre.* **2.** Manifester avec passion : *crier son indignation.* ■ **crier famine, misère :** se plaindre. ❏ **crier vengeance :** mériter une vengeance, en parlant d'un acte condamnable.

**crime** nm **1.** Homicide volontaire. **2.** DR La plus grave des infractions à la loi : *crime contre la sûreté de l'État.* **3.** Action très blâmable.

**criminalité** nf Ensemble des infractions criminelles commises dans un milieu donné, à une époque donnée.

**criminel, elle** adj et n Coupable d'un crime. ◆ adj **1.** DR Relatif au crime : *droit criminel.* **2.** Contraire aux lois naturelles ou sociales : *acte criminel.* ◆ n ■ DR **criminel de guerre :** personne qui a violé les lois et coutumes de la guerre.

**criminellement** adv De façon criminelle.

**criminologie** nf Étude scientifique du phénomène criminel.

**criminologue** n Spécialiste de criminologie.

**crin** nm Poil long et rude de certains quadrupèdes : *crin de cheval.* ■ **crin végétal :** fibre végétale. ❏ FIG **à tous crins :** à outrance.

**crincrin** nm FAM Mauvais violon.

**crinière** nf **1.** Ensemble des crins du cou d'un cheval, d'un lion. **2.** FAM Chevelure abondante.

**crinoline** nf ANC Jupon bouffant, maintenu par des baleines.

**crique** nf Petite baie.

**criquet** nm Insecte herbivore qui ressemble à une grosse sauterelle.

**crise** nf **1.** Manifestation aiguë d'un trouble physique ou moral : *crise cardiaque ; crise de nerfs.* **2.** Période difficile, situation tendue : *crise politique.* **3.** Dépression économique : *période de crise.* **4.** Pénurie : *crise du logement.*

**crispant, e** adj Qui agace.

**crispation** nf **1.** Contraction : *crispation musculaire.* **2.** FAM Irritation, agacement.

**crisper** vt **1.** Causer des contractions : *l'inquiétude crispait son visage.* **2.** Irriter, agacer : *sa lenteur me crispe.*

**crissement** nm Grincement aigu.

**crisser** vi Produire un bruit aigu, grinçant.

**cristal** (pl *cristaux*) nm **1.** Substance minérale ayant naturellement une forme géométrique bien définie. **2.** Verre blanc très pur et très limpide ; objet fait dans cette matière. ■ **cristal de roche :** quartz hyalin, de substance très dure et très limpide. ❏ **cristal liquide :** substance combinant certaines propriétés des liquides et des solides cristallins. (Il est utilisé pour l'affichage numérique des données.)

**cristallerie** nf Art de fabriquer des objets en cristal ; lieu où on les fabrique.

**cristallin, e** adj **1.** De la nature du cristal. **2.** Qui a la limpidité ou la sonorité claire du cristal : *eau cristalline ; voix cristalline.* ◆ nm Organe de l'œil jouant le rôle d'une lentille.

**cristallisation** nf Action de cristalliser ; fait de se cristalliser.

**cristallisé, e** adj Qui se présente sous forme de cristaux : *sucre cristallisé.*

**cristalliser** vt **1.** Changer en cristaux : *cristalliser du sucre.* **2.** FIG Donner force et cohérence : *cristalliser les énergies.* ◆ vi ou **se cristalliser** vpr **1.** Se former en cristaux.

**2.** FIG Se concentrer, se fixer : *tout son amour s'est cristallisé sur elle*.

**cristallographie** nf Étude scientifique des cristaux.

**critère** nm Ce qui permet de juger, d'apprécier, d'analyser.

**critérium** [kriterjɔm] nm Épreuve sportive de qualification.

**critiquable** adj Qui peut être critiqué : *conduite critiquable*.

**1. critique** adj **1.** Qui juge, apprécie : *étude critique*. **2.** Qui est porté à critiquer : *il est très critique*. **3.** Dangereux, décisif : *instant critique*. ■ **esprit critique :** (a) fait d'examiner les choses avant de juger, de décider (b) tendance à blâmer. ◆ n Personne qui porte son jugement sur des œuvres littéraires ou artistiques.

**2. critique** nf **1.** Art de juger une œuvre littéraire ou artistique : *critique musicale*. **2.** Jugement porté sur une œuvre : *avoir de bonnes critiques*. **3.** Ensemble de ceux qui font métier de porter un jugement sur des œuvres : *le film a été bien reçu par la critique*. **4.** Blâme, reproche : *ne pas supporter les critiques*.

**critiquer** vt **1.** Analyser les qualités et les défauts des personnes, des choses. **2.** Juger défavorablement.

**croassement** nm Cri du corbeau.

**croasser** vi Pousser des croassements.

**croate** adj et n De Croatie : *les Croates*.

**croc** [kro] nm **1.** Grappin. **2.** Perche armée d'un crochet : *croc de boucherie*. **3.** Chacune des quatre canines des carnivores.

**croc-en-jambe** [krɔkɑ̃ʒɑ̃b] (pl *crocs-en-jambe*) nm Action de placer le pied entre les jambes de qqn pour le faire tomber.

**1. croche** nf MUS Note qui vaut la moitié d'une noire.

**2. croche** adj CANADA **1.** Crochu ; voûté. **2.** FIG Malhonnête.

**croche-patte** (pl *croche-pattes*) nm FAM Croc-en-jambe.

**croche-pied** (pl *croche-pieds*) nm Croc-en-jambe.

**crochet** nm **1.** Morceau de métal recourbé servant à suspendre, à accrocher : *tableau suspendu par des crochets*. **2.** Tige de fer recourbée pour ouvrir une serrure. **3.** Aiguille à pointe recourbée pour faire des ouvrages en laine, en coton ; ouvrage ainsi exécuté : *faire du crochet*. **4.** Signe graphique proche de la parenthèse : [ ]. **5.** Détour sur un trajet : *faire un crochet*. **6.** En boxe, coup de poing. ■ **vivre aux crochets de qqn :** à ses dépens.

**crochetage** nm Action de crocheter.

**crocheter** vt (conj 7) Ouvrir une serrure avec un crochet.

**crochu, e** adj Recourbé en forme de crochet. ■ FAM **avoir les doigts crochus :** être avide, avare ou voleur.

**crocodile** nm Grand reptile qui vit dans les fleuves et les lacs des régions chaudes. ■ FIG **larmes de crocodile :** larmes hypocrites.

**crocus** [krɔkys] nm Plante herbacée à bulbe.

**croire** vt (conj 74) **1.** Tenir pour vrai : *croire une histoire*. **2.** Tenir pour sincère : *croire un témoin*. **3.** Estimer probable ou possible : *je crois qu'il viendra*. **4.** Considérer comme : *je le croyais plus habile*. ■ **en croire qqn, qqch :** s'y fier : *à l'en croire, il sait tout ; ne pas en croire ses oreilles*. ◆ vt ind [à, en] **1.** Tenir pour certaine l'existence de : *croire à l'enfer*. **2.** Avoir confiance en : *croire en ses amis*. ◆ vi Avoir la foi religieuse. ◆ **se croire** vpr Être vaniteux.

<u>GRAMMAIRE</u> On dit : *je ne crois pas qu'il viendra* (c'est mon avis) ; *je ne crois pas qu'il vienne* (mais cela reste possible).

**croisade** nf **1.** HIST Expédition militaire des chrétiens d'Occident contre les musulmans en Terre sainte. **2.** FIG Action collective : *croisade antialcoolique*.

**1. croisé, e** adj **1.** En forme de croix. **2.** Se dit d'une analyse, d'une description fondée sur l'alternance des différents points de vue : *regards croisés ; portraits croisés*. ■ **veste croisée :** qui croise par devant. ❑ **rimes croisées :** rimes féminines et masculines alternées.

**2. croisé, e** n Personne qui se bat pour lancer, promouvoir une idée, un mouvement, etc. ◆ nm Celui qui participait à une croisade.

**croisée** nf **1.** Fenêtre. **2.** Endroit où deux voies se croisent : *croisée des chemins*.

**croisement** nm **1.** Action de croiser. **2.** Endroit où se coupent plusieurs voies : *s'arrêter au croisement*. **3.** Reproduction sexuelle à partir de deux animaux de race différente.

**croiser** vt **1.** Disposer deux choses l'une sur l'autre en croix : *croiser les jambes*. **2.** Traverser en coupant : *route qui en croise une autre*. **3.** Rencontrer : *croiser ses voisins*. **4.** Effectuer le croisement de deux espèces animales. ■ **croiser les doigts :** mettre le majeur sur l'index pour conjurer le mauvais sort. ◆ vi MAR Aller et venir dans une même zone, afin d'exercer une surveillance. ◆ **se croiser** vpr Se rencontrer. ■ **lettres qui se croisent :** qui sont échangées au même moment. ❑ **se croiser les bras :** rester inactif.

**croiseur** nm Navire de guerre destiné aux missions d'escorte, etc.

**croisière** nf Voyage touristique en mer.

**croisillon** nm **1.** Traverse d'une croix, d'une croisée. **2.** Élément en forme de croix.

**croissance** nf **1.** Développement progressif d'un corps organisé : *enfant en pleine croissance.* **2.** Augmentation de l'activité d'un ensemble économique et social ; augmentation des biens et des services de la production nationale : *croissance économique.*

**1. croissant** nm Viennoiserie feuilletée en forme de demi-cercle. ■ **croissant de lune :** forme échancrée de la Lune.

**2. croissant, e** adj Qui croît.

**croissanterie** nf Local où l'on peut acheter des viennoiseries.

**croître** vi (conj 66) **1.** Grandir, se développer, pousser. **2.** Augmenter.

**croix** nf **1.** Ancien instrument de supplice formé de deux pièces de bois assemblées transversalement. **2.** Représentation de la croix sur laquelle mourut Jésus-Christ. **3.** Objet en forme de croix. **4.** Insigne, décoration en forme de croix : *la croix de guerre.* **5.** Signe formé par deux traits qui se coupent en X : *mettre une croix dans la marge.* ■ **croix rouge :** insigne des services de santé. ❑ **signe de croix :** geste de piété des chrétiens. ❑ FAM **faire une croix sur qqch :** y renoncer définitivement.

**cromlech** [krɔmlɛk] nm Monument mégalithique formé de menhirs disposés en cercle.

**croquant, e** adj Qui croque sous la dent.

**croque-au-sel (à la)** loc adv Cru et sans autre assaisonnement que du sel.

**croque-madame** nm inv Croque-monsieur servi avec un œuf.

**croque-mitaine** (pl *croque-mitaines*) nm **1.** Personnage fantastique dont on menace les enfants. **2.** Personne sévère.

**croque-monsieur** nm inv Sandwich chaud composé de deux tranches de pain de mie garnies de fromage et de jambon.

**croque-mort** (pl *croque-morts*) nm FAM Employé des pompes funèbres.

**croquer** vt **1.** Manger en broyant avec les dents. **2.** FIG Dessiner sur le vif : *croquer un chat.* **3.** FAM Dilapider : *croquer un héritage.* ◆ vi Faire un bruit sec sous les dents.

**croquet** nm Jeu de boules avec un maillet et des arceaux.

**croquette** nf **1.** Aliment pour chien ou chat en forme de boulettes sèches. **2.** Boulette de pâte, de hachis, etc., frite.

**croquignolet, ette** adj FAM Joli, charmant.

**croquis** nm Dessin rapide qui indique à grands traits ce qu'on veut montrer.

**crosne** [kron] nm Plante labiée à tubercule comestible.

**cross** ou **cross-country** [krɔskuntri] (pl *cross-countrys* ou *cross-countries*) nm Course d'obstacles en terrain varié.

**crosse** nf **1.** Grand bâton à l'extrémité supérieure recourbée que portent les évêques. **2.** Bâton recourbé, usité dans certains jeux pour chasser une balle. **3.** Partie recourbée de certains objets, de certains organes : *crosse de l'aorte.* **4.** Partie du fusil que l'on épaule. ■ FIG, FAM **chercher des crosses à qqn :** lui chercher querelle.

**crossover** [krɔsɔvœr] nm Véhicule automobile, aussi appelé *multisegment,* empruntant les caractéristiques de différentes catégories (quatre-quatre et berline, par ex.).

**crotale** nm Serpent venimeux (appelé aussi : *serpent à sonnettes*).

**crotte** nf **1.** Excrément de certains animaux, de l'homme. **2.** Bonbon au chocolat.

**crotté, e** adj Sali de boue.

**crottin** nm **1.** Excrément de cheval. **2.** Petit fromage de chèvre.

**crouille** ou **crouye** adj SUISSE, FAM Indiscipliné ; taquin : *une crouille gamine.*

**croulant, e** adj Qui tombe en ruine, qui s'effondre.

**crouler** vi **1.** Tomber en s'affaissant, s'effondrer. **2.** FIG Être écrasé, surchargé : *crouler sous le travail.*

**croup** [krup] nm VIEILLI Laryngite diphtérique.

**croupe** nf Partie postérieure de certains quadrupèdes, qui va des reins à l'origine de la queue. ■ **en croupe :** à cheval derrière le cavalier ou sur la partie arrière d'une selle de moto.

**croupetons (à)** loc adv Dans la position accroupie.

**croupi, e** adj Corrompu par la stagnation : *eau croupie.*

**croupier, ère** n Employé d'une maison de jeux qui paie et ramasse l'argent.

**croupière** nf Longe de cuir qui passe sur la croupe et sous la queue du cheval. ■ VIEILLI **tailler des croupières :** susciter des difficultés.

**croupion** nm Extrémité inférieure de l'épine dorsale d'un oiseau, d'une volaille.

**croupir** vi **1.** Se corrompre, stagner, en parlant de l'eau. **2.** Vivre dans un état dégradant.

**croupissant, e** adj Qui croupit.

**croustade** nf Pâté chaud, fourré de viande, etc.

**croustillant, e** adj **1.** Qui croustille. **2.** FIG Grivois, licencieux.

**croustiller** vi Croquer sous la dent.

**croûte** nf **1.** Partie extérieure du pain, du fromage, du pâté, etc., plus dure que l'intérieur. **2.** Couche extérieure durcie, à la surface de qqch. **3.** Plaque formée sur la peau par le sang séché. **4.** FAM Mauvais tableau. ■ FAM **casser la croûte** : manger. ❑ **croûte terrestre** : écorce terrestre. ❑ FAM **gagner sa croûte** : gagner sa vie.

**croûton** nm **1.** Extrémité d'un pain. **2.** Petit morceau de pain frit.

**croyable** adj Qui peut être cru : *c'est à peine croyable.*

VOCABULAIRE *Croyable* ne se dit que d'une chose, contrairement à *crédible.*

**croyance** nf **1.** Action de croire. **2.** Opinion, doctrine.

**croyant, e** adj et n Qui a une foi religieuse.

**CRS** nm (sigle de *compagnie républicaine de sécurité*) Policier membre d'une force d'intervention pour le maintien de l'ordre.

**1. cru** nm Terroir où croît un vin particulier ; ce vin. ■ FIG **de son cru** : de sa propre invention. ❑ FAM **du cru** : du pays, de la région dont il est question.

**2. cru, e** adj **1.** Qui n'est pas cuit. **2.** Sans atténuation, violent, direct : *couleur, lumière crue.* **3.** FIG Libre, réaliste, qui peut choquer : *détails crus.* ◆ **à cru** loc adv Sans selle sur une monture.

**cruauté** nf **1.** Fait d'être cruel. **2.** (souvent au pluriel) Acte cruel.

**cruche** nf **1.** Récipient à anse et à bec. **2.** FAM Personne stupide.

**cruchon** nm Petite cruche.

**crucial, e, aux** adj Très important ; essentiel, décisif : *choix crucial.*

**crucifère** nf Plante dont la fleur a une corolle formée de quatre pétales en croix, comme le chou, le cresson (les crucifères forment une famille).

**crucifié, e** n et adj Personne mise en croix.

**crucifiement** nm Action de crucifier.

**crucifier** vt Infliger le supplice de la croix.

**crucifix** [krysifi] nm inv Croix sur laquelle le Christ est représenté crucifié.

**crucifixion** nf Tableau représentant le crucifiement de Jésus-Christ.

**cruciforme** adj En forme de croix.

**cruciverbiste** n Amateur de mots croisés.

**crudité** nf État de ce qui est cru : *crudité d'une viande, d'un propos.* ◆ **crudités** pl Légumes crus ou cuits servis froids : *assiette de crudités.*

**crue** nf Augmentation du débit d'un cours d'eau.

**cruel, elle** adj **1.** Qui se plaît à faire ou à voir souffrir. **2.** Sanguinaire, barbare : *acte cruel.* **3.** Pénible : *décision cruelle.*

**cruellement** adv De façon cruelle.

**crûment** adv De façon dure, sans ménagement : *parler crûment.*

**crural, e, aux** adj De la cuisse : *nerf crural.*

**crustacé** nm Animal aquatique articulé, à respiration branchiale, à carapace (langouste, crabe, etc.).

**cryoconservation** nf Conservation par le froid de tissus vivants ou de cellules.

**crypte** nf Chapelle généralement souterraine dans une église.

**crypté, e** adj ■ **chaîne cryptée** : chaîne de télévision qui nécessite un décodeur pour être regardée en clair.

**cryptogame** adj et nm Se dit d'une plante dont les organes de la fructification sont cachés, comme les champignons, les mousses, les fougères.

**cryptogramme** nm Message écrit à l'aide d'un système chiffré ou codé.

**cryptographie** nf Technique permettant de chiffrer et de coder des messages.

**cryptomonnaie** nf Moyen de paiement virtuel (EX : bitcoin), utilisable essentiellement sur Internet, s'appuyant sur la cryptographie pour sécuriser les transactions.

**CSE** nm (sigle de *comité social et économique*) Organe de l'entreprise composé de l'employeur et des représentants du personnel, chargé d'assurer l'expression des salariés et la prise en compte de leurs intérêts.

**CSG** nf (sigle) Contribution sociale généralisée.

**CSP** nf (sigle de *catégorie socio-professionnelle*) Mode de classification de la population regroupant les individus en fonction d'un critère d'homogénéité sociale.

**cubage** nm **1.** Action de cuber. **2.** Volume.

**cubain, e** adj et n De Cuba : *les Cubains.*

**cube** nm **1.** Parallélépipède à six faces carrées égales ; objet ayant cette forme : *jouer avec des cubes.* **2.** MATH Produit de trois nombres égaux. ◆ adj Qui indique la mesure d'un volume : *mètre cube.*

**cuber** vt Évaluer un volume en mètres cubes, décimètres cubes, etc. ◆ vi Avoir un volume de.

**cubilot** nm Fourneau pour la préparation de la fonte.

**cubique** adj En forme de cube. ■ **racine cubique d'un nombre** : nombre dont le cube est égal à ce nombre.

**cubisme** nm Courant artistique du début du XX^e^ s., se proposant de représenter les objets sous des formes géométriques.

**cubiste** adj et n Qui appartient au cubisme ; qui s'en réclame.

**Cubitainer** nm (nom déposé) Cube de plastique pour le transport des liquides.

**cubital, e, aux** adj Du coude.

**cubitus** [kybitys] nm Le plus gros des deux os de l'avant-bras.

**cucul** [kyky] adj inv FAM Ridicule, niais : *un film cucul.*

**cucurbitacée** nf Plante à tige rampante et à gros fruits telle que le melon, la courge, etc. (les cucurbitacées forment une famille).

**cueillette** nf Action de cueillir des fruits, des plantes.

**cueillir** vt (conj 24) **1.** Détacher de leurs tiges des fruits, des fleurs. **2.** FAM Emmener, prendre au passage. **3.** FAM Arrêter qqn.

CONJUGAISON Attention au futur de *cueillir : je cueillerai.*

**cueilloir** nm Instrument pour cueillir les fruits haut placés.

**cuillère** ou **cuiller** nf **1.** Ustensile de table comprenant un manche et une partie creuse : *cuillère à café, à soupe.* **2.** Accessoire de pêche.

**cuillerée** nf Contenu d'une cuillère.

**cuir** nm **1.** Peau épaisse de certains animaux. **2.** Peau tannée, corroyée, etc. **3.** FIG Faute de liaison dans la prononciation. ■ **cuir chevelu** : la peau de la tête recouverte de cheveux.

**cuirasse** nf Armure recouvrant le dos et la poitrine. ■ FIG **défaut de la cuirasse** : point vulnérable.

**cuirassé, e** adj **1.** Protégé par une cuirasse. **2.** FIG Préparé à tout, endurci. ◆ nm Navire de guerre blindé.

**cuirassement** nm **1.** Action de cuirasser. **2.** Revêtement métallique.

**cuirasser** vt **1.** Revêtir d'une cuirasse. **2.** FIG Endurcir. ◊ vpr : *se cuirasser contre les émotions.*

**cuirassier** nm ANC Soldat de cavalerie, jadis porteur d'une cuirasse.

**cuire** vt (conj 70) **1.** Préparer des aliments sous l'action de la chaleur. **2.** Transformer du plâtre, de la brique, etc., par l'action de la chaleur. ◆ vi **1.** Être soumis à l'action de la chaleur : *la viande cuit.* **2.** Causer une irritation, une sensation de brûlure : *la peau me cuit.* **3.** FAM Être accablé de chaleur : *on cuit dans cette pièce.* ■ VIEILLI **il vous en cuira** : vous vous en repentirez.

**cuisant, e** adj **1.** Âpre, aigu : *douleur cuisante.* **2.** FIG Qui affecte douloureusement : *échec cuisant.*

**cuisine** nf **1.** Lieu où l'on prépare les aliments. **2.** Art, action de les préparer : *faire la cuisine.* **3.** Ces aliments mêmes : *aimer la cuisine exotique.* **4.** FAM, PÉJOR Manœuvre louche, intrigue, trafic : *cuisine électorale.*

**cuisiné, e** adj ■ **plat cuisiné** : vendu tout préparé.

**cuisiner** vi Faire la cuisine. ◆ vt **1.** Accommoder un plat. **2.** FAM Interroger insidieusement, chercher à faire avouer.

**cuisinette** nf Kitchenette.

**cuisinier, ère** n Personne qui fait la cuisine ; personne dont c'est le métier.

**cuisinière** nf Appareil ménager muni de plusieurs foyers et d'un four pour faire cuire les aliments.

**cuissard** nm Culotte faisant partie de l'équipement du coureur cycliste.

**cuissarde** nf Botte dont la tige monte jusqu'à la cuisse.

**cuisse** nf Partie de la jambe, de la hanche au genou.

**cuisseau** nm Partie du veau comprenant la cuisse et la région du bassin.

**cuisson** nf Action, façon de cuire.

**cuissot** nm Cuisse de gros gibier.

**cuistot** nm FAM Cuisinier.

**cuistre** nm LITT Pédant.

**cuistrerie** nf LITT Pédanterie ridicule.

**cuit, e** adj Préparé par la cuisson. ■ FAM **être cuit** : être perdu, ruiné.

**cuite** nf ■ FAM **prendre une cuite** : s'enivrer.

**cuiter (se)** vpr FAM S'enivrer, se soûler.

**cuivrage** nm Action de cuivrer.

**cuivre** nm Métal de couleur rouge-brun ; symb : Cu ; objet fait dans ce métal. ■ **cuivre jaune** : laiton. ◆ **cuivres** pl Instruments de musique à vent, en métal et à embouchure, comme la trompette.

**cuivré, e** adj De la couleur du cuivre : *teint cuivré.*

**cuivrer** vt **1.** Recouvrir de cuivre. **2.** Donner une teinte de cuivre.

**cuivreux, euse** adj ■ **métaux cuivreux** : qui contiennent du cuivre en alliage.

**cul** [ky] nm **1.** TRÈS FAM Derrière, postérieur de l'homme et de divers animaux. **2.** Partie postérieure ou inférieure de certains objets : *cul de bouteille.* ■ FAM **boire cul sec** : d'un trait. ❑ FAM **être comme cul et chemise** : s'entendre parfaitement.

**culasse** nf **1.** Fond du canon d'une arme à feu. **2.** Partie supérieure des cylindres d'un moteur à explosion.

**culbute** nf **1.** Saut fait en roulant sur le dos, les pieds passant par-dessus la tête. **2.** Chute brusque à la renverse. ■ FAM **faire la culbute** : (a) faire faillite (b) revendre deux fois plus cher que le prix d'achat.

**culbuter** vt Renverser violemment. ◆ vi Tomber à la renverse.

**culbuteur** nm **1.** Dispositif pour faire basculer un récipient, un véhicule, etc. **2.** Pièce d'un moteur de voiture.

**cul-de-jatte** (pl *culs-de-jatte*) n Personne privée de ses membres inférieurs.

**cul-de-lampe** (pl *culs-de-lampe*) nm **1.** ARCHIT Ornement de voûte. **2.** IMPR Vignette à la fin d'un chapitre.

**cul-de-poule (en)** loc adj FAM ▪ **bouche en cul-de-poule** : dont les lèvres sont resserrées et arrondies.

**cul-de-sac** (pl *culs-de-sac*) nm Rue sans issue ; impasse.

**culée** nf Massif de maçonnerie soutenant la poussée de la voûte des dernières arches d'un pont.

**culinaire** adj Relatif à la cuisine : *art culinaire.*

**culminant, e** adj ▪ **point culminant** : le plus haut.

**culminer** vi Atteindre son point ou son degré le plus élevé.

**culot** nm **1.** Fond métallique d'une cartouche, d'un creuset. **2.** Résidu au fond d'une pipe. **3.** FAM Audace, effronterie.

**culotte** nf **1.** Vêtement qui couvre le corps de la ceinture aux genoux. **2.** Sous-vêtement féminin. SYN : slip. **3.** FAM Perte au jeu. ▪ FAM **porter la culotte** : commander, dans un ménage, en parlant d'une femme.

**culotté, e** adj FAM Qui a du culot.

**culotter** vt Noircir par l'usage. ▪ **culotter une pipe** : laisser se former un culot dans son fourneau.

**culpabilisant, e** adj Qui culpabilise.

**culpabilisation** nf Action de culpabiliser.

**culpabiliser** vt Donner à qqn le sentiment qu'il est coupable. ◆ vi Éprouver un sentiment de culpabilité : *culpabiliser pour rien.*

**culpabilité** nf État d'une personne coupable. ▪ **sentiment de culpabilité** : sentiment d'une personne qui se juge coupable.

**culte** nm **1.** Hommage qu'on rend à une divinité, à une personne ou à une chose qu'on vénère. **2.** Religion : *culte catholique.* **3.** Chez les protestants, office religieux. **4.** (en appos., avec ou sans trait d'union) Qui suscite chez certains une admiration passionnée : *une série culte ; une star-culte.*

**cultivable** adj Qu'on peut cultiver.

**cultivateur, trice** n Personne qui cultive la terre ; agriculteur.

**cultivé, e** adj Instruit dans de nombreux domaines.

**cultiver** vt **1.** Travailler la terre pour la rendre fertile. **2.** Faire pousser une plante. **3.** FIG Former, développer, perfectionner : *cultiver sa mémoire, sa voix.* **4.** Entretenir soigneusement des relations avec qqn : *cultiver une amitié.* ◆ **se cultiver** vpr Accroître ses connaissances.

**cultuel, elle** adj Du culte.

**culture** nf **1.** Action de cultiver une terre, une plante. **2.** Terrain que l'on cultive. **3.** Ensemble des connaissances acquises. **4.** Ensemble des productions artistiques et intellectuelles d'une société. **5.** Civilisation : *la culture occidentale.* **6.** Ensemble de convictions partagées et de comportements qui caractérisent un groupe : *une culture laïque.* ▪ **culture d'entreprise** : ensemble des traditions de savoir-faire et d'organisation du travail sur lesquelles est fondée la cohésion d'une entreprise. ❑ **culture physique** : gymnastique.

**culturel, elle** adj **1.** Relatif à la culture intellectuelle : *centre culturel.* **2.** Relatif à une civilisation : *habitudes culturelles.*

**culturisme** nm Culture physique destinée à développer les muscles.

**cumin** nm Ombellifère aromatique ; graine de cette plante utilisée comme condiment.

**cumul** nm Action de cumuler.

**cumulable** adj Que l'on peut cumuler.

**cumulatif, ive** adj Qui est cumulé avec autre chose.

**cumuler** vt et vi Exercer plusieurs emplois en même temps, percevoir plusieurs traitements, avoir en même temps plusieurs titres.

**cumulo-nimbus** nm inv Nuage de grande dimension, de couleur foncée, qui, très souvent, annonce un orage.

**cumulus** [kymylys] nm Nuage blanc de beau temps.

**cunéiforme** adj ▪ **écriture cunéiforme** : système d'écriture de l'ancienne Mésopotamie, utilisant des caractères en forme de clous.

**cupcake** [kœpkɛk] nm Petit gâteau rond moelleux recouvert d'un glaçage très coloré.

**cupide** adj LITT Avide d'argent.

**cupidité** nf LITT Désir excessif d'argent.

**cuprifère** adj Qui contient du cuivre.

**cuprique** adj CHIM De la nature du cuivre.

**cupronickel** nm Alliage de cuivre et de nickel.

**cupule** nf BOT Organe enveloppant les fruits de certains arbres (chênes, hêtres, etc.).

**curable** adj Qui peut se guérir.

**curaçao** [kyraso] nm Liqueur à base d'écorces d'oranges, de sucre et d'eau-de-vie.

**curage** nm Action de curer.

**curare** nm Substance d'origine végétale ou animale, ou obtenue par synthèse, à l'action paralysante.

**curatelle** nf Fonction de curateur.

**curateur, trice** n Personne désignée par la loi pour l'administration des biens d'un mineur, d'un incapable majeur.

**curatif, ive** adj Relatif à la guérison d'une maladie : *méthode curative.*

**1. cure** nf Traitement médical : *cure thermale.* ■ **faire une cure de :** user, consommer beaucoup de. ❑ LITT **n'avoir cure de :** ne pas se préoccuper de.

**2. cure** nf Habitation d'un curé.

**curé** nm Prêtre catholique chargé de la direction d'une paroisse.

**cure-dents** nm inv ou **cure-dent** (pl *cure-dents*) nm Petite pointe pour curer les dents.

**curée** nf **1.** VÉNER Partie de la bête que l'on donne à la meute ; cette distribution elle-même. **2.** FIG Lutte avide pour s'emparer de quelque chose.

**cure-ongles** nm inv ou **cure-ongle** (pl *cure-ongles*) nm Instrument servant à se nettoyer les ongles.

**cure-pipes** nm inv ou **cure-pipe** (pl *cure-pipes*) nm Instrument pour nettoyer le fourneau d'une pipe.

**curer** vt Nettoyer en grattant, en raclant.

**curetage** ou **curettage** nm CHIR Opération qui consiste à enlever avec une curette des corps étrangers ou des tissus malades.

**cureter** vt (conj 8) CHIR Faire un curetage.

**curette** nf CHIR Instrument en forme de cuillère, utilisé pour cureter.

**1. curie** nf **1.** ANTIQ ROM Subdivision des trois tribus primitives. **2.** Ensemble des administrations pontificales.

**2. curie** nm Ancienne unité de mesure de la radioactivité.

**curieusement** adv De façon curieuse.

**curieux, euse** adj et n **1.** Avide de voir, de connaître, d'apprendre. **2.** Qui cherche à savoir ce qui ne le concerne pas ; indiscret. ◆ adj Propre à exciter l'attention ; surprenant : *il lui est arrivé une curieuse aventure.*

**curiosité** nf **1.** Caractère d'une personne ou d'une chose curieuse. **2.** Objet curieux ; chose insolite. ◆ **curiosités** pl Choses rares : *amateur de curiosités.*

**curiste** n Personne qui fait une cure thermale.

**curling** [kœrliŋ] nm Sport consistant à déplacer un lourd palet sur la glace.

**curriculum vitae** [kyrikylɔmvite] nm inv ou **curriculum** nm Document indiquant l'état civil, les études, la carrière professionnelle de quelqu'un (abréviation : *CV*).

**curry** ou **cari** ou **cari** nm **1.** Épice indienne composée de gingembre, de piment, etc. **2.** Plat de viande, volaille ou poisson préparé avec cette épice.

**curseur** nm **1.** Pointe qui coulisse au milieu d'une règle, d'un compas. **2.** INFORM Marque mobile utilisée pour indiquer la position de ce qui va s'inscrire sur un écran.

**cursif, ive** adj ■ **lecture cursive :** faite rapidement et superficiellement.

**cursus** [kyrsys] nm **1.** Filière universitaire. **2.** Carrière professionnelle.

**curviligne** adj À lignes courbes.

**cuscute** nf Plante parasite des végétaux cultivés.

**custode** nf Boîte avec laquelle le prêtre porte la communion aux malades.

**cutané, e** adj De la peau.

**cuticule** nf ANAT Petite peau très mince : *la cuticule des ongles.*

**cuti-réaction** (pl *cuti-réactions*) ou **cuti** (pl *cutis*) nf Test pour déceler la tuberculose. ■ **virer sa cuti :** (a) avoir une cuti-réaction positive (b) FAM changer radicalement d'opinion, de mode de vie.

**cutter** [kœtœr] nm Instrument tranchant à lame pour couper le papier, le carton.

**cuve** nf **1.** Grand réservoir pour la fermentation du raisin. **2.** Grand récipient : *cuve à mazout.*

**cuvée** nf **1.** Contenu d'une cuve. **2.** Récolte de toute une vigne.

**cuver** vt ■ FAM **cuver (son vin) :** dormir après avoir trop bu.

**cuvette** nf **1.** Récipient portatif large, peu profond. **2.** Partie profonde d'un siège de W.-C. **3.** Dépression de terrain fermée de tous côtés : *la ville est au fond d'une cuvette.*

**1. CV** nm (abréviation) Cheval fiscal.

**2. CV** nm (sigle) Curriculum vitae.

**cyanogène** nm CHIM Gaz toxique composé de carbone et d'azote.

**cyanose** nf MÉD Coloration bleue ou bleuâtre de la peau, due à un manque d'oxygène.

**cyanure** nm Combinaison de cyanogène avec un corps simple.

**cybercafé** nm Café dans lequel le consommateur peut utiliser des ordinateurs reliés à Internet.

**cybercriminalité** nf Ensemble des infractions pénales commises sur les réseaux de télécommunications, en particulier Internet.

**cyberdéfense** nf Ensemble des moyens physiques et virtuels permettant à un État de protéger ses systèmes d'information essentiels en ligne.

**cyberespace** nm Environnement constitué par l'ensemble des réseaux télématiques mondiaux ; environnement créé par la mise en œuvre d'un système de réalité virtuelle.

**cyberharcèlement** nm Forme de harcèlement qui s'effectue via Internet et les téléphones intelligents (sur les réseaux sociaux, les forums ou par courriel).

**cybernaute** n Personne qui navigue dans le cyberespace.

**cybernétique** nf Science qui étudie les mécanismes de communication et de contrôle dans les machines et chez les êtres vivants.

**cyberterrorisme** nm Ensemble des attaques graves des systèmes informatiques d'une entreprise, d'une institution ou d'un État, commises dans le but d'entraîner une désorganisation générale.

**cyclable** adj ■ **piste cyclable** : réservée aux cyclistes.

**cyclamen** [siklamɛn] nm Plante ornementale à fleurs roses ou blanches.

**cycle** nm **1.** Série de phénomènes qui se répètent dans un ordre déterminé. **2.** Suite d'œuvres littéraires ou artistiques. **3.** Division de l'enseignement secondaire et universitaire. ■ **premier cycle** : dans le secondaire, cycle allant de la 6^e^ à la 3^e^. ❑ **second cycle** : dans le secondaire, cycle allant de la seconde à la terminale. ◆ **cycles** pl Ensemble des appareils de locomotion à deux roues.

**cyclique** adj Relatif à un cycle.

**cyclisme** nm Sport ou pratique de la bicyclette.

**cycliste** n Personne qui pratique le cyclisme ou participe à une course. ◆ adj Relatif au cyclisme. ◆ nm Bermuda moulant.

**cyclo-cross** nm inv Sport consistant à parcourir à bicyclette et à pied un terrain accidenté.

**cyclomoteur** nm Bicyclette munie d'un moteur auxiliaire.

**cyclone** nm **1.** Zone de basses pressions atmosphériques. **2.** Ouragan qui se forme sur les mers tropicales.

**cyclothymique** adj et n Dont l'humeur passe par des phases alternées de tristesse et de gaieté.

**cyclotourisme** nm Tourisme à bicyclette.

**cygne** nm Oiseau palmipède, à cou très long et flexible. ■ **chant du cygne** : dernière œuvre d'un homme de génie.

**cylindre** nm **1.** Solide limité par une surface cylindrique et deux plans parallèles coupant les génératrices. **2.** Tube arrondi dans lequel se meut le piston d'un moteur. **3.** TECHN Rouleau pour laminer, lustrer, aplanir un matériau.

**cylindrée** nf **1.** Capacité des cylindres d'un moteur à explosion. **2.** Moto ou voiture envisagée du point de vue de sa puissance.

**cylindrique** adj En forme de cylindre. ■ **surface cylindrique** : surface engendrée par un ensemble de droites parallèles (les génératrices) s'appuyant sur une courbe plane fermée (directrice) dont le plan coupe la direction donnée.

**cymbale** nf Instrument de percussion formé de deux plateaux de cuivre.

**cynégétique** adj Qui concerne la chasse. ◆ nf L'art de la chasse.

**cynique** adj et n Qui professe des opinions contraires ou provocatrices, en particulier sur des sujets moraux.

**cyniquement** adv Avec cynisme.

**cynisme** nm Caractère d'une personne cynique.

**cynocéphale** nm Grand singe africain dont la tête évoque celle d'un chien.

**cynodrome** nm Piste aménagée pour les courses de lévriers.

**cyphose** nf Déformation de la colonne vertébrale.

**cyprès** nm Arbre conifère résineux à feuillage persistant.

**cyprin** nm Poisson voisin de la carpe.

**cypriote** adj et n → **chypriote**.

**cyrillique** adj ■ **alphabet cyrillique** : alphabet servant à transcrire le russe, le serbo-croate, le bulgare, l'ukrainien et un certain nombre de langues non slaves.

**cystite** nf Inflammation de la vessie.

**cytise** nm Arbrisseau ornemental aux fleurs jaunes (famille des papilionacées).

**cytologie** nf Partie de la biologie qui étudie la cellule.

**cytoplasme** nm BIOL Partie fondamentale de la cellule.

# D

**d** nm Quatrième lettre de l'alphabet et la troisième des consonnes. ■ **3D** : se dit d'un système informatique qui permet de représenter des scènes en trois dimensions, en donnant l'illusion du relief. ❑ FAM **système D** : habileté à se débrouiller.

**D** (symbole) Chiffre romain valant 500.

**DAB** (sigle de *digital audio broadcasting*) Norme de radiodiffusion sonore numérique.

**dactyle** nm Plante fourragère à épis violacés.

**dactylo** n Personne dont la profession est de taper à la machine.

**dactylographie** nf Technique d'utilisation d'une machine à écrire.

**dactylographier** vt Transcrire à l'aide d'une machine à écrire.

**dactylographique** adj Qui concerne la dactylographie.

**dactylologie** nf Alphabet digital (au moyen des doigts), en usage parmi les sourds.

**dactyloscopie** nf Identification par les empreintes digitales.

**1. dada** nm **1.** Cheval, dans le langage enfantin. **2.** FIG Idée fixe, occupation favorite.

**2. dada** nm et adj inv Dénomination adoptée en 1916 par un groupe d'artistes et de poètes résolus à remettre en question tous les modes d'expression traditionnels : *peintre dada*.

**dadais** nm FAM Jeune homme niais, nigaud.

**dadaïsme** nm Mouvement dada.

**dague** nf Épée à lame courte.

**daguerréotype** nm Image obtenue par les procédés photographiques de Daguerre.

**dahl** ou **dal** nm Plat indien à base de légumineuses et d'épices, souvent préparé avec des lentilles corail ou des lentilles jaunes.

**dahlia** nm Plante à fleurs ornementales.

ORTHOGRAPHE Attention, dans le mot *dahlia*, le *h* se place devant le *l*.

**daigner** vt (part passé inv) Vouloir bien, condescendre à.

**daim** nm **1.** Mammifère ruminant, voisin du cerf. **2.** Peau du daim ; cuir de bovin retourné l'imitant : *veste de daim*.

**daine** nf Femelle du daim.

**dais** nm Tenture dressée au-dessus d'un autel, d'un trône.

**dal** nm → **dahl.**

**dalaï-lama** (pl *dalaï-lamas*) nm Chef du bouddhisme tibétain.

**dallage** nm **1.** Action de daller. **2.** Revêtement de dalles.

**1. dalle** nf **1.** Plaque de pierre, etc., pour paver le sol, revêtir une surface. **2.** Partie plane en verre de l'écran d'un téléviseur, d'un ordinateur, etc., dotée d'un dispositif d'affichage à cristaux liquides.

**2. dalle (que)** ou **dal (que)** loc adv FAM Rien du tout.

**daller** vt Paver de dalles.

**dalmatien, enne** n Chien blanc à mouchetures noires.

**daltonien, enne** adj et n Atteint de daltonisme.

**daltonisme** nm Anomalie de la vue entraînant le plus souvent la confusion entre le rouge et le vert.

**dam** [dam] nm ■ LITT **au grand dam** ou **au dam de** : au préjudice de.

**damage** nm Action de damer.

**daman** nm Mammifère herbivore d'Afrique et d'Asie Mineure, de la taille d'un lapin.

**damas** [dama] nm Étoffe agrémentée de dessins ornementaux.

**damasquiner** vt Incruster de petits filets d'or, d'argent ou de cuivre.

**damassé, e** adj et nm Se dit d'une étoffe préparée à la façon du damas.

**damasser** vt Fabriquer une étoffe à la façon du damas.

**1. dame** nf **1.** Femme mariée (par oppos. à *demoiselle*). **2.** Femme (par oppos. à *homme*). **3.** Figure du jeu de cartes : *dame de pique*. SYN : reine. **4.** Seconde pièce du jeu d'échecs. SYN : reine. ■ **jeu de dames** : jeu qui se pratique à deux avec des pions sur un damier.

**2. dame** interj FAM, VIEILLI Assurément.

**dame-jeanne** (pl *dames-jeannes*) nf Grosse bouteille d'une contenance de 20 à 50 litres.

**damer** vt **1.** Doubler un pion au jeu de dames. **2.** Tasser la neige avec des skis ou un véhicule équipé de chenilles. ■ FAM **damer le pion à qqn** : l'emporter sur lui.

**damier** nm **1.** Surface divisée en cases blanches et noires, pour jouer aux dames. **2.** Ornement quadrillé.

**damnation** [danasjɔ̃] nf Condamnation aux souffrances de l'enfer.

**damné, e** [dane] adj et n Condamné aux peines de l'enfer. ■ **souffrir comme un damné** : horriblement. ◆ adj FAM Qu'on maudit, dont on est mécontent : *cette damnée voiture !* ■ **âme damnée** : personne entièrement dévouée à quelqu'un et qui lui inspire de mauvaises actions.

**damner** [dane] vt Condamner à la damnation. ■ FAM **faire damner quelqu'un** : le faire enrager, l'exaspérer. ◆ **se damner** vpr [pour] Être prêt à tout pour : *elle se damnerait pour un bout de chocolat !*

**damoiseau** nm VX Jeune gentilhomme qui n'était pas encore chevalier.

**dan** [dan] nm Chacun des dix degrés de qualification d'une ceinture noire de judo, de karaté.

**dancing** [dɑ̃siŋ] nm Établissement public où l'on danse.

**dandinement** nm Action de se dandiner.

**dandiner (se)** vpr Donner à son corps un mouvement de balancement un peu ridicule.

**dandy** nm Homme qui affecte une grande élégance dans sa tenue vestimentaire, ses comportements, ses idées.

**dandysme** nm Attitude du dandy.

**danger** nm Ce qui constitue un risque ; situation où l'on a à redouter un inconvénient, un mal quelconque : *affronter un danger.* ■ **danger public** : personne qui, par son insouciance, met les autres en danger. ❑ **il n'y a pas de danger (que)** : cela ne risque pas de se produire.

**dangereusement** adv D'une manière dangereuse.

**dangereux, euse** adj Qui présente un danger : *tournant dangereux.*

**danois, e** adj et n Du Danemark : *les Danois.* ◆ nm **1.** Langue parlée au Danemark. **2.** Grand chien à poil ras.

**dans** prép **1.** Marque le lieu où l'on est, où l'on entre : *être dans la cuisine.* **2.** Marque le temps : *dans son enfance ; revenir dans deux jours.* **3.** Marque l'appartenance, la participation : *travailler dans la finance ; être dans le secret.* **4.** Marque la manière : *être dans l'embarras.* **5.** Marque l'approximation : *dans les mille personnes.*

**dansant, e** adj Où l'on danse : *soirée dansante.*

**danse** nf **1.** Suite de pas et de mouvements cadencés exécutés sur de la musique. **2.** Art de s'exprimer en interprétant des compositions chorégraphiques.

**danser** vi **1.** Mouvoir le corps en cadence, exécuter une danse. **2.** LITT Bouger avec des mouvements rapides : *les flammes dansent dans la cheminée.* ■ FIG **ne savoir sur quel pied danser** : ne savoir que décider. ◆ vt Exécuter une danse : *danser le tango.*

**danseur, euse** n **1.** Personne qui danse. **2.** Personne dont le métier est de danser. ■ **en danseuse** : debout sur les pédales d'une bicyclette.

**dantesque** adj Grandiose, colossal, effrayant.

**DAO** nm (sigle) Dessin assisté par ordinateur.

**daphnie** [dafni] nf Petit crustacé des eaux douces, nageant par saccades, d'où son nom usuel de *puce d'eau.*

**dard** nm **1.** Aiguillon de certains insectes. **2.** Langue du serpent.

**darder** vt LITT Lancer comme un dard : *le soleil darde ses rayons.*

**dare-dare** loc adv FAM En hâte.

**darne** nf Tranche de gros poisson : *une darne de saumon.*

**darse** nf MAR Bassin dans un port.

**dartre** nf Croûte ou irritation de la peau.

**darwinien, enne** adj De Darwin.

**darwinisme** nm Doctrine de Darwin, selon laquelle la lutte pour la vie et la sélection naturelle sont les mécanismes essentiels de l'évolution des êtres vivants.

**DAT** nm (sigle de *digital audio tape*) Bande magnétique servant de support d'enregistrement numérique du son, et parfois de l'image. ■ **cassette DAT** : cassette d'enregistrement utilisant ce type de bande.

**datation** nf Action de déterminer la date d'un événement, l'âge d'une roche, d'un objet ; date ainsi attribuée.

**datcha** nf Maison de campagne, en Russie.

**date** nf **1.** Indication du jour, du mois et de l'année ; nombre qui l'indique : *mettre la date ; date de naissance.* **2.** Moment, époque où se situe un événement : *des amis de longue date.* **3.** Événement d'une grande importance historique : *grande date de l'histoire.* ■ **date limite** : qu'on ne peut dépasser : *date limite de consommation, de vente.* ❑ **faire date** : marquer un moment important. ❑ **prendre date** : fixer un jour pour un rendez-vous.

**dater** vt **1.** Mettre la date : *dater une lettre.* **2.** Déterminer la date de : *dater un tableau.* ◆ vi **1.** Remonter à : *cela date d'hier.* **2.** Marquer une date importante : *cela datera dans l'histoire.* **3.** Être vieilli, démodé : *théorie qui date.* ■ **à dater de** : à partir de.

**dateur** nm et adj m Appareil qui indique ou imprime la date.

**datif** nm Dans les langues à déclinaisons, cas marquant l'attribution, la destination.

**dation** nf DR Action de donner : *dation de conseil judiciaire.*

**datte** nf Fruit à pulpe sucrée très nutritive du dattier.

**dattier** nm Palmier dont les fruits (dattes) sont groupés en longues grappes, ou régimes.

**daube** nf Mode de cuisson à l'étouffée de certaines viandes : *bœuf en daube.*

**dauber** vt et vi LITT Railler : *dauber (sur) quelqu'un.*

**1. dauphin** nm Mammifère marin vivant en troupes (ordre des cétacés).

**2. dauphin** nm **1.** (avec une majuscule) HIST Fils aîné du roi de France. **2.** FIG Successeur d'une personnalité.

**dauphinois, e** adj Du Dauphiné.

**daurade** ou **dorade** nf Poisson de la Méditerranée. ■ **daurade royale :** à reflets dorés ou argentés. SYN : pagre.

**davantage** adv **1.** Plus : *travailler davantage ; davantage de soupe.* **2.** Plus longtemps : *rester davantage.*

> ORTHOGRAPHE Ne pas confondre *davantage,* « plus », avec *d'avantage,* qui correspond à « de profit » : *je n'en tire pas d'avantage* (« je n'en tire pas de profit »).

**davier** nm Instrument employé pour arracher les dents.

**dB** (symbole) Décibel.

**DB** nf (sigle) Division blindée.

**DCA** nf (sigle de *défense contre les aéronefs*) Défense antiaérienne.

**DDT** nm (sigle de *dichloro-diphényl-trichloréthane*) Insecticide puissant, très toxique, dont l'usage est interdit en France et dans de nombreux autres pays.

**1. de** prép **1.** Marque le point de départ, l'origine, l'auteur : *de Paris ; eau de source.* **2.** Avec : *saluer de la main.* **3.** Indique l'appartenance, la possession : *la maison de mes amis.* **4.** Introduit la caractérisation, la chose dont on parle : *une bouteille de vin ; la plupart des meubles.* **5.** Indique le moment, la durée : *le train de 10 heures ; voyager de nuit.* **6.** Indique un écart de temps, de longueur, de quantité : *distant de 5 km.* **7.** Indique un rapport distributif : *50 euros de l'heure.* **8.** Indique la cause : *se tordre de rire.* **9.** Par : *aimé de tous.* **10.** Particule nobiliaire. **11.** Introduit un complément d'objet indirect ou second, un complément de nom ou de l'adjectif.

**2. de, du, de la, des** art partitifs précèdent les noms d'objets qu'on ne peut compter : *manger de la confiture.*

**1. dé** nm Fourreau de métal, pour protéger le doigt qui pousse l'aiguille.

**2. dé** nm **1.** Petit cube, à faces marquées de un à six, pour jouer. **2.** Petit morceau cubique : *des pommes de terre en dés.* ■ **les dés sont jetés :** c'est décidé, on ne peut revenir en arrière.

**DEA** nm (sigle de *diplôme d'études approfondies*) Ancien diplôme universitaire, préalable au doctorat, qui sanctionnait une année d'initiation à la recherche.

**1. dealer** [dilœr] nm ou **dealeur, euse** n FAM Revendeur de drogue.

**2. dealer** [dile] vt et vi FAM Revendre de la drogue.

**déambulatoire** nm Galerie qui tourne autour du chœur d'une église.

**déambuler** vi Se promener sans but précis.

**débâcher** vt Enlever une bâche.

**débâcle** nf **1.** Rupture des glaces à la surface d'un fleuve. **2.** FIG Déroute, effondrement, débandade.

**déballage** nm **1.** Action de déballer. **2.** Étalage de marchandises.

**déballer** vt **1.** Vider le contenu d'une caisse, d'un paquet. **2.** Étaler des marchandises.

**débandade** nf Action de se disperser en désordre ; déroute.

**débander** vt **1.** Ôter une bande, un bandeau. **2.** Diminuer la tension : *débander un ressort.*

**débaptiser** vt Changer le nom de : *débaptiser une rue.*

**débarbouiller** vt Laver, en particulier le visage. ◊ vpr : *elle s'est débarbouillée avant le dîner.*

**débarcadère** nm Jetée utilisée pour le débarquement des marchandises, des voyageurs sur la mer ou sur un fleuve.

**débardeur** nm **1.** Tricot très échancré, sans manches. **2.** Ouvrier employé au chargement et au déchargement des bateaux.

**débarquement** nm Action de débarquer des personnes, des marchandises.

**débarquer** vt Faire descendre des personnes, des marchandises d'un navire, d'un train, d'un avion. ◆ vi **1.** Quitter un navire, un train, etc. **2.** FAM Arriver à l'improviste.

**débarras** nm Lieu où l'on met les objets encombrants, inutiles. ■ **bon débarras :** exprime la satisfaction de se voir délivré de ce qui embarrassait.

**débarrasser** vt **1.** Enlever ce qui embarrasse, encombre : *débarrasser un grenier.* **2.** Dégager de ce qui est une gêne : *débarrasser quelqu'un de son manteau.* **3.** Faire en sorte que quelqu'un soit libéré de : *débarrasser d'une mauvaise habitude.* ■ **débarrasser la table :** enlever les couverts, les restes du repas. ◆ **se débarrasser** vpr [de] Se défaire de quelque chose, éloigner quelqu'un.

**débat** nm Discussion sur un sujet précis au cours de laquelle des avis différents s'expriment. ◆ **débats** pl Discussions dans une assemblée.

**débatteur, euse** n Orateur habile, à l'aise dans les débats publics.

**débattre** vt (conj 56) Examiner, mettre en discussion : *débattre un prix.* ◆ **se débattre** vpr Faire des efforts pour résister ou se dégager.

**débauchage** nm Action de débaucher un salarié.

**débauche** nf **1.** Recherche immodérée des plaisirs sensuels. **2.** FIG Abondance excessive : *une débauche de compliments.*

**débauché, e** adj et n Qui se livre à la débauche.

**débaucher** vt **1.** Licencier, faire perdre son emploi à. **2.** Inciter à la débauche. **3.** FAM Détourner quelqu'un de ses occupations, de son travail.

**débile** adj **1.** Faible, peu résistant. **2.** FAM Idiot, bête. ◆ n FAM Idiot. ■ **débile mental** ou **débile** : sujet atteint de débilité mentale.

**débilitant, e** adj Qui débilite.

**débilité** nf ■ VX **débilité mentale** : forme d'arriération mentale où l'âge mental reste très inférieur à l'âge réel du malade.

**débiliter** vt Affaiblir physiquement ou moralement : *climat qui débilite.*

**débiner** vt FAM Dénigrer. ◆ **se débiner** vpr FAM S'enfuir.

**débit** nm **1.** Vente rapide et continue de marchandises au détail : *marchandise de débit facile.* **2.** Endroit où l'on vend au détail : *débit de tabac.* **3.** Quantité de liquide, de gaz, d'électricité, etc., fournie par une source quelconque en un temps donné : *débit d'un cours d'eau.* **4.** FIG Manière de parler, de lire : *débit monotone.* **5.** Compte des sommes dues ; partie d'un compte où sont portées ces sommes. CONTR : crédit. ■ INFORM, TÉLÉCOMM **haut débit** : se dit d'une technologie qui permet la transmission rapide de fichiers informatiques ou de contenus multimédias. (cf. UMTS).

**débitant, e** n Personne qui vend au détail.

**débiter** vt **1.** Vendre au détail : *débiter du vin.* **2.** Découper en morceaux : *débiter du bois.* **3.** Fournir une quantité de liquide, de gaz, etc., en un temps donné : *débiter 300 litres à l'heure.* **4.** FIG Énoncer d'une manière monotone : *débiter des vers.* **5.** PÉJOR Raconter, répandre : *débiter des sottises.* **6.** Porter au débit d'un compte : *débiter une somme.*

**débiteur, trice** n **1.** Personne qui a une dette d'argent. **2.** Personne qui a une dette morale envers quelqu'un. ◆ adj En débit : *un compte débiteur.*

**déblai** nm Enlèvement de terre pour niveler ou abaisser le sol. ◆ **déblais** pl Terre ou gravats qu'on retire d'un chantier.

**déblaiement** ou **déblayage** nm Action de déblayer.

**déblatérer** vt ind [contre] FAM Dire du mal, se répandre en médisances.

**déblayage** nm → **déblaiement**.

**déblayer** [debleje] vt (conj 4) Dégager de ce qui encombre. ■ FIG **déblayer le terrain** : résoudre les difficultés préalables.

**déblocage** nm Action de débloquer.

**débloquer** vt **1.** Remettre en mouvement ; desserrer : *débloquer un verrou.* **2.** Remettre en circulation, en particulier de l'argent : *débloquer des crédits.* **3.** FIG Lever les obstacles qui bloquaient une situation.

**déboguer** vt INFORM Supprimer les bogues d'un programme.

**déboire** nm (surtout au pluriel) Déception, malchance : *il a connu bien des déboires.*

**déboisement** nm Action de déboiser.

**déboiser** vt Couper les arbres d'un terrain.

**déboîtement** nm Déplacement d'un os hors de son articulation.

**déboîter** vt **1.** Ôter de sa place un objet encastré dans un autre : *déboîter des tuyaux.* **2.** Faire sortir un os de son articulation : *le choc lui a déboîté l'épaule.* ◆ vi Sortir d'une file, en parlant d'une voiture.

**débonder** vt Ouvrir en ôtant la bonde : *débonder un tonneau.*

**débonnaire** adj Doux, bienveillant.

**débordant, e** adj Qui se manifeste avec force : *joie débordante.*

**débordement** nm **1.** Action de déborder : *débordement d'un fleuve.* **2.** Profusion : *débordement d'injures.*

**déborder** vi **1.** Se répandre par-dessus bord : *lait qui déborde.* **2.** Être trop plein, laisser échapper son contenu : *la baignoire déborde.* **3.** Manifester un sentiment avec force : *déborder d'enthousiasme.* **4.** Dépasser le ou les bords. ◆ vt S'étendre au-delà de la limite de quelque chose : *la terrasse déborde la maison.* ■ **être débordé de travail** : en avoir trop.

**débotté** nm ■ **au débotté** : immédiatement.

**débouché** nm **1.** Endroit où aboutit un chemin, une route, etc. **2.** FIG Pour une marchandise, possibilité de vente. **3.** (surtout au pluriel) Carrière ouverte à quelqu'un : *profession qui offre des débouchés.*

**déboucher** vt Ôter ce qui bouche : *déboucher un lavabo, une bouteille.* ◆ vi **1.** Apparaître soudainement : *voiture qui débouche d'une ruelle.* **2.** Arriver dans, aboutir à : *je ne sais pas où cette rue débouche.* ◆ vt ind [sur] Avoir comme effet, comme conséquence : *la discussion n'a débouché sur rien de précis.*

**déboucheur** nm Produit utilisé pour déboucher une canalisation d'évier, de baignoire, etc.

**déboucler** vt **1.** Défaire des boucles. **2.** Ouvrir la boucle qui retient.

**débouler** vi et vt Descendre rapidement d'un endroit : *il a déboulé du haut de la rue sans prévenir ; débouler un escalier.*

**déboulonnement** ou **déboulonnage** nm Action de déboulonner.

**déboulonner** vt **1.** Démonter en ôtant les boulons. **2.** FIG Faire perdre sa place, son prestige.

**débourrer** vt **1.** Ôter la bourre. **2.** Vider une pipe.

**débours** nm (surtout au pluriel) Argent avancé : *rentrer dans ses débours.*

**déboursement** nm Action de débourser.

**débourser** vt **1.** Dépenser. **2.** Payer.

**déboussoler** vt FAM Désorienter, déconcerter.

**debout** adv **1.** Dans la position verticale : *rester debout.* **2.** Hors du lit, levé : *être debout très tôt.* **3.** En bon état, non détruit : *un mur ancien qui est encore debout.* ■ **vent debout :** (a) MAR contraire à la direction qu'on veut suivre. (b) FIG totalement opposé (à) : *l'opposition est vent debout contre cette loi.* ❑ FIG **tenir debout :** être crédible, cohérent : *une histoire qui ne tient pas debout.*

GRAMMAIRE Comme *debout* est un adverbe, il est invariable : *tous debout ; des maisons debout.*

**débouter** vt DR Rejeter une demande en justice.

**déboutonner** vt Faire sortir un bouton de sa boutonnière. ◆ **se déboutonner** vpr FAM Parler à cœur ouvert.

**débraillé, e** adj Dont les vêtements sont en désordre. ◆ nm Tenue négligée.

**débrancher** vt Supprimer une connexion, un branchement.

**débrayage** nm Action de débrayer.

**débrayer** [debreje] vt (conj 4) **1.** Supprimer la liaison entre l'arbre moteur et un arbre secondaire, une poulie, un outil. **2.** (sans complément) Actionner la pédale d'embrayage de manière à supprimer la liaison entre les roues et le moteur d'une voiture pour passer les vitesses. ◆ vi FAM Arrêter le travail, se mettre en grève.

**débridé, e** adj Sans retenue, effréné : *imagination débridée.*

**débrider** vt **1.** Ôter la bride à une bête de somme. **2.** CHIR Inciser les brides ou les tissus qui étranglent un organe, une plaie.

**débris** nm Morceau, fragment d'une chose détruite, brisée.

**débrouillard, e** adj et n FAM Qui sait se débrouiller.

**débrouillardise** nf FAM Habileté à se tirer d'affaire.

**débrouiller** vt **1.** Démêler, remettre en ordre : *débrouiller les fils d'une pelote.* **2.** FIG Éclaircir : *débrouiller une intrigue.* ◆ **se débrouiller** vpr FAM Se tirer d'affaire en faisant preuve d'ingéniosité.

**débroussaillage** ou **débroussaillement** nm Action de débroussailler ; fait d'être débroussaillé.

**débroussailler** vt **1.** Débarrasser des broussailles. **2.** Commencer à préparer, à étudier.

**1. débucher** vi Sortir du bois, en parlant du gibier. ◆ vt Faire sortir le gibier du bois.

**2. débucher** nm VÉNER Moment où la bête chassée débuche.

**débusquer** vt Faire sortir de sa retraite, de son refuge : *débusquer l'ennemi.*

**début** nm Commencement de quelque chose, d'une action : *début de l'année ; au début d'un livre.* ◆ **débuts** pl Entrée dans une carrière : *faire ses débuts.*

**débutant, e** n et adj Personne qui débute.

**débuter** vi **1.** Commencer, en parlant d'une chose, d'une action : *la séance débute à 14 heures.* **2.** Faire ses premiers pas dans une carrière, un emploi.

EMPLOI Le verbe *débuter* étant intransitif, il est incorrect de dire : *il a débuté la séance à 14 heures.*

**deçà** adv ■ **deçà delà :** de côté et d'autre. ◆ loc prép ■ **en deçà de :** (a) de ce côté-ci de : *en deçà des Pyrénées* (b) au-dessous de : *en deçà de la vérité.*

**déca** nm (abréviation de *décaféiné*) FAM Café décaféiné.

**décacheter** vt (conj 8) Ouvrir ce qui est cacheté : *décacheter une enveloppe, une bouteille.*

**décadaire** adj Relatif aux décades du calendrier républicain.

**décade** nf **1.** Période de dix jours, dans le calendrier républicain. **2.** FAM Période de dix ans ; décennie.

**décadence** nf Commencement de la ruine, perte de prestige ; déclin.

**décadent, e** adj et n En décadence.

**décadi** nm Dixième jour de la décade, dans le calendrier républicain.

**décaèdre** nm MATH Solide à dix faces.

**décaféiné, e** adj Sans caféine. ◆ nm Café décaféiné.

**décagone** nm MATH Polygone à dix côtés.

**décalage** nm **1.** Action de décaler. **2.** Écart dans le temps : *décalage horaire.*

**décalcification** nf Diminution de la quantité de calcium contenue dans l'organisme.

**décalcifier** vt Faire perdre à un organisme le calcium qui lui est nécessaire.

**décalcomanie** nf Procédé qui permet de reporter des images coloriées sur un support quelconque ; image ainsi obtenue.
**décaler** vt Déplacer dans l'espace ou dans le temps.
**décalitre** nm Mesure de capacité de dix litres ; symb : dal.
**décalotter** vt Dégager le gland en tirant le prépuce vers le bas de la verge.
**décalquage** ou **décalque** nm Action de décalquer ; son résultat.
**décalquer** vt Reproduire un dessin à l'aide d'une feuille de papier transparent.
**décamètre** nm Mesure de longueur de dix mètres ; symb : dam.
**décamper** vi FAM Partir précipitamment, s'enfuir.
**décan** nm Zone de dix degrés de longitude constituant chacune des trois parties de chaque signe zodiacal : *être Taureau du premier décan*.
**décantation** nf Action de décanter.
**décanter** vt Débarrasser un liquide de ses impuretés en les laissant se déposer au fond. ■ FAM **laisser décanter** : attendre, afin qu'une situation s'éclaircisse. ◆ **se décanter** vpr Devenir plus clair : *ses idées se décantent*.
**décapage** nm Action de décaper.
**décapant** nm Produit qui décape.
**décaper** vt Débarrasser une surface d'une couche de peinture, d'enduit qui y adhère fortement.
**décapitation** nf Action de décapiter.
**décapiter** vt **1.** Trancher la tête. **2.** FIG Priver un parti de ses dirigeants.
**décapode** nm Crustacé à cinq paires de pattes (écrevisse, crabe, etc.).
**décapotable** nf et adj Voiture dont la capote peut être repliée ou enlevée.
**décapoter** vt Replier la capote d'une voiture, d'un landau, etc.
**décapsuler** vt Ôter la capsule de : *décapsuler une bouteille*.
**décapsuleur** nm Petit instrument de métal pour enlever la capsule d'une bouteille.
**décarboner** vt Limiter ou réduire les émissions de dioxyde de carbone d'un appareil, d'un processus de production, etc.
**décarcasser (se)** vpr FAM Se débrouiller pour, faire en sorte que.
**décasyllabe** nm et adj Vers de dix syllabes.
**décathlon** nm Épreuve d'athlétisme comprenant dix spécialités.
**décathlonien** nm Athlète spécialisé dans le décathlon ; athlète qui participe à un décathlon.
**décati, e** adj FAM Qui a perdu sa fraîcheur, sa jeunesse.
**décatir** vt Ôter l'apprêt d'une étoffe. ◆ **se décatir** vpr Perdre sa fraîcheur, sa jeunesse.
**décavé, e** adj FAM, VIEILLI Ruiné.
**décéder** vi (conj 10 ; auxil : *être*) Mourir de mort naturelle, en parlant de quelqu'un.
**déceler** vt (conj 5) **1.** Parvenir à distinguer d'après des indices ; découvrir, remarquer. **2.** Montrer, révéler : *le ton de sa voix décelait de l'inquiétude*.
**décélération** nf Réduction de la vitesse d'un véhicule ; ralentissement.
**décélérer** vi (conj 10) Réduire la vitesse d'un véhicule.
**décembre** nm Douzième et dernier mois de l'année.
**décemment** [desamɑ̃] adv **1.** De façon décente, correcte. **2.** Honnêtement, raisonnablement.
**décence** nf Respect des bonnes mœurs, des convenances ; bienséance.
**décennal, e, aux** adj **1.** Qui dure dix ans : *des fonctions décennales*. **2.** Qui revient tous les dix ans : *des fêtes décennales*.
**décennie** nf Période de dix ans.
**décent, e** adj **1.** Qui respecte les convenances : *tenue décente*. **2.** Convenable, suffisant, correct : *salaire décent*.
**décentrage** nm Action de décentrer.
**décentralisateur, trice** adj Relatif à la décentralisation.
**décentralisation** nf Action de décentraliser ; son résultat.
**décentraliser** vt Donner une certaine autonomie par rapport à un pouvoir central : *décentraliser des organismes*.
**décentrer** vt Déplacer le centre de : *décentrer un objectif*.
**déception** nf Fait d'être déçu, trompé dans son attente ; désillusion.
**décerner** vt Attribuer (un prix, une récompense).
**décès** nm Mort d'une personne.
**décevant, e** adj Qui déçoit : *réponse décevante*.
**décevoir** vt (conj 34) Ne pas répondre aux espoirs, à l'attente de.
**déchaîné, e** adj Qui se manifeste dans toute sa violence ; emporté, excité : *enfant déchaîné ; flots déchaînés*.
**déchaînement** nm Emportement extrême : *déchaînement de colère*.
**déchaîner** vt Donner libre cours à, déclencher : *déchaîner l'hilarité*. ◆ **se déchaîner** vpr Se manifester très violemment, s'emporter.
**déchanter** vi Être amené, par une déception, à rabattre de ses espérances.
**décharge** nf **1.** Projectiles tirés par une ou plusieurs armes à feu. **2.** PHYS Perte de charge

d'un corps électrisé. **3.** Lieu où l'on jette les ordures. **4.** CANADA Cours d'eau dans lequel s'écoule le trop-plein d'un lac. **5.** Acte par lequel on tient quitte d'une obligation : *signer une décharge.* ■ **à sa décharge :** pour diminuer sa responsabilité. ❑ **témoin à décharge :** qui témoigne en faveur de l'accusé.

**déchargement** nm Action de décharger.

**décharger** vt (conj 2) **1.** Ôter la charge, le chargement. **2.** FIG Soulager : *décharger sa conscience.* **3.** Faire partir une arme à feu. **4.** Soulager quelqu'un d'un travail, d'une responsabilité. ◆ **se décharger** vpr S'en remettre à quelqu'un pour la surveillance, l'exécution de.

**décharné, e** adj Très maigre : *visage décharné.*

**déchaussement** nm Mise à nu du collet d'une dent.

**déchausser** vt Ôter à quelqu'un sa chaussure. ◆ **se déchausser** vpr **1.** Ôter ses chaussures. **2.** Sortir de la gencive, en parlant d'une dent.

**dèche** nf FAM Misère, manque d'argent.

**déchéance** nf Fait de se retrouver dans un état physique ou moral plus bas, très bas ; avilissement.

**déchet** nm Résidu : *déchets radioactifs.*

**Déchetterie** nf (nom déposé) Lieu aménagé pour le dépôt des déchets recyclables.

**déchiffrable** adj Qui peut être déchiffré.

**déchiffrage** nm Action de déchiffrer de la musique.

**déchiffrement** nm Action de déchiffrer.

**déchiffrer** vt **1.** Lire un texte illisible ou peu compréhensible. **2.** Lire de la musique à première vue. **3.** FIG Comprendre, deviner ce qui est obscur : *déchiffrer une énigme.*

**déchiqueter** vt (conj 8) Déchirer en petits morceaux ; mettre en lambeaux.

**déchirant, e** adj Qui navre, déchire le cœur : *cris déchirants.*

**déchirement** nm **1.** Action de déchirer ; fait d'être déchiré. **2.** Grande douleur morale. ◆ **déchirements** pl Troubles, dissensions : *déchirements politiques.*

**déchirer** vt **1.** Rompre, mettre en pièces : *déchirer une lettre.* **2.** Faire un accroc à : *déchirer un habit.* **3.** Diviser par des troubles : *la guerre civile déchire le pays.* **4.** FIG Causer une vive douleur : *départ qui déchire le cœur.* ◆ **se déchirer** vpr **1.** Se séparer accidentellement en plusieurs parties : *l'étoffe s'est déchirée.* **2.** Se causer mutuellement de grandes souffrances morales. ■ **se déchirer un muscle :** se rompre ou se distendre des fibres musculaires.

**déchirure** nf Partie déchirée de quelque chose ; accroc. ■ **déchirure musculaire :** rupture violente de nombreuses fibres musculaires.

**déchoir** vi (conj 49) Tomber dans une situation plus basse, inférieure. ■ **être déchu de :** destitué de (un titre, une fonction).

**déchristianisation** nf Action de déchristianiser.

**déchristianiser** [dekristjanize] vt Faire perdre la foi chrétienne, la pratique religieuse.

**déchu, e** adj Qui a perdu son autorité, sa dignité.

**déci** nm SUISSE Dans les cafés, mesure d'un décilitre de vin.

**décibel** nm Unité servant à évaluer l'intensité des sons.

**décidé, e** adj Résolu, ferme : *air décidé.*

**décidément** adv En définitive, manifestement.

**décider** vt **1.** Déterminer, décréter quelque chose : *décider l'envoi de vivres.* **2.** Amener, pousser quelqu'un à agir : *rien à faire pour le décider.* ◆ vt ind [de] Prendre la décision de : *décider de partir.* ◆ vi Prendre une, des décisions. ◆ **se décider** vpr Se déterminer à.

**décideur, euse** n Personne qui possède un pouvoir de décision.

**décigrade** nm Dixième partie du grade.

**décilitre** nm Dixième partie du litre ; symb : dl.

**décimal, e, aux** adj Fondé sur le groupement des unités par dizaines : *calcul décimal.* ■ **nombre décimal :** qui comporte des sous-multiples de l'unité après la virgule. ❑ **numération décimale :** système de numération qui utilise dix chiffres.

**décimale** nf Chacun des chiffres placés à droite de la virgule dans un nombre décimal.

**décimer** vt Faire périr un grand nombre de personnes ou d'animaux.

**décimètre** nm **1.** Dixième partie du mètre ; symb : dm. **2.** Règle divisée en centimètres et millimètres : *double décimètre.*

**décisif, ive** adj Qui conduit à un résultat définitif : *victoire décisive.*

**décision** nf Action de décider, de se décider ; chose décidée ; résolution.

**décisionnaire** adj Qui concerne une prise de décision : *pouvoir décisionnaire.* ◆ n Personne qui a le pouvoir de prendre une décision.

**déclamation** nf PÉJOR Discours pompeux.

**déclamatoire** adj Qui relève de l'emphase, pompeux : *style déclamatoire.*

**déclamer** vt Réciter un texte avec solennité, emphase.

**déclaratif, ive** adj Qui contient une déclaration. ■ GRAMM **verbe déclaratif :** qui exprime une énonciation (EX : *dire, déclarer*).

**déclaration** nf **1.** Action de déclarer, de se déclarer ; parole déclarée : *faire une déclaration à la presse.* **2.** Communication officielle de renseignements à l'Administration ; formulaire destiné à cette communication : *déclaration de vol.* ■ **faire une déclaration à qqn :** dire à qqn qu'on est amoureux de lui. ❑ **déclaration de revenus, d'impôts :** communication de ses revenus à l'Administration.

**déclaré, e** adj Se dit de ce qui est clair, exprimé ; manifeste : *ennemi déclaré.*

**déclarer** vt **1.** Faire connaître officiellement : *déclarer ses intentions.* **2.** Fournir certains renseignements : *déclarer des marchandises à la douane.* ■ **déclarer la guerre :** la signifier officiellement. ◆ **se déclarer** vpr **1.** Se manifester : *maladie qui se déclare.* **2.** Faire une déclaration d'amour.

**déclassé, e** adj et n Passé dans une catégorie inférieure : *joueur déclassé.*

**déclassement** nm **1.** Action de déclasser ; fait d'être déclassé. **2.** Fait de passer à une catégorie sociale inférieure : *le déclassement des classes moyennes.*

**déclasser** vt **1.** Déranger des objets classés. **2.** Faire passer dans une condition plus médiocre, dans une catégorie inférieure : *déclasser un hôtel.*

**déclassifier** vt MIL Supprimer les restrictions d'accès à des documents classifiés.

**déclenchement** nm Action de déclencher ; fait d'être déclenché.

**déclencher** vt **1.** Mettre en mouvement : *déclencher un mécanisme.* **2.** Commencer brusquement : *déclencher une grève.*

**déclencheur** nm Pièce d'un mécanisme qui en déclenche le fonctionnement : *le déclencheur d'un appareil photographique.*

**déclic** nm **1.** Pièce destinée à déclencher un mécanisme. **2.** Bruit sec que fait un mécanisme qui se déclenche. ■ **avoir un déclic :** comprendre tout d'un coup qqch.

**déclin** nm État de ce qui décline ; période où cela se produit.

**déclinable** adj Qui peut être décliné.

**déclinaison** nf **1.** GRAMM Dans les langues à flexions, modification des désinences, suivant les genres, les nombres et les cas. **2.** ASTRON Distance d'un astre à l'équateur céleste. **3.** Angle que l'aiguille aimantée fait avec le méridien géographique. **4.** COMM Action de décliner un produit.

**déclinant, e** adj Qui décline.

**décliner** vi Perdre de sa vigueur, aller vers son déclin : *décliner avec l'âge ; le jour décline.* ◆ vt **1.** Écarter, refuser : *décliner un honneur.* **2.** Dire, énoncer : *décliner son nom.* **3.** GRAMM Faire varier dans sa désinence suivant les genres, nombres et cas. **4.** COMM Présenter un produit sous différentes formes : *décliner un parfum.* **5.** DR Rejeter la compétence d'un tribunal.

**déclive** adj Qui va en pente, incliné.

**déclivité** nf État de ce qui est en pente ; pente, inclinaison.

**décloisonner** vt Enlever les obstacles qui isolent certains services, certaines activités les uns des autres.

**déclouer** vt Défaire ce qui est cloué : *déclouer une caisse.*

**décocher** vt **1.** Lancer : *décocher une flèche.* **2.** FIG Dire avec brusquerie : *décocher une critique.*

**décoction** nf Action de faire bouillir des plantes dans un liquide ; le liquide obtenu.

**décodage** nm Action de décoder.

**décoder** vt Traduire un message codé en langage clair.

**1. décodeur** nm Appareil destiné à décoder des signaux de télévision cryptés à l'émission.

**2. décodeur, euse** n Personne qui décode un message, un texte.

**décoiffer** vt Défaire la coiffure, déranger les cheveux.

**décoincer** vt Dégager ce qui est coincé.

**décolérer** vi (conj 10) ■ **ne pas décolérer :** ne pas cesser d'être en colère.

**décollage** nm Action de décoller, de quitter le sol.

**décollation** nf LITT Décapitation.

**décollé, e** adj Se dit de ce qui n'est plus collé par la colle. ■ **oreilles décollées :** qui se détachent du crâne plus que la normale.

**décollement** nm Action de décoller ; fait de se décoller : *décollement de la rétine.*

**décoller** vt Détacher ce qui est collé, ce qui adhère. ◆ vi Quitter le sol, en parlant d'un avion, etc.

**1. décolleté** nm **1.** Partie décolletée d'un vêtement de femme. **2.** Partie du cou et des épaules découverte par un corsage, une robe.

**2. décolleté, e** adj **1.** Dont les épaules et le cou sont découverts. **2.** Qui laisse les épaules et le cou découverts.

**décolleter** vt (conj 8) Échancrer plus ou moins largement l'encolure d'un vêtement.

**décolonisation** nf Action de décoloniser ; situation qui en résulte.

**décoloniser** vt Mettre fin à un régime colonial, donner l'indépendance à un pays colonisé.

**décoloration** nf **1.** Action de décolorer des cheveux. **2.** Disparition ou atténuation de la couleur de.

**décoloré, e** adj ■ **cheveux décolorés :** dont la couleur naturelle est éclaircie.

**décolorer** vt Enlever, altérer, changer la couleur de.

**décombres** nm pl Débris d'un édifice démoli ou écroulé.

**décommander** vt Annuler une commande, une invitation, un rendez-vous.

**décomplexer** vt FAM Faire perdre ses complexes à qqn.

**décomposer** vt Séparer en ses éléments constituants : *décomposer l'eau.* ◆ **se décomposer** vpr **1.** Pourrir, se putréfier. **2.** FIG S'altérer, se modifier, en parlant des traits du visage.

**décomposition** nf **1.** Séparation d'un corps en ses constituants. **2.** Désagrégation, putréfaction. **3.** FIG Altération profonde.

**décompresser** vi FAM Relâcher sa tension nerveuse.

**décompression** nf Diminution de la pression.

**décomprimer** vt Faire cesser ou diminuer la compression de : *décomprimer un gaz.*

**décompte** nm **1.** Décomposition d'une somme en ses éléments de détail. **2.** Somme déduite d'un compte.

**décompter** vt Soustraire une somme d'un compte, déduire.

**déconcentrer** vt Faire perdre son attention à qqn. ◆ **se déconcentrer** vpr Perdre sa concentration ; se disperser.

**déconcertant, e** adj Qui déconcerte.

**déconcerter** vt Troubler profondément, jeter dans l'incertitude, désorienter.

**déconfinement** nm Fait de lever les mesures de confinement sanitaire.

**déconfiner** vt Mettre fin au confinement (sanitaire) de : *déconfiner un pays.* ◆ **se déconfiner** vpr Sortir du confinement.

**déconfit, e** adj Décontenancé et dépité.

**déconfiture** nf Déroute, échec, faillite.

**décongélation** nf Action de décongeler.

**décongeler** vt (conj 5) Ramener un corps congelé à la température ambiante.

**décongestionner** vt **1.** Faire cesser la congestion de. **2.** Faciliter la circulation ; désencombrer.

**déconnecter** vt Faire cesser une connexion ; débrancher. ◆ vi ou **se déconnecter** vpr FAM Perdre le contact avec la réalité : *depuis son divorce, il a déconnecté.*

**déconseiller** vt Conseiller de ne pas faire.

**déconsidération** nf LITT Discrédit.

**déconsidérer** vt (conj 10) Faire perdre la considération, l'estime à qqn ; discréditer.

**déconsommation** nf Tendance générale à consommer moins, mieux et autrement, pour des raisons éthiques et écologiques.

**décontamination** nf **1.** Élimination ou réduction des éléments d'une contamination. **2.** Élimination ou réduction des substances radioactives qui ont pollué un milieu.

**décontenancer** vt (conj 1) Faire perdre contenance ; troubler, démonter.

**décontracté, e** adj FAM Détendu.

**décontracter** vt **1.** Réduire ou faire cesser la contraction de qqch. **2.** Réduire la tension psychique de qqn ; apaiser. ◆ **se décontracter** vpr Se détendre, se relaxer.

**décontraction** nf **1.** Action de décontracter un muscle. **2.** Fait de se décontracter ; détente. **3.** FIG Aisance excessive ; désinvolture.

**déconvenue** nf Déception.

**décor** nm **1.** Ensemble de ce qui sert à décorer, disposition de certains éléments produisant un effet ornemental. **2.** Ensemble des accessoires utilisés au théâtre ou au cinéma pour figurer le lieu de l'action. ■ FAM **aller, foncer dans le décor** : en parlant d'un véhicule, quitter la route accidentellement.

**décorateur, trice** n **1.** Personne chargée de décorer un appartement. **2.** Personne qui conçoit les décors d'un film, d'une pièce de théâtre.

**décoratif, ive** adj Relatif, propre à la décoration : *arts décoratifs.*

**décoration** nf **1.** Action de décorer ; ensemble de ce qui décore. **2.** Art du décorateur. **3.** Insigne d'une distinction honorifique.

**décorer** vt **1.** Pourvoir d'éléments destinés à embellir : *décorer un local.* **2.** En parlant d'un ornement, être un élément d'embellissement : *les guirlandes qui décorent la salle.* **3.** Conférer une décoration à qqn.

**décortiquer** vt **1.** Enlever l'écorce de. **2.** FIG Analyser minutieusement un texte, une phrase.

**décorum** [dekɔrɔm] nm inv Ensemble des convenances en usage dans une bonne société ou dans certaines circonstances ; cérémonial.

**décote** nf Diminution du montant de la retraite lorsque la durée d'assurance est inférieure au nombre de trimestres requis pour obtenir une retraite à taux plein.

**découcher** vi Ne pas rentrer coucher chez soi.

**découdre** vt (conj 59) Défaire ce qui est cousu. ◆ vi ■ **en découdre** : (a) en venir aux mains (b) se quereller.

**découler** vt ind [de] Dériver, résulter de.

**découpage** nm **1.** Action, manière de découper. **2.** Dessin destiné à être découpé. ■ **découpage électoral** : division d'un territoire en circonscriptions.

**découpe** nf Action de découper ; son résultat. ■ **vente à la découpe** : vente appartement par appartement d'un immeuble détenu par un investisseur, le plus souvent en vue de réaliser une plus-value.

**découpé, e** adj Dont les contours sont marqués d'échancrures : *côte découpée.*

**découper** vt **1.** Couper en morceaux, en parts : *découper un gâteau.* **2.** Couper en suivant les contours : *découper une image.* ◆ **se découper** vpr [sur] Se détacher sur un fond.

**découplé, e** adj ■ **bien découplé :** qui a un corps harmonieusement proportionné.

**découpure** nf **1.** Morceau d'objet découpé. **2.** Entaille faite à un objet découpé. **3.** GÉOGR Accident dans le contour d'une côte.

**décourageant, e** adj Qui décourage.

**découragement** nm Perte de courage, abattement ; démoralisation.

**décourager** vt (conj 2) **1.** Ôter le courage, l'énergie de ; démoraliser : *les difficultés l'ont découragé.* **2.** Dissuader : *je l'ai découragé de sortir.* ◆ **se décourager** vpr Perdre courage.

**décousu, e** adj **1.** Dont la couture est défaite. **2.** FIG Qui manque de logique, de suite dans les idées : *style décousu.*

**1. découvert** nm FINANCES Prêt à court terme accordé par une banque au titulaire d'un compte. ■ **à découvert :** sans rien dissimuler, en toute sincérité. ❑ **être à découvert :** avoir un découvert sur son compte.

**2. découvert, e** adj Qui n'est pas couvert. ■ **à visage découvert :** franchement. ❑ **pays découvert :** peu boisé.

**découverte** nf **1.** Action de découvrir. **2.** Chose ou personne découverte.

**découvreur, euse** n Personne qui fait une découverte.

**découvrir** vt (conj 16) **1.** Ôter ce qui couvre : *découvrir une statue.* **2.** Trouver ce qui était inconnu, caché, ignoré : *découvrir un vaccin, un trésor, un secret.* **3.** Commencer à apercevoir : *d'ici, on découvre le mont Blanc.* **4.** Laisser voir, révéler : *découvrir ses intentions.* ◆ **se découvrir** vpr **1.** Ôter ce dont on est couvert : *enfant qui se découvre la nuit.* **2.** S'éclaircir, en parlant du temps. **3.** Ôter son chapeau.

**décrassage** nm Action de décrasser.

**décrasser** vt Ôter la crasse de ; nettoyer.

**décrédibiliser** vt Faire perdre sa crédibilité à.

**décrépir** vt Enlever le crépi de.

**décrépit, e** adj Affaibli par l'âge.

**décrépitude** nf Affaiblissement général dû à la vieillesse.

**decrescendo** [dekreʃendo] adv MUS En diminuant progressivement l'intensité des sons.

**décret** nm Décision du pouvoir gouvernemental dont les effets sont semblables à ceux des lois.

**décréter** vt (conj 10) **1.** Ordonner par un décret. **2.** Décider, déclarer avec autorité.

**décrier** vt LITT Déprécier, dire du mal de.

**décrire** vt (conj 71) **1.** Représenter, dépeindre par l'écriture ou la parole. **2.** Tracer ou parcourir : *décrire une courbe.*

**décrisper** vt Rendre moins tendu, moins crispé.

**décrochage** nm **1.** Action de décrocher. **2.** TÉLÉCOMM Passage d'un émetteur à un autre.

**décrochement** nm Partie en retrait d'une maison, d'un mur.

**décrocher** vt **1.** Détacher un objet accroché. **2.** FAM Obtenir : *décrocher une bourse.* ■ **décrocher (le téléphone) :** enlever le combiné du téléphone de son support pour appeler ou répondre. ◆ vi Cesser de s'intéresser à qqch.

**décroiser** vt Séparer ce qui était croisé : *décroiser les bras.*

**décroissance** nf **1.** Fait de décroître. **2.** ÉCON Politique préconisant de renoncer au mode de croissance capitaliste afin de réduire les effets de l'empreinte écologique sur la planète.

**décroissant, e** adj Qui décroît. ◆ adj et n Relatif à la décroissance ; partisan de la décroissance.

**décroître** vi (conj 66) Diminuer progressivement.

**décrotter** vt Ôter la boue de.

**décrottoir** nm Lame métallique pour ôter la boue des chaussures.

**décrue** nf Baisse de niveau des eaux fluviales.

**décryptage** nm Action de décrypter.

**décrypter** vt **1.** Déchiffrer un texte rédigé en un code qu'on ne connaît pas ; décoder. **2.** FIG Percer le sens caché, la signification profonde de qqch : *décrypter l'attitude de qqn.*

**déçu, e** adj Qui a éprouvé une déception. ■ **espoir déçu :** non réalisé. ◆ n Personne déçue : *les déçus de la politique.*

**déculottée** nf FAM Défaite cuisante.

**déculotter** vt Ôter la culotte, le pantalon de.

**déculpabilisation** nf Suppression du sentiment de culpabilité.

**déculpabiliser** vt Supprimer tout sentiment de culpabilité.

**décuple** nm et adj Dix fois aussi grand : *somme décuple d'une autre.*

**décupler** vt **1.** Rendre dix fois aussi grand. **2.** FIG Augmenter de façon notable.

**décurie** nf ANTIQ ROM Groupe de dix soldats ou de dix citoyens.

**dédaigner** vt **1.** Traiter ou regarder avec dédain, mépriser. **2.** Refuser, repousser qqch : *dédaigner une offre ; dédaigner de répondre.*

**dédaigneusement** adv Avec dédain.

**dédaigneux, euse** adj Qui manifeste, exprime du dédain.
**dédain** nm Mépris hautain : *air de dédain.*
**dédale** nm **1.** Ensemble compliqué de rues, de chemins où l'on s'égare ; labyrinthe. **2.** Ensemble embrouillé et confus : *le dédale des lois.*
**dedans** adv À l'intérieur. ■ **en dedans (de)** : à l'intérieur (de). ❑ FAM **mettre dedans** : induire en erreur. ◆ nm Partie intérieure.
**dédiaboliser** vt S'attacher à atténuer l'image négative, odieuse, voire sulfureuse, de qqn, qqch : *dédiaboliser un parti politique.*
**dédicace** nf Formule par laquelle un auteur fait hommage de son livre à qqn.
**dédicacer** vt (conj 1) Rédiger une dédicace.
**dédier** vt [à] **1.** Faire hommage d'un livre ou d'une œuvre artistique à qqn. **2.** Offrir, consacrer à : *dédier sa vie au cinéma.*
**dédire (se)** vpr (conj 72) **1.** Dire le contraire de ce qu'on a affirmé précédemment ; se rétracter. **2.** Ne pas tenir parole.
**dédit** nm **1.** Action de se dédire. **2.** Refus d'exécuter les clauses d'un contrat ; somme à payer dans ce cas.
**dédommagement** nm Réparation d'un dommage ; compensation.
**dédommager** vt (conj 2) **1.** Réparer un dommage, un préjudice ; indemniser. **2.** Donner une compensation.
**dédouanement** nm Action de dédouaner.
**dédouaner** vt **1.** Faire sortir une marchandise en acquittant les droits de douane. **2.** FIG Dégager la responsabilité de qqn ; blanchir.
**dédoublement** nm Action de dédoubler ; fait de se dédoubler.
**dédoubler** vt Partager en deux : *dédoubler une classe.* ■ **dédoubler un train** : faire partir deux trains au lieu d'un, en raison de l'affluence des voyageurs. ◆ **se dédoubler** vpr Perdre l'unité de sa personnalité.

VOCABULAIRE En *dédoublant,* on divise ; en *doublant,* on multiplie.

**dédramatisation** nf Action de dédramatiser.
**dédramatiser** vt Enlever à qqch son caractère dramatique : *dédramatiser un problème.*
**déductible** adj Qui peut être déduit : *frais déductibles des impôts.*
**déductif, ive** adj Qui procède par déduction : *esprit, raisonnement déductif.*
**déduction** nf **1.** Conséquence tirée d'un raisonnement, conclusion. **2.** Action de déduire, de retrancher : *déduction des frais.*
**déduire** vt (conj 70) **1.** Tirer une conséquence, conclure. **2.** Retrancher : *déduire une somme.*
**déesse** nf Divinité féminine.
**défaçage** ou **défacement** nm (anglicisme) INFORM Action de détourner la présentation d'un site Web à la suite d'un piratage.
**de facto** [defakto] loc adv De fait : *gouvernement reconnu de facto* (par oppos. à *de jure*).
**défaillance** nf **1.** Perte momentanée des forces physiques ou mentales ; malaise : *une défaillance cardiaque.* **2.** Défaut de fonctionnement : *une défaillance du moteur.*
**défaillant, e** adj **1.** Qui défaille. **2.** Qui fait défaut : *témoin défaillant.*
**défaillir** vi (conj 23) **1.** Perdre ses forces physiques ou morales. **2.** Faire défaut, manquer : *sa mémoire commence à défaillir.*
**défaire** vt (conj 76) **1.** Remettre dans l'état premier : *défaire un ourlet.* **2.** Modifier l'ordre, l'arrangement de qqch : *défaire un lit.* **3.** Vider le contenu de ; déballer : *défaire sa valise.* **4.** LITT Délivrer qqn de. ◆ **se défaire** vpr **1.** Cesser d'être assemblé : *le nœud s'est défait.* **2.** [de] Se débarrasser de : *se défaire d'un tic.*
**défait, e** adj Décomposé, bouleversé : *visage défait.*
**défaite** nf **1.** Bataille perdue. **2.** Échec, revers : *défaite électorale.*
**défaitisme** nm État d'esprit, attitude de celui qui s'attend à subir une défaite, un échec.
**défaitiste** adj et n Qui fait preuve de défaitisme.
**défalcation** nf Déduction.
**défalquer** vt Déduire, retrancher : *défalquer une somme.*
**défausser (se)** vpr **1.** Se débarrasser, au cours du jeu, d'une carte inutile ou dangereuse. **2.** Se décharger d'un problème, d'une responsabilité en les faisant endosser à qqn : *l'État s'est défaussé sur les maires.*
**défaut** nm **1.** Manque, insuffisance de ce qui est nécessaire : *défaut d'organisation.* **2.** Imperfection physique, matérielle ou morale : *qualités et défauts d'une personne ; défaut d'un matériel.* ■ **défaut de paiement** : situation d'une personne, d'une entreprise ou d'un État qui ne peuvent plus payer ce qu'ils doivent à leurs créanciers. ❑ **être en défaut** : (a) se tromper (b) commettre une faute. ❑ **faire défaut** : manquer. ❑ DR **par défaut** : pour refus de comparaître en justice. ◆ **à défaut de** loc prép Faute de.
**défaveur** nf LITT Perte de la faveur, de l'estime de.
**défavorable** adj Non favorable ; opposé.
**défavorablement** adv D'une manière défavorable.
**défavorisé, e** adj Qui est économiquement et socialement désavantagé : *quartier, habitants défavorisés.* ◆ n Personne qui a peu de ressources ; pauvre.
**défavoriser** vt Désavantager, handicaper.

**défécation** nf Expulsion des matières fécales.

**défectif, ive** adj GRAMM Se dit d'un verbe dont un certain nombre de temps, de modes, de personnes sont inusités, comme *absoudre*, *frire*, etc.

**défection** nf **1.** Action d'abandonner un parti, un allié, etc. **2.** Fait de ne pas se trouver là où on est attendu.

**défectueusement** adv D'une manière défectueuse.

**défectueux, euse** adj Qui présente un défaut.

**défectuosité** nf État de ce qui est défectueux ; imperfection, défaut.

**défendable** adj Qui peut être défendu : *argument défendable.*

**défendeur, eresse** n DR Personne contre laquelle est intentée une action en justice.

**défendre** vt (conj 50) **1.** Protéger un lieu, un bien contre. **2.** Soutenir une cause, une idée ; plaider en faveur de qqn : *défendre un accusé.* **3.** Ne pas permettre de faire, interdire : *défendre à qqn de sortir.* ■ **à son corps défendant :** à contrecœur. ◆ **se défendre** vpr **1.** Résister à une agression, à une attaque. **2.** Refuser l'idée de, nier : *se défendre d'avoir menti.* **3.** FAM Montrer une certaine habileté dans un domaine précis : *il se défend bien dans son métier.* **4.** Être plausible, acceptable : *sa théorie se défend.* ■ **ne pas pouvoir se défendre de :** ne pas pouvoir s'empêcher de.

**défenestration** nf Action de jeter quelqu'un par la fenêtre.

**défenestrer** vt Précipiter qqn d'une fenêtre.

**1. défense** nf **1.** Action de défendre, de se défendre : *position de défense.* **2.** Ensemble de moyens mis en œuvre pour défendre, se défendre : *défense aérienne.* **3.** DR Partie que forment l'accusé et ses avocats. **4.** Interdiction : *défense d'entrer.*

**2. défense** nf Dent saillante de certains animaux (éléphant, morse, sanglier, etc.).

**défenseur** n (on rencontre aussi le féminin *défenseure*, *défenseuse*). **1.** Personne qui défend. **2.** Avocat chargé de défendre un accusé. ■ DR **défenseur des droits :** en France, autorité administrative indépendante, chargée de veiller au respect des droits et libertés.

**défensif, ive** adj Fait pour la défense : *armes défensives.* ◆ nf ■ **être sur la défensive :** être prêt à se défendre contre toute attaque.

**déféquer** vi (conj 10) Expulser les matières fécales.

**défèrement** nm Action de déférer, de traduire un accusé ou un prévenu devant la juridiction compétente.

**déférence** nf Respect, égard.

**déférent, e** adj **1.** Respectueux. **2.** ANAT Qui conduit, porte au-dehors : *canal déférent.*

**déférer** vt (conj 10) DR **1.** Attribuer à une juridiction : *déférer une cause à une cour.* **2.** Traduire devant un tribunal : *déférer qqn en justice.*

**déferlant, e** adj Qui déferle : *vague déferlante.*

**déferlante** nf **1.** Vague déferlante. **2.** Propagation massive et irrésistible d'un phénomène : *la déferlante des jeux vidéo.*

**déferlement** nm Action de déferler.

**déferler** vi **1.** Rouler et se briser avec bruit, en parlant des vagues. **2.** FIG Se précipiter en masse : *la foule déferle dans le stade.*

**déferrer** vt Ôter le fer fixé à un objet, aux pieds d'une bête de somme.

**défi** nm **1.** Provocation dans laquelle on déclare l'adversaire incapable de faire quelque chose. **2.** Refus de se soumettre : *défi à l'ordre.* **3.** Écueil, obstacle que doit surmonter une société humaine dans son évolution : *l'écologie est un défi planétaire.* ■ **mettre qqn au défi de :** parier avec lui qu'il n'est pas capable de.

**défiance** nf Crainte d'être trompé, méfiance.

**défiant, e** adj Soupçonneux.

**défibrer** vt Ôter les fibres de.

**déficeler** vt (conj 6) Enlever la ficelle de.

**déficience** nf Insuffisance physique ou intellectuelle ; carence, manque.

**déficient, e** adj Qui présente une déficience.

**déficit** [defisit] nm **1.** Ce qui manque aux recettes pour équilibrer les dépenses. **2.** Manque, insuffisance : *déficit alimentaire.*

**déficitaire** adj En déficit.

**défier** vt **1.** Lancer un défi, provoquer : *je te défie de lui parler.* **2.** Soutenir l'épreuve de : *cela défie toute comparaison.* **3.** Affronter, braver : *défier la mort.* ◆ **se défier** vpr [de] Ne pas avoir confiance en, se méfier de.

**défigurer** vt **1.** Déformer, enlaidir le visage. **2.** FIG Altérer, déformer.

**défilé** nm **1.** Passage étroit, resserré. **2.** Marche de personnes, de voitures, etc., disposées en files, en colonnes : *défilé du 14 Juillet.*

**défilement** nm Déroulement continu d'une pellicule, d'une bande magnétique dans un appareil.

**1. défiler** vt Ôter de son fil, défaire ce qui est enfilé : *défiler un collier ; défiler une aiguille.* ◆ **se défiler** vpr FAM Se dérober à un devoir.

**2. défiler** vi **1.** Marcher en file, en colonne. **2.** Se succéder régulièrement de façon continue : *faire défiler les images d'un film.*

**défini, e** adj Précis, déterminé. ■ **article défini :** celui qui ne s'emploie qu'avec un nom désignant un objet individuellement déterminé (*le*, *la*, *les*, *au*, *aux*, *du*, *des*).

**définir** vt **1.** Donner la définition de : *définir un mot.* **2.** Indiquer, établir de manière précise : *définir une stratégie.*

**définissable** adj Qui peut être défini.

**définitif, ive** adj Qui termine, sur quoi on ne peut revenir ; irrévocable. ◆ **en définitive** loc adv Tout bien considéré, en fin de compte.

**définition** nf **1.** Énonciation des caractères essentiels, des qualités propres à un être ou à une chose ; signification du mot qui les désigne. **2.** PAR EXT Court énoncé dont l'interprétation permet de trouver un mot, dans une grille de mots croisés, notamm. **3.** INFORM Nombre total de pixels constituant une image numérique et caractérisant, avec la résolution, la qualité de cette image. ■ **haute définition (HD) :** norme appliquée à des équipements vidéo numériques dont la qualité de l'image est cinq fois supérieure à celle des équivalents analogiques.

**définitivement** adv D'une manière définitive.

**défiscalisation** nf Exonération d'impôt.

**déflagration** nf Explosion violente.

**déflation** nf Réduction systématique du volume de la monnaie circulant dans un pays. CONTR : inflation.

**déflationniste** adj Relatif à la déflation.

**déflecteur** nm Dans une voiture, petite vitre latérale orientable, permettant de régler l'aération.

**déflocage** nm Travaux d'arrachage de l'amiante utilisé pour le flocage d'un bâtiment.

**défloraison** nf Chute naturelle des fleurs.

**défloration** nf Perte de la virginité.

**déflorer** vt **1.** Enlever de sa nouveauté, de son originalité à quelque chose en l'évoquant partiellement : *déflorer un sujet.* **2.** Faire perdre sa virginité à.

**défoliant** nm Produit provoquant la défoliation.

**défoliation** nf Destruction massive et volontaire des feuilles des arbres.

**défonce** nf FAM État provoqué par l'absorption de drogue.

**défoncé, e** adj **1.** Brisé, effondré : *un fauteuil défoncé.* **2.** FAM Sous l'emprise d'une drogue.

**défoncer** vt (conj 1) **1.** VX Faire sauter le fond de : *défoncer un tonneau.* **2.** Briser en enfonçant, éventrer : *défoncer un fauteuil.* ◆ **se défoncer** vpr FAM Mettre toutes ses forces, toute son énergie dans une activité.

**déforestation** nf Action de détruire une forêt ; déboisement.

**déformant, e** adj Qui déforme.

**déformation** nf Action de déformer ; fait d'être déformé. ■ **déformation professionnelle :** fait de garder dans la vie courante les habitudes, les réflexes de sa profession.

**déformer** vt **1.** Altérer la forme, l'aspect de. **2.** Reproduire, représenter de façon inexacte : *vous déformez ma pensée.*

**défoulement** nm FAM Fait de se défouler.

**défouler (se)** vpr **1.** Donner libre cours à ses sentiments, à ses tendances. **2.** Se dépenser afin de se détendre.

**défraîchi, e** adj Dont les couleurs ont perdu leur éclat : *robe défraîchie.*

**défraîchir** vt Altérer la fraîcheur de ; ternir.

**défrayer** vt (conj 4) Payer les frais, les dépenses de quelqu'un ; rembourser. ■ **défrayer la chronique :** en être le sujet essentiel.

**défrichement** nm Action de défricher.

**défricher** vt **1.** Rendre propre à la culture un terrain qui était en friche. **2.** FIG Éclaircir, débrouiller : *défricher une question.*

**défricheur, euse** n Personne qui défriche.

**défriser** vt Défaire la frisure des cheveux.

**défroisser** vt Faire disparaître les plis de.

**défroque** nf Vêtement démodé, ridicule.

**défroqué, e** adj et n Qui a quitté l'habit et l'état religieux.

**défunt, e** adj et n Qui est mort.

**dégagé, e** adj **1.** Libre, aisé : *ton dégagé.* **2.** Qui n'est pas encombré : *route dégagée.* **3.** Complètement découvert : *front dégagé.* ■ **ciel dégagé :** sans nuages.

**dégagement** nm **1.** Action de dégager, de sortir : *le dégagement des victimes coincées dans la voiture accidentée ;* action de débarrasser, de désobstruer : *dégagement des fosses nasales.* **2.** Action de se dégager de ce qui oblige : *dégagement d'une promesse.* **3.** Espace libre : *ménager un dégagement.*

**dégager** vt (conj 2) **1.** Libérer de ce qui entrave, emprisonne : *dégager des blessés.* **2.** Débarrasser un lieu de ce qui l'encombre : *dégager le passage.* **3.** Mettre en valeur en laissant apparaître : *dégager la nuque.* **4.** Produire, laisser émaner : *dégager une odeur.* **5.** FIG Tirer d'un ensemble, mettre en évidence : *dégager l'idée essentielle.* ■ **dégager des crédits :** les rendre disponibles. ❑ **dégager sa responsabilité, sa parole :** s'en libérer. ◆ **se dégager** vpr **1.** Se libérer : *se dégager d'un piège.* **2.** Se répandre, sortir : *une épaisse fumée se dégage de la cheminée.*

**dégaine** nf FAM Attitude, démarche gauche ou étrange.

**dégainer** vt Tirer une épée de son fourreau, un revolver de son étui ; (sans complément) : *il a dégainé plus vite que les autres.*

**déganter (se)** vpr Retirer ses gants.

**dégarnir** vt Enlever ce qui garnit : *dégarnir un mur.* ◆ **se dégarnir** vpr **1.** Devenir moins touffu : *les arbres se dégarnissent en automne.* **2.** Se vider : *le réfrigérateur s'est dégarni.* **3.** Perdre ses cheveux : *se dégarnir sur le haut du crâne.*

**dégât** nm (souvent au pluriel) Dommage, destruction, ravage dus à une cause violente.
**dégauchir** vt Redresser une pièce déformée.
**dégazage** nm Opération ayant pour but de débarrasser les citernes d'un pétrolier des gaz et dépôts qui y subsistent.
**dégel** nm **1.** Fonte naturelle de la glace, de la neige. **2.** FIG Apaisement d'une situation critique, d'une tension.
**dégeler** vt (conj 5) **1.** Faire fondre ce qui était gelé. **2.** FIG Faire perdre sa timidité à quelqu'un ; mettre de l'ambiance : *dégeler l'atmosphère.* ◆ vi Cesser d'être gelé.
**dégénératif, ve** adj MÉD Caractérisé par une dégénérescence.
**dégénéré, e** adj et n Qui présente une dégénérescence.
**dégénérer** vi (conj 10) **1.** Perdre les qualités de sa race, de son espèce, en parlant d'un animal, d'une plante. **2.** Perdre de sa valeur, de ses qualités. **3.** Se transformer en quelque chose de plus mauvais : *dispute qui dégénère en bagarre.*
**dégénérescence** nf **1.** Fait de dégénérer. **2.** MÉD Altération de la cellule vivante.
**dégingandé, e** [deʒɛ̃gɑ̃de] adj Dont la démarche, les mouvements semblent disloqués.
**dégivrage** nm Action de dégivrer.
**dégivrer** vt Faire fondre le givre qui se dépose sur les glaces d'une auto, les parois d'un réfrigérateur, etc.
**déglacer** vt (conj 1) CUIS Dissoudre avec un peu de liquide les sucs caramélisés au fond d'un récipient.
**déglaciation** nf Recul des glaciers.
**déglingue** nf FAM État de grand délabrement : *la déglingue des villes, des idéologies.*
**déglinguer** vt FAM Disloquer, désarticuler.
**déglutir** vt Avaler, ingurgiter.
**déglutition** nf Action de déglutir.
**dégommer** vt FAM Faire tomber : *dégommer une quille ;* faire perdre son emploi à.
**dégonflage** ou **dégonflement** nm Action de dégonfler : *dégonflement d'un ballon.*
**dégonflé, e** adj et n FAM Se dit de quelqu'un qui manque de détermination, de décision au moment d'agir ; lâche.
**dégonfler** vt Faire disparaître le gonflement de ; évacuer l'air, le gaz de : *dégonfler un pneu.* ◆ vi Devenir moins enflé : *la cheville dégonfle.* ◆ **se dégonfler** vpr **1.** Perdre l'air ou le gaz qui gonflait : *le pneu s'est dégonflé.* **2.** FAM Manquer de courage, de résolution au moment d'agir.
**dégorgement** nm Action de dégorger.
**dégorgeoir** nm Instrument pour retirer l'hameçon de la gorge d'un poisson.
**dégorger** vt (conj 2) Débarrasser de ce qui engorge, obstrue ; déboucher : *dégorger un conduit.* ◆ vi ■ **faire dégorger des concombres :** leur faire rendre leur eau. ❑ **faire dégorger du poisson, de la viande :** les faire tremper dans l'eau froide pour en éliminer les impuretés.
**dégoter** ou **dégotter** vt FAM Découvrir, trouver.
**dégoulinade** nf FAM Trace d'une coulée liquide : *une dégoulinade de peinture.*
**dégouliner** vi FAM Couler lentement en traînées.
**dégourdi, e** adj et n Malin, ingénieux.
**dégourdir** vt **1.** Faire cesser l'engourdissement de : *se dégourdir les jambes.* **2.** Faire perdre sa gaucherie, sa timidité à.
**dégoût** nm **1.** Répugnance pour un aliment. **2.** FIG Aversion, répulsion.
**dégoûtant, e** adj et n **1.** Qui dégoûte ; répugnant. **2.** Très sale.
**dégoûté, e** adj Qui éprouve ou exprime du dégoût. ■ **ne pas être dégoûté :** ne pas être difficile. ◆ n ■ **faire le dégoûté :** Être trop difficile.
**dégoûter** vt **1.** Ôter l'appétit, faire perdre le goût à quelqu'un. **2.** Inspirer de la répugnance à quelqu'un. **3.** Décourager, détourner : *dégoûter des études.*
**dégoutter** vi Couler goutte à goutte.
**dégradant, e** adj Qui dégrade, avilit.
**dégradation** nf Action de dégrader, fait d'être dégradé. ■ **dégradation civique :** peine qui enlève au citoyen ses droits politiques, civiques et certains droits civils.
**dégradé** nm Affaiblissement progressif d'une couleur, de la lumière.
**dégrader** vt **1.** Endommager, détériorer : *dégrader des locaux.* **2.** Avilir, faire déchoir. **3.** Destituer de son grade. **4.** Couper les cheveux selon différentes épaisseurs pour modeler la coiffure.
**dégrafer** vt Défaire les agrafes : *dégrafer une robe.*
**dégraissage** nm **1.** Action de dégraisser. **2.** FAM Diminution du personnel d'une entreprise par licenciement.
**dégraisser** vt **1.** Ôter l'excédent de graisse. **2.** Ôter les taches de graisse. **3.** Débarrasser d'un excédent. ◆ vi FAM Diminuer les effectifs d'une entreprise par licenciement.
**degré** nm **1.** Position occupée par quelqu'un ou quelque chose dans une hiérarchie, un système de valeurs ; niveau, échelon : *enseignement du second degré.* **2.** Division d'une échelle correspondant à un système de mesure : *alcool à 90 degrés.* **3.** Unité de mesure d'angle correspondant à la 360$^{e}$ partie d'une circonférence : *angle de 45 degrés.* ■ **au premier degré :** à la lettre. ❑ **au second degré :** se dit de ce qui n'est

pas immédiatement compréhensible, de ce qui est allusif. ❑ **degré de juridiction :** chacun des tribunaux devant lesquels une affaire peut être successivement portée. ❑ **degré de parenté :** proximité plus ou moins grande dans la parenté. ❑ GRAMM **degrés de comparaison (d'un adjectif) :** le positif, le comparatif et le superlatif. ◆ loc adv ■ **par degrés :** progressivement.

**dégressif, ive** adj Qui va en diminuant : *tarif dégressif.*

**dégrèvement** nm Diminution d'impôt ou de taxe.

**dégrever** vt (conj 9) Décharger d'une partie des impôts, d'une taxe.

**dégriffé, e** adj et nm Se dit d'un vêtement soldé sans la griffe d'origine.

**dégringolade** nf FAM Action de dégringoler ; son résultat.

**dégringoler** vi **1.** FAM Tomber, rouler précipitamment de haut en bas. **2.** FIG Déchoir rapidement. ◆ vt ■ FAM **dégringoler un escalier :** le descendre précipitamment.

**dégrippant** nm Produit servant à débloquer des pièces mécaniques.

**dégriser** vt **1.** Faire passer l'ivresse de quelqu'un. **2.** FIG Faire perdre à quelqu'un ses illusions. ◆ **se dégriser** vpr Cesser d'être ivre.

**dégrossir** vt **1.** Donner à un matériau brut un premier façonnage : *dégrossir un bloc de marbre.* **2.** FIG Commencer à débrouiller un travail, un problème. **3.** FIG Rendre quelqu'un moins grossier, moins ignorant.

**dégrossissage** nm Action de dégrossir.

**dégrouiller (se)** vpr FAM Se dépêcher.

**dégroupement** nm Action de dégrouper.

**dégrouper** vt Séparer.

**déguenillé, e** adj et n Dont les vêtements sont en lambeaux.

**déguerpir** vi Fuir, décamper.

**dégueulasse** adj TRÈS FAM Qui répugne, physiquement ou moralement ; dégoûtant.

**dégueuler** vt et vi TRÈS FAM Vomir.

**déguisé, e** adj et n **1.** Revêtu d'un déguisement. **2.** FAM Accoutré de façon bizarre, ridicule.

**déguisement** nm Ce qui sert à déguiser, à se déguiser ; ensemble des vêtements avec lesquels on se déguise. ■ LITT, FIG **parler sans déguisement :** en toute franchise.

**déguiser** vt **1.** Habiller quelqu'un de façon à le rendre méconnaissable. **2.** FIG Changer l'apparence de quelque chose : *déguiser son écriture, ses sentiments.* ◆ **se déguiser** vpr Se travestir : *se déguiser en lapin.*

**dégustateur, trice** n et adj Personne chargée d'apprécier la qualité des vins, des liqueurs.

**dégustation** nf Action de déguster.

**déguster** vt Apprécier par le goût les qualités d'un aliment, d'un vin.

**déhanché, e** adj Qui se déhanche.

**déhanchement** nm Action de se déhancher.

**déhancher (se)** vpr **1.** Faire porter le poids du corps sur une seule jambe. **2.** Marcher en accentuant le balancement des hanches.

**déhiscent, e** adj BOT Se dit des organes qui s'ouvrent naturellement.

**dehors** adv À l'extérieur. ■ **au-dehors :** à l'extérieur. ❑ **du dehors** ou **de dehors :** de l'extérieur. ❑ **en dehors :** à, vers l'extérieur. ❑ **mettre dehors :** chasser, congédier d'un lieu. ◆ **en dehors de** loc prép **1.** À l'extérieur de : *en dehors de cette limite ; restez en dehors de cette querelle.* **2.** À l'exception de : *en dehors de vous, personne n'est au courant.* ◆ nm La partie extérieure. ◆ nm pl FIG Apparences : *dehors trompeurs.*

**déhoussable** adj Se dit d'un canapé, d'un siège dont la housse est amovible.

**déicide** n et adj THÉOL Meurtrier de Dieu, en la personne de Jésus. ◆ nm Meurtre de Dieu, spécialement en la personne de Jésus.

**déification** nf Action de déifier.

**déifier** vt Considérer à l'égal d'un dieu.

**déisme** nm Croyance en l'existence de Dieu, hors de toute révélation.

**déiste** adj et n Qui professe le déisme.

**déjà** adv **1.** Dès ce moment : *c'est déjà fini !* **2.** Auparavant : *avoir déjà dit plusieurs fois que.* **3.** Marque un degré jugé important, notable : *c'est déjà bien.* **4.** Demande un rappel de ce que l'on a oublié : *c'est où, déjà ?*

**déjanté, e** adj FAM Un peu fou, excentrique : *un scénario, un acteur déjanté.*

**déjanter** vt Faire sortir (un pneu) de la jante d'une roue. ◆ vi FAM Perdre la tête ; se conduire de façon excentrique.

**déjà-vu** nm inv FAM Chose banale : *ce film, c'est du déjà-vu.*

**déjection** nf (surtout au pluriel) **1.** Excréments. **2.** Matières que rejettent les volcans.

**1. déjeuner** vi **1.** Prendre le repas du matin ou du midi. **2.** SUISSE, BELGIQUE Prendre le petit déjeuner.

**2. déjeuner** nm **1.** Repas du matin ou du midi. **2.** SUISSE, BELGIQUE Petit déjeuner.

**déjouer** vt Faire échouer : *déjouer un complot.*

**déjuger (se)** vpr (conj 2) Revenir sur un jugement, une opinion.

**de jure** [deʒyre] loc adv De droit : *reconnaître un gouvernement de jure* (par opposition à *de facto*).

**delà** prép ■ **deçà delà** → **deçà.**

**délabré, e** adj En ruine, en mauvais état.

**délabrement** nm État de ce qui est délabré.

**délabrer** vt Endommager, détériorer. ◆ **se délabrer** vpr Tomber en ruine ; se dégrader, se détériorer.

**délacer** vt Desserrer ou dénouer des lacets.

**délai** nm **1.** Temps accordé pour faire quelque chose : *délai de livraison.* **2.** Temps supplémentaire : *demander un délai.* ■ **dans les délais :** dans les limites du temps accordé. ❏ **dans les plus brefs délais :** le plus vite possible. ❏ **sans délai :** immédiatement.

ORTHOGRAPHE *Délai* s'écrit sans *s* final, à la différence de *relais : passer le relais sans délai.*

**délaissé, e** adj et n Qui est laissé seul, abandonné, sans assistance.

**délaissement** nm **1.** LITT État d'une personne délaissée. **2.** DR Abandon d'un bien, d'un droit.

**délaisser** vt Laisser de côté, abandonner : *délaisser son travail, ses amis.*

**délassant, e** adj Qui délasse.

**délassement** nm Ce qui délasse, divertit.

**délasser** vt Ôter la fatigue physique ou morale. ◆ **se délasser** vpr Se reposer.

**délateur, trice** n Personne qui pratique la délation ; dénonciateur.

**délation** nf Dénonciation intéressée et méprisable.

**délavé, e** adj Dont la couleur est pâle, comme passée.

**délaver** vt **1.** Décolorer par l'action de l'eau. **2.** Imbiber d'eau ; détremper : *sol délavé par les pluies.*

**délayage** nm **1.** Action de délayer. **2.** FIG, FAM verbiage, remplissage.

**délayer** [deleje] vt (conj 4) Mélanger avec un liquide pour diluer. ■ FIG **délayer une idée :** l'exprimer trop longuement.

**Delco** nm (nom déposé) Dispositif d'allumage des moteurs à explosion.

**deleatur** [deleatyr] nm inv Signe de correction typographique, indiquant une suppression à faire.

**délectable** adj LITT Délicieux, exquis.

**délectation** nf Plaisir que l'on savoure.

**délecter (se)** vpr Prendre un vif plaisir.

**délégation** nf **1.** Action de déléguer. **2.** Groupe de personnes mandatées par une collectivité.

**délégué, e** n Mandataire, représentant : *les délégués syndicaux.*

**déléguer** vt **1.** Envoyer quelqu'un comme représentant, pour une mission précise. **2.** Transmettre, confier : *déléguer ses pouvoirs.*

**délestage** nm **1.** Action de délester. **2.** CANADA Report ou annulation des activités chirurgicales et médicales non urgentes, afin de libérer rapidement des places à l'hôpital. ■ **itinéraire de délestage :** déviation routière par des voies secondaires.

**délester** vt **1.** Alléger de son lest, de sa charge : *délester un ballon.* **2.** Empêcher momentanément l'accès des automobiles sur une voie routière pour y résorber les encombrements. **3.** Supprimer momentanément la fourniture de courant électrique dans un secteur du réseau.

**délétère** adj **1.** Qui attaque la santé, qui met la vie en danger : *gaz délétère.* **2.** LITT Qui corrompt ; néfaste : *doctrine délétère.*

**délibérant, e** adj Qui délibère.

**délibératif, ive** adj ■ **avoir voix délibérative :** avoir le droit de voter dans une assemblée.

**délibération** nf **1.** Débat, discussion. **2.** Réflexion précédant une décision.

**1. délibéré** nm Délibération à huis clos entre juges.

**2. délibéré, e** adj Résolu, décidé, déterminé : *intention, volonté délibérée.* ■ **de propos délibéré :** à dessein, volontairement.

**délibérément** adv Après avoir réfléchi ; volontairement : *agir délibérément ; accepter délibérément une responsabilité.*

**délibérer** vi (conj 10) **1.** Examiner, discuter à plusieurs les différents aspects d'une question : *le jury délibère sur la culpabilité de l'accusé.* **2.** LITT Réfléchir avant de prendre une décision : *il accepta sans délibérer plus longtemps.*

**délicat, e** adj **1.** Fin, raffiné, exquis : *parfum délicat.* **2.** Fait avec finesse, élégance : *ouvrage délicat.* **3.** Frêle, fragile : *santé délicate.* **4.** Embarrassant, complexe : *cas délicat.* **5.** Fin, sensible aux nuances : *goût délicat.* **6.** Très sensible, scrupuleux : *conscience délicate.* ◆ n Personne difficile à contenter.

**délicatement** adv De façon délicate.

**délicatesse** nf Qualité de quelqu'un ou de quelque chose de délicat. ■ **être en délicatesse avec :** (a) être en mauvais termes avec quelqu'un (b) ne témoigner aucun intérêt pour quelque chose : *un enfant en délicatesse avec les maths.*

**délice** nm Très vif plaisir ; délectation, enchantement. ◆ **délices** nf pl Plaisir extrême, jouissance.

**délicieusement** adv De façon délicieuse.

**délicieux, euse** adj **1.** Extrêmement agréable : *un temps délicieux.* **2.** Qui excite les sens ou l'esprit : *un mets délicieux ; une histoire délicieuse.*

**délictueux, euse** adj Qui constitue un délit : *fait délictueux.*

**délié, e** adj **1.** LITT Mince, menu : *taille déliée ; corps délié.* **2.** FIG Subtil, pénétrant : *esprit délié.* ◆ nm Partie fine des lettres (par opposition à *plein*).

**délier** vt **1.** Défaire ce qui est lié. **2.** FIG Dégager, libérer : *délier quelqu'un d'un engagement.*

**délimitation** nf Action de délimiter : *délimitation d'un pays.*

**délimiter** vt Fixer, déterminer les limites d'un lieu, de quelque chose.

**délinquance** nf Ensemble des infractions commises considérées sur le plan social : *délinquance juvénile.*

**délinquant, e** adj et n Qui a commis un ou plusieurs délit(s).

**déliquescence** nf **1.** PHYS Propriété des corps déliquescents. **2.** FIG Décadence, décrépitude.

**déliquescent, e** adj **1.** PHYS Qui a la propriété d'absorber l'humidité de l'air. **2.** FIG En pleine décadence.

**délirant, e** adj **1.** Qui délire, présente les caractères du délire : *maladie délirante ; fièvre délirante.* **2.** Qui se manifeste avec force : *enthousiasme délirant.* **3.** FAM Extravagant : *prix délirants.*

**délire** nm **1.** Trouble psychique caractérisé par la confusion des idées, sans rapport avec la réalité. **2.** FIG Agitation, exaltation, enthousiasme extrêmes.

**délirer** vi Avoir le délire ; déraisonner.

**delirium tremens** [delirjɔmtremɛ̃s] nm inv Délire avec agitation, tremblement et troubles de la conscience.

**délit** nm Infraction passible de peine correctionnelle. ■ **corps du délit :** élément matériel de l'infraction. ❑ **prendre en flagrant délit :** sur le fait.

**déliter** vt Couper une pierre dans le sens des stratifications. ◆ **se déliter** vpr **1.** Se désagréger sous l'action de l'humidité. **2.** FIG Se décomposer, perdre sa cohésion.

**délitescence** nf Désagrégation d'un corps par absorption d'eau.

**délivrance** nf **1.** Action de délivrer. **2.** Dernier stade de l'accouchement.

**délivrer** vt **1.** Mettre en liberté : *délivrer un otage.* **2.** Débarrasser, soulager d'une contrainte : *délivrer quelqu'un d'une obligation.* **3.** Livrer, remettre : *délivrer un reçu, des marchandises.*

**délocalisation** nf Action de délocaliser.

**délocaliser** vt Déplacer les services d'une administration, en particulier dans le cadre de la décentralisation ; (sans complément) implanter une entreprise ou certains de ses services dans une autre zone ou un autre pays.

**déloger** vi (conj 2) VIEILLI Quitter rapidement un lieu ; décamper. ◆ vt Chasser, expulser.

**déloyal, e, aux** adj Qui manque de loyauté ; perfide, malhonnête : *concurrent déloyal ; procédé déloyal.*

**déloyauté** nf Caractère d'une personne ou d'un acte déloyal.

**delta** nm **1.** GÉOGR Zone d'accumulation d'alluvions entre les bras d'un fleuve qui se divise près de son embouchure. **2.** Quatrième lettre de l'alphabet grec, correspondant au *d.*

**deltaïque** adj GÉOGR Relatif à un delta.

**deltaplane** nm Type de planeur ultraléger, pour le vol libre.

**deltoïde** nm Muscle de l'épaule.

**déluge** nm **1.** (avec une majuscule) Débordement universel des eaux, d'après la Bible. **2.** Pluie torrentielle. **3.** FIG Grande quantité de choses : *un déluge de protestations.*

**déluré, e** adj **1.** Vif, dégourdi : *un enfant déluré.* **2.** Effronté : *une fille délurée.*

**démagnétiser** vt Détruire l'aimantation.

**démagogie** nf Attitude qui consiste à flatter un groupe, une assemblée pour gagner sa faveur ou accroître sa propre popularité.

**démagogique** adj Qui relève de la démagogie : *discours démagogique.*

**démagogue** adj et n Qui fait preuve de démagogie.

**démailler** vt Défaire les mailles.

**demain** adv Le jour qui suit immédiatement celui où l'on est : *à demain !*

**démancher** vt Ôter son manche à un objet. ◆ **se démancher** vpr FAM Se désarticuler, se démettre (l'épaule, le bras).

**demande** nf **1.** Action de demander ; écrit qui l'exprime : *demande d'emploi ; demande en mariage.* **2.** Chose demandée : *accorder une demande.* **3.** ÉCON Somme des produits ou des services demandés par les consommateurs : *l'offre et la demande.* ■ DR **demande en justice :** acte par lequel est introduite une action en justice.

**demandé, e** adj Se dit d'un article, d'un produit qui est réclamé par beaucoup de personnes ; se dit de quelqu'un qui est très sollicité.

**demander** vt **1.** Solliciter quelque chose, une réponse de quelqu'un ; exprimer un désir, un besoin : *demander une augmentation.* **2.** Avoir besoin de, exiger, nécessiter : *plante qui demande beaucoup d'eau.* **3.** S'enquérir de : *demander sa route.* **4.** DR Engager une action en justice. ■ **ne demander qu'à :** être tout disposé à. ❑ **ne pas demander mieux :** consentir volontiers. ◆ **se demander** vpr Être dans l'incertitude à propos de.

**1. demandeur, euse** n Personne qui demande : *demandeur d'emploi, d'asile.*

**2. demandeur, eresse** n DR Personne qui engage une action en justice.
**démangeaison** nf **1.** Sensation qui provoque le besoin de se gratter. **2.** FAM, FIG Grande envie de faire quelque chose.
**démanger** vt (conj 2) **1.** Causer une démangeaison. **2.** FAM, FIG avoir très envie de : *ça le démange de parler.*
**démantèlement** nm Action de démanteler.
**démanteler** vt (conj 5) **1.** Démolir les murailles d'une ville ; détruire une construction. **2.** FIG Détruire l'organisation de : *démanteler un réseau de passeurs.* **3.** Procéder à la déconstruction d'une installation nucléaire en vue d'une éventuelle reconversion, industrielle ou non, du site.
**démantibuler** vt FAM Démolir un assemblage, disloquer.
**démaquillage** nm Action de (se) démaquiller.
**démaquillant, e** adj et nm Se dit d'un produit qui sert à éliminer le maquillage.
**démaquiller** vt Ôter le maquillage de.
**démarcation** nf Limite qui sépare deux pays, deux régions, ou deux choses abstraites. ■ **ligne de démarcation :** ligne qui marque les limites de deux territoires.
**démarchage** nm Recherche de clients éventuels à leur domicile.
**démarche** nf **1.** Manière de marcher : *démarche hésitante, pressée.* **2.** Manière d'agir ou de penser : *démarche intellectuelle.* **3.** Tentative faite en vue d'obtenir quelque chose : *entreprendre une démarche.*
**démarcher** vt Faire du démarchage.
**démarcheur, euse** n Personne qui fait du démarchage.
**démarquage** nm Action de démarquer ; son résultat.
**démarque** nf Action de démarquer des marchandises pour les solder ; son résultat.
**démarquer** vt **1.** Ôter ou changer la marque de. **2.** Solder. **3.** Copier une œuvre en la modifiant pour dissimuler l'emprunt.
**démarrage** nm Action de démarrer.
**démarrer** vt FAM Commencer, mettre en train : *démarrer un nouveau roman.* ◆ vi Commencer à se mettre en marche, à fonctionner : *auto qui démarre.*
**démarreur** nm Dispositif permettant la mise en marche d'un moteur.
**démasquer** vt **1.** Enlever son masque à. **2.** FIG Montrer qqn sous son jour véritable : *démasquer un traître.* **3.** Dévoiler en dissipant les apparences : *démasquer une imposture.*
**démâter** vt Enlever les mâts de : *démâter un bateau.* ◆ vi Perdre sa mâture.
**dématérialiser** vt **1.** Rendre immatériel. **2.** INFORM Effectuer des opérations de traitement, d'échange et de stockage d'informations sans recours au support papier.
**dème** nm Division administrative en Grèce ancienne et moderne.
**démêlage** ou **démêlement** nm Action de démêler.
**démêlant, e** adj et nm Se dit d'un produit qui facilite le démêlage des cheveux.
**démêlé** nm (surtout au pluriel) Querelle, désaccord : *avoir des démêlés avec la justice.*
**démêler** vt **1.** Séparer ce qui est emmêlé. **2.** FIG Élucider, éclaircir : *démêler une affaire.*
**démêloir** nm Peigne pour démêler les cheveux.
**démembrement** nm Partage, division.
**démembrer** vt Morceler, diviser : *démembrer un pays.*
**déménagement** nm Action de déménager.
**déménager** vt (conj 2) Transporter des meubles, des objets d'un lieu ou d'un logement dans un autre. ◆ vi **1.** Changer de domicile, de lieu d'habitation. **2.** FAM Déraisonner.
**déménageur** nm Professionnel qui fait des déménagements.
**démence** nf **1.** Trouble mental grave, caractérisé par une détérioration des fonctions intellectuelles. **2.** FAM Conduite insensée, extravagante.
**démener (se)** vpr (conj 9) **1.** S'agiter beaucoup : *se démener comme un beau diable.* **2.** Se donner beaucoup de peine : *se démener pour trouver du travail.*
**dément, e** adj et n Atteint de démence. ◆ adj FAM Déraisonnable : *des prix déments.*
**démenti** nm Déclaration qui informe de l'inexactitude d'une nouvelle : *publier un démenti.*
**démentiel, elle** adj Qui relève de la démence.
**démentir** vt (conj 19) **1.** Contredire nettement : *démentir un témoin.* **2.** Nier l'existence d'un fait ou l'exactitude d'un propos : *démentir une information.* **3.** Être en contradiction avec : *les événements ont démenti vos prédictions.*
**démerder (se)** vpr TRÈS FAM Se débrouiller.
**démérite** nm LITT Ce qui fait perdre l'estime.
**démériter** vi Agir de manière à perdre l'affection, l'estime, etc.
**démesure** nf **1.** Manque de mesure. **2.** Outrance, violence des sentiments.
**démesuré, e** adj Excessif, déraisonnable.
**démesurément** adv À l'excès.
**démettre** vt (conj 57) **1.** Déboîter : *sa chute lui a démis une épaule.* **2.** Révoquer, destituer : *démettre quelqu'un de ses fonctions.* ◆ **se démettre** vpr Renoncer à une fonction.

**demeurant (au)** loc adv Au reste, tout bien considéré : *au demeurant, c'est un bon garçon.*

**demeure** nf **1.** Domicile, lieu où l'on habite. **2.** Maison d'une certaine importance. ■ **être quelque part à demeure :** y être de façon durable, définitive. ❑ **mettre qqn en demeure de :** l'obliger à remplir son engagement.

**demeuré, e** adj et n Débile.

**demeurer** vi **1.** (avec l'auxiliaire *avoir*) Habiter, résider : *demeurer à Paris.* **2.** (avec l'auxiliaire *être*) Rester à l'endroit où l'on est : *demeurer à son poste.* **3.** FIG (avec l'auxiliaire *être*) Rester, persister dans un certain état : *cela demeure imprécis.* ■ **en demeurer là :** ne pas continuer.

**demi, e** adj **1.** Qui est la moitié de qqch : *un demi-litre ; une demi-poire.* **2.** Incomplet : *un demi-succès.* ■ **à demi :** à moitié, partiellement ou imparfaitement : *mur à demi détruit.* ◆ n SPORTS Joueur qui assure la liaison entre les avants et les arrières, au rugby, au football : *demi de mêlée.* ◆ nm Verre de bière de 25 cl.

GRAMMAIRE Placé devant le nom, avec un trait d'union, *demi* est invariable : *deux demi-heures ;* placé après un nom, *demi* en prend le genre et reste au singulier : *deux heures et demie.*

**demi-bouteille** (pl *demi-bouteilles*) nf Bouteille contenant environ 37 cl ; son contenu.

**demi-cercle** (pl *demi-cercles*) nm La moitié d'un cercle.

**demi-dieu** (pl *demi-dieux*) nm **1.** Héros, fils d'un dieu et d'une mortelle, ou d'une déesse et d'un mortel. **2.** Homme dont le génie, les qualités sont presque surhumains.

**demi-douzaine** (pl *demi-douzaines*) nf Moitié d'une douzaine.

**demie** nf **1.** Moitié d'une unité : *une boîte ? non, une demie.* **2.** Demi-heure : *arriver à la demie.* **3.** Demi-bouteille : *une demie de champagne.*

**demi-finale** (pl *demi-finales*) nf Épreuve qui précède la finale, en sports ou dans un jeu.

**demi-finaliste** (pl *demi-finalistes*) n Participant à une demi-finale.

**demi-fond** nm inv Course de moyenne distance.

**demi-frère** (pl *demi-frères*) nm Frère par le père ou par la mère seulement.

**demi-gros** nm inv Commerce intermédiaire entre le gros et le détail.

**demi-heure** (pl *demi-heures*) nf Moitié d'une heure.

**demi-jour** (pl *demi-jours*) nm Jour faible, pénombre.

**demi-journée** (pl *demi-journées*) nf Moitié d'une journée, en particulier de travail.

**démilitariser** vt Interdire toute présence ou installation militaire dans une région.

**demi-litre** (pl *demi-litres*) nm Moitié d'un litre.

**demi-longueur** (pl *demi-longueurs*) nf SPORTS Moitié de la longueur (d'un coureur, d'un cheval, etc.) dans une compétition.

**demi-lune** (pl *demi-lunes*) nf ■ **en demi-lune :** en forme de demi-cercle.

**demi-mal** (pl *demi-maux*) nm Inconvénient moins grave que celui qu'on redoutait.

**demi-mesure** (pl *demi-mesures*) nf Moyen insuffisant et peu efficace.

**demi-mot (à)** loc adv Sans qu'il soit nécessaire de tout dire.

**déminage** nm Action de déminer.

**déminer** vt **1.** Enlever les mines, les engins explosifs. **2.** FIG Prévenir l'évolution potentiellement dangereuse de qqch ; désamorcer : *déminer un conflit.*

**déminéralisation** nf Élimination excessive des sels minéraux.

**déminéraliser** vt Faire perdre ses sels minéraux à l'organisme.

**démineur** nm Spécialiste du déminage.

**demi-pause** (pl *demi-pauses*) nf MUS Signe qui indique un silence d'une durée égale à la blanche.

**demi-pension** (pl *demi-pensions*) nf **1.** Régime d'hôtellerie incluant le prix de la chambre, du petit déjeuner et d'un repas. **2.** Régime des élèves qui prennent le repas de midi dans un établissement scolaire.

**demi-pensionnaire** (pl *demi-pensionnaires*) n Élève en demi-pension.

**demi-place** (pl *demi-places*) nf Place de spectacle, de transport, à demi-tarif.

**demi-portion** (pl *demi-portions*) nf FAM, PÉJOR Personne petite et chétive.

**demi-saison** (pl *demi-saisons*) nf ■ **vêtements de demi-saison :** destinés à être portés au printemps ou en automne.

**demi-sang** nm inv Cheval provenant de reproducteurs dont un seul est de pur sang.

**demi-sel** adj inv Légèrement salé : *beurre demi-sel.*

**demi-sœur** (pl *demi-sœurs*) nf Sœur par le père ou par la mère seulement.

**demi-sommeil** (pl *demi-sommeils*) nm État intermédiaire entre la veille et le sommeil.

**demi-soupir** (pl *demi-soupirs*) nm MUS Silence équivalant à la moitié d'un soupir.

**démission** nf Acte par lequel on se démet d'une charge, d'un emploi.

**démissionnaire** adj et n Qui a donné sa démission.

**démissionner** vi **1.** Renoncer volontairement à un emploi, à une fonction. **2.** Capituler devant trop de difficultés ; abdiquer.

**demi-tarif** (pl *demi-tarifs*) nm Tarif réduit de moitié.

**demi-teinte** (pl *demi-teintes*) nf Teinte intermédiaire entre le clair et le foncé. ■ **en demi-teinte :** tout en nuances.

**demi-ton** (pl *demi-tons*) nm MUS Intervalle équivalant à la moitié d'un ton.

**demi-tour** (pl *demi-tours*) nm Moitié d'un tour. ■ **faire demi-tour :** revenir sur ses pas.

**démiurge** nm **1.** Dieu créateur de l'univers chez les platoniciens. **2.** LITT Personne qui crée quelque chose d'important.

**démobilisateur, trice** adj FIG Qui démobilise.

**démobilisation** nf Acte, action de démobiliser.

**démobiliser** vt **1.** Renvoyer dans leurs foyers les troupes mobilisées. **2.** FIG Priver de toute volonté revendicative, de toute combativité.

**démocrate** adj et n Attaché aux principes de la démocratie.

**démocratie** nf Forme de gouvernement dans lequel la souveraineté émane du peuple.

**démocratique** adj Qui relève de la démocratie ; conforme à la démocratie.

**démocratiquement** adv De façon démocratique.

**démocratisation** nf Action de démocratiser.

**démocratiser** vt Rendre démocratique, populaire.

**démodé, e** adj **1.** Qui n'est plus à la mode : *une robe démodée.* **2.** Désuet, dépassé : *idées, théories démodées.*

**démoder (se)** vpr Cesser d'être à la mode.

**démographe** n Spécialiste de démographie.

**démographie** nf Étude statistique des populations humaines, de leur évolution, de leurs mouvements.

**démographique** adj Relatif à la démographie.

**demoiselle** nf **1.** Jeune fille ; femme qui n'est pas mariée. **2.** Libellule bleue. ■ **demoiselle d'honneur :** au cours d'un mariage, jeune fille ou petite fille qui accompagne la mariée.

**démolir** vt **1.** Abattre, détruire : *démolir tout un quartier.* **2.** FIG Détruire, ruiner : *démolir la réputation de quelqu'un.*

**démolisseur, euse** n **1.** Personne, entreprise chargée de démolir. **2.** FIG Destructeur.

**démolition** nf Action de démolir.

**démon** nm **1.** ANTIQ Bon ou mauvais génie attaché à la destinée d'une personne, d'un État, etc. **2.** RELIG Ange déchu, diable. **3.** FIG Personne néfaste. **4.** Enfant espiègle. **5.** Personnification d'une passion, d'un vice : *le démon du jeu.* ■ **le Démon :** Satan. ❑ **les vieux démons :** mauvaises habitudes, tendances néfastes qui étaient assoupies et se manifestent à nouveau.

**démondialisation** nf Politique économique préconisant une réorganisation de l'économie mondiale, notamm. afin de limiter les effets néfastes du libre-échange.

**démonétisation** nf Action de démonétiser.

**démonétiser** vt Ôter sa valeur légale à une monnaie.

**démoniaque** adj **1.** Propre au démon : *superstition démoniaque.* **2.** Diabolique, pervers : *ruse démoniaque.* ◆ adj et n Possédé du démon.

**démonstrateur, trice** n Qui présente un article à la clientèle, en en expliquant le mode d'emploi.

**démonstratif, ive** adj **1.** Qui démontre ; convaincant. **2.** Qui manifeste, extériorise ses sentiments. ◆ adj et nm GRAMM Se dit des adjectifs et des pronoms qui servent à montrer, à préciser l'être ou la chose dont il est question.

**démonstration** nf **1.** Raisonnement par lequel on établit la vérité d'une proposition : *démonstration d'un théorème.* **2.** Action de montrer au public le fonctionnement d'un appareil, l'usage d'un produit : *démonstration aérienne.* **3.** Manifestation d'un sentiment : *démonstration d'amitié.*

**démontable** adj Qui se démonte.

**démontage** nm Action de démonter.

**démonté, e** adj Se dit d'un objet dont les éléments ont été séparés les uns des autres. ■ **mer démontée :** mer houleuse, agitée.

**démonte-pneu** (pl *démonte-pneus*) nm Levier utilisé pour retirer un pneu de la jante d'une roue.

**démonter** vt **1.** Défaire pièce à pièce un objet, un appareil. **2.** FIG Déconcerter, troubler : *ne pas se laisser démonter.*

**démontrable** adj Prouvable.

**démontrer** vt **1.** Prouver : *je lui ai démontré qu'il avait tort.* **2.** Révéler, indiquer : *cela démontre son autorité.*

**démoralisant, e** ou **démoralisateur, trice** adj Qui démoralise.

**démoralisation** nf **1.** Action de démoraliser. **2.** Découragement.

**démoraliser** vt Décourager, faire perdre l'énergie, le moral à quelqu'un.

**démordre** vt ind [de] (conj 52) ■ **ne pas démordre d'une opinion, d'une idée :** ne pas vouloir y renoncer.

**démotiver** vt Faire perdre à quelqu'un toute motivation, tout intérêt.

**démoucheter** vt (conj 8) Ôter le bouchon d'un fleuret.
**démoulage** nm Action de démouler.
**démouler** vt Retirer du moule.
**démultiplication** nf MÉCAN Rapport de réduction de vitesse entre deux pignons d'une transmission.
**démultiplier** vt et vi MÉCAN Réduire la vitesse dans la transmission d'un mouvement.
**démuni, e** adj et n Qui n'a pas les ressources suffisantes pour accéder au minimum vital.
**démunir** vt Priver, dépouiller quelqu'un de ce qu'il possédait. ◆ **se démunir** vpr [de] Se dessaisir, se priver de.
**démuseler** vt (conj 6) **1.** Ôter sa muselière à un animal. **2.** FIG Rendre la liberté d'expression à quelqu'un, à un groupe.
**démystification** nf Action de démystifier.
**démystifier** vt **1.** Détromper quelqu'un qui a été abusé. **2.** Enlever à quelque chose son caractère mystérieux.
**démythification** nf Action de démythifier.
**démythifier** vt Ôter son caractère mythique à quelqu'un, à quelque chose.
**dénatalité** nf Diminution du nombre des naissances.
**dénationalisation** nf Action de dénationaliser.
**dénationaliser** vt Restituer au secteur privé une entreprise ou une industrie jusque-là nationalisée.
**dénaturaliser** vt Priver des droits acquis par naturalisation.
**dénaturé, e** adj **1.** Qui manque des sentiments les plus naturels ; dépravé. **2.** Dont les caractéristiques sont modifiées : *alcool dénaturé.*
**dénaturer** vt **1.** Altérer la nature, le goût, le sens de. **2.** Mélanger à certaines substances des produits qui les rendent impropres à leur destination ordinaire.
**dénégation** nf Action de dénier.
**déneigement** nm Action de déneiger.
**déneiger** vt (conj 2) Débarrasser de la neige.
**déneigeur, euse** n CANADA Personne chargée du déneigement.
**déni** nm ■ **déni de justice** : refus illégal d'un juge, d'un tribunal, de rendre la justice.
**déniaiser** vt **1.** Rendre moins niais, moins naïf. **2.** FAM Faire perdre sa virginité à.
**dénicher** vt **1.** Enlever d'un nid. **2.** FIG Découvrir : *dénicher un livre rare.*
**dénicheur, euse** n Qui déniche.
**dénicotiniser** vt Débarrasser le tabac d'une partie de sa nicotine.
**denier** nm **1.** Ancienne monnaie française, douzième partie d'un sou. **2.** Unité servant à apprécier la finesse des fils et des fibres textiles. ■ **denier du culte** : offrande des catholiques pour l'entretien du clergé. ◆ **deniers** pl LITT Ressources financières. ■ **les deniers publics** : les revenus de l'État.
**dénier** vt **1.** Nier : *dénier toute responsabilité.* **2.** Refuser d'accorder : *dénier une autorisation.*
**dénigrement** nm Action de dénigrer.
**dénigrer** vt Discréditer, décrier.
**dénigreur, euse** n Personne qui dénigre.
**denim** [dənim] nm Tissu utilisé notamment pour la confection des jeans.
**dénivelé** nm ou **dénivelée** nf Différence d'altitude entre deux points.
**déniveler** vt (conj 6) Mettre à un niveau différent ; rendre une surface inégale.
**dénivellation** nf ou **dénivellement** nm Différence de niveau.
**dénombrement** nm Action de dénombrer ; recensement.
**dénombrer** vt Faire le compte exact de ; compter, recenser.
**dénominateur** nm MATH Terme d'une fraction, qui marque en combien de parties l'unité a été divisée. ■ FIG **dénominateur commun** : trait caractéristique commun à plusieurs choses, plusieurs personnes.
**dénominatif, ive** adj et nm GRAMM Se dit d'un mot formé à partir d'un nom.
**dénomination** nf Désignation d'une personne ou d'une chose par un nom.
**dénommé, e** adj et n Appelé : *un dénommé Charles.*
**dénommer** vt Appeler, nommer.
**dénoncer** vt (conj 1) **1.** Signaler comme coupable : *dénoncer un complice ;* s'élever publiquement contre : *dénoncer un abus.* **2.** Annuler, rompre un engagement : *dénoncer un contrat.* **3.** LITT Indiquer, révéler : *ses manières, son langage dénoncent sa culture bourgeoise.*
**dénonciateur, trice** n et adj Personne qui dénonce à la justice, à l'autorité.
**dénonciation** nf Action de dénoncer.
**dénoter** vt Indiquer, marquer.
**dénouement** nm **1.** Solution d'une affaire. **2.** Manière dont se termine une action, un film, etc.
**dénouer** vt **1.** Défaire un nœud ; détacher une chose nouée. **2.** FIG Résoudre, démêler une affaire compliquée.
**dénoyauter** vt Enlever le noyau d'un fruit.
**dénoyauteur** nm Ustensile ménager utilisé pour dénoyauter des fruits.
**denrée** nf Marchandise destinée à la consommation : *denrée alimentaire.*
**dense** adj **1.** Compact, épais : *brouillard dense.* **2.** Serré : *foule dense.* **3.** Lourd par rapport au volume : *le plomb est beaucoup plus dense que le liège.* **4.** FIG Concis : *style dense.*

**densité** nf **1.** Qualité de ce qui est dense. **2.** Rapport de la masse d'un certain volume d'un corps à celle du même volume d'eau, ou d'air pour les gaz. ■ **densité de population :** nombre moyen d'habitants au kilomètre carré.

**dent** nf **1.** Organe dur implanté dans la mâchoire, formé essentiellement d'ivoire recouvert d'émail et permettant de mastiquer les aliments. **2.** Chacune des tiges pointues ou des pointes triangulaires tranchantes de certains objets : *dents d'une scie, d'une fourchette.* **3.** Sommet pointu d'une montagne. ■ **avoir, garder une dent contre quelqu'un :** lui en vouloir. ❑ **avoir la dent dure :** avoir la critique sévère. ❑ **coup de dent :** médisance. ❑ **dents de lait :** les dents du premier âge. ❑ **dents de sagesse :** les quatre dernières molaires. ❑ **être sur les dents :** (a) être tendu (b) être très occupé. ❑ **faire ses dents :** avoir ses premières dents qui poussent. ❑ **montrer les dents :** menacer. ❑ **se mettre quelque chose sous la dent :** manger quelque chose.

**dentaire** adj Relatif aux dents, au dentiste : *cabinet dentaire.*

**dental, e, aux** adj et nf Se dit des consonnes (*d, t*) qui se prononcent en claquant la langue contre les dents.

**denté, e** adj Qui a des entailles en forme de dents : *roue dentée.*

**dentelé, e** adj Dont le bord est découpé en forme de dents : *les feuilles dentelées du châtaignier.*

**denteler** vt (conj 6) Faire des découpures, des entailles en forme de dents.

**dentelle** nf Tissu léger et à jours, fait avec du fil, de lin, de soie, etc.

**dentellier, ère** adj Qui concerne la dentelle. ◆ n Personne qui fabrique la dentelle.

**dentelure** nf **1.** Motif décoratif dentelé. **2.** Découpure en forme de dents.

**dentier** nm Prothèse dentaire amovible.

**dentifrice** nm et adj Produit pour nettoyer les dents.

**dentiste** n Chirurgien-dentiste.

**dentisterie** nf Science qui a pour objet l'étude et la pratique des soins dentaires.

**dentition** nf **1.** Formation et sortie naturelle des dents. **2.** Denture.

**denture** nf Ensemble des dents.

**dénucléarisation** nf Action d'interdire la possession ou la fabrication d'armes nucléaires.

**dénucléariser** vt Limiter ou interdire le stationnement, la fabrication d'armes nucléaires dans un pays.

**dénudé, e** adj Qui n'est plus recouvert : *arbre dénudé.* ■ **fil dénudé :** fil électrique qui n'est plus dans sa gaine isolante.

**dénuder** vt Mettre à nu. ◆ **se dénuder** vpr Se mettre nu.

**dénué, e** adj Dépourvu, privé de : *roman dénué d'intérêt ; une personne dénuée de bon sens.*

**dénuement** nm Manque des choses nécessaires ; misère, indigence.

**dénutri, e** adj Qui souffre de dénutrition.

**dénutrition** nf État d'un tissu vivant, d'un organisme dont l'assimilation est déficitaire.

**déodorant** adj m et nm Se dit d'un produit qui supprime les odeurs corporelles.

**déontologie** nf Ensemble des règles et des devoirs qui régissent une profession.

**déontologique** adj Relatif à la déontologie.

**dép.** (abréviation) Département.

**dépannage** nm Action de dépanner.

**dépanner** vt **1.** Remettre en état de fonctionner ; réparer : *dépanner une voiture.* **2.** FAM tirer d'embarras : *il m'a dépanné de cent euros.*

**1. dépanneur** nm CANADA Petite épicerie ouverte tard le soir.

**2. dépanneur, euse** n Professionnel qui dépanne les appareils, les véhicules.

**dépanneuse** nf Voiture, camion équipés pour dépanner ou remorquer un véhicule.

**dépaqueter** vt (conj 8) Défaire un paquet.

**dépareillé, e** adj **1.** Qui forme une série incomplète ou disparate. **2.** Qui est séparé d'un ensemble, désassorti : *gants dépareillés.*

**dépareiller** vt Rendre incomplet un ensemble.

**déparer** vt Nuire au bon effet, à l'harmonie d'un ensemble : *ce tableau dépare la collection.*

**déparier** vt Ôter l'une des deux choses qui font la paire ; désapparier.

**départ** nm **1.** Action de partir. **2.** Fait de quitter une fonction, un emploi. ■ **au départ :** à l'origine, au début. ❑ **être sur le départ :** être sur le point de partir. ❑ **point de départ :** origine, commencement.

**départager** vt (conj 2) **1.** Faire cesser l'égalité des voix, des mérites. **2.** Arbitrer un différend.

**département** nm **1.** Circonscription administrative locale de la France, dirigée par un préfet et par un conseil départemental. **2.** Branche spécialisée d'une administration, d'un organisme. ■ **département et Région d'outre-mer (DROM) :** collectivité territoriale de la République française, créée en 1946 (les quatre DROM sont : la Guadeloupe, la Guyane, la Martinique et La Réunion). [L'appellation département et Région d'outre-mer, ou DROM, a été substituée à celle de département d'outre-mer, ou DOM, en 2003.]

**départemental, e, aux** adj Relatif au département. ■ **élections départementales :**

élections au conseil départemental dans les cantons. ❑ **route départementale** ou **départementale** nf : route construite et entretenue par le département.

**départementalisation** nf Action de donner le statut de département.

**départir** vt (conj 26) LITT Attribuer en partage, impartir à : *la tâche qui lui a été départie.* ◆ **se départir** vpr [de] Abandonner, renoncer à : *se départir de sa bonne humeur, de son calme.*

CONJUGAISON *Départir* se conjugue comme *partir : il ne se départ pas de son calme.*

**dépassé, e** adj Démodé, caduc.

**dépassement** nm Action de dépasser, de se dépasser.

**dépasser** vt **1.** Aller au-delà de, franchir : *dépasser la ligne d'arrivée.* **2.** Devancer, laisser derrière soi ; doubler : *dépasser un camion.* **3.** Être supérieur à, excéder : *cela dépasse mes forces.* **4.** FAM Déconcerter, étonner : *son obstination me dépasse.* ◆ vi Être plus long, trop long : *jupon qui dépasse.* ◆ **se dépasser** vpr Réussir ce qui paraissait inaccessible.

**dépassionner** vt Enlever à un sujet, à un débat son caractère passionné.

**dépatouiller (se)** vpr FAM Se sortir d'une situation embarrassante ; se débrouiller.

**dépavage** nm Action de dépaver.

**dépaver** vt Enlever les pavés de.

**dépaysant, e** adj Qui dépayse.

**dépaysement** nm Action de dépayser ; résultat de cette action.

**dépayser** vt **1.** Faire changer de pays, de milieu, de cadre. **2.** FIG Dérouter, désorienter, déconcerter.

**dépècement** ou **dépeçage** nm Action de dépecer.

**dépecer** vt (conj 1 et 9) Mettre en pièces, découper en morceaux.

**dépêche** nf **1.** Lettre concernant les affaires publiques : *dépêche diplomatique.* **2.** VX Télégramme. **3.** Information brève transmise aux organes de presse.

**dépêcher** vt LITT Envoyer en hâte. ◆ **se dépêcher** vpr Se presser, se hâter.

**dépeigner** vt Défaire la coiffure de.

**dépeindre** vt (conj 55) Décrire, représenter.

**dépenaillé, e** adj Déguenillé, débraillé.

**dépénaliser** vt Ôter son caractère pénal à une infraction.

**dépendance** nf Sujétion, subordination. ◆ **dépendances** pl Bâtiment, terrain rattaché à un autre plus important.

**dépendant, e** adj Qui n'est pas autonome ; subordonné à quelqu'un ou à quelque chose. ■ **personne dépendante** : personne malade ou âgée qui ne peut assurer seule les gestes et les soins nécessaires à sa survie.

**1. dépendre** vt (conj 50) Détacher ce qui était pendu : *dépendre une enseigne.*

**2. dépendre** vt ind [de] (conj 50) **1.** Être sous l'autorité, la dépendance, la juridiction de. **2.** Être soumis à une condition ou à la décision de quelqu'un : *cela dépend de vous.* ■ **ça dépend** : (a) c'est variable (b) peut-être.

**dépens** nm pl Frais de justice : *être condamné aux dépens.* ■ **aux dépens de** : (a) à la charge, aux frais de (b) FIG au détriment de.

**dépense** nf **1.** Action de dépenser de l'argent ; emploi qu'on en fait. **2.** Montant d'une somme à payer. **3.** Usage qu'on fait d'une chose : *une dépense d'énergie.*

**dépenser** vt **1.** Employer de l'argent pour un achat. **2.** FIG Consommer, utiliser : *appareil qui dépense beaucoup d'électricité.* ◆ **se dépenser** vpr Faire des efforts, se démener.

**dépensier, ère** adj et n Qui aime la dépense ; qui dépense beaucoup.

**déperdition** nf Perte, diminution.

**dépérir** vi Perdre de sa vitalité, de sa force.

**dépérissement** nm État de quelqu'un, de quelque chose qui dépérit.

**déperlant, e** adj Se dit d'une fibre textile traitée pour que l'eau glisse dessus sans pénétrer.

**dépêtrer** vt Tirer d'embarras. ◆ **se dépêtrer** vpr [de] Se libérer, se débarrasser de.

**dépeuplement** nm **1.** Action de dépeupler. **2.** Fait de se dépeupler.

**dépeupler** vt **1.** Dégarnir d'habitants : *l'industrialisation a dépeuplé les campagnes.* **2.** Vider de ses occupants : *dépeupler un étang.*

**déphasé, e** adj FAM Qui a perdu le contact avec la réalité actuelle.

**dépiauter** vt FAM Dépouiller un animal de sa peau.

**dépilatoire** adj et nm Qui fait tomber les poils : *crème dépilatoire.*

**dépiquage** nm Action de dépiquer.

**dépiquer** vt AGRIC Faire sortir le grain de son épi.

**dépistage** nm **1.** Action de dépister. **2.** Recherche systématique de certaines maladies.

**dépister** vt **1.** Découvrir, suivre la trace d'un gibier. **2.** FIG Découvrir au terme d'une recherche, d'une enquête : *dépister un cancer.*

**dépit** nm Chagrin mêlé de ressentiment dû à une déception. ■ **en dépit de** : malgré. ❑ **en dépit du bon sens** : sans aucun soin, très mal.

**dépiter** vt Causer du dépit à.

**déplacé, e** adj Inconvenant, incongru.

**déplacement** nm **1.** Action de déplacer, de se déplacer. **2.** Voyage effectué dans l'exercice d'une profession : *être en déplacement.* **3.** MAR Volume d'eau déplacé par un navire.

**déplacer** vt (conj 1) **1.** Changer quelqu'un, quelque chose de place. **2.** Affecter à un autre poste, muter. **3.** Changer la date, l'heure de : *déplacer un rendez-vous.* **4.** MAR Avoir un déplacement de. ◆ **se déplacer** vpr **1.** Changer de place, se mouvoir. **2.** Aller d'un lieu à un autre : *se déplacer en bus.*

**déplafonnement** nm Suppression de la limite supérieure d'un crédit, d'une cotisation.

**déplafonner** vt Opérer le déplafonnement de.

**déplaire** vt ind [à] (conj 77) **1.** Ne pas plaire, être désagréable à quelqu'un. **2.** Irriter, fâcher, choquer. ■ **ne vous en déplaise :** quoi que vous en pensiez. ◆ **se déplaire** vpr Ne pas se trouver bien où l'on est.

**déplaisant, e** adj Qui déplaît ; désagréable.

**déplaisir** nm Mécontentement, contrariété.

**déplanter** vt Arracher pour replanter ailleurs : *déplanter les choux.*

**déplantoir** nm Instrument pour déplanter les végétaux.

**déplâtrage** nm Action de déplâtrer.

**déplâtrer** vt Enlever le plâtre.

**dépliant** nm Prospectus, imprimé qui se déplie.

**déplier** vt Étendre une chose qui était pliée. ◊ vpr : *le canapé se déplie facilement.*

**déplisser** vt Défaire les plis de.

**déploiement** nm Action de déployer ; son résultat.

**déplomber** vt Ôter le plomb qui scelle un objet.

**déplorable** adj **1.** Regrettable, affligeant : *un oubli déplorable.* **2.** FAM Très mauvais : *note déplorable.*

**déplorer** vt Trouver fâcheux, regretter.

**déployer** vt (conj 3) **1.** Étendre largement, ouvrir ce qui était plié, roulé : *déployer ses ailes ; déployer une carte.* **2.** MIL Faire passer une troupe de l'ordre de marche à l'ordre de bataille. **3.** Manifester : *déployer du zèle.* ■ **rire à gorge déployée :** aux éclats.

**déplumer (se)** vpr FAM Perdre ses cheveux.

**dépoétiser** vt Ôter tout caractère poétique à.

**dépoitraillé, e** adj FAM Qui porte un vêtement largement ouvert sur la poitrine.

**dépoli, e** adj ■ **verre dépoli :** dont la surface diffuse la lumière.

**dépolir** vt Ôter l'éclat, le poli.

**dépolissage** nm Action de dépolir.

**dépolitisation** nf Action de dépolitiser ; son résultat.

**dépolitiser** vt Retirer tout caractère politique à.

**dépolluer** vt Supprimer ou réduire la pollution d'un lieu, d'un local.

**dépollution** nf Action de dépolluer ; son résultat.

**déponent, e** adj et nm GRAMM Se dit d'un verbe latin de forme passive et de sens actif.

**dépopulation** nf Diminution de la population d'un pays.

**déportation** nf Internement dans un camp de concentration.

**déporté, e** n et adj **1.** Personne internée dans un camp de concentration. **2.** Condamné à la déportation.

**déporter** vt **1.** Envoyer en déportation ; condamner à la déportation. **2.** Faire dévier de sa direction, de sa trajectoire.

**déposant, e** n et adj **1.** DR Personne qui fait une déposition devant le juge. **2.** Personne qui fait un dépôt d'argent.

**dépose** nf Action d'enlever ce qui était posé : *dépose de rideaux.*

**déposé, e** adj Se dit d'une marque, d'un nom qui ont été juridiquement enregistrés pour les protéger des imitations.

**déposer** vt **1.** Poser une chose que l'on portait : *déposer un fardeau.* **2.** Laisser quelqu'un quelque part après l'y avoir conduit : *déposer un ami à la gare.* **3.** Mettre en dépôt : *déposer des fonds.* **4.** Remettre, adresser : *déposer une plainte.* **5.** Destituer : *déposer un souverain, un dignitaire.* ■ **déposer son bilan :** faire faillite. ❑ **déposer un brevet, une marque :** les faire enregistrer pour les protéger des imitations. ◆ vi DR Faire une déposition en justice. ◆ **se déposer** vpr Former une fine couche : *poussière qui se dépose sur les meubles.*

**dépositaire** n Personne à qui on a confié un dépôt.

**déposition** nf **1.** DR Déclaration d'un témoin, témoignage. **2.** Action de priver quelqu'un de ses pouvoirs.

**déposséder** vt (conj 10) Enlever à quelqu'un la possession de quelque chose.

**dépôt** nm **1.** Action de déposer, de placer en lieu sûr. **2.** Chose déposée. **3.** Somme confiée à un organisme bancaire. **4.** Matières solides qui se déposent au fond d'un liquide au repos. **5.** Lieu où l'on dépose, où l'on gare : *dépôt d'ordures ; dépôt d'autobus.* **6.** MIL Partie d'un régiment qui reste dans la garnison. ■ **dépôt de bilan :** faillite. ❑ **dépôt de pain :** lieu où l'on vend du pain préparé ailleurs. ❑ **mandat de dépôt :** ordre du juge d'instruction pour faire incarcérer un prévenu.

**dépotage** nm Acte de dépoter.

**dépoter** vt **1.** Ôter une plante d'un pot. **2.** TECHN Transvaser (un liquide). **3.** FAM Vider un véhicule de son chargement. ◆ vi FAM

Être efficace et productif : *elle dépote, elle aura fini ce soir.*

**dépotoir** nm Endroit où l'on jette les objets de rebut.

**dépôt-vente** (pl *dépôts-ventes*) nm Vente d'un objet laissé en dépôt chez un commerçant qui rembourse au propriétaire le prix de la vente moins un pourcentage convenu ; magasin spécialisé dans ce type de vente.

**dépouille** nf **1.** Peau que rejettent certains animaux, comme le serpent, le ver à soie, etc. ; mue. **2.** Peau enlevée à un animal : *dépouille d'un tigre.* ■ **dépouille mortelle :** corps humain après la mort. ◆ **dépouilles** pl Ce que l'on prend à un ennemi, butin.

**dépouillé, e** adj ■ **style dépouillé :** sans ornement.

**dépouillement** nm **1.** Action de dépouiller. **2.** Examen d'un compte, d'un dossier. **3.** Action de compter les suffrages d'une élection. **4.** Extrême sobriété.

**dépouiller** vt **1.** Arracher, enlever la peau d'un animal : *dépouiller un lièvre.* **2.** Enlever ce qui couvre, garnit, habille. **3.** Voler, priver de ses biens, de ses droits. **4.** Faire l'examen d'un compte, d'un texte, etc. **5.** Compter les votes d'un scrutin.

**dépourvu, e** adj Privé : *une phrase dépourvue de sens ; un homme dépourvu d'humour.* ◆ loc adv ■ **au dépourvu :** À l'improviste.

**dépoussiérage** nm Action de dépoussiérer.

**dépoussiérer** vt (conj 10) **1.** Enlever la poussière. **2.** FIG Renouveler, rajeunir.

**dépravation** nf Corruption, avilissement.

**dépravé, e** adj Gâté, altéré : *goûts, mœurs dépravés.* ◆ adj et n Perverti, corrompu.

**dépraver** vt **1.** Altérer. **2.** FIG Pervertir : *dépraver les mœurs.*

**dépréciatif, ive** adj Qui tend à déprécier ; péjoratif.

**dépréciation** nf Action de déprécier ; son résultat.

**déprécier** vt **1.** Diminuer, rabaisser la valeur de : *déprécier une monnaie.* **2.** Dénigrer : *déprécier les mérites de quelqu'un.*

**déprédateur, trice** adj et n Qui commet des déprédations.

**déprédation** nf **1.** Pillage avec dégâts. **2.** Dommage causé à autrui, aux biens publics.

**déprendre (se)** vpr [de] (conj 54) LITT Se détacher, se défaire de : *se déprendre de quelqu'un, d'une habitude.*

**dépressif, ive** adj et n Qui souffre de dépression nerveuse.

**dépression** nf **1.** Enfoncement, creux : *dépression du sol.* **2.** Baisse de la pression atmosphérique : *dépression atmosphérique.* **3.** Période de ralentissement économique. ■ **dépression (nerveuse) :** état pathologique de souffrance marqué par une grande chute d'énergie, du pessimisme et un dégoût de la vie.

**dépressurisation** nf Disparition de la pression, notamment dans un avion.

**dépressuriser** vt Faire cesser la pressurisation.

**déprimant, e** adj Qui déprime.

**déprime** nf FAM État dépressif.

**déprimé, e** adj et n Qui souffre de dépression nerveuse.

**déprimer** vt Abattre physiquement ou moralement ; démoraliser. ■ vi FAM **Être abattu, démoralisé :** *elle déprime depuis son échec.*

**de profundis** [deprɔfɔ̃dis] nm Psaume que l'on récite dans les prières pour les morts.

**déprogrammer** vt Supprimer du programme prévu : *déprogrammer un spectacle, un rendez-vous.*

**dépucelage** nm FAM Perte du pucelage.

**dépuceler** vt (conj 6) FAM Faire perdre son pucelage, sa virginité à.

**depuis** prép Indique le point de départ dans le temps, dans l'espace, dans une série ; à partir de : *depuis trois jours ; depuis Brest ; depuis le premier jusqu'au dernier.* ◆ adv À partir de ce moment : *pas de nouvelles depuis.* ◆ **depuis que** loc conj À partir du moment où : *il travaille depuis qu'elle est rentrée.*

**dépuratif, ive** adj et nm Propre à dépurer le sang, l'organisme.

**dépuration** nf Action de dépurer.

**dépurer** vt Rendre plus pur.

**députation** nf **1.** Envoi de personnes chargées d'une mission ; ces personnes elles-mêmes. **2.** Fonction de député.

**député, e** n **1.** Personne envoyée en mission, ambassadeur. **2.** Membre de l'Assemblée législative élu au suffrage universel. ■ **Chambre des députés :** ancien nom de l'Assemblée nationale.

**députer** vt Envoyer en députation ; déléguer, mandater.

**déqualification** nf Action de déqualifier ; fait d'être déqualifié.

**déqualifier** vt Donner à quelqu'un un poste inférieur à sa qualification professionnelle.

**der** nm ou nf inv (abréviation) FAM Dernier, dernière. ■ **la der des der :** (a) la guerre de 1914-1918, dont on espérait qu'elle serait la dernière (b) PAR EXT la dernière chose, la dernière fois.

**déraciné, e** adj et n Qui a quitté son pays, son milieu d'origine.

**déracinement** nm **1.** Action de déraciner. **2.** Fait d'être déraciné.

**déraciner** vt **1.** Arracher de terre un arbre, une plante avec ses racines. **2.** FIG Extirper,

faire disparaître : *déraciner un préjugé.* **3.** Retirer quelqu'un de son milieu d'origine.
**déradicalisation** nf **1.** Action de rendre moins intransigeant ; son résultat. **2.** Action d'inverser le processus de radicalisation d'un individu, d'un mouvement politique ou religieux (on dit aussi *désendoctrinement, désembrigadement, désengagement*).
**déraillement** nm Fait de dérailler.
**dérailler** vi **1.** Sortir des rails. **2.** FIG, FAM Déraisonner, divaguer.
**dérailleur** nm Mécanisme servant à faire passer la chaîne d'une bicyclette d'un pignon sur un autre.
**déraison** nf Manque de bon sens.
**déraisonnable** adj Qui manque de raison, insensé : *projet déraisonnable.*
**déraisonnablement** adv De façon déraisonnable.
**déraisonner** vi Tenir des discours dénués de raison.
**dérangé, e** adj FAM Un peu fou.
**dérangeant, e** adj Qui dérange, particulièrement sur le plan moral.
**dérangement** nm **1.** Action de se déplacer. **2.** Fait d'être dérangé ; perturbation : *ligne en dérangement.*
**déranger** vt (conj 2) **1.** Déplacer, causer du désordre : *les cambrioleurs ont tout dérangé.* **2.** Dérégler, détraquer : *déranger une machine.* **3.** FIG Gêner, contrarier : *déranger des habitudes.* **4.** Importuner : *je ne veux pas vous déranger.* ◆ **se déranger** vpr **1.** Se déplacer. **2.** Interrompre ses occupations.
**dérapage** nm Action de déraper.
**déraper** vi **1.** Glisser dans une direction oblique, en parlant d'un véhicule ; glisser involontairement, en parlant de qqn. **2.** FIG S'écarter de ce qui est normal, attendu : *la conversation a dérapé sur la politique.*
**dératé, e** n ■ FAM **courir comme un dératé :** courir très vite.
**dératisation** nf Extermination systématique des rats.
**dératiser** vt Débarrasser des rats.
**derby** (pl *derbys* ou *derbies*) nm **1.** Grande course annuelle de chevaux, à Epsom (GB). **2.** Match qui oppose deux clubs voisins.
**derechef** adv LITT De nouveau.
**déréférencement** nm INFORM Opération consistant à supprimer certains résultats fournis par un moteur de recherche.
**déréglé, e** adj **1.** Détraqué : *pendule déréglée.* **2.** FIG Désordonné, immoral : *vie déréglée.*
**dérèglement** nm **1.** Fait d'être déréglé. **2.** Désordre moral ou mental.
**déréglementation** nf Fait de déréglementer.
**déréglementer** vt Alléger ou supprimer la réglementation de.
**dérégler** vt (conj 10) Déranger, détraquer. ◆ **se dérégler** vpr Arrêter de fonctionner normalement : *montre qui s'est déréglée.*
**déremboursement** nm En France, cessation du remboursement par la Sécurité sociale d'un médicament ou d'un traitement médical.
**dérider** vt **1.** Faire disparaître les rides de. **2.** FIG Égayer, réjouir.
**dérision** nf Moquerie méprisante : *tourner en dérision.*
**dérisoire** adj **1.** Qui suscite la dérision. **2.** Insignifiant, minime : *prix dérisoire.*
**dérivatif** nm Ce qui détourne l'esprit vers d'autres pensées : *la lecture est un dérivatif.*
**dérivation** nf **1.** Action de détourner les eaux. **2.** GRAMM Formation d'un nouveau mot par l'ajout d'un suffixe ou d'un préfixe à un autre mot ou à un radical. **3.** ÉLECTR Communication au moyen d'un second conducteur entre deux points d'un circuit fermé.
**dérive** nf **1.** Pour un bateau, un avion, fait de dériver sous l'effet d'un courant, d'un vent. **2.** Aileron vertical immergé pour réduire la dérive d'un navire. **3.** Évolution dangereuse d'un processus qui s'écarte du cadre fixé et devient incontrôlable. ■ **aller à la dérive :** (a) ne plus être dirigé (b) FIG se laisser aller sans réagir. ❑ **dérive des continents :** théorie selon laquelle les continents se sont fragmentés et déplacés.
**1. dérivé, e** adj Qui est issu d'une dérivation. ■ ÉCON **droits dérivés :** droits payés pour l'exploitation de produits créés à partir d'une œuvre littéraire, cinématographique, etc.
**2. dérivé** nm **1.** GRAMM Mot qui dérive d'un autre. **2.** CHIM Corps obtenu par la transformation d'un autre.
**dériver** vt Détourner de son cours. ◆ vi **1.** MAR S'écarter de sa route. **2.** Aller à la dérive. ◆ vt ind [de] **1.** Venir, provenir de. **2.** GRAMM Être issu d'un autre mot par dérivation.
**dériveur** nm Voilier muni d'une dérive.
**dermato** n (abréviation) FAM Dermatologue.
**dermatologie** nf Étude et traitement des maladies de la peau.
**dermatologue** n Spécialiste de la dermatologie.
**dermatose** nf Maladie de la peau.
**derme** nm ANAT Tissu qui constitue la couche profonde de la peau.
**dermique** adj Relatif à la peau.
**dernier, ère** adj et n Qui vient après tous les autres dans le temps, selon le rang, le mérite. ■ **en dernier :** après tout le reste, tout

le monde : *arriver en dernier.* ◆ adj **1.** Extrême : *protester avec la dernière énergie.* **2.** Qui est le plus récent : *l'an dernier ; dernière mode.*

**dernièrement** adv Depuis peu ; récemment.

**dernier-né, dernière-née** (pl *derniers-nés, dernières-nées*) n Le dernier enfant d'une famille.

**dérobade** nf Action de se dérober.

**dérobé, e** adj Caché, secret : *porte dérobée.* ◆ **à la dérobée** loc adv En cachette.

**dérober** vt **1.** Prendre furtivement le bien d'autrui. **2.** FIG Soustraire à la vue. ◆ **se dérober** vpr **1.** Se soustraire. **2.** Refuser de franchir un obstacle, en parlant d'un cheval.

**dérogation** nf **1.** Action de déroger. **2.** Autorisation de déroger.

**dérogatoire** adj Qui déroge. ■ **déplacement dérogatoire :** déplacement contrevenant à une interdiction et soumis à justification : *une attestation de déplacement dérogatoire.*

**déroger** vt ind [à] (conj 2) S'écarter de ce qui est établi par une loi, une convention, un principe ; manquer à.

**dérouillée** nf FAM Volée de coups.

**dérouiller** vt **1.** Enlever la rouille. **2.** FIG Dégourdir : *dérouiller ses jambes.*

**déroulement** nm **1.** Action de dérouler, de se dérouler. **2.** Enchaînement de faits.

**dérouler** vt **1.** Étendre ce qui était enroulé. **2.** Étaler sous le regard, passer en revue : *dérouler ses souvenirs.* ◆ **se dérouler** vpr Avoir lieu, s'écouler, s'enchaîner.

**dérouleur** nm **1.** Appareil servant à dérouler des produits livrés en rouleaux. **2.** INFORM Dispositif permettant le déroulement d'une bande magnétique.

**déroutant, e** adj Qui déconcerte.

**déroute** nf **1.** Fuite en désordre d'une troupe vaincue. **2.** FIG Échec complet.

**dérouter** vt **1.** Détourner, écarter de sa route, de sa destination. **2.** FIG Déconcerter, mettre dans l'embarras.

**derrick** nm Charpente en métal supportant l'appareil de forage d'un puits de pétrole.

**derrière** prép **1.** En arrière de, au dos de : *se cacher derrière un arbre.* **2.** À la suite de : *marcher derrière qqn.* **3.** Au-delà des apparences : *qu'y a-t-il derrière tout cela ?* ◆ adv **1.** En arrière : *placez-vous derrière !* **2.** À la suite. **3.** Au-delà. ■ **sens devant derrière :** le devant à la place du derrière. ◆ nm **1.** Partie postérieure de qqch. **2.** Partie de l'homme ou de l'animal comprenant les fesses.

**derviche** nm Religieux musulman.

**des** art **1.** Article défini contracté pluriel équivalant à *de les* : *les cris des enfants.* **2.** Article partitif pluriel : *manger des frites.* **3.** Article indéfini, pluriel de *un, une* : *il y a des livres sur l'étagère.*

**dès** prép Indique un point de départ précoce dans le temps, dans une hiérarchie ou dans l'espace : *dès son arrivée ; dès le seuil.* ◆ **dès lors** loc adv Aussitôt ; en conséquence. ◆ **dès que** loc conj Aussitôt que.

**désabonner (se)** vpr Faire cesser un abonnement pour soi.

**désabusé, e** adj Qui a perdu ses illusions.

**désabuser** vt LITT Tirer de ses illusions ; détromper.

**désaccord** nm **1.** Manque d'entente, d'accord : *famille en désaccord.* **2.** Contradiction : *désaccord entre les paroles et les actes.*

**désaccorder** vt **1.** MUS Détruire l'accord d'un instrument. **2.** Détruire l'harmonie, l'équilibre d'un ensemble.

**désaccoutumer** vt Déshabituer. ◆ **se désaccoutumer** vpr [de] Perdre l'habitude de.

**désacraliser** vt Ôter son caractère sacré à.

**désactiver** vt Débarrasser un corps des éléments radioactifs qu'il contient.

**désaffectation** nf Action de désaffecter : *désaffectation d'une église.*

**désaffecté, e** adj Qui n'a plus sa destination d'origine : *usine désaffectée.*

**désaffecter** vt Changer la destination d'un édifice public, d'un lieu.

**désaffection** nf Perte de l'affection, de l'intérêt.

**désagréable** adj Déplaisant, pénible, fâcheux.

**désagréablement** adv De façon désagréable.

**désagrégation** nf Séparation des parties d'un corps, décomposition.

**désagréger** vt (conj 2 et 10) Produire la désagrégation de. ◆ **se désagréger** vpr Se décomposer, s'effriter.

**désagrément** nm Sujet de déplaisir, de contrariété.

**désaimantation** nf Action de désaimanter ; son résultat.

**désaimanter** vt Détruire l'aimantation de.

**désaltérant, e** adj Qui désaltère.

**désaltérer** vt (conj 10) Calmer la soif. ◆ **se désaltérer** vpr Apaiser sa soif en buvant.

**désamorçage** nm Action de désamorcer.

**désamorcer** vt (conj 1) **1.** Ôter l'amorce de. **2.** Interrompre le fonctionnement d'un appareil : *désamorcer une pompe.* **3.** FIG Prévenir le développement dangereux de qqch : *désamorcer un conflit.*

**désamour** nm LITT Cessation de l'amour ou de l'intérêt qu'on porte à qqn, à qqch.

**désapparier** vt Déparier.

**désappointé, e** adj Déçu.

**désappointement** nm État d'une personne désappointée ; déception.
**désappointer** vt Tromper l'attente, les espérances de quelqu'un ; décevoir.
**désapprendre** vt (conj 54) Oublier ce qu'on avait appris.
**désapprobateur, trice** adj Qui désapprouve.
**désapprobation** nf Action de désapprouver.
**désapprouver** vt Ne pas approuver, blâmer : *désapprouver une démarche.*
**désarçonner** vt **1.** Faire tomber de cheval. **2.** FIG Déconcerter.
**désargenté, e** adj FAM Démuni d'argent.
**désargenter** vt Enlever la couche d'argent de : *désargenter un couvert.*
**désarmant, e** adj Qui décourage toute attaque, toute critique : *naïveté désarmante.*
**désarmement** nm **1.** Action de désarmer. **2.** Réduction de l'armement militaire.
**désarmer** vt **1.** Enlever son arme, ses armes à qqn. **2.** Apaiser, calmer, adoucir : *désarmer la colère de qqn.* ■ **désarmer un navire :** le dégarnir de son armement, de son équipage. ◆ vi Abandonner une action, un sentiment hostile ou violent ; renoncer.
**désarroi** nm Désordre, confusion.
**désarticulation** nf Action de désarticuler ; fait d'être désarticulé.
**désarticuler** vt Faire sortir de l'articulation. ◆ **se désarticuler** vpr Mouvoir à l'excès ses articulations, se tordre dans tous les sens.
**désassorti, e** adj Dépareillé : *service de table désassorti.*
**désassortir** vt Séparer des choses qui étaient assorties.
**désastre** nm **1.** Catastrophe, malheur. **2.** Chose déplorable : *ce film est un désastre.*
**désastreux, euse** adj Très mauvais, catastrophique.
**désavantage** nm Ce qui constitue une infériorité, un préjudice, un inconvénient.
**désavantager** vt (conj 2) Faire subir un désavantage à ; léser, handicaper.
**désavantageux, euse** adj Qui cause un désavantage.
**désaveu** nm **1.** Rétractation d'un aveu. **2.** Dénégation, refus de reconnaître comme sien. **3.** Déclaration par laquelle on désavoue un mandataire.
**désavouer** vt **1.** Refuser de reconnaître comme sien une parole ou un acte. **2.** Déclarer qu'on n'a pas autorisé qqn à agir comme il l'a fait. **3.** FIG Désapprouver.
**désaxé, e** adj et n Déséquilibré.
**désaxer** vt **1.** Mettre hors de son axe : *désaxer une roue.* **2.** FIG Rompre l'équilibre moral, déséquilibrer.
**descellement** nm Action de desceller ; son résultat.
**desceller** vt **1.** Arracher une chose scellée : *desceller une pierre.* **2.** Enlever le sceau d'un titre, d'un acte.
**descendance** nf Filiation, postérité : *une nombreuse descendance.*
**descendant, e** adj Qui descend : *marée descendante.* ■ **garde descendante :** celle qui est remplacée. ◆ n Personne qui descend d'une autre. ◆ **descendants** nm pl Descendance.
**descendre** vi (conj 50) **1.** Aller de haut en bas : *descendre à la cave.* **2.** S'étendre vers le bas, être en pente : *rue qui descend.* **3.** Baisser de niveau : *la marée descend.* **4.** Passer de l'aigu au grave : *descendre d'un ton.* **5.** FIG S'arrêter au cours d'un voyage : *descendre à l'hôtel.* **6.** S'abaisser : *le thermomètre descend au-dessous de 0 °C.* ◆ vt ind [de] **1.** Être issu, tirer son origine de : *descendre d'une grande famille.* **2.** Sortir d'un véhicule, d'un bateau : *descendre de voiture.* ◆ vt **1.** Mettre ou porter plus bas : *descendre une valise du grenier.* **2.** Parcourir de haut en bas : *descendre des escaliers, une rivière.* **3.** FAM Tuer, abattre.

EMPLOI *Descendre en bas* est pléonastique. *Descendre plus* ou *très bas* est correct.

**descente** nf **1.** Action de descendre : *faire la descente d'une rivière.* **2.** Pente, partie descendante : *freinez dans la descente.* **3.** Irruption : *descente de police.* **4.** Tuyau d'écoulement pour les eaux. ■ **descente de lit :** petit tapis placé le long d'un lit.
**descriptif, ive** adj Qui a pour objet de décrire. ◆ nm Document donnant une description exacte de qqch avec plans, schémas.
**description** nf **1.** Action de décrire ; son résultat. **2.** Développement qui décrit.
**désembouteiller** vt Faire cesser un embouteillage.
**désembuage** nm Action de faire disparaître la buée.
**désemparé, e** adj Qui ne sait quel parti prendre ; déconcerté.
**désemparer** vi ■ **sans désemparer :** sans interruption, avec persévérance.
**désemplir** vi ■ **ne pas désemplir :** Être toujours plein.
**désencadrer** vt Retirer de son cadre : *désencadrer une gravure.*
**désenchaîner** vt Ôter les chaînes de.
**désenchanté, e** adj Qui a perdu tout enthousiasme, qui n'a plus d'illusion.
**désenchantement** nm Désillusion, déception.

**désenchanter** vt Faire perdre l'enthousiasme, les illusions à.
**désenclaver** vt Rompre l'isolement d'une localité, d'une région sur le plan économique.
**désencombrer** vt Débarrasser de ce qui encombre.
**désencrer** vt Ôter l'encre d'imprimerie des papiers à recycler.
**désenflammer** vt Faire cesser l'inflammation de.
**désenfler** vi Cesser d'être enflé.
**désenfumer** vt Chasser, évacuer la fumée d'un lieu.
**désengagement** nm Action de désengager, de se désengager.
**désengager** vt (conj 2) Libérer d'un engagement. ◆ **se désengager** vpr Faire cesser son engagement.
**désengorger** vt (conj 2) Dégager ce qui est engorgé, obstrué.
**désenivrer** [dezɑ̃nivre] vt Tirer de l'ivresse.
**désennuyer** vt (conj 3) Dissiper l'ennui de.
**désensabler** vt Dégager du sable.
**désensibilisation** nf Traitement supprimant une allergie de l'organisme à l'égard de certaines substances, comme le pollen, la poussière, etc.
**désensibiliser** vt **1.** MÉD Faire perdre ou diminuer la sensibilité de l'organisme à l'égard de certaines substances. **2.** FIG Rendre qqn moins sensible à qqch.
**désensorceler** vt (conj 6) Délivrer de l'ensorcellement.
**désentoiler** vt Enlever la toile originale : *désentoiler un tableau.*
**désenvenimer** vt Rendre moins acerbe, moins virulent.
**désépaissir** vt Rendre moins épais.
**déséquilibre** nm **1.** Absence d'équilibre. **2.** FIG Instabilité mentale.
**déséquilibré, e** adj et n Qui a perdu son équilibre mental.
**déséquilibrer** vt **1.** Faire perdre l'équilibre à. **2.** FIG Causer un déséquilibre mental.
**désert, e** adj **1.** Inhabité : *île déserte.* **2.** Très peu fréquenté : *cet endroit est désert.* ◆ nm **1.** Région aride et inhabitée. **2.** Lieu inhabité, vide ou peu fréquenté. ■ **désert médical :** zone où la concentration de professionnels médicaux et d'établissements de santé est inférieure de 30 % à la moyenne nationale. ❏ **prêcher dans le désert :** parler en vain.
**désertification** nf Transformation d'une région en désert.
**déserter** vt Abandonner, délaisser, quitter. ◆ vi MIL Quitter son corps ou son poste sans autorisation.
**déserteur, euse** n **1.** Militaire qui déserte. **2.** FIG Qui abandonne un parti, une cause.
**désertifier (se)** vpr **1.** Se transformer en désert. **2.** Se dépeupler.
**désertion** nf Action de déserter.
**désertique** adj Du désert, caractéristique du désert : *région désertique.*
**désescalade** nf Diminution progressive de la tension militaire, sociale, etc.
**désespérance** nf LITT Désespoir.
**désespérant, e** adj **1.** Qui met au désespoir. **2.** Qui décourage.
**désespéré, e** adj et n Qui s'abandonne au désespoir. ◆ adj **1.** Qui ne laisse plus d'espoir : *situation désespérée.* **2.** Qui exprime le désespoir : *cri désespéré.*
**désespérément** adv De façon désespérée.
**désespérer** vi (conj 10) Cesser d'espérer. ◆ vt ind [de] Ne plus rien attendre de. ◆ vt **1.** Mettre au désespoir, affliger, contrarier. **2.** Décourager.
**désespoir** nm **1.** Perte de l'espérance, abattement, affliction. **2.** Ce qui désole, désespère : *être le désespoir de ses amis.* ■ **en désespoir de cause :** en dernier ressort. ❏ **être au désespoir (de) :** regretter vivement.
**déshabillage** nm Action de déshabiller, de se déshabiller.
**déshabillé** nm Vêtement féminin d'intérieur.
**déshabiller** vt **1.** Ôter ses habits à quelqu'un ; dévêtir. **2.** TECHN Mettre à nu, découvrir : *déshabiller un fauteuil, un mur.* ◆ **se déshabiller** vpr Ôter ses vêtements.
**déshabituer** vt Faire perdre une habitude à ; désaccoutumer.
**désherbant, e** adj et nm Se dit d'un produit qui sert à désherber un sol.
**désherber** vt Enlever les mauvaises herbes.
**déshérence** nf DR Absence d'héritiers.
**déshérité, e** adj et n **1.** Privé de sa part d'héritage. **2.** Privé de biens matériels ; pauvre : *secourir les déshérités.* ◆ adj Aride, pauvre : *région déshéritée.*
**déshériter** vt **1.** Priver d'héritage. **2.** LITT Désavantager.
**déshonneur** nm Perte de l'honneur ; honte, indignité.
**déshonorant, e** adj Qui déshonore.
**déshonorer** vt **1.** Faire perdre son honneur à qqn ; avilir. **2.** Faire du tort à, gâter.
**déshumanisé, e** adj Qui a perdu tout caractère humain.
**déshumaniser** vt Faire perdre tout caractère humain à.
**déshydratant, e** adj Qui déshydrate.
**déshydratation** nf Action de déshydrater ; fait d'être déshydraté.

**déshydraté, e** adj Dont la teneur en eau est diminuée ; desséché : *soupe, peau déshydratée.*

**déshydrater** vt Diminuer la teneur en eau ; dessécher. ◆ **se déshydrater** vpr Perdre de sa teneur en eau : *l'athlète s'est déshydraté.*

**desiderata** [deziderata] nm pl Ce que l'on souhaite voir se réaliser ; souhaits.

**design** [dizajn] nm Discipline visant à la création d'objets, d'environnements à la fois fonctionnels, esthétiques et conformes aux impératifs d'une production industrielle (recommandation officielle : *stylique*). ◆ adj inv D'un modernisme fonctionnel sur le plan esthétique.

**désignation** nf **1.** Action de désigner. **2.** Ce qui désigne.

**designer** [dizajnœr] nm Créateur spécialisé dans le design.

**désigner** vt **1.** Indiquer, montrer : *désigner le coupable.* **2.** Choisir : *désigner un successeur.* **3.** Représenter, signifier : *ces deux mots désignent la même notion.*

**désillusion** nf Perte de l'illusion, désenchantement.

**désillusionner** vt Faire perdre les illusions à.

**désincarcérer** vt (conj 10) Dégager une personne prisonnière d'un véhicule accidenté.

**désincarné, e** adj Qui ne tient pas compte du corps ou de la réalité : *théorie désincarnée.*

**désindustrialisation** nf Fait de supprimer des usines, de diminuer le potentiel industriel d'une région, d'un pays.

**désinence** nf GRAMM Partie finale d'un mot.

**désinfectant, e** adj et nm Se dit d'un produit qui désinfecte.

**désinfecter** vt Détruire les germes pathogènes : *désinfecter une plaie, un lieu.*

**désinfection** nf Action de désinfecter ; son résultat.

**désinformation** nf Action de désinformer ; son résultat.

**désinformer** vt Informer à travers les médias en donnant une image déformée ou mensongère de la réalité.

**désinsectiser** vt Détruire les insectes nuisibles : *désinsectiser une région.*

**désintégration** nf **1.** Action de désintégrer, de se désintégrer ; fait d'être désintégré. **2.** PHYS Transformation du noyau d'un atome.

**désintégrer** vt **1.** Provoquer la destruction complète de quelque chose. **2.** FIG Détruire l'unité, la cohésion d'un tout. ◆ **se désintégrer** vpr Se désagréger.

**désintéressé, e** adj Qui n'agit pas par intérêt égoïste ; qui n'est pas inspiré par l'intérêt.

**désintéressement** nm **1.** Indifférence à tout ce qui est intérêt personnel. **2.** Dédommagement d'un créancier.

**désintéresser** vt **1.** Faire perdre à quelqu'un tout intérêt pour quelque chose : *désintéresser un élève du latin.* **2.** Payer à quelqu'un la somme qu'on lui doit. ◆ **se désintéresser** vpr [de] Ne plus porter d'intérêt à.

**désintérêt** nm Absence d'intérêt ; indifférence.

**désintoxication** nf Action de désintoxiquer.

**désintoxiquer** vt Guérir quelqu'un d'une intoxication.

**désinvolte** adj Trop décontracté ; sans-gêne, impertinent : *réponse désinvolte.*

**désinvolture** nf Attitude désinvolte ; impertinence, sans-gêne.

**désir** nm **1.** Action de désirer ; envie. **2.** Objet du désir. **3.** Appétit sexuel.

**désirable** adj **1.** Qui mérite d'être désiré. **2.** Qui fait naître le désir sexuel.

**désirer** vt **1.** Souhaiter, avoir envie de. **2.** Éprouver un désir sexuel pour. ■ **laisser à désirer** : être médiocre. ❑ **se faire désirer** : se faire attendre. ❑ **vous désirez ?** : formule de politesse pour demander à quelqu'un ce qu'il veut, généralement dans un magasin.

**désireux, euse** adj Qui désire quelque chose : *il est désireux de rendre service.*

**désistement** nm Renoncement.

**désister (se)** vpr Renoncer à un droit, à une candidature, etc.

**désobéir** vt ind [à] Ne pas obéir à.

**désobéissance** nf Action de désobéir, tendance à désobéir.

**désobéissant, e** adj Qui désobéit.

**désobligeant, e** adj Désagréable, blessant.

**désobliger** vt (conj 2) Causer du déplaisir, de la peine ; vexer.

**désobstruer** vt Enlever ce qui bouche ; déboucher.

**désocialisation** nf Situation d'une personne, d'un groupe qui ne sont pas intégrés aux structures de la société : *le risque de désocialisation des chômeurs.*

**désocialisé, e** adj et n Qui est écarté des structures de la vie sociale.

**désodé, e** [desɔde] adj Privé de sodium, de sel.

**désodorisant, e** adj et nm Se dit d'un produit qui désodorise.

VOCABULAIRE Le mot *désodorisant* s'applique à toutes les odeurs, *déodorant* uniquement à celle du corps.

**désodoriser** vt Enlever ou masquer les mauvaises odeurs.

**désœuvré, e** adj et n Qui n'a rien à faire, qui ne sait pas s'occuper.

**désœuvrement** nm État d'une personne désœuvrée.

**désolant, e** adj Qui désole ; affligeant.

**désolation** nf Peine, affliction extrême.

**désolé, e** adj **1.** Très affligé, attristé, navré. **2.** Désert et triste : *paysage désolé.* ■ **être désolé (de)** : regretter vivement.

**désoler** vt **1.** Causer une grande affliction. **2.** Navrer, contrarier.

**désolidariser (se)** vpr Cesser d'être solidaire de quelqu'un, de quelque chose.

**désopilant, e** adj Très drôle.

**désordonné, e** adj **1.** Qui manque d'ordre. **2.** Déréglé.

**désordre** nm **1.** Manque d'ordre ; fouillis : *chambre en désordre.* **2.** Confusion, manque d'organisation : *le désordre des idées.* **3.** Agitation politique ou sociale : *le malaise économique laisse craindre de graves désordres.* **4.** Manque de discipline : *élève qui sème le désordre dans la classe.*

**désorganisation** nf **1.** Action de désorganiser. **2.** Désordre.

**désorganiser** vt Détruire l'organisation de ; jeter la confusion, le désordre dans.

**désorienté, e** adj **1.** Qui a perdu sa direction. **2.** FIG Déconcerté, troublé.

**désorienter** vt **1.** Faire perdre à quelqu'un son chemin, la direction qu'il doit suivre. **2.** FIG Déconcerter, dérouter.

**désormais** adv Dorénavant.

**désosser** vt Enlever l'os, les os de : *désosser un gigot.*

**desperado** [desperado] nm Hors-la-loi prêt à s'engager dans toute entreprise violente et désespérée.

**despote** nm **1.** Souverain absolu. **2.** Personne qui exerce une domination absolue sur son entourage : *cette femme est un despote !*

**despotique** adj Arbitraire, tyrannique.

**despotisme** nm **1.** Pouvoir absolu et arbitraire. **2.** Autorité tyrannique.

**desquamation** [deskwamasjɔ̃] nf **1.** Chute des écailles. **2.** MÉD Exfoliation de l'épiderme sous forme de squames.

**desquamer** [deskwame] vi ou **se desquamer** vpr **1.** Perdre ses écailles. **2.** Se détacher par squames.

**desquels, desquelles** pron rel et pron interr → **lequel.**

**DESS** nm (sigle de *diplôme d'études supérieures spécialisées*) Ancien diplôme de l'enseignement supérieur, qui se préparait en un an et ouvrait sur la vie professionnelle.

**dessabler** vt Ôter le sable de.

**dessaisir** vt Déposséder d'un droit, d'un bien. ◆ **se dessaisir** vpr [de] Renoncer volontairement à qqch que l'on possède.

**dessaisissement** nm Action de dessaisir, de se dessaisir.

**dessalage** ou **dessalement** nm Action de dessaler, de débarrasser de son sel.

**dessaler** vt **1.** Rendre moins salé ; débarrasser de son sel. **2.** FAM Dégourdir, déniaiser. ◆ vi FAM Chavirer, en parlant d'un voilier.

**dessaouler** vt et vi → **dessoûler.**

**desséchant, e** adj Qui dessèche.

**dessèchement** nm **1.** Action de dessécher. **2.** État de ce qui est desséché.

**dessécher** vt (conj 10) **1.** Rendre sec, déshydrater. **2.** FIG Rendre froid, insensible. ◆ **se dessécher** vpr Devenir sec.

**dessein** nm Projet, intention. ◆ loc adv ■ **à dessein** : exprès, volontairement.

**desseller** vt Ôter la selle à.

**desserrage** ou **desserrement** nm Action de desserrer.

**desserrer** vt Relâcher ce qui est serré : *desserrer une ceinture, un frein.* ■ **ne pas desserrer les dents** : ne rien dire, se taire.

**dessert** nm Dernière partie d'un repas ; mets sucré qui la compose.

**desserte** nf **1.** Petite table pour déposer les plats servis ou desservis. **2.** Action de desservir un lieu : *autocar qui assure la desserte du village.*

**dessertir** vt Enlever de sa monture (une pierre fine) : *dessertir une pierre, une perle.*

**desservant** nm Prêtre qui dessert une paroisse.

**desservir** vt (conj 20) **1.** Enlever les plats qui ont été servis : *desservir la table.* **2.** Assurer un service de communication : *desservir une localité.* **3.** Assurer le service religieux de : *prêtre qui dessert trois paroisses.* **4.** FIG Nuire à.

**dessiccation** nf Élimination de l'humidité d'un corps.

**dessiller** [desije] vt ■ LITT **dessiller les yeux à, de quelqu'un** : lui ouvrir les yeux, le détromper.

**dessin** nm **1.** Représentation sur une surface de la forme d'un objet ou d'une figure. **2.** Technique et art qui enseignent les procédés du dessin. **3.** Contour, profil. ■ **dessin à main levée** : dessin exécuté sans règle ni compas et traité librement. ❑ **dessin animé** : suite de dessins qui, filmés, donnent l'apparence du mouvement.

**dessinateur, trice** n Qui dessine, qui en fait profession.

**dessiner** vt **1.** Représenter par le dessin : *dessiner un bateau.* **2.** Faire ressortir la forme, le contour de : *une robe qui dessine bien la taille.* **3.** Former, tracer : *le fleuve dessine une boucle.* ◆ **se dessiner** vpr FIG Se préciser, prendre tournure.

**dessoûler** ou **dessaouler** vt Faire cesser l'ivresse ; dégriser. ◆ vi Cesser d'être ivre.

**dessous** adv Indique la position par rapport à ce qui est plus haut, à ce qui recouvre : *le livre est dessous, sur la deuxième étagère ; il ne porte rien dessous.* ◆ nm Partie inférieure d'une chose. ■ **avoir le dessous :** être désavantagé ou dans une position d'infériorité. ◆ nm pl **1.** Lingerie, sous-vêtements féminins. **2.** FIG Aspect secret : *les dessous d'une affaire.* ◆ **du dessous** loc adj De l'étage inférieur : *voisin du dessous.* ◆ **en dessous** loc adv Dans la partie inférieure ; à un niveau inférieur. ■ **agir, regarder quelqu'un par en dessous :** de façon sournoise, hypocrite. ◆ **en dessous de** loc prép Dans la partie inférieure de ; à un niveau inférieur à : *thermomètre en dessous de zéro.* ■ **être en dessous de la vérité :** ne pas l'atteindre.

**dessous-de-plat** nm inv Support pour poser les plats sur la table.

**dessous-de-table** nm inv Somme versée de la main à la main en sus du prix légal d'une tractation.

**dessus** adv Indique la position par rapport à ce qui est plus bas, dessous : *pose-le dessus.* ◆ nm Partie supérieure, haute d'une chose : *le dessus de la main.* ■ **avoir le dessus :** avoir l'avantage. ❑ FAM **le dessus du panier :** ce qu'il y a de mieux. ◆ **du dessus** loc adj De l'étage supérieur : *voisin du dessus.*

**dessus-de-lit** nm inv Couvre-lit.

**déstabilisateur, trice** ou **déstabilisant, e** adj Qui déstabilise.

**déstabiliser** vt Faire perdre sa stabilité à.

**déstigmatiser** vt SOUT Cesser de stigmatiser, de blâmer : *déstigmatiser le chômage.*

**destin** nm **1.** Puissance supérieure supposée régler d'avance les événements ; fatalité. **2.** Destinée d'un individu : *avoir un destin tragique.* **3.** Sort, avenir réservé à quelque chose : *quel sera le destin de notre civilisation ?*

**destinataire** n Personne à qui s'adresse un envoi, un message.

**destination** nf **1.** Ce à quoi une chose est destinée. **2.** Lieu vers lequel quelque chose ou quelqu'un se dirige.

**destinée** nf **1.** Puissance qui règle d'avance ce qui doit être ; destin : *accuser la destinée.* **2.** Sort, avenir de quelque chose : *cet ouvrage a eu une destinée bizarre.* **3.** Vie humaine considérée comme indépendante de la volonté : *on n'échappe pas à sa destinée.*

**destiner** vt **1.** Fixer l'usage, l'emploi d'une chose. **2.** Déterminer quelque chose à l'avance pour quelqu'un.

**destituer** vt Retirer à quelqu'un sa charge, son emploi.

**destitution** nf Action de destituer, révocation.

**déstockage** nm Vente promotionnelle destinée à épuiser un stock : *déstockage massif.*

**déstresser** vi Avoir moins de stress : *les vacances m'ont permis de déstresser.* ◆ vt Atténuer ou supprimer le stress de.

**destrier** nm ANC Cheval de bataille.

**destroyer** [dɛstrwaje] ou [dɛstrɔjœr] nm Croiseur rapide.

**destructeur, trice** adj Qui détruit.

**destructible** adj Qui peut être détruit.

**destruction** nf Action de détruire.

**déstructuration** nf Action de déstructurer.

**déstructurer** vt Désorganiser.

**désuet, ète** adj Qui n'est plus en usage ; suranné, démodé.

**désuétude** nf Caractère d'une chose désuète.

**désuni, e** adj Séparé par une mésentente : *famille désunie.*

**désunion** nf Désaccord, mésentente.

**désunir** vt **1.** Séparer ce qui était uni, disjoindre. **2.** FIG Rompre l'harmonie, brouiller.

**désynchroniser** [desɛ̃krɔnize] vt Faire perdre son synchronisme à.

**détachable** adj Qui peut être détaché ; amovible.

**détachage** nm Action d'ôter les taches.

**détachant, e** adj et nm Se dit d'un produit servant à enlever les taches.

**détaché, e** adj **1.** Qui n'est plus lié ; séparé. **2.** FIG Indifférent, insensible. ■ **pièce détachée :** pièce de remplacement d'un véhicule, d'un appareil.

**détachement** nm État d'une personne détachée ; indifférence, désintérêt.

**1. détacher** vt Enlever une tache.

**2. détacher** vt **1.** Ôter le lien qui attachait : *détacher un prisonnier.* **2.** Éloigner, écarter : *détacher les bras du corps.* **3.** Envoyer en mission : *détacher un éclaireur.* **4.** Faire ressortir, mettre en valeur : *encadrer un mot pour le détacher du texte.* **5.** FIG Dégager, détourner : *détacher quelqu'un d'une habitude.* ◆ **se détacher** vpr **1.** Défaire ses liens : *l'animal s'est détaché tout seul.* **2.** Apparaître distinctement : *les montagnes se détachent dans le lointain.* **3.** S'éloigner, se séparer : *se détacher de ses amis.*

**détail** nm **1.** Élément particulier ou caractéristique d'un ensemble : *observer les détails d'un tableau ;* petit élément accessoire d'un ensemble : *ne négliger aucun détail.* **2.** Vente par petites quantités : *commerce de détail.* **3.** Énumération complète et minutieuse, description circonstanciée : *le détail d'une facture.* ■ **au détail :** à l'unité ou par petites quantités. ❑ **en détail :** d'une façon circonstanciée, sans rien omettre.

**détaillant, e** n Commerçant qui vend au détail.

**détaillé, e** adj Présenté dans les moindres détails ; précis : *plan détaillé*.

**détailler** vt **1.** Vendre au détail. **2.** FIG Énumérer, passer en revue les éléments d'un ensemble : *détailler une facture ; détailler un plan*.

**détaler** vi FAM S'enfuir, quitter un lieu en hâte.

**détartrage** nm Action de détartrer ; son résultat.

**détartrant** nm Produit qui dissout ou enlève le tartre.

**détartrer** vt Enlever le tartre de.

**détaxation** nf Action de détaxer.

**détaxe** nf Suppression ou remboursement de taxes.

**détaxer** vt Supprimer ou alléger une taxe.

**détectable** adj Que l'on peut détecter.

**détecter** vt Déceler, découvrir l'existence de.

**détecteur** nm Tout appareil servant à détecter des gaz, des mines explosives, des ondes radioélectriques, etc.

**détection** nf Action de détecter.

**détective** n ■ **détective privé** ou **détective :** personne qui mène des enquêtes, des filatures privées pour le compte de particuliers.

**déteindre** vt (conj 55) Faire perdre sa couleur à : *le soleil déteint les tissus*. ◆ vi Perdre sa couleur. ◆ vt ind [sur] Laisser des traces sur ; marquer, influencer.

**dételer** vt (conj 6) Détacher (des animaux attelés). ◆ vi FAM S'arrêter de travailler.

**détendeur** nm Appareil servant à diminuer la pression d'un gaz.

**détendre** vt (conj 50) **1.** Relâcher ce qui était tendu. **2.** FIG Faire cesser la tension nerveuse, l'anxiété, la fatigue. **3.** Diminuer la pression d'un gaz. ◆ **se détendre** vpr **1.** Se relâcher ; être relâché : *élastique qui se détend*. **2.** Se reposer, se distraire, se décontracter. **3.** Devenir moins tendu : *nos relations se sont détendues*.

**détendu, e** adj Calme, apaisé.

**détenir** vt (conj 22) **1.** Avoir, garder en sa possession : *détenir un secret*. **2.** Garder en prison, en captivité.

**détente** nf **1.** Mouvement d'un objet, d'un être qui se détend : *détente d'un ressort, d'un sportif*. **2.** Pièce du ressort d'un fusil, qui fait partir le coup. **3.** Expansion d'un gaz soumis à une pression de moins en moins forte. **4.** Fait de se détendre : *profiter d'un moment de détente*. **5.** FIG Relâche : *détente politique*. ■ FAM **être dur à la détente :** (a) être avare (b) mettre du temps à comprendre.

**détenteur, trice** n Personne qui détient, de droit ou non, une chose : *détenteur d'un record*.

**détention** nf **1.** Action de détenir : *détention d'armes*. **2.** État d'une personne détenue en prison. ■ **détention criminelle :** peine privative de liberté. ❏ **détention provisoire :** subie avant le jugement.

**détenu, e** n et adj Personne qui est en prison.

**détergent, e** ou **détersif, ive** adj et nm Se dit d'un produit servant à nettoyer.

**détérioration** nf **1.** Action de détériorer. **2.** Fait de se détériorer.

**détériorer** vt Dégrader, abîmer. ◆ **se détériorer** vpr S'altérer, se dégrader.

**déterminant, e** adj Qui détermine, décide une action. ◆ nm GRAMM Élément placé devant le nom, marquant le genre, le nombre, et certains autres caractères tels les articles, les démonstratifs, les possessifs, etc.

**détermination** nf **1.** Action de déterminer : *la détermination d'un lieu, d'une date*. **2.** Acte de la volonté ; décision, résolution. **3.** Caractère résolu, décidé : *montrer de la détermination*.

**déterminé, e** adj **1.** Précisé, fixé. **2.** Résolu, décidé.

**déterminer** vt **1.** Établir, définir avec précision. **2.** Inspirer une résolution à, inciter à agir. **3.** Causer, provoquer. **4.** GRAMM Préciser la valeur ou le sens d'un mot.

**déterminisme** nm Système philosophique d'après lequel nos actes sont régis par des lois rigoureuses.

**déterministe** adj et n Relatif au déterminisme ; qui en est partisan.

**déterré, e** n ■ **avoir un air, une mine de déterré :** avoir mauvaise mine, être pâle.

**déterrement** nm Action de déterrer.

**déterrer** vt **1.** Sortir de terre ; exhumer : *déterrer un trésor*. **2.** FIG Tirer de l'oubli : *déterrer une vieille histoire*.

**détersif, ive** adj et nm → **détergent**.

**détestable** adj Très mauvais, très désagréable.

**détester** vt Avoir de l'aversion pour ; avoir en horreur, abhorrer, exécrer.

**détonant, e** adj Qui produit une détonation : *mélange détonant*.

**détonateur** nm **1.** Dispositif qui provoque l'explosion d'un engin. **2.** FIG Ce qui déclenche une situation explosive.

**détonation** nf Bruit produit par une explosion.

**détoner** vi Exploser avec bruit.

**détonner** vi **1.** MUS Sortir du ton. **2.** FIG Contraster, choquer.

> ORTHOGRAPHE Il ne faut pas confondre *détonner* avec deux *n*, qui concerne le ton, et *détoner* avec un *n*, qui se rapporte à une explosion.

**détordre** vt (conj 52) Remettre dans son état premier ce qui était tordu.

**détour** nm **1.** Trajet sinueux. **2.** Chemin plus long que la voie directe. ■ **sans détour :** franchement, simplement.

**détourné, e** adj **1.** Qui n'est pas direct. **2.** FIG Secret, caché.

**détournement** nm **1.** Action de détourner : *détournement d'avion.* **2.** Soustraction frauduleuse : *détournement de fonds.* ■ **détournement de mineur :** fait, sanctionné par la loi, pour une personne majeure de séduire une personne mineure.

**détourner** vt **1.** Tourner d'un autre côté : *détourner les yeux.* **2.** Faire changer de direction : *détourner la circulation.* **3.** Soustraire frauduleusement : *détourner des fonds.* **4.** FIG Écarter, éloigner, détacher : *détourner quelqu'un de ses soucis.* **5.** Dénaturer : *détourner le sens d'un mot.* ■ FIG **détourner la conversation :** l'écarter de son sujet initial. ❏ **détourner un avion :** contraindre par la menace, la force le pilote à changer la destination de l'appareil.

**détox** nf (abrév) **1.** FAM Processus de détoxification du corps humain. **2.** (en apposition) Qui a pour but de détoxifier le corps humain : *une cure détox.*

**détoxification** nf **1.** Opération physicochimique ou métabolique par laquelle un produit perd sa toxicité. **2.** Élimination des toxines par un organisme vivant.

**détoxifier** vt Pratiquer une détoxification : *ce régime vise à détoxifier l'organisme.*

**détracteur, trice** n Personne qui critique, rabaisse le mérite de qqn ou de qqch.

**détraqué, e** adj et n FAM Atteint de troubles mentaux, déséquilibré.

**détraquement** nm **1.** Action de détraquer ; son résultat : *détraquement de l'horloge.* **2.** Fait d'être détraqué, de se détraquer : *le détraquement du temps.*

**détraquer** vt **1.** Déranger le fonctionnement, le mécanisme de. **2.** FIG, FAM Nuire à l'état physique ou mental de. ◆ **se détraquer** vpr Ne plus fonctionner, mal fonctionner. ■ FAM **le temps se détraque :** le temps se gâte, s'assombrit ; le climat se dérègle.

**1. détrempe** nf **1.** Couleur à l'eau délayée avec de la colle ou de la gomme. **2.** Peinture préparée ou exécutée avec cette couleur.

**2. détrempe** nf Action de détremper l'acier.

**1. détremper** vt Imbiber d'un liquide.

**2. détremper** vt Détruire la trempe de (l'acier).

**détresse** nf **1.** Situation critique ; misère, infortune : *être dans la détresse.* **2.** Sentiment d'abandon, de solitude ; angoisse, désespoir : *cri de détresse.*

**détriment** nm ■ **au détriment de :** en faisant tort à, aux dépens de.

**détritique** adj GÉOL Se dit de tout sédiment provenant de la désagrégation des roches.

**détritus** [detrity] ou [detritys] nm **1.** Débris, résidu. **2.** (souvent au pluriel) Ordures.

**détroit** nm Bras de mer entre deux terres.

**détromper** vt Tirer de l'erreur.

**détrôner** vt **1.** Chasser du trône ; destituer. **2.** Mettre fin à la supériorité de.

**détrousser** vt VIEILLI Dévaliser, voler.

**détrousseur, euse** n VIEILLI, LITT Personne qui détrousse, voleur.

**détruire** vt (conj 70) **1.** Mettre à bas ; démolir : *détruire une ville, une maison.* **2.** Faire périr ; supprimer : *détruire les rats.* **3.** Conduire à la déchéance ; ruiner : *le tabac détruit la santé.* **4.** FIG Réduire à néant : *détruire une légende.*

**dette** nf **1.** Somme d'argent que l'on doit. **2.** FIG Obligation morale. ■ **dette publique :** engagements à la charge d'un État.

**DEUG** [dœg] nm (sigle de *diplôme d'études universitaires générales*) Ancien diplôme universitaire, obtenu au terme de deux ans d'étude après le baccalauréat.

**deuil** nm **1.** Perte, décès de qqn. **2.** Douleur, affliction causée par la mort de qqn. **3.** Signes extérieurs du deuil, vêtements généralement noirs ; temps pendant lequel on les porte. **4.** VIEILLI Cortège funèbre : *conduire le deuil.* ■ FAM **faire son deuil de qqch :** se résigner à en être privé. ❏ **travail de deuil :** processus psychique par lequel une personne parvient progressivement à se détacher d'un être cher qui est mort.

**DEUST** [dœst] nm (sigle de *diplôme d'études universitaires scientifiques et techniques*) Diplôme sanctionnant un premier cycle de formation scientifique et professionnelle et qui se prépare en deux ans.

**deux** adj num card **1.** Un plus un : *les deux pôles.* **2.** Deuxième : *tome deux.* ■ FAM **en moins de deux :** très rapidement. ◆ nm Nombre qui suit un dans la série des entiers naturels ; chiffre représentant ce nombre.

**deuxième** adj num ord et n Qui occupe le rang marqué par le numéro deux.

> EMPLOI *Deuxième* s'emploie lorsqu'il y a plus de deux éléments, *second* lorsqu'il n'y en a que deux : *le deuxième étage ; la Seconde Guerre mondiale.*

**deuxièmement** adv En deuxième lieu.

**deux-mâts** nm inv Voilier à deux mâts.

**deux-pièces** nm inv **1.** Maillot de bain composé d'un slip et d'un soutien-gorge. **2.** Appartement de deux pièces.

**deux-points** nm inv Signe de ponctuation figuré par deux points ( : ).

**deux-quatre** nm inv MUS Mesure à deux temps, qui a la blanche pour unité de mesure.

**deux-roues** nm inv Véhicule à deux roues, avec ou sans moteur.

**deux-temps** nm inv Moteur à deux temps.

**dévaler** vt et vi Descendre rapidement : *dévaler l'escalier.*

**dévaliser** vt Voler, dérober, cambrioler. ■ FIG, FAM **dévaliser un magasin :** y faire de gros achats.

**dévalorisant, e** adj Qui dévalorise.

**dévalorisation** nf Action de dévaloriser.

**dévaloriser** vt **1.** Dévaluer. **2.** Déprécier, diminuer la valeur, le prestige de.

**dévaluation** nf Diminution de valeur : *la dévaluation d'une monnaie, des diplômes.*

**dévaluer** vt **1.** Diminuer le taux de change de la monnaie d'un pays. **2.** Faire perdre de la valeur, du crédit, du prestige à.

**devancer** vt (conj 1) **1.** Précéder : *devancer le peloton ; devancer les critiques.* **2.** FIG Avoir l'avantage sur, surpasser : *devancer un rival.*

**devancier, ère** n Prédécesseur.

**devant** prép **1.** En face de : *être devant son écran.* **2.** En avant de : *marcher devant les autres.* **3.** En présence de : *parler devant le tribunal.* ◆ adv En avant. ■ **monter, aller devant :** dans un véhicule, monter à l'avant. ◆ nm Partie antérieure : *le devant d'une maison.* ■ **prendre les devants :** (a) partir avant quelqu'un (b) FIG agir avant quelqu'un.

**devanture** nf Partie formant le devant d'une boutique ; vitrine, étalage.

**dévastateur, trice** adj et n Qui dévaste.

**dévastation** nf Action de dévaster.

**dévaster** vt Ravager, ruiner : *dévaster un pays.*

**déveine** nf FAM Malchance.

**développement** nm **1.** Action de développer ; son résultat : *le développement d'une banderole.* **2.** Croissance : *développement de l'enfant.* **3.** FIG Essor, expansion : *développement industriel d'une région.* **4.** Amélioration durable d'une économie : *pays en développement.* **5.** Exposition détaillée : *se lancer dans un long développement.* **6.** Distance parcourue par une bicyclette pendant un tour du pédalier. **7.** Mise au point d'un appareil, d'un produit en vue de sa commercialisation. **8.** PHOT Action de développer une pellicule sensible. ■ **développement durable :** mode de développement économique veillant au respect de l'environnement.

**développer** vt **1.** Dérouler, déployer : *développer une pièce de tissu.* **2.** Assurer la croissance, l'extension de : *développer l'économie.* **3.** Rendre plus fort : *développer le corps.* **4.** FIG Exposer en détail : *développer un récit, un projet.* **5.** Assurer le développement d'un appareil, d'un produit. **6.** PHOT Transformer l'image latente en image visible au moyen de procédés chimiques : *développer un film, une pellicule.* ◆ **se développer** vpr **1.** Croître, grandir : *l'enfant se développe normalement.* **2.** Prendre de l'importance, de l'extension, de l'ampleur : *secteur qui se développe.*

**développeur** nm Société qui assure la production et la commercialisation de logiciels.

**1. devenir** vi (conj 22) **1.** Passer d'un état à un autre : *les têtards deviennent des grenouilles.* **2.** Avoir tel sort : *que devient votre projet ?*

**2. devenir** nm SOUT Futur, avenir : *le devenir de l'homme.*

**déverbal** nm LING Nom formé à partir du radical d'un verbe.

**dévergondage** nm Conduite licencieuse, débauche.

**dévergondé, e** adj et n Qui mène une vie licencieuse.

**dévergonder (se)** vpr S'écarter des règles morales, adopter une conduite licencieuse.

**déverrouiller** vt Ôter, tirer le verrou de.

**déversement** nm Action de déverser, de se déverser.

**déverser** vt **1.** Faire couler d'un lieu dans un autre. ◊ vpr : *le trop-plein se déverse dans un bassin.* **2.** FIG Répandre en abondance ; épancher : *déverser sa rancune.*

**déversoir** nm Endroit par où s'épanche l'eau d'un canal, d'un étang.

**dévêtir** vt (conj 27) Déshabiller. ◆ **se dévêtir** vpr Ôter ses vêtements.

**déviance** nf Caractère de ce qui s'écarte de la norme.

**déviant, e** adj et n Qui s'écarte de la norme, de la règle.

**déviation** nf **1.** Action, fait de dévier. **2.** Itinéraire détourné.

**déviationnisme** nm Attitude d'une personne ou d'un groupe qui s'écarte de la doctrine de son parti politique.

**déviationniste** adj et n Qui relève du déviationnisme.

**dévider** vt **1.** Dérouler : *dévider une pelote de laine.* **2.** Mettre en écheveau ou en peloton du fil, de la soie, etc. : *dévider la soie du cocon.*

**dévidoir** nm Instrument pour dévider, dérouler rapidement du fil, un tuyau, etc.

**dévier** vi Se détourner, s'écarter de sa direction, de son projet, etc. ◆ vt Modifier le trajet, la direction normale de quelque chose.

**devin, devineresse** n Personne qui prétend prédire l'avenir.

**deviner** vt **1.** Prédire, prévoir ce qui doit arriver : *deviner l'avenir.* **2.** Trouver par conjecture ou par intuition : *devinez qui j'ai rencontré !* **3.** Apercevoir, distinguer confusément : *deviner une église au lointain.*

**devinette** nf Question plaisante dont on demande à quelqu'un, par jeu, de trouver la réponse.

**devis** nm Évaluation détaillée du coût de travaux à exécuter.

**dévisager** vt (conj 2) Regarder avec insistance ou indiscrétion.

**1. devise** nf **1.** Brève formule qui exprime la règle de conduite de qqn ou qui suggère un idéal. **2.** Figure emblématique, avec une courte légende qui l'explique.

**2. devise** nf Monnaie considérée sous l'angle de son taux de change.

**1. deviser** vi LITT S'entretenir familièrement ; converser.

**2. deviser** vt SUISSE Établir le devis de.

**dévissage** nm Action de dévisser.

**dévisser** vt **1.** Défaire, desserrer en tournant dans le sens inverse du vissage. **2.** Ôter, desserrer les vis de ; séparer les éléments vissés. ◆ vi **1.** Tomber, en parlant d'un alpiniste. **2.** FAM Chuter, baisser brutalement : *ministre qui dévisse dans les sondages.*

**de visu** [devizy] loc adv Après avoir vu ; en témoin oculaire.

**dévitaliser** vt Enlever le nerf de (une dent).

**dévoilement** nm Action de dévoiler.

**dévoiler** vt **1.** Ôter le voile de : *dévoiler une statue.* **2.** FIG Découvrir, révéler ce qui était caché ou inconnu : *dévoiler un secret.*

**1. devoir** vt (conj 35) **1.** Avoir à payer : *devoir un mois de loyer.* **2.** FIG Être obligé de, tenu à : *devoir assistance.* **3.** Être redevable de : *devoir une découverte au hasard.* **4.** Comme auxiliaire, marque la nécessité, l'obligation : *tu dois obéir.* **5.** Marque l'intention, la possibilité, le futur : *il doit téléphoner ce soir ; l'accident a dû se passer ainsi.* ◆ **se devoir** vpr **1.** [à] Être tenu de se consacrer à qqn, à qqch : *il se doit à sa famille.* **2.** [de] Être moralement tenu de : *tu te dois de lui parler.* ■ **comme il se doit** : comme l'usage le recommande.

**2. devoir** nm **1.** Ce à quoi on est obligé par la loi, la morale, etc. **2.** Exercice écrit donné à des élèves : *faire ses devoirs.* ■ **se mettre en devoir de** : se préparer, se mettre à. ◆ **devoirs** pl Hommages, marques de civilité. ■ **derniers devoirs** : honneurs funèbres.

**1. dévolu** nm ■ **jeter son dévolu sur** : fixer son choix sur.

**2. dévolu, e** adj Échu par droit.

**dévolution** nf DR Attribution, transmission d'un bien, d'un droit, d'une succession d'une personne à une autre.

**dévorant, e** adj **1.** Insatiable, avide : *faim, curiosité dévorante.* **2.** Qui consume par son intensité : *feu dévorant ; jalousie dévorante.*

**dévorer** vt **1.** Manger en déchirant avec les dents : *le loup dévora l'agneau.* **2.** Manger goulûment. **3.** FIG Consumer, détruire : *le feu dévore tout.* **4.** FIG Absorber complètement : *ses nombreuses activités la dévorent.* ■ **dévorer des yeux** : regarder avec avidité, passion. ❑ **dévorer un livre** : le lire avec passion.

**dévoreur, euse** n Qui dévore.

**dévot, e** adj et n Pieux, attaché aux pratiques religieuses.

**dévotement** adv Avec dévotion.

**dévotion** nf **1.** Piété, attachement aux pratiques religieuses. **2.** PAR EXT Attachement, vénération : *soigner des plantes avec dévotion.* ◆ **dévotions** pl ■ **faire ses dévotions** : accomplir ses devoirs religieux.

**dévoué, e** adj Plein de dévouement, zélé.

**dévouement** nm **1.** Action de se dévouer : *un dévouement héroïque.* **2.** Disposition à servir, à se dévouer : *montrer du dévouement.*

**dévouer (se)** vpr **1.** Faire abnégation de soi-même ; se sacrifier : *il s'est dévoué pour sauver ses camarades.* **2.** Se consacrer à : *se dévouer à la science.*

**dévoyé, e** adj et n Perverti, débauché.

**dévoyer** vt (conj 3) LITT Détourner du droit chemin, de la morale.

**dextérité** nf Adresse, habileté.

**dextre** adj VX Droit (par oppos. à *senestre*).

**dextrose** nm CHIM Glucose.

**dey** nm HIST Chef du gouvernement d'Alger.

**dézonage** nm Suppression des zones, pour un titre de transport forfaitaire.

**DG** nm (sigle) Directeur général.

**DGSE** nf (sigle) Direction générale de la sécurité extérieure, qui relève du ministère de la Défense et réunit les services d'espionnage et de contre-espionnage français.

**DGSI** nf (sigle) Direction générale de la sécurité intérieure, qui relève du ministère de l'Intérieur et réunit la majorité des services de renseignement français.

**diabète** nm MÉD Maladie se manifestant par une abondante élimination d'urine et une soif intense. ■ **diabète sucré** : maladie qui se manifeste par la présence de sucre dans les urines.

**diabétique** adj et n Atteint de diabète.

**diable** nm **1.** Démon, esprit malin. **2.** Enfant turbulent, espiègle. **3.** Chariot à deux roues basses, servant au transport des lourds fardeaux. ■ **à la diable** : vite et sans soin. ❑ **au diable** : très loin. ❑ **avoir le diable au corps** : (a) faire le mal sciemment (b) être emporté par ses passions. ❑ **c'est bien le diable si.** : ce serait bien extraordinaire si. ❑ **de tous les**

**diables** : extrême. ❑ **en diable** : fort, extrêmement. ❑ **pauvre diable** : misérable. ❑ **tirer le diable par la queue** : avoir des difficultés d'argent. ◆ interj Marque l'impatience, la désapprobation, la surprise.

**diablement** adv FAM Excessivement.

**diablerie** nf Malice, espièglerie.

**diablesse** nf Diable femelle.

**diablotin** nm **1.** Petit diable. **2.** Enfant vif et espiègle.

**diabolique** adj **1.** Inspiré par le diable. **2.** Très méchant, pernicieux.

**diaboliquement** adv De façon diabolique.

**diaboliser** vt Présenter comme diabolique, pernicieux : *diaboliser les rappeurs, le tabac*.

**diabolo** nm **1.** Jouet formé d'une bobine qu'on lance en l'air et qu'on rattrape sur une ficelle tendue. **2.** Boisson faite de limonade et de sirop.

**diachronie** nf LING Caractère des phénomènes linguistiques considérés dans leur évolution temporelle.

**diacide** nm CHIM Corps possédant deux fonctions acide.

**diaconat** nm Ordre ou fonction du diacre.

**diaconesse** nf Religieuse, chez les protestants.

**diacre** nm Clerc qui a reçu l'ordre immédiatement inférieur à la prêtrise.

**diacritique** adj ■ **signe diacritique** : signe joint à un caractère de l'alphabet pour lui donner une valeur spéciale.

**diadème** nm **1.** Bandeau royal ; FIG dignité royale. **2.** Tout objet de parure ou coiffure qui enserre le haut du front.

**diagnostic** nm **1.** Identification d'une maladie par ses symptômes. **2.** Jugement porté sur une situation, sur un état. ■ **diagnostic technique immobilier** : bilan obligatoire réalisé lors de la vente d'un bien immobilier pour évaluer son état sanitaire et sa conformité aux normes de sécurité et de préservation de l'environnement.

**diagnostique** adj Qui détermine la nature de la maladie.

**diagnostiquer** vt Déterminer la nature d'une maladie d'après les symptômes.

**diagonal, e, aux** adj Qui a le caractère d'une diagonale.

**diagonale** nf Droite qui joint deux sommets non consécutifs d'un polygone. ■ **en diagonale** : obliquement. ❑ FIG, FAM **lire en diagonale** : très rapidement et d'une façon superficielle.

**diagramme** nm Représentation graphique de l'évolution d'un phénomène.

**dialectal, e, aux** adj Propre à un dialecte.

**dialecte** nm Variété régionale d'une langue.

**dialecticien, enne** n Qui pratique la dialectique.

**dialectique** adj Du ressort de la dialectique. ◆ nf Art de raisonner.

**dialectologie** nf LING Étude des dialectes.

**dialogue** nm **1.** Conversation entre deux ou plusieurs personnes. **2.** Ensemble de paroles échangées entre les personnages d'un film, d'une pièce de théâtre, d'un récit. **3.** Discussion visant à trouver un terrain d'entente.

**dialoguer** vi **1.** S'entretenir, converser. **2.** Engager des négociations.

**dialoguiste** n Auteur des dialogues d'un film.

**dialyse** nf **1.** CHIM Analyse d'un mélange, fondée sur la propriété que possèdent certains corps de traverser les membranes poreuses. **2.** MÉD Technique d'épuration du sang.

**dialysé, e** adj et n Se dit d'un malade astreint à une dialyse.

**diamant** nm **1.** Pierre précieuse constituée de carbone pur cristallisé. **2.** Pointe de lecture d'un électrophone, d'une platine.

**diamantaire** n Professionnel qui taille ou vend le diamant.

**diamantifère** adj Qui contient du diamant : *terrain diamantifère*.

**diamétral, e, aux** adj Du diamètre.

**diamétralement** adv Dans le sens du diamètre. ■ FIG **diamétralement opposé** : en opposition totale.

**diamètre** nm Droite qui, passant par le centre d'une circonférence, joint deux points de celle-ci.

**diantre** interj VX, LITT Marque l'étonnement, la surprise.

**diapason** nm **1.** Note dont la fréquence sert de référence pour l'accord des instruments de musique et des voix. **2.** Petit instrument d'acier qui donne le *la*. ■ FIG **être, se mettre au diapason** : en harmonie, en accord avec les autres.

**diaphane** adj **1.** Qui laisse passer la lumière sans être transparent. **2.** LITT Se dit d'un teint très clair.

**diaphragme** nm **1.** Muscle mince, qui sépare la poitrine de l'abdomen. **2.** Préservatif féminin en caoutchouc. **3.** PHOT Dispositif permettant de régler l'ouverture d'un objectif selon la quantité de lumière qu'on veut admettre.

**diaphragmer** vi PHOT Réduire l'ouverture d'un objectif au moyen du diaphragme.

**diapo** nf (abréviation) FAM Diapositive.

**diapositive** nf PHOT Image positive sur support transparent pour la projection.

**diapré, e** adj LITT De couleurs variées, vives.

**diarrhée** nf Émission de selles liquides et fréquentes.

**diaspora** nf Dispersion d'un peuple, d'une ethnie à travers le monde.

**diastole** nf Décontraction des ventricules cardiaques.

**diatomée** nf Algue unicellulaire (les diatomées forment une famille).

**diatonique** adj MUS Qui procède suivant la succession naturelle des tons et demi-tons.

**diatribe** nf Critique amère et violente ; pamphlet.

**dichotomie** [dikɔtɔmi] nf Division en deux ; opposition entre deux choses.

**dichotomique** [dikɔtɔmik] adj Qui se subdivise de deux en deux : *classification dichotomique*.

**dico** nm (abréviation) FAM Dictionnaire.

**dicotylédone** nf Plante dont les graines possèdent un embryon à deux cotylédons (les dicotylédones forment une classe).

**Dictaphone** nm (nom déposé) Magnétophone servant à la dictée du courrier, à l'enregistrement d'une conférence, etc.

**dictateur, trice** n Personne qui détient tous les pouvoirs, qui commande en maître absolu. ◆ **dictateur** nm ANTIQ ROM Magistrat investi de l'autorité suprême en cas de crise grave.

**dictatorial, e, aux** adj Qui relève de la dictature : *pouvoir dictatorial*.

**dictature** nf **1.** Régime politique où tous les pouvoirs sont réunis entre les mains d'une seule personne ou d'un groupe restreint. **2.** Pouvoir absolu, tyrannie.

**dictée** nf **1.** Action de dicter. **2.** Exercice scolaire d'orthographe.

**dicter** vt **1.** Dire ou lire des mots qu'un autre écrit au fur et à mesure. **2.** FIG Suggérer, inspirer, imposer : *conduite dictée par l'ambition*.

**diction** nf Manière de dire des vers, un rôle, etc. ; élocution.

**dictionnaire** nm Recueil, par ordre alphabétique, des mots d'une langue, suivis, le plus souvent, de leur définition ou de leur traduction dans une autre langue.

**dicton** nm Maxime, sentence passée en proverbe.

**didacticiel** nm Logiciel pour l'enseignement assisté par ordinateur.

**didactique** adj Qui a pour objet d'instruire ; pédagogique.

**didactisme** nm Caractère didactique.

**didjeridoo** [didjeridu] nm Instrument de musique à vent des Aborigènes d'Australie.

**dièdre** nm et adj GÉOM Figure formée par deux plans qui se coupent.

**diérèse** nf Prononciation de deux voyelles consécutives en deux syllabes.

**dièse** nm MUS Signe qui hausse d'un demi-ton la note qu'il précède. ◆ adj Affecté d'un dièse : *do dièse*.

**diesel** nm Moteur à combustion interne, consommant des huiles lourdes.

> ORTHOGRAPHE On écrit *des diesels*, mais *des moteurs Diesel*.

**1. diète** nf **1.** Abstention totale ou partielle d'aliments. **2.** MÉD Régime alimentaire.

**2. diète** nf Assemblée politique dans certains pays.

**diététicien, enne** n Spécialiste de diététique.

**diététique** nf Science de l'hygiène alimentaire. ◆ adj **1.** Qui concerne la diététique. **2.** Conçu selon les règles de la diététique.

**dieu** nm **1.** (avec une majuscule) Être suprême, créateur et conservateur de l'univers. **2.** Divinité du paganisme. **3.** FIG Personne, chose qu'on affectionne, qu'on vénère. ■ **Dieu merci ! :** sert à exprimer le soulagement. ❑ **mon Dieu ! :** sert à exprimer la surprise ou le désespoir.

**diffamant, e** adj Qui diffame.

**diffamateur, trice** adj et n Qui diffame.

**diffamation** nf Action de diffamer.

**diffamatoire** adj Se dit des écrits, des discours qui tendent à diffamer.

**diffamer** vt Porter atteinte à la réputation de quelqu'un, par des paroles ou des écrits.

**différé, e** adj Remis à un moment ultérieur. ◆ nm Émission radiophonique ou télévisée transmise après son enregistrement.

**différemment** [diferamɑ̃] adv De façon différente.

**différence** nf **1.** Absence de similitude, d'identité ; caractère qui distingue, oppose : *différence de caractères*. **2.** Écart qui sépare deux grandeurs, deux quantités : *différence d'altitude*. **3.** Résultat d'une soustraction.

**différenciation** nf Action de différencier ou de se différencier ; distinction.

**différencier** vt Distinguer par une différence. ◆ **se différencier** vpr Se distinguer.

**différend** nm Désaccord, contestation.

**différent, e** adj **1.** Qui n'est pas semblable, pas identique : *elles sont très différentes*. **2.** Qui n'est plus le même : *elle est différente depuis sa maladie*. **3.** (au pluriel) Divers, plusieurs : *différentes personnes se sont présentées*.

**différentiel, elle** adj MATH Qui procède par différences infiniment petites. ◆ nm AUTOM Mécanisme qui permet aux roues motrices de tourner à des vitesses différentes l'une de l'autre dans les virages.

**différer** vt (conj 10) Retarder, remettre à plus tard. ◆ vt ind **1.** [de] Être différent. **2.** N'être pas du même avis.

**difficile** adj **1.** Qui ne se fait pas facilement, compliqué : *exercice difficile*. **2.** Pénible, douloureux : *situation difficile*. **3.** FIG Peu accommodant, exigeant : *caractère difficile*.

◆ n ■ **faire le, la difficile :** se montrer peu ou pas facile à contenter.

**difficilement** adv Avec difficulté.

**difficulté** nf **1.** Caractère de ce qui est difficile : *la difficulté d'un sujet.* **2.** Chose qui embarrasse, obstacle : *éprouver des difficultés.* ■ **être en difficulté :** dans une situation délicate, difficile. ◆ **difficultés** pl ■ **faire des difficultés :** ne pas accepter facilement qqch.

**difforme** adj De forme irrégulière ; laid, contrefait.

**difformité** nf Malformation du corps, d'une partie du corps.

**diffraction** nf Déviation des ondes lumineuses, acoustiques, etc., lorsqu'elles rencontrent un obstacle.

**diffus, e** adj Répandu en tous sens, disséminé : *lumière diffuse ; douleur diffuse.*

**diffusément** adv De façon diffuse.

**diffuser** vt **1.** Répandre : *diffuser la lumière, la chaleur.* **2.** Propager, émettre : *diffuser une nouvelle ; émission diffusée sur ondes moyennes.* **3.** Assurer la distribution commerciale d'une publication : *diffuser des livres.*

**diffuseur** nm Appareil pour diffuser le son, la lumière, etc.

**diffusion** nf Action de diffuser. ■ **diffusion en continu** ou **en flux :** procédé permettant de visionner un contenu multimédia au fur et à mesure de sa diffusion.

**digérer** vt (conj 10) **1.** Assimiler par la digestion : *digérer un aliment.* **2.** FIG Assimiler par la pensée : *digérer ses connaissances.* **3.** FAM Accepter ; endurer, supporter, subir : *digérer un affront.*

**digeste** adj Qui se digère facilement ; digestible : *aliment très digeste.*

**digestible** adj Qui peut être facilement digéré.

**digestif, ive** adj De la digestion : *troubles digestifs.* ■ **appareil digestif :** ensemble des organes de la digestion. ◆ nm Alcool, liqueur pris après le repas.

**digestion** nf Transformation des aliments dans l'appareil digestif.

**Digicode** nm (nom déposé) Appareil placé à l'entrée d'un immeuble, qui, à l'aide d'un code, commande l'ouverture de la porte.

**1. digital, e, aux** adj Relatif aux doigts.

**2. digital, e, aux** adj (anglicisme) INFORM Numérique.

**digitale** nf Plante toxique à fleurs en forme de doigt de gant.

**digitaline** nf Produit toxique issu de la digitale, utilisé en cardiologie.

**digitalisation** nf **1.** INFORM Numérisation. **2.** Transformation des services (financiers, commerciaux) d'une entreprise, par le recours aux technologies de l'information.

**digitigrade** adj et nm ZOOL Qui marche en appuyant seulement les doigts sur le sol.

**digitopuncture** [diʒitopɔ̃ktyr] nf MÉD Traitement inspiré de l'acupuncture et utilisant la compression des doigts.

**digne** adj **1.** Qui mérite qqch : *un film digne d'intérêt.* **2.** Qui est en conformité avec : *fils digne de son père.* **3.** Qui montre une gravité, une retenue inspirant le respect : *rester digne.*

**dignement** adv D'une manière digne.

**dignitaire** nm Personnage revêtu d'une dignité.

**dignité** nf **1.** Respect dû à une personne, à une chose ou à soi-même : *dignité de la personne humaine.* **2.** Retenue, gravité dans les manières : *manquer de dignité.* **3.** Fonction éminente, distinction honorifique : *accéder aux plus hautes dignités.*

**digression** nf Partie d'un discours étrangère au sujet.

**digue** nf **1.** Chaussée pour contenir des eaux. **2.** FIG Obstacle : *élever des digues contre l'injustice.*

**diktat** [diktat] nm Exigence absolue, imposée par le plus fort, sans autre justification que la force.

**dilapidation** nf Action de dilapider.

**dilapider** vt Dépenser à tort et à travers ; gaspiller.

**dilatabilité** nf Propriété qu'ont les corps d'augmenter de volume par échauffement.

**dilatable** adj Qui peut se dilater.

**dilatateur, trice** adj Qui sert à dilater.

**dilatation** nf **1.** Action de dilater ou de se dilater. **2.** PHYS Augmentation du volume d'un corps sous l'action de la chaleur.

**dilater** vt **1.** Augmenter le volume d'un corps par élévation de sa température. **2.** Agrandir l'ouverture d'un organe. ◆ **se dilater** vpr **1.** Augmenter de volume. **2.** S'ouvrir, s'élargir, en parlant d'un organe.

**dilatoire** adj DR Qui diffère, retarde.

**dilemme** nm Obligation de choisir entre deux partis contradictoires présentant tous deux des inconvénients.

> VOCABULAIRE Ce qui distingue le *dilemme* de l'*alternative,* c'est que le *dilemme* comporte des inconvénients quelle que soit l'option prise.

**dilettante** n Personne qui s'adonne à un travail, à un art en amateur, pour le plaisir.

**dilettantisme** nm Caractère, attitude du dilettante.

**diligemment** [diliʒamɑ̃] adv LITT Avec diligence.

**1. diligence** nf LITT Promptitude dans l'exécution ; empressement, zèle. ■ DR **à la diligence de :** à la demande de.

**2. diligence** nf ANC Voiture tirée par des chevaux, qui servait au transport des voyageurs.

**diligent, e** adj LITT Qui agit avec zèle et promptitude.

**diluant** nm Produit qui permet de diluer, en particulier les peintures et les vernis.

**diluer** vt Étendre d'eau ou d'un autre liquide ; délayer.

**dilution** nf Action de diluer ; son résultat.

**diluvien, enne** adj Relatif au déluge. ■ **pluie diluvienne :** pluie très abondante.

**dimanche** nm Septième et dernier jour de la semaine.

**dîme** nf Dixième partie des récoltes, due à l'Église avant la révolution de 1789.

**dimension** nf **1.** Étendue mesurable d'un corps dans tel ou tel sens : *objet de petite dimension.* **2.** Grandeur permettant d'évaluer la taille d'un corps (longueur, largeur, hauteur ou profondeur) ; mesure : *prendre les dimensions de la pièce.* **3.** Importance, ampleur : *donner une nouvelle dimension à un sujet.*

**diminué, e** adj Dont les facultés physiques ou mentales sont affaiblies.

**diminuer** vt **1.** Rendre moins grand, moins important ; réduire : *diminuer la longueur d'une planche.* **2.** Déprécier, rabaisser : *diminuer le mérite de quelqu'un.* ◆ vi Devenir moindre : *la fièvre a diminué.*

**diminutif** nm Mot dérivé d'un autre, qui donne une nuance de petitesse, d'atténuation, d'affection.

**diminution** nf Action de diminuer ; son résultat ; baisse, réduction.

**dimorphe** adj Qui peut revêtir deux formes différentes.

**dinar** nm Unité monétaire de l'Algérie, de l'Iraq, de la Tunisie, etc.

**dinde** nf Femelle du dindon ; viande de cet animal.

**dindon** nm Oiseau gallinacé de basse-cour. ■ **être le dindon de la farce :** être la victime, la dupe.

**dindonneau** nm Jeune dindon ; viande de cet animal.

**1. dîner** vi **1.** Prendre le repas du soir. **2.** SUISSE, BELGIQUE, CANADA Déjeuner.

**2. dîner** nm **1.** Repas du soir. **2.** Ce que l'on mange au dîner. **3.** SUISSE, BELGIQUE, CANADA Déjeuner.

**dîner-spectacle** (pl *dîners-spectacles*) nm Dîner accompagné ou suivi d'un spectacle.

**dînette** nf **1.** Petit repas d'enfants, vrai ou simulé. **2.** Vaisselle miniature servant de jouet.

**dîneur, euse** n Personne qui prend part à un dîner.

**dinghy** [diŋgi] nm Canot pneumatique de sauvetage.

**dingo** nm Chien sauvage d'Australie.

**dingue** adj et n FAM Fou. ◆ adj FAM Bizarre, absurde : *il m'est arrivé une histoire dingue.*

**dinosaure** nm **1.** Reptile fossile (les dinosaures forment un ordre). **2.** FAM Personne ou institution que son importance passée rend incontournable.

**diocésain, e** adj Du diocèse.

**diocèse** nm Territoire placé sous la juridiction d'un évêque.

**diode** nf Composant électronique utilisé comme redresseur de courant.

**dionysiaque** adj Relatif à Dionysos.

**dioptrie** nf Unité de mesure de la distance focale des systèmes optiques.

**dioxine** nf Sous-produit très toxique de la fabrication d'un dérivé du phénol.

**dioxyde** nm ■ **dioxyde de carbone :** gaz carbonique (formule : $CO_2$).

**diphasé, e** adj ÉLECTR Se dit du courant qui présente deux phases.

**diphtérie** nf Maladie contagieuse, caractérisée par la production de fausses membranes dans la gorge.

**diphtérique** adj De la diphtérie.

**diphtongaison** nf Fusion de deux voyelles qui se suivent en un seul élément vocalique.

**diphtongue** nf Voyelle unique qui change de timbre au cours de son émission.

**diplodocus** [diplɔdɔkys] nm Gigantesque dinosaure.

**diplomate** n Personne chargée de représenter son pays auprès d'une nation étrangère et dans les relations internationales. ◆ adj et n Habile, plein de tact. ◆ nm Sorte de pudding garni de fruits confits.

**diplomatie** nf **1.** Science, pratique des relations internationales. **2.** Corps, carrière diplomatiques. **3.** Habileté, tact dans les relations avec autrui.

**diplomatique** adj Relatif à la diplomatie. ■ **corps diplomatique :** ensemble des représentants de puissances étrangères. ❑ FAM **maladie diplomatique :** prétexte allégué pour se soustraire à une obligation.

**diplomatiquement** adv De façon diplomatique.

**diplôme** nm Titre délivré par un jury, une autorité, pour faire foi des aptitudes ou des mérites de quelqu'un.

**diplômé, e** adj et n Titulaire d'un diplôme.

**diptère** adj Qui a deux ailes. ◆ nm Insecte à une seule paire d'ailes (les diptères forment un ordre).

**diptyque** nm Œuvre d'art composée de deux panneaux, fixes ou mobiles.

**1. dire** vt (conj 72) **1.** Exprimer au moyen de la parole ou de l'écrit ; raconter : *dire la* *vérité.* **2.** Ordonner, conseiller de : *je vous dis de vous taire.* **3.** Signifier, révéler : *dire ce que l'on pense ; un regard qui en dit long.* **4.** Objecter, critiquer : *trouver à dire.* **5.** Réciter ou lire un texte à haute voix : *dire un poème.* ■ FAM **ça ne me dit rien :** cela ne me tente pas. ❑ **cela dit :** malgré tout. ❑ **cela va sans dire :** cela va de soi. ❑ **on dirait que :** il semblerait que : *on dirait qu'il va neiger.* ❑ **si le cœur vous en dit :** si vous en avez envie. ❑ **soit dit en passant :** pour ne pas s'appesantir sur ce point. ◆ **se dire** vpr **1.** Être exprimé par tel mot dans une langue donnée : *« chat » se dit « cat » en anglais.* **2.** Être d'un emploi correct : *ça ne se dit pas en français.* **3.** Se prétendre quelque chose : *elle se dit artiste.*

**2. dire** nm **1.** Ce qu'une personne dit, déclare. ■ **au dire de :** d'après l'affirmation de. **2.** DR Déclaration juridique.

**direct, e** adj **1.** Droit, sans détour : *chemin direct ; langage direct.* **2.** En relation immédiate avec quelque chose : *lien direct ; conséquence directe.* **3.** Sans intermédiaire : *vente directe.* ■ **complément d'objet direct :** introduit sans l'intermédiaire d'une préposition. ❑ GRAMM **discours, style direct, interrogation directe :** énoncé dans lequel les paroles sont rapportées sans l'intermédiaire d'une proposition subordonnée. ❑ **train direct :** qui ne s'arrête pas aux stations intermédiaires. ◆ nm **1.** Train direct. **2.** Émission de radio ou de télévision diffusée sans enregistrement préalable. **3.** En boxe, coup droit.

**directement** adv De façon directe.

**directeur, trice** n Personne qui est à la tête d'une administration, d'un établissement, etc. ◆ adj Qui dirige.

**directif, ive** adj Qui impose une direction, une orientation ou des contraintes.

**direction** nf **1.** Action de diriger ; conduite, administration. **2.** Fonction de directeur. **3.** Bureau du directeur ; ses services. **4.** Orientation : *aller dans la bonne direction.* **5.** Mécanisme permettant de diriger un véhicule. ■ **en direction de :** à destination de.

**directionnel, elle** adj Qui émet ou reçoit dans une seule direction.

**directive** nf (surtout au pluriel) Ensemble d'indications générales, instruction.

**directivité** nf Caractère de ce qui est directif, d'une personne directive.

**directoire** nm Organisme chargé de diriger certaines sociétés commerciales ou industrielles.

**directorial, e, aux** adj Qui concerne une direction, un directeur.

**directrice** nf MATH Ligne sur laquelle s'appuie constamment une génératrice engendrant une surface.

**dirham** nm Unité monétaire principale des Émirats arabes unis et du Maroc.

**dirigeable** nm Ballon muni d'hélices propulsives et d'un système de direction.

**dirigeant, e** adj et n Qui dirige. ◆ **dirigeants** npl Ensemble des personnes qui gouvernent un pays, qui dirigent une entreprise.

**diriger** vt (conj 2) **1.** Conduire, mener, commander : *diriger une affaire, un débat.* **2.** Donner telle ou telle orientation : *diriger sa lampe vers le sol.* ◊ vpr : *la voiture se dirige vers le port.*

**dirigisme** nm Remplacement de l'initiative privée par celle de l'État dans le domaine économique.

**dirigiste** adj et n Partisan du dirigisme.

**discal, e, aux** adj Relatif à un disque intervertébral.

**discernable** adj Qui peut être discerné.

**discernement** nm **1.** Action de discerner. **2.** Faculté de juger sainement.

**discerner** vt **1.** Distinguer par le regard. **2.** Distinguer, comprendre par l'esprit, le jugement.

**disciple** n **1.** Personne qui reçoit l'enseignement d'un maître. **2.** Personne qui adhère à une doctrine.

**disciplinaire** adj **1.** Relatif à la discipline. **2.** Qui a pour but d'imposer la discipline.

**discipline** nf **1.** Ensemble des lois, des règlements, qui régissent une collectivité, en vue d'y faire régner l'ordre : *se plier à la discipline.* **2.** Soumission, obéissance à une règle : *il n'y a pas de discipline dans sa classe.* **3.** Matière d'enseignement : *les disciplines littéraires.*

**discipliné, e** adj Qui se soumet à la discipline ; obéissant.

**discipliner** vt Former à la discipline.

**disc-jockey** [diskʒɔkɛ] (pl *disc-jockeys*) n Personne qui choisit et passe des disques à la radio, dans les discothèques.

**disco** nm ou nf et adj inv Style de musique et de danse : *musique disco.*

**discobole** nm ANTIQ Athlète qui lançait le disque ou le palet.

**discographie** nf Répertoire des disques concernant un thème précis, un compositeur ou un interprète.

**discographique** adj Relatif à la discographie.

**discoïde** adj En forme de disque.

**discontinu, e** adj **1.** Qui n'est pas continu dans l'espace : *ligne discontinue.* **2.** Qui présente des interruptions : *effort discontinu.*

**discontinuer** vi ■ **sans discontinuer :** sans cesser un moment.

**discontinuité** nf Absence de continuité.

**disconvenir** vt ind (conj 22) ■ LITT **ne pas disconvenir de quelque chose :** ne pas le contester, ne pas le nier.

**discordance** nf Caractère de ce qui est discordant.

**discordant, e** adj Qui manque de justesse, d'harmonie, d'accord.

**discorde** nf Dissension, division entre deux ou plusieurs personnes.

**discorder** vi LITT Être divergent.

**discothèque** nf **1.** Établissement où l'on peut écouter des disques et danser. **2.** Organisme de prêt de disques ; endroit où est organisé ce prêt. **3.** Collection de disques.

**discount** [diskaunt] ou [diskunt] nm Rabais sur les prix.

**discoureur, euse** n PÉJOR Personne qui parle beaucoup.

**discourir** vi (conj 29) Parler longuement sur un sujet ; pérorer.

**discours** nm **1.** Développement oratoire, allocution prononcés en public. **2.** Conversation, entretien. **3.** PÉJOR Développement inutile ; vaines paroles. **4.** LING Énoncé supérieur à la phrase, considéré du point de vue de son enchaînement. ■ **parties du discours :** catégories grammaticales.

**discourtois, e** adj LITT Qui manque de courtoisie ; impoli.

**discourtoisie** nf LITT Manque de courtoisie.

**discrédit** nm Perte ou diminution de valeur, de prestige, de considération : *jeter le discrédit sur quelqu'un, quelque chose.*

**discréditer** vt Faire tomber en discrédit ; déconsidérer.

**discret, ète** adj **1.** Réservé dans ses paroles et ses actions. **2.** Qui sait garder un secret. **3.** Sobre, qui n'attire pas l'attention : *une tenue discrète.*

**discrètement** adv Avec discrétion.

**discrétion** nf **1.** Retenue, réserve dans les paroles, les actions. **2.** Aptitude à garder un secret. **3.** Sobriété. ■ **à discrétion :** à volonté. ❑ **à la discrétion de quelqu'un :** (a) à sa merci (b) en son pouvoir.

**discrétionnaire** adj ■ DR **pouvoir discrétionnaire :** faculté laissée à l'Administration de prendre l'initiative de certaines mesures.

**discriminant, e** adj Qui introduit une discrimination entre des individus.

**discrimination** nf **1.** Fait de traiter défavorablement qqn ou un groupe par rapport au reste de la collectivité : *discrimination raciale ; discrimination à l'embauche.* **2.** LITT Faculté, action de discerner, de distinguer.

**discriminatoire** adj Qui tend à distinguer, à son détriment, un groupe humain des autres.

**discriminer** vt LITT Établir une différence, une distinction entre des individus ou des choses.

**disculpation** nf Action de disculper.

**disculper** vt Reconnaître qu'un accusé n'est pas coupable ; innocenter. ◆ **se disculper** vpr Se justifier.

**discursif, ive** adj **1.** Qui repose sur le raisonnement. **2.** LING Qui concerne le discours.

**discussion** nf **1.** Examen, débat contradictoire : *la discussion d'un projet de loi.* **2.** Différend : *s'affronter lors d'une discussion.* **3.** Conversation : *il ne participe jamais aux discussions.*

**discutable** adj Qui peut être discuté ; qui offre matière à discussion.

**discutailler** vi FAM Discuter longuement sur des choses insignifiantes.

**discuté, e** adj Critiqué, controversé.

**discuter** vt **1.** Examiner une question ; débattre. **2.** Mettre en question ; contester. ◆ vt ind [de] Échanger des idées, des points de vue, sur tel sujet. ◆ **se discuter** vpr ■ FAM **ça se discute :** il y a des arguments pour et contre.

**disert, e** adj SOUT Qui parle aisément.

**disette** nf Manque de choses nécessaires, et particulièrement de vivres ; pénurie.

**diseur, euse** n **1.** Personne connue pour dire habituellement des choses d'un genre particulier : *diseuse de bonne aventure.* **2.** LITT Personne qui déclame avec art : *un fin diseur.*

**disgrâce** nf Perte de l'estime, de la faveur dont quelqu'un ou quelque chose jouissait.

ORTHOGRAPHE *Disgrâce,* comme le mot *grâce,* s'écrit avec un *â* contrairement à ses dérivés.

**disgracié, e** adj et n LITT Défavorisé par la nature quant au physique.

**disgracier** vt Retirer à quelqu'un ses faveurs ; destituer.

**disgracieux, euse** adj **1.** Qui manque de grâce. **2.** Déplaisant, désagréable.

**disharmonie** nf → **dysharmonie.**

**disjoindre** vt (conj 82) Séparer des choses jointes.

**disjoint, e** adj Séparé, distinct.

**disjoncter** vi **1.** ÉLECTR Pour un disjoncteur, se mettre en position d'interruption de courant. **2.** FAM Perdre la tête.

**disjoncteur** nm ÉLECTR Interrupteur automatique de courant, fonctionnant lors d'une variation anormale de l'intensité ou de la tension.

**disjonction** nf Séparation.

**dislocation** nf **1.** Écartement de choses contiguës ou emboîtées : *dislocation d'une chaise, des os.* **2.** Démembrement, dispersion : *dislocation d'une famille.*

**disloquer** vt **1.** Déplacer, démettre, déboîter. **2.** FIG Disperser les éléments d'un ensemble, les parties d'un tout.

**disparaître** vi (conj 64) **1.** Cesser d'être visible ou perceptible. **2.** S'esquiver, s'absenter plus ou moins fortuitement. **3.** Être soustrait, égaré, volé. **4.** Mourir, cesser d'exister.

**disparate** adj Qui manque d'harmonie, d'unité ; hétéroclite.

**disparité** nf Différence, inégalité.

**disparition** nf **1.** Action, fait de disparaître. **2.** Fait de ne plus exister : *la disparition d'une coutume.* **3.** Mort. ■ **espèce en voie de disparition :** menacée d'extinction.

**disparu, e** adj et n Se dit d'une personne morte, ou considérée comme telle.

**dispatcher** [dispatʃe] vt (anglicisme) Répartir, orienter.

**dispatching** [dispatʃiŋ] nm (anglicisme) **1.** Organisme assurant, à partir d'un bureau unique, le réglage de la marche des trains, la répartition de l'énergie électrique, etc. **2.** Répartition et distribution des éléments d'un ensemble.

**dispendieux, euse** adj SOUT Qui occasionne beaucoup de dépenses.

**dispensaire** nm Établissement de consultations médicales et de soins, peu coûteux ou gratuit.

**dispensateur, trice** n LITT Personne qui dispense, répartit, distribue quelque chose.

**dispense** nf Exemption de la règle générale.

**dispenser** vt **1.** Exempter d'une obligation, autoriser à ne pas faire : *dispenser un élève du cours d'éducation physique.* ◊ vpr : *tu peux te dispenser de venir.* **2.** Distribuer, accorder : *dispenser des soins.*

**dispersé, e** adj Réparti en différents points de l'espace. ■ **en ordre dispersé :** de façon désordonnée.

**dispersement** nm **1.** Action de disperser. **2.** État de ce qui est dispersé.

**disperser** vt **1.** Répandre, jeter çà et là. **2.** Mettre en fuite, envoyer de tous côtés. ◆ **se disperser** vpr **1.** S'en aller de tous les côtés. **2.** S'adonner à des activités trop différentes.

**dispersion** nf **1.** Action de disperser, de se disperser ; son résultat. **2.** PHYS Décomposition d'un faisceau de lumière complexe en ses différentes radiations.

**disponibilité** nf **1.** État de ce qui est disponible. **2.** Fait, pour quelqu'un, d'être disponible. **3.** Position d'un fonctionnaire ou d'un militaire provisoirement déchargé de ses fonctions : *être mis en disponibilité.* ◆ **disponibilités** pl Fonds disponibles.

**disponible** adj **1.** Dont on peut disposer, qu'on peut utiliser : *cette place est disponible.* **2.** Se dit d'une personne qui a du temps pour elle et pour les autres.

**dispos, e** adj En bonnes dispositions de santé, de forme.

**disposé, e** adj ■ **bien, mal disposé :** de bonne, de mauvaise humeur. ❏ **être bien, mal disposé envers quelqu'un :** vouloir ou ne pas vouloir lui être utile ou agréable. ❏ **être disposé à :** être prêt à.

**disposer** vt **1.** Arranger, mettre dans un certain ordre : *disposer des fleurs dans un vase.* **2.** Inciter, engager quelqu'un à quelque chose : *les derniers événements l'ont disposé à signer.* ◆ vt ind [de] Avoir à sa disposition ; pouvoir utiliser : *disposer de quelques heures.* ◆ **se disposer** vpr [à] Se préparer à : *se disposer à partir.*

**dispositif** nm **1.** TECHN Ensemble de pièces constituant un appareil ; cet appareil : *dispositif d'alarme, de sécurité.* **2.** Ensemble de mesures, de moyens mis en œuvre dans un but déterminé : *dispositif policier.* **3.** DR Énoncé d'un jugement, d'un arrêt.

**disposition** nf **1.** Manière de placer, d'arranger ; arrangement, distribution : *changer la disposition des meubles.* **2.** Pouvoir d'user à son gré : *avoir la libre disposition d'un bien.* **3.** État d'esprit à l'égard de qqn : *il est dans de bonnes dispositions envers toi.* **4.** Penchant, inclination, tendance. **5.** DR Point réglé par une loi, un contrat, un jugement, etc. ■ **à la disposition de :** au service de. ◆ **dispositions** pl Aptitude, penchant, don : *avoir des dispositions pour l'art.* ■ **prendre des, ses dispositions :** se préparer, s'organiser.

**disproportion** nf Défaut de proportion, de convenance ; différence.

**disproportionné, e** adj Sans proportion ; excessif, démesuré.

**dispute** nf Discussion très vive, querelle.

**disputer** vt **1.** FAM Gronder, réprimander. **2.** Lutter pour obtenir un succès, une victoire : *disputer une course.* ◆ **se disputer** vpr Se quereller.

**disquaire** n Marchand de disques.

**disqualification** nf Action de disqualifier ; son résultat.

**disqualifier** vt **1.** Exclure d'une épreuve sportive pour infraction au règlement. **2.** LITT Discréditer. ◆ **se disqualifier** vpr Perdre tout crédit par sa conduite.

**disque** nm **1.** Objet plat et circulaire. **2.** Plaque circulaire pour l'enregistrement et la reproduction de sons, d'images, de données informatiques : *disque laser ; disque dur.* **3.** ASTRON Surface circulaire visible d'un astre. **4.** Sorte de palet que lancent les athlètes. **5.** CH DE F Plaque mobile qui indique, par sa couleur, si la voie est libre ou non. ■ ANAT **disque intervertébral :** cartilage élastique séparant deux vertèbres. ❏ **disque optique compact :** cédérom. ❏ **disque optique numérique :** support d'enregistrement utilisé en informatique comme mémoire de très grande capacité.

**disquette** nf INFORM Support magnétique d'informations.

**disruptif, ive** adj Se dit d'une entreprise, d'un produit, etc., qui créent une véritable rupture au sein d'un secteur d'activité.
**dissection** nf Action de disséquer.
**dissemblable** adj Qui n'est pas semblable.
**dissemblance** nf Absence de ressemblance ; disparité.
**dissémination** nf Action de disséminer ; dispersion.
**disséminer** vt Éparpiller, répandre çà et là.
**dissension** nf Opposition violente de sentiments, d'intérêts ; discorde.
**dissentiment** nm SOUT Opposition de sentiments, d'opinions ; conflit.
**disséquer** vt (conj 10) **1.** Ouvrir un corps organisé pour en faire l'examen anatomique. **2.** FIG Analyser minutieusement.
**dissertation** nf Exercice scolaire portant sur une question littéraire, philosophique, historique.
**disserter** vi et vt ind [sur] **1.** Traiter méthodiquement un sujet. **2.** Discourir longuement.
**dissidence** nf **1.** Action ou état de qqn ou d'un groupe qui cesse de se soumettre à une autorité établie, qui se sépare d'une communauté : *entrer en dissidence.* **2.** Divergence idéologique. **3.** Groupe de dissidents.
**dissident, e** adj et n Qui cesse de se soumettre à une autorité établie, ou à un parti dont il était membre.
**dissimulateur, trice** adj et n Qui dissimule.
**dissimulation** nf **1.** Action de dissimuler. **2.** Hypocrisie.
**dissimulé, e** adj Accoutumé à cacher ses sentiments ; hypocrite, fourbe.
**dissimuler** vt **1.** Cacher. **2.** Tenir secret, ne pas laisser paraître ses sentiments, ses intentions. ◆ **se dissimuler** vpr **1.** Se cacher : *se dissimuler derrière un arbre.* **2.** Se faire des illusions sur qqch : *se dissimuler la vérité.*
**dissipateur, trice** adj et n LITT, VX Qui dissipe son bien.
**dissipation** nf **1.** Action de dissiper, de se dissiper. **2.** FIG Indiscipline, turbulence, inattention. **3.** LITT Vie de plaisirs.
**dissipé, e** adj Agité, inattentif.
**dissiper** vt **1.** Faire disparaître, chasser : *le vent dissipe les nuages.* **2.** Faire cesser : *dissiper une inquiétude.* **3.** Dépenser inconsidérément : *dissiper sa fortune.* **4.** FIG Distraire, détourner de la discipline : *elle dissipe ses camarades.* ◆ **se dissiper** vpr **1.** Disparaître. **2.** FIG Être agité, turbulent.
**dissociable** adj Qui peut être dissocié.
**dissociation** nf Action de dissocier.
**dissocier** vt **1.** Séparer des éléments associés. **2.** Distinguer, disjoindre.
**dissolu, e** adj Déréglé, corrompu : *mener une vie dissolue.*
**dissolution** nf **1.** Action de dissoudre ; fait de se dissoudre. **2.** LITT Dérèglement : *dissolution des mœurs.*
**dissolvant, e** adj et nm Se dit d'un produit qui a la propriété de dissoudre.
**dissonance** nf **1.** MUS Accord défectueux, manque d'harmonie. **2.** Rencontre peu harmonieuse de sons, de mots, de syllabes.
**dissonant, e** adj MUS Qui manque d'harmonie : *accord dissonant.*
**dissoudre** vt (conj 60) **1.** Décomposer les molécules d'un corps solide : *l'eau dissout le sucre.* **2.** Mettre fin légalement à une association, à l'existence d'un parti, etc. : *dissoudre une société.* **3.** Annuler : *dissoudre un mariage.*

CONJUGAISON Au participe passé, on écrit *dissous, dissoute.*

**dissuader** vt Détourner quelqu'un d'une résolution.
**dissuasif, ive** adj Qui a pour but de dissuader.
**dissuasion** nf **1.** Action de dissuader. **2.** MIL Action stratégique de représailles préparée par un État en vue de décourager un adversaire.
**dissyllabe** adj et nm Se dit d'un vers qui a deux syllabes.
**dissyllabique** adj Relatif à un dissyllabe.
**dissymétrie** nf Défaut de symétrie.
**dissymétrique** adj Sans symétrie.
**distance** nf **1.** Intervalle qui sépare deux points dans l'espace ou dans le temps : *distance d'une ville à une autre ; à quelques années de distance.* **2.** FIG Différence de niveau social, culturel, etc. : *l'argent a mis une grande distance entre eux.* ■ **prendre, garder ses distances :** éviter tout engagement ou toute familiarité avec quelqu'un. ❑ **tenir à distance :** ne pas laisser approcher.
**distancer** vt (conj 1) Devancer, surpasser.
**distanciation** nf Recul pris par rapport à un événement. ■ **distanciation physique** ou **sociale :** maintien d'une distance de sécurité entre personnes pour limiter le risque de contagion dans un contexte épidémique.
**distanciel, elle** adj et nm Se dit d'un enseignement ou, par ext., d'un travail qui s'effectue à distance et non sur place.
**distant, e** adj **1.** Éloigné, écarté. **2.** FIG Froid, réservé.
**distendre** vt (conj 50) Augmenter les dimensions en étirant. ◆ **se distendre** vpr S'affaiblir, se relâcher.
**distension** nf Augmentation de surface ou de volume sous l'effet d'une tension.
**distillat** [distila] nm Produit d'une distillation.
**distillateur** nm Fabricant d'eaux-de-vie, de liqueurs, etc.

**distillation** [distilasjɔ̃] nf Action de distiller.
**distiller** [distile] vt **1.** Réduire les liquides en vapeur par la chaleur pour en recueillir certains principes. **2.** Laisser couler goutte à goutte : *le pin distille la résine.* **3.** FIG Répandre : *distiller l'ennui.*
**distillerie** nf Lieu où l'on distille.
**distinct, e** [distɛ̃, ɛ̃kt] adj **1.** Différent : *deux cas bien distincts.* **2.** Qui se perçoit ou se conçoit nettement ; clair : *des empreintes distinctes.*
**distinctement** adv De façon distincte.
**distinctif, ive** adj Qui permet de distinguer.
**distinction** nf **1.** Action de distinguer, de séparer ; différence : *distinction entre le bien et le mal.* **2.** Marque d'honneur : *recevoir une distinction.* **3.** Élégance, raffinement : *avoir de la distinction.*
**distingué, e** adj **1.** SOUT Remarquable, éminent. **2.** De bon ton, élégant, raffiné.
**distinguer** vt **1.** Discerner, percevoir par les sens, par l'esprit : *d'ici, on distingue parfaitement la côte.* **2.** Percevoir, établir la différence entre des personnes ou des choses : *distinguer les sens d'un mot.* **3.** Caractériser : *la parole distingue l'homme de l'animal.* ◆ **se distinguer** vpr Se faire remarquer, s'illustrer.
**distinguo** [distɛ̃go] nm Distinction fine, nuance subtile.
**distique** nm Groupe de deux vers.
**distorsion** nf **1.** Torsion convulsive de certaines parties du corps. **2.** Défaut de tout appareil enregistreur de sons ou d'images, qui les déforme en les reproduisant. **3.** FIG Déséquilibre : *distorsion entre les salaires.*
**distraction** nf **1.** Défaut d'attention, étourderie. **2.** Ce qui amuse, délasse l'esprit ; divertissement.
**distraire** vt (conj 79) **1.** LITT Séparer une partie d'un tout ; prélever, retrancher. **2.** DR Détourner à son profit. **3.** FIG Détourner l'esprit de ce qui l'occupe, rendre inattentif. **4.** Divertir, amuser. ◆ **se distraire** vpr S'amuser, se détendre.
**distrait, e** adj Peu attentif, étourdi.
**distraitement** adv De façon distraite.
**distrayant, e** adj Propre à distraire, à divertir.
**distribué, e** adj Réparti, agencé, disposé : *appartement mal distribué.*
**distribuer** vt **1.** Répartir, donner, fournir : *distribuer le courrier.* **2.** Donner au hasard : *distribuer des coups.* **3.** Assurer la distribution d'un produit, d'un film, etc.
**distributeur, trice** n Personne qui distribue : *distributeur de tracts, de films.* ◆ nm Appareil servant à distribuer : *distributeur automatique.*
**distributif, ive** adj LING Qui exprime la répartition.
**distribution** nf **1.** Action de distribuer ; répartition. **2.** Répartition des pièces d'un logement ; disposition : *distribution d'une maison.* **3.** Répartition des rôles entre les interprètes d'une pièce, d'un film, etc. ; ensemble de ces interprètes. **4.** MÉCAN Ensemble des organes qui règlent l'admission et l'échappement du fluide moteur. **5.** ÉCON Opérations par lesquelles les produits et les services sont diffusés entre les consommateurs dans le cadre national. ■ **distribution artistique :** casting.
**district** nm Subdivision administrative territoriale. ■ **district urbain :** groupement administratif de communes voisines formant une même agglomération.
**dit, e** adj **1.** Convenu, fixé : *à l'heure dite.* **2.** Surnommé : *Jean, dit le Bon.* ■ **ledit, ladite, dudit, etc. :** la personne ou la chose dont on vient de parler.
**dithyrambe** nm LITT Louange enthousiaste, souvent exagérée.
**dithyrambique** adj Très élogieux.
**diurèse** nf Sécrétion de l'urine.
**diurétique** adj et nm Se dit d'une boisson, d'un médicament, etc., qui font uriner.
**diurne** adj **1.** Qui s'accomplit pendant le jour. **2.** BOT Se dit des fleurs qui s'épanouissent le jour. **3.** ZOOL Se dit des animaux actifs pendant le jour.
**diva** nf Cantatrice célèbre.
**divagation** nf Action de divaguer.
**divaguer** vi **1.** LITT Errer à l'aventure. **2.** Tenir des propos incohérents, délirer.
**divan** nm **1.** Canapé sans bras ni dossier. **2.** HIST Conseil du sultan ottoman. **3.** LITTÉR Recueil de poésies orientales.
**divergence** nf **1.** Action, fait de diverger. **2.** Établissement de la réaction en chaîne dans un réacteur nucléaire.
**divergent, e** adj Qui diverge.
**diverger** vi (conj 2) **1.** S'écarter l'un de l'autre, en parlant des rayons, des lignes. **2.** FIG Être en désaccord : *nos opinions divergent beaucoup.*
**divers, e** adj **1.** Qui prend différents aspects ; changeant, varié : *un pays très divers.* **2.** (au pluriel) Différents : *les divers sens d'un mot.* ■ **divers droite, divers gauche :** élu rallié à la droite, à la gauche, sans être membre d'un des grands partis. **3.** (au pluriel) Plusieurs, quelques : *diverses personnes sont passées.*
**diversement** adv Différemment, de plusieurs façons.
**diversification** nf Action de diversifier ; son résultat.
**diversifier** vt Varier, mettre de la variété dans.
**diversion** nf **1.** MIL Opération visant à détourner l'ennemi d'un point sur lequel

on compte attaquer. **2.** Action, événement qui détournent l'esprit, l'attention. ■ **faire diversion** : détourner l'attention.

**diversité** nf **1.** Variété, pluralité. **2.** Ensemble des personnes qui diffèrent par leur origine géographique, socioculturelle ou religieuse, leur âge, leur sexe, leur orientation sexuelle, etc. et qui constituent une communauté nationale.

**divertir** vt Amuser, distraire. ◆ **se divertir** vpr S'amuser, se distraire.

**divertissant, e** adj Qui divertit.

**divertissement** nm **1.** Action de divertir, de se divertir ; amusement. **2.** Distraction. **3.** THÉÂTRE Intermède de danse et de chant.

**dividende** nm **1.** MATH Nombre qui est divisé par un autre dans une division. **2.** Part de bénéfices qui revient à chaque actionnaire.

**divin, e** adj **1.** Qui est propre à Dieu ou à une divinité. **2.** Sublime, merveilleux, exquis.

**divinateur, trice** adj Qui devine l'avenir.

**divination** nf **1.** Art de deviner, de prévoir l'avenir. **2.** FIG Intuition.

**divinatoire** adj Qui relève de la divination.

**divinement** adv À la perfection.

**divinisation** nf Action de diviniser.

**diviniser** vt **1.** Reconnaître pour divin ; déifier. **2.** LITT Exalter, vénérer.

**divinité** nf **1.** Essence, nature divine : *la divinité de Jésus-Christ.* **2.** Dieu, être divin : *divinités grecques.*

**diviser** vt **1.** Séparer, partager. **2.** Désunir, être une occasion de désaccord. **3.** MATH Effectuer une division.

**diviseur** nm MATH Nombre par lequel on en divise un autre dans une division.

**divisibilité** nf Qualité de ce qui peut être divisé.

**divisible** adj Qui peut être divisé.

**division** nf **1.** Action de diviser ; état qui en résulte. **2.** Partie d'un tout divisé : *la minute est une division de l'heure.* **3.** MATH Opération par laquelle on partage une quantité en un certain nombre de parties égales. **4.** MIL Unité importante rassemblant des formations de toutes armes. **5.** Groupement de plusieurs services sous une même autorité, dans une administration. **6.** FIG Désunion, discorde. **7.** SPORTS Groupement de clubs en fonction de leurs résultats en championnat.

**divisionnaire** adj Qui dirige une division militaire, administrative.

**divorce** nm **1.** Dissolution du mariage civil prononcée par un jugement. **2.** FIG Rupture, opposition, divergence.

**divorcé, e** adj et n Dont le divorce a été prononcé.

**divorcer** vi (conj 1) Rompre juridiquement un mariage : *ils ont divorcé ; divorcer d'avec sa femme.*

**divulgâcher** vt CANADA Spoiler.

**divulgateur, trice** adj et n Qui divulgue une information.

**divulgation** nf Action de divulguer.

**divulguer** vt Rendre public.

**dix** [dis] adj num card Nombre qui suit neuf dans la série des entiers naturels. ◆ adj num ord Dixième : *Léon X.* ◆ nm inv Chiffre, numéro qui représente ce nombre.

> PHONÉTIQUE *Dix* se prononce [diz] devant une voyelle ou un *h* muet, [di] devant une consonne ou un *h* aspiré.

**dix-huit** [dizɥit] adj num card Dix et huit. ◆ adj num ord Dix-huitième : *Louis XVIII.* ◆ nm inv Chiffre, numéro qui représente ce nombre.

**dix-huitième** adj num ord et n **1.** Qui occupe le rang marqué par le numéro dix-huit. **2.** Qui est contenu dix-huit fois dans le tout. ◆ nm La dix-huitième partie.

**dixième** [dizjɛm] adj num ord et n **1.** Qui occupe le rang marqué par le numéro dix. **2.** Qui est contenu dix fois dans le tout. ◆ nm La dixième partie.

**dixièmement** adv En dixième lieu.

**dix-neuf** adj num card Dix et neuf. ◆ adj num ord Dix-neuvième. ◆ nm inv Chiffre, numéro qui représente ce nombre.

**dix-neuvième** adj num ord et n **1.** Qui occupe le rang marqué par le numéro dix-neuf. **2.** Qui est contenu dix-neuf fois dans le tout. ◆ nm La dix-neuvième partie.

**dix-sept** adj num card Dix et sept. ◆ adj num ord Dix-septième. ◆ nm inv Chiffre, numéro qui représente ce nombre.

**dix-septième** adj num ord et n **1.** Qui occupe le rang marqué par le numéro dix-sept. **2.** Qui est contenu dix-sept fois dans le tout. ◆ nm La dix-septième partie.

**dizain** nm LITTÉR Stance, strophe de dix vers.

**dizaine** nf Groupe de dix unités ou environ.

**DJ** [didʒe] n (sigle) Disc-jockey.

**djebel** nm Montagne, en Afrique du Nord.

**djellaba** nf Longue robe portée en Afrique du Nord.

**djihad** ou **jihad** [dʒiad] nm Guerre destinée à défendre, voire étendre, le domaine de l'islam.

**djihadisme** ou **jihadisme** [dʒi-] nm Terme désignant les idées et l'action des extrémistes qui recourent au terrorisme en se réclamant de la notion islamique de djihad.

**djihadiste** ou **jihadiste** [dʒi-] adj et n Relatif au djihadisme ; qui en est partisan.

**djinn** nm Chez les musulmans, être surnaturel, imaginaire.

**do** nm inv Note de musique.

**doberman** [dɔbɛrman] nm Chien de garde.

**doc** nf (abréviation) Documentation.

**DOC** nm (sigle) Disque optique compact.
**docile** adj Qui obéit facilement.
**docilement** adv Avec docilité.
**docilité** nf Disposition à obéir.
**dock** nm **1.** Bassin entouré de quais, pour le chargement et le déchargement des navires. **2.** Entrepôt construit sur les quais. ■ **dock flottant** : bassin de radoub mobile.
**docker** [dɔkɛr] nm Ouvrier employé au chargement et au déchargement des navires.
**docte** adj SOUT Savant, érudit.
**doctement** adv SOUT Savamment.
**docteur, e** n **1.** Personne pourvue d'un doctorat en médecine et habilitée à exercer ; titre donné à cette personne. **2.** Personne qui a obtenu un doctorat. **3.** Personne savante, en particulier en matière religieuse. ◆ nm ■ **docteur de la Loi** : interprète officiel des livres sacrés des juifs. ❑ **docteur de l'Église** : titre donné aux grands théologiens et apologistes de l'Église.

EMPLOI On écrit docteur *en* droit, *en* médecine, *en* pharmacie ; mais docteur *ès* lettres, *ès* sciences.

**doctoral, e, aux** adj **1.** PÉJOR Suffisant, pédant : *un ton doctoral.* **2.** Relatif au doctorat : *les études doctorales.*
**doctorat** nm **1.** Diplôme national nécessaire à l'exercice des professions de santé. **2.** Diplôme obtenu à bac + 8 au terme de la soutenance d'une thèse et conférant le quatrième et plus haut grade universitaire.
**doctoresse** nf VIEILLI Femme médecin.
**doctrinaire** adj et n Attaché avec rigueur et intransigeance à une doctrine, à une opinion.
**doctrinal, e, aux** adj Relatif à une doctrine.
**doctrine** nf **1.** Ensemble des croyances ou des principes d'un système d'enseignement philosophique, littéraire, politique, religieux, etc. **2.** Opinion, prise de position.
**docu-fiction** (pl *docu-fictions*) nm Genre télévisuel qui reconstitue des faits réels en mêlant des images de synthèse, des scènes jouées par des acteurs et/ou des documents authentiques.
**document** nm Écrit ou objet servant d'information, de preuve, de témoignage.
**documentaire** adj Qui a le caractère d'un document. ■ **à titre documentaire** : pour information. ◆ nm Film didactique montrant un aspect particulier de la réalité.
**documentaliste** n Personne chargée de la recherche, de la sélection, du classement, de l'utilisation et de la diffusion des documents.
**documentation** nf Action de sélectionner, de classer, d'utiliser des documents ; ensemble de ces documents.
**documenté, e** adj **1.** Appuyé par des documents : *une thèse bien documentée.* **2.** Informé, renseigné par des documents.
**documenter** vt Fournir des documents, des renseignements à. ◆ **se documenter** vpr Rechercher, se procurer des documents.
**dodécaèdre** nm Polyèdre à douze faces.
**dodécagone** nm Polygone qui a douze angles et douze côtés.
**dodécaphonisme** nm Système musical fondé sur l'emploi exclusif des douze sons de la gamme chromatique.
**dodécasyllabe** nm Mot de douze syllabes.
**dodelinement** nm Oscillation légère de la tête, du corps.
**dodeliner** vt ind ■ **dodeliner de la tête** : lui imprimer un balancement lent et régulier.
**dodo** nm Lit, sommeil, dans le langage enfantin. ■ **faire dodo** : dormir.
**dodu, e** adj Gras, potelé.
**doge** nm Chef élu des anciennes Républiques de Gênes et de Venise.
**dogmatique** adj Relatif au dogme. ◆ adj et n Qui exprime une opinion de manière catégorique, péremptoire : *ton dogmatique.* ◆ nf RELIG Ensemble des dogmes.
**dogmatiquement** adv De façon dogmatique, d'un ton décisif.
**dogmatiser** vi **1.** Établir des dogmes. **2.** Parler d'un ton sentencieux, autoritaire.
**dogmatisme** nm **1.** Philosophie ou religion qui rejette le doute et la critique. **2.** Intolérance, sectarisme.
**dogme** nm **1.** Point fondamental de doctrine en religion ou en philosophie. **2.** Opinion imposée comme vérité indiscutable.
**dogue** nm Chien de garde à grosse tête, à museau aplati.
**doigt** [dwa] nm Chacune des parties mobiles qui terminent les mains et les pieds de l'homme et de quelques animaux. ■ **être à deux doigts de** : être sur le point de. ❑ FAM **faire qqch les doigts dans le nez** : très facilement. ❑ **mettre le doigt sur** : deviner juste. ❑ **obéir au doigt et à l'œil** : exactement, aveuglément. ❑ **savoir sur le bout du doigt** : parfaitement. ❑ FAM **se mettre le doigt dans l'œil** : se tromper complètement. ❑ **se mordre les doigts de qqch** : le regretter amèrement. ❑ **un doigt de** : un petit peu de : *un doigt de porto.*
**doigté** nm **1.** MUS Manière de doigter. **2.** Tact, savoir-faire.
**doigter** [dwate] vt MUS Indiquer sur la partition, par des chiffres, le doigt dont l'exécutant doit se servir pour chaque note.
**doigtier** nm Fourreau pour protéger un ou plusieurs doigts.
**doit** nm Partie d'un compte établissant ce qu'une personne doit.

**Dolby** nm (nom déposé) Procédé de réduction du bruit de fond des enregistrements sonores ; dispositif utilisant ce procédé.
**doléances** nf pl Plaintes, réclamations.
**dolent, e** adj Plaintif ; pleurnicheur : *voix dolente*.
**dolichocéphale** [dɔlikɔsefal] adj et n Dont la longueur du crâne l'emporte sur la largeur.
**doline** nf GÉOGR Petite cuvette fermée caractéristique de certaines régions calcaires.
**dollar** nm Unité monétaire de quelques pays, notamment des États-Unis, de l'Australie, du Canada, de Hongkong.
**dollarisation** nf Processus de substitution du dollar des États-Unis à une monnaie nationale.
**dolmen** [dɔlmɛn] nm Monument mégalithique formé d'une grande pierre plate posée sur deux verticales.
**dolomite** nf Carbonate naturel de calcium et de magnésium.
**DOM** nm (sigle) Département d'outre-mer.
**domaine** nm **1.** Propriété foncière d'une certaine étendue. **2.** Attribution, fonction, ressort : *c'est de mon domaine*. **3.** Secteur, champ couvert par un art, une science, une technique : *le domaine de la médecine*. ■ **le domaine de l'État** ou **le Domaine** : les biens de l'État ; l'administration de ces biens.
**domanial, e, aux** adj Qui appartient à un domaine, au domaine de l'État, notamm.
**dôme** nm **1.** Voûte semi-sphérique, qui surmonte un édifice. **2.** Dispositif en forme de coupole : *dôme de verdure*. ■ **dôme de chaleur** : pendant l'été, anticyclone persistant, qui entraîne le blocage de l'air chaud et des températures caniculaires au niveau du sol.
**domestication** nf Action de domestiquer.
**domesticité** nf Ensemble des domestiques d'une maison.
**domestique** adj **1.** Qui concerne la maison, la famille : *tâches domestiques*. **2.** Apprivoisé (par oppos. à *sauvage*) : *animal domestique*. ◆ n VIEILLI Personne employée au service d'une maison, d'un hôtel, etc.
**domestiquer** vt **1.** Apprivoiser (un animal sauvage). **2.** Rendre utilisable par l'homme : *domestiquer le vent*.
**domicile** nm Lieu d'habitation. ■ **à domicile** : au lieu où on habite : *livraison à domicile*. ❑ **domicile conjugal** : domicile commun des époux. ❑ **élire domicile** : se fixer. ❑ **sans domicile fixe** : personne qui n'a pas de lieu d'habitation, pas de travail ni de ressources.
**domiciliaire** adj ■ DR **visite domiciliaire** : faite au domicile de qqn par autorité de justice.
**domiciliation** nf **1.** Désignation d'un domicile où un effet de commerce est payable. **2.** Pour une entreprise, choix du lieu de son siège.
**domicilié, e** adj Qui a son domicile à tel endroit.
**domicilier** vt ■ **se faire domicilier quelque part** : faire reconnaître un lieu comme son domicile légal.
**dominant, e** adj Qui domine ; prédominant.
**dominante** nf **1.** Partie, trait caractéristiques ou essentiels. **2.** MUS Cinquième degré de la gamme.
**dominateur, trice** adj et n Qui domine, aime dominer.
**domination** nf Action de dominer ; autorité souveraine.
**dominer** vi **1.** Exercer sa suprématie. **2.** L'emporter en nombre, en intensité sur. ◆ vt **1.** Être maître de, tenir sous son autorité. **2.** Être au-dessus de ; surplomber : *dominer une plaine*. **3.** FIG Maîtriser : *dominer un sujet*.
**dominicain, e** n Religieux, religieuse de l'ordre fondé par saint Dominique. ◆ adj et n De la République dominicaine : *les Dominicains*.
**dominical, e, aux** adj **1.** Du Seigneur. **2.** Du dimanche : *repos dominical*.
**domino** nm **1.** Chacune des pièces du jeu de dominos. **2.** Costume de bal masqué, vêtement flottant avec capuchon ; personne qui porte ce costume. ■ AFRIQUE, ANTILLES **couple domino** : couple constitué d'une personne noire et d'une personne blanche. ◆ **dominos** pl Jeu de société consistant à assembler selon des règles de petits rectangles dont chaque moitié est marquée d'un certain nombre de points.
**dommage** nm Perte, dégât, préjudice. ■ **c'est dommage, quel dommage** : c'est fâcheux, regrettable. ◆ **dommages** pl ■ DR **dommages et intérêts** ou **dommages-intérêts** : indemnité due pour un préjudice.
**dommageable** adj Préjudiciable.
**domotique** nf Ensemble des techniques visant à automatiser divers éléments de l'habitat (sécurité, énergie, etc.).
**domptable** adj Qu'on peut dompter.
**dompter** [dɔ̃te] ou [dɔ̃pte] vt **1.** Soumettre, dominer. **2.** Apprivoiser, dresser. **3.** FIG, LITT maîtriser, surmonter.
**dompteur, euse** n Personne qui dompte des animaux.
**don** nm **1.** Action de donner ; chose donnée ; cadeau. **2.** Donation. **3.** Qualité naturelle, talent, disposition.
**DON** [dɔ̃] nm (sigle) Disque optique numérique.
**donataire** n Personne qui reçoit un don, une donation.
**donateur, trice** n Personne qui fait un don, une donation.

**donation** nf Acte juridique par lequel une personne transmet un bien.

**donc** conj **1.** Introduit la conclusion, la conséquence : *je pense, donc je suis.* **2.** Marque la reprise d'un discours interrompu : *je vous disais donc que.* ◆ adv Renforce une interrogation, une demande : *qu'as-tu donc ?*

**donjon** nm Tour maîtresse d'un château fort.

**don Juan** (pl *dons Juans*) nm Séducteur.

**donjuanesque** adj Digne d'un don Juan.

**donjuanisme** nm Conduite, attitude d'un don Juan.

**donne** nf JEUX Action de distribuer les cartes. ■ **fausse donne :** maldonne. ❑ **nouvelle donne :** situation nouvelle résultant de changements importants.

**donné, e** adj Déterminé, fixé : *en un temps donné.*

**donnée** nf **1.** Point incontestable ou admis comme tel : *données chronologiques.* **2.** Idée fondamentale qui sert de point de départ. ◆ **données** pl **1.** Circonstances qui conditionnent un événement. **2.** MATH Hypothèses figurant dans l'énoncé d'un problème. **3.** INFORM Représentation conventionnelle d'une information sous une forme convenant à son traitement par ordinateur.

**donner** vt **1.** Attribuer, remettre qqch à qqn : *donner des bonbons.* **2.** Accorder qqch à qqn : *donner son autorisation.* **3.** Produire : *cette vigne donne un bon vin.* **4.** Communiquer, transmettre : *donner son adresse ; donner l'alerte.* **5.** Exercer une action sur : *donner du courage ; donner faim.* **6.** Manifester : *donner des signes de vie.* ■ **donnant donnant :** à condition de recevoir une contrepartie. ◆ vi Avoir du rendement, de la puissance : *les tomates donnent déjà ; la musique donne à plein.* ◆ vt ind [sur] Avoir vue : *cette fenêtre donne sur la cour.* ◆ **se donner** vpr Consacrer son activité, son énergie à : *se donner à son travail.* ■ **s'en donner :** beaucoup s'amuser.

**donneur, euse** n **1.** Personne qui aime à donner : *donneur de bons conseils.* **2.** Joueur qui distribue les cartes. **3.** Personne qui fait don de son sang, d'un organe.

**donquichottisme** nm Caractère du redresseur de torts.

**dont** pron rel Remplace un complément introduit par *de* (de qui, duquel, de quoi) : *celui, celle, ceux dont je t'ai parlé ; la façon dont il s'y prend ; une dizaine de livres, dont le sien.*

> GRAMMAIRE On dit *c'est lui dont il s'agit* ou *c'est de lui qu'il s'agit.*

**donut** ou **doughnut** [donœt] nm Beignet en forme d'anneau, génér. recouvert d'un glaçage et parfois fourré.

**dopage** ou **doping** [dɔpiŋ] nm Emploi d'excitants par un sportif.

**dopant, e** adj et nm Se dit d'un produit qui dope, stimule.

**dope** nf (anglicisme) FAM Drogue.

**doper** vt **1.** Administrer un excitant à. **2.** Stimuler. ◆ **se doper** vpr Prendre des stimulants.

**dorade** nf → **daurade**.

**dorage** nm Action de dorer.

**doré, e** adj **1.** De la couleur de l'or. **2.** Légèrement hâlé : *peau dorée.* ◆ nm Dorure.

**dorénavant** adv À partir de maintenant ; désormais.

**dorer** vt **1.** Recouvrir d'une couche d'or. **2.** CUIS Couvrir une préparation d'une légère couche de jaune d'œuf.

**doreur, euse** n et adj Spécialiste qui pratique la dorure.

**dorien** nm Un des quatre principaux dialectes de la langue grecque ancienne.

**dorique** adj et nm ■ **ordre dorique :** le plus ancien des ordres de l'architecture grecque.

**dorloter** vt Traiter délicatement, entourer de soins attentifs.

**dormant, e** adj Se dit d'un agent secret, d'un terroriste ou d'un réseau installés en un lieu dans l'attente d'une action. ■ **châssis dormant :** châssis qui ne s'ouvre pas. ❑ **eau dormante :** eau qui n'a pas de courant, stagnante. ◆ nm Partie fixe d'une fenêtre.

**dormeur, euse** n et adj Personne qui aime à dormir. ■ ZOOL **crabe dormeur** ou **dormeur** nm : tourteau.

**dormir** vi (conj 18) **1.** Être plongé dans le sommeil. **2.** FIG Ne manifester aucune activité. **3.** Rester improductif : *capital qui dort.* ■ **dormir sur ses deux oreilles :** en toute sécurité. ❑ **ne dormir que d'un œil :** être sur ses gardes.

**dorsal, e, aux** adj Du dos.

**dorsale** nf **1.** Crête montagneuse. **2.** GÉOL Chaîne de montagnes sous-marines.

**dortoir** nm Salle commune où dorment les membres d'une communauté.

**dorure** nf **1.** Art, action de dorer. **2.** Revêtement doré.

**doryphore** nm Insecte coléoptère qui ravage les plants de pommes de terre.

**dos** nm **1.** Partie postérieure du tronc de l'homme, entre les épaules et le bassin. **2.** Face supérieure du corps des vertébrés, des insectes, etc. **3.** Partie supérieure convexe d'un objet : *dos d'une cuillère.* **4.** Verso, revers : *au dos d'une lettre.* **5.** Partie opposée au tranchant : *le dos d'un couteau.* ■ **avoir bon dos :** (a) être accusé à la place d'un autre (b) être un prétexte commode. ❑ **en dos d'âne :** qui présente deux inclinaisons opposées.

**dosage** nm Action de doser.

**dos-d'âne** nm inv Relief, bosse sur une voie, une route.

**dose** nf **1.** Quantité d'un médicament prise en une fois. **2.** Quantité de chaque élément qui entre dans un composé. **3.** FIG Quantité quelconque.

**doser** vt Déterminer une dose, la concentration d'une solution, la quantité d'un constituant.

**doseur** nm Appareil servant au dosage.

**dossard** nm Pièce d'étoffe reproduisant un numéro d'ordre, que portent les concurrents d'une épreuve sportive.

**dossier** nm **1.** Partie postérieure d'un siège, contre laquelle s'appuie le dos. **2.** Ensemble des documents concernant une personne, une question. **3.** Question, problème à traiter : *le dossier agricole.* **4.** INFORM Élément de mémoire permettant d'organiser et de hiérarchiser des ensembles de fichiers.

**dot** [dɔt] nf Biens qu'une femme apporte en se mariant, ou une religieuse en entrant au couvent.

**dotal, e, aux** adj Relatif à la dot.

**dotation** nf **1.** Ensemble des revenus assignés à un établissement d'utilité publique, à une communauté, etc. **2.** Revenu attribué aux membres d'une famille souveraine, au chef de l'État.

**doter** vt **1.** Donner une dot à. **2.** Assigner un revenu à : *doter un institut.* **3.** Équiper, pourvoir. **4.** FIG Gratifier qqn d'un avantage.

**douaire** nm ANC Biens assurés à la femme survivante par le mari.

**douairière** nf **1.** ANC Veuve qui jouissait d'un douaire. **2.** PÉJOR Vieille dame de la haute société.

**douance** nf Qualité d'une personne, spécialement d'un enfant, surdouée.

**douane** nf **1.** Administration qui perçoit les droits imposés sur les marchandises exportées ou importées. **2.** Siège de cette administration. **3.** Droits, taxes perçus.

**douanier, ère** adj Qui concerne la douane : *union douanière.* ◆ n Agent de la douane.

**douar** nm Village en Afrique du Nord.

**doublage** nm Action de doubler.

**double** adj **1.** Multiplié par deux ou répété deux fois. **2.** Fait de deux choses identiques. **3.** FIG Qui a deux aspects dont l'un est masqué : *phrase à double sens.* ■ **faire double emploi** : être superflu, inutile. ◆ nm **1.** Quantité égale à deux fois une autre. **2.** Reproduction, copie : *le double d'une note.* **3.** Partie de tennis ou de tennis de table entre deux équipes de deux joueurs. ■ **en double** : en deux exemplaires. ◆ adv ■ **voir double** : voir deux choses là où il n'y en a qu'une.

**doublé** nm Double réussite.

**double-cliquer** vi Effectuer un doucle clic sur la souris d'un ordinateur.

**double-croche** (pl *doubles-croches*) nf MUS Note dont la valeur représente la moitié de celle d'une croche.

**double-décimètre** (pl *doubles-décimètres*) nm Règle de vingt centimètres.

**1. doublement** nm Action de doubler.

**2. doublement** adv Pour deux raisons, à double titre.

**doubler** vt **1.** Multiplier par deux. **2.** Mettre en double en pliant : *doubler une ficelle.* **3.** Garnir d'une doublure : *doubler une jupe.* **4.** Dépasser : *doubler un vélo.* ■ VIEILLI **doubler une classe** : la recommencer. ❑ **doubler un acteur** : jouer son rôle, le remplacer. ❑ **doubler un film** : en enregistrer les dialogues dans une langue différente de celle d'origine. ◆ vi Devenir double.

**double-rideau** (pl *doubles-rideaux*) nm Rideau de tissu épais placé devant une fenêtre.

**doublet** nm Mot de même étymologie qu'un autre, mais qui présente une forme et un sens différents (EX : *blâmer, blasphémer*).

**doublon** nm Répétition erronée d'un mot, d'une lettre, d'une ligne.

**doublure** nf **1.** Étoffe qui garnit l'intérieur d'un vêtement. **2.** Remplaçant d'un acteur.

**douceâtre** adj D'une saveur, d'une douceur fade.

**doucement** adv **1.** D'une manière douce, sans violence ; délicatement : *à manipuler doucement.* **2.** Sans excès de bruit : *parler doucement.* **3.** Lentement : *avancer doucement.* ■ **aller (tout) doucement** : se porter médiocrement. ◆ interj S'emploie pour engager à la modération : *doucement ! calmez-vous !*

**doucereusement** adv D'une manière doucereuse.

**doucereux, euse** adj **1.** D'une douceur fade. **2.** FIG D'une douceur affectée.

**doucette** nf Autre nom de la mâche.

**doucettement** adv FAM Tout doucement.

**douceur** nf Qualité, caractère de ce qui est doux. ■ **en douceur** : sans heurt, sans éclat. ◆ **douceurs** pl **1.** Sucreries, friandises. **2.** FIG Propos aimables, paroles douces.

**douche** nf **1.** Jet d'eau dirigé sur le corps dans un but d'hygiène : *prendre une douche.* **2.** Installation pour se doucher : *salle de bains avec douche.* **3.** FAM Averse qu'on reçoit. **4.** FIG Ce qui met fin à un état d'exaltation, à des illusions. ■ **douche écossaise** : (a) alternativement chaude et froide (b) FIG alternance de bonnes et de mauvaises nouvelles. ❑ **faire l'effet d'une douche froide** : faire brutalement cesser l'enthousiasme de qqn : *refus qui fait l'effet d'une douche froide.*

**doucher** vt Donner une douche à. ◆ **se doucher** vpr Prendre une douche.

**doudoune** nf Veste très chaude, en tissu synthétique, rembourrée de duvet ou de matière synthétique.

**doué, e** adj Qui a des dons naturels, du talent pour qqch.

**douer** vt Pourvoir, gratifier, doter de : *douer de belles qualités.*

**doughnut** [donœt] nm → **donut.**

**douille** nf **1.** Partie creuse d'un instrument, d'un outil, qui reçoit le manche. **2.** Cylindre creux qui contient la charge de poudre d'une cartouche. **3.** Pièce dans laquelle se fixe le culot d'une ampoule électrique.

**douillet, ette** adj Doux, moelleux, confortable. ◆ adj et n Sensible à la moindre douleur.

**douillettement** adv De façon douillette.

**douleur** nf Souffrance physique ou morale.

**douloureuse** nf FAM Facture à payer ; addition.

**douloureusement** adv Avec douleur.

**douloureux, euse** adj **1.** Qui cause de la douleur. **2.** Qui marque, exprime la douleur.

**douma** nf Assemblée, conseil, en Russie.

**doute** nm **1.** Incertitude, irrésolution : *laisser qqn dans le doute.* **2.** Soupçon, méfiance : *avoir des doutes sur qqn.* **3.** Scepticisme : *le doute scientifique.* ■ **mettre en doute :** contester. ❑ **sans aucun doute :** assurément. ❑ **sans doute :** probablement.

GRAMMAIRE Lorsque *sans doute* est en tête de phrase, il y a inversion du sujet : *sans doute le croit-il.*

**douter** vt ind [de, que] **1.** Être dans l'incertitude sur la réalité ou la vérité d'un fait : *je doute qu'il vienne.* **2.** Ne pas avoir confiance en : *douter de qqn.* ◆ **se douter** vpr [de, que] Pressentir.

**douteux, euse** adj **1.** Qui n'est pas sûr ; incertain : *victoire douteuse.* **2.** Équivoque, qui provoque la méfiance ; suspect : *individu douteux.*

**1. douve** nf **1.** Large fossé rempli d'eau : *les douves d'un château.* **2.** Planche courbée qui entre dans la construction des tonneaux. **3.** BOT Renoncule vénéneuse des marais.

**2. douve** nf Ver parasite du foie de certains mammifères et de l'homme.

**doux, douce** adj **1.** D'une saveur agréable. **2.** Qui produit une impression agréable sur les sens : *voix douce.* **3.** Qui cause un sentiment de bien-être, de plaisir : *de doux souvenirs.* **4.** Qui est facile, peu pénible : *vie douce.* **5.** Qui n'est pas brusque, pas brutal : *pente douce.* **6.** Qui n'est pas violent, pas excessif : *lumière, climat doux.* **7.** Bon, affable, tendre, bienveillant. ■ **eau douce :** qui ne contient ni sel ni calcaire. ❑ **vin doux :** qui n'a pas encore fermenté. ◆ adv ■ **filer doux :** obéir sans résistance. ❑ **tout doux ! :** doucement. ◆ nm Ce qui est doux, agréable. ◆ **en douce** loc adv FAM En cachette : *partir en douce ; faire un coup en douce à qqn.*

**doux-amer, douce-amère** (pl *doux-amers, douces-amères*) adj Dont le goût associe douceur et amertume.

**douzaine** nf **1.** Ensemble de douze objets, personnes, etc., de même nature. **2.** Douze environ.

**douze** adj num card Dix et deux. ◆ adj num ord Douzième : *page douze.* ◆ nm inv Chiffre, numéro qui représente ce nombre.

**douzième** adj num ord et n **1.** Qui occupe le rang marqué par le numéro douze. **2.** Qui est contenu douze fois dans le tout. ◆ nm La douzième partie.

**douzièmement** adv En douzième lieu.

**Dow Jones** [dɔdʒɔns] nm (nom déposé) ■ **Indice Dow Jones :** indice calculé à partir du cours de 30 actions américaines.

**doyen, enne** n Le plus ancien par l'âge ou l'appartenance à un groupe. ◆ nm RELIG Responsable ecclésiastique.

**doyenné** nm RELIG Circonscription ecclésiastique administrée par le doyen.

**DP** n (sigle) VIEILLI Délégué du personnel.

**Dr** (abréviation) Docteur.

**drachme** [drakm] nf Unité monétaire grecque jusqu'au 1er janvier 2002.

**draconien, enne** adj D'une rigueur, d'une sévérité excessives.

**dragage** nm Action de draguer un fleuve, une rivière.

**dragée** nf **1.** Amande recouverte de sucre durci. **2.** Pilule ou comprimé enrobés de sucre. ■ **tenir la dragée haute à quelqu'un :** lui faire attendre ce qu'il désire, le lui faire payer cher.

**dragéifié, e** adj Qui a l'aspect d'une dragée.

**drageon** nm Rejeton qui naît de la racine des arbres.

**dragon** nm **1.** Monstre fabuleux. **2.** HIST Soldat d'un corps de cavalerie. **3.** FIG Gardien vigilant, farouche. **4.** Personne acariâtre, autoritaire. **5.** Pays en développement qui connaît un rapide essor économique.

**dragonnades** nf pl HIST Persécutions organisées contre les protestants par Louvois après la révocation de l'édit de Nantes et qu'exécutèrent les dragons royaux.

**dragonne** nf Courroie reliant le poignet à la garde d'une épée, d'un sabre, à un bâton de ski, etc.

**drague** nf **1.** Machine pour curer les fonds d'un cours d'eau, de la mer. **2.** Dispositif employé pour détruire les mines sous-marines. **3.** Sorte de filet de pêche. **4.** FAM Action de draguer qqn.

**draguer** vt **1.** Curer avec la drague. **2.** Détecter des mines sous-marines pour les détruire à la drague. **3.** FAM Aborder qqn en vue d'une aventure amoureuse.

**dragueur, euse** n et adj FAM Personne qui aime draguer. ◆ nm Bateau qui drague : *dragueur de mines*.

**draille** nf Chemin emprunté par les troupeaux lors de la transhumance.

**drain** nm **1.** Conduit souterrain, pour évacuer l'eau dans les terres trop humides. **2.** Tube souple percé de trous, qui se place dans une plaie pour assurer l'écoulement des liquides purulents.

**drainage** nm Action de drainer.

**drainer** vt **1.** Débarrasser un sol de son excès d'eau. **2.** Mettre des drains dans un foyer purulent. **3.** FIG Attirer à soi.

**draisine** nf Petit véhicule automoteur utilisé par le personnel des chemins de fer pour l'entretien des voies.

**drakkar** nm Bateau des Vikings.

**1. dramatique** adj **1.** Qui se rapporte au théâtre : *auteur dramatique*. **2.** Qui comporte un danger ; grave, terrible, tragique : *situation dramatique*.

**2. dramatique** nf Émission de caractère théâtral, télévisée ou radiodiffusée.

**dramatiquement** adv De façon dramatique.

**dramatisation** nf Action de dramatiser.

**dramatiser** vt Exagérer la gravité, la violence d'un événement, d'une situation.

**dramaturge** n Auteur de pièces de théâtre.

**dramaturgie** nf Art, traité de la composition théâtrale.

**drame** nm **1.** Pièce de théâtre où le comique peut se mêler au tragique. **2.** Événement violent ou tragique ; catastrophe.

**drap** nm **1.** Pièce de tissu dont on garnit un lit. **2.** Grande serviette en tissu-éponge : *drap de bain*. **3.** Étoffe de laine. ■ FAM **être dans de beaux draps** : dans une position fâcheuse.

**drapé** nm Agencement de plis souples, d'étoffes.

**drapeau** nm Pièce d'étoffe attachée à une hampe, portant les couleurs d'une nation, d'un parti, etc. ■ FIG **sous les drapeaux** : au service militaire.

**draper** vt **1.** Couvrir d'une draperie. **2.** Disposer en plis harmonieux. ◆ **se draper** vpr **1.** S'envelopper. **2.** FIG, SOUT S'enorgueillir, se prévaloir de : *se draper dans sa dignité*.

**draperie** nf **1.** Industrie du drap. **2.** Étoffe disposée de manière à retomber en plis harmonieux. **3.** BX-ARTS Représentation de drapés.

**drap-housse** (pl *draps-housses*) nm Drap de dessous dont les coins froncés emboîtent le matelas.

**drapier, ère** n Personne qui fabrique ou vend du drap.

**drastique** adj Très rigoureux, draconien : *des mesures drastiques*.

**dressage** nm **1.** Action de dresser un animal. **2.** Action de mettre droit, d'installer.

**dresser** vt **1.** Lever, tenir droit, vertical. **2.** Monter, construire : *dresser une tente*. **3.** Disposer, agencer : *dresser la table*. **4.** Établir, rédiger : *dresser un acte*. **5.** FIG Plier quelqu'un à une discipline stricte. **6.** Dompter un animal. **7.** Exciter : *dresser une personne contre une autre*. ■ FIG **dresser l'oreille** : écouter. ◆ **se dresser** vpr **1.** Se lever, se tenir droit. **2.** FIG S'insurger contre.

**dresseur, euse** n Personne qui dresse des animaux.

**dressoir** nm ANC Buffet à étagères dans lequel on exposait la vaisselle.

**dreyfusard, e** adj et n HIST Partisan de Dreyfus.

**DRH** nf (sigle) Direction des ressources humaines.

**dribble** nm Action de dribbler.

**dribbler** vi Dans divers sports d'équipe, conduire le ballon par petits coups successifs, pour éviter l'adversaire.

**drille** nm ■ **joyeux drille** : homme jovial.

**drisse** nf MAR Cordage qui sert à hisser.

**1. drive** [drajv] nm **1.** Au tennis, coup droit. **2.** Au golf, coup de longue distance donné au départ d'un trou.

**2. drive** [drajv] nm **1.** Service permettant à un client de venir retirer avec un véhicule des produits commandés en ligne (recomm. off. : *retrait automobile*). **2.** Lieu où s'effectue ce retrait (recomm. off. : *point de retrait*).

**driver** [drajve] vt et vi Faire un drive.

**drogue** nf **1.** Substance qui modifie l'état de conscience ; stupéfiant. ■ **drogue douce** : qui a des effets mineurs sur l'organisme. ❏ **drogue dure** : qui engendre un état de dépendance. **2.** PÉJOR, VX Médicament.

**drogué, e** n et adj Personne intoxiquée par l'usage de drogues ; toxicomane.

**droguer** vt Donner trop de médicaments à. ◆ **se droguer** vpr Prendre avec excès des médicaments ou des stupéfiants.

**droguerie** nf Commerce de produits d'hygiène, d'entretien ; magasin où se vendent ces produits.

**droguiste** n Personne qui tient une droguerie.

**1. droit** nm **1.** Faculté reconnue d'agir de telle façon, de jouir de tel avantage : *avoir le droit de vote, de parler*. **2.** Ce qui donne une autorité morale, une influence, un pouvoir : *avoir des droits sur qqn*. **3.** Impôt, taxe : *droit d'entrée*. **4.** Ensemble des lois et dispositions qui règlent les rapports entre les membres d'une société : *le droit doit primer la force.* **5.** Science qui a pour objet l'étude des lois et des règles de la société : *faire son droit.* **6.** Justice. ■ **avoir droit à :** (a) bénéficier légalement de : *avoir droit à des congés.* (b) FAM ne pas échapper à : *j'ai eu droit à des reproches.* ❑ **droit canon :** droit ecclésiastique. ❑ **droit civil :** règles relatives aux personnes et aux biens. ❑ **droit international :** droit qui règle les rapports entre nations. ❑ **droit pénal :** règles qui sanctionnent les infractions et leurs auteurs. ❑ **droit privé :** règles qui régissent les rapports des individus entre eux. ❑ **droit public :** règles relatives à l'organisation de l'État et à ses rapports avec les particuliers. ❑ **droits de l'homme :** droits et libertés que chaque individu possède du seul fait de sa nature humaine. ❑ **droits humains :** droits de l'homme.

**2. droit, e** adj **1.** Qui n'est pas courbe ; rectiligne. **2.** Vertical. **3.** FIG Honnête, loyal, franc. **4.** Qui raisonne sainement ; sensé, judicieux. ■ **angle droit :** dont les côtés sont perpendiculaires. ◆ adv **1.** Verticalement : *arbres plantés droit.* **2.** Directement : *aller droit au but.*

**3. droit, e** adj Situé du côté opposé à celui du cœur (par opposition à *gauche*).

**1. droite** nf MATH Ligne droite.

**2. droite** nf **1.** Main droite, côté droit. **2.** Côté droit d'une assemblée par rapport au président ; ensemble des personnes et des partis qui professent des opinions conservatrices (par oppos. à la *gauche*). ■ **à droite :** à main droite, du côté droit. ❑ **extrême droite :** ensemble des mouvements contre-révolutionnaires, qui récusent le libéralisme et le marxisme.

**droit-fil** (pl *droits-fils*) nm Sens de la trame ou de la chaîne d'un tissu. ■ **dans le droit-fil de :** dans la logique, dans la ligne de : *une réforme dans le droit-fil de l'orientation budgétaire.*

**droitier, ère** adj et n Qui se sert surtout de sa main droite.

**droiture** nf Loyauté, honnêteté.

**drolatique** adj LITT Plaisant, récréatif.

**drôle** adj **1.** Plaisant, gai, amusant. **2.** Bizarre : *drôle d'aventure.*

**drôlement** adv **1.** De façon drôle, bizarre. **2.** FAM Très, extrêmement.

**drôlerie** nf **1.** Qualité de ce qui est drôle. **2.** Parole, acte drôle.

**DROM** nm (sigle) Département et Région d'outre-mer.

**dromadaire** nm Chameau à une bosse.

**drop** [drɔp] ou **drop-goal** [drɔpgol] (pl *drop-goals*) nm Au rugby, coup de pied en demi-volée qui envoie la balle par-dessus la barre du camp adverse.

**dru, e** adj Épais, serré, touffu. ◆ adv En grande quantité, serré : *tomber dru.*

**drugstore** [drœgstɔr] nm Magasin où l'on peut boire, manger et acheter toutes sortes de produits (pharmacie, hygiène, alimentation, journaux, etc.).

**druide** nm Prêtre celte.

**druidique** adj Relatif aux druides.

**drupe** nf Fruit charnu à noyau.

**dry** [draj] adj inv Sec : *champagne dry.*

**dryade** nf MYTH Nymphe des bois.

**1. du** art contracté Remplace *le* précédé de *de.*

**2. du** art partitif → **de.**

**1. dû** nm Ce qui est dû à quelqu'un : *réclamer son dû.*

**2. dû, due** adj Que l'on doit. ■ **en bonne et due forme :** (a) DR selon les règles voulues par la loi (b) FIG de façon parfaite.

ORTHOGRAPHE *Dû* ne prend l'accent circonflexe qu'au masculin singulier : *l'argent dû, la somme due.*

**dualisme** nm Tout système religieux ou philosophique qui admet deux principes opposés comme le bien et le mal, la matière et l'esprit, etc.

**dualiste** adj Propre au dualisme. ◆ n Partisan du dualisme.

**dualité** nf Caractère de ce qui est double en soi.

**dubitatif, ive** adj Qui exprime le doute.

**dubitativement** adv De façon dubitative.

**duc** nm **1.** Souverain d'un duché. **2.** Titre de noblesse, le plus élevé après celui de prince. **3.** Espèce de hibou à aigrettes marquées : *le grand, le moyen, le petit duc.*

**ducal, e, aux** adj De duc, de duchesse.

**ducat** nm Ancienne monnaie d'or, en particulier des doges de Venise.

**duce** [dutʃe] nm Titre pris par Mussolini, de 1922 à 1945.

**duché** nm HIST Terre, seigneurie à laquelle le titre de duc est attaché.

**duchesse** nf **1.** Femme d'un duc. **2.** Femme qui possède un duché.

**ductile** adj Qui peut être étiré, allongé sans se rompre.

**ductilité** nf Propriété de certains métaux qui peuvent être étirés.

**dudit** (pl *desdits*) adj → **dit.**

**duègne** nf ANC En Espagne, gouvernante chargée de veiller sur une jeune personne.

**duel** nm Combat opposant deux adversaires.

**duelliste** n Personne qui se bat en duel.

**duettiste** n Artiste qui chante ou qui joue en duo.

**duffel-coat** [dœfœlkot] (pl *duffel-coats*) ou **duffle-coat** [dœfœlkot] (pl *duffle-coats*) nm Manteau trois quarts à capuchon.

**dugong** [dygɔ̃] ou [dygɔ̃g] nm Gros mammifère marin de l'océan Indien.

**dulcinée** nf FAM Femme aimée.

**dûment** adv Selon les formes prescrites.

**dumping** [dœmpiŋ] nm Pratique qui consiste à vendre des produits moins chers à l'étranger que sur le marché national, même à perte.

**dundee** [dœndi] nm Bateau de pêche à deux mâts.

**dune** nf Monticule de sable édifié par le vent sur les côtes, dans les déserts.

**dunette** nf Partie élevée à l'arrière d'un navire.

**duo** nm **1.** Morceau de musique pour deux voix ou deux instruments. **2.** FIG Association de deux personnes.

**duodécimal, e, aux** adj Se dit d'un système ayant pour base le nombre douze.

**duodénum** [dyɔdenɔm] nm Portion de l'intestin grêle, qui succède à l'estomac.

**dupe** nf Personne trompée. ◆ adj ■ **être dupe** : se laisser tromper naïvement.

**duper** vt Tromper.

**duperie** nf LITT Tromperie.

**duplex** nm **1.** Transmission simultanée dans les deux sens d'une liaison téléphonique ou radioélectrique. **2.** Appartement sur deux étages réunis par un escalier intérieur.

**duplicata** (pl *duplicatas* ou inv) nm Double d'un acte, d'un écrit.

**duplication** nf Action de dupliquer ; son résultat.

**duplicité** nf Mauvaise foi, hypocrisie, fausseté.

**dupliquer** vt Faire un double, une copie d'un document, d'une bande magnétique.

**duquel** (pl *desquels*) pron rel Remplace *lequel* précédé de *de*.

**dur, e** adj **1.** Ferme, solide, difficile à entamer : *bois dur.* **2.** Pénible : *vie dure.* **3.** Insensible : *homme, cœur dur.* **4.** Difficile à comprendre, à résoudre : *un dur problème de maths.* **5.** Résistant : *être dur à la fatigue.* **6.** Rebelle à la discipline : *cet enfant est dur.* **7.** Intransigeant : *éléments durs d'un parti.* ■ **être dur d'oreille** : entendre mal. ❑ **œuf dur** : œuf au blanc et au jaune solidifiés par une cuisson dans la coquille. ◆ n FAM Personne qui ne recule devant rien. ◆ adv Avec force, énergie : *frapper dur ; travailler dur.*

**durable** adj **1.** De nature à durer. **2.** Qui prend en compte l'avenir de la planète : *architecture durable.*

**durablement** adv De façon durable.

**Duralumin** nm (nom déposé) Alliage léger à base d'aluminium, de cuivre, de magnésium et de manganèse.

**durant** prép **1.** Pendant la durée de : *durant une heure.* **2.** (après le nom) Insiste sur la continuité : *sa vie durant.*

EMPLOI On notera que *durant* insiste sur la durée plus que *pendant* et qu'il peut être placé après le nom, alors que *pendant* est toujours avant le nom.

**durcir** vt Rendre dur : *durcir un métal.* ◆ vi Devenir dur : *acier qui durcit.* ◆ vpr **1.** Devenir dur : *colle qui s'est durcie.* **2.** Devenir intransigeant : *l'opposition se durcit.*

**durcissement** nm Action, fait de durcir.

**durcisseur** nm Produit qui, ajouté à un matériau, provoque son durcissement.

**dure** nf ■ **à la dure** : sans douceur, sans ménagement. ❑ **coucher sur la dure** : sur le sol. ◆ **dures** pl ■ **en voir de dures** : Être malmené.

**durée** nf Espace de temps que dure une chose.

**durement** adv Avec dureté.

**dure-mère** (pl *dures-mères*) nf ANAT La plus externe des méninges, fibreuse et très résistante.

**durer** vi **1.** Avoir une durée de : *son discours a duré deux heures.* **2.** Continuer d'être, se prolonger : *la sécheresse dure.* **3.** Résister au temps, à la destruction : *c'est une œuvre qui durera.*

**dureté** nf **1.** Caractère de ce qui est dur : *la dureté de l'acier, d'un climat ; parler avec dureté.* **2.** Teneur d'une eau en ions calcium et magnésium.

**durillon** nm Petite callosité se produisant aux pieds et aux mains.

**Durit** [dyrit] nf (nom déposé) Tuyau en caoutchouc spécial, utilisé pour faire la liaison entre différentes parties des moteurs à explosion.

**DUT** [deyte] nm (sigle de *diplôme universitaire de technologie*) Diplôme de l'enseignement supérieur sanctionnant une formation générale et professionnelle de deux ans dispensée dans les IUT.

**duvet** nm **1.** Ensemble des petites plumes qui couvrent le ventre des oiseaux. **2.** Premières plumes des oiseaux nouvellement éclos. **3.** Poils doux et fins sur le corps humain, sur certains végétaux, etc. **4.** Sac de couchage garni de plumes ou de fibres synthétiques.

**duveté, e** ou **duveteux, euse** adj Qui a du duvet ; qui en a l'aspect.

**DVD** nm (sigle de *digital versatile disc*) Disque compact à lecture optique servant à stocker des programmes vidéo.

**1. dynamique** adj **1.** Plein d'entrain, d'activité, d'énergie, entreprenant. **2.** PHYS Relatif à la force, au mouvement. **3.** Qui considère les choses dans leur mouvement (par opposition à *statique*).

**2. dynamique** nf **1.** Partie de la mécanique qui étudie les forces et les mouvements. **2.** Ensemble des forces qui concourent à l'accomplissement d'un processus : *favoriser la dynamique de paix.* ■ PSYCHOL **dynamique de groupe** : ensemble des lois qui régissent le comportement d'un groupe humain.

**dynamiquement** adv Avec dynamisme.

**dynamiser** vt Donner du dynamisme, de l'énergie à : *dynamiser une équipe.*

**dynamisme** nm Énergie, vitalité.

**dynamitage** nm Action de dynamiter.

**dynamite** nf Substance explosive à base de nitroglycérine.

**dynamiter** vt **1.** Faire sauter à la dynamite. **2.** FAM Bouleverser radicalement un domaine (artistique) : *dynamiter la musique classique.*

**dynamiteur, euse** n Personne qui effectue un dynamitage.

**dynamo** nf Machine dynamoélectrique.

**dynamoélectrique** adj ■ **machine dynamoélectrique** : qui transforme l'énergie mécanique en énergie électrique.

**dynamomètre** nm Instrument pour mesurer l'intensité des forces.

**dynastie** nf Suite de souverains d'une même famille.

**dynastique** adj Relatif à une dynastie.

**dyne** nf PHYS Unité de force valant $10^5$ newton ; symb : dyn.

**DYS** ou **dys** nm pl Troubles cognitifs spécifiques (dyscalculie, dyslexie, dysphasie, dyspraxie), qui apparaissent au cours du développement de l'enfant, induisant notamm. chez lui des troubles de l'apprentissage.

**dyscalculie** nf Difficulté d'apprentissage du calcul.

**dysenterie** nf Maladie infectieuse ou parasitaire, provoquant une diarrhée douloureuse avec pertes de sang.

**dysentérique** adj et n Relatif à la dysenterie ; atteint de dysenterie.

**dysfonctionnel, elle** adj Dont le fonctionnement est problématique : *famille dysfonctionnelle.*

**dysfonctionnement** nm Trouble de fonctionnement d'un organe, d'un système, etc.

**dysharmonie** ou **disharmonie** nf Absence d'harmonie entre des personnes, des choses.

**dyslexie** nf Difficulté d'apprentissage de la lecture.

**dyslexique** adj et n Relatif à la dyslexie ; qui en est atteint.

**dysménorrhée** nf MÉD Règles douloureuses.

**dysorthographie** nf Difficulté d'apprentissage de l'orthographe.

**dyspepsie** nf MÉD Digestion difficile et douloureuse.

**dyspeptique** adj et n Relatif à la dyspepsie ; qui en est atteint.

**dysphasie** nf Trouble du langage provoqué par une lésion anatomique ou une anomalie du développement du cerveau.

**dyspnée** nf Difficulté à respirer.

**dyspraxie** nf Difficulté à exécuter des mouvements volontaires coordonnés.

**dytique** nm Insecte coléoptère carnivore vivant dans les eaux douces.

**dzêta** nm inv → **zêta.**

# E

**e** nm Cinquième lettre de l'alphabet et la deuxième des voyelles.

**1. E** (symbole) Est (point cardinal).

**2. E** Suivi de trois chiffres, désigne un colorant alimentaire : *E 180 (pigment rubis).*

**eau** nf **1.** Liquide transparent, insipide, inodore : *l'eau bout à 100 °C.* **2.** Masse de ce liquide : *se promener au bord de l'eau.* **3.** Ce liquide en tant que boisson : *eau minérale, gazeuse ; eau du robinet.* **4.** Pluie : *flaque d'eau.* **5.** Tout liquide organique (urine, salive, sueur, larmes) : *cloque pleine d'eau ; avoir l'eau à la bouche.* **6.** Limpidité des pierres précieuses : *diamant de belle eau.* ■ **eau de toilette :** préparation alcoolique dérivée d'un parfum et de concentration moindre. ❑ **être en eau :** couvert de sueur. ❑ **mettre de l'eau dans son vin :** modérer ses exigences. ❑ FIG **se jeter à l'eau :** se lancer hardiment dans une entreprise en surmontant ses hésitations. ❑ FIG **tomber à l'eau :** échouer : *projet qui tombe à l'eau.* ◆ **eaux** pl **1.** Eaux thermales ou minérales : *ville d'eaux.* **2.** Liquide amniotique : *perdre les eaux.* ■ **les Eaux et Forêts :** l'administration chargée de l'entretien et de la surveillance des cours d'eau, étangs et forêts de l'État.

**eau-de-vie** (pl *eaux-de-vie*) nf Liqueur alcoolique extraite par distillation du vin, du marc, du cidre, du grain, de certaines céréales, etc.

**eau-forte** (pl *eaux-fortes*) nf **1.** Acide nitrique mêlé d'eau ; estampe gravée avec cet acide. **2.** Technique de gravure utilisant l'eau-forte.

**ébahi, e** adj Très surpris, stupéfait.

**ébahir** vt Frapper d'étonnement, stupéfier.

**ébahissement** nm Étonnement, stupéfaction.

**ébarber** vt Ôter les barbes, les aspérités de.

**ébats** nm pl Mouvements folâtres.

**ébattre (s')** vpr (conj 56) Se donner du mouvement pour se détendre.

**ébaubi, e** adj FAM Étonné, surpris.

**ébauchage** nm Action d'ébaucher.

**ébauche** nf **1.** Premier stade d'exécution d'un objet, d'un ouvrage, d'une œuvre d'art, esquisse ; forme générale. **2.** Commencement : *l'ébauche d'un sourire.*

**ébaucher** vt **1.** Dessiner, tracer l'ébauche de. **2.** Commencer, esquisser.

**ébauchoir** nm Outil de sculpteur, de charpentier.

**ébène** nf **1.** Bois noir, dur et pesant. **2.** Couleur d'un noir éclatant : *cheveux d'ébène.*

**ébénier** nm Arbre d'Afrique qui fournit l'ébène. ■ **faux ébénier :** cytise.

**ébéniste** n Menuisier qui fait des meubles.

**ébénisterie** nf Travail, métier de l'ébéniste.

**éberlué, e** adj Stupéfait, étonné.

**éblouir** vt **1.** Troubler la vue par un éclat trop vif. **2.** FIG Émerveiller. **3.** Séduire.

**éblouissant, e** adj Qui éblouit.

**éblouissement** nm **1.** Trouble de la vue, causé par une lumière trop vive. **2.** Malaise.

**Ebola** ■ **virus Ebola** nm Virus d'Afrique responsable d'une infection contagieuse et épidémique grave.

**ébonite** nf Caoutchouc durci utilisé comme isolant électrique.

**e-book** [ibuk] (pl *e-books*) nm Livre électronique ; liseuse.

**éborgner** vt Rendre borgne.

**éboueur** nm Employé chargé de collecter les ordures ménagères.

**ébouillanter** vt Tremper dans l'eau bouillante. ◆ **s'ébouillanter** vpr Se brûler avec de l'eau bouillante.

**éboulement** nm **1.** Chute de ce qui s'éboule. **2.** Matériaux éboulés.

**ébouler** vt Faire écrouler. ◆ **s'ébouler** vpr S'écrouler, s'affaisser.

**éboulis** nm Amas de matériaux éboulés.

**ébourgeonnement** ou **ébourgeonnage** nm Action d'ébourgeonner.

**ébourgeonner** vt Ôter les bourgeons superflus de.

**ébouriffant, e** adj FAM Extraordinaire, incroyable.

**ébouriffé, e** adj Qui a les cheveux en désordre : *être tout ébouriffé.*

**ébouriffer** vt **1.** Mettre les cheveux en désordre. **2.** FAM Surprendre, ahurir.

**ébranchage** ou **ébranchement** nm Action d'ébrancher.

**ébrancher** vt Dépouiller de ses branches.

**ébranlement** nm Action d'ébranler ; fait de s'ébranler.

**ébranler** vt **1.** Faire trembler, osciller ; secouer. **2.** FIG Rendre moins solide, moins stable. **3.** FIG Rendre quelqu'un moins assuré de quelque chose, le faire douter. ◆ **s'ébranler** vpr Se mettre en mouvement.

**ébraser** vt Élargir progressivement de dehors en dedans la baie d'une porte, d'une fenêtre.

**ébrécher** vt (conj 10) **1.** Endommager le bord de : *ébrécher un verre.* **2.** FIG Entamer, diminuer : *ébrécher sa fortune.*

**ébréchure** nf Partie ébréchée d'un objet.

**ébriété** nf Ivresse.

**ébrouer (s')** vpr **1.** Souffler de frayeur, en parlant du cheval. **2.** S'agiter, se secouer, en parlant d'un animal.

**ébruitement** nm Action d'ébruiter ; fait de s'ébruiter.

**ébruiter** vt Divulguer, répandre. ◆ **s'ébruiter** vpr Se répandre, se propager.

**ébulliomètre** ou **ébullioscope** nm Appareil pour mesurer la température d'ébullition d'un corps.

**ébullition** nf **1.** Mouvement, état d'un liquide qui bout : *porter de l'eau à ébullition.* **2.** FIG Effervescence, agitation : *une foule en ébullition.*

**éburnéen, enne** adj LITT Qui a l'aspect de l'ivoire.

**écaillage** nm **1.** Action d'écailler ; son résultat. **2.** Fait de s'écailler.

**écaille** nf **1.** Chacune des plaques qui recouvrent le corps des poissons et des reptiles. **2.** Matière première provenant de la carapace de tortue. **3.** Valve d'une coquille bivalve : *écaille d'huître.* **4.** Chacune des lames qui protègent certains organes végétaux (bourgeons, par ex.). **5.** Ce qui se détache en plaques d'une surface.

**1. écailler** vt **1.** Enlever les écailles de : *écailler un poisson.* **2.** Ouvrir un coquillage : *écailler des huîtres.* ◆ **s'écailler** vpr Se détacher en écailles : *peinture qui s'écaille.*

**2. écailler, ère** n Personne qui ouvre ou qui vend des huîtres et autres coquillages.

**écale** nf Enveloppe coriace de certains fruits.

**écaler** vt Ôter l'écale, la coquille de.

**écanguer** vt Broyer la tige du lin, du chanvre, etc.

**écarlate** nf Couleur d'un rouge vif. ◆ adj Rouge vif.

**écarquiller** vt ■ **écarquiller les yeux :** les ouvrir tout grands.

**écart** nm **1.** Action de s'écarter, de se détourner de son chemin, d'une ligne de conduite, d'une norme : *faire un écart ; écart d'humeur, de langage.* **2.** Distance, intervalle, différence : *écarts de température.* **3.** Village séparé du centre communal dont il dépend. ■ **à l'écart :** éloigné, à part. ❑ **grand écart :** mouvement consistant à écarter les jambes jusqu'à ce que les cuisses touchent le sol.

**1. écarté** nm Jeu de cartes.

**2. écarté, e** adj Situé à l'écart, isolé.

**écartèlement** nm ANC Supplice qui consistait à écarteler un condamné.

**écarteler** vt (conj 5) **1.** ANC Faire tirer dans des directions divergentes, par quatre chevaux, les quatre membres d'un condamné. **2.** FIG Partager, tirailler : *être écartelé entre des désirs contraires.*

**écartement** nm **1.** Action d'écarter, de s'écarter. **2.** Distance entre deux choses : *l'écartement des rails.*

**écarter** vt **1.** Mettre une certaine distance entre des choses, des personnes ; éloigner, séparer. **2.** Tenir à distance ; repousser : *écarter des curieux.* **3.** FIG Faire dévier ; détourner : *écarter du chemin.* **4.** Rejeter, éliminer, exclure : *écarter un soupçon ; écarter un candidat de la compétition.* ◆ **s'écarter** vpr S'éloigner (d'une personne, d'une chose, d'une direction).

**ecce homo** [ɛkseɔmo] nm inv BX-ARTS Figure du Christ couronné d'épines.

**ecchymose** [ekimoz] nf Épanchement formé par l'infiltration du sang dans l'épaisseur de la peau. SYN : FAM bleu.

**ecclésiastique** adj Qui concerne l'Église, le clergé : *costume ecclésiastique.* ◆ nm Membre du clergé.

**écervelé, e** adj et n Qui agit sans réflexion ; étourdi.

**échafaud** nm **1.** Plateforme sur laquelle on exécutait les condamnés à mort par décapitation. **2.** Peine de mort, exécution.

**échafaudage** nm **1.** Assemblage provisoire en charpente, dressé pour bâtir, réparer des constructions. **2.** Amas d'objets empilés. **3.** FIG Action d'échafauder : *échafaudage d'un système.*

**échafauder** vt Élaborer en combinant des éléments souvent compliqués : *échafauder un plan.* ◆ vi Dresser un échafaudage.

**échalas** nm **1.** Pieu pour soutenir la vigne ou d'autres plantes. **2.** FAM Personne grande et maigre.

**échalasser** vt Soutenir avec des échalas : *échalasser la vigne.*

**échalote** nf Plante potagère voisine de l'oignon ; bulbe de cette plante. ■ FAM

**course à l'échalote :** lutte pour la première place, pour le pouvoir.

**échancré, e** adj Qui présente une ou des échancrures.

**échancrer** vt Creuser, découper une partie du bord de quelque chose.

**échancrure** nf Partie creusée ou entaillée sur le bord.

**échange** nm **1.** Opération par laquelle on échange : *échange de prisonniers.* **2.** Commerce : *échanges internationaux.* **3.** Fait de s'envoyer mutuellement quelque chose : *échange de lettres.* **4.** BIOL Passage et circulation de substances entre une cellule et le milieu extérieur. **5.** Dans les sports de balle, jeu pour s'échauffer avant une partie ; série de balles après chaque service.

**échangeable** adj Qui peut être échangé.

**échanger** vt (conj 2) **1.** Donner une chose et en recevoir une autre en contrepartie : *échanger des timbres ; échanger des livres contre des disques.* **2.** Adresser quelque chose à quelqu'un de qui on reçoit quelque chose en réponse : *échanger des lettres, des mots, des sourires.* ■ **échanger des balles :** dans les sports de balle, faire des échanges.

**échangeur** nm **1.** Appareil dans lequel deux fluides échangent de la chaleur. **2.** Dispositif de raccordement de plusieurs routes ou autoroutes sans aucun croisement à niveau.

**échangisme** nm Pratique de l'échange des partenaires sexuels entre deux ou plusieurs couples.

**échangiste** n Personne qui pratique l'échangisme.

**échanson** nm ANC Officier qui servait à boire à un grand personnage.

**échantillon** nm **1.** Petite quantité d'une marchandise qui donne une idée de l'ensemble. **2.** Spécimen représentatif, exemple. **3.** Fraction représentative d'une population ou d'un ensemble statistique.

**échantillonnage** nm **1.** Action d'échantillonner. **2.** Série d'échantillons.

**échantillonner** vt Choisir, réunir des échantillons de.

**échappatoire** nf Moyen adroit de se tirer d'embarras.

GRAMMAIRE Attention, on dit *une échappatoire* et on l'écrit avec deux *p.*

**échappée** nf **1.** Action de distancer ses concurrents. **2.** Espace étroit laissé libre à la vue ou au passage : *échappée sur la mer.*

**échappement** nm **1.** Expulsion dans l'atmosphère des gaz de combustion d'un moteur ; dispositif permettant cette expulsion : *tuyau d'échappement.* **2.** Mécanisme qui régularise le mouvement d'une horloge.

**échapper** vt ind [à, de] **1.** Se soustraire à : *échapper à la vue ; échapper à ses gardiens.* **2.** Ne pas être atteint par quelque chose ; éviter de peu : *échapper à l'impôt, à la mort.* **3.** Cesser d'être tenu, retenu : *le plat lui a échappé des mains ; son nom m'échappe ; le pouvoir lui échappe.* ◆ vt ■ **l'échapper belle :** Éviter de peu un danger. ◆ **s'échapper** vpr **1.** S'enfuir, se sauver : *s'échapper de prison.* **2.** Sortir, se répandre : *la vapeur s'échappe par la soupape.* **3.** Se dissiper : *son dernier espoir s'est échappé.*

**écharde** nf Petit fragment d'un corps entré dans la chair.

**écharner** vt Débarrasser les peaux des chairs qui y adhèrent.

**écharpe** nf **1.** Bande d'étoffe qui se porte obliquement d'une épaule à la hanche opposée, ou bien autour de la taille. **2.** Bande de tissu ou de tricot que l'on porte autour du cou. **3.** Bandage pour soutenir un bras blessé. ■ **prendre en écharpe :** de biais : *voiture prise en écharpe.*

**écharper** vt Blesser grièvement, mettre en pièces. ■ FAM **se faire écharper :** subir des critiques, des insultes.

**échasse** nf Long bâton garni d'un étrier, pour marcher à une certaine hauteur au-dessus du sol.

**échassier** nm Oiseau carnivore à longues pattes, vivant près de l'eau (les échassiers forment un ordre).

**échauder** vt **1.** Plonger dans l'eau bouillante. **2.** Brûler avec un liquide chaud. **3.** FAM Causer à quelqu'un une mésaventure qui lui sert de leçon.

**échauffement** nm **1.** Action d'échauffer, de s'échauffer. **2.** État d'une pièce de frottement ou de roulement dont la température s'élève par défaut de graissage ou de refroidissement. **3.** FIG Surexcitation, énervement.

**échauffer** vt **1.** Donner de la chaleur à, élever la température de. **2.** Animer, exciter : *échauffer les esprits.* ◆ **s'échauffer** vpr **1.** S'animer. **2.** S'entraîner avant un effort physique.

**échauffourée** nf Bagarre confuse et rapide.

**échauguette** nf Guérite de veille, placée en surplomb sur une muraille.

**échéance** nf Date de paiement d'une dette, de l'exécution d'une obligation. ■ **à brève, courte, longue échéance :** dans un délai bref, court, long.

**échéancier** nm Registre où sont inscrites, à leur date d'échéance, les dettes, les créances.

**échéant, e** adj ■ **le cas échéant :** si le cas se présente.

**échec** nm Insuccès, manque de réussite.

**échecs** nm pl Jeu qui se joue sur un échiquier de 64 cases, avec deux séries de 16 pièces, de valeurs diverses. ◆ nm sing ■ **échec et mat :** coup décisif qui met le roi en prise et assure le gain de la partie d'échecs.

**échelier** nm Échelle à un seul montant traversé par des chevilles.

**échelle** nf **1.** Dispositif composé de deux montants reliés entre eux par des barreaux. **2.** Suite de degrés, de niveaux classés dans un ordre progressif ; hiérarchie : *échelle sociale ; échelle de valeurs.* **3.** Série de divisions sur un instrument de mesure : *échelle thermométrique.* **4.** Rapport entre les distances figurées sur une carte ou un plan et les distances réelles sur le terrain : *sur une carte à l'échelle de 1/25 000, 1 mm vaut 25 000 mm sur le terrain, soit 25 m.* **5.** Ordre de grandeur ; moyen de comparaison, d'évaluation : *problème à l'échelle mondiale, internationale, locale.* ■ **faire la courte échelle à quelqu'un :** l'aider à s'élever en lui offrant comme points d'appui ses mains, son dos puis ses épaules. ❑ **sur une grande échelle :** dans des proportions importantes. ◆ **échelles** pl HIST Comptoirs commerciaux établis du XVIe au XXe s. par les nations chrétiennes en Méditerranée orientale.

**échelon** nm **1.** Chacun des barreaux de l'échelle. **2.** Chacun des degrés d'une série, d'une hiérarchie. **3.** Subdivision d'un grade en matière d'avancement administratif.

**échelonnement** nm Action d'échelonner.

**échelonner** vt Répartir dans le temps ou l'espace : *échelonner des paiements ; échelonner des troupes.*

**écheveau** nm **1.** Petit faisceau de fils. **2.** FIG Ensemble serré, compliqué : *l'écheveau d'une intrigue.*

**échevelé, e** adj **1.** Qui a les cheveux en désordre, ébouriffé. **2.** FIG Effréné.

**échevin, e** n Magistrat municipal en Belgique et aux Pays-Bas.

**échidné** [ekidne] nm Mammifère ovipare d'Australie et de Nouvelle-Guinée, couvert de piquants, à museau en forme de bec.

**échine** nf **1.** Colonne vertébrale, dos de l'homme et de certains animaux. **2.** CUIS Partie du bœuf comprenant l'aloyau et les côtes ; partie antérieure de la longe de porc. ■ FAM **avoir l'échine souple :** être servile. ❑ **courber, plier l'échine :** céder, se soumettre.

**échiner (s')** vpr Se fatiguer, se donner de la peine.

**échinoderme** [ekinɔdɛrm] nm Animal marin tel que l'oursin, l'étoile de mer (les échinodermes forment un embranchement).

**échiquier** nm **1.** Plateau carré, divisé en 64 cases, pour jouer aux échecs. **2.** Disposition en carrés égaux et contigus. **3.** FIG Lieu où s'opposent des partis, des intérêts, et où l'on doit faire preuve d'habileté : *échiquier politique.*

**écho** [eko] nm **1.** Répétition d'un son réfléchi par un obstacle ; lieu où se produit ce phénomène. **2.** Réponse à une sollicitation, accueil : *une offre restée sans écho.* **3.** (souvent au pl) Ce qu'on dit de qqch ; nouvelle, anecdote : *j'ai eu des échos de la réunion.* **4.** Onde électromagnétique émise par un radar, qui revient à l'appareil après réflexion par un obstacle. **5.** Image perturbatrice en télévision. ■ **se faire l'écho de :** répéter, propager.

**échographie** [ekɔgrafi] nf MÉD Méthode d'exploration utilisant la réflexion (écho) des ultrasons dans les organes.

**échographier** [ekɔgrafje] vt MÉD Examiner par échographie.

**échoir** vt ind [à] (conj 49) LITT Arriver, être dévolu par le sort, le hasard : *le gros lot lui a échu.* ◆ vi Arriver à échéance, en parlant d'une dette.

**écholocation** [ekolɔkasjɔ̃] nf Repérage des obstacles au moyen d'ultrasons, chez les chauves-souris.

**échoppe** nf Petite boutique adossée à une autre construction.

**échotier** [ekɔtje] n Personne chargée des échos dans un journal.

**échouage** nm **1.** Situation d'un navire échoué. **2.** Endroit où un bateau peut s'échouer sans danger.

**échouer** vi **1.** Ne pas réussir. **2.** MAR Donner sur un écueil, un banc de sable ou un haut-fond. ◆ vt pousser un navire sur un haut-fond. ◆ **s'échouer** vpr Toucher le fond et s'arrêter.

**échu, e** adj Arrivé à échéance : *au terme échu.*

**écimage** nm Action d'écimer.

**écimer** vt Enlever la cime d'un végétal.

**éclaboussement** nm Action, fait d'éclabousser.

**éclabousser** vt **1.** Faire jaillir de la boue, un liquide, sur. **2.** FIG Salir, compromettre qqn.

**éclaboussure** nf **1.** Boue, matière quelconque qui a rejailli. **2.** FIG Contrecoup : *les éclaboussures d'un scandale.*

**éclair** nm **1.** Éclat subit et passager de lumière produit par la foudre. **2.** Lueur éclatante et brève : *les éclairs des flashs.* **3.** Brusque manifestation : *un éclair de génie.* **4.** Gâteau allongé en pâte à choux, fourré de crème pâtissière. ■ **comme l'éclair** : très vite. ◆ adj inv Très rapide : *voyage éclair.*

**éclairage** nm Action, moyen, manière d'éclairer : *éclairage électrique.*

**éclairagiste** n Technicien qui s'occupe d'éclairage, en particulier pour un spectacle.

**éclairant, e** adj Qui éclaire.

**éclaircie** nf **1.** Espace clair dans un ciel nuageux. **2.** Courte interruption du mauvais temps. **3.** Amélioration dans une situation.

**éclaircir** vt **1.** Rendre plus clair. **2.** Rendre moins épais, moins serré : *éclaircir un bois.* **3.** FIG Rendre intelligible : *éclaircir une question.* ◆ **s'éclaircir** vpr Devenir plus clair : *ciel qui s'éclaircit* ; devenir plus compréhensible : *mystère qui s'éclaircit.*

**éclaircissement** nm **1.** Action d'éclaircir. **2.** (surtout au pluriel) Explication.

**éclairé, e** adj Qui a des connaissances, instruit.

**éclairement** nm PHYS Flux lumineux reçu par unité de surface.

**éclairer** vt **1.** Répandre de la lumière sur. **2.** Fournir à quelqu'un de la lumière pour qu'il voie. **3.** Rendre compréhensible. **4.** LITT Instruire. **5.** MIL Reconnaître le terrain ou la mer en avant d'une formation. ◆ **s'éclairer** vpr **1.** Devenir lumineux. **2.** FIG Devenir compréhensible.

**1. éclaireur** nm **1.** Soldat éclairant la marche d'une troupe. **2.** Navire éclairant l'avancée d'une flotte.

**2. éclaireur, euse** n Jeune membre d'une organisation scoute non confessionnelle.

**éclampsie** nf MÉD Crise convulsive survenant chez certaines femmes enceintes.

**éclat** nm **1.** Fragment détaché d'un corps dur : *éclat de verre.* **2.** Bruit soudain et violent : *éclat de voix.* **3.** Lumière vive : *éclat des néons.* **4.** Qualité d'une couleur vive, de ce qui brille : *éclat d'un diamant.* **5.** FIG Grandeur, splendeur : *l'éclat de la gloire.* **6.** Scandale : *faire un éclat.* ■ **rire aux éclats** : très fort.

**éclatant, e** adj **1.** Qui a de l'éclat, qui brille : *poli éclatant.* **2.** FIG Spectaculaire, magnifique : *victoire éclatante.*

**éclatement** nm Action d'éclater.

**éclater** vi **1.** Se briser soudainement sous l'effet de la pression : *pierre qui éclate.* **2.** Produire un bruit subit et violent : *un coup de tonnerre éclata.* **3.** FIG Se manifester avec force et soudaineté : *scandale qui éclate.* **4.** Laisser libre cours à ses sentiments : *éclater de rire.*

**éclectique** adj Qui rassemble une grande variété de tendances ; qui choisit dans des catégories très diverses : *goût éclectique.* ◆ adj et n Qui adopte ce qui lui plaît ; qui apprécie des choses très diverses sans esprit exclusif.

**éclectisme** nm **1.** Attitude éclectique. **2.** Fait de s'intéresser à des choses diverses.

**éclipse** nf **1.** ASTRON Disparition totale ou partielle d'un astre, par l'interposition d'un autre : *éclipse de Lune, de Soleil.* **2.** FIG Disparition momentanée. **3.** Baisse de popularité.

**éclipser** vt **1.** Surpasser par un mérite, un prestige, un éclat plus grand : *éclipser un rival.* **2.** ASTRON Provoquer une éclipse. ◆ **s'éclipser** vpr Disparaître furtivement.

**écliptique** nm ASTRON Orbite que décrit la Terre dans son mouvement annuel.

**éclisse** nf **1.** Lame d'osier, de châtaignier, etc., obtenue par fendage. **2.** Plaque de bois mince formant la partie latérale de la caisse d'un instrument à cordes. **3.** Attelle. **4.** Rond d'osier pour égoutter le fromage. **5.** Plaque d'acier pour unir les rails.

**éclopé, e** adj et n Boiteux, estropié.

**éclore** vi (conj 81) **1.** Sortir de l'œuf. **2.** S'ouvrir, fleurir. **3.** LITT Paraître.

**éclosion** nf **1.** Action d'éclore. **2.** Épanouissement. **3.** FIG Manifestation.

**éclusage** nm Action d'écluser.

**écluse** nf Ouvrage muni de portes et de vannes pour retenir ou lâcher les eaux d'une rivière ou d'un canal.

**éclusée** nf Quantité d'eau qui coule entre le moment où une écluse est ouverte et celui où elle est refermée.

**écluser** vt Équiper d'une écluse. ■ **écluser un bateau** : le faire passer par une écluse.

**éclusier, ère** adj Relatif à l'écluse. ◆ n Personne qui manœuvre une écluse.

**écoanxiété** nf Forme d'anxiété liée à un sentiment d'impuissance face aux problématiques environnementales contemporaines (dérèglement climatique, notamm.).

**écobilan** nm Bilan qui permet de mesurer l'impact écologique de la fabrication, de l'utilisation et de l'élimination d'un produit.

**écoblanchiment** nm Utilisation fallacieuse d'arguments faisant état de bonnes pratiques écologiques dans des opérations de marketing ou de communication. SYN : verdissement de façade. (On dit aussi : *blanchiment vert,* calque de l'angl. *greenwashing.*)

**écobuage** nm Méthode de fertilisation consistant à arracher la végétation avec la couche superficielle du terrain, à brûler le tout, puis à répandre la cendre ainsi obtenue.

**écocentre** nm CANADA Site public pour le dépôt de déchets encombrants ou dangereux.

**écocertifié, e** adj Qui répond à des normes de développement durable.

**écocitoyen, enne** adj Qui relève de l'écocitoyenneté. ◆ n Personne qui met en pratique les principes de l'écocitoyenneté.

**écocitoyenneté** nf Comportement respectueux des principes et des règles destinés à préserver l'environnement.

**écœurant, e** adj Qui écœure.

**écœurement** nm **1.** Action d'écœurer. **2.** État d'une personne écœurée.

**écœurer** vt **1.** Soulever le cœur, dégoûter. **2.** Inspirer de la répugnance, du dégoût.

**école** nf **1.** Établissement où se donne un enseignement collectif ; cet enseignement. **2.** Ensemble des élèves qui le fréquentent. **3.** Ensemble des partisans d'un maître, d'une doctrine ; cette doctrine : *école rationaliste*. **4.** Ensemble des artistes d'une même nation, d'une même tendance : *école italienne, impressionniste*. **5.** LITT Source d'enseignement, d'expérience : *être à bonne école*. ■ **faire école** : rallier des adeptes ou des imitateurs. ❏ **grande école** : établissement d'enseignement supérieur sélectionnant ses élèves et assurant un haut niveau d'études.

**écolier, ère** n Enfant qui fréquente l'école. ■ **le chemin des écoliers** : le plus long.

**écolo** n et adj (abréviation) FAM Écologiste.

**écologie** nf **1.** Partie de la biologie qui étudie les rapports des êtres vivants avec le milieu naturel. **2.** Écologisme.

**écologique** adj Relatif à l'écologie. ■ **bonus écologique** : prime versée par l'État à l'acheteur d'un véhicule neuf qui émet au maximum 130 g de $CO_2$ au km. ❏ **malus écologique** : taxe payée par l'acheteur d'un véhicule neuf qui émet plus de 160 g de $CO_2$ au km.

**écologisme** nm Défense du milieu naturel, protection de l'environnement.

**écologiste** n **1.** Écologue. **2.** Adepte de l'écologisme.

**écologue** n Spécialiste d'écologie.

**écomusée** nm Institution visant à l'étude et à la conservation du patrimoine naturel et culturel d'une région.

**éconduire** vt (conj 70) Repousser ; renvoyer.

**économat** nm **1.** Charge, service de l'économe. **2.** Bureau de l'économe.

**économe** n Personne chargée des dépenses d'un établissement hospitalier ou scolaire, d'une communauté. ◆ adj Qui dépense avec mesure. ■ **couteau économe** ou **économe** nm : épluche-légumes. ❏ **être économe de ses efforts, de son temps, etc.** : en être peu prodigue.

**économie** nf **1.** Ce que l'on épargne. **2.** Qualité d'une personne économe. **3.** Science qui étudie les mécanismes de l'économie (on dit aussi : *science économique*). **4.** Ensemble des activités d'une collectivité humaine relatives à la production, à la distribution et à la consommation des richesses ; système régissant ces activités : *économie libérale*. ■ **économie circulaire** : système économique fondé sur la frugalité, la limitation de la consommation, le recyclage des biens et des services. ❏ **économie collaborative** ou **de partage** : système économique alternatif, fondé sur le partage de biens ou de services par le biais de plateformes d'échange sur Internet (EX : financement participatif, covoiturage). ◆ **économies** pl Somme d'argent épargnée.

**économique** adj **1.** Relatif à l'économie. **2.** Qui diminue la dépense ; avantageux.

**économiquement** adv **1.** Avec économie. **2.** Relativement à la science économique.

**économiser** vt **1.** Épargner. **2.** Ménager : *économiser ses forces*.

**économiste** n Spécialiste de science économique.

**écoparticipation** nf Taxe payée par le consommateur pour financer le recyclage des appareils électriques et électroniques usagés.

**écope** nf Pelle pour vider l'eau d'une embarcation.

**écoper** vt Vider l'eau avec une écope. ◆ vt et vt ind [de] FAM Recevoir qqch, se voir infliger une peine : *écoper (de) deux ans de prison*.

**écoproduit** nm Produit conçu et fabriqué de façon à respecter l'environnement.

**écoquartier** nm Partie d'une ville ou ensemble de bâtiments qui prennent en compte les exigences du développement durable, notamm. en ce qui concerne l'énergie, l'environnement.

**écorçage** nm Action d'écorcer.

**écorce** nf **1.** Partie superficielle et protectrice des troncs, des branches, des tiges des végétaux. **2.** Enveloppe de certains fruits. ■ **écorce terrestre** : zone superficielle de la Terre, d'une épaisseur moyenne de 35 km. SYN : croûte terrestre.

**écorcer** vt (conj 1) Ôter l'écorce de.

**1. écorché** nm BX-ARTS Homme ou animal représenté complètement dépourvu de sa peau.

**2. écorché, e** adj et n Se dit d'une personne d'une sensibilité et d'une vulnérabilité excessives : *écorché vif.*

**écorcher** vt **1.** Dépouiller un animal de sa peau. **2.** Entamer la peau, érafler. ◊ vpr : *s'écorcher le genou.* ■ **écorcher les oreilles :** choquer, être désagréable, en parlant d'un son, d'un mot. ❑ FAM, FIG **écorcher un client :** le faire payer trop cher. ❑ **écorcher une langue, un mot :** parler, prononcer mal.

**écorcheur** nm Personne qui écorche les bêtes mortes.

**écorchure** nf Plaie superficielle, éraflure.

**écorecharge** nf Conditionnement d'un produit de lavage sous forme de recharge qui évite de racheter chaque fois un emballage coûteux et polluant.

**écorner** vt **1.** Amputer les cornes d'un animal. **2.** Plier les coins : *écorner un livre.* **3.** FIG Entamer : *écorner sa fortune.*

**écornifleur, euse** n VX, FAM Pique-assiette.

**écornure** nf Éclat enlevé de l'angle d'une pierre, d'un meuble, etc.

**écossais, e** adj et n D'Écosse : *les Écossais.* ◆ adj Se dit d'un tissu à carreaux de diverses couleurs.

**écosser** vt Tirer de la cosse : *écosser des pois.*

**écosystème** nm **1.** Ensemble des êtres vivants et des éléments non vivants d'un milieu qui sont liés entre eux par des influences réciproques. **2.** FIG Milieu dans lequel évolue qqn. **3.** ÉCON Organisation structurée d'un secteur, permettant à ses différents acteurs d'interagir efficacement.

**écot** nm Quote-part dans une dépense commune : *payer son écot.*

**écotourisme** nm Ensemble des activités touristiques pratiquées en milieu naturel dans le respect de la nature et contribuant au développement de l'économie locale.

**écoulement** nm Mouvement d'un fluide, d'un corps visqueux qui s'écoule.

**écouler** vt **1.** Vendre : *écouler un stock de marchandises.* **2.** Se débarrasser en mettant en circulation : *écouler de faux billets.* ◆ **s'écouler** vpr **1.** S'évacuer en coulant. **2.** FIG Passer : *temps qui s'écoule.*

**écourter** vt Diminuer, abréger.

**écoutant, e** n Personne à l'écoute d'appels téléphoniques de détresse.

**1. écoute** nf Cordage servant à orienter une voile.

**2. écoute** nf **1.** Action d'écouter : *rester à l'écoute.* **2.** Capacité d'être attentif et réceptif à la parole d'autrui. ■ **heure de grande écoute :** moment de la journée où les auditeurs de la radio ou les téléspectateurs sont le plus nombreux. ❑ **table d'écoutes :** dispositif permettant de surveiller des communications téléphoniques.

**écouter** vt **1.** Prêter l'oreille pour entendre. **2.** Tenir compte de, bien accueillir : *écouter un avis.* **3.** Céder, obéir. ◆ **s'écouter** vpr S'occuper trop de sa santé.

**écouteur** nm Partie d'un récepteur téléphonique ou d'un casque que l'on porte à l'oreille pour recevoir le son.

**écoutille** nf Ouverture pratiquée dans le pont d'un navire.

**écouvillon** nm **1.** Brosse cylindrique à long manche, pour nettoyer un corps creux. **2.** MÉD Petite brosse servant à effectuer des prélèvements dans les cavités naturelles (buccales, nasales, par ex.).

**écrabouiller** vt FAM Écraser.

**écran** nm **1.** Dispositif qui arrête la lumière, la chaleur, le son, qui empêche de voir ou qui protège. **2.** Tableau blanc pour projeter des images : *écran de cinéma.* ■ **faire écran :** empêcher de voir, de comprendre. ❑ **le petit écran :** la télévision.

**écrasant, e** adj Qui écrase, accable.

**écrasé, e** adj **1.** Broyé sous l'effet d'une forte pression ; tué ou blessé par un véhicule : *chien écrasé.* **2.** Aplati : *nez écrasé.*

**écrasement** nm Action d'écraser.

**écraser** vt **1.** Aplatir et briser par compression : *écraser un mégot.* **2.** Accabler, peser lourdement sur : *écraser d'impôts.* **3.** Vaincre, anéantir : *écraser un adversaire.* **4.** Blesser grièvement, tuer un être vivant sous le poids de qqch, partic. d'un véhicule. **5.** INFORM Détruire un fichier de données. ◆ **s'écraser** vpr **1.** Tomber violemment en se brisant : *avion qui s'écrase.* **2.** FAM Se taire, renoncer à intervenir dans une discussion.

**écrémage** nm Action d'écrémer.

**écrémer** vt (conj 10) **1.** Séparer la crème du lait. **2.** FIG Prendre ce qu'il y a de meilleur dans.

**écrêtement** nm Action d'écrêter : *l'écrêtement des salaires.*

**écrêter** vt Enlever la crête, la partie la plus haute de.

**écrevisse** nf Crustacé d'eau douce.

**écrier (s')** vpr Dire en criant.

**écrin** nm Coffret pour bijoux.

**écrire** vt (conj 71) **1.** Figurer sa pensée au moyen de signes convenus : *apprendre à écrire.* **2.** Rédiger, composer : *écrire un roman.* **3.** Correspondre par lettre : *écrire à ses amis.* **4.** Orthographier : *écrire correctement un mot.* ◆ vi Laisser une trace, en parlant d'un stylo, d'une craie, etc. : *stylo qui écrit gros.* ◆ **s'écrire** vpr **1.** Échanger une correspondance : *s'écrire régulièrement.* **2.** S'orthographier : *« parmi » s'écrit sans s.*

**1. écrit** nm **1.** Toute chose écrite. **2.** Acte, convention écrits. **3.** Ouvrage littéraire ou scientifique. **4.** Ensemble des épreuves écrites d'un examen, d'un concours. CONTR : oral. **5.** Langue écrite. ■ **par écrit :** sous la forme écrite, sur le papier.

**2. écrit, e** adj **1.** Consigné, noté par l'écriture. **2.** Couvert de signes d'écriture : *feuille écrite.* **3.** Exprimé par le moyen de l'écriture : *épreuves écrites.*

**écriteau** nm Inscription en grosses lettres donnant un renseignement, un avis.

**écritoire** nf Coffret contenant ce qu'il faut pour écrire.

**écriture** nf **1.** Représentation de la pensée par des signes graphiques de convention. **2.** Manière d'écrire. **3.** Style. ■ **l'Écriture sainte** ou **les Saintes Écritures :** la Bible. ◆ **écritures** pl Comptes, correspondance d'un commerçant.

**écrivailler** ou **écrivasser** vi FAM Écrire sans talent.

**écrivailleur, euse** n ou **écrivaillon** nm FAM Mauvais écrivain.

**écrivain, e** n Auteur de livres. ■ **écrivain public :** celui qui fait profession de rédiger et d'écrire pour ceux qui ne savent pas.

**écrivassier, ère** n FAM Personne qui écrit beaucoup et mal.

**1. écrou** nm Pièce de métal ou de bois creusée en spirale pour le logement du filet d'une vis.

**2. écrou** nm Acte par lequel le directeur d'une prison enregistre l'arrivée d'un prisonnier. ■ **levée d'écrou :** mise en liberté d'un prisonnier.

**écrouelles** nf pl MÉD, VX Abcès d'origine tuberculeuse, atteignant surtout les ganglions lymphatiques du cou. ■ **herbe aux écrouelles :** scrofulaire.

**écrouer** vt Mettre en prison.

**écroulement** nm **1.** Éboulement d'un mur, d'une montagne, etc. **2.** FIG Chute, ruine complète.

**écrouler (s')** vpr **1.** Tomber en s'affaissant avec fracas, s'effondrer. **2.** FIG Être anéanti.

**écru, e** adj Se dit de matières textiles n'ayant subi ni lavage, ni blanchiment, ni teinture.

**ecstasy** [ɛkstazi] nf Drogue dérivée de l'amphétamine, qui a un effet excitant et hallucinogène.

**ectoplasme** nm **1.** En parapsychologie, forme visible qui émanerait d'un médium. **2.** FAM Personnage sans consistance, insignifiant.

**écu** nm **1.** Bouclier des hommes d'armes au Moyen Âge. **2.** En héraldique, corps de blason, en forme de bouclier. **3.** Ancienne monnaie française portant des armoiries sur une de ses faces.

**ÉCU** ou **ECU** ou **écu** nm (sigle de *European Currency Unit*) Ancienne unité monétaire, remplacée par l'euro.

**écubier** nm Ouverture pratiquée à l'avant d'un navire pour le passage des câbles ou des chaînes.

**écueil** [ekœj] nm **1.** Rocher à fleur d'eau. **2.** FIG Obstacle, danger.

**écuelle** nf Assiette creuse sans rebord ; son contenu.

**éculé, e** adj Usé : *talons éculés ; idée éculée.*

**écumage** nm Action d'écumer.

**écumant, e** adj **1.** LITT Couvert d'écume. **2.** Couvert de bave.

**écume** nf **1.** Mousse blanchâtre qui se forme sur un liquide. **2.** Bave de quelques animaux. **3.** Sueur du cheval. ■ **écume de mer :** silicate naturel de magnésium hydraté.

**écumer** vt Enlever l'écume de : *écumer une sauce.* ◆ vi **1.** Se couvrir d'écume. **2.** FIG Être furieux.

**écumeur** nm ■ **écumeur des mers :** pirate.

**écumeux, euse** adj Qui écume ; couvert d'écume.

**écumoire** nf Grande cuillère plate, percée de trous, pour écumer.

**écureuil** nm Petit rongeur à poil roux, à queue touffue.

**écurie** nf **1.** Lieu destiné à loger les chevaux. **2.** Ensemble des chevaux de course appartenant à un même propriétaire : *une écurie célèbre.* **3.** Ensemble des écrivains, des artistes, des sportifs bénéficiant du soutien d'un même éditeur, d'une même marque commerciale.

**écusson** nm **1.** Petit écu d'armoiries. **2.** Encadrement décoratif portant des pièces héraldiques, des inscriptions, etc. **3.** Plaque de métal en forme d'écu, sur une serrure. **4.** AGRIC Morceau d'écorce portant un bouton, ou un œil, destiné à la greffe.

**écussonner** vt AGRIC Greffer en écusson.

**1. écuyer** [ekɥije] nm **1.** HIST Celui qui accompagnait un chevalier et portait son écu. **2.** Titre des jeunes nobles non encore armés chevaliers.

**2. écuyer, ère** n **1.** Personne qui monte à cheval. **2.** Personne qui fait des exercices d'équitation dans un cirque. **3.** Personne qui enseigne l'équitation.

**eczéma** nm Maladie de peau.

**eczémateux, euse** adj et n Relatif à l'eczéma ; atteint d'eczéma.

**éd.** (abréviation) Édition.

**édam** [edam] nm Fromage de Hollande au lait de vache, à pâte cuite, en forme de boule de couleur rouge.

**edelweiss** [edɛlvɛs] nm Plante cotonneuse poussant dans les Alpes et les Pyrénées au-dessus de 1 000 m.

**éden** [edɛn] nm **1.** RELIG (avec une majuscule) Paradis terrestre. **2.** LITT, FIG Lieu de délices.

**édénique** adj LITT Relatif à l'Éden ; qui évoque le paradis terrestre.

**édenté, e** adj et n Qui n'a plus de dents ou en a perdu un grand nombre.

**édicter** vt Prescrire une loi, une peine, etc.

**édicule** nm Petit édifice élevé sur la voie publique.

**édifiant, e** adj **1.** Qui porte à la vertu. **2.** Instructif.

**édification** nf **1.** Action d'édifier, de construire. **2.** FIG Action d'inspirer la piété, la vertu, par des discours, des actions exemplaires.

**édifice** nm **1.** Bâtiment considérable. **2.** FIG Ensemble organisé : *édifice social*.

**édifier** vt **1.** Construire. **2.** FIG Combiner, établir. **3.** Porter à la piété, à la vertu, par l'exemple. **4.** Instruire, renseigner.

**édile** nm **1.** Magistrat municipal. **2.** HIST Magistrat romain chargé des édifices publics.

**édit** nm HIST Loi, ordonnance émanant du roi.

**éditer** vt Publier, mettre en vente l'œuvre d'un écrivain, d'un artiste.

**éditeur, trice** n et adj Personne ou société qui édite.

**édition** nf **1.** Impression et publication des œuvres d'écrivains, de musiciens, etc. **2.** Chaque tirage d'une publication : *ce livre en est à sa deuxième édition*. **3.** Ensemble des exemplaires d'un journal imprimés en une fois : *une édition spéciale*. **4.** Industrie et commerce du livre : *maison d'édition ; travailler dans l'édition*. **5.** Émission d'un journal télévisé ou radiodiffusé : *édition de 20 heures*. ■ **édition électronique :** (a) publication assistée par ordinateur (b) édition qui se fait sur des supports électroniques.

**édito** nm (abréviation) FAM Éditorial.

**éditorial, e, aux** adj De l'éditeur, de l'édition. ◆ nm Article émanant de la direction d'un journal, d'une revue.

**éditorialiste** n Personne qui écrit l'éditorial d'un journal, d'une revue.

**édredon** nm Couvre-pieds garni de duvet.

**éducateur, trice** n Personne qui éduque. ■ **éducateur spécialisé :** éducateur s'occupant de jeunes en difficulté ou de handicapés.

**éducatif, ive** adj **1.** Qui concerne l'éducation : *système éducatif*. **2.** Propre à éduquer : *jeu éducatif*.

**éducation** nf **1.** Action, manière d'éduquer. **2.** Formation aux usages, aux bonnes manières. ■ **Éducation nationale :** ensemble des services chargés de l'organisation, de la direction et de la gestion de l'enseignement public. ❑ **éducation physique :** ensemble des exercices corporels visant à l'amélioration des qualités physiques.

**édulcorant, e** adj et nm Se dit d'un produit qui édulcore : *édulcorant de synthèse*.

**édulcorer** vt **1.** Ajouter du sucre à une boisson, un médicament, pour les rendre moins amers. **2.** FIG Atténuer les termes, les hardiesses d'un texte.

**éduquer** vt Développer les facultés physiques, intellectuelles et morales de quelqu'un ; former, élever.

**effaçable** adj Qui peut être effacé.

**effacé, e** adj Qui se tient à l'écart, modeste.

**effacement** nm **1.** Action d'effacer, de s'effacer. **2.** Suppression.

**effacer** vt (conj 1) **1.** Faire disparaître en frottant, grattant, etc. : *gomme à effacer ; effacer une bande magnétique*. **2.** Faire oublier : *effacer une faute*. ◆ **s'effacer** vpr **1.** Tourner le corps un peu de côté, pour tenir moins de place. **2.** FIG Se tenir à l'écart par modestie.

**effaceur** nm Stylo-feutre qui permet d'effacer l'encre bleue.

**effarant, e** adj Stupéfiant.

**effaré, e** adj Qui ressent, manifeste un grand trouble ; hagard.

**effarement** nm Trouble, stupeur.

**effarer** vt Troubler, effrayer au point de donner un air hagard.

**effarouchement** nm Action d'effaroucher ; fait d'être effarouché.

**effaroucher** vt Intimider, effrayer.

**1. effectif** nm Nombre des individus composant un groupe : *l'effectif d'une classe, d'une troupe*.

**2. effectif, ive** adj Qui existe réellement.

**effectivement** adv En effet, réellement.

**effectuer** vt Mettre à exécution, accomplir.

**efféminé, e** adj et nm Se dit d'un homme dont les manières, le comportement rappellent ceux d'une femme.

**effervescence** nf **1.** Bouillonnement produit dans un liquide par un dégagement de gaz. **2.** FIG Agitation, émotion vive : *foule en effervescence*.

**effervescent, e** adj Qui est en effervescence.

**effet** nm **1.** Résultat d'une action ; ce qui est produit par quelque chose : *les effets d'un remède.* **2.** Impression produite : *faire bon, mauvais effet.* **3.** Procédé employé pour obtenir un certain résultat : *effet de jambes ; donner de l'effet à une balle.* **4.** Phénomène physique ou chimique particulier : *effet Joule.* ■ **effet de commerce** ou **effet :** titre à ordre transmissible par voie d'endossement, et constatant l'obligation de payer une somme d'argent à une date donnée. ❑ **faire de l'effet :** (a) produire une vive impression (b) provoquer une action, une réaction. ❑ **prendre effet :** devenir effectif, applicable. ◆ **effets** pl Vêtements. ◆ **en effet** loc adv Exprime un assentiment ; assurément : *c'est en effet la meilleure solution.* ◆ loc conj S'emploie pour introduire une explication : *il n'a pas pu venir, en effet il était malade.*

EMPLOI *Car en effet* est un pléonasme à éviter.

**effeuillage** nm Action d'effeuiller.

**effeuiller** vt **1.** Ôter les feuilles de. **2.** Arracher les pétales de.

**efficace** adj **1.** Qui produit l'effet attendu. **2.** Dont l'action aboutit à des résultats utiles.

**efficacement** adv De façon efficace.

**efficacité** nf Qualité d'une chose, d'une personne efficace.

**efficience** nf Capacité de rendement, performance.

**efficient, e** adj Qui aboutit à de bons résultats ; compétent.

**effigie** nf Représentation, image d'une personne sur une médaille.

**effilage** nm Action d'effiler.

**effilé, e** adj Mince et allongé.

**effiler** vt **1.** Défaire un tissu fil à fil, de façon à faire des franges au bord. **2.** Diminuer l'épaisseur des cheveux en amincissant les pointes.

**effilochage** nm Action d'effilocher.

**effilocher** vt Déchiqueter un tissu. ◆ **s'effilocher** vpr S'effiler par usure.

**efflanqué, e** adj Très maigre.

**effleurement** nm Action d'effleurer.

**effleurer** vt **1.** Toucher à peine, légèrement. **2.** FIG Examiner superficiellement.

**efflorescence** nf **1.** Fine pellicule naturelle qui recouvre certains fruits. **2.** LITT Épanouissement : *en pleine efflorescence.*

**effluent** nm ■ **effluent radioactif :** gaz ou liquide contenant des radioéléments et rejeté dans l'environnement. ❑ **effluent urbain :** ensemble des eaux usées, des eaux de ruissellement, etc., évacuées par les égouts.

**effluve** nm Émanation, exhalaison, odeur.

**effondrement** nm **1.** Action, fait de s'effondrer. **2.** FIG Ruine, anéantissement.

**effondrer (s')** vpr **1.** Crouler sous un poids excessif. **2.** FIG Être brusquement anéanti.

**efforcer (s')** vpr [de] (conj 1) Faire tous ses efforts pour, s'appliquer à : *s'efforcer de vaincre.*

**effort** nm **1.** Action énergique du corps ou de l'esprit vers un objectif, un but : *effort de mémoire.* **2.** PHYS Force tendant à déformer un matériau.

**effraction** nf Bris de clôture, de serrure : *vol avec effraction.*

**effraie** nf Chouette à plumage clair.

**effranger** vt (conj 2) Effiler sur les bords.

**effrayant, e** adj **1.** Qui effraie. **2.** FAM Excessif : *chaleur effrayante.*

**effrayer** vt (conj 4) **1.** Causer de la frayeur à. **2.** Rebuter, décourager.

**effréné, e** adj Sans retenue ; immodéré.

**effritement** nm Action d'effriter ; son résultat.

**effriter** vt Réduire en poussière, désagréger. ◊ vpr : *mur qui s'effrite.*

**effroi** nm LITT Grande frayeur.

**effronté, e** adj et n Hardi, impudent.

**effrontément** adv Avec effronterie.

**effronterie** nf Impudence, sans-gêne.

**effroyable** adj Qui inspire de l'effroi, horrible, épouvantable.

**effroyablement** adv De façon effroyable.

**effusion** nf **1.** Manifestation de tendresse, d'affection. **2.** Action de verser, de répandre : *effusion de sang, de larmes.*

**égailler (s')** vpr Se disperser.

**égal, e, aux** adj **1.** Semblable, le même en nature, en quantité, en qualité, en valeur. **2.** Qui ne varie pas : *température égale ; humeur égale.* **3.** LITT Uni, plan : *chemin égal.* ■ FAM **ça m'est égal :** ça m'est indifférent. ◆ n Personne qui est de même rang, jouit des mêmes droits qu'une autre : *vivre avec ses égaux.* ■ **à l'égal de :** autant que.

**égalable** adj Qui peut être égalé.

**également** adv **1.** De façon égale. **2.** Aussi, de même.

**égaler** vt **1.** Être égal à. **2.** Rivaliser avec.

GRAMMAIRE On écrit le plus souvent *six et six égale douze.*

**égalisateur, trice** adj Qui permet d'égaliser : *politique égalisatrice ; but égalisateur.*

**égalisation** nf Action d'égaliser.

**égaliser** vt **1.** Rendre égal : *égaliser les salaires, les chances des concurrents.* **2.** Rendre uni : *égaliser une surface.* ◆ vi En sports et dans les jeux, marquer un point rendant le score égal.

**égalitaire** adj et n Qui vise à l'égalité civile, politique et sociale.

**égalitarisme** nm Doctrine égalitaire.

**égalité** nf **1.** État de ce qui est égal, équivalent ; état de ce qui est uni, régulier. **2.** Principe selon lequel tous les citoyens peuvent invoquer les mêmes droits.

**égard** nm Considération : *faire quelque chose par égard pour quelqu'un.* ■ **à l'égard de :** en ce qui concerne. ❑ **à tous les égards** ou **à tous égards :** sous tous les rapports. ❑ **eu égard à :** en considération de. ◆ **égards** pl Marques de respect ; attentions.

**égaré, e** adj Troublé, hagard : *un air égaré.*

**égarement** nm LITT Dérèglement de la conduite, de l'esprit ; folie passagère : *un moment d'égarement.*

**égarer** vt **1.** Perdre momentanément : *égarer ses clefs.* **2.** Mettre dans une mauvaise direction : *ce témoignage a égaré les enquêteurs.* **3.** Mettre hors de soi : *la colère l'égare.* ◆ **s'égarer** vpr **1.** Se perdre. **2.** Faire fausse route.

**égayer** [egeje] vt (conj 4) **1.** Rendre gai, réjouir. **2.** Rendre attrayant, agrémenter.

**égérie** nf **1.** Conseillère secrète ; inspiratrice d'un artiste. **2.** Jeune femme qui inspire une grande marque et en incarne l'image.

**égide** nf ■ LITT **sous l'égide de :** sous le patronage, la protection de.

**églantier** nm Rosier sauvage.

**églantine** nf Fleur de l'églantier.

**églefin** ou **aiglefin** nm Poisson de mer voisin de la morue qui, fumé, fournit le haddock.

**église** nf Édifice où se réunissent les chrétiens pour célébrer leur culte. ◆ **Église** nf Société religieuse fondée par Jésus-Christ ; communauté chrétienne.

**églogue** nf Petit poème pastoral.

**ego** [ego] nm inv **1.** PHILOS Sujet conscient et pensant. **2.** PSYCHAN Le moi.

**égocentrique** adj et n Qui manifeste de l'égocentrisme.

**égocentrisme** nm Tendance à ramener tout à soi-même.

**égoïne** nf Petite scie à main.

**égoïsme** nm Défaut de l'égoïste.

**égoïste** adj et n Qui rapporte tout à soi, qui ne considère que ses intérêts.

**égoïstement** adv De façon égoïste.

**égorgement** nm Action d'égorger.

**égorger** vt (conj 2) Tuer en coupant la gorge. ◆ **s'égorger** vpr S'entre-tuer.

**égorgeur, euse** n Personne qui tue en égorgeant.

**égosiller (s')** vpr Crier fort et longtemps.

**égotisme** nm LITT Sentiment exagéré de sa personnalité, vanité excessive.

**égout** nm Conduit souterrain pour l'écoulement des eaux usées : *réseau d'égouts.*

> ORTHOGRAPHE *Égout* ne prend pas d'accent circonflexe : ce mot vient de *égoutter* et non de *goût*.

**égoutier** nm Ouvrier qui est chargé de l'entretien des égouts.

**égouttage** ou **égouttement** nm Action d'égoutter.

**égoutter** vt Débarrasser d'un liquide : *égoutter du linge, des fromages.* ◆ vi ou **s'égoutter** vpr Perdre son eau goutte à goutte.

**égouttoir** nm Treillis pour faire égoutter la vaisselle, les bouteilles, etc.

**égrapper** vt Détacher de la grappe.

**égratigner** vt **1.** Déchirer légèrement la peau. ◊ vpr : *s'égratigner le genou.* **2.** Rayer la surface de. **3.** FIG Blesser par des railleries.

**égratignure** nf **1.** Blessure superficielle. **2.** FIG Blessure légère d'amour-propre.

**égrenage** nm Action d'égrener.

**égrener** vt (conj 9) Détacher le grain de l'épi, de la grappe, etc. ■ **égrener un chapelet :** en faire passer les grains entre ses doigts. ◆ **s'égrener** vpr **1.** Tomber par grains. **2.** FIG Se succéder.

**égrillard, e** adj Qui aime les propos licencieux, grivois ; qui dénote cet état d'esprit.

**égriser** vt Polir avec un abrasif pulvérulent.

**égrugeoir** nm Mortier dans lequel on réduit en poudre le sel, le poivre, etc.

**égruger** vt (conj 2) Réduire en poudre.

**égueulé, e** adj ■ **cratère égueulé :** dont la couronne a été entamée par une violente éruption.

**égyptien, enne** adj et n D'Égypte : *les Égyptiens.*

**égyptologie** nf Étude de l'Égypte ancienne.

**égyptologue** n Spécialiste d'égyptologie.

**eh** interj Exprime la surprise, l'admiration ou sert à interpeller quelqu'un : *eh, vous là-bas !*

**éhonté, e** adj Qui n'a honte de rien : *un tricheur éhonté.*

**EHPAD** [epad] nm (sigle de *établissement d'hébergement pour personnes âgées dépendantes*)

Maison de retraite médicalisée permettant l'accueil de résidents dépendants.

**eider** [edɛr] nm Oiseau de Scandinavie proche du canard, au duvet très moelleux.

**EIRL** [əirl] nm (sigle de *entrepreneur individuel à responsabilité limitée*) Statut accordé à un entrepreneur individuel qui a déclaré un patrimoine professionnel distinct de son patrimoine personnel, sans créer de société.

**éjaculation** nf Action d'éjaculer.

**éjaculer** vt et vi Émettre le sperme.

**éjectable** adj Qui peut être éjecté.

**éjecter** vt **1.** Projeter au-dehors : *le passager a été éjecté.* **2.** FAM Mettre quelqu'un dehors : *il a été éjecté du parti.*

**éjection** nf Action d'éjecter ; évacuation.

**Ektachrome** nm (nom déposé) Film en couleur inversible ; photo faite avec ce type de film.

**élaboration** nf Action d'élaborer.

**élaboré, e** adj Qui résulte d'une longue élaboration ; perfectionné.

**élaborer** vt **1.** Préparer par un long travail : *élaborer un plan.* **2.** Rendre assimilable : *l'estomac élabore les aliments.*

**elæis** nm → **éleis.**

**élagage** nm Action d'élaguer.

**élaguer** vt **1.** Dépouiller un arbre des branches inutiles ; tailler. **2.** FIG Retrancher les parties inutiles de : *élaguer un texte.*

**élagueur** nm **1.** Celui qui élague. **2.** Serpe ou scie pour élaguer.

**1. élan** nm **1.** Mouvement pour s'élancer : *prendre son élan pour sauter.* **2.** Ardeur impétueuse : *élan du cœur.*

**2. élan** nm Grand cerf des régions boréales.

**élancé, e** adj Mince, svelte et de haute taille.

**élancement** nm Douleur vive et intermittente.

**élancer** vi et vt (conj 1) Causer des élancements : *cet abcès lui élance ou l'élance.* ◆ **s'élancer** vpr se jeter en avant ; se précipiter.

**élargir** vt **1.** Rendre plus large : *élargir une route.* **2.** Étendre, développer : *élargir son rayon d'action.* **3.** DR Mettre en liberté. ◆ **s'élargir** vpr Devenir plus large.

**élargissement** nm **1.** Action d'élargir ; fait de s'élargir. **2.** DR Mise en liberté.

**élasthanne** nm Fibre textile dotée d'une grande élasticité.

**élasticité** nf **1.** Propriété qu'ont certains corps de reprendre leur forme après la compression ou l'extension subie. **2.** FIG Souplesse, mobilité.

**élastique** adj **1.** Qui a de l'élasticité. **2.** Fait avec une matière élastique. **3.** FIG Que l'on peut interpréter assez librement : *règlement élastique.* ◆ nm **1.** Lien en caoutchouc. **2.** Tissu, fil, ruban de caoutchouc.

**élastomère** nm Polymère naturel ou synthétique, possédant des propriétés élastiques analogues à celles du caoutchouc.

**eldorado** nm Pays chimérique qui regorge de richesses.

**électeur, trice** n Personne qui a le droit de prendre part à une élection.

**électif, ive** adj Nommé ou conféré par élection : *président électif.*

**élection** nf Choix fait par la voie des suffrages : *élection présidentielle.* ■ **d'élection :** choisi : *patrie, terre d'élection.* ❑ DR **élection de domicile :** choix d'un domicile légal.

**électoral, e, aux** adj Relatif aux élections : *affiche électorale.*

**électoralisme** nm Attitude d'un gouvernement, d'un parti dont la politique est guidée par des considérations électorales.

**électoraliste** adj et n Inspiré par l'électoralisme.

**électorat** nm **1.** Ensemble des électeurs d'un pays, d'un parti. **2.** Droit d'être électeur.

**électricien, enne** n Artisan qui fait ou répare des installations électriques ; spécialiste d'électricité.

**électricité** nf Forme d'énergie qui manifeste son action par des phénomènes mécaniques, calorifiques, lumineux, chimiques, etc., et qui sert à des usages domestiques ou industriels, et notamment comme source d'éclairage : *électricité statique, dynamique.*

**électrification** nf Action d'électrifier.

**électrifier** vt Doter d'une installation électrique.

**électrique** adj **1.** Relatif à l'électricité. **2.** Qui fonctionne à l'électricité.

**électriquement** adv Au moyen de l'électricité.

**électrisable** adj Qui peut être électrisé.

**électrisation** nf Action d'électriser ; fait d'être électrisé.

**électriser** vt **1.** Développer sur un corps des charges électriques : *électriser un bâton d'ambre.* **2.** FIG Enflammer, enthousiasmer : *électriser un auditoire.*

**électro** nf inv Toute musique composée à l'aide d'ordinateurs (EX : *électrorock*).

**électroacoustique** nf Technique de la production, de la transmission, de l'enregistrement et de la reproduction des signaux acoustiques par des moyens électriques. ◆ adj Relatif à l'électroacoustique : *musique électroacoustique*.

**électroaimant** nm Appareil produisant un champ magnétique grâce à des bobines à noyau de fer parcourues par un courant électrique.

**électrocardiogramme** nm Enregistrement graphique des courants électriques produits par les contractions du cœur.

**électrochimie** nf Science et technique des transformations réciproques de l'énergie chimique et de l'énergie électrique.

**électrochoc** nm Traitement de certaines maladies mentales par le bref passage d'un courant à travers le cerveau.

**électrocoagulation** nf MÉD Technique de coagulation des tissus vivants par application d'un courant de haute fréquence.

**électrocuter** vt Tuer par une décharge électrique : *se faire électrocuter par accident ; électrocuter un condamné à mort sur la chaise électrique*.

**électrocution** nf Fait d'électrocuter, d'être électrocuté.

**électrode** nf Chacun des conducteurs fixés aux pôles d'un générateur électrique.

**électrodynamique** nf Partie de la physique qui traite de l'action dynamique des courants électriques. ◆ adj Relatif à l'électrodynamique.

**électroencéphalogramme** nm Tracé obtenu par l'enregistrement de l'activité électrique existant entre les cellules cérébrales.

**électrogène** adj Qui produit de l'électricité. ■ **groupe électrogène :** ensemble formé par un moteur thermique et un générateur, qui transforme en énergie électrique l'énergie mécanique fournie par le moteur.

**électrolyse** nf Décomposition chimique de certaines substances en fusion ou en solution par le passage d'un courant électrique.

**électrolyser** vt Soumettre à l'électrolyse.

**électrolyte** nm Corps soumis à l'électrolyse.

**électrolytique** adj Qui s'effectue par électrolyse.

**électromagnétique** adj **1.** Fondé sur les propriétés magnétiques des courants électriques. **2.** Relatif à l'électromagnétisme.

**électromagnétisme** nm Partie de l'électricité qui étudie les relations entre électricité et magnétisme.

**électromécanique** nf Ensemble des applications de l'électricité à la mécanique. ◆ adj Se dit d'un dispositif mécanique dont une grande partie des composants est électrique.

**électroménager** adj m Se dit d'appareils électriques à usage domestique (aspirateur, réfrigérateur, etc.). ◆ nm Ensemble de ces appareils ; leur industrie.

**électrométallurgie** nf Extraction et affinage des métaux par des procédés électriques.

**électromètre** nm Instrument pour mesurer une charge d'électricité ou des différences de potentiel.

**électromoteur, trice** adj Qui développe de l'électricité sous l'influence d'une action chimique ou mécanique.

**électron** nm Particule élémentaire chargée d'électricité négative, l'un des éléments constitutifs des atomes. ■ **électron libre :** (a) électron d'un métal responsable de sa conductibilité électrique (b) FIG personne que son indépendance d'esprit pousse à prendre ses distances avec le groupe auquel elle appartient.

**électronégatif, ive** adj Se dit d'un élément qui, dans l'électrolyse, se porte au pôle positif appelé *anode*.

**électronicien, enne** n Spécialiste d'électronique.

**électronique** nf Partie de la physique et de la technique qui étudie et utilise les variations de grandeurs électriques pour capter, transmettre et exploiter de l'information. ◆ adj Relatif à l'électron, à l'électronique. ■ **annuaire électronique :** annuaire téléphonique consultable sur Internet. ❑ **sport électronique :** pratique du jeu vidéo multijoueur en réseau. SYN : e-sport.

**électronucléaire** adj et nm Relatif à l'électricité produite par des centrales nucléaires.

**électronvolt** nm Unité d'énergie utilisée en physique atomique et nucléaire ; symb : eV.

**électrophone** nm Appareil reproduisant les sons enregistrés sur un disque par des procédés électromécaniques.

**électropositif, ive** adj Se dit d'un élément qui, dans l'électrolyse, se porte au pôle négatif appelé *cathode*.

**électroradiologie** nf Spécialité médicale qui englobe les applications de l'électricité et celles des rayons au diagnostic et au traitement des maladies.

**électrostatique** nf Partie de la physique qui étudie les phénomènes d'équilibre de l'électricité sur les corps électrisés.

**électrotechnicien, enne** n Spécialiste d'électrotechnique.

**électrotechnique** nf Étude des applications techniques de l'électricité.

**électrothérapie** nf Traitement des maladies par l'électricité.

**élégamment** adv Avec élégance.

**élégance** nf Qualité de ce qui est élégant.

**élégant, e** adj **1.** Qui se distingue par la grâce, l'aisance, l'agrément de la forme, de la parure, etc. : *personne élégante ; meuble élégant.* **2.** Qui séduit par sa simplicité, sa netteté, sa courtoisie : *style élégant ; procédé élégant.* ◆ n Personne qui a ou qui affecte de l'élégance.

**élégiaque** adj Propre à l'élégie : *vers élégiaques.* ◆ adj et n Qui écrit des élégies : *poète élégiaque.*

**élégie** nf Petit poème sur un sujet tendre et triste.

**éleis** [eleis] ou **elæis** [eleis] nm Palmier dont le fruit fournit l'huile de palme.

**élément** nm **1.** Chaque objet, chaque chose concourant à la formation d'un tout : *recueillir des éléments d'enquête ; élément d'un ensemble mathématique.* **2.** Personne appartenant à un groupe : *c'est un très bon élément.* **3.** Milieu dans lequel un être est fait pour vivre : *l'eau est l'élément des poissons ; se sentir dans son élément.* **4.** CHIM Principe chimique commun aux diverses variétés d'un corps simple : *la classification des éléments de Mendeleïev.* **5.** PHYS Couple d'une pile voltaïque. ■ **les quatre éléments :** l'air, le feu, la terre et l'eau. ◆ **éléments** pl **1.** LITT Ensemble de forces naturelles : *lutter contre les éléments déchaînés.* **2.** Principes fondamentaux, notions de base : *éléments de physique.*

**élémentaire** adj **1.** Qui sert de base à un ensemble ; très simple : *connaissances élémentaires ; installation élémentaire.* **2.** CHIM Qui concerne l'élément : *une particule élémentaire.*

**éléphant** nm Mammifère ongulé, le plus gros animal terrestre actuel, à trompe et à peau rugueuse, pourvu d'incisives supérieures allongées en défenses. ■ **éléphant de mer :** gros phoque à trompe des îles Kerguelen.

**éléphanteau** nm Jeune éléphant.

**éléphantesque** adj Énorme.

**éléphantiasis** [-tjazis] nm Épaississement diffus de la peau et du tissu sous-cutané, lié à un œdème, qui déforme le corps.

**élevage** nm **1.** Action d'élever les animaux. **2.** Ensemble des animaux d'une même espèce dans une exploitation : *un élevage de truites.*

**élévateur, trice** adj Qui sert à élever, à soulever : *muscle élévateur ; plateforme élévatrice.* ◆ nm **1.** Muscle élévateur. **2.** Machine utilisée pour soulever des charges ou des matériaux.

**élévation** nf **1.** Action d'élever, de s'élever : *élévation du niveau des eaux.* **2.** Éminence, hauteur : *une élévation de terrain.* **3.** MATH Formation d'une puissance d'un nombre ou d'une expression : *élévation au cube.* **4.** GÉOM Représentation d'une face verticale ; cette face elle-même. **5.** LITURGIE Moment de la messe où le prêtre élève l'hostie et le calice.

**élévatoire** adj Qui sert à élever des fardeaux, des liquides : *pompe élévatoire.*

**élève** n **1.** Personne qui reçoit les leçons d'un maître ; celui, celle qui fréquente un établissement scolaire. **2.** AGRIC Animal né et soigné chez un éleveur ; plante ou arbre dont on dirige la croissance.

**élevé, e** adj **1.** Haut : *arbre, prix élevé.* **2.** LITT Noble, sublime : *style élevé.* ■ **bien, mal élevé :** qui a une bonne, une mauvaise éducation.

**élever** vt (conj 9) **1.** Porter vers le haut, dresser : *élever un mât.* **2.** Construire : *élever un mur.* **3.** Porter à un niveau supérieur, à un haut rang : *élever un débat.* **4.** Augmenter : *élever les prix.* **5.** Hausser : *élever la voix.* **6.** Nourrir, soigner, former : *élever des enfants, des animaux.* ◆ **s'élever** vpr **1.** Atteindre une certaine hauteur, un certain niveau : *la facture s'élève à mille euros.* **2.** Parvenir à un degré supérieur : *la température s'élève.* **3.** Se faire entendre : *des cris s'élèvent dans l'assemblée.* ■ **s'élever contre :** protester contre : *s'élever contre l'arbitraire.*

**éleveur, euse** n Personne qui élève des animaux.

**elfe** nm MYTH Génie symbolisant l'air, la terre, le feu, en Scandinavie.

**élider** vt GRAMM Faire une élision.

**éligibilité** nf **1.** Possibilité légale d'être élu. **2.** Possibilité technique ou légale d'obtenir un service proposé.

**éligible** adj Qui peut être élu.

**élimer** vt User un tissu.

**élimination** nf Action d'éliminer.

**éliminatoire** adj Qui sert à éliminer : *une note éliminatoire à l'examen.* ◆ nf SPORTS, JEUX Épreuve préalable qui élimine les concurrents les plus faibles.

**éliminer** vt **1.** Écarter, faire disparaître : *éliminer une tache ; éliminer un témoin.* **2.** Refuser, recaler : *éliminer un candidat.* **3.** PHYSIOL Faire sortir de l'organisme : *éliminer les toxines ;* (sans complément) *boire aide à éliminer.*

**élingue** nf MAR Câble servant à entourer ou à accrocher un objet et à l'élever au moyen d'un engin.

**élinguer** vt MAR Hisser au moyen d'une élingue.

**élire** vt (conj 73) **1.** Nommer par suffrage : *élire un candidat.* **2.** SOUT Choisir : *élire domicile.*

CONJUGAISON Attention au passé simple on dit : *j'élus, ils élurent.*

**élisabéthain, e** adj Relatif à Élisabeth I^re^ d'Angleterre, à son temps : *théâtre élisabéthain.*

**élision** nf GRAMM Suppression, dans l'écriture ou la prononciation, de la voyelle finale d'un mot devant une voyelle initiale ou un *h* muet.

**élite** nf Ce qu'il y a de meilleur, de plus distingué dans une société. ■ **d'élite** : de premier plan ; supérieur : *tireur d'élite.* ◆ **élites** pl Personnes qui occupent le premier rang par leur formation intellectuelle : *les élites de la nation.*

**élitisme** nm Système favorisant les meilleurs éléments d'un groupe aux dépens de la masse.

**élitiste** adj et n Relatif à l'élitisme ; qui en est partisan.

**élixir** nm **1.** Médicament liquide, formé d'une ou de plusieurs substances en dissolution dans l'alcool. **2.** Boisson magique.

**elle, elles** pron pers f Désigne la 3^e^ personne, féminin de *il, ils, lui, eux.*

**ellébore** nm → **hellébore**.

**ellipse** nf **1.** GÉOM Courbe fermée dont chaque point est tel que la somme de ses distances à deux points fixes, appelés *foyers*, est constante. **2.** GRAMM Omission d'un ou de plusieurs mots qui ne sont pas indispensables pour la compréhension de la phrase : *ellipse du sujet, du verbe.*

**ellipsoïdal, e, aux** adj Qui a la forme d'une ellipse ou d'un ellipsoïde.

**ellipsoïde** nm Solide engendré par la révolution d'une ellipse autour de l'un de ses axes.

**elliptique** adj **1.** GÉOM Relatif à l'ellipse. **2.** GRAMM Qui renferme une ellipse. **3.** FIG Qui ne dit pas tout et laisse à deviner une partie du sens.

**elliptiquement** adv De façon elliptique.

**élocution** nf Manière de s'exprimer oralement, d'articuler les mots.

**éloge** nm Paroles, écrit à la louange de quelqu'un, de quelque chose ; panégyrique.

**élogieusement** adv Avec beaucoup d'éloges.

**élogieux, euse** adj Rempli de louanges, flatteur, louangeur.

**éloigné, e** adj Loin dans le temps ou dans l'espace. ■ **parent éloigné** : qui a des liens de parenté lâches ou indirects.

**éloignement** nm Action d'éloigner, de s'éloigner ; fait d'être éloigné.

**éloigner** vt Mettre, envoyer plus loin dans l'espace ou le temps ; écarter. ◆ **s'éloigner** vpr Accroître la distance entre soi et quelqu'un, quelque chose.

**élongation** nf Allongement accidentel d'un muscle, d'un nerf, d'un tendon ou d'un ligament.

**éloquence** nf Art de bien parler, d'émouvoir, de persuader.

**éloquent, e** adj **1.** Qui a de l'éloquence. **2.** Expressif, significatif, révélateur : *silence éloquent.*

**élu, e** n **1.** Personne désignée par une élection. **2.** Personne choisie, aimée : *qui est l'heureux élu ?*

**élucidation** nf Action d'élucider.

**élucider** vt Expliquer, éclaircir.

**élucubration** nf (surtout au pluriel) Théorie fumeuse, extravagante, divagation.

**éluder** vt Éviter avec adresse : *éluder une difficulté.*

VOCABULAIRE Il ne faut pas confondre *éluder,* « esquiver », avec *élucider,* « expliquer ».

**élyséen, enne** adj **1.** MYTH Relatif aux Champs Élysées. **2.** FAM Relatif au palais de l'Élysée.

**élytre** nm Aile antérieure, dure, de certains insectes, notamment des coléoptères.

**émacié, e** adj LITT Très amaigri : *visage émacié.*

**émail** (pl *émaux*) nm **1.** Vernis vitreux que l'on applique par fusion sur la faïence, les métaux, etc. **2.** Ouvrage émaillé. **3.** (dans ce sens, pluriel *émails*) Matière dure qui revêt les dents.

**émaillage** nm Action d'émailler.

**émailler** vt **1.** Appliquer de l'émail sur. **2.** LITT Parsemer : *émailler un discours de citations.*

**émaillerie** nf Art de décorer avec des émaux.

**émailleur, euse** n Personne qui émaille.

**émanation** nf **1.** Senteur, exhalaison qui se dégage d'un corps : *des émanations de gaz.* **2.** FIG Ce qui procède de quelqu'un, de quelque chose ; expression, manifestation : *l'Assemblée nationale est l'émanation du peuple.*

**émancipateur, trice** adj Propre à émanciper.

**émancipation** nf Action d'émanciper ; son résultat.

**émanciper** vt **1.** Affranchir, rendre libre. **2.** DR Mettre hors de tutelle : *émanciper un mineur.* ◆ **s'émanciper** vpr Prendre des libertés, s'affranchir.

**émaner** vt ind [de] **1.** Se dégager de : *l'odeur qui émane de la terre mouillée.* **2.** FIG Découler, provenir de : *le charme qui émane d'une personne.*

**émargement** nm Action d'émarger.

**émarger** vt (conj 2) **1.** Couper les marges. **2.** Apposer sa signature en marge d'un écrit, pour attester qu'on en a eu connaissance. ◆ vt ind [à] Toucher un traitement, une indemnité ou une subvention : *émarger au budget d'une administration.*

**émasculation** nf Action d'émasculer.

**émasculer** vt Priver un mâle des organes de la reproduction ; châtrer, castrer.

**émaux** nm pl → **émail.**

**embâcle** nm Obstruction d'un cours d'eau par un amoncellement de glaçons. CONTR : débâcle.

**emballage** nm **1.** Action d'emballer. **2.** Ce qui sert à emballer (papier, carton, caisse).

**emballement** nm Action de s'emballer ; enthousiasme.

**emballer** vt **1.** Mettre dans un emballage. **2.** FAM Enthousiasmer : *cette musique l'a emballé.* ◆ **s'emballer** vpr **1.** Se laisser emporter par un sentiment. **2.** S'emporter, en parlant d'un cheval. **3.** MÉCAN Prendre un régime de marche excessif et dangereux : *moteur qui s'emballe.*

**emballeur, euse** n Personne spécialisée dans l'emballage des marchandises.

**embarcadère** nm Jetée, appontement pour l'embarquement ou le débarquement.

**embarcation** nf Tout bateau de petite taille.

**embardée** nf Écart brusque que fait un véhicule.

**embargo** nm **1.** Défense faite provisoirement à un navire de quitter un port. **2.** Interdiction de laisser circuler librement : *mettre l'embargo sur une marchandise.*

**embarquement** nm Action d'embarquer ou de s'embarquer.

**embarquer** vt **1.** Mettre à bord d'un navire : *embarquer des passagers.* **2.** FAM Emporter avec soi : *il a embarqué mes clés !* **3.** FAM Engager, entraîner : *embarquer quelqu'un dans une sale affaire.* ◆ vi **1.** Monter à bord d'un bateau, d'un avion, d'une voiture. **2.** En parlant des vagues, pénétrer dans un bateau par-dessus bord. ◆ **s'embarquer** vpr **1.** Monter à bord d'un bateau, d'un avion, etc. **2.** FAM S'engager dans une affaire douteuse ou dangereuse : *elle s'est embarquée dans une drôle d'histoire.*

**embarras** nm **1.** Irrésolution, perplexité : *ce problème me met dans l'embarras.* **2.** Obstacle, difficulté : *créer des embarras.* **3.** Situation difficile ; gêne : *tirer d'embarras ; embarras financiers.* ■ **embarras gastrique :** inflammation de la muqueuse de l'estomac.

**embarrassant, e** adj Qui embarrasse.

**embarrassé, e** adj Qui éprouve, manifeste de la gêne. ■ **avoir l'estomac embarrassé :** avoir un embarras gastrique.

**embarrasser** vt **1.** Encombrer : *des colis embarrassent le couloir.* **2.** Gêner les mouvements de : *ce manteau m'embarrasse.* **3.** Gêner, déconcerter : *votre question m'embarrasse.* ◆ **s'embarrasser** vpr [de] **1.** S'encombrer de : *s'embarrasser de choses inutiles.* **2.** Se préoccuper de, tenir compte de : *ne pas s'embarrasser de scrupules.*

**embase** nf Partie d'une pièce servant d'appui, de support à une autre pièce.

**embastiller** vt HIST Emprisonner à la Bastille.

**embauche** nf ou **embauchage** nm **1.** Action de passer un contrat de travail avec un salarié. **2.** Recrutement des travailleurs.

**embaucher** vt **1.** Engager quelqu'un comme salarié. **2.** FAM Entraîner quelqu'un avec soi dans une occupation quelconque : *je t'embauche pour la vaisselle.*

**embauchoir** nm Instrument qu'on introduit dans les chaussures pour en conserver la forme.

**embaumement** nm **1.** Action d'embaumer. **2.** Conservation des cadavres.

**embaumer** vt **1.** Traiter un cadavre par des substances qui le préservent du pourrissement. **2.** Parfumer : *la lavande embaume le linge ;* sentir : *embaumer l'anis.* ◆ vi Répandre une odeur agréable.

**embaumeur** nm Personne qui embaume les corps : *les embaumeurs égyptiens.*

**embellie** nf **1.** MAR Éclaircie. **2.** FIG Amélioration momentanée d'une situation difficile.

**embellir** vt Rendre ou faire paraître plus beau, orner : *embellir une histoire.* ◆ vi Devenir beau ou plus beau.

**embellissement** nm **1.** Action d'embellir ; son résultat : *l'embellissement du quartier.* **2.** Élément qui embellit : *les embellissements ajoutés au décor.*

**emberlificoter** vt FAM Faire tomber dans un piège : *il a essayé de m'emberlificoter.* ◆ **s'emberlificoter** vpr S'embrouiller, s'empêtrer : *il s'est emberlificoté dans des explications.*

**embêtant, e** adj FAM Très ennuyeux.

**embêtement** nm FAM Ennui.

**embêter** vt FAM Ennuyer, importuner ; contrarier. ◆ **s'embêter** vpr Éprouver de l'ennui : *s'embêter chez soi.* ■ **ne pas s'embêter :** ne pas se gêner.

**emblaver** vt Semer une terre en blé ou en toute autre graine.

**emblée (d')** loc adv Du premier coup, tout de suite : *réussir d'emblée.*

**emblématique** adj Qui a le caractère d'un emblème ; symbolique.

**emblème** nm **1.** Figure symbolique, souvent accompagnée d'une devise. **2.** Attribut, symbole : *la colombe, emblème de la paix.*

ORTHOGRAPHE Le mot *emblème* s'écrit avec un accent grave, qui devient accent aigu dans *emblématique.*

**embobiner** vt **1.** Enrouler sur une bobine. **2.** FAM Tromper, enjôler.

**emboîtage** nm Action d'emboîter ; son résultat.

**emboîtement** nm Position de deux choses qui s'emboîtent.

**emboîter** vt Enchâsser, mettre une chose dans une autre. ■ **emboîter le pas à quelqu'un :** (a) marcher derrière quelqu'un (b) FIG modeler son attitude sur la sienne.

**embole** nm MÉD Corps étranger qui oblitère un vaisseau et provoque une embolie.

**embolie** nf MÉD Oblitération d'un vaisseau par un caillot de sang ou un corps étranger au sang.

**embonpoint** nm État d'une personne un peu grasse ; corpulence.

**embouche** nf Prairie fertile, où les bestiaux s'engraissent.

**embouché, e** adj ■ FAM **mal embouché :** désagréable, grossier dans ses paroles ou ses actes.

**emboucher** vt Mettre à sa bouche un instrument à vent, afin d'en jouer.

**embouchure** nf **1.** MUS Partie d'un instrument à vent que l'on porte à la bouche. **2.** Entrée d'un fleuve dans la mer. **3.** Partie du mors qui entre dans la bouche du cheval.

**embourber** vt Engager dans un bourbier, dans la boue : *embourber un tracteur.* ◆ **s'embourber** vpr **1.** S'enliser. **2.** FIG S'empêtrer dans une mauvaise affaire.

**embourgeoisement** nm Action de s'embourgeoiser.

**embourgeoiser (s')** vpr Prendre des habitudes bourgeoises.

**embout** nm **1.** Garniture de métal au bout d'une canne, d'un parapluie, etc. **2.** Élément permettant l'assemblage avec un autre élément.

**embouteillage** nm **1.** Mise en bouteilles. **2.** Encombrement de la circulation.

**embouteiller** vt **1.** Mettre en bouteilles. **2.** Obstruer une voie, gêner la circulation.

**emboutir** vt **1.** Marteler, comprimer une plaque de métal pour lui donner une forme déterminée. **2.** Défoncer par un choc.

**emboutissage** nm Action d'emboutir les métaux.

**embranchement** nm **1.** Division en plusieurs branches du tronc d'un arbre et, par extension, d'une voie, d'un conduit, etc. ; point de rencontre de ces branches. **2.** Division principale du règne animal ou du règne végétal.

**embrancher (s')** vpr Se raccorder, en parlant d'une route, d'une canalisation, etc.

**embrasement** nm LITT Action d'embraser ; fait de s'embraser.

**embraser** vt **1.** LITT Mettre en feu : *l'incendie embrase la garrigue.* **2.** Illuminer d'un rougeoiement : *le soleil couchant embrase le ciel.* **3.** LITT Exalter, enflammer : *l'amour de la patrie embrase les cœurs.* ◆ **s'embraser** vpr **1.** LITT Prendre feu. **2.** S'enflammer, s'exalter.

**embrassade** nf (souvent au pluriel) Geste de deux personnes qui s'embrassent par affection.

**embrasse** nf Cordon ou bande qui retient un rideau sur le côté.

**embrasser** vt **1.** Donner un, des baisers. **2.** LITT Saisir, appréhender : *embrasser les données d'un problème ; embrasser du regard.* **3.** Contenir : *ce roman embrasse un siècle d'histoire.* **4.** Adopter, choisir : *embrasser une carrière.*

**embrasure** nf Ouverture d'une porte, d'une fenêtre.

**embrayage** [ɑ̃brɛjaʒ] nm **1.** Action d'embrayer. **2.** Mécanisme permettant d'embrayer : *pédale d'embrayage.*

**embrayer** [ɑ̃breje] vt Établir la communication entre le moteur d'une machine et les organes qu'il commande. ◆ vt ind [sur] FAM Commencer à parler de qqch.

**embrigadement** nm Action d'embrigader ; fait d'être embrigadé.

**embrigader** vt **1.** Faire entrer par contrainte ou persuasion dans une association, un parti, etc. **2.** ANC Réunir des régiments ou des bataillons pour former une brigade.

**embringuer** vt FAM Engager dans une situation fâcheuse : *se laisser embringuer dans une sale histoire.*

**embrocher** vt **1.** Enfiler sur une broche. **2.** FAM Transpercer d'un coup d'épée.

**embrouillamini** nm FAM Grande confusion, désordre.

**embrouille** nf FAM Désordre destiné à tromper.

**embrouillé, e** adj FAM Qui a perdu le fil de ses idées ; troublé.

**embrouillement** nm **1.** Action d'embrouiller. **2.** FIG Embarras, confusion.

**embrouiller** vt **1.** Mettre en désordre, emmêler : *embrouiller des fils.* **2.** Compliquer, rendre obscur ; troubler les idées de qqn : *embrouiller une histoire ; tais-toi donc, tu m'embrouilles !* ◆ **s'embrouiller** vpr Perdre le fil de ses idées : *s'embrouiller dans son récit.*

**embroussaillé, e** adj Couvert de broussailles ou qui a l'aspect de broussailles : *champ embroussaillé ; sourcils embroussaillés.*

**embrumer** vt **1.** Envelopper de brume. **2.** FIG attrister, assombrir.

**embruns** nm pl Pluie fine que forment les vagues en se brisant.

**embryogenèse** nf Formation et développement d'un embryon.

**embryologie** nf Étude du développement des embryons.

**embryologique** adj Relatif à l'embryologie.

**embryon** nm **1.** Organisme en voie de développement, depuis le stade de l'œuf fécondé jusqu'à la réalisation d'une forme capable de vie autonome et active (larve, poussin, fœtus humain de plus de trois mois). **2.** FIG Commencement, ébauche.

**embryonnaire** adj **1.** De l'embryon. **2.** FIG En germe, inachevé : *mouvement à l'état embryonnaire.*

**embûche** nf Traquenard ; obstacle.

**embuer** vt Couvrir de buée.

**embuscade** nf Attaque par surprise d'un ennemi en mouvement.

**embusqué** nm Militaire occupant un poste à l'abri du danger.

**embusquer** vt Mettre en embuscade. ◆ **s'embusquer** vpr Se cacher pour guetter quelqu'un avec des intentions hostiles.

**EMC** [əemse] nm (sigle) Enseignement moral et civique.

**éméché, e** adj FAM Légèrement ivre.

**émeraude** nf Pierre précieuse de couleur verte. ◆ adj inv et nm De couleur vert vif.

**émergé, e** adj Qui émerge.

**émergence** nf Apparition soudaine d'un phénomène, d'une idée, etc.

**émergent, e** adj ■ **maladie émergente :** maladie infectieuse due à un micro-organisme nouveau ou ayant muté récemment. ❏ **pays émergent :** pays en voie de développement qui a des résultats économiques et un taux de croissance supérieurs aux autres.

**émerger** vi (conj 2) **1.** Sortir d'un milieu liquide et apparaître à la surface : *l'épave émerge à marée basse.* **2.** Se montrer, se manifester : *le soleil émerge des nuages.* **3.** Sortir, se distinguer d'une masse : *émerger du lot.*

**émeri** nm Roche très dure dont la poudre est utilisée comme abrasif.

**émérite** adj Qui, par sa longue pratique, est d'une grande compétence, d'une remarquable habileté. ■ **professeur émérite :** professeur d'université à la retraite distingué par ses collègues.

**émersion** nf **1.** Action d'émerger. **2.** ASTRON Réapparition d'un astre éclipsé.

**émerveillement** nm Fait d'être émerveillé.

**émerveiller** vt Étonner, inspirer une vive admiration.

**émétique** adj et nm Se dit d'une substance qui fait vomir.

**émetteur** nm Poste d'émission radiophonique ou télévisée.

**émetteur, trice** adj Qui émet.

**émetteur-récepteur** (pl *émetteurs-récepteurs*) nm Ensemble comprenant un émetteur et un récepteur radioélectriques pourvus d'une antenne et d'une alimentation communes.

**émettre** vt (conj 57) **1.** Produire, faire sortir de soi des radiations, des ondes, des sons, etc. : *le soleil émet des rayons.* **2.** Mettre en circulation : *émettre des billets de banque.* **3.** Exprimer, formuler : *émettre une opinion.* ◆ vi Procéder à la transmission d'un programme de radio ou de télévision : *la station radio a commencé d'émettre.*

**émeu** (pl *émeus*) ou **émou** (pl *émous*) nm Grand oiseau d'Australie, aux ailes rudimentaires.

**émeute** nf Soulèvement populaire.

**émeutier, ère** n Personne qui participe à une émeute ou la suscite.

**émiettement** nm Action d'émietter.

**émietter** vt **1.** Réduire en miettes. **2.** FIG Éparpiller : *émietter sa fortune.*

**émigrant, e** n et adj Personne qui émigre.

**émigration** nf **1.** Action d'émigrer ; ensemble des émigrés. **2.** HIST Sortie de France des nobles pendant la Révolution. **3.** ZOOL Migration.

**émigré, e** n et adj **1.** Personne qui a émigré. **2.** HIST Noble émigré pendant la Révolution.

**émigrer** vi **1.** Quitter son pays pour aller s'établir ailleurs. **2.** Changer de climat : *oiseau qui émigre.*

**émincé** nm Très fine tranche de viande.

**émincer** vt (conj 1) Couper en tranches minces : *émincer un oignon.*

**éminemment** [eminamɑ̃] adv Excellemment.

**éminence** nf **1.** Élévation de terrain. **2.** ANAT Saillie quelconque. **3.** (avec une majuscule) Titre donné aux cardinaux. ■ **éminence grise** : conseiller qui agit dans l'ombre.

**éminent, e** adj Supérieur ; remarquable : *juriste éminent ; rôle éminent.*

**émir** [emir] nm Gouverneur, prince dans les pays musulmans.

**émirat** nm **1.** État gouverné par un émir. **2.** Dignité d'émir.

**émissaire** nm **1.** Agent chargé d'une mission. **2.** Canal qui sert à vider un lac, un bassin, etc.

**émissif, ive** adj PHYS Qui émet des radiations lumineuses.

**émission** nf **1.** Action d'émettre, de livrer à la circulation : *émission de billets.* **2.** Programme diffusé à la radio, à la télévision ou via un site Internet : *émission de variétés.*

**emmagasinage** nm Action d'emmagasiner.

**emmagasiner** [ɑ̃magazine] vt **1.** Mettre en magasin. **2.** Accumuler, mettre en réserve : *emmagasiner de l'énergie, des connaissances.*

**emmailloter** [ɑ̃majɔte] vt Envelopper complètement (dans un tissu, une étoffe).

**emmanchement** nm Action d'emmancher ; manière de s'emmancher.

**emmancher** [ɑ̃mɑ̃ʃe] vt Mettre un manche à. ◆ **s'emmancher** vpr **1.** S'ajuster. **2.** FAM, FIG commencer, s'engager.

**emmanchure** nf Ouverture d'un vêtement où se fixe la manche.

**emmêlement** nm Action d'emmêler ; son résultat.

**emmêler** [ɑ̃mele] vt **1.** Brouiller, enchevêtrer. **2.** FIG Embrouiller.

**emménagement** nm Action d'emménager.

**emménager** [ɑ̃menaʒe] vi (conj 2) S'installer dans un nouveau logement.

> VOCABULAIRE Ne pas confondre avec *aménager* un lieu (l'arranger).

**emmener** [ɑ̃mne] vt (conj 9) Mener avec soi d'un lieu dans un autre.

**emmental** ou **emmenthal** [emɑ̃tal] ou [emɛ̃tal] nm Variété de gruyère fabriquée en Suisse et dans le Jura.

**emmerdant, e** adj TRÈS FAM Ennuyeux.

**emmerdement** nm TRÈS FAM Gros ennui.

**emmerder** [ɑ̃mɛrde] vt TRÈS FAM Importuner, ennuyer.

**emmerdeur, euse** n et adj TRÈS FAM Personne pénible à supporter, agaçante.

**emmétrope** [ɑ̃metrop] adj Se dit d'un œil dont la vue est normale.

**emmieller** [ɑ̃mjele] vt VX Mêler de miel.

**emmitoufler** [ɑ̃mitufle] vt Envelopper dans des vêtements chauds.

**emmurer** [ɑ̃myre] vt Enfermer en murant ; bloquer comme avec un mur : *l'éboulement a emmuré des mineurs dans une galerie.*

**émoi** nm LITT Trouble, émotion.

**émoji** [-dʒi] ou [-ʒi] nm Dans un message électronique et sur les réseaux sociaux, représentation graphique (image fixe ou animée) utilisée pour exprimer une émotion, figurer un personnage, un animal, une action, etc.

**émollient, e** adj et nm MÉD Qui amollit, détend les tissus.

**émoluments** nm pl Traitement, salaire attaché à un emploi.

**émonder** vt **1.** Couper les branches inutiles. **2.** Débarrasser une graine de sa peau, monder : *émonder des amandes.*

**émoticône** nf Dans un message électronique, représentation typographique ou graphique (image) figurant une émotion.

**émotif, ive** adj Relatif à l'émotion. ◆ adj et n Prompt à s'émouvoir.

**émotion** nf Trouble passager causé par un sentiment vif de joie, de peur, etc.

**émotionnel, elle** adj Qui concerne l'émotion : *réaction émotionnelle.*

**émotionner** vt FAM Causer de l'émotion.

**émotivité** nf Disposition à s'émouvoir : *émotivité maladive.*

**émotter** vt Briser les mottes de terre après le labour.

**émoulu, e** adj ■ **frais émoulu** : nouvellement sorti d'une école, d'une institution.

**émousser** vt **1.** Rendre moins tranchant, moins pointu : *émousser un ciseau.* **2.** FIG Affaiblir, diminuer : *émousser une passion.*

**émoustillant, e** adj Qui émoustille.

**émoustiller** vt **1.** FAM Mettre de bonne humeur ; exciter. **2.** Aguicher.

**émouvant, e** adj Qui émeut.

**émouvoir** vt (conj 36) Agir sur la sensibilité de. ◆ **s'émouvoir** vpr Se troubler, s'inquiéter.

**empaillage** nm Action d'empailler.

**empailler** vt **1.** Garnir de paille : *empailler une chaise, des bouteilles.* **2.** Remplir de paille la peau d'un animal mort, pour lui garder sa forme.

**empailleur, euse** n Personne qui empaille.

**empalement** nm Action d'empaler.

**empaler** vt Transpercer d'un pal, d'un pieu. ◆ **s'empaler** vpr Tomber sur un objet pointu qui s'enfonce dans le corps.

**empan** nm Espace de l'extrémité du pouce à celle du petit doigt dans leur écart maximal.

**empanacher** vt Orner d'un panache.

**empanner** vi MAR Faire passer la voilure d'un bord à l'autre lors du virement de bord vent arrière.

**empaquetage** nm Action d'empaqueter : *empaquetage soigné.*

**empaqueter** vt (conj 8) Mettre en paquet.

**emparer (s')** vpr [de] **1.** Se saisir de, se rendre maître de. **2.** Gagner quelqu'un : *la colère s'est emparée de lui.*

**empâté, e** adj Dont la silhouette, les traits se sont épaissis, alourdis.

**empâtement** nm **1.** État de ce qui est empâté. **2.** En peinture, relief donné par des touches superposées.

**empâter** vt **1.** Rendre pâteux. **2.** Épaissir ; alourdir. ◆ **s'empâter** vpr Devenir gras ; s'épaissir.

**empathie** nf Faculté de se mettre à la place d'autrui, de percevoir ce qu'il ressent.

**empattement** nm **1.** Épaisseur de maçonnerie qui sert de pied à un mur. **2.** Distance entre les axes des essieux d'une voiture.

**empêché, e** adj Retenu par des obligations.

**empêchement** nm Obstacle ; contretemps : *avoir un empêchement de dernière minute.*

**empêcher** vt Faire obstacle à. ◆ **s'empêcher** vpr [de] Se retenir de.

**empêcheur, euse** n ■ FAM **empêcheur de danser, de tourner en rond :** (a) Ennemi de la gaieté (b) gêneur, rabat-joie.

**empeigne** nf Dessus d'une chaussure.

**empennage** nm **1.** Plans disposés à l'arrière d'un avion pour lui donner la stabilité. **2.** Empenne.

**empenne** nf Garniture de plumes placée sur le talon d'une flèche pour régulariser son mouvement.

**empenné, e** adj Garni de plumes : *flèche empennée.*

**empereur** nm Chef, souverain d'un empire.

**empesage** nm Action d'empeser.

**empesé, e** adj Raide, guindé : *un air empesé.*

**empeser** vt (conj 9) Apprêter avec de l'empois.

**empester** vt Infecter d'une mauvaise odeur ; empuantir. ◆ vi Dégager une mauvaise odeur : *chemise qui empeste le tabac.*

**empêtrer** vt **1.** Embarrasser, entraver : *la mariée était empêtrée dans sa traîne.* **2.** FIG Engager d'une façon malheureuse : *empêtrer quelqu'un dans une sale affaire.* ◆ **s'empêtrer** vpr S'embarrasser, s'embrouiller.

**emphase** nf Exagération pompeuse dans le discours ou le ton.

**emphatique** adj Qui relève de l'emphase.

**emphatiquement** adv Avec emphase.

**emphysémateux, euse** adj et n Atteint d'emphysème.

**emphysème** nm ■ MÉD **emphysème pulmonaire :** dilatation excessive et permanente des alvéoles pulmonaires.

**emphytéotique** adj ■ **bail emphytéotique :** à longue durée (de 18 à 99 ans).

**empiècement** nm Pièce rapportée dans le haut d'un vêtement.

**empierrement** nm **1.** Action d'empierrer. **2.** Lit de pierres cassées dont on recouvre les routes.

**empierrer** vt Couvrir de pierres.

**empiétement** nm **1.** Action d'empiéter ; usurpation. **2.** Extension progressive : *l'empiétement de la mer sur les terres.*

**empiéter** vt ind [sur] (conj 10) **1.** Déborder sur quelque chose. **2.** Usurper une partie de la propriété ou des droits d'autrui : *empiéter sur son voisin.*

**empiffrer (s')** vpr FAM Se bourrer de nourriture.

**empilable** adj Conçu pour pouvoir être empilé.

**empilement** ou **empilage** nm Action d'empiler ; ensemble de choses empilées.

**empiler** vt Mettre en pile. ◆ **s'empiler** vpr S'élever en pile ; s'entasser.

**empire** nm **1.** Régime dans lequel l'autorité politique souveraine est exercée par un empereur ; État ou ensemble d'États ainsi gouvernés. **2.** Ensemble de territoires gouvernés par une autorité unique : *empire colonial.* **3.** Groupe industriel très puissant et très étendu. **4.** LITT Autorité, influence, ascendant : *agir sous l'empire de la colère.*

**empirer** vi Devenir pire, s'aggraver : *son état empire.*

**empirique** adj Qui s'appuie uniquement sur l'expérience et non sur une théorie : *une médecine empirique.*

**empiriquement** adv De façon empirique.

**empirisme** nm **1.** Méthode empirique. **2.** PHILOS Théorie selon laquelle la connaissance procède de l'expérience, et nos idées, des sens.

**empiriste** adj et n Qui obéit à l'empirisme ; qui en est partisan.

**emplacement** nm Lieu, place occupés par quelque chose, ou qui lui sont réservés.

**emplâtre** nm **1.** Préparation thérapeutique adhésive destinée à l'usage externe. **2.** FAM Personne apathique et incapable.

**emplette** nf Achat : *faire des emplettes.*

**emplir** vt **1.** LITT Rendre plein. **2.** FIG Combler : *emplir d'aise.*

**emploi** nm **1.** Usage qu'on fait d'une chose : *l'emploi de son argent, de son temps.* **2.** Travail salarié, fonction, place : *chercher, obtenir un emploi ; emploi lucratif.* **3.** Genre de rôle joué par un acteur : *avoir la tête de l'emploi.* ■ **emploi du temps :** distribution des occupations dans la journée, la semaine.

**employé, e** n Salarié occupant un emploi : *employé de banque.* ■ **employé(e) de maison :** salarié(e) au service de qqn, d'une famille.

**employer** vt (conj 3) **1.** Faire usage de : *employer un mot.* **2.** Faire travailler : *employer des ouvriers.* ◆ **s'employer** vpr Être en usage : *ce mot ne s'emploie plus.* ■ **s'employer à :** s'appliquer à.

**employeur, euse** n Personne qui emploie du personnel salarié.

**empocher** vt FAM Percevoir, toucher de l'argent.

**empoignade** nf Altercation, discussion violente.

**empoigne** nf ■ FAM **foire d'empoigne :** situation où chacun, pour obtenir qqch, doit lutter contre les autres.

**empoigner** vt Saisir et serrer avec la main. ◆ **s'empoigner** vpr **1.** En venir aux mains. **2.** Se disputer.

**empois** nm Colle d'amidon.

**empoisonnant, e** adj FAM Ennuyeux, agaçant.

**empoisonnement** nm **1.** Action d'empoisonner ; fait d'être empoisonné. **2.** FAM, VIEILLI ennui, souci.

**empoisonner** vt **1.** Faire mourir ou intoxiquer par le poison : *empoisonner qqn à l'arsenic.* **2.** Mettre du poison dans, sur : *flèche empoisonnée.* **3.** Répandre une odeur infecte, polluer : *il nous empoisonne avec son tabac.* **4.** FAM Importuner vivement, causer du souci à : *tu m'empoisonnes avec tes questions.*

**empoisonneur, euse** n **1.** Personne qui empoisonne. **2.** FAM Personne qui ennuie.

**empoissonnement** nm Action d'empoissonner.

**empoissonner** vt Peupler de poissons un étang, une rivière.

**emporté, e** adj Violent, irritable.

**emportement** nm Accès de colère.

**emporte-pièce** nm inv Instrument en acier dur pour trouer ou découper. ■ FIG **à l'emporte-pièce :** franc, incisif, sans nuances : *caractère à l'emporte-pièce.*

**emporter** vt **1.** Prendre avec soi en quittant un lieu : *emporter un parapluie.* **2.** Enlever, entraîner avec vivacité ou violence, arracher : *le vent a emporté le toit.* **3.** Entraîner à un comportement excessif : *la colère l'emporte.* ■ **à emporter :** se dit de plats que l'on ne consomme pas sur place. ❑ **l'emporter (sur) :** avoir la supériorité (sur). ◆ **s'emporter** vpr **1.** Se laisser aller à la colère. **2.** Prendre le mors aux dents, en parlant d'un cheval.

**empoté, e** adj et n FAM Maladroit, gauche.

**empoter** vt Mettre en pot.

**empourprer** vt LITT Colorer de pourpre, de rouge.

**empreindre** vt LITT Marquer : *son visage était empreint de tristesse.*

**empreinte** nf **1.** Figure, marque, trace en creux ou en relief. **2.** Marque distinctive : *l'empreinte de l'éducation, du génie.* ■ BIOL **empreinte génétique :** séquence d'ADN spécifique de chaque individu et qui permet son identification. ❑ ÉCOL **empreinte écologique :** évaluation de l'impact humain sur l'environnement. ◆ **empreintes** pl ■ **empreintes digitales :** marques laissées par les sillons de la peau des doigts.

**empressé, e** adj et n Plein de prévenance, attentionné.

**empressement** nm Zèle, ardeur.

**empresser (s')** vpr **1.** Montrer de l'ardeur, du zèle, de la prévenance : *s'empresser auprès d'un client.* **2.** Se hâter : *s'empresser de partir.*

**emprise** nf **1.** Influence, ascendant : *avoir de l'emprise sur qqn.* **2.** PSYCHAN Relation toxique de domination, observée notamm. dans le cadre de violences conjugales.

**emprisonnement** nm **1.** Action de mettre en prison. **2.** Peine qui consiste à y demeurer enfermé.

**emprisonner** vt **1.** Mettre en prison. **2.** FIG Serrer, enfermer : *col qui emprisonne le cou.*

**emprunt** nm Action d'emprunter ; chose, somme empruntée : *rembourser un emprunt ; emprunts à l'anglais.* ■ **d'emprunt :** qui n'est pas naturel ; supposé, factice : *nom d'emprunt.*

**emprunté, e** adj Qui manque d'aisance, de naturel ; embarrassé, gauche.

**emprunter** vt **1.** Obtenir à titre de prêt : *emprunter de l'argent.* **2.** Prendre, tirer de quelqu'un, de quelque chose : *sujet emprunté* *à l'actualité ; le français emprunte des mots à l'anglais.* ■ **emprunter une route :** la suivre.

**emprunteur, euse** n et adj Personne qui emprunte.

**empuantir** vt Infecter d'une mauvaise odeur ; empester.

**empuantissement** nm Action d'empuantir ; son résultat.

**EMT** nf (sigle) Éducation manuelle et technique.

**ému, e** adj Qui éprouve ou manifeste de l'émotion.

**émulation** nf Sentiment qui pousse à égaler ou surpasser quelqu'un.

**émule** n LITT Personne qui cherche à égaler, à surpasser quelqu'un.

**émulsif, ive** ou **émulsifiant, e** ou **émulsionnant, e** adj et nm Se dit d'un produit qui facilite ou stabilise une émulsion.

**émulsion** nf **1.** Particules très fines d'un liquide en suspension dans un autre liquide : *le lait est une émulsion de graisse dans l'eau.* **2.** PHOT Préparation sensible à la lumière qui couvre les films et les papiers photographiques.

**émulsionner** ou **émulsifier** vt Faire passer à l'état d'émulsion.

**1. en** prép **1.** Dans l'espace, introduit la situation, la direction : *habiter en Grèce ; aller en Chine.* **2.** Indique la durée : *en été.* **3.** Indique la composition, la matière : *montre en or.* **4.** Introduit le domaine, le sujet concerné : *bon en dessin.* **5.** Indique la manière, l'état, la forme : *être en colère ; sucre en morceaux.* **6.** Indique le moyen : *voyager en car.*

**2. en** adv Indique le lieu d'où l'on vient, l'origine : *j'en viens.*

**3. en** pron pers De lui, d'elle, d'eux, d'elles, de cela : *d'eux, il s'en moque ; de cette ville, elle s'en souviendra ; j'ai réussi et j'en suis fier.*

**énamourer (s')** [enamure] ou **enamourer (s')** [ãnamure] vpr LITT Devenir amoureux.

**énarque** n Élève ou ancien élève de l'École nationale d'administration.

**encablure** nf MAR Longueur de 120 brasses, soit environ 200 m, employée pour évaluer approximativement les courtes distances.

> ORTHOGRAPHE *Encablure* s'écrit sans accent circonflexe, bien que ce mot soit dérivé de *câble.*

**encadré** nm Texte d'une page entouré d'un filet qui le met en valeur.

**encadrement** nm **1.** Action d'encadrer. **2.** Ce qui encadre. **3.** Ensemble des cadres d'une troupe, d'un groupe : *personnel d'encadrement.*

**encadrer** vt **1.** Mettre dans un cadre : *encadrer un tableau.* **2.** Entourer, faire ressortir : *cheveux noirs qui encadrent un visage.* **3.** Entourer, flanquer : *prisonnier encadré par deux gendarmes.* **4.** Assurer auprès de personnes un rôle de direction, de formation : *encadrer une colonie de vacances.*

**encadreur, euse** n Personne qui fait des cadres.

**encaissable** adj Qui peut être encaissé, touché : *chèque encaissable.*

**encaisse** nf Argent, valeurs en caisse.

**encaissé, e** adj Resserré entre des bords, des versants, des parois escarpés : *chemin encaissé.*

**encaissement** nm **1.** Action d'encaisser de l'argent, des valeurs. **2.** État d'une rivière, d'une route encaissée.

**encaisser** vt **1.** Recevoir, toucher de l'argent. **2.** FAM Subir, supporter : *encaisser des coups, des critiques.*

**encaisseur** nm Employé chargé de recouvrer les sommes dues.

**encan** nm ■ **à l'encan :** aux enchères.

**encanailler (s')** vpr Fréquenter ou imiter la canaille.

**encapsulation** nf Action d'enfermer une substance (médicament, cosmétique) dans une membrane semi-perméable qui permet sa diffusion.

**encapuchonné, e** adj Couvert d'un capuchon, ou de quelque vêtement qui protège.

**encart** nm Feuille volante que l'on insère dans un volume, une revue.

**encarter** vt Insérer un encart.

**en-cas** nm inv Repas léger préparé en cas de besoin.

**encastrable** adj Qui peut être encastré : *four encastrable.*

**encastrement** nm **1.** Action d'encastrer. **2.** Entaille dans une pièce de bois, de fer, pour recevoir une autre pièce.

**encastrer** vt Insérer dans une cavité prévue à cet effet. ◆ **s'encastrer** vpr S'ajuster très exactement.

**encaustique** nf Préparation de cire et d'essence de térébenthine pour faire briller les meubles, les parquets.

**encaustiquer** vt Enduire d'encaustique, cirer.

**1. enceinte** nf **1.** Ce qui entoure un espace fermé, rempart. **2.** Espace clos : *l'enceinte du tribunal.* ■ **enceinte (acoustique) :** ensemble de plusieurs haut-parleurs ; baffle.

**2. enceinte** adj f Se dit d'une femme en état de grossesse.

**encens** nm Résine aromatique dont l'odeur s'exhale surtout par la combustion.

**encensement** nm Action d'encenser.

**encenser** vt **1.** Agiter l'encensoir devant quelque chose : *encenser un autel.* **2.** FIG Flatter, honorer avec des louanges excessives : *la presse l'encense.*

**encenseur, euse** n VX Flatteur.

**encensoir** nm Cassolette suspendue où brûle de l'encens.

**encéphale** nm Ensemble des centres nerveux (cerveau, cervelet, bulbe rachidien) contenus dans la boîte crânienne des vertébrés.

**encéphalique** adj De l'encéphale.

**encéphalite** nf Inflammation de l'encéphale.

**encéphalogramme** nm Électroencéphalogramme.

**encéphalographie** nf Radiographie de l'encéphale.

**encéphalopathie** nf ■ **encéphalopathie spongiforme :** maladie due à un prion et pouvant atteindre l'homme et les animaux (maladie de Creutzfeld-Jacob, maladie de la vache folle).

**encerclement** nm Action d'encercler ; fait d'être encerclé.

**encercler** vt **1.** Entourer : *dans l'article, un nom était encerclé en rouge.* **2.** Enfermer dans un réseau ; cerner : *la police a encerclé le quartier.*

**enchaînement** nm **1.** Suite de choses qui s'enchaînent ; série, succession : *enchaînement de circonstances.* **2.** Manière d'enchaîner, de s'enchaîner ; liaison : *enchaînement logique.*

**enchaîner** vt **1.** Lier avec une chaîne. **2.** FIG Assujettir : *enchaîner les cœurs.* **3.** Lier par un rapport logique ; coordonner : *enchaîner des idées.* ◆ vi Reprendre rapidement la suite d'un discours, d'une action. ◆ **s'enchaîner** vpr Être lié par un rapport de dépendance logique.

**enchanté, e** adj **1.** Ensorcelé. **2.** FIG Ravi.

**enchantement** nm **1.** Charme, sortilège : *croire aux enchantements.* **2.** Chose merveilleuse, d'un charme irrésistible. **3.** Émerveillement, ravissement.

**enchanter** vt **1.** Ensorceler. **2.** Charmer, ravir.

**enchanteur, eresse** n Personne qui a le pouvoir d'enchanter, magicien. ◆ adj Qui charme : *site enchanteur.*

**enchâssement** nm Action d'enchâsser ; fait d'être enchâssé.

**enchâsser** vt **1.** Placer des reliques dans une châsse. **2.** Fixer dans un support, une monture ; sertir. **3.** LITT Insérer, intercaler : *enchâsser une citation dans un discours.*

**enchère** nf Offre d'un prix supérieur à celui qu'un autre a proposé : *vente aux enchères.*

**enchérir** vi **1.** Mettre, faire une enchère. **2.** LITT Dépasser, aller plus loin, renchérir.

**enchérisseur, euse** n Personne qui enchérit.

**enchevêtrement** nm Action d'enchevêtrer ; fait d'être enchevêtré.

**enchevêtrer** vt Emmêler de façon inextricable. ◆ **s'enchevêtrer** vpr S'engager les unes dans les autres, en parlant de choses ; s'emmêler : *fils qui s'enchevêtrent.*

**enchevêtrure** nf Assemblage de pièces de charpente formant un cadre autour d'une trémie.

**enchifrené, e** adj VIEILLI, FAM Enrhumé.

**enclave** nf Terrain ou territoire complètement entouré par un autre.

**enclavement** nm Action d'enclaver ; fait d'être enclavé.

**enclaver** vt **1.** Enfermer, enclore une chose dans une autre. **2.** Insérer, placer entre.

**enclenchement** nm **1.** Action d'enclencher, de s'enclencher. **2.** Mécanisme destiné à enclencher.

**enclencher** vt **1.** Rendre solidaires diverses pièces mécaniques ; mettre en position de marche : *enclencher une vitesse.* **2.** Commencer, démarrer : *enclencher une action.* ◆ **s'enclencher** vpr **1.** Se mettre en marche. **2.** FAM Commencer : *l'affaire s'enclenche mal.*

ORTHOGRAPHE Attention, le mot *enclencher* s'écrit avec un *e*, comme *clenche.*

**enclin, e** adj Porté naturellement à, sujet à : *enclin à la paresse.*

**enclitique** nm et adj GRAMM Mot qui s'unit au mot précédent de façon à ne former qu'un mot avec lui (EX : *je* dans *suis-je*).

**enclore** vt (conj 81) Entourer de murs, de haies, etc.

**enclos** nm Espace fermé par une clôture ; la clôture elle-même.

**enclume** nf **1.** Masse d'acier sur laquelle on forge les métaux. **2.** ANAT Osselet de l'oreille moyenne.

**encoche** nf Petite entaille servant de marque, de cran.

**encodage** nm Codage.

**encoder** vt Transcrire selon un code ; coder.

**encoignure** [ɑ̃kɔɲyr] nf **1.** Angle intérieur formé par deux murs. **2.** Petit meuble triangulaire qu'on place dans un angle.

**encollage** nm **1.** Action d'encoller. **2.** Préparation pour encoller.

**encoller** vt Appliquer un apprêt de colle, de gomme, etc. : *encoller du papier peint.*

**encolure** nf **1.** Partie du corps du cheval qui s'étend depuis la tête jusqu'aux épaules et au poitrail. **2.** Partie d'un vêtement autour du cou. **3.** Mesure du cou.

**encombrant, e** adj Qui encombre.

**encombre (sans)** loc adv Sans incident, sans rencontrer d'obstacle.

**encombré, e** adj Qui est emprunté par trop d'usagers à la fois, saturé : *autoroute, ligne téléphonique encombrée.*

**encombrement** nm **1.** Affluence de personnes ; amas de matériaux, d'objets : *les encombrements de la circulation.* **2.** Volume pris par un objet.

**encombrer** vt **1.** Obstruer, embarrasser par accumulation ; occuper à l'excès un lieu, quelque chose. **2.** Prendre trop de place, gêner quelqu'un.

**encontre de (à l')** loc prép ■ **aller à l'encontre de** : être contraire à, en opposition avec.

EMPLOI *À l'encontre de* s'emploie pour marquer une opposition, et non une simple différence.

**encorbellement** nm ARCHIT Construction en saillie sur le plan d'un mur.

**encorder (s')** vpr S'attacher les uns aux autres avec une corde, en parlant d'alpinistes.

**encore** adv **1.** Toujours : *nous sommes encore en vacances.* **2.** De nouveau : *essayer encore.* **3.** Davantage, de plus : *il fait encore plus chaud ; non seulement..., mais encore...* **4.** Seulement : *si encore elle était à l'heure !* ■ **encore !** : exclamation qui marque l'étonnement, l'impatience. ◆ loc conj ■ **encore que** : bien que, quoique. ❏ **et encore** : indique que l'on est en dessous de la vérité : *avec ça, tu peux acheter une baguette, et encore.* ❏ **si encore** : exprime une condition dont on constate la non-réalisation : *si encore elle était venue, on aurait pu en parler.*

**encorné, e** adj LITT Qui a des cornes : *diables encornés.*

**encorner** vt Percer, blesser avec les cornes.

**encornet** nm Calmar.

**encourageant, e** adj Qui encourage.

**encouragement** nm **1.** Action d'encourager. **2.** Acte, parole qui encourage.

**encourager** vt (conj 2) **1.** Donner du courage à : *encourager un élève.* **2.** Favoriser, stimuler : *encourager l'industrie.*

**encourir** vt (conj 29) LITT S'exposer à quelque chose de fâcheux : *encourir un reproche.*

**encrage** nm Action d'encrer.

**encrassement** nm Fait d'être encrassé.

**encrasser** vt Couvrir de crasse. ◆ **s'encrasser** vpr Devenir crasseux.

**encre** nf **1.** Liquide coloré, dont on se sert pour écrire ou pour imprimer. **2.** Liquide noir sécrété par certains céphalopodes. ■ **encre de Chine** : mélange de noir de fumée, de gélatine et de camphre, utilisé pour le dessin. ❏ **encre sympathique** : encre incolore qui apparaît sur le papier sous l'action de certains produits chimiques ou de la chaleur.

**encrer** vt Enduire d'encre.

**encreur** adj m Qui sert à encrer : *rouleau encreur.*

**encrier** nm Récipient destiné à contenir de l'encre.

**encroûté, e** adj Obstiné dans sa routine ; sclérosé.

**encroûtement** nm Action d'encroûter ; fait de s'encroûter.

**encroûter** vt Recouvrir d'une croûte. ◆ **s'encroûter** vpr **1.** Se couvrir d'une croûte. **2.** FIG S'enfermer dans une routine qui appauvrit l'esprit.

**encyclique** nf Lettre solennelle adressée par le pape aux évêques.

**encyclopédie** nf Ouvrage où l'on expose méthodiquement l'ensemble des connaissances universelles ou spécifiques d'un domaine du savoir.

**encyclopédique** adj Qui relève de l'encyclopédie.

**encyclopédiste** n **1.** Auteur ou collaborateur d'une encyclopédie. **2.** (avec une majuscule) Collaborateur de l'*Encyclopédie* de Diderot.

**endémie** nf Maladie endémique.

**endémique** adj **1.** Se dit d'une maladie quasi permanente dans une contrée déterminée. **2.** Qui sévit constamment : *chômage endémique.*

**endettement** nm Fait de s'endetter.

**endetter** vt Charger de dettes : *l'achat de sa maison l'a endetté.* ◆ **s'endetter** vpr Contracter des dettes.

**endeuiller** vt Plonger dans le deuil, la tristesse.

**endiablé, e** adj **1.** D'une vivacité extrême : *rythme endiablé.* **2.** Remuant : *enfant endiablé.*

**endiguer** vt **1.** Contenir par des digues : *endiguer un fleuve.* **2.** Réfréner : *endiguer la marche du progrès.*

**endimanché, e** adj Habillé d'une façon apprêtée, qui donne l'air peu naturel et emprunté.

**endive** nf Variété de chicorée.

**endoblaste** ou **endoderme** nm BIOL Dans l'embryon, feuillet interne qui fournit les appareils digestif et respiratoire.

**endocarde** nm Membrane qui tapisse les cavités du cœur.

**endocardite** nf MÉD Inflammation de l'endocarde.

**endocarpe** nm BOT Partie la plus interne du fruit ; noyau.

**endocrine** adj ■ ANAT **glande endocrine :** qui déverse dans le sang une hormone spécifique. CONTR : exocrine.

**endocrinien, enne** adj Relatif aux glandes endocrines ou aux hormones.

**endocrinologie** nf Partie de la médecine qui étudie le développement, les fonctions et les maladies des glandes endocrines.

**endocrinologue** ou **endocrinologiste** n Spécialiste des glandes endocrines.

**endoctrinement** nm Action d'endoctriner.

**endoctriner** vt Gagner à ses idées, à ses opinions.

**endogène** adj Qui est produit par qqch en dehors de tout apport extérieur : *un facteur cancérigène endogène.* CONTR : exogène.

**endolori, e** adj Douloureux ; meurtri.

**endolorir** vt Rendre douloureux, meurtrir.

**endomètre** nm Muqueuse qui recouvre la paroi interne de l'utérus.

**endométriose** nf Affection gynécologique caractérisée par la présence de fragments de muqueuse utérine en dehors de l'utérus.

**endommager** vt (conj 2) Abîmer, détériorer : *endommager un tapis.*

**endoprothèse** nf Dispositif implanté dans un organe creux du corps (EX : vaisseau sanguin, tube digestif, voie urinaire).

**endoréique** adj De l'endoréisme.

**endoréisme** nm GÉOGR Caractère des régions où l'écoulement n'atteint pas la mer et se perd dans les dépressions intérieures.

**endormi, e** adj **1.** Sans vivacité, indolent, mou : *élève endormi.* **2.** Où tout semble dormir, sans animation : *ville endormie.*

**endormir** vt (conj 18) **1.** Faire dormir, plonger dans un sommeil naturel ou artificiel. **2.** Ennuyer profondément : *ses discours m'endorment.* **3.** Calmer, apaiser : *endormir la douleur ;* atténuer l'acuité de : *endormir la vigilance de.* ◆ **s'endormir** vpr **1.** Se laisser aller au sommeil. **2.** Ralentir son activité ; manquer de vigilance.

**endormissement** nm Fait de s'endormir ; passage de l'état de veille à l'état de sommeil.

**endos** nm → **endossement.**

**endoscope** nm MÉD Appareil optique servant à explorer une cavité interne du corps.

**endoscopie** nf MÉD Examen réalisé avec un endoscope.

**endosmose** nf PHYS Courant qui s'établit entre deux liquides de densités différentes à travers une cloison membraneuse.

**endossable** adj Qui peut être endossé : *chèque endossable.*

**endossement** ou **endos** [ɑ̃do] nm DR Signature au dos d'un billet à ordre, d'un effet de commerce, pour en transmettre la propriété à un autre bénéficiaire.

**endosser** vt **1.** Mettre un vêtement sur son dos : *endosser un manteau.* **2.** Assumer la responsabilité de : *endosser un échec.* **3.** DR Opérer l'endossement de.

**endroit** nm **1.** Lieu, place : *elle ne range jamais ses clés au même endroit.* **2.** Lieu où l'on se trouve, localité : *les gens de l'endroit sont aimables.* **3.** Partie déterminée du corps, de qqch : *à quel endroit est-il blessé ?* **4.** Côté par lequel on doit regarder une chose (par oppos. à *envers*) : *l'endroit d'un tissu.* ■ **à l'endroit :** du bon côté. ❑ LITT **à l'endroit de :** à l'égard de. ❑ **par endroits :** çà et là.

**enduire** vt (conj 70) Couvrir d'un enduit.

**enduit** nm Substance liquide ou pâteuse qu'on étend sur une surface, en particulier pour l'égaliser avant de la peindre.

**endurance** nf Aptitude à résister à la fatigue, à la souffrance.

**endurant, e** adj Qui a de l'endurance.

**endurci, e** adj **1.** Qui est devenu dur, insensible : *cœur endurci.* **2.** Invétéré, impénitent : *célibataire endurci.*

**endurcir** vt **1.** Rendre résistant ; aguerrir : *le sport l'a endurci.* **2.** Rendre insensible : *ses malheurs l'ont endurci.* ◆ **s'endurcir** vpr Devenir dur, insensible ; s'aguerrir.

**endurcissement** nm Fait de s'endurcir ; résistance, insensibilité.

**endurer** vt Supporter ce qui est dur, pénible : *endurer le froid, la faim.*

**enduro** nm Compétition de motocyclisme, épreuve d'endurance et de régularité en terrain varié.

**énergétique** adj Relatif à l'énergie, aux sources d'énergie. ■ **apport énergétique :** apport d'énergie fourni à un organisme par un aliment, une boisson.

**énergie** nf **1.** Force morale, fermeté, vigueur, détermination : *parler avec énergie ; l'énergie du désespoir.* **2.** Force physique, vitalité : *un être plein d'énergie.* **3.** PHYS Faculté que possède le système d'un corps de fournir du travail mécanique ou son équivalent. ■ **bâtiment à énergie positive :** qui est doté d'équipements (matériaux, panneaux solaires, isolation) lui permettant de produire plus d'énergie qu'il n'en consomme. ❑ ASTRON **énergie noire** ou **sombre :** composante prépondérante hypothétique du cosmos qui expliquerait l'accélération de l'expansion de l'Univers. ❑ **sources d'énergie :** matières premières (charbon, pétrole, etc.) ou phénomènes naturels (soleil, vent, marée, etc.) utilisés pour la production d'énergie.

**énergique** adj Qui manifeste de l'énergie : *visage énergique ; protestation énergique.*

**énergiquement** adv Avec énergie.

**énergisant, e** adj et nm Se dit d'un produit qui stimule, donne de l'énergie.

**énergivore** adj FAM Qui consomme beaucoup d'énergie.

**énergumène** n Personne exaltée, qui parle, gesticule avec véhémence.

**énervant, e** adj Qui énerve ; agaçant.

**énervation** nf **1.** MÉD Ablation ou section d'un nerf, d'un groupe de nerfs. **2.** HIST Au Moyen Âge, supplice qui consistait à brûler les tendons des jarrets.

**énervé, e** adj Irrité, agacé.

**énervement** nm État d'une personne énervée ; agacement, surexcitation.

**énerver** vt Provoquer de la nervosité ; irriter, agacer, exciter. ◆ **s'énerver** vpr Perdre le contrôle de ses nerfs ; s'impatienter.

**enfance** nf **1.** Période de la vie depuis la naissance jusqu'à la puberté : *elle a eu une enfance heureuse.* **2.** Les enfants : *l'enfance abandonnée.* **3.** FIG Commencement, origine : *dès l'enfance de l'humanité.*

**enfant** n **1.** Garçon, fille dans l'enfance : *une enfant charmante.* **2.** Fils ou fille, quel que soit l'âge : *père de trois enfants.* **3.** Originaire de : *un enfant du pays.* ■ **bon enfant :** de bon caractère. ❑ **enfant légitime :** né de parents unis par le mariage. ❑ **enfant naturel :** né hors du mariage. ❑ **enfant roi :** qui semble disposer d'un pouvoir absolu. ❑ **faire l'enfant :** se montrer puéril.

**enfantement** nm LITT Action d'enfanter.

**enfanter** vt LITT **1.** Accoucher. **2.** Produire, créer : *enfanter un projet.*

**enfantillage** nm Parole, action d'enfant, puérile.

**enfantin, e** adj **1.** Relatif à l'enfant : *jeux enfantins.* **2.** Simple ou puéril : *raisonnement enfantin.*

**enfant-soldat** (pl *enfants-soldats*) nm Fille ou garçon de moins de 18 ans enrôlés dans des forces militaires ou paramilitaires au mépris du droit international.

**enfariné, e** adj Couvert de farine. ■ FAM **le bec enfariné :** avec une confiance niaise.

**enfer** nm **1.** Lieu destiné au supplice des damnés. **2.** FIG Lieu, chose, cause de tourments : *cette maison est un enfer.* **3.** Endroit d'une bibliothèque où l'on garde les livres scandaleux ou licencieux. ■ **d'enfer :** (a) très violent, excessif, infernal : *un feu d'enfer* (b) FAM formidable, extraordinaire : *des vacances d'enfer.* ◆ **enfers** pl ■ MYTH **les Enfers :** séjour des âmes après la mort.

**enfermement** nm Action d'enfermer ; fait de s'enfermer, d'être enfermé.

**enfermer** vt **1.** Mettre en un lieu fermé d'où l'on ne peut sortir : *enfermer un oiseau dans une cage.* **2.** Mettre en lieu sûr dans un endroit fermé : *enfermer des papiers.* **3.** Placer, maintenir dans d'étroites limites : *enfermer la poésie dans des règles strictes.* ◆ **s'enfermer** vpr S'isoler.

**enferrer (s')** vpr **1.** Se prendre à l'hameçon, en parlant d'un poisson. **2.** FIG Se prendre au piège de ses propres mensonges, s'enfoncer.

**enfiévrer** vt (conj 10) LITT Donner la fièvre ; exciter, exalter.

**enfilade** nf Ensemble de choses disposées les unes à la suite des autres : *une enfilade de couloirs.*

**enfilage** nm Action d'enfiler.

**enfiler** vt **1.** Passer un fil dans quelque chose (le chas d'une aiguille, par exemple). **2.** Mettre rapidement : *enfiler son pantalon.* **3.** S'engager dans : *enfiler une rue.*

**enfin** adv **1.** Marque la conclusion, la fin d'une énumération, la fin d'une attente : *il regarde, s'approche et, enfin, salue.* **2.** Introduit une rectification : *c'est un mensonge ; enfin, une vérité incomplète.* **3.** Toutefois : *c'est difficile ; enfin, vous pouvez essayer.* **4.** S'emploie pour rappeler à la raison : *enfin, qu'est-ce qui t'a pris ?*

**enflammé, e** adj **1.** Dans un état inflammatoire : *plaie enflammée.* **2.** Rempli d'ardeur, de passion : *discours enflammé.*

**enflammer** vt **1.** Mettre en feu. **2.** Causer l'inflammation de. **3.** Exalter, exciter.

**enflé, e** adj Gonflé.

**enfler** vt **1.** Gonfler en remplissant d'air, de gaz, etc. : *enfler ses joues.* **2.** Faire augmenter, grossir ; rendre plus important : *la fonte des neiges enfle les rivières.* ■ **être enflé de :** plein, rempli de : *enflé d'orgueil.* ◆ vi Augmenter de volume : *ma cheville enfle.*

**enflure** nf **1.** Gonflement, boursouflure : *enflure du genou.* **2.** VIEILLI, FIG Exagération, emphase.

**enfoiré, e** adj et n TRÈS FAM, INJUR Imbécile.

**enfoncé, e** adj Dans le fond de, à l'intérieur de : *yeux enfoncés dans leurs orbites.*

**enfoncement** nm **1.** Action d'enfoncer ; fait de s'enfoncer. **2.** Partie en retrait ou en creux.

**enfoncer** vt (conj 1) **1.** Pousser vers le fond, faire pénétrer profondément dans : *enfoncer un clou.* **2.** Briser, en poussant : *enfoncer une porte.* **3.** FAM Vaincre ; surpasser, accabler : *enfoncer un rival.* ◆ vi Aller vers le fond : *enfoncer dans la boue.* ◆ **s'enfoncer** vpr **1.** S'engager profondément : *s'enfoncer dans l'eau.* **2.** S'écrouler, s'affaisser : *le sol s'enfonce sous nos pieds.* **3.** FIG Aggraver sa situation, s'enferrer.

**enfouir** vt **1.** Mettre, enfoncer en terre. **2.** Mettre en un lieu secret, dissimuler. ◆ **s'enfouir** vpr S'enfoncer, se blottir.

**enfouissement** nm Action d'enfouir ; fait d'être enfoui.

**enfourcher** vt Monter à califourchon : *enfourcher un cheval, une bicyclette.* ■ FAM **enfourcher son cheval de bataille :** reprendre un thème favori.

**enfournage** ou **enfournement** nm Action d'enfourner.

**enfourner** vt **1.** Mettre dans le four. **2.** FAM Ingurgiter, engouffrer par grandes quantités.

**enfreindre** vt (conj 55) LITT Transgresser, violer : *enfreindre un règlement.*

**enfuir (s')** vpr (conj 17) Fuir, s'en aller rapidement, se sauver, disparaître.

**enfumage** nm Action d'enfumer.

**enfumer** vt **1.** Remplir de fumée : *le poêle enfume la pièce.* **2.** Déloger ou neutraliser un animal en l'incommodant par la fumée : *enfumer des abeilles.*

**engagé, e** adj Se dit d'une personne, d'un artiste, d'une œuvre qui prennent position sur les problèmes politiques ou sociaux. ◆ n et adj Personne qui a contracté un engagement volontaire dans l'armée.

**engageant, e** adj Sympathique, attirant.

**engagement** nm **1.** Action d'engager, d'embaucher : *signer un engagement dans une maison de disques.* **2.** Fait de s'engager ; promesse par laquelle on s'engage : *faire honneur à ses engagements.* **3.** Prise de position sur les problèmes politiques ou sociaux. **4.** SPORTS Action de mettre le ballon en jeu. **5.** MIL Bref combat. **6.** Enrôlement volontaire d'un soldat. ■ **engagement physique :** utilisation maximale par un sportif de ses qualités corporelles.

**engager** vt (conj 2) **1.** Lier par une promesse : *engager sa parole.* **2.** Recruter, embaucher : *engager un domestique ; engager des mercenaires.* **3.** Mettre en gage. **4.** [à] Inciter, exhorter : *engager à sortir.* **5.** Commencer, entamer, entreprendre : *engager une partie.* **6.** Faire entrer, introduire : *engager la clé dans la serrure.* **7.** Investir : *engager des capitaux.* ◆ **s'engager** vpr **1.** Promettre de : *s'engager à rembourser sa dette.* **2.** S'avancer, pénétrer : *s'engager sur une autoroute.* **3.** Commencer : *la conversation s'engage plutôt bien.* **4.** Contracter un engagement professionnel ou militaire : *s'engager dans la légion.* **5.** S'inscrire à une compétition. **6.** Prendre publiquement position sur des problèmes sociaux, politiques.

**engainant, e** adj Se dit d'une feuille dont la base, ou gaine, entoure la tige.

**engeance** nf SOUT Ensemble de personnes jugées méprisables.

**engelure** nf Inflammation, crevasse causée par le froid.

**engendrer** vt **1.** Procréer. **2.** Être à l'origine de, produire.

**engin** nm **1.** Instrument, machine. **2.** Matériel de guerre : *engin blindé.* **3.** FAM Objet quelconque ou bizarre.

**engineering** [ɛndʒiniriŋ] nm Ingénierie.

**englober** vt Réunir en un tout, contenir.

**engloutir** vt **1.** Avaler gloutonnement. **2.** FIG absorber, faire disparaître : *engloutir sa fortune.* ◆ **s'engloutir** vpr Disparaître : *s'engloutir dans les flots.*

**engloutissement** nm Action d'engloutir ; fait d'être englouti.

**engluement** nm Action d'engluer ; fait d'être englué.

**engluer** vt **1.** Enduire de glu. **2.** Prendre (des oiseaux) à la glu. ■ FIG **être englué dans quelque chose :** pris dans une situation complexe qui paraît sans issue.

**engoncer** vt (conj 1) En parlant d'un vêtement, faire paraître le cou enfoncé dans les épaules.

**engorgement** nm **1.** Obstruction d'un conduit. **2.** Encombrement, saturation : *il y a un engorgement sur l'autoroute.*

**engorger** vt (conj 2) **1.** Obstruer par accumulation de matières : *engorger un tuyau.* **2.** Encombrer, saturer : *l'affluence de véhicules engorge l'autoroute.*

**engouement** nm Goût vif et soudain pour quelqu'un, quelque chose.

**engouer (s')** vpr Se passionner, s'emballer pour : *s'engouer d'un artiste.*

**engouffrement** nm Action d'engouffrer ; fait de s'engouffrer.

**engouffrer** vt Dévorer, engloutir : *engouffrer de la nourriture.* ◆ **s'engouffrer** vpr Se précipiter avec violence quelque part, y entrer en hâte : *s'engouffrer dans le métro.*

**engoulevent** nm Oiseau passereau qui chasse les insectes en volant le bec grand ouvert.

**engourdi, e** adj Rendu insensible.

**engourdir** vt Rendre insensible, ralentir le mouvement, l'activité de.

**engourdissement** nm **1.** Paralysie momentanée d'une partie du corps. **2.** FIG Torpeur.

**engrain** nm Variété de blé parmi les plus anciennement cultivées, mais peu modifiée par rapport à l'espèce sauvage.

**engrais** nm Produit destiné à fertiliser les terres.

**engraissement** ou **engraissage** nm Action d'engraisser ; son résultat.

**engraisser** vt **1.** Rendre plus gras. **2.** Fertiliser par l'engrais. ◆ vi Grossir, prendre du poids. ◆ **s'engraisser** vpr FAM, FIG S'enrichir.

**engranger** vt (conj 2) **1.** Mettre à l'abri dans une grange. **2.** Accumuler en vue d'une utilisation ultérieure.

**engrenage** nm **1.** Mécanisme formé de roues dentées en contact, se transmettant en mouvement de rotation. **2.** FIG Enchaînement inéluctable de faits dont on ne peut se dégager.

**engrener** vt (conj 9) MÉCAN Mettre en prise les éléments d'un engrenage.

**engrosser** vt TRÈS FAM Rendre une femme enceinte.

**engueulade** nf TRÈS FAM Dispute violente.

**engueuler** vt TRÈS FAM **1.** Accabler de reproches, d'injures : *elle nous a violemment engueulés.* **2.** Réprimander violemment

**enguirlander** vt **1.** LITT Entourer de guirlandes. **2.** FAM Invectiver, faire de vifs reproches à.

**enhardir** [ɑ̃ardir] vt Rendre hardi, donner de l'assurance à. ◆ **s'enhardir** vpr Devenir plus hardi : *il s'enhardit jusqu'à lui demander son nom.*

**enharmonie** [ɑ̃narmɔni] nf MUS Rapport entre deux notes qui diffèrent d'un comma (EX : *do* dièse et *ré* bémol) et qui, dans la pratique, sont confondues.

**enharmonique** [ɑ̃narmɔnik] adj MUS Qui forme une enharmonie.

**énième** adj et n FAM Qui a un rang indéterminé, mais très grand : *pour la énième fois.*

**énigmatique** adj Qui renferme une énigme ; difficile à comprendre, à interpréter : *silence énigmatique.*

**énigme** nf **1.** Jeu d'esprit où l'on donne à deviner une chose en la décrivant en termes obscurs. **2.** FIG Mystère.

**enivrant, e** [ɑ̃nivrɑ̃, ɑ̃t] adj Qui enivre.

**enivrement** [ɑ̃nivrəmɑ̃] nm **1.** VIEILLI Ivresse. **2.** LITT, FIG Euphorie, exaltation : *l'enivrement de la gloire.*

**enivrer** [ɑ̃nivre] vt **1.** Rendre ivre. **2.** FIG Exalter : *enivrer de joie.*

> ORTHOGRAPHE *Enivrer* et ses dérivés s'écrivent avec un seul *n*, celui du préfixe *en*.

**enjambée** nf Grand pas : *marcher à grandes enjambées.*

**enjambement** nm En poésie, rejet au vers suivant d'un ou de plusieurs mots qui complètent le sens du précédent.

**enjamber** vt Franchir, passer par-dessus un obstacle en faisant un grand pas : *enjamber un ruisseau.*

**enjeu** nm **1.** Somme d'argent, objet que l'on risque dans une partie de jeu. **2.** FIG Ce qu'on peut gagner ou perdre dans une entreprise : *les enjeux d'une guerre.*

**enjoindre** vt (conj 82) LITT Ordonner, commander de.

**enjôlement** nm Action d'enjôler.

**enjôler** vt Séduire par des cajoleries, de belles paroles.

**enjôleur, euse** adj et n Qui enjôle.

**enjolivement** nm Ce qui enjolive.

**enjoliver** vt Rendre joli ou plus joli en ajoutant des ornements.

**enjoliveur** nm Garniture recouvrant les moyeux des roues d'une automobile.

**enjolivure** nf Petit enjolivement, fioriture.

**enjoué, e** adj Qui montre de l'enjouement.

**enjouement** nm Gaieté aimable et souriante, bonne humeur.

**enkyster (s')** vpr MÉD S'envelopper d'un kyste : *tumeur qui s'enkyste.*

**enlacement** nm **1.** Action d'enlacer. **2.** Disposition de choses enlacées. **3.** Étreinte.

**enlacer** vt (conj 1) **1.** Entrecroiser. **2.** Serrer dans ses bras, étreindre.

**enlaidir** vt Rendre laid. ◆ vi Devenir laid : *il a enlaidi.*

**enlaidissement** nm Action d'enlaidir ; fait d'être enlaidi.

**enlevé, e** adj Exécuté avec rapidité, brio.

**enlèvement** nm **1.** Action d'enlever, d'emporter : *les employés de la fourrière ont procédé à l'enlèvement des voitures.* **2.** Rapt.

**enlever** vt (conj 9) **1.** Retirer pour mettre ailleurs : *enlever des meubles.* **2.** Retirer ce qui était sur soi : *enlever ses chaussures.* **3.** Faire disparaître : *enlever une tache.* ◊ vpr : *tache qui s'enlève au lavage.* **4.** Libérer, soulager : *ça m'enlève un poids de la conscience.*

**5.** Soustraire par un rapt : *enlever quelqu'un contre une rançon.* **6.** Exécuter rapidement, brillamment : *enlever un morceau.*

**enlisement** nm Action de s'enliser.

**enliser (s')** vpr **1.** S'enfoncer dans la boue, dans les sables mouvants. **2.** FIG S'embarrasser dans une situation inextricable.

**enluminer** vt **1.** Orner d'enluminures. **2.** LITT Colorer vivement.

**enlumineur, euse** n Artiste qui enlumine.

**enluminure** nf **1.** Art d'enluminer. **2.** Décor et illustration, surtout en couleurs, d'un manuscrit.

**enneigé, e** [ɑ̃neʒe] adj Couvert de neige : *un paysage enneigé.*

**enneigement** [ɑ̃nɛʒmɑ̃] nm État d'un endroit couvert de neige ; épaisseur de la couche de neige qui s'y trouve : *un bon enneigement.*

**enneiger** [ɑ̃neʒe] vt (conj 2) Couvrir, recouvrir de neige.

**ennemi, e** n et adj **1.** Personne qui hait quelqu'un, qui cherche à lui nuire : *se faire des ennemis.* **2.** Personne qui a de l'aversion pour : *ennemi du bruit.* **3.** Pays armé avec lequel on est en guerre : *l'ennemi a attaqué.* **4.** Ce qui est contraire, s'oppose : *le mieux est l'ennemi du bien.*

**ennoblir** [ɑ̃nɔblir] vt Donner de la noblesse, élever moralement.

ORTHOGRAPHE *Ennoblir* s'écrit avec deux *n*, à la différence de *anoblir.*

**ennoblissement** [ɑ̃nɔblismɑ̃] nm Action d'ennoblir.

**ennui** [ɑ̃nɥi] nm **1.** Lassitude morale produite par le désœuvrement, le manque d'intérêt, etc. **2.** Difficulté, problème, souci : *avoir des ennuis de santé.*

**ennuyer** [ɑ̃nɥije] vt (conj 3) **1.** Causer de l'ennui : *ce livre l'a ennuyé.* **2.** Importuner, contrarier. ◆ **s'ennuyer** vpr Éprouver de l'ennui.

**ennuyeux, euse** [ɑ̃nɥijø, øz] adj Qui ennuie.

**énoncé** nm **1.** Action d'énoncer. **2.** Texte qui exprime un jugement, qui formule un problème, qui pose une question, qui expose un résultat : *l'énoncé d'un théorème.*

**énoncer** vt (conj 1) Exprimer par des paroles ou par écrit ; formuler.

**énonciation** nf Action d'énoncer, de dire.

**enorgueillir** [ɑ̃nɔrgœjir] vt Rendre orgueilleux. ◆ **s'enorgueillir** vpr [de] Tirer vanité de.

**énorme** adj **1.** Qui dépasse en taille, en quantité ou en qualité ce qu'on voit habituellement : *une personne énorme.* **2.** FAM Incroyable, extraordinaire.

**énormément** adv Beaucoup.

**énormité** nf **1.** Caractère de ce qui est énorme. **2.** FAM Parole ou action extravagante.

**enquérir (s')** vpr [de] (conj 21) S'informer sur : *elle s'est enquise de toi.*

**enquête** nf **1.** Étude d'une question réunissant des témoignages, des expériences, des documents : *enquête sociologique.* **2.** Recherches ordonnées par une autorité administrative ou judiciaire : *le tribunal a ordonné une enquête.*

**enquêter** vi Faire, mener une enquête : *enquêter sur un crime.*

**enquêteur, euse** ou **trice** n Personne qui fait une enquête (sociologique, policière, etc.).

**enquiller** vt FAM Enchaîner, accumuler : *le buteur a enquillé les pénalités.*

**enquiquinant, e** adj FAM Embêtant, agaçant.

**enquiquinement** nm FAM Ennui.

**enquiquiner** vt FAM Ennuyer.

**enquiquineur, euse** adj et n FAM Qui importune, embête.

**enracinement** nm Action d'enraciner, de s'enraciner.

**enraciner** vt **1.** Faire prendre racine à. **2.** Fixer profondément dans le cœur, l'esprit. ◆ **s'enraciner** vpr **1.** Prendre racine. **2.** FIG Se fixer : *les préjugés s'enracinent facilement.*

**enragé, e** adj Qui a la rage : *chien enragé.* ◆ adj et n Acharné, fanatique : *joueur enragé ; un enragé de golf.*

**enrageant, e** adj Qui cause du dépit, de l'irritation.

**enrager** vi (conj 2) Éprouver un violent dépit ; être vexé, furieux : *il enrage de devoir partir si tôt.* ■ **faire enrager** : taquiner, tourmenter.

**enraiement** [ɑ̃rɛmɑ̃] ou **enrayement** [ɑ̃rɛjmɑ̃] nm Action d'enrayer ; son résultat : *l'enrayement d'une crise économique.*

**enrayage** [ɑ̃rɛjaʒ] nm Arrêt accidentel d'un mécanisme et notamment d'une arme à feu.

**enrayer** [ɑ̃reje] vt (conj 4) **1.** Entraver le mouvement des roues d'une voiture ou de tout autre mécanisme. **2.** FIG Arrêter, juguler : *enrayer une maladie.* **3.** Garnir une roue de ses rayons. ◆ **s'enrayer** vpr Cesser accidentellement de fonctionner, en parlant d'une arme, d'un mécanisme.

**enrégimenter** vt PÉJOR Faire entrer dans un groupe à la discipline stricte.

**enregistrement** nm **1.** Action d'enregistrer ; son résultat : *enregistrement d'une commande.* **2.** Action d'enregistrer des bagages ; guichet où on les enregistre. **3.** Administration, bureaux où l'on enregistre certains actes. **4.** Ensemble des techniques permettant de fixer, de conserver ou de reproduire des sons ou des images ; ces sons ou ces images ainsi enregistrés. **5.** Diagramme tracé par un appareil enregistreur.

**enregistrer** vt **1.** Transcrire un acte, un jugement, dans les registres publics, pour en assurer l'authenticité : *enregistrer un contrat.* **2.** Consigner certains faits par écrit : *enregistrer ses rendez-vous sur un agenda.* **3.** FIG Prendre mentalement bonne note de : *tu viens demain, je l'ai bien enregistré.* **4.** Constater objectivement : *on a enregistré des chutes de neige.* **5.** Noter ou faire noter le dépôt de : *enregistrer des bagages.* **6.** Transcrire et fixer sur un support matériel (une information, une image, un son) : *enregistrer une émission.*

**enregistreur, euse** adj et n Se dit d'un appareil qui inscrit automatiquement une mesure, un phénomène : *baromètre enregistreur.*

**enrhumer** vt Causer un rhume à. ◆ **s'enrhumer** vpr Attraper un rhume.

**enrichi, e** adj **1.** Dont la fortune est récente. **2.** PHYS Se dit d'un corps dont l'un des constituants est en proportion plus forte que la normale : *uranium enrichi.*

**enrichir** vt **1.** Rendre riche ou plus riche. **2.** Augmenter la valeur, l'importance de quelque chose : *enrichir une collection.*

**enrichissant, e** adj Qui enrichit l'esprit.

**enrichissement** nm Action d'enrichir ; fait de s'enrichir.

**enrobage** ou **enrobement** nm Action d'enrober ; couche qui enrobe.

**enrobé, e** adj FAM Qui présente un léger embonpoint.

**enrober** vt **1.** Recouvrir d'une enveloppe protectrice : *enrober de sucre.* **2.** FIG Déguiser, envelopper, notamment pour adoucir : *enrober un reproche.*

**enrochement** nm Grosse maçonnerie établie au fond de l'eau pour servir de fondations ou pour protéger les parties immergées des ouvrages d'art.

**enrôlé** nm Soldat inscrit sur les rôles des armées.

**enrôlement** nm Action d'enrôler.

**enrôler** vt **1.** Inscrire sur les rôles des armées. **2.** Inscrire dans un parti, un groupe. ◆ **s'enrôler** vpr **1.** S'engager dans l'armée. **2.** Se faire inscrire dans un parti, un groupe.

**enroué, e** adj Atteint d'enrouement : *voix enrouée.*

**enrouement** nm Altération de la voix due à une atteinte du larynx.

**enrouer** vt Rendre la voix rauque.

**enroulement** nm **1.** Action d'enrouler. **2.** Ornement en spirale.

**enrouler** vt Rouler une chose autour d'une autre ou sur elle-même.

**enrouleur, euse** adj et nm Qui sert à enrouler : *ceintures de sécurité à enrouleurs.*

**enrubanner** vt Orner de rubans.

**ensablement** nm **1.** Action d'ensabler ; fait de s'ensabler. **2.** Amas de sable formé par l'eau ou par le vent.

**ensabler** vt **1.** Couvrir, engorger de sable : *les marées ont ensablé l'épave.* **2.** Faire échouer un bateau sur le sable. **3.** Immobiliser un véhicule dans le sable : *une voiture ensablée.*

**ensacher** vt Mettre en sac, en sachet.

**ensanglanter** vt **1.** Tacher, couvrir de sang. **2.** LITT Provoquer des combats sanglants : *guerre qui ensanglante un pays.*

**enseignant, e** adj et n Qui enseigne. ■ **le corps enseignant :** l'ensemble des professeurs et des instituteurs.

**1. enseigne** nf **1.** Marque distinctive placée sur la façade d'une maison de commerce : *enseigne lumineuse.* **2.** Société commerciale dont dépendent de nombreux magasins ; le magasin lui-même : *les enseignes de la grande distribution ; ouverture de nouvelles enseignes en province.* **3.** LITT Pavillon, étendard. ■ **à telle enseigne que :** la preuve en est que. ❑ **être logé à la même enseigne :** être dans le même cas.

**2. enseigne** nm Officier de marine.

**enseignement** nm **1.** Action, art d'enseigner : *l'enseignement de la musique.* **2.** Profession de celui qui enseigne : *entrer dans l'enseignement.* **3.** Ce qui est enseigné ; leçon donnée par les faits, l'expérience : *tirer les enseignements d'un échec.* ■ **enseignement moral et civique :** en France, nom donné auj. à l'instruction civique.

**enseigner** vt **1.** Faire acquérir la connaissance ou la pratique de : *enseigner la géographie.* **2.** Apprendre, montrer : *la vie nous enseigne la patience ; les voyages, la tolérance.*

**1. ensemble** adv **1.** L'un avec l'autre, les uns avec les autres : *tous ensemble.* **2.** En même temps : *ces deux arbres ont fleuri ensemble.* ■ **aller ensemble :** s'harmoniser : *deux couleurs qui vont bien ensemble.*

**2. ensemble** nm **1.** Unité résultant du concours harmonieux des diverses parties d'un tout ; accord : *chanter avec un ensemble parfait.* **2.** Réunion d'éléments qui forment un tout : *l'ensemble du personnel.* **3.** Collection d'éléments harmonisés, assortis : *ensemble mobilier.* **4.** Costume féminin composé de deux ou trois pièces. **5.** Groupe de musiciens, de chanteurs ; formation : *ensemble vocal.* **6.** MATH Collection d'éléments ou de nombres ayant en commun une ou plusieurs propriétés qui les caractérisent : *ensemble fini.* ■ **dans l'ensemble :** en général. ❑ **d'ensemble :** général : *vue d'ensemble.* ❑ **grand ensemble :** groupe plus ou moins important d'habitations bénéficiant de certains équipements collectifs.

**ensemblier, ère** n Professionnel qui combine des ensembles décoratifs.

**ensemencement** nm Action d'ensemencer.

**ensemencer** vt (conj 1) Répandre la semence sur ou dans : *ensemencer une terre.*

**enserrer** vt Entourer en serrant étroitement : *robe longue qui enserre la taille.*

**ensevelir** vt **1.** LITT Envelopper un corps mort dans un linceul, ou l'enterrer. **2.** Faire disparaître sous un amoncellement : *village enseveli sous la neige.*

**ensevelissement** nm LITT Action d'ensevelir ; fait d'être enseveli.

**ensilage** nm Procédé de conservation des végétaux frais qui consiste en particulier à les placer dans un silo.

**ensiler** vt Mettre les grains, les racines, les fourrages dans un silo.

**ensoleillé, e** adj **1.** Exposé au soleil : *pièce ensoleillée.* **2.** Où brille le soleil : *journée ensoleillée.*

**ensoleillement** nm **1.** État de ce qui est ensoleillé. **2.** Temps pendant lequel un lieu est ensoleillé.

**ensoleiller** vt **1.** Remplir de la lumière du soleil. **2.** LITT Illuminer.

**ensommeillé, e** adj Qui reste sous l'effet du sommeil, mal réveillé.

**ensorcelant, e** adj Qui ensorcelle.

**ensorceler** vt (conj 6) **1.** Jeter un sort sur, à. **2.** FIG Séduire, captiver.

**ensorceleur, euse** adj et n Qui charme, séduit.

**ensorcellement** nm **1.** Action d'ensorceler ; son résultat. **2.** Charme irrésistible, séduction.

**ensuite** adv Après, à la suite de, dans l'espace et le temps.

**ensuivre (s')** vpr (conj 62 ; seulement à l'inf. et à la 3e pers. du sing. et du plur.) Suivre, être la conséquence. ◆ v impers Résulter : *il s'ensuit que..., il s'en est suivi que...*

**entablement** nm Couronnement d'un édifice, d'un meuble, d'une porte, d'une fenêtre.

**entacher** vt Souiller moralement : *entacher l'honneur de quelqu'un.* ■ DR **acte entaché de nullité :** frappé de nullité.

**entaille** nf **1.** Coupure avec enlèvement de matière. **2.** Blessure faite avec un instrument tranchant.

**entailler** vt Faire une entaille dans.

**entame** nf Premier morceau que l'on coupe d'un pain, d'un quartier de viande, etc.

**entamer** vt **1.** Couper, retrancher le premier morceau de quelque chose : *entamer le fromage.* **2.** Entreprendre, commencer : *entamer des négociations.* **3.** Couper, entailler : *entamer la peau.* **4.** Porter atteinte à : *entamer les convictions de quelqu'un.*

**entartrage** nm Formation de tartre ; état de ce qui est entartré.

**entartrer** vt Encrasser de tartre : *l'eau calcaire a entartré la chaudière.*

**entassement** nm **1.** Action d'entasser. **2.** Amas : *entassement de débris.*

**entasser** vt **1.** Mettre en tas ; amonceler : *entasser des livres sur son bureau.* **2.** Tasser, serrer : *voyageurs entassés.* **3.** Accumuler : *entasser des citations.*

**entendement** nm Aptitude à comprendre ; bon sens, jugement : *cela dépasse l'entendement.*

**entendeur** nm ■ **à bon entendeur salut :** que celui qui comprend en fasse son profit.

**entendre** vt (conj 50) **1.** Percevoir par l'ouïe : *entendre un bruit ;* (sans complément) avoir une certaine capacité auditive : *il entend bien, mal ; il n'entend pas.* **2.** Prêter attention à, écouter : *entendre des témoins.* **3.** LITT Comprendre, saisir : *entendre la plaisanterie.* **4.** LITT Vouloir dire, insinuer : *qu'entendez-vous par là ?* **5.** LITT Vouloir : *j'entends être obéi.* ■ **donner à entendre :** laisser croire. ◆ **s'entendre** vpr **1.** Sympathiser : *bien s'entendre avec quelqu'un.* **2.** Se mettre d'accord. ■ SOUT **cela s'entend :** cela va de soi. ❑ **s'y entendre :** savoir, être habile (à quelque chose).

**entendu, e** adj **1.** Convenu, décidé : *c'est une affaire entendue.* **2.** LITT Intelligent, habile, capable. ■ **bien entendu :** assurément, bien sûr. ❑ **prendre un air entendu :** jouer celui qui comprend ce qui se passe. ◆ interj ■ **entendu ! :** d'accord !

**entente** nf **1.** Action de s'entendre, accord. **2.** Convention entre des sociétés, des groupes, des nations. **3.** Relations amicales entre des personnes. ■ **à double entente :** qu'on peut comprendre de deux façons.

**enter** vt **1.** Greffer : *enter un sauvageon.* **2.** TECHN Assembler bout à bout par une entaille.

**entérinement** nm Ratification.

**entériner** vt **1.** DR Ratifier, rendre valide. **2.** SOUT Consacrer, approuver : *l'école risque d'entériner la situation d'inégalité entre les élèves.*

**entérite** nf MÉD Inflammation de l'intestin grêle.

**enterrement** nm **1.** Action de mettre en terre ; inhumation. **2.** Funérailles, obsèques. **3.** Convoi funèbre. **4.** FIG Abandon, renonciation : *l'enterrement d'un projet.*

**enterrer** vt **1.** Mettre en terre ; enfouir. **2.** Inhumer. **3.** Survivre à : *vieillard qui enterre ses héritiers.* **4.** FIG Cesser de s'occuper de, renoncer à : *enterrer une loi.* ◆ **s'enterrer** vpr FIG Se retirer, s'isoler : *ils sont allés s'enterrer dans un coin perdu.*

**entêtant, e** adj Qui entête, qui obsède : *parfum entêtant.*

**en-tête** (pl *en-têtes*) nm Ce qui est imprimé, écrit ou gravé en tête d'une lettre, d'un écrit.

**entêté, e** adj et n Obstiné, têtu, buté.

**entêtement** nm Attachement obstiné à ses idées, à ses goûts, etc. ; ténacité.

**entêter** vt Monter à la tête, griser, en parlant des vapeurs, des odeurs. ◆ **s'entêter** vpr [à, dans] S'obstiner.

**enthousiasmant, e** adj Qui enthousiasme.

**enthousiasme** nm **1.** Admiration passionnée, ardeur : *parler d'un auteur avec enthousiasme.* **2.** Exaltation joyeuse ; passion : *pièce écrite dans l'enthousiasme.*

**enthousiasmer** vt Remplir d'enthousiasme. ◆ **s'enthousiasmer** vpr Se passionner, s'enflammer.

**enthousiaste** adj et n Qui ressent ou manifeste de l'enthousiasme.

**entichement** nm LITT Engouement.

**enticher (s')** vpr [de] Se prendre d'un attachement passager et excessif pour quelqu'un, quelque chose.

**1. entier** nm Totalité : *lisez-le dans son entier.* ■ **en entier** : complètement.

**2. entier, ère** adj **1.** Complet, intégral : *il restera un jour entier.* **2.** Sans restriction, total, absolu : *une entière liberté.* **3.** Sans changement : *la question reste entière.* **4.** Catégorique, intransigeant : *caractère entier.* ■ **lait entier** : qui n'a pas subi d'écrémage. ❑ MATH **nombre entier** ou **entier** nm : l'un quelconque des nombres de la suite 0, 1, 2, 3... pris positivement *(entier positif)* ou négativement *(entier négatif).*

**entièrement** adv Tout à fait ; complètement, intégralement.

**entité** nf **1.** Abstraction considérée comme une réalité : *la République, l'État sont des entités politiques.* **2.** PHILOS Ce qui constitue l'essence d'un être.

**entoilage** nm Action d'entoiler.

**entoiler** vt **1.** Renforcer quelque chose en le fixant sur une toile : *entoiler une estampe.* **2.** Garnir de toile : *entoiler une aile de planeur.*

**entomologie** nf Partie de la zoologie qui traite des insectes.

**entomologiste** n Spécialiste d'entomologie.

**1. entonner** vt Verser un liquide dans un tonneau.

**2. entonner** vt **1.** Commencer à chanter : *entonner « la Marseillaise ».* **2.** FIG Célébrer, chanter : *entonner les louanges de quelqu'un.*

**entonnoir** nm Ustensile en forme de cône, servant à transvaser des liquides.

**entorse** nf Distorsion brutale d'une articulation avec élongation ou rupture des ligaments. ■ FIG **faire une entorse à (une loi, un usage, etc.)** : ne pas s'y conformer.

**entortillement** nm Action d'entortiller, de s'entortiller.

**entortiller** vt **1.** Envelopper en tortillant : *entortiller un bonbon dans du papier.* **2.** Exprimer d'une manière embarrassée : *entortiller ses phrases.* **3.** FAM Séduire par des paroles trompeuses. ◆ **s'entortiller** vpr **1.** S'enrouler plusieurs fois autour de quelque chose : *la glycine s'entortille autour de la grille.* **2.** S'embrouiller.

**entourage** nm **1.** Les familiers d'une personne ; son milieu : *il y a beaucoup d'artistes dans son entourage.* **2.** Tout ce qui entoure pour orner.

**entourer** vt **1.** Disposer autour de. **2.** Être placé autour de : *des murs entourent le jardin.* **3.** Être auprès de quelqu'un, lui témoigner de la sympathie, des soins. ◆ **s'entourer** vpr [de] Mettre, réunir autour de soi : *s'entourer de mystère ; s'entourer de gens compétents.*

**entourloupe** nf FAM Mauvais tour.

**entournure** nf ■ FAM **être gêné aux entournures** : (a) être mal à l'aise dans un vêtement (b) FIG manquer d'argent.

**entracte** nm **1.** Intervalle de temps entre les parties d'un spectacle. **2.** FIG Temps de répit.

**entraide** nf Aide mutuelle.

**entraider (s')** vpr S'aider mutuellement.

**entrailles** nf pl **1.** Intestins, boyaux. **2.** LITT Ventre maternel, où l'enfant est en gestation. ■ LITT **les entrailles de la terre** : les profondeurs du sol.

**entrain** nm Ardeur, animation, enthousiasme : *manquer d'entrain pour travailler.*

**entraînant, e** adj Qui entraîne : *musique entraînante.*

**entraînement** nm **1.** Action d'entraîner ; dispositif, mouvement qui entraîne : *courroie d'entraînement.* **2.** Préparation à un sport, à une compétition, à une activité quelconque.

**entraîner** vt **1.** Emporter, traîner dans son mouvement : *le fleuve entraîne les troncs d'arbre.* **2.** Amener avec plus ou moins de force : *il l'entraîna vers la sortie.* **3.** Pousser quelqu'un à faire quelque chose. **4.** Transmettre un mouvement, mettre en action : *moteur qui entraîne une pompe.* **5.** Préparer à un sport, à un exercice, etc. : *entraîner un coureur.* **6.** Avoir pour effet : *entraîner des frais.* ◆ **s'entraîner** vpr Se préparer, s'exercer : *s'entraîner pour une épreuve.*

**entraîneur, euse** n Personne qui entraîne des chevaux, des sportifs, etc.

**entraîneuse** nf Femme employée dans un établissement de nuit pour engager les clients à danser et à consommer.

**entrant, e** n et adj (surtout au pluriel) [terme administratif] Personne qui entre : *les entrants et les sortants.*

**entr'apercevoir** ou **entrapercevoir** vt Apercevoir d'une manière indistincte ou très rapide.

**entrave** nf **1.** Lien fixé aux pieds d'un animal. **2.** Ce qui gêne un mouvement, une action.

**entraver** vt Mettre des entraves à.

**entre** prép **1.** Indique l'espace qui sépare deux choses ou deux personnes : *entre crochets ; assis entre eux.* **2.** Indique un intervalle de temps : *entre midi et 14 heures.* **3.** Indique une approximation : *entre mille et deux mille personnes.* **4.** Indique un état intermédiaire : *une couleur entre le jaune et le vert.* **5.** Parmi : *choisir entre plusieurs solutions.* **6.** Indique un rapport de réciprocité, de similitude ou de différence : *analogie entre deux situations.*

**entrebâillement** nm Étroite ouverture laissée par une chose entrebâillée.

**entrebâiller** vt Entrouvrir légèrement : *entrebâiller une porte.*

**entrechat** nm En danse, petit saut accompagné d'un ou de plusieurs battements de pieds.

**entrechoquer (s')** vpr Se heurter l'un contre l'autre.

**entrecôte** nf Tranche de viande de bœuf coupée entre deux côtes.

**entrecouper** vt Interrompre par intervalles : *ses paroles étaient entrecoupées de hoquets.*

**entrecroisement** nm Disposition de choses qui s'entrecroisent.

**entrecroiser** vt Croiser en divers sens.

**entrecuisse** nm **1.** Espace situé entre les cuisses. **2.** Partie charnue de la cuisse d'une volaille.

**entre-déchirer (s')** vpr S'attaquer, se déchirer mutuellement.

**entre-deux** nm inv **1.** Partie située au milieu de deux choses ; état intermédiaire entre deux extrêmes. **2.** Au basket-ball, jet du ballon par l'arbitre entre deux joueurs, pour la reprise du jeu.

**entre-deux-guerres** nf inv ou nm inv Période située entre deux guerres et, particulièrement, pour la France, entre 1918 et 1939.

**entre-dévorer (s')** vpr En parlant de deux animaux, se battre à mort pour dévorer sa proie.

**entrée** nf **1.** Action d'entrer : *entrée soudaine.* **2.** Endroit par où l'on entre : *entrée d'un jardin.* **3.** Vestibule d'un appartement : *attendre dans l'entrée.* **4.** Accès à un spectacle, une exposition, etc. ; somme à payer pour entrer : *entrée gratuite.* **5.** FIG Début : *entrée en fonctions.* **6.** Admission : *examen d'entrée.* **7.** Plat servi au début d'un repas. **8.** Opération par laquelle des données sont introduites dans un ordinateur. ■ **d'entrée de jeu** : dès le début. □ **entrée libre** : faculté d'entrer quelque part sans avoir à payer ou à acheter. ◆ **entrées** pl ■ **avoir ses entrées chez quelqu'un, dans un lieu** : y être reçu.

**entrefaites** nf pl ■ **sur ces entrefaites** : à ce moment-là.

**entrefilet** nm Petit article dans un journal.

**entregent** nm Aisance en société, habileté à nouer des contacts : *avoir de l'entregent.*

**entrejambe** nm Partie de la culotte ou du pantalon située entre les jambes.

**entrelacement** nm État de plusieurs choses entrelacées.

**entrelacer** vt (conj 1) Enlacer l'un dans l'autre : *entrelacer des guirlandes.*

**entrelacs** [ɑ̃trəla] nm Ornement composé de lignes entrelacées.

> <u>ORTHOGRAPHE</u> *Entrelacs* s'écrit toujours avec un *s : un entrelacs.*

**entrelarder** vt **1.** Piquer une viande de lard. **2.** FIG parsemer de : *entrelarder un texte de citations.*

**entremêler** vt Mêler des choses de nature différente.

**entremets** nm Dessert sucré à base de lait.

**entremetteur, euse** n PÉJOR Personne qui sert d'intermédiaire dans des affaires galantes, souvent pour de l'argent.

**entremettre (s')** vpr (conj 57) Intervenir pour mettre en relation des personnes, intervenir dans les affaires d'autrui : *s'entremettre pour obtenir la grâce de quelqu'un*.

**entremise** nf **1.** Action de s'entremettre. **2.** Médiation. ■ **par l'entremise de** : grâce à l'intervention de, par l'intermédiaire de.

**entrepont** nm Intervalle compris entre deux ponts d'un bateau.

**entreposer** vt Déposer des objets momentanément dans un lieu, dans un entrepôt.

**entrepôt** nm Lieu où l'on met des marchandises en dépôt.

**entreprenant, e** adj **1.** Qui n'hésite pas à entreprendre : *caractère entreprenant.* **2.** Qui cherche très activement à séduire.

**entreprendre** vt (conj 54) **1.** Commencer l'exécution de : *entreprendre des travaux.* **2.** FAM S'efforcer de convaincre, de séduire : *il entreprit sur son sujet favori.*

**entrepreneur, euse** n Chef d'une entreprise, en particulier d'une entreprise spécialisée dans la construction ou les travaux publics.

**entrepreneuriat** nm Activité, fonction d'entrepreneur.

**entreprise** nf **1.** Ce que quelqu'un entreprend. **2.** Affaire commerciale ou industrielle : *entreprise privée.*

**entrer** vi (auxil : *être*) **1.** Passer du dehors au dedans, pénétrer : *entrer dans une pièce ; frapper avant d'entrer.* **2.** S'engager dans une situation, un emploi, etc. ; commencer à participer à une entreprise quelconque : *entrer dans la magistrature ; entrer en religion.* **3.** Être contenu : *médicament où il entre du fer ; cela n'entre pas dans mes attributions.* ■ **entrer dans les détails** : examiner ou déduire avec minutie. ◆ vt (auxil : *avoir*) **1.** Introduire : *entrer des marchandises en fraude.* **2.** Inscrire des données dans la mémoire d'un ordinateur.

**entre-saison** nf BELGIQUE Demi-saison.

**entresol** nm Étage entre le rez-de-chaussée et le premier étage.

**entre-temps** adv Dans cet intervalle de temps.

**entretenir** vt (conj 22) **1.** Maintenir en bon état : *entretenir ses skis.* **2.** Faire durer : *entretenir le feu.* **3.** Pourvoir à la subsistance de : *entretenir son fils.* ■ **entretenir qqn de** : lui parler de. ◆ **s'entretenir** vpr Parler avec qqn.

**entretenu, e** adj **1.** Maintenu en état : *maison bien entretenue.* **2.** Se dit de quelqu'un qui vit de l'argent d'une autre personne.

**entretien** nm **1.** Action de maintenir en bon état, de fournir ce qui est nécessaire : *produits d'entretien.* **2.** Conversation suivie : *solliciter un entretien ; entretien d'embauche.*

**entre-tuer (s')** vpr Se tuer l'un l'autre, les uns les autres : *adversaires qui s'entre-tuent.*

**entrevoir** vt (conj 41) **1.** Voir rapidement ou confusément : *je l'ai entrevu à une soirée.* **2.** FIG Deviner, pressentir : *entrevoir la vérité.*

**entrevue** nf Rencontre concertée entre des personnes.

**entrisme** nm Introduction systématique, dans un groupe organisé, de nouvelles personnes susceptibles d'en modifier la ligne d'action : *faire de l'entrisme dans un parti politique.*

**entropie** nf PHYS Grandeur qui, en thermodynamique, permet d'évaluer la dégradation de l'énergie d'un système.

**entrouvert, e** adj Ouvert à moitié : *porte entrouverte.*

**entrouvrir** vt (conj 16) Ouvrir partiellement.

**entuber** vt TRÈS FAM Duper, escroquer.

**énucléation** nf CHIR Extirpation d'un organe circonscrit, d'une tumeur.

**énucléer** vt **1.** CHIR Extirper un organe après incision, spécialement le globe oculaire. **2.** Extraire l'amande ou le noyau d'un fruit.

**énumération** nf Action d'énumérer ; suite des éléments énumérés.

**énumérer** vt (conj 10) Énoncer successivement les éléments d'une série.

**énurésie** nf MÉD Incapacité à maîtriser l'émission d'urine.

**env.** (abréviation) Environ.

**envahir** vt **1.** Pénétrer en force et en nombre dans un pays, une région, et l'occuper. **2.** Se répandre dans, sur : *la foule envahit la rue.* **3.** Gagner, s'emparer de quelqu'un : *la terreur l'envahit.* **4.** FAM Accaparer le temps de quelqu'un : *se laisser envahir par les amis, la famille.*

**envahissant, e** adj Qui importune par sa présence, ses sollicitations persistantes.

**envahissement** nm Action d'envahir.

**envahisseur** nm Ennemi qui envahit, en particulier militairement.

**envasement** nm État de ce qui est envasé : *l'envasement d'un canal.*

**envaser** vt ou **s'envaser** vpr **1.** Remplir, se remplir de vase. **2.** Enfoncer, s'enfoncer dans la vase.

**enveloppant, e** adj Qui enveloppe : *mouvement enveloppant.*

**enveloppe** nf **1.** Ce qui enveloppe. **2.** Pochette de papier destinée à recevoir une lettre, une carte, etc. **3.** Somme d'argent ;

masse globale de crédit : *enveloppe budgétaire.*

**enveloppé, e** adj FAM Se dit d'une personne qui a un peu d'embonpoint.

**enveloppement** nm Action d'envelopper ou de s'envelopper.

**envelopper** vt **1.** Couvrir, entourer complètement : *envelopper un objet dans du papier ; membrane qui enveloppe un organe.* **2.** SOUT Se répandre, se trouver tout autour : *l'ombre enveloppe la ville.* ◆ **s'envelopper** vpr S'enrouler, se couvrir : *s'envelopper dans une cape.*

**envenimement** nm Fait de s'envenimer.

**envenimer** vt **1.** Infecter. **2.** FIG Rendre plus grave : *discussion qui s'envenime.* ◆ **s'envenimer** vpr **1.** S'infecter. **2.** FIG Se détériorer.

**envergure** nf **1.** Distance entre les extrémités des ailes déployées d'un oiseau, des ailes d'un avion, de la voilure d'un navire. **2.** FIG Ampleur, puissance : *manquer d'envergure.*

**1. envers** prép À l'égard de. ■ **envers et contre tout** : en dépit de tout.

**2. envers** nm **1.** L'opposé de l'endroit : *l'envers et l'endroit.* **2.** Le contraire : *l'envers de la vérité.* ■ **à l'envers** : du mauvais côté, sens dessus dessous, dans le sens contraire : *mettre un pull à l'envers ; écrire à l'envers.*

**envi (à l')** loc adv LITT À qui mieux mieux.

**enviable** adj Que l'on peut envier.

**envie** nf **1.** Convoitise à la vue du bonheur ou des avantages d'autrui. **2.** Désir, souhait. **3.** Besoin organique soudain. **4.** Tache naturelle sur la peau. **5.** (surtout au pluriel) Petites peaux qui se soulèvent autour des ongles.

**envier** vt Souhaiter, désirer un avantage que quelqu'un a.

**envieux, euse** adj et n Qui envie.

**environ** adv À peu près.

**environnant, e** adj Qui environne ; proche.

**environnement** nm **1.** Ce qui entoure. **2.** Ensemble des éléments naturels et artificiels qui entourent les hommes, une espèce animale, etc. **3.** INFORM Ensemble des matériels et des logiciels nécessaires au fonctionnement d'un programme.

**environnemental, e, aux** adj Relatif à l'environnement d'un individu, d'une espèce.

**environner** vt Être disposé autour, à proximité.

**environs** nm pl Alentours.

**envisageable** adj Qui peut être envisagé.

**envisager** vt (conj 2) **1.** Examiner, considérer. **2.** Projeter : *envisager de partir.*

**envoi** nm **1.** Action d'envoyer. **2.** Chose envoyée : *envoi postal.* **3.** LITTÉR Vers placés à la fin d'une ballade, pour en faire hommage à quelqu'un. ■ **donner le coup d'envoi** : donner le signal du début.

**envol** nm Action de s'envoler. ■ **prendre son envol** : s'envoler.

**envolée** nf Élan oratoire ou poétique : *envolée lyrique.*

**envoler (s')** vpr **1.** Prendre son vol. **2.** Décoller. **3.** FIG Disparaître, s'enfuir.

**envoûtant, e** adj Qui charme, subjugue.

**envoûtement** nm **1.** Opération magique censée agir, à distance sur un être, par le moyen d'une figurine le représentant. **2.** FIG Fait de subjuguer ; ensorcellement, fascination.

**envoûter** vt **1.** Pratiquer un envoûtement. **2.** FIG Exercer un attrait irrésistible ; ensorceler, fasciner.

**envoyé, e** n Personne envoyée quelque part pour une mission.

**envoyer** vt (conj 11) **1.** Faire partir vers telle ou telle destination : *envoyer les enfants à l'école.* **2.** Faire parvenir, expédier : *envoyer une lettre.* **3.** Jeter, lancer : *envoyer la balle.* ■ FAM **envoyer promener** : repousser, renvoyer avec rudesse.

**envoyeur, euse** n Personne qui envoie, expédie une lettre, un colis : *retour à l'envoyeur.* SYN : expéditeur.

**enzyme** nf CHIM Substance organique soluble provoquant ou accélérant une réaction.

**éocène** nm et adj Période géologique du début du tertiaire.

**éolien, enne** adj ■ **énergie éolienne** : qui fonctionne sous l'action du vent. ❑ **érosion éolienne** : érosion provoquée par le vent, particulièrement dans les déserts. ❑ **harpe éolienne** : instrument à cordes, vibrant au vent. ◆ nm Énergie éolienne.

**éolienne** nf Moteur actionné par le vent.

**éosine** nf Matière colorante rouge utilisée comme pigment dans les encres ou dans les fards, ou comme désinfectant.

**épagneul, e** n Chien à long poil et à oreilles pendantes.

**épais, aisse** adj **1.** Qui a de l'épaisseur, une épaisseur de tant. **2.** Dense, serré : *brouillard épais.* **3.** Compact, consistant : *sauce épaisse.* **4.** FIG Grossier, sans finesse : *blague épaisse.*

**épaisseur** nf **1.** Une des trois dimensions d'un solide, les autres étant la longueur et la largeur. **2.** Qualité de ce qui est dense, serré.

**épaissir** vt Rendre plus épais, plus dense. ◆ vi Devenir épais.

**épaississant, e** adj et nm Se dit d'une substance qui rend plus épais.

**épaississement** nm Action d'épaissir ; son résultat.

**épamprer** vt Enlever les pampres, les feuilles de la vigne.

**épanchement** nm **1.** MÉD Accumulation gazeuse ou liquide : *épanchement de sang.* **2.** FIG Action de se confier, de communiquer ses sentiments.

**épancher** vt Laisser déborder ses sentiments avec confiance : *épancher son cœur.* ◆ **s'épancher** vpr Se confier librement, parler sans retenue de ses sentiments.

**épandage** nm Action d'épandre. ■ **champ d'épandage :** terrain destiné à épurer les eaux d'égout par filtration à travers le sol.

**épandre** vt Jeter çà et là, éparpiller, en particulier un engrais, du fumier.

ORTHOGRAPHE *Épandre* s'écrit avec un *a*, à la différence de *étendre*.

**épanoui, e** adj **1.** Qui est en plein épanouissement : *fleur épanouie.* **2.** Se dit d'une personne qui vit dans un grand bonheur ; heureux.

**épanouir** vt Faire que quelqu'un se sente bien : *son métier l'a complètement épanoui.* ◆ **s'épanouir** vpr **1.** S'ouvrir, en parlant d'une fleur. **2.** Être, se sentir bien physiquement et intellectuellement, se développer dans toutes ses potentialités : *cet enfant s'épanouit à la campagne.*

**épanouissement** nm Fait de s'épanouir.

**épargnant, e** n Personne qui épargne, qui économise.

**épargne** nf **1.** Action d'épargner. **2.** Économie dans l'emploi ou l'usage de quelque chose : *une épargne considérable de temps.* **3.** Fraction du revenu individuel ou national qui n'est pas affectée à la consommation mais mise en réserve. ■ **caisse d'épargne :** établissement public qui reçoit en dépôt des sommes rapportant des intérêts.

**épargner** vt **1.** Économiser, mettre en réserve. **2.** Employer avec ménagement : *épargner ses forces.* **3.** Dispenser quelqu'un de quelque chose : *épargnez-nous les détails.* **4.** Traiter avec ménagement, laisser la vie sauve : *épargner les vaincus.* **5.** Ne pas endommager, ne pas détruire : *l'orage a épargné les récoltes.*

**éparpillement** nm Action d'éparpiller ; fait de s'éparpiller.

**éparpiller** vt Répandre, disperser de tous côtés : *éparpiller ses affaires.* ◆ **s'éparpiller** vpr Se disperser.

**épars, e** adj Répandu çà et là, en désordre.

**épatant, e** adj FAM Admirable, formidable.

**épate** nf FAM ■ **faire de l'épate :** chercher à impressionner son entourage.

**épaté, e** adj ■ **nez épaté :** court et gros.

**épater** vt FAM Étonner, stupéfier.

**épaulard** nm Cétacé voisin du dauphin, très vorace. SYN : orque.

**épaule** nf **1.** Articulation du bras et du tronc ; espace compris entre ces deux articulations. **2.** Partie supérieure du membre supérieur ou antérieur des animaux. ■ **avoir la tête sur les épaules :** être sensé, réfléchi.

**épaulé-jeté** (pl *épaulés-jetés*) nm En haltérophilie, mouvement consistant, après avoir amené la barre, en une fois, à hauteur d'épaules, à la soulever à bout de bras.

**épaulement** nm **1.** Mur de soutènement. **2.** Petit escarpement.

**épauler** vt **1.** Appuyer contre l'épaule : *épauler son fusil.* **2.** Prêter son aide à quelqu'un ; appuyer, soutenir.

**épaulette** nf **1.** Superposition d'ouate ou de tissu qui rembourre les épaules d'un vêtement. **2.** Patte que les militaires portent sur l'épaule et qui indique le grade ; symbole du grade d'officier.

**épave** nf **1.** Objet abandonné en mer ou après un naufrage. **2.** Voiture accidentée irréparable, ou vieille voiture hors d'usage. **3.** FIG Personne réduite à un état extrême de misère morale ou physique.

**épée** nf Arme faite d'une longue lame d'acier pointue. ■ FIG **coup d'épée dans l'eau :** effort inutile, action sans résultat.

**épeire** nf Araignée à abdomen diversement coloré.

**épéiste** [epeist] n Escrimeur à l'épée.

**épeler** vt (conj 6) Nommer successivement les lettres composant un mot.

**épellation** nf Action d'épeler.

**épépiner** vt Enlever les pépins.

**éperdu, e** adj **1.** Qui éprouve une vive émotion : *éperdu de joie.* **2.** Extrême, violent : *amour éperdu.*

**éperdument** adv D'une manière éperdue, violente.

**éperlan** nm Poisson marin de l'Atlantique.

**éperon** nm **1.** Tige de métal que le cavalier fixe au talon de sa botte pour stimuler son cheval. **2.** GÉOGR Saillie d'un contrefort montagneux. **3.** MAR Partie saillante en avant de la proue d'un navire.

**éperonner** vt **1.** Piquer un cheval avec l'éperon. **2.** LITT, FIG Exciter, stimuler.

**épervier** nm **1.** Oiseau de proie du genre faucon. **2.** Filet de pêche rond garni de plomb qu'on lance à la main.

**épervière** nf Plante herbacée très commune, à fleurs jaunes.

**éphèbe** nm **1.** ANTIQ GR Adolescent. **2.** SOUVENT IRON Jeune homme d'une beauté sans défaut.

**éphémère** adj De courte durée : *gloire éphémère.* ◆ nm Insecte qui ne vit qu'un jour ou deux.

**éphéméride** nf Calendrier dont on retire chaque jour une feuille. ◆ **éphémérides** pl Tables qui donnent, pour chaque jour, la situation des planètes.

**épi** nm **1.** Partie terminale de la tige du blé et, en général, de toutes les graminées, portant les graines groupées autour de l'axe. **2.** Mèche de cheveux de direction contraire à celle des autres. ■ **en épi** : se dit d'objets, de véhicules disposés obliquement les uns par rapport aux autres.

**épice** nf Substance aromatique pour l'assaisonnement des mets.

**épicé**, **e** adj **1.** Qui est fortement assaisonné. **2.** FIG Qui contient des traits égrillards, grivois : *un récit épicé.*

**épicéa** nm Conifère voisin du sapin ; bois de cet arbre.

**épicène** adj LING Dont la forme ne varie pas avec le genre (EX : l'adjectif *digne : il, elle est digne de* ; le nom *enfant : un, une enfant*).

**épicentre** nm Point de la surface terrestre où un tremblement de terre a été le plus intense.

**épicer** vt (conj 1) Assaisonner avec des épices.

**épicerie** nf Ensemble des produits alimentaires de consommation courante ; magasin où on vend ces produits.

**épicier**, **ère** n Personne qui tient une épicerie.

**épicurien**, **enne** adj et n **1.** D'Épicure et de ses disciples. **2.** Qui recherche en tout son plaisir.

**épicurisme** nm Doctrine des épicuriens.

**épidémie** nf **1.** Maladie infectieuse qui atteint en même temps un grand nombre d'individus et se propage par contagion. **2.** FIG Ce qui atteint un grand nombre de personnes : *une épidémie de suicides.*

**épidémiologie** nf Étude des épidémies.

**épidémique** adj **1.** Qui tient de l'épidémie. **2.** FIG Qui se répand à la façon d'une épidémie.

**épiderme** nm **1.** Couche superficielle de la peau. **2.** BOT Pellicule transparente qui recouvre les parties extérieures d'un végétal.

**épidermique** adj De l'épiderme. ■ FIG **réaction épidermique** : vive et immédiate.

**épier** vt Surveiller attentivement et en secret ; attendre, guetter.

**épierrer** vt Ôter les pierres de.

**épieu** (pl *épieux*) nm Long bâton ferré.

**épigastre** nm ANAT Partie supérieure de l'abdomen, comprise entre l'ombilic et le sternum.

**épigénétique** nf Branche de la génétique qui étudie les variations dans l'activité des gènes induites par l'environnement. ◆ adj Relatif à l'épigénétique.

**épiglotte** nf ANAT Cartilage qui ferme la glotte pendant la déglutition.

**épigone** nm LITT Successeur, disciple sans originalité.

**épigramme** nf **1.** Petite pièce de vers satirique. **2.** LITT Trait satirique, mordant : *décocher une épigramme.*

**épigraphe** nf **1.** Inscription sur un édifice qui en indique la date, la destination. **2.** Citation d'un auteur, en tête d'un livre, d'un chapitre.

**épigraphie** nf Science qui étudie les inscriptions sur la pierre, le métal, le bois : *l'épigraphie latine.*

**épilation** nf Action d'épiler.

**épilatoire** adj Qui sert à épiler.

**épilepsie** nf Maladie qui se manifeste par des convulsions et éventuellement une perte de connaissance.

**épileptique** adj et n Relatif à l'épilepsie ; atteint d'épilepsie.

**épiler** vt Arracher, faire tomber les poils.

**épillet** nm Chacun des petits groupes de fleurs formant l'épi.

**épilogue** nm **1.** Conclusion d'un ouvrage littéraire. **2.** Ce qui termine un fait, une histoire, etc.

**épiloguer** vt ind [sur] Faire des commentaires sans fin sur.

**épinard** nm Plante potagère, dont on consomme les feuilles. ◆ **épinards** pl Feuilles d'épinard. ■ FAM **mettre du beurre dans les épinards** : améliorer ses revenus.

**épine** nf **1.** Piquant de certains végétaux. **2.** PAR EXT Arbrisseau épineux : *épine noire.* ■ **épine dorsale** : colonne vertébrale. ❑ FIG **tirer une épine du pied** : débarrasser d'un souci, d'une difficulté.

**épinette** nf Petit clavecin dont les cordes sont disposées obliquement par rapport au clavier.

**épineux**, **euse** adj **1.** Couvert d'épines. **2.** FIG Plein de difficultés ; délicat : *problème épineux.* ◆ nm Arbuste épineux.

**épine-vinette** (pl *épines-vinettes*) nf Arbrisseau épineux à fleurs jaunes et à baies rouges.

**épingle** nf **1.** Petite tige métallique, pointue à une extrémité et terminée à l'autre par une tête, pour attacher, fixer, etc. **2.** Bijou en forme d'épingle, avec tête ornée : *épingle de cravate.* ■ VIEILLI **coup d'épingle :** critique légère. ❑ **épingle à cheveux :** épingle recourbée à deux branches, pour maintenir les cheveux. ❑ **épingle de sûreté** ou **de nourrice :** tige recourbée formant ressort, dont la pointe est protégée et maintenue par un crochet plat. ❑ **monter qqch en épingle :** lui donner une importance excessive. ❑ **tiré à quatre épingles :** très soigné dans son habillement. ❑ **tirer son épingle du jeu :** se tirer d'affaire adroitement. ❑ **virage en épingle à cheveux :** brusque et très serré.

**épingler** vt **1.** Attacher, fixer avec des épingles. **2.** FAM Attraper, prendre sur le fait. **3.** FAM Attirer l'attention sur.

**épinglette** nf Petit badge métallique muni d'une pointe, qui se fixe à un embout à travers un vêtement (recommandation officielle pour *pin's*).

**épinière** adj f ■ **moelle épinière :** centre nerveux situé dans le canal rachidien.

**épinoche** nf Petit poisson portant des épines sur le dos.

**Épiphanie** nf Fête chrétienne rappelant l'arrivée des Mages (appelée aussi : *fête des Rois, jour des Rois*).

**épiphénomène** nm Phénomène secondaire lié à un phénomène principal.

**épiphyse** nf Extrémité d'un os long.

**épiphyte** adj Se dit d'un végétal fixé sur un autre, mais non parasite.

**épique** adj **1.** Propre à l'épopée. **2.** FIG Extraordinaire, mémorable.

**épiscopal, e, aux** adj Propre à l'évêque. ■ **Église épiscopale :** Église anglicane.

**épiscopat** nm **1.** Dignité d'évêque ; durée de cette fonction. **2.** Ensemble des évêques.

**épisiotomie** nf Incision de la vulve et des muscles du périnée, pour faciliter certains accouchements.

**épisode** nm **1.** Division d'un roman, d'un film : *feuilleton en plusieurs épisodes.* **2.** Circonstance appartenant à une série d'événements formant un ensemble : *ce voyage a connu un épisode dramatique.*

**épisodique** adj **1.** Qui constitue un épisode : *incident épisodique.* **2.** Qui ne se produit que de temps en temps : *il fait des apparitions épisodiques au bureau.*

**épisodiquement** adv De façon épisodique.

**épisser** vt Faire une épissure.

**épissure** nf Réunion des deux bouts de cordage, de câble électrique, en entrelaçant les fils qui les composent.

**épistémologie** nf Partie de la philosophie qui étudie les méthodes, les principes des sciences.

**épistémologique** adj Qui concerne l'épistémologie.

**épistolaire** adj Relatif à la correspondance par lettres : *style épistolaire.*

**épistolier, ère** n Écrivain qui excelle dans l'art d'écrire les lettres.

**épitaphe** nf Inscription sur un tombeau.

**épithélial, e, aux** adj Qui se rapporte, appartient à l'épithélium.

**épithélium** nm ANAT Tissu recouvrant le corps, les organes.

**épithète** nf GRAMM **1.** Fonction de l'adjectif qualificatif qui détermine le nom sans l'intermédiaire d'un verbe (par opposition à *attribut*). **2.** Mot employé pour qualifier un être ou une chose : *épithète injurieuse.*

**épitoge** nf Bande d'étoffe distinctive portée sur l'épaule gauche par les recteurs et inspecteurs d'académie, les magistrats, avocats.

**épître** nf **1.** LITT Lettre. **2.** RELIG Texte tiré de l'Écriture sainte, en particulier des lettres des Apôtres, qui est lu à la messe.

**épizootie** [epizɔɔti] ou [epizɔɔsi] nf Épidémie qui atteint un grand nombre d'animaux.

**épizootique** adj De l'épizootie.

**éploré, e** adj En pleurs, très chagriné.

**épluchage** nm **1.** Action d'éplucher. **2.** FIG Examen minutieux.

**épluche-légumes** nm inv Couteau servant à éplucher certains légumes et certains fruits.

**éplucher** vt **1.** Ôter la peau d'un légume, d'un fruit. **2.** FIG Examiner minutieusement : *éplucher un compte.*

**épluchure** nf Déchet enlevé en épluchant : *épluchures de fruits.*

**EPO** [əpeo] ou [epeo] nf (sigle) Érythropoïétine.

**épointer** vt Casser ou user la pointe d'un outil.

**éponge** nf **1.** Animal marin dont le squelette est formé d'un tissu fibreux et poreux ; ce tissu lui-même, qui absorbe les liquides, et qu'on emploie à divers usages domestiques et techniques. **2.** Objet plus ou moins spongieux utilisé pour essuyer ou nettoyer : *éponge synthétique, métallique.* ■ **jeter l'éponge :** abandonner le combat, la partie. ❑ **passer l'éponge :** pardonner.

**éponger** vt (conj 2) **1.** Étancher un liquide avec une éponge ou quelque chose de spongieux. **2.** FIG Résorber un excédent : *éponger un stock.* ■ **éponger une dette** : la payer.

**éponyme** adj Qui donne son nom à : *Athéna est la déesse éponyme d'Athènes.*

**épopée** nf **1.** Récit en vers ou en prose d'aventures héroïques. **2.** FIG Suite d'événements inattendus, héroïques.

**époque** nf **1.** Moment déterminé de l'histoire, caractérisé par un certain état de choses. **2.** Date où un fait précis s'est déroulé.

**épouiller** vt Ôter les poux.

**époumoner (s')** vpr Se fatiguer à force de parler, de crier.

ORTHOGRAPHE *S'époumoner* s'écrit avec un seul *n* contrairement à *sermonner, se cramponner, harponner, etc.*

**épousailles** nf pl VIEILLI Célébration du mariage.

**épouse** nf → **époux**.

**épouser** vt **1.** Prendre en mariage. **2.** S'adapter exactement à : *ce coussin épouse la forme des reins.* **3.** FIG, LITT Rallier : *épouser les vues de quelqu'un.*

**époussetage** nm Action d'épousseter.

**épousseter** vt (conj 8) Ôter la poussière de.

**époustouflant, e** adj FAM Étonnant, extraordinaire.

**époustoufler** vt FAM Surprendre au plus haut point ; stupéfier.

**épouvantable** adj **1.** Qui cause de l'épouvante. **2.** Affreux, très désagréable.

**épouvantablement** adv D'une façon épouvantable.

**épouvantail** nm **1.** Mannequin mis dans les champs pour effrayer les oiseaux. **2.** FIG Ce qui effraie sans raison.

**épouvante** nf Terreur soudaine, effroi, horreur : *semer l'épouvante ; film d'épouvante.*

**épouvanter** vt Jeter dans l'épouvante, effrayer.

**époux, épouse** n Personne unie à une autre par le mariage. ◆ nm pl Les deux personnes unies par le mariage.

**éprendre (s')** vpr [de] (conj 54) SOUT Se prendre de passion pour.

**épreuve** nf **1.** Chagrin, douleur, malheur qui frappe quelqu'un : *ce deuil est une pénible épreuve.* **2.** Composition ou interrogation, à un examen : *épreuve écrite.* **3.** Compétition sportive : *épreuve contre la montre.* **4.** Expérimentation, essai qu'on fait d'une chose : *faire l'épreuve d'un moteur.* **5.** Texte imprimé tel qu'il sort de la composition : *corriger des épreuves.* **6.** PHOT Image obtenue par tirage d'après un cliché. ■ **à l'épreuve de** : en état de résister à. ❑ **à toute épreuve** : capable de résister à tout. ❑ **épreuve de force** : affrontement. ❑ **mettre à l'épreuve** : éprouver.

**épris, e** adj SOUT Pris de passion pour quelqu'un ou quelque chose.

**éprouvant, e** adj Pénible à supporter : *un climat éprouvant.*

**éprouvé, e** adj Dont la valeur est reconnue par la tradition : *recette éprouvée.*

**éprouver** vt **1.** Ressentir : *éprouver de la joie.* **2.** Faire souffrir : *cet accident l'a cruellement éprouvé.* **3.** Soumettre à des épreuves, des expériences : *éprouver la résistance d'un matériau.* **4.** Connaître par l'expérience : *éprouver la fidélité d'une amitié.* **5.** Subir, supporter.

**éprouvette** nf Tube de verre fermé à une extrémité, et destiné à diverses expériences.

**EPS** nf (sigle) Éducation physique et sportive.

**epsilon** [ɛpsilɔn] nm inv Cinquième lettre de l'alphabet grec (*e* bref).

**épuisant, e** adj Qui épuise les forces.

**épuisé, e** adj **1.** Très fatigué, à bout de forces ; exténué. **2.** Dont tous les exemplaires sont vendus : *livre, disque épuisé.*

**épuisement** nm **1.** Action d'épuiser ; fait d'être épuisé. **2.** Fatigue extrême : *mort d'épuisement.*

**épuiser** vt **1.** Fatiguer, affaiblir énormément : *ce travail de nuit l'épuise.* **2.** FIG Lasser : *épuiser la patience.* **3.** Employer en totalité : *épuiser ses munitions.* **4.** Rendre stérile : *épuiser une terre.* **5.** Traiter à fond : *épuiser un sujet.* ◆ **s'épuiser** vpr **1.** Diminuer ; être utilisé complètement : *nos réserves s'épuisent.* **2.** Se fatiguer : *je m'épuise à vous le répéter.*

**épuisette** nf Petit filet de pêche monté sur un cerceau et fixé à un long manche.

**épurateur** nm Appareil pour épurer un gaz ou un liquide.

**épuration** nf **1.** Action d'épurer ; son résultat : *station d'épuration d'eau.* **2.** FIG Élimination d'une administration, d'un parti politique, d'un groupement, des membres jugés indignes d'en faire partie.

**épure** nf **1.** Dessin au trait, qui représente, sur un ou plusieurs plans, l'ensemble d'une figure. **2.** Dessin achevé (par opposition à *croquis*).

**épurement** nm Action d'épurer.

**épurer** vt **1.** Rendre pur ou plus pur : *épurer l'huile.* **2.** FIG Exclure d'un groupe ceux qui en sont jugés indignes.

**équarrir** vt **1.** Tailler à angle droit : *équarrir une poutre.* **2.** Écorcher, dépecer des animaux morts pour en tirer la peau, la graisse, les os, etc.

**équarrissage** nm Action d'équarrir.

**équarrisseur** nm Personne qui équarrit.

**équateur** [ekwatœr] nm **1.** Grand cercle imaginaire de la sphère terrestre, perpendiculaire à la ligne des pôles. **2.** Région terrestre qui avoisine ce cercle.

**équation** [ekwasjɔ̃] nf MATH Formule d'égalité entre des grandeurs qui dépendent les unes des autres.

**équatorial, e, aux** [ekwatɔrjal, o] adj De l'équateur.

**équatorien, enne** [ekwatɔrjɛ̃, ɛn] adj et n De l'Équateur : *les Équatoriens.*

**équerre** nf **1.** Instrument pour tracer des angles droits ou tirer des perpendiculaires. **2.** Pièce de fer plate en T ou en L pour consolider des assemblages. ■ **à l'équerre** ou **d'équerre** : à angle droit.

**équestre** [ekɛstr] adj **1.** Relatif à l'équitation. **2.** Qui représente un cavalier : *statue équestre.*

**équeutage** nm Action d'équeuter.

**équeuter** vt Enlever la queue d'un fruit.

**équidé** [ekɥide] ou [ekide] nm Mammifère ongulé à un seul doigt par patte (les équidés [cheval, zèbre, âne] forment une famille).

**équidistance** [ekɥidistɑ̃s] nf Qualité de ce qui est équidistant.

**équidistant, e** [ekɥidistɑ̃, ɑ̃t] adj Qui est à égale distance : *points équidistants.*

**équilatéral, e, aux** [ekɥilateral, o] adj Dont les côtés sont égaux : *triangle équilatéral.*

**équilibrage** nm Action d'équilibrer.

**équilibre** nm **1.** État de repos d'un corps sollicité par des forces qui s'annulent : *les plateaux de la balance sont en équilibre.* **2.** Position stable du corps humain : *perdre l'équilibre.* **3.** FIG Juste combinaison de forces, d'éléments : *équilibre budgétaire, économique, psychique.*

**équilibré, e** adj Dont les facultés, les qualités sont en harmonie ; sain, sensé.

**équilibrer** vt Mettre en équilibre. ◆ **s'équilibrer** vpr Être équivalent, en équilibre.

**équilibriste** n Artiste dont le métier est de faire des tours d'adresse, d'équilibre acrobatique.

**équille** nf Poisson long et mince, à dos vert ou bleu sombre, qui peut s'enfouir dans le sable.

**équin, e** adj Relatif au cheval : *sérum équin.*

**équinoxe** nm Époque de l'année où les jours sont égaux aux nuits : *équinoxes de printemps et d'automne.*

**équinoxial, e, aux** adj De l'équinoxe.

**équipage** nm Ensemble des personnes assurant le service d'un navire, d'un avion, d'un char, etc.

**équipe** nf **1.** Groupe de personnes travaillant ensemble ou dans le même but. **2.** Ensemble de joueurs formant un même camp. ■ **esprit d'équipe** : esprit de solidarité qui unit les membres d'un même groupe. □ **faire équipe** : s'associer.

**équipée** nf Aventure dans laquelle on se lance souvent à la légère.

**équipement** nm Action d'équiper, de pourvoir du matériel, des installations nécessaires ; ce matériel lui-même : *équipement de ski.*

**équiper** vt Pourvoir de ce qui est nécessaire en vue d'une activité ou d'une utilisation déterminée : *équiper un enfant pour le ski ; équiper une voiture d'une alarme.* ◆ **s'équiper** vpr Se munir du nécessaire.

**équipier, ère** n Personne qui fait partie d'une équipe, notamment d'une équipe sportive.

**équitable** adj **1.** Juste. **2.** Se dit d'un produit issu du commerce équitable.

**équitablement** adv Justement.

**équitation** nf Action, art de monter à cheval : *école d'équitation.*

**équité** [ekite] nf Sens de la justice, de l'impartialité.

**équivalence** nf Qualité de ce qui est équivalent.

**équivalent, e** adj Qui équivaut à, qui a la même valeur que. ◆ nm **1.** Ce qui équivaut ; chose équivalente. **2.** Mot qui a à peu près le même sens qu'un autre, synonyme.

> GRAMMAIRE On écrit : *un salaire équivalant au SMIC* (participe présent), mais *ce salaire est l'équivalent du SMIC* (nom).

**équivaloir** vt ind [à] (conj 40) Être de même valeur, de même importance, de même effet.

**équivoque** adj **1.** Qui a un double sens ; ambigu : *mot équivoque.* **2.** Qui semble, sans le dire, impliquer un désir sexuel ; qui suscite la méfiance : *attitude équivoque.* ◆ nf Situation, expression qui n'est pas claire et laisse dans l'incertitude : *dissiper l'équivoque.*

**érable** nm Arbre des forêts tempérées, à fruits secs munis d'une paire d'ailes ; bois de cet arbre.

**éradication** nf Action d'éradiquer ; son résultat.

**éradiquer** vt Faire disparaître totalement une maladie, un mal.

**éraflement** nm Action d'érafler.

**érafler** vt Écorcher légèrement ; égratigner.

**éraflure** nf Écorchure légère.

**éraillé, e** adj ■ **voix éraillée** : rauque.

**éraillement** nm Action d'érailler ; fait d'être éraillé.

**érailler** vt **1.** Relâcher les fils d'un tissu. **2.** Écorcher superficiellement.

**ère** nf **1.** Époque qui commence à un point déterminé : *l'ère chrétienne commence à la naissance du Christ.* **2.** Époque où s'établit un nouvel ordre de choses : *l'ère industrielle.* ■ **ère géologique** : chacune des cinq grandes divisions de l'histoire de la Terre.

**érectile** adj PHYSIOL Capable de se raidir et de se dresser, en parlant d'un organe, d'un tissu organique.

**érection** nf **1.** LITT Action d'élever, de construire : *l'érection d'un monument.* **2.** État de gonflement de certains tissus organiques, en particulier du pénis.

**éreintant, e** adj Qui éreinte.

**éreintement** nm **1.** Action d'éreinter ; fait d'être éreinté. **2.** FIG Critique violente.

**éreinter** vt **1.** Briser de fatigue. **2.** FIG Critiquer vivement et avec malveillance.

**érémitique** adj Relatif aux ermites : *vie érémitique.*

**érésipèle** nm → **érysipèle.**

**1. erg** nm Au Sahara, vaste région couverte de dunes.

**2. erg** nm Ancienne unité de mesure de travail, d'énergie et de quantité de chaleur.

**ergonomie** nf **1.** Étude de l'adaptation du travail et des machines aux possibilités de l'homme. **2.** Adaptation optimale d'un matériel à sa fonction et à son utilisateur.

**ergonomique** adj **1.** Relatif à l'ergonomie. **2.** Caractérisé par une bonne ergonomie.

**ergot** nm **1.** Petit ongle pointu derrière le pied du coq, du chien, etc. **2.** Saillie à une pièce de bois ou de fer. **3.** Maladie des céréales. ■ FIG **se dresser sur ses ergots** : prendre une attitude hautaine et menaçante.

**ergotage** nm Manie d'ergoter.

**ergoter** vi FAM Discuter avec ténacité sur des points de détail ; chicaner.

**ergoteur, euse** adj et n Qui ergote.

**ergothérapie** nf Thérapeutique qui utilise les activités manuelles comme moyens de réadaptation psychologique.

**éricacée** nf Plante dicotylédone gamopétale (les éricacées forment une famille comprenant les bruyères, la myrtille, les rhododendrons et les azalées).

**ériger** vt (conj 2) **1.** Élever, construire. **2.** Créer, instituer. ■ **ériger en** : élever au rang, au rôle de. ◆ **s'ériger** vpr ■ **s'ériger en** : s'attribuer un droit, se poser en.

**ermitage** nm **1.** Lieu solitaire habité par un ermite. **2.** Maison de campagne isolée.

**ermite** nm **1.** Moine qui vit seul. **2.** Personne qui vit loin du monde.

**éroder** vt User par frottement.

**érogène** adj Se dit d'une partie du corps susceptible de provoquer une excitation sexuelle.

**érosif, ive** adj Qui produit l'érosion.

**érosion** nf Dégradation, usure produite sur le relief du sol par diverses causes naturelles : *érosion éolienne, fluviale.* ■ FIG **érosion monétaire** : détérioration lente et continue du pouvoir d'achat présentée par une monnaie.

**érotique** adj Relatif à l'amour sexuel, à la sexualité.

**érotisme** nm **1.** Caractère érotique de qqn ou de qqch. **2.** Recherche du plaisir sexuel.

**erpétologie** nf Étude scientifique des reptiles et des amphibiens.

**errance** nf LITT Action d'errer.

**errant, e** adj **1.** Sans demeure fixe : *un chien errant.* **2.** SOUT Qui ne se fixe nulle part : *vie errante.*

**erratique** adj SOUT Qui est instable et ne manifeste aucune cohérence : *mouvements erratiques de la monnaie.*

**erratum** [ɛratɔm] (pl *errata*) nm Faute, erreur, dans l'impression d'un ouvrage.

**errements** nm pl PÉJOR Manière d'agir considérée comme blâmable.

**errer** vi Aller çà et là, à l'aventure.

**erreur** nf **1.** Action de se tromper ; faute commise en se trompant. **2.** État de qqn qui se trompe : *être dans l'erreur.* **3.** Action regrettable, maladresse : *c'est une erreur de jeunesse.* ■ **erreur judiciaire** : condamnation prononcée à tort contre un innocent. ❑ **faire erreur** : se tromper.

**erroné, e** adj Qui contient des erreurs ; faux, inexact.

**ers** [ɛr] nm Variété de lentille.

**ersatz** [ɛrzats] nm Produit de remplacement ; succédané.

**1. erse** adj Relatif aux habitants de la haute Écosse. ◆ nm Dialecte gaélique.

**2. erse** nf MAR Anneau de cordage.

**éructation** nf Action d'éructer.

**éructer** vi Rejeter par la bouche avec bruit les gaz de l'estomac ; roter. ◆ vt FIG, LITT Lancer, proférer : *éructer des injures.*

**érudit, e** adj et n Qui a, qui renferme beaucoup d'érudition.

**érudition** nf Savoir étendu et approfondi.

**éruptif, ive** adj **1.** MÉD Qui a lieu par éruption : *fièvre éruptive.* **2.** FIG Explosif : *sujet, climat éruptif.* **3.** FIG Emporté et vif ; volcanique : *tempérament éruptif.* ■ **roche éruptive :** roche provenant d'une éruption volcanique.

**éruption** nf Apparition de boutons, de taches, de rougeurs, sur la peau. ■ **éruption volcanique :** émission violente, hors d'un volcan, de vapeurs, de cendres et de laves.

**érysipèle** ou **érésipèle** nm Maladie infectieuse caractérisée par l'inflammation superficielle de la peau.

**érythème** nm MÉD Rougeur de la peau : *érythème solaire.*

**érythréen, enne** adj et n D'Érythrée : *les Érythréens.*

**érythropoïétine** nf Hormone qui stimule la formation de globules rouges.

**ès** [ɛs] prép (devant un pluriel) En matière de : *docteur ès sciences.*

**esbroufe** nf FAM ■ **à l'esbroufe :** (a) En essayant d'en imposer par son assurance (b) en profitant de la surprise. ❑ **faire de l'esbroufe :** chercher à en imposer par de grands airs.

**escabeau** nm Petite échelle portable.

**escadre** nf Groupe important de navires de guerre, d'avions de combat.

**escadrille** nf **1.** Petite escadre de navires légers. **2.** Groupe d'avions.

**escadron** nm Unité de cavalerie ou d'engins blindés correspondant à une ou plusieurs compagnies.

**escalade** nf **1.** Action de s'élever jusqu'à un point en s'aidant des pieds et des mains. **2.** FIG Montée rapide, intensification d'un phénomène : *escalade des prix.* **3.** MIL Processus qui conduit à utiliser des moyens offensifs de plus en plus destructeurs.

**escalader** vt **1.** Faire une escalade, grimper : *escalader un rocher.* **2.** Franchir en passant par-dessus : *escalader une grille.*

**Escalator** nm (nom déposé) Escalier mécanique.

**escale** nf Lieu d'arrêt ou de ravitaillement pour les bateaux ou les avions ; temps d'arrêt passé dans cet endroit.

**escalier** nm Série de marches échelonnées pour monter ou descendre. ■ **escalier roulant, mécanique :** escalier dont les marches articulées sont entraînées mécaniquement.

**escalope** nf Tranche mince de viande blanche ou de poisson.

**escamotable** adj Qui peut être escamoté. ■ **meuble escamotable :** pouvant être rabattu contre un mur ou dans un placard.

**escamotage** nm Action d'escamoter.

**escamoter** vt **1.** Faire disparaître habilement : *le prestidigitateur escamote des foulards.* **2.** VIEILLI Dérober, subtiliser : *escamoter un portefeuille.* **3.** FIG Éluder, éviter ce qui est difficile : *escamoter une question.*

**escamoteur, euse** n VIEILLI Personne qui dérobe subtilement.

**escampette** nf ■ FAM **prendre la poudre d'escampette :** s'enfuir, déguerpir.

**escapade** nf Action de se soustraire momentanément à des obligations, à la routine.

**escape game** (pl *escape games*) nm Jeu qui consiste à résoudre des énigmes pour s'échapper d'un espace clos, réel ou virtuel (recomm. off. : *jeu d'évasion*).

**escarbille** nf Fragment de charbon ou de bois qui s'échappe d'un foyer.

**escarcelle** nf **1.** ANC Grande bourse pendue à la ceinture. **2.** PAR PLAIS Réserve d'argent. ■ **rentrer, tomber dans l'escarcelle de qqn :** lui revenir, lui être attribué.

**escargot** nm Mollusque gastropode qui porte une coquille en spirale.

**escargotière** nf **1.** Lieu où l'on élève des escargots. **2.** Plat présentant de petits creux, pour servir les escargots.

**escarmouche** nf **1.** Accrochage entre les premières lignes de deux armées. **2.** FIG Paroles hostiles.

**escarpe** nf Talus intérieur du fossé d'un ouvrage fortifié.

**escarpé, e** adj Qui a une pente raide, d'accès difficile ; abrupt : *falaise escarpée.*

**escarpement** nm Pente raide.

**escarpin** nm Chaussure découverte, à semelle très mince, avec ou sans talon.

**escarpolette** nf VIEILLI Siège suspendu à des cordes pour se balancer.

**escarre** nf MÉD Croûte noirâtre sur la peau, les plaies, par suite de la nécrose des tissus.

**eschatologie** [ɛskatɔlɔʒi] nf Partie de la théologie qui concerne le sort ultime de l'homme et du monde.

**esche** [ɛʃ] ou [ɛsk] nf Appât que les pêcheurs accrochent à l'hameçon.

**escient (à bon)** loc adv Avec à-propos et discernement.

**esclaffer (s')** vpr Rire bruyamment.

**esclandre** nm Tumulte qui fait scandale ou qui est causé par un fait scandaleux : *faire un esclandre.*

**esclavage** nm **1.** État, condition d'esclave. **2.** FIG Assujettissement, asservissement.

**esclavagisme** nm Système social fondé sur l'esclavage.

**esclavagiste** adj et n Partisan de l'esclavage.

**esclave** adj et n **1.** Qui est sous la dépendance totale d'un maître. **2.** Qui vit dans la dépendance d'un autre ; qui n'a pas un instant de liberté. **3.** Qui subit la domination d'un sentiment, d'un principe : *être esclave de l'argent, de ses passions.*

**escogriffe** nm FAM Homme de grande taille, à l'allure dégingandée.

**escompte** [ɛskɔ̃t] nm **1.** Prime payée à un débiteur qui acquitte sa dette avant l'échéance. **2.** Action d'escompter un effet de commerce.

**escompter** vt **1.** Payer un effet de commerce avant l'échéance. **2.** FIG Compter sur, espérer : *escompter un succès.*

**escorte** nf **1.** Suite de personnes qui accompagnent pour protéger, garder ou honorer. **2.** Formation militaire terrestre, aérienne ou navale, chargée d'escorter. ■ **faire escorte :** accompagner.

**escorter** vt Accompagner pour protéger, garder ou faire honneur.

**escorteur** nm Petit navire de guerre spécialement équipé pour la protection des communications maritimes.

**escouade** nf **1.** ANC Fraction d'une compagnie, sous les ordres d'un caporal ou d'un brigadier. **2.** Petit groupe, troupe : *une escouade de touristes.*

**escourgeon** nm Orge hâtive, qu'on sème en automne.

**escrime** nf Sport opposant deux adversaires au fleuret, à l'épée ou au sabre.

**escrimer (s')** vpr [à] Faire tous les efforts possibles pour réussir à ; s'évertuer.

**escrimeur, euse** n Personne qui pratique l'escrime.

**escroc** nm Individu qui agit frauduleusement, qui trompe la confiance des gens.

**escroquer** vt **1.** S'emparer de qqch par ruse ou par surprise : *escroquer des millions.* **2.** Tromper pour voler.

**escroquerie** nf Action d'escroquer.

**escudo** [ɛskudo] nm Unité monétaire portugaise jusqu'au 1er janvier 2002.

**ESG** [əɛsʒe] nm pl (sigle) Critères *environnementaux, sociaux* et de *gouvernance* que sont appelées à respecter les entreprises, notamm. celles cotées en Bourse.

**eskimo** adj et n → **esquimau.**

**ésotérique** adj Hermétique, réservé aux initiés.

**ésotérisme** nm **1.** Ensemble de doctrines secrètes anciennes. **2.** Caractère de ce qui est ésotérique.

**espace** nm **1.** Étendue indéfinie qui contient tous les objets. **2.** Étendue de l'Univers hors de l'atmosphère terrestre : *lancer un satellite dans l'espace.* **3.** Étendue en surface : *espace désertique.* **4.** Volume occupé par qqch : *ce lit occupe peu d'espace.* **5.** Distance entre deux points, deux objets : *laisser un espace entre deux mots.* **6.** PAR EXT Durée qui sépare deux moments : *en l'espace de dix minutes.* ■ **espace numérique de travail :** portail Internet donnant aux acteurs de la communauté éducative (élèves, professeurs, parents, etc.) l'accès aux contenus pédagogiques ou administratifs en rapport avec leurs activités. ❑ **espace publicitaire :** portion de surface ou plage de temps destinée à la présentation d'une publicité. ❑ **espace vert :** surface réservée aux parcs, aux jardins, dans une agglomération. ❑ **espace vital :** nécessaire au sentiment de son bien-être, de sa survie.

**espacement** nm Distance entre des êtres ou des choses.

**espacer** vt (conj 1) Séparer par un espace, un intervalle : *espacer des arbres ; espacer ses visites.*

**espace-temps** (pl *espaces-temps*) nm Milieu à quatre dimensions, la quatrième étant le temps, nécessaire, selon la théorie de la relativité, pour situer un événement.

**espadon** nm Grand poisson dont la mâchoire supérieure est allongée comme une lame d'épée.

**espadrille** nf Chaussure à empeigne de toile et semelle de corde.

**espagnol, e** adj et n D'Espagne : *les Espagnols.* ◆ nm Langue romane parlée en Espagne, en Amérique, etc.

**espagnolette** nf Tige de fer munie de crochets à ses extrémités et d'une poignée, pour fermer une fenêtre. ■ **fermer une fenêtre à l'espagnolette :** de façon à la laisser entrouverte.

**espalier** nm **1.** Rangée d'arbres fruitiers alignés contre un mur, un treillage. **2.** Échelle de bois fixée à un mur pour des exercices de gymnastique.

**espar** nm MAR Longue pièce de bois pouvant servir de mât, de vergue, etc.

**espèce** nf **1.** Ensemble d'êtres animés ou de végétaux qui se distinguent des autres du même genre par des caractères communs. **2.** Catégorie de choses ; sorte, qualité. ■ **cas d'espèce :** cas particulier. ❑ **en l'espèce :** en la circonstance. ❑ **espèce de** (+ nom) **:** renforce une injure : *espèce d'idiot !* ❑ **une espèce de :** qqch, qqn comme. ◆ **espèces** pl Pièces, billets formant la monnaie : *payer en espèces.*

GRAMMAIRE On dit *une espèce de* même avec un nom masculin : *une espèce de fou.*

**espérance** nf Attente confiante de qqch ; objet de cette attente. ■ **contre toute espérance :** alors que personne ne s'y attendait. ❑ **espérance de vie :** durée moyenne de la vie pour une population et une époque données.

**espéranto** nm Langue internationale créée en 1887 par Zamenhof.

**espérer** vt (conj 10) Souhaiter, attendre avec confiance. ◆ vt ind [en] Mettre sa confiance en : *espérer en l'avenir.*

**esperluette** nf Signe typographique (&) utilisé pour remplacer le mot *et*.

**espiègle** adj et n Vif, éveillé, malicieux.

**espièglerie** nf Petite malice.

**espion, onne** n **1.** Agent secret chargé d'épier certains personnages, de recueillir des renseignements sur une puissance étrangère. **2.** Personne qui épie autrui.

**espionnage** nm **1.** Action d'espionner. **2.** Organisation de cette activité à des fins politiques.

**espionner** vt Épier, surveiller secrètement les actions, les discours d'autrui.

**esplanade** nf Terrain plat, uni et découvert, en avant d'une fortification ou devant un édifice.

**espoir** nm **1.** État d'attente confiante : *j'ai l'espoir qu'il viendra.* **2.** Sentiment qui porte à espérer : *être plein d'espoir.* **3.** Objet de ce sentiment.

**e-sport** (pl *e-sports*) nm Sport électronique.

**espressivo** adj inv et adv MUS Expressif, plein de sentiment.

**esprit** nm **1.** Principe de la pensée ; activité intellectuelle, intelligence : *avoir l'esprit vif.* **2.** Intelligence vive ; humour, ironie : *avoir de l'esprit.* **3.** Humeur, caractère : *esprit chagrin ; avoir l'esprit aventurier.* **4.** Manière de penser : *esprit de synthèse ; esprit d'entreprise.* **5.** Caractère essentiel de qqch : *esprit d'une loi.* **6.** Principe immatériel ; âme : *le corps et l'esprit.* **7.** Être incorporel imaginaire : *croire aux esprits.* ■ **avoir bon, mauvais esprit :** avoir des dispositions bienveillantes, malveillantes. ❑ LITT **bel esprit :** personne qui cherche à se distinguer par son esprit, son intelligence. ❑ **esprit rude :** signe (ʿ) qui marque l'aspiration d'une voyelle en grec (par oppos. à *esprit doux*). ❑ **faire de l'esprit :** faire de l'humour. ❑ **perdre l'esprit :** devenir fou. ❑ **présence d'esprit :** promptitude à dire ou à faire ce qui est le plus à propos. ❑ **reprendre ses esprits :** se remettre d'un grand trouble. ❑ **vue de l'esprit :** idée chimérique.

**esquif** nm LITT Petite embarcation légère.

**esquille** nf Petit fragment d'un os fracturé.

**Esquimau** nm (nom déposé) Crème glacée enrobée de chocolat, fixée sur un bâtonnet.

**esquimau, aude** ou **eskimo** adj et n VIEILLI Qui appartient au peuple des Esquimaux. ◆ nm Langue parlée par les Esquimaux.

**esquinter** vt FAM **1.** Abîmer, détériorer. **2.** Critiquer violemment, dénigrer : *esquinter un livre.*

**esquisse** nf **1.** Premier jet d'une œuvre artistique ou littéraire. **2.** FIG Ébauche, commencement : *esquisse d'un sourire.*

**esquisser** vt **1.** Faire l'esquisse de : *esquisser un dessin.* **2.** FIG Commencer : *esquisser un geste.*

**esquive** nf Action de se dérober à l'attaque de l'adversaire.

**esquiver** vt Éviter adroitement. ◆ **s'esquiver** vpr Se retirer furtivement.

**essai** nm **1.** Épreuve à laquelle on soumet qqn ou qqch pour voir s'ils sont aptes à ce qu'on attend : *prendre qqn à l'essai.* **2.** Action de tenter qqch : *essai réussi.* **3.** Au rugby, action de porter le ballon et de le poser par terre derrière la ligne de but adverse : *marquer un essai.* **4.** Livre qui traite librement d'un sujet sans prétendre l'épuiser.

**essaim** nm **1.** Colonie d'abeilles. **2.** LITT Multitude, foule.

**essaimage** nm Multiplication des colonies d'abeilles par l'émigration d'une partie de la population.

**essaimer** vi **1.** Quitter la ruche pour former une colonie nouvelle. **2.** LITT Se disperser pour fonder de nouveaux groupes : *cette famille a essaimé dans toute l'Amérique.*

**essarter** vt Arracher et brûler les broussailles d'un terrain afin de le cultiver.

**essayage** nm Action d'essayer un vêtement : *cabine d'essayage.*

**essayer** vt (conj 4) **1.** Faire l'essai de : *essayer une voiture.* **2.** Passer un vêtement sur soi pour voir s'il va bien. **3.** Tâcher, s'efforcer de : *essayer de faire au mieux.* ◆ **s'essayer** vpr [à] Faire une tentative, se risquer à.

**essayeur, euse** n Personne qui fait essayer les vêtements en vue d'éventuelles rectifications.

**essayiste** n LITTÉR Auteur d'un essai.

**esse** nf Crochet en forme de S.

**essence** nf **1.** Ce qui constitue la nature d'un être, d'une chose. **2.** Liquide volatil, très inflammable, provenant de la distillation des pétroles bruts, et employé comme carburant, comme solvant, ou pour divers usages industriels. **3.** Espèce, en parlant des arbres forestiers. **4.** Extrait concentré de substances aromatiques ou alimentaires, obtenu par distillation : *essence de roses.* ■ **essence sans plomb :** carburant sans additif au plomb.

**essentiel, elle** adj **1.** Relatif à l'essence d'un être ou d'une chose. **2.** Indispensable, fondamental. ■ **commerce essentiel** : commerce vendant des biens ou des services considérés comme indispensables à la vie quotidienne (par oppos. à *commerce non essentiel*). ◆ nm **1.** Le point capital. **2.** L'indispensable. **3.** La plus grande partie.

**essentiellement** adv **1.** Par essence. **2.** Par-dessus tout, principalement.

**esseulé, e** adj LITT Seul, laissé seul.

**essieu** nm Axe recevant une roue à chaque extrémité et supportant un véhicule.

**essor** nm **1.** Action d'un oiseau qui prend son vol. **2.** FIG Développement, progrès.

ORTHOGRAPHE *Essor* s'écrit sans *t* final, à la différence de *ressort*.

**essorage** nm Action d'essorer.

**essorer** vt Extraire l'eau après le rinçage.

**essoreuse** nf Machine à essorer.

**essoucher** vt Arracher les souches après l'abattage des arbres.

**essoufflement** nm **1.** Fait d'être essoufflé. **2.** FIG Action, fait de s'essouffler.

**essouffler** vt Mettre hors d'haleine : *l'effort l'a essoufflé.* ◆ **s'essouffler** vpr **1.** Perdre, avoir perdu le souffle par un effort excessif. **2.** FIG Ne plus pouvoir suivre un rythme de développement trop rapide.

**essuie-glace** (pl *essuie-glaces*) nm Dispositif, formé d'un balai muni d'une lame de caoutchouc, qui essuie le pare-brise mouillé d'un véhicule.

**essuie-mains** nm inv Linge pour s'essuyer les mains.

**essuie-tout** nm inv Papier absorbant présenté en rouleau, à usage domestique.

**essuyage** nm Action d'essuyer.

**essuyer** vt (conj 3) **1.** Sécher, au moyen d'un torchon, d'une serviette, etc. : *essuyer la vaisselle.* **2.** Débarrasser de la poussière, en frottant : *essuyer des meubles.* **3.** FIG Subir, souffrir : *essuyer un affront.* ■ FAM **essuyer les plâtres** : (a) être le premier à occuper une habitation nouvellement construite (b) être le premier à subir les inconvénients d'une affaire, d'une entreprise. ◆ **s'essuyer** vpr Se sécher en se frottant : *s'essuyer les bras ; s'essuyer en sortant de l'eau.*

**est** [ɛst] nm Levant, orient, côté de l'horizon où le soleil se lève. ◆ adj inv Situé du côté de l'orient : *côte est.*

ORTHOGRAPHE On écrit : *dans l'Est* (région), mais *à, vers l'est* (orientation).

**establishment** [ɛstabliʃmɛnt] nm (anglicisme) Ensemble des gens en place dans un domaine quelconque ; l'ordre établi.

**estafette** nf Militaire chargé de transmettre des messages.

**estafilade** nf Longue entaille faite avec un instrument tranchant, surtout au visage.

**est-allemand, e** (pl *est-allemands, es*) adj Relatif à l'Allemagne de l'Est, avant la réunification de l'Allemagne.

**estaminet** nm VX Petit café, débit de boissons.

**estampage** nm Action d'estamper.

**estampe** nf **1.** Image imprimée, après avoir été gravée sur bois, métal, etc., ou dessinée sur un support lithographique. **2.** Outil pour estamper.

**estamper** vt **1.** Imprimer en relief ou en creux sur du métal, du cuir, du carton. **2.** FAM Escroquer, voler quelqu'un.

**estampeur, euse** n Personne qui estampe.

**estampillage** nm Action d'estampiller.

**estampille** nf Empreinte appliquée sur des brevets, des lettres, des livres, etc., pour attester l'authenticité, la propriété, la provenance.

**estampiller** vt Marquer d'une estampille.

**est-ce que** adv interr Marque l'interrogation dans les phrases interrogatives directes : *est-ce que tu viens ?*

EMPLOI L'emploi de *est-ce que* après un adverbe ou un pronom interrogatif est familier et à éviter : *pourquoi ne vient-il pas ?* est préférable à *pourquoi est-ce qu'il ne vient pas ?*

**1. ester** [ɛste] vi DR Intenter, soutenir une action en justice.

**2. ester** [ɛstɛr] nm Composé chimique résultant de l'action d'un acide organique sur un alcool, avec élimination d'eau.

**esthète** n Personne qui apprécie le beau.

**esthéticien, enne** n **1.** (surtout au féminin) Spécialiste des soins de beauté du visage et du corps. **2.** Philosophe, écrivain spécialiste d'esthétique.

**esthétique** nf **1.** Partie de la philosophie qui étudie le beau, son histoire, ses principes. **2.** Ensemble des règles et des principes selon lesquels on définit le beau à une époque donnée : *esthétique romantique.* **3.** Harmonie, beauté d'une forme quelconque : *l'esthétique d'une construction.* ◆ adj **1.** Relatif au beau : *sens esthétique.* **2.** Agréable à voir. ■ **chirurgie esthétique** : destinée à améliorer la forme ou l'aspect d'une partie du corps.

**esthétiquement** adv **1.** D'une manière esthétique. **2.** Du point de vue esthétique.

**esthétisme** nm Doctrine artistique qui met au premier plan le raffinement.

**estimable** adj Digne d'estime.

**estimatif, ive** adj Qui constitue une estimation : *devis estimatif.*

**estimation** nf Action d'estimer quelque chose ; évaluation.

**estime** nf Appréciation favorable d'une personne ou d'une chose ; considération, respect. ■ **à l'estime :** au jugé, approximativement.

**estimé, e** adj Pour qui ou pour lequel on a beaucoup d'estime ; apprécié.

**estimer** vt **1.** Déterminer la valeur d'un objet : *estimer un tableau.* **2.** Calculer approximativement : *estimer une distance.* **3.** Avoir en estime, faire cas de : *estimer un adversaire.* **4.** Juger, être d'avis, considérer : *j'estime que j'ai raison.* ◆ **s'estimer** vpr Se considérer comme : *s'estimer satisfait.*

**estivage** nm Migration des troupeaux dans les pâturages d'été.

**estival, e, aux** adj D'été : *tenue estivale ; travail estival.*

**estivant, e** n Personne qui passe les vacances d'été dans une station balnéaire, à la campagne, etc.

**estoc** [ɛstɔk] nm Grande épée droite frappant de pointe (XV^e^-XVI^e^ s.). ■ LITT **frapper d'estoc et de taille :** (a) en se servant de la pointe et du tranchant de l'épée (b) FIG avec toute son énergie.

**estocade** nf **1.** VX Coup donné avec la pointe de l'épée. **2.** Coup d'épée porté par le matador pour tuer le taureau. **3.** LITT Attaque soudaine et violente.

**estomac** [ɛstɔma] nm **1.** Chez l'homme, partie du tube digestif formant une poche, où les aliments, venant de l'œsophage, sont brassés et imprégnés de suc gastrique avant de passer dans l'intestin. **2.** Partie du tube digestif, formée de quatre poches chez les ruminants. **3.** Partie du corps qui correspond à l'estomac. ■ FIG **avoir de l'estomac :** avoir du cran. ❑ **avoir l'estomac dans les talons :** être affamé.

**estomaquer** vt FAM Causer une vive surprise ; stupéfier.

**estomper** vt **1.** Ombrer un dessin, le couvrir d'une ombre dégradée. **2.** FIG Adoucir, voiler. ◆ **s'estomper** vpr **1.** S'effacer, devenir flou. **2.** Devenir moins violent, moins fort.

**estourbir** vt FAM Assommer.

**estrade** nf Plancher surélevé par rapport au sol, au plancher d'une pièce.

**estragon** nm Plante aromatique.

**estrapade** nf HIST Supplice consistant à hisser le coupable au bout d'une corde, puis à le laisser tomber plusieurs fois.

**estropié, e** adj et n Privé de l'usage d'un ou de plusieurs membres.

**estropier** vt **1.** Priver de l'usage d'un ou de plusieurs membres. **2.** FIG Déformer, écorcher en prononçant : *estropier un mot.*

**estuaire** nm Embouchure d'un fleuve envahie par la mer.

**estudiantin, e** adj Relatif aux étudiants, à la vie étudiante.

**esturgeon** nm Grand poisson de mer pouvant atteindre 6 m, et dont les œufs constituent le caviar.

**et** conj **1.** Relie deux ou plusieurs parties d'un énoncé en indiquant une addition, la simultanéité, une opposition ou une comparaison : *vingt et un ; une heure et demie ; il travaille et ne réussit pas.* **2.** Indique, en tête d'énoncé, un renforcement emphatique : *et alors, qu'est-ce qui s'est passé ?*

**êta** nm ou inv Lettre de l'alphabet grec (η), notant un *ê* long en grec classique et correspondant au *i* en grec moderne.

**étable** nf Bâtiment destiné au logement des bovins.

**établi** nm Table de travail des menuisiers, des serruriers, etc.

**établir** vt **1.** Fixer, installer dans un lieu, une position : *établir son domicile à Paris.* **2.** Instituer, mettre en vigueur : *établir un règlement.* **3.** Rédiger, dresser : *établir une liste.* **4.** Faire commencer : *établir des contacts.* **5.** FIG Démontrer la réalité de, prouver : *établir un fait.* ◆ **s'établir** vpr **1.** S'installer, prendre place : *cette coutume s'est établie.* **2.** Fixer son domicile, son commerce, son activité : *s'établir à Paris.*

**établissement** nm **1.** Action d'établir, d'installer, de s'établir quelque part. **2.** Entreprise industrielle ou commerciale. ■ **établissement scolaire :** école, lycée, collège.

**étage** nm **1.** Chacun des intervalles compris entre deux planchers successifs d'un immeuble ou d'une maison. **2.** Chacune des parties superposées d'un ensemble : *les étages géologiques ; une fusée à trois étages.* ■ FIG **de bas étage :** de qualité médiocre.

**étagement** nm Disposition de ce qui est étagé.

**étager** vt (conj 2) Disposer sur plusieurs niveaux.

**étagère** nf Meuble formé de tablettes superposées ; chacune de ces tablettes.

**étai** nm **1.** Grosse pièce de bois pour soutenir provisoirement un mur, un édifice, etc. **2.** Gros cordage, câble pour maintenir en place le mât d'un navire.

**étaiement** ou **étayage** nm **1.** Action d'étayer. **2.** Ensemble d'étais.

**étain** nm Métal blanc, relativement léger et très malléable ; objet fabriqué dans ce métal.

**étal** (pl *étaux* ou *étals*) nm **1.** Table où l'on dispose les marchandises dans les marchés. **2.** Table sur laquelle un boucher débite la viande.

**étalage** nm **1.** Disposition de marchandises en devanture : *refaire l'étalage ;* ensemble de marchandises exposées : *un bel étalage.* **2.** FIG Action de montrer avec ostentation : *faire étalage de ses richesses.*

**étalagiste** n Décorateur spécialisé dans la présentation des étalages.

**étale** adj Sans vitesse, immobile, en parlant d'un navire. ■ **mer étale :** qui ne monte ni ne descend. ◆ nm Moment où la mer ne monte ni ne descend.

**étalement** nm Action d'étaler.

**étaler** vt **1.** Disposer à plat en éparpillant, en déployant : *étaler du linge ; étaler une carte.* **2.** Exposer pour la vente : *étaler des marchandises.* **3.** Étendre sur une surface : *étaler de la peinture.* **4.** Répartir dans le temps : *étaler un paiement ; étaler les départs.* **5.** Montrer avec ostentation : *étaler ses richesses.* ■ **étaler son jeu :** montrer toutes ses cartes. ◆ **s'étaler** vpr **1.** FAM Prendre de la place. **2.** FAM Tomber : *s'étaler par terre.*

**1. étalon** nm **1.** Modèle légal d'unité de poids, de mesure. **2.** Métal monétaire légalement adopté : *étalon-or.*

**2. étalon** nm Cheval destiné à la reproduction.

**étalonnage** ou **étalonnement** nm Action d'étalonner.

**étalonner** vt **1.** Vérifier, par comparaison avec un étalon, l'exactitude des indications d'un instrument. **2.** Établir la graduation de.

**étamage** nm Action d'étamer.

**étambot** nm Forte pièce de bois, implantée dans la quille d'un navire, qu'elle continue à l'arrière.

**étamer** vt **1.** Appliquer sur un métal oxydable une couche mince d'étain. **2.** Mettre le tain à une glace.

**étameur** nm Ouvrier qui étame.

**1. étamine** nf Étoffe légère, non croisée.

**2. étamine** nf BOT Organe sexuel mâle des végétaux à fleurs.

**étampage** nm Action d'étamper.

**étampe** nf Pièce d'acier destinée à produire des empreintes sur métaux.

**étamper** vt Travailler à l'étampe.

**étanche** adj **1.** Qui retient l'eau, ne la laisse pas sortir ou entrer : *les cloisons étanches d'un navire.* **2.** FIG Qui maintient une séparation absolue.

**étanchéité** nf Qualité de ce qui est étanche.

**étanchement** nm LITT Action d'étancher : *l'étanchement du sang.*

**étancher** vt **1.** Arrêter l'écoulement d'un liquide. **2.** TECHN Rendre étanche. ■ FIG **étancher la soif :** l'apaiser en buvant.

**étang** nm Étendue d'eau peu profonde, stagnante et sans écoulement, naturelle ou artificielle.

**étant donné** loc prép Vu. ◆ **étant donné que** loc conj Puisque.

> ORTHOGRAPHE Placé en tête de phrase, *étant donné* est invariable : *étant donné les circonstances.*

**étape** nf **1.** Distance parcourue d'un lieu à un autre. **2.** Endroit où l'on s'arrête au cours d'un voyage, d'une course, etc. **3.** FIG Période, degré : *procéder par étapes.*

**état** nm **1.** Manière d'être, disposition de qqn, de qqch ou d'une collectivité à un moment donné : *état de santé ; état de marche ; état de paix.* **2.** LITT Condition sociale, profession : *l'état ecclésiastique.* **3.** Liste énumérative, inventaire, compte : *état des dépenses.* ■ **en état de :** dans les conditions convenables pour. ❑ **état civil :** situation sociale de qqn (naissance, lien de parenté, etc.). ❑ **état des lieux :** acte qui constate l'état de la chose louée. ❑ **état d'esprit :** disposition d'esprit ; mentalité. ❑ HIST **états généraux :** assemblée où siégeaient les représentants de la noblesse, du clergé et du tiers état, sous l'Ancien Régime. ❑ **être dans tous ses états :** affolé, hors de soi. ❑ **faire état de :** faire cas de. ❑ **hors d'état de :** incapable de. ❑ HIST **le tiers état :** le peuple.

**État** nm **1.** Nation organisée, administrée par un gouvernement : *l'État français.* **2.** Le gouvernement, les pouvoirs publics : *l'État et les collectivités.* ■ **affaire d'État :** de la plus haute importance. ❑ **coup d'État :** prise illégale du pouvoir organisée par une fraction des gouvernants. ❑ **État (fédéré) :** entité territoriale de certains États fédéraux (EX : États-Unis, Inde). ❑ **homme, femme d'État :** homme, femme politique qui dirige ou a dirigé un État. ❑ **secret d'État :** qui ne doit être divulgué à aucun prix.

> ORTHOGRAPHE Dans *des affaires, des coups, des secrets d'État, État* reste au sing.

**étatique** adj Relatif à l'État.

**étatisation** nf Action d'étatiser qqch.

**étatiser** vt Faire administrer par l'État.

**étatisme** nm Système politique dans lequel l'État intervient directement dans le domaine économique.

**état-major** (pl *états-majors*) nm **1.** Corps d'officiers, d'où émane la direction d'une armée, d'une division, d'un régiment, etc. ; lieu où se réunit ce corps. **2.** FIG Ensemble des personnes les plus influentes d'un groupe organisé : *l'état-major d'un parti.*

**étau** (pl *étaux*) nm Instrument pour saisir, serrer fortement un objet qu'on veut travailler.

**étayage** nm → **étaiement.**

**étayer** vt (conj 4) **1.** Soutenir avec des étais. **2.** FIG Renforcer, soutenir par des arguments : *étayer un raisonnement.*

**etc.** (abréviation) Et cetera.

**et cetera** [ɛt setera] ou **et cætera** [ɛt setera] loc adv Et tout le reste, et ainsi de suite.

**été** nm Saison chaude de l'année, du solstice de juin (21 ou 22 juin) à l'équinoxe de septembre (22 ou 23 septembre).

**éteignoir** nm **1.** Objet en forme de cône pour éteindre les cierges, les bougies. **2.** FIG Rabat-joie.

**éteindre** vt (conj 55) **1.** Faire cesser de brûler, d'éclairer : *éteindre le feu, les lumières.* **2.** Faire cesser de fonctionner : *éteindre la radio.* **3.** LITT Mettre un terme à : *éteindre la soif, la colère de qqn.* ◆ **s'éteindre** vpr **1.** Cesser de brûler. **2.** Cesser d'éclairer. **3.** Mourir doucement ; expirer.

**éteint, e** adj Qui a perdu sa vivacité, son éclat : *regard éteint.*

**étendage** nm Action d'étendre : *l'étendage du linge.*

**étendard** nm Enseigne, drapeau : *un étendard de cavalerie.* ■ LITT **lever l'étendard de la révolte** : se révolter.

**étendoir** nm Fil ou corde pour étendre le linge.

**étendre** vt (conj 50) **1.** Déployer en long et en large : *étendre du linge.* **2.** Donner toute son étendue à une partie du corps : *étendre les bras.* **3.** Coucher, allonger : *étendre un malade.* **4.** Répandre, appliquer sur une surface : *étendre de la peinture, de la paille.* **5.** Additionner un liquide d'eau pour l'allonger : *boire du vin étendu d'eau.* **6.** FIG Augmenter, agrandir : *étendre sa propriété, son pouvoir.* ■ FAM **se faire étendre** : être refusé à un examen. ◆ **s'étendre** vpr **1.** Se coucher, s'allonger. **2.** Avoir une certaine étendue dans l'espace ou le temps : *forêt qui s'étend sur vingt kilomètres.* **3.** Se développer : *le mal s'étend.* **4.** Développer longuement : *je n'ai pas le temps de m'étendre sur le sujet.*

**étendu, e** adj **1.** Vaste : *plaine étendue.* **2.** Déployé : *ailes étendues.* **3.** Dilué : *alcool étendu.* **4.** FIG Important : *avoir des pouvoirs étendus.*

**étendue** nf **1.** Dimension en superficie : *vaste étendue d'eau.* **2.** Durée de quelque chose : *étendue de la vie.* **3.** FIG Importance ; ampleur : *l'étendue d'un désastre.*

**éternel, elle** adj **1.** Sans commencement ni fin : *Dieu éternel.* **2.** Qui n'aura pas de fin : *reconnaissance éternelle.* **3.** Interminable, lassant : *les éternels discours sur l'existence.* ■ **la Ville éternelle** : Rome.

**éternellement** adv De toute éternité ; sans fin.

**éterniser** vt Faire durer longtemps, trop longtemps : *il est inutile d'éterniser la discussion.* ◆ **s'éterniser** vpr **1.** Durer trop longtemps : *attente qui s'éternise.* **2.** FAM Rester trop longtemps dans un lieu, chez quelqu'un : *je ne veux pas m'éterniser ici.*

**éternité** nf **1.** Durée sans commencement ni fin. **2.** Durée qui paraît très longue : *cela fait une éternité que je l'attends.* ■ **de toute éternité** : depuis toujours.

**éternuement** nm Expulsion de l'air par le nez et la bouche, provoquée par une excitation des muqueuses nasales.

**éternuer** vi Faire un éternuement.

**étêtage** ou **étêtement** nm Action d'étêter.

**étêter** vt Couper la tête d'un arbre.

**éteule** nf Chaume qui reste sur la terre après la moisson.

**éthane** nm CHIM Carbure d'hydrogène.

**éthanol** nm CHIM Alcool éthylique.

**éther** [etɛr] nm **1.** CHIM Liquide très volatil, provenant de la combinaison d'un acide avec un alcool. **2.** POÉT Air, ciel.

**éthéré, e** adj POÉT Qui a quelque chose de léger, d'aérien, de très pur : *une créature éthérée.* ■ **odeur éthérée** : propre à l'éther.

**éthéromane** n et adj Toxicomane à l'éther.

**éthique** adj Qui concerne la morale. ■ **fonds éthique** : portefeuille de valeurs mobilières investies dans des entreprises respectant une série de critères sociaux, environnementaux et financiers. ◆ nf **1.** Partie de la philosophie qui étudie la morale. **2.** Règles morales choisies par qqn pour guider ses actes, sa vie.

**ethnie** nf Groupement humain de structure familiale, économique et sociale homogène, de langue et de culture communes.

**ethnique** adj **1.** Relatif à l'ethnie : *influences ethniques.* **2.** Qui relève d'une culture autre que la culture occidentale : *musique ethnique.*

**ethnocentrisme** nm Tendance à valoriser et privilégier la manière de penser de sa propre communauté, de son pays.

**ethnographe** n Spécialiste d'ethnographie.

**ethnographie** nf Branche des sciences humaines qui a pour objet l'étude descriptive des ethnies.

**ethnographique** adj Relatif à l'ethnographie.

**ethnologie** nf Branche des sciences humaines qui étudie la structure sociale et économique des ethnies, leur langue et leur culture.

**ethnologique** adj Qui concerne l'ethnologie.

**ethnologue** n Spécialiste d'ethnologie.

**ethnonyme** nm Dénomination des habitants d'un lieu. SYN : gentilé.

**éthologie** nf Étude scientifique du comportement des espèces animales et des êtres humains.

**éthologue** n Spécialiste d'éthologie.

**éthylène** nm Gaz incolore, légèrement odorant, obtenu en déshydratant l'alcool par l'acide sulfurique.

**éthylique** adj Dérivé de l'éthane : *alcool éthylique.* ◆ adj et n Se dit d'une personne alcoolique.

**éthylisme** nm Intoxication chronique provoquée par l'absorption d'alcool. SYN : alcoolisme.

**étiage** nm Débit le plus faible d'un cours d'eau.

**étier** nm Canal qui conduit l'eau dans les marais salants.

**étincelant, e** adj Qui étincelle ; brillant : *un regard étincelant ; une verve, un style étincelants.*

**étinceler** vi (conj 6) Jeter des étincelles, briller d'un vif éclat : *la mer étincelle au soleil.*

**étincelle** nf **1.** Parcelle incandescente qui se détache d'un corps enflammé ou qui jaillit du choc ou du frottement de deux corps. **2.** Manifestation brillante et fugitive d'une faculté intellectuelle : *une étincelle de génie.* ■ FAM **faire des étincelles :** réussir brillamment.

**étincellement** nm Éclat de ce qui étincelle ; scintillement.

**étiolement** nm **1.** Action d'étioler. **2.** FIG Affaiblissement.

**étioler** vt AGRIC Priver un végétal de lumière, en particulier certains légumes pour les faire blanchir. ◆ **s'étioler** vpr S'affaiblir.

**étiologie** nf Partie de la médecine qui recherche les causes des maladies.

**étique** adj LITT Maigre, décharné.

**étiquetage** nm Action d'étiqueter.

**étiqueter** vt (conj 8) **1.** Marquer d'une étiquette. **2.** FIG Classer qqn dans une catégorie.

**étiqueteuse** nf Machine à étiqueter.

**étiquette** nf **1.** Fiche indiquant le prix, l'origine, la destination d'un objet. **2.** Cérémonial en usage dans une réception officielle : *observer l'étiquette.* ■ **étiquette électronique :** système électronique d'identification d'un objet permettant la lecture et la mise à jour à distance de données relatives à cet objet (ce système tend à se substituer au code-barres). ❑ FIG **mettre une étiquette à qqn :** le classer selon son appartenance politique, sociale, etc.

**étirage** nm Action d'étirer un métal, un verre, un textile.

**étirement** nm Action d'étirer, de s'étirer ; son résultat.

**étirer** vt Étendre, allonger. ◆ **s'étirer** vpr Étendre ses membres pour se délasser.

**étoffe** nf Tissu de matière quelconque, pour l'habillement ou l'ameublement. ■ FIG **avoir de l'étoffe :** de la valeur, de grandes qualités.

**étoffé, e** adj Riche de matière : *devoir bien étoffé.* ■ **voix étoffée :** pleine et sonore.

**étoffer** vt **1.** Garnir d'étoffe. **2.** FIG Développer, enrichir : *étoffer un roman.* ◆ **s'étoffer** vpr Devenir plus gros, plus fort.

**étoile** nf **1.** Tout astre qui brille dans le ciel ; astre fixe qui brille par sa lumière propre. **2.** FIG Astre considéré par rapport à son influence sur la destinée des hommes : *être né sous une bonne étoile.* **3.** Objet, ornement, décoration, signe en forme de croix à cinq branches. **4.** En France, insigne du grade des officiers généraux. **5.** Indice de classement attribué à certains sites, hôtels, restaurants : *hôtel trois étoiles.* **6.** Artiste célèbre ; danseur, danseuse du plus haut échelon. ■ **à la belle étoile :** en plein air, la nuit. ❑ **étoile de mer :** animal marin en forme d'étoile à cinq branches. ❑ **étoile du Berger :** la planète Vénus. ❑ **étoile filante :** météore lumineux.

**étoilé, e** adj **1.** Semé d'étoiles. **2.** En forme d'étoile. **3.** Se dit d'un chef, d'un restaurant, dont la cuisine est distinguée par une ou plusieurs étoiles.

**étoilement** nm Fêlure en étoile.

**étoiler** vt Fêler en étoile : *étoiler un carreau.*

**étole** nf **1.** Ornement sacerdotal, formé d'une large bande . **2.** Large écharpe de fourrure couvrant les épaules. **3.** Large bande de tissu portée autour du cou ou des épaules.

**étonnamment** adv De façon étonnante.

**étonnant, e** adj Qui étonne ; prodigieux, remarquable.

**étonnement** nm Vive surprise, stupéfaction.

**étonner** vt Surprendre par qqch de singulier, d'inattendu ; abasourdir, stupéfier. ■ **cela m'étonnerait :** cela est peu probable. ◆ **s'étonner** vpr [de] Être surpris de.

**étouffant, e** adj **1.** Qui fait qu'on étouffe ; suffocant : *chaleur étouffante.* **2.** Qui met mal à l'aise : *une atmosphère étouffante.*

**étouffe-chrétien** nm inv FAM Aliment de consistance épaisse ou farineuse, difficile à avaler.

**étouffée (à l')** loc adv ou loc adj Mode de cuisson à la vapeur, dans un récipient bien clos. SYN : à l'étuvée.

**étouffement** nm **1.** Action de faire périr par asphyxie. **2.** Grande difficulté à respirer ; suffocation.

**étouffer** vt **1.** Faire perdre la respiration par asphyxie. **2.** Gêner en rendant la respiration difficile : *chaleur qui étouffe.* **3.** Éteindre en interceptant l'air : *étouffer un feu.* **4.** Amortir : *étouffer un bruit.* **5.** FIG Empêcher de se manifester, de se développer : *étouffer ses sanglots, un scandale.* ◆ vi **1.** Respirer avec peine. **2.** Être mal à l'aise. ◆ **s'étouffer** vpr Perdre la respiration ; mourir en s'asphyxiant.

**étouffoir** nm MUS Pièce de feutre qui arrête les vibrations des cordes du piano.

**étoupe** nf Rebut de la filasse.

**étourderie** nf **1.** Caractère étourdi. **2.** Acte irréfléchi.

**étourdi, e** adj et n Qui agit sans réflexion ou qui oublie fréquemment ce qu'il devrait faire.

**étourdiment** adv Inconsidérément.

**étourdir** vt **1.** Faire plus ou moins perdre conscience. **2.** Fatiguer, importuner : *bruit qui étourdit.* **3.** Causer une sorte de griserie : *le vin l'étourdit.* ◆ **s'étourdir** vpr Se distraire pour éviter de penser.

**étourdissant, e** adj **1.** Qui étourdit. **2.** FAM Extraordinaire, surprenant.

**étourdissement** nm **1.** État de trouble, de vertige. **2.** FIG, LITT griserie, légère ivresse.

**étourneau** nm **1.** Oiseau de l'ordre des passereaux, tacheté de blanc, appelé aussi sansonnet. **2.** FIG Jeune étourdi.

**étrange** adj Qui a un caractère inhabituel ; extraordinaire, bizarre.

**étrangement** adv D'une manière étrange ; bizarrement, curieusement.

**étranger, ère** adj et n **1.** Qui est d'une autre nation. **2.** Qui n'appartient pas à un groupe, à une famille, à une ville. ◆ adj **1.** Qui n'appartient pas à la nation où on vit ; qui concerne les rapports avec les autres nations : *langue étrangère ; politique étrangère.* **2.** Qui est sans relation, sans rapport avec : *détail étranger au sujet.* **3.** Qui n'est pas connu : *visage étranger.* ■ MÉD **corps étranger** : qui n'appartient pas à l'organisme où il se trouve. ◆ nm Ensemble des pays autres que celui dont on est citoyen.

**étrangeté** nf **1.** Caractère de ce qui est étrange. **2.** LITT Chose étrange.

**étranglé, e** adj Resserré, rétréci. ■ **voix étranglée** : à demi étouffée.

**étranglement** nm **1.** Action d'étrangler. **2.** Resserrement accidentel ou naturel : *l'étranglement d'une vallée.* ■ **goulet d'étranglement** ou **goulot d'étranglement** : secteur de production dont l'insuffisance est une entrave pour l'ensemble du développement économique.

**étrangler** vt **1.** Faire perdre la respiration en serrant le cou : *l'assassin avait étranglé sa victime.* **2.** Serrer, comprimer le cou : *col qui étrangle.* **3.** FIG Empêcher de s'exprimer : *étrangler la presse.* ◆ **s'étrangler** vpr Perdre momentanément la respiration, s'étouffer.

**étrangleur, euse** n Personne qui étrangle.

**étrave** nf Prolongement de la quille formant l'avant d'un navire.

**1. être** vi **1.** Avoir une réalité ; exister avec la qualité de : *il est bavard ; la neige est blanche.* **2.** Indique le lieu, la date, le moment, la manière, etc. : *il est en Angleterre ; nous sommes le trois février.* ■ **c'est, ce sont** : sert à présenter qqn, qqch : *c'est moi.* ❑ **c'est à qqn de** (+ inf) : c'est à son tour de : *c'est à lui de jouer.* ❑ **en être pour sa peine** : avoir perdu son temps, son énergie. ❑ **être à** : (a) appartenir à (b) se trouver en tel lieu. ❑ **être de** : avoir telle origine, telle condition. ❑ **être en** : (a) se trouver en tel lieu, dans telle situation (b) être vêtu en. ❑ **être pour, contre** : partisan de, opposé à. ❑ **être sans** : manquer de. ❑ **n'être plus** : avoir cessé de vivre. ◆ v auxil Se construit avec le participe passé du verbe pour former les temps composés des verbes passifs et réfléchis de certains verbes intransitifs. ◆ v impers **1.** Introduit le moment : *il est tard.* **2.** Il y a : *il était une fois.*

**2. être** nm **1.** Ce qui possède une existence : *les êtres humains.* **2.** Personne, individu : *un être merveilleux.* **3.** Le fait d'être, l'existence : *l'être et le non-être.* ■ **l'Être suprême** : Dieu.

**étreindre** vt (conj 55) **1.** Serrer fortement dans ses bras. **2.** FIG Oppresser, tenailler : *émotion qui étreint.*

**étreinte** nf Action d'étreindre.

**étrenne** nf (surtout au pluriel) Présent ou gratification à l'occasion du jour de l'an. ■ **avoir l'étrenne de quelque chose** : en avoir l'usage le premier ou pour la première fois.

**étrenner** vt Utiliser une chose pour la première fois.

**étrier** nm **1.** Anneau en métal suspendu de chaque côté de la selle et sur lequel le cavalier appuie le pied. **2.** Partie de la fixation du ski qui maintient l'avant de la chaussure. **3.** Un des osselets de l'oreille interne. **4.** Lien de fer pour maintenir une poutre. ■ **avoir le pied à l'étrier :** (a) être prêt à partir (b) FIG être en bonne voie pour réussir. ❑ **vider les étriers :** tomber de cheval.

**étrille** nf **1.** Instrument de fer pour nettoyer le poil des chevaux. **2.** ZOOL Petit crabe comestible.

**étriller** vt **1.** Frotter avec l'étrille. **2.** FIG Malmener, battre ; critiquer.

**étriper** vt **1.** Retirer les tripes de. **2.** FAM Blesser sauvagement, à mort.

**étriqué, e** adj **1.** Sans ampleur : *costume étriqué.* **2.** FIG Mesquin, médiocre : *esprit étriqué.*

**étrivière** nf Courroie suspendant l'étrier à la selle.

**étroit, e** adj **1.** Qui a peu de largeur. **2.** FIG Borné, mesquin : *esprit étroit.* **3.** Intime : *étroite amitié.* **4.** Strict, rigoureux : *surveillance étroite.* ■ **à l'étroit :** trop serré.

**étroitement** adv **1.** À l'étroit. **2.** FIG Intimement.

**étroitesse** nf Caractère de ce qui est étroit.

**étron** nm Matière fécale.

**étrusque** adj et n D'Étrurie. ◆ nm La langue des Étrusques.

**étude** nf **1.** Application de l'esprit pour apprendre ou comprendre : *l'étude de la philosophie.* **2.** Travail préparatoire, examen de : *étude d'un projet ; bureau d'études.* **3.** Essai, ouvrage didactique : *faire paraître une étude sur l'urbanisme.* **4.** Croquis, esquisse : *étude au fusain.* **5.** Dans un établissement scolaire, salle où les élèves font leur travail personnel ; durée de ce travail. **6.** Charge et bureaux d'un notaire, d'un huissier, etc. ■ ÉCON **étude de marché :** analyse prévisionnelle des débouchés sur le marché d'un produit donné. ◆ **études** pl Ensemble des cours suivis dans un établissement scolaire ou universitaire : *faire ses études.*

**étudiant, e** n Personne qui suit des études supérieures. ◆ adj Relatif aux étudiants : *la vie étudiante.*

**étudié, e** adj **1.** Préparé avec soin : *un discours étudié.* **2.** Qui n'est pas naturel : *des gestes étudiés.* ■ **prix étudié :** aussi bas que possible.

**étudier** vt **1.** Chercher à acquérir la connaissance de ; apprendre : *étudier la musique ; étudier une leçon.* **2.** Observer avec soin, examiner, analyser : *étudier un projet.* ◆ vi Faire ses études, travailler pour apprendre quelque chose. ◆ **s'étudier** vpr S'observer soi-même avec attention.

**étui** nm Boîte qui sert à contenir un objet : *étui à lunettes.*

**étuvage** nm Action d'étuver.

**étuve** nf **1.** Local de bain où l'on élève la température pour faire transpirer. **2.** FAM Pièce où il fait très chaud. **3.** Appareil destiné à produire une température déterminée pour travailler un bois, stériliser des objets, etc.

**étuvée (à l')** loc adv ou loc adj À l'étouffée.

**étuver** vt Sécher ou chauffer dans une étuve.

**étymologie** nf **1.** Étude scientifique de l'origine des mots. **2.** Origine d'un mot.

> ORTHOGRAPHE Attention, *étymologie* s'écrit sans *h*, avec un *y*.

**étymologique** adj Relatif à l'étymologie : *sens étymologique.*

**étymologiquement** adv Sur le plan de l'étymologie.

**étymologiste** n Spécialiste d'étymologie.

**eucalyptus** [økaliptys] nm Grand arbre originaire d'Australie, dont les feuilles sont très odorantes.

**eucharistie** [økaristi] nf Sacrement qui, suivant la doctrine catholique, transforme le pain et le vin en corps et sang de Jésus-Christ.

**eucharistique** [økaristik] adj De l'eucharistie.

**euclidien, enne** adj Relatif à Euclide et à sa méthode. ■ **géométrie euclidienne :** qui repose sur le postulat des parallèles d'Euclide.

**eugénique** adj Relatif à l'eugénisme.

**eugénisme** nm Théorie et ensemble des méthodes qui visent à améliorer le patrimoine génétique des groupes humains.

**euh** interj Marque l'étonnement, l'impatience, le doute.

**eunuque** nm Homme castré.

**euphémique** adj Qui tient de l'euphémisme.

**euphémisme** nm Choix d'un mot atténué pour remplacer un mot jugé trop cru, une expression jugée trop choquante.

**euphonie** nf Suite harmonieuse de sons dans une phrase.

**euphonique** adj Qui produit l'euphonie.

**euphorbe** nf Plante très commune, ayant un suc laiteux, employée en médecine.

**euphorie** nf Sensation intense de bien-être ; sentiment de joie teinté d'une légère griserie.

**euphorique** adj En état d'euphorie ; qui exprime l'euphorie.

**euphorisant, e** adj et nm Qui provoque l'euphorie : *un médicament euphorisant.*

**eurasien, enne** adj et n Métis d'Européen et d'Asiatique.

**eurêka** interj Mot grec signifiant « j'ai trouvé » et qui marque la satisfaction d'avoir trouvé la solution à un problème, à une difficulté.

**euro** nm Monnaie unique européenne, créée dans le cadre de l'Union économique et monétaire, divisée en 100 cents.

**eurocentrisme** nm Analyse des faits d'un point de vue exclusivement européen.

**eurocommunisme** nm Doctrine qui vise à adapter le communisme aux pays d'Europe de l'Ouest.

**eurocrate** n (souvent péjoratif) Fonctionnaire d'une institution européenne.

**eurodéputé** nm Député au Parlement européen.

**eurodevise** nf Devise européenne déposée dans un pays autre que celui où réside son possesseur.

**eurodollar** nm Dollar américain placé à long terme en Europe.

**européanisation** nf Action d'européaniser ; fait d'être européanisé.

**européaniser** vt Donner le caractère européen à.

**européen, enne** adj et n **1.** De l'Europe : *les pays européens ; les Européens.* **2.** Favorable à la construction de l'Union européenne. ■ **élections européennes** : élections des eurodéputés. ◆ **européennes** nf pl Élections européennes.

**européiste** n et adj Partisan d'une Europe fédérale (par oppos. à *souverainiste*).

**eurosceptique** n et adj Personne qui doute de la nécessité de la construction de l'Union européenne.

**eurythmie** nf **1.** Combinaison harmonieuse des lignes, des sons. **2.** MÉD Parfaite régularité du pouls.

**eustatisme** nm GÉOL Variation du niveau général des océans.

**euthanasie** nf Usage des méthodes qui procurent une mort sans souffrance à une personne atteinte d'une maladie incurable et très douloureuse.

**euthanasique** adj Qui provoque l'euthanasie ou s'y rapporte.

**eux** pron pers Désigne la 3e personne du pluriel et s'emploie comme sujet pour insister, comme complément pour renforcer *les* ou après une préposition : *eux le savent ; eux, je les aime bien ; partir sans eux.*

**évacuateur, trice** adj Qui sert à l'évacuation. ◆ nm ■ **évacuateur des eaux** : déversoir d'un barrage en cas de crue.

**évacuation** nf Action d'évacuer.

**évacuer** vt **1.** Faire sortir d'un endroit : *évacuer les blessés.* **2.** Vider de ses occupants : *évacuer un théâtre.* **3.** Expulser, rejeter à l'extérieur des matières nuisibles ou trop abondantes : *évacuer le pus d'un abcès.*

**évadé, e** adj et n Qui s'est évadé. ■ **évadé fiscal** : personne qui parvient à ne pas payer l'impôt auquel elle est assujettie.

**évader (s')** vpr **1.** S'échapper d'un lieu. **2.** FIG Se soustraire à des contraintes, à des soucis.

**évaluable** adj Qui peut être évalué.

**évaluation** nf Action d'évaluer.

**évaluer** vt Apprécier, fixer la valeur, le prix, l'importance de : *évaluer une maison ; évaluer une distance.*

**évanescent, e** adj LITT Qui disparaît par degrés ; fugitif : *ombre évanescente.*

**évangélique** adj De l'Évangile ; conforme à l'Évangile. ◆ n Personne qui appartient à l'Église protestante évangélique.

**évangélisateur, trice** adj et n Qui évangélise.

**évangélisation** nf Action d'évangéliser.

**évangéliser** vt Prêcher l'Évangile.

**évangélisme** nm Doctrine de l'Église protestante évangélique.

**évangéliste** nm **1.** Chacun des quatre écrivains sacrés qui ont écrit les Évangiles : saint Matthieu, saint Marc, saint Luc et saint Jean. **2.** Dans certaines religions réformées, prédicateur laïc.

**évangile** nm **1.** (avec une majuscule) Message de Jésus-Christ ; livre qui le contient. **2.** Partie des Évangiles lue à la messe. ■ **parole d'évangile** : vérité absolue.

**évanouir (s')** vpr **1.** Perdre connaissance. **2.** FIG Disparaître, se dissiper.

**évanouissement** nm **1.** Perte de connaissance. **2.** FIG Action, fait de s'évanouir, de disparaître.

**évaporateur** nm Appareil employé pour la dessiccation d'un produit.

**évaporation** nf Transformation lente d'un liquide en vapeur.

**évaporé, e** adj et n Étourdi, tête-en-l'air.

**évaporer** vt Provoquer l'évaporation de. ◆ **s'évaporer** vpr **1.** Se transformer en vapeur par évaporation. **2.** FIG Disparaître, se dissiper.

**évasé, e** adj Qui va en s'élargissant : *jupe évasée.*

**évasement** nm Orifice ou sommet élargi.

**évaser** vt Élargir une ouverture. ◆ **s'évaser** vpr S'ouvrir ; être plus large à une extrémité.

**évasif, ive** adj Imprécis, vague ; qui sert à éluder : *une réponse évasive.*

**évasion** nf **1.** Action de s'évader. **2.** FIG Distraction, changement.

**évasivement** adv D'une manière évasive : *il a répondu évasivement.*

**évêché** nm **1.** Territoire soumis à l'autorité d'un évêque. SYN : diocèse. **2.** Siège, palais épiscopal.

**évection** nf ASTRON Inégalité périodique dans le mouvement de la Lune.

**éveil** nm **1.** Action d'éveiller ; fait de s'éveiller. **2.** Fait de sortir de son repos, de son engourdissement : *l'éveil de la nature.* **3.** Action de sensibiliser quelqu'un à quelque chose : *l'éveil de la sensibilité.* ■ **donner l'éveil** : attirer l'attention. ❏ **en éveil** : sur ses gardes, attentif.

**éveillé, e** adj Vif, alerte.

**éveiller** vt **1.** LITT Tirer du sommeil. **2.** Exciter, stimuler, provoquer une faculté, un sentiment : *éveiller l'attention.* ◆ **s'éveiller** vpr Cesser de dormir. ■ **s'éveiller à** : éprouver quelque chose pour la première fois : *s'éveiller à l'amour.*

**événement** ou **évènement** nm **1.** Ce qui arrive, se produit. **2.** Fait historique important. ■ **heureux événement** : naissance d'un enfant. ◆ **événements** pl La situation générale, dans ce qu'elle a d'exceptionnel.

**événementiel, elle** ou **évènementiel, elle** adj ■ **histoire événementielle** : qui se borne à la narration chronologique des événements. ◆ nm Ce qui concerne les événements, l'actualité.

**évent** nm ZOOL Narine simple ou double des mammifères cétacés, par laquelle ils rejettent l'eau.

**éventail** (pl *éventails*) nm **1.** Accessoire en tissu ou en papier servant à agiter l'air pour produire de la fraîcheur. **2.** FIG Ensemble différencié de choses de même catégorie : *l'éventail des salaires.*

**éventaire** nm **1.** Étalage de marchandises à l'extérieur d'une boutique. **2.** VIEILLI Plateau que certains marchands ambulants portaient devant eux pour présenter leur marchandise.

**éventé, e** adj Altéré par l'air : *vin éventé.*

**éventer** vt Divulguer, révéler : *éventer un secret, un complot.* ◆ **s'éventer** vpr **1.** Se rafraîchir à l'aide d'un éventail. **2.** Perdre de ses qualités par le contact de l'air : *parfum qui s'est éventé.*

**éventration** nf MÉD Rupture de la paroi musculaire de l'abdomen qui laisse les viscères en contact direct avec la peau.

**éventrer** vt **1.** Ouvrir le ventre de. **2.** Défoncer, ouvrir largement : *éventrer un sac de blé.*

**éventreur** nm Assassin qui tue en éventrant.

**éventualité** nf **1.** Caractère de ce qui est éventuel. **2.** Fait qui peut se réaliser.

**éventuel, elle** adj Qui dépend des circonstances, qui est seulement de l'ordre du possible.

**éventuellement** adv D'une manière éventuelle ; le cas échéant, s'il y a lieu.

**évêque** nm Dignitaire ecclésiastique.

**évertuer (s')** vpr [à] Faire des efforts pour, s'efforcer de.

**éviction** nf Expulsion par force ou intrigue. ■ **éviction scolaire** : durée légale pendant laquelle un enfant atteint d'une maladie contagieuse ne peut retourner à l'école.

**évidage** nm Action d'évider.

**évidement** nm **1.** Action d'évider. **2.** Partie évidée d'une pièce.

**évidemment** [evidamɑ̃] adv D'une manière évidente ; certainement, sans aucun doute.

**évidence** nf **1.** Caractère de ce qui est évident : *se rendre à l'évidence.* **2.** Chose évidente. ■ **de toute évidence** ou **à l'évidence** : sûrement. ❏ **mettre en évidence** : rendre manifeste. ❏ **se mettre en évidence** : se faire remarquer.

**évident, e** adj D'une certitude facile à saisir ; clair, manifeste. ■ FAM **ne pas être évident** : ne pas être facile à faire.

**évider** vt **1.** Enlever de la matière à un objet. **2.** Échancrer le contour de.

**évier** nm **1.** Cuve munie d'une alimentation en eau et d'une vidange, et dans laquelle on lave en particulier la vaisselle. **2.** BELGIQUE Lavabo.

**évincement** nm Action d'évincer ; fait d'être évincé.

**évincer** vt (conj 1) Mettre quelqu'un à l'écart, l'éloigner.

**évitable** adj Qui peut être évité.

**évitement** nm **1.** PSYCHOL Action d'éviter. **2.** BELGIQUE Déviation de la circulation routière. ■ CH DE F **voie d'évitement** : voie doublant une voie principale permettant de garer un train.

**éviter** vt **1.** Échapper, passer à côté ; parer à ce qui peut être nuisible, désagréable : *éviter un obstacle ; évitez qu'il ne vous parle.* **2.** Épargner à quelqu'un quelque chose de pénible ou de dangereux : *éviter une corvée à quelqu'un.* **3.** S'abstenir, se garder de : *éviter de parler ; éviter le sel dans les aliments.* **4.** S'arranger pour ne pas rencontrer quelqu'un.

**évocateur, trice** adj Qui évoque.

**évocation** nf Action d'évoquer ; ce qui est évoqué.

**évolué, e** adj Qui a atteint un certain degré de développement : *peuple évolué.*

**évoluer** vi **1.** Se modifier, se transformer progressivement ; changer : *science qui évolue.* **2.** Exécuter des évolutions : *patineur qui évolue sur la glace.* **3.** SPORTS Pratiquer sa spécialité, particulièrement dans le cadre de compétitions : *golfeur qui évolue en classe internationale.*

**évolutif, ive** adj Qui est susceptible d'évoluer ou qui produit l'évolution.

**évolution** nf **1.** Transformation graduelle et continuelle : *l'évolution des mœurs.* **2.** MÉD Succession des phases d'une maladie. **3.** Ensemble de mouvements coordonnés : *les évolutions d'un acrobate.* **4.** Mouvement d'ensemble exécuté par une troupe, des bateaux, des avions, des danseurs, etc. ■ BIOL **théorie de l'évolution :** théorie des transformations successives qu'ont subies les êtres vivants.

**évolutionnisme** nm **1.** Ensemble des théories visant à expliquer le mécanisme de l'évolution des êtres vivants. **2.** En sociologie, doctrine considérant que toute culture est le résultat d'un processus d'évolution.

**évolutionniste** adj et n Partisan de l'évolutionnisme.

**évoquer** vt **1.** Faire penser à ; rappeler : *ce dessin évoque vaguement un personnage.* **2.** Rappeler à la mémoire : *évoquer le passé.* **3.** Faire mention, faire allusion : *évoquer une question.* **4.** Faire apparaître par la magie : *évoquer un esprit.*

**ex** n FAM **1.** Conjoint dont on est divorcé. **2.** Compagnon avec qui on a rompu un pacs ou dont on est séparé, après avoir vécu une relation plus ou moins longue avec lui.

**ex abrupto** loc adv Brusquement, tout de go.

**exacerbation** nf SOUT Exaspération d'un sentiment, d'une sensation, etc.

**exacerbé, e** adj Qui est poussé à un point extrême : *égoïsme exacerbé.*

**exacerber** vt Rendre plus intense, plus fort : *exacerber la colère, le désir.*

**exact, e** [ɛgzakt] ou [ɛgza, akt] adj **1.** Qui ne comporte pas d'erreur : *calcul exact.* **2.** Conforme à la logique, à la réalité : *prévisions exactes ; copie exacte.* **3.** Ponctuel : *employé exact.* ■ **les sciences exactes :** mathématiques, astronomie, sciences physiques.

**exactement** adv **1.** Avec exactitude. **2.** Précisément, rigoureusement.

**exaction** nf SOUT Action d'une personne qui exige plus qu'il n'est dû en profitant de son pouvoir : *exaction commise par un fonctionnaire.* ◆ **exactions** pl Actes de violence : *commettre des exactions.*

**exactitude** nf Qualité d'une personne ou d'une chose exacte, ponctuelle.

**ex aequo** [ɛgzeko] loc adv ou adj inv et n inv Sur le même rang, à égalité : *deux ex aequo à une compétition.*

**exagération** nf Action d'exagérer.

**exagéré, e** adj Où il y a de l'exagération.

**exagérément** adv De façon exagérée.

**exagérer** vt (conj 10) Outrer, amplifier. ◆ vi Aller au-delà de ce qui est juste, convenable, bienséant ; abuser.

**exaltant, e** adj Qui exalte, stimule.

**exaltation** nf Fait de s'exalter, d'être exalté ; excitation.

**exalté, e** adj et n Enthousiaste, excité.

**exalter** vt **1.** Exciter, enflammer : *exalter l'imagination.* **2.** LITT Porter très haut, célébrer, glorifier : *exalter les mérites de sa bien-aimée.* ◆ **s'exalter** vpr S'enthousiasmer.

**examen** nm **1.** Observation attentive : *examen d'un projet ; examen médical.* **2.** Épreuve subie par un candidat. ■ DR **mise en examen :** acte de procédure par lequel le juge d'instruction fait connaître à quelqu'un les faits qui lui sont reprochés.

**examinateur, trice** n Personne qui est chargée de faire passer un examen à un candidat.

**examiner** vt **1.** Faire l'examen de : *examiner un malade.* **2.** Observer attentivement : *examiner une affaire.*

**exanthème** nm MÉD Éruption cutanée dans certaines maladies (rubéole, varicelle, etc.).

**exarchat** [ɛgzarka] nm ANTIQ Gouvernement militaire byzantin que commandait un exarque.

**exarque** nm **1.** ANTIQ Gouverneur d'un exarchat. **2.** Prélat de l'Église orientale qui a juridiction épiscopale.

**exaspérant, e** adj Qui irrite beaucoup.

**exaspération** nf État de violente irritation.

**exaspérer** vt (conj 10) Irriter vivement, énerver fortement.

**exaucement** nm Action d'exaucer : *l'exaucement d'un vœu.*

**exaucer** vt (conj 1) Satisfaire quelqu'un en lui accordant ce qu'il demande.

**ex cathedra** loc adv SOUT D'un ton doctoral, dogmatique.

**excavateur** nm ou **excavatrice** nf Appareil destiné à creuser le sol.

**excavation** nf **1.** Action de creuser. **2.** Trou creusé dans la terre.

**excédant, e** adj Qui excède.

**excédent** nm Quantité qui est en plus : *excédent de bagages.*

**excédentaire** adj En excédent.

**excéder** vt (conj 10) **1.** Importuner, exaspérer. **2.** Dépasser, venir en plus : *la dépense excède les recettes.* **3.** SOUT Aller au-delà de certaines limites ; outrepasser : *excéder ses droits.*

**excellemment** adv D'une manière excellente.

**excellence** nf **1.** Qualité de ce qui est excellent. **2.** (avec une majuscule) Titre honorifique des ambassadeurs, ministres, évêques : *Son Excellence.* ■ **par excellence :** au plus haut point.

**excellent, e** adj **1.** Qui est à un degré éminent dans son genre : *excellent musicien ; excellent repas ;* très bon, parfait : *un plat excellent.* **2.** Moralement bon : *un excellent homme.*

**exceller** vi Être supérieur en son genre, l'emporter sur les autres : *exceller en gymnastique.*

**excentré, e** adj Loin du centre : *quartier excentré.*

**excentrer** vt MÉCAN Déplacer le centre, l'axe : *roue excentrée.*

**excentricité** nf Originalité, bizarrerie de caractère, extravagance ; acte excentrique.

**excentrique** adj **1.** Qui est situé loin du centre : *quartier excentrique.* **2.** En opposition aux usages reçus ; bizarre, extravagant : *conduite excentrique.* **3.** MATH Se dit d'un cercle qui, renfermé dans un autre, n'a pas le même centre que ce dernier. ◆ n Personne originale.

**excepté** prép Hormis, à l'exception de, en dehors de : *tous, excepté lui.*

**excepter** vt Exclure du nombre de.

**exception** nf **1.** Action d'excepter. **2.** Ce qui est exclu de la règle commune. ■ **à l'exception de :** excepté. ❑ **faire exception :** échapper à la règle.

**exceptionnel, elle** adj **1.** Qui forme exception. **2.** Peu ordinaire, rare, inattendu.

**exceptionnellement** adv D'une manière exceptionnelle.

**excès** nm **1.** Ce qui dépasse la quantité normale, la mesure : *excès d'alcool ; excès de vitesse.* **2.** Dérèglement de conduite, abus. ■ **excès de langage :** propos discourtois ou injurieux. ◆ pl Actes de violence, de démesure.

**excessif, ive** adj **1.** Qui excède la mesure ; exagéré : *une sévérité excessive.* **2.** Qui pousse les choses à l'excès : *il est toujours excessif dans ses jugements.*

**excessivement** adv **1.** Avec excès : *boire excessivement.* **2.** À un très haut degré : *cela me déplaît excessivement.*

**excipient** nm Substance neutre dans laquelle on incorpore un médicament pour permettre son absorption.

**exciser** vt MÉD Enlever, couper avec un instrument tranchant.

**excision** nf **1.** MÉD Action d'exciser. **2.** Ablation rituelle du clitoris chez certains peuples.

**excitabilité** nf Propriété de ce qui est excitable.

**excitable** adj Qui peut être excité.

**excitant, e** adj LITT Qui excite. ◆ nm Substance propre à augmenter l'activité organique : *le café est un excitant.*

**excitateur, trice** adj et n LITT Qui excite.

**excitation** nf **1.** Action d'exciter. **2.** Encouragement, provocation : *excitation à la violence.* **3.** Activité anormale, excessive de l'organisme.

**excité, e** adj et n Qui est énervé, agité.

**exciter** vt **1.** Provoquer, faire naître : *exciter la colère.* **2.** Stimuler, pousser : *exciter des combattants.* ◆ **s'exciter** vpr **1.** S'énerver. **2.** FAM S'enthousiasmer pour : *s'exciter sur un projet.*

**exclamatif, ive** adj Qui marque l'exclamation.

**exclamation** nf Cri de joie, de surprise, d'indignation, etc. ■ **point d'exclamation :** signe de ponctuation (!) placé après une exclamation.

**exclamer (s')** vpr Pousser des cris ou des paroles de joie, de surprise, etc.

**exclu, e** adj et n **1.** Qui a été rejeté, chassé d'un groupe. **2.** Qui a été rejeté en marge de la société.

**exclure** vt (conj 68) **1.** Renvoyer, mettre dehors : *exclure d'un parti, d'une salle.* **2.** Ne pas compter dans un ensemble : *on a exclu cette hypothèse.* **3.** Être incompatible avec : *cela exclut tout accord.* ■ **il n'est pas exclu que :** il est possible que.

**exclusif, ive** adj **1.** Qui appartient, par privilège spécial, à une ou à plusieurs personnes : *droit exclusif.* **2.** Qui repousse tout ce qui est étranger : *amour exclusif.* **3.** Absolu, de parti pris : *homme exclusif dans ses idées.*

**exclusion** nf **1.** Action d'exclure. **2.** Marginalisation économique et sociale de certaines personnes. ■ **à l'exclusion de :** à l'exception de.

**exclusive** nf Mesure d'exclusion : *inviter tout le monde sans exclusive.*

**exclusivement** adv De façon exclusive, uniquement : *il s'occupe exclusivement de lui.*

**exclusivité** nf **1.** Caractère exclusif de quelque chose. **2.** Droit exclusif de vendre une marchandise, de projeter un film, de publier un article : *film qui passe en exclusivité dans deux salles.*

**excommunication** nf **1.** Censure ecclésiastique, qui exclut quelqu'un de la communion des fidèles. **2.** PAR EXT Exclusion d'un groupe.

**excommunié, e** adj et n Frappé d'excommunication.

**excommunier** vt **1.** Rejeter hors de l'Église. **2.** Rejeter hors d'un groupe.

**excoriation** nf Légère écorchure.

**excorier** vt Écorcher légèrement la peau.

**excrément** nm Matière évacuée du corps par les voies naturelles (matières fécales, urine).

**excrémentiel, elle** adj De la nature de l'excrément.

**excréter** vt (conj 10) Éliminer hors de l'organisme.

**excréteur, trice** adj Qui sert à excréter : *conduit excréteur.*

**excrétion** nf Élimination par l'organisme de certaines substances (urine, bile, sueur, etc.).

**excrétoire** adj Qui se rapporte à l'excrétion.

**excroissance** nf **1.** Tumeur externe. **2.** Protubérance qui apparaît à la surface de quelque chose.

**excursion** nf Voyage ou promenade d'agrément.

**excursionniste** n Personne qui fait une excursion.

**excusable** adj Qui peut être excusé, pardonné.

**excuse** nf **1.** Raison alléguée pour se disculper, ou pour disculper autrui : *fournir une excuse.* **2.** Raison invoquée pour se soustraire à une obligation : *il a trouvé une bonne excuse pour ne rien faire.* ◆ **excuses** pl Paroles ou écrits exprimant le regret d'avoir offensé.

**excuser** vt **1.** Disculper quelqu'un d'une faute : *veuillez m'excuser.* **2.** Pardonner : *excuser un oubli.* **3.** Servir d'excuse : *rien ne peut vous excuser.* ◆ **s'excuser** vpr Alléguer des raisons pour se justifier.

**exécrable** adj **1.** Détestable. **2.** Très mauvais.

**exécration** nf LITT Sentiment d'horreur extrême : *crime qui suscite l'exécration.*

**exécrer** vt (conj 10) LITT Avoir en horreur, détester.

**exécutable** adj Qui peut être exécuté, réalisable : *travail exécutable.*

**exécutant, e** n **1.** Personne qui exécute une tâche, un ordre. **2.** Personne qui joue un morceau de musique dans un concert.

**exécuter** vt **1.** Accomplir, réaliser : *exécuter un travail.* **2.** Mener à bien : *exécuter un tableau.* **3.** Jouer un morceau de musique : *exécuter une sonate.* ■ **exécuter un condamné** : le mettre à mort. ◆ **s'exécuter** vpr Se résoudre à faire quelque chose.

**exécuteur, trice** n ■ **exécuteur testamentaire** : celui que le testateur a chargé de l'exécution de son testament. ❑ ANC **l'exécuteur des hautes œuvres** : le bourreau.

**exécutif, ive** adj ■ **pouvoir exécutif** : chargé d'appliquer les lois. ◆ nm Le pouvoir exécutif.

**exécution** nf **1.** Action, manière d'exécuter, de réaliser. **2.** Manière d'interpréter une œuvre musicale. **3.** DR Accomplissement d'une obligation, d'un jugement. ■ **exécution capitale** : mise à mort d'un condamné.

**exécutoire** adj DR Qui donne pouvoir de procéder à une exécution : *un décret immédiatement exécutoire.*

**exégèse** nf Interprétation, explication d'un texte.

**exemplaire** adj Qui peut servir d'exemple, de leçon : *conduite, punition exemplaire.* ◆ nm Chacun des objets reproduits en série selon un même type.

**exemplairement** adv De façon exemplaire.

**exemplarité** nf Caractère de ce qui est exemplaire.

**exemple** nm **1.** Personne ou chose qui peut servir de modèle : *donner en exemple.* **2.** Ce qui peut servir de leçon, d'avertissement : *que cela serve d'exemple !* **3.** Fait, texte cité à l'appui de : *ceci est un exemple de sa cruauté.* **4.** Phrase ou mot qui éclaire une règle, une définition : *les exemples sont en italique.* ■ **par exemple** : pour confirmer ce qui vient d'être dit. ◆ interj ■ FAM **par exemple !** : marque la surprise.

**exemplifier** vt Illustrer un propos par des exemples.

**exempt, e** [ɛgzɑ̃, ɑ̃t] adj **1.** Non assujetti à une obligation : *exempt de service.* **2.** Qui est à l'abri de : *exempt de risques.*

**exempté, e** [ɛgzɑ̃te] adj et n Dispensé de.

**exempter** [ɛgzɑ̃te] vt Rendre exempt, dispenser d'une charge.

**exemption** [ɛgzɑ̃psjɔ̃] nf Dispense.

**exercé, e** adj Devenu habile à la suite d'exercices : *oreille exercée.*

**exercer** vt (conj 1) **1.** Soumettre à un entraînement méthodique, habituer à : *exercer un enfant au calcul ; exercer sa mémoire.* **2.** Pratiquer, faire usage de : *exercer le pouvoir, une fonction.* **3.** Pratiquer une profession : *exercer la médecine.* **4.** Mettre à l'épreuve : *exercer sa patience.* **5.** Agir, influer sur : *exercer une action bienfaisante.* ◆ **s'exercer** vpr **1.** S'entraîner à : *s'exercer au tir à l'arc.* **2.** LITT Se manifester, agir : *ses qualités n'ont pas eu la possibilité de s'exercer.*

**exercice** nm **1.** Action d'exercer, de s'exercer : *l'exercice de la mémoire ; l'exercice de la médecine.* **2.** Travail donné à des élèves en application des cours. **3.** Dépense physique, activité sportive : *faire de l'exercice.* **4.** FINANCES Période comprise entre deux inventaires comptables ou deux budgets. ■ **entrer en exercice :** entrer en fonctions.

**exérèse** nf CHIR Opération par laquelle on retranche du corps humain ce qui lui est étranger ou nuisible (tumeur, calcul, etc.).

**exergue** nm Inscription mise en bas d'une médaille, en tête d'un ouvrage : *le chapitre porte en exergue deux vers de Baudelaire.*

**exfoliant, e** adj Qui provoque une exfoliation de la peau : *gel douche exfoliant.*

**exfoliation** nf Chute, détachement des parties mortes de l'épiderme sous forme de lamelles.

**exfolier** vt Séparer par lames minces et superficielles : *exfolier des ardoises.*

**exhalaison** nf Gaz, vapeur, odeur qui s'exhale d'un corps.

**exhalation** nf Action d'exhaler.

**exhaler** vt **1.** Répandre des vapeurs, des odeurs : *fleurs qui exhalent une odeur agréable.* **2.** LITT Donner libre cours à, exprimer : *exhaler sa colère.* ◆ **s'exhaler** vpr Se répandre dans l'atmosphère.

**exhausser** vt Augmenter en hauteur, rendre plus élevé : *exhausser une maison d'un étage.*

**exhaustif, ive** adj Qui traite à fond un sujet ; complet : *une étude exhaustive.*

**exhaustivement** adv De manière exhaustive.

**exhaustivité** nf Caractère de ce qui est exhaustif.

**exhiber** vt **1.** Présenter : *exhiber un passeport.* **2.** FIG Faire étalage de : *exhiber ses décorations.* ◆ **s'exhiber** vpr Se montrer avec ostentation ; s'afficher.

**exhibition** nf **1.** Action d'exhiber. **2.** Action de faire un étalage impudent de : *exhibition d'un luxe révoltant.*

**exhibitionnisme** nm **1.** Perversion qui pousse à exhiber ses organes génitaux. **2.** FIG Fait d'afficher en public des idées, des sentiments ou des actes qu'on devrait tenir secrets.

**exhibitionniste** n Personne qui pratique l'exhibitionnisme.

**exhortation** nf Encouragement.

**exhorter** vt Inciter, encourager : *exhorter à la patience.*

**exhumation** nf Action d'exhumer.

**exhumer** vt **1.** Tirer de la sépulture, déterrer. **2.** FIG Tirer de l'oubli.

**exigeant, e** adj Qui exige beaucoup des autres ou de soi-même ; qui est difficile à contenter.

**exigence** nf **1.** Ce qu'une personne exige, réclame à une autre ou à soi-même. **2.** Caractère d'une personne exigeante. **3.** Nécessité, obligation : *les exigences du métier.*

**exiger** vt (conj 2) **1.** Demander, réclamer en vertu d'un droit ou par force. **2.** FIG Nécessiter : *exiger des soins.*

**exigibilité** nf Caractère de ce qui est exigible : *exigibilité d'une dette.*

**exigible** adj Qui peut être exigé.

**exigu, ë** adj Très petit, très étroit.

**exiguïté** nf Petitesse, étroitesse.

**exil** nm **1.** Expulsion de qqn hors de sa patrie ; lieu où il réside à l'étranger. **2.** Séjour hors de sa région, de sa ville d'origine, en un lieu où l'on se sent comme étranger.

**exilé, e** n Personne condamnée à l'exil, ou qui vit dans l'exil. ■ **exilé fiscal :** contribuable qui a quitté son pays pour s'installer dans un autre pays fiscalement plus avantageux.

**exiler** vt **1.** Envoyer en exil, proscrire. **2.** PAR EXT Éloigner d'un lieu. ◆ **s'exiler** vpr **1.** Quitter volontairement sa patrie. **2.** Se retirer pour vivre à l'écart.

**existant, e** adj Qui existe actuellement.

**existence** nf **1.** Le fait d'exister : *prouver l'existence de quelque chose.* **2.** Vie humaine ; sa durée : *finir son existence.* **3.** Manière de vivre : *une existence paisible.* **4.** Durée de qqch : *ce journal a trois mois d'existence.*

**existentialisme** nm Doctrine philosophique d'après laquelle l'homme se définit lui-même en agissant.

**existentialiste** adj et n Relatif à l'existentialisme ; qui y adhère.

**existentiel, elle** adj Relatif à l'existence.

**exister** vi **1.** Être actuellement en vie ; vivre : *les dinosaures n'existent plus.* **2.** Être en réalité ; durer : *une nation ne peut exister sans lois.* **3.** Être important ; compter : *cet échec n'existait pas pour lui.* ■ **il existe :** il y a : *il existe des solutions.*

**ex-libris** [ɛkslibris] nm inv Vignette que les bibliophiles collent au revers des reliures de leurs livres, et qui porte leur nom ou leur devise.

**exocet** [ɛgzɔsɛ] nm Poisson volant.

**Exocet** [ɛgzɔsɛt] nm inv (nom déposé) MIL Missile français destiné à détruire des navires.

**exocrine** adj ■ ANAT **glande exocrine :** qui déverse son produit de sécrétion sur la peau ou dans une cavité naturelle. CONTR : endocrine.

**exode** nm **1.** Émigration en masse d'un peuple. **2.** Départ en grand nombre : *exode rural.*

**exogène** adj Qui provient de l'extérieur. ■ **roche exogène :** formée à la surface de la Terre. CONTR : endogène.

**exonération** nf Action d'exonérer ; fait d'être exonéré : *exonération d'impôts.*

**exonérer** vt (conj 10) Dispenser d'une charge, d'une obligation, notamment fiscale.

**exophtalmique** adj MÉD Qui fait sortir les yeux : *goitre exophtalmique.*

**exoplanète** nf ASTRON Planète extrasolaire.

**exorbitant, e** adj Excessif, abusif : *prix exorbitant.*

ORTHOGRAPHE *Exorbitant* s'écrit sans *h,* contrairement à *exhorter.*

**exorbité, e** adj ■ **yeux exorbités :** qui semblent sortir de leurs orbites.

**exorciser** vt Délivrer qqn du démon par des pratiques religieuses particulières. ■ **exorciser un mal :** le chasser, s'en protéger.

**exorcisme** nm Pratique religieuse, prière pour exorciser.

**exorciste** n Personne qui exorcise.

**exoréisme** nm GÉOGR Caractère des régions dont les eaux courantes rejoignent la mer.

**exothermique** adj Qui dégage de la chaleur.

**exotique** adj Qui appartient à un pays étranger, qui en provient.

**exotisme** nm Caractère de ce qui est exotique.

**expansé, e** adj Se dit d'une matière à laquelle on a fait subir une augmentation de volume.

**expansible** adj Capable d'expansion.

**expansif, ive** adj **1.** Qui aime à s'épancher, à communiquer ses sentiments. **2.** Qui peut se dilater.

**expansion** nf **1.** Développement : *expansion des gaz ; expansion coloniale.* **2.** LITT, FIG tendance à communiquer ses sentiments. ■ **expansion économique :** accroissement du revenu national.

**expansionnisme** nm **1.** Attitude politique visant à l'expansion d'un pays au-delà de ses limites. **2.** Accroissement de la puissance économique d'un pays, encouragé par l'État.

**expansionniste** adj et n Qui relève de l'expansionnisme ; qui en est partisan.

**expat** [ekspat] adj et n (abrév) Expatrié.

**expatriation** nf Action d'expatrier ; fait de s'expatrier.

**expatrié, e** adj et n Qui a quitté sa patrie.

**expatrier** vt Obliger à quitter sa patrie. ◆ **s'expatrier** vpr Quitter sa patrie.

**expectative** nf Attente : *être dans l'expectative.*

**expectorant, e** adj et nm Se dit d'un médicament qui permet l'expectoration : *sirop expectorant.*

**expectoration** nf Crachat provenant des bronches.

**expectorer** vt Rejeter par la bouche des substances provenant des bronches et des poumons.

**expédient** nm Moyen propre à se tirer momentanément d'embarras, sans résoudre vraiment la difficulté : *vivre d'expédients.*

**expédier** vt **1.** Envoyer : *expédier une lettre.* **2.** Se débarrasser de : *expédier un importun ; expédier un travail.* **3.** DR Délivrer copie conforme de : *expédier un contrat de mariage.*

**expéditeur, trice** n et adj Personne qui fait un envoi.

**expéditif, ive** adj **1.** Qui agit promptement. **2.** Qui permet de faire vite : *des procédés expéditifs.*

**expédition** nf **1.** Action d'expédier ; chose expédiée. **2.** Voyage scientifique ou touristique. **3.** Opération militaire comportant un envoi de troupes vers un pays éloigné.

**expéditionnaire** n Celui ou celle qui est chargé(e) de l'expédition de marchandises. ◆ adj ■ **corps expéditionnaire :** ensemble de troupes envoyées en expédition militaire.

**expérience** nf **1.** Essai, épreuve, dans le but de vérifier ou de démontrer quelque chose : *faire une expérience.* **2.** Connaissance acquise par la pratique, par l'observation : *avoir de l'expérience.*

**expérimental, e, aux** adj Fondé sur l'expérience.

**expérimentalement** adv De façon expérimentale.

**expérimentateur, trice** n et adj Personne qui fait des expériences.

**expérimentation** nf Action d'expérimenter.

**expérimenté, e** adj Instruit par l'expérience.

**expérimenter** vt Soumettre à des expériences.

**expert, e** adj Qui connaît très bien quelque chose grâce à une très longue pratique. ◆ n **1.** Personne apte à juger de quelque chose ; connaisseur. **2.** Spécialiste chargé d'apprécier, de vérifier, de constater : *faire venir un expert pour authentifier un tableau.*

**expert-comptable, experte-comptable** (pl *experts-comptables, expertes-comptables*) n Personne dont le métier consiste à vérifier, contrôler une comptabilité.

**expertise** nf Visite et opération d'un expert ; son rapport.

**expertiser** vt Faire l'expertise de.

**expiable** adj Qui peut être expié.

**expiation** nf Action d'expier ; peine, châtiment.

**expiatoire** adj Qui sert à expier.

**expier** vt Subir une peine, un châtiment, en réparation d'une faute, d'un crime : *il expiera sa faute en prison.*

**expiration** nf **1.** Action de chasser hors de la poitrine l'air inspiré. **2.** Fin d'un délai : *expiration d'un bail.*

**expirer** vt Rejeter l'air contenu dans les poumons. ◆ vi **1.** LITT Mourir. **2.** Arriver à son terme, prendre fin : *passeport qui expire fin mars.*

**explétif, ive** adj et nm GRAMM Se dit d'un mot qui n'est pas nécessaire au sens de la phrase, ou qui n'est pas exigé par la syntaxe (EX : *ne* dans *je crains qu'il ne vienne*).

**explicable** adj Qu'on peut expliquer.

**explicatif, ive** adj Qui explique.

**explication** nf Développement destiné à éclaircir, à faire comprendre, à démontrer quelque chose : *explication de texte.* ■ **avoir une explication avec quelqu'un :** lui demander de rendre compte de sa conduite.

**explicitation** nf Action d'expliciter.

**explicite** adj Dit clairement, sans équivoque : *une réponse explicite.*

**explicitement** adv De façon explicite.

**expliciter** vt Rendre explicite, éclairer : *expliciter sa pensée.*

**expliquer** vt **1.** Faire comprendre par un développement parlé ou écrit, ou par des gestes. **2.** Commenter, faire connaître en détail quelque chose. **3.** Être la raison, la cause de : *la maladie explique son absence.* ◆ **s'expliquer** vpr **1.** Faire comprendre sa pensée. **2.** Avoir une discussion avec quelqu'un : *elle tient à s'expliquer avec lui directement.* **3.** Comprendre la raison de : *je m'explique mal sa présence ici.* **4.** FAM Se battre pour résoudre un différend.

**exploit** nm Action d'éclat, de bravoure.

**exploitable** adj Qui peut être exploité.

**exploitant, e** n et adj Personne qui met en valeur un terrain de culture ou tout autre bien productif : *exploitant d'une salle de cinéma.*

**exploitation** nf **1.** Action d'exploiter, de mettre quelque chose en valeur. **2.** Affaire qu'on exploite : *exploitation agricole.* **3.** Action d'abuser à son profit : *exploitation de l'homme par l'homme.*

**exploité, e** adj et n Se dit d'une personne dont on tire un profit abusif.

**exploiter** vt **1.** Faire valoir une chose, en tirer du profit : *exploiter une ferme.* **2.** Tirer parti de : *exploiter la situation.* **3.** Profiter abusivement de quelqu'un : *exploiter un employé.*

**exploiteur, euse** n **1.** Personne qui exploite quelque chose à son profit. **2.** Personne qui tire un profit illégitime du travail d'autrui.

**explorateur, trice** n **1.** Personne qui fait un voyage de découverte dans un pays lointain, une région inconnue. **2.** FIG Personne qui se livre à des recherches dans un domaine particulier.

**exploration** nf Action d'explorer.

**exploratoire** adj Qui tend à explorer : *des conversations exploratoires.*

**explorer** vt **1.** Parcourir un lieu inconnu ou peu connu en l'étudiant avec soin. **2.** FIG Étudier, examiner une question dans le détail.

**exploser** vi **1.** Faire explosion, éclater violemment : *bombe qui explose.* **2.** Se manifester brusquement : *sa joie a explosé.* **3.** FAM Croître brutalement : *les prix ont explosé.*

**explosif, ive** adj **1.** Susceptible d'exploser : *mélange explosif.* **2.** FIG Critique, tendu : *situation explosive.* ◆ nm Substance, corps apte à exploser.

**explosion** nf **1.** Action d'exploser, d'éclater violemment : *l'explosion d'une bombe.* **2.** FIG Manifestation soudaine : *explosion de colère.* **3.** Accroissement brutal d'un phénomène : *l'explosion démographique.*

**expo** nf (abréviation) FAM Exposition.

**exponentiel, elle** adj FIG Rapide et continu : *croissance exponentielle.*

**exportable** adj Qui peut être exporté.

**exportateur, trice** adj et n Qui exporte.

**exportation** nf Action d'exporter ; ce qui est exporté.

**exporter** vt Transporter et vendre à l'étranger des produits nationaux.

**exposant, e** n Personne qui présente des œuvres, des produits, dans une exposition. ◆ nm MATH Nombre qui indique à quelle puissance est élevée une quantité.

**1. exposé** nm Développement écrit ou oral dans lequel on présente des faits, des idées.

**2. exposé, e** adj Qui offre un terrain propice à certains dangers ; à risque : *dépistage systématique chez les populations exposées.*

**exposer** vt **1.** Mettre en vue, placer dans un lieu d'exposition : *exposer des tableaux.* **2.** Orienter, disposer d'une certaine façon : *maison exposée au midi.* **3.** Expliquer : *exposer un système.* **4.** Mettre en péril, en danger : *exposer sa vie.* ◆ **s'exposer** vpr Courir un risque : *s'exposer aux critiques.*

**exposition** nf **1.** Action d'exposer, de présenter à un public ; lieu où l'on expose : *exposition de peinture ; exposition universelle.* **2.** Orientation : *exposition au soleil.* **3.** Partie initiale d'une œuvre littéraire ou musicale. ■ PHOT **temps d'exposition :** temps de pose.

**1. exprès** [ɛksprɛ] adv À dessein, intentionnellement. ■ **fait exprès :** coïncidence plus ou moins fâcheuse.

**2. exprès, esse** [ɛksprɛs] adj Précis, formel : *défense expresse.* ◆ adj inv et nm ■ **lettre exprès, colis exprès :** remis rapidement au destinataire.

**1. express** [ɛksprɛs] adj et nm Qui assure une liaison rapide : *voie express.* ■ **train express** ou **express :** train à vitesse accélérée ne desservant que les gares principales.

**2. express** [ɛksprɛs] adj et nm Café concentré.

**expressément** adv En termes clairs et précis.

**expressif, ive** adj Qui exprime avec force une pensée, un sentiment, une émotion : *un geste expressif ; un regard expressif.*

**expression** nf **1.** Manifestation de la pensée, du sentiment, du talent, etc., par le langage : *liberté d'expression.* **2.** Tournure, locution : *expression figée.* **3.** Ensemble des signes extérieurs qui traduisent un sentiment, une émotion, etc. : *expression de la joie.* ■ **réduire à sa plus simple expression :** (a) ramener à très peu de chose (b) supprimer totalement.

**expressionnisme** nm Tendance artistique et littéraire du XXᵉ s. qui s'attache à l'intensité de l'expression.

**expressionniste** adj et n Qui relève de l'expressionnisme.

**expressivité** nf Caractère de ce qui est expressif.

**expresso** nm Café express.

**exprimable** adj Qui peut être exprimé.

**exprimer** vt Manifester par le langage, les actes, les traits du visage, etc. ◆ **s'exprimer** vpr Formuler sa pensée.

**expropriation** nf Action d'exproprier.

**exproprié, e** adj et n Qui fait l'objet d'une mesure d'expropriation.

**exproprier** vt Retirer la propriété d'un bien par des moyens légaux.

**expulser** vt **1.** Chasser quelqu'un d'un lieu par la force ou par une décision administrative ou judiciaire. **2.** Évacuer, rejeter de l'organisme : *expulser des crachats.*

**expulsion** nf Action d'expulser.

**expurgation** nf Action d'expurger.

**expurger** vt (conj 2) Retrancher d'un texte ce que l'on juge contraire à la morale, aux convenances.

**exquis, e** adj Particulièrement délicieux ou agréable : *un gâteau exquis ; un temps exquis.*

**exsangue** [ɛksɑ̃g] ou [ɛgzɑ̃g] adj Qui a perdu beaucoup de sang ; qui est très pâle.

ORTHOGRAPHE Après le *x* du préfixe *ex-*, il faut garder le *s* du radical *sang-*.

**exsudation** nf Suintement pathologique.

**extase** nf **1.** État d'une personne qui se trouve comme transportée hors du monde sensible. **2.** Vive admiration : *être en extase devant un paysage.*

**extasié, e** adj Rempli d'admiration.

**extasier (s')** vpr Manifester son admiration.

**extatique** adj LITT Causé par l'extase : *transport, joie extatique.*

**extenseur** adj et nm Qui provoque l'extension d'un segment de membre : *muscle extenseur.* ◆ nm Appareil de gymnastique servant à développer les muscles.

**extensibilité** nf Propriété d'un corps extensible.

**extensible** adj Qui peut être étendu, allongé.

**extensif, ive** adj Qui produit une extension. ■ **culture extensive :** pratiquée sur de grandes surfaces avec un rendement faible.

**extension** nf **1.** Action d'étendre, de s'étendre : *l'extension du bras.* **2.** Élargissement du sens d'un mot. **3.** Accroissement, développement : *l'extension du commerce.* ■ **extensions de cheveux :** mèches de cheveux que l'on fixe à la chevelure pour lui donner longueur et volume ; pose de ces mèches.

**exténuant, e** adj Qui exténue, épuise.

**exténuation** nf Affaiblissement extrême des forces physiques.

**exténuer** vt Affaiblir à l'extrême.

**extérieur, e** adj **1.** Qui est au-dehors. **2.** Relatif aux pays étrangers : *commerce extérieur.* **3.** Qui se voit du dehors, visible ; manifeste : *signes extérieurs de richesse.* ◆ nm **1.** Ce qui est au-dehors : *l'extérieur d'une maison.* **2.** Pays étrangers. ◆ **extérieurs** nm pl CIN Scènes tournées hors d'un studio.

**extérieurement** adv **1.** À l'extérieur. **2.** En apparence.

**extériorisation** nf Action d'extérioriser.

**extérioriser** vt Exprimer, manifester par son comportement : *extérioriser sa joie.* ◆ **s'extérioriser** vpr Manifester ses sentiments.

**extériorité** nf Caractère de ce qui est extérieur.

**exterminateur, trice** adj et n Qui extermine.

**extermination** nf Action d'exterminer ; anéantissement. ■ **camp d'extermination :** camp construit par les nazis pour y exterminer les populations juive et tsigane.

**exterminer** vt Massacrer, faire périr entièrement ou en grand nombre.

**externat** nm **1.** Établissement scolaire qui n'admet que des externes. **2.** Fonction d'externe dans un hôpital.

**externe** adj Qui est au-dehors, qui vient du dehors. ■ **médicament à usage externe :** qui doit être appliqué sur la peau, qui ne doit pas être avalé. ◆ n **1.** Élève qui suit les cours d'un établissement scolaire sans y coucher ni y prendre ses repas. **2.** Étudiant en médecine qui assiste les internes dans les hôpitaux.

**exterritorialité** nf Immunité qui exempte les agents diplomatiques de la juridiction d'un État.

**extincteur, trice** nm et adj Appareil qui sert à éteindre les incendies.

**extinction** nf **1.** Action d'éteindre ; fait de s'éteindre. **2.** Cessation, disparition : *extinction d'une dette ; extinction d'une espèce animale.* ■ **extinction des feux :** heure à laquelle doivent être éteintes les lumières. ❑ **extinction de voix :** affaiblissement de la voix.

**extirpation** nf Action d'extirper.

**extirper** vt **1.** Arracher avec la racine ; enlever complètement : *extirper une tumeur.* **2.** Sortir quelqu'un d'un lieu avec difficulté : *extirper les passagers d'une voiture accidentée.* **3.** FIG Obtenir difficilement : *extirper des aveux.* **4.** LITT Faire cesser : *extirper un préjugé.*

**extorquer** vt Obtenir par la force, la menace : *extorquer une signature.*

**extorsion** nf Action d'extorquer.

**extra** nm inv Ce qu'on fait en dehors de ses habitudes. ◆ n Personne qui fait un service supplémentaire occasionnel : *engager un extra.* ◆ adj inv **1.** FAM De qualité supérieure : *des fruits extra.* **2.** FAM Merveilleux ; formidable : *une fille extra.*

**extraconjugal, e, aux** adj Se dit de relations amoureuses vécues en dehors des relations conjugales.

**extracteur** nm Instrument servant à extraire.

**extractif, ive** adj Relatif à l'extraction.

**extraction** nf **1.** Action d'extraire : *l'extraction d'une dent.* **2.** MATH Opération qui a pour objet de trouver la racine d'un nombre. **3.** LITT Origine, naissance : *noble extraction.*

**extrader** vt Livrer par extradition.

**extradition** nf Action de livrer l'auteur d'une infraction à l'État étranger qui le réclame.

**extrados** [ɛkstrado] nm ARCHIT Surface extérieure d'une voûte. CONTR : intrados.

**extrafin, e** adj D'une qualité supérieure ; de très petit calibre : *petits pois extrafins.*

**1. extrafort, e** adj **1.** Très résistant, très épais : *carton extrafort.* **2.** Très fort de goût : *moutarde extraforte.*

**2. extrafort** nm Ruban très solide pour renforcer le bord des ourlets.

**extraire** vt (conj 79) **1.** Tirer hors de : *extraire une dent.* **2.** Séparer de : *extraire l'alcool du vin.* **3.** Faire sortir : *extraire des victimes des décombres.* **4.** MATH Calculer la racine d'un nombre.

**extrait** nm **1.** Substance extraite : *extrait de lavande.* **2.** Passage tiré d'un livre. **3.** Copie d'un acte : *extrait de naissance.*

**extralucide** adj et n Qui prétend posséder le don de voir par télépathie, voyance, divination, etc. : *un médium extralucide.*

**extra-muros** [ɛkstramyros] loc adv Hors de la ville, à l'extérieur.

**extraordinaire** adj **1.** Qui sort de l'ordinaire, qui est inhabituel : *un phénomène extraordinaire.* **2.** Singulier, bizarre : *une aventure extraordinaire.* **3.** Hors du commun ; remarquable, exceptionnel : *un personnage extraordinaire.*

**extraordinairement** adv De façon extraordinaire ; extrêmement.

**extrapolation** nf Action d'extrapoler ; extension, généralisation.

**extrapoler** vt et vi Déduire à partir de données partielles ; généraliser.

**extrasensoriel, elle** adj Se dit de ce qui est perçu sans l'intermédiaire des sens.

**extrasolaire** adj ASTRON Situé à l'extérieur du système solaire.

**extraterrestre** n et adj Habitant supposé d'une planète autre que la Terre.

**extra-utérin, e** (pl *extra-utérins, es*) adj ■ **grossesse extra-utérine :** développement d'un œuf fécondé en dehors de l'utérus.

**extravagance** nf **1.** Caractère de ce qui est extravagant. **2.** Discours, acte extravagant.

**extravagant, e** adj et n **1.** Qui s'écarte du sens commun ; déraisonnable, bizarre : *une tenue extravagante.* **2.** Qui dépasse exagérément la mesure : *des prix extravagants.*

**extraverti, e** adj et n Qui extériorise ses émotions.

**extrême** adj **1.** Qui est tout à fait au bout : *extrême limite.* **2.** Qui est au degré le plus intense, au point le plus élevé : *froid extrême.* **3.** Qui dépasse les limites normales ; violent, excessif : *solutions extrêmes.* ■ **sports extrêmes :** sports pratiqués dans des conditions particulièrement difficiles mettant le pratiquant en danger : *ski extrême.* ◆ nm ■ **à l'extrême :** au-delà de toute mesure. ❑ **d'un extrême à l'autre :** d'un excès à l'excès opposé.

**extrêmement** adv Excessivement.

**extrême-onction** (pl *extrêmes-onctions*) nf Sacrement catholique pour les malades en danger de mort.

**extrême-oriental, e, aux** adj et n De l'Extrême-Orient.

**extrémisme** nm Tendance à recourir à des moyens extrêmes, violents, notamment dans la lutte politique.

**extrémiste** adj et n Qui fait preuve d'extrémisme ; qui en est partisan.

**extrémité** nf **1.** Partie qui termine ; bout : *extrémité du clocher, de la rue.* **2.** Attitude, décision extrême : *tomber d'une extrémité dans l'autre.* ■ **la dernière extrémité :** les derniers moments de la vie. ◆ **extrémités** pl **1.** Actes de violence : *en venir à des extrémités.* **2.** Les pieds et les mains : *avoir les extrémités froides.*

ORTHOGRAPHE *Extrémité* s'écrit avec un *é*, alors que *extrême* s'écrit avec un *ê*.

**extrinsèque** adj Qui vient du dehors : *causes extrinsèques.* CONTR : intrinsèque.

**exubérance** nf **1.** Vivacité excessive. **2.** Surabondance : *l'exubérance de la végétation.*

**exubérant, e** adj FIG Excessif dans ses expressions, son comportement.

**exultation** nf Très grande joie.

**exulter** vi Déborder de joie.

**exutoire** nm Moyen de se débarrasser de ce qui gêne ; dérivatif.

**ex-voto** nm inv Tableau ou objet qu'on suspend dans une église à la suite d'un vœu.

# F

**f** nm Sixième lettre de l'alphabet et la quatrième des consonnes.
**F** (symbole) Fahrenheit : *30 °F.*
**fa** nm MUS Quatrième note de la gamme de *do* ; signe qui la représente.
**fable** nf **1.** Récit allégorique, d'où l'on tire une moralité : *fables de La Fontaine.* **2.** Récit faux, imaginaire. **3.** Sujet de la risée publique : *être la fable du quartier.*
**fabliau** nm Conte en vers du Moyen Âge.
**fabricant, e** n Personne qui fabrique.

ORTHOGRAPHE Il faut distinguer *un fabricant* (nom) et *en fabriquant* (verbe).

**fabrication** nf Action, manière de fabriquer : *défaut de fabrication.*
**fabrique** nf Établissement où l'on fabrique des produits de consommation.
**fabriquer** vt **1.** Transformer les matières premières en objets d'usage courant : *fabriquer des meubles.* **2.** Faire, inventer : *fabriquer un faux.* **3.** FAM Avoir une occupation : *qu'est-ce que tu fabriques ?*
**fabulateur, trice** n et adj Personne qui fabule.
**fabulation** nf Fait de substituer à la réalité vécue une aventure imaginaire à laquelle on croit.
**fabuler** vi Élaborer des fabulations.
**fabuleusement** adv D'une manière fabuleuse, extraordinaire : *fabuleusement riche.*
**fabuleux, euse** adj **1.** Étonnant, extraordinaire : *gain fabuleux.* **2.** Imaginaire, mythique : *animal fabuleux.*
**fabuliste** n Auteur de fables.
**fac** nf (abréviation de *faculté*) FAM Université.
**façade** nf **1.** Face extérieure d'un bâtiment, en particulier celle où se trouve l'entrée. **2.** FIG Extérieur, apparence.
**façadisme** nm Technique consistant à démolir un immeuble en ne conservant que sa façade sur rue.
**face** nf **1.** Visage. **2.** Côté d'une pièce de monnaie, qui porte une effigie : *pile ou face.* **3.** Chacun des côtés d'un solide, d'une chose : *un cube a six faces.* **4.** FIG Aspect, tournure : *examiner un problème sous toutes ses faces.* ■ **de face** : du côté où l'on voit toute la face. ❑ **en face** : (a) vis-à-vis, par-devant (b) fixement (c) FIG sans crainte. ❑ **face à face** : en présence l'un de l'autre. ❑ **faire face** : (a) être vis-à-vis (b) faire front. ❑ **faire face à une dépense** : y pourvoir.
**face-à-face** nm inv **1.** Confrontation. **2.** Débat public entre deux personnalités.
**face-à-main** (pl *faces-à-main*) nm Lorgnon muni d'un manche, que l'on tient à la main.
**facétie** [fasesi] nf Plaisanterie, farce.
**facétieux, euse** adj et n **1.** Porté à la facétie, farceur. **2.** Qui tient de la facétie.
**facette** nf **1.** Petite face plane : *les facettes d'un diamant.* **2.** FIG Aspect.
**facetter** vt Tailler à facettes.
**fâché, e** adj **1.** En colère. **2.** Contrarié, irrité, agacé : *je suis fâché de ce contretemps.* ■ **être fâché avec qqn** : être brouillé avec lui.
**fâcher** vt **1.** Mécontenter, mettre en colère. **2.** Contrarier. ◆ **se fâcher** vpr **1.** S'irriter. **2.** Se brouiller avec qqn.
**fâcherie** nf Brouille.
**fâcheusement** adv De manière fâcheuse.
**fâcheux, euse** adj **1.** Désagréable. **2.** Ennuyeux, malencontreux : *un accident fâcheux.* ◆ n LITT Personne importune ; gêneur.
**facial, e, aux** adj De la face : *nerf facial.*
**faciès** [fasjɛs] nm Aspect du visage, physionomie. ■ **contrôle au faciès** : profilage ethnique.
**facile** adj **1.** Qui se fait sans peine, aisé : *travail facile.* **2.** PÉJOR Qui n'a exigé aucun effort, aucune recherche : *ironie facile.* **3.** FIG Accommodant : *caractère facile.*
**facilement** adv Avec facilité.
**facilité** nf **1.** Qualité de ce qui est facile : *exercice d'une grande facilité.* **2.** Aptitude à faire qqch sans effort ; aisance : *écrire avec facilité.* **3.** Moyen de faire qqch sans peine ; commodité : *facilités de transport.* ◆ **facilités** pl Délais accordés pour payer.
**faciliter** vt Rendre facile.
**façon** nf **1.** Manière d'être ou d'agir : *s'habiller d'une façon bizarre.* **2.** Main-d'œuvre ; exécution d'un travail. ■ **c'est une façon de parler** : il ne faut pas le prendre à la lettre. ❑ **de toute façon** : quoi qu'il arrive. ❑ **en aucune façon** : pas du tout. ❑ **sans façon** : sans cérémonie. ❑ **travail à façon** : travail exécuté sans fournir les matériaux. ◆ **façons** pl **1.** Politesses affectées : *faire des façons.* **2.** Manière d'agir, de se comporter : *des façons vulgaires.* ◆ **de façon à** loc prép De manière à : *travailler de façon à réussir.*

◆ **de façon que** loc conj (+ subj) dans le but de ; (+ ind) de sorte que.

**faconde** nf LITT Facilité à parler ; abondance de paroles.

**façonnage** ou **façonnement** nm Action de façonner.

**façonner** vt **1.** Travailler, donner une forme à : *façonner du métal.* **2.** Fabriquer : *façonner une pièce.* **3.** FIG Former : *façonner un caractère.*

**façonnier, ère** n et adj Personne qui travaille à façon.

**fac-similé** (pl *fac-similés*) nm Copie, reproduction d'une peinture, d'un dessin, d'un objet d'art, etc.

**facteur, trice** n **1.** Employé(e) des postes qui distribue le courrier à domicile. **2.** Fabricant d'instruments de musique : *facteur d'orgues, de pianos.* ◆ nm **1.** MATH Chacun des nombres qui forment un produit. **2.** Élément qui agit, qui influe : *le facteur humain ; la chance est un facteur de succès.* ■ **facteurs de production** : éléments concourant à la production des biens et des services.

**factice** adj Artificiel, imité, faux : *diamant factice ; sourire factice.*

**factieux, euse** adj et n Qui fomente des troubles contre le pouvoir établi ; séditieux.

**faction** nf **1.** Service de surveillance ou de garde dont est chargé un militaire : *être de faction.* **2.** Groupe séditieux au sein d'un groupe plus important.

**factionnaire** nm Sentinelle.

**factitif, ive** adj et nm GRAMM Se dit d'un verbe exprimant que le sujet fait faire l'action.

**factorisation** nf MATH Action de factoriser.

**factoriser** vt MATH Transformer une expression en produit de facteurs.

**factotum** [-tɔm] nm LITT Personnage qui s'occupe un peu de tout dans une maison.

**factuel, elle** adj Qui s'en tient aux faits : *information factuelle.*

**facturation** nf **1.** Action de facturer. **2.** Service où l'on fait les factures.

**facture** nf **1.** Note détaillée de marchandises vendues : *garanti sur facture.* **2.** Manière dont une chose a été exécutée : *un tableau de bonne facture.*

**facturer** vt Dresser une facture.

**facturier, ère** n et adj Personne qui établit les factures : *dactylo facturière.*

**facultatif, ive** adj Non obligatoire.

**facultativement** adv De manière facultative.

**faculté** nf **1.** Possibilité physique, intellectuelle ou morale : *avoir une faculté de travail impressionnante.* **2.** Vertu, propriété : *l'aimant a la faculté d'attirer le fer.* **3.** Pouvoir, droit d'agir : *avoir la faculté de vendre ses biens.* **4.** Établissement d'enseignement supérieur (remplacé auj. par : *université*). ◆ **facultés** pl Aptitudes, capacités : *les facultés intellectuelles.* ■ **ne pas jouir de toutes ses facultés** : avoir un comportement anormal, bizarre.

**fada** adj et n FAM Un peu fou.

**fadaise** nf Plaisanterie stupide ; niaiserie, ineptie.

**fadasse** adj FAM Très fade.

**fade** adj **1.** Insipide, sans saveur. **2.** FIG Sans caractère, insignifiant.

**fader (se)** vpr FAM Faire, accomplir comme une corvée ; supporter à contrecœur qqch, qqn : *on s'est fadé trois heures de queue.*

**fadeur** nf **1.** Manque de saveur. **2.** FIG Insignifiance : *fadeur d'un livre.*

**fado** nm Au Portugal, chanson populaire au thème souvent mélancolique.

**faena** [faena] nf Dans une corrida, travail à la muleta.

**fagot** nm Faisceau de menu bois, de branchages. ■ FAM **de derrière les fagots** : très bon, mis en réserve pour une grande occasion. ❑ **sentir le fagot** : friser l'hérésie et s'exposer à une condamnation.

**fagoter** vt FAM Habiller sans goût, sans élégance.

**Fahrenheit** [farɛnajt] ■ **degré Fahrenheit** nm : unité de température anglo-saxonne (symb : °F) équivalant à la 180^e^ partie de l'écart entre la température de fusion de la glace (32 °F) et la température d'ébullition de l'eau (212 °F), soit entre 0 °C et 100 °C.

**faiblard, e** adj FAM Assez faible.

**faible** adj **1.** Sans force, sans vigueur : *se sentir faible ; caractère faible.* **2.** Qui manque d'intensité, d'acuité : *vue faible.* **3.** Qui manque d'aptitudes dans une discipline : *faible en français.* **4.** Peu important, médiocre : *faibles revenus.* ◆ n **1.** Personne sans défense : *protéger les faibles.* **2.** Personne sans volonté : *c'est un faible.* ■ **faible d'esprit** : (a) débile mental (b) personne aux capacités intellectuelles très peu développées. ◆ nm Penchant pour qqn ou qqch. ■ **avoir un faible pour** : un goût prononcé pour.

**faiblement** adv De manière faible.

**faiblesse** nf **1.** Manque de force ; état de ce qui est faible ou de celui qui est faible : *faiblesse de constitution.* **2.** Perte subite des forces : *être pris de faiblesse.* **3.** Trop grande indulgence : *faire preuve de faiblesse.* **4.** Défaut de qualité : *les faiblesses d'un roman.*

**faiblir** vi Perdre de ses forces, de son intensité, de sa capacité, de sa fermeté.

**faïence** nf Céramique à pâte argileuse, recouverte d'un enduit imperméable et opaque.

**faïencerie** nf Fabrique de faïence.

**faïencier, ère** n Personne qui fabrique ou vend de la faïence.

**faille** nf **1.** Cassure des couches géologiques, accompagnée d'une dénivellation. **2.** Fente, crevasse. **3.** FIG Point faible, défaut.

**failli, e** n et adj VIEILLI Commerçant qui a fait faillite.

**faillible** adj Qui peut faillir.

**faillir** vt ind [à] (conj 30) LITT Commettre une faute, manquer (à) : *faillir à son devoir.* ◆ vi (suivi d'un inf) Manquer de, risquer de : *j'ai failli tomber.*

**faillite** nf **1.** État d'un débiteur qui ne peut plus payer ses créanciers : *faire faillite.* **2.** FIG Insuccès, échec : *faillite d'une politique.*

**faim** nf **1.** Besoin de manger : *avoir faim.* **2.** Famine : *la faim dans le monde.* **3.** FIG Désir ardent de quelque chose : *faim de gloire.*

**faine** nf Fruit du hêtre.

**fainéant, e** adj et n Paresseux.

**fainéanter** vi Paresser.

**fainéantise** nf Paresse.

**faire** vt (conj 76) **1.** Fabriquer, composer : *faire une maison, un poème.* **2.** Se livrer à certaines occupations : *n'avoir rien à faire ; faire de l'anglais.* **3.** Pratiquer, accomplir un geste, un acte : *faire son devoir.* **4.** Disposer, arranger, mettre en état : *faire un lit.* **5.** Avoir pour effet ; causer : *faire du bien ; faire peur ; l'argent ne fait pas le bonheur.* **6.** Donner, accorder : *faire un cadeau.* **7.** Jouer le rôle de ; chercher à paraître, contrefaire : *faire le mort.* **8.** Égaler : *deux et deux font quatre.* **9.** Être affecté par : *faire une rougeole.* **10.** FAM Coûter : *combien fait cette lampe ?* **11.** Se substitue à n'importe quel verbe déjà exprimé : *il a gagné, comme l'a fait son ami.* ■ **faire faire :** charger quelqu'un de faire : *faire faire un travail.* ◆ v. impers Indique un état de l'atmosphère : *il fait nuit, il fait beau.* ◆ vi **1.** Produire un certain effet : *le gris fait bien avec le rouge.* **2.** Agir : *bien faire.* ■ FAM **faire avec :** s'adapter contre son gré à une situation. ◆ **se faire** vpr **1.** Devenir : *se faire vieux.* **2.** S'améliorer : *le cuir se fera.* **3.** S'adapter, s'habituer : *se faire à la fatigue.* **4.** Embrasser une carrière : *se faire prêtre.* ■ FAM **s'en faire (pour) :** se faire du souci, s'inquiéter (pour) : *ne pas s'en faire pour l'oral.*

> GRAMMAIRE Attention à l'accord du participe passé de *se faire : elle s'est faite la défenseur des faibles ; elle s'est faite belle,* mais *elle s'est fait une blessure.*

**faire-part** nm inv Lettre, avis annonçant une naissance, un mariage, un décès.

**faire-valoir** nm inv Personne dont le rôle est de mettre quelqu'un en valeur.

**fair-play** [fɛrplɛ] adj inv Qui accepte loyalement les conditions d'un combat ; beau joueur. ◆ nm inv Comportement loyal et élégant.

**faisabilité** nf Caractère de ce qui est faisable en fonction de conditions techniques, financières et de délai définies : *étude de faisabilité.*

**faisable** [fəzabl] adj Qui peut être fait.

**faisan** [fəzɑ̃] nm Oiseau gallinacé au plumage coloré et à la chair estimée ; chair de cet oiseau.

**faisandé, e** adj Se dit d'une viande qui entre dans un stade de décomposition lui donnant un fumet accentué.

**faisandeau** [fəzɑ̃do] nm Jeune faisan.

**faisander** [fəzɑ̃de] vt Faire subir au gibier un commencement de décomposition qui donne du fumet à sa chair.

**faisanderie** [fəzɑ̃dri] nf Élevage de faisans.

**faisane** [fəzan] adj f ■ **poule faisane** ou **faisane** nf : femelle du faisan.

**faisceau** nm **1.** Réunion de choses liées ensemble. **2.** Flux de particules électrisées : *faisceau électronique.* **3.** FIG Ensemble cohérent de choses qui concourent au même résultat : *faisceau de preuves.* ■ **faisceau lumineux :** ensemble de rayons lumineux. ◆ **faisceaux** pl ANTIQ Verges liées autour d'une hache que portait le licteur romain.

**faiseur, euse** [fəzœr, øz] n **1.** Personne qui fait ou fabrique habituellement quelque chose. **2.** Intrigant, hâbleur.

**faisselle** nf Récipient à parois perforées pour l'égouttage des fromages frais.

**1. fait** nm **1.** Action de faire, chose faite : *le fait de parler.* **2.** Événement : *un fait singulier.* **3.** Ce qui est vrai, réel : *souvent les faits démentent les théories.* ■ **aller au fait :** à l'essentiel. ❑ **au fait :** à propos, à ce sujet. ❑ SOUT **de fait :** en réalité. ❑ **du fait de :** par suite de. ❑ **en fait** ou **par le fait :** en réalité, effectivement. ❑ **en fait de :** en matière de. ❑ **état de fait :** réalité. ❑ **faits et gestes :** actions de quelqu'un. ❑ **hauts faits :** exploits. ❑ **le fait est que. :** la vérité est que. ❑ **mettre au fait :** informer. ❑ **prendre sur le fait :** au moment où l'action est commise. ❑ **tout à fait :** complètement, absolument. ❑ **voies de fait :** actes de violence.

**2. fait, e** adj **1.** Fabriqué, exécuté : *travail bien fait.* **2.** Constitué, formé d'une certaine façon : *femme bien faite.* **3.** Mûr : *un homme fait.* **4.** Fermenté : *fromage trop fait.* ■ **c'en est fait :** c'est fini. ❑ **c'est bien fait :** c'est bien mérité, en parlant d'une punition. ❑ **fait pour :** destiné à. ❑ **tout fait :** (a) préparé à l'avance (b) sans originalité : *idée toute faite.*

**faîtage** nm Arête d'un toit.

**fait divers** (pl *faits divers*) ou **fait-divers** (pl *faits-divers*) nm Événement sans portée générale mais faisant sensation (crime, délit, etc.), rapporté par les médias ; rubrique de presse qui en fait part.

**faîte** nm **1.** Comble d'un édifice. **2.** Sommet, cime : *faîte d'un arbre.* **3.** LITT Le plus haut degré : *le faîte de la gloire.*

**faîteau** nm Ornement des parties supérieures d'une charpente.

**faîtière** nf **1.** Tuile courbe du faîtage d'un toit. **2.** Lucarne sous un comble.

**fait-tout** nm inv ou **faitout** nm Marmite basse.

**faix** [fɛ] nm LITT Charge, fardeau.

**fakir** nm **1.** Ascète musulman ou hindou. **2.** Personne qui exécute en public des exercices d'hypnose, de voyance, etc.

**falaise** nf Escarpement rocheux, descendant presque à la verticale dans la mer.

**falbala** nm (souvent au pluriel) Ornement de mauvais goût.

**falconidé** nm Oiseau rapace diurne (les falconidés forment une famille à laquelle appartiennent l'aigle, le faucon, etc.).

**fallacieux, euse** adj Trompeur.

**falloir** v. impers (conj 48) **1.** Être obligatoire, nécessaire : *il faut manger pour vivre.* **2.** Être un besoin, une nécessité : *il lui faut du repos.* ■ **comme il faut :** (a) bien élevé (b) convenablement : *un garçon comme il faut ; manger comme il faut.* ◆ **s'en falloir** vpr impers Être en moins, manquer : *il s'en est fallu de peu qu'il rate le train.*

**1. falot** nm Grande lanterne portative.

**2. falot, e** adj Terne, effacé : *personnage falot.*

**falsificateur, trice** n et adj Personne qui falsifie.

**falsification** nf Action de falsifier.

**falsifier** vt **1.** Altérer, changer, pour tromper. **2.** Contrefaire.

**falzar** nm FAM Pantalon.

**famé, e** adj ■ **mal famé** → **malfamé.**

**famélique** adj et n Affamé ; amaigri par la faim.

**fameusement** adv FAM De façon remarquable ; très.

**fameux, euse** adj **1.** Dont on a parlé en bien ou en mal ; célèbre : *un écrivain fameux ; le fameux héros de Cervantès.* **2.** Excellent : *un vin fameux.*

**familial, e, aux** adj Qui concerne la famille.

**familiale** nf Voiture automobile de tourisme qui admet de 6 à 9 passagers.

**familiarisation** nf Action de familiariser ; fait de se familiariser.

**familiariser** vt Rendre familier, habituer. ◆ **se familiariser** vpr [avec] Se rendre une chose familière par la pratique : *se familiariser avec une langue étrangère.*

**familiarité** nf Grande intimité. ◆ **familiarités** pl Façons familières ; privautés.

**familier, ère** adj **1.** Qui a des manières trop libres : *être familier avec ses supérieurs.* **2.** Connu, habituel : *cette chose lui est familière.* **3.** Se dit d'un mot, d'une construction employés dans la conversation courante (EX : *balade,* par rapport à *promenade*). ■ **les animaux familiers :** qui vivent dans le voisinage de l'homme. ◆ nm **1.** Qui vit dans l'intimité de quelqu'un. **2.** Qui fréquente habituellement un lieu.

**familièrement** adv D'une manière familière.

**familistère** nm Établissement coopératif, d'après le système de Fourier.

**famille** nf **1.** Les parents et les enfants vivant sous le même toit. **2.** Enfants : *avoir une famille nombreuse.* **3.** Ensemble des personnes d'un même sang : *la famille des Montmorency.* **4.** Groupe d'animaux, de végétaux, de minéraux analogues. **5.** Ensemble des mots issus d'une racine commune. ■ **avoir un air de famille :** se ressembler.

**famine** nf Manque total d'aliments dans une région pendant une certaine période. ■ **crier famine :** se plaindre de son dénuement. ❑ **salaire de famine :** salaire trop bas.

**fan** [fan] n FAM Admirateur enthousiaste : *les fans d'un chanteur.*

**fana** adj et n FAM Passionné de quelque chose, de quelqu'un.

**fanage** nm Action de faner.

**fanal** (pl *fanaux*) nm **1.** Lanterne employée sur les bateaux. **2.** Signal lumineux pour le balisage des côtes.

**fanatique** adj et n **1.** D'un zèle outré, aveugle : *des fanatiques religieux.* **2.** Qui manifeste une admiration passionnée pour quelqu'un ou quelque chose : *un fanatique de jazz.*

**fanatiquement** adv Avec fanatisme.

**fanatiser** vt Rendre fanatique.

**fanatisme** nm Esprit, comportement de fanatique.

**fan-club** (pl *fan-clubs*) nm Association réunissant les fans d'une vedette du spectacle, du cinéma, etc.

**fandango** nm Danse et air de danse espagnols.

**fane** nf Feuille de certaines plantes herbacées : *fanes de radis, de carottes.*

**faner** vt **1.** Retourner l'herbe fauchée pour qu'elle sèche. **2.** FIG Flétrir, ternir, décolorer : *la chaleur fane les roses ; le soleil a fané ce tissu.* ◆ **se faner** vpr **1.** En parlant d'une fleur, d'une plante, sécher, se flétrir. **2.** En parlant d'une personne, d'une chose, perdre son éclat.

**faneur, euse** n Personne qui fane l'herbe fauchée. ◆ nf Machine à faner.

**fanfare** nf Orchestre composé de cuivres.

**fanfaron, onne** adj et n Vantard, hâbleur.

**fanfaronnade** nf Vantardise.

**fanfaronner** vi Faire le fanfaron.

**fanfreluche** nf Ornement de toilette ou d'ameublement, de peu de valeur.

**fange** nf LITT **1.** Boue, bourbe. **2.** FIG Condition abjecte, vie de débauche.

**fangeux, euse** adj LITT Plein de fange.

**fanion** nm Petit drapeau.

**fanon** nm **1.** Pli cutané sous le cou des bœufs, des dindons, etc. **2.** Chacune des lames cornées que la baleine a dans la bouche.

**fantaisie** nf **1.** Originalité ; imprévu : *manquer de fantaisie.* **2.** Imagination libre ; faculté de création : *donner libre cours à sa fantaisie.* **3.** Goût, gré : *vivre à sa fantaisie.* ■ **bijou (de) fantaisie :** bijou qui n'est pas en matière précieuse.

**fantaisiste** adj Qui agit à sa guise ; qui manque de sérieux. ◆ n Artiste de music-hall qui chante ou raconte des histoires.

**fantasia** nf Divertissement équestre de cavaliers arabes.

**fantasmagorie** nf Spectacle, récit enchanteur, féerique, fantastique.

**fantasmagorique** adj Qui tient de la fantasmagorie.

**fantasmatique** adj Qui relève du fantasme.

**fantasme** nm Représentation imaginaire de désirs plus ou moins conscients.

**fantasmer** vi S'abandonner à des fantasmes.

**fantasque** adj Sujet à des caprices, à des fantaisies bizarres : *humeur fantasque.*

**fantassin** nm Soldat d'infanterie.

**fantastique** adj **1.** Créé par la fantaisie, l'imagination : *vision fantastique.* **2.** Où il entre des êtres surnaturels : *contes fantastiques.* **3.** FAM Incroyable, extraordinaire : *luxe fantastique.* ◆ nm Genre fantastique, qui fait intervenir des éléments irrationnels en art, en littérature.

**fantastiquement** adv De façon fantastique.

**fantasy** [fɑ̃tezi] nf inv Genre littéraire qui mêle, dans une atmosphère d'épopée, les mythes, les légendes et les thèmes du fantastique et du merveilleux.

**fantoche** nm Personne sans caractère, qui se laisse diriger par d'autres.

**fantomatique** adj Qui tient du fantôme, de l'apparition.

**fantôme** nm Être fantastique, qu'on croit être la manifestation d'une personne décédée ; apparition. ◆ adj Qui n'existe qu'en apparence : *gouvernement fantôme.* ■ **membre fantôme :** membre que certains amputés ont l'illusion de posséder encore.

**FAO** nf (sigle) Fabrication assistée par ordinateur.

**faon** [fɑ̃] nm Petit du cerf.

**faquin** nm LITT Homme méprisable.

**far** nm Flan breton aux pruneaux.

**farad** [farad] nm PHYS Unité de mesure de capacité électrique ; symb : F.

**faraday** nm Unité de mesure électrique.

**faramineux, euse** adj FAM Étonnant, extraordinaire : *prix faramineux.*

**farandole** nf Danse de groupe exécutée en se tenant par la main.

**faraud, e** adj FAM Fanfaron, fat, prétentieux.

**1. farce** nf Hachis de viande, d'herbes, de légumes, etc., dont on farcit une volaille, un poisson, un légume.

**2. farce** nf **1.** Pièce de théâtre d'un comique bouffon. **2.** Grosse plaisanterie, blague : *faire une farce.*

**farceur, euse** n Personne qui dit ou fait des farces, des blagues.

**farci, e** adj Se dit d'un légume évidé et rempli de farce : *tomates, courgettes farcies.*

**farcir** vt **1.** CUIS Remplir de farce : *farcir une dinde.* **2.** FIG Remplir, bourrer de : *farcir de citations.*

**fard** [far] nm **1.** Maquillage donnant au teint plus d'éclat : *fard à joues, à paupières.* **2.** FIG Dissimulation, feinte : *parler sans fard.* ■ FAM **piquer un fard :** rougir.

**fardeau** nm **1.** Charge pesante. **2.** FIG Ce qui pèse : *le fardeau des ans.*

**farder** vt **1.** Mettre du fard. **2.** LITT Déguiser : *farder sa pensée.* ◆ **se farder** vpr Se mettre du fard sur le visage.

**farfadet** nm Lutin.

**farfelu, e** adj et n FAM Fantasque, extravagant.

**farfouiller** vi FAM Fouiller en mettant du désordre.

**faribole** nf FAM Propos sans valeur.

**farine** nf Poudre obtenue en broyant le grain des céréales, notamment du blé, et de quelques autres espèces végétales. ■ **farine animale :** poudre obtenue par broyage de produits d'origine animale et susceptible d'être utilisée pour l'alimentation des animaux d'élevage.

**fariner** vt Saupoudrer de farine.

**farineux, euse** adj **1.** Qui contient de la farine. **2.** Qui a le goût ou l'aspect de la farine. ◆ nm Végétal, alimentaire, qui peut fournir une farine.

**farniente** [farnjente, farnjɛ̃t] nm FAM Douce oisiveté.

**farouche** adj **1.** Sauvage, qui fuit quand on l'approche : *bêtes farouches.* **2.** Peu sociable ; timide : *enfant farouche.* **3.** Cruel, violent, dur : *regard, haine farouches.*

**farouchement** adv De façon farouche ; violemment.

**fart** [fart] ou [far] nm Corps gras dont on enduit les skis pour les rendre glissants.

**fartage** nm Action de farter.

**farter** vt Enduire de fart.

**fascicule** [fasikyl] nm Cahier d'un ouvrage publié par fragments.

**fascinant, e** [fasinɑ̃, ɑ̃t] adj Qui fascine.

**fascination** [fasinasjɔ̃] nf **1.** Action de fasciner. **2.** FIG Attrait irrésistible : *la fascination du pouvoir.*

**fasciner** [fasine] vt **1.** Se rendre maître d'un être vivant par la puissance du regard : *le serpent fascine sa proie.* **2.** FIG Charmer, éblouir, séduire : *fasciner ses auditeurs.*

**fascisant, e** [faʃizɑ̃, ɑ̃t] adj Qui tend vers le fascisme.

**fascisme** [faʃism] nm **1.** Régime autoritaire établi en Italie de 1922 à 1945, instauré par Mussolini. **2.** PAR EXT Autoritarisme excessif.

**fasciste** [faʃist] adj et n Qui appartient au fascisme ; qui en est partisan.

**1. faste** nm Déploiement de magnificence, de luxe.

**2. faste** adj ■ **jour faste** : jour favorisé par la chance.

**fast-food** [fastfud] (pl *fast-foods*) nm Établissement qui propose des repas bon marché, à consommer sur place ou à emporter (recommandation officielle : *restauration rapide*).

**fastidieux, euse** adj Ennuyeux, monotone : *travail fastidieux.*

**fastoche** adj FAM Facile.

**fastueux, euse** adj Qui étale un grand luxe : *vie fastueuse.*

**fat** [fat] ou [fa] adj m et nm LITT Prétentieux.

**fatal, e, als** adj **1.** Fixé par le destin ; inévitable : *le terme fatal de notre vie.* **2.** Qui entraîne la ruine, la mort : *erreur fatale.* ■ **femme fatale** : qui attire irrésistiblement.

**fatalement** adv Inévitablement.

**fatalisme** nm Doctrine qui considère tous les événements comme fixés à l'avance.

**fataliste** adj et n Qui s'abandonne sans réaction aux événements ; résigné.

**fatalité** nf **1.** Destinée inévitable. **2.** Hasard fâcheux.

**fatidique** adj Marqué par le destin.

**fatigant, e** adj **1.** Qui fatigue. **2.** Importun, ennuyeux.

GRAMMAIRE Il faut distinguer *une marche fatigante* (adjectif) et *une lecture fatiguant les yeux* (participe présent).

**fatigue** nf **1.** Sensation de lassitude causée par le travail, l'effort. **2.** Détérioration d'un matériau soumis à des efforts répétés.

**fatigué, e** adj **1.** Qui marque la fatigue : *traits fatigués.* **2.** FAM Usé, défraîchi : *pull fatigué.*

**fatiguer** vt **1.** Causer de la fatigue, de la lassitude. **2.** Importuner : *fatiguer qqn par ses questions.* ◆ vi **1.** Éprouver de la fatigue : *fatiguer au volant.* **2.** Supporter un trop gros effort : *poutre qui fatigue.* ◆ **se fatiguer** vpr **1.** Éprouver de la fatigue : *malade qui se fatigue vite ;* se donner du mal : *se fatiguer à tout expliquer.* **2.** Se lasser : *se fatiguer d'un jouet.*

**fatiha** nf Première sourate du Coran, récitée à chacune des cinq prières quotidiennes et à l'occasion de diverses cérémonies.

**fatma** nf Femme musulmane.

**fatras** nm Amas confus.

**fatuité** nf Suffisance ridicule.

**fatum** [fatɔm] nm LITT Destin, fatalité.

**fatwa** [fatwa] nf Consultation donnée par un mufti sur un point de la loi musulmane ; décision qui en résulte.

**faubourg** nm **1.** Partie d'une ville située à la périphérie. **2.** Nom donné à d'anciens quartiers extérieurs : *le faubourg Saint-Antoine.*

**faubourien, enne** adj Qui a rapport aux faubourgs, aux quartiers populaires.

**fauchage** nm ou **fauchaison** nf Action de faucher.

**fauche** nf FAM Vol.

**fauché, e** adj FAM Qui n'a plus d'argent : *être fauché en fin de mois.*

**faucher** vt **1.** Couper avec la faux. **2.** FIG Abattre, détruire : *la grêle a fauché les blés.* **3.** Renverser avec violence : *voiture qui fauche un cycliste.* **4.** FAM Dérober, voler.

**faucheur, euse** n Personne qui fauche. ◆ nm Faucheux.

**faucheuse** nf Machine pour faucher.

**faucheux** ou **faucheur** nm Arachnide aux longues pattes grêles, commun dans les champs.

**faucille** nf Petite faux pour couper les herbes.

**faucon** nm Oiseau rapace, dressé autrefois pour la chasse.

**fauconneau** nm Jeune faucon.

**fauconnerie** nf Art de dresser les oiseaux de proie pour la chasse.

**fauconnier** nm Personne qui dresse les faucons pour la chasse.

**faufil** nm Fil passé en faufilant.

**faufiler** vt Coudre provisoirement à longs points. ◆ **se faufiler** vpr Se glisser adroitement.

**1. faune** nm Divinité champêtre, chez les Romains.

**2. faune** nf **1.** Ensemble des animaux d'une région : *la faune arctique.* **2.** PÉJOR Personnes qu'on rencontre dans tel ou tel milieu.

**faussaire** n Personne qui commet, fabrique un faux.

**faussement** adv **1.** D'une manière fausse. **2.** Hypocritement.

**fausser** vt **1.** Dénaturer : *fausser la vérité.* **2.** Interpréter faussement : *fausser un résultat.* **3.** Altérer : *fausser le jugement.* **4.** Tordre, déformer : *fausser une serrure.*

**fausset** nm ■ **voix de fausset :** voix aiguë (dite aussi : *voix de tête*).

**fausseté** nf **1.** Caractère de ce qui est faux : *fausseté d'un acte.* **2.** Hypocrisie : *accuser quelqu'un de fausseté.*

**faute** nf **1.** Manquement aux règles, erreur : *faute d'orthographe, de calcul.* **2.** Manquement à une loi, à la morale : *faute grave.* **3.** Responsabilité de qqn ou de qqch : *c'est de sa faute si nous sommes en retard.* ■ **ne pas se faire faute de :** ne pas manquer de. ❑ **sans faute :** à coup sûr. ❑ **faute de :** à défaut de.

**fauter** vi FAM, VIEILLI Avoir des relations sexuelles en dehors du mariage, en parlant d'une femme.

**fauteuil** nm Siège à dossier et à bras. ■ **fauteuil roulant :** siège muni de roues destiné aux handicapés moteurs.

**fauteur, trice** n ■ PÉJOR **fauteur de troubles, de guerre :** personne qui provoque des troubles, une guerre.

**fautif, ive** adj et n Qui est en faute, coupable, responsable : *c'est lui le fautif.* ◆ adj Qui contient des fautes : *liste fautive.*

**fautivement** adv De façon fautive, erronée.

**fauve** adj D'une couleur tirant sur le roux : *pelage fauve.* ■ **bête fauve :** (a) ruminant dont le pelage tire sur le roux et qui vit dans les bois (cerf, daim, etc.) (b) grand félin. ◆ nm **1.** Couleur fauve. **2.** Grand félin : *dompter des fauves.* **3.** Peintre appartenant au fauvisme.

**fauvette** nf Oiseau passereau, au plumage fauve.

**fauvisme** nm Mouvement pictural français du début du XXe siècle.

**1. faux** nf Lame d'acier recourbée munie d'un long manche, pour faucher.

**2. faux, fausse** adj **1.** Contraire à la vérité : *histoire fausse.* **2.** Inexact : *multiplication fausse.* **3.** Dépourvu de justesse, de rectitude ; altéré : *voix fausse ; esprit faux.* **4.** Qui n'est pas authentique, original ; imité : *fausses dents ; faux nom.* **5.** Qui n'est pas ce qu'il semble être : *faux dévot.* **6.** Qui trompe, hypocrite : *homme faux.* **7.** Équivoque : *situation fausse.* **8.** Sans fondement : *fausse alerte.* ■ **fausse information :** (a) sur Internet, faux article de presse (b) PAR EXT information fabriquée, biaisée ou tronquée diffusée par un média ou un réseau social. ◆ nm **1.** Ce qui est contraire à la vérité : *distinguer le vrai du faux.* **2.** Imitation sans valeur : *ce tableau est un faux.* **3.** Altération d'un acte, d'une signature : *faux en écriture.* ■ FIG **s'inscrire en faux :** nier. ◆ adv D'une manière fausse : *chanter faux.*

**faux-filet** (pl *faux-filets*) nm Contre-filet.

**faux-fuyant** (pl *faux-fuyants*) nm Moyen détourné, échappatoire.

**faux-monnayeur** (pl *faux-monnayeurs*) nm Personne qui fabrique de la fausse monnaie.

**faux-semblant** (pl *faux-semblants*) nm Ruse, prétexte mensonger.

**faux-sens** nm inv Interprétation erronée du sens d'un mot.

**favela** [favela] nf Bidonville, au Brésil.

**faveur** nf **1.** Bienveillance : *traitement de faveur.* **2.** Marque de bienveillance, privilège : *solliciter une faveur.* **3.** VX Ruban de soie très étroit. ■ **à la faveur de :** en profitant de : *filer à la faveur de la nuit.* ❑ **en faveur de :** au profit de : *voter en faveur d'un projet, d'un candidat.* ◆ **faveurs** pl VIEILLI Marques d'amour qu'une femme donne à un homme.

**favorable** adj **1.** Propice, bénéfique : *occasion favorable.* **2.** Bienveillant, indulgent : *être favorable à un projet.*

**favorablement** adv D'une manière favorable.

**favori, ite** adj Préféré : *auteur favori.* ◆ adj et n **1.** Qui jouit de la faveur de qqn. **2.** Se dit d'un gagnant probable dans une compétition.

**favoris** nm pl Touffe de barbe de chaque côté du visage.

**favoriser** vt **1.** Traiter favorablement, accorder une préférence à : *favoriser un débutant.* **2.** Aider, faciliter : *favoriser la fuite de qqn.*

**favorite** nf Maîtresse préférée d'un roi.

**favoritisme** nm Tendance à accorder des faveurs injustes.

**fax** nm Télécopie ; télécopieur.

**faxer** vt Envoyer un document par télécopie.

**fayot, otte** n Personne qui fayotte. ◆ nm FAM Haricot sec.

**fayoter** vi FAM Faire du zèle pour se faire bien voir d'un professeur, d'un supérieur.

**féal, e, aux** adj et n LITT Fidèle à la foi jurée, loyal.

**fébrifuge** adj et nm Se dit d'un médicament qui fait tomber la fièvre.

**fébrile** adj **1.** Qui a de la fièvre. **2.** Nerveux, agité.

**fébrilement** adv De façon fébrile.

**fébrilité** nf **1.** État fébrile. **2.** Excitation, nervosité.

**fécal, e, aux** adj ■ **matières fécales :** excréments humains.

**fèces** nf pl Matières fécales.

**fécond, e** adj Fertile, productif : *les mulets ne sont pas féconds ; une terre féconde.*

**fécondable** adj Qui peut être fécondé.

**fécondant, e** adj Qui féconde.

**fécondateur, trice** adj et n Qui a le pouvoir de féconder.

**fécondation** nf **1.** Action de féconder. **2.** Union de deux cellules sexuelles, mâle et femelle. ■ **fécondation in vitro (FIV) :** que l'on réalise artificiellement en laboratoire, avant de placer l'œuf, qui donnera le futur embryon, dans l'utérus maternel.

**féconder** vt **1.** Transformer un œuf en embryon. **2.** Rendre une femelle pleine, une femme enceinte. **3.** LITT Rendre fécond, fertile.

**fécondité** nf **1.** Aptitude à la reproduction. **2.** Fertilité : *la fécondité d'une terre.* **3.** FIG Caractère de celui qui produit beaucoup : *fécondité d'un auteur.*

**fécule** nf Amidon contenu dans certains tubercules tels que la pomme de terre, le manioc.

**féculent, e** adj Qui contient de la fécule. ◆ nm Légume féculent.

**fedayin** [fedajin] ou **feddayin** [fedajin] nm Résistant palestinien qui mène une action de guérilla.

**fédéral, e, aux** adj D'une fédération.

**fédéralisme** nm Système fédéral.

**fédéraliste** adj et n Relatif au fédéralisme ; qui en est partisan.

**fédérateur, trice** adj **1.** Qui organise ou favorise une fédération. **2.** FIG Qui rassemble : *mouvement fédérateur.*

**fédératif, ive** adj Constitué en fédération : *république fédérative.*

**fédération** nf **1.** Association de plusieurs pays en un seul État. **2.** Association professionnelle, corporative ou sportive.

**fédéraux** nm pl HIST Soldats américains des États du Nord, pendant la guerre de Sécession (1861-1865).

**fédéré** nm Soldat insurgé de la Commune de Paris, en 1871.

**fédérer** vt **1.** Former, grouper en fédération. **2.** Regrouper autour d'un projet commun : *fédérer des énergies.*

**fée** nf Être féminin imaginaire, doué de pouvoirs surnaturels. ■ **conte de fées :** histoire merveilleuse. ❑ **des doigts de fée :** très habiles.

**feed-back** [fidbak] nm inv TECHN Action exercée sur les causes d'un phénomène par le phénomène lui-même ; rétroaction.

**féerie** [feri] nf Spectacle d'une merveilleuse beauté ou qui fait intervenir le merveilleux, la magie.

PHONÉTIQUE Le *e* muet de *fée* est conservé dans les dérivés *féerie, féerique.*

**féerique** adj Qui tient de la féerie ; merveilleux : *spectacle féerique.*

**feignant, e** adj et n FAM Fainéant.

**feindre** vt (conj 55) Simuler pour tromper : *feindre la colère.* ■ **feindre de :** faire semblant de.

**feinte** nf **1.** SPORTS Coup simulé pour tromper l'adversaire. **2.** FAM Ruse, attrape.

**feinter** vt FAM Surprendre par une ruse. ◆ vi SPORTS Faire une feinte.

**feldspath** nm Minéral de couleur claire, fréquent dans les roches éruptives.

**fêlé, e** adj Fendu. ◆ adj et n FAM Un peu fou.

**fêler** vt Fendre légèrement.

**félicitations** nf pl **1.** Éloges : *recevoir les félicitations du jury.* **2.** Compliments ; témoignage de sympathie : *présenter ses félicitations.*

**félicité** nf LITT Bonheur suprême.

**féliciter** vt Complimenter. ◆ **se féliciter** vpr [de] Se réjouir (de).

**félidé** ou **félin** nm Mammifère carnivore tel que le chat, le lion, le guépard (les félidés ou félins forment une famille).

**félin, e** adj Qui tient du chat : *souplesse féline.*

**fellaga** ou **fellagha** nm Partisan algérien ou tunisien soulevé contre l'autorité française pour obtenir l'indépendance de son pays.

**fellah** nm Paysan, dans les pays arabes.

**fellation** nf Excitation buccale du sexe de l'homme.

**félon, onne** adj et n HIST, LITT Déloyal envers son seigneur : *vassal félon.*

**félonie** nf HIST, LITT Trahison.

**felouque** nf Petit bateau du Nil à voiles et à rames.

**fêlure** nf Fente d'une chose fêlée.

**femelle** nf Animal du sexe féminin. ◆ adj **1.** Du sexe féminin : *hérisson femelle.* **2.** Se dit d'une pièce en creux qui peut en recevoir une autre : *prise femelle.* ■ **fleurs femelles :** sans étamines.

**féminicide** nm Meurtre d'une femme ou d'une jeune fille, en raison de son appartenance au sexe féminin.

**féminin, e** adj **1.** Propre à la femme, aux femmes : *mode féminine.* **2.** Qui évoque la femme : *des manières féminines.* **3.** Qui appartient au genre féminin : *nom féminin.* ■ GRAMM **genre féminin :** qui désigne un être femelle ou tout objet regardé comme tel. ❑ **rime féminine :** terminée en syllabe muette. ◆ nm GRAMM Genre féminin.

**féminisation** nf **1.** Action de féminiser ; son résultat. **2.** Fait de se féminiser.

**féminiser** vt **1.** Donner un caractère féminin ou efféminé. **2.** Donner à un nom le genre féminin. ◆ **se féminiser** vpr Comprendre un plus grand nombre de femmes qu'auparavant.

**féminisme** nm Doctrine tendant à étendre les droits de la femme, à améliorer sa situation dans la société.

**féministe** adj et n Relatif au féminisme ; qui en est partisan.

**féminité** nf **1.** Caractère féminin. **2.** Ensemble des caractères attribués à la femme.

**femme** nf **1.** Être humain adulte du sexe féminin. **2.** Personne du sexe féminin qui est ou a été mariée. **3.** Épouse. ■ **femme de chambre :** attachée au service particulier d'une personne ou des clients d'un hôtel. ❑ **femme de ménage :** femme employée à faire le ménage.

**femmelette** nf FAM, PÉJOR Homme faible, sans énergie.

**fémoral, e, aux** adj Relatif au fémur.

**fémur** nm Os de la cuisse.

**fenaison** nf Récolte des foins ; époque où elle se fait.

**fendant** nm Vin blanc du Valais issu d'un cépage de même nom.

**fendillement** nm Fait de se fendiller.

**fendiller** vt Produire de petites fentes dans. ◆ **se fendiller** vpr Se craqueler : *émail fendillé.*

**fendre** vt (conj 50) **1.** Séparer dans le sens de la longueur : *fendre du bois.* **2.** Crevasser : *la sécheresse fend la terre.* **3.** Traverser rapidement : *fendre l'air.* ■ FIG **fendre le cœur :** affliger.

**fenêtre** nf **1.** Ouverture dans un mur pour donner du jour et de l'air ; cadre vitré d'une telle ouverture. **2.** Ouverture pratiquée dans un matériau : *enveloppe à fenêtre.* **3.** INFORM Zone rectangulaire d'un écran dans laquelle s'affichent les informations. ■ FIG **jeter l'argent par les fenêtres :** le dissiper follement.

**feng shui** [fɛŋʃɥi] nm inv Art de vivre issu de l'ancienne cosmogonie chinoise et visant à une meilleure harmonie de l'individu avec son environnement.

**fennec** nm Petit renard du Sahara, à longues oreilles (appelé aussi *renard des sables*).

**fenouil** nm Ombellifère aromatique dont on consomme la base des pétioles charnus.

**fente** nf **1.** Ouverture étroite et longue. **2.** Fissure plus ou moins profonde.

**féodal, e, aux** adj Relatif aux fiefs, à la féodalité : *château féodal.*

**féodalité** nf Organisation politique et sociale du Moyen Âge, fondée sur le fief.

**fer** nm **1.** Métal tenace et malléable employé dans l'industrie sous forme d'alliages, d'aciers et de fontes ; symb : Fe. **2.** Demi-cercle de fer dont on garnit la corne des pieds des chevaux. **3.** Objet, instrument en fer ou en un autre métal : *fer à repasser, à souder.* **4.** Épée, fleuret : *croiser le fer.* ■ **âge du fer :** période préhistorique où l'homme commença à utiliser le fer pour son outillage. ❑ **de fer :** solide, robuste : *santé de fer.* ❑ **fer forgé :** travaillé au marteau sur l'enclume. ◆ **fers** pl **1.** Chaînes avec lesquelles on attachait un prisonnier : *mettre aux fers.* **2.** LITT, FIG esclavage.

**fer-blanc** (pl *fers-blancs*) nm Tôle mince, recouverte d'étain.

**ferblanterie** nf Travail du fer-blanc ; objets en fer-blanc.

**ferblantier, ère** n Personne qui fabrique ou vend des objets en fer-blanc.

**feria** [ferja] nf Grande fête annuelle dans le midi de la France et en Espagne, comportant des courses de taureaux.

**férié, e** adj Se dit d'un jour de repos prescrit par la loi ou la religion.

**férir** vt ■ LITT **sans coup férir :** (a) sans avoir eu à combattre (b) sans difficulté.

**ferler** vt Attacher une voile.

**fermage** nm Loyer d'une ferme, d'une terre.

**1. ferme** adj **1.** Solide, stable : *ferme sur ses jambes.* **2.** Compact : *chair ferme.* **3.** FIG Assuré : *ton ferme.* **4.** Inébranlable : *ferme dans ses résolutions.* **5.** Définitif : *achat ferme.* ■ **terre ferme :** sol du continent. ◆ adv **1.** Avec assurance : *tenir ferme.* **2.** Beaucoup : *s'ennuyer ferme.*

**2. ferme** nf **1.** Contrat par lequel on loue un bien rural : *prendre à ferme.* **2.** Exploitation agricole affermée. **3.** Domaine agricole ; maison d'habitation située sur le domaine. ■ **ferme éolienne :** regroupement d'éoliennes.

**fermé, e** adj **1.** Insensible, inaccessible à : *cœur fermé à la pitié.* **2.** Qui ne laisse rien transparaître : *visage fermé.* **3.** Où il est difficile de s'introduire, de se faire admettre : *cercle fermé.*

**fermement** adv Avec fermeté.

**ferment** nm **1.** Agent de la fermentation. **2.** LITT, FIG ce qui excite : *ferment de discorde.*

**fermentation** nf **1.** Transformation de certaines substances organiques par des enzymes microbiennes. **2.** FIG, LITT Effervescence.

**fermenter** vi Être en fermentation : *le moût fermente.*

**fermer** vt **1.** Actionner un dispositif mobile pour obstruer une ouverture, un passage : *fermer une porte.* **2.** Enclore : *fermer un jardin.* **3.** Empêcher ou interdire l'accès d'un lieu : *fermer un placard à clé ; fermer son magasin.* **4.** Faire cesser : *fermer une discussion.* **5.** Rapprocher deux parties écartées : *fermer une plaie.* **6.** Arrêter le fonctionnement de : *fermer la radio.* ■ **fermer boutique :** cesser son commerce. ❑ **fermer la marche :** marcher le dernier. ❑ TRÈS FAM **la fermer :** se taire. ◆ vi Être, rester fermé : *le musée ferme le mardi ;*

*la porte ferme mal.* ◆ **se fermer** vpr Cesser d'être ouvert : *yeux qui se ferment ; plaie qui s'est fermée.*

**fermeté** nf **1.** État de ce qui est ferme, solide. **2.** Énergie morale, détermination.

**fermette** nf Petite ferme.

**fermeture** nf **1.** Ce qui sert à fermer : *fermeture automatique.* **2.** Action, moment de fermer : *fermeture annuelle.* ■ **fermeture à glissière** ou **fermeture Éclair** (nom déposé) : formée de deux rubans bordés de dents qui s'engrènent au moyen d'un curseur.

**fermier, ère** n Agriculteur, propriétaire ou non des terres qu'il cultive. ■ **fermier général** : financier, sous l'Ancien Régime, qui prenait à ferme le recouvrement d'un impôt.

**fermoir** nm Agrafe pour tenir fermé un sac, un collier, etc.

**féroce** adj **1.** Sauvage et sanguinaire : *une bête féroce.* **2.** Cruel : *des envahisseurs féroces.*

**férocement** adv De manière féroce.

**férocité** nf **1.** Nature d'un animal féroce : *la férocité du tigre.* **2.** Barbarie : *crime d'une grande férocité.* **3.** Violence extrême : *la férocité du combat.*

**ferrage** nm Action de ferrer.

**ferraille** nf **1.** Vieux fers, objets métalliques hors d'usage. **2.** FAM Menue monnaie.

**ferrailler** vi Se battre au sabre ou à l'épée.

**ferrailleur** nm Marchand de ferraille.

**ferré, e** adj Garni de fer : *bâton ferré.* ■ FIG, FAM **être ferré sur un sujet** : le connaître à fond. ❑ **voie ferrée** : voie de chemin de fer.

**ferrement** nm Garniture en fer.

**ferrer** vt **1.** Garnir de fer. **2.** Mettre des fers à un cheval.

**ferreux** adj m Qui contient du fer.

**ferritine** nf Protéine qui assure le stockage du fer et sa régulation dans l'organisme.

**ferromagnétisme** nm Propriété de certaines substances (fer, cobalt, nickel) de prendre une forte aimantation.

**ferronnerie** nf **1.** Travail artistique du fer ; ouvrages ainsi réalisés. **2.** Serrurerie d'art.

**ferronnier, ère** n Personne qui fabrique ou vend de la ferronnerie.

**ferroviaire** adj Relatif au transport par chemin de fer.

**ferrugineux, euse** adj Qui contient du fer : *eaux ferrugineuses.*

**ferrure** nf Garniture de fer.

**ferry-boat** [fɛribot] (pl *ferry-boats*) ou **ferry** (pl *ferrys* ou *ferries*) nm Navire spécialement aménagé pour le transport des voitures ou des trains et de leurs passagers.

**fertile** adj Fécond : *sol fertile ; esprit fertile.*

**fertilisant, e** adj et nm Qui fertilise.

**fertilisation** nf Action de fertiliser.

**fertiliser** vt Rendre fertile ; améliorer, bonifier une terre par l'apport d'engrais.

**fertilité** nf Fécondité.

**féru, e** adj Passionné (d'une science, d'une idée, etc.) : *féru de peinture.*

**férule** nf ■ SOUT **sous la férule de qqn** : sous son autorité.

**fervent, e** adj Plein de ferveur ; ardent : *disciple fervent.* ◆ n Passionné de : *un fervent de cinéma.*

**ferveur** nf Ardeur passionnée ; enthousiasme, zèle : *prier avec ferveur.*

**fesse** nf Chacune des deux parties charnues postérieures de l'homme et de certains animaux.

**fessée** nf Correction sur les fesses.

**fesse-mathieu** (pl *fesse-mathieux*) nm VX Usurier, avare.

**fesser** vt Donner une fessée à.

**fessier, ère** adj Des fesses : *muscles fessiers.* ◆ nm FAM Les fesses.

**fessu, e** adj FAM Qui a de grosses fesses.

**festif, ive** adj Qui est propre à la fête, qui évoque une fête : *ambiance festive.*

**festin** nm Repas somptueux, banquet.

**festival** (pl *festivals*) nm Série de représentations artistiques consacrées à un genre donné : *festival de cinéma.*

**festivalier, ère** adj De festival. ◆ n Personne qui assiste ou participe à un festival.

**festivités** nf pl Fêtes, réjouissances.

**feston** nm **1.** Guirlande de fleurs, de feuilles. **2.** Broderie formant des dents arrondies.

**festonner** vt Orner de festons.

**festoyer** vi (conj 3) Faire un festin.

**fêtard, e** n FAM Qui fait la fête ; noceur.

**fête** nf **1.** Réjouissance en général : *jour de fête.* **2.** Solennité religieuse ou civile : *la fête nationale.* **3.** Jour de la fête du saint dont on porte le nom. ■ **fêtes mobiles** : fêtes chrétiennes qui ne reviennent pas tous les ans au même jour. ❑ **faire fête à qqn** : l'accueillir chaleureusement. ❑ **faire la fête** : s'amuser. ◆ **fêtes** pl Période de Noël au jour de l'An.

**Fête-Dieu** (pl *Fêtes-Dieu*) nf Fête du saint sacrement.

**fêter** vt **1.** Célébrer par une fête : *fêter un anniversaire.* **2.** Accueillir avec joie : *fêter un ami.*

**fétiche** nm Objet, animal auxquels on attribue des propriétés magiques, bénéfiques.

**fétichisme** nm **1.** Culte des fétiches. **2.** Vénération outrée, superstitieuse pour qqn, qqch.

**fétichiste** adj et n Qui appartient au fétichisme ; qui le pratique.

**fétide** adj Se dit d'une odeur répugnante ; se dit de ce qui a cette odeur.

**fétidité** nf Caractère de ce qui est fétide.

**fétu** nm Brin de paille.

**1. feu** nm **1.** Dégagement de chaleur, de lumière et de flammes produit par une combustion : *feu de bois.* **2.** Incendie : *feu de forêt.* **3.** Endroit où l'on fait du feu ; foyer : *veillée au coin du feu.* **4.** Source de chaleur pour le chauffage ou la cuisson : *cuire à feu doux.* **5.** Ce qui est nécessaire pour allumer le feu, une cigarette : *as-tu du feu ?* **6.** Décharge d'une arme à poudre : *coup de feu ; arme à feu.* **7.** Signal lumineux ; phare, fanal. **8.** Inflammation ; sensation de chaleur qui en résulte : *avoir les joues en feu.* **9.** Ardeur, fougue : *parler avec feu.* ■ **au feu ! :** cri d'appel au secours lors d'un incendie. ❏ **à petit feu :** lentement. ❏ FIG **coup de feu :** moment d'activité intense (dans la cuisine d'un restaurant, partic.). ❏ **être pris entre deux feux :** attaqué de deux côtés. ❏ **être tout feu tout flamme :** enthousiaste. ❏ **faire long feu :** ne pas avoir de succès, rater. ❏ **feu d'artifice :** spectacle d'effets lumineux. ❏ **feux de croisement** ou **codes :** feux qu'utilise l'automobiliste, la nuit, quand il croise une autre voiture. ❏ **feux de position :** feux qui définissent le gabarit du véhicule. ❏ **feux de route :** feux qu'utilise l'automobiliste, la nuit, hors agglomération. ❏ **feu tricolore ou de signalisation :** signal lumineux commandant le passage libre (*feu vert*), toléré (*feu orange*) ou interdit (*feu rouge*) du trafic automobile. ❏ **mettre sa main au feu que :** soutenir avec conviction que. ❏ **ne pas faire long feu :** ne pas durer longtemps. ❏ **n'y voir que du feu :** n'y rien comprendre. ❏ **prendre feu :** s'enflammer. ◆ interj ■ **feu ! :** commandement de tirer.

**2. feu, e** adj LITT (*feu* est invariable quand il précède l'art. ou l'adj. possessif) Défunt : *la feue reine : feu la reine.*

**feuillage** nm **1.** Ensemble des feuilles d'un arbre. **2.** Branches coupées chargées de feuilles : *lit de feuillage.*

**feuillaison** nf Renouvellement annuel des feuilles.

**feuillant, ine** n Religieux, religieuse appartenant à une branche de l'ordre cistercien disparue en 1789.

**feuille** nf **1.** Partie terminale d'un végétal, mince et plate, génér. verte. **2.** Morceau de papier d'un certain format : *feuille de papier ;* document, imprimé administratif : *feuille d'impôt.* **3.** Plaque très mince : *feuille d'or.* ■ **feuille de maladie, de soins :** formulaire mentionnant les actes et les médicaments dispensés aux assurés sociaux en vue d'en obtenir le remboursement.

**feuille-morte** adj inv De la couleur des feuilles mortes ; roux.

**feuillet** nm **1.** Page (recto et verso) d'un livre, d'un cahier. **2.** Troisième poche de l'estomac des ruminants.

**feuilletage** nm Pâte repliée plusieurs fois sur elle-même de manière à se séparer en feuilles à la cuisson.

**feuilleté, e** adj Constitué de lames minces superposées. ■ CUIS **pâte feuilletée :** feuilletage. ◆ nm CUIS Feuilletage garni.

**feuilleter** vt (conj 8) Tourner les pages d'un livre ; le parcourir rapidement.

**feuilleton** nm Œuvre romanesque publiée dans un journal ou diffusée à la radio, à la télévision sous la forme d'épisodes successifs.

**feuilletoniste** n Auteur de feuilletons.

**feuillu, e** adj Qui a beaucoup de feuilles.

**feuillure** nf Rainure, entaille pratiquée dans un panneau ou un bâti pour y loger une autre pièce.

**feulement** nm Cri du tigre, du chat.

**feuler** vi Émettre un feulement.

**feutrage** nm Action de feutrer ; fait de se feutrer.

**feutre** nm **1.** Étoffe de laine, de poils foulés. **2.** Chapeau de feutre.

**feutré, e** adj **1.** Qui a l'aspect du feutre ; qui a perdu sa souplesse : *laine feutrée.* **2.** FIG Où les bruits sont étouffés ; silencieux : *pas feutrés.*

**feutrer** vt **1.** Mettre en feutre du poil, de la laine. **2.** Garnir de feutre. ◆ vi ou **se feutrer** vpr Prendre l'aspect du feutre.

**feutrine** nf Feutre léger, très serré.

**fève** nf **1.** Légumineuse dont la graine est comestible ; cette graine. **2.** Petite figurine cachée dans la galette des Rois.

**février** nm Deuxième mois de l'année (de 28 jours, mais de 29 dans les années bissextiles).

**fez** [fɛz] nm inv Calotte tronconique portée dans certains pays d'Orient.

**fg** (abréviation) Faubourg.

**fi** interj LITT Marque le dégoût, le mépris. ■ **faire fi de :** mépriser.

**fiabiliser** vt Rendre fiable ; rendre plus fiable : *fiabiliser un progiciel.*

**fiabilité** nf Probabilité de fonctionnement sans défaillance d'un dispositif.

**fiable** adj **1.** Qui présente une certaine fiabilité. **2.** À qui l'on peut se fier.

**fiacre** nm ANC Voiture de louage à chevaux.

**fiançailles** nf pl Promesse de mariage.

**fiancé, e** n Personne qui s'est fiancée.

**fiancer (se)** vpr (conj 1) S'engager à épouser quelqu'un.

**fiasco** nm FAM Échec complet.

**fiasque** nf Bouteille à panse large garnie de paille.

**Fibranne** nf (nom déposé) Textile artificiel.

**fibre** nf **1.** Filament, cellule filamenteuse : *fibre musculaire, textile.* **2.** FIG Sensibilité à un sentiment : *avoir la fibre paternelle.* ■ **fibre**

**de verre** : filament obtenu par étirage du verre fondu, utilisé en particulier pour la fabrication de la laine de verre.

**fibreux, euse** adj Qui contient des fibres.

**fibrille** nf Petite fibre.

**fibrine** nf Protéine qui apparaît dans le sang au cours de la coagulation et qui y contribue.

**Fibrociment** nm (nom déposé) Matériau en amiante-ciment.

**fibromateux, euse** adj De la nature d'un fibrome.

**fibrome** nm MÉD Tumeur bénigne constituée par du tissu fibreux.

**fibroscope** nm MÉD Endoscope flexible et de petit diamètre dans lequel la lumière est canalisée par un réseau de fibres de quartz.

**fibroscopie** nf MÉD Endoscopie réalisée à l'aide d'un fibroscope.

**fibule** nf ANTIQ Agrafe.

**ficaire** nf Renonculacée à fleurs jaunes.

**ficelage** nm Action de ficeler.

**ficelé, e** adj ■ FAM **bien ficelé** : bien fait, bien conçu : *scénario bien ficelé*.

**ficeler** vt (conj 6) **1.** Attacher avec une ficelle : *ficeler un paquet*. **2.** FAM Élaborer, construire : *ficeler une histoire*. **3.** FAM, PÉJOR habiller.

**ficelle** nf **1.** Corde très mince. **2.** Pain de fantaisie mince. **3.** FIG Procédé, truc : *connaître les ficelles du métier*. ■ **tenir, tirer les ficelles** : faire agir les autres sans se montrer.

**fichage** nm Action de ficher, d'inscrire sur des fiches.

**fiche** nf **1.** Carte, feuillet pour écrire des notes à classer ensuite. **2.** Pièce métallique s'adaptant à une autre et utilisée en électricité pour établir un contact. ■ **fiche S** : document établi par la DGSI, sur lequel sont portées des informations concernant tout individu (appelé : *fiché S*) soupçonné de porter atteinte à la sûreté de l'État.

**1. ficher** vt **1.** Inscrire sur une fiche, dans un fichier. **2.** VIEILLI Piquer, enfoncer : *ficher un pieu en terre*.

**2. ficher** ou **fiche** vt (p. passé *fichu*) **1.** FAM Faire : *qu'est-ce qu'il fiche ?* **2.** FAM Mettre, jeter : *ficher dehors*. ◆ **se ficher** ou **se fiche** vpr [de] FAM Se moquer de. ■ FAM **se ficher dedans** : se tromper.

**fichier** nm **1.** Meuble, boîte à fiches. **2.** INFORM Collection organisée d'informations de même nature, regroupées en une unité indépendante de traitement ; support matériel de ces informations.

**fichtre** interj FAM Marque l'étonnement, l'admiration.

**1. fichu** nm Triangle d'étoffe, dont les femmes se couvrent les épaules ou la tête.

**2. fichu, e** adj FAM **1.** (avant le nom) Maudit, mauvais : *un fichu repas ; fichu métier !* **2.** (après le nom) Détruit, ruiné : *appareil fichu*. ■ **bien, mal fichu** : bien, mal fait. ❑ **fichu de** : capable de. ❑ **mal fichu** : un peu malade.

**fictif, ive** adj **1.** Imaginaire : *personnage fictif*. **2.** Conventionnel : *valeur fictive*.

**fiction** nf Création de l'imagination : *œuvre de fiction*.

**fictivement** adv De façon fictive.

**ficus** [fikys] nm Plante d'appartement d'origine tropicale, tels le caoutchouc et le figuier.

**fidèle** adj **1.** Qui remplit ses engagements : *fidèle à ses promesses*. **2.** Constant dans son attachement, ses relations ; loyal : *ami fidèle*. **3.** Exact, conforme : *mémoire fidèle*. ◆ n Personne qui pratique une religion.

**fidèlement** adv Avec fidélité.

**fidéliser** vt Rendre fidèle : *fidéliser une clientèle*.

**fidélité** nf Qualité d'une personne ou d'une chose fidèle.

**fiduciaire** adj ÉCON Se dit de valeurs fictives, fondées sur la confiance accordée à qui les émet.

**fief** nm **1.** HIST Domaine qu'un vassal tenait d'un seigneur. **2.** FIG Possession exclusive : *fief électoral*.

**fieffé, e** adj Qui a atteint le degré le plus haut d'un défaut ou d'un vice ; achevé : *fieffé menteur*.

**fiel** nm **1.** Bile. **2.** LITT, FIG Amertume, méchanceté.

**fielleux, euse** adj LITT Plein d'acrimonie, d'animosité : *ton fielleux*.

**fiente** nf Excrément d'animaux.

**fier, fière** adj **1.** Altier, noble, élevé : *âme fière*. **2.** Arrogant, méprisant : *son succès l'a rendu fier*. **3.** FAM Fameux, remarquable : *un fier coquin*. ■ **fier de** : qui tire satisfaction, orgueil de. ◆ n Orgueilleux : *faire le fier*.

**fier (se)** vpr [à] Mettre sa confiance en : *ne vous fiez pas aux flatteurs*.

**fier-à-bras** (pl *fiers-à-bras*) nm VIEILLI Fanfaron.

**fièrement** adv D'une manière fière.

**fierté** nf Caractère fier.

**fiesta** nf FAM Fête : *faire une fiesta*.

**fièvre** nf **1.** Élévation anormale de la température du corps. **2.** FIG Agitation, fébrilité : *la fièvre du départ*.

**fiévreusement** adv Avec fièvre.

**fiévreux, euse** adj et n **1.** Qui a ou dénote de la fièvre. **2.** FIG Inquiet, agité : *attente fiévreuse*.

**fifre** nm **1.** Petite flûte en bois, au son aigu. **2.** Celui qui en joue.

**fifty-fifty** loc adv FAM En deux parts égales, moitié-moitié : *partager fifty-fifty*.

**fig.** (abréviation) Figuré.

**figé, e** adj Solidifié par refroidissement : *huile figée.* ■ **expression figée :** expression qui n'admet pas de variante (EX : *prendre le taureau par les cornes*).

**figer** vt (conj 2) **1.** Solidifier par le froid : *le froid fige l'huile.* **2.** Immobiliser : *la peur le figea sur place.*

**fignolage** nm FAM Action de fignoler.

**fignoler** vt et vi FAM Faire, achever avec soin, minutie ; parfaire.

**figue** nf Fruit du figuier. ■ **figue de Barbarie :** fruit charnu et sucré du figuier de Barbarie. ❑ FAM **mi-figue, mi-raisin :** ambigu, mitigé.

**figuier** nm Arbre originaire du Proche-Orient, cultivé pour son fruit, la *figue.* ■ **figuier de Barbarie :** espèce d'opuntia à fruit comestible.

**figurant, e** n **1.** Personnage accessoire, dans une pièce, un spectacle. **2.** FIG Personne dont le rôle n'est pas déterminant.

**figuratif, ive** adj Qui représente la forme réelle des choses : *plan figuratif.* ■ **art figuratif :** qui représente des figures reconnaissables (par oppos. à *art abstrait*). ◆ nm Peintre, sculpteur qui pratique l'art figuratif.

**figuration** nf **1.** Action de figurer. **2.** Métier, rôle de figurant ; ensemble des figurants d'un spectacle. **3.** Courant d'art figuratif.

**figure** nf **1.** Visage : *se laver la figure.* **2.** Air, contenance : *faire bonne figure.* **3.** VX Forme visible d'un corps. **4.** Personnalité marquante : *une figure du cinéma.* **5.** Représentation de qqn ou de qqch ; dessin, schéma : *voir la figure ci-contre.* **6.** Symbole, allégorie. **7.** GÉOM Ensemble de points, lignes, surfaces : *figure géométrique.* **8.** Forme donnée à l'expression pour produire un certain effet : *figure de rhétorique.* **9.** Mouvement chorégraphique : *figures imposées, libres.*

**figuré, e** adj ■ **sens figuré :** signification détournée du sens propre (EX : *la lecture nourrit l'esprit* [sens figuré] ; *le pain nourrit le corps* [sens propre]). ◆ nm Sens figuré : *au propre et au figuré.*

**figurer** vt Représenter : *le décor figure l'intérieur d'une caverne ; les points rouges figurent les grandes villes.* ◆ vi Se trouver : *figurer sur une liste.* ◆ **se figurer** vpr S'imaginer.

**figurine** nf Statuette de petite dimension.

**fil** nm **1.** Brin long et mince de matière textile : *bobine de fil.* **2.** Tout élément filiforme : *le fromage fondu forme des fils.* **3.** Conducteur électrique filiforme : *fil électrique ; fil de terre.* **4.** Métal étiré : *fil de fer.* **5.** Tranchant d'un instrument : *le fil d'un rasoir.* **6.** Direction des fibres du bois : *poncer une planche dans le sens du fil.* **7.** Cours, suite, enchaînement : *aller au fil de l'eau ; le fil de la vie ; perdre le fil de la conversation.* ■ FAM **coup de fil :** coup de téléphone. ❑ **de fil en aiguille :** de propos en propos. ❑ **fil à plomb :** fil lesté pour matérialiser la verticale. ❑ **fil de la Vierge :** filandre. ❑ **passer au fil de l'épée :** tuer à l'arme blanche.

**fil-à-fil** nm inv Tissu chiné obtenu en ourdissant et en tramant alternativement un fil foncé et un fil clair.

**filage** nm Action de filer.

**filament** nm **1.** Élément fin et allongé d'un organe animal ou végétal : *filaments nerveux.* **2.** Fil très mince. **3.** Fil conducteur porté à l'incandescence dans une ampoule électrique.

**filamenteux, euse** adj Qui présente des filaments ; formé de filaments.

**filandre** nf Fil d'araignée flottant, dit aussi *fil de la Vierge.*

**filandreux, euse** adj **1.** Rempli de fibres longues et coriaces : *viande filandreuse.* **2.** FIG Enchevêtré, confus : *explications filandreuses.*

**filant, e** adj Qui file, coule sans se diviser en gouttes : *liquide filant.* ■ **balcon filant :** longeant toute la façade d'un immeuble. ❑ **étoile filante :** météore lumineux.

**filasse** nf Amas de filaments de chanvre, de lin, etc. ◆ adj inv ■ **cheveux filasse :** d'un jaune très pâle.

**filature** nf **1.** Établissement où l'on file les matières textiles. **2.** Action de filer, de suivre quelqu'un.

**file** nf Rangée, colonne : *file de voitures.* ■ **à la file :** l'un après l'autre. ❑ **en file indienne :** l'un derrière l'autre. ❑ **file d'attente :** queue : *prendre sa place dans une file d'attente.*

**filer** vt **1.** Travailler de manière à obtenir un fil : *filer la laine.* **2.** Sécréter un fil : *l'araignée file sa toile.* **3.** Suivre en épiant : *filer un voleur.* **4.** FAM Donner : *file-moi cent balles.* **5.** Défaire sur une certaine longueur les mailles d'un bas, d'un collant : *filer un bas.* ■ MAR **filer un câble :** le laisser glisser. ❑ **filer n nœuds :** avoir une vitesse de *n* milles marins à l'heure. ◆ vi **1.** FAM Aller vite : *filer à toute allure.* **2.** FAM S'en aller, s'échapper. **3.** Se défaire sur une certaine longueur, en parlant de mailles. **4.** Couler lentement, en filet : *sirop qui file.* ■ **filer à l'anglaise :** s'en aller sans prendre congé. ❑ **filer doux :** se montrer docile.

**1. filet** nm Objet fait d'un réseau de fibres entrecroisées : *filet de pêche ; filet à provisions ; filet de volley-ball.*

**2. filet** nm **1.** Écoulement fin, peu abondant ; petite quantité de liquide ainsi obtenue : *filet d'eau ; cuire dans un filet d'huile.* **2.** Trait mince ; ornement long et délié. **3.** Saillie en hélice d'une vis. ■ **filet de voix :** voix très faible.

**3. filet** nm **1.** BOUCH Partie charnue et tendre du bœuf, du veau ou du mouton. **2.** Chaque bande de chair d'un poisson ou d'une volaille levée de part et d'autre de l'arête ou de la colonne vertébrale : *filet de sole*.

**filetage** nm Action de fileter ; résultat de cette action.

**fileter** vt (conj 7) Faire un filet de vis, d'écrou.

**filial, e, aux** adj Propre à un enfant à l'égard de ses parents : *amour filial*.

**filiale** nf Entreprise dirigée et contrôlée par une société mère.

**filialiser** vt Diviser une entreprise en entités ayant le statut de filiales.

**filiation** nf **1.** Lien de parenté qui unit en ligne directe des générations entre elles ; descendance. **2.** FIG Enchaînement entre des choses : *filiation des idées*.

**filière** nf **1.** Instrument d'acier pour étirer en fils des métaux, pour fileter les vis. **2.** Organe par lequel certains insectes produisent leur fil. **3.** Suite de formalités, d'emplois à remplir pour parvenir à un certain résultat : *filière administrative*.

**filiforme** adj Mince, allongé comme un fil.

**filigrane** nm **1.** Dessin que l'on aperçoit par transparence sur certains papiers : *filigrane des billets de banque*. **2.** Ouvrage d'orfèvrerie ajouré. ■ FIG **en filigrane** : (a) à l'arrière-plan (b) d'une manière implicite.

**filin** nm MAR Cordage.

**fille** nf **1.** Personne du sexe féminin, par rapport à ses parents (par opposition à *fils*). **2.** Personne jeune ou enfant de sexe féminin (par opposition à *garçon*) : *petite fille*. **3.** VIEILLI, PÉJOR Femme de mauvaise vie, prostituée : *fille de joie*. ■ VX, PÉJOR **fille mère** : mère célibataire. ❑ **vieille fille** : femme célibataire.

**fillette** nf Petite fille.

**filleul, e** n Celui, celle dont on est le parrain, la marraine.

**film** nm **1.** Œuvre cinématographique : *film de science-fiction*. **2.** Pellicule traitée chimiquement, employée en photographie et en cinématographie : *mettre un film dans un appareil photo, une caméra*. **3.** Mince pellicule : *film protecteur*. **4.** FIG Déroulement continu : *le film des événements*. ■ FAM **avoir raté le début du film** : être dépassé par la situation, faute d'avoir tous les éléments pour juger.

**filmer** vt Enregistrer sur un film cinématographique.

**filmique** adj Relatif au cinéma, aux films.

**filmographie** nf Liste des films d'un cinéaste, d'un comédien, etc., ou relevant d'un genre donné.

**filon** nm **1.** Couche d'un minéral contenue entre des couches de nature différente. **2.** FIG, FAM Situation lucrative et agréable.

**filou** nm FAM Voleur adroit ; fripon, tricheur.

**filouter** vt FAM, VX Voler avec adresse.

**filouterie** nf FAM, VX Petite escroquerie.

**fils** [fis] nm **1.** Personne du sexe masculin, par rapport à ses parents (par opposition à *fille*). **2.** Descendant. **3.** LITT Homme considéré par rapport à ses origines nationales, sociales, etc. : *d'Artagnan, fils de la Gascogne*. ■ **fils de famille** : garçon né dans une famille aisée.

**filtrage** nm Action de filtrer.

**filtrant, e** adj Qui sert à filtrer.

**filtrat** nm Liquide filtré dans lequel ne subsiste aucune matière en suspension.

**filtre** nm **1.** Corps poreux, dispositif à travers lequel on fait passer un fluide pour le débarrasser des particules qui s'y trouvent en suspension. **2.** Dispositif éliminant les fréquences parasites d'un signal électrique. **3.** Écran coloré placé devant un objectif pour intercepter certains rayons du spectre.

**filtrer** vt **1.** Faire passer à travers un filtre. **2.** Soumettre à un contrôle avant d'admettre : *filtrer des passants*. ◆ vi Pénétrer à travers : *l'eau filtre à travers les terres ; laisser filtrer des informations*.

**1. fin** nf **1.** Bout, extrémité : *fin de chapitre*. **2.** Terme : *toucher à sa fin*. **3.** But, objectif : *parvenir à ses fins*. ■ **à la fin** : enfin, finalement. ❑ **à toutes fins utiles** : en cas de besoin. ❑ **sans fin** : continuellement.

**2. fin, fine** adj **1.** Qui a peu d'épaisseur, mince : *tissu fin*. **2.** Délié et menu : *pluie fine*. **3.** D'une grande acuité, précis : *ouïe fine*. **4.** Délicat, subtil : *goût fin*. **5.** Rusé, habile : *un fin renard*. **6.** De qualité supérieure : *vin fin ; épicerie fine*. **7.** Pur, naturel : *or fin ; perle fine*. ◆ nm Ce qui est fin. ■ **le fin du fin** : ce qu'il y a de mieux. ◆ adv **1.** Finement : *moudre fin*. **2.** Complètement : *être fin prêt*.

**1. final, e, als** ou **aux** adj Qui finit, termine : *un point final*. ■ **proposition finale** ou **finale** nf : subordonnée de but.

**2. final** (pl *finals*) ou **finale** nm MUS Morceau d'ensemble qui termine une symphonie, une sonate.

**finale** nf **1.** Dernière syllabe ou lettre d'un mot. **2.** SPORTS, JEUX Épreuve décisive d'une compétition.

**finalement** adv Pour en finir, en fin de compte.

**finaliser** vt Donner un but, une finalité à : *finaliser une recherche*.

VOCABULAIRE L'emploi de *finaliser* pour « mettre une fin, un terme à » est un anglicisme parfois critiqué.

**finaliste** adj et n SPORTS, JEUX Qui est qualifié pour disputer une finale.

**finalité** nf Caractère de ce qui a un but, une fin.

**finance** nf Ensemble des professions qui ont pour objet l'argent et ses modes de représentation. ◆ **finances** pl **1.** Trésor de l'État. **2.** FAM Ressources pécuniaires.

**financement** nm Action de financer. ■ **financement participatif** : mise en commun, génér. via Internet, d'apports financiers individuels ou associatifs, afin de réaliser des projets (on dit aussi : *crowdfunding*).

**financer** vt (conj 1) Fournir de l'argent, des capitaux à.

**financier, ère** adj Relatif aux finances : *système financier.* ◆ nm **1.** Celui qui s'occupe d'opérations financières. **2.** Petit gâteau à base d'amandes.

**financièrement** adv En matière de finances.

**finasser** vi FAM Employer des subterfuges, des finesses plus ou moins bien intentionnées.

**finasserie** nf FAM Finesse mêlée de ruse.

**finaud, e** adj et n Fin, rusé, sous un air de simplicité.

**fine** nf Eau-de-vie de qualité.

**finement** adv D'une manière fine.

**finesse** nf **1.** Qualité de ce qui est fin : *finesse d'un tissu.* **2.** Subtilité : *finesse d'une plaisanterie.* **3.** Acuité des sens : *finesse de l'ouïe.* **4.** Discernement : *faire preuve de finesse.*

**finette** nf Tissu de coton à envers pelucheux.

**fini, e** adj **1.** Limité : *ensemble fini.* **2.** Terminé, achevé : *son travail est fini ; cette époque est bien finie.* **3.** Parfaitement achevé, dont la finition est soignée : *du travail fini.* **4.** PÉJOR Achevé, parfait en son genre : *escroc fini.* **5.** Usé : *un homme fini.* ◆ nm **1.** Perfection : *le fini d'un ouvrage.* **2.** Ce qui a des bornes : *le fini et l'infini.*

**finir** vt **1.** Mener à son terme, achever : *finir un livre.* **2.** Constituer la fin, limiter : *le point finit la phrase.* ◆ vi **1.** Se terminer sous telle forme : *finir en pointe.* **2.** Arriver à son terme : *son bail finit.* **3.** Avoir une certaine fin : *cet enfant finira mal.* **4.** Mourir : *finir dans la misère.* ■ **en finir avec** : se débarrasser de. ❑ **finir par** : arriver, réussir finalement à.

**finish** [finiʃ] nm inv (anglicisme) Dernier effort d'un concurrent à la fin d'une épreuve.

**finissage** nm TECHN Dernière main ; finition.

**finisseur, euse** n **1.** Personne qui finit, achève un travail. **2.** Athlète qui termine très bien les compétitions.

**finition** nf **1.** Action de finir avec soin. **2.** Phase d'achèvement d'un travail : *finitions soignées.*

**finlandais, e** adj et n De la Finlande : *les Finlandais.* ◆ nm Finnois.

**finnois, e** adj et n D'un peuple habitant la Finlande. ◆ nm Langue parlée en Finlande.

**fiole** nf Petit flacon de verre.

**fioriture** nf Ornement accessoire.

**fioul** nm Combustible liquide provenant du pétrole brut (on écrit aussi *fuel*). ■ **fioul domestique** : mazout.

**firmament** nm LITT Voûte du ciel.

**firme** nf Entreprise industrielle ou commerciale.

**fisc** nm Administration chargée de calculer et de percevoir les impôts.

**fiscal, e, aux** adj Relatif au fisc.

**fiscalement** adv Du point de vue fiscal.

**fiscalisation** nf **1.** Action de fiscaliser. **2.** Part de l'impôt dans les ressources d'une collectivité publique.

**fiscaliser** vt Soumettre à l'impôt.

**fiscalité** nf Système de perception des impôts ; ensemble des lois qui s'y rapportent.

**fish-eye** [fiʃaj] (pl *fish-eyes*) nm PHOT Objectif à très grand angle.

**fissible** adj Fissile.

**fissile** adj **1.** Qui se divise facilement en lames minces : *l'ardoise est fissile.* **2.** Susceptible de subir une fission nucléaire.

**fission** nf Éclatement d'un noyau d'atome lourd, libérant une énorme quantité d'énergie.

**fissuration** nf Production de fissures.

**fissure** nf Petite crevasse, fente légère.

**fissurer** vt Crevasser, fendre. ◊ vpr : *un mur qui se fissure.*

**fiston** nm FAM Fils.

**fistule** nf MÉD Canal accidentel qui fait communiquer un organe avec l'extérieur ou avec un autre organe.

**fitness** nm Ensemble des activités sportives de remise en forme (EX : musculation).

**FIV** [fiv] nf (sigle) Fécondation in vitro.

**fixage** nm **1.** Action de fixer. **2.** Opération par laquelle une image photographique est rendue inaltérable à la lumière.

**fixateur, trice** adj Qui fixe. ◆ nm **1.** Vaporisateur pour fixer un dessin. **2.** Substance qui rend une image photographique inaltérable.

**fixatif, ive** adj Qui sert à fixer. ◆ nm Vernis pour fixer les dessins au fusain, au pastel.

**fixation** nf **1.** Action de fixer. **2.** Attache, dispositif servant à fixer : *fixations de ski.* ■ **faire une fixation sur** : être obsédé par.

**fixe** adj **1.** Qui ne se meut pas : *étoile fixe.* **2.** Immobile : *regard fixe.* **3.** Qui ne varie pas : *beau fixe.* **4.** Réglé, déterminé à l'avance ; régulier : *revenu fixe.* ■ **idée fixe** : idée qui obsède l'esprit. ◆ nm Partie invariable d'un salaire.

**fixement** adv D'une manière fixe.

**fixer** vt **1.** Rendre fixe, stable : *fixer un tableau au mur ; fixer un souvenir dans son esprit.* **2.** Empêcher de varier, de s'altérer : *fixer la* *langue d'un pays* ; rendre inaltérable par un traitement spécial : *fixer une photo, un pastel.* **3.** Garder immobile : *fixer les yeux.* **4.** Regarder fixement : *fixer quelqu'un.* **5.** Arrêter : *fixer son choix.* **6.** Établir, préciser : *fixer une date.* **7.** Attirer, captiver : *fixer l'attention.* ◆ **se fixer** vpr S'établir d'une manière permanente.

**fixité** nf Caractère de ce qui est fixe : *la fixité d'un regard.*

**fjord** [fjɔrd] ou [fjɔr] nm Vallée glaciaire envahie par la mer.

**flaccidité** [flaksidite] nf État de ce qui est flasque.

**flacon** nm Petite bouteille ; son contenu.

**flacon-pompe** (pl *flacons-pompe*) nm Conditionnement d'une substance cosmétique ou médicamenteuse muni d'un dispositif de pompe qui délivre une dose de produit à chaque pression.

**flagada** adj inv FAM Qui a perdu de sa vigueur ; fatigué.

**flagellation** nf Action de flageller.

**flagelle** nm BIOL Filament mobile servant d'organe locomoteur à certains protozoaires et aux spermatozoïdes.

**flagellé, e** adj BIOL Muni d'un flagelle.

**flageller** vt Fouetter.

**flageolant, e** adj Qui flageole : *avoir les jambes flageolantes.*

**flageoler** vi Trembler de fatigue, d'émotion (surtout en parlant des jambes).

**flageolet** nm **1.** Flûte à bec percée de six trous. **2.** Petit haricot.

**flagorner** vt LITT Flatter bassement.

**flagornerie** nf LITT Basse flatterie.

**flagorneur, euse** n LITT Personne qui flagorne.

**flagrant, ante** adj Évident, incontestable : *inégalité flagrante.* ■ **flagrant délit :** délit commis sous les yeux de ceux qui le constatent.

**flair** nm **1.** Odorat d'un animal. **2.** FIG Perspicacité, discernement, clairvoyance.

**flairer** vt **1.** Reconnaître par l'odeur ; renifler. **2.** FIG Pressentir, soupçonner.

**flamand, e** adj et n De Flandre : *les Flamands.* ◆ nm Ensemble des parlers sud-néerlandais usités en Belgique et dans la région de Dunkerque.

**flamant** nm Oiseau de grande taille, au plumage rose, écarlate et noir.

**flambage** nm Action de flamber.

**flambant, e** adj Qui flambe. ■ **flambant neuf :** tout neuf.

> ORTHOGRAPHE Dans l'expression *flambant neuf, flambant* est invariable : *des vêtements flambant neufs ; une robe flambant neuve.*

**flambeau** nm **1.** ANC Torche, chandelle ; chandelier. **2.** FIG Lumière qui guide. ■ **se passer, transmettre le flambeau :** continuer la tradition.

**flambée** nf **1.** Feu clair. **2.** FIG Brusque augmentation : *flambée des prix, de la violence.*

**flamber** vt Passer à la flamme : *flamber une volaille.* ◆ vi **1.** Brûler en faisant une flamme. **2.** FAM Dépenser beaucoup, gaspiller. **3.** FAM Subir une brusque augmentation.

**flambeur, euse** n FAM Qui dépense beaucoup, qui joue gros jeu.

**flamboiement** nm Éclat flamboyant.

**flamboyant, e** adj **1.** Qui flamboie. **2.** ARCHIT Style gothique de la dernière période (XVe s.), aux contours lancéolés. ◆ nm Arbre des régions tropicales à fleurs rouges.

**flamboyer** vi (conj 3) **1.** Jeter une flamme brillante. **2.** FIG Briller : *des yeux qui flamboient.*

**flamenco** [flamɛnko] adj et nm Se dit de la musique, de la danse et du chant populaires andalous.

**flamiche** nf Tourte aux poireaux.

**flamingant, e** [flamɛ̃gɑ̃, ɑ̃t] adj et n **1.** Qui parle flamand. **2.** Se dit des partisans du mouvement nationaliste flamand en Belgique.

**flamme** nf **1.** Phénomène lumineux, incandescence d'un gaz produits par une substance en combustion. **2.** LITT, FIG Vive ardeur, passion amoureuse. **3.** Petit drapeau triangulaire. **4.** Marque postale apposée sur les lettres à côté du cachet d'oblitération.

**flammé, e** adj Qui a des taches en forme de flammes : *grès flammé.*

**flammèche** nf Parcelle de matière enflammée qui s'échappe d'un foyer.

**flan** nm **1.** Crème aux œufs, cuite au four. **2.** Disque de métal préparé pour recevoir une empreinte (d'une monnaie, d'une médaille, etc.). ■ FAM **c'est du flan :** ce n'est pas sérieux, pas vrai.

**flanc** nm **1.** Partie latérale du corps depuis les côtes jusqu'aux hanches : *se coucher sur le flanc.* **2.** Côté d'une chose : *flancs d'une montagne.* **3.** Partie latérale d'une troupe rangée : *attaquer une armée par le flanc.* ■ **à flanc de :** sur la pente de. ❑ FAM **être sur le flanc :** exténué. ❑ **prêter le flanc à :** donner prise à. ❑ FAM, FIG **se battre les flancs :** se donner du mal sans grand résultat. ❑ FAM **tirer au flanc :** se soustraire à une obligation.

**flancher** vi FAM Céder, faiblir.

**flanchet** nm Partie de la surlonge du bœuf, du veau.

**flanelle** nf Tissu léger en laine ou en coton.

**flâner** vi **1.** Se promener sans but. **2.** Perdre son temps ; paresser.

**flânerie** nf Action de flâner.

**flâneur, euse** n Qui flâne.

**1. flanquer** vt **1.** Être disposé de part et d'autre de qqch : *bâtisse flanquée de deux tours ; garage qui flanque une maison.* **2.** Accompagner : *flanqué de ses deux enfants.*

**2. flanquer** vt FAM Mettre violemment : *flanquer une gifle ; flanquer qqn dehors.*

**flapi, e** adj FAM Abattu, épuisé.

**flaque** nf Petit volume d'eau accumulée.

**flash** [flaʃ] (pl *flashs* ou *flashes*) nm **1.** PHOT Dispositif produisant un éclair lumineux ; cet éclair. **2.** Brève information radiophonique, transmise en priorité.

**flash-back** [flaʃbak] nm inv Séquence cinématographique retraçant une action passée par rapport à la narration (recommandation officielle : *retour en arrière*).

**Flashcode** [flaʃkɔd] nm (nom déposé) Code-barres 2D de la marque de ce nom.

**flasher** vt **1.** Photographier à l'aide d'un radar un véhicule en excès de vitesse. **2.** Lire les informations contenues sur un QR Code à l'aide d'un appareil numérique équipé d'une application adaptée. ◆ vt ind [sur] FAM Éprouver un intérêt vif et subit pour.

**flashmob** [flaʃmɔb] nm ou nf Rassemblement éclair d'un groupe de personnes en un lieu public donné, dans le but de concrétiser une action convenue au préalable sur Internet.

**1. flasque** adj Mou, sans fermeté.

**2. flasque** nf Flacon plat.

**flatter** vt **1.** Louer pour plaire : *les courtisans flattent.* **2.** Embellir, avantager : *ce portrait vous flatte.* **3.** Caresser de la main : *flatter un cheval.* **4.** LITT Affecter agréablement : *la musique flatte l'oreille.* ◆ **se flatter** vpr [de] Se vanter de, prétendre.

**flatterie** nf Louange intéressée.

**flatteur, euse** adj et n Qui flatte.

**flatulence** ou **flatuosité** nf MÉD Accumulation de gaz dans l'estomac ou l'intestin.

**fléau** nm **1.** Outil pour battre les céréales. **2.** Tige horizontale d'une balance soutenant les plateaux. **3.** Calamité publique : *la guerre est un fléau.*

**fléchage** nm Action de flécher ; son résultat.

**flèche** nf **1.** Projectile consistant en une tige de bois armée d'une pointe et qu'on lance avec l'arc ou l'arbalète. **2.** Représentation schématique d'une flèche, servant à indiquer un sens, une direction : *suivre les flèches.* **3.** Pointe d'un clocher. **4.** FIG Raillerie, critique acerbe : *lancer des flèches.* ■ **comme une flèche :** très rapidement : *partir comme une flèche.* ❏ **monter en flèche :** connaître une hausse ou une ascension rapide et forte : *prix qui montent en flèche.*

**flécher** vt (conj 10) Garnir un parcours de panneaux pour indiquer un itinéraire : *déviation fléchée.*

**fléchette** nf Petite flèche.

**fléchir** vt **1.** Ployer, courber : *fléchir le genou.* **2.** FIG Faire céder, attendrir : *fléchir ses juges.* ◆ vi **1.** Se ployer, se courber. **2.** FIG Faiblir, cesser de résister.

**fléchissement** nm Action de fléchir.

**fléchisseur** adj m et nm Qui fait fléchir : *muscle fléchisseur.*

**flegmatique** adj Calme, impassible.

**flegme** nm Calme imperturbable, sang-froid.

**flemmard, e** adj et n FAM Paresseux.

**flemmarder** vi FAM Paresser.

**flemme** [flɛm] nf FAM Paresse, envie de ne rien faire.

**flétan** nm Poisson plat des mers froides.

**flétrir** vt Ôter l'éclat, la fraîcheur de ; faner. ■ **visage flétri :** ridé. ◆ **se flétrir** vpr Se faner ; perdre sa fraîcheur.

**flétrissure** nf **1.** Altération de la fraîcheur. **2.** LITT Grave atteinte à la réputation, à l'honneur.

**fleur** nf **1.** Partie d'un végétal qui contient les organes reproducteurs. **2.** Plante qui produit des fleurs : *la culture des fleurs.* **3.** Ornement en forme de fleur : *robe à fleurs.* **4.** Partie la plus fine, la meilleure : *fleur de farine ; la fine fleur de la société.* **5.** Temps du plein épanouissement, de l'éclat : *être à la fleur de l'âge.* ■ **à fleur de :** au ras de. ◆ **fleurs** pl Moisissure.

**fleurdelisé, e** adj Orné, semé de fleurs de lis : *drapeau fleurdelisé.*

**fleurer** vi LITT Répandre une odeur.

**fleuret** nm **1.** Épée à lame très fine, sans pointe, pour la pratique de l'escrime. **2.** Tige d'acier des perforatrices par percussion.

**fleurette** nf Petite fleur. ■ VIEILLI **conter fleurette :** tenir des propos galants.

**fleuri, e** adj Garni de fleurs : *sentier fleuri ; tissu fleuri.* ■ FIG **teint fleuri :** qui a de la fraîcheur, de l'éclat. ❏ **style fleuri :** style orné.

**fleurir** vi **1.** Produire des fleurs, s'en couvrir : *les arbres fleurissent au printemps.* **2.** FIG Prospérer : *le commerce fleurit.* ◆ vt Orner de fleurs : *fleurir sa maison.*

GRAMMAIRE Au fig., l'ind. imparfait est *je florissais*, etc., et le participe présent *florissant.*

**fleuriste** n Personne qui cultive ou vend des fleurs.

**fleuron** nm Ornement en forme de fleur. ■ FIG **le plus beau fleuron** ou **le fleuron :** ce qu'il y a de plus remarquable.

**fleuve** nm **1.** Cours d'eau qui aboutit à la mer. **2.** FIG Masse en mouvement : *fleuve de boue.*

**flexibilité** nf Qualité de ce qui est flexible.

**flexible** adj **1.** Qui plie aisément : *roseau flexible.* **2.** Susceptible de s'adapter aux circonstances ; souple : *horaire flexible.* ◆ nm Tuyau souple : *flexible de douche.*

**flexion** nf **1.** Action de fléchir : *flexion du genou.* **2.** LING Ensemble des désinences d'un mot, caractéristiques de la catégorie grammaticale et de la fonction : *flexion verbale ou conjugaison.*

**flexisécurité** ou **flexicurité** nf Mode d'organisation du marché du travail offrant plus de flexibilité aux entreprises, mais aussi une plus grande sécurité de l'emploi aux salariés.

**flexitarien, enne** adj et n Relatif au flexitarisme ; qui le pratique.

**flexitarisme** nm Mode d'alimentation principalement végétarien, mais incluant occasionnellement de la viande ou du poisson.

**flibustier** nm **1.** Pirate de la mer des Antilles aux XVII^e^ et XVIII^e^ s. **2.** VIEILLI, PAR EXT Filou.

**flic** n FAM Agent de police.

**flingue** nm FAM Arme à feu.

**flinguer** vt FAM Tirer sur qqn avec une arme à feu : *se faire flinguer.*

**1. flipper** [flipœr] nm Billard électrique.

**2. flipper** vi FAM **1.** Éprouver une angoisse due à l'état de manque, pour un toxicomane. **2.** Être déprimé ou excité.

**flirt** [flœrt] nm FAM **1.** Action de flirter. **2.** Personne avec qui l'on flirte.

**flirter** [flœrte] vi **1.** Avoir des relations amoureuses plus ou moins passagères avec qqn. **2.** FIG Se rapprocher d'un adversaire politique : *centriste qui flirte avec le socialisme.*

**floc** interj Évoque le bruit d'un objet qui tombe dans un liquide.

**flocage** nm Application de fibres textiles sur un support adhésif.

**floche** adj ■ **fil floche :** à faible torsion.

**flocon** nm **1.** Amas léger de neige, de laine, etc. **2.** Grains de céréales réduits en lamelles : *flocons d'avoine.*

**floconneux, euse** adj Qui a l'aspect de flocons.

**floculation** nf Précipitation d'une solution en flocons.

**flonflon** nm (généralement au pluriel) Refrain, musique populaire.

**flop** nm FAM Échec d'un livre, d'un film, d'un spectacle. ■ **faire un flop :** subir un échec.

**flopée** nf FAM Grande quantité.

**floraison** nf **1.** Épanouissement de la fleur ; temps de cet épanouissement. **2.** FIG Épanouissement simultané de choses de même nature : *floraison de romans.*

**floral, e, aux** adj Relatif à la fleur.

**floralies** nf pl Exposition horticole.

**flore** nf **1.** Ensemble des espèces végétales d'une région : *flore polaire.* **2.** Ouvrage permettant la détermination et la classification de ces espèces. **3.** BIOL Ensemble des micro-organismes qui vivent naturellement sur la peau ou dans un organe : *flore intestinale.*

**floréal** nm Huitième mois du calendrier républicain (20 avril-19 mai).

**florentin, e** adj et n De Florence.

**florès** [flɔrɛs] nm ■ LITT, VIEILLI **faire florès :** avoir du succès, être à la mode.

**florifère** adj BOT Qui porte des fleurs.

**florilège** nm **1.** Recueil de poésies. **2.** Sélection de choses remarquables.

**florin** nm Ancienne unité monétaire des Pays-Bas.

**florissant, e** adj Prospère.

**flot** nm **1.** Masse d'eau agitée ; vague : *les flots de la mer.* **2.** Écoulement abondant : *flot de sang.* **3.** FIG Masse fluide ; grande quantité : *flot de passants.* ■ **à flots :** abondamment : *argent qui coule à flots.* ❑ **être à flot :** (a) flotter (b) FIG cesser d'avoir des difficultés. ❑ **remettre à flot :** renflouer.

**flottable** adj **1.** Qui peut flotter : *bois flottable.* **2.** Qui permet le flottage : *rivière flottable.*

**flottage** nm Transport du bois flottant sur une rivière.

**flottaison** nf ■ **ligne de flottaison :** endroit où la surface de l'eau atteint la coque d'un navire.

**flottant, e** adj **1.** Qui flotte : *corps flottant.* **2.** Ample, ondoyant : *robe flottante.* **3.** FIG Instable, irrésolu : *effectifs flottants ; esprit flottant.* ■ **monnaie flottante :** dont la parité vis-à-vis des autres monnaies n'est pas déterminée par un taux de change fixe.

**1. flotte** nf **1.** Ensemble de navires naviguant dans une même zone ou sous une même autorité. **2.** Ensemble des forces navales ou aériennes d'un pays, des navires ou des appareils d'une compagnie.

**2. flotte** nf FAM Eau, pluie.

**flottement** nm **1.** Mouvement ondoyant. **2.** FIG Incertitude, hésitation.

**flotter** vi **1.** Être porté sur une surface liquide : *le liège flotte sur l'eau.* **2.** Être en suspension dans l'air, ondoyer : *ses cheveux flottent au vent.* **3.** Avoir un vêtement trop ample : *flotter dans son costume.* **4.** Être indécis, irrésolu. ◆ v impers FAM Pleuvoir.

**flotteur** nm Corps, dispositif, élément conçus pour flotter à la surface d'un liquide.

**flottille** nf Petite flotte.

**flou, e** adj **1.** Qui manque de netteté ; imprécis, indécis : *photo floue ; idées floues.* **2.** Fondu, vaporeux : *dessin flou.* ■ **logique floue** : logique fondée non sur le principe binaire «vrai» ou «faux» mais sur des valeurs intermédiaires et qui est appliquée au fonctionnement de certains automates. ◆ nm Manque de netteté.

**flouer** vt FAM Escroquer, duper.

**flouter** vt PHOT, TÉLÉV Rendre flou, méconnaissable : *les témoins ont été floutés.*

**fluctuant, e** adj Variable.

**fluctuation** nf **1.** Variation continuelle de part et d'autre d'une moyenne : *les fluctuations de la Bourse.* **2.** Oscillation d'un liquide.

**fluctuer** vi Être fluctuant ; changer.

**fluet, ette** adj Mince et délicat.

**fluide** adj **1.** Se dit d'un corps (liquide, gaz) dont les molécules sont faiblement liées et qui prend la forme de son contenant. **2.** Qui coule, s'écoule aisément : *une encre fluide ; circulation fluide.* ◆ nm **1.** Corps fluide. **2.** FIG Influence mystérieuse qui agit à distance.

**fluidifiant, e** adj et nm Qui fluidifie.

**fluidifier** vt Rendre fluide, plus fluide.

**fluidité** nf Caractère de ce qui est fluide.

**fluo** adj inv (abréviation de *fluorescent*) D'aspect fluorescent : *jaune fluo ; maillot fluo.*

**fluocompact, e** adj Se dit d'une lampe, d'une ampoule fluorescente à basse consommation, dont le tube est plié ou enroulé sur lui-même.

**fluor** nm CHIM Gaz jaune-vert, fortement réactif ; symb : F.

**fluoré, e** adj Qui contient du fluor.

**fluorescence** nf Propriété de certains corps d'émettre de la lumière lorsqu'ils reçoivent un rayonnement.

**fluorescent, e** adj Doué de fluorescence.

**fluorine** nf Fluorure de calcium.

**fluorure** nm Composé du fluor.

**flûte** nf **1.** Instrument de musique à vent et à embouchure, formé d'un tube creux percé de trous : *flûte à bec, flûte traversière.* **2.** Petit pain long. **3.** Verre à pied, étroit et long, pour le champagne. ■ **flûte de Pan** : instrument de musique composé de tubes d'inégale longueur sur lesquels on promène les lèvres. ◆ interj FAM Marque l'impatience, la déception. ◆ **flûtes** pl FAM Jambes maigres.

**flûtiau** nm Petite flûte champêtre.

**flûtiste** n Joueur de flûte.

**fluvial, e, aux** adj Relatif aux fleuves.

**fluvio-glaciaire** (pl *fluvio-glaciaires*) adj Relatif à la fois aux fleuves et aux glaciers.

**flux** [fly] nm **1.** Montée de la mer, due à la marée. **2.** Écoulement : *flux de sang.* **3.** FIG Grande quantité : *flux de paroles.* ■ **flux lumineux** : débit d'une source lumineuse.

**fluxion** nf MÉD Œdème et vasodilatation localisés représentant le stade initial d'une inflammation.

**flyer** [flajœr] nm Prospectus, tract annonçant une soirée culturelle, un événement commercial, une rave, etc.

**FM** nf (sigle de *frequency modulation*) Modulation de fréquence.

**foc** nm MAR Voile triangulaire à l'avant d'un bateau.

**focal, e, aux** adj Qui concerne le foyer des lentilles.

**focalisation** nf Action de focaliser.

**focaliser** vt **1.** Faire converger en un point : *focaliser un faisceau lumineux, un flux de particules.* **2.** FIG Concentrer sur un point précis : *focaliser l'attention.*

**fœhn** [føn] ou **föhn** [føn] nm Vent chaud et sec dans les Alpes.

**fœtal, e, aux** [fetal, o] adj Relatif au fœtus.

**fœtus** [fetys] nm Produit de la conception non encore arrivé à terme, mais ayant déjà les formes de l'espèce.

**foi** nf **1.** Confiance : *témoin digne de foi.* **2.** Croyance en un dogme ; religion : *mourir pour sa foi.* **3.** Fidélité, loyauté, garantie : *sous la foi d'un serment.* ■ **être de bonne foi** : être convaincu de la véracité de ce qu'on dit. ❏ **être de mauvaise foi** : soutenir une chose que l'on sait fausse. ❏ **faire foi** : prouver. ❏ **ma foi** : en vérité, en effet. ❏ **profession de foi** : déclaration de ses opinions. ❏ **sans foi ni loi** : sans religion ni conscience.

**foie** nm Organe contenu dans l'abdomen, qui sécrète la bile. ■ **foie gras** : foie d'oie ou de canard engraissés.

**1. foin** nm **1.** Herbe fauchée et séchée. **2.** Ensemble des poils de l'artichaut. ■ FAM **faire du foin** : faire du bruit, du scandale.

**2. foin** interj LITT, VIEILLI Exprime le mépris.

**foire** nf **1.** Grand marché public à époques fixes : *le champ de foire.* **2.** Exposition commerciale périodique : *la foire de Lyon.* **3.** Fête foraine : *la foire du Trône, à Paris.* **4.** FAM Désordre, confusion : *quelle foire !* ■ FAM **faire la foire** : s'amuser, faire la fête.

**foirer** vi TRÈS FAM Échouer, rater.

**foireux, euse** adj TRÈS FAM Dont l'échec est prévisible ; qui fonctionne mal : *coup foireux.*

**fois** nf Joint à un nom de nombre, marque la quantité, la multiplication : *deux fois par an.* ■ **à la fois** : ensemble, en même temps. ❏ FAM **des fois** : parfois. ❏ **une fois** : à une certaine époque. ❏ **une fois pour toutes** : définitivement. ❏ **une fois que** : dès que.

**foison (à)** loc adv LITT Abondamment.

**foisonnant, e** adj Qui foisonne, abondant.

**foisonnement** nm Abondance.

**foisonner** vi Abonder, pulluler : *les lapins foisonnent dans ce coin ; idées qui foisonnent.*

**fol** adj m → **fou.**

**folâtre** adj Gai, enjoué.

**folâtrer** vi Jouer, s'ébattre gaiement.

**foliacé**, **e** adj De la nature des feuilles, qui en a l'apparence.

**foliaire** adj BOT Relatif aux feuilles.

**foliation** nf BOT **1.** Disposition des feuilles sur la tige. **2.** Époque où les bourgeons développent leurs feuilles.

**folichon**, **onne** adj (surtout négatif) FAM Divertissant, drôle : *le film n'était pas folichon.*

**folie** nf **1.** Dérèglement mental ; démence : *être atteint de folie.* **2.** Acte déraisonnable, passionné, excessif : *des folies de jeunesse.* **3.** Désir passionné : *avoir la folie des livres.* ■ **aimer à la folie :** éperdument. ❑ **faire une, des folies :** des dépenses excessives.

**folié**, **e** adj Disposé en lames minces.

**folio** nm **1.** Feuillet d'un livre. **2.** Numéro de chaque page d'un livre.

**foliole** nf Chaque division du limbe d'une feuille.

**folioter** vt Numéroter des feuillets ; paginer.

**folk** nm Folksong. ◆ adj Relatif au folksong : *la musique folk.*

**folklore** nm Ensemble des traditions, usages et légendes populaires d'un pays, d'une région.

**folklorique** adj **1.** Relatif au folklore. **2.** FAM Pittoresque, mais dépourvu de sérieux : *un candidat folklorique.*

**folksong** nm Partie de la musique pop inspirée du folklore traditionnel américain.

**folle** adj f et nf → **fou.**

**follement** adv Éperdument, extrêmement.

**follet**, **ette** adj Un peu fou. ■ **feu follet :** flamme fugitive produite par la combustion spontanée de gaz se dégageant de matières organiques en décomposition. ❑ **poil follet :** premier duvet du menton.

**folliculaire** adj Relatif à un follicule.

**follicule** nm **1.** BOT Fruit sec, s'ouvrant par une seule fente. **2.** ANAT Organe en forme de sac : *follicule pileux.*

**folliculine** nf PHYSIOL Hormone sécrétée par l'ovaire.

**fomentation** nf LITT Action de fomenter.

**fomenter** vt LITT Susciter, préparer secrètement : *fomenter des troubles.*

**foncé, e** adj Sombre, en parlant des couleurs : *bleu foncé.*

**foncer** vt (conj 1) **1.** Rendre plus foncé : *foncer une couleur.* **2.** Mettre un fond à : *foncer un tonneau, une cuve.* **3.** Creuser verticalement : *foncer un puits.* ◆ vi **1.** Devenir foncé : *le bois fonce en vieillissant.* **2.** FAM Aller très vite. ◆ vt ind **1.** [sur] Se précipiter pour attaquer : *foncer sur l'ennemi.* **2.** [dans] Heurter violemment contre : *foncer dans un mur.*

**fonceur**, **euse** n et adj FAM Personne qui fonce, qui va de l'avant.

**foncier**, **ère** adj **1.** Relatif à un bien-fonds : *propriété foncière ; impôt, propriétaire foncier.* **2.** FIG Qui constitue le fonds ; fondamental, principal : *qualités foncières.* ◆ nm La propriété foncière et tout ce qui s'y rapporte.

**foncièrement** adv Profondément.

**fonction** nf **1.** Rôle, utilité d'un élément dans un ensemble : *fonction d'un mot dans une phrase.* **2.** Exercice d'une charge, d'un emploi ; profession : *s'acquitter de ses fonctions ; la fonction d'enseignant.* **3.** Activité propre à un appareil, à un ensemble : *la fonction digestive.* **4.** MATH Grandeur dépendant d'une ou de plusieurs variables. ■ **en fonction de :** (a) par rapport à (b) en tenant compte de : *décider en fonction du temps.* ❑ **fonction publique :** ensemble des agents de l'État ; leur activité.

**fonctionnaire** n Agent d'une administration publique dépendant de l'État.

**fonctionnaliser** vt Rendre fonctionnel, pratique.

**fonctionnalisme** nm Doctrine issue du rationalisme du XIXe s.

**fonctionnalité** nf **1.** Caractère fonctionnel, pratique. **2.** Possibilité qu'offre un système informatique.

**fonctionnariat** nm Qualité, état de fonctionnaire.

**fonctionnariser** vt Assigner un statut de fonctionnaire, de service public à.

**fonctionnel**, **elle** adj **1.** Relatif aux fonctions organiques : *troubles fonctionnels.* **2.** Relatif aux fonctions mathématiques : *calcul fonctionnel.* **3.** Qui s'adapte à une fonction déterminée ; pratique : *meubles fonctionnels.*

**fonctionnement** nm Manière dont une chose fonctionne.

**fonctionner** vi **1.** Remplir, accomplir sa fonction, être en état de marche : *l'aspirateur ne fonctionne plus.* **2.** AFRIQUE Être fonctionnaire.

**fond** nm **1.** Partie la plus basse, la plus profonde : *le fond d'un trou ; le fond du lac.* **2.** Ce qui reste au fond : *le fond du verre.* **3.** Partie la plus éloignée, la plus retirée : *le fond d'une province.* **4.** Champ (visuel, sonore, etc.) sur lequel se détache qqch ; arrière-plan : *les couleurs vives ressortent sur un fond sombre ; fond sonore.* **5.** Partie essentielle, fondamentale : *le fond d'une question ; aller au fond des choses.* **6.** Ce qui fait la matière, l'essence d'une chose (par oppos. à la *forme*) : *s'attacher davantage au fond qu'à la forme.* **7.** SPORTS Discipline pratiquée sur des longues distances (athlétisme, ski). ■ **à fond** : complètement. ❑ FAM **à fond la caisse** ou **à fond de train** : à toute vitesse. ❑ **au fond** ou **dans le fond** : en réalité. ❑ **de fond** : qui porte sur l'essentiel : *question de fond.* ❑ **de fond en comble** : entièrement. ❑ **fond de teint** : préparation colorée à appliquer sur le visage pour unifier le teint.

**fondamental, e, aux** adj Qui est à la base, essentiel ; principal : *vérité fondamentale.*

**fondamentalement** adv De façon fondamentale.

**fondamentalisme** nm Dans une religion, tendance à ne retenir que ce qui est considéré comme fondamental, originel.

**fondamentaliste** adj et n Relatif au fondamentalisme ; qui en est partisan.

**fondant, e** adj Qui fond dans la bouche : *poire fondante.*

**fondateur, trice** n et adj Personne qui a fondé, créé une entreprise, une œuvre. ◆ adj Qui est à l'origine, qui crée les principes de base de qqch : *le pacte fondateur d'une nation.*

**fondation** nf **1.** Action de fonder, de créer : *la fondation de Rome.* **2.** Création, par voie de donation ou de legs, d'un établissement d'intérêt général ; cet établissement lui-même. ◆ **fondations** pl Parties inférieures d'une construction, cachées dans le sol.

**fondé, e** adj **1.** Établi solidement, motivé : *accusation fondée.* **2.** Autorisé : *être fondé à parler.* ◆ nm ■ **fondé de pouvoir** : personne chargée d'agir au nom d'une autre ou d'une société.

**fondement** nm **1.** Élément essentiel servant de base à qqch : *les fondements d'une théorie.* **2.** Cause, motif : *bruit sans fondement.* **3.** FAM Fesses ; anus.

**fonder** vt **1.** Établir, créer, poser les statuts, la base, les principes de : *fonder un empire, une théorie.* **2.** Appuyer de raisons, de motifs, de preuves ; justifier : *fonder ses soupçons sur un fait.* ◆ **se fonder** vpr [sur] **1.** Faire reposer une opinion, un jugement sur qqch : *un point de vue qui se fonde sur des faits objectifs.* **2.** Avoir pour fondement : *espoir qui ne se fonde sur rien.*

**fonderie** nf Usine où l'on fond les métaux.

**1. fondeur, euse** n Personne qui fond les métaux.

**2. fondeur, euse** n Personne qui pratique le ski de fond.

**fondre** vt (conj 51) **1.** Amener à l'état liquide : *le platine est difficile à fondre.* **2.** Dissoudre dans un liquide : *fondre du sucre dans l'eau.* **3.** Couler, mouler : *fondre une cloche.* **4.** Mêler, unir : *fondre les couleurs.* ◆ vi **1.** Devenir liquide : *la glace fond.* **2.** Se dissoudre : *le sucre a fondu dans le café.* **3.** FIG Diminuer, disparaître : *l'argent fond entre ses mains.* **4.** FIG, FAM Maigrir. **5.** FIG S'attendrir : *il fond devant sa fille.* **6.** Se précipiter, s'abattre : *l'épervier fond sur sa proie.* ■ **fondre en larmes** : pleurer abondamment.

**fondrière** nf Crevasse dans le sol.

**fonds** nm **1.** Sol d'une terre, d'un champ : *cultiver un fonds.* **2.** Capital : *prêter à fonds perdu.* **3.** Compte spécial : *fonds de solidarité.* **4.** Ensemble des qualités morales et intellectuelles de qqn : *avoir un bon fonds.* ■ **fonds de commerce** : (a) ensemble des biens corporels et incorporels permettant à un commerçant d'exercer son activité (b) FIG, PÉJOR ensemble d'arguments simplistes et démagogiques utilisés par une personnalité pour séduire l'opinion. ❑ **fonds souverain** : fonds d'investissement international détenu par un État ou par la banque centrale de cet État. SYN : fonds d'État. ❑ **fonds spéculatif** : fonds d'investissement privé à haut risque, au rendement potentiellement très élevé, qui utilise des instruments financiers sophistiqués. ◆ pl Argent disponible : *chercher des fonds.* ■ **fonds publics** : rentes d'État.

ORTHOGRAPHE On écrit *l'égoïsme est le fond de son caractère* (l'essentiel du caractère), mais il a *un bon fonds* (l'ensemble de son tempérament).

**fondu, e** adj **1.** Passé à l'état liquide : *beurre fondu.* **2.** Obtenu en passant graduellement d'un ton à un autre : *couleurs fondues.* ◆ nm Apparition ou disparition graduelles d'une image cinématographique.

**fondue** nf ■ **fondue bourguignonne** : plat composé de petits dés de viande que l'on plonge dans de l'huile bouillante. ❑ **fondue savoyarde** ou **fondue** : mets composé de fromage fondu avec du vin blanc où l'on plonge des cubes de pain.

**fongicide** adj et nm Se dit d'une substance propre à détruire les champignons microscopiques.

**fongique** adj Relatif aux champignons.

**fongueux, euse** adj Qui ressemble à un champignon ou à une éponge.

**fontaine** nf **1.** Eau vive qui sort de terre. **2.** Construction destinée à la distribution des eaux : *fontaine publique.*

**fontanelle** nf Chacun des espaces situés entre les os du crâne avant son entière ossification.

**fonte** nf **1.** Action ou fait de fondre : *la fonte des neiges.* **2.** Produit immédiat du traitement des minerais de fer par le charbon ; alliage de fer et de carbone. **3.** Art, travail du fondeur : *fonte d'une statue.* **4.** IMPR Assortiment complet de caractères de même type.

**fonts** nm pl ■ **fonts baptismaux** : bassin pour baptiser.

**foot** nm (abréviation) FAM Football.

**football** [futbol] nm Sport, jeu de ballon qui se pratique entre deux équipes de onze joueurs.

**footballeur, euse** n Joueur de football.

**footeux, euse** n FAM **1.** Joueur de football. **2.** Amateur, supporteur de football.

**footing** [futiŋ] nm Course à pied, marche pratiquée pour entretenir sa forme physique.

**for** nm ■ SOUT **en, dans mon (ton, son, etc.) for intérieur** : au fond de ma (ta, sa, etc.) conscience.

**forage** nm Action de forer.

**forain, e** adj Relatif aux foires. ■ **fête foraine** : fête publique organisée par des forains. ❑ **marchand forain** ou **forain** nm : marchand ambulant qui vend sur les marchés, dans les foires ou les fêtes foraines.

**forban** nm **1.** Pirate. **2.** Individu sans scrupule.

**forçage** nm AGRIC Ensemble des procédés visant à hâter la pousse d'une plante, d'un fruit, d'un légume.

**forçat** nm ANC Homme condamné aux galères, aux travaux forcés.

**force** nf **1.** Vigueur physique, énergie : *frapper de toute sa force.* **2.** Intensité, efficacité : *force de la voix, d'un remède.* **3.** Violence, contrainte : *céder à la force.* **4.** Puissance : *force d'un État.* **5.** Capacité, habileté, niveau : *joueurs de même force.* **6.** Autorité : *avoir force de loi.* **7.** PHYS Toute cause capable de produire un effet : *force exercée par l'eau.* **8.** Puissance d'impulsion : *force d'une machine.* ■ **à force de** : par l'action réitérée de : *réussir à force de patience.* ❑ **à toute force** : à tout prix. ❑ **de force** ou **par force** : par la contrainte ou la violence. ❑ **être en force** : (a) en mesure d'attaquer, de se défendre (b) être en nombre. ❑ **force d'âme** : courage, fermeté. ❑ **force de l'âge** : âge où l'on a toute sa vigueur. ❑ **force majeure** : cause à laquelle on ne peut pas résister. ❑ **tour de force** : qui exige beaucoup de vigueur ou d'adresse. ◆ **forces** pl ■ **forces** ou **forces armées** : potentiel militaire d'un État. ❑ **les forces de l'ordre** : la police et la gendarmerie.

**forcé, e** adj **1.** Qui n'est pas naturel ; faux : *rire forcé.* **2.** Qui est imposé : *marche forcée.* ■ FAM **c'est forcé** : c'est inévitable.

**forcement** nm Action de forcer : *forcement d'un coffre.*

**forcément** adv Nécessairement, fatalement.

**forcené, e** n et adj Personne qui n'a plus le contrôle de soi. ◆ adj Acharné.

**forceps** [fɔrsɛps] nm Instrument de chirurgie utilisé dans les accouchements difficiles. ■ FIG **au forceps** : avec beaucoup de difficultés : *un accord conclu au forceps.*

**forcer** vt (conj 1) **1.** Faire céder par force ; briser, enfoncer : *forcer une porte.* **2.** Contraindre, obliger : *forcer qqn à manger.* **3.** Fausser : *forcer une clé.* **4.** Susciter de façon irrésistible : *forcer l'admiration.* **5.** Pousser au-delà des limites normales ; exagérer : *forcer sa voix.* ◆ vi **1.** Fournir un effort intense : *gagner une course sans forcer.* **2.** Agir avec trop de force : *ne force pas, tu vas tout casser !* ◆ **se forcer** vpr Se contraindre.

**forcing** [fɔrsiŋ] nm **1.** SPORTS Accélération du rythme, de la cadence. **2.** FAM Effort soutenu.

**forcir** vi Grossir, engraisser.

**forclos, e** adj DR Qui a laissé prescrire son droit.

**forclusion** nf DR Perte de la faculté de faire valoir un droit, le délai étant expiré.

**forensique** adj Relatif à une méthode scientifique utilisée pour éclairer les circonstances d'une affaire judiciaire : *expertise forensique.* ■ **science forensique** ou **forensique** nf : science interdisciplinaire regroupant les méthodes d'analyse de la police scientifique, de la criminologie et de la médecine légale, utilisée dans un cadre judiciaire.

**forer** vt Percer, creuser.

**foresterie** nf Ensemble des activités liées à la forêt, à son exploitation.

**forestier, ère** adj Qui concerne les forêts : *chemin forestier.* ◆ n et adj Employé de l'administration forestière.

**foret** nm Instrument pour percer.

**forêt** nf Grande étendue de terrain plantée d'arbres. ■ **forêt vierge** : qui a évolué sans l'intervention humaine.

**forêt-noire** nf Pâtisserie d'origine allemande à base de génoise au chocolat, garnie de crème fouettée, de cerises à l'eau-de-vie et de copeaux de chocolat.

**foreur, euse** n et adj Ouvrier qui fore. ◆ nf Machine à forer.

**1. forfait** nm LITT Crime abominable.

**2. forfait** nm Contrat où le prix d'une chose ou d'un service est fixé d'avance.

**3. forfait** nm ■ **déclarer forfait** : (a) ne pas se présenter à une épreuve sportive où l'on est engagé (b) FIG renoncer à qqch.

**forfaitaire** adj Fixé par forfait : *prix forfaitaire.*

**forfaiture** nf DR Crime d'un fonctionnaire dans l'exercice de ses fonctions.

**forfanterie** nf LITT Vantardise.

**forge** nf **1.** Usine où l'on transforme la fonte en acier. **2.** Atelier où l'on travaille les métaux au feu et au marteau sur l'enclume.

**forger** vt (conj 2) **1.** Travailler un métal à chaud, au marteau, pour lui donner une forme définie : *fer forgé.* **2.** FIG Former par des épreuves : *forger un caractère.* **3.** Inventer : *forger un mot, une excuse.*

**forgeron** nm Personne qui travaille le fer au marteau et à la forge.

**formage** nm Action de former, de donner sa forme à un objet manufacturé.

**formaldéhyde** nm Liquide volatil, d'odeur forte, obtenu par oxydation incomplète de l'alcool méthylique. SYN : **aldéhyde formique**.

**formalisation** nf Action de formaliser.

**formaliser** vt Donner à un raisonnement une forme explicite.

**formaliser (se)** vpr S'offenser, se choquer.

**formalisme** nm **1.** Attachement excessif aux formes, aux formalités, à l'étiquette : *formalisme administratif.* **2.** PHILOS Thèse soutenant que la vérité des sciences ne dépend que des règles d'usage de symboles conventionnels.

**formaliste** adj Très attaché aux formes, à l'étiquette.

**formalité** nf **1.** Condition nécessaire à la validité d'un acte : *formalités administratives.* **2.** Règle convenue, imposée : *formalités d'usage.* **3.** Acte de peu d'importance : *cet examen n'est qu'une simple formalité.*

**format** nm Dimension d'un objet, d'un livre.

**formatage** nm INFORM Action de formater.

**formater** vt INFORM Préparer un support selon une structure donnée.

**formateur, trice** adj Qui développe les facultés, les aptitudes. ◆ n Éducateur.

**formation** nf **1.** Action de former, de se former : *formation du calcaire.* **2.** Développement des organes du corps : *âge de la formation.* **3.** Ensemble des roches qui constituent le sol : *formations tertiaires.* **4.** Éducation, instruction : *formation des stagiaires ; bonne formation littéraire.* **5.** Éléments d'une force militaire quelconque : *formation aérienne.* **6.** Association, groupement de personnes : *formation politique.* ■ **formation professionnelle** : ensemble des mesures adoptées pour la formation des travailleurs, prises en charge par l'État et les employeurs.

**forme** nf **1.** Configuration extérieure, apparence, aspect : *forme carrée, arrondie ; gâteau en forme de cœur.* **2.** Silhouette : *apercevoir une forme dans le noir.* **3.** DR Formalité judiciaire : *vice de forme.* **4.** Manière dont qqch se présente : *différentes formes d'intelligence.* **5.** LING Aspect sous lequel se présente un mot, une construction : *forme active, passive d'un verbe.* **6.** Manière d'exprimer une idée, de composer qqch : *soigner la forme.* **7.** Moule : *forme à chapeaux.* **8.** Condition physique ou intellectuelle : *être en forme.* ■ **en bonne et due forme** : suivant les règles. ❑ **pour la forme** : selon l'usage. ◆ **formes** pl **1.** Contours du corps humain. **2.** Manières conformes à la bienséance ; usages.

**formé, e** adj **1.** Qui a pris sa forme définitive, achevé son développement : *un épi formé.* **2.** Pubère, en particulier en parlant d'une jeune fille.

**formel, elle** adj **1.** Précis, exprès : *ordre formel.* **2.** Qui ne concerne que la forme, l'apparence : *politesse formelle.*

**formellement** adv D'une manière formelle : *déclarer formellement.*

**former** vt **1.** Créer, organiser, réaliser : *former un gouvernement, un projet.* **2.** Donner une forme à : *former des lettres.* **3.** Prendre la forme, l'aspect de : *former un cortège.* **4.** Constituer, composer : *parties qui forment un tout.* **5.** Instruire, entraîner, exercer : *former des élèves ; former l'esprit.* ◆ **se former** vpr **1.** Se constituer : *pellicule qui se forme à la surface du lait.* **2.** Acquérir de l'expérience, une formation : *se former tout seul.*

**Formica** nm (nom déposé) Matériau stratifié revêtu de résine artificielle.

**formidable** adj FAM Remarquable, extraordinaire.

**formidablement** adv De façon formidable.

**formique** adj m Se dit d'un acide qui existe dans les orties, le corps des fourmis, etc. ■ **aldéhyde formique** : formaldéhyde.

**formol** nm CHIM Solution aqueuse d'aldéhyde formique, employée comme antiseptique.

**formulable** adj Qui peut être formulé.

**formulaire** nm Imprimé administratif en forme de questionnaire.

**formulation** nf Action de formuler.

**formule** nf **1.** Façon de parler, expression consacrée par l'usage : *formule de politesse.* **2.** Manière de concevoir, d'agencer, de présenter qqch : *une formule de vacances originale.* **3.** Solution : *trouver la formule idéale.* **4.** Expression concise et rigoureuse traduisant une loi scientifique ou définissant une identité, une relation, un algorithme ; CHIM expression symbolique figurant la composition d'un corps. **5.** DR Modèle d'après lequel des actes juridiques doivent être rédigés.

**formuler** vt Exprimer de façon précise.

**fornication** nf **1.** RELIG Péché de la chair. **2.** FAM Relations sexuelles.

**forniquer** vi **1.** RELIG Commettre le péché de fornication. **2.** FAM Avoir des relations sexuelles avec quelqu'un.

**forsythia** [fɔrsisja] nm Arbrisseau à fleurs jaunes.

**fort, e** adj **1.** Vigoureux, puissant physiquement : *bras fort.* **2.** Épais, robuste, résistant : *papier fort.* **3.** Corpulent : *femme forte.* **4.** Doté de puissants moyens ; solide, fiable : *nation, monnaie forte.* **5.** Fortifié : *ville forte.* **6.** Qui a beaucoup d'intensité, d'énergie : *vent fort ;*

*voix forte.* **7.** Important, considérable : *forte somme.* **8.** Courageux : *âme forte.* **9.** Qui a de grandes capacités dans un domaine : *fort en maths.* **10.** Efficace, très concentré : *café, alcool fort.* **11.** FAM Difficile à croire, à supporter : *c'est un peu fort.* ■ **se faire fort de :** s'engager à. ◆ adv **1.** Avec puissance : *parler, tirer fort.* **2.** Beaucoup : *un livre fort intéressant.* ■ **de plus en plus fort :** en augmentant toujours. ◆ nm **1.** Forteresse : *le fort de Verdun.* **2.** Homme puissant : *le fort doit aider le faible.* **3.** Ce en quoi on excelle : *l'algèbre est son fort.* **4.** CANADA Spiritueux. ■ LITT **au fort de :** au plus haut degré, au cœur de. ❑ ANC **fort des Halles :** portefaix des Halles de Paris.

**forte** [fɔrte] adv MUS Avec force. ◆ nm inv Passage joué forte.

**fortement** adv **1.** Avec force : *désirer fortement quelque chose.* **2.** Très, beaucoup : *il est fortement question d'adopter cette idée.*

**forteresse** nf Lieu fortifié.

**fortiche** adj FAM **1.** D'une grande force physique. **2.** Intelligent, astucieux.

**fortifiant, e** adj et nm Se dit d'une substance qui augmente les forces physiques.

**fortification** nf **1.** Art de fortifier : *la fortification des places.* **2.** (souvent au pluriel) Ouvrage fortifié.

**fortifier** vt **1.** Protéger par des ouvrages de défense militaire : *lieu fortifié.* **2.** Donner plus de force physique : *le sport fortifie le corps.* **3.** Affermir qqn moralement : *cela me fortifie dans ma décision.*

**fortin** nm Petit fort.

**fortissimo** adv MUS Très fort. ◆ nm inv Passage joué fortissimo.

**fortuit, e** adj Qui arrive par hasard ; imprévu : *cas fortuit.*

**fortuitement** adv Par hasard.

**fortune** nf **1.** Biens, richesses : *avoir de la fortune ; faire fortune.* **2.** LITT Hasard, chance heureuse ou malheureuse : *la fortune est aveugle.* ■ **à la fortune du pot :** se dit d'une invitation impromptue. ❑ **de fortune :** improvisé : *réparation de fortune.* ❑ **revers de fortune :** (a) changement brusque et fâcheux dans la situation de qqn (b) perte d'argent.

**fortuné, e** adj Riche : *homme fortuné.*

**forum** [fɔrɔm] nm **1.** ANTIQ (avec une majuscule) Place où le peuple, à Rome, discutait des affaires publiques. **2.** FIG Colloque. ■ **forum électronique :** sur un réseau télématique, discussion en ligne sur un thème donné : *un forum sur l'emploi.*

**fosse** nf **1.** Trou plus ou moins profond dans la terre : *fosse de cimetière.* **2.** Creux du fond des océans (6 000 m et plus). **3.** ANAT Cavité : *fosses nasales.* ■ **fosse d'aisances :** cavité qui reçoit les matières fécales, dans une habitation.

**fossé** nm **1.** Fosse creusée en long pour clore un espace, défendre une place, écouler des eaux. **2.** FIG Ce qui sépare : *le fossé s'élargit entre les partis.*

**fossette** nf Petit creux au menton, sur la joue.

**fossile** nm et adj Débris ou empreinte de plantes ou d'animaux conservés dans les couches terrestres anciennes.

**fossilifère** adj Qui renferme des fossiles : *calcaire très fossilifère.*

**fossilisation** nf Passage d'un corps organisé à l'état de fossile.

**fossiliser (se)** vpr Devenir fossile.

**fossoyeur** [foswajœr] nm **1.** Qui creuse les fosses pour enterrer les morts. **2.** FIG, LITT Personne qui cause la ruine de qqch : *les fossoyeurs d'un régime.*

**1. fou** nm Oiseau palmipède.

**2. fou** nm **1.** HIST Bouffon des princes. **2.** Pièce des échecs.

**3. fou** ou **fol** (devant une voyelle ou un *h* muet), **folle** adj et n **1.** Qui a perdu la raison ; dément. **2.** Dont le comportement est extravagant. ◆ adj **1.** Qui est hors de soi : *fou de douleur, de joie.* **2.** Contraire à la raison : *un fol espoir.* **3.** Excessif, prodigieux : *dépenser un argent fou ; succès fou.* ■ **fou de :** passionné par. ❑ **fou rire :** rire dont on n'est pas maître. ❑ **herbes folles :** qui croissent en abondance et au hasard.

**fouace** nf → **fougasse.**

**foucade** nf LITT Élan, emportement capricieux et passager.

**1. foudre** nf Décharge électrique aérienne, accompagnée de tonnerre et d'éclairs. ■ FIG **coup de foudre :** amour subit et violent. ◆ **foudres** pl LITT Grande colère, vifs reproches : *s'attirer les foudres de quelqu'un.*

**2. foudre** nm ■ LITT **un foudre de guerre, d'éloquence :** un grand capitaine, un grand orateur.

**3. foudre** nm Tonneau d'une grande capacité.

**foudroiement** nm Action de foudroyer.

**foudroyant, e** adj **1.** Qui frappe d'une mort soudaine et brutale : *un mal foudroyant.* **2.** Qui cause une émotion violente ; stupéfiant : *nouvelle foudroyante.*

**foudroyer** [fudrwaje] vt (conj 3) **1.** Frapper de la foudre : *l'orage a foudroyé un arbre isolé.* **2.** Tuer soudainement : *la maladie l'a foudroyé.* **3.** FIG Atterrer, confondre : *la nouvelle nous a foudroyés.* ■ **foudroyer quelqu'un du regard :** lui lancer un regard chargé de haine, de réprobation.

**fouet** nm **1.** Corde, lanière attachée à un manche, pour conduire ou dresser les animaux. **2.** Ustensile de cuisine pour battre les œufs, la crème, etc. ■ FIG **coup de fouet :** stimulation dont l'effet est immédiat.

❑ **de plein fouet :** perpendiculairement à la ligne de l'obstacle : *heurter quelque chose de plein fouet*.

**fouetter** vt **1.** Donner des coups de fouet à. **2.** Battre : *fouetter la crème*. **3.** Frapper, cingler : *la pluie fouette les carreaux*.

**fougasse** ou **fouace** nf Galette épaisse, cuite au four ou sous la cendre.

**fougère** nf Plante cryptogame à feuilles très découpées.

**fougue** nf Ardeur, impétuosité, enthousiasme.

**fougueusement** adv Avec fougue.

**fougueux, euse** adj Qui a ou montre de la fougue.

**fouille** nf **1.** Action de fouiller, d'explorer : *les fouilles de Pompéi*. **2.** Inspection minutieuse : *la fouille des bagages*.

**fouillé, e** adj Élaboré avec soin, avec précision : *analyse fouillée*.

**fouiller** vt **1.** Creuser pour chercher : *fouiller la terre*. **2.** Explorer minutieusement ; perquisitionner : *fouiller un quartier*. **3.** Inspecter les poches, les vêtements de quelqu'un : *se faire fouiller à la douane*. **4.** Approfondir avec soin et minutie : *fouiller une question*. ◆ vi Chercher en remuant des objets : *fouiller dans une armoire*.

**fouillis** nm Accumulation de choses en désordre.

**fouine** nf **1.** Petit mammifère du genre martre. **2.** FIG Personne indiscrète, rusée.

**fouiner** vi FAM Se livrer à des recherches indiscrètes ; fureter.

**fouineur, euse** n et adj FAM Personne qui fouine. ◆ nm INFORM Recommandation officielle pour *hacker*.

**fouir** vt Creuser le sol, surtout en parlant d'un animal.

**fouisseur, euse** adj Qui fouit ; propre à fouiller la terre : *les pattes fouisseuses de la taupe*. ◆ nm Animal qui creuse la terre (taupe, etc.).

**foulage** nm Action de fouler.

**foulant, e** adj ■ **pompe foulante :** qui élève l'eau au moyen de la pression exercée sur le liquide.

**foulard** nm **1.** Carré de soie ou de tissu léger porté autour du cou ou sur la tête. **2.** CANADA Bande de tissu ou de tricot que l'on porte autour du cou ; écharpe : *foulard de laine*.

**foule** nf **1.** Multitude de personnes, masse humaine : *fuir la foule*. **2.** Masse, tas : *une foule d'idées*. ■ **en foule :** en grande quantité.

> GRAMMAIRE On dit : *une foule de curieux s'agglutina sur les lieux* (une masse de) mais *une foule de gens croient aux voyants* (beaucoup de).

**foulée** nf **1.** Manière de prendre appui sur le sol à chaque pas. **2.** Distance couverte par un coureur entre deux appuis des pieds au sol. ■ **dans la foulée :** à la suite.

**fouler** vt **1.** Marcher sur : *fouler le sol*. **2.** Presser, écraser : *fouler le raisin ; fouler la laine*. **3.** Faire une foulure à : *cette chute m'a foulé la cheville*. ■ LITT **fouler aux pieds :** mépriser. ◆ **se fouler** vpr Se faire une foulure. ■ FAM **ne pas se fouler :** ne pas se donner beaucoup de mal.

**foulon** nm Machine à fouler la laine. ■ **terre à foulon :** argile qui absorbe les graisses.

**foulque** nf Oiseau échassier voisin de la poule d'eau.

**foulure** nf Entorse.

**four** nm **1.** Partie fermée d'une cuisinière, ou appareil servant à cuire des aliments en espace clos : *four à micro-ondes*. **2.** Appareil servant à la cuisson de diverses substances ou à la production de températures élevées : *four à chaux, à céramique*. **3.** FAM Insuccès, échec : *cette pièce de théâtre est un four*.

**fourbe** adj et n Qui trompe sournoisement.

**fourberie** nf Caractère d'une action, d'une personne fourbe ; ruse, tromperie.

**fourbi** nm FAM **1.** Ensemble d'ustensiles : *il a mis là tout son fourbi de photographe*. **2.** Amas d'objets hétéroclites et posés en désordre : *quel fourbi !*

**fourbir** vt Nettoyer ; polir : *fourbir des armes*.

**fourbu, e** adj Harassé de fatigue ; éreinté.

**fourche** nf **1.** Instrument agricole à long manche terminé par de longues dents. **2.** Endroit où un chemin, un arbre se divise en plusieurs branches. **3.** BELGIQUE Heure libre, pour un étudiant, un professeur.

**fourcher** vi Se diviser par l'extrémité : *cheveux qui fourchent*. ■ FIG **la langue lui a fourché :** il a dit un mot pour un autre.

**fourchette** nf **1.** Ustensile de table servant à piquer la nourriture. **2.** STAT Écart entre deux chiffres, à l'intérieur duquel on fait une appréciation. ■ FAM **avoir un bon coup de fourchette :** avoir un gros appétit.

**fourchu, e** adj Qui se divise à l'extrémité : *cheveux fourchus*.

**fourgon** nm **1.** VX Voiture longue et couverte, servant au transport des marchandises. **2.** Wagon à bagages, dans un train. ■ **fourgon mortuaire :** corbillard.

**fourgonner** vi FAM, VIEILLI Fouiller.

**fourgonnette** nf Petite voiture commerciale s'ouvrant par l'arrière.

**fourguer** vt FAM Vendre, écouler à bas prix.

**fouriérisme** nm Organisation sociale de Fourier, fondée sur les phalanstères.

**fourme** nf Fromage de vache. ■ **fourme d'Ambert :** bleu fabriqué dans le Massif central.

**fourmi** nf Insecte hyménoptère vivant sous terre en société. ■ FIG **avoir des fourmis dans les mains, dans les jambes, etc.** : avoir des fourmillements.

**fourmilier** nm ZOOL Tamanoir.

**fourmilière** nf **1.** Nid de fourmis ; ensemble des fourmis qui l'habitent. **2.** FIG Multitude de gens qui s'agitent.

**fourmilion** ou **fourmi-lion** (pl *fourmis-lions*) nm Insecte dont la larve se nourrit de fourmis.

**fourmillement** nm **1.** Action de fourmiller. **2.** Sensation de picotement.

**fourmiller** vi **1.** S'agiter en grand nombre ; grouiller : *vers qui fourmillent dans un fromage.* **2.** Abonder, pulluler : *les fautes fourmillent dans ce texte.* **3.** Être le siège d'un fourmillement : *les doigts me fourmillent.*

**fournaise** nf **1.** Feu très ardent. **2.** Lieu très chaud, surchauffé.

**fourneau** nm **1.** Appareil destiné à la cuisson des aliments : *fourneau à gaz.* **2.** Four dans lequel on soumet à l'action de la chaleur diverses substances que l'on veut fondre ou calciner : *fourneau de verrier.* **3.** Partie de la pipe où brûle le tabac.

**fournée** nf **1.** Quantité de pain qu'on fait cuire à la fois. **2.** FIG Ensemble de choses faites en même temps ou de personnes appelées à subir le même sort.

**fourni, e** adj **1.** Épais, dense : *barbe fournie.* **2.** Approvisionné : *magasin bien fourni.*

**fournil** [furni] nm Pièce d'une boulangerie où se trouve le four à pain.

**fourniment** nm Équipement d'un soldat.

**fournir** vt **1.** Pourvoir, procurer : *fournir de l'argent.* **2.** Produire : *ce vignoble fournit un bon vin ; fournir un effort.* **3.** Approvisionner : *ce commerçant fournit le quartier.* **4.** Présenter, donner : *fournir un alibi.* ◆ vt ind [à] Subvenir : *fournir aux besoins.* ◆ **se fournir** vpr S'approvisionner.

**fournisseur, euse** n Personne ou établissement qui fournit habituellement une marchandise.

**fourniture** nf **1.** Action de fournir ; provision fournie : *fourniture à domicile.* **2.** Ce qui est fourni par certains artisans en confectionnant un objet : *payer à une couturière la façon et les fournitures.* **3.** Équipement particulier : *fournitures scolaires.*

**fourrage** nm Herbe, paille, foin pour l'entretien des bestiaux.

**fourrager** vi (conj 2) FAM Chercher en mettant du désordre : *fourrager dans un tiroir.*

**1. fourragère** adj f Se dit des plantes employées comme fourrage : *betteraves fourragères.*

**2. fourragère** nf Ornement de l'uniforme militaire.

**1. fourré** nm Endroit touffu d'un bois.

**2. fourré, e** adj **1.** Doublé de fourrure : *manteau fourré.* **2.** Garni de confiture, de crème, etc. : *bonbon fourré.* ■ FIG **coup fourré** : coup bas, perfide.

**fourreau** nm **1.** Gaine, étui allongé : *fourreau de sabre.* **2.** Robe droite ajustée.

**fourrer** vt **1.** Garnir de fourrure : *fourrer un manteau.* **2.** Remplir d'une garniture : *fourrer des choux.* **3.** FAM Introduire, faire entrer ; mettre : *fourrer ses clés dans sa poche ; fourrer une idée dans le crâne de qqn.* ■ FAM **fourrer son nez dans** : se mêler indiscrètement de. ◆ **se fourrer** vpr FAM Se mettre, se placer : *la balle s'est fourrée sous le lit.* ■ FAM **ne plus savoir où se fourrer** : éprouver un vif sentiment de confusion, de honte.

**fourre-tout** nm inv FAM **1.** Sac souple sans compartiment. **2.** FIG Ce qui contient des choses, des idées très diverses : *catégorie fourre-tout.*

**fourreur** nm **1.** Personne qui travaille les peaux et la fourrure. **2.** Marchand de fourrures.

**fourrier** nm Sous-officier responsable du matériel d'une unité.

**fourrière** nf Lieu de dépôt des animaux, des véhicules, etc., qu'on a saisis pour dégât, dette ou contravention.

**fourrure** nf **1.** Peau d'animal avec son poil préparée pour faire un vêtement ; ce vêtement. **2.** Peau d'animal touffue : *la fourrure de l'hermine devient blanche en hiver.*

**fourvoiement** nm LITT Erreur de celui qui se fourvoie.

**fourvoyer** vt (conj 3) **1.** LITT Égarer : *fourvoyer des voyageurs.* **2.** Mettre dans l'erreur : *ce rapport trop optimiste nous a fourvoyés.* ◆ **se fourvoyer** vpr Se tromper, faire fausse route.

**fouta** ou **foutah** nf Grand rectangle en coton de couleurs vives aux usages multiples.

**foutaise** nf FAM Chose sans valeur ; baliverne.

**foutoir** nm FAM Grand désordre.

**foutre** vt TRÈS FAM **1.** Jeter violemment ou sans soin. **2.** Faire, travailler : *ne rien foutre.* ■ **ça la fout mal** : cela fait mauvais effet. ◆ **se foutre** vpr [de] Se moquer de.

**foutu, e** adj FAM **1.** Fait : *bien, mal foutu.* **2.** Qui a échoué ; ruiné, perdu.

**fox-terrier** (pl *fox-terriers*) nm ou **fox** nm inv Chien terrier d'origine anglaise.

**fox-trot** [fɔkstrɔt] nm inv Danse en vogue vers 1920.

**foyer** nm **1.** Lieu où l'on fait le feu ; le feu même : *éteindre un foyer.* **2.** Lieu où habite une famille ; la famille elle-même : *fonder un foyer.* **3.** Local servant de lieu de réunion ou même d'habitation à certaines catégories de personnes : *foyer d'étudiants.* **4.** Salon, galerie d'un théâtre où le public se réunit pendant les entractes. **5.** Point d'où partent, où aboutissent des rayons lumineux : *foyer d'une lentille.* **6.** Centre principal d'où provient qqch : *foyer d'un incendie ; foyer de rébellion ; foyer d'une maladie.* ■ **femme, homme, mère au foyer :** qui n'exerce pas d'activité professionnelle et s'occupe de sa famille. ◆ **foyers** pl Pays natal ; domicile : *rentrer dans ses foyers.*

**frac** nm Habit noir de cérémonie, serré à la taille et à basques étroites.

**fracas** nm Bruit violent : *le fracas des vagues sur les rochers.* ■ **avec perte et fracas :** avec éclat et brutalement.

**fracassant, e** adj Qui fait grand bruit.

**fracasser** vt Briser avec bruit ; mettre en pièces. ◊ vpr : *vase qui se fracasse.*

**fraction** nf **1.** Division, partie, portion d'un tout : *une fraction du peuple.* **2.** Nombre exprimant une ou plusieurs parties égales de l'unité : *fraction décimale.*

**fractionnaire** adj MATH Qui a la forme d'une fraction.

**fractionnel, elle** adj Qui vise à la désunion d'un parti : *activité fractionnelle.*

**fractionnement** nm Action de fractionner.

**fractionner** vt Diviser en fractions, en parties.

**fracture** nf **1.** Rupture violente d'un os ou d'un cartilage dur. **2.** GÉOL Cassure de l'écorce terrestre. **3.** FIG Clivage au sein d'un ensemble humain atteignant un stade conflictuel et conduisant à une rupture : *fracture sociale, idéologique.*

**fracturer** vt Briser, forcer : *fracturer une porte.* ◆ **se fracturer** vpr Se rompre une partie du corps : *se fracturer le crâne.*

**fragile** adj **1.** Qui se brise facilement : *verre fragile.* **2.** De faible constitution : *enfant fragile.* **3.** Précaire, instable : *équilibre fragile.*

**fragilisation** nf Fait d'être fragilisé.

**fragiliser** vt Rendre plus fragile.

**fragilité** nf État, caractère de ce qui est fragile.

**fragment** nm **1.** Morceau d'un objet brisé, rompu. **2.** Passage extrait d'un livre, d'un discours.

**fragmentaire** adj Partiel, incomplet : *connaissances fragmentaires.*

**fragmentation** nf Action de fragmenter.

**fragmenter** vt Réduire en fragments ; morceler, diviser.

**fragrance** nf LITT Odeur agréable ; parfum.

**frai** nm **1.** Reproduction chez les poissons et les amphibiens ; époque où elle a lieu. **2.** Œufs de poissons, d'amphibiens. **3.** Jeunes poissons pour peupler un étang, un vivier, etc.

**fraîchement** adv **1.** Récemment : *fraîchement arrivé.* **2.** Sans enthousiasme, avec froideur : *être accueilli fraîchement.*

**fraîcheur** nf Qualité de ce qui est frais.

**fraîchir** vi Devenir plus frais.

**1. frais** nm pl **1.** Dépenses pour une opération quelconque : *voyager tous frais payés.* **2.** DR Dépenses occasionnées par un procès. ■ **à peu de frais :** (a) sans dépenser beaucoup (b) sans peine. ❑ **faux frais :** petites dépenses imprévues. ❑ FAM **se mettre en frais :** (a) dépenser plus que de coutume (b) FIG prodiguer sa peine, ses efforts : *se mettre en frais d'amabilités.*

**2. frais, fraîche** adj **1.** Légèrement froid : *brise fraîche.* **2.** Nouvellement produit ou récolté : *légumes, poisson frais.* **3.** Récent : *nouvelles fraîches.* **4.** Qui n'est pas terni, altéré ; qui n'est pas ou plus fatigué : *teint frais ; troupes fraîches.* **5.** Dépourvu de chaleur humaine, de cordialité : *un accueil plutôt frais.* ◆ nm Froid agréable : *prendre le frais.* ◆ nf Moment du jour où il fait frais : *sortir à la fraîche.* ◆ adv **1.** Légèrement froid : *boire frais.* **2.** Récemment.

> GRAMMAIRE *Frais,* au sens de « récemment », s'accorde en genre et en nombre devant un participe passé : *des fleurs fraîches cueillies.*

**fraisage** nm Action de fraiser.

**1. fraise** nf Fruit du fraisier.

**2. fraise** nf **1.** Membrane de l'intestin grêle du veau. **2.** Chair rouge sous le bec du dindon. **3.** Collerette plissée (XVIᵉ et XVIIᵉ s.).

**3. fraise** nf **1.** Outil rotatif de coupe. **2.** Outil servant à évider les dents cariées.

**fraiser** vt **1.** Évaser l'orifice d'un trou. **2.** Usiner une pièce au moyen d'une fraise.

**fraiseur, euse** n Ouvrier qui travaille sur une fraiseuse.

**fraiseuse** nf Machine à fraiser.

**fraisier** nm **1.** Plante rosacée dont le fruit est la fraise. **2.** Gâteau fait de deux génoises séparées par une couche de fraises.

**fraisure** nf Évasement pratiqué à l'orifice d'un trou à l'aide d'une fraise.

**framboise** nf Fruit du framboisier ; liqueur, eau-de-vie préparée avec ce fruit.

**framboisier** nm Arbrisseau voisin de la ronce produisant la framboise.

**1. franc** nm **1.** Unité monétaire principale de la Suisse et de certains pays d'Afrique. **2.** Ancienne unité monétaire principale de la France, de la Belgique et du Luxembourg.

**2. franc, franche** adj **1.** Loyal, sincère : *être franc ; réponse franche.* **2.** Pur, sans mélange, net : *couleur franche.* **3.** Entier : *huit jours francs.* **4.** Libre, exempt de charges : *franc de port.* ■ **boutique franche :** exempte de taxes sur les produits qui y sont commercialisés. ◆ adv

Franchement : *parler franc.* ■ **jouer franc jeu :** agir loyalement, sans rien dissimuler.
**3. franc, franque** adj Qui appartient aux Francs.
**français, e** adj et n De France : *les Français.* ◆ nm Langue française.
**franc-comtois, e** (pl *francs-comtois, franc-comtoises*) adj et n De la Franche-Comté : *les Francs-Comtois.*
**franchement** adv **1.** Sincèrement, sans hésitation : *parler, répondre franchement.* **2.** Très : *c'est franchement mauvais.*
**franchir** vt **1.** Passer un obstacle, une limite : *franchir une haie, une ligne.* **2.** Traverser, parcourir : *franchir quelques mètres.*
**franchisage** ou **franchising** [frɑ̃ʃajziŋ] nm Contrat accordant une franchise commerciale.
**franchise** nf **1.** Sincérité : *parler avec franchise.* **2.** Exonération de certaines taxes : *franchise postale.* **3.** Clause d'une assurance qui fixe une somme forfaitaire restant à la charge de l'assuré ; cette somme : *assurance assortie d'une franchise de cent cinquante euros.* **4.** COMM Droit d'exploiter une marque, concédé par une entreprise à une autre.
**franchisé** nm COMM Bénéficiaire d'une franchise.
**franchissable** adj Qui peut être franchi : *ruisseau franchissable.*
**franchissement** nm Action de franchir.
**francien** nm Dialecte de langue d'oïl parlé en Île-de-France au Moyen Âge, et qui est à l'origine du français.
**francilien, enne** adj et n De l'Île-de-France : *les Franciliens.*
**francique** nm et adj Langue des anciens Francs.
**francisation** nf Action de franciser.
**franciscain, e** n et adj Religieux, religieuse de l'ordre de saint François d'Assise.
**franciser** vt Donner un caractère français, une forme française à : *franciser un mot.*
**francisque** nf Hache de guerre des Francs.
**francité** nf Caractère de ce qui est français.
**franc-maçon, onne** (pl *francs-maçons, franc-maçonnes*) n Membre de la franc-maçonnerie.
**franc-maçonnerie** (pl *franc-maçonneries*) nf Société secrète répandue dans divers pays.
**franco** adv **1.** Sans frais pour le destinataire : *envoyer un paquet franco de port.* **2.** FAM Sans hésiter : *y aller franco.*
**franco-français, e** (pl *franco-français, es*) adj FAM (souvent péjoratif) Qui ne concerne que les Français ; qui est exclusivement français.
**francophile** adj et n Qui aime la France.
**francophilie** nf Amitié envers la France.
**francophobe** adj et n Qui déteste la France.
**francophobie** nf Hostilité envers la France.
**francophone** adj et n Qui parle le français.
**francophonie** nf Communauté linguistique constituée par les peuples francophones.
**franc-parler** (pl *francs-parlers*) nm Franchise de langage : *avoir son franc-parler.*
**franc-tireur** (pl *francs-tireurs*) nm Combattant qui ne fait pas partie de l'armée régulière.
**frange** nf **1.** Ensemble des cheveux retombant sur le front. **2.** Passementerie composée de fils qui pendent en garniture. **3.** Ce qui forme une bordure : *frange côtière.* **4.** Partie marginale d'une collectivité : *la frange des indécis.*
**franger** vt (conj 2) Garnir de franges.
**frangin, e** n FAM Frère, sœur.
**frangipane** nf Crème épaisse, parfumée aux amandes.
**franglais** nm Ensemble des néologismes d'origine anglaise introduits dans la langue française.
**franquette (à la bonne)** loc adv Franchement, sans façon.
**franquisme** nm Gouvernement instauré en Espagne par Franco en 1936.
**franquiste** adj et n Relatif au franquisme ; qui en est partisan.
**frappant, e** adj Qui fait une vive impression : *exemple frappant.*
**frappe** nf Action, façon de frapper.
**frappé, e** adj Refroidi ou rafraîchi dans la glace.
**frappement** nm Action de frapper ; bruit produit par ce qui frappe.
**frapper** vt **1.** Donner un ou des coups à, sur : *frapper quelqu'un ; frapper le sol du pied.* **2.** Assener : *frapper un grand coup.* **3.** Toucher, heurter : *la balle l'a frappé en plein front ;* tomber sur : *la lumière frappe les objets.* **4.** Faire impression sur : *cet argument l'a frappé.* **5.** Atteindre, affliger : *être frappé de cécité.* **6.** Atteindre par une décision juridique, administrative : *frapper d'un impôt.* **7.** Donner une empreinte à : *frapper de la monnaie.* **8.** Dactylographier : *frapper un texte.* **9.** Plonger dans la glace pour rafraîchir : *frapper du champagne.* ◆ vi Donner des coups en produisant un bruit : *frapper à la porte.* ◆ **se frapper** vpr FAM S'émouvoir, s'inquiéter.
**frappeur** adj m ■ **esprit frappeur :** esprit qui, selon les spirites, se manifesterait par des coups sur les meubles quand on l'invoque.
**frasque** nf Écart de conduite.
**fraternel, elle** adj Propre à des frères et sœurs ou à des personnes qui se considèrent comme tels.
**fraternellement** adv De façon fraternelle.
**fraternisation** nf Action de fraterniser.
**fraterniser** vi Faire acte de fraternité.
**fraternité** nf **1.** Lien de parenté entre des frères et sœurs. **2.** Lien de solidarité et d'amitié : *élan de fraternité.*

**fratricide** adj **1.** Relatif au meurtre d'un frère, d'une sœur. **2.** FIG Qui oppose des êtres qui devraient être solidaires : *luttes fratricides.* ◆ nm Ce meurtre. ◆ n Qui commet ce crime.
**fratrie** nf Ensemble des frères et sœurs d'une famille.
**fraude** nf Acte de mauvaise foi qui contrevient à la loi ou aux règlements et nuit au droit d'autrui : *fraude fiscale, électorale.* ■ **en fraude** : frauduleusement.
**frauder** vt et vi Commettre une fraude : *frauder à un examen ; frauder le fisc.*
**fraudeur, euse** adj et n Qui fraude.
**frauduleusement** adv De façon frauduleuse.
**frauduleux, euse** adj Entaché de fraude.
**frayer** [frɛje] vt (conj 4) Tracer : *frayer un sentier.* ■ **frayer la voie** : préparer la tâche. ◆ vt ind [avec] LITT, FIG Avoir des relations suivies avec ; fréquenter. ◆ vi Se reproduire, en parlant des poissons. ◆ **se frayer** vpr ■ **se frayer un chemin** : s'ouvrir un passage : *se frayer un chemin dans la foule.*
**frayeur** nf Grande peur.
**fredaine** nf Écart de conduite sans gravité.
**fredonnement** nm Action de fredonner.
**fredonner** vt et vi Chanter à mi-voix, sans ouvrir la bouche.
**free-lance** [frilɑ̃s] (pl *free-lances*) adj inv et n Qui exerce sa profession à la commande, auprès de diverses entreprises, sans être salarié : *photographe, publicitaire free-lance.*
**free-shop** [friʃɔp] nf Boutique franche.
**freesia** [frezja] nm Plante ornementale aux fleurs en grappes.
**freezer** [frizœr] nm Compartiment à glace d'un réfrigérateur.
**frégate** nf **1.** ANC Bâtiment de guerre à trois mâts. **2.** Bâtiment d'escorte anti-sous-marin. **3.** Oiseau palmipède des mers tropicales.
**frein** nm **1.** Dispositif au moyen duquel on peut ralentir ou arrêter le mouvement d'une machine, d'une voiture, etc. : *frein à main.* **2.** FIG Ce qui retient, entrave : *le frein de la loi.* **3.** Partie du mors qui se trouve dans la bouche du cheval. **4.** ANAT Ce qui bride ou retient un organe : *frein de la langue.* ■ **frein moteur** : action du moteur d'une automobile agissant comme frein quand on cesse d'accélérer. ❑ **mettre un frein à qqch** : chercher à l'arrêter : *mettre un frein à ses dépenses.* ❑ **ronger son frein** : cacher avec difficulté son impatience. ❑ **sans frein** : sans limites.
**freinage** nm Action de freiner.
**freiner** vi Ralentir ou arrêter la marche d'une machine au moyen d'un frein. ◆ vt Retenir, modérer, ralentir : *freiner les dépenses, l'inflation ; freiner quelqu'un.*
**frelaté, e** adj Altéré, corrompu : *marchandises frelatées.*
**frelater** vt Mêler de substances étrangères ; altérer, falsifier : *frelater du vin.*
**frêle** adj Fragile, mince, fluet.
**frelon** nm Grosse guêpe. ■ **frelon asiatique** : espèce invasive de frelon, originaire d'Asie.
**freluquet** nm **1.** LITT Jeune homme frivole et prétentieux. **2.** FAM Homme de petite taille, de peu d'importance.
**frémir** vi **1.** Trembler de crainte, de colère, d'horreur. **2.** En parlant d'un liquide, être agité d'un léger frissonnement qui précède l'ébullition.
**frémissant, e** adj Qui frémit.
**frémissement** nm Agitation, tremblement.
**frênaie** nf Plantation de frênes.
**french cancan** (pl *french cancans*) nm Danse de certains music-halls et cabarets.
**frêne** nm Arbre des forêts tempérées, à bois clair, souple et résistant ; bois de cet arbre (famille des oléacées).
**frénésie** nf Exaltation violente ; emportement, furie.
**frénétique** adj et n Passionné, violent, déchaîné.
**frénétiquement** adv Avec frénésie.
**Fréon** nm (nom déposé) Fluide utilisé comme agent frigorifique.
**fréquemment** adv Souvent.
**fréquence** nf **1.** Caractère de ce qui est fréquent. **2.** Nombre de fois où une chose se produit dans un temps donné. **3.** PHYS Nombre de vibrations par unité de temps dans un phénomène périodique.
**fréquencemètre** nm Appareil pour mesurer la fréquence d'un courant alternatif.
**fréquent, e** adj Qui se produit souvent ; courant.
**fréquentable** adj Que l'on peut fréquenter : *société fréquentable.*
**fréquentatif, ive** adj et nm Se dit d'une forme verbale qui marque une action répétée (EX : *clignoter, crachoter*).
**fréquentation** nf **1.** Action de fréquenter un lieu, une personne. **2.** Personne que l'on fréquente : *avoir de mauvaises fréquentations.*
**fréquenter** vt **1.** Aller souvent dans un lieu : *fréquenter les cafés.* **2.** Avoir des relations suivies avec quelqu'un : *fréquenter ses voisins.*
**fréquentiel, elle** adj PHYS Relatif à la fréquence d'un phénomène périodique.
**frère** nm **1.** Né du même père et de la même mère. **2.** Titre donné aux membres de certains ordres religieux. **3.** Nom que se donnent entre eux les membres de certaines confréries ou associations, par exemple les francs-maçons. ■ **faux frère** : traître. ❑ **frères**

**d'armes :** compagnons de guerre. ◆ adj et nm Uni par des liens de solidarité : *pays frères*.

**frérot** nm FAM Petit frère.

**fresque** nf **1.** Peinture exécutée avec des couleurs trempées dans de l'eau de chaux, sur un mur fraîchement enduit. **2.** LITT Tableau descriptif d'une époque, d'une société.

**fresquiste** n Peintre de fresques.

**fressure** nf Ensemble formé par le cœur, la rate, le foie et les poumons d'un animal de boucherie.

**fret** [frɛ] ou [frɛt] nm **1.** Prix d'un transport de marchandises par air, par mer ou par route. **2.** Cargaison : *fret de bois, de cotonnades*.

**fréter** vt (conj 10) ■ **fréter un navire :** le prendre à fret ou le donner en location. ❑ **fréter un véhicule :** le louer.

**fréteur** nm Armateur qui donne un navire en location à l'affréteur.

**frétillant, e** adj Qui frétille.

**frétillement** nm Mouvement de ce qui frétille.

**frétiller** vi **1.** S'agiter par des mouvements vifs et courts : *chien qui frétille de la queue*. **2.** Se trémousser : *frétiller de joie*.

**fretin** nm Petits poissons. ■ **menu fretin :** chose, personne sans valeur, sans importance.

**freudien, enne** adj Relatif au freudisme ; qui s'en réclame.

**freudisme** nm Théorie du développement psychique développée par Freud.

**freux** nm Oiseau voisin du corbeau.

**friabilité** nf Nature de ce qui est friable.

**friable** adj Qui peut être aisément réduit en poudre : *terre friable*.

**friand, e** adj Amateur, gourmand de : *friand de chocolat, de compliments*. ◆ nm Pâté fait d'un feuilleté garni d'un hachis.

**friandise** nf Chose délicate à manger ; sucrerie, bonbon.

**fric** nm FAM Argent.

**fricandeau** nm Tranche de veau piquée de morceaux de lard.

**fricassée** nf Ragoût de viande blanche cuite dans un court-bouillon.

**fricative** adj f et nf Se dit des consonnes dont la prononciation se caractérise par un frottement de l'air expiré (*f, v, s, z, ch, j*).

**fric-frac** nm inv FAM, VIEILLI Cambriolage.

**friche** nf Terrain non cultivé. ■ **en friche :** qui n'est pas cultivé, développé.

**frichti** nm FAM Repas que l'on prépare.

**fricot** nm FAM Ragoût.

**fricoter** vi et vt FAM Manigancer.

**friction** nf **1.** Frottement. **2.** Frottement sec ou humide sur une partie du corps. **3.** FIG Désaccord, heurt.

**frictionner** vt Faire des frictions à : *frictionner un malade*.

**Frigidaire** nm (nom déposé) Réfrigérateur.

**frigide** adj Se dit d'une femme souffrant de frigidité.

**frigidité** nf Absence d'orgasme chez la femme.

**frigo** nm FAM Réfrigérateur.

**frigorifié, e** adj FAM Qui a très froid.

**frigorifier** vt Soumettre au froid pour conserver.

**frigorifique** adj Qui produit du froid : *appareil frigorifique*. ◆ nm **1.** Établissement de froid industriel. **2.** Appareil frigorifique.

**frileusement** adv De façon frileuse.

**frileux, euse** adj et n **1.** Sensible au froid. **2.** FIG Qui hésite à aller de l'avant, à s'engager ; timoré.

**frilosité** nf Comportement frileux, pusillanime.

**frimaire** nm Troisième mois du calendrier républicain (21 novembre-20 décembre).

**frimas** nm LITT Brouillard froid qui se glace en tombant.

**frime** nf FAM Apparence trompeuse destinée à faire impression.

**frimer** vi FAM Prendre des airs importants, bluffer.

**frimeur, euse** n et adj FAM Personne qui frime.

**frimousse** nf FAM **1.** Jeune visage, minois. **2.** Recommandation officielle pour *smiley*.

**fringale** nf FAM **1.** Faim subite et pressante. **2.** FIG Désir, envie irrésistible : *une fringale de cinéma, de lecture*.

**fringant, e** adj Vif, alerte.

**fringue** nf (surtout au pluriel) FAM Vêtement.

**fringuer** vt FAM Habiller quelqu'un. ◆ **se fringuer** vpr FAM S'habiller.

**fripe** nf (surtout au pluriel) FAM Vêtement usé, d'occasion.

**friper** vt Chiffonner, froisser.

**friperie** nf Commerce de vêtements d'occasion ; ces vêtements.

**fripier, ère** n Qui revend d'occasion de vieux habits, etc.

**fripon, onne** n et adj **1.** Personne espiègle, malicieuse. **2.** VX Fourbe, escroc.

**friponnerie** nf Espièglerie, malice.

**fripouille** nf FAM Canaille, crapule.

**frire** vt (conj 83) Faire cuire dans un corps gras bouillant. ◆ vi Cuire dans un corps gras bouillant.

CONJUGAISON Pour remplacer les formes manquantes de la conjugaison, on peut utiliser *faire frire* (*nous faisons frire*, etc.).

**frisant, e** adj ■ **lumière frisante :** qui frappe de biais une surface en l'effleurant.

**Frisbee** [frizbi] nm (nom déposé) Jeu qui consiste à se renvoyer un disque de plastique ; ce disque.

**frise** nf **1.** Surface plane décorée formant une bande continue. **2.** ARCHIT Partie de l'entablement entre l'architrave et la corniche. **3.** THÉÂTRE Bande de toile qui cache le cintre.

**frisé, e** adj Bouclé : *cheveux frisés.*

**frisée** nf Variété de chicorée consommée en salade.

**friselis** nm LITT Frémissement doux.

**friser** vt **1.** Mettre en boucles serrées ; crêper. **2.** Frôler : *la balle a frisé le filet.* **3.** Approcher de très près : *friser la catastrophe.* ◆ vi Se mettre en boucles : *ses cheveux frisent.* ■ **l'œil qui frise :** pétillant de malice.

**frisette** nf Petite boucle de cheveux frisés.

**frisonne** nf et adj f Race bovine laitière à robe pie noire. SYN : hollandaise.

**frisotter** vt et vi Friser légèrement.

**frisottis** nm Frisette.

**frisquet, ette** adj FAM Légèrement froid : *un temps frisquet.*

**frisson** nm Tremblement rapide et involontaire accompagné d'une sensation de froid : *frisson de fièvre, de peur.*

**frissonnant, e** adj Qui frissonne.

**frissonnement** nm **1.** Léger frisson. **2.** LITT Léger tremblement ; frémissement : *le frissonnement des feuilles.*

**frissonner** vi **1.** Avoir un, des frissons (à cause du froid ou d'une vive émotion). **2.** LITT S'agiter légèrement : *les feuilles frissonnent.*

**frisure** nf **1.** Façon de friser. **2.** État des cheveux frisés.

**frit, e** adj Se dit d'un aliment cuit dans un corps gras bouillant.

**frite** nf Bâtonnet de pomme de terre frit. ■ FAM **avoir la frite :** avoir la forme.

**friter (se)** vpr FAM Se disputer ; se bagarrer : *elle s'est fritée avec un voisin.*

**friterie** nf Établissement ambulant dans lequel on fait et vend des frites.

**friteuse** nf Appareil ménager pour faire frire des aliments.

**fritte** nf TECHN Cuisson du mélange de sable et de soude, en verrerie.

**friture** nf **1.** Corps gras servant à frire. **2.** Poisson frit : *friture de goujons.* **3.** Bruit parasite dans un appareil de radio, un téléphone.

**frivole** adj Vain, léger, futile : *caractère frivole.*

**frivolement** adv Avec frivolité.

**frivolité** nf Caractère frivole ; chose frivole.

**froc** nm **1.** VIEILLI Vêtement de moine. **2.** État monacal : *prendre le froc.* **3.** FAM Pantalon. ■ FAM **jeter le froc aux orties :** quitter les ordres.

**1. froid** nm **1.** Basse température : *le froid conserve.* **2.** Sensation que fait éprouver l'absence, la perte, la diminution de chaleur : *avoir froid.* **3.** FIG Absence ou diminution d'affection, de cordialité : *il y a un froid entre eux.* ■ **à froid :** (a) sans chauffer (b) FIG sans émotion apparente. ❑ **jeter un froid :** faire naître un malaise, une gêne.

**2. froid, e** adj **1.** Qui est à basse température : *eau froide ;* où la température est basse : *pièce froide.* **2.** Refroidi : *viandes froides.* **3.** Qui donne une impression d'indifférence, d'impassibilité, d'insensibilité : *homme froid ; colère froide.* ■ **couleurs froides :** couleurs du spectre autour du bleu.

**froidement** adv **1.** Avec calme : *écouter froidement.* **2.** Avec réserve : *accueillir froidement qqn.* **3.** Sans aucun scrupule : *abandonner froidement qqn.*

**froideur** nf Absence de sensibilité, indifférence.

**froidure** nf LITT Atmosphère, saison froide.

**froissable** adj Qui se froisse facilement.

**froissement** nm **1.** Action de froisser ; fait de se froisser. **2.** Bruit que produit qqch que l'on froisse : *un froissement de papier.*

**froisser** vt **1.** Meurtrir par une pression violente : *froisser un muscle.* **2.** Chiffonner, friper : *froisser un papier.* **3.** Offenser, choquer : *froisser l'opinion.* ◆ **se froisser** vpr **1.** Se chiffonner : *le lin se froisse facilement.* **2.** Se meurtrir : *se froisser un muscle.* **3.** S'offusquer, se vexer.

**frôlement** nm Action de frôler ; bruit léger qui en résulte.

**frôler** vt **1.** Toucher légèrement. **2.** FIG Passer très près de : *frôler la mort.*

**fromage** nm Aliment, produit de la fermentation du lait caillé. ■ FAM **faire tout un fromage de qqch :** donner une importance exagérée à un incident mineur. ❑ **fromage de tête :** pâté fait de morceaux de tête de porc enrobés de gelée.

**1. fromager** nm Grand arbre d'Afrique dont les fruits fournissent le kapok.

**2. fromager, ère** adj Relatif au fromage. ◆ n et adj Personne qui fait, vend des fromages.

**fromagerie** nf Endroit où l'on fait, vend les fromages.

**froment** nm Blé tendre.

**fronce** nf Pli non aplati.

**froncement** nm Action de froncer.

**froncer** vt (conj 1) **1.** Rider, en contractant : *froncer les sourcils.* **2.** Resserrer ou orner par des fronces : *froncer une robe.*

**froncis** nm Suite de fronces.

**frondaison** nf **1.** Époque où paraissent les feuilles. **2.** Feuillage.

**fronde** nf **1.** Arme de jet constituée d'une pièce de cuir attachée à deux lanières. **2.** Jouet d'enfant servant à lancer des pierres ; lance-pierres. **3.** LITT Contestation, opposition.

**fronder** vt LITT Critiquer, s'opposer à : *fronder le pouvoir.*

**frondeur, euse** adj et n LITT Porté à la contradiction, à l'insubordination : *esprit frondeur.* ◆ n **1.** HIST Qui prit part à la Fronde. **2.** Homme ou femme politique s'opposant à la ligne adoptée par son propre parti (EX : en France, ministre socialiste opposé à la politique économique sociale-libérale mise en place par le Parti socialiste à partir de 2014).

**front** nm **1.** Partie supérieure du visage : *un front haut.* **2.** Visage, tête : *montrer un front serein.* **3.** Le devant : *le front d'un bataillon.* **4.** Partie supérieure et antérieure : *le front d'une montagne.* **5.** Hardiesse, impudence : *avoir le front de contredire un supérieur.* **6.** Ligne, zone de combat : *partir pour le front.* ■ **de front :** (a) par-devant, de face (b) ensemble, simultanément : *aller de front* (c) sans ménagement : *heurter de front les préjugés.* ❑ **faire front :** faire face, tenir tête. ❑ **front de mer :** promenade située en bord de mer.

**frontal, e, aux** adj **1.** Relatif au front : *os frontal.* **2.** De face, de front : *attaque frontale.*

**frontalier, ère** n et adj Personne qui habite une région voisine d'une frontière. ◆ adj Situé à la frontière : *ville frontalière.*

**frontière** nf **1.** Limite qui sépare deux États. **2.** FIG Limite, lisière : *la frontière entre l'autorité et l'autoritarisme.* **3.** (en apposition) Limitrophe : *ville frontière.*

**frontispice** nm **1.** VX Face principale d'un monument. **2.** Page du titre complet d'un livre ; gravure placée en regard.

**fronton** nm **1.** Couronnement triangulaire (d'une façade, d'un meuble, etc.). **2.** Mur de pelote basque.

**frottage** nm Action de frotter.

**frottement** nm **1.** Action de deux corps qui se frottent : *le frottement engendre la chaleur.* **2.** FIG (souvent au pluriel) Heurt, friction.

**frotter** vt **1.** Passer, en appuyant, un corps sur un autre : *frotter deux pierres pour faire du feu.* **2.** Frictionner : *frotter le dos à qqn.* **3.** Astiquer : *frotter le parquet.* ◆ vi Produire un frottement : *la porte frotte.* ◆ **se frotter** vpr [à] FAM S'attaquer à ; entrer en contact avec : *se frotter à plus fort que soi.*

**frottis** nm Étalement d'un liquide organique ou de cellules en vue d'un examen au microscope : *frottis vaginal.*

**frottoir** nm Objet pour frotter : *frottoir à allumettes.*

**frou-frou** (pl *frous-frous*) ou **froufrou** nm Léger bruit que produit le froissement des étoffes.

**froufroutant, e** adj Qui froufroute : *robe froufroutante.*

**froufrouter** vi Faire des froufrous.

**froussard, e** adj et n FAM Peureux, poltron.

**frousse** nf FAM Peur.

**fructidor** nm Douzième mois du calendrier républicain (18 août-16 septembre).

**fructifère** adj BOT Qui porte des fruits.

**fructification** nf BOT Formation du fruit : *fructification précoce.*

**fructifier** vi **1.** Produire des fruits, donner des récoltes. **2.** FIG Produire un bénéfice : *cette somme a fructifié.*

**fructose** nm Sucre contenu dans le miel et de nombreux fruits.

**fructueusement** adv De façon fructueuse.

**fructueux, euse** adj Profitable, avantageux : *commerce fructueux ; recherches fructueuses.*

**frugal, e, aux** adj Simple et peu abondant : *nourriture frugale.*

**frugalement** adv De façon frugale.

**frugalisme** nm Mode de vie consistant à vivre en dessous de ses moyens et à épargner afin de quitter la vie active vers 35 ans et d'échapper à la société de consommation.

**frugalité** nf Caractère de ce qui est frugal ; sobriété.

**frugivore** adj et n Qui se nourrit de fruits.

**1. fruit** nm **1.** Produit végétal qui succède à la fleur ; ce produit, comestible, consommé comme dessert : *fruit de la passion.* **2.** Profit, avantage, résultat : *le fruit de l'expérience.* ■ **fruit confit :** fruit cuit légèrement dans un sirop de sucre, puis séché lentement. ❑ **fruit défendu :** objet dont il n'est pas permis d'user. ❑ **fruit sec :** (a) fruit sans pulpe (b) FIG personne qui déçoit. ◆ **fruits** pl **1.** Productions : *les fruits de la terre.* **2.** DR Revenus d'un fonds : *fruits naturels, fruits industriels et fruits civils.* ■ **fruits de mer :** nom donné à divers mollusques et crustacés comestibles. ❑ **porter ses fruits :** être efficace.

**2. fruit** nm Inclinaison du côté extérieur d'un mur.

**fruité, e** adj Qui a le goût du fruit frais : *huile fruitée.*

**fruiterie** nf Boutique, commerce du fruitier.

**fruitier, ère** adj Qui porte des fruits : *arbre fruitier.* ◆ n Qui fait le commerce des fruits. ◆ nm Local où l'on conserve les fruits.

**fruitière** nf Association de producteurs de lait pour la fabrication et la vente du fromage.

**frusques** nf pl FAM Vêtements, en particulier vêtements usagés.

**fruste** adj Grossier, qui manque de finesse, d'élégance : *garçon fruste*.

**frustrant, e** adj Qui frustre.

**frustration** nf **1.** Action de frustrer. **2.** État d'une personne dont une tendance ou un besoin fondamental n'a pu être satisfait et s'est trouvé refoulé.

**frustré, e** adj et n Qui souffre de frustration.

**frustrer** vt **1.** Priver qqn de ce qu'il attend ; déposséder : *frustrer un héritier de sa part*. **2.** Mettre dans un état de frustration. **3.** Décevoir, tromper : *frustrer l'attente de qqn*.

**fuchsia** [fyksja] ou [fyʃja] nm Arbrisseau à fleurs roses pendantes ; couleur des fleurs de cet arbrisseau.

**fuchsine** [fyksin] nf Matière colorante rouge tirée de l'aniline.

**fucus** [fykys] nm Algue brune dont une espèce est munie de flotteurs.

**fuel** [fjul] ou **fuel-oil** [fjulɔjl] nm Fioul.

**fugace** adj Fugitif : *parfum, souvenir fugace*.

**fugacité** nf Caractère fugace.

**fugitif, ive** adj et n Qui fuit, est en fuite : *rattraper un fugitif*. ◆ adj Qui ne dure pas : *bonheur fugitif*.

**fugitivement** adv De façon fugitive.

**fugue** nf **1.** Fait de s'enfuir de son domicile ; escapade : *un enfant qui fait une fugue*. **2.** MUS Forme de composition où différentes parties répètent le même motif.

**fuguer** vi FAM Faire une fugue.

**fugueur, euse** adj et n Qui a tendance à faire des fugues.

**fuir** vi (conj 17) **1.** S'éloigner rapidement pour s'échapper : *fuir à travers champs*. **2.** S'éloigner, s'écouler : *le temps qui fuit*. **3.** Être incliné en arrière : *front qui fuit*. **4.** Laisser échapper son contenu : *ce tonneau fuit*. ◆ vt Chercher à éviter : *fuir le danger*.

**fuite** nf **1.** Action de fuir : *protéger la fuite de qqn*. **2.** Échappement d'un liquide, d'un gaz ; fissure par laquelle il s'échappe : *fuite de gaz*. **3.** FIG Indiscrétion, divulgation clandestine : *obtenir des renseignements grâce à des fuites*. ■ **fuite des capitaux** : évasion des capitaux à l'étranger. ❑ **prendre la fuite** : s'enfuir.

**fulgurance** nf LITT Caractère de ce qui est fulgurant.

**fulgurant, e** adj **1.** Qui brille comme l'éclair : *lumière fulgurante ; regard fulgurant*. **2.** Qui frappe vivement l'esprit : *découverte fulgurante*. **3.** Très rapide : *réponse fulgurante*. ■ **douleur fulgurante** : douleur vive de courte durée.

**fulguration** nf Éclair de chaleur.

**fuligineux, euse** adj **1.** De la couleur de la suie ; qui produit de la suie, de la fumée : *flamme fuligineuse*. **2.** LITT Obscur, confus : *esprit fuligineux*.

**fulminant, e** adj **1.** LITT Qui exprime une violente colère ; menaçant : *regards fulminants*. **2.** Détonant : *poudre fulminante*.

**fulminate** nm Sel de l'acide fulminique.

**fulminer** vi LITT S'emporter, menacer : *fulminer contre quelqu'un*. ◆ vt LITT Formuler avec véhémence : *fulminer des reproches*.

**fulminique** adj ■ **acide fulminique** : formant des sels détonants.

**fumable** adj Qui peut être fumé.

**1. fumage** nm Action de fumer une terre.

**2. fumage** nm ou **fumaison** nf Action de fumer des aliments pour les conserver : *le fumage des jambons*.

**fumant, e** adj Qui émet de la fumée, de la vapeur. ■ FAM **un coup fumant** : très réussi.

**fumé, e** adj Soumis au fumage : *saumon fumé*. ■ **verre fumé** : coloré sombre.

**fume-cigarette** nm inv Petit tuyau auquel on adapte une cigarette pour la fumer.

**fumée** nf **1.** Mélange de vapeur, de gaz et de particules solides extrêmement ténues qui se dégage d'un corps en combustion : *fumées d'usine, d'un volcan*. **2.** Vapeur exhalée par un liquide chaud : *fumée du pot-au-feu*. ■ **s'en aller, partir en fumée** : disparaître sans résultat. ◆ **fumées** pl LITT Ivresse : *fumées du vin*.

**1. fumer** vi Émettre de la fumée, des vapeurs : *cheminée qui fume*. ◆ vt **1.** Exposer à la fumée : *fumer des jambons*. **2.** Brûler du tabac en aspirant la fumée : *fumer une cigarette*.

**2. fumer** vt Amender, engraisser avec du fumier : *fumer une terre*.

**fumerie** nf Lieu où l'on fume de l'opium.

**fumerolle** nf Émission gazeuse d'un volcan.

**fumet** nm **1.** Arôme des viandes, des vins : *le fumet d'un bordeaux*. **2.** Préparation liquide pour corser une sauce : *fumet de poisson*.

**fumeur, euse** n Personne qui fume.

**fumeux, euse** adj **1.** Qui répand de la fumée : *lampe fumeuse*. **2.** FIG Peu clair ; confus : *idées fumeuses*.

**fumier** nm Mélange de litière et de déjections des animaux, servant d'engrais.

**fumigateur** nm Appareil pour fumigations ; inhalateur.

**fumigation** nf ANC Application thérapeutique d'une fumée, d'une vapeur.

**fumigène** adj Qui produit de la fumée.

**1. fumiste** n Spécialiste de l'entretien des cheminées, des appareils de chauffage.

**2. fumiste** n et adj FAM Personne peu sérieuse ; fantaisiste.

**1. fumisterie** nf Profession du fumiste.

**2. fumisterie** nf FAM Action, chose dépourvue de sérieux.

**fumoir** nm **1.** Local où l'on fume les aliments. **2.** Pièce réservée aux fumeurs.

**fumure** nf Engrais.

**fun** [fœn] nm (anglicisme) FAM Joie intense, vif plaisir : *ici, le surf, c'est le fun.* ◆ adj inv FAM Gai, original, décontracté : *des gens très fun ; des vêtements fun.*

**funambule** n Acrobate marchant sur une corde.

**funambulesque** adj LITT De funambule.

**funboard** [fœnbɔrd] ou **fun** [fœn] nm Planche à voile très courte ; sport pratiqué avec cette planche.

**funèbre** adj **1.** Relatif aux funérailles : *chant funèbre.* **2.** FIG Lugubre : *décor funèbre.*

**funérailles** nf pl Cérémonies qui accompagnent un enterrement ; obsèques.

**funéraire** adj Qui concerne les funérailles : *frais funéraires.*

**funérarium** nm Lieu où la famille du défunt se réunit avant les obsèques.

**funeste** adj **1.** Qui apporte le malheur, la mort : *présage funeste.* **2.** Nuisible, fatal : *conseil funeste.*

**funiculaire** nm Chemin de fer à traction par câble ou à crémaillère pour les fortes pentes.

**furax** adj inv FAM Furieux.

**furet** nm **1.** Petit mammifère carnivore dressé pour la chasse au lapin. **2.** FIG Personne curieuse.

**furetage** nm Action de fureter.

**fur et à mesure (au)** loc adv En même temps et proportionnellement ; successivement et en proportion : *être approvisionné au fur et à mesure de ses besoins.*

EMPLOI On dit aussi bien *au fur et à mesure que le temps passe* que *à mesure que le temps passe.*

**fureter** vi (conj 7) Fouiller, chercher pour découvrir des choses cachées ou des secrets.

**fureteur, euse** adj et n Qui furète, qui manifeste de la curiosité : *yeux fureteurs.*

**fureur** nf **1.** Colère violente : *accès de fureur.* **2.** Violence déchaînée : *fureur des vents.* **3.** Passion démesurée : *fureur du jeu.* ■ **faire fureur** : jouir d'une grande vogue.

**furibard, e** adj FAM Furieux.

**furibond, e** adj Furieux : *regards furibonds.*

**furie** nf **1.** Accès de rage, de fureur : *animal en furie.* **2.** LITT Violence impétueuse : *mer en furie.* **3.** PÉJOR Femme emportée, déchaînée : *deux furies qui se crêpent le chignon.*

**furieusement** adv De façon furieuse.

**furieux, euse** adj et n **1.** Emporté par la fureur, par une violente colère. **2.** LITT Violent, impétueux : *torrent furieux ; une furieuse envie de partir en voyage.* ■ **fou furieux** : qui a une crise de folie violente.

**furioso** adj MUS Violent : *allegro furioso.*

**furoncle** nm Inflammation du tissu cellulaire sous-cutané. SYN : FAM clou.

**furonculose** nf Éruption de furoncles.

**furtif, ive** adj Qui se fait à la dérobée : *regards furtifs.*

**furtivement** adv De façon furtive.

**fusain** nm **1.** Arbrisseau à bois dur. **2.** Charbon fin pour dessiner, fait avec le bois de fusain ; dessin fait avec ce charbon.

**fusant, e** adj Qui fuse : *poudre fusante.* ◆ adj et nm Se dit d'un obus qui éclate en l'air par l'action d'une fusée-détonateur.

**fuseau** nm **1.** Petit instrument en bois pour filer la laine, pour faire de la dentelle. **2.** Pantalon de sport dont les jambes vont en se rétrécissant vers le bas. ■ **en fuseau** : de forme allongée et aux extrémités fines. ❑ **fuseau horaire** : chacune des 24 divisions imaginaires de la surface de la Terre et dont tous les points ont la même heure légale.

**fusée** nf **1.** Pièce d'artifice se propulsant par réaction grâce à la combustion de la poudre : *fusée éclairante.* **2.** Engin propulsé par réaction. **3.** Nom de certaines pièces ou objets en forme de fuseau.

**fuselage** nm Corps fuselé d'un avion.

**fuselé, e** adj Mince et galbé comme un fuseau.

**fuseler** vt Tailler en fuseau.

**fuser** vi **1.** Brûler sans détoner, en parlant de la poudre. **2.** Jaillir vivement, retentir : *des rires fusèrent de tous côtés.*

**fusette** nf Petite bobine de fil.

**fusibilité** nf Qualité de ce qui est fusible.

**fusible** adj Susceptible de fondre. ◆ nm **1.** Fil d'alliage spécial qui, placé dans un circuit électrique, coupe le courant en fondant si l'intensité est trop forte. **2.** FIG, FAM Dans une hiérarchie, subalterne qui, en cas de crise, perd son poste pour sauvegarder celui de son supérieur.

**fusil** [fyzi] nm **1.** Arme à feu portative à tube métallique monté sur un fût en bois. **2.** Le tireur lui-même : *c'est un excellent fusil.* **3.** Baguette d'acier pour aiguiser les couteaux. ■ FIG **changer son fusil d'épaule** : changer de comportement, d'opinion.

**fusilier** nm ■ **fusilier marin** : marin employé à terre.

**fusillade** nf Échange de coups de feu.

**fusiller** vt **1.** Passer par les armes. **2.** FAM Détériorer, abîmer. ■ **fusiller quelqu'un du regard** : le regarder avec animosité, hostilité.

**fusil-mitrailleur** (pl *fusils-mitrailleurs*) nm Arme collective à tir automatique.

**fusion** nf **1.** Passage d'un corps solide à l'état liquide sous l'action de la chaleur : *métal en fusion.* **2.** Réunion, combinaison étroite : *la fusion des partis ; fusion de sociétés.* ■ **fusion nucléaire** : union de plusieurs atomes légers en un atome plus lourd, qui se produit à très haute température et libère de l'énergie.

**fusion-acquisition** (pl *fusions-acquisitions*) nf Acquisition d'une ou de plusieurs sociétés par une autre, aboutissant à la création d'une nouvelle société.

**fusionnement** nm Action de fusionner.

**fusionner** vt Opérer une fusion, réunir : *fusionner deux entreprises.* ◆ vi S'unir par fusion, s'associer.

**fustanelle** nf Jupon court masculin, à plis, du costume national grec.

**fustigation** nf LITT Action de fustiger.

**fustiger** vt (conj 2) **1.** VX Battre, fouetter. **2.** LITT Critiquer vivement.

**fût** [fy] nm **1.** Partie du tronc d'un arbre, sans rameaux. **2.** Tonneau. **3.** Partie cylindrique d'une colonne. **4.** Monture servant de support : *fût en bois d'un fusil.*

**futaie** nf Forêt dont on exploite les arbres.

**futaille** nf Tonneau.

**futal** nm FAM Pantalon.

**futé, e** adj FAM Fin, rusé.

**futile** adj Sans valeur ; frivole.

**futilement** adv De façon futile.

**futilité** nf Caractère de ce qui est futile ; chose futile.

**futon** nm Matelas d'origine japonaise constitué de flocons de coton.

**futur, e** adj Qui est à venir : *vie future ; futur mari.* ◆ n VX Celui, celle qu'on doit épouser. ◆ nm **1.** Avenir. **2.** GRAMM Temps du verbe exprimant une action, un état à venir. ■ **futur antérieur** : temps indiquant une action future qui aura lieu avant une autre action future.

**futurisme** nm Mouvement littéraire et artistique exaltant le monde moderne, né en Italie vers 1909.

**futuriste** adj et n **1.** Adepte du futurisme : *peintre futuriste.* **2.** Qui cherche à évoquer la société, les techniques de l'avenir : *architecture futuriste.*

**futurologie** nf Ensemble des recherches de prospective visant à prévoir le sens de l'évolution scientifique, politique, sociale, etc.

**futurologue** n Spécialiste de futurologie.

**fuyant, e** adj **1.** LITT Qui paraît s'éloigner par l'effet de la perspective : *horizon fuyant.* **2.** Qui s'incurve vers l'arrière : *front fuyant.* **3.** Qui se dérobe : *regard fuyant.*

**fuyard, e** n Personne qui s'enfuit par lâcheté.

# G

**1. g** nm Septième lettre de l'alphabet et la cinquième des consonnes.

**2. g** (symbole) Gramme.

**gabardine** nf **1.** Manteau imperméable. **2.** Tissu de laine ou de coton croisé.

**gabarit** [gabari] nm **1.** Modèle sur lequel on façonne certaines pièces ou sur lequel on contrôle les dimensions d'un objet. **2.** Toute dimension ou forme réglementée, notamment d'un véhicule : *accès interdit aux gros gabarits.* **3.** FAM Dimension physique ou morale ; carrure, stature. ■ **gabarit de chargement** : arceau sous lequel on fait passer les wagons chargés, pour vérifier leur hauteur.

**gabegie** [gabʒi] nf Gâchis, gaspillage.

**gabelle** nf HIST Impôt sur le sel.

**gabier** nm ANC Matelot préposé à la manœuvre d'un navire.

**gabion** nm Abri des chasseurs de gibier d'eau.

**gable** nm Fronton triangulaire d'un édifice.

**gabonais, e** adj et n Du Gabon : *les Gabonais.*

**gâchage** nm Action de gâcher.

**gâche** nf Pièce métallique où s'engage le pêne d'une serrure pour maintenir une porte fermée.

**gâcher** vt **1.** Tremper et malaxer du ciment, du plâtre avant de maçonner. **2.** FIG Gaspiller, perdre, par faute de soin, d'ordre. ■ FAM **gâcher le métier** : travailler à trop bon marché.

**gâchette** nf **1.** Mécanisme actionné par la détente d'une arme à feu et qui fait partir le coup. **2.** Pièce de la serrure arrêtant le pêne.

**gâcheur, euse** adj et n Qui gâche, gaspille.

**gâchis** nm **1.** Action de gâcher, de perdre, par manque de soin, d'organisation ; son résultat. **2.** Mortier.

**gadget** [gadʒɛt] nm Petit objet plus ou moins utile, mais amusant et nouveau.

**gadidé** nm Poisson marin tel que la morue, le merlan, etc. (les gadidés forment une famille).

**gadoue** nf FAM Boue, terre détrempée.

**gaélique** adj Relatif au peuple celtique établi autrefois en Irlande et en Écosse. ◆ nm Branche de la langue celtique d'Irlande et d'Écosse.

**gaffe** nf **1.** MAR Perche à croc, servant à accrocher, aborder, etc. **2.** FAM Action, parole maladroite, malencontreuse. ■ FAM **faire gaffe** : faire attention.

**gaffer** vi FAM Faire une gaffe. ◆ vt MAR Accrocher avec une gaffe.

**gaffeur, euse** adj et n FAM Qui commet des gaffes, des maladresses.

**gag** [gag] nm Situation à effet comique.

**gaga** adj et n FAM Gâteux.

**gage** nm **1.** Ce qui garantit le paiement d'un emprunt, d'une dette : *mettre un objet en gage.* **2.** Témoignage, preuve : *gage d'amitié.* **3.** Action que l'on doit accomplir à la fin d'un jeu collectif lorsqu'on a perdu. ◆ **gages** pl VX Rémunération des domestiques. ■ **tueur à gages** : homme payé pour assassiner qqn.

**gager** vt (conj 2) **1.** VX Garantir par un gage. **2.** LITT Parier.

**gageure** [gaʒyr] nf SOUT Action, projet qui semble irréalisable.

**gagnant, e** adj et n Qui gagne.

**gagnant-gagnant** nm inv et adj inv Résultat d'une négociation favorable à chacune des parties : *des contrats gagnant-gagnant.*

**gagne** nf FAM **1.** Volonté de gagner : *coureur qui a la gagne.* **2.** Succès dans une compétition.

**gagne-pain** nm inv Travail qui permet de gagner sa vie.

**gagne-petit** n inv Personne qui se contente d'un salaire, d'un revenu peu élevé.

**gagner** vt **1.** Avoir comme gain, comme salaire ou revenu : *gagner tant par mois.* **2.** Remporter la victoire dans une compétition, une lutte : *gagner la guerre, une course.* **3.** Acquérir un prix, un lot à un jeu, dans une épreuve : *gagner le gros lot.* **4.** FIG Mériter : *il a bien gagné ses vacances.* **5.** Atteindre : *gagner la rive à la nage.* ■ FIG **gagner du temps** : obtenir un délai. ◆ vi **1.** Être vainqueur : *c'est lui qui a gagné.* **2.** Envahir progressivement ; se propager : *le feu gagne.* **3.** FIG Tirer un avantage de qqch : *il gagne à être connu ;* s'améliorer : *ce vin gagne en vieillissant.*

**gagneur, euse** n Personne animée par la volonté de gagner.

**gai, e** adj **1.** De bonne humeur, joyeux, enjoué : *des enfants gais.* **2.** Qui exprime la gaieté : *conversation gaie.* **3.** Qui inspire la gaieté, la bonne humeur : *chanson gaie.* **4.** FAM Un peu ivre : *après quelques verres, ils étaient assez gais.*

**gaiement** adv Avec gaieté.

**gaieté** nf Bonne humeur, disposition à rire, à s'amuser. ■ **de gaieté de cœur** (souvent en tournure négative) : volontairement et avec plaisir : *ne pas accepter de gaieté de cœur.*

ORTHOGRAPHE *Gaieté* ainsi que *gaiement* s'écrivent toujours avec un *e* muet intérieur.

**1. gaillard** nm ■ MAR **gaillard d'avant** : partie élevée, sur le pont avant d'un navire.

**2. gaillard, e** adj **1.** En bonne santé, plein de vie : *frais et gaillard.* **2.** Grivois, licencieux : *propos gaillards.* ◆ n Personne vigoureuse.

**gaillardement** adv De façon gaillarde.

**gaillardise** nf LITT Gaieté s'exprimant par des propos un peu libres, des gestes légers, grivois.

**gain** nm **1.** Action de gagner ; avantage qui en résulte : *gain de temps.* **2.** Action de gagner de l'argent ; ce que l'on gagne : *l'appât du gain.* ■ **obtenir, avoir gain de cause** : gagner, l'emporter sur quelqu'un.

**gaine** nf **1.** Étui qui épouse la forme de l'objet qu'il protège : *gaine de parapluie.* **2.** Conduit : *gaine d'aération.* **3.** Sous-vêtement féminin en tissu élastique qui maintient la taille et les hanches.

**gainer** vt Recouvrir d'une gaine : *gainer une canalisation.*

**gala** nm Grande fête à caractère officiel : *gala de bienfaisance.*

**galactique** adj D'une galaxie.

**galactose** nm Sucre obtenu par hydrolyse du lactose.

**galamment** adv De façon galante.

**galant, e** adj **1.** Inspiré par des sentiments amoureux : *rendez-vous galant.* **2.** Prévenant, délicat à l'égard des femmes : *agir en galant homme.*

**galanterie** nf Politesse empressée, courtoisie vis-à-vis des femmes.

**galantine** nf Pain de viande ou de volaille enrobé de gelée.

**galaxie** nf **1.** Ensemble d'étoiles formant un système dynamique. **2.** FIG Ensemble nébuleux de personnes ou d'organismes gravitant autour d'une personnalité ou relevant du même domaine d'activité : *la galaxie du multimédia.* ■ **la Galaxie** : la Voie lactée, à laquelle appartient le Soleil.

**galbe** nm Contour, profil généralement courbe et harmonieux.

**galbé, e** adj **1.** Dont le profil présente une ligne convexe : *fauteuil à pieds galbés.* **2.** Qui présente un contour harmonieux : *un corps galbé.*

**galber** vt Donner du galbe à.

**gale** nf **1.** Affection contagieuse de la peau. **2.** FAM Personne méchante, médisante.

**galéjade** nf FAM Plaisanterie, mystification.

**galène** nf Sulfure de plomb.

**galéopithèque** nm Mammifère volant de petite taille présent dans le Sud-Est asiatique.

**galère** nf **1.** AUTREF Navire à voiles et à rames. **2.** FAM Travail pénible, dur ; situation difficile. ■ **vogue la galère** : advienne que pourra. ◆ **galères** pl HIST Peine des criminels condamnés à ramer sur les galères.

**galérer** vi FAM Être dans une situation précaire et difficile.

**galerie** nf **1.** Passage, couloir généralement haut, plus long que large, situé à l'extérieur ou à l'intérieur d'un bâtiment. **2.** Couloir de communication creusé dans le sol par certains animaux. **3.** Lieu d'exposition pour des œuvres d'art : *galerie de peinture.* **4.** Dernier balcon d'un théâtre. **5.** Cadre métallique pour transporter des bagages sur le toit d'une voiture. ■ FAM **amuser, épater la galerie** : amuser l'assistance, les personnes alentour. ❑ **galerie marchande** : passage piétonnier couvert, bordé de boutiques. ❑ **galerie de mine** : couloir souterrain d'une mine. ❑ **pour la galerie** : dans le but de plaire ou de se faire remarquer.

**galérien** nm AUTREF Forçat condamné aux galères. ■ FIG **vie de galérien** : très dure, très pénible.

**galet** nm **1.** Caillou poli par le frottement des eaux. **2.** MÉCAN Petite roue servant à diminuer le frottement.

**galetas** nm LITT Logement misérable.

**galette** nf **1.** Préparation culinaire ronde et plate, à base de farine ou de féculents : *galette de pommes de terre.* **2.** Crêpe salée à base de farine de sarrasin. **3.** Gâteau rond et plat : *galettes bretonnes.* **4.** FAM Argent, fortune : *avoir de la galette.* ■ **galette des rois** : pâtisserie de pâte feuilletée, ronde et plate, consommée pour la fête des Rois et contenant une fève qui permet de désigner le «roi» ou la «reine».

**galeux, euse** adj et n Qui a la gale.

**galicien, enne** adj et n De la Galice (Espagne) ou de la Galicie (Europe centrale).

**galimatias** [galimatja] nm Discours, écrit embrouillé et confus.

**galion** nm AUTREF Navire de transport et de commerce avec le Nouveau Monde.

**galipette** nf FAM Culbute, cabriole.

**galipote** nf CANADA ■ **courir la galipote** : chercher des aventures galantes.

**galle** nf Excroissance produite sur les végétaux par certains parasites. ■ **noix de galle** : galle du chêne.

**gallican, e** adj et n Relatif au gallicanisme ; qui en est partisan.
**gallicanisme** nm Doctrine qui préconisait une certaine indépendance de l'Église de France à l'égard du Saint-Siège.
**gallicisme** nm Construction ou emploi propre à la langue française (EX : *il y a*).
**gallinacé** nm Oiseau omnivore au vol lourd (les gallinacés forment un ordre comprenant les poules, les perdrix, etc.).
**gallique** adj m ■ **acide gallique :** extrait de la noix de galle.
**gallium** nm Métal rare, proche de l'aluminium ; élément chimique ; symb : Ga.
**gallois, e** adj et n Du pays de Galles : *les Gallois.* ◆ nm Langue celtique de ce pays.
**gallon** nm Mesure de capacité aux États-Unis (3,78 l), en Grande-Bretagne et au Canada (4,54 l).
**gallo-romain, e** (pl *gallo-romains, es*) adj et n relatif à la civilisation qui s'épanouit en Gaule du Iᵉʳ s. av. J.-C. à la fin du Vᵉ s. apr. J.-C. ◆ n Habitant de la Gaule romaine.
**galoche** nf Chaussure de cuir à semelle de bois. ■ FAM **menton en galoche :** recourbé vers l'avant.
**galon** nm **1.** Ruban épais. **2.** MIL Signe distinctif des grades. ■ FIG **prendre du galon :** obtenir de l'avancement.
**galonné, e** adj Orné d'un galon.
**galop** nm La plus rapide des allures du cheval. ■ FAM **au galop :** très vite.
**galopade** nf Course précipitée.
**galopant, e** adj Qui évolue rapidement, qu'on ne peut maîtriser : *inflation galopante.*
**galoper** vi **1.** Aller au galop. **2.** FAM Courir, marcher très vite : *galoper d'un magasin à l'autre ; avoir l'imagination qui galope.*
**galopin** nm FAM Polisson, garnement.
**galoubet** nm Flûte provençale.
**galuchat** nm Peau de squale préparée pour la reliure, la maroquinerie, etc.
**galvanique** adj MÉD Relatif au galvanisme ; employé en électrothérapie : *pile, courant galvaniques.*
**galvanisation** nf Action de galvaniser.
**galvaniser** vt **1.** Électriser au moyen d'une pile. **2.** Plonger le fer dans un bain d'oxyde de zinc pour le protéger de l'oxydation. **3.** FIG Enthousiasmer, exalter : *galvaniser les foules.*
**galvanisme** nm Action de courants électriques continus sur les organes vivants (nerfs, muscles).
**galvanomètre** nm Instrument pour mesurer l'intensité des courants électriques faibles.
**galvanoplastie** nf Procédé permettant de déposer sur un métal, par électrolyse, une mince couche adhérente d'un autre métal.
**galvaudage** nm Action de galvauder.
**galvauder** vt Compromettre par un mauvais usage, en prodiguant mal à propos : *galvauder son talent.*
**gamba** [gɑ̃ba] nf Grosse crevette.
**gambade** nf Petit saut, bond léger et joyeux.
**gambader** vi Faire des gambades, s'ébattre.
**gamberger** vi FAM Réfléchir.
**gambette** nf FAM Jambe.
**gamelle** nf Récipient métallique individuel pour les repas. ■ FAM **ramasser, prendre une gamelle :** (a) tomber (b) FIG subir un échec.
**gamer** [gemœr] nm → **gameur.**
**gamète** nm Cellule reproductrice, mâle (spermatozoïde) ou femelle (ovule), dont le noyau ne contient qu'un seul chromosome de chaque paire.
**gameur, euse** [ge-] n ou **gamer** [gemœr] nm Personne passionnée de jeux vidéo et y jouant fréquemment.
**gamin, e** n FAM Enfant : *gamin de Paris.* ◆ adj Qui a un caractère jeune, espiègle.
**gaminerie** nf Action, parole, comportement propre à un gamin ; enfantillage.
**gamma** nm inv Troisième lettre de l'alphabet grec (γ), correspondant au *g.*
**gammaglobuline** nf Substance protéique du plasma sanguin dont l'activité anticorps est utilisée en thérapeutique et en prophylaxie.
**gamme** nf **1.** MUS Série de notes musicales déterminée par le choix d'une note dite sensible, dans l'intervalle d'une octave. **2.** FIG Série, sélection d'objets à partir d'un critère défini : *gamme de couleurs.* ■ **haut, bas de gamme :** supérieur, inférieur en qualité, en prix par rapport aux autres éléments d'une série.
**gammée** adj f ■ **croix gammée :** croix dont les quatre branches sont coudées à angle droit : *la croix gammée était l'emblème du parti national-socialiste allemand.*
**gamopétale** adj BOT À pétales unis.
**gamosépale** adj BOT À sépales unis.
**1. ganache** nf Rebord postérieur de la mâchoire inférieure du cheval.
**2. ganache** nf Crème à base de chocolat fondu et de crème fraîche.
**gandin** nm LITT, VX Jeune élégant ridicule.
**gandoura** nf Tunique longue et sans manches portée traditionnellement sous le burnous, dans les pays arabes.
**gang** [gɑ̃g] nm Bande organisée de malfaiteurs.
**ganglion** nm Renflement que présentent les vaisseaux lymphatiques et certains nerfs.
**ganglionnaire** adj Relatif aux ganglions.

**gangrène** nf **1.** Putréfaction d'une partie du corps due à une infection locale des tissus. **2.** FIG Mal insidieux ; corruption : *la gangrène du fanatisme.*

**gangrené, e** adj Atteint de gangrène.

**gangrener** vt (conj 9) **1.** Causer la gangrène de. **2.** FIG Corrompre, vicier. ◆ **se gangrener** vpr Être atteint par la gangrène.

**gangreneux, euse** adj De la nature de la gangrène.

**gangster** [gɑ̃gstɛr] nm Bandit, malfaiteur.

**gangstérisme** nm Activité des gangsters ; banditisme.

**gangue** nf Partie terreuse et stérile enveloppant un minerai.

**ganse** nf Cordonnet, ruban de fil, de soie.

**ganser** vt Garnir d'une ganse.

**gant** nm Accessoire vestimentaire qui couvre la main : *gants de laine.* ■ FIG **aller comme un gant :** convenir parfaitement. ❑ **gant de toilette :** poche de tissu-éponge pour se laver. ❑ **prendre, mettre des gants :** agir avec ménagement.

**gantelet** nm Protège-main en cuir utilisé dans certaines professions.

**ganter** vt Mettre des gants à. ◆ vi Avoir comme pointure de gants : *ganter du 6.*

**ganterie** nf Fabrication, commerce du gantier.

**gantier, ère** n Qui fabrique ou vend des gants.

**gantois, e** adj et n De Gand.

**garage** nm **1.** Lieu couvert pour abriter des véhicules. **2.** Entreprise de vente, de réparation et d'entretien d'automobiles. ■ **voie de garage :** (a) voie secondaire, où l'on gare des wagons de chemin de fer (b) FIG orientation sans débouché.

**garagiste** n Exploitant d'un garage de réparation et d'entretien.

**garance** nf Plante grimpante dont la racine fournit une substance colorante rouge. ◆ adj inv Rouge vif.

**garant, e** adj et n Qui répond de : *se porter garant d'une dette, de quelqu'un.* ◆ nm **1.** Garantie, caution : *le garant d'une créance.* **2.** MAR Cordage d'un palan.

**garantie** nf **1.** Certificat assurant légalement de la qualité de qqch ; sa durée : *appareil sous garantie ; bon de garantie.* **2.** Ce qui assure l'exécution, le respect de qqch ; gage, preuve, caution : *demander, prendre des garanties ; une garantie de moralité.*

**garantir** vt **1.** Se porter garant de l'exécution ou du maintien de qqch, de la qualité d'un objet vendu. **2.** Répondre de la réalité de : *sa conduite vous garantit son honnêteté.* **3.** Affirmer, certifier : *je te garantis qu'il viendra.* **4.** Protéger : *garantir du froid.*

**garbure** nf Soupe béarnaise à base de légumes et de confit d'oie.

**garce** nf FAM Femme ou fille méchante, désagréable ; chipie.

**garçon** nm **1.** Enfant de sexe masculin : *école de garçons.* **2.** Jeune homme, homme : *être joli garçon.* **3.** Serveur dans un café, un restaurant. **4.** Ouvrier travaillant chez un artisan : *garçon boucher ; garçon coiffeur ;* employé subalterne : *garçon de bureau.* ■ **garçon manqué :** se dit d'une fille qui a des comportements de garçon. ❑ **vieux garçon** ou **garçon :** homme célibataire : *enterrer sa vie de garçon.*

**garçonne** nf ■ VIEILLI **à la garçonne :** se dit d'une coiffure féminine où les cheveux sont coupés court.

**garçonnet** nm Jeune garçon : *pantalon taille garçonnet.*

**garçonnière** nf Petit appartement de célibataire, de personne seule.

**1. garde** nf **1.** Action de garder, de veiller, de surveiller : *faire bonne garde ; tour de garde ; droit de garde.* **2.** Groupe de soldats qui exercent une surveillance : *appeler la garde.* **3.** Rebord entre la poignée et la lame d'une arme blanche : *la garde d'une épée.* **4.** Position prise pour engager le combat et se protéger à l'escrime, en boxe, etc. : *se mettre en garde.* ■ **de garde :** qui assure une permanence : *médecin de garde.* ❑ **être, se tenir sur ses gardes :** se méfier. ❑ **garde à vous ! :** commandement de se mettre au garde-à-vous. ❑ DR **garde à vue :** maintien d'une personne dans les locaux de la police pendant une durée limitée. ❑ **mettre qqn en garde :** l'avertir, le prévenir. ❑ **mise en garde :** avertissement. ❑ **monter la garde :** être de faction. ❑ **page de garde :** page vierge au commencement et à la fin d'un livre. ❑ **prendre garde :** faire attention. ◆ **gardes** pl Pièces de sûreté d'une serrure.

**2. garde** nm Personne qui garde, qui surveille. ■ **garde champêtre :** agent communal chargé de l'application des règlements de police. ❑ **garde du corps :** personne chargée de protéger la vie de qqn. ❑ **garde forestier :** agent préposé à la conservation des forêts. ❑ **garde des Sceaux :** ministre de la Justice.

**3. garde** n Personne qui garde un malade, un enfant.

**garde-à-vous** nm inv Position prise sur un commandement militaire prescrivant l'immobilité, talons serrés, bras le long du corps.

> ORTHOGRAPHE Pour obtenir un *garde-à-vous* (avec traits d'union), l'officier crie : *« garde à vous ! »* (sans traits d'union).

**garde-barrière** (pl *gardes-barrière* ou *gardes-barrières*) n Agent préposé à la surveillance d'un passage à niveau.

**garde-boue** nm inv Plaque recourbée protégeant les roues d'un véhicule des projections de boue.

**garde-chasse** (pl *gardes-chasse* ou *gardes-chasses*) nm Personne chargée de la protection et de la conservation du gibier.

**garde-chiourme** (pl *gardes-chiourme* ou *gardes-chiourmes*) nm PÉJOR Personne sévère chargée de la surveillance.

**garde-corps** nm inv Barrière à hauteur d'appui, formant protection devant un vide ; garde-fou.

**garde-côte** (pl *garde-côtes*) ou **garde-côtes** (pl inv) nm Bateau chargé de la surveillance des côtes.

**garde-feu** nm inv Grille, plaque de protection posée devant une cheminée.

**garde-fou** (pl *garde-fous*) nm **1.** Garde-corps. **2.** FIG Ce qui empêche de commettre des écarts, des erreurs : *ce règlement sert de garde-fou contre les abus.*

**garde-malade** (pl *gardes-malade* ou *gardes-malades*) n Qui prend soin d'un malade.

**garde-manger** nm inv Petite armoire garnie de toile métallique, pour conserver les aliments.

**garde-meuble** (pl *garde-meubles*) ou **garde-meubles** (pl inv) nm Lieu où l'on entrepose des meubles.

**gardénia** nm Plante ornementale à grandes fleurs (famille des rubiacées).

**garden-party** [gardɛnparti] (pl *garden-parties*) nf Réception mondaine dans un jardin.

**garde-pêche** (pl *gardes-pêche*) nm Préposé à la police de la pêche.

**garder** vt **1.** Veiller sur, prendre soin de : *garder un malade.* **2.** Surveiller pour empêcher de fuir : *garder un prisonnier.* **3.** Conserver, maintenir en sa possession : *garder un document, un secret.* **4.** Retenir près de soi : *garder un ami à dîner ;* continuer à fréquenter, à employer : *garder un collaborateur.* **5.** Conserver sur soi : *garder son foulard.* **6.** Conserver une denrée périssable : *garder du lait au frais.* **7.** Surveiller pour empêcher l'appropriation par un tiers : *garder une place.* ■ **garder le silence :** se taire. ❑ **garder son sérieux :** s'empêcher de rire. ◆ **se garder** vpr **1.** [de] Prendre garde à, se méfier de : *gardez-vous des flatteurs !* **2.** [de] Éviter, s'abstenir de : *il s'est bien gardé de me prévenir.* **3.** Pouvoir se conserver.

**garderie** nf Garde, surveillance collective de jeunes enfants ; lieu où elle s'effectue.

**garde-robe** (pl *garde-robes*) nf **1.** VX Placard, armoire où l'on range les vêtements. **2.** Ensemble des vêtements d'une personne.

**garde-voie** (pl *gardes-voie* ou *gardes-voies*) nm Agent chargé de la surveillance d'une voie ferrée.

**gardian** nm Gardien de taureaux ou de chevaux en Camargue.

**gardien, enne** n **1.** Qui garde : *gardien de prison.* **2.** Protecteur, défenseur : *gardien des traditions.* **3.** Préposé à la garde d'un immeuble. ■ **gardien de but :** au football, au hockey, au handball, etc., joueur chargé de défendre le but. ❑ **gardien de la paix :** agent de police.

**gardiennage** nm Emploi, service d'un gardien : *le gardiennage d'un immeuble.*

**gardois, e** adj et n Du Gard.

**gardon** nm Petit poisson d'eau douce.

**1. gare** nf Lieu de départ et d'arrivée des trains : *entrer en gare.* ■ PÉJOR **de gare :** se dit d'un roman, d'une littérature populaires faciles à lire. ❑ **gare maritime :** gare aménagée sur les quais d'un port. ❑ **gare routière :** emplacement aménagé pour accueillir les véhicules routiers transportant des voyageurs ou des marchandises.

**2. gare** interj Sert à avertir : *gare à vous !* ■ **sans crier gare :** sans prévenir.

**garenne** nf Lieu où vivent les lapins sauvages. ◆ nm Lapin de garenne.

**garer** vt **1.** Faire entrer, ranger un véhicule dans un endroit aménagé ou non à cette intention. **2.** FAM Mettre hors d'atteinte, en lieu sûr : *garer sa fortune.* ◆ **se garer** vpr **1.** Ranger sa voiture. **2.** FIG Se mettre à l'écart, à l'abri : *se garer des coups.*

**gargantuesque** adj Se dit d'un repas où l'on mange énormément.

**gargariser (se)** vpr **1.** Se rincer la bouche et l'arrière-bouche avec un liquide, sans l'avaler. **2.** FIG, FAM Se délecter avec suffisance de : *il se gargarise de son titre ronflant.*

**gargarisme** nm Liquide pour se gargariser.

**gargote** nf PÉJOR Restaurant bon marché.

**gargouille** nf Gouttière saillante en forme d'animal fantastique dont la gueule éjecte les eaux de pluie à distance des murs.

**gargouillement** nm Bruit provoqué par le passage d'un liquide ou d'un gaz dans la gorge, l'estomac, ou dans une canalisation.

**gargouiller** vi Produire un gargouillement.

**gargouillis** nm Gargouillement confus.

**gargoulette** nf Récipient poreux où l'eau se conserve fraîche.

**garibaldien, enne** n HIST Partisan de Garibaldi.

**gariguette** nf Variété de fraise oblongue et parfumée.

**garnement** nm Enfant insupportable.

**garni, e** adj **1.** Muni : *garni de clous.* **2.** Décoré, agrémenté : *gâteau garni de raisins secs.* ◆ nm VIEILLI Maison, chambre qui se loue meublée.

**garnir** vt **1.** Orner : *garnir un chapeau.* **2.** Pourvoir, équiper : *fenêtres garnies de rideaux.* **3.** Occuper, remplir un lieu, un espace : *garnir le réfrigérateur.* **4.** Rembourrer un fauteuil. ◆ **se garnir** vpr Se remplir.

**garnison** nf Troupes stationnées dans une ville ; cette ville : *changer de garnison.*

**garnissage** nm Action de garnir.

**garniture** nf **1.** Ce qui garnit, complète, orne : *la garniture d'une robe ;* ensemble d'objets assortis : *garniture de bureau.* **2.** Aliment qui accompagne l'élément principal d'un plat : *garniture de riz.*

**garrigue** nf Végétation composée de chênes verts, de buissons et de plantes herbacées caractéristique des paysages méditerranéens.

**1. garrot** nm Partie saillante de l'encolure d'un quadrupède au-dessus de l'épaule.

**2. garrot** nm **1.** Bâton passé dans une corde pour la tendre : *garrot d'une scie.* **2.** Lien servant à comprimer l'hémorragie d'une artère.

**garrottage** nm Action de garrotter.

**garrotter** vt Lier étroitement et fortement.

**gars** [ga] nm FAM Garçon, jeune homme.

**gascon, onne** adj et n De Gascogne. ◆ nm Dialecte de cette région.

**gasoil** [gazwal] ou **gazole** nm Produit pétrolier liquide, utilisé comme carburant et comme combustible.

**gaspacho** [gaspatʃo] nm Potage d'origine espagnole à base de légumes crus macérés, servi très frais avec des dés de pain.

**gaspillage** nm Action de gaspiller.

**gaspiller** vt **1.** Dépenser, dissiper de façon irréfléchie : *gaspiller sa fortune.* **2.** Gâcher, galvauder : *gaspiller son talent.*

**gaspilleur, euse** adj et n Qui gaspille.

**gastéropode** ou **gastropode** nm Mollusque qui rampe sur un large pied musculeux ventral (les gastéropodes forment une classe).

**gastralgie** nf Douleur à l'estomac.

**gastrectomie** nf Ablation partielle ou totale de l'estomac.

**gastrique** adj Relatif à l'estomac. ■ **suc gastrique** : sécrété par l'estomac.

**gastrite** nf Inflammation de l'estomac.

**gastro-entérite** (pl *gastro-entérites*) nf Inflammation de l'estomac et des intestins.

**gastro-entérologie** nf MÉD Spécialité consacrée aux maladies du tube digestif.

**gastro-entérologue** (pl *gastro-entérologues*) n Spécialiste de gastro-entérologie.

**gastronome** n Personne qui apprécie la bonne cuisine.

**gastronomie** nf Connaissance de tout ce qui se rapporte à la cuisine, à l'ordonnancement des repas, à la dégustation et à l'appréciation des mets.

**gastronomique** adj Relatif à la gastronomie.

**gastro-œsophagien, enne** (pl *gastro-œsophagiens, ennes*) adj MÉD Se dit de ce qui concerne simultanément l'estomac et l'œsophage.

**gastroplastie** nf Traitement chirurgical de l'obésité grave, consistant à réduire la capacité de l'estomac, partic. par cerclage à l'aide d'un anneau.

**gastropode** nm → **gastéropode**.

**gâté, e** adj Détérioré, pourri. ■ **enfant gâté** : élevé avec trop d'indulgence.

**gâteau** nm **1.** Pâtisserie à base de farine, de beurre, d'œufs et de sucre. **2.** Ce qui a la forme d'un gâteau : *gâteau de miel.* ■ FAM **c'est du gâteau** : c'est facile à réaliser. ❑ **maman, papa gâteau** : qui gâte ses enfants. ❑ FAM **partager le gâteau** ou **avoir sa part du gâteau** : partager le profit d'une affaire.

**gâter** vt **1.** Avarier, putréfier : *gelée qui gâte une récolte.* **2.** Abîmer, endommager : *sucre qui gâte les dents.* **3.** Nuire à, gâcher : *ses réflexions ont gâté la soirée.* **4.** Combler de cadeaux, de choses agréables ; traiter avec trop d'indulgence : *gâter un enfant.* ◆ **se gâter** vpr **1.** Se couvrir, devenir pluvieux, en parlant du temps. **2.** Se corrompre, prendre une mauvaise tournure.

**gâterie** nf **1.** Petit présent, friandise. **2.** LITT Indulgence excessive.

**gâteux, euse** adj et n **1.** FAM Diminué physiquement ou intellectuellement. **2.** Qui manifeste avec naïveté et mièvrerie un attachement excessif : *être gâteux avec ses petits-enfants.*

**gâtisme** nm État de quelqu'un qui est gâteux.

**1. gauche** adj **1.** Situé du côté du cœur (par opposition à *droit*). **2.** Qui correspond à ce côté pour celui qui regarde : *l'aile gauche d'un monument.* **3.** FIG Embarrassé, maladroit : *attitude gauche.* ◆ nm En boxe, poing gauche.

**2. gauche** nf **1.** Main gauche, côté gauche. **2.** Côté gauche d'une assemblée par rapport au président ; ensemble des personnes et des partis qui professent des opinions progressistes (par oppos. à la *droite*). ■ **à gauche** : à main gauche, du côté gauche. ❑ **extrême gauche** : ensemble des mouvements qui professent des idées révolutionnaires.

**gauchement** adv Maladroitement.

**gaucher, ère** adj et n Qui est plus habile de la main gauche que de la main droite.

**gaucherie** nf Maladresse.

**gauchir** vi Se déformer : *porte qui gauchit.* ◆ vt Fausser, déformer : *l'humidité a gauchi cette planche.*

**gauchisant, e** adj et n Que ses opinions rapprochent de la gauche ou de l'extrême gauche.

**gauchisme** nm Courant politique se réclamant de l'extrême gauche.

**gauchissement** nm Action, fait de gauchir ; son résultat.

**gauchiste** adj et n Relatif au gauchisme ; qui en est partisan.

**gaucho** [goʃo] ou [gawtʃo] nm Gardien de troupeaux dans la pampa argentine.

**gaudriole** nf FAM Plaisanterie légère ; grivoiserie.

**gaufrage** nm Action de gaufrer.

**gaufre** nf **1.** Pâtisserie légère cuite entre deux moules quadrillés. **2.** Gâteau de cire des abeilles.

**gaufrer** vt Imprimer à chaud des figures sur des étoffes, du papier, du cuir.

**gaufrette** nf Petit biscuit parfois fourré de crème ou de confiture.

**gaufrier** nm Ustensile pour cuire des gaufres.

**gaufroir** nm Fer pour gaufrer les tissus, les cuirs.

**gaulage** nm Action de gauler.

**gaule** nf **1.** Longue perche. **2.** Canne à pêche.

**gauler** vt Secouer les branches d'un arbre avec une gaule pour faire tomber les fruits : *gauler un noyer.*

**gaullisme** nm Courant politique se réclamant du général de Gaulle.

**gaulliste** adj et n Relatif au gaullisme ; qui en est partisan.

**gaulois, e** adj et n De la Gaule, du peuple qui vivait dans ce pays. ◆ adj D'une gaieté leste, un peu grasse. ◆ nm Langue parlée autrefois en Gaule.

**gauloisement** adv Avec un humour un peu grossier.

**gauloiserie** nf Plaisanterie grivoise, osée.

**gausser (se)** vpr [de] LITT Se moquer de.

**gavage** nm Action de gaver.

**gave** nm Torrent des Pyrénées.

**gaver** vt **1.** Alimenter de force pour engraisser : *gaver des oies.* **2.** Faire manger avec excès : *gaver un enfant de sucreries.* **3.** FIG Proposer, donner avec excès : *gaver de publicité.* ◆ **se gaver** vpr [de] **1.** Manger trop (de) : *se gaver de bonbons.* **2.** FIG Absorber une grande quantité de : *se gaver de films.*

**gavial** (pl *gavials*) nm Crocodile d'Asie.

**gavotte** nf ANC Danse à deux temps.

**gavroche** nm VIEILLI Enfant malicieux et effronté.

**gay** n et adj Homosexuel.

**gayal** (pl *gayals*) nm Bœuf sauvage d'Asie.

**gaz** [gaz] nm inv **1.** Tout corps à l'état de fluide, expansible et compressible. **2.** Produit gazeux, naturel ou manufacturé, employé comme combustible ou carburant : *réchaud à gaz ; gaz de ville.* ■ FAM **il y a de l'eau dans le gaz** : quelque chose ne va pas, il y a un problème.

**gaze** nf **1.** Bande d'étoffe légère stérilisée pour les compresses, les pansements. **2.** Étoffe fine et transparente de coton ou de soie : *des rideaux de gaze.*

**gazé, e** adj et n Qui a subi l'action de gaz nocifs.

**gazéification** nf Action de gazéifier.

**gazéifier** vt **1.** Faire passer à l'état gazeux. **2.** Dissoudre du gaz carbonique dans un liquide pour le rendre gazeux : *boisson gazéifiée.*

**gazelle** nf Antilope de petite taille, très rapide.

**gazer** vt Soumettre à l'action d'un gaz nocif. ■ FAM **ça gaze** : ça va bien.

**gazette** nf VIEILLI Journal périodique.

**gazeux, euse** adj De la nature du gaz : *fluide gazeux.* ■ **eau gazeuse** : qui contient du gaz carbonique dissous.

**gazinière** nf Cuisinière à gaz.

**gazoduc** nm Canalisation pour le transport et la distribution du gaz à longue distance.

**gazogène** nm Appareil transformant le charbon ou le bois en gaz combustible.

**gazomètre** nm Réservoir pour emmagasiner et distribuer le gaz de ville.

**gazon** nm Herbe courte et fine ; terrain qui en est couvert ; pelouse.

**gazouillement** nm **1.** Bruit continu que font les oiseaux en chantant. **2.** FIG Léger murmure.

**gazouiller** vi Émettre un chant doux et confus, en parlant d'un oiseau, d'un nourrisson, d'une eau courante.

**gazouillis** nm Gazouillement léger.

**geai** [ʒɛ] nm Passereau au plumage bigarré et au bec conique, commun dans les bois.

**géant, e** adj et n **1.** Dont la taille est anormalement élevée. **2.** Qui dépasse tous les autres par son génie, sa puissance : *un géant de la littérature.* ■ FIG **à pas de géant** : très vite. ◆ adj Très grand : *ville géante.*

**gecko** nm Lézard des régions chaudes.

**geek** [gik] n Fan d'informatique, de science-fiction, de jeux vidéo, etc.

**geignard, e** adj et n FAM Qui se plaint, pleurniche sans cesse.

**geignement** nm Gémissement.

**geindre** vi (conj 55) **1.** Gémir, se plaindre, en particulier d'une douleur. **2.** FAM Se lamenter à tout propos.

**geisha** [geʃa] ou [gejʃa] nf Au Japon, chanteuse et danseuse professionnelle qui, dans les maisons de thé, joue le rôle d'hôtesse ou d'entraîneuse.

**gel** nm **1.** Gelée des eaux. **2.** Temps où il gèle. **3.** FIG Arrêt, cessation : *le gel des importations.* **4.** Produit de beauté de consistance molle pour la peau, les cheveux.

**gélatine** nf Substance plus ou moins molle et transparente provenant des tissus osseux des animaux.

**gélatineux, euse** adj De la nature ou qui a l'aspect de la gélatine.

**gelé, e** adj **1.** Transformé en glace : *rivière gelée.* **2.** Que l'on a interrompu : *crédits gelés.*

**gelée** nf **1.** Abaissement de la température au-dessous de zéro : *gelées tardives.* **2.** Suc de viande solidifié : *œuf en gelée.* **3.** Jus de fruits cuits avec du sucre, qui se solidifie par refroidissement : *gelée de pomme, de groseille.* ■ **gelée blanche :** rosée congelée.

**geler** vt (conj 5) **1.** Transformer en glace. **2.** Durcir par le froid : *le froid lui a gelé les pieds.* **3.** FIG Interrompre une activité, mettre momentanément en réserve : *geler des négociations, des crédits.* ◆ vi **1.** Avoir extrêmement froid. **2.** Se transformer en glace. ◆ v impers ■ **il gèle :** la température est au-dessous de zéro.

**gélifiant** nm Additif donnant aux aliments la consistance d'une gelée.

**gelinotte** nf Oiseau à plumage roux . SYN : poule des bois.

**gélose** nf Suc gélifiant extrait d'une algue d'Extrême-Orient. SYN : agar-agar.

**gélule** nf Capsule de matière gélatineuse renfermant un produit médicamenteux.

**gelure** nf Action du froid sur les tissus vivants.

**Gémeaux** nm pl Constellation dont les deux principales étoiles sont Castor et Pollux ; signe astrologique des personnes nées entre le 21 mai et le 21 juin. ◆ n et adj Personne née sous le signe des Gémeaux : *être Gémeaux ; une Gémeaux.*

**gémellaire** adj Relatif à des jumeaux.

**géminé, e** adj Se dit d'éléments groupés par deux ; double : *colonnes géminées.*

**gémir** vi **1.** Faire entendre des sons plaintifs provoqués par la douleur, le chagrin. **2.** FIG Émettre un bruit évoquant une plainte.

**gémissant, e** adj Qui gémit : *voix gémissante.*

**gémissement** nm **1.** Plainte inarticulée. **2.** Son qui ressemble à une plainte.

**gemmation** nf **1.** Bourgeonnement ; époque à laquelle il se produit. **2.** Ensemble des bourgeons.

**gemme** nf **1.** Pierre précieuse ou fine. **2.** Résine de pin. ◆ adj ■ **sel gemme :** sel fossile.

**gemmé, e** adj Orné de gemmes, de pierreries.

**gemmer** vt Inciser des pins pour en recueillir la résine.

**gemmule** nf Bourgeon d'une plantule qui donnera la tige et les feuilles.

**gémonies** nf pl ANTIQ ROM Escalier du Capitole où l'on exposait les cadavres des suppliciés. ■ LITT **vouer aux gémonies :** poursuivre de sa haine, de son mépris.

**gênant, e** adj Qui gêne.

**gencive** nf Tissu recouvrant et protégeant la racine des dents.

**gendarme** n Militaire appartenant à la gendarmerie. ◆ nm **1.** Personne autoritaire. **2.** FIG Pays ou institution qui se veut le garant d'un certain équilibre ou joue un rôle régulateur : *cette nation a longtemps été le gendarme du monde.* **3.** ZOOL Punaise des bois.

**gendarmer (se)** vpr S'emporter, protester.

**gendarmerie** nf **1.** Corps militaire chargé de maintenir la sûreté publique. **2.** Caserne, bâtiments administratifs de ce corps militaire.

**gendre** nm Conjoint de l'un des enfants, par rapport aux parents de cet enfant.

**gène** nm BIOL Élément du chromosome, conditionnant la transmission et la manifestation d'un caractère héréditaire.

**gêne** nf Malaise physique, sentiment de contrainte, d'embarras. ■ **dans la gêne :** sans argent, avec peu d'argent. ❑ FAM **être sans gêne :** agir, prendre ses aises, sans se préoccuper des autres.

ORTHOGRAPHE Il ne faut pas confondre *la gêne* et *un gène.*

**gêné, e** adj **1.** Qui manifeste de la gêne : *sourire gêné.* **2.** Dans une situation financière difficile : *je suis un peu gêné en ce moment.*

**généalogie** nf **1.** Suite, dénombrement des membres d'une famille. **2.** Science qui recherche l'origine et la filiation des familles.

**généalogique** adj Relatif à la généalogie. ■ **arbre généalogique :** filiation d'un individu ou d'une famille.

**généalogiste** n Personne qui dresse les généalogies.

**génépi** nm **1.** Plante aromatique des montagnes. **2.** Liqueur faite avec cette plante.

**gêner** vt **1.** Causer une gêne physique ; incommoder : *ces chaussures trop étroites me gênent ; la fumée vous gêne ?* **2.** Entraver, perturber le fonctionnement de : *gêner la circulation.* **3.** Mettre à court d'argent : *cette* *dépense nous gêne ce mois-ci.* **4.** Causer une impression d'embarras, rendre confus : *son regard me gêne.* ◆ **se gêner** vpr (souvent à la forme négative) S'imposer une contrainte par discrétion ou timidité.

**1. général, e, aux** n Officier de l'armée de terre ou de l'air qui commande une brigade, une division, un corps d'armée, une armée. ◆ nm Supérieur de certains ordres religieux.

**2. général, e, aux** adj **1.** Qui s'applique à un ensemble de personnes, de choses : *intérêt général.* **2.** Du plus grand nombre : *consentement général ; grève générale.* **3.** Vague : *parler en termes généraux.* **4.** Dont le domaine englobe toutes les spécialités : *culture, médecine générale.* **5.** Qui coiffe l'ensemble d'un service, d'une administration : *inspecteur général.* ■ **d'une manière générale :** ordinairement. ❑ **répétition générale :** dernière répétition avant la représentation d'une pièce de théâtre. ◆ nm Ensemble des principes, des cas généraux (par opposition au *particulier*) : *distinguer le général du particulier.* ■ **en général :** le plus souvent.

**générale** nf **1.** VIEILLI Femme d'un général. **2.** Répétition générale.

**généralement** adv En général.

**généralisation** nf Action de généraliser ; fait d'être généralisé.

**généralisé, e** adj Qui implique la totalité d'un ensemble : *cancer généralisé.*

**généraliser** vt **1.** Rendre applicable à un ensemble de personnes, de choses : *généraliser une méthode.* **2.** (sans complément) Conclure du particulier au général. ◆ **se généraliser** vpr Devenir général ; se répandre.

**généralissime** nm Général en chef.

**généraliste** n Médecin de médecine générale (par opposition à *spécialiste*).

**généralité** nf **1.** Qualité de ce qui est général. **2.** Le plus grand nombre : *la généralité des cas.* ◆ **généralités** pl Notions vagues et imprécises sur un sujet : *s'en tenir aux généralités.*

**générateur, trice** adj Qui génère, produit, est la cause de. ◆ nm Appareil produisant du courant électrique à partir d'autres sources d'énergie.

**génération** nf **1.** Reproduction des êtres organisés. **2.** Ensemble des individus, des machines, etc., du même âge, de la même époque. **3.** Espace de temps séparant deux degrés de filiation. ■ **de génération en génération :** de père en fils, sans interruption.

**générationnel, elle** adj Propre à une génération ; relatif aux rapports entre générations.

**génératrice** nf **1.** ÉLECTR Générateur tournant, du type dynamo ou alternateur. **2.** GÉOM Ligne qui engendre une surface.

**générer** vt (conj 10) Être la cause de, produire, induire.

**généreusement** adv Avec générosité.

**généreux, euse** adj **1.** Qui donne largement : *se montrer généreux.* **2.** Dévoué, désintéressé : *les idéaux généreux des ONG.* **3.** LITT Fertile, fécond : *terre généreuse.* **4.** Abondant, copieux : *repas généreux.* ■ **formes généreuses :** rebondies, plantureuses. ❑ **vin généreux :** fort, de bonne qualité.

**générique** adj **1.** Qui appartient au genre, qui convient à un ensemble de personnes ou de choses : *caractère générique.* **2.** Relatif à un type de produit, sans considération de sa marque. ■ **médicament générique :** médicament dont la formule est tombée dans le domaine public et qui est vendu moins cher. ❑ **produit générique :** produit commercialisé sous la marque de son distributeur et non celle de son fabricant. ◆ nm **1.** Partie d'un film ou d'une émission de télévision indiquant les noms de ceux qui ont participé à leur réalisation. **2.** Médicament générique.

**génériqueur** nm Laboratoire pharmaceutique qui fabrique et commercialise des médicaments génériques.

**générosité** nf Qualité d'une personne généreuse.

**genèse** nf Processus de développement de quelque chose ; ensemble des faits ou des éléments qui ont concouru à la formation, la création de quelque chose : *la genèse d'un roman.*

**genêt** nm Arbrisseau à fleurs blanches ou jaunes.

**généticien, enne** n Spécialiste de génétique.

**génétique** nf Science de l'hérédité, fondée sur la théorie des gènes. ◆ adj Relatif à l'objet de cette science. ■ **maladies génétiques :** maladies transmises héréditairement par suite d'anomalies dans le nombre ou la forme des chromosomes.

**génétiquement** adv Du point de vue génétique.

**gêneur, euse** n Personne qui gêne ; importun.

**genevois, e** adj et n De Genève.

**genévrier** nm Arbuste à feuilles épineuses et à baies violettes.

**génial, e, aux** adj **1.** Qui a du génie, qui dénote du génie : *savant génial ; découverte géniale.* **2.** FAM Formidable, sensationnel : *une soirée géniale.*

**génie** nm **1.** MYTH Être surnaturel. **2.** Aptitude à créer qqch de nouveau et d'exceptionnel ; personne douée d'une telle aptitude : *femme de génie ; un génie méconnu.* **3.** Talent, goût pour qqch : *le génie des affaires.* **4.** Caractère distinct : *le génie d'une langue.* **5.** Corps de l'armée de terre affecté à l'aménagement des terrains et des voies de communication.

■ **bon génie, mauvais génie :** être qui a une influence bonne ou mauvaise sur qqn. ❑ **génie civil :** art des constructions civiles.

**genièvre** nm **1.** Genévrier ; son fruit. **2.** Eau-de-vie obtenue à l'aide de fruits du genévrier.

**génique** adj Relatif aux gènes. ■ **thérapie génique :** traitement de certaines maladies héréditaires par intervention sur le génome.

**génisse** nf Jeune vache n'ayant pas encore vêlé.

**génital, e, aux** adj Relatif à la reproduction des animaux et des êtres humains. ■ **organes génitaux :** organes sexuels.

**géniteur, trice** adj et n Qui engendre. ◆ **géniteurs** nm pl Parents.

**génitif** nm GRAMM Dans les langues à déclinaison, cas qui indique la dépendance, l'appartenance.

**génocide** nm Extermination d'un groupe ethnique, social ou religieux.

**1. génois** nm MAR Grand foc utilisé sur un voilier.

**2. génois, e** adj et n De Gênes.

**génoise** nf Gâteau fait de farine, de sucre, d'œufs et d'amandes.

**génome** nm Ensemble des gènes portés par les chromosomes de l'espèce.

**génomique** adj Relatif au génome. ◆ nf Science qui étudie le génome, les gènes.

**génotype** nm BIOL Ensemble des caractères héréditaires constitutionnels d'un individu ou d'une lignée (par opposition à *phénotype*).

**genou** nm **1.** Articulation de la jambe à la cuisse. **2.** MÉCAN Joint articulé. ■ **à genoux :** les genoux sur le sol. ❑ **être à genoux devant qqn :** être en adoration devant lui. ❑ FAM **être sur les genoux :** très fatigué.

**genouillère** nf Bande de tissu ou de cuir pour maintenir le genou.

**genre** nm **1.** Groupe d'êtres ou de choses caractérisés par des traits communs : *le genre humain.* **2.** Façon, manière : *genre de vie.* **3.** Catégorie à laquelle appartient une œuvre littéraire ou artistique : *le genre épique.* **4.** SC NAT Subdivision de la famille, elle-même composée d'espèces : *le loup est une espèce du genre chien.* **5.** DIDACT Dimension identitaire, historique, culturelle et symbolique des identités sexuées : *études de genre.* **6.** GRAMM Catégorie grammaticale spécifiant si un mot est masculin, féminin ou neutre. ■ DIDACT **identité de genre :** sentiment d'appartenance à un genre. ❑ **un genre de** (+ n) : une espèce de.

> GRAMMAIRE La notion de genre (masc/fém) ne recouvre pas la notion de sexe (homme/femme). *La sentinelle* peut être un homme ; *le successeur,* une femme.

**genré, e** adj SOCIOL **1.** Relatif au genre. **2.** PAR EXT Basé sur la distinction masculin-féminin telle qu'elle est inculquée : *jouets genrés.*

**1. gens** nm pl Personnes en nombre indéterminé : *des gens parlent.* ■ **gens de lettres :** écrivains. ❑ **gens de maison :** domestiques. ❑ LITT **gens de robe :** magistrats, avocats. ❑ **gens du voyage :** qui travaillent dans un cirque ambulant ; qui mènent une vie nomade.

> GRAMMAIRE *Gens,* nom masculin, se met au féminin si un adjectif le précède : *les gens heureux,* mais *les vieilles gens.*

**2. gens** [ʒɛ̃s] nf ANTIQ ROM Groupe composé de plusieurs familles portant le même nom.

**gent** nf LITT Race : *la gent canine.*

**gentiane** [ʒɑ̃sjan] nf Plante des pays tempérés, dont la racine est apéritive et tonique ; boisson faite avec cette racine.

**1. gentil** [ʒɑ̃ti] nm **1.** Pour les Hébreux, étranger. **2.** Pour les chrétiens, païen.

**2. gentil, ille** adj **1.** Aimable, bienveillant : *sois gentil avec elle.* **2.** Se dit d'un enfant qui se tient bien. **3.** Agréable, charmant. **4.** Dont on ne fait pas grand cas : *un livre gentil.* ■ FAM **une gentille somme :** une somme importante.

**gentilé** nm Dénomination des habitants d'un lieu (région, province, pays, continent).

**gentilhomme** [ʒɑ̃tijɔm] (pl *gentilshommes*) nm **1.** ANC Homme noble. **2.** LITT Homme distingué, délicat.

**gentilhommière** nf Habitation assez vaste et de caractère ancien, à la campagne.

**gentillesse** nf **1.** Qualité de quelqu'un de gentil, de doux. **2.** Parole gracieuse ; action, geste aimable.

**gentillet, ette** adj Assez gentil.

**gentiment** adv **1.** Avec gentillesse. **2.** SUISSE Tranquillement.

**gentleman** [dʒɛntləman] (pl *gentlemans* ou *gentlemen*) nm Homme qui connaît parfaitement les règles du savoir-vivre.

**gentry** [dʒɛntri] nf En Angleterre, ensemble des nobles non titrés.

**génuflexion** nf Action de fléchir le ou les genoux en signe de respect, de soumission.

**géode** nf Pierre ou roche creuse, tapissée intérieurement de cristaux.

**géodésie** nf Science qui a pour objet l'étude de la forme et des dimensions de la Terre.

**géographe** n Spécialiste de géographie.

**géographie** nf **1.** Science qui a pour objet la description de la Terre : *géographie physique, humaine.* **2.** Ensemble des caractères physiques et humains d'une région, d'un pays.

**géographique** adj Relatif à la géographie.

**geôle** [ʒol] nf LITT Prison, cachot.

**geôlier, ère** n LITT Gardien d'une prison.

**géolocalisation** nf Technique de détermination de la situation géographique précise d'un lieu ou, à un instant donné, d'une personne, d'un véhicule, d'un objet, etc.

**géolocaliser** vt Procéder à une géolocalisation.

**géologie** nf Science qui a pour objet la description des matériaux constituant le globe terrestre et l'étude des transformations actuelles et passées subies par la Terre.

**géologique** adj De la géologie.

**géologue** n Spécialiste de géologie.

**géomagnétisme** nm Magnétisme terrestre.

**géomancie** nf Divination basée sur l'interprétation de figures obtenues en jetant du sable sur une surface plane.

**géomètre** n **1.** Spécialiste des opérations de levés de terrains. **2.** Spécialiste de géométrie.

**géométrie** nf Discipline mathématique ayant pour objet l'étude rigoureuse de l'espace et des formes (figures et corps).

**géométrique** adj **1.** De la géométrie. **2.** D'une forme régulière, simple : *forme, dessin géométriques.*

**géomorphologie** nf Partie de la géographie physique qui a pour objet la description et l'explication du relief terrestre.

**géophysicien, enne** n Spécialiste de géophysique.

**géophysique** nf Étude de la structure d'ensemble du globe terrestre et des mouvements qui l'affectent.

**géopolitique** nf Étude des rapports entre les données géographiques naturelles et la politique des États.

**géorgien, enne** adj et n De Géorgie : *les Géorgiens.* ◆ nm Langue caucasienne parlée dans la république de Géorgie.

**géosphère** nf Partie minérale, non vivante, de la Terre, qui sert de support à l'ensemble des êtres vivants (elle comprend l'atmosphère, l'hydrosphère et la partie externe de la lithosphère).

**géostationnaire** adj Se dit d'un satellite qui paraît immobile vu de la Terre.

**géosynclinal** nm GÉOL Vaste fosse de l'écorce terrestre où s'entassent des sédiments.

**géothermie** nf Chaleur interne de la Terre.

**géothermique** adj Relatif à la géothermie.

**géotropisme** nm Orientation imposée à la croissance d'un organe végétal par la pesanteur.

**gérance** nf Fonction du gérant ; durée de cette fonction.

**géranium** nm Plante ornementale à fleurs rouges.

**gérant, e** n **1.** Personne qui dirige une affaire commerciale dont il n'est pas le propriétaire. **2.** Personne responsable de l'administration d'immeubles.

**gerbe** nf **1.** Botte de céréales liées et coupées. **2.** PAR EXT Bouquet de fleurs coupées. **3.** Ce qui évoque la forme d'un faisceau : *gerbe d'eau.*

**gerbera** [ʒɛrbera] nm Plante herbacée exploitée en horticulture pour ses fleurs.

**gerboise** nf Mammifère rongeur et sauteur.

**gerce** nf Fente dans une pièce de bois.

**gercement** nm Fait de se gercer.

**gercer** vt (conj 1) Faire de petites crevasses. ◆ vi ou **se gercer** vpr Se couvrir de petites crevasses : *la peau (se) gerce à l'air sec.*

**gerçure** nf Fente, fissure de la peau provoquée par le froid.

**gérer** vt (conj 10) **1.** Administrer en tant que gérant : *gérer une tutelle.* **2.** Assurer l'administration, l'organisation, le traitement d'un ensemble de marchandises, de données, etc. : *système qui gère une base de données.* **3.** Administrer au mieux malgré une situation difficile : *gérer la crise.*

**gerfaut** nm Faucon des régions arctiques.

**gériatre** n Spécialiste de gériatrie.

**gériatrie** nf Partie de la médecine qui étudie les maladies dues au vieillissement.

**1. germain, e** adj ■ **cousin germain :** issu du frère ou de la sœur du père ou de la mère. ❑ **cousin issu de germains :** né de cousins germains ou descendant d'un(e) cousin(e) germain(e).

**2. germain, e** adj et n De Germanie.

**germanique** adj Relatif à la Germanie, à l'Allemagne, en particulier à sa langue. ◆ nm Langue parlée autrefois en Allemagne.

**germanisation** nf Action de germaniser ; son résultat.

**germaniser** vt Rendre allemand.

**germanisme** nm Tournure propre à la langue allemande.

**germaniste** n Spécialiste de la langue, de la littérature germaniques.

**germanium** nm Métal analogue au silicium, utilisé dans la fabrication des transistors ; symb : Ge.

**germanophile** adj Favorable aux Allemands.

**germanophilie** nf Sympathie pour l'Allemagne et les Allemands.

**germanophobe** adj Hostile aux Allemands.

**germanophobie** nf Hostilité à l'égard de l'Allemagne et des Allemands.

**germanophone** adj et n De langue allemande.

**germe** nm **1.** Élément primitif d'où dérive tout être vivant (œuf, jeune embryon, plantule, spore, etc.). **2.** FIG Principe, origine de qqch : *le germe d'une maladie, d'une erreur.*

**germer** vi **1.** Commencer à pousser. **2.** FIG Se profiler, apparaître : *idée qui germe.*

**germinal** nm Septième mois du calendrier républicain (21 mars-19 avril).

**germination** nf Action de germer.

**germon** nm Thon de l'Atlantique (appelé aussi : *thon blanc*).

**gérondif** nm GRAMM Forme verbale en *-ant* précédée de la préposition *en* (EX : *en lisant*).

**gérontocratie** nf Pouvoir politique exercé par des personnes âgées.

**gérontologie** nf Étude des phénomènes de vieillissement.

**gérontologue** n Spécialiste de gérontologie.

**gésier** nm Dernière poche de l'estomac des oiseaux.

**gésir** vi (conj 32) LITT Être couché : *il gisait sur le sol.* ■ LITT **ci-gît** : ici repose (formule d'épitaphe).

**gesse** nf Plante grimpante. ■ **gesse odorante** : pois de senteur.

**gestation** nf **1.** État d'une femelle de mammifère qui porte son petit, appelé *grossesse* dans l'espèce humaine. **2.** FIG Période d'élaboration d'une œuvre intellectuelle ou artistique. ■ **gestation pour autrui (GPA)** : grossesse qu'une femme, la *mère porteuse*, mène pour une autre qui ne peut ni concevoir ni porter un enfant (interdite en France, la GPA est autorisée en Belgique et au Canada).

**1. geste** nm Mouvement du corps ou d'une partie du corps. ■ FIG **faire un geste** : une bonne action. ❑ **joindre le geste à la parole** : faire de suite ce qu'on vient de dire.

**2. geste** nf ■ **chanson de geste** : poème épique du Moyen Âge.

**gesticulation** nf Fait de gesticuler.

**gesticuler** vi **1.** Faire beaucoup de gestes. **2.** FIG S'agiter vainement, souvent par désarroi.

**gestion** [gɛstjɔ̃] nf Action de gérer, d'administrer : *gestion habile*.

**gestionnaire** adj Relatif à une gestion. ◆ n Gérant. ◆ nm INFORM Logiciel permettant le traitement, l'élaboration et la manipulation de données.

**gestuel, elle** adj Réalisé avec des gestes : *langage gestuel.* ◆ nf Ensemble des gestes considérés sur le plan de leur signification.

**geyser** [ʒezɛr] nm Source jaillissante d'eau chaude.

**ghetto** [gɛto] nm **1.** AUTREF Quartier d'une ville où les Juifs étaient tenus de résider. **2.** Lieu où une minorité vit séparée du reste de la société. **3.** FIG Milieu refermé sur lui-même : *ghetto culturel*.

**ghettoïsation** nf Ségrégation morale ou sociale à l'égard d'une communauté, d'une minorité.

**GI** [dʒiaj] nm inv (sigle de *Government Issue*) Soldat de l'armée américaine.

**gibbon** nm Singe à bras très longs.

**gibecière** nf Sacoche que l'on porte en bandoulière.

**gibelin, e** n et adj HIST En Italie, partisan de l'empereur romain germanique (par opposition aux *guelfes*).

**gibelotte** nf Fricassée de lapin au vin blanc.

**giberne** nf VX Poche à cartouches.

**gibet** nm Potence.

**gibier** nm **1.** Animal que l'on chasse afin de le manger : *gibier à poil, à plume.* **2.** Viande de l'animal chassé : *adorer le gibier.* **3.** FAM Personne poursuivie ou recherchée : *les policiers traquent leur gibier.* ■ FIG **gibier de potence** : personne peu recommandable.

**giboulée** nf Pluie, chute de grêle ou de neige soudaine et de peu de durée.

**giboyeux, euse** [ʒibwajø, øz] adj Abondant en gibier : *plaine giboyeuse*.

**gibus** [ʒibys] nm et adj ANC Chapeau haut-de-forme à ressort.

**giclée** nf Jet d'un liquide qui gicle.

**giclement** nm Action de gicler.

**gicler** vi Jaillir en éclaboussant : *l'eau a giclé*.

**gicleur** nm Pièce d'un carburateur servant à limiter l'arrivée d'essence dans un moteur.

**gif** nm (sigle de *graphics interchange format*) Format d'image numérique très utilisé sur Internet. ■ **gif animé** : petite animation obtenue à partir d'une succession d'images d'un fichier gif qui reviennent en boucle.

**gifle** nf Coup donné avec la main ouverte, sur la joue.

**gifler** vt Donner une gifle à.

**giga** nm (abréviation) Gigaoctet.

**gigantesque** adj **1.** Extrêmement grand : *taille gigantesque.* **2.** FIG Qui dépasse la mesure : *erreur gigantesque*.

**gigantisme** nm **1.** Développement anormal du corps ou de certaines de ses parties : *être atteint de gigantisme.* **2.** Développement excessif : *gigantisme d'une entreprise*.

**gigaoctet** nm Unité de mesure équivalant à $2^{30}$ octets.

**gigogne** adj Se dit d'objets qui s'emboîtent les uns dans les autres : *des lits gigognes*.

**gigolo** nm FAM Homme jeune se faisant entretenir par une personne plus âgée que lui.

**gigot** nm Cuisse de mouton, d'agneau ou de chevreuil, préparée pour la table. ■ **manche gigot** : manche de vêtement dont la partie supérieure est bouffante.

**gigotement** nm FAM Action de gigoter.

**gigoter** vi FAM Remuer les jambes, s'agiter beaucoup.

**1. gigue** nf Musique et danse vives, d'origine anglaise.

**2. gigue** nf Cuisse de chevreuil. ■ FAM **grande gigue** : fille grande et maigre.

**gilet** nm **1.** Vêtement court et sans manches, boutonné sur le devant. **2.** Tricot ouvert devant, à manches longues. SYN : cardigan.

**gin** [dʒin] nm Eau-de-vie de grain anglaise.

**gin-fizz** nm inv Cocktail composé de gin et de jus de citron.

**gingembre** nm Plante aromatique originaire d'Asie ; rhizome de cette plante.

**gingival, e, aux** adj Des gencives.

**gingivite** nf Inflammation des gencives.

**ginseng** [ʒinsɑ̃g] nm Plante d'Asie dont la racine est utilisée pour ses vertus tonifiantes.

**giorno (a)** [adʒjɔrno] loc adv Se dit d'un éclairage comparable à la lumière du jour.

**girafe** nf Mammifère ruminant d'Afrique, au cou très long, dont il existe 4 espèces.

**girafeau** ou **girafon** nm Petit de la girafe.

**girandole** nf **1.** Chandelier à plusieurs branches. **2.** Gerbe tournante d'un feu d'artifice.

**giratoire** adj Se dit d'un mouvement circulaire. ■ **sens giratoire** : sens obligatoire des véhicules autour d'un rond-point.

**girl** [gœrl] nf (anglicisme) Danseuse faisant partie d'une troupe de music-hall, de revue, etc.

**girofle** nm ■ **clou de girofle** : bouton desséché du giroflier, utilisé comme condiment.

**giroflée** nf Plante vivace ornementale.

**giroflier** nm Arbre tropical fournissant le clou de girofle.

**girolle** nf Champignon comestible à chapeau jaune d'or . SYN : chanterelle.

**giron** nm VX Partie qui s'étend de la ceinture aux genoux, quand on est assis. ■ FIG **dans le giron de** : au sein de, sous la protection de.

**girondin, e** adj et n **1.** De la Gironde. **2.** HIST Qui appartient au parti des Girondins.

**girouette** nf **1.** Plaque mobile autour d'un axe vertical pour indiquer la direction du vent. **2.** FIG Personne versatile dans ses choix, ses opinions.

**gisant** nm Statue funéraire représentant un mort couché.

**gisement** nm Accumulation de minéraux susceptible d'être exploitée : *gisement d'uranium*.

**gitan, e** adj et n Relatif aux Gitans, l'un des trois groupes formant les Tsiganes.

**1. gîte** nm **1.** LITT Lieu où l'on demeure, où l'on loge : *rentrer à son gîte*. **2.** Abri du lièvre. **3.** BOUCH Morceau de la jambe ou de l'avant-bras du bœuf. ■ **gîte rural** : maison située à la campagne et aménagée selon certaines normes pour recevoir des vacanciers.

**2. gîte** nf Inclinaison d'un navire sous l'effet du vent.

**1. gîter** vi Avoir son gîte, en parlant d'un lièvre.

**2. gîter** vi MAR Donner de la gîte, de la bande, en parlant d'un bateau.

**givrage** nm Dépôt de givre sur un avion en vol.

**givrant, e** adj Qui provoque la formation de givre.

**givre** nm Condensation de brouillard en couches de glace sur les arbres, les fils électriques, etc.

**givré, e** adj **1.** Couvert de givre. **2.** FAM Fou. ■ **citron, orange givrés** : dont l'intérieur est fourré de sorbet aromatisé avec la pulpe du fruit.

**givrer** vt Couvrir de givre.

**givreux, euse** adj Défectueuse, en parlant d'une pierre précieuse.

**glabelle** nf ANAT Espace nu compris entre les sourcils.

**glabre** adj SOUT Sans poils, sans barbe.

**glaçage** nm Action de glacer, de donner un aspect glacé, brillant à ; couche brillante : *glaçage des photos ; glaçage au chocolat.*

**glaçant, e** adj Qui glace, rebute par sa froideur.

**1. glace** nf **1.** Eau congelée. **2.** Crème sucrée, aromatisée et congelée : *glace au café*. ■ **être, rester de glace** : insensible, imperturbable. ❑ CANADA **glace noire** : fine couche de glace presque invisible sur la chaussée. ❑ **rompre la glace** : faire cesser la contrainte, la gêne du premier contact. ❑ **sucre glace** : très fin.

**2. glace** nf **1.** Plaque de verre poli transparente ; vitre. **2.** Plaque de verre rendue réfléchissante par le dépôt d'une couche de tain ; miroir ainsi obtenu.

**glacé, e** adj **1.** Durci par le froid : *terre glacée*. **2.** Très froid : *mains glacées*. **3.** FIG Hostile, indifférent : *accueil glacé*. **4.** Qui a subi un glaçage ; brillant : *papier glacé ; marrons glacés*.

**glacer** vt (conj 1) **1.** Solidifier un liquide par le froid ; abaisser beaucoup la température de. **2.** Causer une impression de froid : *le vent m'a glacé*. **3.** FIG Paralyser, intimider : *son aspect me glace*. **4.** Recouvrir d'une couche lisse et brillante : *glacer du papier, des étoffes ; glacer des gâteaux avec du sucre*.

**glaciaire** adj Des glaciers : *érosion glaciaire*. ■ **période glaciaire** : période géologique caractérisée par le développement des glaciers.

**glacial, e, als** ou **aux** adj Très froid.

**glaciation** nf Période durant laquelle une région a été recouverte par les glaciers.

**1. glacier** nm Accumulation de neige transformée en glace dans les montagnes.

**2. glacier** nm Personne qui prépare ou vend des glaces, des sorbets.

**glacière** nf **1.** Garde-manger refroidi par de la glace. **2.** FIG, FAM Lieu très froid.

**glaciologie** nf Étude scientifique des glaciers.

**glacis** nm **1.** Pente pour l'écoulement des eaux pluviales. **2.** En peinture, couleur claire et transparente, appliquée par couches successives.

**glaçon** nm **1.** Morceau de glace. **2.** FAM Personne froide et distante.

**gladiateur** nm ANTIQ ROM Celui qui combattait dans les jeux du cirque.

**glaïeul** [glajœl] nm Plante à bulbe, à fleurs ornementales.

**glaire** nf **1.** Matière blanchâtre et gluante, sécrétée par les muqueuses. **2.** Blanc d'œuf cru.

**glaireux, euse** adj De la nature de la glaire ; visqueux.

**glaise** nf Terre argileuse dont on fait les tuiles et la poterie.

**glaiseux, euse** adj De la nature de la glaise : *sol glaiseux*.

**glaive** nm Épée courte à deux tranchants. ■ FIG **le glaive et la balance :** la justice et ses exécutants.

**glanage** nm Action de glaner.

**gland** nm **1.** Fruit du chêne. **2.** Passementerie en forme de gland. **3.** Extrémité de la verge.

**glande** nf **1.** Organe dont la fonction est de produire une sécrétion. **2.** FAM Ganglion lymphatique.

**glander** ou **glandouiller** vi TRÈS FAM Rester à ne rien faire.

**glandulaire** ou **glanduleux, euse** adj Relatif aux glandes : *maladie glandulaire*.

**glaner** vt **1.** Ramasser les épis qui restent sur le sol après la moisson. **2.** Récupérer de la nourriture à la fin des marchés ou dans les poubelles des supermarchés.

**glaneur, euse** n Personne qui glane.

**glapir** vi **1.** Pousser des cris aigus et brefs, en parlant du renard, du petit chien. **2.** FIG Crier d'une voix aiguë.

**glapissant, e** adj Qui glapit.

**glapissement** nm Cri aigu.

**glas** [gla] nm Tintement d'une cloche qui annonce la mort ou les obsèques de quelqu'un.

**glasnost** nf HIST En URSS, politique de vérité et de transparence qui accompagnait la perestroïka.

**glatir** vi Pousser son cri, en parlant de l'aigle.

**glaucome** nm MÉD Maladie de l'œil caractérisée par une augmentation de la pression interne.

**glauque** adj **1.** D'un vert tirant sur le bleu : *mer glauque*. **2.** FAM Lugubre, sinistre : *lumière glauque ;* louche, sordide : *ambiance glauque*.

**glèbe** nf LITT Sol en culture.

**glissade** nf Action de glisser.

**glissant, e** adj Sur quoi l'on glisse facilement : *sol glissant*.

**glisse** nf Capacité d'un matériel ou d'un sportif à glisser sur une surface. ■ **sports de glisse :** sports où l'on glisse sur la neige, sur la glace ou sur l'eau.

**glissement** nm **1.** Action de glisser. **2.** Mouvement de ce qui glisse : *glissement de terrain*. **3.** FIG Passage progressif d'un état à un autre.

**glisser** vi **1.** Se déplacer d'un mouvement continu sur une surface lisse. **2.** Perdre l'équilibre, déraper : *glisser sur du verglas*. ■ **glisser des mains :** échapper des mains. ❑ **glisser sur les détails :** ne pas s'attarder dessus. ◆ vt **1.** Introduire : *glisser une carte dans sa poche*. **2.** Dire furtivement : *glisser un mot à qqn*. ◆ **se glisser** vpr S'introduire subrepticement.

**glisser-déposer** nm inv Déplacement d'un élément d'un endroit à l'autre d'un écran d'ordinateur ; modification ainsi réalisée.

**glissière** nf Rainure de glissement : *fermeture à glissière*. ■ **glissière de sécurité :** poutre métallique bordant une route ou une autoroute afin d'empêcher un véhicule d'en sortir.

**glissoire** nf Chemin de glace sur lequel on s'amuse à glisser.

**global, e, aux** adj **1.** Considéré dans sa totalité, dans son ensemble : *prix global ; vue globale*. **2.** ÉCON Relatif à une activité exercée à l'échelle planétaire.

**globalement** adv De façon globale ; dans l'ensemble.

**globaliser** vt Réunir en un tout, présenter d'une manière globale.

**globalité** nf Caractère global de quelque chose.

**globe** nm **1.** Corps sphérique : *globe oculaire*. **2.** Enveloppe en verre de forme sphérique : *globe d'une lampe*. ■ **globe terrestre, céleste :** sphère sur laquelle est dessinée une carte de la Terre, du ciel. ❑ **le globe terrestre :** la Terre. ❑ **mettre sous globe :** mettre à l'abri.

**globe-trotteur, euse** (pl *globe-trotteurs, euses*) n Personne qui parcourt le monde.

**globulaire** adj ■ **numération globulaire :** dénombrement des globules rouges et blancs du sang.

**globule** nm Cellule du sang et de la lymphe : *globule blanc, rouge*.

**globuleux, euse** adj ■ **yeux globuleux :** dont le globe est très saillant.

**gloire** nf **1.** Renommée éclatante, célébrité : *chercher la gloire.* **2.** Mérite : *la gloire en revient aux sauveteurs.* ■ **pour la gloire :** sans profit matériel.

**glorieusement** adv Avec gloire.

**glorieux, euse** adj **1.** Qui s'est acquis de la gloire : *glorieux soldats.* **2.** Qui procure de la gloire : *victoire glorieuse.*

**glorification** nf Action de glorifier.

**glorifier** vt Honorer, rendre gloire à : *on glorifie le succès.* ◆ **se glorifier** vpr [de] Se faire gloire de, se vanter de.

**gloriole** nf Vanité.

**glose** nf **1.** Explication, commentaire d'un texte. **2.** (surtout au pluriel) Critique ; commentaire oiseux : *des gloses de commère.*

**gloser** vt ind [sur] Commenter, critiquer qqn, qqch. ◆ vt Éclaircir un texte par une glose, un commentaire.

**glossaire** nm Dictionnaire, lexique de mots peu connus, à la fin d'un ouvrage.

**glotte** nf Orifice du larynx.

**glottophobie** nf Forme de discrimination à l'encontre des personnes dont l'usage de la langue (lexique, syntaxe, accent, etc.) est jugé incorrect, mauvais, voire inférieur.

**glouglou** nm FAM Bruit d'un liquide s'écoulant d'une bouteille, d'un conduit.

**glouglouter** vi **1.** FAM Produire un bruit de glouglou : *l'eau coule en glougloutant.* **2.** En parlant du dindon, pousser son cri.

**gloussement** nm Action de glousser.

**glousser** vi **1.** Appeler ses petits, en parlant d'une poule. **2.** FAM Rire à petits cris : *enfants qui gloussent.*

**glouton, onne** adj et n Qui mange avec avidité. ◆ nm Mammifère carnivore des pays froids, voisin de la martre.

**gloutonnement** adv D'une manière gloutonne.

**gloutonnerie** nf Comportement d'une personne gloutonne.

**glu** nf Colle végétale qui sert à prendre les oiseaux.

**gluant, e** adj **1.** Qui a la consistance, l'aspect de la glu ; visqueux. **2.** Collant, poisseux : *mains gluantes.*

**glucide** nm Substance organique énergétique constituée de carbone, d'hydrogène et d'oxygène (appelée aussi : *hydrate de carbone*).

**glucose** nm Sucre contenu dans certains fruits (raisin) et entrant dans la composition de presque tous les glucides.

**glutamate** nm Sel d'un acide aminé présent dans les tissus nerveux.

**gluten** [glytɛn] nm Matière visqueuse azotée de la farine des céréales.

**glycémie** nf Taux de glucose dans le sang.

**glycémique** adj Relatif à la glycémie. ■ **index ou indice glycémique (IG) :** mesure qui permet de classer les aliments selon leur capacité à élever plus ou moins rapidement le taux de glucose dans le sang (la glycémie).

**glycérine** nf Liquide incolore, sirupeux, extrait des corps gras.

**glycine** nf Plante grimpante aux longues grappes de fleurs souvent mauves.

**glycoprotéine** nf Substance constituée d'une protéine combinée à un glucide.

**glycosurie** [glikɔzyri] nf Présence de sucre dans les urines, symptôme de diabète.

**glyphosate** nm Herbicide chimique puissant, toxique pour l'environnement.

**glyptique** nf Art de graver les pierres fines.

**glyptodon** ou **glyptodonte** nm Mammifère fossile gigantesque, à carapace osseuse.

**GMT** (sigle de *Greenwich mean time*) Heure moyenne par rapport à la ville de Greenwich.

**gnangnan** adj FAM Mou, lent et geignard.

**gneiss** [gnɛs] nm Roche composée de feldspath, de mica et de quartz.

**gnocchi** [ɲɔki] nm Boulette à base de semoule ou de pommes de terre, servie gratinée ou accompagnée de sauce tomate.

**gnognote** ou **gnognotte** nf FAM ■ **c'est de la gnognote :** c'est sans valeur, négligeable.

**gnôle** ou **gniole** [ɲol] nf FAM Eau-de-vie.

**gnome** [gnom] nm **1.** Dans le folklore européen, petit génie difforme qui vit sous terre. **2.** Homme de petite taille et difforme.

**gnomon** [gnomɔ̃] nm Cadran solaire.

**gnon** [ɲɔ̃] nm FAM Coup.

**gnose** [gnoz] nf Doctrine religieuse ésotérique.

**gnou** [gnu] nm Antilope d'Afrique.

**go (tout de)** loc adv FAM Immédiatement, sans façon.

**GO** nf pl (sigle) Grandes ondes.

**goal** [gol] nm Gardien de but.

**gobelet** nm Verre évasé sans pied ni anse.

**gobe-mouches** nm inv Passereau se nourrissant d'insectes en vol.

**gober** vt **1.** Avaler sans mâcher : *gober un œuf, une huître.* **2.** FAM Croire naïvement : *elle gobe n'importe quoi.* ■ FAM **ne pas (pouvoir) gober qqn :** ne pas pouvoir le supporter.

**goberger (se)** vpr (conj 2) FAM Se prélasser, prendre ses aises.

**godailler** vi Faire des faux plis.

**godasse** nf FAM Chaussure.

**godelureau** nm FAM Jeune homme qui fait l'intéressant.

**goder** vi Faire des plis ou des faux plis.

**godet** nm Petit récipient servant à divers usages : *godet à peinture.* ■ **à godets :** qui forme des plis : *jupe à godets.*

**godiche** adj et nf FAM Benêt, maladroit

**godille** nf **1.** Aviron à l'arrière d'une barque : *avancer à la godille.* **2.** Suite de virages rapprochés effectués à ski le long de la ligne de pente : *descendre en godille.*

**godiller** vi **1.** Faire avancer une embarcation à la godille. **2.** À ski, descendre en godille.

**godillot** nm FAM Grosse chaussure de marche.

**goéland** nm Oiseau palmipède des littoraux.

**goélette** nf Voilier rapide et léger à deux mâts.

**goémon** nm Varech.

**gogo** nm FAM Personne facile à duper, crédule.

**gogo (à)** loc adv FAM À discrétion, abondamment.

**goguenard, e** adj et n Moqueur, ironique.

**goguenardise** nf Attitude moqueuse.

**goguette** nf ■ FAM **en goguette :** (a) gai, un peu ivre (b) décidé à faire la fête.

**goï** adj et n → **goy.**

**goinfre** adj et n FAM Qui mange beaucoup, avidement et salement.

**goinfrer (se)** vpr FAM Manger comme un goinfre.

**goinfrerie** nf FAM Comportement du goinfre.

**goitre** nm Grosseur au cou due à une hypertrophie de la glande thyroïde.

**goitreux, goitreuse** adj De la nature du goitre. ◆ n Qui a un goitre.

**goji** nm Baie rouge orangé comestible, produite par un arbuste, le *lyciet.*

**golden** [gɔldɛn] nf Pomme à chair farineuse et à peau jaune.

**golf** nm **1.** Jeu qui consiste à envoyer une balle dans une série de trous répartis sur un terrain. **2.** Terrain de golf. ■ **golf miniature :** jeu imitant le golf, pratiqué sur de petites aires semées d'obstacles. SYN : minigolf.

**golfe** nm Vaste avancée de mer à l'intérieur des terres.

**golfeur, euse** n Personne qui pratique le golf.

**golmote** ou **golmotte** nf Amanite rougeâtre ou vineuse.

**Gomina** nf (nom déposé) Pommade pour lisser et faire briller les cheveux.

**gominé, e** adj Se dit de cheveux recouverts de Gomina.

**gommage** nm Action de gommer.

**gomme** nf **1.** Petit bloc de caoutchouc servant à effacer l'encre, le crayon, etc. **2.** Substance visqueuse et transparente qui suinte du tronc de certains arbres. ■ FAM **à la gomme :** inintéressant, sans valeur. ❑ **gomme arabique :** substance végétale utilisée pour coller. ❑ FAM **mettre toute la gomme :** se dépêcher, forcer l'allure.

**gommé, e** adj Enduit d'une couche de gomme adhésive qu'on mouille pour fermer ou coller : *enveloppe, papier gommés.*

**gommer** vt **1.** Effacer avec une gomme. **2.** FIG Atténuer, tendre à faire disparaître.

**gommette** nf Petite pastille de couleur, en papier gommé, pour décorer.

**gommier** nm Arbre produisant une gomme.

**gonade** nf Glande sexuelle qui produit les gamètes et sécrète des hormones.

**goncourable** adj et n Susceptible de recevoir le prix Goncourt.

**gond** nm Pièce sur laquelle pivote un battant de porte ou de fenêtre. ■ FAM **sortir de ses gonds :** s'emporter.

**gondolage** ou **gondolement** nm Action de gondoler ; fait de se gondoler.

**gondole** nf Long bateau plat, à un seul aviron, en usage à Venise.

**gondoler** vi ou **se gondoler** vpr Se gonfler, se bomber : *plancher qui (se) gondole.* ◆ vpr FAM Se tordre de rire.

**gondolier** nm Celui qui conduit une gondole : *les gondoliers vénitiens.*

**gonflable** adj Qui prend sa forme par gonflage : *bateau gonflable.*

**gonflage** nm Action de gonfler.

**gonflant, e** adj **1.** Qui gonfle : *coiffure gonflante.* **2.** FAM Agaçant.

**gonflé, e** adj **1.** Empli : *gonflé d'air.* **2.** Enflé, boursouflé : *main gonflée.* **3.** FAM Téméraire, culotté : *il est gonflé de dire ça !*

**gonflement** nm État de ce qui est gonflé.

**gonfler** vt **1.** Distendre, faire enfler : *gonfler un ballon.* **2.** Grossir le volume de : *la pluie a gonflé le torrent.* **3.** Grossir à dessein, exagérer : *gonfler des chiffres.* **4.** TRÈS FAM Ennuyer, exaspérer : *tu me gonfles !* ◆ vi Augmenter de volume, enfler : *genou qui gonfle.* ◆ **se gonfler** vpr Se remplir, augmenter de volume : *ballon qui se gonfle.*

**gonflette** nf FAM (souvent péjoratif) Exercice de musculation visant à donner un important volume musculaire ; musculature ainsi développée.

**gonfleur** nm Appareil pour gonfler.

**gong** [gɔ̃g] nm Disque de métal ou de bronze que l'on fait vibrer à l'aide d'un maillet.

**goniomètre** nm Instrument pour mesurer les angles sur le terrain.

**gonocoque** nm Microbe spécifique de la blennorragie.

**gonzesse** nf FAM Femme, jeune fille.

**googliser** ou **googler** [gu-] vt Rechercher des informations (sur qqn, notamm.) en utilisant le moteur de recherche Google.

**gordien** adj m ■ LITT **trancher le nœud gordien :** résoudre une difficulté de façon violente ou brutale.

**goret** nm **1.** Jeune porc. **2.** FAM Enfant, personne malpropre.

**Gore-Tex** nm (nom déposé) Fibre textile synthétique imperméable.

**gorge** nf **1.** Partie antérieure du cou : *couper la gorge.* **2.** Partie intérieure du cou, gosier : *mal de gorge.* **3.** LITT Poitrine d'une femme. **4.** Passage escarpé entre deux montagnes ; vallée étroite et encaissée : *les gorges du Tarn.* ■ **faire des gorges chaudes de :** se moquer de. ❑ **prendre qqn à la gorge :** (a) le faire suffoquer (b) FIG l'avoir à sa merci. ❑ **rendre gorge :** rendre par force ce qu'on a obtenu par des moyens douteux ou illicites. ❑ **rire à gorge déployée :** sans retenue.

**gorgé, e** adj Qui contient trop de quelque chose, qui déborde : *sol gorgé d'eau.*

**gorge-de-pigeon** adv inv Couleur à reflets changeants.

**gorgée** nf Petite quantité de liquide qu'on peut avaler en une seule fois : *gorgée de vin.*

**gorgone** nf Animal des mers chaudes formant des colonies arborescentes de polypes.

**gorgonzola** nm Fromage italien à moisissures.

**gorille** nm Singe anthropoïde de grande taille, originaire de l'Afrique équatoriale.

**gosier** nm **1.** Partie interne du cou comprenant le pharynx et l'entrée du larynx. **2.** FAM Gorge : *chanter à plein gosier.*

**gospel** nm Chant religieux des Afro-Américains.

**gosse** n FAM Enfant.

**gotha** n Ensemble de personnalités de la politique, du spectacle, de la mode, très en vue dans les médias.

**gothique** adj BX-ARTS Caractérisé par l'usage rationnel de la croisée d'ogives, l'élévation des voûtes et l'agrandissement des ouvertures ; propre à ce style : *église gothique.* ◆ nm Art, architecture de style gothique (du XII^e s. à la Renaissance). ◆ adj et n Se dit d'un mouvement à l'esthétique romantique et macabre, issu de la contre-culture punk ; adepte de ce mouvement.

**gotique** nm Langue germanique orientale parlée jadis par les Goths.

**gouache** nf Peinture à l'eau : *portrait à la gouache.*

**gouaille** nf FAM Attitude moqueuse et insolente ; verve populaire : *repartie pleine de gouaille.*

**gouailleur, euse** adj FAM Moqueur, railleur.

**gouape** nf ARG Voyou, vaurien.

**gouda** nm Fromage de Hollande.

**goudron** nm Résidu de la distillation du charbon, servant au revêtement des routes.

**goudronnage** nm Action de goudronner ; son résultat.

**goudronner** vt Enduire, recouvrir de goudron.

**goudronneuse** nf Machine à goudronner.

**goudronneux, euse** adj De la nature du goudron.

**gouffre** nm **1.** Abîme, trou très profond. **2.** FIG Ce qui engloutit de grandes sommes d'argent : *ce procès est un véritable gouffre.*

**gouge** nf Ciseau de menuisier, de sculpteur, etc., à lame creuse.

**gougère** nf Pâtisserie en pâte à chou salée additionnée d'œuf et de gruyère et cuite au four.

**gouine** nf TRÈS FAM, INJUR Homosexuelle.

**goujat** nm Homme grossier, mal élevé.

**goujaterie** nf Caractère, action d'un goujat.

**1. goujon** nm TECHN Cheville de fer.

**2. goujon** nm Petit poisson de rivière : *friture de goujons.*

**goujonner** vt TECHN Fixer avec des goujons.

**goulache** ou **goulasch** nm Ragoût de bœuf d'origine hongroise, assaisonné au paprika.

**goulag** nm HIST Camp de travail forcé, en URSS.

**goule** nf Démon femelle qui, dans les légendes orientales, suce le sang des vivants et dévore les cadavres.

**goulet** nm Entrée étroite d'un port, d'une rade : *le goulet de Brest.*

**gouleyant, e** adj ■ **vin gouleyant :** frais et léger.

**goulot** nm **1.** Col étroit d'un vase, d'une bouteille. **2.** FIG Lieu de passage encombré de personnes, de véhicules.

**goulu, e** adj et n Qui mange avec avidité ; glouton, goinfre.

**goulûment** adv De façon goulue.

**goupil** [gupi] ou [gupil] nm LITT Renard.

**goupille** nf Cheville ou broche métallique.

**goupiller** vt **1.** Fixer avec des goupilles : *goupiller un axe.* **2.** FAM Arranger quelque chose, combiner. ◊ vpr : *affaire qui se goupille mal.*

**goupillon** nm **1.** Brosse cylindrique à long manche, pour nettoyer les bouteilles, les biberons. **2.** Instrument liturgique pour asperger d'eau bénite. ■ FAM **le sabre et le goupillon :** l'armée et l'Église.

**gourbi** nm FAM Habitation négligée, mal tenue.

**gourd, e** adj Engourdi par le froid : *avoir les doigts gourds.*

**1. gourde** nf Récipient portatif pour conserver la boisson. ◆ adj et nf FAM Niais, sot : *ce qu'il peut avoir l'air gourde !*

**2. gourde** nf Unité monétaire d'Haïti.

**gourdin** nm Gros bâton court.

**gourer (se)** vpr FAM Se tromper.

**gourgandine** nf FAM, VX Prostituée.

**gourmand, e** adj et n Qui aime manger de bonnes choses et en grande quantité. ■ **café gourmand :** café accompagné de petites pâtisseries, servi en dessert au restaurant.

**gourmandise** nf **1.** Caractère, défaut du gourmand. **2.** Sucrerie, friandise : *aimer les gourmandises.*

**gourme** nf **1.** MÉD, VX Impétigo. **2.** Maladie contagieuse des poulains. ■ FIG, VIEILLI **jeter sa gourme :** commencer à se dévergonder.

**gourmé, e** adj LITT Affecté, guindé : *air gourmé.*

**gourmet** nm Personne qui apprécie les vins, la bonne cuisine : *fin gourmet.*

**gourmette** nf Bracelet à mailles plus ou moins larges.

**gourou** n **1.** Maître spirituel hindou. **2.** Personne qui dirige une secte. **3.** PAR PLAIS Maître à penser.

**gousse** nf Fruit des légumineuses, formé de deux cosses et de graines : *gousse de petits pois, de vanille.* ■ **gousse d'ail :** tête ou partie de tête d'ail.

**gousset** nm **1.** Petite poche placée dans la ceinture d'un pantalon. **2.** Poche du gilet. ■ FIG **avoir le gousset vide :** être sans argent.

**goût** nm **1.** Sens qui permet de discerner les saveurs : *la langue est l'organe du goût.* **2.** Saveur d'un aliment, d'une boisson : *goût sucré.* **3.** Élégance, raffinement : *être habillé avec goût.* **4.** Sentiment de ce qui est beau, esthétique : *homme de goût.* **5.** Attirance, penchant : *avoir du goût pour la musique.* ■ **au goût du jour :** en accord avec la mode. ❑ FAM **dans ce goût-là :** de cette sorte. ❑ **de bon goût :** raffiné. ❑ **de mauvais goût :** grossier.

**1. goûter** vt **1.** Apprécier par le goût : *goûter un plat.* **2.** FIG, LITT Aimer, apprécier : *goûter le silence.* ◆ vt ind [à] **1.** Manger une petite quantité d'un plat afin de juger de son goût : *j'ai goûté à la soupe, elle est trop salée.* **2.** Essayer, expérimenter : *goûter aux joies du ski.* ◆ vi Faire un léger repas dans l'après-midi : *nous goûtons à cinq heures.*

**2. goûter** nm Collation dans l'après-midi.

**goûteur, euse** n Personne chargée de goûter un plat, une boisson.

**goûteux, euse** adj Qui a du goût, ou qui a bon goût : *un plat goûteux.*

**1. goutte** nf **1.** Petite quantité de liquide de forme sphérique : *gouttes de pluie.* **2.** Petite quantité de boisson : *boire une goutte de vin.* **3.** FAM Eau-de-vie : *un verre de goutte.* ■ **goutte froide :** masse d'air froid venant des pôles qui prend naissance en altitude, s'installe dans une région et qui, au contact de l'air plus chaud au sol, provoque des précipitations. ❑ **se ressembler comme deux gouttes d'eau :** être identiques. ◆ **gouttes** pl Médicament à prendre sous forme de gouttes. ◆ **ne... goutte** loc adv LITT Ne... rien : *n'y voir goutte.*

**2. goutte** nf Affection caractérisée par des troubles articulaires, due à l'accumulation de l'acide urique dans l'organisme.

**goutte-à-goutte** nm inv Appareil médical permettant de régler le débit d'une perfusion ; cette perfusion.

<u>ORTHOGRAPHE</u> Ne pas confondre le *goutte-à-goutte* et s'écouler *goutte à goutte.*

**gouttelette** nf Petite goutte.

**goutter** vi Laisser tomber des gouttes.

**goutteux, euse** adj et n MÉD Relatif à la goutte ; atteint de la goutte.

**gouttière** nf **1.** Conduite placée à la base du toit pour recueillir les eaux de pluie. **2.** Appareil pour immobiliser et soutenir un membre fracturé. ■ **chat de gouttière :** sans race. ❑ **gouttière dentaire :** appareil d'orthodontie semi-circulaire, en plastique souple et amovible.

**gouttiner** v impers BELGIQUE Pleuvoir légèrement ; bruiner : *rentre, il gouttine.*

**gouvernable** adj Que l'on peut gouverner.

**gouvernail** nm Appareil à l'arrière d'un navire, d'un avion, d'un ballon et qui sert à le gouverner, à le diriger : *des gouvernails.*

**gouvernance** nf Action, manière de gouverner, d'administrer.

**gouvernant, e** adj Qui gouverne. ◆ **gouvernants** nm pl Ceux qui gouvernent un État.

**gouvernante** nf **1.** Femme chargée de l'éducation d'un enfant. **2.** Femme qui s'occupe du ménage d'une personne seule.

**gouverne** nf Ensemble des organes d'un avion permettant de le diriger, de le gouverner. ■ LITT **pour ma (ta, sa) gouverne :** pour me (te, lui) servir de règle de conduite.

**gouvernement** nm **1.** Action de gouverner, d'administrer. **2.** Constitution politique : *gouvernement républicain.* **3.** Organe dirigeant d'un État : *entrer au gouvernement.*

**gouvernemental, e, aux** adj Du gouvernement.

**gouverner** vt **1.** Exercer l'autorité politique : *gouverner un pays.* **2.** Commander ; régir : *les mobiles qui gouvernent nos actes.* **3.** Diriger à l'aide d'un gouvernail : *gouverner une barque.* ◆ vi MAR Obéir au gouvernail.

**gouverneur** nm Haut fonctionnaire chargé de gouverner un territoire, une province.

**goy** [gɔj] (pl *goys* ou *goyim*) ou **goï** (pl *goïs* ou *goïm*) adj et n Terme par lequel les juifs désignent les non-juifs.

**goyave** nf Fruit du goyavier.

**goyavier** nm Arbre d'Amérique tropicale dont le fruit a la forme d'une poire.

**GPA** nf (sigle) Gestation pour autrui.

**GPRS** nm (sigle de *general packet radio service*) Système de téléphonie mobile basé sur la norme GSM, mais à débit rapide et adapté à Internet.

**GPS** nm (sigle de *global positioning system*) Appareil de géolocalisation par satellites.

**GR** nm (sigle de *grande randonnée*) Sentier de grande randonnée : *le GR20*.

**grabat** nm LITT Lit misérable, où l'on souffre.

**grabataire** adj et n Se dit d'un malade qui ne peut plus quitter son lit.

**grabuge** nm FAM Dispute bruyante ; dégâts qui en résultent.

**grâce** nf **1.** Élégance dans les gestes, dans la démarche, charme : *avoir de la grâce.* **2.** Faveur : *fais-lui la grâce de venir.* **3.** Remise de peine : *obtenir sa grâce.* **4.** RELIG Aide accordée par Dieu en vue du salut. ■ **coup de grâce :** coup fatal. ❑ **de bonne, de mauvaise grâce :** de bon cœur, avec de la mauvaise volonté. ❑ **être dans les bonnes grâces de qqn :** jouir de sa faveur. ❑ **faire grâce de :** dispenser de. ❑ **grâce à :** par l'intervention heureuse de, avec l'aide de. ❑ **grâce à Dieu :** heureusement, par chance. ◆ interj Pitié !

> ORTHOGRAPHE *Grâce* s'écrit avec un accent circonflexe ; ses dérivés *gracier, gracieux, gracieusement,* etc., s'écrivent sans.

**gracier** vt Faire grâce, remettre la peine d'un condamné.

**gracieusement** adv **1.** Avec grâce. **2.** Gratuitement.

**gracieuseté** nf LITT Action, parole aimable.

**gracieux, euse** adj **1.** Qui a de la grâce : *pose gracieuse.* **2.** Aimable, agréable : *accueil gracieux.* **3.** Gratuit : *à titre gracieux*.

**gracile** adj LITT Mince, élancé et fragile.

**gracilité** nf LITT Caractère de ce qui est gracile ; minceur.

**gradation** nf Passage progressif et par degrés d'une chose à une autre.

**grade** nm **1.** Degré d'une hiérarchie : *monter en grade.* **2.** Unité de mesure des angles.

**gradé, e** n et adj Militaire non officier titulaire d'un grade supérieur à celui de soldat ou de matelot.

**gradient** nm Taux de variation d'un élément météorologique en fonction de la distance.

**gradin** nm Marche d'un amphithéâtre.

**graduation** nf **1.** Action de graduer. **2.** Chacune des divisions établies en graduant ; ensemble de ces divisions.

**gradué, e** adj **1.** Divisé en degrés : *échelle graduée.* **2.** Dont la difficulté croît progressivement ; progressif : *exercices gradués.* ◆ adj et n BELGIQUE Titulaire d'un diplôme de fin de cycle d'études techniques.

**graduel, elle** adj Qui va par degrés : *diminution graduelle*.

**graduellement** adv Par degrés.

**graduer** vt **1.** Diviser en degrés : *graduer un thermomètre.* **2.** FIG Augmenter progressivement : *savoir graduer son effort*.

**graff** nm Composition picturale à base de caractères calligraphiques bombée sur un mur.

**graffeur, euse** n Personne qui dessine des graffs.

**graffiti** (pl inv ou *graffitis*) nm Inscription, dessin griffonné sur un mur.

**grailler** vi Pousser un cri, en parlant de la corneille.

**graillon** nm Odeur peu appétissante de graisse brûlée, de mauvaise cuisine.

**grain** nm **1.** Fruit ou semence d'une céréale : *grains de blé.* **2.** Objet de petite taille et de forme sphérique : *grain de sable.* **3.** Aspérité d'une surface ; texture : *un cuir gros grain.* **4.** Averse subite, coup de vent. ■ FAM **avoir un grain :** être un peu fou. ❑ **donner du grain à moudre à qqn :** (a) lui apporter des arguments (b) lui donner matière à réflexion. ❑ **grain de beauté :** petite tache brune sur la peau. ❑ FAM **mettre son grain de sel :** s'immiscer dans une conversation. ❑ **veiller au grain :** surveiller, prendre garde à.

**graine** nf Semence d'une plante. ■ FAM **en prendre de la graine :** prendre modèle, exemple sur. ❑ FIG **graine de (voyou, etc.) :** futur (voyou, etc.). ❑ **mauvaise graine :** personne dont il y a peu à attendre.

**graineterie** nf Commerce du grainetier.

**grainetier, ère** n Personne qui vend des graines.

**graissage** nm Action de graisser un moteur, un mécanisme.

**graisse** nf **1.** Substance lipidique onctueuse qui se trouve dans les tissus de l'homme et des animaux. **2.** Corps gras d'origine végétale (huile, etc.) ou minérale (vaseline, etc.) utilisé dans la cuisine, l'industrie, etc.

**graisser** vt **1.** Enduire de graisse. **2.** Tacher de graisse. ■ FIG, FAM **graisser la patte :** donner de l'argent à qqn pour obtenir de lui un service ; corrompre.

**graisseur** nm Ouvrier ou dispositif qui effectue le graissage d'appareils mécaniques.

**graisseux, euse** adj **1.** Qui contient de la graisse. **2.** Taché de graisse.

**graminacée** ou **graminée** nf Plante monocotylédone, dont la tige est un chaume (blé, orge, avoine, etc.) [les graminacées forment une famille].

**grammaire** nf **1.** Ensemble des règles morphologiques et syntaxiques d'une langue ; étude de ces règles. **2.** Livre, ouvrage enseignant ces règles.

**grammairien, enne** n Spécialiste de grammaire.

**grammatical, e, aux** adj Relatif à la grammaire.

**grammaticalement** adv Selon les règles de la grammaire.

**gramme** nm Unité de masse valant un millième de kilogramme.

ORTHOGRAPHE On écrit *gramme* en entier après un nombre écrit en lettres (*dix grammes*) ; on peut utiliser le symbole *g* (sans point) après un nombre écrit en chiffres (*10 g*).

**grand, e** adj **1.** De dimensions importantes : *un grand appartement.* **2.** De taille élevée : *un enfant très grand pour son âge.* **3.** D'une taille, d'une intensité, d'une quantité supérieure à la moyenne : *grand vent ; grand bruit.* **4.** Qui a beaucoup de talent, dont le talent est reconnu : *un grand romancier ; les grands hommes ;* qui se distingue par sa fortune, sa naissance, son influence : *un grand personnage.* **5.** Important, exceptionnel : *un grand moment.* **6.** Qui a atteint une certaine maturité : *tu es grand, maintenant.* ■ FIG **au grand jour :** sans rien dissimuler. ❑ **grand air :** air qu'on respire dans la nature. ❑ **les grandes vacances :** les vacances d'été pour les écoliers, les lycéens et les étudiants. ❑ **grand frère, grande sœur :** frère, sœur aînés. ❑ **grand jour :** pleine lumière. ❑ **monter sur ses grands chevaux :** se mettre en colère, s'indigner. ◆ adv ■ **en grand :** dans de vastes proportions : *voir les choses en grand.* ❑ **voir grand :** avoir de grands projets. ◆ n Personne adulte : *spectacle réservé aux grands.* ◆ nm Personne importante : *les grands de ce monde.*

**grand-angle** (pl *grands-angles*) nm Objectif d'un appareil photo couvrant un champ étendu.

**grand-chose** pron indéf ■ **pas grand-chose :** presque rien : *il n'y a pas grand-chose à faire ici.* ◆ n inv ■ FAM **un, une pas grand-chose :** personne de peu de valeur.

**grand-duc** (pl *grands-ducs*) nm Souverain d'un grand-duché. ■ FAM **faire la tournée des grands-ducs :** aller d'un bar ou d'un restaurant à un autre pour boire et s'amuser.

**grand-duché** (pl *grands-duchés*) nm Territoire gouverné par un grand-duc : *le grand-duché de Luxembourg.*

**grande-duchesse** (pl *grandes-duchesses*) nf Souveraine d'un grand-duché.

**grandement** adv **1.** Généreusement : *faire les choses grandement.* **2.** Beaucoup : *se tromper grandement.* **3.** Largement, amplement : *en avoir grandement assez.*

**grandeur** nf **1.** Caractère de ce qui est grand, important, considérable : *la grandeur d'un projet.* **2.** Étendue en hauteur, longueur, largeur ; taille, dimension : *la grandeur d'une maison.* **3.** Quantité mesurable : *grandeur mathématique ; ordre de grandeur.* **4.** Supériorité affirmée ; puissance : *la grandeur d'un pays.* **5.** Élévation morale et intellectuelle ; noblesse : *agir avec grandeur.* ■ **avoir la folie des grandeurs :** une ambition démesurée. ❑ FIG **grandeur d'âme :** générosité. ❑ **grandeur nature :** selon les dimensions réelles.

**grand-guignol** nm inv Mélodrame outré, de mauvais goût.

**grand-guignolesque** (pl *grand-guignolesques*) adj Qui relève du grand-guignol.

**grandiloquence** nf Caractère d'un acte, d'un discours grandiloquent.

**grandiloquent, e** adj Emphatique, pompeux.

**grandiose** adj D'une grandeur imposante : *un spectacle grandiose.*

**grandir** vi Devenir grand, plus grand. ◆ vt Faire paraître plus grand.

**grandissant, e** adj Croissant.

**grandissime** adj FAM Très grand.

**grand-livre** (pl *grands-livres*) nm Livre de commerce, registre où sont portés tous les comptes de l'entreprise.

**grand-maman** (pl *grand-mamans* ou *grands-mamans*) nf Grand-mère, dans le langage enfantin.

**grand-mère** (pl *grand-mères* ou *grands-mères*) nf Mère du père ou de la mère.

**grand-messe** (pl *grand-messes* ou *grands-messes*) nf **1.** Messe chantée. **2.** FIG Manifestation publique à laquelle on donne une solennité excessive : *la grand-messe du parti au pouvoir.*

**grand-oncle** (pl *grands-oncles*) nm Frère du grand-père ou de la grand-mère.

**grand-papa** (pl *grands-papas*) nm Grand-père, dans le langage enfantin.

**grand-peine (à)** loc adv Avec difficulté.

**grand-père** (pl *grands-pères*) nm Père du père ou de la mère.

**grand-rue** (pl *grand-rues* ou *grands-rues*) nf Rue principale d'un village.

**grands-parents** nm pl Le grand-père et la grand-mère.

**grand-tante** (pl *grand-tantes* ou *grands-tantes*) nf Sœur du grand-père ou de la grand-mère.

**grand-voile** (pl *grand-voiles* ou *grands-voiles*) nf Voile du grand mât.

**grange** nf Bâtiment rural pour abriter la paille, le foin, les récoltes.

**granit** [granit] ou **granite** nm Roche cristalline formée de quartz, de mica et de feldspath.

**granité, e** adj Qui présente des grains comme le granit. ◆ nm Étoffe de laine à gros grains.

**graniteux, euse** adj Qui contient du granit.

**granitique** adj De la nature du granit.

**granivore** adj et n Qui se nourrit de graines : *oiseau granivore*.

**granny-smith** [granismis] nf inv Pomme d'une variété à peau verte et à chair ferme.

**granulaire** adj Qui se compose de petits grains : *roche granulaire*.

**granulation** nf Agglomération en petits grains.

**granule** nm Grain ou pilule de petite taille.

**granulé, e** adj Qui présente des granulations : *superficie granulée*. ◆ nm Médicament en forme de grain. ■ **granulé de bois :** combustible de forme cylindrique, composé de sciure et de copeaux séchés.

**granuleux, euse** adj Dont l'aspect évoque des petits grains.

**granulome** nm MÉD Petite tumeur cutanée de forme arrondie.

**grape-fruit** [grɛpfrut] (pl *grape-fruits*) nm Pomelo, pamplemousse.

**graphe** nm MATH Représentation d'une fonction.

**graphie** nf Manière dont un mot est écrit.

**graphique** adj Relatif aux procédés d'impression : *les arts graphiques*. ◆ nm Courbe ou tracé représentant les variations d'une grandeur mesurable.

**graphiquement** adv Au moyen d'un graphique : *exposer graphiquement*.

**graphisme** nm **1.** Caractère particulier d'une écriture. **2.** Manière de tracer un trait, un dessin.

**graphiste** n Dessinateur dans les arts graphiques et la publicité.

**graphite** nm Carbone naturel ou artificiel cristallisé, presque pur, gris-noir, tendre et friable.

**graphiteux, euse** ou **graphitique** adj Qui contient du graphite.

**graphologie** nf Étude de la personnalité de quelqu'un d'après son écriture, son graphisme.

**graphologique** adj Relatif à la graphologie.

**graphologue** n Spécialiste de graphologie.

**grappe** nf Ensemble des fleurs ou des fruits poussant sur une tige commune : *grappe de raisin*.

**grappillage** nm Action de grappiller.

**grappiller** vt et vi **1.** Cueillir ici et là sur une grappe, sur une branche. **2.** FIG Recueillir un peu partout, de façon éparse : *grappiller des renseignements*. **3.** FAM Réaliser de petits gains : *grappiller à droite et à gauche*.

**grappilleur, euse** n Qui grappille.

**grappin** nm **1.** Petite ancre à plusieurs pointes. **2.** Crochet d'abordage. ■ FAM **mettre le grappin sur :** s'emparer de, accaparer.

**gras, grasse** adj **1.** Formé de graisse ou qui en contient : *corps gras*. **2.** Taché de graisse : *des doigts gras*. **3.** Épais, large : *caractères d'imprimerie gras*. **4.** Grossier : *plaisanterie grasse*. ■ **acide gras :** constituant caractéristique des lipides, comprenant une chaîne d'atomes de carbone. ❑ **crayon gras :** qui forme des traits épais. ❑ **toux grasse :** qui vient des bronches et qui est accompagnée d'expectorations. ❑ **plantes grasses :** à feuilles épaisses et charnues. ❑ FIG **faire la grasse matinée :** se lever tard. ◆ nm Partie grasse d'une viande.

**gras-double** (pl *gras-doubles*) nm Membrane comestible de l'estomac du bœuf.

**grassement** adv Largement, généreusement : *payer grassement*. ■ **rire grassement :** de façon bruyante.

**grasseyement** nm Action de grasseyer.

**grasseyer** vi (conj 4 ; conserve partout le *y*) Prononcer les *r* du fond de la gorge.

**grassouillet, ette** adj FAM Potelé, dodu.

**gratifiant, e** adj Qui procure une satisfaction psychologique.

**gratification** nf Somme d'argent versée en plus de la somme convenue.

**gratifier** vt Accorder une récompense, une faveur à.

**gratin** nm Plat cuisiné recouvert de chapelure ou de fromage et doré au four : *gratin de chou-fleur*. ■ FAM **le gratin :** les personnes les plus en vue d'un groupe, l'élite.

**gratiné, e** adj **1.** Cuit, préparé, doré au four. **2.** FAM, IRON Remarquable dans son genre.

**gratinée** nf Soupe à l'oignon saupoudrée de fromage râpé et gratinée au four.

**gratiner** vt Accommoder au gratin. ◆ vi Former une croûte dorée, croustillante.

**gratis** [gratis] adv FAM Gratuitement.

**gratitude** nf Reconnaissance d'un bienfait reçu : *exprimer sa gratitude*.

**grattage** nm Action de gratter.

**gratte** nf FAM **1.** Guitare. **2.** Petit profit illicite. **3.** BELGIQUE Égratignure.

**gratte-ciel** nm inv Bâtiment, immeuble très élevé.

**gratte-cul** nm inv Nom usuel du fruit de l'églantier.

**grattement** nm Bruit fait en grattant.

**gratte-papier** nm inv FAM, PÉJOR Employé de bureau à un poste subalterne.

**gratter** vt **1.** Frotter, racler une surface avec l'ongle, un instrument, etc. : *gratter une inscription, un mot ; gratter le dos.* **2.** Provoquer une démangeaison : *la laine me gratte.* **3.** FAM Réaliser un petit profit, souvent d'une manière indélicate ; grappiller. ■ FAM **gratter un concurrent** : le rattraper, le dépasser. ◆ vi ■ **gratter à la porte** : frapper discrètement. ◆ **se gratter** vpr Se frotter avec les ongles.

**grattoir** nm Surface enduite de soufre d'une boîte d'allumettes.

**gratuit, e** adj **1.** Qu'on donne sans faire payer ou qu'on reçoit sans payer : *consultation gratuite.* **2.** FIG Sans motif : *crime gratuit.*

**gratuité** nf Caractère de ce qui est gratuit : *la gratuité de l'enseignement.*

**gratuitement** adv De façon gratuite.

**grau** nm Chenal d'un étang, dans le Midi.

**gravats** nm pl Débris venant d'une démolition.

**grave** adj **1.** Sérieux, austère : *homme grave.* **2.** Important, dangereux : *maladie grave.* **3.** Bas : *voix grave.* **4.** FAM Stupide, idiot, nul : *il est grave.* ■ **accent grave** : descendant de gauche à droite (è). ◆ adv FAM Gravement : *elle délire grave.*

**graveleux, euse** adj D'un humour grossier.

**gravement** adv De manière grave.

**graver** vt **1.** Tracer une figure, des caractères sur une matière dure. **2.** Inscrire des données à la surface d'un CD, d'un cédérom ou d'un DVD à l'aide d'un rayon laser. **3.** FIG Inscrire, rendre durable : *graver dans sa mémoire.*

**graves** nf pl Terrains caillouteux et sablonneux, dans le Bordelais. ◆ nm Vin produit dans les Graves, région du Bordelais.

**graveur, euse** n **1.** Artiste qui réalise des gravures. **2.** Professionnel dont le métier est de graver.

**gravide** adj MÉD Qui porte un fœtus ou un embryon, en parlant d'une femelle ou d'un utérus.

**gravidique** adj MÉD Relatif à la grossesse.

**gravier** nm Petits cailloux dont on recouvre les allées, les chaussées.

**gravillon** nm Gravier fin employé dans le revêtement des routes.

**gravillonnage** nm Épandage de gravillon sur une chaussée.

**gravimétrie** nf **1.** Mesure de l'intensité de la pesanteur. **2.** Analyse chimique effectuée par pesées.

**gravir** vt et vi Monter avec effort. ■ FIG **gravir les échelons (d'une hiérarchie)** : progresser dans une hiérarchie, une carrière.

**gravissime** adj Très grave.

**gravitation** nf Force par laquelle tous les corps s'attirent réciproquement en raison directe de leur masse et en raison inverse du carré de leur distance.

**gravitationnel, elle** adj Qui concerne la gravitation.

**gravité** nf **1.** Comportement grave : *regard empreint de gravité.* **2.** Caractère d'une chose importante ou dangereuse : *blessure sans gravité.* **3.** Pesanteur. ■ PHYS **centre de gravité** : point sur lequel un corps se tient en équilibre dans toutes ses positions.

**graviter** vi **1.** PHYS Décrire une trajectoire autour d'un point central, en vertu de la gravitation. **2.** FIG Évoluer autour de qqn, de qqch : *graviter autour du pouvoir.*

**gravure** nf **1.** Art de graver ; l'image ainsi réalisée : *gravure sur bois, sur cuivre.* **2.** Image, illustration : *un livre avec des gravures.*

**gré** nm ■ **au gré de** : selon la volonté, le goût, la force de. ❑ **de gré à gré** : à l'amiable. ❑ **de gré ou de force** ou **bon gré mal gré** : volontairement ou par contrainte. ❑ **de bon gré** ou **de son plein gré** : en acceptant volontiers. ❑ LITT **savoir bon gré ou mauvais gré à qqn, de qqch** : en être satisfait ou mécontent.

**grèbe** nm Oiseau palmipède, au plumage blanc argenté.

**grec, grecque** adj et n De Grèce : *les Grecs.* ■ **Église grecque** : Église d'Orient, non soumise au pape. ◆ nm Langue grecque : *grec ancien, moderne.*

**grécité** nf Caractère de ce qui est grec.

**gréco-latin, e** (pl *gréco-latins, es*) adj Qui appartient au grec et au latin.

**gréco-romain, e** (pl *gréco-romains, es*) adj Commun aux Grecs et aux Romains.

**grecque** nf **1.** Ornement de lignes revenant sur elles-mêmes, à angle droit. **2.** Scie de relieur.

**gredin, e** n Individu malhonnête ; bandit, canaille.

**gréement** [gremɑ̃] nm Ensemble des éléments (cordages, poulies, etc.) qui servent à la manœuvre des voiles d'un navire.

**green** [grin] nm Espace gazonné ménagé autour de chaque trou du parcours d'un golf.

**greenwashing** [grinwoʃiŋ] nm (anglicisme déconseillé) Écoblanchiment.

**gréer** vt Garnir un bateau, un mât de son gréement.

**greffage** nm Action ou manière de greffer ; son résultat.

**1. greffe** nm Lieu d'un tribunal où sont déposées les minutes des jugements, où se font les déclarations de procédure.

**2. greffe** nf **1.** Opération consistant à insérer une partie d'une plante, appelée *greffon*, dont on désire développer les caractères, sur une autre, appelée *sujet* ; greffon ainsi inséré. **2.** Opération chirurgicale consistant à transférer sur un individu (homme ou animal) des parties prélevées sur lui-même ou sur un autre individu.

**greffé, e** n Personne qui a subi une greffe d'organe.

**greffer** vt Faire une greffe : *greffer un pommier ; greffer un rein*.

**greffier, ère** n Fonctionnaire préposé au greffe.

**greffoir** nm Couteau pour greffer.

**greffon** nm Bourgeon, jeune rameau ou tissu animal utilisé pour réaliser une greffe.

**grégaire** [gregɛr] adj Qui vit en groupe. ■ **instinct grégaire** : qui pousse les hommes ou les animaux à s'assembler.

**grégarisme** nm Instinct grégaire.

**grège** adj ■ **soie grège** : soie naturelle, au sortir du cocon. ◆ adj et nm Qui tient du gris et du beige.

**grégeois** adj m ■ HIST **feu grégeois** : composition incendiaire à base de salpêtre et de bitume, brûlant même au contact de l'eau.

**grégorien, enne** adj ■ **chant grégorien** : chant liturgique chrétien codifié sous le pape Grégoire Ier. ❑ **calendrier grégorien** : réformé par Grégoire XIII.

**1. grêle** adj **1.** Long et menu : *jambes grêles*. **2.** Aigu et faible : *voix grêle*. ■ **intestin grêle** : portion étroite de l'intestin.

**2. grêle** nf **1.** Pluie congelée en grains. **2.** FIG Chute abondante : *grêle de pierres*.

**grêlé, e** adj **1.** Abîmé par la grêle : *vignes, récoltes grêlées*. **2.** Qui porte des marques de variole : *visage grêlé*.

**grêler** v impers Tomber, en parlant de la grêle.

**grelin** nm MAR Gros cordage.

**grêlon** nm Grain de grêle.

**grelot** nm Boule métallique creuse contenant un morceau de métal qui la fait résonner.

**grelottant, e** adj Qui grelotte.

**grelottement** nm Fait de grelotter.

**grelotter** vi Trembler de froid.

**grenache** nm Cépage du Midi ; vin issu de ce cépage.

**grenade** nf **1.** Fruit du grenadier à la saveur aigrelette. **2.** Projectile explosif, qu'on lance à la main ou au fusil.

**grenadier** nm **1.** Arbuste du Moyen-Orient, à fleur rouge vif, qui porte les grenades. **2.** ANC Soldat qui lançait les grenades ; soldat d'élite.

**grenadin** nm Tranche de filet de veau entourée de lard.

**grenadine** nf Sirop de couleur rouge.

**grenaille** nf Métal en grains : *grenaille de plomb*. ■ **pomme grenaille** : pomme de terre nouvelle d'un calibre inférieur à 35 mm, à chair sucrée. ◆ **grenailles** pl ■ BELGIQUE **grenailles errantes** : gravillons sur une chaussée.

**grenat** nm Pierre fine de couleur rouge sombre. ◆ adj inv D'un rouge sombre.

**greneler** [grənle] ou [grɛnle] vt (conj 6) Marquer de petits points : *greneler du papier*.

**grenier** nm **1.** Partie d'un bâtiment rural destinée à conserver les grains, le foin, etc. **2.** Partie supérieure d'une maison, d'un bâtiment, sous les combles. **3.** FIG Pays, région fertile, notamment en blé : *la Beauce est le grenier de la France*.

**grenouillage** nm FAM Intrigue politique douteuse, malhonnête.

**grenouille** nf Amphibien sauteur et nageur. ■ FAM **manger, bouffer, faire sauter la grenouille** : s'approprier le fonds commun. ❑ FAM **grenouille de bénitier** : femme dévote.

**grenouiller** vi FAM Se livrer au grenouillage.

**grenouillère** nf Combinaison pour les nourrissons, avec jambes et chaussons.

**grenu, e** adj Dont la texture présente de nombreux petits grains.

**grès** nm **1.** Roche très dure formée de grains de sable agglomérés : *pavé en grès*. **2.** Céramique, poterie très dure.

**gréseux, euse** adj De la nature du grès : *roche gréseuse*.

**grésil** [grezil] nm Grêle très fine.

**grésillement** nm Fait de grésiller ; bruit ainsi produit.

**grésiller** vi Produire de petits crépitements : *huile chaude qui grésille*.

**gressin** nm Petit pain long et friable à base d'œufs.

**1. grève** nf Plage de sable et de gravier.

**2. grève** nf Interruption collective et concertée du travail par des salariés : *se mettre en grève ; faire grève*. ■ **grève de la faim** : refus de s'alimenter afin d'attirer l'attention sur une revendication. ❑ **grève sur le tas** : grève avec occupation du lieu de travail.

**grever** vt (conj 9) Soumettre à de lourdes charges : *grever son budget*.

**gréviste** n Qui participe à une grève.

**gribouillage** ou **gribouillis** nm Écriture ou peinture réalisée sans application, sans soin.

**gribouiller** vi et vt Faire un, des gribouillages.

**gribouilleur, euse** n Qui gribouille.

**grief** nm Plainte : *formuler ses griefs*. ■ **faire grief de** : reprocher.

**grièvement** adv Gravement : *grièvement blessé*.

**griffade** nf VX Coup de griffe.

**griffe** nf **1.** Ongle crochu de certains animaux. **2.** Signature : *apposer sa griffe.* **3.** Nom, marque ou sigle propre à un créateur : *la griffe d'un grand couturier.* **4.** BELGIQUE Éraflure. ■ **montrer les griffes :** menacer. ❑ FIG **sous la griffe de :** au pouvoir de.

**griffer** vt **1.** Donner un coup de griffe à, sur ; égratigner : *griffer le visage.* **2.** Mettre une griffe à ; signer : *vêtement griffé.*

**griffon** nm Chien d'arrêt, à poil long et rude.

**griffonnage** nm **1.** Action de griffonner. **2.** Écriture peu lisible.

**griffonner** vt Écrire peu lisiblement.

**griffu, e** adj Armé de griffes.

**griffure** nf Coup de griffe.

**grignotage** nm Action de grignoter.

**grignoter** vt **1.** Manger par petites quantités. **2.** FIG Consommer, détruire peu à peu : *grignoter son capital.*

**grigou** nm FAM Homme avare.

**gri-gri** (pl *gris-gris*) ou **grigri** nm Amulette, porte-bonheur.

**gril** [gril] nm Ustensile de cuisine ou élément d'un four permettant de griller la viande, le poisson. ■ FAM **être sur le gril :** anxieux ou impatient.

**grill** ou **grill-room** [grilrum] (pl *grill-rooms*) nm Restaurant spécialisé dans les grillades.

**grillade** nf Viande grillée.

**grillage** nm Treillis ou clôture de fil de fer.

**grillager** vt (conj 2) Fermer, munir d'un grillage.

**grille** nf **1.** Clôture ou séparation constituée de barreaux assemblés : *la grille d'un parc.* **2.** Élément du four, pour les grillades. **3.** Quadrillage : *grille de mots croisés.* **4.** Moyen de décoder ou d'interpréter un message plus ou moins secret. ■ **grille de loto :** formulaire pour jouer au Loto national et au Loto sportif. ❑ **grille des programmes :** ensemble des programmes. ❑ **grille des salaires :** étagement des salaires, du plus bas au plus élevé.

**grille-pain** nm inv Appareil pour griller des tranches de pain.

**griller** vt **1.** Cuire, rôtir sur le gril ; soumettre à un feu très vif : *griller une viande, un poisson ; griller du café.* **2.** Dessécher par un excès de chaleur ou de froid : *le soleil a grillé la végétation.* **3.** FAM Mettre hors d'usage par un échauffement excessif : *griller une lampe, un moteur.* ■ FAM **être grillé :** reconnu, démasqué. ❑ FAM **griller une cigarette :** la fumer. ❑ FAM **griller un feu rouge :** ne pas s'y arrêter. ◆ vi Être exposé à une forte chaleur. ■ **griller de** (+ inf) : avoir très envie de.

**grilloir** nm Dispositif d'un four destiné à cuire à feu vif.

**grillon** nm Insecte sauteur, de l'ordre des orthoptères.

**grill-room** → **grill**.

**grimaçant, e** adj Qui grimace.

**grimace** nf Déformation volontaire des traits du visage, afin d'amuser ou d'exprimer un sentiment. ■ FIG **faire la grimace :** exprimer sa désapprobation, son refus, son mécontentement, etc.

**grimacer** vi (conj 1) Faire une, des grimaces.

**grimacier, ère** adj et n Qui fait des grimaces.

**grimage** nm Action de grimer.

**grimer** vt Maquiller afin de travestir.

**grimoire** nm **1.** Livre de magie ou de sorcellerie. **2.** LITT Écrit, livre illisible ou incompréhensible.

**grimpant, e** adj Qui grimpe : *plante grimpante.*

**1. grimper** vi **1.** Gravir en s'agrippant : *grimper aux arbres.* **2.** Accéder à un lieu élevé ; monter : *grimper au sixième étage.* **3.** Monter le long d'une surface verticale, en parlant des plantes : *lierre qui grimpe le long d'un mur.* **4.** S'élever en pente raide : *chemin qui grimpe.* **5.** FIG S'élever rapidement : *valeurs boursières qui grimpent.* ■ FAM **grimper aux rideaux :** se laisser aller à des débordements de joie ou d'indignation. ◆ vt Gravir, monter : *grimper une côte.*

**2. grimper** nm Exercice qui consiste à monter à une corde lisse ou à une corde à nœuds.

**grimpette** nf FAM Petit chemin en pente raide.

**grimpeur** nm Coureur cycliste qui excelle à monter les côtes.

**grinçant, e** adj **1.** Qui grince. **2.** Discordant, aigu. **3.** Qui raille avec férocité, aigreur : *humour grinçant.*

**grincement** nm Bruit désagréable produit par certains frottements.

**grincer** vi (conj 1) Produire un bruit strident. ■ **grincer des dents :** les frotter avec bruit les unes contre les autres.

**grincheux, euse** adj et n De mauvaise humeur ; maussade, acariâtre.

**gringalet** nm FAM Homme chétif.

**gringue** nm ■ FAM **faire du gringue à quelqu'un :** chercher à le séduire.

**griot** nm Poète musicien ambulant en Afrique subsaharienne.

**griotte** nf Cerise aigre à courte queue.

**grippage** ou **grippement** nm Blocage d'un mécanisme mal lubrifié.

**grippal, e, aux** adj Relatif à la grippe.

**grippe** nf Maladie contagieuse due à un virus. ■ FIG **prendre en grippe :** se mettre à éprouver de l'antipathie pour quelqu'un ou quelque chose.

**grippé, e** adj Atteint de la grippe.

**gripper** vi Adhérer fortement au point de ne plus fonctionner : *mécanisme qui grippe.*

**grippe-sou** (pl *grippe-sous*) nm FAM Avare.

**gris, e** adj **1.** D'une couleur intermédiaire entre le blanc et le noir : *des chaussettes gris foncé.* **2.** FIG Plus ou moins ivre. ■ FAM **matière grise** : le cerveau. ❑ **temps gris** : couvert. ◆ nm couleur grise.

**grisaille** nf **1.** Peinture en tons gris. **2.** Atmosphère triste, maussade : *la grisaille du quotidien.*

**grisant, e** adj Qui grise, exalte.

**grisâtre** adj Qui tire sur le gris.

**grisé** nm Teinte grise dans un tableau, une gravure, un plan.

**griser** vt **1.** Enivrer légèrement. **2.** FIG Exalter, enthousiasmer : *se laisser griser par la réussite.*

**griserie** nf Exaltation, excitation : *la griserie du succès.*

**grisoller** vi Chanter, en parlant d'une alouette.

**grisonnant, e** adj Qui grisonne.

**grisonner** vi Devenir gris, en parlant des cheveux.

**grisou** nm Gaz inflammable qui se dégage dans les mines de houille. ■ **coup de grisou** : explosion de grisou.

**grive** nf Oiseau du genre merle, au plumage mêlé de blanc et de brun.

**grivèlerie** nf Délit qui consiste à consommer dans un café, un restaurant, etc., sans avoir de quoi payer.

**grivois, e** adj Licencieux, leste : *chanson grivoise.*

**grivoiserie** nf Action ou parole grivoise.

**grizzli** [grizzly] nm Ours de grande taille, des montagnes Rocheuses.

**grœnendael** [grɔnɛndal] nm Chien de berger, à poil long noir, d'une race belge.

**grog** nm Boisson composée de rhum, d'eau chaude sucrée et de citron.

**groggy** adj inv Qui a perdu conscience pendant quelques instants, sans être knock-out, en parlant d'un boxeur ; étourdi, assommé par un choc physique ou moral.

**grognard** nm HIST Soldat de la Vieille Garde, sous Napoléon Ier.

**grogne** nf Mécontentement, insatisfaction : *la grogne des commerçants.*

**grognement** nm **1.** Cri du cochon, du sanglier, de l'ours, etc. **2.** FIG Murmure de mécontentement.

**grogner** vi Émettre un bruit de ronflement menaçant, en parlant d'un animal. ◆ vi et vt Exprimer son mécontentement d'une voix sourde et confuse.

**grognon, onne** adj et n FAM (le féminin est rare) Qui grogne ; bougon, maussade.

**groin** nm Museau du cochon, du sanglier.

**grolle** ou **grole** nf FAM Chaussure.

**grommeler** vt et vi (conj 6) Se plaindre en murmurant des paroles indistinctes.

**grommellement** nm Action de grommeler.

**grondement** nm Bruit sourd et prolongé.

**gronder** vi Faire entendre un bruit sourd et prolongé : *l'orage gronde ;* FIG menacer, être sur le point d'éclater : *colère qui gronde.* ◆ vt Réprimander, faire des reproches à : *enfant qui se fait gronder.*

**grondeur, euse** adj Qui gronde : *voix grondeuse.*

**grondin** nm Poisson marin à museau proéminent.

**groom** [grum] nm Employé, généralement en livrée, préposé à l'accueil des clients, dans un hôtel, un restaurant.

**gros, grosse** adj **1.** Qui a des dimensions importantes en volume, en épaisseur, en taille, en quantité, en intensité : *un gros arbre ; une grosse somme ; une grosse fièvre.* **2.** Qui n'est pas fin ; grossier : *gros drap.* **3.** Se dit d'une personne, d'une entreprise puissante : *gros industriel ; grosse affaire.* ■ FAM **avoir la grosse tête** : être imbu de soi-même. ❑ **avoir le cœur gros** : avoir du chagrin. ❑ **faire les gros yeux** : menacer silencieusement. ❑ **grosse mer** : mer agitée. ❑ **grosse voix** : voix menaçante. ◆ adv Beaucoup : *gagner gros.* ■ **écrire gros** : en gros caractères. ❑ **en gros** : (a) par grandes quantités : *acheter en gros* (b) sans entrer dans le détail : *voilà en gros ce qui a été dit.* ❑ **en avoir gros sur le cœur** : avoir beaucoup de peine ou de ressentiment. ◆ n Personne grosse. ◆ nm **1.** La partie la plus considérable, le principal : *le gros de la troupe.* **2.** Vente ou achat par grandes quantités : *commerce de gros ; vente en gros.* ■ **pêche au gros** : au gros poisson.

**groseille** nf Petit fruit, rouge ou blanc, qui pousse par grappes. ■ **groseille à maquereau** : variété de grosse groseille. ◆ adj inv De couleur rouge clair.

**groseillier** nm Arbuste cultivé pour son fruit, la groseille.

**gros-grain** (pl *gros-grains*) nm Large ruban à grosses côtes verticales.

**gros-plant** (pl *gros-plants*) nm Cépage blanc de la région de Nantes ; vin issu de ce cépage.

**gros-porteur** (pl *gros-porteurs*) nm Avion de grande capacité.

**grosse** nf **1.** Douze douzaines : *grosse de boutons.* **2.** DR Copie d'un jugement, d'un acte authentique, revêtue de la formule exécutoire.

**grossesse** nf État d'une femme enceinte, entre la fécondation et l'accouchement.

**grosseur** nf **1.** Taille, dimension, en parlant d'un volume. **2.** Enflure d'une partie du corps.

**grossier, ère** adj **1.** Peu raffiné, de mauvaise qualité : *raccommodage grossier.* **2.** Impoli, indélicat : *des plaisanteries grossières.* **3.** Rudimentaire, sommaire : *description grossière.* **4.** Qui dénote un manque élémentaire d'intelligence, d'attention : *une faute grossière.*

**grossièrement** adv De façon grossière.

**grossièreté** nf Parole ou action grossière.

**grossir** vt Rendre ou faire paraître plus gros, plus important : *la loupe grossit les objets ; imagination qui grossit les dangers.* ◆ vi Devenir ou paraître plus gros : *il a grossi de 5 kilos.*

**grossissant, e** adj Qui grossit.

**grossissement** nm Action de grossir ; son résultat.

**grossiste** n Qui vend en gros ou en demi-gros.

**grosso modo** loc adv Sans entrer dans le détail.

**grossophobie** nf Attitude hostile, moqueuse et/ou méprisante, discrimination envers les personnes obèses ou en surpoids.

**grotesque** adj Ridicule, extravagant.

**grotte** nf Caverne, excavation.

**grouillant, e** adj Qui grouille : *foule grouillante.*

**grouillement** nm Mouvement et bruit de ce qui grouille.

**grouiller** vi Fourmiller : *grouiller de monde.* ◆ **se grouiller** vpr FAM Se hâter.

**grouillot** nm FAM Apprenti, jeune employé chargé de tâches subalternes.

**groupage** nm Action de grouper des colis ayant une même destination.

**groupe** nm **1.** Ensemble de personnes assemblées : *un groupe de curieux.* **2.** Ensemble de personnes qui partagent les mêmes opinions, la même activité : *groupe politique ; groupe de travail.* **3.** Ensemble de choses : *un groupe de maisons.* ■ **groupe de presse :** ensemble de journaux qui appartiennent à un même propriétaire, à une même société. ❑ **groupe industriel :** ensemble d'entreprises liées par une direction ou une production communes. ❑ **groupe sanguin :** ensemble d'individus entre lesquels le sang peut être transfusé. ❑ **groupe scolaire :** ensemble des bâtiments d'une ou plusieurs écoles.

**groupement** nm Groupe, organisation qui réunit un grand nombre de personnes.

**grouper** vt Mettre en groupe, rassembler, réunir. ◊ vpr : *joueurs qui se groupent par cinq.*

**groupie** n Partisan, admirateur inconditionnel d'un musicien, d'un chanteur, etc.

**groupuscule** nm PÉJOR Petit groupe de personnes de même tendance politique.

**grouse** nf Lagopède d'Écosse.

**gruau** nm ■ **farine de gruau :** farine de blé fine et très pure.

**grue** nf **1.** Gros oiseau échassier. **2.** Machine pour soulever ou déplacer de lourdes charges. ■ FIG **faire le pied de grue :** attendre longtemps, debout.

**gruger** vt (conj 2) LITT Duper en affaires.

**grume** nf ■ **bois de grume :** bois coupé couvert de son écorce.

**grumeau** nm Petite portion de matière coagulée, agglutinée : *pâte qui fait des grumeaux.*

**grumeleux, euse** adj **1.** Qui contient des grumeaux. **2.** Qui a l'aspect de grumeaux.

**grunge** [grœndʒ] adj Se dit d'un style vestimentaire volontairement négligé et débraillé, adopté par certains jeunes dans les années 1990. ◆ nm Style de rock mêlant l'influence punk au heavy metal.

**grutier, ère** n Personne qui conduit une grue.

**gruyère** nm Fromage cuit et pressé d'origine suisse.

**GSM** nm (sigle de *global system for mobile communication*) **1.** Norme européenne de radiotéléphonie numérique. **2.** BELGIQUE Téléphone portable.

**guacamole** [gwakamɔl] nm Plat d'origine mexicaine à base d'avocat, de crème fraîche et d'épices.

**guano** [gwano] nm Engrais à base d'excréments d'oiseaux de mer.

**guarani** [gwarani] adj et nm **1.** Langue indienne du Paraguay. **2.** Unité monétaire du Paraguay.

**gué** nm Endroit d'une rivière où l'on peut passer sans perdre pied.

**guelfe** nm HIST En Italie, partisan des papes (par opposition à *gibelin*).

**guenille** nf (souvent au pluriel) Vêtement déchiré, haillon.

**guenon** nf Femelle du singe.

**guépard** nm Mammifère carnassier d'Afrique et d'Asie, très rapide.

**guêpe** nf Insecte social à abdomen annelé de jaune et de noir et à aiguillon. ■ FIG **taille de guêpe :** très fine.

**guêpier** nm **1.** Nid de guêpes. **2.** Piège, situation inextricable : *tomber dans un guêpier.*

**guêpière** nf Sous-vêtement féminin qui enserre le buste et la taille.

**guère** adv (avec la négation *ne*) **1.** Peu : *il n'est guère actif.* **2.** Presque exclusivement, pratiquement : *il n'y a guère que lui pour s'en soucier.*

**guéridon** nm Table ronde à pied central.

**guérilla** [gerija] nf Guerre de harcèlement, d'embuscades.

**guérillero, a** [gerijero, a] n Personne qui combat dans une guérilla.

**guérir** vt Délivrer d'une maladie, d'un état ou d'un comportement qui handicape : *guérir un ulcère ; guérir qqn de sa timidité.* ◆ vi Recouvrer la santé.

**guérison** nf Action de guérir ; son résultat.

**guérissable** adj Qu'on peut guérir.

**guérisseur, euse** n Personne qui soigne par des méthodes non reconnues par la médecine légale.

**guérite** nf Petit abri pour une sentinelle, un gardien.

**guerre** nf **1.** Lutte armée et organisée entre des États, des peuples, etc. : *être en guerre.* **2.** Lutte menée par des moyens autres que les armes : *guerre psychologique.* ■ **guerre civile** : entre des groupes d'une même nation. ❑ **guerre sainte** : au nom d'un idéal religieux. ❑ **faire la guerre à** : combattre : *faire la guerre à l'alcoolisme.* ❑ FIG **de bonne guerre** : légitime. ❑ **de guerre lasse** : par lassitude.

**guerrier, ère** adj **1.** Relatif à la guerre. **2.** Qui se plaît à faire la guerre : *nation guerrière.* ◆ n **1.** LITT Soldat, combattant. **2.** Personne combative et énergique ; battant, fonceur.

**guerroyer** [gɛrwaje] vi (conj 3) LITT Faire la guerre.

**guet** [gɛ] nm ■ **faire le guet** : guetter.

**guet-apens** [gɛtapɑ̃] (pl *guets-apens*) nm Embûche, traquenard.

**guêtre** nf Bande de cuir, de tissu, couvrant le bas de la jambe et le dessus de la chaussure.

**guetter** vt **1.** Épier : *animal qui guette sa proie.* **2.** Faire peser une menace imminente sur : *la maladie le guette.* **3.** Attendre avec impatience : *guetter l'arrivée du courrier.*

**guetteur, euse** n Personne chargée de guetter ; sentinelle.

**gueulante** nf TRÈS FAM Explosion de colère ; clameur de protestation : *pousser une gueulante.*

**gueulard** nm Ouverture supérieure d'un haut-fourneau.

**gueule** nf **1.** Bouche d'un animal. **2.** FAM Bouche, visage. **3.** FIG Ouverture béante de certains objets. ■ FAM **avoir de la gueule** : de l'allure. ❑ FAM **avoir la gueule de bois** : avoir la langue pâteuse, la tête lourde après des excès de boisson. ❑ FAM **fine gueule** : gourmet.

**gueule-de-loup** (pl *gueules-de-loup*) nf Plante ornementale (appelée aussi *muflier*).

**gueuler** vi TRÈS FAM Parler très fort ; crier.

**gueuleton** nm FAM Repas copieux.

**gueuletonner** vi FAM Faire un gueuleton.

**gueux, euse** n LITT Mendiant, vagabond.

**gugusse** nm FAM Personne peu sérieuse ; guignol.

**gui** nm Plante parasite de certains arbres.

**guibolle** nf FAM Jambe.

**guiche** nf Accroche-cœur.

**guichet** nm **1.** Comptoir d'un lieu public. **2.** VX Ouverture pratiquée dans une porte, un mur, afin de communiquer. ■ **guichet automatique** : terminal permettant aux clients d'un établissement de crédit d'effectuer des opérations bancaires courantes (retrait d'espèces, demande de chéquiers, etc.). ❑ **jouer à guichets fermés** : en ayant vendu tous les billets (avant un match, une représentation).

**guichetier, ère** n Personne qui travaille derrière un guichet.

**guidage** nm Action de guider, de diriger le mouvement d'un organe mobile.

**1. guide** n Personne qui accompagne pour montrer le chemin, pour faire visiter : *guide de haute montagne.* ◆ nm **1.** Personne qui conseille, qui apporte une aide morale : *guide spirituel.* **2.** Ouvrage qui renseigne sur un sujet quelconque : *guide touristique.*

**2. guide** nf (surtout au pluriel) Lanière de cuir attachée au mors d'un cheval pour le diriger.

**3. guide** nf Jeune fille faisant partie d'un mouvement de scoutisme.

**guider** vt **1.** Accompagner pour montrer le chemin, diriger : *guider un aveugle.* **2.** Mener, pousser : *son instinct le guide.*

**guidon** nm Barre commandant la direction d'une bicyclette, d'une moto. ■ FAM **le nez, la tête dans le guidon** : en plein effort et, de ce fait, sans vision globale de la situation.

**1. guigne** nf Cerise douce à longue queue.

**2. guigne** nf FAM Malchance : *porter la guigne.*

**guigner** vt **1.** Regarder du coin de l'œil, à la dérobée. **2.** Convoiter.

**guignol** nm **1.** Marionnette d'origine lyonnaise. **2.** Théâtre de marionnettes. **3.** FIG Personne ridicule, qui fait le clown.

**guignolet** nm Liqueur de guignes.

**guilde** nf Association qui vise à offrir à ses adhérents de meilleures conditions commerciales pour acheter des produits.

**guili-guili** nm inv FAM Chatouillement.

**Guillain-Barré** ■ **syndrome de Guillain-Barré** nm Paralysie motrice et sensitive, généralement d'origine infectieuse (virale), dont l'évolution est régressive.

**guilledou** nm ■ FAM, VIEILLI **courir le guilledou** : chercher des aventures galantes.

**guillemet** nm Signe typographique double (« ») qu'on emploie pour mettre un mot en valeur ou signaler une citation. ■ FIG **entre guillemets** : se dit d'une expression, d'un mot qu'on ne prend pas à son compte.

**guilleret, ette** adj Vif et gai.

**guillotine** nf **1.** Instrument qui servait à décapiter les condamnés à mort. **2.** Peine de mort. ■ **fenêtre à guillotine** : à châssis glissant verticalement.

**guillotiner** vt Décapiter au moyen de la guillotine.

**guimauve** nf **1.** Mauve dont la racine a des propriétés émollientes ; racine de cette plante. **2.** FIG Ce qui est sentimental et mièvre : *quelle guimauve, ce film !* ■ **pâte de guimauve** : confiserie molle et très sucrée.

**guimbarde** nf **1.** FAM Vieille voiture ; tacot. **2.** Instrument de musique composé d'une languette d'acier qu'on fait vibrer.

**guimpe** nf **1.** Toile qui entoure le visage des religieuses. **2.** Petite chemisette, corsage très montant en tissu léger et sans manches qui se porte avec des robes très décolletées.

**guindé, e** adj Qui manque de naturel, qui témoigne d'une certaine raideur ; affecté, pompeux.

**guingois (de)** loc adv FAM De travers.

**guinguette** nf Bistrot, restaurant de quartier où l'on pouvait, autrefois, danser.

**guiper** vt Entourer d'isolant un fil électrique.

**guipure** nf **1.** ANC Dentelle dont les motifs sont très en relief. **2.** Étoffe formant filet, imitant la dentelle : *rideaux en guipure.*

**guirlande** nf Ornement, décoration en forme de ruban : *guirlandes de Noël.*

**guise** nf ■ **à ma (ta...) guise** : comme je (tu...) veux. ❑ **en guise de** : à la place de.

**guitare** nf Instrument de musique à cordes qu'on pince avec les doigts. ■ **guitare électrique** : dont le son est amplifié par le courant électrique.

**guitariste** n Joueur de guitare.

**guitoune** nf ARG Tente.

**gus** [gys] ou **gusse** nm FAM Individu quelconque ; type.

**gustatif, ive** adj Relatif au goût : *papilles gustatives.*

**gustation** nf Perception des saveurs : *la langue est l'organe de la gustation.*

**gutta-percha** [gytapɛrka] (pl *guttas-perchas*) nf Substance gommeuse élastique qui ressemble au caoutchouc.

**guttural, e, aux** adj ■ **voix gutturale** : qui vient de la gorge. ◆ nf et adj Consonne qui se prononce de la gorge (comme *g*, *k*, *q*).

**gym** nf (abréviation) FAM Gymnastique.

**gymkhana** [ʒimkana] nm Série d'épreuves en automobile ou à moto où les concurrents doivent suivre un parcours compliqué de chicanes, de barrières, etc.

**gymnase** nm Salle couverte où l'on pratique un sport, la gymnastique.

**gymnaste** n Personne qui exécute des figures ou des exercices de gymnastique.

**gymnastique** nf **1.** Ensemble d'exercices physiques destinés à assouplir et à fortifier le corps. **2.** FIG Effort intellectuel pour résoudre un problème, une difficulté. ■ **gymnastique aquatique** : gymnastique que l'on pratique dans l'eau.

**gymnique** adj De gymnastique : *exercices gymniques.*

**gymnosperme** nf Arbre ou arbrisseau à ovule et graine apparents, comme les conifères.

**gymnote** nm Poisson des eaux douces de l'Amérique du Sud, dont une espèce paralyse ses proies en produisant des décharges électriques.

**gynécée** nm ANTIQ Appartement réservé aux femmes.

**gynéco** n (abréviation) FAM Gynécologue.

**gynécologie** nf Spécialité médicale consacrée à l'organisme de la femme et à son appareil génital.

**gynécologique** adj Relatif à la gynécologie.

**gynécologue** n Spécialiste de gynécologie.

**gypaète** nm Oiseau rapace (communément appelé : *vautour barbu*).

**gypse** nm Roche utilisée pour fabriquer le plâtre.

**gyrophare** nm Phare rotatif équipant les ambulances, les voitures de police, etc.

**gyroscope** nm Appareil fournissant une direction invariable.

# H

**1. h** nm Huitième lettre de l'alphabet et la sixième des consonnes : *h muet ; h aspiré.*

PHONÉTIQUE Si le *h* est muet, il y a élision ou liaison : *l'homme, les hommes* [lezɔm] ; si le *h* est aspiré (dans le dictionnaire, le mot est précédé d'un astérisque), il n'y a ni élision ni liaison : *le *héros, les *héros* [leero].

**2. h** (symbole) Heure. ■ **heure H** : heure fixée à l'avance pour un rendez-vous ou une action quelconque.

**H** (symbole) Hydrogène.

**1. ha** (symbole) Hectare.

**2. *ha** interj Marque la surprise, le soulagement.

**habeas corpus** [abeaskɔrpys] nm Principe de la loi anglaise qui garantit la liberté individuelle.

**habile** adj Qui agit avec adresse, avec ingéniosité ou avec ruse ; qui dénote ces qualités : *un artisan habile ; un scénario habile.* ■ **habile à** : qui excelle à.

**habilement** adv De façon habile.

**habileté** nf Qualité d'une personne habile ; adresse, dextérité.

**habilitation** nf DR Action d'habiliter.

**habiliter** vt DR Rendre apte à accomplir un acte juridique.

**habillage** nm Action d'habiller quelqu'un ou quelque chose.

**habillé, e** adj **1.** Vêtu. **2.** Élégant, chic : *robe habillée ; soirée habillée.*

**habillement** nm **1.** Action d'habiller : *habillement des troupes.* **2.** Ensemble des vêtements dont on est vêtu ; mise, tenue : *habillement d'hiver, d'été.* **3.** Ensemble des professions du vêtement : *syndicat de l'habillement.*

**habiller** vt **1.** Fournir des vêtements à ; vêtir : *habiller un enfant ; les compagnies aériennes habillent leur personnel.* **2.** Aller bien, convenir, être seyant : *robe qui habille bien.* **3.** Recouvrir, envelopper : *habiller un fauteuil d'une housse.* ◆ **s'habiller** vpr **1.** Mettre ses vêtements sur soi. **2.** Se fournir en vêtements : *il s'habille à Londres.* **3.** Revêtir une toilette élégante : *soirée où il faut s'habiller.*

**habilleur, euse** n Personne qui aide les acteurs à revêtir leurs costumes de scène.

**habit** nm **1.** Vêtement masculin de cérémonie. **2.** Vêtement ecclésiastique : *prendre l'habit.* **3.** Tenue particulière à une époque, une activité, une fonction : *habit de cow-boy ; habit de gala.* ■ **habit vert** : celui des académiciens. ◆ **habits** pl Ensemble des pièces de l'habillement ; vêtements.

**habitabilité** nf Fait d'être habitable ; qualité de ce qui est habitable.

**habitable** adj Qui peut être habité.

**habitacle** nm **1.** Espace réservé aux occupants, dans un véhicule. **2.** Partie d'un avion, d'un engin spatial réservée à l'équipage.

**habitant, e** n Personne qui habite en un lieu.

**habitat** nm **1.** Ensemble des conditions relatives à l'habitation, au logement : *amélioration de l'habitat.* **2.** Lieu habité par une plante, un animal à l'état sauvage.

**habitation** nf Lieu, maison où l'on habite : *habitation isolée.*

**habité, e** adj Occupé par des habitants.

**habiter** vt et vi **1.** Demeurer : *habiter à Paris.* **2.** Avoir pour domicile : *habiter un pavillon.*

**habitude** nf **1.** Manière d'être, de se comporter propre à qqn : *perds l'habitude d'être en retard ;* aptitude acquise par l'expérience : *il a l'habitude de conduire.* **2.** Coutume : *les habitudes d'un pays.* ■ **d'habitude** : ordinairement, habituellement.

**habitué, e** n Qui fréquente habituellement un lieu : *habitués d'un café.*

**habituel, elle** adj **1.** Passé en habitude : *gestes habituels.* **2.** Très fréquent : *visites habituelles.*

**habituellement** adv **1.** Par habitude. **2.** De façon presque constante.

**habituer** vt Faire prendre l'habitude de, accoutumer à : *habituer un enfant à se coucher tôt.* ◆ **s'habituer** vpr [à] S'accoutumer à : *s'habituer à un nouveau quartier.*

***hâblerie** nf LITT Vantardise, exagération.

***hâbleur, euse** adj et n LITT Vantard, fanfaron.

***hache** nf Instrument tranchant pour fendre, couper le bois, etc.

***haché, e** adj **1.** Coupé en menus morceaux : *persil haché.* **2.** FIG Heurté, saccadé : *paroles au débit haché.* ◆ nm Viande hachée.

***hacher** vt Couper en petits morceaux : *hacher de la viande ; déchiqueter.*

***hachette** nf Petite hache.

***hache-viande** nm inv Ustensile pour hacher la viande.

***hachis** nm Préparation culinaire à base d'aliments hachés. ■ **hachis Parmentier :** préparation à base de viande de bœuf et de purée de pommes de terre.

***hachisch** ou ***haschisch** nm Produit narcotique tiré du chanvre indien.

***hachoir** nm **1.** Table ou planche pour hacher des aliments. **2.** Ustensile pour hacher.

***hachure** nf Chacun des traits formant les ombres, les reliefs d'une carte, d'une gravure, etc.

***hachurer** vt Rayer de hachures.

**hacienda** [asjɛnda] nf Vaste exploitation agricole, en Amérique du Sud.

***hackeur, euse** n ou ***hacker** [akœr] nm Personne qui, par jeu ou défi, cherche à s'introduire frauduleusement dans un système ou un réseau informatique (recomm. off. : *fouineur*).

**hacktivisme** nm Introduction frauduleuse dans un système ou un réseau informatique pour le détourner, dans le cadre d'une lutte militante (politique, religieuse ou sociale).

***haddock** nm Églefin fumé.

***hadith** nm pl Recueil des actes et des paroles du prophète Mahomet.

***hagard, e** adj Hébété, effaré.

**hagiographie** [aʒjɔgrafi] nf **1.** Récit de la vie des saints. **2.** FIG Biographie excessivement embellie.

***haie** nf **1.** Clôture d'arbustes alignés : *haie de troènes.* **2.** Rangée de personnes : *faire une haie d'honneur.* **3.** Obstacle artificiel employé dans certaines courses.

***haillon** nm Vêtement qui tombe en lambeaux ; guenille.

***haine** nf Sentiment de forte animosité ou de répugnance. ■ FAM **avoir la haine :** éprouver un vif ressentiment.

***haineusement** adv Avec haine.

***haineux, euse** adj **1.** Porté à la haine. **2.** Inspiré par la haine.

***haïr** vt (conj 13) **1.** Vouloir du mal à quelqu'un ; détester, exécrer. **2.** Avoir de la répugnance pour quelque chose.

***haïssable** adj Qui mérite la haine.

***halage** nm Action de haler. ■ **chemin de halage :** chemin réservé le long des cours d'eau et des canaux pour remorquer un bateau.

***halbran** nm Jeune canard sauvage.

***hâle** nm Brunissement provoqué par le soleil, le grand air.

***hâlé, e** adj Bruni, bronzé : *teint hâlé.*

**haleine** nf **1.** Air qui sort des poumons pendant l'expiration. **2.** Respiration, souffle : *perdre haleine.* ■ **être hors d'haleine :** très essoufflé après un effort. ❑ **reprendre haleine :** s'arrêter pour se reposer. ❑ **tenir en haleine :** retenir l'attention. ❑ FIG **travail de longue haleine :** qui demande beaucoup de temps.

***haler** vt **1.** Tirer pour amener à soi ou élever, en général avec effort. **2.** Remorquer un bateau à l'aide d'un câble à partir du rivage.

***hâler** vt Brunir le teint, en parlant du soleil et du grand air.

***haletant, e** adj Essoufflé.

***halètement** nm Fait de haleter ; respiration forte et saccadée.

***haleter** vi (conj 7) Respirer avec difficulté.

***hall** [ol] nm **1.** Salle de vastes dimensions : *le hall d'une gare.* **2.** Entrée, vestibule : *le hall d'un hôtel.*

**hallali** nm Sonnerie annonçant que le cerf est aux abois.

***halle** nf Lieu où se tient un marché en gros : *halle au blé, aux vins.*

***hallebarde** nf ANC Arme blanche à longue hampe, à fer tranchant d'un côté et pointu de l'autre. ■ FAM **il pleut des hallebardes :** il pleut très fort.

***halloumi** nm Fromage AOC aux laits de chèvre et de brebis, fabriqué à Chypre.

**hallucinant, e** adj Extraordinaire, incroyable : *une ressemblance hallucinante.*

**hallucination** nf Perception imaginaire, illusion.

**hallucinatoire** adj Qui tient de l'hallucination : *phénomène hallucinatoire.*

**halluciné, e** adj et n Qui a des hallucinations.

**hallucinogène** nm et adj Se dit d'une substance qui crée artificiellement des hallucinations.

***halo** nm **1.** Zone circulaire diffuse autour d'un corps lumineux : *le halo des réverbères.* **2.** FIG Rayonnement, aura : *un halo de gloire.*

**halogène** nm et adj Corps de la famille du chlore (le fluor, le brome, l'iode). ■ **lampe à halogène** ou **halogène** nm : lampe à incandescence contenant un halogène.

***halte** nf **1.** Moment d'arrêt pendant une marche : *faire (une) halte.* **2.** Lieu où l'on s'arrête ; étape, station.

***halte-garderie** (pl *haltes-garderies*) nf Lieu d'accueil de courte durée pour des enfants en bas âge.

**haltère** nm Instrument de gymnastique formé de deux masses réunies par une barre.

**haltérophile** n Qui pratique l'haltérophilie.

**haltérophilie** nf Sport des poids et haltères.

***halva** nm Confiserie orientale à base de graines de sésame et de sucre.

***hamac** nm Toile ou filet suspendu, servant de lit.

***hamburger** [ãburgœr] ou [ãbœrgœr] nm Bifteck haché, souvent servi dans un petit pain rond.

***hameau** nm Groupe de maisons situé en dehors de l'agglomération principale d'une commune.

**hameçon** nm Petit crochet pointu fixé à une ligne pour prendre du poisson. ■ FIG **mordre à l'hameçon :** se laisser séduire.

***hammam** [amam] nm Établissement où l'on prend des bains de vapeur.

***hampe** nf **1.** Manche qui supporte un drapeau. **2.** BOT Axe florifère. **3.** BOUCH Morceau de viande situé autour du diaphragme du bœuf, du veau.

***hamster** [amstɛr] nm Petit rongeur que l'on peut domestiquer.

***hanche** nf **1.** Région qui correspond à la jonction de la jambe et du tronc. **2.** Articulation du fémur avec l'os iliaque.

***handball** [ãdbal] nm Sport d'équipe qui se joue avec un ballon rond et uniquement avec les mains.

***handballeur, euse** n Joueur de handball.

***handicap** nm **1.** Désavantage quelconque : *sa timidité est un handicap.* **2.** Altération des capacités sensorielles, physiques, mentales ou cognitives : *handicap moteur.* **3.** Épreuve sportive dans laquelle on avantage certains concurrents pour égaliser les chances. **4.** Désavantage de poids, de distance, etc., imposé à un concurrent.

***handicapant, e** adj Qui handicape.

***handicapé, e** n et adj Personne atteinte d'un handicap physique ou mental.

> PHONÉTIQUE Le *h* de *handicapé* étant aspiré, il n'y a ni élision ni liaison. On écrit donc *le handicapé moteur.*

***handicaper** vt **1.** Désavantager : *il est handicapé par son âge.* **2.** Équilibrer les chances des concurrents dans un handicap.

***handisport** adj Relatif aux sports pratiqués par les handicapés physiques. ◆ nm Ensemble des sports pratiqués par les handicapés.

***hangar** nm Abri ouvert sur les côtés et servant à divers usages : *hangar pour avions.*

***hanneton** nm Insecte coléoptère commun en Europe.

***hanse** nf Association commerciale entre villes d'Europe au Moyen Âge.

***hanter** vt Obséder, occuper l'esprit de qqn : *hanté par le remords.* ■ **lieu hanté :** habité par l'idée de qqch ou de qqn.

***hantise** nf Obsession, peur maladive.

**hapax** nm LING Mot ou expression dont on n'a qu'un exemple dans un corpus donné.

**haploïde** adj BIOL Dont le noyau ne contient qu'un seul chromosome de chaque paire, en parlant d'une cellule.

***happening** [apəniŋ] ou [apniŋ] nm (anglicisme) Manifestation artistique unique qui cherche à susciter la participation active du public.

***happer** vt **1.** Saisir brusquement avec la gueule, le bec, en parlant d'un animal. **2.** Agripper : *la voiture a happé un piéton.*

***happy end** [apiɛnd] (pl *happy ends*) nf (anglicisme) Fin heureuse d'un film, d'un roman ; dénouement heureux d'un événement.

***hara-kiri** (pl *hara-kiris*) nm Au Japon, mode de suicide qui consiste à s'ouvrir le ventre avec un sabre.

***harangue** nf Discours prononcé devant une assemblée.

***haranguer** vt Adresser une harangue à : *haranguer la foule.*

***harangueur, euse** n Qui harangue.

***haras** [ara] nm Établissement où l'on élève des étalons et des juments.

***harassant, e** adj Extrêmement fatigant, éreintant : *travail harassant.*

***harassé, e** adj Fourbu.

***harassement** nm Fatigue extrême, épuisement.

***harasser** vt Fatiguer à l'excès ; exténuer.

***harcelant, e** adj Qui harcèle.

***harcèlement** nm Action de harceler. ■ **harcèlement sexuel :** fait d'abuser de sa supériorité hiérarchique pour tenter d'obtenir une faveur sexuelle. ❑ **harcèlement moral :** agissements malveillants à l'égard d'un subordonné ou d'un collègue en vue de dégrader ses conditions de travail.

***harceler** vt (conj 5) **1.** Soumettre à des attaques répétées. **2.** FIG Importuner par des demandes ou des critiques continuelles.

***hard** [ard] adj inv **1.** FAM Difficile à supporter ; pénible : *c'est hard, ce qui t'arrive.* **2.** CIN Pornographie. ◆ nm inv **1.** cinéma pornographique. **2.** INFORM Hardware.

***harde** nf Troupe de bêtes sauvages : *harde de cerfs.*

***hardes** nf pl LITT Vêtements déchirés, en mauvais état.

***hardi, e** adj **1.** Courageux, audacieux : *alpiniste hardi.* **2.** LITT Effronté, insolent : *vous êtes bien hardi de m'interrompre.* **3.** Conçu, exécuté avec audace, imagination : *projet hardi.*

***hardiesse** nf Caractère d'une personne ou d'une chose hardie.

***hardiment** adv Avec hardiesse.

***hard rock** [ardrɔk] nm inv Courant de la musique pop caractérisé par un rythme simple et rapide, une grande puissance sonore et un chant presque hurlé.

***hardware** [ardwɛr] nm INFORM Ensemble des organes physiques d'un système (recommandation officielle : *matériel*).

***harem** [arɛm] nm Appartement des femmes, dans les pays musulmans ; ensemble des femmes du harem.

***hareng** [arɑ̃] nm Poisson des mers tempérées. ■ **hareng saur :** fumé.

***hargne** nf Mauvaise humeur, irritation accompagnée d'agressivité.

***hargneusement** adv Avec hargne.

***hargneux, euse** adj D'humeur méchante, agressive.

***haricot** nm Plante légumineuse cultivée pour ses fruits comestibles ; fruit de cette plante consommé en gousse ou en grain : *haricots verts, blancs, rouges.* ■ **haricot de mouton :** ragoût fait avec du mouton, des navets et des pommes de terre. ❏ FAM **la fin des haricots :** la fin de tout, la catastrophe finale. ❏ FAM **pour des haricots :** pour rien.

***haridelle** nf VIEILLI Mauvais cheval, maigre et mal conformé.

***harissa** nf Sauce forte à base de piment.

***harki** nm Militaire d'origine algérienne ayant servi comme supplétif dans l'armée française en Algérie (de 1954 à 1962).

**harmattan** nm Vent sec de l'Afrique occidentale.

**harmonica** nm Instrument de musique composé de lames de métal qu'on fait vibrer en soufflant.

**harmonie** nf **1.** Accord ou suite de sons agréables à l'oreille : *l'harmonie d'un vers.* **2.** Accord entre différents éléments : *harmonie des couleurs, des formes.* **3.** Entente entre des personnes : *vivre en harmonie.* **4.** MUS Science de la formation et de la succession des accords. **5.** Orchestre composé d'instruments à vent et de percussions : *harmonie municipale.*

**harmonieusement** adv Avec harmonie.

**harmonieux, euse** adj **1.** Agréable à l'oreille : *mélodie harmonieuse.* **2.** Dont l'équilibre produit un effet agréable : *architecture harmonieuse.*

**harmonique** adj Qui utilise les lois de l'harmonie : *échelle harmonique.*

**harmonisation** nf Action d'harmoniser ; son résultat.

**harmoniser** vt **1.** Mettre en harmonie, en accord : *harmoniser des couleurs, des intérêts.* **2.** MUS Composer une harmonie sur : *harmoniser une mélodie.*

**harmoniste** n Qui connaît et met en pratique les règles de l'harmonie.

**harmonium** nm Petit orgue portatif.

***harnachement** nm **1.** Action de harnacher. **2.** Ensemble des pièces composant le harnais. **3.** FIG, FAM accoutrement ridicule et encombrant.

***harnacher** vt **1.** Mettre le harnais. **2.** FIG, FAM Accoutrer de façon lourde, ridicule.

***harnais** nm **1.** Ensemble de l'équipement d'un cheval de trait ou de selle. **2.** Ensemble des sangles entourant le torse de quelqu'un pour le protéger contre les chutes : *harnais de sécurité.*

***haro** nm ■ LITT **crier haro sur :** s'élever contre.

**harpagon** nm LITT Avare.

***harpe** nf Instrument de musique triangulaire à cordes inégales, que l'on pince des deux mains.

***harpie** nf **1.** ANTIQ Monstre fabuleux. **2.** FIG Femme acariâtre, méchante.

***harpiste** n Personne qui joue de la harpe.

***harpon** nm Instrument muni d'un crochet recourbé, pour la pêche des gros poissons.

***harponnage** ou ***harponnement** nm Action de harponner.

***harponner** vt **1.** Accrocher avec un harpon. **2.** FIG, FAM Saisir, arrêter quelqu'un au passage.

**haruspice** nm ANTIQ ROM Prêtre pratiquant la divination.

***hasard** nm **1.** Événement heureux ou malheureux dû à une suite de circonstances imprévues : *profiter d'un hasard heureux ; le hasard d'une rencontre.* **2.** Sort, chance : *jeu de hasard ; s'en remettre au hasard.* ■ **à tout hasard :** en prévision d'un événement possible. ❏ **au hasard :** à l'aventure : *marcher dans les rues au hasard.* ❏ **par hasard :** fortuitement.

***hasarder** vt **1.** Tenter, entreprendre témérairement : *hasarder une démarche, une opinion.* **2.** LITT Aventurer, risquer : *hasarder sa vie.* ◆ **se hasarder** vpr [à] Se résoudre à faire quelque chose qui présente des risques.

***hasardeux, euse** adj Risqué, aléatoire.

***haschisch** nm → ***hachisch**.

***hase** nf Femelle du lièvre.

***hashtag** [haʃtag] nm Mot précédé du signe dièse (#), permettant de centraliser les messages sur un thème précis sur les sites de microblogage (recomm. off. : *mot-dièse*).

**hast** [ast] nm ■ HIST **arme d'hast** : toute arme fixée au bout d'un manche.

***hâte** nf Empressement, rapidité : *se préparer avec hâte.* ■ **avoir hâte de, que** : être impatient de, que : *avoir hâte de partir.* ❑ **en hâte** ou **à la hâte** : promptement, avec précipitation.

***hâter** vt Presser, accélérer : *hâter le pas.* ◆ **se hâter** vpr Agir avec rapidité ou précipitation : *se hâter pour arriver à l'heure.* ■ **se hâter de** : ne pas perdre de temps pour : *se hâter de descendre du train.*

***hâtif, ive** adj **1.** Précoce : *fleurs hâtives.* **2.** Exécuté trop vite, avec trop de hâte : *décision hâtive.*

***hâtivement** adv Avec précipitation.

***hauban** nm Cordage servant à étayer un mât, un poteau, etc.

***haubaner** vt Fixer au moyen de haubans : *haubaner un mât.*

***haubert** nm Cotte de mailles, au Moyen Âge.

***hausse** nf **1.** Augmentation de quantité, de valeur, de degré, de prix : *la hausse des loyers ; température en hausse.* **2.** Appareil pour le pointage des armes à feu.

***haussement** nm ■ **haussement d'épaules** : mouvement des épaules pour marquer le mépris, l'indifférence.

***hausser** vt **1.** Rendre plus haut ; mettre dans une position plus élevée : *hausser un mur ; hausser un meuble.* **2.** Augmenter, majorer : *hausser les prix.* ■ **hausser le ton, la voix** : les rendre plus forts, plus aigus. ❑ **hausser les épaules** : les lever en signe de mépris, d'indifférence.

***haut, e** adj **1.** Qui a une certaine dimension dans le sens vertical : *immeuble haut de dix étages.* **2.** Qui a une grande dimension dans le sens vertical, élevé : *hautes branches ; la rivière est haute.* **3.** Qui a beaucoup d'intensité ; fort, élevé : *parler à voix haute ; hautes températures.* **4.** Aigu : *note haute.* **5.** Supérieur : *la haute bourgeoisie ; haute précision.* **6.** Reculé dans le temps : *la haute antiquité.* **7.** Se dit d'une région située plus loin de la mer, d'un cours d'eau situé plus près de la source : *la haute Loire ; la haute Normandie.* ■ **crime de haute trahison** : relatif à la sûreté de l'État. ❑ **haut en couleur** : (a) aux couleurs vives (b) FIG coloré, pittoresque. ❑ **la haute mer** : la pleine mer. ◆ adv **1.** À haute altitude : *voler haut.* **2.** À un degré élevé : *personnes haut placées ;* dans les aigus : *prendre un chant trop haut.* **3.** À haute voix : *parler haut et fort.* ■ **haut la main** : facilement, avec brio : *réussir un examen haut la main.* ◆ nm **1.** Partie haute, sommet : *le haut d'un arbre.* **2.** Hauteur, élévation : *dix mètres de haut.* ■ **avoir des hauts et des bas** : aller alternativement bien et mal. ❑ **de haut** : (a) d'un endroit élevé (b) FIG avec mépris, insolence : *regarder quelqu'un de haut.* ❑ **en haut** : sur un lieu élevé, à l'étage supérieur. ❑ **prendre de haut** : réagir avec beaucoup d'arrogance. ❑ **tomber de (tout) son haut** : (a) de toute sa hauteur (b) FIG être très surpris.

***hautain, e** adj Fier, méprisant.

***hautbois** nm Instrument de musique à vent, à anche double.

***hautboïste** [obɔist] n Joueur de hautbois.

***haut-de-chausses** (pl *hauts-de-chausses*) nm HIST Culotte bouffant à mi-cuisses ou descendant à mi-mollets.

***haut-de-forme** (pl *hauts-de-forme*) nm Chapeau haut et cylindrique.

***haute** nf ■ FAM **la haute** : les hautes classes de la société.

***haute-contre** (pl *hautes-contre*) nf MUS Voix masculine située dans le registre du ténor. ◆ nm Chanteur qui a cette voix.

***haute-fidélité** (pl *hautes-fidélités*) nf Technique de reproduction du son de grande qualité (abréviation : *hi-fi*).

***hautement** adv Ouvertement, nettement : *approuver hautement.*

***hauteur** nf **1.** Dimension de la base au sommet : *hauteur d'un arbre.* **2.** Élévation relative d'un corps : *hauteur d'un astre.* **3.** Lieu élevé : *grimper sur une hauteur.* **4.** Degré d'acuité ou de gravité d'un son : *la hauteur d'un son, d'une note.* **5.** FIG Élévation : *hauteur d'âme.* **6.** Fierté, mépris : *parler avec hauteur.* **7.** MATH Perpendiculaire abaissée du sommet à la base d'un triangle. ■ **à la hauteur de** : au niveau de : *à la hauteur de la boulangerie.* ❑ **être à la hauteur** : avoir les capacités nécessaires.

***haut-fond** (pl *hauts-fonds*) nm Endroit de la mer où l'eau est peu profonde.

***haut-fourneau** (pl *hauts-fourneaux*) nm Construction destinée à effectuer la fusion et la réduction des minerais de fer en vue d'élaborer la fonte.

***haut-le-cœur** nm inv Nausée.

***haut-le-corps** nm inv Mouvement brusque et involontaire du corps, marquant la surprise, la répulsion, etc.

***haut-parleur** (pl *haut-parleurs*) nm Appareil de transmission et d'amplification des sons.

***haut-relief** (pl *hauts-reliefs*) nm Sculpture dont les figures se détachent presque complètement du fond.

***hauturier, ère** adj MAR Relatif à la navigation, à la pêche en haute mer.

***havane** nm Tabac ou cigare de La Havane. ◆ adj inv D'une couleur marron clair.

***hâve** adj LITT Pâle, maigre : *visage hâve*.

***havre** nm LITT **1.** Port abrité. **2.** Refuge contre l'adversité : *un havre de paix*.

**hawaiien, enne** ou **hawaïen, enne** [awajɛ̃, ɛn] adj et n Des îles Hawaii : *les Hawaiiens*.

**hayon** [ajɔ̃] nm Partie mobile à l'arrière d'un véhicule, s'ouvrant de bas en haut.

*** HD** nf (sigle) TECHN Haute *définition.

***hé** interj **1.** Sert à appeler. **2.** Exprime la surprise, le regret et, répété, l'approbation, l'ironie, la moquerie.

***heaume** [om] nm Casque d'homme d'armes, au Moyen Âge.

**heavy metal** [evimetal] nm inv Version exacerbée du hard rock.

**hebdo** nm (abrév) Magazine hebdomadaire.

**hebdomadaire** adj De la semaine, de chaque semaine : *travail hebdomadaire*. ◆ nm Périodique qui paraît chaque semaine.

**hebdomadairement** adv Une fois par semaine.

**hébergement** nm Action d'héberger.

**héberger** vt (conj 2) **1.** Recevoir, loger : *héberger des amis*. **2.** INFORM Accueillir un service ou des pages web sur un serveur.

**hébété, e** adj Ahuri, qui est ou paraît stupide.

**hébétement** nm État de celui qui est hébété.

**hébétude** nf LITT Engourdissement des facultés intellectuelles, hébétement.

**hébraïque** adj Relatif aux Hébreux, à leur langue.

**hébreu** adj m Relatif au peuple juif. ◆ nm Langue des Hébreux, parlée aujourd'hui en Israël. ■ FAM **c'est de l'hébreu** : c'est incompréhensible.

> EMPLOI L'adjectif *hébreu* ne s'employant qu'au masculin, on utilise *hébraïque* au féminin.

**hécatombe** nf **1.** Massacre d'un grand nombre de personnes ou d'animaux : *les guerres provoquent d'atroces hécatombes*. **2.** FIG Grand nombre de personnes atteintes ou éliminées : *c'est une hécatombe chez les candidats*.

**hectare** nm Mesure de superficie (100 ares, ou 10 000 mètres carrés) ; symb : ha.

**hectique** adj ■ MÉD **fièvre hectique** : de longue durée.

**hectogramme** nm Masse de 100 grammes ; symb : hg.

**hectolitre** nm Volume de 100 litres ; symb : hl.

**hectomètre** nm Longueur de 100 mètres ; symb : hm.

**hectopascal** (pl *hectopascals*) nm Unité de mesure de la pression atmosphérique équivalant à cent pascals.

**hédonisme** nm Morale qui fait du plaisir le but de la vie.

**hédoniste** adj et n Relatif à l'hédonisme ; qui pratique l'hédonisme.

**hégélien, enne** [egeljɛ̃, ɛn] adj et n Relatif à Hegel et à sa philosophie.

**hégémonie** nf Suprématie, supériorité politique, sociale, etc.

**hégémonique** adj Relatif à l'hégémonie.

**hégémonisme** nm Tendance d'un État à exercer une hégémonie politique sur d'autres États.

**hégire** nf Ère de l'islam, qui commence en 622, date à laquelle Mahomet s'enfuit de La Mecque à Médine.

***hein** interj **1.** FAM Sert à renforcer une question ou un ordre : *ne recommence pas, hein ! ; c'est joli, hein ?* **2.** Marque la surprise : *hein ! il est mort ?*

***hélas** interj Exprime le regret, une plainte.

***héler** vt (conj 10) Appeler, interpeller de loin : *héler un taxi*.

**hélianthe** nm BOT Grande plante herbacée, à grandes fleurs jaunes, dont les principales espèces sont le tournesol et le topinambour.

**hélianthine** nf CHIM Indicateur coloré.

**hélice** nf Appareil de propulsion, de traction ou de sustentation d'un bateau, d'un avion, etc.

**hélico** nm (abréviation) Hélicoptère.

**héliciculture** nf Élevage des escargots.

**hélicoïdal, e, aux** adj En forme d'hélice, de spirale.

**hélicoptère** nm Appareil d'aviation capable de s'élever verticalement au moyen d'hélices horizontales.

**héliogravure** nf Procédé d'obtention, par voie photomécanique, de formes d'impression gravées en creux.

**héliomarin, e** adj Qui associe l'héliothérapie et le séjour au bord de la mer.

**héliothérapie** nf Traitement des maladies par la lumière solaire.

**héliotrope** nm Plante dont la fleur se tourne vers le soleil, comme l'hélianthe.

**héliport** nm Aéroport pour hélicoptères.

**héliporté, e** adj Transporté par hélicoptère : *troupes héliportées*.

**hélitreuiller** vt Hisser des personnes, des charges à bord d'un hélicoptère en vol stationnaire, au moyen d'un treuil : *hélitreuiller un alpiniste en difficulté*.

**hélium** nm Gaz léger qui existe en petite quantité dans l'air ; symb : He.

**hélix** nm **1.** ANAT Repli de l'oreille externe. **2.** ZOOL Escargot.

**hellébore** nm Plante vivace, de la famille des renonculacées (on écrit aussi *ellébore*).

**hellène** adj et n De la Grèce ancienne.

**hellénique** adj Relatif à la Grèce.

**hellénisant, e** ou **helléniste** n Spécialiste de la langue et de la civilisation grecques.

**helléniser** vt Donner un caractère grec à.

**hellénisme** nm **1.** Civilisation grecque. **2.** Expression particulière à la langue grecque.

**hellénistique** adj Se dit de la période de la civilisation grecque allant de la conquête d'Alexandre (IVᵉ s. av. J.-C.) à la conquête romaine (IIᵉ s. av. J.-C.).

***hello** interj Sert à saluer ou à appeler.

**helminthe** nm MÉD Ver parasite.

**helminthiase** nf Maladie causée par des vers intestinaux.

**helvète** ou **helvétique** adj et n De la Suisse.

**helvétisme** nm Mot ou expression particuliers au français parlé en Suisse romande.

***hem** interj Marque le doute.

**hématie** [emasi] nf Globule rouge du sang, coloré par l'hémoglobine.

**hématite** nf Oxyde ferrique naturel.

**hématologie** nf Étude scientifique du sang.

**hématologiste** ou **hématologue** n Spécialiste d'hématologie.

**hématome** nm Épanchement de sang dans une cavité naturelle ou sous la peau.

**hématose** nf Transformation du sang veineux en sang artériel.

**hématozoaire** nm Parasite du sang, agent du paludisme.

**hématurie** nf MÉD Émission de sang par les voies urinaires.

**hémicycle** nm **1.** Tout espace disposé en demi-cercle. **2.** Amphithéâtre semi-circulaire. ■ **l'Hémicycle** : l'hémicycle de l'Assemblée nationale.

**hémiplégie** nf Paralysie d'une moitié du corps.

**hémiplégique** adj et n Relatif à l'hémiplégie ; atteint d'hémiplégie.

**hémiptère** nm Insecte à élytres courts, parfois sans ailes, et à suçoir (cigale, puceron).

**hémisphère** nm **1.** Moitié d'une sphère, en particulier chacune des deux moitiés du globe terrestre ou de la sphère céleste, séparées par l'équateur. **2.** Chacune des deux moitiés du cerveau : *hémisphères cérébraux*.

GRAMMAIRE *Hémisphère* est un mot masculin, malgré son radical féminin *sphère* et contrairement à *atmosphère*.

**hémisphérique** adj En forme d'hémisphère.

**hémistiche** nm Moitié ou partie d'un vers séparé par la césure.

**hémocompatible** adj MÉD Se dit d'une personne dont le groupe sanguin est compatible avec un autre.

**hémoculture** nf Ensemencement d'un milieu de culture avec le sang d'un malade pour rechercher les microbes pathogènes.

**hémoglobine** nf Pigment rouge du sang.

**hémogramme** nm Résultat de l'étude quantitative et qualitative des cellules sanguines.

**hémolyse** nf Destruction des globules rouges du sang.

**hémophile** adj et n Atteint d'hémophilie.

**hémophilie** nf Maladie héréditaire caractérisée par un retard ou une absence de coagulation du sang.

**hémoptysie** nf Crachement de sang.

**hémorragie** nf **1.** MÉD Écoulement de sang important. **2.** FIG Fuite, perte : *une hémorragie de devises*.

**hémorragique** adj MÉD Relatif à l'hémorragie.

**hémorroïde** nf Varice des veines de l'anus.

**hémostase** nf MÉD Arrêt d'une hémorragie.

**hémostatique** adj et nm Propre à arrêter les hémorragies : *remède hémostatique*.

**hendécagone** nm Polygone à onze côtés.

***henné** nm Plante d'Arabie dont les feuilles fournissent une teinture rouge ; cette teinture utilisée sur les cheveux.

***hennin** nm ANC Coiffure féminine, haute et conique, au Moyen Âge.

***hennir** vi Pousser son cri, en parlant du cheval.

***hennissement** nm Cri du cheval.

***hep** interj Sert à appeler, à interpeller.

**héparine** nf Substance anticoagulante extraite du foie.

**hépatique** adj Relatif au foie.
**hépatite** nf Inflammation du foie . SYN : jaunisse.
**heptaèdre** nm MATH Solide à sept faces.
**heptagonal, e, aux** adj À sept côtés.
**heptagone** nm Polygone qui a sept angles.
**heptamètre** nm et adj Vers de sept pieds.
**héraldique** nf Étude des blasons et des armoiries. ◆ adj Relatif au blason, aux armoiries.
***héraut** nm LITT Personne chargée d'annoncer publiquement une nouvelle.
**herbacé, e** adj Qui a l'aspect, qui est de la nature de l'herbe : *plante herbacée.*
**herbage** nm Pâturage permanent.
**herbe** nf **1.** Plante dont la tige verte et molle meurt chaque année : *herbes médicinales.* **2.** Végétation naturelle composée de plantes herbacées : *s'allonger dans l'herbe.* **3.** FAM Hachisch, marijuana : *fumer de l'herbe.* ■ FIG **couper l'herbe sous les pieds de quelqu'un** : le devancer, le supplanter. ❑ **en herbe** : en puissance : *artiste en herbe.* ❑ **fines herbes** : plantes employées comme assaisonnement. ❑ **mauvaise herbe** : (a) nuisible aux cultures (b) FIG personne jeune dont on ne peut rien attendre de bon.
**herbe-aux-chats** nf **1.** → **cataire. 2.** → **valériane.**
**herbeux, euse** adj LITT Où l'herbe croît : *plaines herbeuses.*
**herbicide** adj et nm Se dit d'un produit qui détruit les mauvaises herbes.
**herbier** nm Collection de plantes desséchées et conservées entre des feuilles de papier.
**herbivore** adj et nm Qui se nourrit d'herbe : *les ruminants sont tous des herbivores.*
**herborisation** nf Action d'herboriser.
**herboriser** vi Recueillir des plantes pour les étudier, pour en faire un herbier, etc.
**herboriste** n Personne qui vend des herbes à usage médicinal.
**herboristerie** nf Commerce, boutique de l'herboriste.
**herbu, e** adj Couvert d'herbe.
**hercule** nm Homme très robuste.
**herculéen, enne** adj Digne d'Hercule, d'un hercule : *travail herculéen.*
**hercynien, enne** adj Relatif à un plissement géologique de l'ère primaire (Vosges, Bretagne, Massif central, etc.).
***hère** nm ■ LITT **pauvre hère** : homme misérable.
**héréditaire** adj Transmis par hérédité.
**héréditairement** adv De façon héréditaire.
**hérédité** nf **1.** Transmission des caractères génétiques d'une génération aux suivantes : *les lois de l'hérédité.* **2.** Transmission par succession : *l'hérédité de la couronne.*
**hérésiarque** nm Auteur ou propagateur d'une hérésie.
**hérésie** nf Doctrine en opposition avec une doctrine officielle ou les opinions communément admises, notamment dans la religion chrétienne.
**hérétique** adj Qui tient de l'hérésie. ◆ n Qui professe une hérésie.
***hérissé, e** adj **1.** Dressé : *cheveux hérissés.* **2.** Qui présente des pointes, des piquants. ■ FIG **hérissé de** : rempli, parsemé de : *hérissé de difficultés.*
***hérissement** nm État de ce qui est hérissé.
***hérisser** vt **1.** Garnir de pointes, de piquants : *hérisser un mur de tessons de bouteille.* **2.** Faire dresser : *un grincement qui hérisse le poil.* **3.** FIG Irriter, indigner : *ces injustices la hérissent.* ◆ **se hérisser** vpr **1.** Se dresser, en parlant des cheveux, du poil. **2.** FIG S'irriter, être sur la défensive : *il se hérisse à la moindre remarque.*
***hérisson** nm **1.** Mammifère insectivore au corps couvert de piquants. **2.** Brosse métallique sphérique pour ramoner les cheminées.
**héritage** nm **1.** Bien ou ensemble de biens transmis par succession. **2.** FIG Ce qui est transmis par les parents, par les générations précédentes : *l'héritage culturel.*
**hériter** vt et vt ind [de] **1.** Recevoir par héritage : *hériter une maison de ses parents ; hériter d'une fortune.* **2.** Recevoir par hérédité : *hériter des yeux bleus de sa mère.*
**héritier, ère** n **1.** Personne qui hérite ou doit hériter. **2.** FIG Personne qui recueille et continue une tradition.
**hermaphrodisme** nm Présence, chez un même individu, des organes reproducteurs des deux sexes.
**hermaphrodite** adj et n Qui présente les organes reproducteurs des deux sexes. SYN : bisexué.
**herméneutique** nf Science de la critique et de l'interprétation des textes bibliques.
**herméticité** nf Qualité de ce qui est hermétique.
**hermétique** adj **1.** Qui ferme parfaitement : *couvercle, boîte hermétiques.* **2.** Difficile à comprendre : *tenir un discours hermétique.*
**hermétiquement** adv D'une manière hermétique : *hermétiquement clos.*

**hermétisme** nm Caractère de ce qui est hermétique, difficile à comprendre.

**hermine** nf Mammifère carnassier dont le pelage, fauve l'été, devient blanc l'hiver.

***herniaire** adj ■ **bandage herniaire** : pour comprimer une hernie.

***hernie** nf Sortie d'un organe ou d'une partie d'organe hors de sa cavité naturelle : *hernie ombilicale*.

**héroï-comique** (pl *héroï-comiques*) adj **1.** Se dit d'une œuvre littéraire qui mêle l'héroïque et le comique, qui traite sur le ton épique un thème commun ou ridicule. **2.** Qui comporte des épisodes à la fois tragiques et cocasses : *aventure héroï-comique*.

**1. héroïne** nf → **héros**.

**2. héroïne** nf Stupéfiant dérivé de la morphine.

**héroïnomane** n Toxicomane à l'héroïne.

**héroïque** adj **1.** Qui se conduit en héros : *soldat héroïque*. **2.** Digne d'un héros ; empreint d'héroïsme : *action héroïque ; une résolution héroïque*. ■ **temps héroïques** : qui se rapportent au début, aux premiers temps de quelque chose : *les temps héroïques de l'aviation*.

**héroïquement** adv De façon héroïque.

**héroïsme** nm **1.** Courage exceptionnel ; grandeur d'âme hors du commun. **2.** Caractère héroïque d'une personne, d'une action.

***héron** nm Oiseau échassier à long bec, au cou long et grêle.

**1. *héros** nm MYTH Demi-dieu.

**2. *héros, héroïne** n **1.** Personnage principal d'une œuvre de fiction ; personne qui tient l'un des rôles les plus importants dans une action réelle. **2.** Personne qui se distingue par ses actions éclatantes, son courage face au danger : *un héros de la Résistance*.

PHONÉTIQUE *Héros* a un *h* aspiré qui interdit l'élision et la liaison, contrairement à *héroïne*, dont le *h* est muet. On dit par conséquent *le héros* mais *l'héroïne*.

**herpès** [ɛrpɛs] nm Éruption cutanée d'origine virale.

**herpétique** adj De la nature de l'herpès.

***hersage** nm Action de herser.

***herse** nf **1.** AGRIC Instrument comprenant plusieurs rangées de dents, pour travailler le sol en surface. **2.** HIST Grille armée de pointes qu'on abaissait pour fermer les portes d'une place forte, d'un château.

***herser** vt AGRIC Passer la herse.

**hertz** nm Unité de mesure de fréquence ; symb : Hz.

**hertzien, enne** adj Relatif aux ondes et aux phénomènes radioélectriques.

**hésitant, e** adj Qui hésite ; qui traduit l'hésitation.

**hésitation** nf Action d'hésiter.

**hésiter** vi **1.** Être indécis, irrésolu : *hésiter avant d'accepter*. **2.** Marquer son indécision, son embarras : *parler en hésitant*.

**hétaïre** [etair] nf ANTIQ GR Courtisane.

**hétérochromosome** nm Chromosome dont dépend le sexe de l'œuf fécondé.

**hétéroclite** adj Composé d'éléments disparates.

**hétérodoxe** adj et n Qui s'oppose à une doctrine ou à une opinion reçue considérée comme vraie.

**hétérodoxie** nf **1.** Caractère de ce qui est hétérodoxe. **2.** Non-conformisme.

**hétérodyne** nf Appareil permettant de produire des oscillations de haute fréquence, pures ou modulées.

**hétérogamie** nf BIOL Fusion de deux gamètes plus ou moins dissemblables (cas le plus fréquent). CONTR : isogamie.

**hétérogène** adj Composé d'éléments de nature différente ; disparate.

**hétérogénéité** nf Caractère de ce qui est hétérogène.

**hétérosexualité** nf Attirance sexuelle pour le sexe opposé.

**hétérosexuel, elle** adj et n Qui est attiré par le sexe opposé.

**hétérozygote** adj et n Se dit des individus dont le patrimoine génétique comprend des gènes paternels et maternels à caractères différents.

***hêtre** nm Grand arbre à bois blanc dont les fruits sont les faines ; bois de cet arbre.

***heu** interj Marque l'étonnement, le doute, l'indifférence.

**heur** nm ■ LITT **n'avoir pas l'heur de** : ne pas avoir la chance de.

**heure** nf **1.** Vingt-quatrième partie du jour : *il part dans deux heures ; en avion, Paris est à une heure de Londres ; être payé à l'heure*. **2.** Moment précis du jour déterminé par référence à un système conventionnel : *il est trois heures ; heure de New York ; heure d'été*. **3.** Moment du jour déterminé par une activité quelconque : *l'heure du dîner, du départ ; heure de fermeture*. **4.** Période de la vie ; moment : *connaître des heures difficiles*. ■ **à cette heure** : en ce moment précis. ❏ **à la bonne heure** : voilà qui est bien. ❏ **à toute heure** : continuellement. ❏ **de bonne heure** : tôt. ❏ **être à l'heure** : (a) donner l'heure juste, en parlant d'une montre (b) arriver à l'heure convenue, en parlant d'une personne. ❏ FAM **passer un mauvais**

**quart d'heure :** un moment désagréable. ❑ FAM **remettre les pendules à l'heure :** faire le point, réajuster un comportement, une attitude. ❑ **sur l'heure :** à l'instant même. ❑ **tout à l'heure :** dans un moment. ◆ **heures** pl ■ **livre d'heures :** recueil de prières, au Moyen Âge.

**heureusement** adv **1.** Par bonheur : *heureusement, le train était en retard.* **2.** De manière avantageuse, favorable, harmonieuse : *terminer heureusement une affaire ; couleurs heureusement assorties.*

**heureux, euse** adj **1.** Qui jouit du bonheur, qui est satisfait de son sort : *un homme heureux.* **2.** Qui traduit le bonheur, le succès : *une issue heureuse.* **3.** Qui est favorisé par le sort ; chanceux : *joueur heureux.* **4.** Favorable, avantageux : *circonstance heureuse ; particulièrement réussi ;* juste, adéquat : *une heureuse alliance de classicisme et de modernisme.* ◆ n Personne heureuse : *cette décision va faire des heureux.*

***heurt** [œr] nm **1.** Choc, cahot. **2.** FIG Désaccord.

***heurté, e** adj FIG Qui présente des contrastes, des oppositions : *style heurté.*

***heurter** vt **1.** Choquer rudement : *sa tête a heurté le mur.* **2.** FIG Contrarier, déplaire : *ses manières heurtent son entourage.* ◆ **se heurter** vpr [à] **1.** Buter contre : *se heurter à un lampadaire.* **2.** Rencontrer une difficulté : *se heurter à un refus, à l'incompréhension des autres.* **3.** Entrer en conflit avec : *se heurter continuellement à quelqu'un.* **4.** Contraster violemment : *couleurs qui se heurtent.*

***heurtoir** nm **1.** Marteau de porte. **2.** CH DE F Butoir d'une voie en cul-de-sac.

**hévéa** nm Arbre à caoutchouc.

**hexachlorure** [ɛgzaklɔryr] nm Chlorure dont la molécule contient six atomes de chlore.

**hexaèdre** nm Solide à six faces.

**hexagonal, e, aux** adj À six côtés.

**hexagone** nm Polygone à six angles. ■ **l'Hexagone :** la France métropolitaine.

**hexamètre** nm Vers de six syllabes.

**hexapode** adj Qui a six pattes : *les insectes sont des hexapodes.*

**hiatus** [jatys] nm **1.** Juxtaposition de deux voyelles, à l'intérieur d'un mot (EX : *aorte*) ou entre deux mots (EX : *il alla à Amiens*). **2.** FIG Discontinuité, interruption, décalage entre deux faits : *hiatus entre la théorie et les faits.*

**hibernal, e, aux** adj **1.** Qui a lieu en hiver. **2.** Relatif à l'hibernation : *sommeil hibernal.*

**hibernation** nf Fait d'hiberner. ■ **hibernation artificielle :** refroidissement artificiel du corps humain dans un but chirurgical ou thérapeutique.

**hiberner** vi **1.** Passer l'hiver dans l'engourdissement, en parlant de certains animaux (marmotte, loir, etc.). **2.** FIG Rester chez soi sans voir personne ; être dans un état d'inertie, d'improductivité.

VOCABULAIRE Il faut distinguer *hiberner,* « passer l'hiver en sommeil, en inactivité », et *hiverner,* « passer l'hiver, la mauvaise saison, à l'abri ».

**hibiscus** [ibiskys] nm Arbre tropical.

***hibou** (pl *hiboux*) nm Oiseau de proie nocturne.

***hic** nm inv FAM Nœud de la question, difficulté : *voilà le hic.*

**hidalgo** nm LITT Noble espagnol, gentilhomme.

***hideusement** adv De façon hideuse.

***hideux, euse** adj **1.** Horrible à voir : *spectacle hideux.* **2.** Qui provoque un dégoût moral ; ignoble : *guerre hideuse.*

***hidjab** [idʒab] nm Foulard que portent certaines femmes musulmanes.

**hier** [ijɛr] adv **1.** Le jour précédant celui où l'on est : *je l'ai vu hier.* **2.** Dans un passé récent. ■ FAM **ne pas dater d'hier :** être ancien. ❑ FAM **ne pas être né d'hier :** avoir de l'expérience, savoir à quoi s'en tenir.

***hiérarchie** nf Ordre, classement à l'intérieur d'un groupe, d'un ensemble.

***hiérarchique** adj Qui relève de la hiérarchie, fondé sur la hiérarchie : *voie hiérarchique.*

***hiérarchiquement** adv De façon hiérarchique ; selon une hiérarchie.

***hiérarchisation** nf Action de hiérarchiser.

***hiérarchiser** vt Régler, organiser d'après un ordre hiérarchique.

***hiérarque** nm Personne occupant une place importante dans un domaine quelconque.

**hiératique** adj LITT D'une raideur solennelle, figée : *attitude hiératique.*

**hiératisme** nm Attitude, caractère hiératique.

***hiéroglyphe** nm **1.** Caractère de l'écriture des anciens Égyptiens. **2.** FIG Écriture difficile à déchiffrer.

***hiéroglyphique** adj Formé de hiéroglyphes.

**hiérophante** nm ANTIQ GR Prêtre présidant aux mystères d'Éleusis.

***hi-fi** nf inv (abréviation) Haute-fidélité.

**hilarant, e** adj Qui provoque le rire, l'hilarité. ■ CHIM **gaz hilarant :** protoxyde d'azote.

**hilare** adj Qui rit beaucoup, d'une grande gaieté.
**hilarité** nf Explosion de rire.
***hindi** [indi] nm Langue dérivée du sanskrit et parlée en Inde.
**hindou, e** adj Relatif à l'hindouisme. ◆ n Adepte de l'hindouisme.
**hindouisme** nm Religion polythéiste de l'Inde.
***hip-hop** nm inv et adj inv Mouvement socioculturel né aux États-Unis et s'exprimant dans des graffs, des tags et le rap.
***hippie** (pl *hippies*) n et adj Adepte d'un mouvement des années 1960 fondé sur la non-violence et l'hostilité à la société de consommation, et prônant la vie en communauté et la liberté en tous domaines.
**hippique** adj Relatif à l'hippisme, à l'équitation.
**hippisme** nm Sport hippique.
**hippocampe** nm Poisson de mer dit, à cause de la forme de sa tête, *cheval marin*.
**hippodrome** nm Champ de courses hippiques.
**hippogriffe** nm ANTIQ Animal fabuleux ailé, moitié cheval, moitié griffon.
**hippologie** nf Étude du cheval.
**hippomobile** adj Mû par un ou plusieurs chevaux : *voiture hippomobile*.
**hippophagique** adj ■ **boucherie hippophagique** : où l'on vend de la viande de cheval.
**hippopotame** nm **1.** Mammifère massif vivant dans les fleuves et les zones humides d'Afrique. **2.** FAM Personne énorme.
**hippurique** adj ■ **acide hippurique** : qui existe dans l'urine des herbivores et de l'homme.
**hircin, e** adj Du bouc.
**hirondelle** nf Oiseau passereau migrateur, à bec large, à queue fourchue, aux ailes longues. ■ **hirondelle de mer** : sterne.
**hirsute** adj Dont les cheveux ou la barbe sont en désordre.
**hispanique** adj De l'Espagne.
**hispanisant, e** ou **hispaniste** n Spécialiste de la langue et de la civilisation espagnoles.
**hispanisme** nm Mot, locution propres à la langue espagnole.
**hispano-américain, e** (pl *hispano-américains, es*) adj et n De l'Amérique de langue espagnole : *les Hispano-Américains*.
**hispanophone** adj et n De langue espagnole.
***hisser** vt Tirer vers le haut : *hisser les voiles*.
**histogenèse** nf Formation et développement des différents tissus de l'embryon.
**histogramme** nm Graphique représentant la distribution d'une variable statistique, au moyen de rectangles.
**histoire** nf **1.** Ensemble des faits et des événements passés : *aimer l'histoire ; l'histoire de France*. **2.** Science qui étudie le passé et notamment la période connue par des documents écrits : *histoire et préhistoire ; licence d'histoire* ; mémoire que la postérité garde du passé : *son nom est entré dans l'histoire*. **3.** Étude, récit du passé relatif à une période, à un thème ou à une personne en particulier : *histoire de l'aéronautique*. **4.** Récit de faits réels ou fictifs : *histoire triste, drôle*. **5.** Affaire, aventure : *il lui est arrivé une drôle d'histoire*. ◆ **histoires** pl Propos mensongers : *raconter des histoires*. ■ FAM **faire des histoires** : chercher des complications, faire des embarras.
**histologie** nf MÉD Étude des tissus constituant les êtres vivants.
**histologique** adj Relatif à l'histologie.
**historicité** nf Caractère historique de quelque chose : *l'historicité d'un récit*.
**historié, e** adj Orné de scènes narratives avec des personnages.
**historien, enne** n Spécialiste d'histoire, auteur d'ouvrages d'histoire.
**historiette** nf Anecdote ; petit récit.
**historiographe** nm Écrivain chargé d'écrire l'histoire de son temps ou d'un souverain.
**historiographie** nf **1.** Travail de l'historiographe. **2.** Ensemble des documents historiques relatifs à une question.
**historique** adj **1.** Relatif à l'histoire, à l'étude du passé : *recherches, travaux historiques*. **2.** Qui appartient à l'histoire ; attesté par l'histoire : *fait historique*. **3.** Digne d'être conservé par l'histoire ; célèbre : *mot historique*. **4.** Qui remonte aux origines d'une entreprise, d'un mouvement politique, etc. : *chef historique*. ◆ nm Narration, exposé chronologique : *faire un historique*.
**historiquement** adv Du point de vue historique.
**histrion** nm LITT Personne bouffonne.
***hit** [it] nm FAM Grand succès obtenu par un disque : *cette chanson est un hit*.
**hitlérien, enne** adj Relatif à la doctrine de Hitler. ◆ n Partisan du régime instauré par Hitler.
**hitlérisme** nm Doctrine de Hitler ; national-socialisme.

***hit-parade** (pl *hit-parades*) nm Palmarès, cote de popularité obtenu par une chanson, une vedette, etc.

***hittite** adj Relatif aux Hittites.

**HIV** [aʃive] nm (sigle de *human immunodeficiency virus*) VIH.

**hiver** nm La plus froide des quatre saisons de l'année (21 ou 22 décembre-20 ou 21 mars, dans l'hémisphère Nord).

**hivernage** nm **1.** Saison des pluies, dans les régions tropicales. **2.** Temps de relâche pour les navires, en hiver. **3.** Séjour des troupeaux à l'étable pendant l'hiver.

**hivernal, e, aux** adj De l'hiver.

**hivernale** nf Ascension en haute montagne durant l'hiver.

**hiverner** vi Passer l'hiver à l'abri : *troupeaux qui hivernent.*

VOCABULAIRE Il faut bien distinguer *hiverner* et *hiberner*. Voir ce mot.

**HLM** nm ou nf (sigle de *habitation à loyer modéré*) Immeuble construit sous l'impulsion des pouvoirs publics et dont les logements sont destinés à des familles aux revenus modestes.

***ho** interj Sert à appeler, à témoigner l'étonnement, l'admiration, etc.

***hobby** [ɔbi] (pl *hobbys* ou *hobbies*) nm Activité que l'on pratique pour son seul plaisir ; passe-temps.

***hobereau** nm LITT Gentilhomme campagnard.

***hochement** nm Action de hocher la tête ; ce mouvement.

***hochepot** nm Ragoût de bœuf, d'oie, avec des marrons, des navets (spécialité flamande).

***hochequeue** nm Bergeronnette.

***hocher** vt ■ **hocher la tête** : la secouer de bas en haut ou de droite à gauche.

***hochet** nm Petit jouet à grelot, pour les bébés.

***hockey** [ɔkɛ] nm Jeu de balle collectif pratiqué avec une crosse sur gazon. ■ **hockey sur glace** : jeu analogue pratiqué sur la glace par des patineurs.

***hockeyeur, euse** n Joueur, joueuse de hockey.

**hoir** nm DR, VX Héritier direct.

**hoirie** nf DR, VX Héritage.

***holà** interj Sert pour appeler, pour arrêter, etc. ◆ nm inv ■ **mettre le holà** : faire cesser quelque chose, rétablir l'ordre.

***holding** [ɔldiŋ] nf ou nm Société anonyme qui contrôle, grâce à ses participations financières, un groupe d'entreprises de même nature.

***hold-up** [ɔldœp] nm inv Attaque à main armée, organisée en vue de dévaliser une banque, un bureau de poste, etc.

***hollandais, e** adj et n De la Hollande : *les Hollandais.* ◆ **hollandaise** nf et adj f Frisonne.

***hollande** nm Fromage de Hollande, à croûte rouge.

***hollywoodien, enne** adj De Hollywood : *le cinéma hollywoodien.*

**holocauste** nm Massacre d'un grand nombre de personnes, génocide. ■ **l'Holocauste** : extermination des Juifs par les nazis entre 1939 et 1945.

**hologramme** nm Image obtenue par holographie.

**holographie** nf Méthode de photographie en relief utilisant les interférences produites par deux faisceaux lasers.

**holothurie** nf Échinoderme dont certaines espèces sont consommées en Orient.

***homard** nm Crustacé à chair très appréciée, à grosses pinces.

***home** [om] nm ■ **home d'enfants** : centre d'accueil pour enfants, en particulier durant les vacances.

**homélie** nf **1.** RELIG Sermon, au cours de la messe. **2.** LITT Discours moralisateur.

**homéopathe** n et adj Médecin qui pratique l'homéopathie.

**homéopathie** nf Système thérapeutique qui consiste à traiter les malades à l'aide d'agents qui déterminent une affection analogue à celle qu'on veut combattre. CONTR : allopathie.

**homéopathique** adj Propre à l'homéopathie.

**homérique** adj **1.** Relatif à Homère : *légende homérique.* **2.** FIG Inoubliable, fabuleux : *souvenir homérique.*

**homicide** nm Action de tuer, volontairement ou non, un être humain : *homicide involontaire.* ◆ n et adj Personne qui tue quelqu'un ou qui cherche à le tuer : *intentions homicides.*

**hominien** nm Primate actuel ou fossile.

**hommage** nm Marque de courtoisie ou de respect. ■ **rendre hommage à** : témoigner son estime, son admiration pour : *rendre hommage à la loyauté de quelqu'un.* ◆ **hommages** pl ■ **présenter ses hommages** : saluer avec civilité.

**hommasse** adj f PÉJOR Se dit d'une femme dont l'aspect, la voix, les manières évoquent ceux d'un homme.

**homme** nm **1.** L'être humain (par opposition aux *animaux*) : *le rire est le propre de l'homme.* **2.** Personne de sexe masculin (par oppos.

à *femme*) : *profession autrefois réservée aux hommes ; vêtement d'homme.* **3.** Adulte de sexe masculin (par oppos. à *enfant, adolescent*) : *tu deviendras un homme, mon fils.* **4.** Individu d'un groupe : *une armée de dix mille hommes.* **5.** Personne de sexe masculin considérée du point de vue de ses qualités, de celles attribuées à son sexe ou de ses caractéristiques sociales ou professionnelles : *un brave homme ; un homme d'affaires.* ■ **d'homme à homme** : en toute franchise : *parlons d'homme à homme.* ❑ **grand homme** : dont la vie et les actions provoquent l'admiration, le respect (à ne pas confondre avec un *homme grand*, de grande taille). ❑ **homme de loi** : magistrat, avocat, etc. ❑ **homme de main** : qui agit pour le compte d'un autre. ❑ **homme de paille** : prête-nom dans une affaire malhonnête.

**homme-grenouille** (pl *hommes-grenouilles*) nm Plongeur muni d'un équipement spécial lui permettant de respirer et de travailler un certain temps sous l'eau.

**homme-orchestre** (pl *hommes-orchestres*) nm Personne aux compétences multiples.

**homme-sandwich** (pl *hommes-sandwichs*) nm Homme qui promène sur lui deux panneaux publicitaires, l'un sur son dos, l'autre sur sa poitrine.

***hommos** nm → ***houmous**.

**homogène** adj **1.** Formé d'éléments de même nature. **2.** FIG Qui présente une harmonie entre ses divers éléments : *une équipe homogène.*

**homogénéisation** nf Action de rendre homogène.

**homogénéisé, e** adj ■ **lait homogénéisé** : dont on a réduit la dimension des globules gras, empêchant ainsi la séparation de la crème.

**homogénéiser** vt Rendre homogène.

**homogénéité** nf Caractère de ce qui est homogène.

**homographe** adj et nm GRAMM Se dit d'un mot qui a la même orthographe qu'un autre mais un sens différent (EX : *bière*, «boisson», et *bière*, «cercueil»).

**homographie** nf Caractère des mots homographes.

**homogreffe** nf Greffe dans laquelle le greffon est pris sur un sujet de même espèce que le sujet greffé.

**homologation** nf Action d'homologuer.

**homologue** adj **1.** Qui correspond à ; équivalent : *amiral est un grade homologue à celui de général.* **2.** CHIM Se dit de corps organiques remplissant les mêmes fonctions. ◆ n Personne qui est dans les mêmes conditions de vie, de travail qu'une autre : *le ministre des Finances a parlé à son homologue allemand.*

VOCABULAIRE L'adjectif *homologue*, «équivalent», est à distinguer de *analogue*, «comparable, ressemblant».

**homologuer** vt **1.** Confirmer, enregistrer officiellement. **2.** SPORTS Reconnaître officiellement : *homologuer un record.*

**homonyme** adj et nm GRAMM Se dit d'un mot qui présente la même forme graphique (homographe) ou phonique (homophone) qu'un autre, mais qui en diffère par le sens (EX : *cousin*, «insecte», et *cousin*, «parent», ou, *saint, sein, seing, ceint*). ◆ n Personne qui porte le même nom qu'une autre.

**homonymie** nf Qualité de ce qui est homonyme.

**homophobe** adj et n Qui est hostile à l'homosexualité, aux homosexuels.

**homophobie** nf Rejet de l'homosexualité ; hostilité systématique à l'égard des homosexuels.

**homophone** adj et nm GRAMM Se dit d'un mot qui a la même prononciation qu'un autre mais un sens différent (EX : *sceau, seau* et *sot*).

**homosexualité** nf Sexualité tournée vers les personnes du même sexe.

**homosexuel, elle** adj et n Qui éprouve une affinité sexuelle pour les personnes de son sexe.

**homozygote** adj et n BIOL Se dit d'un être dont les cellules possèdent en double le gène d'un caractère donné.

***hongre** n et adj m Cheval châtré.

***hongrois, e** adj et n De Hongrie : *les Hongrois.* ◆ nm Langue des Hongrois.

**honnête** adj **1.** Probe, juste, intègre : *un commerçant honnête.* **2.** Correct, convenable : *un prix honnête.*

**honnêtement** adv Avec honnêteté.

**honnêteté** nf Qualité d'une personne honnête.

**honneur** nm **1.** Sentiment que l'on a de sa propre dignité : *sauver son honneur ; c'est tout à ton honneur.* **2.** Personne ou chose dont on est fier : *c'est l'honneur de sa famille.* **3.** Démonstration d'estime, de respect : *donner une fête en l'honneur de quelqu'un.* ■ **affaire d'honneur** : qui met en cause la réputation de quelqu'un. ❑ **demoiselle, garçon d'honneur** : qui accompagne un cortège nuptial. ❑ **faire honneur à** : se montrer digne de : *elle fait honneur à sa réputation.* ❑ FAM **faire honneur à (une boisson, un mets)** : les déguster avec plaisir et sans en laisser. ❑ **Légion d'honneur** : ordre national français.

❑ **parole d'honneur** : qui engage solennellement. ❑ **point d'honneur** : sur lequel on joue sa réputation. ❑ **rendre honneur à** : honorer, rendre hommage. ❑ **tomber au champ d'honneur** : mourir lors d'un combat militaire. ◆ **honneurs** pl Marques d'intérêt ou de distinction : *aspirer aux honneurs ; avoir les honneurs de la presse.*

***honnir** vt LITT Couvrir de honte, accabler de son mépris. ■ **honni soit qui mal y pense** : devise de l'ordre anglais de la Jarretière.

**honorabilité** nf Qualité d'une personne honorable.

**honorable** adj **1.** Digne d'être honoré ; estimable. **2.** Convenable, suffisant : *résultats honorables.* **3.** Qui fait honneur, qui attire la considération : *action honorable.*

**honorablement** adv D'une manière honorable.

**honoraire** adj Qui porte un titre honorifique sans exercer les fonctions correspondantes : *membre honoraire.* ◆ **honoraires** nm pl Rétribution des professions libérales : *honoraires d'un médecin.*

**honoré, e** adj Flatté et fier : *je suis très honoré de cette distinction.*

**honorer** vt **1.** Témoigner de l'estime, de l'admiration pour : *honorer le talent d'un poète.* **2.** Procurer de l'honneur, de la considération à : *ses scrupules l'honorent.* **3.** Être présent, participer à : *honorer une réunion.* ■ **honorer sa signature** : remplir ses engagements financiers. ❑ FIG **honorer un chèque** : le payer.

**honorifique** adj Qui procure des honneurs : *fonctions honorifiques.*

***honoris causa** [ɔnɔriskoza] loc adj inv Conféré à titre honorifique, en parlant d'un grade universitaire.

***honte** nf **1.** Sentiment de culpabilité, d'humiliation éprouvé à la suite d'une action ou d'une attitude répréhensible, malhonnête, etc. : *rougir de honte ; avoir honte.* **2.** Chose ou personne qui provoque ce sentiment : *cette guerre est une honte.* ■ **faire honte à** : être un sujet de déshonneur pour.

***honteusement** adv D'une façon honteuse : *agir honteusement.*

***honteux, euse** adj **1.** Qui éprouve de la honte. **2.** Qui cause de la honte.

***hooligan** [uligan] nm Supporter qui se livre à des actes de violence et de vandalisme lors d'une rencontre sportive.

***hooliganisme** nm Comportement des hooligans.

***hop** interj Sert à stimuler, à faire sauter ou à exprimer une action brusque.

**hôpital** (pl *hôpitaux*) nm Établissement public ou privé où se pratiquent des actes médicaux et chirurgicaux. ■ **hôpital de jour** : service hospitalier où les malades sont pris en traitement pendant la journée puis rentrent dormir chez eux.

**hoplite** nm ANTIQ GR Fantassin.

***hoquet** nm Contraction brusque du diaphragme : *avoir le hoquet.*

***hoqueter** vi (conj 8) Être secoué de hoquets, de sanglots, etc.

**horaire** adj **1.** Relatif aux heures de la journée : *tableau horaire.* **2.** Par heure : *fiche, salaire horaire.* ◆ nm **1.** Tableau, document indiquant des heures d'arrivée et de départ. **2.** Répartition des heures de travail ; emploi du temps.

***horde** nf LITT Bande, groupe : *horde de brigands.*

***horion** nm LITT Coup violent donné à quelqu'un.

**horizon** nm **1.** Ligne circulaire dont l'observateur est le centre et où le ciel et la terre semblent se joindre ; partie du ciel, de la terre que borne cette ligne. **2.** FIG Perspective : *horizon social ; ouvrir de nouveaux horizons.*

**horizontal, e, aux** adj Perpendiculaire à un plan vertical donné. ◆ **horizontale** nf Ligne horizontale. ■ **à l'horizontale** : en position horizontale, couchée.

**horizontalement** adv Parallèlement à l'horizon.

**horizontalité** nf Caractère de ce qui est horizontal.

**horloge** nf Appareil, avec ou sans sonnerie, qui indique les heures. ■ **horloge biologique** : mécanismes internes qui déterminent les rythmes d'activité du corps humain. ❑ **horloge parlante** : horloge et service donnant l'heure par téléphone, de façon continue.

**horloger, ère** adj De l'horlogerie : *l'industrie horlogère.* ◆ n Personne qui fabrique, vend, répare des horloges, des montres, etc.

**horlogerie** nf Magasin, commerce, industrie de l'horloger.

***hormis** prép SOUT À l'exception de : *hormis deux ou trois.*

**hormonal, e, aux** adj Relatif aux hormones : *insuffisance hormonale.*

**hormone** nf Substance sécrétée par une glande et qui, transportée par le sang, agit sur les organes ou intervient dans des processus biochimiques.

***hornblende** [ɔrnblɛ̃d] nf Silicate naturel d'aluminium, de calcium, etc.

**horodaté, e** adj Qui porte l'indication de la date et de l'heure : *ticket horodaté.*

■ **stationnement horodaté :** stationnement payant qui se fait à l'aide d'horodateurs.

**horodateur, trice** nm et adj Appareil qui imprime la date et l'heure sur certains documents.

**horoscope** nm Ensemble des prédictions que les astrologues déduisent de la position des astres au moment de la naissance de quelqu'un.

**horreur** nf **1.** Violente impression de répulsion, d'effroi, causée par quelque chose d'affreux : *être saisi d'horreur.* **2.** Caractère de ce qui inspire ce sentiment : *l'horreur d'un crime.* **3.** Ce qui inspire le dégoût : *cet article de journal est une horreur.* ■ **avoir horreur de :** détester. ❑ **faire horreur :** dégoûter. ◆ **horreurs** pl Paroles, écrits obscènes, orduriers : *dire des horreurs.*

**horrible** adj **1.** Qui provoque un sentiment d'horreur : *crime horrible.* **2.** PAR EXT Extrême, excessif : *bruit horrible.* **3.** Très mauvais : *temps horrible.*

**horriblement** adv **1.** De façon horrible. **2.** Extrêmement.

**horrifiant, e** adj Qui horrifie.

**horrifier** vt Remplir d'horreur ou d'effroi.

**horripilant, e** adj Qui horripile, très agaçant.

**horripiler** vt Agacer, irriter : *ses manies m'horripilent.*

***hors** prép **1.** Indique l'extériorité ou l'exclusion : *représentation hors festival ; location hors saison ; exemplaires hors commerce.* **2.** Indique la supériorité : *hôtel hors catégorie.* **3.** SOUT Sauf, excepté : *hors cela.* ■ **hors concours :** qui n'est plus autorisé à concourir en raison de sa supériorité. ◆ **hors de** loc prép À l'extérieur, à l'écart de : *habiter hors de la ville ; objet hors de portée.* ■ **être hors de combat :** ne plus pouvoir combattre, être éliminé. ❑ **être hors de prix :** excessivement cher. ❑ **hors de question :** que l'on ne peut envisager. ❑ **hors de soi :** dans un état de violente agitation. ❑ **hors d'usage :** qui ne peut plus servir.

***hors-bord** nm inv Bateau propulsé par un moteur placé hors de la coque.

***hors-d'œuvre** nm inv **1.** Plat servi au début d'un repas. **2.** FIG Ce qui annonce, donne une idée de ce qui va suivre.

***hors-jeu** nm inv Au football, au rugby, faute commise par un joueur, entraînant une sanction.

***hors-la-loi** n inv Personne qui se met en dehors des lois ; bandit.

***hors-piste** ou ***hors-pistes** nm inv Ski pratiqué en dehors des pistes balisées.

***hors-texte** nm inv Illustration tirée à part et intercalée entre les pages d'un livre.

**hortensia** nm Plante à fleurs en boules blanches, bleues ou roses.

**horticole** adj Relatif à l'horticulture.

**horticulteur, trice** n Personne qui s'occupe d'horticulture.

**horticulture** nf Culture des fruits, des légumes, des plantes d'ornement.

**hospice** nm **1.** Établissement qui accueille les vieillards. **2.** Maison religieuse destinée à héberger les pèlerins, les voyageurs.

**hospitalier, ère** adj **1.** Propre à un hôpital : *services hospitaliers.* **2.** Qui exerce l'hospitalité, qui accueille volontiers : *peuple hospitalier.* ◆ n et adj Personne employée dans un hôpital.

**hospitalisation** nf Admission dans un hôpital.

**hospitaliser** vt Admettre dans un hôpital.

**hospitalité** nf Action d'accueillir, de recevoir chez soi avec bienveillance et cordialité.

**hospitalo-universitaire** (pl *hospitalo-universitaires*) adj ■ **centre hospitalo-universitaire (CHU) :** établissement hospitalier où s'effectue l'enseignement des étudiants en médecine.

**hostellerie** nf Hôtel, restaurant de caractère, souvent situé à la campagne.

**hostie** nf Pastille de pain sans levain que le prêtre consacre à la messe, dans l'Église latine.

**hostile** adj **1.** Agressif : *attitude hostile.* **2.** Défavorable à : *se montrer hostile au progrès ; milieu hostile à l'homme.*

**hostilement** adv Avec hostilité.

**hostilité** nf Agressivité, opposition ; malveillance : *manifester son hostilité à un projet.* ◆ **hostilités** pl Opérations de guerre : *déclencher les hostilités.*

***hot dog** [ɔtdɔg] (pl *hot dogs*) nm Morceau de pain fourré d'une saucisse chaude.

**1. hôte** nm Personne qui est reçue chez quelqu'un ; invité.

> EMPLOI En ce sens (moins usité), il est préférable d'employer les synonymes *invité, client,* pour éviter toute confusion avec *hôte, hôtesse.*

**2. hôte, hôtesse** n Personne qui donne l'hospitalité, qui reçoit quelqu'un chez elle.

**hôtel** nm **1.** Établissement commercial qui loue des chambres ou des appartements meublés pour un prix journalier. **2.** Édifice abritant certaines administrations : *hôtel de la monnaie ; hôtel des impôts.*

■ **hôtel de ville** : siège de l'autorité municipale. ❑ **hôtel particulier** : en ville, maison construite pour un riche particulier et sa famille. ❑ **maître d'hôtel** : chef du service de la table dans une grande maison, un restaurant.

**hôtelier, ère** n Personne qui tient une hôtellerie, un hôtel. ◆ adj Relatif à l'hôtellerie : *école hôtelière.*

**hôtellerie** nf **1.** Hôtel, restaurant élégant. **2.** Métier, profession des hôteliers.

**1. hôtesse** nf Femme chargée d'accueillir ou d'informer les visiteurs ou les clients : *hôtesse d'accueil.* ■ **hôtesse de l'air** : femme qui, dans un avion, accueille les passagers et veille à leur confort et à leur sécurité.

**2. hôtesse** nf → **2. hôte.**

***hotte** nf **1.** Panier d'osier, long et large, porté sur le dos : *hotte de vendangeur.* **2.** Manteau de cheminée. **3.** Appareil électrique destiné à recueillir l'air chargé de vapeurs grasses dans une cuisine : *hotte aspirante.*

***hou** interj Sert à faire peur, à faire honte ou à conspuer. ■ **hou ! hou !** : sert à attirer l'attention de quelqu'un.

***houblon** nm Plante grimpante dont les cônes sont employés pour aromatiser la bière.

***houe** nf Instrument de labour à bras, à fer large et recourbé qui sert à ameublir le sol.

***houille** nf Charbon naturel fossile utilisé comme combustible. ■ VIEILLI **houille blanche** : énergie obtenue par les chutes d'eau.

***houiller, ère** adj **1.** Qui renferme de la houille. **2.** Relatif à la houille, à son exploitation.

***houillère** nf Mine de houille.

***houle** nf Mouvement ondulatoire de la mer.

***houlette** nf Bâton de berger. ■ **être sous la houlette de quelqu'un** : sous sa direction.

***houleux, euse** adj **1.** Agité par la houle. **2.** FIG Agité de sentiments contraires, mouvementé : *débat houleux.*

***houlomoteur, houlomotrice** adj Relatif à la force motrice de la houle.

***houmous** [umus] ou ***hommos** [ɔmɔs] nm Purée de pois chiches à l'huile de sésame (spécialité du Moyen-Orient).

***houppe** nf **1.** Touffe de brins de laine, de soie, de duvet : *houppe à poudre de riz.* **2.** Touffe de cheveux sur la tête.

***houppelande** nf ANC Ample manteau sans manches.

***houppette** nf Petite houppe.

***hourra** interj et nm Acclamation : *pousser des hourras.*

***house music** [awsmjuzik] (pl *house musics*) ou **house** [aws] nf Style de musique de danse dont les airs sont composés à partir d'échantillons pris dans des mélodies de diverses origines et de sons électroniques.

***houspiller** vt Gronder, faire de vifs reproches.

***housse** nf Enveloppe qui sert à recouvrir, à protéger des meubles, des vêtements, etc. : *housse de canapé, de couette.*

***houx** nm Arbuste à feuilles luisantes, épineuses et persistantes.

**hovercraft** [ɔvœrkraft] nm Aéroglisseur.

***HQE** nf (sigle) Haute Qualité Environnementale.

**HS** adj inv (sigle de *hors service*) Hors d'usage : *la télé est HS ;* FAM très fatigué : *je suis HS.*

**HT** loc adj (sigle) Hors taxes : *300 euros HT.*

***hublot** nm Fenêtre ronde dans la coque d'un navire ou le fuselage d'un avion.

***huche** nf Coffre en bois qu'on utilisait autrefois pour pétrir la pâte et conserver le pain.

***hue** interj S'emploie pour faire avancer les chevaux. ■ **tirer à hue et à dia** : agir de façon désordonnée.

***huée** nf (surtout au pluriel) Cri hostile : *s'enfuir sous les huées.*

***huer** vt Accueillir par des huées ; conspuer. ◆ vi Crier, en parlant du hibou.

***huguenot, e** n et adj Surnom donné jadis par les catholiques français aux protestants partisans de Calvin. ◆ adj Relatif aux calvinistes.

**huilage** nm Action d'huiler.

**huile** nf Liquide gras qu'on extrait de diverses substances végétales ou animales : *huile d'olive.* ■ **faire tache d'huile** : se propager progressivement. ❑ **huiles minérales** : hydrocarbures liquides (pétrole). ❑ FIG **jeter de l'huile sur le feu** : envenimer une querelle. ❑ **mer d'huile** : très calme. ❑ **peinture à l'huile** : avec des couleurs délayées à l'huile. ❑ **saintes huiles** : huiles utilisées pour les sacrements.

**huilé, e** adj Qui est imprégné ou enduit d'huile : *verser des œufs dans une poêle huilée.* ■ FIG **bien huilé** : qui fonctionne parfaitement bien : *une équipe aux rouages bien huilés.*

**huiler** vt Enduire d'huile : *huiler une poêle.*

**huilerie** nf Fabrique d'huile.

**huileux, euse** adj **1.** De la nature de l'huile ; qui en contient. **2.** Gras : *peau huileuse.*

**huilier** nm Accessoire de table réunissant les burettes d'huile et de vinaigre.

***huis clos** nm Séance à laquelle le public n'est pas admis, dans un tribunal. ■ **à huis clos :** (a) sans que le public soit admis : *délibérer à huis clos* (b) en secret : *conversation à huis clos.*

**huisserie** nf Ensemble des pièces de bois encadrant une porte.

**huissier, ère** n **1.** Gardien qui se tient à la porte d'un haut personnage pour annoncer et introduire les visiteurs. **2.** Employé chargé du service dans les assemblées, les administrations. ■ **huissier audiencier :** qui assiste les magistrats. ❑ **huissier de justice ou huissier :** officier ministériel chargé de signifier les actes de justice, de mettre à exécution les jugements, etc.

***huit** [ɥit], [ɥi] devant une consonne ou un *h* muet adj num card **1.** Sept plus un. **2.** Huitième : *Charles VIII.* ◆ nm inv Chiffre, numéro, etc., qui représente ce nombre. ■ **lundi, mardi, etc., en huit :** de la semaine prochaine.

***huitaine** nf **1.** Espace de huit jours. **2.** Groupe de huit unités ou environ : *une huitaine de jours.*

***huitième** adj num ord et n Qui occupe un rang marqué par le numéro huit. ◆ adj et nm Qui se trouve huit fois dans le tout.

***huitièmement** adv En huitième lieu.

**huître** nf Mollusque comestible à double coquille. ■ **huître perlière :** qui fournit des perles fines.

***hulotte** nf Oiseau rapace nocturne (appelé usuellement : *chat-huant*).

***hululement** nm → **ululement.**

***hululer** vi → **ululer.**

***hum** interj Marque le doute, l'impatience, la réticence.

**humain, e** adj **1.** Qui concerne l'homme : *corps humain ; géographie humaine.* **2.** Sensible, compatissant, compréhensif : *se montrer humain.* ■ **le genre humain :** l'ensemble des hommes. ◆ **humains** nm pl ■ **les humains :** les hommes.

**humainement** adv Avec humanité, avec bonté : *traiter quelqu'un humainement.*

**humanisation** nf Action d'humaniser.

**humaniser** vt Donner un caractère plus humain ; rendre plus supportable à l'homme : *humaniser les conditions de travail.*

**humanisme** nm Position philosophique qui place la personne humaine et ses valeurs au-dessus de toute autre valeur.

**humaniste** n et adj **1.** Partisan de l'humanisme. **2.** VX Qui est versé dans la connaissance des langues et littératures anciennes. ◆ adj Relatif à l'humanisme.

**humanitaire** adj Qui intéresse l'humanité : *problème humanitaire.* ◆ adj et n Qui s'efforce de venir en aide aux hommes : *organisation humanitaire.* ■ **corridor, couloir humanitaire :** voie de communication établie pour acheminer des secours aux populations d'une région en guerre.

**humanitarisme** nm PÉJOR Conceptions humanitaires jugées utopiques, dangereuses.

**humanité** nf **1.** L'ensemble des êtres humains, la race humaine. **2.** Caractère de ce qui est humain. **3.** Bonté, bienveillance. ◆ **humanités** pl BELGIQUE Cycle complet d'études secondaires.

**humanoïde** nm Dans le langage de la science-fiction, être ressemblant à l'homme.

**humble** adj **1.** Modeste, réservé : *un homme humble.* **2.** Sans éclat, sans prétention ou sans importance : *d'humbles travaux.*

**humblement** adv Avec humilité.

**humecter** vt Rendre humide, mouiller légèrement.

***humer** vt Respirer, aspirer par le nez.

**humérus** [ymerys] nm Os du bras articulé à l'épaule et au coude.

**humeur** nf **1.** Disposition d'esprit naturelle ou passagère : *bonne humeur.* **2.** Mauvaise humeur : *mouvement d'humeur.* ■ **être d'humeur à :** disposé à.

**humide** adj Chargé d'eau ou de vapeur.

**humidificateur** nm Appareil servant à maintenir un certain degré d'humidité dans un lieu.

**humidification** nf Action d'humidifier.

**humidifier** vt Rendre humide.

**humidité** nf État de ce qui est humide.

**humiliant, e** adj Qui humilie.

**humiliation** nf **1.** Acte qui humilie ; affront : *infliger une humiliation.* **2.** Sentiment qui en résulte ; honte : *pâlir d'humiliation.*

**humilier** vt Abaisser, avilir.

**humilité** nf Caractère d'une personne ou d'une chose humble. ■ **en toute humilité :** aussi humblement que possible.

**humoriste** n et adj Auteur de dessins ou d'écrits drôles, satiriques.

**humoristique** adj Qui est empreint d'humour ; drôle, amusant : *dessins humoristiques.*

**humour** nm Tournure d'esprit porté à l'ironie, à la raillerie sous une apparence sérieuse ou impassible. ■ **humour noir :** humour grinçant porté jusqu'à l'absurde.

**humus** [ymys] nm Terre végétale.

***hune** nf MAR Plateforme en saillie fixée à l'extrémité supérieure d'un mât.

***hunier** nm MAR Voile carrée d'un mât de hune.

***huppe** nf Oiseau passereau portant une touffe de plumes sur la tête ; cette touffe.

***huppé, e** adj **1.** Qui a une huppe. **2.** FAM Riche.

***hure** nf **1.** Tête coupée de sanglier, de saumon, de brochet, etc. **2.** Préparation culinaire à base de tête de porc.

***hurlant, e** adj Qui hurle.

***hurlement** nm Cri aigu et prolongé d'un homme ou d'un animal.

***hurler** vi **1.** Pousser des hurlements. **2.** Faire un bruit effrayant : *entendre le vent hurler.* ◆ vt Dire, chanter en criant très fort.

***hurleur** nm et adj m Singe d'Amérique du Sud dont les cris s'entendent très loin.

**hurluberlu, e** n Personne fantaisiste, extravagante.

***hussard** nm AUTREF Soldat de cavalerie légère.

***hussarde** nf Danse d'origine hongroise. ■ **à la hussarde :** sans délicatesse, avec brutalité.

***hutte** nf Cabane faite de branchages, de paille, de terre, etc.

**hyacinthe** nf Pierre fine d'une couleur jaune rouge.

**hyalin, e** adj Qui a l'apparence du verre : *quartz hyalin.*

**hybridation** nf Croisement de deux plantes ou de deux animaux d'espèces différentes.

**hybride** adj et nm **1.** Se dit d'un animal ou d'une plante provenant de deux espèces différentes : *le mulet est un hybride de l'âne et de la jument.* **2.** AUTOM Se dit de la motorisation d'un véhicule comportant un moteur thermique et un moteur électrique ; se dit du véhicule lui-même. ◆ adj Composé d'éléments disparates ; composite : *architecture hybride.*

**hydratant, e** adj Qui hydrate : *lotion hydratante.*

**hydratation** nf **1.** Action d'hydrater. **2.** CHIM Transformation en hydrate.

**hydrate** nm Combinaison de l'eau avec un corps. ■ **hydrate de carbone :** glucide.

**hydrater** vt Introduire de l'eau dans les tissus, dans un corps quelconque.

**hydraulique** nf Science qui étudie l'écoulement des liquides et les problèmes posés par l'utilisation de l'eau. ◆ adj Qui fonctionne grâce à l'eau : *presse hydraulique.*

**hydravion** nm Avion muni de flotteurs, conçu pour prendre son départ sur l'eau et s'y poser.

**hydre** nf ■ MYTH **hydre de Lerne :** serpent à sept têtes, qui repoussaient au fur et à mesure qu'on les tranchait, tué par Héraclès.

**hydrique** adj Relatif à l'eau : *diète hydrique.*

**hydroalcoolique** adj Se dit de préparations composées d'extraits alcooliques dissous dans de l'eau : *gel hydroalcoolique.*

**hydrocarbure** nm Molécule composée uniquement de carbone et d'hydrogène (pétrole, gaz, etc.).

**hydrocéphale** adj et n Dont la boîte crânienne a un volume anormalement important.

**hydrocéphalie** nf Maladie de l'hydrocéphale.

**hydrocution** nf Syncope provoquée par le contact avec une eau froide et pouvant entraîner la mort par noyade.

**hydrodynamique** nf Partie de la physique des fluides qui traite des liquides.

**hydroélectricité** nf Énergie électrique obtenue par conversion de l'énergie hydraulique des rivières et des chutes d'eau.

**hydroélectrique** adj Relatif à l'hydroélectricité : *centrale hydroélectrique.*

**hydrofoil** [idrɔfɔjl] nm Embarcation rapide munie d'ailes immergées portantes.

**hydrogénation** nf CHIM Fixation d'hydrogène sur un corps.

**hydrogène** nm Corps simple, gazeux, qui avec l'oxygène forme l'eau ; symb : H.

**hydrogéné, e** adj **1.** Combiné avec l'hydrogène. **2.** Contenant de l'hydrogène.

**hydroglisseur** nm Bateau propulsé par une hélice aérienne ou un réacteur, glissant sur l'eau.

**hydrographe** n Spécialiste d'hydrographie.

**hydrographie** nf **1.** Étude scientifique des eaux marines et fluviales. **2.** Topographie maritime. **3.** Ensemble des eaux d'une région. **4.** Étude du régime des eaux.

**hydrographique** adj Relatif à l'hydrographie.

**hydrologie** nf Science qui traite des propriétés mécaniques, physiques et chimiques des eaux marines et continentales.

**hydrologiste** ou **hydrologue** n Spécialiste d'hydrologie.

**hydrolyse** nf Décomposition de certains composés chimiques par action de l'eau.

**hydromel** nm Boisson obtenue par fermentation du miel dans de l'eau.

**hydrophile** adj Qui absorbe l'eau : *coton hydrophile.*

**hydrosphère** nf Partie liquide de la croûte terrestre (par opposition à *atmosphère, lithosphère*).

**hydrostatique** nf Partie de la mécanique qui a pour objet les conditions d'équilibre des liquides. ◆ adj Relatif à l'hydrostatique.

**hydrothérapie** nf Traitement des maladies par l'eau.

**hyène** nf Mammifère carnivore d'Asie et d'Afrique.

PHONÉTIQUE On dit *l'hyène*, le *h* étant muet ; cependant, on omet la liaison au pluriel : *les hyènes* [lejɛn].

**hygge** [ygø] nm Sentiment de bien-être et de sérénité caractéristique de l'art de vivre danois ; cet art de vivre.

**Hygiaphone** nm (nom déposé) Plaque transparente et perforée dont on équipe, par souci d'hygiène, les guichets où les employés sont en contact constant avec le public.

**hygiène** nf Ensemble de règles et de pratiques relatives à la conservation de la santé, à la propreté, etc. : *hygiène alimentaire*.

**hygiénique** adj **1.** Relatif à l'hygiène, notamment celle du corps : *papier hygiénique*. **2.** Sain, bon pour la santé : *promenade hygiénique*.

**hygiéniste** n Spécialiste de l'hygiène.

**hygromètre** nm Instrument mesurant l'humidité de l'air.

**hygrométrie** nf Détermination de l'état d'humidité de l'air.

**hygrométrique** adj Relatif à l'hygrométrie.

**1. hymen** [imɛn] nm Membrane fine et souple placée à l'entrée du vagin, chez les filles.

**2. hymen** [imɛn] ou **hyménée** nm LITT Mariage.

**hyménoptère** nm Insecte aux ailes membraneuses (abeille, guêpe, etc.) [les hyménoptères forment un ordre].

**hymne** nm Chant en l'honneur d'un dieu, d'un héros, etc. ■ **hymne national :** chant national.

**hyoïde** nm et adj Os en fer à cheval situé au-dessus du larynx.

**hyoïdien, enne** adj Relatif à l'os hyoïde.

**hyper** nm (abréviation) FAM Hypermarché.

**hyperactif, ive** adj Qui déploie une activité excessive.

**hyperactivité** nf Comportement d'une personne qui passe sans jamais s'arrêter d'une activité à une autre.

**hyperbole** nf **1.** Procédé rhétorique qui consiste à exagérer l'expression pour produire une forte impression (EX : *un géant* pour *un homme de grande taille*). **2.** MATH Ensemble des points d'un plan dont la différence des distances à deux points fixes est constante.

**hyperbolique** adj **1.** Emphatique, exagéré : *louanges hyperboliques*. **2.** MATH En forme d'hyperbole.

**hypercalcémie** nf MÉD Augmentation pathologique du taux de calcium dans le sang.

**hypercentre** nm Centre-ville d'une grande agglomération : *habiter l'hypercentre de Lille*.

**hyperémotivité** nf Émotivité excessive.

**hyperglycémie** nf MÉD Excès du taux de glucose dans le sang.

**hypermarché** nm Magasin exploité en libre-service et présentant une superficie consacrée à la vente supérieure à 2 500 $m^2$.

**hypermédia** nm Technique qui permet de passer d'un document (texte, son ou image) à un autre dans la consultation d'un système multimédia.

**hypermétrope** adj et n Atteint d'hypermétropie.

**hypermétropie** nf Anomalie de la vision due à un défaut de convergence du cristallin et dans laquelle l'image se forme en arrière de la rétine : *l'hypermétropie empêche de voir avec netteté les objets très proches*.

**hypernerveux, euse** adj D'une nervosité excessive.

**hypersécrétion** nf MÉD Sécrétion supérieure à la normale.

**hypersensibilité** nf Sensibilité extrême.

**hypersensible** adj Très sensible.

**hypersonique** adj AÉRON Se dit de vitesses qui dépassent 5 000 km/h et des avions se déplaçant à de telles vitesses.

**hypertendu, e** adj et n Atteint d'hypertension.

**hypertension** nf MÉD Tension artérielle excessive.

**hypertexte** nm Système qui permet de consulter une base documentaire de textes en sautant d'un document à un autre.

**hypertrophie** nf MÉD Accroissement anormal du tissu d'un organe : *hypertrophie du cœur*.

**hypertrophié, e** adj Atteint d'hypertrophie.

**hypnose** nf Sommeil artificiel provoqué par suggestion.

**hypnotique** adj Relatif à l'hypnose.

**hypnotiser** vt **1.** Endormir par les procédés de l'hypnotisme : *mage qui hypnotise*. **2.** Accaparer totalement l'esprit ou l'attention de : *professeur qui hypnotise son auditoire*.

**hypnotiseur, euse** n Personne qui hypnotise.

**hypnotisme** nm Ensemble des techniques propres à provoquer l'hypnose.

**hypoallergénique** adj Qui diminue les risques de réactions allergiques.

**hypocalcémie** nf Insuffisance du taux de calcium dans le sang.

**hypocalorique** adj Se dit d'un aliment ou d'un régime alimentaire pauvre en calories.

**hypocondriaque** adj et n **1.** Atteint d'hypocondrie. **2.** FIG Inquiet, angoissé.

**hypocondrie** nf Anxiété pathologique au sujet de sa propre santé.

**hypocrisie** nf **1.** Comportement d'une personne hypocrite. **2.** Caractère d'une chose hypocrite : *l'hypocrisie d'un procédé, d'une réponse.*

**hypocrite** adj et n Se dit d'une personne qui affecte des sentiments, des opinions qu'elle n'a pas. ◆ adj Qui dénote le manque de sincérité : *air, ton hypocrite.*

**hypocritement** adv De façon hypocrite.

**hypodermique** adj Sous-cutané : *injection hypodermique.*

**hypogée** nm **1.** Nom donné à des constructions souterraines de l'Antiquité. **2.** Tombeau souterrain : *les hypogées égyptiens.*

**hypoglosse** nm et adj Nerf placé sous la langue.

**hypoglycémie** nf MÉD Insuffisance du taux de glucose dans le sang.

**hypokhâgne** nf ARG SCOL Classe de préparation à la khâgne.

**hypophyse** nf Organe glandulaire à la base du crâne.

**hypotendu, e** adj et n Atteint d'hypotension.

**hypotenseur** nm Médicament qui diminue la tension artérielle.

**hypotension** nf MÉD Tension artérielle insuffisante.

**hypoténuse** nf Côté opposé à l'angle droit dans un triangle rectangle : *le carré de l'hypoténuse est égal à la somme des carrés des deux autres côtés.*

ORTHOGRAPHE Attention, *hypoténuse* s'écrit avec un seul *h* (initial).

**hypothalamus** [ipɔtalamys] nm Région du cerveau régulatrice de fonctions vitales.

**hypothécaire** adj Relatif à l'hypothèque : *prêt hypothécaire.*

**hypothèque** nf **1.** Droit dont est grevé un immeuble ou tout autre bien, en garantie d'une créance. **2.** FIG Ce qui entrave, ce qui cause préjudice.

**hypothéquer** vt (conj 10) **1.** Grever d'une hypothèque pour garantir une créance : *hypothéquer une terre.* **2.** FIG Engager, lier de façon souvent imprudente : *hypothéquer l'avenir.*

**hypothermie** nf MÉD Température du corps inférieure à la normale.

**hypothèse** nf **1.** Proposition initiale à partir de laquelle on construit un raisonnement. **2.** Supposition, éventualité.

**hypothétique** adj **1.** Fondé sur une hypothèse. **2.** Douteux, incertain.

**hypotonie** nf MÉD Diminution de la force musculaire.

**hystérectomie** nf Ablation de l'utérus.

**hystérie** nf **1.** Névrose caractérisée par des troubles divers de la sensibilité et un comportement très extraverti. **2.** Folie.

**hystérique** adj Relatif à l'hystérie. ◆ adj et n Qui souffre d'hystérie.

**Hz** (symbole) Hertz.

# I

**i** nm Neuvième lettre de l'alphabet et la troisième des voyelles. ■ **droit comme un i** : très droit. ❑ **mettre les points sur les i** : s'expliquer clairement pour éviter les ambiguïtés.

**ïambe** nm Pied de vers anciens composé d'une brève et d'une longue. ◆ **ïambes** pl Pièce satirique, en alexandrins alternant avec des octosyllabes : *les ïambes de Chénier.*

**ïambique** adj Composé d'ïambes.

**ibère** adj Qui concerne les Ibères.

**ibérique** adj Relatif à l'Espagne et au Portugal.

**ibid.** (abréviation) Ibidem.

**ibidem** [ibidɛm] adv Au même endroit d'un texte.

**ibis** [ibis] nm Oiseau échassier.

**ibuprofène** nm Médicament antalgique et anti-inflammatoire non stéroïdien, d'usage courant.

**iceberg** [isbɛrg] ou [ajsbɛrg] nm Masse de glace flottante détachée d'un glacier polaire.

**ichtyologie** [iktjɔlɔʒi] nf Étude des poissons.

**ichtyosaure** [iktjɔzɔr] nm Reptile fossile à l'aspect de requin.

**ici** adv **1.** Dans le lieu où l'on se trouve. **2.** Au moment présent : *d'ici à demain.* ■ **ici-bas** : dans ce bas monde (par opposition à *là-haut*). ❑ **par ici** : de ce côté-ci.

**icône** nf **1.** Image du Christ, de la Vierge et des saints dans les Églises d'Orient de tradition byzantine. **2.** FIG Personne qui incarne une communauté, un courant, une mode : *une icône de la culture pop.* **3.** INFORM Symbole graphique affiché sur un écran et correspondant, au sein d'un logiciel, à l'exécution d'une tâche particulière.

> ORTHOGRAPHE *Icône* s'écrit avec un *ô*, mais pas ses dérivés (*iconographie, iconostase*, etc.).

**iconoclaste** n et adj **1.** LITT Qui est sans respect pour les traditions, qui cherche à détruire tout ce qui se rattache au passé. **2.** Se dit des membres d'une secte religieuse du VIIIe s. qui proscrivait le culte des images.

**iconographe** n Spécialiste d'iconographie.

**iconographie** nf **1.** Étude des sujets représentés dans les œuvres d'art. **2.** Ensemble de l'illustration d'une publication (livre, revue, etc.).

**iconographique** adj Relatif à l'iconographie.

**iconostase** nf Cloison couverte d'icônes séparant la nef du sanctuaire, dans les églises de rite byzantin.

**ictère** nm MÉD Jaunisse.

**ictus** [iktys] nm MÉD Manifestation morbide brutale.

**id.** (abréviation) Idem.

**idéal, e, aux** adj **1.** Qui n'existe que dans l'esprit et non dans le réel : *monde idéal.* **2.** Qui possède la suprême perfection : *beauté idéale.* ◆ (pl *idéals* ou *idéaux*) nm **1.** Perfection conçue par l'esprit : *un idéal de beauté.* **2.** Ce à quoi l'on aspire : *réaliser son idéal.*

**idéalement** adv De façon idéale.

**idéalisateur, trice** adj et n Qui idéalise.

**idéalisation** nf Action d'idéaliser.

**idéaliser** vt Donner un caractère, une perfection idéale à une personne, une chose.

**idéalisme** nm **1.** Philosophie qui subordonne toute réalité extérieure à la pensée. **2.** Attitude d'esprit de celui qui aspire à un idéal, souvent utopique : *l'idéalisme de la jeunesse.*

**idéaliste** adj et n **1.** PHILOS Qui défend l'idéalisme. **2.** Qui poursuit un idéal parfois chimérique.

**idéalité** nf Caractère de ce qui est idéal.

**idée** nf **1.** Représentation abstraite d'un objet, d'un rapport : *idée du beau, du bien.* **2.** Manière de voir, opinion, appréciation : *idées politiques.* **3.** Conception de l'esprit, inspiration : *une idée de génie ; avoir l'idée d'un scénario.* **4.** Pensée, esprit : *cela m'est venu à l'idée.* ■ **avoir idée de qqch** : se le représenter approximativement : *avoir idée d'un prix.* ❑ **avoir idée que** ou **avoir dans l'idée que** : avoir l'impression que : *avoir dans l'idée que tout est faux.* ◆ **idées** pl ■ **se faire des idées** : imaginer des choses fausses.

**idem** [idɛm] adv De même (abréviation : *id.*).

**identifiable** adj Qui peut être identifié.

**identifiant** nm Information permettant de se connecter à un système informatique (nom d'utilisateur, mot de passe, etc.).

**identification** nf **1.** Action d'identifier. **2.** Fait de s'identifier.

**identifier** vt **1.** Déterminer la nature d'une chose : *identifier une plante.* **2.** Établir l'identité de : *identifier un criminel.* **3.** Assimiler à autre chose : *identifier Hitler au nazisme.* ◆ **s'identifier** vpr [à, avec] Se pénétrer des sentiments d'un autre, s'assimiler.

**identique** adj Qui est parfaitement semblable à un autre : *deux vases identiques.*

**identiquement** adv De façon identique.

**identitaire** adj **1.** Qui concerne l'identité d'une personne, d'un groupe. **2.** Qui caractérise la revendication par une communauté de son identité menacée. ◆ n et adj Membre d'un courant politique militant pour la défense de son identité régionale ou nationale, qu'il estime menacée.

**identité** nf **1.** Caractère de ce qui est identique : *identité de goûts.* **2.** Caractère permanent et fondamental d'une personne, d'un groupe : *crise d'identité.* **3.** Signalement exact d'une personne : *vérifier l'identité de quelqu'un.*

**idéogramme** nm Signe graphique qui représente le sens du mot et non les sons : *les idéogrammes chinois.*

**idéographie** nf Représentation directe du sens des mots par des signes graphiques.

**idéographique** adj Relatif à l'idéographie : *écriture idéographique.*

**idéologie** nf **1.** Ensemble d'idées qui constitue une doctrine : *idéologies politiques.* **2.** Ensemble des idées, des croyances, des doctrines, propres à une époque, une société ou une classe sociale : *idéologie bourgeoise, révolutionnaire.* **3.** PÉJOR Système de pensée, d'idées vague et nébuleux.

**idéologique** adj Relatif à l'idéologie.

**idéologue** n Personne qui s'attache de manière systématique à une doctrine philosophique ou sociale.

**ides** nf pl Quinzième jour des mois de mars, mai, juillet et octobre, treizième jour des autres mois, dans le calendrier romain : *César fut assassiné aux ides de mars.*

**idiolecte** nm Ensemble des habitudes langagières propres à un individu.

**idiomatique** adj D'un idiome.

**idiome** nm LING Langue propre à une communauté étendue (nation, peuple, région).

**idiosyncrasie** nf SOUT Manière d'être propre à chaque individu.

**idiot, e** adj et n Stupide, dépourvu d'intelligence, de bon sens.

**idiotie** [idjɔsi] nf **1.** Absence d'intelligence. **2.** Acte, parole qui dénote un esprit borné ; action inconsidérée : *faire, dire des idioties.*

**idiotisme** nm LING Tournure propre à un idiome : *les idiotismes du français.*

**idoine** adj LITT Qui convient ; approprié, adéquat : *solution idoine.*

**idolâtre** adj et n **1.** Qui adore les idoles : *peuples idolâtres.* **2.** FIG Qui aime avec excès : *une mère idolâtre de ses enfants.*

**idolâtrer** vt Adorer, aimer avec passion.

**idolâtrie** nf **1.** Adoration des idoles. **2.** FIG Amour passionné, excessif.

**idole** nf **1.** Figure représentant une divinité. **2.** Personne que l'on admire avec une sorte de culte.

**idylle** [idil] nf **1.** Amour tendre et naïf. **2.** LITT Petit poème du genre bucolique ou pastoral.

**idyllique** adj Merveilleux, idéal et naïf : *description idyllique.*

**if** nm Arbre conifère à feuillage persistant.

**igloo** [iglu] nm Habitation faite de blocs de neige : *certains Inuits habitent dans des igloos.*

**igname** [iɲam] nf Plante cultivée dans les régions tropicales pour ses tubercules riches en amidon.

**ignare** adj Très ignorant.

**igné, e** [igne] ou [iɲe] adj **1.** LITT En feu ; incandescent. **2.** Produit par l'action de la chaleur : *roches ignées.*

**ignifugation** nf Action d'ignifuger.

**ignifuge** ou **ignifugeant, e** adj et nm Propre à rendre ininflammable.

**ignifuger** [ignifyʒe] ou [iɲifyʒe] vt (conj 2) Rendre ininflammable : *décors de théâtre ignifugés.*

**ignoble** adj **1.** Bas, vil, infâme : *conduite ignoble.* **2.** Très laid, très mauvais ou très sale : *tapis ignoble ; odeur ignoble ; pull ignoble.*

**ignoblement** adv De façon ignoble.

**ignominie** nf **1.** LITT Grand déshonneur ; infamie. **2.** Action, parole infamante : *dire des ignominies.*

**ignominieusement** adv LITT Avec ignominie.

**ignominieux, euse** adj LITT Qui cause de l'ignominie, infamant.

**ignorance** nf **1.** Défaut, manque général de connaissance, de savoir, d'instruction : *combattre l'ignorance.* **2.** Défaut de connaissance d'une chose déterminée : *rester dans l'ignorance d'un fait.*

**ignorant, e** adj et n **1.** Dépourvu de savoir ; illettré, inculte. **2.** Qui n'a pas la connaissance d'une chose déterminée.

**ignoré, e** adj Inconnu, méconnu.

**ignorer** vt **1.** Ne pas savoir, ne pas connaître : *nul n'est censé ignorer la loi.* **2.** Ne pas avoir l'expérience de : *ignorer la peur.* **3.** Ne pas tenir compte de : *ignorer un avertissement.*

**iguane** [igwan] nm Reptile saurien d'Amérique tropicale, portant une crête dorsale d'écailles pointues et pouvant atteindre 1,50 m de long.

**iguanodon** [igwanɔdɔ̃] nm Reptile herbivore du crétacé, long de 10 m.

**ikebana** [ikebana] nm Art floral japonais.

**il, ils** pron pers m Désigne la 3e personne du singulier et du pluriel en fonction de sujet. ◆ pron pers inv neutre Sert de sujet aux verbes impersonnels : *il pleut*.

**ilang-ilang** (pl *ilangs-ilangs*) nm Arbre cultivé pour ses fleurs, utilisées en parfumerie (on écrit aussi *ylang-ylang*).

**île** nf Terre entourée d'eau de tous côtés : *l'Irlande est une île.* ■ **île flottante :** œufs battus en neige et cuits au bain-marie, flottant sur une crème anglaise.

**iléon** nm Portion de l'intestin grêle après le jéjunum.

**iléus** [ileys] nm MÉD Obstruction de l'intestin. SYN : occlusion intestinale.

**iliaque** adj Des flancs. ■ **os iliaque :** os de la hanche.

**îlien, enne** n et adj Habitant d'une île.

**illectronisme** nm État d'une personne qui ne maîtrise pas les compétences nécessaires à l'utilisation des ressources électroniques. SYN : illettrisme électronique.

**illégal, e, aux** adj Contraire à la loi : *ordonnance illégale*.

**illégalement** adv De façon illégale.

**illégalité** nf **1.** Caractère de ce qui est illégal : *l'illégalité d'une convention.* **2.** Acte illégal : *commettre une illégalité*.

**illégitime** adj **1.** Qui se situe hors des institutions établies par la loi : *union illégitime.* **2.** Qui n'est pas fondé, justifié : *crainte illégitime*.

**illégitimement** adv De façon illégitime.

**illégitimité** nf Défaut de légitimité : *l'illégitimité d'un décret*.

**illettré, e** n et adj Personne qui ne maîtrise ni la lecture ni l'écriture.

**illettrisme** nm État des personnes qui, ayant appris à lire et à écrire, n'en maîtrisent pas la pratique. ■ **illettrisme électronique :** illectronisme.

**illicite** adj Interdit par la morale ou par la loi : *trafic, commerce illicite*.

**illico** adv FAM Sur-le-champ.

**illimité, e** adj Sans limites : *pouvoirs illimités*.

**illisible** adj **1.** Non lisible, indéchiffrable : *écriture illisible.* **2.** De lecture incompréhensible ou insupportable : *roman illisible*.

**illogique** adj Qui n'est pas logique : *conclusion illogique ; esprit illogique*.

**illogiquement** adv De façon illogique.

**illogisme** nm Caractère de ce qui est illogique ; chose illogique.

**illumination** nf **1.** Action d'illuminer ; vif éclairage : *l'illumination d'un monument.* **2.** Ensemble de lumières décoratives : *les illuminations d'une fête.* **3.** Inspiration soudaine, trait de génie : *avoir une illumination*.

**illuminé, e** n et adj Visionnaire.

**illuminer** vt **1.** Éclairer d'une vive lumière : *des éclairs illuminent le ciel.* **2.** FIG Donner un vif éclat à : *un sourire illumina son visage.* ◆ **s'illuminer** vpr **1.** S'éclairer vivement : *fenêtres qui s'illuminent.* **2.** FIG Se mettre à briller : *regard, visage qui s'illumine*.

**illusion** nf **1.** Erreur de perception ou de l'esprit, qui fait prendre l'apparence pour la réalité : *le mirage est une illusion de la vue.* **2.** Pensée chimérique, idée erronée : *se nourrir d'illusions.* ■ **faire illusion :** tromper. ❑ **se faire des illusions :** s'abuser.

**illusionner** vt Tromper par une illusion. ◆ **s'illusionner** vpr Se faire des illusions, s'abuser : *s'illusionner sur ses capacités*.

**illusionnisme** nm Art de l'illusionniste.

**illusionniste** n Prestidigitateur.

**illusoire** adj Trompeur.

**illusoirement** adv LITT De façon illusoire.

**illustrateur, trice** n Artiste qui dessine des illustrations.

**illustratif, ive** adj Qui sert d'illustration, d'exemple.

**illustration** nf **1.** Image figurant dans le texte d'un livre, d'un journal. **2.** Action d'illustrer, de rendre clair : *ceci peut servir d'illustration à sa thèse*.

**illustre** adj D'un renom éclatant ; célèbre : *écrivain illustre*.

**illustré** nm Journal, revue composés de récits accompagnés de dessins.

**illustrer** vt **1.** Orner de gravures, d'images, de photographies : *illustrer un texte, un livre.* **2.** Rendre plus clair : *exemple qui illustre une définition.* **3.** LITT Rendre illustre : *le village d'Illiers, qu'a illustré Marcel Proust.* ◆ **s'illustrer** vpr LITT Se distinguer : *s'illustrer par une victoire éclatante*.

**illustrissime** adj **1.** Très illustre. **2.** Titre donné à certains dignitaires ecclésiastiques.

**îlot** nm **1.** Petite île. **2.** Groupe de maisons dans une ville : *îlot insalubre*.

**îlotage** nm Division d'une ville en îlots dont la surveillance est confiée à des îlotiers ; surveillance que ceux-ci exercent.

**ilote** nm **1.** ANTIQ Esclave d'État, à Sparte. **2.** LITT Homme réduit au dernier degré de misère, de servilité, d'ignorance.

**îlotier, ère** n Agent de police chargé de la surveillance d'un îlot.

**ilotisme** nm LITT État de servilité et d'ignorance.

**image** nf **1.** Représentation d'un être ou d'une chose par les arts graphiques, la photographie, le film, etc. : *livre d'images.* **2.** Reproduction visuelle d'un objet par un miroir, un instrument d'optique : *image radiographique.* **3.** Représentation mentale : *cette image me poursuit.* **4.** Ce qui imite, reproduit, évoque : *cet enfant est l'image de son père ; il est l'image du désespoir.* **5.** Métaphore : *langage rempli d'images.*

**imagé, e** adj Orné d'images, de métaphores : *style imagé.*

**imagerie** nf **1.** Ensemble d'images représentant des faits, des personnages, etc. **2.** Art, fabrication, commerce d'images : *l'imagerie d'Épinal.* ■ **imagerie médicale :** ensemble des techniques d'examen médical aboutissant à la création d'images.

**imagier** nm **1.** Livre d'images. **2.** Au Moyen Âge, peintre ou sculpteur : *les imagiers des cathédrales.*

**imaginable** adj Qui peut être imaginé.

**imaginaire** adj Sans réalité, fictif. ■ **malade imaginaire :** qui se croit malade sans l'être. ◆ nm Domaine de l'imagination, des choses imaginaires.

**imaginatif, ive** adj Qui imagine aisément, inventif : *esprit imaginatif.*

**imagination** nf **1.** Faculté de se représenter, par la pensée, des objets ou des faits : *revoir en imagination son pays natal.* **2.** Faculté d'inventer, de créer, de concevoir : *avec de l'imagination, on trouve des solutions.* **3.** Chose imaginaire : *ce n'est que pure imagination.*

**imaginer** vt **1.** Se représenter dans l'esprit : *imaginer le monde futur.* **2.** Inventer : *Torricelli imagina le baromètre.* ◆ **s'imaginer** vpr **1.** Se représenter, concevoir : *elle se l'imaginait plus grand.* **2.** Croire sans fondement, se figurer : *s'imaginer qu'on est malade.*

**imago** [imago] nm Stade de l'insecte arrivé à son complet développement et capable de se reproduire.

**imam** [imam] nm Chef religieux musulman.

**imamat** nm Dignité d'imam.

**imbattable** adj **1.** Qui ne peut être surpassé : *un champion imbattable.* **2.** Très avantageux : *prix imbattables.*

**imbécile** adj et n Dépourvu d'intelligence ; sot, stupide.

**imbécillité** nf Sottise, stupidité, bêtise : *dire des imbécillités.*

**imberbe** adj Sans barbe.

**imbiber** vt Mouiller, pénétrer d'un liquide : *imbiber d'eau une éponge.*

**imbrication** nf **1.** État de choses imbriquées : *l'imbrication des tuiles.* **2.** Liaison étroite, intime : *l'imbrication des conséquences.*

**imbriqué, e** adj **1.** Se dit de choses qui se chevauchent comme les tuiles d'un toit. **2.** Entremêlé, enchevêtré.

**imbriquer** vt Engager l'un dans l'autre, les uns dans les autres. ◆ **s'imbriquer** vpr Être lié, mêlé d'une manière étroite.

**imbroglio** [ɛ̃brɔljo] ou [ɛ̃brɔglijo] nm Situation confuse, embrouillée.

**imbu, e** adj Rempli, pénétré : *imbu de préjugés.* ■ **être imbu de soi-même :** (a) être vaniteux, prétentieux (b) se croire supérieur aux autres.

**imbuvable** adj **1.** Qui n'est pas buvable : *l'eau de mer est imbuvable.* **2.** FAM Insupportable : *un acteur, un livre imbuvables.*

**IMC** nm (sigle) Indice de masse* corporelle.

**imitable** adj Qui peut être imité.

**imitateur, trice** n et adj Personne qui imite.

**imitatif, ive** adj Qui imite le comportement, la mimique d'autrui.

**imitation** nf **1.** Action d'imiter ; chose produite en imitant. **2.** PÉJOR Contrefaçon. **3.** Matière qui en simule une plus riche : *bijoux en imitation.*

**imiter** vt **1.** Faire ou s'efforcer de faire ce que fait une personne : *imiter ses camarades.* **2.** Prendre pour modèle : *imiter ses parents.* **3.** Reproduire exactement, copier, contrefaire : *imiter une signature.* **4.** Avoir le même aspect que : *le cuivre doré imite l'or.*

**immaculé, e** adj **1.** Sans tache. **2.** FIG Sans souillure morale : *innocence immaculée.* ■ THÉOL **Immaculée Conception :** dogme catholique selon lequel la Vierge Marie a été préservée du péché originel.

**immanence** nf État de ce qui est immanent.

**immanent, e** adj Qui est contenu dans un être, qui résulte de la nature même de cet être (par oppos. à *transcendant*). ■ **justice immanente :** qui découle naturellement des actes accomplis et se manifeste tôt ou tard.

**immangeable** [ɛ̃mɑ̃ʒabl] adj Qui ne peut être mangé, très mauvais : *rôti immangeable.*

**immanquable** [ɛ̃mɑ̃kabl] adj Qui ne peut manquer d'arriver.

**immanquablement** adv Infailliblement : *se tromper immanquablement.*

**immatérialité** nf Qualité, état de ce qui est immatériel.

**immatériel, elle** adj Sans consistance matérielle.

**immatriculation** nf Action d'immatriculer ; fait d'être immatriculé ; numéro ainsi attribué.

**immatriculer** vt Inscrire sur un registre public.

**immature** adj Qui n'a pas encore atteint la maturité : *fruit immature ; adulte immature.*
**immaturité** nf État de ce ou de celui qui est immature.
**immédiat, e** adj **1.** Qui précède ou qui suit directement, sans intermédiaire : *successeur immédiat.* **2.** Instantané : *soulagement immédiat.* ◆ nm ■ **dans l'immédiat :** pour le moment.
**immédiatement** adv **1.** D'une manière immédiate : *venir immédiatement après qqn.* **2.** À l'instant même : *sortez immédiatement !*
**immémorial, e, aux** adj LITT Qui remonte à une époque très ancienne : *temps immémoriaux ; usage immémorial.*
**immense** adj D'une étendue, d'une grandeur, d'une importance, d'une valeur considérable : *un lac immense ; des pieds immenses ; un succès immense.*
**immensément** adv Très.
**immensité** nf Caractère de ce qui est immense.
**immerger** vt (conj 2) Plonger entièrement dans un liquide. ◆ **s'immerger** vpr Se plonger dans un milieu nouveau.
**immérité, e** adj Que l'on n'a pas mérité : *reproches immérités.*
**immersion** nf **1.** Action d'immerger. **2.** Action de s'immerger dans un milieu nouveau : *séjour linguistique en immersion.*
**immettable** [ɛ̃mɛtabl] adj Qui n'est pas mettable : *costume immettable.*
**1. immeuble** nm et adj DR Bien qui ne peut être déplacé (*immeuble par nature*) ou que la loi considère comme tel (*immeuble par destination*) [par opposition à *meuble*].
**2. immeuble** nm Bâtiment à plusieurs étages : *immeuble divisé en appartements.*
**immigrant, e** n et adj Personne qui immigre. CONTR : émigrant.
**immigration** nf Action d'immigrer.
**immigré, e** n et adj Personne qui a immigré. ■ **travailleur immigré :** qui a immigré pour travailler dans un autre pays.
**immigrer** vi Venir dans un pays pour s'y fixer. CONTR : émigrer.
**imminence** nf Caractère de ce qui est imminent : *l'imminence d'un danger.*
**imminent, e** adj Qui est sur le point de se produire : *ruine imminente.*

VOCABULAIRE À ne pas confondre avec *éminent,* « supérieur ».

**immiscer (s')** vpr (conj 1) Intervenir indiscrètement, se mêler : *s'immiscer dans les affaires d'autrui.*
**immixtion** nf LITT Action de s'immiscer ; ingérence.
**immobile** adj Qui ne se meut pas, qui demeure fixe.
**immobilier, ère** adj **1.** Composé de biens immeubles : *patrimoine immobilier.* **2.** Relatif à un, des immeubles ; qui a pour objet un immeuble : *saisie immobilière.* ◆ nm Secteur d'activité concernant le commerce d'immeubles, la vente et la location de maisons et d'appartements.
**immobilisation** nf Action d'immobiliser.
**immobiliser** vt **1.** Empêcher d'agir, de bouger : *immobiliser qqn, une voiture.* **2.** Investir des disponibilités : *immobiliser des capitaux.*
**immobilisme** nm Opposition systématique à tout progrès, à toute innovation.
**immobiliste** adj et n Qui fait preuve d'immobilisme.
**immobilité** nf État d'une personne, d'une chose qui ne bouge pas.
**immodéré, e** adj Excessif.
**immodérément** adv Excessivement.
**immodeste** adj LITT Qui manque de modestie, de pudeur.
**immodestie** nf LITT Manque de modestie, de pudeur.
**immolation** nf Action d'immoler.
**immoler** vt **1.** Offrir en sacrifice. **2.** LITT Tuer, massacrer : *la guerre immole d'innombrables victimes.* **3.** LITT Sacrifier.
**immonde** adj **1.** D'une saleté qui soulève le dégoût : *taudis immonde.* **2.** D'une bassesse ignoble : *propos immondes.*
**immondices** nf pl Ordures, saletés.
**immoral, e, aux** adj Contraire à la morale, aux bonnes mœurs.

VOCABULAIRE *Immoral,* « contraire à la morale », est à distinguer de *amoral,* « indifférent à la morale ».

**immoralisme** nm Doctrine qui nie toute obligation morale.
**immoralité** nf Caractère de ce qui est immoral ; acte immoral.
**immortaliser** vt Rendre immortel dans la mémoire des hommes.
**immortalité** nf **1.** Qualité, état de ce qui est immortel : *l'immortalité de l'âme.* **2.** Survivance éternelle dans la mémoire des hommes : *aspirer à l'immortalité.*
**immortel, elle** adj **1.** Qui n'est pas sujet à la mort : *dieux immortels.* **2.** Qui semble devoir durer toujours : *amour immortel.* **3.** Qui vivra toujours dans la mémoire des hommes : *chef-d'œuvre immortel.* ◆ n FAM Membre de l'Académie française.
**immortelle** nf Plante dont les fleurs, à capitules serrés, persistent longtemps ; fleur coupée de cette plante.
**immotivé, e** adj Sans motif, injustifié.
**immuable** adj Qui n'est pas sujet à changer.
**immuablement** adv De façon immuable.

**immunisation** nf Action d'immuniser ; fait d'être immunisé.

**immuniser** vt **1.** Rendre réfractaire à une maladie. **2.** FIG Soustraire à une influence nocive.

**immunitaire** adj Relatif à l'immunité d'un organisme.

**immunité** nf **1.** Résistance naturelle ou acquise d'un organisme vivant à un agent infectieux (microbe) ou toxique (venin, etc.). **2.** Droit de ne pas être soumis à la loi commune : *immunité parlementaire.* ■ **immunité collective, de groupe** ou **grégaire :** seuil à partir duquel la propagation d'un agent infectieux est enrayée grâce à une proportion suffisante de personnes immunisées.

**immunodéficience** nf MÉD Déficience des mécanismes immunitaires.

**immunodéficitaire** adj Relatif à l'immunodéficience.

**immunodépresseur** nm Médicament qui diminue les réactions immunitaires d'un organisme vis-à-vis d'un antigène.

**immunologie** nf Partie de la biologie et de la médecine qui étudie les phénomènes d'immunité.

**immunologique** adj Relatif à l'immunologie. ■ **test immunologique :** mesure de la présence d'une molécule à l'aide d'un anticorps, permettant d'établir ou de confirmer un diagnostic.

**immunothérapie** nf Traitement visant à provoquer ou à augmenter l'immunité de l'organisme.

**immutabilité** nf DR Caractère des conventions juridiques qui ne peuvent être modifiées par la volonté des contractants.

**impact** nm **1.** Fait pour un corps, un projectile de venir en frapper un autre ; choc. **2.** Effet produit par qqch ; influence : *impact de la publicité.* ■ **étude d'impact :** qui accompagne tout projet de loi et vise à en évaluer les conséquences. ❑ **point d'impact :** où frappe un projectile.

**1. impair** nm Maladresse : *commettre un impair.*

**2. impair, e** adj **1.** Non divisible exactement par deux : *chiffre impair.* **2.** Exprimé par un nombre impair.

**impala** [impala] nm Antilope d'Afrique dont le mâle porte des cornes en forme de lyre.

**impalpable** adj Si fin, si ténu qu'on ne le sent pas au toucher : *poudre impalpable.*

**imparable** adj Impossible à parer, à éviter.

**impardonnable** adj Qui ne mérite pas de pardon : *erreur impardonnable.*

**1. imparfait** nm GRAMM Temps passé du verbe, qui indique la répétition, l'habitude, ou qui marque une action qui n'était pas achevée quand une autre a eu lieu (EX : *je lisais quand vous êtes entré*).

**2. imparfait, e** adj Qui a des défauts.

**imparfaitement** adv De façon imparfaite.

**imparisyllabique** adj Se dit des noms grecs ou latins qui ont au génitif singulier une ou deux syllabes de plus qu'au nominatif.

**impartial, e, aux** adj Non partial ; équitable, objectif.

**impartialement** adv De façon impartiale.

**impartialité** nf Caractère impartial : *juger avec impartialité.*

**impartir** vt DR, LITT Attribuer, accorder : *impartir un délai.*

**impasse** nf **1.** Rue sans issue. **2.** FIG Situation sans issue favorable. ■ **faire une impasse** ou **faire l'impasse sur :** ne pas étudier une partie du programme, en parlant d'un candidat à un examen ou à un concours. ❑ **impasse budgétaire :** différence entre l'ensemble des dépenses publiques autorisées et la totalité des recettes dont la rentrée est considérée comme certaine.

**impassibilité** nf Caractère ou état de celui qui est impassible.

**impassible** adj Qui ne manifeste aucun trouble, aucune émotion, aucun sentiment ; imperturbable.

**impassiblement** adv De façon impassible.

**impatiemment** adv Avec impatience.

**impatience** nf Manque de patience ; incapacité à supporter quelqu'un, quelque chose, à se contraindre ou à attendre.

**impatient, e** adj et n Qui manque de patience ; qui désire avec un empressement inquiet : *être impatient de partir.*

**impatiente** ou **impatiens** [ɛ̃pasjɑ̃s] nf BOT Balsamine.

**impatienter** vt Faire perdre patience à. ◆ **s'impatienter** vpr Perdre patience.

**impavide** adj LITT Sans peur, inébranlable.

**impayable** adj FAM Incroyablement comique : *aventure impayable.*

**impayé, e** adj Qui n'a pas été payé. ◆ nm Dette.

**impeccable** adj Sans défaut, irréprochable, parfait.

**impeccablement** adv De façon irréprochable.

**impécunieux, euse** adj LITT Qui manque d'argent.

**impédance** nf PHYS Grandeur (exprimée en ohms) caractéristique d'un circuit en courant alternatif.

**impedimenta** [ɛ̃pedimɛ̃ta] nm pl LITT Ce qui entrave l'activité, le mouvement.

**impénétrabilité** nf Caractère de ce qui ne peut être compris.

**impénétrable** adj **1.** Qui ne peut être pénétré, traversé : *forêt impénétrable.* **2.** FIG Inexplicable : *mystère impénétrable.* **3.** Dont on ne peut deviner les sentiments : *personne impénétrable.*

**impénitent, e** adj Qui persiste dans ses habitudes : *buveur impénitent.*

**impensable** adj Qu'il est impossible d'imaginer, d'envisager ; extraordinaire.

**imper** [ɛ̃pɛr] nm (abréviation) FAM Imperméable.

**1. impératif** nm **1.** Nécessité absolue. **2.** GRAMM Mode et temps du verbe exprimant le commandement, l'exhortation, la prière.

**2. impératif, ive** adj **1.** Qui a le caractère du commandement ; qui exprime un ordre absolu : *ton impératif.* **2.** Qui s'impose comme une nécessité absolue : *besoin impératif.*

**impérativement** adv De façon impérative.

**impératrice** nf **1.** Femme d'un empereur. **2.** Souveraine d'un empire : *Catherine II, impératrice de Russie.*

**imperceptibilité** nf Caractère de ce qui est imperceptible.

**imperceptible** adj Qui échappe à nos sens, à notre attention : *progrès imperceptible.*

**imperceptiblement** adv De façon imperceptible.

**imperdable** adj Qu'on ne peut perdre : *un pari imperdable.*

**imperfectible** adj Qui n'est pas perfectible.

**imperfection** nf Caractère, détail imparfait ; défaut.

**impérial, e, aux** adj **1.** Qui appartient à un empereur ou à un empire : *couronne impériale.* **2.** Majestueux : *allure impériale.*

**impériale** nf Étage supérieur d'un wagon, d'un autobus, d'une diligence.

**impérialement** adv De façon impériale.

**impérialisme** nm Politique d'expansion d'un État, visant à mettre d'autres États sous sa dépendance politique, économique, culturelle, militaire, etc.

**impérialiste** adj et n Favorable à l'impérialisme.

**impérieusement** adv De façon impérieuse : *exiger impérieusement.*

**impérieux, euse** adj **1.** Qui commande avec énergie ; autoritaire. **2.** Pressant, irrésistible : *nécessité impérieuse.*

**impérissable** adj Qui ne saurait périr, qui dure très longtemps : *souvenir impérissable.*

**imperméabilisant, e** adj et nm Se dit d'un produit qui imperméabilise.

**imperméabilisation** nf Action d'imperméabiliser.

**imperméabiliser** vt Rendre imperméable : *tissu imperméabilisé.*

**imperméabilité** nf Qualité de ce qui est imperméable.

**imperméable** adj Qui ne se laisse pas traverser par l'eau : *l'argile est imperméable ; toile imperméable.* ■ **imperméable à :** inaccessible, indifférent à : *être imperméable à l'art abstrait.* ◆ nm Manteau de pluie en tissu imperméable.

**impersonnel, elle** adj **1.** Qui n'appartient à personne en propre : *la loi est impersonnelle.* **2.** Peu original ; banal : *style impersonnel.* **3.** GRAMM Se dit d'un verbe qui ne se conjugue qu'à la 3e personne du singulier (EX : *il pleut, il neige*). ■ **modes impersonnels :** l'infinitif et le participe.

**impersonnellement** adv De façon impersonnelle.

**impertinence** nf **1.** Manière irrespectueuse de parler, d'agir. **2.** Parole, action offensante.

**impertinent, e** adj et n Qui parle, agit d'une manière blessante, par irrespect ou familiarité ; effronté, déplacé, insolent.

**imperturbable** adj Que rien ne peut troubler, émouvoir : *calme imperturbable.*

**imperturbablement** adv De façon imperturbable.

**impétigo** nm MÉD Affection contagieuse de la peau caractérisée par l'éruption de pustules.

**impétrant, e** n DR Qui obtient un titre, un diplôme, une charge, etc.

**impétueusement** adv Avec impétuosité.

**impétueux, euse** adj **1.** Qui se manifeste avec violence et rapidité : *torrent, vent impétueux.* **2.** FIG Fougueux, bouillant, ardent : *jeune homme impétueux.*

**impétuosité** nf Caractère de ce qui est impétueux.

**impie** adj et n LITT Qui méprise la religion ; athée, incroyant.

**impiété** nf LITT **1.** Mépris pour les choses de la religion. **2.** Action, parole impies.

**impitoyable** adj Sans pitié.

**impitoyablement** adv De façon impitoyable.

**implacable** adj SOUT Qui ne peut être apaisé, modéré : *haine implacable.*

**implacablement** adv De façon implacable.

**implant** nm MÉD Pastille chargée de médicament, que l'on place dans le tissu cellulaire sous-cutané où elle se résorbe lentement. ■ **implant dentaire** : infrastructure métallique destinée à soutenir une prothèse dentaire.

**implantation** nf **1.** Action d'implanter, de s'implanter. **2.** Manière dont les cheveux sont plantés.

**implanter** vt **1.** Installer, établir : *implanter une industrie dans une région ; implanter un usage.* **2.** Introduire, fixer dans : *l'arbre implante profondément ses racines dans le sol.* ◆ **s'implanter** vpr Se fixer, s'installer.

**implication** nf **1.** Action d'impliquer, fait d'être impliqué. **2.** Ce qui est impliqué, contenu dans quelque chose ; conséquence.

**implicite** adj Contenu dans une proposition, dans un fait, sans être exprimé : *clause, condition implicite.*

**implicitement** adv De façon implicite.

**impliquer** vt **1.** Engager dans une affaire fâcheuse, compromettre, mettre en cause : *être impliqué dans une escroquerie.* **2.** Avoir pour conséquence logique et inéluctable : *cela implique notre acceptation.* ◆ **s'impliquer** vpr S'engager à fond.

**implorant, e** adj LITT Qui implore : *un regard implorant.*

**imploration** nf Action d'implorer.

**implorer** vt Demander humblement : *implorer une grâce.*

**imploser** vi Faire implosion.

**implosion** nf **1.** Irruption brutale d'un fluide dans une enceinte qui se trouve à une pression beaucoup plus faible que la pression du milieu extérieur. **2.** FIG Effondrement d'un système sous l'effet d'un processus interne pernicieux.

**impluvium** [ɛ̃plyvjɔm] nm Dans l'atrium des maisons romaines, bassin situé sous l'ouverture du toit, où étaient recueillies les eaux de pluie.

**impoli, e** adj et n Qui manque de politesse, discourtois : *visiteur impoli.*

**impoliment** adv De façon impolie.

**impolitesse** nf **1.** Manque de politesse. **2.** Action, parole impolie.

**impondérable** adj SOUT Difficile à évaluer, à prévoir. ◆ nm SOUT Élément ou circonstance imprévisible : *se méfier des impondérables.*

**impopulaire** adj Qui n'est pas conforme aux désirs de la population, du plus grand nombre : *loi impopulaire.*

**impopularité** nf Caractère de ce qui est impopulaire.

**import** nm BELGIQUE Montant : *une facture d'un import de sept mille euros.*

**1. importable** adj Que l'on peut importer.

**2. importable** adj Se dit d'un vêtement que l'on ne peut ou que l'on n'ose pas porter.

**importance** nf **1.** Caractère de ce qui est important, considérable ; intérêt, portée. **2.** Autorité, crédit : *acquérir de l'importance dans une société.* ■ LITT **d'importance** : considérable.

**important, e** adj **1.** Qui importe, est de conséquence : *avis, investissement important ; découverte importante.* **2.** Qui a de l'influence, du crédit, de l'autorité : *personnage important.* **3.** Considérable par ses proportions, sa quantité : *ville très importante.* ◆ adj et n Suffisant : *air important ; faire l'important.* ◆ nm Ce qui est essentiel : *l'important, c'est de guérir.*

**importateur, trice** n et adj Personne, pays qui fait le commerce d'importation.

**importation** nf Action d'importer. ◆ **importations** pl Marchandises importées.

**1. importer** vt **1.** Introduire dans un pays des produits étrangers. CONTR : exporter. **2.** FIG Introduire quelque chose qui vient d'ailleurs : *importer une théorie.*

**2. importer** vi et vt ind [à] (ne s'emploie qu'à l'inf. et aux 3e pers.) Avoir de l'importance, présenter de l'intérêt : *son âge importe peu.* ◆ v impers ■ **il importe de, que** : il est nécessaire de, que. ❏ **n'importe comment** : (a) d'une manière quelconque (b) sans aucun soin ; mal : *écrire, s'habiller n'importe comment.* ❏ **n'importe où, quand** : en un lieu, un temps quelconques. ❏ **n'importe qui, quoi, lequel** : une personne ou une chose quelconque. ❏ **peu importe** ou **qu'importe** : cela n'a aucune importance.

GRAMMAIRE On écrit *peu importent/qu'importent les réprimandes* (le verbe s'accorde avec le sujet) ou, indifféremment, *peu importe/qu'importe les réprimandes* (le verbe fait partie d'une locution verbale invariable).

**import-export** (pl *imports-exports*) nm Commerce des marchandises importées et exportées.

**importun, e** adj et n Qui arrive ou intervient mal à propos.

**importuner** vt Fatiguer, incommoder, ennuyer : *importuner quelqu'un par ses questions.*

**imposable** adj Soumis à l'impôt : *revenu imposable.*

**imposant, e** adj Qui impressionne par la grandeur, le nombre, la force.

**imposé, e** adj **1.** Soumis à l'impôt : *revenus imposés.* **2.** Obligatoire : *figures imposées.*

**imposer** vt **1.** Frapper d'un impôt, taxer : *imposer les contribuables ; imposer les alcools.* **2.** Obliger à : *imposer de dures conditions.* ■ LITURGIE **imposer les mains** : mettre les mains sur quelqu'un pour bénir, conférer un sacrement. ❑ **imposer silence** : faire taire. ❑ IMPR **imposer une page** : en faire l'imposition. ◆ vt ind ■ **en imposer** : inspirer le respect, la crainte. ◆ **s'imposer** vpr **1.** S'obliger à : *s'imposer une heure de sport par jour.* **2.** Se faire accepter par sa valeur, par le respect qu'on inspire : *s'imposer comme le chef d'un mouvement.* **3.** Se faire accepter de force : *on ne l'avait pas invité, il s'est imposé.* **4.** Être nécessaire, obligatoire : *la plus grande prudence s'impose.*

**imposition** nf **1.** Contribution, impôt. **2.** IMPR Disposition des pages d'une feuille imprimée.

**impossibilité** nf Caractère de ce qui est impossible ; chose impossible.

**impossible** adj **1.** Qui ne peut se produire, être fait : *tâche impossible.* **2.** FAM Bizarre, extravagant : *avoir un nom impossible.* **3.** Pénible, désagréable ; insupportable : *enfant impossible ; situation impossible.* ◆ nm Ce qui est impossible ou presque : *tenter l'impossible.*

**imposte** nf **1.** ARCHIT Pierre en saillie, sur laquelle repose le cintre d'une arcade. **2.** En menuiserie, partie supérieure d'une porte, d'une croisée.

**imposteur** nm Personne qui trompe par de fausses apparences, qui se fait passer pour ce qu'elle n'est pas.

**imposture** nf Tromperie d'un imposteur.

**impôt** nm Contribution exigée par l'État, par les collectivités locales ; taxe.

**impotence** nf État d'une personne impotente.

**impotent, e** adj et n Qui se meut très difficilement : *vieillard impotent.*

**impraticabilité** nf État de ce qui est impraticable.

**impraticable** adj **1.** Irréalisable : *projet impraticable.* **2.** Où l'on ne peut pas passer : *chemin impraticable.*

**imprécateur, trice** n LITT Personne qui profère des imprécations.

**imprécation** nf LITT Malédiction, souhait de malheur.

**imprécatoire** adj LITT Qui a la forme d'une imprécation.

**imprécis, e** adj Sans précision, vague.

**imprécision** nf Manque de précision.

**imprédictible** adj Qui échappe à la prévision.

**imprégnation** nf Action d'imprégner ; son résultat.

**imprégner** vt (conj 10) **1.** Faire pénétrer une substance dans un corps : *imprégner d'huile un chiffon ; vêtement imprégné d'un parfum.* **2.** FIG Pénétrer profondément, marquer : *être imprégné d'une culture.* ◆ **s'imprégner** vpr [de] **1.** S'imbiber profondément de : *habit qui s'imprègne d'une odeur.* **2.** FIG Faire pénétrer dans son esprit par un contact étroit et prolongé : *s'imprégner de littérature italienne.*

**imprenable** adj Qui ne peut être pris : *citadelle imprenable.*

**impréparation** nf LITT Manque de préparation.

**imprésario** nm Personne qui s'occupe des intérêts d'un artiste.

**imprescriptible** adj Qui ne peut être caduc, dont on ne peut être privé : *les droits imprescriptibles de l'homme.*

**impression** nf **1.** Action d'imprimer : *l'impression d'un livre.* **2.** Marque, empreinte : *l'impression du cachet sur la cire, des pas dans la neige.* **3.** Effet produit sur les organes par une action extérieure, sensation : *impression de froid.* **4.** Effet produit sur le cœur, l'esprit ; sentiment : *ressentir une vive impression.*

**impressionnable** adj **1.** Qui ressent vivement des impressions. **2.** PHOT Qui peut être impressionné par un rayonnement, sensible.

**impressionnant, e** adj Qui impressionne : *spectacle impressionnant.*

**impressionner** vt **1.** Produire une vive impression ; émouvoir, frapper : *la nouvelle nous a impressionnés.* **2.** PHOT Laisser une trace sur un support sensible : *impressionner une pellicule.*

**impressionnisme** nm Tendance picturale qui consiste à traduire les impressions ressenties plutôt que l'aspect stable et conceptuel des choses.

**impressionniste** adj et n Qui relève de l'impressionnisme.

**imprévisible** adj Qui ne peut être prévu : *événement imprévisible.*

**imprévoyance** nf Défaut, manque de prévoyance.

**imprévoyant, e** adj Qui manque de prévoyance.

**imprévu, e** adj Qui arrive sans avoir été prévu et qui déconcerte ; inattendu : *incident imprévu.* ◆ nm Ce qui arrive sans avoir été prévu : *faire face aux imprévus.*

**imprimable** adj Qui peut être imprimé ; qui mérite de l'être.

**imprimante** nf Organe périphérique d'un ordinateur qui édite sur papier les résultats d'un traitement.

**imprimatur** nm inv Permission d'imprimer donnée par l'autorité ecclésiastique.

**imprimé** nm **1.** Livre, papier imprimé : *recevoir des imprimés par la poste.* **2.** Étoffe imprimée : *un imprimé à fleurs.*

**imprimer** vt **1.** Reporter sur un papier, un tissu, etc., des caractères ou des dessins : *imprimer un livre ; imprimer des motifs, une lithographie.* **2.** Faire paraître, publier : *un journal ne peut pas tout imprimer.* **3.** Communiquer : *imprimer un mouvement.* **4.** LITT Faire, laisser une empreinte : *imprimer ses pas dans la neige.* **5.** LITT Faire impression dans l'esprit, dans le cœur, inspirer : *imprimer le respect.*

**imprimerie** nf **1.** Ensemble des techniques et métiers qui concourent à la fabrication d'ouvrages imprimés. **2.** Établissement où l'on imprime.

**imprimeur** nm **1.** Personne qui dirige une imprimerie. **2.** Personne qui travaille dans une imprimerie.

**improbabilité** nf Caractère de ce qui est improbable.

**improbable** adj Qui a peu de chances de se réaliser.

**improductif, ive** adj Qui ne produit rien ; stérile : *terres improductives.*

**improductivité** nf Caractère, état d'une personne, d'une chose improductive.

**impromptu, e** adj Fait sur-le-champ ; improvisé : *festin impromptu.* ◆ adv À l'improviste, sans préparation : *arriver impromptu chez des amis.* ◆ nm Petite pièce de vers improvisée.

**imprononçable** adj Impossible à prononcer.

**impropre** adj Qui ne convient pas, inadéquat : *terme impropre.*

**improprement** adv De façon impropre : *s'exprimer improprement.*

**impropriété** nf Caractère impropre ; emploi impropre : *impropriété d'une locution.*

**improuvable** adj Qu'on ne peut prouver.

**improvisateur, trice** n Qui improvise.

**improvisation** nf **1.** Action, art d'improviser. **2.** Ce qu'on improvise.

**improviser** vt et vi Faire sans préparation : *improviser des vers.*

**improviste (à l')** loc adv D'une façon inattendue : *arriver à l'improviste.*

**imprudemment** adv De façon imprudente.

**imprudence** nf **1.** Manque de prudence. **2.** Action imprudente : *commettre une imprudence.*

**imprudent, e** adj et n Qui manque de prudence : *enfant imprudent.* ◆ adj Qui dénote l'absence de prudence : *parole imprudente.*

**impubère** adj Qui n'a pas atteint l'âge de la puberté.

**impubliable** adj Qu'on ne peut publier.

**impudemment** adv Avec impudence.

**impudence** nf **1.** Effronterie insolente, cynique. **2.** Action, parole impudente.

**impudent, e** adj et n D'une insolence poussée jusqu'au cynisme.

**impudeur** nf Manque de pudeur, de retenue ; indécence.

**impudique** adj Qui blesse la pudeur ; indécent.

**impuissance** nf **1.** Manque de force, de moyens, pour faire une chose. **2.** Incapacité physique à accomplir l'acte sexuel, pour l'homme.

**impuissant, e** adj Qui manque du pouvoir, de la force nécessaire pour faire quelque chose : *il a été impuissant à me persuader.* ◆ adj et nm Se dit d'un homme qui ne peut accomplir l'acte sexuel.

**impulser** vt Pousser dans un certain sens ; donner de l'élan à : *impulser un mouvement de revendication.*

**impulsif, ive** adj et n Qui cède à ses impulsions.

**impulsion** nf **1.** Force, penchant qui pousse à agir : *céder à une impulsion violente.* **2.** Force, poussée qui provoque le mouvement d'un corps ; ce mouvement : *transmettre une impulsion à un mécanisme.*

**impulsivement** adv De façon impulsive.

**impulsivité** nf Caractère impulsif d'une personne, d'un comportement.

**impunément** adv **1.** Sans être puni : *frauder impunément.* **2.** Sans dommages, sans risques pour soi : *on ne peut pas se gaver impunément.*

**impuni, e** adj Qui demeure sans punition : *coupable, crime impuni.*

**impunité** nf Absence de punition. ■ **en toute impunité** : impunément.

**impur, e** adj **1.** Qui n'est pas pur, qui est altéré par un mélange : *eau impure.* **2.** LITT, VIEILLI Contraire à la chasteté : *désirs impurs.*

**impureté** nf **1.** État de ce qui est impur, souillé, altéré, pollué : *l'impureté de l'air.* **2.** Ce qui salit, altère quelque chose : *filtrer des impuretés.*

**imputable** adj **1.** Qui peut ou doit être attribué : *erreur imputable à l'étourderie.* **2.** Se dit d'une somme qui peut être prélevée sur un compte, un budget, etc. : *somme imputable sur le budget de fonctionnement.*

**imputation** nf **1.** Accusation : *imputation calomnieuse.* **2.** Affectation d'une somme à un compte.

**imputer** vt **1.** Attribuer à quelqu'un, quelque chose, la responsabilité de : *imputer un vol à quelqu'un.* **2.** Faire entrer dans le compte de : *imputer une dépense sur un chapitre du budget.*

**imputrescible** adj Qui ne peut se putréfier.

**in** [in] adj inv FAM À la mode ; dans le vent.

**inabordable** adj **1.** Que l'on ne peut aborder ; inaccessible : *côte inabordable ; personne inabordable.* **2.** D'un prix excessif : *les fraises sont inabordables en cette saison.*

**inaccentué, e** adj GRAMM Qui n'est pas accentué ; atone : *pronom inaccentué.*

**inacceptable** adj Qu'on ne peut accepter : *proposition inacceptable.*

**inaccessibilité** nf Caractère de ce qui est inaccessible.

**inaccessible** adj **1.** D'accès impossible : *cime inaccessible.* **2.** Qu'on ne peut comprendre, connaître : *poème inaccessible.* **3.** Insensible : *inaccessible à la pitié.*

**inaccompli, e** adj LITT Non accompli.

**inaccoutumé, e** adj Inhabituel, insolite : *zèle inaccoutumé.*

**inachevé, e** adj Qui n'est pas achevé.

**inachèvement** nm État de ce qui n'est pas achevé.

**inactif, ive** adj Qui n'a pas d'activité ; désœuvré, oisif : *rester inactif.* ◆ n Personne n'appartenant pas à la population active.

**inaction** nf Absence d'action, de travail, d'activité : *cette inaction me pèse.*

**inactiver** vt Supprimer les effets toxiques d'un produit microbien pour ne conserver que ses propriétés utiles à la médecine : *inactiver un virus.*

**inactivité** nf Absence d'activité : *l'inactivité forcée d'un malade.*

**inadaptable** adj Qui n'est pas susceptible d'être adapté.

**inadaptation** nf Défaut d'adaptation, en particulier, d'adaptation aux exigences de la vie sociale.

**inadapté, e** adj et n Qui n'est pas adapté. ■ **enfance inadaptée :** ensemble des enfants qui présentent des handicaps physiques ou intellectuels.

**inadéquat, e** [inadekwa, at] adj Qui n'est pas adéquat ; inapproprié.

**inadéquation** nf Caractère de ce qui n'est pas adéquat.

**inadmissibilité** nf Caractère de ce qui ne peut être admis.

**inadmissible** adj Qu'on ne saurait admettre ; inacceptable : *prétention inadmissible.*

**inadvertance** nf ■ **par inadvertance :** par inattention, par mégarde.

**inaliénable** adj Qu'on ne peut vendre ou hypothéquer : *des propriétés inaliénables.*

**inaltérabilité** nf Qualité de ce qui est inaltérable.

**inaltérable** adj Qui ne peut être altéré : *l'or est inaltérable ; amitié inaltérable.*

**inaltéré, e** adj Non altéré.

**inamical, e, aux** adj Contraire à l'amitié ; hostile.

**inamovibilité** nf Caractère inamovible : *l'inamovibilité des juges.*

**inamovible** adj **1.** Qui ne peut être destitué. **2.** Dont on ne peut être destitué : *fonction inamovible.*

**inanimé, e** adj **1.** Qui n'est pas doué de vie : *objets inanimés.* **2.** Qui a perdu la vie ou semble privé de vie ; inerte : *tomber inanimé.* ◆ adj et nm GRAMM Se dit des noms désignant des choses.

**inanité** nf LITT Caractère de ce qui est vain, inutile ; vanité.

**inanition** nf Privation de nourriture : *mourir d'inanition.*

**inaperçu, e** adj ■ **passer inaperçu :** Échapper à l'attention, aux regards.

**inappétence** nf LITT Manque d'appétit.

**inapplicable** adj Qui ne peut être appliqué : *loi inapplicable.*

**inapplication** nf **1.** Fait de ne pas mettre en application : *l'inapplication d'un plan.* **2.** Manque d'application.

**inappliqué, e** adj Qui manque d'application : *élève inappliqué.*

**inappréciable** adj Dont on ne saurait estimer la valeur ; inestimable, précieux.

**inapproprié, e** adj Qui n'est pas approprié ; inadapté : *discours inapproprié aux circonstances.*

**inapte** adj Qui n'est pas apte à une activité : *personne inapte aux affaires.*

**inaptitude** nf Défaut d'aptitude ; incapacité.

**inarticulé, e** adj Qui n'est pas ou qui est mal articulé ; indistinct : *cris inarticulés.*

**inassouvi, e** adj LITT Non assouvi ; insatisfait.

**inattaquable** adj Qu'on ne peut attaquer : *argument inattaquable.*

**inattendu, e** adj Qu'on n'attendait pas, imprévu : *visite inattendue.*

**inattentif, ive** adj Qui ne prête pas attention ; distrait, étourdi.

**inattention** nf Manque d'attention ; distraction : *moment, faute d'inattention.*

**inaudible** adj **1.** Qui ne peut être perçu par l'ouïe : *son inaudible.* **2.** Dont l'audition est insupportable : *musique inaudible.*

**inaugural, e, aux** adj Relatif à une inauguration : *séance inaugurale.*

**inauguration** nf Cérémonie par laquelle on procède officiellement à la mise en service d'un bâtiment, à l'ouverture d'une exposition, etc. : *discours d'inauguration.*

**inaugurer** vt **1.** Procéder à l'inauguration de : *inaugurer un théâtre.* **2.** Marquer le début de : *événement qui inaugure une ère de troubles.*

**inavouable** adj Qui ne peut être avoué.

**inavoué, e** adj Non avoué ; secret.

**inca** adj Relatif aux Incas.

**incalculable** adj **1.** Impossible à calculer : *le nombre des étoiles est incalculable.* **2.** Difficile ou impossible à apprécier : *difficultés incalculables.*

**incandescence** nf État d'un corps qu'une température élevée rend lumineux. ■ **lampe à incandescence :** dans laquelle l'émission de la lumière est produite par un filament porté à incandescence.

**incandescent, e** adj Qui est en incandescence : *braises incandescentes.*

**incantation** nf Formule magique chantée ou récitée pour obtenir un effet surnaturel.

**incantatoire** adj Relatif à l'incantation : *formule incantatoire.*

**incapable** adj et n **1.** Qui n'est pas capable de : *incapable de gouverner.* **2.** Qui manque de capacité, d'aptitude : *c'est un incapable.* **3.** DR Qui est frappé d'incapacité : *certains malades mentaux sont déclarés incapables.*

**incapacité** nf **1.** Manque de capacité ; incompétence. **2.** DR Inaptitude à jouir d'un droit ou à l'exercer. ■ **être dans l'incapacité de :** ne pas pouvoir faire quelque chose.

> GRAMMAIRE On dit *il est dans l'incapacité de gouverner,* mais *il a montré son incapacité à gouverner.*

**incarcération** nf Emprisonnement.

**incarcérer** vt (conj 10) Mettre en prison.

**incarnat, e** adj et nm D'un rouge clair et vif.

**incarnation** nf **1.** Action de s'incarner. **2.** Représentation concrète d'une réalité abstraite ; image, personnification : *il est l'incarnation du mal.*

**incarné** adj m ■ **ongle incarné :** qui s'enfonce dans la chair.

**incarner** vt **1.** Personnifier une réalité abstraite : *magistrat qui incarne la justice.* **2.** Interpréter le rôle d'un personnage à la scène, à l'écran : *l'actrice qui incarne l'héroïne.* ◆ **s'incarner** vpr Prendre un corps de chair, en parlant d'une divinité, d'un être spirituel.

**incartade** nf Écart de conduite ; extravagance : *incartades de jeunesse.*

**incassable** adj Qui ne peut se casser.

**incendiaire** n Auteur volontaire d'un incendie. ◆ adj **1.** Destiné à provoquer un incendie : *obus incendiaire.* **2.** FIG Propre à enflammer les esprits ; virulent : *écrit incendiaire.*

**incendie** nm Grand feu qui se propage en faisant des ravages.

**incendier** vt Brûler, consumer par le feu.

**incertain, e** adj **1.** Qui n'est pas certain ; indéterminé, douteux, vague : *fait incertain.* **2.** Variable : *temps incertain.*

**incertitude** nf **1.** État d'une personne, caractère d'une chose incertaine : *être dans l'incertitude.* **2.** Ce qui ne peut être établi avec exactitude et laisse place au doute : *un avenir plein d'incertitudes.*

**incessamment** adv Sans délai, très bientôt : *il doit arriver incessamment.*

**incessant, e** adj Qui ne cesse pas ; continuel, ininterrompu : *bavardage incessant.*

**incessibilité** nf DR Qualité de ce qui est incessible.

**incessible** adj DR Qui ne peut être cédé.

**inceste** nm Relations sexuelles entre proches parents.

**incestueux, euse** adj et n Coupable d'inceste. ◆ adj **1.** Qui constitue un inceste ; relatif à l'inceste : *relation incestueuse.* **2.** DR Se dit d'un viol ou d'une agression sexuelle commis sur qqn par un ascendant, un parent proche ou toute autre personne ayant autorité sur lui. **3.** Né d'un inceste.

**inchangé, e** adj Qui n'a subi aucun changement.

**inchoatif, ive** [ɛ̃kɔatif, iv] adj LING Se dit d'un verbe exprimant un commencement d'action (EX : *vieillir, s'endormir*).

**incidemment** [ɛ̃sidamɑ̃] adv De façon incidente, accessoirement.

**incidence** nf Répercussion, conséquence : *les incidences de la hausse du pétrole.*

**1. incident** nm Événement, difficulté qui survient au cours d'une action, d'un processus : *incident technique ; incident de parcours.*

**2. incident, e** adj **1.** Qui se produit par hasard ; accessoire, occasionnel : *remarque incidente.* **2.** PHYS Qui tombe sur une surface réfléchissante ou réfringente : *rayon incident.* ■ GRAMM **proposition incidente :** incise.

**incinérateur** nm Appareil servant à incinérer.

**incinération** nf Action d'incinérer.

**incinérer** vt Réduire en cendres : *incinérer des ordures ménagères ; incinérer un mort.*

**incise** nf GRAMM Courte proposition insérée dans une autre (EX : *l'homme,* dit-on, *est raisonnable*).

**inciser** vt Faire une incision.

**incisif, ive** adj Qui va droit au but ; pénétrant, tranchant, mordant : *critique incisive.*

**incision** nf Coupure allongée, fente, entaille faite avec un instrument tranchant.

**incisive** nf Chacune des dents de devant : *l'homme a huit incisives.*

**incitation** nf Action d'inciter.

**inciter** vt Pousser : *inciter à la révolte.*

**incivil, e** adj LITT Qui manque de civilité ; impoli.

**incivilité** nf **1.** LITT Manque de civilité. **2.** Action, généralement violente, par laquelle une personne exprime son refus d'accepter les règles de la vie sociale.

**incivique** adj LITT Qui manque de civisme.

**incivisme** nm LITT Manque de civisme.

**inclassable** adj Qu'on ne peut pas classer.

**inclémence** nf **1.** LITT Manque de clémence. **2.** Rigueur du temps.

**inclinable** adj Qui peut s'incliner.

**inclinaison** nf État de ce qui est incliné ; pente : *inclinaison d'un plan.* ■ **inclinaison magnétique :** angle que forme une aiguille aimantée avec le plan horizontal.

**inclination** nf **1.** Action d'incliner, de pencher la tête ou le corps. **2.** Penchant, tendance naturelle, disposition, goût : *inclination à la paresse.*

**incliner** vt Pencher, baisser : *incliner la tête.* ◆ vt ind [à] Avoir un penchant pour, être enclin à : *incliner à la sévérité ; incliner à penser que.* ◆ **s'incliner** vpr **1.** Se pencher, se courber : *saluer en s'inclinant.* **2.** Renoncer à la lutte en s'avouant vaincu : *s'incliner devant l'inévitable.* **3.** Être dominé dans une compétition ; perdre : *champion qui s'incline en finale.*

**inclure** vt (conj 68) Renfermer, insérer : *inclure une note dans une lettre.*

**inclus, e** adj Enfermé, contenu : *partir jusqu'au 20 inclus.* ■ **dent incluse :** qui reste contenue dans le maxillaire ou dans les tissus environnants.

**inclusif, ive** adj **1.** Qui contient en soi qqch d'autre. **2.** Qui intègre une personne ou un groupe en mettant fin à leur exclusion. ■ **école inclusive :** qui cherche à faire suivre un maximum d'enseignements communs aux enfants d'âge scolaire, qu'ils soient ou non en situation de handicap. ❑ **écriture inclusive :** ensemble des conventions graphiques et syntaxiques visant à promouvoir une égalité de représentation entre les hommes et les femmes dans la grammaire française.

**inclusion** nf **1.** Action d'inclure. **2.** État d'une chose incluse.

**inclusivement** adv Y compris.

**incoercible** adj LITT Qu'on ne peut réprimer, contenir : *rire incoercible.*

**incognito** [ɛ̃kɔɲito] adv Sans se faire connaître : *voyager incognito.* ◆ nm Situation d'une personne qui garde son identité secrète : *garder l'incognito.*

**incohérence** nf Caractère de ce qui est incohérent ; parole, idée, action incohérente.

**incohérent, e** adj **1.** Qui manque de liaison : *assemblage incohérent.* **2.** Qui manque de suite, de logique ; décousu : *paroles incohérentes.*

**incollable** adj **1.** Qui ne colle pas pendant la cuisson : *riz incollable.* **2.** FAM Qui peut répondre à toutes sortes de questions.

**incolore** adj **1.** Qui n'est pas coloré : *cirage incolore.* **2.** FIG Sans éclat : *style incolore.*

**incomber** vt ind [à] Revenir à : *cette tâche lui incombe.*

**incombustible** adj Qui ne peut être brûlé : *l'amiante est incombustible.*

**incommensurable** adj **1.** D'une étendue, d'une grandeur telle qu'on ne peut l'évaluer. **2.** MATH Se dit de deux grandeurs dont le rapport est un nombre irrationnel : *le périmètre du cercle est incommensurable avec son diamètre.*

**incommodant, e** adj Qui incommode : *odeur incommodante.*

**incommode** adj **1.** Qu'on ne peut utiliser avec facilité : *outil incommode.* **2.** Qui cause de la gêne, du désagrément : *horaire incommode.*

**incommoder** vt Gêner, causer un malaise physique : *être incommodé par la fumée.*

**incommodité** nf LITT Caractère de ce qui est incommode, peu pratique.

**incommunicabilité** nf Impossibilité de communiquer : *l'incommunicabilité des êtres.*

**incommunicable** adj **1.** Qu'on ne peut transmettre : *biens incommunicables.* **2.** Dont on ne peut faire part : *une joie incommunicable.*

**incomparable** adj À qui ou à quoi rien ne peut être comparé ; inégalable, remarquable.

**incomparablement** adv Sans comparaison possible.

**incompatibilité** nf Impossibilité de s'accorder : *incompatibilité d'humeur.*

**incompatible** adj **1.** Qui n'est pas compatible ; qui ne peut s'accorder, s'unir : *caractères incompatibles.* **2.** Se dit d'un matériel, d'un ordinateur qui ne peut être connecté avec du matériel de marque différente.

**incompétence** nf **1.** Manque de compétence, de connaissances suffisantes ; incapacité. **2.** DR Inaptitude d'un juge, d'un tribunal à traiter une affaire.

**incompétent, e** adj et n **1.** Qui n'a pas les connaissances voulues : *un critique incompétent.* **2.** DR Qui n'a pas qualité pour apprécier : *tribunal incompétent.*

**incomplet, ète** adj Qui n'est pas complet ; partiel : *ouvrage incomplet.*

**incomplètement** adv De façon incomplète.

**incompréhensible** adj Qu'on ne peut comprendre ; inintelligible.

**incompréhensif, ive** adj Qui ne comprend pas les autres.

**incompréhension** nf Incapacité ou refus de comprendre qqn ou qqch.

**incompressible** adj **1.** Qu'on ne peut comprimer : *l'eau est incompressible.* **2.** Qui ne peut être réduit : *dépenses incompressibles.*

**incompris, e** adj et n Qui n'est pas compris, apprécié à sa juste valeur.

**inconcevable** adj Qu'on ne peut concevoir ; inimaginable, extraordinaire : *méprise inconcevable.*

**inconciliable** adj Qu'on ne peut concilier avec quelque chose d'autre.

**inconditionné, e** adj PHILOS Qui n'est pas soumis à une condition ; absolu.

**inconditionnel, elle** adj Qui n'admet aucune condition : *appui inconditionnel.* ◆ adj et n Qui obéit sans discussion aux ordres d'un parti, d'un homme.

**inconditionnellement** adv De façon inconditionnelle.

**inconduite** nf Mauvaise conduite ; dévergondage.

**inconfort** nm **1.** Manque de confort : *l'inconfort d'une vieille fermette.* **2.** Situation morale ou intellectuelle embarrassante.

**inconfortable** adj Qui n'est pas confortable.

**inconfortablement** adv De façon inconfortable.

**incongru, e** adj Contraire à la bienséance ; déplacé.

**incongruité** nf **1.** Caractère de ce qui est incongru. **2.** Action ou parole incongrue.

**incongrûment** adv De façon incongrue.

**inconnu, e** adj **1.** Qui n'est pas connu ; étranger : *son visage m'est inconnu.* **2.** Qui n'a pas de notoriété : *artiste inconnu.* **3.** Pas encore éprouvé : *sensations inconnues.* ◆ n Personne inconnue. ◆ nm Ce qu'on ignore : *affronter l'inconnu.*

**inconnue** nf MATH Quantité cherchée dans un problème.

**inconsciemment** [ɛ̃kɔ̃sjamɑ̃] adv De façon inconsciente.

**inconscience** nf **1.** Perte momentanée de la conscience. **2.** Absence de jugement, légèreté extrême.

**inconscient, e** adj **1.** Qui a perdu connaissance : *un blessé inconscient.* **2.** Qui n'a pas conscience de ses actes. **3.** Dont on n'a pas conscience : *acte inconscient.* ◆ adj et n Qui n'a pas conscience de qqch ; qui agit de façon inconsidérée : *être inconscient du danger.* ◆ nm Ensemble des phénomènes psychiques qui échappent à la conscience.

**inconséquence** nf **1.** Manque de suite dans les idées, dans les actions ; incohérence. **2.** Chose dite ou faite sans réflexion.

**inconséquent, e** adj **1.** Qui parle, agit à la légère ; irréfléchi. **2.** Fait ou dit à la légère ; déraisonnable : *démarche inconséquente.*

**inconsidéré, e** adj Fait ou dit sans réflexion ; irréfléchi.

**inconsidérément** adv De façon inconsidérée.

**inconsistance** nf **1.** Manque de consistance : *l'inconsistance d'une pâte.* **2.** Manque de logique, de fermeté ; faiblesse.

**inconsistant, e** adj Sans consistance, faible : *personne, raisonnement inconsistants.*

**inconsolable** adj Qui ne peut se consoler.

**inconsolé, e** adj Qui n'est pas consolé.

**inconsommable** adj Qu'on ne peut consommer ; immangeable.

**inconstance** nf **1.** Manque de constance : *inconstance dans l'effort.* **2.** Instabilité, mobilité : *inconstance du temps, de la fortune.*

**inconstant, e** adj et n Sujet à changer ; instable : *inconstant dans ses amitiés.*

**inconstitutionnel, elle** adj Non conforme à la Constitution.

**inconstructible** adj Où l'on ne peut construire : *zone inconstructible.*

**incontestable** adj Qui ne peut être mis en doute ; indéniable.

**incontestablement** adv De façon incontestable.

**incontesté, e** adj Qui n'est pas contesté, discuté : *droit incontesté.*

**incontinence** nf **1.** VX Manque de modération, de retenue : *incontinence verbale.* **2.** MÉD Émission involontaire d'urine ou de matières fécales.

**incontinent, e** adj **1.** VX Sans modération dans ses propos, sa conduite. **2.** MÉD Atteint d'incontinence.

**incontournable** adj Qu'on ne peut éviter ; dont on doit tenir compte.

**incontrôlable** adj Qu'on ne peut contrôler.

**incontrôlé, e** adj Qui n'est pas contrôlé.

**inconvenance** nf **1.** Caractère de ce qui est inconvenant. **2.** Action ou parole inconvenante.

**inconvenant, e** adj Qui blesse les convenances ; déplacé, indécent : *propos inconvenants.*

**inconvénient** nm **1.** Désavantage, défaut : *avantages et inconvénients d'une situation.* **2.** Conséquence fâcheuse : *subir les inconvénients d'une situation.*

**inconvertible** adj Qui ne peut être échangé, remplacé : *monnaie inconvertible.*

**incorporation** nf Action d'incorporer ; amalgame, intégration.

**incorporel, elle** adj **1.** Qui n'a pas de corps ; immatériel. **2.** DR Se dit des biens qui n'ont pas d'existence matérielle (droit d'usufruit, droits d'auteur, etc.).

**incorporer** vt **1.** Faire entrer dans un tout, mêler intimement, intégrer : *incorporer des œufs à un mélange ; incorporer un paragraphe dans un texte.* **2.** Faire entrer dans un corps de troupes.

**incorrect, e** adj **1.** Qui n'est pas correct ; fautif. **2.** Qui manque aux règles de la politesse ; grossier.

**incorrectement** adv De façon incorrecte.

**incorrection** nf **1.** Manquement aux règles de la correction, de la bienséance. **2.** Faute de grammaire.

**incorrigible** adj Qu'on ne peut corriger : *paresse incorrigible.*

**incorrigiblement** adv De façon incorrigible.

**incorruptibilité** nf **1.** Qualité de ce qui ne peut se corrompre. **2.** Caractère d'une personne incorruptible ; intégrité.

**incorruptible** adj **1.** Qui ne se corrompt pas ; imputrescible. **2.** Qui ne se laisse pas corrompre, acheter : *juge incorruptible.*

**incrédule** adj et n **1.** Qui se laisse difficilement convaincre ; sceptique. **2.** Incroyant.

**incrédulité** nf Manque de crédulité ; scepticisme.

**incrément** nm INFORM Quantité constante ajoutée à la valeur d'une variable à chaque boucle d'un programme.

**incrémenter** vt INFORM Ajouter un incrément à.

**increvable** adj **1.** Qui ne peut être crevé : *pneu increvable.* **2.** FAM Résistant, infatigable : *ces enfants sont increvables.*

**incrimination** nf Action d'incriminer.

**incriminer** vt Mettre en cause, rendre responsable d'un acte blâmable.

**incrochetable** adj Qu'on ne peut crocheter : *serrure incrochetable.*

**incroyable** adj **1.** Impossible ou difficile à croire : *histoire incroyable.* **2.** Étonnant ; extraordinaire : *talent incroyable.*

**incroyablement** adv Extraordinairement, extrêmement.

**incroyance** nf Absence de foi religieuse.

**incroyant, e** adj et n Non croyant.

**incrustation** nf **1.** Action d'incruster ; ce qui est incrusté : *incrustation d'or, de nacre, de dentelle.* **2.** Dépôt que laisse une eau calcaire. **3.** Insertion d'une image électronique dans une autre ; image ainsi insérée.

**incruster** vt **1.** Insérer dans une matière des fragments de matière différente, pour former un motif ornemental : *incruster de la nacre dans l'ébène.* **2.** Couvrir d'un dépôt pierreux. ◆ **s'incruster** vpr **1.** Se graver. **2.** FAM S'imposer durablement de façon importune.

**incubateur** nm **1.** Couveuse. **2.** ÉCON Structure financée par de grands groupes pour aider au lancement de start-up.

**incubation** nf **1.** Action de couver. **2.** MÉD Temps pendant lequel couve une maladie. ■ **incubation artificielle :** action de faire éclore des œufs par des procédés artificiels.

**incube** nm Démon masculin censé abuser d'une femme pendant son sommeil.

**incuber** vt Opérer l'incubation de.

**inculpation** nf Action d'inculper.

**inculpé, e** n VIEILLI Accusé.

**inculper** vt DR, VIEILLI Procéder à une mise en examen.

**inculquer** vt Faire entrer durablement qqch dans l'esprit de qqn : *inculquer le respect à qqn.*

**inculte** adj **1.** Non cultivé : *terre inculte.* **2.** Qui n'a aucune culture intellectuelle : *esprit inculte.*

**incultivable** adj Qui ne peut être cultivé.

**inculture** nf Manque total de culture intellectuelle ; ignorance.

**incunable** adj et nm Se dit d'un ouvrage qui date de l'origine de l'imprimerie.

**incurable** adj Inguérissable.

**incurie** nf Grande négligence.

**incuriosité** nf LITT Absence totale de curiosité intellectuelle.

**incursion** nf **1.** Invasion en pays ennemi. **2.** Arrivée soudaine dans un lieu.

**incurvation** nf Action d'incurver ; état qui en résulte.

**incurver** vt Courber de dehors en dedans.

**indéboulonnable** adj FAM Qui paraît ne pouvoir être révoqué, destitué : *présentateur indéboulonnable.*

**indécemment** adv De façon indécente.

**indécence** nf Caractère de ce qui est indécent ; action, parole indécente.

**indécent, e** adj **1.** Contraire à la décence, à la bienséance, à la pudeur : *tenue indécente.* **2.** Déplacé, scandaleux : *gaspillage indécent.*

**indéchiffrable** adj Qu'on ne peut lire, déchiffrer, deviner : *écriture, code indéchiffrable ; personne, intention indéchiffrable.*

**indéchirable** adj Qui ne peut être déchiré.

**indécis, e** adj et n Qui ne sait pas se décider ; irrésolu. ◆ adj **1.** Douteux, incertain : *victoire indécise.* **2.** Vague : *formes indécises.*

**indécision** nf État, caractère d'une personne indécise ; incertitude, irrésolution.

**indéclinable** adj GRAMM Qui ne se décline pas.

**indécollable** adj Qu'on ne peut décoller.

**indécomposable** adj Qu'on ne peut décomposer, analyser.

**indécrottable** adj FAM Impossible à améliorer ; incorrigible.

**indéfectible** adj Qui ne peut cesser d'être : *amitié indéfectible.*

**indéfendable** adj Qui ne peut être défendu.

**indéfini, e** adj **1.** Dont on ne peut fixer les limites : *espace indéfini.* **2.** Qu'on ne peut définir ; vague, indéterminé : *sensation indéfinie.* ■ **article indéfini :** qui présente l'être ou la chose en les distinguant de façon indéterminée du reste du groupe (*un, une, des*). ❑ **adjectifs indéfinis :** ceux qui déterminent les noms d'une manière vague, générale, comme *aucun, autre, certain, chaque, maint, même, nul, plusieurs, quel, quelconque, quelque, tel, tout.* ❑ **pronoms indéfinis :** ceux qui représentent les noms d'une manière générale, comme *on, chacun, personne, quiconque, quelqu'un, rien, autrui, l'un, l'autre, l'un et l'autre.*

**indéfiniment** adv De façon indéfinie ; perpétuellement : *dire indéfiniment les mêmes choses.*

**indéfinissable** adj Qu'on ne saurait définir ; vague : *trouble indéfinissable.*

**indéformable** adj Qui ne peut être déformé.

**indéfrichable** adj Impossible à défricher.

**indéfrisable** nf VIEILLI Permanente.

**indéhiscent, e** adj BOT Se dit d'un fruit sec qui ne s'ouvre pas mais se détache en entier de la plante mère.

**indélébile** adj Ineffaçable : *encre, souvenir indélébile.*

**indélicat, e** adj **1.** Malhonnête : *procédé indélicat ; un employé indélicat.* **2.** Grossier : *il serait indélicat d'insister.*

**indélicatesse** nf **1.** Manque de délicatesse. **2.** Acte, procédé indélicat.

**indémaillable** adj Dont les mailles ne peuvent se défaire.

**indemne** adj Qui n'a pas éprouvé de dommage à la suite d'un accident, d'une épreuve : *sortir indemne d'une chute.*

**indemnisable** adj Qui peut ou doit être indemnisé.

**indemnisation** nf Dédommagement.

**indemniser** vt Dédommager.

**indemnité** nf **1.** Somme allouée pour dédommager d'un préjudice : *indemnité de licenciement.* **2.** Allocation accordée en compensation de certains frais : *indemnité de déplacement.* ■ **indemnité parlementaire :** émoluments des députés et des sénateurs.

**indémodable** adj Qui ne risque pas de se démoder.

**indémontable** adj Qu'on ne peut démonter.

**indémontrable** adj Qu'on ne peut démontrer.

**indéniable** adj Qu'on ne peut dénier ; certain, incontestable : *preuve indéniable.*

**indéniablement** adv De façon indéniable.

**indénombrable** adj Qu'on ne peut dénombrer.

**indépendamment** adv De façon indépendante : *travailler indépendamment.* ◆ **indépendamment de** loc prép **1.** En faisant abstraction de : *étudier ce fait indépendamment des circonstances.* **2.** Outre, en plus de : *indépendamment de cela.*

**indépendance** nf **1.** État d'une personne indépendante, autonome : *son salaire lui assure une totale indépendance.* **2.** Caractère indépendant : *esprit d'indépendance.* **3.** Autonomie politique, souveraineté nationale.

**indépendant, e** adj **1.** Qui ne dépend d'aucune autorité ; libre, autonome : *travailleur indépendant ; être indépendant financièrement.* **2.** Qui jouit de l'autonomie politique : *pays indépendant.* **3.** Qui refuse toute sujétion : *esprit indépendant.* **4.** Qui n'a aucun rapport avec autre chose ; qui n'est pas solidaire de qqch : *deux phénomènes indépendants.* **5.** Se dit d'une chambre, d'un local qui a son entrée propre. **6.** Se dit d'un secteur qui revendique une certaine autonomie financière et artistique : *le cinéma, le rock indépendant.*

**indépendantisme** nm Revendication d'indépendance.

**indépendantiste** adj et n Partisan de l'indépendance politique.

**indéracinable** adj Qu'on ne peut déraciner : *préjugés indéracinables.*

**indéréglable** adj Qui ne peut se dérégler.

**indescriptible** adj Qui ne peut être décrit, exprimé.

**indésirable** adj et n Qu'on n'accepte pas dans un milieu, un pays : *expulser un indésirable ; sa présence est indésirable.*

**indestructible** adj Qui ne peut être détruit.

**indétectable** adj Qu'on ne peut détecter.

**indéterminable** adj Qui ne peut être déterminé.

**indétermination** nf **1.** Caractère de ce qui est indéterminé. **2.** Manque de décision, de résolution ; hésitation.

**indéterminé, e** adj Qui n'est pas déterminé, précisé, fixé.

**index** nm **1.** Doigt le plus proche du pouce. **2.** Table alphabétique d'un livre. **3.** Aiguille mobile d'un cadran. ■ **l'Index :** le catalogue des livres dont l'autorité pontificale défendait la lecture. ❑ FIG **mettre à l'index :** exclure, signaler comme dangereux.

EMPLOI *Index alphabétique* est un pléonasme à éviter.

**indexation** nf Action d'indexer.

**indexer** vt **1.** Introduire dans un index ; établir l'index de. **2.** Rattacher les variations d'une valeur à celles d'un élément de référence déterminé : *indexer une retraite sur le coût de la vie.*

**indianisme** nm Étude des langues et des civilisations de l'Inde.

**indianiste** n Spécialiste de l'indianisme.

**indic** nm FAM Indicateur de police.

**indicateur, trice** adj Qui indique, fait connaître : *panneau indicateur.* ◆ nm **1.** Livre qui sert de guide : *l'indicateur des rues de Paris.* **2.** Appareil servant à indiquer : *indicateur de vitesse, de pression.* **3.** Individu qui renseigne la police.

**1. indicatif** nm **1.** GRAMM Celui des cinq modes du verbe qui présente l'état, l'action comme une réalité. **2.** Musique annonçant une émission de radio ou de télévision. ■ **indicatif téléphonique :** chiffres à composer avant le numéro de téléphone et qui correspondent à une zone géographique.

**2. indicatif, ive** adj Qui indique, annonce : *signal indicatif.* ■ **à titre indicatif :** pour renseigner : *donner le prix d'une chose à titre indicatif.*

**indication** nf **1.** Action d'indiquer. **2.** Renseignement : *fausse indication.* **3.** MÉD Affection, cas pour lesquels un traitement est indiqué.

**indice** nm **1.** Signe apparent et probable qu'une chose existe : *rechercher des indices.* **2.** Nombre exprimant un rapport entre deux grandeurs ; rapport entre des quantités ou des prix, qui en montre l'évolution : *indice des prix.* **3.** MATH Signe attribué à une lettre représentant les différents éléments d'un ensemble : *A indice n s'écrit* $A_n$. ■ **indice d'écoute :** pourcentage des personnes ayant écouté ou regardé une émission de radio, de télévision.

**indicible** adj Qu'on ne saurait dire, exprimer : *joie indicible.*

**indiciel, elle** adj Qui a valeur d'indice : *courbe indicielle.*

**indien, enne** adj et n **1.** De l'Inde : *les Indiens.* **2.** Relatif aux populations autochtones de l'Amérique.

EMPLOI Il ne faut pas confondre *Indien,* « habitant de l'Inde », et *hindou,* « adepte de la religion hindouiste ».

**indienne** nf Toile de coton peinte ou imprimée.

**indifféremment** [ɛ̃diferamɑ̃] adv Sans faire de différence ; indistinctement.

**indifférence** nf État d'une personne indifférente ; détachement, froideur, insensibilité.

**indifférenciation** nf État de ce qui est indifférencié.

**indifférencié, e** adj Se dit d'une chose dans laquelle aucune différence n'est constatée.

**indifférent, e** adj **1.** Qui ne présente aucun motif de préférence : *choix indifférent.* **2.** Sans intérêt, peu important : *parler de choses indifférentes.* ◆ adj et n Que rien ne touche ni n'émeut.

**indifférer** vt (conj 10) FAM Être indifférent à : *cela m'indiffère.*

**indigence** nf Grande pauvreté, misère.

**indigène** n et adj Personne née dans le pays qu'elle habite ; autochtone, aborigène. ◆ adj Originaire du pays : *plante indigène.* CONTR : exotique.

**indigent, e** adj et n Très pauvre.

**indigeste** adj **1.** Difficile à digérer. **2.** FIG Difficile à assimiler par l'esprit : *roman indigeste.*

**indigestion** nf Indisposition provenant d'une mauvaise digestion. ■ FAM **avoir une indigestion de quelque chose :** en avoir trop consommé, utilisé, au point d'en être dégoûté.

**indignation** nf Sentiment de colère ou de révolte que suscite un outrage, une action injuste.

**indigne** adj **1.** Qui n'est pas digne de, qui ne mérite pas : *indigne de confiance.* **2.** Qui révolte, inspire la colère, le mépris : *conduite indigne.*

**indigné**, **e** adj et n Qui éprouve ou manifeste de l'indignation : *un rassemblement d'indignés*.

**indignement** adv De façon indigne.

**indigner** vt Exciter, provoquer l'indignation de. ◆ **s'indigner** vpr Éprouver de l'indignation.

GRAMMAIRE On dit *il s'indigne que* et non *de ce que : il s'indigne qu'on le punisse*.

**indignité** nf **1.** Caractère d'une personne, d'une chose indigne. **2.** Action indigne, odieuse.

**indigo** nm Colorant bleu violacé fourni par l'indigotier. ◆ adj inv De couleur bleu violacé.

**indigotier** nm Plante des régions chaudes dont on extrait l'indigo.

**indiqué**, **e** adj Conseillé, recommandé : *l'usage de ce médicament n'est pas indiqué*.

**indiquer** vt **1.** Montrer, désigner : *indiquer une chose du doigt*. **2.** Faire connaître à quelqu'un ce qu'il cherche : *indiquer une rue, un restaurant*. **3.** Dénoter, révéler : *cela indique du talent*. ■ **être indiqué :** conseillé, recommandé : *un voyage n'est pas indiqué dans votre état*.

**indirect**, **e** adj Qui n'est pas direct ; détourné : *chemin indirect ; critique indirecte*. ■ GRAMM **complément indirect :** introduit par une préposition. ❑ **discours, style indirect, interrogation indirecte :** rapportant les paroles de quelqu'un dans une proposition subordonnée (EX : *il a dit qu'il viendrait ; je me demande s'il viendra*). ❑ **verbe transitif indirect :** verbe suivi d'un complément d'objet indirect (EX : *il songe aux vacances*).

**indirectement** adv De façon indirecte.

**indiscernable** adj Qu'on ne peut discerner.

**indiscipline** nf Manque de discipline ; désobéissance.

**indiscipliné**, **e** adj Rebelle à toute discipline.

**indiscret**, **ète** adj **1.** Qui manque de discrétion : *question indiscrète*. **2.** Qui révèle ce qu'on devrait taire : *parole indiscrète ; ami indiscret*.

**indiscrètement** adv De façon indiscrète.

**indiscrétion** nf **1.** Manque de discrétion. **2.** Révélation d'un secret : *commettre une indiscrétion*.

**indiscutable** adj Qui n'est pas discutable ; évident, incontestable.

**indiscutablement** adv De façon indiscutable.

**indiscuté**, **e** adj Qui n'est pas mis en discussion.

**indispensable** adj Dont on ne peut se passer : *outil indispensable*.

**indisponibilité** nf État d'une personne ou d'une chose indisponible.

**indisponible** adj **1.** Dont on ne peut pas disposer : *argent, marchandise indisponibles*. **2.** Qui est occupé : *je suis indisponible aujourd'hui*.

**indisposé**, **e** adj **1.** Légèrement malade. **2.** Se dit d'une femme qui a ses règles.

**indisposer** vt **1.** Rendre un peu malade, incommoder. **2.** Rendre peu favorable, prévenir contre : *on l'a indisposé contre moi*.

**indisposition** nf Léger malaise.

**indissociable** adj **1.** Qui ne peut être séparé en plusieurs éléments : *un tout indissociable*. **2.** Qu'on ne peut dissocier d'une autre chose, d'une autre personne : *élément indissociable*.

**indissolubilité** nf Qualité de ce qui est indissoluble.

**indissoluble** adj Qui ne peut être délié, défait : *lien indissoluble*.

**indissolublement** adv De façon indissoluble.

**indistinct**, **e** adj Qui manque de netteté, confus : *voix, paroles indistinctes*.

**indistinctement** adv De façon indistincte.

**individu** nm **1.** Tout être formant une unité distincte dans son espèce : *le genre, l'espèce et l'individu*. **2.** Personne considérée isolément, par rapport à une collectivité : *les droits de l'individu*. **3.** FAM Homme quelconque ou dont on parle avec mépris : *un individu louche*.

**individualisation** nf Action d'individualiser ; son résultat.

**individualiser** vt Rendre distinct des autres par des caractères propres.

**individualisme** nm **1.** Tendance à s'affirmer indépendamment des autres. **2.** Tendance à privilégier la valeur et les droits de l'individu par rapport à ceux de la société.

**individualiste** adj et n Partisan de l'individualisme.

**individualité** nf **1.** Ce qui constitue le caractère propre et original de quelque chose : *l'individualité d'une province, d'une espèce*. **2.** Originalité propre à une personne. **3.** Personne qui a une forte personnalité et se distingue des autres.

**individuel**, **elle** adj **1.** Qui appartient à l'individu ; personnel : *caractère individuel*. **2.** Qui concerne une seule personne : *fiche individuelle d'état civil*. CONTR : collectif. ■ **maison individuelle :** destinée à loger une seule famille. ◆ n SPORTS Concurrent n'appartenant à aucun club, à aucune équipe.

**individuellement** adv De façon individuelle.

**indivis, e** adj DR **1.** Qui n'est pas divisé : *succession indivise ;* possédé par plusieurs : *biens indivis.* **2.** Qui possède en commun avec d'autres : *héritiers indivis.* ■ **par indivis :** en commun : *posséder un bien par indivis.*

**indivisibilité** nf Caractère indivisible.

**indivisible** adj Qui n'est pas divisible.

**indivision** nf DR État d'un bien indivis ; situation de quelqu'un possédant un tel bien.

**indocile** adj Qui ne se laisse pas diriger ; rebelle.

**indocilité** nf Caractère indocile.

**indo-européen, enne** (pl *indo-européens, ennes*) adj et nm Se dit d'un groupe de langues parlées actuellement en Europe et dans une partie des autres continents, auxquelles les linguistes ont donné une origine commune.

**indolemment** adv LITT Avec indolence.

**indolence** nf Nonchalance, indifférence, mollesse : *vivre dans l'indolence.*

**indolent, e** adj Nonchalant, apathique.

**indolore** adj Qui ne cause aucune douleur : *piqûre indolore.*

**indomptable** [ɛ̃dɔ̃tabl] adj Qu'on ne peut dompter, maîtriser : *caractère indomptable.*

**indompté, e** [ɛ̃dɔ̃te] adj LITT Qu'on n'a pu encore maîtriser, réprimer : *orgueil indompté.*

**indonésien, enne** adj et n D'Indonésie : *les Indonésiens.*

**in-douze** [induz] nm inv et adj inv Format d'une feuille d'impression pliée en 12 feuilles ou 24 pages ; livre de ce format.

**indu, e** adj ■ **heure indue :** heure à laquelle il ne convient pas de faire quelque chose. ◆ nm DR Ce qui n'est pas dû : *restitution de l'indu.*

**indubitable** adj Dont on ne peut douter ; certain, incontestable.

**indubitablement** adv Certainement, sans aucun doute.

**inductance** nf ÉLECTR Quotient du flux d'induction à travers un circuit, créé par le courant traversant ce circuit, par l'intensité de ce courant.

**inducteur, trice** adj et nm PHYS Qui induit : *courant inducteur.* ◆ nm Aimant ou électroaimant destiné à fournir le champ magnétique créateur de l'induction.

**inductif, ive** adj Qui procède par induction : *méthode inductive.*

**induction** nf **1.** Raisonnement qui va du particulier au général, des faits à la loi. **2.** ÉLECTR Production d'un courant dans un circuit, sous l'influence d'un aimant ou d'un autre courant.

**induire** vt (conj 70) **1.** Amener, conduire, pousser à : *induire en erreur.* **2.** Avoir pour conséquence ; entraîner, occasionner : *cette installation induira la création de nombreux emplois.* **3.** Établir par voie de conséquence, par induction ; conclure : *de là j'induis que...* **4.** ÉLECTR Produire une induction.

**induit, e** adj Établi par induction ; consécutif, résultant : *effets induits d'une décision politique.* ■ **courant induit :** produit par induction. ◆ nm Organe d'une machine dans lequel se produisent des courants induits.

**indulgence** nf **1.** Facilité à pardonner, à excuser. **2.** THÉOL Rémission des peines dues aux péchés.

**indulgent, e** adj Porté à l'indulgence ; clément : *se montrer indulgent.*

**indûment** adv De manière indue, illégitime.

**induration** nf MÉD Durcissement anormal d'un tissu ; partie indurée.

**induré, e** adj Devenu dur : *lésion indurée.*

**industrialisation** nf Action d'industrialiser ; son résultat.

**industrialiser** vt **1.** Exploiter sous forme industrielle : *industrialiser l'agriculture.* **2.** Équiper en usines, en industries : *industrialiser une région.*

**industrie** nf **1.** Ensemble des activités, des métiers qui produisent des richesses par la mise en œuvre des matières premières, par l'exploitation des mines, des sources d'énergie ; chacune de ces activités : *industrie automobile ; industrie textile.* **2.** Toute activité économique organisée sur une grande échelle : *industrie du spectacle.* ■ **industrie légère :** celle qui transforme les produits de l'industrie lourde, issus des matières premières.

**industriel, elle** adj Qui concerne l'industrie : *richesse industrielle ; centre industriel.* ◆ nm Chef d'entreprise transformant des matières premières.

**industriellement** adv De façon industrielle.

**industrieux, euse** adj LITT Adroit, habile dans son métier.

**inébranlable** adj Qui ne peut être ébranlé : *fermeté inébranlable.*

**inédit, e** adj et nm **1.** Qui n'a pas été publié : *poème inédit.* **2.** Nouveau, original : *spectacle inédit.*

**ineffable** adj LITT Qui ne peut être exprimé ; indicible : *joie ineffable.*

**ineffaçable** adj Qui ne peut être effacé : *encre ineffaçable ; impression ineffaçable.*

**inefficace** adj Qui n'est pas efficace ; inopérant : *moyen, secrétaire inefficaces*.

**inefficacement** adv De façon inefficace.

**inefficacité** nf Manque d'efficacité.

**inégal, e, aux** adj **1.** Qui n'est pas égal à autre chose : *segments inégaux*. **2.** Qui n'est pas uni, raboteux : *terrain inégal*. **3.** Qui n'est pas régulier : *mouvement inégal*. **4.** Qui n'est pas constant ; changeant : *style inégal ; humeur inégale*.

**inégalable** adj Qui ne peut être égalé.

**inégalé, e** adj Qui n'a pas été égalé : *record inégalé*.

**inégalement** adv De façon inégale.

**inégalitaire** adj Fondé sur l'inégalité politique ou sociale.

**inégalité** nf **1.** Différence, disparité entre des personnes ou des choses : *inégalité des salaires ; lutte contre les inégalités*. **2.** Défaut de régularité d'une surface, d'un rythme, etc. : *inégalité d'un terrain, d'un débit*. **3.** MATH Relation algébrique entre deux grandeurs inégales, notée par le signe > (plus grand que) ou < (plus petit que).

**inélégamment** adv De façon inélégante.

**inélégance** nf Manque d'élégance.

**inélégant, e** adj **1.** Qui manque d'élégance : *mise, personne inélégantes*. **2.** Discourtois, incorrect : *procédé inélégant*.

**inéligible** adj Qui n'est pas éligible.

**inéluctable** adj Qu'on ne peut éviter : *malheur inéluctable*.

**inéluctablement** adv Inévitablement.

**inemployé, e** adj Qui n'est pas employé.

**inénarrable** adj D'une bizarrerie, d'un comique extraordinaires : *aventure inénarrable*.

**inepte** adj Sot, stupide : *réflexion inepte*.

**ineptie** [inɛpsi] nf Absurdité, sottise.

**inépuisable** adj Qu'on ne peut épuiser ; intarissable.

**inépuisablement** adv De façon inépuisable.

**inéquation** nf Inégalité entre deux expressions algébriques contenant des variables et qui n'est satisfaite que pour certaines valeurs de ces variables.

**inéquitable** adj Qui n'est pas équitable.

**inertage** nm Enrobage d'un déchet pour empêcher la dissémination de ses éléments toxiques dans l'environnement.

**inerte** adj **1.** Sans mouvement, immobile : *corps inerte*. **2.** Sans activité propre : *matière inerte*. **3.** Sans énergie, sans réaction ; apathique : *rester inerte devant les difficultés*.

**inertie** [inɛrsi] nf **1.** État de ce qui est inerte. **2.** Manque d'activité, d'énergie : *tirer qqn de son inertie*. ■ **force d'inertie :** (a) résistance que les corps opposent au mouvement et qui résulte de leur masse (b) FIG résistance passive de qqn qui refuse d'obéir.

**inespéré, e** adj Qu'on n'espérait pas ; inattendu.

**inesthétique** adj Qui n'est pas esthétique ; laid.

**inestimable** adj Dont on ne peut estimer la valeur : *trésor, chance inestimables*.

**inévitable** adj Qu'on ne peut éviter : *accident inévitable*.

**inévitablement** adv De façon inévitable.

**inexact, e** adj **1.** Qui contient des erreurs ; faux : *calcul inexact*. **2.** LITT Qui manque de ponctualité.

**inexactement** adv De façon inexacte.

**inexactitude** nf **1.** Caractère de ce qui est inexact, erroné ; faute, erreur. **2.** Manque de ponctualité.

**inexcusable** adj Qui ne peut être excusé : *faute inexcusable*.

**inexécutable** adj Qui ne peut être exécuté : *ordre inexécutable*.

**inexécution** nf Absence ou défaut d'exécution : *inexécution d'un contrat*.

**inexercé, e** adj Qui n'est pas exercé : *oreille inexercée*.

**inexigible** adj Qui ne peut être exigé.

**inexistant, e** adj **1.** Qui n'existe pas ; imaginaire, fictif : *problèmes inexistants*. **2.** Sans valeur, qui ne compte pas ; négligeable, insignifiant : *rôle inexistant*.

**inexistence** nf Défaut d'existence, de valeur : *l'inexistence d'un argument*.

**inexorable** adj Qu'on ne peut fléchir, d'une fermeté implacable : *juge inexorable*.

**inexorablement** adv De façon inexorable ; inéluctablement.

**inexpérience** nf Manque d'expérience.

**inexpérimenté, e** adj Qui n'a pas d'expérience : *ouvrier inexpérimenté*.

**inexpiable** adj **1.** Qui ne peut être expié : *crime inexpiable*. **2.** Sans merci, implacable : *lutte inexpiable*.

**inexplicable** adj Qu'on ne peut expliquer.

**inexplicablement** adv De façon inexplicable.

**inexpliqué, e** adj Qui n'a pas reçu d'explication.

**inexploitable** adj Qui n'est pas susceptible d'être exploité : *gisement inexploitable*.

**inexploité, e** adj Qui n'est pas ou n'a pas été exploité : *ressource, idée inexploitées*.

**inexplorable** adj Qu'on ne peut explorer.

**inexploré, e** adj Que l'on n'a pas exploré.

**inexpressif, ive** adj Dépourvu d'expression : *visage inexpressif*.

**inexprimable** adj Qui ne peut être exprimé ; indicible : *joie inexprimable*.

**inexprimé, e** adj Qui n'a pas été exprimé.
**inexpugnable** adj Qu'on ne peut prendre par la force : *forteresse inexpugnable.*
**inextensible** adj Qui n'est pas extensible.
**in extenso** [inɛkstɛ̃so] loc adv En entier : *publier un discours in extenso.*
**inextinguible** adj Qu'on ne peut apaiser, arrêter : *rire, soif inextinguibles.*
**in extremis** [inɛkstremis] loc adv Au dernier moment, à la dernière limite.
**inextricable** adj Qui ne peut être démêlé, très embrouillé : *situation inextricable.*
**inextricablement** adv De façon inextricable.
**infaillibilité** nf Caractère infaillible.
**infaillible** adj **1.** Qui ne peut se tromper : *nul n'est infaillible.* **2.** Qui produit les résultats attendus, qui ne peut manquer d'arriver : *remède, succès infaillibles.*
**infailliblement** adv Immanquablement, inévitablement.
**infaisable** [ɛ̃fəzabl] adj Qui ne peut être fait.
**infalsifiable** adj Qui ne peut être falsifié.
**infamant, e** adj Qui déshonore : *peine infamante.*
**infâme** adj **1.** Avilissant, honteux : *acte infâme.* **2.** Répugnant, sale : *infâme taudis.*
**infamie** nf **1.** Caractère de ce qui est infâme : *l'infamie d'un crime.* **2.** LITT Grand déshonneur : *être couvert d'infamie.* **3.** Action, propos vils, honteux : *commettre une infamie ; écrire des infamies.*
**infant, e** n Titre des enfants puînés des rois d'Espagne et de Portugal.
**infanterie** nf Ensemble des troupes qui combattent à pied.
**infanticide** nm Meurtre d'un enfant et, en particulier, d'un nouveau-né. ◆ n et adj Personne coupable d'infanticide.
**infantile** adj **1.** Relatif à l'enfant en bas âge : *maladies infantiles.* **2.** PÉJOR Comparable à un enfant, puéril : *comportement infantile.*
**infantilisant, e** adj Qui infantilise.
**infantiliser** vt Maintenir chez un adulte un état infantile.
**infantilisme** nm **1.** Absence de maturité, comportement infantile ; puérilité. **2.** MÉD Arrêt du développement d'un individu.
**infarctus** [ɛ̃farktys] nm MÉD Accident dû à l'oblitération d'un vaisseau. ■ **infarctus du myocarde :** lésion du cœur consécutive à l'oblitération d'une artère coronaire.

ORTHOGRAPHE Le *r* de *infarctus* se place après le *a* (à l'inverse de *fracture*).

**infatigable** adj Que rien ne fatigue : *travailleur infatigable.*
**infatigablement** adv Sans se lasser.
**infatué, e** adj LITT Qui est content de soi ; fat : *un homme très infatué.*
**infécond, e** adj LITT Stérile.
**infécondité** nf LITT Stérilité.
**infect, e** adj **1.** LITT Qui exhale de mauvaises odeurs : *charogne infecte.* **2.** FAM Très mauvais : *nourriture infecte.* **3.** FAM Répugnant : *se montrer infect à l'égard de qqn.*
**infecter** vt **1.** Contaminer par des germes infectieux. **2.** LITT Remplir d'émanations puantes et malsaines ; empester. ◆ **s'infecter** vpr Être contaminé par des germes : *plaie qui s'infecte.*
**infectieux, euse** adj **1.** Qui produit ou communique l'infection : *germes infectieux.* **2.** Qui résulte ou s'accompagne d'une infection : *maladie infectieuse.*
**infection** nf **1.** Pénétration et développement dans un organisme de micro-organismes pathogènes (dits *agents infectieux*), produisant des troubles d'intensité et de gravité variables. **2.** Grande puanteur.
**inféoder** vt **1.** HIST Donner en fief. **2.** Mettre sous la dépendance de : *pays inféodé à une grande puissance.* ◆ **s'inféoder** vpr Se donner entièrement à : *s'inféoder à un parti.*
**inférer** vt Induire, conclure, déduire.
**inférieur, e** adj **1.** Placé au-dessous : *mâchoire inférieure.* **2.** Moindre en dignité, en valeur, etc. : *rang inférieur.* ◆ n Subalterne, subordonné.
**inférioriser** vt **1.** Rendre inférieur : *sportif infériorisé par un handicap.* **2.** Sous-estimer la valeur de : *inférioriser son mérite.*
**infériorité** nf Désavantage dans le rang, la force, le mérite, etc.
**infernal, e, aux** adj **1.** LITT De l'enfer : *puissances infernales.* **2.** FIG Pervers, diabolique : *ruse infernale.* **3.** FAM Insupportable : *enfant infernal.* ■ **machine infernale :** engin explosif.
**infertile** adj LITT Qui n'est pas fertile.
**infertilité** nf LITT Stérilité.
**infester** vt Envahir, abonder dans un lieu, en parlant d'animaux ou de plantes nuisibles : *les moustiques infestent la région.*
**infeutrable** adj Qui ne se feutre pas.
**infichu, e** adj FAM Incapable de : *infichu de trouver ses papiers.*
**infidèle** adj **1.** Qui manque à ses promesses, en particulier dans le mariage. **2.** Inexact : *récit infidèle.* ◆ n Celui qui ne professe pas la religion considérée comme vraie.
**infidèlement** adv De façon infidèle.
**infidélité** nf Manque de fidélité.
**infiltration** nf Action de s'infiltrer.

**infiltrer (s')** vpr **1.** Passer à travers les pores d'un corps solide : *l'eau s'infiltre dans le sol.* **2.** FIG Pénétrer furtivement, s'insinuer : *s'infiltrer dans un parti.*

**infime** adj Très petit : *quantité infime ; espoir infime.*

**infini, e** adj **1.** Sans limites : *l'Univers est infini.* **2.** Très grand, considérable : *temps infini.* ◆ nm Ce qui est sans limites. ■ **à l'infini** : sans fin.

**infiniment** adv Extrêmement.

**infinité** nf **1.** Très grand nombre. **2.** LITT Caractère de ce qui est infini.

**infinitésimal, e, aux** adj Extrêmement petit : *quantité infinitésimale.*

**infinitif, ive** adj GRAMM Caractérisé par l'emploi de l'infinitif. ■ **proposition infinitive** ou **infinitive** nf : subordonnée complétive dont le verbe est à l'infinitif. ◆ nm Mode du verbe qui exprime l'état ou l'action d'une manière indéterminée ; forme nominale du verbe.

**infirme** adj et n Atteint d'une infirmité.

**infirmer** vt **1.** Détruire la force, l'autorité de qqch ; démentir : *infirmer un témoignage.* **2.** DR Déclarer nul.

**infirmerie** nf Local destiné aux malades, aux blessés, dans un établissement scolaire ou militaire, une entreprise, etc.

**infirmier, ère** n Personne diplômée qui donne les soins prescrits par le médecin.

**infirmité** nf **1.** Affection particulière qui atteint d'une manière chronique quelque partie du corps. **2.** Incapacité de l'organisme à remplir telle ou telle fonction.

**inflammable** adj Qui s'enflamme facilement.

**inflammation** nf **1.** Action par laquelle une matière combustible s'enflamme. **2.** MÉD Réaction consécutive à une agression traumatique, chimique ou microbienne de l'organisme et caractérisée par certains symptômes (chaleur, rougeur, douleur, tuméfaction) ; ces symptômes.

**inflammatoire** adj Caractérisé par une inflammation : *maladie inflammatoire.*

**inflation** nf **1.** Émission excessive de papier-monnaie, accompagnée d'une forte hausse des prix. **2.** Augmentation excessive : *inflation verbale.*

**inflationniste** adj Qui est cause ou signe d'inflation : *politique inflationniste.*

**infléchir** vt Modifier l'orientation de ; courber, incliner. ◆ **s'infléchir** vpr Se courber, dévier.

**infléchissement** nm Modification peu accusée d'un processus, d'une évolution.

**inflexibilité** nf Caractère d'une personne ou d'une chose inflexible.

**inflexible** adj Que rien ne peut fléchir, ébranler, émouvoir ; intraitable : *homme, caractère inflexibles.*

**inflexiblement** adv Rigoureusement, inexorablement.

**inflexion** nf **1.** Action de plier, d'incliner : *inflexion du corps.* **2.** Changement, modification : *inflexion d'une politique.* **3.** Modulation : *inflexion de voix.*

**infliger** vt (conj 2) Imposer, faire subir qqch de pénible : *infliger un blâme ; il nous a infligé le récit de ses exploits.* ■ **infliger un démenti** : contredire catégoriquement : *les faits lui ont infligé un cruel démenti.*

**inflorescence** nf Disposition générale des fleurs sur la tige.

**influençable** adj Qui se laisse influencer.

**influence** nf **1.** Action qu'une chose exerce sur une personne, sur une autre chose : *l'influence de l'alcool sur l'organisme.* **2.** Ascendant, autorité : *subir l'influence de qqn.*

**influencer** vt (conj 1) Exercer une influence sur, agir sur : *influencer un juge.*

**influenceur, euse** n **1.** Personne qui a un grand pouvoir d'influence sur l'opinion publique et les décideurs. **2.** Personne qui, en raison de sa popularité et de son expertise dans un domaine, est capable d'influencer les pratiques de consommation des internautes (via un blog, par ex.).

**influent, e** adj Qui a de l'influence, de l'autorité.

**influer** vt ind [sur] Exercer une action : *le climat influe sur la santé.*

**influx** [ɛ̃fly] nm ■ **influx nerveux** : phénomène par lequel l'excitation d'une fibre nerveuse se propage dans le nerf.

**Infographie** nf (nom déposé) Application de l'informatique à la représentation graphique et au traitement de l'image.

**infographiste** n Spécialiste de l'Infographie.

**infolettre** nf CANADA Newsletter.

**in-folio** [infɔljo] nm inv et adj inv Format d'une feuille d'impression pliée en 2 feuillets ou 4 pages ; livre de ce format.

**infondé, e** adj Dénué de fondement : *soupçons infondés.*

**informateur, trice** n Qui donne des informations.

**informaticien, enne** n Spécialiste d'informatique.

**informatif, ive** adj Qui informe : *dépliant informatif.*

**information** nf **1.** Action d'informer, fait de s'informer : *l'information des lecteurs.* **2.** Renseignement : *obtenir des informations.* **3.** Nouvelle donnée par un journal, la radio, la télévision, etc. : *nous* *n'avons aucune information sur l'accident d'avion.* **4.** INFORM Élément de connaissance susceptible d'être codé pour être conservé, traité ou communiqué. **5.** DR Instruction d'un procès criminel. ◆ **informations** pl Bulletin d'information radiodiffusé ou télévisé : *écouter les informations.*

**informatique** nf Science du traitement automatique de l'information. ◆ adj Relatif à l'informatique.

**informatisation** nf Action d'informatiser.

**informatiser** vt Doter de moyens informatiques.

**informe** adj **1.** Sans forme déterminée : *masse informe.* **2.** Imparfait, incomplet : *ouvrage informe ;* laid : *visage informe.*

**informé** nm ■ **jusqu'à plus ample informé :** jusqu'à la découverte d'un fait nouveau.

**informel, elle** adj Qui n'obéit pas à des règles précises ; sans caractère officiel : *réunion informelle.*

**informer** vt Mettre au courant ; avertir, renseigner, instruire : *informer qqn d'un changement.* ◆ vi DR Faire une information : *informer contre qqn.* ◆ **s'informer** vpr [de] Interroger ; recueillir des renseignements.

**informulé, e** adj Qui n'est pas formulé.

**infortune** nf LITT Malchance, adversité. ◆ **infortunes** pl LITT Événements malheureux, revers.

**infortuné, e** adj et n LITT Qui n'a pas de chance.

**infos** nf pl (abréviation) FAM Informations.

**infox** nf Information mensongère, biaisée ou tronquée, diffusée par un média ou un réseau social ; fausse information (recomm. off. pour *fake news*).

**infra** adv Plus bas dans le texte ; ci-dessous.

**infraction** nf Violation d'une loi, d'un ordre, etc.

**infranchissable** adj Qu'on ne peut franchir : *obstacle infranchissable.*

**infrangible** adj LITT Qu'on ne peut briser : *résistance infrangible.*

**infrarouge** adj et nm PHYS Se dit des radiations calorifiques obscures, moins réfrangibles que le rouge.

**infrason** nm Vibration de fréquence inférieure aux fréquences audibles.

**infrastructure** nf **1.** Ensemble des travaux relatifs aux fondations d'un ouvrage (route, voie ferrée, etc.). **2.** Base matérielle d'une société (situation géographique, économique, etc.) [par oppos. à *superstructure*].

**infréquentable** adj Qu'on ne peut pas fréquenter : *des personnes infréquentables.*

**infroissable** adj Qui ne se froisse pas : *tissu infroissable.*

**infructueusement** adv Sans résultat.

**infructueux, euse** adj Qui ne donne pas de résultat utile ; vain : *recherches infructueuses.*

**infuse** adj f ■ **science infuse :** que l'on possède sans l'avoir acquise par l'étude ou l'expérience.

**infuser** vt **1.** Faire macérer dans un liquide bouillant : *infuser du thé.* **2.** LITT Communiquer à qqn un sentiment : *infuser du courage ; infuser le doute dans les esprits.* ◆ vi Communiquer à un liquide chaud ses sucs aromatiques : *attendre que le thé infuse.*

**infusion** nf **1.** Action d'infuser ; son résultat : *infusion de tilleul.* **2.** Tisane : *boire une infusion.*

**ingagnable** adj Qu'on ne peut gagner : *pari ingagnable.*

**ingambe** [ɛ̃gɑ̃b] adj LITT Alerte, dispos : *vieillard encore ingambe.*

**ingénier (s')** vpr [à] Chercher le moyen de, s'efforcer de : *s'ingénier à plaire.*

**ingénierie** [ɛ̃ʒeniri] nf Ensemble des études faites pour déterminer le meilleur mode de réalisation d'un projet industriel.

**ingénieriste** n Spécialiste d'ingénierie.

**ingénieur, e** n Personne apte à élaborer, organiser ou diriger des plans, des recherches ou des travaux techniques. ■ **ingénieur système :** ingénieur informaticien spécialisé dans la conception, la production, l'utilisation et la maintenance de systèmes d'exploitation d'ordinateurs.

**ingénieusement** adv De façon ingénieuse.

**ingénieux, euse** adj Plein d'esprit d'invention, d'adresse ; subtil, habile.

**ingéniosité** nf Qualité de celui ou de ce qui est ingénieux.

**ingénu, e** adj et n D'une innocence franche ; candide, naïf : *air ingénu.*

**ingénue** nf THÉÂTRE Rôle de jeune fille naïve.

**ingénuité** nf **1.** Candeur, simplicité, naïveté. **2.** Parole, action ingénue.

**ingénument** adv Avec ingénuité.

**ingérence** nf Action de s'ingérer.

**1. ingérable** adj Impossible à gérer.

**2. ingérable** adj Qui peut être ingéré.

**ingérer** vt (conj 10) Introduire dans l'estomac : *ingérer les aliments.* ◆ **s'ingérer** vpr S'immiscer : *s'ingérer dans une affaire.*

**ingestion** nf Action d'ingérer.

**ingouvernable** adj Qu'on ne peut gouverner.

**ingrat, e** adj et n Qui n'est pas reconnaissant : *fils ingrat.* ◆ adj **1.** Qui manque de grâce : *visage ingrat.* **2.** Pénible et peu valorisant : *travail ingrat.* ■ **âge ingrat :** début de l'adolescence.

**ingratitude** nf Manque de reconnaissance.

**ingrédient** [ɛ̃gredjɑ̃] nm Ce qui entre dans la composition d'un mélange : *ingrédients d'une sauce*.

**inguérissable** adj Qui ne peut être guéri.

**inguinal, e, aux** [ɛ̃gɥinal, o] adj ANAT De l'aine.

**ingurgitation** nf Action d'ingurgiter.

**ingurgiter** vt **1.** Avaler : *ingurgiter un panini en vitesse*. **2.** FIG Acquérir massivement des connaissances, sans les assimiler.

**inhabile** adj Qui manque d'habileté.

**inhabileté** nf Manque d'habileté ; maladresse.

**inhabilité** nf DR Incapacité légale.

**inhabitable** adj Où l'on ne peut pas habiter : *maison, pays inhabitables*.

**inhabité, e** adj Qui n'est pas habité.

**inhabituel, elle** adj Qui n'est pas habituel.

**inhalateur** nm Appareil qui sert à prendre des inhalations.

**inhalation** nf Absorption par les voies respiratoires d'un gaz, d'une vapeur ou d'un aérosol.

**inhaler** vt Aspirer par inhalation.

**inharmonieux, euse** adj LITT Qui n'est pas harmonieux.

**inhérence** nf Caractère inhérent.

**inhérent, e** adj Lié nécessairement à : *responsabilité inhérente à une fonction*.

**inhiber** vt Supprimer ou ralentir une réaction, une activité.

**inhibiteur, trice** ou **inhibitif, ive** adj PHYSIOL Qui peut ralentir ou arrêter une réaction, une fonction.

**inhibition** nf Phénomène d'arrêt, de blocage, de ralentissement d'un processus chimique, psychologique ou physiologique.

**inhospitalier, ère** adj Qui n'est pas accueillant : *une côte inhospitalière*.

**inhumain, e** adj **1.** Qui ne semble pas appartenir à la nature, à l'espèce humaine : *cri inhumain*. **2.** Qui manque d'humanité, de générosité ; barbare, cruel : *loi inhumaine*.

**inhumainement** adv De façon inhumaine.

**inhumanité** nf LITT Cruauté, barbarie.

**inhumation** nf Action d'inhumer.

**inhumer** vt Mettre un mort en terre avec certaines cérémonies.

**inimaginable** adj Qui dépasse l'imagination.

**inimitable** adj Qui ne peut être imité.

**inimité, e** adj Qui n'a pas été imité.

**inimitié** nf Aversion, hostilité, haine.

**ininflammable** adj Qui ne peut pas s'enflammer : *liquide ininflammable*.

**inintelligence** nf Manque d'intelligence, de compréhension ; stupidité.

**inintelligent, e** adj Qui manque d'intelligence.

**inintelligible** adj Qu'on ne peut comprendre ; obscur.

**inintéressant, e** adj Sans intérêt.

**ininterrompu, e** adj Qui n'est pas interrompu dans l'espace ou le temps.

**inique** adj SOUT D'une injustice grave : *juge inique ; jugement inique*.

**iniquement** adv SOUT De façon inique.

**iniquité** nf SOUT Injustice grave.

**initial, e, aux** [inisjal, o] adj Qui est au commencement : *lettre initiale*.

**initiale** nf Première lettre d'un mot, d'un nom.

**initialement** adv Au début, à l'origine.

**initialisation** nf INFORM Action d'initialiser.

**initialiser** vt INFORM Charger dans la mémoire d'un ordinateur le programme nécessaire au système d'exploitation.

**initiateur, trice** n Personne qui initie.

**initiation** nf **1.** Action d'initier : *initiation au latin*. **2.** Ensemble de cérémonies introduisant qqn dans une société secrète.

**initiatique** adj Qui relève de l'initiation, de pratiques secrètes : *rite initiatique*.

**initiative** nf **1.** Action de celui qui propose ou fait le premier une chose : *prendre l'initiative d'une mesure*. **2.** Qualité d'une personne qui sait prendre les décisions nécessaires : *avoir de l'initiative, l'esprit d'initiative*.

EMPLOI On dit : *de sa propre initiative ; sur l'initiative de*.

**initié, e** adj et n Qui a reçu une initiation ; instruit d'un secret, d'un art : *poésie réservée aux initiés*. ■ DR **délit d'initié** : infraction commise par une personne qui, disposant d'informations privilégiées, réalise en Bourse des opérations bénéficiaires.

**initier** [inisje] vt **1.** Admettre à la connaissance ou au culte d'un mystère religieux, aux pratiques d'une secte, etc. **2.** Enseigner les rudiments d'une science, d'un art, etc., à. ◆ **s'initier** vpr [à] Commencer à s'instruire dans : *s'initier à un art, aux pratiques d'un métier*.

**injectable** adj Qui peut être injecté : *médicament injectable*.

**injecté, e** adj Coloré par l'afflux du sang : *yeux injectés*.

**injecter** vt Introduire sous pression un liquide, un gaz dans un corps.

**injection** nf **1.** Action d'injecter. **2.** Introduction d'un liquide ou d'un gaz dans l'organisme ; piqûre. **3.** Liquide injecté : *injection de morphine*.

**injoignable** adj Qui ne peut être joint, contacté.

**injonction** nf Ordre formel.

**injouable** adj Qui ne peut être joué.

**injure** nf Offense, insulte.

**injurier** vt Offenser par des injures ; insulter.

**injurieux, euse** adj Outrageant, offensant : *article injurieux*.

**injuste** adj **1.** Qui n'est pas conforme à la justice, à l'équité : *soupçon injuste*. **2.** Qui n'agit pas avec équité : *être injuste avec quelqu'un*.

**injustement** adv De façon injuste.

**injustice** nf Caractère de ce qui est injuste ; acte injuste : *réparer une injustice*.

**injustifiable** adj Que l'on ne peut pas justifier ; indéfendable.

**injustifié, e** adj Qui n'est pas ou n'a pas été justifié.

**inlandsis** [inlɑ̃dsis] nm Glacier des régions polaires formant une vaste coupole masquant le relief sous-jacent.

**inlassable** adj Infatigable.

**inlassablement** adv Sans se lasser.

**inlay** [inlɛ] nm Bloc métallique coulé, inclus dans la cavité dentaire qu'il sert à obturer, reconstituant la forme anatomique de la dent.

**inné, e** adj **1.** Qui existe dès la naissance : *un don inné*. **2.** Qui appartient au caractère fondamental de quelqu'un : *avoir le sens inné des affaires*.

**innervation** nf Ensemble des nerfs d'un organe : *l'innervation de la main*.

**innerver** vt Atteindre un organe, en parlant d'un nerf.

**innocemment** adv Avec innocence ; sans malice.

**innocence** nf **1.** Absence de culpabilité : *prouver son innocence*. **2.** Pureté d'une personne qui ignore le mal : *l'innocence de l'enfant*. **3.** Naïveté, candeur : *abuser de l'innocence de quelqu'un*. ■ **présomption d'innocence :** principe selon lequel une personne poursuivie est présumée innocente tant qu'elle n'a pas été condamnée.

**innocent, e** adj et n **1.** Qui n'est pas coupable. **2.** Qui ignore le mal ; pur et candide. **3.** Naïf, crédule. ◆ adj Bénin, inoffensif : *manie innocente*.

**innocenter** vt Déclarer innocent, établir l'innocence de : *innocenter un accusé*.

**innocuité** nf Qualité, caractère de ce qui n'est pas nuisible.

**innombrable** adj Qui ne peut se compter ; très nombreux.

**innommable** adj Trop vil, trop détestable pour être nommé ; inqualifiable : *crime innommable*.

**innovateur, trice** adj et n Qui innove.

**innovation** nf **1.** Action d'innover : *l'innovation artistique*. **2.** Nouveauté, changement : *une heureuse innovation*.

**innover** vt et vi Introduire du nouveau dans un domaine.

**inobservable** adj Qui ne peut être observé ou exécuté.

**inobservance** nf Non-observance d'une prescription morale ou religieuse.

**inobservation** nf Fait de ne pas observer les lois, les règlements, ses engagements.

**inoccupation** nf État d'une personne ou d'une chose inoccupée.

**inoccupé, e** adj **1.** Sans occupation ; oisif : *ne reste pas inoccupé !* **2.** Qui n'est pas habité : *logement inoccupé*.

**in-octavo** [inɔktavo] nm inv et adj inv Format d'une feuille d'impression pliée en 8 feuillets ou 16 pages ; livre de ce format.

**inoculable** adj Qui peut être inoculé : *la rage est inoculable*.

**inoculation** nf Introduction dans l'organisme d'un germe, d'un virus.

**inoculer** vt Communiquer par inoculation.

**inodore** adj Sans odeur.

**inoffensif, ive** adj **1.** Incapable de nuire : *animal inoffensif*. **2.** Sans danger : *médicament inoffensif*.

**inondable** adj Qui peut être inondé.

**inondation** nf **1.** Débordement des eaux recouvrant une étendue de pays. **2.** Présence anormale d'une grosse quantité d'eau dans un local, due à une fuite, un incident. **3.** FIG Afflux considérable de choses : *une inondation de produits étrangers sur le marché*.

**inondé, e** adj et n Qui a souffert d'une inondation.

**inonder** vt **1.** Couvrir d'eau : *inonder un terrain*. **2.** Mouiller beaucoup, tremper : *visage inondé de larmes*. **3.** FIG Envahir, répandre dans : *inonder un pays de produits étrangers*.

**inopérable** adj Qui ne peut être opéré : *malade inopérable*.

**inopérant, e** adj Sans effet, inefficace.

**inopiné, e** adj Imprévu ; inattendu.

**inopinément** adv De façon inopinée : *arriver inopinément*.

**inopportun, e** adj Qui n'est pas opportun ; importun : *avis inopportun*.

**inopportunément** adv De façon inopportune.

**inopportunité** nf Caractère de ce qui n'est pas opportun.

**inorganique** adj ■ **chimie inorganique :** chimie minérale.

**inorganisation** nf Manque d'organisation.

**inorganisé, e** adj Qui n'est pas organisé. ◆ adj et n Qui n'appartient pas à un parti, à un syndicat.

**inoubliable** adj Que l'on ne peut oublier : *souvenir inoubliable.*

**inouï, e** adj Tel qu'on n'a jamais entendu rien de pareil ; incroyable, extraordinaire.

**Inox** nm (nom déposé) Acier, métal inoxydable.

**inoxydable** adj Qui résiste à l'oxydation.

**in petto** [inpeto] loc adv À part soi, intérieurement.

**inqualifiable** adj Que l'on ne peut qualifier ; indigne : *comportement inqualifiable.*

**in-quarto** [inkwarto] nm inv et adj inv Format d'une feuille d'impression pliée en 4 feuillets ou 8 pages ; livre de ce format.

**inquiet, ète** adj et n Agité par la crainte, l'incertitude, l'appréhension de l'avenir. ◆ adj Qui marque l'appréhension, la crainte, l'incertitude : *regard inquiet.*

**inquiétant, e** adj Qui inquiète.

**inquiéter** vt (conj 10) **1.** Rendre inquiet, alarmer : *cette nouvelle m'inquiète.* **2.** Troubler, tracasser : *être inquiété par la police.* ◆ **s'inquiéter** vpr **1.** S'alarmer : *elle s'inquiète quand il rentre tard.* **2.** Se préoccuper, se soucier : *vous n'aurez pas à vous inquiéter de cela, je m'en charge.*

**inquiétude** nf Trouble, état pénible causé par la crainte, l'appréhension ; souci.

**inquisiteur, trice** adj Qui cherche à découvrir ce qui est caché ; qui marque une curiosité indiscrète : *regard inquisiteur.* ◆ nm Juge de l'Inquisition.

**inquisition** nf Recherche, perquisition, enquête arbitraire. ■ HIST **l'Inquisition :** tribunal ecclésiastique chargé de réprimer l'hérésie.

**inquisitoire** adj DR Se dit d'une procédure dirigée par le juge.

**inracontable** adj Qu'on ne peut raconter.

**insaisissable** adj **1.** Qui ne peut être saisi : *biens insaisissables.* **2.** Difficile ou impossible à saisir, à comprendre ; imperceptible : *nuance insaisissable.*

**insalubre** adj Malsain, nuisible à la santé.

**insalubrité** nf État de ce qui est insalubre.

**insanité** nf Parole, action déraisonnable ; sottise : *dire des insanités.*

**insatiable** [ɛ̃sasjabl] adj Qui ne peut être rassasié, assouvi.

**insatisfaction** nf État d'une personne insatisfaite.

**insatisfaisant, e** adj Qui ne satisfait pas ; insuffisant.

**insatisfait, e** adj et n Qui n'est pas satisfait.

**inscription** nf **1.** Caractères gravés ou peints sur la pierre, etc. : *déchiffrer une inscription.* **2.** Action d'inscrire, de s'inscrire sur une liste, sur un registre : *inscription à l'université.*

**inscrire** vt (conj 71) **1.** Porter sur une liste, sur un registre : *inscrire un candidat.* **2.** Écrire, graver sur le métal, la pierre, etc. : *inscrire une épitaphe sur une tombe.* **3.** Noter, écrire : *inscrire une adresse dans un carnet.* ◆ **s'inscrire** vpr **1.** Écrire, faire enregistrer son nom : *s'inscrire sur les listes électorales.* **2.** Entrer dans un groupe, un organisme, etc. : *s'inscrire au cours de gymnastique.* **3.** Se situer : *les négociations s'inscrivent dans le cadre de la diplomatie.* ■ **s'inscrire en faux contre quelque chose :** soutenir qu'une chose est fausse.

**inscrit, e** adj MATH Se dit du polygone dont les sommets sont sur la circonférence d'un cercle qui l'entoure. ◆ n Personne dont le nom est inscrit sur une liste, ou qui s'est inscrite dans une organisation.

**insécable** adj Qui ne peut être coupé ou partagé.

**insecte** nm Animal invertébré à trois paires de pattes respirant par des trachées et subissant des métamorphoses.

**insecticide** adj et nm Se dit d'un produit qui détruit les insectes : *poudre insecticide.*

**insectivore** adj Qui se nourrit d'insectes : *oiseau insectivore.* ◆ nm Petit mammifère qui se nourrit notamment d'insectes, comme la taupe, le hérisson, la musaraigne (les insectivores forment un ordre).

**insécurité** nf Manque de sécurité : *insécurité des banlieues ; sentiment d'insécurité.*

**in-seize** [insɛz] nm inv et adj inv Format d'une feuille d'impression pliée en 16 feuillets ou 32 pages ; livre de ce format.

**insémination** nf Dépôt de la semence du mâle dans les voies génitales de la femelle. ■ **insémination artificielle :** dépôt du sperme dans les voies génitales d'une femelle en dehors de tout rapport sexuel.

**inséminer** vt Procéder à l'insémination de.

**insensé, e** adj Qui est contraire au bon sens ; extravagant, fou : *propos insensés.*

**insensibilisation** nf Action d'insensibiliser ; anesthésie locale.

**insensibiliser** vt Rendre insensible une partie du corps ; anesthésier : *insensibiliser un malade.*

**insensibilité** nf Manque de sensibilité physique ou morale.

**insensible** adj **1.** Qui n'a pas de sensibilité physique : *insensible au froid, à la chaleur, à la douleur.* **2.** Qui n'est pas accessible à la pitié ; indifférent, dur. **3.** Imperceptible : *progrès insensible.*

**insensiblement** adv De façon insensible ; peu à peu : *glisser insensiblement.*

**inséparable** adj Qui ne peut être séparé ; indissociable : *l'effet est inséparable de la cause.* ◆ adj et n Se dit de personnes qui sont presque toujours ensemble. ◆ **inséparables** nm pl Perruches qui vivent en couples permanents.

**inséparablement** adv De façon à ne pouvoir être séparé.

**insérer** vt (conj 10) **1.** Introduire, faire entrer : *insérer une annonce dans un journal.* **2.** Intercaler, intégrer : *insérer une feuille dans un livre.* ◆ **s'insérer** vpr **1.** Trouver place, se situer : *la fiction s'insère parfois dans la réalité.* **2.** S'introduire, s'intégrer : *les nouveaux se sont bien insérés dans la classe.*

**insermenté** adj m Se dit des prêtres qui, sous la Révolution, refusèrent le serment à la Constitution civile du clergé.

**insertion** nf **1.** Action d'insérer, d'intégrer : *insertion d'une annonce dans un journal.* **2.** Action, manière de s'insérer dans un groupe : *l'insertion des immigrés.* **3.** Attache d'une partie sur une autre : *insertion des feuilles sur la tige.*

**insidieusement** adv De façon insidieuse.

**insidieux, euse** adj **1.** Qui constitue un piège, qui trompe : *question insidieuse.* **2.** Qui se répand sournoisement : *maladie insidieuse.*

**1. insigne** adj LITT Remarquable, éclatant : *faveur insigne.*

**2. insigne** nm Marque distinctive d'un grade, d'une dignité, de l'appartenance à un groupe.

**insignifiance** nf Caractère de ce qui est insignifiant.

**insignifiant, e** adj Sans importance, sans valeur ; négligeable : *détail insignifiant ; homme insignifiant.*

**insinuant, e** adj Qui s'insinue, s'introduit, s'impose d'une manière souple, adroite et hypocrite : *une personne insinuante ; manières, propos insinuants.*

**insinuation** nf Ce qu'on laisse entendre en insinuant : *insinuation calomnieuse.*

**insinuer** vt Faire entendre d'une manière détournée, adroitement, sans le dire expressément : *insinuer une calomnie.* ◆ **s'insinuer** vpr **1.** S'introduire avec adresse : *s'insinuer dans les bonnes grâces de quelqu'un.* **2.** S'infiltrer, pénétrer doucement : *l'eau s'est insinuée dans les fentes.*

**insipide** adj **1.** Sans saveur : *mets insipide.* **2.** FIG Sans agrément ; ennuyeux : *style insipide.*

**insipidité** nf Caractère insipide.

**insistance** nf Action d'insister.

**insistant, e** adj Qui insiste ; pressant.

**insister** vi **1.** Continuer à demander quelque chose : *insister pour parler à quelqu'un.* **2.** Continuer à faire, à agir sur quelque chose : *le mécanisme est coincé, n'insiste pas, tu vas tout casser.* ◆ vt ind [sur] FIG Appuyer, souligner avec force : *insister sur un point.*

**in situ** [insity] loc adv Dans son milieu naturel.

**insolation** nf **1.** Exposition aux rayons du soleil ; ensoleillement. **2.** État pathologique provoqué par une longue exposition au soleil. **3.** Exposition d'une substance photographique à la lumière.

**insolemment** adv Avec insolence.

**insolence** nf **1.** Effronterie ; manque de respect : *répondre avec insolence.* **2.** Parole, action insolente.

**insolent, e** adj et n Qui montre de l'insolence. ◆ adj Provocant : *chance insolente.*

**insolite** adj Contraire à l'usage, qui surprend ; étrange, bizarre : *demande insolite ; objets insolites.*

**insolubilité** nf État, caractère de ce qui est insoluble.

**insoluble** adj **1.** Qui ne peut être dissous : *la résine est insoluble dans l'eau.* **2.** Qu'on ne peut résoudre : *problème, question insoluble.*

**insolvabilité** nf DR État de quelqu'un d'insolvable.

**insolvable** adj Qui n'a pas de quoi payer : *débiteur insolvable.*

**insomniaque** adj et n Qui souffre d'insomnie.

**insomnie** nf Impossibilité de dormir : *avoir des insomnies.*

**insondable** adj **1.** Qu'on ne peut sonder : *gouffre insondable.* **2.** Impénétrable, incompréhensible : *mystère insondable.*

**insonore** adj **1.** Qui ne produit aucun son : *appareil insonore.* **2.** Qui amortit les bruits : *cloison insonore.* **3.** Où l'on entend peu les bruits : *pièce, local insonore.*

**insonorisation** nf Action d'insonoriser.

**insonoriser** vt Rendre moins sonore ; protéger des bruits extérieurs.

**insouciance** nf Caractère insouciant : *insouciance d'enfant.*

**insouciant, e** adj et n Qui ne se soucie, ne s'affecte de rien.

**insoucieux, euse** adj LITT Qui n'a pas souci de : *insoucieux du lendemain.*

**insoumis, e** adj Qui refuse de se soumettre ; rebelle. ◆ nm et adj MIL Personne qui refuse de satisfaire à ses obligations militaires.

**insoumission** nf **1.** Fait de ne pas se soumettre à l'autorité ; rébellion. **2.** MIL État d'une personne insoumise.

**insoupçonnable** adj Qu'on ne peut soupçonner : *caissier insoupçonnable.*

**insoupçonné, e** adj Qui n'est pas soupçonné.

**insoutenable** adj Qu'on ne peut soutenir, maintenir, supporter.

**inspecter** vt **1.** Examiner, observer attentivement : *inspecter l'horizon.* **2.** Examiner avec soin pour surveiller, contrôler, vérifier : *inspecter un site, des travaux, des troupes.*

**inspecteur, trice** n Agent chargé de certaines fonctions de surveillance et de contrôle.

**inspection** nf **1.** Action d'inspecter : *l'inspection des bagages.* **2.** Fonction d'inspecteur ; corps des inspecteurs : *être à l'inspection générale des Finances.*

**1. inspirateur** adj m ■ **muscles inspirateurs :** qui servent à inspirer.

**2. inspirateur, trice** n et adj Personne qui inspire, suggère ; instigateur.

**inspiration** nf **1.** Aspiration pulmonaire : *inspiration et expiration.* **2.** Influence révélatrice : *inspiration divine.* **3.** Enthousiasme créateur : *poète sans inspiration.* **4.** Idée : *avoir une inspiration.*

**inspiré, e** adj Animé par l'inspiration : *poète inspiré.* ■ FAM **bien, mal inspiré :** qui a eu raison ou tort de faire quelque chose.

**inspirer** vt **1.** Faire pénétrer dans les poumons : *inspirer de l'air.* **2.** Faire naître une pensée, un sentiment chez autrui ; susciter, provoquer : *inspirer de la pitié ; inspirer confiance.* **3.** Provoquer l'enthousiasme créateur : *Paris a inspiré de nombreux peintres.* ■ FAM **inspirer qqn :** le tenter : *projet qui n'inspire personne.* ◆ **s'inspirer** vpr [de] Prendre, tirer des idées de : *s'inspirer des Anciens.*

**instabilité** nf Caractère de ce qui est instable.

**instable** adj Qui n'est pas stable ; changeant, variable. ◆ adj et n Qui n'a pas de suite dans les idées.

**instagrammable** adj (de *Instagram*, nom déposé) Se dit d'un lieu, d'un objet, d'un mets, d'un événement, etc., digne d'être photographié, puis posté sur le réseau social *Instagram* : *un dessert instagrammable.*

**installateur, trice** n Spécialiste assurant l'installation d'un appareil.

**installation** nf **1.** Action d'installer, de s'installer ; son résultat. **2.** Mise en place d'un appareil, d'un réseau d'appareils ; ces appareils : *installation électrique.*

**installer** vt **1.** Mettre en possession d'une dignité, d'un emploi. **2.** Mettre en place, disposer, aménager : *installer une machine, un local.* ◆ **s'installer** vpr S'établir, se fixer.

**instamment** adv De façon instante.

**instance** nf **1.** Prière, demande pressante : *céder aux instances de quelqu'un.* **2.** Organisme, service qui a un pouvoir de décision : *instances dirigeantes d'un parti.* **3.** DR Série des actes de procédure depuis la demande jusqu'au jugement. ■ **en dernière instance :** en dernière analyse. ❑ **en instance :** se dit d'une affaire en cours : *ratification d'un traité en instance.* ❑ **être en instance de :** sur le point de, près de : *être en instance de divorce.* ❑ **tribunal de grande instance :** juridiction de droit commun de première instance chargée de juger certains procès civils.

**1. instant** nm Moment très court. ■ **à chaque instant :** continuellement. ❑ **à l'instant :** tout de suite. ❑ **dans un instant :** bientôt. ❑ **pour l'instant :** pour le moment.

VOCABULAIRE Il faut distinguer *dès l'instant où tu es entré* (dès que) et *dès l'instant que tu es entré* (puisque).

**2. instant, e** adj LITT Pressant : *prières instantes.*

**instantané, e** adj Qui se produit en un instant ; immédiat : *effet instantané.* ■ **café instantané :** fait avec de la poudre de café soluble. ◆ nm Cliché photographique obtenu par une exposition très brève.

**instantanéité** nf Caractère de ce qui est instantané.

**instantanément** adv En un instant.

**instar de (à l')** loc prép LITT À la manière de : *à l'instar des Anciens.*

**instauration** nf Action d'instaurer.

**instaurer** vt Établir les bases de ; fonder : *instaurer un régime, un usage.*

**instigateur, trice** n Personne qui pousse à faire qqch : *l'instigateur d'un complot.*

**instigation** nf Incitation : *agir à l'instigation de quelqu'un.*

**instillation** [ɛ̃stilasjɔ̃] nf Action d'instiller.

**instiller** [ɛ̃stile] vt Verser goutte à goutte.

**instinct** [ɛ̃stɛ̃] nm Impulsion naturelle, intuition, sentiment spontané : *agir d'instinct, par instinct.*

**instinctif, ive** adj Qui naît de l'instinct : *geste instinctif.* ◆ adj et n Qui agit par instinct.

**instinctivement** adv Par instinct.

**instit** [ɛ̃stit] n (abréviation) FAM Instituteur, institutrice.

**instituer** vt **1.** Établir, fonder, instaurer : *Richelieu institua l'Académie française.* **2.** DR Nommer un héritier par testament.

**institut** nm Établissement de recherche scientifique, d'enseignement, etc. : *l'Institut Pasteur.* ■ **institut de beauté :** établissement de soins esthétiques. ❑ **l'Institut de France** ou **l'Institut :** ensemble des cinq Académies (française, des inscriptions et belles-lettres, des sciences, des beaux-arts, des sciences morales et politiques).

**instituteur, trice** n Enseignant en maternelle ou dans les écoles primaires.

**institution** nf **1.** Établissement d'enseignement privé. **2.** Ensemble des règles établies en vue de la satisfaction d'intérêts collectifs ; organisme visant à les maintenir. ◆ **institutions** pl Lois fondamentales d'un État : *ne pas respecter les institutions.*

**institutionnalisation** nf Action d'institutionnaliser.

**institutionnaliser** vt Donner un caractère institutionnel à.

**institutionnel, elle** adj Relatif aux institutions de l'État.

**instructeur, trice** n Militaire chargé de l'instruction des jeunes soldats. ◆ adj m DR Qui instruit un procès : *magistrat instructeur.*

**instructif, ive** adj Qui instruit, apporte des connaissances : *lecture instructive.*

**instruction** nf **1.** Action d'instruire ; éducation, enseignement : *instruction primaire.* **2.** Savoir, connaissances, culture : *avoir de l'instruction.* **3.** INFORM Information exprimée en langage de programmation, indiquant à un ordinateur une action élémentaire à exécuter. ■ DR **instruction judiciaire :** procédure qui met une affaire en état d'être jugée. ❑ **juge d'instruction :** juge qui instruit une cause. ◆ **instructions** pl Ordres, explications pour la conduite de quelque chose : *laisser des instructions.*

**instruire** vt (conj 70) **1.** Donner des connaissances nouvelles à, former l'esprit de. **2.** SOUT Informer : *s'il y avait des ordres, je n'en ai pas été instruit.* ■ DR **instruire une affaire :** la mettre en état d'être jugée. ◆ **s'instruire** vpr Développer ses connaissances, étudier.

**instruit, e** adj Qui a de l'instruction.

**instrument** nm **1.** Outil, machine, appareil servant à un travail : *instrument de mesure.* **2.** FIG Ce qui permet d'atteindre un résultat ; moyen : *être l'instrument du destin.* ■ **instrument de musique** ou **instrument :** appareil propre à produire des sons : *instrument à vent, à cordes, à percussion.*

**instrumental, e, aux** adj Écrit pour des instruments de musique : *thème instrumental.*

**instrumentaliser** vt Transformer qqn, qqch en simple instrument que l'on peut manipuler à des fins personnelles.

**instrumentation** nf Choix des instruments correspondant à chaque partie d'une œuvre musicale.

**instrumenter** vi DR Établir un acte authentique. ◆ vt MUS Orchestrer.

**instrumentiste** n **1.** Musicien qui joue d'un instrument. **2.** Infirmier qui prépare et présente au chirurgien les instruments nécessaires pour une intervention.

**insu de (à l')** loc prép Sans qu'on le sache : *il est sorti à mon insu.*

**insubmersible** adj Qui ne peut pas couler.

**insubordination** nf Refus d'obéir.

**insubordonné, e** adj Indiscipliné.

**insuccès** nm Échec.

**insuffisamment** adv De façon insuffisante.

**insuffisance** nf **1.** Manque de la quantité nécessaire ; carence : *insuffisance de moyens.* **2.** Manque d'aptitudes ; incapacité : *avoir des insuffisances.* **3.** MÉD Diminution du fonctionnement d'un organe : *insuffisance rénale.*

**insuffisant, e** adj Qui ne suffit pas : *salaire insuffisant.*

**insufflation** nf Action d'insuffler.

**insuffler** vt **1.** Souffler de l'air, un gaz, dans les poumons, une cavité du corps. **2.** Communiquer, transmettre : *insuffler du courage à ses troupes.*

**insula** nf Zone du cortex cérébral constituant l'un des lobes du cerveau. SYN : **cortex** insulaire.

**insulaire** adj et n Qui vit sur une île. ◆ adj Relatif à une île.

**insularité** nf Caractère particulier d'un pays situé sur une ou des îles.

**insuline** nf Hormone sécrétée par le pancréas et utilisée contre le diabète.

**insultant, e** adj Qui constitue une insulte ; injurieux.

**insulte** nf Outrage en actes ou en paroles.

**insulter** vt Offenser par des insultes.

**insupportable** adj **1.** Intolérable : *douleur insupportable.* **2.** Très turbulent : *enfant insupportable.*

**insupporter** vt FAM Irriter, exaspérer : *ce bruit m'insupporte.*

**insurgé, e** adj et n Qui participe à une rébellion ; révolté.

**insurger (s')** vpr [contre] (conj 2) Se révolter contre une autorité, un pouvoir.

**insurmontable** adj Qui ne peut être surmonté : *difficulté insurmontable.*

**insurrection** nf Soulèvement en armes contre le pouvoir établi.

**insurrectionnel, elle** adj Qui tient de l'insurrection.

**intact, e** adj **1.** À quoi l'on n'a pas touché ; entier : *somme intacte.* **2.** Qui n'a souffert aucune atteinte : *réputation intacte.*

**intangible** adj Qui doit rester intact ; sacré, inviolable : *droit intangible.*

**intarissable** adj **1.** Qui ne peut être tari : *mine, source intarissable.* **2.** FIG Qui ne cesse pas de parler : *être intarissable sur un sujet.*

**intarissablement** adv De façon intarissable.

**intégral, e, aux** adj Entier, complet.

**intégrale** nf **1.** Édition complète des œuvres d'un écrivain, d'un musicien. **2.** MATH Fonction, solution d'une équation différentielle.

**intégralement** adv En totalité.

**intégralité** nf État de ce qui est intégral : *l'intégralité d'une somme.*

**intégrant, e** adj ■ **partie intégrante (de) :** qui fait partie d'un tout.

**intégration** nf Action d'intégrer, de s'intégrer.

**intègre** adj D'une probité absolue ; incorruptible.

**intégrer** vt (conj 10) Faire entrer dans un ensemble, dans un groupe plus vaste ; assimiler. ◆ **s'intégrer** vpr S'assimiler à un groupe.

**intégrisme** nm Attitude de certains croyants qui, au nom d'un respect intransigeant de la tradition, se refusent à toute évolution.

**intégriste** adj et n **1.** Relatif à l'intégrisme ; qui en est partisan. **2.** FIG Qui fait preuve d'une intransigeance et d'un traditionalisme excessifs.

**intégrité** nf **1.** État d'une chose complète, qui n'a pas subi d'altération : *intégrité d'un territoire ; intégrité d'une somme.* **2.** FIG Qualité d'une personne intègre : *être d'une parfaite intégrité.*

**intellect** [ɛ̃telɛkt] nm Faculté de penser ; intelligence, entendement.

**intellectualiser** vt Donner un caractère intellectuel, abstrait à.

**intellectualisme** nm Tendance à donner la primauté à l'intelligence et aux facultés intellectuelles.

**intellectualiste** adj et n Relatif à l'intellectualisme.

**intellectuel, elle** adj Qui appartient à l'intelligence, à l'activité de l'esprit. ◆ n et adj Personne dont la profession comporte une activité de l'esprit ; personne qui a un goût affirmé pour les activités de l'esprit.

**intellectuellement** adv Sur le plan intellectuel.

**intelligemment** [ɛ̃teliʒamɑ̃] adv Avec intelligence : *répondre intelligemment.*

**intelligence** nf **1.** Faculté de connaître, de comprendre : *l'intelligence distingue l'homme de l'animal.* **2.** Aptitude à s'adapter ; capacité dans un domaine : *intelligence des affaires.* **3.** Compréhension : *pour l'intelligence de ce qui va suivre.* **4.** Accord de sentiments, connivence : *vivre en bonne intelligence avec ses voisins.* ■ **intelligence artificielle (IA) :** (a) intelligence humaine simulée par une machine (b) ensemble des théories et des techniques mises en œuvre pour réaliser de telles machines. ◆ **intelligences** pl Entente, relations secrètes.

**intelligent, e** adj **1.** Doué d'intelligence. **2.** Qui dénote l'intelligence : *regard intelligent.* **3.** Se dit d'un appareil, d'un local dotés d'un système informatique automatisé capable de se substituer, dans certaines procédures de fonctionnement ou de maintenance, à l'intelligence humaine : *voiture dotée d'une suspension intelligente.*

**intelligentsia** [ɛ̃teliʒɛ̃sja] ou [inteligentsja] nf Ensemble des intellectuels d'un pays.

**intelligibilité** nf Caractère d'une chose intelligible.

**intelligible** adj Qui peut être facilement entendu ou compris : *parler à haute et intelligible voix.*

**intelligiblement** adv Clairement, de façon intelligible.

**intello** adj et n (abréviation) FAM, PÉJOR Intellectuel.

**intempérance** nf **1.** LITT Manque de retenue, de modération. **2.** Excès, manque de sobriété.

**intempérant, e** adj Qui fait preuve d'intempérance.

**intempérie** nf (souvent au pluriel) Mauvais temps, rigueur du climat : *redouter les intempéries.*

**intempestif, ive** adj Qui est fait à contretemps ; inopportun.

**intemporel, elle** adj Qui échappe au temps ; éternel, immuable : *vérités intemporelles.*

**intenable** adj **1.** Que l'on ne peut tenir : *position intenable.* **2.** Insupportable : *chaleur intenable.*

**intendance** nf **1.** Administration financière d'un établissement public ou d'enseignement ; économat. **2.** Administration qui pourvoit aux besoins de l'armée.

**intendant, e** n **1.** Personne chargée d'un service d'intendance. **2.** Personne chargée de régir des biens, une maison.

**intense** adj D'une grande puissance, très fort : *chaleur, activité intenses.*

**intensément** adv De façon intense.

**intensif, ive** adj Qui met en œuvre des moyens importants, fait l'objet de gros efforts, pour accroître le rendement : *entraînement intensif ; stage intensif.* ■ AGRIC **culture intensive :** qui a des rendements élevés. CONTR : extensif.

**intensification** nf Action d'intensifier ; fait de s'intensifier.

**intensifier** vt Rendre plus intense : *intensifier ses efforts* ◆ vpr tension qui s'est intensifiée.

**intensité** nf **1.** Degré d'activité, de puissance : *intensité d'un feu.* **2.** Quantité d'électricité que débite un courant pendant l'unité de temps.

**intensivement** adv De façon intensive.

**intenter** vt DR Entreprendre contre quelqu'un : *intenter un procès.*

**intention** nf Dessein délibéré, volonté : *intention de nuire.* ■ **à l'intention de quelqu'un :** spécialement pour lui.

**intentionné, e** adj ■ **bien, mal intentionné :** qui a de bonnes, de mauvaises intentions.

**intentionnel, elle** adj Qui est fait avec intention : *oubli intentionnel.*

**intentionnellement** adv Avec intention ; exprès, volontairement.

**interactif, ive** adj **1.** Se dit de phénomènes qui agissent les uns sur les autres. **2.** INFORM Doué d'interactivité ; conversationnel.

**interaction** nf Influence réciproque de deux phénomènes, de deux personnes.

**interactivité** nf INFORM Faculté d'échange entre l'utilisateur d'un système informatique et la machine, par l'intermédiaire d'un terminal.

**interagir** vi Exercer une interaction : *phénomènes qui interagissent.*

**interallié, e** adj Commun à plusieurs alliés.

**interarmées** adj Qui est commun aux armées de terre, de mer ou de l'air.

**interbancaire** adj Qui concerne les relations entre banques.

**intercalaire** adj Inséré, ajouté. ■ **jour intercalaire :** qui s'ajoute dans les années bissextiles (29 février). ◆ nm Feuille, feuillet intercalaires.

**intercaler** vt Insérer parmi d'autres choses, dans un ensemble : *intercaler un mot dans un texte.*

**intercéder** vi (conj 10) Intervenir : *intercéder pour, en faveur de quelqu'un.*

**intercepter** vt **1.** Arrêter au passage : *les nuages interceptent les rayons du soleil ; intercepter le ballon.* **2.** S'emparer d'une chose destinée à autrui : *intercepter une lettre.*

**interception** nf Action d'intercepter ; fait d'être intercepté.

**intercesseur** nm LITT Qui intercède.

**intercession** nf Intervention, prière en faveur de quelqu'un.

**interchangeable** adj Se dit de choses, de personnes qui peuvent être mises à la place les unes des autres.

**interclasse** nm Intervalle entre deux heures de cours.

**interclubs** adj inv et nm inv Se dit d'une compétition qui oppose les équipes de plusieurs clubs.

**intercommunal, e, aux** adj Qui concerne plusieurs communes.

**intercommunautaire** adj Qui concerne les relations entre plusieurs communautés.

**interconnecter** vt ÉLECTR Mettre en relation deux ou plusieurs circuits.

**interconnexion** nf ÉLECTR Action d'interconnecter.

**intercontinental, e, aux** adj Qui a lieu entre des continents.

**intercostal, e, aux** adj Qui est situé entre les côtes : *douleur intercostale.*

**intercurrent, e** adj MÉD Qui survient pendant la durée d'une autre maladie.

**interdépendance** nf Dépendance mutuelle, réciproque.

**interdépendant, e** adj Se dit des choses qui dépendent les unes des autres.

**interdiction** nf **1.** Défense, prohibition : *interdiction de fumer.* **2.** Privation de l'exercice d'un droit, d'une fonction : *être frappé d'interdiction.*

**interdire** vt (conj 72) **1.** Défendre, empêcher de faire, d'utiliser : *le médecin lui a interdit l'alcool.* **2.** Frapper d'interdiction : *interdire un prêtre.*

**interdisciplinaire** adj Qui établit des relations entre plusieurs sciences ou disciplines.

**interdisciplinarité** nf Caractère de ce qui est interdisciplinaire.

**1. interdit** nm Impératif institué par un groupe ou une société, qui prohibe un acte ou un comportement : *transgresser un interdit.* ■ **lever un interdit :** supprimer une censure, une interdiction.

**2. interdit, e** adj Qui ne sait que répondre ; déconcerté : *demeurer interdit.* ◆ adj et n Sous le coup d'une interdiction : *interdit de séjour.*

**interentreprises** adj inv Qui concerne plusieurs entreprises.

**intéressant, e** adj **1.** Qui présente de l'intérêt ; captivant : *film intéressant ; personne intéressante.* **2.** Avantageux : *prix intéressant.* ■ **faire l'intéressant, son intéressant :** chercher à se faire remarquer.

**intéressé, e** adj et n Qui est concerné par une chose : *intéressé à une affaire ; prévenir les intéressés.* ◆ adj **1.** Qui s'intéresse ; captivé : *écouter une histoire avec un air intéressé.* **2.** Qui ne cherche que son intérêt ; inspiré par l'intérêt : *service intéressé.*

**intéressement** nm Participation aux bénéfices d'une entreprise.

**intéresser** vt **1.** Inspirer de l'intérêt, de la curiosité à, retenir l'attention de : *le film l'intéresse.* **2.** Concerner, toucher : *loi qui intéresse les industriels.* **3.** Donner un intéressement à : *intéresser les salariés aux bénéfices.* ◆ **s'intéresser** vpr [à] Avoir de l'intérêt pour.

**intérêt** nm **1.** Curiosité, attention, sollicitude : *avoir de l'intérêt pour quelqu'un ; suivre un événement avec intérêt.* **2.** Originalité, importance : *nouvelle d'un grand intérêt.* **3.** Ce qui est important, utile, avantageux : *agir dans l'intérêt d'un ami.* **4.** Souci exclusif de ce qui est avantageux pour soi, désir de gain : *l'intérêt le guide.* **5.** Participation à un gain éventuel : *avoir des intérêts dans une entreprise.* **6.** Bénéfice tiré de l'argent prêté : *percevoir des intérêts.* ■ **avoir intérêt à faire quelque chose :** le faire pour son propre bien : *il a intérêt à partir.*

**interface** nf **1.** Limite commune à deux systèmes, permettant des échanges entre ceux-ci : *l'interface production/distribution.* **2.** INFORM Frontière conventionnelle entre deux systèmes ou deux unités, permettant des échanges d'informations.

**interférence** nf **1.** Rencontre, conjonction de deux séries de phénomènes distincts : *l'interférence des faits démographiques et politiques.* **2.** PHYS Combinaison de mouvements vibratoires.

**interférer** vi (conj 10) **1.** Se superposer en créant des renforcements ou des oppositions : *la crise agricole interfère avec d'autres problèmes économiques.* **2.** PHYS Produire des interférences : *rayons qui interfèrent.*

**intergalactique** adj Qui est situé entre des galaxies.

**intergénérationnel, elle** adj Qui concerne les relations entre les générations : *solidarité intergénérationnelle.*

**intergouvernemental, e, aux** adj Qui concerne plusieurs gouvernements.

**intergroupe** nm Réunion de parlementaires de divers groupes politiques pour étudier un problème déterminé.

**intérieur, e** adj **1.** Qui est au-dedans : *cour intérieure.* **2.** Relatif à l'esprit, à la vie morale, psychologique de l'homme : *sentiment intérieur ; vie intérieure.* **3.** Qui concerne un pays, un territoire : *politique intérieure ; marché intérieur.* CONTR : extérieur, étranger. ◆ nm **1.** La partie intérieure, le dedans : *il y a une amande à l'intérieur du noyau.* **2.** Partie centrale d'un pays. **3.** Domicile privé : *intérieur coquet.* ■ **femme, homme d'intérieur :** qui aime s'occuper de sa maison. ❑ **ministère de l'Intérieur :** chargé de la tutelle des collectivités locales, de la police d'un pays.

**intérieurement** adv **1.** Au-dedans : *palais décoré intérieurement de fresques anciennes.* **2.** En soi-même : *se révolter intérieurement.*

**intérim** nm **1.** Temps pendant lequel une fonction est remplie par un autre que par le titulaire. **2.** Activité des salariés intérimaires : *agence d'intérim.* ■ **par intérim :** provisoirement.

**intérimaire** adj Qui a lieu par intérim : *fonctions intérimaires.* ◆ n et adj **1.** Personne qui assure un intérim. **2.** Salarié d'une société de travail temporaire, mis à la disposition d'une entreprise pour y occuper momentanément un emploi.

**intériorisation** nf Action d'intérioriser.

**intérioriser** vt **1.** Garder pour soi, contenir : *intérioriser ses réactions.* **2.** Assimiler, faire siennes des opinions, des règles de conduite : *intérioriser les règles d'un parti.*

**intériorité** nf Caractère de ce qui est intérieur.

**interjection** nf Mot qui exprime vivement un sentiment, un ordre, comme *hélas !, chut !*

**interjeter** vt (conj 8) ■ DR **interjeter appel :** demander un second jugement.

**interleukine** nf BIOL Substance qui assure les interactions entre les leucocytes et joue un rôle dans la réaction immunitaire.

**interlignage** nm Action ou manière d'interligner.

**interligne** nm Espace entre deux lignes écrites.

**interligner** vt Séparer par des interlignes.

**interlocuteur, trice** n **1.** Personne à qui ou avec qui on parle. **2.** Personne avec laquelle on engage des négociations, des pourparlers.

**interlocutoire** adj et nm DR Se dit d'un jugement qui, avant de statuer sur le fond, ordonne des mesures propres à préparer la solution de l'affaire.

**interlope** adj **1.** Illégal : *commerce interlope.* **2.** Équivoque, louche : *bar, personnage interlopes.*

**interloquer** vt Décontenancer ; surprendre : *cette réponse l'a interloqué.*

**interlude** nm Divertissement entre deux parties d'un spectacle, d'une émission.

**intermède** nm **1.** Divertissement entre deux parties d'une représentation théâtrale. **2.** Temps d'interruption.

**intermédiaire** adj Qui est entre deux choses : *espace intermédiaire.* ◆ n **1.** Personne qui sert de lien entre deux autres. **2.** Personne qui intervient dans un circuit de distribution commerciale. ◆ nm Entremise, voie : *par l'intermédiaire de.*

**intermezzo** [ɛ̃tɛrmedzo] nm MUS Divertissement intercalé entre les parties d'une œuvre théâtrale.

**interminable** adj Qui dure très longtemps.

**interminablement** adv Sans fin.

**interministériel, elle** adj Relatif à plusieurs ministres ou ministères.

**intermittence** nf Caractère de ce qui est intermittent. ■ **par intermittence** : de façon discontinue.

**intermittent, e** adj Qui s'arrête et reprend par intervalles ; discontinu, irrégulier. ◆ n et adj Salarié dont l'activité comporte une alternance de périodes de travail et de chômage.

**intermodalité** nf Utilisation de plusieurs modes de transport au cours d'un même trajet.

**internat** nm **1.** Situation d'un élève interne. **2.** École où les élèves sont internes. **3.** MÉD Fonction d'interne dans un hôpital, accessible par concours ; ce concours.

**international, e, aux** adj Qui a lieu entre nations ; qui concerne plusieurs nations : *droit international.* ◆ n Sportif qui représente son pays à des épreuves internationales.

**Internationale** nf Association d'ouvriers de divers pays, pour la défense de leurs intérêts.

**internationalisation** nf Action d'internationaliser.

**internationaliser** vt Rendre international ; porter sur le plan international.

**internationalisme** nm Doctrine selon laquelle les divers intérêts nationaux doivent être subordonnés à un intérêt général supranational.

**internationaliste** adj et n Relatif à l'internationalisme ; qui en est partisan.

**internationalité** nf Caractère, état de ce qui est international.

**internaute** n Utilisateur du réseau Internet.

**interne** adj Qui est au-dedans, concerne le dedans de quelque chose ; intérieur : *problème interne à l'entreprise.* ■ **médicament à usage interne** : à introduire dans l'organisme. ◆ n Élève logé et nourri dans un établissement scolaire. ■ **interne des hôpitaux** : étudiant(e) en médecine reçu(e) au concours de l'internat, qui seconde le chef de service.

**interné, e** adj et n **1.** Enfermé dans un camp de concentration, une prison. **2.** Placé en hôpital psychiatrique.

**internement** nm Action d'interner ; fait d'être interné.

**interner** vt **1.** Enfermer dans un camp, une prison. **2.** Placer en hôpital psychiatrique.

**Internet** nm (abrév. de l'anglais *international network*) Réseau télématique international, d'origine américaine, résultant de l'interconnexion de multiples réseaux utilisant un protocole de communication commun (web).

**interocéanique** adj Qui sépare ou relie deux océans : *isthme, canal interocéanique.*

**interopérabilité** nf INFORM Capacité de matériels, de logiciels ou de protocoles différents à fonctionner ensemble et à partager des informations.

**interpellation** nf **1.** Action d'interpeller. **2.** DR Sommation de dire, de faire quelque chose. **3.** Demande d'explication adressée à un ministre par un membre du Parlement.

**interpeller** [ɛ̃tɛrpəle] vt **1.** Adresser la parole à quelqu'un pour demander quelque chose. **2.** Sommer quelqu'un de répondre, de s'expliquer sur un fait ; vérifier son identité, l'arrêter. **3.** Contraindre quelqu'un à regarder en face une situation ; s'imposer à lui.

> ORTHOGRAPHE *Interpeller* prend deux *l*, mais un seul *p*, alors que *appeler* prend un seul *l*, mais deux *p*.

**interpénétration** nf Pénétration mutuelle.

**interpénétrer (s')** vpr (conj 10) Se pénétrer mutuellement.

**Interphone** nm (nom déposé) Téléphone permettant des communications à courte distance, en général à l'intérieur du même bâtiment : *Interphone à l'entrée d'un immeuble.*

**interplanétaire** adj ASTRON Situé entre les planètes du système solaire.

**interpolation** nf Action d'interpoler ; passage intercalé : *interpolation explicative.*

**interpoler** vt **1.** Introduire dans un ouvrage des passages qui n'en font pas partie et qui en changent le sens. **2.** MATH Intercalation, dans une suite de valeurs connues, d'une ou de plusieurs valeurs déterminées par le calcul.

**interposer** vt Placer entre. ◆ **s'interposer** vpr Intervenir, s'entremettre, s'intercaler.

**interposition** nf Action d'interposer ; fait de s'interposer.

**interprétable** adj Qui peut être interprété.

**interprétariat** nm Métier, fonction d'interprète.

**interprétatif, ive** adj Qui explique, contient une interprétation.

**interprétation** nf **1.** Action d'interpréter. **2.** Façon dont une œuvre dramatique, musicale ou chorégraphique est jouée.

**interprète** n **1.** Personne qui traduit oralement une langue dans une autre. **2.** Personne qui parle au nom d'une autre. **3.** Personne qui interprète une œuvre artistique.

EMPLOI Il ne faut pas confondre *interprète,* « qui fait des traductions orales », et *traducteur,* « qui fait des traductions écrites ».

**interpréter** vt (conj 10) **1.** Rendre compréhensible, traduire, donner un certain sens à : *interpréter une loi, un rêve ; mal interpréter une intention.* **2.** Jouer un rôle, exécuter un morceau de musique, danser une œuvre chorégraphique.

**interprofessionnel, elle** adj Qui concerne plusieurs professions.

**interracial, e, aux** adj Qui concerne les relations entre personnes, communautés, distinguées selon l'origine, la couleur de la peau.

**interrégional, e, aux** adj Qui concerne plusieurs régions.

**interrègne** nm Intervalle pendant lequel un État est sans chef.

**interrogateur, trice** adj et n Qui interroge : *regard interrogateur.*

**interrogatif, ive** adj Qui exprime une interrogation : *phrase interrogative.* ◆ nf Phrase interrogative.

**interrogation** nf Question, demande. ■ GRAMM **interrogation directe :** posée directement à l'interlocuteur (EX : *qui est venu ?*). ❑ **interrogation écrite :** contrôle écrit des connaissances fait en classe. ❑ GRAMM **interrogation indirecte :** posée par l'intermédiaire d'un verbe comme *demander, savoir,* etc. (EX : *je sais qui est venu*). ❑ **point d'interrogation :** qui marque l'interrogation (?).

**interrogatoire** nm Ensemble des questions qu'on adresse à un accusé, à un prévenu : *faire subir un interrogatoire.*

**interrogeable** adj Que l'on peut interroger à distance : *banque de données interrogeable de toute l'Europe.*

**interroger** vt (conj 2) **1.** Adresser, poser des questions à ; questionner : *interroger un candidat.* **2.** Examiner avec attention : *interroger l'histoire.* **3.** INFORM Consulter une base de données en utilisant la télématique : *interroger l'annuaire électronique.*

**interrompre** vt (conj 53) **1.** Rompre la continuité de : *interrompre un courant.* **2.** Couper la parole à. ◆ **s'interrompre** vpr Cesser de faire quelque chose ; s'arrêter au cours d'une action.

**interrupteur** nm Dispositif pour interrompre ou rétablir un courant électrique ; commutateur.

**interruption** nf **1.** Action d'interrompre ; suspension, arrêt. **2.** Paroles prononcées pour interrompre quelqu'un. ■ **interruption volontaire de grossesse (IVG) :** avortement légal.

**intersaison** nf Période entre deux saisons commerciales, touristiques, sportives, etc.

**intersection** nf Endroit où deux lignes, deux plans, deux solides se coupent.

**intersectionnalité** nf Prise en compte du cumul de plusieurs facteurs d'inégalité ou de discrimination (la classe, le sexe, la race).

**intersession** nf Temps qui s'écoule entre deux sessions d'une assemblée.

**intersidéral, e, aux** adj ASTRON Situé entre les astres.

**interspécifique** adj BIOL Relatif aux rapports entre espèces.

**interstellaire** adj ASTRON Situé entre les étoiles d'une galaxie : *espace interstellaire.*

**interstice** nm Petit intervalle entre les parties d'un tout.

**interstitiel, elle** adj Situé dans les interstices de quelque chose.

**intersyndical, e, aux** adj Établi entre divers syndicats : *groupement intersyndical.* ◆ nf Association de plusieurs syndicats pour défendre certains objectifs communs.

**intertitre** nm Titre secondaire annonçant un paragraphe dans un article.

**intertrigo** nm MÉD Dermatose siégeant dans les plis de la peau.

**interurbain, e** adj Entre villes différentes : *téléphone interurbain.*

**intervalle** nm **1.** Espace, distance (dans l'espace ou le temps) : *intervalle entre deux* *murs ; à six mois d'intervalle.* **2.** MATH Ensemble des nombres *x* compris entre deux nombres *a* et *b*. **3.** MUS Distance qui sépare deux sons. ■ **par intervalles :** de temps à autre.

**intervenant, e** n et adj Personne qui intervient dans un procès, un débat, etc.

**intervenir** vi (conj 22 ; auxil : *être*) **1.** Prendre part volontairement à une action afin d'en modifier le cours : *intervenir dans une querelle.* **2.** Se produire, avoir lieu : *un jugement est intervenu.* **3.** Prendre la parole dans une assemblée : *il interviendra à la fin du débat.*

**intervention** nf **1.** Action d'intervenir. **2.** Action d'un État s'ingérant dans la sphère de compétence d'un autre État. **3.** MÉD Opération : *intervention chirurgicale.*

**interventionnisme** nm **1.** Doctrine préconisant l'intervention de l'État dans les affaires économiques. **2.** Doctrine préconisant l'intervention d'un État dans un conflit entre d'autres États.

**interventionniste** adj et n Relatif à l'interventionnisme ; qui en est partisan.

**interversion** nf Renversement de l'ordre habituel : *interversion de lettres dans un mot.*

**intervertébral, e, aux** adj Placé entre deux vertèbres.

**intervertir** vt Renverser l'ordre naturel ou habituel de : *intervertir les rôles.*

**interview** [ɛ̃tɛrvju] nf Entretien avec une personne pour l'interroger sur ses actes, ses idées, etc.

**interviewé, e** adj et n Se dit d'une personne soumise à une interview.

**interviewer** [ɛ̃tɛrvjuve] vt Soumettre à une interview.

**intestat** [ɛ̃tɛsta] adj inv et n Qui n'a pas fait de testament : *mourir intestat.*

**1. intestin** nm ANAT Viscère creux allant de l'estomac à l'anus. ■ **gros intestin :** partie de l'intestin comprenant le cæcum, le côlon et le rectum, et qui prolonge l'intestin grêle. ❏ **intestin grêle :** partie de l'intestin comprenant le duodénum, l'iléon et le jéjunum.

**2. intestin, e** adj LITT Interne, intérieur : *divisions, guerres intestines.*

**intestinal, e, aux** adj De l'intestin.

**intifada** nf Dans les pays arabes, révolte populaire menée contre un régime oppresseur ou un ennemi étranger.

**intimation** nf DR Sommation.

**intime** adj **1.** LITT Intérieur et profond : *la nature intime d'un être.* **2.** Qui existe au plus profond de nous : *conviction intime.* **3.** Qui est tout à fait privé, personnel ; qui se passe entre amis : *journal intime ; dîner intime.* ◆ adj et n À qui on est lié par des relations profondes ; proche : *repas entre intimes.*

**intimement** adv Profondément.

**intimer** vt **1.** Signifier avec autorité. **2.** DR Assigner en appel.

**intimidant, e** adj Qui intimide.

**intimidateur, trice** adj Propre à intimider.

**intimidation** nf Action d'intimider ; menace, pression : *paroles d'intimidation.*

**intimider** vt Inspirer de la crainte à ; rendre timide.

**intimisme** nm Style, manière intimistes.

**intimiste** adj Se dit d'un écrivain, d'un poète qui exprime ses sentiments les plus intimes, d'un peintre qui représente des scènes de caractère intime ou familier ; se dit de leurs œuvres.

**intimité** nf **1.** LITT Caractère de ce qui est intime, secret : *dans l'intimité de sa conscience.* **2.** Relations étroites : *vivre dans la plus grande intimité avec quelqu'un.* **3.** Vie privée : *préserver son intimité.*

**intitulé** nm Titre (d'un livre, d'un chapitre, d'une loi, etc.).

**intituler** vt Désigner par un titre. ◆ **s'intituler** vpr Avoir pour titre.

**intolérable** adj Qu'on ne peut supporter : *douleur intolérable.*

**intolérance** nf **1.** Attitude agressive à l'égard de ceux dont on ne partage pas les opinions : *faire preuve d'intolérance.* **2.** MÉD Impossibilité, pour un organisme, de supporter certains médicaments ou aliments.

**intolérant, e** adj et n Qui fait preuve d'intolérance.

**intonation** nf Ton varié de la voix, que l'on prend en parlant ; inflexion.

**intouchable** n En Inde, membre des castes les plus basses. ◆ **intouchable** adj FAM Qui ne peut faire l'objet d'aucune critique, d'aucune sanction.

**intox** nf FAM Action, fait d'intoxiquer les esprits.

**intoxication** nf Action d'intoxiquer ; empoisonnement.

**intoxiqué, e** adj et n Qui use habituellement d'une substance toxique.

**intoxiquer** vt **1.** Empoisonner : *être intoxiqué par des champignons, par du gaz carbonique.* **2.** FIG Influencer en faisant perdre tout sens critique.

**intracellulaire** adj BIOL Qui se trouve ou se produit dans une cellule.

**intradermique** adj MÉD Relatif à l'intérieur de la peau ; dans l'épaisseur du derme : *injection intradermique.*

**intrados** [ɛ̃trado] nm Intérieur d'une voûte, d'une aile d'avion. CONTR : extrados.

**intraduisible** adj Qu'on ne peut traduire : *phrase intraduisible.*

**intraitable** adj Qui n'accepte aucun compromis ; intransigeant.

**intra-muros** [ɛ̃tramyros] loc adv et adj inv Dans les murs, dans l'intérieur de la ville.

**intramusculaire** adj Qui est ou se fait à l'intérieur d'un muscle : *injection intramusculaire*.

**Intranet** nm Réseau informatique interne à une entreprise, qui utilise la technologie d'Internet.

**intransigeance** nf Caractère intransigeant.

**intransigeant, e** adj et n Qui ne fait aucune concession, n'admet aucun compromis.

**intransitif, ive** adj GRAMM Se dit des verbes qui ne sont pas suivis d'un complément d'objet direct ou indirect (EX : *dormir, dîner*).

**intransitivement** adv À la façon d'un verbe intransitif ; sans complément.

**intransmissibilité** nf Caractère de ce qui est intransmissible.

**intransmissible** adj Qui ne peut se transmettre : *héritage intransmissible*.

**intransportable** adj Qui ne peut être transporté.

**intra-utérin, e** (pl *intra-utérins, es*) adj MÉD Qui est situé ou qui a lieu à l'intérieur de l'utérus : *dispositif intra-utérin*.

**intraveineux, euse** adj Qui est ou se fait à l'intérieur des veines : *injection intraveineuse*.

**intrépide** adj et n Qui ne craint pas le danger : *soldat intrépide*.

**intrépidement** adv De façon intrépide.

**intrépidité** nf Caractère d'une personne intrépide.

**intrigant, e** adj et n Qui recourt à l'intrigue pour parvenir à ses fins.

**intrigue** nf **1.** Manœuvre secrète ou déloyale : *déjouer une intrigue*. **2.** Trame d'une pièce de théâtre, d'un roman, d'un film : *intrigue passionnante*. **3.** VIEILLI Liaison amoureuse passagère.

**intriguer** vi Se livrer à des intrigues : *il a intrigué pour parvenir au sommet*. ◆ vt Embarrasser, donner à penser : *sa conduite m'intrigue*.

**intrinsèque** adj Qui appartient à l'objet lui-même, indépendamment des facteurs extérieurs ; inhérent, essentiel : *valeur intrinsèque*. CONTR : extrinsèque.

**intrinsèquement** adv De façon intrinsèque, en soi.

**introducteur, trice** n Personne qui introduit : *servir d'introducteur à quelqu'un*.

**introductif, ive** adj Qui sert à introduire, à commencer : *paragraphe introductif*.

**introduction** nf **1.** Action d'introduire : *introduction d'un nouveau produit sur le marché*. **2.** Ce qui introduit à la connaissance d'une science : *introduction à la chimie*. **3.** Texte, discours préliminaire ; entrée en matière : *introduction, développement et conclusion*.

**introduire** vt (conj 70) **1.** Faire entrer : *introduire un visiteur*. **2.** Faire entrer une chose dans une autre : *introduire une vis dans un trou*. **3.** FIG Faire adopter, admettre : *introduire une mode ; introduire un ami dans la famille*. ◆ **s'introduire** vpr Entrer, pénétrer : *s'introduire subrepticement quelque part*.

**introït** [ɛ̃trɔit] nm Chant d'entrée de la messe.

**intromission** nf Introduction.

**intronisation** nf Action d'introniser.

**introniser** vt **1.** Installer sur le trône : *introniser un roi, un pape, un évêque*. **2.** FIG Faire régner, établir : *introniser une mode*.

**introspectif, ive** adj Fondé sur l'introspection : *roman introspectif*.

**introspection** nf Étude de la conscience par elle-même, du sujet par lui-même.

**introuvable** adj Qu'on ne peut trouver.

**introversion** nf PSYCHOL Fait de se replier sur soi-même, de ne pas faire part de ses réflexions.

**introverti, e** adj et n Qui est porté à l'introversion.

**intrus, e** n Personne qui s'introduit quelque part sans avoir la qualité requise.

**intrusion** nf Action de s'introduire sans droit dans un lieu, un groupe.

**intubation** nf MÉD Introduction dans la trachée d'un tube pour permettre la respiration artificielle.

**intuber** vt MÉD Pratiquer une intubation sur.

**intuitif, ive** adj Qui procède de l'intuition : *connaissance intuitive*. ◆ adj et n Doué d'intuition.

**intuition** nf **1.** Connaissance directe, immédiate, sans intervention du raisonnement : *comprendre par intuition*. **2.** Pressentiment : *avoir une intuition*.

**intuitivement** adv Par intuition.

**intumescence** nf Gonflement.

**intumescent, e** adj Qui enfle.

**inuit, e** [inɥit] adj Relatif aux Inuits, aux Esquimaux.

**inusable** adj Qui ne peut s'user.

**inusité, e** adj Qui n'est pas ou plus usité.

**in utero** [inytero] loc adv et adj inv Qui se produit à l'intérieur de l'utérus.

**inutile** adj Qui ne sert à rien.

**inutilement** adv De façon inutile ; en vain : *chercher inutilement*.

**inutilisable** adj Impossible à utiliser.

**inutilisé, e** adj Qu'on n'utilise pas.

**inutilité** nf Manque d'utilité.

**inv.** (abréviation) Invariable.

**invagination** nf MÉD Repliement d'un organe creux sur lui-même.

**invaincu, e** adj Qui n'a jamais été vaincu.

**invalidant, e** adj Se dit d'une maladie, d'un handicap entraînant une incapacité de travail.

**invalidation** nf Action d'invalider.

**invalide** adj et n Non valide, infirme. ◆ nm Soldat devenu incapable de servir et entretenu aux frais de l'État. ◆ adj DR Non valable, légalement nul.

**invalider** vt Déclarer nul ou non valable : *invalider un testament, une élection*.

**invalidité** nf **1.** État d'une personne invalide. **2.** DR Manque de validité entraînant la nullité.

**Invar** nm (nom déposé) Acier au nickel, peu sensible aux changements de température.

**invariabilité** nf État, caractère de ce qui est invariable.

**invariable** adj **1.** Qui ne change pas : *l'ordre invariable des saisons.* **2.** GRAMM Se dit d'un mot dont la forme ne change jamais quels que soient sa fonction et son environnement.

**invariablement** adv De façon invariable.

**invariance** nf **1.** MATH Caractère de ce qui est invariant. **2.** PHYS Propriété de certaines grandeurs physiques régies par des lois de conservation.

**invariant, e** adj **1.** MATH Se dit d'un point, d'une figure qui est sa propre image dans une transformation ponctuelle. **2.** CHIM, PHYS Se dit d'un système en équilibre dont la variance est nulle.

**invasif, ive** adj MÉD **1.** Qui peut provoquer des lésions : *techniques d'exploration invasives.* **2.** Qui s'étend et envahit les tissus voisins : *tumeur invasive.* ■ **espèce invasive** : espèce animale ou végétale qui, introduite dans un milieu naturel, s'y implante et en affecte l'équilibre écologique.

**invasion** nf **1.** Irruption faite dans un pays par une force militaire : *repousser une invasion.* **2.** Arrivée soudaine et massive (d'êtres, de choses, d'idées, etc., jugés négatifs) : *une invasion de sauterelles, de touristes*.

**invective** nf Parole violente, injurieuse : *lancer des invectives contre quelqu'un*.

**invectiver** vi et vt Dire, lancer des invectives ; injurier : *invectiver contre quelqu'un, invectiver quelqu'un*.

**invendable** adj Qu'on ne peut vendre.

**invendu, e** adj et nm Qui n'a pas été vendu : *liquider des invendus*.

**inventaire** nm **1.** État des biens, meubles, titres d'une personne ou d'une collectivité : *faire l'inventaire d'une succession.* **2.** Évaluation des marchandises en magasin et des valeurs d'un commerçant : *fermeture pour inventaire*.

**inventer** vt **1.** Trouver, créer le premier quelque chose : *Gutenberg inventa l'imprimerie.* **2.** Imaginer, donner comme réel : *inventer un mensonge*.

**inventeur, trice** n Personne qui invente.

**inventif, ive** adj Qui a le talent d'inventer : *esprit inventif*.

**invention** nf **1.** Action d'inventer, de créer ; chose inventée : *l'invention de la roue.* **2.** Faculté d'inventer ; imagination : *être à court d'invention.* **3.** Mensonge : *c'est une pure invention !* **4.** DR Découverte de choses cachées : *l'invention d'un trésor*.

**inventivité** nf Caractère d'une personne inventive.

**inventorier** vt Faire l'inventaire de.

**invérifiable** adj Qui ne peut être vérifié.

**inverse** adj Opposé, contraire à la direction actuelle ou naturelle : *sens, ordre inverse.* ■ MATH **nombres inverses l'un de l'autre** : dont le produit est égal à l'unité. ❑ **en raison inverse** : se dit d'une comparaison entre objets qui varient en proportion inverse l'un de l'autre. ◆ nm **1.** Le contraire : *soutenir l'inverse.* **2.** MATH Élément ou nombre inverse d'un autre. ■ **à l'inverse de** : à l'opposé de.

**inversé, e** adj **1.** Qui a pris réciproquement la place de l'autre : *les rôles sont inversés.* **2.** Qui est orienté dans le sens contraire au sens initial : *inversé, le nombre 76 fait 67.* ■ **classe inversée** : où les cours sont consacrés à des exercices d'application effectués avec l'enseignant alors que les notions ont été étudiées en amont par l'élève, à la maison.

**inversement** adv De façon inverse.

**inverser** vt Renverser, changer le sens de : *inverser des rôles ; inverser l'ordre des mots*.

**inverseur** nm Appareil inversant le courant électrique.

**inversible** adj PHOT Se dit d'un film dont le développement donne une image positive.

**inversion** nf **1.** Action d'inverser, fait de s'inverser. **2.** GRAMM Construction où l'on donne aux mots un autre ordre que l'ordre habituel. **3.** MÉD Déviation d'un organe.

**invertébré, e** adj et nm Se dit des animaux sans colonne vertébrale.

**1. inverti, e** adj ■ **sucre inverti** : se dit du saccharose ayant subi la transformation par hydrolyse en glucose et en lévulose.

**2. inverti, e** n VX Homosexuel.

**invertir** vt Renverser symétriquement : *invertir le sens d'un courant électrique.*

**investigateur, trice** n et adj Personne qui fait des recherches, des investigations.

**investigation** nf Recherche attentive et suivie.

**investiguer** vi Procéder à des investigations.

**investir** vt **1.** Mettre en possession d'un pouvoir, d'une autorité : *investir un président de tous les pouvoirs.* **2.** Encercler une ville en coupant ses communications. **3.** Placer des capitaux dans une entreprise : *investir sa fortune dans une affaire.* ◆ vi ou **s'investir** vpr PSYCHOL Mettre toute son énergie dans une action, une activité.

**investissement** nm **1.** Action d'investir, de s'investir. **2.** Placement de fonds.

**investisseur, euse** n et adj Personne qui pratique un ou des investissements financiers.

**investiture** nf **1.** Mise en possession d'une dignité, d'un pouvoir. **2.** Cérémonie marquant l'entrée en fonction officielle d'un nouveau chef d'État.

**invétéré, e** adj **1.** Fortifié, enraciné par le temps : *mal invétéré.* **2.** Impénitent, endurci : *buveur invétéré.*

**invincibilité** nf Caractère de quelqu'un, de quelque chose d'invincible.

**invincible** adj **1.** Qu'on ne peut vaincre : *héros invincible ; force invincible.* **2.** FIG Qu'on ne peut réfuter : *argument invincible.*

**invinciblement** adv De façon invincible.

**inviolabilité** nf Qualité de ce qui est inviolable.

**inviolable** adj **1.** Qu'on ne doit jamais enfreindre : *serment inviolable.* **2.** Où l'on ne peut pénétrer ; que l'on ne peut forcer : *citadelle, serrure inviolable.* **3.** À l'abri de toute poursuite : *sous l'Ancien Régime, la personne du roi était inviolable.*

**inviolé, e** adj Qui n'a pas été violé, outragé, enfreint : *sanctuaire inviolé ; loi inviolée.*

**invisibilisation** nf Action d'invisibiliser.

**invisibiliser** vt **1.** Rendre invisible. **2.** FIG Soustraire au regard social.

**invisibilité** nf État de ce qui est invisible.

**invisible** adj **1.** Non visible : *invisible à l'œil nu.* **2.** FIG Qu'on ne peut voir, rencontrer : *patron invisible.*

**invitation** nf Action d'inviter ; son résultat : *refuser une invitation.*

**invite** nf Ce qui invite à faire quelque chose ; appel indirect, adroit : *céder aux invites de quelqu'un.*

**invité, e** n Personne que l'on a invitée à un repas, une cérémonie, etc.

**inviter** vt **1.** Convier, prier de venir, d'assister à : *inviter des amis à dîner.* **2.** FIG Engager, inciter : *inviter à la rêverie.* ◆ **s'inviter** vpr FAM Venir sans être invité.

**in vitro** [invitro] loc adv et adj inv Qui se fait en dehors de l'organisme (dans des tubes, des éprouvettes, etc.) : *fécondation in vitro.* CONTR : in vivo.

**invivable** adj Très difficile à supporter : *personne invivable ; appartement invivable.*

**in vivo** [invivo] loc adv et adj inv Qui se fait dans l'organisme. CONTR : in vitro.

**invocation** nf Action d'invoquer.

**invocatoire** adj Qui sert à invoquer : *formule invocatoire.*

**involontaire** adj **1.** Qui échappe à la volonté : *erreur involontaire.* **2.** Qui fait quelque chose sans le vouloir : *témoin involontaire.*

**involontairement** adv Sans le vouloir.

**involution** nf BIOL, MÉD Régression, décroissance d'un organe.

**invoquer** vt **1.** Appeler une puissance surnaturelle à l'aide par des prières : *invoquer Dieu, les saints.* **2.** FIG En appeler à : *invoquer un témoignage.*

**invraisemblable** adj **1.** Qui n'est pas vraisemblable : *conte invraisemblable.* **2.** Bizarre, extraordinaire : *une coiffure invraisemblable.*

**invraisemblablement** adv De façon invraisemblable.

**invraisemblance** nf **1.** Manque de vraisemblance. **2.** Chose, fait invraisemblables.

**invulnérabilité** nf État de celui ou de ce qui est invulnérable.

**invulnérable** adj Qui ne peut être blessé ; qui résiste à toute atteinte.

**iode** nm Corps simple d'un gris bleuâtre ; symb : I. ■ **teinture d'iode :** dissolution d'iode dans l'alcool à 90°, utilisée comme désinfectant.

**iodé, e** adj Qui contient de l'iode.

**ion** nm Particule électrisée formée d'un atome ou d'un groupe d'atomes ayant gagné ou perdu un ou plusieurs électrons.

**ionien, enne** adj et n De l'Ionie.

**1. ionique** adj Relatif aux ions.

**2. ionique** adj Se dit d'un ordre d'architecture grecque.

**ionisant, e** adj Qui provoque l'ionisation : *radiations ionisantes.*

**ionisation** nf Transformation d'atomes, de molécules neutres en ions.

**ioniser** vt Provoquer l'ionisation de.

**ionosphère** nf Partie de la haute atmosphère où l'ionisation est forte.

**iota** nm inv Lettre grecque équivalant à notre *i.* ■ FIG **pas un iota :** rien du tout.

**iourte** nf → **yourte**.

**ipéca** nm Racine d'un arbrisseau du Brésil, aux propriétés vomitives.

**ipso facto** loc adv Par le fait même.

**irakien, enne** adj et n De l'Irak : *les Irakiens.*

**iranien, enne** adj et n De l'Iran : *les Iraniens.*

**irascibilité** nf LITT Disposition à s'irriter.

**irascible** adj Porté à la colère, irritable.

**ire** nf POÉT, VX Colère.

**iridacée** nf Plante monocotylédone, comme l'iris ou le glaïeul (les iridacées forment une famille).

**iridié** adj m Qui contient de l'iridium : *platine iridié.*

**iridium** nm Métal blanc extrêmement dur et résistant contenu dans certains minerais de platine ; symb : Ir.

**iris** [iris] nm **1.** Membrane colorée de l'œil. **2.** Plante à fleurs ornementales. **3.** Poudre parfumée tirée du rhizome de cette plante.

**irisation** nf Propriété qu'ont certains corps de disperser la lumière en rayons colorés comme l'arc-en-ciel ; reflets ainsi produits.

**irisé, e** adj Qui a les couleurs de l'arc-en-ciel : *reflets irisés.*

**iriser** vt Produire l'irisation dans ; donner les couleurs de l'arc-en-ciel à.

**irish-coffee** [ajriʃkɔfi] (pl *irish-coffees*) nm Café très chaud additionné de whisky et nappé de crème fraîche.

**irlandais, e** adj et n De l'Irlande : *les Irlandais.* ◆ nm Langue celtique parlée en Irlande.

**IRM** nf (sigle de *imagerie par résonance magnétique*) Technique de radiologie utilisée en imagerie médicale.

**ironie** nf **1.** Raillerie qui consiste à dire le contraire de ce qu'on veut faire entendre. **2.** Contraste entre une réalité cruelle et ce qu'on pouvait attendre : *l'ironie du sort.*

**ironique** adj **1.** Qui manifeste de l'ironie : *regard ironique.* **2.** Qui emploie l'ironie : *esprit ironique.*

**ironiquement** adv De façon ironique.

**ironiser** vi et vt ind [sur] Faire de l'ironie, railler.

**ironiste** n Personne qui use habituellement d'ironie.

**IRPP** nm (sigle) Impôt sur le revenu des personnes physiques.

**irradiant, e** adj Qui irradie.

**irradiation** nf Action d'irradier ; fait d'être irradié.

**irradié, e** adj Qui a subi les effets néfastes de la radioactivité.

**irradier** vi ou **s'irradier** vpr Se propager en rayonnant : *lumière qui irradie de tous côtés.* ◆ vt Exposer à certaines radiations (radiations ionisantes en particulier).

**irraisonné, e** adj Qui n'est pas raisonné.

**irrationalité** nf Caractère de ce qui est irrationnel.

**irrationnel, elle** adj **1.** Contraire à la raison : *peur irrationnelle.* **2.** MATH Se dit d'un nombre qui n'est pas le quotient de deux nombres entiers.

**irrattrapable** adj Qu'on ne peut pas rattraper, réparer : *erreur irrattrapable.*

**irréalisable** adj Qui ne peut être réalisé.

**irréalisme** nm Manque de réalisme.

**irréaliste** adj Qui ne tient pas compte de la réalité : *projet irréaliste.*

**irréalité** nf Caractère de ce qui est irréel.

**irrecevabilité** nf Caractère de ce qui n'est pas recevable.

**irrecevable** adj Qui ne peut être pris en considération ; inacceptable : *demande irrecevable.*

**irréconciliable** adj Qui ne peut se réconcilier : *ennemis irréconciliables.*

**irrécouvrable** adj Qui ne peut être recouvré : *créance irrécouvrable.*

**irrécupérable** adj Qui n'est pas récupérable.

**irrécusable** adj Qui ne peut être récusé : *preuve irrécusable.*

**irrédentisme** nm HIST Mouvement de revendication nationale en Italie, après 1870.

**irrédentiste** adj et n HIST Relatif à l'irrédentisme ; qui en est partisan.

**irréductibilité** nf Caractère de ce qui est irréductible.

**irréductible** adj **1.** Qui ne peut être réduit, simplifié. **2.** FIG Qui ne transige pas : *ennemi, opposition irréductible.*

**irréductiblement** adv De façon irréductible.

**irréel, elle** adj Qui n'est pas réel : *image irréelle.*

**irréfléchi, e** adj Qui n'est pas réfléchi : *homme irréfléchi ; action irréfléchie.*

**irréflexion** nf Manque de réflexion ; étourderie.

**irréfragable** adj LITT Qu'on ne peut récuser, contredire : *autorité irréfragable.*

**irréfutabilité** nf Caractère de ce qui est irréfutable.

**irréfutable** adj Qui ne peut être réfuté : *argument irréfutable.*

**irréfutablement** adv De façon irréfutable.

**irrégularité** nf **1.** Manque de régularité : *irrégularité des résultats scolaires.* **2.** Caractère de ce qui n'est pas régulier, réglementaire ; chose, action irrégulière : *irrégularités dans les comptes.* **3.** Surface irrégulière : *irrégularité d'un terrain.*

**irrégulier, ère** adj **1.** Qui n'est pas régulier, uniforme, symétrique : *résultats irréguliers ; polygone irrégulier.* **2.** Non conforme à l'usage, à la norme, à la loi : *procédure irrégulière ; pluriel irrégulier.* ■ **situation irrégulière** : situation d'une personne étrangère qui, bien que présente sur un territoire, ne dispose pas d'un titre de séjour valable.

**irrégulièrement** adv De façon irrégulière : *payer irrégulièrement.*

**irréligieux, euse** adj **1.** Qui n'a pas de convictions religieuses. **2.** Irrespectueux envers la religion.

**irréligion** nf Absence de convictions religieuses.

**irrémédiable** adj À quoi on ne peut remédier ; irréparable.

**irrémédiablement** adv Sans remède, sans recours.

**irrémissible** adj LITT **1.** Qui ne mérite pas de pardon : *faute irrémissible.* **2.** Implacable, fatal : *le cours irrémissible du temps.*

**irremplaçable** adj Qui ne peut être remplacé.

**irréparable** adj Qui ne peut être réparé.

**irréparablement** adv De façon irréparable.

**irrépressible** adj Qu'on ne peut arrêter, retenir : *envie irrépressible.*

**irréprochable** adj Auquel on ne peut faire nul reproche.

**irréprochablement** adv De façon irréprochable.

**irrésistible** adj À qui ou à quoi l'on ne peut résister : *force irrésistible.*

**irrésistiblement** adv De façon irrésistible.

**irrésolu, e** adj et n Qui a du mal à se décider, à prendre parti. ◆ adj Qui n'a pas reçu de solution : *problème irrésolu.*

**irrésolution** nf Incertitude.

**irrespect** nm Manque de respect.

**irrespectueusement** adv De façon irrespectueuse.

**irrespectueux, euse** adj Qui manque de respect ; qui blesse le respect.

**irrespirable** adj **1.** Qui n'est pas respirable : *air pollué irrespirable.* **2.** Difficile à supporter : *ambiance irrespirable.*

**irresponsabilité** nf **1.** État de celui qui n'est pas responsable de ses actes : *plaider l'irresponsabilité d'un accusé.* **2.** Caractère de qqn qui agit à la légère ; inconscience.

**irresponsable** adj et n **1.** Qui n'est pas responsable de ses actes. **2.** Qui agit avec une légèreté coupable.

**irrétrécissable** adj Qui ne peut rétrécir : *laine irrétrécissable.*

**irrévérence** nf **1.** Manque de respect. **2.** Parole, action irrévérencieuse.

**irrévérencieusement** adv De façon irrévérencieuse.

**irrévérencieux, euse** adj Irrespectueux.

**irréversibilité** nf Caractère irréversible.

**irréversible** adj **1.** Qui n'est pas réversible : *mouvement irréversible.* **2.** Qu'on ne peut suivre que dans une seule direction : *le temps est irréversible.*

**irréversiblement** adv De façon irréversible.

**irrévocable** adj **1.** Qui n'est pas révocable : *donation irrévocable.* **2.** Sur quoi il est impossible de revenir ; définitif : *décision irrévocable.*

**irrévocablement** adv De façon irrévocable.

**irrigable** adj Qui peut être irrigué : *terrain irrigable.*

**irrigation** nf **1.** Technique qui consiste, dans les régions sèches, à amener de l'eau par des procédés divers. **2.** PHYSIOL Apport du sang dans les tissus par les vaisseaux sanguins.

**irriguer** vt Arroser par irrigation.

**irritabilité** nf **1.** Caractère d'une personne irritable. **2.** Caractère d'un tissu, d'un organe qui s'irrite facilement.

**irritable** adj **1.** Qui se met facilement en colère ; irascible. **2.** MÉD Se dit d'un tissu, d'un organe qui s'irrite facilement : *gorge irritable.* ■ **syndrome de l'intestin ou du côlon irritable** : ensemble de symptômes chroniques traduisant un mauvais fonctionnement du gros intestin, sans lésion organique.

**irritant, e** adj **1.** Qui met en colère. **2.** MÉD Qui détermine une irritation.

**irritation** nf **1.** État de quelqu'un qui est irrité, en colère. **2.** MÉD Inflammation légère d'un tissu, d'un organe.

**irriter** vt **1.** Mettre en colère, énerver. **2.** MÉD Causer de la douleur, de l'inflammation dans un organe.

**irruption** nf Entrée soudaine et violente.

> EMPLOI Il ne faut pas confondre *irruption,* « entrée », avec *éruption,* « sortie subite ».

**isabelle** adj inv et nm Se dit d'un cheval d'une couleur jaune clair.

**isard** nm Chamois des Pyrénées.

**isatis** [izatis] nm Renard des régions arctiques.

**isba** nf Habitation en bois des paysans russes.

**ISBN** nm (sigle de *international standard book number*) Numéro d'identification international attribué à chaque ouvrage publié.

**ischémie** [iskemi] nf MÉD Arrêt de la circulation sanguine dans un organe, un tissu.

**ischion** [iskjɔ̃] nm ANAT Un des trois os qui forment l'os iliaque.

**ISF** nm (sigle de *impôt de solidarité sur la fortune*) En France, de 1989 à 2018, taxation du patrimoine au-dessus d'un certain seuil.

**islam** nm Religion musulmane. ■ **l'Islam :** le monde musulman, la civilisation musulmane.

**islamique** adj De l'islam.

**islamisation** nf Action d'islamiser.

**islamiser** vt **1.** Convertir à l'islam. **2.** Appliquer la loi islamique à.

**islamisme** nm **1.** VIEILLI Religion musulmane. **2.** Mouvement politique et religieux qui préconise l'islamisation totale des institutions des pays islamiques.

**islamiste** adj et n Relatif à l'islamisme ; qui en est partisan.

**islamologie** nf Étude historique, sociologique, théologique, etc., de l'islam.

**islandais, e** adj et n D'Islande : *les Islandais.* ◆ nm Langue nordique parlée en Islande.

**ismaélien, enne** ou **ismaïlien, enne** n Membre d'une secte chiite qui admet Ismail comme dernier imam.

**ismaélisme** nm Système religieux des ismaéliens.

**ismaélite** adj et n Qui appartient aux tribus arabes que la Bible fait descendre d'Ismaël, fils d'Abraham.

**isobare** adj PHYS D'égale pression atmosphérique : *lignes isobares.* ◆ adj et nm PHYS Se dit de noyaux ayant même nombre de masse mais des numéros atomiques différents.

**isobathe** adj De même profondeur : *lignes isobathes.*

**isocèle** adj GÉOM Qui a deux côtés égaux : *triangle isocèle.*

**isochrone** [izɔkron] ou **isochronique** [izɔkrɔnik] adj De durée égale.

**isoclinal, e, aux** adj ■ GÉOL **pli isoclinal :** dont les deux flancs sont parallèles.

**isocline** ou **isoclinique** adj De même inclinaison.

**isoédrique** adj Se dit d'un cristal dont les facettes sont semblables.

**isogamie** nf Mode de reproduction sexuée dans lequel les deux gamètes sont semblables (algues, champignons). CONTR : hétérogamie.

**isogone** adj Qui a des angles égaux.

**isolant, e** adj et nm Qui isole, qui est mauvais conducteur de la chaleur, de l'électricité ou du son.

**isolateur, trice** adj Qui a la propriété d'isoler. ◆ nm Support isolant d'un conducteur électrique.

**isolation** nf Action de réaliser un isolement électrique, thermique ou acoustique.

**isolationnisme** nm Politique d'un État qui s'isole des États voisins.

**isolationniste** adj et n Relatif à l'isolationnisme ; qui en est partisan.

**isolé, e** adj **1.** Seul, séparé des autres, à l'écart : *se sentir isolé ; maison isolée ; endroit isolé.* **2.** Pris à part, individuel, unique : *cas isolé.* **3.** Protégé de tout corps conducteur de l'électricité, de la chaleur ou du son : *fils isolés ; appartement bien isolé.*

**isolement** nm **1.** État d'une personne, d'un groupe isolés, seuls, à l'écart. **2.** État d'un corps isolé du point de vue électrique, thermique ou phonique.

**isolément** adv De façon isolée, individuellement.

**isoler** vt **1.** Séparer, mettre à l'écart : *les inondations ont isolé le village ; isoler un malade contagieux.* **2.** FIG Abstraire, considérer à part : *isoler une phrase de son contexte.* **3.** Protéger contre les influences thermiques ou phoniques : *isoler un local.* **4.** Empêcher la conduction électrique entre des corps conducteurs ; déconnecter : *isoler des fils, un câble.* **5.** CHIM Dégager de ses combinaisons : *isoler un métal.* ◆ **s'isoler** vpr Se mettre à l'écart : *s'isoler pour réfléchir.*

**isoloir** nm Cabine où l'électeur prépare son bulletin de vote sans être vu.

**isomère** adj et nm CHIM Qui a même composition chimique et même masse moléculaire, mais diffère par la structure atomique et les propriétés.

**isométrique** adj Se dit d'un cristal dont les dimensions sont égales.

**isomorphe** adj CHIM Qui affecte la même forme cristalline.

**1. isotherme** nf En météorologie, ligne qui joint les points de température moyenne identique pour une période donnée.

**2. isotherme** adj **1.** De même température : *ligne, courbe isotherme.* **2.** Qui a lieu ou qui se maintient à une température constante : *camion isotherme.*

**isotope** nm PHYS Atome d'un élément chimique ne différant d'un autre atome du même élément que par le nombre de neutrons.

**isotrope** adj PHYS Dont les propriétés physiques sont identiques dans toutes les directions.

**israélien, enne** adj et n De l'État d'Israël : *les Israéliens.*

**israélite** adj et n **1.** Relatif à l'Israël biblique, à son peuple : *un Israélite.* **2.** Juif : *la communauté israélite.*

**issu, e** adj Venu, né de : *médecin issu d'une famille riche ; révolution issue d'une longue crise.*

**issue** nf **1.** Ouverture, passage par où l'on peut sortir, s'échapper : *issue de secours ; voie sans issue.* **2.** FIG Moyen de sortir d'embarras : *se ménager une issue.* **3.** Conclusion, résultat : *situation sans issue.* ■ **à l'issue de :** au sortir de.

**IST** nf (sigle) Infection sexuellement transmissible.

**isthme** [ism] nm **1.** Langue de terre entre deux mers. **2.** ANAT Partie rétrécie d'une région ou d'un organe.

**italianisant, e** n Spécialiste de la langue et de la littérature italiennes.

**italianiser** vt Donner un caractère, un aspect italien à.

**italianisme** nm **1.** Manière de parler propre à la langue italienne. **2.** Goût des choses italiennes.

**italien, enne** adj et n D'Italie : *les Italiens.* ◆ nm Langue romane parlée principalement en Italie.

**italique** adj Relatif à l'Italie ancienne. ◆ nm et adj IMPR Caractère d'imprimerie penché.

**1. item** adv (s'emploie dans les comptes, les énumérations) En outre, de plus.

**2. item** nm **1.** LING Élément d'un ensemble grammatical, lexical, etc. **2.** PSYCHOL Question d'un test.

**itératif, ive** adj Fait plusieurs fois ; répété. ◆ adj et nm GRAMM Fréquentatif.

**itération** nf Action de répéter, de faire de nouveau.

**itinéraire** nm Route à suivre ; parcours, trajet. ■ **itinéraire bis :** itinéraire indirect qui permet d'éviter les grandes voies encombrées. ◆ adj ■ **mesure itinéraire :** évaluation d'une distance.

**itinérant, e** adj et n Qui se déplace dans l'exercice de ses fonctions, de son métier : *comédiens itinérants.*

**itou** adv FAM Aussi, de même.

**IUFM** nm (sigle de *institut universitaire de formation des maîtres*) ANC Établissement d'enseignement supérieur assurant la formation professionnelle des enseignants du primaire et du secondaire.

**iule** nm Mille-pattes.

**IUT** nm (sigle de *institut universitaire de technologie*) Établissement d'enseignement supérieur assurant la formation des techniciens supérieurs en deux ans.

**IVG** nf (sigle) Interruption volontaire de grossesse.

**ivoire** nm **1.** Substance osseuse qui constitue la plus grande partie des dents, les défenses d'éléphant, etc. **2.** Objet sculpté en ivoire.

**ivoirien, enne** adj et n De la Côte d'Ivoire : *les Ivoiriens.*

**ivoirin, e** adj LITT Qui ressemble à l'ivoire : *blancheur ivoirine.*

**ivraie** nf Graminée sauvage qui se mélange parfois aux céréales, dont elle gêne la croissance. ■ **séparer le bon grain de l'ivraie :** séparer les bons des méchants, le bien du mal.

**ivre** adj **1.** Qui a l'esprit troublé par l'alcool. **2.** FIG Exalté par une passion, un sentiment : *ivre de joie.* ■ **ivre mort :** ivre au point d'avoir perdu connaissance.

**ivresse** nf **1.** État d'une personne ivre ; ébriété. **2.** FIG Transport, excitation : *l'ivresse du plaisir.*

**ivrogne, esse** n Qui s'enivre souvent.

**ivrognerie** nf Habitude de s'enivrer.

# J

**j** nm Dixième lettre de l'alphabet et la septième des consonnes.
**J** (symbole) Joule.
**jabot** nm **1.** Renflement de l'œsophage des oiseaux, qui est la première poche digestive. **2.** Mousseline, dentelle, sur le devant d'une chemise, d'un corsage.
**jacassement** nm Action de jacasser.
**jacasser** vi **1.** Crier, en parlant de la pie. **2.** FAM Bavarder.
**jacasseur, euse** adj et n FAM Qui jacasse.
**jachère** nf État d'une terre cultivable laissée temporairement au repos ; cette terre.
**jacinthe** nf Liliacée à fleurs ornementales.
**jackpot** [dʒakpɔt] nm **1.** Dans certaines machines à sous, combinaison qui permet de gagner le gros lot ; la machine elle-même. **2.** Somme gagnée. **3.** FIG Grosse somme vite gagnée.
**jacobin, e** n VX Religieux, religieuse de la règle de saint Dominique. ◆ nm **1.** HIST (avec une majuscule) Sous la Révolution, membre d'une association politique, appelée le club des Jacobins. **2.** Républicain partisan d'une démocratie centralisée.
**jacobinisme** nm Doctrine des Jacobins.
**jacquard** nm **1.** Métier à tisser, inventé par Jacquard. **2.** Tricot qui présente des dessins géométriques sur un fond de couleur différente.
**jacquemart** nm → **jaquemart.**
**jacquerie** nf Révolte paysanne.
**jacquet** nm Jeu analogue au trictrac.
**jacquier** nm → **jaquier.**
**jactance** nf LITT Attitude arrogante d'une personne qui se vante avec emphase ; suffisance.
**jacter** vi FAM Parler.
**jaculatoire** adj ■ **oraison jaculatoire :** prière courte et fervente.
**Jacuzzi** [ʒakuzi] nm (nom déposé) Baignoire ou bassin équipés de jets d'eau sous pression qui créent des remous qui massent et relaxent le corps des baigneurs.
**jade** nm Pierre dure de couleur verdâtre ; objet sculpté dans cette matière : *les jades de Chine.*
**jadis** [ʒadis] adv Autrefois, dans le passé.
**jaguar** [ʒagwar] nm Mammifère carnassier d'Amérique du Sud, à taches noires.
**jaguarondi** nm Petit félin sauvage des Amériques, de couleur fauve, grise ou brune, au corps fuselé évoquant celui d'une loutre.
**jaillir** vi **1.** Sortir impétueusement, en parlant d'un liquide, de la lumière. **2.** LITT Se manifester soudainement.
**jaillissant, e** adj Qui jaillit : *eau jaillissante.*
**jaillissement** nm Action de jaillir.
**jais** nm Minerai solide, d'un noir luisant.
**jalon** nm **1.** Piquet pour prendre des alignements. **2.** FIG Marque, point de repère : *poser les jalons d'un travail.*
**jalonnement** nm Action de jalonner.
**jalonner** vi Planter des jalons pour indiquer un tracé. ◆ vt **1.** Déterminer la direction, les limites de : *bouées qui jalonnent un chenal.* **2.** Se succéder le long de, au cours de : *succès qui jalonnent une carrière.*
**jalousement** adv De façon jalouse.
**jalouser** vt Être jaloux de.
**1. jalousie** nf **1.** Dépit envieux ressenti à la vue des avantages d'autrui. **2.** Amour exclusif provoquant la crainte douloureuse d'une éventuelle infidélité.
**2. jalousie** nf Persienne à lamelles mobiles.
**jaloux, ouse** adj et n **1.** Envieux. **2.** Qui éprouve de la jalousie en amour. ◆ adj Très attaché à, désireux de : *jaloux de sa liberté.*
**jamaïquain, e** ou **jamaïcain, e** adj et n De la Jamaïque : *les Jamaïquains.*
**jamais** adv **1.** (avec *ne*) À aucun moment : *cela ne s'est jamais vu.* **2.** (sans *ne*) À une époque quelconque : *si jamais je le revois ; aujourd'hui plus que jamais.* ■ **à jamais** ou **pour jamais :** toujours.
**jambage** nm **1.** Ligne droite des lettres *m, n, u,* etc. **2.** ARCHIT Piédroit ou partie antérieure de piédroit.
**jambe** nf **1.** Le membre inférieur tout entier. **2.** Partie du membre inférieur entre le genou et le pied. **3.** Chacune des deux parties d'un vêtement qui recouvrent les jambes. ■ **courir à toutes jambes :** très vite. ❑ **prendre ses jambes à son cou :** s'enfuir.
**jambière** nf Morceau de tissu ou de cuir qui enveloppe et protège la jambe.
**jambon** nm Cuisse ou épaule salée ou fumée de cochon, de sanglier, consommée crue ou cuite.

**jambonneau** nm Partie inférieure de la jambe du porc.

**jamboree** [ʒɑ̃bɔri] nm Réunion internationale des scouts.

**janissaire** nm Soldat d'un ancien corps d'infanterie turque.

**jansénisme** nm Doctrine de Jansénius.

**janséniste** adj et n **1.** Qui appartient au jansénisme ; qui en est partisan. **2.** Qui manifeste une vertu austère.

**jante** nf Cercle qui constitue la périphérie d'une roue de véhicule.

**janvier** nm Premier mois de l'année.

**japon** nm Papier du Japon de couleur ivoire, qui servait aux tirages de luxe.

**japonais, e** adj et n Du Japon : *les Japonais.* ◆ nm Langue parlée au Japon.

**japonisant, e** n Spécialiste de la langue et de la civilisation japonaises. ◆ adj Inspiré par la culture japonaise : *œuvre japonisante.*

**jappement** nm Action de japper ; cri produit en jappant.

**japper** vi Aboyer, en parlant des petits chiens, du chacal.

**jaque** nm Fruit du jaquier.

**jaquemart** ou **jacquemart** nm Automate qui frappe les heures avec un marteau sur la cloche d'une horloge.

**jaquette** nf **1.** Vêtement masculin de cérémonie à longs pans. **2.** Veste de femme ajustée à la taille. **3.** CANADA, FAM Chemise de nuit. **4.** Couverture de protection d'un livre.

**jaquier** ou **jacquier** nm Arbre de la famille des moracées, cultivé dans les régions tropicales pour ses fruits (jaques) riches en amidon.

**jardin** nm **1.** Lieu, ordinairement enclos, où l'on cultive des fleurs (*parterre*), des légumes (*potager*), des arbres (*fruitier* ou *verger*), etc. **2.** LITT Pays fertile. ■ THÉÂTRE **côté jardin :** côté de la scène à droite de l'acteur. CONTR : côté cour. ❑ **jardin d'enfants :** établissement assurant l'accueil, pendant la journée, d'enfants de 2 à 6 ans et proposant des activités d'éveil.

**jardinage** nm Art de cultiver les jardins.

**jardiner** vi Faire du jardinage.

**jardinet** nm Petit jardin.

**jardinier, ère** n Personne qui cultive les jardins.

**jardinière** nf **1.** Meuble, bac, contenant des fleurs, des plantes en pot. **2.** Assortiment de légumes cuits coupés en petits cubes.

**jargon** nm **1.** Langage formé d'éléments disparates de provenances diverses, de mots altérés : *jargon franco-italien.* **2.** FAM Langue incompréhensible ; charabia. **3.** Langage particulier à une profession, à une activité, et inconnu du profane : *le jargon médical.*

**jarre** nf Grand vase de grès.

**jarret** nm **1.** Partie de la jambe derrière le genou. **2.** Pli de la jambe de derrière des quadrupèdes.

**jarretelle** nf Ruban de caoutchouc servant à maintenir le bas attaché à la gaine ou au porte-jarretelles.

**jarretière** nf **1.** Bande de tissu élastique entourant le bas et le maintenant tiré. **2.** (avec une majuscule) Ordre de chevalerie en Angleterre.

**jars** nm Mâle de l'oie.

**jaser** vi **1.** Bavarder sans fin pour le plaisir de parler ou de dire des médisances : *sa conduite fait jaser.* **2.** Trahir un secret, en bavardant. **3.** Gazouiller, en parlant d'un bébé.

**jasmin** nm Arbuste à fleurs odoriférantes ; son parfum.

**jaspe** nm Pierre colorée par bandes, employée en bijouterie.

**jasper** vt Bigarrer de diverses couleurs pour imiter le jaspe : *jasper la tranche d'un livre.*

**jaspure** nf Aspect jaspé.

**jatte** nf Récipient rond et sans rebord ; son contenu : *jatte de lait.*

**jauge** nf **1.** Règle graduée pour mesurer la capacité d'un réservoir, d'un récipient. **2.** Capacité d'un récipient propre à mesurer un liquide ou des grains. **3.** MAR Capacité d'un bateau exprimée en tonneaux. **4.** Capacité d'accueil maximale d'un lieu fermé, liée notamm. à des normes de sécurité, et pouvant être réduite pour raison sanitaire.

**jaugeage** nm Action de jauger.

**jauger** vt (conj 2) **1.** Mesurer la capacité d'un tonneau, d'un navire, etc. **2.** FIG Apprécier la valeur de quelqu'un : *jauger un candidat.* ◆ vi MAR Avoir la capacité de : *navire qui jauge 1 200 tonneaux.*

**jaunâtre** adj Qui tire sur le jaune.

**jaune** adj Qui est d'une couleur entre le vert et l'orangé. ■ **fièvre jaune :** affection gastro-intestinale infectieuse. ◆ adj et n (souvent péjoratif) Se dit des personnes de l'Asie orientale qui présentent une coloration jaune ou cuivrée de la peau. ◆ nm **1.** Couleur jaune. **2.** Matière qui teint en jaune : *jaune de chrome.* ■ **jaune d'œuf :** partie centrale de l'œuf des oiseaux. ◆ adv ■ **rire jaune :** avec contrainte.

**jaunir** vt Teindre en jaune ; rendre jaune. ◆ vi Devenir jaune.

**jaunissant, e** adj Qui jaunit.

**jaunisse** nf Affection hépatique aiguë caractérisée par la coloration jaune de la peau. SYN : ictère.

**jaunissement** nm Action de jaunir, fait de devenir jaune.

**java** nf Danse populaire à trois temps. ■ FAM **faire la java** : faire la fête.

**javanais, e** adj et n De Java : *les Javanais.* ◆ nm **1.** Langue du groupe indonésien. **2.** Argot consistant à intercaler dans les mots les syllabes *-av-* ou *-va-* pour les rendre incompréhensibles aux non-initiés.

**Javel** ■ **eau de Javel** nf Mélange d'hypochlorite et de chlorure de potassium, utilisé comme désinfectant et décolorant.

**javeline** nf Lance longue et mince.

**javelle** nf Poignée de blé, d'orge, de seigle coupé, etc., laissée sur place pour être liée en gerbe ensuite.

**javellisation** nf Action de javelliser.

**javelliser** vt Stériliser l'eau par addition d'eau de Javel.

**javelot** nm Instrument de lancer employé en athlétisme.

**jazz** [dʒaz] nm Musique d'origine américaine, dont la mélodie syncopée contraste avec la permanence rythmique de la batterie.

**jazz-band** [dʒazbɑ̃d] (pl *jazz-bands*) nm Orchestre de jazz.

**jazzman** [dʒazman] (pl *jazzmen*) nm Musicien de jazz.

**jazzy** [dʒazi] adj inv Qui rappelle, évoque le jazz : *des mélodies jazzy.*

**je** pron pers Désigne la première personne du singulier représentant celui, celle qui parle, en fonction de sujet.

**jean** [dʒin] ou **jeans** [dʒins] nm Tissu de coton très serré ; pantalon taillé dans ce tissu.

**jean-foutre** nm inv FAM, VIEILLI Homme incapable.

**jeannette** nf **1.** Planchette à repasser montée sur pied. **2.** Fillette faisant partie d'une association scoute catholique.

**Jeep** [dʒip] nf (nom déposé) Voiture tout terrain.

**jéjunum** [ʒeʒynɔm] nm ANAT Partie de l'intestin grêle entre le duodénum et l'iléon.

**je-m'en-foutisme** (pl *je-m'en-foutismes*) nm FAM Attitude d'une personne je-m'en-foutiste.

**je-m'en-foutiste** (pl *je-m'en-foutistes*) adj et n FAM Qui ne se sent absolument pas concerné par ce qui se passe ; indifférent.

**je-ne-sais-quoi** nm inv Chose qu'on ne peut définir : *avoir un je-ne-sais-quoi d'irrésistible.*

**jérémiade** nf FAM Plainte, lamentation importune.

**jerez** nm → **xérès**.

**jerk** [dʒɛrk] nm Danse moderne qui se fait sur un rythme saccadé.

**jéroboam** nm Grosse bouteille de champagne d'une contenance de quatre bouteilles (soit plus de 3 litres).

**jerrican** [ʒerikan] ou **jerricane** nm Bidon de 20 litres environ : *jerrican d'essence.*

**jersey** [ʒɛrze] nm **1.** Tissu à mailles : *jersey de laine, de soie.* **2.** Point de tricot obtenu en alternant un rang à l'endroit et un rang à l'envers.

**jersiais, e** adj et n De Jersey : *les Jersiais.*

**jésuite** nm Membre de la Compagnie de Jésus. ◆ adj et n PÉJOR Hypocrite.

**jésuitique** adj **1.** Caractéristique des jésuites : *morale jésuitique.* **2.** PÉJOR Hypocrite : *raisonnement jésuitique.*

**jésuitisme** nm **1.** Système moral, religieux des jésuites. **2.** PÉJOR Hypocrisie.

**jésus** nm Représentation du Christ enfant : *un jésus de cire.* ■ **jésus de Lyon** ou **jésus** : gros saucisson sec.

**1. jet** nm **1.** Action de jeter, de lancer : *arme de jet.* **2.** Distance parcourue par une chose jetée : *à un jet de pierre.* **3.** Émission vive d'un fluide ou d'un rayon lumineux ; jaillissement : *jet de vapeur.* **4.** BOT Poussée droite d'un végétal. **5.** TECHN Coulée de matière en fusion dans le moule. ■ **à jet continu** : sans interruption : *parler à jet continu.* ❑ **d'un seul jet** : d'un seul coup : *écrire un livre d'un seul jet.* ❑ **jet d'eau** : gerbe d'eau qui jaillit d'une fontaine et retombe dans le bassin. ❑ **premier jet** : ébauche, esquisse : *ce n'est qu'un premier jet.*

**2. jet** [dʒɛt] nm Avion à réaction.

**jetable** adj Destiné à être jeté après usage : *mouchoir, briquet jetable.*

**jeté** nm **1.** Saut lancé exécuté d'une jambe sur l'autre. **2.** En haltérophilie, mouvement amenant la barre de l'épaule au bout des bras tendus verticalement. ■ **jeté de lit** : couvre-lit.

**jetée** nf Digue qui s'avance dans la mer pour protéger un port.

**jeter** vt (conj 8) **1.** Envoyer loin en lançant : *jeter une pierre.* **2.** Pousser avec violence ; précipiter : *jeter par terre.* **3.** Lancer hors de soi ; émettre : *jeter un cri.* **4.** Mettre rapidement : *jeter un châle sur ses épaules.* **5.** Mettre en place ; établir, poser : *jeter un pont sur une rivière.* **6.** Répandre, susciter : *jeter le trouble dans les esprits.* **7.** Se débarrasser de, mettre à la poubelle : *jeter des fruits gâtés.* ■ **jeter un coup d'œil sur** : regarder rapidement. ◆ **se jeter** vpr **1.** Se précipiter. **2.** En parlant d'un cours d'eau, déverser ses eaux.

**jeteur, euse** n ■ **jeteur de sort :** personne qui lance des malédictions ; sorcier.

**jeton** nm **1.** Pièce ronde et plate servant à divers usages : *jeton de jeu.* **2.** FAM Coup : *prendre un jeton.* ◆ **jetons** pl ■ FAM **avoir les jetons :** avoir peur.

**jet-set** [dʒɛtsɛt] (pl *jet-sets*) nf ou nm Ensemble des personnalités riches ou célèbres qui parcourent la planète en avion.

**Jet-Ski** nm (nom déposé) Petite embarcation propulsée par le jet d'eau d'un moteur à turbine et se pilotant debout ; sport ainsi pratiqué.

**jet-stream** [dʒɛtstrim] (pl *jet-streams*) nm Courant d'ouest très rapide, entre les 30e et 45e parallèles des deux hémisphères.

**jeu** nm **1.** Activité physique ou intellectuelle visant au plaisir, à la distraction ; divertissement : *aimer les jeux de son âge.* **2.** Ce qui sert à jouer : *un jeu de cartes ;* ensemble des cartes d'un joueur : *avoir un beau jeu.* **3.** Divertissement où l'on risque de l'argent : *dettes de jeu.* **4.** Divertissement public composé d'exercices sportifs : *les jeux Olympiques.* **5.** Au tennis, division d'un set : *perdre un jeu.* **6.** Manière de jouer d'un instrument, d'interpréter un rôle : *jeu brillant.* **7.** Rôle, comédie que l'on joue : *être pris à son propre jeu.* **8.** Fonctionnement régulier : *le jeu d'une pompe.* **9.** Facilité à se mouvoir ; manque de serrage : *donner du jeu à une porte ; cet axe a du jeu.* **10.** Série d'objets de même nature : *jeu de clés.* ■ **avoir beau jeu de :** être dans des conditions favorables pour. ❑ **faire le jeu de quelqu'un :** agir dans son sens. ❑ **jeu décisif :** au tennis, jeu supplémentaire qui sert à départager deux joueurs ou deux équipes à égalité à six jeux partout. ❑ **jeu de mots :** plaisanterie fondée sur la ressemblance des mots. ❑ **jeu d'enfant :** chose très facile : *ce problème est un jeu d'enfant.* ❑ **jeu vidéo :** utilisant un écran de visualisation et une commande électronique.

**jeudi** nm Quatrième jour de la semaine.

**jeun (à)** [aʒœ̃] loc adv ■ **être à jeun :** n'avoir rien mangé depuis le réveil.

**jeune** [ʒœn] adj **1.** Peu avancé en âge : *jeune homme ; jeune fille.* **2.** Qui appartient à la jeunesse : *des traits jeunes.* **3.** Qui a encore la vigueur et le charme de la jeunesse : *il est resté jeune.* **4.** Nouveau, récent : *pays jeune.* **5.** Qui manque de maturité : *il est encore un peu jeune.* **6.** Moins âgé ; cadet : *c'est sa jeune sœur.* ■ **faire jeune :** paraître jeune. ◆ n **1.** Personne jeune. **2.** Animal non encore adulte. ◆ adv À la manière des jeunes : *s'habiller jeune.*

**jeûne** [ʒøn] nm Abstinence d'aliments.

**jeûner** vi **1.** S'abstenir d'aliments. **2.** Observer un jeûne religieux.

> ORTHOGRAPHE *Jeûner* et *jeûne* s'écrivent avec *û*, à la différence de *à jeun* et *déjeuner.*

**jeunesse** nf **1.** Partie de la vie de l'homme entre l'enfance et l'âge mûr : *l'éclat de la jeunesse.* **2.** Fait d'être jeune ; ensemble des caractères physiques et moraux d'une personne jeune : *jeunesse de cœur, d'esprit.* **3.** Ensemble des personnes jeunes : *littérature pour la jeunesse.* **4.** État, caractère des choses nouvellement créées et qui n'ont pas encore atteint leur plénitude : *science encore dans sa jeunesse.*

**jeunet, ette** adj FAM Très ou trop jeune.

**jeûneur, euse** n Qui jeûne.

**jeunisme** nm Exaltation sans nuance des caractéristiques traditionnellement attribuées à la jeunesse.

**jeunot, otte** adj et n FAM Jeune et naïf.

**jingle** [dʒingœl] nm Bref thème musical destiné à introduire une émission ou un message publicitaire (recommandation officielle : *sonal*).

**jiu-jitsu** [ʒjyʒitsy] nm inv Lutte japonaise qui a donné naissance au judo.

**JO** [ʒio] nm pl (sigle) Jeux Olympiques.

**joaillerie** nf Art, commerce du joaillier.

**joaillier, ère** [ʒɔaje, ɛr] n et adj Personne qui crée, fabrique ou vend des joyaux.

**job** [dʒɔb] nm FAM Emploi rémunéré, souvent provisoire.

**jobard, e** adj et n FAM Niais, naïf.

**jobardise** ou **jobarderie** nf Crédulité.

**jockey** n Professionnel qui monte les chevaux de course.

**jocrisse** nm VX Benêt.

**jodhpurs** [ʒɔdpur] nm pl Pantalon serré à partir du genou pour monter à cheval.

**joggeur, euse** [dʒɔgœr, øz] n Personne qui pratique le jogging.

**jogging** [dʒɔgiŋ] nm **1.** Course à pied pratiquée pour l'entretien de la forme physique. **2.** Survêtement.

**joie** nf **1.** Sentiment de bonheur, de plénitude, éprouvé par une personne dont une aspiration, un désir sont satisfaits. **2.** Manifestation de gaieté, de bonne humeur. ■ **feu de joie :** feu allumé dans les réjouissances publiques. ❑ **s'en donner à cœur joie :** profiter pleinement de l'agrément qui se présente. ◆ **joies** pl Plaisirs, agréments ; IRON ennuis, désagréments : *les joies du mariage.*

**joignable** adj Avec qui on peut entrer en contact, notamment par téléphone.

**joindre** vt (conj 82) **1.** Rapprocher deux choses de manière qu'elles se touchent ;

unir : *joindre les mains.* **2.** Relier : *le canal du Centre joint la Saône à la Loire.* **3.** Ajouter, allier : *joindre l'utile à l'agréable.* **4.** Entrer en rapport, en communication avec : *joindre quelqu'un par téléphone.* ■ FAM **joindre les deux bouts :** équilibrer son budget. ◆ vi Être en contact étroit : *ces fenêtres ne joignent pas.* ◆ **se joindre** vpr S'unir, s'associer, participer.

**1. joint** nm **1.** Surface, ligne d'assemblage de deux éléments fixes : *masquer un joint avec du mastic.* **2.** Garniture assurant l'étanchéité d'un assemblage : *joint de robinet.* **3.** Articulation entre deux pièces : *joint de cardan.* **4.** FIG Intermédiaire, liaison : *faire le joint entre deux personnes.* **5.** FIG, FAM Moyen de résoudre une difficulté : *chercher, trouver le joint.* **6.** FAM Cigarette de cannabis.

**2. joint, e** adj Uni, lié, en contact : *sauter à pieds joints.*

**jointif, ive** adj Qui joint étroitement : *lattes jointives.*

**jointoyer** vt (conj 3) Remplir les joints d'une maçonnerie avec du mortier.

**jointure** nf **1.** Endroit où deux choses se joignent : *la jointure de deux pierres.* **2.** Articulation : *faire craquer ses jointures.*

**1. jojo** adj inv FAM (surtout à la forme négative) Joli : *ce n'est pas jojo ce que tu as fait là.*

**2. jojo** nm ■ FAM **un affreux jojo :** un enfant turbulent et impoli.

**jojoba** nm Arbuste du désert mexicain dont les grains renferment une cire liquide utilisée dans l'industrie des cosmétiques.

**joker** [ʒɔkɛr] nm **1.** Dans certains jeux, carte qui prend la valeur que lui donne celui qui la possède. **2.** Personne, chose ou moyen insoupçonnés qui permettent à quelqu'un de se tirer d'une situation embarrassante.

**joli, e** adj **1.** Agréable à voir : *jolie fille.* **2.** Avantageux : *toucher une jolie somme.* **3.** IRON Laid, mauvais, peu recommandable : *c'est joli de dire du mal des autres !* ■ FAM **c'est bien joli, mais... :** c'est intéressant mais loin d'être essentiel. ◆ nm ■ FAM, IRON **c'est du joli ! :** c'est mal.

**joliesse** nf Qualité de ce qui est joli.

**joliment** adv **1.** D'une manière agréable, spirituelle. **2.** FAM Beaucoup.

**jonc** nm **1.** Plante aquatique à tiges droites et flexibles. **2.** Canne faite d'un jonc d'Inde. **3.** Bracelet rigide constitué d'un anneau de grosseur uniforme.

**joncacée** nf Plante monocotylédone herbacée, comme le jonc (les joncacées forment une famille).

**jonchée** nf **1.** LITT Quantité d'objets qui jonchent le sol. **2.** Fromage fabriqué dans un panier de jonc.

**joncher** vt **1.** Couvrir, être épars sur : *des feuilles jonchent le sol.* **2.** Étendre sur : *des cadavres jonchent le champ de bataille.*

**jonchet** nm Bâtonnet du jeu de jonchets. ◆ **jonchets** pl Jeu d'adresse consistant à prendre un à un dans un tas le maximum de bâtonnets sans faire bouger les autres.

**jonction** nf Action de joindre, de se joindre ; réunion, union : *point de jonction.*

**jongler** vi Lancer en l'air, les uns après les autres, des objets que l'on relance à mesure qu'on les reçoit. ◆ vt ind [avec] FIG Manier avec dextérité.

**jonglerie** nf **1.** Tour d'adresse. **2.** FIG Habile tromperie.

**jongleur, euse** n **1.** Personne qui pratique l'art de jongler. **2.** HIST Poète-musicien ambulant du Moyen Âge, ménestrel.

**jonque** nf Bateau à voiles d'Extrême-Orient.

**jonquille** nf Variété de narcisse ; sa fleur. ◆ adj inv et nm De couleur jaune clair.

**jordanien, enne** adj et n De la Jordanie : *les Jordaniens.*

**jota** [xɔta] nf Chanson et danse populaires espagnoles.

**jouabilité** nf **1.** Ensemble des possibilités interactives offertes par un jeu vidéo. **2.** PAR EXT Qualité d'un jeu vidéo selon certains critères tels que la maniabilité, la fluidité, etc.

**jouable** adj Qui peut être joué : *coup jouable.*

**joual** nm Parler populaire québécois à base de français fortement anglicisé.

**joubarbe** nf Plante poussant sur les murs, les rochers.

**joue** nf Partie latérale du visage, de la tête d'un animal. ■ **mettre en joue :** viser.

**jouer** vi **1.** Se divertir, s'amuser ; se livrer à un jeu : *les enfants jouent dehors ; jouer à la balle, aux échecs.* **2.** Interpréter un rôle : *acteur qui joue bien.* **3.** Fonctionner correctement : *la clé joue dans la serrure.* **4.** Ne plus joindre exactement : *boiserie qui a joué ; porte qui joue par suite de l'humidité.* ◆ vt ind **1.** [à] Se divertir avec un jouet, un jeu, ou en pratiquant un sport : *jouer au tennis, aux cartes.* **2.** [de] Tirer des sons d'un instrument de musique : *jouer du violon.* **3.** [de] Manier une arme, un instrument : *jouer du bâton.* **4.** [de] Tirer parti de : *jouer de sa force.* **5.** [à] Chercher à paraître : *petite fille qui joue à la dame.* **6.** [avec] Mettre en danger par insouciance : *jouer avec sa santé.* ■ **jouer de malheur, de malchance :** avoir une malchance persistante. ❑ **jouer sur les mots :** user de mots à double sens. ◆ vt **1.** Faire une partie de jeu ; lancer, avancer : *jouer une carte.* **2.** Mettre comme enjeu ; hasarder : *jouer mille euros ; jouer sa vie.* **3.** Exécuter : *jouer une valse.* **4.** Représenter, interpréter au théâtre, au cinéma : *jouer la tragédie.* **5.** Remplir une fonction : *jouer un rôle important.* **6.** Adopter telle stratégie pour atteindre un but donné : *jouer la baisse des taux d'intérêt.* ■ **jouer la montre** : chercher à gagner du temps. ❑ FAM **la jouer** (+ adj) : adopter tel type de comportement : *la jouer cool.* ◆ **se jouer** vpr [de] **1.** Se moquer de : *se jouer de qqn.* **2.** Ignorer : *se jouer des difficultés.*

**jouet** nm Objet destiné à amuser un enfant. ■ **être le jouet de** : être victime de qqn, d'une force supérieure, etc.

**joueur, euse** n **1.** Qui joue à un jeu. **2.** Qui a la passion du jeu. **3.** Qui joue d'un instrument. ■ **beau joueur** : qui sait reconnaître sa défaite avec élégance. ◆ adj Qui aime s'amuser.

**joufflu, e** adj Qui a de grosses joues.

**joug** [ʒu] nm **1.** Pièce de bois qu'on place sur la tête des bœufs pour les atteler. **2.** Fléau d'une balance. **3.** LITT Sujétion, contrainte.

**jouir** vt ind [de] **1.** Tirer un vif plaisir de : *jouir de sa victoire.* **2.** Avoir la possession avantageuse de : *jouir d'une bonne santé.* ◆ vi Atteindre l'orgasme.

**jouissance** nf **1.** Plaisir intense. **2.** Libre usage, possession d'une chose.

**jouisseur, euse** n Qui recherche les plaisirs matériels ou sensuels.

**jouissif, ive** adj FAM Qui procure un plaisir intense.

**joujou** (pl *joujoux*) nm Dans le langage enfantin, petit jouet. ■ **faire joujou** : jouer.

**joujouthèque** nf CANADA Ludothèque.

**joule** nm PHYS Unité de mesure de travail, d'énergie et de quantité de chaleur ; symb : J.

**jour** nm **1.** Clarté, lumière du soleil : *le jour brille à peine.* **2.** Temps pendant lequel le Soleil éclaire l'horizon : *au lever du jour.* **3.** Espace de temps réglé par la rotation de la Terre ; espace de vingt-quatre heures : *l'année dure trois cent soixante-cinq jours un quart.* **4.** Époque, moment, circonstance : *il attend le jour où il pourra se venger.* **5.** Manière dont les objets sont éclairés : *faux jour.* **6.** Ouverture, vide : *les jours d'une façade ; draps à jours brodés.* ■ **à jour** : (a) en règle jusqu'au jour où l'on se trouve : *comptabilité à jour* (b) en conformité avec le moment présent : *mettre à jour un dictionnaire.* ❑ **au grand jour** : ouvertement, sans se cacher. ❑ **au jour le jour** : en se limitant au jour présent, sans se soucier de l'avenir. ❑ **de jour** : pendant le jour : *voyager de jour.* ❑ **donner le jour à un enfant** : le mettre au monde. ❑ **du jour** : d'aujourd'hui, de notre époque. ❑ **mettre au jour** : dégager ce qui était enterré. ❑ **percer qqn à jour** : découvrir sa nature cachée, ses intentions secrètes. ❑ **voir le jour** : naître. ◆ **jours** pl LITT Vie humaine : *sauver les jours de qqn.* ■ **de nos jours** : dans le temps où nous vivons.

VOCABULAIRE Ne pas confondre *mettre au jour*, « déterrer », et *à jour*, « actualiser ».

**journal** nm **1.** Écrit où l'on relate les faits jour par jour : *journal de bord ; écrire son journal ;* registre sur lequel un commerçant écrit ses opérations jour par jour (on dit aussi : *livre journal*). **2.** Publication périodique : *acheter le journal.* **3.** Bulletin d'informations transmis par la radio, la télévision : *journal télévisé.*

**journalier, ère** adj Qui se fait chaque jour ; quotidien : *tâche journalière.* ◆ nm Travailleur payé à la journée.

**journalisme** nm **1.** Profession du journaliste. **2.** Ensemble des journaux, des journalistes.

**journaliste** n Professionnel qui travaille dans la presse écrite ou audiovisuelle.

**journalistique** adj Relatif au journalisme.

**journée** nf **1.** Espace de temps qui s'écoule depuis le lever jusqu'au coucher du soleil. **2.** Travail qu'on fait pendant un jour ; salaire de ce travail. **3.** Jour marqué par quelque événement : *la journée des Barricades.*

**journellement** adv **1.** Chaque jour. **2.** De façon fréquente, continue.

**joute** nf **1.** HIST Combat courtois à cheval, d'homme à homme, avec la lance. **2.** LITT Lutte spectaculaire où l'on rivalise de talent : *joute oratoire.*

**jouter** vi LITT Pratiquer la joute.

**jouteur, euse** n LITT Qui prend part à une joute.

**jouvence** nf LITT Jeunesse : *bain de jouvence.*

**jouvenceau, elle** n VX OU PAR PLAIS Jeune homme, jeune fille.

**jouxter** vt LITT Être situé à côté de, avoisiner.

**jovial, e, als** ou **aux** adj D'une gaieté franche, simple.

**jovialement** adv De façon joviale.

**jovialité** nf Humeur joviale.

**joyau** [ʒwajo] nm Bijou qui comporte des pierres précieuses.

**joyeusement** adv Avec joie.

**joyeux, euse** adj Qui a de la joie, qui l'inspire : *mine joyeuse.*

**JT** nm (sigle) Journal télévisé.

**jubé** nm Tribune en forme de galerie entre la nef et le chœur dans certaines églises.

**jubilaire** adj Relatif au jubilé : *une année jubilaire.*

**jubilation** nf Joie vive et expansive.

**jubilatoire** adj FAM Qui suscite une joie intense.

**jubilé** nm **1.** Indulgence plénière accordée par le pape en certaines occasions. **2.** Cinquantième année de mariage, d'exercice d'une fonction, etc.

**jubiler** vi Éprouver une joie intense.

**jucher** vi Se mettre sur une branche, une perche, pour dormir, en parlant des poules, de quelques oiseaux. ◆ vt Placer en hauteur. ◆ **se jucher** vpr Se percher.

**judaïque** adj Des juifs.

**judaïsme** nm Religion des juifs.

**judas** nm **1.** Petite ouverture dans un plancher, une porte, pour voir sans être vu. **2.** LITT Traître.

**judéo-chrétien, enne** (pl *judéo-chrétiens, ennes*) adj et n Se dit des valeurs morales communes au judaïsme et au christianisme.

**judiciaire** adj **1.** Relatif à la justice : *débats judiciaires.* **2.** Fait par autorité de justice : *vente judiciaire.*

**judiciairement** adv Au point de vue judiciaire.

**judiciariser** vt Avoir recours aux tribunaux pour régler un litige qui pourrait l'être par d'autres voies.

**judicieusement** adv De façon judicieuse.

**judicieux, euse** adj **1.** Qui a le jugement bon, sain. **2.** Qui manifeste un bon jugement.

**judo** nm Sport de combat d'origine japonaise.

**judoka, te** n Personne qui pratique le judo.

**juge** n **1.** Magistrat chargé de rendre la justice en appliquant les lois. **2.** Officiel chargé d'assurer la régularité d'un sport, d'une compétition. **3.** Personne prise pour arbitre dans une contestation : *je vous fais juge de la situation.* ■ **juge d'instruction :** juge du tribunal de grande instance chargé de l'instruction préparatoire en matière pénale.

**jugé** nm → **juger**.

**jugement** nm **1.** Faculté de raisonner : *avoir le jugement sain.* **2.** Qualité de quelqu'un qui juge bien, qui a des opinions justes : *avoir du jugement.* **3.** Opinion, sentiment : *je m'en remets à votre jugement.* **4.** Décision, sentence émanant d'un tribunal : *prononcer un jugement.* ■ RELIG **jugement dernier :** jugement de l'humanité par le Christ à la fin du monde.

**jugeote** nf FAM Jugement, bon sens.

**1. juger** vt (conj 2) **1.** Décider, trancher en qualité de juge ou d'arbitre : *juger quelqu'un, une affaire.* **2.** Énoncer une opinion sur : *juger un livre.* **3.** Penser, estimer : *juger nécessaire.* ◆ vt ind [de] **1.** Apprécier, avoir telle opinion, porter tel jugement sur : *juger de la distance ; juger d'une personne.* **2.** Se faire une idée de : *vous pouvez juger de ma joie.*

**2. juger** ou **jugé** nm ■ **au juger** ou **au jugé :** d'après une estimation sommaire : *tirer au jugé.*

**1. jugulaire** adj Qui concerne la gorge : *veine jugulaire.* ◆ nf Grosse veine du cou.

**2. jugulaire** nf Courroie maintenant le casque.

**juguler** vt Arrêter dans son développement : *juguler l'inflation.*

**juif, ive** n **1.** (avec une majuscule) Personne appartenant au peuple juif : *un Juif polonais.* **2.** Qui professe la religion judaïque ; israélite. ◆ adj Relatif aux juifs : *religion juive.*

**juillet** nm Septième mois de l'année. ■ **le 14 Juillet :** fête nationale française commémorant la prise de la Bastille en 1789.

**juillettiste** n Personne qui prend ses vacances au mois de juillet.

**juin** nm Sixième mois de l'année.

**jujube** nm **1.** Fruit sucré du jujubier. **2.** Suc, pâte extraits du jujube.

**jujubier** nm Arbre cultivé dans le Midi pour ses fruits (jujubes).

**juke-box** [dʒukbɔks] (pl inv ou *juke-boxes*) nm Électrophone automatique qui fonctionne avec des pièces de monnaie.

**jules** nm FAM Amoureux ; amant ; mari.

**julien, enne** adj ■ **année julienne :** année de 365, 25 jours. ❑ **calendrier julien :** que réforma Jules César en 46 av. J.-C.

**juliénas** nm Vin du Beaujolais.

**julienne** nf **1.** Manière de couper les légumes en bâtonnets ; potage de légumes ainsi coupés. **2.** Poisson de mer (appelé aussi : *lingue*).

**jumbo-jet** [dʒœmbodʒɛt] (pl *jumbo-jets*) nm Avion à réaction de très grande capacité.

**jumeau, elle** adj et n Se dit de deux enfants nés d'un même accouchement. ◆ adj Se dit de deux objets semblables ou symétriques : *lits jumeaux.*

**jumelage** nm Action de jumeler.

**jumelé, e** adj Disposé par couples : *fenêtres jumelées ; villes jumelées.*

**jumeler** vt (conj 6) **1.** Accoupler : *jumeler des poutres.* **2.** Associer par des liens, des échanges culturels : *jumeler des villes.*

**jumelles** nf pl (s'emploie aussi au singulier) Instrument d'optique formé de deux lunettes identiques.

**jument** nf Femelle du cheval.

**jumping** [dʒœmpiŋ] nm Concours hippique comportant des sauts d'obstacles.

**jungle** [ʒœ̃gl] nf **1.** Dans les pays de mousson, végétation très épaisse et exubérante. **2.** FIG Société humaine où règne la loi du plus fort.

**junior** adj inv en genre **1.** Cadet : *Durand junior.* **2.** Qui concerne les jeunes, qui leur est destiné : *mode junior.* **3.** Qui débute dans une carrière : *un avocat junior.* ◆ adj et n SPORTS, JEUX Se dit de la catégorie intermédiaire entre senior et cadet (16-20 ans).

**junte** [ʒœ̃t] nf **1.** HIST Assemblée dans les pays ibériques. **2.** Gouvernement à caractère autoritaire, le plus souvent militaire, issu d'un coup d'État.

**jupe** nf **1.** Vêtement féminin qui part de la taille et descend à mi-jambes, ou plus bas. **2.** TECHN Surface latérale d'un piston.

**jupe-culotte** (pl *jupes-culottes*) nf Pantalon très ample ayant l'allure d'une jupe.

**jupette** nf Jupe très courte.

**jupon** nm Pièce de lingerie qui se porte sous une jupe, une robe.

**jurançon** nm Vin des Pyrénées-Atlantiques.

**jurande** nf Sous l'Ancien Régime, groupement professionnel autonome composé de membres unis par un serment.

**jurassien, enne** adj et n Du Jura : *les Jurassiens.* ■ **relief jurassien** : type de relief propre au Jura.

**jurassique** nm et adj GÉOL Période de l'ère secondaire marquée par le dépôt d'épaisses couches calcaires, particulièrement dans le Jura.

**1. juré, e** n Membre d'un jury.

**2. juré, e** adj Qui a prêté serment : *expert juré.* ■ **ennemi juré** : adversaire acharné.

**jurement** nm VX Blasphème.

**jurer** vt **1.** Promettre par serment : *jurer fidélité à qqn.* **2.** Affirmer avec vigueur : *je te jure que c'est vrai !* **3.** LITT Prendre à témoin : *jurer ses grands dieux.* ■ **je vous jure !** ou **je te jure !** : exprime la réprobation, l'énervement. ◆ vi Blasphémer, proférer des jurons. ◆ vt ind Être mal assorti avec : *ce vert jure avec le jaune.*

**juridiction** nf **1.** Pouvoir de juger ; territoire où s'exerce ce pouvoir. **2.** Tribunal ; ensemble des tribunaux de même nature : *juridiction criminelle, administrative.*

**juridictionnel, elle** adj Relatif à une juridiction.

**juridique** adj Relatif au droit, à la justice.

**juridiquement** adv De façon juridique ; du point de vue du droit.

**jurisconsulte** nm Juriste qui donne des avis sur des questions de droit.

**jurisprudence** nf Ensemble des décisions des tribunaux. ■ **faire jurisprudence** : faire autorité et servir dans un cas déterminé.

**juriste** n Spécialiste du droit.

**juron** nm Exclamation grossière ou blasphématoire.

**jury** nm **1.** Commission de simples citoyens (jurés) appelés à titre temporaire à participer à l'exercice de la justice en cour d'assises. **2.** Commission d'examinateurs : *jury du prix Goncourt, de baccalauréat.*

**jus** nm **1.** Liquide tiré d'une substance animale ou végétale : *jus de viande, de citron.* **2.** FAM Courant électrique. **3.** FAM Café noir.

**jusant** nm MAR Marée descendante. SYN : reflux.

**jusqu'au-boutiste** (pl *jusqu'au-boutistes*) n FAM Partisan des solutions extrêmes.

**jusque** prép Indique une limite spatiale ou temporelle, un point limite, un degré extrême : *de Paris jusqu'à Rome ; il est allé jusqu'à le frapper ; aimer jusqu'à ses ennemis.* ■ **jusque-là, jusqu'ici** : jusqu'à ce lieu, jusqu'à ce moment. ◆ **jusqu'à ce que** loc conj Jusqu'au moment où.

ORTHOGRAPHE Le *e* de *jusque* s'élide devant une voyelle : *jusqu'à ce soir.*

**justaucorps** nm Maillot collant d'une seule pièce pour la danse et certains sports.

**juste** adj **1.** Conforme à l'équité : *sentence juste.* **2.** Conforme à la raison, à la vérité, à la réalité : *raisonnement juste.* **3.** Qui est tel qu'il doit être : *note juste ;* qui fonctionne avec précision : *balance juste.* **4.** Précis, réglé : *tir juste.* **5.** Qui suffit à peine : *deux minutes, ce sera juste.* **6.** Étroit, court : *des chaussures un peu justes.* ■ **au juste** : exactement, précisément. ❑ FAM **comme de juste** : comme il se doit. ◆ adj et n Qui juge et agit selon l'équité, en respectant les règles de la morale ou de la religion : *dormir du sommeil du juste.* ◆ n (avec une majuscule) HIST Titre décerné par l'État d'Israël aux non-Juifs ayant fait preuve de bravoure pour soustraire des Juifs aux persécutions nazies, pendant la Seconde Guerre mondiale. ◆ adv **1.** Avec justesse : *chanter juste.* **2.** Précisément : *le café est juste au coin.* **3.** De façon insuffisante : *calculer trop juste.* **4.** Seulement : *j'ai juste mangé une pomme.*

**justement** adv **1.** Légitimement : *être justement indigné.* **2.** Précisément, par coïncidence : *avoir justement ce qu'il faut.* **3.** D'une manière exacte : *comme on le dit si justement.*

**justesse** nf Qualité de ce qui est juste, exact, tel qu'il doit être : *chanter avec justesse.* ■ **de justesse** : de très peu.

**justice** nf **1.** Vertu qui inspire le respect absolu du droit d'autrui : *avoir le sens de la justice.* **2.** Caractère de ce qui est juste, équitable, conforme au droit, à la loi morale ou religieuse : *ce n'est que justice.* **3.** Pouvoir de rendre le droit à chacun ; exercice de ce pouvoir : *cour de justice.* **4.** Ensemble des tribunaux, des magistrats : *la justice française ; passer en justice.* ■ **rendre justice à qqn :** reconnaître ses droits, ses mérites. ❑ **se faire justice :** (a) se venger (b) se suicider pour se punir.

**justiciable** adj et n Qui relève de la justice, des tribunaux.

**justicier, ère** n et adj Personne qui agit en redresseur de torts.

**justifiable** adj Qu'on peut justifier.

**justifiant, e** adj ■ THÉOL **grâce justifiante :** qui rétablit le pécheur en état de grâce.

**justificateur, trice** adj Qui justifie.

**justificatif, ive** adj Qui sert à justifier : *pièce justificative.* ◆ nm Document servant à justifier.

**justification** nf **1.** Action de justifier, fait de se justifier : *avancer des arguments pour sa justification.* **2.** Preuve : *produire la justification d'un paiement.* **3.** IMPR Longueur d'une ligne pleine.

**justifier** vt **1.** Prouver l'innocence de, mettre hors de cause : *sa conduite le justifie pleinement.* **2.** Prouver le bien-fondé, le caractère légitime, nécessaire de : *justifier ses dépenses ; rien ne justifie ses craintes.* **3.** IMPR Mettre des débuts ou des fins de ligne à la même distance du bord de la feuille. ◆ vt ind [de] Fournir la preuve : *justifier d'un paiement.* ◆ **se justifier** vpr **1.** Dégager sa responsabilité : *se justifier devant ses juges.* **2.** Être fondé, légitime : *ses propos ne se justifient guère.*

**jute** nm Toile à sacs faite avec les fibres d'une plante cultivée en Inde et au Bangladesh ; cette plante.

**juter** vi FAM Rendre du jus.

**juteux, euse** adj **1.** Qui a du jus : *poire juteuse.* **2.** FAM Fructueux, rentable : *affaire juteuse.*

**juvénile** adj Qui appartient à la jeunesse : *ardeur juvénile.*

**juvénilité** nf LITT Caractère juvénile.

**juxtalinéaire** adj Se dit d'une traduction qui présente, ligne par ligne, le texte et la version sur deux colonnes contiguës.

**juxtaposé, e** adj GRAMM Se dit de propositions qui ne sont liées par aucune coordination ou subordination.

**juxtaposer** vt Poser, placer côte à côte.

**juxtaposition** nf Action de juxtaposer.

# K

**k** nm Onzième lettre de l'alphabet et la huitième des consonnes.
**K** (symbole) Kelvin.
**K7** [kasɛt] nf (symbole) Cassette.
**kabbale** nf Interprétation juive ésotérique et symbolique de l'Ancien Testament.
**kabuki** [kabuki] nm Genre théâtral japonais.
**kabyle** adj et n De Kabylie. ◆ nm Langue berbère parlée en Kabylie.
**kafkaïen, enne** adj Dont l'absurdité, l'illogisme rappellent l'atmosphère des romans de Kafka.
**kaiser** [kajzœr] nm Empereur d'Allemagne.
**kakatoès** nm → **cacatoès**.
**kakémono** nm Peinture japonaise qui se déroule verticalement.
**1. kaki** nm Fruit comestible du plaqueminier.
**2. kaki** adj inv D'une couleur brun-jaune.
**kalachnikov** nf ou nm Fusil soviétique à chargeur circulaire.
**kaléidoscope** nm **1.** Tube garni de plusieurs miroirs où de petits objets colorés produisent des dessins mobiles et variés. **2.** FIG Suite rapide de sensations vives et variées.
**kamikaze** [kamikaz] nm Pilote japonais volontaire pour écraser son avion bourré d'explosifs sur un objectif ennemi ; cet avion. ◆ n **1.** Auteur d'un attentat suicide. **2.** Personne téméraire qui se sacrifie pour une cause.
**kanak, e** adj et n Se dit des Mélanésiens de Nouvelle-Calédonie : *les Kanaks*.
**kangourou** nm Grand mammifère marsupial sauteur d'Australie.
**kantien, enne** [kɑ̃sjɛ̃, ɛn] adj Relatif à la philosophie de Kant.
**kantisme** nm Doctrine de Kant.
**kaolin** nm Argile réfractaire blanche, qui entre dans la composition de la porcelaine dure.
**kapok** nm Bourre très légère du fruit de certains arbres.
**kappa** nm inv Dixième lettre de l'alphabet grec, correspondant au *k*.
**karaoké** nm Divertissement collectif consistant à chanter sur une musique préenregistrée.
**karaté** nm Méthode de combat d'origine japonaise.
**karatéka** n Personne qui pratique le karaté.
**karité** nm Arbre de l'Afrique tropicale, dont les graines fournissent une matière grasse, le *beurre de karité*, d'usage culinaire et cosmétique.
**karma** ou **karman** nm Principe fondamental de l'hindouisme selon lequel la vie humaine est déterminée par les actes accomplis dans les vies antérieures.
**karstique** adj ■ **relief karstique :** dans lequel les roches calcaires forment d'épaisses assises.
**kart** [kart] nm Petite automobile de compétition, à embrayage automatique, sans boîte de vitesses, ni carrosserie, ni suspension.
**karting** [kartiŋ] nm Sport pratiqué avec le kart.
**kasher** ou **casher** ou **cacher** [kaʃɛr] adj inv Se dit d'un aliment conforme aux prescriptions rituelles de la loi juive, ainsi que du lieu où il est préparé ou vendu.
**kayak** nm Embarcation étanche et légère, manœuvrée à la pagaie double ; sport pratiqué avec cette embarcation.
**kayakiste** n Sportif pratiquant le kayak.
**kebab** [kebab] nm Plat à base de brochettes de mouton ; ces brochettes. SYN : chiche-kebab.
**keffieh** [kefje] nm Coiffure des Bédouins faite d'un morceau de tissu plié.
**kéfir** ou **képhir** [kefir] nm Boisson gazeuse fermentée, fabriquée avec du petit-lait.
**kefta** [kɛfta] nf Dans la cuisine orientale, boulette de viande hachée et épicée.
**kelvin** [kɛlvin] nm PHYS Unité de mesure de température thermodynamique ; symb : k.
**kendo** [kɛndo] nm Art martial japonais pratiqué avec un sabre.
**kenyan, e** adj et n Du Kenya : *les Kenyans*.
**képi** nm Coiffure militaire à légère visière.
**kératine** nf Substance fondamentale des cheveux, des poils, des ongles, etc.
**kératite** nf Inflammation de la cornée.
**kératose** nf MÉD Épaississement de l'épiderme.
**kermès** [kɛrmɛs] nm Cochenille nuisible. ■ **chêne kermès :** chêne méditerranéen à feuilles persistantes et épineuses.
**kermesse** nf **1.** Fête de charité en plein air. **2.** Dans les Flandres, fête patronale et foire annuelle.

**kérosène** nm Liquide pétrolier intermédiaire entre l'essence et le gasoil.
**ketch** [kɛtʃ] nm Voilier à deux mâts dont l'artimon est situé en avant de la barre.
**ketchup** [kɛtʃœp] nm Condiment à base de tomates.
**keuf** nm FAM Policier.
**k€** nm (symbole) Kiloeuro.
**kg** (symbole) Kilogramme.
**khâgne** nf ARG SCOL En lettres, classe préparatoire à l'École normale supérieure.
**khâgneux, euse** n ARG SCOL Élève de khâgne.
**khalife** nm → **calife**.
**khamsin** ou **chamsin** [xamsin] nm Vent du sud, chaud et sec, en Égypte.
**khan** [kɑ̃] nm Titre princier turco-mongol.
**khédive** nm Titre du vice-roi d'Égypte de 1867 à 1914.
**khi** nm inv Vingt-deuxième lettre de l'alphabet grec, correspondant à *kh*.
**khmer, ère** [kmɛr] adj Relatif aux Khmers, peuple du Cambodge : *art khmer.*
**khôl** ou **kohol** nm Substance noirâtre utilisée pour le maquillage des yeux.
**kibboutz** (pl inv ou *kibboutzim*) nm Ferme collective en Israël.
**kick** nm Dispositif de mise en marche d'un moteur de motocyclette, à l'aide du pied.
**kidnapper** vt Enlever quelqu'un pour obtenir une rançon.
**kidnappeur, euse** n Qui commet un kidnapping.
**kidnapping** [kidnapiŋ] nm Enlèvement d'une personne.
**kif** nm Poudre de haschisch mêlée de tabac, en Afrique du Nord.
**kif-kif** adj inv ■ FAM **c'est kif-kif** : c'est pareil.
**kilo** nm (abréviation) Kilogramme.
**kiloeuro** nm Unité de compte qui équivaut à 1 000 euros ; symb : k€.
**kilogramme** nm Unité de mesure de masse égale à 1 000 grammes ; symb : kg.
**kilométrage** nm **1.** Action de kilométrer. **2.** Nombre de kilomètres parcourus.
**kilomètre** nm Unité pratique de distance valant 1 000 mètres ; symb : km. ■ **kilomètre par heure** ou **kilomètre à l'heure** ou **kilomètre-heure** : unité pratique de mesure de vitesse ; symb : km/h.
**kilométrer** vt (conj 10) Marquer les distances kilométriques.
**kilométrique** adj Relatif au kilomètre.
**kilo-octet** nm Unité de mesure équivalant à 1 024 octets.
**kilowatt** nm Unité de puissance qui équivaut à 1 000 watts ; symb : kW.
**kilowattheure** nm Unité d'énergie ou de travail égale au travail exécuté pendant une heure par une machine dont la puissance est de 1 kilowatt ; symb : kWh.
**kilt** [kilt] nm **1.** Jupe courte traditionnelle en tartan, portée par les Écossais. **2.** Jupe féminine ayant cette forme.
**kimono** nm Tunique japonaise croisée devant et maintenue par une large ceinture. ◆ adj inv ■ **manche kimono** : manche ample taillée d'une seule pièce avec le corsage.
**kiné** n (abréviation) FAM Kinésithérapeute. ◆ nf FAM Kinésithérapie.
**kinésithérapeute** n Praticien exerçant la kinésithérapie.
**kinésithérapie** nf Ensemble des traitements qui utilisent le mouvement pour donner ou rendre au malade, au blessé, le geste et la fonction des différentes parties du corps.
**kiosque** nm **1.** Abri pour la vente des journaux, des fleurs, etc., sur la voie publique. **2.** Pavillon ouvert de tous côtés, dans un jardin, un lieu public. **3.** Abri sur la passerelle d'un sous-marin.
**kiosquier, ère** n Personne qui tient un kiosque à journaux.
**kippa** nf Calotte portée par les juifs pratiquants.
**Kir** nm (nom déposé) Apéritif constitué de liqueur de cassis et de vin blanc. ■ **Kir Royal** (nom déposé) : Kir dans lequel le champagne remplace le vin blanc.
**kirsch** nm Eau-de-vie de cerise.
**kit** [kit] nm Ensemble d'éléments à monter soi-même (recomm. off. : *prêt-à-monter*). ■ **kit main(s) libre(s)** : dispositif qui, relié à un téléphone portable, permet à l'utilisateur de celui-ci de converser sans le tenir en main.
**kitchenette** nf Petite cuisine intégrée à une salle de séjour (recomm. off. : *cuisinette*).
**kitesurf** [kajtsœrf] ou **kite** nm Planche à voile mue par un cerf-volant ; sport ainsi pratiqué.
**kitsch** [kitʃ] adj inv Se dit d'une œuvre d'art, d'un décor, au mauvais goût provocant.
**kiwi** [kiwi] nm **1.** Fruit comestible d'un arbuste, à peau marron couverte de poils soyeux. **2.** Aptéryx (oiseau).
**Klaxon** [klaksɔn] nm (nom déposé) Avertisseur sonore pour véhicules.
**klaxonner** vi et vt Se servir d'un Klaxon.
**Kleenex** [klinɛks] nm (nom déposé) Mouchoir jetable en ouate de cellulose.
**kleptomane** ou **cleptomane** n Personne atteinte de kleptomanie.
**kleptomanie** ou **cleptomanie** nf Impulsion pathologique qui pousse certaines personnes à voler.
**km** (symbole) Kilomètre.
**km/h** (symbole) Kilomètre-heure.

**knickers** [nikœrs] nm pl Pantalon court serré au-dessous du genou.
**knout** nm Supplice du fouet, en Russie.
**Ko** (symbole) INFORM Kilo-octet.
**K-O** nm inv (sigle de *knock-out*) Mise hors de combat d'un boxeur. ◆ adj inv Assommé : *être K-O de fatigue*.
**koala** nm Mammifère marsupial grimpeur d'Australie.
**Koch ■ bacille de Koch** nm Bacille de la tuberculose.
**kohol** nm → **khôl**.
**koinè** [kɔjnɛ] nf Langue commune du monde grec aux époques hellénistique et romaine.
**kola** ou **cola** nm Arbre d'Afrique ; fruit de cet arbre (*noix de kola*), aux propriétés stimulantes.
**kolkhoze** nm HIST En URSS, coopérative agricole de production.
**kolkhozien, enne** adj et n Relatif à un kolkhoze ; qui est membre d'un kolkhoze.
**konjac** nm Plante vivace originaire d'Asie, dont le rhizome fournit une farine hypocalorique au fort pouvoir rassasiant.
**kopeck** nm **1.** Unité monétaire divisionnaire de la Russie, le centième du rouble. **2.** FAM Pas un kopeck : *pas un sou*.
**korrigan, e** n Nain ou fée des légendes bretonnes.
**kosovar, e** ou **kosovien, enne** [kɔsɔ-] adj et n Du Kosovo : *les Kosovars*.
**kouglof** nm Gâteau alsacien en forme de couronne.
**koulak** nm En Russie, avant la collectivisation des terres, paysan riche.
**koweïtien, enne** adj et n Du Koweït : *les Koweïtiens*.
**krach** [krak] nm Effondrement du cours des valeurs de la Bourse, débâcle financière.
**kraft** nm Papier d'emballage résistant.
**krill** nm Banc de petits crustacés dont se nourrissent les baleines.
**kriss** ou **criss** nm Poignard malais dont la lame a la forme d'une flamme.
**krypton** nm Gaz rare de l'atmosphère ; symb : Kr.
**ksi** ou **xi** nm inv Quatorzième lettre de l'alphabet grec, correspondant à *x*.
**kumquat** [kumkwat] nm Agrume ressemblant à une petite orange, qui se mange souvent confit ; arbuste qui le produit.
**kung-fu** [kuŋfu] nm Sport de combat d'origine chinoise.
**kurde** adj et n Du Kurdistan : *les Kurdes*. ◆ nm Langue du groupe iranien parlée par les Kurdes.
**kW** (symbole) Kilowatt.
**K-way** [kawe] nm (nom déposé) Coupe-vent très léger qui peut être replié dans une de ses poches et se porter ainsi à la ceinture.
**kWh** (symbole) Kilowattheure.
**Kyrie** ou **Kyrie eleison** [kirijeeleisɔn] nm inv **1.** Invocation faite au commencement de la messe. **2.** Musique sur les paroles du Kyrie.
**kyrielle** nf Longue suite : *une kyrielle d'injures*.
**kyste** nm Tumeur dont le contenu est liquide.
**kystique** adj De la nature du kyste.

# L

**1. l** nm Douzième lettre de l'alphabet et la neuvième des consonnes.

**2. l** ou **L** (symbole) Litre.

**L** (symbole) Chiffre romain, valant cinquante.

**1. la** art f sing et pron f sing → **le.**

**2. la** nm inv Sixième note de la gamme.

**là** adv **1.** Indique un lieu autre que celui où on se trouve (par opposition à *ici*), un lieu quelconque, un moment imprécis du temps, un renforcement : *prendre des informations ici et là ; restez là ; et là il se mit à pleuvoir ; vous dites là des choses importantes.* **2.** Se met à la suite des pronoms démonstratifs et des substantifs, pour préciser : *cet homme-là.* **3.** Se met aussi avant quelques adverbes de lieu : *là-dessus, là-bas.* ■ **çà et là** : de tous côtés. ❑ **de là** : (a) de cet endroit (b) pour cette raison. ❑ **par-ci, par-là** : (a) de côté et d'autre (b) de temps en temps. ❑ **par là** : (a) par ce lieu (b) dans les environs (c) par ce moyen.

**là-bas** adv En un lieu situé plus loin ou plus bas.

**label** nm **1.** Marque apposée par certains syndicats professionnels sur un produit destiné à la vente. **2.** Société éditrice de disques ; marque déposée par cette société.

**labéliser** ou **labelliser** vt Conférer un label à : *labéliser des poulets d'élevage.*

**labeur** nm LITT Travail pénible et long.

**labial, e, aux** adj Relatif aux lèvres.

**labié, e** adj BOT Se dit d'une corolle au limbe découpé en deux lobes principaux (lavande, menthe, etc.).

**labo** nm (abréviation) FAM Laboratoire.

**laborantin, e** n Assistant, assistante de laboratoire.

**laboratoire** nm Local équipé pour faire des recherches scientifiques, des analyses biologiques, des essais industriels, des travaux photographiques, etc.

**laborieusement** adv Avec beaucoup de peine et de travail.

**laborieux, euse** adj **1.** Qui travaille beaucoup : *homme laborieux.* **2.** Long et difficile : *recherches laborieuses.*

**labour** nm Façon donnée aux terres en les labourant. ◆ **labours** pl Terres labourées.

**labourable** adj Propre à être labouré.

**labourage** nm Action, manière de labourer.

**labourer** vt **1.** Ouvrir et retourner la terre avec la charrue, la bêche, etc. **2.** Marquer de raies profondes, creuser ; entailler : *la balle lui a labouré le visage.*

**laboureur** nm Celui qui laboure.

**labrador** nm Race de grands chiens d'arrêt à poil ras.

**labre** nm Poisson marin (appelé aussi : *vieille*).

**labyrinthe** nm **1.** Édifice légendaire, attribué à Dédale, composé d'un grand nombre de pièces disposées de telle manière qu'on n'en trouvait que très difficilement l'issue. **2.** Réseau compliqué ; dédale : *un labyrinthe de ruelles.* **3.** FIG Complication inextricable : *le labyrinthe de la procédure.* **4.** ANAT Oreille interne.

**lac** nm Grande étendue d'eau entourée de terres.

**laçage** ou **lacement** nm Action ou manière de lacer.

**lacédémonien, enne** adj et n De Lacédémone.

**lacer** vt (conj 1) Serrer, fermer avec un lacet.

**lacération** nf Action de lacérer.

**lacérer** vt (conj 10) Déchirer, mettre en pièces, en lambeaux.

**lacertilien** nm Reptile généralement muni de pattes, tels le lézard, le caméléon (les lacertiliens forment un ordre).

**lacet** nm **1.** Cordon passé dans des œillets, pour serrer un vêtement, les chaussures. **2.** Série de zigzags : *route en lacet.* **3.** Nœud coulant pour prendre le gibier.

**lâchage** nm **1.** Action de lâcher. **2.** FAM Action d'abandonner quelqu'un.

**1. lâche** adj **1.** Qui n'est pas tendu, pas serré : *corde lâche.* **2.** LITT Qui manque de précision, de densité : *style lâche.*

**2. lâche** adj et n **1.** Qui manque de courage, d'énergie ; peureux, poltron : *soldat lâche.* **2.** Qui manifeste de la cruauté, de la bassesse, en sachant qu'il n'en sera pas puni ; méprisable : *un lâche s'attaque aux faibles.*

**lâchement** adv Sans courage ; avec bassesse.

**1. lâcher** vt **1.** Détendre, desserrer : *lâcher un lien.* **2.** Cesser de tenir, de retenir : *lâcher sa proie.* **3.** Laisser échapper ; lancer : *lâcher une sottise.* **4.** FAM Quitter brusquement, abandonner : *lâcher ses amis.* **5.** FAM Cesser d'importuner : *lâche-moi un peu !* **6.** SPORTS Distancer nettement : *lâcher ses concurrents.* ◆ vi Céder, faire défaut : *la corde a lâché.*

**2. lâcher** nm Action de laisser partir : *lâcher de ballons.*

**lâcheté** nf **1.** Manque de courage. **2.** Action basse, indigne : *commettre une lâcheté.*

**lâcheur, euse** n FAM Qui abandonne ceux avec qui il était engagé.

**lacis** nm Réseau de fils, de vaisseaux, de routes, etc., entrelacés.

**laconique** adj Concis, bref : *réponse laconique.*

**laconiquement** adv En peu de mots.

**laconisme** nm Concision dans l'expression.

**lacquemant** [lakmɑ̃] nm BELGIQUE Gaufrette ovale fourrée d'un sirop de sucre à la fleur d'orange et vendue sur les champs de foire.

**lacrima-christi** nm inv Vin muscat provenant de vignes situées au pied du Vésuve.

**lacrymal, e, aux** adj Relatif aux larmes.

**lacrymogène** adj Qui fait pleurer : *gaz lacrymogène.*

**lacs** [lɑ] nm **1.** Nœud coulant pour chasser. **2.** FIG, LITT Piège, traquenard.

**lactaire** nm Champignon des bois dont la chair, brisée, laisse échapper un liquide blanc ou coloré.

**lactarium** [laktarjɔm] nm Centre de collectage de lait maternel.

**lactation** nf Sécrétion du lait : *période de lactation.*

**lacté, e** adj **1.** Relatif au lait : *sécrétion lactée.* **2.** Qui ressemble au lait : *suc lacté.* **3.** Qui est à base de lait : *régime lacté.* **4.** Qui contient du lait : *farine lactée.* ■ ASTRON **Voie lactée :** bande blanchâtre dans le ciel, due aux étoiles qui constituent notre Galaxie.

**lactescent, e** adj **1.** BOT Qui contient un suc laiteux. **2.** LITT D'un blanc laiteux.

**lactique** adj Se dit d'un acide qui se trouve dans le petit-lait. ■ **ferments lactiques :** bactéries que renferme le lait non stérilisé.

**lactoflavine** nf Vitamine B2 que l'on trouve dans le lait.

**lactose** nm Sucre contenu dans le lait.

**lactosérum** [laktoserɔm] nm Petit-lait.

**lacunaire** adj Qui présente des lacunes, des vides ; incomplet : *un exposé lacunaire.*

**lacune** nf **1.** Interruption dans un texte : *les lacunes d'un manuscrit.* **2.** Ce qui manque à une chose ; insuffisance : *les lacunes d'une éducation.*

**lacustre** adj Qui vit sur les bords ou dans les eaux d'un lac : *plante lacustre.* ■ **cités lacustres :** villages préhistoriques bâtis sur pilotis en bordure des lacs.

**lad** [lad] nm Garçon d'écurie qui soigne les chevaux de course.

**là-dessous** adv **1.** Sous qqch : *regardez là-dessous.* **2.** Derrière les apparences : *un cadeau ? Il y a qqch là-dessous.*

**là-dessus** adv **1.** Sur cet objet : *pose ce livre là-dessus !* **2.** Sur ce sujet : *il travaille là-dessus.* **3.** Sur ces entrefaites : *là-dessus, il est parti.*

**ladite** (pl *lesdites*) adj → **dit.**

**ladre** adj et n **1.** LITT D'une avarice sordide. **2.** VX Lépreux. **3.** Se dit d'un porc ou d'un bœuf atteint de ladrerie.

**ladrerie** nf **1.** LITT Avarice sordide. **2.** Ancien nom de la *lèpre.* **3.** Hôpital où l'on recevait les lépreux. **4.** Maladie du porc ou du bœuf, produite par la présence de larves de ténias.

**lagom** nm Philosophie de vie fondée sur la simplicité et la modération, qui est associée à l'art de vivre suédois ; cet art de vivre.

**lagon** nm Étendue d'eau à l'intérieur d'un atoll.

**lagopède** nm Oiseau des hautes montagnes d'Europe, qui a le tarse et les doigts couverts de plumes.

**lagune** nf Étendue d'eau marine retenue derrière un cordon littoral.

**là-haut** adv **1.** En un lieu plus haut, audessus. **2.** Au ciel (par opposition à *ici-bas*).

**1. lai** nm Petit poème du Moyen Âge, narratif ou lyrique.

**2. lai, e** adj ■ **frère lai, sœur laie :** religieux non prêtre, religieuse non admise aux vœux solennels, qui assuraient des services matériels dans les couvents.

**laïc** [laik] adj et n → **laïque.**

**laïcisation** nf Action de laïciser.

**laïciser** vt Donner un caractère laïque, éliminer tout principe de caractère religieux.

**laïcité** nf **1.** Caractère laïque. **2.** Système qui exclut les Églises de l'exercice du pouvoir politique ou administratif, et notamment de l'organisation de l'enseignement.

**laid, e** adj **1.** Désagréable à la vue : *visage laid.* **2.** FIG Contraire à la bienséance, au devoir : *il est laid de mentir.*

**laidement** adv D'une façon laide.

**laideron** nm Fille ou femme laide.

**laideur** nf État de ce qui est laid.

**1. laie** nf Femelle du sanglier.

**2. laie** nf Sentier en forêt.

**lainage** nm **1.** Étoffe de laine : *robe en lainage* ; vêtement en laine : *mettre un lainage.* **2.** Toison des moutons.

**laine** nf **1.** Fibre épaisse provenant de la toison du mouton et d'autres ruminants. **2.** FAM Vêtement de laine : *prendre une petite laine.* ■ **laine de verre** : fibre de verre utilisée comme isolant thermique.

**laineux, euse** adj **1.** Fourni de laine : *mouton laineux* ; riche en laine : *drap laineux.* **2.** Qui rappelle la laine : *poil laineux.*

**lainier, ère** adj Relatif à la laine : *industrie lainière.*

**laïque** ou **laïc, ïque** adj et n Qui n'appartient pas au clergé. ◆ adj Indépendant de toute opinion confessionnelle : *école laïque.*

**1. laisse** nf Corde pour mener un chien.

**2. laisse** nf LITTÉR Section d'un poème médiéval, d'une chanson de geste.

**laissé-pour-compte** (pl *laissés-pour-compte*) nm Marchandise refusée. ◆ **laissé(e)-pour-compte** (pl *laissé(e)s-pour-compte*) n Personne rejetée par un groupe social.

**laisser** vt **1.** Ne pas prendre ce dont on pourrait disposer : *laisser la monnaie.* **2.** Ne pas emmener, ne pas emporter : *laisser son fils à la maison* ; oublier : *laisser ses gants* ; quitter, abandonner : *laisser sa famille, son pays.* **3.** Abandonner derrière soi qqch qui subsiste : *laisser une trace* ; léguer : *laisser une grosse fortune.* **4.** Perdre : *y laisser sa vie.* **5.** Abandonner, réserver, confier : *laisser un pourboire ; je vous laisse ce soin.* **6.** Maintenir dans le même état, la même situation, la même position : *laisser qqn dehors ; laisser un champ en friche.* **7.** Ne pas empêcher de, permettre : *laisser tomber un vase ; laisser dire.* ■ **laisser à penser** : donner à réfléchir. ❑ FAM **laisser tomber** : abandonner. ❑ LITT **ne pas laisser de** : ne pas cesser, ne pas manquer de. ◆ **se laisser** vpr ■ **se laisser aller** ou **se laisser vivre** : se relâcher, ne pas faire d'effort. ❑ **se laisser dire** : entendre dire. ❑ **se laisser faire** : ne pas opposer de résistance.

**laisser-aller** nm inv Négligence dans la tenue, les manières.

**laissez-passer** nm inv Permission écrite de passer, de circuler ; sauf-conduit.

> ORTHOGRAPHE Un *laissez-passer* consiste en une consigne donnée, d'où l'impératif *laissez.*

**lait** nm **1.** Liquide blanc d'une saveur douce, fourni par les femelles des mammifères ; aliment à base de ce liquide : *lait de chèvre ; lait demi-écrémé, en poudre.* **2.** Tout ce qui ressemble au lait : *lait de chaux.* ■ **lait d'amande, lait de coco** : boisson végétale à base d'amande, de coco. ❑ ABUSIF **lait végétal** : boisson végétale.

**laitage** nm Aliment à base de lait.

**laitance** ou **laite** nf Sperme de poisson.

**laiterie** nf **1.** Industrie, commerce du lait. **2.** Usine, lieu où l'on traite le lait pour la consommation et la fabrication des produits dérivés.

**laiteux, euse** adj Qui a l'aspect du lait.

**1. laitier** nm Scorie de haut-fourneau.

**2. laitier, ère** adj Relatif au lait et à ses dérivés. ■ **vache laitière** ou **laitière** nf : élevée pour la production du lait. ◆ n Commerçant en produits laitiers.

**laitière** nf Pot à lait.

**laiton** nm Alliage de cuivre et de zinc.

**laitue** nf Plante composée qui se mange en salade ; salade de cette plante.

**laïus** [lajys] nm FAM Discours.

**laize** nf Largeur d'une étoffe. SYN : lé.

**lallation** nf **1.** Défaut de prononciation de la consonne *l.* **2.** Émissions vocales des nourrissons.

**1. lama** nm Moine bouddhiste tibétain. ■ **grand lama** ou **dalaï-lama** : titre porté par le chef suprême du lamaïsme.

**2. lama** nm Mammifère ruminant des Andes.

**lamaïsme** nm Forme du bouddhisme.

**lamantin** nm Mammifère cétacé herbivore d'Afrique et d'Amérique.

**lamaserie** nf Couvent de lamas.

**lambda** nm inv Onzième lettre de l'alphabet grec, correspondant au *l* français. ■ FAM **individu lambda** : individu quelconque.

**lambeau** nm **1.** Morceau de chair, d'étoffe, déchiré, arraché. **2.** FIG Fragment, partie : *les lambeaux d'un empire.*

**lambic** nm Bière forte belge.

**lambin, e** adj et n FAM Qui agit avec lenteur.

**lambiner** vi FAM Agir lentement, perdre son temps.

**lambourde** nf **1.** Chacune des pièces de bois servant à soutenir un parquet. **2.** Rameau terminé par des boutons à fruits.

**lambrequin** nm Bande d'étoffe festonnée décorant un ciel de lit, une embrasure de fenêtre.

**lambris** nm Revêtement en bois des parois d'une pièce, d'un plafond, d'une voûte.

**lambrisser** vt Revêtir de lambris.

**lambswool** [lɑ̃bswul] nm Laine d'agneau.

**lame** nf **1.** Fer d'un instrument coupant : *lame de couteau, de rasoir.* **2.** Morceau de métal ou d'une autre matière dure, plat et très mince : *lame de plomb ; lame de verre.* **3.** Vague de la mer.

**lamé, e** adj et nm Se dit d'un tissu de fils de métal ou orné de lames métalliques : *lamé or, argent.*

**lamellaire** adj Dont la structure présente des lames, des lamelles.

**lamelle** nf Petite lame.

**lamellibranche** nm Mollusque à coquille bivalve.

**lamellicorne** nm Insecte coléoptère à antennes en feuillets (hanneton, scarabée).

**lamelliforme** adj En forme de lamelle.

**lamellirostre** adj Qui a le bec garni sur ses bords de lamelles transversales.

**lamentable** adj Navrant, pitoyable : *situation lamentable.*

**lamentablement** adv De façon lamentable.

**lamentation** nf Plainte, gémissement.

**lamenter (se)** vpr Se plaindre, gémir.

**lamento** [lamɛnto] nm MUS Chant de tristesse et de douleur.

**lamifié, e** adj Stratifié.

**laminage** nm Action de laminer.

**laminaire** nf Algue très longue.

**laminer** vt **1.** Aplatir un métal par compression entre deux rouleaux. **2.** FIG Diminuer progressivement, rogner : *la hausse des prix lamine le pouvoir d'achat.* **3.** Écraser, éprouver durement : *cet échec l'a laminé.*

**lamineur** nm Ouvrier qui lamine.

**laminoir** nm Machine à laminer composée de cylindres d'acier tournant en sens inverse.

**lampadaire** nm Support vertical qui porte un appareil d'éclairage.

**lampant, e** adj Se dit d'une huile éclairante : *pétrole lampant.*

**lamparo** nm Lampe utilisée par les pêcheurs, surtout en Méditerranée, pour attirer le poisson.

**lampe** nf **1.** Appareil producteur de lumière : *lampe à huile, électrique, de chevet.* **2.** Ampoule électrique : *lampe halogène.* **3.** Appareil produisant une flamme et utilisé comme source de chaleur : *lampe à souder.*

**lampée** nf FAM Grande gorgée de liquide : *une lampée de vin.*

**lampion** nm **1.** Récipient contenant une matière combustible, utilisé pour les illuminations. **2.** Lanterne vénitienne.

**lampiste** nm FAM Employé subalterne.

**lamproie** nf Poisson vertébré de forme cylindrique et allongée.

**lampyre** nm Insecte coléoptère dont la femelle est appelée couramment *ver luisant.*

**lance** nf **1.** Arme offensive à long manche et à fer pointu. **2.** Tube métallique à l'extrémité d'un tuyau de pompe et servant à diriger le jet : *lance d'incendie.*

**lancé, e** adj Qui a acquis une certaine célébrité : *acteur lancé.*

**lance-bombe** (pl *lance-bombes*) ou **lance-bombes** (pl inv) nm Appareil ou dispositif pour le largage des bombes.

> ORTHOGRAPHE *Lance* (étant un verbe) est toujours invariable, quelle que soit l'orthographe du deuxième élément du mot composé.

**lancée** nf ■ **sur sa lancée :** en profitant du mouvement donné par l'élan initial.

**lance-flamme** (pl *lance-flammes*) ou **lance-flammes** (pl inv) nm Appareil projetant des liquides enflammés.

**lance-grenade** (pl *lance-grenades*) ou **lance-grenades** (pl inv) nm Arme qui sert à lancer des grenades.

**lancement** nm **1.** Action de lancer : *lancement du javelot, d'une fusée.* **2.** Mise à l'eau d'un navire. **3.** Publicité faite pour promouvoir un produit, faire connaître quelqu'un : *prix de lancement.*

**lance-missile** (pl *lance-missiles*) ou **lance-missiles** (pl inv) nm Engin servant à lancer des missiles.

**lancéolé, e** adj En forme de lance : *feuille lancéolée.*

**lance-pierre** (pl *lance-pierres*) ou **lance-pierres** (pl inv) nm Jouet pour lancer des cailloux. SYN : fronde. ■ FAM **être payé au lance-pierre :** recevoir une faible rémunération. ❏ FAM **manger avec un lance-pierre :** manger rapidement.

**1. lancer** vt (conj 1) **1.** Jeter avec force : *lancer des pierres.* **2.** Faire mouvoir rapidement une partie du corps : *lancer la jambe en avant.* **3.** Émettre vivement : *lancer un appel aux dons.* **4.** Mettre en train, en action : *lancer un moteur ; lancer une affaire.* **5.** Faire parler qqn de qqch qu'il aime : *lance-le sur le football.* **6.** Faire connaître d'un large public : *lancer un artiste.* **7.** MAR Mettre à l'eau : *lancer un bateau.* ◆ **se lancer** vpr **1.** Se précipiter : *se lancer dans le vide.* **2.** S'engager avec hardiesse, avec fougue : *se lancer dans de gros travaux.*

**2. lancer** nm SPORTS Épreuve d'athlétisme consistant à projeter un poids, un disque, un javelot ou un marteau. ■ **pêche au lancer :** mode de pêche qui consiste à envoyer l'appât au loin au moyen d'une canne.

**lance-roquette** (pl *lance-roquettes*) ou **lance-roquettes** (pl inv) nm Arme tirant des roquettes.

**lance-torpille** (pl *lance-torpilles*) ou **lance-torpilles** (pl inv) nm Dispositif servant à tirer des torpilles.

**lancette** nf **1.** Petit instrument de chirurgie. **2.** ARCHIT Arc allongé.

**1. lanceur** nm **1.** Véhicule propulsif capable d'envoyer une charge utile dans l'espace. **2.** Sous-marin porteur de missiles stratégiques.

**2. lanceur, euse** n Personne qui lance : *lanceur de javelot.* ■ **lanceur d'alerte :** personne qui dénonce publiquement l'utilisation de technologies ou substances dangereuses pour la santé publique et l'environnement, et la transgression de certaines règles déontologiques ou légales.

**lancier** nm Cavalier armé d'une lance.

**lancinant, e** adj Qui lancine : *douleur lancinante ; souvenir lancinant.*

**lancinement** nm Élancement douloureux.

**lanciner** vi et vt **1.** Faire souffrir par des élancements répétés. **2.** FIG Tourmenter de façon continue, obséder.

**lançon** nm ZOOL Équille.

**Land** (pl *Länder*) nm Chacun des États de l'Allemagne ; province d'Autriche.

**landais, e** adj et n Des Landes : *les Landais.*

**landau** (pl *landaus*) nm **1.** Voiture d'enfant. **2.** Voiture hippomobile à quatre roues et munie d'une capote à double soufflet.

**lande** nf Formation végétale de bruyères, de genêts et d'ajoncs.

**landgrave** nm HIST **1.** Titre de quelques princes d'Allemagne. **2.** Magistrat qui rendait la justice au nom de l'empereur d'Allemagne.

**landtag** [lɑ̃dtag] nm Assemblée délibérante dans certains États allemands et autrichiens.

**langage** nm **1.** Faculté propre à l'homme d'exprimer ou de communiquer sa pensée par un système de signes vocaux (parole) ou graphiques (écriture) : *troubles du langage.* **2.** Tout système permettant de communiquer : *langage gestuel ;* mode d'expression (symboles, formes artistiques, etc.) : *langage des fleurs ; le langage de la peinture.* **3.** Manière de parler propre à un groupe social ou professionnel, à une discipline, à un individu : *le langage administratif.* **4.** Mode de transmission de l'information chez certains animaux. **5.** Contenu du discours : *parler un double langage.* **6.** Expression propre à un sentiment, une attitude : *le langage de la raison.* **7.** INFORM Ensemble des règles permettant d'assembler des instructions élémentaires pour programmer un ordinateur.

**langagier, ère** adj Relatif au langage.

**lange** nm **1.** ANC Carré de tissu pour emmailloter un nourrisson. **2.** Carré ou rectangle de coton léger, servant à divers usages en puériculture.

**langer** vt (conj 2) Envelopper dans un lange ou dans des couches ; emmailloter.

**langoureusement** adv De façon langoureuse.

**langoureux, euse** adj Qui marque de la langueur ; alangui : *une pose langoureuse.*

**langouste** nf Crustacé décapode comestible, vivant sur les fonds rocheux des mers.

**langoustier** nm Bateau équipé pour la pêche à la langouste.

**langoustine** nf Petit crustacé voisin du homard.

**langue** nf **1.** Organe charnu, mobile, situé dans la bouche et servant, chez l'homme, à la déglutition et à la parole ; cet organe chez certains animaux : *les muscles de la langue ; langue braisée.* **2.** Système de signes verbaux propre à une communauté d'individus : *langue française.* **3.** Manière particulière de s'exprimer, langage : *la langue des poètes.* ■ **donner sa langue au chat :** renoncer à deviner. ❑ **langue de bois :** manière stéréotypée de s'exprimer, reflétant une position dogmatique, notamm. en politique. ❑ **langue des signes → signe.** ❑ **langue de terre :** péninsule étroite. ❑ **langue de vipère** ou **mauvaise langue :** personne médisante. ❑ **langue maternelle :** celle du pays où on est né. ❑ **langue morte :** qui n'est plus parlée. ❑ **langue verte :** argot. ❑ **langue vivante :** actuellement parlée. ❑ **se mordre la langue :** s'arrêter au moment de parler, se repentir d'avoir parlé. ❑ **tenir sa langue :** garder un secret.

**langue-de-bœuf** (pl *langues-de-bœuf*) nf Champignon rouge comestible.

**langue-de-chat** (pl *langues-de-chat*) nf Biscuit long et plat.

**languedocien, enne** adj et n Du Languedoc.

**languette** nf **1.** Objet en forme de petite langue. **2.** Lame mobile vibrante d'un instrument à anche. **3.** Tenon d'une planche, qui entre dans une rainure.

**langueur** nf **1.** Abattement physique ou moral, manque d'énergie, de dynamisme ; dépression. **2.** Mélancolie douce et rêveuse ; attendrissement.

**languide** adj LITT Langoureux, languissant : *un regard languide.*

**languir** vi **1.** LITT Se morfondre, dépérir. **2.** Traîner en longueur, manquer d'animation : *la conversation languit.* **3.** Attendre vainement : *ne me fais pas languir.* ◆ **se languir** vpr S'ennuyer.

**languissant, e** adj Qui languit.

**lanière** nf Courroie étroite.

**lanifère** ou **lanigère** adj Qui porte de la laine ou du duvet cotonneux : *plantes lanifères.*

**lanoline** nf Graisse tirée du suint du mouton et employée comme excipient pour de nombreuses pommades.

**lansquenet** nm Fantassin allemand mercenaire des XVe et XVIe s.

**lanterne** nf Boîte à parois transparentes où l'on met une lumière à l'abri du vent. ■ **éclairer la lanterne de quelqu'un :** le renseigner. ❑ **lanterne magique :** instrument d'optique pour projeter des images. ❑ **lanterne rouge :** dernier d'un classement. ◆ **lanternes** pl Feux de position d'un véhicule. SYN : veilleuses.

**lanterner** vi FAM Flâner, perdre son temps. ■ **faire lanterner :** faire attendre.

**lanthane** nm Métal du groupe des terres rares.

**lanugineux, euse** adj BOT Couvert de duvet.

**laotien, enne** adj et n Du Laos : *les Laotiens.* ◆ nm Principale langue parlée par les Laotiens.

**lapalissade** nf Vérité d'une évidence niaise.

**laparotomie** nf Ouverture chirurgicale de l'abdomen.

**lapement** nm Action de laper.

**laper** vt et vi Boire avec la langue : *le chien lape l'eau.*

ORTHOGRAPHE Un petit chien *lape* (avec un *p*), mais il *jappe* (avec deux *p*).

**lapereau** nm Jeune lapin.

**lapidaire** nm Qui taille les pierres précieuses ; qui en fait le commerce. ◆ adj **1.** Relatif aux pierres précieuses, aux objets de pierre, aux inscriptions gravées sur la pierre. **2.** Bref et concis : *formule lapidaire.*

**lapidation** nf Action de lapider.

**lapider** vt Tuer, attaquer, poursuivre à coups de pierres.

**lapilli** nm pl Petites projections volcaniques.

**lapin, e** n Mammifère herbivore sauvage (lapin de garenne) ou domestique (élevé pour sa chair ou pour sa fourrure) ; chair, fourrure de cet animal. ■ FAM **chaud lapin :** homme avide de relations sexuelles. ❑ FAM **coup du lapin :** coup brutal sur la nuque. ❑ FAM **poser un lapin :** ne pas venir à un rendez-vous.

**lapiner** vi Mettre bas, en parlant d'une lapine.

**lapis** [lapis] ou **lapis-lazuli** [lapislazyli] nm inv Pierre fine opaque d'un bleu intense.

**lapon, e** adj et n De la Laponie : *les Lapons.* ◆ nm Langue parlée par les Lapons.

**laps** [laps] nm ■ **laps de temps :** espace de temps.

**lapsus** [lapsys] nm Faute commise en parlant (*lapsus linguae*) ou en écrivant (*lapsus calami*) et qui consiste à substituer au terme attendu un autre mot.

**laquage** nm Action de laquer.

**laquais** nm **1.** Valet en livrée. **2.** LITT Homme d'un caractère servile.

**1. laque** nf **1.** Gomme-résine rouge-brun de certains arbres de l'Inde ; vernis noir ou rouge préparé, en Chine surtout, avec cette résine. **2.** Matière qui contient de l'alumine, employée en peinture. **3.** Produit que l'on vaporise sur les cheveux pour maintenir la coiffure.

**2. laque** nm Objet d'Extrême-Orient recouvert de laque.

**laqué, e** adj Se dit d'une volaille, d'une viande enduite, entre deux cuissons, d'une sauce aigre-douce : *canard, porc laqué.*

**laquer** vt Couvrir de laque.

**larbin** nm FAM, PÉJOR **1.** Domestique, valet. **2.** Homme servile.

**larcin** nm Petit vol.

**lard** nm Tissu adipeux de certains animaux (en particulier du porc).

**larder** vt **1.** Piquer de lardons : *larder une viande.* **2.** LITT Percer de coups, blesser ; cribler : *victime au corps lardé de coups de couteau.*

**lardon** nm Petit morceau de lard.

**lare** nm ANTIQ ROM Dieu protecteur du foyer domestique.

**largage** nm Action de larguer.

**large** adj **1.** Étendu dans le sens opposé à la longueur, à la hauteur : *la rivière est large à cet endroit.* **2.** Qui n'est pas serré ; ample : *vêtement large.* **3.** Étendu, important, considérable : *larges concessions.* **4.** Qui n'est pas borné, sans préjugés : *esprit large.* **5.** Généreux : *se montrer large.* ◆ adv ■ **voir large :** voir grand. ◆ nm **1.** Largeur : *un mètre de large.* **2.** Pleine mer : *gagner le large.* ■ **être au large :** à l'aise. ❑ **prendre le large :** s'enfuir.

**largement** adv **1.** Abondamment : *gagner largement sa vie.* **2.** Au minimum : *il est largement onze heures.*

**largesse** nf LITT Libéralité, générosité : *profiter de la largesse de quelqu'un.* ◆ **largesses** pl Dons généreux.

**largeur** nf **1.** Dimension opposée à la longueur, à la hauteur : *la largeur d'une rue.* **2.** Caractère de ce qui n'est pas étroit, mesquin : *largeur de vues.*

**larghetto** [largɛto] adv MUS Indique un mouvement moins lent que le largo. ◆ nm Morceau de musique exécuté larghetto.

**largo** adv MUS Indique un mouvement ample et large. ◆ nm Morceau de musique exécuté largo.

**largue** adj MAR Non tendu. ■ **vent largue :** oblique par rapport à la route du navire. ◆ nm Allure d'un navire qui reçoit le vent largue. ■ **grand largue :** allure portante proche du vent arrière.

**larguer** vt **1.** MAR Détacher, laisser aller : *larguer une voile, les amarres.* **2.** Lâcher, laisser tomber : *avion qui largue des parachutistes, des bombes.* **3.** FAM Abandonner, se débarrasser de : *il a tout largué pour aller vivre sur une île déserte.* ■ FAM **être largué :** être perdu, ne plus comprendre.

**larigot** nm Flûte ancienne.

**larme** nf **1.** Humeur liquide sécrétée par l'œil : *ému jusqu'aux larmes.* **2.** Petite quantité d'un liquide : *boire son café avec une larme de lait.*

**larmier** nm **1.** ARCHIT Saillie d'une corniche, creusée en gouttière, pour faire tomber l'eau de la pluie. **2.** ANAT Angle interne de l'œil.

**larmoiement** nm **1.** Écoulement involontaire de larmes. **2.** (surtout au pluriel) Plainte, pleurnicherie.

**larmoyant, e** adj **1.** Dont les yeux sont humides de larmes : *vieillard larmoyant.* **2.** Qui cherche à attendrir : *ton larmoyant.*

**larmoyer** [larmwaje] vi (conj 3) **1.** Être atteint de larmoiement. **2.** Pleurnicher, se lamenter.

**larron** nm LITT Voleur. ■ **l'occasion fait le larron :** les circonstances amènent à agir autrement qu'à l'ordinaire. ❑ **s'entendre comme larrons en foire :** s'entendre à merveille.

**larsen** [larsɛn] nm Sifflement parasite dû à une interférence entre un micro et un haut-parleur.

**larvaire** adj Relatif à la larve.

**larve** nf Premier état des insectes, crustacés, amphibiens, à leur sortie de l'œuf.

**larvé, e** adj **1.** MÉD Se dit d'une maladie qui n'est pas encore apparente ou qui ne se manifeste pas complètement. **2.** Latent : *opposition larvée.*

**laryngé, e** ou **laryngien, enne** adj Du larynx.

**laryngite** nf Inflammation du larynx.

**laryngologie** nf Étude du larynx et de ses affections.

**laryngologiste** ou **laryngologue** n Spécialiste de la gorge.

**laryngoscope** nm Appareil pour observer le larynx.

**laryngoscopie** nf Examen visuel du larynx à l'aide d'un appareil.

**laryngotomie** nf Ouverture chirurgicale du larynx.

**larynx** nm Organe de la phonation situé entre le pharynx et la trachée.

**1. las** [las] interj LITT Hélas.

**2. las, lasse** [la, las] adj **1.** LITT Fatigué : *se sentir las.* **2.** Ennuyé, dégoûté : *je suis las de vos reproches.*

**lasagne** (pl *lasagnes* ou inv) nf Pâte alimentaire en plaque. ◆ **lasagnes** pl Plat gratiné fait de plaques de pâte alternant avec une couche de hachis de viande.

**lascar** nm FAM Individu rusé, malin.

**lascif, ive** adj **1.** Enclin aux plaisirs sexuels. **2.** Qui les évoque ; sensuel : *danse lascive.*

**lascivement** adv Avec lascivité.

**lascivité** nf LITT Penchant, caractère lascif.

**laser** [lazɛr] nm Appareil pouvant engendrer un faisceau de lumière très intense, susceptible de multiples applications.

**lassant, e** adj Qui lasse ; ennuyeux.

**lasser** vt Rendre las ; ennuyer : *lasser ses lecteurs, son entourage.* ◆ **se lasser** vpr [de] Devenir las à force de : *un spectacle dont on ne se lasse pas.*

**lassitude** nf **1.** Fatigue physique : *la lassitude due à l'âge.* **2.** Ennui, découragement : *céder par lassitude.*

**lasso** nm Forte corde terminée par un nœud coulant, utilisée pour capturer les animaux sauvages.

**lat.** (abréviation) Latitude.

**latence** nf État de ce qui est latent.

**latent, e** adj Qui n'est pas apparent, qui ne se manifeste pas au-dehors : *révolte latente.*

**latéral, e, aux** adj De côté, sur le côté, relatif au côté de quelque chose : *porte latérale.*

**latéralement** adv Sur le côté.

**latéralisation** nf PSYCHOL Dominance de l'hémisphère cérébral droit ou gauche dans une activité.

**latéralisé, e** adj ■ PSYCHOL **bien, mal latéralisé :** dont l'activité motrice correspond bien ou mal à la dominance d'un hémisphère cérébral sur l'autre.

**latéralité** nf PSYCHOL Dominance fonctionnelle d'un côté du corps sur l'autre.

**latérite** nf Sol rougeâtre de la zone tropicale humide.

**latex** nm Suc de certains végétaux, d'aspect laiteux : *le caoutchouc est tiré du latex de l'hévéa*.

**laticlave** nm Bande de pourpre sur la tunique des sénateurs romains.

**latifundium** [latifɔ̃djɔm] (pl *latifundiums* ou *latifundia*) nm Grande propriété rurale.

**latin, e** adj et n **1.** Du Latium : *civilisation latine*. **2.** D'un pays dont la langue a pour origine le latin : *Amérique latine*. ◆ adj **1.** Relatif au latin : *déclinaison latine*. **2.** Relatif à l'Église romaine d'Occident : *rite latin*. ◆ nm Langue des Latins. ■ FAM **y perdre son latin :** n'y rien comprendre.

**latinisation** nf Action de latiniser.

**latiniser** vt **1.** Donner une forme latine à un mot. **2.** Donner le caractère latin à : *l'invasion romaine a latinisé la Gaule*.

**latinisme** nm Mot, expression, construction propres au latin.

**latiniste** n Spécialiste de la langue et de la littérature latines.

**latinité** nf Le monde latin, la civilisation latine.

**latino-américain, e** (pl *latino-américains, es*) adj et n De l'Amérique latine : *musique latino-américaine*.

**latitude** nf **1.** Position d'un lieu par rapport à sa distance de l'équateur : *latitude et longitude*. **2.** Lieu considéré sous le rapport du climat : *plante qui se plaît sous toutes les latitudes*. **3.** FIG Liberté d'agir : *laisser toute latitude à quelqu'un*.

**lato sensu** [latosɛ̃sy] loc adv Au sens large. CONTR : stricto sensu.

**latrie** nf ■ **culte de latrie :** dû à Dieu seul.

**latrines** nf pl Lieux d'aisances.

**lattage** nm Action de garnir de lattes ; ensemble de lattes, lattis.

**latte** nf Planche de bois, longue et mince.

**lattis** nm Garniture de lattes.

**laudanum** [lodanɔm] nm Médicament à base d'opium.

**laudateur, trice** n LITT Personne qui fait des louanges.

**laudatif, ive** adj SOUT Qui loue ; élogieux.

**laudes** nf pl Prière liturgique du matin.

**lauréat, e** adj et n Qui a réussi un examen, a remporté un prix.

**laurier** nm Arbuste à feuilles persistantes utilisées comme condiment ; feuille de cet arbuste : *assaisonner de thym et de laurier*. ◆ **lauriers** pl Gloire, succès : *se couvrir de lauriers*.

**laurier-rose** (pl *lauriers-roses*) nm Arbuste ornemental et toxique.

**laurier-sauce** (pl *lauriers-sauce*) nm Laurier utilisé en cuisine.

**laurier-tin** (pl *lauriers-tins*) nm Plante méditerranéenne aux feuilles persistantes rappelant celles du laurier.

**lavable** adj Qui peut être lavé : *lavable à la machine*.

**lavabo** nm **1.** Appareil sanitaire en forme de cuvette et alimenté en eau. **2.** (surtout au pluriel) Toilettes, dans un lieu public. **3.** LITURGIE Prière du prêtre en lavant ses doigts pendant la messe.

**lavage** nm Action de laver. ■ **lavage d'estomac :** procédé de vidage de l'estomac par introduction et évacuation immédiate d'un liquide.

**lavallière** nf Cravate souple, nouée en deux boucles.

**lavande** nf **1.** Plante aromatique à fleurs bleues en épi ; fleurs séchées de cette plante. **2.** Essence obtenue à partir de ces fleurs.

**lavandière** nf **1.** LITT Femme qui lave le linge à la main. **2.** Bergeronnette (oiseau).

**lavasse** nf FAM Soupe, café, boisson dans lesquels il y a trop d'eau.

**lave** nf Matière visqueuse émise par un volcan et formant une roche volcanique en se refroidissant.

**lavé, e** adj Se dit d'une couleur d'un faible degré d'intensité.

**lave-auto** (pl *lave-autos*) nm CANADA Station de lavage automatique pour automobiles.

**lave-glace** (pl *lave-glaces*) nm Dispositif envoyant un jet de liquide sur le pare-brise d'une automobile.

**lave-linge** nm inv Machine à laver le linge.

**lave-mains** nm inv Petit lavabo.

**lavement** nm Injection liquide dans l'intestin.

**laver** vt **1.** Nettoyer avec un liquide : *laver la vaisselle, le linge*. **2.** Disculper : *laver quelqu'un d'une accusation*. ◆ **se laver** vpr Laver son corps. ■ **se laver les mains de quelque chose :** décliner toute responsabilité.

**laverie** nf Blanchisserie équipée de machines à laver individuelles.

**lavette** nf **1.** Morceau de linge, carré de tissu pour laver la vaisselle. **2.** FAM Personne veule.

**laveur, euse** n Ouvrier qui lave : *laveur de carreaux, de voitures.*

**lave-vaisselle** nm inv Machine à laver la vaisselle.

**lavis** [lavi] nm Dessin recouvert de légers aplats d'encre de Chine, de sépia ou d'aquarelle étendus d'eau.

**lavoir** nm Lieu public destiné au lavage du linge.

**laxatif, ive** adj et nm Se dit d'un purgatif léger.

**laxisme** nm Indulgence, tolérance excessives.

**laxiste** adj et n Qui manifeste du laxisme.

**layette** [lɛjɛt] nf Ensemble des vêtements d'un nouveau-né.

**layon** [lɛjɔ̃] nm Sentier forestier.

**lazaret** nm Établissement où l'on isole les arrivants d'un pays infecté par une maladie contagieuse.

**lazariste** nm Missionnaire d'une congrégation fondée par saint Vincent de Paul.

**lazzi** [ladzi] ou [lazi] nm pl Plaisanterie moqueuse, piquante.

**le, la, les** art défini Détermine les noms dont il indique le genre et le nombre. ◆ pron pers Désigne la 3e personne représentant un être ou une chose, en fonction de complément d'objet direct ou d'attribut.

**lé** nm Largeur d'une étoffe. SYN : laize.

**leader** [lidœr] ou **leadeur, euse** [lidœr, øz] n **1.** Chef d'un parti politique, d'un groupe : *le leader de l'opposition.* **2.** SPORTS Concurrent, équipe en tête dans une compétition.

**leadership** [lidœrʃip] nm Fonction de leader ; position dominante.

**leasing** [liziŋ] nm Contrat de louage d'un bien, assorti d'une promesse unilatérale de vente en fin de contrat.

**léchage** nm Action de lécher.

**lèche** nf ■ FAM **faire de la lèche à qqn** : le flatter bassement.

**léché, e** adj FAM Exécuté minutieusement : *portrait léché.* ■ **ours mal léché** : personne mal élevée.

**lèche-bottes** n inv FAM Flatteur obséquieux et servile.

**lèchefrite** nf Ustensile placé sous la broche, pour recevoir la graisse.

**lécher** vt (conj 10) **1.** Passer la langue sur, enlever avec la langue : *lécher un plat.* **2.** Effleurer : *les flammes léchaient les rideaux.* **3.** Finir avec un soin excessif : *lécher un tableau, un travail.* ■ FAM **lécher les bottes à qqn** : le flatter servilement.

**lécheur, euse** n FAM Personne qui fait de la lèche.

**lèche-vitrines** nm inv ■ FAM **faire du lèche-vitrines** : flâner en regardant les vitrines des magasins.

**leçon** nf **1.** Séance d'enseignement ; cours : *leçon de danse, de math.* **2.** Ce que le maître donne à apprendre par cœur : *réciter sa leçon.* **3.** Enseignement tiré d'une faute, d'un événement : *les leçons de l'expérience.* **4.** Avertissement, réprimande : *donner, recevoir une leçon ; faire la leçon.*

**1. lecteur** nm Appareil qui transforme en impulsions électriques les signaux ou les données enregistrés sur un support mécanique, magnétique ou optique : *lecteur MP3 ; lecteur laser.*

**2. lecteur, trice** n **1.** Qui lit : *courrier des lecteurs.* **2.** Professeur étranger chargé de travaux pratiques sur sa propre langue.

**lectorat** nm Ensemble des lecteurs d'un journal, d'un magazine.

**lecture** nf **1.** Action de lire : *donner lecture d'une note ; faire la lecture.* **2.** Fait de savoir lire : *livre de lecture.* **3.** Ce qu'on lit : *de mauvaises lectures.* **4.** Analyse, interprétation d'un texte, d'une partition, etc. : *une nouvelle lecture de Balzac.* **5.** Restitution, par un lecteur, de signaux enregistrés : *tête de lecture ; lecture optique.* **6.** Discussion et vote d'un texte par une assemblée législative : *adopté en troisième lecture.*

**ledit** (pl *lesdits*) adj → **dit.**

**légal, e, aux** adj Conforme à la loi, défini par la loi : *l'âge légal pour voter ; dispositions légales.*

**légalement** adv De façon légale.

**légalisation** nf Action de légaliser.

**légaliser** vt **1.** Rendre légal. **2.** DR Certifier l'authenticité de.

**légalisme** nm Souci de respecter minutieusement la loi.

**légaliste** adj et n Qui fait preuve de légalisme.

**légalité** nf **1.** Caractère de ce qui est légal : *la légalité d'une mesure.* **2.** Situation conforme à la loi : *rester dans la légalité.*

**légat** nm Ambassadeur du pape.

**légataire** n Bénéficiaire d'un legs.

**légation** nf Représentation diplomatique d'un gouvernement auprès d'un État où il n'y a pas d'ambassade.

**légendaire** adj De la nature des légendes : *aventures légendaires.*

**légende** nf **1.** Récit merveilleux où les faits historiques sont transformés par l'imagination populaire ou l'invention poétique. **2.** Explication jointe à un dessin, à une carte, à une photographie, etc. ■ **légende**

**urbaine :** récit proche de la rumeur qui se répand dans le public.

**léger, ère** adj **1.** Qui a peu de poids, de densité, d'épaisseur : *métal léger.* **2.** Qui a peu de force, de consistance : *dîner léger ; sommeil léger.* **3.** Vif, délicat, agile, peu appuyé : *danse légère ; touche légère.* **4.** Peu important, peu grave : *légère différence ; blessure légère.* **5.** Libre de tout souci : *avoir le cœur léger.* **6.** Qui manque de sérieux, de profondeur : *femme légère ; propos léger.* ■ **à la légère :** inconsidérément.

**légèrement** adv **1.** De façon légère : *s'habiller légèrement.* **2.** Un peu : *il est légèrement blessé.* **3.** Inconsidérément : *se conduire légèrement.*

**légèreté** nf Propriété, caractère de ce qui est léger.

**légiférer** vi (conj 10) Faire des lois.

**légion** nf **1.** HIST Corps de troupes romaines. **2.** Appellation de certaines unités militaires. **3.** Grand nombre d'êtres vivants : *une légion de solliciteurs.* ■ **être légion :** être très nombreux. ❑ **Légion étrangère :** formation militaire française composée de volontaires en majorité étrangers. ❑ **Légion d'honneur :** ordre honorifique français.

**légionnaire** nm **1.** Soldat d'une légion. **2.** Membre de l'ordre de la Légion d'honneur.

**législateur, trice** n et adj Personne qui légifère. ◆ nm ■ **le législateur :** la loi.

**législatif, ive** adj Relatif à la loi, au pouvoir de légiférer : *pouvoir législatif.* ■ **élections législatives :** pour élire les députés de l'Assemblée nationale.

**législation** nf Ensemble des lois concernant un pays ou un domaine particulier.

**législature** nf Durée du mandat d'une assemblée législative.

**légiste** n Spécialiste des lois. ◆ adj ■ **médecin légiste :** chargé d'expertises afin d'aider la justice dans les affaires criminelles.

**légitimation** nf Action de légitimer.

**légitime** adj **1.** Consacré, reconnu, admis par la loi : *union légitime.* **2.** Juste, fondé : *demande légitime.* ■ **légitime défense :** droit de répondre à la violence par la violence pour protéger sa vie ou celle d'autrui ; usage de ce droit.

**légitimement** adv Conformément à la loi, à l'équité : *fortune légitimement acquise.*

**légitimer** vt **1.** Reconnaître pour légitime : *légitimer un droit ;* conférer la légitimité à un enfant naturel. **2.** Justifier : *rien ne légitime sa colère.*

**légitimiste** adj et n Qui défend le principe de la dynastie légitime.

**légitimité** nf Qualité de ce qui est légitime.

**Lego** nm (nom déposé) Jeu de construction constitué de briques en plastique encastrables.

**legs** [lɛ] ou [lɛg] nm **1.** Don par testament : *recevoir un legs.* **2.** LITT Héritage : *le legs du passé.*

**léguer** vt (conj 10) **1.** Donner par testament. **2.** FIG Transmettre : *léguer son nom.*

**1. légume** nm Plante potagère dont les graines, les feuilles, les tiges ou les racines entrent dans l'alimentation : *légumes verts et légumes secs.*

**2. légume** nf ■ FAM **grosse légume :** personnage important.

**légumier, ère** adj Relatif aux légumes. ◆ nm Plat pour servir les légumes.

**légumineuse** nf Plante dont le fruit est une gousse, telle que pois, fève ou haricot (les légumineuses forment un ordre).

**leishmaniose** nf Groupe de maladies des pays tropicaux affectant les globules blancs.

**leitmotiv** [lajtmɔtif] ou [lɛtmɔtif] (pl *leitmotivs* ou *leitmotive*) nm **1.** Phrase, formule qui revient à plusieurs reprises dans une œuvre littéraire, dans un discours, etc. **2.** MUS Motif musical conducteur.

**lemming** [lɛmiŋ] nm Petit mammifère rongeur de Scandinavie.

**lémures** nm pl ANTIQ ROM Fantômes des morts.

**lémurien** nm Mammifère primate aux lobes olfactifs très développés.

**lendemain** nm **1.** Jour qui suit celui où l'on est, ou celui dont on parle : *le lendemain de son arrivée.* **2.** Avenir plus ou moins immédiat : *penser au lendemain.* ■ **du jour au lendemain :** dans un court espace de temps.

**lendit** nm HIST Foire qui se tenait au Moyen Âge dans la plaine Saint-Denis.

**lénifiant, e** adj Qui lénifie ; amollissant : *climat lénifiant.*

**lénifier** vt LITT Adoucir, apaiser : *des paroles propres à lénifier.*

**léninisme** nm Doctrine de Lénine.

**léniniste** adj et n Relatif au léninisme ; qui en est partisan.

**lent, e** adj **1.** Qui manque de rapidité : *marche lente ; esprit lent.* **2.** Qui tarde à agir, à s'accomplir : *poison lent ; mort lente.*

**lente** nf Œuf de pou.

**lentement** adv D'une manière lente.

**lenteur** nf Manque de rapidité, d'activité, de vivacité : *marcher avec lenteur ; lenteur d'esprit.*

**lenticulaire** adj En forme de lentille : *disque lenticulaire.*

**lenticule** nf Lentille d'eau.

**lentigo** nm ou **lentigine** nf MÉD Grain de beauté.

**lentille** nf **1.** Plante annuelle cultivée pour sa graine en forme de disque bombé, consommée comme légume sec ; cette graine. **2.** Verre de contact. **3.** Disque de verre taillé servant, dans les instruments d'optique, à grossir les images. ■ **lentille corail** : lentille rose orangé, issue d'une variété rouge vendue décortiquée.

**lento** [lɛnto] adv MUS Lentement.

**léonin, e** adj **1.** Propre au lion : *crinière léonine.* **2.** FIG Se dit d'un partage où une personne se réserve la plus grosse part : *contrat léonin.* ■ **vers léonin** : dont les deux hémistiches riment ensemble.

**léopard** nm Mammifère carnassier d'Afrique au pelage tacheté.

**lépidoptère** nm Insecte à métamorphoses complètes qui, à l'état adulte (papillon), a des ailes couvertes d'une poussière écailleuse.

**lépiote** nf Champignon des bois et des prés au chapeau couvert d'écailles.

**lèpre** nf **1.** Maladie infectieuse qui couvre la peau de pustules et d'écailles. **2.** FIG, LITT Vice, mal qui s'étend comme la lèpre : *la lèpre du chômage.*

**lépreux, euse** adj et n Qui a la lèpre. ◆ adj Dont la surface est abîmée, sale : *murs lépreux.*

**léproserie** nf Hôpital pour les lépreux.

**lequel, laquelle, lesquels, lesquelles** pron rel Représente une personne ou une chose dont on vient de parler et dont on va parler : *le stylo avec lequel j'écris.* ◆ pron interr (se contracte avec *à*, *de* pour donner *auquel, duquel, auxquels, auxquelles, desquels, desquelles*) Interroge sur l'élément à choisir dans un ensemble : *de ces deux hommes, auquel faire confiance ?*

**les** art et pron pl → **le.**

**lès** prép → **lez.**

**lesbienne** nf Femme homosexuelle.

**lèse-majesté** nf inv ■ **crime de lèse-majesté** : attentat à la majesté souveraine.

**léser** vt (conj 10) **1.** Faire tort à : *léser qqn, un héritier.* **2.** Produire une lésion à : *les émanations toxiques ont lésé les poumons.*

**lésiner** vi Agir avec une économie excessive. ■ **ne pas lésiner sur** : ne pas hésiter à utiliser abondamment.

**lésion** nf **1.** Plaie, contusion, atteinte morbide d'un organe, d'un tissu. **2.** DR Préjudice dans un contrat.

**lessivable** adj Que l'on peut lessiver : *papier peint lessivable.*

**lessivage** nm Action de lessiver.

**lessive** nf **1.** Solution alcaline servant à laver, à nettoyer ; produit détersif. **2.** Action de laver le linge : *faire la lessive.* **3.** Linge lavé ou à laver. **4.** FAM, FIG Épuration.

**lessiver** vt **1.** Nettoyer avec de la lessive : *lessiver les murs, du linge.* **2.** FAM Éliminer d'un groupe, d'une fonction ; écraser, abattre un adversaire : *lessiver l'équipe adverse ;* dépouiller, ruiner : *se faire lessiver au poker.* ■ FAM **être lessivé** : épuisé.

**lessiveuse** nf Récipient pour faire bouillir le linge.

**lessiviel, elle** adj Relatif à la lessive, qui sert à faire la lessive : *produit lessiviel.*

**lest** nm Matière pesante qui charge un navire, un ballon. ■ FIG **jeter, lâcher du lest** : faire un sacrifice dans une situation compromise.

**lestage** nm Action de lester.

**leste** adj **1.** Léger, agile : *marcher d'un pas leste.* **2.** Trop libre, grivois : *propos lestes.*

**lestement** adv De manière leste.

**lester** vt Charger de lest.

**let** [lɛt] adj inv Se dit d'une balle de service qui touche le filet (recommandation officielle : *filet*).

**létal, e, aux** adj MÉD Qui entraîne une mort prématurée, précoce : *gène létal.* ■ **dose létale** : dose d'un produit toxique qui entraîne la mort.

**létalité** nf **1.** Caractère de ce qui est létal (maladie, virus, etc.). **2.** Nombre de décès lié à une maladie donnée rapporté aux personnes atteintes par cette maladie.

**léthargie** nf **1.** Sommeil profond, anormalement continu, avec relâchement musculaire complet. **2.** FIG Torpeur, engourdissement.

**léthargique** adj Qui tient de la léthargie ; atteint de léthargie.

**letton, onne** adj et n De Lettonie : *les Lettons.* ◆ nm Langue balte parlée en Lettonie.

**lettre** nf **1.** Chacun des signes graphiques constituant l'alphabet ; ce signe, considéré dans sa forme, sa taille, etc. : *les vingt-six lettres de l'alphabet ; lettre majuscule, minuscule.* **2.** Caractère d'imprimerie : *les lettres sont rangées dans une casse.* **3.** Sens étroit et strict : *préférer l'esprit à la lettre.* **4.** Message écrit ; épître, missive : *poster une lettre.* **5.** Document officiel ou privé : *lettre de change.* ■ **à la lettre**

ou **au pied de la lettre :** au sens propre des mots, ponctuellement. ❑ **en toutes lettres :** avec des mots, sans abréviation ni chiffres. ❑ **rester lettre morte :** sans effet. ◆ **lettres** pl Ensemble des connaissances et des études littéraires : *licence ès lettres.* ■ **homme, femme de lettres :** écrivain, écrivaine.

**lettré**, **e** adj et n Qui a du savoir, de la culture littéraire.

**lettrine** nf Grande initiale, ornée ou non, au début d'un chapitre, d'un paragraphe.

**lettrisme** nm Mouvement littéraire qui fait consister la poésie dans la sonorité ou la disposition des lettres ; école picturale faisant appel aux combinaisons visuelles des lettres et des signes.

**leu** nm ■ FAM **à la queue leu leu :** À la file.

**leucémie** nf Maladie marquée par une augmentation du nombre des globules blancs du sang.

**leucémique** adj et n Relatif à la leucémie ; atteint de leucémie.

**leucocytaire** adj Relatif au leucocyte.

**leucocyte** nm Globule blanc du sang.

**leucorrhée** nf MÉD Écoulement blanchâtre provenant des voies génitales de la femme.

**leur** adj poss À eux, à elles, qui appartient à eux, à elles. ◆ pron pers inv Désigne la 3e personne du pluriel représentant des êtres ou des choses ayant fonction de complément d'objet indirect ou de complément d'attribution : *je leur ai écrit.* ◆ pron poss ■ **le leur, la leur, les leurs :** celui, celle, ceux, celles qui sont à eux, à elles. ❑ **les leurs :** leurs parents, leurs amis, leurs proches.

GRAMMAIRE *Leur* en tant que pronom personnel est toujours invariable.

**leurre** nm **1.** Appât factice pour la pêche. **2.** FIG Artifice, moyen d'attirer et de tromper : *ce projet merveilleux n'est qu'un leurre.*

**leurrer** vt Attirer par une espérance trompeuse. ◆ **se leurrer** vpr S'illusionner.

**levage** nm Action de lever. ■ **appareil de levage :** pour déplacer verticalement une charge.

**levain** nm **1.** Substance propre à produire la fermentation dans une préparation, notamment la pâte à pain. **2.** LITT Germe d'une passion, d'un sentiment, etc.

**levant** nm Est, orient. ◆ adj m ■ **soleil levant :** soleil qui se lève.

**levantin**, **e** adj et n Du Levant.

**1. levé** nm Lever d'un plan.

**2. levé**, **e** adj **1.** Soulevé, placé plus haut : *mains levées.* **2.** Sorti du lit, debout : *levée chaque jour à l'aube.* **3.** Dressé, vertical : *pierres levées.* ■ **au pied levé :** sans préparation.

**levée** nf **1.** Action de lever, d'enlever : *levée des scellés.* **2.** Perception, collecte : *levée des impôts ; levée du courrier.* **3.** Enrôlement : *levée des troupes.* **4.** Clôture, fin : *levée d'une séance.* **5.** Ensemble des cartes prises au jeu par une carte supérieure ; pli. **6.** Digue, chaussée : *levée de terre.*

**lève-glace** (pl *lève-glaces*) nm Lève-vitre.

**1. lever** vt (conj 9) **1.** Mettre plus haut, soulever : *lever un poids.* **2.** Redresser, diriger vers le haut : *lever la tête.* **3.** Relever : *lever un store.* **4.** Enlever, ôter, supprimer : *lever les scellés.* **5.** Prélever : *lever les filets d'un poisson.* **6.** Enrôler, recruter : *lever une armée.* **7.** Percevoir : *lever une taxe.* **8.** Dessiner : *lever un plan.* **9.** Faire sortir un animal de son gîte. ■ **lever le siège :** (a) mettre fin au siège (b) FIG s'en aller. ❑ **lever la séance :** la clore. ◆ vi **1.** Commencer à pousser : *les blés lèvent.* **2.** Commencer à fermenter : *la pâte lève.* ◆ **se lever** vpr **1.** Se mettre debout, sortir du lit. **2.** Apparaître : *le soleil se lève ; le vent se lève.*

**2. lever** nm **1.** Moment où on se lève : *au lever du lit.* **2.** Moment où un astre se lève : *lever du soleil.* ■ **lever de rideau :** (a) moment où on lève le rideau d'une scène théâtrale (b) petite pièce en un acte commençant une soirée théâtrale (c) match préliminaire dans une réunion sportive. ❑ **lever** ou **levé d'un plan :** sa représentation sur le papier.

**lève-vitre** (pl *lève-vitres*) nm Mécanisme servant à ouvrir ou fermer les vitres d'une voiture. SYN : lève-glace.

**levier** nm **1.** Barre basculant autour d'un point d'appui et servant à soulever des fardeaux. **2.** Tige de commande d'un mécanisme : *levier de vitesse.* **3.** FIG Moyen d'action : *l'intérêt est un puissant levier.*

**lévitation** nf État d'un corps maintenu en équilibre au-dessus du sol sans appui matériel.

**lévite** nm Chez les israélites, membre de la tribu de Lévi.

**levraut** nm Jeune lièvre.

**lèvre** nf Chacune des parties externes de la bouche qui couvrent les dents. ■ **du bout des lèvres :** (a) sans appétit (b) avec dédain. ◆ **lèvres** pl Bords d'une plaie.

**levrette** nf Femelle du lévrier.

**lévrier** nm Chien propre à la chasse au lièvre, à la course.

**lévulose** nm CHIM Sucre de la famille des glucoses.

**levure** nf Champignon provoquant la fermentation alcoolique des solutions sucrées ou qui fait lever les pâtes farineuses. ■ **levure chimique :** mélange de produits chimiques servant à faire lever la pâte.

**lexical, e, aux** adj Qui concerne le lexique, le vocabulaire.

**lexicalisation** nf Fait d'être lexicalisé.

**lexicalisé, e** adj Qui fonctionne, qui est employé comme un mot (EX : *« petit déjeuner », « tout à fait » sont lexicalisés*).

**lexicographe** n Spécialiste de lexicographie, auteur de dictionnaires.

**lexicographie** nf Science de l'élaboration des dictionnaires.

**lexicographique** adj Relatif à la lexicographie.

**lexicologie** nf Partie de la linguistique qui étudie le vocabulaire.

**lexicologue** n Spécialiste de lexicologie.

**lexique** nm **1.** Ensemble des mots formant la langue d'une communauté. **2.** Dictionnaire spécialisé ; dictionnaire succinct, glossaire.

**lez** ou **lès** [lɛ] ou [lɛz] devant une voyelle prép (dans certains noms géographiques) Près de.

**lézard** nm **1.** Reptile commun près des vieux murs. **2.** Peau tannée des grands lézards tropicaux. **3.** FAM Difficulté imprévue ; problème : *il n'y a pas de lézard.* ■ FAM **faire le lézard** : se chauffer paresseusement au soleil.

**lézarde** nf Crevasse dans un mur.

**lézarder** vt Crevasser. ◆ vi FAM Faire le lézard. ◆ **se lézarder** vpr Se crevasser.

**LGBT** adj inv et nm pl (sigle) Se dit des personnes se reconnaissant dans l'un des termes *lesbienne, gay, bisexuel,* ou *transgenre* et des organisations qui les représentent.

**LGV** nf (sigle de *ligne à grande vitesse*) Ligne ferroviaire construite spécialement pour permettre la circulation de trains à grande vitesse, à partir de 250 km/h.

**liage** nm Action de lier.

**liaison** [ljɛzɔ̃] nf **1.** Union, jonction de plusieurs corps. **2.** Enchaînement des parties d'un tout : *liaison dans les idées ; mots de liaison.* **3.** Relation, communication entre des personnes, des troupes, des services, etc. : *agent de liaison ; rester en liaison.* **4.** Communication assurée entre des points du globe : *liaison aérienne.* **5.** LITT Attachement, union : *liaison d'amitié.* **6.** Relation amoureuse suivie : *avoir une liaison.* **7.** CUIS Opération consistant à lier, épaissir une sauce en y incorporant un jaune d'œuf, de la farine, etc. ; ingrédient qui sert à lier. **8.** MUS Signe indiquant que l'on ne doit pas détacher les notes les unes des autres. **9.** GRAMM Prononciation qui consiste à faire entendre la dernière consonne d'un mot avec la voyelle initiale du mot suivant (EX : *les oiseaux* [lɛzwazo]). **10.** CHIM Interaction entre des éléments (ions, atomes, molécules), responsable de la cohésion et de la structure des corps composés.

**liane** nf Plante à tige grimpante des forêts tropicales.

**1. liant** nm Matière ajoutée à une autre pour en agglomérer les parties composantes.

**2. liant, e** adj Qui se lie facilement, sociable : *caractère liant.*

**lias** [ljɑs] nm GÉOL Jurassique inférieur.

**liasse** nf Paquet de papiers liés ensemble.

**libanais, e** adj et n Du Liban : *les Libanais.*

**libation** nf ANTIQ Liquide (lait, huile, vin) répandu en offrande rituelle. ◆ **libations** pl ■ **faire des libations** : boire beaucoup.

**libelle** nm LITT Écrit diffamatoire.

**libellé** nm Formulation d'un acte, d'un document, manière dont il est rédigé.

**libeller** vt Rédiger dans les formes légales ou requises.

**libellule** nf Insecte à quatre longues ailes.

**liber** [libɛr] nm BOT Partie profonde de l'écorce du tronc et des branches.

**libérable** adj Qui peut être libéré.

**libéral, e, aux** adj et n **1.** Favorable aux libertés individuelles, à la liberté de penser, à la liberté politique. **2.** Relatif au libéralisme économique ou politique ; qui en est partisan. ◆ adj Indulgent, tolérant, permissif : *éducation libérale.* ■ **profession libérale** : profession indépendante, d'ordre intellectuel (avocats, médecins, etc.) et rémunérée sous forme d'honoraires.

**libéralement** adv Avec libéralité ; avec libéralisme.

**libéralisation** nf Action de libéraliser.

**libéraliser** vt Rendre plus libre, plus libéral.

**libéralisme** nm **1.** Doctrine économique des partisans de la libre entreprise. **2.** Doctrine politique visant à limiter les pouvoirs de l'État au regard des libertés individuelles. **3.** Fait d'être libéral, tolérant : *le libéralisme d'un médiateur.*

**libéralité** nf **1.** Disposition à donner ; générosité : *agir avec libéralité.* **2.** (surtout au pluriel) Don généreux : *les libéralités des amis.*

**libérateur, trice** adj et n Qui libère.

**libération** nf Action de libérer.

**libératoire** adj DR Qui libère d'une obligation.

**libéré, e** adj et n Dégagé d'une obligation, d'une peine. ◆ adj Affranchi des contraintes sociales : *une femme libérée.*

**libérer** vt (conj 10) **1.** Mettre en liberté : *libérer un prisonnier ;* laisser partir : *libérer les élèves après les cours.* **2.** Débarrasser de ce qui entrave, d'une contrainte : *libérer qqn de ses liens, d'un souci ; libérer les prix.* **3.** Délivrer de la domination, de l'occupation étrangère : *libérer un pays.* **4.** Décharger d'une obligation : *libérer d'une dette.* **5.** Rendre libre un mécanisme : *libérer le cran de sûreté.* **6.** Dégager de ce qui obstrue : *libérer le passage.* **7.** Rendre un lieu libre, disponible : *libérer un appartement.* **8.** PHYS Dégager une énergie, une substance : *réaction qui libère un gaz.* ◆ **se libérer** vpr **1.** Se rendre libre : *j'essaierai de me libérer demain pour aller le voir.* **2.** S'affranchir : *se libérer de la tutelle de ses parents.*

**libérien, enne** adj et n Du Liberia : *les Libériens.*

**libertaire** n et adj Partisan de la liberté absolue ; anarchiste.

**liberté** nf **1.** État opposé à la captivité, à la servitude, à la contrainte : *mettre en liberté ; rendre la liberté à un peuple ; parler en toute liberté.* **2.** Pouvoir d'agir ou de ne pas agir, de choisir : *liberté d'expression, d'opinion.* **3.** État d'une personne qui n'est liée par aucun engagement, notamment professionnel ou conjugal : *célibataire qui préfère garder sa liberté.* **4.** État de l'homme qui se gouverne selon sa raison en l'absence de tout déterminisme : *liberté de jugement.* ■ **liberté surveillée :** mesure qui consiste à soumettre un mineur délinquant placé dans sa famille ou dans une institution spécialisée à un contrôle du juge. ❑ **prendre la liberté de :** se permettre de. ◆ **libertés** pl **1.** Immunités, franchises : *libertés municipales.* **2.** Manières d'agir trop libres, trop hardies : *prendre des libertés.*

**libertin, e** adj et n **1.** LITT Qui est de mœurs très libres, qui mène une vie dissolue. **2.** HIST, LITT Libre-penseur, au XVIIe s.

**libertinage** nm Manière de vivre dissolue du libertin ; licence.

**libidinal, e, aux** adj PSYCHAN Relatif à la libido.

**libidineux, euse** adj LITT Qui recherche sans cesse les plaisirs érotiques.

**libido** nf PSYCHAN Énergie de la pulsion sexuelle.

**libraire** n Personne qui vend des livres, qui tient une librairie.

**librairie** nf **1.** Commerce des livres, activité du libraire. **2.** Magasin où l'on vend des livres.

**libre** adj **1.** Qui peut aller et venir à sa guise, qui n'est pas prisonnier : *l'accusé est libre.* **2.** Qui a le pouvoir d'agir, de se déterminer à sa guise : *vous êtes libre de refuser.* **3.** Qui ne subit pas de domination, qui jouit de la liberté politique : *pays libre.* **4.** Qui est sans contrainte, sans souci des règles : *on est libre dans cette maison.* **5.** Qui n'est pas lié par un engagement : *je suis libre ce soir.* **6.** Qui n'est pas occupé, retenu : *le taxi est libre ;* dégagé : *la voie est libre.* **7.** Qui n'est pas limité par une autorité, une règle : *presse libre ; libre de tout préjugé.* ■ **école libre :** qui ne relève pas de l'enseignement public. ❑ **temps libre :** dont on peut disposer à sa guise.

**libre-échange** (pl *libres-échanges*) nm Commerce sans prohibitions ni droits de douane (par opposition à *protectionnisme*).

**libre-échangiste** (pl *libre-échangistes*) adj et n Relatif au libre-échange ; qui en est partisan.

**librement** adv En toute liberté.

**libre-penseur** (pl *libres-penseurs*) nm Personne qui s'est affranchie de toute sujétion religieuse, de toute croyance.

**libre-service** (pl *libres-services*) nm Magasin où le client se sert lui-même.

**librettiste** n Auteur d'un livret d'opéra.

**libyen, enne** adj et n De Libye : *les Libyens.*

**1. lice** nf Champ clos pour des exercices en plein air. ■ FIG **entrer en lice :** entreprendre une lutte, une discussion.

**2. lice** nf Femelle du chien de chasse.

**3. lice** nf TECHN → **lisse.**

**licence** nf **1.** LITT Liberté excessive qui tend au dérèglement moral : *licence des mœurs.* **2.** Liberté que prend un écrivain, un poète avec les règles de la grammaire : *licence poétique.* **3.** Permis d'exercer une activité commerciale, sportive, etc. **4.** Contrat par lequel le titulaire d'une marque concède à un tiers le droit d'exploiter celle-ci ; cette marque. **5.** Diplôme obtenu à bac + 3 et conférant le deuxième grade universitaire.

**licence-master-doctorat** nm Organisation européenne des études universitaires reposant sur des diplômes obtenus à bac + 3 (licence), bac + 5 (master) et bac + 8 (doctorat) ; abrév : *LMD.*

**licencié, e** n et adj **1.** Titulaire d'une licence universitaire. **2.** Qui a été congédié, privé de son emploi.

**licenciement** nm Action de licencier.

**licencier** vt Priver d'emploi ; congédier, renvoyer.

**licencieusement** adv De façon licencieuse.

**licencieux, euse** adj Contraire à la décence, à la pudeur : *conduite licencieuse.*

**lichen** [likɛn] nm Végétal vivant sur le sol, sur les arbres ou les pierres, formé d'un thalle où vivent associés un champignon et une algue.

**lichette** nf FAM Petite quantité d'un aliment.

**licite** adj Permis par la loi.

**licitement** adv De façon licite.

**licol** ou **licou** nm Lien que l'on met au cou des bêtes.

**licorne** nf Animal fabuleux, à corps de cheval, avec une corne au milieu du front.

**licou** nm → **licol**.

**licteur** nm ANTIQ ROM Officier qui portait devant les magistrats une hache entourée de faisceaux.

**lie** nf **1.** Dépôt qui se forme dans un liquide. **2.** LITT Rebut, racaille : *la lie de la société*.

**lied** [lid] (pl *lieds* ou *lieder*) nm Chant ou mélodie dans les pays germaniques.

**lie-de-vin** adj inv Rouge violacé.

**liège** nm Tissu épais et léger de l'écorce de certains arbres, en particulier du chêne-liège.

**liégeois, e** adj et n De Liège. ◆ adj m ■ **café, chocolat liégeois** : glace au café ou au chocolat servie avec de la crème Chantilly.

**lien** nm **1.** Ce qui sert à lier : *cheveux retenus par un lien*. **2.** Ce qui relie, établit un rapport logique ou de dépendance : *lien de cause à effet*. **3.** Ce qui unit des personnes ; relation : *liens de parenté, d'amitié*.

**lier** vt **1.** Attacher : *lier une gerbe*. **2.** Joindre, assembler, unir : *lier des notes ; le ciment lie les pierres*. **3.** Unir par un intérêt, un goût, etc. : *l'amour des livres nous lie*. **4.** Attacher par un engagement, enchaîner : *être lié par une promesse*. **5.** Engager avec qqn, nouer : *lier amitié, conversation*. ■ **lier une sauce** : l'épaissir, la rendre homogène avec une liaison. ◆ **se lier** vpr S'unir par un lien d'affection.

**lierre** nm Plante à feuilles persistantes vivant fixée aux murs, aux arbres, par des racines crampons.

**liesse** nf LITT Joie, réjouissance collective : *une foule en liesse*.

**1. lieu** (pl *lieux*) nm **1.** Partie déterminée de l'espace ; localité, pays, contrée : *un lieu charmant*. **2.** Endroit, édifice, local, etc., considéré du point de vue de sa destination, de son usage : *lieu de travail*. ■ **au lieu de** : à la place de, plutôt que de. ❑ **au lieu que** (+ subj) : plutôt que. ❑ **avoir lieu** : arriver, se produire, se dérouler. ❑ **avoir lieu de** : avoir des bonnes raisons pour. ❑ **donner lieu à** : fournir l'occasion de. ❑ **en dernier lieu** : enfin, finalement. ❑ **en haut lieu** : auprès des responsables, des dirigeants. ❑ **en premier lieu** : d'abord. ❑ **en temps et lieu** : au moment et à l'endroit qui conviennent. ❑ **haut lieu** : endroit rendu mémorable par les faits qui s'y sont déroulés. ❑ **il y a lieu de** : il est opportun de, il est permis de. ❑ **lieu commun** : réflexion banale, sans originalité. ❑ **lieu public** : où le public a accès librement. ❑ **tenir lieu de** : remplacer. ◆ **lieux** pl Locaux, propriété : *état des lieux*. ■ VIEILLI **lieux d'aisances** : cabinets, toilettes.

**2. lieu** (pl *lieus*) nm Poisson marin comestible de la Manche et de la Méditerranée (appelé aussi : *colin*).

**lieu-dit** (pl *lieux-dits*) nm Lieu qui porte un nom particulier : *au lieu-dit les Chênes*.

**lieue** nf Ancienne mesure itinéraire (environ 4 km). ■ **être à cent, à mille lieues de** : être très éloigné de : *être à cent lieues de la solution*.

**lieuse** nf Dispositif d'une moissonneuse, pour lier les gerbes.

**lieutenant, e** n **1.** Celui qui seconde et remplace le chef. **2.** Officier au-dessous du capitaine.

**lieutenant-colonel, lieutenante-colonelle** (pl *lieutenants-colonels, lieutenantes-colonelles*) n Officier au-dessous du colonel.

**lièvre** nm Mammifère rongeur à longues pattes postérieures et à longues oreilles ; chair de cet animal. ■ **courir, chasser deux lièvres à la fois** : mener plusieurs activités en même temps. ❑ FIG **lever un lièvre** : soulever une difficulté.

**lift** nm Au tennis, effet donné à la balle pour en augmenter le rebond.

**lifter** vt et vi Exécuter un lift.

**liftier, ère** n VIEILLI Personne préposée à la manœuvre d'un ascenseur.

**lifting** [liftiŋ] nm Intervention chirurgicale consistant à tendre la peau pour effacer les rides.

**ligament** nm Faisceau fibreux qui unit les os, les viscères.

**ligamentaire** adj Relatif aux ligaments.

**ligamenteux, euse** adj De la nature du ligament.

**ligature** nf **1.** Action de serrer un lien, une bande, etc., autour d'une partie du corps ou d'objets divers ; le lien lui-même. **2.** Ensemble de lettres liées qui forment un caractère unique (EX : œ).

**ligaturer** vt Serrer, lier avec une ligature : *ligaturer une artère*.

**lige** adj HIST Étroitement obligé envers son seigneur : *vassal lige*. ■ LITT **homme lige** : personne totalement dévouée à quelqu'un, à un groupe.

**lignage** nm Ensemble de personnes issues d'un ancêtre commun. ■ **de haut lignage :** de haute noblesse.

**ligne** nf **1.** Trait fin et continu : *tracer une ligne.* **2.** Ce qui forme une limite, une séparation : *ligne de démarcation.* **3.** Forme, contour, dessin, silhouette : *ligne d'une voiture.* **4.** Direction suivie : *aller en droite ligne.* **5.** Règle de vie, orientation : *ligne de conduite.* **6.** Suite, série continue, alignement, rangée : *ligne d'arbres ; ligne de mots.* **7.** Service de transport, de communication entre deux points : *ligne de métro ; ligne téléphonique.* **8.** Fil terminé par un hameçon : *pêche à la ligne.* **9.** Générations qui se succèdent : *en ligne directe ; descendre en droite ligne de.* **10.** Disposition d'une armée prête à combattre : *les lignes ennemies.* **11.** Ensemble des modèles d'une maison de couture ou de prêt-à-porter, regroupés en fonction d'un type de produits ou de leur valeur. ■ FAM **avoir, garder la ligne :** avoir un corps mince, svelte. ❏ INFORM **en ligne :** (a) qui est relié à une unité centrale : *périphérique en ligne* (b) accessible grâce à un ordinateur relié à une ligne téléphonique ou à un réseau câblé : *services en ligne.* ❏ **entrer en ligne de compte :** être important. ❏ **être en ligne :** en communication téléphonique. ❏ FAM **faire bouger les lignes :** proposer une action, politique notamm., qui marque un changement avec la pratique traditionnelle. ❏ **hors ligne :** (a) extraordinaire (b) INFORM qui n'est plus connecté à un ordinateur (c) INFORM que l'on obtient en puisant dans une mémoire locale et non en passant par une ligne téléphonique : *base d'informations hors ligne.* ❏ **les grandes lignes :** les points principaux d'un projet, d'un texte, etc. ❏ **lire entre les lignes :** comprendre ce qui n'est pas dit explicitement. ❏ **sur toute la ligne :** tout à fait ; complètement.

**lignée** nf Descendance.

**ligner** vt Marquer de lignes.

**ligneux, euse** adj De la nature du bois : *consistance ligneuse.*

**lignicole** adj Qui vit dans le bois des arbres : *insectes lignicoles.*

**lignification** nf Phénomène par lequel les membranes de certaines cellules végétales prennent l'aspect du bois.

**lignifier (se)** vpr Se changer en bois.

**lignine** nf Matière organique, constituant principal du bois.

**lignite** nm Charbon fossile à faible valeur calorifique.

**ligoter** vt **1.** Attacher étroitement. **2.** Priver qqn de sa liberté d'action, d'expression.

**ligue** nf **1.** Association fondée dans un but déterminé : *Ligue des droits de l'homme ; Ligue contre le cancer.* **2.** HIST Union formée entre plusieurs princes ; confédération.

**liguer** vt Unir dans une même alliance. ◆ **se liguer** vpr Unir ses efforts contre qqn, qqch.

**ligueur, euse** n **1.** Membre d'une ligue. **2.** HIST Partisan de la Ligue, au XVIe s.

**ligule** nf Petite lame saillante de certaines feuilles.

**ligure** ou **ligurien, enne** adj et n De Ligurie.

**lilas** nm Arbuste dont les fleurs forment des grappes ; la fleur elle-même. ◆ adj inv D'une couleur mauve rosé.

**liliacée** nf Plante monocotylédone telle que le lis, la tulipe, le muguet (les liliacées forment une famille).

**lilliputien, enne** [lilipysjɛ̃, ɛn] adj et n Très petit.

**limace** nf Mollusque gastéropode sans coquille extérieure.

**limaçon** nm **1.** Escargot. **2.** ANAT Partie de l'oreille interne en forme de coquille.

**limage** nm Action de limer.

**limaille** nf Matière formée de parcelles de métal limé : *limaille de fer.*

**limande** nf Poisson plat dissymétrique, comestible, de la Manche et de l'Atlantique.

**limbe** nm **1.** Bord extérieur et gradué d'un instrument de mesure. **2.** ASTRON Bord d'un astre. **3.** BOT Partie élargie de la feuille ; partie étalée d'un pétale ou d'un sépale. ◆ **limbes** pl THÉOL Lieu où vont les âmes des enfants morts sans baptême.

**1. lime** nf Outil d'acier couvert d'entailles utilisé pour tailler, polir une matière par frottement : *lime à ongles.*

**2. lime** ou **limette** nf Petit citron vert.

**limer** vt Travailler, rogner, raccourcir avec la lime.

**limeur, euse** adj Qui sert à limer.

**limier** nm **1.** Chien de chasse. **2.** FAM Policier, détective : *un fin limier.*

**liminaire** adj Qui est au début d'un ouvrage, d'un débat : *déclaration liminaire.*

**limitatif, ive** adj Qui limite.

**limitation** nf Détermination de limites ; restriction : *limitation des armements, de vitesse.*

**limite** nf **1.** Ligne séparant deux États, deux territoires contigus ; frontière : *le Rhin marque la limite entre les deux pays.* **2.** Ce qui marque le début ou la fin d'une étendue, d'une période ; partie extrême : *limites d'une zone d'influence ; limite d'âge ;*

*la dernière limite.* **3.** Borne, point au-delà desquels ne peuvent aller ou s'étendre une action, une influence, un état : *ma patience a des limites.* ■ **à la limite** : si on envisage le cas extrême. ◆ adj Qu'on ne peut dépasser, extrême : *date limite.*

**limité, e** adj **1.** Restreint : *confiance limitée.* **2.** FAM Sans grands moyens intellectuels.

**limiter** vt **1.** Enfermer, constituer la limite de : *clôture qui limite un champ.* **2.** Restreindre : *limiter ses dépenses.* ◆ **se limiter** vpr [à] **1.** S'imposer des limites, se contenter de : *se limiter à exposer les grandes lignes.* **2.** Avoir pour limites : *mes connaissances en anglais se limitent à quelques phrases.*

**limitrophe** adj Situé à la frontière d'un pays, d'une région : *pays limitrophe.*

**limnologie** nf Étude physique et biologique des lacs.

**limogeage** nm Action de limoger.

**limoger** vt (conj 2) Priver un officier, un fonctionnaire, de son emploi, par révocation, déplacement, etc.

**1. limon** nm Roche sédimentaire détritique, constituant des sols légers et fertiles.

**2. limon** nm Citron très acide.

**3. limon** nm **1.** Bras d'un brancard, d'une voiture à cheval. **2.** ARCHIT Pièce qui supporte les marches d'un escalier.

**limonade** nf **1.** Boisson gazeuse acidulée. **2.** FAM Commerce des cafetiers.

**limonadier, ère** n **1.** Qui vend des boissons au détail ; qui tient un café. **2.** Fabricant de limonade.

**limonaire** nm Orgue de Barbarie.

**limoneux, euse** adj Qui contient du limon.

**limonier** nm Citronnier qui produit les limons.

**limousin, e** adj et n Du Limousin.

**limousine** nf Grande automobile à quatre portes et six glaces latérales.

**limpide** adj **1.** Clair et transparent : *eau limpide.* **2.** FIG Facile à comprendre : *explication limpide.*

**limpidité** nf Qualité de ce qui est limpide.

**lin** nm **1.** Plante textile et oléagineuse à fleurs bleues. **2.** Étoffe faite avec les fibres de cette plante.

**linacée** nf Plante dicotylédone telle que le lin (les linacées forment une famille).

**linceul** nm Toile dans laquelle on ensevelit un mort. SYN : suaire.

**linéaire** adj **1.** Relatif aux lignes. **2.** Qui a l'aspect continu d'une ligne : *représentation linéaire.* **3.** MATH Dont la variation peut être représentée par une ligne droite : *fonction linéaire.* **4.** FIG D'une grande simplicité, sobre : *discours linéaire.*

**linéairement** adv MATH De façon linéaire.

**linéament** nm LITT Trait, ligne définissant un contour : *les linéaments du visage.*

**linéarité** nf Caractère de ce qui est linéaire.

**linge** nm **1.** Ensemble des objets de tissu à usage vestimentaire ou domestique : *linge de corps ; linge de maison.* **2.** Morceau d'étoffe, de toile.

**lingère** nf Personne chargée de l'entretien du linge dans un hôtel, un hôpital.

**lingerie** nf **1.** Fabrication et commerce du linge. **2.** Pièce réservée à l'entretien du linge. **3.** Sous-vêtements féminins.

**lingette** nf Petite serviette en ouate de cellulose imprégnée d'une substance nettoyante et utilisée pour les soins d'hygiène : *des lingettes pour bébé.*

**lingot** nm **1.** Masse de métal ou d'alliage ayant conservé la forme du moule dans lequel elle a été coulée. **2.** Masse coulée d'un kilogramme d'or fin.

**lingual, e, aux** [lɛ̃gwal, o] adj Relatif à la langue : *muscles linguaux.* ◆ adj f et nf Se dit d'une consonne articulée avec la langue (*d, t, k, l, n, r*).

**lingue** nf Poisson de mer comestible des profondeurs de l'Atlantique nord. SYN : julienne.

**linguiste** [lɛ̃gɥist] n Spécialiste de linguistique.

**linguistique** [lɛ̃gɥistik] nf Science qui étudie le langage et les langues. ◆ adj **1.** Qui concerne la langue comme moyen de communication : *communauté linguistique.* **2.** Relatif à l'apprentissage d'une langue étrangère : *séjour linguistique.* **3.** Relatif à la linguistique : *théorie linguistique.*

**liniment** nm Préparation pharmaceutique liquide dont on se frictionne la peau.

**links** [liŋks] ou [links] nm pl Terrain de golf.

**lino** nm (abréviation) FAM Linoléum.

**linoléum** [linɔleɔm] nm Revêtement de sol imperméable.

**linon** nm Toile de lin fine.

**linotte** nf Passereau à plumage gris. ■ FAM **tête de linotte** : étourdi.

**Linotype** nf (nom déposé) ANC Machine à composer et à fondre les caractères d'imprimerie par lignes.

**linotypie** nf IMPR, ANC Composition à la Linotype.

**linotypiste** n ANC Personne qui travaille sur une Linotype.

**linteau** nm Traverse au-dessus d'une porte ou d'une fenêtre.

**lion, onne** n Grand mammifère carnassier de la famille des félidés à pelage fauve. ■ **lion de mer :** phoque à crinière. ❑ **la part du lion :** la plus considérable. ◆ **Lion** nm Constellation zodiacale figurant un lion ; signe astrologique des personnes nées entre le 23 juillet et le 22 août. ◆ nm et adj Personne née sous le signe du Lion.

**lionceau** nm Petit du lion.

**lipide** nm Substance organique grasse.

**lipidique** adj Relatif aux lipides.

**lipome** nm Tumeur bénigne graisseuse.

**lipoprotéine** nf Combinaison d'une protéine et d'un lipide.

**liposome** nm Vésicule artificielle microscopique utilisée pour l'introduction de substances dans les cellules.

**liposuccion** nf Suppression des surcharges adipeuses sous-cutanées par aspiration.

**lipothymie** nf MÉD Brève perte de connaissance avec conservation des mouvements respiratoires et cardiaques.

**lippe** nf Lèvre inférieure proéminente.

**lippu, e** adj Qui a de grosses lèvres.

**liquéfaction** nf **1.** Transformation en liquide : *la liquéfaction d'un gaz.* **2.** FIG, FAM Amollissement, abattement physique et intellectuel.

**liquéfiable** adj Qu'on peut liquéfier : *corps facilement liquéfiable.*

**liquéfier** vt Rendre liquide : *liquéfier un gaz, un solide.* ◆ **se liquéfier** vpr **1.** Devenir liquide : *le goudron se liquéfie sous l'action de la chaleur.* **2.** FAM S'amollir, perdre toute énergie : *il s'est liquéfié de peur devant elle.*

**liquette** nf FAM Chemise.

**liqueur** nf Boisson à base d'alcool et de sirop.

**liquidateur, trice** n **1.** DR Personne qui liquide une affaire, une société, un héritage. **2.** Technicien chargé d'intervenir sur un site nucléaire après un accident majeur.

**liquidation** nf **1.** Vente à bas prix de marchandises en vue d'un écoulement rapide : *liquidation totale.* **2.** Opération qui a pour objet de régler des comptes financiers : *liquidation d'un impôt.* **3.** DR Ensemble des opérations préliminaires à un partage de biens communautaires : *liquidation de société, de succession.* **4.** FAM Assassinat.

**1. liquide** adj **1.** Qui coule ou tend à couler : *substance liquide.* **2.** Peu épais, de faible consistance ; fluide : *sauce trop liquide.* ■ **état liquide :** état présenté par les corps sans forme propre mais dont le volume est invariable. ◆ nm **1.** Corps qui est à l'état liquide à la température et à la pression ordinaires (par opposition à *solide, gaz*). **2.** Aliment ou boisson liquide.

**2. liquide** adj et nm ■ **le liquide, l'argent liquide :** l'argent disponible immédiatement, en espèces : *payer en liquide.*

**liquider** vt **1.** Régler, fixer : *liquider un compte, une affaire.* **2.** Vendre à bas prix : *liquider des marchandises.* **3.** FAM Consommer complètement un aliment, un repas ; vider un contenant : *liquider les restes, son assiette.* **4.** FAM Éliminer : *liquider un témoin gênant.*

**liquidités** nf pl Argent liquide.

**liquoreux, euse** adj Se dit d'une boisson alcoolisée sucrée : *vins liquoreux.*

**1. lire** nf Unité monétaire italienne jusqu'au 1er janvier 2002.

**2. lire** vt (conj 73) **1.** Identifier et assembler des lettres, former les sons qu'elles représentent et leur associer un sens : *apprendre à lire.* **2.** Prendre connaissance du contenu d'un texte : *lire un journal.* **3.** Énoncer à voix haute un texte écrit : *lire un conte à un enfant.* **4.** Déchiffrer, comprendre : *lire une partition musicale, un graphique.* **5.** Discerner, reconnaître : *lire de la tristesse sur un visage.* **6.** Procéder à la lecture d'un signal, de données enregistrées ou stockées. ■ **lu et approuvé :** mention qui précède une signature au bas d'un acte, pour en approuver les termes.

> ORTHOGRAPHE Dans les expressions *lu et approuvé* et *lu les documents joints, lu* est invariable.

**lis** ou **lys** [lis] nm Liliacée à fleurs blanches et odorantes ; sa fleur. ■ **fleur de lis :** emblème héraldique de la royauté en France.

**liseré** ou **liséré** nm **1.** Ruban étroit dont on borde une étoffe. **2.** Bordure étroite ; raie.

**liseron** nm Plante grimpante (appelée aussi : *volubilis*).

**liseur, euse** n Personne qui aime lire.

**liseuse** nf **1.** Coupe-papier servant de signet. **2.** Couvre-livre. **3.** Vêtement féminin qui couvre le buste et les bras. **4.** Livre électronique.

**lisibilité** nf Qualité de ce qui est lisible.

**lisible** adj **1.** Facile à lire, à déchiffrer : *écriture lisible.* **2.** Qui peut être lu sans fatigue, sans ennui : *ouvrage de vulgarisation lisible par tous.* **3.** FIG Qui ne comporte pas d'élément opaque et peut être aisément compris : *politique économique lisible.*

**lisiblement** adv D'une manière lisible : *écrire lisiblement.*

**lisière** nf **1.** Bord qui termine de chaque côté la largeur d'une étoffe. **2.** Limite, bord : *lisière d'un champ.*

**lissage** nm Action de lisser.

**1. lisse** adj Uni et poli : *peau lisse.*

**2. lisse** ou **lice** nf Fil de métal ou de lin portant un maillon dans lequel passe le fil de chaîne, sur un métier à tisser.

**lisser** vt Rendre lisse.

**lissier** ou **licier** nm **1.** Celui qui monte les lisses d'un métier à tisser. **2.** Celui qui exécute des tapisseries sur métier.

**lissoir** nm Instrument pour lisser le linge, le papier, etc.

**listage** nm **1.** Action de lister. **2.** Listing.

**liste** nf Suite de noms, de signes numériques, etc. ; énumération : *liste d'invités.* ■ **liste civile :** somme allouée pour les dépenses personnelles du chef de l'État. ❑ **liste de mariage :** ensemble de cadeaux, sélectionnés par de futurs époux, parmi lesquels parents et amis peuvent choisir pour les leur offrir. ❑ **liste rouge :** liste des abonnés au téléphone dont le nom ne figure pas dans l'annuaire et dont le numéro ne peut être communiqué par les renseignements.

**listel** ou **listeau** ou **liston** nm Baguette pour encadrement.

**lister** vt **1.** Mettre en liste. **2.** Imprimer des informations traitées par un ordinateur.

**listing** [listiŋ] nm Sortie sur une imprimante du résultat d'un traitement par ordinateur ; ce résultat imprimé (recommandation officielle : *listage [opération], liste [résultat]*).

**liston** nm → **listel**.

**lit** nm **1.** Meuble sur lequel on se couche : *lit à une, deux places.* **2.** Tout lieu où l'on peut se coucher : *lit de gazon.* **3.** PAR EXT Mariage : *enfant du premier lit.* **4.** Couche de matière ou d'objets quelconques : *lit de sable.* **5.** Chenal creusé par un cours d'eau et dans lequel il s'écoule. ■ **faire le lit de :** favoriser l'avènement d'une personne, d'un phénomène jugés néfastes : *faire le lit des populistes, de l'intégrisme.* ❑ **garder le lit** ou **être cloué au lit :** rester au lit pour cause de maladie. ❑ FAM **tomber du lit :** se lever plus tôt que d'habitude.

**litanie** nf FAM Longue et ennuyeuse énumération : *litanie de réclamations.* ◆ **litanies** pl Suite d'invocations à Dieu, à la Vierge, aux saints.

**litchi** ou **lychee** [litʃi] nm Arbre de Chine à fruit comestible ; ce fruit.

**liteau** nm Raie colorée dans le linge de table.

**literie** nf Ce qui compose l'équipement d'un lit.

**lithiase** nf MÉD Formation de calculs dans l'organisme : *lithiase biliaire.*

**lithium** nm Métal alcalin léger ; symb : Li.

**litho** nf (abréviation) FAM Lithographie.

**lithographie** nf **1.** Impression de dessins tracés sur une pierre calcaire. **2.** Estampe imprimée par ce procédé.

**lithographique** adj Relatif à la lithographie : *pierre lithographique.*

**lithologie** nf Nature des roches constituant une formation géologique.

**lithosphère** nf Couche externe du globe terrestre constituée par la croûte et le manteau supérieur.

**litière** nf **1.** Paille sur laquelle se couchent les animaux. **2.** Mélange de particules absorbantes pour recueillir les déjections des chats. **3.** Lit couvert porté à l'aide de brancards.

**litige** nm **1.** Contestation en justice. **2.** Discussion : *point de litige.*

**litigieux, euse** adj Contestable.

**litote** nf Expression qui consiste à dire moins pour faire entendre plus (EX : *je ne vous hais pas* pour signifier *je vous aime beaucoup*).

**litre** nm **1.** Unité de mesure de volume, valant 1 décimètre cube ; symb : l. **2.** Bouteille, récipient contenant un litre.

**litron** nm FAM Litre de vin.

**littéraire** adj **1.** Relatif à la littérature, qui en a les qualités : *journal, style littéraire.* **2.** Relatif aux lettres, par opposition aux sciences : *études littéraires.* ◆ adj et n Qui a des aptitudes pour les lettres plutôt que pour les sciences.

**littérairement** adv Du point de vue littéraire.

**littéral, e, aux** adj Selon le sens strict des mots : *traduction littérale.*

**littéralement** adv **1.** À la lettre : *traduire littéralement.* **2.** FAM Absolument : *il est littéralement épuisé.*

**littérateur** nm SOUVENT PÉJOR Qui s'occupe de littérature.

**littérature** nf **1.** Ensemble des œuvres écrites ou orales auxquelles on reconnaît une valeur esthétique. **2.** Ensemble des productions littéraires d'un pays, d'une époque, d'un genre : *la littérature latine ; la littérature du Moyen Âge ; la littérature policière.* **3.** Activité, travail de l'écrivain.

**littoral, e, aux** adj Du bord de la mer : *montagnes littorales.* ◆ nm Étendue de pays qui borde la mer.

**lituanien, enne** adj et n De Lituanie : *les Lituaniens.*

**liturgie** nf Ensemble des règles fixant le déroulement des actes du culte.

**liturgique** adj Relatif à la liturgie.

**livarot** nm Fromage fermenté du Calvados, à pâte molle.

**livide** adj De couleur plombée, extrêmement pâle ; blême, blafard : *teint livide.*

**lividité** nf LITT État de ce qui est livide : *lividité cadavérique.*

**living-room** [liviŋrum] (pl *living-rooms*) ou **living** (pl *livings*) nm Salle de séjour.

**livrable** adj Qui peut être livré.

**livraison** nf **1.** Action de livrer : *livraison à domicile.* **2.** Chose livrée.

**1. livre** nm **1.** Ensemble de feuilles imprimées et réunies en un volume : *ranger des livres dans une bibliothèque.* **2.** Ouvrage en prose ou en vers considéré du point de vue de son contenu : *livre bien écrit.* **3.** Registre sur lequel un commerçant inscrit ses opérations : *livre de comptes.* **4.** Division d'un ouvrage : *les douze livres de « l'Énéide ».* ■ **à livre ouvert :** sans préparation, à la première lecture : *traduire à livre ouvert.* ❑ **grand(-)livre :** livre de commerce où l'on établit tous les comptes de l'entreprise. ❑ **livre animé :** pop-up. ❑ **livre d'or :** registre sur lequel on peut apposer une signature ou consigner des commentaires. ❑ **livre électronique** ou **livre numérique :** micro-ordinateur de la taille d'un livre, destiné à la consultation interactive de textes et d'images préalablement téléchargés. SYN : e-book, liseuse. ❑ **livres sacrés :** les Écritures saintes.

**2. livre** nf **1.** Unité monétaire de divers États, dont la Grande-Bretagne : *livre sterling.* **2.** Ancienne unité de poids, de valeur variable ; demi-kilogramme : *une livre de beurre, de viande* ; mesure de masse anglaise valant 453,592 g ; symb : lb.

**livre-cassette** (pl *livres-cassettes*) nm VIEILLI Cassette contenant l'enregistrement d'un ouvrage littéraire.

**livrée** nf **1.** Habits distinctifs que portent les domestiques d'une grande maison. **2.** VÉNER Pelage, plumage.

**livrer** vt **1.** Remettre qqn au pouvoir de ; trahir, dénoncer : *livrer un criminel à la police ; livrer son complice.* **2.** Abandonner à l'action de : *livrer une ville au pillage.* **3.** Remettre à un acheteur : *livrer une commande.* **4.** Apporter une marchandise à : *livrer un client.* ◆ **se livrer** vpr [à] **1.** Se constituer prisonnier. **2.** S'abandonner sans réserve à : *se livrer au désespoir.* **3.** Se confier : *elle se livre peu.*

**livresque** adj Qui provient des livres, et non de l'expérience : *science livresque.*

**livret** nm **1.** Petit livre, carnet : *livret de caisse d'épargne.* **2.** Texte d'une œuvre lyrique : *livret d'un opéra.* ■ **livret de famille :** destiné à recevoir les actes de l'état civil d'une famille. ❑ ANC **livret militaire :** où étaient inscrits les services du titulaire. ❑ **livret scolaire :** livret mentionnant les notes et places d'un élève.

**livreur, euse** n Employé qui porte chez l'acheteur la marchandise vendue.

**LMD** nm (sigle) Licence-master-doctorat.

**lob** nm SPORTS Coup qui consiste à faire passer la balle ou le ballon au-dessus de l'adversaire, assez haut pour qu'il ne puisse pas l'intercepter.

**lobby** (pl *lobbys* ou *lobbies*) nm Groupe de pression.

**lobbying** [lɔbiiŋ] ou **lobbysme** nm Action menée par un lobby.

**lobe** nm **1.** ANAT Partie arrondie d'un organe : *lobe du cerveau ; lobe de l'oreille.* **2.** BOT Division profonde, arrondie, des feuilles ou des fleurs. **3.** ARCHIT Ornement formé de fragments de cercle.

**lobé, e** adj BOT Divisé en lobes.

**lober** vi et vt SPORTS Faire un lob.

**lobotomie** nf Opération chirurgicale consistant à sectionner des fibres nerveuses du lobe frontal.

**lobule** nm ANAT **1.** Petit lobe. **2.** Subdivision d'un lobe.

**1. local** nm Lieu, partie d'un bâtiment qui a une destination déterminée.

**2. local, e, aux** adj **1.** Qui est particulier à un lieu (par oppos. à *national*) : *journal local ; coutumes locales.* **2.** Qui n'affecte qu'une partie du corps : *anesthésie locale.* ■ **couleur locale :** (a) traits caractéristiques d'un pays, d'une époque (b) leur représentation pittoresque.

**localement** adv De façon locale.

**localisable** adj Qui peut être localisé.

**localisation** nf **1.** Action de localiser : *la localisation d'une douleur, d'un conflit.* **2.** Adaptation d'un produit commercial aux critères économiques, culturels et sociaux d'une région géographique.

**localiser** vt **1.** Déterminer la place de : *localiser une maladie.* **2.** Limiter, circonscrire : *localiser un incendie.*

**localisme** nm Doctrine prônant la proximité des échanges économiques et le refus, au nom de l'écologie et de l'emploi local, de la mondialisation de l'approvisionnement.

**localité** nf Petite ville, bourg, village.

**locataire** n Qui prend à loyer un appartement, une maison, etc.

**1. locatif** nm GRAMM Cas des langues à déclinaisons indiquant le lieu où se passe l'action.

**2. locatif, ive** adj Qui concerne le locataire ou la chose louée.

**location** nf **1.** Action de donner ou de prendre à loyer : *location d'un logement.* **2.** Action de retenir à l'avance une place d'avion, de théâtre, etc. ; réservation.

**location-vente** (pl *locations-ventes*) nf Contrat selon lequel un bien est loué à une personne qui, à l'expiration d'un délai fixé, peut en devenir propriétaire.

**loch** [lɔk] nm Lac très allongé au fond d'une vallée, en Écosse.

**loche** nf **1.** Petit poisson de rivière à corps allongé. **2.** Petite limace.

**lochies** [lɔʃi] nf pl MÉD Écoulement utérin qui dure deux à trois semaines après l'accouchement.

**lock-out** [lɔkaut] ou [lɔkawt] nm inv Fermeture d'une entreprise par l'employeur, destinée à répondre à une menace de grève.

**locomoteur, trice** adj **1.** Qui sert à la locomotion : *organes locomoteurs.* **2.** Relatif à la marche : *troubles locomoteurs.*

**locomotion** nf Action de se transporter d'un lieu dans un autre ; fonction qui assure ce mouvement : *moyen de locomotion.*

**locomotive** nf **1.** Machine pour remorquer des wagons sur une voie ferrée. **2.** FIG, FAM Personne ou élément qui joue un rôle moteur par son dynamisme, son talent, etc.

**locomotrice** nf Engin de traction ferroviaire actionné par un moteur thermique ou électrique.

**locuste** nf Criquet migrateur.

**locuteur, trice** n **1.** LING Personne qui parle, par opposition à celle qui écoute. **2.** Personne qui parle telle ou telle langue.

**locution** nf **1.** Expression, forme particulière du langage, proverbiale : *locution familière, proverbiale.* **2.** GRAMM Groupe de mots figé constituant une unité sur le plan du sens : *locution adverbiale ; « avoir peur » est une locution verbale.*

**loden** [lɔdɛn] nm Lainage feutré ; manteau de ce tissu.

**lœss** [løs] nm Limon fin, très fertile.

**lof** nm Côté d'un navire frappé par le vent. ■ **aller au lof** : se rapprocher du sens du vent. ❑ **virer lof pour lof** : virer par vent arrière.

**lofer** vi Gouverner au plus près du vent.

**loft** nm Logement, atelier aménagé dans un ancien local à usage professionnel.

**logarithme** nm MATH Exposant de la puissance à laquelle il faut élever un nombre fixe (différent de 1) pour obtenir un nombre donné.

**loge** nf **1.** Logement destiné au concierge ou au gardien d'un immeuble. **2.** Dans une salle de spectacle, compartiment cloisonné à plusieurs places. **3.** Pièce des coulisses où se préparent les artistes. **4.** Réunion de francs-maçons ; lieu où ils s'assemblent. ■ FAM **être aux premières loges** : être bien placé pour assister à qqch.

**logeable** adj **1.** Où l'on peut loger commodément : *pièce, appartement logeables.* **2.** Qui peut contenir pas mal d'objets : *sac très logeable.*

**logement** nm **1.** Action de loger ; fait de se loger : *crise du logement.* **2.** Lieu d'habitation ; appartement. **3.** Lieu, cavité où se place une pièce mobile d'un mécanisme : *logement du pêne d'une serrure.*

**loger** vi (conj 2) Habiter, avoir pour logement : *loger dans un phare.* ◆ vt **1.** Donner un logement à : *loger des amis.* **2.** Faire entrer, faire pénétrer : *loger une balle dans la cible.*

**logeur, euse** n Personne qui loue des chambres meublées.

**loggia** [lɔdʒja] nf **1.** Grand balcon fermé sur les côtés. **2.** Mezzanine.

**logiciel** nm **1.** Programme ou ensemble de programmes conçus pour le traitement informatique de données. **2.** FIG Manière de raisonner propre à qqn, à un groupe, souvent considérée comme figée, rigide : *changer de logiciel.*

**logicien, enne** n Spécialiste de logique.

**logique** nf **1.** Manière de raisonner de façon juste, cohérente : *faire preuve de logique.* **2.** Cohérence, méthode de qqn ou de qqch : *la logique d'un système.* **3.** Enchaînement de faits qui paraît devoir aboutir à une certaine situation : *soutenir la logique de paix.* ◆ adj Conforme à la logique : *raisonnement logique ;* qui fait preuve de logique : *esprit logique.*

**logiquement** adv De façon logique.

**logis** nm VX Habitation, logement.

**logisticien, enne** n Spécialiste de logistique.

**logistique** nf Ensemble des problèmes militaires relatifs aux transports et au ravitaillement. ◆ adj Relatif à la logistique.

**logo** nm Représentation graphique propre à une marque industrielle ou commerciale.

**logomachie** nf Assemblage de mots creux dans un discours, un raisonnement.

**logorrhée** nf Flot de paroles prononcées de façon rapide et ininterrompue.

**loguer (se)** vpr Se connecter à un système informatique à l'aide d'un code (ou *login*).

**loi** nf **1.** Règle ou ensemble de règles établies par une autorité souveraine : *nul n'est censé ignorer la loi.* **2.** Acte voté par cette autorité : *promulguer une loi.* **3.** Convention, obligation sociale : *les lois de l'hospitalité.* **4.** Énoncé d'une propriété d'un objet ou d'un phénomène physique : *loi de la gravitation universelle.* ■ **sans foi ni loi :** qui ne respecte rien.

**loi-cadre** (pl *lois-cadres*) nf Loi qui définit des principes ou de grandes orientations et dont le champ d'application est défini ensuite par décret.

**loin** adv **1.** À une grande distance dans l'espace ou dans le temps : *il habite très loin ; le temps des vacances n'est pas si loin.* **2.** Indique une grande différence de valeur : *il y a loin entre ses dires et ses actes.* ■ **aller loin :** avoir des conséquences importantes. ❑ **aller loin** (au futur) **:** avoir un bel avenir, en parlant de quelqu'un : *une jeune femme qui ira loin.* ❑ **aller trop loin :** exagérer. ❑ **au loin :** à une grande distance. ❑ **de loin :** (a) d'une grande distance (b) longtemps à l'avance (c) de beaucoup. ❑ **de loin en loin :** à de grands intervalles. ❑ **voir loin :** être doué d'une grande prévoyance. ◆ **loin de** loc prép **1.** À une grande distance de : *habiter loin de Lille.* **2.** Indique une négation renforcée : *être loin d'en vouloir à quelqu'un.* ■ **loin de là :** bien au contraire.

**lointain, e** adj **1.** Éloigné dans l'espace ou dans le temps : *un pays lointain ; une époque lointaine.* **2.** Se dit d'un parent éloigné : *un cousin lointain.* ◆ nm ■ **au lointain** ou **dans le lointain :** au loin, à l'horizon. ◆ **lointains** pl ■ **les lointains :** (a) les parties éloignées mais visibles d'un paysage (b) arrière-plan dans un tableau.

**loir** nm Mammifère rongeur qui hiberne. ■ **dormir comme un loir :** longtemps et profondément.

**loisible** adj LITT ■ **il est loisible de :** il est permis, possible de : *il vous est loisible de refuser.*

**loisir** nm (souvent au pluriel) Distraction, activité pratiquée en dehors de son temps de travail. ■ **à loisir** ou **tout à loisir :** en prenant tout son temps. ❑ **avoir le loisir de :** avoir le temps disponible, la possibilité de.

**lombago** nm → **lumbago**.

**lombaire** adj Relatif aux lombes : *douleurs lombaires.*

**lombalgie** nf Douleur de la région lombaire.

**lombard, e** adj et n De Lombardie.

**lombes** nm pl Régions symétriques en arrière de l'abdomen, de chaque côté de la colonne vertébrale.

**lombric** nm Ver annelé rougeâtre qui creuse des galeries dans le sol humide, dont il se nourrit.

**lombricompostage** nm Méthode de compostage utilisant des lombrics pour décomposer les déchets organiques.

**londonien, enne** adj et n De Londres.

**long, longue** adj **1.** Étendu dans l'espace ou dans le temps : *une longue file de voitures ; un long voyage.* **2.** Qui a telle mesure d'une extrémité à l'autre : *rue longue de cinquante mètres.* ■ **syllabe, voyelle longue :** dont la durée d'émission est sensible à l'ouïe. ◆ nm Longueur : *dix mètres de long.* ■ **au long** ou **tout au long :** complètement, en entier. ❑ **de long en large :** en tous sens. ❑ **en long et en large :** sous tous les angles, de toutes les manières. ❑ **le long de :** en longeant : *le long du canal.* ❑ **tomber de tout son long :** de toute sa longueur. ◆ adv ■ **en dire long :** être éloquent, significatif : *son visage en dit long.* ❑ **en savoir long :** être parfaitement au courant de quelque chose. ◆ nf Voyelle ou syllabe d'une durée plus grande qu'une voyelle ou une syllabe brève. ◆ **à la longue** loc adv Avec le temps.

**long.** (abréviation) Longitude.

**longanimité** nf LITT Grande patience.

**long-courrier** (pl *long-courriers*) nm et adj Avion, bateau qui fait des voyages sur de longues distances.

**1. longe** nf Courroie pour attacher ou conduire un cheval.

**2. longe** nf Moitié de l'échine d'un veau, d'un chevreuil, d'un porc.

**longer** vt (conj 2) S'étendre ou marcher le long de : *longer une côte.*

**longeron** nm Pièce maîtresse qui sert à maintenir certains assemblages.

**longévité** nf **1.** Longue durée de vie. **2.** Durée de la vie, en général.

**longiligne** adj Dont les membres sont longs et minces, en parlant d'une personne élancée.

**longitude** nf Angle que fait le plan méridien d'un point à la surface du globe avec un plan méridien d'origine.

**longitudinal, e, aux** adj Dans le sens de la longueur.

**long-métrage** (pl *longs-métrages*) nm Film dont la durée dépasse une heure.

**long-seller** (pl *long-sellers*) nm Livre au succès commercial durable.

**longtemps** adv Pendant un long espace de temps : *il y a longtemps qu'on l'attend.*

**longuement** adv Pendant une longue durée : *parler longuement.*

**longuet, ette** adj FAM Qui dure un peu trop longtemps.

**longueur** nf **1.** Dimension d'un objet d'une extrémité à l'autre. **2.** Durée, étendue. **3.** SPORTS Unité qui sépare les concurrents d'une course à l'arrivée. ■ **à longueur de :** pendant toute la durée de. ❏ **en longueur :** dans le sens de la longueur. ❏ **tirer, traîner en longueur :** durer trop longtemps. ◆ **longueurs** pl Développements longs et inutiles.

**longue-vue** (pl *longues-vues*) nf Lunette d'approche.

**look** [luk] nm (anglicisme) FAM Apparence, style de quelqu'un ou de quelque chose : *changer de look.*

**looping** [lupiŋ] nm Tour complet dans un plan vertical, exécuté par un avion.

**lopin** nm Petite parcelle de terrain : *lopin de terre.*

**loquace** [lɔkas] adj Qui parle beaucoup ; bavard.

**loquacité** [lɔkasite] nf Fait d'être loquace, disposition à parler beaucoup.

**loque** nf **1.** (surtout au pluriel) Lambeau d'une étoffe. **2.** FIG Personne incapable de réagir, sans énergie.

**loquet** nm Lame métallique qui s'abaisse sur une pièce fixée au chambranle d'une porte et la ferme.

**loqueteux, euse** adj Vêtu de loques : *mendiant loqueteux ;* en loques : *vêtements loqueteux.*

**lord** [lɔrd] ou [lɔr] nm Pair du royaume, en Grande-Bretagne.

**lordose** nf Exagération pathologique de la courbure de la colonne vertébrale.

**lorgner** vt **1.** Regarder du coin de l'œil avec une intention particulière : *lorgner une pâtisserie.* **2.** FIG Convoiter secrètement : *lorgner une place, un héritage.*

**lorgnette** nf Petite lunette d'approche portative. ■ **regarder par le petit bout de la lorgnette :** ne voir que les détails, que l'aspect accessoire d'une chose.

**lorgnon** nm Lunettes sans branches qu'on tient à la main ou qu'un ressort fait tenir sur le nez.

**loriot** nm Passereau au chant sonore.

**loris** [lɔris] nm Mammifère de l'Inde, voisin du singe.

**lorrain, e** adj et n De Lorraine : *les Lorrains.*

**lorry** (pl *lorrys* ou *lorries*) nm Wagonnet plat.

**lors** adv ■ **depuis lors :** depuis ce temps-là. ❏ **dès lors :** dès ce temps-là, par conséquent. ❏ **pour lors :** en ce cas. ◆ **lors de** loc prép Au moment de : *lors de son arrivée.*

**lorsque** conj Quand, au moment où, tandis que : *nous en parlerons lorsque vous viendrez.*

> ORTHOGRAPHE Le *e* de *lorsque* ne s'élide que devant *il* (*elle*) ; *on* ; *en* ; *un* (*une*) : *lorsqu'il (elle), lorsqu'on, lorsqu'en, lorsqu'un (une).*

**losange** nm Parallélogramme dont les quatre côtés sont égaux.

**lose** [luz] nf FAM Échec ; malchance : *il a perdu ses clés et s'est fait gruger : c'est vraiment la lose !*

**loser** [luzœr] nm FAM Personne qui se met en situation d'échec ; perdant.

**lot** nm **1.** Portion qui revient à chaque personne dans un partage : *propriété partagée en plusieurs lots.* **2.** Ce qui revient, dans une loterie, à chaque gagnant : *lot de consolation ; gagner le gros lot.* **3.** Ensemble d'articles, d'objets assortis proposés à la vente : *verres par lot de six.* **4.** FIG, LITT Ce qui échoit à chacun par le sort : *la misère est son lot.*

**loterie** nf **1.** Jeu de hasard où, après distribution de billets numérotés, un tirage au sort désigne les billets qui ont droit à un lot, un prix, etc. **2.** FIG Ce qui est régi par le hasard : *l'affectation des postes est une loterie.*

**loti, e** adj ■ **être bien, mal loti :** favorisé, défavorisé par le sort.

**lotion** nf Produit de toilette liquide : *lotion capillaire.*

**lotir** vt Partager en lots : *lotir un terrain.*

**lotissement** nm Parcelle de terrain vendue en vue de construire une ou des habitations.

**loto** nm Jeu de hasard qui se joue avec des cartons numérotés et des numéros. ■ **loto (national) :** jeu de hasard fondé sur des combinaisons de numéros tirés au sort. ❏ **loto sportif :** jeu fondé sur des pronostics concernant des rencontres sportives.

**lotte** nf Poisson d'eau douce à chair estimée. ■ **lotte de mer :** baudroie.

**lotus** [lɔtys] nm Nénuphar d'une variété blanche ou bleue.

**louable** adj Dont on peut faire l'éloge : *effort louable.*

**louage** nm Cession ou acceptation de l'usage d'une chose, d'un service, pour un prix déterminé.

**louange** nf Action de louer qqn. ◆ **louanges** pl Paroles qui font l'éloge de qqn, qqch.

**louangeur, euse** adj Qui loue ; flatteur : *paroles louangeuses*.

**loubard** ou **loubar** nm FAM Jeune voyou.

**1. louche** adj Équivoque, suspect : *conduite louche ; bar louche*.

**2. louche** nf Grande cuillère à long manche.

**loucher** vi Être atteint de strabisme. ◆ vt ind [sur] FAM Convoiter, regarder avec envie.

**1. louer** vt Faire l'éloge, vanter les mérites de. ◆ **se louer** vpr [de] Se montrer satisfait de : *je n'ai eu qu'à me louer de lui*.

**2. louer** vt **1.** Donner ou prendre à loyer : *louer une maison ; studio à louer*. **2.** Réserver, retenir à l'avance : *louer une place de théâtre*.

**loueur, euse** n Qui donne en location : *loueur de voitures*.

**loufoque** adj et n FAM Extravagant, original, un peu fou.

**loufoquerie** nf FAM Acte, propos loufoque.

**louis** nm ANC Pièce d'or française de 20 francs. SYN : napoléon.

**louise-bonne** (pl *louises-bonnes*) nf Poire d'une variété douce et fondante.

**loukoum** nm Confiserie orientale faite de pâte sucrée parfumée aux amandes, à la pistache, etc.

**loulou** nm Petit chien à long poil.

**lounge** [launʒ] nm Bar, restaurant à l'atmosphère feutrée, au design raffiné et à la musique d'ambiance caractéristique.

**loup** nm **1.** Mammifère carnivore à pelage gris jaunâtre vivant en meutes dans les forêts (famille des canidés). **2.** Nom donné à plusieurs poissons voraces, tel le bar. **3.** Demi-masque de velours ou de satin noir qu'on porte à un bal masqué, au carnaval. ■ **à pas de loup** : sans bruit, pour surprendre. ❑ **avoir une faim de loup** : avoir grand-faim. ❑ **être connu comme le loup blanc** : être connu de tous. ❑ **froid de loup** : très rigoureux. ❑ **loup solitaire** : (a) personne qui, par goût, préfère travailler, agir ou vivre seule (b) terroriste qui, au nom d'une idéologie, perpétue seul des actes violents. ❑ FIG **vieux loup de mer** : marin qui a beaucoup navigué.

**loup-cervier** (pl *loups-cerviers*) nm Lynx.

**loupe** nf **1.** Lentille de verre biconvexe qui grossit les objets. **2.** Kyste sébacé de la peau. **3.** BOT Excroissance ligneuse sur le tronc de certains arbres. ■ FIG **à la loupe** : en détail, avec minutie.

**loupé** nm FAM Erreur, ratage.

**louper** vt FAM **1.** Mal exécuter, ne pas réussir : *louper un examen*. **2.** Manquer : *louper un train*.

**loup-garou** (pl *loups-garous*) nm Être imaginaire se transformant la nuit en loup afin de commettre des méfaits.

**loupiot, e** n FAM Enfant.

**loupiote** nf FAM Petite lampe.

**lourd, e** adj **1.** Dont le poids est élevé ; pesant : *lourd fardeau*. **2.** FIG Difficile à faire, à supporter : *de lourdes responsabilités*. **3.** Qui manque de finesse, d'élégance : *style lourd*. **4.** Qui est difficile à digérer : *repas lourd*. **5.** Qui met en œuvre des moyens techniques importants : *industrie lourde*. ■ **avoir la main lourde** : (a) frapper qqn rudement (b) peser ou verser une chose en trop grande quantité. ❑ **sommeil lourd** : profond. ◆ adv ■ **il fait lourd** : le temps est orageux. ❑ FAM **pas lourd** : très peu. ❑ **peser lourd (dans la balance)** : être d'une grande importance.

**lourdaud, e** adj et n Lent et maladroit.

**lourdement** adv **1.** Pesamment : *marcher lourdement*. **2.** FIG Grossièrement : *se tromper lourdement*.

**lourdeur** nf **1.** Caractère de ce qui est lourd : *lourdeur d'une tâche*. **2.** Impression de poids, douleur sourde : *avoir des lourdeurs d'estomac*.

**loustic** nm FAM Plaisantin, individu peu sérieux : *joyeux loustic*.

**loutre** nf Mammifère carnivore aquatique, à fourrure soyeuse, mangeur de poissons ; fourrure de cet animal et d'animaux à pelage semblable, comme l'ondatra ou l'otarie.

**louve** nf Femelle du loup.

**louveteau** nm **1.** Petit loup. **2.** Jeune scout.

**louvoiement** nm Action de louvoyer.

**louvoyer** vi (conj 3) **1.** Naviguer contre le vent, tantôt sur un bord, tantôt sur l'autre. **2.** FIG Avoir une attitude peu nette ; manœuvrer, tergiverser, biaiser.

**lover** vt MAR Enrouler un cordage en spirale. ◆ **se lover** vpr S'enrouler sur soi-même.

**low cost** [lokɔst] nm inv et adj inv Stratégie commerciale consistant à proposer un bien ou un service à un prix inférieur à ceux des entreprises concurrentes : *vols low cost*. ◆ adj **1.** FIG Bon marché, mais souvent de qualité médiocre : *école low cost*. **2.** Se dit d'un mode opératoire ou d'une attaque terroriste qui ne s'appuie pas sur une logistique sophistiquée et recourt à des moyens sommaires.

**loyal, e, aux** adj Sincère, franc, honnête.

**loyalement** adv Avec loyauté.

**loyalisme** nm Fidélité au régime, aux institutions établies : *loyalisme républicain*.

**loyaliste** adj et n Qui a des sentiments de loyalisme.

**loyauté** nf Probité, droiture, honnêteté.

**loyer** nm Prix auquel on loue quelque chose, en particulier un logement.

**LP** nm (sigle) Lycée professionnel.

**LSD** nm (abréviation de *Lysergsäurediäthylamid*) Hallucinogène puissant.

**lubie** nf FAM Caprice, fantaisie soudaine.

**lubricité** nf Caractère lubrique de quelqu'un ou de quelque chose.

**lubrifiant, e** adj et nm Qui lubrifie.

**lubrification** nf Action de lubrifier.

**lubrifier** vt Graisser pour faciliter le fonctionnement : *lubrifier un moteur, un mécanisme*.

**lubrique** adj Qui a ou qui manifeste un penchant excessif pour les plaisirs sexuels, pour la luxure.

**lucane** nm Grand insecte coléoptère (appelé aussi : *cerf-volant*).

**lucarne** nf Ouverture dans le toit d'une maison.

**lucide** adj En pleine possession de ses facultés intellectuelles ; perspicace, clairvoyant.

**lucidement** adv De façon lucide.

**lucidité** nf Caractère, qualité d'une personne lucide.

**lucilie** nf Mouche verte qui vit sur les déchets organiques et peut pondre sur la viande. ■ **lucilie bouchère :** espèce de lucilie, originaire d'Amérique, qui s'attaque au bétail.

**luciole** nf Insecte lumineux voisin du ver luisant.

**lucratif, ive** adj Qui rapporte de l'argent, du profit : *emploi lucratif*.

**lucre** nm LITT Recherche d'un profit important.

**ludion** nm Figurine lestée de façon à couler ou à émerger dans un liquide lorsque la pression à la surface du liquide varie.

**ludique** adj Relatif au jeu : *activité ludique*.

**ludo-éducatif, ive** (pl *ludo-éducatifs, ives*) adj Se dit d'un logiciel ou d'un cédérom qui permet de s'instruire en s'amusant.

**ludothèque** nf Lieu, établissement mettant des jouets à la disposition des enfants.

**luette** nf Appendice charnu et mobile qui prolonge le voile du palais.

**lueur** nf **1.** Clarté faible ou éphémère. **2.** Éclat fugitif du regard : *lueur de colère*. **3.** Manifestation vive et soudaine d'un sentiment, d'une faculté : *lueur d'intelligence*.

**luge** nf Petit traîneau pour glisser sur la neige.

**lugubre** adj Qui exprime ou provoque une grande tristesse ; sinistre, funèbre.

**lugubrement** adv De façon lugubre.

**lui** pron pers **1.** Désigne la 3e personne du singulier en fonction de complément d'objet indirect : *invite-la pour lui parler*. **2.** S'emploie comme sujet pour renforcer *il*, comme complément d'objet direct pour renforcer *le*, ou après une préposition : *lui, il peut le faire ; aide-le, lui ! ; derrière lui*.

**luire** vi (conj 69) **1.** Briller : *le soleil luit*. **2.** FIG Apparaître, se manifester comme une lueur : *un faible espoir luit encore*.

**luisant, e** adj Qui luit. ■ **ver luisant :** lampyre femelle.

**lumbago** [lɔ̃bago] ou **lombago** nm Douleur lombaire.

**lumen** [lymɛn] nm Unité de mesure de flux lumineux ; symb : lm.

**lumière** nf **1.** Ce qui éclaire, naturellement ou artificiellement, les objets et les rend visibles : *lumière du jour ;* source d'éclairage : *lumières électriques*. **2.** LITT Ce qui éclaire l'esprit, aide à comprendre : *la lumière de la raison*. **3.** (souvent en tournure négative) Personne brillante, intelligente : *ce n'est pas une lumière*. ■ **à la lumière de :** en se référant à. ❑ **faire la lumière sur quelque chose :** en dévoiler tous les éléments. ❑ **mettre en lumière :** signaler, faire ressortir.

**lumignon** nm **1.** Bout de la mèche d'une bougie allumée. **2.** Lampe diffusant une lumière faible.

**luminaire** nm Appareil d'éclairage.

**luminescence** nf Émission de lumière qui ne résulte pas d'une température élevée.

**luminescent, e** adj Qui émet des rayons lumineux par luminescence : *le radium est luminescent*.

**lumineusement** adv De façon lumineuse.

**lumineux, euse** adj **1.** Qui émet de la lumière : *corps lumineux*. **2.** FIG Clair, lucide : *esprit lumineux ; idée lumineuse*. **3.** Radieux : *sourire, teint lumineux*.

**luminosité** nf Caractère de ce qui est lumineux.

**lump** [lœp] nm Poisson des mers froides apprécié pour ses œufs, qui ressemblent au caviar.

**lunaire** adj De la Lune.

**lunaison** nf Temps compris entre deux nouvelles lunes consécutives.

**lunatique** adj et n Dont l'humeur est changeante, imprévisible.

**lunch** [lœʃ] ou [lœntʃ] (pl *lunchs* ou *lunches*) nm Repas léger servi en buffet à l'occasion d'une réception.

**lundi** nm Premier jour de la semaine.

**lune** nf Corps céleste tournant autour de la Terre et recevant la lumière du Soleil, qu'il reflète sur la Terre. ■ **clair de lune :** clarté que la Lune envoie à la Terre. ❑ **demander, promettre la lune :** demander, promettre l'impossible. ❑ **être dans la lune :** être distrait, étourdi, rêveur. ❑ **lune de miel :** (a) premiers temps du mariage (b) période de bonne entente entre des personnes. ❑ **pleine lune :** phase de la Lune dans laquelle celle-ci est visible de la Terre sous l'aspect d'un disque entier.

ORTHOGRAPHE On écrit *la Lune est le satellite de la Terre,* mais *la nouvelle lune, la pleine lune* (avec minuscule).

**luné, e** adj ■ FAM **bien, mal luné :** bien, mal disposé.

**lunetier, ère** n Personne qui fabrique ou vend des lunettes.

**lunette** nf **1.** Instrument d'optique pour voir plus distinctement les objets éloignés. **2.** Ouverture de la cuvette des W.-C. ■ **lunette arrière :** vitre arrière d'une automobile. ◆ **lunettes** pl Paire de verres enchâssés dans une monture conçue pour être placée sur le nez, devant les yeux. ■ **serpent à lunettes :** naja.

**lunetterie** nf Commerce du lunetier.

**lunule** nf Tache blanche en forme de croissant à la base de l'ongle.

**lupanar** nm LITT Maison de prostitution.

**lupin** nm Légumineuse cultivée comme fourrage ou pour ses fleurs ornementales.

**lupus** [lypys] nm Dermatose siégeant généralement sur les ailes du nez et les joues.

**lurette** nf ■ FAM **il y a belle lurette :** il y a bien longtemps.

**luron, onne** n FAM Personne joyeuse, hardie et sans souci : *joyeux luron.*

**lusitanien, enne** adj et n De la Lusitanie, du Portugal.

**lusophone** adj et n De langue portugaise.

**lustrage** nm Action de lustrer.

**lustral, e, aux** adj ■ RELIG **eau lustrale :** eau de purification.

**1. lustre** nm **1.** Appareil d'éclairage suspendu au plafond. **2.** Éclat brillant, poli : *le vernis donne du lustre au bois ;* FIG éclat, relief : *le festival a donné du lustre à cette petite ville.*

**2. lustre** nm LITT Espace de cinq ans. ◆ **lustres** pl FAM Longue période : *absent depuis des lustres.*

**lustrer** vt Rendre brillant.

**lustrine** nf Étoffe de coton apprêtée.

**luth** [lyt] nm Instrument de musique à cordes.

**luthéranisme** nm Doctrine de Luther.

**lutherie** nf Métier, commerce du luthier.

**luthérien, enne** adj De Luther, de sa doctrine. ◆ n Qui professe le luthéranisme.

**luthier, ère** n Personne qui fabrique des instruments de musique à cordes.

**luthiste** n Joueur de luth.

**1. lutin** nm Petit génie malicieux.

**2. lutin, e** adj LITT Éveillé, espiègle.

**lutiner** vt SOUT Harceler une femme de taquineries galantes.

**lutrin** nm Pupitre placé dans le chœur d'une église, pour porter les livres de chant liturgique.

**lutte** nf **1.** Combat, affrontement entre deux personnes ou deux groupes dont chacun s'efforce de triompher ; FIG action de deux forces agissant en sens contraire ; antagonisme : *lutte d'influences ; lutte des classes.* **2.** Sport de combat : *lutte gréco-romaine.* **3.** Ensemble d'actions menées pour vaincre un mal, un obstacle : *lutte contre le cancer.* ■ **de haute lutte :** par la force, l'autorité.

**lutter** vi **1.** Combattre à la lutte. **2.** FIG Être en conflit, entrer en lutte avec quelqu'un, quelque chose. **3.** Rivaliser : *lutter d'ardeur.*

**lutteur, euse** n Qui lutte.

**lux** nm Unité d'éclairement ; symb : lx.

**luxation** nf Déboîtement d'un os.

**luxe** nm Somptuosité excessive ; faste, richesse. ■ **de luxe :** de grand confort. ❑ **un luxe de :** beaucoup de.

**luxembourgeois, e** adj et n Du Luxembourg : *les Luxembourgeois.*

**luxer** vt Provoquer une luxation. ◆ **se luxer** vpr Disloquer une de ses articulations : *se luxer une épaule.*

**luxueusement** adv Avec luxe.

**luxueux, euse** adj Caractérisé par le luxe ; somptueux.

**luxure** nf LITT Recherche sans retenue des plaisirs sensuels.

**luxuriance** nf État de ce qui est luxuriant : *luxuriance du feuillage.*

**luxuriant, e** adj Qui pousse avec abondance : *végétation luxuriante.*

**luxurieux, euse** adj Qui relève de la luxure ; sensuel.

**luzerne** nf Légumineuse fourragère.

**lycée** nm Établissement d'enseignement du second cycle du second degré. ■ **lycée professionnel (LP)** : établissement d'enseignement professionnel préparant aux CAP, aux BEP et aux baccalauréats professionnels.

ORTHOGRAPHE Bien que masculin, *lycée* s'écrit avec un *e* muet final, comme *apogée, athée, musée*.

**lycéen, enne** n Élève d'un lycée.

**lychee** nm → **litchi**.

**Lycra** nm (nom déposé) Fibre élastomère utilisée dans la confection de vêtements.

**lydien, enne** adj et n De Lydie.

**lymphangite** nf Inflammation des vaisseaux lymphatiques.

**lymphatique** adj Relatif à la lymphe. ■ **vaisseaux lymphatiques** : où circule la lymphe. ◆ adj et n Qui est mou, nonchalant.

**lymphe** nf Liquide organique formé de plasma et de globules blancs.

**lymphocyte** nm Globule blanc de petite taille.

**lymphokine** nf Substance libérée par les lymphocytes en présence de l'antigène au cours d'une réaction immunitaire.

**lynchage** nm Action de lyncher.

**lyncher** [lɛ̃ʃe] vt Exécuter sommairement, sans jugement, en parlant d'une foule, d'un groupe.

**lynx** nm Mammifère carnassier félidé. ■ **yeux de lynx** : très perçants.

**lyonnais, e** adj et n De Lyon.

**lyophilisation** nf Déshydratation à basse température et sous vide de certaines substances pour les conserver.

**lyophiliser** vt Soumettre à la lyophilisation : *café lyophilisé*.

**lyre** nf Instrument de musique à cordes pincées.

**lyrique** adj **1.** Se dit d'une œuvre littéraire, poétique ou artistique où s'expriment avec une certaine passion les sentiments personnels de l'auteur. **2.** Qui est mis en scène et chanté : *théâtre lyrique*. **3.** FIG Plein d'enthousiasme, d'exaltation : *quand il parle de cinéma, il devient lyrique*. ■ **artiste lyrique** : chanteur d'opéra ou d'opéra-comique.

**lyrisme** nm Expression poétique ou exaltée de sentiments personnels, d'émotions, de passions.

**lys** [lis] nm → **lis**.

**lysine** nf Acide aminé indispensable à la croissance.

# M

**1. m** nm Treizième lettre de l'alphabet et la dixième des consonnes.

**2. m** (symbole) Mètre.

**M** (symbole) Chiffre romain, valant mille.

**M.** (abréviation) Monsieur : *M. Dupont.*

**ma** adj poss f → **mon.**

**MA** [ɛma] nm (sigle) Maître auxiliaire.

**maboul, e** adj et n FAM Fou.

**mac** nm ARG Proxénète.

**macabre** adj Qui a trait à la mort ; funèbre, sinistre : *plaisanterie macabre.*

**macadam** [makadam] nm Revêtement d'une chaussée à base de pierre concassée agglomérée.

**macadamiser** vt Recouvrir de macadam.

**macaque** nm Singe d'Asie à corps trapu.

**macareux** nm Oiseau palmipède voisin du pingouin.

**macaron** nm **1.** Gâteau rond, à base d'amandes pilées, de blancs d'œufs et de sucre. **2.** Décoration ou insigne de forme ronde. **3.** Natte de cheveux roulée sur l'oreille.

**macaroni** nm Pâte alimentaire de semoule de blé dur, moulée en tubes.

**maccartisme** ou **maccarthysme** nm Politique anticommuniste en vigueur aux États-Unis dans les années 1950.

**macchabée** [makabe] nm FAM Cadavre.

**macédoine** nf Mélange de plusieurs fruits ou légumes, coupés en morceaux.

**macédonien, enne** adj et n **1.** De Macédoine du Nord : *les Macédoniens.* **2.** ANTIQ De Macédoine.

**macération** nf Action de macérer.

**macérer** vt et vi Faire ou laisser tremper un aliment dans un liquide : *faire macérer des cornichons dans du vinaigre.*

**machaon** [makaɔ̃] nm Papillon diurne.

**mâche** nf Plante potagère que l'on mange en salade.

**mâchefer** [maʃfɛr] nm Résidu provenant de la combustion ou de la fusion des minéraux.

**mâcher** vt Broyer avec les dents. ■ FIG **mâcher la besogne, le travail :** l'expliquer mot à mot, le préparer avec soin. ❑ **ne pas mâcher ses mots :** parler sans complaisance, brutalement.

**machette** nf Coutelas à lame épaisse.

**machiavélique** [makjavelik] adj Perfide, déloyal, cynique : *plan, femme machiavéliques.*

**machiavélisme** [makjavelism] nm **1.** Système politique conforme aux principes de Machiavel. **2.** Conduite déloyale et perfide.

**mâchicoulis** nm Au Moyen Âge, balcon en maçonnerie, au sommet des fortifications.

**machin** nm FAM Personne ou chose que l'on ne veut ou ne peut nommer.

**machinal, e, aux** adj Accompli sans l'intervention de la volonté : *geste machinal.*

**machinalement** adv De façon machinale.

**machination** nf Ensemble d'intrigues, de menées secrètes réalisées dans l'action de nuire.

**machine** nf **1.** Appareil capable de réaliser certaines tâches, de remplir une fonction donnée : *machine à laver ; machine à air comprimé.* **2.** Véhicule quelconque comportant un mécanisme ou un moteur : *le cycliste descendit de sa machine.* **3.** FIG Organisation complexe et structurée : *la machine administrative.* **4.** Personne en apparence déshumanisée, qui agit par automatismes : *nous ne sommes pas des machines !* ■ **faire machine arrière :** reculer, revenir sur ce qu'on a dit. ❑ **machine à écrire :** machine qui permet d'établir des documents dactylographiés. ❑ **machine à sous :** appareil servant de support à un jeu de hasard, dans lequel on introduit des pièces et qui, en cas de gain, en redonne plus.

**machine-outil** (pl *machines-outils*) nf Machine destinée à façonner une matière et qui est mue mécaniquement.

**machiner** vt Préparer en secret, combiner, manigancer : *machiner une conspiration.*

**machinerie** nf Ensemble des machines employées à un travail ; endroit où elles se trouvent.

**machinisme** nm Emploi généralisé de machines substituées à la main-d'œuvre : *le machinisme a transformé l'industrie.*

**machiniste** n **1.** Personne chargée des accessoires et des décors, au théâtre et au cinéma. **2.** Conducteur de métro, d'autobus.

**machisme** [matʃism] ou [maʃism] nm Idéologie et comportement du macho.

**machiste** adj et nm Qui fait preuve de machisme.

**macho** [matʃo] nm et adj Homme persuadé de sa supériorité sur les femmes ; phallocrate.

**mâchoire** nf **1.** Pièce osseuse qui supporte les dents. **2.** TECHN Pièce dont on peut rapprocher les parties pour saisir, maintenir : *mâchoires d'une pince.*

**mâchonnement** nm Action de mâchonner.

**mâchonner** vt Triturer avec les dents.

**mâchouiller** vt FAM Mâchonner.

**1. maçon** nm Entrepreneur ou ouvrier qui réalise une construction en gros œuvre, ou de légers ouvrages d'enduits, de ravalement, etc. ◆ adj Se dit d'un animal, d'un insecte qui construit son habitation avec de la terre, de la cire, etc. : *guêpe maçonne.*

**2. maçon, onne** n Franc-maçon.

**maçonnage** nm Action de maçonner ; travail du maçon.

**maçonner** vt **1.** Construire en maçonnerie : *maçonner un mur.* **2.** Revêtir d'une maçonnerie : *maçonner les parois d'une citerne.* **3.** Obturer, boucher par une maçonnerie : *maçonner une fenêtre.*

**maçonnerie** nf **1.** Ouvrage composé de pierres ou de briques unies par du mortier, du plâtre ou du ciment ; partie des travaux d'un bâtiment qui s'y rapporte. **2.** Franc-maçonnerie.

**maçonnique** adj Qui appartient à la franc-maçonnerie : *loge maçonnique.*

**macramé** nm Passementerie de ficelle tressée et nouée.

**macreuse** nf **1.** Canard des régions boréales. **2.** Morceau de bœuf constitué par les muscles de l'épaule.

**macro** nf (abréviation) FAM, INFORM Macro-instruction.

**macrobiotique** nf Régime végétarien à base de céréales, de fruits et de légumes. ◆ adj Qui s'y rapporte : *restaurant macrobiotique.*

**macroéconomie** nf Partie de la science économique qui étudie les faits économiques globaux.

**macro-instruction** (pl *macro-instructions*) nf INFORM Instruction complexe, définissant des opérations composées à partir des instructions de base d'un ordinateur.

**macromolécule** nf Très grosse molécule.

**macrophage** nm et adj BIOL Cellule de grande taille qui intervient dans les processus immunitaires en phagocytant les cellules étrangères.

**macrophotographie** nf Photographie de petits objets donnant une image grandeur nature.

**macroscopique** adj Qu'on voit à l'œil nu (par opposition à *microscopique*).

**macroure** nm Crustacé à abdomen très développé tel que le homard, la langouste, etc. (les macroures forment un sous-ordre).

**maculer** vt Couvrir de taches : *chemise maculée de sang.*

**madame** (pl *mesdames*) nf Titre donné à une femme mariée ; PAR EXT titre donné à toutes les femmes.

**madeleine** nf Gâteau en forme de coquille, fait de sucre, œufs, farine, etc.

**mademoiselle** (pl *mesdemoiselles*) nf Titre donné aux jeunes filles ; VIEILLI titre donné aux femmes non mariées (en France, ce titre a disparu des formulaires administratifs en 2012).

**madère** nm Vin de l'île de Madère. ■ **sauce madère** : à laquelle est incorporé du madère.

**madérisé, e** adj Se dit d'un vin qui, ayant subi une oxydation, a pris le goût et la couleur du madère.

**madone** nf Image de la Vierge.

**madrague** nf Grande enceinte de filets pour la pêche du thon.

**madras** [madras] nm **1.** Étoffe légère de soie et de coton aux couleurs vives. **2.** Foulard de cette étoffe.

**madré, e** adj Veiné, tacheté : *bois madré.* ◆ adj et n LITT Rusé, retors : *un paysan madré.*

**madrépore** nm Polype formant des récifs coralliens ou des atolls.

**madrier** nm Planche de bois très épaisse utilisée en construction.

**madrigal** (pl *madrigaux*) nm Petite pièce de vers fine, tendre ou galante.

**madrilène** adj et n De Madrid.

**maelström** ou **malstrom** [maɛlstrɔm] ou [malstrɔm] nm Gouffre, tourbillon.

**maestria** [maɛstrija] nf Maîtrise et vivacité dans l'exécution ou la réalisation de quelque chose ; brio, virtuosité.

**maestro** [maɛstro] nm Nom donné à un compositeur de musique ou à un chef d'orchestre célèbre.

**mafia** ou **maffia** nf **1.** Association secrète de malfaiteurs. **2.** FAM, PÉJOR Groupe de gens unis par des intérêts communs.

**mafieux, euse** ou **maffieux, euse** adj Relatif à la Mafia ; FAM, PÉJOR relatif à une mafia.

**mafioso** (pl *mafiosi*) ou **maffioso** (pl *maffiosi*) nm Membre d'une mafia.

**magasin** nm **1.** Établissement de commerce plus ou moins important : *magasin d'alimentation.* **2.** Local préparé pour recevoir des marchandises, des provisions : *magasins à blé.* **3.** Partie d'une arme à répétition contenant l'approvisionnement en cartouches ; PHOT, CIN contenant où est enroulée, à l'abri de la lumière, la pellicule à impressionner ou à projeter. ■ **grand magasin** : magasin proposant un large assortiment de marchandises sur une grande surface, généralement sur plusieurs étages et dans le centre-ville.

**magasinage** nm **1.** Action de mettre en magasin. **2.** Droits que l'on paie pour ce dépôt.

**magasinier, ère** n Personne chargée de garder et de gérer les stocks d'un magasin.

**magazine** nm **1.** Revue périodique, généralement illustrée. **2.** Émission périodique radiodiffusée ou télévisée sur un sujet choisi.

**magdalénien, enne** nm et adj Dernière période du paléolithique.

**mage** nm Personne qui est versée dans les sciences occultes, la magie. ■ **les Rois mages :** personnages qui vinrent, guidés par une étoile, adorer Jésus à Bethléem.

**magenta** [maʒɛ̃ta] adj inv et nm D'un rouge violacé, une des trois couleurs primaires.

**maghrébin, e** adj et n Du Maghreb, de l'Afrique du Nord : *les Maghrébins.*

**magicien, enne** n **1.** Personne qui pratique la magie. **2.** FIG Personne qui réalise des choses étonnantes, extraordinaires.

**magie** nf **1.** Ensemble des pratiques fondées sur la croyance en des forces surnaturelles : *magie noire.* **2.** Art de l'illusionniste, du prestidigitateur. **3.** Puissance de séduction : *la magie du style.*

**magique** adj **1.** Qui tient de la magie : *pouvoir magique.* **2.** FIG Merveilleux : *spectacle magique d'un feu d'artifice.*

**magiquement** adv De façon magique.

**magistère** nm **1.** LITT Autorité intellectuelle, doctrinale. **2.** Diplôme de haut niveau décerné par les universités.

**magistral, e, aux** adj **1.** Qui tient du maître ; imposant : *ton magistral ;* qui porte la marque de la supériorité, de l'éminence : *démonstration magistrale ;* d'une force remarquable : *correction magistrale.* **2.** Donné par un maître, en chaire : *cours magistral.*

**magistralement** adv De façon magistrale.

**magistrat, e** n Officier civil, revêtu d'une autorité judiciaire, administrative ou politique.

**magistrature** nf **1.** Dignité, charge du magistrat ; durée de cette charge. **2.** Corps des magistrats.

**magma** nm **1.** GÉOL Masse fondue de température élevée qui, en refroidissant, forme les roches éruptives. **2.** Mélange confus : *son article est un magma incohérent.*

**magmatique** adj GÉOL Relatif au magma.

**magnanerie** nf Bâtiment destiné à l'élevage des vers à soie.

**magnanime** adj Qui a ou qui manifeste de la générosité, de la grandeur d'âme.

**magnanimement** adv De façon magnanime.

**magnanimité** nf Caractère d'une personne ou d'une chose magnanime.

**magnat** [maɲa] ou [magna] nm Personne très importante dans l'industrie, la finance, etc.

**magner (se)** vpr FAM Se dépêcher.

**magnésie** nf Oxyde de magnésium.

**magnésien, enne** adj Qui contient du magnésium.

**magnésium** nm Métal solide très léger, blanc d'argent, brûlant à l'air avec une flamme éblouissante ; symb : Mg.

**magnétique** adj **1.** Doué des propriétés de l'aimant : *corps magnétique.* **2.** Qui concerne le magnétisme : *champ magnétique.* **3.** FIG Qui a une influence puissante et mystérieuse : *regard magnétique.*

**magnétisation** nf Action de magnétiser.

**magnétiser** vt **1.** Communiquer les propriétés de l'aimant à. **2.** FIG Exercer une action puissante et mystérieuse sur : *orateur qui magnétise les foules.*

**magnétiseur, euse** n Personne qui possède un fluide particulier, pour guérir, notamm.

**magnétisme** nm **1.** Ensemble des phénomènes que présentent les matériaux aimantés. **2.** Partie de la physique qui étudie les propriétés des aimants. **3.** FIG Attraction exercée par qqn sur son entourage : *le magnétisme d'un comédien.*

**1. magnéto** nm (abrév) FAM Magnétophone.

**2. magnéto** nf Génératrice de courant électrique.

**magnétophone** nm VIEILLI Appareil d'enregistrement et de restitution des sons, par aimantation rémanente d'une bande magnétique.

**magnétoscope** nm Appareil d'enregistrement et de lecture des images et du son sur bande magnétique.

**magnificat** [maɲifikat] nm inv Cantique de la Vierge Marie ; musique composée sur ce cantique.

**magnificence** nf **1.** Qualité de ce qui est magnifique ; éclat, splendeur. **2.** LITT Générosité, prodigalité.

**magnifier** vt Glorifier, exalter : *magnifier un héros, un exploit.*

**magnifique** adj **1.** Qui a de l'éclat, de la beauté, de la grandeur ; grandiose : *spectacle magnifique.* **2.** Très beau, très fort ; superbe, splendide : *de magnifiques athlètes.* **3.** Remarquable, admirable : *découverte magnifique.*

**magnifiquement** adv De façon magnifique.

**magnitude** nf ASTRON Quantité caractérisant l'éclat apparent ou réel d'un astre.

**magnolia** nm Arbre à belles et grandes fleurs d'odeur suave.

**magnum** [magnɔm] nm Bouteille contenant environ 1,5 litre.

**1. magot** nm Singe sans queue, du genre macaque.

**2. magot** nm FAM Somme d'argent mise en réserve : *se constituer un joli magot.*

**magouille** nf FAM Combine, procédé douteux, louche.

**magouiller** vi FAM Se livrer à des magouilles.

**magouilleur, euse** adj et n FAM Qui magouille.

**magret** nm CUIS Filet de canard.

**magyar, e** [magjar] adj et n Hongrois.

**maharaja** ou **maharadjah** [maaradʒa] nm Titre donné aux princes de l'Inde.

**mahatma** nm Personnalité spirituelle en Inde : *le mahatma Gandhi.*

**mah-jong** [maʒɔ̃] ou [maʒɔ̃g] nm Jeu chinois qui s'apparente aux dominos.

**mahratte** ou **marathe** nm Une des langues de l'Inde.

**mai** nm Cinquième mois de l'année. ■ **Premier Mai** : jour (férié) de la fête du travail.

**maie** nf Pétrin, huche.

**maïeutique** nf **1.** Dans la philosophie socratique, art de conduire l'interlocuteur à découvrir et formuler les vérités qu'il a en lui. **2.** Partie de l'obstétrique qui concerne la pratique de l'accouchement.

**maigre** adj et n Qui a très peu de graisse, qui n'est pas gros : *enfant maigre.* ◆ adj **1.** Qui contient peu ou pas de matières grasses : *fromage maigre.* **2.** Peu abondant : *maigre végétation ;* peu important, médiocre : *maigre salaire.* ◆ nm Partie maigre d'une viande. ■ **faire maigre** : ne pas manger de viande.

**maigrement** adv De façon peu abondante.

**maigreur** nf **1.** État de quelqu'un, d'un animal qui est maigre. **2.** FIG Manque d'ampleur, de richesse : *la maigreur d'un sujet.*

**maigrichon, onne** ou **maigrelet, ette** adj et n FAM Un peu trop maigre.

**maigrir** vi Devenir maigre. ◆ vt Faire devenir maigre ; faire paraître maigre.

**mail** [maj] nm Promenade publique.

**mailing** [mεliŋ] nm (anglicisme) Prospection d'un marché et vente par voie postale.

**1. maille** nf Chacune des boucles dont l'ensemble forme un tricot ou un filet.

**2. maille** nf ■ **avoir maille à partir avec qqn** : avoir un démêlé, une dispute avec lui.

**mailler** vt Faire avec des mailles : *mailler un filet.*

**maillet** nm Marteau à deux têtes, en bois très dur.

**mailloche** nf **1.** Gros maillet de bois. **2.** MUS Baguette terminée par une boule garnie de matière souple, servant à battre certains instruments à percussion.

**maillon** nm Anneau d'une chaîne. ■ **être un maillon de la chaîne** : un élément d'un système organisé.

**maillot** nm Vêtement en tissu souple couvrant le buste ou la totalité du corps et se portant à même la peau. ■ **maillot (de bain)** : vêtement de bain. ❑ **maillot de corps** : sous-vêtement couvrant le buste. ❑ **maillot jaune** : maillot de couleur jaune que porte le premier du classement général dans le Tour de France cycliste ; le cycliste portant ce maillot.

**main** nf **1.** Partie du corps humain, du poignet à l'extrémité des doigts. **2.** FIG (suivi d'un adj.) Symbole de l'aide ou de la puissance, etc. : *main secourable, sacrilège.* ■ **à main armée** : les armes à la main. ❑ **à pleines mains** : largement, abondamment. ❑ **avoir la haute main sur** : commander. ❑ **avoir le cœur sur la main** : être très généreux. ❑ **changer de main(s)** : passer d'un possesseur à un autre. ❑ **coup de main** : aide apportée à quelqu'un. ❑ **de main de maître** : avec habileté. ❑ **demander la main de quelqu'un** : demander une jeune fille en mariage. ❑ **de première main** : directement, sans intermédiaire. ❑ **en venir aux mains** : commencer à se battre, devenir violent. ❑ **faire main basse sur** : piller, s'emparer de. ❑ **forcer la main** : contraindre. ❑ **haut la main** : sans difficulté, avec brio. ❑ **main courante** : partie supérieure d'une rampe d'escalier, d'une barre d'appui, etc. ❑ **main(s) libre(s)** : se dit d'un téléphone conçu pour être utilisé sans être tenu en main. ❑ **mettre la main à la pâte** : participer à un travail. ❑ **mettre la main sur quelque chose** : le découvrir, le retrouver. ❑ **mettre la main sur quelqu'un** : l'arrêter. ❑ **ne pas y aller de main morte** : agir avec rudesse ou violence. ❑ **passer la main** : renoncer à ses pouvoirs, les transmettre. ❑ **perdre la main** : perdre l'habitude de faire quelque chose. ❑ **petite main** : (a) AUTREF apprentie couturière (b) FIG simple exécutant que l'on charge de tâches parfois rebutantes mais essentielles. ❑ **prendre quelque chose, quelqu'un en main** : s'en charger, s'en occuper. ❑ **reprendre en main** : redresser une situation compromise. ❑ FAM **se faire la main** : s'essayer à un travail. ❑ **se prendre par la main** : s'obliger à faire quelque chose. ❑ **sous la main** : à la disposition immédiate.

**mainate** nm Oiseau noir, au bec orangé, qui peut imiter la parole humaine.

**main-d'œuvre** (pl *mains-d'œuvre*) nf **1.** Travail de l'ouvrier dans la confection d'un ouvrage. **2.** Ensemble des salariés d'une entreprise, d'un pays, etc. : *la main-d'œuvre immigrée.*

**main-forte** nf sing ■ **prêter main-forte à qqn :** lui venir en aide.

**mainlevée** nf DR Acte qui met fin à une saisie, à une opposition.

**mainmise** nf Action de mettre la main sur, de s'assurer une domination exclusive et souvent abusive sur : *la mainmise d'une société sur un secteur de l'économie*.

**mainmorte** nf DR État des biens appartenant à des personnes morales.

**maint, e** adj LITT Un grand nombre indéterminé de : *en maintes occasions*.

**maintenance** nf Entretien d'un matériel.

**maintenant** adv À présent. ◆ **maintenant que** loc conj À présent que, dès lors que.

**maintenir** vt (conj 22) **1.** Garder dans une position fixe, stable ou dans le même état : *poutre qui maintient la charpente*. **2.** Affirmer avec persévérance, avec force : *maintenir une déclaration*. ◆ **se maintenir** vpr Rester dans le même état : *le beau temps se maintient*.

**maintien** nm **1.** Action de maintenir, de faire durer : *maintien des prix*. **2.** Contenance, attitude, tenue, allure : *maintien élégant*.

**maire** n Membre du conseil municipal élu pour diriger les affaires de la commune.

**mairie** nf **1.** Fonction de maire : *aspirer à la mairie*. **2.** Bâtiment où s'administrent les affaires de la commune ; hôtel de ville. **3.** Administration municipale : *employé de mairie*.

**mais** conj **1.** Indique l'opposition ou la différence : *ce n'est pas vert mais bleu*. **2.** Introduit une restriction, une objection, une précision : *bon, mais un peu sec*. **3.** Indique une simple transition : *mais parlons d'autre chose*. **4.** Renforce une réponse, une exclamation : *mais bien sûr !*

**maïs** [mais] nm Céréale cultivée pour ses gros grains en épi ; grain de cette céréale.

**maison** nf **1.** Bâtiment, logement où l'on habite : *rester à la maison*. **2.** Famille noble : *maison d'Autriche*. **3.** Établissement servant à un usage particulier : *maison d'arrêt ; maison de retraite*. **4.** Entreprise commerciale ou industrielle : *avoir dix ans de maison*. ■ **maison de campagne :** résidence secondaire. ❑ **maison des jeunes et de la culture (MJC) :** établissement destiné à favoriser la diffusion et la pratique des activités culturelles. ◆ adj inv Fait à la maison, selon une recette traditionnelle : *tarte maison*.

**maisonnée** nf Ensemble des personnes vivant dans la même maison.

**maisonnette** nf Petite maison.

**1. maître** nm **1.** Titre donné aux avocats, notaires, huissiers, et aux personnes assumant certaines charges : *maître des requêtes*. **2.** Personne dont on est le disciple, qui est prise comme modèle : *se réclamer d'un maître*. ■ **maître auxiliaire (MA) :** professeur assurant l'intérim d'un emploi vacant de professeur titulaire. ❑ **maître d'hôtel :** qui préside au service de table d'un restaurant ou d'une grande maison. ❑ **maître d'œuvre :** personne ou organisme qui conçoit ou dirige la construction d'un édifice. ❑ **maître nageur :** professeur de natation (on rencontre parfois, au féminin, maître nageuse).

**2. maître, maîtresse** n **1.** Personne qui exerce un pouvoir, une autorité sur qqn ou sur qqch : *maîtresse de maison*. **2.** Personne qui enseigne ; instituteur : *maître d'école*.

**3. maître, maîtresse** adj Qui a un rôle important, essentiel : *atout maître ; idée maîtresse*. ■ **être maître de qqch, de faire qqch :** (a) en disposer librement (b) être libre de faire quelque chose. ❑ **maîtresse femme :** qui agit avec énergie et détermination.

**maître-autel** (pl *maîtres-autels*) nm Autel principal d'une église.

**maître-chien** (pl *maîtres-chiens*) nm Responsable de l'emploi et du dressage d'un chien.

**maîtresse** nf Femme avec laquelle un homme a des relations sexuelles en dehors du mariage.

**maîtrisable** adj Que l'on peut maîtriser.

**maîtrise** nf **1.** Domination de soi ; sang-froid : *conserver sa maîtrise*. **2.** Domination incontestée ; supériorité. **3.** Perfection, sûreté dans la technique, excellence : *tableau exécuté avec maîtrise*. **4.** Diplôme de l'enseignement supérieur obtenu au terme de quatre ans d'études après le baccalauréat. **5.** Ensemble des cadres, des contremaîtres et des chefs d'équipe : *agent de maîtrise*. **6.** École où l'on forme les enfants au chant ; l'ensemble de ces enfants.

**maîtriser** vt **1.** Se rendre maître d'éléments difficilement contrôlables : *maîtriser un incendie*. **2.** Soumettre, contenir par la force : *maîtriser un animal*. **3.** Dominer un sentiment, une passion : *maîtriser sa peur, son émotion*.

**Maïzena** [maizena] nf (nom déposé) Farine de maïs utilisée en cuisine.

**majesté** nf **1.** Grandeur, dignité, noblesse : *la majesté des juges de la cour*. **2.** Titre particulier des empereurs et des rois : *Sa Majesté*.

**majestueusement** adv Avec majesté.

**majestueux, euse** adj Qui a de la majesté : *démarche majestueuse*.

**majeur, e** adj **1.** Plus grand par le nombre, l'étendue, etc. **2.** D'une grande importance : *affaire majeure*. **3.** Qui a atteint l'âge de la majorité : *fils majeur*. ■ **cas de force majeure :** événement qui empêche de faire qqch et dont on n'est pas responsable. ❑ **en majeure partie :** pour la plus grande partie. ◆ nm Doigt du milieu de la main. SYN : médius.

**majeure** nf Première proposition d'un syllogisme.

**1. major** nm **1.** Grade le plus élevé des sous-officiers des armées. **2.** VX Officier chargé de l'administration d'un corps de troupes. **3.** ARG SCOL Premier d'un concours, d'une promotion.

**2. major** nf Entreprise faisant partie des plus puissantes sociétés de son secteur, dans la musique ou le cinéma, notamm.

**majoration** nf Action de majorer ; augmentation.

**majordome** nm Maître d'hôtel de grande maison.

**majorer** vt Augmenter la valeur, le montant de : *majorer une facture, un prix, un salaire*.

**majorette** nf Jeune fille en uniforme qui parade dans les défilés.

**majoritaire** adj Qui appartient ou qui s'appuie sur une majorité (par opposition à *minoritaire*).

**majoritairement** adv En majorité.

**majorité** nf **1.** Âge auquel une personne acquiert la pleine capacité d'exercer ses droits ou est reconnue responsable de ses actes : *en France, la majorité est fixée à 18 ans*. **2.** Le plus grand nombre, la plus grande partie : *la majorité des cas*. **3.** Groupement de voix donnant à une personne ou un parti la supériorité sur ses concurrents : *obtenir la majorité*. **4.** Parti qui l'emporte par le nombre dans une assemblée (par oppos. à *opposition*) : *la majorité soutient le gouvernement*. ■ **majorité absolue** : exigeant la moitié des suffrages exprimés plus un. ❑ **majorité relative** : obtenue par un candidat qui recueille plus de suffrages que ses concurrents.

GRAMMAIRE On écrit *la majorité* « le plus grand nombre » *des Français a approuvé le projet,* mais *la majorité* « la plupart » *des Français partent en août.*

**majuscule** nf et adj Lettre plus grande que les autres et de forme différente (par opposition à *minuscule*).

**1. maki** nm Mammifère lémurien à longue queue de Madagascar.

**2. maki** nm Spécialité japonaise faite d'une boulette de riz entourée d'une feuille de nori et garnie de poisson cru, d'omelette, etc.

**making of** [mɛkiŋɔf] nm inv Documentaire portant sur la genèse et le tournage d'un film ; coulisses du tournage.

**mal** (pl *maux*) nm **1.** Souffrance, douleur physique : *mal de gorge* **2.** Dommage matériel, moral : *faire du mal à qqn*. **3.** Ce qui exige de la peine, du travail : *avoir du mal à courir*. **4.** Ce qui est contraire à la morale, à l'ordre, au bien. ■ **avoir mal** : souffrir. ❑ **être en mal de qqch** : souffrir de son absence. ❑ **mal du pays** : nostalgie. ❑ **mettre à mal** : abîmer. ❑ **prendre mal** : attraper froid. ❑ **prendre qqch en mal** : s'en offenser. ◆ adj inv Mauvais, funeste : *bon an, mal an ; bon gré, mal gré*. ■ SUISSE FAM **mal fait** : regrettable, déplorable : *c'est mal fait pour lui, le pauvre !* ❑ **ne pas être mal** : être assez beau, assez agréable, assez satisfaisant. ◆ adv D'une manière qui n'est pas satisfaisante : *être mal payé*. ■ **au plus mal** : très malade. ❑ **être mal avec qqn** : être brouillé avec lui. ❑ FAM **pas mal de** : beaucoup de. ❑ **prendre mal qqch** : se vexer. ❑ **se sentir, se trouver mal** : avoir un malaise.

**malabar** nm FAM Homme grand et fort.

**malachite** [malakit] nf Carbonate de cuivre, d'un beau vert.

**malacologie** nf Étude des mollusques.

**malade** adj et n Dont la santé est altérée. ◆ adj **1.** Dont l'état, le fonctionnement est déréglé : *industrie malade*. **2.** FAM Mentalement dérangé ; fou.

**maladie** nf **1.** Trouble, dérangement de la santé physique, du comportement, etc. **2.** Altération de qqch : *maladie de la vigne*. ■ **maladie non transmissible (MNT)** : maladie qui n'est pas causée par un agent infectieux contagieux mais est liée à un facteur génétique, à l'environnement ou au mode de vie.

**maladif, ive** adj **1.** Sujet à être malade : *tempérament maladif*. **2.** Qui manifeste un état de maladie : *pâleur maladive*. **3.** Qui dénote un trouble mental, un comportement malsain ; morbide : *curiosité maladive*.

**maladivement** adv De façon maladive.

**maladresse** nf **1.** Manque d'adresse. **2.** Action, parole maladroite.

**maladroit, e** adj et n Qui manque d'adresse, d'habileté, de diplomatie.

**maladroitement** adv De façon maladroite.

**mal-aimé, e** (pl *mal-aimés, es*) adj et n Se dit d'une personne tenue à l'écart d'un groupe.

**malais, e** adj et n Relatif à un peuple de Malaisie : *les Malais*. ◆ nm Langue parlée en Malaisie et en Indonésie.

**malaise** nm **1.** Trouble physiologique : *malaise cardiaque*. **2.** FIG État d'inquiétude, de trouble : *éprouver un sentiment de malaise ;* début de crise : *malaise social, politique*.

**malaisé, e** adj Qui n'est pas facile à faire.

**malaisément** adv Difficilement.

**malaisien, enne** adj et n De Malaisie : *les Malaisiens*.

**malandrin** nm LITT Vagabond, voleur.

**malappris, e** adj et n Grossier, mal élevé.

**malaria** nf VIEILLI Paludisme.

**malavisé, e** adj LITT Qui agit sans discernement, sans réflexion.

**malaxage** nm Action de malaxer.

**malaxer** vt **1.** Pétrir pour ramollir : *malaxer du beurre.* **2.** Masser.

**malaxeur** nm Appareil pour malaxer.

**malchance** nf Manque de chance : *être poursuivi par la malchance ;* hasard malheureux : *j'ai eu la malchance de le rencontrer.*

**malchanceux, euse** adj et n En butte à la malchance.

**malcommode** adj Qui n'est pas pratique : *un siège malcommode.*

**maldonne** nf Erreur dans la distribution des cartes ; fausse donne. ■ FAM **il y a maldonne :** il y a un malentendu.

**mâle** adj **1.** BIOL Qui appartient, qui est propre au sexe fécondant (par oppos. à *femelle*) : *souris mâle.* **2.** Du sexe masculin : *descendants mâles.* **3.** Qui a ou qui évoque des qualités considérées comme masculines : *voix mâle.* **4.** TECHN Se dit de la partie d'un instrument, d'un organe qui entre dans une autre : *prise mâle.* ■ **fleur mâle :** qui ne porte que des étamines. ◆ nm **1.** Animal ou végétal qui ne porte que les organes du sexe mâle (par oppos. à *femelle*). **2.** Individu du sexe masculin (par oppos. à *femme*).

**malédiction** nf **1.** Action de maudire ; paroles par lesquelles on maudit ; imprécation. **2.** FIG Malheur, fatalité : *la malédiction est sur lui.*

**maléfice** nm LITT Sortilège, mauvais sort.

**maléfique** adj LITT Qui a une influence mauvaise, négative.

**malencontreusement** adv D'une manière malencontreuse.

**malencontreux, euse** adj Fâcheux, inopportun.

**mal-en-point** adj inv En mauvais état.

**malentendant, e** adj et n Qui entend mal ou pas du tout.

**malentendu** nm Parole, action mal interprétée ; méprise.

**mal-être** nm inv Sentiment profond de malaise né d'une insatisfaction mêlée d'inquiétude.

**malfaçon** nf Défaut, défectuosité dans un ouvrage.

**malfaisant, e** adj Nuisible, qui cause du mal : *personne, influence malfaisante.*

**malfaiteur** nm Individu qui commet des vols, des crimes.

**malfamé, e** adj De mauvaise réputation : *maison malfamée.*

ORTHOGRAPHE *Malfamé* s'écrit généralement en un seul mot (l'adjectif *famé* n'étant plus usuel), mais on peut le trouver écrit en deux mots.

**malformation** nf Altération morphologique congénitale d'une partie du corps humain : *malformation cardiaque.*

**malfrat** nm LITT Malfaiteur, truand.

**malgache** adj et n De Madagascar : *les Malgaches.* ◆ nm Langue parlée à Madagascar.

**malgré** prép **1.** Contre le gré, la volonté de : *elle s'est mariée malgré ses parents.* **2.** En dépit de : *malgré la pluie.* ◆ **malgré que** loc conj Indique une opposition, une concession ; bien que, quoique : *malgré qu'il fasse froid.*

EMPLOI Il n'est pas fautif de dire *malgré que nous soyons amis,* mais il est préférable d'employer *bien que nous soyons amis.*

**malhabile** adj Maladroit, qui manque d'adresse.

**malheur** nm **1.** Événement fâcheux, pénible : *il est arrivé un malheur.* **2.** Sort douloureux, funeste (par opposition à *bonheur*) : *montrer du courage dans le malheur.* ■ FAM **faire un malheur :** (a) agir avec violence (b) remporter un grand succès. ❑ **jouer de malheur :** être très malchanceux. ❑ **oiseau de malheur :** personne qui apporte la malchance. ❑ **par malheur :** malheureusement. ❑ **porter malheur :** avoir une influence néfaste, fatale.

**malheureusement** adv Par malheur.

**malheureux, euse** adj et n Qui est dans une situation pénible, douloureuse : *de malheureux réfugiés.* ◆ adj **1.** Qui exprime le malheur : *air malheureux.* **2.** Qui manque de chance : *entreprise malheureuse.* **3.** Insignifiant, sans valeur : *un malheureux coin de terre.*

**malhonnête** adj et n **1.** Qui enfreint les règles de la probité, de l'honnêteté : *un employé malhonnête.* **2.** Qui choque la décence, la pudeur : *proposition malhonnête.*

**malhonnêtement** adv De façon malhonnête.

**malhonnêteté** nf **1.** Caractère malhonnête : *la malhonnêteté d'une personne, d'une intention.* **2.** Action malhonnête : *commettre une malhonnêteté.*

**malice** nf **1.** Penchant à taquiner ; action ou parole ironique, moqueuse : *réponse pleine de malice.* **2.** Méchanceté, désir de nuire : *n'y voyez aucune malice.*

**malicieusement** adv Avec malice, espièglerie.

**malicieux, euse** adj et n Qui a ou manifeste de la malice ; taquin, coquin : *enfant malicieux.*

**malien, enne** adj et n Du Mali : *les Maliens.*

**malignement** adv Avec malignité.

**malignité** nf **1.** Méchanceté mesquine. **2.** Caractère dangereux, mortel d'une tumeur, d'un mal.

**malin, igne** adj et n Qui a de la finesse d'esprit ; astucieux, débrouillard. ◆ adj **1.** Malicieux, espiègle : *sourire malin.* **2.** Méchant : *éprouver un malin plaisir à critiquer ;* pernicieux, dangereux : *fièvre maligne.*

**malingre** adj Chétif, faible.

**malintentionné, e** adj Qui a de mauvaises intentions.

**malique** adj ■ **acide malique** : tiré des pommes.

**malle** nf Coffre servant pour le voyage. ■ FAM **se faire la malle** : partir sans prévenir ; s'enfuir.

**malléabilité** nf **1.** Qualité d'un métal malléable. **2.** FIG Caractère de quelqu'un qui est docile, influençable.

**malléable** adj **1.** TECHN Susceptible d'être réduit en feuilles : *l'or est malléable*. **2.** FIG Docile, influençable : *esprit malléable*.

**malléole** nf Chacune des parties du tibia (malléole interne) et du péroné (malléole externe) qui forment la cheville.

**mallette** nf Petite valise.

**mal-logé, e** (pl *mal-logés, es*) n Personne dont les conditions d'habitation ne sont pas satisfaisantes.

**mal-logement** nm inv Situation des mal-logés.

**malmener** vt (conj 9) **1.** Traiter brutalement. **2.** SPORTS Mettre un adversaire dans une situation difficile.

**malnutrition** nf Alimentation insuffisante et inadaptée.

**malodorant, e** adj Qui a une mauvaise odeur.

**malotru, e** n Personne grossière, mal élevée.

**malpoli, e** adj et n Mal élevé, grossier.

**malpropre** adj et n **1.** Qui manque de propreté, sale. **2.** FIG Indécent, immoral.

**malproprement** adv Salement.

**malpropreté** nf **1.** Manque de propreté. **2.** Indécence, malhonnêteté, indélicatesse.

**malsain, e** adj Nuisible à la santé physique ou morale ; dangereux : *climat malsain ; idées, théories malsaines*.

**malséant, e** adj LITT Contraire à la bienséance ; déplacé, inconvenant.

**malstrom** nm → **maelström**.

**malt** nm Orge germée, utilisée dans la fabrication de la bière.

**maltais, e** adj et n De Malte : *les Maltais*.

**maltaise** nf Variété d'orange sucrée.

**malthusianisme** nm Limitation volontaire des naissances.

**malthusien, enne** adj et n Relatif au malthusianisme, aux idées de Malthus.

**maltraitance** nf Mauvais traitements infligés à une personne qu'on a sous son autorité ou sous sa garde.

**maltraiter** vt Traiter durement, avec violence.

**malus** nm inv Majoration d'une prime d'assurance automobile en fonction des accidents dont l'assuré a été responsable. CONTR : bonus.

**malvacée** nf Plante dicotylédone ayant pour type la mauve (les malvacées forment une famille).

**malveillance** nf **1.** Caractère d'une personne malveillante. **2.** Acte accompli dans l'intention de nuire.

**malveillant, e** adj et n Porté à vouloir, à souhaiter du mal à autrui ; qui a des intentions hostiles.

**malvenu, e** adj ■ LITT **être malvenu à, de** : peu fondé à, peu qualifié pour.

> ORTHOGRAPHE On écrit généralement *malvenu* en un seul mot (comme *malfamé*), mais on peut aussi l'écrire en deux mots.

**malversation** nf Détournement de fonds dans l'exercice d'une charge.

**mal-vivre** nm inv Souffrance morale éprouvée par une personne, un groupe insatisfaits de leur vie.

**malvoisie** nm Vin grec doux et liquoreux.

**malvoyant, e** adj et n Qui voit mal ou pas du tout.

**maman** nf Mère, dans le langage affectif et enfantin.

**mamelle** nf Organe de la sécrétion du lait chez les mammifères femelles.

**mamelon** nm **1.** Bout du sein, de la mamelle. **2.** Colline arrondie.

**mamelonné, e** adj En forme de mamelons : *plaines mamelonnées*.

**mameluk** ou **mamelouk** [mamluk] nm HIST Soldat esclave d'une milice turco-égyptienne qui fut maîtresse de l'Égypte et de la Syrie (1250-1517).

**mamie** ou **mamy** nf Grand-mère, dans le langage affectif et enfantin.

**mammaire** adj Relatif aux seins, aux mamelles : *glande mammaire*.

**mammectomie** ou **mastectomie** nf CHIR Ablation du sein.

**mammifère** nm Animal vertébré caractérisé par la présence de mamelles.

**mammographie** nf Radiographie de la glande mammaire.

**mammouth** [mamut] nm Éléphant fossile du quaternaire.

**mamours** nm pl FAM Câlins, caresses : *faire des mamours*.

**mamy** nf → **mamie**.

**management** [manaʒmɛnt] ou [manadʒmɛnt] nm Technique de direction et de gestion de l'entreprise.

**manager** [manadʒɛr] ou [manadʒœr] nm **1.** Spécialiste du management ; dirigeant d'entreprise. **2.** Personne qui gère les intérêts d'un sportif, qui entraîne une équipe.

**manant** nm **1.** HIST Paysan ou habitant d'un village. **2.** LITT Homme grossier.

**1. manche** nm **1.** Partie d'un outil, d'un instrument par laquelle on le tient. **2.** Os apparent des côtelettes et des gigots.

**2. manche** nf **1.** Partie du vêtement qui couvre le bras : *manches courtes, longues.* **2.** Au jeu, une des parties liées que l'on est convenu de jouer. ■ **manche à air** : tube en toile qui, en haut d'un mât, indique la direction du vent.

**3. manche** nf ■ FAM **faire la manche** : mendier.

**mancheron** nm Poignée de charrue.

**manchette** nf **1.** Bande aux poignets d'une chemise : *boutons de manchette.* **2.** Coup donné avec l'avant-bras. **3.** Titre de journal en gros caractères.

**manchon** nm **1.** Fourrure en forme de rouleau creux, pour se protéger les mains du froid. **2.** Cylindre pour abouter deux tuyaux.

**manchot, e** adj et n Privé ou estropié d'une main ou d'un bras. ◆ nm Palmipède qui utilise ses membres antérieurs comme nageoires.

**manchou, e** adj et n → **mandchou**.

**mandant, e** n Personne qui, par un mandat, donne pouvoir à un autre.

**mandarin** nm **1.** HIST Haut fonctionnaire de la Chine impériale. **2.** PÉJOR Personnage important et influent dans son milieu. **3.** LING Le plus important dialecte chinois.

**mandarinat** nm HIST Fonction, dignité de mandarin.

**mandarine** nf Fruit du mandarinier.

**mandarinier** nm Oranger d'une variété de petite taille.

**mandat** nm **1.** Pouvoir qu'une personne donne à une autre d'agir en son nom : *s'acquitter de son mandat.* **2.** Fonction et obligations d'un membre élu d'une assemblée : *mandat de député.* **3.** (terme administratif) Ordre donné de comparaître, d'arrêter, etc. : *mandat d'arrêt.* **4.** Titre reçu par le service des postes pour faire parvenir une somme à un correspondant : *mandat postal.* **5.** Effet de commerce invitant une personne à verser une certaine somme d'argent à une autre.

**mandataire** n Qui a mandat pour agir.

**mandat-carte** (pl *mandats-cartes*) nm Mandat postal payable en espèces.

**mandatement** nm Action de mandater.

**mandater** vt **1.** Investir quelqu'un d'un mandat. **2.** Payer une somme par mandat.

**mandat-lettre** (pl *mandats-lettres*) nm Titre, encaissable dans un bureau de poste, adressé par l'émetteur au bénéficiaire.

**mandchou, e** ou **manchou, e** adj et n De la Mandchourie.

**mandement** nm RELIG Instructions adressées par un évêque à ses diocésains.

**mander** vt LITT Faire venir, appeler : *mander quelqu'un d'urgence.*

**mandibule** nf **1.** Maxillaire inférieur de l'homme et des vertébrés. **2.** Pièce buccale paire des crustacés, des insectes.

**mandoline** nf Instrument de musique à cordes de la famille du luth.

**mandragore** nf Plante à racine bifurquée, qu'on utilisait autrefois en sorcellerie.

**mandrill** [mɑ̃dril] nm Grand singe d'Afrique à museau rouge et bleu.

**mandrin** nm **1.** Appareil servant à tenir, sur une machine-outil, une pièce à travailler ou un outil. **2.** Outil pour agrandir ou égaliser les trous.

**manège** nm **1.** Lieu où l'on dresse les chevaux, où l'on apprend l'équitation. **2.** Jeu pour les enfants, formé d'un plateau animé d'un mouvement circulaire sur lequel sont figurés des animaux, des véhicules, etc. **3.** FIG Conduite rusée, manœuvre : *je me méfie de son manège.*

**mânes** nm pl ANTIQ ROM Âmes des morts.

**manette** nf Levier, clef ou poignée qu'on manœuvre à la main.

**manga** nm **1.** Bande dessinée japonaise, décrivant souvent un univers de science-fiction. **2.** Dessin animé qui s'en inspire.

**mangaka** n Dessinateur ou auteur de mangas.

**manganèse** nm Métal grisâtre employé pour la fabrication d'aciers spéciaux, symb : Mn.

**mangeable** adj Qu'on peut manger.

**mangeoire** nf Auge où mangent les animaux.

**manger** vt (conj 2) **1.** Mâcher et avaler afin de se nourrir : *manger du pain, des fruits.* **2.** Détruire, abîmer en rongeant : *vêtement mangé aux mites.* **3.** Faire disparaître en absorbant, en utilisant, etc. : *moteur qui mange trop d'huile.* ■ **manger des yeux** : regarder avidement. ◆ vi **1.** Absorber des aliments : *manger peu.* **2.** Prendre un repas : *manger au restaurant.* ◆ nm Ce qu'on mange : *on peut apporter son manger.*

**mange-tout** ou **mangetout** nm inv et adj m inv Haricot ou pois dont la cosse se mange.

**mangeur, euse** n ■ **grand, gros mangeur** : personne qui mange beaucoup.

**mangoustan** nm Fruit au goût délicat, originaire de Malaisie.

**mangouste** nf Mammifère carnassier qui dévore des reptiles.

**mangrove** nf Forêt des régions côtières tropicales.

**mangue** nf Fruit comestible du manguier.

**manguier** nm Arbre des régions tropicales.

**maniabilité** nf Caractère de ce qui est maniable.

**maniable** adj **1.** Aisé à manier, à manœuvrer : *outil, voiture maniables.* **2.** FIG Souple : *caractère maniable.*

**maniaco-dépressif, ive** adj et n Se dit d'une psychose caractérisée par une alternance d'accès maniaques et de dépressions mélancoliques ; se dit d'un malade qui en est atteint.

**maniaque** adj et n **1.** Qui a une manie, une idée fixe : *c'est un maniaque de la ponctualité.* **2.** Qui a un goût et un soin excessifs pour des détails, pour la propreté ; méticuleux : *un vieux garçon maniaque.*

**maniaquerie** nf FAM Caractère maniaque.

**manichéen, enne** [manikeɛ̃, ɛn] adj et n Qui relève du manichéisme ; qui le professe.

**manichéisme** [manikeism] nm Attitude fondée sur l'opposition sans nuance du bien et du mal.

**manie** nf **1.** Habitude, goût bizarre : *la manie de se ronger les ongles.* **2.** Idée fixe, obsession : *la manie de la persécution.*

**maniement** nm Action ou façon de manier.

**manier** vt **1.** Prendre quelque chose dans ses mains pour l'examiner ; manipuler : *objet à manier avec précaution.* **2.** Utiliser un véhicule, un instrument avec adresse : *camion difficile à manier.* ■ **manier des fonds :** les gérer. ❑ **manier des idées, un groupe :** les manœuvrer, les utiliser habilement.

**manière** nf Façon particulière d'agir ou de se comporter : *une curieuse manière de parler.* ■ **une manière de :** une sorte de. ◆ loc prép ■ **à la manière de :** (a) Selon les habitudes de (b) à l'imitation de. ❑ **de manière à :** afin de. ◆ loc conj ■ **de manière (à ce) que :** de façon (à ce) que. ❑ **de telle manière que** (+ ind) **:** de telle sorte que. ❑ **de toute manière :** quoi qu'il arrive. ◆ **manières** pl **1.** Façon habituelle d'agir, de parler : *avoir des manières désinvoltes.* **2.** Aisance et politesse dans la tenue : *manquer de manières.* ■ **faire des manières :** adopter un comportement affecté. ❑ **sans manières :** en toute simplicité.

EMPLOI On dit *de manière que (nous réussissions)* de préférence à *de manière à ce que (nous réussissions).*

**maniéré, e** adj Affecté, précieux.

**maniérisme** nm Affectation et manque de naturel, en particulier dans le domaine artistique ou littéraire.

**manieur, euse** n Personne qui manie, gère, dirige : *manieur d'hommes.*

**manif** nf (abréviation) FAM Manifestation.

**manifestant, e** n Personne qui prend part à une manifestation.

**manifestation** nf **1.** Action de manifester un sentiment : *manifestation de tendresse ;* fait de se manifester : *la manifestation d'une maladie.* **2.** Rassemblement destiné à exprimer publiquement une opinion politique, une revendication sociale, etc. **3.** Événement organisé dans un but culturel, commercial, etc.

**1. manifeste** adj Évident : *erreur manifeste.*

**2. manifeste** nm Déclaration collective écrite.

**manifestement** adv De façon manifeste.

**manifester** vt Rendre manifeste, faire connaître, révéler : *manifester sa joie, son mécontentement.* ◆ vi Faire une démonstration collective publique ; participer à une manifestation. ◆ **se manifester** vpr Apparaître au grand jour ; donner des signes de son existence.

**manigance** nf (surtout au pluriel) Manœuvre secrète qui a pour but de tromper, de cacher quelque chose : *je ne suis pas dupe de ses manigances.*

**manigancer** vt FAM Préparer secrètement ; tramer, ourdir : *manigancer un mauvais coup.*

**1. manille** nf Jeu de cartes où l'as et le dix sont les cartes maîtresses ; le dix de chaque couleur, à ce jeu.

**2. manille** nf Étrier métallique en forme d'U, servant à relier deux tronçons de chaîne.

**manillon** nm L'as de chaque couleur, au jeu de la manille.

**manioc** nm Plante tropicale dont la racine fournit une fécule qui sert à faire le tapioca.

**manip** ou **manipe** nf (abréviation de *manipulation*) **1.** FAM Série d'agissements visant à manipuler quelqu'un ; manigance. **2.** ARG SCOL Exercice de manipulation effectué pendant un cours de physique, de chimie, etc.

**manipulateur, trice** n Personne qui manipule.

**manipulation** nf Action de manipuler.

**manipuler** vt **1.** Remuer, déplacer, faire fonctionner avec la main : *manipuler un appareil photo.* **2.** Modifier, transformer quelque chose de façon suspecte : *manipuler des statistiques.* **3.** Amener quelqu'un à agir dans le sens que l'on souhaite, s'en servir comme moyen pour arriver à ses fins ; manœuvrer.

**manitou** nm FAM Personne puissante ou qui fait autorité dans un domaine.

**manivelle** nf Pièce coudée pour tourner une roue, etc.

**manne** nf LITT Aubaine, chose providentielle, avantage inespéré.

**mannequin** nm **1.** Forme humaine utilisée en couture pour les essayages ou les étalages ; forme humaine articulée à l'usage des peintres et des sculpteurs. **2.** Personne chargée de présenter les modèles d'une maison de couture : *agence de mannequins.*

**manœuvrable** adj Facile à manœuvrer.

**manœuvre** nf **1.** Manière ou action de régler la marche d'une machine, d'un appareil, d'un véhicule : *manœuvre d'une pompe.* **2.** Exercice que l'on fait faire aux soldats : *grandes manœuvres.* **3.** FIG (souvent péjoratif) Ensemble de moyens employés pour parvenir à un résultat ; intrigue : *manœuvres frauduleuses.* ■ **fausse manœuvre :** opération mal appropriée ou mal exécutée. ◆ nm Ouvrier affecté à des tâches non spécialisées.

**manœuvrer** vt **1.** Faire exécuter des manœuvres, des mouvements : *manœuvrer un levier.* **2.** Amener à agir comme on souhaite ; manipuler : *manœuvrer qqn.* ◆ vi **1.** Faire une manœuvre avec un véhicule. **2.** Exécuter une manœuvre militaire. **3.** FIG Agir de façon à obtenir qqch : *il a bien manœuvré.*

**manœuvrier, ère** n Qui manœuvre habilement.

**manoir** nm Habitation de caractère d'une certaine importance, entourée de terres.

**manomètre** nm Appareil servant à mesurer la pression des gaz.

**manouche** n et adj Membre d'un des trois groupes dont l'ensemble forme les Tsiganes.

**manquant, e** adj Qui manque, qui est en moins : *la somme manquante.* ◆ adj et n Absent : *noter le nom des élèves manquants.*

**1. manque** nm Défaut, absence : *manque de sommeil.* ■ **être en manque :** (a) avoir besoin de drogue, en parlant d'un toxicomane (b) être privé de ce qui est psychiquement indispensable. ❏ **manque à gagner :** perte portant sur un bénéfice non réalisé. ◆ loc prép ■ **par manque de :** faute de.

**2. manque** nf ■ FAM **à la manque :** mauvais, raté ou défectueux : *bricoleur à la manque.*

**manqué, e** adj Qui n'est pas réussi : *une photo manquée.* ■ **acte manqué :** acte qui trahit un désir inconscient. ❏ FAM **garçon manqué :** fille qui a des manières de garçon.

**manquement** nm Action de manquer à un devoir, à une loi, à une règle ; infraction : *manquement à la discipline.*

**manquer** vi **1.** Échouer, ne pas réussir : *l'attentat a manqué.* **2.** Être en quantité insuffisante, faire défaut : *les vivres manquent.* **3.** Être absent : *trois élèves manquent.* ◆ vt ind **1.** [de] Ne pas avoir en quantité suffisante : *manquer d'argent.* **2.** [de] (avec ou sans préposition) Être sur le point de : *il a manqué de se faire écraser.* **3.** [à] Faire défaut : *les forces lui manquent ; il nous manque beaucoup.* **4.** [à] Se soustraire à, ne pas respecter : *manquer à sa parole.* ■ **ne pas manquer de :** ne pas omettre, ne pas négliger. ◆ vt **1.** Ne pas réussir : *manquer une photo ;* laisser échapper : *manquer une affaire, une occasion.* **2.** Ne pas atteindre : *manquer un lièvre, son but.* **3.** Ne pas rencontrer qqn comme prévu : *tu l'as manqué de peu ;* arriver trop tard pour prendre un moyen de transport : *manquer un train.*

**mansarde** nf Pièce située sous un comble et dont un mur est incliné.

**mansardé, e** adj Aménagé sous un comble.

**mansuétude** nf LITT Douceur, indulgence : *parler avec mansuétude.*

**mante** nf Insecte orthoptère (appelé usuellement : *mante religieuse*).

**manteau** nm **1.** Vêtement de dessus ample et à manches longues. **2.** Partie d'une cheminée en saillie au-dessus du foyer. ■ FIG **sous le manteau :** clandestinement.

**mantille** nf Longue écharpe de dentelle que les femmes portent sur la tête.

**manucure** n Personne chargée des soins esthétiques des mains, des ongles.

**manucurer** vt Donner des soins de beauté aux mains et aux ongles de quelqu'un.

**manuel, elle** adj Qui se fait avec la main : *travail manuel.* ◆ adj et n Qui est adroit de ses mains ; qui travaille avec ses mains. ◆ nm Petit livre renfermant les notions essentielles d'une technique, d'une science : *manuel scolaire.*

**manuellement** adv Avec la main.

**manufacture** nf Vaste établissement industriel : *manufacture de tabac.*

**manufacturer** vt Transformer industriellement des matières premières en produits finis.

**manufacturier, ère** adj Relatif à la fabrication, à l'industrie.

**manu militari** loc adv Par la force des armes.

**manuporté, e** adj Qui peut se transmettre par simple contact (par l'intermédiaire des mains, notamm.) : *maladie manuportée.*

**manuscrit, e** adj Écrit à la main : *lettre manuscrite.* ◆ nm **1.** Ouvrage écrit à la main. **2.** Texte original d'un ouvrage destiné à l'impression.

**manutention** nf Action de manipuler des marchandises ; lieu où cette opération s'effectue.

**manutentionnaire** n Personne chargée de la manutention.

**manutentionner** vt Soumettre à une opération de manutention.

**maoïsme** nm Doctrine qui s'inspire de la pensée de Mao Zedong.

**maoïste** adj et n Relatif au maoïsme ; qui en est partisan.

**maori, e** adj Relatif aux Maoris, population de la Nouvelle-Zélande.

**mappemonde** nf Carte du globe divisé en deux hémisphères.

**1. maquereau** nm Poisson de mer aux vives couleurs et à chair estimée.

**2. maquereau, elle** n TRÈS FAM Personne qui vit de la prostitution.

**maquette** nf **1.** Reproduction à échelle réduite d'un décor, d'une construction, d'un appareil. **2.** Représentation schématique ou précise des divers éléments d'un imprimé, d'une mise en pages.

**maquettiste** n Personne qui exécute des maquettes.

**maquignon** nm **1.** Marchand de chevaux. **2.** FIG Personne peu scrupuleuse en affaires.

**maquignonnage** nm **1.** Métier de maquignon. **2.** FIG Procédés indélicats, tromperies.

**maquillage** nm **1.** Action, manière de maquiller, de se maquiller. **2.** Ensemble des produits de beauté et de soin du visage. **3.** FIG Action de maquiller pour falsifier : *maquillage d'une voiture volée*.

**maquiller** vt **1.** Modifier l'aspect du visage à l'aide de produits cosmétiques. **2.** FIG Déguiser, truquer : *maquiller un meurtre en suicide*.

**maquilleur, euse** n Personne qui maquille.

**maquis** nm **1.** Terrain broussailleux des régions méditerranéennes. **2.** Lieu retiré, sauvage où s'organise la résistance à une occupation militaire étrangère. **3.** FIG Réseau complexe, inextricable : *se perdre dans le maquis de la procédure*.

**maquisard** nm Résistant d'un maquis.

**marabout** nm **1.** Oiseau échassier au bec énorme. **2.** Saint religieux musulman. **3.** En Afrique, personne réputée pour ses pouvoirs magiques ; guérisseur.

**maraîcher, ère** adj Relatif à la culture des légumes. ◆ n Cultivateur qui se livre à la production en grand des légumes, des primeurs.

**marais** nm Région où s'accumulent des eaux stagnantes. ■ **marais salant** : terrain où l'on fait évaporer l'eau de la mer pour recueillir le sel.

**marasme** nm Arrêt de l'activité dans un domaine quelconque : *marasme économique*.

**marasquin** nm Liqueur de cerise.

**marathe** nm → **mahratte**.

**marathon** nm **1.** Course à pied de grand fond (42,195 km). **2.** FIG Négociation longue et difficile : *le marathon budgétaire de Bruxelles*.

**marathonien, enne** n Coureur de marathon.

**marâtre** nf **1.** Seconde épouse du père, par rapport aux enfants nés d'un premier mariage. **2.** PAR EXT Mère dénaturée, méchante.

**maraud, e** n VX Scélérat, voleur.

**maraudage** nm Vol de récoltes, de fruits, de légumes encore sur pied, etc.

**maraude** nf **1.** DR Maraudage. **2.** Parcours effectué par les humanitaires dans les rues ou les campements des grandes villes pour porter assistance aux personnes qui y vivent. ■ **taxi en maraude** : qui circule à vide en quête de clients, au lieu de stationner.

**marauder** vi Se livrer au maraudage ; être en maraude.

**maraudeur, euse** n **1.** Personne qui se livre au maraudage. **2.** Humanitaire qui effectue des maraudes. **3.** Taxi en maraude.

**marbre** nm **1.** Calcaire à grain fin, compact et dur. **2.** Objet de marbre : *des marbres antiques*. **3.** IMPR Table sur laquelle on place la composition pour l'impression ou la correction.

**1. marbré, e** adj Marqué de veines ou de taches évoquant le marbre : *peau marbrée*.

**2. marbré** nm Gâteau à pâte levée, moelleux, veiné de chocolat.

**marbrer** vt **1.** Décorer en imitant les veines du marbre. **2.** Marquer de marbrures : *les coups lui ont marbré le corps*.

**marbrerie** nf **1.** Art, atelier du marbrier. **2.** Industrie du marbre.

**marbrier, ère** adj Relatif au marbre, à son industrie. ◆ nm Ouvrier qui travaille le marbre.

**marbrière** nf Carrière de marbre.

**marbrure** nf **1.** Décor imitant les veines du marbre. **2.** Marque ressemblant à une veine du marbre, qui se voit sur la peau.

**marc** [mar] nm **1.** Résidu d'une substance que l'on fait infuser, bouillir, etc. : *marc de café*. **2.** Eau-de-vie obtenue en distillant le résidu des grains de raisin pressés pour en extraire le jus.

**marcassin** nm Jeune sanglier.

**marcel** nm Tee-shirt décolleté et sans manches ; débardeur.

**marchand, e** n Qui fait profession d'acheter et de vendre. ◆ adj ■ **marine marchande** : qui assure le transport des marchandises. ❑ **valeur marchande d'un objet** : sa valeur dans le commerce.

**marchandage** nm Action de marchander.

**marchander** vt Débattre le prix de : *marchander un tableau*.

**marchandisation** nf Tendance à tirer un profit mercantile d'une activité non marchande : *la marchandisation de la culture.*

**marchandise** nf Ce qui se vend et s'achète : *marchandise de luxe.*

**1. marche** nf **1.** Action de marcher : *aimer la marche.* **2.** Allure d'une personne qui marche : *marche lente, rapide.* **3.** Distance parcourue en marchant : *une longue marche.* **4.** Déplacement d'un véhicule : *faire marche arrière.* **5.** Mouvement régulier, réglé, d'un corps, d'un mécanisme : *la marche d'une horloge.* **6.** FIG Cours, développement : *la marche d'un procès.* **7.** Défilé : *marche pour la paix.* **8.** Musique destinée à régler le pas : *marche nuptiale.* ■ **être en marche :** se développer, fonctionner. ❑ **marche à suivre :** ensemble des démarches, des actions pour arriver à un but. ❑ **mettre en marche :** faire fonctionner. ❑ **monter, descendre en marche :** monter, descendre d'un véhicule alors qu'il roule.

EMPLOI *Marche à pied* est un pléonasme.

**2. marche** nf Chacune des surfaces planes sur lesquelles on pose le pied pour monter ou descendre un escalier.

**marché** nm **1.** Lieu public où l'on vend certaines marchandises : *marché couvert, en plein air.* **2.** Ville, région où se font principalement certaines transactions : *Anvers est le principal marché du diamant.* **3.** Débouché économique : *il n'y a pas de marché pour ce type de produit.* **4.** Convention d'achat et de vente : *rompre un marché.* **5.** État de l'offre et de la demande : *le marché de l'emploi.* **6.** Ensemble de négociations boursières se tenant sur une place financière : *marché au comptant.* ■ **bon marché :** peu cher. ❑ **faire bon marché de :** reconnaître peu de valeur à. ❑ **faire son marché :** aller acheter ses provisions. ❑ **par-dessus le marché :** en plus, en outre.

**marchepied** nm **1.** Marche pour monter et descendre d'un véhicule. **2.** FIG Moyen de s'élever : *cet emploi lui a servi de marchepied.* **3.** ANTILLES Paillasson.

**marcher** vi **1.** Se déplacer, avancer à pied, en mettant un pied devant l'autre : *apprendre à marcher ; marcher vite.* **2.** Mettre le pied sur, dans : *marcher sur un papier, dans une flaque d'eau.* **3.** Fonctionner : *montre qui marche ; ça marche.* **4.** Prospérer : *affaire qui marche.* **5.** Tendre progressivement vers ; aller : *marcher à sa ruine.* **6.** FAM Consentir : *marcher dans la combine ;* croire naïvement à : *il n'a pas marché.* ■ FAM **faire marcher qqn :** le tromper.

**marcheur, euse** n Qui marche, qui aime marcher.

**marcottage** nm Action de marcotter.

**marcotte** nf AGRIC Branche tenant encore à la plante mère, que l'on enterre pour qu'elle prenne racine.

**marcotter** vt Coucher des rejetons en terre pour leur faire prendre racine.

**mardi** nm Deuxième jour de la semaine. ■ **Mardi gras :** dernier jour avant le carême et qui donne lieu à un carnaval.

**mare** nf **1.** Étendue d'eau dormante. **2.** PAR EXT Flaque : *une mare de sang.*

**marécage** nm Terrain humide couvert de marais.

**marécageux, euse** adj De la nature du marécage : *terrain marécageux.*

**maréchal** (pl *maréchaux*) nm ■ **maréchal de France :** officier général titulaire d'une dignité d'État, conférée à certains commandants en chef victorieux. ❑ **maréchal des logis :** sous-officier de cavalerie, d'artillerie.

**maréchale** nf Femme d'un maréchal.

**maréchal-ferrant** (pl *maréchaux-ferrants*) nm Artisan dont le métier est de ferrer les chevaux.

**maréchaussée** nf FAM La gendarmerie, les gendarmes.

**marée** nf **1.** Mouvement périodique des eaux de la mer : *marée montante, descendante.* **2.** Toute espèce de poisson de mer frais destiné à la consommation. **3.** FIG Masse, foule considérable en mouvement : *une marée humaine.* ■ **marée noire :** arrivée sur le rivage de nappes de pétrole provenant d'un navire accidenté.

**marelle** nf Jeu d'enfant qui consiste à pousser à cloche-pied un palet dans les cases d'une figure tracée sur le sol.

**marémoteur, trice** adj Qui utilise la force motrice des marées.

**marengo** [marɛ̃go] adj inv Se dit d'une manière d'accommoder un poulet, du veau dans l'huile, avec des champignons et des tomates.

**mareyeur, euse** n Marchand de poissons, de coquillages et de crustacés en gros.

**margarine** nf Corps gras comestible extrait d'huiles essentiellement végétales.

**marge** nf **1.** Espace blanc autour d'une page imprimée ou écrite : *faire des annotations dans la marge.* **2.** Intervalle de temps ou d'espace dont on dispose : *marge d'erreur ; marge de sécurité.* **3.** Différence entre le prix de vente et le prix d'achat d'une marchandise, évaluée en pourcentage du prix de vente : *marge bénéficiaire.* ■ **en marge (de) :** en dehors, à l'écart de.

**margelle** nf Rebord d'un puits.

**marginal, e, aux** adj **1.** Écrit en marge : *notes marginales.* **2.** Accessoire, secondaire : *occupation marginale.* ◆ n et adj Personne qui vit en marge de la société.

**marginalement** adv De façon marginale.

**marginalisation** nf Action de marginaliser ; fait d'être marginalisé.

**marginaliser** vt Rendre marginal.
**marginalité** nf Caractère d'une personne marginale.
**margoulin** nm FAM Individu peu scrupuleux en affaires.
**margrave** nm HIST Chef de province frontière, en Allemagne.
**margraviat** nm HIST **1.** Dignité de margrave. **2.** Juridiction d'un margrave.
**marguerite** nf Plante commune à fleurs blanches et à cœur jaune (famille des composées).
**mari** nm Homme uni à une autre personne par le mariage.
**mariage** nm **1.** Union légale entre deux personnes de sexe différent ou de même sexe ; sa célébration. **2.** Situation de deux personnes mariées : *leur mariage a connu des hauts et des bas.* **3.** FIG Réunion, association harmonieuse : *mariage de deux couleurs.*
**marié, e** n Personne qui est sur le point de se marier ou qui vient de se marier : *jeunes mariés.*
**marier** vt **1.** Unir par le lien conjugal : *être marié par le maire, par le prêtre.* **2.** Donner en mariage : *marier sa fille.* **3.** FIG Joindre, unir, associer ; assortir : *marier des couleurs.* ◆ **se marier** vpr **1.** Contracter mariage : *se marier à* ou *avec quelqu'un.* **2.** S'associer, se combiner : *ces couleurs se marient bien.*
**marieur, euse** n VX Qui aime à faciliter des mariages.
**marigot** nm Dans les pays tropicaux, bras de fleuve marécageux.
**marihuana** [marirwana] ou **marijuana** [mariʒɥana] nf Stupéfiant voisin du chanvre indien.
**marin, e** adj **1.** Qui appartient à la mer : *plante marine.* **2.** Qui sert à la navigation sur la mer : *carte marine.* ◆ nm **1.** Personne employée à la conduite et à l'entretien d'un navire. **2.** Homme habile dans l'art de la navigation : *les Hollandais, peuple de marins.*
**marina** nf Ensemble immobilier jumelé à un port de plaisance.
**marinade** nf Mélange liquide aromatique où l'on fait tremper de la viande, du poisson pour les conserver ou leur donner un arôme.
**1. marine** nf **1.** Navigation maritime : *vocabulaire de la marine ;* ce qui relève de l'art de la navigation sur mer : *le compas est un instrument de marine.* **2.** Ensemble des marins et des navires effectuant des transports commerciaux ou destinés à la guerre : *marine marchande.* **3.** Ensemble des navires d'un pays : *marine militaire.* **4.** Tableau qui représente une scène maritime. ◆ adj inv ■ **bleu marine :** bleu foncé.
**2. marine** nm Soldat d'un corps spécialisé américain.
**mariner** vt Tremper dans une marinade. ◆ vi FAM Attendre longtemps : *laisser mariner quelqu'un.*
**marinier, ère** n Personne qui fait le transport des marchandises à bord d'une péniche.
**marinière** nf Blouse très ample, que l'on enfile par la tête. ■ **moules (à la) marinière :** cuites dans leur jus et aromatisées au vin blanc.
**mariol** ou **mariole** ou **mariolle** adj et n ■ FAM **faire le mariole :** faire l'intéressant, se faire remarquer.
**marionnette** nf **1.** Figurine articulée que l'on actionne à l'aide de fils ou de ses mains. **2.** FIG Personne sans caractère qu'on manœuvre facilement.
**marionnettiste** n Montreur, manipulateur de marionnettes.
**marital, e, aux** adj DR Du mari.
**maritalement** adv Comme des époux : *vivre maritalement.*
**maritime** adj Relatif à la mer, fait par mer : *trafic maritime ;* qui est près de la mer : *port maritime ; pin maritime.*
**marivaudage** nm LITT Action de marivauder ; badinage.
**marivauder** vi LITT Échanger des propos galants et précieux.
**marjolaine** nf Plante aromatique.
**mark** nm Unité monétaire de l'Allemagne et de la Finlande jusqu'au 1er janvier 2002.
**marketer** [markete] vt (conj 6) Utiliser les méthodes du marketing pour positionner un produit, une entreprise dans leur environnement concurrentiel.
**marketing** [marketiŋ] nm Ensemble des techniques destinées à promouvoir et à diffuser un produit (recomm. off. : *mercatique*).
**marmaille** nf FAM Troupe d'enfants souvent bruyants et désordonnés.
**marmelade** nf Compote de fruits écrasés et cuits avec du sucre. ■ FIG **en marmelade :** broyé, en bouillie.
**marmite** nf Récipient de grande taille où l'on fait cuire les aliments ; son contenu.
**marmiton** nm Jeune apprenti de cuisine.
**marmonnement** nm Action de marmonner ; bruit fait en marmonnant.
**marmonner** vt Parler entre ses dents, de façon indistincte.
**marmoréen, enne** adj LITT Blanc, dur, froid comme le marbre : *blancheur marmoréenne.*
**marmot** nm FAM Petit enfant.
**marmotte** nf Mammifère rongeur des Alpes, qui hiberne plusieurs mois.
**marmottement** nm Murmure d'une personne qui marmotte.

**marmotter** vt Parler confusément entre ses dents : *marmotter des injures*.

**marmouset** nm FAM Enfant.

**marne** nf Terre calcaire mêlée d'argile, qui sert d'amendement.

**marner** vt Ajouter de la marne. ◆ vi FAM Travailler dur.

**marneux, euse** adj De la nature de la marne : *sol marneux*.

**marocain, e** adj et n Du Maroc : *les Marocains*.

**maroilles** [marwal] nm Fromage fabriqué en Thiérache (Aisne).

**maronite** adj et n Catholique de rite syrien.

**maronner** vi FAM **1.** Bougonner, rager sourdement. **2.** Attendre.

**maroquin** nm Cuir de chèvre tanné ; objet fait de cette matière.

**maroquinerie** nf Fabrication et commerce des articles de cuir.

**maroquinier, ère** n et adj Personne qui travaille le cuir ou qui vend des objets en cuir.

**marotte** nf FAM Idée fixe, manie.

**marouflage** nm Action de maroufler.

**maroufler** vt Coller une surface peinte sur une toile de renfort.

**marquage** nm Action de marquer.

**marquant, e** adj Inoubliable, important : *événement marquant*.

**marque** nf **1.** Trace laissée par qqch : *marques de doigts sur un verre ; marques de coups*. **2.** Empreinte ou signe servant à reconnaître, à distinguer : *faire une marque sur un livre*. **3.** Preuve, témoignage : *donner des marques d'affection*. **4.** Caractère propre, signe distinctif : *ce film porte la marque de son réalisateur*. **5.** Signe distinctif d'une entreprise commerciale : *marque de fabrique ; une grande marque de vêtements*. **6.** Repère placé par un athlète pour faciliter un saut, un élan. **7.** Décompte des points au cours d'une partie, d'un match : *quelle est la marque ?* ■ **de marque** : (a) important : *invité de marque* (b) de qualité : *champagne de marque*. ❑ DR **marque déposée :** marque de fabrique ou de commerce ayant fait l'objet d'un dépôt légal, afin de bénéficier d'une protection juridique. ◆ **marques** pl Ensemble de repères délimitant un territoire, une zone d'influence : *chercher, perdre ses marques*. ■ **à vos marques ! :** en athlétisme, ordre donné pour amener les athlètes sur la ligne de départ.

**marqué, e** adj **1.** Accentué, très apparent : *différence marquée*. **2.** Se dit d'un visage ridé, aux traits accusés. **3.** Qui est engagé dans qqch ou dont on n'a pas oublié les agissements antérieurs : *il est marqué politiquement*.

**marque-page** (pl inv ou *marque-pages*) nm Objet, le plus souvent en carton, permettant de retrouver une page dans un livre.

**marquer** vt **1.** Mettre une marque sur : *marquer du linge*. **2.** Noter, inscrire : *marquer ses dépenses*. **3.** FIG Être le signe de ; dénoter : *voilà qui marque de la méchanceté*. **4.** Signaler, souligner : *marquer sa désapprobation*. ◆ vi **1.** Laisser une marque : *ce composteur ne marque plus*. **2.** FIG Laisser son empreinte : *ces événements ont marqué dans sa vie*.

**marqueter** vt (conj 8) Orner de pièces de marqueterie.

**marqueterie** nf Placage de pièces en bois, en marbre, en nacre, formant des dessins variés.

**marqueteur, euse** n Ouvrier qui réalise des travaux de marqueterie.

**marqueur** nm Crayon-feutre épais. ■ **marqueur génétique :** caractère héréditaire permettant de différencier les uns des autres des individus ou des groupes.

**marquis** nm Titre de noblesse entre celui de duc et celui de comte.

**marquisat** nm Dignité du marquis ; sa terre.

**marquise** nf **1.** Femme d'un marquis. **2.** Auvent vitré au-dessus d'une porte.

**marraine** nf **1.** Femme qui présente un enfant au baptême. **2.** Femme qui préside au baptême d'un navire, d'un ouvrage, etc.

**marrane** nm HIST Juif d'Espagne converti par contrainte au catholicisme.

**marrant, e** adj et n FAM Drôle, amusant.

**marre** adv ■ FAM **en avoir marre :** en avoir assez, être excédé.

**marrer (se)** vpr FAM Rire, s'amuser.

**marri, e** adj LITT Fâché, attristé.

**1. marron** nm Variété cultivée de la châtaigne. ■ **marron d'Inde :** fruit non comestible du marronnier d'Inde, utilisé en pharmacie. ❑ **marron glacé :** marron confit dans du sucre et glacé au sirop. ❑ **tirer les marrons du feu :** courir des risques sans profit personnel. ◆ adj inv De couleur rouge-brun. ◆ nm Couleur rouge-brun.

**2. marron, onne** adj Qui exerce une profession libérale dans des conditions illégales ; malhonnête : *avocat marron*.

**marronnier** nm Châtaignier qui produit le marron. ■ **marronnier d'Inde :** grand arbre ornemental.

**mars** nm Troisième mois de l'année.

**marseillais, e** adj et n De Marseille. ■ **la Marseillaise :** hymne national français.

**marsouin** nm Mammifère cétacé, voisin du dauphin.

**marsupial** (pl *marsupiaux*) nm Mammifère caractérisé par une poche ventrale, destinée à recevoir ses petits après la naissance (kangourou, koala, etc.).

**marte** nf → **martre**.

**marteau** nm **1.** Outil de métal, à manche, propre à cogner, à forger. **2.** Sphère métallique que lancent les athlètes. **3.** Heurtoir d'une porte. **4.** Pièce qui frappe les cordes du piano. **5.** ANAT Un des osselets de l'oreille. ■ **marteau piqueur** : appareil dans lequel se meut un piston qui frappe l'outil (fleuret, burin ou aiguille) sous l'effet d'un choc pneumatique, hydraulique ou électrique.

**marteau-pilon** (pl *marteaux-pilons*) nm Gros marteau de forge, à vapeur, à air comprimé, hydraulique, etc.

**martel** nm ■ FIG **se mettre martel en tête** : se faire du souci.

**martelage** nm **1.** Opération consistant à battre les métaux pour leur donner l'ébauche de leur forme définitive : *le martelage du cuivre.* **2.** Marquage, à l'aide d'un marteau portant des lettres en relief, des arbres qui doivent être abattus ou non dans une forêt.

**martèlement** nm **1.** Action de marteler ; bruit qui en résulte. **2.** Bruit cadencé : *le martèlement des pas d'une troupe en marche.*

**marteler** vt (conj 5) **1.** Frapper à coups de marteau. **2.** Frapper fort et à coups redoublés. **3.** Détacher les syllabes : *marteler les mots.*

**martial, e, aux** [marsjal, sjo] adj Décidé, volontaire, prêt au combat : *air martial.* ■ **arts martiaux** : sports de combat d'origine japonaise (aïkido, judo, etc.). ❑ **arts martiaux mixtes** : MMA. ❑ **cour martiale** : tribunal militaire. ❑ **loi martiale** : qui autorise l'intervention de la force armée dans certains cas.

**martien, enne** adj De la planète Mars. ◆ n Habitant imaginaire de la planète Mars.

**martin-chasseur** (pl *martins-chasseurs*) nm Grand passereau terrestre qui chasse les insectes et les reptiles.

**1. martinet** nm Petit oiseau ressemblant à l'hirondelle.

**2. martinet** nm Fouet formé de plusieurs lanières.

**martingale** nf **1.** Demi-ceinture placée à la taille, dans le dos d'un vêtement. **2.** Procédé, basé sur le calcul des probabilités, qui prétend assurer un bénéfice dans les jeux de hasard.

**Martini** nm (nom déposé) Vermouth rouge ou blanc de la marque de ce nom.

**martiniquais, e** adj et n De la Martinique : *les Martiniquais.*

**martin-pêcheur** (pl *martins-pêcheurs*) nm Passereau au plumage brillant, vivant près des cours d'eau et qui plonge avec rapidité pour attraper des petits poissons.

**martre** ou **marte** nf Petit mammifère carnassier à fourrure soyeuse ; la fourrure de cet animal.

**martyr, e** n Qui souffre, qui meurt pour ses croyances religieuses, politiques. ◆ adj et n Qui souffre de mauvais traitements systématiques : *enfant martyr.*

**martyre** nm **1.** Tourments, mort endurés pour la foi. **2.** PAR EXT Grande douleur : *il souffre le martyre.*

> ORTHOGRAPHE Ne pas confondre avec la personne *(un martyr, une martyre).*

**martyriser** vt Faire endurer de cruels traitements.

**martyrologe** nm **1.** Liste des martyrs ou des saints. **2.** PAR EXT Catalogue de victimes : *le martyrologe de la science.*

**marxisme** nm Doctrine philosophique, politique et économique issue de Marx, fondée sur le matérialisme et la lutte des classes.

**marxisme-léninisme** nm Théorie et pratique politiques s'inspirant de Marx et de Lénine.

**marxiste** n Partisan du marxisme. ◆ adj Qui a trait au marxisme.

**marxiste-léniniste** (pl *marxistes-léninistes*) adj et n Qui relève du marxisme-léninisme ; qui en est partisan.

**mas** [ma] ou [mas] nm Maison de campagne, ferme dans le midi de la France.

**mascara** nm Produit de maquillage pour les cils.

**mascarade** nf **1.** Réunion ou défilé de personnes déguisées et masquées. **2.** Mise en scène trompeuse, hypocrite : *ce procès n'a été qu'une mascarade.*

**mascaret** nm Surélévation brusque des eaux, qui se produit dans certains estuaires à l'arrivée du flot et qui forme une vague déferlante.

**mascotte** nf FAM Objet, personne, animal choisis comme des porte-bonheur, des fétiches.

**masculin, e** adj **1.** Propre à l'homme, au mâle (par opposition à *féminin*) : *voix masculine.* **2.** Composé d'hommes : *assemblée masculine.* ■ GRAMM **genre masculin** : qui désigne un être mâle ou tout objet regardé comme tel. ❑ **rime masculine** : qui ne finit pas par un *e* muet ou une syllabe muette. ◆ nm GRAMM Le genre masculin.

**masculiniser** vt Rendre masculin.

**masculinité** nf Caractère masculin.

**maso** adj et n (abréviation) FAM Masochiste.

**masochisme** nm Perversion qui fait rechercher le plaisir dans la douleur.

**masochiste** adj et n Qui relève du masochisme ; qui en est atteint.

**masquage** nm Action de masquer.

**masque** nm **1.** Objet dont on se couvre le visage pour le dissimuler ou le protéger : *masque de carnaval ; masque à gaz ; masque* *de plongée.* **2.** Protection textile dont on se couvre le nez et la bouche, notamm. pour limiter le risque de contagion. **3.** Préparation utilisée en application pour les soins du visage : *masque de beauté.* **4.** Moulage du visage : *masque mortuaire.* **5.** PAR EXT Expression, physionomie de qqn : *présenter un masque impénétrable.* ■ **arracher son masque à qqn :** révéler, dévoiler sa duplicité. ❑ **lever, tomber le masque :** révéler sa vraie nature.

**masqué, e** adj Qui porte un masque : *visage masqué.* ■ **bal masqué :** où l'on va déguisé.

**masquer** vt Cacher, dissimuler : *masquer une fenêtre ; masquer ses projets.* ◆ **se masquer** vpr Porter un masque : *se masquer au travail.*

**massacrant, e** adj ■ FAM **être d'une humeur massacrante :** de très mauvaise humeur.

**massacre** nm **1.** Carnage, tuerie de personnes ou d'animaux : *massacre de civils.* **2.** Travail exécuté maladroitement ; gâchis. ■ **jeu de massacre :** jeu consistant à renverser avec des balles des figures à bascule.

**massacrer** vt **1.** Tuer en masse : *massacrer du gibier.* **2.** Abîmer, défigurer par une exécution maladroite : *massacrer un travail.*

**massacreur, euse** n Personne qui massacre.

**massage** nm Action de masser.

**1. masse** nf **1.** Corps solide, compact : *masse de rocher, de plomb.* **2.** PAR EXT Grande quantité : *masse d'air froid.* **3.** Grand groupe humain : *masses paysannes.* **4.** Silhouette massive : *la masse d'un navire.* ■ **comme une masse :** sans réagir ou de tout son poids : *tomber comme une masse.* ❑ **de masse :** qui concerne ou qui s'adresse au plus grand nombre : *la culture de masse.* ❑ FAM **être à la masse :** être déphasé, dépassé par les événements. ❑ **indice de masse corporelle (IMC) :** indice de mesure du statut pondéral d'un adulte, égal au quotient de son poids, exprimé en kilogrammes, par le carré de sa taille, exprimée en mètres. ❑ **masse d'un corps :** rapport de la force appliquée à ce corps à l'accélération qu'elle lui communique. ❑ **masse salariale :** somme des rémunérations perçues par l'ensemble des salariés d'une entreprise. ❑ **une masse de :** une grande quantité, un grand nombre de.

**2. masse** nf Gros marteau.

**massepain** nm Biscuit de pâte d'amandes.

**masser** vt **1.** Pétrir avec la main une partie du corps : *masser le cou.* **2.** Grouper : *masser des troupes.* ◆ **se masser** vpr Se grouper.

**masseur, euse** n Personne qui masse.

**massicot** nm Machine à couper le papier.

**massicoter** vt Couper, rogner au massicot.

**1. massif** nm **1.** Ensemble de hauteurs présentant un caractère montagneux : *le massif du Mont-Blanc.* **2.** Ensemble de fleurs, d'arbustes groupés sur un espace de terre.

**2. massif, ive** adj **1.** Épais, pesant : *corps massif.* **2.** Ni creux ni plaqué : *or massif.* **3.** En grande quantité : *dose massive de calmants.*

**massique** adj PHYS **1.** Qui concerne la masse. **2.** Se dit d'une grandeur caractéristique d'un corps divisée par la masse de celui-ci.

**massivement** adv De façon massive.

**mass media** nm pl Moyens de communication de masse (télévision, radio, presse).

**massue** nf Bâton noueux avec une extrémité plus grosse que l'autre. ■ **argument massue :** qui laisse l'interlocuteur sans réplique. ❑ FIG **coup de massue :** (a) événement imprévu et accablant (b) facture très élevée.

**mastaba** nm Monument funéraire trapézoïdal de l'Égypte ancienne.

**mastectomie** nf → **mammectomie.**

**master** [-tɛr] nm Diplôme obtenu à bac + 5 et conférant le troisième grade universitaire.

**mastic** nm Composition pâteuse pour boucher des trous, fixer les vitres, etc.

**masticage** nm Bouchage au mastic.

**masticateur, trice** adj Qui sert à la mastication.

**mastication** nf Action de mâcher.

**masticatoire** nm et adj Substance qu'on mâche pour exciter la sécrétion de la salive.

**1. mastiquer** vt Coller avec du mastic.

**2. mastiquer** vt Mâcher.

**mastoc** adj inv FAM Lourd, épais.

**mastodonte** nm **1.** Grand mammifère fossile voisin de l'éléphant. **2.** FAM Personne d'une énorme corpulence ; chose d'un énorme volume.

**mastoïdien, enne** adj ANAT Relatif à une éminence de l'os temporal.

**mastoïdite** nf MÉD Inflammation mastoïdienne.

**masturbation** nf Action de se masturber.

**masturber (se)** vpr Obtenir une jouissance sexuelle par l'excitation manuelle de ses parties génitales.

**m'as-tu-vu** n inv Personne vaniteuse.

**masure** nf Maison misérable, délabrée.

**1. mat** [mat] nm Au jeu d'échecs, position du roi qui ne peut se soustraire à l'échec. ◆ adj inv Se dit du joueur qui a perdu.

**2. mat, e** [mat] adj **1.** Sans éclat, sans poli : *papier mat.* **2.** Sans résonance : *bruit mat.* ■ **peau mate, teint mat :** foncés, bistres.

**mât** [mɑ] nm Longue pièce de bois qui porte la voile d'un navire.

**matador** nm Celui qui, dans les courses de taureaux, est chargé de tuer l'animal.

**matamore** nm Faux brave, fanfaron.

**match** (pl *matches* ou *matchs*) nm Épreuve sportive disputée entre deux concurrents ou deux équipes : *match de tennis.* ■ **faire match nul :** terminer à égalité.

**matcha** nm Poudre très fine de feuilles de thé vert japonais ; boisson que l'on en fait.

**maté** nm Houx de l'Amérique du Sud, dont on fait des infusions.

**matelas** nm **1.** Pièce de literie rembourrée de laine, à ressorts ou en mousse, posée sur le sommier et sur laquelle on s'étend. **2.** Épaisse couche : *matelas de feuilles.* ■ **matelas pneumatique :** enveloppe de plastique ou de toile caoutchoutée gonflable, utilisée pour le camping, la plage, etc.

**matelasser** vt Garnir de laine, d'étoffe, etc. ; rembourrer.

**matelassier, ère** n Personne qui confectionne les matelas.

**matelot** nm Homme de l'équipage d'un navire qui participe à sa manœuvre.

**matelote** nf Plat de poisson accommodé au vin et aux oignons.

**mater** vt Soumettre, dompter : *mater une révolte.*

**matérialisation** nf Action de matérialiser.

**matérialiser** vt **1.** Donner une forme concrète, une réalité à : *la rivière matérialise la frontière.* **2.** Rendre concret, effectif ; réaliser : *matérialiser un projet.* ◆ **se matérialiser** vpr Devenir réel ; se concrétiser.

**matérialisme** nm Position philosophique, attitude de ceux qui considèrent la matière comme étant la seule réalité.

**matérialiste** adj et n Qui relève du matérialisme ; qui en est partisan.

**matérialité** nf Caractère de ce qui est matériel, réel : *établir la matérialité des faits.*

**matériau** (pl *matériaux*) nm **1.** Matière, substance destinée à être mise en œuvre : *matériaux naturels ou artificiels.* **2.** Matière de base : *cette enquête lui a fourni le matériau de sa thèse.* ◆ **matériaux** pl **1.** Ensemble des matières qui entrent dans la construction d'un bâtiment, d'une machine, etc. **2.** FIG Documents réunis pour la composition d'un ouvrage.

**matériel, elle** adj **1.** Formé de matière (par opposition à *spirituel*). **2.** Qui existe concrètement ; réel, tangible : *preuves matérielles ; être dans l'impossibilité matérielle de joindre quelqu'un.* **3.** Qui concerne les objets et non les personnes : *dégâts matériels ;* relatif aux nécessités de la vie quotidienne, aux moyens financiers d'existence : *besoins matériels.* ◆ nm **1.** Ensemble de l'équipement nécessaire à un travail, à l'exploitation de quelque chose : *matériel agricole.* **2.** INFORM Ensemble des éléments physiques d'un système informatique. ■ **matériel génétique :** support de l'information héréditaire dans les organismes, composé d'ADN ou d'ARN.

**matériellement** adv D'une manière matérielle.

**maternage** nm Action de materner.

**maternel, elle** adj **1.** Propre à une mère : *tendresse maternelle.* **2.** Du côté de la mère : *parents maternels.* ■ **école maternelle** ou **maternelle** nf : école pour les enfants de deux à six ans. ❑ **langue maternelle :** première langue apprise par l'enfant.

**maternellement** adv D'une façon maternelle : *soigner maternellement.*

**materner** vt Protéger, entourer de soins, souvent avec excès.

**maternisé, e** adj ■ **lait maternisé :** aliment d'une composition proche de celle du lait de la femme, obtenu industriellement à partir de lait de vache.

**maternité** nf **1.** État, qualité de mère. **2.** Établissement hospitalier où s'effectuent les accouchements.

**mathématicien, enne** n Chercheur, enseignant spécialiste des mathématiques.

**mathématique** adj **1.** Relatif aux mathématiques. **2.** FIG Rigoureux : *précision mathématique.* ◆ **mathématiques** nf pl (s'emploie parfois au singulier) Science qui étudie les propriétés des nombres, des figures géométriques, etc.

**mathématiquement** adv **1.** Selon les règles mathématiques. **2.** Inévitablement, immanquablement.

**matheux, euse** n FAM Personne douée pour les mathématiques.

**maths** nf pl (abréviation) Mathématiques.

**matière** nf **1.** Substance qui constitue les corps : *matière vivante.* **2.** Ce dont une chose est faite : *la matière d'une statue.* **3.** Ce qui constitue le sujet d'un ouvrage, d'un discours : *il y a là la matière d'un roman.* **4.** Discipline enseignée : *matières scientifiques, littéraires.* ■ **en matière (de) :** en ce qui concerne. ❑ **entrer en matière :** aborder son sujet. ❑ **être, donner matière à :** être l'occasion de, donner lieu à. ❑ **matière première :** produit destiné à être travaillé, transformé. ❑ **matières grasses :** substances alimentaires grasses. ❑ **table des matières :** liste indiquant ce qui a été traité dans un ouvrage.

**matin** nm Temps entre minuit et midi, et, couramment, entre le lever du soleil et midi. ■ **de bon, de grand matin :** de très bonne heure. ❑ **un beau matin :** un jour indéterminé. ◆ adv **1.** Dans la matinée : *tous les dimanches matin.* **2.** LITT De bonne heure : *se lever matin.*

**1. mâtin** nm VX Gros chien de garde.

**2. mâtin, e** n FAM, VIEILLI Déluré, espiègle.

**matinal, e, aux** adj **1.** Propre au matin : *gelées matinales.* **2.** Qui se lève tôt. ◆ **matinale** nf Émission de radio ou de télévision en direct, diffusée entre six heures et neuf heures environ.

**matinalier, ère** n Journaliste assurant la présentation d'une matinale, à la télévision ou à la radio.

**mâtiné, e** adj **1.** Qui n'est pas de race pure : *épagneul mâtiné de dogue.* **2.** Mêlé à autre chose : *parler un français mâtiné d'italien.*

**matinée** nf **1.** Temps depuis le point du jour jusqu'à midi. **2.** Spectacle qui a lieu dans l'après-midi. ■ **faire la grasse matinée :** se lever tard.

**matines** nf pl RELIG Premier office divin, chanté avant le lever du jour.

**matité** nf État de ce qui est mat, non brillant.

**matois, e** adj et n LITT Rusé, fin.

**maton, onne** n ARG Gardien de prison.

**matou** nm FAM Chat mâle.

**matraquage** nm Action de matraquer.

**matraque** nf Bâton de bois ou de caoutchouc dur servant d'arme.

**matraquer** vt **1.** Frapper avec une matraque. **2.** FAM Faire payer un prix excessif. **3.** Répéter avec insistance un slogan, une image publicitaire.

**matriarcal, e, aux** adj Relatif au matriarcat.

**matriarcat** nm Société dans laquelle les femmes donnent leur nom aux enfants et exercent une autorité prépondérante.

**matrice** nf **1.** Moule en creux ou en relief servant à reproduire les objets. **2.** VX Utérus.

**matricule** nf **1.** Registre, rôle où sont inscrits ceux qui entrent dans une collectivité, un organisme, etc. **2.** Inscription sur ce registre. **3.** Extrait de cette inscription. ◆ nm Numéro d'inscription. ◆ adj Qui relève du matricule : *numéro matricule.*

**matrilinéaire** adj Qui se fait par l'ascendance maternelle.

**matrimonial, e, aux** adj Relatif au mariage.

**matrone** nf **1.** Femme d'âge mûr et d'allure respectable. **2.** PÉJOR Femme corpulente aux manières vulgaires.

**matronyme** nm Nom de famille formé d'après le nom de la mère.

**maturation** nf Action de mûrir.

**mature** adj Arrivé à maturité.

**mâture** nf Ensemble des mâts d'un navire.

**maturité** nf **1.** État de ce qui est mûr : *fruit cueilli à maturité.* **2.** FIG État de ce qui est parvenu à son complet développement : *talent en pleine maturité.* **3.** Période de la vie comprise entre la jeunesse et la vieillesse ; ensemble des qualités attribuées à cet âge : *manquer de maturité.*

**maudire** vt (conj 15) **1.** Prononcer une malédiction contre qqn ou qqch. **2.** Détester, s'emporter contre : *maudire le sort.*

**maudit, e** adj et n **1.** Frappé d'une malédiction. **2.** Très mauvais, désagréable : *maudit métier.*

**maugréer** vi et vt Exprimer sa mauvaise humeur à voix basse : *maugréer contre quelqu'un ; maugréer des injures.*

**maure** ou **more** adj et n **1.** De la Mauritanie antique. **2.** Au Moyen Âge, du Maghreb ou de l'Espagne musulmane. **3.** Aujourd'hui, du Sahara occidental.

**mauresque** ou **moresque** adj Propre aux Maures.

**mauricien, enne** adj et n De l'île Maurice : *les Mauriciens.*

**mauritanien, enne** adj et n De la Mauritanie : *les Mauritaniens.*

**mausolée** nm Monument funéraire de grandes dimensions.

**maussade** adj Chagrin, hargneux. ■ **temps maussade :** gris et pluvieux.

**mauvais, e** adj **1.** Qui présente un défaut, une imperfection : *une mauvaise terre ; parler un mauvais français.* **2.** Sans valeur, sans intérêt : *un mauvais livre ;* qui rapporte peu, qui est insuffisant ; faible : *mauvaise note ; mauvaise récolte.* **3.** Sans agrément : *mauvais temps ; mauvais repas.* **4.** Dangereux, nuisible : *climat très mauvais.* **5.** Qui n'a pas les qualités qu'il devrait avoir : *mauvais conducteur.* **6.** Méchant, qui fait du mal : *personne mauvaise ; mauvaise influence.* **7.** Faux, erroné : *mauvais numéro.* ■ **être mauvais en :** être faible en : *elle est mauvaise en français.* ❑ FAM **la trouver mauvaise :** être vexé de quelque chose. ❑ **mauvaise mine :** visage fatigué. ❑ **mauvaise tête :** personne qui n'a pas bon caractère. ❑ **mer mauvaise :** très agitée. ❑ **trouver mauvais que :** considérer comme néfaste. ◆ adv ■ **il fait mauvais :** le temps n'est pas beau. ❑ **sentir mauvais :** exhaler une odeur désagréable.

**mauve** nf Plante à fleurs roses ou violacées. ◆ adj Violet pâle. ◆ nm La couleur mauve.

**mauviette** nf FAM Personne fragile, chétive.

**max** nm (abréviation) FAM Maximum : *gagner un max de fric.*

**max.** (abréviation) Maximum.

**maxillaire** adj Des mâchoires. ◆ nm Os des mâchoires.

**maximal, e, aux** adj À son plus haut degré : *une température maximale.*

**maximaliser** vt → **maximiser.**

**maximalisme** nm Doctrine des maximalistes.

**maximaliste** adj et n Qui préconise des actions, des solutions extrêmes : *positions maximalistes d'un syndicat.*

**maxime** nf Formule énonçant une règle de morale.

**maximiser** ou **maximaliser** vt Porter au maximum.

**maximum** (pl *maximums* ou *maxima*) nm Le plus haut degré qu'une chose puisse atteindre : *maximum des prix.* ■ **au maximum :** (a) au plus haut degré : *profiter au maximum de ses vacances* (b) au plus : *il sera absent deux jours au maximum.* ◆ adj maximal : *températures maximums.*

**maya** adj (inv. en genre) Des Mayas. ◆ nm Langue amérindienne.

**mayonnaise** nf Sauce froide composée d'une émulsion de jaune d'œuf et d'huile.

**mazagran** nm Récipient épais en forme de verre à pied pour servir le café.

**mazdéisme** nm Religion de l'Iran ancien, fondée sur les principes dualistes du Bien et du Mal.

**mazette** interj VIEILLI Marque l'admiration, l'étonnement : *mazette ! quel diamant !*

**mazout** [mazut] nm Résidu combustible de la distillation des pétroles.

**mazouté, e** adj Souillé par le mazout.

**mazurka** nf **1.** Danse d'origine polonaise. **2.** Air de cette danse.

**me** pron pers Désigne la $1^{re}$ personne du singulier, représentant celui, celle qui parle en fonction de complément d'objet ou de complément d'attribution : *je m'inquiète ; il me semble.*

**Me** (abréviation) Maître : *Me X, avocat.*

**mea culpa** [meakylpa] nm inv ■ **faire son mea culpa :** avouer, reconnaître sa faute, son erreur.

**méandre** nm **1.** Sinuosité d'un cours d'eau. **2.** FIG Détour sinueux et tortueux : *les méandres de la pensée, de la diplomatie.*

**méat** [mea] nm ANAT Orifice d'un conduit.

**mec** nm FAM Homme, individu.

**mécanicien, enne** n Personne qui construit, répare ou conduit une machine, une locomotive, etc.

**1. mécanique** adj **1.** Relatif aux lois du mouvement et de l'équilibre : *phénomènes mécaniques.* **2.** Mis en mouvement par une machine, par un mécanisme : *escalier mécanique ;* effectué, fabriqué à la machine : *tissage mécanique.* **3.** Relatif à la mécanique : *ennuis mécaniques.* **4.** Machinal : *geste mécanique.*

**2. mécanique** nf **1.** Science qui a pour objet l'étude des forces et de leurs actions. **2.** Étude des machines, de leur construction et de leur fonctionnement. **3.** Combinaison d'organes propres à produire ou à transmettre des mouvements : *la mécanique d'une montre.*

**mécaniquement** adv De façon mécanique : *agir mécaniquement.*

**mécanisation** nf Action de mécaniser.

**mécaniser** vt Introduire l'emploi de machines quelque part : *mécaniser l'agriculture.*

**mécanisme** nm **1.** Combinaison d'organes ou de pièces destinés à assurer un fonctionnement : *le mécanisme d'une montre.* **2.** Mode de fonctionnement ; processus : *mécanisme du raisonnement, du langage.*

**mécano** nm FAM Mécanicien.

**mécanographie** nf Utilisation de machines (machines à écrire, comptables, à cartes ou à bandes perforées, duplicateurs) pour l'exécution du travail de bureau.

**mécanographique** adj Propre à la mécanographie.

**mécénat** nm Protection, subvention accordée aux lettres, aux sciences, aux arts.

**mécène** n Qui pratique le mécénat.

**méchamment** adv Avec méchanceté.

**méchanceté** nf **1.** Caractère d'une personne méchante. **2.** Action ou parole qui vise à nuire.

**méchant, e** adj **1.** Qui fait le mal, porté au mal : *chien méchant.* **2.** Qui exprime l'agressivité : *regard méchant.* **3.** Qui occasionne des ennuis, des problèmes : *une méchante affaire ;* dangereux : *cette blessure n'est pas méchante.* **4.** Médiocre, insignifiant : *une méchante robe de coton.* ◆ n Personne méchante.

**1. mèche** nf **1.** Touffe de cheveux. **2.** Tresse de coton, de fil, imprégnée de combustible et placée dans une lampe, une bougie, etc. **3.** Gaine de poudre noire pour mettre le feu à un explosif. **4.** Extrémité d'une perceuse, d'une vrille, etc., pour percer des trous. **5.** Pièce de gaze qui, introduite dans une plaie, permet l'écoulement du pus. ■ FAM **vendre la mèche :** livrer un secret.

**2. mèche** nf ■ FAM **être de mèche avec quelqu'un :** être son complice dans une affaire louche.

**méchoui** nm Mouton entier cuit à la broche, généralement en plein air ; repas où l'on mange ce plat.

**mécompte** nm LITT Déception, désillusion.

**méconnaissable** adj Difficile, impossible à reconnaître.

**méconnaissance** nf LITT Action de méconnaître ; ignorance.

**méconnaître** vt (conj 64) Ne pas estimer quelqu'un ou quelque chose à sa juste valeur.

**méconnu, e** adj et n Qui n'est pas apprécié selon son mérite : *un écrivain méconnu.*

**mécontent, e** adj et n Qui n'est pas content.

**mécontentement** nm Insatisfaction.

**mécontenter** vt Rendre mécontent.

**mécréant, e** adj et n Qui n'a pas la foi, pas de religion.

**médaille** nf **1.** Pièce de métal frappée en mémoire d'une action mémorable ou d'un personnage illustre. **2.** Pièce de métal donnée en prix. **3.** Pièce de métal représentant des sujets divers ou sur laquelle sont gravés des renseignements. ■ **le revers de la médaille** : le côté déplaisant de qqch.

**médaillé, e** adj et n Décoré d'une médaille.

**médaillon** nm **1.** Bijou de forme circulaire, où l'on place un portrait, des cheveux, etc. **2.** Bas-relief circulaire. **3.** Préparation culinaire de forme ronde ou ovale : *médaillon de foie gras*.

**médecin** nm Titulaire du diplôme de docteur en médecine, qui exerce la médecine. ■ **médecin de famille** : médecin qui soigne depuis longtemps plusieurs membres d'une même famille.

**médecine** nf **1.** Science qui a pour but la conservation et le rétablissement de la santé : *docteur en médecine*. **2.** Profession du médecin : *l'exercice de la médecine*. ■ **médecine légale** : appliquée à différentes questions de droit et de criminologie.

**média** (pl *médias*) nm Support de diffusion de l'information, tel que la radio, la télévision, la presse, etc.

**médian, e** adj Placé au milieu.

**médiane** nf Dans un triangle, droite qui joint un sommet du triangle au milieu du côté opposé.

**médiaplanning** nm Choix et achat des supports qui serviront à une campagne de publicité.

**médiat, e** adj Qui ne touche à une chose que par une autre ; intermédiaire.

**médiateur, trice** n Personne qui s'entremet pour amener un accord.

**médiathèque** nf Organisme chargé de la conservation et de la mise à disposition du public d'une collection de documents présentés sur différents supports (bande magnétique, disque, papier, etc.).

**médiation** nf Entremise. ■ **médiation animale** : interaction à visée préventive ou thérapeutique d'un patient avec un animal spécialement éduqué à cet effet.

**médiatique** adj **1.** Des médias. **2.** Rendu populaire grâce aux médias.

**médiatisation** nf Action de médiatiser.

**médiatiser** vt Diffuser, faire connaître par les médias ; donner une grande publicité à : *fait divers médiatisé*.

**médiatrice** nf MATH Perpendiculaire élevée sur le milieu d'un segment de droite.

**médical, e, aux** adj Qui concerne la médecine : *auxiliaire médical ; spécialité médicale*.

**médicalement** adv Du point de vue médical.

**médicalisation** nf Action de médicaliser.

**médicalisé, e** adj Se dit d'un local d'habitation doté d'un équipement médical qui permet de dispenser à des personnes malades ou dépendantes les soins qui leur sont nécessaires.

**médicaliser** vt Faire relever de la médecine.

**médicament** nm Substance employée pour combattre une maladie.

**médicamenteux, euse** adj Qui a les propriétés d'un médicament.

**médication** nf Choix de moyens thérapeutiques, de médicaments pour combattre une maladie déterminée.

**médicinal, e, aux** adj Qui sert de remède : *plante médicinale*.

**médico-légal, e, aux** adj Relatif à la médecine légale : *expertise médico-légale*.

**médico-pédagogique** (pl *médico-pédagogiques*) adj Se dit d'une institution à but thérapeutique et pédagogique pour des enfants présentant une déficience intellectuelle ou des troubles affectifs.

**médico-social, e, aux** adj Qui concerne la médecine sociale.

**médiéval, e, aux** adj Du Moyen Âge.

**médiéviste** n Spécialiste du Moyen Âge.

**médina** nf Vieille ville, par opposition aux quartiers récents, dans les pays arabes et surtout au Maroc.

**médiocre** adj Moyen, sans intérêt particulier : *livre médiocre*. ◆ adj et n De peu de valeur : *un élève médiocre*.

**médiocrement** adv De façon médiocre.

**médiocrité** nf Caractère, état de ce qui est médiocre.

**médire** vi (conj 72) Dire du mal.

> CONJUGAISON Bien que le verbe *médire* vienne de *dire*, on dit vous *médisez* (mais vous *dites*).

**médisance** nf **1.** Action de médire. **2.** Propos malveillant.

**médisant, e** adj et n Qui médit.

**méditatif, ive** adj et n Porté à la méditation. ◆ adj Qui exprime la méditation : *air méditatif*.

**méditation** nf Action de méditer, profonde réflexion.

**méditer** vt **1.** Soumettre à une profonde réflexion, à un examen : *méditer une vérité*. **2.** Projeter, combiner : *méditer une évasion*. ◆ vi Réfléchir profondément.

**méditerranéen, enne** adj De la Méditerranée. ■ **climat méditerranéen** : climat aux étés chauds et secs et aux hivers doux et humides. ◆ n Originaire ou habitant des régions qui bordent la Méditerranée.

ORTHOGRAPHE Attention, *méditerranéen* a deux *r* (de *terre*) et un seul *n*.

**médium** [medjɔm] nm **1.** Personne prétendant servir d'intermédiaire entre les hommes et les esprits. **2.** MUS Étendue vocale entre le grave et l'aigu.

**médius** [medjys] nm Doigt du milieu de la main. SYN : majeur.

**médullaire** adj Relatif à la moelle épinière ou à la moelle osseuse : *substance médullaire*.

**médulleux, euse** adj BOT Qui renferme de la moelle : *tige médulleuse*.

**méduse** nf Animal marin à corps gélatineux.

**Méduse** nf (nom déposé) Chaussure de plage en plastique de la marque de ce nom.

**méduser** vt Frapper de stupeur.

**mèdze** nm ou **medze** nm SUISSE Guérisseur.

**meeting** [mitiŋ] nm Réunion de caractère politique, syndicaliste, sportif, etc.

**méfait** nm **1.** Action nuisible, mauvaise ; délit. **2.** Dégât : *les méfaits de la grêle*.

**méfiance** nf Manque de confiance.

**méfiant, e** adj et n Qui se méfie.

**méfier (se)** vpr **1.** Ne pas se fier à qqn, qqch. **2.** Se tenir sur ses gardes : *ça glisse, méfie-toi !*

**méforme** nf Mauvaise condition physique d'un sportif.

**mégabit** [megabit] nm Unité de mesure de la capacité d'une mémoire d'ordinateur, équivalant à $2^{20}$ bits.

**mégaflops** [megaflɔps] nm Unité de mesure de la puissance d'un système informatique correspondant au traitement d'un million d'opérations par seconde (abrév. : *mflops*).

**mégahertz** nm Un million de hertz ; symb : mHz.

**mégalithe** nm Monument préhistorique formé d'un ou de plusieurs blocs de pierre (menhir, dolmen, etc.).

**mégalithique** adj Relatif aux mégalithes.

**mégalo** adj et n (abréviation) FAM Mégalomane : *il est complètement mégalo*.

**mégalomane** adj et n Atteint de mégalomanie.

**mégalomanie** nf Surestimation de sa valeur, de sa puissance ; délire, folie des grandeurs.

**mégalopole** ou **mégapole** nf Grande agglomération urbaine.

**mégaoctet** nm Unité de mesure de la capacité d'une mémoire d'ordinateur, équivalant à $2^{20}$ octets.

**mégaphone** nm Porte-voix.

**mégapole** nf → **mégalopole**.

**mégarde (par)** loc adv Par erreur, par inadvertance.

**mégatonne** nf Unité servant à évaluer la puissance d'un projectile nucléaire.

**mégère** nf FAM Femme hargneuse, acariâtre.

**mégir** ou **mégisser** vt Tanner une peau à l'alun.

**mégisserie** nf Industrie qui a pour objet le traitement des peaux et des cuirs.

**mégot** nm FAM Bout de cigarette ou de cigare que l'on a fini de fumer.

**mégoter** vt ind [sur] FAM Lésiner sur.

**méhari** nm Dromadaire domestique d'Afrique.

**meilleur, e** adj **1.** (comparatif de supériorité de *bon*) Plus favorable, plus clément, plus généreux : *le temps est meilleur qu'hier*. **2.** (superlatif de *bon*) Qui a un haut degré de qualité, de bonté : *les dix meilleurs films*. **3.** Très bon, excellent : *mes meilleurs vœux*. ◆ n Personne ou chose excellente, de grande qualité.

**méiose** nf BIOL Mode de division de la cellule vivante.

**méjuger** vt (conj 2) SOUT Juger de façon défavorable ou erronée.

**mél** nm (abrév. de *messagerie électronique*) Service d'envoi de messages entre des personnes reliées à un réseau télématique ; message ainsi délivré : *recevoir des méls*.

**mélancolie** nf État de dépression, de tristesse vague.

**mélancolique** adj et n Qui éprouve de la mélancolie. ◆ adj Qui manifeste ou inspire la mélancolie.

**mélancoliquement** adv De façon mélancolique.

**mélanésien, enne** adj et n De Mélanésie : *les Mélanésiens*.

**mélange** nm **1.** Action de mêler, de mélanger. **2.** Ensemble de choses différentes mêlées. ■ **sans mélange** : pur : *joie sans mélange*.

**mélanger** vt (conj 2) **1.** Mettre ensemble, réunir des choses ou des personnes diverses : *mélanger les genres*. **2.** Mettre en désordre ou dans un ordre différent : *tu as mélangé mes papiers !* **3.** Confondre des choses, des idées : *mélanger les dates*.

**mélangeur** nm Appareil pour mélanger : *mélangeur d'eau chaude et d'eau froide*.

**mélanine** nf Pigment brun qui colore la peau, les cheveux.

**mélanome** nm Tumeur de la peau.

**mélasse** nf Matière sirupeuse, résidu du raffinage du sucre.

**Melba** adj inv ■ **pêche, fraise, etc., Melba** : pochée au sirop, servie sur une couche de glace à la vanille.

**mêlée** nf **1.** Combat confus et acharné au corps à corps entre deux ou plusieurs individus. **2.** FIG Lutte, conflit d'intérêts, de passions : *rester au-dessus de la mêlée politique.* **3.** Groupement formé au cours d'une partie de rugby par plusieurs joueurs de chaque équipe, pour la possession du ballon introduit au milieu d'eux.

**mêler** vt **1.** Mettre ensemble des choses diverses : *mêler de l'eau avec du vin.* **2.** Emmêler : *mêler une bobine de fil.* **3.** CANADA Troubler qqn, lui faire perdre le fil de ses idées ; embrouiller : *toutes vos questions l'ont mêlé.* **4.** Impliquer : *mêler quelqu'un à une affaire.* ◆ **se mêler** vpr **1.** Se confondre, se joindre : *se mêler au cortège.* **2.** FIG Participer à : *se mêler d'une affaire.* **3.** CANADA Se tromper : *elle s'est mêlée dans les prix.*

**mélèze** nm Conifère des pays tempérés, à aiguilles caduques.

**méli-mélo** (pl *mélis-mélos*) nm FAM Mélange confus, désordonné.

**mélisse** nf Plante aromatique.

**mélo** nm (abréviation) FAM Mélodrame. ◆ adj FAM Mélodramatique.

**mélodie** nf **1.** Suite de sons formant un air. **2.** FIG Suite harmonieuse de sons, de phrases : *la mélodie d'un vers.* **3.** MUS Composition pour voix seule avec accompagnement.

**mélodieusement** adv De façon mélodieuse.

**mélodieux, euse** adj Dont la sonorité est agréable à l'oreille : *chant mélodieux.*

**mélodique** adj Qui relève de la mélodie.

**mélodramatique** adj Qui tient du mélodrame.

**mélodrame** nm Drame où sont accumulées des situations pathétiques et des péripéties imprévues.

**mélomane** n et adj Amateur de musique.

**melon** nm Plante dont le fruit, arrondi, possède une chair juteuse et sucrée, orangée ou vert clair ; ce fruit. ■ **chapeau melon** ou **melon** nm : chapeau rond et bombé. ❑ **melon d'eau** : pastèque.

**mélopée** nf **1.** ANTIQ Chant rythmé, qui accompagnait une déclamation. **2.** Chant monotone.

**melting-pot** [mɛltiŋpɔt] (pl *melting-pots*) nm **1.** HIST Brassage et assimilation d'éléments démographiques divers, aux États-Unis. **2.** Endroit où se rencontrent des éléments d'origines diverses, des idées différentes.

**membrane** nf Tissu mince et souple qui forme, enveloppe ou tapisse les organes.

**membraneux, euse** adj De la nature des membranes : *tissu membraneux.*

**membre** nm **1.** Partie du corps des vertébrés servant à la locomotion (jambes, pattes) ou à la préhension (bras). **2.** GRAMM Division d'une phrase. **3.** MATH Chacune des expressions d'une égalité ou d'une inégalité. **4.** FIG Personne, pays, groupe faisant partie d'un ensemble organisé : *les membres de l'Assemblée nationale.* ■ **membre viril** : pénis.

**membrure** nf **1.** Ensemble des membres du corps humain. **2.** Charpente d'un navire.

**même** adj **1.** Exprime l'identité ou la parité : *ils ont les mêmes goûts.* **2.** Placé immédiatement après les noms ou les pronoms, marque plus expressément la personne, l'objet dont on parle : *moi-même.* ◆ adv **1.** Marque un renforcement : *aujourd'hui même.* **2.** Marque un renchérissement : *même lui ne sait pas.* ■ **à même** : directement : *boire à même la bouteille.* ❑ **de même** : de la même manière. ❑ **être à même de** : en état de, libre de. ❑ FAM **tout de même** ou **quand même** : (a) malgré tout, néanmoins (b) exprime l'indignation. ◆ pron indéf Marque l'identité, la ressemblance : *ce pull, j'ai le même.* ◆ **de même que** loc conj Ainsi que, comme.

**mémé** nf **1.** Grand-mère, dans le langage enfantin. **2.** FAM, PÉJOR Ménagère âgée.

**mémento** [memɛ̃to] (pl *mémentos*) nm **1.** Agenda où l'on inscrit ce dont on veut se souvenir. **2.** Ouvrage résumant l'essentiel d'une ou de plusieurs matières.

**mémère** nf FAM, PÉJOR Vieille dame.

**mémo** nm FAM Note de service.

**1. mémoire** nf **1.** Aptitude à se souvenir : *avoir une bonne mémoire.* **2.** Souvenir : *venger la mémoire de qqn.* **3.** INFORM Dispositif d'un ordinateur qui enregistre, conserve et restitue l'information nécessaire à l'exécution d'un programme. ■ **à la mémoire de** : en l'honneur d'un mort. ❑ **de mémoire** : en s'aidant de la mémoire, par cœur. ❑ **de mémoire d'homme** : du plus loin qu'on se souvienne. ❑ **devoir de mémoire** : obligation morale de témoigner d'événements dont la connaissance et la transmission sont jugées nécessaires pour tirer les leçons du passé. ❑ **lieu de mémoire** : œuvre, monument, site qu'un groupe humain considère comme un symbole de son passé commun, de son patrimoine culturel. ❑ INFORM **mémoire morte** : mémoire dont le contenu n'est accessible qu'en lecture. ❑ INFORM **mémoire vive** : mémoire dont le contenu peut être lu ou modifié. ❑ **pour mémoire** : à titre de renseignement.

**2. mémoire** nm **1.** Exposé écrit sur un sujet particulier. **2.** Relevé de sommes dues à un fournisseur. ◆ **Mémoires** pl Souvenirs écrits par une personne sur sa vie publique ou privée.

**mémorable** adj Digne d'être conservé dans la mémoire.

**mémorandum** [memɔrɑ̃dɔm] (pl *mémorandums*) nm **1.** Note diplomatique. **2.** Carnet de notes, mémento.

**mémorial** (pl *mémoriaux*) nm **1.** Recueil de faits mémorables. **2.** Monument commémoratif.

**mémorialiste** n Auteur de Mémoires.

**mémoriel, elle** adj Relatif à la mémoire. ■ **loi mémorielle :** qui présente ou impose un point de vue officiel sur un événement historique.

**mémorisation** nf Action de mémoriser.

**mémoriser** vt **1.** Fixer dans sa mémoire. **2.** INFORM Conserver une information dans une mémoire.

**menaçant, e** adj Qui exprime une menace : *ton menaçant*.

**menace** nf **1.** Parole, geste marquant l'intention de nuire. **2.** Signe qui fait craindre quelque chose : *menace d'orage*.

**menacer** vt (conj 1) **1.** Faire des menaces, chercher à intimider par des menaces : *menacer qqn de mort*. **2.** Mettre en danger : *menacer la vie de qqn*. **3.** Laisser craindre, laisser présager : *la neige menace de tomber*.

**ménage** nm **1.** Entretien de la maison, travaux domestiques : *faire le ménage*. **2.** Couple vivant en commun : *un jeune ménage*. ■ **faire bon ménage :** s'accorder, bien s'entendre.

**ménagement** nm Égards envers qqn.

**1. ménager** vt (conj 2) **1.** Traiter avec égards, avec respect, avec délicatesse : *ménager un malade*. **2.** User, employer avec économie : *ménager son temps*. **3.** Organiser, préparer avec soin : *ménager un entretien*. ◆ **se ménager** vpr Prendre soin de soi, de sa santé.

**2. ménager, ère** adj Qui concerne le ménage, l'entretien d'une maison.

**ménagère** nf **1.** Femme qui s'occupe de son ménage, de son intérieur. **2.** Service de couverts de table dans un coffret.

**ménagerie** nf Lieu où sont rassemblés des animaux sauvages ou rares.

**mendiant, e** n Personne qui mendie. ◆ nm ■ **les quatre mendiants** ou **mendiant :** dessert composé de figues sèches, de raisins secs, d'amandes et de noisettes.

**mendicité** nf **1.** Action de mendier. **2.** Condition de celui qui mendie.

**mendier** vt **1.** Demander comme une aumône : *mendier son pain*. **2.** FIG Rechercher avec empressement et bassesse : *mendier des approbations*. ◆ vi Demander l'aumône.

**meneau** nm Montant qui divise les fenêtres en compartiments.

**menées** nf pl Manœuvres secrètes et malveillantes pour faire réussir un projet.

**mener** vt (conj 9) **1.** Conduire quelque part : *mener un enfant à l'école*. **2.** Transporter, servir de voie de communication : *route qui mène au bois*. **3.** Faire arriver à une certaine situation : *entreprise qui mène à la ruine*. **4.** Assurer le déroulement de : *mener une enquête*. **5.** Être en tête, diriger : *mener la partie*. ■ **mener à bien :** faire réussir. ❑ **mener loin :** avoir de graves conséquences. ❑ FAM **ne pas en mener large :** (a) avoir peur (b) être inquiet. ◆ vi Avoir l'avantage ; être en tête : *mener de deux points*.

**ménestrel** nm Au Moyen Âge, poète ou musicien ambulant.

**ménétrier** nm AUTREF Dans les campagnes, musicien qui faisait danser.

**meneur, euse** n Personne qui dirige, qui entraîne les autres : *les meneurs d'une grève*. ■ **meneur de jeu :** animateur d'un jeu collectif, radiophonique ou télévisé. ❑ **meneur d'hommes :** personne douée des qualités requises pour entraîner, diriger les autres.

**menhir** [menir] nm Monument mégalithique dressé verticalement.

**méninge** nf Chacune des trois membranes enveloppant le cerveau et la moelle épinière.

**méningé, e** adj Relatif aux méninges, à la méningite.

**méningite** nf Inflammation des méninges se traduisant par une raideur de la nuque, des céphalées et des vomissements.

**ménisque** nm **1.** Lentille de verre convexe d'un côté et concave de l'autre : *ménisque divergent, convergent*. **2.** Lame de cartilage située entre les os, dans certaines articulations : *les ménisques du genou*.

**ménopause** nf Cessation de l'ovulation chez la femme, caractérisée par l'arrêt de la menstruation.

**menotte** nf FAM Main d'enfant. ◆ **menottes** pl Bracelets métalliques avec lesquels on attache les poignets des prisonniers.

**mensonge** nm Affirmation contraire à la vérité.

**mensonger, ère** adj Faux, trompeur : *publicité mensongère*.

**menstruation** nf Phénomène physiologique caractérisé par un écoulement sanguin périodique, propre à la femme, de la puberté à la ménopause.

**menstruel, elle** adj Relatif à la menstruation.

**menstrues** nf pl VX Règles.

**mensualisation** nf Action de mensualiser : *la mensualisation des impôts*.

**mensualiser** vt **1.** Rendre mensuel un paiement, un salaire. **2.** Payer au mois ; faire passer à une rémunération mensuelle.

**mensualité** nf Somme versée mensuellement.

**mensuel, elle** adj **1.** Qu'on fait tous les mois : *rapport mensuel*. **2.** Qui paraît tous les mois : *magazine mensuel*. ◆ nm Revue, magazine qui paraît chaque mois.

**mensuellement** adv Par mois.

**mensuration** nf Mesure des dimensions caractéristiques du corps humain. ◆ **mensurations** pl Ces dimensions.

**mental, e, aux** adj Relatif au fonctionnement psychique : *maladie mentale.* ■ **calcul mental** : par la pensée, sans écrire. ◆ nm sing Ensemble des dispositions mentales et psychiques de quelqu'un.

**mentalement** adv Par la pensée.

**mentalité** nf **1.** État d'esprit, comportement moral. **2.** Ensemble des croyances, des habitudes, des comportements caractéristiques d'un groupe, d'une société.

**menteur, euse** adj et n Qui ment ; qui a l'habitude de mentir.

**menthe** nf Plante herbacée odorante ; essence de cette plante.

**menthol** [mɛ̃tɔl] ou [mɑ̃tɔl] nm Alcool extrait de l'essence de menthe.

**mentholé, e** adj Qui contient du menthol.

**mention** nf **1.** Indication, renseignement donnés sur quelque chose. **2.** Appréciation élogieuse donnée à la suite de certains examens. ■ **faire mention de** : signaler ; citer.

**mentionner** vt Faire mention de ; citer.

**mentir** vi (conj 19) Affirmer le faux ou nier le vrai. ■ **sans mentir** : en vérité, sans exagérer.

**menton** nm Partie saillante du visage, au-dessous de la bouche.

**mentonnière** nf **1.** Bande de cuir qui, passant sous le menton, assujettit une coiffure, un casque. **2.** Accessoire épousant la forme du menton et servant à maintenir le violon pendant le jeu.

**mentor** [mɛ̃tɔr] nm LITT Guide, conseiller sage et expérimenté.

**1. menu** nm **1.** Liste des plats composant un repas. **2.** Repas à prix fixe servi dans un restaurant. **3.** INFORM Liste d'actions exécutables par un ordinateur exploité en mode interactif.

**2. menu, e** adj **1.** Mince, petit, frêle : *une petite fille menue.* **2.** De peu d'importance : *la menue monnaie.* ◆ adv En petits morceaux : *hacher menu.* ◆ nm ■ **par le menu** : en détail : *raconter par le menu.*

**menuet** nm Danse du XVIIe s.

**menuiserie** nf Métier, ouvrage, atelier du menuisier.

**menuisier, ère** n Artisan qui fait des meubles et autres ouvrages de bois.

**méphitique** adj Qui a une odeur répugnante ou toxique : *gaz méphitique.*

**méplat, e** adj Plus large qu'épais. ◆ nm **1.** Chacun des plans d'une surface. **2.** Plan intermédiaire formant la transition entre deux surfaces.

**méprendre (se)** vpr (conj 54) Prendre une personne ou une chose pour une autre. ■ **à s'y méprendre** : au point de se tromper.

**mépris** nm Action de mépriser. ■ **au mépris de** : sans tenir compte de.

**méprisable** adj Digne de mépris.

**méprisant, e** adj Qui a ou marque du mépris : *air méprisant.*

**méprise** nf Erreur de celui qui se méprend.

**mépriser** vt **1.** Juger indigne de considération, d'estime, d'attention, etc. : *mépriser les lâches, la lâcheté.* **2.** Ne pas craindre, ne pas redouter, négliger : *mépriser le danger.*

**mer** nf **1.** Vaste étendue d'eau salée qui couvre en partie le globe. **2.** Portion définie de cette étendue : *la mer Méditerranée.* **3.** Vaste superficie : *une mer de sable.* ■ **ce n'est pas la mer à boire** : ce n'est pas très difficile.

**mercantile** adj Qui est surtout préoccupé par le désir de gagner de l'argent, de faire du profit.

**mercantilisme** nm Âpreté au gain.

**mercato** nm Marché des transferts, dans les milieux du football et de l'audiovisuel ; période où ces transferts ont lieu.

**mercenaire** n et adj Soldat qui sert un gouvernement étranger pour de l'argent.

**mercerie** nf Commerce, marchandises, boutique de mercier.

**mercerisé, e** adj ■ **coton mercerisé** : coton traité de façon à donner un brillant soyeux.

**1. merci** nm Parole de remerciement : *un grand merci.* ◆ interj S'emploie pour remercier : *merci pour ce cadeau !*

**2. merci** nf ■ **être à la merci de** : dépendre de. ❑ **sans merci** : sans pitié.

**mercier, ère** n Personne qui vend des articles de couture.

**mercredi** nm Troisième jour de la semaine.

**mercure** nm Métal liquide et d'un blanc d'argent ; symb : Hg.

**mercuriale** nf Liste des prix courants des denrées vendues sur un marché.

**Mercurochrome** nm (nom déposé) Médicament antiseptique liquide de couleur rouge.

**merde** nf TRÈS FAM **1.** Excrément. **2.** Ennui, difficulté. **3.** Être ou chose méprisable, sans valeur. ◆ interj TRÈS FAM Exprime la colère, la surprise, l'indignation, etc. : *merde alors !*

**merdier** nm TRÈS FAM **1.** Grand désordre. **2.** Situation embrouillée.

**merdique** adj TRÈS FAM Mauvais, sans valeur.

**mère** nf **1.** Femme qui a mis au monde ou qui a adopté un ou plusieurs enfants. **2.** Femelle d'un animal qui a eu des petits : *la mère nourrit ses petits.* **3.** Supérieure d'un couvent. **4.** FIG Source, cause, origine : *l'oisiveté est la mère de tous les vices.* ◆ adj ■ **idée mère** : idée principale. ❑ **maison mère** : établissement principal dont dépendent des succursales.

**merguez** nf inv Saucisse pimentée.

**1. méridien** nm Grand cercle imaginaire de la surface terrestre ou de la sphère céleste passant par la ligne des pôles et dont le plan est perpendiculaire à celui de l'équateur. ■ **méridien magnétique** : plan vertical du champ magnétique terrestre. ❑ **premier méridien** ou **méridien origine** : méridien par rapport auquel on compte les degrés de longitude.

**2. méridien, enne** adj ASTRON Se dit du plan qui, en un lieu, comprend la verticale de ce lieu et l'axe du monde. ❑ **pause méridienne** : interruption dans les activités, notamm. scolaires, autour de l'heure du déjeuner.

**méridienne** nf Canapé à accoudoirs inégalement surhaussés qui permettent de maintenir le dos lorsque les jambes sont étendues.

**méridional, e, aux** adj Situé au sud : *la côte méridionale de la Grande-Bretagne.* ◆ adj et n Du midi de la France : *accent méridional.*

**meringue** nf Pâtisserie à base de sucre et de blancs d'œufs battus.

**meringuer** vt Garnir de meringue.

**mérinos** [merinos] nm Mouton très répandu dans le monde, dont il existe plusieurs races ; étoffe faite de sa laine.

**merise** nf Fruit du merisier.

**merisier** nm Cerisier sauvage ; bois de cet arbre.

**méritant, e** adj Qui a du mérite.

**mérite** nm **1.** Ce qui rend digne de récompense, d'estime : *le mérite de l'affaire lui en revient.* **2.** Qualité louable de quelqu'un ou de quelque chose : *un homme de mérite.*

**mériter** vt **1.** Être digne ou passible de : *mériter des éloges, une punition.* **2.** Avoir droit à : *cela mérite une réponse.* ◆ vt ind [de] ■ **bien mériter de sa patrie** : s'illustrer en la servant.

**méritoire** adj Digne d'estime, de récompense ; louable : *efforts méritoires.*

**merlan** nm Poisson comestible des mers d'Europe.

**merle** nm Oiseau à plumage sombre, voisin de la grive. ■ FIG **merle blanc** : personne ou objet introuvable.

**merlu** nm Poisson commercialisé sous le nom de *colin.*

**merluche** nf **1.** Nom commercial de certains poissons, comme le merlu, la lingue. **2.** Morue sèche, non salée.

**mérou** nm Gros poisson de mer comestible.

**mérovingien, enne** adj De la dynastie des Mérovingiens.

**merroutage** nm Mode de transport de marchandises où des camions sont acheminés par bateau d'un port à un autre avec leur cargaison et leur chauffeur.

**merveille** nf **1.** Ce qui inspire une grande admiration par sa beauté, sa grandeur, sa valeur. **2.** Pâtisserie faite de pâte frite saupoudrée de sucre. ■ **à merveille** : très bien.

**merveilleusement** adv De façon merveilleuse.

**merveilleux, euse** adj Admirable, exceptionnel. ◆ nm **1.** Ce qui paraît surnaturel. **2.** BELGIQUE Pâtisserie composée de deux meringues soudées par de la chantilly.

**mes** adj poss pl → **mon.**

**mésalliance** nf Action de se mésallier.

**mésallier (se)** vpr Se marier à une personne appartenant à une classe jugée inférieure.

**mésange** nf Petit passereau insectivore.

**mésaventure** nf Aventure désagréable.

**mescaline** nf Alcaloïde hallucinogène extrait d'une cactacée mexicaine, le peyotl.

**mesclun** [mɛsklœ̃] nm Mélange de jeunes plants de salades et de plantes aromatiques.

**mesdames** nf pl → **madame.**

**mesdemoiselles** nf pl → **mademoiselle.**

**mésentente** nf Manque d'entente ; désaccord.

**mésentère** nm Repli du péritoine maintenant les intestins.

**mésestimer** vt Ne pas apprécier à sa juste valeur.

**mésintelligence** nf LITT Manque d'accord.

**mésolithique** nm et adj Période succédant au paléolithique, entre 10 000 et 5 000 av. J.-C.

**mésosphère** nf Couche atmosphérique qui s'étend entre la stratosphère et la thermosphère.

**mésothéliome** nm Tumeur bénigne ou maligne du mésothélium. (Le plus fréquent est le *mésothéliome pleural*, cancer primitif de la plèvre, lié à l'exposition à l'amiante).

**mésothélium** [-ljɔm] nm BIOL Tissu tapissant la surface interne de certaines membranes séreuses.

**mésothérapie** nf Procédé thérapeutique consistant en des injections de doses minimes de médicaments le plus près possible du siège de la douleur.

**mesquin, e** adj Qui manque de grandeur, de noblesse, de générosité : *un procédé mesquin.*

**mesquinement** adv De façon mesquine.

**mesquinerie** nf Caractère ou acte mesquin.

**mess** [mɛs] nm Salle où mangent en commun les officiers ou les sous-officiers d'un régiment.

**message** nm **1.** Communication, nouvelle transmise à qqn : *porter un message.* **2.** FIG Signification, contenu transmis par qqn ou par qqch : *le message d'un poète.*

**messager, ère** n Personne chargée de transmettre un message.

**messagerie** nf Transport rapide par chemin de fer, route, eau ou air : *messageries maritimes.* ■ **messagerie électronique :** service d'envoi de messages par réseau télématique.

**messe** nf **1.** RELIG Célébration catholique qui commémore le sacrifice de Jésus-Christ sur la croix. **2.** Musique composée pour une grand-messe. ■ FIG **messe basse :** entretien, aparté entre deux personnes.

**messianique** adj Relatif au Messie, au messianisme.

**messianisme** nm Croyance en l'avènement du royaume de Dieu sur terre ou en l'avènement d'un monde meilleur.

**messidor** nm Dixième mois du calendrier républicain (20 juin-18 juillet).

**messie** nm **1.** (avec une majuscule) Dans le judaïsme, envoyé de Dieu, rédempteur et libérateur futur d'Israël. **2.** (avec une majuscule) Chez les chrétiens, le Christ. **3.** Celui dont on attend le salut ; personnage providentiel. ■ **être attendu comme le Messie :** comme un sauveur, avec un grand espoir.

**messieurs** nm pl → **monsieur**.

**messire** nm ANC Titre d'honneur des nobles.

**mesurable** adj Qui peut être mesuré.

**mesure** nf **1.** Évaluation d'une grandeur par comparaison avec une autre de la même espèce prise pour unité ; grandeur, quantité ainsi déterminée : *appareil de mesure.* **2.** Unité servant à l'évaluation d'une grandeur : *le mètre est la mesure de longueur.* **3.** MUS Division du temps musical en unités égales : *mesure à deux temps ; battre la mesure.* **4.** Modération, retenue : *avoir le sens de la mesure.* **5.** Moyen d'action, disposition : *prendre les mesures qui s'imposent.* ■ **à la mesure de :** (a) proportionné à (b) qui correspond à : *un adversaire à sa mesure.* ❑ **à mesure (que) :** en même temps (que) et dans la même proportion (que). ❑ **dans la mesure du possible :** (a) autant qu'on le peut (b) si c'est possible. ❑ **être en mesure de :** pouvoir faire, être à même de. ❑ **outre mesure :** avec excès. ❑ **passer, dépasser la mesure :** aller au-delà de ce qui est permis ou convenable. ❑ **sur mesure :** (a) se dit d'un vêtement confectionné d'après les mesures du commanditaire (b) FIG qui convient parfaitement : *un sujet sur mesure.*

ORTHOGRAPHE On prend *des mesures* pour confectionner un vêtement *sur mesure* (au sing.).

**mesuré, e** adj Modéré : *un ton mesuré.*

**mesurer** vt **1.** Évaluer par rapport à une unité : *mesurer un tissu.* **2.** Déterminer la valeur de : *savoir mesurer les risques.* **3.** Régler avec modération ou parcimonie : *mesurer ses paroles.* ◆ vi Avoir comme mesure : *cet arbre mesure dix mètres.* ◆ **se mesurer** vpr ■ **se mesurer avec, à qqn :** lutter, se battre avec lui.

**mesureur** nm Appareil pour mesurer.

**métabolique** adj Qui relève du métabolisme.

**métabolisme** nm Ensemble des transformations subies dans un organisme vivant par les substances qu'il absorbe.

**métacarpe** nm Partie du squelette de la main entre le carpe et les phalanges.

**métacarpien, enne** adj Du métacarpe.

**métairie** nf Domaine rural exploité en métayage ; les bâtiments eux-mêmes.

**métal** nm Corps simple doué d'un éclat particulier, en général bon conducteur de la chaleur et de l'électricité, et qui possède en outre la propriété de donner des oxydes avec l'oxygène. ■ **métaux lourds :** composés métalliques (EX : mercure, plomb) ou non (EX : arsenic), toxiques à plus ou moins forte dose, aussi appelés *éléments traces métalliques.* ❑ **métaux précieux :** l'or, l'argent, le platine.

**métalangage** nm Langage utilisé pour décrire un autre langage.

**métallifère** adj Qui renferme un métal.

**métallique** adj **1.** Constitué par du métal. **2.** Qui a le caractère ou l'apparence du métal : *éclat métallique.*

**métallisé, e** adj **1.** Recouvert d'une légère couche de métal. **2.** Qui a un éclat métallique : *voiture gris métallisé.*

**métalloïde** nm VX Corps simple non métallique : *l'oxygène est un métalloïde.*

**métallurgie** nf Ensemble des procédés et des techniques d'extraction et de traitement des métaux et des alliages.

**métallurgique** adj De la métallurgie : *industrie métallurgique.*

**métallurgiste** n Personne qui travaille les métaux.

**métamorphique** adj Qui résulte de la transformation d'une roche préexistante.

**métamorphisme** nm Dans la croûte terrestre, modification physique et chimique d'une roche sous l'effet de la chaleur et de la pression internes.

**métamorphose** nf **1.** Changement d'une forme en une autre. **2.** Ensemble des transformations que subissent certains animaux avant de parvenir à la forme adulte : *la métamorphose du têtard en grenouille.* **3.** FIG Changement complet dans le caractère d'une personne, dans l'aspect des choses.

**métamorphoser** vt Changer la forme de ; transformer, modifier.

**métaphore** nf Procédé d'expression qui consiste à donner à un mot la valeur d'un autre présentant avec le premier une analogie (EX : *une pluie de balles ; la lumière d'un visage*).

**métaphorique** adj Qui tient de la métaphore : *style métaphorique.*

**métaphoriquement** adv Par métaphore.

**métaphysicien, enne** n Spécialiste de métaphysique.

**métaphysique** nf **1.** Partie de la réflexion philosophique qui a pour objet la connaissance des causes premières et des premiers principes. **2.** Toute spéculation sur le sens du monde et la place de l'homme dans le monde. ◆ adj Qui appartient à la métaphysique.

**métastase** nf Apparition, en un point de l'organisme, d'un phénomène pathologique déjà présent ailleurs.

**métastaser** vi ou **se métastaser** vpr Produire des métastases.

**métatarse** nm Partie du squelette du pied comprise entre le tarse et les orteils.

**métatarsien, enne** adj Du métatarse : *os métatarsiens.*

**métavers** nm **1.** Univers numérique parallèle, dans lequel on pourrait évoluer et interagir comme dans la vie réelle. **2.** PAR EXT Ensemble des espaces virtuels auxquels un internaute peut accéder.

**métayage** nm Forme de bail où l'exploitant et le propriétaire se partagent les produits d'un domaine rural.

**métayer, ère** n Personne qui exploite un domaine rural en métayage.

**métazoaire** nm Animal constitué de plusieurs cellules (par opposition à *protozoaire*).

**métempsycose** [metɑ̃psikoz] nf RELIG Réincarnation de l'âme après la mort dans un corps humain, dans celui d'un animal ou dans un végétal.

**météo** nf (abréviation de *météorologie*) **1.** Bulletin météorologique. **2.** Conditions atmosphériques : *si la météo le permet.* **3.** Organisme qui s'occupe de la météorologie.

**météore** nm **1.** Phénomène lumineux qui résulte de l'entrée d'un corps solide dans l'atmosphère terrestre. SYN : étoile filante. **2.** FIG Personne ou chose qui brille d'un éclat vif mais passager.

**météorique** adj Propre au météore.

**météorite** nf Objet solide provenant de l'espace et qui atteint la surface de la Terre.

**météorologie** nf Étude des phénomènes atmosphériques, notamment en vue de la prévision du temps ; organisme chargé de cette étude.

**météorologique** adj Qui concerne la météorologie : *prévisions météorologiques.*

**météorologiste** ou **météorologue** n Spécialiste de météorologie.

**métèque** nm PÉJOR, RACISTE Étranger établi en France.

**méthadone** nf Substance de synthèse utilisée comme substitut de l'héroïne dans le sevrage des toxicomanes.

**méthane** nm Gaz incolore brûlant avec une flamme pâle. ■ **hydrate de méthane :** gaz constitué d'un mélange d'eau et de méthane, présent dans les fonds marins.

**méthanier** nm Navire conçu pour transporter le gaz naturel liquéfié.

**méthanisation** nf Processus naturel de fermentation de la matière organique en l'absence d'oxygène, produisant du méthane.

**méthode** nf **1.** Démarche organisée et rationnelle de l'esprit pour arriver à un certain résultat : *travailler avec méthode.* **2.** Ouvrage qui contient les éléments d'une science, d'un art, etc. : *méthode de piano.*

**méthodique** adj **1.** Qui a de la méthode, de l'ordre : *esprit méthodique.* **2.** Qui procède d'une méthode : *classement méthodique.*

**méthodiquement** adv Avec méthode.

**méthodisme** nm Mouvement religieux protestant.

**méthodiste** adj et n Relatif au méthodisme ; qui le professe.

**méthodologie** nf **1.** Étude des méthodes propres à une science. **2.** Manière de faire, de procéder ; méthode.

**méthodologique** adj Relatif à la méthodologie.

**méthylène** nm Alcool méthylique. ■ **bleu de méthylène :** colorant et désinfectant.

**méticuleusement** adv De façon méticuleuse.

**méticuleux, euse** adj Qui a ou qui manifeste beaucoup de soin, de minutie.

**méticulosité** nf Caractère méticuleux.

**métier** nm **1.** Travail dont on tire ses moyens d'existence : *exercer un métier manuel, intellectuel.* **2.** Expérience acquise, grande habileté : *avoir du métier.* **3.** Secteur d'activité dans lequel une firme a acquis un grand savoir-faire : *recentrer une entreprise sur son métier.* ■ **métier (à tisser) :** machine pour la confection des tissus.

**métis, isse** adj et n Qui est issu de l'union de deux personnes de couleur de peau différente. ■ **toile métisse** ou **métis** nm : toile dont la trame est en lin et la chaîne en coton.

**métissage** nm Croisement de deux races animales ou végétales de même espèce. ■ FIG **métissage culturel :** influence mutuelle de cultures en contact qui se révèle dans des œuvres littéraires, musicales, artistiques.

**métisser** vt Croiser par métissage.

**métonymie** nf Procédé d'expression par lequel on exprime le tout par la partie, l'effet par la cause, le contenu par le contenant, etc. (EX : *toute la ville dort,* « ses habitants »).

**métonymique** adj Relatif à la métonymie.

**métope** nf ARCHIT Intervalle entre les triglyphes d'une frise.

**métrage** nm **1.** Action de mesurer au mètre. **2.** Longueur en mètres d'un tissu, d'un film, etc.

**1. mètre** nm **1.** Unité de mesure de longueur ; symb : m. **2.** Objet servant à mesurer et ayant la longueur d'un mètre. ■ **mètre carré :** unité de superficie équivalant à l'aire d'un carré d'un mètre de côté. ❑ **mètre cube :** unité de volume équivalant au volume d'un cube d'un mètre de côté.

**2. mètre** nm **1.** Dans la prosodie grecque et latine, groupe de syllabes comprenant deux temps marqués. **2.** Forme rythmique d'une poésie ; vers.

**métré** nm Mesure d'un terrain, d'une construction.

**métrer** vt (conj 10) Mesurer en mètres.

**métreur, euse** n Technicien chargé de faire le métré des constructions.

**1. métrique** adj ■ **système métrique :** ensemble des mesures ayant pour base le mètre.

**2. métrique** adj Relatif à la mesure des vers. ◆ nf Science qui étudie les éléments dont sont formés les vers ; versification.

**métro** nm Chemin de fer urbain souterrain ou aérien.

**métrologie** nf Science des mesures.

**métronome** nm Instrument pour marquer et contrôler le rythme d'exécution d'un morceau de musique.

**métropole** nf **1.** État considéré par rapport à ses colonies, à ses territoires extérieurs. **2.** Capitale politique ou économique d'une région, d'un État.

**métropolitain, e** adj et n De la métropole.

**métropolite** nm Dignitaire de l'Église orthodoxe, entre le patriarche et les archevêques.

**mets** nm Tout aliment préparé pour entrer dans la composition d'un repas.

**mettable** adj Que l'on peut mettre : *cet habit est encore mettable.*

**metteur, euse** n ■ **metteur en pages :** typographe chargé de la mise en pages d'un ouvrage. ❑ **metteur en scène :** personne qui dirige une représentation de théâtre, un film, etc.

**mettre** vt (conj 57) **1.** Poser, placer quelque part : *mettre ses clés dans son sac.* **2.** Inclure, mêler, introduire : *mettre du sel dans une sauce.* **3.** Placer dans une certaine position, une certaine situation : *on l'a mis à la tête d'un groupe.* **4.** Revêtir, porter un vêtement, un accessoire : *mettre son manteau, ses lunettes.* **5.** Faire fonctionner, actionner : *mettre la radio, le chauffage, le contact.* **6.** Utiliser, employer : *mettre cent euros dans un achat ; mettre deux heures pour venir ; mettre toute son énergie à lutter.* **7.** Faire naître, provoquer : *mettre du désordre.* **8.** Faire passer dans un état différent : *mettre en colère.* ■ **y mettre du sien :** faire des concessions. ◆ **se mettre** vpr **1.** Se placer : *se mettre à table.* **2.** Prendre une certaine position : *se mettre debout.* **3.** S'habiller : *se mettre en robe ; n'avoir rien à se mettre.* **4.** Commencer à être dans tel état : *se mettre en nage.* ■ **se mettre à :** commencer à : *se mettre à pleuvoir ; se mettre au travail.* ❑ **se mettre en tête :** (a) s'imaginer (b) vouloir absolument. ❑ **s'y mettre :** (a) commencer à travailler : *il faut s'y mettre* (b) s'ajouter pour accentuer la difficulté : *si la pluie s'y met.*

GRAMMAIRE Placé en tête de phrase, *mis à part* reste invariable : *mis à part cette défaite, les résultats sont bons.*

**meuble** adj **1.** Qui se laboure facilement : *terre meuble.* **2.** Friable. ■ DR **bien meuble :** susceptible d'être déplacé (par opposition à *bien immeuble*). ◆ nm Objet mobile servant à l'aménagement ou à la décoration d'un lieu.

**meublé, e** adj Garni de meubles. ◆ nm Appartement loué avec le mobilier.

**meubler** vt **1.** Garnir, équiper de meubles. **2.** FIG Remplir un vide ; occuper une période de temps.

**meuf** nf FAM Jeune fille ; femme.

**meuglement** nm Beuglement.

**meugler** vi Beugler.

**meule** nf **1.** Corps solide cylindrique servant à broyer, à aiguiser, à polir. **2.** Tas de foin, de blé, etc., de forme généralement conique. **3.** Grande pièce cylindrique de fromage : *meule de gruyère.*

**meulière** nf Roche siliceuse et calcaire, employée dans la construction.

**meunerie** nf **1.** Usine pour la transformation des grains en farine. **2.** Commerce, industrie du meunier.

**meunier, ère** n Personne qui exploite un moulin à blé, une meunerie.

**meunière** nf ■ **(à la) meunière :** se dit d'un poisson fariné et cuit au beurre à la poêle : *truite meunière.*

**meuron** nm SUISSE Mûre (fruit de la ronce).

**meurtre** nm Action de tuer volontairement un être humain.

**meurtrier, ère** n et adj Personne qui commet un meurtre ; assassin. ◆ adj Qui cause la mort de beaucoup de personnes.

**meurtrière** nf Fente dans les murs d'un ouvrage fortifié pour lancer des projectiles.

**meurtrir** vt **1.** Contusionner ; blesser physiquement ou moralement. **2.** Gâter des fruits par choc ou par contact.

**meurtrissure** nf **1.** Contusion marquée par une tache bleuâtre. **2.** Partie endommagée d'un fruit.

**meute** nf **1.** Troupe de chiens courants dressés pour la chasse. **2.** FIG Troupe acharnée contre quelqu'un.
**mévente** nf Forte chute des ventes.
**mexicain, e** adj et n Du Mexique : *les Mexicains*.
**mezzanine** [mɛdzanin] nf Niveau intermédiaire ménagé dans une pièce haute de plafond.
**mezza voce** [mɛdzavɔtʃe] loc adv À mi-voix.
**mezze** [mɛdze] nm pl Assortiment de hors-d'œuvre, servis le plus souvent froids (spécialités du Moyen-Orient).
**mezzo-soprano** [mɛdzosɔprano] (pl *mezzo-sopranos*) n Voix de femme entre soprano et contralto ; personne qui a cette voix.
**Mgr** (abrév) Monseigneur.
**mi** nm inv Note de musique, troisième degré de la gamme de *do*.
**miam** ou **miam-miam** interj Marque le plaisir que provoque un mets appétissant.
**miaou** nm Cri du chat.
**miasme** nm Émanation pestilentielle provenant de substances en décomposition.
**miaulement** nm Cri du chat.
**miauler** vi Émettre des miaulements.
**mi-bas** nm inv Bas ou longue chaussette s'arrêtant au-dessous du genou.
**mica** nm Minéral brillant et feuilleté.
**micacé, e** adj Qui contient du mica.
**mi-carême** (pl *mi-carêmes*) nf Le jeudi de la troisième semaine du carême.
**micaschiste** nm Roche de mica et de quartz.
**miche** nf Gros pain rond.
**micheline** nf Autorail.
**mi-chemin (à)** loc adv **1.** Vers le milieu du chemin. **2.** Entre deux choses, à une étape intermédiaire.
**mi-clos, e** (pl *mi-clos, es*) adj À moitié fermé : *des yeux mi-clos*.
**micmac** nm FAM Situation suspecte et embrouillée ; imbroglio.
**micocoulier** nm Arbre du genre orme, dont le bois est employé en ébénisterie.
**mi-corps (à)** loc adv Au milieu du corps.
**mi-côte (à)** loc adv À moitié de la côte.
**mi-course (à)** loc adv Vers le milieu du trajet.
**1. micro** nm (abrév de *microphone*) Appareil qui transforme les vibrations sonores en oscillations électriques et permet l'enregistrement et l'amplification du son.
**2. micro** nm (abrév) Micro-ordinateur. ◆ nf FAM Micro-informatique.
**microbe** nm Micro-organisme.
**microbien, enne** adj Qui a rapport aux micro-organismes.
**microbiologie** nf Ensemble des sciences qui étudient les micro-organismes.
**microbiote** nm Ensemble des bactéries, virus et levures vivant dans un milieu déterminé : *microbiote intestinal*.
**microblog** nm Blog qui permet de publier en temps réel des messages courts.
**microblogage** ou **microblogging** [-giŋ] nm Publication d'un microblog.
**microcéphalie** nf Diminution anormale du volume du crâne.
**microchirurgie** nf Chirurgie effectuée sous le contrôle du microscope, avec des instruments miniaturisés.
**microclimat** nm Ensemble des conditions climatiques particulières à un petit espace homogène de faible étendue.
**microcosme** nm Image réduite du monde, de la société.
**micro-cravate** (pl *micros-cravates*) nm Micro miniature pouvant se fixer aux vêtements.
**microcrédit** nm Dans les pays en développement, prêt à taux très bas consenti à des personnes insolvables pour qu'elles créent une activité génératrice de revenus.
**microéconomie** nf Étude des comportements individuels des agents économiques.
**microédition** nf Publication assistée par ordinateur (PAO).
**microfibre** nf Fibre textile synthétique très fine utilisée pour sa légèreté et sa solidité.
**microfiche** nf Photographie reproduisant sur une surface très réduite un document d'archives.
**microfiction** nf Récit de fiction de la longueur d'une très courte nouvelle.
**microfilm** nm Film composé d'une série d'images de dimensions très réduites.
**microfilmer** vt Reproduire des documents sur microfilm.
**microfinance** nf Ensemble des dispositifs permettant aux populations les plus pauvres d'accéder à des services financiers adaptés à leurs besoins (EX : microcrédit).
**microhabitat** nm Mode de logement constitué de maisons très petites (dites *micro- ou minimaisons*), peu coûteuses, souvent en bois, écologiques et transportables.
**micro-informatique** (pl *micro-informatiques*) nf Domaine de l'informatique relatif à la fabrication et à l'utilisation des micro-ordinateurs.
**micromètre** nm **1.** Instrument servant à mesurer de petits objets. **2.** Unité de mesure de longueur égale à un millionième de mètre ; symb : µm.
**micron** nm VX Micromètre, unité de mesure.

**micro-ondes** nm inv Four à ondes électromagnétiques permettant une cuisson très rapide.

**micro-ordinateur** (pl *micro-ordinateurs*) nm Petit ordinateur dont l'unité centrale de traitement est constituée d'un microprocesseur.

**micro-organisme** (pl *micro-organismes*) nm Être vivant microscopique généralement constitué d'une seule cellule.

**micropaiement** nm ou **microtransaction** nf Mode de paiement permettant l'achat de contenus ou services de faible valeur, en passant par un site Web ou un service téléphonique : *micropaiement par SMS surtaxé.*

**microphone** nm VIEILLI Micro.

**microprocesseur** nm Organe de traitement de l'information constitué de circuits électroniques intégrés.

**microscope** nm Instrument d'optique qui sert à observer des objets très petits.

**microscopique** adj **1.** Qui se fait au microscope : *étude microscopique.* **2.** Qui ne peut être vu qu'avec un microscope : *particules microscopiques.* **3.** Très petit, minuscule.

**microsillon** nm Disque dont la gravure permet une audition de 25 minutes environ par face de 30 centimètres.

**microtransaction** nf → **micropaiement.**

**micro-trottoir** (pl *micros-trottoirs*) nm Enquête d'opinion effectuée dans la rue auprès de passants, pour la radio ou la télé.

**miction** nf Action d'uriner.

**midi** nm **1.** Heure correspondant au milieu du jour : *rendez-vous à midi.* **2.** La direction sud du Soleil : *appartement exposé au midi.* **3.** (avec une majuscule) Région du sud de la France : *aller dans le Midi.* ■ **chercher midi à quatorze heures** : chercher des difficultés là où il n'y en a pas. ❑ **démon de midi** : tentations, désirs sexuels qui s'emparent des êtres vers le milieu de leur vie.

**midinette** nf FAM **1.** VX À Paris, jeune ouvrière de la couture et de la mode. **2.** Jeune fille à la sentimentalité naïve.

**mi-distance (à)** loc adv À la moitié du parcours.

**mie** nf Partie intérieure du pain.

**miel** nm Substance sucrée que les abeilles fabriquent avec les matières recueillies dans les fleurs. ■ FIG **être tout miel** : d'une affabilité hypocrite.

**miellé, e** adj **1.** Sucré avec du miel. **2.** Qui rappelle le miel : *odeur miellée.*

**mielleusement** adv D'un ton mielleux.

**mielleux, euse** adj D'une douceur hypocrite : *paroles mielleuses.*

**mien, enne** pron poss ■ **le mien, la mienne, les miens, les miennes** : désigne ce qui est à moi, se rapporte à moi : *c'est ton opinion, pas la mienne.* ◆ **miens** pl ■ **les miens** : ma famille, mes proches. ◆ adj poss LITT Qui est à moi.

**miette** nf **1.** Petit fragment qui tombe du pain quand on le coupe. **2.** Parcelle, débris de quelque chose : *mettre un vase en miettes.*

**mieux** adv De façon meilleure, plus convenable, plus avantageuse, plus favorable. ■ **aimer mieux** : préférer. ❑ **aller, être mieux** : (a) être en meilleure santé (b) être dans un état plus favorable. ❑ **à qui mieux mieux** : à l'envi, en rivalisant avec les autres. ❑ **de mieux en mieux** : en s'améliorant. ◆ nm **1.** Ce qui est préférable, le plus avantageux : *le mieux est d'y aller.* **2.** Amélioration, progrès : *il y a un léger mieux.* ■ **au mieux** ou **pour le mieux** : aussi bien que possible. ❑ **de son mieux** : aussi bien que l'on peut.

**mieux-être** [mjøzɛtr] nm inv Amélioration de la situation matérielle ou physique.

**mièvre** adj D'une grâce affectée et fade ; qui manque de vigueur.

**mièvrerie** nf **1.** Caractère mièvre. **2.** Action, propos mièvre, insipide.

**mignardise** nf **1.** LITT Manque de naturel, grâce affectée. **2.** Œillet vivace très utilisé pour les bordures. ◆ **mignardises** pl Pâtisseries fraîches assorties, de la taille d'une bouchée.

**mignon, onne** adj **1.** Délicat, joli. **2.** Gentil, aimable. ■ **filet mignon** : morceau de bœuf, de porc, de veau, coupé dans la pointe du filet. ❑ **péché mignon** : petit défaut auquel on s'abandonne volontiers. ◆ n Terme de tendresse. ◆ nm HIST Nom donné aux favoris d'Henri III, très efféminés.

**migraine** nf Douleur violente qui n'affecte qu'un côté de la tête ; PAR EXT mal de tête.

**migraineux, euse** adj Relatif à la migraine. ◆ adj et n Sujet aux migraines.

**migrant, e** adj et n Se dit d'une personne qui effectue une migration.

**migrateur, trice** adj et nm Se dit d'un animal qui migre : *oiseaux migrateurs.*

**migration** nf **1.** Déplacement en masse d'un peuple d'un pays dans un autre. **2.** Déplacement périodique de certains animaux. **3.** Transformation de données, de programmes ou de logiciels afin de les rendre compatibles avec un autre environnement informatique.

**migratoire** adj Relatif aux migrations : *un mouvement migratoire.*

**migrer** vi Effectuer une migration.

**mihrab** nm Niche dans la muraille d'une mosquée, où se place l'imam pour la prière et qui indique la direction de La Mecque.

**mi-jambe (à)** loc adv À la hauteur du milieu de la jambe.

**mijaurée** nf Femme, jeune fille qui a des manières affectées et ridicules.

**mijoter** vt **1.** Faire cuire lentement et à petit feu. **2.** FIG Préparer de longue main et secrètement : *mijoter un complot.* ◆ vi Cuire lentement.

**mikado** nm **1.** Empereur du Japon. **2.** Jeu de bâtonnets proche du jeu de jonchets.

**1. mil** adj num → **mille.**

**2. mil** nm Céréale à petit grain telle que le millet et le sorgho ; grain de cette céréale.

**milan** nm Oiseau rapace.

**milanais, e** adj et n De Milan.

**mildiou** nm Maladie parasitaire de la vigne, de la pomme de terre, etc.

**mile** [majl] nm Mesure anglo-saxonne valant 1 609 m.

**milice** nf **1.** HIST Avant 1789, troupe levée dans les communes pour renforcer l'armée régulière. **2.** Police auxiliaire paramilitaire, dans certains pays.

**milicien, enne** n Membre d'une milice.

**milieu** nm **1.** Lieu, point également éloigné des deux termes d'un espace ou d'un temps, d'un commencement et d'une fin : *le milieu d'une place, de la nuit, du siècle.* **2.** Sphère sociale ; cadre, entourage : *un milieu bourgeois.* **3.** Circonstances, environnement physique, géographique, biologique qui entourent un être vivant et le conditionnent : *adaptation au milieu.* ■ **au beau milieu de** ou **en plein milieu de :** (a) au centre de : *être en plein milieu de la route* (b) au moment le plus fort, le plus critique de : *arriver au beau milieu de la réunion.* ❑ **au milieu de :** parmi. ❑ **le milieu :** le monde de la pègre.

**militaire** adj **1.** Qui concerne l'armée, la guerre. **2.** Fondé sur la force armée : *coup d'État militaire.* ◆ n Membre des forces armées.

**militairement** adv **1.** De façon militaire. **2.** Par la force armée.

**militant, e** adj Qui lutte, combat pour une idée, un parti, une cause. ◆ n Membre actif d'une organisation politique, syndicale, d'une association.

**militantisme** nm Attitude, activité du militant.

**militarisation** nf Action de militariser.

**militariser** vt **1.** Donner une organisation, une structure militaire à. **2.** Pourvoir de forces armées.

**militarisme** nm Système politique qui s'appuie sur l'armée.

**militariste** adj et n Relatif au militarisme ; qui en est partisan.

**militaro-industriel, elle** (pl *militaro-industriels, elles*) adj ■ **complexe militaro-industriel :** collectif constitué par des responsables politiques et militaires et des industriels chargés de fournir du matériel à l'armée.

**militer** vi Avoir une activité politique, syndicale, etc.

**milk-shake** [milkʃɛk] (pl *milk-shakes*) nm Boisson frappée, à base de lait aromatisé.

**1. mille** adj num card inv **1.** Dix fois cent. **2.** Nombre indéterminé, considérable : *courir mille dangers.* ◆ nm inv **1.** Quantité de mille unités. **2.** Nombre composé de mille unités. ■ FAM **des mille et des cents :** des sommes considérables. ❑ **taper dans le mille :** (a) deviner juste (b) atteindre son objectif.

ORTHOGRAPHE Dans une date, on écrit *mille huit cent,* mais aussi *l'an mil.*

**2. mille** nm **1.** Mesure itinéraire des Romains, qui valait mille pas, soit 1 481,5 m. **2.** Unité de mesure internationale pour les distances en navigation aérienne ou maritime : *le mille marin* (ou *mille nautique*) *vaut 1 852 mètres.*

**mille-feuille** (pl *mille-feuilles*) ou **millefeuille** nf Plante aux feuilles très découpées. ◆ nm **1.** Gâteau de pâte feuilletée garnie de crème pâtissière ; préparation culinaire salée ayant l'aspect de ce gâteau. **2.** FIG Organisation, texte administratif constitués d'un empilement d'éléments sans lien ni cohérence : *mille-feuille institutionnel.*

**millénaire** adj Qui a mille ans au moins : *arbre millénaire.* ◆ nm Dix siècles ou mille ans.

**milléniaux** nm pl Personnes nées autour des années 2000, qui se caractérisent notamm. par leur aisance à utiliser les nouvelles technologies ; PAR EXT les jeunes (on dit aussi *millennials*). ◆ **millénial, e, aux** adj Relatif aux milléniaux ; relatif aux années 2000.

**mille-pattes** nm inv Arthropode terrestre dont le corps, formé d'anneaux, porte de nombreuses pattes semblables.

**millepertuis** nm Plante dont les feuilles semblent percées d'une infinité de trous.

**millésime** nm Série de chiffres indiquant l'année d'émission d'une monnaie, d'un timbre, d'une récolte de vin, etc.

**millésimé, e** adj Qui porte un millésime : *un vin millésimé.*

**millet** [mijɛ] nm Nom usuel de plusieurs graminées ; graine de ces plantes.

**milliard** nm **1.** Mille millions. **2.** Nombre extrêmement grand : *des milliards d'insectes.*

**milliardaire** n et adj Personne qui possède une fortune colossale.

**milliardième** adj num ord et n Qui occupe un rang marqué par le nombre $10^9$. ◆ nm et adj Quantité désignant le résultat d'une division par $10^9$.

**millibar** nm Unité de mesure de pression atmosphérique, équivalant à un millième de bar (il a été remplacé par l'hectopascal).

**millième** adj num ord et n Qui occupe un rang marqué par le numéro mille. ◆ nm et adj Partie d'un tout divisé en mille parties égales.
**millier** nm **1.** Mille, environ mille. **2.** Un très grand nombre : *des milliers d'étoiles*.
**milligramme** nm Millième partie du gramme ; symb : mg.
**millilitre** nm Millième partie du litre ; symb : ml.
**millimètre** nm Millième partie du mètre ; symb : mm.
**millimétré, e** adj Gradué en millimètres : *papier millimétré*.
**million** nm **1.** Mille fois mille. **2.** Nombre considérable : *des millions de problèmes*.
**millionième** adj num ord et n Qui occupe un rang marqué par le nombre de un million. ◆ adj et nm Qui se trouve un million de fois dans le tout : *le millionième du gros lot*.
**millionnaire** n et adj Personne très riche, dont les revenus dépassent un million.
**mi-long** (pl *mi-longs*) adj D'une taille intermédiaire entre court et long : *cheveux mi-longs*.
**milord** [-lɔr] nm VX Homme riche et élégant.
**mi-lourd** (pl *mi-lourds*) adj m et nm Se dit d'un sportif appartenant à une catégorie de poids inférieure à celle des lourds.
**mime** nm Genre de comédie où l'acteur ne représente l'action ou les sentiments que par gestes. ◆ n L'acteur lui-même.
**mimer** vt **1.** Exprimer des sentiments, une action seulement par les gestes, sans utiliser la parole. **2.** Imiter, singer.
**mimétique** adj Relatif au mimétisme.
**mimétisme** nm **1.** Ressemblance que prennent certains êtres vivants soit avec le milieu où ils vivent, soit avec les espèces mieux protégées. **2.** Reproduction machinale des gestes, des sentiments d'autrui.
**mimique** adj Qui s'exprime par le geste : *langage mimique*. ◆ nf **1.** Expression de la pensée par le geste, les jeux de physionomie. **2.** Ensemble d'expressions du visage.
**mimolette** nf Fromage de Hollande à pâte sèche, en forme de boule.
**mi-mollet (à)** loc adv À la hauteur du milieu du mollet : *ourlet à mi-mollet*.
**mimosa** nm **1.** Espèce d'acacia aux fleurs jaunes très odorantes. **2.** Plante légumineuse, dont les feuilles se replient au moindre contact.
**min** (symbole) Minute.
**min.** (abréviation) Minimum.
**minable** adj FAM Misérable, pitoyable, médiocre.
**minage** nm Action de miner.
**minaret** nm Tour d'une mosquée.
**minauder** vi Affecter des manières pour séduire.
**minauderie** nf Action de minauder ; manières.
**mince** adj **1.** Peu épais ; fin : *tranche mince*. **2.** Qui a la taille fine ; svelte : *jeune fille mince*. **3.** FIG De peu d'importance ; insuffisant : *ses connaissances sont bien minces*. ◆ interj FAM Marque la surprise ou le mécontentement.
**minceur** nf État d'une personne, d'une chose mince.
**mincir** vi Devenir plus mince. ◆ vt Amincir.
**1. mine** nf **1.** Aspect de la physionomie indiquant certains sentiments ou l'état de santé : *mine réjouie ; avoir bonne, mauvaise mine*. **2.** Apparence, aspect extérieur : *juger quelqu'un sur la mine*. ■ **faire bonne, mauvaise, grise mine** : bon, mauvais accueil. ❑ **faire mine de** : faire semblant de. ❑ FAM **mine de rien** : sans en avoir l'air. ◆ **mines** pl ■ **faire des mines** : minauder.
**2. mine** nf **1.** Gisement de substance minérale ou fossile : *mine de fer, de charbon*. **2.** Cavité creusée dans le sol pour extraire le minerai ou le charbon : *descendre dans la mine*. **3.** Ensemble des installations pour l'exploitation d'un gisement. **4.** Petit bâton de graphite ou de toute autre matière, formant l'axe d'un crayon et qui laisse une trace sur le papier. **5.** FIG Source très riche : *une mine de renseignements*. **6.** Engin explosif, charge explosive, souterrains ou immergés.
**miner** vt **1.** Creuser lentement : *l'eau mine la pierre*. **2.** Poser des mines, des charges explosives : *miner un pont*. **3.** FIG Consumer peu à peu : *le chagrin le mine*.
**minerai** nm Roche contenant beaucoup de minéraux utiles, qui demandent une élaboration pour être utilisés dans l'industrie.
**1. minéral** (pl *minéraux*) nm Corps inorganique, généralement solide, constituant les roches de l'écorce terrestre.
**2. minéral, e, aux** adj Qui appartient aux minéraux. ■ **eau minérale** : qui contient des minéraux en dissolution. ❑ VIEILLI **règne minéral** : ensemble des minéraux (par opposition à *règne animal, règne végétal*).
**minéralier** nm Cargo pour le transport en vrac, notamment celui des minerais.
**minéralisation** nf CHIM Transformation d'un métal en minerai par sa combinaison avec un autre corps.
**minéralisé, e** adj Qui contient des matières minérales : *eau faiblement minéralisée*.
**minéralogie** nf GÉOL Science qui traite des minéraux.
**minéralogique** adj De la minéralogie. ■ **numéro minéralogique** : numéro d'immatriculation officielle d'un véhicule automobile.

❑ **plaque minéralogique :** plaque portant le numéro minéralogique.

**minéralogiste** n Spécialiste de minéralogie.

**minerve** nf Appareil orthopédique pour maintenir la tête en cas de lésions des vertèbres cervicales.

**minestrone** nm Soupe italienne faite de légumes, de lard, de pâtes.

**minet, ette** n **1.** FAM Chat, chatte. **2.** Jeune homme, jeune fille à la mode, d'allure affectée.

**1. mineur** nm Ouvrier qui travaille à la mine.

**2. mineur, e** adj **1.** D'une importance, d'un intérêt moindre ; secondaire : *un problème mineur.* **2.** MUS Se dit d'un accord, d'une gamme, d'un intervalle et d'un mode dont la tierce se compose d'un ton et d'un demi-ton. ◆ n et adj Personne qui n'a pas atteint l'âge de la majorité légale.

**mineure** nf Seconde proposition d'un syllogisme.

**mini** adj inv Se dit d'un vêtement très court, qui couvre peu.

**miniature** nf **1.** Lettre ornementale peinte au minium sur les manuscrits enluminés. **2.** Petite peinture de facture délicate, servant d'illustration ou de décoration ; art de cette peinture. ■ FIG **en miniature :** en réduction, en tout petit. ◆ adj Extrêmement petit ; qui est la réduction de quelque chose : *autos miniatures.*

**miniaturisation** nf Action de miniaturiser.

**miniaturiser** vt Donner de très petites dimensions à.

**miniaturiste** n Artiste qui fait des miniatures.

**minibus** ou **minicar** nm Petit car.

**minicassette** nf Cassette audio de petit format.

**minichaîne** nf Chaîne haute-fidélité très compacte.

**minidisque** nm Disque numérique à enregistrement magnétique et lecture optique, de format inférieur à celui d'un CD.

**minigolf** nm Golf miniature.

**minier, ère** adj Relatif aux mines.

**minijupe** nf Jupe très courte.

**minima (a)** loc adv ■ DR **appel a minima :** appel interjeté par le ministère public quand il estime la peine insuffisante.

**minimal, e, aux** adj Qui a atteint son minimum : *température minimale.*

**minimalisme** nm Attitude des minimalistes.

**minimaliste** adj et n Qui vise à réaliser quelque chose en y consacrant le minimum d'efforts, de moyens ou en provoquant le minimum de bouleversements.

**minime** adj Très petit, très peu important : *dépense minime.*

**minimessage** nm Texto. SYN : SMS.

**minimiser** vt Réduire au minimum l'importance de quelque chose.

**minimum** [minimɔm] (pl *minimums* ou *minima*) nm Le plus petit degré auquel une chose puisse être réduite : *prendre le minimum de risques.* ■ **au minimum :** pour le moins. ◆ adj Minimal : *âge, salaire minimum.*

**mini-ordinateur** (pl *mini-ordinateurs*) nm Ordinateur de faible volume, à mémoire de capacité moyenne.

**minispace** nm AUTOM Monospace très compact, partic. adapté à un usage urbain.

**ministère** nm **1.** Fonction, charge de ministre. **2.** Ensemble des ministres qui composent le gouvernement d'un État. **3.** Administration dépendant d'un ministre ; bâtiment où se trouvent ses services. **4.** RELIG Fonction, charge exercée par un prêtre. ■ **ministère public :** magistrature requérant l'application des lois au nom de la société.

**ministériel, elle** adj Relatif au ministre ou au ministère : *fonctions ministérielles.*

**ministre** n Membre du gouvernement d'un État chargé de la direction d'un ensemble de services publics. ■ **le Premier ministre, la Première ministre :** le ou la chef du gouvernement. ❑ **ministre d'État :** titre honorifique donné à un ministre en raison de sa personnalité ou de l'importance de sa mission. ❑ **ministre du culte :** prêtre ou pasteur chargé d'un service d'Église. ❑ **ministre plénipotentiaire :** agent diplomatique de rang inférieur à celui d'ambassadeur.

**Minitel** nm (nom déposé) ANC Terminal d'interrogation diffusé par l'administration des télécommunications (de 1980 à 2012).

**minitéliste** n Utilisateur du Minitel.

**minium** [minjɔm] nm Oxyde rouge de plomb.

**minoen** [minɔɛ̃] nm Période de l'histoire de la Crète (IIIe millénaire-1100 av. J.-C.).

**minois** nm Visage délicat et gracieux d'enfant ou de jeune fille.

**minorer** vt Réduire la valeur ou l'importance d'une chose.

**minoritaire** adj et n Qui appartient à la minorité.

**minorité** nf **1.** État d'une personne qui n'a pas atteint l'âge de la majorité ; période qui y correspond. **2.** Groupe qui a le moins de voix dans une élection, un vote. **3.** Personnes qui se différencient au sein d'un groupe, d'un courant politique, etc. (par oppos. à *majorité*). ■ **minorité nationale :** groupe se distinguant de la majorité de la population par ses particularités ethniques, sa religion, sa langue ou ses traditions. ❑ **minorité visible** : groupe socioculturel minoritaire dans un pays, distinct (par la couleur de sa peau) du reste de la population et sous-représenté dans les institutions.

**minoterie** nf Établissement où l'on prépare les farines.

**minotier** nm Exploitant d'une minoterie.

**minou** nm **1.** Chat, dans le langage enfantin. **2.** Terme d'affection : *mon minou*.

**minuit** nm **1.** Milieu de la nuit. **2.** Instant marqué par la vingt-quatrième heure de la journée, ou zéro heure.

**minus** [minys] n FAM Personne sans envergure.

**1. minuscule** adj Très petit.

**2. minuscule** nf Petite lettre. CONTR : majuscule.

**minutage** nm Action de minuter.

**1. minute** nf **1.** Soixantième partie d'une heure ; symb : min. **2.** Soixantième partie de chaque degré d'angle. **3.** FIG Court espace de temps. ◆ interj Attendez !, doucement !

**2. minute** nf DR Original d'une lettre, d'un acte notarié, d'un jugement.

**minuter** vt Fixer de façon précise la durée d'un spectacle, d'un discours, etc.

**minuterie** nf **1.** Partie du mouvement d'une horloge qui sert à marquer les divisions de l'heure. **2.** Appareil électrique destiné à assurer un contact pendant un temps déterminé.

**minuteur** nm Appareil permettant de régler la durée d'une opération ménagère.

**minutie** [minysi] nf Soin donné aux menus détails.

**minutieusement** adv Avec minutie.

**minutieux, euse** adj Qui s'attache aux détails ; pointilleux : *examen minutieux*.

**miocène** nm et adj Troisième période de l'ère tertiaire, qui a vu l'apparition des mammifères évolués.

**mioche** n FAM Jeune enfant ; gamin.

**mirabelle** nf Petite prune jaune ; eau-de-vie faite avec ce fruit.

**mirabellier** nm Prunier produisant les mirabelles.

**mirabilis** [mirabilis] nm Plante cultivée pour ses grandes fleurs colorées qui s'ouvrent la nuit (nom usuel : *belle-de-nuit*).

**miracle** nm **1.** Effet dont la cause échappe à la raison humaine et qu'on attribue au surnaturel : *les miracles de la nature*. **2.** Chose extraordinaire, chance exceptionnelle : *échapper par miracle à la mort*. **3.** (en apposition) D'une efficacité surprenante : *un médicament miracle*.

**miraculé, e** n et adj Personne qui a été l'objet d'un miracle.

**miraculeusement** adv D'une manière miraculeuse.

**miraculeux, euse** adj **1.** Qui tient du miracle : *apparition miraculeuse*. **2.** Étonnant, extraordinaire par ses effets : *traitement miraculeux*.

**mirador** nm Tour de surveillance ou d'observation.

**mirage** nm **1.** Phénomène optique dans les pays chauds, consistant en ce que les objets éloignés semblent reflétés dans une nappe d'eau. **2.** FIG Illusion, apparence trompeuse.

**miraud, e** adj et n → **miro**.

**mire** nf **1.** Règle graduée ou signal fixe utilisés dans le nivellement en géodésie ou en topographie. **2.** À la télévision, images géométriques très simples permettant de mettre au point l'appareil. ■ **cran de mire** : échancrure dans la hausse d'une arme à feu. ❑ **ligne de mire** : ligne droite imaginaire déterminée par l'œil du tireur, le cran de mire et le guidon de l'arme. ❑ **point de mire** : (a) but visé (b) personne sur laquelle convergent les regards.

**mirer** vt Examiner un œuf à la lumière, par transparence, pour voir s'il est frais. ◆ **se mirer** vpr **1.** LITT Se refléter. **2.** Se regarder dans une surface réfléchissante.

**mirettes** nf pl FAM Yeux.

**mirifique** adj FAM Étonnant, merveilleux.

**mirliton** nm Flûte faite d'un roseau creusé et garni aux bouts d'une membrane. ■ FAM **de mirliton** : très médiocre, de mauvaise qualité : *vers de mirliton*.

**mirmillon** nm ANTIQ Gladiateur romain armé d'un bouclier, d'une épée et d'un casque.

**miro** ou **miraud, e** adj et n FAM Qui voit mal.

**mirobolant, e** adj FAM Trop beau pour être réalisable : *promesses mirobolantes*.

**miroir** nm **1.** Surface polie qui réfléchit la lumière et l'image des objets. **2.** FIG Ce qui est l'image, la représentation, le reflet d'une chose : *le visage est le miroir de l'âme*. ■ **miroir aux alouettes** : (a) instrument tournant garni de petits morceaux de miroir, qu'on expose au soleil pour attirer les oiseaux (b) FIG ce qui fascine mais qui est trompeur.

**miroité, e** adj Se dit d'un cheval bai à croupe tachetée.

**miroitement** nm Éclat, reflet produit par ce qui miroite.

**miroiter** vi Jeter des reflets ondoyants, réfléchir la lumière avec scintillement. ■ **faire, laisser miroiter quelque chose** : faire entrevoir comme possible, pour séduire.

**miroiterie** nf Commerce, fabrique de miroirs, de glaces.

**miroitier, ère** n Personne qui coupe, pose ou vend des miroirs, des glaces.

**miroton** ou **mironton** nm Ragoût de viande assaisonné aux oignons.

**mis, e** n et adj ■ **mis en examen :** personne qui fait l'objet d'une mise en examen.

**misaine** nf ■ **mât de misaine :** mât situé entre le beaupré et le grand mât.

**misandre** adj et n LITT Qui éprouve de l'hostilité envers les hommes (par opposition à *misogyne*).

**misanthrope** n et adj Personne qui est peu sociable, qui aime la solitude.

**misanthropie** nf Caractère, comportement du misanthrope.

**miscible** adj Qui peut former avec un autre corps un mélange homogène.

**mise** nf **1.** Action de mettre, de placer quelque chose, quelqu'un dans un endroit particulier : *mise en bouteilles ; mise en vente ; mise en liberté.* **2.** Somme d'argent que l'on risque au jeu, dans une affaire : *perdre sa mise.* **3.** Manière de s'habiller : *mise élégante.* ■ **mise au point :** (a) opération qui consiste, dans un instrument d'optique, à rendre l'image nette (b) FIG explication destinée à éclaircir des questions restées jusque-là dans le vague. ❏ **mise en pages :** assemblage des compositions et des clichés d'un livre, d'un journal en vue de l'impression. ❏ **mise en plis :** modelage en boucles des cheveux mouillés en vue d'une coiffure après séchage. ❏ **mise en scène :** réalisation scénique ou cinématographique d'une œuvre, d'un scénario. ❏ LITT **ne pas être de mise :** n'être pas opportun, n'être pas convenable.

**miser** vt Déposer (une mise) ; parier. ◆ vt ind [sur] **1.** Parier sur quelqu'un, quelque chose. **2.** Compter sur la réussite de quelqu'un, sur l'existence de quelque chose.

**misérabilisme** nm Tendance à représenter systématiquement la réalité humaine sous ses aspects les plus misérables.

**misérabiliste** adj et n Qui relève du misérabilisme.

**misérable** adj **1.** Très pauvre. **2.** Triste, déplorable : *une fin misérable.* **3.** Très faible : *un salaire misérable.* **4.** Vil, méprisable. ◆ n **1.** Personne pauvre, indigente. **2.** Personne vile, méprisable.

**misérablement** adv De manière misérable.

**misère** nf **1.** État d'extrême pauvreté, de faiblesse, d'impuissance. **2.** Événement douloureux. **3.** FAM Chose sans importance. ■ FAM **faire des misères :** taquiner, tracasser.

**miserere** [mizerere] nm inv Psaume de la pénitence qui commence par ce mot.

**miséreux, euse** n et adj Personne sans ressources, très pauvre.

**miséricorde** nf Pitié qui pousse à pardonner ; pardon accordé par pure bonté. ◆ interj Exprime la surprise, l'effroi.

**miséricordieux, euse** adj Enclin à la miséricorde, au pardon.

**misogyne** adj et n Qui est hostile ou méprisant à l'égard des femmes (par opposition à *misandre*).

**misogynie** nf Hostilité, mépris à l'égard des femmes.

**miss** [mis] nf **1.** Femme couronnée pour sa beauté. **2.** FAM Jeune fille.

**missel** nm Livre qui contient les prières de la messe.

**missile** nm Projectile faisant partie d'un système d'arme, à propulsion automatique, guidé sur tout ou partie de sa trajectoire.

**mission** nf **1.** Pouvoir, charge donnés à quelqu'un d'accomplir une chose définie. **2.** Fonction temporaire et déterminée ; ensemble des personnes ayant reçu cette fonction : *mission scientifique.* **3.** Devoir essentiel que l'on se propose ; rôle, fonction, vocation. **4.** RELIG Établissement de missionnaires.

**missionnaire** n Prêtre, religieux, pasteur, etc., envoyés pour évangéliser des populations non chrétiennes.

**missive** nf LITT Lettre : *envoyer une missive.*

**mistigri** nm **1.** VIEILLI, FAM Chat. **2.** FAM Problème grave ou très gênant dont on veut se décharger : *le mistigri du statut des intermittents.*

**mistral** (pl *mistrals*) nm Vent violent, froid et sec, qui descend la vallée du Rhône vers le sud-est de la France.

**mitaine** nf **1.** Gant ne couvrant que la première phalange des doigts. **2.** CANADA, SUISSE Moufle.

**mitard** nm ARG Cachot d'une prison.

**mite** nf Insecte dont la larve ronge les tissus de laine.

**mité, e** adj Troué par les mites.

**1. mi-temps** loc adv ■ **à mi-temps :** pendant la moitié de la durée normale du travail. ◆ nm inv Travail à mi-temps.

**2. mi-temps** nf inv Chacune des deux parties d'égale durée d'un jeu d'équipe ; temps d'arrêt entre ces deux parties.

**miter (se)** vpr Être attaqué par les mites.

**miteux, euse** adj Pitoyable, misérable.

**mitigé, e** adj **1.** Plutôt défavorable : *recevoir un accueil mitigé.* **2.** FAM Mélangé, mêlé : *des éloges mitigés de critiques.*

**mitigeur** nm Appareil de robinetterie permettant un réglage de la température de l'eau.

**mitonner** vi Cuire doucement et longtemps. ◆ vt FIG Préparer lentement, soigneusement.

**mitose** nf Division de la cellule avec maintien du même nombre de chromosomes.

**mitoyen, enne** adj Qui appartient à deux personnes et sépare leurs propriétés : *mur mitoyen*.

**mitoyenneté** nf État de ce qui est mitoyen.

**mitraillade** nf Décharge simultanée de nombreuses armes à feu.

**mitraillage** nm Action de mitrailler.

**mitraille** nf **1.** Ferraille dont on chargeait les canons, les obus. **2.** Décharge d'obus, de balles. **3.** FAM Menue monnaie.

**mitrailler** vt **1.** Tirer par rafales sur. **2.** FAM Photographier ou filmer sans arrêt et de tous côtés. ■ **mitrailler qqn de questions :** le soumettre à un grand nombre de questions.

**mitraillette** nf Pistolet-mitrailleur.

**mitrailleur** nm Militaire affecté à une mitrailleuse.

**mitrailleuse** nf Arme automatique à tir rapide, montée sur un affût.

**mitre** nf Coiffure liturgique des officiants dans les cérémonies pontificales.

**mitron** nm Apprenti boulanger ou pâtissier.

**mi-voix (à)** loc adv En émettant un faible son de voix.

**mixage** nm Mélange de plusieurs bandes de signaux sonores ; adaptation de ces bandes magnétiques à un film, une émission de radio ou de télévision.

**mixer** vt **1.** Procéder au mixage. **2.** Passer un aliment au mixeur.

**mixeur** ou **mixer** [miksœr] nm Appareil servant à broyer, à mélanger des denrées alimentaires.

**mixité** nf Caractère d'un enseignement, d'une activité partagés entre garçons et filles, hommes et femmes. ■ **mixité sociale :** cohabitation, dans une zone géographique ou une collectivité donnée, d'individus ayant des origines ethniques, sociales, culturelles différentes.

**mixologie** nf Art de confectionner des cocktails, d'en créer ou d'en adapter les recettes.

**mixte** adj **1.** Formé d'éléments différents : *commission mixte*. **2.** Qui comprend des personnes des deux sexes, ou appartenant à des origines ou à des formations différentes : *école mixte ; mariage mixte*.

**mixtion** [mikstjɔ̃] nf Action de mélanger.

**mixture** nf **1.** Mélange de drogues pharmaceutiques, de solutions alcooliques. **2.** Mélange quelconque, au goût plutôt désagréable.

**Mlle** (abréviation) Mademoiselle.

**MM.** (abréviation) Messieurs.

**MMA** [ɛmɛma] nm (sigle de *mixed martial arts*) Sport de combat mêlant des techniques issues de la lutte, de la boxe et des arts martiaux, où les coups au sol sont permis.

**Mme** (abréviation) Madame.

**MMS** nm (sigle de *multimedia messaging service*) Message multimédia.

**mnémotechnique** adj Qui aide la mémoire par des associations mentales : *procédés mnémotechniques*.

**mob** nf (abréviation) Cyclomoteur.

**mobile** adj **1.** Qui peut se mouvoir, être mû : *pont mobile*. **2.** Dont la date ou la valeur peut varier : *fête mobile ; échelle mobile des salaires*. **3.** D'aspect changeant : *visage mobile*. **4.** INFORM, TÉLÉCOMM Nomade. ■ **téléphone mobile :** fonctionnant à l'aide d'ondes radioélectriques. ◆ nm **1.** Corps en mouvement. **2.** Objet d'art dont les éléments entrent en mouvement sous l'action de l'air, du vent. **3.** FIG Impulsion qui pousse à agir : *le mobile d'un crime*. **4.** Téléphone mobile.

**mobilier, ère** adj DR Qui concerne les biens meubles : *effets mobiliers*. ■ **saisie mobilière :** par laquelle on saisit les meubles. ❑ **vente mobilière :** vente de meubles par autorité de justice. ◆ nm Ensemble des meubles : *du mobilier scolaire*.

**mobilisable** adj Qui peut être mobilisé : *classe mobilisable*.

**mobilisateur, trice** adj Qui mobilise.

**mobilisation** nf Action de mobiliser : *décréter la mobilisation*.

**mobiliser** vt **1.** Mettre (les forces militaires) sur le pied de guerre. **2.** Mettre en état d'alerte, requérir qqn pour une action collective : *mobiliser les militants*. **3.** Faire appel à qqch : *mobiliser les bonnes volontés*. ◆ **se mobiliser** vpr Se préparer à l'action.

**mobilité** nf **1.** Facilité à se mouvoir, à se déplacer. **2.** Instabilité : *mobilité de caractère*. **3.** Moyen de déplacement, mode de transport individuel ou collectif. ■ **mobilités douces :** moyens de déplacement non motorisés comme la marche à pied, le vélo, la trottinette, les rollers et, par ext., ceux qui émettent peu de gaz à effet de serre.

**mobinaute** n Personne qui navigue sur Internet à partir d'un téléphone mobile.

**Mobylette** nf (nom déposé) Cyclomoteur.

**mocassin** nm Chaussure basse sans lacet.

**moche** adj FAM **1.** Laid. **2.** Méprisable. **3.** Désagréable, pénible : *c'est moche ce qui lui arrive*.

**mocheté** nf FAM Personne ou chose laide.

**modal, e, aux** adj **1.** GRAMM Relatif aux modes du verbe. **2.** MUS Se dit d'une musique utilisant d'autres modes que le majeur et le mineur.

**modalité** nf **1.** Condition, particularité accompagnant un fait, un acte : *modalités de paiement.* **2.** Échelle modale d'une musique.

**1. mode** nf **1.** Manière passagère de vivre, d'agir, de penser, etc. **2.** Manière de s'habiller : *la mode parisienne.* **3.** Industrie, commerce de l'habillement. ■ **à la mode :** en vogue. ❑ **neveu, nièce à la mode de Bretagne :** enfant d'un(e) cousin(e) germain(e).

**2. mode** nm **1.** Manière générale dont un phénomène se présente, dont une action se fait : *mode de vie.* **2.** État particulier de fonctionnement d'un système informatique (téléphonique, électronique, etc.), déterminé par l'usage que l'on veut en faire : *ordinateur en mode réseau, local, veille.* **3.** GRAMM Manière dont le verbe exprime l'état ou l'action (indicatif, conditionnel, impératif, subjonctif, infinitif, participe). **4.** MUS Disposition des intervalles (tons et demi-tons) sur une octave : *le mode majeur et le mode mineur.* ■ **mode d'emploi :** notice explicative quant à la manière d'utiliser un appareil.

**modelage** nm Action de modeler un objet, une figure.

**modèle** nm **1.** Ce qui sert d'objet d'imitation. **2.** Personne qui pose pour un artiste. **3.** Personne ou chose qui possède à la perfection certaines caractéristiques : *un modèle de classicisme.* **4.** Prototype d'un objet. ■ **modèle réduit :** reproduction à petite échelle d'une machine, d'un véhicule, etc. ◆ adj Parfait en son genre : *un écolier modèle.*

**modelé** nm Relief des formes en sculpture, en peinture.

**modeler** vt (conj 5) **1.** Pétrir de la terre, de la cire, etc., pour obtenir une certaine forme. **2.** Donner une forme, un relief particuliers à : *relief modelé par l'érosion.* **3.** Régler qqch sur un modèle : *modeler sa conduite sur celle de qqn.*

**modeleur, euse** n **1.** Artiste qui modèle une statue, un bas-relief, etc. **2.** Ouvrier qui fait des modèles de machines.

**modélisme** nm Activité de celui qui fabrique des modèles réduits.

**modéliste** n **1.** Dessinateur de mode. **2.** Personne qui fabrique des modèles réduits.

**modem** [mɔdɛm] nm Appareil électronique utilisé dans les installations de traitement de l'information à distance.

**modérateur, trice** adj et n Qui modère, freine, retient : *rôle modérateur.* ◆ adj ■ **ticket modérateur :** quote-part du coût de soins à la charge de l'assuré social.

**modération** nf **1.** Qualité qui éloigne de tout excès ; sagesse, retenue : *agir avec modération.* **2.** Réduction : *modération d'un impôt.*

**moderato** [mɔderato] adv MUS D'un mouvement modéré.

**modéré, e** adj **1.** Éloigné de tout excès. **2.** Qui n'est pas exagéré ou excessif : *prix modéré.* ◆ adj et n Partisan d'une politique conservatrice éloignée des solutions extrêmes.

**modérément** adv Avec modération.

**modérer** vt (conj 10) Diminuer la force, l'intensité excessive de ; tempérer, freiner, contenir : *modérer sa colère.* ◆ **se modérer** vpr Se contenir.

**moderne** adj **1.** Qui appartient ou convient au temps présent ou à une époque récente. **2.** Qui bénéficie des progrès les plus récents : *machines très modernes.* **3.** Qui s'adapte à l'évolution des mœurs : *une grand-mère moderne.* ■ **histoire moderne :** de la prise de Constantinople (1453) à la Révolution française (1789). ◆ nm **1.** Ce qui est moderne. **2.** Écrivain, artiste contemporains.

**modernisation** nf Action de moderniser.

**moderniser** vt Rajeunir, rendre plus moderne, mieux adapté aux techniques actuelles : *moderniser l'agriculture.*

**modernisme** nm Recherche, goût de ce qui est moderne.

**moderniste** adj et n Partisan du modernisme.

**modernité** nf Caractère de ce qui est moderne.

**modeste** adj **1.** Qui pense ou parle de soi sans orgueil : *savant modeste.* **2.** Qui manifeste cette absence d'orgueil : *un air modeste.* **3.** Modéré : *modeste dans ses prétentions.* **4.** Simple, sans faste : *repas modeste.* **5.** De peu d'importance : *revenu modeste.*

**modestement** adv De façon modeste.

**modestie** nf Caractère modeste.

**modeux, euse** adj et n FAM Qui travaille dans la mode (styliste, journaliste) ou est toujours à la dernière mode.

**modicité** nf Caractère modique d'une valeur : *la modicité d'un prix.*

**modifiable** adj Qui peut être modifié.

**modificateur, trice** adj Propre à modifier.

**modification** nf Action de modifier ; son résultat.

**modifier** vt **1.** Changer la forme, la qualité, etc. : *modifier une loi.* **2.** GRAMM Déterminer ou préciser le sens de : *l'adverbe modifie le verbe et l'adjectif.*

**modique** adj De peu d'importance, de faible valeur.

**modiste** n Personne qui confectionne ou vend des chapeaux de femme.

**modulable** adj Qui peut être modulé.

**modulaire** adj **1.** Relatif à un module. **2.** Constitué d'un ensemble de modules.

**modulateur** nm Dispositif servant à moduler un courant électrique.

**modulation** nf **1.** Inflexion variée d'un son, de la voix. **2.** MUS Passage d'une tonalité à une autre au cours d'un morceau. **3.** Adaptation aux circonstances : *modulation des tarifs.* ■ **modulation de fréquence :** variation de la fréquence d'une oscillation électrique ; bande de fréquence dans laquelle sont diffusées des émissions de radio selon ce procédé.

**module** nm **1.** ARCHIT Unité de convention pour régler les proportions des parties d'un édifice. **2.** Composant élémentaire permettant de réaliser un ensemble par juxtaposition ou combinaison. **3.** Élément autonome d'un vaisseau spatial.

**moduler** vt **1.** Exécuter avec des inflexions variées : *moduler un chant.* **2.** FIG Adapter d'une manière souple à diverses circonstances. ◆ vi MUS Passer d'une tonalité à une autre au cours d'un morceau.

**modus vivendi** [mɔdysvivɛ̃di] nm inv Accommodement, transaction, compromis.

**moelle** [mwal] nf Substance molle et graisseuse renfermée dans l'intérieur des os (on dit aussi : *moelle osseuse*). ■ **jusqu'à la moelle :** très profondément. ❑ **moelle épinière :** partie du système cérébro-spinal contenue dans le canal vertébral.

**moelleux, euse** adj **1.** Doux et d'une mollesse agréable au toucher : *un lit moelleux.* **2.** Agréable à goûter, à entendre, etc. ■ **vin moelleux :** ni très doux ni très sec.

**moellon** [mwalɔ̃] nm Pierre de petite dimension pour construire un mur.

**mœurs** [mœr] ou [mœrs] nf pl **1.** Pratiques sociales, usages communs à un groupe, un peuple, une époque, etc. : *les mœurs des Romains.* **2.** Habitudes particulières à chaque espèce animale : *les mœurs des abeilles.* **3.** Habitudes de vie, comportements habituels : *avoir des mœurs simples.* **4.** Ensemble des règles codifiées par la morale sociale.

**MOF** [mɔf] nm (sigle) Meilleur ouvrier de France.

**mofette** nf **1.** Émanation de gaz carbonique, dans les régions volcaniques ou dans les mines. **2.** ZOOL → **moufette**.

**moghol, e** adj et n Des Moghols.

**mohair** nm Poil de la chèvre angora ; laine et étoffe faites avec ce poil.

**moi** pron pers Désigne la 1re personne du singulier, représentant celui, celle qui parle, soit en fonction de sujet pour renforcer *je*, soit comme complément après une préposition ou un impératif, soit comme attribut. ■ **à moi ! :** au secours ! ❑ **de vous à moi :** entre nous. ◆ nm inv Ce qui constitue l'individualité.

> EMPLOI On dit *toi et moi ; mon fils, son ex et moi, moi* étant toujours placé en dernier.

**moignon** nm **1.** Ce qui reste d'un membre coupé. **2.** Membre rudimentaire : *un moignon d'aile.* **3.** Ce qui reste d'une branche cassée.

**moindre** adj Plus petit en dimensions, en quantité, en intensité : *vitesse moindre ; pas le moindre bruit.*

**moindrement** adv ■ LITT **pas le moindrement :** pas le moins du monde.

**moine** nm **1.** Membre d'une communauté religieuse d'hommes. **2.** Récipient servant à chauffer un lit.

**moineau** nm Petit oiseau passereau très commun en France. ■ FAM **manger comme un moineau :** très peu.

**moins** adv Indique une infériorité de qualité, de quantité, de prix. ■ **à moins :** (a) pour un prix inférieur (b) pour un motif d'importance inférieure : *on serait tenté à moins.* ❑ **à moins de** (+ adj num et nom) **:** au-dessous de : *à moins de deux mètres.* ❑ **à moins de, que :** indiquent une hypothèse restrictive : *à moins d'un orage, à moins qu'il ne pleuve, j'irai nager.* ❑ **à tout le moins** ou **pour le moins** ou **tout au moins :** au minimum. ❑ **au moins :** si ce n'est davantage. ❑ **au moins** ou **du moins :** expriment une restriction. ❑ **de moins en moins :** indique une diminution graduelle. ❑ **le moins :** au moindre degré, aussi peu que possible. ❑ **rien de moins que :** bel et bien : *il n'est rien de moins qu'un héros.* ❑ **un(e) moins que rien :** une personne méprisable. ◆ prép Avec soustraction de : *15 moins 8 égale 7.* ◆ nm Tiret horizontal (–) indiquant une soustraction ou une quantité négative.

> GRAMMAIRE Avec *moins de deux,* le verbe qui suit se met au pluriel : *moins de deux buts ont été marqués.*

**moins-perçu** (pl *moins-perçus*) nm DR Ce qui est dû et n'a pas été perçu.

**moins-value** (pl *moins-values*) nf Diminution de la valeur d'un objet appréciée à deux moments différents.

**moirage** nm Reflet moiré.

**moire** nf Étoffe à reflet changeant ; ce reflet.

**moiré, e** adj Qui a les reflets de la moire. ◆ nm Effet de la moire.

**mois** nm **1.** Chacune des douze divisions de l'année civile. **2.** Espace de temps d'environ trente jours. **3.** Unité de travail et de salaire correspondant à un mois légal ; ce salaire : *toucher son mois.* **4.** Somme due pour un mois de location, de services, etc.

**moïse** [mɔiz] nm Berceau portatif en osier capitonné.

**moisi** nm Partie moisie de quelque chose ; moisissure.

**moisir** vi **1.** Se couvrir de moisissure : *les confitures moisissent.* **2.** FAM Attendre, rester longtemps au même endroit.

**moisissure** nf Champignons de très petite taille qui se développent à la surface des substances organiques en décomposition ; partie moisie de quelque chose.

**moisson** nf **1.** Récolte des céréales ; céréales récoltées ou à récolter : *rentrer la moisson.* **2.** Époque où se fait cette récolte. **3.** FIG Grande quantité de.

**moissonnage** nm Action de moissonner.

**moissonner** vt **1.** Faire la moisson de. **2.** LITT Recueillir, amasser en quantité.

**moissonneur, euse** n Personne qui fait la moisson.

**moissonneuse** nf Machine à moissonner.

**moissonneuse-batteuse** (pl *moissonneuses-batteuses*) nf Machine qui coupe les céréales, bat et trie les grains.

**moite** adj Légèrement humide.

**moiteur** nf Légère humidité.

**moitié** nf **1.** Chacune des deux parties égales d'un tout. **2.** Une bonne partie : *la moitié du temps.* **3.** FAM Épouse, époux. ■ **à moitié :** en partie. ❑ **de moitié :** dans la proportion de un à deux. ❑ **être pour moitié dans quelque chose :** en être responsable pour une part. ❑ **moitié..., moitié... :** en partie..., en partie... : *moitié bleu, moitié blanc.*

**moka** nm **1.** Variété de café ; infusion de ce café : *une tasse de moka.* **2.** Gâteau fourré d'une crème au beurre au café.

**mol, molle** adj → **mou.**

**molaire** nf Grosse dent latérale qui sert à broyer.

**molasse** nf Grès tendre, se formant au pied des chaînes de montagnes.

**mole** nf PHYS Unité de mesure de quantité de matière ; symb : mol.

**môle** nm Jetée, digue pour protéger l'entrée d'un port.

**moléculaire** adj Relatif aux molécules.

**molécule** nf Groupement d'atomes qui représente, pour un corps pur, la plus petite quantité de matière existant à l'état libre.

**moleskine** nf Toile vernie, imitant le cuir.

**molester** vt Brutaliser.

**molette** nf **1.** TECHN Outil muni d'un petit disque dur, servant à couper, broyer, travailler les corps durs, etc. **2.** Rondelle de l'éperon, garnie de pointes pour piquer le cheval. **3.** Roulette striée servant à actionner un mécanisme mobile.

**mollah** nm Dans l'islam, titre donné aux personnalités religieuses, aux docteurs de la loi coranique.

**mollasse** adj Mou, flasque.

**mollasson, onne** adj et n FAM Mou, sans énergie, sans caractère.

**mollement** adv **1.** Avec nonchalance. **2.** Sans conviction.

**mollesse** nf **1.** État, nature de ce qui est mou. **2.** FIG Faiblesse, manque de fermeté, de vigueur, d'énergie.

**1. mollet** nm Saillie des muscles de la partie postérieure de la jambe.

**2. mollet** adj m ■ **œuf mollet :** œuf cuit dans sa coque de telle sorte que le blanc est coagulé et le jaune à peine solidifié.

**molletière** nf ANC Bande de cuir, de toile, qui couvrait le mollet.

**molleton** nm Étoffe épaisse, moelleuse, généralement de laine ou de coton.

**molletonné, e** adj Garni, doublé de molleton.

**mollir** vi Devenir mou, perdre de sa force, de son énergie.

**mollo** adv FAM Doucement : *y aller mollo.*

**mollusque** nm Animal invertébré à corps mou, souvent recouvert d'une coquille, comme l'escargot et l'huître (les mollusques forment un embranchement).

**molosse** nm Gros chien de garde.

**molybdène** nm Métal blanc, dur, cassant et peu fusible ; symb : Mo.

**môme** n FAM Enfant. ◆ nf FAM Fille, jeune femme.

**moment** nm **1.** Espace de temps ; instant plus ou moins bref : *je reviens dans un moment.* **2.** Occasion, circonstance : *le moment favorable.* **3.** Temps présent : *la mode du moment.* ■ **à tout moment :** sans cesse. ❑ **d'un moment à l'autre :** très prochainement. ❑ **en ce moment** ou **pour le moment :** actuellement. ❑ **en un moment :** en très peu de temps. ❑ **par moments :** par intervalles. ❑ **sur le moment :** sur le coup. ❑ **un moment ! :** attendez !, écoutez ! ◆ loc prép ■ **au moment de :** indique la simultanéité, la coïncidence. ◆ loc conj ■ **au moment où :** lorsque. ❑ **du moment que :** puisque.

**momentané, e** adj Qui ne dure qu'un moment : *effort momentané.*

**momentanément** adv Pour un moment, pendant un moment ; temporairement.

**momie** nf Cadavre conservé au moyen de l'embaumement : *les momies égyptiennes.*

**momification** nf Action de momifier.

**momifier** vt Transformer un corps en momie. ◆ **se momifier** vpr Se dessécher.

**mon, ma, mes** adj poss Indique un rapport d'appartenance, une relation d'ordre affectif ou social avec moi : *mon stylo ; mes idées ; mes parents ; mon supérieur.*

**monacal, e, aux** adj Des moines : *vie monacale.*

**monade** nf Dans la philosophie de Leibniz, substance indivisible, dont tous les êtres sont composés.

**monarchie** nf **1.** Gouvernement d'un seul chef. **2.** Régime politique dans lequel le chef de l'État est un roi héréditaire ; État ainsi gouverné.

**monarchique** adj De la monarchie : *pouvoir monarchique*.

**monarchisme** nm Doctrine des partisans de la monarchie.

**monarchiste** adj et n Partisan de la monarchie.

**monarque** nm Chef de l'État dans une monarchie ; roi.

**monastère** nm Édifice habité par des moines ou des moniales.

**monastique** adj Relatif aux moines ou aux moniales.

**monceau** nm Grande quantité de choses accumulées en tas.

**mondain, e** adj Relatif à la vie, aux habitudes sociales des gens riches ou en vue : *dîner mondain*. ◆ adj et n Qui aime les mondanités.

**mondanité** nf Caractère mondain. ◆ **mondanités** pl Habitudes de vie propres aux gens du monde ; politesses conventionnelles : *faire des mondanités*.

**monde** nm **1.** Ensemble de tout ce qui existe ; univers. **2.** La Terre, le globe terrestre : *faire le tour du monde*. **3.** Ensemble des êtres humains vivant sur la terre : *cette guerre concerne le monde entier*. **4.** Milieu, groupe social déterminé : *le monde du spectacle*. **5.** Grand nombre ou nombre indéterminé de personnes : *il y a beaucoup de monde*. **6.** Ensemble des personnes constituant les classes sociales les plus aisées, la haute société, qui se distingue par son luxe : *les gens du monde ; femme du monde*. **7.** Ensemble de choses ou d'êtres considérés comme formant un univers : *le monde des abeilles*. **8.** LITT Vie profane (par opposition à *vie religieuse*) : *se retirer du monde*. **9.** Écart important, différence : *il y a un monde entre eux*. ■ **l'Ancien Monde :** l'Asie, l'Europe, l'Afrique. ❑ **au bout du monde :** très loin. ❑ **courir le monde :** voyager beaucoup. ❑ **le grand monde :** la haute société. ❑ **mettre au monde :** donner naissance à. ❑ **le Nouveau Monde :** l'Amérique. ❑ **passer dans l'autre monde :** mourir. ❑ **pour rien au monde :** en aucun cas. ❑ **se faire (tout) un monde de :** attribuer une importance exagérée à. ❑ **tout le monde :** (a) tous les gens (b) chacun. ❑ **venir au monde :** naître.

**monder** vt Débarrasser les grains des céréales de leurs enveloppes adhérentes : *monder l'orge*.

**mondial, e, aux** adj Qui concerne le monde entier : *politique mondiale*.

**mondialement** adv Dans le monde entier.

**mondialisation** nf **1.** Fait de devenir mondial, de concerner le monde entier. **2.** ÉCON Tendance des entreprises multinationales à concevoir des stratégies à l'échelle planétaire, conduisant à la mise en place d'un marché mondial unifié.

**mondialiser** vt Donner à quelque chose un caractère mondial, une extension qui intéresse le monde entier.

**mondovision** nf Transmission par satellite d'images de télévision dans différentes parties du monde.

**monégasque** adj et n De Monaco : *les Monégasques*.

**monétaire** adj Relatif aux monnaies : *système monétaire*.

**mongol, e** adj et n De Mongolie : *les Mongols*.

**mongolien, enne** adj et n VIEILLI Trisomique.

**mongolisme** nm VIEILLI Trisomie 21.

**moniale** nf Religieuse cloîtrée.

**monisme** nm Système philosophique selon lequel il n'y a qu'une seule sorte de réalité, selon lequel un seul principe explique tout.

**1. moniteur** nm **1.** MÉD Appareil électronique permettant l'enregistrement permanent des phénomènes physiologiques. **2.** INFORM Écran associé à un micro-ordinateur. **3.** INFORM Programme de contrôle permettant de surveiller l'exécution de plusieurs programmes n'ayant aucun lien entre eux.

**2. moniteur, trice** n Personne chargée d'enseigner ou de faire pratiquer certains sports, certaines activités : *moniteur de ski, d'auto-école*.

**monitorage** ou **monitoring** [mɔnitɔriŋ] nm Utilisation médicale du moniteur.

**monitorat** nm Formation pour la fonction de moniteur ; cette fonction.

**monnaie** nf **1.** Pièce de métal frappée pour servir aux échanges. **2.** Unité monétaire adoptée par un État : *la monnaie du Japon est le yen*. **3.** Équivalent de la valeur d'un billet ou d'une pièce, en billets ou pièces de moindre valeur : *faire de la monnaie*. **4.** Pièces de faible valeur : *ne pas avoir de monnaie*. **5.** Différence entre la somme payée en espèces et la somme exacte due : *rendre la monnaie*. ■ **battre monnaie :** fabriquer de la monnaie. ❑ **c'est monnaie courante :** c'est fréquent. ❑ **payer en monnaie de singe :** faire des plaisanteries au lieu de payer. ❑ **rendre à quelqu'un la monnaie de sa pièce :** user de représailles. ❑ **servir de monnaie d'échange :** servir de moyen d'échange dans une négociation.

**monnaie-du-pape** (pl *monnaies-du-pape*) nf BOT Plante ornementale à fleurs odorantes et à fruits en forme de disques blanc argenté ; fruit de cette plante.

**monnayable** adj Qui peut être monnayé.

**monnayer** [mɔnɛje] vt (conj 4) **1.** Convertir un métal en monnaie. **2.** Tirer un profit, un avantage, de l'argent de quelque chose : *monnayer un service*.

**monnayeur** nm Appareil qui fait la monnaie de la somme introduite.

**monobloc** adj D'une seule pièce, d'un seul bloc.

**monochrome** [mɔnɔkrom] adj D'une seule couleur.

**monocle** nm Verre correcteur unique que l'on insère dans l'arcade sourcilière.

**monocoque** nm Voilier à une seule coque.

**monocorde** adj Qui est émis sur une seule note et ne varie pas ; monotone.

**monocorps** nm et adj AUTOM Voiture dont le profil ne présente aucune partie en retrait.

**monocotylédone** nf Plante à fleurs dont la graine a un seul cotylédon (les monocotylédones forment une classe).

**monoculaire** adj Relatif à un seul œil : *vision monoculaire*.

**monoculture** nf Culture unique d'une espèce végétale.

**monogame** adj Qui pratique la monogamie.

**monogamie** nf Système dans lequel l'homme ne peut être l'époux de plus d'une femme à la fois et la femme l'épouse de plus d'un homme à la fois.

**monogamique** adj Relatif à la monogamie.

**monogramme** nm **1.** Marque, signe formés de la lettre initiale ou de plusieurs lettres entrelacées d'un nom. **2.** Marque ou signature abrégée.

**monographie** nf Étude détaillée sur un point spécial d'histoire, de science, sur un personnage, etc.

**monographique** adj Qui relève de la monographie.

**monoï** [mɔnɔj] nm inv Huile parfumée tirée de la noix de coco et des fleurs d'une plante de Polynésie.

**monoïque** adj Se dit des plantes dont les fleurs mâles et femelles sont sur le même pied.

**monokini** nm Maillot de bain féminin réduit à un slip.

**monolingue** adj et n **1.** Qui ne parle qu'une langue. **2.** Rédigé en une seule langue : *dictionnaire monolingue*.

**monolinguisme** nm État d'une personne, d'une région, d'un pays monolingues.

**monolithe** nm et adj Ouvrage formé d'un seul bloc de pierre : *les obélisques sont des monolithes*.

**monolithique** adj **1.** Formé d'un seul bloc de pierre. **2.** FIG D'un dogmatisme inébranlable ; rigide : *parti monolithique*.

**monolithisme** nm FIG Caractère de ce qui forme un bloc, un ensemble rigide : *le monolithisme de certains partis*.

**monologue** nm **1.** Dans une pièce de théâtre, scène où un personnage est seul et se parle à lui-même. **2.** Discours de quelqu'un qui parle seul : *monologue intérieur*.

**monologuer** vi Parler seul.

**monôme** nm **1.** Expression algébrique formée d'un seul terme. **2.** Défilé de lycéens, d'étudiants, organisé notamment à la fin des examens.

**monomère** adj et nm CHIM Se dit d'un composé constitué de molécules simples.

**monomoteur** adj et nm Se dit d'un avion muni d'un seul moteur.

**mononucléaire** nm et adj Globule blanc possédant un seul noyau.

**mononucléose** nf Excès de mononucléaires dans le sang.

**monoparental, e, aux** adj D'un seul des deux parents : *éducation monoparentale ;* où il n'y a que le père ou la mère pour élever l'enfant ou les enfants : *famille monoparentale*.

**monophasé, e** adj Se dit des tensions ou des courants alternatifs simples.

**monophonie** nf Technique de transmission d'un signal musical au moyen d'une seule voie (par opposition à *stéréophonie*).

**monoplace** nm et adj m Avion à une seule place. ◆ nf et adj Voiture de compétition à une seule place.

**monoplan** nm et adj Avion à un seul plan de sustentation.

**monopole** nm **1.** Privilège exclusif de fabriquer, d'exploiter ou de vendre certaines choses, d'occuper certaines charges. **2.** FIG Possession exclusive de quelque chose.

**monopoliser** vt **1.** Exercer son monopole sur une production, un secteur d'activité. **2.** FIG Accaparer pour son seul profit : *monopoliser la parole*.

**monopolistique** ou **monopoliste** adj ÉCON Relatif à un monopole.

**Monopoly** nm (nom déposé) Jeu de société consistant à acheter des terrains et des immeubles jusqu'à en obtenir le monopole.

**monoroue** nf Engin de déplacement individuel électrique, aussi appelé *gyroroue*, constitué d'une roue et de deux marchepieds, et doté d'une batterie rechargeable.

**monoski** nm Ski nautique ou ski de neige sur lequel on pose les deux pieds ; sport pratiqué avec ce type de ski.

**monospace** nm Voiture particulière monocorps et spacieuse.

**monosyllabe** adj et nm Mot qui n'a qu'une syllabe. ■ **répondre par monosyllabes :** sans faire de phrase.

**monosyllabique** adj Qui n'a qu'une syllabe : *mot monosyllabique*.

**monothéisme** nm Doctrine, religion qui n'admet qu'un seul Dieu.

**monothéiste** adj et n Relatif au monothéisme ; qui en est partisan.

**monotone** adj **1.** Qui est sur le même ton : *chant monotone*. **2.** FIG Qui ennuie par le peu de variété, la répétition, l'uniformité.

**monotonie** nf Caractère monotone de quelque chose.

**monotype** nm Voilier faisant partie d'une série de bateaux identiques, tous construits sur le même plan.

**Monotype** nf (nom déposé) Machine à composer en caractères mobiles.

**monovalent, e** adj CHIM Auquel un seul atome d'une nature donnée peut se lier chimiquement. SYN : univalent.

**monoxyde** nm ■ **monoxyde d'azote :** gaz toxique dégagé par les industries.

**monozygote** adj Se dit de jumeaux issus d'un même œuf.

**monseigneur** (pl *messeigneurs*) nm Titre d'honneur donné aux princes, aux prélats.

**monsieur** (pl *messieurs*) nm **1.** Titre donné, par civilité, à tout homme à qui l'on parle ou à qui l'on écrit. **2.** Appellation respectueuse donnée au maître de maison, à un client, etc. **3.** (avec une majuscule) Titre qu'on donnait autrefois en France au frère cadet du roi.

**monstre** nm **1.** Être présentant une malformation importante. **2.** Être fantastique de la mythologie, des légendes. **3.** Personne d'une laideur repoussante. **4.** Objet, animal énorme, effrayant : *monstre marin*. **5.** FIG Personne dont les sentiments inhumains, pervers provoquent l'horreur. ■ **monstre sacré :** (a) comédien très célèbre (b) personnage hors du commun. ◆ adj FAM Prodigieux, colossal : *un chahut monstre*.

**monstrueusement** adv **1.** D'une manière monstrueuse. **2.** Excessivement.

**monstrueux, euse** adj **1.** Qui est atteint de graves malformations. **2.** Excessivement laid. **3.** Horrible, effroyable : *crime monstrueux*. **4.** FIG Prodigieux, excessif : *bruit monstrueux*.

**monstruosité** nf **1.** Caractère de ce qui est monstrueux. **2.** Chose monstrueuse.

**mont** nm Grande élévation naturelle au-dessus du sol : *le mont Blanc*. ■ **par monts et par vaux :** de tous côtés. ❑ **promettre monts et merveilles :** faire des promesses exagérées.

**montage** nm **1.** Action d'assembler les éléments d'un ensemble : *montage d'une bibliothèque, d'un moteur*. **2.** Choix et assemblage des scènes tournées pour un film, des bandes enregistrées pour une émission de radio, etc. ■ **montage financier :** structuration des ressources nécessaires à une entreprise.

**montagnard, e** adj et n Qui habite une région de montagnes ; relatif à la montagne : *vie montagnarde*.

**montagne** nf **1.** Élévation naturelle du sol caractérisée par une forte dénivellation entre le sommet et le fond de la vallée. **2.** Région de forte altitude : *passer ses vacances à la montagne*. **3.** FIG Amoncellement : *montagne de livres*. ■ **montagnes russes :** attraction foraine constituée de montées et de descentes abruptes sur lesquelles roulent très rapidement des rames de petites voitures. ❑ **se faire une montagne de quelque chose :** en exagérer l'importance, les difficultés.

**montagneux, euse** adj Où il y a des montagnes : *pays montagneux*.

**1. montant** nm **1.** Pièce posée verticalement et servant de soutien. **2.** Chacune des deux pièces latérales tenant les barreaux d'une échelle. **3.** Total d'un compte : *le montant des dépenses*.

**2. montant, e** adj Qui monte : *marée montante*.

**mont-de-piété** (pl *monts-de-piété*) nm VX Établissement où l'on prête de l'argent moyennant la mise en gage d'un objet.

**monte** nf **1.** Action de monter à cheval. **2.** Accouplement de certains animaux domestiques.

**monté, e** adj **1.** Pourvu : *être bien monté en vaisselle*. **2.** À cheval : *soldat monté*. ■ **coup monté :** préparé à l'avance et en secret. ❑ **être monté contre quelqu'un :** être en colère contre quelqu'un.

**monte-charge** (pl *monte-charges* ou inv) nm Appareil servant à monter des fardeaux d'un étage à l'autre.

**montée** nf **1.** Action de monter. **2.** Chemin montant ; pente.

**monténégrin, e** adj et n Du Monténégro : *les Monténégrins*.

**monte-plats** nm inv Petit monte-charge entre une cuisine et une salle à manger.

**monter** vi (auxil : *avoir* ou *être*) **1.** Se transporter dans un lieu plus élevé : *monter sur un arbre*. **2.** Accroître son niveau, gagner en hauteur : *le fleuve monte*. **3.** Se placer dans, sur : *monter à cheval, en voiture*. **4.** S'élever en pente : *le chemin monte*. **5.** FIG S'élever dans la hiérarchie : *monter en grade*. **6.** Augmenter de prix : *le dollar monte*. **7.** Atteindre telle grandeur, telle valeur : *les frais montent à mille euros*. ◆ vt **1.** Gravir, parcourir de bas en haut : *monter l'escalier*. **2.** Transporter dans un lieu plus élevé : *monter une valise*. **3.** Accroître la valeur, l'intensité de : *monter le son, le chauffage*. **4.** Fournir du nécessaire :

*monter son ménage.* **5.** Assembler les parties d'un objet : *monter une machine.* **6.** Enchâsser dans une monture : *monter un diamant.* **7.** Créer, organiser : *monter une affaire.* **8.** Exciter, exalter : *monter les employés contre leur directeur.* **9.** Effectuer le montage d'un film, d'une émission. ■ **monter un animal :** l'utiliser comme monture. ❑ **monter un spectacle :** en organiser la représentation. ◆ **se monter** vpr [à] S'élever à un total de.

EMPLOI Dire *monter en haut* est incorrect et pléonastique, mais on peut très bien dire *monter moins (plus, très, trop) haut.*

**monteur, euse** n **1.** Personne qui monte les pièces d'une machine. **2.** Personne qui fait le montage d'un film.

**montgolfière** nf Aérostat gonflé à l'air chaud.

**monticule** nm Petit mont ; colline.

**montmorency** nf Cerise d'une variété acidulée.

**montrable** adj Qu'on peut montrer.

**1. montre** nf Instrument portatif qui sert à indiquer l'heure. ■ **course contre la montre :** (a) épreuve cycliste consistant en un chronométrage individuel des coureurs (b) FIG action à réaliser en un minimum de temps. ❑ **montre en main :** (a) en un temps précis (b) sans dépasser le temps : *avoir dix minutes montre en main pour.*

**2. montre** nf ■ **faire montre de qqch :** le montrer, le manifester : *faire montre de prudence.* ❑ CANADA **salle de montre :** lieu où sont exposés les modèles des marchandises, des produits proposés à la vente.

**montre-bracelet** (pl *montres-bracelets*) nf Montre qui se porte au poignet.

**montrer** vt **1.** Faire voir : *montrer ses papiers.* **2.** Manifester : *montrer du courage.* **3.** Prouver, démontrer : *montrer qu'on a raison.* **4.** Indiquer, désigner : *montrer du doigt.* ◆ **se montrer** vpr **1.** Apparaître à la vue : *ne pas se montrer nu.* **2.** Se révéler sous tel aspect : *se montrer courageux.*

**montreur, euse** n Personne qui présente un spectacle, une attraction : *montreur d'ours.*

**monture** nf **1.** Bête sur laquelle on monte. **2.** Partie d'un objet qui sert à fixer, à assembler l'élément principal : *monture de lunettes, d'une bague.*

**monument** nm **1.** Ouvrage d'architecture ou de sculpture destiné à perpétuer le souvenir d'un personnage, d'un événement : *monument aux morts.* **2.** Grand ouvrage d'architecture. **3.** Œuvre remarquable, digne de durer. ■ **être un monument de :** présenter une certaine particularité à un degré extrême : *être un monument de sottise.*

**monumental, e, aux** adj **1.** Qui a les proportions imposantes d'un monument. **2.** Grandiose, remarquable. **3.** FAM Énorme : *une erreur monumentale.*

**MOOC** [muk] nm (sigle de *massive open online course*) Formation dispensée sur Internet et accessible à tous (recomm. off. : *cours en ligne ouvert à tous*).

**moquer (se)** vpr [de] **1.** Railler, tourner en ridicule. **2.** Ne faire aucun cas de : *se moquer des réprimandes.* **3.** Prendre qqn pour un sot.

**moquerie** nf Parole ou action moqueuse.

**moquette** nf Tapis fixé au sol qui recouvre uniformément la surface d'une pièce.

**moqueur, euse** adj et n Qui se moque, aime à se moquer. ◆ adj Qui manifeste de la raillerie : *sourire moqueur.*

**moraine** nf Ensemble de débris de roches transportés ou déposés par un glacier.

**moral, e, aux** adj **1.** Qui concerne les règles de conduite en usage dans une société : *un jugement moral.* **2.** Conforme à ces règles, admis comme honnête, juste, édifiant : *un livre moral.* **3.** Intellectuel, spirituel (par opposition à *physique, matériel*) : *les facultés morales.* ◆ nm **1.** Ensemble des facultés mentales : *le physique influe sur le moral.* **2.** État psychologique : *avoir bon moral.*

**morale** nf **1.** Ensemble des règles d'action et des valeurs qui fonctionnent comme normes dans une société. **2.** Conclusion morale d'une fable, d'un récit. ■ **faire la morale à quelqu'un :** le réprimander.

**moralement** adv **1.** Conformément aux règles de la morale. **2.** Du point de vue des sentiments, de la morale : *être moralement responsable.* **3.** Quant au moral.

**moralisant, e** adj Qui moralise.

**moralisateur, trice** adj et n PÉJOR Qui donne des leçons de morale : *discours moralisateur.*

**moraliser** vt **1.** Rendre conforme à la morale : *moraliser la vie politique.* **2.** Faire la morale à : *moraliser un enfant.* ◆ vi Faire des réflexions morales.

**moralisme** nm Attachement formaliste et étroit à une morale.

**moraliste** n et adj Auteur qui écrit sur les mœurs, la nature humaine. ◆ adj Marqué de moralisme.

**moralité** nf **1.** Rapport, conformité à la morale : *moralité douteuse.* **2.** Attitude, conduite morale, principes : *homme sans moralité.* **3.** Conclusion, enseignement moral que suggère une histoire.

**moratoire** nm Suspension légale et provisoire de certaines actions : *moratoire nucléaire.*

**morbide** adj **1.** Maladif : *état morbide.* **2.** Qui a un caractère malsain, anormal : *curiosité morbide.*

**morbidité** nf Caractère de ce qui est morbide.

**morbier** nm Fromage au lait de vache fabriqué dans le Jura.

**morbleu** interj VX Juron qui marque l'impatience, la colère.

**morceau** nm **1.** Partie d'un corps, d'un aliment, d'un tout, d'une matière : *morceau de pain, de bois.* **2.** Fragment d'une œuvre écrite ou musicale : *morceaux choisis ; interpréter un morceau de Bach.* ■ FAM **manger, cracher, lâcher le morceau** : parler, avouer.

**morceler** vt (conj 6) Diviser en morceaux, en parties.

**morcellement** nm Action de morceler ; fait d'être morcelé.

**mordant, e** adj **1.** Qui entame en rongeant : *acide mordant.* **2.** FIG Incisif, caustique, satirique : *ton mordant.* ◆ nm **1.** Vivacité, énergie dans l'attaque. **2.** FIG Causticité.

**mordicus** [mɔrdikys] adv FAM Avec ténacité : *soutenir mordicus une opinion.*

**mordiller** vt Mordre légèrement et à plusieurs reprises.

**mordoré, e** adj D'un brun chaud, à reflets dorés.

**mordre** vt (conj 52) **1.** Saisir, entamer ou blesser avec les dents. **2.** Entamer, pénétrer dans qqch : *la lime mord l'acier.* **3.** S'accrocher, trouver prise. **4.** Empiéter sur : *la balle a mordu la ligne.* ◆ vt ind [à] Prendre goût à. ■ **ça mord** : le poisson mord à l'appât. ❑ **mordre à l'appât** : s'en saisir, en parlant du poisson. ◆ **se mordre** vpr ■ FAM **se mordre les doigts de qqch** : s'en repentir.

**mordu, e** adj et n FAM Passionné : *un mordu de cinéma.*

**more, moresque** adj et n → **maure, mauresque.**

**morfler** vi FAM Subir un coup dur, une punition.

**morfondre (se)** vpr S'ennuyer à attendre trop longtemps.

**morganatique** adj Se dit du mariage d'un prince avec une personne de condition inférieure.

**1. morgue** nf Attitude hautaine et méprisante.

**2. morgue** nf **1.** Lieu où l'on dépose les cadavres non identifiés. **2.** Salle où, dans un hôpital, on garde momentanément les morts.

**moribond, e** adj et n Qui est près de mourir ; agonisant.

**morigéner** vt (conj 10) LITT Réprimander.

**morille** nf Champignon comestible délicat, à chapeau alvéolé.

**mormon, e** n et adj Membre d'une secte religieuse américaine qui pratiqua la polygamie.

**1. morne** adj **1.** Triste : *un regard morne.* **2.** Qui, par sa monotonie, inspire la tristesse : *une vie morne.* **3.** Sans éclat, sans intérêt ; terne : *un style morne.*

**2. morne** nm Hauteur, colline aux Antilles.

**morose** adj **1.** D'humeur maussade ; triste, sombre : *vieillard, air morose.* **2.** Se dit d'un secteur économique peu actif.

**morosité** nf Caractère de quelqu'un, de quelque chose qui est morose.

**morphème** nm LING Le plus petit élément significatif dans un énoncé ou un mot.

**morphine** nf Alcaloïde de l'opium, analgésique et hypnotique puissant.

**morphing** [mɔrfiŋ] nm Morphose.

**morphinomane** n et adj Toxicomane qui utilise la morphine.

**morphologie** nf **1.** Étude de la forme et de la structure des êtres vivants. **2.** Aspect général du corps humain : *la morphologie d'un athlète.* **3.** LING Étude de la forme des mots.

**morphologique** adj Relatif à la morphologie : *étude morphologique.*

**morphologiquement** adv Du point de vue de la morphologie.

**morphose** nf (anglo-amér. *morphing*) CIN, INFORM, PHOTO Transformation progressive d'une image en une autre par traitement informatique. SYN : morphing.

**morpion** nm **1.** TRÈS FAM Pou du pubis. **2.** FAM Gamin.

**mors** [mɔr] nm Levier de la bride qui passe dans la bouche du cheval et qui sert à le gouverner. ■ **prendre le mors aux dents** : s'emporter.

**1. morse** nm Gros mammifère marin des régions arctiques.

**2. morse** nm Code télégraphique utilisant un alphabet fait de points et de traits.

**morsure** nf **1.** Action de mordre. **2.** Plaie, marque faite en mordant.

**1. mort** nf **1.** Cessation définitive de la vie : *mort violente.* **2.** Cessation complète d'activité ; fin de l'existence de qqch : *la mort du petit commerce ; la mort d'une langue.* ■ **à mort** : (a) mortellement (b) FAM de toutes ses forces. ❑ **à la vie et à la mort** : pour toujours. ❑ **la mort dans l'âme** : à regret. ❑ DR **peine de mort** : condamnation à la peine capitale.

**2. mort, e** adj **1.** Qui a cessé de vivre. **2.** Privé d'animation, d'activité : *ville morte.* **3.** Hors d'usage : *le moteur est mort.* **4.** Qui éprouve une sensation ou un sentiment violents : *mort de faim, de peur.* ■ **eau morte** : stagnante. ❑ **langue morte** : qui n'est plus parlée (par opposition à *langue vivante*). ❑ **nature morte** : peinture d'objets non animés. ❑ **temps mort** : moment où il n'y a pas d'action. ◆ n Personne décédée ; cadavre. ■ **faire le mort** : ne donner aucun signe de vie.

**mortadelle** nf Gros saucisson d'Italie.

**mortaise** nf Entaille pratiquée dans l'épaisseur d'une pièce de bois ou de métal, pour recevoir le tenon d'une autre pièce assemblée.

**mortalité** nf Nombre de décès survenus dans une population durant une période donnée.

**mort-aux-rats** [mɔrora] nf inv Préparation empoisonnée, destinée à détruire les rats, les rongeurs.

**morte-eau** (pl *mortes-eaux*) nf Marée de faible amplitude.

**mortel, elle** adj **1.** Sujet à la mort : *nous sommes tous mortels.* **2.** Qui cause la mort : *maladie mortelle.* **3.** Ennuyeux, pénible : *soirée mortelle.* ■ FIG **ennemi mortel** : que l'on hait profondément. ◆ n Être humain.

**mortellement** adv **1.** À mort. **2.** FIG Extrêmement : *mortellement ennuyeux.*

**morte-saison** (pl *mortes-saisons*) nf Période où l'activité est réduite ou très faible pour un commerce, une industrie, etc.

**mortier** nm **1.** Mélange de chaux, de sable et d'eau pour lier les pierres d'une construction ou faire des enduits. **2.** Récipient où l'on broie des aliments, des substances pharmaceutiques, etc. **3.** Canon à tir courbe.

**mortifiant, e** adj Qui humilie.

**mortification** nf **1.** Action de mortifier son corps. **2.** FIG Blessure d'amour-propre ; humiliation. **3.** MÉD Nécrose. **4.** Commencement de décomposition du gibier.

**mortifier** vt **1.** Infliger à son corps une souffrance physique dans un but d'ascèse. **2.** FIG Humilier, froisser.

**mort-né, e** (pl *mort-nés, mort-nées*) adj et n Mort en venant au monde. ◆ adj FIG Qui échoue dès le début : *projet mort-né.*

**mortuaire** adj Relatif aux décès, aux cérémonies funèbres : *chambre mortuaire.*

**morue** nf Gros poisson des mers froides.

**morutier** nm **1.** Bateau équipé pour la pêche à la morue. **2.** Pêcheur de morue.

**morvandeau, elle** adj et n Du Morvan (au masculin, on dit aussi : *morvandiau*).

**morve** nf **1.** Sécrétion des muqueuses du nez. **2.** Maladie contagieuse des chevaux.

**morveux, euse** adj **1.** Se dit d'un cheval atteint de la morve. **2.** Qui a la morve au nez : *enfant morveux.* ◆ n FAM Jeune prétentieux.

**1. mosaïque** nf **1.** Assemblage de petits fragments multicolores incrustés dans un ciment et formant un dessin ; art de cet assemblage. **2.** FIG Ensemble d'éléments nombreux et disparates : *une mosaïque d'États.*

**2. mosaïque** adj Qui vient de Moïse.

**mosaïste** n Artiste en mosaïque.

**moscovite** adj et n De Moscou.

**mosquée** nf Édifice cultuel de l'islam.

**mot** nm **1.** Son ou groupe de sons ou de lettres formant une unité autonome, susceptibles d'être utilisés dans les divers énoncés d'une langue. **2.** Ce qu'on dit, ce qu'on écrit brièvement : *dire un mot à l'oreille.* **3.** Sentence, parole mémorable. ■ **au bas mot** : en évaluant au plus bas. ❑ **avoir des mots avec qqn** : avoir une querelle. ❑ **avoir le dernier mot** : l'emporter dans une discussion. ❑ **avoir son mot à dire** : être en droit de donner son avis. ❑ **bon mot** ou **mot d'esprit** : parole spirituelle. ❑ **en un mot** : brièvement. ❑ **grand mot** : terme emphatique. ❑ **gros mot** : parole grossière. ❑ **jouer sur les mots** : employer des termes équivoques. ❑ **le fin mot (de l'histoire)** : le sens caché. ❑ **mot à mot** ou **mot pour mot** : (a) littéralement, sans rien changer (b) en rendant chaque mot d'une langue par un mot équivalent dans une autre. ❑ **mot d'ordre** : consigne d'action. ❑ **ne dire, ne souffler mot** : garder le silence. ❑ **prendre qqn au mot** : accepter sur-le-champ sa proposition. ❑ **se donner le mot** : se mettre d'accord, s'entendre pour une action. ❑ **se payer de mots** : parler au lieu d'agir.

**mot-à-mot** nm Traduction mot à mot.

**motard, e** n Personne qui fait de la moto. ◆ nm Agent de police, gendarme à moto.

**motel** nm Hôtel situé à proximité d'un grand itinéraire routier, spécialement aménagé pour accueillir les automobilistes.

**motet** nm Pièce vocale religieuse.

**moteur, trice** adj Qui produit ou transmet le mouvement. ◆ nm **1.** Appareil qui transforme en énergie mécanique d'autres formes d'énergie. **2.** FIG Instigateur : *être le moteur d'une entreprise.* **3.** FIG Cause, motif déterminant : *le moteur de l'expansion.* ■ INFORM **moteur de recherche** : logiciel qui facilite la recherche par thème sur le réseau Internet.

**motif** nm **1.** Raison d'ordre intellectuel, affectif, qui porte à faire une chose : *se fâcher sans motif.* **2.** BX-ARTS Sujet, modèle de composition ; ornement de décoration, le plus souvent répété. **3.** MUS Phrase musicale qui se reproduit dans un morceau.

**motion** nf Texte soumis à l'approbation d'une assemblée par un de ses membres ou une partie de ses membres.

**motivant, e** adj Qui pousse à agir, à réagir.

**motivation** nf Ce qui motive.

**motivé, e** adj **1.** Déterminé à réussir : *élève motivé.* **2.** Justifié par des motifs : *acte motivé.*

**motiver** vt **1.** Fournir des motifs pour justifier un acte : *motiver un retard.* **2.** Provoquer quelque chose en le justifiant. **3.** Pousser à agir ; stimuler.

**moto** nf Véhicule à deux roues actionné par un moteur à explosion de plus de 125 $cm^3$.

**motocross** nm Course à moto sur un terrain très accidenté.

**motoculteur** nm Machine automotrice servant au jardinage, aux labours superficiels.

**motoculture** nf Culture pratiquée à l'aide de machines motorisées.

**motocyclette** nf VX Moto.

**motocyclisme** nm Ensemble des activités sportives disputées sur moto et side-car.

**motocycliste** n Personne qui conduit une moto.

**motonautisme** nm Sport de la navigation sur des embarcations rapides à moteur.

**motoneige** nf CANADA Petit véhicule muni de skis à l'avant et de chenilles à l'arrière.

**motopompe** nf Pompe à moteur.

**motorisation** nf Action de motoriser ; fait d'être motorisé.

**motorisé, e** adj Qui a une automobile à sa disposition pour se déplacer.

**motoriser** vt Doter de moyens de transport automobiles, de moyens mécaniques : *motoriser l'agriculture.*

**motoriste** n **1.** Réparateur de moteurs. **2.** Fabricant de moteurs.

**moto-taxi** (pl *motos-taxis*) nf Motocyclette avec chauffeur, qui assure un service payant de transport de personnes.

**motrice** nf Véhicule servant de tracteur pour d'autres voitures : *motrice de métro.*

**motricité** nf Ensemble des fonctions biologiques assurant le mouvement.

**mots-croisés** ou **mots croisés** nm pl Jeu consistant à trouver des mots qui s'entrecroisent dans une grille, d'après des définitions.

**motte** nf **1.** Masse de terre compacte. **2.** Masse de beurre pour la vente au détail.

**motus** [mɔtys] interj FAM Silence ! : *motus et bouche cousue.*

**1. mou** nm Poumon de certains animaux de boucherie.

**2. mou** ou **mol** (devant une voyelle ou un *h* muet), **molle** adj **1.** Qui manque de dureté : *beurre mou.* **2.** FIG Qui manque de vivacité, de vigueur, d'énergie. ◆ n FAM Personne sans énergie. ◆ nm Ce qui est mou, peu résistant. ■ FAM **coup de mou** : fatigue soudaine ; baisse de tonus : *il a juste eu un petit coup de mou.*

**moucharabieh** [muʃarabje] ou [muʃarabjɛ] nm Grillage en bois, permettant de voir sans être vu, dans l'architecture arabe.

**mouchard, e** n FAM Dénonciateur, délateur. ◆ nm Appareil de contrôle, de surveillance.

**mouchardage** nm FAM Dénonciation.

**moucharder** vt et vi FAM Dénoncer.

**mouche** nf **1.** Nom de divers insectes diptères. **2.** Petite rondelle de taffetas noir que les femmes se collaient sur le visage. **3.** Point noir au centre d'une cible. **4.** Morceau de cuir dont on garnit la pointe du fleuret. **5.** Leurre imitant un insecte, utilisé par les pêcheurs. ■ **faire mouche** : atteindre son but. ❑ **fine mouche** : personne rusée. ❑ **la mouche du coche** : personne qui s'agite beaucoup mais qui n'est pas efficace. ❑ **pattes de mouche** : écriture fine et peu lisible. ❑ **prendre la mouche** : se vexer. ❑ FAM **tomber comme des mouches** : tomber malade, mourir en grand nombre.

**moucher** vt **1.** Débarrasser le nez de ses mucosités. **2.** Enlever la partie carbonisée d'une mèche de bougie. **3.** FAM Réprimander. ◆ **se moucher** vpr Moucher son nez.

**moucheron** nm Petite mouche.

**moucheté, e** adj **1.** Tacheté, en parlant des animaux. **2.** Garni d'une mouche, en parlant d'un fleuret.

**mouchetis** nm Crépi à aspect granuleux.

**moucheture** nf **1.** Tache naturelle sur le corps de certains animaux. **2.** Ornement d'une étoffe mouchetée.

**mouchoir** nm Pièce de tissu ou de papier pour se moucher.

**mouclade** nf Plat de moules au vin blanc et à la crème.

**moudjahidin** [mudʒaidin] ou **moudjahidine** [mudʒaidin] nm pl Combattants islamiques pour la libération nationale.

**moudre** vt (conj 58) Broyer, réduire en poudre avec un moulin.

**moue** nf Grimace de mécontentement.

**mouette** nf Oiseau palmipède vivant sur les côtes.

**moufette** ou **mouffette** ou **mofette** nf Mammifère carnivore d'Amérique qui sécrète un liquide infect pour se défendre.

**moufle** nf **1.** Gant où il n'y a de séparation que pour le pouce. **2.** Assemblage de poulies pour élever des fardeaux.

**mouflet, ette** n FAM Enfant.

**mouflon** nm Ruminant sauvage des montagnes, proche du mouton.

**moufter** ou **moufeter** vi FAM (s'emploie surtout aux temps composés et à l'infinitif, en tournure négative) Réagir, protester.

**mouillage** nm **1.** Action de mouiller. **2.** Action d'ajouter de l'eau aux boissons dans une intention frauduleuse. **3.** MAR Manœuvre pour jeter l'ancre ; plan d'eau côtier favorable à l'ancrage des bateaux ; lieu où l'on jette l'ancre.

**mouiller** vt **1.** Rendre humide, imbiber d'eau ou d'un autre liquide. **2.** Étendre d'eau : *mouiller du vin.* **3.** Ajouter un liquide à une préparation en cours de cuisson. **4.** Immerger : *mouiller des mines, une ancre.* **5.** FAM Compromettre. ◆ vi Jeter l'ancre : *mouiller dans une crique.* ◆ **se mouiller** vpr

**1.** Être touché par la pluie, par l'eau. **2.** FAM Se compromettre, prendre des risques.

**mouillette** nf Morceau de pain qu'on trempe dans l'œuf à la coque.

**mouilleur** nm **1.** MAR Appareil servant au mouillage des ancres. **2.** Appareil pour mouiller, humecter. ■ **mouilleur de mines :** bâtiment de guerre aménagé pour la pose des mines.

**mouillure** nf Trace d'humidité.

**mouise** nf FAM Misère.

**moujik** nm Paysan russe.

**1. moulage** nm **1.** Action de verser dans des moules des métaux en fusion. **2.** Action de prendre d'un objet une empreinte destinée à servir de moule ; cette empreinte et sa reproduction.

**2. moulage** nm Action de moudre les grains.

**moulant, e** adj Qui moule le corps.

**1. moule** nm **1.** Objet creusé pour donner une forme à une matière fondue. **2.** Ustensile servant à la confection ou à la cuisson de certains plats : *moule à gâteau.* **3.** FIG Type, modèle imposé : *être faits sur le même moule.*

**2. moule** nf **1.** Mollusque lamellibranche comestible. **2.** FAM Personne sans énergie.

**mouler** vt **1.** Exécuter le moulage de : *mouler un buste.* **2.** Prendre l'empreinte de. **3.** En parlant d'un vêtement, suivre exactement les contours du corps, d'une partie du corps.

**mouleur** nm Ouvrier qui exécute les moulages.

**moulin** nm **1.** Machine à moudre le grain des céréales. **2.** Bâtiment où cette machine est installée : *moulin à vent.* **3.** Appareil servant à moudre des aliments : *moulin à café, à poivre, à légumes.* ■ FAM **moulin à paroles :** personne très bavarde.

**mouliner** vt **1.** Écraser un aliment avec un moulin à légumes. **2.** FAM Traiter de grandes quantités de données informatiques : *ordinateurs qui moulinent les chiffres d'un recensement.*

**moulinet** nm **1.** Tourniquet. **2.** Bobine fixée au manche d'une canne à pêche, sur laquelle s'enroule la ligne. **3.** Rotation rapide : *faire des moulinets avec un bâton, avec ses bras.*

**Moulinette** nf (nom déposé) Moulin électrique à couteaux utilisé pour broyer des aliments. ■ FAM **passer à la moulinette :** analyser avec minutie et en détail ; disséquer.

**moult** [mult] adv VX Beaucoup, très.

**moulu, e** adj **1.** Réduit en poudre. **2.** FIG, FAM Rompu de fatigue.

**moulure** nf Ornement en relief ou en creux.

**moulurer** vt Orner de moulures.

**moumoute** nf FAM **1.** Perruque. **2.** Veste en peau de mouton.

**mourant, e** adj et n Qui se meurt, qui va mourir. ◆ adj Qui s'affaiblit, va disparaître : *voix mourante.*

**mourir** vi (conj 25) **1.** Cesser de vivre. **2.** Dépérir : *plante qui meurt.* **3.** S'affaiblir progressivement, s'éteindre doucement : *laisser mourir un feu.* **4.** Disparaître, cesser d'exister : *civilisation qui meurt.* **5.** Ressentir profondément : *mourir de faim.* ■ **mourir de rire :** rire aux éclats, sans s'arrêter. ◆ **se mourir** vpr Être près de mourir : *le malade se meurt.*

**mouroir** nm PÉJOR Établissement rassemblant des personnes en fin de vie.

**mouron** nm Petite plante à fleurs rouges ou bleues. ■ FAM **se faire du mouron :** se faire du souci.

**mousquet** nm Arme à feu portative employée aux XVIe et XVIIe s.

**mousquetaire** nm **1.** AUTREF Soldat armé d'un mousquet. **2.** Gentilhomme d'une compagnie à cheval de la maison du roi. ■ **poignet mousquetaire :** manchette.

**mousqueton** nm **1.** Fusil court et léger. **2.** Crochet maintenu fermé par un ressort.

**moussaillon** nm FAM Petit mousse.

**moussaka** nf Plat grec ou turc composé d'aubergines, de viande hachée, et cuit au four.

**moussant, e** adj Qui mousse : *bain moussant.*

**1. mousse** nm Très jeune marin.

**2. mousse** nf **1.** Écume à la surface de certains liquides. **2.** Produit de consistance onctueuse, aérée : *mousse au chocolat ; mousse de foie ; mousse à raser.* **3.** Petite plante verte qui se développe en touffes ou en tapis sur le sol, les pierres, les arbres.

**3. mousse** adj Qui n'est pas aigu ou tranchant : *lame mousse.*

**mousseline** nf Tissu peu serré, souple, léger et transparent. ◆ adj inv ■ **pommes mousseline :** purée de pommes de terre très légère.

**mousser** vi Produire de la mousse. ■ FAM **faire mousser qqn :** le faire valoir de façon exagérée. ◆ vt CANADA Promouvoir ; faire valoir : *mousser la vente d'un produit ;* mousser la candidature de qqn.

**mousseron** nm Petit champignon comestible.

**mousseux, euse** adj Qui produit de la mousse : *liquide mousseux.* ◆ nm Vin mousseux autre que le champagne.

**mousson** nf Dans l'Asie du Sud-Est, vent saisonnier qui souffle alternativement en hiver vers la mer et en été vers la terre, apportant alors de fortes pluies.

**moussu, e** adj Couvert de mousse : *une pierre moussue.*

**moustache** nf Poils qu'on laisse pousser au-dessus de la lèvre supérieure. ◆ **moustaches** pl Poils de la gueule de certains animaux : *moustaches du chat.*

**moustachu, e** adj et n Qui a de la moustache, qui porte une moustache.

**moustiquaire** nf **1.** Rideau de mousseline pour se préserver des moustiques. **2.** Châssis en toile métallique placé aux fenêtres pour le même usage.

**moustique** nm Insecte diptère, dont la femelle pique la peau de l'homme et des animaux pour se nourrir de leur sang.

**moût** nm Jus de raisin ou de pomme non fermenté.

**moutard** nm FAM Petit garçon ; enfant.

**moutarde** nf **1.** Plante crucifère qui fournit le condiment du même nom ; graine de cette plante : *farine de moutarde.* **2.** Condiment préparé avec des graines de moutarde broyées avec de l'eau et du vinaigre. ■ FAM **la moutarde lui monte au nez** : il commence à se fâcher. ◆ adj inv Jaune verdâtre.

**moutardier** nm **1.** Petit pot pour servir la moutarde sur la table. **2.** Fabricant de moutarde.

**mouton** nm **1.** Mammifère ruminant porteur d'une épaisse toison bouclée, qui fournit la laine ; viande, cuir, fourrure de cet animal. **2.** FIG Personne douce ou crédule. ■ **revenons à nos moutons** : revenons à notre sujet. ◆ **moutons** pl **1.** Petits nuages floconneux. **2.** Écume sur la crête des vagues. **3.** FAM Amas de poussière.

**moutonné, e** adj ■ **ciel moutonné** : couvert de petits nuages blancs.

**moutonnement** nm Fait de moutonner ; aspect de la mer, du ciel qui moutonnent.

**moutonner** vi **1.** S'agiter en petites vagues blanches : *la mer moutonne.* **2.** Se couvrir de petits nuages blancs : *le ciel moutonne.*

**moutonneux, euse** adj Qui moutonne.

**moutonnier, ère** adj Qui suit aveuglément et stupidement l'exemple des autres : *la foule est moutonnière.*

**mouture** nf **1.** Action ou manière de moudre ; produit ainsi obtenu. **2.** FIG Nouvelle présentation d'un sujet déjà traité. ■ **première mouture** : premier état d'une œuvre littéraire, d'un projet.

**mouvance** nf **1.** Sphère d'influence. **2.** LITT Caractère de ce qui est fluctuant, changeant.

**mouvant, e** adj Dont le fond n'est pas stable, où l'on s'enfonce : *sables mouvants.*

**mouvement** nm **1.** Déplacement d'un corps : *le mouvement des astres.* **2.** Action ou manière de se mouvoir : *mouvements gracieux.* **3.** Circulation, déplacement : *le mouvement de la foule.* **4.** Fluctuation ; variation : *mouvement des valeurs.* **5.** Animation ; agitation : *quartier plein de mouvement.* **6.** Action collective visant à un changement : *mouvement de grève.* **7.** Organisation politique, sociale, syndicale, etc. **8.** Inspiration ; impulsion : *de son propre mouvement.* **9.** MUS Degré de vitesse de la mesure : *accélérer le mouvement ;* partie d'une œuvre musicale. **10.** Pièce motrice d'un appareil : *mouvement de montre.* ■ FAM **en deux temps trois mouvements** : très rapidement. ❑ FAM **être dans le mouvement** : suivre l'actualité. ❑ **faux mouvement** : mouvement du corps provoquant une douleur. ❑ **mouvement de terrain** : accident du sol.

**mouvementé, e** adj Troublé ou agité par des événements subits ; animé.

**mouvoir** vt (conj 36) **1.** Mettre en mouvement ; bouger. **2.** FIG Faire agir ; pousser : *mû par l'intérêt.* ◆ **se mouvoir** vpr Se déplacer.

**1. moyen** [mwajɛ̃] nm **1.** Procédé qui permet de parvenir à une fin : *la fin justifie les moyens.* **2.** Ce qui permet de faire quelque chose : *moyen de communication.* ■ **au moyen de** ou **par le moyen de** : en faisant usage de, par l'entremise de. ❑ **employer les grands moyens** : prendre des mesures énergiques, décisives. ❑ **il n'y a pas moyen de** : il est impossible de. ❑ **moyen de transport, de locomotion** : véhicule permettant de se déplacer. ◆ **moyens** pl **1.** Ressources : *vivre selon ses moyens.* **2.** Capacités physiques, intellectuelles : *perdre tous ses moyens.*

**2. moyen, enne** [mwajɛ̃, ɛn] adj **1.** Qui se situe entre deux extrêmes : *taille moyenne.* **2.** Ni bon ni mauvais : *élève moyen.* **3.** Commun ; ordinaire : *le Français moyen.* **4.** Obtenu en calculant une moyenne : *prix moyen.*

**Moyen Âge** nm Période comprise entre le début du Vᵉ s. et le milieu ou la fin du XVᵉ s.

**moyenâgeux, euse** adj Du Moyen Âge ou qui évoque cette période.

**moyen-courrier** (pl *moyen-courriers*) nm et adj Avion de transport destiné à voler sur des distances moyennes.

**moyennant** prép Par le moyen de ; grâce à : *moyennant cette somme.* ■ **moyennant quoi** : en échange de quoi.

**moyenne** nf **1.** Chose, quantité, état qui tient le milieu entre plusieurs autres : *intelligence au-dessus de la moyenne.* **2.** Note égale à la moitié de la note maximale : *avoir la moyenne en histoire.* **3.** Nombre obtenu en divisant la somme de plusieurs quantités par leur nombre : *calculer, faire la moyenne.* ■ **en moyenne** : en évaluant la moyenne.

**moyennement** adv Ni peu ni beaucoup.

**moyeu** [mwajø] nm Partie centrale de la roue d'une voiture.

**mozarabe** adj et n Se dit des chrétiens d'Espagne qui conservèrent leur religion sous la domination musulmane, mais adoptèrent la langue et les coutumes arabes.

**mozzarella** nf Fromage italien à pâte molle.

**MP3** nm (de *moving pictures experts group Audio Layer 3*) Format de compression numérique dédié à la transmission rapide et au téléchargement de fichiers musicaux sur Internet.

**1. MST** nf (sigle) Maladie sexuellement transmissible.

**2. MST** nf (sigle) Maîtrise de sciences et techniques.

**mu** nm inv Lettre grecque (μ) correspondant à *m*.

**mucilage** nm **1.** Substance visqueuse de certains végétaux. **2.** Solution de gomme dans l'eau.

**mucosité** nf Sécrétion des muqueuses.

**mucoviscidose** nf Maladie héréditaire grave entraînant des troubles digestifs et respiratoires chroniques dus à la viscosité excessive des sécrétions.

**mucus** [mykys] nm Mucosité.

**mue** nf **1.** Changement dans le plumage, le poil, la peau chez les animaux à certaines époques ; époque de ce changement. **2.** Changement dans le timbre de la voix au moment de la puberté, chez les garçons.

**muer** vi **1.** Perdre périodiquement sa peau, son poil, son plumage, en parlant de certains animaux. **2.** Avoir la voix qui change, en parlant d'un garçon au moment de la puberté. ◆ **se muer** vpr [en] Se transformer en.

**muesli** [myɛsli] ou [mysli] nm Mélange de flocons de céréales et de fruits secs.

**muet, ette** adj et n Qui n'a pas ou plus l'usage de la parole. ◆ adj **1.** Qui refuse de parler : *rester muet toute une soirée.* **2.** Qui ne peut proférer aucune parole sous l'effet d'un sentiment violent : *muet de terreur, d'admiration.* **3.** Qui ne se manifeste pas par des paroles : *douleur muette.* **4.** GRAMM Se dit d'une lettre, d'une syllabe qu'on ne prononce pas (EX : *le* b *dans «plomb»*). ■ **cinéma muet** ou **le muet** nm : cinéma sans sons enregistrés.

**muezzin** [mɥɛdzin] nm Fonctionnaire religieux musulman qui annonce, du haut du minaret, l'heure de la prière.

**mufle** nm **1.** Extrémité du museau de certains mammifères. **2.** FAM Individu grossier.

**muflerie** nf Indélicatesse ; grossièreté.

**muflier** nm Plante méditerranéenne à fleurs décoratives. SYN : gueule-de-loup.

**mufti** nm Interprète officiel de la loi musulmane.

**mug** [mœg] n.m. Grande tasse de forme cylindrique.

**muge** nm → **2. mulet.**

**mugir** vi **1.** Pousser son cri, en parlant des bovidés. **2.** FIG Produire un bruit prolongé et sourd : *le vent mugit.*

**mugissant, e** adj Qui mugit.

**mugissement** nm **1.** Cri sourd et prolongé du bœuf, de la vache. **2.** FIG Bruit qui ressemble à ce cri : *le mugissement des flots.*

**muguet** nm **1.** Liliacée à petites fleurs blanches d'une odeur douce. **2.** Maladie des muqueuses due à un champignon.

**mulâtre** adj et n Né d'un Noir et d'une Blanche, ou d'une Noire et d'un Blanc.

**1. mule** nf Hybride femelle produit par l'accouplement d'un âne et d'une jument. ■ FAM **tête de mule** : personne têtue, obstinée. ❑ **têtu comme une mule** : très entêté.

**2. mule** nf Pantoufle laissant le talon découvert.

**1. mulet** nm **1.** Hybride mâle, stérile, produit par l'accouplement d'un âne et d'une jument. **2.** FAM Voiture de remplacement, dans une course automobile.

**2. mulet** ou **muge** nm Poisson à chair estimée vivant près des côtes.

**muleta** [mulɛta] ou [mylɛta] nf Morceau d'étoffe rouge dont se sert le matador pour fatiguer le taureau.

**muletier, ère** n Conducteur de mulets. ◆ adj ■ **chemin muletier** : étroit et escarpé.

**mulot** nm Petit rat des champs.

**multicellulaire** adj Formé de plusieurs cellules.

**multicolore** adj Qui présente un grand nombre de couleurs : *vêtement multicolore.*

**multiconfessionnel, elle** adj Où coexistent plusieurs religions.

**multicoque** nm et adj Voilier comportant plusieurs coques.

**multiculturalisme** nm Coexistence de plusieurs cultures dans une société, un pays.

**multiculturel, elle** adj Se dit d'une société représentée par plusieurs cultures.

**multifenêtre** adj INFORM Se dit d'un logiciel permettant l'utilisation simultanée de plusieurs fenêtres sur un écran.

**multifonction** ou **multifonctions** adj Se dit d'un appareil remplissant à lui seul plusieurs fonctions.

**multiforme** adj Qui a plusieurs formes.

**multijoueur** adj inv Se dit d'un jeu vidéo interactif, auquel plusieurs joueurs participent, notamm. en réseau : *quiz multijoueur.*

**multilatéral, e, aux** adj Qui engage toutes les parties : *accord multilatéral.*

**multimédia** adj **1.** Qui concerne ou utilise plusieurs médias : *campagnes de promotion multimédias.* **2.** Qui concerne ou utilise le multimédia. ■ **message multimédia** : message émis dans un réseau de radiocommunication avec des mobiles, pouvant contenir du texte, des images ou des sons. SYN : MMS. ◆ nm Technique qui combine, pour une utilisation simultanée et interactive, textes, sons et images fixes ou animées ; matériels et produits qui offrent cette combinaison.

**multimilliardaire** n et adj Personne plusieurs fois milliardaire.

**multimillionnaire** n et adj Personne plusieurs fois millionnaire.

**multimodal, e, aux** adj Qui concerne l'utilisation combinée de plusieurs modes de transport au cours d'un même trajet.

**multinational, e, aux** adj Relatif à plusieurs États. ◆ nf Groupe industriel, commercial ou financier dont les activités et les capitaux se répartissent entre divers États.

**multipare** adj et nf **1.** Se dit d'une femme qui a enfanté plusieurs fois. **2.** Se dit d'un animal qui met bas plusieurs petits en une portée.

**multipartisme** nm Système politique dans lequel coexistent plusieurs partis.

**multipartite** adj Qui regroupe plusieurs partis politiques : *un accord multipartite.*

**multiple** adj **1.** Nombreux : *à de multiples reprises.* **2.** Composé de plusieurs parties : *prise multiple.* ◆ nm Nombre qui en contient un autre plusieurs fois : *9 est un multiple de 3.*

**multiplex** adj inv et nm inv Se dit d'un programme retransmis simultanément par plusieurs studios.

**multiplexe** nm Vaste ensemble regroupant un grand nombre de salles de cinéma, un parking, des cafés, des restaurants, etc.

**multiplicande** nm Nombre à multiplier par un autre appelé *multiplicateur.*

**multiplicateur** nm Nombre par lequel on en multiplie un autre.

**multiplicatif, ive** adj Qui concerne la multiplication ; qui multiplie.

**multiplication** nf **1.** Augmentation en nombre : *la multiplication des incidents.* **2.** MATH Opération qui a pour but, étant donné deux nombres, l'un appelé *multiplicande*, l'autre *multiplicateur*, d'en obtenir un troisième appelé *produit*. ■ **table de multiplication :** tableau donnant les produits des dix premiers nombres l'un par l'autre.

**multiplicité** nf Grand nombre, grande variété.

**multiplier** vt **1.** Augmenter la quantité, le nombre de : *multiplier les contacts.* **2.** MATH Faire une multiplication. ◆ **se multiplier** vpr **1.** S'accroître en nombre, en quantité. **2.** Se reproduire.

**multipolaire** adj PHYS À plusieurs pôles.

**multiprise** nf Prise de courant permettant de relier plusieurs appareils au réseau électrique.

**multiprogrammation** nf Mode d'exploitation d'un ordinateur permettant l'exécution, simultanément ou en alternance, de plusieurs programmes sur la même machine.

**multiprogrammé, e** adj Se dit d'un ordinateur conçu pour la multiprogrammation ; multitâche.

**multipropriété** nf Formule de copropriété d'une résidence secondaire.

**multiracial, e, aux** adj Où coexistent plusieurs races.

**multirisque** adj ■ **assurance multirisque** ou **multirisque** nf : assurance couvrant plusieurs risques.

**multisalle** ou **multisalles** adj et nm Se dit d'un cinéma à plusieurs salles de projection.

**multiservice** adj Qui permet l'accès à plusieurs services de télécommunication : *carte à puce multiservice.*

**multitâche** adj Multiprogrammé.

**multitude** nf Très grand nombre : *une multitude de personnes.*

**municipal, e, aux** adj Relatif à l'administration d'une commune : *officiers municipaux.* ■ **élections municipales** ou **municipales** nfpl : élections du conseil municipal au suffrage universel.

**municipalité** nf **1.** Ville soumise à l'organisation municipale. **2.** Ensemble formé par le maire et ses adjoints.

**munificence** nf LITT Tendance à donner avec largesse et libéralité.

> VOCABULAIRE Ne pas confondre avec *magnificence,* qui a un sens proche.

**munificent, e** adj LITT Très généreux.

**munir** vt Pourvoir de ce qui est nécessaire ou utile. ◆ **se munir** vpr [de] Prendre avec soi.

**munitions** nf pl Ce qui est nécessaire au chargement des armes à feu.

**munster** [mœ̃stɛr] nm Fromage au lait de vache fabriqué en Alsace.

**muqueuse** nf Membrane tapissant une cavité du corps humain et humectée de mucus.

**mur** nm **1.** Ouvrage de maçonnerie ou d'une autre matière pour enclore un espace, constituer les côtés ou les divisions d'un bâtiment, etc. **2.** FIG Ce qui constitue un obstacle : *se heurter à un mur ; un mur d'incompréhension.* **3.** INFORM Page personnelle d'un membre d'un réseau social. ■ FAM **aller dans le mur :** courir à l'échec, au désastre. ❑ **être au pied du mur :** face à ses responsabilités. ❑ FAM **faire le mur :** sortir sans permission. ❑ **mur du son :** ensemble de phénomènes aérodynamiques se produisant à la vitesse voisine du son. ◆ **murs** pl Limites d'une ville, d'un immeuble ; lieu circonscrit par ces limites.

**mûr, e** adj **1.** Se dit d'un fruit, d'une graine qui a atteint son complet développement. **2.** Se dit d'un bouton, d'un abcès près de percer. **3.** Qui a atteint son plein développement intellectuel : *l'âge mûr.* **4.** Se dit de ce qui, après avoir été bien médité, est amené à se réaliser : *projet mûr.*

**murage** nm Action de murer.

**muraille** nf **1.** Mur épais, assez élevé, servant souvent de fortification. **2.** Obstacle qui s'élève comme un mur : *la muraille des montagnes à l'horizon.*

**mural, e, aux** adj Fixé, appliqué ou fait sur un mur : *carte, peinture murale.*

**mûre** nf Fruit du mûrier ou de la ronce.

**mûrement** adv Après de longues réflexions.

**murène** nf Poisson marin, très vorace, long et mince.

**murer** vt **1.** Boucher par un mur : *murer une porte.* **2.** Enfermer dans un lieu dont les issues sont bouchées : *l'éboulement a muré les mineurs.* ◆ **se murer** vpr S'enfermer, rester à l'écart des autres.

**muret** nm ou **murette** nf Petit mur.

**murex** nm Mollusque à coquille hérissée de pointes d'où les Anciens tiraient la pourpre.

**mûrier** nm Arbre dont l'une des espèces (mûrier blanc) donne des feuilles qui servent à nourrir le ver à soie.

**mûrir** vi **1.** Devenir mûr. **2.** FIG Évoluer ; se développer. **3.** Acquérir de l'expérience, de la sagesse. ◆ vt **1.** Rendre mûr. **2.** FIG Rendre sage, expérimenté. **3.** Méditer, préparer longuement : *mûrir un projet.*

**mûrissage** ou **mûrissement** nm Maturation de certains produits.

**mûrissant, e** adj Qui est en train de mûrir.

**mûrisserie** nf Local où l'on fait mûrir les fruits, en particulier les bananes.

**murmure** nm **1.** Bruit sourd et confus de voix humaines. **2.** FIG Plainte de gens mécontents. **3.** LITT Bruissement léger : *murmure des eaux, du vent.*

**murmurer** vi Faire entendre un murmure. ◆ vt Dire à voix basse : *murmurer un secret.*

**musaraigne** nf Petit mammifère utile qui détruit les insectes et les vers.

**musarder** vi Perdre son temps, s'amuser à des riens ; flâner.

**musc** nm Substance très odorante produite par certains mammifères, en particulier par un cervidé mâle, et utilisée en parfumerie.

**muscade** nf **1.** Fruit du muscadier dont la graine (noix muscade) est utilisée comme condiment. **2.** Petite boule dont se servent les prestidigitateurs. ■ **passez muscade** : le tour est joué.

**muscadet** nm Vin blanc sec de la région nantaise.

**muscadier** nm Arbrisseau ou arbre des pays chauds qui fournit la muscade.

**muscadin** nm HIST Nom donné en 1794 aux élégants royalistes, adversaires des Jacobins.

**muscat** nm et adj **1.** Raisin à saveur musquée. **2.** Vin qu'on en extrait.

**muscle** nm Organe fibreux dont la contraction produit le mouvement. ■ FAM **avoir du muscle** : avoir de la force.

**musclé, e** adj **1.** Qui a les muscles très développés. **2.** FAM Énergique ou autoritaire : *politique musclée.*

**muscler** vt **1.** Développer les muscles. **2.** FIG Donner plus de puissance, plus d'énergie à un secteur : *muscler l'industrie du multimédia.*

**musculaire** adj Relatif aux muscles.

**musculation** nf Ensemble d'exercices visant à développer la musculature.

**musculature** nf Ensemble des muscles du corps humain.

**musculeux, euse** adj Très musclé : *bras musculeux.*

**musculo-squelettique** (pl *musculo-squelettiques*) adj ■ **trouble musculo-squelettique (TMS)** : affection périarticulaire, souvent d'origine professionnelle, liée à une sollicitation excessive de l'articulation concernée.

**muse** nf **1.** (avec une majuscule) Chacune des neuf déesses grecques qui présidaient aux arts. **2.** LITT Inspiratrice d'un artiste, d'un écrivain.

**museau** nm **1.** Partie saillante de la face de certains animaux. **2.** Charcuterie à base de mufle et de menton de porc ou de bœuf cuits, pressés et moulés. **3.** FAM Visage.

**musée** nm Établissement où sont rassemblées et présentées au public des collections d'œuvres d'art, de biens scientifiques ou techniques. ■ **pièce de musée** : objet rare et précieux.

> ORTHOGRAPHE *Musée,* nom masculin, s'écrit avec un *e* muet final, comme *apogée, lycée.*

**museler** vt (conj 6) **1.** Mettre une muselière à. **2.** FIG Réduire au silence.

**muselière** nf Appareil pour empêcher les animaux de mordre.

**musellement** nm Action de museler : *le musellement de la presse.*

**muséographie** nf Ensemble des notions techniques nécessaires à la muséologie.

**muséologie** nf Science de l'organisation des musées, de la conservation et de la présentation de leurs collections.

**muser** vi LITT S'amuser à des riens ; flâner.

**muserolle** nf Partie de la bride d'un cheval qui entoure son nez et l'empêche d'ouvrir la bouche.

**musette** nf **1.** Sac de toile porté en bandoulière. **2.** Instrument de musique proche de la cornemuse. ■ **bal musette** : où l'on danse au son de l'accordéon.

**muséum** [myzeɔm] nm Musée consacré aux sciences naturelles.

**musical, e, aux** adj **1.** Relatif à la musique. **2.** Qui comporte de la musique : *comédie musicale*. **3.** Harmonieux ; mélodieux.

**musicalement** adv Du point de vue musical.

**musicalité** nf Qualité musicale : *la musicalité d'un vers*.

**music-hall** [myzikol] (pl *music-halls*) nm **1.** Genre de spectacle de variétés composé de chansons, de divertissements, etc. **2.** Établissement spécialisé dans ce genre.

**musicien, enne** n Personne qui compose ou exécute de la musique. ◆ adj et n Qui a du goût, des aptitudes pour la musique.

**musicographe** n Personne qui écrit sur la musique, sur les musiciens.

**musicographie** nf Activité du musicographe.

**musicologie** nf Science de l'histoire de la musique, de la théorie et de l'esthétique musicales.

**musicologue** n Spécialiste de musicologie.

**musicothérapie** nf Thérapie par la musique.

**musique** nf **1.** Art de combiner les sons ; ensemble des productions de cet art. **2.** Notation écrite d'airs musicaux. **3.** Orchestre, fanfare : *musique de régiment*. ■ FAM **connaître la musique** : savoir de quoi il s'agit. ❑ **musique de chambre** : écrite pour un petit nombre d'instruments.

**musiquette** nf Petite musique facile.

**musqué, e** adj **1.** Parfumé de musc ou qui évoque son odeur. **2.** Qui rappelle le goût du muscat.

**must** [mœst] nm (anglicisme) FAM **1.** Ce qu'il faut absolument faire ou avoir pour être à la mode. **2.** Ce qu'il y a de mieux.

**mustang** [mystɑ̃g] nm Cheval sauvage d'Amérique du Nord.

**musulman, e** adj et n Qui appartient à l'islam, qui professe la religion islamique.

**mutabilité** nf Aptitude à subir des changements.

**mutable** adj **1.** Susceptible d'être muté. **2.** Qui peut subir des mutations.

**mutagenèse** nf BIOL Production d'une mutation.

**mutant, e** n et adj **1.** Animal ou végétal présentant des caractères nouveaux. **2.** Dans la science-fiction, être humain qui a subi une mutation.

**mutation** nf **1.** Changement radical. **2.** Changement d'affectation d'un fonctionnaire. **3.** BIOL Apparition, dans une lignée animale ou végétale, de caractères héréditaires nouveaux. **4.** DR Transfert d'un bien ou d'un droit d'une personne à une autre.

**muter** vt Changer d'affectation, de poste. ◆ vi BIOL Être affecté d'une mutation génétique.

**mutilant, e** adj Qui entraîne une mutilation.

**mutilation** nf Action de mutiler ; fait d'être mutilé.

**mutilé, e** n Personne qui a subi une mutilation.

**mutiler** vt **1.** Retrancher un membre ou un organe. **2.** Détériorer, détruire partiellement ; dégrader. **3.** Tronquer quelque chose, notamment un texte : *mutiler la vérité*.

**1. mutin, e** n Personne en révolte contre une autorité établie.

**2. mutin, e** adj LITT Espiègle, malicieux : *air mutin*.

**mutiner (se)** vpr Se révolter collectivement contre l'autorité.

**mutinerie** nf Révolte, rébellion contre l'autorité.

**mutisme** nm Refus de parler, volontaire ou non.

**mutité** nf Impossibilité pathologique de parler.

**mutualiste** adj ■ **société mutualiste** : organisation de droit privé offrant à ses adhérents un système d'assurance et de protection sociale. ◆ n Membre d'une société mutualiste.

**mutualité** nf Forme de prévoyance sociale fondée sur les mutuelles.

**mutuel, elle** adj Réciproque. ■ **assurance mutuelle** : société d'assurance à but non lucratif.

**mutuelle** nf Société mutualiste ; assurance mutuelle.

**mutuellement** adv Réciproquement.

**myasthénie** nf Épuisement de la force musculaire.

**mycélium** [miseljɔm] nm Partie végétative des champignons, formée de filaments souterrains ramifiés, généralement blancs.

**mycénien, enne** adj et n De Mycènes.

**mycologie** nf Étude scientifique des champignons.

**mycologue** n Spécialiste de mycologie.

**mycoplasme** nm Bactérie responsable d'infections diverses, particulièrement pulmonaires et vénériennes.

**mycose** nf MÉD Affection provoquée par des champignons parasites.

**mycotoxine** nf Toxine produite par certaines espèces de moisissures qui se développent en partic. sur les céréales.

**myéline** nf Graisse phosphorée qui constitue la gaine des fibres du système nerveux central.

**myélite** nf Inflammation de la moelle épinière.

**myélographie** nf Radiographie de la moelle épinière.

**myéloprolifératif, ive** adj ■ **syndrome myéloprolifératif** : prolifération tumorale de la moelle osseuse à évolution lente, et pouvant conduire à une leucémie aiguë.

**mygale** nf Grosse araignée qui se nourrit de petits vertébrés et d'insectes, et dont la morsure est très douloureuse.

**myocarde** nm Muscle du cœur.

**myogramme** nm Tracé obtenu par un appareil qui enregistre les contractions musculaires.

**myopathe** adj et n Atteint de myopathie.

**myopathie** nf Atrophie musculaire grave.

**myope** adj et n Qui voit troubles les objets éloignés.

**myopie** nf Anomalie de la vue d'une personne myope.

**myorelaxant, e** nm et adj Médicament qui favorise la relaxation musculaire.

**myosotis** [mjɔzɔtis] nm Plante à petites fleurs bleues.

**myriade** nf Grand nombre, quantité innombrable : *des myriades d'étoiles.*

**myriapode** nm Mille-pattes.

**myrrhe** nf Résine odorante employée en parfumerie.

**myrte** nm Arbuste aromatique à feuillage toujours vert et à petites fleurs blanches.

**myrtille** nf Baie noire comestible produite par un sous-arbrisseau de montagne ; cet arbrisseau.

**mystère** nm **1.** Ce qui est obscur, inconnu, caché ; secret. **2.** Question difficile ; énigme. **3.** Ensemble de doctrines ou de pratiques religieuses que seuls doivent connaître les initiés : *les mystères d'Éleusis.* **4.** Dogme religieux inaccessible à la raison : *le mystère de la Trinité.* **5.** LITT Au Moyen Âge, pièce de théâtre à sujet religieux.

**Mystère** nm (nom déposé) Dessert fait de crème glacée fourrée de meringue et enrobée de praliné.

**mystérieusement** adv De façon mystérieuse.

**mystérieux, euse** adj **1.** Incompréhensible, inexplicable : *des signes mystérieux.* **2.** Gardé secret : *un rendez-vous mystérieux.* **3.** Dont l'identité est inconnue, ou dont le rôle est ambigu : *un personnage mystérieux.*

**mysticisme** nm **1.** Croyance selon laquelle l'homme peut, par la prière, l'extase, l'ascèse, communiquer directement avec Dieu. **2.** Comportement dominé par des sentiments religieux et non par la raison.

**mysticité** nf Caractère mystique.

**mystificateur, trice** adj et n Qui mystifie.

**mystification** nf **1.** Action de mystifier, de tromper. **2.** Chose vaine, trompeuse ; imposture.

**mystifier** vt Abuser de la crédulité de quelqu'un, le tromper.

> VOCABULAIRE Il ne faut pas confondre *mystifier,* « tromper », et *mythifier,* « rendre légendaire ».

**mystique** adj **1.** Qui a trait aux mystères divins. **2.** Relatif au mysticisme : *expérience mystique.* ◆ adj et n **1.** Qui a une foi religieuse intense et pratique le mysticisme. **2.** Qui défend un idéal avec exaltation.

**mystiquement** adv Avec mysticisme.

**mythe** nm **1.** Récit mettant en scène des êtres surnaturels, des actions imaginaires, des fantasmes collectifs : *le mythe d'Œdipe.* **2.** Allégorie philosophique : *le mythe de la caverne chez Platon.* **3.** Construction de l'esprit dénuée de réalité : *cet héritage est un mythe.* **4.** Représentation symbolique : *le mythe du progrès.*

**mythifier** vt Considérer ou instaurer comme un mythe.

**mythique** adj Propre aux mythes ; légendaire.

**mythologie** nf **1.** Ensemble des mythes et des légendes propres à un peuple, à une civilisation. **2.** Étude des mythes.

**mythologique** adj Relatif à la mythologie.

**mythologue** n Spécialiste de mythologie.

**mythomane** adj et n Atteint de mythomanie.

**mythomanie** nf Tendance pathologique à altérer la vérité, à fabuler.

**mytiliculture** nf Élevage des moules.

**myxomatose** nf Maladie infectieuse du lapin.

**myxomycète** nm Champignon inférieur constituant des amas mous gélatineux (les myxomycètes forment une classe).

# N

**n** nm Quatorzième lettre de l'alphabet et la onzième des consonnes.

**1. N** (symbole) Newton.

**2. N** (symbole) Nord.

**n°** ou **N°** (abréviation) Numéro.

**nabab** [nabab] nm **1.** Dans l'Inde musulmane, gouverneur ou grand dignitaire de la cour des empereurs moghols. **2.** Homme très riche qui fait étalage de son opulence.

**nabi** nm **1.** Prophète hébreu. **2.** Artiste membre d'un groupe de peintres postimpressionnistes de la fin du XIX^e s.

**nabot, e** n PÉJOR Personne naine.

**NAC** [nak] nm inv (sigle de *nouvel animal de compagnie*) Espèce animale exotique ou sauvage (rongeur, reptile, etc.), commercialisée pour vivre dans un entourage domestique.

**nacelle** nf **1.** Partie d'un landau, d'une poussette où l'on installe le bébé. **2.** Panier suspendu à un ballon, où prennent place les aéronautes. **3.** LITT Petit bateau à rames.

**nacre** nf Substance dure, irisée, qui tapisse les coquilles de certains mollusques.

**nacré, e** adj Qui a l'apparence de la nacre.

**nacrer** vt Donner l'éclat de la nacre.

**nadir** nm ASTRON Point de la sphère céleste représentatif de la direction verticale descendante en un lieu donné (par oppos. à *zénith*).

**nævus** [nevys] (pl inv ou *nævi*) nm Tache naturelle de la peau, de couleur noire ou rose.

**nage** nf Action, manière de nager. ■ **à la nage :** (a) en nageant (b) mode de préparation de certains crustacés cuits dans un court-bouillon. ❏ **être en nage :** couvert de sueur.

**nageoire** nf Organe locomoteur de nombreux animaux aquatiques.

**nager** vi (conj 2) **1.** Se déplacer sur ou dans l'eau par des mouvements appropriés. **2.** Flotter : *le bois nage sur l'eau.* **3.** Être plongé dans un sentiment, un état : *nager dans le bonheur.* **4.** FAM Ne pas comprendre : *nager dans un dossier.* **5.** MAR Ramer. ■ FAM **nager dans un vêtement :** y être très au large. ◆ vt Pratiquer tel type de nage : *nager le crawl.*

**nageur, euse** n Personne qui nage. ■ **maître nageur :** professeur de natation.

**naguère** adv LITT Il y a quelque temps.

EMPLOI *Naguère* ne doit pas s'employer au sens de *jadis,* qui signifie « autrefois ».

**naïade** nf MYTH Nymphe des eaux, des fontaines, des rivières.

**naïf, naïve** adj et n **1.** Confiant, ingénu, par inexpérience ou par nature. **2.** Trop crédule, trop candide ; niais. ◆ adj **1.** LITT Naturel, spontané, sincère : *gaieté naïve.* **2.** Qui retrace la vérité, la nature : *style naïf.*

**nain, naine** n et adj Personne de très petite taille, atteinte de nanisme. ◆ adj Se dit d'un animal, d'une plante ou d'une chose de très petite taille.

**naissain** nm Ensemble de larves nageuses d'huîtres ou de moules avant leur fixation.

**naissance** nf **1.** Venue au monde ; mise au monde. **2.** Endroit ou moment où commence une chose : *la naissance d'un fleuve ; naissance du jour.* **3.** FIG Fait d'apparaître ; origine : *naissance d'une idée.*

**naissant, e** adj Qui naît.

**naître** vi (conj 65 ; auxil : *être*) **1.** Venir au monde. **2.** Commencer à pousser : *les fleurs naissent au printemps.* **3.** FIG Commencer à exister ; apparaître : *voir naître une industrie.* ■ **faire naître :** provoquer, causer.

**naïvement** adv Avec naïveté.

**naïveté** nf **1.** Ingénuité ; candeur : *naïveté d'enfant.* **2.** Excès de crédulité. **3.** Propos naïf.

**naja** nm Serpent venimeux d'Inde dont le capuchon dilaté fait apparaître deux cercles évoquant des lunettes. SYN : serpent à lunettes.

**nana** nf FAM Jeune fille, jeune femme ; femme.

**nandou** nm Grand oiseau coureur d'Amérique.

**nanisme** nm État d'une personne caractérisé notamm. par une taille très petite, génér. due à des causes génétiques.

**nankin** nm Tissu de coton de couleur jaune chamois.

**nanobiologie** nf Domaine scientifique portant sur l'étude des processus biologiques à l'échelle du nanomètre.

**nanomètre** nm Unité de mesure de longueur équivalant à un millième de micromètre ; symb : nm.

**nanoparticule** nf PHYS Particule dont les dimensions varient de 1 à 100 nanomètres env.

**nanotechnologie** nf Application de la technologie des composants électroniques à la fabrication de dispositifs à l'échelle du nanomètre.

**nanti, e** adj et n Qui ne manque de rien ; riche.

**nantir** vt **1.** LITT Munir, pourvoir : *nantir d'argent.* **2.** DR Affecter un bien en garantie d'une dette. ◆ **se nantir** vpr [de] Prendre avec soi.

**naos** [naɔs] ou [naos] nm Partie centrale d'un temple grec.

**napalm** nm Essence gélifiée, utilisée dans les projectiles incendiaires.

**naphtaline** nf Carbure tiré du goudron de houille, utilisé comme antimite.

**naphte** nm Mélange de liquides inflammables issus de la décomposition des matières organiques sous l'effet de la chaleur.

**napoléon** nm Ancienne pièce d'or de 20 francs, à l'effigie de Napoléon.

**napoléonien, enne** adj De Napoléon.

**napolitain, e** adj et n De Naples.

**nappage** nm Action de napper.

**nappe** nf **1.** Linge dont on couvre la table pour les repas. **2.** Vaste étendue plane : *nappe d'eau.*

**napper** vt Recouvrir un mets d'une sauce d'accompagnement.

**napperon** nm Petite nappe.

**narcisse** nm **1.** Plante bulbeuse à fleurs blanches ou jaunes. **2.** LITT Homme amoureux de sa propre image.

**narcissique** adj et n Relatif au narcissisme ; qui s'y adonne.

**narcissisme** nm **1.** Admiration de soi-même. **2.** PSYCHAN Amour que porte le sujet à lui-même.

**narcodollars** nm pl Profits réalisés grâce au trafic de drogue.

**narcose** nf Sommeil artificiel provoqué par un narcotique.

**narcotique** adj et nm Se dit d'une substance qui endort.

**narcotrafiquant, e** n Trafiquant de drogue à l'échelle internationale.

**narguer** vt FAM Braver avec insolence : *narguer l'ennemi.*

**narguilé** ou **narghilé** nm Pipe orientale dans laquelle la fumée traverse un flacon rempli d'eau.

**narine** nf Chacune des deux ouvertures du nez.

**narquois, e** adj Malicieux ; moqueur, railleur : *un ton narquois.*

**narrateur, trice** n Personne qui raconte.

**narratif, ive** adj Qui relève de la narration.

**narration** nf **1.** Récit, exposé détaillé d'une suite de faits. **2.** Exercice scolaire de rédaction.

**narrer** vt LITT Exposer, raconter : *narrer une bataille.*

**narval** (pl *narvals*) nm Mammifère cétacé des mers arctiques (appelé aussi : *licorne de mer* à cause de la dent de 2 à 3 m du mâle).

**nasal, e, aux** adj Du nez : *fosses nasales.*

**nasale** nf Phonème nasalisé (EX : [ɑ̃]).

**nasalisation** nf Action de nasaliser ; fait d'être nasalisé.

**nasaliser** vt Prononcer avec un timbre nasal : *voyelle nasalisée.*

**nase** ou **naze** adj FAM **1.** Hors d'usage : *la télé est nase.* **2.** Très fatigué.

**naseau** nm Narine de certains animaux.

**NASH** [naʃ] nf (sigle de *nonalcoholic steatohepatitis*) Inflammation du foie due à une accumulation de graisses observée dans plusieurs maladies chroniques autres que l'alcoolisme (obésité, diabète, etc.).

**nasillard, e** adj Qui vient du nez : *voix nasillarde.*

**nasillement** nm Action de nasiller.

**nasiller** vi Parler du nez.

**nasse** nf **1.** Panier pour prendre du poisson. **2.** Filet pour prendre les oiseaux.

**natal, e, als** adj Où l'on est né : *pays natal.*

**nataliste** adj Qui vise à développer la natalité : *une politique nataliste.*

**natalité** nf Rapport entre le nombre des naissances et la population d'un pays, d'une région pendant un temps donné.

**natation** nf Sport consistant à nager.

**natatoire** adj Qui sert à la nage. ■ **vessie natatoire** : poche remplie d'air, dans le corps de certains poissons, qui sert à leur équilibre dans l'eau.

**natif, ive** adj et n Né dans un lieu déterminé : *natif de Paris.* ◆ adj SOUT Naturel, inné : *une peur native des serpents.*

**nation** nf Ensemble des êtres humains habitant un même territoire, ayant une communauté d'origine, d'histoire, de culture, de traditions, le plus souvent de langue, et constituant une entité politique.

**national, e, aux** adj **1.** D'une nation : *hymne national.* **2.** Qui intéresse le pays tout entier : *passion nationale.* ■ **route nationale** ou **nationale** nf : route construite et entretenue par l'État.

**nationalisation** nf Transfert à la collectivité de la propriété de certains moyens de production appartenant à des particuliers.

**nationaliser** vt Procéder à la nationalisation de.

**nationalisme** nm **1.** Doctrine qui se fonde sur l'exaltation de l'idée de nation. **2.** Mouvement politique d'individus qui veulent imposer la prédominance de la nation à laquelle ils appartiennent.

**nationaliste** adj et n Qui appartient au nationalisme ; qui en est partisan.

**nationalité** nf **1.** Appartenance juridique d'une personne à un État. **2.** Groupement d'individus de même origine, de même histoire, mais ne formant pas un État.

**national-socialisme** nm sing Doctrine nationaliste et raciste de Hitler. SYN : nazisme.

**national-socialiste** (pl *nationaux-socialistes*) adj et n Du national-socialisme. SYN : nazi.

**nationaux** nm pl Citoyens d'une nation (par opposition à *étrangers*).

**nativité** nf Fête célébrant la naissance de Jésus-Christ, celle de la Vierge ou celle de Jean-Baptiste. ■ **fête de la Nativité :** Noël.

**natte** nf **1.** Tissu de paille, de joncs entrelacés. **2.** Tresse de cheveux.

**natter** vt Tresser en natte : *natter des cheveux.*

**naturalisation** nf Action de naturaliser ; fait d'être naturalisé.

**naturalisé, e** adj et n Qui a obtenu sa naturalisation.

**naturaliser** vt **1.** Donner à un étranger le statut juridique et les droits attachés à une nationalité déterminée. **2.** Empailler : *naturaliser des oiseaux.*

**naturalisme** nm **1.** PHILOS Doctrine qui affirme que rien n'existe en dehors de la nature. **2.** École littéraire et artistique du XIX^e^ s. qui visait à reproduire la réalité objective.

**naturaliste** n **1.** Personne qui étudie les sciences naturelles. **2.** Empailleur. SYN : taxidermiste. ◆ adj et n Qui relève du naturalisme ; qui en est partisan.

**nature** nf **1.** Ensemble de ce qui existe ; monde physique ; réalité : *les trois règnes de la nature.* **2.** Cet ensemble en tant que régi par des lois ; la force qui le dirige : *les caprices de la nature.* **3.** Ce qui, dans le monde physique, n'apparaît pas comme transformé par l'homme. **4.** Ensemble des caractères fondamentaux propres à un être ou à une chose : *la nature humaine ; la nature d'une réforme.* **5.** Tempérament : *nature enjouée.* **6.** Modèle naturel : *peindre d'après nature.* ■ **de nature à :** (a) susceptible de (b) propre à. ❑ **en nature :** en objets réels et non en argent. ❑ **nature morte :** peinture de choses inanimées. ◆ adj inv **1.** Au naturel, sans addition ni mélange : *omelette nature.* **2.** FAM Spontané, naturel : *elle est très nature.* ■ **grandeur nature :** dont les dimensions sont celles du modèle.

**naturel, elle** adj **1.** Relatif, propre à la nature : *lois naturelles.* **2.** Issu de la nature : *gaz naturel.* **3.** Qui appartient à la nature physique de l'homme : *besoins naturels.* **4.** Inné : *dons naturels.* **5.** Conforme à l'usage, à la raison : *il est naturel de s'interroger.* **6.** Sans recherche : *langage naturel.* **7.** Spontané, sincère : *rester naturel.* **8.** Non falsifié : *vin naturel.* ■ **enfant naturel :** né hors du mariage. ◆ nm **1.** Caractère, nature, tempérament : *être d'un naturel soupçonneux.* **2.** Absence d'affectation : *manque de naturel.* ■ **au naturel :** sans apprêt. ❑ **mort naturelle :** qui ne résulte ni d'un accident ni d'un meurtre (par oppos. à *mort violente*). ◆ n Autochtone.

**naturellement** adv **1.** De façon naturelle : *être naturellement gai ;* spontanément : *cette idée m'est venue naturellement.* **2.** D'une manière inévitable ; bien sûr : *naturellement, il est en retard.* **3.** Aisément : *cela s'explique naturellement.*

**naturisme** nm **1.** Tendance à suivre de près la nature. **2.** Pratique du nudisme.

**naturiste** adj Du naturisme. ◆ n Personne qui pratique le naturisme.

**naturothérapie** nf Méthode de soins médicaux fondée sur l'utilisation de moyens naturels (diététique, phytothérapie, etc.).

**naufrage** nm **1.** Perte d'un bâtiment en mer. **2.** FIG Ruine complète. ■ **faire naufrage :** couler.

**naufragé, e** adj et n Qui a fait naufrage.

**nauséabond, e** adj Qui cause des nausées ; écœurant, fétide : *odeur nauséabonde.*

**nausée** nf **1.** Envie de vomir. **2.** FIG Dégoût profond ; répugnance.

**nauséeux, euse** adj **1.** Qui provoque des nausées. **2.** Qui souffre de nausées.

**nautile** nm Mollusque céphalopode des mers chaudes, à coquille cloisonnée en spirale.

**nautique** adj Qui relève de la navigation, des sports de l'eau : *ski nautique.*

**nautisme** nm Ensemble des sports nautiques, la navigation de plaisance, partic.

**naval, e, als** adj **1.** Qui concerne la navigation : *chantier naval.* **2.** Relatif à la marine de guerre : *combat naval.*

**navarin** nm Ragoût de mouton.

**navel** nf Variété d'orange.

**navet** nm **1.** Plante potagère dont la racine est comestible ; racine de cette plante. **2.** FAM Œuvre sans intérêt, sans valeur.

**navette** nf **1.** Véhicule à court parcours et à trajet répété. **2.** Instrument de tisserand pour faire passer les fils de la trame entre les fils de la chaîne. ■ **faire la navette :** faire des allers et retours réguliers entre deux lieux. ❑ **navette spatiale :** véhicule spatial réutilisable.

**navigabilité** nf **1.** État d'une rivière navigable. **2.** État d'un navire pouvant tenir la mer, d'un avion pouvant voler.

**navigable** adj Où l'on peut naviguer.

**navigant, e** adj et n Qui navigue. ■ **personnel navigant :** équipage d'un avion (par opposition à *personnel au sol*).

**navigateur, trice** n **1.** Personne qui navigue, fait de longs voyages sur mer. **2.** Membre de l'équipage d'un navire ou d'un avion chargé de déterminer la position et la route à suivre.

**navigation** nf **1.** Action de naviguer. **2.** Art du navigateur. **3.** INFORM . Action de naviguer dans un système hypertexte ou un réseau télématique.

**naviguer** vi **1.** Voyager sur l'eau ou dans les airs. **2.** Faire suivre à un navire ou un avion une route déterminée. **3.** Se comporter à la mer : *bateau qui navigue bien.* **4.** INFORM Passer d'un document à un autre dans un système hypertexte ou d'un site à un autre dans un réseau télématique.

**navire** nm Bateau d'assez fort tonnage, pour la navigation en haute mer.

**navire-école** (pl *navires-écoles*) nm Navire conçu pour l'apprentissage de la navigation.

**navire-hôpital** (pl *navires-hôpitaux*) nm Navire aménagé pour le transport des malades et des blessés.

**navire-usine** (pl *navires-usines*) nm Navire aménagé pour le conditionnement en mer de ce qui a été pêché.

**navrant, e** adj Attristant ; déplorable, lamentable.

**navrer** vt Causer une grande peine à ; désoler : *cette mort m'a navré.*

**nazaréen, enne** adj et n De Nazareth. ◆ nm ■ **le Nazaréen :** Jésus.

**naze** adj → **nase**.

**nazi, e** adj et n National-socialiste.

**nazisme** nm National-socialisme.

**N.B.** (abréviation) Nota bene.

**NBC** adj (sigle de *nucléaire, biologique, chimique*) Se dit des armes nucléaires, biologiques ou chimiques et des mesures ou moyens pour s'en protéger.

**NDLR** (sigle) Note de la rédaction.

**NDT** (sigle) Note du traducteur.

**ne** adv **1.** Indique une négation dans le groupe verbal. **2.** SOUT S'emploie sans valeur négative dans des subordonnées comparatives ou dans celles qui dépendent d'un verbe exprimant la crainte, le doute, ou qui sont introduites par *à moins que, avant que*.

**né, e** adj **1.** Issu de : *né d'un père lorrain et d'une mère gasconne.* **2.** (avec un trait d'union) De naissance : *orateur-né.* ■ VX **bien né :** noble.

**néanmoins** adv Marque une opposition ; pourtant.

**néant** nm **1.** Ce qui n'existe pas encore ou plus. **2.** LITT Absence de valeur, d'importance : *avoir conscience de son néant.* ■ **réduire à néant :** détruire, anéantir. ❑ **tirer du néant :** créer.

**nébuleuse** nf **1.** Nuage de gaz et de poussières interstellaires. **2.** FIG Rassemblement d'éléments imprécis, confus.

**nébuleux, euse** adj **1.** Obscurci par les nuages : *ciel nébuleux.* **2.** FIG Peu clair ; vague, confus : *projet nébuleux.*

**nébulosité** nf Nuage léger.

**nécessaire** adj **1.** Dont on a absolument besoin ; indispensable : *l'oxygène est nécessaire à la vie.* **2.** Inévitable ; obligatoire : *conséquence nécessaire.* **3.** Exigé pour que qqch se produise ou réussisse : *moyens nécessaires au projet.* **4.** Très utile : *se rendre nécessaire.* ◆ nm **1.** Ce qui est indispensable pour les besoins de la vie : *manquer du nécessaire.* **2.** Ce qui est essentiel, important : *faire le nécessaire.* **3.** Boîte, trousse qui renferme des objets utiles ou commodes : *nécessaire de toilette.*

**nécessairement** adv **1.** Absolument, forcément : *les billets doivent nécessairement être pris cette semaine.* **2.** Par une conséquence rigoureuse : *une telle situation aboutit nécessairement à une impasse.*

**nécessité** nf **1.** Caractère de ce qui est nécessaire : *gagner sa vie est une nécessité.* **2.** Besoin impérieux ; exigence : *les nécessités de la vie.* ■ **par nécessité :** par l'effet d'une contrainte.

**nécessiter** vt Rendre nécessaire ; exiger, réclamer.

**nécessiteux, euse** adj et n Qui manque du nécessaire ; indigent.

**nec plus ultra** [nɛkplysyltra] nm inv Ce qu'il y a de mieux.

**nécrologie** nf **1.** Liste des personnes décédées au cours d'un certain espace de temps. **2.** Écrit consacré à un défunt. **3.** Avis de certains décès dans un journal ; rubrique correspondante.

**nécrologique** adj Relatif à la nécrologie : *article nécrologique.*

**nécromancie** nf Évocation des morts pour apprendre d'eux l'avenir.

**nécromancien, enne** n Personne qui pratique la nécromancie.

**nécropole** nf **1.** Groupe de sépultures, dans l'Antiquité. **2.** LITT Grand cimetière.

**nécrose** nf Gangrène d'un tissu.

**nécroser** vt Produire la nécrose de. ◆ **se nécroser** vpr Être atteint de nécrose.

**nectaire** nm BOT Glande des fleurs qui distille le nectar.

**nectar** nm **1.** MYTH Breuvage des dieux. **2.** LITT Boisson délicieuse. **3.** Jus de fruit avec pulpe. **4.** BOT Liquide sucré que sécrètent les nectaires.

**nectarine** nf Variété de pêche.

**néerlandais, e** adj et n Des Pays-Bas : *les Néerlandais.* ◆ nm Langue germanique parlée aux Pays-Bas et dans le nord de la Belgique.

**nef** nf Partie d'une église, du portail au chœur.

**néfaste** adj Fatal ; funeste, nuisible.

**nèfle** nf Fruit du néflier.

**néflier** nm Arbuste épineux.

**négateur, trice** adj et n LITT Qui nie, critique.

**négatif, ive** adj **1.** Qui marque la négation, le refus : *réponse négative.* **2.** Dépourvu d'éléments constructifs : *attitude négative.* ■ **nombre négatif :** inférieur à zéro. ◆ nm PHOT Cliché sur film où les valeurs des tons sont inversées.

**négation** nf **1.** Action de nier. **2.** LING Mot ou groupe de mots qui sert à nier (*ne*, *non*, etc.).

**négationnisme** nm Doctrine niant la réalité du génocide des Juifs d'Europe par les nazis pendant la Seconde Guerre mondiale ou certains aspects de ce génocide (le terme s'emploie aussi à propos d'autres génocides).

**négationniste** adj et n Relatif au négationnisme ; qui en est partisan.

**négative** nf ■ **répondre par la négative :** par un refus.

**négativement** adv De façon négative : *répondre négativement.*

**négativisme** nm Attitude de refus systématique.

**négativité** nf Caractère de ce qui est négatif.

**négligé** nm **1.** Absence d'apprêt, de recherche ; laisser-aller. **2.** LITT Léger vêtement d'intérieur.

**négligeable** adj Peu important.

**négligemment** adv **1.** Avec négligence. **2.** Avec indifférence : *répondre négligemment.*

**négligence** nf **1.** Manque de soin, d'application ou de vigilance. **2.** Faute légère, manque de précision : *négligences de style.*

**négligent, e** adj Qui montre de la négligence.

**négliger** vt (conj 2) **1.** Ne pas prendre soin de : *négliger sa tenue.* **2.** Ne pas cultiver : *négliger ses talents.* **3.** Ne pas tenir compte de : *négliger les conseils.* **4.** Omettre ; oublier : *négliger de répondre à une lettre.* **5.** Délaisser : *négliger ses amis.* ◆ **se négliger** vpr Ne pas prendre soin de sa personne.

**négoce** nm Ensemble des opérations d'un commerçant ; activité commerciale.

**négociable** adj Qui peut être négocié.

**négociant, e** n Personne qui fait le commerce en gros.

**négociateur, trice** n **1.** Agent diplomatique. **2.** Intermédiaire dans une affaire.

**négociation** nf **1.** Discussions, pourparlers en vue d'un accord. **2.** Transmission des effets de commerce.

**négocier** vt **1.** Traiter, discuter en vue d'un accord : *négocier la paix.* **2.** Monnayer un titre, une valeur. ■ **négocier un virage :** manœuvrer pour le prendre au mieux. ◆ vi Engager des pourparlers.

**nègre, négresse** n **1.** AUTREF Esclave noir. **2.** VIEILLI Terme péjoratif et raciste désignant une personne noire. ◆ nm FAM, VIEILLI Prête-plume.

**négrier** nm HIST **1.** Personne qui faisait la traite des Noirs. **2.** Bâtiment qui servait à ce commerce.

**négritude** nf Ensemble des valeurs culturelles et spirituelles des personnes noires.

**negro spiritual** [negrospiritɥol] (pl *negro spirituals*) nm Chant religieux des Afro-Américains.

**négus** [negys] nm Titre des souverains d'Éthiopie.

**neige** nf Eau congelée qui tombe en flocons blancs. ■ **en neige :** se dit de blancs d'œufs battus en une mousse blanche consistante. ❑ **neige carbonique :** gaz carbonique solidifié. ❑ **œufs à la neige :** dessert fait de blancs d'œufs montés en neige, cuits dans du lait bouillant et servis sur une crème anglaise.

**neiger** v impers (conj 2) Tomber, en parlant de la neige.

**neigeux, euse** adj Couvert de neige.

**nem** [nɛm] nm Spécialité vietnamienne faite d'une crêpe de farine de riz fourrée de soja, de viande, etc., roulée et frite.

**nénette** nf FAM Jeune fille. ■ FAM **se casser la nénette :** (a) se donner du mal (b) réfléchir beaucoup.

**nénuphar** nm Plante aquatique aux larges feuilles et à fleurs blanches, jaunes ou rouges.

**néo-calédonien, enne** (pl *néo-calédoniens, ennes*) adj et n De la Nouvelle-Calédonie : *les Néo-Calédoniens.*

**néoclassicisme** nm Tendance artistique de la fin du XVIIIe s. et du début du XIXe s. qui s'est inspirée de l'Antiquité classique et du classicisme du XVIIe s.

**néoclassique** adj Qui appartient au néoclassicisme.

**néocolonialisme** nm Forme nouvelle du colonialisme, visant à la domination économique des pays en développement.

**néocolonialiste** adj et n Qui appartient au néocolonialisme.

**néolibéralisme** nm Libéralisme économique moderne qui accepte une intervention limitée de l'État.

**néolithique** nm et adj Période de la préhistoire correspondant au polissage de la pierre et au début de l'agriculture.

**néologie** nf Processus de formation des mots nouveaux.

**néologisme** nm Mot de création récente ; acception nouvelle d'un mot existant déjà.

**néon** nm **1.** Gaz rare employé dans l'éclairage par tubes ; symb : Ne. **2.** Éclairage par tube fluorescent ; le tube lui-même.

**néonatal, e, als** adj Relatif au nouveau-né.

**néonazi, e** adj et n Relatif au néonazisme ; qui en est partisan.

**néonazisme** nm Mouvement d'extrême droite d'inspiration nazie.

**néonicotinoïde** nm Insecticide dérivé de la nicotine, toxique pour l'environnement et les abeilles non visées par ce traitement.

**néophyte** n **1.** Chrétien nouvellement baptisé. **2.** Adepte récent d'une doctrine, d'un parti.

**néoplasme** nm MÉD Tumeur cancéreuse.

**néoplatonicien, enne** adj et n Qui appartient au néoplatonisme.

**néoplatonisme** nm Courant philosophique de Plotin (IIIe s.) ajoutant des éléments mystiques au système platonicien.

**néoréalisme** nm **1.** École cinématographique italienne qui, après 1945, a décrit la réalité quotidienne la plus humble. **2.** BX-ARTS Tendance, du XXe s., à renouer avec la figuration réaliste.

**néoréaliste** adj et n Qui appartient au néoréalisme.

**néorural, e, aux** n Personne qui a quitté la ville pour s'installer à la campagne et y exercer une activité professionnelle.

**néo-zélandais, e** adj et n De la Nouvelle-Zélande : *les Néo-Zélandais*.

**népalais, e** adj et n Du Népal : *les Népalais*. ◆ nm Langue parlée au Népal (on dit aussi *népali*).

**néphrétique** adj Qui concerne les reins.

**néphrite** nf Inflammation du rein.

**néphrologie** nf Étude des reins, de leur physiologie et de leurs maladies.

**néphrologue** n Spécialiste de néphrologie.

**népotisme** nm **1.** Attitude de certains papes qui accordaient des faveurs à leurs parents. **2.** PAR EXT Abus qu'un homme en place fait de son influence en faveur de sa famille.

**néréide** nf Ver marin qui s'enfonce dans le sable.

**nerf** [nɛr] nm **1.** Cordon blanchâtre conducteur des messages moteurs du cerveau aux organes, et des messages sensitifs et sensoriels en sens inverse. **2.** FAM Tendon, ligament : *viande pleine de nerfs*. **3.** Force, vigueur : *il a du nerf*. **4.** Ficelle au dos d'un livre relié. ■ **nerf de bœuf** : matraque, cravache faite d'un ligament cervical du bœuf ou du cheval desséché industriellement. ❑ **le nerf de la guerre** : l'argent. ◆ **nerfs** pl Système nerveux considéré comme le siège de l'équilibre mental et de la capacité à garder son calme : *avoir les nerfs solides, des nerfs d'acier*. ■ **à bout de nerfs** : épuisé. ❑ **avoir ses nerfs** ou **avoir les nerfs en boule, en pelote** : être très agacé. ❑ **être sur les nerfs** : dans un état de tension permanente. ❑ **guerre des nerfs** : période de forte tension entre des nations ou des coalitions adverses. ❑ FAM **taper, porter sur les nerfs** : agacer.

**nerprun** nm Arbuste dont les fruits noirs donnent un colorant.

**nervation** nf Disposition des nervures d'une feuille, d'une aile d'insecte.

**nerveusement** adv Avec nervosité.

**nerveux, euse** adj **1.** Relatif aux nerfs et au système nerveux : *maladie, cellule nerveuse*. **2.** Qui concerne les nerfs comme siège de l'équilibre psychologique : *tension nerveuse*. **3.** Qui est dû à la nervosité ou qui l'exprime : *un rire nerveux*. **4.** Qui a de la vigueur, de la vivacité : *cheval nerveux ; voiture nerveuse*. ■ **système nerveux** : ensemble des nerfs, ganglions et centres nerveux qui assurent la commande et la coordination des fonctions vitales. ◆ adj et n Qui a les nerfs irritables, qui est très émotif : *un grand nerveux*.

**nervi** nm Homme de main.

**nervosité** nf Irritabilité, tension intérieure.

**nervure** nf **1.** Filet saillant sur la surface des feuilles, l'aile des insectes. **2.** ARCHIT Moulure sur les arêtes d'une voûte gothique. **3.** Saillie des nerfs au dos d'un livre.

**Nescafé** nm (nom déposé) Café soluble de la marque de ce nom.

**n'est-ce pas** adv interr **1.** Appelle l'approbation de l'interlocuteur : *tu viens, n'est-ce pas ?* **2.** S'emploie comme simple articulation ou pour insister : *l'idée, n'est-ce pas, n'est pas nouvelle ; n'est-ce pas que c'est beau ?*

**net, nette** adj **1.** Propre, sans tache : *une vitre nette.* **2.** Bien marqué, bien distinct : *cassure nette ; photo nette.* **3.** Sensible, important : *une différence très nette.* **4.** Précis : *idées nettes.* **5.** Sans équivoque, qui ne prête à aucun doute ; clair : *réponse nette.* **6.** Dont on a déduit tout élément étranger : *prix, salaire net.* **7.** Exempt de : *intérêts nets d'impôts.* ■ **en avoir le cœur net** : s'assurer d'un fait. ◆ nm ■ **mettre au net** : sous une forme définitive et propre. ◆ adv **1.** Brutalement, tout d'un coup : *question tranchée net.* **2.** Franchement : *refuser net.*

**nettement** adv **1.** De manière nette : *prendre nettement position.* **2.** Indiscutablement : *nettement plus grand.*

**netteté** nf Qualité de ce qui est net.

**nettoyage** ou **nettoiement** nm Action de nettoyer.

**nettoyant** nm Produit de nettoyage.

**nettoyer** vt (conj 3) **1.** Rendre net, propre : *nettoyer une bouteille.* **2.** Débarrasser un lieu d'éléments indésirables : *la police a nettoyé le quartier.*

**1. neuf** adj num inv **1.** Huit et un. **2.** Neuvième : *Louis IX.* ◆ nm inv Chiffre ou nombre neuf.

**2. neuf, neuve** adj **1.** Fait depuis peu et qui n'a pas ou presque pas servi : *maison neuve.* **2.** Qui n'a pas encore été dit ou traité : *sujet neuf.* **3.** Qui n'est pas influencé par l'expérience antérieure : *regard neuf.* ◆ nm Ce qui est neuf, nouveau. ■ **à neuf** : comme neuf : *refaire une pièce à neuf.* ❑ **de neuf** : avec des choses neuves : *être habillé de neuf.*

**neurasthénie** nf État durable d'abattement et de tristesse.

**neurasthénique** adj et n Relatif à la neurasthénie ; qui en est atteint.

**neurobiologie** nf Discipline biologique qui étudie le système nerveux.

**neurochirurgical, e, aux** adj Relatif à la neurochirurgie.

**neurochirurgie** nf Chirurgie du système nerveux.

**neurochirurgien, enne** n Spécialiste de neurochirurgie.

**neurodégénératif, ive** adj MÉD Qui concerne la dégénérescence du système nerveux : *troubles neurodégénératifs.*

**neuroleptique** adj et nm Se dit de médicaments ayant un effet sédatif sur le système nerveux, utilisés pour traiter les psychoses.

**neurologie** nf **1.** Science qui traite du système nerveux. **2.** MÉD Spécialité qui s'occupe des maladies du système nerveux.

**neurologique** adj Relatif à la neurologie.

**neurologue** n Spécialiste de neurologie.

**neurone** nm Cellule nerveuse. ■ INFORM **réseau de neurones** : système d'intelligence artificielle composé de milliers de processeurs élémentaires (appelés : *neurones*).

**neuropsychiatre** n Spécialiste de neuropsychiatrie.

**neuropsychiatrie** nf Spécialité regroupant la neurologie et la psychiatrie.

**neurovégétatif** adj m ■ **système neurovégétatif** : système nerveux qui règle la vie végétative, formé de ganglions et de nerfs et relié à l'axe cérébro-spinal, qui contient les centres réflexes.

**neutralisation** nf Action de neutraliser.

**neutraliser** vt **1.** Empêcher d'agir ; annihiler : *neutraliser la concurrence.* **2.** Maîtriser une personne dangereuse ; par euphém., l'abattre : *la police a neutralisé le forcené qui est décédé sur place.* **3.** Atténuer la force, l'effet de : *neutraliser une solution.* **4.** Déclarer neutre un territoire, une ville, etc. **5.** CHIM Rendre neutre : *neutraliser un acide.* **6.** Arrêter momentanément la circulation.

**neutralisme** nm Pour un État, refus de s'intégrer à l'un des grands blocs politiques du monde.

**neutraliste** adj et n Partisan du neutralisme.

**neutralité** nf **1.** État de celui qui reste neutre. **2.** Situation d'un État qui reste à l'écart d'un conflit international.

**neutre** adj **1.** Qui ne prend pas parti dans une discussion, dans un conflit entre des puissances belligérantes. **2.** Objectif, impartial. **3.** Qui n'est marqué par aucun accent, aucun sentiment : *ton neutre.* **4.** Se dit d'une couleur qui n'est ni franche ni vive (EX : gris). **5.** CHIM Ni acide ni basique. **6.** PHYS Qui ne présente aucun phénomène électrique. **7.** GRAMM Dans certaines langues, genre qui n'est ni masculin ni féminin. ◆ nm GRAMM Genre neutre.

**neutron** nm Particule électriquement neutre, constituant, avec les protons, les noyaux des atomes.

**neuvième** adj num ord et n **1.** Qui occupe le rang marqué par le numéro neuf. **2.** Qui se trouve neuf fois dans le tout.

**neuvièmement** adv En neuvième lieu.

**névé** nm Masse de neige durcie, à l'origine d'un glacier.

**neveu** nm Fils du frère ou de la sœur.

**névralgie** nf Douleur vive, sur le trajet d'un nerf.

**névralgique** adj De névralgie. ■ **point névralgique** : point sensible.

**névrite** nf Lésion inflammatoire des nerfs.

**névrose** nf Affection caractérisée par des troubles affectifs et émotionnels qui n'altèrent pas les fonctions intellectuelles.

**névrosé, e** adj et n Atteint de névrose.

**névrotique** adj Relatif à la névrose.

**new-look** [njuluk] adj inv et nm inv (anglicisme) VIEILLI D'un aspect nouveau.

**newsletter** [njuzlɛtœr] nf Bulletin d'information périodique envoyé sur la messagerie électronique des personnes qui y sont inscrites (on dit aussi *infolettre*).

**newsmagazine** [njuzmagazin] ou **news** [njuz] nm (anglicisme) Hebdomadaire d'actualité en couleurs.

**newton** [njutɔn] nm PHYS Unité de mesure de force ; symb : N.

**new-yorkais, e** adj et n De New York.

ORTHOGRAPHE *New-yorkais* s'écrit avec un trait d'union, à la différence du nom de la ville.

**nez** nm **1.** Partie saillante du visage, entre la bouche et le front, organe de l'odorat. **2.** Odorat, flair : *avoir du nez.* **3.** Tête, visage : *mettre le nez à la fenêtre.* **4.** GÉOGR Cap, promontoire. **5.** Avant d'un navire, d'un avion, d'une fusée : *piquer du nez.* ■ **avoir du nez** ou **avoir le nez fin** : être perspicace. ❑ FAM **à vue de nez** : approximativement. ❑ **mettre, fourrer son nez quelque part** : se mêler indiscrètement de. ❑ **mettre le nez dehors** : sortir. ❑ **pied de nez** : geste de moquerie, fait en appuyant sur le bout de son nez le pouce d'une main, les doigts écartés. ❑ **se trouver nez à nez avec qqn** : face à face.

**ni** conj Coordonne deux éléments qui s'ajoutent ou s'excluent dans les phrases négatives : *n'avoir ni l'eau ni l'électricité.*

**niable** adj Qui peut être nié.

**niais, e** adj et n Simple, sot, naïf.

**niaisement** adv De façon niaise.

**niaiserie** nf **1.** Caractère niais. **2.** Acte, parole niais, stupides.

**nicaraguayen, enne** adj et n Du Nicaragua : *les Nicaraguayens.*

**1. niche** nf **1.** Enfoncement pratiqué dans un mur pour y placer un objet, un meuble, etc. **2.** Cabane pour chien. **3.** ÉCON Petit segment de marché, bien ciblé, encore peu exploité et susceptible de connaître un grand essor.

**2. niche** nf FAM Farce : *faire des niches.*

**nichée** nf **1.** Ensemble des oiseaux d'une même couvée encore au nid. **2.** FAM Les enfants d'une famille nombreuse.

**nicher** vi **1.** Faire son nid. **2.** FAM Habiter, loger. ◆ **se nicher** vpr S'installer ; se cacher, se blottir.

**nichon** nm TRÈS FAM Sein de femme.

**nickel** nm Métal blanc grisâtre, brillant, à cassure fibreuse ; symb : ni. ◆ adj inv FAM Propre, impeccable.

**nickelé, e** adj Recouvert de nickel.

**niçois, e** adj et n De Nice. ■ **salade niçoise** : salade composée de tomates, poivrons, olives, thon, anchois, etc.

**nicotine** nf Alcaloïde du tabac, violent excitant du système neurovégétatif.

**nid** nm **1.** Petit abri que se font les oiseaux, certains insectes et certains poissons pour pondre leurs œufs, les couver et élever leurs petits. **2.** Habitation de certains animaux : *nid de guêpes.* **3.** Habitation, logement : *un nid d'amoureux.* **4.** Repaire : *un nid de brigands.* ■ **nid à poussière** : endroit propice à l'accumulation de la poussière. ❑ **nid d'abeilles** : cloisonnement en forme d'alvéoles.

**nidation** nf Implantation de l'œuf ou de l'embryon dans l'utérus des mammifères.

**nid-de-poule** (pl *nids-de-poule*) nm Trou dans une route défoncée.

**nidification** nf Construction d'un nid.

**nidifier** vi Construire son nid.

**nièce** nf Fille du frère ou de la sœur.

**nielle** nf **1.** Plante parasite à fleurs mauves, commune dans les champs de céréales. **2.** Maladie des céréales.

**nieller** vt Gâter par la nielle.

**nier** vt Dire qu'une chose n'existe pas, n'est pas vraie, rejeter comme faux.

**nietzschéen, enne** [nitʃeɛ̃, ɛn] adj et n Relatif à la philosophie de Nietzsche ; qui en est adepte.

**nigaud, e** adj et n Sot, niais.

**nigérian, e** adj et n Du Nigeria : *les Nigérians.*

**nigérien, enne** adj et n Du Niger : *les Nigériens.*

**night-club** [najtklœb] (pl *night-clubs*) nm Établissement de spectacle ouvert la nuit.

**nihilisme** nm **1.** Tendance révolutionnaire de l'intelligentsia russe à la fin du XIXe s., qui avait pour but la destruction radicale des structures sociales. **2.** Négation des valeurs, refus de l'idéal collectif communs à un groupe social.

**nihiliste** adj et n Partisan du nihilisme.

**Nikkei** ■ **indice Nikkei** nm (nom déposé) Indice boursier établi à partir du cours de 225 sociétés japonaises.

**nimbe** nm Cercle lumineux autour de la tête d'un saint, dans une peinture, une sculpture, etc. ; auréole.

**nimber** vt **1.** Orner d'un nimbe. **2.** LITT Entourer d'un halo : *étang nimbé de brume*.

**nimbo-stratus** [nɛ̃bɔstratys] nm inv Nuage bas, d'un gris sombre, qui annonce la pluie.

**nimbus** [nɛ̃bys] nm Nuage d'un gris sombre.

**ninja** [ninʒa] nm Dans le Japon médiéval jusqu'au XVIIᵉ s., espion formé au *ninjutsu*, technique de combat et de camouflage.

**nippes** nf pl FAM, VIEILLI Vêtements usagés, fripes.

**nipper** vt FAM, VIEILLI Habiller.

**nippon, e** adj et n Du Japon.

**niqab** nm Long voile dissimulant le visage, à l'exception des yeux, porté par certaines femmes musulmanes.

**nique** nf ■ FAM **faire la nique à qqn** : lui faire un signe de mépris ou le braver.

**nirvana** nm Dans le bouddhisme, état de sérénité auquel on parvient en renonçant au désir humain, ce qui entraîne la fin du cycle des réincarnations.

**nitrate** nm Sel de l'acide nitrique.

**nitrifier** vt Transformer en nitrate.

**nitrique** adj ■ **acide nitrique** : composé oxygéné dérivant de l'azote, utilisé par les graveurs sous le nom d'eau-forte.

**nitroglycérine** nf Explosif puissant dérivé de la glycérine, entrant dans la composition de la dynamite.

**nival, e, aux** adj Relatif à la neige ; dû à la neige.

**niveau** nm **1.** Hauteur d'un point, degré d'élévation par rapport à un plan de référence : *le niveau des eaux*. **2.** Instrument pour vérifier ou établir l'horizontalité d'une surface. **3.** Étage d'un bâtiment. **4.** FIG Valeur de qqch, de qqn, degré atteint dans un domaine : *niveau scolaire*. ■ **au niveau de** : (a) à la hauteur de : *au niveau du sol* (b) sur la même ligne que, aux environs de : *au niveau du carrefour* (c) en ce qui concerne : *au niveau de l'hygiène*. ❑ **courbe de niveau** : sur une carte, ligne joignant les points situés à une même altitude. ❑ **être au niveau de qqch** : avoir les capacités pour. ❑ **niveau de langue** : chacun des registres d'une langue (littéraire, familier, populaire, etc.) que l'on peut employer en fonction de la situation ou des personnes à qui l'on s'adresse. ❑ **niveau de vie** : évaluation du mode d'existence moyen d'une nation, d'un groupe social. ❑ **se mettre, être au niveau de qqn** : (a) réussir à se faire comprendre de lui (b) l'égaler.

EMPLOI Il est plus correct de dire *en ce qui concerne l'écriture, ce roman est faible*, plutôt que *au niveau de l'écriture*.

**niveler** vt (conj 6) **1.** Rendre horizontal : *niveler un terrain*. **2.** FIG Rendre égal : *niveler les salaires*.

**nivellement** nm Action de niveler ; fait d'être nivelé.

**nivôse** nm Quatrième mois du calendrier républicain (21 décembre-19 janvier).

**nô** nm Drame lyrique japonais, combinant la musique, la danse et la poésie.

**nobiliaire** adj Qui appartient à la noblesse : *titre nobiliaire*.

**noble** adj et n Qui appartient à une classe de personnes jouissant de titres ou de privilèges héréditaires concédés par un souverain. ◆ adj **1.** Propre à la noblesse : *sang noble*. **2.** FIG Qui indique de la grandeur, des qualités morales ou intellectuelles. **3.** Qui commande le respect par sa majesté. **4.** Qui est considéré comme supérieur : *l'or, l'argent sont des métaux nobles*.

**noblement** adv De façon noble.

**noblesse** nf **1.** Condition de noble. **2.** Classe sociale des nobles : *la noblesse de l'Empire*. **3.** FIG Grandeur, élévation, distinction : *la noblesse de son geste*. ■ **acquérir ses lettres de noblesse** : être reconnu officiellement.

**noce** nf Festin et réjouissances qui accompagnent un mariage ; tous ceux qui s'y trouvent : *aller à la noce*. ■ FAM, VIEILLI **faire la noce** : mener une vie dissolue. ❑ **noces d'argent, d'or, de diamant** : 25ᵉ, 50ᵉ, 60ᵉ anniversaire de mariage.

**noceur, euse** n FAM, VIEILLI Personne qui mène une vie de débauche.

**nocher** nm LITT Homme chargé de conduire une barque. ■ **le nocher des Enfers** : Charon.

**nocif, ive** adj Nuisible.

**nocivité** nf Caractère nocif.

**noctambule** adj et n Qui aime sortir tard le soir, se divertir la nuit.

**noctuelle** nf Papillon de nuit.

**1. nocturne** adj **1.** Qui a lieu pendant la nuit : *tapage nocturne*. **2.** Qui veille la nuit et dort le jour : *oiseau nocturne*. ◆ nm Morceau musical d'un caractère tendre et mélancolique.

**2. nocturne** nf Ouverture en soirée d'un magasin.

**nodosité** nf **1.** Nœud, renflement : *les nodosités d'un arbre*. **2.** Petite tumeur : *nodosités rhumatismales*.

**nodule** nm **1.** Petite nodosité : *avoir un nodule sur les cordes vocales*. **2.** GÉOL Concrétion arrondie dans une roche de nature différente.

**Noël** nm **1.** Fête de la nativité du Christ, célébrée le 25 décembre ; période autour de cette fête. **2.** (avec une minuscule) Cantique de Noël : *un noël*. ■ **croire au père Noël** : se faire des illusions. ❑ **père Noël** : personnage légendaire chargé de distribuer des cadeaux aux enfants à Noël. ◆ nf ■ **la Noël :** (a) la fête de Noël (b) la période de Noël.

**nœud** nm **1.** Enlacement serré de ruban, de fil, de corde, etc. : *faire un nœud.* **2.** Ornement en forme de nœud : *nœud de cravate ; nœud papillon.* **3.** Ce qui constitue la difficulté d'un problème. **4.** LITTÉR Moment d'une pièce de théâtre où l'intrigue est arrivée à son point essentiel. **5.** Croisement de plusieurs voies de communication : *nœud ferroviaire.* **6.** Point de la tige où s'insère une feuille. **7.** Partie dure et plus sombre dans le bois. **8.** ANAT Amas tissulaire globuleux. **9.** MAR Unité de vitesse équivalant à 1 852 m/h. ■ FAM **sac de nœuds :** affaire très embrouillée.

**noir, e** adj **1.** D'une couleur foncée analogue à celle du charbon : *de l'encre noire ; des yeux noirs.* **2.** Sombre, obscur : *nuit noire.* **3.** FIG Triste, sombre : *humeur noire.* **4.** Hostile, haineux : *regard noir.* **5.** Clandestin, illégal : *marché noir ; travail au noir.* **6.** Se dit d'un groupe humain caractérisé entre autres par une pigmentation très foncée de la peau ; qui relève de ce groupe : *population noire.* ◆ n (avec une majuscule) Personne à la peau noire. ◆ nm **1.** Couleur noire : *un noir de jais.* **2.** Étoffe noire, vêtement de deuil : *le noir est très seyant.* **3.** Obscurité. ■ **broyer du noir :** être déprimé. ❑ **noir sur blanc :** par écrit, formellement. ❑ FAM **un petit noir :** tasse de café sans lait. ❑ **voir tout en noir :** être très pessimiste.

**noirâtre** adj Qui tire sur le noir.

**noiraud, e** adj et n PÉJOR Qui a les cheveux noirs et le teint brun.

**noirceur** nf **1.** Qualité, état de ce qui est noir. **2.** FIG Perfidie, méchanceté : *noirceur de l'âme.*

**noircir** vt **1.** Rendre noir : *les monuments de la ville sont noircis par la pollution.* **2.** Peindre sous des couleurs inquiétantes : *noircir la situation.* ◆ vi ou **se noircir** vpr Devenir noir : *le ciel (se) noircit.*

**noircissement** nm Action de noircir ; fait d'être noirci.

**noircissure** nf Tache noire.

**noire** nf MUS Note qui vaut la moitié d'une blanche.

**noise** nf ■ **chercher noise, des noises à quelqu'un :** lui chercher querelle.

**noisetier** nm Arbre dont le fruit est la noisette.

**noisette** nf **1.** Fruit du noisetier. **2.** Petite quantité d'une matière, de la grosseur d'une noisette. **3.** FAM Café mêlé d'un peu de lait. ◆ adj inv Marron clair tirant sur le roux : *des yeux noisette.*

**noix** nf **1.** Fruit du noyer. **2.** Fruit de divers arbres à enveloppe ligneuse : *noix de coco ; noix de muscade.* ■ FAM **à la noix :** sans valeur. ❑ **noix de beurre :** petite quantité de beurre de la grosseur d'une noix. ❑ **noix de veau :** morceau de boucherie venant du dessus de la cuisse de l'animal.

**nom** nm **1.** Mot qui sert à désigner une personne, une chose : *nom de famille ; le nom de cette fleur.* **2.** Personne connue : *un grand nom du théâtre.* **3.** GRAMM Catégorie grammaticale des mots qui désignent un représentant d'une espèce (noms communs) ou un individu particulier (noms propres) ; substantif. ■ **appeler les choses par leur nom :** s'exprimer clairement, sans détour. ❑ **au nom de :** (a) en lieu et place de (b) en considération de. ❑ **de nom :** par le nom seulement : *connaître quelqu'un de nom.* ❑ **nom commun :** qui convient à tous les êtres de la même espèce. ❑ FAM **nom de... :** juron d'indignation, de surprise : *nom d'un chien !* ❑ **nom de jeune fille :** nom de famille d'une femme avant son mariage. ❑ **nom propre :** nom d'un individu particulier. ❑ **petit nom :** prénom usuel. ❑ **traiter quelqu'un de tous les noms :** l'insulter.

**nomade** n et adj **1.** Personne qui n'a pas d'habitation fixe. **2.** Personne qui n'a pas de lieu de travail fixe et qui se déplace fréquemment. ◆ adj **1.** INFORM, TÉLÉCOMM Se dit d'un matériel qui peut s'utiliser lors de déplacements sans nécessité de branchement. SYN : mobile. **2.** Se dit d'une activité qui peut être pratiquée avec un matériel de ce type : *travail nomade.*

**nomadisme** nm Vie nomade.

**no man's land** [nomanslɑ̃d] nm inv Territoire inoccupé entre deux zones ennemies.

**nombre** nm **1.** Unité, réunion de plusieurs unités ou fraction d'unité : *le nombre 8.* **2.** Collection, ensemble de personnes ou de choses : *un grand nombre de participants.* **3.** GRAMM Catégorie grammaticale qui permet l'opposition entre le singulier et le pluriel. ■ **au nombre de :** parmi. ❑ **en nombre** ou **sans nombre :** en grande quantité. ❑ **être du nombre :** faire partie du groupe. ❑ **le plus grand nombre :** la majorité. ❑ **nombre de** ou **bon nombre de :** beaucoup de.

**nombreux, euse** adj **1.** En grand nombre. **2.** Qui comprend un grand nombre d'éléments : *famille nombreuse.*

**nombril** [nɔ̃bri] ou [nɔ̃bril] nm Cicatrice du cordon ombilical, au milieu du ventre. SYN : ombilic.

**nombrilisme** nm FAM Attitude de quelqu'un qui ramène tout à soi.

**nome** nm Division administrative de l'ancienne Égypte et de la Grèce actuelle.

**nomenclature** nf **1.** Ensemble des termes propres à une science ou à une technique. **2.** Ensemble des entrées d'un dictionnaire.

**nomenklatura** [nɔmɛnklatura] nf Ensemble de personnes jouissant de privilèges.

**nominal, e, aux** adj **1.** Qui sert à nommer ; relatif au nom d'une personne : *erreur nominale.* **2.** Qui n'existe que de nom : *chef nominal d'un parti.* ■ **valeur nominale :** inscrite sur une monnaie, un effet de commerce, etc.

**nominalement** adv De façon nominale.

**1. nominatif** nm Dans les langues à déclinaisons, cas qui désigne le sujet.

**2. nominatif, ive** adj Qui comporte expressément le ou les noms : *carte nominative.*

**nomination** nf Action de nommer à un emploi ; fait d'être nommé.

**nominativement** adv En spécifiant le nom.

**nominer** vt (emploi critiqué) Sélectionner comme lauréat possible d'une distinction.

**nommé, e** adj Appelé : *Louis XII, nommé le Père du peuple.* ■ **à point nommé :** à propos. ◆ n La personne qui porte le nom de : *le nommé Jean.*

**nommément** adv En désignant ou en étant désigné par le nom.

**nommer** vt **1.** Désigner quelqu'un ou quelque chose par un nom, les qualifier d'un nom : *nommer un enfant.* **2.** Dire ou écrire le nom de : *nommer ses complices.* **3.** Choisir, désigner, élire : *nommer un maire.* ◆ **se nommer** vpr **1.** Avoir pour nom. **2.** Se faire connaître par son nom.

**non** adv **1.** Équivaut à une proposition négative : *viendrez-vous ? non ; il part, moi non.* **2.** Précède l'adjectif ou le nom pour en constituer la négation, le contraire : *non solvable ; non-réussite.* **3.** N'est-ce pas ? : *c'est ce qu'il demande, non ?* **4.** Marque l'étonnement, l'indignation : *il n'est pas réélu. – non ? ; ah, non ! Vous ne sortez pas !* ■ **non moins :** pas moins, tout autant. ❑ **non pas :** introduit ce que l'on exclut, ce que l'on pourrait supposer : *élevé non pas par ses parents, mais par ses grands-parents.* ❑ **non plus :** indique ce qui est exclu au même titre qu'autre chose : *pas de lait, de sucre non plus d'ailleurs.* ❑ **non que** ou **non pas que :** ce n'est pas que. ❑ **non seulement :** pas seulement cela. ◆ nm inv Refus net : *un non ferme.*

**non-activité** nf État d'un officier, d'un fonctionnaire temporairement sans emploi.

**nonagénaire** n et adj Personne qui a entre quatre-vingt-dix et quatre-vingt-dix-neuf ans.

**non-agression** nf Fait ou intention de ne pas attaquer : *pacte de non-agression.*

**non-aligné, e** adj et n Se dit des États pratiquant le non-alignement.

**non-alignement** nm Attitude des pays qui refusent de suivre systématiquement la politique de l'un des deux grands blocs politiques à l'époque de la guerre froide.

**nonante** adj num card BELGIQUE, SUISSE Quatre-vingt-dix.

**non-assistance** nf Abstention volontaire de porter assistance.

**non-belligérance** nf État d'un pays qui, sans être neutre, ne participe pas à un conflit.

**non-belligérant, e** adj et n Qui ne participe pas à un conflit.

**nonce** nm Ambassadeur du pape.

**nonchalamment** adv Avec nonchalance.

**nonchalance** nf Caractère, comportement nonchalant.

**nonchalant, e** adj **1.** Qui manque d'ardeur, de vivacité ; indolent. **2.** Dont les gestes lents dénotent l'insouciance ou l'affectation.

**non-combattant, e** n et adj **1.** Militaire qui ne prend pas une part effective au combat. **2.** Personne qui, dans un pays en guerre, ne porte pas les armes.

**non-conciliation** nf DR Défaut de conciliation en justice.

**non-conformisme** nm Tendance à ne pas se conformer aux usages courants, aux idées les plus répandues.

**non-conformiste** adj et n Qui ne se conforme pas à la tradition, aux usages établis.

**non-conformité** nf Défaut de conformité.

**non conventionnel, elle** adj Se dit d'un type d'hydrocarbures d'extraction difficile, comme le gaz de schiste.

**non-croyant, e** adj et n Qui n'appartient à aucune religion.

**non directif, ive** adj Qui cherche à éviter toute directivité : *un entretien non directif.*

**non-directivité** nf Attitude, méthode non directive.

**non-dit** nm inv SOUT Ce que l'on tait.

**non-droit** nm Absence de droit, de règles juridiques concernant une situation, une question. ■ **zone de non-droit :** espace, quartier où des groupes s'opposent par des actes délictueux à l'application de la loi.

**non-engagé, e** adj et n Qui a une attitude de non-engagement : *les pays non-engagés.*

**non-engagement** nm Attitude de celui qui reste libre à l'égard de toute position politique.

**non-exécution** nf DR Défaut d'exécution.

**non-existence** nf Fait de ne pas exister.

**non-fiction** nf Ensemble des écrits ne relevant pas de la fiction, tels que les essais, les documents, les manuels, les biographies...

**non-fumeur, euse** n Personne qui ne fume pas.

**non-ingérence** nf Attitude qui consiste à ne pas s'ingérer dans les affaires d'autrui.

**non-initié, e** n et adj Profane en un domaine : *émission pour les non-initiés.*

**non-inscrit, e** adj et n Ni affilié ni apparenté à un groupe politique.

**non-intervention** nf Attitude qui consiste à ne pas intervenir dans les affaires des pays étrangers.

**non-interventionniste** adj et n Partisan de la non-intervention.

**non-lieu** nm DR Décision du juge d'instruction constatant qu'il n'y a pas lieu de poursuivre.

**nonne** nf Religieuse.

**nonobstant** prép SOUT, VIEILLI Malgré : *nonobstant les remontrances.*

**non-partant, e** adj et n Se dit d'un cheval qui ne prend pas le départ lors d'une course.

**non-paiement** nm Défaut de paiement.

**non-prolifération** nf Politique visant à interdire la possession d'armes aux pays n'en disposant pas.

**non-recevoir** nm ■ **fin de non-recevoir :** refus catégorique.

**non-résident** nm Personne ayant sa résidence habituelle à l'étranger.

**non-respect** nm Fait de ne pas respecter une obligation légale, réglementaire.

**non-retour** nm inv ■ **point de non-retour :** moment à partir duquel on ne peut plus revenir sur une décision.

**non-sens** nm inv Chose dépourvue de sens, de signification ; absurdité.

**non-spécialiste** adj et n Qui n'est pas spécialiste de quelque chose.

**non-stop** [nɔnstɔp] adj inv (anglicisme) Continu, sans interruption : *offensive non-stop.*

**non-viable** adj **1.** Se dit d'un fœtus qui n'est pas viable. **2.** Se dit d'un nouveau-né ayant des lésions incompatibles avec la vie.

**non-violence** nf Attitude politique de ceux qui refusent le recours à la violence.

**non-violent, e** n Partisan de la non-violence. ◆ adj Qui a trait à la non-violence.

**non-voyant, e** adj et n Se dit d'une personne qui ne voit pas ; aveugle.

**nopal** (pl *nopals*) nm Figuier de Barbarie, à feuilles grasses.

**nord** nm inv et adj inv Un des quatre points cardinaux ; zone située vers ce point : *l'aiguille aimantée se tourne vers le nord.* ■ **le Grand Nord :** zone proche du pôle Nord. ❑ FAM **perdre le nord :** ne plus savoir où l'on en est.

ORTHOGRAPHE On écrit : *dans le Nord* (région), mais *au nord* (orientation).

**nord-africain, e** adj et n De l'Afrique du Nord : *les Nord-Africains.*

**nord-américain, e** adj et n De l'Amérique du Nord : *les Nord-Américains.*

**nord-coréen, enne** adj et n De la Corée du Nord : *les Nord-Coréens.*

**nord-est** [nɔrɛst] ou [nɔrdɛst] nm inv et adj inv Point de l'horizon entre le nord et l'est.

**nordique** adj et n Du nord de l'Europe. ◆ adj CANADA Du Nord canadien.

**nordiste** n et adj Aux États-Unis, partisan du gouvernement fédéral pendant la guerre de Sécession.

**nord-ouest** [nɔrwɛst] ou [nɔrdwɛst] nm inv et adj inv Point de l'horizon entre le nord et l'ouest.

**nori** nf Algue marine comestible, utilisée pour la confection des makis.

**noria** nf **1.** Machine hydraulique formée d'une chaîne à godets, pour irriguer. **2.** Va-et-vient ininterrompu de véhicules : *la noria des cars de touristes.*

**normal, e, aux** adj **1.** Conforme à la norme ; ordinaire, régulier : *taille normale.* **2.** Qui ne présente pas de trouble pathologique : *le bébé est normal.* CONTR : anormal. ■ ANC **École normale :** école de formation des instituteurs. ❑ **École normale supérieure :** école de formation des professeurs de l'enseignement secondaire et de l'enseignement supérieur.

**normale** nf État habituel : *retour à la normale.*

**normalement** adv **1.** De façon normale. **2.** En principe, selon ce qui est prévu : *normalement, il devrait rentrer à 19 h.*

**normalien, enne** n Élève d'une école normale.

**normalisation** nf Assujettissement à une norme, à un type.

**normaliser** vt **1.** Soumettre à une norme. **2.** Faire revenir à une situation normale : *normaliser des relations diplomatiques.*

**normalité** nf Caractère de ce qui est normal.

**normand, e** adj et n De Normandie : *les Normands.*

**normatif, ive** adj Dont on dégage des règles ou des préceptes ; qui établit une norme : *grammaire normative.*

**norme** nf **1.** État conforme à la moyenne et considéré comme la règle : *rester dans la norme.* **2.** Critère auquel on se réfère :

*norme esthétique.* **3.** Règle, principe : *normes de fabrication*.

**noroît** ou **norois** nm Vent du nord-ouest.

**norvégien**, **enne** adj et n De Norvège : *les Norvégiens.* ◆ nm Langue parlée en Norvège.

**nos** adj poss → **notre**.

**nosocomial**, **e**, **aux** adj Se dit d'une maladie contractée lors d'une hospitalisation.

**nosologie** nf Classification des maladies.

**nostalgie** nf **1.** Tristesse, mélancolie. **2.** Mal du pays.

**nostalgique** adj et n Qui ressent de la nostalgie. ◆ adj Qui exprime et provoque la nostalgie : *chanson nostalgique*.

**nota** ou **nota bene** [nɔtabene] nm inv Note mise dans la marge ou au bas d'un écrit.

**notabilité** nf Personne notable.

**notable** adj Digne d'être noté, remarqué ; important. ◆ n Personne qui a une situation sociale de premier rang dans une ville.

**notablement** adv D'une manière appréciable ; beaucoup.

**notaire** n Officier ministériel qui reçoit et rédige les actes, les contrats, pour les rendre authentiques.

**notamment** adv Spécialement, en particulier.

**notarial**, **e**, **aux** adj Du notaire.

**notariat** nm **1.** Fonction de notaire. **2.** Ensemble des notaires.

**notarié**, **e** adj Passé devant notaire : *acte notarié*.

**notation** nf **1.** Action ou manière de noter : *notation algébrique.* **2.** Action de mettre une note : *la notation de copies d'examen.* ■ **agence de notation (financière) :** organisme chargé d'évaluer le risque de non-remboursement de la dette d'une collectivité (EX : État) ou d'une entreprise. ❑ **notation souveraine :** évaluation par une agence de notation des risques (insolvabilité, partic.) liés à la dette (dite *souveraine*) émise par un État.

**note** nf **1.** Remarque écrite, commentaire rédigé : *note de l'auteur.* **2.** Observation écrite : *prendre des notes.* **3.** Communication écrite faite dans un service, une entreprise, etc. : *note de service.* **4.** Appréciation chiffrée de qqn ou de qqch : *avoir de bonnes notes.* **5.** Détail d'un compte à payer : *note d'hôtel.* **6.** Marque distinctive ; nuance : *donner une note personnelle.* **7.** MUS Signe figurant un son et sa durée ; ce son lui-même. ■ **donner la note :** indiquer le ton, ce qui convient. ❑ **être dans la note :** en accord avec le style de qqn ou de qqch. ❑ **forcer la note :** exagérer.

ORTHOGRAPHE On écrit *prendre des notes*, mais *prendre (en) note* (sans *s*).

**noter** vt **1.** Faire une marque sur ce qu'on veut retenir : *noter un passage.* **2.** Mettre par écrit : *noter un rendez-vous.* **3.** Prendre garde à : *notez bien ce que je vous dis.* **4.** Apprécier le travail, la valeur de quelqu'un : *noter une copie.* **5.** Écrire de la musique avec des notes : *noter un air*.

**notice** nf Écrit succinct sur un sujet : *notice explicative*.

**notification** nf Action de notifier ; fait d'être notifié.

**notifier** vt **1.** DR Faire savoir dans les formes légales : *notifier un acte.* **2.** Informer, faire part de.

**notion** nf **1.** Idée qu'on a d'une chose. **2.** (surtout au pluriel) Connaissance élémentaire.

**notionnel**, **elle** adj PHILOS, LING Relatif à une notion.

**notoire** adj Connu de tous ; célèbre.

**notoirement** adv De façon notoire, avérée ; manifestement.

**notoriété** nf Caractère d'une personne ou d'un fait notoire.

**notre** (pl *nos*) adj poss Qui nous concerne, qui est à nous : *notre quartier*.

**nôtre** pron poss (précédé de l'article défini) Ce qui est à nous, a un lien affectif ou social avec nous : *cette maison est la nôtre.* ◆ **nôtres** pl ■ **être des nôtres :** faire partie de notre groupe, être avec nous. ❑ **les nôtres :** (a) nos parents (b) nos amis, nos alliés.

**notule** nf SOUT Remarque sur un point de détail.

**nouage** nm Action de nouer.

**nouba** nf ■ FAM **faire la nouba :** s'amuser, faire la fête.

**nouer** vt **1.** Lier, serrer avec un nœud : *nouer ses cheveux.* **2.** Faire un nœud à : *nouer une cravate.* **3.** FIG Former : *nouer une amitié.* ■ **nouer la conversation :** l'engager.

**noueux**, **euse** adj Qui a des nodosités ou des nœuds : *des bras noueux ; bâton noueux*.

**nougat** nm Confiserie faite d'amandes et de caramel ou de miel.

**nougatine** nf Nougat dur, fait d'amandes broyées et de caramel.

**nouille** nf Pâte alimentaire à base de semoule de blé dur, découpée en lanières.

**nounou** nf FAM Nourrice.

**nounours** nm Ours en peluche, dans le langage enfantin.

**nourri**, **e** adj ■ **feu, tir nourri :** intense.

**nourrice** nf Femme qui garde des enfants à son domicile contre rémunération.

**nourricier**, **ère** adj Qui assure la nutrition d'un organisme : *suc nourricier.* ■ **père nourricier :** père adoptif.

**nourrir** vt **1.** Fournir des aliments ; faire vivre en donnant des aliments : *nourrir un enfant, des bestiaux.* **2.** Servir à la nutrition : *le sang nourrit le corps.* **3.** FIG Former : *la lecture nourrit l'esprit.* **4.** Entretenir, faire durer : *nourrir l'espoir.* ◆ **se nourrir** vpr absorber des aliments.

**nourrissant, e** adj Qui nourrit beaucoup.

**nourrisson** nm Enfant en bas âge.

**nourriture** nf **1.** Action de nourrir un être vivant. **2.** Toute substance qui sert à l'alimentation. **3.** FIG, LITT Ce qui nourrit l'esprit.

**nous** pron pers **1.** Désigne la 1re personne du pluriel, représentant un groupe dont fait partie la personne qui parle. **2.** Remplace *je* dans le style officiel.

**nouveau** ou **nouvel** (devant une voyelle ou un *h* muet), **nouvelle 1.** Qui n'existe que depuis peu de temps : *livre nouveau.* **2.** Qui vient après quelqu'un ou quelque chose de même espèce : *la saison nouvelle.* **3.** Original, jamais vu ou dit auparavant : *techniques nouvelles ; rien de nouveau.* **4.** Qui est tel depuis peu de temps : *nouveaux riches.* ■ **nouvelle vague :** génération de cinéastes des années 60 qui prônaient le cinéma d'auteur. ◆ adj et n Qui est depuis peu dans un groupe, dans un lieu. ◆ nm Ce qui est original, inattendu. ■ **à nouveau** ou **de nouveau :** une fois de plus, en recommençant.

**nouveau-né, e** (pl *nouveau-nés, es*) adj et n Qui vient de naître.

**nouveauté** nf **1.** Caractère, qualité de ce qui est nouveau. **2.** Chose nouvelle : *lire les nouveautés.*

**nouvelle** nf **1.** Annonce d'une chose, d'un événement arrivé récemment. **2.** Court récit ou roman. ◆ **nouvelles** pl **1.** Renseignements fournis sur quelqu'un ou quelque chose : *demander des nouvelles.* **2.** Informations diffusées par les médias.

**nouvellement** adv Depuis peu.

**nouvelliste** n Auteur de nouvelles.

**nova** (pl *novae*) nf Étoile qui, augmentant brusquement d'éclat, semble constituer une étoile nouvelle.

**novateur, trice** adj et n Qui innove.

**novélisation** nf Adaptation romanesque d'un scénario de film ou de téléfilm.

**novembre** nm Onzième mois de l'année.

**novice** n et adj Personne qui débute dans un métier, une activité. ◆ n RELIG Personne qui, avant de prononcer ses vœux, s'initie à la vie religieuse.

**noviciat** nm RELIG État de novice ; sa durée.

**noyade** nf Action de noyer ; fait de se noyer.

**noyau** nm **1.** Partie dure qui renferme l'amande, dans certains fruits. **2.** BIOL Partie centrale d'une cellule. **3.** PHYS Partie centrale d'un atome. **4.** FIG Premiers éléments ou éléments principaux d'un groupe, d'un ensemble : *le verbe est le noyau de la phrase.* **5.** Petit groupe de personnes qui constitue l'élément essentiel d'un groupe plus vaste.

**noyautage** nm Action de noyauter.

**noyauter** vt Introduire une ou des personnes dans un groupement afin de le désorganiser, d'en perturber le fonctionnement, etc.

**noyé, e** n Personne morte par noyade.

**1. noyer** vt (conj 3) **1.** Asphyxier par immersion. **2.** Recouvrir d'eau ; mouiller abondamment : *noyer un feu ; yeux noyés de larmes.* **3.** FIG Plonger dans la confusion : *il vous noie dans les détails.* ■ **noyer dans le sang :** réprimer sauvagement. ❑ FAM **noyer le poisson :** se répandre en explications pour détourner l'attention et éluder la réponse. ◆ **se noyer** vpr Mourir asphyxié dans l'eau. ■ FIG **se noyer dans un verre d'eau :** éprouver de grandes difficultés devant un très petit obstacle.

**2. noyer** nm Arbre au bois dur qui porte les noix ; bois de cet arbre.

**nu, e** adj **1.** Non vêtu, sans vêtements, sans protection : *pieds nus.* **2.** Dépourvu d'ornements : *murs nus.* **3.** Sans accessoires : *se battre à mains nues.* ■ **à l'œil nu :** sans instrument optique. ❑ **dire la vérité toute nue :** sans artifice, sans déguisement. ❑ **mettre à nu :** (a) dénuder (b) FIG dévoiler. ◆ nm Représentation artistique d'un corps humain nu.

ORTHOGRAPHE On écrit *marcher pieds nus* mais *marcher nu-pieds ; se promener tête nue,* mais *se promener nu-tête.*

**nuage** nm **1.** Masse de vapeur d'eau suspendue dans l'air. **2.** Masse de matière quelconque qui empêche de voir : *nuage de poussière.* **3.** FIG Menace qui trouble la sérénité : *avenir chargé de nuages.* ■ **être dans les nuages :** distrait. ❑ **informatique en nuage :** modèle d'organisation informatique permettant l'accès à des ressources numériques dont le stockage est externalisé sur plusieurs serveurs.

**nuageux, euse** adj Couvert de nuages.

**nuance** nf **1.** Degré d'une couleur. **2.** Différence légère, subtile : *saisir toutes les nuances d'un raisonnement.*

**nuancer** vt (conj 1) Exprimer quelque chose en tenant compte des nuances : *nuancer son jugement.*

**nuancier** nm Support de présentation des coloris d'un produit.

**nubien, enne** adj et n De Nubie : *les Nubiens.*

**nubile** adj LITT Dont la puberté a commencé.

**nubuck** [nybyk] nm Cuir de bovin d'aspect velouté semblable au daim.

**nucléaire** adj Relatif au noyau de l'atome et à l'énergie qui en est issue. ■ **arme nucléaire :** qui utilise l'énergie nucléaire. ◆ nm Ensemble des techniques, des industries qui concourent à la mise en œuvre de l'énergie nucléaire.

**nucléariser** vt Doter un pays d'armes nucléaires.

**nucléique** adj ■ **acides nucléiques :** constituants fondamentaux du noyau de la cellule.

**nucléole** nm Corps sphérique du noyau des cellules.

**nucléon** nm Particule constituant le noyau d'un atome.

**nudisme** nm Pratique de la vie au grand air et dans un état de nudité complète. SYN : naturisme.

**nudiste** adj et n Relatif au nudisme ; qui le pratique.

**nudité** nf État d'une personne, d'une chose nue.

**nuée** nf **1.** LITT Gros nuage : *nuée chargée de grêle.* **2.** FIG Multitude : *nuée d'oiseaux.* ■ **nuée ardente :** expulsion brutale de gaz à haute pression et à haute température, chargé de fragments de lave.

**nue-propriété** (pl *nues-propriétés*) nf DR Propriété d'un bien dont un autre perçoit l'usufruit.

**nues** nf pl ■ **mettre, porter aux nues :** louer excessivement. ❑ **tomber des nues :** être très surpris.

**nuire** vt ind [à] (conj 69) **1.** Faire du tort : *nuire à autrui.* **2.** Constituer un danger, un obstacle : *nuire à la santé.*

**nuisance** nf Élément de gêne, d'inconfort, danger pour la santé, l'environnement : *le bruit, la fumée, la pollution sont des nuisances.*

**nuisette** nf Chemise de nuit très courte.

**nuisible** adj Qui nuit ; nocif.

**nuit** nf **1.** Temps qui s'écoule entre le coucher et le lever du soleil. **2.** Obscurité : *il fait nuit.* ■ **bonne nuit ! :** souhait de sommeil paisible. ❑ **de nuit :** pendant la nuit. ❑ **la nuit des temps :** les temps très reculés. ❑ **nuit blanche :** passée sans dormir. ❑ **nuit et jour :** sans arrêt, continuellement.

**nuitamment** adv LITT De nuit.

**nuitée** nf Nuit d'hôtel.

**nul, nulle** adj indéf Aucun, pas un : *sans nul doute.* ◆ adj **1.** Sans valeur : *devoir nul.* **2.** Qui se réduit à rien : *différence nulle ;* qui reste sans résultat : *élection nulle.* ◆ adj et n Se dit de quelqu'un de bête, de maladroit ou d'incompétent. ◆ pron indéf Personne : *nul n'est prophète en son pays.*

**nullard, e** adj et n FAM Sans valeur, sans aucune compétence.

**nullement** adv Aucunement.

**nullité** nf **1.** Caractère de ce qui est nul, sans valeur. **2.** Personne sans mérite : *c'est une nullité.*

**numéraire** nm Toute monnaie ayant un cours légal.

**numéral, e, aux** adj Qui désigne ou exprime une idée de nombre : *adjectif numéral.*

**numérateur** nm Terme d'une fraction indiquant combien elle contient de parties de l'unité.

**numération** nf Action ou façon d'énoncer et d'écrire les nombres.

**numérique** adj **1.** Qui se fait sur des nombres donnés : *calcul numérique.* **2.** Qui est évalué ou se traduit par le nombre : *force numérique ; supériorité numérique.* ◆ adj et nm Qui se fait au moyen de ou emploie des chiffres ou des signaux discontinus : *affichage, son numérique ; télévision numérique.*

**numériquement** adv Du point de vue du nombre.

**numérisation** nf INFORM Action de numériser.

**numériser** vt INFORM Représenter une information (son, texte, image) sous forme numérique.

**numéro** nm **1.** Chiffre, nombre qui indique la place d'un objet dans une série. **2.** Billet portant un nombre et qui donne droit au tirage d'une loterie. **3.** Partie d'un ouvrage périodique. **4.** Partie du programme d'un spectacle. **5.** FAM Personne singulière : *un drôle de numéro.* ■ FIG **faire son numéro :** se faire remarquer volontairement. ❑ **numéro (de téléphone) :** ensemble de chiffres à composer pour entrer en ligne avec un poste : *faire un faux numéro.*

**numérologie** nf Pratique divinatoire fondée sur l'analyse numérique du nom d'une personne, de son prénom, de sa date de naissance, etc.

**numérotage** nm ou **numérotation** nf Action, manière de numéroter.

**numéroter** vt Mettre un numéro d'ordre à : *numéroter des objets.*

**numéroteur** nm Instrument pour numéroter.

**numerus clausus** [nymerysklozys] nm inv Quantité limitée de personnes admises à une fonction, à un examen, etc.

**numide** adj et n De Numidie.

**numismate** n Spécialiste en numismatique.

**numismatique** nf Science des monnaies et des médailles.

**nuoc-mâm** [nɥɔkmam] nm inv Condiment d'origine vietnamienne à base de saumure de poisson.

**nu-pieds** nm inv Chaussure à semelle mince retenue au pied par des lanières.

**nuptial, e, aux** adj Relatif au mariage : *bénédiction nuptiale*.

**nuptialité** nf Proportion des mariages dans un pays.

**nuque** nf Partie postérieure du cou, au-dessous de l'occiput.

**nurse** [nœrs] nf VX Bonne d'enfant ; gouvernante.

**nursery** [nœrsəri] (pl *nurserys* ou *nurseries*) ou **nurserie** [nœrsəri] nf **1.** Salle réservée aux nouveau-nés dans une maternité, un hôpital. **2.** Local où l'on peut changer les bébés dans une station d'essence, un aéroport, etc.

**nutriment** nm BIOL Substance alimentaire pouvant être assimilée directement sans transformations digestives.

**Nutri-Score** nm inv (nom déposé) Logo apposé sur l'emballage d'un produit alimentaire transformé ou d'une boisson non alcoolisée, pour permettre d'en évaluer facilement les qualités nutritionnelles.

**nutritif, ive** adj **1.** Qui nourrit : *substance nutritive ;* qui contient en abondance des éléments qui nourrissent : *aliment nutritif.* **2.** Relatif à la nutrition : *valeur nutritive*.

**nutrition** nf Fonction de l'organisme qui assure la digestion et l'assimilation des aliments.

**nutritionnel, elle** adj Relatif à la nutrition, à l'apport alimentaire.

**nutritionniste** n Spécialiste de la nutrition, de la diététique.

**Nylon** nm (nom déposé) Fibre textile artificielle.

**nymphe** nf **1.** MYTH Divinité féminine des fleuves, des fontaines, etc. **2.** ZOOL Forme que présentent certains insectes à l'issue de leur développement larvaire.

**nymphéa** nm Nénuphar blanc.

**nymphette** nf Jeune fille au physique attrayant dont l'habillement et les manières correspondent, sans qu'elle en ait forcément conscience, aux stéréotypes de la féminité.

**nymphomane** adj et nf Atteinte de nymphomanie.

**nymphomanie** nf Exagération des besoins sexuels chez la femme.

**nymphose** nf État de nymphe chez les insectes.

# O

**o** nm Quinzième lettre de l'alphabet et la quatrième des voyelles.

**1. O** (symbole) Ouest.

**2. O** (symbole) Oxygène.

**ô** interj Exprime l'apostrophe, l'invocation.

**oasis** [ɔazis] nf **1.** Terrain rendu fertile par la présence d'un point d'eau, dans un désert. **2.** FIG Lieu de repos physique ou moral : *une oasis de calme*.

**obédience** nf Obéissance à une autorité spirituelle, philosophique ou politique.

**obéir** vt ind [à] **1.** Se soumettre à la volonté de quelqu'un, à un règlement : *obéir à un supérieur, à la loi*. **2.** Céder à : *obéir à ses instincts*. **3.** Être soumis à : *les corps obéissent à la pesanteur*.

**obéissance** nf Action d'obéir.

**obéissant, e** adj Qui obéit ; discipliné, soumis.

**obélisque** nm Monument quadrangulaire, en forme d'aiguille.

**obérer** vt (conj 10) LITT **1.** Endetter fortement. **2.** PAR EXT Compromettre pour l'avenir.

**obèse** adj et n Atteint d'obésité.

**obésité** nf Excès de poids important.

**obi** nf Large ceinture portée sur le kimono.

**obier** nm Arbrisseau à fleurs blanches en boules (appelé aussi : *boule-de-neige*).

**objecter** vt Opposer une objection.

**objecteur** nm ■ **objecteur de conscience :** celui qui refuse d'accomplir le service militaire pour des motifs philosophiques ou religieux.

**1. objectif** nm **1.** But à atteindre. **2.** PHOT Système optique permettant de former l'image sur un support sensible.

**2. objectif, ive** adj **1.** Qui existe hors de l'esprit (par opposition à *subjectif*). **2.** Sans parti pris ; impartial. ■ **allié objectif :** personne, groupe dont l'attitude sert les intérêts de quelqu'un avec qui il n'a pas nécessairement d'affinités : *ce vote fait de lui l'allié objectif de l'opposition*.

**objection** nf Argument opposé à une affirmation.

**objectivement** adv De manière objective. CONTR : subjectivement.

**objectiver** vt Rendre objectif, concret : *objectiver une pensée*.

**objectivité** nf Qualité de quelqu'un ou de ce qui est objectif, impartial.

**objet** nm **1.** Chose concrète perceptible par les sens : *objets personnels*. **2.** But, matière d'une activité, d'une action : *objet d'une discussion*. ■ **objet d'art :** produit de la création artistique. ❑ **(bureau des) objets trouvés :** lieu de recueil des objets trouvés. ❑ **sans objet :** sans fondement réel.

**objurgation** nf LITT Vive remontrance.

**obligataire** n Propriétaire d'obligations boursières.

**obligation** nf **1.** Devoir, engagement qu'imposent la loi, la morale, les convenances, etc. : *avoir de nombreuses obligations*. **2.** Nécessité, caractère inévitable et contraignant d'une situation : *être dans l'obligation de partir*. **3.** VIEILLI Sentiment ou devoir de reconnaissance envers quelqu'un. **4.** Titre représentant un prêt de capitaux donnant droit à intérêts.

**obligatoire** adj Imposé, auquel on ne peut échapper ni déroger.

**obligatoirement** adv D'une façon obligatoire.

**obligé, e** adj Nécessaire : *conséquence obligée*. ■ FAM **c'est obligé :** c'est forcé, obligatoire. ◆ adj et n Reconnaissant ; redevable : *je vous serais très obligé de ; je suis votre obligé*.

**obligeamment** adv Avec obligeance.

**obligeance** nf Disposition à rendre service.

**obligeant, e** adj **1.** Qui aime à faire plaisir, à rendre service : *voisine obligeante*. **2.** Aimable : *paroles obligeantes*.

**obliger** vt (conj 2) **1.** Imposer une obligation à ; lier, engager : *le contrat oblige les deux parties signataires*. **2.** Contraindre, forcer, mettre dans la nécessité de : *obliger quelqu'un à parler ; je suis obligé de partir*. **3.** LITT Rendre service à : *obliger ses amis*.

**oblique** adj Incliné, de biais par rapport à une ligne, à un plan. ◆ nf Ligne oblique.

**obliquement** adv De façon oblique.

**obliquer** vi Aller en oblique.

**obliquité** [ɔblikɥite] nf Inclinaison d'une ligne, d'une surface sur une autre : *l'obliquité d'un plan*.

**oblitérateur, trice** adj Qui oblitère.

**oblitération** nf Action d'oblitérer.

**oblitérer** vt (conj 10) **1.** Marquer d'une empreinte : *oblitérer un timbre.* **2.** MÉD Obstruer : *veine oblitérée.*

**oblong, ongue** adj De forme allongée : *un visage oblong.*

**obnubiler** vt Obséder : *être obnubilé par la mort.*

**obole** nf Petite offrande en argent.

**obscène** adj Qui choque la pudeur.

**obscénité** nf Caractère de ce qui est obscène ; parole, image, action obscènes.

**obscur, e** adj **1.** Sombre : *cave obscure.* **2.** FIG Peu clair ; inintelligible : *style obscur.* **3.** Caché, sans éclat : *vie obscure.*

**obscurantisme** nm Attitude de ceux qui sont opposés au progrès, à l'instruction, etc.

**obscurantiste** adj et n Qui relève de l'obscurantisme ; qui en est partisan.

**obscurcir** vt Rendre obscur. ◆ **s'obscurcir** vpr Devenir obscur.

**obscurcissement** nm Action d'obscurcir ; fait d'être obscurci.

**obscurément** adv De façon obscure.

**obscurité** nf **1.** État de ce qui est obscur : *les chats voient dans l'obscurité.* **2.** Manque de clarté, d'intelligibilité. **3.** État, situation d'une personne sans notoriété ; anonymat.

**obsédant, e** adj Qui obsède.

**obsédé, e** adj et n Dont l'esprit est dominé par une idée fixe.

**obséder** vt (conj 10) Occuper totalement l'esprit.

**obsèques** nf pl Cérémonie des funérailles.

**obséquieusement** adv Avec obséquiosité.

**obséquieux, euse** adj Poli, empressé avec excès ; servile.

**obséquiosité** nf Caractère obséquieux de quelqu'un ; politesse, respect exagérés.

**observable** adj Qui peut être observé.

**observance** nf Action d'observer une règle, de s'y conformer.

**observateur, trice** n **1.** Personne qui regarde, qui observe quelque chose sans y participer : *assister à un débat en simple observateur.* **2.** Personne qui observe les phénomènes d'un point de vue scientifique ou pour en rendre compte : *journaliste envoyé comme observateur dans une zone de combat.* ◆ adj Qui sait regarder avec attention : *esprit observateur.*

**observation** nf **1.** Action d'observer. **2.** Objection ; réprimande : *faire une observation à quelqu'un.*

**observatoire** nm **1.** Établissement pour les observations astronomiques et météorologiques. **2.** Lieu quelconque d'où l'on observe.

**observer** vt **1.** Suivre les prescriptions d'une règle, d'un usage, etc. : *observer le Code de la route ; observer un moment de silence.* **2.** Considérer avec attention, scientifiquement : *observer le cours des astres.* **3.** Épier : *observer les faits et gestes de ses voisins.* **4.** Remarquer ; constater : *observer un mieux chez un convalescent.*

**obsession** nf Idée fixe.

**obsessionnel, elle** adj Relatif à l'obsession : *névrose obsessionnelle.*

**obsidienne** nf Verre volcanique de couleur sombre, très cassant.

**obsolète** adj LITT Sorti de l'usage ; désuet, périmé.

**obstacle** nm **1.** Ce qui empêche d'avancer : *éviter, contourner un obstacle.* **2.** FIG Ce qui empêche ou retarde une action : *faire obstacle à un mariage.* **3.** Difficulté qu'on place sur la piste pour les courses de haies ou les steeple-chases.

**obstétrical, e, aux** adj Relatif à l'obstétrique.

**obstétricien, enne** n et adj Spécialiste d'obstétrique.

**obstétrique** nf Partie de la médecine relative aux accouchements.

**obstination** nf Ténacité ; acharnement.

**obstiné, e** adj et n Opiniâtre ; entêté. ◆ adj assidu ; acharné : *travail obstiné.*

**obstinément** adv Avec obstination.

**obstiner (s')** vpr S'attacher avec ténacité ; s'entêter : *s'obstiner dans un projet.*

**obstruction** nf **1.** MÉD Engorgement d'un conduit. **2.** Tactique d'une minorité qui, dans une assemblée, une réunion, etc., entrave la marche des travaux : *faire de l'obstruction.*

**obstructionnisme** nm Obstruction systématique dans une assemblée.

**obstructionniste** adj et n Qui fait systématiquement de l'obstruction.

**obstruer** vt Boucher par un obstacle.

**obtempérer** vi (conj 10) Obéir : *obtempérer à un ordre.*

**obtenir** vt (conj 22) **1.** Recevoir ce qu'on désire : *obtenir une permission, un délai.* **2.** Atteindre un but, un résultat : *quelle somme obtenez-vous ?*

**obtention** nf Action d'obtenir ; fait d'être obtenu.

**obturateur, trice** adj Qui sert à obturer. ◆ nm Dispositif mécanique qui sert à obturer : *obturateur photographique.*

**obturation** nf Action d'obturer.

**obturer** vt **1.** Boucher hermétiquement. **2.** Combler avec un amalgame les cavités d'une dent cariée.

**obtus, e** adj Qui manque de finesse ; borné. ■ GÉOM **angle obtus :** plus grand qu'un angle droit.

**obus** nm Projectile creux, rempli d'une substance explosive, lancé par une bouche à feu.

**obvier** vt ind [à] LITT Parer, remédier à : *obvier à un oubli.*

**oc** adv ■ **langue d'oc** : ensemble des dialectes du midi de la France, d'origine latine (par opposition à *langue d'oïl*).

**ocarina** nm Instrument de musique à vent de forme ovoïde et percé de trous.

**occasion** nf **1.** Circonstance et, en particulier, circonstance qui vient à propos : *occasion favorable ; profiter de l'occasion.* **2.** Cause ; sujet : *il m'a donné des occasions de le détester.* **3.** Objet qui n'est pas neuf ; achat, vente de tels objets : *marché de l'occasion.* ■ **à l'occasion** : si cela se présente, le cas échéant. ❏ **à l'occasion de** : lors de. ❏ **d'occasion** : qui n'est pas neuf.

**occasionnel, elle** adj Qui se produit par hasard ou de temps en temps.

**occasionnellement** adv Par occasion.

**occasionner** vt Causer ; provoquer, entraîner.

**occident** nm **1.** Côté de l'horizon où le soleil se couche ; ouest, couchant. **2.** (avec une majuscule) Ensemble des États du pacte de l'Atlantique Nord.

**occidental, e, aux** adj et n De l'Occident : *les Occidentaux.*

**occidentalisation** nf Fait de s'occidentaliser.

**occidentaliser (s')** vpr Prendre les caractères des civilisations occidentales.

**occipital, e, aux** adj De l'occiput. ◆ nm Os postérieur du crâne.

**occiput** [ɔksipyt] nm Partie inférieure et postérieure de la tête.

**occire** [ɔksir] vt (seulement à l'infinitif et au participe passé *occis, e*) VX Tuer.

**occitan, e** adj De l'Occitanie. ◆ nm Ensemble des dialectes de la langue d'oc.

**occlure** vt MÉD Fermer un orifice.

**occlusif, ive** adj Qui bouche.

**occlusion** nf MÉD Fermeture pathologique d'un conduit, d'un orifice : *occlusion intestinale.*

**occlusive** nf Consonne produite par une fermeture momentanée de la bouche (EX : *p, k, g, d, b, t*).

**occultation** nf **1.** Action d'occulter, de cacher quelque chose. **2.** ASTRON Disparition passagère d'un astre.

**occulte** adj **1.** Secret ; clandestin : *financement occulte.* **2.** Qui n'est pas visible ; caché : *saignement occulte.* ■ **sciences occultes** : concernant des faits qui échappent à l'explication rationnelle (alchimie, magie, etc.).

**occulter** vt Passer sous silence ; dissimuler : *occulter certains aspects d'un problème.*

**occultisme** nm Pratique des sciences occultes.

**occultiste** adj et n Qui pratique l'occultisme. ◆ adj Qui relève de l'occultisme.

**occupant, e** adj et n Qui occupe un lieu, un pays.

**occupation** nf **1.** Action de s'occuper ; ce à quoi on occupe son temps ; activité : *avoir de nombreuses occupations.* **2.** Fait d'occuper un lieu : *occupation d'un local ; occupation d'un pays.* ■ HIST **l'Occupation** : période (1940-1944) pendant laquelle la France a été occupée par les troupes allemandes.

**occupé, e** adj **1.** Absorbé par un travail, par une occupation. **2.** Utilisé par quelqu'un : *place, ligne occupée.* **3.** Sous occupation ennemie : *zone occupée.*

**occuper** vt **1.** Remplir un espace, une durée : *ce meuble occupe trop de place ; la séance a occupé tout l'après-midi.* **2.** Habiter : *occuper un studio.* **3.** S'emparer militairement, par la force de : *occuper un pays.* **4.** Remplir ; exercer : *occuper un emploi.* **5.** Consacrer : *occuper ses loisirs à.* **6.** Remplir le temps, l'activité, la pensée de : *ses études l'occupent beaucoup.* **7.** Donner du travail à ; employer : *l'usine occupe une centaine d'ouvriers.* ◆ **s'occuper** vpr Travailler, consacrer son temps à.

**occurrence** nf LING Apparition d'un élément de la langue dans un texte. ■ **en l'occurrence** : dans la circonstance présente.

ORTHOGRAPHE Attention, *occurrence* s'écrit avec deux *r*, comme *concurrence*, mais aussi avec deux *c*.

**océan** nm **1.** Vaste étendue d'eau salée qui couvre la plus grande partie du globe terrestre. **2.** (avec une majuscule) L'océan Atlantique : *les plages de l'Océan.* **3.** PAR EXT Vaste étendue : *océan de verdure.*

**océanien, enne** adj et n D'Océanie.

**océanique** adj De l'océan. ■ **climat océanique** : doux et humide en hiver, relativement frais en été.

**océanographe** ou **océanologue** n Spécialiste d'océanographie ou océanologie.

**océanographie** ou **océanologie** nf Étude scientifique du milieu marin et de la vie dans les océans.

**océanographique** ou **océanologique** adj Relatif à l'océanographie ou océanologie.

**ocelle** nm **1.** Œil simple des insectes. **2.** Tache ronde sur un plumage, un pelage.

**ocellé, e** adj Qui porte des ocelles : *ailes ocellées.*

**ocelot** nm Mammifère carnassier de l'Amérique du Sud, à la robe tachetée de points fauves cerclés de noir.

**ocre** nf Argile jaune ou rouge utilisée comme colorant. ◆ adj inv Jaune-brun ou jaune-rouge.

**ocrer** vt Colorer en ocre.

**octaèdre** nm Solide à huit faces.

**octane** nm Hydrocarbure saturé existant dans l'essence de pétrole. ■ **indice d'octane** : indice mesurant la résistance d'un carburant à la détonation.

**octant** nm ANC Instrument qui servait à observer, en mer, la hauteur des astres.

**octante** adj num SUISSE Quatre-vingts.

**octave** nf MUS Intervalle de huit degrés.

**octet** nm INFORM Groupe comprenant huit éléments binaires.

**octobre** nm Dixième mois de l'année.

**octogénaire** n et adj Personne qui a entre quatre-vingts et quatre-vingt-neuf ans.

**octogonal, e, aux** adj Qui a la forme d'un octogone.

**octogone** nm Polygone qui a huit angles.

**octosyllabe** adj et nm Se dit d'un vers qui a huit syllabes.

**octosyllabique** adj Relatif à un octosyllabe.

**octroi** nm **1.** Action d'octroyer, d'accorder : *l'octroi d'un passeport.* **2.** HIST Droit que payaient certaines denrées à leur entrée en ville ; administration percevant ce droit.

**octroyer** vt (conj 3) Concéder, accorder.

**octuor** nm Groupe de huit instrumentistes ou chanteurs.

**oculaire** adj De l'œil : *nerf oculaire.* ■ FIG **témoin oculaire** : qui a vu ce dont il témoigne. ◆ nm Système, dans un instrument d'optique, devant lequel se place l'œil.

**oculiste** n Médecin spécialisé dans les troubles de la vision. SYN : ophtalmologiste.

**odalisque** nf LITT Courtisane.

**ode** nf Petit poème lyrique divisé en strophes semblables entre elles.

**odelette** nf Petite ode.

**odeur** nf Émanation qui affecte l'odorat. ■ **ne pas être en odeur de sainteté** : être peu apprécié, mal vu.

**odieusement** adv De façon odieuse.

**odieux, euse** adj **1.** Qui excite la haine, l'indignation : *crime odieux.* **2.** Très désagréable ; exécrable, insupportable : *enfant odieux.*

**odontologie** nf Étude des dents, de leurs maladies et du traitement de celles-ci.

**odontologiste** n Spécialiste d'odontologie.

**odontostomatologie** nf Discipline constituée par l'odontologie et la stomatologie ; chirurgie dentaire.

**odorant, e** adj Qui répand une odeur.

**odorat** nm Sens qui perçoit les odeurs.

**odoriférant, e** adj LITT Qui répand une odeur agréable.

**odyssée** nf Voyage riche en aventures, en péripéties.

**œcuménique** [ekymenik] adj Relatif à l'œcuménisme. ■ **concile œcuménique** : qui rassemble, intéresse l'ensemble des Églises.

**œcuménisme** [ekymenism] nm Tendance à l'union de toutes les Églises chrétiennes en une seule.

**œdémateux, euse** [edematø, øz] ou [ødematø, øz] adj De la nature d'un œdème.

**œdème** [edɛm] ou [ødɛm] nm Gonflement pathologique de certains tissus ou organes.

**œdipien, enne** [edipjɛ̃, ɛn] ou [ødipjɛ̃, ɛn] adj Relatif aux sentiments éprouvés par un enfant ou un individu pour son parent de sexe opposé.

**œil** (pl *yeux*) nm **1.** Organe de la vue ; cet organe considéré comme indice du caractère, des émotions, des sentiments ; regard : *avoir l'œil méchant.* **2.** Manière de voir ; attention : *avoir l'œil à tout.* **3.** Trou rond. **4.** Lentille de graisse à la surface du bouillon. **5.** Cœur d'un cyclone tropical où les vents sont faibles et le temps peu nuageux. ■ FAM **à l'œil** : gratuitement. ❑ **avoir l'œil** : veiller, prendre garde. ❑ **avoir l'œil sur quelqu'un** ou **avoir, tenir quelqu'un à l'œil** : le surveiller. ❑ **coup d'œil** : regard. ❑ **entre quatre yeux** : en tête à tête. ❑ **fermer les yeux sur quelque chose** : faire comme si on ne l'avait pas vu. ❑ FAM **mon œil !** : exprime l'incrédulité. ❑ **ne pas avoir froid aux yeux** : n'avoir peur de rien. ❑ **ne pas avoir les yeux dans sa poche** : être très observateur. ❑ **ouvrir l'œil** : (a) s'éveiller (b) être attentif.

**œil-de-bœuf** (pl *œils-de-bœuf*) nm Lucarne à fenêtre ronde ou ovale.

**œil-de-perdrix** (pl *œils-de-perdrix*) nm Cor entre les doigts de pied.

**œillade** nf Clin d'œil amoureux.

**œillère** nf Pièce de la bride qui empêche un cheval de voir de côté. ◆ **œillères** pl ■ FIG **avoir des œillères** : ne pas voir ou refuser de voir quelque chose.

**1. œillet** nm Plante à fleurs odorantes ; la fleur même.

**2. œillet** nm Trou de forme circulaire, destiné à recevoir un lacet, un cordage.

**œilleton** nm **1.** Rejeton au collet de certaines plantes. **2.** Petit viseur sur une arme.

**œillette** nf Pavot cultivé pour ses graines, dont on tire une huile comestible et utilisée en peinture ; cette huile.

**œnologie** [enɔlɔʒi] nf Science qui traite de la fabrication et de la conservation des vins.

**œnologique** adj Relatif à l'œnologie.

**œnologue** n Spécialiste d'œnologie.

**œnométrie** nf Détermination de la richesse des vins en alcool.

**œsophage** [ezɔfaʒ] nm Canal qui conduit les aliments dans l'estomac.

**œsophagien, enne** ou **œsophagique** adj Relatif à l'œsophage.

**œstre** [ɛstr] ou [ɛstrə] nm Mouche parasite des moutons et des chèvres.

**œstrogène** [ɛstrɔʒɛn] adj et nm Se dit des hormones qui permettent le développement de l'œuf fécondé.

**œuf** [œf], au pluriel [ø] nm **1.** Corps arrondi, protégé par une coquille, que produisent les femelles des oiseaux et qui, s'il est fécondé, donne naissance à un jeune ; produit de la ponte des femelles des reptiles, des insectes, des poissons, des amphibiens. **2.** Cellule initiale d'un être vivant et, en particulier, d'un être humain, avant la formation d'un embryon. **3.** Ce qui a la forme d'un œuf : *œuf de Pâques.* ■ **dans l'œuf :** dès l'origine, au début. ❑ **marcher sur des œufs :** agir, parler avec précaution. ❑ **œuf sur le plat** ou **œuf au plat :** mets fait du contenu d'un œuf cuit dans une poêle graissée.

**œuvre** nf **1.** Travail, activité. **2.** Ce qui résulte d'un travail : *faire œuvre utile.* **3.** Production artistique ou littéraire : *une œuvre d'art.* ■ **mettre en œuvre :** employer, mettre en action. ◆ nm Ensemble de la production d'un artiste, d'un écrivain : *l'œuvre complet de Rembrandt.* ■ **gros œuvre :** fondations d'un bâtiment.

> ORTHOGRAPHE *Maître d'œuvre* s'écrit sans trait d'union, à la différence de *chef-d'œuvre.*

**œuvrer** vi Travailler : *œuvrer pour le bien public.*

**off** adj inv **1.** CIN Se dit d'une voix, d'un son dont la source n'est pas visible sur l'écran ; hors champ. **2.** Se dit d'un spectacle organisé en marge d'une manifestation culturelle officielle : *festival off.*

**offensant, e** adj Qui offense ; blessant.

**offense** nf Parole ou action blessante.

**offensé, e** adj et n Qui a subi une offense.

**offenser** vt Blesser par des paroles ou des actes. ◆ **s'offenser** vpr [de] Se vexer.

**offenseur** nm Celui qui offense.

**offensif, ive** adj Qui sert à attaquer : *arme offensive.*

**offensive** nf Action entreprise en vue d'attaquer : *prendre l'offensive.*

**offertoire** nm Partie de la messe pendant laquelle le prêtre offre à Dieu le pain et le vin.

**office** nm **1.** Charge ; fonction : *remplir son office.* **2.** Charge civile (avoué, notaire, commissaire-priseur, etc.). **3.** Bureau ; agence : *office du tourisme.* **4.** Service liturgique : *office des morts.* **5.** Envoi périodique de livres par un éditeur aux libraires. **6.** Pièce attenante à la cuisine, où l'on dispose ce qui sert au service de la table. ■ **bons offices :** assistance occasionnelle prêtée par quelqu'un. ❑ **d'office :** par voie d'autorité, sans demande préalable : *commis d'office.* ❑ **faire office de :** jouer le rôle de.

**officialisation** nf Action d'officialiser.

**officialiser** vt Rendre officiel.

**officiant** nm et adj m Personne qui officie à l'église.

**officiel, elle** adj **1.** Qui émane du gouvernement, d'une autorité : *texte officiel.* **2.** Qui concerne une cérémonie publique : *voiture officielle.* ◆ nm Personne qui a une autorité reconnue, publique.

**officiellement** adv De façon officielle.

**1. officier** vi Célébrer un office religieux.

**2. officier** nm **1.** Titulaire d'une charge : *officier de justice.* **2.** Militaire de grade au moins égal à celui de sous-lieutenant. **3.** Grade de certains ordres : *officier de la Légion d'honneur.* ■ **officier ministériel :** notaire, huissier, commissaire-priseur, etc.

**officieusement** adv De façon officieuse.

**officieux, euse** adj Non officiel.

**officinal, e, aux** adj Utilisé en pharmacie : *plantes officinales.*

**officine** nf **1.** Pharmacie. **2.** PÉJOR Endroit où se trame quelque chose : *officine d'espionnage.*

**offrande** nf **1.** Don offert à Dieu ou déposé avec une intention religieuse ou charitable. **2.** Présent ; cadeau.

**offrant** nm ■ **au plus offrant :** à l'acheteur qui propose le prix le plus élevé.

**offre** nf Action d'offrir : *l'offre et la demande ;* la chose offerte : *accepter une offre.* ■ **offre publique d'achat (OPA) :** offre par laquelle une société fait connaître au public son intention d'acheter des titres d'une autre société.

**offrir** vt **1.** Donner en cadeau : *offrir un bouquet.* **2.** Proposer pour aider : *offrir ses services.* **3.** Proposer comme prix : *offrir vingt euros pour le déplacement.* **4.** Présenter, comporter : *offrir de nombreux avantages.* ◆ **s'offrir** vpr **1.** Se proposer : *s'offrir pour aider.* **2.** S'accorder comme plaisir : *s'offrir un pull.* **3.** Se présenter, apparaître : *saisir une occasion qui s'offre.*

**offset** [ɔfsɛt] nm inv Procédé d'impression par transfert au moyen d'un rouleau de caoutchouc.

**offshore** [ɔfʃɔr] adj inv et nm inv **1.** Se dit de la prospection, du forage et de l'exploitation des gisements de pétrole effectués au large des côtes. **2.** Se dit de courses de bateaux à moteur à très grande vitesse et de ces bateaux.

**offusquer** vt Choquer, déplaire à.

**ogival**, **e**, **aux** adj De l'ogive.

**ogive** nf **1.** Arc ou voûte formés de deux courbes qui se coupent en un angle : *croisée d'ogives*. **2.** Ce qui présente la forme d'une ogive : *ogive d'obus*.

**OGM** nm (sigle d'*organisme génétiquement modifié*) Organisme transgénique.

**ogre**, **ogresse** n Dans les contes de fées, géant qui mange les enfants.

**oh** interj Marque la surprise.

**ohé** interj Sert à appeler.

**ohm** nm Unité de résistance électrique.

**oïdium** [ɔidjɔm] nm Maladie produite sur certaines plantes par un champignon.

**oie** nf Oiseau palmipède sauvage ou domestique. ■ FIG **oie blanche** : jeune fille sotte et naïve.

**oignon** [ɔɲɔ̃] nm **1.** Plante potagère à bulbe comestible ; ce bulbe : *soupe à l'oignon*. **2.** Bulbe de certaines plantes : *oignon de tulipe*. **3.** Callosité du pied, à la naissance du gros orteil. **4.** Grosse montre bombée de gousset. ■ FAM **aux petits oignons** : (a) préparé avec soin (b) parfait. ❏ FAM **en rang d'oignons** : sur une seule ligne. ❏ FAM **s'occuper, se mêler de ses oignons** : de ce qui concerne sa propre personne.

**oïl** [ɔjl] adv ■ **langue d'oïl** : ensemble des dialectes romans parlés dans la moitié nord de la France (par opposition à *langue d'oc*).

**oindre** vt (conj 82) **1.** Frotter d'huile ou d'une substance grasse. **2.** LITURGIE Consacrer avec les saintes huiles.

**oing** ou **oint** nm Graisse pour oindre.

**oint**, **e** adj et n Qui a été consacré par l'onction.

**oiseau** nm Vertébré ovipare, couvert de plumes, dont les membres postérieurs servent à la marche, et les membres antérieurs, ou ailes, au vol. ■ FIG **à vol d'oiseau** : en ligne droite. ❏ FAM **noms d'oiseau(x)** : injures, insultes. ❏ **oiseau rare** : personne aux qualités peu communes. ❏ FAM **un drôle d'oiseau** : un individu bizarre.

**oiseau-lyre** (pl *oiseaux-lyres*) nm Oiseau passereau.

**oiseau-mouche** (pl *oiseaux-mouches*) nm Colibri.

**oiselet** nm Jeune oiseau.

**oiseleur** nm Celui qui prend des oiseaux au filet ou au piège.

**oiselier**, **ère** n Personne qui élève et vend des oiseaux.

**oisellerie** nf Lieu où l'on élève, où l'on vend des oiseaux.

**oiseux**, **euse** adj Inutile, qui ne sert à rien : *discussion oiseuse*.

**oisif**, **ive** adj et n Qui ne travaille pas ou qui a beaucoup de loisirs. ◆ adj Caractérisé par le désœuvrement : *mener une vie oisive*.

**oisillon** nm Jeune oiseau.

**oisivement** adv De façon oisive.

**oisiveté** nf État d'une personne oisive.

**oison** nm Petit de l'oie.

**OK** [ɔke] interj FAM D'accord, c'est entendu.

**okapi** nm Mammifère d'Afrique, voisin de la girafe.

**okoumé** nm Arbre d'ébénisterie de l'Afrique équatoriale.

**ola** nf Ovation du public d'un stade qui consiste à se lever et à s'asseoir, travée après travée, ce qui crée un mouvement semblable à celui de la mer.

**olé** interj Souligne un geste ample, un exploit, notamment lors d'une corrida.

**oléacée** nf Arbre ou arbuste à fleurs gamopétales tel que l'olivier, le jasmin, le lilas, le frêne (les oléacées forment une famille).

**oléagineux**, **euse** adj **1.** De la nature de l'huile : *liquide oléagineux*. **2.** Dont on tire de l'huile : *plante oléagineuse*. ◆ nm Plante oléagineuse.

**oléicole** adj Relatif à l'oléiculture.

**oléiculteur**, **trice** n Qui pratique l'oléiculture.

**oléiculture** nf Culture de l'olivier.

**oléifère** adj Dont on extrait de l'huile : *fruits oléifères*.

**oléine** nf Liquide qui entre dans la composition des huiles végétales.

**oléoduc** nm Pipe-line pour le transport du pétrole brut.

**olé olé** adj inv FAM Se dit d'un propos, d'un comportement osé, coquin.

**olfactif**, **ive** adj Qui a trait à l'odorat : *sens olfactif*.

**olfaction** nf Fonction par laquelle les odeurs sont perçues.

**olibrius** [ɔlibrijys] nm FAM Individu excentrique, bizarre.

**olifant** ou **oliphant** nm HIST Petit cor d'ivoire des chevaliers médiévaux.

**oligarchie** nf Pouvoir, de nature souvent politique, exercé par un petit nombre de personnes.

**oligarchique** adj Qui relève de l'oligarchie.

**oligocène** nm et adj GÉOL Période de l'ère tertiaire.

**oligoélément** nm Élément chimique nécessaire en très petite quantité au fonctionnement des organismes vivants.

**oligothérapie** nf Traitement des maladies par les oligoéléments.

**oliphant** nm → **olifant.**
**olivaie** ou **oliveraie** nf Plantation d'oliviers.
**olivaison** nf Récolte des olives.
**olivâtre** adj Verdâtre.
**olive** nf **1.** Fruit à noyau, dont on tire une huile alimentaire. **2.** Objet ou ornement en forme d'olive. ◆ adj inv Vert clair jaunâtre.
**oliveraie** nf → **olivaie.**
**olivette** nf **1.** Variété de tomate à fruit allongé, oblong. **2.** Variété de raisin de table.
**olivier** nm Arbre des pays méditerranéens qui fournit l'olive.
**olographe** adj ■ **testament olographe :** écrit en entier de la main du testateur.
**olympe** nm **1.** MYTH (avec une majuscule) Séjour et ensemble des dieux. **2.** POÉT Le ciel.
**olympiade** nf Espace de 4 ans entre deux jeux Olympiques. ◆ **olympiades** pl Jeux Olympiques.
**olympien, enne** adj **1.** De l'Olympe. **2.** FIG Noble ; majestueux.
**olympique** adj ■ **jeux Olympiques :** épreuves sportives internationales qui se disputent tous les quatre ans ; relatif à ces jeux : *piscine olympique.*
**ombelle** nf BOT Mode d'inflorescence en parasol.
**ombellifère** nf Plante dicotylédone, à fleurs en ombelles (les ombellifères forment une famille comprenant le fenouil, le cerfeuil, la ciguë).
**ombilic** nm ANAT Nombril.
**ombilical, e, aux** adj De l'ombilic.
**omble** nm Poisson d'eau douce voisin du saumon, à chair délicate.
**ombrage** nm Ensemble de branches et de feuilles qui donnent de l'ombre. ■ FIG **porter ombrage :** causer préjudice.
**ombragé, e** adj Couvert d'ombrages : *un site ombragé.*
**ombrager** vt (conj 2) Donner de l'ombre.
**ombrageux, euse** adj Méfiant ; susceptible : *caractère ombrageux.*
**1. ombre** nf Obscurité produite par un corps qui intercepte la lumière : *l'ombre d'un arbre.* ■ **la part d'ombre de qqn :** ses désirs, ses penchants, ignorés ou tenus secrets. ❑ **ombre à paupières :** fard à paupières. ❑ **ombre chinoise :** silhouette fortement éclairée par-derrière et apparaissant sur un écran transparent. ❑ **terre d'ombre** ou **ombre :** ocre brune et rougeâtre utilisée en peinture. SYN : terre de Sienne.
**2. ombre** nm Poisson du genre saumon.
**ombrelle** nf Petit parasol portatif.
**ombrer** vt Mettre des ombres à un dessin, un tableau.
**ombreux, euse** adj LITT Où il y a de l'ombre.
**ombrien, enne** adj et n De l'Ombrie.
**oméga** nm **1.** Dernière lettre de l'alphabet grec, notant un *o* long. **2.** Famille d'acides gras présents dans certains aliments (poissons gras, soja, etc.) ou dans des suppléments nutritionnels, bénéfiques pour le système cardio-vasculaire. ■ FIG **l'alpha et l'oméga :** le commencement et la fin.
**omelette** nf Œufs battus et cuits dans une poêle. ■ **omelette norvégienne :** entremets fait d'une glace enrobée d'un soufflé chaud.
**omerta** nf **1.** Loi du silence qui règne dans les milieux proches de la Mafia. **2.** Silence qui s'impose dans toute communauté d'intérêts : *briser l'omerta familiale.*
**omettre** vt (conj 57) Oublier de faire, de dire.
**omicron** [ɔmikrɔn] nm inv Lettre de l'alphabet grec notant un *o* bref.
**omission** nf Action d'omettre ; la chose omise.
**omnibus** [ɔmnibys] nm et adj Train qui dessert toutes les stations.
**omnipotence** nf LITT Toute-puissance.
**omnipotent, e** adj LITT Tout-puissant.
**omnipraticien, enne** n Médecin généraliste.
**omniprésence** nf LITT Présence constante en tous lieux.
**omniprésent, e** adj LITT Dont la présence se fait sentir en tous lieux.
**omniscient, e** adj LITT Qui sait tout.
**omnisports** adj inv Où l'on pratique plusieurs sports : *club omnisports.*
**omnivore** adj Qui se nourrit indifféremment d'animaux et de végétaux.
**omoplate** nf Os plat de l'épaule.
**on** pron indéf Désigne d'une manière vague une ou plusieurs personnes. ◆ pron pers FAM **1.** Désigne celui qui parle ; je : *on fait ce qu'on peut.* **2.** Désigne le groupe auquel appartient celui qui parle ; nous : *on y va ?*
**onagre** nm Mammifère d'Asie, intermédiaire entre le cheval et l'âne.
**onanisme** nm LITT Masturbation.
**1. once** nf **1.** Ancienne mesure de poids française valant 30,594 g. **2.** Unité de poids anglo-saxonne valant 28,35 g ; symb : oz. ■ FAM **une once de :** une petite quantité de.
**2. once** nf Grand félin du nord de l'Asie.
**oncle** nm Frère du père ou de la mère.
**onction** nf **1.** LITURGIE Cérémonie qui consiste à appliquer de l'huile sainte sur une personne pour la consacrer. **2.** LITT Douceur hypocrite.
**onctueux, euse** adj **1.** Velouté, crémeux. **2.** FIG D'une douceur excessive ; hypocrite.
**onctuosité** nf Qualité de ce qui est onctueux.
**ondatra** nm Mammifère rongeur de l'Amérique du Nord. SYN : rat musqué.

**onde** nf **1.** LITT Eau de la mer, d'un lac, etc. **2.** Mouvement de la surface de l'eau formant des rides concentriques. **3.** PHYS Mouvement vibratoire à fonction périodique. ■ FAM **être sur la même longueur d'onde :** se comprendre, parler le même langage. ❑ **onde de choc :** (a) brusque augmentation de pression et de température de l'air causée par un mobile qui se déplace à une vitesse supersonique (b) FIG répercussion, souvent néfaste, d'un événement. ❑ **ondes gravitationnelles :** perturbations de la géométrie de l'espace-temps qui se propagent à la vitesse de la lumière. ❑ **sur les ondes :** à la radio.

**ondée** nf Pluie subite et passagère.

**on-dit** nm inv Rumeur, nouvelle qui se propage.

**ondoiement** nm **1.** SOUT Mouvement d'ondulation. **2.** LITURGIE CATH Baptême administré en cas de danger de mort.

**ondoyant, e** adj LITT **1.** Qui ondoie. **2.** Variable, inconstant : *caractère ondoyant*.

**ondoyer** vi (conj 3) Flotter par ondes ; onduler. ◆ vt Baptiser par ondoiement.

**ondulant, e** adj Qui ondule.

**ondulation** nf **1.** Mouvement d'un liquide qui s'abaisse et s'élève alternativement. **2.** Mouvement qui rappelle celui des ondes. **3.** Mouvement souple des cheveux qui frisent.

**ondulatoire** adj Qui a la forme d'une onde : *mouvement ondulatoire*.

**ondulé, e** adj Qui présente des ondulations : *cheveux ondulés*.

**onduler** vi Avoir un mouvement sinueux. ◆ vt Rendre ondulé : *onduler les cheveux*.

**one-man-show** [wanmanʃo] nm inv Spectacle de variétés où un artiste est seul en scène.

**onéreux, euse** adj SOUT Qui occasionne des dépenses, des frais ; cher. ■ **à titre onéreux :** en payant (par oppos. à *à titre gracieux*).

EMPLOI Parler de *dépense onéreuse* est un pléonasme, mais on peut, pour insister, parler de *dépense très onéreuse*.

**ONG** nf (sigle de *organisation non gouvernementale*) Organisme dont le financement est assuré essentiellement par des dons privés et qui se voue à l'aide humanitaire.

**ongle** nm **1.** Partie cornée qui couvre le dessus des doigts. **2.** Griffe de certains animaux. ■ FIG **jusqu'au bout des ongles :** (a) à un degré extrême (b) à la perfection.

**onglée** nf Engourdissement douloureux au bout des doigts, causé par le froid.

**onglet** nm **1.** Petite entaille à la surface d'un objet, permettant de l'ouvrir avec l'ongle : *l'onglet d'une lame de canif*. **2.** TECHN Extrémité d'une pièce de bois formant un angle de 45 degrés : *assemblage à onglet*. **3.** Morceau de bœuf de boucherie tiré des muscles du diaphragme.

**onguent** [ɔ̃gɑ̃] nm Pommade à base de corps gras.

**onguiculé, e** adj et nm ZOOL Se dit d'un mammifère pourvu d'ongles plats ou de griffes (par opposition à *ongulé*).

**ongulé, e** adj et nm ZOOL Se dit d'un mammifère dont les doigts sont terminés par des sabots.

**onguligrade** adj et nm ZOOL Qui marche sur des sabots.

**onirique** adj Relatif au rêve ; inspiré par le rêve.

**oniromancie** nf Divination par les rêves.

**onomastique** nf LING Étude des noms propres.

**onomatopée** nf Mot dont le son imite celui de la chose qu'il représente (EX : *tic-tac* pour une horloge, *teuf-teuf* pour un train, etc.).

**ontogenèse** nf BIOL Série de transformations subies par l'individu depuis la fécondation.

**ontologie** nf PHILOS Science de l'être en soi.

**onusien, enne** adj Relatif à l'ONU.

**onyx** nm Agate d'une variété caractérisée par des zones concentriques de diverses couleurs.

**onze** adj num card **1.** Dix et un. **2.** Onzième : *Louis XI*. ◆ nm inv **1.** Chiffre, numéro représentant le nombre onze. **2.** Au football, équipe de onze joueurs.

**onzième** adj num ord et n **1.** Qui occupe un rang marqué par le numéro onze. **2.** Qui se trouve onze fois dans le tout.

**onzièmement** adv En onzième lieu.

**oogone** nf BOT Cellule où se forment les éléments femelles, chez certains végétaux.

**oosphère** nf BOT Gamète femelle correspondant à l'ovule des animaux.

**op.** (abréviation) Opus.

**OP** [ope] n (sigle) Ouvrier, ouvrière professionnel(le).

**OPA** [opea] nf (sigle) Offre publique d'achat.

**opacifier** vt Rendre opaque.

**opacité** nf État de ce qui est opaque.

**opale** nf Pierre fine à reflets irisés, d'un blanc laiteux.

**opalescence** nf LITT Reflet, teinte d'opale.

**opalescent, e** adj LITT Qui prend une teinte, un reflet d'opale : *liquide opalescent*.

**opalin, e** adj Qui a l'aspect de l'opale : *reflets opalins*.

**opaline** nf Verre opalin blanc ou coloré ; objet fait avec cette matière.

**opaque** adj **1.** Qui ne se laisse pas traverser par la lumière : *corps opaque*. **2.** Sombre, impénétrable : *nuit opaque*. **3.** FIG Dont on ne peut pénétrer le sens : *texte opaque*.

**op. cit.** (abréviation de *opus citatum*) Dans un texte, notation qui renvoie à un ouvrage déjà cité.

**ope** nf ou nm ARCHIT Ouverture ménagée dans un mur, en particulier pour recevoir un boulin.

**opéable** adj Se dit d'une entreprise qui peut faire l'objet d'une OPA.

**open** [ɔpœn] ou [ɔpɛn] adj inv Se dit d'une compétition qui réunit amateurs et professionnels. ■ **billet d'avion open :** non daté.

**opéra** nm Œuvre dramatique mise en musique et chantée ; théâtre où on la joue. ■ **opéra bouffe :** dont le thème est un sujet léger ou comique.

**opérable** adj Qu'on peut opérer : *malade opérable*.

**opéra-comique** (pl *opéras-comiques*) nm Opéra dans lequel le chant alterne avec le dialogue parlé.

**opérateur, trice** n **1.** Personne qui fait fonctionner des appareils : *opérateur radio*. **2.** CIN Technicien responsable de la prise de vues ; cadreur. ◆ nm **1.** Entreprise qui exploite un réseau de télécommunication. **2.** Entreprise ou personne qui organise une opération financière.

**opération** nf **1.** Processus mathématique de nature définie, permettant de trouver un nombre nouveau à partir de nombres constants : *opération arithmétique*. **2.** Intervention chirurgicale. **3.** Série d'actions visant à obtenir un résultat : *opération de sauvetage*. **4.** Action d'un pouvoir, d'une faculté, d'un agent qui produit son effet : *les opérations intellectuelles*. **5.** Manœuvre, combat, etc. : *opération militaire*. **6.** Affaire dont on évalue le profit financier : *opération commerciale*.

ORTHOGRAPHE On écrit *une salle, une table d'opération* (sans s), mais *un théâtre d'opérations* (avec s).

**opérationnel, elle** adj **1.** Qui permet d'effectuer certaines opérations. **2.** Qui peut immédiatement entrer en action ou en fonction.

**opératoire** adj Relatif à une opération chirurgicale : *choc opératoire*.

**opercule** nm **1.** BOT Organe servant de couvercle. **2.** Lamelle de cire couvrant les cellules d'un rayon de miel. **3.** TECHN Pièce servant de couvercle.

**operculé, e** adj Muni d'un opercule.

**opéré, e** adj et n Qui a subi une opération chirurgicale.

**opérer** vt (conj 10) **1.** Accomplir une action : *opérer des prises de vues*. **2.** Soumettre à une intervention chirurgicale : *opérer un malade*. **3.** Produire un effet : *opérer un changement*. ◆ vi **1.** Agir d'une certaine manière : *opérer avec méthode*. **2.** Produire un effet ; agir : *son charme a opéré*. ◆ **s'opérer** vpr Se produire, avoir lieu.

**opérette** nf Œuvre théâtrale de caractère léger où se mêlent des parties chantées et parlées.

**ophidien** nm Reptile (les ophidiens forment un sous-ordre comprenant tous les serpents).

**ophiure** nf Animal marin ressemblant à une étoile de mer aux bras longs et souples.

**ophtalmie** nf Affection inflammatoire de l'œil.

**ophtalmique** adj Des yeux.

**ophtalmologie** nf Partie de la médecine qui étudie et traite les maladies des yeux.

**ophtalmologique** adj Relatif à l'ophtalmologie.

**ophtalmologiste** ou **ophtalmologue** n Médecin spécialisé en ophtalmologie ; oculiste.

**opiacé, e** adj Qui contient de l'opium.

**Opinel** nm (nom déposé) Couteau pliant à manche de bois, de la marque de ce nom.

**opiner** vi VX, DR Donner son avis. ■ FAM **opiner de la tête, du bonnet :** acquiescer en hochant la tête.

**opiniâtre** adj Tenace, obstiné.

**opiniâtrement** adv Obstinément.

**opiniâtreté** nf Volonté tenace.

**opinion** nf **1.** Avis, manière de penser : *donner son opinion*. **2.** (au pluriel) Croyances, convictions religieuses ou politiques. ■ **l'opinion publique :** la façon de penser la plus répandue dans une société donnée.

**opiomane** n et adj Toxicomane qui prend de l'opium.

**opium** [ɔpjɔm] nm **1.** Suc de pavot qui a une propriété narcotique. **2.** FIG Cause d'engourdissement moral et intellectuel.

**opossum** [ɔpɔsɔm] nm Mammifère marsupial d'Amérique ; sa fourrure.

**oppidum** [ɔpidɔm] (pl *oppidums* ou *oppida*) nm ANTIQ ROM Ville fortifiée située sur un lieu élevé.

**opportun, e** adj Qui arrive à propos : *secours opportun*.

**opportunément** adv Avec opportunité.

**opportunisme** nm Attitude de celui qui cherche à tirer le meilleur parti des circonstances en transigeant avec ses principes.

**opportuniste** n Personne qui agit avec opportunisme.

**opportunité** nf **1.** Qualité de ce qui est opportun : *discuter de l'opportunité d'une décision*. **2.** Occasion favorable : *avoir l'opportunité de changer*.

**opposable** adj Qui peut s'opposer à.

**opposant, e** n et adj Personne qui s'oppose à une décision, un gouvernement, etc.

**opposé, e** adj **1.** Placé vis-à-vis : *rives opposées.* **2.** Contradictoire, de nature différente : *intérêts opposés.* **3.** Qui s'oppose à, qui est défavorable à : *être opposé à la violence.* ◆ nm Chose contraire ; inverse : *le bien est l'opposé du mal.* ■ **à l'opposé (de) :** (a) du côté opposé (à) (b) au contraire (de).

**opposer** vt **1.** Placer de manière à faire obstacle : *opposer une digue aux flots.* **2.** Mettre face à face pour le combat : *match qui oppose deux équipes.* **3.** Mettre en parallèle, faire s'affronter : *opposer deux théories.* **4.** Objecter : *opposer des arguments.* ◆ **s'opposer** vpr **1.** Ne pas accepter, faire obstacle à : *s'opposer à un mariage.* **2.** Contraster, être incompatible : *opinions qui s'opposent.*

**opposite (à l')** loc adv VX Vis-à-vis, à l'opposé.

**opposition** nf **1.** Contraste : *opposition de couleurs.* **2.** Différence extrême, contradiction : *opposition de caractères.* **3.** Obstacle légal mis à une chose : *faire opposition à un jugement, à un paiement.* **4.** Fait de faire obstacle à, de lutter contre : *faire de l'opposition.* **5.** Ensemble des adversaires d'un gouvernement : *membre de l'opposition.*

**oppressant, e** adj Qui oppresse.

**oppresser** vt **1.** Gêner la respiration de. **2.** FIG Tourmenter : *ce souvenir l'oppresse.*

**oppresseur** nm Celui qui opprime.

**oppressif, ive** adj Qui vise à l'oppression : *mesures oppressives.*

**oppression** nf **1.** Gêne respiratoire ; malaise psychique sourd, angoisse qui étreint. **2.** FIG Action d'opprimer ; fait d'être opprimé : *l'oppression d'un peuple.*

**opprimant, e** adj Qui opprime.

**opprimé, e** adj et n Qu'on opprime.

**opprimer** vt Imposer une autorité tyrannique et violente à.

**opprobre** nm LITT Honte, humiliation.

**optatif** nm Mode du verbe qui exprime le souhait.

**opter** vi Choisir entre plusieurs solutions.

**opticien, enne** n Fabricant ou marchand d'instruments d'optique, de lunettes.

**optimal, e, aux** adj Se dit de l'état le plus favorable.

**optimalisation** ou **optimisation** nf Action d'optimaliser ; fait d'être optimalisé.

**optimaliser** ou **optimiser** vt Donner à quelque chose le rendement optimal.

**optimisme** nm **1.** Attitude de ceux qui ont tendance à prendre les choses du bon côté. **2.** Confiance dans l'avenir.

**optimiste** adj et n Qui fait preuve d'optimisme.

**optimum** [ɔptimɔm] (pl *optimums* ou *optima*) nm État le plus favorable de quelque chose.

**option** nf **1.** Faculté, action d'opter ; chose choisie. **2.** Accessoire facultatif non prévu sur le modèle d'origine, à payer en sus : *autoradio en option.* **3.** Promesse d'achat ou de vente : *prendre une option sur un studio.* **4.** Droit de choisir entre plusieurs situations juridiques. ■ **option sur titres :** stock-option.

**optionnel, elle** adj Qui donne lieu à un choix, à une option : *crédits optionnels.*

**1. optique** adj Relatif à l'œil, à la vision : *nerf optique.*

**2. optique** nf **1.** Partie de la physique qui traite de la lumière et de la vision. **2.** Fabrication et commerce d'instruments utilisant des lentilles et des miroirs (lunettes, jumelles, etc.). **3.** Partie d'un appareil formé de lentilles et de miroirs : *l'optique d'une caméra.* **4.** FIG Point de vue, manière de voir.

**opulence** nf **1.** Abondance de biens. **2.** Caractère de ce qui est opulent.

**opulent, e** adj **1.** Très riche. **2.** Dont les formes corporelles sont développées : *poitrine opulente.*

**opuntia** [ɔpɔ̃sja] nm Plante grasse à rameaux épineux (appelée aussi : *figuier de Barbarie*).

**opus** [ɔpys] nm **1.** Ordre d'un morceau de musique dans la production d'un compositeur ; morceau correspondant : *adagio de l'opus 28* (abrév. : *op.*). **2.** Production artistique ou littéraire (disque, film, roman, etc.) : *le dernier opus d'une cinéaste.*

**opuscule** nm Petit ouvrage, petit livre.

**OQTF** nm (sigle de *obligation de quitter le territoire français*) Mesure administrative prise par le préfet afin d'obliger un étranger en situation irrégulière à quitter la France.

**1. or** nm **1.** Métal précieux d'une couleur jaune et brillante ; symb : Au. **2.** Monnaie d'or. ■ **âge d'or :** époque de prospérité, de bonheur. ❑ **c'est de l'or en barre :** c'est une valeur sûre. ❑ **l'or** (+ adj) : toute ressource naturelle génératrice de richesse. ❑ **l'or bleu :** l'eau. ❑ **l'or noir :** le pétrole. ❑ **l'or vert :** l'ensemble des ressources végétales. ❑ **règle d'or :** principe qu'il convient de respecter absolument. ❑ **rouler sur l'or :** être très riche. ❑ **une affaire en or :** excellente.

**2. or** conj Marque une transition d'une idée à une autre ; introduit une circonstance particulière dans un récit.

**oracle** nm **1.** ANTIQ Réponse qu'on supposait faite par les dieux aux questions des hommes ; la divinité consultée. **2.** Décision émanant d'une autorité ; cette autorité.

**orage** nm **1.** Perturbation atmosphérique violente, accompagnée d'averses, de tonnerre, d'éclairs. **2.** FIG Trouble dans les relations entre des individus, des groupes.

**orageux, euse** adj **1.** Qui caractérise l'orage : *temps orageux.* **2.** FIG Agité, violent : *vie, discussion orageuse.*

**oraison** nf Prière liturgique. ■ **oraison funèbre** : discours en l'honneur d'un personnage décédé.

**oral, e, aux** adj **1.** Qui se transmet par la parole ; qui est exprimé de vive voix : *tradition orale.* **2.** Qui concerne la bouche : *par voie orale.* ◆ nm **1.** Partie orale d'un examen ou d'un concours (par oppos. à *écrit*). **2.** Le fait de parler : *s'exprimer facilement à l'oral.*

**oralement** adv En paroles, de vive voix.

**orange** nf Fruit de l'oranger. ◆ adj inv et nm D'une couleur jaune mêlée de rouge.

**orangé, e** adj Qui tire sur la couleur orange. ◆ nm Couleur orangée.

**orangeade** nf Jus d'orange additionné de sucre et d'eau.

**oranger** nm Arbre du genre citronnier qui produit les oranges. ■ **eau de fleur d'oranger** : essence de fleurs du bigaradier.

**orangeraie** nf Plantation d'orangers.

**orangerie** nf Serre où l'on met les orangers en hiver.

**orang-outan** [ɔrɑ̃utɑ̃] (pl *orangs-outans*) ou **orang-outang** [ɔrɑ̃utɑ̃] (pl *orangs-outangs*) nm Grand singe anthropoïde de Sumatra et de Bornéo.

**orateur, trice** n **1.** Personne qui prononce un discours devant une assemblée, un groupe. **2.** Personne éloquente.

**oratoire** adj De l'orateur : *art oratoire.* ◆ nm Petite chapelle.

**oratorio** nm Drame lyrique sur un sujet religieux.

**1. orbe** adj Se dit d'un mur sans ouverture.

**2. orbe** nm LITT Surface circulaire, cercle.

**orbital, e, aux** adj Relatif à une orbite. ■ **station orbitale** : station spatiale placée sur orbite.

**orbite** nf **1.** Courbe d'une planète, d'une comète autour du Soleil, d'un satellite autour de la planète. **2.** Cavité de l'œil. **3.** FIG Zone d'action, sphère d'influence : *être dans l'orbite d'une personnalité politique.*

**orbiter** vi Être en orbite autour d'un astre, d'une planète.

**orchestral, e, aux** adj De l'orchestre.

**orchestration** nf **1.** Répartition des différentes parties d'une composition musicale entre les instruments de l'orchestre. **2.** FIG Organisation concertée d'une action, d'un événement.

**orchestre** [ɔrkɛstr] nm **1.** Groupe de musiciens qui exécutent une œuvre. **2.** Au théâtre, espace entre la scène et le public, où se placent les instrumentistes. **3.** Ensemble des places au rez-de-chaussée d'une salle de spectacle, face à la scène.

**orchestrer** vt **1.** Combiner pour l'orchestre les diverses parties d'une composition musicale. **2.** FIG Diriger, organiser en vue d'obtenir un certain résultat.

**orchidacée** [ɔrkidase] nf Plante monocotylédone remarquable par ses belles fleurs (les orchidacées forment une famille).

**orchidée** [ɔrkide] nf Plante à fleurs ornementales de la famille des orchidacées.

**ordalie** nf HIST Épreuve judiciaire, au Moyen Âge, qui consistait à faire dépendre de Dieu la culpabilité ou l'innocence d'un accusé.

**ordinaire** adj **1.** Qui se fait, qui a lieu habituellement : *événement très ordinaire.* **2.** Commun, répandu, médiocre : *esprit ordinaire.* **3.** Se dit d'un comportement répréhensible qui, parce qu'il se manifeste au quotidien par des propos ou des gestes insidieux, finit par se banaliser : *le racisme, le sexisme ordinaire.* ◆ nm **1.** Ce qui se fait habituellement. **2.** Menu habituel : *cela améliore l'ordinaire.* ■ **d'ordinaire** : habituellement.

**ordinairement** adv D'habitude, le plus souvent.

**ordinal, e, aux** adj ■ **adjectif numéral ordinal** : qui marque le rang, l'ordre (EX : *cinquième, treizième*). ❑ **nombre ordinal** : nombre entier qui indique l'ordre.

**ordinateur** nm Machine automatique de traitement de l'information, obéissant à des programmes formés par des suites d'opérations arithmétiques et logiques.

**ordination** nf RELIG **1.** Acte par lequel est administré le sacrement de l'ordre à un laïc chrétien. **2.** Acte par lequel l'Église protestante confère la charge d'un ministère.

**ordonnance** nf **1.** Arrangement, ordre, disposition : *l'ordonnance d'un repas.* **2.** Loi, règlement : *ordonnance de police.* **3.** Prescription médicale : *rédiger une ordonnance.* ■ **officier d'ordonnance** : officier qui remplit les fonctions d'aide de camp.

**ordonnancement** nm Action d'ordonnancer.

**ordonnancer** vt (conj 1) Disposer dans un certain ordre, agencer.

**ordonnancier** nm Bloc de papier à en-tête utilisé par un praticien pour rédiger ses ordonnances.

**ordonnateur, trice** n et adj Personne qui ordonne, dispose : *l'ordonnateur de la cérémonie.*

**ordonné, e** adj Qui a de l'ordre.

**ordonnée** nf Coordonnée verticale caractérisant un point dans un plan (par opposition à *abscisse*).

**ordonner** vt **1.** Commander, donner l'ordre de. **2.** Mettre en ordre : *ordonner ses idées.*

**3.** Prescrire comme ordonnance : *ordonner des antibiotiques.* **4.** RELIG Consacrer par ordination.

**ordre** nm **1.** Commandement : *recevoir un ordre ; jusqu'à nouvel ordre.* **2.** Manière dont les éléments d'un ensemble sont placés les uns par rapport aux autres : *ordre alphabétique.* **3.** Action, fait de ranger, d'être rangé : *mettre de l'ordre dans une pièce ;* qualité d'une personne qui sait ranger : *avoir de l'ordre.* **4.** Catégorie, rang, classe : *ordre d'idées ; de premier ordre.* **5.** Stabilité d'une société, absence de troubles : *le maintien de l'ordre.* **6.** HIST Chacune des trois classes (clergé, noblesse, tiers état) qui composaient la société sous l'Ancien Régime. **7.** Association professionnelle : *l'ordre des médecins.* **8.** Compagnie religieuse : *ordre monastique.* **9.** Sacrement qui confère le pouvoir d'exercer les fonctions ecclésiastiques. **10.** Institution par laquelle l'État reconnaît le mérite de quelqu'un : *l'ordre de la Légion d'honneur.* **11.** Endossement d'un effet de commerce : *billet à ordre ; à l'ordre de.* **12.** SC NAT Groupe de plantes, d'animaux entre la classe et la famille : *l'ordre des orthoptères.* **13.** Style architectural antique : *ordre dorique.* ■ **à l'ordre du jour :** d'actualité. ❑ **entrer dans les ordres :** se faire prêtre, religieux ou religieuse. ❑ **mot d'ordre :** consigne donnée en vue d'une action précise. ❑ **ordre du jour :** liste des questions qu'une assemblée doit examiner tour à tour.

**ordure** nf **1.** Propos, écrit obscène. **2.** FAM Personne abjecte. ◆ **ordures** pl Déchets, saletés. ■ **boîte à ordures :** poubelle.

**ordurier, ère** adj Qui contient, dit ou écrit des obscénités.

**orée** nf LITT Bord, lisière d'un bois.

**oreillard** nm Chauve-souris aux grandes oreilles.

**oreille** nf **1.** Organe de l'ouïe ; partie externe de cet organe, placée de chaque côté de la tête. **2.** Ouïe : *avoir l'oreille fine ; avoir de l'oreille.* **3.** Objet ayant quelque ressemblance avec l'oreille, partie saillante de certains objets : *oreilles d'une marmite.* ■ **échauffer les oreilles :** irriter. ❑ **faire la sourde oreille :** faire semblant de ne pas entendre. ❑ **tendre l'oreille :** écouter attentivement. ❑ **se faire tirer l'oreille :** céder avec peine.

**oreiller** nm Coussin pour soutenir la tête quand on est couché.

**oreillette** nf **1.** Chacune des deux cavités supérieures du cœur. **2.** Écouteur miniaturisé adapté à l'oreille, destiné à la communication téléphonique, à l'écoute musicale, etc.

**oreillons** nm pl Maladie contagieuse qui se manifeste par un gonflement et une inflammation des glandes parotides.

**ores** adv ■ **d'ores et déjà :** dès maintenant.

**orfèvre** n Personne qui fait ou vend des ouvrages d'or et d'argent. ■ **être orfèvre en la matière :** être expert dans un domaine.

**orfèvrerie** nf Métier, ouvrage de l'orfèvre.

**orfraie** nf Oiseau de proie diurne. ■ **pousser des cris d'orfraie :** des cris épouvantables.

**organdi** nm Mousseline légère.

**organe** nm **1.** Partie d'un corps vivant qui remplit une fonction utile à la vie : *l'œil est l'organe de la vue.* **2.** La voix humaine : *avoir un bel organe.* **3.** Publication qui est le porte-parole, le représentant officiel d'un parti, d'un organisme, etc. **4.** Chacun des éléments essentiels d'un appareil, d'une machine, etc. **5.** FIG Ce qui sert d'intermédiaire, d'instrument : *les organes politiques.*

**organigramme** nm Graphique de la structure d'une entreprise, d'une organisation.

**organique** adj **1.** Relatif aux organes ou aux êtres organisés : *la vie organique.* **2.** Qui provient de tissus vivants (par opposition à *chimique*) : *engrais organique.* ■ **chimie organique :** partie de la chimie qui étudie le carbone et ses composés.

**organiquement** adv De façon organique.

**organisateur, trice** n et adj Personne qui organise.

**organisation** nf **1.** Action d'organiser, d'arranger ; qualité d'une personne organisée : *manquer d'organisation.* **2.** Manière dont un ensemble ou un groupe sont structurés, agencés. **3.** Association qui se propose des buts déterminés : *organisation syndicale.*

**organisé, e** adj **1.** Qui sait aménager sa vie, ses affaires : *personne très organisée.* **2.** Qui est constitué, aménagé d'une certaine façon : *cuisine bien organisée.* **3.** BIOL Pourvu d'organes correspondant à diverses fonctions de la vie.

**organiser** vt **1.** Préparer dans un but et selon un plan précis : *organiser un voyage.* **2.** Donner une structure en vue de faire fonctionner : *organiser un service.* ◆ **s'organiser** vpr **1.** Arranger son travail, ses affaires de façon efficace. **2.** Prendre forme.

**organiseur** nm **1.** Agenda à feuillets mobiles. **2.** Agenda électronique.

**organisme** nm **1.** Ensemble des organes qui constituent un être vivant. **2.** Être vivant doté ou non d'organes : *organisme pluricellulaire.* **3.** Ensemble, groupe organisé : *organisme semi-public.*

**organiste** n Personne qui joue de l'orgue.

**organologie** nf Étude des instruments de musique, de leur histoire, de leur classification, etc.

**organsin** nm Fils de soie grège tordus réunis par un doublage, utilisés en chaîne dans le tissage de la soie.

**orgasme** nm Point culminant du plaisir sexuel.

**orge** nf Céréale dont les épis portent de longues barbes ; graine de cette céréale. ■ **sucre d'orge** : sucre cuit avec une décoction d'orge et coloré.

**orgeat** nm Sirop préparé avec une émulsion d'amandes.

**orgelet** nm Petite tumeur inflammatoire au bord de la paupière.

**orgiaque** adj Qui tient de l'orgie.

**orgie** nf **1.** Débauche. **2.** LITT Surabondance, profusion : *une orgie de couleurs*.

**orgue** nm Instrument de musique à vent et à tuyaux, à claviers et pédales. ■ **orgue de Barbarie** : orgue mécanique à manivelle. ❑ MUS **point d'orgue** : repos plus ou moins long sur une note quelconque.

GRAMMAIRE *Orgue* est féminin au pluriel dans la langue littéraire : *les grandes orgues*.

**orgueil** nm **1.** Estime excessive de soi. **2.** Sentiment de sa propre dignité, fierté légitime. **3.** Objet de fierté : *cet enfant est l'orgueil de ses parents*.

**orgueilleusement** adv Avec orgueil.

**orgueilleux, euse** adj et n Qui a de l'orgueil, qui le manifeste.

**orient** nm **1.** L'un des points cardinaux, où le Soleil se lève ; levant, est. **2.** (avec une majuscule) Ensemble des pays d'Asie par rapport à l'Europe. ■ **Grand Orient** : loge maçonnique centrale.

**orientable** adj Que l'on peut orienter.

**oriental, e, aux** adj Qui se situe à l'est : *côte orientale*. ◆ adj et n De l'Orient : *les Orientaux*.

**orientalisme** nm Étude des cultures, des langues orientales.

**orientaliste** n Spécialiste des cultures, des langues orientales.

**orientation** nf **1.** Action d'orienter ; fait de s'orienter : *avoir le sens de l'orientation*. **2.** Position par rapport aux points cardinaux : *orientation d'une chambre*. **3.** FIG Direction, tendance donnée à quelqu'un ou à quelque chose : *orientation des élèves, d'une recherche*.

**orienté, e** adj Qui a une tendance doctrinale ou politique nettement marquée.

**orienter** vt **1.** Disposer par rapport aux points cardinaux : *orienter une maison*. **2.** FIG Guider, diriger : *orienter vers une carrière*. ◆ **s'orienter** vpr **1.** Reconnaître sa position par rapport aux points cardinaux ; retrouver son chemin. **2.** FIG Se diriger : *s'orienter vers les sciences*.

**orifice** nm Ouverture, trou.

**oriflamme** nf Drapeau ou bannière d'apparat.

**origami** nm Art traditionnel japonais du papier plié.

**origan** nm Plante aromatique (appelée aussi : *marjolaine*).

**originaire** adj Qui vient de, qui tire son origine de : *originaire d'Afrique*.

**originairement** adv À l'origine.

**original, e, aux** adj **1.** Qui émane directement de l'auteur, de la source : *texte original*. **2.** Unique en son genre, qui ne ressemble à rien d'autre : *pensée originale*. **3.** Singulier ; bizarre : *décor original*. ◆ nm Texte, ouvrage, modèle primitif : *copie conforme à l'original*. ◆ n Personne excentrique, singulière.

**originalement** adv De façon originale.

**originalité** nf **1.** Caractère de ce qui est original. **2.** Bizarrerie, nouveauté, excentricité.

**origine** nf **1.** Commencement, début : *l'origine du monde*. **2.** Cause, source : *l'origine d'un bruit*. **3.** Provenance, extraction : *d'origine anglaise*. ■ **à l'origine** : au début. ❑ **d'origine** : (a) qui vient directement du lieu de production : *vin d'origine* (b) qui est là depuis le début : *pièces d'origine*.

**originel, elle** adj Qui remonte à l'origine. ■ **péché originel** : celui que tous les hommes, dans la croyance chrétienne, ont contracté en la personne d'Adam.

**originellement** adv Dès l'origine.

**orignal** (pl *orignaux*) nm Élan du Canada.

**oripeaux** nm pl LITT Vêtements usés.

**ORL** (sigle) n Oto-rhino-laryngologiste. ◆ nf Oto-rhino-laryngologie.

**orléaniste** n et adj HIST Personne qui soutenait les revendications au trône de France de la maison d'Orléans.

**orme** nm Arbre à feuilles dentelées et au bois solide et souple ; bois de cet arbre.

**1. ormeau** nm Jeune orme.

**2. ormeau** nm Mollusque comestible à coquille plate.

**orne** nm Frêne du sud de l'Europe.

**ornemaniste** n BX-ARTS Sculpteur ou peintre d'ornements.

**ornement** nm **1.** Ce qui orne, décore : *les ornements d'une église*. **2.** Détail destiné à la décoration, à l'embellissement d'une composition artistique. ■ **d'ornement** : purement décoratif : *plante d'ornement*.

**ornemental, e, aux** adj Qui concerne les ornements ; qui sert à l'ornement.

**ornementation** nf Action, art, manière d'orner, de décorer ; chose qui orne.

**ornementer** vt Enrichir d'ornements.

**orner** vt Parer, décorer.

**ornière** nf Trace creusée dans le sol par les roues des voitures. ■ **sortir de l'ornière** : (a) se dégager de la routine (b) sortir d'une situation difficile.

**ornithologie** nf Partie de la zoologie qui traite des oiseaux.

**ornithologique** adj Relatif à l'ornithologie.

**ornithologiste** ou **ornithologue** n Spécialiste d'ornithologie.

**ornithomancie** nf Divination par le vol ou le chant des oiseaux.

**ornithorynque** nm Mammifère d'Australie dont le bec corné ressemble à celui du canard.

**orogenèse** nf GÉOL Formation des chaînes de montagnes.

**orogénique** adj Relatif à l'orogenèse.

**orographie** nf Étude du relief terrestre.

**oronge** nf Champignon comestible d'un rouge doré. ■ **fausse oronge :** champignon vénéneux dit *amanite tue-mouches*.

**orpailleur, euse** n Personne qui recherche les paillettes d'or dans le lit de cours d'eau.

**orphelin, e** n et adj Enfant qui a perdu son père et sa mère, ou l'un d'eux. ◆ adj ■ **maladie orpheline :** maladie héréditaire rare pour laquelle il n'existe pas de traitement.

**orphelinat** nm Établissement où l'on élève les enfants orphelins.

**orphéon** nm Chorale de voix d'hommes ou de voix mixtes d'enfants ; fanfare.

**orphéoniste** n Membre d'un orphéon.

**orphie** nf Poisson à bec fin et pointu (dit aussi : *aiguille de mer*).

**orphique** adj Relatif au mythe grec d'Orphée.

**orphisme** nm Courant religieux initiatique de la Grèce antique rattaché à Orphée, prônant l'ascèse pour libérer l'âme.

**orpiment** nm Sulfure d'arsenic.

**orque** nf Mammifère marin (dit aussi : *épaulard*).

**ORSEC** [orsɛk] adj (sigle de *organisation de la réponse de sécurité civile*) ■ **plan ORSEC :** programme d'organisation des secours déclenché par le préfet en cas de catastrophe.

**orteil** nm Doigt de pied.

**orthodontie** [ɔrtɔdɔ̃si] nf Correction des anomalies de position des dents.

**orthodontiste** n Spécialiste d'orthodontie.

**orthodoxe** adj Conforme à un dogme religieux, à une doctrine (par opposition à *hérétique*). ◆ adj et n Qui concerne les Églises chrétiennes d'Orient.

**orthodoxie** nf Caractère de ce qui est orthodoxe.

**orthogonal, e, aux** adj À angle droit.

**orthographe** nf Manière d'écrire correctement les mots.

**orthographier** vt Écrire suivant les règles de l'orthographe. ◊ vpr : *« carotte » s'orthographie avec deux t.*

**orthographique** adj Relatif à l'orthographe.

**orthopédie** nf Traitement des affections du squelette, des articulations, de l'appareil locomoteur.

**orthopédique** adj Relatif à l'orthopédie.

**orthopédiste** n et adj Spécialiste d'orthopédie.

**orthophonie** nf Discipline paramédicale qui étudie les troubles du langage oral et écrit, et qui les traite par la rééducation.

**orthophoniste** n Spécialiste d'orthophonie.

**orthoptère** nm Insecte dont les ailes membraneuses ont des plis droits, comme le criquet, la sauterelle, le grillon (les orthoptères forment un ordre).

**orthoptie** [ɔrtɔpsi] ou **orthoptique** nf Branche de l'ophtalmologie qui traite les défauts de la vue par la gymnastique oculaire.

**orthoptiste** n Spécialiste d'orthoptie.

**ortie** nf Plante couverte de poils irritants.

**ortolan** nm Espèce de bruant de l'Europe à la chair délicate.

**orvet** nm Reptile proche des lézards, sans pattes.

**orviétan** nm VX Remède supposé guérir.

**os** [ɔs], au pluriel [o] nm Partie dure et solide de la charpente du corps de l'homme et des animaux vertébrés. ■ FIG **en chair et en os :** en personne. ❑ FAM **tomber sur un os :** sur une difficulté imprévue.

**OS** [oɛs] n (sigle) Ouvrier, ouvrière spécialisé(e).

**Oscar** nm (nom déposé) Haute récompense cinématographique attribuée chaque année à Hollywood.

**oscillant, e** adj Qui oscille.

**oscillation** nf **1.** Mouvement d'un corps qui va et vient de part et d'autre de sa position d'équilibre : *les oscillations du pendule.* **2.** FIG Fluctuation, changement : *les oscillations de l'opinion publique.*

**oscillatoire** adj De la nature de l'oscillation.

**osciller** [ɔsile] vi **1.** Exécuter des oscillations. **2.** FIG Varier, hésiter.

**oscillographe** nm Appareil permettant d'enregistrer les variations d'un courant électrique.

**osé, e** adj Hardi, audacieux ; grivois.

**oseille** nf **1.** Plante potagère d'un goût acide. **2.** FAM Argent.

**oser** vt Avoir la hardiesse, le courage de : *ne pas oser se plaindre.*

**osier** nm Rameau jaune et flexible d'une sorte de saule ; saule donnant ces rameaux.

**osmium** [ɔsmjɔm] nm Métal très lourd, voisin du platine ; symb : Os.

**osmose** nf **1.** Phénomène de diffusion d'une solution à travers une membrane semi-perméable. **2.** FIG, SOUT Interpénétration, influence réciproque : *vivre en osmose.*

**ossature** nf **1.** L'ensemble des os. **2.** FIG Armature, charpente : *ossature d'un roman.*

**osselet** nm Petit os, en particulier de l'oreille. ◆ **osselets** pl ■ **jouer aux osselets :** lancer et rattraper sur le dos de la main de petits objets de matière quelconque en forme de petits os.

**ossements** nm pl Os décharnés.

**osseux, euse** adj **1.** De la nature de l'os : *tissu osseux.* **2.** Dont les os sont saillants. **3.** Qui a des os : *poisson osseux.*

**ossification** nf Transformation d'un tissu en tissu osseux.

**ossifier (s')** vpr Se transformer en tissu osseux.

**ossuaire** nm Lieu où sont conservés des ossements humains.

**ostéalgie** nf MÉD Douleur osseuse.

**ostéite** nf Inflammation du tissu osseux.

**ostensible** adj Qu'on ne cache pas, qu'on cherche à montrer.

**ostensiblement** adv De façon ostensible.

**ostensoir** nm Pièce d'orfèvrerie où l'on expose l'hostie consacrée.

**ostentation** nf Étalage excessif d'une qualité, d'un avantage : *agir avec ostentation.*

**ostentatoire** adj Qui manifeste de l'ostentation.

**ostéodensitométrie** nf Mesure de la densité osseuse par évaluation du contenu minéral des os. (Elle permet le dépistage de l'ostéoporose.)

**ostéomyélite** nf Inflammation des os et de la moelle osseuse.

**ostéopathe** n Personne qui soigne par des manipulations articulaires.

**ostéopathie** nf **1.** Maladie des os en général. **2.** Pratique de l'ostéopathe.

**ostéoplastie** nf CHIR Restauration d'un os à l'aide de fragments osseux.

**ostéoporose** nf Raréfaction pathologique du tissu osseux.

**ostéotomie** nf Action de couper un os.

**ostraciser** vt Tenir à l'écart, isoler : *ostraciser un pays.*

**ostracisme** nm LITT Exclusion d'un groupe quelconque : *être frappé d'ostracisme.*

**ostréicole** adj Relatif à l'ostréiculture.

**ostréiculteur, trice** n Personne qui pratique l'ostréiculture.

**ostréiculture** nf Élevage des huîtres.

**ostrogoth, e** ou **ostrogot, e** adj Relatif à un ancien peuple germanique. ◆ nm FAM Individu bourru ou bizarre.

**otage** n Personne prise ou livrée en garantie de l'exécution de certaines promesses ou certaines conventions.

ORTHOGRAPHE On écrit : *il les a retenus en otage* (loc adv, invariable), mais *il les a retenus comme otages* (nom, variable).

**otarie** nf Mammifère marin voisin du phoque ; peau, fourrure de ce mammifère.

**ôté** prép LITT En ôtant, si l'on ôte, excepté.

**ôter** vt Tirer, enlever qqn, qqch de l'endroit où il est. ◆ vpr **1.** FAM ôte-toi de là ! **2.** Enlever, se débarrasser de : *ôter son manteau.* **3.** Retirer, déposséder de : *ôter ses illusions à qqn.* **4.** Retrancher, soustraire.

**otite** nf Inflammation de l'oreille.

**oto-rhino** n (abrév) Oto-rhino-laryngologiste.

**oto-rhino-laryngologie** nf Étude des maladies des oreilles, du nez et de la gorge.

**oto-rhino-laryngologiste** n Spécialiste d'oto-rhino-laryngologie (sigle : ORL).

**ottoman, e** adj et n Relatif à l'Empire turc des Ottomans (début du XIVe s. à 1922).

**ou** conj **1.** Indique l'alternative, un choix ou une indifférence entre deux possibilités : *vaincre ou mourir.* **2.** Indique l'équivalence, l'explication en d'autres termes : *Constantinople ou Istanbul.*

**où** adv et pron relat **1.** Marque le lieu : *où est-il ? ; la maison où il habite.* **2.** Marque le moment : *le jour où.* **3.** Marque un état, une situation, un degré : *au prix où c'est.* **4.** Interroge sur le but : *où cela nous mènera-t-il ?* ■ **d'où :** (a) de quel endroit : *d'où vient-il ?* (b) indique la conséquence : *je ne l'ai pas vu, d'où mon accident.* ❑ **là où :** au lieu dans lequel. ❑ **par où :** par quel endroit.

**ouailles** nf pl LITT Ensemble des paroissiens d'un prêtre ou d'un pasteur.

**ouais** interj FAM Oui.

**ouate** nf Coton étalé en nappe et préparé pour servir de doublure à un vêtement, ou de pansement : *ouate hydrophile.*

EMPLOI On dit *de l'ouate* ou *de la ouate.*

**ouaté, e** adj Qui donne une impression de douceur : *atmosphère ouatée.*

**ouater** vt Garnir d'ouate.

**ouatiné, e** adj Doublé d'une nappe de fibre textile cousue entre deux tissus légers.

**oubli** nm **1.** Fait d'oublier : *l'oubli d'un détail.* **2.** Défaillance de la mémoire ou de l'attention ; étourderie. **3.** Manquement à des règles ou à des convenances : *l'oubli de ses devoirs.* ■ **droit à l'oubli :** dispositif qui facilite l'accès au crédit bancaire des personnes ayant été atteintes d'une maladie grave (cancer). ❑ **droit à l'oubli (numérique) :** possibilité offerte à qqn d'obtenir l'effacement sur Internet de données le concernant mises à la disposition de tiers. ❑ **oubli de soi** : fait de ne pas tenir compte de son intérêt.

**oublier** vt **1.** Perdre le souvenir de : *oublier une date.* **2.** Laisser par inadvertance : *oublier ses gants.* **3.** Omettre par défaut d'attention : *oublier de prévenir.* **4.** Ne plus se préoccuper de : *oublier ses amis.* **5.** Pardonner : *oublier un affront.* ■ **oublier l'heure** : ne pas faire attention à l'heure et se mettre en retard.

**oubliette** nf Cachot souterrain où l'on jetait les prisonniers condamnés à la détention perpétuelle.

**oublieux, euse** adj Qui oublie facilement.

**oued** [wɛd] nm **1.** Rivière, en Afrique du Nord. **2.** Cours d'eau intermittent dans les régions arides.

**ouest** [wɛst] nm **1.** Partie de l'horizon où le soleil se couche ; couchant, occident. **2.** Pays ou région situés de ce côté : *l'ouest de la France.*

ORTHOGRAPHE On écrit *dans l'Ouest* (région), mais *à, vers l'ouest* (orientation).

**ouest-allemand, e** (pl *ouest-allemands, es*) adj et n Relatif à la République fédérale d'Allemagne avant la réunification de l'Allemagne.

**ouf** interj Marque le soulagement.

**ougandais, e** adj et n De l'Ouganda : *les Ougandais.*

**oui** adv **1.** Marque une réponse affirmative ; équivaut à une proposition affirmative (par opposition à *non*) : *je crois que oui.* **2.** Marque l'impatience : *tu te décides, oui ?* ◆ nm inv Approbation, accord. ■ **pour un oui ou pour un non** : très souvent, sans motif.

**ouï-dire** nm inv Ce qu'on sait par la rumeur publique : *ce ne sont que des ouï-dire.*

**ouïe** [wi] nf Sens par lequel on perçoit les sons. ◆ **ouïes** pl **1.** Branchies des poissons. **2.** Ouvertures en forme de S pratiquées à la table supérieure d'un violon.

**ouille** ou **ouïe** [uj] interj Cri poussé pour exprimer une douleur.

**ouïr** vt (seulement à l'infinitif et au participe passé : *ouï, e*) LITT Entendre : *j'ai ouï dire que.*

**ouistiti** nm Singe d'Amérique de petite taille.

**oukase** ou **ukase** [ukaz] nm SOUT Décision autoritaire et arbitraire.

**ouléma** ou **uléma** [ulema] nm Docteur de la loi, théologien musulman.

**ouolof** ou **wolof** [wɔlɔf] nm Une des langues nationales au Sénégal.

**ouragan** nm **1.** Tempête violente. **2.** FIG Déchaînement impétueux : *ouragan politique.*

**ourdir** vt **1.** Disposer sur l'ourdissoir les fils de la chaîne d'une étoffe. **2.** LITT Tramer, organiser : *ourdir une conspiration.*

**ourdissage** nm Action d'ourdir.

**ourdissoir** nm Pièce sur laquelle le tisserand ourdit la chaîne.

**ourdou** nm Une des deux langues nationales du Pakistan.

**ourler** vt Faire un ourlet.

**ourlet** nm Repli cousu au bord d'une étoffe.

**ours** [urs] nm **1.** Grand mammifère carnivore, lourd, à fourrure épaisse. **2.** FIG Homme bourru, peu communicatif. **3.** Jouet en peluche ressemblant à un ourson.

**ourse** nf Femelle de l'ours. ■ **Grande, Petite Ourse** : nom de deux constellations de l'hémisphère boréal.

**oursin** nm Animal marin couvert de piquants mobiles, et dont les glandes reproductrices sont comestibles.

**ourson** nm Petit de l'ours.

**oust** [ust] ou **ouste** interj FAM S'emploie pour mettre dehors ou accélérer une action.

**out** [awt] adv et adj inv Hors des limites du terrain ; hors de combat. ◆ adj inv FAM Dépassé par le progrès, par la situation : *matériel out.*

**outarde** nf Oiseau échassier à la chair savoureuse.

**outil** [uti] nm **1.** Instrument manuel de travail : *outil de coupe.* **2.** Tout instrument de travail : *ce livre est un bon outil.*

**outillage** nm Assortiment d'outils, de machines : *l'outillage d'une usine.*

**outillé, e** adj Muni des outils nécessaires à un travail : *bien, mal outillé.*

**outiller** vt Munir des outils, du matériel nécessaires.

**outlaw** [awtlo] nm Individu hors la loi.

**outrage** nm Injure, offense.

**outrageant, e** adj Qui outrage ; insultant.

**outrager** vt (conj 2) Offenser gravement.

**outrageusement** adv Excessivement : *outrageusement fardée.*

**outrance** nf Excès, exagération. ■ **à outrance** : à l'excès.

**outrancier, ère** adj Excessif.

**1. outre** nf Sac en peau de bouc pour conserver et transporter des liquides.

**2. outre** prép En plus de. ■ **outre mesure** : à l'excès. ◆ adv ■ **passer outre** : ne pas tenir compte de. ◆ **en outre** loc adv De plus. ◆ **outre que** loc conj En plus du fait que.

**outré, e** adj **1.** Exagéré : *paroles outrées.* **2.** Indigné : *j'en suis outré.*

**outre-Atlantique** adv De l'autre côté de l'Atlantique par rapport à l'Europe, c'est-à-dire aux États-Unis.

**outrecuidance** nf LITT Présomption, impertinence.

**outrecuidant, e** adj LITT Présomptueux, impertinent, arrogant.

**outre-Manche** adv Au-delà de la Manche, par rapport à la France.
**outremer** nm Pierre fine d'un beau bleu. ◆ adj inv et nm De la couleur de cette pierre.
**outre-mer** loc adv Au-delà des mers, par rapport à la France : *départements et territoires d'outre-mer.*
**outrepasser** vt Aller au-delà de : *outrepasser ses droits.*
**outrer** vt **1.** Exagérer : *outrer la vérité.* **2.** Irriter, indigner : *son attitude m'a outré.*
**outre-Rhin** loc adv Au-delà du Rhin.
**outre-tombe** loc adv Après la mort : *Mémoires d'outre-tombe.*
**outsider** [awtsajdœr] nm Concurrent dont les chances de gagner sont faibles.
**ouvert, e** adj **1.** Qui n'est pas fermé : *ouvert au public.* **2.** Franc, sincère, accueillant : *caractère ouvert.*
**ouvertement** adv Sans cacher ses intentions.
**ouverture** nf **1.** Action d'ouvrir : *ouverture d'un coffre ;* fait d'être ouvert : *ouverture des magasins ; ouverture d'esprit ;* état de ce qui est ouvert : *horaires d'ouverture.* **2.** Fente, trou, orifice : *faire une ouverture.* **3.** Début officiel d'une manifestation, d'une séance : *ouverture de la chasse.* **4.** MUS Préface instrumentale d'un opéra. ◆ **ouvertures** pl Propositions, premières négociations : *ouvertures de paix.*
**ouvrable** adj ■ **jour ouvrable :** jour de travail (par opposition à *jour férié*).
**ouvrage** nm **1.** Livre : *publier un ouvrage.* **2.** Travail : *avoir de l'ouvrage.* **3.** Objet produit par un travail quelconque : *ouvrage de couture.*
**ouvragé, e** adj Finement travaillé, décoré.
**ouvrant, e** adj Qui peut être ouvert : *toit ouvrant.*
**ouvré, e** adj TECHN Façonné, travaillé avec soin. ■ **jour ouvré :** où l'on travaille effectivement.
**ouvre-boîtes** nm inv Instrument pour ouvrir les boîtes de conserve.
**ouvre-bouteilles** nm inv Instrument pour décapsuler les bouteilles.
**ouvrer** vt TECHN Travailler, façonner.
**ouvreur, euse** n (surtout au féminin) Personne chargée de placer les spectateurs dans un cinéma, un théâtre.
**ouvrier, ère** n Salarié qui effectue un travail manuel ou mécanique pour gagner sa vie. ■ **meilleur ouvrier de France (MOF) :** en France, titre récompensant les artisans d'excellence dans plus de 180 métiers. ❑ **ouvrier qualifié :** ouvrier ayant au minimum un certificat d'aptitude professionnelle. ❑ **ouvrier spécialisé (OS) :** dont le travail ne nécessite aucune formation spécifique. ◆ adj Relatif aux ouvriers : *classe ouvrière.*
**ouvrière** nf Individu stérile chez les abeilles, les fourmis, etc., assurant notamment la nutrition et la construction du nid.
**ouvriérisme** nm Tendance à donner la priorité aux revendications ouvrières ; tendance à exalter la classe ouvrière.
**ouvriériste** adj et n Qui relève de l'ouvriérisme.
**ouvrir** vt (conj 16) **1.** Défaire une fermeture : *ouvrir une fenêtre.* **2.** Permettre un accès : *ouvrir une route, les frontières.* **3.** Déplier : *ouvrir le journal, les bras.* **4.** Allumer, faire fonctionner : *ouvrir la radio.* **5.** Commencer : *ouvrir des négociations.* ◆ vi **1.** Être ouvert : *magasin qui ouvre le dimanche.* **2.** Donner accès : *ouvrir sur un jardin.* ◆ **s'ouvrir** vpr **1.** Présenter une ouverture : *la porte s'ouvre ; le pays s'ouvre au tourisme.* **2.** Se développer, s'épanouir : *les fleurs, les esprits s'ouvrent.* **3.** Se couper : *s'ouvrir la lèvre.* **4.** Commencer : *la fête s'ouvre sur un discours.* **5.** [à] Se confier à.
**ouzbek, e** ou **uzbek, e** [uzbɛk] adj et n De l'Ouzbékistan : *les Ouzbeks ;* d'une civilisation turque d'Asie centrale. ◆ nm Langue turque parlée par les Ouzbeks.
**ouzo** nm Liqueur grecque parfumée à l'anis.
**ovaire** nm **1.** Glande génitale femelle où se forment les ovules. **2.** BOT Partie renflée du pistil qui contient les ovules.
**ovale** adj Qui a la forme d'une courbe fermée et allongée comme l'ellipse. ◆ nm Figure ovale : *tracer un ovale.*
**ovalie** nf ■ FAM **l'ovalie :** l'ensemble des régions et des pays où l'on joue au rugby ; le monde du rugby.
**ovarien, enne** adj De l'ovaire.
**ovation** nf Acclamation.
**ovationner** vt Saluer par une ovation.
**overdose** [ɔvərdoz] nf (anglicisme) **1.** Dose mortelle de drogue ; surdose. **2.** Quantité excessive de qqch.
**ovin, e** adj Qui concerne les moutons et les brebis. ◆ nm Individu de l'espèce ovine.
**ovipare** adj et n Qui se reproduit par des œufs.
**OVM** nm (sigle de *organisme vivant modifié*) Être vivant (plante, animal, micro-organisme) dont le patrimoine génétique a été modifié de la main de l'homme.
**OVNI** [ɔvni] nm (sigle de *objet volant non identifié*) Objet ou phénomène fugitif observé dans l'atmosphère et dont la nature n'est pas identifiée.
**ovocyte** nm Cellule femelle des animaux qui n'a pas encore subi les deux phases de la méiose.

**ovoïde** adj Dont la forme ressemble à celle d'un œuf.

**ovovivipare** n et adj Se dit d'un animal chez lequel l'œuf est conservé, jusqu'à éclosion, dans les voies génitales de la mère (vipère, par exemple).

**ovulation** nf Production et rejet périodique d'ovules par l'ovaire.

**ovule** nm **1.** Cellule femelle destinée à être fécondée. **2.** Petit solide ovoïde médicamenteux destiné à être placé dans le vagin.

**ovuler** vi Avoir une ovulation.

**oxacide** nm CHIM Acide contenant de l'oxygène.

**oxalique** adj ■ **acide oxalique :** tiré de l'oseille.

**oxford** [ɔksfɔrd] nm Tissu de coton rayé ou quadrillé.

**oxhydrique** adj À hydrogène et oxygène : *chalumeau oxhydrique*.

**oxydable** adj Qui peut être oxydé.

**oxydant, e** adj et nm Qui a la propriété d'oxyder.

**oxydation** nf Action d'oxyder ; fait de s'oxyder.

**oxyde** nm Composé résultant de la combinaison d'un corps simple avec l'oxygène.

**oxyder** vt Transformer en oxyde. ◆ **s'oxyder** vpr Se couvrir d'oxyde.

**oxygénation** nf Action d'oxygéner ; fait de s'oxygéner.

**oxygène** nm Corps simple gazeux, formant la partie respirable de l'air ; symb : O.

**oxygéné, e** adj ■ **eau oxygénée :** solution aqueuse employée comme antiseptique.

**oxygéner** vt (conj 10) Combiner avec l'oxygène. ◆ **s'oxygéner** vpr Respirer de l'air pur : *s'oxygéner à la campagne*.

**oxyton** nm Mot ayant l'accent tonique sur la finale.

**oxyure** nm Ver parasite de l'intestin de l'homme.

**oyat** nm Plante utilisée pour fixer les dunes.

**Ozalid** [ɔzalid] nm (nom déposé) IMPR Épreuve positive tirée sur papier.

**ozone** nm Corps simple gazeux dont la molécule est formée de trois atomes d'oxygène ; symb : $O_3$. ■ **trou d'ozone :** zone de l'atmosphère terrestre où l'on observe une diminution de la couche d'ozone.

**ozoniser** ou **ozoner** vt Faire agir l'ozone sur un corps pour le stériliser ou le transformer.

**ozonosphère** nf Couche de l'atmosphère terrestre, située entre 15 et 40 km d'altitude, qui contient de l'ozone.

# P

**p** nm Seizième lettre de l'alphabet, et la douzième des consonnes.

**pacage** nm Action de faire paître le bétail ; lieu où on le mène.

**pacager** vt (conj 2) Faire paître des troupeaux.

**pacemaker** [pɛsmɛkœr] nm (anglicisme) Stimulateur cardiaque.

**pacha** nm **1.** Titre du chef de province dans l'Empire ottoman. **2.** FAM Homme qui aime ses aises et se laisser servir.

**pachto** ou **pachtou** nm Langue indo-européenne, officielle en Afghanistan.

**pachyderme** [paʃidɛrm] nm Mammifère à peau épaisse dont les pieds sont terminés par des sabots, tel que l'hippopotame, le rhinocéros, etc.

**pacificateur, trice** adj et n Qui pacifie.

**pacification** nf Action de pacifier.

**pacifier** vt **1.** Rétablir la paix, le calme dans un pays, parmi une population. **2.** SOUT Apaiser le trouble dans un esprit.

**pacifique** adj **1.** Qui désire vivre en paix. **2.** Qui est fait dans une intention de paix.

**pacifiquement** adv De façon pacifique.

**pacifisme** nm Doctrine des pacifistes.

**pacifiste** adj et n Qui est partisan de la paix.

**pack** nm (anglicisme) Emballage qui réunit plusieurs bouteilles ou pots pour en faciliter le stockage et le transport.

**packager** [pakadʒœr] ou **packageur** nm Sous-traitant qui effectue la réalisation partielle ou totale d'un livre pour un éditeur.

**packaging** [pakadʒiŋ] nm **1.** Technique de l'emballage et du conditionnement des produits commerciaux. **2.** Activité du packager.

**pacotille** nf Marchandise de peu de valeur.

**pacs** [paks] nm (sigle de *pacte civil de solidarité*) Contrat conclu entre deux personnes célibataires de même sexe ou de sexe différent pour donner un cadre légal à leur vie commune.

**pacsé** adj et n FAM Se dit de deux personnes ayant contracté un pacs.

**pacser** vi ou **pacser (se)** vpr FAM Conclure un pacs avec quelqu'un.

**pacte** nm Convention, accord solennels.

**pactiser** vi **1.** Faire un pacte. **2.** FIG Transiger : *pactiser avec sa conscience*.

**pactole** nm Source de richesses.

**paddock** nm **1.** Enceinte où les chevaux sont promenés en main, avant une course. **2.** FAM Lit.

**paddy** nm Riz non décortiqué.

**paella** [paela] ou [paelja] nf Plat espagnol à base de riz mélangé avec de la viande, des crustacés, du poisson, du chorizo, etc.

**paf** interj Indique le bruit d'un coup, d'une chute, etc. ◆ **paf** adj (inv en genre) **1.** FAM Ivre. **2.** BELGIQUE Décontenancé : *elle en est restée complètement paf*.

**PAF** [paf] nm (sigle de *paysage audiovisuel français*) Ensemble des chaînes de télévision et de radiodiffusion autorisées à émettre sur le territoire national.

**pagaie** nf Aviron court qu'on manie sans le fixer sur l'embarcation.

**pagaille** ou **pagaïe** nf FAM Précipitation, désordre. ■ **en pagaille** : en grande quantité.

**paganisme** nm Pour les chrétiens, religion des païens, culte polythéiste.

**pagayer** [pagɛje] vi (conj 4) Diriger une embarcation à la pagaie.

**pagayeur, euse** n Personne qui pagaie.

**1. page** nf **1.** Côté d'un feuillet de papier. **2.** Ce qui est tracé, imprimé sur la page : *copier une page*. **3.** FIG Passage d'une œuvre littéraire ou musicale. ■ FAM **à la page** : au courant de la dernière mode.

**2. page** nm Jeune noble autrefois au service d'un prince, d'un seigneur.

**page-écran** (pl *pages-écrans*) nf INFORM Quantité d'informations susceptibles d'être visualisées sur un seul écran.

**pagel** nm Poisson de mer de couleur gris rosé dont une espèce est commercialisée sous le nom de *daurade rose*.

**pagination** nf Numérotation des pages d'un livre, des feuillets d'un manuscrit, etc.

**paginer** vt Numéroter des pages ; folioter.

**pagne** nm Morceau d'étoffe drapé autour de la taille et qui couvre le corps des hanches aux cuisses.

**pagode** nf Édifice religieux bouddhique en Extrême-Orient.

**pagre** nm Poisson de mer voisin de la daurade royale.

**pagure** nm Bernard-l'ermite.

**PAI** [peai] nm (sigle de *projet d'accueil individualisé*) Document précisant les modalités d'accueil en collectivité d'un enfant souffrant d'une pathologie chronique, d'une allergie ou d'une intolérance alimentaire.

**paie** [pɛ] ou **paye** [pɛj] nf **1.** Action de payer : *jour de paie.* **2.** Salaire, solde : *toucher sa paie.* ■ **bulletin, feuille** ou **fiche de paie** : document détaillant les éléments de calcul du salaire, du traitement.

**paiement** [pɛmɑ̃] ou **payement** [pɛjmɑ̃] nm **1.** Action de payer. **2.** Somme payée. ■ **paiement électronique** : transaction financière qui s'opère via Internet. SYN : télépaiement. ❑ **paiement mobile** : paiement sans contact réalisé au moyen d'un téléphone intelligent intégrant une carte bancaire dans sa mémoire. ❑ **paiement sans contact** : paiement par carte bancaire sans insertion de la carte dans le terminal de paiement.

**païen, enne** [pajɛ̃, ɛn] adj et n Adepte d'une religion polythéiste.

**paierie** nf Bureau d'un trésorier-payeur.

**paillard, e** adj et n Qui aime les plaisirs sensuels. ◆ adj Grivois, égrillard.

**paillardise** nf Comportement, mot ou récit paillard, grivois.

**paillasse** nf **1.** Sac de paille, de feuilles de maïs, etc., servant de matelas. **2.** Plan de travail d'un évier, à côté de la cuve ; plan de travail carrelé dans un laboratoire.

**paillasson** nm Natte en fibres dures posée au seuil d'un lieu quelconque et utilisée pour s'essuyer les pieds.

**paille** nf **1.** Tige de céréale dépouillée de son grain ; matière formée par ces tiges. **2.** Tige creuse servant à aspirer un liquide. ■ **homme de paille** : prête-nom dans une affaire malhonnête. ❑ **paille de fer** : tampon formé de copeaux métalliques, servant à nettoyer les parquets. ❑ **sur la paille** : ruiné. ❑ **tirer à la courte paille** : tirer au sort avec des brins de paille de longueurs différentes. ❑ **vin de paille** : vin blanc fait avec des raisins séchés sur la paille. ◆ adj inv D'une couleur jaune pâle.

**pailler** vt Couvrir ou garnir de paille : *pailler des semis.*

**pailleté, e** adj Couvert de paillettes : *tulle pailleté.*

**paillette** nf **1.** Parcelle d'or mêlée au sable de certaines rivières. **2.** Lamelle de matière brillante qu'on applique sur une étoffe. ■ **savon, lessive en paillettes** : en petites lamelles.

**paillon** nm Enveloppe de paille pour les bouteilles.

**paillote** nf Hutte à toit de paille, dans les pays chauds.

**pain** nm **1.** Aliment fait de farine pétrie, fermentée et cuite au four. **2.** CUIS Préparation moulée en forme de pain : *pain de poisson.* **3.** Masse de matière de forme allongée : *pain de savon.* **4.** FAM Coup : *coller un pain à qqn.* ■ **arbre à pain** : jaquier, arbre des pays chauds. ❑ **avoir du pain sur la planche** : beaucoup de travail. ❑ **gagner son pain** : gagner sa vie. ❑ **long comme un jour sans pain** : très long. ❑ **pain de campagne** : pain de farine bise, à croûte farinée. ❑ **pain de mie** : pain à croûte fine et molle. ❑ **pain d'épice(s)** : gâteau de farine de seigle au sucre, au miel et aux aromates. ❑ **pain de sucre** : (a) amas de sucre de canne en forme de cône (b) piton granitique au sommet arrondi. ❑ **pain perdu** : entremets fait d'une tranche de pain ou de brioche rassise trempée dans du lait, sucrée et frite à la poêle. ❑ **retirer à qqn le pain de la bouche** : lui ôter les moyens de gagner sa vie.

**paintball** [pɛntbol] nm Jeu d'extérieur où des adversaires s'affrontent à l'aide de pistolets projetant des billes de peinture.

**1. pair** nm Membre de la Chambre des lords, en Angleterre.

**2. pair, e** adj Exactement divisible par deux : *nombre pair.* ◆ nm Égal d'une personne : *être jugé par ses pairs.* ■ **au pair** : logé et nourri en échange de certains services. ❑ **de pair** : sur le même rang. ❑ **hors pair** : sans rival, exceptionnel.

**paire** nf **1.** Couple de personnes, d'animaux, d'objets. **2.** Objet composé de deux parties : *paire de ciseaux.*

**pairie** nf Titre et dignité de pair.

**paisible** adj Tranquille, pacifique, calme : *mener une vie paisible.*

**paisiblement** adv De façon paisible.

**paître** vt (conj 80) Manger en broutant : *paître l'herbe.* ◆ vi Manger de l'herbe en broutant : *faire paître les troupeaux.* ■ FAM **envoyer paître** : congédier, éconduire.

**paix** nf **1.** Situation d'un pays, d'un peuple, qui n'est pas en guerre : *maintenir la paix.* **2.** Traité mettant fin à l'état de guerre : *signer la paix.* **3.** Calme, quiétude : *la paix des champs ; avoir la paix ; laisser en paix.* **4.** Tranquillité, sérénité : *en paix avec sa conscience.* ■ **faire la paix** : se réconcilier.

**pakistanais, e** adj et n Du Pakistan : *les Pakistanais.*

**pal** (pl *pals*) nm **1.** Pieu aiguisé. **2.** Bande verticale du blason.

**PAL** [pal] ou **Pal** adj inv (sigle de *phase alternating line*) ■ **système Pal** : standard de télévision en couleurs.

**palabre** nf (surtout au pluriel) Discussion longue et oiseuse.

**palabrer** vi Parler, discuter longuement.

**palace** nm Hôtel de grand luxe.

**paladin** nm Chevalier errant.

**1. palais** nm **1.** Résidence d'un chef d'État, d'une personne importante, etc. **2.** Édifice public destiné à un usage d'intérêt général : *palais des sports.* ■ **palais de justice :** affecté aux services de la justice.

**2. palais** nm **1.** ANAT Partie supérieure du dedans de la bouche. **2.** FIG Sens du goût : *palais délicat.*

**palan** nm Appareil de levage utilisant un système de poulies.

**palanche** nf Morceau de bois concave, pour porter deux seaux sur l'épaule.

**palanquin** nm En Orient, chaise portée à bras d'hommes ou litière installée sur le dos d'un animal (éléphant, chameau).

**palatal, e, aux** adj et nf Se dit d'une voyelle ou d'une consonne dont le point d'articulation est dans la région du palais.

**1. palatin, e** adj **1.** Du Palatinat. **2.** Qui dépend d'un palais.

**2. palatin, e** adj ANAT Du palais.

**pale** nf **1.** Partie d'un aviron, d'une roue à aubes, qui entre dans l'eau. **2.** Branche d'une hélice.

**pâle** adj **1.** Blême, blafard, sans couleurs. **2.** D'une tonalité atténuée : *bleu pâle.* **3.** FIG Terne, sans éclat : *un pâle imitateur.*

**palefrenier, ère** n Personne qui panse, soigne les chevaux.

**palefroi** nm Au Moyen Âge, cheval de parade.

**paléochrétien, enne** adj Des premiers chrétiens : *art paléochrétien.*

**paléographe** n et adj Spécialiste de paléographie.

**paléographie** nf Science du déchiffrement des écritures anciennes.

**paléolithique** nm et adj Première époque de la préhistoire, caractérisée par l'industrie de la pierre taillée, et divisée en trois phases (inférieure, moyenne et supérieure) selon les degrés de complexité de l'outillage.

**paléontologie** nf Science des fossiles.

**paléontologue** ou **paléontologiste** n Spécialiste de paléontologie.

**paleron** nm Partie charnue près de l'omoplate du bœuf.

**palestinien, enne** adj et n De Palestine : *les Palestiniens.*

**palestre** nf ANTIQ GR Lieu public pour les exercices physiques, en partic. la lutte.

**palet** nm Disque qu'on jette le plus près possible d'un but : *palet de marelle.*

**paletot** nm **1.** Veste trois-quarts qu'on porte par-dessus les autres vêtements. **2.** BELGIQUE Pardessus.

**palette** nf **1.** Plaque de bois sur laquelle les peintres étalent et mélangent leurs couleurs. **2.** Ensemble des couleurs propres à un peintre. **3.** FIG Gamme, éventail : *toute la palette de son génie.* **4.** Petit instrument large, aplati, servant à divers usages. **5.** Plateau conçu pour permettre la manutention des marchandises par chariots élévateurs ; charge de ce plateau. **6.** Viande de mouton, de porc, autour de l'omoplate. ■ **palette graphique ou électronique :** système de création d'images utilisant l'écran d'un ordinateur.

**palétuvier** nm Arbre des mangroves aux racines aériennes en arceaux.

**pâleur** nf État, aspect de ce qui est pâle : *la pâleur d'un visage.*

**pâlichon, onne** adj FAM Un peu pâle.

**palier** nm **1.** Plateforme ménagée à chaque étage, dans un escalier. **2.** Portion horizontale d'une route, d'une voie ferrée. **3.** FIG Étape, tranche : *dégrèvement par paliers.* **4.** MÉCAN Organe supportant et guidant un arbre de transmission.

**palière** adj f ■ **marche palière :** de plain-pied avec le palier. ❑ **porte palière :** qui ouvre sur un palier.

**palimpseste** nm Manuscrit sur parchemin dont on a effacé le texte pour y écrire de nouveau.

**palindrome** nm Mot, phrase qu'on peut lire dans les deux sens (EX : *Ésope reste ici et se repose*).

**palinodie** nf SOUT Rétractation, brusque changement d'opinion : *les palinodies d'un homme politique.*

**pâlir** vi **1.** Devenir pâle : *pâlir de colère.* **2.** S'affaiblir, perdre de son éclat : *couleur qui pâlit.* ◆ vt LITT Rendre pâle : *la maladie a pâli ses traits.*

**palis** [pali] nm Chacun des pieux enfoncés en terre d'une clôture continue.

**palissade** nf Clôture de pieux ou de planches : *franchir une palissade.*

**palissage** nm Action de palisser.

**palissandre** nm Bois lourd et dur, d'un brun sombre violacé, à l'aspect veiné.

**palisser** vt Attacher les branches d'un arbre, d'un arbuste, contre un mur, un treillage.

**palladium** [paladjɔm] nm Métal blanc très ductile et très dur ; symb : Pd.

**palliatif, ive** adj et nm Qui agit sur les symptômes d'une maladie sans s'attaquer à sa cause : *remède palliatif.* ■ **soins**

**palliatifs** : qui sont destinés à aider un malade à passer le moins mal possible les derniers moments de sa vie. ◆ nm Moyen provisoire, expédient pour détourner un danger ou écarter un obstacle.

**pallier** vt Remédier provisoirement ou incomplètement à : *pallier un défaut de matériel.*

GRAMMAIRE *Pallier* n'admet qu'un complément direct : *il faut pallier ce défaut.*

**palmaire** adj Relatif à la paume de la main.

**palmarès** [palmarɛs] nm **1.** Liste des lauréats. **2.** Liste des victoires d'un sportif, d'un club, etc. **3.** Classement de chansons à succès.

**palme** nf **1.** Feuille de palmier : *le vent agite les palmes.* **2.** Insigne, décoration en forme de palme : *palmes académiques.* **3.** Symbole de la victoire, de la réussite : *remporter la palme.* **4.** Nageoire en caoutchouc qui s'adapte au pied d'un nageur. ■ **huile de palme** : huile tirée de la pulpe du fruit d'une espèce de palmier. ❑ **vin de palme** : boisson fermentée obtenue à partir de la sève de certains palmiers.

**palmé, e** adj **1.** BOT Semblable à une main ouverte : *feuille palmée.* **2.** ZOOL Se dit des pattes d'une oie, d'un canard, etc., dont les doigts sont réunis par une membrane.

**palmeraie** nf Lieu planté de palmiers.

**palmier** nm **1.** Arbre dont le tronc est couronné par un bouquet de feuilles et dont certaines espèces portent des fruits (noix de coco, dattes). **2.** Gâteau sec plat, en pâte feuilletée.

**palmipède** nm Oiseau aux pieds palmés tel que l'oie ou le canard (les palmipèdes forment un ordre).

**palmiste** nm Palmier à bourgeon comestible.

**palmure** nf Membrane reliant les doigts des palmipèdes.

**palombe** nf Pigeon ramier.

**pâlot, otte** adj FAM Un peu pâle.

**palourde** nf Mollusque comestible ; clovisse.

**palpable** adj **1.** Qu'on peut palper. **2.** FIG Clair, évident : *vérité palpable.*

**palper** vt **1.** Toucher avec la main afin d'examiner : *le médecin palpe le malade.* **2.** FIG, FAM Toucher, recevoir de l'argent.

**palpitant, e** adj **1.** Qui palpite. **2.** FIG Passionnant : *roman palpitant.*

**palpitation** nf (souvent au pluriel) Mouvement violent et déréglé du cœur.

**palpiter** vi **1.** Battre, avoir des mouvements brusques, convulsifs, en parlant du cœur. **2.** LITT Être agité d'un léger frémissement : *flamme qui palpite.* **3.** Frémir convulsivement, en parlant de la chair d'un animal qui vient d'être tué.

**paltoquet** nm VX Homme grossier.

**palu** nm (abréviation) Paludisme.

**paluche** nf FAM Main.

**paludéen, enne** adj ■ **fièvre paludéenne** : paludisme.

**paludier, ère** n Personne qui travaille dans les marais salants.

**paludisme** nm Fièvre qui se contracte dans certains pays chauds et humides.

**palus** [paly] nm Terre d'alluvions, dans le Bordelais.

**palustre** adj Qui vit dans un marais : *plante palustre.*

**palynologie** nf Étude paléontologique des pollens.

**pâmer (se)** vpr VIEILLI Être sur le point de défaillir sous l'effet d'une émotion vive.

**pâmoison** nf VIEILLI, LITT Évanouissement : *tomber en pâmoison.*

**pampa** nf Vaste plaine herbeuse de l'Amérique du Sud.

**pamphlet** nm Écrit satirique et violent.

**pamphlétaire** n Auteur de pamphlets : *un violent pamphlétaire.* ◆ adj Qui a les caractères du pamphlet.

**pamplemousse** nm Fruit du pamplemoussier, à goût acide, de couleur jaune, plus gros que l'orange.

**pampre** nm Rameau de vigne chargé de feuilles et de fruits.

**1. pan** nm **1.** Partie tombante d'un vêtement, d'une tenture : *pan de chemise.* **2.** Partie d'un mur. **3.** FIG Partie de quelque chose : *un pan de vie.* **4.** Face d'un corps polyédrique : *écrou à six pans.* ■ **pan coupé** : surface oblique qui remplace l'angle à la rencontre de deux murs.

**2. pan** interj Onomatopée qui exprime un bruit soudain, un coup, un éclatement.

**panacée** nf Remède prétendu universel contre tous les maux.

EMPLOI Parler de *panacée universelle*, c'est faire un pléonasme.

**panachage** nm Action de panacher.

**panache** nm **1.** Plumes flottantes servant d'ornement ; ce qui ondoie comme ces plumes : *panache de fumée.* **2.** FIG Ce qui a de l'éclat, du brio : *aimer le panache.* **3.** CANADA Bois caducs des cervidés : *panache d'orignal.*

**panaché, e** adj **1.** De diverses couleurs. **2.** FAM Composé d'éléments différents : *glace panachée ; liste panachée.* ■ **demi panaché** ou **panaché** nm : mélange de bière et de limonade.

**panacher** vt **1.** Orner de couleurs variées. **2.** Composer d'éléments divers. **3.** Mettre sur un même bulletin de vote les noms de candidats appartenant à des listes différentes : *scrutin qui offre la possibilité de panacher.*

**panade** nf ■ FAM **être, tomber dans la panade** : dans la misère.

**panafricanisme** nm Doctrine qui tend à développer l'unité et la solidarité des peuples africains.

**panais** nm Plante à fleurs jaunes dont la variété potagère possède une racine comestible ; cette racine.

**panama** nm Chapeau large et très souple, tressé avec la feuille d'un arbuste d'Amérique centrale.

**panaméen, enne** adj et n De la République du Panamá : *les Panaméens.*

**panaméricanisme** nm Mouvement qui tend à améliorer les relations entre les divers États d'Amérique.

**panarabisme** nm Mouvement qui tend à développer et à renforcer les relations entre les différentes nations arabes.

**panard, e** adj Se dit d'un cheval qui a les pieds tournés en dehors. ◆ nm FAM Pied.

**panaris** [panari] nm Inflammation près de l'ongle d'un doigt.

**panathénées** nf pl ANTIQ GR Fêtes célébrées à Athènes en l'honneur d'Athéna.

**pan-bagnat** [pɑ̃baɲa] (pl *pans-bagnats*) nm Sandwich rond garni de tomates, de salade, d'œuf dur, de thon, d'anchois, et arrosé d'huile d'olive.

**pancarte** nf Panneau, plaque portant une inscription ou un avis destinés au public.

**pancetta** [pɑ̃tʃeta] nf Charcuterie faite de poitrine de porc salée, roulée et séchée.

**panchen-lama** [panʃɛnlama] (pl *panchen-lamas*) nm Second personnage de la hiérarchie du bouddhisme tibétain.

**panchromatique** [pɑ̃krɔmatik] adj PHOT Sensible à toutes les couleurs.

**pancrace** nm ANTIQ GR Combat combinant lutte et pugilat.

**pancréas** [pɑ̃kreas] nm Glande située en arrière de l'estomac, dans l'abdomen.

**pancréatique** adj Du pancréas.

**panda** nm Mammifère proche de l'ours, qui habite l'Himalaya.

**pandémie** nf Épidémie qui s'étend sur un ou plusieurs continents.

**pandémique** adj Relatif à une pandémie.

**pandore** nm FAM, VX Gendarme.

**pané, e** adj Couvert de chapelure : *poisson pané.*

**panégyrique** nm Éloge, apologie.

**panégyriste** n Personne qui prononce ou rédige un éloge.

**panel** nm Groupe de personnes régulièrement interrogées pour des enquêtes, des études de marché.

**paner** vt Couvrir de chapelure avant de faire frire.

**panetière** nf Sac ou meuble pour conserver le pain.

**paneton** nm Petit panier où les boulangers mettent la pâte nécessaire pour un pain.

**pangermanisme** nm Mouvement qui prône l'union des populations d'origine germanique.

**pangolin** nm Mammifère édenté d'Afrique et d'Asie, à corps écailleux, qui se nourrit de termites et de fourmis.

**panhellénisme** nm Système politique qui tend à réunir tous les peuples d'origine grecque.

**panicaut** nm Plante épineuse des terres incultes et des littoraux sablonneux ; chardon bleu.

**panier** nm **1.** Ustensile à anse ou poignées, souvent fait d'osier ou de jonc, pour transporter ou contenir des provisions, des marchandises, des objets ; ce qu'il contient : *panier de fruits.* **2.** Au basketball, but formé d'un filet sans fond monté sur une armature circulaire ; tir au but réussi. ■ **le dessus du panier** : le meilleur. ❑ FAM **panier de crabes** : groupement de personnes qui cherchent à se nuire les unes aux autres. ❑ **panier percé** : personne dépensière. ❑ ANC **robe à panier** : jupon bouffant garni de baleines.

**panière** nf Grande corbeille d'osier à deux anses.

**panier-repas** (pl *paniers-repas*) nm Repas froid que l'on emporte lors d'un voyage, d'un déplacement.

**panification** nf Ensemble des opérations nécessaires pour transformer la farine en pain.

**panifier** vt Transformer en pain.

**panini** (pl *paninis* ou inv) nm Sandwich italien fait avec un petit pain mi-cuit que l'on passe au grille-pain après l'avoir garni.

**panique** nf Terreur subite de caractère collectif. ◆ adj ■ **peur panique** : effroi violent, peur soudaine et irraisonnée.

**paniquer** vi ou **se paniquer** vpr Prendre peur, être affolé. ◆ vt Affoler.

**panislamisme** nm Mouvement visant à rapprocher tous les pays musulmans.

**pannacotta** nf Dessert italien composé princip. de crème, de sucre et de gélatine.

**1. panne** nf Arrêt accidentel d'une machine quelconque : *tomber en panne.* ■ FAM **être en**

**panne de qqch** : en manquer. ❑ **panne sèche** : due à un manque de carburant.

**2. panne** nf Graisse englobant les rognons de porc.

**panneau** nm **1.** Plaque de bois ou de métal servant de support à des inscriptions : *panneau de signalisation.* **2.** Surface pleine et unie encadrée ou ornée de moulures. ■ **panneau solaire** : dispositif permettant de recueillir l'énergie solaire pour la transformer en énergie électrique. ❑ FIG **tomber dans le panneau** : se laisser prendre au piège.

**panneton** nm Partie d'une clef qui fait mouvoir le mécanisme d'une serrure.

**panonceau** nm Enseigne, plaque qui signale une raison sociale.

**panoplie** nf **1.** Déguisement complet pour enfant : *une panoplie de cow-boy.* **2.** Collection d'armes disposées sur un panneau. **3.** Ensemble d'objets, d'éléments semblables ; ensemble des moyens d'action dont on dispose : *panoplie des sanctions.*

**panorama** nm **1.** Vaste paysage qu'on voit d'une hauteur. **2.** FIG Vue d'ensemble.

**panoramique** adj Qui offre l'aspect d'un panorama : *vue panoramique.* ◆ nm CIN Procédé qui consiste à faire pivoter la caméra pendant la prise de vues.

**pansage** nm Action de panser un animal.

**panse** nf **1.** Première poche de l'estomac des ruminants. **2.** Partie renflée d'un récipient. **3.** FAM Ventre.

**pansement** nm Action de panser une plaie ; ce qui est appliqué sur la plaie : *pansement adhésif.*

**panser** vt **1.** Appliquer une compresse, un coton, etc., sur une plaie. **2.** Brosser, étriller, etc., un animal domestique.

**panslavisme** nm Système politique visant à réunir tous les Slaves.

**pansu, e** adj **1.** Qui est renflé. **2.** Qui a un gros ventre.

**pantagruélique** adj Digne de Pantagruel : *appétit pantagruélique.*

**pantalon** nm Vêtement qui va de la ceinture aux pieds et qui enveloppe chaque jambe séparément.

**pantalonnade** nf Farce burlesque, bouffonnerie.

**pantelant, e** adj VX, LITT Haletant. ■ **chair pantelante** : qui palpite encore, en parlant d'un être qui vient d'être tué.

**panthéisme** nm **1.** Système religieux ou philosophique qui identifie Dieu et le monde. **2.** Divinisation de la nature.

**panthéiste** adj Relatif au panthéisme : *conception panthéiste.* ◆ n Partisan de cette doctrine.

**panthéon** nm **1.** Ensemble des dieux d'une religion. **2.** Édifice consacré aux grands hommes d'un pays.

**panthéoniser** vt Honorer une personnalité en transférant ses restes au Panthéon.

**panthère** nf Mammifère carnivore d'Afrique et d'Asie, au pelage jaune tacheté de noir.

**pantin** nm **1.** Jouet composé d'une figure burlesque dont on agite les membres à l'aide de fils. **2.** FIG Personne sans volonté personnelle, influençable et versatile.

**pantois, e** adj FAM Stupéfait, interdit : *rester pantois.*

**pantomime** nf Action ou art de s'exprimer, sans parler, par des mimiques ; spectacle utilisant ce mode d'expression.

**pantouflard, e** adj et n FAM Casanier.

**pantoufle** nf Chaussure d'intérieur.

**panure** nf Chapelure.

**PAO** [peao] nf (sigle) Publication assistée par ordinateur.

**paon** [pɑ̃] nm Oiseau gallinacé dont le mâle porte une livrée bleutée et une traîne de plumes ocellées. ■ FIG **se parer des plumes du paon** : tirer vanité des mérites d'autrui. ❑ **se rengorger comme un paon** : faire le vaniteux.

**paonne** [pan] nf Femelle du paon.

**papa** nm Père, dans le langage affectif et enfantin. ■ FAM **à la papa** : sans hâte, tranquillement : *conduire à la papa.*

**papal, e, aux** adj Du pape.

**paparazzi** [paparadzi] (pl inv ou *paparazzis*) nm PÉJOR Photographe de presse cherchant à photographier des célébrités sans leur consentement.

**papauté** nf Fonction, administration d'un pape.

**papavéracée** nf Plante à pétales séparés et caducs, comme le pavot, le coquelicot, etc. (les papavéracées forment une famille).

**papaye** [papaj] nf Fruit comestible du papayer.

**papayer** [papaje] nm Arbre à fruits de l'Amérique tropicale.

**pape** nm Chef de l'Église catholique romaine.

**papelard, e** adj et n LITT Hypocrite.

**paperasse** nf Papier sans valeur, inutile ; écrits administratifs.

**paperasserie** nf Grande quantité de papiers administratifs.

**paperassier, ère** n et adj Personne qui multiplie à plaisir les formalités écrites.

**papesse** nf Femme pape, selon une légende : *Jeanne la papesse.*

**papeterie** nf **1.** Magasin où l'on vend du papier, des articles de bureau, etc. **2.** Fabrique de papier.

**papetier, ère** n et adj **1.** Personne qui tient une papeterie. **2.** Personne qui fabrique du papier.

**papi** nm → **papy**.

**papier** nm **1.** Feuille sèche et mince, faite de substances végétales réduites en pâte, pour écrire, imprimer, envelopper, essuyer, absorber : *papier à lettres ; papier peint ; papier cadeau ; papier hygiénique.* **2.** Feuille écrite ou imprimée ; article de journal. **3.** Feuille très mince de métal : *papier d'aluminium.* ■ **papier de verre** : papier enduit d'une substance abrasive et servant à polir, en particulier le bois. ❑ **sur le papier** : en principe : *sur le papier, ça paraît facile, en réalité, ça l'est moins.* ◆ **papiers** pl Documents, pièces d'identité. ■ FIG **être dans les petits papiers de qqn** : être bien vu de lui.

**papier-calque** (pl *papiers-calque*) nm Papier translucide permettant de recopier un dessin.

**papier-émeri** (pl *papiers-émeri*) nm Papier recouvert d'une couche de produit abrasif, pour polir, en particulier le métal.

**papier-monnaie** (pl *papiers-monnaies*) nm Papier créé pour tenir lieu d'argent.

**papille** nf Petite éminence sur la peau, en particulier sur la langue.

**papillon** nm **1.** Insecte aux ailes couvertes de fines écailles, souvent colorées : *le papillon provient de la métamorphose d'une chenille.* **2.** Petite feuille de papier contenant un avis, en particulier une contravention. **3.** Écrou à ailettes qu'on peut desserrer à la main. ◆ adj Qui évoque la forme d'un papillon : *nœud papillon.* ■ **brasse papillon** : style de brasse dans laquelle les bras sont ramenés en avant au-dessus de l'eau.

**papillonner** vi Aller d'une activité, d'une personne à une autre sans jamais se fixer.

**papillote** nf **1.** Papier ou feuille d'aluminium dont on enveloppe un aliment pour le cuire au four ou à la vapeur. **2.** Ornement de papier dont on entoure le manche d'un gigot, de côtelettes. **3.** Papier roulé pour envelopper un bonbon, etc.

**papilloter** vi **1.** Cligner, en parlant des yeux. **2.** Miroiter : *une surface qui papillote.*

**papisme** nm PÉJOR, VX Catholicisme romain, pour les protestants.

**papiste** n PÉJOR, VX Catholique romain, pour les protestants.

**papotage** nm (surtout au pluriel) FAM Bavardage futile.

**papoter** vi FAM Bavarder, parler de choses sans importance.

**papou, e** adj Relatif aux Papous.

**papouille** nf FAM Chatouille.

**paprika** nm Piment rouge en poudre.

**papule** nf MÉD Pustule sur la peau.

**papy** ou **papi** nm Grand-père, dans le langage affectif et enfantin.

**papyrologie** nf Étude des papyrus.

**papyrologue** n Spécialiste de papyrologie.

**papyrus** [papirys] nm **1.** Plante des bords du Nil. **2.** Feuille pour écrire faite à partir de sa tige, qui servait de papier aux Égyptiens ; le manuscrit lui-même : *déchiffrer un papyrus.*

**Pâque** nf Fête annuelle juive, qui commémore la sortie d'Égypte du peuple hébreu : *célébrer la Pâque.*

**paquebot** nm Grand navire qui transporte des passagers.

**pâquerette** nf Petite marguerite blanche. ■ FAM **au ras des pâquerettes** : à un niveau très élémentaire, bassement matériel.

**pâques** nf pl La fête de Pâques : *joyeuses pâques.* ■ **faire ses pâques** : communier à Pâques.

**Pâques** nm Fête annuelle mobile des chrétiens, qui commémore la résurrection du Christ.

**paquet** nm **1.** Réunion de choses enveloppées ou attachées ensemble ; ensemble de choses de même nature : *paquet de linge ; paquet de cartes.* **2.** Emballage, contenant pour faciliter le transport, protéger ou cacher le contenu ; cet emballage et son contenu : *envoyer un paquet par la poste ; paquet-cadeau.* ■ FAM **faire ses paquets** : s'en aller. ❑ FAM **mettre le paquet** : fournir un gros effort. ❑ **un paquet de** : beaucoup de.

**paquetage** nm Ensemble des effets et objets militaires d'un soldat.

**par** prép **1.** Indique l'espace traversé, la direction, la position : *passer par Caen ; par la gauche.* **2.** Indique les circonstances : *comme par le passé.* **3.** Indique le moyen, la manière : *par ordre croissant.* **4.** Indique la cause, l'origine : *agir par intérêt.* **5.** Indique l'agent : *réparé par un garagiste.* **6.** Indique la distribution : *un ticket par personne.* ■ **de par** : du fait de, par l'ordre de. ❑ **par conséquent** : en conséquence.

**para** n (abrév) Parachutiste.

**parabellum** [-belɔm] nm Pistolet automatique utilisé naguère par l'armée allemande.

**paraben** [parabɛn] ou **parabène** nm CHIM Substance utilisée comme conservateur dans des produits alimentaires, cosmétiques ou pharmaceutiques (les parabens sont allergisants et seraient cancérigènes).

**parabole** nf **1.** Allégorie développée dans un récit écrit ou oral : *les paraboles du Christ.* **2.** GÉOM Ligne courbe, dont chacun des points est équidistant d'un point fixe appelé *foyer* et d'une droite fixe appelée *directrice.* **3.** Antenne parabolique.

**parabolique** adj En forme de parabole : *ligne parabolique.* ■ **antenne parabolique :** en forme de parabole, servant à capter les programmes de télévision transmis par satellite.

**paracentèse** [parasɛ̃tɛz] nf MÉD Ponction dans une cavité pleine de liquide : *paracentèse du tympan.*

**paracétamol** nm Médicament analgésique et antipyrétique.

**parachèvement** nm Fait de parachever.

**parachever** vt (conj 9) Mener à son achèvement complet avec le plus grand soin.

**parachutage** nm Action de parachuter.

**parachute** nm Appareil destiné à ralentir la chute de quelqu'un ou de quelque chose tombant d'une grande hauteur. ■ **parachute doré :** prime considérable perçue par un dirigeant d'entreprise lors de son licenciement ou de son départ.

**parachuter** vt **1.** Lancer par parachute. **2.** FAM Désigner pour une fonction, envoyer dans un lieu à l'improviste.

**parachutisme** nm Sport du saut en parachute.

**parachutiste** n Personne qui pratique le parachutisme.

**parade** nf **1.** Geste, action par lesquels on pare une agression physique, une accusation, etc. : *trouver la parade.* **2.** Défilé des artistes d'un cirque, d'un spectacle de music-hall, etc. **3.** Revue de troupes, évolution militaire. ■ **de parade :** destiné à être vu, à servir d'ornement : *habit de parade.* ❑ **faire parade de :** étaler, montrer avec ostentation.

**parader** vi Se pavaner, se mettre en valeur.

**paradigme** nm **1.** GRAMM Ensemble des formes diverses d'un mot pris comme modèle (déclinaison ou conjugaison). **2.** LING Ensemble des unités qui peuvent être substituées les unes aux autres dans un contexte donné.

**paradis** nm **1.** RELIG Lieu de séjour des âmes des justes après la mort. **2.** FIG Lieu enchanteur. **3.** Galerie supérieure d'un théâtre ; poulailler. ■ **oiseau de paradis :** paradisier. ❑ **Paradis terrestre :** jardin de délices où Dieu plaça Adam et Ève.

**paradisiaque** adj Qui évoque le paradis.

**paradisier** nm Oiseau d'Océanie au beau plumage. SYN : oiseau de paradis.

**paradoxal, e, aux** adj **1.** Qui tient du paradoxe ; bizarre. **2.** Qui a le goût du paradoxe.

**paradoxalement** adv De façon paradoxale.

**paradoxe** nm Opinion, fait contraire à la logique ou à la raison.

**parafe** nm → **paraphe**.

**parafer** vt → **parapher**.

**paraffine** nf Substance solide blanche, utilisée dans la fabrication des bougies.

**paraffiner** vt Enduire de paraffine : *papier paraffiné.*

**parafiscalité** nf Ensemble des taxes et cotisations perçues au profit d'organismes autonomes.

**parages** nm pl MAR Zone maritime proche de la côte. ■ **dans les parages :** aux alentours, dans le voisinage immédiat.

**paragraphe** nm Subdivision d'un texte en prose marquée par un retour à la ligne au début et à la fin ; signe typographique (§) indiquant cette division.

**paraguayen, enne** [paragwɛjɛ̃, ɛn] adj et n Du Paraguay : *les Paraguayens.*

**paraître** vi (conj 64 ; auxil : *avoir*) **1.** Sembler, avoir l'apparence de : *paraître heureux, souffrant.* **2.** Apparaître, se présenter à la vue : *sourire qui paraît sur le visage.* **3.** Se montrer avec vanité : *désir de paraître.* **4.** Être publié : *livre qui paraît à la rentrée.* ◆ v impers ■ **il paraît que** ou **il paraîtrait que** ou **paraît-il :** le bruit court que. ❑ **sans qu'il y paraisse :** sans que cela se voie.

**parallaxe** nf **1.** PHOT Angle formé par les axes optiques de l'objectif et du viseur d'un appareil photo, et qui fausse la visée. **2.** ASTRON Angle formé par deux droites allant respectivement du centre d'un astre, l'une au centre de la Terre, l'autre à sa circonférence.

**parallèle** adj **1.** Se dit de deux lignes ou de deux surfaces également distantes l'une de l'autre sur toute leur longueur. **2.** FIG Qui se développe dans la même direction ou en même temps : *des actions parallèles.* **3.** Qui existe en dehors d'un cadre légal ou officiel : *police parallèle.* ◆ nf Ligne parallèle à une autre. ◆ nm **1.** GÉOGR Cercle imaginaire parallèle à l'équateur. **2.** FIG Comparaison : *parallèle entre deux écrivains.*

**parallèlement** adv De façon parallèle.

**parallélépipède** nm Volume à six faces parallèles deux à deux.

**parallélisme** nm **1.** État de deux lignes, de deux plans parallèles. **2.** FIG Ressemblance de faits, de choses que l'on compare.

**parallélogramme** nm Quadrilatère dont les côtés sont parallèles deux à deux.

**paralogisme** nm Raisonnement faux, fait de bonne foi (par opposition à *sophisme*).

**paralympique** adj ■ **jeux Paralympiques :** compétitions pour handicapés qui se déroulent quelques jours après les jeux Olympiques.

**paralysant, e** adj Qui paralyse.

**paralysé, e** adj et n Atteint, frappé de paralysie.

**paralyser** vt **1.** Frapper de paralysie. **2.** FIG Arrêter, neutraliser : *paralyser toute initiative*.

**paralysie** nf **1.** Privation ou diminution considérable de la fonction motrice. **2.** FIG Impossibilité d'agir ; arrêt complet : *paralysie de l'économie*.

**paralytique** adj et n Atteint de paralysie.

**paramécie** nf Protozoaire commun dans les eaux douces stagnantes.

**paramédical, e, aux** adj Qui est en rapport avec les activités relatives à la santé (orthophonie, kinésithérapie, par exemple) sans faire partie des professions médicales : *professions, disciplines paramédicales*.

**paramètre** nm **1.** STAT Grandeur mesurable permettant de présenter de façon simple les caractéristiques d'un ensemble statistique. **2.** FIG Élément important à prendre en compte pour évaluer une situation, comprendre le détail d'un phénomène. **3.** INFORM Variable dont la valeur et l'adresse ne sont précisées qu'à l'exécution du programme.

**paramétrer** vt (conj 10) INFORM Remplacer certaines informations d'un programme par des paramètres.

**paramilitaire** adj Qui imite la structure et la discipline de l'armée : *formation paramilitaire*.

**parangon** nm LITT Modèle, type : *un parangon de vertu*.

**parano** adj et n (abréviation) FAM Paranoïaque.

**paranoïa** nf Maladie mentale caractérisée par la méfiance vis-à-vis des autres, la surestimation de soi et la tendance au délire de persécution.

**paranoïaque** adj et n Atteint de paranoïa.

**paranormal, e, aux** adj Se dit de phénomènes étudiés par la parapsychologie, qui sont en marge de la normalité.

**parapente** nm Parachute conçu pour s'élancer d'une hauteur ; sport pratiqué avec ce type de parachute.

**parapentiste** n Personne qui pratique le parapente.

**parapet** nm Mur à hauteur d'appui servant de garde-fou, d'abri : *le parapet d'un pont*.

**parapharmacie** nf Ensemble des produits d'hygiène et de soins courants dont la vente n'est pas réservée aux pharmacies.

**paraphe** ou **parafe** nm **1.** Trait soulignant une signature. **2.** Signature, réduite aux initiales, pour interdire toute substitution sur un document officiel.

**parapher** ou **parafer** vt Signer d'un paraphe.

**paraphrase** nf **1.** Développement explicatif d'un texte. **2.** PÉJOR Développement verbeux et diffus. **3.** LING Énoncé ayant le même sens qu'un autre moins long : *la phrase passive et la paraphrase active qui lui correspond*.

**paraphraser** vt Développer, amplifier par une paraphrase.

**paraplégie** nf Paralysie des membres inférieurs.

**paraplégique** adj et n Atteint de paraplégie.

**parapluie** nm Accessoire portatif formé d'un manche et d'une étoffe fixée sur une armature, pour se protéger de la pluie. ■ **lit parapluie :** lit d'appoint pour bébé, aux parois souples, tendues sur une armature pliable (autrefois à la manière d'un parapluie).

**parapsychologie** nf Étude des phénomènes psychiques non encore élucidés par les sciences : *la télépathie intéresse la parapsychologie*.

**parascolaire** adj Qui est en relation avec, qui complète l'enseignement donné à l'école.

**parasitaire** adj **1.** Dû ou relatif à un parasite. **2.** Qui se développe à la façon d'un parasite.

**parasite** nm et adj **1.** Animal, plante qui vit aux dépens d'un autre animal, d'une autre plante. **2.** Personne qui vit dans l'oisiveté, aux dépens des autres. ◆ adj Inutile et gênant : *construction, bruit parasites*. ◆ **parasites** nm pl Perturbations dans la réception radiophonique ou télévisuelle.

**parasiter** vt **1.** Vivre en parasite aux dépens de. **2.** Perturber par des bruits parasites.

**parasitisme** nm État, mode de vie du parasite.

**parasol** [parasɔl] nm Objet en forme de parapluie destiné à protéger du soleil.

**parasympathique** adj et nm Se dit de l'un des deux systèmes nerveux neurovégétatifs.

**paratonnerre** nm Appareil destiné à préserver de la foudre.

**paravent** nm Meuble composé de panneaux verticaux articulés, servant à isoler.

**parbleu** interj Exprime l'approbation ou souligne une évidence.

**parc** nm **1.** Enclos boisé, d'une certaine étendue, pour la promenade, la chasse, l'agrément. **2.** Grand jardin public. **3.** MIL Lieu clos où sont entreposés des munitions, du matériel militaire : *parc d'artillerie.* **4.** Ensemble des machines, des véhicules d'une entreprise, d'un pays : *parc automobile.* **5.** Petit enclos pour les enfants en bas âge. ■ **parc à huîtres :** bassin pour l'élevage des huîtres. ❑ **parc de loisirs :** vaste terrain comportant diverses installations destinées à la détente, aux jeux. ❑ **parc de stationnement** ou **parc :** emplacement aménagé pour le stationnement des véhicules. ❑ **parc national** ou **parc naturel régional :** où la faune et la flore sont protégées.

**parcage** nm Action de parquer.

**parcellaire** adj Divisé par parcelles : *plan parcellaire.*

**parcellarisation** ou **parcellisation** nf Action de parcellariser, de parcelliser.

**parcellariser** ou **parcelliser** vt Diviser en petits éléments ; fractionner, morceler.

**parcelle** nf **1.** Petite partie de qqch : *parcelle de granit ; parcelle de vérité.* **2.** Terrain constituant une unité cadastrale.

**parce que** loc conj **1.** Introduit la cause, le motif ; étant donné que, puisque. **2.** Employé seul, marque le refus ou l'impossibilité de répondre : *pourquoi mens-tu ? – parce que.*

**parchemin** nm Peau d'animal préparée pour l'écriture ou la reliure.

**parcheminé, e** adj Qui a l'aspect du parchemin : *peau parcheminée.*

**parcimonie** nf Économie rigoureuse. ■ **avec parcimonie :** au compte-gouttes.

**parcimonieusement** adv Avec parcimonie.

**parcimonieux, euse** adj Qui fait preuve de parcimonie.

**parcmètre** nm Appareil mesurant le temps de stationnement autorisé pour un véhicule.

**parcourir** vt (conj 29) **1.** Traverser, visiter dans toute son étendue ou dans tous les sens : *parcourir un pays.* **2.** Accomplir un trajet dans un temps déterminé : *parcourir une distance.* **3.** FIG Examiner, lire rapidement : *parcourir un roman.*

**parcours** nm **1.** Trajet suivi par qqn, par un véhicule, etc. **2.** Ensemble des dix-huit trous au golf. ■ **incident de parcours :** difficulté imprévue qui retarde un projet sans l'empêcher. ❑ **parcours de soins coordonné :** obligation faite à un assuré social de plus de 16 ans de consulter d'abord son médecin traitant, qui l'orientera, si nécessaire, vers un spécialiste. ❑ **parcours du combattant :** (a) exercice militaire consistant à parcourir un terrain sur lequel ont été aménagés des obstacles divers (b) FIG série de difficultés rencontrées dans la réalisation d'un projet.

**Parcoursup** nm (nom déposé) En France, plateforme en ligne de préinscription en première année d'enseignement supérieur.

**par-delà** loc prép De l'autre côté de.

**par-derrière** loc adv et loc prép **1.** Par la partie postérieure : *attaquer par-derrière.* **2.** FIG Secrètement, sournoisement : *se moquer par-derrière.*

**par-dessous** loc adv et loc prép Dans l'espace situé plus bas : *passer par-dessous.*

**pardessus** nm Manteau d'homme.

**par-dessus** loc adv et loc prép Situé dans l'espace plus haut, sur la face externe : *lire par-dessus l'épaule.* ■ **par-dessus tout :** surtout.

**par-devant** loc adv Par l'avant : *passer par-devant.* ◆ loc prép DR En présence de : *par-devant notaire.*

**par-devers** loc prép DR En présence de : *se pourvoir par-devers le juge.* ■ SOUT **par-devers soi :** (a) en sa possession (b) pour soi.

**pardi** interj Pour renforcer un énoncé, souligner une évidence.

**pardon** nm **1.** Fait de ne pas tenir rigueur d'une faute, d'une offense : *refuser son pardon.* **2.** Formule de politesse employée quand on dérange qqn. **3.** Pèlerinage et fête populaire en Bretagne.

**pardonnable** adj Qui peut être pardonné.

**pardonner** vt Faire rémission de, excuser : *pardonner une faute.* ◆ vt ind [à] Cesser d'entretenir à l'égard de qqn de la rancune ou de l'hostilité pour ses fautes : *pardonner à ses ennemis.* ◆ vi ■ **ne pas pardonner :** avoir des conséquences fatales : *cette maladie, ça ne pardonne pas.*

**pare-balles** adj inv et nm inv Se dit d'un vêtement ou d'un dispositif protégeant des projectiles.

**pare-brise** nm inv Plaque de verre spécial, à l'avant d'un véhicule.

**pare-chocs** nm inv Dispositif de protection à l'avant et à l'arrière d'un véhicule.

**pare-feu** nm inv Dispositif pour empêcher la progression des incendies.

**parégorique** adj ■ **élixir parégorique :** antispasmodique à base d'opium destiné à calmer les douleurs de ventre.

**pareil, eille** adj **1.** Qui présente une ressemblance ou une similitude : *des robes pareilles.* **2.** Tel, semblable : *une pareille fatigue.* ◆ n Personne égale, semblable : *vous et vos pareils.* ■ **n'avoir pas son pareil pour :** être seul capable de. ❑ **sans pareil :** exceptionnel. ◆ adv FAM De la même façon.

EMPLOI On dit *il est pareil à nous* et non pas *il est pareil que nous.*

**pareille** nf ■ **rendre la pareille à qqn :** lui faire subir le traitement qu'on a reçu de lui.

**pareillement** adv **1.** De la même manière. **2.** Aussi, également.

**parement** nm **1.** Revers des manches de certains vêtements. **2.** Revêtement en pierres de taille d'une construction.

**parenchyme** [parɑ̃ʃim] nm ANAT Tissu spongieux de divers organes vivants.

**parent** n et adj Personne qui a des liens familiaux plus ou moins étroits avec qqn. ◆ nm Le père ou la mère. ◆ adj Qui a des traits communs avec qqn, qqch d'autre : *des langues parentes.* ◆ **parents** pl **1.** Les deux personnes qui ont engendré ou adopté un ou plusieurs enfants. **2.** LITT Les ancêtres.

**parental, e, aux** adj Qui concerne le père ou la mère considérés comme un tout : *l'autorité parentale.*

**parenté** nf **1.** Lien de consanguinité ou d'alliance. **2.** Ensemble des parents. **3.** FIG Ressemblance, analogie : *parenté de deux opinions.*

**parenthèse** nf **1.** Remarque incidente insérée dans une phrase. **2.** Signe [( )] qui indique l'intercalation d'un élément dans une phrase. **3.** FIG Digression : *ouvrir une parenthèse.* ■ **entre parenthèses** ou **par parenthèse :** incidemment.

**paréo** nm Pagne d'étoffe tahitien.

**parer** vt **1.** Orner, embellir : *parer un autel.* **2.** CUIS Préparer pour la cuisson : *parer une volaille.* **3.** Détourner, éviter : *parer un coup.* ◆ vt ind [à] Remédier à, se prémunir contre : *parer à un défaut ; parer à toute éventualité.* ◆ **se parer** vpr [de] **1.** Se vêtir. **2.** LITT S'attribuer de façon plus ou moins méritée : *se parer d'un titre.*

**pare-soleil** nm inv Dispositif de protection contre le soleil.

**paresse** nf **1.** Répugnance à l'effort, au travail ; goût pour l'inaction. **2.** MÉD Lenteur anormale dans le fonctionnement d'un organe.

**paresser** vi Se laisser aller à la paresse.

**paresseusement** adv Avec paresse.

**paresseux, euse** adj et n Qui montre, manifeste de la paresse. ◆ nm Mammifère arboricole de l'Amérique du Sud, aux mouvements très lents.

**parfaire** vt (conj 76) Achever, compléter, mener à la perfection.

**parfait, e** adj **1.** Sans défaut, excellent : *bonheur parfait ; vin parfait.* **2.** Accompli, qui représente un modèle du genre : *un parfait imbécile.* ◆ nm **1.** Crème glacée : *parfait au café.* **2.** GRAMM Temps du verbe, notamment en latin et en grec, qui marque un état présent résultant d'une action passée.

**parfaitement** adv **1.** De façon parfaite ; totalement : *parfaitement réussi.* **2.** Oui, certainement.

**parfois** adv Quelquefois, de temps à autre.

**parfum** nm **1.** Odeur agréable : *le parfum des fleurs.* **2.** Substance, mélange de substances aromatiques utilisé pour donner à la peau, aux vêtements une odeur agréable : *flacon de parfum.* **3.** Arôme donné à certains aliments : *glaces à différents parfums.* ■ ARG **au parfum :** au courant d'un secret.

**parfumer** vt **1.** Remplir, imprégner de parfum. **2.** Aromatiser.

**parfumerie** nf **1.** Commerce, industrie du parfumeur. **2.** Magasin où l'on vend des parfums et des produits de beauté. **3.** Ensemble des produits de toilette.

**parfumeur, euse** n et adj Personne qui fabrique ou vend des parfums.

**pari** nm Action de parier ; chose, somme pariée. ■ **Pari Mutuel Urbain (PMU) :** organisme qui a le monopole d'organiser et d'enregistrer les paris sur les courses de chevaux.

**paria** n **1.** En Inde, individu hors caste. SYN : intouchable. **2.** Personne méprisée, mise au ban d'un groupe.

**parier** vt Convenir d'un enjeu que gagnera celui qui aura raison dans une chose discutée. ■ **je l'aurais parié :** j'en étais sûr.

**pariétaire** nf Plante herbacée qui pousse sur les murailles.

**pariétal, e, aux** adj ■ **os pariétal :** chacun des deux os qui forment les côtés et la voûte du crâne. ❑ **peinture pariétale :** gravée ou peinte sur les parois et les voûtes des grottes préhistoriques.

**parieur, euse** n Personne qui parie.

**paris-brest** nm inv Gâteau en pâte à choux fourrée d'une crème pralinée.

**parisianisme** nm Usage, habitude, langage propres aux Parisiens.

**parisien, enne** adj et n **1.** De Paris. **2.** PAR EXT, ABUSIF De l'Île-de-France.

**parisyllabique** adj GRAMM Se dit des mots latins ayant le même nombre de syllabes au nominatif et au génitif singulier.

**paritaire** adj Où toutes les parties sont également représentées : *commission paritaire.*

**parité** nf **1.** Égalité parfaite : *parité des salaires.* **2.** Équivalence des cours du change de deux monnaies. **3.** Égalité de représentation des hommes et des femmes dans les sphères politique et économique, notamm.

**parjure** nm Faux serment : *commettre un parjure.* ◆ adj et n Coupable de parjure : *punir un parjure.*

**parjurer (se)** vpr Commettre un parjure, violer son serment.

**parka** nm ou nf Manteau court à capuche, en tissu imperméable.

**parking** [parkiŋ] nm Parc de stationnement automobile.

**parlant, e** adj **1.** Expressif, suggestif : *portrait parlant.* **2.** Convaincant, éloquent : *comparaison parlante.* **3.** Qui reproduit ou enregistre la parole : *horloge parlante ; cinéma parlant.*

**parlé, e** adj Exprimé par la parole ; qui relève de l'expression orale : *l'anglais parlé.*

**Parlement** nm Assemblée exerçant le pouvoir législatif (le Parlement français se compose du Sénat et de l'Assemblée nationale).

**parlementaire** adj Relatif au Parlement : *usages parlementaires.* ■ **régime parlementaire** : régime politique dans lequel les ministres sont responsables devant le Parlement. ◆ n **1.** Membre d'un Parlement. **2.** Personne chargée, en temps de guerre, d'ouvrir ou de poursuivre des négociations avec le camp adverse.

**parlementarisme** nm Régime parlementaire.

**parlementer** vi **1.** Discuter longuement en vue d'un accommodement. **2.** Entrer en pourparlers avec un adversaire.

**1. parler** vi **1.** Articuler des paroles : *parler à voix haute.* **2.** S'exprimer, par la parole ou de toute autre façon : *parler par gestes.* **3.** Prononcer un discours, une allocution : *parler en public.* **4.** Avouer : *l'accusé a parlé.* **5.** Être révélateur : *les faits parlent d'eux-mêmes.* ■ FAM **tu parles !** : (a) marque l'approbation (b) marque le doute, l'incrédulité. ◆ vt ind **1.** Communiquer avec qqn : *parler à, avec un ami.* **2.** Donner son avis sur : *parler de qqn.* **3.** Annoncer son désir de : *parler de partir.* ◆ vt **1.** S'exprimer dans une langue : *parler anglais.* **2.** S'entretenir de : *parler affaires.*

**2. parler** nm **1.** Langage, manière de s'exprimer : *un parler truculent.* **2.** Langue particulière à une région : *le parler wallon.*

**parleur, euse** n ■ PÉJOR **beau parleur** : qui s'exprime de façon séduisante.

**parloir** nm Salle où l'on reçoit les visiteurs, dans certains établissements.

**parlote** ou **parlotte** nf FAM Conversation oiseuse, sans objet précis.

**parme** adj inv et nm D'un mauve soutenu.

**parmesan** nm Fromage italien à pâte dure, granuleuse.

**parmi** prép **1.** Au milieu de : *se frayer un chemin parmi la foule.* **2.** Au nombre de : *compter quelqu'un parmi ses amis.*

**parnassien, enne** adj et n LITT Qui appartient à un groupe de poètes qui, à la fin du XIXe s. et en réaction au lyrisme romantique, cultivèrent une poésie d'une facture très soignée.

**parodie** nf **1.** Imitation plaisante d'une œuvre artistique ou littéraire. **2.** Imitation grossière : *une parodie de procès.*

**parodier** vt **1.** Faire la parodie de. **2.** Imiter, contrefaire ; singer.

**parodique** adj Qui tient de la parodie.

**parodonte** nm ANAT Ensemble des tissus de soutien de la dent (gencives, os alvéolaire).

**parodontite** nf Inflammation des tissus de soutien de la dent (parodonte).

**parodontologie** nf Partie de l'odontologie qui étudie les tissus de soutien de la dent (parodonte) et leur pathologie.

**paroi** nf **1.** Mur, cloison de séparation : *parois d'une cabine.* **2.** Surface latérale, face interne de qqch : *les parois d'un tuyau.* **3.** Surface de rocher presque verticale.

**paroisse** nf Territoire sur lequel s'exerce le ministère d'un curé, d'un pasteur ; église principale de ce territoire.

**paroissial, e, aux** adj De la paroisse.

**paroissien, enne** n Fidèle d'une paroisse. ■ FAM **drôle de paroissien** : drôle d'individu.

**parole** nf **1.** Faculté de parler : *être doué de parole.* **2.** Fait de parler ; droit de parler : *silence plus éloquent que des paroles ; demander la parole.* **3.** Mot prononcé, phrase : *des paroles mémorables.* **4.** Assurance donnée, engagement : *donner sa parole.* ■ **couper la parole à quelqu'un** : commencer à parler alors qu'il n'a pas fini de s'exprimer. ❑ **prendre la parole** : commencer à parler devant autrui. ❑ **sur parole** : sur une simple affirmation : *croire sur parole.* ◆ **paroles** pl Texte d'une chanson : *la musique et les paroles.*

**parolier, ère** n Auteur des paroles d'une chanson.

**paronyme** nm Mot proche d'un autre par sa forme, son orthographe (EX : *conjecture* et *conjoncture*).

**paronymie** nf Caractère des paronymes.

**parotide** nf et adj f Glande salivaire, située en avant de l'oreille.

**parotidite** nf Inflammation des parotides.

**paroxysme** nm Extrême intensité, le plus haut degré d'un sentiment, d'une douleur.

**paroxysmique** ou **paroxystique** adj Qui tient du paroxysme.

**paroxyton** nm PHON Mot accentué sur l'avant-dernière syllabe.

**parpaillot, e** n PAR PLAIS Protestant.

**parpaing** [parpɛ̃] nm Aggloméré moulé et comprimé utilisé en maçonnerie.

**parquer** vt **1.** Mettre dans un lieu clos ou un espace étroit : *parquer des réfugiés.* **2.** Mettre en stationnement, garer.

**parquet** nm **1.** Assemblage de lames de bois formant le plancher d'une pièce. **2.** DR Ensemble des magistrats du ministère public.

**parqueter** vt (conj 8) Garnir d'un parquet : *parqueter une chambre.*

**parrain** nm **1.** Celui qui présente un enfant au baptême et se porte garant de sa fidélité. **2.** Celui qui présente qqn dans un club, une société, etc., pour l'y faire entrer. **3.** Chef d'une mafia, d'une bande de malfaiteurs.

**parrainage** nm **1.** Qualité, fonction de parrain ou de marraine. **2.** En France, soutien écrit apporté par un élu au candidat de son choix, en vue de l'élection présidentielle.

**parrainer** vt Servir de parrain, de répondant, de garant.

**parricide** n et adj Personne qui tue son père, sa mère ou tout autre ascendant légitime. ◆ nm Crime de parricide.

**parsemer** vt (conj 9) **1.** Répandre çà et là : *parsemer un chemin de fleurs.* **2.** LITT Être répandu sur.

**part** nf Portion d'un tout divisé entre plusieurs personnes : *faire des parts égales.* ■ **à part :** (a) excepté : *à part cela, rien à signaler* (b) séparément : *j'ai rangé vos affaires à part* (c) différent des autres : *cas à part.* ❑ **à part moi :** en moi-même. ❑ **avoir part à :** profiter de, participer à. ❑ **de la part de quelqu'un :** en son nom : *saluez-le de ma part.* ❑ **de part en part :** en traversant. ❑ **de part et d'autre :** des deux côtés. ❑ **d'une part..., d'autre part... :** d'un côté, d'un point de vue..., de l'autre... ❑ **faire part de quelque chose à quelqu'un :** le lui communiquer, l'en informer. ❑ **nulle part :** en aucun lieu. ❑ **pour ma part :** quant à moi. ❑ **prendre en bonne, en mauvaise part :** interpréter bien ou mal. ❑ **prendre part à :** s'intéresser, collaborer à.

**partage** nm Action de diviser en parts : *faire le partage d'une succession.* ■ **sans partage :** exclusif, sans réserve.

**partageable** adj Qui peut se partager.

**partager** vt (conj 2) **1.** Diviser en parts : *partager un gâteau en six.* **2.** Avoir en commun : *partager un gîte ; partager la responsabilité d'un accident.* **3.** Répandre, diffuser une information : *partager une nouvelle avec son équipe.* ■ **être partagé :** animé de tendances contradictoires. ◆ **se partager** vpr **1.** Diviser entre soi : *se partager les tâches, le gros lot.* **2.** Se séparer en petits groupes.

**partance (en)** loc adv Sur le point de partir.

**1. partant** conj VX, LITT Par conséquent.

**2. partant, e** adj ■ FAM **être partant (pour) :** être disposé, prêt à. ◆ nm Concurrent qui se présente à une course.

**partenaire** n Personne avec qui l'on est associé dans une action quelconque.

**partenarial, e, aux** adj Relatif au partenariat : *accord partenarial.*

**partenariat** nm Système associant des partenaires sociaux ou économiques.

**parterre** nm **1.** Partie d'un jardin ornée de gazon, de fleurs. **2.** Partie d'une salle de théâtre située derrière les fauteuils d'orchestre ; ensemble des spectateurs qui y sont placés.

**parthénogenèse** nf BIOL Reproduction à partir d'un ovule ou d'une oosphère non fécondés.

**parti** nm **1.** Groupe de personnes réunies par une communauté d'opinions ou d'intérêts : *parti politique.* **2.** Ensemble de personnes ayant des tendances, des affinités communes : *le parti des mécontents.* **3.** LITT Solution, résolution adoptée : *hésiter entre deux partis.* ■ **esprit de parti :** aveuglement dans le choix d'une opinion, sectarisme. ❑ **faire un mauvais parti à quelqu'un :** le malmener, le maltraiter. ❑ **parti pris :** opinion préconçue. ❑ **prendre son parti de :** se résigner à. ❑ **tirer parti de :** tirer profit, avantage de.

**partial, e, aux** [parsjal, o] adj Qui fait preuve d'un parti pris injuste.

**partialement** adv Avec partialité : *juger partialement.*

**partialité** nf Préférence injuste.

**participant, e** n et adj Personne qui participe.

**participatif, ive** adj **1.** Qui correspond à une participation financière. **2.** Qui fait appel à la participation de chacun ; contributif : *encyclopédie participative*.

**participation** nf Action, fait de participer : *participation à une loterie, aux frais*.

**participe** nm Forme adjective du verbe qui a le rôle tantôt d'un adjectif (variable), tantôt d'un verbe suivi d'un complément (invariable) : *participe passé, présent*.

**participer** vt ind **1.** [à] Prendre part à : *participer à une manifestation*. **2.** [à] Payer sa part de : *participer à un achat*. **3.** [à] Avoir part à : *participer aux bénéfices*. **4.** [de] Présenter certains caractères de.

**participial, e, aux** adj Du participe : *forme participiale*.

**particulariser** vt Différencier par des caractères particuliers.

**particularisme** nm Tendance d'un groupe à revendiquer et à chercher à préserver ses traits particuliers.

**particularité** nf Caractère particulier de quelqu'un ou de quelque chose.

**particule** nf **1.** Petite partie, parcelle. **2.** PHYS Chacun des constituants de l'atome. **3.** Petit mot invariable qui ne peut s'employer seul : *particule négative*. **4.** Préposition (*de*) précédant certains noms propres (nobles, partic.) : *nom à particule*. ■ **particule fine :** particule polluante en suspension dans l'air, de diamètre inférieur à 2,5 micromètres.

**particulier, ère** adj **1.** Propre à certaines personnes, à certaines choses (par opposition à *général*) : *plat particulier à une région*. **2.** Qui concerne spécialement un individu : *l'intérêt général et les intérêts particuliers ; leçon particulière*. **3.** Spécial, caractéristique : *avoir un talent particulier*. ◆ nm **1.** Caractéristique d'un élément, détail. **2.** Personne privée. ■ **en particulier :** (a) à part, séparément : *je l'ai vu en particulier* (b) spécialement, notamment.

**particulièrement** adv Spécialement.

**partie** nf **1.** Portion, élément d'un tout : *les différentes parties d'un roman*. **2.** MUS Rôle de chaque musicien participant à une exécution d'ensemble : *partie d'alto*. **3.** DR Chacune des personnes qui plaident l'une contre l'autre : *partie adverse ;* chaque personne prenant part à une négociation. **4.** Totalité des coups qu'il faut jouer pour gagner : *partie de cartes*. **5.** Activité de loisir en commun : *partie de campagne, de pêche*. **6.** FAM Spécialité, profession : *être fort dans sa partie*. ■ **en partie :** pas totalement, partiellement. ❑ **faire partie de :** appartenir à. ❑ **prendre à partie :** attaquer, physiquement ou verbalement.

**partiel, elle** [parsjɛl] adj Qui ne constitue qu'une partie d'un tout ; incomplet : *résultats partiels*.

**partiellement** adv En partie.

**partir** vi (conj 26 ; auxil : *être*) **1.** S'en aller, quitter un lieu. **2.** Prendre le départ : *partir au signal*. **3.** Avoir pour point de départ : *les nerfs partent du cerveau*. **4.** Se mettre à fonctionner : *le moteur ne part pas*. **5.** S'enlever, se détacher : *la tache est partie au lavage ; un bouton est parti*. ■ **à partir de :** à dater de, en commençant à. ❑ FAM **être mal parti :** commencer dans des conditions qui compromettent la réussite.

EMPLOI Il est plus correct d'écrire *je pars pour* Lyon que *je pars à Lyon*.

**partisan, e** adj **1.** Favorable à : *elle est partisane de ce projet*. **2.** De parti pris, peu objectif : *des querelles partisanes*. ◆ n Personne attachée à une cause, à un parti, etc.

**partitif, ive** nm et adj GRAMM Article qui désigne une partie d'un tout (EX : *du* chocolat, *de la* confiture).

**partition** nf **1.** Division, séparation : *la partition de l'Allemagne*. **2.** Ensemble des parties formant une composition musicale ; feuille ou cahier où est imprimée une œuvre musicale.

**partout** adv En tout lieu, n'importe où.

**parure** nf **1.** LITT Ce qui pare, embellit. **2.** Ensemble de bijoux assortis ; ensemble de pièces de linge assorties.

**parution** nf Publication d'un ouvrage, d'une revue, etc. ; date, moment de cette publication.

**parvenir** vi [à] (conj 22 ; auxil : *être*) **1.** Arriver, venir à. **2.** FIG Atteindre, réussir à.

**parvenu, e** n PÉJOR Personne arrivée à une condition supérieure à sa condition première, sans avoir acquis les manières, la culture qui conviendraient à sa nouvelle position.

**parvis** nm Place devant l'entrée principale d'une église, d'un grand bâtiment public.

**1. pas** nm **1.** Mouvement des pieds pour marcher, se déplacer : *entendre un bruit de pas ; avancer pas à pas*. **2.** Longueur d'une enjambée : *à deux pas d'ici*. **3.** Manière de marcher : *accélérer, ralentir le pas*. **4.** Empreinte des pieds d'une personne qui marche. **5.** Mouvement de pieds d'un danseur. **6.** Allure la plus lente du cheval (par opposition à *trot, galop*). **7.** FIG Progrès, cheminement. ■ **de ce pas :** à l'instant. ❑ **faire les cent pas :** aller et venir pour tromper l'attente. ❑ **faire un faux pas :** trébucher. ❑ **mauvais pas :** situation critique. ❑ **pas d'une porte :** seuil de la porte. ❑ **pas de vis, d'écrou :** distance entre deux filets d'une vis, d'un écrou. ❑ **prendre, avoir le pas sur :** prendre, avoir la prééminence sur. ❑ **rouler au pas :** lentement.

**2. pas** adv **1.** S'emploie avec (ou familièrement sans) *ne* pour indiquer une négation dans le groupe verbal : *je ne veux pas.* **2.** Indique une négation dans une réponse, une exclamation, devant un adjectif ou un adverbe : *pas si vite ;* indique une absence devant un nom : *pas un bruit.*

**1. pascal** (pl *pascals*) nm Unité mécanique de contrainte et de pression ; symb : Pa.

**2. pascal** (pl *pascals*) nm INFORM Langage de programmation.

**3. pascal, e, als** ou **aux** adj Qui concerne la Pâque juive ou la fête chrétienne de Pâques : *mouton pascal.*

**pas-de-porte** nm inv Somme que paie un commerçant afin d'obtenir la jouissance d'un local.

**paso doble** [pasodɔbl] nm inv Danse de rythme vif, d'origine espagnole.

**passable** adj Acceptable, d'une qualité moyenne : *notes passables.*

**passablement** adv De façon passable, assez bien.

**passade** nf **1.** Aventure amoureuse de courte durée. **2.** Caprice, goût passager.

**passage** nm **1.** Action de passer : *attendre le passage du train.* **2.** Lieu où l'on passe : *marcher sur le passage clouté ; laisser, obstruer le passage.* **3.** Galerie couverte pour les piétons : *passage Choiseul.* **4.** Traversée d'un voyageur sur un navire ; droit payé pour cette traversée. **5.** Court fragment d'une œuvre littéraire ou musicale. **6.** FIG Transition, étape intermédiaire : *passage de l'enfance à l'adolescence.* ■ **avoir un passage à vide :** un moment de fatigue, de perte d'efficacité. ❑ **de passage :** qui reste peu de temps en un lieu : *être de passage à Paris.* ❑ **passage à niveau :** endroit où une voie ferrée est coupée par une route au même niveau. ❑ **passage obligé :** condition nécessaire à la réalisation de quelque chose, à la réussite d'un projet. ❑ **passage protégé :** croisement où la priorité est accordée à la voie principale et non à la voie de droite.

**passager, ère** adj **1.** Qui ne fait que passer : *hôte passager.* **2.** De peu de durée : *beauté passagère.* ◆ n Personne qui emprunte un moyen de transport.

**passagèrement** adv Pour peu de temps.

**1. passant** nm Bande étroite de tissu fixée à un vêtement pour y glisser une ceinture.

**2. passant, e** adj Où il passe beaucoup de monde : *rue passante.* ◆ n Personne qui circule à pied dans une rue.

**passation** nf DR Action de rédiger dans les formes juridiques. ■ **passation des pouvoirs :** acte, cérémonie officialisant la transmission des pouvoirs.

**1. passe** nm Abonnement, forfait, billet, sous forme de carte à puce ou à code-barres. ■ **passe sanitaire :** document attestant qu'une personne est immunisée contre une maladie infectieuse, comme le COVID-19. ❑ **passe vaccinal :** document reposant sur un certificat de vaccination complète.

**2. passe** nf **1.** Action de passer le ballon à un partenaire, dans un jeu d'équipe : *faire une passe.* **2.** Chenal étroit ouvert à la navigation. ■ **en passe de :** en situation de, sur le point de. ❑ **être dans une bonne, une mauvaise passe :** dans une situation avantageuse, difficile. ❑ **maison, hôtel de passe :** de prostitution. ❑ **mot de passe :** de reconnaissance.

**1. passé** prép Après : *passé 10 heures.*

**2. passé, e** adj **1.** Relatif à un temps écoulé : *événements passés.* **2.** Qui a perdu son éclat : *couleurs passées.* ◆ nm **1.** Temps écoulé : *songer au passé.* **2.** La vie passée d'un individu : *je ne sais rien de son passé.* **3.** GRAMM Temps du verbe représentant l'action dans un temps écoulé : *passé simple, composé.*

**passe-crassane** nf inv Poire d'hiver.

**passe-droit** (pl *passe-droits*) nm Faveur accordée contre le droit.

**passéisme** nm Attachement excessif au passé.

**passéiste** adj et n Qui s'attache au retour au passé, à la conservation des traditions et des pratiques d'autrefois : *une architecture passéiste.*

**passement** nm Galon plat et étroit, pour garnir, orner.

**passementerie** nf **1.** Ensemble des garnitures tissées ou tressées utilisées surtout dans l'ameublement. **2.** Commerce, industrie du passementier.

**passementier, ère** n et adj Personne qui fabrique ou vend des passements.

**passe-montagne** (pl *passe-montagnes*) nm Bonnet, cagoule qui couvre le cou et les oreilles.

**passe-partout** nm inv Clef qui peut ouvrir plusieurs serrures. ◆ adj inv D'un emploi très large, très étendu : *réponse passe-partout.*

**passe-passe** nm inv ■ **tour de passe-passe :** (a) tour d'adresse des prestidigitateurs (b) FIG tromperie adroite.

**passe-plat** (pl *passe-plats*) nm Ouverture dans une cloison, permettant de passer les plats.

**passepoilé, e** adj Garni d'un liseré pris dans la couture ou la bordant.

**passeport** nm Document délivré à ses ressortissants par une autorité administrative nationale en vue de certifier leur identité auprès des autorités étrangères.

**passer** vi (auxil : *être*) **1.** Aller d'un lieu à un autre : *regarder passer les gens.* **2.** Traverser : *passer par Toulouse.* **3.** Aller dans un lieu pour un court moment : *passer chez l'épicier.* **4.** Être admis, accepté : *passer en terminale.* **5.** Devenir : *passer capitaine.* **6.** Mourir, disparaître : *beauté qui passe.* **7.** Être transmis : *passer à un successeur.* **8.** Se produire en public ; être représenté, projeté : *passer à la télévision.* **9.** S'écouler : *comme le temps passe !* **10.** Enclencher une vitesse : *passer en seconde.* ◆ vt (auxil : *avoir*) **1.** Traverser : *passer la rivière.* **2.** Donner : *passez-moi le sel !* **3.** Introduire : *passer de la contrebande.* **4.** Filtrer, tamiser : *passer le café.* **5.** Enclencher : *passer la quatrième.* **6.** Faire lire à un appareil : *passer un disque ;* retransmettre : *passer un film.* **7.** Inscrire : *passer un article en compte.* **8.** Dépasser, devancer : *passer le but, un concurrent.* **9.** Utiliser en bougeant, en étalant sur une surface : *passer l'aspirateur ; passer une couche de peinture.* **10.** Employer : *passer son temps.* **11.** Subir : *passer un examen.* **12.** Omettre : *passer un fait.* ■ **en passant :** incidemment. ❑ **en passer par :** se résigner à. ❑ **passer outre :** continuer. ❑ **passer par les armes :** fusiller. ❑ **passer pour :** être considéré comme. ❑ **passer sur :** ne pas tenir compte de. ❑ **passons ! :** changeons de sujet ! ❑ **y passer :** (a) subir une épreuve, un désagrément (b) FAM mourir. ◆ **se passer** vpr **1.** Avoir lieu, se dérouler : *la scène se passe à Rome ; tout se passe bien.* **2.** S'écouler : *un mois s'est passé.* **3.** [de] s'abstenir de : *se passer de vin ;* ne pas nécessiter de : *ça se passe de commentaire.* **4.** Mettre sur sa peau : *se passer un peu d'eau sur le visage.*

GRAMMAIRE *Passer,* verbe intransitif, se conjugue avec *être : il est passé capitaine ; passer,* verbe transitif, se conjugue avec *avoir : il a passé un examen.*

**passereau** nm Petit oiseau (les passereaux forment un ordre comprenant les moineaux, les merles, les alouettes, etc.).

**passerelle** nf **1.** Pont étroit réservé aux piétons. **2.** Plan incliné, escalier permettant l'accès à un avion, à un bateau. **3.** FIG Passage, communication : *établir des passerelles entre des formations universitaires.*

**passerose** nf Rose trémière.

**passe-temps** nm inv Activité qui distrait, détend.

**passeur, euse** n **1.** Personne qui conduit un bac, un bateau pour passer un cours d'eau. **2.** Celui qui fait passer illégalement une frontière ou qui passe qqch en fraude.

**passible** adj ■ **passible de :** qui mérite (une peine).

**passif, ive** adj Qui subit qqch sans réagir ; qui assiste à qqch sans y participer : *rester passif devant un crime.* ■ GRAMM **forme passive :** forme que prend le verbe quand il exprime une action subie par le sujet (EX : *être aimé, être averti*). ◆ nm **1.** Ensemble des dettes, charges et obligations (par oppos. à *actif*). **2.** GRAMM Forme passive (par oppos. à *actif*).

**passiflore** nf Plante herbacée ou arbrisseau des régions tropicales dont les fleurs par leurs organes évoquent les instruments de la Passion. SYN : fleur de la Passion.

**passing-shot** [pasiŋʃɔt] (pl *passing-shots*) nm Au tennis, balle rapide et liftée évitant un adversaire monté à la volée.

**passion** nf **1.** Forte inclination, intérêt très vif ; objet de cet intérêt : *la passion du jeu ; écrire avec passion.* **2.** Inclination d'ordre affectif ou amoureux. ■ RELIG **la Passion du Christ :** ses souffrances et son supplice. ❑ **fleur de la Passion :** passiflore.

**passionnant, e** adj Qui passionne.

**passionné, e** adj et n Animé par la passion : *débat passionné ; passionné de cinéma.*

**passionnel, elle** adj Inspiré par la passion amoureuse : *crime passionnel.*

**passionnellement** adv De façon passionnelle.

**passionnément** adv Avec passion.

**passionner** vt **1.** Donner un caractère violent, animé à : *passionner un débat.* **2.** Intéresser vivement : *roman qui passionne.* ◆ **se passionner** vpr [pour] S'enthousiasmer pour : *se passionner pour l'étude.*

**passivement** adv De façon passive.

**passivité** nf État, nature d'une personne passive.

**passoire** nf Ustensile percé de trous pour passer, filtrer. ■ **passoire thermique** ou **énergétique :** logement très mal isolé, présentant des déperditions thermiques importantes.

**pastel** nm **1.** Crayon fait d'une pâte colorée. **2.** Dessin exécuté au pastel. ◆ adj inv ■ **teintes, tons pastel :** doux et assez clairs.

**pastelliste** n Peintre qui travaille au pastel.

**pastèque** nf Plante des régions chaudes cultivée pour son gros fruit à pulpe rouge très juteux ; ce fruit. SYN : melon d'eau.

**pasteur** n Ministre du culte protestant. ◆ **pasteur** nm LITT Berger. ■ **le Bon Pasteur :** Jésus-Christ.

**pasteurisation** nf Action de pasteuriser.

**pasteuriser** vt Porter un liquide ou un produit alimentaire à haute température afin d'en détruire les microbes et de le conserver.

**pastiche** nm Œuvre littéraire ou artistique qui imite la manière d'un auteur.

**pasticher** vt Imiter le style de.

**pasticheur, euse** n Auteur de pastiches.

**pastille** nf **1.** Petit morceau de pâte à sucer, de forme généralement ronde, en confiserie ou en pharmacie. **2.** Petit motif décoratif de forme ronde.

**pastis** [pastis] nm **1.** Boisson alcoolisée, parfumée à l'anis. **2.** FAM Situation embrouillée, confuse.

**pastoral, e, aux** adj **1.** LITT Relatif aux bergers, à la campagne, etc. **2.** Propre aux pasteurs protestants.

**pastorale** nf Ouvrage littéraire ou musical dont les thèmes évoquent la vie champêtre.

**pastoureau, elle** n LITT Jeune berger, jeune bergère.

**pat** [pat] nm et adj inv Aux échecs, neutralisation du roi.

**patachon** nm ■ FAM **mener une vie de patachon :** mener une vie de plaisirs, d'amusements.

**patapouf** nm FAM Enfant, homme lourd et embarrassé de son corps.

**pataquès** [patakɛs] nm **1.** Faute de liaison ; faute de langage grossière. **2.** Discours confus ; situation confuse.

**patate** nf FAM Pomme de terre. ■ FAM **patate chaude :** problème embarrassant que personne ne veut assumer et dont chacun renvoie la responsabilité. ❑ **patate douce :** plante cultivée dans les pays chauds pour ses tubercules comestibles.

**patati, patata** interj Évoque ou résume de longs bavardages.

**patatras** [patatra] interj Évoque une chute bruyante.

**pataud, e** n et adj FAM Personne lourde, lente, maladroite.

**Pataugas** [patogas] nm (nom déposé) Chaussure montante, pour la marche, la randonnée.

**pataugeoire** nf Bassin peu profond d'une piscine réservé aux jeunes enfants.

**patauger** vi (conj 2) **1.** Jouer, s'amuser dans peu d'eau. **2.** Marcher dans la boue, dans un sol détrempé. **3.** FIG S'embarrasser dans des difficultés ; ne rien comprendre : *patauger dans des explications compliquées.* **4.** Ne pas avancer ; s'enliser : *l'enquête patauge.*

**patch** nm (anglicisme) Autocollant enduit de principes actifs qui se place sur la peau.

**patchouli** nm Parfum très prononcé extrait d'une plante aromatique d'Asie et d'Océanie ; cette plante.

**patchwork** [patʃwœrk] nm **1.** Ouvrage fait de morceaux de tissu disparates cousus les uns aux autres : *un couvre-lit en patchwork.* **2.** FIG Assemblage hétérogène : *un patchwork de nationalités.*

**pâte** nf **1.** Préparation culinaire à base de farine délayée avec de l'eau ou du lait et pétrie : *pâte sablée, feuilletée.* **2.** Produit alimentaire à base de semoule de blé : *manger des pâtes.* **3.** Préparation de composition variable, de consistance intermédiaire entre le liquide et le solide : *pâte d'amandes ; pâte à papier ; fromage à pâte molle.* **4.** FIG, FAM Constitution, tempérament d'une personne : *une bonne pâte.* ■ **comme un coq en pâte :** heureux, à l'aise. ❑ **mettre la main à la pâte :** aider matériellement à la réalisation de quelque chose.

**pâté** nm **1.** Hachis de viande ou de poisson cuit dans une pâte feuilletée ou en terrine : *pâté en croûte ; pâté de foie.* **2.** FIG Tache d'encre sur du papier. ■ **pâté de maisons :** groupe de maisons formant un bloc. ❑ **pâté de sable :** tas de sable humide moulé dans un seau.

**pâtée** nf Aliments réduits en bouillie pour nourrir ou engraisser les animaux. ■ FAM **prendre la pâtée :** se faire battre largement.

**1. patelin** nm FAM Petite ville, village.

**2. patelin, e** adj LITT Souple et insinuant, enjôleur : *air patelin.*

**patelle** nf Mollusque comestible (couramment appelé : *bernique*).

**patène** nf LITURGIE Petit plat rond destiné à recevoir l'hostie.

**patenôtres** nf pl FAM, PÉJOR Prières inintelligibles.

**patent, e** adj Évident, manifeste : *vérité patente.*

**patente** nf Taxe annuelle payée autrefois par les commerçants, les industriels, remplacée aujourd'hui par la taxe professionnelle.

**patenté, e** adj **1.** AUTREF Qui payait une patente. **2.** Attitré, confirmé : *défenseur patenté.*

**Pater** [patɛr] nm inv Prière chrétienne commençant par les mots latins *Pater noster.*

**patère** nf Support fixé à un mur pour accrocher des vêtements.

**paternalisme** nm Attitude de bienveillance autoritaire et condescendante d'un directeur, d'un supérieur, envers ses employés.

**paternaliste** adj Qui fait preuve ou qui témoigne de paternalisme.

**paterne** adj LITT Doucereux, hypocrite : *ton paterne.*

**paternel, elle** adj **1.** Du père : *autorité paternelle.* **2.** Du côté du père : *grand-mère* *paternelle.* **3.** Protecteur, indulgent : *ton paternel.*

**paternellement** adv Avec bonté, bienveillance.

**paternité** nf **1.** État, qualité de père. **2.** Qualité d'auteur, de créateur, d'inventeur.

**pâteux, euse** adj Qui a la consistance d'une pâte. ■ **bouche, langue pâteuse :** lourde, empâtée.

**pathétique** adj **1.** Qui émeut, bouleverse. **2.** Lamentable, pitoyable : *un type pathétique.*

**pathétiquement** adv De façon pathétique.

**pathétisme** nm LITT Caractère de ce qui est pathétique.

**pathogène** adj Qui provoque les maladies : *microbe pathogène.*

**pathologie** nf Étude des causes et des symptômes des maladies.

**pathologique** adj **1.** Relatif à la pathologie. **2.** Révélateur d'une maladie ; anormal : *réaction pathologique.*

**pathos** [patos] nm PÉJOR Style emphatique, d'un pathétisme affecté.

**patibulaire** adj ■ **mine, air patibulaire :** qui suscite la crainte, la méfiance.

**patiemment** [pasjamɑ̃] adv Avec patience.

**patience** [pasjɑ̃s] nf **1.** Qualité de celui qui supporte une situation avec calme, modération : *perdre patience.* **2.** Persévérance dans l'action : *la patience d'une dentellière.* **3.** Jeu de cartes, pour une personne seule, consistant à combiner toutes les cartes dans un ordre déterminé. SYN : réussite. ■ **prendre son mal en patience :** attendre, supporter sans se plaindre.

**patient, e** adj Qui a ou manifeste de la patience. ◆ n Personne qui subit des soins médicaux, une opération chirurgicale, etc.

**patienter** vi Prendre patience, attendre calmement.

**patin** nm Pièce qui frotte sur une surface, sur un élément, pour freiner un mécanisme. ■ **patin à glace :** chaussure sous laquelle est fixée une lame de fer pour glisser sur la glace. ❑ **patin à roulettes :** semelle munie de roulettes pour glisser sur un sol uni. ❑ **patin en ligne :** patin à roulettes, dont les roulettes sont alignées à l'imitation de la lame du patin à glace.

**patinage** nm **1.** Action de patiner. **2.** Sport pratiqué avec des patins : *patinage artistique, de vitesse.* **3.** Action de donner une patine à ; fait de se patiner.

**patine** nf Coloration, aspect que prennent certains objets avec le temps.

**patiner** vi **1.** Glisser avec des patins. **2.** Glisser par manque d'adhérence, en parlant d'un véhicule. **3.** Donner de la patine à un objet, un meuble. ◆ **se patiner** vpr Se couvrir de patine.

**patinette** nf Trottinette.

**patineur, euse** n Personne qui patine.

**patinoire** nf **1.** Lieu aménagé pour patiner sur la glace. **2.** Endroit glissant.

**patio** [patjo] ou [pasjo] nm Cour intérieure d'une maison.

**pâtir** vi LITT Souffrir, subir un dommage à cause de quelque chose : *pâtir de l'incompétence de quelqu'un.*

**pâtisserie** nf **1.** Préparation de pâte sucrée, garnie de façons diverses et cuite au four. **2.** Profession, commerce, magasin du pâtissier.

**pâtissier, ère** n et adj Personne qui fait ou vend de la pâtisserie. ■ **crème pâtissière :** crème cuite, assez épaisse, pour garnir certains gâteaux.

**pâtisson** nm Courge de couleur crème, semi-sphérique avec un rebord en festons.

**patois** nm Parler propre à une région.

**patoisant, e** adj et n Qui parle patois.

**patraque** adj FAM Fatigué, souffrant.

**pâtre** nm LITT Berger.

**patriarcal, e, aux** adj De patriarche.

**patriarcat** nm Organisation familiale caractérisée par la prédominance du père.

**patriarche** nm Chef de famille, généralement âgé, qui vit entouré de sa descendance.

**patricien, enne** n et adj ANTIQ ROM Citoyen noble.

**patrie** nf **1.** Pays où l'on est né, dont on est citoyen. **2.** Ville, village, région dont on est originaire.

**patrimoine** nm **1.** Ensemble des biens hérités du père et de la mère. **2.** Héritage commun d'un groupe, d'une collectivité : *patrimoine artistique.*

**patrimonial, e, aux** adj Qui fait partie, qui relève du patrimoine.

**patriote** n et adj Personne qui aime sa patrie.

**patriotique** adj Qui exprime le patriotisme.

**patriotisme** nm Amour de la patrie.

**1. patron** nm Modèle d'après lequel on fabrique un objet, un vêtement.

**2. patron, onne** n **1.** Chef d'une entreprise industrielle ou commerciale. **2.** Supérieur hiérarchique, en général. **3.** Saint, sainte dont on porte le nom, à qui une église est dédiée, etc. : *sainte Cécile, patronne des musiciens.*

**patronage** nm **1.** Appui, soutien accordé par un personnage influent, une organisation, etc. **2.** Organisation destinée à accueillir les jeunes pendant les jours de congé.

**patronal, e, aux** adj **1.** Relatif au patronat : *syndicat patronal.* **2.** Qui concerne le saint patron : *fête patronale.*

**patronat** nm Ensemble des patrons, des chefs d'entreprise.

**patronner** vt Apporter le soutien de son autorité, de son influence.

**patronnesse** adj f ■ VIEILLI **dame patronnesse :** qui organise, dirige une œuvre de bienfaisance.

**patronyme** nm Nom de famille (par opposition à *prénom*).

**patronymique** adj ■ **nom patronymique :** nom de famille.

**patrouille** nf Petit détachement militaire ou policier de surveillance ; cette mission de surveillance.

**patrouiller** vi Effectuer une patrouille.

**patrouilleur** nm Militaire, navire chargé d'une surveillance.

**patte** nf **1.** Membre articulé du corps des animaux, assurant la marche, la préhension. **2.** FAM Jambe, pied de l'homme : *ne plus tenir sur ses pattes ;* main : *avoir les pattes sales.* **3.** Style personnel, original d'un artiste, d'un créateur ; griffe. **4.** Pièce longue et plate servant à fixer, à maintenir. **5.** Languette de cuir, d'étoffe servant à fermer, à maintenir un vêtement : *patte boutonnée.* ■ **coup de patte :** petite critique ironique, malveillante. ❑ **montrer patte blanche :** présenter toutes les garanties nécessaires pour entrer dans un lieu, dans une fonction. ◆ **pattes** pl Cheveux qui descendent sur les tempes et le long des oreilles. ■ **pattes de mouche :** écriture très fine, souvent illisible. ❑ **tirer dans les pattes de quelqu'un :** lui causer des ennuis, des difficultés, chercher à lui nuire.

**patte-d'oie** (pl *pattes-d'oie*) nf **1.** Point de réunion de plusieurs routes. **2.** Ride à l'angle extérieur de l'œil.

**pattemouille** nf Linge mouillé utilisé pour repasser à la vapeur.

**pâturage** nm Lieu où le bétail pâture : *un gras pâturage.*

**pâture** nf **1.** Action de pâturer. **2.** Pâturage. **3.** Ce sur quoi peut s'exercer une activité : *incident donné en pâture aux journalistes.* ■ **vaine pâture :** droit de laisser paître les animaux après l'enlèvement des récoltes.

**pâturer** vt et vi Paître.

**paturon** nm Bas de la jambe du cheval, entre le boulet et le sabot.

**paulownia** [polɔnja] nm Arbre originaire d'Extrême-Orient, à fleurs mauves odorantes.

**paume** nf **1.** Creux de la main. **2.** Jeu de balle qui se joue avec une raquette.

**paumé, e** adj et n FAM Qui n'arrive pas à s'adapter à une situation, à des événements ; qui vit en dehors de la réalité.

**paumelle** nf Ferrure double permettant le pivotement d'une porte, d'une fenêtre autour d'un gond.

**paumer** vt FAM Perdre, égarer.

**paupérisation** nf Appauvrissement progressif et continu d'une population ou d'une classe sociale.

**paupériser** vt Appauvrir, frapper de paupérisation.

**paupérisme** nm État de grande pauvreté d'un groupe humain.

**paupière** nf Voile membraneux, au-devant du globe oculaire.

**paupiette** nf Tranche de viande de veau roulée et farcie.

**pause** nf **1.** Suspension momentanée d'une action. **2.** MUS Silence équivalant à une mesure.

**pause-café** (pl *pauses-café*) nf FAM Pause pour prendre le café.

**pauvre** adj et n Qui a peu de ressources, peu de biens. ◆ adj **1.** Dépourvu de biens, de ressources : *pays pauvre.* **2.** Qui produit peu, qui est peu fécond : *sol pauvre.* **3.** Qui dénote la pauvreté : *de pauvres habits.* **4.** Médiocre, insuffisant : *vocabulaire pauvre.* **5.** Qui suscite la pitié : *un pauvre homme.* ■ **pauvre en :** qui contient peu, qui manque de : *région pauvre en eau.*

GRAMMAIRE La place de l'adjectif *pauvre* est importante pour le sens : *malgré sa richesse, quel pauvre homme !* (« quel homme pitoyable ! ») ; *c'est un homme pauvre* (« sans ressources »).

**pauvrement** adv De façon pauvre.

**pauvresse** nf VX Femme pauvre ; mendiante.

**pauvret, ette** adj et n FAM Malheureux.

**pauvreté** nf État d'une personne ou d'une chose pauvre.

**pavage** nm **1.** Action de paver. **2.** Revêtement à l'aide de pavés.

**pavane** nf Danse et musique de caractère lent et majestueux.

**pavaner (se)** vpr **1.** Marcher, se tenir en prenant des poses ; parader. **2.** Faire l'important.

**pavé** nm **1.** Bloc de pierre dure dont on garnit les chaussées ; partie pavée d'une rue. **2.** FAM Livre très épais. **3.** Texte isolé par un encadré, dans un journal, une revue : *pavé publicitaire.* **4.** Bifteck très épais. ■ **être sur le pavé :** sans domicile, sans emploi. ❏ **pavé dans la mare :** vérité, révélation brutale qui jette la perturbation. ❏ INFORM **pavé numérique :** ensemble séparé de touches numériques et de touches d'opérations sur un clavier d'ordinateur. ❏ **tenir le haut du pavé :** bénéficier d'une situation avantageuse.

**pavement** nm Pavage.

**paver** vt Revêtir un sol de pavés : *paver une rue.*

**paveur, euse** n Ouvrier qui pave.

**pavillon** nm **1.** Maison particulière de petite ou de moyenne dimension. **2.** ANAT Oreille externe. **3.** Extrémité évasée d'un instrument à vent. **4.** MAR Drapeau indiquant la nationalité d'un bateau. ■ FIG **baisser pavillon :** céder, capituler.

**pavillonnaire** adj Bâti de pavillons d'habitation : *zone pavillonnaire.*

**pavlovien, enne** adj Relatif aux réflexes conditionnés étudiés par Pavlov.

**pavois** nm MAR Ensemble des pavillons d'un navire, disposés dans un ordre donné. ■ **élever sur le pavois :** mettre en honneur.

**pavoiser** vt Garnir de pavillons, de drapeaux : *pavoiser un monument.* ◆ vi FAM Manifester sa fierté par une grande joie.

**pavot** nm Plante voisine du coquelicot, dont on extrait l'opium.

**payable** adj Qui doit ou peut être payé.

**payant, e** adj **1.** Qui paie : *hôte payant.* **2.** Que l'on paie : *spectacle payant.* **3.** FAM Qui rapporte, rentable : *entreprise payante.*

**paye** [pɛj] nf → **paie.**

**payement** nm → **paiement.**

**payer** vt (conj 4) **1.** Donner l'argent dû : *payer des achats, ses ouvriers.* **2.** Acquitter une dette, un droit, un impôt : *payer une cotisation.* **3.** Récompenser : *ce succès me paie de tous mes efforts.* **4.** FAM Offrir à quelqu'un en se chargeant de la dépense : *payer une tournée.* **5.** Expier : *payer une faute, un crime.* ■ **payer d'audace, d'effronterie :** faire preuve d'audace, d'effronterie. ❏ **payer de sa personne :** s'engager personnellement. ❏ **payer de retour :** rendre la pareille. ◆ vi FAM Être profitable, rentable.

**payeur, euse** n et adj Personne qui paie. ■ **mauvais payeur :** qui rembourse mal ses dettes.

**1. pays** nm **1.** Territoire d'une nation : *un pays étranger ;* État : *défendre son pays.* **2.** Région, contrée : *un pays montagneux.* **3.** Patrie, lieu d'origine : *avoir le mal du pays.* **4.** Village, localité : *un petit pays.* ■ **de pays :** produit par une région, un terroir déterminés : *vin, jambon de pays.* ❏ FAM **en pays de connaissance :** au milieu de gens que l'on connaît.

**2. pays, e** n FAM Personne de la même région, du même village.

**paysage** nm **1.** Vue d'ensemble d'une région, d'un site. **2.** Tableau représentant un site champêtre. **3.** FIG Aspect d'ensemble, situation : *paysage politique.*

**paysager, ère** adj Composé de façon à donner l'illusion d'un paysage naturel : *jardin paysager.* ■ **bureau paysager :** grande pièce regroupant plusieurs postes de travail dans un même espace non cloisonné.

**paysagiste** n et adj **1.** Artiste qui représente des paysages. **2.** Architecte ou jardinier qui conçoit des parcs, des jardins.

**paysan, anne** n **1.** Homme, femme de la campagne, qui vit du travail de la terre. **2.** PÉJOR Personne peu raffinée, rustre : *des manières de paysan.* ◆ adj De la campagne, des gens qui y travaillent : *vie paysanne.*

**paysannat** nm ÉCON Ensemble des agriculteurs d'une région, d'un État.

**paysannerie** nf Ensemble des paysans.

**1. PC** nm (sigle de *personal computer*) Ordinateur individuel.

**2. PC** nm (sigle) Poste de commandement.

**PCR** nf (sigle de *polymerase chain reaction*) Technique permettant d'obtenir d'importantes quantités d'un fragment d'ADN spécifique : *dépistage COVID-19 par test PCR.*

**PCV** nm (sigle de *à percevoir*) Communication téléphonique payée par le destinataire.

**PDF** nm (nom déposé, sigle de *portable document format*) Format de fichier informatique qui préserve en toutes circonstances la mise en forme du document original.

**P-DG** n (sigle) Président-directeur général.

**PEA** [peøa] nm (sigle) Plan d'épargne en actions.

**péage** nm Droit que l'on paie pour emprunter un pont, une autoroute ; lieu où est perçu ce droit : *autoroute à péage.*

**péagiste** n Employé qui perçoit le péage.

**peau** nf **1.** Membrane qui recouvre le corps de l'homme et de beaucoup d'animaux. **2.** Cuir de l'animal : *sac en peau.* **3.** Enveloppe de fruits : *peau d'orange.* **4.** FAM La vie de qqn : *défendre sa peau.* **5.** ARCHIT Enveloppe non porteuse dont on recouvre l'extérieur d'un bâtiment. ■ **faire peau neuve :** changer complètement de conduite ; se moderniser radicalement : *l'institution a fait peau neuve.*

**peaufinage** nm Action de peaufiner.

**peaufiner** vt Mettre au point dans les moindres détails : *peaufiner un travail.*

**peausserie** nf Commerce, industrie du peaussier.

**peaussier** nm Personne qui prépare les peaux, ou qui en fait le commerce.

**pécan** nm ■ **noix de pécan** : noix ovale comestible à coque mince.

**pécari** nm Cochon sauvage d'Amérique du Sud ; cuir de cet animal.

**peccadille** nf Faute légère, sans gravité.

**pechblende** [pɛʃblɛ̃d] nf Minerai d'uranium.

**1. pêche** nf Fruit du pêcher. ■ FAM **avoir la pêche** : avoir de l'énergie, du dynamisme.

**2. pêche** nf **1.** Action de pêcher. **2.** Poisson pêché. **3.** Endroit où l'on pêche.

**péché** nm RELIG Transgression de la loi divine : *péché véniel, mortel ; péché originel.*

**pécher** vi (conj 10) **1.** RELIG Commettre un péché. **2.** Commettre une faute, faillir : *pécher par ignorance.* **3.** Présenter un défaut : *devoir qui pèche par sa longueur.*

**1. pêcher** nm Arbre dont le fruit est la pêche.

**2. pêcher** vt **1.** Prendre ou chercher à prendre du poisson : *pêcher le gardon.* **2.** FAM Trouver, dénicher : *où as-tu pêché ce scoop ?*

**pêcherie** nf **1.** Lieu où l'on pêche. **2.** Lieu où le poisson pêché est traité.

**pécheur, eresse** n Personne qui a commis ou commet des péchés : *pécheur impénitent.*

**pêcheur, euse** n Qui pêche ou qui fait profession de pêcher.

**pêchu, e** adj FAM Qui a la pêche ; en forme, dynamique : *un retraité pêchu.*

**1. pécore** n FAM, PÉJOR Paysan, paysanne.

**2. pécore** nf FAM Femme stupide, prétentieuse.

**pectine** nf Substance gélifiante contenue dans les fruits.

**pectoral, e, aux** adj **1.** De la poitrine : *muscles pectoraux.* **2.** Contre la toux : *un sirop pectoral.* ◆ **pectoraux** nm pl Muscles de la poitrine.

**pécule** nm Somme d'argent, petit capital économisé peu à peu.

**pécuniaire** adj **1.** Relatif à l'argent : *embarras pécuniaire.* **2.** Qui consiste en argent : *aide pécuniaire.*

> ORTHOGRAPHE *Pécuniaire* se termine en *-aire,* au masc. et au fém.

**pécuniairement** adv Au point de vue pécuniaire.

**pédagogie** nf **1.** Science ou méthode d'éducation et d'instruction des enfants. **2.** Qualité du pédagogue : *manquer de pédagogie.*

**pédagogique** adj Relatif à la pédagogie : *méthode pédagogique.*

**pédagogue** n Enseignant, éducateur. ◆ adj Qui a le sens de l'enseignement.

**pédale** nf **1.** Organe de transmission ou de commande d'une machine, d'un véhicule, etc., que l'on actionne avec le pied : *pédale du frein.* **2.** TRÈS FAM, INJUR Homosexuel. ■ FAM **perdre les pédales** : perdre le fil de son discours, perdre son sang-froid.

**pédaler** vi **1.** Actionner les pédales d'une bicyclette. **2.** Rouler à bicyclette.

**pédalier** nm **1.** Ensemble des pédales et du grand pignon d'un cycle. **2.** Clavier actionné par les pieds de l'organiste ; système de pédales du piano.

**Pédalo** nm (nom déposé) Embarcation légère mue par des pédales.

**pédant, e** adj et n Qui fait étalage de sa science, de son savoir. ◆ adj Prétentieux, suffisant : *discours pédant.*

**pédanterie** nf ou **pédantisme** nm Caractère d'une personne ou d'une chose pédante.

**pédéraste** nm VIEILLI OU PÉJOR Homme qui s'adonne à la pédérastie.

**pédérastie** nf **1.** VIEILLI Attirance sexuelle d'un homme pour les jeunes garçons. **2.** PAR EXT, ABUSIF Homosexualité masculine.

**pédérastique** adj VIEILLI De la pédérastie.

**pédestre** adj Qui se fait à pied : *randonnée pédestre.*

**pédiatre** n Spécialiste de pédiatrie.

**pédiatrie** nf Spécialité médicale consacrée à l'enfance et à ses maladies.

**pédicule** nm BOT Support ou pied de certaines plantes, des champignons.

**pédicure** n Auxiliaire médical qui soigne les pieds et les ongles des pieds.

**pedigree** [pedigre] nm Généalogie d'un animal de race.

**pédocriminalité** nf Ensemble des violences sexuelles commises sur un mineur.

**pédologie** nf Étude des caractères physiques, chimiques et biologiques des sols.

**pédologue** n Spécialiste de pédologie.

**pédoncule** nm Queue d'une fleur ou d'un fruit.

**pédophile** n et adj Personne qui éprouve une attirance sexuelle pour les enfants.

**pédophilie** nf Attirance sexuelle d'un adulte pour les enfants.

**pédopornographie** nf Représentation (photo, vidéo, etc.) à caractère pornographique d'un mineur, dont la détention ou la consultation est un délit puni par la loi.

**pédopsychiatrie** nf Psychiatrie de l'enfant et de l'adolescent.

**peeling** [piliŋ] nm Intervention dermatologique qui consiste à faire desquamer la peau du visage.

**peer to peer** ou **peer-to-peer** [pirtupir] nm inv Technologie permettant l'échange direct de données entre ordinateurs reliés à Internet, sans passer par un serveur central (recomm. off. : *pair à pair*).

**PEGC** n (sigle) Professeur d'enseignement général de collège.

**pègre** nf Milieu des voleurs, des escrocs.

**peigne** nm **1.** Instrument denté qui sert à démêler ou à maintenir les cheveux. **2.** Instrument pour apprêter la laine, le chanvre, etc.

**peigner** vt **1.** Démêler, coiffer avec un peigne. ◊ vpr : *elle s'est peignée ; elle s'est peigné les cheveux.* **2.** TECHN Apprêter des fibres textiles, les démêler, les épurer, les trier : *laine peignée.*

**peignoir** nm **1.** Vêtement en tissu-éponge qu'on met lorsqu'on sort du bain. **2.** Robe de chambre qui se ferme par une ceinture.

**peinard, e** adj FAM **1.** Tranquille : *rester peinard.* **2.** Sans fatigue : *travail peinard.*

**peinardement** adv FAM Tranquillement.

**peindre** vt (conj 55) **1.** Représenter qqch par des lignes, des couleurs : *peindre un paysage.* **2.** Couvrir de peinture : *peindre un mur.* **3.** FIG Décrire : *peindre une scène avec humour.*

**peine** nf **1.** Punition légale infligée à qqn : *purger une peine de prison.* **2.** Douleur morale, chagrin : *avoir de la peine.* **3.** Effort pour venir à bout d'un travail, d'une difficulté : *se donner de la peine ; valoir la peine.* ■ **à grand-peine** : avec beaucoup de mal. ❑ **à peine** : (a) presque pas (b) depuis peu. ❑ **ce n'est pas la peine** : c'est inutile. ❑ **sous peine de** : (a) sous la menace de telle peine (b) pour éviter tel risque.

**peiner** vt Causer du chagrin à ; attrister, désoler. ◆ vi Éprouver de la difficulté ou de la fatigue : *peiner à la tâche.*

**peintre** n **1.** Artiste qui fait des tableaux. **2.** Professionnel qui peint les murs, les plafonds : *peintre en bâtiment.*

**peinture** nf **1.** Matière colorante liquide propre à recouvrir une surface. **2.** Action de recouvrir une surface avec un produit colorant ; surface ainsi recouverte. **3.** Art et technique du peintre : *peinture à l'huile ; peinture au pistolet.* **4.** Œuvre réalisée par un peintre ; tableau : *galerie de peintures.* **5.** Ensemble des œuvres picturales d'un peintre, d'une époque, d'un pays. **6.** FIG Description : *une peinture des mœurs.*

**peinturer** vt Barbouiller de peinture.

**peinturlurer** vt FAM Peindre grossièrement, barbouiller.

**péjoratif, ive** adj Qui comporte une idée défavorable, qui déprécie.

**péjorativement** adv De façon péjorative.

**pékan** nm Martre du Canada.

**pékinois, e** adj et n De Pékin. ◆ nm Petit chien à tête arrondie et à poil long.

**PEL** [pɛl] nm (sigle) Plan d'épargne logement.

**pelade** nf Maladie qui provoque la chute des poils et des cheveux.

**pelage** nm Ensemble des poils d'un animal.

**pélagique** adj LITT Relatif à la mer : *faune pélagique.*

**pelant, e** adj BELGIQUE Qui ennuie, qui lasse ; fastidieux : *une conférence pelante.*

**pelé, e** adj **1.** Dont on a enlevé la peau : *fruits pelés.* **2.** Qui a perdu ses poils : *cou pelé d'un cheval.* **3.** FIG Sans végétation : *campagne pelée.*

**pêle-mêle** loc adv Sans ordre, en vrac.

**peler** vt (conj 5) Ôter la peau d'un fruit, d'un légume. ◆ vi Perdre sa peau par plaques : *avoir le nez qui pèle.*

**pèlerin** nm **1.** Personne qui accomplit un pèlerinage. **2.** Requin inoffensif pour l'homme. **3.** Faucon au vol très rapide, employé pour la fauconnerie.

**pèlerinage** nm **1.** Voyage dans un lieu saint pour un motif religieux. **2.** Voyage, visite entrepris en souvenir de qqn, qqch.

**pèlerine** nf Manteau sans manches.

**pélican** nm Oiseau palmipède des régions chaudes, à large bec doté d'une poche extensible.

**pelisse** nf Manteau garni de fourrure.

**pellagre** nf Maladie infectieuse à manifestations cutanées due à une carence en vitamine PP.

**pelle** nf Outil à plaque ajustée au bout d'un manche, servant notamment à creuser. ■ **pelle mécanique** : engin automoteur à bras articulé. ❑ FAM **ramasser une pelle** : (a) tomber (b) échouer.

**pelletée** nf Contenu d'une pelle.

**pelleter** vt (conj 8) Remuer ou déplacer à la pelle.

**pelleterie** nf Préparation, commerce des fourrures.

**pelleteur** nm Ouvrier qui travaille à la pelle ; terrassier.

**pelleteuse** nf Pelle mécanique pour évacuer des matériaux.

**pelletier, ère** n Personne qui prépare, travaille ou vend des fourrures.

**pellicule** nf **1.** Bande de film sensible utilisée en photographie, en cinématographie. **2.** Lamelle de peau qui se détache du cuir chevelu. **3.** Mince couche d'une matière solide : *pellicule de givre.*

**pelotari** nm Joueur de pelote basque.

**pelote** nf **1.** Boule formée de fil, de laine, etc., enroulés sur eux-mêmes. **2.** Balle du jeu de pelote basque. **3.** Coussinet pour piquer des aiguilles, des épingles. ■ **pelote basque** : sport traditionnel du Pays basque dans lequel le pelotari lance la balle contre un fronton.

**peloter** vt FAM Toucher, caresser en palpant.

**peloton** nm **1.** Petite unité militaire. **2.** SPORTS Groupe compact de concurrents, dans une course. **3.** Petite pelote : *peloton de laine.* ■ **peloton d'exécution** : groupe de soldats chargés de fusiller un condamné.

**pelotonner** vt Mettre en pelote, en peloton. ◆ **se pelotonner** vpr Se recroqueviller.

**pelouse** nf **1.** Terrain couvert d'une herbe épaisse et courte. **2.** Partie gazonnée d'un stade, d'un champ de courses.

**peluche** nf **1.** Étoffe à poils longs. **2.** Animal, jouet confectionné dans cette étoffe.

**pelucher** vi Prendre l'aspect de la peluche, en parlant d'un tissu qui s'use.

**pelucheux, euse** adj Qui peluche, qui a l'aspect de la peluche : *tissu pelucheux.*

**pelure** nf Peau des fruits, légumes, etc. : *pelure d'oignon.*

**pelvien, enne** adj ANAT Du bassin.

**pénal, e, aux** adj Relatif aux infractions et aux peines : *le Code pénal.*

**pénalisant, e** adj Qui désavantage, constitue un handicap.

**pénalisation** nf **1.** SPORTS Désavantage infligé à un concurrent qui a commis une faute. **2.** Fait d'être pénalisé, désavantagé.

**pénaliser** vt **1.** Infliger une pénalisation, une pénalité à. **2.** Constituer un handicap pour ; désavantager : *mesure qui pénalise les petites entreprises.*

**pénaliste** n DR Spécialiste de droit pénal.

**pénalité** nf Peine, sanction.

**penalty** [penalti] (pl *penaltys* ou *penalties*) nm Au football, sanction prise contre une équipe pour une faute commise par un de ses membres dans la surface de réparation.

**pénates** nm pl FAM Maison, foyer : *regagner ses pénates.*

**penaud, e** adj Embarrassé, confus, honteux : *rester tout penaud.*

**pence** [pɛns] nm pl → **penny.**

**penchant** nm Inclination, tendance : *les mauvais penchants.*

**pencher** vt Incliner : *pencher la tête.* ◆ vi Ne pas être d'aplomb : *ce mur penche.* ■ **pencher pour, vers** : préférer. ◆ **se pencher** vpr **1.** S'incliner : *se pencher au-dehors.* **2.** [sur] S'intéresser à : *se pencher sur la question.*

**pendable** adj ■ **tour pendable** : farce, plaisanterie de mauvais goût.

**pendaison** nf Action de pendre quelqu'un ou quelque chose : *condamné à la pendaison ; pendaison de crémaillère ;* action de se pendre.

**1. pendant** nm Objet ou personne symétrique d'un autre, notamment par sa place, sa fonction : *un masque accroché à un mur et son pendant sur le mur d'en face ; être le pendant du directeur dans son secteur.*

**2. pendant** prép Introduit la période au cours de laquelle se déroule une action : *pendant l'été, le voyage, la semaine.* ◆ **pendant que** loc conj Indique la concomitance avec l'action principale, notamment en opposition avec celle-ci ; tandis que : *se taire pendant que l'autre parle.*

**3. pendant, e** adj Qui pend.

**pendeloque** nf Ornement de verre ou de cristal suspendu à un lustre.

**pendentif** nm Bijou en sautoir.

**penderie** nf Meuble, pièce où l'on suspend les vêtements.

**pendiller** vi FAM Être suspendu en oscillant légèrement.

**pendouiller** vi FAM Pendre de façon désordonnée, disgracieuse.

**pendre** vt **1.** Fixer en haut, la partie inférieure restant libre ; suspendre : *pendre un lustre, des rideaux.* **2.** Faire mourir en suspendant par le cou : *pendre un assassin.* ■ **dire pis que pendre de quelqu'un** : en dire le plus grand mal. ◆ vi **1.** Être suspendu : *les fruits pendent aux arbres.* **2.** Tomber trop bas : *robe qui pend d'un côté.* ■ FAM **cela lui pend au nez** : cela le menace. ◆ **se pendre** vpr **1.** Se suicider en se suspendant par le cou. **2.** S'accrocher : *il se pend à la branche pour secouer l'arbre.*

**pendu, e** n Personne qui s'est ou que l'on a pendue.

**pendulaire** adj Du pendule : *mouvement pendulaire.*

**1. pendule** nm Corps suspendu à un point fixe et oscillant régulièrement.

**2. pendule** nf Petite horloge d'appartement.

**pendulette** nf Petite pendule.

**pêne** nm Pièce d'une serrure qui entre dans la gâche.

**pénéplaine** nf Dans la théorie du cycle d'érosion, état final du relief, caractérisé par des formes très douces et des vallées très évasées.

**pénétrant, e** adj **1.** Qui pénètre : *pluie pénétrante.* **2.** FIG Perspicace, fin : *esprit pénétrant.*

**pénétration** nf **1.** Action de pénétrer. **2.** FIG Faculté de comprendre, de deviner ; sagacité.

**pénétré, e** adj Convaincu de : *pénétré d'une opinion.* ■ **ton, air pénétré :** grave, affecté.

**pénétrer** vt (conj 10) **1.** Entrer dans : *balle qui pénètre les chairs.* **2.** FIG Découvrir, percer : *pénétrer un secret.* **3.** Toucher profondément : *aveu qui pénètre le cœur.* ◆ vi Entrer, s'introduire dans : *pénétrer dans un local.* ◆ **se pénétrer** vpr [de] S'imprégner profondément de : *se pénétrer d'une vérité.*

**pénible** adj **1.** Qui fatigue : *travail pénible.* **2.** Qui afflige : *nouvelle pénible.* **3.** FAM Difficile à supporter : *enfant pénible.*

**péniblement** adv Avec peine ; difficilement.

**péniche** nf Bateau de transport fluvial à fond plat.

**pénicilline** nf Antibiotique puissant isolé à partir d'une espèce du pénicillium.

**pénicillium** [penisiljɔm] nm Champignon qui se développe sous la forme d'une moisissure verte dans certains fromages, sur les fruits.

**péninsulaire** adj Relatif à une péninsule.

**péninsule** nf Presqu'île, terre qui s'avance dans la mer.

**pénis** [penis] nm Organe mâle de la copulation. SYN : verge.

**pénitence** nf RELIG Peine, châtiment, punition infligés en expiation d'une faute : *faire pénitence.*

**pénitencier** nm ANC Prison pour les longues peines.

**pénitent, e** n Personne qui confesse ses péchés à un prêtre.

**pénitentiaire** adj Relatif aux prisons ou aux détenus : *régime pénitentiaire.*

> ORTHOGRAPHE Ne pas confondre l'orthographe de *pénitentiaire,* avec un *t,* et celle de *pénitencier,* avec un *c.*

**penne** nf Plume longue des oiseaux.

**penné, e** adj BOT Disposé comme les barbes d'une plume, en parlant des feuilles et des folioles.

**penny** [pɛni] (pl *pence* ou *pennies*) nm Monnaie anglaise valant le centième de la livre.

**pénombre** nf Lumière faible, demi-jour.

**pensable** adj (dans des phrases négatives) Que l'on peut concevoir, imaginer : *une erreur à peine pensable.*

**pensant, e** adj Qui pense. ■ **tête pensante :** cerveau d'une organisation.

**pense-bête** (pl *pense-bêtes*) nm Liste, indication quelconque rappelant une tâche à accomplir.

**1. pensée** nf **1.** Action, faculté de penser ; activité de l'esprit. **2.** Idée, réflexion sur un objet particulier : *s'absorber dans ses pensées.* **3.** Jugement porté sur quelqu'un ou sur quelque chose : *déguiser sa pensée.* **4.** Esprit : *chasser une idée de sa pensée.*

**2. pensée** nf Fleur ornementale rose, jaune ou violette, voisine de la violette.

**penser** vi **1.** Former des idées dans son esprit ; réfléchir, méditer : *pense avant d'agir.* **2.** Avoir telle ou telle opinion : *je pense comme vous.* ◆ vt **1.** Avoir dans l'esprit, avoir pour opinion : *dire ce qu'on pense.* **2.** Croire : *penser qu'il va pleuvoir.* **3.** Avoir l'intention de : *il pense partir.* **4.** Concevoir pour la réalisation : *penser l'architecture d'un bâtiment.* ◆ vt ind [à] **1.** Avoir comme objet de réflexion : *penser à autre chose.* **2.** Se souvenir à temps de : *penser à prévenir qqn.* **3.** Prendre en considération, envisager : *penser à l'avenir.*

**penseur, euse** n Qui s'applique à penser, à réfléchir.

**pensif, ive** adj Absorbé dans ses pensées.

**pension** nf **1.** Somme d'argent versée à quelqu'un par un organisme, un particulier, l'État, pour subvenir à ses besoins, l'indemniser, etc. : *toucher une pension.* **2.** Internat, dans un établissement public ou privé : *être en pension ; mettre un enfant en pension.* **3.** Somme que l'on verse pour être logé, nourri ; fait d'être logé, nourri en échange de ce paiement : *prendre pension ; pension complète.* ■ **pension de famille :** hôtel modeste aux conditions d'hébergement rappelant la vie familiale.

**pensionnaire** n **1.** Interne dans un établissement scolaire. **2.** Personne qui paie une pension dans un hôtel, chez un particulier, etc. **3.** Acteur qui reçoit un traitement fixe : *pensionnaire de la Comédie-Française.*

**pensionnat** nm Internat ; ensemble de ses élèves.

**pensionné, e** adj et n **1.** Qui reçoit une pension. **2.** BELGIQUE Retraité.

**pensionner** vt Verser une pension à.

**pensivement** adv De façon pensive.

**pensum** [pɛ̃sɔm] (pl *pensums*) nm **1.** Travail imposé, en punition, à un élève. **2.** Travail ennuyeux.

**pentagone** [pɛ̃tagɔn] nm Polygone à cinq angles et cinq côtés.

**pentamètre** [pɛ̃tamɛtr] nm Vers de cinq syllabes.

**pentathlon** [pɛ̃tatlɔ̃] nm **1.** ANTIQ GR Ensemble de cinq épreuves d'athlétisme (lutte, course, saut, disque et javelot).

**2.** Discipline olympique associant l'équitation, l'escrime, le tir, la natation et le cross.

**pente** nf Inclinaison d'une surface par rapport à l'horizontale ; surface ainsi inclinée. ■ FIG **être sur la mauvaise pente** : se laisser aller à des tendances jugées mauvaises ou fâcheuses.

**Pentecôte** nf **1.** Fête juive en mémoire du jour où Dieu remit à Moïse les tables de la Loi. **2.** Fête chrétienne en mémoire de la descente du Saint-Esprit sur les Apôtres.

**pentu, e** adj Qui est en pente ; incliné.

**pénultième** nf et adj Avant-dernière syllabe d'un mot, d'un vers. ◆ adj et n Avant-dernier.

**pénurie** nf Manque de ce qui est nécessaire : *pénurie de main-d'œuvre.*

**PEP** [pɛp] nm (sigle) Plan d'épargne populaire.

**pépé** nm **1.** Grand-père, dans le langage enfantin. **2.** FAM Homme âgé.

**pépère** adj FAM Tranquille, paisible.

**pépie** nf ■ FAM **avoir la pépie** : avoir très soif.

**pépiement** nm Cri des jeunes oiseaux.

**pépier** vi Crier, en parlant des petits oiseaux.

**pépin** nm **1.** Graine de certains fruits : *pépins d'une pomme.* **2.** FAM Désagrément, ennui : *avoir un pépin.*

**pépinière** nf Lieu où l'on cultive de jeunes arbres destinés à être transplantés. ■ FIG **une pépinière de** : un lieu qui fournit des personnes propres à une profession.

**pépiniériste** n Qui cultive des plants en pépinière.

**pépite** nf Masse de métal natif, notamment d'or.

**péplum** [peplɔm] nm **1.** ANTIQ Tunique. **2.** Film à grand spectacle s'inspirant de l'histoire ou de la mythologie antique.

**pepsine** nf Principe actif du suc gastrique.

**PER** [pɛr] nm (sigle) Plan d'épargne retraite.

**percale** nf Tissu de coton très fin.

**percaline** nf Toile de coton utilisée pour les doublures.

**perçant, e** adj **1.** Qui pénètre profondément : *froid perçant.* **2.** D'une grande acuité : *yeux perçants.* **3.** Aigu et puissant : *voix perçante.*

**perce** nf ■ **mettre un tonneau en perce** : pratiquer une ouverture dans un tonneau pour en tirer le vin.

**percée** nf **1.** Ouverture, trouée, dégagement. **2.** Franchissement de la défense adverse, dans les sports collectifs. **3.** FIG Avancée rapide : *percée technologique.*

**percement** nm Action de percer : *percement d'un tunnel.*

**perce-neige** nf inv Plante des prés et des bois, dont les fleurs blanches s'épanouissent à la fin de l'hiver, quand le sol est encore recouvert de neige.

**perce-oreille** (pl *perce-oreilles*) nm Insecte portant une pince sur l'abdomen.

**percepteur, trice** n Fonctionnaire du Trésor chargé de recouvrer les impôts directs.

**perceptibilité** nf Qualité, caractère de ce qui est perceptible.

**perceptible** adj Qui peut être perçu, saisi : *perceptible à l'œil nu.*

**perceptif, ive** adj Qui concerne la perception : *faculté perceptive.*

**perception** nf **1.** Action, faculté de percevoir par les sens, par l'esprit. **2.** Action de percevoir, de recouvrer les impôts ; bureau du percepteur.

**percer** vt (conj 1) **1.** Faire un trou dans : *percer un mur.* **2.** Pratiquer une ouverture, ouvrir un passage dans : *percer une rue.* **3.** Traverser, passer au travers de : *percer la foule.* **4.** FIG Découvrir : *percer un mystère.* ◆ vi **1.** Apparaître, poindre, être perceptible : *soleil qui perce.* **2.** Se manifester : *la haine perce dans ses écrits.* **3.** Se faire connaître, acquérir de la notoriété : *auteur qui commence à percer.*

**perceur, euse** n Personne qui perce.

**perceuse** nf Machine pour percer.

**percevable** adj Qui peut être perçu.

**percevoir** vt (conj 34) **1.** Saisir par les sens ou par l'esprit : *percevoir un son.* **2.** Toucher, encaisser : *percevoir un impôt ; somme perçue.*

**1. perche** nf Poisson d'eau douce à chair estimée.

**2. perche** nf **1.** Bâton long et mince. **2.** SPORTS Longue tige qui aide à franchir une haute barre horizontale, en athlétisme. **3.** CIN, TÉLÉV Support mobile auquel est suspendu le micro. **4.** FAM Personne très grande et mince. ■ **tendre la perche à qqn** : lui venir en aide.

**perché, e** adj **1.** Situé dans un endroit relativement élevé : *cabane perchée dans un arbre.* **2.** Se dit d'une personne qui plane ou d'une personne excentrique et lunaire : *cette fille est vraiment perchée.* ■ **voix perchée** : aiguë.

**percher** vi Se poser sur une branche. ◆ vt Placer à un endroit élevé. ◆ **se percher** vpr Se poser à un endroit élevé, en parlant d'un oiseau.

**percheron, onne** adj et n Se dit d'une race de chevaux de trait de la région du Perche.

**perchiste** n **1.** SPORTS Sauteur à la perche. **2.** CIN, TÉLÉV Technicien chargé du maniement de la perche.

**perchoir** nm Lieu où perchent les volailles, les oiseaux. ■ FAM **le perchoir** : le siège du président, à l'Assemblée nationale, en France.

**perclus, e** adj Privé de la faculté de se mouvoir : *perclus de froid, de rhumatismes.*

**percolateur** nm Appareil à vapeur servant à faire du café.

**percussion** nf Choc résultant de l'action brusque d'un corps sur un autre. ■ **arme à percussion** : dont la charge est enflammée par un choc sur une capsule détonante. ❑ MUS **instruments à percussion** : dont on joue en les frappant (EX : le tambour).

**percussionniste** n Musicien utilisant des instruments à percussion.

**percutané, e** adj MÉD Qui se fait à travers la peau : *médicament par voie percutanée.*

**percutant, e** adj **1.** Qui produit un choc, une percussion. **2.** FIG Qui frappe l'esprit : *argument percutant.* ■ **obus percutant** : qui éclate à l'impact.

**percuter** vt Frapper, heurter avec force. ◆ vi FAM Comprendre : *il a du mal à percuter.*

**percuteur** nm Mécanisme d'une arme à feu qui frappe l'amorce.

**perdant, e** n et adj Personne qui perd à un jeu, à une loterie, etc. ◆ adj Qui perd ou fait perdre : *billet, numéro perdant.*

**perdition** nf ■ **en perdition** : (a) en danger de faire naufrage : *navire en perdition* (b) sur le point de faire faillite, d'être ruiné.

**perdre** vt (conj 52) **1.** Cesser d'avoir : *perdre sa place ; perdre la raison.* **2.** Égarer : *perdre son mouchoir.* **3.** Être séparé par la mort : *perdre ses parents.* **4.** Avoir le dessous dans : *perdre la partie, une bataille.* **5.** Ne pas profiter de : *perdre son temps.* **6.** Abandonner : *perdre une habitude.* ■ **ne rien perdre pour attendre** : ne pas échapper à une punition, une revanche. ❑ **perdre la tête** : la raison, son sang-froid. ❑ **perdre la vie** : mourir. ❑ **perdre de vue** : oublier, négliger. ◆ vi **1.** Avoir le dessous, être vaincu, battu : *elle déteste perdre.* **2.** Avoir moins de valeur : *actions qui ont beaucoup perdu.* **3.** Faire une perte : *perdre dans une vente.* ◆ **se perdre** vpr **1.** S'égarer : *se perdre dans un bois.* **2.** Disparaître : *se perdre dans la foule ; coutume qui se perd.* **3.** Rester inutilisé, se gâter : *marchandises qui se perdent.*

**perdreau** nm Perdrix de l'année. ■ PAR PLAIS **perdreau de l'année** : personne qui fait preuve d'une naïveté confondante ; débutant : *ce député n'est pas un perdreau de l'année.*

**perdrix** nf Oiseau au plumage roux ou gris, recherché comme gibier.

**perdu, e** adj **1.** Égaré : *objet perdu.* **2.** Devenu inutile ou inutilisable : *temps perdu.* **3.** Éloigné, isolé : *un village perdu.* **4.** Dont le cas est désespéré : *malade perdu.* ■ **à corps perdu** : avec impétuosité. ❑ **à fonds perdus** : sans espoir de récupérer le capital.

**perdurer** vi LITT Se prolonger, se perpétuer : *usage qui perdure.*

**père** nm **1.** Celui qui a un ou plusieurs enfants : *père de famille.* **2.** Créateur d'une œuvre, initiateur d'une doctrine, d'un courant d'idées : *Auguste Comte, le père du positivisme.* **3.** Religieux, prêtre : *un père dominicain.* ■ **de père en fils** : par transmission du père aux enfants. ❑ **les Pères de l'Église** : les écrivains de l'Antiquité chrétienne dont les écrits font règle, en matière de foi. ❑ **père spirituel** : personne dont on se réclame intellectuellement, moralement.

**pérégrination** nf LITT Voyage lointain, exploration. ◆ **pérégrinations** pl Allées et venues, déplacements en de nombreux endroits.

**péremption** nf DR État de ce qui est périmé. ■ **date de péremption** : date au-delà de laquelle un produit (EX : médicament) ne doit plus être utilisé.

**péremptoire** adj Décisif, qui n'admet pas la discussion : *argument péremptoire.*

**péremptoirement** adv De façon péremptoire.

**pérennisation** nf Action de pérenniser.

**pérenniser** vt Rendre durable, perpétuel : *la négligence a pérennisé cet abus.*

**pérennité** nf Caractère de ce qui dure toujours ou très longtemps.

**péréquation** nf Répartition au prorata des possibilités : *la péréquation de l'impôt.*

**perestroïka** [perestrɔjka] nf HIST En URSS, politique de restructuration économique lancée en 1985 et s'appuyant sur la glasnost.

**perfectibilité** nf Caractère de ce qui est perfectible.

**perfectible** adj Qui peut être perfectionné ou se perfectionner.

**perfection** nf **1.** Qualité, état de ce qui est parfait. **2.** Personne ou chose parfaite. ■ **à la perfection** : d'une manière parfaite.

**perfectionné, e** adj De grande qualité ; doté des éléments les plus modernes.

**perfectionnement** nm Action de perfectionner, de se perfectionner ; amélioration.

**perfectionner** vt Rapprocher de la perfection, améliorer : *perfectionner une* *invention.* ◆ **se perfectionner** vpr Progresser, améliorer ses performances.

**perfectionnisme** nm Recherche excessive de la perfection en toute chose.

**perfectionniste** adj et n Qui fait preuve de perfectionnisme.

**perfide** adj Déloyal, trompeur : *ami perfide ; paroles perfides.*

**perfidement** adv Avec perfidie.

**perfidie** nf Déloyauté, trahison.

**perforateur, trice** adj Qui perfore, sert à perforer. ◆ nf Machine à perforer.

**perforation** nf Action de perforer ; ouverture ainsi pratiquée.

**perforer** vt Pratiquer un ou plusieurs trous dans ; percer en traversant.

**performance** nf **1.** Résultat obtenu par un sportif, un acteur, etc. **2.** Réussite remarquable, exploit. **3.** BX-ARTS Œuvre éphémère, dans l'art contemporain. ◆ **performances** pl Possibilités optimales, en données chiffrées, d'un matériel, d'un véhicule, etc.

**performant, e** adj Compétitif.

**performeur, euse** n **1.** Sportif qui a obtenu un résultat exceptionnel, notamm. en athlétisme : *le meilleur performeur mondial.* **2.** BX-ARTS Artiste qui réalise une performance.

**perfusion** nf Introduction lente d'une substance médicamenteuse ou de sang dans un organisme.

**pergola** nf Petite construction légère, dans un jardin, destinée à servir de support à des plantes grimpantes.

**périarticulaire** adj MÉD Qui siège autour d'une articulation : *affection périarticulaire.*

**péricarde** nm ANAT Membrane qui enveloppe le cœur.

**péricarpe** nm BOT Enveloppe de la graine, des semences.

**péricliter** vi Décliner, aller à la ruine : *entreprise qui périclite.*

**péridurale** nf Anesthésie locale du bassin, pratiquée surtout en obstétrique.

**périgée** nm ASTRON Point de l'orbite d'une planète le plus rapproché de la Terre. CONTR : apogée.

> ORTHOGRAPHE *Périgée,* nom masculin, se termine par un *e* muet, comme *apogée, athée.*

**périglaciaire** adj Relatif aux régions proches des glaciers : *érosion périglaciaire.*

**périhélie** nm ASTRON Point de l'orbite d'une planète le plus rapproché du Soleil. CONTR : aphélie.

**péri-informatique** nf Ensemble des équipements et des activités concernant les périphériques des systèmes informatiques.

**péril** [peril] nm Danger, risque : *être, mettre en péril.* ■ **au péril de :** au risque de perdre : *au péril de sa vie, de sa santé.* ❑ **à ses risques et périls :** en portant l'entière responsabilité.

**périlleux, euse** adj Où il y a du péril ; dangereux : *entreprise périlleuse.*

**périmé, e** adj **1.** Qui n'est plus valable : *passeport périmé.* **2.** Dépassé, désuet : *conception périmée.*

**périmer (se)** vpr Perdre sa valeur, sa validité, passé un certain délai.

**périmètre** nm **1.** Ligne qui délimite un espace ; pourtour. **2.** Zone proche, alentours : *l'explosion a tout détruit dans un vaste périmètre.*

**périnatal, e, als** ou **aux** adj MÉD Relatif à la période qui précède ou suit immédiatement la naissance.

**périnée** nm ANAT Région du corps entre l'anus et les parties génitales.

**période** nf **1.** Espace de temps plus ou moins long ; époque : *période révolutionnaire.* **2.** ASTRON Temps nécessaire à la révolution d'une planète. **3.** MÉD Phase d'une maladie : *période d'incubation.* ■ **période bleue, rouge, blanche :** dans les transports, plages de temps délimitées en fonction de l'affluence et correspondant à un certain tarif des billets.

**périodicité** nf Caractère de ce qui est périodique ; fréquence.

**périodique** adj **1.** Qui revient à intervalles réguliers : *fièvre périodique.* **2.** Se dit des protections que les femmes utilisent pendant leurs règles : *serviette périodique.* ◆ nm Journal, revue qui paraît à des époques déterminées.

**périodiquement** adv De façon périodique.

**périoste** nm Membrane qui entoure les os.

**péripatéticienne** nf LITT Prostituée qui racole dans la rue.

**péripétie** [peripesi] nf Événement imprévu, rebondissement dans une action.

**périphérie** nf Ensemble des quartiers situés sur le pourtour d'une ville.

**périphérique** adj Situé dans la périphérie : *un quartier périphérique.* ■ **boulevard périphérique** ou **périphérique** nm : voie rapide entourant une ville. ◆ adj et nm Se dit d'un système informatique qui n'appartient ni à l'unité de traitement ni à la mémoire centrale.

**périphlébite** nf MÉD Inflammation du tissu entourant une veine.

**périphrase** nf Expression, groupe de mots équivalant à un mot simple (EX : *la Ville Lumière,* pour *Paris*).

**périple** nm Long voyage.

**périr** vi LITT **1.** Mourir. **2.** Disparaître, tomber dans l'oubli : *souvenir qui ne périra pas.*

**périscolaire** adj Qui s'ajoute à l'enseignement scolaire et le complète.

**périscope** nm Tube équipé d'un système optique, qui permet à un sous-marin en plongée d'observer la surface de l'eau.

**périssable** adj Sujet à s'altérer, à se corrompre : *denrées périssables.*

**périssoire** nf Embarcation étroite manœuvrée à la pagaie.

**péristyle** nm Ensemble des colonnes formant une galerie devant la façade d'un monument.

**Péritel** ■ **prise Péritel** nf (nom déposé) Prise permettant de relier un téléviseur à un lecteur de DVD ou une console de jeux.

**péritoine** nm ANAT Membrane qui tapisse l'abdomen.

**péritonite** nf Inflammation du péritoine.

**perle** nf **1.** Corps brillant nacré et rond, qui se forme à l'intérieur de certains coquillages. **2.** Petite boule de verre, de métal, etc., percée d'un trou : *enfiler des perles pour faire un collier.* **3.** Goutte de liquide limpide : *les perles de la rosée.* **4.** Personne ou chose remarquable, parfaite : *la perle des maris.* **5.** FAM Faute, erreur grossière : *relever des perles dans un devoir.*

**perlé, e** adj Qui rappelle l'éclat ou la forme de la perle.

**perler** vi Se former en gouttelettes.

**perlier, ère** adj Qui produit des perles : *huître perlière.*

**perlimpinpin** nm ■ **poudre de perlimpinpin :** remède sans effet réel.

**perlingual, e, aux** [pɛrlɛ̃gwal, o] adj MÉD Sublingual.

**permaculture** nf Mode d'agriculture durable, économe en énergie, imitant le fonctionnement des écosystèmes naturels.

**permanence** nf **1.** Caractère de ce qui est permanent : *la permanence d'une coutume.* **2.** Service permanent ; lieu où il se tient : *permanence électorale.* **3.** Salle où sont rassemblés et surveillés les élèves qui n'ont pas classe : *aller en permanence ; salle de permanence.* ■ **en permanence :** sans interruption, constamment.

**permanent, e** adj **1.** Qui dure sans discontinuer ni changer : *un souci permanent.* **2.** Qui ne cesse pas : *spectacle permanent.* ◆ n Membre rémunéré d'une organisation, chargé des tâches administratives.

**permanente** nf Traitement que l'on fait subir aux cheveux pour les onduler de façon durable.

**permanganate** nm Sel d'un acide dérivé du manganèse.

**perméabilité** nf Caractère de ce qui est perméable.

**perméable** adj **1.** Qui se laisse traverser notamment par des liquides : *terrain perméable ; roches perméables.* **2.** Qui se laisse influencer : *perméable aux influences.*

**permettre** vt (conj 57) **1.** Donner la liberté, le pouvoir, le droit de faire, de dire, d'employer : *permettre à un adolescent de sortir le soir.* **2.** Donner le moyen, le loisir, l'occasion de : *emploi du temps qui permet d'aller au cinéma.* ◆ **se permettre** vpr Prendre la liberté de, oser : *se permettre une critique.* ■ **pouvoir se permettre quelque chose, de** (+ inf) : avoir les moyens financiers, physiques, etc., de s'accorder de faire quelque chose : *pouvoir se permettre les sucreries ; pouvoir se permettre de voyager.*

**permis** nm Autorisation officielle écrite : *permis de chasse, de conduire.*

**permissif, ive** adj Qui permet, tolère facilement : *société, éducation permissive.*

**permission** nf **1.** Autorisation : *avoir la permission de sortir.* **2.** Congé de courte durée accordé à un militaire : *soldat en permission.*

**permissionnaire** n Militaire qui a une permission.

**permissivité** nf Fait d'être permissif.

**permutable** adj Susceptible de permutation.

**permutation** nf Action, fait de permuter, en particulier un emploi, une fonction.

**permuter** vt et vi Échanger, intervertir.

**pernicieusement** adv De façon pernicieuse.

**pernicieux, euse** adj Très nuisible, dangereux : *fièvre pernicieuse.*

**péroné** nm Os long de la jambe parallèle au tibia.

**péronnelle** nf FAM Femme, fille sotte et bavarde.

**péroraison** nf **1.** Conclusion d'un discours. **2.** PÉJOR Discours ennuyeux, pédant.

**pérorer** vi PÉJOR Discourir longuement, avec emphase.

**peroxyde** nm Oxyde à grande proportion d'oxygène.

**perpendiculaire** adj Qui fait un angle droit avec une droite, un plan : *droite perpendiculaire à une autre.* ◆ nf Ligne perpendiculaire.

**perpendiculairement** adv De façon perpendiculaire.

**perpétration** nf Action de perpétrer.

**perpétrer** vt (conj 10) Commettre, exécuter un acte criminel.

**perpette (à)** ou **perpète (à)** loc adv FAM **1.** À perpétuité : *être condamné à perpette.* **2.** Très loin : *il est à perpette, ton resto.*

**perpétuation** nf LITT Action de perpétuer, de se perpétuer.

**perpétuel, elle** adj **1.** Qui ne cesse jamais ; continuel : *mouvement perpétuel.* **2.** Très fréquent, habituel : *combats perpétuels.* **3.** Qui dure toute la vie : *rente perpétuelle.*

**perpétuellement** adv Toujours.

**perpétuer** vt LITT Faire durer : *perpétuer un souvenir.* ◆ **se perpétuer** vpr LITT Continuer, durer.

**perpétuité** nf ■ **à perpétuité :** pour toujours : *être condamné à perpétuité ; réclusion à perpétuité.*

**perplexe** adj Embarrassé, indécis.

**perplexité** nf Embarras, irrésolution.

**perquisition** nf Recherche faite par la police dans un lieu déterminé, dans le but de trouver des documents utiles à la découverte de la vérité.

**perquisitionner** vi Faire une perquisition. ◆ vt Fouiller au cours d'une perquisition.

**perron** nm Escalier en saillie sur une façade.

**perroquet** nm **1.** Oiseau de la famille des psittacidés, qui peut répéter des sons articulés. **2.** FIG Personne qui répète, parle sans réfléchir, sans comprendre. **3.** MAR Mât, voile, vergue qui se grée au-dessus d'un mât de hune.

**perruche** nf **1.** Femelle du perroquet. **2.** Petit perroquet à longue queue pointue. **3.** MAR Gréement supérieur de l'artimon.

**perruque** nf Coiffure postiche de cheveux naturels ou artificiels.

**perruquier** nm Fabricant, vendeur de perruques, de postiches.

**pers, e** adj D'une couleur entre le vert et le bleu : *étoffe perse ; yeux pers.*

**persan, e** adj et n De Perse. ◆ nm Langue du groupe iranien. ◆ nm et adj m Chat à poils longs et soyeux.

**1. perse** adj et n De la Perse ancienne.

**2. perse** nf Toile de l'Inde.

**persécuté, e** n et adj Personne en butte à une persécution.

**persécuter** vt **1.** Poursuivre, tourmenter, opprimer par des traitements cruels, injustes, tyranniques. **2.** Importuner, harceler : *être persécuté par des créanciers.*

**persécuteur, trice** adj et n Qui persécute.

**persécution** nf Action de persécuter ; fait d'être persécuté.

**persévérance** nf Qualité de celui qui persévère.

**persévérant, e** adj Qui persévère.

**persévérer** vi (conj 10) Persister, demeurer ferme et constant dans une décision, une action entreprise.

**persienne** nf Châssis de bois à lames en abat-jour, qui s'ouvre comme un contrevent.

**persiflage** nm Raillerie ironique.

**persifler** vt LITT Se moquer par des paroles ironiques.

> ORTHOGRAPHE Attention, *persifler* s'écrit avec un seul *f*, alors que *siffler* s'écrit avec deux *f*.

**persifleur, euse** adj et n Qui persifle.

**persil** [pɛrsi] nm Plante potagère aromatique.

**persillade** nf Accommodement culinaire à base de persil haché.

**persillé, e** adj Accompagné de persil haché : *sauce persillée.* ■ **fromage persillé :** avec des moisissures dans la pâte. ❑ **viande persillée :** parsemée de petits filaments de graisse.

**persistance** nf **1.** Action de persister ; obstination, opiniâtreté : *nier avec persistance.* **2.** Fait de persister, de durer : *la persistance du beau temps.*

**persistant, e** adj **1.** Qui persiste, qui dure : *fièvre persistante.* **2.** BOT Qui subsiste pendant toutes les saisons (par opposition à *caduc*) : *feuilles persistantes.*

**persister** vi **1.** Continuer d'exister : *froid qui persiste.* **2.** S'obstiner, persévérer : *persister dans sa résolution, dans son erreur.*

**persona grata** loc inv **1.** Agréé dans ses fonctions diplomatiques. **2.** En faveur auprès d'une personne, dans un groupe.

**personnage** nm **1.** Personne importante, illustre : *les grands personnages de l'État.* **2.** Personne considérée du point de vue de son comportement : *un triste personnage.* **3.** Personne mise en action dans une œuvre littéraire, dans un film, etc. ; rôle joué par un acteur. **4.** Manière de se comporter comparée à un rôle : *elle prend des poses, cela fait partie de son personnage.*

**personnalisation** nf Action de personnaliser.

**personnaliser** vt Donner un caractère personnel original à quelque chose.

**personnalité** nf **1.** Ensemble des traits de caractère, des comportements, des aptitudes, etc., qui individualisent quelqu'un : *respecter la personnalité humaine.* **2.** Caractère, originalité propre à quelqu'un : *forte personnalité.* **3.** Personne connue ou influente : *de hautes personnalités.*

**personne** nf **1.** Être humain en général : *rencontrer de nombreuses personnes.* **2.** Individu considéré en lui-même : *être content de sa personne.* **3.** DR Entité représentant une ou plusieurs personnes, à qui la capacité d'être sujet de droit est reconnue : *personne civile, juridique, morale.* **4.** GRAMM Forme du verbe et du pronom qui permet de distinguer la ou les personnes qui parlent, à qui on parle, dont on parle. ■ **en personne :** soi-même, sans se faire représenter par quelqu'un d'autre : *préfet qui se déplace en personne.* ❑ **grande personne :** adulte, considéré dans ses rapports avec les enfants. ◆ pron indéf m sing **1.** (avec la négation *ne*) Aucun être, nul : *personne ne le sait.* **2.** (sans la négation) Quiconque, quelqu'un : *il le sait mieux que personne.*

**personnel, elle** adj **1.** Propre à quelqu'un, à une personne : *voiture personnelle.* **2.** Qui porte la marque de quelqu'un : *des goûts très personnels.* **3.** GRAMM Relatif aux personnes grammaticales : *pronom personnel ; mode personnel.* ◆ nm Ensemble des personnes employées par une entreprise, un service public ou un particulier.

**personnellement** adv En personne : *dire personnellement.*

**personnification** nf Action de personnifier ; incarnation, modèle.

**personnifié, e** adj Qui représente le type même d'un caractère, d'une qualité : *il est l'honnêteté personnifiée.*

**personnifier** vt Représenter une notion abstraite ou une chose sous les traits d'une personne.

**perspectif, ive** adj En perspective : *dessin perspectif.*

**perspective** nf **1.** Art de représenter sur une surface plane les objets tels qu'ils apparaissent à une certaine distance et dans une position donnée : *lois de la perspective.* **2.** Aspect que présentent les objets vus de loin ou considérés comme un tout : *une vaste, une belle perspective.* **3.** Manière de voir, point de vue, angle : *perspective historique.* **4.** FIG Espérance ou crainte d'une chose probable : *avoir la perspective d'une belle situation.* ■ **en perspective :** dans l'avenir, en vue.

**perspicace** adj Doué d'un esprit pénétrant et subtil.

**perspicacité** nf Clairvoyance, sagacité.

**persuader** vt Porter à croire, à faire ; convaincre. ◆ **se persuader** vpr Croire, s'imaginer : *ils se sont persuadé(s) qu'on les trompait.*

**persuasif, ive** adj Qui persuade : *éloquence persuasive.*

**persuasion** nf **1.** Action de persuader : *recourir à la persuasion plutôt qu'à la force.* **2.** Fait d'être persuadé, conviction.

**perte** nf **1.** Privation, action de perdre : *perte de sang ; perte de cheveux.* **2.** Ce qui est perdu : *subir une grosse perte d'argent.* **3.** Gaspillage, mauvais emploi de qqch : *perte de temps.* **4.** Mort de qqn : *perte d'un proche.* **5.** Ruine matérielle ou morale : *courir, aller à sa perte.* ■ **à perte :** en perdant de l'argent. ❑ **à perte de vue :** très loin : *champ qui s'étend à perte de vue.* ❑ **en pure perte :** inutilement.

**pertinemment** [pɛrtinamɑ̃] adv D'une façon pertinente. ■ **savoir pertinemment :** savoir parfaitement.

**pertinence** nf Caractère de ce qui est pertinent.

**pertinent, e** adj Qui s'applique tout à fait à ce dont il est question : *réponse pertinente.*

**perturbateur, trice** adj et n Qui perturbe, cause du désordre. ■ **perturbateur endocrinien :** substance qui risque d'altérer le fonctionnement du système hormonal.

**perturbation** nf **1.** Action de perturber ; ce qui en résulte. **2.** MÉTÉOR Modification de l'état de l'atmosphère caractérisée par des pluies, du vent.

**perturber** vt Empêcher le déroulement normal de ; troubler.

**péruvien, enne** adj et n Du Pérou : *les Péruviens.*

**pervenche** nf Plante herbacée à fleurs bleu clair ou mauves. ◆ adj inv De couleur bleu pâle.

**pervers, e** adj et n Qui se plaît à accomplir des actes cruels ou immoraux, spécialement dans le domaine sexuel. ◆ adj Fait par perversité : *crime pervers.*

**perversion** nf Action de pervertir ; fait d'être perverti.

**perversité** nf **1.** Tendance à vouloir faire le mal, souvent avec un certain plaisir. **2.** Action perverse.

**pervertir** vt **1.** Corrompre, porter au mal. **2.** Dénaturer, altérer : *pervertir le goût.*

**pesage** nm **1.** Action de peser. **2.** Endroit où l'on pèse les jockeys, avant et après chaque course.

**pesamment** adv D'une manière pesante, lourde.

**pesant, e** adj **1.** Lourd : *pesant fardeau.* **2.** FIG Sans grâce : *récit pesant.* ◆ nm ■ **valoir son pesant d'or :** avoir une grande valeur.

**pesanteur** nf **1.** Force qui attire les corps vers le centre de la Terre. **2.** État de ce qui est lourd, pesant.

**pèse-bébé** (pl *pèse-bébés* ou inv) nm Balance pour peser les nourrissons.

**pesée** nf **1.** Action de peser ; ce qu'on a pesé en une fois. **2.** Effort fait sur un levier.

**pèse-lettre** (pl *pèse-lettres* ou inv) nm Petite balance pour peser les lettres.

**pèse-personne** (pl *pèse-personnes* ou inv) nm Petite balance automatique pour peser les personnes.

**peser** vt (conj 9) **1.** Déterminer le poids de : *peser un pain.* **2.** FIG Examiner attentivement, évaluer, mesurer : *peser le pour et le contre.* ◆ vi **1.** Avoir un certain poids : *le platine pèse plus que l'or.* **2.** Avoir telle importance ; représenter telle valeur : *groupe de presse qui pèse trois milliards.* **3.** FIG Être difficile à supporter : *leur absence lui pèse.* ◆ vt ind [sur] Exercer une pression sur ; FIG concerner, influer sur.

**peseta** [peseta] ou [pezeta] nf Unité monétaire espagnole jusqu'au 1er janvier 2002.

**peso** [peso] ou [pezo] nm Unité monétaire de plusieurs pays d'Amérique latine.

**pessimisme** nm Tendance à considérer les choses sous leur aspect le plus fâcheux.

**pessimiste** adj et n Qui fait preuve de pessimisme.

**peste** nf **1.** Maladie infectieuse et contagieuse. **2.** FIG Personne, chose pernicieuse : *petite peste !*

**pester** vi Manifester son irritation, sa mauvaise humeur : *pester contre le mauvais temps.*

**pesticide** nm et adj Produit destiné à lutter contre les parasites animaux et végétaux des cultures.

**pestiféré, e** adj et n Atteint de la peste.

**pestilence** nf Odeur infecte et putride.

**pestilentiel, elle** [pɛstilɑ̃sjɛl] adj Qui répand une odeur infecte.

**pet** [pɛ] nm FAM Gaz intestinal qui sort de l'anus avec bruit.

**pétale** nm Chacune des pièces de la corolle d'une fleur. ■ **pétales de maïs :** céréale présentée sous forme de copeaux, de lamelles.

**pétanque** nf Jeu de boules originaire du midi de la France.

**pétant, e** adj FAM Se dit de l'heure exacte : *à midi pétant.*

**pétarade** nf Suite de détonations.

**pétarader** vi Produire une, des pétarades.

**pétard** nm **1.** Pièce d'artifice qui éclate avec bruit. **2.** Charge d'explosif généralement utilisée dans la démolition. **3.** FAM Tapage, bruit, scandale. **4.** FAM Pistolet.

**pétaudière** nf FAM Lieu, groupe où règnent le désordre, la confusion.

**petchi** nm SUISSE Grand désordre, confusion inextricable : *semer le petchi. Quel petchi !*

**pet-de-nonne** (pl *pets-de-nonne*) nm Beignet soufflé.

**péter** vi (conj 10) FAM **1.** Faire un, des pets. **2.** Faire entendre un bruit sec et bref. **3.** Se casser. ◆ vt FAM Briser, casser. ■ **péter les plombs** ou **les boulons :** perdre la tête.

**pète-sec** n inv et adj inv FAM Personne autoritaire, qui commande sèchement.

**péteux, euse** n et adj FAM Poltron, lâche. ◆ adj Penaud, déconfit.

**pétillant, e** adj Qui pétille.

**pétillement** nm Action de pétiller : *le pétillement du bois vert.*

**pétiller** [petije] vi **1.** Éclater avec des petits bruits secs, répétés. **2.** Dégager des bulles de gaz : *le champagne pétille.* **3.** FAM Briller d'un vif éclat : *des yeux qui pétillent.*

**pétiole** [pesjɔl] nm BOT Queue de la feuille.

**petiot, e** adj et n FAM Tout petit.

**petit, e** adj **1.** De faibles dimensions : *petit jardin.* **2.** Très jeune : *quand j'étais petit.* **3.** FIG De peu d'importance, de peu de valeur : *petit fonctionnaire ; petit capital.* **4.** Mesquin, borné. ■ **en petit :** sur une petite échelle, en petites dimensions : *la même ville mais en petit ; le même, en plus petit.* ❑ **petit à petit :** peu à peu. ◆ n Petit enfant. ◆ **petits** nm pl **1.** Les enfants les plus jeunes, dans un groupe, une collectivité. **2.** Progéniture des animaux.

**petit-beurre** (pl *petits-beurre*) nm Petit biscuit sec fait de farine et de beurre.

**petit-bourgeois, petite-bourgeoise** (pl *petits-bourgeois, petites-bourgeoises*) adj et n **1.** Qui appartient à la petite bourgeoisie. **2.** PÉJOR Qui a des idées étroites, étriquées, conformistes.

**petit(-)déjeuner** (pl *petits-déjeuners* ou *petits déjeuners*) nm Premier repas pris le matin.

**petite-fille** (pl *petites-filles*) nf Fille du fils ou de la fille, par rapport au grand-père, à la grand-mère.

**petitement** adv De façon basse, mesquine : *se venger petitement.* ■ **être logé petitement :** à l'étroit.

**petite-nièce** (pl *petites-nièces*) nf Fille du neveu, de la nièce.

**petitesse** nf Caractère d'une personne ou d'une chose petite.

**petit-fils** (pl *petits-fils*) nm Fils du fils ou de la fille, par rapport au grand-père, à la grand-mère.

**petit-four** (pl *petits-fours*) nm Petite pâtisserie que l'on mange d'une bouchée.

**petit-gris** (pl *petits-gris*) nm **1.** Écureuil de Sibérie ; fourrure de cet animal. **2.** Escargot à coquille brunâtre.

**pétition** [petisjɔ̃] nf Écrit adressé à une autorité pour formuler une plainte ou une demande. ■ **pétition de principe :** raisonnement qui consiste à supposer vrai ce qui est en question.

**pétitionnaire** n Personne qui présente ou signe une pétition.

**pétitionner** vi Adresser une pétition.

**petit-lait** (pl *petits-laits*) nm Liquide qui se sépare du lait caillé.

**petit-neveu** (pl *petits-neveux*) nm Fils du neveu, de la nièce.

**petit pois** (pl *petits pois*) nm Pois écossé vert.

**petits-enfants** [pətizɑ̃fɑ̃] nm pl Les enfants du fils ou de la fille.

**petit-suisse** (pl *petits-suisses*) nm Fromage frais, de lait de vache, moulé en forme de petit cylindre.

**pétoche** nf FAM Peur.

**pétoire** nf FAM Mauvais fusil.

**peton** nm FAM Petit pied.

**pétoncle** nm Mollusque bivalve comestible.

**pétrel** nm Oiseau palmipède de mer.

**pétrifiant, e** adj Qui pétrifie.

**pétrification** nf Action de pétrifier ; son résultat.

**pétrifier** vt **1.** Changer en pierre. **2.** FIG Stupéfier, paralyser de peur, d'étonnement, etc.

**pétrin** nm **1.** Appareil destiné à pétrir la pâte à pain. **2.** FAM Embarras, situation pénible : *être dans le pétrin*.

**pétrir** vt **1.** Malaxer, travailler (une pâte). **2.** Presser une matière quelconque pour lui donner une forme : *pétrir de l'argile*. ■ FIG **être pétri d'orgueil, de contradictions, etc. :** en être rempli.

**pétrissage** nm Action de pétrir.

**pétrochimie** nf Chimie des produits dérivés du pétrole.

**pétrochimique** adj De la pétrochimie : *industrie pétrochimique*.

**pétrodollar** nm Dollar résultant de la commercialisation du pétrole brut.

**pétrographie** nf Partie de la géologie qui étudie la formation et la composition des roches.

**pétrole** nm Huile minérale naturelle combustible, de couleur très foncée, formée d'hydrocarbures. ◆ adj inv ■ **bleu pétrole :** bleu tirant légèrement sur le vert.

**pétroleuse** nf HIST Femme du peuple qui, pendant la Commune de 1871, aurait utilisé du pétrole pour hâter les incendies.

**pétrolier, ère** adj Relatif au pétrole : *industrie pétrolière*. ◆ nm Navire pour le transport du pétrole.

**pétrolifère** adj Qui contient du pétrole.

**pétromonarchie** nf Monarchie tirant sa puissance économique de ses ressources pétrolières, qu'elle exporte largement.

**pétulance** nf Vivacité, exubérance.

**pétulant, e** adj Vif, dynamique.

**pétunia** nm Plante ornementale aux fleurs blanches, violettes ou mauves.

**peu** adv Pas beaucoup : *travailler peu ; manger peu*. ■ **à peu près** ou **à peu de chose près :** presque, environ. ❑ **avant peu** ou **dans peu** ou **sous peu :** bientôt. ❑ **de peu :** tout juste : *l'emporter de peu*. ❑ **depuis peu :** récemment. ❑ **peu à peu :** lentement. ❑ **(un) tant soit peu :** à peine. ◆ nm ■ **un peu (de) :** une petite quantité, un petit nombre de : *un peu, un tout petit peu de soupe ; il nous reste un peu de fruits ; un peu plus*. ❑ **pour un peu :** il suffirait, il aurait suffi d'un rien pour que : *pour un peu, il réussissait tout*. ◆ pron indéf pl Un petit nombre de personnes : *peu le savent ; peu de gens viendront*. ◆ **pour peu que** loc conj Introduit une condition qui semble facile à remplir ; pourvu que, à condition que : *il travaille bien, pour peu qu'il s'en donne la peine*.

**peuchère** interj (dans le Midi) Exprime l'attendrissement, la pitié ; renchérit sur ce que l'on vient de dire.

**peuplade** nf Groupement humain de petite ou moyenne importance, ne constituant pas une société structurée.

**peuple** nm **1.** Ensemble des hommes formant une communauté nationale ou culturelle : *le peuple français ; les peuples hispanophones*. **2.** Ensemble des citoyens en tant qu'ils exercent des droits politiques : *élu par le peuple*. **3.** FAM Foule : *quel peuple !* ■ **le peuple :** la masse de ceux qui ne jouissent d'aucun privilège et ne vivent que de leur travail.

**peuplé, e** adj Où vit une population plus ou moins nombreuse.

**peuplement** nm **1.** Action de peupler. **2.** État de ce qui est peuplé : *le peuplement d'une colonie*.

**peupler** vt **1.** Établir, installer des hommes, une espèce animale ou végétale, dans un lieu. **2.** Occuper un lieu, y vivre en grand nombre.

**peuplier** nm Arbre des régions tempérées et humides, au tronc long et étroit, et dont le bois est utilisé en menuiserie et en papeterie ; bois de cet arbre.

**peur** nf Sentiment d'inquiétude, en présence ou à la pensée d'un danger. ■ **avoir peur :** craindre. ❑ **de peur de, de peur que :** dans la crainte de, dans la crainte que. ❑ **faire peur à qqn :** lui faire éprouver de la crainte, de l'angoisse : *film qui fait peur.*

GRAMMAIRE *Avoir peur que* est suivi du subjonctif, avec ou sans *ne : j'ai peur qu'il ne parte* (soutenu) ou *qu'il parte.*

**peureusement** adv De façon peureuse.

**peureux, euse** adj et n Qui a souvent peur, qui manque de courage.

**peut-être** adv **1.** Marque la possibilité, le doute : *il viendra peut-être ; peut-être neigera-t-il.* **2.** FAM Exprime l'indignation : *je ne travaille pas assez, peut-être ?*

**peyotl** [pejɔtl] nm Plante cactacée du Mexique, dont un alcaloïde, la mescaline, provoque des hallucinations visuelles.

**pèze** nm FAM Argent.

**pfennig** [pfɛnig] (pl *pfennigs* ou *pfennige*) nm Ancienne unité monétaire allemande qui équivalait au centième du mark.

**pff** ou **pfft** ou **pfut** interj Exprime le dédain, l'indifférence : *pff ! Tant pis !*

**PGE** [peʒeə] nm (sigle) Prêt garanti par l'État.

**pH** nm (abréviation de *potential of hydrogen*) CHIM Indice caractérisant l'acidité ou la basicité d'un milieu ; mesure de celui-ci (une solution est acide si son pH est inférieur à 7, basique s'il est supérieur à 7).

**phablette** nf Téléphone intelligent dont les fonctionnalités et la taille d'écran s'apparentent à celles d'une tablette tactile.

**phacochère** nm Mammifère d'Afrique proche du sanglier, à défenses incurvées.

**phagocyte** nm Cellule de l'organisme capable d'absorber et de digérer d'autres cellules.

**phagocyter** vt **1.** MÉD Détruire par phagocytose. **2.** FIG Absorber et neutraliser à la façon des phagocytes : *parti politique qui phagocyte un groupuscule.*

**phagocytose** nf Phénomène par lequel certaines cellules absorbent puis digèrent d'autres cellules.

**phalange** nf **1.** ANAT Chacun des petits os qui composent les doigts et les orteils. **2.** ANTIQ GR Formation de combat. **3.** HIST Groupement politique et paramilitaire d'inspiration souvent fasciste.

**phalangette** nf ANAT Dernière phalange des doigts.

**phalangiste** n HIST Membre d'une phalange.

**phalanstère** nm Dans le système de Fourier, association de production, au sein de laquelle les travailleurs vivent en communauté.

**phalène** nf Papillon nocturne ou crépusculaire.

**phallique** adj Relatif au phallus.

**phallocrate** n et adj Personne qui considère l'homme comme supérieur à la femme.

**phallocratie** nf Attitude dominatrice de l'homme par rapport à la femme.

**phalloïde** adj Se dit d'une espèce d'amanite à chapeau jaunâtre ou verdâtre.

**phallus** nm Membre viril en érection.

**phanérogame** nm ou nf et adj Plante se reproduisant par des fleurs ou des graines.

**pharaon, onne** n Souverain de l'Égypte ancienne.

**pharaonique** adj Des pharaons ; de leur époque.

**phare** nm **1.** Tour portant un puissant foyer lumineux, établie le long des côtes pour guider les navires. **2.** Dispositif d'éclairage placé à l'avant d'un véhicule. ◆ **phares** pl Feux de route.

**pharisien, enne** n **1.** Membre d'une secte juive du IIe s. av. J.-C. **2.** LITT Personne orgueilleuse et hypocrite.

**pharmaceutique** adj Qui relève de la pharmacie.

**pharmacie** nf **1.** Technique de préparation de remèdes, médicaments. **2.** Profession de pharmacien ; laboratoire, boutique du pharmacien. **3.** Petit meuble ou petite trousse portative pour ranger les médicaments.

**pharmacien, enne** n Qui exerce la pharmacie.

**pharmacologie** nf Science des médicaments et de leur emploi.

**pharmacopée** nf **1.** Ensemble de remèdes, de médicaments : *pharmacopée chinoise.* **2.** (avec majuscule) Recueil officiel contenant la nomenclature des médicaments, leur composition, leurs effets.

**pharyngé, e** ou **pharyngien, enne** adj Du pharynx.

**pharyngite** nf Inflammation du pharynx.

**pharynx** nm ANAT Gosier, arrière-gorge.

**phase** nf Chacun des changements, des aspects successifs d'un phénomène, d'une action en évolution.

**phasme** nm Insecte ressemblant aux tiges sur lesquelles il vit.

**phénicien, enne** adj et n De Phénicie.

**phénix** nm **1.** Oiseau fabuleux de la mythologie antique qui se brûlait lui-même pour renaître de ses cendres. **2.** LITT Personne exceptionnelle.

**phénobarbital** (pl *phénobarbitals*) nm Médicament barbiturique, sédatif et hypnotique.

**phénol** nm Composé dérivé du benzène, utilisé comme désinfectant.

**phénoménal**, **e**, **aux** adj Prodigieux, extraordinaire.

**phénomène** nm **1.** Ce qui est perçu par les sens ou par la conscience : *chercher les causes d'un phénomène.* **2.** Fait, événement qui frappe l'imagination. **3.** Chose ou être extraordinaire : *un phénomène de foire.*

**phénoménologie** nf **1.** Étude descriptive des phénomènes. **2.** Philosophie s'appuyant sur la conscience pour comprendre l'essence des choses, des êtres.

**phénotype** nm BIOL Ensemble des caractères somatiques apparents d'un individu, qui expriment l'interaction du génotype et du milieu.

**phi** nm inv Lettre de l'alphabet grec, correspondant à *ph.*

**philanthrope** n Personne d'une générosité désintéressée.

**philanthropie** nf **1.** Caractère du philanthrope. **2.** Bienfaisance, générosité, altruisme.

**philanthropique** adj Qui relève de la philanthropie.

**philatélie** nf **1.** Étude, collection des timbres-poste. **2.** Commerce des timbres-poste.

**philatéliste** n Collectionneur de timbres-poste.

**philharmonie** nf **1.** Association musicale qui donne des concerts publics. **2.** (avec une majuscule) Nom donné à certaines salles de concert de musique classique : *la Philharmonie de Paris.*

**philharmonique** adj Se dit de certaines associations musicales.

**philippin**, **e** adj et n Des Philippines : *les Philippins.*

**philistin** nm LITT Personne à l'esprit vulgaire et étroit.

**philo** nf FAM Philosophie.

**philodendron** [filɔdɛ̃drɔ̃] nm Plante aux feuilles digitées, aux racines aériennes.

**philologie** nf **1.** Étude d'une langue d'après ses documents écrits : *philologie grecque, latine.* **2.** Étude des textes et de leur transmission.

**philologique** adj De la philologie.

**philologue** n Spécialiste de philologie.

**philosophale** adj f ■ **pierre philosophale :** (a) pierre qui, d'après les alchimistes, changeait les métaux en or (b) FIG ce qui est impossible à trouver.

**philosophe** n Spécialiste de philosophie. ◆ adj et n Qui fait preuve de calme et de sagesse ; qui prend la vie du bon côté.

**philosopher** vi (souvent péjoratif) Raisonner, argumenter sur un sujet quelconque.

**philosophie** nf **1.** Science qui étudie les êtres, les principes et les causes d'un point de vue général, abstrait. **2.** Système d'un philosophe, d'une école, d'une époque, etc. **3.** Fermeté, calme devant des événements imprévus.

**philosophique** adj Qui relève de la philosophie.

**philosophiquement** adv De façon philosophique.

**philtre** nm LITT Breuvage magique propre à inspirer l'amour.

**phimosis** [fimozis] nm MÉD Étroitesse du prépuce qui empêche de découvrir le gland.

**phlébite** nf MÉD Inflammation de la membrane interne des veines.

**phlébologue** n Médecin spécialisé dans les maladies des veines.

**phlegmon** nm MÉD Inflammation du tissu cellulaire sous-cutané.

**phobie** nf Peur, aversion instinctive et souvent angoissante.

**phobique** adj Qui relève d'une phobie. ◆ adj et n Atteint de phobie.

**phocéen**, **enne** adj et n De Marseille : *la cité phocéenne.*

**phonateur**, **trice** ou **phonatoire** adj Relatif à la production des sons vocaux.

**phonation** nf Production des sons de la parole.

**phonème** nm LING Élément sonore d'une langue, se définissant par ses propriétés distinctives.

**phonéticien**, **enne** n Spécialiste de phonétique.

**phonétique** adj Qui concerne les sons du langage : *transcription phonétique.* ■ **écriture phonétique :** où les signes graphiques correspondent à des sons du langage. ◆ nf Étude des sons composant le langage humain.

**phonétiquement** adv **1.** Du point de vue de la phonétique. **2.** En écriture phonétique.

**phonique** adj Relatif au son ou à la voix.

**phonographe** nm ANC Appareil qui reproduit les sons.

**phonologie** nf Étude scientifique des systèmes de sons, ainsi que des principes ou règles qui les déterminent dans telle ou telle langue naturelle.

**phonothèque** nf Lieu où sont rassemblés les documents sonores constituant des archives de la parole.

**phoque** nm Mammifère des régions polaires.

**phosphate** nm Sel de l'acide phosphorique utilisé comme engrais.

**phosphaté, e** adj Qui contient du phosphate.

**phosphore** nm Corps chimique employé autrefois dans la fabrication des allumettes ; symb : P.

**phosphorescence** nf Propriété qu'ont certains corps d'émettre de la lumière dans l'obscurité.

**phosphorescent, e** adj Doué de phosphorescence.

**phosphoreux, euse** adj Qui contient du phosphore.

**phosphorique** adj m ■ **acide phosphorique** : acide du phosphore. ❑ **anhydride phosphorique** : combinaison de phosphore et d'oxygène, formée par combustion vive.

**photo** nf Photographie. ■ **photo d'identité** : représentant le visage de qqn et destinée à figurer sur un document officiel. ◆ adj inv Photographique : *appareil photo*.

**photochimie** nf Étude des effets chimiques dus à la lumière.

**photocomposer** vt Composer un texte par photocomposition.

**photocomposeuse** nf Machine de photocomposition.

**photocompositeur** ou **photocomposeur** nm Industriel spécialisé dans la photocomposition.

**photocomposition** nf IMPR Procédé de composition fournissant directement des textes sur films photographiques.

**photocopie** nf Reproduction d'un document par le développement instantané d'un négatif photographique ; le document ainsi obtenu.

**photocopier** vt Reproduire par photocopie.

**photocopieuse** nf ou **photocopieur** nm Appareil de photocopie.

**photocopillage** nm DR Action de photocopier un livre, partiellement ou en totalité, et qui constitue une infraction.

**photoélectrique** adj Qui produit de l'électricité sous l'action de la lumière.

**photo-finish** (pl *photos-finish*) nf Appareil enregistrant automatiquement l'ordre des concurrents à l'arrivée d'une course ; photographie ainsi obtenue.

**photogénique** adj Dont l'image photographique ou cinématographique rend bien.

**photographe** n **1.** Personne qui prend des photos, en amateur ou à titre professionnel. **2.** Artisan, commerçant qui développe, tire des clichés.

**photographie** nf **1.** Technique permettant de fixer sur une surface sensible à la lumière les images obtenues à l'aide d'une chambre noire. **2.** Image obtenue par cette technique.

**photographier** vt Obtenir par la photographie l'image de.

**photographique** adj De la photographie.

**photograveur** nm Professionnel spécialiste de la photogravure.

**photogravure** nf IMPR Ensemble des procédés photographiques et chimiques qui permettent d'obtenir des clichés d'impression.

**photolyse** nf CHIM Décomposition chimique par la lumière.

**Photomaton** nm (nom déposé) Appareil qui prend et développe automatiquement des photos d'identité.

**photomécanique** adj Se dit de tout procédé d'impression dans lequel le cliché a été obtenu par photographie.

**photomètre** nm Instrument qui mesure l'intensité de la lumière.

**photomontage** nm Montage ou collage réalisé à partir de plusieurs photographies.

**photon** nm Particule spécifique de la lumière, porteuse des interactions électromagnétiques.

**photonique** adj Relatif aux photons. ◆ nf Branche de la physique étudiant la production et la transmission des photons.

**photophore** nm Vase en verre destiné à abriter une bougie.

**photoreportage** nm Reportage constitué essentiellement de documents photographiques.

**photosensible** adj Sensible aux rayonnements lumineux.

**photosphère** nf Couche supérieure lumineuse du Soleil.

**photosynthèse** nf Processus par lequel une plante verte, sous l'action de la lumière, élabore des matières organiques en absorbant le gaz carbonique de l'eau et en rejetant l'oxygène.

**photothèque** nf **1.** Collection d'archives photographiques. **2.** Lieu où une telle collection est rassemblée.

**phototropisme** nm Mouvement de croissance d'une plante, orienté sous l'influence de la lumière.

**phototype** nm Image photographique obtenue après exposition et traitement d'une couche sensible.

**phrase** nf **1.** Groupe de mots ou mot formant un message complet. **2.** MUS Suite de notes formant une unité mélodique expressive. ■ FIG **faire des phrases** : parler d'une manière prétentieuse. ❑ **petite phrase** : formule concise et apte à frapper l'esprit, utilisée par un homme politique dans un discours, et que les médias reprennent abondamment.

**phrasé** nm MUS Art d'interpréter une phrase musicale en respectant la ligne mélodique.

**phraséologie** nf **1.** Ensemble des constructions et expressions propres à une langue, un milieu, une spécialité, une époque : *phraséologie judiciaire.* **2.** PÉJOR Assemblage de formules pompeuses.

**phraseur, euse** n Qui tient des propos emphatiques, vides de sens.

**phratrie** nf **1.** ANTIQ GR Subdivision de la tribu. **2.** Dans une société archaïque, réunion de plusieurs clans.

**phréatique** adj ■ **nappe phréatique** : nappe d'eau située à l'intérieur du sol et alimentant des sources.

**phrygien, enne** adj ■ **bonnet phrygien** : bonnet rouge adopté en France, sous la Révolution, comme emblème de la liberté.

**phtisie** nf VX Tuberculose pulmonaire.

**phtisique** adj et n VX Tuberculeux.

**phylactère** nm Bulle, dans une bande dessinée.

**phylloxéra** nm **1.** Insecte hémiptère dont une espèce s'attaque à la vigne. **2.** Maladie de la vigne causée par ce parasite.

**physicien, enne** n Spécialiste de physique.

**physico-chimique** (pl *physico-chimiques*) adj Relatif à la physique et à la chimie.

**physiologie** nf Science qui a pour objet l'étude du fonctionnement des organismes vivants.

**physiologique** adj Relatif à la physiologie.

**physiologiste** n Spécialiste de physiologie.

**physionomie** nf **1.** Ensemble des traits du visage. **2.** FIG Caractère, aspect particulier de qqn ou de qqch.

**physionomiste** adj et n Qui est capable de reconnaître immédiatement une personne déjà rencontrée.

**physiothérapie** nf Traitement médical par des agents physiques.

**1. physique** nf Science qui a pour objet l'étude des propriétés des corps et des lois qui tendent à modifier leur état ou leur mouvement sans modifier leur nature.

**2. physique** adj **1.** Qui appartient à la nature, à la matière : *géographie physique.* **2.** Qui concerne le corps humain : *douleur physique.* ◆ nm **1.** Aspect général de qqn : *un physique de rêve.* **2.** Constitution du corps, état de santé : *le physique influe sur le moral.*

**physiquement** adv **1.** Selon les lois de la physique. **2.** Sur le plan physique.

**phytophage** adj et nm Qui se nourrit de matières végétales.

**phytothérapie** nf Traitement des maladies par les plantes.

**pi** nm inv **1.** Lettre de l'alphabet grec, correspondant au *p.* **2.** MATH Symbole représentant le rapport constant du périmètre d'un cercle à son diamètre, soit approximativement 3,1416.

**piaf** nm FAM Moineau, petit oiseau.

**piaffant, e** adj Qui piaffe.

**piaffement** nm Action de piaffer.

**piaffer** vi **1.** Frapper le sol des pieds de devant, en parlant du cheval. **2.** FIG S'agiter, trépigner : *piaffer d'impatience.*

**piaillement** nm Action de piailler.

**piailler** vi **1.** Pousser des cris aigus, en parlant d'un oiseau. **2.** Crier sans cesse, d'une voix aiguë.

**pian** nm Maladie infectieuse et contagieuse des régions tropicales, provoquant des lésions cutanées.

**pianissimo** adv MUS Très doucement.

**pianiste** n Personne qui joue du piano.

**1. piano** nm Instrument de musique, à clavier et à cordes.

**2. piano** adv MUS Doucement.

**piano-bar** (pl *pianos-bars*) nm Bar dans lequel un pianiste entretient une ambiance musicale.

**pianoter** vi **1.** Jouer du piano maladroitement. **2.** Tapoter sur quelque chose avec les doigts.

**piastre** nf Unité monétaire de divers pays.

**piaule** nf FAM Chambre.

**piaulement** nm Action de piauler ; cri aigu.

**piauler** vi Pousser des cris aigus, en parlant des petits oiseaux, des poulets, etc.

**PIB** [peibe] nm (sigle) Produit intérieur brut.

**1. pic** nm **1.** Instrument de fer courbé, pointu et à long manche, pour creuser la terre. **2.** Montagne élevée, isolée et pointue ; le sommet de cette montagne : *le pic du Midi.* **3.** FIG Maximum d'intensité atteint par un phénomène : *pic de pollution.* ◆ **à pic** loc adv **1.** Verticalement : *couler à pic.* **2.** FAM À propos : *cela tombe à pic.*

> ORTHOGRAPHE On écrit : *la falaise tombe à pic* (adverbe, sans trait d'union), mais *c'est un à-pic impressionnant* (nom, avec trait d'union).

**2. pic** nm Oiseau grimpeur, qui frappe avec le bec sur l'écorce des arbres pour en faire sortir les larves.

**picador** nm Cavalier qui, dans une corrida, fatigue le taureau avec une pique.

**picard, e** adj et n De Picardie : *les Picards.* ◆ nm Dialecte parlé en Picardie.

**picaresque** adj Se dit d'une œuvre littéraire dont l'action se situe dans le milieu des voleurs et des truands.

**piccolo** nm Petite flûte traversière.

**pichenette** nf FAM Chiquenaude.

**pichet** nm Petit broc à vin, à eau, etc.

**pickles** [pikœls] nm pl Condiments végétaux au vinaigre.

**pickpocket** [pikpɔkɛt] nm Voleur à la tire.

**pick-up** [pikœp] nm inv VX Électrophone.

**picoler** vi et vt FAM Boire du vin, de l'alcool.

**picorer** vi Saisir de la nourriture avec le bec, en parlant des oiseaux. ◆ vt Prendre çà et là (des aliments) ; grignoter.

**picotement** nm Sensation de piqûre légère et répétée.

**picoter** vt **1.** Causer des picotements à : *la fumée picote les yeux.* **2.** Becqueter, picorer.

**picotin** nm VX Mesure d'avoine pour un cheval.

**picrate** nm **1.** CHIM Sel de l'acide picrique. **2.** FAM Vin de mauvaise qualité.

**picrique** adj m ■ CHIM **acide picrique :** obtenu par action de l'acide nitrique sur le phénol.

**pictogramme** nm Dessin, signe d'une écriture pictographique.

**pictographique** adj ■ **écriture pictographique :** où les concepts sont représentés par des scènes figurées ou par des symboles complexes.

**pictural, e, aux** adj Qui se rapporte à l'art de la peinture.

**pic-vert** (pl *pics-verts*) nm → **pivert**.

**1. pie** nf **1.** Oiseau passereau à plumage blanc et noir. **2.** FAM Personne bavarde. ◆ adj inv Se dit du poil ou du plumage blanc et noir : *cheval pie.*

**2. pie** adj ■ LITT **œuvre pie :** œuvre pieuse.

**pièce** nf **1.** Chaque partie, chaque élément séparé d'un tout : *les pièces d'une collection ; une pièce détachée.* **2.** Morceau de tissu réparant une déchirure, un accroc, etc. : *coudre une pièce au coude.* **3.** Morceau de métal plat servant de monnaie : *pièce de 2 euros.* **4.** Chacun des espaces habitables d'un logement : *appartement de quatre pièces.* **5.** Ouvrage dramatique : *pièce de théâtre ; pièce en cinq actes.* **6.** Document écrit servant à établir un droit, la réalité d'un fait, etc. : *pièces d'identité.* ■ **à la pièce** ou **aux pièces :** en proportion du travail fait. ❑ **de toutes pièces :** entièrement, sans utiliser d'éléments existant auparavant. ❑ **mettre en pièces :** (a) détruire (b) mettre en déroute. ❑ **pièce montée :** grande pâtisserie d'effet décoratif souvent formée de petits choux disposés en pyramide. ❑ **tout d'une pièce :** d'un bloc, sans détour. ❑ **une (deux, trois) pièce(s) :** se dit d'un vêtement composé d'un ou de plusieurs éléments : *maillot de bain une pièce ; costume trois pièces.*

**piécette** nf Petite pièce de monnaie.

**pied** nm **1.** Extrémité de la jambe, qui sert pour marcher : *la plante du pied.* **2.** Partie d'un objet servant de support : *pied d'une lampe.* **3.** Partie inférieure : *pied d'une montagne, d'un mur.* **4.** Arbre, plante : *un pied de vigne.* **5.** Syllabe d'un vers. ■ **à pied :** en marchant. ❑ **à pied d'œuvre :** prêt à agir. ❑ **au petit pied :** en raccourci. ❑ **avoir pied :** dans l'eau, pouvoir tenir debout, les pieds au sol et la tête dehors. ❑ FAM **ça te (lui, vous, etc.) fera les pieds :** cela te (lui, vous, etc.) servira de leçon. ❑ FAM **c'est le pied ! :** c'est très agréable. ❑ FAM **comme un pied :** très mal : *chanter comme un pied.* ❑ **de pied en cap :** des pieds à la tête. ❑ **de pied ferme :** sans reculer, avec résolution : *attendre de pied ferme.* ❑ **être sur pied :** être debout, remis d'une maladie. ❑ **faire des pieds et des mains :** se démener, employer tous les moyens. ❑ **lâcher pied :** reculer. ❑ **mettre à pied :** licencier. ❑ **mettre sur pied :** organiser. ❑ FAM **prendre son pied :** éprouver un vif plaisir, sexuel notamment. ❑ FAM **se lever du pied gauche :** de mauvaise humeur. ❑ **sur pied :** avant la récolte.

ORTHOGRAPHE On écrit, au singulier, *camper au pied des montagnes,* mais, au pluriel, *se jeter aux pieds de quelqu'un.*

**pied-à-terre** [pjetatɛr] nm inv Petit logement qu'on n'occupe qu'occasionnellement.

**pied-bot** (pl *pieds-bots*) nm Personne atteinte d'un pied bot.

**pied-de-biche** (pl *pieds-de-biche*) nm Petit levier à tête fendue.

**pied-de-mouton** (pl *pieds-de-mouton*) nm Champignon comestible.

**pied-de-poule** (pl *pieds-de-poule*) nm et adj inv Tissu formé de deux couleurs en damier.

**piédestal** (pl *piédestaux*) nm Support isolé sur lequel on place un objet. ■ FIG **mettre quelqu'un sur un piédestal :** lui vouer une grande admiration.

**pied-noir** (pl *pieds-noirs*) n et adj FAM Français d'origine européenne installé en Afrique du Nord, en particulier en Algérie, jusqu'à l'époque de l'indépendance.

**piédroit** nm **1.** Partie du jambage d'une porte ou d'une fenêtre. **2.** Mur vertical, pilier soutenant une voûte, une arcade.

**piège** nm **1.** Dispositif pour attirer ou prendre les animaux. **2.** FIG Embûche, traquenard : *tomber dans le piège ;* difficulté cachée : *dictée pleine de pièges.*

**piéger** vt (conj 2 et 10) **1.** Chasser au moyen de pièges : *piéger un renard.* **2.** Dissimuler un engin explosif en un endroit. **3.** FIG Faire tomber dans un piège ; prendre, attraper : *se faire piéger.*

**piégeux, euse** adj Qui contient une ou plusieurs difficultés cachées ; difficile.

**pie-grièche** (pl *pies-grièches*) nf Passereau présent sur plusieurs continents.

**pie-mère** (pl *pies-mères*) nf ANAT La plus interne des trois membranes du cerveau.

**piéride** nf Papillon dont la chenille se nourrit des feuilles du chou.

**pierraille** nf Étendue parsemée de petites pierres.

**pierre** nf **1.** Corps minéral, dur et solide. **2.** Morceau de cette matière, façonné ou non : *pierre de taille ; lancer une pierre.* ■ **la pierre :** l'immobilier : *investir dans la pierre.* ❑ **pierre à fusil :** silex. ❑ **pierre à plâtre :** gypse. ❑ FIG **pierre de touche :** moyen d'éprouver qqch ou qqn. ❑ **pierre fine :** toute pierre utilisée en bijouterie, autre que les pierres précieuses (EX : topaze). ❑ **pierre levée :** menhir. ❑ **pierre ponce :** pierre volcanique poreuse. ❑ **pierre précieuse :** pierre utilisée en joaillerie (diamant, rubis, émeraude et saphir).

**pierreries** nf pl Pierres fines, pierres précieuses taillées.

**pierreux, euse** adj **1.** De la nature de la pierre : *masse pierreuse.* **2.** Couvert de pierres : *chemin pierreux.*

**pierrot** nm **1.** Homme déguisé en Pierrot, personnage des pantomimes habillé de blanc. **2.** FAM Moineau.

**pietà** [pjeta] nf Peinture ou sculpture représentant la Vierge portant le Christ sur ses genoux après la descente de la croix.

**piétaille** nf FAM, PÉJOR Ensemble de subalternes, de gens sans importance.

**piété** nf Dévotion religieuse. ■ **piété filiale :** attachement à ses parents.

**piétinement** nm Action de piétiner.

**piétiner** vt Fouler avec les pieds : *piétiner le sol.* ◆ vi **1.** Remuer les pieds, trépigner : *piétiner de rage.* **2.** Avancer très peu ou ne pas avancer du tout : *le convoi piétinait.* **3.** FIG Ne faire aucun progrès : *l'enquête piétine.*

**piéton, onne** n Personne qui circule à pied. ◆ adj Piétonnier : *voie piétonne.*

**piétonnier, ère** adj Réservé aux piétons : *rues piétonnières.*

**piètre** adj SOUT Médiocre, sans valeur : *piètre habit ; un piètre juge.*

**piètrement** adv LITT Médiocrement.

**1. pieu** nm Pièce de bois pointue.

**2. pieu** nm FAM Lit.

**pieusement** adv Avec piété.

**pieuter (se)** vpr FAM Se mettre au lit.

**pieuvre** nf Poulpe.

**pieux, euse** adj **1.** Qui a de la piété ; qui marque la piété. **2.** Qui marque un sentiment tendre et respectueux : *pieux souvenir.*

**pif** nm FAM Nez. ■ **au pif :** au hasard, en suivant son intuition.

**pifer** ou **piffer** vt ■ FAM **ne pas pifer** ou **ne pas pouvoir pifer qqn :** ne pas le supporter.

**pifomètre** nm FAM Intuition, flair. ■ FAM **au pifomètre :** (a) à vue de nez (b) au hasard.

**pige** nf Pour un journaliste, rémunération à l'article. ■ FAM **faire la pige à qqn :** aller plus vite, faire mieux que lui.

**pigeon** nm **1.** Oiseau dont plusieurs espèces sont domestiques. **2.** FAM Naïf qui se laisse tromper, voler. ■ **pigeon voyageur :** dressé à porter des messages au loin.

**pigeonnant, e** adj Se dit d'un soutien-gorge qui relève les seins ; se dit des seins ainsi mis en valeur.

**pigeonne** nf Femelle du pigeon.

**pigeonneau** nm Jeune pigeon.

**pigeonner** vt FAM Tromper, duper.

**pigeonnier** nm **1.** Petit bâtiment destiné aux pigeons domestiques. **2.** FAM Habitation élevée.

**piger** vt **1.** FAM Comprendre : *ne rien piger.* **2.** CANADA Tirer, piocher : *piger un numéro.*

**pigiste** n Personne payée à la pige.

**pigment** nm **1.** Substance colorée produite par un organisme vivant. **2.** Couleur en poudre.

**pigmentation** nf **1.** Formation de pigments, en particulier dans la peau. **2.** Coloration par un pigment.

**pigmenter** vt Colorer avec un pigment.

**pignon** nm **1.** Partie supérieure et triangulaire d'un mur. **2.** Roue dentée s'engrenant sur une plus grande. **3.** Graine de pomme de pin ; pin méditerranéen fournissant ces graines. ■ FIG **avoir pignon sur rue :** une situation bien établie.

**pilaf** nm Riz au gras assaisonné, accompagné de viande, de coquillages, etc.

**pilaire** adj Relatif aux poils, aux cheveux. SYN : pileux.

**pilastre** nm Pilier encastré dans un mur.

**pilates** nm Gymnastique douce basée sur la respiration, visant à renforcer les muscles centraux pour améliorer la posture.

**1. pile** nf **1.** Amas d'objets entassés les uns sur les autres : *pile de bois.* **2.** Massif de maçonnerie formant pilier : *pile de pont.* **3.** PHYS Appareil transformant en courant électrique l'énergie développée dans une réaction chimique : *pile de Volta.*

**2. pile** nf Côté d'une pièce de monnaie opposé à la face.

**3. pile** adv FAM Très exactement, de façon précise : *neuf heures pile.* ■ **s'arrêter pile :** brusquement. ❑ **tomber pile :** survenir au bon moment.

**1. piler** vt Broyer, réduire en fragments.

**2. piler** vi FAM Freiner brutalement.

**pileux, euse** adj Relatif aux poils, aux cheveux : *système pileux peu fourni.*

**pilier** nm **1.** Massif de maçonnerie ou colonne servant de support. **2.** FIG Personne, chose qui assure la stabilité de quelque chose : *c'est un des piliers du syndicat.* **3.** Dans la religion musulmane, pratique cultuelle que tout croyant doit respecter : *l'islam repose sur cinq piliers.* ■ FAM **pilier de bar, de bistrot :** personne qui y passe son temps ; habitué.

**pillage** nm Action de piller ; dégât qui en résulte.

**pillard, e** n Personne qui se livre au pillage.

**piller** vt **1.** Dépouiller, voler : *piller un magasin.* **2.** FIG S'approprier par plagiat : *piller un auteur.*

**pilleur, euse** n Personne qui pille : *pilleurs de trésors.*

**pilon** nm **1.** Instrument pour piler. **2.** Partie inférieure d'une cuisse de volaille cuite. ■ **mettre au pilon :** détruire les exemplaires invendus d'un livre, d'une revue.

**pilonnage** nm Action de pilonner.

**pilonner** vt **1.** Soumettre à un bombardement intensif. **2.** Mettre au pilon.

**pilori** nm ■ **mettre, clouer au pilori :** signaler à l'indignation, à la réprobation de tous.

**pilosité** nf Revêtement pileux de la peau.

**pilotage** nm Action de piloter.

**pilote** n **1.** Personne qui conduit un navire, un avion, une voiture, etc. : *pilote de ligne, d'essai.* **2.** LITT Guide. ◆ nm **1.** Petit poisson des mers chaudes qui suit les navires. **2.** Prototype d'un journal, d'un magazine, d'une émission télévisée. ◆ adj Qui sert de modèle : *classes(-)pilotes.*

**piloter** vt **1.** Conduire un navire, un avion, etc. **2.** FAM Guider quelqu'un dans un lieu. **3.** Avoir la charge, la direction de : *piloter une enquête, une entreprise.*

**pilotis** nm Ensemble de pieux pouvant soutenir une construction.

**pilou** nm Tissu de coton pelucheux.

**pilule** nf **1.** Médicament en forme de petite boule. **2.** Médicament anticonceptionnel. ■ FAM **dorer la pilule :** présenter une chose fâcheuse sous un aspect flatteur.

ORTHOGRAPHE *Pilule* n'a aucun *l* doublé, à la différence de *cellule* ou *pulluler.*

**pimbêche** nf FAM Femme prétentieuse.

**piment** nm **1.** Plante cultivée pour ses fruits, le piment rouge et le piment doux ou poivron ; fruit de cette plante. **2.** FIG Ce qui ajoute une note piquante à quelque chose.

**pimenter** vt **1.** Assaisonner de piment : *pimenter une sauce.* **2.** FIG Rendre piquant, excitant : *pimenter un récit d'anecdotes.*

**pimpant, e** adj Élégant, gracieux.

**pin** nm Conifère à feuillage persistant et à feuilles en aiguilles ; bois de cet arbre.

**pinacle** nm Partie la plus élevée d'un édifice. ■ FIG **porter qqn au pinacle :** le mettre au-dessus de tous.

**pinacothèque** nf Musée de peinture.

**pinaillage** nm FAM Action de pinailler.

**pinailler** vi FAM S'appesantir sur des détails ; ergoter.

**pinailleur, euse** adj et n FAM Qui pinaille.

**pinard** nm FAM Vin.

**pinasse** nf Bateau de pêche à fond plat.

**pince** nf **1.** Outil à branches articulées pour saisir, tenir. **2.** Dispositif à deux branches pour pincer : *pince à linge ; pince à épiler.* **3.** Barre métallique aplatie à un bout qui sert de levier. **4.** Extrémité des grosses pattes de certains crustacés. **5.** FAM Main : *se serrer la pince.* **6.** Pli cousu sur l'envers d'un vêtement, pour l'ajuster.

**pincé, e** adj Qui manifeste du dédain, de la froideur.

**pinceau** nm Instrument fait de poils attachés à un manche pour peindre, coller. ■ FAM **s'emmêler les pinceaux :** (a) trébucher (b) s'embrouiller.

**pincée** nf Quantité qu'on peut prendre avec deux ou trois doigts : *pincée de sel.*

**pincement** nm **1.** Action de pincer. **2.** Suppression des bourgeons ou de l'extrémité des rameaux d'un arbre.

**pince-monseigneur** (pl *pinces-monseigneur*) nf Levier court dont se servent les cambrioleurs pour forcer les portes.

**pince-nez** nm inv ANC Lorgnon tenant sur le nez par un ressort.

**pincer** vt (conj 1) **1.** Serrer avec les doigts, avec une pince, etc. **2.** Serrer étroitement, coincer : *pincer son doigt dans une porte.* **3.** FIG, FAM Saisir, arrêter, surprendre : *pincer un voleur.* **4.** MUS Faire vibrer avec les doigts : *pincer les cordes d'une guitare.* ◆ vi ■ FAM **ça pince :** il fait froid.

**pince-sans-rire** n inv Personne qui raille en gardant son sérieux.

**pincette** nf Petite pince. ◆ **pincettes** pl Longue pince pour arranger le feu.

**pinçon** nm Marque qui reste sur la peau pincée.

**pineau** nm Vin de liqueur préparé dans les Charentes.

**pinède** nf Bois de pins.

**pingouin** nm Oiseau palmipède à ailes très courtes des régions arctiques.

**ping-pong** [piŋpɔ̃g] (pl *ping-pongs*) nm Sport voisin du tennis, où le court est remplacé par une table. SYN : **tennis de table.**

**pingre** n et adj FAM Avare.

**pingrerie** nf Avarice sordide.

**pinnipède** nm Mammifère carnivore aquatique tel que le phoque, le morse, l'otarie (les pinnipèdes forment un ordre).

**pinot** nm Cépage de Bourgogne.

**pin-pon** interj Imite le bruit de la sirène des pompiers.

**pin's** [pins] nm Petite broche portée comme un badge (recommandation officielle : *épinglette*).

**pinson** nm Oiseau passereau, bon chanteur. ■ **gai comme un pinson :** très gai.

**pintade** nf Oiseau de basse-cour élevé pour sa chair ; chair de cet oiseau.

**pintadeau** nm Jeune pintade.

**pinte** nf **1.** Unité de mesure anglo-saxonne de capacité. **2.** SUISSE Débit de boissons.

**pin-up** [pinœp] nf inv Jolie fille au charme sensuel.

**pinyin** [pinjin] nm Système de transcription phonétique des idéogrammes chinois.

**piochage** nm Action de piocher.

**pioche** nf Outil formé d'un manche de bois et d'un fer à une ou deux pointes pour creuser la terre.

**piocher** vt **1.** Creuser avec une pioche : *piocher le sol.* **2.** Prendre au hasard dans un tas : *piocher des cartes ; piocher dans la réserve.*

**piolet** nm Canne d'alpiniste ferrée à un bout et munie d'un petit fer de pioche à l'autre.

**1. pion** nm **1.** Chacune des huit petites pièces d'un jeu d'échecs. **2.** Pièce du jeu de dames.

**2. pion, pionne** n FAM Surveillant dans un établissement d'enseignement.

**pioncer** vi (conj 1) FAM Dormir.

**pionnier, ère** n **1.** Personne qui s'engage dans une voie nouvelle, qui effectue les premières recherches. **2.** Personne qui part défricher des contrées inhabitées : *pionniers américains du XIXe s.*

**pipe** nf Appareil formé d'un fourneau et d'un tuyau, pour fumer : *pipe de bruyère.*

**pipeau** nm Petite flûte à six trous. ■ FAM **c'est du pipeau :** ce n'est pas sérieux, ce n'est qu'un leurre.

**pipelet, ette** n FAM **1.** Personne très bavarde. **2.** VIEILLI Concierge.

**pipe-line** (pl *pipe-lines*) ou **pipeline** [piplin] ou [pajplajn] nm Canalisation pour le transport du gaz, du pétrole.

**piper** vt FAM ■ **ne pas piper (mot) :** ne rien dire, garder le silence. ❑ **piper les dés, les cartes :** les préparer pour tricher.

**piperade** [piperad] nf Spécialité basque composée de tomates, de poivrons cuits et d'œufs battus en omelette.

**pipette** nf Tube à transvaser les liquides.

**pipi** nm FAM Urine. ■ **faire pipi :** uriner.

**pipistrelle** nf Petite chauve-souris, commune en France.

**piquage** nm Action de piquer, de coudre.

**piquant, e** adj **1.** Qui pique : *barbe piquante.* **2.** Qui produit une impression de piqûre, de brûlure : *froid piquant ; goût piquant.* **3.** LITT Mordant : *mots piquants.* **4.** Qui excite l'intérêt : *détail piquant.* ■ **sauce piquante :** à base de câpres, d'échalotes, de cornichons, de vin blanc et de vinaigre. ◆ nm **1.** Aiguillon, épine. **2.** FIG Ce qu'il y a de curieux, d'intéressant, de cocasse dans quelque chose : *le piquant de l'histoire ;* charme, attrait : *avoir du piquant.*

**pique** nf **1.** Arme formée d'une hampe terminée par une pointe de fer. **2.** FIG Parole blessante, moqueuse : *lancer des piques à quelqu'un.* ◆ nm Une des deux couleurs noires, aux cartes ; carte de cette figure.

**1. piqué** nm **1.** Étoffe formée de deux tissus piqués ensemble. **2.** Vol d'un avion en descente verticale.

**2. piqué, e** adj **1.** Cousu par un, des points de couture. **2.** Marqué de petits trous, de petites taches. **3.** FAM Timbré, un peu fou.

**pique-assiette** (pl *pique-assiettes* ou inv) n FAM Personne qui a l'habitude de se faire nourrir, de s'inviter chez les autres.

**pique-feu** (pl *pique-feux* ou inv) nm Tisonnier.

**pique-fleurs** nm inv Objet servant à maintenir en place les fleurs dans un vase.

**pique-nique** (pl *pique-niques*) nm Repas pris en plein air.

**pique-niquer** vi Faire un pique-nique.

**piquer** vt **1.** Percer d'un ou de plusieurs petits trous : *l'épingle m'a piqué.* **2.** Enfoncer par la pointe : *piquer une broche dans une volaille.* **3.** Faire une injection à : *piquer un malade ;* faire à un animal une piqûre entraînant la mort : *faire piquer un chien mourant.* **4.** Enfoncer son dard, son aiguillon dans la peau, en parlant d'un insecte, d'un scorpion : *une guêpe m'a piqué.* **5.** Coudre l'une sur l'autre les parties d'un tissu, d'un vêtement. **6.** Marquer de points, de taches : *l'humidité pique le linge ; ciel piqué d'étoiles.* **7.** Provoquer une sensation de piqûre, de brûlure : *la moutarde pique la langue.* **8.** Éveiller, intéresser : *piquer la curiosité de qqn.* **9.** FAM Voler : *se faire piquer son portefeuille.* **10.** Attraper, prendre sur le fait : *se faire piquer à tricher.* ◆ vi **1.** Être très relevé, pimenté, en parlant d'un aliment. **2.** Commencer à aigrir, en parlant d'une boisson : *vin qui pique.* **3.** Brûler légèrement, en parlant de la peau, de la gorge, des yeux, etc. **4.** Effectuer brusquement une descente rapide, en parlant d'un avion. ◆ **se piquer** vpr **1.** Se faire une piqûre, une blessure avec qqch de pointu. **2.** FAM S'injecter de la drogue. ■ **se piquer de :** se flatter de.

**piquet** nm Petit pieu : *piquet de tente.* ■ VIEILLI **mettre au piquet :** au coin, en punition. ❑ **piquet de grève :** groupe de grévistes veillant, sur le lieu de travail, à l'exécution des consignes de grève. ❑ **piquet d'incendie :** détachement de soldats formés pour la lutte contre le feu.

**piqueter** vt (conj 8) Parsemer de points, de taches.

**piquette** nf FAM Vin de qualité médiocre.

**piqûre** nf **1.** Petite blessure faite par un instrument aigu ou par certains insectes : *piqûre de guêpe.* **2.** Injection médicamenteuse : *piqûre antitétanique.* **3.** Série de points serrés réunissant deux tissus : *piqûre à la machine.*

> EMPLOI Pour un insecte, on parle de *piqûre* (avec *û*), pour un serpent, de *morsure.*

**piranha** [pirana] nm Poisson carnassier très vorace des eaux douces d'Amazonie.

**piratage** nm Action de pirater.

**pirate** nm **1.** Bandit qui parcourait les mers pour piller. **2.** (en appos.) Illicite, clandestin : *enregistrement pirate.* **3.** INFORM Recomm. off. pour *cracker.* ■ **pirate de l'air :** personne qui, sous la menace, détourne un avion en vol.

**pirater** vt **1.** Reproduire une œuvre sans payer les droits de reproduction. **2.** Imiter frauduleusement. **3.** Accéder frauduleusement à un système informatique ; reproduire frauduleusement un logiciel, un jeu.

**piraterie** nf Acte commis par un pirate.

**pire** adj Plus mauvais, plus nuisible : *il est pire qu'avant ; dans le pire des cas ; sa pire ennemie.* ◆ nm ■ **le pire :** ce qui est le plus mauvais : *pour le meilleur et pour le pire.*

**pirogue** nf Embarcation légère et de forme allongée.

**piroguier** nm Conducteur de pirogue.

**pirouette** nf **1.** Tour entier qu'on fait sur la pointe ou le talon d'un seul pied. **2.** FIG Changement brusque d'opinion.

**pirouetter** vi Faire une pirouette, tourner.

**1. pis** nm Mamelle de la vache, de la brebis, de la chèvre, etc.

**2. pis** adv et adj inv SOUT Plus mal, plus mauvais ; pire : *pis que jamais.* ■ **de mal en pis :** de plus en plus mal.

**pis-aller** [pizale] nm inv Chose à laquelle on se résout faute de mieux.

**piscicole** adj Relatif à la pisciculture.

**pisciculteur, trice** n Spécialiste de pisciculture.

**pisciculture** nf Élevage des poissons.

**piscine** nf Grand bassin artificiel pour la natation : *piscine couverte, découverte.*

**pisciniste** ou **piscinier** nm Spécialiste chargé de la construction et de l'installation de piscines et, parfois, de leur entretien.

**piscivore** adj et n Qui se nourrit de poissons.

**pisé** nm Maçonnerie de terre argileuse.

**pissat** nm Urine de certains animaux.

**pisse-froid** nm inv FAM Homme d'humeur glaciale ou chagrine.

**pissenlit** nm Plante vivace à feuilles dentelées qui se mange en salade ; feuille de cette plante.

**pisser** vt et vi TRÈS FAM Uriner.

**pisseux, euse** adj **1.** Imprégné d'urine. **2.** FAM De couleur terne, jaunie.

**pissotière** nf FAM Urinoir public.

**pistache** nf Graine du pistachier, utilisée en confiserie et en cuisine. ◆ adj inv D'une couleur vert clair.

**pistachier** nm Arbre des régions chaudes qui produit les pistaches.

**piste** nf **1.** Trace laissée par un animal et, par extension, par une personne : *suivre à la piste.* **2.** Direction prise pour découvrir une personne ou une chose, élément qui guide une recherche : *suivre une piste.* **3.** Chemin dans un bois, une région ou un endroit quelconques : *piste cavalière, cyclable.* **4.** Emplacement, souvent circulaire, servant de scène : *piste de danse ; piste de cirque.* **5.** Terrain aménagé pour les épreuves d'athlétisme, les courses de chevaux, etc. **6.** Pente aménagée pour la pratique du ski. **7.** Bande de terrain aménagée pour le décollage et l'atterrissage des avions.

**pister** vt Suivre à la piste.

**pisteur, euse** n Personne qui entretient et surveille les pistes de ski.

**pistil** [pistil] nm Organe femelle des plantes à fleurs.

**pistolet** nm **1.** Arme à feu de petite dimension, qui se tient d'une main. **2.** Pulvérisateur de peinture, de vernis, etc.

**pistolet-mitrailleur** (pl *pistolets-mitrailleurs*) nm Pistolet tirant par rafales.

**piston** nm **1.** Cylindre mobile qui entre dans le corps d'une pompe ou dans le cylindre d'un moteur. **2.** MUS Cornet à pistons. **3.** FAM Recommandation, protection, appui : *trouver un emploi par piston*.

**pistonner** vt FAM Recommander, appuyer pour une place, un avantage, etc.

**pistou** nm Soupe provençale de légumes, liée avec de l'ail et du basilic pilés.

**pitance** nf FAM Nourriture, repas.

**pitbull** ou **pit-bull** [pitbul] (pl *pit-bulls*) nm Chien issu de divers croisements et utilisé à l'origine dans des combats de chiens.

**pitch** nm Bref résumé accrocheur destiné à promouvoir un film, un livre, etc.

**pitchoun, e** [pitʃun] n (dans le Midi) Terme d'affection pour désigner un petit enfant. ◆ adj Petit : *il est pitchoun pour son âge*.

**pitchpin** [pitʃpɛ̃] nm Pin résineux de l'Amérique du Nord ; bois de ce pin.

**piteusement** adv De façon piteuse.

**piteux, euse** adj **1.** Minable, misérable : *en piteux état*. **2.** Triste, confus : *mine piteuse*.

**pithécanthrope** nm Primate fossile.

**pithiviers** nm Gâteau de pâte feuilletée fourré à la frangipane.

**pitié** nf Sentiment qui porte à plaindre, à compatir : *faire pitié*.

**piton** nm **1.** Anneau ou crochet muni d'une queue à vis. **2.** Pointe d'une montagne élevée : *piton rocheux*.

**pitoyable** adj **1.** Qui provoque la pitié : *aspect, spectacle pitoyable*. **2.** De qualité très médiocre : *roman, acteur pitoyable*.

**pitoyablement** adv De façon pitoyable.

**pitre** nm Personne qui fait des facéties, des bouffonneries.

**pitrerie** nf Farce, facétie.

**pittoresque** adj **1.** Qui frappe l'attention par sa beauté, son originalité : *village pittoresque*. **2.** Original, vivant, coloré : *récit pittoresque*.

**pituite** nf MÉD Vomissement glaireux.

**pityriasis** [pitirjazis] nm MÉD Dermatose consistant en une desquamation de la peau.

**pivert** ou **pic-vert** (pl *pics-verts*) nm Oiseau à plumage jaune et vert, du genre des pics.

**pivoine** nf Plante à bulbe qui donne de grosses fleurs rouges, roses ou blanches.

**pivot** nm **1.** Pièce arrondie qui s'enfonce dans une autre et sur laquelle tourne un corps solide. **2.** Support d'une dent artificielle, enfoncé dans la racine. **3.** FIG Agent, élément principal de quelque chose : *être le pivot d'une entreprise*.

**pivotant, e** adj Qui pivote. ■ **racine pivotante** : qui s'enfonce perpendiculairement en terre.

**pivotement** nm Action de pivoter.

**pivoter** vi Tourner sur un pivot, un axe.

**pixel** nm TECHN Le plus petit point de teinte homogène dans une image enregistrée.

**pizza** [pidza] nf Spécialité italienne consistant en une tarte en pâte à pain garnie de tomates, d'anchois, d'olives, de fromage, etc.

**pizzeria** [pidzerja] nf Restaurant où l'on sert des pizzas.

**pizzicato** [pidzikato] (pl *pizzicatos* ou *pizzicati*) nm Passage de musique exécuté en pinçant les cordes d'un instrument.

**p.j.** (abréviation) Pièce(s) jointe(s).

**PJ** nf (sigle) Police judiciaire.

**placage** nm **1.** Revêtement en bois précieux de la surface de certains meubles. **2.** Action de plaquer un adversaire au rugby.

**placard** nm **1.** Armoire aménagée dans ou contre un mur. **2.** Affiche, avis. **3.** IMPR Épreuve en colonnes, pour les corrections. ■ **mettre quelqu'un au placard** : le cantonner dans un poste sans responsabilités.

**placarder** vt Afficher sur les murs.

**place** nf **1.** Espace occupé par quelqu'un ou par quelque chose : *meuble qui prend beaucoup de place*. **2.** Emplacement occupé par un voyageur : *réserver une place dans le train*. **3.** Rang obtenu dans un classement : *avoir une bonne place dans une épreuve*. **4.** Charge, fonction occupée : *perdre sa place*. **5.** Large espace découvert dans une agglomération : *faire le tour d'une place*. ■ **faire place à** : être remplacé par. ❑ **faire place nette** : débarrasser complètement. ❑ **remettre quelqu'un à sa place** : le rappeler aux égards qu'il doit. ❑ **sur place** : à l'endroit même dont il est question : *rester sur place*. ❑ **tenir sa place** : remplir convenablement son rang, son rôle, sa fonction.

**placebo** [plasebo] nm Substance inactive substituée à un médicament.

**placement** nm **1.** Action de placer de l'argent ou de procurer un emploi. **2.** DR Décision d'un juge confiant un mineur en danger à une famille d'accueil ou à un organisme spécialisé.

**placenta** [plasɛ̃ta] nm **1.** Organe reliant l'embryon à l'utérus maternel pendant la gestation. **2.** BOT Région de l'ovaire où sont fixés les ovules.

**placentaire** adj Relatif au placenta.

**placer** vt (conj 1) **1.** Mettre à une certaine place, à un endroit déterminé : *placer des invités.* **2.** Procurer un emploi à quelqu'un : *l'école place ses élèves à la fin de leurs études.* **3.** FIG Introduire dans une conversation : *placer une anecdote.* ■ **placer de l'argent** : l'investir pour le faire fructifier. ◆ **se placer** vpr **1.** Se mettre à une certaine place : *se placer par ordre de taille.* **2.** Occuper un certain rang : *se placer dans les premiers.* **3.** FAM Se mettre en bonne position pour réussir : *elle a su se placer.*

**placeur, euse** n Personne qui place les spectateurs dans une salle de spectacles.

**placide** adj Calme, paisible, serein.

**placidement** adv De façon placide.

**placidité** nf Caractère placide.

**placier** nm **1.** Représentant de commerce qui propose ses marchandises aux particuliers. **2.** Personne qui loue les places d'un marché public aux commerçants, aux forains.

**plafond** nm **1.** Surface plane qui forme la partie supérieure d'un lieu couvert. **2.** Limite supérieure d'une vitesse, d'un salaire, etc. : *prix plafond.* ■ **plafond de verre** : barrière sociale ou professionnelle implicite, empêchant l'ascension d'une personne, d'un groupe.

**plafonnement** nm État de ce qui a atteint son maximum : *plafonnement des prix.*

**plafonner** vi Atteindre sa hauteur, sa valeur, sa vitesse maximale.

**plafonnier** nm Appareil d'éclairage fixé au plafond.

**plage** nf **1.** Rivage de mer plat et découvert. **2.** Station balnéaire. **3.** Surface délimitée d'un objet, d'un lieu. **4.** Laps de temps, durée limitée. ■ **plage arrière d'une voiture** : tablette située sous la lunette arrière.

**plagiaire** n Personne qui plagie.

**plagiat** nm Action du plagiaire.

**plagier** vt Piller les ouvrages d'auteurs en donnant pour siennes les parties copiées.

**plagiste** n Personne chargée de la gestion de divers services sur une plage payante.

**plaid** [plɛd] nm Couverture de voyage à carreaux.

**plaider** vi **1.** Défendre sa cause ou celle d'une partie devant les juges. **2.** Témoigner, parler en faveur de : *son passé plaide pour lui.* ◆ vt Défendre en justice : *plaider une cause.*

**plaider-coupable** nm inv Procédure permettant à un prévenu d'obtenir un allégement de peine en échange d'une reconnaissance de culpabilité.

**plaideur, euse** n Personne qui plaide en justice.

**plaidoirie** nf **1.** Action de plaider ; discours prononcé à l'audience : *la plaidoirie suit le réquisitoire.* **2.** Exposé oral visant à défendre un accusé, à soutenir une cause.

**plaidoyer** nm **1.** Discours prononcé au tribunal pour défendre une cause ; plaidoirie. **2.** Défense en faveur de.

**plaie** nf **1.** Déchirure des chairs causée par une blessure, une brûlure, un abcès. **2.** Personne désagréable, événement fâcheux : *il pleut encore, quelle plaie !*

**plaignant, e** n et adj Personne qui porte plainte en justice.

**plain-chant** (pl *plains-chants*) nm Chant d'Église médiéval à une voix.

**plaindre** vt (conj 55) Avoir, témoigner de la compassion pour. ◆ **se plaindre** vpr **1.** Gémir, exprimer sa souffrance. **2.** Manifester son mécontentement : *se plaindre du bruit.*

**plaine** nf Étendue de pays plat.

**plain-pied (de)** loc adv Au même niveau : *deux pièces de plain-pied ;* sur un plan d'égalité : *se sentir de plain-pied avec son interlocuteur.*

**plainte** nf **1.** Gémissement, lamentation. **2.** Déclaration en justice pour se plaindre : *déposer une plainte ; porter plainte.*

**plaintif, ive** adj Qui exprime une plainte : *ton plaintif.*

**plaintivement** adv D'une voix plaintive.

**plaire** vi et vt ind [à] (conj 77) Être agréable, flatter l'esprit ou les sens. ◆ v impers Être conforme au souhait, au désir de : *je ferai comme il vous plaira.* ■ **s'il te plaît** ou **s'il vous plaît** : formule de politesse pour demander quelque chose. ◆ **se plaire** vpr **1.** Prendre plaisir à : *se plaire à faire le mal.* **2.** Se trouver bien quelque part : *plante qui se plaît à l'ombre.*

**plaisamment** adv De façon plaisante.

**plaisance** nf ■ **de plaisance** : que l'on utilise ou que l'on pratique pour l'agrément : *bateau, navigation de plaisance.*

**plaisancier, ère** n Qui pratique la navigation de plaisance.

**plaisant, e** adj **1.** Amusant : *conte plaisant.* **2.** Agréable : *site plaisant.* ◆ nm Le côté amusant d'une chose. ■ **mauvais plaisant** : personne qui aime jouer de mauvais tours.

**plaisanter** vi **1.** Dire ou faire une chose pour amuser : *elle aime plaisanter.* **2.** Ne pas parler sérieusement : *je dis cela pour plaisanter.* ◆ vt Se moquer gentiment : *plaisanter un ami.*

**plaisanterie** nf Chose dite ou faite pour plaisanter.

**plaisantin** nm **1.** Personne qui aime plaisanter, faire rire. **2.** PÉJOR Personne peu sérieuse, qu'on ne peut prendre au sérieux.

**plaisir** nm **1.** Sensation, sentiment agréables ; joie, contentement : *lire un livre avec plaisir.* **2.** Ce qui plaît, divertit : *les plaisirs de la vie.* **3.** Satisfaction sexuelle, jouissance. ■ **à plaisir** : sans motif sérieux. ❑ **avec plaisir** : volontiers. ❑ **bon plaisir** : volonté arbitraire. ❑ **faire plaisir à quelqu'un** : lui être agréable.

**1. plan** nm **1.** Surface plane : *un plan horizontal.* **2.** Représentation d'un objet par sa projection : *le plan d'une ville, d'une maison.* **3.** Éloignement relatif des objets dans la perception visuelle, dans un tableau, sur une photo : *au premier plan.* **4.** Fragment d'un film tourné en une seule fois ; façon de cadrer une scène de film : *gros plan.* **5.** Projet : *dresser des plans.* ■ FAM **laisser en plan** : (a) laisser en suspens (b) abandonner. ❑ **plan d'eau** : étendue d'eau sur laquelle on peut, notamment, pratiquer les sports nautiques. ❑ **plan de travail** : surface horizontale formant table, dans une cuisine. ❑ **sur le même plan** : au même niveau. ❑ **sur le plan de** (+ nom) : du point de vue de : *sur le plan des équipements sportifs.*

**2. plan**, **e** adj Plat, uni : *surface plane.*

**planant**, **e** adj FAM Qui provoque le bien-être, la détente : *musique planante.*

**planche** nf **1.** Pièce de bois longue, large et peu épaisse. **2.** Page de dessins, d'illustrations, dans un livre. ■ **faire la planche** : se maintenir étendu sur le dos à la surface de l'eau sans bouger. ❑ **planche à dessin** : plateau de bois parfaitement plan, sur lequel les dessinateurs fixent leur papier. ❑ **planche à repasser** : planche recouverte de tissu molletonné, utilisée pour repasser le linge. ❑ **planche à roulettes** : planche montée sur quatre roues avec laquelle on se déplace en exécutant des figures. ❑ **planche à voile** : flotteur plat muni d'une voile fixée à un mât articulé pour glisser sur l'eau ; sport ainsi pratiqué. ❑ **planche de bord** : élément d'habillage placé dans l'habitacle d'une automobile et qui supporte les organes de contrôle du véhicule ainsi que les appareils d'aide à la conduite. ❑ FIG **planche de salut** : dernière ressource, dernier espoir. ❑ **les planches** : le théâtre, la scène.

**1. plancher** nm **1.** Assemblage de planches sur solives séparant les étages d'une maison. **2.** Face supérieure de cette séparation, constituant le sol d'un étage. **3.** FIG (souvent en apposition) Niveau minimal, seuil inférieur : *prix plancher.*

**2. plancher** vt ind [sur] FAM Travailler sur, réfléchir à quelque chose.

**planchette** nf Petite planche.

**planchiste** n Personne qui pratique la planche à voile.

**plancton** nm Ensemble des animaux microscopiques en suspension dans la mer.

**plané**, **e** adj ■ FAM **vol plané** : chute par-dessus quelque chose : *faire un vol plané.*

**planer** vi **1.** Se soutenir dans l'air sans mouvement apparent. **2.** Flotter dans l'air : *un épais nuage planait au-dessus de la maison incendiée.* **3.** FIG S'exercer, peser d'une manière plus ou moins menaçante : *danger qui plane.* **4.** FAM Être en dehors des réalités, en parlant d'une personne ; rêver. **5.** FAM Être dans un état euphorique, en particulier sous l'effet d'une drogue.

**planétaire** adj **1.** Des planètes : *système planétaire.* **2.** Qui concerne la Terre entière ; mondial : *un retentissement planétaire.*

**planétarium** [planetarjɔm] nm Installation représentant les mouvements des corps célestes sur une voûte.

**planète** nf **1.** Corps céleste qui gravite autour du Soleil. **2.** La Terre, le monde entier. **3.** Le petit monde, le domaine de : *la planète football.* ■ **la planète bleue** : la Terre. ❑ **la planète rouge** : Mars. ❑ **planète naine** : astre analogue à une planète, mais de masse insuffisante pour avoir éliminé tout corps susceptible de se déplacer sur une orbite proche.

**planeur** nm Avion sans moteur qui vole en utilisant les courants atmosphériques.

**planificateur**, **trice** adj et n Qui s'occupe de planification.

**planification** nf **1.** Action de planifier. **2.** Science qui a pour objet l'établissement de programmes économiques.

**planifier** vt Organiser, diriger suivant un plan déterminé : *économie planifiée.*

**planisphère** nm Carte représentant les deux moitiés du globe céleste ou terrestre en plan.

**plan-masse** (pl *plans-masses*) nm ARCHIT Plan à petite échelle ne montrant que le périmètre d'une construction.

**planning** [planiŋ] nm Plan de travail détaillé ; fonction ou service de préparation du travail. ■ **planning familial** : moyens mis en œuvre pour la régulation des naissances.

**planque** nf FAM **1.** Cachette. **2.** Situation bien rémunérée et où le travail est facile.

**planqué**, **e** adj et n FAM Qui s'est trouvé une planque.

**planquer** vt FAM Mettre à l'abri en cachant.

**plant** nm Jeune plante nouvellement plantée ou propre à être plantée ou repiquée.

**plantain** nm Plante dont la semence sert à la nourriture des oiseaux.

**plantaire** adj De la plante du pied : *verrue, voûte plantaire*.

**plantation** nf **1.** Action de planter. **2.** Ensemble de végétaux plantés ; lieu où on les a plantés. **3.** Grande exploitation agricole dans les pays tropicaux.

**1. plante** nf **1.** Tout végétal fixé au sol par des racines. **2.** Végétal de petite taille (par opposition à *arbre*).

**2. plante** nf Face inférieure du pied de l'homme et des animaux.

**planter** vt **1.** Mettre une plante en terre pour qu'elle prenne racine. **2.** Enfoncer dans une surface quelconque : *planter une borne*. **3.** Garnir de végétaux : *avenue plantée d'arbres*. **4.** Dresser, installer : *planter une tente*. ■ FAM **planter là quelqu'un :** le quitter brusquement. ◆ **se planter** vpr **1.** Rester debout et immobile. **2.** FAM Se tromper : *se planter de rue ;* subir un échec : *se planter à un examen*.

**planteur** nm Propriétaire d'une plantation dans les pays tropicaux.

**plantigrade** adj et nm Qui marche sur la plante des pieds : *l'ours est un animal plantigrade*.

**plantoir** nm Outil pour planter.

**planton** nm Soldat assurant des liaisons entre différents services. ■ FAM **faire le planton :** attendre debout un long moment.

**plantureux, euse** adj **1.** Abondant, copieux : *repas plantureux*. **2.** Fertile : *terre plantureuse*. **3.** Bien en chair : *formes plantureuses*.

**plaquage** nm **1.** Action de recouvrir d'un placage. **2.** Au rugby, placage.

**plaque** nf **1.** Feuille d'une matière rigide : *plaque de cuivre*. **2.** Objet de cette forme, de cet aspect : *plaque d'égout, de chocolat*. **3.** Couche peu épaisse de qqch : *plaque de verglas*. **4.** Pièce de métal gravée portant certaines indications : *plaque d'immatriculation ;* insigne de certaines professions, de certains grades : *plaque de notaire*. ■ FAM **être, répondre à côté de la plaque :** se tromper. ❑ **plaque chauffante :** foyer de cuisson d'une cuisinière électrique. ❑ **plaque dentaire :** substance visqueuse et collante à la surface des dents. ❑ **plaque tournante :** centre important qui détermine une situation.

**plaqué, e** adj Recouvert d'une feuille de métal précieux : *plaqué or*.

**plaquer** vt **1.** Appliquer fortement, étroitement contre qqch : *plaquer de l'or sur du cuivre ; plaquer qqn au sol*. **2.** Appliquer de manière à rendre plat et lisse : *plaquer les cheveux*. **3.** Couvrir d'une feuille de métal précieux ; appliquer une feuille de bois précieux sur du bois commun. **4.** Au rugby, faire tomber un adversaire en le saisissant par les jambes, pour récupérer le ballon. **5.** FAM Abandonner : *plaquer son travail*. ■ **plaquer un accord :** en jouer simultanément toutes les notes.

**plaquette** nf **1.** Petite plaque de certaines substances, notamm. alimentaires : *plaquette de beurre*. **2.** Petit livre peu épais : *plaquette de vers*. **3.** Conditionnement à alvéoles pour les gélules et les comprimés : *plaquette de pilules*. ■ **plaquette sanguine :** élément du sang, intervenant dans sa coagulation.

**plasma** nm Liquide clair où baignent les globules du sang et de la lymphe. ■ INFORM, TÉLÉV **écran à plasma :** dispositif d'affichage d'images ou de données fondé sur la luminescence d'un gaz enfermé sous faible pression. (Cette technologie permet la réalisation d'écrans plats de grandes dimensions.)

**plastic** ou **plastique** nm Explosif d'une consistance proche de celle du mastic de vitrier, qui ne détone qu'avec un dispositif d'amorçage.

**plasticage** ou **plastiquage** nm Action de plastiquer ; résultat de cette action.

**plasticien, enne** n **1.** Artiste qui se consacre aux arts plastiques. **2.** Spécialiste de la chirurgie plastique.

**plasticité** nf Qualité de ce qui est plastique, malléable : *plasticité de l'argile, d'un caractère*.

**plasticroûte** nf Croûte de matière hybride formée par l'incrustation de petits débris de plastique à la surface des rochers du littoral.

**plastification** nf Action de plastifier.

**plastifier** vt Recouvrir d'une pellicule de matière plastique transparente.

**1. plastique** adj **1.** Propre à être modelé : *l'argile est plastique*. **2.** Relatif aux formes du corps humain considérées sous leur aspect esthétique : *la beauté plastique*. ■ **arts plastiques :** la sculpture et la peinture. ❑ **chirurgie plastique :** destinée à restaurer les formes normales en cas d'accident, de malformation, etc. ◆ nf **1.** Art de modeler des figures. **2.** Conformation physique : *la belle plastique d'un athlète*.

**2. plastique** adj ■ **matière plastique** ou **plastique** nm : substance d'origine organique ou synthétique susceptible d'être modelée ou moulée à chaud et sous pression.

**3. plastique** nm → **plastic**.

**plastiquer** vt Faire sauter avec du plastic.

**plastiqueur, euse** n Auteur d'un attentat au plastic.

**plastron** nm **1.** Pièce rembourrée, dont les escrimeurs se couvrent la poitrine. **2.** Devant de chemise.

**plastronner** vi Parader, se rengorger.

**plat, e** adj **1.** Qui a peu de relief ; plan : *pays plat ; mer plate.* **2.** Dont le creux est peu accusé : *assiette plate ; pieds plats.* **3.** Qui a peu d'épaisseur, peu de hauteur : *os plat ; talons plats.* **4.** FIG Qui manque de saveur, de caractère : *style plat.* **5.** Humble, servile : *plates excuses.* ■ **angle plat :** angle de 180°. ❑ **à plat :** sur la surface large. ❑ **eau plate :** eau non gazeuse. ❑ **être à plat :** (a) dégonflé ou déchargé, en parlant d'un objet : *pneu, batterie à plat* (b) FAM très fatigué, en parlant d'une personne. ◆ nm **1.** Partie plate de qqch : *plat de la main.* **2.** Pièce de vaisselle plus grande que l'assiette ; son contenu : *un plat garni.* **3.** Chacun des éléments d'un repas, d'un menu. ■ FAM **faire du plat à qqn :** chercher à le séduire, à le flatter. ❑ FAM **mettre les pieds dans le plat :** intervenir de façon maladroite.

**platane** nm Arbre ornemental à larges feuilles et à écorce mince.

**plat-bord** (pl *plats-bords*) nm Latte de bois entourant le pont d'un navire.

**plateau** nm **1.** Support plat pour transporter les aliments, la vaisselle. **2.** Partie d'une balance recevant les poids ou les matières à peser. **3.** Scène d'un studio de cinéma, de télévision, d'un théâtre. **4.** Étendue de terrain peu accidentée, mais élevée par rapport aux régions environnantes. ■ **plateau technique :** ensemble des équipements dont dispose un établissement hospitalier.

**plateau-repas** (pl *plateaux-repas*) nm Plateau compartimenté pouvant recevoir les différents éléments d'un repas.

**plate-bande** (pl *plates-bandes*) nf Bordure d'un parterre destinée à recevoir des fleurs. ■ FAM **marcher sur les plates-bandes de quelqu'un :** empiéter sur ses attributions.

**platée** nf Contenu d'un plat.

**plateforme** ou **plate-forme** (pl *plates-formes*) nf **1.** Support plat, de dimensions très variables, destiné à recevoir différents matériels. **2.** Installation de forage du pétrole en mer. **3.** Partie d'un autobus où les voyageurs sont debout. **4.** INFORM Ensemble d'outils (logiciels, matériels, systèmes d'exploitation, etc.) destinés au stockage et au partage de contenus virtuels (audio, vidéo ou autres). **5.** FIG Ensemble d'idées sur lesquelles se base un programme politique : *plateforme électorale.*

**platement** adv **1.** De façon plate, banale : *s'exprimer platement.* **2.** De façon basse, servile : *s'excuser platement.*

**1. platine** nf Plaque sur laquelle sont fixées les pièces d'un mécanisme : *platine de fusil, de montre ; platine d'électrophone.*

**2. platine** nm Métal précieux, blanc, le plus lourd et le plus inaltérable de tous les métaux ; symb : Pt.

**platiné, e** adj ■ **cheveux platinés :** cheveux d'un blond très pâle. ❑ **vis platinée :** chacune des pastilles de contact, au tungstène, des allumeurs d'un moteur à explosion.

**platitude** nf **1.** Absence d'originalité, d'imprévu ; banalité. **2.** Parole sans originalité.

**platonicien, enne** adj et n Qui relève de Platon et de sa philosophie ; adepte de cette philosophie.

**platonique** adj Purement idéal, dénué de toute sensualité : *amour platonique.*

**platonisme** nm Système philosophique de Platon et de ses disciples.

**plâtrage** nm Action de plâtrer.

**plâtras** nm Débris de matériaux de construction.

**plâtre** nm **1.** Gypse cuit et réduit en poudre, servant de matériau de construction. **2.** Ouvrage moulé en plâtre ; sculpture en plâtre. **3.** CHIR Appareil d'immobilisation des membres fracturés.

**plâtrer** vt **1.** Couvrir, enduire de plâtre. **2.** CHIR Immobiliser avec un plâtre.

**plâtreux, euse** adj Qui a l'aspect du plâtre, ou qui en contient.

**plâtrier** nm Personne qui prépare, vend ou travaille le plâtre.

**plausible** adj Qui peut passer pour vrai ; admissible : *excuse plausible.*

**play-back** [plɛbak] nm inv Interprétation mimée accompagnant la diffusion d'un enregistrement sonore effectué préalablement.

**play-boy** [plɛbɔj] (pl *play-boys*) nm Homme élégant, au physique avantageux, qui recherche les succès féminins et la vie facile.

**playlist** ou **play-list** [plɛlist] (pl *play-lists*) nf Liste de fichiers audio à exécuter, dans un ordre déterminé à l'avance.

**plèbe** nf **1.** ANTIQ ROM Classe populaire. **2.** LITT, PÉJOR Le peuple ; populace.

**plébéien, enne** adj De la plèbe.

**plébiscitaire** adj Du plébiscite.

**plébiscite** nm Consultation électorale par laquelle un homme ayant accédé au pouvoir demande à l'ensemble des citoyens de lui manifester leur confiance en votant par oui ou par non sur un texte donné.

**plébisciter** vt Élire, ratifier, approuver à une forte majorité.

**pléiade** nf Grand nombre de personnes, généralement célèbres : *une pléiade d'artistes*.

**plein, e** adj **1.** Tout à fait rempli : *verre plein*. **2.** Sans cavité ni vide : *mur plein*. **3.** Qui contient en grande quantité : *plein de fautes*. **4.** Entier, complet : *pleins pouvoirs ; pleine lune*. **5.** Rond, gras : *visage plein*. **6.** Se dit d'une femelle qui porte des petits. ■ **en plein** (+ nom) **:** au milieu de : *en plein jour ; en pleine rue*. ❑ **en plein air :** à l'air libre. ❑ **en plein milieu :** exactement au milieu. ◆ nm **1.** Espace complètement occupé par la matière : *des pleins et des vides*. **2.** Partie forte et large d'une lettre calligraphiée : *des pleins et des déliés*. **3.** Contenu total d'un réservoir : *faire le plein d'essence*. ■ **battre son plein :** être en pleine activité, en plein éclat : *fête qui bat son plein*. ❑ **faire le plein de quelque chose :** atteindre le maximum. ◆ prép et adv FAM Indique une grande quantité : *avoir des idées plein la tête ; il y avait plein de monde*. ■ FAM **en avoir plein le dos, plein les bottes :** être fatigué, excédé ou dégoûté. ❑ FAM **tout plein :** très, extrêmement : *il est gentil tout plein*.

**pleinement** adv Entièrement.

**plein(-)emploi** [plɛnɑ̃plwa] nm sing Emploi de toute la main-d'œuvre disponible dans un pays.

**plein-temps** (pl *pleins-temps*) nm Activité professionnelle absorbant la totalité du temps de travail : *travailler à plein-temps*.

**plénier, ère** adj Où tous les membres sont convoqués : *assemblée, réunion plénière*.

**plénipotentiaire** n et adj Agent diplomatique muni des pleins pouvoirs.

**plénitude** nf **1.** LITT Totalité, intégralité : *garder la plénitude de ses facultés*. **2.** Plein épanouissement : *sentiment de plénitude*.

**plénum** [plenɔm] nm Réunion plénière d'une assemblée.

**pléonasme** nm Emploi simultané de deux termes ayant le même sens (EX : *monter en haut*).

**pléonastique** adj Qui tient du pléonasme : *locution pléonastique*.

**plésiosaure** nm Grand reptile marin fossile de l'ère secondaire.

**pléthore** nf Surabondance.

**pléthorique** adj Surabondant.

**pleur** nm LITT (surtout au pluriel) Larme : *répandre des pleurs*.

**pleural, e, aux** adj Qui se rapporte à la plèvre.

**pleurant** nm Sculpture funéraire figurant un personnage affligé.

**pleurard, e** adj FAM Plaintif : *voix pleurarde*.

**pleurer** vi **1.** Verser des larmes. **2.** Se lamenter, s'apitoyer sur : *pleurer sur son sort*. ◆ vt Déplorer la disparition, la perte de : *pleurer un ami*.

**pleurésie** nf Inflammation de la plèvre.

**pleureur, euse** adj Se dit de certains arbres à feuillage retombant : *saule pleureur*.

**pleureuse** nf Femme qu'on paie pour pleurer les morts, dans certains pays.

**pleurnicher** vi FAM **1.** Pleurer souvent et sans raison. **2.** Se lamenter d'un ton larmoyant.

**pleurnicherie** nf ou **pleurnichement** nm Habitude, fait de pleurnicher.

**pleurnicheur, euse** ou **pleurnichard, e** adj et n FAM Qui pleurniche.

**pleurote** nm Champignon comestible à lames qui pousse sur le tronc des arbres.

**pleutre** nm et adj LITT Homme sans courage ni dignité.

**pleutrerie** nf LITT Lâcheté.

**pleuvasser** ou **pleuviner** ou **pleuvoter** v impers FAM Pleuvoir légèrement.

**pleuvoir** v impers (conj 47) Tomber, en parlant de la pluie. ◆ vi Tomber en abondance : *les critiques, les injures pleuvent*.

**plèvre** nf ANAT Membrane séreuse qui tapisse le thorax et enveloppe les poumons.

**Plexiglas** [plɛksiglas] nm (nom déposé) Résine synthétique ayant la transparence du verre.

**plexus** [plɛksys] nm ANAT Réseau de filets nerveux ou vasculaires. ■ **plexus solaire :** centre du système sympathique, situé dans l'abdomen, entre l'estomac et la colonne vertébrale.

**pleyon** nm AGRIC Rameau servant à faire des liens.

**pli** nm **1.** Partie repliée d'une étoffe, d'un papier, etc. : *pli d'un rideau*. **2.** Marque qui résulte d'une pliure : *effacer un pli avec un fer à repasser*. **3.** Enveloppe de lettre ; lettre : *pli chargé ; mettre sous pli*. **4.** Ride : *les plis du front*. **5.** Au jeu de cartes, levée : *ramasser un pli*. **6.** GÉOL Ondulation des couches de terrain dont la partie en saillie est appelée *anticlinal*, et la partie en creux *synclinal*. **7.** FIG Habitude : *finir par prendre le pli ; mauvais pli*. ■ **faux pli :** pli fait à une étoffe là où il ne devrait pas y en avoir.

**pliable** adj Facile à plier, flexible.

**pliage** nm Action, manière de plier.

**pliant, e** adj Se dit d'un objet qui peut se replier sur soi : *lit pliant.* ◆ nm Siège pliant.

**plie** nf Poisson plat à chair estimée.

**plier** vt **1.** Mettre en double une ou plusieurs fois : *plier du linge.* **2.** Rapprocher, rassembler les éléments d'un objet articulé : *plier une tente, un mètre.* **3.** Courber, fléchir : *plier les genoux.* **4.** FIG Assujettir, faire céder : *plier qqn à la discipline.* ◆ vi **1.** Se courber : *le roseau plie.* **2.** FIG Céder, reculer, se soumettre : *plier devant l'autorité.*

**plieuse** nf Machine à plier, le papier, partic.

**plinthe** nf Bande, saillie au bas d'un mur, à la base d'une colonne.

**pliocène** nm GÉOL Partie la plus récente du tertiaire.

**plissage** nm Action de plisser.

**plissé** nm **1.** Série de plis. **2.** Type de plissage.

**plissement** nm **1.** Action de plisser. **2.** GÉOL Déformation des couches géologiques ; ensemble de plis.

**plisser** vt **1.** Marquer de plis un matériau : *plisser un papier, une étoffe.* **2.** Contracter en faisant apparaître de petites rides : *plisser le front, les yeux, le nez.* ◆ vi Présenter ou faire des plis.

**pliure** nf **1.** Marque d'une chose pliée. **2.** IMPR Action ou manière de plier les feuilles d'un livre.

**ploiement** nm LITT Action de ployer.

**plomb** nm **1.** Métal dense, d'un gris bleuâtre ; symb : Pb. **2.** Projectile de plomb pour armes à feu. **3.** Petit sceau de plomb que l'on fixe aux attaches d'un colis. **4.** Caractère, composition d'imprimerie. **5.** Fil de plomb servant de fusible électrique. ■ **à plomb** : perpendiculairement. ❑ **mine de plomb** : plombagine.

**plombage** nm **1.** Action de plomber. **2.** Amalgame qui sert à obturer une dent.

**plombagine** nf Graphite dont on fait des mines de crayon. SYN : mine de plomb.

**plombé, e** adj **1.** Garni de plomb. **2.** Scellé par des plombs : *wagon plombé.* **3.** Couleur de plomb : *ciel plombé.*

**plomber** vt **1.** Garnir de plomb. **2.** Attacher un sceau de plomb à : *plomber un colis, un wagon.* **3.** Obturer une dent avec un amalgame.

**plomberie** nf **1.** Métier, ouvrage du plombier. **2.** Ensemble d'installations et de canalisations d'eau et de gaz.

**plombier** nm Entrepreneur, ouvrier qui installe, entretient et répare les canalisations de distribution d'eau et de gaz.

**plombières** nf Glace aux fruits confits.

**plonge** nf ■ **faire la plonge** : laver la vaisselle dans un restaurant, un café.

**plongeant, e** adj Dirigé de haut en bas : *tir plongeant.*

**plongée** nf **1.** Action de plonger. **2.** Point de vue de haut en bas ; vue plongeante. ■ **plongée sous-marine** : activité consistant à descendre sous la surface de l'eau, muni d'appareils qui permettent de respirer.

**plongeoir** nm Plateforme, tremplin d'où l'on plonge.

**1. plongeon** nm Action de plonger. ■ FAM **faire le plongeon** : subir un échec ou faire faillite.

**2. plongeon** nm Oiseau palmipède aquatique.

**plonger** vt (conj 2) **1.** Immerger dans un liquide. **2.** Enfoncer, introduire : *plonger un poignard dans le cœur.* **3.** Mettre qqn dans un certain état, d'une manière complète ou brutale : *plonger qqn dans l'embarras.* ◆ vi **1.** S'enfoncer entièrement dans l'eau : *sous-marin qui plonge.* **2.** Sauter dans l'eau, la tête et les bras en avant. **3.** Avoir une direction de haut en bas, descendre brusquement : *rapace qui plonge sur sa proie.* **4.** Pénétrer profondément : *racines qui plongent dans le sol.* ◆ **se plonger** vpr S'adonner entièrement, s'absorber : *se plonger dans la lecture.*

**plongeur, euse** n **1.** Personne qui plonge ou pratique la plongée sous-marine. **2.** Laveur de vaisselle dans un restaurant, un café.

**plot** nm **1.** ÉLECTR Pièce métallique faisant contact. **2.** Dans une piscine, cube numéroté qui sert pour le départ des compétitions.

**plouc** n et adj inv FAM, PÉJOR Personne fruste : *une vraie plouc !*

**plouf** interj Onomatopée du bruit que fait un objet en tombant dans un liquide.

**ploutocratie** nf Gouvernement exercé par les riches.

**ployer** [plwaje] vt (conj 3) LITT Courber : *ployer une branche.* ◆ vi LITT **1.** Fléchir, plier : *charpente qui ploie.* **2.** FIG Céder devant qqch, en être accablé : *ployer sous le joug.*

**PLS** nf (sigle) Position latérale de sécurité. ■ **être en PLS** : être à bout de forces ; se sentir mal, être très perturbé : *il était en PLS quand il a réalisé la malversation du comptable.*

**pluches** nf pl FAM Épluchures de légumes.

**pluie** nf **1.** Eau qui tombe du ciel par gouttes : *pluie d'orage.* **2.** Chute d'objets, de matières : *pluie de cendres.* **3.** Ce qui est répandu en abondance ; avalanche : *pluie de cadeaux.* ■ **faire la pluie et le beau temps** : être influent, puissant. ❑ **parler de la pluie et du beau temps** : dire des banalités. ❑ **pluies acides** : pluies chargées d'ions acides d'origine industrielle, très nuisibles aux forêts.

**plumage** nm Ensemble des plumes d'un oiseau.

**plumard** nm FAM Lit.

**plume** nf **1.** Tige garnie de duvet, qui couvre le corps des oiseaux. **2.** Plume d'oiseau dont on se servait pour écrire. **3.** Morceau de métal taillé en bec et qui, adapté à un porte-plume, à un stylo, sert à écrire. ■ **laisser** ou **perdre des plumes :** subir des pertes dans une circonstance donnée. ❑ **prendre la plume :** écrire. ❑ FAM **voler dans les plumes :** attaquer brusquement.

**plumeau** nm Ustensile de ménage fait de plumes assemblées, pour épousseter.

**plumer** vt **1.** Arracher les plumes de : *plumer une volaille.* **2.** FIG, FAM Voler, dépouiller de son argent : *se faire plumer.*

**plumet** nm Bouquet de plumes qui orne un chapeau.

**plumier** nm Boîte pour ranger porte-plume, crayons, etc.

**plumitif** nm FAM, PÉJOR Écrivain médiocre, gratte-papier.

**plupart** ■ **la plupart** nf La plus grande partie, le plus grand nombre.

GRAMMAIRE Lorsque *la plupart* est sujet (employé seul ou avec un complément, généralement au pluriel), le verbe se met au pluriel : *la plupart le savent, la plupart des personnes étaient satisfaites.*

**plural, e, aux** adj Qui contient plusieurs unités. ■ **vote plural :** suffrage qui attribue plusieurs voix à un même électeur.

**pluralisme** nm Conception politique, sociale, économique, syndicale, qui admet la pluralité, la diversité des opinions, des tendances, etc.

**pluraliste** adj et n Relatif au pluralisme ; qui en est partisan.

**pluralité** nf Fait d'être plusieurs.

**pluriactivité** nf Fait d'exercer plusieurs activités professionnelles dans une année, successivement ou simultanément.

**pluridimensionnel, elle** adj Qui a plusieurs dimensions.

**pluridisciplinaire** adj Qui concerne plusieurs disciplines : *un groupe de recherches pluridisciplinaire.*

**pluriel, elle** adj Qui marque la pluralité. ◆ nm GRAMM Forme particulière d'un mot indiquant un nombre supérieur à l'unité.

**pluripartisme** nm Système politique admettant l'existence de plusieurs partis.

**1. plus** [plys] ou [ply], devant une voyelle ou un *h* muet [plyz] adv En plus grande quantité, à un degré supérieur : *plus de mille ; plus loin ; beaucoup, un peu, bien plus.* ■ **au plus** ou **tout au plus :** au maximum. ❑ **bien plus** ou **de plus :** en outre. ❑ **d'autant plus :** à plus forte raison. ❑ **de plus en plus :** toujours davantage. ❑ **le plus, la plus :** marque le degré supérieur à tous les autres : *elle est la plus belle.* ❑ **plus d'un :** un certain nombre : *plus d'un village a été détruit.* ❑ **plus ou moins :** (a) indique une variation de degré selon les cas : *plus ou moins bien, selon les jours* (b) à peu près : *plus ou moins identique.* ❑ **tant et plus :** beaucoup, abondamment. ◆ prép **1.** Introduit ce qui s'ajoute : *trois plus quatre ; mille euros, plus la TVA.* **2.** Indique un nombre positif : *il fait plus deux degrés.*

**2. plus** [ply] adv de négation **1.** (avec la négation *ne*) Indique la cessation d'un état ou d'une action : *cela ne marche plus.* **2.** (avec ou sans *ne*) Indique la disparition, la privation : *n'avoir plus de place ; plus un arbre à l'horizon.* **3.** (avec *ne... que*) Indique la restriction : *il ne manque plus que lui.*

**3. plus** [plys] nm **1.** La plus grande quantité, le plus grand nombre : *qui peut le plus peut le moins.* **2.** MATH Signe de l'addition (+). ■ **un plus :** quelque chose de mieux, un progrès, une amélioration.

**plusieurs** adj et pron indéf pl Un nombre indéterminé de personnes ou de choses ; plus d'un, un certain nombre de : *plusieurs personnes sont venues ; plusieurs réponses possibles ; en voir plusieurs.*

**plus-que-parfait** nm Temps du verbe qui exprime une action passée antérieure à une autre action passée (EX : *j'avais fini quand il vint*).

**plus-value** (pl *plus-values*) nf Augmentation de valeur d'un bien, de prix, etc.

**plutonium** [plytɔnjɔm] nm Métal très toxique, obtenu dans les réacteurs nucléaires à uranium ; symb : Pu.

**plutôt** adv **1.** De préférence : *plutôt un stylo qu'un feutre.* **2.** Assez, passablement : *il est plutôt bavard.* ■ **ou plutôt :** plus précisément, pour mieux dire : *elle est partie, ou plutôt s'est enfuie.* ❑ **plutôt que de :** au lieu de : *écouter plutôt que de bavarder.*

**pluvial, e, aux** adj Qui provient de la pluie : *eaux pluviales.* ■ **régime pluvial :** régime des cours d'eau où domine l'alimentation par les pluies.

**pluvier** nm Oiseau échassier.

**pluvieux, euse** adj Caractérisé par l'abondance des pluies : *région pluvieuse.*

**pluviomètre** nm Instrument pour mesurer la pluviosité d'un lieu.

**pluviométrie** nf Mesure de la quantité des pluies.

**pluviôse** nm Cinquième mois du calendrier républicain (20 janvier-18 février).

**pluviosité** nf Quantité de pluie tombée en un lieu déterminé pendant un temps donné.

**PLV** nf (sigle de *publicité sur le lieu de vente*) Promotion publicitaire au moyen d'affichettes, de présentoirs, etc., installés chez le détaillant ; ce matériel.

**PMA** [peɛma] nf (sigle) Procréation médicalement assistée.

**PME** nf (sigle de *petite et moyenne entreprise*) Entreprise employant moins de 500 salariés.

**1. PMI** nf (sigle de *petite et moyenne industrie*) PME relevant du secteur de l'industrie.

**2. PMI** nf (sigle de *protection maternelle et infantile*) Organisme départemental chargé de la protection sanitaire et sociale des femmes enceintes ainsi que des jeunes enfants.

**PMU** nm (nom déposé ; sigle de *Pari Mutuel Urbain*) Pari sur les courses de chevaux ; lieu où sont enregistrés ces paris.

**PNB** nm (sigle) Produit national brut.

**pneu** (pl *pneus*) nm Bandage déformable et élastique fixé à la jante des roues de certains véhicules, qui enveloppe et protège la chambre à air : *pneu avant ; pneu arrière*.

**pneumatique** adj **1.** Qui fonctionne à l'air comprimé : *marteau pneumatique*. **2.** Qui prend sa forme quand on le gonfle d'air : *canot pneumatique*. ◆ nm VX Pneu.

**pneumocoque** nm Bactérie, agent de la pneumonie.

**pneumogastrique** adj et nm Se dit du nerf crânien partant du bulbe et innervant les bronches, le cœur, l'appareil digestif, les reins.

**pneumologie** nf Partie de la médecine qui traite des maladies du poumon.

**pneumologue** n Spécialiste de pneumologie.

**pneumonie** nf Inflammation aiguë du poumon.

**pneumothorax** nm Épanchement de gaz dans la cavité pleurale.

**p.o.** (abréviation) Par ordre.

**PO** (sigle) Petites ondes.

**pochade** nf **1.** Peinture exécutée en quelques coups de pinceau. **2.** LITT Œuvre sans prétention, rapidement écrite.

**pochard, e** n et adj FAM Ivrogne.

**poche** nf **1.** Partie d'un vêtement en forme de sac où l'on peut mettre des objets. **2.** Fluide contenu dans une cavité souterraine : *poche de gaz*. **3.** Cavité de l'organisme, normale ou pathologique. **4.** Boursouflure sous les yeux. ■ **de poche :** que l'on peut porter sur soi : *livre, lampe de poche*.

**pocher** vt **1.** Exécuter rapidement une peinture. **2.** Cuire quelque chose dans un liquide frémissant : *viande, poisson pochés*. ■ **pocher l'œil à quelqu'un :** lui faire une contusion près de l'œil par un coup violent.

**pochette** nf **1.** Enveloppe servant d'emballage léger. **2.** Mouchoir de fantaisie. **3.** Sac à main plat et sans poignée.

**pochette-surprise** (pl *pochettes-surprises*) nf Cornet de papier contenant des objets inattendus, pour les enfants.

**pochoir** nm Feuille de carton ou de métal découpée servant à dessiner la forme évidée.

**pochothèque** nf Librairie ou rayon de librairie où l'on vend des livres de poche.

**podagre** adj et n VX Atteint de la goutte.

**podcasting** [pɔdcastiŋ] nm Mode de diffusion sur Internet de fichiers audio ou vidéo, qui permet de les télécharger et de les transférer sur un baladeur numérique.

**podestat** nm Premier magistrat des villes d'Italie, au Moyen Âge.

**podium** [pɔdjɔm] nm **1.** ANTIQ ROM Mur qui séparait l'arène des gradins. **2.** Plateforme où se placent les vainqueurs d'une épreuve sportive, les participants à un jeu, à un récital ; estrade.

**podologie** nf Étude de la physiologie et de la pathologie du pied.

**podologue** n Spécialiste de podologie.

**podomètre** nm Appareil mesurant le nombre de pas d'un piéton.

**podotactile** adj Se dit d'un revêtement de sol en saillie, près du bord d'un trottoir, d'un quai, etc., perceptible par les déficients visuels et destiné à attirer leur attention.

**podzol** nm Sol acide, peu fertile, des régions froides et humides.

**1. poêle** [pwal] nm Drap mortuaire couvrant le cercueil pendant les funérailles.

**2. poêle** [pwal] nm Appareil de chauffage.

**3. poêle** [pwal] nf Ustensile de cuisine peu profond, à long manche, pour frire.

**poêlée** nf Contenu d'une poêle.

**poêler** vt Cuire à la poêle.

**poêlon** nm Ustensile de cuisine en matériau épais, à bord haut et manche creux.

**poème** nm Ouvrage en vers ou en prose, de caractère poétique.

**poésie** nf **1.** Art d'évoquer, de suggérer les sensations, les émotions, par un emploi particulier de la langue, par l'union intense des sons, des rythmes, des harmonies, des images, etc. **2.** Genre poétique : *poésie lyrique, épique*. **3.** FIG Ce qui touche la sensibilité, l'imagination : *la poésie de la mer*. **4.** Œuvre, poème en vers : *réciter une poésie*.

**poète** nm et adj **1.** Personne qui écrit, s'exprime en vers. **2.** Personne sensible à ce qui est beau, émouvant. **3.** Rêveur, idéaliste.

**poétesse** nf Femme poète.

**poétique** adj **1.** Propre à la poésie : *style poétique.* **2.** Plein de poésie ; qui touche, émeut : *un sujet poétique.* ◆ nf Art de la poésie.

**poétiquement** adv Avec poésie.

**poétiser** vt Rendre poétique, idéaliser.

**pognon** nm FAM Argent.

**pogo** nm Danse issue du mouvement punk qui consiste à sauter dans tous les sens.

**pogrom** [pɔgrɔm] nm **1.** HIST Massacre des juifs, en particulier à la fin du XIXe s. dans l'Empire russe. **2.** Agression meurtrière d'une communauté ethnique ou religieuse.

**poids** nm **1.** Caractère, effet d'un corps pesant : *un poids très lourd.* **2.** Résultante de l'action de la pesanteur sur un corps, qui varie avec sa masse ; mesure de cette résultante : *un poids de deux kilos.* **3.** Morceau de métal de masse déterminée, servant à peser d'autres corps : *une série de poids en laiton.* **4.** Corps pesant suspendu aux chaînes d'une horloge, pour lui donner le mouvement. **5.** En athlétisme, sphère métallique qu'on lance d'un bras le plus loin possible. **6.** FIG Force, importance, influence : *donner du poids à un argument.* **7.** Ce qui fatigue, oppresse, accable : *le poids des ans.* ■ FAM **faire le poids :** avoir les qualités requises. ❑ **poids lourd :** (a) camion (b) FIG personne, groupe, institution, occupant une place prépondérante dans un domaine : *les poids lourds de l'électronique.*

**poignant, e** adj **1.** Qui fait très mal : *émotion, douleur poignante.* **2.** Qui émeut fortement, déchirant : *adieux poignants.*

**poignard** nm Arme courte, pointue et tranchante.

**poignarder** vt Frapper avec un poignard.

**poigne** nf **1.** Force de la main, du poignet. **2.** FIG Énergie mise à se faire obéir : *homme à poigne.*

**poignée** nf **1.** Quantité de matière que la main fermée peut contenir : *poignée de sel.* **2.** Partie d'un objet par laquelle on le saisit : *poignée de valise.* **3.** FIG Petit nombre : *une poignée de spectateurs.* ■ **poignée de main :** geste de serrer la main de quelqu'un pour le saluer.

> ORTHOGRAPHE On écrit *des poignées de main* (*main* toujours au singulier) ; *par poignées* (au pluriel) ; *prendre des bonbons à poignées* ou *à poignée* (de préférence au singulier).

**poignet** nm **1.** Articulation qui joint la main et l'avant-bras. **2.** Extrémité de la manche d'un vêtement.

**poil** nm **1.** Production filiforme sur la peau de certains animaux et de l'homme : *chien à poil ras.* **2.** Pelage : *cheval de poil noir.* **3.** Partie velue des étoffes : *tissu qui perd ses poils.* **4.** BOT Filament. ■ FAM **à poil :** tout nu. ❑ FAM **au poil :** parfaitement : *machine qui fonctionne au poil.* ❑ FAM **poil à gratter :** personne ou chose qui dérange : *cette ministre est le poil à gratter du parti.*

**poilant, e** adj FAM Très amusant.

**poil-de-carotte** adj inv FAM Roux.

**poiler (se)** vpr FAM S'amuser beaucoup.

**poilu, e** adj Couvert de poils. ◆ nm Surnom donné au soldat français pendant la Première Guerre mondiale.

**poinçon** nm **1.** Tige d'acier pointue, pour percer ou graver. **2.** Morceau d'acier gravé pour frapper des monnaies et des médailles. **3.** Marque qu'on applique sur les ouvrages d'or et d'argent pour en garantir le titre.

**poinçonnage** ou **poinçonnement** nm Action de poinçonner.

**poinçonner** vt **1.** Marquer ou percer au poinçon. **2.** Perforer un titre de transport pour attester un contrôle.

**poinçonneuse** nf Machine pour poinçonner.

**poindre** vi (conj 82) Commencer à paraître, en parlant du jour, ou à pousser, en parlant des plantes.

**poing** nm Main fermée : *recevoir un coup de poing.* ■ **dormir à poings fermés :** profondément.

**1. point** nm **1.** Signe de l'écriture ou de ponctuation : *mettre un point sur un « i » ; point-virgule ; points d'interrogation, d'exclamation, de suspension.* **2.** Piqûre faite avec une aiguille et du fil : *coudre à petits points ; points de suture ;* manière de piquer, d'entrelacer les fils dans les divers travaux d'aiguille : *point d'Alençon.* **3.** Unité de compte dans un match, un jeu ; unité de notation d'un travail scolaire, d'une épreuve, etc. **4.** Endroit déterminé qui permet de situer quelque chose ou qui sert de point de repère : *point de départ, d'intersection.* **5.** État, situation : *en être au même point.* **6.** Niveau, seuil, degré où quelque chose change d'état : *point d'ébullition.* **7.** Question, sujet : *point litigieux.* **8.** Douleur vive et localisée : *avoir un point dans le dos, un point de côté.* ■ **à point :** (a) à propos : *chèque qui arrive à point* (b) au degré de cuisson convenable : *steak cuit à point.* ❑ **à point nommé :** à l'instant fixé. ❑ **au point :** prêt à fonctionner. ❑ **de point en point :** exactement. ❑ **en tout point :** entièrement. ❑ **faire le point :** (a) déterminer la position d'un bateau, d'un avion

(b) régler un appareil optique pour que l'image soit nette (c) FIG chercher à savoir où l'on en est. ❑ **mal en point** : en mauvais état, en mauvaise santé. ❑ **marquer un point** : prendre un avantage. ❑ **mettre au point** : régler, préparer, arranger : *mettre au point une machine, un projet.* ❑ **mise au point** : (a) réglage d'éléments mécaniques, électroniques ou optiques (b) explication destinée à régler des questions en suspens. ❑ **point de départ** : commencement. ❑ **point d'honneur** : question d'honneur. ❑ **point du jour** : aube. ❑ **point mort** : (a) dans une voiture, position du levier de changement de vitesse quand il n'est enclenché dans aucune vitesse (b) dans un processus, moment où il est arrêté : *négociations au point mort.* ❑ **point noir** : (a) amas de sébum qui bouche un pore de la peau ; comédon (b) FIG difficulté. ❑ **point(-) presse** : brève réunion au cours de laquelle une personnalité fait une annonce à la presse. ◆ **sur le point de** loc prép Près de. ◆ **au point que** ou **à tel point que** loc conj Tellement que.

**2. point** adv VIEILLI Indique une négation, une absence ; pas : *il n'a point d'argent.*

**pointage** nm Action de pointer.

**point de vue** (pl *points de vue*) nm **1.** Endroit d'où l'on domine un paysage. **2.** Manière d'envisager, de voir, de juger une chose.

**pointe** nf **1.** Bout aigu, piquant : *pointe d'aiguille.* **2.** Extrémité fine, pointue : *la pointe d'un clocher.* **3.** Instrument servant à piquer, percer, tracer : *pointe d'un graveur ;* petit clou mince. **4.** Petite quantité de : *une pointe d'ail.* **5.** FIG Allusion ironique, pique : *lancer des pointes.* **6.** Moment où une activité, un phénomène atteint son maximum d'intensité, d'évolution : *heure de pointe.* ■ **de pointe** : qui est à l'avant-garde du progrès : *industrie de pointe.* ❑ **en pointe** : dont l'extrémité va en s'amincissant. ❑ **être à la pointe de** : être très avancé par rapport aux autres. ❑ **pointe d'asperge** : bourgeon terminal de l'asperge. ❑ **pointe des pieds** : les orteils. ❑ **pointe sèche** : outil de graveur. ◆ **pointes** pl Attitude d'une danseuse dressée en équilibre sur l'extrémité de ses chaussons ; pas ainsi exécutés.

**pointeau** nm **1.** Petit poinçon. **2.** Tige mobile obturant un orifice.

**1. pointer** [pwɛ̃tɛr] nm Chien d'arrêt.

**2. pointer** vt **1.** Marquer d'un point pour contrôler, compter, etc. : *pointer des noms sur une liste.* **2.** Vérifier, contrôler les heures d'entrée et de sortie du personnel : *pointer des ouvriers.* **3.** Diriger quelque chose vers ; braquer : *pointer son index vers quelqu'un ; pointer une arme.* **4.** Dresser en pointe : *pointer les oreilles.* **5.** Attirer l'attention sur ; dénoncer : *pointer la responsabilité du ministère.* ◆ vi **1.** Enregistrer son heure d'arrivée ou de départ sur une pointeuse. **2.** À la pétanque, lancer sa boule aussi près que possible du cochonnet. **3.** Se dresser : *clocher qui pointe.* **4.** Commencer à pousser, à paraître : *blé, jour qui pointe.* ◆ **se pointer** vpr FAM Arriver, se présenter à un endroit.

**pointeur** nm INFORM Curseur qui suit sur l'écran les mouvements de la souris.

**pointeuse** nf Machine servant à enregistrer l'heure d'arrivée et de départ d'un salarié.

**pointillé** nm Alignement de petits points formant une ligne.

**pointilleux, euse** adj Susceptible, exigeant.

**pointillisme** nm Technique des pointillistes.

**pointilliste** adj et n Se dit d'un peintre qui peint par petites touches séparées.

**pointu, e** adj **1.** Qui se termine en pointe : *poignard pointu.* **2.** FIG Qui présente un degré très élevé, très poussé de spécialisation : *formation pointue.*

**pointure** nf **1.** Dimension des chaussures, des gants, des chapeaux. **2.** FAM Personne d'une grande valeur dans tel domaine : *c'est une pointure comme elle qu'il nous faut.*

**point-virgule** (pl *points-virgules*) nm Signe de ponctuation ( ; ) indiquant une pause intermédiaire entre la virgule et le point.

**poire** nf **1.** Fruit du poirier ; alcool fait avec ce fruit. **2.** Objet en forme de poire : *poire électrique.* **3.** FAM Personne naïve, dupe.

**poiré** nm Boisson faite de jus de poire fermenté.

**poireau** nm Plante potagère formée de longues feuilles vertes et d'un cylindre blanc enterré ; pied de cette plante. ■ FAM **faire le poireau** : poireauter.

**poireauter** vi FAM Attendre longtemps.

**poirier** nm Arbre fruitier dont le fruit est la poire ; bois rouge et dur de cet arbre.

**pois** nm **1.** Plante grimpante cultivée pour ses graines ; graine de cette plante. **2.** Motif en forme de petit disque : *robe, cravate à pois.* ■ **pois chiche → chiche.** ❑ **pois de senteur** : plante grimpante ornementale.

**poison** nm **1.** Substance qui détruit ou altère les fonctions vitales : *le curare est un poison violent.* **2.** FIG Tout ce qui est pernicieux, dangereux : *cette doctrine est un poison pour la démocratie.* **3.** FAM Personne méchante ou insupportable ; chose désagréable, ennuyeuse.

**poissard, e** adj VIEILLI Qui imite le langage du bas peuple : *style poissard*.

**poissarde** nf VIEILLI Femme grossière.

**poisse** nf FAM Malchance.

**poisser** vt **1.** Enduire de poix. **2.** Salir, coller, en parlant d'une matière gluante : *les bonbons poissent les mains*.

**poisseux, euse** adj Qui poisse ; collant.

**poisson** nm Vertébré aquatique, à corps fuselé couvert d'écailles, se déplaçant dans l'eau à l'aide de nageoires. ■ **être comme un poisson dans l'eau** : parfaitement à son aise. ◆ **Poissons** pl Constellation zodiacale ayant la forme de poissons ; signe astrologique des personnes nées entre le 19 février et le 20 mars. ◆ n et adj Personne née sous le signe des Poissons : *elle est Poissons*.

**poisson-chat** (pl *poissons-chats*) nm Poisson d'eau douce à longs barbillons. SYN : silure.

**poissonnerie** nf Lieu où l'on vend le poisson et les produits de la mer.

**poissonneux, euse** adj Qui abonde en poissons : *étang poissonneux*.

**poissonnier, ère** n Personne qui vend du poisson.

**poissonnière** nf Récipient pour faire cuire le poisson au court-bouillon.

**poitevin, e** adj et n Du Poitou : *les Poitevins*.

**poitrail** nm **1.** Devant du corps du cheval. **2.** Partie du harnais du cheval placée sur le poitrail. **3.** FAM Buste, torse.

**poitrinaire** adj et n VX Tuberculeux.

**poitrine** nf **1.** Partie du tronc, entre le cou et l'abdomen. **2.** Seins d'une femme. **3.** BOUCH Partie inférieure de la cage thoracique (les côtes avec leur chair).

**poivrade** nf Sauce au poivre.

**poivre** nm Condiment piquant, fruit du poivrier. ■ **poivre blanc** : moulu à partir de grains décortiqués. ❑ **poivre gris** : moulu à partir de grains non décortiqués. ❑ **poivre noir** : grains séchés du poivrier. ◆ loc adj inv ■ **poivre et sel** : grisonnant : *cheveux poivre et sel*.

**poivrer** vt Assaisonner de poivre.

**poivrier** nm **1.** Arbuste grimpant des régions tropicales qui produit le poivre. **2.** Ustensile de table contenant du poivre.

**poivrière** nf **1.** Plantation de poivriers. **2.** Ustensile de table contenant du poivre. **3.** Échauguette ronde au toit conique, à l'angle d'une fortification.

**poivron** nm Fruit du piment doux : *poivron rouge, vert, jaune*.

**poivrot, e** n FAM Ivrogne.

**poix** nf Substance résineuse, agglutinante, tirée de la résine et de goudrons végétaux.

**poker** [pɔkɛr] nm Jeu de cartes. ■ **coup de poker** : tentative hasardeuse. ❑ **poker d'as** : jeu de dés.

**polaire** adj **1.** Relatif à un pôle, aux pôles, aux régions proches des pôles. **2.** ÉLECTR Relatif aux pôles d'un aimant ou d'un électroaimant. ■ **cercle polaire** : cercle parallèle à l'équateur, qui marque la limite des zones polaires.

**polar** nm FAM Film, roman policier.

**polarisation** nf **1.** Propriété que présente un rayon lumineux réfléchi ou réfracté dans certaines conditions. **2.** FIG Action de polariser, d'être polarisé.

**polariser** vt **1.** Faire subir la polarisation à : *polariser une pile*. **2.** Attirer, concentrer l'attention sur soi : *ce scandale polarise l'opinion*. ■ FAM **être polarisé sur qqch** : être intéressé, préoccupé par ce seul sujet.

**polarité** nf Propriété qu'a un corps de présenter deux pôles opposés.

**Polaroid** [-rɔid] nm (nom déposé) Appareil photo à développement instantané ; photographie prise avec cet appareil.

**polder** [pɔldɛr] nm Terre gagnée sur la mer, endiguée, drainée et mise en valeur.

**pôle** nm **1.** Chacune des deux extrémités de l'axe imaginaire autour duquel la sphère céleste semble tourner. **2.** Chacun des deux points de la surface terrestre situés sur l'axe de rotation de la Terre. **3.** ÉLECTR Point d'un générateur servant de départ (pôle positif) ou d'arrivée (pôle négatif) au courant. **4.** FIG Chose en opposition avec une autre. ■ FIG **pôle d'attraction** : ce qui attire, retient l'attention, l'intérêt. ❑ **pôle magnétique** : lieu du globe terrestre où l'inclinaison magnétique est de 90°. ❑ **pôles d'un aimant** : extrémités de l'aimant où la force d'attraction est à son maximum.

**pole dance** (pl *pole dances*) nf (anglicisme) Activité sportive qui consiste à danser et à réaliser des figures acrobatiques en prenant appui sur une barre verticale.

**polémique** nf Controverse, débat plus ou moins violent mené le plus souvent par écrit. ◆ adj Qui relève de la polémique.

**polémiquer** vi Faire de la polémique.

**polémiste** n Personne qui polémique.

**polenta** [pɔlɛnta] nf Bouillie de farine de maïs, ou de châtaignes.

**pole position** (pl *pole positions*) nf (anglicisme) Position en première ligne et à la corde, au départ d'une course automobile.

**1. poli, e** adj Uni, lisse : *marbre poli*. ◆ nm Lustre, éclat.

**2. poli, e** adj Qui observe les règles de la politesse ; affable, courtois.

**1. police** nf **1.** Ensemble des règlements qui maintiennent la sécurité publique. **2.** Administration, force publique qui veille à leur observation ; ensemble des agents de cette administration. ■ **police secours** : service affecté aux secours d'urgence. ❑ **police technique et scientifique** : service chargé de recueillir puis d'interpréter les indices matériels laissés sur la scène d'un crime. ❑ **tribunal de police** : tribunal qui ne connaît que des contraventions.

**2. police** nf Contrat d'assurance. ■ IMPR **police de caractères** : fonte.

**policé, e** adj LITT Parvenu à un certain degré de civilité, d'éducation.

**polichinelle** nm **1.** (avec une majuscule) Personnage comique des théâtres de marionnettes, à deux bosses. **2.** FAM Personne en qui l'on n'a pas confiance, pantin. ■ **secret de polichinelle** : connu de tous.

**policier, ère** adj **1.** Qui relève de la police : *enquête policière.* **2.** Qui s'appuie sur la police : *régime policier.* ■ **film, roman policier** : dont l'intrigue repose sur une enquête criminelle. ◆ n Membre de la police.

**policlinique** nf Établissement où l'on traite les malades sans les hospitaliser.

ORTHOGRAPHE *Policlinique* (du grec *polis,* « ville ») ne doit pas être confondu avec *polyclinique* (du grec *poly-,* « plusieurs »).

**poliment** adv D'une manière polie.

**polio** nf (abréviation) FAM Poliomyélite. ◆ n Poliomyélitique.

**poliomyélite** nf Maladie virale de la moelle épinière, provoquant des paralysies.

**poliomyélitique** n et adj Personne atteinte de poliomyélite.

**polir** vt **1.** Rendre uni, lisse, luisant : *polir un métal.* **2.** LITT Parachever avec soin ; parfaire : *polir ses phrases.*

**polissage** nm Action de polir.

**polisseur, euse** n Personne spécialisée dans le polissage.

**polisseuse** nf Machine à polir.

**polisson, onne** n Enfant espiègle, désobéissant. ◆ adj Licencieux, grivois : *chanson polissonne.*

**polissonnerie** nf Action, propos licencieux.

**politesse** nf Ensemble des règles de courtoisie, de bienséance ; respect de ces règles.

**politicard, e** n et adj PÉJOR Politicien sans envergure et sans scrupules.

**politicien, enne** n Personne qui fait de la politique.

**1. politique** nf **1.** Science et art de gouverner un État : *les rapports de la politique et de la morale.* **2.** Ensemble des affaires d'un État ; manière de les conduire : *politique extérieure ; politique libérale.* **3.** Manière de diriger une affaire ; stratégie : *avoir une politique des prix.* **4.** FIG, LITT Manière prudente, habile d'agir ; diplomatie : *ménager quelqu'un par politique.*

**2. politique** adj **1.** Relatif à l'organisation et à l'exercice du pouvoir dans l'État. **2.** LITT Habile, intéressé : *une invitation toute politique.* ■ **homme, femme politique** : qui s'occupe des affaires de l'État. ◆ **politique** nm Ce qui est politique.

**politiquement** adv **1.** Sur le plan politique. **2.** FIG Finement, avec habileté.

**politisation** nf Action de politiser ; son résultat : *la politisation d'un débat.*

**politiser** vt **1.** Donner un caractère politique à : *politiser un débat.* **2.** Donner une conscience politique à, entraîner dans une action politique.

**politologue** n Spécialiste des problèmes politiques.

**polka** nf Danse à deux temps, d'origine polonaise ; air sur lequel on la danse.

**pollen** [pɔlɛn] nm Poussière fécondante des fleurs.

**pollinisation** nf Fécondation d'une fleur par le pollen.

**polluant, e** adj Qui pollue. ◆ nm Produit responsable d'une pollution.

**polluer** vt Dégrader, rendre malsain ou dangereux : *polluer une rivière.*

**pollueur, euse** n et adj Qui pollue, contribue à accroître la pollution.

**pollution** nf Action de polluer ; son résultat : *pollution atmosphérique.*

**polo** nm **1.** Sport de balle qui se pratique à cheval, avec un maillet. **2.** Chemise en tricot, à col rabattu, portée surtout dans les moments de loisir.

**polochon** nm FAM Traversin.

**polonais, e** adj et n De Pologne : *les Polonais.* ◆ nm Langue slave parlée en Pologne.

**polonaise** nf Danse nationale des Polonais.

**poltron, onne** adj et n Qui manque de courage ; peureux, couard.

**poltronnerie** nf Manque de courage, lâcheté.

**polyamide** nm Composé chimique utilisé dans la fabrication des fibres textiles.

**polyandrie** nf Fait, pour une femme, d'avoir simultanément plusieurs maris.

**polyarthrite** nf Rhumatisme atteignant simultanément plusieurs articulations.

**polychrome** [pɔlikrom] adj De plusieurs couleurs.

**polychromie** [pɔlikromi] nf Caractère de ce qui est polychrome.

**polyclinique** nf Clinique où l'on soigne des maladies diverses.

**polycopie** nf Procédé de reproduction en plusieurs exemplaires d'un texte écrit.

**polycopié** nm Texte, cours polycopié.

**polycopier** vt Reproduire par polycopie.

**polyculture** nf Système d'exploitation du sol, qui consiste à pratiquer des cultures d'espèces différentes.

**polyèdre** nm MATH Solide à plusieurs faces.

**polyédrique** adj Qui a plusieurs faces.

**polyester** [-ɛstɛr] nm Matière synthétique.

**polygame** adj et nm Se dit d'une personne mariée simultanément à plusieurs personnes. ◆ adj **1.** Se dit des plantes qui portent sur le même pied des fleurs mâles et femelles. **2.** Se dit d'une société qui autorise le mariage de ses membres à plusieurs conjoints à la fois.

**polygamie** nf **1.** État d'une personne polygame (en France, c'est un délit puni par la loi). **2.** État d'une plante polygame.

**polyglotte** adj et n Qui parle plusieurs langues.

**polygonal, e, aux** adj Qui a plusieurs angles.

**polygone** nm MATH Surface plane, limitée par des lignes droites.

**polymère** adj et nm Se dit d'un corps formé par polymérisation.

**polymérisation** nf CHIM Union de plusieurs molécules identiques pour former une nouvelle molécule plus grosse.

**polymorphe** adj Qui affecte diverses formes.

**polymorphisme** nm Caractère polymorphe.

**polynésien, enne** adj et n De Polynésie : *les Polynésiens*.

**polynévrite** nf MÉD Atteinte simultanée de plusieurs nerfs, par intoxication ou infection.

**polynôme** nm Somme algébrique de monômes.

**polynucléaire** adj BIOL Se dit d'une cellule formée de plusieurs noyaux. ◆ nm Globule blanc polynucléaire.

**polype** nm **1.** ZOOL Forme fixée des cœlentérés, composée d'un corps cylindrique à deux parois, creusé d'une cavité digestive. **2.** MÉD Tumeur bénigne, molle, dans les cavités d'une muqueuse.

**polyphasé, e** adj Qui comporte plusieurs phases : *courant polyphasé*.

**polyphonie** nf MUS Assemblage de voix ou d'instruments.

**polyphonique** adj Qui constitue une polyphonie.

**polypier** nm Squelette calcaire des colonies de polypes.

**polyptyque** nm Ensemble de panneaux peints ou sculptés liés entre eux.

> ORTHOGRAPHE Attention, *polyptyque* ne comporte que des *y*, à la différence de *triptyque*.

**polysémie** nf Propriété d'un mot qui présente plusieurs sens.

**polysémique** adj Qui présente plusieurs sens.

**polystyrène** nm Matière plastique.

**polysyllabe** adj et nm Qui a plusieurs syllabes.

**polysyllabique** adj Qui a plusieurs syllabes.

**polytechnicien, enne** n Élève, ancien élève de l'École polytechnique.

**polytechnique** adj Qui concerne plusieurs sciences. ■ **École polytechnique** ou **Polytechnique** nf : école supérieure formant des ingénieurs.

**polythéisme** nm Religion qui admet l'existence de plusieurs dieux.

**polythéiste** adj et n Relatif au polythéisme ; qui le professe.

**polytoxicomanie** nf Usage simultané ou alterné de deux ou plusieurs drogues.

**polytransfusé, e** adj et n MÉD Qui a subi plusieurs transfusions.

**polytraumatisé, e** adj et n Se dit d'un blessé présentant plusieurs lésions traumatiques.

**polyuréthanne** ou **polyuréthane** nm Matière plastique employée dans l'industrie des peintures et des vernis, ou servant à faire des mousses.

**polyvalence** nf Caractère polyvalent.

**polyvalent, e** adj Qui a plusieurs fonctions différentes : *vaccin polyvalent ; salle polyvalente*. ◆ n Agent du fisc chargé de vérifier les bilans et comptes d'exploitation des entreprises.

**pomelo** nm Pamplemousse.

**pommade** nf Corps gras médicamenteux, destiné à être appliqué sur la peau ou les muqueuses. ■ FAM **passer de la pommade à quelqu'un** : le flatter.

**pommader** vt Enduire de pommade.

**pommard** nm Vin de Bourgogne.

**pomme** nf **1.** Fruit du pommier. **2.** Ornement, objet de forme arrondie : *la pomme d'une canne.* ■ **pomme d'Adam** : saillie à la partie antérieure du cou de l'homme, formée par le cartilage thyroïde. ❑ **pomme d'arrosoir** : renflement percé de trous qui termine le tuyau d'un arrosoir. ❑ FIG **pomme de discorde** : sujet de division. ❑ **pomme de pin** : fruit du pin. ❑ FAM **pour ma (ta, etc.) pomme** : pour moi (toi, etc.). ❑ FAM **tomber dans les pommes** : s'évanouir.

**pommé, e** adj Arrondi comme une pomme : *chou pommé.*

**pommeau** nm **1.** Petite boule au bout de la poignée d'une épée, d'un sabre, d'un parapluie, etc. **2.** Partie antérieure de l'arçon d'une selle.

**pomme de terre** (pl *pommes de terre*) nf Plante à tubercules alimentaires riches en amidon ; tubercule de cette plante.

**pommelé, e** adj **1.** Marqué de gris et de blanc : *cheval pommelé.* **2.** Couvert de petits nuages : *ciel pommelé.*

**pommeler (se)** vpr (conj 6) Se couvrir de petits nuages.

**pommer** vi Se former en pomme, en parlant des choux, des laitues, etc.

**pommeraie** nf Verger de pommiers.

**pommette** nf Partie saillante de la joue, sous l'œil.

**pommier** nm Arbre fruitier de la famille des rosacées produisant la pomme.

**pompage** nm Action de pomper.

**1. pompe** nf LITT Cérémonial somptueux, déploiement de faste. ■ **en grande pompe** : avec beaucoup d'éclat. ◆ **pompes** pl ■ **les pompes funèbres** : service chargé de l'organisation des funérailles.

**2. pompe** nf **1.** Appareil pour aspirer, comprimer ou refouler les fluides : *pompe à vélo.* **2.** Distributeur de carburants : *pompe à essence.* **3.** FAM Chaussure. ■ FAM **à toute pompe** : très vite. ❑ FAM **coup de pompe** : fatigue soudaine. ◆ **pompes** pl Exercice de gymnastique qui consiste à soulever le corps, à plat ventre sur le sol, en poussant sur les bras.

**pompéien, enne** adj et n De Pompéi.

**pomper** vt **1.** Puiser avec une pompe : *pomper de l'eau.* **2.** Absorber : *l'éponge a pompé toute l'eau.* **3.** FAM Fatiguer, épuiser : *ce travail m'a pompé.* **4.** ARG SCOL Copier.

**pompette** adj FAM Un peu ivre.

**pompeusement** adv Avec emphase.

**pompeux, euse** adj Empreint d'une solennité excessive ou déplacée : *discours pompeux.*

**1. pompier, ère** n Personne qui fait partie d'un corps organisé pour combattre les incendies et intervenir en cas de sinistre.

**2. pompier, ère** adj D'un académisme emphatique : *style pompier.*

**pompiste** n Préposé au fonctionnement d'un appareil de distribution de carburants.

**pompon** nm Petite houppe qui sert d'ornement dans le costume et l'ameublement. ■ FAM **avoir, tenir le pompon** : l'emporter sur les autres.

**pomponner** vt Arranger la toilette avec beaucoup de soin. ◆ **se pomponner** vpr S'apprêter avec soin, coquetterie.

**ponant** nm **1.** LITT Occident. **2.** Vent d'ouest, dans le Midi.

**ponçage** nm Action de poncer.

**ponce** adj ■ **pierre ponce** ou **ponce** nf : roche volcanique, légère, très poreuse et très dure, utilisée pour polir.

**poncer** vt (conj 1) Polir, lisser avec la pierre ponce ou une substance abrasive.

**ponceuse** nf Machine à poncer.

**poncho** [pɔ̃ʃo] nm Manteau fait d'une couverture fendue au milieu pour passer la tête.

**poncif** nm Formule banale, sans originalité ; cliché, lieu commun.

**ponction** nf **1.** CHIR Introduction d'une aiguille dans une cavité, un organe, pour l'explorer, y faire un prélèvement ou en évacuer un liquide. **2.** Prélèvement, notamment d'argent.

**ponctionner** vt Faire une ponction.

**ponctualité** nf Qualité d'une personne ponctuelle.

**ponctuation** nf Art, manière de ponctuer. ■ **signes de ponctuation** : signes graphiques servant à noter les pauses entre phrases ou éléments de phrases, ainsi que les rapports syntaxiques.

**ponctuel, elle** adj **1.** Qui arrive à l'heure ; exact. **2.** Qui exécute à point nommé ce qu'il doit faire : *un collaborateur ponctuel.* **3.** Qui porte sur un détail, un point, un moment : *opération ponctuelle.* **4.** OPT Constitué par un point : *image ponctuelle.*

**ponctuellement** adv De façon ponctuelle.

**ponctuer** vt **1.** Marquer des signes de ponctuation : *ponctuer une phrase.* **2.** Marquer, accentuer d'un geste, d'une exclamation : *ponctuer son discours de coups frappés sur la table.*

**pondaison** nf Époque de la ponte des oiseaux.

**pondérable** adj Qui peut être pesé.

**pondéral, e, aux** adj Relatif au poids.

**pondérateur, trice** adj LITT Qui a un effet modérateur.

**pondération** nf **1.** Caractère pondéré ; mesure, modération : *s'exprimer avec pondération.* **2.** Juste équilibre de tendances contraires dans le domaine politique ou social : *pondération des pouvoirs*.

**pondéré, e** adj Bien équilibré, calme, modéré.

**pondérer** vt (conj 10) Équilibrer quelque chose par autre chose qui l'atténue.

**pondeur, euse** adj ■ **poule pondeuse** ou **pondeuse** nf : poule élevée pour la production d'œufs.

**pondre** vt (conj 51) **1.** Produire des œufs. **2.** FAM Écrire, produire : *pondre un article*.

**poney** nm Petit cheval à crinière épaisse.

**pongiste** n Joueur de ping-pong.

**pont** nm **1.** Construction faisant communiquer deux points séparés par un cours d'eau ou une dépression de terrain. **2.** MAR Plancher qui ferme la cavité de la coque d'un bateau. **3.** Essieu arrière d'une automobile. **4.** Jour chômé entre deux jours fériés : *faire le pont*. ■ FIG **couper les ponts :** rompre avec quelqu'un. ❑ **pont aérien :** liaison aérienne entre deux points séparés par un espace dans lequel les transports maritimes ou terrestres sont trop lents ou inutilisables. ❑ **pont suspendu :** dont le tablier est retenu par des chaînes ou des câbles. ❑ **pont tournant :** qui tourne sur un pivot. ◆ **ponts** pl ■ **Ponts et Chaussées :** corps d'ingénieurs chargés de tous les travaux qui se rapportent aux routes, aux ponts et aux canaux.

**pontage** nm Implantation chirurgicale d'un greffon ou d'un tube permettant le contournement de la zone obstruée ou rétrécie d'un canal anatomique.

**1. ponte** nm FAM Personnage important.

**2. ponte** nf **1.** Action de pondre. **2.** Saison où les oiseaux pondent. **3.** Quantité d'œufs pondus.

**ponté, e** adj Se dit d'une embarcation couverte par un pont : *canot ponté*.

**pontet** nm Pièce qui protège la détente d'une arme à feu portative.

**pontife** nm **1.** ANTIQ Dignitaire ecclésiastique. **2.** FAM Personne qui se donne des airs d'importance. ■ **souverain pontife :** le pape.

**pontifiant, e** adj FAM Qui pontifie.

**pontifical, e, aux** adj **1.** ANTIQ Du pontife. **2.** Du pape.

**pontificat** nm Dignité, fonction de pontife, de pape ; durée de cette fonction.

**pontifier** vi FAM Prendre des airs importants, parler avec emphase.

**pont-l'évêque** nm inv Fromage de vache à pâte molle.

**pont-levis** (pl *ponts-levis*) nm Pont qui protégeait l'entrée des châteaux forts en se levant et se rabaissant.

**ponton** nm Plateforme flottante, ou fixée sur pilotis.

**pontonnier** nm Militaire employé à la construction des ponts.

**pool** [pul] nm **1.** Groupement ou syndicat de producteurs. **2.** Groupe de personnes travaillant en commun à des tâches identiques.

**pop** [pɔp] nm ou nf et adj inv Forme musicale d'origine anglo-américaine dérivée du rock.

**pop art** [pɔpart] nm Tendance artistique qui transpose l'environnement de la civilisation contemporaine au moyen d'assemblages d'objets quotidiens.

**pop-corn** nm inv Grains de maïs soufflés et éclatés.

**pope** nm Prêtre de l'Église orthodoxe.

**popeline** nf Étoffe dont la chaîne est de soie, et la trame de laine, de lin ou de coton.

**popote** nf FAM Cuisine : *faire la popote*. ◆ adj FAM Terre à terre, prosaïque, pantouflard.

**popotin** nm FAM Fesses.

**populace** nf PÉJOR Le bas peuple.

**populacier, ère** adj PÉJOR Propre à la populace ; vulgaire.

**populaire** adj **1.** Relatif au peuple : *origines, milieux, classes populaires*. **2.** Propre au peuple : *expression populaire*. **3.** Qui a la faveur du plus grand nombre : *chanteur très populaire*. **4.** Qui s'adresse au peuple, au public le plus nombreux : *roman populaire*.

**populairement** adv De façon populaire.

**popularisation** nf Action de populariser ; son résultat.

**populariser** vt Rendre populaire, faire connaître au grand public.

**popularité** nf Fait d'être connu, aimé du plus grand nombre.

**population** nf **1.** Ensemble des habitants d'un pays. **2.** Ensemble d'êtres d'une catégorie particulière : *la population scolaire*.

**populationniste** adj et n Favorable à un accroissement de la population.

**populeux, euse** adj Très peuplé : *quartier populeux*.

**populisme** nm **1.** Doctrine littéraire et artistique qui s'attache à l'expression de la vie et des sentiments des milieux populaires. **2.** Doctrine politique démagogique qui prône la défense des intérêts du peuple contre les classes dirigeantes au pouvoir.

**populiste** adj et n Qui relève du populisme ; qui s'en recommande.

**populo** nm FAM Peuple, foule.

**pop-up** [pɔpœp] (pl *pop-ups*) nm inv ou nm **1.** Fenêtre publicitaire qui s'ouvre automatiquement sur certains sites (on dit aussi *une pop-up*). **2.** Livre dont l'illustration est rendue mobile grâce à divers éléments (tirettes, volets, pliages, etc.). SYN : livre animé.

**porc** [pɔr] nm **1.** Mammifère omnivore au museau terminé par un groin. **2.** Viande, peau tannée du porc. **3.** FIG Homme sale, grossier, débauché.

**porcelaine** nf **1.** Produit céramique à pâte fine, translucide. **2.** Objet de porcelaine.

**porcelet** nm Jeune porc.

**porc-épic** [pɔrkepik] (pl *porcs-épics*) nm Mammifère rongeur au corps armé de piquants.

**porche** nm Espace couvert en avant de l'entrée d'un édifice.

**porcher, ère** n Personne qui garde les porcs.

**porcherie** nf **1.** Bâtiment où on élève les porcs. **2.** FAM Local très sale.

**porcin, e** adj **1.** Relatif au porc : *élevage porcin*. **2.** Qui évoque le porc : *yeux porcins*. ◆ nm Ongulé à quatre doigts par patte (les porcins forment un groupe).

**pore** nm **1.** Très petite ouverture à la surface de la peau, par où s'écoulent la sueur, le sébum. **2.** Interstice qui sépare les molécules d'une matière solide.

**poreux, euse** adj **1.** Qui présente des pores : *l'argile sèche est poreuse*. **2.** Qui se laisse pénétrer par ; perméable : *une frontière poreuse*.

**porno** adj FAM Pornographique. ◆ nm FAM Genre pornographique.

**pornographie** nf Représentation complaisante de scènes obscènes, dans une œuvre littéraire, artistique ou cinématographique.

**pornographique** adj Qui relève de la pornographie.

**porosité** nf État de ce qui est poreux.

**porphyre** nm Roche caractérisée par ses grands cristaux de feldspath.

**porridge** nm Bouillie de flocons d'avoine.

**1. port** nm **1.** Abri naturel ou artificiel pour les navires ; ville bâtie auprès, autour d'un tel abri : *port maritime, fluvial ; Toulon est un port militaire*. **2.** LITT Refuge. ■ **arriver à bon port :** sans accident.

**2. port** nm **1.** Action de porter : *permis de port d'armes*. **2.** Fait de porter sur soi : *port de la barbe, de l'uniforme*. **3.** LITT Manière de se tenir, maintien habituel : *avoir un port majestueux*. **4.** Prix de transport d'une lettre, d'un colis : *port dû*. ■ **port d'armes :** (a) action ou droit de porter des armes (b) attitude du soldat qui présente les armes. ❑ **port de tête :** manière dont on tient la tête. ❑ MAR **port en lourd :** maximum de charge d'un navire.

**3. port** nm Col, dans les Pyrénées.

**portabilité** nf Caractère d'un matériel ou d'un programme portable. ■ **portabilité des données :** droit dont chacun dispose d'obtenir les données à caractère personnel le concernant auprès de l'opérateur chargé de leur traitement, et de les transmettre librement à un autre. ❑ **portabilité des droits :** dispositif permettant le maintien des garanties (santé, prévoyance) et du droit à la formation, pour les salariés ayant perdu leur emploi. ❑ **portabilité du numéro :** service permettant aux clients d'un opérateur de téléphonie de changer d'opérateur tout en conservant le même numéro de téléphone.

**portable** adj **1.** Qu'on peut porter : *téléphone portable*. **2.** INFORM Se dit d'un programme capable de fonctionner sur des ordinateurs de types différents. ◆ nm Appareil portable, en particulier micro-ordinateur et téléphone.

**portage** nm Transport à dos d'homme.

**portail** nm Entrée monumentale d'un édifice, d'une église, à une ou plusieurs portes.

**1. portant** nm **1.** Tringle à vêtements soutenue par des montants. **2.** THÉÂTRE Montant qui soutient les décors ou les appareils d'éclairage.

**2. portant, e** adj TECHN Qui soutient, supporte : *mur portant*. ■ **bien, mal portant :** en bonne, en mauvaise santé. ❑ **tirer à bout portant :** de très près.

**portatif, ive** adj Conçu pour être transporté avec soi : *téléviseur portatif*.

**1. porte** nf **1.** Ouverture pour entrer et sortir : *ouvrir, fermer la porte ; porte de secours* ; ce qui clôt cette ouverture ; battant : *porte de fer ; porte vitrée*. **2.** Lieu situé à la périphérie d'une ville, correspondant à une ouverture autrefois aménagée dans un mur d'enceinte : *porte de Versailles (à Paris)*. **3.** Espace délimité par deux piquets et entre lesquels un skieur doit passer, dans un slalom. ■ **mettre à la porte :** renvoyer. ❑ **opération, journée porte(s) ouverte(s) :** possibilité offerte au public de visiter librement une entreprise, un service public, etc.

**2. porte** adj ■ ANAT **veine porte :** qui conduit le sang au foie.

**porté, e** adj ■ **porté à :** enclin à. ❑ **porté sur :** qui a un goût très vif pour.

**porte-à-faux** nm inv Partie d'ouvrage qui n'est pas à l'aplomb. ■ **en porte à faux :** dans une situation fausse, périlleuse.

**porte-à-porte** nm inv Démarchage à domicile : *faire du porte-à-porte*.

**porte-avions** nm inv Navire servant de base aux avions de combat.

**porte-bagages** nm inv Dispositif pour fixer des bagages sur un véhicule.

**porte-bébé** (pl inv ou *porte-bébés*) nm Petit siège à poignées ou sorte de harnais en toile pour transporter un bébé.

**porte-billet** (pl *porte-billets*) ou **porte-billets** (pl inv) nm Petit portefeuille pour billets de banque.

**porte-bonheur** nm inv Objet censé porter chance.

**porte-bouteille** (pl *porte-bouteilles*) ou **porte-bouteilles** (pl inv) nm Casier pour transporter les bouteilles debout.

**porte-carte** (pl *porte-cartes*) ou **porte-cartes** (pl inv) nm Portefeuille pour cartes de visite, pièces d'identité, etc.

**porte-cigarette** (pl *porte-cigarettes*) ou **porte-cigarettes** (pl inv) nm Étui à cigarettes.

**porte-clés** ou **porte-clefs** nm inv Anneau ou étui pour porter les clés.

**porte-couteau** (pl inv ou *porte-couteaux*) nm Ustensile de table servant à poser l'extrémité du couteau.

**porte-document** (pl *porte-documents*) ou **porte-documents** (pl inv) nm Grande pochette plate.

**porte-drapeau** (pl inv ou *porte-drapeaux*) nm **1.** Celui qui porte le drapeau. **2.** Chef actif et reconnu d'une doctrine, d'un mouvement.

**portée** nf **1.** Totalité des petits qu'une femelle met bas en une fois. **2.** Distance à laquelle une arme peut lancer un projectile : *missile à longue portée*. **3.** Endroit jusqu'où la main, la vue, la voix, l'ouïe, peuvent arriver : *à portée de main*. **4.** FIG Capacité intellectuelle : *c'est hors de ma portée*. **5.** Force, efficacité, importance de qqch ; retentissement : *mesurer la portée de ses actes*. **6.** Distance séparant les points d'appui consécutifs d'une construction : *portée d'un pont*. **7.** Série de cinq lignes parallèles et horizontales pour écrire la musique.

**portefaix** nm ANC Homme dont le métier était de porter des fardeaux.

**porte-fenêtre** (pl *portes-fenêtres*) nf Porte vitrée, souvent à deux battants, qui ouvre sur une terrasse, un jardin, etc.

**portefeuille** nm **1.** Étui muni de compartiments où l'on met ses billets de banque, ses papiers, etc. **2.** Ensemble des effets de commerce, des valeurs mobilières appartenant à une personne ou à une entreprise. **3.** FIG Titre, fonction de ministre ; département ministériel : *convoiter le portefeuille des Affaires étrangères*.

**porte-greffe** (pl inv ou *porte-greffes*) nm Sujet sur lequel on fixe le greffon.

**porte-hélicoptères** nm inv Bâtiment de guerre équipé pour recevoir les hélicoptères.

**porte-jarretelles** nm inv Ceinture supportant les jarretelles qui retiennent les bas.

**porte-malheur** nm inv Personne, objet censés porter malheur.

**portemanteau** nm Support auquel on suspend les vêtements.

**portement** nm ■ **portement de croix :** représentation de Jésus portant sa croix.

**portemine** nm Tube de métal ou de plastique contenant une mine de crayon.

**porte-monnaie** nm inv Étui, pochette pour les pièces de monnaie.

**porte-parapluie** (pl inv ou *porte-parapluies*) nm Ustensile pour recevoir les parapluies.

**porte-parole** n inv Personne qui parle au nom des autres. ◆ nm Journal qui se fait l'interprète de qqn, d'un groupe.

**porte-plume** (pl inv ou *porte-plumes*) nm Petite tige à laquelle s'adaptent les plumes métalliques pour écrire ou dessiner.

**porter** vt **1.** Soutenir un poids, une charge : *porter une valise*. **2.** Transporter : *porter à domicile*. **3.** Avoir sur soi comme vêtement, comme ornement : *porter une veste, des bijoux*. **4.** Présenter à la vue : *cadavre qui porte des marques de coups ; lettre qui porte la date d'hier*. **5.** Tenir une partie du corps de telle ou telle manière : *porter la tête haute*. **6.** Diriger : *porter son regard sur qqch*. **7.** Produire : *arbre qui porte peu de fruits*. **8.** Avoir en gestation : *la chatte porte trois chatons*. **9.** Inciter, pousser à : *porter au mal*. **10.** Causer : *porter malheur*. **11.** Supporter : *porter le poids d'une faute*. ■ **porter la main sur :** frapper. ❑ **porter les armes, la robe, la soutane :** être soldat, magistrat, prêtre. ❑ **porter un nom, un titre :** se faire appeler ainsi. ◆ vi **1.** Atteindre son objectif. **2.** Avoir telle portée : *cette arme porte loin*. ◆ vt ind **1.** [sur] reposer sur : *poids qui porte sur une jambe*. **2.** [sur] Avoir pour objet : *sur quoi porte ce projet ?* ■ **porter à faux :** ne pas être d'aplomb. ❑ **porter à la tête :** étourdir. ❑ **porter sur les nerfs :** énerver. ◆ **se porter** vpr **1.** Aller, se diriger : *se porter au-devant de qqn*. **2.** Avoir tel état de santé : *je me porte bien*. **3.** Se présenter, se constituer : *se porter candidat, volontaire*.

**porte-revues** nm inv Accessoire de mobilier conçu pour le rangement des revues, des journaux.

**porterie** nf Loge du portier, dans une communauté religieuse.

**porte-savon** (pl inv ou *porte-savons*) nm Support, récipient pour le savon.

**porte-serviette** (pl *porte-serviettes*) nm Support pour suspendre les serviettes de toilette.

**porteur, euse** adj Qui porte ou supporte qqch : *mur porteur.* ■ **mère porteuse :** femme qui porte dans son utérus un ovule d'une autre femme fécondé in vitro. ◆ n **1.** Personne dont le métier est de porter, en particulier les bagages. **2.** Celui qui est chargé de remettre une lettre, un télégramme. **3.** Personne qui présente un effet de commerce : *payable au porteur ;* détenteur d'une valeur mobilière. **4.** Personne qui porte sur soi, qui est en possession de qqch : *porteur d'une arme.* ■ **porteur sain :** sujet qui, bien qu'asymptomatique, est contaminé par un agent infectieux qu'il peut transmettre.

**porte-voix** nm inv Instrument conique pour amplifier le son de la voix.

**portfolio** [pɔrtfoljo] nm Ensemble de photographies ou d'estampes réunies sous une couverture rigide.

**portier, ère** n Personne qui garde l'entrée d'un hôtel, d'un établissement public.

**portière** nf Porte d'une automobile, d'un wagon.

**portillon** nm Petite porte à battant.

**portion** nf **1.** Partie d'un tout : *portion d'héritage.* **2.** Quantité, part de nourriture servie à qqn.

**portique** nm **1.** Galerie à voûte soutenue par des colonnes. **2.** Poutre horizontale à laquelle on accroche les agrès de gymnastique.

**porto** nm Vin récolté au Portugal.

**portoricain, e** adj et n De Porto Rico.

**portrait** nm **1.** Image d'une personne reproduite par la peinture, le dessin, la photographie, etc. **2.** FIG Description orale ou écrite d'une personne. ■ **être le portrait de qqn :** lui ressembler fortement.

**portraitiste** n Artiste qui fait des portraits.

**portrait-robot** (pl *portraits-robots*) nm Portrait d'une personne recherchée par la police, effectué d'après la description de témoins.

**portraiturer** vt Faire le portrait de qqn.

**Port-Salut** nm inv (nom déposé) Fromage au lait de vache.

**portuaire** adj Relatif à un port.

**portugais, e** adj et n Du Portugal : *les Portugais.* ◆ nm Langue romane parlée au Portugal et au Brésil.

**portugaise** nf Variété d'huître.

**portulan** nm Carte marine de la fin du Moyen Âge et de la Renaissance, indiquant la position des ports et le contour des côtes.

**POS** [pɔs] nm (sigle de *plan d'occupation des sols*) Document d'urbanisme fixant les conditions d'affectation et d'utilisation des sols dans une commune.

**pose** nf **1.** Action de poser : *la pose d'une moquette.* **2.** Attitude du corps : *une pose indolente.* **3.** Action de poser pour un artiste : *séance de pose.* **4.** Durée d'exposition d'une photographie : *temps de pose.*

**posé, e** adj Calme, mesuré : *homme posé.*

**posément** adv Calmement.

**posemètre** nm PHOT Appareil servant à mesurer le temps de pose nécessaire.

**poser** vt **1.** Placer, mettre : *poser un livre sur la table.* **2.** Installer : *poser des rideaux.* **3.** Établir : *poser les fondements de.* **4.** Adresser, formuler : *poser une question.* **5.** Écrire un nombre selon les règles de l'arithmétique : *poser une opération.* **6.** Mettre en valeur : *ce succès le pose.* ■ **poser (un) problème :** soulever une difficulté : *sa venue pose problème.* ◆ vi **1.** Prendre appui : *les solives posent sur le mur.* **2.** Garder une attitude : *poser pour un peintre.* **3.** Se comporter de façon affectée : *poser pour la galerie.* **4.** PHOT Observer un temps de pose. ◆ **se poser** vpr **1.** Se donner pour : *se poser en justicier.* **2.** Atterrir : *l'avion s'est posé.* **3.** Exister : *le problème se pose.*

**poseur, euse** n et adj **1.** Personne qui pose, installe qqch : *poseur de moquette.* **2.** FIG Personne affectée, prétentieuse : *quelle poseuse !*

**positif, ive** adj **1.** Certain, réel, qui relève de l'expérience concrète : *fait positif.* **2.** Qui fait preuve de réalisme, qui a le sens pratique : *esprit positif.* **3.** Qui a un effet favorable : *réunion positive.* **4.** Qui montre la présence de l'élément ou de l'effet recherché : *test positif.* ■ **éducation positive :** fondée sur le respect de l'enfant, l'écoute bienveillante et l'abandon des punitions au profit de solutions visant à le responsabiliser. ❑ **électricité positive :** celle que l'on obtient en frottant un morceau de verre. ❑ PHOT **épreuve positive :** épreuve tirée d'un négatif, après développement et tirage. ❑ MATH **nombre positif :** supérieur ou égal à 0. ❑ **réponse positive :** affirmative. ◆ nm Ce qui est sûr, concret, positif : *voilà du positif !*

**position** nf **1.** Situation d'une chose dans l'espace : *la position d'un navire.* **2.** Attitude, posture du corps : *changer de position.* **3.** MIL Terrain occupé par des troupes. **4.** FIG

Emploi, situation sociale : *avoir une position élevée.* **5.** Place relative dans un classement : *candidat en bonne position.* **6.** Circonstances dans lesquelles on se trouve : *être en position difficile.* **7.** Opinion, parti adoptés sur un problème donné : *avoir une position nette.* ■ **position latérale de sécurité (PLS) :** position couchée sur le côté, dans laquelle on met les personnes blessées ou inconscientes. ❑ **rester, camper sur ses positions :** ne pas changer d'avis.

**positionnement** nm Action de positionner.

**positionner** vt **1.** Indiquer les coordonnées géographiques d'un navire, l'emplacement exact d'une troupe, etc. **2.** Déterminer la situation d'un produit sur le marché.

**positivement** adv De façon positive.

**positivisme** nm Système philosophique de A. Comte, qui n'admet que les vérités constatées par l'observation, l'expérience.

**positiviste** adj et n Qui relève du positivisme ; qui le professe.

**positron** ou **positon** nm Électron de charge positive.

**posologie** nf **1.** Quantité et rythme d'administration d'un médicament prescrit. **2.** Étude du dosage et des modalités d'administration des médicaments.

**possédant, e** adj et n Qui possède des biens, de la fortune.

**possédé, e** n Personne en proie à une puissance démoniaque.

**posséder** vt (conj 10) **1.** Avoir à soi, comme bien : *posséder une maison.* **2.** Avoir à sa disposition : *posséder l'arme nucléaire.* **3.** FIG Connaître parfaitement : *posséder l'anglais.* **4.** FAM Tromper, duper : *se faire posséder.*

**possesseur** nm Celui qui possède qqch.

**possessif, ive** adj et nm GRAMM Se dit des mots qui expriment la possession, l'appartenance : *adjectif, pronom possessif.* ◆ adj Qui éprouve un besoin de possession, de domination.

**possession** nf **1.** Fait de posséder ; chose possédée. **2.** Territoire possédé par un État ; colonie. **3.** État d'une personne possédée par une force démoniaque.

**possessivité** nf Caractère d'une personne possessive.

**possibilité** nf **1.** Caractère de ce qui est possible. **2.** Chose possible. ◆ **possibilités** pl Moyens dont on dispose.

**possible** adj Qui peut exister, se produire : *une erreur est possible.* ◆ adj inv Renforce un superlatif : *faire le moins de fautes possible.* ◆ nm Ce que l'on peut : *faire son possible.* ■ **au possible :** extrêmement : *avare au possible.*

GRAMMAIRE Lorsque *possible* est précédé de *le plus, le moins,* il reste invariable : *faites le moins de fautes possible.*

**post** nm Message (texte, liens, images) publié sur un blog ou un forum.

**postal, e, aux** adj De la poste.

**postclassique** adj Postérieur à l'époque classique.

**postcommunisme** nm Situation résultant de l'abandon de l'idéologie communiste dans certains pays.

**postcure** nf Période de repos après une cure, de soins ambulatoires après une hospitalisation.

**postdater** vt Apposer une date postérieure à la date réelle.

**1. poste** nf **1.** Administration chargée du transport du courrier, d'opérations financières, etc. ; bureau, local où s'effectuent ces opérations. **2.** AUTREF Relais de chevaux pour le service des voyageurs ; distance entre deux relais.

**2. poste** nm **1.** Local, lieu affecté à une destination particulière, où qqn, un groupe remplit une fonction déterminée : *poste de douane.* **2.** Emploi, fonction : *occuper un poste élevé.* **3.** Emplacement aménagé pour recevoir certaines installations techniques : *poste d'essence.* **4.** Endroit où se trouvent des soldats : *poste de combat.* **5.** Appareil récepteur de radio, de télévision, de téléphone. ■ **poste (de police) :** locaux d'un commissariat.

**posté, e** adj Se dit d'un travail où les équipes se succèdent pour assurer une production continue.

**poste-frontière** (pl *postes-frontières*) nm Endroit de passage entre deux pays, où s'effectue le contrôle douanier.

**1. poster** vt Placer à un poste : *poster des chasseurs.*

**2. poster** vt **1.** Mettre à la poste : *poster son courrier.* **2.** INFORM Publier un article, un commentaire, une photo ou une vidéo sur un média Internet.

**3. poster** [pɔstɛr] nm Affiche illustrée ou photo de grand format.

**postérieur, e** adj **1.** Qui vient après : *fait postérieur à un autre.* **2.** Placé derrière : *partie postérieure de la tête.* ◆ nm FAM Fesses.

**postérieurement** adv Après.

**postériorité** nf État d'une chose postérieure à une autre.

**postérité** nf **1.** Descendance : *mourir sans laisser de postérité.* **2.** Ensemble des générations à venir : *la postérité jugera.*

**postface** nf Avertissement à la fin d'un livre.

**posthume** adj **1.** Né après la mort de son père. **2.** Publié après le décès de l'auteur. **3.** Qui n'existe qu'après la mort de la personne : *gloire posthume*.

**postiche** adj **1.** Fait et ajouté après coup : *ornement postiche*. **2.** Qui remplace artificiellement la nature : *cheveux postiches*. ◆ nm **1.** Faux cheveux. **2.** Fausse barbe, fausse moustache.

**postier, ère** n Employé de la poste.

**postillon** nm **1.** AUTREF Conducteur des chevaux d'une voiture de poste. **2.** FAM Goutte de salive projetée en parlant.

**postillonner** vi FAM Projeter des postillons en parlant.

**postimpressionnisme** nm Courant artistique (fin XIXe-début XXe s.), qui diverge de l'impressionnisme ou s'y oppose.

**postimpressionniste** adj et n Qui appartient au postimpressionnisme.

**postnatal, e, aux** adj Qui suit immédiatement la naissance.

**postopératoire** adj Qui suit une opération : *complications postopératoires*.

**postposer** vt GRAMM Placer après un autre mot.

**post-scriptum** [pɔstskriptɔm] nm inv Ajout fait à une lettre après la signature (abréviation : *P.-S.*).

**postsynchronisation** nf CIN Enregistrement des dialogues d'un film en synchronisme avec les images déjà tournées.

**postsynchroniser** vt Effectuer la postsynchronisation de.

**post-traumatique** adj Relatif aux conséquences physiques ou psychiques d'un traumatisme : *syndrome de stress post-traumatique*.

**postulant, e** n Personne qui postule une place : *sélectionner les postulants*.

**postulat** nm Principe dont l'admission est nécessaire pour établir une démonstration : *le postulat d'Euclide*.

**postuler** vt et vi Demander, solliciter : *postuler une place ; postuler pour* ou *à un poste*.

**posture** nf **1.** Position du corps ; attitude, maintien. **2.** FIG Situation : *être en bonne posture*.

**post-vérité** nf Concept selon lequel nous serions entrés dans une période où l'opinion personnelle, l'idéologie, l'émotion, la croyance l'emportent sur la réalité des faits.

**pot** nm **1.** Récipient de terre, de métal, etc. : *pot de fleurs ; pot à lait*. **2.** FAM Verre d'une boisson quelconque ; cette boisson : *prendre, boire un pot ;* réunion où on boit, cocktail. ■ **à la fortune du pot :** sans cérémonie. ❑ FAM **avoir du pot :** de la chance. ❑ **le pot aux roses :** le secret d'une affaire. ❑ FAM **payer les pots cassés :** réparer les dommages causés. ❑ **petit pot :** conserve alimentaire destinée aux nourrissons. ❑ **pot catalytique :** pot d'échappement antipollution utilisant la catalyse. ❑ **pot de chambre :** petit récipient destiné aux besoins naturels. ❑ **pot d'échappement :** dans une automobile, appareil cylindrique par lequel s'échappent les gaz brûlés sortant du moteur. ❑ **poule au pot :** poule bouillie.

**potable** adj **1.** Qui peut être bu sans danger : *eau potable*. **2.** FAM Dont on peut se contenter, passable : *vin potable*.

**potache** nm FAM Lycéen, collégien.

**potage** nm Préparation plus ou moins épaisse dans laquelle on a mis des légumes, de la viande, etc.

**potager, ère** adj Se dit des plantes utilisées pour la cuisine. ◆ nm Jardin où l'on cultive des légumes.

**potasse** nf Hydroxyde de potassium.

**potasser** vt FAM Étudier avec application.

**potassique** adj Se dit des dérivés du potassium.

**potassium** [pɔtasjɔm] nm Corps simple métallique, extrait de la potasse ; symb : K.

**pot-au-feu** [pɔtofø] nm inv **1.** Plat composé de viande de bœuf bouillie avec des légumes. **2.** Viande avec laquelle on prépare ce mets.

**pot-de-vin** (pl *pots-de-vin*) nm Somme payée en sus du prix convenu pour obtenir un marché, pour gagner l'influence de quelqu'un.

**pote** n FAM Camarade, ami.

**poteau** nm **1.** Pièce de charpente fixée verticalement : *poteau télégraphique*. **2.** Pièce fixée verticalement dans le sol, servant de repère, de signalisation, de support : *poteau indicateur*.

**potée** nf Plat composé de légumes accompagnés de viande bouillie et de charcuterie.

**potelé, e** adj Qui a des formes rondes et pleines ; dodu.

**potelet** nm Petit poteau fixé sur un trottoir ou une chaussée, pour empêcher le stationnement ou canaliser la circulation des véhicules.

**potence** nf Instrument de supplice servant à la pendaison ; ce supplice.

**potentat** nm **1.** Souverain absolu d'un État puissant. **2.** FIG Homme qui dirige de façon tyrannique.

**potentialité** nf Caractère potentiel.

**potentiel, elle** adj Qui existe virtuellement, en puissance : *qualité potentielle*. ◆ nm **1.** PHYS Différence de niveau électrique entre deux conducteurs. **2.** Force, puissance, ressources dont on peut disposer : *le potentiel militaire d'un État.* **3.** LING Forme verbale indiquant l'action qui se réaliserait dans l'avenir si telle condition était remplie.

**potentiellement** adv Virtuellement.

**potentiomètre** nm ÉLECTR Rhéostat.

**poterie** nf **1.** Art du potier. **2.** Fabrication de vases, d'ustensiles divers en grès, en terre cuite. **3.** Objet, vaisselle en terre cuite.

**poterne** nf Porte de fortification donnant sur le fossé.

**potiche** nf **1.** Grand vase en porcelaine, souvent à couvercle. **2.** FIG Personne qui a un rôle de représentation, sans pouvoir réel.

**potier, ère** n Personne qui fabrique ou vend de la poterie.

**potimarron** nm Potiron dont la chair parfumée a un léger goût de châtaigne.

**potin** nm FAM **1.** (surtout au pluriel) Petit commérage ; cancan. **2.** Tapage, vacarme : *faire du potin.*

**potion** nf Remède à boire.

**potiron** nm Plante potagère voisine de la courge ; gros fruit à chair orangée de cette plante.

**pot-pourri** (pl *pots-pourris*) nm **1.** Mélange de plusieurs airs, de couplets ou refrains de chansons diverses. **2.** Mélange de choses diverses. **3.** Mélange de fleurs séchées odorantes, utilisé pour parfumer une pièce, le linge.

**potron-jacquet** ou **potron-minet** nm ■ VX **dès potron-jacquet** ou **dès potron-minet** : dès la pointe du jour.

**pou** (pl *poux*) nm Insecte qui vit en parasite sur le corps de l'homme et de certains animaux.

**pouah** interj Exprime le dégoût.

**poubelle** nf Boîte à ordures.

**pouce** nm **1.** Le plus gros et le plus court des doigts de la main. **2.** Gros orteil. **3.** Ancienne mesure de longueur (0,027 m). **4.** FIG Très petite parcelle : *ne pas céder un pouce de territoire.* ■ **manger sur le pouce** : à la hâte. ❏ **mettre les pouces** : céder après avoir longtemps résisté. ❏ **se tourner les pouces** : rester sans rien faire.

**pouding** nm → **pudding**.

**poudingue** nm Agglomérat de cailloux réunis par un ciment naturel.

**poudrage** nm Action de poudrer.

**poudre** nf **1.** Substance pulvérisée : *sucre en poudre.* **2.** Mélange de produits minéraux, utilisé comme fard : *se mettre de la poudre.* **3.** Substance explosive solide pouvant être utilisée au lancement d'un projectile par une arme à feu ou à la propulsion d'un engin. ■ FIG **jeter de la poudre aux yeux** : chercher à faire illusion. ❏ **mettre le feu aux poudres** : déclencher un conflit. ❏ **n'avoir pas inventé la poudre** : n'être pas intelligent, pas très fin. ❏ **poudre à canon** : mélange inflammable de salpêtre, de charbon et de soufre. ❏ **se répandre comme une traînée de poudre** : se propager très rapidement.

**poudrer** vt Couvrir de poudre.

**poudrerie** nf Fabrique d'explosifs.

**poudreux, euse** adj Qui a l'aspect ou la consistance de la poudre. ◆ nf Neige poudreuse.

**poudrier** nm Boîte à poudre pour maquillage.

**poudrière** nf **1.** VX Dépôt de munitions ou d'explosifs. **2.** Région, endroit dangereux, sources de conflits.

**poudroiement** nm Caractère de ce qui poudroie.

**poudroyer** [pudrwaje] vi (conj 3) LITT S'élever en poussière ; être couvert de poussière : *la route poudroie.*

**1. pouf** interj Exprime le bruit d'un choc, d'une chute.

**2. pouf** nm Siège bas, rembourré.

**pouffer** vi Éclater de rire.

**pouilleux, euse** n et adj **1.** Personne qui a des poux. **2.** Personne misérable ou très sale. ◆ adj Sordide : *quartier pouilleux.*

**poulailler** nm **1.** Bâtiment où l'on élève les poules, les poulets. **2.** FAM Galerie la plus élevée d'un théâtre.

**poulain** nm **1.** Jeune cheval de moins de trente mois. **2.** Débutant à carrière prometteuse, appuyé par une personnalité influente. **3.** Assemblage de madriers pour descendre des tonneaux.

**poularde** nf Jeune poule engraissée.

**1. poule** nf **1.** Femelle du coq. **2.** Femelle de divers oiseaux : *poule faisane.* ■ **avoir la chair de poule** : frissonner, trembler de froid ou de peur. ❏ **mère poule** : mère qui couve trop ses enfants. ❏ **poule d'eau** : oiseau aquatique. ❏ **poule des bois** : gelinotte. ❏ FAM **poule mouillée** : personne pusillanime.

**2. poule** nf Épreuve sportive dans laquelle chaque concurrent, chaque équipe rencontre chacun de ses adversaires.

**poulet** nm **1.** Petit de la poule. **2.** Poule ou coq non encore adulte, élevé pour sa viande ; viande de poulet. **3.** FAM Policier.

**poulette** nf **1.** Jeune poule. **2.** FAM Jeune femme, jeune fille.

**pouliche** nf Jument non adulte.

**poulie** nf Roue tournant sur un axe, et dont le tour, creusé d'une gorge, reçoit un lien flexible pour élever les fardeaux.

**pouliner** vi Mettre bas, en parlant d'une jument.

**poulinière** adj f et nf Se dit d'une jument destinée à la reproduction.

**poulpe** nm Grand mollusque céphalopode à longs tentacules. SYN : pieuvre.

**pouls** [pu] nm Battement des artères. ■ **prendre le pouls :** compter le nombre de pulsations. ❏ FIG **tâter le pouls :** sonder les intentions de quelqu'un ou la façon dont quelque chose se présente.

**poumon** nm Viscère contenu dans le thorax et qui est le principal organe de la respiration.

**poupe** nf Arrière d'un navire (par opposition à *proue*). ■ FIG **avoir le vent en poupe :** être dans une période favorable.

**poupée** nf **1.** Figurine humaine qui sert de jouet aux enfants. **2.** Mannequin des modistes et des tailleurs. **3.** FAM Pansement entourant un doigt. **4.** FAM Jeune femme. **5.** Chacune des deux pièces qui servent à maintenir le morceau de bois que travaille le tourneur. ■ **de poupée :** très petit : *maison de poupée.*

**poupin, e** adj Qui a les traits rebondis, le visage rond.

**poupon** nm **1.** Bébé. **2.** Poupée représentant un bébé.

**pouponner** vi S'occuper d'un bébé, le dorloter.

**pouponnière** nf Établissement public accueillant des nourrissons.

**pour** prép **1.** Indique l'équivalence, la capacité à se substituer à : *employer un mot pour un autre ; signez pour moi ; donnez-m'en pour 10 euros.* **2.** Indique le lieu où l'on va : *partir pour Paris.* **3.** Introduit la destination, le but, l'attribution, le bénéficiaire d'une action : *crème pour les mains ; pour s'instruire ; voter, travailler pour quelqu'un.* **4.** Capable de : *il n'y a personne pour me le dire.* **5.** Par rapport à : *il est grand pour son âge.* **6.** À cause de : *condamné pour vol.* **7.** Introduit le point de vue, l'objet ou la personne concernés ; quant à : *pour moi, je n'y crois pas ; pour ce qui est de.* **8.** Introduit la conséquence : *pour son malheur.* **9.** Introduit le moment où une chose doit se faire, le terme d'un délai, la durée : *c'est pour demain ; pour deux ans.* **10.** Introduit la circonstance : *pour cette fois.* **11.** Introduit la valeur donnée à une chose, la fonction, la qualité attribuée à une personne : *avoir pour titre ; laisser pour mort.* ◆ adv **1.** Indique la destination, le but : *c'est fait, étudié, prévu pour.* **2.** Indique l'adhésion : *être, voter pour.* ◆ nm ■ **le pour et le contre :** les avantages et les inconvénients. ◆ **pour que** loc conj **1.** Introduit le but ; afin que : *viens tôt pour que nous parlions.* **2.** Introduit la conséquence : *il est trop égoïste pour qu'on l'aide.*

**pourboire** nm Gratification donnée par un client à un garçon de café, un chauffeur de taxi, etc.

**pourceau** nm LITT Porc.

**pourcentage** nm Proportion d'une quantité, d'une grandeur par rapport à une autre, évaluée en général sur la centaine.

**pourchasser** vt Poursuivre, rechercher avec ardeur et obstination.

**pourfendeur, euse** n LITT, SOUVENT IRON Qui pourfend, attaque : *un pourfendeur des abus.*

**pourfendre** vt LITT Attaquer, critiquer.

**pourlécher (se)** vpr (conj 10) FAM Passer sa langue sur ses lèvres en signe de gourmandise.

**pourparlers** nm pl Discussions, entretiens : *engager des pourparlers.*

**pourpier** nm Plante alimentaire à feuilles charnues.

**pourpoint** nm ANC Vêtement ajusté d'homme (XII^e^-XVII^e^ s.), qui couvrait le buste.

**pourpre** nf **1.** Matière colorante rouge foncé, que les Anciens tiraient d'un coquillage. **2.** Étoffe teinte en pourpre. **3.** LITT Dignité souveraine dont la pourpre était la marque ; dignité de cardinal. ◆ nm Rouge foncé tirant sur le violet. ◆ adj Rouge violacé.

**pourpré, e** adj LITT De couleur pourpre.

**pourquoi** adv interr Pour quelle raison : *pourquoi partez-vous ? ; se fâcher sans savoir pourquoi.* ■ **pourquoi pas ? :** indique que l'on relève le défi. ◆ nm inv **1.** Cause, raison : *nous ne connaissons pas le pourquoi de sa décision.* **2.** Question : *répondre à tous les pourquoi.*

**pourri, e** adj **1.** Gâté, avarié : *fruit pourri.* **2.** Corrompu : *milieu pourri.* ■ **temps pourri :** mauvais temps. ◆ nm Partie pourrie de quelque chose.

**pourrir** vi **1.** Se gâter par la décomposition : *fruits qui pourrissent.* **2.** Se détériorer, se dégrader : *situation qui pourrit.* **3.** FIG Rester (trop) longtemps : *pourrir en prison.* ◆ vt Corrompre, gâter : *eau qui pourrit le bois ; pourrir un enfant.*

> ORTHOGRAPHE *Pourrir* s'écrit avec deux *r*, comme *nourrir,* à la différence de *courir* et *mourir.*

**pourrissant, e** adj Qui pourrit.

**pourrissement** nm Fait de pourrir ; dégradation, détérioration.

**pourriture** nf **1.** État d'un corps en décomposition. **2.** FIG Corruption morale.

**poursuite** nf **1.** Action de poursuivre : *se lancer à la poursuite de quelqu'un.* **2.** DR Procédure pour se faire rendre justice : *engager des poursuites contre un débiteur.*

**poursuivant, e** n Personne qui poursuit.

**poursuivre** vt (conj 62) **1.** Courir après pour atteindre : *poursuivre l'ennemi.* **2.** FIG Chercher à obtenir, à réaliser : *poursuivre un idéal.* **3.** Continuer ce que l'on a commencé : *poursuivre une entreprise, un exposé.* **4.** DR Agir en justice contre quelqu'un : *poursuivre un débiteur.* **5.** Tourmenter, obséder : *le remords le poursuit.* **6.** (sans complément) Continuer à parler : *veuillez poursuivre.* ◆ **se poursuivre** vpr Continuer sans interruption : *guerre qui se poursuit.*

**pourtant** adv Marque une opposition, une restriction ; cependant, toutefois : *incroyable, et pourtant vrai.*

**pourtour** nm Ligne qui fait le tour d'un lieu, d'un objet.

**pourvoi** nm DR Attaque devant une juridiction supérieure de la décision d'un tribunal. ■ **pourvoi en cassation :** pourvoi porté par un plaideur devant la Cour de cassation ou le Conseil d'État. ❑ **pourvoi en grâce :** demande au chef de l'État pour obtenir une remise de peine.

**pourvoir** vt ind [à] (conj 43) Fournir à quelqu'un ce qui est nécessaire : *pourvoir aux besoins de ses enfants.* ◆ vt Munir, garnir, doter : *pourvoir sa maison de toutes les commodités ; femme pourvue de toutes les qualités.* ◆ **se pourvoir** vpr **1.** Se munir : *se pourvoir d'argent.* **2.** DR Former un pourvoi : *se pourvoir en cassation.*

**pourvoyeur, euse** n Personne, organisme qui fournit, approvisionne en quelque chose : *pourvoyeur de fonds.*

**pourvu que** loc conj **1.** À condition que : *il réussira pourvu qu'il travaille un peu.* **2.** En tête de phrase, introduit un souhait, une inquiétude : *pourvu qu'il fasse beau !*

**pousse** nf **1.** Développement des graines et bourgeons des végétaux : *la pousse des végétaux.* **2.** Développement, croissance : *la pousse des cheveux.* **3.** Jeune branche ou jeune plante : *pousse de bambou.* **4.** Maladie des chevaux, caractérisée par une sorte d'essoufflement. ■ **jeune pousse :** recommandation officielle pour *start-up.*

**poussé, e** adj Porté à un certain degré d'achèvement : *recherches très poussées.*

**pousse-café** nm inv FAM Petit verre d'alcool après le café.

**poussée** nf **1.** Action de pousser ; son résultat. **2.** MÉD Manifestation brusque d'un mal : *poussée de fièvre.*

**pousse-pousse** nm inv **1.** En Extrême-Orient, voiture légère tirée par un homme. **2.** SUISSE Poussette.

**pousser** vt **1.** Déplacer avec effort ou en exerçant une pression : *pousser une voiture.* **2.** Faire avancer : *pousser son cheval.* **3.** Écarter ou faire perdre l'équilibre en heurtant ; bousculer : *pousser son voisin.* **4.** Stimuler : *pousser un élève.* **5.** Faire fonctionner vivement : *pousser un moteur.* **6.** Faire agir, exhorter, inciter : *l'intérêt le pousse.* **7.** Émettre, faire entendre : *pousser des cris.* ◆ vi **1.** Croître, se développer : *fleurs qui poussent.* **2.** Poursuivre son chemin : *pousser jusqu'à Rome.* **3.** FAM Exagérer. ◆ vt ind [sur] Exercer une pression continue sur : *pousser sur une porte.* ◆ **se pousser** vpr Se déplacer pour laisser la place : *poussez-vous !*

**poussette** nf Voiture d'enfant que l'on pousse devant soi.

**poussier** nm Poussière de charbon.

**poussière** nf **1.** Terre ou toute autre matière réduite en poudre fine. **2.** Très petite particule de matière : *avoir une poussière dans l'œil.* ■ FAM **et des poussières :** et un peu plus : *partir trois mois et des poussières.* ❑ LITT **mordre la poussière :** être jeté à terre, dans un combat.

**poussiéreux, euse** adj Couvert de poussière : *meubles poussiéreux.*

**poussif, ive** adj **1.** Qui manque de souffle : *un vieillard poussif.* **2.** FAM Qui fonctionne avec peine : *voiture poussive.* **3.** FAM Sans inspiration, sans élan : *style poussif.* **4.** Se dit d'un cheval atteint de la pousse.

**poussin** nm Poulet nouvellement éclos.

**poussivement** adv De façon poussive.

**poussoir** nm Bouton qu'on pousse pour actionner un mécanisme.

**poutre** nf **1.** Pièce de charpente horizontale, en bois, en métal ou en béton armé, supportant une construction. **2.** Agrès de gymnastique.

**poutrelle** nf Petite poutre.

**1. pouvoir** vt (conj 38) **1.** Avoir la faculté, le moyen, le droit, la permission, la possibilité de. **2.** Indique l'éventualité, la probabilité : *il peut pleuvoir demain.* ◆ **se pouvoir** vpr impers Être possible : *il se peut qu'il vienne.*

**2. pouvoir** nm **1.** Autorité, puissance, gouvernement d'un pays : *parvenir au pouvoir.* **2.** Crédit, influence, possibilité d'action : *abuser de son pouvoir.* **3.** Mandat, procuration : *donner un pouvoir à quelqu'un.* **4.** Propriété d'une substance, d'un instrument ; grandeur la caractérisant : *pouvoir calorifique d'un combustible ; pouvoir grossissant d'une loupe.* **5.** Ensemble des personnes investies d'une autorité : *pouvoir législatif.* ■ **le quatrième pouvoir :** la presse. ❑ **pouvoir d'achat :** ensemble des biens et des services que le revenu courant de la période permet d'acquérir. ◆ **pouvoirs** pl Droit d'exercer certaines fonctions : *les pouvoirs d'un ambassadeur.* ■ **pouvoirs publics :** ensemble des autorités qui détiennent le pouvoir dans l'État.

**pouzzolane** nf Roche volcanique siliceuse, à structure alvéolaire, recherchée en construction.

**p.p.** (abréviation) Par procuration.

**Pr** (abréviation) Professeur.

**praesidium** ou **présidium** [prezidjɔm] nm HIST Présidence du Conseil suprême des Soviets, en URSS.

**pragmatique** adj Fondé sur l'action, la pratique.

**pragmatisme** nm **1.** PHILOS Doctrine qui prend pour critère de la vérité la valeur pratique. **2.** Attitude de quelqu'un orienté vers l'action pratique.

**pragois, e** ou **praguois, e** adj et n De Prague.

**praire** nf Mollusque bivalve comestible, dont la coquille porte de fortes côtes.

**prairial** (pl *prairials*) nm Neuvième mois du calendrier républicain (20 mai-18 juin).

**prairie** nf Terrain qui produit de l'herbe ou du foin. ■ **prairie artificielle :** prairie où l'on a semé du trèfle, du sainfoin, de la luzerne, etc.

**praline** nf **1.** Amande grillée enrobée de sucre. **2.** BELGIQUE Bonbon au chocolat.

**praliné** nm Mélange de chocolat et de pralines écrasées.

**praticable** adj **1.** Qui peut être appliqué ; réalisable : *moyen praticable.* **2.** Où l'on peut circuler : *chemin praticable.* ◆ nm **1.** Partie des décors, des accessoires qui ne sont pas peints mais qui existent réellement, et que l'acteur peut utiliser matériellement. **2.** Plateforme amovible pour placer la caméra et les projecteurs.

**praticien, enne** n **1.** Médecin, dentiste, etc., qui pratique son métier (par opposition notamment à *chercheur*). **2.** BX-ARTS Ouvrier qui dégrossit l'ouvrage de sculpture.

**pratiquant, e** adj et n **1.** Qui observe les pratiques de sa religion. **2.** Qui pratique habituellement un sport, une activité.

**1. pratique** adj **1.** Qui s'attache à la réalité, aux faits, à l'action : *avoir le sens pratique.* **2.** Commode, efficace : *instrument pratique.*

**2. pratique** nf **1.** Application, mise en action des règles et des principes d'un art ou d'une science (par opposition à *théorie*) : *passer à la pratique.* **2.** Fait d'exercer une activité concrète : *la pratique d'un sport.* **3.** Expérience, habitude approfondie : *avoir la pratique des affaires ; manquer de pratique.* **4.** Manière d'agir, de se comporter ; usage, coutume : *de curieuses pratiques.* **5.** Observation des devoirs d'une religion, d'une morale : *pratique religieuse.* ■ **mettre en pratique :** appliquer, exécuter. ◆ **pratiques** pl Actes de piété.

**pratiquement** adv **1.** En réalité ; dans la pratique. **2.** À peu près.

**pratiquer** vt **1.** Mettre en pratique, exercer : *pratiquer la médecine.* **2.** Exécuter, faire : *pratiquer un trou dans un mur.* ◆ vi Observer les prescriptions, les rites d'une religion.

**pré** nm Petite prairie.

**préadolescent, e** n Jeune qui va entrer dans l'adolescence.

**préalable** adj Qui doit être fait, dit, examiné d'abord. ■ **au préalable :** auparavant.

**préalablement** adv Au préalable.

**préalpin, e** adj Des Préalpes.

**préambule** nm Exorde, avant-propos.

**préau** nm **1.** Partie couverte de la cour d'une école. **2.** Cour du cloître d'un couvent. **3.** Cour d'une prison.

**préavis** nm Avertissement préalable.

**prébende** nf **1.** Revenu attaché à un titre ecclésiastique. **2.** LITT Revenu attaché à une situation lucrative.

**précaire** adj **1.** Instable, mal assuré : *santé précaire.* **2.** Incertain, provisoire : *emploi précaire.*

**précairement** adv De façon précaire.

**précambrien** nm Première ère de l'histoire de la Terre, dont on évalue la durée à 4 milliards d'années.

**précancéreux, euse** adj Qui précède certains cancers.

**précarité** nf **1.** Caractère précaire. **2.** Situation d'une personne qui n'est pas assurée de conserver son emploi, ses revenus, son logement.

**précaution** nf **1.** Disposition prise par prévoyance : *prenez vos précautions.* **2.** Circonspection, prudence : *agir avec précaution.*

**précautionneusement** adv LITT Avec précaution.

**précautionneux, euse** adj LITT Qui prend des précautions : *voyageur précautionneux.*

**précédemment** adv Auparavant.

**précédent, e** adj Qui est immédiatement avant : *le jour précédent.* ◆ nm Fait, acte antérieur invoqué comme référence ou comme justificatif : *s'appuyer sur un précédent.*

**précéder** vt (conj 10) **1.** Marcher devant : *l'avant-garde précède l'armée.* **2.** Être placé, situé avant dans l'espace ou dans le temps : *l'exemple qui précède.* **3.** Arriver, se trouver en un lieu avant quelqu'un.

**précepte** nm Règle de conduite, enseignement.

**précepteur, trice** n Personne chargée de l'éducation d'un enfant à domicile.

**préceptorat** nm Fonction de précepteur.

**préchauffer** vt Chauffer à l'avance.

**prêche** nm Sermon, notamment d'un ministre protestant.

**prêcher** vt **1.** Annoncer la parole de Dieu sous la forme de sermon. **2.** Recommander : *prêcher la patience.* ◆ vi Prononcer un, des sermons.

**prêcheur, euse** adj et n FAM Qui aime sermonner, faire la morale.

**prêchi-prêcha** nm inv FAM Discours moralisateur et ennuyeux.

**précieuse** nf LITTÉR Au XVIIe s., femme affectée dans ses manières et son langage.

**précieusement** adv **1.** Avec grand soin. **2.** Avec préciosité.

**précieux, euse** adj **1.** De grand prix : *meubles précieux.* **2.** Très utile : *conseils précieux.* ◆ adj et n Affecté dans son langage, ses manières.

**préciosité** nf Affectation dans les manières, le langage, le style.

**précipice** nm Lieu profond et escarpé, gouffre, ravin.

**précipitamment** adv Avec précipitation.

**précipitation** nf **1.** Extrême vitesse : *parler, s'enfuir avec précipitation.* **2.** Trop grand empressement excluant la réflexion : *dans la précipitation, il oublia l'essentiel.* **3.** CHIM Phénomène par lequel un corps se sépare du liquide où il était dissous. ◆ **précipitations** pl Chute de pluie, de neige, de grêle, etc.

**1. précipité** nm CHIM Dépôt formé dans un liquide par une précipitation.

**2. précipité, e** adj Fait à la hâte, plus tôt que prévu : *départ précipité.*

**précipiter** vt **1.** Jeter d'un lieu élevé : *précipiter une voiture dans un ravin.* **2.** Accélérer : *précipiter sa marche.* **3.** Pousser, faire tomber : *précipiter un pays dans le chaos.* ◆ vi CHIM Former un précipité. ◆ **se précipiter** vpr **1.** Se jeter du haut de quelque chose. **2.** S'élancer vivement. **3.** S'accélérer : *les événements se précipitent.* **4.** Agir dans la hâte : *mieux vaut ne pas se précipiter.*

**précis, e** adj **1.** Net, exact, juste : *idée précise.* **2.** Fixé, déterminé rigoureusement : *heure précise ; ordre précis.* **3.** Qui fait preuve d'exactitude ; ponctuel : *être précis à un rendez-vous.* **4.** Adroit : *geste, tireur précis.* **5.** Concis, rigoureux : *style précis.* ◆ nm Abrégé : *précis de chimie.*

**précisément** adv **1.** Avec précision. **2.** Exactement, justement.

**préciser** vt Déterminer, définir d'une manière précise : *préciser un fait.* ◆ **se préciser** vpr Devenir plus précis ou plus concret : *projet qui se précise.*

**précision** nf **1.** Qualité de ce qui est précis, exact. **2.** Détail précis, information complémentaire.

**précité, e** adj Cité précédemment.

**préclassique** adj Antérieur à une période classique.

**précoce** adj **1.** Mûr avant la saison : *fruit précoce.* **2.** Qui survient plus tôt que normalement ou d'ordinaire : *calvitie précoce.* **3.** Dont le développement physique ou intellectuel correspond à un âge supérieur : *enfant précoce.*

**précocement** adv De façon précoce.

**précocité** nf Caractère d'une personne ou d'une chose précoce.

**précolombien, enne** adj Antérieur à la venue de Christophe Colomb en Amérique.

**préconçu, e** adj Imaginé, pensé sans examen critique : *idée préconçue.*

**préconiser** vt Recommander vivement : *préconiser un remède.*

**précontraint, e** adj Soumis à la précontrainte : *béton précontraint.*

**précontrainte** nf Technique de mise en œuvre du béton consistant à le soumettre à des compressions permanentes pour augmenter sa résistance.

**précuit, e** adj Qui a subi une première cuisson avant d'être conditionné : *riz précuit.*

**précurseur** adj m Qui annonce ; avant-coureur : *signes précurseurs.* ◆ nm Personne qui, par son action, ouvre la voie à des idées, un mouvement, etc.

**prédateur, trice** adj et nm **1.** Qui vit de proies animales ou végétales. **2.** Homme préhistorique qui vivait de la chasse et de la cueillette. ◆ n Personne, groupe qui établit son pouvoir, sa puissance en profitant de la faiblesse de ses concurrents. ■ **prédateur sexuel** : agresseur sexuel récidiviste, qui choisit ses victimes selon des critères particuliers (âge et sexe, par exemple).

**prédation** nf Mode de nutrition des prédateurs.

**prédécesseur** nm Celui qui a précédé quelqu'un dans une fonction, un emploi.

**prédécoupé, e** adj Découpé à l'avance.

**prédélinquant, e** n Mineur en danger moral et susceptible de devenir délinquant.

**prédestination** nf **1.** Détermination immuable des événements futurs. **2.** Caractère fatal du destin individuel.

**prédestiné, e** adj et n Dont le destin, heureux ou malheureux, est fixé à l'avance.

**prédestiner** vt **1.** THÉOL Destiner de toute éternité au salut ou à la damnation. **2.** Destiner, vouer d'avance à une chose.

**prédéterminer** vt Déterminer à l'avance.

**prédicat** nm LING Attribut d'un mot, d'une proposition (EX : dans la phrase *l'homme est mortel, « mortel »* est le prédicat).

**prédicateur, trice** n Personne qui prêche.

**prédication** nf Action de prêcher ; sermon.

**prédictibilité** nf Caractère prévisible d'un phénomène.

**prédictible** adj Se dit d'un phénomène dont on peut prévoir l'évolution.

**prédiction** nf **1.** Action de prédire. **2.** Chose prédite.

**prédilection** nf Préférence marquée.

**prédire** vt (conj 72) Annoncer d'avance ce qui doit arriver : *prédire l'avenir.*

EMPLOI *Prédire à l'avance* est un pléonasme, mais on peut dire : *prédire bien à l'avance.*

**prédisposer** vt Mettre par avance dans certaines dispositions : *prédisposer à la maladie.*

**prédisposition** nf Aptitude, tendance, disposition naturelle.

**prédominance** nf Caractère prédominant ; prépondérance.

**prédominant, e** adj Qui prédomine.

**prédominer** vi **1.** Avoir le plus d'influence, prévaloir : *son avis prédomine.* **2.** Être en plus grande quantité : *le maïs prédomine dans cette région.*

**préélectoral, e, aux** adj Qui précède les élections.

**préemballé, e** adj Se dit d'un produit, notamment alimentaire, emballé avant d'être mis en vente.

**prééminence** nf Supériorité, suprématie.

**prééminent, e** adj LITT Supérieur.

**préemption** nf Droit préférentiel d'achat.

**préencollé, e** adj Se dit d'un matériau enduit dès sa fabrication d'un produit permettant de le coller.

**préenregistré, e** adj **1.** Enregistré avant sa diffusion : *émission préenregistrée.* **2.** Qui contient déjà un enregistrement : *cassette préenregistrée.*

**préétabli, e** adj Établi d'avance.

**préétablir** vt Établir à l'avance.

**préexistant, e** adj Qui préexiste.

**préexistence** nf Existence antérieure.

**préexister** vi Exister avant.

**préfabrication** nf Système de construction utilisant des éléments standardisés, fabriqués d'avance.

**préfabriqué, e** adj **1.** Fabriqué à l'avance et destiné à être assemblé sur place. **2.** Composé par un assemblage d'éléments préfabriqués : *maison préfabriquée.* ◆ nm Construction préfabriquée.

**préface** nf Texte préliminaire en tête d'un livre.

**préfacer** vt (conj 1) Écrire une préface : *préfacer un livre.*

**préfacier, ère** n Auteur d'une préface.

**préfectoral, e, aux** adj Du préfet : *arrêté préfectoral.*

**préfecture** nf **1.** HIST Fonction de préfet dans l'Empire romain. **2.** En France, circonscription administrative d'un préfet. **3.** Fonction de préfet ; sa durée. **4.** Édifice et ensemble des services de l'administration préfectorale. **5.** Ville où réside un préfet.

**préférable** adj Qui mérite d'être préféré : *solution préférable.*

**préféré, e** adj et n Que l'on préfère.

**préférence** nf **1.** Fait de préférer ; prédilection. **2.** Ce que l'on préfère : *indiquer ses préférences.* ■ **de préférence :** plutôt.

**préférentiel, elle** adj Qui établit une préférence : *tarif préférentiel.*

**préférer** vt (conj 10) Aimer mieux, estimer davantage.

**préfet** nm **1.** HIST À Rome, haut fonctionnaire qui exerçait une charge dans l'armée ou l'administration. **2.** En France, représentant de l'État dans le département. ■ **préfet de police :** magistrat chargé de la police, en particulier à Paris.

**préfète** nf **1.** Femme préfet. **2.** VIEILLI Femme d'un préfet.

**préfiguration** nf Ce qui préfigure, annonce.

**préfigurer** vt Présenter les caractères d'une chose future, annoncer par avance.

**préfixe** nm GRAMM Élément qui se place à l'initiale d'un mot et en modifie le sens.

**préfixé, e** adj GRAMM Pourvu d'un préfixe.

**préfixer** vt DR Fixer d'avance un délai.

**préglaciaire** adj GÉOL Antérieur à la période glaciaire du quaternaire.

**préhenseur** adj m Qui sert à la préhension : *organes préhenseurs*.

**préhensile** adj Qui a la faculté de saisir : *patte préhensile*.

**préhension** nf Action de saisir : *la trompe est l'organe de préhension de l'éléphant*.

**préhistoire** nf Période chronologique de la vie de l'humanité depuis l'apparition de l'homme jusqu'à celle de l'écriture.

**préhistorien, enne** n Spécialiste de la préhistoire.

**préhistorique** adj Relatif à la préhistoire.

**préinscription** nf Inscription préalable.

**préjudice** nm Atteinte aux droits, aux intérêts de quelqu'un ; tort, dommage : *causer un préjudice, porter préjudice à quelqu'un*.

**préjudiciable** adj Qui porte ou peut porter préjudice : *préjudiciable à la santé*.

**préjugé** nm Opinion préconçue, jugement porté par avance.

**préjuger** vt (conj 2) LITT Juger d'avance, avant d'avoir tous les éléments nécessaires : *il ne faut rien préjuger*. ◆ vt ind [de] Prévoir par conjecture : *préjuger de l'avenir*.

**prélasser (se)** vpr Se reposer, s'abandonner nonchalamment.

**prélat** nm Dignitaire ecclésiastique.

**prélatin, e** adj Antérieur à la civilisation latine.

**prélavage** nm Lavage préliminaire, dans le cycle d'une machine.

**prêle** ou **prèle** nf Plante cryptogame des lieux humides.

**prélèvement** nm Action de prélever ; quantité, somme prélevée. ■ **prélèvement automatique :** règlement d'une somme, d'une redevance retenues directement et selon une périodicité régulière sur le compte bancaire ou postal du débiteur.

**prélever** vt (conj 9) **1.** Prendre préalablement une certaine portion sur un total : *prélever une taxe sur une recette*. **2.** Extraire une partie d'un tout, en particulier pour l'analyser : *prélever du sang*.

**préliminaire** adj Qui précède : *discours préliminaire*. ◆ **préliminaires** nm pl Négociations qui préparent un accord, un traité, etc. : *préliminaires de paix*.

**prélude** nm **1.** Introduction à une œuvre musicale. **2.** FIG Ce qui annonce, précède, fait présager qqch.

**préluder** vt ind [à] Annoncer, marquer le début de quelque chose.

**prématuré, e** adj et n Né avant terme, mais viable : *enfant prématuré*. ◆ adj **1.** Qui se fait avant le temps convenable : *demande prématurée*. **2.** Qui vient, se manifeste avant le temps normal : *mort prématurée*.

**prématurément** adv Trop tôt.

**préméditation** nf Action de préméditer : *vol avec préméditation*.

**préméditer** vt Préparer avec soin et calcul : *préméditer un crime*.

**prémices** nf pl LITT Premières manifestations, commencement.

**premier, ère** adj **1.** Qui précède les autres dans le temps ou l'espace : *le premier homme ; le premier jour*. **2.** Qui est classé avant les autres pour son importance, sa valeur : *être premier en classe*. **3.** Originel, primitif : *l'état premier d'un manuscrit*. ■ **en premier :** d'abord. ❑ **matières premières :** non encore travaillées, transformées. ❑ MATH **nombre premier :** divisible seulement par lui-même ou par l'unité. ◆ nm Premier étage. ◆ n ■ **jeune premier, jeune première :** acteurs qui jouent les rôles d'amoureux.

ORTHOGRAPHE On abrège *premier* en *1er* (avec *er*) et *première* en *1re* (avec *re* et non *ère*).

**première** nf **1.** Place de la catégorie la plus chère dans un moyen de transport. **2.** Classe qui précède la terminale. **3.** Première représentation d'une pièce, première projection d'un film. **4.** En montagne, première ascension ou premier parcours d'un itinéraire nouveau ; performance nouvelle : *ce genre d'expérience est une grande première dans notre pays*. **5.** Vitesse la plus démultipliée, sur une automobile : *passer la première*.

**premièrement** adv En premier lieu.

**premier-né, première-née** (pl *premiers-nés, premières-nées*) n Premier enfant qui naît dans une famille.

**prémisse** nf **1.** Chacune des premières propositions d'un syllogisme. **2.** Fait ou proposition d'où découle une conséquence.

**prémolaire** nf Dent située entre la canine et les molaires.

**prémonition** nf Intuition qu'un événement, généralement malheureux, va se produire.

**prémonitoire** adj Qui relève de la prémonition : *rêve prémonitoire*.

**prémunir** vt Protéger, mettre à l'abri d'un mal, d'un danger. ◆ **se prémunir** vpr [contre] Se garantir contre.

**prenable** adj Qui peut être pris : *citadelle difficilement prenable*.

**prenant, e** adj **1.** Qui prend, qui captive : *livre prenant ;* qui émeut. **2.** Qui occupe beaucoup : *travail, enfants prenants*. ■ **partie**

**prenante :** personne, organisme directement concernés par quelque chose.

**prénatal, e, als** ou **aux** adj Qui précède la naissance.

**prendre** vt (conj 54) **1.** Saisir, attraper, tenir : *prendre un livre.* **2.** Emporter avec soi, se munir de : *prendre ses papiers.* **3.** S'emparer de : *prendre une ville.* **4.** Aller chercher : *je passerai vous prendre.* **5.** Engager : *prendre une secrétaire.* **6.** Accepter : *prenez ce qu'on vous offre.* **7.** Choisir : *prendre le premier sujet.* **8.** Acheter, se procurer : *prendre de l'essence.* **9.** Emprunter ou voler : *on lui a pris tous ses bijoux.* **10.** Recevoir : *prendre des coups.* **11.** Recueillir : *prendre des renseignements.* **12.** Faire usage de, emprunter : *prendre l'avion.* **13.** Manger, boire : *prendre un apéritif.* **14.** Demander : *prendre cher.* ■ FAM **prendre la tête à quelqu'un :** (a) l'irriter, l'agacer (b) être pour lui un véritable casse-tête. ◆ vi **1.** S'enraciner, croître : *cet arbre prend bien.* **2.** Suivre telle direction : *prendre à gauche.* **3.** FIG Réussir : *le vaccin a pris.* **4.** Épaissir, se figer : *la confiture prend.* **5.** S'enflammer : *le feu prend.* ◆ **se prendre** vpr **1.** S'accrocher : *sa jupe s'est prise à un clou.* **2.** LITT Se mettre à : *se prendre à espérer.* ■ **s'en prendre à quelqu'un, quelque chose :** (a) le considérer comme responsable (b) l'attaquer. ❑ **se prendre au jeu :** s'investir de plus en plus dans quelque chose. ❑ **se prendre d'amitié pour :** concevoir de l'amitié pour. ❑ **se prendre pour :** se croire. ❑ **s'y prendre bien, mal :** être plus ou moins adroit.

**preneur, euse** n **1.** Personne qui offre d'acheter : *trouver preneur.* **2.** Personne qui prend quelque chose, quelqu'un : *preneur d'otages.* ■ **preneur de son :** technicien chargé de la prise de son.

**prénom** nm Nom joint au patronyme.

**prénommé, e** adj et n Qui a pour prénom.

**prénommer** vt Donner un prénom à.

**prénuptial, e, aux** adj Qui précède le mariage.

**préoccupant, e** adj Qui préoccupe, inquiète.

**préoccupation** nf Inquiétude, souci.

**préoccupé, e** adj Inquiet.

**préoccuper** vt Occuper fortement l'esprit : *ce mystère m'a longtemps préoccupé ;* causer du souci, inquiéter, tourmenter : *son état de santé me préoccupe beaucoup.* ◆ **se préoccuper** vpr [de] S'inquiéter, s'occuper sérieusement de : *se préoccuper de l'avenir de ses enfants.*

**préopératoire** adj Qui précède une opération chirurgicale.

**prépa** nf (abréviation) FAM Classe préparatoire.

**préparateur, trice** n Personne qui prépare quelque chose. ■ **préparateur en pharmacie :** personne qui aide le pharmacien dans son officine.

**préparatif** nm (surtout au pluriel) Mesure, disposition prise pour préparer quelque chose.

**préparation** nf **1.** Action, manière de préparer, de se préparer. **2.** Chose préparée : *une préparation chimique.*

**préparatoire** adj Qui prépare : *phase préparatoire.* ■ **classe préparatoire :** classe qui, après le baccalauréat, prépare aux concours d'entrée aux grandes écoles.

**préparer** vt **1.** Disposer, apprêter : *préparer un repas.* **2.** Méditer, réfléchir à : *préparer sa réponse.* **3.** Étudier, travailler : *préparer un examen.* **4.** Entraîner : *préparer un élève au baccalauréat.* **5.** Ménager, réserver : *préparer une surprise.* **6.** Amener avec ménagement : *préparer quelqu'un à une mauvaise nouvelle.* ◆ **se préparer** vpr **1.** S'apprêter, faire sa toilette : *il met un temps fou à se préparer.* **2.** [à] S'apprêter, se disposer à : *se préparer à sortir.* **3.** Être imminent : *un grand changement se prépare.*

**prépondérance** nf Supériorité.

**prépondérant, e** adj Qui a plus d'importance, d'autorité ; capital, primordial.

**préposé, e** n **1.** Personne chargée d'une fonction spéciale : *les préposés de la douane.* **2.** Facteur, factrice des postes.

**préposer** vt Placer quelqu'un à la garde, à la surveillance, à la direction de quelque chose.

**prépositif, ive** ou **prépositionnel, elle** adj Relatif à une préposition ; introduit par une préposition.

**préposition** nf GRAMM Mot invariable qui en unit d'autres en exprimant le rapport qui les unit (tel que : *à, de, par, en, chez, sur*, etc.).

**prépuce** nm Repli de peau qui recouvre le gland de la verge.

**préquelle** nf ou **préquel** nm Film, roman réalisé après une œuvre de référence mais évoquant des faits antérieurs à cette œuvre.

**préraphaélisme** nm Doctrine esthétique de la fin du XIXe s. qui place l'apogée de la peinture chez les prédécesseurs de Raphaël.

**préraphaélite** adj et n Partisan du préraphaélisme.

**préréglage** nm TECHN Présélection d'un appareil ou d'un circuit sur plusieurs fréquences ou canaux distincts.

**prérégler** vt (conj 10) Effectuer un réglage préliminaire.

**prérentrée** nf Rentrée des enseignants, précédant celle des élèves.

**prérequis** nm Ensemble de conditions à remplir pour entreprendre une formation, exercer une fonction, etc. ; préalable.

**préretraite** nf Retraite anticipée.

**préretraité, e** n Personne en préretraite.

**prérogative** nf Avantage, privilège attachés à certaines fonctions, à certains titres.

**près** adv À une faible distance, non loin, dans l'espace et dans le temps. ■ **à beaucoup près** : il s'en faut de beaucoup. ❏ **à cela près** : excepté cela. ❏ **à peu de chose près** ou **à peu près** : presque. ❏ **de près** : (a) à une faible distance : *voir mal de près* (b) à peu de temps d'intervalle : *coups qui se suivent de près* (c) à ras : *rasé de près* (d) avec grand soin : *surveiller de près*. ◆ prép DR Auprès de : *près les tribunaux*. ◆ **près de** loc prép Dans le voisinage de : *habiter tout près d'une église* ; sur le point de : *près de finir* ; presque : *près de cent euros ; près de minuit*.

**présage** nm Signe d'après lequel on préjuge l'avenir ; conjecture tirée de ce signe : *cet échec est un présage ; tirer un présage d'un événement*.

**présager** vt (conj 2) Prévoir ce qui va arriver.

**pré-salé** (pl *prés-salés*) nm Mouton engraissé dans des prés voisins de la mer ; viande de ce mouton.

**presbyte** adj et n Atteint de presbytie.

**presbytère** nm Habitation du curé, du pasteur, dans une paroisse.

**presbytérianisme** nm **1.** Système établi par Calvin, dans lequel le gouvernement de l'Église est exercé par des assemblées de laïques et de pasteurs et non par des évêques. **2.** Ensemble des Églises réformées ayant adopté ce système.

**presbytérien, enne** adj et n Qui appartient au presbytérianisme.

**presbytie** [prɛsbisi] nf Inaptitude à distinguer nettement les objets rapprochés.

**prescience** nf Connaissance de l'avenir.

**préscolaire** adj Relatif à la période qui précède la scolarité obligatoire.

**prescripteur, trice** n Personne qui a une influence sur le choix d'un produit.

**prescriptible** adj DR Sujet à la prescription.

**prescription** nf **1.** Ordre formel et détaillé : *prescriptions de la loi, de la morale*. **2.** Ordonnance d'un médecin. **3.** DR Délai au terme duquel une situation de fait prolongée devient source de droit ; délai au terme duquel l'action publique s'éteint en matière de poursuites ou de sanctions pénales.

**prescrire** vt (conj 71) **1.** Ordonner. **2.** Préconiser un traitement médical. **3.** DR Acquérir ou libérer par prescription. ◆ **se prescrire** vpr DR S'acquérir ou se perdre par prescription.

**préséance** nf Droit d'être placé avant les autres ou de les précéder dans l'ordre honorifique.

**présélection** nf Sélection préalable.

**présélectionner** vt Choisir par présélection.

**présence** nf **1.** Fait, pour une personne, une chose, de se trouver dans un lieu : *faire acte de présence*. **2.** Fait de s'imposer par son talent, sa personnalité : *avoir de la présence*. ■ **en présence (de quelqu'un, de quelque chose)** : ceux-ci étant présents. ❏ **présence d'esprit** : promptitude à dire ou à faire ce qu'il faut.

**1. présent** nm LITT Don, cadeau.

**2. présent, e** adj **1.** Qui est dans le lieu dont on parle : *être présent à une réunion*. **2.** Qui se situe, existe dans le temps où l'on parle ; actuel : *le moment présent*. **3.** Que l'on tient, que l'on montre : *le présent ouvrage*. ■ **la présente lettre** ou **la présente** : la lettre que l'on a sous les yeux. ◆ nm **1.** Le temps actuel : *ne songer qu'au présent*. **2.** GRAMM Temps du verbe qui indique que l'action se passe au moment actuel. ■ **à présent** : actuellement, maintenant. ◆ **à présent que** loc conj Dès lors que.

**présentable** adj Que l'on peut montrer, présenter.

**présentateur, trice** n **1.** Personne qui présente au public un programme, une émission, un spectacle. **2.** Journaliste chargé du journal télévisé.

**présentation** nf Action, manière de présenter, de se présenter.

**présentement** adv Maintenant, à présent.

**présenter** vt **1.** Tendre, offrir : *présenter un bouquet*. **2.** Faire connaître, introduire une personne auprès d'une autre. **3.** Faire connaître au public par un petit texte d'introduction : *présenter un écrivain*. **4.** Faire connaître par une manifestation exceptionnelle : *grand couturier qui présente sa nouvelle collection*. **5.** Proposer en vue d'une sélection, d'une élection : *présenter un élève à un concours ; présenter un film au Festival de Cannes*. **6.** Animer une émission de radio, de télévision : *présenter le journal*. **7.** Montrer, laisser voir : *présenter des symptômes graves*. **8.** Offrir, comporter : *présenter des avantages*.

◆ **se présenter** vpr **1.** Paraître devant qqn et se faire connaître : *se présenter à ses nouveaux collègues.* **2.** Apparaître, survenir : *une difficulté se présente.* **3.** Être candidat : *se présenter aux élections.* **4.** Paraître en un lieu : *se présenter à un rendez-vous.* ■ **se présenter bien, mal :** s'annoncer bien, mal : *affaire qui se présente bien.*

**présentiel, elle** adj et nm Se dit d'un enseignement ou, par ext., d'un travail qui s'effectue sur place et non à distance.

**présentoir** nm Dans un magasin, dispositif mettant en valeur un produit.

**préservateur, trice** adj Propre à préserver.

**préservatif** nm Dispositif en matière souple utilisé comme contraceptif et dans un but prophylactique.

**préservation** nf Action de préserver.

**préserver** vt Garantir, mettre à l'abri de, protéger : *préserver du froid.*

**présidence** nf **1.** Fonction de président ; temps pendant lequel on l'exerce. **2.** Bureaux, résidence d'un président.

**président, e** n **1.** Personne qui préside une assemblée. **2.** Chef de l'État, dans une république. ■ **président-directeur général (P-DG) :** président du conseil d'administration d'une société anonyme, assumant également les fonctions de directeur général.

**présidentiable** [prezidɑ̃sjabl] adj et n Susceptible de devenir président de la République.

**présidentiel, elle** adj Du président. ■ **régime présidentiel :** régime fondé sur la séparation des pouvoirs exécutif et législatif et dans lequel le président, chef de l'État et du gouvernement, jouit de prérogatives importantes. ◆ **présidentielle** nf Élection désignant le président de la République.

**présider** vt **1.** Être à la tête de, diriger : *présider une assemblée.* **2.** Occuper la place d'honneur dans une réunion, une manifestation, un repas. ◆ vt ind [à] Diriger : *présider aux préparatifs.*

**présidium** nm → **praesidium.**

**présocratique** [presɔkratik] adj et n Se dit des philosophes grecs qui ont précédé Socrate, à l'exclusion des sophistes.

**présomptif, ive** adj ■ **héritier présomptif :** celui qui est appelé à hériter.

**présomption** nf **1.** Jugement fondé sur de simples indices ; supposition. **2.** Opinion trop favorable de soi-même ; prétention.

**présomptueux, euse** adj et n Qui a une opinion trop favorable de soi.

**presque** adv À peu près, pas tout à fait : *avoir presque 30 ans.*

ORTHOGRAPHE Le *e* final de *presque* ne s'élide que devant *île : la presqu'île.*

**presqu'île** nf Portion de terre entourée d'eau sauf à un endroit qui la relie au continent.

**pressage** nm Action de presser.

**pressant, e** adj **1.** Qui insiste vivement : *appel pressant.* **2.** Urgent : *besoin pressant.*

**press-book** [prɛsbuk] (pl *press-books*) nm (anglicisme) Documentation réunie par un mannequin, un artiste ou tout autre professionnel sur sa carrière pour promouvoir ses activités ; album contenant cette documentation.

**presse** nf **1.** Machine destinée à opérer une compression : *presse hydraulique.* **2.** Machine à imprimer : *ouvrage sous presse.* **3.** Ensemble des journaux ; activité, monde du journalisme : *la liberté de la presse.* ■ **avoir bonne, mauvaise presse :** avoir bonne, mauvaise réputation. ❑ **dossier de presse :** dossier regroupant les articles parus dans la presse sur une personne, un sujet donné, etc.

**pressé, e** adj **1.** Urgent : *travail pressé.* **2.** Qui a hâte : *être pressé de finir.* ■ **orange, citron pressés :** jus extrait de ces fruits.

**presse-citron** (pl inv ou *presse-citrons*) nm Appareil pour extraire le jus des citrons et autres agrumes.

**pressentiment** nm Sentiment vague, instinctif de ce qui doit arriver.

**pressentir** vt **1.** Avoir un pressentiment. **2.** Sonder les dispositions de quelqu'un avant de l'affecter à certaines fonctions : *on l'a pressenti pour un poste de direction.*

**presse-papiers** nm inv **1.** Objet lourd pour maintenir des papiers. **2.** INFORM Zone de mémoire qui sert à stocker temporairement des informations afin de les réutiliser par la suite.

**presse-purée** nm inv Ustensile pour réduire des légumes en purée.

**presser** vt **1.** Comprimer, serrer avec plus ou moins de force : *presser une éponge ; presser qqn dans ses bras.* **2.** Soumettre à l'action d'une presse ou d'un pressoir : *presser du raisin ; presser des disques.* **3.** Appuyer fortement sur qqch : *presser une sonnette.* **4.** Accélérer : *presser son départ.* **5.** Pousser instamment qqn à : *presser qqn d'agir.* **6.** LITT Poursuivre : *presser l'ennemi.* ◆ vi Être urgent : *rien ne presse.* ■ **le temps presse :** il faut agir vite. ◆ **se presser** vpr **1.** Se dépêcher. **2.** Venir en grand nombre.

**pressing** [prɛsiŋ] nm **1.** Repassage à la vapeur. **2.** Établissement où s'exécute ce travail, où se fait le nettoyage du linge, des vêtements.

**pression** nf **1.** Action de presser. **2.** Force exercée par un corps sur une surface ; mesure de cette force. **3.** FIG Influence qui contraint : *céder à des pressions.* ■ **bière (à la) pression :** dans les cafés, bière servie directement à partir de récipients où elle est mise sous pression. ❏ **groupe de pression :** structure dont se dote une communauté pour influencer les pouvoirs publics à son avantage. ❏ **pression artérielle :** poussée produite par le sang sur la paroi des artères. ❏ **pression atmosphérique :** pression que l'air exerce au niveau du sol.

**pressoir** nm Machine pour presser certains fruits ; lieu où se trouve cette machine.

**pressurage** nm Action de pressurer.

**pressurer** vt **1.** Soumettre à l'action du pressoir. **2.** FIG Tirer de qqn tout l'argent qu'il peut fournir : *pressurer les contribuables.*

**pressurisation** nf Action de pressuriser.

**pressuriser** vt Maintenir une pression atmosphérique normale à l'intérieur d'un avion volant à haute altitude.

**prestance** nf Maintien fier et élégant.

**prestataire** n **1.** Bénéficiaire d'une prestation. **2.** Personne qui fournit une prestation. ■ **prestataire de services :** personne, entreprise qui vend des services à une clientèle.

**prestation** nf **1.** Service fourni ; fourniture : *prestation de services.* **2.** Action de se produire en public, pour un acteur, un chanteur, un sportif, etc. : *prestation télévisée.* **3.** Somme versée au titre d'une législation sociale : *prestations familiales.* ■ **prestation compensatoire :** capital qu'un des époux peut devoir verser à son ex-conjoint lors du divorce, en raison des disparités de conditions de vie consécutives à la rupture du mariage. ❏ **prestation de serment :** action de prêter serment.

**preste** adj Adroit, agile, leste.

**prestement** adv Rapidement, vivement.

**prestesse** nf LITT Agilité, vivacité.

**prestidigitateur, trice** n Personne qui fait des tours de prestidigitation.

**prestidigitation** nf Art de produire des illusions par des manipulations, des artifices, des trucages.

**prestige** nm Qualité de qqch, de qqn qui séduit ou impose l'admiration par son éclat ou sa valeur : *le prestige de l'argent, d'une actrice.*

**prestigieux, euse** adj Qui a de l'éclat, du prestige : *orateur prestigieux.*

**prestissimo** adv MUS Très vite.

**presto** adv MUS Vite.

**présumé, e** adj Estimé tel par supposition : *présumé innocent.*

**présumer** vt Conjecturer, supposer. ◆ vt ind [de] Avoir trop bonne opinion de : *présumer de son talent.*

**présupposé** nm Ce qui est supposé vrai préalablement à quelque chose.

**présupposer** vt Supposer, admettre préalablement.

**présure** nf Lait aigri extrait de l'estomac des jeunes ruminants et qui sert à faire cailler le lait.

**1. prêt** nm **1.** Action de prêter. **2.** Chose, somme prêtée. **3.** Solde des sous-officiers et des soldats accomplissant leur service militaire légal. ■ **prêt garanti par l'État (PGE) :** prêt bancaire à taux d'intérêt réduits, accordé aux entreprises françaises pour les soutenir pendant la crise liée au COVID-19.

**2. prêt, e** adj **1.** Disposé à, en état de, décidé à : *prêt à partir.* **2.** Dont la préparation est terminée ; disponible : *le repas est prêt.*

**prétantaine** ou **prétentaine** nf ■ VX **courir la prétantaine :** chercher les aventures galantes.

**prêt-à-porter** (pl *prêts-à-porter*) nm Industrie des vêtements coupés selon des mesures normalisées.

**prêté** nm ■ **c'est un prêté pour un rendu :** c'est une juste revanche.

**prétendant, e** n Personne qui prétend avoir des droits à un trône. ◆ nm Celui qui veut épouser une femme.

**prétendre** vt (conj 50) **1.** Vouloir, avoir l'intention de : *que prétendez-vous faire ?* **2.** Avoir la prétention, se flatter de : *je ne prétends pas vous convaincre.* **3.** Affirmer, soutenir : *je prétends que oui.* ◆ vt ind [à] LITT Aspirer à : *prétendre aux honneurs.*

**prétendu, e** adj Supposé : *un prétendu fou.*

**prétendument** adv Faussement.

**prête-nom** (pl *prête-noms*) nm Celui qui figure dans un contrat à la place du véritable contractant.

**prétensionneur** nm AUTOM Dispositif qui, en cas de choc, tend immédiatement une ceinture de sécurité, augmentant ainsi son efficacité.

**prétentaine** nf → **prétantaine**.

**prétentieusement** adv De manière prétentieuse, avec recherche.

**prétentieux, euse** adj et n Qui cherche à en imposer, à se mettre en valeur pour des qualités qu'il n'a pas ; présomptueux.

**prétention** nf **1.** Exigence, revendication. **2.** Complaisance vaniteuse envers soi-même. ■ **sans prétention :** modeste.

**prête-plume** n inv Personne qui prépare ou rédige anonymement des textes pour celle qui les signe (on dit aussi : *écrivain fantôme*).

**prêter** vt **1.** Céder pour un temps : *il m'a prêté 100 euros.* **2.** Accorder, offrir spontanément : *prêter secours.* **3.** Attribuer : *prêter de noires intentions à qqn.* ■ **prêter attention :** être attentif. ❑ **prêter la main :** aider. ❑ **prêter le flanc à :** donner prise à : *prêter le flanc aux critiques.* ❑ **prêter l'oreille :** écouter. ❑ **prêter serment :** jurer. ◆ vt ind [à] Donner matière à : *son attitude prête à rire.* ◆ **se prêter** vpr [à] Consentir à : *se prêter à un jeu.*

**prétérit** [preterit] nm Forme verbale exprimant le passé, en particulier en anglais et en allemand.

**préteur** nm ANTIQ Magistrat romain.

**prêteur, euse** adj et n Qui prête : *enfant qui n'est pas très prêteur ; prêteur sur gages.*

**prétexte** nm Raison apparente pour cacher le vrai motif. ■ **sous prétexte de, que :** en prenant pour prétexte.

**prétexter** vt Alléguer comme prétexte : *prétexter un rendez-vous pour s'éclipser.*

**prétoire** nm **1.** ANTIQ ROM Tribunal du préteur. **2.** Salle d'audience d'un tribunal.

**prétorien, enne** adj ANTIQ ROM Du préteur. ◆ nm et adj Soldat de la garde impériale romaine.

**prétraité, e** adj Qui a subi un traitement préalable : *riz prétraité.*

**prêtre** nm **1.** Ministre d'un culte religieux : *les prêtres de Cybèle, à Rome.* **2.** Celui qui a reçu le sacrement de l'ordre dans l'Église catholique et les Églises orientales.

**prêtresse** nf ANTIQ Femme attachée au culte d'une divinité.

**prêtrise** nf Fonction et dignité de prêtre.

**préture** nf Dignité, charge de préteur.

**preuve** nf **1.** Ce qui démontre la vérité de qqch : *fournir les preuves de son innocence.* **2.** Marque, témoignage : *preuve d'affection.* **3.** Vérification de l'exactitude d'un calcul : *preuve par neuf.* ■ **faire preuve de :** montrer. ❑ **faire ses preuves :** manifester sa valeur.

**preux** adj m et nm LITT Vaillant, brave.

**prévaloir** vi (conj 40) LITT Avoir, remporter l'avantage : *son opinion a prévalu.* ◆ **se prévaloir** vpr [de] S'enorgueillir, tirer avantage de : *se prévaloir de sa naissance.*

**prévaricateur, trice** adj et n Qui manque, par intérêt ou mauvaise foi, aux devoirs de sa charge.

**prévarication** nf LITT Action du prévaricateur.

**prévenance** nf Manière obligeante d'aller au-devant de ce qui peut plaire à quelqu'un.

**prévenant, e** adj Plein de sollicitude, d'attention à l'égard de quelqu'un.

**prévenir** vt (conj 22) **1.** Aller au-devant de qqch, prendre des dispositions pour l'empêcher de se produire : *prévenir un malheur.* **2.** Satisfaire par avance : *prévenir un désir.* **3.** Avertir, informer : *prévenir les pompiers qu'une maison est en feu.* ■ **être prévenu contre qqn :** être mal disposé à son égard.

**préventif, ive** adj Qui a pour effet d'empêcher un mal prévisible : *médecine préventive.*

**prévention** nf **1.** Ensemble des dispositions prises pour prévenir un danger. **2.** Opinion défavorable préconçue. **3.** DR Incarcération précédant un jugement. ■ **prévention routière :** visant à réduire le nombre et la gravité des accidents de la route.

**préventivement** adv De façon préventive.

**préventorium** [prevɑ̃tɔrjɔm] nm Établissement où l'on soignait les malades atteints de primo-infection tuberculeuse.

**prévenu, e** n Personne qui doit répondre d'une infraction devant la justice pénale.

**préverbe** nm LING Préfixe qui se place devant un verbe.

**prévisible** adj Qui peut être prévu.

**prévision** nf **1.** Action de prévoir. **2.** Ce que l'on prévoit ; hypothèse. ◆ **en prévision de** loc prép En prévoyant qqch : *prendre un parapluie en prévision de la pluie.*

**prévisionnel, elle** adj Qui fait l'objet d'un calcul antérieur à un événement.

**prévoir** vt (conj 42) **1.** Concevoir, envisager par avance : *prévoir un événement.* **2.** Organiser à l'avance : *prévoir un repas froid.*

EMPLOI *Prévoir à l'avance* est un pléonasme, mais on peut dire : *nous avions prévu cet événement longtemps à l'avance.*

**prévôt** nm **1.** HIST Titre de différents magistrats sous l'Ancien Régime. **2.** Officier de gendarmerie exerçant un commandement dans une prévôté.

**prévôté** nf **1.** HIST Fonction, juridiction de prévôt. **2.** Détachement de gendarmerie affecté, en opérations, à une grande unité.

**prévoyance** nf Qualité de quelqu'un qui sait prévoir.

**prévoyant, e** adj Qui montre de la prévoyance.

**prie-Dieu** nm inv Meuble sur lequel on s'agenouille pour prier.

**prier** vt **1.** Conjurer ou honorer Dieu, une divinité par des paroles ; supplier : *prier Dieu ;* (sans complément) : *prier pour la paix.* **2.** Demander avec instance ou avec humilité ; inviter, convier : *je vous prie de* *me laisser.* ■ **je vous en prie :** sert à répondre poliment à un remerciement, une excuse. ❑ **se faire prier :** faire des manières.

**prière** nf **1.** Action de prier ; supplication adressée à Dieu, à une divinité. **2.** Demande instante : *céder aux prières de quelqu'un.* ■ **prière de :** il est demandé de.

**prieur, e** n et adj Supérieur, supérieure de certaines communautés religieuses.

**prieuré** nm **1.** Communauté gouvernée par un prieur, une prieure. **2.** Église ou maison de cette communauté.

**prima donna** (pl inv ou *prime donne*) nf Première chanteuse dans un opéra.

**primaire** adj **1.** Qui appartient à l'enseignement du premier degré : *école primaire.* **2.** PÉJOR Simpliste, peu cultivé : *raisonnement primaire.* ■ **ère primaire :** période géologique d'environ 350 millions d'années caractérisée par le plissement hercynien. ❑ ÉCON **secteur primaire :** ensemble des activités économiques productrices de matières premières. ◆ nm **1.** Enseignement primaire. **2.** ÉCON Secteur primaire. **3.** GÉOL Ère primaire.

**primat** nm Titre purement honorifique attaché à un siège épiscopal en vertu d'une tradition : *l'archevêque de Lyon est primat des Gaules.*

**primate** nm Mammifère tel que le singe et l'homme (les primates forment un ordre).

**primauté** nf Prééminence, supériorité de rang.

**1. prime** nf **1.** Somme donnée pour prix d'une assurance. **2.** Somme versée à un salarié en plus de son salaire : *prime d'intéressement.* **3.** Somme, objet, avantage alloués à titre d'encouragement, de récompense, d'incitation. ■ **prime d'activité :** complément de rémunération versé par l'État aux travailleurs à faibles revenus, afin de les inciter à reprendre ou à poursuivre une activité.

**2. prime** adj **1.** LITT Premier : *de prime abord ; prime jeunesse.* **2.** MATH Se dit d'une lettre affectée d'un accent analogue à l'apostrophe : *b' s'énonce « b prime ».*

**1. primer** vt et vt ind [sur] L'emporter sur, surpasser, dominer : *la qualité prime (sur) la quantité.*

**2. primer** vt Accorder un prix, une récompense : *primer un film dans un festival.*

**primerose** nf Rose trémière.

**primesautier, ère** adj Vif, alerte, spontané : *esprit primesautier.*

**prime time** [prajmtajm] (pl *prime times*) nm À la télévision, tranche horaire du début de soirée qui représente l'heure de plus grande écoute.

**primeur** nf Caractère de ce qui est nouveau. ■ **avoir la primeur de qqch :** être le premier à le connaître ou à en jouir. ❑ **vin de primeur** ou **vin primeur :** vin de l'année qui est mis en vente le troisième jeudi de novembre. ◆ **primeurs** pl Fruits, légumes obtenus avant l'époque normale de leur maturité. ■ **marchand de primeurs** ou **primeur** nm : marchand de fruits et légumes en général.

**primevère** nf Plante à fleurs dont l'éclosion se produit au printemps.

**primipare** adj et nf Qui accouche ou qui met bas pour la première fois.

**primitif, ive** adj **1.** Qui appartient au premier état des choses ; initial, originel : *forme primitive.* **2.** Qui constitue l'élément premier, fondamental : *couleurs primitives.* **3.** Grossier, fruste, rudimentaire : *mœurs primitives.* **4.** Se dit des sociétés restées à l'écart de la civilisation moderne et industrielle. SYN : archaïque. ◆ nm Peintre qui a précédé la Renaissance.

**primitivement** adv À l'origine.

**primitivisme** nm Affinité d'un art occidental avec les arts primitifs.

**primo** adv Premièrement.

**primo-accédant, e** (pl *primo-accédants, es*) n et adj Personne qui accède pour la première fois à la propriété de sa résidence principale.

**primo-infection** (pl *primo-infections*) nf MÉD Première atteinte de l'organisme par un germe.

**primordial, e, aux** adj Capital, fondamental.

**primo-romancier, ère** (pl *primo-romanciers, ères*) n Auteur d'un premier roman.

**prince** nm **1.** Celui qui possède une souveraineté ou qui appartient à une famille souveraine. **2.** Titre de noblesse le plus élevé. **3.** LITT Le premier par son talent : *prince des poètes.* ■ **être bon prince :** se montrer accommodant. ❑ **fait du prince :** acte arbitraire.

**prince-de-galles** nm inv et adj inv Tissu à fines raies croisées.

**princeps** [prɛ̃sɛps] adj inv ■ **édition princeps :** première édition d'un ouvrage.

**princesse** nf **1.** Fille ou femme de prince, de roi. **2.** Souveraine d'un pays.

**princier, ère** adj **1.** De prince : *famille princière.* **2.** Somptueux, digne d'un prince.

**princièrement** adv Somptueusement.

**principal, e, aux** adj Qui est le plus important ; essentiel. ■ GRAMM **proposition principale** ou **principale** nf : proposition qui a sous sa dépendance une ou plusieurs subordonnées. ◆ nm **1.** Ce qu'il y a de plus important. **2.** Premier clerc d'une étude. **3.** Capital d'une dette : *principal et intérêts.* ◆ n Directeur, directrice d'un collège.

**principalement** adv Surtout.

**principauté** nf Petit État indépendant dont le chef a le titre de prince : *la principauté de Monaco.*

**principe** nm **1.** Loi à caractère général : *principe d'Archimède.* **2.** Proposition admise comme base d'une science, d'un art ou d'un raisonnement. **3.** Règle générale théorique qui guide la conduite : *fidèle à ses principes.* **4.** Élément constitutif de quelque chose : *principes nutritifs.* **5.** LITT Origine, cause première : *remonter au principe de toute chose.* ■ **en principe :** (a) selon la règle générale (b) selon toute vraisemblance.

**printanier, ère** adj Du printemps.

**printemps** nm **1.** Saison qui suit l'hiver et précède l'été (21 mars-21 juin). **2.** LITT Jeunesse : *être au printemps de sa vie.* **3.** LITT Année : *avoir seize printemps.*

**prion** nm BIOL Particule protéinique infectieuse qui serait à l'origine de l'encéphalopathie spongiforme.

**prioritaire** adj et n Qui jouit d'une priorité sur les autres.

**prioritairement** adv En priorité.

**priorité** nf **1.** Droit de passer avant les autres : *laisser la priorité aux conducteurs qui viennent de droite ; ne pas avoir la priorité.* **2.** Préférence : *donner la priorité à la lutte contre le chômage.* **3.** Antériorité : *priorité de date.* ■ **en priorité :** avant toute autre chose.

**pris, e** adj **1.** Atteint, saisi soudain : *pris de fièvre.* **2.** FIG Occupé, accaparé par de nombreuses tâches.

**prise** nf **1.** Action de saisir, de tenir serré : *maintenir la prise.* **2.** Manière de saisir : *prise de judo.* **3.** Aspérité, creux qui sert de point d'appui : *n'avoir pas de prise.* **4.** Action de prendre, de s'emparer de ; chose, personne prise : *prise d'otages ; prise de guerre.* **5.** Action de recueillir quelque chose : *prise de sang.* **6.** Action d'absorber, en particulier un médicament ; quantité de médicament administrée en une seule fois. **7.** Pincée de tabac inspirée par le nez. **8.** Coagulation, solidification : *la prise du ciment.* **9.** MÉCAN Engrenage : *prise directe.* ■ FIG **donner prise à :** s'exposer à. ❑ **être aux prises avec :** lutter contre. ❑ **prise d'eau :** installation permettant de disposer d'eau en un point d'une conduite. ❑ **prise de conscience :** fait de devenir conscient de quelque chose. ❑ **prise (de courant) :** dispositif de branchement électrique relié à une ligne d'alimentation. ❑ **prise de possession :** entrée en possession. ❑ **prise de son :** ensemble des opérations permettant un enregistrement sonore. ❑ **prise de terre :** conducteur servant à établir une liaison avec la terre ; prise de courant comportant un tel conducteur. ❑ **prise de vues :** enregistrement des images d'un film.

**1. priser** vt LITT Estimer, apprécier.

**2. priser** vt Aspirer par le nez : *priser du tabac.*

**prismatique** adj En forme de prisme : *cristal prismatique.*

**prisme** nm **1.** Polyèdre dont les bases sont deux polygones égaux à côtés parallèles, les faces latérales étant des parallélogrammes. **2.** PHYS Prisme en cristal, qui décompose la lumière.

**prison** nf **1.** Lieu où l'on détient les personnes condamnées ou en instance de jugement. **2.** Emprisonnement : *mériter la prison.* **3.** FIG Lieu ou situation où l'on se sent séquestré, enfermé.

**prisonnier, ère** n et adj **1.** Personne détenue en prison. **2.** Personne privée de liberté : *prisonnier de guerre.* ◆ adj Dont la liberté est entravée par une habitude, un vice, etc.

**privatif, ive** adj **1.** Privé : *jardin privatif.* **2.** Qui prive : *peine privative de liberté.* **3.** LING Se dit des préfixes marquant la privation, l'absence, le manque.

**privation** nf Action de priver, de se priver ; fait d'être privé de quelque chose. ◆ **privations** pl Manque des choses nécessaires et notamment de nourriture.

**privatisation** nf Action de faire tomber dans le domaine de l'entreprise privée ce qui était du ressort de l'État.

**privatiser** vt Procéder à la privatisation de.

**privautés** nf pl Familiarité excessive, liberté déplacée qu'un homme se permet avec une femme.

**privé, e** adj **1.** Qui ne dépend pas de l'État, qui n'appartient pas à la collectivité : *école privée ; secteur privé.* **2.** Qui n'est pas ouvert à tout public : *projection privée.* **3.** Qui appartient en propre à un ou plusieurs individus : *propriété privée.* **4.** Strictement personnel, intime : *la vie privée.* ◆ nm Secteur privé. ■ **dans le privé :** dans l'intimité, hors de la vie professionnelle : *se tutoyer dans le privé et non au travail.* ❑ **en privé :** à l'écart des autres, sans témoins : *souhaiter parler à quelqu'un en privé.*

**priver** vt Ôter, refuser la possession, la jouissance de quelque chose à. ◆ **se priver** vpr **1.** S'abstenir de quelque chose : *se priver de vin.* **2.** S'imposer des privations : *se priver pour ses enfants.*

**privilège** nm Droit, avantage personnel, exclusif.

**privilégié, e** adj et n Qui jouit d'un privilège, de privilèges : *classes privilégiées.*

**privilégier** vt Accorder un privilège à ; avantager, favoriser.

**prix** [pri] nm **1.** Valeur d'une chose, exprimée en monnaie. **2.** Ce qu'il en coûte pour obtenir qqch : *le prix de la liberté.* **3.** Récompense : *recevoir un prix.* **4.** Personne qui a obtenu un prix : *le Prix Nobel.* ■ **à prix d'or** : très cher. ❑ **à tout prix** : coûte que coûte.

**pro** n et adj (abréviation) FAM Professionnel : *c'est une vraie pro.*

**probabilité** nf Caractère de ce qui est probable, vraisemblable.

**probable** adj Qui a beaucoup de chances de se produire ; vraisemblable.

GRAMMAIRE On dit : *il est probable qu'il viendra* (ind. ; c'est une affirmation), mais *il est peu probable qu'il vienne* (subj. ; il y a doute).

**probablement** adv Vraisemblablement.

**probant, e** adj Qui convainc ; concluant.

**probation** nf DR Suspension de la peine d'un condamné assortie d'une mise à l'épreuve et de mesures d'assistance et de contrôle.

**probatoire** adj Propre à prouver. ■ **examen probatoire** : qui teste les connaissances d'un candidat.

**probe** adj LITT Très honnête.

**probiotique** adj et nm BIOL Micro-organisme vivant (bactérie ou levure) qui, ingéré en quantité suffisante, a un effet bénéfique sur la santé en améliorant l'équilibre de la flore intestinale.

**probité** nf Honnêteté scrupuleuse, rigoureuse.

**problématique** adj Douteux, hasardeux, incertain : *succès problématique.* ◆ nf Ensemble des questions qu'une science ou une philosophie se pose dans un domaine particulier.

**problème** nm **1.** Question à résoudre par des procédés scientifiques : *problème d'algèbre.* **2.** Ce qui est difficile à expliquer, à résoudre.

**procédé** nm **1.** Manière d'agir, de se conduire avec les autres. **2.** Méthode à suivre pour une opération : *simplifier un procédé.*

**procéder** vi (conj 10) Agir de telle ou telle façon : *procéder avec ordre.* ◆ vt ind [à] Faire qqch, l'exécuter selon un certain ordre : *procéder au recensement de la population.* ◆ vt ind [de] LITT Provenir, tirer son origine de.

**procédure** nf **1.** Méthode utilisée pour obtenir un certain résultat. **2.** DR Ensemble des formalités, des règles judiciaires : *Code de procédure civile.*

**procédurier, ère** adj et n PÉJOR Qui aime la procédure, la chicane, les procès.

**procès** nm Instance en justice.

**processeur** nm INFORM Organe capable d'assurer le traitement complet d'une série d'informations.

**procession** nf **1.** Marche solennelle d'un caractère religieux, accompagnée de chants et de prières. **2.** FAM Longue suite de personnes, de véhicules ; défilé.

**processionnaire** adj et nf Se dit de certaines chenilles qui se déplacent en file indienne.

**processus** [prɔsesys] nm **1.** Enchaînement ordonné de faits, d'événements aboutissant à un résultat déterminé ; mécanisme, marche, développement : *processus inflationniste.* **2.** Suite continue d'opérations, procédé technique : *processus de fabrication.*

**procès-verbal** (pl *procès-verbaux*) nm **1.** Acte d'un officier de justice, d'un agent assermenté, constatant un fait, un délit. **2.** Compte rendu d'une délibération.

**1. prochain** nm Tout homme ou l'ensemble des hommes, par rapport à l'un d'entre eux.

**2. prochain, e** adj Proche dans le temps ou l'espace : *l'an prochain ; la prochaine ville.*

**prochainement** adv Bientôt.

**proche** adj **1.** Qui est près, qui n'est pas éloigné dans l'espace ou dans le temps : *proche voisin ; l'heure est proche.* **2.** Peu différent, approchant : *un mensonge proche de la vérité.* **3.** Qui a d'étroites relations de parenté, ou d'amitié : *proche parent.* ◆ nm Proche parent, ami intime.

**proclamation** nf **1.** Action de proclamer. **2.** Texte proclamé.

**proclamer** vt **1.** Faire connaître publiquement, avec solennité : *proclamer un verdict.* **2.** Divulguer, révéler : *proclamer la vérité.*

**proclitique** adj et nm LING Se dit d'un mot privé d'accent tonique qui, dans la prononciation, fait corps avec le mot suivant.

**proconsul** nm ANTIQ ROM Consul sorti de charge et prorogé dans ses pouvoirs.

**procrastination** nf Tendance à ajourner, à remettre au lendemain.

**procrastiner** vi Ajourner, remettre systématiquement au lendemain.

**procréateur, trice** adj et n LITT Qui procrée.

**procréation** nf Action de procréer. ■ **la procréation médicalement assistée (PMA)** : l'ensemble des méthodes qui permettent la procréation, lorsque celle-ci ne peut se réaliser dans des conditions naturelles.

**procréer** vt Engendrer, donner la vie.

**procurateur** nm **1.** ANTIQ ROM Fonctionnaire de l'ordre équestre. **2.** HIST Magistrat des anciennes Républiques d'Italie.

**procuration** nf Pouvoir qu'une personne donne à une autre pour agir en son nom.

**procurer** vt **1.** Faire obtenir : *procurer un emploi.* **2.** Apporter, occasionner : *procurer beaucoup de bonheur.* ◆ **se procurer** vpr Obtenir pour soi : *se procurer des marchandises.*

**procureur, e** n DR ■ **procureur général :** magistrat qui exerce les fonctions du ministère public près la Cour de cassation, etc. ❑ **procureur de la République :** qui exerce les fonctions du ministère public près les tribunaux.

**prodigalité** nf Caractère, comportement d'une personne prodigue. ◆ **prodigalités** pl Dépenses excessives.

**prodige** nm **1.** Événement extraordinaire, de caractère magique ou surnaturel : *tenir du prodige.* **2.** Chose surprenante : *les prodiges de la science.* **3.** Personne exceptionnellement douée : *enfant prodige.*

**prodigieusement** adv De façon prodigieuse.

**prodigieux, euse** adj Extraordinaire, remarquable.

**prodigue** adj et n **1.** Qui fait des dépenses excessives. **2.** Qui donne sans compter : *prodigue de son temps.* ■ **enfant, fils prodigue :** qui revient au domicile paternel après avoir dissipé son bien.

**prodiguer** vt Donner généreusement : *prodiguer des éloges.*

**prodrome** nm **1.** MÉD Symptôme précurseur d'une maladie. **2.** LITT Signe avant-coureur : *les prodromes d'une révolution.*

**producteur, trice** n et adj **1.** Personne, pays, activité qui produit des biens, des services : *pays producteur de pétrole.* **2.** CIN Personne qui finance un film et rassemble les éléments nécessaires à sa réalisation. **3.** Personne qui conçoit une émission et, éventuellement, la réalise.

**productif, ive** adj Qui produit, rapporte : *terre productive.*

**production** nf **1.** Action de produire ; fait de se produire, de se former. **2.** Bien produit : *les productions du sol.* **3.** Création d'un film, d'une émission, leur réalisation matérielle ; le film, l'émission eux-mêmes.

**productivité** nf **1.** Caractère de ce qui est productif. **2.** Quantité produite en considération du travail fourni et des dépenses engagées.

**produire** vt (conj 70) **1.** Fournir certains biens ou services : *région qui produit du vin.* **2.** Porter : *les arbres produisent des fruits.* **3.** Rapporter, donner du profit : *placement qui produit un joli bénéfice.* **4.** Provoquer, causer : *produire de bons résultats.* **5.** Présenter, montrer : *produire des titres.* **6.** Donner naissance, créer : *produire des romans.* **7.** Être le producteur de ; réaliser : *produire un film, une émission.* ◆ **se produire** vpr **1.** Arriver, survenir : *un accident s'est produit près d'ici.* **2.** Se montrer, se faire connaître : *se produire sur scène.*

**produit** nm **1.** Richesse, bien économique issus de la production : *produit du sol, de l'industrie.* **2.** Objet, article manufacturé : *lancement d'un nouveau produit.* **3.** Bénéfice, résultat ; somme obtenue : *produit d'une vente.* **4.** MATH Résultat de la multiplication. ■ **produit financier :** recette dégagée par des activités financières (intérêts, agios, etc.). ❑ **produit intérieur brut (PIB) :** somme des valeurs ajoutées réalisées annuellement par les entreprises d'un pays. ❑ **produit national brut (PNB) :** somme totale du PIB et du solde des revenus des facteurs de production transférés par l'étranger ou à l'étranger, souvent retenue pour caractériser la puissance économique d'un pays. ❑ **produits blancs :** appareils électroménagers (réfrigérateur, lave-linge, etc.). ❑ **produits bruns :** matériel audiovisuel (téléviseur, chaîne hi-fi, etc.).

**proéminence** nf Saillie.

**proéminent, e** adj En relief par rapport à ce qui est autour ; saillant.

**prof** n (abréviation) FAM Professeur.

**profanateur, trice** adj et n Qui profane.

**profanation** nf Action de profaner.

**profane** n et adj **1.** Personne étrangère à une religion, non initiée à un culte. **2.** Personne qui ignore les usages, les règles de qqch : *être profane en musique.* ◆ nm Ensemble des choses qui ne relèvent pas de la religion, qui ne sont pas sacrées.

**profaner** vt Violer le caractère sacré d'un lieu, d'un objet de culte : *profaner une tombe.*

**proférer** vt (conj 10) Prononcer : *proférer des injures.*

**professer** vt Déclarer ouvertement : *professer une opinion.*

**professeur, e** n **1.** Personne qui enseigne une matière, une discipline, un art. **2.** Enseignant du second degré ou du supérieur.

**profession** nf **1.** Activité, métier, emploi : *exercer une profession.* **2.** Ensemble des personnes qui exercent le même métier : *congrès qui rassemble toute la profession.* ■ **de profession :** (a) de métier : *traducteur de profession* (b) par habitude : *escroc de profession.* ❑ **faire profession de :** déclarer ouvertement une opinion personnelle.

**professionnaliser** vt **1.** Donner à une activité le caractère d'une profession : *professionnaliser un sport.* **2.** Rendre qqn professionnel. ◆ **se professionnaliser** vpr Prendre un caractère professionnel ; devenir professionnel.

**professionnalisme** nm Qualité d'une personne qui fait une chose professionnellement, avec une grande compétence. CONTR : amateurisme.

**professionnel, elle** adj Relatif à une profession : *enseignement professionnel.* ◆ n et adj **1.** Personne qui exerce régulièrement un métier. **2.** Personne qui a une expérience particulière dans un métier, une activité. **3.** Sportif de profession. CONTR : amateur.

**professionnellement** adv En professionnel.

**professoral, e, aux** adj De professeur.

**professorat** nm Fonction de professeur.

**profil** nm **1.** Contour, aspect du visage vu de côté. **2.** Aspect extérieur de qqch vu de côté. **3.** Ligne que dessine la section perpendiculaire d'un objet ; coupe. **4.** Ensemble des traits qui caractérisent qqn par rapport à son aptitude à un emploi. **5.** Page Web, contenant des renseignements personnels (CV, goûts, photos, etc.), qu'un internaute crée pour devenir membre d'un réseau social. ■ **de profil** : vu de côté : *dessiner qqn de profil.*

**profilage** nm En criminologie, établissement, à partir des indices recueillis, du profil psychologique d'un individu recherché. ■ **profilage ethnique** : opération de contrôle (d'identité, partic.) et/ou de surveillance que la police mènerait sans justification, sur la base notamm. d'une apparence associée à une origine ethnique.

**profiler** vt **1.** Donner un profil déterminé à un objet. **2.** En criminologie, établir le profil psychologique d'un individu recherché : *profiler un tueur en série.* ◆ **se profiler** vpr **1.** Se présenter de profil, en silhouette : *la tour se profile à l'horizon.* **2.** S'ébaucher, apparaître : *une solution se profile.*

**profileur, euse** n Criminologue spécialisé dans le profilage.

**profit** nm **1.** Gain, bénéfice. **2.** Avantage, bénéfice intellectuel ou moral. ■ **au profit de** : au bénéfice de. ❑ **mettre à profit** : employer utilement.

**profitable** adj Avantageux, utile.

**profiter** vt ind **1.** [de] Tirer profit de : *profiter des circonstances.* **2.** [à] Être utile à : *vos conseils lui ont profité.* ◆ vi FAM Croître, se développer : *cet enfant profite bien.*

**profiterole** nf Petit chou fourré de glace, nappé de chocolat chaud.

**profiteur, euse** adj et n Qui tire profit de tout, souvent aux dépens des autres.

**profond, e** adj **1.** Dont la profondeur est grande : *puits profond.* **2.** Qui pénètre loin : *racines profondes.* **3.** Intense, extrême : *profonde douleur.* **4.** Caché, difficile à atteindre : *profond mystère.* ◆ adv À une grande profondeur : *creuser profond.*

**profondément** adv **1.** À une grande profondeur. **2.** Extrêmement : *profondément triste.*

**profondeur** nf **1.** Distance du fond à la surface, à l'orifice : *profondeur d'un gouffre.* **2.** FIG Pénétration d'esprit : *profondeur de vues.*

**profusion** nf Grande abondance.

**progéniture** nf Enfants, descendance.

**progeria** [-ʒerja] ou **progéria** nf Maladie génétique rare caractérisée notamm. par un vieillissement accéléré qui débute dès la naissance.

**progestatif, ive** adj et nm MÉD Se dit d'une substance qui favorise la nidation de l'œuf et la gestation.

**progestérone** nf Hormone progestative.

**progiciel** nm INFORM Programme conçu pour plusieurs utilisateurs et destiné à une même application.

**prognathe** [prɔgnat] adj et n Qui a les mâchoires allongées en avant.

**prognathisme** nm Saillie en avant des mâchoires.

**programmable** adj Que l'on peut programmer.

**programmateur, trice** n Personne qui établit un programme de cinéma, de radio, etc. ◆ nm Dispositif qui commande automatiquement l'exécution des différentes opérations à effectuer : *programmateur d'un lave-linge.*

**programmation** nf Établissement d'un programme.

**programme** nm **1.** Ensemble des thèmes d'une discipline dont l'étude est prévue dans une classe ou sur lesquels doit porter un examen. **2.** Ensemble des activités prévues dans l'emploi du temps de qqn : *avoir un programme chargé.* **3.** Liste des émissions de radio, de télévision indiquant les horaires, les sujets, etc. ; cette émission. **4.** Présentation des détails d'un spectacle, d'une fête. **5.** Projet, intention d'action : *un programme de réformes.* **6.** INFORM Ensemble d'instructions nécessaires à l'exécution d'une suite d'opérations demandées à un ordinateur, à un appareillage automatique.

**programmer** vt **1.** Prévoir, inscrire au programme d'un cinéma, d'une chaîne de radio, de télévision. **2.** Établir à l'avance, planifier : *programmer la visite d'un site.* **3.** Préparer une machine, un ordinateur pour l'exécution d'un programme : *programmer un four.*

**programmeur, euse** n Spécialiste chargé de la mise au point de programmes d'ordinateurs.

**progrès** nm **1.** Évolution, progression. **2.** Développement de la civilisation : *croire au progrès.*

**progresser** vi **1.** Faire des progrès, aller de l'avant : *élève qui a progressé.* **2.** Se développer, s'amplifier : *le feu progresse.*

**progressif, ive** adj Qui avance par degrés : *marche progressive.*

**progression** nf **1.** Mouvement, marche en avant : *progression d'une troupe.* **2.** Développement, accroissement, propagation : *progression d'une idée, d'une maladie.* **3.** MATH Suite de nombres tels que chacun d'eux est égal au précédent, augmenté ou diminué (*progression arithmétique*) d'un nombre constant appelé *raison*, ou multiplié ou divisé (*progression géométrique*) par un tel nombre.

**progressisme** nm Doctrine progressiste.

**progressiste** adj et n Qui a ou manifeste des idées politiques et sociales avancées.

**progressivement** adv Peu à peu.

**progressivité** nf Caractère de ce qui est progressif.

**prohibé, e** adj DR Défendu par la loi : *port d'armes prohibé.* ■ **temps prohibé :** pendant lequel certains actes sont interdits par la loi : *chasse en temps prohibé.*

**prohiber** vt SOUT Interdire légalement.

**prohibitif, ive** adj **1.** Qui interdit : *loi prohibitive.* **2.** Trop élevé, excessif : *prix prohibitifs.*

**prohibition** nf Interdiction légale. ■ **la prohibition :** période (entre 1919 et 1933) où il était interdit de consommer de l'alcool aux États-Unis.

**proie** nf **1.** Être vivant capturé par un animal. **2.** Ce dont on s'empare avec rapacité, par la violence. **3.** Victime : *être la proie d'un escroc.* ■ **en proie à :** victime de, sujet à. ❑ **être la proie de :** être détruit, ravagé par : *la maison était la proie des flammes.* ❑ **oiseau de proie :** oiseau carnassier.

**projecteur** nm Appareil pour projeter un faisceau lumineux, des images sur un écran.

**projectile** nm **1.** Corps lancé vers une cible avec force. **2.** Corps lancé par une arme de jet ou une arme à feu.

**projection** nf **1.** Action de projeter, de lancer. **2.** Action de projeter un film ; image projetée. **3.** GÉOM Représentation plane d'un corps suivant certaines règles.

**projectionniste** n Professionnel chargé de la projection des films.

**projet** nm **1.** Ce que l'on projette de faire : *projet hardi.* **2.** Première rédaction d'un texte : *projet de loi.* **3.** Étude d'une construction avec dessins et devis.

**projeter** vt (conj 8) **1.** Lancer, jeter : *projeter une pierre.* **2.** Émettre : *projeter une ombre.* **3.** Former le dessein de : *projeter de venir.* **4.** Faire apparaître sur un écran un film, des photos, grâce à un dispositif lumineux. **5.** GÉOM Effectuer une projection.

**projeteur** nm Technicien qui établit les projets dans une entreprise.

**prolapsus** [prɔlapsys] nm MÉD Chute d'un organe.

**prolégomènes** nm pl Introduction.

**prolétaire** n et adj Personne qui n'a pour vivre que le produit de son travail.

**prolétariat** nm Classe des prolétaires.

**prolétarien, enne** adj Relatif au prolétariat.

**prolétarisation** nf Action de prolétariser ; fait de se prolétariser.

**prolétariser** vt Faire passer à la condition de prolétaire.

**prolifération** nf **1.** Développement rapide. **2.** Multiplication d'une cellule par division.

**prolifère** adj BOT Qui se multiplie.

**proliférer** vi **1.** Se reproduire en grand nombre et rapidement. **2.** FIG Foisonner, se multiplier : *les magasins de vidéos prolifèrent dans la ville.*

**prolifique** adj **1.** Qui se multiplie vite, fécond : *le lapin est prolifique.* **2.** Qui produit beaucoup, en parlant d'un écrivain, d'un artiste.

**prolixe** adj Diffus, trop long, bavard : *discours prolixe.*

**prolixité** nf Caractère prolixe.

**prologue** nm **1.** Avant-propos d'un roman, d'un texte. **2.** FIG Préliminaire, prélude. **3.** SPORTS Brève épreuve disputée avant le départ réel d'une compétition cycliste ou automobile importante.

**prolongateur** nm Rallonge électrique.

**prolongation** nf Action de prolonger ; délai accordé. ◆ **prolongations** pl SPORTS Période de jeu ajoutée au temps réglementaire d'un match pour départager les équipes : *jouer les prolongations.*

**prolongement** nm Action d'augmenter la longueur de quelque chose ; ce qui prolonge quelque chose ; extension : *prolongement de la rue, des travaux.* ■ **dans le prolongement de quelque chose :** dans l'alignement, dans la direction de : *boulangerie dans le prolongement de la* *rue.* ◆ **prolongements** pl Suites, conséquences.

**prolonger** vt (conj 2) Accroître la longueur, la durée. ◆ **se prolonger** vpr **1.** S'étendre dans l'espace : *rue qui se prolonge au-delà d'une place.* **2.** Durer plus longtemps : *soirée qui se prolonge.*

**promenade** nf **1.** Action de se promener. **2.** Lieu où l'on se promène.

**promener** vt (conj 9) **1.** Conduire en divers lieux pour l'agrément, le plaisir, donner de l'exercice. **2.** FIG Porter, diriger sans but précis : *promener son regard.* ◆ **se promener** vpr Aller çà et là pour se distraire, prendre de l'exercice.

**promeneur, euse** n Personne qui se promène.

**promenoir** nm **1.** Partie d'une salle de spectacle où l'on peut circuler. **2.** Lieu couvert destiné à la promenade.

**promesse** nf Assurance donnée.

**prometteur, euse** adj Plein de promesses.

**promettre** vt (conj 57) **1.** S'engager à faire, à donner : *promettre de payer.* **2.** FIG Annoncer, prédire : *le temps promet de la pluie.* ◆ vi Donner des espérances : *enfant qui promet.* ■ FAM **ça promet !** : l'affaire s'engage mal. ◆ **se promettre** vpr [de] Prendre la ferme résolution de : *se promettre de travailler.*

**promis, e** adj **1.** Dont on a fait la promesse : *chose promise.* **2.** Voué à : *promis à un brillant avenir.* ■ **terre promise :** lieu où la vie est heureuse et facile.

**promiscuité** nf Proximité choquante, voisinage désagréable.

**promontoire** nm Cap élevé.

**promoteur, trice** n LITT Personne qui donne la première impulsion à quelque chose ; initiateur : *le promoteur d'une réforme.* ◆ nm Personne ou société qui finance et organise la construction d'immeubles.

**promotion** nf **1.** Nomination, élévation à un grade, à une dignité supérieurs ; ensemble des personnes bénéficiant en même temps d'une telle nomination. **2.** Ensemble des élèves entrés la même année dans une école. **3.** Accession à un niveau de vie supérieur. ■ **en promotion :** en réclame. ❑ **promotion des ventes :** technique propre à accroître le chiffre d'affaires d'une entreprise.

**promotionnel, elle** adj Qui favorise l'accroissement des ventes.

**promouvoir** vt (conj 36) **1.** Élever à une dignité supérieure. **2.** FIG Favoriser le développement, la diffusion de quelque chose : *promouvoir une politique de progrès.*

**prompt, e** [prɔ̃, prɔ̃t] adj **1.** LITT Qui ne tarde pas : *prompte guérison.* **2.** Qui va, agit vite : *esprit prompt.*

**promptement** adv SOUT Avec promptitude, rapidité.

**prompteur** nm Appareil sur lequel défilent les textes lus par le présentateur à la télévision.

**promptitude** nf LITT Caractère de quelqu'un qui agit vite, de ce qui est rapide.

**promu, e** n et adj Personne qui a reçu une promotion.

**promulgation** nf Action de promulguer.

**promulguer** vt Rendre applicable une loi régulièrement adoptée par le Parlement, en la signant et en la faisant publier : *le chef de l'État promulgue les lois.*

**prôner** vt Vanter, louer, recommander : *prôner la modération.*

**pronom** nm Mot qui peut remplacer un nom, un adjectif, une phrase, et qui a toutes les fonctions du nom (il y a six sortes de pronoms : *personnels, possessifs, démonstratifs, relatifs, interrogatifs, indéfinis*).

**pronominal, e, aux** adj Propre au pronom. ■ **verbe pronominal** ou **pronominal** nm : verbe qui se conjugue avec deux pronoms de la même personne (EX : *nous nous avançons*).

**pronominalement** adv En fonction de pronom ou de verbe pronominal : *adjectif, adverbe, verbe employés pronominalement.*

**prononçable** adj Qui peut être prononcé : *mot à peine prononçable.*

**prononcé, e** adj Marqué, accentué : *traits prononcés.* ◆ nm DR Lecture d'une décision d'un tribunal.

**prononcer** vt (conj 1) **1.** Articuler : *prononcer les mots.* **2.** Dire, débiter : *prononcer un discours.* **3.** Déclarer avec autorité : *prononcer un arrêt.* ◆ vi Rendre un arrêt, un jugement. ◆ **se prononcer** vpr **1.** Manifester sa pensée : *le médecin ne s'est pas prononcé.* **2.** Prendre parti : *les ouvriers se sont prononcés pour la grève.*

**prononciation** nf Action, manière de prononcer.

**pronostic** nm **1.** Prévision. **2.** MÉD Jugement porté sur l'évolution d'une maladie.

**pronostiquer** vt Prévoir, prédire.

**pronostiqueur, euse** n Personne qui fait des pronostics, notamment sportifs ou hippiques.

**propagande** nf Tout ce qu'on fait pour répandre une opinion, une doctrine.

**propagandiste** adj et n Qui fait de la propagande.

**propagateur, trice** n Qui propage.

**propagation** nf **1.** Fait de s'étendre de proche en proche : *la propagation du feu.* **2.** FIG Action de propager, de répandre une idée, une nouvelle, etc. : *la propagation des idées.* **3.** PHYS Transmission du son, de la lumière, des ondes électriques.

**propager** vt (conj 2) Répandre, diffuser dans le public : *propager une nouvelle.* ◆ **se propager** vpr Se répandre, s'étendre : *l'incendie se propage.*

**propane** nm Hydrocarbure gazeux, employé comme combustible.

**propension** nf Tendance naturelle ; penchant : *propension à la paresse.*

**propergol** nm Produit composé d'un ou de plusieurs ergols fournissant l'énergie de propulsion d'un moteur-fusée.

**prophète** nm **1.** Dans la Bible, homme qui parle au nom de Dieu. **2.** Personne qui annonce un événement futur. ■ **le Prophète :** Mahomet.

**prophétie** [prɔfesi] nf Prédiction.

**prophétique** adj Propre à un prophète, à la prophétie.

**prophétiser** vt **1.** Annoncer, par inspiration divine, ce qui va se passer. **2.** Prévoir, prédire.

**prophylactique** adj Relatif à la prophylaxie.

**prophylaxie** nf Ensemble des moyens propres à prévenir les maladies.

**propice** adj **1.** Qui convient bien, opportun : *le moment propice.* **2.** Favorable : *les dieux nous sont propices.*

**propitiatoire** [prɔpisjatwar] adj RELIG, LITT Qui rend propice : *sacrifice propitiatoire.*

**proportion** nf **1.** Rapport des parties entre elles et avec l'ensemble. **2.** MATH Égalité de deux rapports. ■ **en proportion :** en rapport. ◆ **proportions** pl **1.** Dimensions. **2.** Importance, étendue : *l'incident a pris des proportions considérables.* ■ **toutes proportions gardées :** sans perdre de vue les différences entre les choses ou les personnes comparées.

ORTHOGRAPHE On écrit *hors de proportion, sans proportion* au singulier. En revanche, on peut écrire *toute proportion gardée* au singulier (langue plus soutenue) ou au pluriel, *toutes proportions gardées* (plus couramment).

**proportionnalité** nf Caractère proportionnel.

**proportionné, e** adj **1.** Qui a telles proportions : *un garçon élancé et bien proportionné.* **2.** Qui est en rapport : *le résultat est proportionné à l'effort.*

**proportionnel, elle** adj En proportion avec d'autres quantités, avec d'autres grandeurs. ■ **représentation proportionnelle** ou **proportionnelle** nf : système électoral accordant aux divers partis des représentants proportionnellement aux suffrages obtenus.

**proportionnellement** adv En proportion.

**proportionner** vt Mettre en proportion : *proportionner ses dépenses à ses ressources.*

**propos** nm **1.** Discours tenu dans la conversation : *propos de table.* **2.** Ce qu'on se propose de faire ; résolution, intention : *ferme propos.* ■ **à propos ! :** marque une transition dans un dialogue, entre deux idées différentes. ❑ **à propos :** opportunément. ❑ **à propos de :** à l'occasion, au sujet de. ❑ **à tout propos :** à chaque instant, en toute occasion. ❑ **hors de propos** ou **mal à propos :** à contretemps.

**proposer** vt **1.** Présenter, offrir au choix, à l'appréciation : *proposer un avis, un candidat.* **2.** Offrir comme prix. ◆ **se proposer** vpr **1.** Offrir ses services. **2.** Avoir l'intention de : *se proposer de sortir.*

**proposition** nf **1.** Action de proposer ; chose proposée : *faire une proposition.* **2.** Condition qu'on propose pour arriver à un arrangement : *proposition de paix.* **3.** GRAMM Unité syntaxique élémentaire de la phrase, composée en général d'un verbe et d'un ou de plusieurs groupes nominaux. ■ **proposition de loi :** texte de loi soumis par un parlementaire au vote du Parlement.

**propre** adj **1.** Qui n'est pas sali, taché. **2.** Qui se lave souvent. **3.** Convenable, soigné : *travail propre.* **4.** Qui respecte l'environnement, qui ne pollue pas : *des produits propres.* **5.** FIG Honnête : *son passé n'est pas très propre.* **6.** Qui appartient exclusivement à : *caractère propre.* **7.** De la personne même dont il est question : *de sa propre main.* **8.** Qui est rigoureusement conforme à ce qui a été dit, fait : *ses propres paroles.* **9.** Juste, exact, approprié : *employer le mot propre.* ■ DR **bien propre :** bien qui fait partie du patrimoine personnel d'un des époux. ❑ GRAMM **nom propre :** désigne un être, un objet uniques. ❑ **propre à :** (a) spécifique à (b) qui convient pour. ❑ **remettre quelque chose en main(s) propre(s) :** à la personne même. ❑ **sens propre :** sens primitif (par opposition à *sens figuré*). ◆ nm Qualité particulière : *le propre de l'homme est de penser.* ■ **au propre :** au sens propre. ❑ **en propre :** en propriété particulière. ❑ **mettre au propre :** rédiger proprement ce qui n'était qu'un brouillon.

**propre-à-rien** (pl *propres-à-rien*) n FAM Personne sans aucune capacité.

**proprement** adv **1.** Avec propreté. **2.** Exactement, précisément. ■ **proprement dit :** pris au sens le plus exact : *la ville proprement dite, sans compter la banlieue.*

**propret, ette** adj Propre, pimpant.

**propreté** nf **1.** Qualité de ce qui est propre. **2.** Qualité de qqn qui est propre.

**propriétaire** n **1.** Personne à qui une chose appartient. **2.** Bailleur d'immeuble (par opposition à *locataire*).

**propriété** nf **1.** Possession en propre, exclusive. **2.** Bien, terrain, domaine, maison : *une propriété plantée d'arbres.* **3.** Caractère, qualité propre : *les propriétés d'un corps.* **4.** Convenance exacte d'un mot à l'idée à exprimer.

**proprio** n (abréviation) FAM Propriétaire.

**proprioception** nf Ensemble des informations nerveuses transmises au cerveau permettant le contrôle de la posture et la coordination des mouvements.

**propulser** vt **1.** Faire avancer à l'aide d'un propulseur. **2.** FAM Projeter en avant.

**propulseur** nm Mécanisme de propulsion.

**propulsif, ive** adj Qui produit la propulsion : *force propulsive.*

**propulsion** nf Mise en mouvement d'un corps, obtenue en produisant une poussée ; production de cette force.

**propylée** nm ANTIQ GR Porte monumentale d'un palais, d'un temple.

**prorata** nm inv ■ **au prorata de :** en proportion de : *avoir part aux bénéfices au prorata de la mise de fonds.*

**prorogatif, ive** adj Qui proroge.

**prorogation** nf Action de proroger ; prolongation.

**proroger** vt (conj 2) Prolonger ou reporter à une date ultérieure : *proroger une échéance.*

**prosaïque** adj Qui manque de noblesse, d'idéal ; terre à terre, vulgaire, banal : *goûts prosaïques.*

**prosaïquement** adv De façon prosaïque.

**prosaïsme** nm Caractère prosaïque.

**prosateur** nm Auteur qui écrit en prose.

**proscenium** [prɔsenjɔm] nm ANTIQ Devant de la scène d'un théâtre.

**proscription** nf Action de proscrire ; fait d'être proscrit.

**proscrire** vt **1.** LITT Condamner au bannissement, à l'exil. **2.** Rejeter, interdire.

**proscrit, e** adj et n LITT Se dit d'une personne frappée de proscription.

**prose** nf Forme ordinaire du discours, non assujettie à un rythme ou à une mesure régulière : *faire de la prose ; poème en prose.*

**prosélyte** n **1.** Nouveau converti. **2.** Nouvel adepte

**prosélytisme** nm Zèle ardent pour recruter des adeptes : *faire du prosélytisme.*

**prosodie** nf LITTÉR Ensemble des règles relatives à la quantité des voyelles qui régissent la composition des vers.

**prosodique** adj Relatif à la prosodie.

**prospect** [prɔspɛ] nm Distance minimale imposée entre deux bâtiments.

**prospecter** vt **1.** Examiner un terrain pour y rechercher des richesses minérales. **2.** Étudier les possibilités d'extension d'une clientèle.

**prospecteur, trice** adj et n Qui prospecte.

**prospectif, ive** adj Orienté vers l'avenir : *étude prospective.*

**prospection** nf Action de prospecter.

**prospective** nf Science ayant pour objet l'étude des causes qui accélèrent l'évolution du monde moderne, et la prévision des situations qui en découlent.

**prospectus** [prɔspɛktys] nm Imprimé diffusé à des fins publicitaires.

**prospère** adj Qui est dans une période de réussite, de succès.

**prospérer** vi (conj 10) Avoir du succès ; devenir florissant : *entreprise qui prospère.*

**prospérité** nf État prospère.

**prostate** nf Corps glandulaire propre au sexe masculin, qui entoure le col vésical et une partie de l'urètre. ■ **antigène spécifique de la prostate :** glycoprotéine du sérum sanguin, synthétisée exclusivement par la prostate et dont la concentration augmente en cas de prostatite, d'adénome ou de cancer de la prostate. SYN : PSA.

**prostatique** adj et nm Relatif à la prostate ; atteint d'une maladie de la prostate.

**prostatite** nf Inflammation de la prostate.

**prosternation** nf ou **prosternement** nm Action de se prosterner ; état d'une personne prosternée.

**prosterner (se)** vpr Se courber jusqu'à terre en signe d'adoration, de respect, d'humilité.

**prostitué, e** n Personne qui se prostitue.

**prostituer** vt **1.** Livrer qqn à la prostitution. **2.** LITT Avilir : *prostituer son talent.* ◆ **se prostituer** vpr Se livrer à la prostitution.

**prostitution** nf **1.** Acte par lequel une personne consent à des rapports sexuels contre de l'argent. **2.** LITT Avilissement.

**prostration** nf Abattement profond.

**prostré, e** adj Très abattu, accablé.

**protagoniste** n **1.** Personne qui joue le rôle principal dans une affaire. **2.** Personnage important d'une pièce, d'un film, d'un roman.

**protecteur, trice** adj et n **1.** Qui protège. **2.** Qui marque un désir de protection condescendante : *ton protecteur.*

**protection** nf **1.** Action de protéger. **2.** Ce qui protège ; personne qui protège. ■ **protection rapprochée :** moyens mis en œuvre pour protéger une personnalité de toute agression qui pourrait être commise contre elle par les gens qui l'approchent. ❑ **protection sociale :** ensemble des régimes qui assurent ou complètent une couverture sociale ainsi que diverses prestations à caractère familial ou social.

**protectionnisme** nm Système consistant à protéger l'économie d'un pays contre la concurrence étrangère. CONTR : libre-échange.

**protectionniste** adj et n Relatif au protectionnisme ; qui en est partisan.

**protectorat** nm Situation juridique qui place un État sous la dépendance d'un autre ; cet État lui-même.

**protégé, e** n Personne qui jouit de la faveur, du soutien de qqn.

**protège-cahier** (pl *protège-cahiers*) nm Couverture souple servant à protéger un cahier.

**protège-dents** nm inv Appareil de protection pour les dents des boxeurs.

**protéger** vt (conj 2 et 10) **1.** Mettre à l'abri d'un dommage, d'un danger : *protéger les cultures du soleil ; vaccin qui protège contre la grippe.* **2.** Appuyer, favoriser qqn : *protéger un candidat.* **3.** Encourager, favoriser qqch : *protéger les arts.* ◆ **se protéger** vpr Se mettre à l'abri d'un danger, d'un risque : *se protéger du soleil.*

**protège-slip** (pl *protège-slips*) nm Bande absorbante adhésive qui se fixe à l'intérieur d'un slip de femme.

**protéine** nf Substance du groupe des protides.

**protéinique** ou **protéique** adj Qui concerne les protéines.

**protestant, e** adj et n Qui appartient au protestantisme ; qui le pratique, le professe.

**protestantisme** nm Ensemble des Églises et des communautés chrétiennes issues de la Réforme ; la religion réformée.

**protestataire** adj et n Qui proteste.

**protestation** nf **1.** Action de protester : *cris de protestation.* **2.** (souvent au pluriel) Déclaration vigoureuse de bons sentiments : *protestations d'amitité, de dévouement.*

**protester** vi S'élever contre : *protester contre une injustice.* ◆ vt ind [de] LITT Donner l'assurance de : *protester de son innocence.*

**protêt** nm DR Acte par lequel le porteur d'un effet de commerce fait constater le refus de paiement.

**prothèse** nf Remplacement chirurgical d'un organe ; la pièce ou l'appareil de remplacement : *prothèse dentaire.*

**prothésiste** n Fabricant de prothèses.

**prothrombine** nf Substance contenue dans le sang et qui participe à sa coagulation.

**protide** nm VX Nom générique des substances organiques azotées.

**protiste** nm BIOL Être vivant unicellulaire à noyau distinct.

**protocolaire** adj **1.** Conforme au protocole : *visite protocolaire.* **2.** PÉJOR Qui manifeste un attachement au protocole.

**protocole** nm **1.** Ensemble des règles établies en matière d'étiquette, d'honneur et de préséances dans les cérémonies officielles. **2.** Procès-verbal relatant les résolutions d'une assemblée : *protocole d'accord.* **3.** MÉD Ensemble des règles à respecter au cours de certains traitements et lors des essais thérapeutiques. **4.** DR Formulaire pour la rédaction des actes publics.

**protohistoire** nf Période chronologique intermédiaire entre la préhistoire et l'histoire.

**proton** nm Particule élémentaire chargée d'électricité positive entrant avec le neutron dans la composition des noyaux.

**protoplasme** nm Substance qui constitue la cellule vivante.

**prototype** nm **1.** Modèle original. **2.** Premier exemplaire d'un appareil, destiné à l'expérimentation.

**protozoaire** nm Être vivant unicellulaire (les protozoaires forment un embranchement).

**protubérance** nf Saillie, excroissance.

**protubérant, e** adj Saillant.

**prou** adv ■ LITT **peu ou prou :** plus ou moins.

**proue** nf Partie avant d'un navire (par opposition à *poupe*).

**prouesse** nf **1.** Action d'éclat ; exploit : *prouesse sportive.* **2.** LITT Acte d'héroïsme.

**prouvable** adj Qu'on peut prouver.

**prouver** vt **1.** Établir indéniablement la vérité de qqch. **2.** Témoigner : *prouver sa gratitude.* **3.** Indiquer, révéler : *ce succès prouve le bien-fondé de l'orientation adoptée.*

**provenance** nf Origine : *marchandises de provenance étrangère.* ■ **en provenance de :** venant de : *train en provenance de Rome.*

**provençal, e, aux** adj et n De Provence : *les Provençaux.* ◆ nm Groupe de dialectes occitans parlés en Provence.

**provenir** vt ind [de] (conj 22) **1.** Venir de. **2.** Résulter, tirer son origine de.

**proverbe** nm Maxime brève devenue populaire.

**proverbial, e, aux** adj **1.** Qui tient du proverbe : *expression proverbiale.* **2.** Cité comme exemple, connu de tous : *honnêteté proverbiale.*

**proverbialement** adv De façon proverbiale.

**providence** nf **1.** THÉOL (avec une majuscule) Dieu. **2.** Action constante de la sagesse divine. **3.** FIG Personne qui veille, qui protège : *il est la providence des sans-logis.* **4.** Chance, bonheur inespérés : *votre présence est une providence.*

**providentiel, elle** adj **1.** Envoyé par la Providence. **2.** Qui arrive par un heureux hasard.

**providentiellement** adv De façon providentielle.

**province** nf Division territoriale dans certains pays : *le Québec est une province du Canada.* ■ **la province** : ensemble de toutes les régions de France, à l'exception de Paris.

**provincial, e, aux** adj Qui a les caractères de la province : *accent provincial.* ◆ n Habitant de la province.

**provincialisme** nm **1.** Mot, tournure propres à une province. **2.** Comportement propre aux provinciaux.

**proviseur, e** n Fonctionnaire chargé de l'administration d'un lycée.

**provision** nf **1.** Ensemble de choses nécessaires ou utiles ; réserve : *provision de blé.* **2.** Somme déposée en banque destinée à couvrir des paiements ultérieurs : *chèque sans provision.* **3.** Somme qu'un tribunal attribue provisoirement ou qu'un client dépose à titre d'acompte : *verser une provision.* ◆ **provisions** pl Produits alimentaires ou d'entretien nécessaires à la vie courante : *faire ses provisions ; panier à provisions.*

**provisionnel, elle** adj Qui constitue une provision : *acompte provisionnel.*

**provisionner** vt Créditer un compte bancaire ou postal.

**provisoire** adj **1.** Temporaire. **2.** DR Prononcé en attendant : *jugement provisoire.* ◆ nm Ce qui est transitoire, solution d'attente : *s'installer dans le provisoire.*

**provisoirement** adv En attendant.

**provocant, e** adj Qui provoque.

**provocateur, trice** adj et n Qui cherche à provoquer une réaction violente.

**provocation** nf Action de provoquer ; fait ou geste destiné à provoquer.

**provoquer** vt **1.** Produire, occasionner : *provoquer une catastrophe.* **2.** Inciter qqn, le défier de façon à obtenir une réaction violente. **3.** Exciter le désir sexuel.

**proxénète** n Personne qui se livre au proxénétisme.

**proxénétisme** nm Activité délictueuse consistant à favoriser la prostitution ou à en tirer profit.

**proximité** nf Voisinage. ■ **à proximité de :** près de. ❑ **de proximité :** (a) qui est situé dans le proche voisinage : *commerce de proximité* (b) qui est proche des préoccupations des gens : *un syndicalisme de proximité.*

**prude** adj et nf D'une pudeur affectée.

**prudemment** [prydamɑ̃] adv Avec prudence.

**prudence** nf Attitude qui consiste à agir de manière à éviter tout danger, tout risque inutile, toute erreur.

**prudent, e** adj et n Qui agit avec prudence, qui dénote de la prudence ; sage, avisé : *réponse prudente.*

**pruderie** nf Attitude prude.

**prud'homal, e, aux** adj Relatif aux conseils de prud'hommes.

> ORTHOGRAPHE L'adjectif s'écrit avec un seul *m,* le nom avec deux *m*. L'un et l'autre ont une apostrophe après le *d*.

**prud'homme** nm Membre d'un tribunal électif *(conseil de prud'hommes),* composé paritairement de représentants des salariés et des employeurs, en vue de trancher les conflits professionnels.

**prune** nf Fruit du prunier à pulpe molle, juteuse et sucrée ; eau-de-vie faite avec ce fruit. ◆ adj inv D'une couleur violet foncé.

**pruneau** nm Prune séchée.

**1. prunelle** nf Fruit du prunellier ; eau-de-vie faite avec ce fruit.

**2. prunelle** nf Pupille de l'œil. ■ **tenir à quelque chose comme à la prunelle de ses yeux :** y être attaché par-dessus tout.

**prunellier** nm Prunier sauvage épineux.

**prunier** nm Arbre cultivé pour son fruit comestible, la prune.

**prunus** [prynys] nm Prunier à feuilles pourpres cultivé comme arbre d'ornement.

**prurigineux, euse** adj MÉD Qui provoque une démangeaison.

**prurigo** nm Maladie de peau caractérisée par des démangeaisons.

**prurit** [pryrit] nm MÉD Vive démangeaison.

**prussien, enne** adj et n De Prusse.

**P.-S.** (sigle) Post-scriptum.

**PSA** nm (sigle de *prostate specific antigene*) Antigène spécifique de la prostate.

**psalliote** nf Champignon comestible à lames et à anneau.

**psalmodie** nf **1.** RELIG Manière de chanter les psaumes. **2.** LITT Façon monocorde de réciter, de chanter.

**psalmodier** vt et vi **1.** Réciter des psaumes, sans inflexion de voix. **2.** Débiter d'une manière monotone, sur un ton uniforme.

**psaume** nm Chant sacré, cantique de la liturgie chrétienne et juive.

**psautier** nm Recueil de psaumes.

**pseudonyme** nm Nom d'emprunt choisi par un auteur, un artiste, etc.

**pseudopode** nm Saillie du cytoplasme de certaines cellules, permettant leur déplacement et la préhension des aliments.

**psi** nm inv Vingt-troisième lettre de l'alphabet grec, qui correspond au son [ps].

**psitt** ou **pst** interj Pour appeler, faire signe.

**psoriasis** [psɔrjazis] nm Affection cutanée chronique.

**psy** n (abréviation) FAM Psychologue, psychiatre, psychanalyste.

**psychanalyse** [psikanaliz] nf Investigation psychologique inventée par Freud, ayant pour but de ramener à la conscience des sentiments refoulés et d'élucider la signification inconsciente des conduites.

**psychanalyser** vt Soumettre à un traitement psychanalytique.

**psychanalyste** n Spécialiste de psychanalyse.

**psychanalytique** adj Qui relève de la psychanalyse.

**1. psyché** [psiʃe] nf Grand miroir mobile sur châssis, qu'on peut incliner à volonté.

**2. psyché** [psiʃe] nf Ensemble des processus conscients et inconscients d'un individu.

**psychédélique** [psikedelik] adj Propre à l'état de rêve éveillé provoqué par certains hallucinogènes.

**psychiatre** [psikjatr] n Médecin spécialiste des maladies mentales.

**psychiatrie** nf Étude et traitement des maladies mentales.

**psychiatrique** adj Qui relève de la psychiatrie : *traitement psychiatrique*.

**psychique** [psiʃik] adj Qui concerne l'esprit, la vie mentale : *phénomène psychique*.

**psychisme** nm Ensemble des caractères psychiques d'une personne.

**psychoactif, ive** adj Se dit d'une substance chimique (EX : drogue, alcool) qui influe sur l'activité mentale.

**psychodrame** [psikɔdram] nm Psychothérapie de groupe qui consiste en une improvisation théâtrale à partir de scènes réelles ou imaginaires ; situation qui y fait penser.

**psycholinguistique** [psikolɛ̃gɥistik] nf Étude scientifique des facteurs psychiques qui permettent la production et la compréhension du langage.

**psychologie** [psikɔlɔʒi] nf **1.** Étude scientifique des faits psychiques : *psychologie de l'enfant*. **2.** Ensemble des sentiments, des façons de penser ou d'agir ; caractère : *psychologie des héros de bande dessinée*. **3.** Intuition : *manquer de psychologie*.

**psychologique** adj Qui relève de la psychologie : *roman psychologique*.

**psychologiquement** adv D'un point de vue psychologique.

**psychologue** n et adj **1.** Spécialiste de psychologie. **2.** Personne qui comprend intuitivement les autres : *il n'est pas très psychologue*.

**psychomoteur, trice** adj **1.** Qui relève à la fois des fonctions psychologiques et des fonctions motrices : *développement psychomoteur*. **2.** Qui se rapporte aux troubles de la motricité sans support organique.

**psychopathe** n Malade mental.

**psychose** [psikoz] nf **1.** Maladie mentale caractérisée par la perte du contact avec la réalité. **2.** Obsession, panique collective : *la psychose des attentats*.

**psychosomatique** adj Qui concerne à la fois le corps et l'esprit.

**psychothérapeute** n Spécialiste de psychothérapie.

**psychothérapie** nf Traitement par des méthodes psychologiques, fondé sur la relation du patient et du thérapeute.

**psychotique** adj et n Propre à la psychose ; atteint de psychose.

**psychotonique** nm et adj Substance douée d'une action stimulante sur le psychisme.

**psychotrope** nm et adj Substance chimique agissant sur le psychisme.

**ptérodactyle** nm Reptile volant du secondaire.

**ptôse** nf MÉD Chute, descente d'un organe, due au relâchement des muscles qui le maintiennent.

**puant, e** adj **1.** Qui exhale une odeur fétide. **2.** FAM D'une grande fatuité ; prétentieux.

**puanteur** nf Odeur très désagréable.

**1. pub** [pyb] nf (abréviation) FAM Publicité.

**2. pub** [pœb] nm En Grande-Bretagne, établissement où l'on sert des boissons alcoolisées.

**pubère** adj et n Qui a atteint l'âge de la puberté.

**puberté** nf Période de la vie humaine, entre l'enfance et l'adolescence, caractérisée par le début de l'activité des glandes reproductrices.

**pubien, enne** adj Relatif au pubis.

**pubis** [pybis] nm Partie inférieure et médiane du bas-ventre, de forme triangulaire et qui se couvre de poils au moment de la puberté.

**publiable** adj Qui peut être publié.

**public, ique** adj **1.** Commun à un groupe, à un grand nombre de personnes : *opinion publique.* **2.** Accessible à tous : *école publique.* **3.** Notoire, connu de tous. **4.** Qui relève de l'État, de l'administration d'un pays : *fonction publique ; autorité publique.* ◆ nm **1.** Les gens en général, la population : *s'adresser au public.* **2.** Ensemble des personnes qui lisent un livre, assistent à un spectacle, etc. : *un public de connaisseurs.* ■ **en public** : en présence de nombreuses personnes. ❑ FAM **être bon public** : être prompt à s'enthousiasmer pour une histoire drôle, un spectacle, etc., même de qualité médiocre. ❑ **grand public** : qui s'adresse à tous et non aux spécialistes : *livre grand public.* ❑ **le public** : la fonction publique : *les postes dans le public.*

**publication** nf Action de publier ; ouvrage publié. ■ INFORM **publication assistée par ordinateur (PAO)** : ensemble des techniques utilisant la micro-informatique pour la saisie de textes, leur préparation typographique et leur mise en pages. SYN : édition électronique, microédition.

**publiciste** n Publicitaire.

**publicitaire** adj Relatif à la publicité. ◆ n Personne travaillant dans la publicité.

**publicité** nf **1.** Activité et secteur professionnel ayant pour but de faire connaître un produit et d'en accroître la vente ; message écrit ou visuel conçu à cet effet. **2.** Caractère de ce qui est public : *la publicité des débats.* ■ **publicité comparative** : dans laquelle on compare le produit à vendre à tel autre nommément désigné.

**publier** vt **1.** Faire paraître un ouvrage, le mettre en vente : *publier un roman.* **2.** Faire connaître légalement : *publier une loi.*

**publi-information** (pl *publi-informations*) nf Annonce publicitaire présentée dans un journal ou un magazine sous la forme d'un article, d'un reportage.

**Publiphone** nm (nom déposé) Cabine téléphonique à carte.

**publipostage** nm Envoi d'un message publicitaire sous pli fermé.

**publiquement** adv En public.

**publireportage** nm Publicité insérée dans un journal, une revue et présentée sous forme de reportage.

**puce** nf **1.** Insecte sauteur, pouvant atteindre 4 mm de long, parasite de l'homme et des mammifères. **2.** Dans un circuit électronique, petite surface supportant un microprocesseur. ■ INFORM **carte à puce** : carte qui contient un microprocesseur et une mémoire électronique : *acquitter le péage avec une carte à puce.* ❑ **marché aux puces** : où l'on vend des objets d'occasion. ❑ FAM **mettre la puce à l'oreille** : éveiller les doutes. ◆ adj inv D'un rouge brun foncé : *de la soie puce.*

**puceau** nm et adj m FAM Garçon vierge.

**pucelage** nm FAM Virginité.

**pucelle** nf et adj f FAM Fille vierge.

**puceron** nm Insecte qui vit en parasite sur les plantes.

**pudding** ou **pouding** [pudiŋ] nm Entremets à base de farine, de sucre et de beurre, garni de fruits.

**pudeur** nf Attitude de réserve, de délicatesse qui empêche de dire ou de faire ce qui peut blesser la décence, spécialement en ce qui concerne les questions sexuelles.

**pudibond, e** adj Qui manifeste une pudeur excessive, ridicule.

**pudibonderie** nf Caractère pudibond.

**pudique** adj Qui manifeste de la pudeur.

**pudiquement** adv Avec pudeur.

**puer** vi Sentir très mauvais. ◆ vt Exhaler l'odeur désagréable de : *puer le tabac.*

**puériculteur, trice** n Auxiliaire médical spécialiste de puériculture.

**puériculture** nf Ensemble des connaissances et des techniques nécessaires aux soins des tout-petits.

**puéril, e** adj **1.** Qui appartient à l'enfance. **2.** PÉJOR Enfantin, immature.

**puérilement** adv De façon puérile.

**puérilité** nf **1.** Caractère puéril. **2.** Enfantillage.

**puerpéral, e, aux** adj MÉD Propre aux femmes en couches : *fièvre puerpérale.*

**pugilat** nm Combat, rixe à coups de poing.

**pugiliste** nm LITT Boxeur.

**pugnace** [pygnas] adj LITT Combatif.

**pugnacité** [pygnasite] nf Combativité ; intérêt pour la lutte, la compétition.

**puîné, e** adj VIEILLI Né après, par rapport à un autre ; cadet : *frère puîné.*

**puis** adv Ensuite, après : *devenir grave, puis très inquiet.* ■ **et puis** : après cela, d'ailleurs, au reste.

**puisage** nm Action de puiser.

**puisard** nm Égout vertical fermé qui absorbe les eaux usées et les eaux de pluie.

**puisatier** nm Terrassier spécialisé dans le forage des puits de faible diamètre.

**puiser** vt **1.** Prendre un liquide avec un récipient. **2.** FIG Prendre : *puiser dans la cagnotte*.

**puisque** conj Marque la cause, le motif connus ou évidents ; comme, attendu que : *partons, puisqu'il le faut*.

ORTHOGRAPHE La voyelle finale de *puisque* est élidée devant *il (ils), elle (elles), en, on, un (une)*, comme pour *lorsque*.

**puissamment** adv Fortement : *puissamment aidé*.

**puissance** nf **1.** Autorité, pouvoir de commander, de dominer : *puissance militaire*. **2.** État souverain : *les grandes puissances*. **3.** Qualité de ce qui peut fournir de l'énergie : *puissance d'un moteur*. **4.** MATH Nombre de fois qu'un nombre est multiplié par lui-même : *le cube est la puissance trois*. ■ **en puissance :** virtuellement.

**puissant, e** adj **1.** Qui a de l'influence, du pouvoir. **2.** D'une grande force physique. ◆ nm Personne haut placée, influente.

**puits** nm Trou profond en terre pour tirer de l'eau, pour exploiter une mine : *puits de pétrole*. ■ FIG **puits de science :** personne très savante.

**pullman** [pulman] nm Autocar très confortable.

**pull-over** [pylɔvɛr] (pl *pull-overs*) ou **pull** nm Tricot, avec ou sans manches, qu'on enfile par la tête.

**pullulement** nm ou **pullulation** nf Fait de pulluler.

**pulluler** vi **1.** Se multiplier, se reproduire vite : *les rats pullulent*. **2.** Se répandre avec profusion, être en grand nombre : *le gibier pullule*.

**pulmonaire** adj Du poumon.

**pulpe** nf **1.** Partie charnue des fruits. **2.** Tissu mou de la cavité dentaire.

**pulpeux, euse** adj LITT Formé de pulpe ; qui a l'aspect, la consistance de la pulpe. ■ **lèvres pulpeuses :** lèvres charnues et sensuelles.

**pulsation** nf Battement du cœur, des artères.

**pulsion** nf **1.** Impulsion. **2.** PSYCHAN Poussée inconsciente des tendances organiques : *pulsion sexuelle*.

**pulsionnel, elle** adj Relatif à une pulsion.

**pulvérisateur** nm Instrument pour projeter un liquide en fines gouttelettes.

**pulvérisation** nf Action de pulvériser ; son résultat.

**pulvériser** vt **1.** Projeter un liquide en fines gouttelettes. **2.** Réduire en poudre, en menus morceaux. **3.** FIG Détruire, anéantir. ■ FIG **pulvériser un record :** le battre.

**pulvérulent, e** adj À l'état de poussière ; réduit en poudre : *le plâtre est une substance pulvérulente*.

**puma** nm Mammifère carnassier d'Amérique.

**punaise** nf **1.** Insecte plat, malodorant. **2.** Petit clou à tête large, à pointe courte et fine. ■ **punaise des lits :** insecte qui pique l'homme pour se nourrir de son sang.

**punaiser** vt Fixer à l'aide de punaises.

**1. punch** [pɔ̃ʃ] (pl *punchs*) nm Boisson à base de rhum, de sucre de canne et de citron vert.

**2. punch** [pœnʃ] nm inv Efficacité, dynamisme : *avoir du punch*.

**puncheur** [pœnʃœr] nm Boxeur dont le punch est la principale qualité.

**punching-ball** [pœnʃiŋbol] (pl *punching-balls*) nm Ballon maintenu verticalement par des supports élastiques, et servant à s'entraîner à la boxe.

**puni, e** adj et n Qui subit une punition.

**punique** adj De Carthage ; des Carthaginois : *les guerres puniques*.

**punir** vt **1.** Infliger une peine, frapper d'une sanction. **2.** Infliger un désagrément à quelqu'un pour ce qu'il a fait : *le voilà bien puni de sa curiosité*.

**punissable** adj Qui mérite une punition.

**punitif, ive** adj Qui a pour objet de punir : *expédition punitive*.

**punition** nf Action de punir ; peine infligée.

**punk** [pœnk] adj inv et n Se dit d'un mouvement musical et culturel caractérisé par une attitude de provocation et de dérision à l'égard de la société ; adepte de ce mouvement.

**1. pupille** n Orphelin mineur, placé sous la direction d'un tuteur. ■ **pupille de la Nation :** orphelin de guerre bénéficiant d'une tutelle particulière de l'État. ❑ **pupille de l'État :** (a) enfant, orphelin ou abandonné, élevé par l'Assistance publique (b) incapable majeur dont la tutelle est déférée à l'État.

**2. pupille** nf Orifice central de l'iris de l'œil.

**pupitre** nm **1.** Petit meuble pour poser un livre, une partition, etc. **2.** INFORM Organe d'un ordinateur qui réunit toutes les commandes manuelles de fonctionnement.

**pupitreur, euse** n Technicien travaillant au pupitre d'un ordinateur.

**pur, e** adj **1.** Sans mélange : *vin pur ; joie pure.* **2.** Qui est ni altéré, ni vicié, ni pollué : *air pur ; ciel pur.* **3.** Sans défaut moral : *cœur pur.* **4.** (avant le nom) Qui est seulement, totalement tel : *un pur hasard.* **5.** Qui se développe en vertu de ses seules exigences internes : *sciences pures* (par opposition à *sciences appliquées*). **6.** Qui présente une harmonie dépouillée et sans défaut : *ligne pure.* ■ **en pure perte :** sans résultat. ❑ **pur et dur :** qui défend une doctrine avec intransigeance. ❑ **pur et simple :** sans condition.

**purée** nf Préparation culinaire à base de légumes cuits à l'eau et écrasés : *purée de pommes de terre, de carottes.* ■ FAM **purée de pois :** brouillard.

**purement** adv Uniquement. ■ **purement et simplement :** sans réserve ni condition.

**pureté** nf **1.** Qualité de ce qui est pur : *la pureté d'un liquide.* **2.** Qualité d'une personne moralement pure.

**purgatif, ive** adj et nm Se dit d'un remède qui purge ; laxatif.

**purgatoire** nm **1.** RELIG Lieu où les âmes des morts achèvent d'expier leurs fautes. **2.** FIG Période d'épreuve transitoire.

**purge** nf **1.** Action de purger. **2.** Remède purgatif. **3.** Élimination d'un pays, d'un groupe des personnes jugées indésirables ou dangereuses.

**purger** vt (conj 2) **1.** MÉD Traiter par un purgatif. **2.** Nettoyer en vidant, en vidangeant. **3.** Procéder à une purge. ■ **purger les hypothèques :** remplir les formalités nécessaires pour qu'un bien ne soit plus hypothéqué. ❑ **purger une peine de prison :** la subir.

**purgeur** nm Robinet pour purger.

**purificateur, trice** adj Qui purifie.

**purification** nf Action de purifier ; son résultat. ■ **purification ethnique :** élimination, par une population dominante, des autres groupes ethniques vivant sur le même territoire.

**purificatoire** adj Qui purifie : *cérémonie purificatoire.*

**purifier** vt Rendre pur.

**purin** nm Liquide du fumier.

**purisme** nm **1.** Souci exagéré de la pureté du langage. **2.** PAR EXT Tendance au perfectionnisme dans la pratique d'un art, d'un métier.

**puriste** adj et n Propre au purisme ; qui en est partisan.

**puritain, e** adj et n D'une moralité sévère, rigide. ◆ n Membre d'une communauté de presbytériens anglais rigoristes dont beaucoup émigrèrent en Amérique à cause des persécutions.

**puritanisme** nm **1.** Doctrine des puritains. **2.** Attitude puritaine.

**purpura** nm MÉD Éruption de taches rougeâtres sur la peau.

**purpurin, e** adj LITT D'une couleur pourpre.

**pur-sang** nm inv Cheval de race pure, issu de races anglaise, arabe ou anglo-arabe.

**purulence** nf État de ce qui est purulent.

**purulent, e** adj Qui contient ou produit du pus.

**pus** [py] nm Liquide jaunâtre qui se forme aux points d'infection de l'organisme.

**pusillanime** [pyzilanim] adj LITT Qui manque d'audace, de courage.

**pusillanimité** nf LITT Manque de courage.

**pustule** nf Petite tumeur inflammatoire suppurante.

**pustuleux, euse** adj Couvert de pustules : *visage pustuleux.*

**putain** ou **pute** nf TRÈS FAM Prostituée.

**putatif, ive** adj DR Qui est supposé avoir une existence légale. ■ **enfant putatif :** supposé le fils de, la fille de.

**putois** nm Petit mammifère carnassier, du groupe des belettes, à l'odeur désagréable.

**putréfaction** nf Décomposition du corps après la mort.

**putréfier** vt Corrompre ; pourrir.

**putrescible** adj Sujet à la putréfaction.

**putride** adj Produit par la putréfaction.

**putsch** [putʃ] nm Coup d'État ou soulèvement organisé par un groupe armé en vue de s'emparer du pouvoir.

**putschiste** adj et n Relatif à un putsch ; qui y participe.

**putt** [pœt] ou **putting** [pœtiŋ] nm Au golf, coup joué sur le green pour faire rouler doucement la balle vers le trou.

**puzzle** [pœzl] nm **1.** Jeu de patience fait de fragments découpés qu'il faut rassembler pour reconstituer une image. **2.** FIG Problème compliqué, situation confuse.

**P.-V.** nm (sigle de *procès-verbal*) FAM Contravention.

**PVC** nm (sigle de *polyvinylchloride*) Matière plastique utilisée notamment dans le bâtiment, l'industrie de l'emballage, la confection, etc.

**pyjama** nm Vêtement de nuit, composé d'un pantalon et d'une veste.

**pylône** nm Poteau en ciment ou support métallique destiné à porter des câbles électriques aériens, des antennes, etc.

**pylore** nm Orifice inférieur de l'estomac.

**pyralène** nm Composé organique liquide, dont la décomposition accidentelle provoque des dégagements toxiques de dioxine.

**pyramidal, e, aux** adj En forme de pyramide. ■ **vente pyramidale :** technique de vente fondée sur le recrutement, parrainé en cascade, de vendeurs dont la rémunération est liée aux commandes des nouveaux vendeurs qu'ils ont eux-mêmes recrutés (cette pratique est interdite en France).

**pyramide** nf **1.** Polyèdre qui a pour base un polygone et pour faces latérales des triangles réunis en un point appelé sommet. **2.** Grand monument ayant la forme d'une pyramide : *les pyramides d'Égypte.* **3.** Entassement d'objets ou objet ayant cette forme : *une pyramide de fruits.*

**pyrénéen, enne** adj et n Des Pyrénées : *les Pyrénéens.*

**Pyrex** nm (nom déposé) Verre très résistant pouvant supporter la chaleur.

**pyrite** nf Sulfure de certains métaux.

**pyrogravure** nf Décoration du bois, du cuir à l'aide d'une pointe métallique portée au rouge.

**pyrolyse** nf Décomposition chimique obtenue par chauffage.

**pyromane** n Personne poussée, par une pulsion irrépressible, à allumer des incendies.

**pyrotechnie** [pirɔtɛkni] nf Fabrication et emploi des pièces explosives servant dans les feux d'artifice.

**pyrotechnique** adj Relatif à la pyrotechnie.

**pythagoricien, enne** n Partisan de la doctrine de Pythagore. ◆ adj Relatif à cette doctrine.

**pythie** nf ANTIQ GR Prophétesse qui rendait des oracles au nom d'Apollon, à Delphes.

**python** nm Serpent d'Asie et d'Afrique, non venimeux, de grande taille, qui étouffe ses proies (le python, qui mesure de 7 à 10 m, est le plus grand serpent actuellement vivant).

# Q

**q** nm Dix-septième lettre de l'alphabet et la treizième des consonnes.

**QCM** nm (sigle de *questionnaire à choix multiple*) Questionnaire d'examen proposant, pour chaque question posée, plusieurs réponses.

**QG** nm (sigle) Quartier général.

**QI** nm (sigle) Quotient intellectuel.

**qi gong** [tʃikɔ̃g] nm inv Gymnastique traditionnelle chinoise, fondée sur la connaissance et la maîtrise de l'énergie vitale.

**QPC** nf (sigle de *question prioritaire de constitutionnalité*) En France, procédure au terme de laquelle le Conseil constitutionnel, saisi par le justiciable sous certaines conditions, se prononce sur la constitutionnalité d'une loi qui pourrait porter atteinte à l'un des droits et libertés garantis par la Constitution.

**QR Code** [kyɛrkɔd] nm (nom déposé, de *Quick Response Code*) Code-barres 2D de la marque de ce nom (on dit aussi *Code QR*).

**quadra** [ka-] ou [kwa-] n FAM Quadragénaire. ◆ adj FAM Relatif aux quadras : *mode quadra*.

**quadragénaire** [kwadraʒenɛr] ou [kadra-] n et adj Personne qui a entre quarante et quarante-neuf ans.

**quadrangulaire** [kwadrɑ̃gylɛr] ou [kadra-] adj Qui a quatre angles.

**quadrant** nm Quart de la circonférence du cercle.

**quadrature** [kwadratyr] ou [kadra-] nf GÉOM Construction d'un carré ayant même aire que celle de l'intérieur d'un cercle donné. ■ FIG **quadrature du cercle** : problème insoluble.

**quadrichromie** [kwa-] ou [ka-] nf Impression en quatre couleurs (jaune, rouge, bleu et noir).

**quadriennal, e, aux** [kwa-] ou [ka-] adj Qui dure quatre ans, revient tous les quatre ans.

**quadrige** [kadriʒ] ou [kwadriʒ] nm ANTIQ Char attelé de quatre chevaux de front.

**quadrilatéral, e, aux** [kwadrilateral, o] ou [kadrilateral, o] adj Qui a quatre côtés.

**quadrilatère** [kwadrilatɛr] ou [kadrilatɛr] nm GÉOM Polygone à quatre côtés.

**quadrillage** nm **1.** Ensemble des lignes entrecroisées qui divisent une surface en carrés contigus. **2.** Opération militaire ou policière visant à assurer le contrôle d'une zone.

**quadrille** nm **1.** Groupe de quatre cavaliers dans un carrousel. **2.** Danse exécutée par quatre couples de danseurs ; ce groupe de danseurs.

**quadriller** vt **1.** Diviser au moyen d'un quadrillage. **2.** Procéder à un quadrillage militaire ou policier.

**quadrimoteur** [kwadrimɔtœr] ou [kadrimɔtœr] nm et adj m Avion muni de quatre moteurs.

**quadriparti, e** [kwadriparti] ou **quadripartite** [kwadripartit] adj Composé de quatre éléments, de quatre parties, etc.

**quadriphonie** [kwadrifɔni] ou [kadri-] nf Procédé d'enregistrement et de reproduction des sons sur quatre canaux.

**quadriréacteur** [kwadrireaktœr] ou [kadrireaktœr] nm et adj m Avion muni de quatre moteurs à réaction.

**quadrumane** [kwadryman] ou [kadryman] adj et nm Qui a quatre mains : *les singes sont quadrumanes*.

**quadrupède** [kadrypɛd] adj et nm Qui a quatre pieds.

**quadruple** [kadrypl] ou [kwadrypl] adj et nm Qui vaut quatre fois autant.

**quadrupler** vt Multiplier par quatre. ◆ vi Être multiplié par quatre.

**quadruplés, ées** n pl Enfants nés au nombre de quatre d'un même accouchement.

**quai** nm **1.** Ouvrage en maçonnerie qui, le long d'un cours d'eau, empêche les inondations, et dans un port permet le chargement et le déchargement des bateaux. **2.** Trottoir ou plateforme dans les gares, le long des voies.

**quaker, eresse** [kwɛkœr, krɛs] n Membre d'un mouvement religieux protestant répandu en Écosse et aux États-Unis.

**qualifiable** adj Qui peut être qualifié.

**qualificatif, ive** adj Qui qualifie : *épreuve qualificative*. ■ **adjectif qualificatif** : qui indique une qualité. ◆ nm Mot qui exprime une qualité, bonne ou mauvaise, dont on se sert pour caractériser quelqu'un.

**qualification** nf **1.** Attribution d'une qualité, d'un titre ; fait d'être qualifié : *qualification professionnelle*. **2.** Conditions requises pour pouvoir participer à une épreuve, à la phase ultérieure d'une compétition.

**qualifié, e** adj Qui a la qualité nécessaire pour : *être qualifié pour critiquer.* ■ DR **vol qualifié :** avec circonstances aggravantes.

**qualifier** vt **1.** Exprimer la qualité de ; attribuer une qualité à : *il qualifie sa conduite de sage.* **2.** Donner à un concurrent, une équipe le droit de participer à une autre épreuve. ◆ **se qualifier** vpr Obtenir sa qualification.

**qualitatif, ive** adj Relatif à la qualité, à la nature des choses (par opposition à *quantitatif*).

**qualitativement** adv Du point de vue de la qualité.

**qualité** nf **1.** Manière d'être, bonne ou mauvaise, de qqch : *la qualité d'une étoffe, d'une terre.* **2.** Supériorité, excellence en qqch. **3.** Talent, ce qui fait le mérite de qqn : *cet enfant a toutes les qualités.* **4.** Condition sociale, juridique, etc. : *agir en qualité de maire.* ■ **qualité de vie :** ce qui contribue à de meilleures conditions de vie ; ensemble de ces conditions. ❑ (nom déposé) **Haute Qualité Environnementale (HQE) :** démarche qui vise à maîtriser l'impact d'une construction neuve sur l'environnement et sur le confort et la santé de ses occupants.

**qualiticien, enne** n Dans une entreprise, personne chargée d'impulser et de coordonner les actions nécessaires pour que les objectifs de qualité de la production soient atteints.

**quand** adv À quelle époque : *quand partez-vous ?* ◆ conj **1.** Au moment où, chaque fois que : *quand vous serez vieux.* **2.** Marque l'opposition ; alors que : *elle sort quand elle doit rester au lit.* ■ **quand bien même :** même si. ❑ **quand même :** (a) marque l'opposition ; malgré tout : *il ne travaille pas, mais il réussit quand même* (b) marque l'impatience, la réprobation : *vous voilà quand même !*

**quanta** [kwɑ̃] ou [kɑ̃] nm pl → **quantum**.

**quant (à)** [kɑ̃ta] loc prép À l'égard de ; pour ce qui est de : *quant à moi.*

**quant-à-soi** nm inv FAM Réserve, attitude distante : *rester sur son quant-à-soi.*

**quantième** nm ■ (terme administratif) **quantième du mois :** numéro du jour dans le mois : *indiquer sur le procès-verbal le quantième du mois.*

**quantifiable** adj Qui peut être quantifié.

**quantification** nf Action de quantifier.

**quantifier** vt **1.** Déterminer la quantité de. **2.** PHYS Appliquer à un phénomène la théorie des quanta.

**quantique** [kɑ̃tik] ou [kwɑ̃tik] adj Relatif aux quanta : *physique quantique.* ■ **informatique quantique :** qui traite des ordinateurs quantiques. ❑ **ordinateur quantique :** qui utilise des qubits, ce qui lui permet d'effectuer extrêmement vite des calculs parallèles.

**quantitatif, ive** adj Relatif à la quantité (par opposition à *qualitatif*).

**quantitativement** adv Du point de vue de la quantité.

**quantité** nf **1.** Propriété de ce qui peut être mesuré ou compté. **2.** Poids, volume, nombre ainsi déterminés. **3.** Un grand nombre : *quantité de gens disent.* ■ **en quantité :** en grand nombre.

**quantum** [kwɑ̃tɔm] (pl *quanta*) nm **1.** Quantité afférente à chacun dans une répartition. **2.** PHYS Quantité minimale d'une grandeur quantifiée, en particulier de l'énergie.

**quarantaine** nf **1.** Nombre de quarante ou d'environ quarante. **2.** Âge d'environ quarante ans. **3.** Isolement imposé à des personnes, des animaux ou des marchandises en provenance d'une région où règne une épidémie. ■ FIG **mettre en quarantaine :** exclure d'un groupe.

**quarante** adj num card **1.** Quatre fois dix. **2.** Quarantième : *page quarante.* ◆ nm inv Chiffre, numéro qui représente ce nombre.

**quarante-huitard, e** (pl *quarante-huitards, es*) adj et n HIST Propre à la révolution, aux révolutionnaires de 1848.

**quarantième** adj num ord et n **1.** Qui occupe un rang marqué par le numéro quarante. **2.** Qui se trouve quarante fois dans le tout.

**quart** nm **1.** La quatrième partie d'une unité. **2.** Quantité correspondant à 125 grammes ; volume correspondant à un quart de litre. **3.** Petit gobelet de fer-blanc, contenant environ un quart de litre. **4.** MAR Service de veille à bord, de quatre heures consécutives. ■ **au quart de tour :** immédiatement. ❑ **aux trois quarts :** presque complètement. ❑ FAM **passer un mauvais quart d'heure :** éprouver, dans un court espace de temps, quelque chose de fâcheux. ❑ **quart d'heure :** quatrième partie d'une heure, soit quinze minutes. ❑ BELGIQUE, SUISSE, AFRIQUE **quart d'heure académique :** (a) période de quinze minutes qui précède le début effectif d'un cours (b) PAR EXT retard toléré avant le début d'une réunion, d'un rendez-vous.

**quarte** nf MUS Intervalle de quatre degrés.

**quarté** nm Pari dans lequel il faut prévoir les quatre premiers arrivants d'une course hippique.

**quarteron, onne** n Métis dont un seul grand-parent est noir, les trois autres étant blancs. ◆ nm PÉJOR Petit nombre : *un quarteron de mécontents.*

**quartette** [kwartɛt] nm Groupe de quatre musiciens.

**quartier** nm **1.** Portion d'un objet divisé en quatre ou plus de quatre parties : *quartier de pomme.* **2.** Masse importante détachée d'un ensemble : *quartier de viande.* **3.** Chacune des phases de la Lune : *premier, dernier quartier.* **4.** Division administrative ; partie d'une ville : *quartier commerçant.* **5.** Casernement ou cantonnement militaire. ■ **avoir quartier libre :** être libre de faire ce que l'on veut. ❑ **ne pas faire de quartier :** n'épargner personne. ❑ **quartier chaud :** partie d'une ville où s'exerce le commerce du sexe. ❑ **quartier général :** (a) poste de commandement d'une armée (b) FAM lieu habituel de réunion (abréviation : *QG*).

**quartier-maître** (pl *quartiers-maîtres*) nm MAR Grade immédiatement supérieur à celui de matelot.

**quart(-)monde** (pl *quarts[-]mondes*) nm Partie la plus défavorisée du tiers-monde, d'une population.

**quarto** [kwarto] adv Quatrièmement.

**quartz** [kwarts] nm Silice cristallisée. ■ **montre, horloge à quartz :** dont le résonateur est un cristal de quartz entretenu électroniquement.

**quasar** [kwazar] ou [kazar] nm Astre très lointain d'une grande luminosité.

**1. quasi** nm Partie de la cuisse du veau, du bœuf.

**2. quasi** ou **quasiment** adv LITT Presque : *quasi mort.*

> ORTHOGRAPHE Lorsque *quasi* précède un nom, il se lie à ce dernier par un trait d'union : *quasi-cécité.*

**quaternaire** [kwaternɛr] nm et adj Période géologique actuelle.

**quatorze** adj num card **1.** Treize plus un. **2.** Quatorzième : *Louis XIV*. ◆ nm inv Chiffre qui représente ce nombre.

**quatorzième** adj num ord et n **1.** Qui occupe un rang marqué par le numéro quatorze. **2.** Qui se trouve quatorze fois dans le tout.

**quatorzièmement** adv En quatorzième lieu.

**quatrain** nm Strophe ou petite poésie de quatre vers.

**quatre** adj num card **1.** Trois plus un. **2.** Quatrième : *tome quatre.* ◆ nm inv Chiffre, numéro qui représente le nombre quatre. ■ **à quatre pattes :** sur les mains, les genoux et les pointes de pied. ❑ **comme quatre :** beaucoup : *manger comme quatre.* ❑ **monter, descendre les escaliers quatre à quatre :** précipitamment. ❑ **ne pas y aller par quatre chemins :** aller droit au but. ❑ FIG **se mettre en quatre :** faire tout son possible.

**quatre-heures** nm inv FAM Goûter.

**quatre-quarts** nm inv Gâteau dans lequel la farine, le beurre, le sucre, les œufs sont à poids égal.

**quatre-quatre** nf inv ou nm inv Voiture à quatre roues motrices.

**quatre-saisons** nf inv ■ **marchand(e) des quatre-saisons :** marchand(e) qui vend dans une voiture à bras, sur la voie publique, des fruits et des légumes.

**quatre-vingt-dix** adj num et nm inv Quatre-vingts plus dix.

**quatre-vingtième** adj num ord et n Qui occupe un rang marqué par le numéro quatre-vingts. ◆ adj et nm qui se trouve quatre-vingts fois dans le tout.

**quatre-vingts** ou **quatre-vingt** (quand il est suivi d'un autre nombre) adj num et nm inv Quatre fois vingt : *quatre-vingts ans ; quatre-vingt-deux.*

**1. quatrième** adj num ord et n Qui occupe un rang marqué par le numéro quatre. ◆ adj et nm qui se trouve quatre fois dans le tout.

**2. quatrième** nf **1.** Troisième année du premier cycle de l'enseignement secondaire. **2.** Quatrième vitesse d'un véhicule automobile.

**quatrièmement** adv En quatrième lieu.

**quattrocento** [kwatrɔtʃɛnto] nm Le XV$^{e}$ siècle italien, surtout littéraire et artistique.

**quatuor** [kwatɥɔr] nm **1.** Morceau de musique à quatre parties ; groupe de quatre musiciens ou de quatre chanteurs. **2.** Groupe de quatre personnes.

**qubit** [kybit] nm Unité élémentaire de l'informatique quantique, qui, contrairement au bit, peut prendre à la fois les valeurs binaires 0 et 1.

**1. que** pron rel Représente, comme complément d'objet direct de la subordonnée, la chose ou la personne dont on vient de parler ou dont on va parler : *la leçon que j'étudie.* ◆ pron interr Quelle chose : *que dit-il ? ; ne plus savoir que faire.*

**2. que** conj **1.** Sert à unir deux membres de phrase pour marquer que le second est subordonné au premier : *je veux que vous veniez.* **2.** Marque le souhait, l'imprécation : *qu'il parte à l'instant.* **3.** Reprend la conjonction *(si ce n'est, comme, quand, puisque, si)* dans une proposition subordonnée coordonnée : *puisqu'il l'aime et qu'il est heureux.* **4.** Sert de corrélatif à *tel, quel, même,* et aux comparatifs. **5.** Sert à former des locutions conjonctives : *avant que.* ■ **ne... que :** seulement. ◆ adv Combien : *que c'est bon !*

> ORTHOGRAPHE Le *e* de *que* s'élide devant une voyelle ou un *h* muet : *je ne vois qu'elle ; plus qu'habituellement.*

**québécisme** nm Fait de langue propre au français parlé au Québec.

**québécois, e** adj et n Du Québec : *les Québécois.*

**quechua** [ketʃwa] nm Langue indienne du Pérou et de la Bolivie.

**quel, quelle** adj interr Interroge sur la nature ou l'identité d'une personne ou d'une chose, sur le degré, la mesure d'une chose : *quelle heure est-il ? ; savoir à quel chapitre on en est.* ◆ adj excl Dans les phrases exclamatives, exprime l'intensité de la qualité, l'admiration ou l'indignation : *quel malheur !* ◆ pron interr Interroge sur un élément à choisir dans un ensemble ; désigne cet élément de façon indéterminée : *quel est le plus grand des deux ? ; savoir quelle est la plus belle.* ◆ **quel que, quelle que** adj rel De quelque nature que ; si grand que.

GRAMMAIRE Il ne faut pas confondre *quel que* et *quelque*. Devant le verbe *être*, on écrit toujours en deux mots : *quels que soient les avis.*

**quelconque** adj indéf **1.** N'importe quel : *une raison quelconque.* **2.** FAM Tout à fait médiocre, sans valeur : *un livre tout à fait quelconque.*

**1. quelque** adj indéf sing SOUT Indique une quantité, une durée, une valeur, un degré indéterminés, généralement faibles : *il y a quelque temps.* ◆ **quelques** adj indéf pl Indique un petit nombre, une petite quantité : *il y a quelques mois ; quelques personnes.* ■ **et quelques** (après un nom de nombre) : et un peu plus, un peu plus de : *dix ans et quelques.*

**2. quelque** adv **1.** Environ, à peu près : *il y a quelque trois ans.* **2.** Si : *quelque habiles que vous soyez.*

GRAMMAIRE Devant un nombre, *quelque* a toujours fonction d'adverbe et est donc invariable.

**quelque chose** pron indéf **1.** Indique une chose d'une manière vague : *vous prendrez bien quelque chose.* **2.** Indique un événement, une situation, etc., dont on n'ose pas dire ou dont on ignore la nature : *il se passe quelque chose.*

**quelquefois** adv Parfois.

**quelque part** adv **1.** Indique un lieu quelconque, autre que celui où l'on est ; indique un endroit, un point abstrait difficile à définir : *il y a toujours un problème quelque part.* **2.** FAM Fesses : *je vais lui flanquer mon pied quelque part.* ■ **aller quelque part** : aller aux toilettes.

**quelques-uns, quelques-unes** pron indéf pl Indique un petit nombre indéterminé dans un groupe : *quelques-uns parmi eux riaient ;* indique un petit nombre indéterminé ; certains : *pour quelques-uns, ce livre a été une révélation.*

**quelqu'un** pron indéf m **1.** Une personne : *quelqu'un m'a dit.* **2.** La personne en question : *c'est quelqu'un de bien.* **3.** Une personne importante : *se croire quelqu'un.*

**quémander** vt Solliciter avec insistance, quitte à être importun.

**quémandeur, euse** adj et n Qui quémande.

**qu'en-dira-t-on** nm inv FAM Propos tenus sur quelqu'un ; opinion des gens : *ne pas se soucier du qu'en-dira-t-on.*

**quenelle** nf Rouleau de poisson ou de viande hachés, lié à l'œuf, la farine, etc.

**quenotte** nf FAM Dent d'enfant.

**quenouille** nf Bâton entouré de chanvre, de lin, etc., destinés à être filés.

**querelle** nf Contestation, dispute, démêlé : *chercher querelle.*

**quereller** vt LITT Réprimander, faire des reproches à quelqu'un. ◆ **se quereller** vpr SOUT Se disputer.

**querelleur, euse** adj et n Qui aime à se quereller.

**quérir** vt (seulement à l'infinitif) LITT Chercher : *aller, envoyer, faire, quérir le médecin.*

**questeur** nm **1.** ANTIQ ROM Magistrat chargé de fonctions financières. **2.** Membre élu du bureau d'une assemblée parlementaire chargé de l'administration intérieure et de la gestion financière.

**question** nf **1.** Demande, interrogation : *question indiscrète ; le candidat a répondu à toutes les questions.* **2.** Point à discuter, difficulté à résoudre : *question philosophique.* ■ **en question** : dont il s'agit, dont on parle. ❑ **faire question** : être discutable, douteux. ❑ **il est question de** : il s'agit de. ❑ **(il n'en est) pas question** ou **c'est hors de question** : marque le refus catégorique. ❑ **question prioritaire de constitutionnalité** : QPC. ❑ **remettre en question** : reconsidérer.

**questionnaire** nm Liste de questions auxquelles on doit répondre.

**questionner** vt Poser des questions, interroger.

**questionneur, euse** adj et n Qui questionne.

**questure** nf **1.** Bureau des questeurs d'une assemblée parlementaire. **2.** ANTIQ ROM Charge de questeur ; durée de ses fonctions.

**quête** nf **1.** LITT Action de quêter, de rechercher : *la quête de la vérité.* **2.** Action de demander ou de recueillir des aumônes ; somme recueillie. ■ **en quête de** : à la recherche de.

**quêter** vt Rechercher, demander : *quêter des compliments.* ◆ vi Recueillir des aumônes.

**quêteur, euse** n Personne qui quête.

**quetsche** [kwɛtʃ] nf Grosse prune ovale et violette ; eau-de-vie faite avec cette prune.

**queue** nf **1.** Partie terminale, flexible, de la colonne vertébrale chez certains animaux : *queue de chien.* **2.** Extrémité du corps opposée à la tête chez diverses espèces animales : *queue de scorpion, de serpent.* **3.** Pédoncule de fleur, de fruit. **4.** Partie d'un objet, servant à le saisir : *queue de poêle.* **5.** Partie d'un vêtement qui traîne : *queue d'une robe.* **6.** Bâton servant à jouer au billard. **7.** Ce qui est à la fin, ce qui constitue le bout de quelque chose : *la queue du cortège ; wagon de queue.* **8.** Suite de personnes qui attendent : *faire la queue.* ■ **à la queue leu leu :** l'un derrière l'autre. ❑ **en queue :** à l'arrière. ❑ **faire une queue de poisson :** se rabattre brusquement après avoir dépassé un véhicule. ❑ **finir en queue de poisson :** se terminer brusquement. ❑ FAM **sans queue ni tête :** incohérent.

**queue-de-cheval** (pl *queues-de-cheval*) nf Coiffure aux cheveux resserrés en arrière par un nœud ou une barrette et retombant sur la nuque.

**queue-de-pie** (pl *queues-de-pie*) nf FAM Habit de cérémonie aux basques en pointe.

**queuter** vi Au billard, pousser d'un seul coup deux billes qui sont très rapprochées.

**queux** nm ■ LITT **maître queux :** cuisinier.

**qui** pron rel **1.** Représente quelqu'un ou quelque chose comme sujet de la subordonnée : *la personne à qui je parle ; faire ce qui nous plaît.* **2.** Celui qui, quiconque : *aimez qui vous aime.* ■ **qui plus est :** en outre, par-dessus le marché. ❑ **qui... que :** quel que soit l'homme que. ❑ **qui..., qui... :** l'un..., l'autre... ◆ pron interr Quelle personne : *qui est là ?*

**quia (à)** [akɥija] loc adv ■ LITT **être, mettre à quia :** être réduit, réduire à ne pas pouvoir répondre.

**quiche** nf Tarte salée garnie de petits morceaux de lard que l'on recouvre d'un mélange de crème et d'œufs battus.

**quiconque** pron relat indéf Toute personne qui. ◆ pron indéf N'importe qui.

**quid** [kwid] adv interr ■ FAM **quid de :** qu'en est-il de ? : *quid de ton projet de vacances en Asie ?*

**quidam** [kidam] nm Personne dont on ignore ou dont on ne dit pas le nom.

**quiétude** nf SOUT Calme, tranquillité : *en toute quiétude.*

**quignon** nm FAM Morceau de pain.

**1. quille** nf **1.** Morceau de bois long et rond, posé sur le sol verticalement, et que l'on doit abattre avec une boule. **2.** ARG Fin du service militaire.

**2. quille** nf Partie inférieure de la coque d'un navire, sur laquelle repose toute la charpente.

**quincaillerie** nf Ensemble d'ustensiles, d'objets en métal servant au ménage, à l'outillage, etc. ; commerce de ces objets ; magasin où on les vend.

**quincaillier, ère** n Marchand ou fabricant de quincaillerie.

ORTHOGRAPHE Dans *quincaillier,* il ne faut pas oublier le *i* après les deux *l.* La terminaison en *ier* indique le métier, comme dans *charcutier.*

**quinconce** [kɛ̃kɔ̃s] nm ■ **en quinconce :** disposé en groupe de cinq (quatre en carré et un au milieu).

**quinine** nf Substance contenue dans l'écorce de quinquina et employée contre la fièvre, le paludisme.

**quinquagénaire** [kɛ̃kaʒenɛr] ou [kɥɛ̃kwaʒenɛr] n et adj Personne qui a entre cinquante et cinquante-neuf ans.

**quinquennal, e, aux** adj Qui dure cinq ans ou qui revient tous les cinq ans.

**quinquennat** nm Durée d'un mandat de cinq ans.

**quinquina** nm **1.** Arbre originaire du Pérou, cultivé pour son écorce riche en quinine. **2.** Vin apéritif préparé avec l'écorce de cet arbre.

**quintal** (pl *quintaux*) nm Unité de mesure de masse, correspondant à 100 kilogrammes.

**quinte** nf **1.** MUS Intervalle de cinq notes consécutives. **2.** Série de cinq cartes de même couleur. ■ **quinte de toux :** accès de toux violent.

**quintessence** nf LITT Ce qu'il y a de meilleur, de plus fin, de plus précieux dans quelque chose.

**quintette** [kɛ̃tɛt] ou [kɥɛ̃tɛt] nm **1.** Morceau de musique à cinq parties. **2.** Ensemble de cinq instruments ou de cinq chanteurs.

**quintil** nm Strophe de cinq vers sur deux rimes.

**quintuple** adj Cinq fois plus grand. ◆ nm Nombre quintuple.

**quintupler** vt Multiplier par cinq.

**quintuplés, ées** n pl Enfants nés au nombre de cinq d'un même accouchement.

**quinzaine** nf **1.** Groupe de quinze ou d'environ quinze. **2.** Deux semaines.

**quinze** adj num card **1.** Quatorze plus un. **2.** Quinzième : *tome quinze.* ◆ nm inv Chiffre, numéro qui représente le nombre quinze.

**quinzième** adj num ord et n **1.** Qui occupe un rang marqué par le numéro quinze. **2.** Qui se trouve quinze fois dans le tout.

**quinzièmement** adv En quinzième lieu.

**quiproquo** [kiprɔko] nm Méprise qui fait prendre une personne, une chose pour une autre.

**quittance** nf Écrit par lequel un créancier déclare un débiteur quitte envers lui : *quittance de loyer.*

**quitte** adj Libéré d'une obligation morale, d'une dette pécuniaire. ■ **en être quitte pour :** n'avoir à subir que l'inconvénient de. ❑ **jouer à quitte ou double :** le tout pour le tout.

❑ **quitte à :** au risque de. ❑ **tenir quitte :** dispenser : *tenir qqn quitte de la fin de sa punition.*

**quitter** vt **1.** Laisser quelqu'un provisoirement ou définitivement : *quitter ceux qu'on aime.* **2.** Abandonner un lieu, une activité : *quitter ses fonctions ; quitter Paris.* **3.** Ôter : *quitter ses habits.* ■ **ne pas quitter des yeux :** (a) avoir toujours le regard fixé sur (b) surveiller étroitement. ❑ **ne quitte(z) pas ! :** ne raccroche(z) pas (le téléphone) !

**quitus** nm ■ **donner quitus à qqn :** reconnaître que sa gestion est exacte et régulière.

**qui-vive** nm inv ■ **sur le qui-vive :** sur ses gardes.

**quoi** pron interr Quelle chose : *à quoi pensez-vous ?* ■ **à quoi bon ! :** exprime le découragement. ❑ **quoi de :** qu'y a-t-il de : *quoi de neuf ?* ◆ pron rel Renvoie comme complément d'objet indirect ou comme complément de l'adjectif à une proposition : *ce à quoi je réfléchis.* ■ FAM **c'est quoi ? :** qu'est-ce que c'est ? ❑ **de quoi :** ce qui est suffisant pour : *avoir de quoi vivre.* ❑ **quoi que :** quelle que soit la chose que : *quoi que vous fassiez.* ❑ **quoi qu'il en soit :** en tout état de cause. ❑ **sans quoi :** ou sinon. ◆ pron exclam **1.** Exprime la surprise, l'indignation, l'impatience : *décide-toi, quoi !* **2.** FAM Comment ? ■ FAM **ou quoi ? :** marque l'impatience : *tu te décides, ou quoi ?*

**quoique** conj **1.** Marque l'opposition, la concession ; encore que, bien que : *quoiqu'il se taise.* **2.** Marque ou introduit une restriction : *c'est formidable ! quoique, il faut se méfier.*

> ORTHOGRAPHE Le *e* muet final ne s'élide que devant *il (ils), elle (elles), on* et *un (une)* ; il ne s'élide pas devant *en* : *quoiqu'il se taise ; quoique en ce moment il se taise.*

**quolibet** [kɔlibɛ] nm Plaisanterie, raillerie.

**quorum** [kɔrɔm] ou [kwɔrɔm] nm Nombre de votants nécessaire dans une assemblée pour qu'un vote soit valable.

**quota** [kɔta] ou [kwɔta] nm Pourcentage déterminé au préalable.

**quote-part** (pl *quotes-parts*) nf Part que chacun doit payer ou recevoir, dans une répartition.

**quotidien, enne** adj Qui se fait ou revient tous les jours. ◆ nm **1.** La vie quotidienne. **2.** Journal qui paraît chaque jour.

**quotidiennement** adv Tous les jours.

**quotidienneté** nf Caractère quotidien.

**quotient** nm MATH Résultat de la division. ■ **quotient familial :** résultat de la division du revenu net imposable d'une famille en un nombre de parts. ❑ **quotient intellectuel (QI) :** rapport de l'âge mental de quelqu'un, évalué par des tests, à son âge réel multiplié par 100.

**quotité** nf DR Somme fixe à laquelle monte chaque quote-part.

# R

**r** nm Dix-huitième lettre de l'alphabet et la quatorzième des consonnes.
**R** (symbole) Röntgen.
**R0** ou **Ro** [ɛrzero] nm (sigle de *ratio 0 [zéro]*). Taux de reproduction d'un virus, c.-à-d. nombre moyen d'individus qu'un malade infecté par un virus peut contaminer.
**rab** nm (abréviation) FAM Rabiot.
**rabâchage** nm FAM Redite, radotage.
**rabâcher** vt et vi FAM Redire sans cesse et de manière lassante la même chose.
**rabâcheur, euse** adj et n FAM Qui rabâche.
**rabais** nm Diminution sur le prix d'une marchandise, le montant d'une facture. ■ **travailler au rabais :** en étant mal payé.
**rabaisser** vt **1.** Mettre plus bas ; diminuer l'autorité, l'influence de. **2.** FIG Déprécier.
**rabane** nf Tissu de fibre de raphia.
**rabat** nm **1.** Partie d'un objet qui se rabat, se replie. **2.** Morceau d'étoffe blanche, noire ou bleue, que portent au cou les magistrats, les avocats, etc.
**rabat-joie** n inv et adj inv Personne d'humeur chagrine qui trouble la joie des autres.
**rabattage** nm Action de rabattre le gibier.
**rabattement** nm Action de rabattre.
**rabatteur, euse** n Personne qui rabat le gibier vers les chasseurs.
**rabattre** vt (conj 56) **1.** Aplatir, replier contre : *rabattre son col.* **2.** Ramener à un niveau plus bas : *rabattre une balle au tennis.* **3.** Retrancher du prix d'une chose : *rabattre cinq pour cent.* **4.** Rassembler, pousser le gibier vers les chasseurs. ■ **en rabattre :** diminuer ses prétentions. ◆ **se rabattre** vpr Quitter brusquement une direction pour en prendre une autre. ■ FIG **se rabattre sur qqn, qqch :** les choisir faute de mieux.
**rabbin** nm Chef spirituel d'une communauté israélite.
**rabbinique** adj ■ **école rabbinique :** école où se forment les rabbins.
**rabelaisien, enne** adj Qui rappelle la démesure, la verve de Rabelais.
**rabibocher** vt FAM Réconcilier.
**rabiot** nm FAM **1.** Nourriture qui reste après la distribution. **2.** Quantité supplémentaire.
**rabioter** vt FAM Prendre sur la part d'autrui ou en supplément.
**rabique** adj De la rage : *virus rabique.*
**râble** nm Partie du lièvre et du lapin, qui va du bas des épaules à la queue. ■ FAM **tomber sur le râble à qqn :** l'attaquer.
**râblé, e** adj **1.** Qui a le râble épais : *un lièvre bien râblé.* **2.** Trapu, de forte carrure.
**rabot** nm Outil de menuisier pour aplanir le bois ou le moulurer.
**rabotage** nm Action de raboter.
**raboter** vt Aplanir avec un rabot.
**raboteur** nm Ouvrier qui rabote : *raboteur de parquets.*
**raboteuse** nf **1.** Machine servant à raboter le bois. **2.** Machine-outil servant à usiner des pièces métalliques.
**raboteux, euse** adj Couvert d'aspérités, inégal : *un chemin raboteux.*
**rabougri, e** adj Petit, chétif : *arbuste rabougri.*
**rabougrir** vt Retarder la croissance de. ◆ **se rabougrir** vpr Se recroqueviller sous l'effet de la sécheresse, de l'âge, etc.
**rabouter** vt Assembler bout à bout deux pièces de bois, de métal, etc.
**rabrouer** vt Traiter, repousser avec rudesse.
**racaille** nf PÉJOR Groupe de personnes jugées viles et méprisables.
**raccommodable** adj Qui peut être raccommodé.
**raccommodage** nm Action de raccommoder ; son résultat.
**raccommodement** nm Réconciliation après une brouille.
**raccommoder** vt **1.** Réparer en cousant, à l'aide d'une aiguille. **2.** FIG Réconcilier.
**raccompagner** vt Reconduire : *raccompagner à la porte.*
**raccord** nm **1.** Accord, ajustement de deux parties d'un ouvrage. **2.** TECHN Pièce destinée à ajuster deux tuyaux. **3.** CIN Manière dont deux plans, deux séquences s'ajustent ; plan tourné pour assurer l'enchaînement.
**raccordement** nm **1.** Action d'unir par un raccord. **2.** Voie reliant deux voies ferrées distinctes.
**raccorder** vt **1.** Joindre par un raccord : *raccorder deux canalisations.* **2.** Servir de raccord : *des ponts raccordent les deux rives.*

**raccourci** nm Chemin plus court. ■ **en raccourci :** en abrégé, en petit. ❑ INFORM **raccourci clavier :** combinaison particulière de touches qui active directement une commande.

**raccourcir** vt Rendre plus court. ■ **à bras raccourcis :** de toutes ses forces. ◆ vi Devenir plus court, diminuer.

**raccourcissement** nm Action de raccourcir ; son résultat.

**raccroc** nm ■ **par raccroc :** d'une manière heureuse et inattendue.

**raccrocher** vt **1.** Accrocher de nouveau, relier une chose à une autre. **2.** FAM Rattraper ce qu'on croyait presque perdu : *raccrocher une affaire.* ◆ vi Interrompre une conversation téléphonique. ◆ **se raccrocher** vpr [à] Se cramponner à qqn ou à qqch pour se sauver d'un danger.

**race** nf **1.** Subdivision d'une espèce animale : *race bovine.* **2.** Subdivision de l'espèce humaine selon le critère apparent de la couleur de la peau, reconnue auj. comme scientifiquement aberrante. **3.** LITT Ensemble des ascendants et des descendants d'une famille. **4.** Catégorie de gens ayant une profession, des caractères communs : *la race des poètes.* ■ **de race :** se dit d'un animal non croisé : *chien de race.*

**racé**, **e** adj **1.** Qui possède les qualités propres à sa race, en parlant d'un animal. **2.** Distingué, élégant.

**rachat** nm Action de racheter.

**racheter** vt (conj 7) **1.** Acheter ce qu'on a vendu : *racheter un objet.* **2.** Acheter de nouveau : *racheter du pain.* **3.** Obtenir le pardon : *racheter ses péchés.* **4.** FIG Compenser, faire oublier : *racheter ses défauts.* **5.** Redonner des points à un candidat pour qu'il soit reçu. **6.** Se libérer à prix d'argent de : *racheter une rente.*

**rachidien**, **enne** adj Relatif au rachis : *nerfs rachidiens.*

**rachis** [raʃi] nm Colonne vertébrale ou épine dorsale.

**rachitique** adj et n Atteint de rachitisme.

**rachitisme** nm Maladie de la croissance, caractérisée par une insuffisance de calcification des os et du cartilage.

**racial**, **e**, **aux** adj Relatif à la race : *haine raciale.*

**racine** nf **1.** Partie d'un végétal par laquelle il tient au sol et se nourrit. **2.** Partie par laquelle un organe est implanté dans un tissu : *racine des cheveux.* **3.** FIG Lien, attache à un groupe, à un lieu, etc. : *retrouver ses racines.* **4.** FIG Principe, origine : *la racine du mal.* **5.** GRAMM Partie d'un mot qu'on détermine en enlevant les désinences, les préfixes et les suffixes. ■ **prendre racine :** s'installer quelque part sans en bouger. ❑ MATH **racine carrée, cubique d'un nombre :** nombre qui, élevé au carré, au cube, reproduit le nombre proposé.

**racisme** nm Idéologie qui attribue une supériorité à une « race », à un groupe ethnique ; comportement qui en résulte.

**raciste** adj et n Qui relève du racisme ; qui en est partisan, qui en fait preuve.

**racket** [rakɛt] nm Extorsion d'argent par intimidation et violence.

**racketter** vt Soumettre à un racket.

**racketteur**, **euse** n Malfaiteur qui exerce un racket.

**raclage** nm Action de racler.

**raclée** nf FAM Volée de coups.

**raclement** nm Action de racler ; son résultat : *raclement de gorge.*

**racler** vt Enlever les aspérités d'une surface en grattant. ■ FAM **racler les fonds de tiroirs :** rassembler ses dernières économies. ◆ **se racler** vpr ■ **se racler la gorge :** s'éclaircir la voix.

**1. raclette** nf Fondue faite avec un morceau de fromage dont on racle la partie ramollie à la flamme ; fromage qui sert à cette préparation.

**2. raclette** nf ou **racloir** nm Outil servant à racler.

**raclure** nf Partie enlevée en raclant ; déchet.

**racolage** nm Action de racoler.

**racoler** vt **1.** Attirer par des moyens plus ou moins honnêtes : *racoler des clients.* **2.** Accoster dans un but de prostitution.

**racoleur**, **euse** adj et n Qui racole.

**racontar** nm FAM Bavardage, cancan.

**raconter** vt **1.** Faire le récit de : *raconter ce qui s'est passé.* **2.** Dire des choses ridicules ou mensongères : *croire tout ce qu'on raconte.*

**raconteur**, **euse** n LITT Personne qui aime raconter.

**racornir** vt Rendre dur et sec comme de la corne. ◆ **se racornir** vpr Devenir dur, sec.

**racornissement** nm Fait de se racornir.

**radar** nm **1.** Dispositif permettant de déterminer la position et la distance d'un obstacle (avion, navire, etc.) par réflexion d'ondes radioélectriques. **2.** FIG Surveillance policière, qui permet notamm. de localiser qqn, de suivre ses déplacements (on dit aussi *écran radar*) : *le terroriste a disparu des radars.* ■ **au radar :** guidé par l'habitude ou l'intuition : *le matin, il marche au radar.*

**rade** nf Grand bassin naturel ou artificiel ayant issue libre vers la mer : *la rade de Cherbourg.* ■ FAM **être en rade :** en panne. ❑ FAM **laisser en rade :** laisser tomber, abandonner.

**radeau** nm Petite embarcation plate d'appoint ou de sauvetage.

**radial, e, aux** adj **1.** Relatif au rayon. **2.** ANAT relatif au radius.

**radiale** nf Grande voie de circulation reliant le centre d'une ville à sa périphérie.

**radian** nm Unité de mesure de l'angle égale à 57° 17′ 44″ ; symb : rad.

**radiant, e** adj Qui émet des radiations, qui se propage par radiations.

**radiateur** nm Appareil servant au chauffage des appartements, au refroidissement des moteurs.

**radiation** nf **1.** Action de radier, de rayer d'une liste. **2.** Émission de rayons, de particules, d'énergie.

**radical, e, aux** adj **1.** Qui concerne la nature profonde de quelqu'un ou de quelque chose : *changement radical.* **2.** Énergique, d'une efficacité certaine : *prendre des mesures radicales.* ◆ adj et n Partisan du radicalisme, qui appartient au parti radical. ◆ nm **1.** GRAMM Chacune des formes prises par la racine d'un mot. **2.** CHIM Groupement d'atomes qui se comporte comme un corps simple dans les combinaisons. **3.** MATH Signe (√) indiquant une extraction de racine.

**radicalement** adv D'une manière radicale : *guérir radicalement d'une envie.*

**radicalisation** nf Action de radicaliser ; son résultat.

**radicaliser** vt Rendre plus intransigeant, plus dur. ◆ **se radicaliser** vpr Devenir plus intransigeant, plus dur.

**radicalisme** nm **1.** Courant politique qui prône la transformation des institutions d'un pays. **2.** Attitude d'esprit d'une intransigeance absolue.

**radicelle** nf Racine secondaire.

**radicule** nf Partie de la plantule qui fournit la racine.

**1. radier** nm TECHN Construction sur laquelle sont établies les piles d'un pont, etc.

**2. radier** vt Rayer sur un registre, une liste.

**radiesthésie** nf **1.** Sensibilité hypothétique des êtres vivants à certaines radiations connues ou inconnues. **2.** Méthode de détection utilisant cette sensibilité.

**radiesthésiste** n Personne qui pratique la radiesthésie.

**radieux, euse** adj **1.** Brillant, lumineux : *journée radieuse.* **2.** FIG Heureux, rayonnant de joie : *visage radieux.*

**radin, e** adj et n FAM Avare.

**radiner** vi ou **se radiner** vpr FAM Arriver, venir.

**radinerie** nf FAM Avarice.

**1. radio** nf (abréviation) Radiorécepteur, radiodiffusion, radiographie.

**2. radio** nm (abréviation) Radiotélégraphiste, radiotéléphoniste.

**radioactif, ive** adj Doué de radioactivité.

**radioactivité** nf Propriété de certains éléments chimiques (radium, uranium, etc.) de se transformer spontanément en d'autres éléments, avec émission de divers rayonnements.

**radioamateur, trice** n Personne qui pratique l'émission et la réception sur ondes courtes.

**radioastronomie** nf Branche de l'astronomie qui a pour objet l'étude du rayonnement radioélectrique des astres.

**radiobalisage** nm Signalisation d'une route aérienne ou maritime par un procédé radioélectrique.

**radiocassette** nf Appareil constitué d'un poste de radio associé à un lecteur-enregistreur de cassettes.

**radiocommunication** nf Télécommunication effectuée à l'aide d'ondes électromagnétiques.

**radiodiffuser** vt Transmettre au moyen de la radio.

**radiodiffusion** nf Transmission par ondes hertziennes.

**radioélectricité** nf Technique permettant la transmission à distance de messages et de sons à l'aide des ondes électromagnétiques.

**radioélectrique** adj Qui concerne la radioélectricité.

**radioélément** nm Élément chimique radioactif.

**radiogoniométrie** nf Détermination de la direction et de la position d'un poste radioélectrique émetteur.

**radiogramme** nm VX Message transmis par radiotélégraphie.

**radiographie** nf Utilisation médicale de la propriété qu'ont les rayons X d'impressionner une pellicule sensible ; image ainsi obtenue.

**radiographier** vt Effectuer une radiographie.

**radioguidage** nm **1.** Guidage d'un mobile par ondes radioélectriques. **2.** Information radiophonique sur le trafic routier.

**radio-isotope** (pl *radio-isotopes*) nm Isotope radioactif d'un élément naturel.

**radiolaire** nm Protozoaire des mers chaudes, formé d'un squelette siliceux autour duquel rayonnent de fins pseudopodes (les radiolaires forment une classe).

**radiologie** nf Application médicale des rayons X et des radiations lumineuses et calorifiques à des fins diagnostiques ou thérapeutiques.

**radiologique** adj Relatif à la radiologie.

**radiologue** ou **radiologiste** n Spécialiste de radiologie.

**radiomessagerie** nf Service de radiocommunication destiné à la transmission de messages vers des terminaux mobiles.

**radionavigant, e** n Opérateur de radio faisant partie de l'équipage d'un navire ou d'un avion.

**radiophonie** nf Système de transmission des sons utilisant les propriétés des ondes électromagnétiques.

**radiophonique** adj Relatif à la radiophonie, à la radiodiffusion : *jeux radiophoniques*.

**radiorécepteur** nm Poste récepteur de radiocommunication.

**radioreportage** nm Reportage diffusé par le moyen de la radiodiffusion.

**radioreporter** [radjorəpɔrtɛr] n Journaliste spécialisé dans les radioreportages.

**radioréveil** ou **radio-réveil** (pl *radios-réveils*) nm Appareil de radio associé à un réveil électronique.

**radioscopie** nf Examen d'un objet ou d'un organe d'après leur ombre portée sur une surface fluorescente au moyen des rayons X.

**radio-taxi** (pl *radio-taxis*) nm Taxi en liaison téléphonique avec un centre d'appel.

**radiotélégraphie** nf Télégraphie sans fil.

**radiotélégraphiste** n Spécialiste de radiotélégraphie.

**radiotéléphone** nm Téléphone placé dans un véhicule et utilisant des ondes radioélectriques.

**radiotéléphonie** nf Téléphonie sans fil.

**radiotéléphoniste** n Spécialiste de radiotéléphonie.

**radiotélescope** nm Appareil récepteur utilisé en radioastronomie.

**radiotélévisé, e** adj Transmis à la fois par la radiodiffusion et la télévision.

**radiotélévision** nf Ensemble des installations, services et programmes de la radio et de la télévision.

**radiothérapie** nf Traitement médical par les rayons X.

**radis** nm Plante potagère cultivée pour sa racine comestible ; racine de cette plante. ■ FAM **ne pas avoir un radis :** ne pas avoir d'argent.

**radium** [radjɔm] nm Élément métallique radioactif ; symb : Ra.

**radius** [radjys] nm Le plus externe des deux os de l'avant-bras.

**radotage** nm Action de radoter ; propos de quelqu'un qui radote.

**radoter** vi Tenir des propos dénués de sens ; se répéter.

**radoteur, euse** n Personne qui radote.

**radoub** [radu] nm MAR Réparation de la coque d'un navire. ■ **bassin, cale de radoub :** bassin pour les réparations des navires.

**radouber** vt Réparer un navire.

**radoucir** vt Rendre plus doux, plus conciliant. ◆ **se radoucir** vpr Devenir plus doux : *le temps se radoucit*.

**radoucissement** nm Fait de se radoucir.

**rafale** nf **1.** Coup de vent violent. **2.** Succession rapide de coups de feu.

**raffermir** vt Rendre plus ferme, plus stable : *raffermir les gencives*. ◆ **se raffermir** vpr **1.** Devenir plus stable : *le temps se raffermit*. **2.** SOUT Retrouver son assurance.

**raffermissement** nm Fait de se raffermir.

**raffinage** nm Action de raffiner le sucre, le pétrole, etc.

**raffiné, e** adj **1.** Débarrassé de ses impuretés : *sucre raffiné*. **2.** Délicat, fin, subtil. ◆ adj et n D'une grande finesse et délicatesse de goût, d'esprit.

**raffinement** nm **1.** Caractère d'une personne ou d'une chose raffinée, délicate. **2.** Subtilité excessive.

**raffiner** vt **1.** Rendre plus fin, plus pur. **2.** LITT Rendre plus subtil, plus délicat. ◆ vi Chercher des subtilités : *inutile de raffiner !*

**raffinerie** nf Usine où l'on effectue le raffinage.

**raffoler** vt ind [de] FAM Aimer beaucoup, être passionné par : *raffoler de musique*.

**raffut** nm FAM Vacarme, bruit.

**rafiot** nm FAM Petit bateau, navire qui ne tient pas la mer.

**rafistolage** nm FAM Réparation grossière.

**rafistoler** vt FAM Raccommoder, réparer tant bien que mal.

**rafle** nf **1.** Action de rafler, de tout emporter. **2.** Arrestation massive faite à l'improviste par la police.

**rafler** vt FAM Emporter rapidement tout ce que l'on trouve.

**rafraîchir** vt **1.** Rendre frais ou plus frais. **2.** Réparer, remettre en état : *rafraîchir des peintures*. **3.** FIG, FAM Raviver, activer : *rafraîchir la mémoire*. **4.** INFORM Renouveler l'affichage des éléments présents sur un écran pour en actualiser le contenu.

■ **rafraîchir les cheveux :** les couper légèrement. ◆ vi Devenir frais : *on a mis le vin à rafraîchir.* ◆ **se rafraîchir** vpr **1.** Devenir plus frais. **2.** Boire une boisson rafraîchissante, se désaltérer.

**rafraîchissant, e** adj **1.** Qui donne de la fraîcheur : *brise rafraîchissante.* **2.** Qui désaltère : *boisson rafraîchissante.*

**rafraîchissement** nm **1.** Action de rendre ou fait de devenir plus frais : *rafraîchissement des températures.* **2.** Action de réparer, de rajeunir : *le rafraîchissement d'un mobilier.* **3.** Boisson fraîche servie dans une fête, une réunion, etc.

**raft** ou **rafting** nm Radeau pneumatique utilisé pour le rafting.

**rafting** nm Sport consistant à descendre en raft des cours d'eau coupés de rapides.

**ragaillardir** vt FAM Redonner des forces, de la gaieté.

**rage** nf **1.** Maladie virale, transmissible des animaux à l'homme. **2.** FIG Mouvement violent de colère, d'irritation. ■ **faire rage :** se déchaîner, atteindre une grande violence. ❑ **rage de dents :** douleur violente provoquée par un mal de dents.

**rageant, e** adj FAM Qui fait rager, qui met en colère.

**rager** vi (conj 2) FAM Être vivement irrité.

**rageur, euse** adj Sujet à des accès de colère ; qui dénote cet état : *ton rageur.*

**rageusement** adv Avec rage.

**raglan** nm et adj inv Vêtement dont les manches droites sont rattachées par des coutures en biais.

**ragondin** nm Mammifère rongeur de l'Amérique du Sud.

**ragot** nm FAM Commérage malveillant.

**ragoût** nm Plat de viande, de légumes ou de poisson, coupés en morceaux et cuits dans une sauce : *ragoût de mouton.*

**ragoûtant, e** adj (surtout négativement) Appétissant : *mets peu ragoûtants.*

**ragtime** [ragtajm] nm Style musical très syncopé, qui fut une des sources du jazz.

**raguiller** vt SUISSE Remettre d'aplomb ; redresser : *raguiller des bûches.*

**rahat-loukoum** nm → **loukoum**.

**rai** nm LITT Rayon : *rai de lumière.*

**raï** [raj] nm inv Style de musique populaire contemporaine née en Algérie.

**raid** [rɛd] nm **1.** Incursion rapide en territoire ennemi. **2.** Vol à longue distance destiné à tester la résistance du matériel et l'endurance des hommes.

**raide** adj **1.** Rigide, difficile à plier : *jambe raide.* **2.** Difficile à monter ou à descendre : *escalier raide.* **3.** Sans souplesse, sans grâce : *attitude raide.* **4.** FIG Peu accommodant ; inflexible : *caractère raide.* ◆ adv Tout d'un coup : *tomber raide mort.*

**raider** [rɛdɛr] nm (anglicisme) Boursier qui cherche systématiquement à prendre le contrôle de sociétés en rachetant leurs titres.

**raideur** nf **1.** État d'une chose raide : *raideur du bras.* **2.** Manque de souplesse : *danser avec raideur.*

**raidillon** nm Petit chemin ou partie de chemin en pente raide.

**raidir** vt Rendre raide, tendre avec force. ◆ **se raidir** vpr **1.** Devenir raide. **2.** FIG Résister en rassemblant son courage : *se raidir contre les difficultés.*

**raidissement** nm **1.** Action de raidir ; fait de se raidir. **2.** Tension entre deux groupes, deux partis.

**1. raie** nf **1.** Ligne tracée sur une surface avec une substance colorante ou un instrument. **2.** Ligne ou bande étroite quelconque. **3.** Séparation des cheveux.

**2. raie** nf Poisson de mer plat et cartilagineux.

**raifort** nm Plante cultivée pour sa racine, que l'on utilise comme condiment.

**rail** [raj] nm **1.** Barre d'acier servant à supporter et à guider les roues d'un train. **2.** Transport par voie ferrée : *le rail et la route.*

**railler** vt Tourner en dérision, se moquer, ridiculiser.

**raillerie** nf Action de railler ; plaisanterie moqueuse.

**railleur, euse** adj et n Porté à la raillerie ; moqueur : *ton railleur.*

**rainer** vt TECHN Creuser d'une rainure : *rainer une planche.*

**rainette** nf Petite grenouille verte arboricole : *la rainette pond dans l'eau.*

ORTHOGRAPHE *Rainette,* la petite grenouille, s'écrit avec *ai,* alors que la pomme, *reinette,* s'écrit avec *ei.*

**rainurage** nm Ensemble de rainures creusées sur certaines chaussées pour les rendre moins glissantes aux véhicules.

**rainure** nf Entaille longue et étroite.

**raiponce** nf Campanule dont la racine et les feuilles se mangent en salade.

**raire** vi → **réer**.

**raïs** [rais] nm Chef de l'État, dans les pays arabes (surtout en Égypte).

**raisin** nm **1.** Fruit de la vigne. **2.** Format de papier (50 x 64 cm). ■ **raisins secs :** grains de raisin après dessiccation.

**raisiné** nm Confiture faite avec du jus de raisin et d'autres fruits.

**raison** nf **1.** Faculté de connaître, de juger. **2.** Faculté intellectuelle opposée à l'intuition, aux sentiments : *se laisser guider par la raison.* **3.** Ce qui explique un acte, un fait ; motif, argument : *raison convaincante ; avoir ses raisons.* ■ **âge de raison** : où l'on est censé avoir conscience de ses actes. ❑ **à raison de** : (a) sur la base de (b) à proportion de. ❑ **avoir raison** : être dans le vrai. ❑ **comme de raison** : comme il est juste. ❑ **demander raison** : demander réparation. ❑ **faire entendre raison à quelqu'un** : l'amener à une attitude plus raisonnable. ❑ **perdre la raison** : devenir fou. ❑ **plus que de raison** : plus qu'il n'est raisonnable. ❑ **raison sociale** : nom adopté par une société commerciale. ❑ **se faire une raison** : se résigner.

ORTHOGRAPHE On écrit *avec raison, non sans raison,* au singulier. On dit *pour raison de santé* (mais *pour cause de maladie*).

**raisonnable** adj **1.** Doué de raison. **2.** Conforme à la raison, à la sagesse. **3.** Convenable, suffisant.

**raisonnablement** adv De manière raisonnable.

**raisonnement** nm **1.** Faculté, manière de raisonner : *raisonnement bien fondé.* **2.** Suite de propositions déduites les unes des autres ; argumentation.

**raisonner** vi **1.** Se servir de sa raison pour connaître, pour juger : *raisonner juste.* **2.** Discuter afin de convaincre. **3.** Alléguer des raisons, répliquer. ◆ vt Chercher à faire entendre raison à quelqu'un, à le convaincre : *raisonner un enfant.*

**raisonneur, euse** adj et n Qui raisonne sur tout, qui aime à discuter, à s'opposer.

**raja** ou **rajah** ou **radjah** nm Roi, dans les pays hindous.

**rajeunir** vt **1.** Ramener à l'état de jeunesse. **2.** Faire paraître plus jeune : *coiffure qui rajeunit.* **3.** Abaisser l'âge moyen d'un groupe en y incluant des éléments jeunes. ◆ vi Retrouver la vigueur de la jeunesse. ◆ **se rajeunir** vpr Se prétendre plus jeune qu'on ne l'est.

**rajeunissement** nm Fait de rajeunir.

**rajout** nm Action de rajouter ; chose rajoutée.

**rajouter** vt Ajouter de nouveau. ■ FAM **en rajouter** : exagérer, ajouter à la vérité.

**rajustement** ou **réajustement** nm Action de rajuster ; nouvel ajustement : *un rajustement de salaire.*

**rajuster** ou **réajuster** vt **1.** Ajuster de nouveau ; remettre en ordre : *rajuster sa cravate.* **2.** FIG Modifier, relever : *rajuster les prix.*

**1. râle** nm Oiseau échassier recherché comme gibier.

**2. râle** nm **1.** Bruit anormal perçu à l'auscultation des poumons. **2.** Respiration des agonisants.

**ralenti** nm **1.** Faible régime de rotation d'un moteur. **2.** CIN Artifice de prise de vues, donnant l'illusion de mouvements plus lents que dans la réalité. ■ **au ralenti** : en diminuant la vitesse, l'énergie, le rythme.

**ralentir** vt Rendre plus lent ou moins intense. ◆ vi Aller plus lentement.

**ralentissement** nm Diminution de mouvement, de vitesse, d'activité.

**ralentisseur** nm Dos-d'âne artificiel, destiné à contraindre les véhicules à ralentir.

**râler** vi **1.** Faire entendre un bruit rauque en respirant, en particulier au moment de l'agonie. **2.** FAM Grogner, protester.

**râleur, euse** adj et n FAM Qui râle, proteste à tout propos.

**ralingue** nf MAR Cordage cousu à une voile pour la renforcer.

**ralliement** nm Fait de se rallier. ■ **point de ralliement** : lieu où des personnes doivent se retrouver.

**rallier** vt **1.** Rassembler, réunir des personnes dispersées : *rallier ses troupes.* **2.** Rejoindre : *rallier son poste.* **3.** FIG Faire adhérer à une cause, à une opinion : *elle a rallié les opposants.* **4.** Mettre d'accord : *solution qui rallie tous les suffrages.* ◆ **se rallier** vpr [à] Se joindre, donner son adhésion à : *se rallier à un parti.*

**rallonge** nf **1.** Pièce mobile qu'on ajoute à un objet pour en augmenter la longueur : *table à rallonges.* **2.** CANADA Annexe, aile ajoutée à un bâtiment pour l'agrandir. **3.** Conducteur souple permettant le raccordement d'un appareil électrique à une prise de courant trop éloignée. **4.** FAM Augmentation, accroissement d'un salaire, d'un crédit, etc.

**rallongement** nm Action de rallonger ; son résultat.

**rallonger** vt (conj 2) Rendre plus long : *rallonger un manteau.* ◆ vi Devenir plus long : *au printemps, les jours rallongent.*

**rallumer** vt **1.** Allumer de nouveau. **2.** FIG Donner une nouvelle ardeur, raviver.

**rallye** nm **1.** Compétition où les concurrents motorisés doivent rallier un point déterminé après certaines épreuves. **2.** Course automobile comportant des épreuves chronométrées sur routes fermées : *rallye Monte-Carlo.*

**RAM** [ram] nf (sigle de *random access memory*) INFORM Mémoire vive.

**ramadan** nm Neuvième mois lunaire du calendrier islamique, période de jeûne et de privations du lever au coucher du soleil.

**ramage** nm **1.** Chant des oiseaux. **2.** (surtout au pluriel) Motif de broderie formant arabesque.

**ramassage** nm Action de ramasser. ■ **ramassage scolaire :** transport d'écoliers de leur domicile à leur école et vice versa.

**ramasse** nf FAM ■ **être à la ramasse :** être totalement dépassé ; être épuisé ou en piteux état : *après le match, j'étais à la ramasse.*

**ramassé, e** adj **1.** Dense et concis : *texte ramassé.* **2.** Trapu.

**ramasse-miettes** nm inv Ustensile pour ramasser les miettes laissées sur une table.

**ramasser** vt **1.** Rassembler ce qui est épars : *ramasser du bois mort.* **2.** Relever ce qui est à terre, recueillir. **3.** Condenser, résumer : *une expression ramassée.* **4.** FAM Recevoir, attraper : *ramasser une gifle.* ■ **ramasser ses forces :** les réunir pour un effort. ❑ FAM **se faire ramasser :** (a) se faire brutalement réprimander (b) subir un échec.

**ramasseur, euse** n Personne qui ramasse qqch par terre : *ramasseur de balles.*

**ramassis** nm Réunion de choses de peu de valeur, de personnes peu estimables.

**rambarde** nf Rampe légère formant un garde-fou.

**ramdam** [ramdam] nm FAM Vacarme, remue-ménage.

**1. rame** nf Perche servant de tuteur aux plantes grimpantes.

**2. rame** nf Pièce de bois aplatie à une extrémité utilisée pour faire avancer et diriger une barque.

**3. rame** nf **1.** Réunion de 500 feuilles de papier. **2.** Convoi de wagons : *rame de métro.*

**rameau** nm **1.** Petite branche d'arbre. **2.** Subdivision d'une artère, d'une veine, d'un nerf, d'une chose qui se partage. ■ **dimanche des Rameaux :** dernier dimanche du carême.

**ramée** nf VX, LITT Branches coupées avec leurs feuilles vertes.

**ramen** nm Variété de nouilles japonaises que l'on plonge dans un bouillon à base de viande ou de poisson ; plat ainsi réalisé.

**ramener** vt (conj 9) **1.** Amener de nouveau dans un endroit. **2.** Reconduire, raccompagner. **3.** Remettre en place, dans une certaine position : *ramener ses cheveux sur son front.* **4.** FIG Faire revenir à un certain état : *ramener à la raison ; ramener la paix.* **5.** Diminuer la valeur de : *ramener les prix à un niveau plus bas.* ■ FAM **la ramener :** (a) faire l'important (b) intervenir dans la conversation. ❑ FAM **ramener sa fraise :** (a) faire l'important (b) venir.

**ramequin** nm Récipient en porcelaine ou en verre résistants, utilisé pour la cuisson au four.

**1. ramer** vt Soutenir des plantes grimpantes avec des rames.

**2. ramer** vi **1.** Manœuvrer les rames pour faire avancer une embarcation. **2.** FIG, FAM Avoir beaucoup de mal à faire qqch.

**ramette** nf **1.** Paquet de 125 feuilles de papier. **2.** IMPR Rame de papier de petit format.

**rameur, euse** n Personne qui rame.

**rameuter** vt Rassembler, regrouper.

**rami** nm Jeu de cartes, de 2 à 5 joueurs, dans lequel le but est d'étaler son jeu selon des combinaisons données.

**ramier** nm Pigeon sauvage.

**ramification** nf **1.** Division d'une branche de végétal, d'une artère, d'une veine, etc., en parties plus petites. **2.** FIG Subdivision de ce qui se partage dans des directions différentes, souvent secondaires : *des ramifications de la mafia.*

**ramifier (se)** vpr Se partager en plusieurs branches ; se diviser et se subdiviser.

**ramilles** nf pl Petits rameaux.

**ramolli, e** adj et n FAM Dont les facultés intellectuelles sont faibles, lentes.

**ramollir** vt Rendre mou. ◆ **se ramollir** vpr **1.** Devenir mou. **2.** FAM Perdre peu à peu ses facultés mentales.

**ramollissement** nm **1.** État de ce qui est ramolli. **2.** MÉD Altération de certains organes qui se ramollissent.

**ramonage** nm Action de ramoner.

**ramoner** vt Nettoyer l'intérieur d'une cheminée.

**ramoneur, euse** n Personne dont le métier est de ramoner les cheminées.

**rampant, e** adj **1.** Qui rampe. **2.** FIG Servile, bassement soumis : *caractère rampant.* **3.** ARCHIT Qui va en pente : *arc rampant.* ◆ nm FAM Membre du personnel au sol, dans l'aviation.

**rampe** nf **1.** Balustrade qui longe un escalier pour empêcher de tomber et pour servir d'appui. **2.** Plan incliné par lequel on monte et on descend. **3.** THÉÂTRE Rangée de lumières sur le devant de la scène. ■ **passer la rampe :** toucher le public. ❑ **rampe de lancement :** dispositif destiné au lancement de certains projectiles autopropulsés, missiles, etc.

**ramper** vi **1.** Progresser par des mouvements du corps qui prend appui par sa face ventrale ou inférieure, en parlant de certains animaux. **2.** Avancer en se traînant sur le ventre, en parlant de quelqu'un. **3.** FIG S'abaisser, se soumettre : *ramper devant un supérieur.*

**ramure** nf **1.** Ensemble des branches et des rameaux d'un arbre. **2.** Bois du cerf, du daim.

**rancard** ou **rencard** nm **1.** FAM Rendez-vous. **2.** ARG Renseignement.

**rancarder** ou **rencarder** vt **1.** FAM Donner rendez-vous. **2.** ARG Renseigner.

**rancart** nm ■ FAM **mettre, jeter au rancart** : mettre à l'écart, jeter.

**rance** adj Se dit d'un corps gras qui a contracté une odeur forte et une saveur âcre : *beurre rance.* ◆ nm Odeur rance.

**ranch** [rɑ̃ʃ] ou [rɑ̃tʃ] (pl *ranchs* ou *ranches*) nm Grande ferme d'élevage aux États-Unis.

**rancir** vi Devenir rance.

**rancissement** nm État de ce qui est rance.

**rancœur** nf Rancune, ressentiment, amertume.

**rançon** nf **1.** Somme d'argent exigée pour la libération d'un otage, d'un captif. **2.** FIG Contrepartie, inconvénient : *la rançon de la gloire.*

**rançonner** vt Exiger de force ce qui n'est pas dû.

**rancune** nf Ressentiment tenace. ■ FAM **sans rancune !** : formule de réconciliation.

**rancunier, ère** adj et n Qui garde rancune.

**randomiser** vt STAT Introduire un élément aléatoire dans un calcul ou un raisonnement.

**randonnée** nf Promenade assez longue à pied, à cheval, à skis, etc.

**randonneur, euse** n Personne qui fait une randonnée.

**rang** nm **1.** Suite de personnes ou de choses disposées sur une même ligne : *rang de spectateurs ; rang de perles ; les mailles d'un rang de tricot.* **2.** Place, position dans un classement ordonné ou hiérarchisé. ■ **au rang de** : au nombre de, parmi. ❑ **être, se mettre sur les rangs** : parmi ceux qui sollicitent qqch. ❑ **rentrer dans le rang** : renoncer à ses prérogatives. ❑ **sortir du rang** : en parlant d'un officier, avoir gagné ses galons sans être passé par une école militaire.

**rangé, e** adj Qui mène une vie régulière. ■ **bataille rangée** : rixe généralisée.

**rangée** nf Suite de personnes, de choses disposées sur une ligne.

**rangement** nm **1.** Action de ranger. **2.** Endroit où l'on range.

**1. ranger** vt (conj 2) **1.** Mettre en rang. **2.** Mettre en ordre. ◆ **se ranger** vpr **1.** Se placer en ordre, en rang. **2.** S'écarter pour faire de la place. **3.** FAM S'assagir. ■ FIG **se ranger à un avis** : l'adopter.

**2. ranger** [rɑ̃dʒœr] nm Aux États-Unis, garde dans un parc national.

**rangers** [rɑ̃dʒœrs] nm pl (anglicisme) Gros brodequins en cuir pourvus d'une courte guêtre.

**ranidé** nm Amphibien (les ranidés forment une famille qui comprend les grenouilles).

**ranimer** vt **1.** Faire revenir à soi, à la vie ; réanimer. **2.** Redonner de la force, de l'activité à : *ranimer le feu.*

**rap** nm Musique soutenant un chant scandé sur un rythme très martelé.

**rapace** nm Oiseau de proie. ◆ adj FIG, LITT Avide de gain, cupide : *usurier rapace.*

**rapacité** nf Avidité, cupidité.

**rapatrié, e** n et adj Personne ramenée dans sa patrie : *un convoi de rapatriés.*

**rapatriement** nm Action de rapatrier.

**rapatrier** vt Ramener dans son pays d'origine.

**râpe** nf **1.** Ustensile culinaire pour réduire en poudre, en petits morceaux. **2.** Lime à grosses entailles. **3.** SUISSE, FAM Avare.

**râpé, e** adj **1.** Pulvérisé, réduit en miettes : *gruyère râpé.* **2.** Usé jusqu'à la corde : *vêtement râpé.* ■ FAM **c'est râpé** : c'est raté. ◆ nm Fromage râpé.

**râper** vt **1.** Réduire en poudre, en petits morceaux avec une râpe. **2.** User une surface avec une râpe : *râper du bois.*

**rapetassage** nm FAM Raccommodage grossier.

**rapetasser** vt FAM Raccommoder grossièrement.

**rapetissement** nm Action de rapetisser ; son résultat.

**rapetisser** vt Rendre ou faire paraître plus petit. ◆ vi Devenir plus petit : *tissu qui rapetisse.*

**râpeux, euse** adj **1.** Rude au toucher : *langue râpeuse.* **2.** Qui a une saveur âpre : *vin râpeux.*

**raphia** nm Palmier fournissant une fibre très solide que l'on emploie en horticulture pour les ligatures et en vannerie ; cette fibre.

**rapiat, e** adj FAM Avare.

**rapide** adj **1.** Qui parcourt beaucoup d'espace en peu de temps. **2.** Qui agit vite, qui comprend facilement : *esprit rapide.* **3.** Qui s'accomplit très vite : *guérison rapide.* **4.** Où l'on circule rapidement : *voie rapide.* **5.** Très incliné : *pente rapide.* ◆ nm **1.** Partie d'un fleuve où le courant est très rapide. **2.** Train ne s'arrêtant qu'à quelques gares importantes.

**rapidement** adv Avec rapidité, vite.

**rapidité** nf Caractère de ce qui est rapide ; célérité, vitesse.

**rapiècement** ou **rapiéçage** nm Action de rapiécer.

**rapiécer** vt (conj 1 et 10) Raccommoder au moyen d'une pièce.

**rapière** nf ANC Épée à longue lame.

**rapine** nf LITT Vol, larcin.

**raplapla** adj inv FAM **1.** Fatigué, déprimé. **2.** Très plat ou aplati.

**rapparier** vt Réunir deux choses de façon à refaire une paire ; réassortir.

**rappel** nm **1.** Action de rappeler. **2.** Procédé de descente d'une paroi verticale à l'aide d'une corde double. **3.** Action de rappeler à la mémoire : *rappel des consignes.* **4.** Paiement d'une portion d'appointements demeurée en suspens. **5.** Nouvelle injection d'un vaccin. ■ **battre le rappel** : rassembler, réunir les personnes, les ressources nécessaires. ❑ **rappel à l'ordre** : réprimande pour un acte interdit, une parole déplacée.

**rappelé, e** adj et n Convoqué de nouveau sous les drapeaux.

**rappeler** vt **1.** Appeler de nouveau : *il vous rappellera ce soir.* **2.** Faire revenir : *rappeler le médecin ; rappeler un ambassadeur.* **3.** Faire revenir à la mémoire : *rappeler un souvenir.* **4.** Présenter une ressemblance avec : *il me rappelle sa mère.* ■ **rappeler à l'ordre** : réprimander. ❑ **rappeler qqn à la vie** : lui faire reprendre connaissance. ◆ **se rappeler** vpr Se souvenir : *se rappeler une chose.*

GRAMMAIRE On dit *je me rappelle cet événement, je me le rappelle,* mais *je me souviens de cet événement, je m'en souviens.*

**rappeur, euse** n Chanteur de rap.

**rappliquer** vi FAM Venir ou revenir dans un lieu.

**rapport** nm **1.** Revenu, produit : *rapport d'une terre ; terre en plein rapport.* **2.** Compte rendu : *rapport fidèle.* **3.** Analogie : *rapports entre deux couleurs.* **4.** Relation sexuelle. **5.** MATH Quotient de deux grandeurs divisées l'une par l'autre. ■ **mettre en rapport** : en communication. ❑ **par rapport à** : en comparaison avec. ◆ **rapports** pl Relations : *entretenir de bons rapports.* ■ **sous tous (les) rapports** : à tous égards.

**rapporter** vt **1.** Apporter de nouveau : *rapporter un livre.* **2.** Apporter avec soi en revenant d'un lieu : *rapporter des souvenirs.* **3.** Ajouter pour compléter : *rapporter un morceau à une planche.* **4.** Procurer un gain, un bénéfice : *terre qui rapporte beaucoup de blé.* **5.** Raconter : *rapporter des faits.* **6.** Redire par malice, intérêt ou indiscrétion : *enfant qui rapporte tout.* **7.** Faire un rapport pour un projet, une proposition de loi, etc. **8.** DR Annuler : *rapporter un décret.* **9.** Rattacher à une cause, attribuer : *rapporter tout à soi.* **10.** Apporter un objet lancé, le gibier tué, en parlant d'un chien. ◆ **se rapporter** vpr [à] Avoir rapport à. ■ **s'en rapporter à quelqu'un** : s'en remettre à sa décision.

**rapporteur, euse** n Personne qui rapporte, répète. ◆ nm **1.** Personne qui fait un rapport : *rapporteur du budget.* **2.** Demi-cercle gradué, pour mesurer les angles. ■ **rapporteur public** : magistrat d'une juridiction administrative chargé, en toute indépendance, d'analyser un litige et de proposer au juge la solution à y apporter.

**rapprendre** ou **réapprendre** vt Apprendre de nouveau.

**rapprochement** nm **1.** Action de rapprocher. **2.** Réconciliation : *rapprochement de deux nations.* **3.** Comparaison : *rapprochement de textes.*

**rapprocher** vt **1.** Mettre, faire venir plus près : *rapprocher deux tables.* **2.** Rendre plus proche dans l'espace ou dans le temps : *rapprocher la date du départ.* **3.** Réunir, réconcilier : *rapprocher deux clans.* **4.** Comparer : *rapprocher deux thèses.* ◆ **se rapprocher** vpr **1.** Venir plus près. **2.** Avoir des relations plus étroites. **3.** Avoir certaines ressemblances avec : *son style se rapproche du tien.*

**rapprovisionner** ou **réapprovisionner** vt Approvisionner de nouveau.

**rapsode** nm → **rhapsode.**

**rapsodie** nf → **rhapsodie.**

**rapt** [rapt] nm Enlèvement illégal d'une personne.

**raquer** vt FAM Payer.

**raquette** nf **1.** Cadre ovale garni de cordes tendues et terminé par un manche, pour jouer au tennis, etc. **2.** Lame de bois pour jouer au ping-pong. **3.** Large semelle pour marcher sur la neige molle.

**rare** adj **1.** Qui se rencontre peu souvent : *une espèce, un mot rares.* **2.** Peu fréquent : *de rares visites.* **3.** Peu commun : *une rare énergie.* **4.** Clairsemé : *cheveux rares.* **5.** FIG De grand mérite : *un homme rare.*

**raréfaction** nf Fait de se raréfier.

**raréfier** vt Rendre rare. ◆ **se raréfier** vpr devenir plus rare, moins dense, moins fréquent.

**rarement** adv Peu souvent.

**rareté** nf Caractère de ce qui est rare ; LITT fait, chose rares.

**rarissime** adj Très rare.

**ras, e** adj **1.** Coupé jusqu'à la racine : *cheveux ras.* **2.** Très court : *poil ras.* **3.** Rempli : *mesure rase ;* se dit d'un niveau atteint : *à ras bord.* ■ **capituler en rase cam-**

pagne : de façon honteuse, sans se battre : *le ministre a capitulé en rase campagne.* ❑ **faire table rase :** négliger tout ce qui précède. ❑ **rase campagne :** pays plat et découvert. ◆ adv De très près : *couper ras.* ◆ nm ■ **à, au ras de :** au niveau de, au plus près de. ◆ **ras du cou** ou **ras-du-cou** adj inv et nm inv Se dit d'un vêtement dont l'encolure se situe à la naissance du cou.

**RAS** (sigle) Rien à signaler.

**rasade** nf Contenu d'un verre plein jusqu'au bord.

**rasage** nm Action de raser, de se raser.

**rasant, e** adj **1.** Qui rase : *tir rasant.* **2.** FAM Ennuyeux : *livre rasant.*

**rascasse** nf Poisson de la Méditerranée couvert d'épines, à chair très estimée.

**rase-mottes** nm inv ■ **vol en rase-mottes :** effectué très près du sol.

**raser** vt **1.** Couper au rasoir la barbe, les cheveux. **2.** Abattre à ras de terre : *raser un édifice.* **3.** Passer tout près ; effleurer : *raser les murs.* **4.** FAM Importuner, ennuyer. ◆ **se raser** vpr **1.** Se couper la barbe, les poils. **2.** FAM S'ennuyer.

**raseur, euse** n FAM Personne ennuyeuse.

**ras-le-bol** nm inv FAM Fait d'être excédé, exaspération.

**rasoir** nm Instrument tranchant dont on se sert pour raser, se raser : *rasoir mécanique, électrique.* ◆ adj FAM Ennuyeux : *film rasoir.*

**rassasiement** nm LITT État de satiété.

**rassasier** vt **1.** Apaiser, contenter la faim. **2.** Satisfaire complètement les désirs, les passions.

**rassemblement** nm **1.** Action de rassembler. **2.** Attroupement : *interdire les rassemblements.* **3.** Union de groupements politiques.

**rassembler** vt **1.** Réunir, mettre ensemble des personnes ou des choses. **2.** FIG Concentrer : *rassembler ses idées.* ◆ **se rassembler** vpr Se réunir, se grouper.

**rassembleur, euse** adj et n Qui rassemble, réunit.

**rasseoir** vt (conj 44) Asseoir de nouveau. ◆ **se rasseoir** vpr S'asseoir de nouveau.

**rasséréner** vt (conj 10) Rendre la sérénité, le calme à : *cette bonne nouvelle l'a rasséréné.* ◆ **se rasséréner** vpr Retrouver son calme.

**rassir** vi (auxil : *avoir* ou *être*) Devenir rassis, en parlant d'un aliment.

**rassis, e** adj ■ **pain rassis :** qui n'est plus frais. ❑ FIG **esprit rassis :** calme, posé, réfléchi.

**rassortiment** nm → **réassortiment.**

**rassortir** vt → **réassortir.**

**rassurant, e** adj Qui rassure.

**rassurer** vt Rendre la confiance, la tranquillité ; dissiper les craintes.

**rasta** ou **rastafari** adj inv et n Se dit d'un mouvement mystique, politique et culturel propre aux Noirs de la Jamaïque et des Antilles anglophones ; qui en est partisan.

**rat** nm **1.** Petit mammifère rongeur très nuisible. **2.** FIG Jeune danseur ou danseuse de l'Opéra. ■ FAM **être fait comme un rat :** être pris, dupé. ❑ FAM **rat de bibliothèque :** personne qui passe son temps à consulter des livres. ❑ **rat d'égout :** surmulot. ❑ **rat d'hôtel :** voleur qui dévalise les hôtels. ❑ **rat musqué :** ondatra.

**ratafia** nm Liqueur d'eau-de-vie et de fruits.

**ratage** nm Échec.

**ratatiné, e** adj Flétri, ridé : *des pommes ratatinées.*

**ratatiner (se)** vpr Se tasser, se recroqueviller.

**ratatouille** nf Mélange d'aubergines, de courgettes, d'oignons, de poivrons et de tomates, cuits dans l'huile d'olive.

**1. rate** nf Glande située en arrière de l'estomac. ■ FAM **dilater la rate :** faire rire.

**2. rate** nf Rat femelle.

**1. raté** nm **1.** Fonctionnement défectueux de quelque chose. **2.** Légère détonation qui se produit à l'échappement d'un moteur à explosion lorsque l'allumage est défectueux.

**2. raté, e** n et adj FAM Personne qui n'a pas réussi dans sa vie, dans sa carrière : *un poète raté.*

**râteau** nm Instrument de jardinage à long manche muni de dents. ◆ nm et adj SUISSE, FAM Avare, pingre, grippe-sou.

**râteler** vt (conj 6) Ramasser avec le râteau : *râteler le foin.*

**râtelier** nm **1.** Assemblage à claire-voie de barres de bois pour mettre le fourrage qu'on donne aux animaux. **2.** FAM Dentier. ■ FAM **manger à tous les râteliers :** servir avec profit deux causes opposées.

**rater** vi **1.** Ne pas partir, en parlant du coup d'une arme à feu. **2.** FIG Échouer. ◆ vt Manquer : *rater un lièvre ; rater un train, un rendez-vous.* ■ FIG **ne pas en rater une :** commettre toutes les gaffes possibles.

**ratiboiser** vt FAM **1.** Couper ras les cheveux de quelqu'un. **2.** Ruiner, détruire : *si vous ne me prêtez pas cet argent, je suis ratiboisé.*

**ratière** nf Petit piège à rats.

**ratification** nf Action de ratifier ; acte qui ratifie.

**ratifier** vt **1.** DR Confirmer ce qui a été fait ou promis : *le gouvernement a ratifié l'accord.* **2.** LITT Approuver, reconnaître comme vrai.

**ratine** nf Étoffe de laine au poil tiré et frisé.

**ratio** [rasjo] nm ÉCON Rapport, exprimé en pourcentage, entre deux grandeurs économiques ou financières.

**ratiociner** [rasjɔsine] vi LITT Raisonner d'une façon subtile et pédante.

**ration** nf **1.** Quantité de nourriture donnée à un homme, à un animal, pour une durée déterminée : *ration quotidienne.* **2.** FAM Ce qui est donné par le sort à quelqu'un ; lot.

**rationalisation** nf Action de rationaliser.

**rationaliser** vt **1.** Rendre rationnel : *rationaliser l'alimentation.* **2.** Organiser une production, une technique, etc., de façon à les rendre plus efficaces, plus rentables : *rationaliser une fabrication.*

**rationalisme** nm Philosophie fondée sur la raison : *le rationalisme cartésien.*

**rationaliste** adj et n Relatif au rationalisme ; qui en est partisan.

**rationalité** nf Caractère de ce qui est rationnel.

**rationnel, elle** adj **1.** Fondé sur la raison ; déduit par le raisonnement. **2.** Conforme à la raison, à la logique, au bon sens.

**rationnellement** adv De façon rationnelle.

**rationnement** nm Action de rationner.

**rationner** vt Limiter des personnes en nourriture ou réduire la consommation de quelque chose : *rationner la population ; rationner l'essence.*

**ratissage** nm Action de ratisser.

**ratisser** vt **1.** Nettoyer avec un râteau. **2.** Fouiller méthodiquement un lieu pour rechercher une ou plusieurs personnes : *ratisser un quartier.* ◆ vi ■ FAM **ratisser large :** chercher à rassembler le plus grand nombre de personnes ou de choses, sans véritable sélection.

**raton** nm Petit rat. ■ **raton laveur :** mammifère carnassier d'Amérique.

**ratonnade** nf FAM, PÉJOR Expédition punitive de type raciste.

**rattachement** nm Action de rattacher ; son résultat.

**rattacher** vt **1.** Attacher de nouveau. **2.** Faire dépendre une chose d'une autre ; établir un lien entre : *rattacher une commune à un département.* ◆ **se rattacher** vpr [à] Être lié à.

**rattachiste** n et adj BELGIQUE Partisan du rattachement à la France de tout ou partie des régions francophones de Belgique.

**rattrapable** adj Qui peut être rattrapé : *un retard rattrapable.*

**rattrapage** nm Action de rattraper, de se rattraper : *rattrapage d'une erreur ; oral de rattrapage.* ■ **télé, radio de rattrapage :** service proposé par une chaîne de télé ou de radio qui permet de voir ou d'écouter une émission dans les jours qui suivent sa diffusion.

**rattraper** vt **1.** Attraper de nouveau. **2.** Saisir pour empêcher de tomber. **3.** Rejoindre une personne, une chose qui a de l'avance : *partez ! je vous rattrape !* **4.** Atténuer, compenser. ◆ **se rattraper** vpr **1.** Se retenir de justesse : *se rattraper à une branche.* **2.** Combler une perte, un retard : *se rattraper au dernier trimestre.* **3.** Corriger une erreur.

**raturage** nm Action de raturer.

**rature** nf Trait tracé sur ce qu'on a écrit pour le rayer.

**raturer** vt Annuler par une rature : *raturer un mot.*

**rauque** adj Rude, guttural : *voix rauque.*

**ravage** nm (surtout au pluriel) **1.** Violent dommage, grand dégât : *ravages de la guerre.* **2.** FIG Effet désastreux : *ravages de l'alcoolisme.* ■ FAM **faire des ravages :** provoquer des passions amoureuses.

**ravager** vt (conj 2) Causer des destructions : *ravager un vignoble ;* LITT troubler : *amour qui ravage.*

**ravageur, euse** adj et n Qui ravage : *sanglier ravageur de cultures ; sourire ravageur.*

**ravalement** nm Remise à neuf de la façade d'une construction, d'un immeuble.

**ravaler** vt **1.** Avaler de nouveau : *ravaler sa salive.* **2.** Se retenir de manifester : *ravaler sa colère.* **3.** Faire le ravalement de. **4.** FIG Déprécier : *ravaler le mérite d'autrui.*

**ravaleur** nm Ouvrier qui effectue un ravalement.

**ravaudage** nm VX Raccommodage.

**ravauder** vt VX Raccommoder à l'aiguille.

**1. rave** nf Plante potagère, voisine du navet.

**2. rave** [rɛv] nf Rassemblement dansant d'amateurs de techno.

**ravenelle** nf **1.** Moutarde des champs. **2.** Radis sauvage.

**ravi, e** adj Très content ; enchanté.

**ravier** nm Petit plat dans lequel on sert des hors-d'œuvre.

**ravigotant, e** adj FAM Qui ravigote.

**ravigote** nf Vinaigrette relevée à l'échalote, aux fines herbes et aux câpres.

**ravigoter** vt FAM Redonner de la vigueur, de la force.

**ravin** nm **1.** Terrain creusé profondément par un torrent. **2.** Vallée sauvage et encaissée.

**ravine** nf Rigole creusée par les eaux de ruissellement.

**ravinement** nm Formation de ravines.

**raviner** vt Creuser une ravine dans le sol : *l'orage ravine les chemins*.

**raviole** nf Spécialité dauphinoise faite d'un petit carré de pâte alimentaire farci : *des ravioles au fromage, au saumon, à la pintade*.

**ravioli** (pl *raviolis* ou inv) nm Petit carré de pâte farci de viande hachée, de légumes, etc.

**ravir** vt **1.** Enchanter, procurer un vif plaisir : *ce chant me ravit.* **2.** LITT Enlever de force : *ravir le bien d'autrui.* **3.** LITT Arracher quelqu'un à l'affection de ses proches : *la maladie lui a ravi son fils.* ■ **à ravir** : admirablement : *sa robe lui va à ravir*.

**raviser (se)** vpr Changer d'avis, revenir sur une résolution.

**ravissant, e** adj Très joli, charmant.

**ravissement** nm Charme, enchantement.

**ravisseur, euse** n Personne qui a commis un rapt.

**ravitaillement** nm Action de ravitailler ; denrées nécessaires à la consommation.

**ravitailler** vt Fournir les produits nécessaires à la vie, à l'activité, au fonctionnement : *ravitailler des troupes, un avion.* ◆ **se ravitailler** vpr Se procurer ce dont on a besoin : *se ravitailler au supermarché*.

**ravitailleur** nm Navire ou avion chargé du ravitaillement pendant une opération.

**ravivage** nm Action de raviver.

**raviver** vt **1.** Rendre plus vif : *raviver la flamme.* **2.** Redonner de l'éclat, de la fraîcheur : *raviver un tissu.* **3.** LITT Faire revivre, ranimer : *raviver les haines*.

**ravoir** vt (seulement à l'infinitif) Avoir de nouveau.

**rayé, e** adj Qui porte des raies ou des rayures.

**rayer** vt (conj 4) **1.** Faire des rayures à : *rayer du verre.* **2.** Annuler en raturant : *rayer un mot.* **3.** FIG Éliminer, exclure : *rayer quelqu'un d'une liste*.

**1. rayon** nm **1.** Trait, ligne qui part d'un centre lumineux : *rayons du soleil.* **2.** Ligne allant du centre d'un cercle à la circonférence. **3.** Pièce de bois ou de métal qui relie le moyeu à la jante d'une roue : *rayons de bicyclette.* **4.** FIG Ce qui fait naître l'espoir, la joie : *rayon d'espoir.* ■ **rayon d'action** : zone d'influence, d'activité. ◆ **rayons** pl Rayonnements particuliers : *rayons alpha, bêta, gamma, X*.

**2. rayon** nm **1.** Tablette de bibliothèque, d'armoire. **2.** Ensemble des comptoirs d'un magasin affectés à un même type de marchandises. **3.** Gâteau de cire des abeilles, divisé en alvéoles.

**rayonnage** nm Ensemble de rayons d'une armoire, d'une bibliothèque, etc.

**rayonnant** adj Qui rayonne.

**rayonne** nf Textile artificiel.

**rayonnement** nm **1.** Ensemble des radiations émises par un corps. **2.** Influence, renommée de quelqu'un ou de quelque chose : *le rayonnement culturel d'une ville*.

**rayonner** vi **1.** Émettre des rayons. **2.** Être disposé en forme de rayons. **3.** Se déplacer à partir d'un lieu donné : *rayonner autour de Paris.* **4.** FIG Faire sentir son action au loin. **5.** S'éclairer sous l'effet du bonheur : *visage qui rayonne*.

**rayure** nf **1.** Ligne, bande tracée sur une surface : *étoffe à rayures.* **2.** Trace laissée sur un objet par un corps pointu ou coupant : *faire une rayure sur le parquet*.

**raz de marée** ou **raz-de-marée** nm inv **1.** Soulèvement soudain des eaux de mer dû à un tremblement de terre ou à une éruption volcanique. **2.** FIG Phénomène brutal et massif.

ORTHOGRAPHE On écrit parfois *raz-de-marée* comme *rez-de-chaussée,* mais il est préférable de garder à *raz de marée* son orthographe, sans traits d'union.

**razzia** [razja] ou [radzja] nf Action d'emporter quelque chose par surprise ou par violence : *faire une razzia dans le réfrigérateur*.

**razzier** vt Faire une razzia ; piller.

**RDS** nm (sigle de *remboursement de la dette sociale*) Prélèvements effectués en France sur différentes catégories de revenus et destinés à combler le déficit de la Sécurité sociale.

**ré** nm inv Seconde note de la gamme de *do*.

**réabonnement** nm Action de (se) réabonner ; nouvel abonnement.

**réabonner** vt Abonner de nouveau. ◆ **se réabonner** vpr S'abonner de nouveau.

**réac** adj et n (abréviation) FAM, PÉJOR Réactionnaire.

**réaccoutumer** vt LITT Accoutumer de nouveau.

**réacteur** nm Propulseur aérien fonctionnant par réaction directe sans entraîner d'hélice. ■ **réacteur nucléaire** : partie d'une centrale nucléaire dans laquelle l'énergie est libérée par fission du combustible.

**réactif, ive** adj Qui réagit : *force réactive.* ◆ nm Substance employée en chimie, en vue des réactions qu'elle produit.

**réaction** nf **1.** Force qu'exerce en retour un corps soumis à l'action d'un autre corps. **2.** CHIM Transformation se produisant entre des corps chimiques mis en contact et donnant naissance à de nouvelles substances. **3.** Attitude d'une personne, d'un groupe en réponse à une situation, à un événement, etc. **4.** Mouvement d'opinion qui s'oppose à celui qui l'a précédé. **5.** Tendance politique qui s'oppose au progrès social. ■ **avion à réaction :** propulsé par un moteur éjectant un flux de gaz à très grande réaction *(moteur à réaction)*.

**réactionnaire** adj et n Qui s'oppose à tout progrès politique ou social.

**réactiver** vt Donner une nouvelle vigueur à : *réactiver le feu ; réactiver des négociations*.

**réactualisation** nf Action de réactualiser ; fait d'être réactualisé.

**réactualiser** vt Remettre à jour.

**réadaptation** nf Action de réadapter ; fait de se réadapter.

**réadapter** vt Adapter à une nouvelle situation, à un nouvel état. ◆ **se réadapter** vpr S'adapter de nouveau.

**réadmettre** vt (conj 57) Admettre de nouveau.

**ready-made** [redimɛd] (pl inv ou *ready-mades*) nm BX-ARTS Objet manufacturé promu par un artiste au rang d'œuvre d'art : *les ready-made de Marcel Duchamp*.

**réaffirmer** vt Affirmer de nouveau : *réaffirmer une déclaration*.

**réagir** vi **1.** Se modifier en fonction d'un effet extérieur : *réagir à la lumière*. **2.** CHIM Entrer en réaction. **3.** Répondre à une action, à un événement : *bien réagir à une critique*. **4.** S'opposer à, lutter contre : *tu l'as laissé faire sans réagir ?* **5.** Avoir des répercussions : *l'attitude du public réagit sur l'orateur*.

**réajustement** nm → **rajustement**.

**réajuster** vt → **rajuster**.

**réaléser** vt (conj 10) Augmenter le diamètre d'un cylindre pour faire disparaître l'usure inégale des parois.

**réalisable** adj Qui peut être réalisé : *projet réalisable*.

**réalisateur, trice** n **1.** Personne qui réalise ce qu'elle a conçu. **2.** Personne qui assure la réalisation d'un film ou le montage et la direction d'une émission de radio, de télévision.

**réalisation** nf **1.** Action de réaliser, de concrétiser ; son résultat. **2.** Ensemble des opérations nécessaires pour faire un film, une émission ; film, émission ainsi réalisés.

**réaliser** vt **1.** Procéder à la réalisation de qqch : *réaliser un barrage, un film*. **2.** Rendre réel et effectif : *réaliser ses promesses*. **3.** Comprendre, se rendre compte de. ◆ **se réaliser** vpr **1.** Devenir réel : *rêve qui se réalise*. **2.** Rendre effectives ses potentialités : *elle s'est réalisée dans son travail*.

**réalisme** nm **1.** Disposition à voir les choses comme elles sont et à agir en conséquence. **2.** Tendance littéraire et artistique de la seconde moitié du XIX$^{e}$ s. à représenter la nature et la vie telles qu'elles sont.

**réaliste** adj et n **1.** Qui a l'esprit pratique, qui voit les choses comme elles sont. **2.** Partisan du réalisme.

**réalité** nf **1.** Caractère de ce qui est réel. **2.** Ce qui est réel, qui a une existence effective (par opposition à ce qui est imaginé, rêvé). ■ **en réalité :** réellement, en fait. ❑ **réalité augmentée :** superposition d'images de synthèse en 2D ou 3D à des prises de vues filmées en temps réel.

**réaménagement** nm Action de réaménager.

**réaménager** vt Aménager de nouveau, sur de nouvelles bases.

**réanimation** nf Ensemble des techniques propres à rétablir les fonctions vitales.

**réanimer** vt Soumettre à la réanimation.

**réapparaître** vi (conj 64) Apparaître de nouveau.

**réapparition** nf Action de réapparaître ; nouvelle apparition.

**réapprendre** vt → **rapprendre**.

**réapprovisionner** vt → **rapprovisionner**.

**réarmement** nm Action de réarmer.

**réarmer** vt Armer de nouveau.

**réassortiment** ou **rassortiment** nm Action de réassortir.

**réassortir** ou **rassortir** vt Assortir de nouveau.

**réassurance** nf Opération par laquelle un assureur se couvre d'une partie du risque en se faisant assurer lui-même par un autre assureur.

**rébarbatif, ive** adj Dur, rebutant ; ennuyeux : *mine, émission rébarbative*.

**rebâtir** vt Bâtir de nouveau.

**rebattre** vt (conj 56) Battre de nouveau : *rebattre les cartes*. ■ FIG **rebattre les oreilles :** répéter à satiété.

**rebattu, e** adj Souvent traité, sans originalité : *sujet rebattu*.

**rebelle** adj et n **1.** Qui refuse d'obéir à l'autorité : *le gouvernement va négocier avec les rebelles*. **2.** Qui résiste ; indocile : *enfant rebelle à la discipline*. ◆ adj **1.** Difficile à guérir : *maladie rebelle*. **2.** Qui ne se laisse pas facilement manier : *cheveux rebelles*.

**rebeller (se)** vpr Refuser de se soumettre ; se révolter, résister.

**rébellion** nf **1.** Révolte violente. **2.** Ensemble des rebelles.

ORTHOGRAPHE Attention, on écrit *rébellion*, mais *rebelle*.

**rebelote** interj FAM Souligne la répétition d'une action, d'un fait.

**rebiffer (se)** vpr FAM Refuser d'obéir avec brusquerie.

**rebiquer** vi FAM Se dresser, se retrousser : *cheveux qui rebiquent*.

**reblochon** nm Fromage de vache fabriqué en Savoie.

**reboisement** nm Action de reboiser ; son résultat.

**reboiser** vt Planter de nouveau des arbres sur un terrain déboisé.

**rebond** nm Fait de rebondir.

**rebondi, e** adj Arrondi, en parlant d'une partie du corps : *joues rebondies*.

**rebondir** vi **1.** Faire un ou plusieurs bonds. **2.** FIG Avoir des conséquences imprévues, des développements nouveaux : *l'affaire rebondit*. **3.** FIG Prendre un nouvel essor après une crise grave, un échec cuisant.

**rebondissement** nm **1.** Fait de rebondir. **2.** Développement nouveau et imprévu.

**rebord** nm **1.** Bord en saillie : *le rebord d'une fenêtre*. **2.** Bord replié : *le rebord de l'oreille*.

**reboucher** vt Boucher de nouveau.

**rebours (à)** loc adv À contre-pied, à contresens. ■ **compte à rebours** : horaire des opérations de lancement qui précèdent la mise à feu d'un engin spatial.

**rebouteux, euse** n FAM Personne qui fait métier de guérir les fractures, foulures, etc., par des moyens empiriques.

**reboutonner** vt Boutonner de nouveau.

**rebrousse-poil (à)** loc adv Dans le sens opposé à la direction des poils. ■ FAM **prendre quelqu'un à rebrousse-poil** : le mettre en colère, le vexer.

**rebrousser** vt Relever en sens contraire du sens naturel. ■ FIG **rebrousser chemin** : revenir sur ses pas.

**rebuffade** nf Mauvais accueil ; refus brutal : *essuyer une rebuffade*.

**rébus** [rebys] nm **1.** Jeu d'esprit, qui consiste à exprimer des mots ou des phrases par des figures dont le nom offre une analogie phonétique avec ce qu'on veut faire entendre : *rébus de Voltaire : « Ga » (= g grand, a petit = j'ai grand appétit)*. **2.** Chose difficile à comprendre.

**rebut** nm Ce qui est rejeté, laissé de côté. ■ **mettre au rebut** : se débarrasser d'une chose sans valeur ou inutilisable.

**rebutant, e** adj Qui rebute : *travail rebutant*.

**rebuter** vt **1.** Décourager, lasser : *la moindre chose le rebute*. **2.** Choquer, répugner : *ses manières me rebutent*.

**récalcitrant, e** adj et n Qui résiste avec opiniâtreté ; rebelle.

**recalculer** vt Calculer de nouveau.

**recalé, e** adj et n FAM Qui a été refusé à un examen.

**recaler** vt FAM Refuser à un examen.

**récapitulatif, ive** adj Qui récapitule : *tableau récapitulatif*.

**récapitulation** nf Action de récapituler.

**récapituler** vt **1.** Résumer, redire : *récapituler les consignes*. **2.** Rappeler : *récapituler les événements du mois*.

**recaser** vt FAM Caser de nouveau quelqu'un qui a perdu sa place, une chose qui a été déplacée.

**recéder** vt (conj 10) Rétrocéder, revendre.

**recel** nm Action de receler : *le recel est une infraction*.

**receler** vt (conj 5) **1.** Garder et cacher une chose volée par un autre : *receler des bijoux*. **2.** Cacher quelqu'un pour le soustraire à la justice : *receler un meurtrier*. **3.** SOUT Renfermer, contenir : *grotte qui recèle des trésors*.

**receleur, euse** n Personne qui recèle des objets volés ou une personne en fuite.

**récemment** adv Depuis peu : *mariés récemment ;* à une époque récente : *étoile récemment découverte*.

**recensement** nm **1.** Action de recenser ; son résultat. **2.** Dénombrement, effectué par les mairies, des jeunes gens atteignant l'âge du service militaire l'année suivante.

**recenser** vt **1.** Faire le dénombrement de la population d'un État, d'une ville, des suffrages d'un vote, etc. **2.** Dénombrer, inventorier : *recenser les volontaires*.

**recenseur, euse** n Personne chargée d'un recensement.

**récent, e** adj Nouvellement fait ou arrivé : *livre récent*.

**recentrage** nm Action de recentrer.

**recentrer** vt **1.** Déplacer vers le centre. **2.** Ramener à ce qui est fondamental, essentiel : *recentrer une entreprise sur son métier*. **3.** Regrouper autour d'un nouvel objectif : *recentrer un syndicat sur l'emploi*.

**récépissé** nm Écrit par lequel on reconnaît avoir reçu quelque chose.

**réceptacle** nm **1.** LITT Lieu où sont rassemblées des choses, des personnes : *cet hôtel est le réceptacle de la pègre*. **2.** BOT Extrémité du pédoncule d'une fleur. **3.** Bassin qui recueille les eaux pour les redistribuer.

**récepteur, trice** adj Propre à recevoir un courant, un signal : *poste récepteur.* ◆ nm Appareil recevant un signal de télécommunication et le transformant en sons, en images.

**réceptif, ive** adj Susceptible d'ouvrir son esprit aux impressions, aux suggestions.

**réception** nf **1.** Action de recevoir : *accuser réception.* **2.** Réunion mondaine : *donner une réception.* **3.** Manière d'accueillir : *réception glaciale.* **4.** Action d'admettre quelqu'un dans une assemblée : *discours de réception.* **5.** Service d'un hôtel, d'une entreprise, où l'on accueille les voyageurs, les visiteurs ; personnel affecté à ce service : *s'adresser à la réception.* **6.** Manière de retomber au sol après un saut ou de recevoir un ballon, une balle.

**réceptionnaire** n Personne chargée de la réception des marchandises.

**réceptionner** vt **1.** Vérifier une livraison lors de sa réception. **2.** Recevoir la balle ou le ballon dans un jeu.

EMPLOI On *réceptionne* des choses, des marchandises ; on *reçoit* des personnes, des clients, des invités.

**réceptionniste** n Personne chargée d'accueillir les voyageurs, dans un hôtel.

**réceptivité** nf **1.** Caractère d'une personne réceptive. **2.** MÉD Aptitude d'un organisme à contracter les maladies, notamment infectieuses.

**récessif, ive** adj BIOL Se dit d'un caractère héréditaire qui ne se manifeste qu'en l'absence du caractère opposé, dit *dominant.*

**récession** nf Ralentissement de l'activité économique.

**recette** nf **1.** Ce qui est reçu en argent : *recettes et dépenses.* **2.** Fonction du receveur des contributions ; local où il exerce son emploi : *apporter son argent à la recette.* **3.** Description de la préparation d'un plat culinaire. **4.** Procédé pour réussir quelque chose. ■ **faire recette :** (a) rapporter beaucoup d'argent (b) FIG avoir du succès.

**recevabilité** nf Caractère de ce qui est recevable.

**recevable** adj Qui peut être reçu, admis : *cette excuse n'est pas recevable.*

**receveur, euse** n **1.** Personne chargée du recouvrement des recettes publiques : *receveur des contributions.* **2.** Employé qui perçoit l'argent des voyageurs dans les transports publics. **3.** Administrateur d'un bureau de poste. **4.** Malade transfusé ou greffé. ■ **receveur universel :** individu du groupe sanguin AB, susceptible de recevoir du sang de n'importe quel groupe.

**recevoir** vt (conj 34) **1.** Accepter ce qui est donné, ce qui est envoyé, ce qui est dû : *recevoir de l'argent.* **2.** Accueillir : *recevoir un ami.* **3.** Subir, éprouver : *recevoir un bon accueil, des coups.* **4.** Admettre : *recevoir un candidat.* **5.** Laisser entrer ; recueillir : *recevoir les eaux de pluie.* ◆ vi Avoir des visites ; donner des repas, des soirées : *aimer recevoir.* ◆ **se recevoir** vpr Reprendre contact avec le sol après un saut.

**réchampir** ou **rechampir** vt BX-ARTS Faire ressortir une moulure, un ornement du fond, particulièrement par un contraste de couleurs.

**rechange (de)** loc adj **1.** Qui peut remplacer un autre objet semblable : *roue de rechange.* **2.** Que l'on peut adopter en remplacement : *solution de rechange.*

**rechapage** nm Action de rechaper.

**rechaper** vt Reconstituer la bande de roulement d'un pneu usagé.

**réchapper** vi et vt ind [à, de] Échapper par chance à un danger, à un accident, etc.

**recharge** nf **1.** Remise en état de fonctionnement : *recharge d'une batterie d'accumulateurs.* **2.** Ce qui permet de recharger : *recharge de stylo.*

**rechargeable** adj Qui peut être rechargé.

**recharger** vt (conj 2) **1.** Charger de nouveau. **2.** Approvisionner de nouveau pour mettre en état de fonctionner.

**réchaud** nm Appareil de cuisson portatif.

**réchauffage** nm Action de réchauffer.

**réchauffé** nm Nourriture réchauffée : *goût de réchauffé.* ■ FAM **c'est du réchauffé :** se dit de ce qui est vieux, connu, mais que l'on présente comme neuf.

**réchauffement** nm Fait de se réchauffer : *le réchauffement de la planète.*

**réchauffer** vt **1.** Chauffer de nouveau ce qui s'est refroidi. **2.** FIG Ranimer, raviver : *réchauffer l'ardeur.* ◆ **se réchauffer** vpr **1.** Redonner de la chaleur à son corps. **2.** Devenir plus chaud.

**rechausser** vt Chausser de nouveau.

**rêche** adj **1.** Rude au toucher. **2.** Âpre au goût : *vin rêche.*

**recherche** nf **1.** Action de rechercher. **2.** Travail scientifique. **3.** Souci de se distinguer ; élégance, raffinement : *recherche dans le style ; s'habiller avec recherche.*

**recherché, e** adj **1.** Peu commun, rare. **2.** Qui dénote du raffinement ou un excès de recherche et un manque de naturel.

**rechercher** vt **1.** Chercher avec soin : *rechercher la cause d'un phénomène.* **2.** Tenter de retrouver par une enquête : *rechercher un criminel.* **3.** Chercher à établir des liens : *rechercher les gens influents ; rechercher l'amitié, la compagnie de quelqu'un.*

**rechigner** vi et vt ind [à] Montrer de la mauvaise volonté à faire quelque chose.

**rechute** nf Réapparition d'une maladie.

**rechuter** vi Faire une rechute.

**récidive** nf **1.** DR Action de commettre un délit, un crime pour lequel on a déjà été condamné (par opposition à *réitération*). **2.** Réapparition d'une maladie, d'un mal.

**récidiver** vi **1.** Faire une récidive. **2.** MÉD Recommencer, réapparaître.

**récidiviste** n et adj DR Personne en état de récidive.

**récif** nm Rocher ou groupe de rochers à fleur d'eau.

**récipiendaire** n SOUT Personne reçue officiellement dans une assemblée, une société savante, etc.

**récipient** nm Ustensile creux pour recevoir, contenir un liquide, un fluide.

**réciprocité** nf Caractère de ce qui est réciproque.

**réciproque** adj Qui marque une action équivalente à celle qui est reçue ; mutuel : *amitié réciproque.* ◆ nf ■ **la réciproque** : la pareille : *elle ne l'aime pas, la réciproque est vraie.*

**réciproquement** adv De façon réciproque.

**récit** nm Relation, narration d'un fait : *récit touchant.*

**récital** (pl *récitals*) nm Concert, spectacle donné par un seul artiste, un seul groupe, ou consacré à un seul genre.

**récitant, e** n Personne qui récite, dit un texte, spécialement un récitatif.

**récitatif** nm Fragment narratif déclamé, dans un opéra, une cantate, etc.

**récitation** nf **1.** Action, manière de réciter. **2.** Texte à apprendre par cœur et à réciter.

**réciter** vt Dire par cœur.

**réclamation** nf Action de réclamer, de protester : *faire une réclamation.*

**réclame** nf VIEILLI Publicité : *faire de la réclame.* ■ VIEILLI **en réclame** : vendu à prix réduit.

**réclamer** vt **1.** Demander avec insistance : *réclamer la parole, son dû.* **2.** FIG Demander, avoir besoin de : *réclamer des soins.* ◆ vi LITT Protester, s'élever contre : *réclamer contre une injustice.* ◆ **se réclamer** vpr [de] Invoquer la caution de : *se réclamer d'un ami commun.*

**reclassement** nm Action de reclasser ; son résultat : *le reclassement de la fonction publique.*

**reclasser** vt **1.** Classer de nouveau. **2.** Rétablir les traitements, les salaires, par référence à ceux d'autres catégories. **3.** Placer dans une activité nouvelle des personnes qui ont dû abandonner leur précédente activité.

**reclus, e** adj et n Enfermé, isolé du monde : *vivre comme un reclus.*

**réclusion** nf État de quelqu'un qui vit reclus. ■ DR **réclusion criminelle** : peine consistant dans une privation de la liberté avec assujettissement au travail.

**récognitif** adj m ■ DR **acte récognitif** : acte par lequel on reconnaît une obligation.

**recoiffer** vt Coiffer de nouveau ; réparer le désordre d'une coiffure. ◊ vpr : *se recoiffer après le match.*

**recoin** nm **1.** Coin caché, retiré. **2.** FIG Partie cachée, secrète : *les recoins de la mémoire.*

**recollage** ou **recollement** nm Action de recoller.

**recoller** vt Coller de nouveau ; raccommoder en collant.

**récoltant, e** adj et n Qui récolte : *propriétaire récoltant.*

**récolte** nf **1.** Action de recueillir les produits de la terre ; ces produits : *faire une bonne récolte.* **2.** FIG Ce qu'on recueille à la suite de recherches : *récolte de documents.*

**récolter** vt **1.** Faire une récolte : *récolter du blé.* **2.** FIG Recueillir : *récolter des informations.*

**recommandable** adj Qu'on peut recommander ; estimable : *un individu peu recommandable.*

**recommandation** nf **1.** Conseil, avis : *recommandation paternelle.* **2.** Action de recommander quelqu'un. **3.** Opération par laquelle la poste assure la remise en main propre d'une lettre, d'un paquet, moyennant une taxe spéciale.

**recommandé, e** adj et nm Qui a fait l'objet d'une recommandation postale. ■ **en recommandé** : sous recommandation postale.

**recommander** vt **1.** Exhorter, conseiller vivement : *recommander la prudence.* **2.** Signaler à l'attention, à la bienveillance de : *recommander un candidat.* **3.** Poster une lettre, un paquet sous recommandation. ◆ **se recommander** vpr **1.** [de] Invoquer l'appui de qqn : *se recommander du directeur.* **2.** SUISSE Insister pour obtenir qqch.

**recommencement** nm Action de recommencer : *l'histoire est un éternel recommencement.*

**recommencer** vt et vi (conj 1) Commencer de nouveau ; refaire.

**récompense** nf Ce qui est donné à quelqu'un ou reçu par lui, pour un service rendu, une bonne action, etc.

**récompenser** vt Accorder une récompense à : *récompenser un bon élève.*

**recomposé, e** adj ■ **famille recomposée :** famille où les enfants de chaque conjoint sont issus d'une union antérieure.

**recomposer** vt Composer de nouveau : *recomposer un texte, sa coiffure, un numéro.*

**recomposition** nf Action de recomposer.

**recompter** vt Compter de nouveau.

**réconciliation** nf Action de (se) réconcilier ; son résultat.

**réconcilier** vt **1.** Remettre d'accord des personnes fâchées. **2.** Faire revenir sur une opinion défavorable : *ce film me réconcilie avec le cinéma.* ◆ **se réconcilier** vpr Se remettre d'accord avec quelqu'un.

**reconductible** adj Qui peut être reconduit, renouvelé : *mandat reconductible.*

**reconduction** nf Renouvellement d'une location, d'un bail, etc. ■ **tacite reconduction :** qui se fait sans formalité.

**reconduire** vt (conj 70) **1.** Accompagner qqn dont on a reçu la visite. **2.** Continuer ce qui a été entrepris, établi : *reconduire un crédit.* **3.** DR Renouveler : *reconduire un bail.*

**reconduite** nf ■ **reconduite à la frontière :** procédure visant à expulser de France un étranger en situation irrégulière.

**reconfinement** nm Action de reconfiner ; fait de se reconfiner, d'être reconfiné.

**reconfiner** vt Confiner de nouveau ; soumettre à un nouveau confinement. ◆ **se reconfiner** vpr Se confiner de nouveau.

**réconfort** nm Consolation, soutien.

**réconfortant, e** adj Qui réconforte.

**réconforter** vt **1.** Redonner de la force, de la vigueur ; revigorer : *le thé réconforte.* **2.** Aider à supporter une épreuve ; consoler.

**reconnaissable** adj Facile à reconnaître.

**reconnaissance** nf **1.** Sentiment qui incite à se considérer comme redevable envers la personne de qui on a reçu un bienfait ; gratitude : *témoigner sa reconnaissance à qqn.* **2.** Action de reconnaître comme vrai, comme légitime, comme sien : *reconnaissance d'un droit.* **3.** Exploration, examen d'un lieu inconnu : *partir en reconnaissance.* **4.** DR Acte déclarant l'existence d'une chose : *reconnaissance de dette.* ■ INFORM **reconnaissance faciale :** technologie permettant de contrôler l'identité de qqn par la reconnaissance automatique des caractéristiques physiques de son visage, préalablement enregistrées. ❑ **signe de reconnaissance :** objet, geste, parole permettant à d'autres d'identifier une ou plusieurs personnes.

**reconnaissant, e** adj Qui a de la reconnaissance.

**reconnaître** vt (conj 64) **1.** Se rappeler, identifier : *reconnaître un ami ; reconnaître à la voix.* **2.** Avouer, confesser : *reconnaître ses torts.* **3.** Avoir de la gratitude : *reconnaître un bienfait.* **4.** Admettre comme légitime : *reconnaître un État.* **5.** Explorer : *reconnaître le terrain.* ■ **reconnaître un enfant :** s'en déclarer le père ou la mère. ◆ **se reconnaître** vpr **1.** Se retrouver : *se reconnaître dans ses enfants.* **2.** Savoir où l'on est et pouvoir se retrouver. **3.** Se retrouver, comprendre : *je commence à m'y reconnaître.* **4.** S'avouer : *se reconnaître coupable.*

**reconnu, e** adj Que l'on reconnaît comme vrai, comme ayant une vraie valeur : *un écrivain reconnu.*

**reconquérir** vt (conj 21) **1.** Conquérir de nouveau. **2.** FIG Recouvrer : *reconquérir l'estime.*

**reconquête** nf Action de reconquérir.

**reconsidérer** vt Reprendre l'examen d'une question en vue d'une nouvelle décision.

**reconstituant** nm Médicament qui fortifie.

**reconstituer** vt **1.** Constituer, former de nouveau : *reconstituer un décor 1900.* **2.** Rétablir la chronologie des faits au moyen de renseignements.

**reconstitution** nf Action de reconstituer : *reconstitution d'un crime ; reconstitution historique.*

**reconstruction** nf Action de reconstruire.

**reconstruire** vt (conj 70) **1.** Construire de nouveau. **2.** Rétablir, reconstituer. ◆ **se reconstruire** vpr Retrouver un état psychologique stable après un traumatisme : *ses proches l'ont aidé à se reconstruire.*

**reconversion** nf Action de reconvertir ; fait de se reconvertir.

**reconvertir** vt **1.** Adapter un secteur économique à de nouveaux besoins. **2.** Affecter à un nouvel emploi, donner une nouvelle formation à. ◆ **se reconvertir** vpr Changer d'activité, de profession.

**recopier** vt Copier un texte déjà écrit.

**record** nm Performance, niveau surpassant ce qui a été atteint antérieurement : *record sportif.* ◆ adj inv Jamais réalisé : *chiffres record.* ■ **en un temps record :** très vite.

**recordman** [rəkɔrdman] (pl *recordmans* ou *recordmen* [rəkɔrdmɛn]) nm Détenteur d'un ou de plusieurs records.

**recordwoman** [rəkɔrdwuman] (pl *recordwomans* ou *recordwomen* [rəkɔrdwumɛn]) nf Détentrice d'un ou de plusieurs records.

**recorriger** vt (conj 2) Corriger de nouveau.

**recoucher** vt Coucher de nouveau. ◆ **se recoucher** vpr Se remettre au lit.

**recoudre** vt (conj 59) Coudre ce qui est décousu.

**recoupement** nm Vérification d'un fait au moyen de sources différentes.

**recouper** vt **1.** Couper de nouveau. **2.** Coïncider avec, apporter une confirmation à : *témoignage qui en recoupe un autre.*

**recourber** vt **1.** Courber de nouveau. **2.** Courber par le bout : *recourber les cils.*

**recourir** vt et vi (conj 29) Courir de nouveau. ◆ vt ind [à] Faire appel, avoir recours à : *recourir à un charlatan ; recourir à la force.*

**recours** nm **1.** Action de recourir à qqn ou à qqch ; personne ou chose à laquelle on recourt : *vous êtes mon dernier recours.* **2.** DR Action en garantie contre qqn. **3.** DR Pourvoi : *recours en cassation, en grâce.*

**recouvrable** adj Qui peut être recouvré.

**1. recouvrement** nm **1.** Action de recouvrer ce qui était perdu : *recouvrement de l'ouïe.* **2.** Perception de sommes dues.

**2. recouvrement** nm Action de recouvrir.

**recouvrer** vt **1.** Retrouver, rentrer en possession de : *recouvrer la vue.* **2.** Percevoir une somme due : *recouvrer l'impôt.*

**recouvrir** vt (conj 16) **1.** Couvrir de nouveau ou complètement : *recouvrir un enfant ; la neige recouvre la plaine.* **2.** Refaire à neuf : *recouvrir un canapé.* **3.** Correspondre à : *cette notion recouvre une réalité complexe.*

**recracher** vt et vi Cracher ce qu'on a mis dans la bouche.

**récré** nf (abréviation) FAM Récréation.

**récréatif, ive** adj Qui récrée, divertit. ■ **usage récréatif** : consommation d'une substance psychoactive (drogue, alcool, etc.) à des fins euphorisantes et désinhibantes.

**récréation** nf **1.** Détente, délassement. **2.** Temps accordé aux enfants dans les écoles pour jouer.

**recréer** vt Créer de nouveau.

**récréer** vt LITT Délasser, divertir.

**récrier (se)** vpr **1.** LITT S'exclamer : *se récrier d'admiration.* **2.** Protester, s'offusquer.

**récrimination** nf Critique amère, réclamation.

**récriminer** vi Trouver à redire ; critiquer amèrement.

**récrire** ou **réécrire** (conj 71) vt Écrire ou rédiger de nouveau.

**recroqueviller (se)** vpr **1.** Se rétracter, se replier sous l'action de la chaleur, du froid, etc. **2.** Se replier sur soi, se ramasser.

**recru, e** adj ■ LITT **recru de fatigue** : harassé.

**recrudescence** nf **1.** Brusque réapparition avec augmentation d'intensité : *recrudescence des combats.* **2.** Aggravation d'une maladie.

**recrudescent, e** adj LITT Qui reprend en s'intensifiant.

**recrue** nf **1.** Jeune homme qui vient d'être appelé au service militaire. **2.** Nouveau membre d'un groupe, d'une société.

**recrutement** nm Action de recruter.

**recruter** vt **1.** Appeler des recrues. **2.** Engager du personnel. **3.** Attirer dans une société, dans un parti : *recruter des associés.*

**recruteur, euse** n Personne qui recrute.

**recta** adv FAM Ponctuellement, très exactement : *payer recta.*

**rectal, e, aux** adj Du rectum.

**rectangle** nm Quadrilatère dont les angles sont droits. ◆ adj ■ **triangle rectangle** : qui a un angle droit.

**rectangulaire** adj **1.** Qui a la forme d'un rectangle. **2.** Qui forme un angle droit.

**recteur, trice** n Fonctionnaire de l'Éducation nationale placé à la tête d'une académie.

**rectificatif, ive** adj Qui rectifie. ◆ nm Document apportant une rectification : *le journal a fait paraître un rectificatif.*

**rectification** nf Action de rectifier ; texte, paroles qui rectifient.

**rectifier** vt **1.** Modifier pour rendre adéquat : *rectifier le tracé d'une route.* **2.** Rendre exact, correct : *rectifier un calcul, une erreur.*

**rectiligne** adj En ligne droite.

**rectitude** nf **1.** Caractère de ce qui est en ligne droite. **2.** FIG Conformité à la raison, au devoir, à la justice : *rectitude de jugement.*

**recto** nm Première page d'un feuillet. CONTR : verso. ■ **recto verso** : des deux côtés de la feuille.

**rectoral, e, aux** adj Du recteur.

**rectorat** nm Charge de recteur ; bureaux du recteur.

**rectum** [rɛktɔm] nm Dernière partie du côlon, qui aboutit à l'anus.

**1. reçu** nm Écrit par lequel on reconnaît avoir reçu qqch.

**2. reçu, e** adj Admis couramment, établi : *idée reçue.* ◆ n Admis à un examen.

**recueil** nm Ouvrage où sont réunis des écrits, des documents, etc.

**recueillement** nm État de qqn qui se recueille.

**recueilli, e** adj Qui est dans le recueillement.

**recueillir** vt (conj 24) **1.** Rassembler, réunir : *recueillir des dons.* **2.** Retirer un avantage : *recueillir le fruit de son travail.* **3.** Acquérir par héritage : *recueillir une succession.* **4.** Donner l'hospitalité à, accueillir chez soi. ◆ **se recueillir** vpr Réfléchir, méditer.

**recuire** vi et vt (conj 70) Cuire de nouveau. ◆ vt Procéder au recuit d'un métal, du verre.

**recuit** nm Action de recuire du métal, du verre pour en améliorer les qualités.

**recul** nm **1.** Mouvement en arrière, vers l'arrière : *recul des manifestants.* **2.** Espace nécessaire pour reculer. **3.** FIG Éloignement dans l'espace ou dans le temps pour juger d'un événement : *prendre, avoir du recul.*

**reculade** nf Action de reculer, de céder, de revenir à une position antérieure.

**reculé, e** adj Éloigné, isolé : *région reculée ;* ancien : *époque reculée.*

**reculer** vt **1.** Tirer, pousser en arrière : *reculer sa chaise.* **2.** Reporter plus loin ; ajourner, retarder : *reculer une échéance.* ◆ vi **1.** Se porter en arrière. **2.** FIG Renoncer, céder devant une difficulté.

**reculons (à)** loc adv En reculant.

ORTHOGRAPHE On écrit *à reculons* avec un *s* final, comme *à croupetons, à tâtons* (à la différence de *à califourchon*).

**récup** (abrév) nf FAM Récupération d'objets, génér. pour les réutiliser ou de les recycler.

**récupérable** adj Qui peut être récupéré.

**récupérateur, trice** adj Qui permet de récupérer : *sommeil récupérateur.* ◆ adj et n Qui récupère des matériaux usagés. ◆ nm Appareil qui permet de récupérer la chaleur ou l'énergie.

**récupération** nf Action de récupérer ; son résultat.

**récupérer** vt (conj 10) **1.** Rentrer en possession de : *récupérer de l'argent.* **2.** Recueillir des matériaux usagés : *récupérer de la ferraille.* **3.** Reprendre des idées, un mouvement en les détournant de leur but premier. **4.** Fournir un temps de travail en remplacement de celui qui a été perdu. ◆ vi Retrouver ses forces.

**récurage** nm Action de récurer.

**récurer** vt Nettoyer en frottant.

**récurrence** nf Caractère de ce qui est récurrent.

**récurrent, e** adj Qui réapparaît, se reproduit : *phénomène récurrent.* ◆ adj et n Se dit d'un personnage de fiction qui réapparaît d'œuvre en œuvre : *héros récurrent.*

**récusable** adj Qui peut être récusé.

**récusation** nf Action de récuser.

**récuser** vt Refuser de reconnaître la compétence, la valeur de : *récuser un juge, un témoignage.* ◆ **se récuser** vpr **1.** Se déclarer incompétent pour décider d'une question. **2.** Refuser une mission, un poste, etc.

**recyclable** adj Que l'on peut recycler.

**recyclage** nm **1.** Formation complémentaire donnée à des travailleurs pour leur permettre de s'adapter aux progrès industriels et scientifiques. **2.** Action de réutiliser tout ou partie d'un produit industriel : *recyclage du papier.*

**recycler** vt Effectuer un recyclage. ◆ **se recycler** vpr Acquérir une formation complémentaire.

**recyclerie** nf Lieu de collecte, de remise en état et de revente d'objets ou d'appareils d'occasion, qui a aussi pour vocation de créer du lien social.

**rédacteur, trice** n Personne qui rédige un texte, qui participe à la rédaction d'un journal, d'un livre.

**rédaction** nf **1.** Action de rédiger ; texte rédigé. **2.** Exercice scolaire destiné à apprendre à rédiger. **3.** Ensemble des rédacteurs d'un journal, d'une maison d'édition, etc. ; locaux où ils travaillent.

**rédactionnel, elle** adj Relatif à la rédaction.

**reddition** nf Action de se rendre, de capituler : *reddition d'une ville.*

**redécoupage** nm Action de modifier l'organisation d'un ensemble ; son résultat.

**redécouvrir** vt Découvrir de nouveau.

**redéfinir** vt Définir de nouveau.

**redéfinition** nf Action de redéfinir : *redéfinition d'un poste.*

**redemander** vt Demander de nouveau.

**redémarrer** vi Démarrer de nouveau.

**rédempteur, trice** adj et n RELIG Qui rachète. ◆ nm ■ **le Rédempteur** : Jésus-Christ.

**rédemption** nf RELIG Salut du genre humain par Jésus-Christ.

**redéploiement** nm Réorganisation d'une activité économique, d'un dispositif militaire, d'un secteur de l'Administration.

**redescendre** vt et vi (conj 50) Descendre de nouveau ou après être monté, ou après avoir monté qqch.

**redevable** adj **1.** Qui n'a pas tout payé, qui reste débiteur envers qqn. **2.** Qui a une obligation envers qqn : *je te suis redevable de la vie.*

**redevance** nf Taxe, charge que l'on acquitte à termes fixes.

**redevenir** vi (conj 22 ; auxil : *être*) Revenir à un état antérieur : *ils sont redevenus amis.*

**rédhibition** nf DR Annulation d'une vente, lorsque la chose vendue est entachée d'un vice dit *rédhibitoire.*

**rédhibitoire** adj Qui constitue un obstacle radical : *un prix rédhibitoire.* ■ **vice rédhibitoire** : défaut irrémédiable qui peut motiver l'annulation d'une vente.

**rediffuser** vt Diffuser une nouvelle fois.

**rediffusion** nf Action de rediffuser ; émission rediffusée.

**rédiger** vt (conj 2) Écrire un texte selon une forme et un ordre voulus : *rédiger un article*.

**redingote** nf **1.** Manteau de femme ajusté à la taille. **2.** ANC Vêtement d'homme à longues basques.

**redire** vt (conj 72) Répéter ce qui a déjà été dit. ■ **avoir, trouver à redire à :** à critiquer.

**rediscuter** vt Discuter de nouveau.

**redistribuer** vt Distribuer de nouveau, ou selon des principes nouveaux, plus équitables : *redistribuer les richesses*.

**redistributif, ive** adj Qui vise à une meilleure répartition des revenus : *fiscalité redistributive*.

**redistribution** nf Action de redistribuer : *redistribution des revenus*.

**redite** nf Répétition inutile.

**redondance** nf Répétition inutile de phrases, de mots dans un texte.

**redondant, e** adj **1.** Superflu : *des épithètes redondantes*. **2.** Où il y a de la redondance : *style redondant*.

**redonner** vt **1.** Donner de nouveau la même chose. **2.** Rendre, procurer de nouveau : *redonner des forces*.

**redorer** vt Dorer de nouveau. ■ **redorer son blason :** (a) épouser une riche roturière, en parlant d'un noble ruiné (b) FIG recouvrer de son prestige.

**redoublant, e** n Élève qui redouble une classe.

**redoublé, e** adj Répété, réitéré. ■ **à coups redoublés :** précipités, répétés, avec violence : *frapper à la porte à coups redoublés*.

**redoublement** nm Action de redoubler.

**redoubler** vt **1.** Rendre double. **2.** Accroître en quantité, en intensité : *redoubler ses cris*. **3.** Faire une seconde année dans la même classe. ◆ vt ind [de] Montrer beaucoup plus de : *redoubler de prudence*. ◆ vi Augmenter : *froid qui redouble*.

**redoutable** adj Qui est à redouter.

**redoute** nf ANC Petit ouvrage de fortification isolé.

**redouter** vt Craindre vivement.

**redoux** nm Radoucissement de la température au cours de la saison froide.

**redressement** nm Action de redresser : *redressement de la situation*. ■ **redressement fiscal :** correction aboutissant à une majoration des impôts. ❏ **redressement judiciaire :** procédure judiciaire permettant de sauvegarder l'entreprise, l'activité et l'emploi, et de rembourser les dettes.

**redresser** vt **1.** Remettre droit, debout. **2.** Remettre dans la bonne voie, dans un état satisfaisant : *redresser une situation*. ◆ vi **1.** Remettre les roues d'un véhicule automobile dans le même alignement. **2.** Faire reprendre de la hauteur à un avion. ◆ **se redresser** vpr **1.** Se remettre droit, debout. **2.** FIG Prendre une attitude fière. **3.** Reprendre son essor, son développement : *l'économie se redresse*.

**redresseur** nm ■ **redresseur de torts :** personne qui prétend réparer les injustices, qui se pose en justicier.

**réducteur, trice** adj Qui réduit, diminue : *analyse trop réductrice de la situation*.

**réductible** adj Qui peut être réduit.

**réduction** nf **1.** Action de réduire. **2.** Diminution d'un prix ; rabais. **3.** Copie réduite : *réduction d'un train*. **4.** MATH Conversion d'une quantité en une autre équivalente : *réduction d'une fraction*. **5.** CHIR Action de remettre à leur place les os fracturés.

**réduire** vt (conj 70) **1.** Diminuer, rendre moindre : *réduire ses dépenses*. **2.** Reproduire en plus petit : *réduire une photo*. **3.** Ramener à un état, à une forme plus simple : *réduire en poudre*. **4.** Concentrer par ébullition : *réduire une sauce*. **5.** MATH Transformer, simplifier : *réduire une fraction*. **6.** CHIR Remettre en place un os fracturé : *réduire une fracture*. **7.** Contraindre, obliger : *réduire au silence*. **8.** Vaincre, anéantir : *réduire les rebelles*. ◆ vi Diminuer de volume à la cuisson. ◆ **se réduire** vpr [à] Se limiter à, se ramener à : *se réduire à peu de chose*.

**1. réduit** nm Pièce de petites dimensions.

**2. réduit, e** adj Qui a subi une réduction : *tarif réduit ; modèle réduit*.

**rééchelonnement** nm Allongement de la durée de remboursement d'une dette.

**réécouter** vt Écouter de nouveau.

**réécrire** vt → **récrire**.

**réécriture** nf Action de remanier, de réécrire un texte.

**rééditer** vt **1.** Faire une nouvelle édition : *rééditer un ouvrage*. **2.** FIG Recommencer : *rééditer un exploit*.

**réédition** nf **1.** Nouvelle édition. **2.** Répétition d'un fait, d'un phénomène.

**rééducation** nf Action de rééduquer.

**rééduquer** vt **1.** Soumettre une partie du corps à un nouvel apprentissage afin de lui rendre sa fonction, son état primitif. **2.** Réadapter socialement.

**réel, elle** adj **1.** Qui existe effectivement : *besoins réels*. **2.** Authentique, véritable : *son mérite est réel*. ◆ nm Ce qui existe effectivement : *perdre le contact avec le réel*. SYN : réalité.

**réélection** nf Action de réélire.

**rééligible** adj Qui peut être réélu.

**réélire** vt (conj 73) Élire de nouveau.

**réellement** adv Effectivement, véritablement.

**réembaucher** vt Embaucher de nouveau.

**réemploi** nm → **remploi**.

**réemployer** vt → **remployer**.

**réemprunter** vt → **remprunter**.

**réengager** vt → **rengager**.

**rééquilibrage** nm Action de rééquilibrer : *rééquilibrage des pneus*.

**rééquilibrer** vt Rétablir l'équilibre : *rééquilibrer le budget*.

**réer** ou **raire** (conj 79) vi VX Crier, bramer, en parlant du cerf.

**réescompte** nm Acte par lequel une banque fait escompter par une autre banque un effet de commerce acquis par voie d'escompte.

**réessayer** vt → **ressayer**.

**réévaluation** nf **1.** Action de réévaluer. **2.** Relèvement de la parité d'une monnaie.

**réévaluer** vt **1.** Évaluer de nouveau. **2.** Procéder à une réévaluation.

**réexaminer** vt Examiner de nouveau ou sur des bases nouvelles.

**réexpédier** vt Expédier de nouveau : *réexpédier des marchandises*. ■ **réexpédier une lettre, le courrier :** (a) les faire suivre (b) les renvoyer à l'expéditeur.

**réexporter** vt Exporter des marchandises importées.

**refaire** vt (conj 76) **1.** Faire à nouveau ce qu'on a déjà fait : *refaire un voyage*. **2.** Remettre en état : *refaire une toiture*. **3.** FAM Tromper, duper : *se laisser refaire de mille euros*. ◆ **se refaire** vpr FAM Rétablir sa situation financière.

**réfection** nf Action de remettre à neuf : *la réfection d'une route*.

**réfectoire** nm Lieu où l'on prend des repas en commun.

**refend** nm ■ **bois de refend :** scié en long. ❑ **mur de refend :** gros mur intérieur d'un bâtiment, destiné à soutenir et à séparer.

**refendre** vt (conj 50) **1.** Fendre de nouveau. **2.** Fendre ou scier en long.

**référé** nm DR Recours d'urgence au président du tribunal pour régler un litige.

**référence** nf **1.** Texte auquel on se réfère : *citer ses références*. **2.** Indication placée en tête d'une lettre, à rappeler dans la réponse. ■ **faire référence à :** (a) s'y rapporter en parlant de quelque chose (b) en faire mention, le prendre comme base de comparaison. ❑ **ouvrage de référence :** (a) ouvrage consulté pour trouver les informations fondamentales (b) ouvrage qui fait autorité. ◆ **références** pl Attestation servant de recommandation : *avoir de bonnes références*.

**référencer** vt (conj 1) Pourvoir d'une référence : *référencer un produit*.

**référendaire** adj ■ **conseiller référendaire :** magistrat à la Cour des comptes, chargé d'examiner les pièces de la comptabilité publique et d'instruire les affaires contentieuses.

**référendum** [referɛ̃dɔm] nm **1.** Consultation directe des citoyens sur une question d'intérêt général. **2.** Consultation des membres d'un groupe, d'une collectivité.

**référer** vt ind [à] (conj 10) Faire rapport, en appeler à : *il faut en référer aux supérieurs*. ◆ **se référer** vpr [à] S'en rapporter à quelqu'un, à quelque chose.

**refermer** vt Fermer de nouveau.

**refiler** vt FAM Donner, vendre, écouler quelque chose dont on veut se débarrasser.

**réfléchi, e** adj **1.** Fait ou dit avec réflexion. **2.** Qui agit avec réflexion. ■ GRAMM **verbes, pronoms réfléchis :** indiquant qu'une action concerne le sujet de la proposition.

**réfléchir** vt Renvoyer dans une autre direction la lumière, le son, etc. ◆ vi Penser, méditer : *réfléchir avant d'agir*. ◆ **se réfléchir** vpr Donner une image par réflexion : *l'église se réfléchissait dans l'eau de la rivière*.

**réfléchissant, e** adj Qui réfléchit la lumière, le son.

**réflecteur** nm Appareil qui réfléchit la lumière, la chaleur, les ondes.

**reflet** nm **1.** Rayon lumineux ou image d'un corps apparaissant sur une surface réfléchissante. **2.** Nuance de couleur changeant selon l'éclairage : *des cheveux noirs aux reflets bleus*. **3.** FIG Ce qui reproduit l'image de quelqu'un, d'un groupe.

**refléter** vt (conj 10) **1.** Renvoyer la lumière, la couleur sur un corps voisin. **2.** FIG Reproduire, exprimer. ◆ **se refléter** vpr Se réfléchir : *sa joie se reflète dans ses yeux*.

**refleurir** vi Fleurir de nouveau.

**reflex** adj inv PHOT Se dit d'un système de visée caractérisé par le renvoi de l'image sur un verre dépoli au moyen d'un miroir incliné à 45°. ◆ nm inv Appareil muni de ce système.

**réflexe** nm **1.** Réaction rapide en présence d'un événement soudain : *avoir de bons réflexes*. **2.** PHYSIOL Réaction nerveuse involontaire.

**réflexion** nf **1.** Changement de direction des ondes lumineuses ou sonores qui tombent sur une surface réfléchissante. **2.** FIG Action de réfléchir, de méditer ; pensée, parole qui en résulte. **3.** Observation critique. ■ **toute réflexion faite :** après avoir mûrement réfléchi.

**refluer** vi Revenir vers le point de départ ; reculer.

**reflux** [rəfly] nm **1.** Mouvement de la mer qui s'éloigne du rivage. **2.** FIG Mouvement en arrière.

**refonder** vt Reconstruire sur des bases nouvelles avec des objectifs nouveaux : *refonder un parti politique*.

**refondre** vt (conj 51) **1.** Fondre de nouveau : *refondre un métal*. **2.** FIG Refaire entièrement : *refondre un dictionnaire*.

**refonte** nf Action de refondre.

**réformateur, trice** n Personne qui propose une, des réformes. ◆ adj Qui vise à réformer.

**réforme** nf Changement en vue d'une amélioration : *réforme de l'enseignement*.

**réformé, e** adj et n Protestant calviniste. ■ **religion réformée :** protestantisme. ◆ nm Militaire qui a été réformé.

**reformer** vt Former de nouveau : *reformer les rangs*.

**réformer** vt **1.** Changer en mieux ; corriger : *réformer les institutions*. **2.** Déclarer inapte à servir dans l'armée.

**réformisme** nm Doctrine ou attitude politique visant à faire évoluer les institutions existantes vers plus de justice sociale par des réformes légales.

**réformiste** adj et n Partisan du réformisme ; relatif au réformisme.

**refoulé, e** adj et n PSYCHAN Se dit d'une personne qui empêche ses désirs, en particulier sexuels, de se manifester, de se réaliser.

**refoulement** nm **1.** Action de refouler. **2.** PSYCHAN Opposition inconsciente à la réalisation de désirs qui subsistent ensuite dans l'esprit de façon latente.

**refouler** vt **1.** Faire reculer, empêcher de passer. **2.** Empêcher de se manifester, de s'extérioriser : *refouler ses larmes, sa colère*. **3.** PSYCHAN Soumettre au refoulement ; censurer.

**réfractaire** adj **1.** Qui refuse de se soumettre. **2.** Qui résiste à certaines influences physiques ou chimiques : *brique réfractaire*. ■ **réfractaire à :** insensible à : *réfractaire à l'opéra*. ◆ nm Matériau résistant à de très hautes températures.

**réfracter** vt Produire une réfraction : *réfracter un rayon*.

**réfracteur, trice** adj Qui réfracte.

**réfraction** nf Déviation de la lumière passant d'un milieu dans un autre.

**refrain** nm **1.** Phrase répétée à la fin de chaque couplet d'une chanson. **2.** FIG Paroles sans cesse répétées par quelqu'un ; rengaine.

**réfrangible** adj Susceptible de réfraction.

**refréner** ou **réfréner** (conj 10) vt Mettre un frein ; retenir : *refréner sa colère*.

ORTHOGRAPHE Bien que le verbe soit dérivé de *frein*, on écrit *refréner* ou *réfréner*.

**réfrigérant, e** adj **1.** Qui abaisse la température : *mélange réfrigérant*. **2.** FIG Qui glace : *un accueil réfrigérant*.

**réfrigérateur** nm Appareil de conservation par le froid.

**réfrigération** nf Abaissement artificiel de la température.

**réfrigéré, e** adj **1.** Qui a subi la réfrigération ; qui sert à réfrigérer. **2.** FAM Qui a très froid.

**réfrigérer** vt (conj 10) **1.** Soumettre à la réfrigération. **2.** FIG Mettre mal à l'aise par la froideur manifestée.

**réfringence** nf Propriété de réfracter la lumière.

**réfringent, e** adj Qui réfracte la lumière : *milieu réfringent*.

**refroidir** vt **1.** Rendre froid ou plus froid. **2.** FIG diminuer l'ardeur, l'activité de : *ce refus l'a refroidi*. ◆ vi Devenir froid ou plus froid. ◆ **se refroidir** vpr **1.** Devenir plus froid. **2.** Prendre froid. **3.** FIG Diminuer d'ardeur, d'intérêt.

**refroidissement** nm **1.** Abaissement de la température. **2.** Indisposition causée par le froid. **3.** FIG Diminution de vivacité, d'ardeur, d'affection.

**refuge** nm **1.** Lieu pour se mettre à l'abri. **2.** Abri en haute montagne.

**réfugié, e** n et adj Personne qui a quitté son pays pour éviter des persécutions, une condamnation, etc. ■ **réfugié climatique :** personne contrainte de quitter son lieu de vie en raison des perturbations environnementales profondes qui l'affectent.

**réfugier (se)** vpr **1.** Se retirer en un lieu pour y être en sûreté. **2.** FIG, SOUT Avoir recours à une activité pour échapper à des difficultés : *se réfugier dans le travail*.

**refus** nm Action de refuser.

**refuser** vt **1.** Ne pas accepter : *refuser un présent*. **2.** Ne pas accorder : *refuser une grâce*. **3.** Ne pas laisser entrer : *refuser du monde*. **4.** Ne pas recevoir à un examen : *refuser un candidat*. **5.** Ne pas reconnaître : *refuser une qualité à quelqu'un*. ◆ **se refuser** vpr **1.** Se priver de : *se refuser le nécessaire*. **2.** Ne pas consentir à : *se refuser à parler*.

**réfutable** adj Qui peut être réfuté.

**réfutation** nf Action de réfuter ; raison alléguée pour réfuter.

**réfuter** vt Démontrer la fausseté d'une affirmation.

**refuznik** [rəfyznik] n Citoyen soviétique auquel on refusait le droit d'émigrer.

**regagner** vt **1.** Retrouver ce qu'on avait perdu. **2.** Rejoindre, revenir vers : *regagner son pays.* ■ FIG **regagner du terrain :** reprendre le dessus, l'avantage.

**regain** nm **1.** Herbe qui repousse après la fauche. **2.** FIG Retour, renouveau : *regain d'intérêt.*

**régal** (pl *régals*) nm **1.** Mets qui plaît beaucoup. **2.** FIG Vif plaisir.

**régalade** nf ■ **boire à la régalade :** en versant la boisson dans sa bouche sans que le récipient touche les lèvres.

**régaler** vt Offrir un bon repas à qqn ; offrir à boire ou à manger : *régaler ses amis ; c'est moi qui régale !* ◆ **se régaler** vpr **1.** Prendre un vif plaisir à boire ou à manger. **2.** FIG Éprouver un grand plaisir : *se régaler d'un bon film.*

**régalien, enne** adj Se dit des fonctions politiques et administratives (police, défense, etc.) qui dépendent directement de l'État ou de son représentant suprême. ■ HIST **droit régalien :** attaché à la souveraineté royale.

**regard** nm **1.** Action ou manière de regarder : *regard distrait.* **2.** TECHN Ouverture pour faciliter la visite d'un conduit. ■ **au regard de :** en comparaison de, par rapport à. ❑ **droit de regard :** possibilité d'exercer un contrôle. ❑ **en regard :** vis-à-vis, en face.

**regardant, e** adj FAM Qui a peur de trop dépenser.

**regarder** vt **1.** Porter la vue sur : *regarder la mer.* **2.** Considérer, envisager : *regarder les faits.* **3.** Concerner : *cela ne regarde que moi.* ◆ vi Être orienté vers : *maison qui regarde vers le sud.* ◆ vt ind [à] Donner toute son attention à. ■ **regarder à la dépense :** ne dépenser qu'avec regret. ❑ **y regarder à deux fois :** bien réfléchir avant de se décider. ◆ **se regarder** vpr **1.** Examiner ses propres traits : *se regarder dans la glace.* **2.** S'observer, se dévisager. **3.** Être en face l'un de l'autre : *les immeubles se regardent.* ■ FAM **tu ne t'es pas regardé :** on peut te faire les mêmes reproches que ceux que tu adresses aux autres.

**regarnir** vt Garnir de nouveau.

**régate** nf Course de bateaux à voile.

**regel** nm Gelée nouvelle.

**régence** nf Fonction de régent ; durée de cette fonction. ◆ adj inv Qui rappelle les mœurs, le style de la régence de Philippe d'Orléans.

**régénérateur, trice** adj Qui régénère.

**régénération** nf BIOL Rétablissement de ce qui était détruit : *régénération cellulaire.*

**régénérer** vt (conj 10) **1.** Reconstituer ce qui était détruit. **2.** Rendre à une substance ses propriétés initiales.

**régent, e** n Chef du gouvernement pendant la minorité, l'absence ou la maladie du souverain.

**régenter** vt Diriger de façon autoritaire : *il veut régenter tout le monde.*

**reggae** [rege] nm Musique d'origine jamaïquaine, au rythme syncopé.

**régicide** n Assassin d'un roi. ◆ nm Assassinat d'un roi.

**régie** nf **1.** Administration chargée de la perception de certaines taxes. **2.** Entreprise industrielle ou commerciale de caractère public : *Régie autonome des transports parisiens (RATP).* **3.** Organisation matérielle d'un spectacle, d'une production audiovisuelle, etc. ; local d'un studio de radio ou de télévision où est supervisée la réalisation d'une émission.

**regimber** vi **1.** Résister en se cabrant, en ruant, en parlant d'un cheval, d'un âne. **2.** Résister, se montrer récalcitrant : *regimber contre l'autorité.*

**régime** nm **1.** Forme de gouvernement d'un État : *régime parlementaire.* **2.** Ensemble des dispositions légales qui régissent l'administration de certains établissements : *régime général de la Sécurité sociale.* **3.** Ensemble de prescriptions concernant l'alimentation : *suivre un régime.* **4.** SOUT Manière de vivre, règle de conduite qu'on se donne : *régime monacal.* **5.** Vitesse de rotation d'un moteur. **6.** Mode de fonctionnement normal d'une machine. **7.** Ensemble des variations saisonnières du débit d'un cours d'eau, des précipitations, des températures. **8.** Grappe de certains fruits : *régime de bananes.* ■ **Ancien Régime :** gouvernement qui existait en France avant 1789. ❑ **régime matrimonial :** statut réglant les intérêts pécuniaires des époux.

**régiment** nm **1.** Unité militaire composée de plusieurs formations ; service militaire. **2.** FIG, FAM grand nombre : *avoir un régiment de cousins.*

**régimentaire** adj Propre au régiment.

**région** nf **1.** Étendue de pays qui doit son unité à des causes physiques (climat, relief, etc.) ou humaines (économie, etc.). **2.** Étendue de pays autour d'une ville : *la région bordelaise.* **3.** (avec une majuscule) En France, collectivité territoriale. **4.** Zone, partie du corps : *la région du cœur.*

**régional, e, aux** adj Qui concerne une région. ■ **élections régionales :** élections des membres du conseil régional, organe exécutif d'une Région.

**régionalisation** nf Action de transférer aux Régions des compétences qui appartenaient au pouvoir central.

**régionaliser** vt Procéder à la régionalisation de.

**régionalisme** nm **1.** Doctrine qui affirme l'existence d'entités régionales et revendique leur reconnaissance. **2.** LING Mot, tournure propres à une région.

**régionaliste** adj De la région ; partisan du régionalisme : *écrivain régionaliste*.

**régir** vt **1.** Déterminer le mouvement, l'organisation, l'action de : *les lois qui régissent l'économie*. **2.** Commander, gouverner : *elle régit tout à la maison*.

**régisseur, euse** n **1.** Personne qui gère, qui administre : *régisseur d'une propriété*. **2.** Personne chargée de la régie d'un spectacle, d'un film, etc.

**registre** nm **1.** Tout livre public ou particulier où l'on inscrit certains faits dont on veut conserver le souvenir. **2.** Étendue de l'échelle musicale ou vocale : *registre du grave, de l'aigu*. **3.** FIG Compétence, talent propres à qqn. **4.** Ton, caractère particulier d'une œuvre, d'un discours.

**réglable** adj Qui peut être réglé.

**réglage** nm Action de régler.

**règle** nf **1.** Instrument droit et plat, pour tracer des lignes : *règle graduée*. **2.** Principe de conduite ; exemple, modèle : *les règles de la politesse*. **3.** Principe, convention propres à un enseignement, à une discipline : *règle grammaticale ; règle de trois*. **4.** Ensemble des statuts d'un ordre religieux. **5.** Ce qui se produit généralement dans une situation donnée : *fait qui n'échappe pas à la règle*. ■ **en bonne règle :** suivant l'usage. ❑ **en règle** ou **dans les règles :** suivant la conformité ou les prescriptions légales. ❑ **en règle générale :** dans la plupart des cas. ❑ **règle à calculer :** instrument utilisé pour les calculs rapides. ◆ **règles** pl Écoulement sanguin qui se produit chaque mois chez la femme ; menstrues.

**réglé, e** adj **1.** Rayé : *papier réglé*. **2.** Discipliné, modéré : *vie réglée*. **3.** Terminé, résolu : *affaire réglée*. ■ **bien, mal réglé :** bien, mal mis au point. ◆ adj f Qui a ses règles.

**règlement** nm **1.** Action de régler, de fixer de manière définitive : *le règlement d'un conflit*. **2.** Action d'acquitter, de payer une somme due : *règlement par chèque*. **3.** Ensemble des prescriptions, des règles relatives à un groupe : *règlement intérieur*. ■ **règlement de comptes :** action de faire justice soi-même.

**réglementaire** adj **1.** Qui concerne le règlement. **2.** Conforme au règlement.

**réglementairement** adv En vertu des règlements.

**réglementation** nf Action de fixer par des règlements ; ensemble de ces règlements.

**réglementer** vt Soumettre à un règlement.

**régler** vt (conj 10) **1.** Tirer à la règle des lignes sur du papier. **2.** Soumettre à certaines règles, à un ordre : *régler l'emploi de son temps*. **3.** Donner une solution, mettre en ordre : *régler un différend ; régler une affaire*. **4.** Payer : *régler une facture*. **5.** Mettre au point le fonctionnement d'une machine : *régler un moteur*. ■ FAM **régler son compte à quelqu'un :** (a) le punir sévèrement (b) le tuer par vengeance.

**réglette** nf Petite règle.

**régleur, euse** n Spécialiste chargé du réglage de certains appareils, d'une machine.

**réglisse** nf Plante dont la racine est utilisée en pharmacie, en confiserie.

**réglo** adj inv FAM Régulier, correct, loyal.

**régnant, e** adj Qui règne : *prince régnant*.

**règne** nm **1.** Gouvernement d'un souverain : *règne glorieux*. **2.** Domination, influence de quelqu'un ou de quelque chose : *le règne de la mode*. **3.** SC NAT Grande division de la nature : *règne végétal*.

**régner** vi (conj 10) **1.** Gouverner comme roi. **2.** Dominer : *la mode qui règne aujourd'hui*. **3.** S'établir, s'imposer : *le silence règne*. ◆ v impers Exister : *il règne un bon esprit au sein du groupe*.

**regonfler** vt Gonfler de nouveau : *regonfler un ballon*.

**regorgement** nm LITT Fait de regorger : *regorgement de richesses*.

**regorger** vt ind [de] (conj 2) Avoir en surabondance : *regorger de marchandises*.

**régresser** vi Subir une régression ; reculer : *l'épidémie régresse ; chiffre d'affaires qui régresse*.

**régressif, ive** adj Qui constitue une régression.

**régression** nf Retour en arrière ; recul, diminution.

**regret** nm Peine causée par la perte de quelqu'un, l'absence de quelque chose. ■ **à regret :** à contrecœur.

**regrettable** adj Qui cause du regret ; fâcheux : *une erreur regrettable*.

**regretter** vt Être affligé de ne pas avoir ou de ne plus avoir, d'avoir fait ou de ne pas avoir fait une chose : *regretter une erreur*.

**regrimper** vi et vt Grimper de nouveau.

**regroupement** nm Action de regrouper.

**regrouper** vt Grouper, rassembler ce qui était dispersé. ◊ vpr : *se regrouper en association*.

**régularisation** nf Action de régulariser : *régularisation d'une situation administrative.*

**régulariser** vt **1.** Rendre régulier : *régulariser un cours d'eau.* **2.** Rendre conforme aux règles : *faire régulariser un passeport.*

**régularité** nf Caractère de ce qui est régulier, de ce qui est conforme aux règles.

**régulateur, trice** adj Qui règle, régularise. ◆ nm Appareil, mécanisme qui établit la régularité du mouvement, du fonctionnement d'une machine.

**régulation** nf Action de régler, d'assurer un rythme régulier.

**réguler** vt Assurer la régulation de.

**régulier, ère** adj **1.** Conforme aux dispositions légales, aux règles sociales : *gouvernement régulier ; vie régulière.* **2.** Qui respecte les règles, les usages, les conventions : *être régulier en affaires.* **3.** D'un rythme, d'un niveau constant : *travail régulier.* **4.** Qui a lieu à intervalles, à dates fixes : *visites régulières.* **5.** Exact, ponctuel : *employé régulier.* **6.** Conforme aux règles de la poésie, de la grammaire : *verbe régulier.* **7.** Qui a des proportions symétriques, harmonieuses : *triangle régulier ; visage régulier.*

**régulièrement** adv De façon régulière.

**régurgitation** nf Action de régurgiter.

**régurgiter** vt Faire revenir involontairement dans la bouche ce qui vient d'être avalé.

**réhabilitation** nf Action de réhabiliter.

**réhabiliter** vt **1.** Rétablir dans son premier état, dans ses droits : *réhabiliter un condamné.* **2.** Aider à la réinsertion sociale d'un individu. **3.** FIG Rétablir dans l'estime d'autrui. **4.** Remettre en état un immeuble délabré ; réaménager un vieux quartier.

**réhabituer** vt Faire reprendre une habitude à : *réhabituer au travail.*

**rehaussement** nm Action de rehausser ; fait d'être rehaussé.

**rehausser** vt **1.** Placer plus haut. **2.** FIG Donner plus de valeur, de force. **3.** BX-ARTS Embellir, relever par des rehauts.

**rehausseur** nm et adj m AUTOM Siège amovible destiné à rehausser un enfant assis dans une automobile, afin qu'il soit efficacement protégé par une ceinture de sécurité.

**rehaut** nm BX-ARTS Retouche destinée à faire ressortir certains détails.

**réhydrater** vt Hydrater ce qui a été desséché.

**réimplanter** vt **1.** Implanter de nouveau : *réimplanter une industrie.* **2.** Remettre chirurgicalement en place un organe, une partie du corps.

**réimporter** vt Importer de nouveau.

**réimposer** vt Établir une nouvelle imposition, une nouvelle taxe.

**réimpression** nf Impression nouvelle d'un ouvrage.

**réimprimer** vt Imprimer de nouveau : *réimprimer un dictionnaire.*

**rein** nm Organe qui sécrète l'urine. ◆ **reins** pl Partie inférieure de l'épine dorsale ; lombes. ■ FIG **avoir les reins solides :** pouvoir résister à une épreuve. ❏ FIG **casser les reins à quelqu'un :** le ruiner, briser sa carrière.

**réincarnation** nf Nouvelle incarnation.

**réincarner (se)** vpr Revivre sous une autre forme, sous une nouvelle apparence.

**réindustrialisation** nf Fait de redévelopper les activités industrielles d'une région, d'un pays qui ont subi une désindustrialisation.

**reine** nf **1.** Souveraine d'un royaume. **2.** Femme d'un roi. **3.** FIG La première, la plus belle : *la reine du bal.* **4.** Ce qui domine, s'impose : *la lâcheté est reine ici.* **5.** Aux échecs et aux cartes, pièce, carte la plus importante après le roi. **6.** Femelle féconde, chez les insectes sociaux (abeilles, fourmis, etc.).

**reine-claude** (pl *reines-claudes*) nf Prune à peau vert-jaune.

**reine-marguerite** (pl *reines-marguerites*) nf Plante voisine de la marguerite.

**reinette** nf Pomme dont il existe plusieurs variétés.

> ORTHOGRAPHE *Reinette* s'écrit avec *ei,* alors que *rainette,* la grenouille, s'écrit avec *ai.*

**réinscriptible** adj Se dit d'un support d'enregistrement dont le contenu peut être modifié par l'utilisateur : *disquette réinscriptible.*

**réinscription** nf Nouvelle inscription sur une liste.

**réinscrire** vt (conj 71) Inscrire de nouveau.

**réinsérer** vt (conj 10) Réintégrer dans un groupe social, professionnel.

**réinsertion** nf Action de réinsérer.

**réinstaller** vt Installer de nouveau.

**réintégration** nf Action de réintégrer.

**réintégrer** vt (conj 10) **1.** Revenir dans un lieu après l'avoir quitté : *réintégrer son domicile.* **2.** DR Rendre la possession intégrale de ses droits, de ses biens à : *réintégrer un salarié licencié.*

**réintroduire** vt (conj 70) Introduire de nouveau.

**réinventer** vt Inventer de nouveau, ou en donnant une nouvelle dimension à quelque chose qui existe déjà.

**réinvestir** vt et vi Investir de nouveau.

**remaillage** ou **remmaillage** nm Action ou manière de remailler.

**remailler** ou **remmailler** vt Reconstituer les mailles d'un tricot, d'un filet.

**remake** [rimɛk] nm Nouvelle version d'un film, d'une œuvre, d'un thème.

**rémanence** nf PSYCHOL Propriété que possèdent une sensation, un effet de persister après la disparition de ce qui les a provoqués.

**rémanent, e** adj PSYCHOL Se dit d'une perception qui subsiste : *image rémanente.*

**remaniement** nm Action de remanier ; changement, modification : *remaniement ministériel.*

**remanier** vt Changer la composition de ; modifier.

**remaquiller (se)** vpr Se maquiller de nouveau.

**remariage** nm Nouveau mariage.

**remarier (se)** vpr Se marier de nouveau.

**remarquable** adj Digne d'être remarqué ; extraordinaire, éminent.

**remarquablement** adv De façon remarquable.

**remarque** nf **1.** Observation : *remarque judicieuse.* **2.** Note, observation écrite.

**remarquer** vt **1.** Observer, constater : *tu ne remarques rien ?* **2.** Distinguer parmi d'autres : *remarquer une vedette dans la foule.* ■ PÉJOR **se faire remarquer** : se singulariser. ◆ **se remarquer** vpr Être apparent, se voir : *ça ne se remarque pas trop ?*

**remballage** nm Action de remballer.

**remballer** vt Emballer de nouveau.

**rembarquement** nm Action de rembarquer ou de se rembarquer.

**rembarquer** vt Embarquer de nouveau. ◆ vi ou **se rembarquer** vpr S'embarquer de nouveau.

**rembarrer** vt FAM Reprendre vivement quelqu'un, le remettre à sa place.

**remblai** nm Masse de terre rapportée pour surélever un terrain ou combler un creux.

**remblaiement** nm Action de l'eau qui dépose tout ou partie des matériaux qu'elle transporte.

**remblayage** nm Action de remblayer.

**remblayer** vt (conj 4) Remettre des matériaux pour hausser ou combler.

**rembobiner** vt Remettre sur la bobine ; enrouler de nouveau.

**remboîter** vt Remettre en place ce qui est déboîté.

**rembourrage** nm Action de rembourrer ; matière servant à rembourrer.

**rembourrer** vt Garnir de bourre, de crin, de laine : *rembourrer un fauteuil.*

**remboursable** adj Qui peut, qui doit être remboursé.

**remboursement** nm Action de rembourser ; paiement d'une somme due. ■ **envoi contre remboursement** : envoi d'une marchandise délivrable contre paiement de sa valeur.

**rembourser** vt Rendre à quelqu'un l'argent qu'il a déboursé ou avancé : *rembourser un achat, un prêt ; rembourser un ami.*

**rembrunir (se)** vpr LITT Devenir sombre, triste.

**remède** nm **1.** VX Médicament. **2.** Moyen, mesure propres à combattre une souffrance morale, à pallier un inconvénient, à résoudre une difficulté.

**remédiable** adj À quoi l'on peut remédier.

**remédiation** nf ■ **remédiation cognitive** : rééducation de certaines fonctions intellectuelles par des exercices ludiques, après l'apparition de lésions cérébrales, notamm.

**remédier** vt ind [à] Apporter un remède à : *remédier à un inconvénient.*

**remembrement** nm Regroupement de parcelles pour mettre fin au morcellement excessif de la propriété rurale.

**remembrer** vt Effectuer un remembrement.

**remémorer** vt LITT Remettre en mémoire, rappeler.

**remerciement** nm **1.** Action de remercier. **2.** Paroles par lesquelles on remercie.

**remercier** vt **1.** Exprimer sa gratitude à quelqu'un pour quelque chose : *je vous remercie de, pour vos conseils.* **2.** Congédier, renvoyer : *remercier un employé.* ■ **je vous remercie** : expression de refus poli.

**réméré** nm DR Clause de rachat : *vente à réméré.*

**remettre** vt (conj 57) **1.** Mettre de nouveau : *remettre un manteau ; remettre en usage.* **2.** Replacer : *remettre en place.* **3.** Donner, confier, mettre en dépôt : *remettre une lettre ; je remets mon sort entre vos mains ; remettre des fonds à un banquier.* **4.** Rétablir la santé de : *l'air de la campagne l'a remis.* **5.** Reconnaître : *je ne vous remets pas.* **6.** Faire grâce de : *remettre les péchés ; remettre une peine.* **7.** Différer : *remettre au lendemain.* ■ FAM **en remettre** : exagérer. ❑ FAM **remettre ça** : recommencer. ❑ **remettre qqch en état** : le réparer, le restaurer. ❑ FAM **remettre qqn à sa place** : lui faire comprendre, par une parole désobligeante, qu'il exagère. ◆ **se remettre** vpr **1.** Se replacer : *se remettre à table.* **2.** Recommencer : *se remettre à jouer.* **3.** Revenir à un meilleur état de santé, de calme : *se remettre d'une émotion.*

■ **s'en remettre à qqn :** s'en rapporter à lui, lui faire confiance.

**remeubler** vt Regarnir de meubles ou garnir de nouveaux meubles.

**rémige** nf Grande plume de l'aile d'un oiseau.

**réminiscence** nf Souvenir imprécis.

**remisage** nm Action de remiser.

**remise** nf **1.** Local servant d'abri à des véhicules, du matériel. **2.** Action de remettre, de livrer, de déposer : *remise d'un pli ; remise de chèque.* **3.** Rabais accordé par un commerçant ; réduction. **4.** DR Renvoi à plus tard : *remise d'une audience.* ■ **remise de peine :** grâce accordée à un condamné de tout ou partie de sa peine.

**remiser** vt **1.** Placer dans une remise. **2.** Mettre à l'écart ce dont on ne se servira pas tout de suite : *remiser une malle au grenier.*

**rémissible** adj LITT Pardonnable : *péché rémissible.*

**rémission** nf **1.** Pardon : *rémission des péchés.* **2.** MÉD Atténuation momentanée d'un mal. ■ **sans rémission :** sans indulgence, implacablement.

**rémittent, e** adj MÉD Qui diminue d'intensité par intervalles : *fièvre rémittente.*

**remmaillage** nm → **remaillage.**

**remmailler** vt → **remailler.**

**remmener** vt (conj 9) Emmener après avoir amené.

**remodelage** nm **1.** Action de remodeler. **2.** Remaniement, rénovation effectués sur de nouvelles bases : *remodelage des circonscriptions électorales.*

**remodeler** vt (conj 5) Modifier la forme, l'aspect de qqch.

**rémois, e** adj et n De Reims.

**remontada** nf **1.** Victoire inespérée d'une équipe, d'un joueur lors d'une compétition (match de football, partic.). **2.** Retour en force d'un parti ou d'un homme politique.

**remontage** nm Action de remonter.

**1. remontant** nm Aliment, boisson, médicament qui redonne des forces.

**2. remontant, e** adj **1.** Qui remonte. **2.** BOT Qui refleurit à diverses époques : *fraisiers remontants.*

**remontée** nf Action de remonter. ■ **remontée mécanique :** toute installation utilisée par les skieurs pour remonter les pentes.

**remonte-pente** (pl *remonte-pentes*) nm Appareil à câble permettant aux skieurs de gagner un point élevé sans quitter leurs skis. SYN : téléski.

**remonter** vi **1.** Monter de nouveau : *remonter en voiture.* **2.** S'élever, faire un mouvement de bas en haut : *remonter du fond de la mine.* **3.** Augmenter de valeur après une baisse. **4.** Aller vers la source ; retourner plus au nord : *remonter vers Paris.* **5.** Se reporter au début, à la cause : *remonter aux origines.* ◆ vt **1.** Gravir de nouveau. **2.** Relever : *remonter un mur, son col.* **3.** Aller vers l'amont, à contre-courant. **4.** Retendre un ressort, un mécanisme : *remonter une montre.* **5.** Redonner de l'énergie. **6.** Remettre des éléments en place : *remonter un moteur.* ■ FAM **être remonté contre qqn, qqch :** être furieux contre qqn, être fortement opposé à qqch : *les étudiants sont remontés contre la réforme.* ❑ **remonter la pente :** réagir, se sortir d'un mauvais pas. ❑ **remonter le moral :** redonner du courage. ◆ **se remonter** vpr Reprendre des forces.

**remontoir** nm Dispositif servant à remonter un mécanisme.

**remontrance** nf SOUT Avertissement, reproche.

**remontrer** vt Montrer de nouveau. ■ **en remontrer à qqn :** lui prouver qu'on est supérieur, lui faire la leçon.

**rémora** nm Poisson marin à la tête munie d'une ventouse qui lui permet de se faire transporter par d'autres animaux ou par des bateaux.

**remords** nm Douleur morale causée par la conscience d'avoir mal agi.

> ORTHOGRAPHE Même au singulier, *remords* s'écrit avec un *s* final.

**remorquage** nm Action de remorquer.

**remorque** nf **1.** Traction exercée par un véhicule sur un autre véhicule : *prendre en remorque.* **2.** Véhicule sans moteur remorqué par un autre. **3.** Câble servant au remorquage. ■ **être à la remorque :** rester en arrière. ❑ **être à la remorque de qqn :** le suivre aveuglément.

**remorquer** vt Traîner à sa suite une voiture, un bateau, etc.

**remorqueur, euse** adj Qui remorque. ◆ nm Bâtiment de navigation conçu pour remorquer d'autres bâtiments.

**remouiller** vt Mouiller de nouveau.

**rémoulade** nf Mayonnaise additionnée de fines herbes et de moutarde : *céleri rémoulade.*

**rémouleur, euse** n Personne qui aiguise les couteaux et les instruments tranchants.

**remous** nm **1.** Tourbillon qui se forme à l'arrière d'un bateau en marche. **2.** Tourbillon provoqué par le refoulement de l'eau au contact d'un obstacle. **3.** FIG Mouvement, agitation : *ça fait des remous.*

**rempaillage** nm Action de rempailler ; ouvrage du rempailleur.

**rempailler** vt Garnir de paille le siège des chaises, des fauteuils, etc.

**rempailleur, euse** n Personne qui rempaille des sièges.

**rempaqueter** vt (conj 8) Empaqueter de nouveau.

**rempart** nm **1.** Levée de terre ou forte muraille entourant un château fort ou une ville fortifiée. **2.** LITT Ce qui sert de défense.

**rempiler** vi FAM Se rengager dans l'armée ; reprendre un engagement auprès d'une entreprise.

**remplaçable** adj Que l'on peut remplacer.

**remplaçant, e** n Personne qui en remplace une autre.

**remplacement** nm Action de remplacer ; substitution.

**remplacer** vt (conj 1) **1.** Mettre à la place de : *remplacer de vieux meubles.* **2.** Prendre la place de quelqu'un ou de quelque chose d'une manière temporaire ou définitive ; succéder à, relayer.

**remplir** vt **1.** Rendre plein un contenant en y mettant qqch : *remplir une bouteille.* **2.** Occuper entièrement : *ce fait divers remplit les journaux ; cela remplit mon temps.* **3.** Combler de : *cette nouvelle me remplit de joie.* **4.** Accomplir, effectuer, réaliser : *remplir un devoir, une fonction, une promesse.* **5.** Répondre à : *remplir l'attente.* **6.** Compléter : *remplir une fiche.* ◆ **se remplir** vpr Recevoir comme contenu : *se remplir d'eau ; la salle se remplit de spectateurs.*

**remplissage** nm **1.** Action de remplir. **2.** FIG Développement inutile ou étranger au sujet : *ce paragraphe, c'est du remplissage.* **3.** Matériau de construction non portant.

**remploi** ou **réemploi** nm DR Achat d'un bien avec le produit de la vente d'un autre bien ; placement nouveau d'un capital.

**remployer** ou **réemployer** (conj 3) vt Employer de nouveau.

**remplumer (se)** vpr **1.** Se couvrir de nouvelles plumes, en parlant des oiseaux. **2.** FAM Reprendre des forces, du poids ; rétablir sa situation financière.

**rempocher** vt FAM Remettre dans sa poche.

**rempoissonner** vt Repeupler de poissons.

**remporter** vt **1.** Reprendre, emporter ce qu'on avait apporté. **2.** Gagner, obtenir : *remporter une victoire.*

**rempotage** nm Action de rempoter.

**rempoter** vt Changer de pot : *rempoter des fleurs.*

**remprunter** ou **réemprunter** vt Emprunter de nouveau.

**remuant, e** adj Qui remue beaucoup ; turbulent : *enfant remuant.*

**remue-ménage** nm inv **1.** Déplacement bruyant de meubles, d'objets divers. **2.** Agitation bruyante et confuse.

**remue-méninges** nm inv Brainstorming.

**remuement** nm LITT Action, mouvement de ce qui remue : *le remuement des lèvres.*

**remuer** vt **1.** Déplacer, bouger : *remuer la tête ; remuer un meuble.* **2.** Agiter : *remuer une sauce.* **3.** FIG Émouvoir. ■ **remuer ciel et terre** : mettre tout en œuvre pour réussir. ◆ vi **1.** Changer de place, bouger : *cet enfant ne cesse de remuer.* **2.** Être ébranlé : *dent qui remue.* ◆ **se remuer** vpr **1.** Se mouvoir. **2.** FIG Se donner de la peine pour réussir.

**remugle** nm VX, LITT Odeur de renfermé.

**rémunérateur, trice** adj Qui procure un gain, un profit : *travail rémunérateur.*

**rémunération** nf Prix d'un travail, d'un service rendu.

**rémunérer** vt (conj 10) Rétribuer, payer.

**renâcler** vi Faire du bruit en reniflant, en parlant d'un animal. ◆ vt ind [à] FAM Témoigner de son manque d'empressement à faire quelque chose : *renâcler à la besogne.*

**renaissance** nf Action de renaître ; renouvellement, retour : *la renaissance des lettres, des arts.* ◆ adj inv (avec une majuscule) Qui appartient à la Renaissance : *décor Renaissance.*

**renaissant, e** adj Qui renaît.

**renaître** vi (conj 65) **1.** Naître de nouveau ; repousser : *les fleurs renaissent au printemps.* **2.** Reparaître, recouvrer sa force, sa vigueur : *l'espoir renaît.* ◆ vt ind [à] LITT Être rendu à, animé de nouveau par : *renaître à l'espérance.*

**rénal, e, aux** adj Relatif aux reins.

**renard** nm **1.** Mammifère carnivore à queue touffue et à museau pointu ; fourrure de cet animal. **2.** FIG Homme rusé. ■ **renard des sables** : fennec.

**renarde** nf Renard femelle.

**renardeau** nm Jeune renard.

**renardière** nf Tanière du renard.

**rencard** nm → **rancard**.

**rencarder** vt → **rancarder**.

**renchérir** vi **1.** Devenir plus cher : *les loyers ont renchéri.* **2.** Faire une enchère supérieure. **3.** Aller plus loin que d'autres en actes ou en paroles : *renchérir sur une histoire inventée.*

**renchérissement** nm Augmentation de prix.

**rencontre** nf **1.** Fait de se trouver en présence, en contact ; entrevue : *rencontre fortuite ; rencontre entre chefs d'État.* **2.** Compétition sportive : *rencontre amicale.* ■ **aller à la rencontre de :** au-devant de. ❑ **de rencontre :** de hasard.

**rencontrer** vt **1.** Se trouver fortuitement en présence de qqn, de qqch. **2.** Faire la connaissance de qqn, entrer en relation avec lui. **3.** Affronter en compétition. **4.** GÉOM Avoir une intersection avec. **5.** BELGIQUE Répondre à une objection, une argumentation : *le ministre a rencontré toutes les critiques de ses détracteurs.* **6.** BELGIQUE Satisfaire une exigence, une attente : *ce restaurant ne rencontre pas les normes sanitaires en vigueur.* ◆ **se rencontrer** vpr **1.** Se trouver en même temps au même endroit. **2.** Faire connaissance. **3.** Se trouver, exister : *cela ne se rencontre guère.*

**rendement** nm **1.** Production, rapport : *le rendement d'une terre.* **2.** Efficacité de qqn dans le travail.

**rendez-vous** nm inv **1.** Accord pris entre deux ou plusieurs personnes de se trouver à la même heure en un même lieu ; lieu où l'on doit se trouver : *avoir rendez-vous avec qqn ; donner rendez-vous à qqn ; prendre rendez-vous chez le médecin.* **2.** Lieu où l'on a l'habitude de se réunir : *le rendez-vous des poètes.*

**rendormir** vt (conj 18) Endormir de nouveau. ◆ **se rendormir** vpr S'endormir de nouveau.

**rendre** vt (conj 50) **1.** Restituer : *rendre un livre.* **2.** Renvoyer, rapporter ce qu'on a reçu et qu'on ne veut pas garder : *rendre un cadeau.* **3.** Faire recouvrer : *rendre la vue.* **4.** Donner en échange, en retour : *rendre la monnaie.* **5.** FAM Rejeter, vomir : *rendre son repas.* **6.** Exprimer, traduire : *cela ne rend pas ma pensée.* **7.** Prononcer : *rendre un arrêt.* **8.** Faire entendre : *rendre un son harmonieux.* **9.** Faire devenir : *rendre un chemin praticable ; rendre heureux.* ◆ vi Rapporter, produire : *ce champ rend beaucoup.* ◆ **se rendre** vpr **1.** Se transporter ; aller : *se rendre chez qqn, à Berlin.* **2.** Se soumettre, capituler ; admettre : *se rendre à l'ennemi ; se rendre à l'évidence.* **3.** Agir de façon à être, à devenir tel : *se rendre utile.* ■ **se rendre maître de qqch, de qqn :** s'en emparer.

**rendu, e** adj Arrivé à destination : *nous voilà rendus.* ◆ nm **1.** FAM Action de rendre la pareille : *un prêté pour un rendu.* **2.** Qualité expressive de l'exécution dans une œuvre d'art : *le rendu de la lumière.*

**rêne** nf Courroie fixée au mors du cheval, et que le cavalier tient pour le guider. ■ FIG **tenir les rênes de :** diriger.

**renégat, e** n **1.** Personne qui a renié sa religion. **2.** Personne qui abjure ses opinions, trahit son parti, etc.

**renégocier** vt Négocier de nouveau.

**reneiger** v impers Neiger de nouveau.

**1. renfermé** nm Odeur désagréable d'une pièce longtemps fermée : *cette chambre sent le renfermé.*

**2. renfermé, e** adj FAM Peu communicatif.

**renfermement** nm Action de renfermer quelqu'un.

**renfermer** vt **1.** Enfermer de nouveau : *renfermer un prisonnier évadé.* **2.** Contenir : *ce livre renferme de grandes vérités.* ◆ **se renfermer** vpr Se replier sur soi ; être secret, dissimulé : *se renfermer dans le silence.* ■ **se renfermer en, sur soi-même :** se replier sur soi.

**renfiler** vt Enfiler de nouveau.

**renflé, e** adj Dont le diamètre est plus grand vers la partie médiane.

**renflement** nm **1.** État de ce qui est renflé. **2.** Partie renflée.

**renfler** vt Rendre convexe, bombé.

**renflouage** ou **renflouement** nm Action de renflouer.

**renflouer** vt Remettre à flot. ■ **renflouer une entreprise :** lui fournir les fonds nécessaires pour rétablir sa situation.

**renfoncement** nm Partie en creux, en retrait.

**renfoncer** vt (conj 1) Enfoncer de nouveau ou plus avant.

**renforçateur** nm Bain qui renforce une image photographique.

**renforcement** nm Action de renforcer.

**renforcer** vt (conj 1) Rendre plus fort, plus intense.

**renfort** nm **1.** Effectif ou matériel supplémentaire destiné à renforcer. **2.** Ce qui sert à renforcer, à consolider. ■ **à grand renfort de :** au moyen d'une grande quantité de.

**renfrogner (se)** vpr Manifester son mécontentement par une expression maussade.

**rengagé, e** n Militaire qui, son temps achevé, reprend volontairement du service.

**rengagement** ou **réengagement** nm Fait de se rengager.

**rengager** ou **réengager** (conj 2) vt Engager de nouveau. ◆ **rengager** vi ou **se rengager** vpr Contracter un nouvel engagement dans l'armée.

**rengaine** nf FAM **1.** Refrain populaire. **2.** Suite de paroles répétées à tout propos.

**rengainer** vt **1.** Remettre dans la gaine, dans le fourreau : *rengainer une épée.* **2.** FAM

Garder pour soi ou ne pas achever ce qu'on allait dire.

**rengorger (se)** vpr (conj 2) **1.** Avancer la gorge en ramenant la tête un peu en arrière. **2.** FIG Faire l'important, se gonfler d'orgueil.

**reniement** nm Action de renier.

**renier** vt **1.** Déclarer de façon mensongère qu'on ne connaît pas. **2.** Désavouer : *renier sa famille.* **3.** Abjurer : *renier sa religion.*

**reniflement** nm Action de renifler ; bruit fait en reniflant.

**renifler** vi Aspirer fortement par le nez en faisant du bruit. ◆ vt **1.** Sentir. **2.** FAM Flairer : *renifler une bonne affaire.*

**renne** nm Ruminant de la famille des cervidés, vivant dans les régions froides.

**renom** nm Bonne réputation : *comédien de renom.*

**renommé, e** adj Célèbre, réputé.

**renommée** nf Renom, réputation, célébrité.

**renommer** vt Nommer, élire de nouveau.

**renonce** nf Action de ne pas fournir la couleur demandée, à certains jeux de cartes.

**renoncement** nm **1.** Action de renoncer. **2.** Abnégation, sacrifice complet de soi-même.

**renoncer** vt ind [à] (conj 1) **1.** Abandonner la possession de : *renoncer à une succession.* **2.** Quitter, abandonner : *renoncer au monde.* **3.** Cesser d'envisager, de considérer comme possible : *je renonce à la convaincre.* ◆ vi À certains jeux de cartes, mettre une carte d'une couleur autre que la couleur demandée.

**renonciation** nf Acte par lequel on renonce à quelque chose.

**renonculacée** nf Plante à pétales séparés (les renonculacées forment une famille dont le type est la renoncule).

**renoncule** nf Petite plante à fleurs généralement jaunes dont le bouton-d'or est une espèce.

**renouer** vt **1.** Nouer une chose dénouée. **2.** Reprendre après une interruption : *renouer la conversation.* ◆ vi [avec] **1.** Se lier de nouveau : *renouer avec quelqu'un.* **2.** FIG Rétablir une situation favorable qui avait disparu : *entreprise qui renoue avec les bénéfices.*

**renouveau** nm **1.** Renouvellement : *mode qui connaît un renouveau.* **2.** LITT Retour du printemps.

**renouvelable** adj Qui peut être renouvelé. ■ **énergie renouvelable** : qui fait appel à des sources inépuisables.

**renouveler** vt (conj 6) **1.** Substituer une personne ou une chose à une autre qui ne convient plus : *renouveler sa garde-robe.* **2.** Refaire, recommencer : *renouveler un bail, une promesse.* **3.** Rendre nouveau en transformant : *renouveler une mode.* ◆ **se renouveler** vpr **1.** Changer, être remplacé : *les générations se renouvellent.* **2.** Recommencer : *que cela ne se renouvelle pas !* **3.** Prendre une forme nouvelle : *écrivain qui ne sait pas se renouveler.*

**renouvellement** nm Action de renouveler ; fait de se renouveler.

**rénovateur, trice** adj et n **1.** Qui rénove ; partisan de la rénovation. **2.** Qui est partisan d'une évolution au sein d'une organisation.

**rénovation** nf Remise à neuf ; transformation, modernisation.

**rénover** vt **1.** Remettre à neuf : *rénover un appartement ancien.* **2.** Donner une nouvelle forme, une nouvelle existence à : *rénover les institutions politiques.*

**renseignement** nm **1.** Indication, information, éclaircissement. **2.** (souvent au pluriel) Ensemble de connaissances de tous ordres sur un adversaire potentiel, utiles aux pouvoirs publics et au commandement militaire. ◆ **renseignements** pl Bureau, service chargé d'informer le public : *les renseignements téléphoniques.*

**renseigner** vt Donner un, des renseignements à : *renseigner un passant.* ◆ **se renseigner** vpr S'informer, obtenir des renseignements.

**rentabilisable** adj Que l'on peut rentabiliser.

**rentabilisation** nf Action de rentabiliser.

**rentabiliser** vt Rendre rentable.

**rentabilité** nf Caractère de ce qui est rentable.

**rentable** adj Qui procure un bénéfice, un revenu satisfaisant ; fructueux.

**rente** nf **1.** Revenu fourni par un capital : *vivre de ses rentes.* **2.** Somme d'argent versée périodiquement à quelqu'un : *toucher une rente.* **3.** Emprunt de l'État, représenté par un titre qui donne droit à un intérêt.

**rentier, ère** n Personne qui a des rentes, qui vit de revenus non professionnels.

**rentoiler** vt Renforcer la toile usée d'un tableau en la collant sur une toile neuve.

**rentrant, e** adj ■ **angle rentrant** : angle supérieur à 180°. CONTR : saillant.

**rentré, e** adj **1.** Cave, creux : *yeux rentrés.* **2.** Qui ne se manifeste pas extérieurement : *colère rentrée.* ◆ nm COUT Repli du tissu sur l'envers d'un vêtement.

**rentrée** nf **1.** Action de rentrer. **2.** Action de reprendre ses fonctions, ses activités après des vacances ; période de retour après les vacances : *rentrée des classes.* **3.** Recouvrement de fonds ; somme recouvrée : *attendre une rentrée importante.*

**rentrer** vi **1.** Entrer de nouveau. **2.** Revenir chez soi : *rentrer de voyage.* **3.** S'introduire, s'insérer : *l'eau rentre par les fissures ; la vis rentre dans le bois.* **4.** Percuter : *rentrer dans un arbre.* **5.** Être compris, contenu dans : *rentrer dans une énumération.* **6.** Reprendre ses fonctions après un arrêt : *les tribunaux sont rentrés.* **7.** Être perçu, payé : *fonds qui rentrent mal.* **8.** Recouvrer : *rentrer dans ses fonds, dans ses droits.* ■ LITT **rentrer en soi-même** : faire un retour sur soi, réfléchir. ◆ vt **1.** Mettre à l'intérieur, à l'abri : *rentrer les foins.* **2.** Faire pénétrer : *rentrer la clé dans la serrure, sa chemise dans son pantalon.* **3.** Cacher, refouler : *rentrer ses larmes.*

**renversant, e** adj FAM Qui étonne profondément.

**renverse** nf ■ **à la renverse** : sur le dos, en arrière.

**renversé, e** adj **1.** En position contraire à la normale. **2.** FIG Stupéfait, déconcerté.

**renversement** nm Action de renverser ; fait de se renverser.

**renverser** vt **1.** Mettre à l'envers, sens dessus dessous ; inverser : *renverser un sablier ; renverser la vapeur.* **2.** Faire tomber : *renverser un verre ; se faire renverser par une voiture.* **3.** Éliminer : *renverser des obstacles.* **4.** Provoquer la chute de : *renverser le gouvernement.* **5.** Étonner profondément : *cette nouvelle nous a renversés.* ◆ **se renverser** vpr **1.** Pencher le corps en arrière. **2.** Se retourner : *la voiture s'est renversée.*

**renvoi** nm **1.** Action de renvoyer. **2.** Indication par laquelle le lecteur est invité à se reporter à un autre endroit du texte, du livre. **3.** Ajournement : *renvoi d'un procès.* **4.** Émission par la bouche de gaz provenant de l'estomac.

**renvoyer** vt (conj 11) **1.** Envoyer de nouveau ou en retour, faire retourner : *renvoyer la balle, un compliment.* **2.** Ne pas accepter : *renvoyer un présent.* **3.** Congédier ; exclure : *renvoyer un élève.* **4.** Répercuter, réfléchir : *renvoyer le son, la lumière.* **5.** Ajourner : *renvoyer à demain.* **6.** Inviter qqn à consulter qqn, qqch : *renvoyer à des notes en bas de page.*

**réopérer** vt (conj 10) Opérer de nouveau.

**réorganisateur, trice** adj et n Qui réorganise.

**réorganisation** nf Action de réorganiser ; son résultat.

**réorganiser** vt Organiser de nouveau, sur de nouvelles bases.

**réorientation** nf Action de réorienter.

**réorienter** vt Orienter dans une nouvelle direction.

**réouverture** nf Action de rouvrir.

**REP** [rɛp] nm (sigle) Réseau d'éducation prioritaire.

**repaire** nm Lieu de refuge des bêtes sauvages ; lieu de refuge pour des malfaiteurs.

**repaître** vt (conj 80) LITT Nourrir, rassasier. ◆ **se repaître** vpr [de] LITT Assouvir sa faim, ses désirs : *se repaître de vengeance.*

**répandre** vt (conj 50) **1.** Verser, laisser couler : *répandre du vin ; répandre des larmes.* **2.** Produire, dégager, émettre : *le soleil répand sa lumière ; répandre une odeur.* **3.** Propager : *répandre une nouvelle.* **4.** Donner, distribuer avec profusion : *répandre des bienfaits.* ◆ **se répandre** vpr **1.** S'écouler. **2.** Se propager. ■ **se répandre en...** : en dire beaucoup.

ORTHOGRAPHE *Répandre* s'écrit avec un *a*, à la différence de *étendre*.

**répandu, e** adj Communément admis : *opinion répandue.*

**réparabilité** nf Qualité de ce qui peut être réparé : *vérifier la réparabilité d'un appareil.*

**réparable** adj Qui peut être réparé.

**reparaître** vi (conj 64) Paraître, se manifester de nouveau.

**réparateur, trice** adj et n **1.** Qui répare. **2.** Qui redonne des forces : *sommeil réparateur.*

**réparation** nf Action de réparer ; son résultat : *réparation d'un pont ; demander la réparation d'une offense.* ■ **surface de réparation** : au football, aire rectangulaire devant la ligne de but.

**réparer** vt **1.** Remettre en bon état de fonctionnement : *réparer une montre.* **2.** Corriger ; effacer, expier : *réparer une négligence, une offense.*

**reparler** vi et vt ind Parler de nouveau.

**repartie** [reparti] ou [rəparti] nf Réplique vive et spirituelle.

**1. repartir** vi (conj 26 ; auxil : *être*) Partir de nouveau ; retourner.

**2. repartir** [repartir] ou [rəpartir] vt (conj 26 ; auxil : *avoir*) LITT Répliquer promptement : *il ne lui a reparti que des impertinences.*

**répartir** vt Partager, distribuer selon certaines règles.

**répartition** nf Partage, distribution.

**reparution** nf Fait de reparaître.

**repas** nm Nourriture prise chaque jour à certaines heures.

**repassage** nm **1.** Action de repasser du linge. **2.** Action d'aiguiser un couteau.

**repasser** vi Passer de nouveau, revenir. ◆ vt **1.** Défriper avec un fer chaud : *repasser du linge.* **2.** Passer, franchir de nouveau :

*repasser un col.* **3.** Aiguiser : *repasser un couteau.* **4.** Remettre en mémoire ; relire, redire : *repasser ses leçons.*

**repasseur, euse** n Personne qui repasse le linge. ◆ nf Machine électrique qui repasse le linge.

**repavage** nm Action de repaver.

**repaver** vt Paver de nouveau.

**repayer** vt (conj 4) Payer de nouveau.

**repêchage** nm Action de repêcher.

**repêcher** vt Retirer de l'eau ce qui y est tombé. ■ FAM **repêcher un candidat** : lui donner une chance supplémentaire.

**repeindre** vt (conj 55) Peindre de nouveau.

**repenser** vt ind [à] Penser de nouveau : *repenser à ses vacances.* ◆ vt Examiner différemment ; concevoir autrement : *repenser une installation.*

**repentant, e** adj Qui se repent.

**repenti, e** adj et n Qui s'est repenti.

**1. repentir** nm **1.** Vif regret d'avoir fait ou de n'avoir pas fait qqch. **2.** BX-ARTS Trace d'un changement apporté à une œuvre durant son exécution.

**2. repentir (se)** vpr (conj 19) Regretter : *se repentir de ses fautes.*

**repérable** adj Qui peut être repéré.

**repérage** nm **1.** Action de repérer. **2.** Reconnaissance des lieux en vue du tournage d'un film en décors naturels.

**repercer** vt (conj 1) Percer de nouveau.

**répercussion** nf **1.** Action de répercuter ; fait de se répercuter. **2.** Conséquence : *les répercussions d'un scandale.*

**répercuter** vt **1.** Réfléchir, renvoyer : *répercuter un son.* **2.** Faire en sorte que qqch soit transmis : *répercuter les consignes.* **3.** Faire supporter par d'autres personnes la charge d'un impôt, d'une taxe, etc. ◆ **se répercuter** vpr Avoir des conséquences directes.

**reperdre** vt (conj 52) Perdre de nouveau.

**repère** nm **1.** Tout ce qui permet de retrouver qqch dans un ensemble. **2.** Marque faite pour indiquer ou retrouver un alignement, un niveau, une hauteur, etc. ■ **point de repère** : (a) marque, objet ou endroit déterminé qui permet de s'orienter (b) tout indice qui permet de situer un événement dans le temps.

> ORTHOGRAPHE Il ne faut pas confondre *repère*, « marque », avec *repaire*, « lieu ».

**repérer** vt (conj 10) **1.** Localiser : *repérer un sous-marin.* **2.** Apercevoir, distinguer parmi d'autres : *repérer un ami dans la foule.* **3.** Marquer de repères : *repérer un alignement.* ◆ **se repérer** vpr **1.** S'orienter : *se repérer par rapport au Soleil.* **2.** Se remarquer, se distinguer : *le drapeau se repère facilement.*

**répertoire** nm **1.** Table, recueil où les matières sont rangées en ordre : *répertoire alphabétique.* **2.** INFORM Élément de la structure d'organisation des fichiers dans un disque ; ensemble des instructions de commande d'un ordinateur. **3.** Liste des œuvres qui forment le fonds d'un théâtre, d'une compagnie de ballet. **4.** Ensemble des œuvres habituellement interprétées par un comédien, un musicien, un chanteur. **5.** Ensemble, liste de connaissances, d'anecdotes, etc. : *un vaste répertoire d'injures.*

**répertorier** vt Inscrire dans un répertoire, faire une liste de.

**répéter** vt (conj 10) **1.** Redire ce qu'on a déjà dit ou ce qu'un autre a dit. **2.** Refaire, recommencer : *répéter une expérience.* **3.** Reproduire : *répéter un motif.* ◆ vt et vi Étudier une pièce, un morceau de musique, etc., en vue de son exécution, de sa représentation en public. ◆ **se répéter** vpr **1.** Redire les mêmes choses sans nécessité. **2.** Se reproduire.

**répétiteur, trice** n VIEILLI Personne qui donne des leçons particulières à des élèves.

**répétitif, ive** adj Qui se reproduit de façon monotone, qui se répète sans cesse.

**répétition** nf **1.** Retour de la même idée, du même mot ; redite : *évitez les répétitions inutiles.* **2.** Réitération d'une même action : *la répétition d'un geste.* **3.** Séance de travail, de mise au point d'une œuvre musicale, dramatique, etc., destinée à être présentée au public. **4.** VX Leçon particulière.

**répétitivité** nf Caractère de ce qui est répétitif.

**repeuplement** nm Action de repeupler : *le repeuplement d'un étang.*

**repeupler** vt **1.** Peupler une région dépeuplée. **2.** Regarnir d'espèces animales ou végétales : *repeupler un étang, une forêt.*

**repiquage** nm Action de repiquer.

**repiquer** vt **1.** Piquer de nouveau. **2.** Copier un enregistrement. **3.** AGRIC Transplanter des jeunes plants provenant de semis : *repiquer des salades.*

**répit** nm **1.** Arrêt momentané de quelque chose qui accable : *ses crises ne lui laissent aucun répit.* **2.** Temps de repos, de détente : *s'accorder un moment de répit.* ■ **sans répit** : sans cesse.

**replacement** nm Action de replacer.

**replacer** vt (conj 1) **1.** Remettre en place. **2.** Placer, situer : *replacer un événement dans son contexte.*

**replanter** vt Planter de nouveau.

**replat** nm Adoucissement très prononcé de la pente d'un versant.

**replâtrage** nm **1.** Réparation superficielle faite avec du plâtre. **2.** Arrangement sommaire et imparfait : *ce remaniement ministériel n'est qu'un replâtrage.*

**replâtrer** vt **1.** Recouvrir de plâtre : *replâtrer un mur.* **2.** FAM Réparer d'une manière précaire : *replâtrer un ménage.*

**replet, ète** adj Qui a de l'embonpoint.

**repleuvoir** v impers (conj 47) Pleuvoir de nouveau.

**repli** nm **1.** Double pli. **2.** Fait de revenir à une position, à une valeur qui marque une régression : *repli des valeurs boursières.* **3.** MIL Retraite volontaire d'une troupe. ◆ **replis** pl **1.** Sinuosités, ondulations : *replis d'un terrain.* **2.** Ce qu'il y a de plus caché, de plus intime : *les replis du cœur humain.*

**repliable** adj Qui peut être replié.

**repliement** nm Action de replier ; fait de se replier.

**replier** vt Plier de nouveau. ◆ **se replier** vpr **1.** Se plier, se courber une ou plusieurs fois. **2.** Reculer en bon ordre : *l'armée se replie.* ■ **se replier sur soi-même :** s'isoler du monde extérieur.

**réplique** nf **1.** Réponse vive ; objection. **2.** Partie d'un dialogue théâtral dite par un acteur. **3.** Copie d'une œuvre d'art. ■ **donner la réplique :** servir de partenaire à.

**répliquer** vt et vi Répondre avec vivacité, en s'opposant.

**replonger** vt et vi (conj 2) Plonger de nouveau.

**repolir** vt Polir de nouveau.

**repolissage** nm Action de repolir.

**répondant, e** n Caution, garant : *être le répondant de quelqu'un.* ◆ nm ■ FAM **avoir du répondant :** avoir des capitaux servant de garantie.

**répondeur** nm Dispositif relié à un téléphone, qui permet de communiquer un message aux correspondants. ■ **répondeur-enregistreur :** répondeur permettant aussi d'enregistrer les appels et les messages.

**répondre** vt et vi **1.** Dire ou écrire en réponse. **2.** Répliquer avec insolence : *répondre à sa mère.* ◆ vt ind **1.** [à] Fournir la ou les réponses demandées : *répondre à un questionnaire.* **2.** [à] Envoyer une lettre en réponse à une autre. **3.** [à] Apporter des raisons contre : *répondre à une objection.* **4.** [à] Être conforme à, correspondre : *le résultat répond à l'effort.* **5.** [à] Payer de retour : *répondre à une politesse.* **6.** (sans complément) Produire l'effet attendu : *les freins ne répondent plus.* **7.** [de] Être garant, responsable : *répondre de quelqu'un.*

**répons** [repɔ̃] nm Chant alterné dans l'office liturgique romain.

**réponse** nf **1.** Ce qu'on dit ou écrit à la suite d'une question. **2.** Explication, solution apportée à une question. **3.** Réaction : *réponse à un stimulus.* ■ **droit de réponse :** droit d'exiger l'insertion gratuite d'un texte ou de parler à l'antenne pour une personne désignée ou mise en cause publiquement.

**repopulation** nf Augmentation de la population après un dépeuplement.

**report** nm **1.** Action de reporter ; total, somme reportés. **2.** Action de remettre à un autre moment : *le report d'une question.*

**reportage** nm Enquête retransmise par la presse, la radio ou la télévision sur un sujet précis.

**1. reporter** [rəpɔrtɛr] n Journaliste chargé d'un reportage.

**2. reporter** vt **1.** Porter une chose au lieu où elle était auparavant. **2.** Réinscrire ailleurs : *reporter une somme à une autre page.* **3.** Appliquer quelque chose à une autre destination : *reporter ses voix sur un autre candidat.* **4.** Remettre à un autre moment : *reporter un rendez-vous.* ◆ **se reporter** vpr **1.** Se transporter en pensée : *se reporter en arrière, au temps de sa jeunesse.* **2.** Se référer à : *se reporter à un document.*

**repos** nm **1.** Absence de mouvement : *se tenir en repos.* **2.** Fait de cesser son activité : *prenez un peu de repos.* **3.** LITT Sommeil : *respectez le repos des autres.* **4.** LITT Tranquillité, quiétude : *avoir la conscience en repos.* ■ **de tout repos :** qui procure une complète tranquillité. ❑ **repos ! :** commandement militaire indiquant l'abandon de la position du garde-à-vous.

**reposant, e** adj Qui repose.

**repose** nf Action de remettre en place : *facturer la repose d'un appareil.*

**reposé, e** adj Qui ne présente plus de traces de fatigue. ■ **à tête reposée :** à loisir, avec réflexion.

**repose-pieds** nm inv ou **repose-pied** (pl *repose-pieds*) nm Appui pour les pieds.

**reposer** vt **1.** Poser de nouveau ; remettre en place : *reposer une serrure.* **2.** Délasser, soulager : *reposer ses membres fatigués ; reposer l'esprit.* ◆ vt ind [sur] **1.** Être posé sur : *le plancher repose sur des poutres.* **2.** Être établi, fondé sur : *sur quoi repose votre soupçon ?* ◆ vi Être étendu, enterré : *ici repose X.* ■ **laisser reposer :** laisser au repos, sans mouvement : *laisser reposer une pâte, la terre.* ◆ **se reposer** vpr **1.** Se poser de nouveau. **2.** Cesser de travailler pour éliminer la fatigue. ■ **se reposer sur quelqu'un** : s'en remettre à lui.

**repose-tête** nm inv Appuie-tête.

**repositionner** vt Positionner de nouveau.

**reposoir** nm Dans un hôpital, salle où est exposé le corps d'un défunt avant les funérailles.

**repoussage** nm Modelage des métaux au marteau.

**repoussant, e** adj Qui inspire du dégoût, de la répulsion.

**repousse** nf Action de repousser, en parlant des cheveux, des plantes.

**repousser** vt **1.** Pousser en arrière, faire reculer : *repousser l'ennemi.* **2.** Ne pas céder, résister à : *repousser la tentation.* **3.** Ne pas accepter : *repousser une proposition.* **4.** TECHN Réaliser une forme par repoussage. ◆ vi Pousser de nouveau : *sa barbe repousse.*

**repoussoir** nm **1.** Chose ou personne qui en fait valoir une autre par contraste. **2.** Personne très laide.

**répréhensible** adj Blâmable.

**reprendre** vt (conj 54) **1.** Prendre de nouveau : *reprendre du pain, du personnel.* **2.** Rentrer en possession de ce qui avait été perdu ou donné : *reprendre un cadeau.* **3.** Retrouver un état, une faculté : *reprendre des forces, son souffle.* **4.** Aller chercher : *je passerai vous reprendre.* **5.** Continuer une chose interrompue : *reprendre un travail.* **6.** Redire, répéter : *reprendre les mêmes arguments.* **7.** Apporter des modifications à : *reprendre le projet d'un article ; reprendre un vêtement.* **8.** Réprimander : *reprendre un enfant.* ◆ vi **1.** Se rétablir, retrouver sa vigueur, son activité : *cet arbre reprend bien ; les affaires reprennent.* **2.** Se manifester à nouveau, recommencer : *le froid reprend.* ◆ **se reprendre** vpr **1.** Redevenir maître de soi, se ressaisir : *se reprendre après un moment de dépression.* **2.** Se rétracter, rectifier ses propos : *il se reprit à temps.*

**repreneur, euse** n Personne qui reprend une entreprise en difficulté.

**représailles** nf pl Mesures répressives infligées à un adversaire pour se venger du mal qu'il a causé.

**représentant, e** n Personne qui représente une autre personne ou un groupe et qui agit en son nom. ■ **représentant de commerce** : commis voyageur, courtier.

**représentatif, ive** adj **1.** Qui représente une collectivité et peut parler en son nom : *syndicat représentatif.* **2.** Considéré comme le modèle, le type d'une catégorie : *échantillon représentatif.* ■ **gouvernement représentatif** : où le peuple délègue à ses représentants l'exercice du pouvoir législatif.

**représentation** nf **1.** Action de représenter : *l'écriture est la représentation de la langue parlée.* **2.** Idée qu'une société, une personne se fait du monde ou d'un objet donné. **3.** Image graphique, picturale, etc., d'un phénomène, d'une idée : *le bonnet phrygien est la représentation de la République.* **4.** Action de représenter par le moyen de l'art ; œuvre artistique figurant quelque chose, quelqu'un. **5.** Action de donner un spectacle devant un public ; ce spectacle. **6.** Action de représenter une personne ou une collectivité ; ensemble des personnes qui en sont chargées. **7.** Action de traiter des affaires pour le compte d'une maison de commerce.

**représentativité** nf Caractère représentatif.

**représenter** vt **1.** Présenter de nouveau. **2.** Faire apparaître d'une manière concrète : *représenter l'évolution des salaires par un graphique.* **3.** Correspondre à : *ceci représente le progrès.* **4.** Figurer par un moyen artistique, par le langage ; décrire, évoquer : *représenter un naufrage.* **5.** Jouer en public une pièce de théâtre : *troupe qui représente « Phèdre ».* **6.** Tenir la place de quelqu'un, d'un groupe, agir en son nom : *les ambassadeurs représentent les chefs d'État ; représenter une société.* **7.** Être le symbole, l'incarnation, le type de : *ils représentent la classe moyenne.* **8.** LITT Faire observer : *représenter les inconvénients d'une action.* ◆ **se représenter** vpr **1.** Se présenter de nouveau : *se représenter à un examen.* **2.** Se figurer, imaginer.

**répressif, ive** adj Qui réprime.

**répression** nf Action de réprimer.

**réprimande** nf Blâme exprimé avec autorité.

**réprimander** vt Faire une réprimande, gronder.

**réprimer** vt **1.** Contenir, refouler : *réprimer un mouvement de colère.* **2.** Empêcher par la force le développement d'une action jugée dangereuse : *réprimer une révolte.*

**repris** nm ■ **repris de justice** : personne qui a déjà été condamnée et qu'on arrête de nouveau.

**reprisage** nm Action de repriser.

**reprise** nf **1.** Action de reprendre : *la reprise des hostilités.* **2.** Nouvel essor : *la reprise économique.* **3.** Fait de jouer de nouveau une pièce, un film. **4.** Continuation d'une chose interrompue : *la reprise du travail.* **5.** Raccommodage : *faire une reprise à un drap.* **6.** Rachat d'un objet, d'un matériel usagé. **7.** SPORTS Chacune des parties d'un assaut d'escrime, d'un combat de boxe. **8.** En équitation, ensemble de figures exécutées par un cavalier.

**9.** MUS Répétition d'une partie d'un morceau, d'un air. **10.** Dans un moteur, passage rapide d'un bas régime à un régime supérieur. ◆ **reprises** pl DR Ce que chacun des époux a le droit de prélever, avant partage, sur la masse des biens de la communauté. ■ **à plusieurs reprises :** plusieurs fois.

**repriser** vt Faire une reprise, raccommoder : *repriser des chaussettes.*

**réprobateur, trice** adj Qui réprouve : *geste réprobateur.*

**réprobation** nf Action de réprouver, de rejeter ; blâme.

**reproche** nm Blâme que l'on adresse à quelqu'un pour lui exprimer son mécontentement ou pour lui faire honte.

**reprocher** vt **1.** Faire des reproches à quelqu'un au sujet de quelque chose : *reprocher sa paresse à un écolier.* **2.** Trouver un défaut à quelque chose, critiquer : *que reprochez-vous à cette voiture ?* ◆ **se reprocher** vpr Se blâmer, se considérer comme responsable de : *se reprocher sa faiblesse.*

**reproducteur, trice** adj Qui sert à la reproduction. ◆ nm Animal employé à la reproduction.

**reproductible** adj Qui peut être reproduit.

**reproductif, ive** adj Relatif à la reproduction.

**reproduction** nf **1.** Fonction par laquelle les êtres vivants perpétuent leur espèce. **2.** Action de reproduire un texte, une illustration, des sons : *autoriser la reproduction d'un article.* **3.** Copie ou imitation d'une œuvre artistique : *acheter une reproduction de Chardin.*

**reproduire** vt (conj 70) **1.** Restituer un phénomène aussi fidèlement que possible, imiter : *reproduire les sons avec un magnétophone ; artiste qui reproduit la nature.* **2.** Publier de nouveau : *reproduire un article de journal.* ◆ **se reproduire** vpr **1.** Se produire de nouveau. **2.** Donner naissance à des êtres de son espèce.

**reprogrammer** vt Programmer de nouveau.

**reprographie** nf Ensemble des techniques permettant de reproduire un document.

**reprotoxique** adj Se dit d'une substance nocive pour la reproduction.

**réprouvé, e** adj et n **1.** Rejeté par la société. **2.** THÉOL Damné : *les justes et les réprouvés.*

**réprouver** vt **1.** Rejeter en condamnant, désapprouver. **2.** THÉOL Condamner aux peines éternelles.

**reps** [rɛps] nm Étoffe d'ameublement à côtes.

**reptation** nf Action de ramper.

**reptile** nm Vertébré rampant, avec ou sans pattes, comme le serpent, le lézard, la tortue, etc. (les reptiles forment une classe).

**reptilien, enne** adj Relatif aux reptiles.

**repu, e** adj Rassasié.

**républicain, e** adj Qui appartient à une république ou à la république. ◆ adj et n Partisan de la république.

**républicanisme** nm Ensemble des sentiments, des opinions des républicains.

**république** nf Gouvernement dans lequel le peuple exerce la souveraineté directement ou par l'intermédiaire de délégués élus.

**répudiation** nf Action de répudier.

**répudier** vt **1.** Renvoyer sa femme suivant les formalités légales. **2.** FIG Rejeter, repousser : *répudier une croyance.*

**répugnance** nf Aversion pour quelqu'un ou quelque chose ; dégoût, répulsion.

**répugnant, e** adj Qui inspire de la répugnance.

**répugner** vt ind [à] **1.** Éprouver de l'aversion, du dégoût pour ; rechigner, renâcler : *répugner à mentir.* **2.** Inspirer de la répugnance : *cet homme me répugne.*

**répulsif, ive** adj Qui repousse. ◆ nm Produit, procédé destiné à éloigner les animaux indésirables.

**répulsion** nf **1.** Vive répugnance, aversion, dégoût. **2.** PHYS Force en vertu de laquelle certains corps se repoussent mutuellement.

**réputation** nf **1.** Opinion favorable ou défavorable : *avoir une bonne réputation.* **2.** Manière d'être considéré : *il a la réputation d'être honnête.* ■ **de réputation :** seulement d'après ce qu'on en dit : *je le connais de réputation.*

**réputé, e** adj **1.** Qui jouit d'un grand renom : *médecin réputé.* **2.** Considéré comme : *homme réputé égoïste.*

**requérant, e** adj et n DR Qui requiert.

**requérir** vt (conj 21) **1.** DR Demander en justice : *requérir l'application d'une peine ;* réclamer en vertu d'un droit légal : *le maire a requis les propriétaires de ravaler leurs façades.* **2.** En parlant d'une chose, demander, nécessiter : *cela requiert un effort.*

**requête** nf **1.** Demande écrite ou verbale, supplique : *présenter une requête.* **2.** DR Demande effectuée auprès d'une autorité ayant pouvoir de décision. ■ **maître des requêtes :** magistrat qui fait office de rapporteur au Conseil d'État.

**requiem** [rekɥijɛm] nm inv Prière de l'Église catholique pour les morts ; musique composée sur ce texte.

**requin** nm **1.** Grand poisson marin appelé aussi *squale*, dont certaines espèces sont carnivores. **2.** FIG Homme d'affaires impitoyable, sans scrupule.

**requinquer** vt FAM Redonner des forces, de l'entrain.

**requis, e** adj Exigé, nécessaire. ◆ nm Civil mobilisé pour un travail obligatoire.

**réquisition** nf Procédure qui autorise l'Administration à contraindre un particulier à lui céder un bien ou à effectuer une prestation. ◆ **réquisitions** pl DR Réquisitoire.

**réquisitionner** vt Se procurer qqch, utiliser les services de qqn par acte de réquisition.

**réquisitoire** nm **1.** DR Discours par lequel le procureur de la République (ou son substitut) demande au juge d'appliquer la loi envers un inculpé. **2.** Discours où l'on accumule les accusations, les reproches violents.

**RER** nm (sigle de *réseau express régional*) Métro régional desservant Paris et sa banlieue.

**resaler** [rəsale] vt Saler de nouveau.

**resalir** [rəsalir] vt Salir de nouveau ce qui a été nettoyé.

**rescapé, e** adj et n Sorti sain et sauf d'un accident, d'une catastrophe.

**rescousse (à la)** loc adv En renfort, pour porter assistance.

**réseau** nm **1.** Ensemble de lignes, de fils entrecroisés, entrelacés. **2.** Ensemble de voies ferrées, de routes, de lignes téléphoniques, de postes radiophoniques, d'ordinateurs et de terminaux interconnectés. **3.** Ensemble de personnes en liaison les unes avec les autres pour une action clandestine : *réseau de résistance.* ■ **réseau d'éducation prioritaire (REP)** : en France, zone où l'action éducative est renforcée pour lutter contre l'échec scolaire. ❑ **réseau numérique à intégration de service (RNIS)** : réseau de télécommunications qui permet d'acheminer sous forme numérique des textes, des images et des sons. ❑ **réseau social** : site Web sur lequel des internautes échangent des informations personnelles (textes et images), créant ainsi une communauté d'amis virtuelle et interactive.

**résection** [resɛksjɔ̃] nf CHIR Action de couper, de retrancher une portion d'organe, en rétablissant la continuité de sa fonction.

**réséda** nm Plante herbacée dont on cultive une espèce pour ses fleurs odorantes et une autre, la *mignonnette*, pour la teinture jaune que l'on en extrait.

**réséquer** [reseke] vt (conj 10) CHIR Pratiquer une résection.

**réservataire** adj et n DR Se dit de l'héritier qui ne peut être légalement écarté d'une succession.

**réservation** nf Action de retenir une place dans un moyen de transport, un lieu d'hébergement, un restaurant ou pour assister à un spectacle ; ticket l'attestant.

**réserve** nf **1.** Action de mettre de côté : *garder en réserve.* **2.** Chose réservée : *faire des réserves de sucre.* **3.** Local où l'on entrepose des marchandises. **4.** Prudence, retenue dans les actes et les propos : *parler avec réserve.* **5.** Restriction : *aimer sans réserve.* **6.** MIL Troupe maintenue disponible pour être envoyée en renfort ; période faisant suite au service actif. ■ **en réserve** : à part, de côté : *mettre en réserve.* ❑ **réserve amérindienne** ou **indienne** : en Amérique du Nord, territoire réservé aux Indiens. ❑ **réserve naturelle** : territoire réglementé pour la sauvegarde des espèces animales et végétales qui y ont élu domicile. ❑ **sans réserve** : sans restriction. ❑ **sous toute réserve** : sans garantie, sans engagement formel. ◆ **réserves** pl DR Clauses restrictives. ■ **faire, émettre des réserves** : ne pas donner son approbation entière.

**réservé, e** adj **1.** Qui fait preuve de réserve, de retenue ; discret. **2.** Dont l'accès ou l'usage est destiné exclusivement à une personne, à un groupe : *chasse réservée.*

**réserver** vt **1.** Mettre à part, de côté, garder : *réserver une bouteille pour des amis.* **2.** Affecter exclusivement à : *local réservé aux réunions.* **3.** Destiner : *nul ne sait ce que l'avenir nous réserve.* **4.** Faire la réservation de. ◆ **se réserver** vpr **1.** Garder qqch pour soi. **2.** Attendre : *se réserver pour la fin.*

**réserviste** n MIL Personne qui appartient à la réserve des forces armées.

**réservoir** nm **1.** Récipient destiné à recevoir un liquide : *réservoir d'essence.* **2.** Lieu aménagé pour y tenir certaines choses en réserve.

**résidant, e** adj et n Qui réside dans un lieu.

**résidence** nf **1.** Demeure habituelle en un lieu déterminé. **2.** Séjour effectif et obligatoire au lieu où l'on exerce une fonction. **3.** Groupe d'habitations d'un certain confort : *résidence privée.* ■ **résidence secondaire** : maison de vacances ou de week-end. ❑ **résidence sociale** : logement temporaire destiné aux personnes rencontrant des difficultés (sociales et/ou financières) pour accéder à un logement ordinaire.

**résident, e** n Personne qui réside dans un autre endroit que son pays d'origine.

**résidentiel, elle** adj **1.** Se dit d'un quartier réservé aux habitations privées. **2.** Qui offre un haut niveau de confort.

**résider** vi **1.** Demeurer, être établi en un lieu. **2.** Être, consister en : *là réside la difficulté.*

**résidu** nm **1.** Ce qui subsiste après une opération physique ou chimique. **2.** Rebut, déchet.

**résiduel, elle** adj Qui provient d'un reste. ■ **relief résiduel :** massif qui a été préservé de l'érosion.

**résignation** nf **1.** Fait de se résigner. **2.** DR Action de résigner.

**résigné, e** adj Qui supporte un mal sans révolte : *malade résigné.*

**résigner** vt DR Renoncer volontairement à une charge, à une fonction. ◆ **se résigner** vpr Se soumettre sans protestation.

**résiliable** adj Qui peut être résilié.

**résiliation** nf DR Annulation d'un contrat.

**résilience 1.** Caractéristique mécanique qui définit la résistance aux chocs d'un matériau. **2.** PSYCHOL Aptitude d'un individu à se construire et à vivre de manière satisfaisante malgré un choc traumatique.

**résilier** vt Mettre fin à une convention, à un contrat : *résilier un bail.*

**résille** nf Filet dont on enveloppe les cheveux.

**résine** nf Substance visqueuse produite par certains végétaux.

**résiné** adj m ■ **vin résiné** ou **résiné** nm : vin légèrement additionné de résine.

**résiner** vt **1.** Extraire la résine de : *résiner un pin.* **2.** Enduire de résine.

**résineux, euse** adj Qui produit de la résine. ◆ nm Arbre forestier riche en matières résineuses dont les principaux représentants sont les conifères (les résineux s'opposent aux feuillus).

**résinier, ère** n Personne employée à la récolte de la résine de pin. ◆ adj Relatif à la résine, aux produits résineux.

**résipiscence** nf RELIG Regret d'une faute : *venir à résipiscence.*

**résistance** nf **1.** Action de résister à qqn, à une autorité : *se rendre sans résistance.* **2.** Capacité à résister à une épreuve physique ou morale ; endurance. **3.** Propriété d'un corps de résister aux effets d'un agent extérieur ; solidité. **4.** PHYS Force qui s'oppose au mouvement d'un corps dans un fluide. **5.** ÉLECTR Difficulté plus ou moins grande qu'un conducteur oppose au passage d'un courant (mesurée en *ohms*) ; conducteur dans lequel l'énergie du courant électrique est transformée en chaleur. ■ **plat de résistance :** mets principal d'un repas.

**résistant, e** adj Qui supporte bien les épreuves physiques ; robuste. ◆ adj et n Qui s'oppose à une occupation ennemie ; membre de la Résistance pendant la Seconde Guerre mondiale.

**résister** vt ind [à] **1.** Ne pas céder sous l'action d'un choc, d'une force : *le plancher ne résistera pas à ce poids.* **2.** S'opposer à la force, à la violence : *résister à un agresseur.* **3.** Lutter contre ce qui attire, ce qui est dangereux : *résister à un désir ;* supporter sans faiblir : *résister à la fatigue.*

**résolu, e** adj Ferme dans ses projets, déterminé.

**résoluble** adj DR Qui peut être annulé.

**résolument** adv De manière résolue.

**résolutif, ive** adj MÉD Qui fait disparaître une inflammation.

**résolution** nf **1.** Décision prise avec la volonté de s'y tenir. **2.** Moyen par lequel on tranche un cas douteux, un problème. **3.** Fait de se résoudre, de se réduire : *résolution d'un nuage en pluie.* **4.** INFORM Nombre de pixels par unité de longueur, qui caractérise, avec la définition, la qualité d'une image numérique. **5.** DR Dissolution d'un contrat pour inexécution des engagements. **6.** MÉD Disparition progressive d'une tumeur.

**résolutoire** adj DR Qui provoque la résolution d'un acte.

**résonance** nf **1.** Propriété d'accroître la durée ou l'intensité du son : *la résonance d'une salle ; caisse de résonance.* **2.** Effet produit dans l'esprit, le cœur : *ce poème éveille des résonances profondes.*

> ORTHOGRAPHE *Résonance* s'écrit avec un seul *n*, le verbe *résonner* avec deux.

**résonateur** nm PHYS Appareil qui vibre par résonance.

**résonnant, e** ou **résonant, e** adj Qui résonne.

**résonner** vi **1.** Renvoyer le son en augmentant sa durée ou son intensité : *cette salle résonne trop.* **2.** Produire un son : *cette cloche résonne faiblement.*

**résorber** vt **1.** Faire disparaître peu à peu. **2.** MÉD Opérer la résorption d'une tumeur, d'un abcès, etc. ◆ **se résorber** vpr Disparaître progressivement.

**résorption** nf Disparition progressive, totale ou partielle.

**résoudre** vt (conj 61) **1.** Prendre une décision : *il a résolu d'agir.* **2.** Trouver la solution de : *résoudre un problème.* **3.** Décomposer un corps en ses éléments constituants : *le temps résout les corps en poussière.* **4.** DR Annuler. **5.** MÉD Résorber, faire disparaître. ◆ **se résoudre** vpr [à] **1.** Se décider à : *se résoudre à partir.* **2.** Consister en, se réduire à : *tout ceci se résout à presque rien.*

GRAMMAIRE *Résoudre* donne *résolu* au participe passé : *un problème résolu,* alors que *absoudre* et *dissoudre* donnent *absous* et *dissous.*

**respect** nm Sentiment qui porte à traiter qqn, qqch avec égard, à ne pas porter atteinte à qqch : *respect filial ; respect des lois.* ■ **respect humain :** crainte du jugement d'autrui. ❑ **tenir quelqu'un en respect :** (a) le contenir, lui en imposer (b) le menacer avec une arme. ◆ **respects** pl Hommages, civilités : *présenter ses respects.*

**respectabilité** nf Caractère d'une personne respectable.

**respectable** adj **1.** Digne de respect. **2.** Qui mérite d'être pris en compte : *une somme respectable.*

**respecter** vt **1.** Traiter avec respect, déférence. **2.** Ne pas porter atteinte à quelque chose : *respecter le bien d'autrui ;* ne pas troubler : *respecter le repos des habitants.* ◆ **se respecter** vpr Se comporter avec la décence qui convient.

**respectif, ive** adj Qui concerne chaque personne, chaque chose, par rapport aux autres.

**respectivement** adv Chacun en ce qui le concerne.

**respectueusement** adv Avec respect.

**respectueux, euse** adj Qui témoigne, qui marque du respect : *ton respectueux.*

**respirable** adj Qu'on peut respirer : *un air respirable.*

**respirateur** nm MÉD Appareil destiné à assurer une ventilation pulmonaire artificielle.

**respiration** nf Fonction commune à tous les êtres vivants, qui consiste à absorber de l'oxygène et à rejeter du gaz carbonique et de l'eau. ■ **respiration artificielle :** manœuvres destinées à suppléer, à rétablir chez un asphyxié la respiration naturelle.

**respiratoire** adj Relatif à la respiration ; qui sert à respirer : *appareil respiratoire.*

**respirer** vi **1.** Absorber et rejeter l'air pour entretenir la vie : *les végétaux respirent.* **2.** Vivre : *il respire encore.* **3.** Prendre un moment de répit : *laissez-moi respirer.* ◆ vt **1.** Absorber en aspirant : *respirer de l'air frais.* **2.** Manifester, exprimer : *respirer la santé, la joie.*

**resplendir** vi Briller avec un grand éclat.

**resplendissant, e** adj Qui resplendit.

**resplendissement** nm LITT Vif éclat.

**responsabilisation** nf Action de responsabiliser ; fait d'être responsabilisé.

**responsabiliser** vt Rendre responsable.

**responsabilité** nf **1.** Obligation de réparer une faute, de remplir une charge, un engagement : *responsabilité civile.* **2.** Capacité de prendre une décision sans en déférer préalablement à une autorité supérieure.

**responsable** adj **1.** Qui doit répondre de ses actes ou de ceux des personnes dont il a la charge : *les parents sont responsables de leurs enfants mineurs.* **2.** Qui pèse les conséquences de ses actes ; réfléchi : *agir en homme responsable.* ◆ adj et n **1.** Qui est à l'origine d'un mal, d'une erreur : *être responsable d'un accident ; le vrai responsable, c'est l'alcool.* **2.** Qui a un pouvoir de décision : *responsable syndical ; voir une personne responsable.*

**resquille** nf FAM Action de resquiller.

**resquiller** vt et vi **1.** FAM S'attribuer un avantage auquel on n'a pas droit. **2.** Entrer sans payer à des spectacles, dans des moyens de transport, etc.

**resquilleur, euse** n FAM Personne qui resquille.

**ressac** nm Retour violent des vagues frappant un obstacle.

**ressaisir** vt Saisir de nouveau. ◆ **se ressaisir** vpr Redevenir maître de soi.

**ressasser** vt Répéter sans cesse.

**ressaut** nm **1.** Rupture d'alignement d'un mur ; saillie. **2.** Changement de niveau brusque.

**ressayer** ou **réessayer** (conj 4) vt Essayer de nouveau.

**ressemblance** nf Conformité, analogie de forme, de physionomie, etc.

**ressemblant, e** adj Qui ressemble à son modèle : *portrait ressemblant.*

**ressembler** vt ind [à] Avoir des traits communs avec qqn, qqch. ◆ **se ressembler** vpr Offrir une ressemblance mutuelle.

**ressemelage** nm Action de ressemeler.

**ressemeler** vt (conj 6) Mettre une semelle neuve à.

**ressemer** vt (conj 9) Semer de nouveau.

**ressenti** nm Impression liée à la manière dont on perçoit qqch : *exprimer son ressenti.*

**ressentiment** nm Souvenir d'un mal, d'une injure avec le désir de se venger.

**ressentir** vt (conj 19) Sentir, éprouver : *ressentir une douleur.* ◆ **se ressentir** vpr [de] Éprouver les suites de : *se ressentir d'une maladie.*

**resserre** nf Endroit où l'on met à l'abri, où l'on range certaines choses ; remise.

**resserré, e** adj Enfermé dans des limites étroites.

**resserrement** nm Action de resserrer ; fait d'être resserré.

**resserrer** vt **1.** Serrer davantage : *resserrer un cordon.* **2.** Rendre plus étroit : *resserrer des liens d'amitié.* ◆ **se resserrer** vpr Devenir plus étroit.

**resservir** vt (conj 20) Servir de nouveau ou en plus. ◊ vpr : *se resservir d'un plat.* ◆ vi Être réutilisé.

**1. ressort** nm **1.** Pièce élastique qui réagit après avoir été pliée ou comprimée. **2.** LITT Ce qui meut, ce qui fait agir : *l'argent est le ressort de bien des conflits.* **3.** Force, énergie : *avoir du ressort.*

**2. ressort** nm **1.** Pouvoir, compétence : *ce n'est pas de son ressort.* **2.** DR Étendue, limite d'une juridiction : *ressort d'un tribunal.* ■ **en dernier ressort** : sans appel.

**1. ressortir** vi (conj 28 ; auxil : *être*) **1.** Sortir de nouveau. **2.** Apparaître par contraste : *faire ressortir des défauts.* ◆ v impers Résulter : *il ressort de ses déclarations que.*

**2. ressortir** vt ind [à] (auxil : *avoir* ; se conjugue comme *finir*) SOUT Être de la compétence, du domaine de : *question qui ressortit à l'économie.*

EMPLOI Il ne faut pas confondre *ressortir* (conjugué comme *sortir*) et *ressortir à* (conjugué comme *finir*), auquel correspond le substantif *ressortissant : un vieux film qui ressort ; cette affaire ressortit à une autre juridiction.*

**ressortissant, e** n Personne protégée par les représentants diplomatiques ou consulaires d'un pays donné, lorsqu'elle réside dans un autre pays.

**ressouder** vt Souder de nouveau.

**ressource** nf Ce qui peut fournir un moyen de se tirer d'embarras. ◆ **ressources** pl **1.** Moyens d'existence d'une personne ; éléments de la richesse ou de la puissance d'une nation : *ressources naturelles.* **2.** Moyens dont on dispose, possibilités d'action : *déployer toutes les ressources de son talent pour convaincre qqn.* ■ **ressources humaines** : ensemble du personnel d'une entreprise.

**ressourcer (se)** vpr Revenir à ses sources, à ses racines.

**ressouvenir (se)** vpr (conj 22) Se souvenir de nouveau.

**ressusciter** vt **1.** Ramener de la mort à la vie. **2.** Produire un effet énergique : *ce médicament l'a ressuscité.* **3.** Faire réapparaître : *ressusciter une mode.* ◆ vi (auxil : *être*) Revenir de la mort à la vie.

**ressuyer** vt (conj 3) Essuyer de nouveau.

**restant, e** adj Qui reste. ■ **poste restante** : mention indiquant qu'une lettre doit rester au bureau de poste où son destinataire viendra la réclamer. ◆ nm Ce qui reste.

**restaurant** nm Établissement public où l'on sert des repas moyennant paiement.

**restaurateur, trice** n **1.** Personne qui tient un restaurant. **2.** Personne qui restaure une œuvre d'art.

**restauration** nf **1.** Métier de restaurateur ; ensemble des restaurants et de leur administration. **2.** Réparation, réfection : *restauration d'un tableau.* **3.** Nouvelle vigueur ; rétablissement : *restauration de la confiance.* **4.** Rétablissement sur le trône d'une dynastie déchue : *restauration des Bourbons.* ■ **restauration rapide** : fast-food.

**restaurer** vt **1.** Réparer, remettre en bon état : *restaurer des meubles anciens.* **2.** LITT Remettre en vigueur, en honneur : *restaurer un usage.* **3.** Remettre sur le trône. ◆ **se restaurer** vpr Prendre de la nourriture.

**reste** nm **1.** Ce qui demeure d'un tout dont on a retranché ou dont on considère à part une partie. **2.** Ce qui est encore à faire ou à dire. **3.** Petite quantité, trace : *un reste d'espoir.* **4.** Différence entre deux quantités. ■ **au reste** ou **du reste** : au surplus, d'ailleurs. ❑ **être en reste avec qqn** : lui devoir qqch. ❑ **ne pas demander son reste** : se retirer rapidement, sans insister. ❑ ÉCON **reste à vivre** : revenu mensuel disponible d'un ménage pour les dépenses du quotidien (EX : nourriture) après le paiement des charges fixes. ◆ **restes** pl **1.** Ce qui reste d'un plat, d'un repas. **2.** Cadavre, ossements. **3.** Vestiges.

**rester** vi (auxil : *être*) **1.** Subsister : *que reste-t-il du magot ?* **2.** Continuer à être dans un lieu. **3.** Se maintenir dans un état : *rester jeune.* ■ **en rester là** : ne pas aller plus avant, se borner à. ❑ **il reste que** ou **il n'en reste pas moins que** : on ne peut cependant pas nier que. ❑ FAM **y rester** : mourir.

**restituable** adj Qui peut ou doit être restitué.

**restituer** vt **1.** Rendre ce qui a été pris ou ce qui est possédé indûment : *restituer un objet volé.* **2.** Rétablir, remettre en son premier état : *restituer un texte.* **3.** Reproduire un son enregistré.

**restitution** nf Action de restituer ; chose restituée.

**resto** nm (abréviation) FAM Restaurant.

**Restoroute** nm (nom déposé) Restaurant au bord d'une grande route, d'une autoroute.

**resto-U** nm (abréviation) FAM Restaurant universitaire.

**restreindre** vt (conj 55) Réduire, limiter. ◆ **se restreindre** vpr Réduire ses dépenses.

**restrictif, ive** adj Qui restreint.

**restriction** nf **1.** Condition qui restreint ; réserve : *cette mesure a été adoptée sans* *restriction.* **2.** Action de réduire la quantité, l'importance de : *restriction des crédits.* ◆ **restrictions** pl Mesures de rationnement en période de pénurie.

**restructuration** nf Action de restructurer.

**restructurer** vt Réorganiser en donnant de nouvelles structures.

**resucée** nf FAM Chose déjà vue, faite, entendue ; reprise, répétition.

**résultante** nf Résultat de l'action conjuguée de plusieurs facteurs.

**résultat** nm Ce qui résulte d'une action, d'un fait, d'un principe, d'un calcul : *le résultat d'une soustraction, d'une démarche, d'un examen.* ◆ **résultats** pl **1.** Réalisations concrètes : *obtenir des résultats.* **2.** Bénéfices ou pertes ; bilan : *les résultats d'une entreprise.*

**résulter** vi et v impers (auxil : *être* ou *avoir*) S'ensuivre, être la conséquence logique de.

**résumé** nm Forme condensée d'un texte ; abrégé, sommaire. ■ **en résumé :** en résumant, en récapitulant ; en bref.

**résumer** vt Rendre en peu de mots : *résumer un texte.* ◆ **se résumer** vpr Reprendre brièvement ce qu'on a dit. ■ **se résumer à :** consister essentiellement en.

**résurgence** nf **1.** Réapparition à l'air libre, sous forme de grosse source, d'une nappe d'eau souterraine. **2.** Fait de réapparaître : *résurgence d'une doctrine.*

**résurgent, e** adj Se dit des eaux qui réapparaissent à l'air libre après un trajet souterrain.

**resurgir** [rəsyrʒir] vi Surgir de nouveau.

**résurrection** nf **1.** Retour de la mort à la vie. **2.** FIG Retour inattendu à la santé. **3.** Réapparition, nouvel essor.

**retable** nm Dans une église, construction verticale peinte ou sculptée, placée sur ou derrière l'autel.

**rétablir** vt **1.** Remettre en son premier état ou en meilleur état ; redresser : *rétablir la situation.* **2.** Remettre en vigueur : *rétablir l'ordre.* **3.** Redonner des forces à ; guérir : *sa cure l'a rétabli.* ◆ **se rétablir** vpr Recouvrer la santé.

**rétablissement** nm **1.** Action de rétablir : *rétablissement de l'ordre.* **2.** Retour à la santé : *souhaiter un prompt rétablissement à quelqu'un.* **3.** Mouvement consistant à se redresser en prenant appui sur les mains.

**retailler** vt Tailler de nouveau.

**rétamage** nm Action de rétamer.

**rétamer** vt Étamer de nouveau une surface métallique. ■ FAM **être rétamé :** être épuisé, fatigué. ❏ FAM **se faire rétamer :** (a) se faire battre au jeu (b) échouer à un examen.

**rétameur** nm Ouvrier qui rétame.

**retape** nf TRÈS FAM **1.** Racolage. **2.** Publicité tapageuse.

**retaper** vt FAM **1.** Réparer sommairement. **2.** Remettre quelqu'un d'aplomb, en forme. ■ **retaper un lit :** le faire superficiellement en tendant draps et couvertures.

**retard** nm **1.** Fait d'arriver, d'agir trop tard : *avoir du retard.* **2.** Différence entre l'heure indiquée par une horloge qui retarde et l'heure légale. **3.** État de quelqu'un, de quelque chose qui n'est pas aussi développé, avancé qu'il devrait : *retard de croissance.* ■ **en retard :** plus tard que prévu, plus lentement que la normale. ❏ **être, mettre en retard :** avoir perdu, faire perdre du temps.

**retardataire** adj et n Qui est en retard.

**retardateur, trice** adj Qui ralentit une action, un mouvement.

**retardé, e** adj et n FAM Qui est en retard dans son développement intellectuel.

**retardement (à)** loc adv ou loc adj Après un délai, avec retard : *rire à retardement.* ■ **bombe à retardement :** (a) bombe munie d'un dispositif qui en retarde l'explosion jusqu'à un moment déterminé (b) FIG ce qui risque de provoquer à terme un scandale, une catastrophe.

**retarder** vt **1.** Différer : *retarder un paiement.* **2.** Mettre en retard : *la pluie nous a retardés.* **3.** Ralentir : *retarder la guérison.* ◆ vi **1.** Marquer une heure moins avancée que l'heure réelle : *ta montre retarde.* **2.** FAM Ignorer une nouvelle que tout le monde connaît.

**retendre** vt (conj 50) Tendre de nouveau ce qui était détendu.

**retenir** vt (conj 22) **1.** Garder le bien d'autrui : *retenir des bagages à la douane.* **2.** Prélever, déduire : *retenir les cotisations sociales.* **3.** MATH Reporter une retenue : *poser 5 et retenir 2.* **4.** Réserver : *retenir sa place.* **5.** Considérer comme digne d'intérêt : *retenir une proposition.* **6.** Maintenir, contenir, empêcher d'aller, d'agir, de tomber : *retenir un cheval ; retenir ses larmes ; retenir quelqu'un à dîner.* **7.** Garder dans sa mémoire : *retenir une adresse.* ◆ **se retenir** vpr **1.** S'accrocher à quelque chose. **2.** Se contenir : *se retenir de rire, de dépenser.*

**rétention** nf **1.** Action de conserver ce qui doit circuler : *rétention de marchandises, d'informations.* **2.** MÉD Accumulation excessive dans l'organisme de produits devant normalement être éliminés.

**retentir** vi **1.** Produire, renvoyer un son éclatant. **2.** Avoir des répercussions.

**retentissant, e** adj Qui retentit : *son retentissant ; scandale retentissant.*

**retentissement** nm Répercussion : *cette nouvelle a eu un grand retentissement.*

**retenue** nf **1.** Somme qu'un employeur retient sur le salaire de ses employés : *retenue pour la Sécurité sociale.* **2.** MATH Dans une opération, chiffre reporté. **3.** Privation de récréation ou de sortie, dans les établissements scolaires. **4.** Modération, discrétion : *manquer de retenue.* **5.** Ralentissement de la circulation routière. ■ **retenue d'eau :** eau emmagasinée derrière un barrage, dans un réservoir, un bief.

**réticence** nf **1.** Omission volontaire de ce qu'on devrait ou pourrait dire : *parler sans réticence.* **2.** Hésitation à dire, à faire quelque chose.

**réticent, e** adj Qui manifeste de la réticence.

**réticulaire** adj En forme de réseau ; relatif à un réseau.

**réticulé, e** adj Qui figure un réseau.

**rétif, ive** adj **1.** Qui s'arrête ou recule au lieu d'avancer : *cheval rétif.* **2.** FIG Indocile, récalcitrant.

**rétine** nf Membrane située au fond de l'œil, sur laquelle se forment les images des objets.

**rétinien, enne** adj Relatif à la rétine.

**retirage** nm Nouveau tirage d'un livre, d'une photo, etc.

**retiré, e** adj **1.** Se dit d'un lieu isolé et peu fréquenté. **2.** Se dit d'une personne qui a cessé toute activité professionnelle.

**retirer** vt **1.** Tirer à soi, ramener en arrière : *retirer sa main.* **2.** Faire sortir quelqu'un, quelque chose de l'endroit où il était : *retirer un enfant d'une école ; retirer un clou d'une planche.* **3.** Reprendre, ôter : *retirer à quelqu'un sa place ; retirer de l'argent à la banque ; retirer ses gants.* **4.** Obtenir : *retirer un bénéfice.* **5.** Dégager, renoncer à : *retirer sa parole, sa candidature.* ◆ **se retirer** vpr **1.** S'en aller, s'éloigner : *se retirer discrètement ;* se réfugier : *se retirer dans sa chambre.* **2.** Quitter : *se retirer de la compétition ;* prendre sa retraite. **3.** Être dans son reflux, en parlant de la mer.

**retombée** nf Ce qui retombe : *des retombées radioactives.* ◆ **retombées** pl Conséquences, répercussions : *les retombées politiques d'un scandale.*

**retomber** vi (auxil : *être*) **1.** Tomber de nouveau ; tomber après avoir été élevé ou après s'être élevé : *la vapeur retombe en pluie.* **2.** Se trouver de nouveau dans une situation : *retomber malade.* **3.** Rejaillir : *cela retombera sur lui.*

**retondre** vt (conj 51) Tondre de nouveau.

**retordage** nm Action de retordre.

**retordre** vt (conj 52) Tordre de nouveau. ■ **donner du fil à retordre à quelqu'un :** lui créer des difficultés.

**rétorquer** vt Répondre vivement, répliquer.

**retors, e** adj **1.** Tordu plusieurs fois : *soie retorse.* **2.** FIG Rusé, malin.

**rétorsion** nf ■ **mesure de rétorsion :** acte qui consiste, pour quelqu'un, un État, à employer à l'égard d'un autre les mesures dont ce dernier s'est servi contre lui ; représailles.

**retouche** nf Action de retoucher.

**retoucher** vt Corriger, perfectionner, rectifier : *retoucher un ouvrage, une photo, un vêtement.*

**retoucheur, euse** n Personne qui retouche.

**retour** nm **1.** Action, fait de revenir : *le retour des hirondelles ; retour au calme ; retour en arrière.* **2.** Titre de transport permettant de faire en sens inverse le voyage effectué à l'aller. **3.** Répétition : *retour d'une phrase musicale.* **4.** Fait de rendre, de renvoyer ; chose rendue. **5.** Coude, angle d'une ligne, d'une surface. **6.** Mouvement imprévu en sens opposé ; changement brusque : *retour de manivelle ; les retours de la fortune.* ■ **en retour :** en échange. ❑ **être de retour :** être revenu. ❑ **être sur le retour :** (a) être sur le point de repartir (b) commencer à vieillir. ❑ **par retour du courrier :** aussitôt après l'avoir reçu. ❑ **retour en arrière :** flash-back. ❑ **sans retour :** pour toujours.

**retourne** nf Carte qu'on retourne pour déterminer l'atout.

**retournement** nm Changement brusque et complet : *retournement de la situation.*

**retourner** vt **1.** Tourner dans un autre sens ; mettre à l'envers. **2.** Renvoyer : *retourner une lettre.* **3.** Tourner, examiner en tous sens : *retourner un problème.* **4.** Faire changer d'avis. **5.** Troubler : *il est tout retourné.* ◆ vi (auxil : *être*) Aller de nouveau. ◆ vt ind [à] **1.** Se rendre de nouveau dans un lieu : *retourner à la mer ;* revenir à l'endroit d'où l'on est parti : *retourner à son domicile.* **2.** Revenir dans un état, une situation antérieurs : *retourner à l'état sauvage.* **3.** Être restitué : *retourner à son propriétaire.* ◆ v impers ■ **savoir de quoi il retourne :** de quoi il s'agit, ce qui se passe. ◆ **se retourner** vpr **1.** Se tourner dans un autre sens ; regarder derrière soi. **2.** Se renverser. ■ **s'en retourner :** repartir vers le lieu d'où l'on est venu. ❑ **se retourner contre quelqu'un :** lui devenir hostile.

**retracer** vt (conj 1) **1.** Tracer de nouveau. **2.** Raconter, exposer : *retracer un événement.*

**rétractation** nf Fait de se dédire.

**rétracter** vt **1.** Faire revenir en arrière, contracter : *l'escargot rétracte ses cornes.* **2.** SOUT Retirer, désavouer : *rétracter ce qu'on a dit.* ◆ **se rétracter** vpr **1.** Se contracter. **2.** Se dédire, revenir sur ce qu'on a dit.

**rétractile** adj Qui a la faculté de se rétracter : *les griffes du chat sont rétractiles.*

**rétraction** nf Contraction, raccourcissement.

**retraduire** vt (conj 70) Traduire de nouveau ou en partant d'une traduction.

**retrait** nm **1.** Action de retirer : *retrait bancaire.* **2.** Fait de se retirer : *retrait des troupes.* **3.** TECHN diminution de volume. ■ **en retrait :** (a) en arrière (b) qui montre des prétentions moindres.

**retraite** nf **1.** État d'une personne qui a cessé son activité professionnelle et reçoit une pension ; cette pension : *être à la retraite ; prendre sa retraite.* **2.** Éloignement momentané de la société pour se recueillir, pour se préparer à un acte religieux ; lieu où l'on se retire. **3.** Action de se retirer. **4.** Marche en arrière d'une armée. ■ **retraite chapeau :** rente d'un montant génér. très élevé octroyée à un dirigeant d'entreprise en complément de sa retraite légale.

**retraité, e** n et adj Personne qui est à la retraite.

**retraitement** nm Traitement des déchets chimiques dangereux ou du combustible nucléaire irradié.

**retraiter** vt Pratiquer le retraitement de.

**retranchement** nm Obstacle naturel ou artificiel qui sert à se protéger contre les attaques de l'ennemi. ■ **pousser quelqu'un dans ses derniers retranchements :** le pousser à bout, l'acculer.

**retrancher** vt Ôter quelque chose d'un tout. ◆ **se retrancher** vpr Se mettre à l'abri derrière des défenses. ■ **se retrancher derrière quelque chose :** l'invoquer comme moyen de défense, comme excuse.

**retranscription** nf Nouvelle transcription.

**retranscrire** vt (conj 71) Transcrire de nouveau ; transcrire ce qui a été dit.

**retransmettre** vt (conj 57) **1.** Transmettre de nouveau ou à d'autres. **2.** Diffuser une émission radiophonique ou télévisée : *retransmettre un concert.*

**retransmission** nf Action de retransmettre ; émission retransmise.

**retravailler** vt et vi Travailler de nouveau.

**rétrécir** vt Rendre plus étroit. ◆ vi Devenir plus étroit : *ce drap a rétréci.* ◆ **se rétrécir** vpr Devenir de plus en plus étroit.

**rétrécissement** nm **1.** Action de rétrécir ; fait de se rétrécir. **2.** MÉD Diminution du diamètre d'un orifice, d'un vaisseau, d'un canal.

**retremper** vt **1.** Tremper de nouveau. **2.** Donner une nouvelle trempe : *retremper une lame d'acier.* ◆ **se retremper** vpr [dans] Reprendre contact avec quelque chose.

**rétribuer** vt Payer pour un travail : *rétribuer un employé ; rétribuer un service.*

**rétribution** nf Somme d'argent donnée en échange d'un travail, d'un service.

**1. rétro** adj inv et nm inv FAM Se dit d'une mode, d'un style s'inspirant d'un passé récent (des années 1920 à 1960, notamm.).

**2. rétro** nm (abrév) FAM Rétroviseur.

**rétroactif, ive** adj Qui rejaillit sur des faits antérieurs : *effet rétroactif.*

**rétroaction** nf Effet rétroactif.

**rétroactivement** adv De façon rétroactive.

**rétroactivité** nf Caractère rétroactif : *rétroactivité d'une mesure.*

**rétrocéder** vt (conj 10) Céder ce qui nous a été cédé auparavant ou ce qu'on a acheté pour soi-même.

**rétrocession** nf Action de rétrocéder.

**rétrocommission** nf Partie d'une commission (pourcentage versé à un intermédiaire) reversée de façon génér. occulte à un tiers.

**rétrofusée** nf Fusée de freinage d'un engin spatial.

**rétrogradation** nf **1.** Action de rétrograder. **2.** MIL Mesure disciplinaire par laquelle un gradé est placé à un grade inférieur.

**rétrograde** adj **1.** Qui va en arrière : *marche rétrograde.* **2.** Opposé au progrès, réactionnaire : *esprit rétrograde.*

**rétrograder** vi **1.** Revenir en arrière. **2.** Régresser. **3.** AUTOM Passer la vitesse inférieure. ◆ vt MIL Soumettre à la rétrogradation.

**rétroprojecteur** nm Appareil permettant de projeter des documents sans obscurcir la salle.

**rétropropulsion** nf Freinage d'un véhicule spatial par fusée.

**rétrospectif, ive** adj **1.** Qui se rapporte au passé. **2.** Qui se manifeste après coup : *une peur rétrospective.*

**rétrospective** nf Exposition présentant de façon récapitulative les œuvres d'un artiste, d'une école, d'une époque.

**rétrospectivement** adv De façon rétrospective ; après coup.

**retroussé, e** adj ■ **nez retroussé :** dont le bout est un peu relevé.

**retrousser** vt Relever : *retrousser ses manches.*

**retrouvailles** nf pl Fait de retrouver des personnes dont on était séparé.

**retrouver** vt **1.** Trouver ce qui avait disparu, qui était égaré, oublié : *retrouver ses lunettes ;* être à nouveau dans un état, jouir de nouveau d'une faculté : *retrouver son calme.* **2.** Découvrir la personne recherchée : *retrouver les voleurs.* **3.** Rejoindre : *j'irai vous retrouver.* ◆ **se retrouver** vpr **1.** Se trouver de nouveau réunis après une séparation ; se réunir. **2.** Être soudainement ou finalement dans telle situation : *se retrouver seul.* **3.** S'orienter. ■ FAM **s'y retrouver :** (a) équilibrer ses dépenses et ses recettes (b) faire un profit.

**rétroversion** nf MÉD Position d'un organe basculé en arrière.

**rétrovirus** nm Virus à ARN, comme le VIH.

**rétroviseur** nm Petit miroir qui permet au conducteur d'un véhicule de voir ce qui se passe derrière lui.

**rets** [rɛ] nm LITT Filet, piège.

**réunification** nf Action de réunifier ; son résultat : *la réunification de l'Allemagne.*

**réunifier** vt Rétablir l'unité d'un pays, d'un parti, etc.

**réunion** nf **1.** Action de réunir des choses. **2.** Fait de rassembler des personnes ; groupe de personnes rassemblées. **3.** Temps pendant lequel on se réunit.

**réunionnais, e** adj et n De La Réunion : *les Réunionnais.*

**réunir** vt **1.** Rassembler, grouper : *réunir des papiers ; réunir des amis.* **2.** Rapprocher, rejoindre ce qui était séparé. **3.** Faire communiquer : *couloir réunissant deux appartements.* ◆ **se réunir** vpr S'assembler.

EMPLOI *Réunir ensemble* est un pléonasme ; *il les a tous réunis* suffit à exprimer qu'ils sont ensemble.

**réussi, e** adj **1.** Exécuté avec succès : *un dessert réussi.* **2.** Parfait en son genre : *une fête réussie.*

**réussir** vi **1.** Avoir un résultat heureux : *il réussit en tout.* **2.** S'acclimater : *la vigne ne réussit pas ici.* ◆ vt ind [à] **1.** Parvenir : *j'ai réussi à le voir.* **2.** Être bénéfique : *l'air de la mer lui réussit.* ◆ vt Faire avec succès : *réussir un portrait.*

**réussite** nf **1.** Résultat favorable. **2.** Œuvre parfaite en son genre : *ce film est une réussite.* **3.** Jeu de cartes auquel ne participe qu'une personne. SYN : patience.

**réutilisable** adj Que l'on peut utiliser à nouveau.

**réutilisation** nf Action de réutiliser ; nouvelle utilisation ■ **droit de réutilisation :** possibilité offerte au public d'exploiter les données détenues ou produites par des administrations.

**réutiliser** vt Utiliser de nouveau.

**revacciner** vt Vacciner de nouveau.

**revaloir** vt (conj 40) Rendre la pareille, en bien ou en mal : *je lui revaudrai cela !*

**revalorisation** nf Action de revaloriser.

**revaloriser** vt Rendre son ancienne valeur ou une valeur plus grande à : *revaloriser une monnaie, la fonction publique.*

**revanchard, e** adj et n FAM Dominé par le désir de revanche, en particulier militaire.

**revanche** nf **1.** Action de rendre la pareille pour un mal que l'on a subi : *j'aurai ma revanche.* **2.** Seconde partie que l'on joue après avoir perdu la première. ■ **en revanche :** au contraire.

**rêvasser** vi Se laisser aller à la rêverie.

**rêvasserie** nf Fait de rêvasser ; pensée vague.

**rêve** nm **1.** Suite d'images qui se présentent à l'esprit pendant le sommeil : *faire de beaux rêves.* **2.** Désir plus ou moins chimérique : *réaliser un rêve.* ■ **de rêve :** idéal.

**rêvé, e** adj Qui convient tout à fait, idéal.

**revêche** adj Peu accommodant, rébarbatif : *personne, humeur revêche.*

**réveil** nm **1.** Passage de l'état de sommeil à l'état de veille. **2.** FIG Retour à l'activité : *le printemps marque le réveil de la nature.* **3.** Petite pendule à sonnerie, pour réveiller à une heure déterminée. **4.** Sonnerie de clairon pour éveiller les soldats.

**réveiller** vt **1.** Tirer du sommeil. **2.** Susciter de nouveau, faire renaître : *réveiller l'appétit.* ◆ **se réveiller** vpr **1.** Cesser de dormir. **2.** Se ranimer : *la douleur se réveille.*

**réveillon** nm Repas qui se fait au cours de la nuit de Noël ou du 31 décembre ; fête qui l'accompagne.

**réveillonner** vi Prendre part à un réveillon.

**révélateur, trice** adj Qui indique, révèle. ◆ nm **1.** Ce qui révèle, manifeste. **2.** Composition chimique qui transforme l'image latente d'une photographie en image visible.

**révélation** nf **1.** Action de révéler : *révélation d'un secret ;* ce qui est révélé : *faire des révélations.* **2.** Personne qui manifeste tout à coup un grand talent. **3.** RELIG Manifestation d'un mystère ou dévoilement d'une vérité par Dieu ou par une personne inspirée de Dieu.

**révélé, e** adj Communiqué par révélation divine : *religion révélée.*

**révéler** vt (conj 10) **1.** Découvrir, faire connaître ce qui était inconnu. **2.** Être la marque de : *ce roman révèle un grand talent.* **3.** RELIG Faire connaître par révélation. ◆ **se révéler** vpr Se manifester : *son génie se révéla tout à coup.*

**revenant, e** n **1.** Âme d'un mort supposée revenir de l'autre monde. **2.** FAM Personne qui revient après une longue absence.

**revendeur, euse** n Personne qui achète pour revendre.

**revendicateur, trice** n et adj Personne qui exprime une revendication.

**revendicatif, ive** adj Qui exprime ou comporte une revendication.

**revendication** nf Action de revendiquer ; réclamation.

**revendiquer** vt **1.** Réclamer ce qui nous appartient et dont on est privé : *revendiquer un héritage.* **2.** Demander comme un dû : *revendiquer ses droits.* **3.** Assumer la responsabilité d'une action : *revendiquer un attentat.*

**revendre** vt (conj 50) **1.** Vendre ce qu'on a acheté. **2.** Vendre de nouveau : *revendre des voitures d'occasion.* ■ FAM **avoir de qqch à revendre :** en avoir en abondance.

**revenez-y** nm inv ■ FAM **avoir un goût de revenez-y :** avoir un goût agréable qui incite à en reprendre.

**revenir** vi (conj 22 ; auxil : *être*) **1.** Venir de nouveau. **2.** Se rendre au lieu d'où l'on était parti : *revenir à Paris.* **3.** Reparaître, se produire de nouveau. **4.** Se représenter à la mémoire : *son nom ne me revient pas.* **5.** Se livrer de nouveau à : *revenir à ses études.* **6.** Retrouver un état antérieur : *revenir à soi, à la vie.* **7.** Quitter un état, abandonner une manière de penser : *revenir d'une erreur.* **8.** Échoir, appartenir : *cela lui revient de droit.* **9.** Coûter : *cela revient cher.* **10.** Équivaloir, aboutir : *cela revient au même.* **11.** FAM Plaire, inspirer confiance : *sa tête ne me revient pas.* **12.** SPORTS Rattraper, se rapprocher de : *revenir au score ; revenir sur le leader.* ■ CUIS **faire revenir :** faire se colorer un aliment dans un corps gras chaud. ❑ FAM **ne pas en revenir :** être très étonné. ❑ **revenir de loin :** avoir échappé à un grand danger. ❑ **revenir sur sa décision :** en prendre une autre. ❑ **revenir sur ses pas :** rebrousser chemin.

**revente** nf Action de vendre ce qu'on a acheté.

**revenu** nm Somme annuelle perçue soit à titre de rente, soit à titre de rémunération d'une activité. ■ **impôt sur le revenu :** impôt calculé d'après le revenu des contribuables. ❑ VIEILLI **revenu minimum d'insertion (RMI) :** RSA. ❑ **revenu de solidarité active (RSA) :** allocation attribuée par la loi aux personnes sans emploi et aux travailleurs pauvres (le RSA a remplacé le RMI en 2009 ; le volet dit *RSA activité*, destiné aux travailleurs pauvres, a été remplacé en 2016 par la prime d'activité). ❑ **revenu national :** valeur nette des biens économiques produits par la nation.

**rêver** vi **1.** Faire des rêves. **2.** Laisser aller son imagination. **3.** Dire des choses déraisonnables : *vous rêvez !* ◆ vt ind [à] Songer à, méditer sur. ◆ vt et vt ind [de] **1.** Voir en rêve : *je rêve toutes les nuits la même chose ; j'ai rêvé de vous.* **2.** Imaginer, désirer : *il n'a pas la situation qu'il avait rêvée.*

**réverbération** nf **1.** Réflexion de la lumière ou de la chaleur. **2.** Écho.

**réverbère** nm Appareil destiné à l'éclairage des rues.

**réverbérer** vt (conj 10) Réfléchir, renvoyer la lumière, la chaleur, le son.

**reverdir** vt Rendre de nouveau vert : *le printemps reverdit les bois.* ◆ vi Redevenir vert.

**révérence** nf **1.** SOUT Respect, vénération. **2.** Mouvement du corps pour saluer. ■ FAM **tirer sa révérence :** s'en aller.

**révérencieux, euse** adj SOUT Qui marque la révérence, le respect.

**révérend, e** n et adj **1.** Titre d'honneur donné aux religieux et aux religieuses. **2.** Titre des pasteurs anglicans.

**révérer** vt (conj 10) SOUT Honorer, traiter avec un profond respect.

**rêverie** nf État de l'esprit qui s'abandonne à des idées, des images vagues.

**revers** nm **1.** Côté d'une chose opposé au côté principal : *revers d'une tapisserie.* **2.** Côté d'une médaille, d'une pièce (par opposition à *avers*). **3.** Partie repliée d'un vêtement : *revers d'un pantalon.* **4.** Retournement fâcheux de situation ; échec : *revers de fortune.* **5.** SPORTS Coup de raquette effectué à gauche par un droitier et vice-versa. ■ **à revers :** par-derrière. ❑ **revers de la main :** dos de la main. ❑ **revers de la médaille :** mauvais côté d'une chose, inconvénient.

**reversement** nm Transfert de fonds d'une caisse à une autre.

**reverser** vt **1.** Verser de nouveau. **2.** Transporter, reporter sur : *reverser un titre de propriété.*

**réversibilité** nf Qualité de ce qui est réversible.

**réversible** adj **1.** Qui peut revenir en arrière, en sens inverse : *l'histoire n'est pas réversible.* **2.** Se dit d'un phénomène dans lequel l'effet et la cause peuvent être intervertis. **3.** Se dit d'un vêtement qui peut être porté à l'envers comme à l'endroit.

**réversion** nf ■ **pension de réversion :** retraite versée au conjoint survivant d'une personne décédée qui avait acquis des droits à la retraite.

**revêtement** nm Tout ce qui sert à recouvrir pour protéger, garnir, consolider : *revêtement de sol, de façade.*

**revêtir** vt (conj 27) **1.** Mettre sur soi un vêtement. **2.** Prendre tel ou tel aspect : *revêtir une allure officielle.* **3.** Recouvrir, enduire d'un revêtement : *revêtir de plâtre.*

**rêveur, euse** adj et n Qui se laisse aller à la rêverie.

**rêveusement** adv De manière rêveuse.

**revient** nm ■ **prix de revient :** coût de fabrication et de distribution d'un produit.

**revigorer** vt Redonner de la vigueur à.

**revirement** nm Changement brusque et complet : *revirement de l'opinion, de situation.*

**révisable** adj Qui peut être révisé.

**réviser** vt **1.** Examiner de nouveau, pour modifier s'il y a lieu : *réviser un procès.* **2.** Remettre en bon état de marche, vérifier : *réviser un moteur.* **3.** Revoir, étudier de nouveau en vue d'un examen : *réviser ses leçons.*

**réviseur, euse** n Personne qui revoit, vérifie.

**révision** nf **1.** Action de réviser : *révision d'un procès, d'une voiture.* **2.** Action de revoir un sujet, un programme en vue d'un examen : *faire des révisions.*

**révisionnisme** nm **1.** Attitude de ceux qui remettent en cause les bases fondamentales d'une doctrine, d'une constitution. **2.** Négation ou minimisation du génocide des Juifs par les nazis pendant la Seconde Guerre mondiale.

**révisionniste** adj et n Qui relève du révisionnisme ; qui en est partisan.

**revisser** vt Visser de nouveau ce qui est dévissé.

**revitalisant, e** adj Qui revitalise : *shampooing revitalisant.*

**revitaliser** vt Donner une vitalité nouvelle à.

**revivifier** vt Vivifier de nouveau.

**reviviscence** nf **1.** Propriété de certains organismes qui peuvent, après avoir été desséchés, reprendre vie à l'humidité. **2.** LITT Réapparition d'un état de conscience déjà éprouvé.

**revivre** vi (conj 63) **1.** Revenir à la vie. **2.** Reprendre des forces. **3.** Renaître, se renouveler. ◆ vt Vivre de nouveau : *revivre une époque.*

**révocabilité** nf État de celui ou de ce qui est révocable.

**révocable** adj Qui peut être révoqué.

**révocation** nf Action de révoquer.

**revoici** prép Voici de nouveau.

**revoilà** prép Voilà de nouveau.

**1. revoir** vt (conj 41) **1.** Voir de nouveau : *revoir un ami.* **2.** Revenir dans, auprès de : *revoir sa patrie.* **3.** Examiner de nouveau, réviser : *revoir un texte.* ◆ **se revoir** vpr Être de nouveau en présence l'un de l'autre.

**2. revoir** nm ■ **au revoir :** formule de politesse pour prendre congé.

**révoltant, e** adj Qui révolte, indigne.

**révolte** nf **1.** Rébellion, soulèvement. **2.** Refus d'obéissance, opposition à une autorité.

**révolté, e** adj et n Qui est en révolte.

**révolter** vt Indigner. ◆ **se révolter** vpr **1.** Se soulever contre une autorité. **2.** S'indigner : *se révolter contre l'injustice.*

**révolu, e** adj **1.** Achevé, complet : *avoir vingt ans révolus.* **2.** Qui n'existe plus : *une époque révolue.*

**révolution** nf **1.** Rotation périodique d'un mobile autour d'un corps central ou de son axe : *la révolution de la Terre autour du Soleil.* **2.** Changement brusque et violent dans la structure sociale ou politique d'un État, souvent d'origine populaire. **3.** Bouleversement profond. **4.** FAM Agitation soudaine et passagère.

**révolutionnaire** adj **1.** Relatif à la révolution : *idées révolutionnaires.* **2.** Radicalement nouveau : *découverte révolutionnaire.* ◆ adj et n Partisan d'une révolution.

**révolutionner** vt **1.** Modifier profondément : *révolutionner un secteur.* **2.** FAM Bouleverser : *la nouvelle a révolutionné le pays.*

**revolver** [revɔlvɛr] nm Arme à feu de poing, à répétition, approvisionnée par un barillet.

**révoquer** vt **1.** Retirer ses fonctions, son pouvoir à qqn : *révoquer un ministre.* **2.** DR Déclarer nul, annuler : *révoquer un testament.*

**revoter** vi et vt Voter de nouveau.

**revoyure** nf ■ FAM **à la revoyure :** au revoir. ❑ **clause de revoyure :** clause prévue dans des lois, stipulant de réexaminer certaines de leurs dispositions dans un délai donné.

**revue** nf **1.** Inspection, examen détaillé : *passer en revue.* **2.** Parade militaire : *revue du 14 juillet.* **3.** Publication périodique : *revue scientifique.* **4.** Spectacle de music-hall comportant une succession de tableaux fastueux. **5.** Spectacle comique ou satirique sur l'actualité. ■ **revue de presse :** compte rendu comparatif d'articles de journaux sur le même sujet ou du contenu des journaux parus le même jour.

**révulsé, e** adj Retourné, bouleversé : *avoir les yeux révulsés.*

**révulser** vt **1.** FAM Dégoûter, écœurer. **2.** MÉD Produire une révulsion.

**révulsif, ive** adj et nm MÉD Se dit d'un médicament qui produit une révulsion.

**révulsion** nf MÉD Irritation locale destinée à faire cesser un état congestif.

**rewriter** [rərajte] vt (anglicisme) Récrire un texte en l'adaptant pour une publication.

**rewriting** [rərajtiŋ] ou [rirajtiŋ] nm (anglicisme) Nouvelle rédaction d'un texte, souvent pour l'adapter à une certaine catégorie de lecteurs.

**rez-de-chaussée** nm inv Partie d'un bâtiment située au niveau du sol.

**rez-de-jardin** nm inv Partie d'un bâtiment de plain-pied avec un jardin.

**RFID** [ɛrɛfide] nf (sigle de *radio frequency identification*) Technique d'identification et de suivi à distance par ondes hertziennes d'objets munis d'une étiquette électronique.

**RGPD** nm (sigle de ***règlement général*** *sur la protection des données*) Règlement contraignant les entreprises de l'UE à demander le consentement des internautes pour toute utilisation de leurs données personnelles.

**Rh** (symbole) Rhésus : *Rh⁺, Rh⁻*.

**RH** nf pl (sigle) Ressources humaines.

**rhabillage** nm Action de rhabiller ; fait de se rhabiller.

**rhabiller** vt **1.** Habiller de nouveau. **2.** Réparer. ◆ **se rhabiller** vpr Remettre ses habits, ses vêtements.

**rhapsode** nm ANTIQ GR Chanteur qui allait de ville en ville en récitant des poèmes.

**rhapsodie** nf Composition musicale de forme libre sur un thème populaire.

**rhénan, e** adj Relatif au Rhin, à la Rhénanie.

**rhénium** [renjɔm] nm Métal blanc analogue au manganèse ; symb : Re.

**rhéologie** nf PHYS Science des lois qui régissent les déformations des matériaux.

**rhéostat** nm ÉLECTR Résistance variable qui, placée dans un circuit, permet de modifier l'intensité du courant. SYN : potentiomètre.

**Rhésus** [rezys] adj inv (nom déposé) ■ **facteur Rhésus** ou **Rhésus** nm : antigène des globules rouges qui détermine deux systèmes de groupes sanguins incompatibles ; ce système, appelé, selon les cas, *Rhésus positif* ou *Rhésus négatif*.

**rhéteur** nm **1.** ANTIQ Personne qui enseignait l'éloquence. **2.** LITT Orateur emphatique.

**rhétoricien, enne** n Spécialiste de rhétorique.

**rhétorique** nf **1.** Ensemble de procédés constituant l'art de bien parler. **2.** PÉJOR Affectation d'éloquence. ■ **figure de rhétorique** : tournure de style qui rend plus vive l'expression de la pensée.

**rhinencéphale** nm Ensemble des formations nerveuses situées à la face interne et inférieure de chaque hémisphère cérébral.

**rhingrave** nm HIST Titre de princes allemands de Rhénanie.

**rhinite** nf MÉD Inflammation de la muqueuse nasale.

**rhinocéros** [rinɔserɔs] nm Grand mammifère des régions chaudes, portant une ou deux cornes médianes sur le museau.

**rhinopharyngien, enne** adj Relatif au rhinopharynx.

**rhinopharyngite** nf MÉD Inflammation du rhinopharynx ; rhume.

**rhinopharynx** nm inv ANAT Partie du pharynx située en arrière des fosses nasales.

**rhizome** nm BOT Tige souterraine.

**rhô** [ro] nm inv Lettre de l'alphabet grec correspondant au *r*.

**rhodanien, enne** adj Du Rhône.

**rhodium** [rɔdjɔm] nm Métal blanc, dur et cassant, analogue au chrome et au cobalt ; symb : Rh.

**rhododendron** [rɔdɔdɛ̃drɔ̃] nm Arbrisseau de montagne, cultivé pour ses fleurs ornementales.

**Rhodoïd** nm (nom déposé) Matière thermoplastique à base d'acétate de cellulose.

**rhomboèdre** nm Parallélépipède dont les six faces sont des losanges égaux.

**rhomboïde** nm ANAT Muscle de la région dorsale, en forme de losange.

**Rhovyl** nm (nom déposé) Fibre synthétique à base de chlorure de vinyle.

**rhubarbe** nf Plante vivace à larges feuilles ; tige comestible de cette plante.

**rhum** [rɔm] nm Eau-de-vie obtenue à partir du jus de la canne à sucre ou des mélasses.

**rhumatisant, e** adj et n Atteint de rhumatismes.

**rhumatismal, e, aux** adj Relatif au rhumatisme : *douleur rhumatismale*.

**rhumatisme** nm Maladie caractérisée par des douleurs dans les muscles ou les articulations.

**rhumatologie** nf Partie de la médecine qui traite des affections rhumatismales.

**rhumatologue** n Spécialiste de rhumatologie.

**rhume** nm Inflammation de la muqueuse des voies respiratoires. ■ **rhume de cerveau** : coryza. ❏ **rhume des foins** : irritation de la muqueuse des yeux et du nez, d'origine allergique.

**rhumerie** [rɔmri] nf Distillerie de rhum.

**ria** [rija] nf Partie en aval d'une vallée encaissée, envahie par la mer.

**riad** [rjad] nm Au Maroc, demeure urbaine traditionnelle, disposant d'un patio ou d'un jardin intérieur.

**riant, e** adj **1.** Qui exprime la gaieté : *visage riant.* **2.** Agréable : *campagne riante.*

**RIB** [rib] nm (sigle) Relevé d'identité bancaire.

**ribambelle** nf FAM Grande quantité de choses ; longue suite de personnes : *une ribambelle d'enfants.*

**riboflavine** nf Vitamine B2.

**ribonucléique** adj ■ **acide ribonucléique (ARN) :** acide jouant un rôle essentiel dans le transport du message génétique et la synthèse des protéines.

**ricanement** nm Action de ricaner.

**ricaner** vi Rire à demi, sottement ou avec une intention moqueuse.

**ricaneur, euse** adj et n Qui ricane.

**RICE** [ris] nm (sigle de *relevé d'identité de caisse d'épargne*) Document permettant d'identifier un compte de caisse d'épargne.

**richard, e** n FAM, PÉJOR Personne très riche.

**riche** adj et n Qui possède des biens importants, de la fortune, des richesses : *riche propriétaire ; un nouveau riche.* ◆ adj **1.** Qui a des ressources abondantes et variées ; fertile, fécond : *sol riche ; langue riche ; aliment riche.* **2.** Abondamment pourvu : *minerai riche en argent ; expérience riche d'enseignements.* ■ **rimes riches :** rimes qui ont trois éléments communs.

**richement** adv D'une manière riche.

**richesse** nf **1.** Abondance de biens, fortune : *vivre dans la richesse.* **2.** Fertilité : *la richesse du sol.* **3.** Éclat, magnificence. ◆ **richesses** pl **1.** Ressources naturelles d'un pays. **2.** Produits de l'activité économique d'une collectivité.

**richissime** adj FAM Très riche.

**ricin** nm Plante oléagineuse aux grandes feuilles palmées et aux graines toxiques. ■ **huile de ricin :** huile extraite des graines de ricin, aux vertus laxatives.

**ricocher** vi Faire un ou des ricochets : *pierre qui ricoche.*

**ricochet** nm Rebond que fait une pierre jetée obliquement sur la surface de l'eau, ou un projectile rencontrant un obstacle. ■ **par ricochet :** indirectement, par contrecoup.

**ric-rac** loc adv FAM **1.** Avec exactitude : *payer ric-rac.* **2.** De façon juste suffisante : *réussir ric-rac.*

**rictus** [riktys] nm Contraction de la bouche qui donne au visage l'expression d'un rire forcé.

**ride** nf **1.** Pli de la peau qui s'accentue avec l'âge. **2.** Ondulation sur une surface. ■ **ne pas avoir (pris) une ride :** en parlant d'un roman, d'un film, être toujours d'actualité.

**ridé, e** adj Couvert de rides.

**rideau** nm **1.** Voile, draperie destinés à intercepter le jour, à masquer, à couvrir quelque chose. **2.** Ligne d'objets formant un obstacle à la vue : *rideau de peupliers.* **3.** Grande draperie placée devant la scène d'une salle de spectacle.

**ridelle** nf Châssis formant chacun des côtés d'un chariot, d'un camion découvert.

**rider** vt Marquer de rides. ◆ **se rider** vpr Se couvrir de rides.

**ridicule** adj **1.** Propre à exciter le rire, la moquerie : *un chapeau ridicule.* **2.** Insignifiant, minime : *une somme ridicule.* ◆ nm Ce qui est ridicule : *tomber dans le ridicule.* ■ **tourner en ridicule :** se moquer de.

**ridiculement** adv De façon ridicule.

**ridiculiser** vt Tourner en ridicule.

**ridule** nf Petite ride.

**rien** pron indéf **1.** (avec *ne* ou précédé de *sans*) Aucune chose : *il ne fait rien ; sans rien faire.* **2.** (sans *ne*) A une valeur négative dans des réponses ou des phrases sans verbe : *à quoi penses-tu ? – à rien ; rien à l'horizon.* **3.** (sans *ne*) Quelque chose : *est-il rien de plus stupide ?* ■ **cela ne fait rien :** cela importe peu. ❏ **cela n'est rien :** c'est peu de chose. ❏ **comme si de rien n'était :** comme si la chose n'était pas arrivée. ❏ **de rien :** réponse polie à un remerciement. ❏ **de rien** ou **de rien du tout :** sans importance. ❏ **pour rien :** (a) inutilement (b) gratuitement, pour très peu d'argent. ❏ **rien que :** seulement. ◆ nm Chose sans importance, bagatelle : *un rien lui fait peur.* ■ **en un rien de temps :** en très peu de temps. ❏ **un rien de :** un petit peu de.

**riesling** [rislinŋ] nm Vin blanc d'Alsace et de Rhénanie.

**rieur, euse** adj et n Qui rit ou aime à rire.

**rififi** nm ARG Bagarre.

**riflard** nm **1.** Rabot à deux poignées, pour dégrossir le bois. **2.** Palette de plâtrier. **3.** Grosse lime à dégrossir les métaux.

**rifle** nm Carabine ou pistolet à long canon : *22 long rifle.*

**rigaudon** ou **rigodon** nm ANC Air et danse vifs à deux temps, d'origine provençale.

**rigide** adj **1.** Raide : *barre de fer rigide.* **2.** Inflexible : *morale rigide.*

**rigidement** adv Avec rigidité.

**rigidité** nf **1.** Raideur. **2.** Sévérité, rigueur.

**rigolade** nf FAM **1.** Plaisanterie, amusement. **2.** Chose peu sérieuse, sans importance. **3.** Chose faite sans effort, comme par jeu.

**rigolard, e** adj et n FAM Qui aime à rire.
**rigole** nf **1.** Canal étroit et en pente pour l'écoulement des eaux. **2.** Petite tranchée.
**rigoler** vi FAM **1.** S'amuser, rire. **2.** Ne pas parler sérieusement.
**rigolo, ote** adj FAM **1.** Plaisant, amusant. **2.** Curieux, étrange : *c'est rigolo comme tu as changé.* ◆ n FAM **1.** Personne qui fait rire. **2.** Personne qu'on ne peut pas prendre au sérieux.
**rigorisme** nm Attachement rigoureux aux règles morales ou religieuses.
**rigoriste** adj et n Qui fait preuve de rigorisme.
**rigoureusement** adv **1.** Avec rigueur. **2.** Absolument : *c'est rigoureusement vrai.*
**rigoureux, euse** adj **1.** Sévère : *moraliste rigoureux.* **2.** Dur, difficile à supporter : *froid rigoureux.* **3.** Précis, exact, strict : *examen rigoureux ; chercheur rigoureux.*
**rigueur** nf **1.** Sévérité, dureté. **2.** Violence, âpreté : *rigueur du froid.* **3.** Grande exactitude : *la rigueur d'une démonstration.* ■ **à la rigueur** : au pis aller. ❑ **de rigueur** : imposé par les usages, la règle. ❑ **tenir rigueur à qqn de qqch** : ne pas le lui pardonner.
**rikiki** adj inv → **riquiqui**.
**rillettes** nf pl Viande de porc ou d'oie hachée menu et cuite dans la graisse.
**Rilsan** nm (nom déposé) Fibre textile synthétique de la famille des polyamides.
**rimailler** vt et vi VIEILLI Faire de mauvais vers.
**rimailleur, euse** n FAM, VX Poète sans talent.
**rime** nf Retour du même son à la fin de deux ou plusieurs vers. ■ **n'avoir ni rime ni raison** : n'avoir pas de sens.
**rimer** vi Se terminer par une rime, en parlant des finales des mots. ■ **ne rimer à rien** : être dépourvu de sens. ◆ vt Mettre en vers.
**Rimmel** nm (nom déposé) Fard pour les cils.
**rinçage** nm Action de rincer.
**rinceau** nm BX-ARTS Ornement en forme de feuillages disposés en enroulement.
**rince-bouteille** (pl *rince-bouteilles*) ou **rince-bouteilles** (pl inv) nm Appareil pour rincer les bouteilles.
**rince-doigts** nm inv Bol d'eau tiède pour se rincer les doigts à table.
**rincer** vt (conj 1) **1.** Nettoyer à l'eau : *rincer un verre.* **2.** Passer dans une eau nouvelle ce qui a déjà été lavé, pour retirer toute trace des produits de lavage. ◆ **se rincer** vpr Se passer le corps, une partie du corps sous l'eau. ■ **se rincer la bouche** : se laver la bouche avec un liquide que l'on recrache. ❑ FAM **se rincer l'œil** : regarder avec plaisir une personne attrayante, un spectacle érotique.
**rincette** nf FAM Petite quantité d'eau-de-vie qu'on verse dans son verre ou dans sa tasse à café vide.
**1. ring** [riŋ] nm Estrade entourée de cordes pour les combats de boxe, de catch ou de lutte.
**2. ring** [riŋ] nm BELGIQUE Rocade.
**ringard, e** adj et n FAM Bon à rien. ◆ adj FAM Médiocre, dépassé, démodé.
**ripaille** nf FAM Excès de table : *faire ripaille.*
**ripailler** vi FAM Faire ripaille.
**riper** vt MAR Faire glisser. ◆ vi Déraper, glisser.
**riposte** nf **1.** Repartie prompte. **2.** Contre-attaque vigoureuse. **3.** En escrime, attaque qui suit une parade.
**riposter** vt Répondre vivement : *il m'a riposté que j'avais tort.* ◆ vt ind [à] **1.** Répondre vivement à : *riposter à une injure.* **2.** Contre-attaquer.
**ripou** (pl *ripoux* ou *ripous*) adj et n FAM Se dit d'une personne corrompue : *politicien ripou.*
**riquiqui** ou **rikiki** adj inv FAM Petit, étriqué.
**1. rire** vi (conj 67) **1.** Marquer un sentiment de gaieté soudaine par un mouvement des lèvres, de la bouche, accompagné de sons plus ou moins saccadés et bruyants : *rire aux éclats.* **2.** Prendre une expression de gaieté : *yeux qui rient.* **3.** S'amuser, prendre du bon temps : *bien rire à une soirée.* **4.** Agir, parler sans intention sérieuse : *j'ai dit cela pour rire ; tu veux rire ?* ◆ vt ind ou **se rire** vpr [de] SOUT Se moquer de ; ne pas tenir compte de : *se rire des critiques.*
**2. rire** nm Action de rire ; hilarité.
**1. ris** nm Thymus du veau et de l'agneau.
**2. ris** nm MAR Partie d'une voile destinée à être serrée pour en diminuer la surface au vent : *prendre un ris.*
**3. ris** nm pl LITT Rires, plaisirs : *les jeux et les ris.*
**risée** nf **1.** Moquerie collective : *s'exposer à la risée du public.* **2.** MAR Petite brise subite et passagère. ■ **être la risée de** : être un objet de moquerie pour.
**risette** nf FAM Sourire d'un enfant.
**risible** adj Qui provoque le rire ou la moquerie.
**risotto** nm Plat italien à base de riz au gras, d'oignons et de bouillon.
**risque** nm **1.** Danger, inconvénient possible : *courir un risque.* **2.** Préjudice, sinistre éventuel : *assurance tous risques.* ■ **à risque(s)** : (a) prédisposé ou exposé à un danger : *population à risques* (b) qui présente un danger : *une grossesse à risque.* ❑ **à ses risques et périls** :

en assumant la responsabilité de. ❑ **au risque de** : en s'exposant à. ❑ **risque alimentaire** : effet nocif potentiel lié à la contamination d'un aliment, présent à tous les stades de la chaîne alimentaire.

**risqué, e** adj Qui comporte un risque, dangereux, hasardeux.

**risquer** vt **1.** Hasarder, exposer à un risque : *risquer sa vie ; risquer gros.* **2.** S'exposer à : *risquer la mort.* **3.** Tenter : *risquer une démarche.* ■ **risquer le coup** : tenter une entreprise hasardeuse. ◆ vt ind [de] **1.** Être en danger de : *risquer de tomber.* **2.** Courir le risque de, pouvoir : *risquer d'être déçu.* ◆ **se risquer** vpr [à] **1.** Aller dans un lieu où l'on court un risque. **2.** Se hasarder (à).

EMPLOI *On risque de perdre,* mais *on a des chances de réussir. Risquer* ne s'emploie que dans le contexte d'une issue malheureuse.

**risque-tout** n inv FAM Personne audacieuse.

**rissole** nf Petit pâté frit de viande ou de poisson.

**rissoler** vt et vi Cuire en dorant.

**ristourne** nf Remise, avantage pécuniaire consenti par un commerçant.

**ristourner** vt Consentir une ristourne de tant : *ristourner quinze euros.*

**rite** nm **1.** Ensemble des règles qui fixent le déroulement d'une cérémonie, d'un culte religieux : *le rite de l'Église romaine.* **2.** Cérémonial quelconque. **3.** Ce qui se fait, s'accomplit selon une coutume immuable.

**ritournelle** nf **1.** Courte phrase musicale qui précède ou suit un chant. **2.** FAM Ce que l'on répète souvent.

**ritualiser** vt Régler, codifier à la manière d'un rite.

**1. rituel** nm **1.** Mise en œuvre des rites d'une religion ; livre contenant ces rites. **2.** Ensemble de règles, d'habitudes immuables : *le rituel monotone de la vie quotidienne.*

**2. rituel, elle** adj Conforme aux rites, réglé par un rite.

**rituellement** adv De façon rituelle.

**rivage** nm Bande de terre qui borde une étendue d'eau marine.

**rival, e, aux** n et adj Personne qui dispute quelque chose à une autre, qui désire l'égaler ou la surpasser.

**rivaliser** vi Chercher à égaler ou à surpasser : *rivaliser d'efforts avec quelqu'un.*

**rivalité** nf Concurrence de personnes qui prétendent à la même chose ; antagonisme.

**rive** nf **1.** Bord d'une étendue d'eau, d'un cours d'eau. **2.** Quartier d'une ville qui borde un cours d'eau : *habiter rive gauche.*

**river** vt Rabattre et aplatir la pointe d'un clou sur l'autre côté de l'objet qu'il traverse. ■ **être rivé à quelque chose** : ne pas pouvoir s'en détacher, le quitter : *être rivé à son fauteuil.* ❑ **river ses yeux, son regard sur** : fixer étroitement et longtemps. ❑ FAM **river son clou à quelqu'un** : lui répondre vertement, le réduire au silence.

**riverain, e** adj et n Qui habite, qui est situé le long d'une rivière, d'une forêt, d'une voie de communication, près d'un aéroport.

**rivet** nm Tige cylindrique munie d'une tête et dont on écrase la pointe pour assembler des pièces plates.

**riveter** vt (conj 8) TECHN Assembler au moyen de rivets.

**rivière** nf Cours d'eau naturel qui se jette dans un autre cours d'eau. ■ **rivière de diamants** : collier sur lequel sont enchâssés des diamants.

**rixe** nf Querelle accompagnée d'injures et de coups ; bagarre.

**riz** nm Graminée cultivée dans les terrains humides des pays chauds, et dont le grain farineux est un aliment nutritif ; grain de cette plante. ■ **poudre de riz** : poudre fine parfumée pour le maquillage. ❑ **riz cantonais** : accompagnement fait de riz cuit à l'eau puis sauté avec des œufs, des légumes et du jambon. ❑ **riz au lait** : entremets fait de riz cuit dans du lait sucré.

**rizerie** nf Usine où l'on traite le riz.

**riziculture** nf Culture du riz.

**rizière** nf Champ de riz.

**RMI** nm (sigle) VIEILLI Revenu minimum d'insertion.

**RN** nf (sigle) Route nationale : *la RN4.*

**RNIS** nm (sigle) Réseau numérique à intégration de services.

**robe** nf **1.** Vêtement féminin composé d'un corsage et d'une jupe d'un seul tenant. **2.** Vêtement long et ample que portent les juges, les avocats dans l'exercice de leurs fonctions ; LITT la magistrature. **3.** Enveloppe : *robe d'une fève, d'un oignon.* **4.** Pelage du cheval, des bovins, considéré du point de vue de sa couleur : *robe isabelle.* **5.** Couleur d'un vin. ■ **pommes de terre en robe des champs, en robe de chambre** : cuites dans leur peau. ❑ **robe de chambre** : vêtement d'intérieur tombant jusqu'aux pieds.

**robinet** nm Appareil placé sur le tuyau d'une canalisation et qui permet d'établir ou de suspendre l'écoulement d'un liquide ou d'un gaz ; clé de cet appareil : *tourner le robinet.*

**robinetterie** nf **1.** Ensemble des robinets d'une installation. **2.** Industrie, commerce des robinets.

**robinier** nm Arbre épineux d'Amérique du Nord, aux grappes de fleurs blanches et parfumées ; bois jaunâtre et durable de cet arbre. SYN : faux acacia.

**roboratif, ive** adj SOUT Fortifiant.

**robot** nm **1.** Appareil automatique pouvant se substituer à l'homme pour exécuter diverses actions. **2.** Bloc-moteur électrique combinable avec divers accessoires, utilisé pour faire la cuisine. **3.** Personne agissant comme un automate.

**robotique** nf Science et technique de la conception et de la construction des robots.

**robotisation** nf Action de robotiser.

**robotiser** vt **1.** Introduire l'emploi de robots industriels dans. **2.** Réduire un travail à une tâche automatique.

**robusta** nm Variété de caféier ; café à forte teneur en caféine produit par ce caféier.

**robuste** adj Solidement constitué ; fort, résistant.

**robustesse** nf Force, vigueur.

**roc** nm Masse de pierre très dure, solidaire du sous-sol. ■ **solide comme un roc :** inébranlable.

**rocade** nf Voie de communication destinée à détourner la circulation, ou qui relie deux voies principales.

**1. rocaille** nf **1.** Terrain rempli de cailloux. **2.** Ouvrage ornemental imitant les rochers et les pierres naturelles.

**2. rocaille** nf et adj inv Tendance des arts décoratifs en vogue sous Louis XV, caractérisée par des formes contournées évoquant concrétions minérales, coquillages et sinuosités végétales.

**rocailleux, euse** adj **1.** Couvert, rempli de cailloux. **2.** FIG Dur, heurté. ■ **voix rocailleuse :** rauque.

**rocambolesque** adj Rempli de péripéties extraordinaires, invraisemblables.

**roche** nf Masse minérale présentant une homogénéité de composition et de structure. ■ **clair comme de l'eau de roche :** extrêmement clair ; évident. ❑ **il y a anguille sous roche :** il y a quelque chose de secret dont on soupçonne l'existence.

**rocher** nm **1.** Grande masse de pierre dure, souvent escarpée. **2.** ANAT Partie massive de l'os temporal. **3.** Gâteau ou bouchée au chocolat ayant la forme et l'aspect rugueux de certains rochers.

**rocheux, euse** adj Couvert, formé de roches, de rochers.

**rock** ou **rock and roll** [rɔkɛnrɔl] nm **1.** Style musical né aux États-Unis dans les années 1950, caractérisé par l'utilisation de la guitare électrique et de la batterie dans des chansons très rythmées. **2.** Danse sur cette musique.

**rocker** [rɔkœr] ou **rockeur, euse** n Chanteur de rock.

**rocket** nf → **roquette.**

**rocking-chair** [rɔkiŋtʃɛr] (pl *rocking-chairs*) nm Fauteuil à bascule.

**rococo** nm et adj inv Style artistique en vogue au XVIIIe s. (en Allemagne et en Espagne, particulièrement), inspiré du baroque italien et du décor rocaille français. ◆ adj inv Démodé, tarabiscoté.

**rodage** nm Action de roder.

**rodéo** nm **1.** Fête donnée à l'occasion du marquage des bêtes, dans certaines régions d'Amérique. **2.** Jeu américain qui consiste, pour un cavalier, à maîtriser un cheval sauvage ou un taureau. **3.** FAM Course bruyante de voitures, de motos.

**roder** vt **1.** Faire fonctionner un moteur neuf à vitesse réduite, de telle manière que les pièces puissent s'ajuster les unes aux autres. **2.** FAM Mettre progressivement au point : *roder une équipe, une méthode de travail.* ■ **être rodé :** avoir acquis de l'expérience, être au point.

**rôder** vi Errer çà et là, souvent avec de mauvaises intentions.

**rôdeur, euse** n Personne qui rôde ; vagabond.

**rodomontade** nf LITT Fanfaronnade.

**rœsti** ou **rösti** [røʃti] nm pl SUISSE Pommes de terre émincées dorées à la poêle.

**rogations** nf pl RELIG CATH Prières publiques et processions faites pour attirer sur les récoltes et les animaux la bénédiction de Dieu.

**rogatoire** adj DR Qui concerne une demande. ■ **commission rogatoire :** commission qu'un tribunal adresse à un autre pour le charger d'un acte de procédure ou d'instruction qu'il ne peut faire lui-même.

**rogaton** nm (souvent au pluriel) FAM Reste d'un repas, morceau d'un aliment.

**rogne** nf FAM Colère, mauvaise humeur.

**rogner** vt **1.** Retrancher sur les bords. **2.** Diminuer légèrement pour faire un petit profit : *rogner les revenus de quelqu'un.* ◆ vt ind [sur] Prendre sur : *rogner sur ses loisirs.*

**rognon** nm CUIS Rein de certains animaux.

**rognure** nf Ce qui tombe, se détache de ce qu'on rogne.

**rogomme** nm FAM, VX Liqueur forte. ■ **voix de rogomme** : enrouée par l'abus d'alcool.

**rogue** adj Arrogant, dédaigneux.

**roi** nm **1.** Détenteur du pouvoir exécutif dans un État monarchique. **2.** Le plus grand dans un domaine particulier, celui qui domine : *le lion est le roi des animaux ; le roi des imbéciles.* **3.** Principale pièce aux échecs. **4.** Première figure de chaque couleur d'un jeu de cartes. ■ **le jour des Rois** : l'Épiphanie.

**roitelet** nm **1.** PÉJOR Roi d'un très petit État. **2.** Petit passereau insectivore, dont le mâle porte une huppe sur la tête.

**rôle** nm **1.** Ce que doit dire et faire un acteur, un danseur ; le personnage ainsi représenté : *savoir son rôle ; tenir le premier rôle.* **2.** Fonction, influence que l'on exerce : *avoir un rôle important dans une affaire.* **3.** Fonction assumée par un organisme, une force, un élément quelconque : *le rôle du verbe dans la phrase.* **4.** Liste, catalogue : *inscrire sur un rôle.* **5.** DR Feuillet sur lequel est transcrit un acte juridique. ■ **à tour de rôle** : chacun à son tour. ❑ **avoir le beau rôle** : (a) se montrer à son avantage (b) avoir la tâche facile. ❑ **jouer un rôle** : tenir tel ou tel rang, tel ou tel emploi. ❑ **rôle nominatif** : document administratif portant le nom des contribuables d'une commune et le montant de leur impôt.

**rôle-titre** (pl *rôles-titres*) nm Rôle homonyme du titre de l'œuvre interprétée.

**roller** [rɔlœr] nm Sorte de patin à roulettes fixé sur une chaussure de sport et dont les roulettes sont alignées.

**rolleur, euse** n Personne qui pratique le roller, le patin à roulettes.

**rollmops** [rɔlmɔps] nm Hareng cru roulé autour d'un cornichon et mariné dans du vinaigre.

**rom** [rɔm] adj inv et n Relatif aux Roms, l'un des trois groupes formant les Tsiganes.

**ROM** [rɔm] nf (sigle de *read only memory*) INFORM Mémoire morte.

**romain, e** adj et n **1.** Qui appartient à l'ancienne Rome : *art romain.* **2.** Qui appartient à la Rome actuelle : *les commerçants romains.* ■ **chiffres romains** : lettres numérales I, V, X, L, C, D, M, qui valent respectivement 1, 5, 10, 50, 100, 500, 1 000, et qui, diversement combinées, servaient aux Romains à former tous les nombres (par opposition à *chiffres arabes*). ❑ **l'Église romaine** : l'Église catholique. ◆ adj et nm Se dit d'un caractère d'imprimerie droit (par opposition à *italique*).

**1. romaine** adj f et nf Se dit d'une balance formée d'un fléau à bras inégaux (sur le bras le plus long, qui est gradué, coulisse un poids).

**2. romaine** nf Laitue à longues feuilles croquantes.

**1. roman** nm **1.** AUTREF Récit en langue romane : *le « Roman de la Rose ».* **2.** Œuvre d'imagination en prose dont l'intérêt réside dans la narration d'aventures, l'étude de mœurs ou de caractères, l'analyse de sentiments ou de passions. **3.** Récit invraisemblable, mensonger.

**2. roman, e** adj **1.** Se dit des langues dérivées du latin. **2.** Se dit de l'art qui s'est épanoui en Europe aux XI<sup></sup>e et XIIe s. ◆ nm **1.** Langue dérivée du latin, qui a précédé historiquement le français. **2.** Art ou style roman.

**romance** nf Chanson sur un sujet tendre et touchant.

**romancer** vt (conj 1) Présenter sous forme de roman : *biographie romancée.*

**romancero** [rɔmɑ̃sero] nm Recueil de vieux poèmes espagnols à sujet historique.

**romanche** nm Langue romane parlée en Suisse, dans les Grisons.

**romancier, ère** n Auteur de romans.

**romand, e** adj et n Se dit de la partie de la Suisse où l'on parle le français, de ses habitants.

**romanesque** adj **1.** Propre au roman ; qui tient du roman. **2.** Exalté, rêveur : *esprit romanesque.*

**roman-feuilleton** (pl *romans-feuilletons*) nm Roman publié en feuilleton dans un journal et caractérisé par des rebondissements répétés de l'action.

**roman-fleuve** (pl *romans-fleuves*) nm Roman très long mettant en scène de nombreux personnages.

**romani** nm Langue des Rom ; tsigane.

**romanichel, elle** n VIEILLI, PÉJOR **1.** Tsigane. **2.** Vagabond.

**romaniste** n Spécialiste des langues romanes.

**roman-photo** (pl *romans-photos*) nm Intrigue romanesque racontée sous forme de photos accompagnées de textes.

**romantique** adj **1.** Propre au romantisme : *littérature romantique.* **2.** Qui touche à la sensibilité, invite à l'émotion : *histoire romantique.* ◆ adj et n **1.** Qui se réclame du romantisme, au XIXe s. **2.** Chez qui la sensibilité et l'imagination l'emportent sur la rationalité.

**romantisme** nm **1.** École littéraire et artistique du début du XIXe s., qui fit prévaloir le sentiment et l'imagination sur la raison et l'analyse critique. **2.** Caractère, comportement d'une personne romantique.

**romarin** nm Arbuste aromatique de la Méditerranée, à fleurs bleues ; jeune pousse, fleur de cet arbuste.

**rombière** nf PÉJOR, FAM Femme un peu ridicule et prétentieuse : *une vieille rombière.*

**rompre** vt (conj 53) **1.** LITT Briser, casser. **2.** Faire céder sous l'effet d'une forte pression : *le fleuve a rompu ses digues.* **3.** Faire cesser, mettre fin à : *rompre le silence, le combat ; rompre un marché, une liaison.* ■ **à tout rompre :** très fort, à grand bruit. ❑ **rompre la glace :** mettre fin à la gêne du premier contact. ◆ vi **1.** LITT Se briser. **2.** Mettre fin à une relation amoureuse, se séparer : *ils ont rompu.* ◆ vt ind [avec] Renoncer à ; s'opposer à : *rompre avec la tradition.* ◆ **se rompre** vpr LITT Se briser.

**rompu, e** adj Très fatigué. ■ **à bâtons rompus :** (a) sur des sujets divers (b) de manière discontinue. ❑ **être rompu à :** être expérimenté, habile dans : *rompu aux affaires.*

**romsteck** [rɔmstɛk] ou **rumsteck** [rɔmstɛk] nm BOUCH Partie du bœuf correspondant à la croupe.

**ronce** nf **1.** Arbuste épineux aux baies noires (mûres). **2.** Partie de certains bois aux veines enchevêtrées : *ronce de noyer.*

**ronceraie** nf Lieu couvert de ronces.

**ronchon, onne** adj et n FAM Grincheux, grognon.

**ronchonnement** nm FAM Action de ronchonner.

**ronchonner** vi FAM Manifester sa mauvaise humeur, son mécontentement par des bougonnements.

**ronchonneur, euse** adj et n FAM Qui ronchonne.

**roncier** nm ou **roncière** nf Buisson de ronces.

**1. rond** nm **1.** Cercle, figure circulaire. **2.** Anneau : *rond de serviette.* **3.** FAM Sou, argent. ■ **en rond :** circulairement. ❑ FIG **tourner en rond :** ne pas progresser.

**2. rond, e** adj **1.** Qui a la forme d'un cercle, d'une sphère, d'un cylindre. **2.** Arrondi, courbe : *dos rond.* **3.** Charnu, bien rempli : *joues rondes.* **4.** FAM Court et corpulent : *fillette toute ronde.* **5.** Franc et décidé : *rond en affaires.* **6.** Se dit d'une quantité qui ne comporte pas de fraction : *chiffre, compte rond.* **7.** TRÈS FAM Ivre. ◆ adv ■ **avaler tout rond :** sans mâcher. ❑ FAM **il, ça ne tourne pas rond :** il, ça va mal. ❑ FAM **tourner rond :** (a) tourner régulièrement, en parlant d'un moteur (b) se dérouler convenablement.

**rond-de-cuir** (pl *ronds-de-cuir*) nm VIEILLI, PÉJOR Employé de bureau.

**ronde** nf **1.** Inspection pour s'assurer que tout est en ordre. **2.** Danse où les danseurs se tiennent par la main et tournent en rond ; air, chanson sur lesquels elle s'exécute. **3.** Écriture en caractères ronds. **4.** MUS Note qui vaut deux blanches. ■ **à la ronde :** (a) alentour : *à dix lieues à la ronde* (b) chacun à son tour : *boire à la ronde.*

**rondeau** nm **1.** Poème à forme fixe sur deux rimes et un refrain. **2.** MUS Rondo.

**ronde-bosse** (pl *rondes-bosses*) nf Ouvrage de sculpture en plein relief.

> ORTHOGRAPHE On écrit une *ronde-bosse,* mais *en ronde bosse* (sans trait d'union), comme on écrit *un bas-relief* et *en bas relief.*

**rondelet, ette** adj FAM Qui présente un certain embonpoint. ■ **somme rondelette :** assez importante.

**rondelle** nf **1.** Petite tranche mince et ronde : *rondelle de saucisson.* **2.** Petit disque percé au milieu : *rondelle d'écrou.* **3.** CANADA Palet de hockey sur glace.

**rondement** adv **1.** Promptement : *affaire rondement menée.* **2.** Franchement : *s'expliquer rondement.*

**rondeur** nf **1.** État de ce qui est rond, sphérique : *la rondeur d'une pomme.* **2.** Chose, forme ronde, arrondie : *avoir des rondeurs.*

**rondin** nm **1.** Bois à brûler, rond et court. **2.** Bille de bois non équarrie.

**rondo** ou **rondeau** nm MUS Forme instrumentale ou vocale caractérisée par l'alternance d'un refrain et de couplets.

**rondouillard, e** adj FAM Qui a de l'embonpoint.

**rond-point** (pl *ronds-points*) nm Carrefour, place circulaire ou semi-circulaire.

**Ronéo** nf (nom déposé) Machine servant à reproduire un document exécuté au stencil.

**ronéoter** ou **ronéotyper** vt Reproduire à la Ronéo.

**ronflant, e** adj **1.** Qui produit un son sourd et continu. **2.** Emphatique et creux : *phrases ronflantes.*

**ronflement** nm **1.** Bruit qu'on fait en ronflant. **2.** Sonorité sourde et prolongée : *le ronflement d'un moteur.*

**ronfler** vi **1.** Faire, en respirant pendant le sommeil, un bruit sonore venant de la gorge. **2.** Produire un bruit sourd et prolongé : *moteur qui ronfle.*

**ronfleur, euse** n Personne qui ronfle. ◆ nm Appareil à lame vibrante produisant un ronflement de basse fréquence.

**ronger** vt (conj 2) **1.** Couper, manger progressivement avec les dents ou le bec. **2.** User lentement, corroder, attaquer : *la rouille ronge le fer.* **3.** Miner, tourmenter : *rongé par le remords.* ■ **ronger son frein :**

supporter avec impatience l'attente, la contrainte, etc. ◆ **se ronger** vpr ■ **se ronger les ongles** : les mordiller.

**rongeur, euse** adj Qui ronge. ◆ nm Mammifère à longues incisives, sans canines tel que le rat, l'écureuil, le lièvre (les rongeurs forment un ordre).

**ronron** nm **1.** Ronflement du chat qui manifeste son contentement. **2.** Bruit sourd et continu. **3.** Monotonie, routine : *le ronron quotidien.*

**ronronnement** nm Fait de ronronner ; bruit de ce qui ronronne, du chat qui ronronne.

**ronronner** vi **1.** Faire entendre des ronrons. **2.** Émettre un bruit sourd et régulier : *le moteur ronronne.*

**röntgen** [rœntgɛn] ou **roentgen** [rœntgɛn] nm Unité d'exposition de rayonnement X ou γ.

**roof** nm → **rouf**.

**roque** nm Coup par lequel on roque.

**roquefort** nm Fromage à pâte persillée fabriqué avec du lait de brebis.

**roquer** vi Au jeu d'échecs, placer l'une de ses tours auprès de son roi et faire passer le roi de l'autre côté de la tour en un seul mouvement.

**roquet** nm **1.** Petit chien qui aboie sans cesse. **2.** FAM, PÉJOR Individu hargneux.

**roquette** ou **rocket** nf Projectile autopropulsé et non guidé employé dans les tirs d'artillerie et antichars.

**rorqual** [rɔrkwal] nm Mammifère voisin de la baleine mais possédant une nageoire dorsale.

**rosace** nf ARCHIT **1.** Ornement en forme de rose ou d'étoile. **2.** Grand vitrail rond.

**rosacé, e** adj De couleur rose.

**rosacée** nf Plante à nombreuses étamines dont les types sont le rosier et la plupart des arbres fruitiers d'Europe (les rosacées forment une vaste famille).

**rosaire** nm **1.** Grand chapelet. **2.** Ensemble des prières récitées en égrenant un chapelet.

**rosâtre** adj Qui a une teinte rose sale.

**rosbif** [rɔsbif] ou [rɔzbif] nm Pièce de bœuf ou de cheval destinée à être rôtie.

**1. rose** nf **1.** Fleur du rosier. **2.** Diamant taillé plat en dessous. **3.** ARCHIT Vitrail circulaire d'église. SYN : rosace. ■ **rose des sables** : agglomération de cristaux de gypse. ❑ MAR **rose des vents** : étoile à trente-deux branches indiquant les aires de vent. ❑ **rose trémière** : plante (guimauve) à tige élevée et grandes fleurs colorées (appelée aussi : *primerose, passerose*).

**2. rose** adj **1.** D'une couleur rouge pâle semblable à celle de la rose commune. **2.** FAM Socialiste. **3.** Qui a trait aux relations sexuelles tarifées, à l'érotisme ou à la pornographie : *messageries roses.* ◆ nm La couleur rose : *aimer le rose.* ■ **voir la vie en rose** : voir le bon côté des choses.

**rosé, e** adj Teinté de rose. ◆ nm Vin de couleur rosée.

**roseau** nm Plante du bord des étangs, à tige droite, lisse et pourvue d'un épi de fleurs.

**rosé-des-prés** (pl *rosés-des-prés*) nm Champignon des prés comestible, à lames rosées.

**rosée** nf Condensation de la vapeur d'eau atmosphérique qui se dépose en fines gouttelettes.

**roséole** nf MÉD Éruption de taches rosées.

**roseraie** nf Terrain, jardin planté de rosiers.

**rosette** nf **1.** Nœud de ruban en forme de rose. **2.** Insigne de certains ordres. **3.** Saucisson cru de Lyon.

**rosier** nm Arbuste épineux de la famille des rosacées cultivé pour ses fleurs.

**rosière** nf ANC Jeune fille vertueuse à laquelle on décernait solennellement une récompense.

**rosir** vt Donner une teinte rose à. ◆ vi Devenir rose.

**rosse** nf **1.** VX Cheval sans force, sans vigueur. **2.** FAM Personne méchante. ◆ adj **1.** D'une ironie mordante. **2.** Sévère : *un professeur rosse.*

**rosser** vt FAM Battre violemment, rouer de coups.

**rosserie** nf FAM Méchanceté.

**rossignol** nm **1.** Oiseau passereau dont le mâle est un chanteur remarquable. **2.** Crochet pour ouvrir les serrures. **3.** FAM Objet sans valeur ou démodé.

**rossinante** nf LITT Cheval maigre.

**rostre** nm **1.** Éperon des navires anciens. **2.** ZOOL Partie saillante et pointue qui prolonge la mâchoire supérieure : *rostre d'espadon.* **3.** Ensemble des pièces buccales piqueuses de certains insectes. **4.** Pointe antérieure de la carapace de certains crustacés.

**rot** [ro] nm FAM Émission par la bouche, et avec un bruit rauque, de gaz stomacaux.

**rôt** nm VX Rôti.

**rotang** [rɔtɑ̃g] nm Palmier d'Inde et de Malaisie à tige grêle dont une espèce fournit le rotin.

**rotateur, trice** adj Qui fait tourner. ◆ adj et nm Se dit d'un muscle permettant la rotation des parties auxquelles il est attaché.

**rotatif, ive** adj Qui agit en tournant : *machine rotative.*

**rotation** nf **1.** Mouvement d'un corps autour d'un axe fixe, matériel ou non. **2.** Emploi méthodique et successif de matériel, de procédés, etc. ; alternance périodique d'activités, de fonctions, de services. **3.** Succession de diverses cultures sur un sol. SYN : assolement. **4.** Fréquence des voyages effectués par un moyen de transport affecté à une ligne régulière.

**rotative** nf Presse à forme imprimante cylindrique, qui est animée d'un mouvement rotatif continu.

**rotatoire** adj Qui tourne, circulaire : *mouvement rotatoire.*

**rote** nf Tribunal ordinaire du Saint-Siège, qui instruit principalement les causes matrimoniales.

**roter** vi FAM Éructer.

**rôti** nm Viande rôtie.

**rôtie** nf Tranche de pain grillée.

**rotin** nm Tige de rotang servant à faire des cannes, des sièges, etc.

**rôtir** vt Faire cuire à sec, à la broche, sur le gril ou au four. ◆ vi ou **se rôtir** vpr FAM Être exposé à une grande chaleur, au soleil.

**rôtissage** nm Action de rôtir.

**rôtisserie** nf **1.** Boutique du rôtisseur. **2.** Restaurant où l'on fait rôtir les viandes.

**rôtisseur, euse** n Commerçant qui vend des viandes rôties.

**rôtissoire** nf **1.** Ustensile pour rôtir la viande. **2.** Four électrique équipé d'une broche tournante.

**rotonde** nf Bâtiment de forme ronde.

**rotondité** nf **1.** État de ce qui est rond. **2.** FAM Rondeur, embonpoint.

**rotor** nm Partie tournante d'un moteur, d'une turbine.

**rotule** nf **1.** Os mobile du genou. **2.** MÉCAN Articulation de forme sphérique.

**roture** nf **1.** Condition d'une personne qui n'est pas noble. **2.** Ensemble des roturiers.

**roturier, ère** adj et n Qui n'est pas noble.

**rouage** nm **1.** Chacune des roues d'un mécanisme. **2.** FIG Chaque élément d'un organisme, considéré dans sa participation au fonctionnement de l'ensemble : *les rouages de l'Administration.*

**rouan, anne** adj et n Se dit d'un cheval, d'une vache dont la robe se compose de poils blancs, alezans et noirs.

**roublard, e** adj et n FAM Rusé, roué, retors.

**roublardise** nf FAM Ruse, astuce.

**rouble** nm Unité monétaire principale de la Russie, de l'Ukraine et de la Biélorussie.

**roucoulade** nf **1.** Bruit que font entendre les pigeons, les tourterelles. **2.** Échange de propos tendres.

**roucoulant, e** adj Qui roucoule.

**roucoulement** nm Cri des pigeons et des tourterelles ; roucoulade.

**roucouler** vi **1.** Faire entendre un roucoulement. **2.** Tenir des propos tendres et langoureux. ◆ vt Dire ou chanter langoureusement : *roucouler un air.*

**roudoudou** nm FAM Caramel coloré coulé dans une boîte en bois ou dans une coquille.

**roue** nf **1.** Organe circulaire tournant autour d'un axe passant par son centre : *roue de voiture, de secours ; roue hydraulique.* **2.** Supplice qui consistait à laisser mourir sur une roue un condamné dont on avait rompu les membres. ■ **grande roue** : attraction foraine constituée d'une roue dressée à laquelle sont accrochées des nacelles.

**roué, e** adj et n Habile, rusé, sans scrupule. ◆ nm HIST Débauché élégant, sous la Régence.

**rouelle** nf Tranche épaisse tirée du cuisseau de veau.

**rouer** vt ■ **rouer de coups** : battre violemment.

**rouerie** nf LITT Ruse, fourberie.

**rouet** nm Instrument à roue qui servait à filer la laine, le chanvre et le lin.

**rouf** ou **roof** nm Petite construction élevée sur le pont d'un navire.

**rouflaquette** nf FAM Patte de cheveux descendant sur la joue.

**rouge** adj **1.** De la couleur du sang, l'une des sept couleurs du spectre. **2.** Qui a le visage coloré par l'émotion, l'effort, le froid. **3.** Qui a été chauffé et porté à incandescence : *fer rouge.* ■ **vin rouge** : obtenu à partir de cépages rouges. ◆ adj et n Se dit des partisans de l'action révolutionnaire ; FAM Communiste. ◆ adv ■ **se fâcher tout rouge** : très violemment. ❑ **voir rouge** : avoir un vif accès de colère. ◆ nm **1.** Couleur rouge. **2.** Fard rouge : *rouge à lèvres.* **3.** Couleur que prend un métal porté à incandescence : *barre de fer portée au rouge.* **4.** Couleur caractéristique des signaux d'arrêt ou de danger : *passer au rouge.* **5.** Rougeur due à la honte, la confusion : *le rouge lui monte au visage.* **6.** FAM Vin rouge.

**rougeâtre** adj Tirant sur le rouge.

**rougeaud, e** adj et n FAM Qui a le visage rouge.

**rouge-gorge** (pl *rouges-gorges*) nm Oiseau passereau à gorge et à poitrine rouge vif.

**rougeoiement** [ruʒwamɑ̃] nm Lueur, reflet rouge.

ORTHOGRAPHE Ne pas oublier les deux *e* muets que comporte *rougeoiement*.

**rougeole** nf MÉD Maladie contagieuse caractérisée par une éruption de taches rouges sur la peau.

**rougeoyant, e** adj Qui rougeoie.

**rougeoyer** [ruʒwaje] vi (conj 3) Prendre une teinte rouge.

**rouget** nm Poisson marin appelé aussi *rouget barbet* ou *surmulet* en raison de ses barbillons au menton et de la couleur rouge qu'il prend après sa mort. ■ **rouget grondin** : grondin rouge ou rose.

**rougeur** nf **1.** Couleur rouge. **2.** Teinte rouge passagère du visage, qui révèle une émotion. ◆ **rougeurs** pl Taches rouges sur la peau.

**rougir** vt Rendre rouge : *rougir un fer à cheval au feu.* ◆ vi **1.** Devenir rouge. **2.** Éprouver de la honte, de la confusion. **3.** Devenir rouge sous l'effet d'une émotion.

**rougissant, e** adj Qui rougit.

**rougissement** nm Fait de rougir.

**rouille** nf **1.** Oxyde de fer, d'un rouge foncé, qui altère les métaux ferreux exposés à l'humidité. **2.** BOT Maladie des céréales se manifestant par des taches brunes ou jaunes. **3.** CUIS Aïoli relevé de piments rouges. ◆ adj inv De la couleur de la rouille.

**rouiller** vt **1.** Produire de la rouille sur. **2.** FIG Émousser, faute d'exercice : *la paresse rouille l'esprit.* ◆ vi ou **se rouiller** vpr **1.** Se couvrir de rouille. **2.** FIG Perdre sa force, son efficacité par manque d'exercice.

**rouir** vt Pratiquer le rouissage.

**rouissage** nm Opération permettant d'éliminer les fibres textiles des tiges du lin, du chanvre, ou de certaines plantes alimentaires.

**roulade** nf **1.** Roulé-boulé. **2.** CUIS Tranche de viande roulée autour d'une farce cylindrique. **3.** MUS Vocalise brillante sur une seule syllabe.

**roulant, e** adj Qui roule : *table roulante ; escalier, tapis roulant.* ■ FIG **feu roulant** : suite ininterrompue : *un feu roulant de questions.* ❑ **personnel roulant** ou FAM **roulant** nm : employé à bord de véhicules de transport en commun.

**roulé, e** adj Enroulé, mis en rond : *col roulé.* ■ TRÈS FAM **bien roulé** : bien proportionné, surtout en parlant d'une femme. ◆ nm Gâteau roulé en forme de bûche.

**rouleau** nm **1.** Objet cylindrique : *rouleau de papier.* **2.** Cylindre destiné à rouler sur une surface pour étendre, écraser : *rouleau compresseur ; peinture au rouleau ; rouleau à pâtisserie.* **3.** Vague déferlante. **4.** Bigoudi. **5.** SPORTS Saut en hauteur exécuté en passant la barre sur le ventre. ■ FAM **être au bout du rouleau** : (a) être sans ressources (b) être à bout de forces (c) être près de mourir. ❑ **rouleau de printemps** : rouleau fait d'une crêpe de riz farcie de viande ou de crevettes, de légumes et de germes de soja, typique de la cuisine sino-vietnamienne.

**rouleauté, e** adj et nm → **roulotté.**

**roulé-boulé** (pl *roulés-boulés*) nm Action de se rouler en boule lors d'une chute pour amortir le choc. SYN : roulade.

**roulement** nm **1.** Mouvement de ce qui roule. **2.** Mécanisme qui facilite ce mouvement : *roulement à billes.* **3.** Bruit, son sourd et continu évoquant un objet, un véhicule qui roule : *roulement de tambour, de tonnerre.* **4.** Remplacement successif : *le roulement des équipes.* **5.** Circulation et utilisation de l'argent pour les paiements, les transactions : *fonds de roulement.*

**rouler** vt **1.** Déplacer quelque chose en le faisant tourner sur lui-même : *rouler un fût.* **2.** Mettre en rouleau : *rouler un papier.* **3.** Enrouler, envelopper : *rouler quelqu'un dans une couverture.* **4.** Faire tourner : *rouler les yeux.* **5.** Aplanir à l'aide d'un rouleau : *rouler le gazon.* **6.** FAM Duper : *rouler un client.* ■ **rouler les « r »** : les faire vibrer. ◆ vi **1.** En parlant d'un objet, avancer en tournant sur soi-même. **2.** Se déplacer sur des roues. **3.** MAR Avoir un mouvement de roulis. ■ FAM **ça roule** : tout va bien. ❑ FAM **rouler pour** : agir pour le compte de. ❑ **rouler sur l'or** : être très riche. ◆ **se rouler** vpr Se tourner ; s'enrouler.

**roulette** nf **1.** Petite roue. **2.** Jeu de casino qui consiste à parier sur le numéro que la bille, lancée sur un plateau tournant, détermine en s'arrêtant. **3.** FAM Fraise de dentiste. ■ FAM **aller, marcher comme sur des roulettes** : ne rencontrer aucun obstacle.

**roulis** nm Mouvement d'oscillation latérale d'un véhicule, et en particulier d'un bateau.

**roulotte** nf Grande voiture où logent certaines personnes qui voyagent (forains, nomades, etc.). ■ FAM **vol à la roulotte** : dans une voiture en stationnement.

**roulotté, e** ou **rouleauté, e** adj et nm COUT Se dit d'un ourlet fait en roulant le bord du tissu.

**roulure** nf TRÈS FAM, INJUR Femme dépravée.

**roumain, e** adj et n De Roumanie : *les Roumains.* ◆ nm Langue romane parlée en Roumanie.

**round** [rawnd] ou [rund] nm (anglicisme) Reprise, dans un combat de boxe.

**1. roupie** nf ■ FAM **de la roupie de sansonnet** : une chose insignifiante, sans valeur.

**2. roupie** nf Unité monétaire principale de l'Inde, du Népal, du Pakistan, de l'île Maurice et des Seychelles.

**roupiller** vi FAM Dormir.

**roupillon** nm FAM Petit somme.

**rouquin, e** adj et n FAM Roux.

**rouscailler** vi FAM Réclamer, protester.

**rouspétance** nf FAM Action de rouspéter ; protestation.

**rouspéter** vi FAM Protester.

**rouspéteur, euse** adj et n FAM Qui a l'habitude de protester ; grincheux.

**roussâtre** adj Tirant sur le roux.

**roussette** nf **1.** Petit requin inoffensif des eaux littorales. **2.** Grande chauve-souris rouge d'Asie, d'Afrique et d'Océanie.

**rousseur** nf Couleur rousse. ■ **tache de rousseur** : petite tache à la surface de la peau.

**roussi** nm Odeur d'une chose brûlée superficiellement. ■ FAM **sentir le roussi** : prendre une mauvaise tournure.

**roussir** vt **1.** Rendre roux. **2.** Brûler superficiellement. ◆ vi Devenir roux.

**roussissement** nm Action de roussir ; état de ce qui est roussi.

**routage** nm Triage par lieu de destination d'imprimés, de journaux, de prospectus, etc., effectué par l'entreprise éditrice ou la messagerie.

**routard, e** n FAM Personne qui voyage à pied ou en auto-stop à peu de frais.

**route** nf **1.** Voie carrossable aménagée hors agglomération ; moyen de communication utilisant ce genre de voie : *route nationale ; transport par route.* **2.** Direction qu'on suit, itinéraire : *changer de route.* **3.** Ligne de conduite, direction de vie. ■ **faire fausse route** : se tromper. ❑ **mettre en route** : (a) faire fonctionner (b) commencer à réaliser. ❑ **se mettre en route** : (a) commencer à partir (b) s'habituer à une activité.

**router** vt Effectuer le routage de.

**1. routier, ère** n Conducteur de camion sur longues distances. ◆ nm ■ FAM **vieux routier** : homme expérimenté, habile.

**2. routier, ère** adj Relatif aux routes : *carte routière.*

**routière** nf Automobile, motocyclette performante sur les longs trajets.

**1. routine** nf **1.** Ce qui est fait par habitude, toujours de la même manière. **2.** Cadre bien établi, où s'enchaînent de manière ordonnée des actions répétées chaque jour : *instaurer une routine pour son bébé.* ■ **routine beauté** : ensemble de gestes effectués au quotidien dans un ordre précis, pour les soins de la peau ou des cheveux.

**2. routine** nf INFORM Sous-programme.

**routinier, ère** adj et n Qui agit par routine, qui en a le caractère.

**rouvre** nm Chêne des forêts plutôt sèches, à glands pourvus d'un long pédoncule.

**rouvrir** vt (conj 16) Ouvrir de nouveau. ■ FIG **rouvrir une blessure** : ranimer un chagrin. ◆ vi ou **se rouvrir** vpr Être de nouveau ouvert.

**roux, rousse** adj D'une couleur entre le jaune et le rouge. ◆ adj et n Qui a les cheveux, les poils roux. ◆ nm **1.** Couleur rousse. **2.** Préparation de base pour les sauces, faite de farine roussie dans du beurre.

**royal, e, aux** adj **1.** Du roi : *palais royal ; ordonnance royale.* **2.** Digne d'un roi ; somptueux. ■ **tigre, aigle royal** : de la plus grande espèce. ❑ **voie royale** : moyen le plus glorieux pour parvenir à qqch.

**royalement** adv Avec magnificence.

**royalisme** nm Attachement à la monarchie.

**royaliste** adj et n Partisan du roi, de la royauté.

**royalties** [rwajalti] nf pl Redevance due au titulaire d'un droit de propriété industrielle.

**royaume** nm État gouverné par un roi. ■ **royaume des cieux** : paradis.

**royauté** nf **1.** Dignité de roi. **2.** Régime monarchique.

**RSA** nm (sigle) Revenu de solidarité active.

**RSE** nf (sigle de *responsabilité sociale* [ou *sociétale*] *de l'entreprise*) Ensemble des pratiques qu'adoptent les entreprises désireuses de contribuer aux enjeux (sociaux, éthiques, etc.) du développement durable.

**RSS** nm ou nf (sigle de *really simple syndication*) Format de description synthétique du contenu d'un site Web qui permet aux internautes d'être avertis de la mise en ligne d'un contenu sur l'un de leurs sites préférés.

**RSVP** (sigle) Répondez s'il vous plaît.

**ru** nm LITT Petit ruisseau.

**RU** [ry] nm (sigle) Restaurant universitaire.

**ruade** nf Action de ruer ; mouvement d'un quadrupède qui rue.

**ruban** nm **1.** Bande de tissu mince et étroite. **2.** Fragment plat et long comme un ruban : *ruban d'acier ; ruban adhésif.* **3.** Bout de ruban qui sert d'insigne ; décoration.

**rubéfaction** nf MÉD Rougeur cutanée.

**rubéfier** vt Irriter la peau, la rendre rouge.

**rubéole** nf MÉD Maladie virale éruptive et contagieuse.
**rubiacée** nf Plante gamopétale telle que le caféier, la garance, le quinquina (les rubiacées forment une famille).
**rubicond, e** adj Se dit d'un visage rouge.
**rubidium** nm Métal alcalin analogue au potassium ; symb : Rb.
**rubigineux, euse** adj Couvert de rouille.
**rubis** nm **1.** Pierre précieuse, variété de corindon d'un rouge vif. **2.** Pierre dure servant de support à un pivot de rouage d'horlogerie. ■ **payer rubis sur l'ongle :** payer immédiatement et complètement ce qu'on doit.
**rubrique** nf **1.** Indication de la matière d'un article, d'un développement : *sous la rubrique « Histoire ».* **2.** Dans un journal, article paraissant régulièrement et traitant d'un sujet précis : *la rubrique gastronomique.* **3.** Catégorie, dans un classement : *rubrique « dépenses ».*
**ruche** nf **1.** Habitation préparée pour les abeilles ; essaim qui l'habite. **2.** Endroit où règne une grande activité. **3.** Ornement plissé de tulle ou de dentelle.
**rucher** nm **1.** Endroit où sont placées les ruches. **2.** Ensemble de ruches.
**rude** adj **1.** Dur au toucher : *peau rude.* **2.** Qui manque de finesse, de délicatesse : *voix rude ; manières rudes.* **3.** Pénible, dur à supporter, à vaincre : *hiver rude ; rude adversaire.* **4.** Sévère et brutal : *se montrer rude avec qqn.* **5.** FAM Remarquable en son genre : *un rude appétit.*
**rudement** adv **1.** De façon rude, brutale : *être rudement éprouvé.* **2.** FAM Très : *il fait rudement froid.*
**rudesse** nf **1.** Caractère de ce qui est dur à supporter : *rudesse d'un climat.* **2.** Caractère de ce qui manque de délicatesse : *rudesse de langage.* **3.** Dureté : *traiter qqn avec rudesse.*
**rudiment** nm Organe animal ou végétal inachevé. ◆ **rudiments** pl Notions élémentaires : *rudiments de la grammaire.*
**rudimentaire** adj Élémentaire, peu développé : *connaissances, organe rudimentaires.*
**rudoiement** nm LITT Action de rudoyer.
**rudologie** nf Étude des déchets et de leur recyclage ou de leur valorisation.
**rudoyer** vt (conj 3) Traiter durement, brutaliser.
**rue** nf Voie publique aménagée dans une agglomération ; ensemble des habitants des maisons qui la bordent. ■ **être à la rue :** sans abri. ❑ **l'homme de la rue :** le citoyen moyen. ❑ **la rue :** les masses populaires susceptibles de s'insurger et de manifester : *céder à la pression de la rue.*
**ruée** nf Action de se ruer ; mouvement impétueux d'une foule.
**ruelle** nf **1.** Petite rue étroite. **2.** Espace entre le lit et le mur. **3.** Au XVI^e^ et au XVII^e^ s., partie de la chambre à coucher où les dames recevaient leurs visiteurs.
**ruer** vi Jeter en l'air avec force les pieds de derrière, en parlant d'un quadrupède. ◆ **se ruer** vpr [sur, vers, dans] Se jeter avec violence : *se ruer sur quelqu'un ;* se précipiter en masse : *se ruer dans les magasins.*
**ruffian** nm Aventurier.
**rugby** [rygbi] nm Sport d'équipe qui se joue à la main et au pied avec un ballon ovale.
**rugbyman** (pl *rugbymans* ou *rugbymen*) nm Joueur de rugby.
**rugir** vi **1.** Pousser des rugissements : *le lion rugit.* **2.** FIG Pousser des cris de fureur.
**rugissant, e** adj Qui rugit.
**rugissement** nm **1.** Cri du lion et de certains animaux féroces. **2.** Cri, bruit violent : *les rugissements de la tempête.*
**rugosité** nf **1.** État d'une surface rugueuse. **2.** Aspérité sur une surface, sur la peau.
**rugueux, euse** adj Qui a des aspérités : *écorce rugueuse.*
**ruine** nf **1.** Écroulement, destruction d'un bâtiment ; bâtiment délabré : *Maison qui tombe en ruine.* **2.** Chute, destruction : *la ruine d'un empire.* **3.** Effondrement : *la ruine d'une théorie.* **4.** Perte de la fortune. **5.** FAM Personne usée physiquement ou intellectuellement. ◆ **ruines** pl Débris, décombres.
**ruiner** vt **1.** Causer la ruine, la perte de la fortune de quelqu'un : *le jeu l'a ruiné.* **2.** Infirmer, détruire : *ruiner un raisonnement.* ◆ **se ruiner** vpr **1.** Perdre sa fortune. **2.** Dépenser trop.
**ruineux, euse** adj Qui entraîne des dépenses excessives : *entreprise ruineuse.*
**ruisseau** nm **1.** Petit cours d'eau. **2.** ANC Caniveau. **3.** LITT Ce qui coule en abondance : *des ruisseaux de larmes.*
**ruisselant, e** adj Qui ruisselle.
**ruisseler** vi (conj 6) **1.** Couler sans arrêt : *l'eau ruisselle le long du mur.* **2.** Être couvert de gouttes : *ruisseler de sueur.*
**ruissellement** nm **1.** Fait de ruisseler. **2.** Écoulement des eaux après une averse ou la fonte des neiges.
**ruisselet** nm LITT Petit ruisseau.
**rumba** [rumba] nf Danse cubaine, aux pas chaloupés, exécutée en couple.
**rumen** [rymɛn] nm ZOOL Panse.
**rumeur** nf **1.** Bruit de voix confus. **2.** Nouvelle qui se répand dans la population : *rumeur publique.*

**ruminant, e** adj Qui rumine. ◆ nm Mammifère ongulé muni d'un estomac à trois ou quatre poches et pratiquant la rumination (les ruminants forment un très important sous-ordre).

**rumination** nf Action de ruminer.

**ruminer** vt et vi **1.** Remâcher les aliments ramenés de la panse dans la bouche : *la brebis, le chameau ruminent.* **2.** FIG Retourner une chose dans son esprit : *ruminer un projet.*

**rumsteck** nm → **romsteck**.

**rune** nf Caractère de l'ancien alphabet utilisé par les peuples germaniques du nord de l'Europe.

**runique** adj Relatif aux runes.

**rupestre** adj **1.** Qui croît dans les rochers : *plante rupestre.* **2.** Réalisé sur des rochers : *art rupestre ;* taillé dans la roche : *temples rupestres.*

**rupin, e** adj et n FAM Riche, luxueux.

**rupteur** nm ÉLECTR Dispositif servant à interrompre un courant.

**rupture** nf **1.** Action de rompre ; fait de se rompre : *rupture d'une digue ; rupture des relations diplomatiques, d'un contrat.* **2.** Séparation brutale entre des personnes qui étaient liées. ■ **rupture conventionnelle :** acte par lequel un employeur et un salarié rompent d'un commun accord le contrat de travail qui les lie. ❑ **rupture de stock :** niveau d'un stock de marchandises devenu insuffisant pour satisfaire la demande.

**rural, e, aux** adj Relatif aux champs, à la campagne. ◆ **ruraux** nm pl Habitants de la campagne.

**rurbain** adj Relatif à la rurbanisation. ◆ n Habitant d'une zone rurbaine.

**rurbanisation** nf Développement des villages proches des grandes villes dont ils deviennent les banlieues.

**ruse** nf **1.** Procédé habile destiné à tromper. **2.** Habileté à tromper.

**rusé, e** adj et n Qui agit avec ruse ; qui dénote la ruse.

**ruser** vi Agir avec ruse.

**rush** [rœʃ] (pl *rushs* ou *rushes*) nm **1.** Effort final impétueux, assaut. **2.** Afflux d'une foule : *le rush des vacanciers.*

**rushes** [rœʃ] nm pl Prises de vues cinématographiques telles qu'elles apparaissent avant le montage.

**russe** adj et n De la Russie : *les Russes.* ◆ nm Langue slave parlée en Russie.

**russification** nf Action de russifier ; fait d'être russifié.

**russifier** vt Faire adopter les institutions ou la langue russe à.

**russule** nf Champignon des bois ressemblant au lactaire.

**rustaud, e** adj et n FAM Grossier, rustre.

**rusticité** nf **1.** Caractère de ce qui est rustique ; simplicité, absence de raffinement. **2.** AGRIC Caractère d'une plante, d'un animal rustique.

**Rustine** nf (nom déposé) Rondelle de caoutchouc pour réparer une chambre à air de bicyclette.

**rustique** adj **1.** De la campagne : *travaux rustiques.* **2.** Simple : *outils, meubles rustiques.* **3.** AGRIC Se dit d'une plante, d'un animal, qui résiste à des conditions de vie défavorables.

**rustre** adj et n Grossier, qui manque d'éducation.

**rut** [ryt] nm Période d'activité sexuelle des mammifères mâles.

**rutabaga** nm Chou-navet à tige renflée au-dessus du sol, improprement appelée *racine* ; tige comestible de cette plante.

**ruthénium** nm Métal du groupe du platine ; symb : Ru.

**rutilant, e** adj **1.** LITT D'un rouge vif. **2.** Qui brille d'un vif éclat.

**rutiler** vi Briller d'un vif éclat.

**rythme** nm **1.** Cadence, mouvement régulier d'une phrase poétique, musicale. **2.** Fréquence d'un phénomène physiologique périodique : *rythme cardiaque ;* retour régulier d'un fait : *rythme des saisons.* **3.** Cadence, allure : *film au rythme trépidant ; rythme de production.*

**rythmer** vt Donner du rythme à.

**rythmique** adj Relatif au rythme ; qui a du rythme.

# S

**1. s** nm Dix-neuvième lettre de l'alphabet et la quinzième des consonnes.

**2. s** (symbole) Seconde.

**S** (symbole) Sud.

**sa** adj poss → **son**.

**SA** [ɛsa] nf (sigle) Société anonyme.

**sabayon** nm Entremets liquide à base de jaunes d'œufs, de sucre et de vin aromatisé.

**sabbat** nm **1.** Repos sacré hebdomadaire que les juifs observent du vendredi soir au samedi soir. **2.** Assemblée nocturne de sorciers et sorcières sous la présidence du diable.

**sabbatique** adj Relatif au sabbat. ■ **année sabbatique** : année de congé.

**sabir** nm **1.** Langage mêlé d'arabe, de français, d'italien, d'espagnol, et qui était en usage dans les ports méditerranéens. **2.** Langage incompréhensible.

**sablage** nm Action de sabler.

**1. sable** nm Roche sédimentaire meuble formée de menus grains souvent quartzeux. ■ FAM **être sur le sable** : être sans argent, sans travail. ❑ **sables mouvants** : sables qui s'enfoncent sous le pied. ◆ adj inv D'une couleur beige clair.

**2. sable** nm En héraldique, couleur noire.

**sablé, e** adj Couvert de sable. ■ **pâte sablée** : pâte friable dans laquelle entre une forte proportion de beurre et de sucre. ◆ nm Gâteau sec fait avec de la pâte sablée.

**sabler** vt Couvrir de sable. ■ **sabler le champagne** : boire du champagne à l'occasion d'une réjouissance.

**sableuse** nf **1.** Appareil tracté pour le sablage des chaussées. **2.** Machine à décaper, à dépolir par projection de sable.

**sableux, euse** adj Mêlé de sable.

**sablier** nm Appareil mesurant le temps par l'écoulement du sable d'un petit compartiment dans un autre.

**sablière** nf **1.** Carrière de sable. **2.** Pièce de bois horizontale dans la charpente d'une toiture.

**sablonner** vt Couvrir une surface de sable.

**sablonneux, euse** adj Où il y a beaucoup de sable.

**sabord** nm Ouverture pratiquée dans la muraille d'un navire.

**sabordage** nm Action de saborder ; fait de saborder.

**saborder** vt **1.** Percer un navire au-dessous de la flottaison pour le faire couler. **2.** Ruiner, détruire volontairement une entreprise, un projet. ◆ **se saborder** vpr **1.** Couler volontairement son navire. **2.** Mettre fin à ses activités.

**sabot** nm **1.** Chaussure faite d'une pièce de bois creusée ; chaussure de même forme en caoutchouc. **2.** Corne du pied de plusieurs animaux. **3.** Partie d'un frein qui presse sur le bandage d'une roue. ■ **baignoire sabot** : conçue pour être utilisée en position assise. ❑ **sabot de Denver** : dispositif, utilisé par la police, bloquant une roue d'un véhicule en stationnement illicite.

**sabotage** nm Action de saboter.

**saboter** vt **1.** Exécuter vite et mal. **2.** Détériorer ou détruire volontairement : *saboter un avion ; saboter une entreprise.*

**saboteur, euse** n Personne qui sabote.

**sabotier, ère** n Artisan qui fait des sabots.

**sabre** nm **1.** Arme blanche ne tranchant que d'un côté. **2.** SPORTS Arme légère à coquille prolongée sur le dessus de la main ; discipline utilisant cette arme.

**sabrer** vt **1.** Frapper à coups de sabre. **2.** Faire de larges coupures dans : *sabrer un manuscrit.* **3.** FAM Bâcler un travail. **4.** FAM Refuser à un poste, à un examen, etc. ■ **sabrer le champagne** : ouvrir la bouteille de champagne en tranchant le goulot.

> EMPLOI *Sabrer le champagne* (ou *la bouteille de champagne*), c'est ouvrir la bouteille ; *sabler le champagne,* c'est le boire.

**sabreur** nm Escrimeur spécialiste du sabre.

**1. sac** nm **1.** Contenant ouvert par le haut : *un sac en toile ; sac de voyage ; sac à main, à dos.* **2.** Contenu d'un sac : *sac de blé.* **3.** Enveloppe en forme de sac : *sac de couchage.* **4.** ANAT Cavité formée par une membrane : *sac lacrymal.* ■ FAM **avoir plus d'un tour dans son sac** : être rusé, habile. ❑ **prendre quelqu'un la main dans le sac :**

sur le fait. ❑ FAM **vider son sac :** dire ce qu'on a sur le cœur.

**2. sac** nm Pillage : *le sac de Rome.* ■ **mettre à sac :** piller, dévaster.

**saccade** nf Secousse, mouvement brusque et irrégulier. ■ **par saccades :** par à-coups.

**saccadé, e** adj Brusque, irrégulier : *mouvements saccadés.*

**saccader** vt Rendre irrégulier, haché.

**saccage** nm Action de saccager.

**saccager** vt (conj 2) **1.** Mettre à sac, au pillage : *saccager une ville.* **2.** Dévaster, mettre en désordre.

**saccageur, euse** n Personne qui saccage.

**saccharine** [sakarin] nf Substance blanche utilisée comme succédané du sucre.

**saccharose** [sakaroz] nm Glucide tiré de la canne à sucre et de la betterave, constituant le sucre alimentaire.

**sacerdoce** nm **1.** Dignité et fonction des ministres d'un culte. **2.** Fonction qui présente un caractère respectable en raison du dévouement qu'elle exige.

**sacerdotal, e, aux** adj Relatif aux prêtres, au sacerdoce.

**sachem** [saʃɛm] nm Chef de tribu chez les Amérindiens.

**sachet** nm Petit sac.

**sacoche** nf Sac de toile ou de cuir munie d'une courroie : *sacoche de bicyclette.*

**sac-poubelle** (pl *sacs-poubelle*) nm Sac de plastique destiné aux ordures ménagères.

**sacquer** ou **saquer** vt FAM Chasser, renvoyer ; punir sévèrement. ■ **ne pas pouvoir sacquer quelqu'un :** le détester.

**sacral, e, aux** adj Relatif au sacré ; qui a un caractère sacré.

**sacralisation** nf Action de sacraliser.

**sacraliser** vt Attribuer un caractère sacré à une chose profane.

**sacramentel, elle** adj Qui concerne un sacrement.

**sacre** nm Cérémonie par laquelle on consacre un roi, un évêque.

**1. sacré, e** adj **1.** Qui a rapport au religieux, au divin (par opposition à *profane*) : *les vases sacrés.* **2.** Qui doit inspirer un respect absolu, inviolable : *un engagement sacré.* **3.** FAM Renforce un terme injurieux ou admiratif : *sacré menteur !* ■ **art sacré :** art religieux. ❑ **le feu sacré :** (a) sentiment exalté, passionné (b) inspiration. ❑ **le Sacré Collège :** le collège des cardinaux. ❑ **Livres sacrés :** l'Ancien et le Nouveau Testament, pour les chrétiens. ❑ **ordres sacrés :** la prêtrise, le diaconat et le sous-diaconat. ◆ nm Ce qui est sacré : *le sacré et le profane.*

**2. sacré, e** adj Qui appartient au sacrum : *vertèbres sacrées.*

**sacrebleu** interj VIEILLI, FAM Juron marquant l'impatience, la surprise.

**sacrement** nm RELIG Acte rituel sacré institué par Jésus-Christ pour donner ou affermir la grâce. ■ **le saint sacrement :** l'eucharistie. ❑ **les sept sacrements :** le baptême, la confirmation, l'eucharistie, la pénitence, le sacrement des malades (l'extrême-onction), l'ordre et le mariage.

**sacrément** adv FAM Extrêmement.

**sacrer** vt Conférer un caractère sacré au moyen de cérémonies religieuses.

**sacrificateur** nm ANTIQ Prêtre qui offrait les sacrifices.

**sacrifice** nm **1.** Offrande faite à une divinité. **2.** Renoncement volontaire ou forcé. ■ **le saint sacrifice :** la messe. ◆ **sacrifices** pl Privations : *s'imposer de lourds sacrifices.*

**sacrificiel, elle** adj Propre à un sacrifice religieux.

**sacrifié, e** adj et n Qui se sacrifie ou que l'on sacrifie. ■ **prix sacrifiés :** prix très bas de marchandises que l'on veut écouler.

**sacrifier** vt **1.** Offrir en sacrifice. **2.** Faire le sacrifice de : *sacrifier ses intérêts.* ◆ vt ind [à] **1.** Offrir un sacrifice à : *sacrifier aux dieux.* **2.** Se conformer à : *sacrifier à la mode.* ◆ **se sacrifier** vpr Faire le sacrifice de sa vie, de ses intérêts.

**sacrilège** nm **1.** Profanation de personnes, de lieux ou de choses sacrés. **2.** Action qui porte atteinte à quelqu'un, à quelque chose de respectable, de vénérable. ◆ adj et n Qui commet un sacrilège. ◆ adj Qui a le caractère d'un sacrilège.

**sacripant** nm Vaurien, fripon.

**sacristain** nm Préposé à l'entretien d'une église et des objets du culte.

**sacristie** nf Partie annexe d'une église, où l'on conserve les objets du culte.

**sacristine** nf Femme, religieuse ou laïque, qui a soin d'une sacristie.

**sacro-iliaque** (pl *sacro-iliaques*) adj Relatif au sacrum et à l'os iliaque.

**sacro-saint, e** (pl *sacro-saints, es*) adj IRON Qui est l'objet d'un respect quasi religieux.

**sacrum** [sakrɔm] nm Os du bas de la colonne vertébrale.

**sadique** adj Qui a le caractère du sadisme. ◆ adj et n Qui se plaît à faire souffrir.

**sadisme** nm Plaisir malsain à voir ou à faire souffrir autrui.

**sadomasochisme** nm PSYCHAN Perversion sexuelle qui associe des pulsions sadiques et masochistes.

**sadomasochiste** adj et n Relatif au sadomasochisme ; qui en fait preuve.

**safari** nm **1.** Expédition de chasse en Afrique subsaharienne. **2.** Voyage, expédition destinés à observer des animaux sauvages dans leur milieu naturel.

**safari-photo** (pl *safaris-photos*) nm Excursion dans une réserve naturelle, destinée à filmer ou à photographier les animaux sauvages.

**1. safran** nm Crocus cultivé pour ses fleurs, dont le stigmate fournit une teinture jaune et une poudre qui sert d'assaisonnement ; teinture, poudre tirées de cette plante. ◆ adj et nm inv Jaune-orangé.

**2. safran** nm MAR Pièce plate constituant la partie essentielle du gouvernail.

**saga** nf **1.** Ancien récit ou légende scandinaves. **2.** Épopée familiale se déroulant sur plusieurs générations.

**sagace** adj Fin, perspicace.

**sagacité** nf Perspicacité, finesse d'esprit.

**sagaie** nf Arme de jet utilisée chez certains peuples.

**sage** adj et n Prudent, circonspect : *agir en homme sage ; c'est un sage.* ◆ adj **1.** Qui n'est pas turbulent ; calme, docile : *enfant sage.* **2.** Pudique, chaste. **3.** Conforme à la raison, à la morale : *une sage décision.* ◆ nm **1.** Homme dont la vie repose sur l'application d'une philosophie. **2.** Conseiller appelé par un gouvernement pour examiner une question.

**sage-femme** (pl *sages-femmes*) nf Praticienne spécialisée dans le diagnostic, la surveillance de la grossesse et l'accouchement.

**sagement** adv De façon sage.

**sagesse** nf **1.** Caractère de ce qui est sage. **2.** Conduite réfléchie et modérée, prudence, circonspection : *agir avec sagesse.* **3.** Docilité, en parlant des enfants. **4.** PHILOS Connaissance spéculative du monde, qui cherche à en expliquer l'ordre.

**1. sagittaire** nm ANTIQ ROM Archer. ◆ **Sagittaire** nm Constellation zodiacale ayant l'apparence d'un centaure armé d'un arc ; signe astrologique des personnes nées entre le 22 novembre et le 20 décembre. ◆ n et adj Personne née sous le signe du Sagittaire : *elle est Sagittaire.*

**2. sagittaire** nf Plante d'eau douce à feuilles en forme de fer de flèche.

**sagittal, e, aux** adj **1.** En forme de flèche. **2.** Suivant le plan de symétrie : *coupe sagittale.*

**1. sagouin** nm Petit singe d'Amérique du Sud.

**2. sagouin, e** n FAM Personne, enfant malpropre, grossier.

**saharien, enne** adj Du Sahara.

**saharienne** nf Veste de toile ceinturée.

**sahraoui, e** adj et n Du Sahara occidental.

**saie** nf Manteau court des Romains et des Gaulois, que l'on attachait sur les épaules au moyen d'une broche.

**saïga** [saiga] nm Antilope des steppes entre la mer Caspienne et l'Oural, au museau allongé en courte trompe.

**saignant, e** adj Qui dégoutte de sang : *blessure saignante.* ■ **viande saignante :** viande peu cuite.

**saignée** nf **1.** Ouverture d'une veine pour tirer du sang ; sang ainsi tiré : *abondante saignée.* **2.** Pli du bras avec l'avant-bras. **3.** Rigole d'écoulement dans un terrain humide. **4.** Entaille, rainure. **5.** FIG Sacrifice d'argent. **6.** LITT Nombre important de pertes humaines au cours d'une guerre.

**saignement** nm Écoulement de sang.

**saigner** vt **1.** Évacuer du sang à des fins thérapeutiques. **2.** Tuer par effusion de sang : *saigner un poulet.* **3.** Exiger de quelqu'un des sommes importantes ; rançonner. ◆ vi Perdre du sang : *saigner du nez.* ◆ **se saigner** vpr S'imposer de lourdes dépenses. ■ FAM **se saigner aux quatre veines :** se priver de tout au profit de quelqu'un.

**saillant, e** adj **1.** Qui avance, qui sort : *corniche saillante.* **2.** Remarquable, frappant : *trait saillant.* ■ **angle saillant :** inférieur à 180°. CONTR : rentrant. ◆ nm Partie en saillie.

**1. saillie** nf **1.** Partie qui dépasse, avancée : *toit en saillie.* **2.** LITT Trait d'esprit vif, brillant et imprévu.

**2. saillie** nf Accouplement des animaux domestiques.

**1. saillir** vi (conj 33 ; ne s'emploie qu'à l'infinitif et aux 3es pers.) S'avancer en dehors, dépasser.

**2. saillir** vt (se conjugue comme *finir*) Couvrir, s'accoupler à.

**sain, e** adj **1.** En bonne santé, qui fonctionne normalement : *un esprit sain dans un corps sain ; économie saine.* **2.** Non gâté, non altéré : *ce bois est encore sain.* **3.** Salubre, salutaire, bon pour la santé : *air sain.* **4.** Conforme à la raison, à la morale ; sensé, juste : *jugement sain.* ■ **sain et sauf :** sorti indemne d'un danger, d'un accident.

**saindoux** nm Graisse de porc fondue.

**sainement** adv De façon saine.

**sainfoin** nm Plante fourragère vivace à fleurs roses.

**saint, e** n et adj **1.** Personne canonisée ou béatifiée en raison d'une vie exemplaire et à qui on rend un culte public universel. **2.** Personne qui mène une vie exemplaire :

*un saint homme.* ◆ adj **1.** Se dit de Dieu en tant qu'il est souverainement pur, parfait. **2.** Conforme à la loi divine : *vie sainte.* **3.** Qui appartient à la religion. **4.** Se dit des jours et de la semaine qui précèdent le dimanche de Pâques : *Vendredi saint ; Semaine sainte.* ■ **avoir une sainte horreur de :** détester au plus haut point.

ORTHOGRAPHE On écrit *saint* (avec minuscule) quand on parle de la personne elle-même. On écrit *Saint* (avec majuscule et trait d'union) quand il s'agit du nom d'une fête, d'un monument, d'une ville : *fêter saint Pierre ; célébrer la Saint-Jean ; visiter l'église Saint-Paul.*

**saint-bernard** nm inv Grand chien blanc et fauve, dressé pour le sauvetage en montagne.

**saintement** adv D'une manière sainte ; avec sainteté.

**sainte-nitouche** (pl *saintes-nitouches*) nf FIG, PÉJOR Fille, femme qui affecte la sagesse, l'innocence, la pruderie.

**Saint-Esprit** nm Troisième personne de la Trinité.

**sainteté** nf Qualité de celui ou de ce qui est saint. ■ **Sa Sainteté :** titre donné au pape.

**saint-frusquin** nm inv FAM Ensemble d'affaires personnelles sans grande valeur. ■ FAM **et tout le saint-frusquin :** et tout le reste.

**saint-glinglin (à la)** loc adv FAM À une date indéterminée ; jamais.

**saint-honoré** nm inv Gâteau bordé de petits choux à la crème et garni de crème Chantilly.

**saint-nectaire** nm inv Fromage fabriqué en Auvergne avec du lait de vache.

**saint-père** (pl *saints-pères*) nm Nom par lequel on désigne le pape.

**saint-pierre** nm inv Poisson comestible des mers tempérées.

**Saint-Siège** nm Gouvernement de l'Église catholique.

**saint-simonien, enne** (pl *saint-simoniens, ennes*) adj et n Qui concerne le saint-simonisme ; qui en est partisan.

**saint-simonisme** nm Doctrine sociale du comte de Saint-Simon.

**Saint-Sylvestre** nf **1.** Veille du Premier Janvier. **2.** Réveillon du Nouvel An.

**saint-synode** nm Conseil suprême de l'Église russe (1721-1917).

**Saint-Valentin** nf Jour de la fête des amoureux, le 14 février.

**1. saisi, e** adj Frappé subitement par une sensation.

**2. saisi, e** n DR Personne dont on saisit un bien.

**saisie** nf **1.** DR Mesure par laquelle l'administration fiscale, la douane ou la justice retire à une personne l'usage ou la possibilité de disposer d'un bien dont elle est propriétaire : *pratiquer une saisie immobilière.* **2.** INFORM Transcription d'une information en vue de son traitement ou de sa mémorisation.

**saisie-arrêt** (pl *saisies-arrêts*) nf DR Saisie effectuée par un créancier.

**saisine** nf DR Fait de saisir une juridiction.

**saisir** vt **1.** Prendre et retenir fermement : *saisir qqn aux épaules.* **2.** Prendre quelque chose en main pour le déplacer, s'en servir : *saisir son manteau.* **3.** Mettre à profit qqch qui se présente : *saisir l'occasion.* **4.** S'emparer brusquement de qqn ; surprendre : *le froid l'a saisi.* **5.** Comprendre, discerner : *saisir une allusion.* **6.** DR Opérer la saisie de. **7.** DR Porter un litige devant une juridiction. **8.** INFORM Effectuer une saisie. **9.** Faire cuire un aliment à feu vif : *saisir une viande.* ◆ **se saisir** vpr [de] S'emparer de : *se saisir du pouvoir.*

**saisissable** adj **1.** Qui peut être saisi, compris. **2.** DR Qui peut faire l'objet d'une saisie.

**saisissant, e** adj **1.** Qui surprend : *un froid saisissant.* **2.** FIG Qui émeut vivement : *spectacle saisissant.*

**saisissement** nm Impression subite et violente, vive surprise : *être muet de saisissement.*

**saison** nf **1.** Chacune des quatre grandes divisions de l'année ; activité de la nature pendant cette période : *la saison des pluies.* **2.** Période correspondant au maximum d'activité d'un secteur donné : *saison théâtrale, touristique.* ■ **être de saison :** venir à propos. ❑ **haute saison, basse saison :** période correspondant au maximum, au minimum d'affluence dans une région touristique. ❑ **saison creuse :** période où l'activité est réduite.

**saisonnier, ère** adj Propre à une saison ; qui ne dure qu'une saison. ◆ nm Ouvrier qui loue ses services pour des travaux saisonniers.

**sajou** ou **sapajou** nm Singe de l'Amérique tropicale à longue queue.

**saké** nm Boisson japonaise alcoolisée à base de riz fermenté.

**salace** adj **1.** LITT Porté aux plaisirs sexuels, lubrique. **2.** Se dit de propos obscènes.

**salade** nf **1.** Plat composé de légumes crus ou cuits, de viande ou de poisson, d'œufs assaisonnés avec une vinaigrette. **2.** Plante potagère feuillue ; plat composé des feuilles de cette plante, crues et assaisonnées. ■ **en salade :** servi froid avec de la vinaigrette. ❑ **salade de fruits :** assortiment de fruits coupés. ❑ **salade mixte :** plat composé de salade verte et de tomates. ◆ **salades** pl FAM Mensonges, histoires.

**saladerie** nf Établissement de restauration rapide où l'on sert des salades variées.

**saladier** nm Récipient où l'on prépare et sert la salade ; son contenu.

**salage** nm Action de saler ; son résultat.

**salaire** nm **1.** Rémunération d'un travail, d'un service, versée régulièrement en vertu d'un contrat de travail. **2.** FIG Récompense : *toute peine mérite salaire.* ■ **salaire brut** ou **salaire réel :** salaire avant retenue des cotisations sociales (par opposition à *salaire net*). ❑ **salaire de base :** salaire mensuel fixé suivant un coefficient ou des points, qui correspond à une fonction et sert au calcul de prestations ou de cotisations.

**salaison** nf Action de saler certains aliments pour assurer leur conservation. ◆ **salaisons** pl Denrées conservées dans du sel et du nitrate ou dans du nitrate de calcium.

**salamalecs** nm pl FAM Révérences, politesses exagérées : *faire des salamalecs.*

**salamandre** nf Amphibien ressemblant à un lézard.

**salami** nm Gros saucisson sec.

**salangane** nf Oiseau passereau d'Asie dont on consomme, sous le nom de *nids d'hirondelles*, les nids faits d'algues agglomérées.

**salant** adj m Qui produit ou contient du sel : *marais salant.*

**salarial, e, aux** adj Relatif au salaire.

**salariat** nm **1.** Condition de salarié ; mode de rémunération par un salaire. **2.** Ensemble des salariés (par opposition au *patronat*).

**salarié, e** n et adj Personne qui reçoit un salaire.

**salarier** vt **1.** Donner un salaire à. **2.** Conférer à quelqu'un le statut de salarié.

**salaud** nm TRÈS FAM, INJUR Homme déloyal, malhonnête.

**sale** adj **1.** Malpropre, souillé : *du linge sale.* **2.** Qui n'est pas soigneux : *être sale dans son travail.* **3.** Qui salit : *travail sale.* **4.** Se dit d'une couleur qui manque d'éclat : *jaune sale.* **5.** Contraire au bon goût, à la délicatesse : *histoires sales.* **6.** FAM (avant le nom) Très désagréable, détestable : *sale temps ; sale coup.* ■ **argent sale :** provenant d'activités illégales.

**1. salé** nm **1.** Nourriture salée. **2.** Chair de porc salée. ■ **petit salé :** salé provenant de la poitrine, cuit dans un bouillon aromatisé.

**2. salé, e** adj **1.** Conservé dans du sel. **2.** Qui a le goût du sel. **3.** FAM Grivois : *conte salé.* **4.** FAM Exagéré, excessif : *des prix salés.*

**salement** adv **1.** De façon sale. **2.** FAM Très : *il est salement malade.*

**saler** vt **1.** Assaisonner avec du sel : *saler un ragoût.* **2.** Imprégner une denrée de sel pour la conserver : *saler du porc.* **3.** Répandre du sel sur : *saler une route.* **4.** FAM Demander un prix excessif : *saler la note.*

**saleté** nf **1.** État de ce qui est sale. **2.** Chose malpropre : *enlever une saleté.* **3.** FAM Parole obscène : *raconter des saletés.*

**salicorne** nf Plante des marais salants dont on extrayait la soude.

**salicylique** adj Se dit d'un acide doué de propriétés antiseptiques et anti-inflammatoires.

**salière** nf **1.** Petit récipient pour présenter le sel sur la table. **2.** FAM Creux en arrière des clavicules chez les personnes maigres.

**salifier** vt CHIM Convertir en sel.

**saligaud, e** n TRÈS FAM Personne qui agit de façon ignoble ou méprisable.

**salin, e** adj Qui contient du sel. ◆ nm Marais salant.

**saline** nf Établissement industriel dans lequel on produit du sel.

**salinité** nf Teneur en sel.

**salique** adj HIST Des Francs Saliens. ■ **loi salique :** excluant les femmes de l'héritage foncier.

**salir** vt **1.** Rendre sale. **2.** FIG Déshonorer, porter atteinte à : *salir la réputation de quelqu'un.* ◆ **se salir** vpr **1.** Devenir sale : *vêtement qui se salit rapidement.* **2.** Rendre sales ses vêtements, son corps.

**salissant, e** adj **1.** Qui se salit facilement : *couleur salissante.* **2.** Qui salit : *travail salissant.*

**salissure** nf Saleté, souillure.

**salivaire** adj De la salive : *glandes salivaires.*

**salivation** nf Sécrétion de la salive.

**salive** nf Liquide qui humecte la bouche et qui facilite la déglutition des aliments. ■ FAM **dépenser beaucoup de salive (pour rien) :** parler beaucoup, souvent en vain.

**saliver** vi **1.** Sécréter de la salive. **2.** Avoir très envie de quelque chose.

**salle** nf **1.** Pièce d'une habitation destinée à un usage particulier : *salle à manger ; salle* *de bains.* **2.** Lieu couvert destiné à un usage collectif : *salle de classe ; salle des fêtes ; salle d'attente.* **3.** Public qui remplit une salle : *toute la salle applaudit.*

ORTHOGRAPHE On écrit, avec le complément au singulier, *salle d'audience, de bal, de classe, d'étude, d'opération, de rédaction, de spectacle ;* avec le complément au pluriel, *salle d'armes, de concerts, de conférences, de jeux.*

**salmigondis** [salmigɔ̃di] nm Écrit, discours composé de choses disparates.

**salmis** [salmi] nm Ragoût de pièces de gibier ou de volaille déjà rôties.

**salmonelle** nf Bactérie responsable des salmonelloses.

**salmonellose** nf Maladie infectieuse, due à la salmonelle, responsable d'intoxications alimentaires.

**salmonidé** nm Poisson osseux à deux nageoires dorsales, tels le saumon et la truite (les salmonidés forment une famille).

**saloir** nm Récipient pour mettre les viandes, les poissons à saler.

**salon** nm **1.** Pièce d'une habitation destinée à recevoir des visiteurs ; mobilier propre à cette pièce. **2.** Salle de certains établissements commerciaux : *salon de thé, de coiffure.* **3.** (avec une majuscule) Exposition annuelle d'œuvres d'artistes vivants : *Salon d'automne.* **4.** (avec une majuscule) Manifestation commerciale périodique : *Salon de l'agriculture.* **5.** LITT Société mondaine : *fréquenter les salons.*

**salonnard, e** n FAM, PÉJOR Personne qui fréquente les salons, les gens du monde.

**saloon** [salun] nm Bar du Far West.

**salopard** nm TRÈS FAM Individu malfaisant, sans scrupule.

**salope** nf TRÈS FAM Femme sans scrupule, garce.

**saloper** vt TRÈS FAM **1.** Faire très mal un travail. **2.** Salir, couvrir de taches.

**saloperie** nf TRÈS FAM **1.** Saleté. **2.** Chose de très mauvaise qualité. **3.** Action ou parole basse et vile.

**salopette** nf Vêtement constitué d'un pantalon et d'un plastron à bretelles.

**salpêtre** nm Nitrate de potassium.

**salpingite** nf MÉD Inflammation d'une trompe utérine.

**salsa** nf Musique et danse d'origine cubaine au tempo vif, soutenu par des percussions.

**salsepareille** nf Plante à racine naguère d'usage médicinal.

**salsifis** nm Plante potagère à longue racine charnue comestible ; racine de cette plante.

ORTHOGRAPHE *Salsifis* s'écrit avec *is* à la fin, comme *radis,* mais à la différence de *céleri.*

**saltimbanque** n Personne exécutant des tours d'adresse, des acrobaties sur les places publiques, dans les foires.

**salubre** adj Sain : *appartement salubre.*

**salubrité** nf Caractère de ce qui est salubre. ■ **salubrité publique :** ensemble des mesures d'hygiène prises par l'Administration.

**saluer** vt **1.** Donner une marque extérieure d'attention, de respect : *saluer un ami ; saluer le drapeau.* **2.** Acclamer, rendre hommage à : *saluer le courage de quelqu'un.* **3.** Accueillir : *saluer par des sifflets.*

**salure** nf **1.** Caractère de ce qui est salé. **2.** Teneur en sel.

**salut** nm **1.** Fait d'échapper à un danger, à un mal. **2.** Action ou manière de saluer ; marque d'attention, de respect. **3.** RELIG Accession à la vie éternelle : *travailler à son salut.* ■ **Armée du salut :** association protestante charitable. ◆ interj FAM Formule dont on se sert pour aborder quelqu'un ou le quitter.

**salutaire** adj **1.** Propre à conserver la santé physique ou morale. **2.** D'un effet bénéfique sur la conduite de quelqu'un.

**salutation** nf (surtout au pluriel) Action de saluer ; geste ou parole de salut. ■ **mes salutations dévouées, distinguées, respectueuses :** formules de politesse en fin de lettre.

**salutiste** n Membre de l'Armée du salut.

**salvateur, trice** adj SOUT Qui sauve : *des mesures salvatrices.*

**salve** nf Décharge simultanée d'armes à feu. ■ **salve d'applaudissements :** applaudissements qui éclatent tous en même temps.

**samaritain, e** adj et n De Samarie. ■ **le bon Samaritain :** (a) dans les Évangiles, personnage présenté par Jésus comme un modèle de charité discrète et désintéressée (b) personne charitable qui se dévoue volontiers.

**samba** [sɑ̃ba] nf Danse populaire brésilienne à deux temps, de rythme syncopé.

**samedi** nm Sixième jour de la semaine.

**samizdat** [samizdat] nm HIST En URSS, ouvrage interdit par la censure et diffusé clandestinement.

**samouraï** nm Guerrier japonais, à l'époque des shoguns.

**samovar** nm Bouilloire à robinet.

**sampan** nm Embarcation orientale à fond plat.

**sampler** [sɑ̃plœr] nm Appareil électronique utilisé pour découper des extraits de musiques de variété afin de les insérer dans d'autres morceaux.

**SAMU** ou **Samu** [samy] nm (sigle) Service d'aide médicale d'urgence.

**sana** nm (abréviation) FAM Sanatorium.

**sanatorium** [sanatɔrjɔm] nm Établissement de cure pour les tuberculeux.

**sanctifiant, e** adj Qui sanctifie : *grâce sanctifiante*.

**sanctificateur, trice** adj et n Qui sanctifie.

**sanctification** nf Action de sanctifier ; son résultat.

**sanctifier** vt **1.** Rendre saint. **2.** Révérer comme saint : *que votre nom soit sanctifié*. **3.** Célébrer suivant la loi religieuse : *sanctifier le dimanche*.

**sanction** nf **1.** Mesure répressive : *prendre des sanctions ; sanction économique*. **2.** Conséquence, bonne ou mauvaise, d'un acte. **3.** Approbation, confirmation : *la sanction de l'usage*.

**sanctionner** vt **1.** Infliger une sanction, une peine. **2.** Approuver.

**sanctuaire** nm **1.** Édifice consacré aux cérémonies d'une religion. **2.** FIG Lieu d'asile inviolable.

**sandale** nf Chaussure formée d'une simple semelle retenue au pied par des courroies ou des lacets.

**sandalette** nf Sandale légère.

**Sandow** [sɑ̃do] nm (nom déposé) Câble élastique en caoutchouc.

**sandre** nm ou nf Poisson voisin de la perche, à chair estimée.

**sandwich** [sɑ̃dwitʃ] (pl *sandwichs* ou *sandwiches*) nm Mets fait de tranches de pain entre lesquelles on place du fromage, du jambon, etc. ■ FIG **en sandwich** : étroitement serré entre deux personnes ou deux choses.

**sang** nm **1.** Liquide rouge qui circule dans les veines et les artères. **2.** Vie : *payer de son sang*. **3.** Race, famille, extraction. ■ **avoir le sang chaud** : être ardent, dynamique. ❑ **avoir quelque chose dans le sang** : être très doué ou passionné pour quelque chose. ❑ **liens du sang** : liens entre personnes de la même famille. ❑ **se faire du mauvais sang, un sang d'encre** : s'inquiéter.

**sang-froid** nm inv Maîtrise de soi, calme : *perdre son sang-froid*. ■ **de sang-froid** : consciemment, de façon délibérée.

**sanglant, e** adj **1.** Taché, souillé de sang. **2.** Où il y a beaucoup de sang répandu ; meurtrier : *combat sanglant*. **3.** FIG Très offensant : *affront sanglant*.

**sangle** nf Bande large et plate, qui sert à ceindre, à serrer, etc. ■ **sangle abdominale** : ensemble des muscles de la paroi abdominale.

**sangler** vt **1.** Serrer avec une sangle. **2.** Serrer fortement à la taille.

**sanglier** nm Porc sauvage ; chair de cet animal (la femelle du sanglier est la *laie*, et son petit, le *marcassin*).

**sanglot** nm Contraction spasmodique du diaphragme, sous l'effet de la douleur ou de la peine, accompagnée de larmes : *éclater en sanglots*.

**sangloter** vi Pleurer en poussant des sanglots.

**sang-mêlé** n inv VX Métis, métisse.

**sangria** [sɑ̃grija] nf Boisson d'origine espagnole faite de vin sucré où macèrent des morceaux de fruits.

**sangsue** [sɑ̃sy] nf **1.** Ver d'eau douce, dont le corps est terminé par une ventouse à chaque extrémité. **2.** FIG Personne avide d'argent.

**sanguin, e** adj Relatif au sang : *vaisseau sanguin*. ■ **orange sanguine** : sanguine. ◆ n Personne au tempérament impulsif.

**sanguinaire** adj **1.** Qui se plaît à répandre le sang humain : *tyran sanguinaire*. **2.** LITT Où le sang coule beaucoup : *bataille sanguinaire*. **3.** FIG Cruel : *lois sanguinaires*.

**sanguine** nf **1.** Dessin exécuté avec un crayon ocre rouge. **2.** Orange d'une variété à chair rouge.

**sanguinolent, e** adj **1.** Teinté ou mêlé de sang. **2.** De la couleur du sang.

**sanhédrin** [sanedrɛ̃] nm Tribunal des anciens juifs, à Jérusalem.

**Sanisette** nf (nom déposé) Édicule abritant des toilettes publiques automatisées.

**sanitaire** adj Relatif à la santé, à l'hygiène : *règlement sanitaire*. ◆ **sanitaires** nm pl Dans un local, ensemble formé par les lavabos, la baignoire, les W-C.

**sans** prép **1.** Marque la privation, l'absence, l'exclusion : *sans argent ; sans effort*. **2.** Marque la condition négative : *sans vous, il aurait perdu*. ■ **non sans** : avec. ❑ **sans cela, sans quoi** : autrement, sinon. ❑ **sans plus** : et pas plus. ❑ **sans que** (+ subj) : indique une circonstance non réalisée.

GRAMMAIRE On dit *il part sans sa femme ni ses enfants* ou *il part sans sa femme et sans ses enfants*.

**sans-abri** n inv Personne qui n'a pas de logement ; sans-logis.

**sans-cœur** adj inv et n inv FAM Insensible.

**sanscrit, e** nm et adj → **sanskrit**.

**sans-culotte** (pl *sans-culottes*) nm Révolutionnaire du tiers état sous la Convention.

**sans-emploi** n inv Chômeur.

**sans-faute** nm inv Épreuve réalisée sans faute, sans erreur.

**sans-fil** adj inv et nm inv Se dit des télécommunications sans liaison matérielle, ainsi que des technologies ou des appareils qui les autorisent : *réseau, alarme sans-fil.*

**sans-gêne** nm inv Manière d'agir sans politesse. ◆ n inv Personne qui agit ainsi.

**sanskrit, e** ou **sanscrit, e** nm et adj Langue sacrée et littéraire de l'Inde ancienne.

**sans-le-sou** n inv FAM Personne qui n'a pas d'argent.

**sans-logis** n inv Sans-abri.

**sansonnet** nm Étourneau (oiseau).

**sans-papiers** nm Personne qui ne possède pas de papiers d'identité ni de documents justifiant de la régularité de sa situation en France.

**sans-plomb** nm inv Essence dans laquelle le plomb a été remplacé par d'autres additifs moins polluants.

**sans-terre** n inv Au Brésil, paysan qui n'est pas propriétaire des terres qu'il cultive.

**santal** (pl *santals*) nm Arbre d'Asie employé en ébénisterie et en parfumerie ; bois, essence extraits de cet arbre.

**santé** nf **1.** État de quelqu'un dont l'organisme fonctionne normalement : *ménager sa santé.* **2.** État de l'organisme, bon ou mauvais : *être de santé délicate.* **3.** État sanitaire d'une collectivité. **4.** FIG État d'un système, d'une branche d'activités : *la santé des finances.* ■ **(à ta) santé !, à votre santé ! :** formule de vœux à la personne en l'honneur de laquelle on lève son verre.

**santiag** [sɑ̃tjag] nf FAM Botte à bout effilé et talon oblique.

**santon** nm Figurine d'origine provençale qui décore les crèches à Noël.

**saoudien, enne** adj et n De l'Arabie saoudite : *les Saoudiens.*

**saoul, e** [su, sul] adj → **soûl.**

**saouler** [sule] vt → **soûler.**

**sapajou** nm → **sajou.**

**sape** nf Tranchée creusée sous un mur, un ouvrage, etc., pour le faire tomber. ■ FIG **travail de sape :** activité secrète pour détruire.

**sapement** nm Action de saper.

**1. saper** vt **1.** Creuser une sape sous une construction : *saper un mur.* **2.** FIG Détruire, ébranler : *saper le moral de quelqu'un.*

**2. saper** vt FAM Habiller. ◆ **se saper** vpr FAM S'habiller.

**saperlipopette** interj Juron familier.

**sapes** nf pl FAM Vêtements.

**sapeur** nm Soldat du génie.

**sapeur-pompier** (pl *sapeurs-pompiers*) nm Pompier.

**saphir** nm **1.** Pierre précieuse bleue et transparente. **2.** Petite pointe en corindon qui lit le disque dans la tête de lecture d'un électrophone.

**sapide** adj Qui a de la saveur (par opposition à *insipide*).

**sapidité** nf Caractère de ce qui est sapide.

**sapin** nm Grand arbre résineux à feuillage persistant ; bois de cet arbre. ■ **sapin de Noël :** sapin coupé et décoré à Noël.

**sapine** nf **1.** Planche, solive de sapin. **2.** Grue pour élever des matériaux de construction.

**sapinière** nf Lieu planté de sapins.

**saponacé, e** adj De la nature du savon.

**saponaire** nf Plante dont la tige et la racine contiennent un glucoside qui fait mousser l'eau.

**saponification** nf Transformation des corps gras en savon.

**saponifier** vt Transformer un corps gras en savon.

**sapote** ou **sapotille** nf Fruit comestible du *sapotillier*, arbre d'Amérique centrale.

**sapristi** interj FAM Exprime la surprise.

**saprophyte** nm et adj Végétal se nourrissant de substances organiques en décomposition.

**saquer** vt → **sacquer.**

**sarabande** nf **1.** Danse à trois temps des XVII^e et XVIII^e s. **2.** FAM Vacarme dû à des jeux bruyants.

**sarbacane** nf Long tuyau qui sert à lancer, en soufflant, de petits projectiles.

**sarcasme** nm Raillerie acerbe.

**sarcastique** adj Moqueur et méchant.

**sarcelle** nf Canard sauvage de petite taille.

**sarclage** nm Action de sarcler.

**sarcler** vt Arracher les mauvaises herbes à l'aide d'un sarcloir.

**sarcloir** nm Outil pour sarcler.

**sarcomateux, euse** adj Relatif au sarcome.

**sarcome** nm Tumeur maligne d'un tissu conjonctif, osseux ou musculaire.

**sarcopénie** nf Diminution de la masse musculaire, entraînant une baisse de la force, observée princip. au cours du vieillissement.

**sarcophage** nm **1.** ANTIQ Cercueil de pierre. **2.** Enceinte étanche en béton.

**sarcopte** nm Acarien provoquant la gale.

**sardane** nf Danse populaire de Catalogne.

**sarde** adj et n De Sardaigne : *les Sardes.*

**sardine** nf Poisson de la Méditerranée et de l'Atlantique, voisin du hareng.

**sardinerie** nf Usine où l'on prépare les conserves de sardines.

**sardinier, ère** n **1.** Pêcheur de sardines. **2.** Personne qui travaille à la fabrication des conserves de sardines. ◆ nm Bateau pour pêcher la sardine.

**sardonique** adj Qui exprime une ironie méchante : *rire sardonique*.

**sardoniquement** adv De façon sardonique.

**sargasse** nf Algue brune flottante, très répandue au large des côtes de Floride *(mer des Sargasses)*.

**sari** nm Vêtement des femmes de l'Inde, fait d'une pièce de tissu drapée.

**sarigue** nf Mammifère marsupial d'Amérique.

**SARL** [ɛsaɛrɛl] nf (sigle) Société à responsabilité limitée.

**sarment** nm **1.** Jeune rameau de vigne. **2.** Tige ou branche ligneuse grimpante.

**saroual** (pl *sarouals*) ou **sarouel** (pl *sarouels*) nm Pantalon traditionnel d'Afrique du Nord à jambes bouffantes.

**sarrasin** nm Céréale cultivée pour ses graines alimentaires ; farine de cette céréale. SYN : blé noir.

**sarrau** (pl *sarraus*) nm Blouse de travail à manches longues, boutonnée dans le dos.

**sarriette** nf Plante aromatique.

**SARS-CoV-2** nm (sigle de *severe acute respiratory syndrome coronavirus 2*, coronavirus 2 du syndrome respiratoire aigu sévère) Coronavirus découvert en Chine fin 2019, responsable de la grave pandémie de COVID-19.

**sas** [sas] ou [sa] nm **1.** Local étanche permettant le passage dans des milieux de pression différente. **2.** Espace de sécurité entre deux portes interdisant leur ouverture simultanée. **3.** Partie d'un canal entre deux portes d'écluse. **4.** Tamis.

**sassafras** [sasafra] nm Lauracée d'Amérique, dont les feuilles sont employées comme condiment.

**satané, e** adj FAM Incroyable, sacré : *un satané farceur*.

**satanique** adj Diabolique, très méchant : *ruse satanique*.

**satellisation** nf Action de satelliser.

**satelliser** vt **1.** Placer un mobile sur une orbite fermée autour de la Terre, d'un astre. **2.** FIG Mettre un pays sous la dépendance étroite d'un autre.

**satellitaire** adj Relatif aux satellites artificiels : *téléphone, télévision satellitaires*.

**satellite** nm **1.** ASTRON Planète secondaire qui tourne autour d'une planète principale. **2.** Bâtiment annexe d'une aérogare. ■ **satellite artificiel** : engin placé sur une orbite elliptique dont le centre de la Terre est l'un des foyers. ◆ adj et nm Qui dépend d'un autre sur un plan politique ou économique : *pays satellite*.

**satiété** [sasjete] nf ■ **à satiété** : (a) Jusqu'à être rassasié : *boire, manger à satiété* (b) jusqu'à la lassitude : *répéter à satiété*.

**satin** nm Étoffe de soie, de laine ou de coton, fine, moelleuse et brillante.

**satiné, e** adj Qui a l'apparence du satin. ■ **peau satinée** : douce comme du satin.

**satiner** vt Donner à une étoffe, à du papier, etc., un aspect satiné.

**satinette** nf Étoffe de coton, ou de coton et de soie, offrant l'aspect du satin.

**satire** nf **1.** LITT Pièce en vers où l'auteur attaque les vices et les ridicules de son temps. **2.** Discours, écrit piquants ou médisants : *une satire du monde politique*.

**satirique** adj **1.** LITTÉR Qui tient de la satire : *la poésie satirique*. **2.** Enclin à la satire : *esprit satirique ; dessinateur satirique*.

**satiriste** n Auteur de satires.

**satisfaction** nf **1.** Action de satisfaire, de contenter. **2.** État de contentement, de joie qui résulte de l'accomplissement de ce qu'on attendait.

**satisfaire** vt (conj 76) **1.** Contenter quelqu'un : *on ne peut pas satisfaire tout le monde*. **2.** Contenter un désir, assouvir un besoin. ◆ vt ind [à] Faire ce qui est exigé par quelque chose : *satisfaire à la mode*. ◆ **se satisfaire** vpr [de] Se contenter.

**satisfaisant, e** adj Qui satisfait : *un résultat satisfaisant*.

**satisfait, e** adj **1.** Content de ce qui a été fait ou dit. **2.** Assouvi, rempli : *désirs satisfaits*.

**satisfecit** [satisfesit] nm inv LITT Témoignage de satisfaction, d'approbation.

**satrape** nm LITT Personnage vivant dans le luxe et exerçant une autorité despotique.

**saturant, e** adj Qui sature.

**saturateur** nm Récipient plein d'eau, qui s'adapte aux radiateurs et sert à humidifier l'air d'une pièce.

**saturation** nf Action de saturer ; état de ce qui est saturé.

**saturé, e** adj **1.** Rempli à l'excès, encombré : *sol saturé d'eau ; marché saturé*. **2.** Se dit d'une solution qui ne peut dissoudre une quantité supplémentaire de la substance dissoute. ■ **couleur saturée** : pure.

**saturer** vt **1.** Remplir à l'excès ; rassasier : *saturer de publicité*. **2.** Amener une solution à contenir le plus possible de corps dissous : *saturer un liquide*. ◆ vi FAM

Ne plus supporter quelque chose : *j'ai trop lu cet auteur, je sature.*

**saturnales** nf pl ANTIQ ROM Fêtes en l'honneur de Saturne.

**saturnien, enne** adj De Saturne.

**saturnin, e** adj Relatif au plomb.

**saturnisme** nm Intoxication par le plomb.

**satyre** nm **1.** MYTH Demi-dieu rustique à jambes de bouc. **2.** Exhibitionniste.

**sauce** nf Assaisonnement liquide d'un mets : *sauce à la tomate.* ■ **en sauce :** accompagné de ou cuit dans une sauce. ❑ FIG, FAM **mettre à toutes les sauces :** utiliser de toutes sortes de façons.

**saucée** nf FAM Averse.

**saucer** vt **1.** VIEILLI Tremper dans la sauce : *saucer du pain.* **2.** Essuyer la sauce avec du pain : *saucer son assiette.* ■ FAM **se faire saucer :** se faire mouiller par une pluie abondante.

**saucier** nm **1.** Cuisinier qui prépare les sauces. **2.** Appareil électroménager pour faire les sauces.

**saucière** nf Récipient pour servir les sauces.

**saucisse** nf Boyau rempli de chair hachée de porc, de bœuf, etc.

**saucisson** nm Grosse saucisse, crue ou cuite.

**saucissonner** vi FAM Manger du saucisson, de la charcuterie sur le pouce. ◆ vt FAM **1.** Diviser en tranches, en petites parties : *saucissonner un film.* **2.** Ficeler, attacher comme un saucisson.

**1. sauf** prép **1.** À la réserve de, à moins de : *sauf erreur.* **2.** Excepté : *tout, sauf cela.* ■ LITT **sauf à :** en excluant telle éventualité. ❑ **sauf que :** à part le fait que. ❑ PAR PLAIS **sauf votre respect** ou **sauf le respect que je vous dois :** sans vouloir vous choquer, vous offenser.

**2. sauf, sauve** adj **1.** Tiré de danger : *avoir la vie sauve.* **2.** Qui n'est pas atteint : *l'honneur est sauf.*

**sauf-conduit** (pl *sauf-conduits*) nm Permis d'aller en un lieu, d'y séjourner et de s'en retourner librement.

**sauge** nf Plante aromatique et officinale à fleurs rouges ou violettes ; feuille de cette plante, utilisée en cuisine.

**saugrenu, e** adj Absurde, bizarre : *question saugrenue.*

**saulaie** ou **saussaie** nf Lieu planté de saules.

**saule** nm Arbre vivant près de l'eau. ■ **saule pleureur :** dont les branches et le feuillage retombent.

**saumâtre** adj **1.** D'une saveur amère et salée comme celle de l'eau de mer. **2.** FIG Amer, difficile à accepter : *trouver la plaisanterie saumâtre.*

**saumon** nm Poisson voisin de la truite, à chair estimée, pouvant atteindre 1,50 m de long. ◆ adj inv D'une teinte rose-orangé : *un chemisier rose saumon.*

**saumoné, e** adj À chair rosée comme celle du saumon : *truite saumonée.*

**saumoneau** nm Petit saumon.

**saumurage** nm Action de saumurer.

**saumure** nf Préparation liquide salée, où l'on conserve des viandes ou des légumes : *anchois conservés dans la saumure.*

**saumurer** vt Soumettre à l'action de la saumure : *saumurer des harengs.*

**sauna** nm **1.** Bain de chaleur sèche et de vapeur, d'origine finlandaise. **2.** Établissement où l'on prend ces bains.

**saunage** nm ou **saunaison** nf Fabrication et vente de sel.

**sauner** vi **1.** Extraire le sel. **2.** Produire du sel, en parlant des bassins des marais salants.

**saunier** nm Ouvrier qui recueille le sel ou qui le vend. ■ AUTREF **faux saunier :** sous l'Ancien Régime, contrebandier du sel.

**saupiquet** nm Sauce piquante à l'échalote.

**saupoudrage** nm Action de saupoudrer.

**saupoudrer** vt **1.** Poudrer de sel, de farine, de sucre, etc. **2.** FIG Parsemer : *saupoudrer de citations.*

**saupoudreuse** nf Ustensile pour saupoudrer.

**saur** adj m ■ **hareng saur :** salé et séché à la fumée.

**saurien** nm Reptile d'un groupe comprenant les lézards, les orvets, les caméléons. SYN : lacertilien.

**saussaie** nf → **saulaie**.

**saut** nm **1.** Action de sauter : *saut en longueur ;* action de sauter vers le bas : *saut en parachute.* **2.** Chute d'eau dans le courant d'une rivière : *le saut du Doubs.* **3.** FIG Passage brusque, changement subit : *un saut dans l'inconnu.* ■ **au saut du lit :** au sortir du lit. ❑ **faire le saut :** se décider à faire quelque chose qui faisait difficulté. ❑ **faire un saut quelque part :** y passer un court moment. ❑ **le saut à la perche** ou **la perche :** sport consistant à passer au-dessus d'une barre en se propulsant à l'aide d'une perche. ❑ **saut périlleux :** saut consistant en une rotation complète du corps dans l'espace.

**saut-de-lit** (pl *sauts-de-lit*) nm Peignoir léger féminin.

**saute** nf Changement brusque : *une saute de vent, d'humeur.*

**sauté** nm Aliment cuit à feu vif avec un corps gras dans une sauteuse ou une poêle : *sauté de porc, de veau.*

**saute-mouton** nm inv Jeu dans lequel les joueurs sautent alternativement les uns par-dessus les autres.

**sauter** vi **1.** S'élever de terre avec effort ; s'élancer d'un lieu dans un autre ; s'élancer d'un lieu élevé vers le bas. **2.** S'élancer pour saisir : *sauter à la gorge.* **3.** Être projeté ou déplacé soudainement : *chaîne de vélo qui a sauté.* **4.** FIG Passer brusquement d'une chose à une autre : *sauter d'un sujet à l'autre.* **5.** Voler en éclats : *l'arsenal a sauté.* **6.** Être omis, effacé, annulé : *un mot a sauté dans la phrase.* **7.** Fondre, en parlant de fusibles. ■ FAM **et que ça saute !** : vite. ❑ **faire sauter un aliment** : le faire revenir à feu vif dans un corps gras, en l'empêchant d'attacher. ❑ **sauter aux yeux** : être évident. ❑ FAM **se faire sauter la cervelle** : se tuer d'un coup de pistolet à la tête. ◆ vt **1.** Franchir d'un saut : *sauter un mur.* **2.** FIG Omettre : *sauter une page.*

**sauterelle** nf Insecte sauteur jaune ou vert.

**sauterie** nf FAM Petite réunion dansante.

**sauternes** nm Vin blanc de Bordeaux liquoreux.

**sauteur, euse** n et adj **1.** Athlète spécialisé dans les épreuves de saut. **2.** Insecte qui a les pattes postérieures propres au saut.

**sauteuse** nf Casserole plate pour faire sauter les aliments.

**sautillant, e** adj Qui sautille : *une allure sautillante.*

**sautillement** nm Petit saut.

**sautiller** vi Avancer par petits sauts.

**sautoir** nm **1.** Collier féminin très long. **2.** Figure formée par deux objets croisés en X : *deux épées en sautoir sur un cercueil.* ■ **en sautoir** : autour du cou, en collier tombant sur la poitrine.

**sauvage** adj **1.** Qui vit en liberté dans la nature : *animaux sauvages.* **2.** Qui pousse sans être cultivé : *plante sauvage.* **3.** Désert, inculte : *lieu sauvage.* **4.** Qui s'organise spontanément, en dehors des règlements : *grève sauvage.* ◆ adj et n **1.** Qui vit loin de la civilisation. **2.** Qui fuit la société. **3.** Cruel, inhumain.

**sauvagement** adv Avec sauvagerie.

**sauvageon, onne** n Enfant farouche, sauvage. ◆ nm Jeune arbre qui a poussé sans être cultivé.

**sauvagerie** nf **1.** Caractère de celui qui fuit la société. **2.** Férocité, cruauté.

**sauvagine** nf Gibier d'eau au goût et à l'odeur particuliers.

**sauvegarde** nf **1.** Garantie, protection accordée par une autorité : *se mettre sous la sauvegarde de la justice.* **2.** Garantie, défense : *les lois sont la sauvegarde de la liberté.* **3.** INFORM Copie de sécurité.

**sauvegarder** vt **1.** Protéger, défendre : *sauvegarder son indépendance.* **2.** INFORM Effectuer une sauvegarde.

**sauve-qui-peut** nm inv Fuite, panique où chacun se sauve comme il peut.

**sauver** vt **1.** Tirer du danger, du malheur, de la mort : *sauver un malade.* **2.** Préserver de la perte, de la destruction : *sauver un navire en perdition.* **3.** Pallier, masquer ce qui est défectueux : *c'est la distribution qui sauve ce film.* **4.** RELIG Procurer le salut éternel. **5.** INFORM Sauvegarder. ◆ **se sauver** vpr **1.** Fuir, s'échapper : *se sauver à toutes jambes.* **2.** FAM S'en aller très vite : *je me sauve, il est tard.*

**sauvetage** nm Action de tirer quelqu'un ou quelque chose d'un danger, d'une situation critique. ■ **de sauvetage** : destiné à porter secours : *canot, gilet de sauvetage.*

**sauveteur, euse** n Personne qui prend part à un sauvetage.

**sauvette (à la)** loc adv À la hâte et en essayant de rester discret. ■ **vente à la sauvette** : vente sur la voie publique sans autorisation.

**sauveur, euse** n Personne qui sauve. ◆ nm ■ RELIG **le Sauveur** : Jésus-Christ.

**SAV** [ɛsave] nm (sigle) Service après-vente.

**savamment** adv De façon savante.

**savane** nf Dans les régions tropicales, prairie de hautes herbes, souvent parsemée d'arbres.

**savant, e** adj et n Qui a des connaissances étendues dans divers domaines ou dans une discipline particulière : *un savant helléniste.* ◆ adj **1.** Où il y a de la science, de l'érudition : *livre savant.* **2.** Qui dénote de l'habileté : *le savant désordre d'une coiffure.* **3.** Se dit d'un animal dressé à certains tours : *une chèvre savante.* ◆ nm Personne qui a une compétence exceptionnelle dans une discipline scientifique.

EMPLOI *Un savant* (nom masculin) se dit aussi bien pour une femme que pour un homme : *elle est un savant renommé.*

**savarin** nm Gâteau en forme de couronne, imbibé de rhum.

**savate** nf Vieille pantoufle, vieille chaussure. ■ FAM **traîner la savate** : (a) être dans l'indigence (b) ne rien faire.

**savetier** nm VX Cordonnier.

**saveur** nf **1.** Sensation produite sur la langue par certains corps. **2.** FIG Charme, piquant : *une poésie pleine de saveur.*

**1. savoir** vt (conj 39) **1.** Connaître, être instruit dans quelque chose : *savoir l'anglais.* **2.** Être exercé à : *savoir commander.* **3.** Avoir dans la mémoire : *savoir sa leçon.* **4.** Être informé de : *savoir un secret ; je n'en sais rien.* ■ **à savoir** ou **savoir** : annonce une précision, une énumération. ❑ **que je sache** : à ma connaissance. ❑ **qui sait ?** : ce n'est peut-être pas impossible. ❑ FAM **reste à savoir si** : exprime un doute, une incertitude.

EMPLOI Noter que *vous n'êtes pas sans savoir* signifie « vous savez très bien », « vous n'ignorez pas ».

**2. savoir** nm Ensemble de connaissances : *un savoir encyclopédique.*

**savoir-faire** nm inv **1.** Habileté. **2.** Compétence professionnelle.

**savoir-vivre** nm inv Connaissance et pratique des règles de la politesse.

**savon** nm **1.** Mélange d'une matière grasse et d'un alcali qui sert à nettoyer, à dégraisser, à blanchir ; morceau moulé de ce produit. **2.** FAM Réprimande : *passer un savon à quelqu'un.*

**savonnage** nm Lavage au savon.

**savonner** vt Laver avec du savon ; frotter de savon.

**savonnerie** nf Fabrique de savon.

**savonnette** nf Petit savon parfumé.

**savonneux, euse** adj Qui contient du savon.

**savonnier, ère** adj Relatif au savon, à sa fabrication ou à son commerce. ◆ nm **1.** Fabricant de savon. **2.** Arbre des régions chaudes d'Asie et d'Amérique, dont l'écorce est dite *bois de Panama.*

**savourer** vt **1.** Goûter lentement, avec attention et plaisir : *savourer son café.* **2.** FIG Jouir de quelque chose avec délices : *savourer sa victoire.*

**savoureux, euse** adj **1.** Qui a une saveur agréable. **2.** FIG Que l'on goûte avec grand plaisir : *histoire savoureuse.*

**savoyard, e** adj et n De Savoie : *les Savoyards.*

**saxe** nm Porcelaine de Saxe.

**saxhorn** nm Instrument à vent en cuivre, avec embouchure et pistons : *le tuba est de la famille des saxhorns.*

**saxifrage** nf Plante qui croît au milieu des pierres.

**saxo** nm (abréviation) Saxophone. ◆ n Saxophoniste.

**saxon, onne** adj et n De Saxe ou du peuple germanique des Saxons.

**saxophone** nm Instrument à vent en cuivre, muni d'un bec de clarinette et de clés.

**saxophoniste** n Joueur de saxophone.

**saynète** nf Courte comédie à deux ou trois personnages.

**sbire** nm PÉJOR Homme de main.

**scabreux, euse** adj **1.** LITT Dangereux : *entreprise scabreuse.* **2.** Indécent, trop libre : *sujet scabreux.*

**scaferlati** [skafɛrlati] nm Tabac à pipe ou à rouler, coupé en fines lanières.

**1. scalaire** adj ■ MATH **produit scalaire de deux vecteurs** : produit de leurs longueurs et du cosinus de leur angle.

**2. scalaire** nm Poisson d'Amérique du Sud à corps aplati, souvent élevé en aquarium.

**scalène** adj ■ MATH **triangle scalène** : dont les trois côtés sont inégaux.

**scalp** nm HIST Chevelure détachée du crâne avec la peau, trophée de guerre que conservaient certains peuples amérindiens.

**scalpel** nm Instrument de chirurgie pour inciser et disséquer.

**scalper** vt Détacher la peau du crâne avec un instrument tranchant.

**scampi** [skɑ̃pi] nm pl Langoustines ou grosses crevettes frites.

**scandale** nm **1.** Indignation soulevée par un acte estimé contraire à la morale et aux usages : *craindre le scandale.* **2.** Affaire malhonnête ou immorale : *scandale financier.* **3.** Fait qui heurte la conscience, suscite l'émotion : *faire scandale ; le scandale de la faim dans le monde.* **4.** Querelle bruyante, tapage : *faire du scandale.*

**scandaleusement** adv D'une manière scandaleuse.

**scandaleux, euse** adj Qui cause du scandale ; honteux, révoltant.

**scandaliser** vt Soulever l'indignation, choquer. ◆ **se scandaliser** vpr [de] Ressentir de l'indignation.

**scander** vt **1.** LITT Prononcer un vers grec ou latin en marquant la quantité ou la mesure des syllabes. **2.** Prononcer en séparant les syllabes : *scander un slogan, des groupes de mots.*

**scandinave** adj et n De Scandinavie : *les Scandinaves.*

**1. scanner** [skanɛr] nm **1.** Appareil détectant par balayage les radiations émises par des surfaces étendues. **2.** MÉD Appareil qui reconstitue des images des diverses parties de l'organisme en coupes fines ; examen effectué avec cet appareil. **3.** INFORM Appareil servant à numériser un document.

**2. scanner** [skane] vt Numériser à l'aide d'un scanner : *scanner des images.*

**scansion** nf LITT Action ou façon de scander des mots.

**scaphandre** nm Appareil hermétiquement fermé que revêtent les plongeurs pour travailler sous l'eau.

**scaphandrier** nm Plongeur muni d'un scaphandre.

**scapulaire** adj ANAT Relatif à l'épaule : *muscle scapulaire.* ◆ nm Vêtement à capuchon et deux pans d'étoffe de certains ordres religieux catholiques.

**scarabée** nm Insecte coléoptère à antennes en lamelles.

**scarificateur** nm **1.** Instrument de chirurgie pour scarifier. **2.** Instrument agricole pour ameublir la terre sans la retourner.

**scarification** nf Incision superficielle de la peau.

**scarifier** vt Faire des incisions sur.

**scarlatine** nf Maladie fébrile contagieuse, caractérisée par des plaques écarlates sur la peau, qui atteint surtout les enfants.

**scarole** nf Chicorée à larges feuilles, mangée en salade.

**scatologie** nf Propos ou écrits relatifs aux excréments.

**scatologique** adj Relatif à la scatologie : *plaisanterie scatologique.*

**sceau** [so] nm **1.** Cachet qui rend un acte authentique ; son empreinte : *le sceau de l'État.* **2.** FIG, LITT Caractère distinctif : *cet ouvrage porte le sceau du génie.* ■ **sous le sceau du secret :** à la condition que le secret soit bien gardé.

ORTHOGRAPHE *Sceau* a deux homonymes avec lesquels il ne faut pas le confondre, *seau* et *sot.* On écrira ainsi : *ce sot a laissé tomber le sceau dans le seau.*

**scélérat, e** adj et n LITT Coupable ou capable de crimes. ◆ adj Perfide : *conduite scélérate.*

**scélératesse** nf LITT Perfidie, méchanceté.

**scellement** nm Action de fixer une pièce dans un trou, à l'aide d'un liant qui s'y durcit.

**sceller** vt **1.** Appliquer un sceau, des scellés sur. **2.** Effectuer un scellement : *sceller un anneau à une porte.* **3.** FIG Affermir : *sceller une amitié.*

**scellés** nm pl Bande fixée aux deux bouts par un cachet de cire revêtu du sceau officiel : *apposer les scellés sur une porte ; le bris de scellés est un délit.*

**scénario** nm **1.** Rédaction détaillée des diverses scènes dont un film sera composé. **2.** FIG Déroulement programmé d'une action.

**scénariser** vt Adapter sous forme de scénario ; doter d'un scénario : *scénariser un fait-divers ; scénariser un documentaire.*

**scénariste** n Auteur d'un scénario.

**scène** nf **1.** Partie du théâtre où jouent les acteurs. **2.** Lieu où est supposée se dérouler l'action : *la scène est à Rome.* **3.** Lieu où se passe une action : *la scène d'un crime.* **4.** Art dramatique. **5.** Subdivision d'un acte : *troisième scène du second acte.* **6.** FIG Spectacle : *une scène affligeante.* **7.** FAM Emportement, querelle violente : *scène de ménage ; faire une scène à quelqu'un.* ■ **mettre en scène :** assurer la réalisation d'un film, d'une pièce de théâtre.

**scénique** adj De la scène, du théâtre : *indication scénique.*

**scénographe** n Spécialiste de scénographie.

**scénographie** nf Art de l'organisation de la scène et de l'espace théâtral.

**scepticisme** nm **1.** Disposition au doute. **2.** PHILOS Doctrine qui soutient que la vérité absolue n'existe pas et qu'il convient donc de suspendre son jugement.

**sceptique** adj et n **1.** Qui manifeste du scepticisme ; incrédule. **2.** Qui relève de la doctrine philosophique du scepticisme ; qui en est partisan.

**sceptre** [sɛptr] nm Bâton de commandement, insigne de la royauté.

**schako** nm → **shako.**

**schéma** [ʃema] nm **1.** Figure représentant les éléments essentiels d'un objet, d'un mécanisme, d'une organisation. **2.** Plan d'un ouvrage littéraire, d'un projet.

**schématique** adj **1.** Sous forme de schéma : *tracé schématique.* **2.** Réduit à l'essentiel ; simplifié à l'excès.

**schématiquement** adv De façon schématique.

**schématisation** nf Généralisation, présentation simplifiée.

**schématiser** vt Représenter d'une manière schématique.

**schématisme** nm SOUT Caractère schématique souvent excessif de quelque chose.

**scherzo** [skɛrtso] ou [skɛrdzo] nm Morceau de musique de mesure ternaire, d'un style vif et léger.

**schilling** [ʃiliŋ] nm Unité monétaire autrichienne jusqu'au 1er janvier 2002.

**schismatique** adj Qui provoque un schisme. ◆ adj et n Qui adhère à un schisme.

**schisme** nm **1.** Séparation au sein d'une Église. **2.** Division dans un groupe, un parti.

**schiste** nm Roche feuilletée sédimentaire ou métamorphique. ■ **gaz, pétrole** ou **huile de schiste :** hydrocarbures formés dans les schistes, dont la méthode d'extraction est controversée en raison de ses risques sanitaires et environnementaux.

**schisteux, euse** adj De la nature du schiste.

**schizo** [skizo] adj et n (abréviation) FAM Schizophrène.

**schizophrène** [skizɔfrɛn] n Malade atteint de schizophrénie.

**schizophrénie** [skizɔfreni] nf Maladie mentale caractérisée par la rupture du contact avec le monde extérieur.

**schizophrénique** [skizɔfrenik] adj Relatif à la schizophrénie.

**schlinguer** vi FAM Puer.

**schlittage** nm Transport du bois par une schlitte.

**schlitte** nf AUTREF Traîneau servant à descendre le bois des montagnes.

**schnaps** [ʃnaps] nm FAM Eau-de-vie.

**schnock** ou **schnoque** ou **chnoque** nm FAM ■ **du schnock :** appellatif méprisant pour une personne dont on ignore le nom. ❑ **vieux schnock :** vieil imbécile.

**schuss** [ʃus] nm À skis, descente directe dans le sens de la plus grande pente. ■ FAM **tout schuss :** très vite, à tombeau ouvert.

**sciable** adj Qui peut être scié.

**sciage** nm Action de scier ; bois des troncs sciés.

**Scialytique** [sjalitik] nm (nom déposé) Dispositif d'éclairage qui ne projette pas d'ombre, utilisé en chirurgie.

**sciatique** adj Relatif à la hanche. ■ **nerf sciatique :** qui innerve les muscles de la cuisse et de la hanche. ◆ nf Affection très douloureuse du nerf sciatique.

**scie** nf **1.** Lame d'acier taillée à dents aiguës, servant à scier. **2.** FAM Rengaine, répétition fastidieuse.

**sciemment** [sjamɑ̃] adv En connaissance de cause : *parler sciemment*.

**science** nf **1.** Ensemble cohérent de connaissances concernant des catégories de phénomènes obéissant à des lois, et vérifiées par les méthodes expérimentales. **2.** Utilisation habile de ses connaissances : *la science des couleurs*. ◆ **sciences** pl Disciplines où le calcul et l'observation ont la plus grande part (par opposition aux *lettres*). ■ **sciences de la vie et de la Terre (SVT) :** disciplines qui étudient les êtres vivants (biologie, médecine, biotechnologies, etc.) et la géologie. ❑ **sciences humaines :** disciplines ayant pour objet l'homme et ses comportements individuels et collectifs. ❑ **sciences naturelles :** étude scientifique des objets rencontrés dans la nature.

**science-fiction** (pl *sciences-fictions*) nf Genre romanesque et cinématographique faisant appel aux thèmes du voyage dans le temps et dans l'espace extra-terrestre.

**scientifique** adj **1.** Qui concerne les sciences. **2.** Qui a la rigueur de la science : *méthode scientifique*. ■ **nom scientifique d'une plante, d'un animal :** nom donné par les spécialistes (par opposition à *nom vulgaire*). ◆ n Spécialiste des sciences, d'une science.

**scientifiquement** adv D'une manière scientifique.

**scientisme** nm Attitude de certains scientifiques qui considèrent qu'il n'y a de vérité que dans la science.

**scientiste** adj et n Relatif au scientisme ; qui en est partisan.

**scier** vt Couper à la scie : *scier du bois*.

**scierie** [siri] nf Usine où l'on débite le bois.

**scieur** nm Ouvrier dont le métier est de scier.

**scinder** vt Diviser, fractionner : *le parti est scindé en deux groupes*.

**scintigraphie** nf MÉD Technique de repérage des rayons gamma émis par une substance radioactive précédemment administrée.

**scintillant, e** adj Qui scintille.

**scintillation** nf ou **scintillement** nm Éclat de ce qui scintille : *scintillation d'une étoile*.

**scintiller** vi Briller en jetant par intervalles des éclats de lumière.

**scion** nm **1.** Pousse de l'année. **2.** Branche destinée à être greffée.

**scission** nf Division dans un groupe, une assemblée.

**scissionniste** adj et n Qui tend à provoquer une division ; dissident.

**scissipare** adj Qui se multiplie par scissiparité.

**scissiparité** nf Mode de multiplication des êtres unicellulaires dans lequel l'organisme se divise en deux parties : *la paramécie se reproduit par scissiparité*.

**scissure** nf ANAT Fente.

**sciure** nf Déchet d'une matière sciée qui tombe en poussière : *sciure de bois*.

**sciuridé** nm Mammifère rongeur (les sciuridés forment une famille comprenant les écureuils).

**sclérose** nf **1.** MÉD Durcissement pathologique d'un tissu. **2.** FIG Impossibilité de s'adapter à une situation nouvelle. ■ **sclérose en plaques :** affection de la substance blanche du système nerveux entraînant divers troubles nerveux.

**sclérosé**, **e** adj **1.** Se dit d'un organe, d'un tissu envahi par la sclérose. **2.** FIG Incapable d'évoluer : *administration sclérosée.*

**scléroser** vt Provoquer la sclérose. ◆ **se scléroser** vpr Perdre toute souplesse, se figer : *se scléroser dans ses habitudes.*

**sclérotique** nf Membrane externe du globe oculaire, formant en avant le blanc de l'œil.

**scolaire** adj **1.** Relatif à l'école, à l'enseignement : *année scolaire.* **2.** Laborieux et sans originalité. ■ **âge scolaire** : période de la vie durant laquelle la loi fait une obligation d'aller à l'école. ◆ nm Enfant d'âge scolaire.

**scolarisable** adj Susceptible d'être scolarisé.

**scolarisation** nf Action de scolariser ; fréquentation des écoles : *taux de scolarisation.*

**scolariser** vt **1.** Pourvoir d'établissements scolaires : *scolariser un pays.* **2.** Inscrire, admettre à l'école : *scolariser les enfants.*

**scolarité** nf **1.** Durée des études. **2.** Études scolaires : *faire sa scolarité.*

**scolastique** adj Relatif aux écoles au Moyen Âge ; de la scolastique : *philosophie scolastique.* ◆ nf Enseignement philosophique et théologique propre au Moyen Âge, fondé sur la tradition aristotélicienne.

**scoliose** nf Déviation latérale de la colonne vertébrale.

**scolopendre** nf **1.** Fougère à feuilles en fer de lance. **2.** Mille-pattes venimeux dont la morsure est douloureuse.

**sconse** [skɔ̃s] ou **skunks** [skɔ̃s] nm Moufette ; fourrure provenant d'un carnassier du genre moufette.

**scoop** [skup] nm Nouvelle donnée en exclusivité par un journaliste ou une agence de presse ; FAM nouvelle sensationnelle.

**scooter** [skutœr] ou [skutɛr] nm Véhicule à moteur à deux roues, à cadre ouvert. ■ **scooter des mers** : moto carénée, à skis en guise de roues.

**scorbut** [skɔrbyt] nm Maladie due à une carence en vitamine C, caractérisée par des hémorragies, la chute des dents, l'altération des articulations.

**scorbutique** adj et n Relatif au scorbut ; atteint du scorbut.

**score** [skɔr] nm Nombre de points acquis par chaque équipe ou par chaque adversaire dans un match.

**scoriacé**, **e** adj De la nature des scories.

**scorie** nf Résidu provenant de la fusion des minerais métalliques, de l'affinage des métaux.

**scorpion** nm Arachnide des pays chauds, portant en avant une paire de pinces, et dont l'abdomen se termine par un aiguillon venimeux. ◆ **Scorpion** nm Constellation zodiacale figurant un scorpion ; signe astrologique des personnes nées entre le 23 octobre et le 21 novembre. ◆ n et adj personne née sous le signe du Scorpion : *elle est Scorpion.*

**scorsonère** nf Salsifis noir.

**scotch** [skɔtʃ] nm Whisky écossais.

**Scotch** nm (nom déposé) Ruban adhésif transparent.

**scotcher** vt Coller avec du Scotch.

**scottish-terrier** (pl *scottish-terriers*) nm Chien terrier à poil dur originaire d'Écosse.

**scout**, **e** [skut] n Jeune garçon, jeune fille faisant partie d'une association de scoutisme. ◆ adj Relatif au scoutisme : *l'esprit scout.*

**scoutisme** nm Organisation créée par Baden-Powell, ayant pour but le développement des qualités physiques et morales des jeunes gens.

**Scrabble** nm (nom déposé) Jeu de société consistant à former des mots au moyen de jetons portant des lettres.

**scribe** nm **1.** Dans l'Antiquité égyptienne, personnage faisant fonction de secrétaire ou, parfois, d'écrivain public. **2.** Dans l'Évangile, docteur juif interprète officiel des Saintes Écritures.

**scribouillard**, **e** n FAM, PÉJOR Employé aux écritures.

**script** [skript] nm **1.** CIN Scénario de film découpé en scènes et accompagné de dialogues. **2.** Type d'écriture manuscrite simplifiée.

**scripte** n Collaborateur du réalisateur d'un film, qui note tous les détails relatifs à la prise de vues.

**scriptural**, **e**, **aux** adj ■ **monnaie scripturale** : moyen de paiement autre que les billets de banque et les pièces de monnaie (chèques bancaires, effets de commerce).

**scrofulaire** nf Plante vivant de préférence au bord de l'eau (appelée également : *herbe aux écrouelles*).

**scrofule** nf Affection due à des troubles nutritifs qui prédisposent à la tuberculose. SYN ANC : humeurs froides, écrouelles.

**scrotum** [skrɔtɔm] nm Enveloppe cutanée des testicules. SYN : bourses.

**scrupule** nm Inquiétude de conscience, hésitation due à une grande délicatesse morale.

**scrupuleusement** adv D'une manière scrupuleuse.

**scrupuleux, euse** adj **1.** Sujet aux scrupules. **2.** Minutieux, exact.

**scrutateur, trice** adj Qui scrute. ◆ n Personne qui participe au dépouillement ou à la vérification d'un scrutin.

**scruter** vt Examiner attentivement : *scruter le ciel ; scruter les intentions d'une personne.*

**scrutin** nm Ensemble des opérations qui constituent un vote ou une élection.

**sculpter** [skylte] vt Tailler dans la pierre, le bois, etc., dans un but artistique.

**sculpteur, trice** n Artiste qui sculpte.

**sculptural, e, aux** adj **1.** Relatif à la sculpture. **2.** FIG Digne d'être sculpté : *beauté sculpturale.*

**sculpture** [skyltyr] nf **1.** Art du sculpteur. **2.** Ouvrage sculpté ; ensemble d'œuvres sculptées.

**SDF** n (sigle de *sans domicile fixe*) Personne sans lieu d'habitation déterminé ; personne sans toit et sans travail.

**se** pron pers Désigne le sujet de la 3e personne et s'emploie comme complément d'objet direct ou indirect, ou comme complément d'attribution : *il se peigne ; ils se sont combattus ; elles se sont donné un délai.*

**séance** nf **1.** Réunion d'une assemblée pour délibérer ; temps que dure cette réunion : *ouvrir la séance.* **2.** Temps passé à une chose : *faire un portrait en trois séances.* **3.** Chacune des projections du programme d'un cinéma : *aller à la séance de 18 h 30.* ■ **séance tenante :** immédiatement.

**1. séant** nm ■ LITT **être, se mettre sur son séant :** être assis, s'asseoir.

**2. séant, e** adj LITT Décent, convenable.

**seau** nm Récipient cylindrique à anse, généralement utilisé pour puiser ou transporter des liquides ; son contenu : *seau à champagne, à charbon ; un seau d'eau.*

**sébacé, e** adj Relatif au sébum : *glande sébacée.*

**sébile** nf LITT Coupe plate avec laquelle les mendiants demandaient l'aumône.

**séborrhée** nf MÉD Sécrétion anormale de sébum.

**sébum** [sebɔm] nm Sécrétion grasse produite par les glandes sébacées.

**sec, sèche** adj **1.** Sans humidité ; aride : *climat sec.* **2.** Qui a perdu son humidité naturelle : *feuilles sèches ; légume sec.* **3.** Qui n'est pas humecté : *avoir la bouche sèche.* **4.** Sans addition d'eau : *un whisky sec.* **5.** Maigre, décharné : *homme grand et sec.* **6.** Qui ne se prolonge pas : *bruit sec.* **7.** FIG Sans ornement, sans agrément : *style sec.* **8.** Brusque : *réponse sèche.* **9.** Peu sensible : *cœur sec.* ■ **coup sec :** donné vivement. ❏ **vin sec :** peu sucré. ◆ nm Ce qui n'est pas humide : *mettre au sec.* ■ **à sec :** (a) sans eau : *mettre un étang à sec* (b) FIG sans argent. ◆ adv D'une manière brusque, rude : *démarrer sec.* ■ **boire sec :** beaucoup d'alcool. ❏ FAM **rester sec :** rester court, incapable de répondre.

**sécable** adj Qui peut être coupé : *un comprimé sécable.*

**secam** [sekam] adj (sigle de *[procédé] séquentiel à mémoire*) ■ **système secam :** standard de télévision en couleurs.

**sécant, e** adj MATH Qui coupe une ligne, une surface, un volume. ◆ nf Droite sécante.

**sécateur** nm Outil pour couper, tailler des rameaux, des arbustes.

**sécession** nf Action de se séparer d'un groupe, d'une collectivité : *faire sécession.*

**sécessionniste** adj et n Qui se sépare, fait sécession.

**séchage** nm Action de sécher.

**sèche-cheveux** nm inv Appareil électrique pour sécher les cheveux. SYN : séchoir.

**sèche-linge** nm inv Machine à sécher le linge.

**sèche-mains** nm inv Dispositif à air pulsé pour sécher les mains.

**sèchement** adv **1.** Brusquement : *démarrer sèchement.* **2.** De façon brève et brutale : *répondre sèchement.*

**sécher** vt (conj 10) **1.** Rendre sec : *le vent a séché le linge.* **2.** FAM Ne pas assister à un cours : *sécher le lycée.* ■ FIG **sécher les larmes de quelqu'un :** le consoler. ◆ vi **1.** Devenir sec : *ces fleurs ont séché.* **2.** FAM Ne pas savoir répondre à une question.

**sécheresse** nf **1.** État de ce qui est sec. **2.** Absence de pluie. **3.** FIG Manque de sentiment, froideur.

**sécheuse** nf CANADA Appareil électroménager servant à sécher le linge ; sèche-linge.

**séchoir** nm **1.** Appareil ou support pour faire sécher le linge. **2.** Sèche-cheveux.

**second, e** [səgɔ̃, ɔ̃d] adj **1.** Qui est immédiatement après le premier : *seconde année.* **2.** Autre, nouveau : *une seconde jeunesse.* **3.** Qui vient après dans l'ordre de la valeur, du rang : *voyager en seconde classe.* ■ **complément d'objet second :** complément d'attribution. ◆ nm **1.** Personne ou chose qui est au second rang. **2.** Le deuxième étage d'un immeuble. **3.** Personne qui en aide une autre dans un emploi, une fonction. **4.** Officier venant aussitôt après le commandant d'un navire. ■ **en second** : sous les ordres d'un autre : *capitaine en second.*

EMPLOI *Second* s'emploie lorsqu'il n'y a que deux éléments, *deuxième* lorsqu'il y en a plus de deux : *la Seconde Guerre mondiale ; le deuxième étage.*

**secondaire** adj Qui ne vient qu'en un second temps : *effets secondaires ;* de moindre importance : *rôle secondaire.* ■ **enseignement secondaire** : entre l'enseignement primaire et l'enseignement supérieur. ❑ **ère secondaire** : période géologique de 165 millions d'années, caractérisée notamment par l'apparition des mammifères et des oiseaux. ❑ **secteur secondaire** : ensemble des activités économiques correspondant à la transformation des matières premières en biens de consommation ou en biens de production. ◆ nm **1.** Enseignement secondaire. **2.** Ère secondaire. **3.** ÉCON Secteur secondaire.

**secondairement** adv D'une manière secondaire.

**seconde** nf **1.** Soixantième partie d'une minute ; symb : s. **2.** Temps très court : *attendez une seconde !* **3.** GÉOM Unité de mesure d'angle valant 1/60 de minute. **4.** Classe qui constitue la cinquième année de l'enseignement secondaire. **5.** Deuxième vitesse d'un moteur. **6.** Seconde classe dans les transports en commun. **7.** MUS Intervalle de deux degrés conjoints de la gamme.

**secondement** adv En second lieu.

**seconder** vt Aider, assister.

**secouer** vt **1.** Agiter fortement et à plusieurs reprises : *secouer un arbre ; secouer la tête en signe de dénégation.* **2.** Faire tomber en agitant : *secouer la poussière.* **3.** FIG Ne pas ménager, inciter à l'effort : *secouer un paresseux.* **4.** Donner un choc physique ou moral : *cette maladie l'a secoué.* ◆ **se secouer** vpr FAM Ne pas se laisser aller au découragement, à l'inertie.

**secourable** adj SOUT Qui porte secours, obligeant : *tendre une main secourable.*

**secourir** vt (conj 29) Porter secours à, aider.

**secourisme** nm Méthode de premiers soins pour les personnes en danger.

**secouriste** n Personne capable de pratiquer les gestes et les méthodes du secourisme en cas d'accident, de catastrophe.

**secours** nm **1.** Aide, assistance à quelqu'un qui est en danger : *appeler au secours ;* ensemble des moyens utilisés, des soins prodigués pour porter assistance : *premiers secours.* **2.** Renfort en hommes, en matériel : *les secours arrivent ;* aide financière, matérielle. **3.** Ce qui est utile ; aide : *avec le secours d'un dictionnaire.* ■ **de secours** : destiné à servir en cas de nécessité : *roue de secours.*

**secousse** nf **1.** Ébranlement : *donner une secousse.* **2.** Chacune des oscillations du sol dans un tremblement de terre : *secousse sismique.* **3.** FIG Mouvement violent : *les secousses d'une révolution.* **4.** Choc psychologique.

**secret, ète** adj **1.** Caché, non divulgué : *tiroir secret ; négociations secrètes ; code secret.* **2.** Peu manifeste, peu apparent : *charme secret.* **3.** SOUT Peu expansif : *homme secret.* ◆ nm **1.** Ce qui doit être caché : *confier un secret.* **2.** Discrétion qui entoure qqch : *promettre le secret.* **3.** Mécanisme, ressort caché : *coffre-fort à secret.* **4.** Moyen particulier pour réussir : *le secret du bonheur.* ■ **dans le secret de son cœur** : dans son for intérieur. ❑ **en secret** : sans témoin. ❑ **mettre qqn au secret** : l'emprisonner en le privant de toute communication avec l'extérieur. ❑ **mettre qqn dans le secret** : lui confier un secret. ❑ **secret bancaire** : interdiction faite au personnel d'une banque de divulguer des informations concernant ses clients. ❑ **secret d'État** : chose dont la divulgation nuirait aux intérêts du pays. ❑ **secret professionnel** : interdiction légale de divulguer un secret dont on a eu connaissance dans l'exercice de ses fonctions.

**secret-défense** adj inv et nm inv Se dit d'informations intéressant la défense nationale ou la sûreté de l'État et auxquelles ne peuvent avoir accès qu'un nombre restreint de personnes.

**1. secrétaire** n **1.** Personne chargée de tenir la correspondance, de répondre au téléphone, etc. **2.** Nom de divers fonctionnaires : *secrétaire d'ambassade.*

**2. secrétaire** nm Meuble à tiroirs comportant une tablette pour écrire.

**secrétariat** nm **1.** Fonctions, métier de secrétaire. **2.** Bureau des secrétaires. **3.** Ensemble des tâches concernant la gestion, l'organisation : *assurer le secrétariat d'une association.*

**secrètement** adv En secret.

**sécréter** vt (conj 10) Opérer la sécrétion de : *le foie sécrète la bile.*

ORTHOGRAPHE *Sécréter* et ses dérivés ont deux accents aigus (*é*) dans leur radical.

**sécréteur, euse** ou **sécréteur, trice** adj Qui sécrète : *organe sécréteur.*

**sécrétion** nf Fonction par laquelle une cellule ou un tissu émet une substance qui intervient ensuite dans la physiologie de l'organisme ; cette substance.

**sectaire** adj et n Qui témoigne d'une grande étroitesse d'esprit : *esprit sectaire.* ◆ adj Relatif aux sectes religieuses.

**sectarisme** nm Caractère d'une personne sectaire.

**sectateur** nm **1.** LITT, VX Partisan déclaré d'une opinion, d'un système : *les sectateurs de Platon.* **2.** Membre d'une secte.

**secte** nf **1.** VX Groupe de personnes qui professent la même doctrine, souvent de caractère religieux : *la secte d'Épicure.* **2.** Groupement génér. à caractère religieux, clos sur lui-même, où un gourou exerce souvent une emprise néfaste sur ses membres, au détriment de leur liberté.

**secteur** nm **1.** Division de l'activité économique et sociale dans un État, une institution, etc. : *secteur primaire, secondaire, tertiaire ; secteur public, semi-public, privé.* **2.** Division d'une ville, d'une zone particulière, d'un réseau de distribution électrique : *une panne de secteur.* **3.** FAM Environs : *habiter dans le secteur.* **4.** Aspect particulier d'un ensemble ; domaine : *secteur de pointe.* ■ MATH **secteur circulaire :** partie d'un cercle comprise entre deux rayons et l'arc qu'ils renferment.

**section** nf **1.** Action de couper ; endroit de la coupure : *section nette.* **2.** Catégorie dans un classement. **3.** TECHN Dessin de la coupe d'un édifice. **4.** Partie d'une voie de communication : *section d'autoroute.* **5.** Subdivision d'un parcours d'autobus. **6.** Division d'un groupement : *section syndicale ; sections littéraires d'un lycée ; section électorale.* **7.** Unité élémentaire de l'infanterie. ■ MATH **section plane d'un volume :** intersection de ce volume avec un plan.

**sectionnement** nm Action de sectionner ; fait d'être sectionné.

**sectionner** vt **1.** Diviser par sections. **2.** Couper, trancher.

**sectoriel, elle** adj Relatif à un secteur, à une catégorie professionnelle : *une revendication sectorielle.*

**sectorisation** nf Répartition en plusieurs secteurs géographiques.

**sectoriser** vt Procéder à la sectorisation.

**Sécu** nf sing (abréviation) FAM Sécurité sociale.

**séculaire** adj **1.** Âgé d'un siècle au moins : *arbres séculaires.* **2.** Qui revient tous les siècles.

**sécularisation** nf Action de séculariser.

**séculariser** vt Rendre à la vie laïque ce qui appartenait à l'état ecclésiastique.

**séculier, ère** adj **1.** Se dit d'un prêtre qui ne vit pas en communauté : *clergé séculier* (par opposition à *régulier*). **2.** HIST Se disait de la justice laïque, temporelle. ■ **le bras séculier :** la puissance temporelle.

**secundo** [səgɔ̃do] adv En second lieu.

**sécurisant, e** adj Qui procure un sentiment de sécurité.

**sécuriser** vt Donner un sentiment de sécurité ; enlever la crainte, l'anxiété.

**sécuritaire** adj **1.** Relatif à la sécurité publique. **2.** Qui privilégie la sécurité des citoyens aux dépens des libertés démocratiques : *politique sécuritaire.*

**sécurité** nf Situation objective dans laquelle il n'y a aucun risque, aucun danger : *sécurité maximale d'un appareil ;* situation d'une personne qui se sent à l'abri du danger : *impression de sécurité.* ■ **de sécurité :** destiné à prévenir un danger : *ceinture de sécurité.* ❑ **en sécurité :** à l'abri du danger. ❑ **sécurité routière :** ensemble des règles et des services visant à la protection des usagers de la route. ❑ **Sécurité sociale :** ensemble des législations qui ont pour objet de garantir les individus et les familles contre certains risques dits sociaux.

**sédatif, ive** adj Se dit d'une substance qui agit contre la douleur, l'anxiété, l'insomnie, qui calme l'organisme.

**sédentaire** adj et n **1.** Dont l'habitat est fixe (par opposition à *nomade*). **2.** Qui sort peu de chez soi ; casanier. ◆ adj Qui ne comporte ou n'exige pas de déplacements : *emploi sédentaire.*

**sédentarisation** nf Passage de l'état nomade à l'état sédentaire.

**sédentariser** vt Rendre sédentaire.

**sédentarité** nf État d'une personne, d'une société sédentaire.

**sédiment** nm Dépôt naturel laissé par les mers, les eaux courantes, le vent, etc.

**sédimentaire** adj De la nature du sédiment : *roche sédimentaire.*

**sédimentation** nf Formation d'un sédiment.

**séditieux, euse** adj et n SOUT **1.** Qui prend part à une sédition : *des officiers séditieux.* **2.** Qui appelle à la sédition : *propos séditieux.*

**sédition** nf SOUT Soulèvement, révolte concertée : *fomenter une sédition.*

**séducteur, trice** adj et n Qui charme, fait des conquêtes.

**séduction** nf **1.** Action de séduire, de plaire, d'envoûter. **2.** Pouvoir de séduire.

**séduire** vt (conj 70) Plaire, charmer, attirer.

**séduisant, e** adj Qui séduit.

**séfarade** n et adj Juif des pays méditerranéens (par opposition à *ashkénaze*).

**segment** nm **1.** Portion détachée d'un ensemble. **2.** GÉOM Portion de cercle comprise entre un arc et sa corde. ■ GÉOM **segment de droite** : portion de droite limitée par deux points.

**segmentaire** adj Formé de segments.

**segmentation** nf **1.** Division en segments ; fragmentation. **2.** BIOL Ensemble des premières divisions de l'œuf après la fécondation.

**segmenter** vt Partager en segments ; diviser, fractionner.

**ségrégatif, ive** adj Qui relève de la ségrégation.

**ségrégation** nf Action de séparer les personnes d'origines, de mœurs, de religions différentes à l'intérieur d'un pays : *ségrégation raciale*.

**ségrégationnisme** nm Politique de ségrégation raciale.

**ségrégationniste** adj et n Partisan de la ségrégation raciale.

**séguedille** nf Chanson et danse populaires espagnoles à trois temps.

**seiche** nf Mollusque marin voisin du calmar, dont la tête porte dix tentacules à ventouses et qui projette un liquide noir lorsqu'il est attaqué.

**séide** [seid] nm LITT Homme d'un dévouement aveugle et fanatique.

**seigle** nm Céréale rustique cultivée sur les terres pauvres et froides ; farine faite à partir du grain de cette plante.

**seigneur** nm **1.** Au Moyen Âge, possesseur d'un fief, d'une terre importante. **2.** Sous l'Ancien Régime, personne de la noblesse. ■ **en grand seigneur :** (a) avec luxe, magnificence (b) avec noblesse. ❑ **être grand seigneur :** dépenser sans compter. ❑ **le Seigneur :** Dieu.

**seigneurial, e, aux** adj Du seigneur.

**seigneurie** nf **1.** Autorité du seigneur. **2.** Territoire soumis au seigneur.

**sein** nm **1.** Mamelle : *donner le sein à un enfant*. **2.** LITT Poitrine : *serrer un enfant contre son sein*. **3.** LITT Partie interne : *le sein de la terre*. **4.** LITT Refuge que constituent l'écoute, la tendresse d'une personne : *s'épancher dans le sein d'un ami*. ■ **au sein de :** au milieu de.

**seine** ou **senne** nf Filet de pêche utilisé sur les fonds sableux.

**seing** [sɛ̃] nm DR Signature attestant l'authenticité d'un acte. ■ **acte sous seing privé :** qui n'a pas été signé devant un notaire.

**séisme** nm Tremblement de terre.

**séismique** adj → **sismique**.

**séismographe** nm → **sismographe**.

**seize** adj num card **1.** Dix plus six. **2.** Seizième : *Louis XVI*. ◆ nm inv Chiffre, numéro qui représente ce nombre.

**seizième** adj num ord et n **1.** Qui occupe un rang marqué par le nombre seize. **2.** Qui se trouve seize fois dans le tout.

**seizièmement** adv En seizième lieu.

**séjour** nm **1.** Action de séjourner ; durée pendant laquelle on séjourne. **2.** LITT Lieu où l'on séjourne. ■ **salle de séjour** ou **séjour :** pièce où l'on se tient habituellement.

**séjourner** vi Demeurer quelque temps dans un lieu.

**sel** nm **1.** Chlorure de sodium, employé comme assaisonnement et que l'on trouve à l'état de roche (*sel gemme*) ou dans la mer (*sel marin*). **2.** CHIM Composé résultant de la substitution d'un métal à l'hydrogène d'un acide : *sel de potassium*. **3.** FIG Ce qu'il y a de piquant, de savoureux : *le sel d'une conversation*. ■ FAM **mettre son grain de sel :** se mêler de ce qui ne vous regarde pas. ◆ **sels** pl ANC Ce que l'on faisait respirer pour ranimer. ■ **sels de bain :** mélange parfumé de sels minéraux pour l'eau du bain.

**sélacien** nm Poisson marin à squelette cartilagineux (les sélaciens forment une famille comprenant notamment les requins et les raies).

**sélect, e** adj FAM De premier ordre ; choisi, distingué : *un restaurant sélect*.

**sélecteur** nm **1.** Dispositif de sélection : *sélecteur de programmes*. **2.** Pédale actionnant le changement de vitesse sur une motocyclette.

**sélectif, ive** adj Fondé sur un choix ou qui opère une sélection : *une épreuve sélective*. ■ **collecte sélective :** ramassage des déchets ménagers triés selon leur nature et déposés par les consommateurs dans des poubelles ou des conteneurs différents, à des fins de recyclage.

**sélection** nf **1.** Action de choisir des objets, des personnes ; objets, personnes ainsi choisis : *faire une sélection parmi les candidats ; une sélection de grands crus*. **2.** Choix d'animaux ou de végétaux en vue de la reproduction. ■ BIOL **sélection naturelle :** survivance des animaux ou des végétaux les mieux adaptés.

**sélectionné, e** adj Choisi pour représenter un club ou un pays.

**sélectionner** vt Faire une sélection.

**sélectionneur, euse** n Personne qui procède à une sélection.

**sélectivement** adv D'une manière sélective.

**sélénium** nm Métalloïde de la famille du soufre ; symb : Se.

**sélénologie** nf Étude de la Lune.

**self** nm (abréviation) FAM Self-service.

**self-control** (pl *self-controls*) nm (anglicisme) Maîtrise de soi.

**selfie** nm Autoportrait photographique réalisé avec un téléphone intelligent et destiné à être publié sur les réseaux sociaux.

**self-induction** (pl *self-inductions*) nf PHYS Induction d'un courant électrique sur lui-même.

**self-made-man** [sɛlfmɛdman] (pl *self-made-mans* ou *self-made-men*) nm homme qui est l'artisan de sa propre réussite.

**self-service** (pl *self-services*) nm Restaurant où l'on se sert soi-même.

**selle** nf **1.** Siège que l'on place sur un cheval que l'on monte ; siège de bicyclette, etc. **2.** Petite table mobile sur laquelle travaille le sculpteur. **3.** CUIS Partie du mouton, du chevreuil, etc., située entre les premières côtes et le gigot. ■ **aller à la selle :** expulser les matières fécales. ◆ **selles** pl Matières fécales.

**seller** vt Mettre une selle : *seller un cheval.*

**sellerie** nf **1.** Commerce, industrie du sellier. **2.** Ensemble des selles, des harnais ; lieu où on les range.

**sellette** nf Petit siège pour divers usages. ■ **être sur la sellette :** être mis en cause. ❑ **mettre quelqu'un sur la sellette :** le presser de questions.

**sellier** nm Artisan qui fabrique, répare et vend des selles, des harnachements.

**selon** prép **1.** Conformément à : *agir selon ses désirs.* **2.** Indique une relation proportionnelle ; en fonction de, à proportion de : *dépenser selon ses moyens ; selon les cas.* **3.** Du point de vue de : *selon vous ;* si l'on juge d'après tel critère ; d'après : *selon toute apparence.* **4.** Indique une adaptation au terme de l'alternative ; suivant : *choisir tel chemin selon l'état des routes.* ■ FAM **c'est selon :** cela dépend. ◆ **selon que** loc conj Indique une alternative : *selon qu'il pleuvra ou pas.*

**semailles** nf pl Action de semer ; époque où l'on sème.

**semaine** nf **1.** Période de sept jours : *il viendra dans trois semaines.* **2.** Ensemble des jours ouvrables dans la semaine : *semaine de trente-neuf heures.* **3.** Salaire, argent de poche reçu par semaine. ■ **à la petite semaine :** au jour le jour. ❑ **en semaine :** pendant les cinq premiers jours de la semaine, et non pendant le week-end.

**semainier** nm **1.** Agenda de bureau qui regroupe les jours par semaine. **2.** Meuble haut à sept tiroirs.

**sémantique** nf Étude scientifique du sens des mots et de leurs combinaisons. ◆ adj Qui relève de la sémantique.

**sémaphore** nm Structure ou appareil qui permettent de transmettre des signaux à des bateaux ou à des trains.

**semblable** adj **1.** Pareil, qui ressemble à ; similaire. **2.** PÉJOR De cette nature ; tel. ◆ n Pareil : *il n'a pas son semblable.* ◆ nm Homme, animal, par rapport aux autres hommes, aux autres animaux de même espèce : *s'éloigner de ses semblables.*

**semblant** nm ■ **faire semblant :** feindre. ❑ **un semblant de :** une apparence de.

**sembler** vi Avoir l'apparence, avoir l'air : *cela semble facile.* ◆ v impers Il paraît, on dirait : *il semble qu'il va pleuvoir.* ■ **ce me semble :** à mon avis. ❑ LITT **que vous en semble ? :** qu'en pensez-vous ?

GRAMMAIRE *Sembler que* se construit avec l'ind. ou avec le subj. On écrira : *il semble que tout va bien* (on constate) ; *il semble qu'il y ait du nouveau* (on croit sans en être certain) ; *il ne semble pas qu'il veuille* (la principale est négative).

**semelle** nf **1.** Dessous d'une chaussure. **2.** Pièce de garniture placée à l'intérieur d'une chaussure. **3.** FAM Viande coriace. ■ **ne pas bouger, ne pas avancer d'une semelle :** demeurer sur place. ❑ **ne pas quitter qqn d'une semelle :** le suivre partout.

**semence** nf **1.** Graine que l'on sème. **2.** Sperme. **3.** Petit clou à tête plate.

**semer** vt (conj 9) **1.** Mettre une graine en terre : *semer des haricots.* **2.** LITT Propager : *semer la discorde.* **3.** FAM Laisser tomber, perdre : *semer sa monnaie.* **4.** FAM Fausser compagnie : *semer un importun.* **5.** FAM Distancer : *semer un concurrent.*

**semestre** nm **1.** Période de six mois. **2.** Rente, traitement payé tous les six mois : *toucher son semestre.*

**semestriel, elle** adj **1.** Qui a lieu, qui paraît chaque semestre. **2.** Qui dure six mois. ◆ nm Magazine semestriel.

**semeur, euse** n Personne qui sème.

**semi-automatique** (pl *semi-automatiques*) adj Dont le fonctionnement fait se succéder des phases automatiques et des interventions manuelles.

**semi-circulaire** (pl *semi-circulaires*) adj Qui est en demi-cercle.

**semi-conducteur, trice** (pl *semi-conducteurs, trices*) adj et nm Se dit d'un corps non métallique qui conduit imparfaitement l'électricité.

**semi-conserve** (pl *semi-conserves*) nf Conserve alimentaire rapidement périssable, qui doit être gardée au frais.

**semi-consonne** (pl *semi-consonnes*) nf Semi-voyelle.

**semi-fini** (pl *semi-finis*) adj m ■ **produit semi-fini :** produit industriel intermédiaire entre la matière première et le produit fini.

**semi-liberté** (pl *semi-libertés*) nf DR Régime pénitentiaire permettant à un détenu de sortir pour exercer une activité professionnelle, suivre un traitement médical, etc.

**sémillant, e** adj LITT Très vif, très gai.

**semi-marathon** (pl *semi-marathons*) nm Course à pied de fond sur route de 21,1 km.

**séminaire** nm **1.** Établissement où l'on instruit les jeunes gens se destinant à l'état ecclésiastique. **2.** Groupe de travail ; série de conférences dans un domaine quelconque.

**séminal, e, aux** adj **1.** De la semence. **2.** SOUT Fondamental : *notion séminale.*

**séminariste** nm Élève d'un séminaire.

**séminifère** adj ANAT Qui conduit le sperme.

**sémiologie** nf Science des systèmes de signes de communication entre individus ou collectivités.

**semi-public, ique** (pl *semi-publics, iques*) adj Se dit d'un organisme relevant du droit public et du droit privé ; se dit d'un secteur de l'économie régi par le droit privé mais contrôlé par l'État.

**semi-remorque** (pl *semi-remorques*) nm ou nf Poids lourd formé d'un véhicule qui tracte et d'une remorque dépourvue de roues avant.

**semis** nm **1.** Action de semer dans un terrain préparé ; terrain ensemencé. **2.** Plant de végétaux semés en graine : *semis d'œillets.* ■ SOUT **un semis de :** petits motifs décoratifs parsemant une surface.

**sémite** adj et n Des peuples qui parlent ou ont parlé une langue sémitique.

**sémitique** adj ■ **langues sémitiques :** parlées dans l'Asie occidentale et l'Afrique du Nord (hébreu, arabe, etc.).

**semi-voyelle** (pl *semi-voyelles*) nf Son du langage intermédiaire entre les voyelles et les consonnes (EX : [j], [w], [ɥ] dans *yeux, oui, huit*). SYN : semi-consonne.

**semnopithèque** nm Grand singe des forêts d'Asie.

**semoir** nm Machine pour semer.

**semonce** nf Avertissement, réprimande. ■ **coup de semonce :** avertissement brutal.

**semoule** nf Produit alimentaire granuleux, extrait des blés durs.

**sempiternel, elle** adj Qui ne cesse pas, qui se répète indéfiniment : *il raconte ses sempiternelles histoires.*

**sempiternellement** adv Sans cesse.

**sénat** nm **1.** (avec une majuscule) Assemblée qui, avec l'Assemblée nationale, constitue le Parlement français. **2.** Lieu où se réunissent les sénateurs. **3.** Seconde chambre dans les régimes à caractère parlementaire. **4.** Dans l'Antiquité, nom donné à diverses assemblées politiques.

**sénateur, trice** n Membre d'un sénat ou du Sénat.

**sénatorial, e, aux** adj De sénateur.

**sénatus-consulte** [senatyskɔ̃sylt] (pl *sénatus-consultes*) nm Dans l'Antiquité romaine, avis du sénat ; décret, décision émanant du Sénat sous le premier et le second Empire.

**séné** nm Plante à feuilles purgatives.

**sénéchal** (pl *sénéchaux*) nm ANC Officier de la justice royale.

**sénéchaussée** nf Juridiction d'un sénéchal ; son tribunal.

**séneçon** nm Plante de la famille des composées.

**sénégalais, e** adj et n Du Sénégal : *les Sénégalais.*

**sénescence** nf Vieillissement de l'organisme.

**senestre** adj VX Gauche (par oppos. à *dextre*).

**sénevé** nm Moutarde sauvage.

**sénile** adj **1.** Relatif à la vieillesse. **2.** Qui donne des marques de sénilité.

**sénilité** nf Affaiblissement physique et surtout intellectuel causé par la vieillesse.

**senior** adj et n **1.** Se dit d'un sportif âgé de vingt ans et plus. **2.** Qui concerne les plus de cinquante ans : *un magazine senior.*

**senne** nf → **seine**.

**sénologie** nf Partie de la médecine qui étudie et traite les maladies du sein.

**sens** [sɑ̃s] nm **1.** Fonction par laquelle l'homme et les animaux reçoivent l'impression des objets extérieurs : *il y a cinq sens : la vue, l'ouïe, l'odorat, le goût et le toucher.* **2.** Faculté de comprendre, de juger : *avoir le sens des réalités.* **3.** Avis, opinion : *j'abonde dans votre sens.* **4.** Raison d'être : *donner un sens à sa vie.* **5.** Signification : *sens propre et sens figuré.* **6.** Direction : *dans le sens de la longueur ; sens interdit.* ■ **bon sens** ou **sens commun :** capacité d'agir raisonnablement. ❑ **en dépit du bon sens :** n'importe comment. ❑ **sens dessus dessous :** (a) en désordre (b) dans un grand trouble. ❑ **sens unique :** voie sur laquelle la circulation ne s'effectue que dans une seule direction. ❑ **sixième**

**sens** : intuition. ❑ **tomber sous le sens** : être évident. ◆ pl Sensualité : *plaisirs des sens.*

**sensation** nf Impression reçue par les sens : *sensation visuelle ; sensation de bien-être.* ■ **à sensation** : qui cause de l'émotion, attire l'attention : *presse à sensation.* ❑ **faire sensation** : produire une grande impression.

**sensationnel, elle** adj **1.** Qui fait sensation : *révélation sensationnelle.* **2.** FAM Remarquable, exceptionnel : *idée sensationnelle.*

**sensé, e** adj Qui a du bon sens.

**sensément** adv LITT D'une façon sensée.

**sensibilisateur, trice** adj Qui sensibilise.

**sensibilisation** nf Action de sensibiliser.

**sensibiliser** vt **1.** Rendre sensible, réceptif à qqch : *sensibiliser l'opinion.* **2.** Rendre sensible à une action physique, chimique, etc. **3.** PHOT Rendre impressionnable. **4.** MÉD Provoquer des réactions de défense ou des réactions allergiques contre un antigène.

**sensibilité** nf **1.** Aptitude à s'émouvoir, à éprouver de la pitié, de la tendresse, un sentiment esthétique. **2.** Aptitude d'un organisme à réagir à des excitations externes ou internes. **3.** Opinion, courant politique. **4.** Aptitude d'un instrument de mesure à percevoir de très petites variations : *balance d'une grande sensibilité.*

**sensible** adj **1.** Doué de sensibilité. **2.** Facilement affecté : *avoir la gorge sensible ; sensible aux ultrasons ;* facilement ému, touché : *un cœur sensible ; être sensible à un compliment.* **3.** Immédiatement perceptible : *le monde sensible.* **4.** Très délicat, qui risque de provoquer des réactions : *point sensible ; dossier sensible.* **5.** Qu'on remarque aisément : *progrès sensible.* **6.** Qui indique les plus légères variations : *baromètre sensible.* ■ MUS **note sensible** : d'un demi-ton au-dessous de la tonique. ❑ **quartier sensible** : espace urbain où règnent la précarité sociale, la délinquance et l'insécurité qui en résulte.

**sensiblement** adv **1.** D'une manière très perceptible. **2.** Presque : *sensiblement égal.*

**sensiblerie** nf PÉJOR Sensibilité outrée.

**sensitif, ive** adj Relatif à la sensibilité : *nerf sensitif.* ◆ adj et n Se dit d'une personne d'une sensibilité excessive.

**sensoriel, elle** adj Des sens : *les phénomènes sensoriels.*

**sensualisme** nm PHILOS Système philosophique d'après lequel les idées proviennent des sensations.

**sensualité** nf Attachement aux plaisirs sensuels.

**sensuel, elle** adj Qui flatte les sens : *plaisirs sensuels.* ◆ adj et n Qui est porté vers les plaisirs des sens, les plaisirs érotiques.

**sente** nf Petit sentier.

**sentence** nf **1.** Jugement, décision : *sentence de mort.* **2.** Maxime, pensée générale, précepte de morale.

**sentencieusement** adv D'une manière sentencieuse.

**sentencieux, euse** adj D'une gravité affectée ; solennel, pompeux.

**senteur** nf LITT Odeur agréable, parfum.

**senti, e** adj ■ **bien senti** : exprimé avec force et sincérité.

**sentience** nf Pour un être vivant, capacité à ressentir les émotions, la douleur, le bien-être et à percevoir de façon subjective son environnement et ses expériences de vie.

**sentient, e** adj Qui est doué de sentience.

**sentier** nm Chemin étroit.

**sentiment** nm **1.** Connaissance plus ou moins claire de qqch ; sensation : *avoir le sentiment de sa force.* **2.** État affectif durable lié à certaines émotions ou représentations : *sentiment de fierté.* **3.** Manifestation d'un état, d'une tendance : *sentiment de tendresse ; mes sentiments dévoués, respectueux.* **4.** Disposition à être ému, touché. **5.** SOUT Opinion, point de vue : *donner son sentiment.*

**sentimental, e, aux** adj Propre aux sentiments tendres, à l'amour : *vie sentimentale.* ◆ adj et n Qui a une sensibilité un peu romanesque et mièvre.

**sentimentalement** adv D'une manière sentimentale.

**sentimentalisme** nm Tendance à se complaire dans la manifestation des sentiments.

**sentimentalité** nf Caractère d'une personne ou d'une chose sentimentale.

**sentinelle** nf **1.** Soldat qui fait le guet. **2.** FIG Personne qui guette.

**sentir** vt (conj 19) **1.** Recevoir une impression physique : *sentir la chaleur.* **2.** Percevoir par l'odorat : *sentir une odeur bizarre.* **3.** Avoir une saveur particulière : *vin qui sent le terroir.* **4.** Répandre une odeur de : *cela sent la violette.* **5.** Avoir conscience de, connaître par intuition ; prévoir : *je sens que ce livre vous plaira.* **6.** Révéler, dénoter : *cela sent l'effort.* ■ **ne pouvoir sentir quelqu'un** : le détester. ◆ vi **1.** Exhaler une odeur : *ça sent bon.* **2.** Répandre une mauvaise odeur : *ce poisson sent.* ◆ **se sentir** vpr **1.** Éprouver une disposition intérieure : *je ne me sens pas bien ; se sentir du courage.* **2.** Être perceptible : *il est tendre, et cela se sent.* ■ **se faire sentir** : se manifester.

**seoir** vi (conj 46) Être convenable ; convenir : *ce bleu sied aux brunes.* ◆ v impers ■ **il sied de** : il convient de : *il sied de rester calme.*

**sep** nm Pièce où s'emboîte le soc de la charrue.

**sépale** nm BOT Foliole de calice.

**séparable** adj Qu'on peut séparer.
**séparateur, trice** adj Qui sépare. ■ **pouvoir séparateur** : qualité de l'œil qui permet de distinguer deux points rapprochés.
**séparation** nf Action de séparer ; fait d'être séparé. ■ **séparation de biens** : régime matrimonial dans lequel chaque époux garde la gestion de ses biens. ❑ **séparation de corps** : droit pour les époux de ne plus vivre en commun.
**séparatisme** nm **1.** Tendance des habitants d'un territoire à séparer celui-ci de l'État dont il fait partie. **2.** Volonté d'une minorité, génér. religieuse, de placer ses propres lois au-dessus de la législation nationale.
**séparatiste** adj et n Qui relève du séparatisme ; qui en est partisan.
**séparé, e** adj Distinct : *envoi par pli séparé.*
**séparément** adv À part : *agir séparément.*
**séparer** vt **1.** Éloigner des personnes, des choses l'une de l'autre : *séparer des enfants de leurs familles.* **2.** Trier, ranger à part : *séparer les bons des mauvais.* **3.** Partager, diviser : *séparer une pièce en deux.* **4.** Être placé entre : *la Manche sépare la France de l'Angleterre.* ◆ **se séparer** vpr **1.** Cesser de vivre ensemble, de vivre avec : *se séparer de son mari.* **2.** Cesser d'être en relations avec, d'être réunis : *se séparer d'un employé ; se séparer pour un an.* **3.** Ne plus conserver avec soi : *se séparer de sa poupée.* **4.** Se diviser en plusieurs éléments : *le Nil se sépare en deux bras principaux.*
**sépia** nf **1.** Matière colorante d'un rouge brun. **2.** Dessin, lavis exécuté à la sépia. ◆ adj inv De la couleur de la sépia.
**sept** [sɛt] adj num card et nm inv **1.** Nombre valant six plus un. **2.** Septième : *chapitre sept ; le 7 mai.*
**septante** adj num SUISSE, BELGIQUE Soixante-dix.
**septembre** nm Neuvième mois de l'année.
**septembriseur** nm HIST Personne qui prit part aux massacres dans les prisons de Paris, en septembre 1792.
**septennal, e, aux** adj Qui arrive tous les sept ans ; qui dure sept ans.
**septennat** nm Durée d'un mandat de sept ans.
**septentrion** nm LITT Nord.
**septentrional, e, aux** adj Du nord.
**septicémie** nf Infection générale due à la présence de bactéries dans le sang.
**septicémique** adj Relatif à la septicémie.
**septicité** nf MÉD Caractère de ce qui est septique.
**septième** [sɛtjɛm] adj num ord et n Qui occupe un rang marqué par le nombre sept. ■ **le septième art** : le cinéma. ◆ adj et nm Qui se trouve sept fois dans le tout.
**septièmement** adv En septième lieu.
**septique** adj Causé par une infection microbienne. ■ **fosse septique** : fosse d'aisances où les matières fécales subissent une fermentation rapide.
**septuagénaire** n et adj Personne qui a entre soixante-dix et soixante-dix-neuf ans.
**septuor** nm MUS Composition pour sept voix ou instruments.
**septuple** adj Qui vaut sept fois autant. ◆ nm Quantité sept fois plus grande.
**septupler** vt Rendre sept fois plus grand. ◆ vi Devenir septuple.
**sépulcral, e, aux** adj LITT Du sépulcre ; qui évoque les sépulcres : *silence sépulcral.* ■ **voix sépulcrale** : caverneuse.
**sépulcre** nm LITT Tombeau. ■ **le Saint-Sépulcre** : le tombeau de Jésus-Christ, à Jérusalem.
**sépulture** nf Lieu où l'on enterre : *violation de sépulture.*
**séquelle** nf (surtout au pluriel) Trouble, conséquence fâcheuse qui subsiste après une maladie ou qui est le contrecoup d'un événement.
**séquençage** nm Ordre dans lequel se succèdent les quatre bases de l'ADN. ■ **séquençage du génome humain** : localisation des gènes humains sur leurs chromosomes et détermination de la fonction exercée par chacun d'eux.
**séquence** nf **1.** Suite ordonnée d'opérations, d'éléments, de mots, etc. **2.** CIN Suite d'images ou de scènes formant un ensemble.
**séquentiel, elle** adj Relatif à une séquence.
**séquestration** nf Action de séquestrer ; fait d'être séquestré.
**séquestre** nm DR Dépôt provisoire, entre les mains d'un tiers, d'un objet litigieux ; dépositaire de ce bien : *mettre les meubles d'un débiteur sous séquestre.*
**séquestrer** vt **1.** Enfermer illégalement une personne. **2.** DR Mettre sous séquestre.
**séquoia** [sekɔja] nm Conifère de Californie qui atteint 140 m de haut et vit plus de 2 000 ans.
**sérac** nm Amoncellement de blocs de glace sur un glacier.
**sérail** nm **1.** ANC Palais d'un prince turc ; harem de ce palais. **2.** SOUT Milieu restreint et fermé sur lui-même : *élevé dans le sérail.*
**séraphin** nm RELIG Ange de la première hiérarchie angélique, qui se tient devant le trône de Yahvé.

**séraphique** adj **1.** Propre aux séraphins. **2.** LITT Angélique, éthéré : *amour séraphique*.

**serbe** adj et n De Serbie : *les Serbes*.

**serbo-croate** (pl *serbo-croates*) adj Qui relève à la fois de la Serbie et de la Croatie. ◆ nm Langue slave parlée par la majorité des populations de l'anc. Yougoslavie.

**serein, e** adj **1.** Tranquille, paisible : *une vie sereine*. **2.** LITT Clair, pur et calme. **3.** Qui marque la tranquillité d'esprit : *visage serein*.

**sereinement** adv Avec sérénité.

**sérénade** nf **1.** Concert donné sous les fenêtres de quelqu'un. **2.** FAM Tapage, bruit.

**sérénissime** adj Titre honorifique donné à quelques hauts personnages : *son Altesse sérénissime*. ■ **la sérénissime République :** l'ancienne république de Venise.

**sérénité** nf Calme, tranquillité.

**séreux, euse** adj MÉD Qui sécrète une sérosité : *otite séreuse*.

**serf, serve** [sɛr, sɛrv] n HIST Personne attachée à une terre et dépendant d'un seigneur.

**serfouette** nf Outil de jardinage, composé d'une lame et d'une houe ou d'une fourche à deux dents.

**serfouir** vt Sarcler, biner avec une serfouette.

**serge** nf Étoffe légère de laine.

**sergé** nm Tissu croisé et uni.

**sergent, e** n Sous-officier titulaire du grade le moins élevé dans l'infanterie, le génie et l'armée de l'air et de l'espace. ◆ nm ■ ANC **sergent de ville :** gardien de la paix.

**sergent-chef, sergente-chef** (pl *sergents-chefs, sergentes-chefs*) n Sous-officier des armées de terre et de l'air dont le grade est compris entre ceux de sergent et d'adjudant.

**séricicole** adj Relatif à l'élevage des vers à soie.

**sériciculteur, trice** n Éleveur de vers à soie.

**sériciculture** nf Élevage des vers à soie.

**séricigène** adj ZOOL Se dit des insectes, des organes qui produisent de la soie.

**série** nf **1.** Suite, succession : *une série de questions*. **2.** Ensemble d'objets analogues : *une série de casseroles*. **3.** Catégorie, classification : *numéro de série*. ■ **de série :** fabriqué à la chaîne (par opposition à *prototype*). ❑ **en série :** qui se succèdent. ❑ **hors série :** remarquable, exceptionnel. ❑ **série noire :** suite d'accidents, de malheurs. ❑ **série télévisée :** ensemble de téléfilms ayant chacun leur unité et où l'on retrouve les mêmes personnages principaux.

> GRAMMAIRE Le verbe s'accorde avec *série* ou avec son complément selon le sens. On écrira : *une série d'accidents ont eu lieu ; toute une série d'accidents a eu lieu.*

**sériel, elle** adj Relatif à une série. ■ **musique sérielle :** qui applique les principes du dodécaphonisme à d'autres critères que celui de la hauteur des sons.

**sérier** vt Classer par séries : *sérier les questions*.

**sérieusement** adv Avec sérieux.

**sérieux, euse** adj **1.** Qui agit avec réflexion, application ; qui inspire confiance : *élève, commerçant, travail sérieux*. **2.** Grave, qui ne plaisante pas : *air sérieux ; film sérieux*. **3.** Sur quoi on peut se fonder : *promesse sérieuse*. **4.** Important : *une maladie sérieuse*. ◆ nm **1.** Air grave : *garder son sérieux*. **2.** Qualité d'une personne posée, réfléchie : *travailler avec sérieux*. **3.** Caractère de ce qui est important, grave : *le sérieux de la situation*. ■ **prendre au sérieux :** considérer comme réel, important.

**sérigraphie** nf Procédé d'impression à travers un écran de tissu.

**serin, e** n **1.** Petit oiseau à plumage jaune. **2.** VIEILLI, FAM étourdi, naïf.

**seriner** vt FAM Répéter souvent quelque chose à quelqu'un.

**serinette** nf Boîte à musique utilisée pour apprendre à chanter aux oiseaux.

**seringa** ou **seringat** nm Arbuste cultivé pour ses fleurs blanches odorantes.

**seringue** nf Instrument servant à injecter ou prélever un liquide dans les tissus, formé d'un piston et d'un corps de pompe muni d'un embout où l'on adapte une aiguille.

**serment** nm Affirmation, promesse solennelle : *prêter serment*. ■ FAM **serment d'ivrogne :** sur lequel il ne faut pas compter.

**sermon** nm **1.** Discours religieux prononcé dans une église. **2.** Remontrance longue et ennuyeuse.

**sermonner** vt Faire des remontrances.

**sermonneur, euse** n Personne qui aime à sermonner, à gronder.

**séroconversion** nf MÉD Apparition d'une séropositivité chez un sujet.

**sérodiagnostic** nm Diagnostic des maladies infectieuses.

**sérologie** nf Étude des sérums, de leurs propriétés, de leurs applications.

**sérologique** adj Relatif à la sérologie. ■ **test sérologique :** test effectué sur le sérum sanguin pour mesurer les anticorps dirigés contre une maladie (infectieuse, partic.).

**séronégatif, ive** adj et n Qui présente un sérodiagnostic négatif.

**séropositif, ive** adj et n Qui présente un sérodiagnostic positif, en particulier pour le virus du sida.

**séropositivité** nf Caractère séropositif.

**sérosité** nf Liquide sécrété par les membranes séreuses ou constituant certains épanchements.

**sérothérapie** nf Traitement thérapeutique par les sérums.

**serpe** nf Outil pour couper le bois, tailler les arbres, etc.

**serpent** nm Reptile sans membres, parfois venimeux, qui se déplace en rampant. ■ FAM **serpent de mer :** histoire qui redevient périodiquement un sujet de conversation.

**serpentaire** nm Grand oiseau rapace d'Afrique qui se nourrit surtout de serpents.

**serpenteau** nm Jeune serpent.

**serpenter** vi Suivre un trajet sinueux : *ruisseau qui serpente*.

**serpentin** nm Bande de papier coloré enroulée sur elle-même et qui se déroule quand on la lance.

**serpentine** nf Pierre fine, de couleur vert sombre.

**serpette** nf Petite serpe.

**serpillière** nf Grosse toile servant à laver les sols.

**serpolet** nm Plante aromatique du genre du thym.

**serrage** nm Action de serrer : *vis de serrage*.

**serran** nm Poisson des côtes rocheuses, voisin du mérou.

**serre** nf **1.** Griffe d'oiseau de proie. **2.** Local vitré destiné à abriter des plantes. ■ **effet de serre :** réchauffement de l'atmosphère terrestre, accéléré par l'émission de certains gaz.

**serré, e** adj **1.** Très ajusté : *pantalon serré*. **2.** Dont les parties constituantes sont très rapprochées : *tissu serré ; en rangs serrés*. **3.** FIG Rigoureux : *un raisonnement serré*. **4.** Qui offre peu de possibilités : *budget serré ;* qui se tient de très près : *score très serré*. ■ **café serré :** fort. ◆ adv ■ **jouer serré :** agir avec prudence.

**serre-file** (pl *serre-files*) nm Officier ou sous-officier placé derrière un peloton dans une troupe en marche.

**serre-fils** nm inv ÉLECTR Instrument pour réunir deux fils électriques.

**serre-joint** (pl *serre-joints*) nm TECHN Instrument pour serrer des assemblages.

**serre-livres** nm inv Objet servant à maintenir des livres serrés verticalement.

**serrement** nm ■ **serrement de cœur :** oppression causée par une vive émotion. ❑ **serrement de main :** (a) action de serrer la main de quelqu'un (b) poignée de main.

**serrer** vt **1.** Maintenir fixe : *serrer une pièce dans un étau*. **2.** Presser, étreindre : *serrer la main*. **3.** Rapprocher : *serrer les bagages dans le coffre*. ◊ vpr : *se serrer contre quelqu'un*. **4.** Tirer sur les extrémités d'un lien : *serrer un nœud*. **5.** Agir sur un dispositif de fixation, une commande mécanique : *serrer une vis*. **6.** Pousser contre un obstacle ; passer au plus près : *serrer le mur*. **7.** Comprimer le corps : *ces gants me serrent*. **8.** VX, ANTILLES, CANADA Ranger, remiser ; enfermer, ranger en lieu sûr : *serrer ses économies dans un coffre*. ■ **serrer le cœur, la gorge :** oppresser. ❑ **serrer les dents :** résister à la douleur. ❑ **serrer les voiles :** les attacher. ❑ **serrer le vent :** gouverner le plus près possible de la direction d'où vient le vent.

**serre-tête** nm inv Bandeau qui maintient la chevelure en place.

**serriste** n AGRIC Exploitant de serres.

**serrure** nf Appareil qui ferme au moyen d'une clef, d'un ressort.

**serrurerie** nf Métier, ouvrage du serrurier.

**serrurier, ère** n Personne qui fait, vend, pose ou répare des serrures.

**sertir** vt **1.** Enchâsser dans une monture : *sertir un diamant*. **2.** TECHN Fixer des pièces de métal mince en en rabattant les bords.

**sertissage** nm Action de sertir.

**sertisseur, euse** n et adj Personne qui sertit.

**sertissure** nf Manière dont une pierre est sertie.

**sérum** [serɔm] nm **1.** Partie liquide du sang, qui se sépare après coagulation. **2.** Préparation à base de sérum extrait du sang d'un animal et utilisée comme vaccin : *sérum antitétanique*. ■ **sérum physiologique :** solution de chlorure de sodium de même concentration moléculaire que le plasma sanguin.

**servage** nm État de serf.

**serval** (pl *servals*) nm Grand chat sauvage d'Afrique.

**servant** nm Militaire affecté au fonctionnement d'une arme. ◆ adj m ■ **chevalier servant :** homme dévoué à une femme, qui lui fait la cour.

**servante** nf VX Fille ou femme employée comme domestique.

**1. serveur, euse** n Personne qui sert la clientèle dans un café, un restaurant, etc.

**2. serveur** nm INFORM Système informatique présentant des informations consultables ou utilisables à distance au moyen d'un ordinateur.

**serviabilité** nf Caractère d'une personne serviable.
**serviable** adj Qui aime à rendre service.
**service** nm **1.** Action de servir ; ensemble des obligations envers quelqu'un ou une collectivité : *se mettre au service de l'État ; faire son service militaire.* **2.** Organisme chargé d'une fonction administrative ; ensemble des bureaux, des personnes assurant cette fonction : *service du contentieux, du personnel.* **3.** Fonctionnement d'une machine, d'un appareil : *mettre une ligne de métro en service.* **4.** Activité professionnelle : *avoir trente ans de service.* **5.** Expédition, distribution d'une publication : *service des dépêches ; service de presse.* **6.** Action, manière de servir, de se servir : *service gratuit, rapide.* **7.** Ensemble des repas servis en même temps : *premier service.* **8.** Pourcentage d'une note d'hôtel, de restaurant, affecté au personnel : *service compris.* **9.** Assortiment de vaisselle, de linge de table : *service à thé.* **10.** Action, manière de mettre la balle en jeu. **11.** Ce qu'on fait pour être utile à quelqu'un : *rendre service.* **12.** Messe célébrée pour un défunt : *service funèbre.* ■ **hors service** : hors d'usage. ❑ **service public** : activité d'intérêt général, assurée par un organisme ; organisme public ou privé assurant cette activité. ◆ **services** pl Travail rémunéré effectué pour un employeur : *offrir ses services.*
**serviette** nf **1.** Linge pour la table ou la toilette. **2.** Sac à compartiments pour transporter des livres, des documents. ■ **serviette hygiénique** : bande absorbante utilisée comme protection externe pendant les règles.
**serviette-éponge** (pl *serviettes-éponges*) nf Serviette de toilette en tissu-éponge.
**servile** adj **1.** ANC Relatif à l'état de serf. **2.** Obséquieux, soumis : *esprit servile.* **3.** Qui imite un modèle de trop près : *copie servile.*
**servilement** adv De façon servile.
**servilité** nf Esprit servile ; basse soumission.
**servir** vt (conj 20) **1.** Être au service de quelqu'un, d'une collectivité : *servir son pays.* **2.** Vendre, fournir des marchandises : *servir les clients.* **3.** Placer sur la table, dans un repas : *servir le potage ;* présenter à quelqu'un pour consommer : *servir les invités.* **4.** Favoriser, être utile à : *les circonstances l'ont bien servi.* ■ **servir la messe** : assister le prêtre qui la célèbre. ❑ **servir l'État** : (a) exercer un emploi public (b) être militaire. ◆ vt ind **1.** Être utile à quelqu'un : *ce stylo me sert beaucoup.* **2.** Être bon, propre à : *à quoi sert cet instrument ?* **3.** Être utilisé comme, en tant que : *servir de guide.* ◆ vi **1.** Être militaire. **2.** SPORTS Mettre la balle en jeu. ◆ **se servir** vpr **1.** Prendre d'un mets. **2.** S'approvisionner chez un fournisseur. **3.** Utiliser, faire usage de : *se servir de ses relations.*
**serviteur** nm Personne qui est au service de quelqu'un ; domestique.
**servitude** nf **1.** État de dépendance ; esclavage. **2.** Contrainte, assujettissement : *servitudes d'un métier.*
**servofrein** nm Frein à serrage automatique.
**servomoteur** nm Engin régulateur d'un moteur.
**ses** adj poss pl Représente un possesseur de la 3e personne du singulier pour indiquer un rapport d'appartenance, un rapport d'ordre affectif ou social de plusieurs personnes ou choses avec lui ; à lui, à elle : *ses livres ; ses parents ; ses collègues.*
**1. sésame** nm Plante oléagineuse cultivée pour ses graines ; graine de cette plante.
**2. sésame** nm Moyen infaillible pour se faire ouvrir toutes les portes.
**session** nf **1.** Période pendant laquelle siège un corps délibérant : *session parlementaire.* **2.** Période pendant laquelle a lieu un examen : *session de juin.*

> ORTHOGRAPHE La *session,* pendant laquelle on *siège,* ne doit pas être confondue avec la *cession,* l'action de *céder.*

**sesterce** nm ANTIQ Monnaie romaine.
**set** [sɛt] nm **1.** Manche d'un match de tennis, de tennis de table ou de volley-ball. **2.** Napperon individuel, pour un repas (on dit aussi : *set de table*).
**setter** [setɛr] nm Race de chiens d'arrêt à poil long.
**seuil** nm **1.** Pierre ou traverse de bois au bas de l'ouverture d'une porte. **2.** Entrée d'une maison. **3.** FIG Début : *au seuil de la vie.* **4.** Limite au-delà de laquelle les conditions sont modifiées : *franchir un seuil.*
**seul, e** adj **1.** Qui est sans compagnie, isolé : *un homme seul ; voyager seul.* **2.** Unique : *une seule fois ; être seul coupable.* **3.** À l'exclusion des autres : *lui seul réussira.* ■ **parler tout seul** : à soi-même. ❑ **seul à seul** : en tête à tête. ❑ **tout seul** : sans aide, sans secours.

> GRAMMAIRE *Seul à seul* est toujours au singulier. L'expression ne peut s'écrire au féminin que si elle concerne deux noms féminins. Ainsi, on écrit : *ils se sont parlé seul à seul, elles se sont parlé seule à seule ; l'institutrice a parlé à son élève seule à seule ; le médecin a parlé à sa patiente seul à seul.*

**seulement** adv **1.** Sans rien ou personne de plus : *être deux seulement.* **2.** Pas plus tôt que : *seulement hier.* **3.** Exclusivement : *manger seulement pour se nourrir.* **4.** Cependant, toutefois : *seulement, elle refusera.* ■ **pas seulement :** pas même. ❑ **si seulement :** si au moins.

**sève** nf Liquide nourricier qui circule dans les végétaux.

**sévère** adj **1.** Sans indulgence ; dur : *magistrat sévère.* **2.** Strict et rigoureux : *règle sévère.* **3.** Qui a peu d'ornements : *décor sévère.* **4.** Grave par son importance ; considérable : *des pertes sévères.*

**sévèrement** adv Avec sévérité.

**sévérité** nf Caractère d'une personne ou d'une chose sévère.

**sévices** nm pl Mauvais traitements : *exercer des sévices sur un enfant.*

**sévir** vi **1.** Punir avec sévérité : *sévir contre un coupable.* **2.** Exercer des ravages : *la peste a sévi dans le pays.*

**sevrage** nm **1.** Action de sevrer. **2.** Privation progressive d'alcool ou de drogue lors d'une cure de désintoxication.

**sevrer** vt (conj 9) **1.** Cesser d'allaiter un enfant, un animal. **2.** Priver, désaccoutumer qqn de qqch, en particulier d'alcool ou de drogue. **3.** FIG Priver : *sevrer d'affection.*

**sèvres** nm Porcelaine de Sèvres.

**sexagénaire** n et adj Personne qui a entre soixante et soixante-neuf ans.

**sexagésimal, e, aux** adj Relatif au nombre soixante.

**sex-appeal** [sɛksapil] nm sing Charme sensuel, attrait physique (surtout d'une femme).

**sexe** nm **1.** Ensemble des caractères qui permettent de distinguer le genre mâle et le genre femelle. **2.** Organes génitaux de l'homme et de la femme. **3.** Ensemble des personnes du même sexe. **4.** FAM Sexualité. ■ FAM **le beau sexe :** les femmes. ❑ FAM **le sexe fort :** les hommes.

**sexisme** nm Attitude discriminatoire à l'égard du sexe féminin.

**sexiste** adj et n Relatif au sexisme ; qui en est partisan.

**sexologie** nf Étude scientifique de la sexualité.

**sexologue** n Spécialiste de sexologie.

**sex-shop** (pl *sex-shops*) nm Magasin spécialisé dans la vente de revues, de films, d'objets, etc., érotiques et pornographiques.

**sextant** nm Instrument qui permet de mesurer des hauteurs d'astres et de déterminer la latitude.

**sexto** adv Sixièmement.

**sextoy** [sɛkstɔj] nm Accessoire destiné à accroître le plaisir sexuel.

**sextuor** nm Morceau de musique pour six voix ou instruments.

**sextuple** adj Qui vaut six fois autant. ◆ nm Nombre sextuple.

**sextupler** vt Multiplier par six.

**sexualité** nf **1.** BIOL Ensemble des caractères spéciaux déterminés par le sexe. **2.** Ensemble des phénomènes relatifs à l'instinct sexuel et à sa satisfaction.

**sexué, e** adj Pourvu d'organes sexuels différenciés : *animaux sexués.*

**sexuel, elle** adj **1.** Qui caractérise le sexe. **2.** Relatif au sexe, à la sexualité : *relations sexuelles.*

**sexuellement** adv Du point de vue de la sexualité. ■ **infection** ou **maladie sexuellement transmissible (IST** ou **MST) :** pouvant être transmise au cours d'un rapport sexuel.

**sexy** [sɛksi] adj inv FAM Qui inspire ou évoque le désir sexuel.

**seyant, e** adj Qui sied, qui va bien : *coiffure très seyante.*

**sforzando** [sfɔrzɑ̃do] adv MUS En renforçant progressivement l'intensité du son.

**shah** nm → **chah**.

**shaker** [ʃɛkœr] nm Double gobelet fermé pour préparer les cocktails.

**shakespearien, enne** [ʃɛkspirjɛ̃, ɛn] adj Propre à Shakespeare ; qui rappelle son style.

**shako** ou **schako** nm Coiffure des gardes républicains et des saint-cyriens.

**shampooing** ou **shampoing** [ʃɑ̃pwɛ̃] nm **1.** Produit de toilette pour laver les cheveux ; lavage des cheveux avec ce produit. **2.** Produit pour laver certains textiles (tapis).

**shampouiner** vt Laver avec un shampooing.

**shampouineur, euse** n Employé d'un salon de coiffure chargé du shampooing.

**shampouineuse** nf Appareil pour nettoyer tapis et moquettes.

**shérif** nm Aux États-Unis, officier d'administration élu, ayant un pouvoir judiciaire limité.

**sherpa** [ʃɛrpa] nm **1.** Porteur ou guide des expéditions d'alpinistes, dans l'Himalaya. **2.** FAM Conseiller d'un chef d'État, chargé de préparer les sommets internationaux.

**shetland** [ʃɛtlɑ̃d] nm **1.** Laine des moutons d'Écosse ; lainage fait avec cette laine. **2.** Race de petits poneys originaire d'Écosse.

**shiitaké** [ʃiitake] nm Champignon japonais, cultivé pour ses qualités médicinales et gastronomiques.

**shilling** [ʃiliŋ] nm **1.** Ancienne unité monétaire divisionnaire anglaise qui valait 1/20 de livre. **2.** Unité monétaire du Kenya, de l'Ouganda, de la Somalie et de la Tanzanie.

**shinto** [ʃinto] ou **shintoïsme** [ʃintɔism] nm Religion japonaise antérieure au bouddhisme.

**shintoïste** adj et n Relatif au shinto ; qui en est adepte.

**shipchandler** [ʃipʃɑ̃dlœr] nm Marchand d'articles de marine.

**shirting** [ʃœrtiŋ] nm Tissu de coton, utilisé pour la lingerie et la chemiserie.

**shogun** [ʃɔgun] ou **shogoun** nm Chef militaire et civil du Japon, de 1192 à 1867.

**shogunal, e, aux** ou **shogounal, e, aux** adj Relatif aux shoguns.

**shoot** [ʃut] nm Au football, coup de pied vers les buts adverses. SYN : tir.

**1. shooter** [ʃute] vi Au football, tirer.

**2. shooter (se)** [ʃute] vpr FAM S'injecter de la drogue.

**shopping** [ʃɔpiŋ] nm Action d'aller dans les magasins, de faire des achats.

**short** [ʃɔrt] nm Culotte courte couvrant le haut des cuisses.

**short-track** [ʃɔrttrak] (pl *short-tracks*) nm Course en patins à glace qui se pratique sur une piste courte de 111 mètres.

**show** [ʃo] nm **1.** Spectacle de variétés centré sur une vedette. **2.** Prestation d'un homme politique : *show télévisé.*

**show-business** [ʃobiznɛs] nm inv Industrie, ensemble des métiers du spectacle.

**shunt** [ʃœ̃t] nm Dérivation d'une partie du courant qui traverse un circuit électrique.

**1. si** conj **1.** Indique l'hypothèse, la condition : *si j'avais de l'argent, je vous en prêterais.* **2.** Marque le vœu, la proposition, le regret : *si nous y allions ?* **3.** Introduit le résultat dont l'explication est donnée dans la principale : *si je me répète, c'est parce que tu n'obéis pas.* ■ **si ce n'est :** (a) introduit une rectification à un niveau supérieur : *une heure, si ce n'est deux* (b) introduit une restriction ; sauf, excepté : *tout, si ce n'est un détail.* ❑ **si ce n'est que :** excepté que. ◆ nm inv Hypothèse, supposition : *avec des si, on mettrait Paris en bouteille.*

**2. si** adv **1.** Marque l'intensité : *ne parle pas si fort ; ce n'est pas si facile que ça.* **2.** Contredit une négation : *ça n'a pas d'importance si, ça en a ; vous ne l'avez pas vue ? si.* **3.** Introduit une interrogation indirecte : *je me demande s'il viendra.* ■ **si bien que :** indique une conséquence ; de sorte que.

**3. si** nm inv MUS Septième note de la gamme de *do.*

**sialagogue** adj et nm MÉD Se dit d'une substance qui augmente la production de salive.

**siamois, e** adj et n Du Siam. ■ **chat siamois** ou **siamois** nm : chat à la robe crème et aux yeux bleus. ❑ **frères siamois, sœurs siamoises :** jumeaux soudés l'un à l'autre.

**sibérien, enne** adj et n De Sibérie. ■ **un froid sibérien :** une température très basse.

**sibilant, e** adj MÉD Sifflant.

**sibylle** [sibil] nf ANTIQ Prophétesse.

**sibyllin, e** adj SOUT Obscur, énigmatique : *propos sibyllins.*

**sic** [sik] adv Se met entre parenthèses après un mot, une expression, pour indiquer que l'on cite textuellement.

**sicav** [sikav] nf inv (sigle de *société d'investissement à capital variable*) Société dont le rôle est de gérer un portefeuille de valeurs dont chaque porteur de titre détient une fraction ; cette fraction.

**siccatif, ive** adj et nm Propre à accélérer le séchage des peintures, des vernis, des encres.

**sicilien, enne** adj et n De Sicile : *les Siciliens.*

**sicilienne** nf Danse ou musique au rythme balancé.

**sida** [sida] nm (sigle de *syndrome immunodéficitaire acquis*) Maladie infectieuse transmissible par voie sexuelle ou sanguine, qui se traduit par une disparition des réactions de défense de l'organisme.

**side-car** [sidkar] (pl *side-cars*) nm Véhicule à une seule roue, accouplé latéralement à une motocyclette.

**sidéen, enne** adj et n Atteint du sida.

**sidéral, e, aux** adj Relatif aux astres.

**sidérant, e** adj Qui frappe de stupeur.

**sidéré, e** adj Stupéfait, abasourdi.

**sidérer** vt Frapper de stupeur, stupéfier.

**sidérose** nf MÉD Infiltration des tissus par des particules de fer.

**sidérurgie** nf Ensemble des techniques permettant de produire et de travailler le fer, les fontes et les aciers.

**sidérurgique** adj Relatif à la sidérurgie.

**sidérurgiste** n Personne qui travaille dans la sidérurgie.

**siècle** nm **1.** Durée de cent ans. **2.** Période de cent ans, comptée à partir d'une date fixe : *le seizième siècle.* **3.** Époque, temps où l'on vit : *être de son siècle.* **4.** Époque caractérisée par un grand homme, une grande découverte, etc. : *le siècle de Périclès,* *de l'atome.* **5.** FAM Longue durée : *il y a un siècle que je ne l'ai pas vu.*

**siège** nm **1.** Meuble ou tout objet fait pour s'asseoir ; partie horizontale de ce meuble, de cet objet, sur laquelle on s'assied. **2.** Place, mandat d'un membre d'une assemblée : *perdre son siège.* **3.** Lieu de résidence principal d'une autorité : *siège d'un tribunal ; siège social.* **4.** Endroit où naît et se développe quelque chose : *siège d'une douleur.* **5.** Postérieur, fesses : *bain de siège.* **6.** Opération militaire menée contre une ville, une place forte. ■ **état de siège :** suspension du pouvoir civil remplacé par un régime militaire. ❑ **siège auto :** siège rigide, génér. fixé au siège d'une automobile, qui permet de maintenir un enfant attaché de manière sûre pendant le trajet.

**siéger** vi (conj 2 et 10) **1.** Faire partie d'une assemblée, d'un tribunal. **2.** Tenir ses séances. **3.** Être localisé en un certain point.

**sien, enne** adj poss SOUT Qui est à lui, à elle : *faire sienne une idée.* ◆ pron poss ■ **le sien, la sienne :** ce qui est à lui, à elle : *ce sont mes affaires, pas les siennes.* ◆ nm ■ **y mettre du sien :** se donner de la peine. ◆ **siens** nm pl ■ **les siens :** ses parents, amis, partisans. ◆ **siennes** nf pl ■ **faire des siennes :** des folies, des bêtises.

**sierra** nf Chaîne de montagnes, dans les pays de langue espagnole : *la sierra Nevada.*

**sieste** nf Repos que l'on prend après le déjeuner.

**sieur** nm DR Monsieur : *le sieur X.*

**sifflant, e** adj Qui produit un sifflement : *prononciation sifflante.*

**sifflement** nm **1.** Bruit fait en sifflant. **2.** Bruit aigu produit par un rapide déplacement d'air : *sifflement du vent, d'une balle.*

**siffler** vi **1.** Produire un son aigu soit avec la bouche, soit avec un instrument. **2.** Produire un son aigu qui évoque un sifflement : *le train siffle.* **3.** Crier, en parlant du serpent ou de certains oiseaux. ◆ vt **1.** Moduler en sifflant : *siffler un air.* **2.** Appeler en sifflant : *siffler un chien.* **3.** Manifester de la désapprobation par des sifflements. **4.** Signaler par un coup de sifflet : *siffler une faute.*

> ORTHOGRAPHE *Siffler* s'écrit avec deux *f*, *persifler* avec un seul.

**sifflet** nm Instrument avec lequel on siffle. ◆ **sifflets** pl Sifflements de désapprobation : *accueilli par des sifflets.*

**sifflotement** nm Action de siffloter ; son ainsi produit.

**siffloter** vi et vt Siffler doucement, négligemment.

**sigillé, e** adj Marqué d'un sceau.

**sigillographie** nf Étude des sceaux.

**sigle** nm Groupe de lettres initiales constituant l'abréviation de mots fréquemment employés (EX : *HLM, SNCF*).

**siglé, e** adj Qui est orné d'un sigle : *tee-shirt siglé.*

**sigma** nm inv Lettre de l'alphabet grec, correspondant à *s*.

**signal** nm **1.** Signe convenu pour avertir : *signal sonore.* **2.** Appareil, panneau qui produit ou porte ce signe : *signal d'alarme ; signaux routiers.* **3.** Ce qui annonce, provoque qqch. ■ **donner le signal de :** déclencher, annoncer : *donner le signal du départ.*

**signalé, e** adj LITT Remarquable : *rendre un signalé service.*

**signalement** nm **1.** Description détaillée d'une personne. **2.** DR Information relative à un mineur, victime ou auteur d'une infraction, donnée aux autorités administratives ou judiciaires.

**signaler** vt **1.** Annoncer par un signal : *signaler un danger.* **2.** Attirer l'attention sur : *signaler un fait.* ◆ **se signaler** vpr Se distinguer, se faire remarquer.

**signalétique** adj Qui donne le signalement, la description de : *fiche signalétique.*

**signalisation** nf Installation, utilisation de signaux.

**signaliser** vt Munir d'une signalisation.

**signataire** n et adj Personne qui a signé un acte, une pièce quelconque.

**signature** nf **1.** Nom, marque personnelle que l'on met en bas d'un écrit, d'une œuvre pour attester qu'on en est bien l'auteur ou qu'on en approuve le contenu. **2.** Action de signer.

**signe** nm **1.** Indice, marque : *c'est signe de pluie.* **2.** Mot, geste, mimique permettant de faire connaître, de communiquer : *faire signe de venir.* **3.** Marque matérielle distinctive. **4.** Représentation matérielle conventionnelle : *signes de ponctuation.* ■ **c'est bon, mauvais signe :** cela annonce qqch de bon, de mauvais. ❑ **langue des signes :** système structuré de gestes et d'expressions du visage conventionnels, permettant aux sourds et aux malentendants d'exprimer et de communiquer leur pensée. ❑ **ne pas donner signe de vie :** (a) sembler mort (b) ne pas donner de ses nouvelles. ❑ **signes du zodiaque → zodiaque.** ❑ **sous le signe de :** sous l'influence de.

**signer** vt Apposer sa signature sur. ◆ **se signer** vpr Faire le signe de la croix.

**signet** nm Petit ruban attaché à un livre qu'on insère entre deux pages pour les retrouver.

**signifiant, e** adj Qui signifie, est porteur de sens.

**significatif, ive** adj Qui marque clairement une pensée, une intention.

**signification** nf **1.** Ce que signifie une chose : *la signification d'un mot.* **2.** Notification d'un acte, d'un jugement par voie judiciaire.

**signifier** vt **1.** Vouloir dire, avoir le sens de. **2.** Déclarer, faire connaître : *signifier sa volonté.* **3.** Notifier par voie judiciaire.

**sikh** n et adj Adepte d'une religion de l'Inde.

**silence** nm **1.** Fait de se taire, de ne pas parler. **2.** Absence de bruit, d'agitation : *le silence de la nuit.* **3.** Absence de mention d'un sujet dans un écrit. **4.** MUS Interruption plus ou moins longue d'une phrase musicale ; le signe qui la marque. ■ **en silence :** (a) sans faire de bruit (b) sans parler. ❑ **passer sous silence :** ne pas parler de.

**silencieusement** adv En silence.

**silencieux, euse** adj **1.** Qui garde le silence. **2.** Où l'on n'entend aucun bruit : *un bois silencieux.* **3.** Qui se fait sans bruit : *manifestation silencieuse ;* qui produit un minimum de bruit : *moteur silencieux.* ◆ nm Dispositif pour amortir le bruit d'un moteur, d'une arme à feu.

**silène** nm Plante herbacée des champs à calice en forme d'outre.

**silex** nm Roche siliceuse très dure, formant des rognons dans certaines roches calcaires (le silex fut utilisé par les hommes préhistoriques comme arme et comme outil).

**silhouette** nf Allure, contour du corps : *avoir une silhouette élégante ;* forme, dessin aux contours schématiques.

**silhouetter** vt Tracer la silhouette.

**silicate** nm Minéral comportant un atome de silicium et quatre atomes d'oxygène.

**silice** nf Oxyde de silicium.

**siliceux, euse** adj De la nature du silex, de la silice.

**silicium** nm Métalloïde de la famille du carbone, abondant dans la nature sous forme de silice et de silicates.

**silicone** nm Polymère formé d'enchaînements alternés d'oxygène et de silicium, auxquels se substituent des groupes organiques.

**silicose** nf Maladie due à l'inhalation de poussière de silice.

**sillage** nm Perturbation à la surface de l'eau provoquée par un navire en mouvement. ■ **marcher dans le sillage de :** suivre l'exemple de.

**sillet** [sijɛ] nm MUS Fine baguette surélevant les cordes d'un instrument.

**sillon** nm **1.** Trace faite dans la terre par le soc de la charrue. **2.** Rainure que présente la surface d'un disque phonographique.

**sillonner** vt Parcourir un lieu en tous sens.

**silo** nm Réservoir de grande capacité pour stocker les récoltes.

**silure** nm **1.** Poisson à peau sans écailles et à six barbillons. **2.** Poisson-chat.

**silurien, enne** nm et adj GÉOL Période de l'ère primaire s'étendant de 435 à 410 millions d'années.

**simagrées** nf pl Manières affectées, minauderies.

**simien, enne** adj Relatif au singe.

**simiesque** adj Qui rappelle le singe : *visage simiesque.*

**similaire** adj Qui peut être assimilé à un autre : *objets similaires.*

**similarité** nf Caractère similaire.

**simili** nm Imitation d'une autre matière : *bijou en simili.*

**similicuir** nm Toile plastifiée imitant le cuir.

**similigravure** nf Photogravure à partir d'originaux en demi-teintes.

**similitude** nf **1.** Ressemblance, analogie. **2.** MATH Propriété de deux figures semblables.

**simonie** nf RELIG Trafic d'objets sacrés, vente de biens spirituels.

**simoun** nm Vent chaud et violent du désert.

**simple** adj **1.** Formé d'un seul élément : *feuille de copie simple.* **2.** CHIM Formé d'atomes d'un seul élément : *l'or, l'oxygène sont des corps simples.* **3.** Facile à employer, à comprendre : *méthode, solution simple.* **4.** Sans recherche ni affectation : *robe toute simple ; des gens simples.* **5.** Qui se suffit à lui seul : *un simple geste.* **6.** Facile à tromper, naïf, crédule. **7.** Qui est seulement ce que son nom indique : *simple soldat.* ■ FAM **simple comme bonjour :** très simple. ❑ GRAMM **temps simples :** temps du verbe qui se conjuguent sans auxiliaire. ◆ nm **1.** Ce qui est simple. **2.** Partie de tennis ou de tennis de table entre deux joueurs. ■ **simple d'esprit :** débile mental. ◆ **simples** nm pl BOT Plantes médicinales.

**simplement** adv **1.** Sans prétention, sans recherche : *parler simplement.* **2.** Seulement : *simplement pour voir.* ■ **purement et simplement :** (a) sans réserve (b) sans ménagement : *renvoyer purement et simplement.*

**simplet, ette** adj Un peu simple, niais.

**simplicité** nf Caractère de celui ou de ce qui est simple.

**simplificateur, trice** adj et n Qui simplifie.
**simplification** nf Action de simplifier.
**simplifier** vt Rendre plus simple, moins compliqué.
**simplisme** nm Tendance à simplifier de façon excessive.
**simpliste** adj D'une simplicité excessive ; qui simplifie de façon exagérée.
**simulacre** nm Ce qui n'a que l'apparence de ce qu'il prétend être : *simulacre de procès*.
**simulateur, trice** n Personne qui simule une maladie. ◆ nm Appareil destiné à simuler un phénomène.
**simulation** nf **1.** Action de simuler. **2.** Reproduction artificielle ou représentation figurée d'un phénomène.
**simuler** vt **1.** Faire paraître comme réelle une chose qui ne l'est pas ; feindre : *simuler une maladie*. **2.** Reproduire le comportement d'un appareil dont on désire étudier le fonctionnement ou enseigner l'utilisation. **3.** Reproduire le comportement d'un corps dont on veut suivre l'évolution.
**simultané, e** adj Qui se produit, a lieu en même temps : *mouvements simultanés*.
**simultanéité** nf Caractère de ce qui est simultané.
**simultanément** adv En même temps.
**sinanthrope** nm Fossile présentant des caractères simiens et hominiens.
**sinapisme** nm ANC Cataplasme à base de farine de moutarde.
**sincère** adj **1.** Qui s'exprime sans déguiser sa pensée : *homme sincère*. **2.** Qui est senti, éprouvé réellement : *regrets sincères*.
**sincèrement** adv De façon sincère.
**sincérité** nf Caractère d'une personne ou d'une chose sincère ; franchise, loyauté.
**sinécure** nf Emploi où l'on est bien payé pour faire peu de travail. ■ **ce n'est pas une sinécure** : ce n'est pas de tout repos.
**sine die** [sinedje] loc adv DR Sans fixer de jour.
**sine qua non** [sinekwanɔn] loc adv Indispensable, nécessaire : *condition sine qua non*.
**singe** nm **1.** Mammifère de l'ordre des primates, à face nue, à mains et pieds préhensiles et terminés par des ongles. **2.** FIG Personne qui contrefait, imite les actions des autres. ■ **payer en monnaie de singe** : en belles paroles.
**singer** vt (conj 2) Imiter, contrefaire.
**singerie** nf **1.** Ménagerie de singes. **2.** Imitation gauche et ridicule. ◆ **singeries** pl Contorsions, pitreries.
**single** [singəl] nm **1.** Disque ne comportant qu'un seul morceau par face. **2.** Chambre d'hôtel individuelle. **3.** Compartiment de voiture-lit à une seule place.
**singulariser** vt Distinguer par quelque chose d'inhabituel. ◆ **se singulariser** vpr Se faire remarquer par quelque singularité.
**singularité** nf Caractère singulier ; bizarrerie, étrangeté.
**singulier, ère** adj Bizarre, extraordinaire : *un homme singulier*. ■ **combat singulier** : d'homme à homme. ◆ nm et adj m GRAMM Forme d'un mot exprimant un nombre égal à l'unité (par opposition à *pluriel*) : *nom singulier ; au singulier ;* forme d'un mot exprimant l'impossibilité de comptabiliser ce qu'il désigne (EX : *du beurre*).
**singulièrement** adv **1.** En particulier, notamment. **2.** Beaucoup : *être singulièrement affecté*.
**siniser** vt Marquer des caractères de la civilisation chinoise.
**sinistre** adj **1.** Qui présage le malheur : *bruit sinistre*. **2.** Sombre, effrayant, terrifiant : *regards sinistres*. **3.** Triste et ennuyeux : *réunion sinistre*. ◆ nm **1.** Événement catastrophique qui entraîne de grandes pertes matérielles et humaines. **2.** DR Fait dommageable de nature à mettre en jeu la garantie d'un assureur.
**sinistré, e** n et adj Victime d'un sinistre. ◆ adj Qui subit une crise grave : *secteur industriel sinistré*.
**sinistrose** nf FAM Pessimisme systématique.
**sinologie** nf Étude de l'histoire, de la langue et de la civilisation chinoises.
**sinologue** n Spécialiste de sinologie.
**sinon** conj **1.** Autrement, sans quoi, faute de quoi : *obéissez, sinon gare !* **2.** Si ce n'est : *ne rien désirer, sinon la paix ; une des rares, sinon la seule ; sinon une guérison, du moins une rémission*. ■ **sinon que** : si ce n'est que : *je ne sais rien, sinon qu'il est venu*.
**sinueux, euse** adj **1.** Qui fait des courbes, des détours : *chemin sinueux*. **2.** FIG Tortueux : *pensée sinueuse*.
**sinuosité** nf Ligne sinueuse.
**sinus** [sinys] nm **1.** ANAT Cavité de certains os de la tête. **2.** GÉOM Perpendiculaire menée d'une des extrémités de l'arc au diamètre qui passe par l'autre extrémité.
**sinusite** nf Inflammation des sinus osseux de la face.
**sinusoïdal, e, aux** adj Dont la forme rappelle celle d'une sinusoïde.

**sinusoïde** nf Courbe plane représentant les variations du sinus ou du cosinus quand l'arc varie.

**sionisme** nm Mouvement dont l'objet fut l'établissement en Palestine d'un État juif.

**sioniste** adj et n Qui relève du sionisme ; qui en est partisan.

**siphoïde** adj En forme de siphon.

**siphon** nm **1.** Tube recourbé à deux branches inégales pour transvaser les liquides. **2.** Conduit à double courbure servant à évacuer les eaux usées. **3.** Bouteille fermée par une soupape à levier, pour obtenir l'écoulement d'un liquide sous pression.

**siphonné, e** adj FAM Fou.

**siphonner** vt Transvaser un liquide ou vider un récipient à l'aide d'un siphon.

**sire** nm Titre donné aux empereurs et aux rois. ■ FAM **triste sire** : individu peu recommandable.

**sirène** nf **1.** MYTH Être fabuleux à torse de femme et à queue de poisson. **2.** Appareil avertisseur destiné à émettre des signaux sonores. ◆ pl Propositions, arguments qui semblent ouvrir des perspectives alléchantes mais recèlent en fait un danger.

**sirénien** nm Mammifère herbivore marin ou fluvial, à nageoires (les siréniens forment un ordre).

**sirocco** ou **siroco** nm Vent brûlant qui souffle du Sahara vers le littoral.

**sirop** nm Liquide très sucré, aromatique ou médicamenteux. ■ **sirop d'érable** : solution concentrée de sève d'érable et d'eau.

**siroter** vt et vi FAM Boire en dégustant, à petites gorgées.

**sirupeux, euse** adj De la nature, de la consistance du sirop.

**sis, e** adj DR Situé : *maison sise à Paris.*

**sisal** (pl *sisals*) nm Agave du Mexique ; fibre tirée des feuilles de cette plante.

**sismique** ou **séismique** adj Relatif aux tremblements de terre.

**sismographe** ou **séismographe** nm Appareil qui enregistre les ondes sismiques.

**sismologie** nf Étude des séismes.

**sismologue** n Spécialiste de sismologie.

**sistre** nm ANTIQ Instrument de musique à percussion, chez les Égyptiens.

**sitar** nm Instrument de musique indien, à cordes pincées.

**sitariste** n Joueur de sitar.

**sitcom** nm ou nf Série télévisée présentant des scènes de la vie quotidienne, sur le mode de la comédie.

**site** nm **1.** Paysage considéré du point de vue de son aspect pittoresque : *protection du site.* **2.** Lieu géographique considéré du point de vue de son activité : *site industriel.* **3.** INFORM Serveur d'informations dans un réseau télématique. ■ **site web** ou **site** nm : ensemble de pages web accessibles par Internet sur un serveur identifié par une adresse.

**sit-in** [sitin] nm inv Manifestation consistant à s'asseoir en groupe sur la voie publique.

**sitôt** adv Aussitôt. ■ **de sitôt** : prochainement. ◆ **sitôt que** loc conj Dès que.

**situation** nf **1.** Position géographique, emplacement de quelque chose. **2.** État, fonction de quelqu'un par rapport aux autres. **3.** Emploi rémunéré. **4.** État d'une nation, d'une collectivité, etc., dans un domaine particulier : *situation économique.* **5.** Moment d'une œuvre littéraire caractérisé par un climat particulier : *situation comique.*

**situé, e** adj Se dit d'une ville, d'une construction par rapport à ses environs, à son exposition au soleil : *maison bien située.*

**situer** vt Déterminer la place, la situation de, dans l'espace, le temps ou au sein d'un ensemble. ◆ **se situer** vpr **1.** Avoir sa place dans l'espace ou dans le temps : *se situer au deuxième rang ; l'action se situe en 2010.* **2.** Déterminer sa place : *se situer politiquement.*

**six** adj num card **1.** Cinq plus un. **2.** Sixième : *chapitre six.* ◆ nm inv Chiffre, numéro qui représente le nombre six : *le 6 a gagné.*

**sixain** nm → **sizain**.

**six-huit** nm inv MUS Mesure à deux temps qui a la noire pointée pour unité de temps.

**1. sixième** adj num ord et n Qui occupe un rang marqué par le nombre six. ◆ adj et nm Qui se trouve six fois dans le tout.

**2. sixième** nf Première classe de l'enseignement secondaire.

**sixièmement** adv En sixième lieu.

**six-quatre-deux (à la)** loc adv FAM Négligemment, très vite.

**sixte** nf MUS Intervalle compris entre six notes.

**sizain** ou **sixain** nm **1.** Strophe, poème de six vers. **2.** Paquet de six jeux de cartes.

**Skaï** [skaj] nm (nom déposé) Matériau synthétique imitant le cuir.

**skateboard** [skɛtbɔrd] ou **skate** [skɛt] nm Planche à roulettes ; sport pratiqué avec cette planche.

**skateur, e** [skɛtœr, øz] ou **skater** [skɛtœr] n Personne qui pratique le skateboard.

**skeleton** [skəlɛtɔn] nm Engin de glisse que l'on utilise allongé sur le ventre ; sport pratiqué avec cette planche.

**sketch** [skɛtʃ] (pl *sketchs* ou *sketches*) nm Courte scène, au théâtre, au cinéma.

**ski** nm Long patin pour glisser sur la neige ou sur l'eau ; sport pratiqué sur ces patins.

**skiable** adj Où l'on peut skier.

**skier** vi Pratiquer le ski.

**skicross** nm Discipline sportive où plusieurs skieurs s'élancent en même temps sur un parcours bosselé et très incliné comportant des virages et des tremplins.

**skieur, euse** n Personne qui skie.

**skiff** ou **skif** nm Canot long, étroit et léger, à un seul rameur.

**skinhead** [skinɛd] ou **skin** [skin] n Jeune marginal au crâne rasé adoptant un comportement de groupe violent, notamment à l'égard des étrangers.

**skippeur, euse** n **1.** Barreur, sur un bateau à voile. **2.** Commandant de bord d'un yacht.

**skunks** nm → **sconse.**

**slalom** [slalɔm] nm **1.** Descente à skis consistant en une succession de virages. **2.** Parcours sinueux.

**slalomer** vi Effectuer un parcours en slalom.

**slalomeur, euse** n Spécialiste de slalom.

**slam** nm Poésie urbaine, orale, déclamée dans un lieu public, sur un rythme scandé.

**slameur, euse** n Personne qui interprète, compose du slam.

**slave** adj et n De la branche des Slaves. ◆ nm Langue des Slaves.

**slip** nm Culotte moulante à taille basse échancrée aux cuisses et servant de sous-vêtement. ■ **slip de bain** : culotte de la forme d'un slip pour la baignade.

**slogan** nm Formule brève et frappante, utilisée en particulier en publicité.

**sloop** [slup] nm Navire à voiles à un mât, n'ayant qu'un seul foc à l'avant.

**slopestyle** [slɔpstajl] nm Discipline sportive où un skieur ou un surfeur effectue des figures et des acrobaties lors de descentes sur des parcours ponctués d'obstacles.

**slovaque** adj et n De Slovaquie : *les Slovaques.*

**slovène** adj et n De Slovénie : *les Slovènes.*

**slow** [slo] nm Danse lente.

**smala** ou **smalah** nf **1.** Ensemble des équipages et de la maison d'un chef arabe. **2.** FAM Famille nombreuse et encombrante.

**smartphone** nm Téléphone intelligent (recomm. off. : **mobile [multifonction]**).

**smash** [smaʃ] (pl *smashs* ou *smashes*) nm SPORTS Coup par lequel on rabat violemment la balle ou le ballon.

**smasher** [smaʃe] vi et vt Faire un smash.

**SMIC** [smik] nm (sigle de *salaire minimum interprofessionnel de croissance*) Salaire minimal au-dessous duquel aucun salarié ne peut, en principe, être rémunéré.

**smicard, e** n FAM Personne payée au SMIC.

**smicardisation** nf Tendance à l'augmentation du nombre de salariés dont la rémunération est durablement bloquée au SMIC.

**smiley** [smajlɛ] nm Dans un message électronique, association de caractères typographiques évoquant un visage expressif (recomm. off. : *frimousse*).

**smocks** [smɔk] nm pl COUT Fronces rebrodées sur l'endroit.

**smoking** [smɔkiŋ] nm Costume de soirée à revers de soie.

**smoothie** [smusi] nm Boisson onctueuse à base de fruits ou de légumes frais mixés.

**SMS** nm (sigle de *short message service*) TÉLÉCOMM Texto. SYN : minimessage.

**snack-bar** [snakbar] ou **snack** nm Restaurant servant rapidement des plats simples à toute heure.

**sniff** ou **snif** interj Évoque un bruit de reniflement.

**sniffer** vt FAM Absorber une drogue en la prisant.

**sniper** [snajpœr] nm **1.** MIL Tireur d'élite. **2.** Tireur embusqué **3.** FIG Personne qui critique violemment : *les snipers de la télé.*

**snob** adj et n Qui fait preuve de snobisme.

**snober** vt Traiter qqn ou qqch avec mépris.

**snobisme** nm Admiration pour tout ce qui est en vogue dans les milieux qui passent pour distingués.

**snow-boot** [snobut] (pl *snow-boots*) nm ANC Chaussure de caoutchouc mince.

**soap opera** [sɔpɔpera] (pl *soap operas*) nm Feuilleton télévisé à l'intrigue très simple et qui s'étend sur de multiples épisodes.

**sobre** adj **1.** Qui mange et boit avec modération. **2.** Sans excès, sans luxe : *dessin sobre.* **3.** Modéré : *sobre dans ses déclarations.*

**sobrement** adv Avec sobriété.

**sobriété** nf Caractère d'une personne ou d'une chose sobre.

**sobriquet** nm Surnom.

**soc** nm Fer de charrue.

**soccer** [sɔkœr] nm CANADA Football.

**sociabilité** nf Caractère d'une personne sociable.

**sociable** adj **1.** Capable de vivre en société. **2.** Avec qui il est facile de vivre.

**social, e, aux** adj **1.** Qui concerne la société : *ordre social.* **2.** Qui vit en société : *animal social.* **3.** Qui concerne l'amélioration des conditions de vie : *avantages sociaux ; service social.* **4.** Relatif à une société industrielle ou commerciale :

*raison sociale.* ■ **sciences sociales** : disciplines qui étudient les groupes humains, leur comportement, leur évolution.

**social-démocrate, sociale-démocrate** (pl *sociaux-démocrates, sociales-démocrates*) n et adj Partisan de la social-démocratie.

**social-démocratie** (pl *social-démocraties*) nf Ensemble des organisations et des hommes politiques qui se rattachent au socialisme parlementaire et réformiste.

**socialement** adv Sur le plan social.

**socialisation** nf Action de socialiser.

**socialiser** vt Rendre sociable.

**socialisme** nm Doctrine économique, sociale et politique caractérisée par la condamnation de la propriété privée des moyens de production et d'échange.

**socialiste** adj et n Qui relève du socialisme ; qui en est partisan.

**social-libéral, sociale-libérale** (pl *sociaux-libéraux, sociales-libérales*) n et adj Partisan du social-libéralisme.

**social-libéralisme** (pl *social-libéralismes*) nm Courant de pensée issu de la social-démocratie et cherchant à concilier les thèses socialistes et libérales.

**sociétaire** n et adj Membre d'une société d'acteurs, d'une mutuelle, etc.

**sociétal, e, aux** adj Qui concerne la société et la vie sociale des hommes.

**sociétariat** nm Qualité de sociétaire.

**société** nf **1.** Ensemble d'hommes ou d'animaux vivant sous des lois communes : *sociétés primitives.* **2.** Association de personnes qui mettent en commun soit des biens, soit leur activité, en vue de réaliser des bénéfices ou pour profiter d'une économie : *société de bienfaisance.* **3.** Milieu humain dans lequel chaque personne est intégrée : *aimer la vie en société.* **4.** Réunion de personnes ; les personnes ainsi réunies. **5.** Fréquentation : *rechercher la société des femmes.* ■ **jeu de société** : qui se joue à plusieurs et à l'aide d'un support matériel. ❏ **la société civile** : l'ensemble des citoyens, par opposition à l'ensemble des hommes politiques. ❏ **société anonyme (SA)** : société dont le capital est divisé en actions négociables. ❏ **société à responsabilité limitée (SARL)** : société dont le capital est divisé en parts sociales non librement cessibles.

**socioculturel, elle** adj Relatif aux structures sociales et à la culture qui contribue à les caractériser.

**socio-économique** (pl *socio-économiques*) adj Relatif aux problèmes sociaux dans leur relation avec les problèmes économiques.

**socio-éducatif** (pl *socio-éducatifs*) adj Relatif aux problèmes sociaux dans leur relation avec l'éducation, l'enseignement.

**sociologie** nf Étude des phénomènes sociaux.

**sociologique** adj Relatif à la sociologie.

**sociologue** n Spécialiste de sociologie.

**socioprofessionnel, elle** adj Relatif à un groupe social déterminé par la profession de ses membres.

**socle** nm Base sur laquelle repose une colonne, un buste, etc.

**socque** nm Chaussure à semelle de bois.

**socquette** nf Chaussette basse s'arrêtant à la cheville.

**socratique** adj Relatif à Socrate et à sa philosophie.

**soda** nm Boisson gazeuse sucrée.

**sodé, e** adj Qui contient de la soude.

**sodique** adj Qui contient du sodium : *sel sodique.*

**sodium** nm Corps simple métallique, très répandu dans la nature à l'état de chlorure tel que le sel marin et le sel gemme, et à l'état de nitrate ; symb : Na.

**sodomie** nf Pratique du coït anal.

**sodomiser** vt Pratiquer la sodomie sur.

**sœur** nf **1.** Fille née du même père et de la même mère qu'une autre personne. **2.** Femme qui a prononcé des vœux religieux ; titre qu'on lui donne. **3.** Ce qui est apparenté à autre chose : *l'envie est la sœur de la calomnie.*

**sœurette** nf FAM Petite sœur.

**sofa** nm Canapé rembourré, sans bois apparent.

**soft** adj inv **1.** FAM Qui ne heurte personne, édulcoré : *habillage soft d'une réforme.* **2.** CIN Qui est plus érotique que pornographique. ◆ nm inv **1.** Cinéma érotique. **2.** INFORM Software.

**software** nm (anglicisme) INFORM Logiciel.

**soi** pron pers Après une préposition, désigne, en qualité de pronom réfléchi, la 3e personne du singulier et représente sa propre personne de façon indéterminée, la chose en elle-même ou une personne déterminée en cas d'ambiguïté : *chacun vit pour soi ; avoir qqch à soi ; parler trop de soi.* ■ **cela va de soi** : c'est évident, naturel. ❏ **chez soi** : à son domicile. ❏ **en soi** : de par sa nature même.

**soi-disant** adj inv Qui se prétend tel : *un soi-disant docteur.* ◆ adv À ce qu'on prétend : *ils sont partis, soi-disant pour aller le chercher.*

**soie** nf **1.** Fil fin et brillant produit par une chenille dite *ver à soie* ; étoffe fabriquée avec cette matière : *robe de soie.* **2.** Fil sécrété par l'araignée. **3.** Poil dur du porc, du sanglier.

**soierie** nf **1.** Étoffe de soie. **2.** Industrie, commerce de la soie.

**soif** nf **1.** Désir, besoin de boire. **2.** FIG Vif désir : *la soif du pouvoir.*

**soiffard, e** n FAM Personne qui aime boire, qui boit trop d'alcool.

**soignant, e** adj et n Qui donne des soins.

**soigné, e** adj **1.** Qui prend soin de sa personne, élégant. **2.** Exécuté avec soin : *travail soigné.* **3.** FAM Fort, important : *un rhume soigné.*

**soigner** vt **1.** Donner les soins nécessaires à la guérison de : *soigner un rhume.* **2.** S'occuper, avoir soin de : *soigner ses invités ; soigner les plantes.* **3.** S'appliquer à : *soigner son style.*

**soigneur, euse** n Personne qui soigne un sportif lors d'une compétition, d'un match.

**soigneusement** adv Avec soin.

**soigneux, euse** adj **1.** Qui apporte du soin à : *soigneux de sa personne.* **2.** Fait avec soin : *un travail soigneux.* **3.** Qui veille à ne pas abîmer les objets.

**soin** nm **1.** Attention, application à quelque chose : *travail effectué avec soin.* **2.** Charge, devoir de veiller à quelque chose : *je te confie le soin de mes plantes.* ■ **avoir, prendre soin de :** être attentif à, veiller sur. ◆ **soins** pl Moyens par lesquels on traite un malade : *les premiers soins ; soins intensifs.* ■ **aux bons soins de :** formule épistolaire pour demander au destinataire d'une lettre de la faire parvenir à quelqu'un d'autre. ❑ **être aux petits soins pour quelqu'un :** avoir pour lui des attentions délicates.

**soir** nm **1.** Dernière partie du jour ; soirée. **2.** FIG Déclin : *le soir de la vie.* ◆ adv En soirée : *lundi soir.*

**soirée** nf **1.** Temps depuis le déclin du jour jusqu'au moment où l'on se couche. **2.** Réunion, spectacle qui a lieu le soir.

**soit** conj **1.** Marque une alternative ; ou : *soit l'un, soit l'autre.* **2.** Introduit une explication, une précision ; c'est-à-dire : *un mètre, soit cent centimètres.* **3.** En supposant, étant donné : *soit un triangle rectangle.* ◆ adv D'accord ; admettons : *soit, j'accepte.* ■ **un tant soit peu :** très peu.

GRAMMAIRE *Soit que* entraîne le subjonctif : *soit que vous restiez, soit que vous partiez* (à comparer avec *ou vous restez, ou vous partez*).

**soixantaine** nf **1.** Soixante ou environ. **2.** Âge d'environ soixante ans : *avoir la soixantaine.*

**soixante** adj num card **1.** Six fois dix. **2.** Soixantième. ◆ nm inv Chiffre, numéro qui représente le nombre 60.

**soixante-dix** adj num card et nm inv Soixante plus dix.

**soixante-dixième** adj num ord et n Qui occupe le rang marqué par le nombre soixante-dix.

**soixante-huitard, e** adj et n FAM Relatif aux événements de mai 1968 ; qui y a participé, reste marqué par leur esprit.

**soixantième** adj num ord et n Qui occupe un rang marqué par le nombre soixante. ◆ adj et nm Qui se trouve soixante fois dans le tout.

**soja** nm **1.** Légumineuse originaire d'Asie, cultivée pour ses graines : *huile de soja.* **2.** Haricot à petit grain originaire d'Extrême-Orient : *germe, pousse de soja.*

**1. sol** nm **1.** Surface de la terre ; terrain. **2.** Terre, du point de vue de sa nature, de ses qualités productives. **3.** Surface d'un plancher : *sol carrelé.*

**2. sol** nm inv Cinquième note de la gamme de *do.*

**solaire** adj Relatif au Soleil. ■ **crème, huile solaires :** destinées à protéger du soleil. ❑ **énergie solaire :** fournie par le soleil.

**solanacée** nf Plante dicotylédone (les solanacées forment une famille comprenant notamment la pomme de terre, la tomate, le tabac).

**solarium** [sɔlarjɔm] nm Emplacement aménagé pour les bains de soleil.

**soldat, e** n **1.** Personne qui appartient à la profession militaire. **2.** Militaire non gradé : *simple soldat.*

**soldatesque** nf Troupe de soldats indisciplinés et brutaux.

**1. solde** nf Paie des militaires : *toucher sa solde.* ■ PÉJOR **être à la solde de :** être acheté pour défendre les intérêts de.

**2. solde** nm **1.** Différence entre le débit et le crédit d'un compte : *solde créditeur, débiteur.* **2.** Reliquat d'une somme à payer. **3.** (souvent au pluriel) Marchandise vendue au rabais ; vente de ces marchandises : *robe en solde.*

**solder** vt **1.** Acquitter une dette, régler un compte. **2.** Vendre au rabais : *solder des marchandises.* ◆ **se solder** vpr [par] Avoir pour résultat : *se solder par un échec.*

**solderie** nf Magasin vendant des marchandises soldées.

**soldeur, euse** n Personne qui vend en solde des marchandises achetées à bas prix.

**1. sole** nf Partie d'une terre soumise à l'assolement.

**2. sole** nf **1.** Plaque cornée sous le sabot d'un animal. **2.** Charpente horizontale soutenant le bâti d'une machine. **3.** Partie horizontale de certains fours.

**3. sole** nf Poisson de mer plat à la chair délicate.

**solécisme** nm Faute de syntaxe.

**soleil** nm **1.** (avec une majuscule) Astre lumineux autour duquel gravitent la Terre et les autres planètes du système solaire. **2.** Lumière, chaleur du Soleil : *il fait un beau soleil ; rester au soleil.* **3.** Tournesol. **4.** Pièce d'artifice tournante. **5.** En gymnastique, tour arrière complet autour d'une barre fixe. ■ **coup de soleil :** brûlure de la peau causée par les rayons du soleil. ❑ **sous le soleil :** sur la terre, dans le monde.

ORTHOGRAPHE *Soleil* prend une majuscule lorsqu'on parle de l'astre même. Il s'écrit avec une minuscule dans les expressions comme *les rayons du soleil, un chaud soleil, un coup de soleil, rien de neuf sous le soleil.*

**solennel, elle** [sɔlanɛl] adj **1.** Célébré avec éclat, apparat : *messe solennelle.* **2.** Grave, majestueux : *air solennel.* **3.** Accompagné de formalités qui lui donnent un caractère de gravité.

**solennellement** adv Avec solennité.

**solennité** [sɔlanite] nf **1.** Caractère d'une chose ou d'une personne solennelle. **2.** Fête, cérémonie d'apparat.

**Solex** nm (de *Vélosolex*, nom déposé) Cyclomoteur de conception simple.

**solfatare** nf Terrain d'où se dégagent des vapeurs sulfureuses.

**solfège** nm **1.** Discipline portant sur la reconnaissance des sons que représentent les signes de la notation musicale. **2.** Recueil d'exercices musicaux.

**solfier** vt Chanter en nommant les notes.

**solidaire** adj **1.** Lié à une ou plusieurs personnes par une responsabilité, des intérêts communs : *être solidaire des grévistes.* **2.** Se dit de choses qui dépendent l'une de l'autre.

**solidairement** adv D'une manière solidaire : *solidairement responsables.*

**solidariser (se)** vpr [avec] Se déclarer solidaire de.

**solidarité** nf **1.** Dépendance mutuelle : *la solidarité humaine.* **2.** Sentiment qui pousse les hommes à s'entraider : *défiler par solidarité.*

**solide** adj **1.** Qui a de la consistance (par opposition à *fluide*) : *corps solide.* **2.** Robuste : *un solide gaillard.* **3.** Ferme, résistant : *bâtiment solide.* **4.** FIG Important : *de solides raisons.* ◆ nm Corps solide. ■ FAM **c'est du solide :** c'est une chose sérieuse.

**solidement** adv Avec solidité.

**solidification** nf Passage à l'état solide.

**solidifier** vt Rendre solide. ◆ **se solidifier** vpr Devenir solide.

**solidité** nf Caractère de ce qui est solide.

**soliflore** nm Vase destiné à ne contenir qu'une seule fleur.

**soliloque** nm Monologue.

**soliloquer** vi Se parler à soi-même.

**soliste** n Artiste qui exécute un solo.

**solitaire** adj et n Qui aime être seul, qui vit, agit seul : *navigateur solitaire.* ◆ adj **1.** Placé dans un lieu écarté, désert. **2.** Qui se fait, se passe dans la solitude. ◆ nm **1.** Vieux sanglier sans compagnie. **2.** Diamant monté seul.

**solitairement** adv D'une manière solitaire : *vivre solitairement.*

**solitude** nf **1.** État d'une personne seule. **2.** Caractère d'un lieu isolé, désert.

**solive** nf Pièce de charpente destinée à soutenir un plancher.

**soliveau** nm Petite solive.

**sollicitation** nf Action de solliciter ; demande instante.

**solliciter** vt **1.** Demander avec déférence : *solliciter une audience.* **2.** Tenter d'obtenir de quelqu'un une faveur, un avantage : *le ministre est souvent sollicité.* **3.** Attirer, provoquer : *solliciter l'attention, l'intérêt.* **4.** Faire fonctionner un appareil, un mécanisme.

**solliciteur, euse** n Personne qui sollicite une place, une faveur.

**sollicitude** nf Attention affectueuse, intérêt : *montrer de la sollicitude.*

**1. solo** (pl *solos* ou *soli*) nm Morceau de musique joué ou chanté par un seul artiste ◆ adj Qui joue seul : *violon solo.*

**2. solo** n Célibataire.

**solognot, e** adj et n De la Sologne.

**solstice** nm Époque de l'année où le Soleil est le plus éloigné de l'équateur et qui correspond à une durée maximale ou minimale du jour. ■ **solstice d'été :** 21 ou 22 juin. ❑ **solstice d'hiver :** 21 ou 22 décembre.

**solubiliser** vt Rendre soluble.

**solubilité** nf Qualité de ce qui est soluble.

**soluble** adj **1.** Qui peut se dissoudre : *le sucre est soluble.* **2.** FIG Qui peut être résolu.

**soluté** nm Dissolution aqueuse utilisée comme médicament.

**solution** nf **1.** Dénouement d'une difficulté ; réponse à un problème : *la solution d'une affaire.* **2.** État d'un corps dissous ; liquide contenant ce corps : *solution sucrée.* ■ **solution de continuité :** interruption.

**solutionner** vt FAM Trouver une solution à, résoudre.

**solutréen, enne** nm et adj Période préhistorique du paléolithique supérieur, située environ 18 000 ans av. J.-C.

**solvabilité** nf Fait d'être solvable.

**solvable** adj Qui peut payer ce qu'il doit.

**solvant** nm Substance capable de dissoudre quelque chose.

**somatique** adj Qui concerne le corps (par opposition à *psychique*) : *affection somatique.*

**somatiser** vt PSYCHOL Traduire par une réaction somatique un conflit psychique.

**sombre** adj **1.** Peu éclairé : *maison sombre.* **2.** Foncé : *couleur sombre.* **3.** Taciturne, morne : *caractère sombre.* **4.** FIG Inquiétant : *un avenir sombre.*

**sombrer** vi **1.** Couler, être englouti. **2.** FIG S'anéantir, se perdre : *sombrer dans l'alcoolisme.*

**sombrero** [sɔ̃brero] nm Chapeau à larges bords, dans les pays hispaniques.

**sommaire** adj **1.** Court, abrégé : *exposé sommaire.* **2.** Réduit au plus simple : *repas, logement, justice sommaires.* ◆ nm **1.** Liste des chapitres d'un ouvrage. **2.** Résumé, abrégé d'un ouvrage.

**sommairement** adv D'une manière sommaire : *juger sommairement.*

**sommation** nf **1.** Appel fait par une autorité militaire ou policière, enjoignant à une ou plusieurs personnes de s'arrêter ou de se disperser : *sommations réglementaires.* **2.** MATH Addition.

**1. somme** nf **1.** Résultat d'une addition. **2.** Quantité d'argent : *grosse somme.* **3.** FIG Ensemble, réunion de choses : *une somme de connaissances.* ■ **somme toute** ou **en somme** : finalement, en résumé.

**2. somme** nf ■ **bête de somme** : employée à porter des fardeaux.

**3. somme** nm Court moment de sommeil : *faire un somme.*

**sommeil** nm **1.** État d'une personne, d'un animal qui dort. **2.** Envie de dormir : *avoir sommeil.* **3.** FIG État d'inactivité ou d'inertie : *mettre en sommeil.* ■ **maladie du sommeil** : maladie contagieuse transmise par la mouche tsé-tsé. ❑ LITT **le sommeil éternel** : la mort.

**sommeiller** vi **1.** Dormir d'un sommeil léger. **2.** FIG Exister à l'état latent : *réveiller les démons qui sommeillent.*

**sommelier, ère** n Professionnel(elle) chargé(e) du service des vins et liqueurs dans un restaurant.

**sommer** vt Signifier à quelqu'un, dans les formes établies, qu'il a quelque chose à faire ; mettre en demeure de : *sommer quelqu'un de partir.*

**sommet** nm **1.** Partie la plus élevée, cime, faîte. **2.** Degré suprême d'une hiérarchie : *être au sommet de sa carrière.* ■ **conférence au sommet** ou **sommet** : conférence internationale qui réunit des chefs d'État ou de gouvernement. ❑ GÉOM **sommet d'un angle** : point de rencontre de ses deux côtés.

**sommier** nm **1.** Partie du lit constituée d'un cadre muni de ressorts ou de lattes et supportant le matelas. **2.** Pierre qui reçoit la retombée d'une voûte ; pièce de charpente qui sert de linteau.

**sommité** nf Personne éminente dans un domaine particulier : *une sommité médicale.*

**somnambule** n et adj Personne qui marche, agit dans l'état de sommeil.

**somnambulisme** nm État d'une personne somnambule.

**somnifère** nm et adj Médicament qui provoque le sommeil.

**somnolence** nf **1.** État intermédiaire entre le sommeil et la veille. **2.** FIG Manque d'activité ; mollesse.

**somnolent, e** adj Relatif à la somnolence : *état somnolent.*

**somnoler** vi Dormir à demi.

**somptuaire** adj ■ **dépenses somptuaires** : excessives, faites pour le superflu, le luxe.

**somptueusement** adv D'une manière somptueuse.

**somptueux, euse** adj **1.** Dont le luxe suppose une grande dépense ; fastueux : *festin somptueux.* **2.** SOUT Superbe, splendide : *un paysage somptueux.*

**somptuosité** nf Caractère somptueux ; magnificence.

**1. son** nm **1.** Sensation auditive, bruit : *son aigu ; son grave ; le son des cloches.* **2.** Volume, intensité sonore d'un appareil : *baisser le son.* **3.** Ensemble des techniques de l'enregistrement, de la reproduction et de la diffusion des sons : *ingénieur du son.* ■ **au son de** : en suivant la musique, les rythmes de. ❑ **son de cloche** : opinion d'une ou de plusieurs personnes. ❑ **son et lumière** : spectacle comprenant l'illumination d'un monument et l'évocation sonore et musicale de son histoire.

**2. son** nm Enveloppe des graines de céréales, séparée par l'action de la mouture. ■ **tache de son** : tache de rousseur.

**3. son, sa, ses** adj poss Représente un possesseur de la 3$^{e}$ personne du singulier pour indiquer un rapport d'appartenance, un rapport d'ordre affectif ou social : *son livre ; une radio et ses piles ; sa sœur ; son supérieur.*

**sonar** nm Appareil de détection sous-marine utilisant la réflexion des ultrasons.

**sonate** nf Pièce de musique instrumentale, composée de plusieurs morceaux de caractère différent : *sonate pour flûte et clavecin.*

**sonatine** nf Petite sonate.

**sondage** nm Action de sonder. ■ **sondage (d'opinion)** : procédé d'étude d'une opinion publique, qui consiste à rapporter à la totalité d'une population les résultats obtenus par l'interview d'un petit nombre de personnes représentatives de cette population.

**sonde** nf **1.** Instrument pour connaître la profondeur de l'eau et la nature du fond. **2.** Tout instrument qui permet de sonder, d'explorer. **3.** CHIR Instrument destiné à explorer une plaie, une cavité ou à en évacuer le contenu. ■ **sonde spatiale** : engin d'exploration spatiale non habité.

**sondé, e** n Personne qui répond à un sondage d'opinion.

**sonder** vt **1.** Déterminer la profondeur de l'eau, la nature d'un terrain, etc., à l'aide d'une sonde. **2.** MÉD Introduire une sonde dans une cavité pour en évacuer le contenu ou pour en étudier le calibre, les lésions. **3.** FIG Chercher à connaître : *sonder les dispositions de quelqu'un ; sonder le terrain.*

**sondeur, euse** n Personne qui sonde, effectue des sondages. ◆ nm Appareil de sondage.

**songe** nm LITT Rêve.

**songe-creux** nm inv LITT Personne qui nourrit son esprit de chimères.

**songer** vt ind [à] (conj 2) **1.** Penser à : *songer à venir.* **2.** Avoir l'intention de : *songer à se marier.*

**songerie** nf SOUT Pensée vague et rêveuse.

**songeur, euse** adj Absorbé dans une rêverie, pensif : *un air songeur.*

**sonnaille** nf Clochette attachée au cou des bêtes en montagne ; son produit par ces clochettes.

**sonnant, e** adj Qui sonne : *monnaie sonnante et trébuchante.* ■ **à huit heures sonnantes** : précises.

**sonné, e** adj **1.** Annoncé par une cloche, une sonnerie : *il est midi sonné.* **2.** FAM Révolu, accompli : *cinquante ans sonnés.* **3.** FAM Qui a perdu conscience ; étourdi. **4.** FAM Qui a perdu la raison.

**sonner** vi **1.** Produire un son ; faire retentir une sonnette ou une sonnerie : *le réveil a sonné ; sonner à la porte.* **2.** Être annoncé par une sonnerie : *récréation qui sonne.* **3.** Tirer des sons de : *sonner du clairon.* **4.** Arriver : *l'heure de la revanche a sonné.* ■ **sonner bien (mal)** : être agréable (désagréable) à entendre, en parlant d'un mot. ❑ **sonner juste (faux)** : donner une impression de vérité (de fausseté), en parlant d'une opinion, d'un discours. ◆ vt **1.** Faire résonner : *sonner la cloche.* **2.** Appeler au moyen d'une sonnette, d'une sonnerie : *sonner l'infirmière.* **3.** Annoncer par une sonnerie : *sonner la retraite.* **4.** ANTILLES, BELGIQUE Appeler au téléphone.

**sonnerie** nf **1.** Son de cloches, d'une pendule, d'un réveil, d'un téléphone, d'une sonnette. **2.** Mécanisme servant à faire sonner une pendule, un appareil d'alarme ou de contrôle. **3.** Air que sonnent les trompettes, les clairons, les cors de chasse : *sonnerie aux morts.*

**sonnet** nm Pièce de poésie de quatorze vers composée de deux quatrains et deux tercets.

**sonnette** nf Clochette ou timbre pour appeler ou avertir. ■ **serpent à sonnette** : crotale.

**sonneur** nm **1.** Personne chargée de sonner les cloches. **2.** Personne qui joue du cor, du clairon, etc.

**sono** nf (abréviation) FAM Sonorisation.

**sonomètre** nm Instrument destiné à comparer les sons et intervalles musicaux.

**sonore** adj **1.** Qui produit des sons : *signal sonore.* **2.** Qui a un son éclatant : *voix sonore.* **3.** Qui renvoie bien ou trop bien les sons : *local sonore.* **4.** Relatif aux sons : *ondes sonores.*

**sonorisation** nf **1.** Action de sonoriser ; fait d'être sonorisé : *la sonorisation d'une salle.* **2.** Ensemble des équipements permettant l'amplification des sons.

**sonoriser** vt **1.** Ajouter des éléments sonores aux images d'un film. **2.** Munir d'une installation destinée à l'amplification des sons : *sonoriser un piano.*

**sonorité** nf Qualité spécifique d'un son : *une sonorité douce ; la sonorité d'un violon.*

**sophisme** nm Raisonnement qui n'est logique qu'en apparence.

**sophiste** n **1.** Chez les Grecs, philosophe rhéteur. **2.** Personne qui use de sophismes.

**sophistication** nf Manque de naturel.

**sophistique** adj De la nature du sophisme : *argument sophistique.*

**sophistiqué, e** adj **1.** Raffiné jusqu'à l'affectation, étudié : *tenue sophistiquée.* **2.** D'une subtilité extrême : *raisonnement sophistiqué.* **3.** Très perfectionné : *mécanisme sophistiqué.*

**sophistiquer** vt Perfectionner à l'extrême un appareil, une étude, etc.

**sophrologie** nf Méthode de psychothérapie ou de relaxation proche de l'hypnose.

**soporifique** adj et nm VIEILLI Qui provoque le sommeil. ◆ adj FIG Ennuyeux ; endormant : *un livre soporifique.*

**soprano** (pl *sopranos* ou *soprani*) nm Voix aiguë de femme ou de jeune garçon. ◆ nm Personne qui a cette voix.

**sorbe** nf Fruit comestible du sorbier.

**sorbet** nm Glace à base de sucre et d'eau.

**sorbetière** nf Appareil pour préparer les sorbets.

**sorbier** nm Arbre dont certaines espèces produisent des fruits comestibles.

**sorcellerie** nf **1.** Série d'opérations magiques du sorcier. **2.** FAM Ce qui produit l'effet attendu sans qu'on comprenne comment : *c'est de la sorcellerie !*

**sorcier, ère** n Personne qui se livre à des pratiques magiques, le plus souvent maléfiques. ◆ adj m ■ **ce n'est pas sorcier :** ce n'est pas compliqué à comprendre, à faire.

**sordide** adj **1.** Sale, repoussant : *logement sordide.* **2.** D'une mesquinerie répugnante : *avarice sordide.* **3.** D'une grande bassesse morale : *crime sordide.*

**sordidement** adv De façon sordide.

**sorgho** nm Plante alimentaire d'Afrique et d'Asie.

**sornette** nf (surtout au pluriel) Discours frivole ; baliverne.

**sort** nm **1.** LITT Destin, hasard : *être le jouet du sort ; conjurer le mauvais sort.* **2.** Condition, situation matérielle : *se plaindre de son sort.* **3.** Décision, choix remis au hasard : *tirer au sort.* **4.** Effet malfaisant : *jeter un sort.* ■ **le sort en est jeté :** le parti en est pris.

**sortable** adj FAM (surtout en tournure négative) Que l'on peut montrer en public : *il n'est vraiment pas sortable !*

**sortant, e** adj Qui sort : *numéro sortant.* ◆ adj et nm **1.** Qui sort d'un lieu. **2.** Dont le mandat arrive à expiration : *députés sortants.*

**sorte** nf Espèce, genre : *toutes sortes de bêtes.* ■ **de sorte que** ou **en sorte que :** si bien que. ❑ **de telle sorte que :** de telle façon que. ❑ **en quelque sorte :** pour ainsi dire. ❑ **faire en sorte de, que :** tâcher de, que. ❑ **une sorte de :** une chose ou une personne qui ressemble à.

> GRAMMAIRE *De (telle) sorte que* est suivi de l'indicatif lorsqu'il exprime une conséquence : *il a rangé les dossiers de (telle) sorte (en sorte) que nous les avons trouvés aisément ;* il est suivi du subjonctif lorsqu'il exprime une intention : *il a rangé les documents de (telle) sorte que nous les trouvions aisément.*

**sorteur, euse** n BELGIQUE Personne qui aime sortir, faire la fête ; fêtard. ◆ nm Videur.

**sortie** nf **1.** Action de sortir : *sortie des bureaux ; les sorties le fatiguent.* **2.** Issue, endroit pour sortir : *sortie de secours.* **3.** FIG Moyen d'échapper à une situation embarrassante : *se ménager une sortie.* **4.** Mise en vente d'un objet commercial : *sortie d'un livre.* **5.** FIG, FAM invective, emportement : *une sortie intempestive.* **6.** INFORM Transfert d'une information de l'unité centrale vers l'extérieur ; ensemble des informations ainsi transférées : *sortie papier.*

**sortie-de-bain** (pl *sorties-de-bain*) nf Peignoir que l'on porte après le bain.

**sortilège** nm **1.** Maléfice. **2.** SOUT Charme irrésistible qui paraît magique.

**1. sortir** vi (conj 28 ; auxil : *être*) **1.** Aller hors de, quitter un lieu : *sortir de sa maison.* **2.** Aller hors de chez soi pour : *sortir dîner.* **3.** Commencer à paraître, à pousser : *le blé sort de terre.* **4.** Faire saillie : *pierre qui sort du mur ;* se répandre au dehors : *fumée qui sort.* **5.** Quitter un état ; cesser d'être dans une période donnée, un milieu, un endroit particulier : *sortir de l'hiver ; sortir de prison ; sortir de l'ENA.* **6.** S'écarter : *sortir du sujet.* **7.** Être commercialisé, présenté au public : *livre qui sort demain.* **8.** Être tiré au sort : *sujet qui sort à un examen.* ■ **en sortir, s'en sortir :** (a) se tirer d'affaire (b) guérir. ◆ vt (auxil : *avoir*) **1.** Conduire dehors ; mettre qqch dehors. **2.** Mettre en vente un article nouveau. **3.** FAM Dire : *sortir des âneries.*

**2. sortir** nm ■ **au sortir de :** au moment où l'on sort de.

**SOS** nm (sigle de *save our souls*) **1.** Signal de détresse transmis par radio. **2.** Appel à l'aide : *lancer un SOS à ses amis.*

**sosie** [sɔzi] nm Personne qui ressemble parfaitement à une autre.

**sot, sotte** adj **1.** Dénué de jugement. **2.** Embarrassé, confus : *réponse sotte.* ◆ n Personne sans jugement ni esprit.

**sotie** nf → **sottie.**

**sot-l'y-laisse** nm inv Morceau délicat au-dessus du croupion d'une volaille.

**sottement** adv D'une manière sotte.

**sottie** ou **sotie** nf Ouvrage dramatique, satire sociale et politique, aux XIVe et XVe s.

**sottise** nf **1.** Manque de jugement, d'intelligence. **2.** Parole, action sotte : *dire des sottises.*

**sottisier** nm Recueil d'erreurs comiques, de phrases ridicules.

**sou** nm VX Monnaie valant la vingtième partie du franc ou 5 centimes. ■ **n'avoir pas le sou** ou **être sans le sou :** être sans argent. ◆ **sous** pl Argent : *compter ses sous.* ■ FAM **être près de ses sous :** peu dépensier.

**souahéli, e** [swaeli] ou **swahili, e** [swaili] nm et adj Langue bantoue parlée dans l'est de l'Afrique.

**soubassement** nm Partie inférieure d'une construction.

**soubresaut** nm Tressaillement brusque, convulsif.

**réitération** nf **1.** LITT Action de réitérer. **2.** DR Action de commettre une infraction, après une première condamnation pour des faits de nature différente (par opposition à *récidive*).

**réitérer** vt (conj 10) SOUT Faire, dire de nouveau ; répéter : *réitérer une offre*.

**rejaillir** vi **1.** Jaillir avec force. **2.** FIG Retomber sur, atteindre en retour.

**rejaillissement** nm Mouvement de ce qui rejaillit.

**rejet** nm **1.** Action de rejeter. **2.** MÉD Après une greffe d'organe, réaction de défense des organes anticorps qui détruisent le greffon. **3.** AGRIC Nouvelle pousse ; rejeton. **4.** LITTÉR Enjambement.

**rejeter** vt (conj 8) **1.** Renvoyer : *rejeter une balle*. **2.** Jeter hors de : *débris rejetés par la mer*. **3.** FIG Faire retomber : *rejeter la faute sur autrui*. **4.** Repousser, refuser : *rejeter un avis*. ◆ vi AGRIC Produire des rejets.

**rejeton** nm **1.** Nouvelle pousse au pied d'une plante. **2.** FAM Enfant.

**rejoindre** vt (conj 82) **1.** Réunir des parties séparées. **2.** Aller retrouver. **3.** Aboutir à un endroit.

**rejouer** vt et vi Jouer de nouveau.

**réjoui, e** adj Qui manifeste la joie, la gaieté : *une mine réjouie*.

**réjouir** vt Donner de la joie. ◆ **se réjouir** vpr Éprouver de la joie.

**réjouissance** nf Amusement, divertissement. ◆ **réjouissances** pl Fêtes publiques.

**réjouissant, e** adj Qui réjouit : *une nouvelle réjouissante*.

**relâche** nf **1.** LITT Interruption dans un travail, un exercice : *prendre un peu de relâche*. **2.** Suspension momentanée des représentations d'une salle de spectacle : *faire relâche le lundi*. **3.** MAR Action de relâcher ; lieu où l'on relâche. ■ **sans relâche :** sans interruption. ◆ **relâches** pl SUISSE Vacances scolaires, spécialement vacances de février.

**relâché, e** adj Qui n'est pas assez rigoureux : *une morale relâchée*.

**relâchement** nm **1.** Distension : *relâchement musculaire*. **2.** Diminution d'activité, d'effort : *relâchement dans le travail*.

**relâcher** vt **1.** Détendre : *relâcher une corde*. **2.** Libérer : *relâcher un prisonnier*. **3.** Rendre moins rigoureux : *relâcher la discipline*. ◆ vi MAR Faire escale. ◆ **se relâcher** vpr **1.** Se détendre. **2.** Perdre de son zèle, de sa rigueur.

**relais** nm **1.** Ce qui sert d'intermédiaire, d'étape. **2.** Hôtel, auberge : *relais routier*. **3.** Dispositif émetteur servant à transmettre, à relayer. ■ **course de relais** ou **relais :** épreuve sportive dans laquelle les coureurs d'une même équipe se remplacent alternativement. ❑ **prendre le relais :** assurer la continuation de qqch.

**relance** nf Action de donner une nouvelle activité, une nouvelle vigueur à quelque chose : *relance de l'économie*.

**relancer** vt (conj 1) **1.** Lancer de nouveau. **2.** Donner un nouvel essor. ■ **relancer qqn :** l'importuner pour obtenir qqch de lui.

**relaps, e** adj et n RELIG, ANC Se dit d'un chrétien retombé dans l'hérésie.

**relater** vt Raconter d'une manière précise, en détail.

**relatif, ive** adj **1.** Qui se rapporte à : *études relatives à l'histoire*. **2.** Qui n'a rien d'absolu, qui dépend d'autre chose ; incomplet : *une baisse relative*. ◆ adj et nm GRAMM Se dit d'un mot qui établit une relation entre un nom ou un pronom qu'il représente *(antécédent)* et une proposition dite *(subordonnée) relative*.

**relation** nf **1.** Rapport, lien : *relation de cause à effet*. **2.** Personne avec laquelle on est en rapport : *avoir de nombreuses relations*. **3.** SOUT Action de relater ; récit : *relation de voyage*.

**relationnel, elle** adj PSYCHOL Relatif aux relations entre les individus.

**relativement** adv **1.** Par rapport à. **2.** D'une manière relative.

**relativiser** vt Considérer par rapport à un ensemble ; faire perdre son caractère absolu à.

**relativisme** nm Théorie philosophique fondée sur la relativité de la connaissance.

**relativiste** adj **1.** Qui concerne le relativisme ; qui en fait preuve. **2.** PHYS Qui concerne la théorie de la relativité.

**relativité** nf Caractère relatif. ■ PHYS **théories de la relativité :** ensemble de théories selon lesquelles tout ou partie des lois de la physique sont invariantes à l'intérieur d'une classe donnée de repères.

**relaver** vt **1.** Laver de nouveau. **2.** BELGIQUE, SUISSE, FAM Laver à grande eau : *relaver le trottoir*.

**relax** ou **relaxe** adj FAM Décontracté.

**relaxant, e** adj Qui décontracte.

**relaxation** nf Action de se relaxer ; état de détente.

**relaxe** nf DR Décision d'un tribunal déclarant un prévenu non coupable.

**relaxer** vt **1.** Détendre, décontracter, reposer. **2.** DR Libérer un détenu. ◆ **se relaxer** vpr Détendre ses muscles, son esprit.

**relayer** vt (conj 4) **1.** Remplacer, prendre le relais de : *relayer un collègue, un coéquipier*. **2.** Retransmettre une émission, un programme par émetteur, par satellite.

◆ **se relayer** vpr Se remplacer, alterner pour assurer la continuité d'une tâche.

**relayeur, euse** n SPORTS Participant d'une course de relais.

**relecture** nf **1.** Nouvelle lecture. **2.** Lecture faite pour corriger : *relecture de manuscrit.*

**reléguer** vt (conj 10) Mettre à l'écart ; éloigner : *reléguer un meuble au grenier.*

**relent** nm **1.** Mauvaise odeur qui persiste : *relent d'ail.* **2.** LITT Trace, reste : *relent de haine.*

**relève** nf Remplacement d'une troupe, d'une équipe, etc., par une autre ; cette équipe, cette troupe : *assurer la relève.*

**1. relevé** nm Action de relever, de noter par écrit ou par un dessin ; son résultat : *relevé d'un compteur.* ■ **relevé d'identité bancaire (RIB)** : document permettant d'identifier un compte bancaire.

**2. relevé, e** adj **1.** Épicé : *sauce relevée.* **2.** LITT De qualité : *s'exprimer en termes relevés.*

**relèvement** nm **1.** Action de relever : *relèvement d'un mur, des impôts.* **2.** Redressement : *le relèvement d'un pays.*

**relever** vt (conj 9) **1.** Remettre debout. **2.** Diriger vers le haut, remettre plus haut : *relever la tête ; relever les manches.* **3.** Rétablir : *relever une industrie.* **4.** Augmenter : *relever une taxe.* **5.** Donner plus de goût à ; rehausser : *relever une sauce.* **6.** Consigner, noter par écrit : *relever une cote, un compteur.* **7.** Remarquer ou faire remarquer : *relever une faute ; ne pas relever une pique.* **8.** Ramasser, collecter : *relever des exemples.* **9.** Remplacer : *relever la garde.* **10.** SOUT Délier d'un engagement : *relever d'un vœu.* **11.** Révoquer : *relever qqn de ses fonctions.* ◆ vt ind [de] **1.** Dépendre : *cela relève de sa compétence.* **2.** Sortir de : *relever d'une grippe.* **3.** Être le fait de : *cela relève de l'inconscience.* ◆ **se relever** vpr **1.** Se remettre debout ; sortir de nouveau de son lit. **2.** Sortir d'une situation pénible ; se remettre : *se relèvera-t-il de ce drame ?*

**releveur, euse** n Employé qui relève les compteurs d'eau, de gaz, d'électricité.

**relief** nm **1.** Ce qui fait saillie : *carte en relief.* **2.** Ensemble des inégalités de la surface terrestre, d'un pays : *relief accidenté.* **3.** Sculpture dont le motif se détache en saillie sur un fond. **4.** Éclat né du contraste. ■ **mettre en relief** : (a) faire ressortir (b) mettre en évidence. ◆ **reliefs** pl LITT Restes d'un repas.

ORTHOGRAPHE D'une sculpture, on peut dire qu'elle est *en bas relief* ou *en haut relief* (sans trait d'union).

**relier** vt **1.** Lier, réunir, joindre : *relier des points.* **2.** Établir un lien entre ; unir : *relier le passé au présent.* **3.** Faire communiquer : *pont qui relie deux rives.* **4.** Coudre ensemble les feuillets d'un livre et y mettre une couverture rigide.

**relieur, euse** n Spécialiste de la reliure.

**religieuse** nf Gâteau fait de pâte à choux fourrée à la crème pâtissière.

**religieusement** adv **1.** D'une manière religieuse. **2.** Scrupuleusement.

**religieux, euse** adj **1.** Qui concerne la religion : *chant religieux.* **2.** Qui se fait selon les rites d'une religion : *mariage religieux ;* qui a la religion pour fondement : *école religieuse.* **3.** Pieux : *sentiments religieux.* **4.** Empreint de gravité, de respect : *silence religieux.* ◆ n Membre d'un ordre, d'une congrégation ou d'un institut religieux.

**religion** nf **1.** Ensemble de croyances, de dogmes et de pratiques établissant les rapports de l'homme avec le divin, le sacré. **2.** Foi, croyance : *homme sans religion.* **3.** Culte à l'égard de certaines valeurs : *la religion de la science, du progrès.*

**religiosité** nf Attitude religieuse sans engagement dans une religion précise.

**reliquaire** nm Boîte, coffret destinés à contenir des reliques.

**reliquat** [rəlika] nm **1.** Ce qui reste. **2.** DR Ce qui reste dû après un arrêté de comptes.

**relique** nf **1.** Ce qui reste du corps d'un martyr, d'un saint, conservé dans un but de vénération. **2.** FAM Vieil objet sans valeur, si ce n'est sentimentale.

**relire** vt (conj 73) Lire de nouveau. ◆ **se relire** vpr Lire ce qu'on a écrit pour se corriger.

**reliure** nf Art de relier un livre ; couverture d'un livre relié.

**relocalisation** nf Stratégie d'entreprise consistant à rapatrier dans le pays d'origine d'une société une activité productive qui avait été auparavant délocalisée.

**relocaliser** vt Effectuer une relocalisation.

**relogement** nm Action de reloger ; fait d'être relogé.

**reloger** vt (conj 2) Donner un nouveau logement à.

**relouer** vt Louer de nouveau.

**reluire** vi (conj 69 sauf part. passé *relui*) Luire en reflétant la lumière ; briller.

**reluisant, e** adj Qui reluit. ■ **peu reluisant** : médiocre : *situation peu reluisante.*

**reluquer** vt TRÈS FAM Lorgner avec curiosité ou convoitise.

**rem** [rɛm] nm Unité d'évaluation de l'effet biologique d'un rayonnement radioactif.

**remâcher** vt **1.** Mâcher une seconde fois, en parlant des ruminants. **2.** FIG Repasser dans son esprit des sentiments d'amertume, de colère : *remâcher un échec.*

**soubrette** nf Servante de comédie.

**souche** nf **1.** Partie du tronc de l'arbre qui reste dans la terre après que l'arbre a été coupé ; cette partie arrachée avec les racines. **2.** FIG Celui de qui descend une famille. **3.** Source, origine : *mot de souche indo-européenne.* **4.** Partie d'une feuille qui reste fixée à un registre et sert à vérifier l'authenticité de la partie détachée : *carnet à souches.* ■ FAM **dormir comme une souche :** profondément.

**1. souci** nm Préoccupation relative à une personne ou à une chose à laquelle on porte intérêt ; personne ou chose à l'origine de cette préoccupation : *se faire du souci pour son avenir.* ■ **avoir le souci de :** être préoccupé de, se soucier de.

**2. souci** nm Plante à fleurs jaunes ou orangées.

**soucier (se)** vpr [de] S'inquiéter de quelque chose, y attacher de l'importance : *se soucier du qu'en-dira-t-on.*

**soucieux, euse** adj **1.** Qui se fait du souci ; inquiet, pensif : *père soucieux ; air soucieux.* **2.** Attentif à : *soucieux de son avenir.*

**soucoupe** nf Petite assiette sous une tasse. ■ **soucoupe volante :** objet mystérieux, lenticulaire, supposé être un vaisseau spatial et qui serait le signe de l'existence des extraterrestres.

**soudage** nm Action de souder.

**soudain, e** adj Qui se produit, se fait tout à coup : *bruit soudain.* ◆ adv Dans le même instant, tout d'un coup.

**soudainement** adv D'une façon soudaine, subitement.

**soudaineté** nf Caractère soudain.

**soudanais, e** adj et n Du Soudan : *les Soudanais.*

**soudard** nm LITT Soldat grossier et brutal.

**soude** nf CHIM Carbonate de sodium.

**souder** vt **1.** Joindre par soudure. **2.** FIG Unir étroitement.

**soudeur, euse** n Personne qui soude.

**soudier, ère** adj De la soude : *industrie soudière.*

**soudière** nf Usine où l'on fabrique de la soude.

**soudoyer** [sudwaje] vt (conj 3) S'assurer le concours de quelqu'un en le payant : *soudoyer des assassins.*

**soudure** nf **1.** Assemblage permanent exécuté par voie thermique ; technique d'exécution de cet assemblage : *apprendre la soudure.* **2.** Endroit où deux pièces ont été soudées : *soudure nette.* ■ FIG **faire la soudure :** assurer la transition.

**soufflage** nm Action de souffler.

**soufflant, e** adj **1.** Qui envoie de l'air chaud. **2.** FAM Qui stupéfie.

**souffle** nm **1.** Agitation de l'air dans l'atmosphère : *souffle de vent.* **2.** Air produit en soufflant par la bouche ; bruit ainsi produit : *écouter le souffle d'un malade.* **3.** Capacité à emmagasiner de l'air dans ses poumons : *avoir du souffle.* **4.** FIG, LITT Inspiration : *le souffle du génie.* **5.** Déplacement d'air brutal, provoqué par une explosion. ■ **être à bout de souffle :** (a) avoir une respiration courte et fréquente (b) s'affaiblir, être proche de sa fin.

**soufflé** nm Entremets qui gonfle en cuisant : *soufflé au fromage.*

**souffler** vi **1.** Agiter, déplacer l'air : *le mistral souffle.* **2.** Envoyer de l'air par la bouche : *souffler sur ses doigts.* **3.** Respirer avec effort : *souffler comme un bœuf.* **4.** Reprendre haleine : *laisser souffler quelqu'un.* ■ **souffler dans le ballon :** être soumis à un Alcootest. ◆ vt **1.** Éteindre : *souffler une bougie.* **2.** Projeter au moyen du souffle : *souffler la fumée de sa cigarette.* **3.** Détruire par un souffle violent : *l'explosion a soufflé l'immeuble.* **4.** Dire discrètement : *souffler son rôle à un acteur.* **5.** Enlever : *souffler un pion au jeu de dames ; se faire souffler sa place.* **6.** FAM Étonner vivement. ■ **ne pas souffler mot :** ne rien dire. ❑ **souffler le verre :** faire des objets en envoyant de l'air avec un tube dans du verre en fusion.

ORTHOGRAPHE *Souffler* s'écrit avec deux *f*, à la différence de *boursoufler.*

**soufflerie** nf **1.** Machine destinée à produire le vent nécessaire à la marche d'une installation métallurgique, à l'aération d'une mine, etc. **2.** Ensemble des soufflets d'un orgue, d'une forge, etc.

**soufflet** nm **1.** Instrument pour souffler. **2.** Couloir de communication entre deux wagons de chemin de fer. **3.** LITT Coup du plat ou du revers de la main appliqué sur la joue.

**souffleter** vt (conj 8) LITT Donner un soufflet à.

**souffleur, euse** n Personne qui souffle leur rôle aux acteurs. ◆ nm Ouvrier qui souffle le verre.

**soufflure** nf Cavité pleine de gaz qui se forme dans l'intérieur d'une pièce de métal ou de verre.

**souffrance** nf Malaise, douleur, peine. ■ **en souffrance :** (a) en suspens (b) non distribué ou non réclamé.

**souffrant, e** adj Légèrement malade ; indisposé.

**souffre-douleur** n inv Personne sur qui convergent les tracasseries, les mauvais traitements.

**souffreteux, euse** adj De faible santé ; chétif.

**souffrir** vt (conj 16) **1.** Ressentir, endurer, subir : *souffrir la soif.* **2.** LITT Supporter, tolérer : *souffrez que je vous parle.* **3.** SOUT Admettre : *cela ne souffre aucun retard.* ■ **ne pas pouvoir souffrir :** avoir de l'antipathie, de l'aversion pour. ◆ vi et vt ind **1.** Sentir de la douleur. **2.** Être tourmenté : *je souffre de le voir ainsi.* ◆ **se souffrir** vpr (surtout en tournure négative) Se supporter mutuellement.

**soufisme** ou **sufisme** [sufism] nm Courant mystique de l'islam.

**soufrage** nm Action d'imprégner de soufre : *le soufrage de la vigne.*

**soufre** nm Corps simple solide, d'une couleur jaune citron ; symb : S. ■ **sentir le soufre :** avoir des relents d'hérésie.

**soufrer** vt **1.** Enduire de soufre. **2.** AGRIC Traiter les plantes avec du soufre ; exposer le moût, le tonneau aux vapeurs sulfureuses.

**soufreur, euse** n Personne chargée de soufrer.

**soufreuse** nf Appareil employé pour soufrer les végétaux.

**soufrière** nf Mine de soufre.

**souhait** nm Désir que quelque chose s'accomplisse. ■ SOUT **à souhait :** selon ses désirs : *réussir à souhait.* ❑ **à vos souhaits :** formule de politesse adressée à une personne qui éternue.

**souhaitable** adj Que l'on peut souhaiter.

**souhaiter** vt **1.** Désirer : *je souhaite qu'il vienne.* **2.** Exprimer sous forme de vœu : *souhaiter le bonjour, la bonne année.*

**souille** nf Lieu bourbeux où se vautre le sanglier.

**souiller** vt **1.** LITT Salir : *souiller de boue.* **2.** FIG Déshonorer, flétrir : *souiller sa réputation.*

**souillon** n FAM Personne malpropre.

**souillure** nf LITT Tache : *la souillure du péché.*

**souk** nm **1.** Marché couvert, dans les pays arabes. **2.** FAM Désordre.

**soûl, e** [su, sul] ou **saoul, e** [su, sul] adj ivre. ■ LITT **Être soûl de quelque chose :** en être rassasié jusqu'au dégoût. ◆ nm ■ FAM **tout son soûl :** autant qu'on veut : *dormir tout son soûl.*

**soulagement** nm Diminution, allégement d'un mal ; impression qui en résulte.

**soulager** vt (conj 2) **1.** Diminuer, supprimer une souffrance physique ou morale. **2.** Débarrasser d'un fardeau, d'une charge. **3.** Aider, décharger : *soulager les entreprises en baissant les taxes.* **4.** TECHN Diminuer l'effort de : *soulager une poutre.* ◆ **se soulager** vpr **1.** Se décharger d'un souci. **2.** FAM Satisfaire un besoin naturel.

**soûlant, e** adj FAM Qui fatigue, étourdit.

**soûlaud, e** ou **soûlot, e** n FAM Ivrogne, ivrognesse.

**soûler** ou **saouler** vt **1.** FAM Enivrer. **2.** FIG Griser : *les succès l'ont soûlé.* **3.** Fatiguer quelqu'un par un excès quelconque : *soûler de paroles.* ◆ **se soûler** ou **se saouler** vpr FAM S'enivrer.

**soûlerie** nf Ivresse, beuverie.

**soulèvement** nm **1.** Mouvement de ce qui se soulève. **2.** FIG Mouvement de révolte, d'insurrection.

**soulever** vt (conj 9) **1.** Élever à une petite hauteur : *soulever un fardeau.* **2.** Relever : *soulever un rideau.* **3.** Provoquer la colère, l'indignation, etc. : *soulever des protestations ;* pousser à la révolte : *soulever le peuple.* **4.** Faire naître, susciter : *soulever une question.* ■ **soulever le cœur :** causer du dégoût. ◆ **se soulever** vpr **1.** Se lever légèrement. **2.** Se révolter.

**soulier** nm Chaussure. ■ FAM **être dans ses petits souliers :** embarrassé.

**soulignement** ou **soulignage** nm Action de souligner.

**souligner** vt **1.** Tirer un trait, une ligne sous. **2.** FIG Accentuer, attirer l'attention sur : *souligner l'importance d'un fait.*

**soumettre** vt (conj 57) **1.** Ramener à l'obéissance : *soumettre des rebelles.* **2.** Astreindre à une loi, un règlement : *revenu soumis à l'impôt.* **3.** Proposer au jugement, à la critique : *soumettre un projet.* **4.** Faire subir : *soumettre à une analyse ; soumettre à des tests.* ◆ **se soumettre** vpr Consentir à ne plus résister, accepter de reconnaître une autorité.

**soumis, e** adj **1.** Disposé à l'obéissance. **2.** Qui annonce la soumission : *air soumis.*

**soumission** nf **1.** Action de mettre, fait de se mettre sous l'autorité de. **2.** Disposition à obéir : *esprit de soumission.*

**soupape** nf Obturateur qui règle le mouvement d'un fluide. ■ **soupape de sécurité, de sûreté :** (a) qui, dans une chaudière, s'ouvre d'elle-même sous une forte pression pour empêcher l'explosion (b) FIG ce qui sert d'exutoire.

**soupçon** nm **1.** Doute sans preuve objective à l'égard d'une personne : *de graves soupçons pèsent sur lui.* **2.** Idée vague, simple conjecture. ■ **un soupçon de :** une petite quantité de.

**soupçonnable** adj Qui peut être soupçonné.

**soupçonner** vt **1.** Porter ses soupçons sur ; suspecter. **2.** Conjecturer, présumer : *je ne soupçonnais pas la difficulté de ce travail.*

**soupçonneux, euse** adj Défiant.

**soupe** nf **1.** Potage, bouillon épaissi. **2.** FAM Repas : *aller à la soupe.* **3.** FAM Neige fondante. ■ FAM **servir la soupe :** agir dans l'intérêt de qqn. ❑ **soupe au lait :** qui se met facilement en colère. ❑ **soupe populaire :** institution charitable distribuant des repas aux indigents. ❑ **trempé comme une soupe :** très mouillé.

**soupente** nf Réduit pratiqué dans la partie haute d'une pièce ou sous un escalier.

**1. souper** nm **1.** Repas qu'on fait à une heure tardive de la nuit. **2.** BELGIQUE, SUISSE, CANADA Repas du soir ; dîner.

**2. souper** vi Prendre le souper. ■ FAM **en avoir soupé :** en avoir assez.

**soupeser** vt (conj 9) **1.** Lever qqch avec la main pour en évaluer le poids. **2.** FIG Évaluer : *soupeser le pour et le contre.*

**soupière** nf Récipient creux dans lequel on sert la soupe.

**soupir** nm **1.** Respiration forte et prolongée, occasionnée par la fatigue, l'émotion, le plaisir, etc. : *pousser des soupirs.* **2.** MUS Silence qui vaut une noire. ■ LITT **rendre le dernier soupir :** mourir.

**soupirail** (pl *soupiraux*) nm Ouverture pour éclairer, aérer une cave, un sous-sol.

**soupirant** nm Celui qui fait la cour à une femme.

**soupirer** vi Pousser des soupirs : *soupirer de plaisir, d'ennui.* ◆ vt ind [après] LITT Désirer ardemment : *soupirer après le bonheur.*

**souple** adj **1.** Qui se plie aisément, flexible : *cuir souple.* **2.** Agile à se mouvoir, à se plier : *corps souple.* **3.** FIG Accommodant, capable de s'adapter : *caractère souple.* **4.** Dont l'application n'est pas rigide : *réglementation souple.*

**souplement** adv Avec souplesse.

**souplesse** nf Caractère d'une personne ou d'une chose souple.

**souplex** nm Appartement sur deux étages, dont le niveau inférieur consiste en un sous-sol aménagé.

**souquer** vt MAR Raidir fortement un amarrage, un nœud. ◆ vi Tirer sur les avirons.

**sourate** nf → **surate**.

**source** nf **1.** Lieu où l'eau sort de terre. **2.** Endroit d'où provient une énergie, des particules : *source de chaleur, de lumière.* **3.** FIG Principe, cause, origine : *remonter à la source du mal.* **4.** Document original ; origine d'une information : *ne pas révéler ses sources.*

**sourcer** vt Établir ou mentionner l'origine de ; authentifier : *sourcer une information.*

**sourcier, ère** n Personne qui découvre les sources avec une baguette, un pendule.

**sourcil** [sursi] nm Saillie arquée, revêtue de poils, au-dessus de l'œil. ■ **froncer les sourcils :** témoigner du mécontentement.

**sourcilier, ère** [sursilje, ɛr] adj Qui concerne les sourcils : *arcade sourcilière.*

**sourciller** vi Remuer les sourcils en signe de mécontentement, de surprise : *écouter sans sourciller.*

**sourcilleux, euse** adj Exigeant, minutieux : *un magistrat sourcilleux.*

**sourd, e** adj et n Qui ne perçoit pas ou qui perçoit difficilement les sons. ■ **dialogue de sourds :** dans lequel chacun reste sur ses positions. ❑ **frapper comme un sourd :** de toutes ses forces. ◆ adj **1.** Peu éclatant : *voix sourde, couleur sourde.* **2.** Insensible, inexorable : *sourd aux prières.* **3.** Qui ne se manifeste pas nettement : *douleur sourde.* **4.** Clandestin, secret : *lutte sourde.* ■ FAM **faire la sourde oreille :** faire semblant de ne pas entendre.

**sourdement** adv LITT De manière sourde : *grogner sourdement ; intriguer sourdement.*

**sourdine** nf Dispositif permettant d'assourdir le son de certains instruments de musique. ■ **en sourdine :** sans bruit : *radio en sourdine.* ❑ **mettre une sourdine à :** mettre un frein à, modérer.

**sourd-muet, sourde-muette** (pl *sourds-muets, sourdes-muettes*) n VIEILLI Personne atteinte de surdimutité.

**sourdre** vi (conj 51) LITT Sortir de terre, en parlant de l'eau ; jaillir, en parlant de la lumière, d'un son, d'un sentiment, etc.

**souriant, e** adj Qui sourit souvent, qui est aimable et accueillant.

**souriceau** nm Petit d'une souris.

**souricière** nf **1.** Piège pour prendre les souris. **2.** FIG Piège tendu par la police à des malfaiteurs.

**1. sourire** vi (conj 67) Exprimer le contentement, l'amusement par un léger mouvement de la bouche et des yeux : *sourire malicieusement.* ◆ vt ind [à] Être agréable, favorable à : *cette perspective ne me sourit guère ; la chance lui sourit.*

**2. sourire** nm Action de sourire : *un sourire approbateur.*

**souris** nf **1.** Petit rongeur au pelage gris ou blanc. **2.** INFORM Dispositif permettant de désigner, à l'aide d'un curseur, une zone sur un écran. **3.** Petit muscle qui tient au manche du gigot. ■ **gris souris :** gris clair.

**sournois, e** adj et n Dissimulé, hypocrite. ◆ adj SOUT Insidieux : *un mal sournois.*

**sournoisement** adv De façon sournoise, hypocritement.

**sournoiserie** nf Caractère sournois ; dissimulation.

**sous** prép **1.** Localise une position inférieure : *sous la table.* **2.** À l'intérieur de : *mettre sous enveloppe.* **3.** Indique la cause, le moyen, le point de vue : *sous le coup de la surprise ; vu sous cet angle.* **4.** Indique la dépendance : *sous ses ordres ; sous cortisone ; sous condition ; sous Word.* **5.** Indique la situation par rapport à une époque : *sous Louis XIV.* **6.** Indique le délai : *sous huitaine ; sous peu.* **7.** Indique la façon dont se présente une chose ou une personne, l'étiquette donnée à quelque chose : *sous une forme agréable ; sous un mauvais jour ; sous tel numéro ; publié sous tel titre.*

**sous-alimentation** (pl *sous-alimentations*) nf Alimentation insuffisante en quantité ou en qualité.

**sous-alimenté, e** adj Qui souffre de sous-alimentation.

**sous-alimenter** vt Alimenter insuffisamment.

**sous-bois** nm inv Végétation sous les arbres d'une forêt.

**sous-chef** (pl *sous-chefs*) n Personne qui vient immédiatement après le chef.

**sous-comité** (pl *sous-comités*) nm Subdivision d'un comité chargée d'étudier une question particulière.

**sous-commisssion** (pl *sous-commisions*) nf Groupe de membres d'une commission chargés de préparer un dossier.

**sous-continent** (pl *sous-continents*) nm Sous-ensemble d'un continent : *le sous-continent indien.*

**sous-couche** (pl *sous-couches*) nf **1.** Première couche de peinture. **2.** Couche de neige inférieure.

**souscripteur** nm **1.** Personne qui souscrit un effet de commerce. **2.** Personne qui prend part à une souscription : *les souscripteurs à un emprunt.*

**souscription** nf **1.** Engagement de s'associer à une entreprise, d'acheter un ouvrage en cours de publication, etc. **2.** DR Signature au-dessous d'un acte pour l'approuver. **3.** Somme versée par le souscripteur.

**souscrire** vt (conj 71) **1.** S'engager à payer pour quelque chose : *souscrire un abonnement à une revue.* **2.** DR Signer au bas d'un acte pour l'approuver. ◆ vt ind [à] **1.** Donner son adhésion à : *souscrire à ce qui vient d'être dit.* **2.** Prendre l'engagement de payer, de participer pour une part à une entreprise.

**sous-cutané, e** (pl *sous-cutanés, es*) adj Sous la peau.

**sous-développé, e** (pl *sous-développés, es*) adj ■ VIEILLI **pays sous-développé :** dont le développement industriel, agricole, etc., est faible (on dit auj. : *pays en développement*).

**sous-développement** (pl *sous-développements*) nm État d'un pays sous-développé.

**sous-directeur, trice** (pl *sous-directeurs, trices*) n Personne qui dirige en second.

**sous-emploi** (pl *sous-emplois*) nm Emploi d'une partie seulement de la main-d'œuvre disponible.

**sous-employer** vt (conj 3) Employer au-dessous de ses capacités, de ses possibilités.

**sous-ensemble** (pl *sous-ensembles*) nm Partie d'un ensemble.

**sous-entendre** vt (conj 50) Ne pas exprimer franchement sa pensée ; suggérer.

**sous-entendu, e** (pl *sous-entendus, es*) adj Se dit d'un mot ou de quelque chose qui n'est pas exprimé mais peut être rétabli facilement. ◆ nm Ce qu'on fait comprendre sans le dire et dont l'intention est souvent perfide ou parfois grivoise ; allusion.

**sous-équipé, e** (pl *sous-équipés, es*) adj Dont l'équipement est insuffisant : *une usine sous-équipée en matériel.*

**sous-équipement** (pl *sous-équipements*) nm Fait d'être sous-équipé.

**sous-estimer** vt Apprécier au-dessous de sa valeur réelle : *sous-estimer un adversaire, le danger.*

**sous-évaluer** vt Évaluer quelque chose au-dessous de sa valeur : *sous-évaluer un stock.*

**sous-exploitation** (pl *sous-exploitations*) nf ÉCON Exploitation insuffisante.

**sous-exploiter** vt ÉCON Exploiter insuffisamment : *sous-exploiter un gisement.*

**sous-exposer** vt PHOT Exposer insuffisamment une émulsion photographique à la lumière.

**sous-exposition** (pl *sous-expositions*) nf Fait d'être sous-exposé.

**sous-fifre** (pl *sous-fifres*) nm FAM, PÉJOR Personne qui occupe un emploi secondaire ; sous-ordre.

**sous-jacent, e** (pl *sous-jacents, es*) adj **1.** Placé dessous : *muscles sous-jacents.* **2.** FIG Qui existe sans se manifester clairement : *idée sous-jacente.*

**sous-lieutenant, e** (pl *sous-lieutenants, es*) n Premier grade de la hiérarchie des officiers des armées de terre et de l'air et de l'espace.

**sous-locataire** (pl *sous-locataires*) n Occupant d'un local en sous-location.

**sous-location** (pl *sous-locations*) nf Action de sous-louer ; lieu sous-loué.

**sous-louer** vt Louer ce dont on est locataire ; louer ce dont un autre est locataire.

**sous-main** nm inv Accessoire de bureau qui sert d'appui à la feuille de papier sur laquelle on écrit, destiné à protéger la table. ■ **en sous-main :** en cachette.

**sous-marin, e** (pl *sous-marins, es*) adj **1.** Qui est sous la mer : *plante sous-marine.* **2.** Qui s'effectue sous la mer : *chasse sous-marine.* ◆ nm Navire qui navigue sous l'eau.

**sous-marinier, ère** (pl *sous-mariniers, ères*) n Membre de l'équipage d'un sous-marin.

**sous-marque** (pl *sous-marques*) nf Marque utilisée par un fabricant qui exploite par ailleurs une marque plus connue.

**sous-multiple** (pl *sous-multiples*) nm et adj Nombre contenu un nombre entier de fois dans un autre : *3 est le sous-multiple de 9.*

**sous-officier** (pl *sous-officiers*) nm Militaire d'un corps intermédiaire entre celui des officiers et la troupe.

**sous-ordre** (pl *sous-ordres*) nm **1.** SC NAT Subdivision d'un ordre. **2.** Employé subalterne ; subordonné. ■ **en sous-ordre :** au second rang.

**sous-payer** vt (conj 4) Payer au-dessous du taux normal.

**sous-peuplé, e** (pl *sous-peuplés, es*) adj Peuplé insuffisamment.

**sous-peuplement** (pl *sous-peuplements*) nm Peuplement insuffisant, eu égard aux ressources exploitées ou potentielles d'un pays.

**sous-préfecture** (pl *sous-préfectures*) nf **1.** Subdivision de préfecture, administrée par un sous-préfet. **2.** Ville où réside le sous-préfet. **3.** Fonction, demeure, bureau du sous-préfet.

**sous-préfet** (pl *sous-préfets*) nm Fonctionnaire représentant l'État dans un arrondissement.

**sous-préfète** (pl *sous-préfètes*) nf **1.** Femme de sous-préfet. **2.** Femme sous-préfet.

**sous-pression** (pl *sous-pressions*) nf Pression dirigée du bas vers le haut.

**sous-produit** (pl *sous-produits*) nm **1.** Produit dérivé d'un autre. **2.** Mauvaise imitation, produit de qualité médiocre.

**sous-programme** (pl *sous-programmes*) nm INFORM Séquence particulière d'instructions, conçue pour être utilisée dans différents programmes.

**sous-pull** (pl *sous-pulls*) nm Pull-over fin, à col roulé, destiné à être porté sous un autre pull-over.

**soussigné, e** adj et n Qui a mis son nom au bas d'un acte : *je soussigné X déclare... ; le soussigné déclare...*

**sous-sol** (pl *sous-sols*) nm **1.** Ce qui se trouve sous la terre végétale, à plus ou moins grande profondeur. **2.** Construction au-dessous du rez-de-chaussée.

**sous-tasse** (pl *sous-tasses*) nf Soucoupe.

**sous-tendre** vt (conj 50) Être à la base, à l'origine de quelque chose.

**sous-titrage** (pl *sous-titrages*) nm CIN Action de sous-titrer.

**sous-titre** (pl *sous-titres*) nm **1.** Titre placé après le titre principal d'un livre. **2.** CIN Traduction projetée des dialogues d'un film en version originale.

**sous-titrer** vt Mettre un, des sous-titres.

**soustraction** nf Opération par laquelle on retranche un nombre d'un autre.

**soustraire** vt (conj 79) **1.** Retrancher une quantité d'une autre, faire une soustraction. **2.** Enlever, prendre avec adresse ou par fraude : *soustraire un dossier.* **3.** LITT Faire échapper à, préserver de : *soustraire à un danger.*

**sous-traitance** (pl *sous-traitances*) nf Exécution, par un entrepreneur, d'un travail pour le compte d'un entrepreneur principal.

**sous-traitant, e** (pl *sous-traitants, es*) n Entrepreneur qui fait de la sous-traitance.

**sous-traiter** vt Confier à un sous-traitant.

**sous-ventrière** (pl *sous-ventrières*) nf Courroie attachée aux deux brancards d'une charrette et qui passe sous le ventre du cheval.

**sous-verre** nm inv Encadrement consistant en une plaque de verre et un carton, entre lesquels on place une gravure, une photographie, etc.

**sous-vêtement** (pl *sous-vêtements*) nm Pièce de lingerie que l'on porte sous les vêtements.

**soutane** nf Vêtement long en forme de robe, porté par certains ecclésiastiques.

**soute** nf Partie d'un bateau ou d'un avion destinée à recevoir les marchandises, les bagages, etc.

**soutenable** adj **1.** Qui peut être soutenu : *opinion soutenable.* **2.** (en tournure négative) Qui peut être supporté, enduré : *le voir pleurer, ce n'était pas soutenable.*

**soutenance** nf Action de soutenir une thèse, un mémoire.

**soutènement** nm ■ **mur de soutènement :** destiné à contenir la poussée des terres ou des eaux.

**souteneur** nm Individu vivant aux dépens d'une prostituée ; proxénète.

**soutenir** vt (conj 22) **1.** Supporter, servir d'appui, de soutien : *soutenir une poutre ; soutenir une personne pour marcher.* **2.** FIG Aider, empêcher de faiblir : *soutenir le moral, une conversation.* **3.** Appuyer, défendre : *soutenir une position, un droit ; soutenir le gouvernement.* **4.** Affirmer : *je soutiens qu'il a raison.* **5.** Résister à : *soutenir une attaque, une épreuve.* ■ **soutenir une thèse, un mémoire** : l'exposer devant un jury. ◆ **se soutenir** vpr **1.** Se maintenir en équilibre : *se soutenir dans l'eau grâce à une bouée.* **2.** Se prêter une mutuelle assistance ; s'entraider. **3.** Être valable, se tenir : *son point de vue se soutient.* **4.** FIG Se maintenir : *l'intérêt du film se soutient jusqu'à la fin.*

**soutenu, e** adj **1.** Qui ne se relâche pas : *attention soutenue.* **2.** D'un ton assez intense : *couleur soutenue.* **3.** Caractérisé par une certaine recherche dans le vocabulaire et la syntaxe (par opposition à *familier*) : *langue, style soutenus.*

**souterrain, e** adj **1.** Sous terre : *abri souterrain.* **2.** FIG Secret, clandestin : *menées souterraines.* ◆ nm Passage creusé sous la terre.

**soutien** nm **1.** Ce qui sert à soutenir quelque chose ; support. **2.** FIG Ce qui aide, défend, protège : *soutien scolaire ; accorder son soutien à une cause.* **3.** Personne, groupe qui soutient : *c'est le plus sûr soutien de ses parents.*

**soutien-gorge** (pl *soutiens-gorge*) nm Pièce de lingerie féminine servant à soutenir la poitrine.

**soutier** nm Matelot chargé d'alimenter les chaufferies d'un bateau.

**soutirage** nm Action de soutirer.

**soutirer** vt **1.** Transvaser un liquide d'un récipient dans un autre. **2.** Obtenir par adresse, par ruse : *soutirer de l'argent.*

**souvenance** nf ■ LITT **avoir souvenance de** : se souvenir de.

**souvenir** nm **1.** Rappel, volontaire ou non, par la mémoire, d'un événement, d'une idée, d'une sensation passés. **2.** Ce qui rappelle la mémoire de quelqu'un ou de quelque chose. **3.** Objet vendu aux touristes sur des lieux particulièrement visités.

**souvenir (se)** vpr (conj 22) Avoir mémoire de.

**souvent** adv **1.** Fréquemment : *aller souvent au cinéma.* **2.** Dans de nombreux cas ; d'ordinaire : *c'est souvent ce qui arrive.*

**souverain, e** adj **1.** LITT Suprême : *bonheur souverain.* **2.** Qui s'exerce sans contrôle : *pouvoir souverain.* **3.** SOUT Extrême : *souverain mépris.* ■ **remède souverain** : infaillible. ◆ n Personne qui exerce le pouvoir suprême dans un État ; monarque, roi.

**souverainement** adv **1.** SOUT Au plus haut point : *souverainement ennuyeux.* **2.** Avec un pouvoir souverain : *décider souverainement.*

**souveraineté** nf **1.** Autorité suprême. **2.** Caractère du pouvoir d'un État qui n'est soumis au contrôle d'aucun autre État : *souveraineté nationale.*

**souverainisme** nm Doctrine des défenseurs d'une Europe constituée de nations souveraines.

**souverainiste** n et adj **1.** Partisan du souverainisme (par oppos. à *européiste*). **2.** CANADA Partisan de l'accession d'une province au statut d'État souverain.

**soviet** [sɔvjɛt] nm HIST Assemblée des délégués élus, en URSS. ■ **soviet suprême** : organe principal du pouvoir d'État en URSS jusqu'en 1991, et, encore aujourd'hui, dans certaines républiques.

**soviétique** adj et n De l'URSS : *les Soviétiques.*

**soviétologue** n Spécialiste de l'URSS.

**sovkhoze** [sɔvkoz] nm HIST Grande exploitation agricole d'État, en URSS.

**soyeux, euse** adj De la nature, de l'aspect de la soie : *une chevelure soyeuse.* ◆ nm Industriel de la soierie : *les soyeux lyonnais.*

**spacieusement** adv De façon spacieuse.

**spacieux, euse** adj Vaste, de grande étendue : *logement spacieux.*

**spadassin** nm **1.** VX Amateur de duels. **2.** LITT Tueur à gages.

**spaghetti** (pl inv ou *spaghettis*) nm Pâte alimentaire présentée sous forme de longs bâtonnets pleins.

**spahi** nm Cavalier de l'armée française appartenant à un corps créé en Algérie en 1834, dissous en 1962.

**spam** nm Courrier électronique non sollicité, envoyé en grand nombre dans un but publicitaire ou commercial.

**sparadrap** nm Tissu adhésif servant à maintenir en place de petits pansements.

**spart** [spart] ou **sparte** nm Alfa (graminée).

**spartakisme** nm Mouvement socialiste, puis communiste, d'Allemagne (1914-1919).

**spartakiste** adj et n Qui appartient au spartakisme.

**1. spartiate** adj et n ANTIQ De Sparte ; qui en évoque l'austérité : *une éducation spartiate.* ■ FIG **à la spartiate** : sévèrement.

**2. spartiate** nf Sandale à lanières.

**spasme** nm Contraction involontaire et convulsive des muscles.

**spasmodique** adj Relatif au spasme : *toux spasmodique*.

**spasmophile** adj et n Atteint de spasmophilie.

**spasmophilie** nf Affection bénigne caractérisée par un excès d'excitabilité neuromusculaire.

**spath** [spat] nm MINÉR, VX minerai à structure lamellaire et cristalline.

**spatial, e, aux** [spasjal, sjo] adj Relatif à l'espace, et spécialement à l'espace intersidéral : *recherches spatiales*.

ORTHOGRAPHE *Spatial* s'écrit avec un *t*, alors que *spacieux* s'écrit avec un *c*.

**spationaute** n Astronaute.

**spatio-temporel, elle** (pl *spatio-temporels, elles*) adj Relatif à la fois à l'espace et au temps.

**spatule** nf **1.** Instrument en forme de petite pelle aplatie. **2.** Partie antérieure et recourbée du ski. **3.** Oiseau échassier à bec élargi.

**speaker, speakerine** [spikœr, spikrin] n VIEILLI Présentateur à la radio, à la télévision.

**spécial, e, aux** adj **1.** Particulier à une espèce de personnes ou de choses, approprié à un but : *formation spéciale*. **2.** Qui constitue une exception : *faveur spéciale*. **3.** Bizarre, pas commun : *un voisin très spécial*.

**spéciale** nf **1.** Épreuve sur parcours imposé, dans un rallye automobile. **2.** Huître grasse.

**spécialement** adv Particulièrement.

**spécialisation** nf Action de spécialiser ; fait de se spécialiser.

**spécialisé, e** adj Limité à une spécialité : *revue spécialisée* ; affecté à un travail déterminé : *ouvrier spécialisé*.

**spécialiser** vt Rendre apte à une technique particulière, à un travail déterminé. ◆ **se spécialiser** vpr Adopter une spécialité : *se spécialiser en cardiologie*.

**spécialiste** n et adj **1.** Personne qui a des compétences dans un domaine précis. **2.** Médecin qui se consacre à une branche particulière de la médecine (par opposition à *généraliste*).

**spécialité** nf **1.** Activité à laquelle on se consacre particulièrement. **2.** Produit caractéristique d'une marque, d'une région, etc. **3.** FAM Manie propre à quelqu'un.

**spécieusement** adv LITT D'une manière spécieuse.

**spécieux, euse** adj SOUT Qui n'a que l'apparence de la vérité ; sans valeur : *argument spécieux*.

**spécification** nf Action de spécifier ; précision.

**spécificité** nf Caractère de ce qui est spécifique : *spécificité d'un microbe*.

**spécifier** vt Déterminer, exprimer de façon précise ; préciser.

**spécifique** adj Propre à une espèce, à une chose : *caractère spécifique*.

**spécifiquement** adv D'une manière spécifique.

**spécimen** [spesimɛn] nm Échantillon, modèle ; exemplaire offert gratuitement.

**spectacle** nm **1.** Ce qui attire le regard, l'attention : *le spectacle de la nature*. **2.** Représentation théâtrale, cinématographique, etc. : *aller au spectacle*. **3.** Ensemble des activités du théâtre, du music-hall, du cinéma : *le monde du spectacle*. **4.** PÉJOR (en apposition, avec ou sans trait d'union) Qui est organisé ou présenté comme un spectacle : *la justice spectacle*. ■ **à grand spectacle** : se dit d'un film, d'une pièce, d'une revue qui mettent en œuvre d'importants moyens et dont la mise en scène est somptueuse. ❑ **se donner, s'offrir en spectacle** : attirer l'attention sur soi. ❑ **spectacle de rue** : spectacle vivant donnant lieu à des représentations dans l'espace urbain (EX : théâtre de rue). ❑ **spectacle vivant** : spectacle qui se déroule en direct devant un public (pièces de théâtre, opéras, ballets, spectacles de cirque ou de cabaret).

**spectaculaire** adj Remarquable, qui fait sensation ; frappant : *un saut spectaculaire*.

**spectateur, trice** n **1.** Témoin oculaire d'un événement. **2.** Personne qui assiste à un spectacle, une manifestation sportive, etc.

**spectral, e, aux** adj **1.** LITT Relatif à un spectre, un fantôme : *figure spectrale*. **2.** PHYS Relatif à un spectre lumineux.

**spectre** nm **1.** Fantôme. **2.** FIG Représentation effrayante de quelque chose : *le spectre de la guerre*. **3.** PHYS Ensemble des rayons colorés résultant de la décomposition de la lumière par un prisme.

**spéculateur, trice** n Personne qui fait des spéculations commerciales ou financières.

**spéculatif, ive** adj **1.** Relatif à une spéculation commerciale ou financière. **2.** PHILOS Qui s'attache à la théorie sans se soucier de la pratique : *un esprit spéculatif*.

**spéculation** nf **1.** Opération de banque, de commerce, etc., en vue d'obtenir un gain d'argent. **2.** PHILOS Recherche abstraite, théorique (par opposition à *pratique*).

**spéculer** vi **1.** Faire des combinaisons, des opérations financières ou commerciales. **2.** Compter sur quelque chose pour en tirer parti : *spéculer sur la crédulité humaine.* **3.** PHILOS Se livrer à la spéculation.

**spéculoos** [spekylos] ou **spéculaus** [spekylos] nm BELGIQUE Biscuit sec très sucré confectionné dans les Flandres belges pour la Saint-Nicolas (en France, on écrit aussi *spéculos*).

**spéculum** [spekylɔm] (pl *spéculums*) nm MÉD Instrument pour élargir certaines cavités du corps et en faciliter l'examen.

**speech** [spitʃ] (pl *speechs* ou *speeches*) nm FAM Petit discours de circonstance.

**speeder** [spide] vi FAM Aller vite, se dépêcher : *on speede tout le temps ici.*

**spéléologie** nf Science et sport qui ont pour objet l'exploration et l'étude des cavités naturelles du sol.

**spéléologique** adj Relatif à la spéléologie.

**spéléologue** n Spécialiste en spéléologie.

**spencer** [spɛnsɛr] ou [spɛnsœr] nm Veste courte ouverte et à revers, s'arrêtant à la taille.

**spermatozoïde** nm Gamète mâle de l'homme et des animaux, qui peut féconder l'ovule féminin.

**sperme** nm Liquide émis par les glandes reproductrices mâles et contenant les spermatozoïdes.

**spermicide** nm et adj Contraceptif féminin détruisant les spermatozoïdes.

**sphénoïde** nm ANAT Un des os de la tête, à la base du crâne.

**sphère** nf **1.** Corps limité par une surface dont tous les points sont à égale distance d'un point intérieur appelé *centre.* **2.** FIG Milieu, domaine dans lequel s'exerce l'action ou l'influence de quelqu'un ou de quelque chose : *sphère d'influence.*

**sphéricité** nf État de ce qui est sphérique.

**sphérique** adj En forme de sphère : *figure sphérique.*

**sphéroïde** nm GÉOM Solide dont la forme est proche de celle de la sphère : *la surface de la terre est un sphéroïde.*

**sphincter** [sfɛ̃ktɛr] nm Muscle annulaire fermant ou resserrant un orifice naturel.

**sphinx** [sfɛ̃ks] nm **1.** ANTIQ Monstre mythique à corps de lion et à tête humaine. **2.** FIG Personne énigmatique. **3.** Papillon nocturne.

**spi** nm → **spinnaker**.

**spinal, e, aux** adj Qui concerne la moelle épinière.

**spinnaker** [spinekœr] ou **spi** nm MAR Foc de grande surface, léger et creux, utilisé dans la marche au vent arrière.

**spiral, e, aux** adj Qui a la forme d'une spirale. ◆ nm Petit ressort de montre.

**spirale** nf **1.** MATH Courbe plane décrivant des révolutions autour d'un point fixe en s'en éloignant. **2.** Suite de circonvolutions : *spirales d'un tire-bouchon.* **3.** Fil métallique hélicoïdal qui sert à assembler les feuilles d'un carnet, d'un cahier. **4.** Montée rapide et irrésistible d'un phénomène : *la spirale de la violence.* ■ **en spirale** : qui fait un mouvement d'enroulement autour d'un axe : *escalier en spirale.*

**spire** nf Chacun des tours d'une spirale, d'une hélice.

**spirille** nm Bactérie en forme de filament en spirale.

**spirite** n Adepte du spiritisme. ◆ adj Relatif au spiritisme.

**spiritisme** nm Doctrine, pratique qui prétend entrer en communication avec les esprits par l'intermédiaire d'un médium.

**spiritualisme** nm Philosophie qui affirme que l'esprit est une réalité supérieure à la matière et antérieure à elle.

**spiritualité** nf **1.** Caractère de ce qui est dégagé de toute matérialité. **2.** Ce qui concerne la vie spirituelle.

**spirituel, elle** adj **1.** Qui appartient à l'esprit, à l'âme : *vie spirituelle.* **2.** Relatif à la religion, à l'Église : *pouvoir spirituel.* **3.** Qui a de la vivacité d'esprit, de la finesse, de l'intelligence : *réponse spirituelle.* ◆ nm Pouvoir religieux : *le spirituel et le temporel.*

**spirituellement** adv **1.** Avec esprit : *répondre spirituellement.* **2.** En esprit : *s'unir spirituellement.*

**spiritueux** nm Liqueur forte en alcool.

**spirographe** nm Ver marin construisant un tube, d'où sort son panache branchial.

**spiroïdal, e, aux** adj En forme de spirale.

**spiromètre** nm Instrument servant à mesurer la capacité respiratoire des poumons.

**spirorbe** nm Petit ver marin qui construit un petit tube calcaire blanc, en forme de spirale.

**spleen** [splin] nm LITT Mélancolie, vague à l'âme.

**splendeur** nf **1.** Grand éclat, magnificence. **2.** Chose magnifique.

**splendide** adj **1.** D'un éclat lumineux : *temps splendide.* **2.** Magnifique, somptueux : *paysage splendide.*

**splendidement** adv SOUT Avec splendeur ; magnifiquement.

**splénique** adj ANAT Relatif à la rate.

**spoiler** [spɔjle] vt Révéler un élément clé de l'intrigue d'une œuvre (livre, film, série), en gâchant ainsi l'effet de surprise.

**spoliateur, trice** adj et n SOUT Qui spolie.

**spoliation** nf SOUT Action de spolier.

**spolier** vt SOUT Déposséder, dépouiller.

**spondée** nm ANC En métrique, pied composé de deux syllabes longues.

**spongiaire** nm Animal aquatique (les spongiaires, ou *éponges*, forment un embranchement du règne animal).

**spongieux, euse** adj Qui s'imbibe de liquide comme l'éponge : *sol spongieux.*

**spongiforme** adj MÉD Se dit d'un tissu malade dont la structure évoque celle d'une éponge.

**sponsor** nm Commanditaire qui finance tout ou partie d'un spectacle, d'une exposition, etc., à des fins publicitaires.

**sponsoring** [spɔ̃sɔriŋ] nm Activité d'un sponsor (recomm. off. : *parrainage*).

**sponsoriser** vt Financer dans un but publicitaire (recomm. off. : *commanditer, parrainer*).

**spontané, e** adj **1.** Qui se produit de soi-même : *déclaration spontanée.* **2.** Qui agit, se produit sans calcul, sans arrière-pensée : *un enfant spontané.*

**spontanéité** nf Caractère spontané.

**spontanément** adv De façon spontanée.

**sporadique** adj **1.** Qui existe çà et là, de temps en temps, isolément : *résistance sporadique.* **2.** MÉD Se dit d'une maladie qui n'atteint que quelques individus isolément (par oppos. à *épidémique*).

**sporadiquement** adv De façon sporadique.

**sporange** nm BOT Sac qui renferme les spores de certains végétaux (EX : fougères).

**spore** nf BOT Organe reproducteur des végétaux.

**sport** nm Activité physique pratiquée sous forme de jeux, d'exercices individuels ou collectifs, en observant certaines règles : *faire du sport.* ■ FAM **il va y avoir du sport** : on risque d'en venir aux mains. ❏ **sport extrême** : activité sportive dangereuse (EX : saut à l'élastique). ❏ **sports d'hiver** : vacances d'hiver en montagne. ◆ adj inv **1.** Décontracté : *tenue sport.* **2.** Conforme à l'esprit généreux et loyal du sport : *se montrer sport.*

**sportif, ive** adj **1.** Qui concerne les sports. **2.** Loyal, régulier. **3.** FIG Agité, houleux. ◆ adj et n Qui pratique un, des sports.

**sportivement** adv De façon sportive, loyale.

**sportivité** nf Caractère sportif ; loyauté, fair-play.

**sporulation** nf BOT, BIOL Reproduction par spores ; émission de spores par une bactérie, une moisissure.

**spot** [spɔt] nm **1.** Petit projecteur orientable assurant un éclairage localisé. **2.** Film publicitaire de courte durée.

**sprat** [sprat] nm Petit poisson de la famille des harengs.

**spray** [sprɛ] nm Aérosol obtenu avec une bombe de liquide sous pression.

**springbok** [spriŋbɔk] nm Antilope commune en Afrique du Sud.

**sprint** [sprint] nm **1.** Accélération d'un coureur à l'approche du but. **2.** Épreuve de vitesse sur une courte distance. ■ FAM **piquer un sprint** : courir à toute allure sur une petite distance.

**1. sprinter** [sprintœr] nm Coureur de vitesse.

**2. sprinter** [sprinte] vi Augmenter sa vitesse en arrivant près du but.

**spumeux, euse** adj MÉD Qui a l'apparence de l'écume.

**squale** [skwal] nm Requin.

**squame** [skwam] nf MÉD Lamelle qui se détache de la peau.

**squameux, euse** adj MÉD Couvert de squames.

**square** [skwar] nm Jardin public, généralement clos.

**squash** [skwaʃ] nm Sport pratiqué en salle par deux joueurs qui se renvoient une balle en la faisant rebondir sur les quatre murs.

**squat** [skwat] nm Logement occupé par un, des squatters.

**squatter** [skwate] ou **squattériser** vt Occuper illégalement un logement vide.

**squatteur, euse** [skwatœr, øz] n Personne sans abri qui occupe illégalement un logement vacant ou destiné à la destruction.

**squelette** nm **1.** Charpente osseuse du corps. **2.** FIG Charpente d'une construction. **3.** Plan, ossature d'une œuvre, d'un discours.

**squelettique** adj **1.** Du squelette. **2.** D'une maigreur extrême. **3.** FIG Très réduit, non développé.

**SRAS** [sras] nm (sigle de *syndrome respiratoire aigu sévère*) MÉD Infection pulmonaire grave, contagieuse, due à un coronavirus.

**stabat mater** [stabatmatɛr] nm inv Chant religieux catholique qui retrace les douleurs de la mère du Christ au pied de la croix.

**stabilisateur, trice** adj et nm Qui stabilise.

**stabilisation** nf Action de stabiliser ; son résultat.

**stabiliser** vt Rendre stable : *stabiliser son poids.* ◆ **se stabiliser** vpr Devenir stable.

**stabilité** nf Caractère de ce qui est stable ; état stable.

**stable** adj **1.** Qui est dans un état, dans une situation ferme, solide ; qui ne risque pas de tomber : *échafaudage stable.* **2.** Qui se maintient durablement : *gouvernement, monnaie stable.* **3.** Dont le caractère est constant, équilibré : *personne, humeur stable.*

**staccato** adv et nm MUS Terme indiquant qu'un passage doit être joué en détachant nettement chacune des notes.

**stade** nm **1.** Terrain aménagé pour la pratique des sports. **2.** FIG Degré, partie distincte d'un développement : *stades d'une maladie.*

**1. staff** nm (anglicisme) **1.** FAM Groupe des dirigeants et des cadres supérieurs d'une entreprise. **2.** Équipe.

**2. staff** nm Mélange de plâtre et de fibres végétales utilisé pour la décoration intérieure.

**stage** nm **1.** Période d'études pratiques obligatoire, notamment avant d'exercer une profession libérale. **2.** Période pendant laquelle quelqu'un exerce une activité temporaire dans une entreprise, en vue de sa formation. **3.** Cette activité temporaire ou toute autre activité de courte durée exercée à des fins de loisirs : *stage de voile.*

**stagiaire** adj et n Qui fait un stage : *avocat stagiaire.*

**stagnant, e** [stagnɑ̃, ɑ̃t] adj **1.** Qui ne coule pas : *eaux stagnantes.* **2.** FIG Qui ne progresse pas : *affaires stagnantes.*

**stagnation** [stagnasjɔ̃] nf État de ce qui est stagnant : *stagnation économique.*

**stagner** [stagne] vi **1.** Ne pas couler, en parlant d'un fluide. **2.** FIG Ne faire aucun progrès.

**stakhanovisme** nm HIST Dans les pays d'économie socialiste, méthode fondée sur l'émulation des travailleurs pour augmenter le rendement.

**stakhanoviste** adj et n Qui concerne ou pratique le stakhanovisme.

**stalactite** nf Concrétion calcaire qui descend de la voûte d'une grotte.

**stalag** nm Camp de sous-officiers et de soldats prisonniers en Allemagne, pendant la Seconde Guerre mondiale.

**stalagmite** nf Colonne partant du sol d'une grotte, formée de concrétions calcaires.

**stalinien, enne** adj et n Relatif au stalinisme ; qui en est partisan.

**stalinisme** nm Doctrine, pratiques de Staline et de ses partisans.

**stalle** nf **1.** Chacun des sièges disposés autour du chœur d'une église. **2.** Dans une écurie, compartiment réservé à un cheval.

**staminé, e** adj ■ BOT **fleur staminée** : qui possède des étamines, mais pas de pistil.

**stance** nf VX Groupe de vers offrant un sens complet et suivi d'un repos. ◆ **stances** pl Poème lyrique composé d'un nombre de strophes variable et de même structure.

**stand** [stɑ̃d] nm **1.** Espace réservé à chacun des participants d'une exposition. **2.** Poste de ravitaillement d'un véhicule sur piste (auto, moto) : *stand de ravitaillement.* **3.** Endroit clos aménagé pour le tir à la cible.

**standard** nm **1.** Norme, modèle, étalon. **2.** Appareil permettant la desserte de nombreux postes téléphoniques. **3.** MUS Thème classique de jazz sur lequel on peut improviser. ◆ adj Conforme à une norme, à une moyenne, à un type : *prix standards ; français standard.*

**standardisation** nf Action de standardiser.

**standardiser** vt Ramener à une norme, à un standard ; uniformiser, simplifier.

**standardiste** n Personne affectée au service d'un standard téléphonique.

**stand-by** [stɑ̃dbaj] adj inv et n inv Se dit d'un passager sans réservation qui ne peut embarquer que s'il reste des places.

**standing** [stɑ̃diŋ] nm **1.** Position sociale : *avoir un haut standing.* **2.** Niveau de confort, de luxe d'un immeuble, d'un appartement : *appartement de grand standing.*

**stannifère** adj Qui contient de l'étain.

**staphylin** nm Insecte coléoptère carnassier.

**staphylocoque** nm Bactérie à l'origine de nombreuses affections (furoncle, septicémie, etc.).

**star** nf Vedette de cinéma, de music-hall ou dans un domaine quelconque : *une star du football.*

**starlette** nf Jeune actrice, de cinéma cherchant à devenir une star.

**starter** [startɛr] nm **1.** Dispositif de mise en marche d'un moteur. **2.** Personne qui, dans les courses, donne le signal du départ.

**starting-block** [startiŋblɔk] (pl *starting-blocks*) nm Cale de départ pour les coureurs à pied.

**start-up** [startœp] nf inv Jeune entreprise innovatrice dans le secteur de l'information et de la communication (recommandation officielle : *jeune pousse*).

**stase** nf MÉD Arrêt ou ralentissement de la circulation d'un liquide organique.

**station** nf **1.** Façon de se tenir : *station verticale.* **2.** Pause, séjour de peu de durée : *faire une station au café.* **3.** Lieu où s'arrêtent les véhicules de transport en commun pour prendre ou laisser des voyageurs : *station de métro.* **4.** Établissement de recherches scientifiques : *station météorologique.* **5.** Installation remplissant une ou plusieurs missions déterminées : *station d'épuration des eaux.* **6.** Ensemble des installations d'un émetteur de radio ou de télévision. **7.** Lieu de séjour pour faire une cure, se reposer ou pratiquer certains sports : *station thermale, balnéaire ; station de sports d'hiver.* ■ INFORM **station de travail :** ensemble formé d'un ordinateur et de divers périphériques, qui est connecté par réseau à un puissant ordinateur central. ❑ **station orbitale** ou **station spatiale :** véhicule spatial, non récupérable, satellisé autour de la Terre, disposant d'équipements de recherche et pouvant abriter des astronautes.

**stationnaire** adj Qui ne change pas, qui reste au même point : *état stationnaire.*

**stationnement** nm **1.** Action de stationner : *stationnement interdit.* **2.** CANADA Parc de stationnement.

**stationner** vi S'arrêter momentanément en un lieu.

**station-service** (pl *stations-service*) nf Poste d'essence offrant aux automobilistes toutes les ressources nécessaires à la bonne marche de leur véhicule.

**1. statique** adj **1.** Qui reste au même point, sans mouvement (par opposition à *dynamique*). **2.** PHYS Relatif à l'équilibre des forces.

**2. statique** nf Partie de la mécanique qui étudie l'équilibre des forces.

**statisticien, enne** n Spécialiste de statistique.

**statistique** nf **1.** Science qui a pour objet le groupement méthodique des faits qui se prêtent à une évaluation numérique. **2.** (souvent au pluriel) Ensemble de données d'observation relatives à un groupe d'individus ou d'unités : *statistiques démographiques.* ◆ adj Relatif à cette science.

**statistiquement** adv Sur le plan statistique.

**stator** nm Partie fixe d'une dynamo (par opposition au *rotor*).

**statuaire** n LITT Sculpteur qui fait des statues. ◆ nf **1.** Art de faire des statues. **2.** Ensemble des statues d'une époque, d'un pays, etc. : *la statuaire grecque classique.* ◆ adj Relatif aux statues.

**statue** nf Ouvrage de sculpture représentant une figure isolée.

**statuer** vi Régler avec autorité, décider.

**statuette** nf Petite statue.

**statufier** vt **1.** Élever une statue à. **2.** FIG Faire un éloge excessif et prématuré de quelqu'un.

**statu quo** [statykwo] nm inv État actuel des choses.

**stature** nf **1.** Taille d'une personne. **2.** FIG Envergure, importance de quelqu'un : *avoir la stature d'un homme d'État.*

**statut** nm **1.** Texte ou ensemble de textes fixant les garanties fondamentales d'une collectivité. **2.** Position de fait par rapport à la société : *le statut de la femme.* ◆ **statuts** pl Suite d'articles définissant légalement les règles de fonctionnement d'une société, d'une association.

**statutaire** adj Conforme aux statuts.

**steak** [stɛk] nm Bifteck.

**steamer** [stimœr] nm VX Navire à vapeur.

**stéarate** nm Sel dérivé de l'acide stéarique.

**stéarine** nf Corps gras, principal constituant des graisses animales.

**stéarique** adj Se dit d'un acide contenu dans les graisses animales et servant surtout à fabriquer des bougies.

**steel drum** [stildrœm] (pl *steel drums*) nm Tambour d'acier provenant des Caraïbes.

**steeple-chase** [stipəltʃɛz] (pl *steeple-chases*) ou **steeple** [stipəl] (pl *steeples*) nm Course à pied ou à cheval, comportant le franchissement d'obstacles variés.

**stégomyie** nf Moustique des pays chauds, qui propage la fièvre jaune.

**stèle** nf Pierre, colonne placée verticalement et destinée à recevoir une inscription : *stèle funéraire.*

**stellaire** adj **1.** Relatif aux étoiles. **2.** Rayonné en étoile.

**stem** ou **stemm** nm En ski, virage qui utilise le transfert du poids du corps d'un ski sur l'autre.

**stencil** [stɛ̃sil] ou [stɛnsil] nm Support d'écriture permettant la reproduction d'un grand nombre de copies à l'aide d'un duplicateur.

**sténo** n (abréviation) Sténographe. ◆ nf Sténographie.

**sténodactylo** n Personne qualifiée en sténodactylographie.

**sténodactylographie** nf Emploi combiné de la sténographie et de la dactylographie.

**sténographe** n Personne qui prend en dictée un texte à l'aide de signes sténographiques.

**sténographie** nf Écriture abrégée et rapide, au moyen de signes conventionnels.
**sténographier** vt Prendre en dictée au moyen de la sténographie.
**sténographique** adj Relatif à la sténographie.
**sténose** nf MÉD Rétrécissement d'un conduit ou d'un orifice naturel.
**sténotype** nf Machine pour transcrire à la vitesse de la parole des textes sous une forme simplifiée.
**sténotypie** nf Technique d'écriture à l'aide d'une sténotype.
**sténotypiste** n Personne qui sténographie à l'aide d'une sténotype.
**stentor** [stɑ̃tɔr] nm ■ **voix de stentor** : forte et retentissante.
**steppe** nf Grande plaine semi-aride, couverte d'une végétation assez pauvre.
**steppique** adj Formé de steppes.
**stercoraire** nm Oiseau palmipède des mers arctiques.
**stère** nm Quantité de bois correspondant à un mètre cube.
**stéréo** nf (abréviation) Stéréophonie : *émission diffusée en stéréo.* ◆ adj inv Stéréophonique : *chaîne stéréo.*
**stéréométrie** nf Partie de la géométrie qui étudie la mesure des volumes.
**stéréophonie** nf Technique de la reproduction des sons enregistrés ou transmis par radio, caractérisée par la reconstitution spatiale des sources sonores.
**stéréophonique** adj Relatif à la stéréophonie.
**stéréoscope** nm Instrument d'optique dans lequel deux images, superposées par vision binoculaire, apparaissent en relief.
**stéréoscopie** nf OPT Procédé donnant l'impression du relief à l'aide de deux images ; vision de ce relief.
**stéréoscopique** adj Qui concerne le stéréoscope.
**stéréotomie** nf Science traditionnelle de la taille et de la coupe des matériaux employés dans la construction (pierre, bois).
**stéréotype** nm Formule banale, opinion dépourvue d'originalité ; cliché.
**stéréotypé, e** adj Qui apparaît sous une forme figée, sans signification véritable : *gestes, formules stéréotypés.*
**stérile** adj **1.** Qui ne porte pas de fruits, qui ne produit pas : *sol stérile.* **2.** Inapte à la reproduction : *femelle stérile.* **3.** FIG Qui produit peu : *auteur stérile.* **4.** Qui est sans résultat, vain, inutile : *discussion stérile.* **5.** MÉD Exempt de germe microbien : *chambre stérile.*
**stérilement** adv De façon stérile.
**stérilet** nm Dispositif contraceptif qui se place dans la cavité utérine.
**stérilisant, e** adj Qui stérilise.
**stérilisateur** nm Appareil pour stériliser.
**stérilisation** nf Action de stériliser.
**stériliser** vt **1.** Rendre stérile. **2.** Débarrasser des microbes, des ferments : *stériliser une plaie.*
**stérilité** nf **1.** Impossibilité pour un être vivant de se reproduire. **2.** Absence de micro-organismes sur ou dans quelque chose : *la stérilité d'une seringue.* **3.** SOUT Caractère stérile de quelqu'un ou de quelque chose : *la stérilité de tous ces efforts.*
**sterlet** nm Esturgeon.
**sterling** [stɛrliŋ] nm inv Livre sterling.
**sterne** nf Oiseau palmipède à tête noire et à dos gris (communément appelé : *hirondelle de mer*).
**sternum** [stɛrnɔm] nm Os plat, situé au milieu et en avant de la poitrine.
**stéroïde** adj ■ **hormone stéroïde** ou **stéroïde** nm : hormone produite par synthèse des aliments ou sécrétée par les glandes endocrines.
**stéthoscope** nm MÉD Instrument pour ausculter.
**steward** [stjuward] ou [stiwart] nm Serveur à bord des paquebots, des avions.
**stibine** nf Sulfure naturel d'antimoine.
**stick** [stik] nm **1.** Canne flexible. **2.** Conditionnement d'un produit solidifié sous forme de bâtonnet : *de la colle en stick.* **3.** MIL Équipe de parachutistes largués par le même avion.
**stigmate** nm **1.** Marque que laisse une plaie, une maladie. **2.** LITT Marque, trace qui révèle une dégradation : *les stigmates de l'alcoolisme.* ◆ **stigmates** pl Plaies identiques à celles du Christ, chez certains mystiques.
**stigmatiser** vt SOUT Flétrir, blâmer publiquement : *stigmatiser l'incompétence.*
**stilligoutte** nm MÉD Compte-gouttes.
**stimulant, e** adj **1.** Propre à accroître l'activité physique, intellectuelle : *climat stimulant.* **2.** FIG Ce qui augmente l'ardeur, le zèle : *succès stimulant.* ◆ nm Produit stimulant : *le café est un stimulant.*
**stimulateur** nm ■ **stimulateur cardiaque** : appareil électrique destiné à provoquer la contraction cardiaque.
**stimulation** nf Action de stimuler.
**stimuler** vt **1.** MÉD Exciter l'activité d'un organe. **2.** FIG Exciter, aiguillonner.

**stimulus** [stimylys] (pl inv ou *stimuli*) nm PHYSIOL Excitation brève d'un organe.

**stipendier** vt LITT, PÉJOR Payer quelqu'un pour accomplir une tâche méprisable ; acheter, soudoyer.

**stipulation** nf Clause, convention dans un contrat.

**stipule** nf BOT Petit appendice situé au point d'origine des feuilles.

**stipuler** vt **1.** DR Énoncer dans un contrat une clause, une convention : *stipuler une garantie.* **2.** Faire savoir expressément ; spécifier.

**stock** nm **1.** Quantité de marchandises disponibles sur un marché, dans un magasin, etc. : *avoir une marchandise en stock.* **2.** Ensemble de choses gardées en réserve.

**stockage** nm Action de stocker.

**stock-car** [stɔkkar] (pl *stock-cars*) nm Voiture automobile engagée dans une course où les obstructions et les carambolages sont de règle ; la course elle-même.

**stocker** vt Mettre en stock, en dépôt : *stocker des marchandises ; stocker une énergie.*

**stockfisch** nm **1.** Morue séchée à l'air libre. **2.** Le poisson séché en général.

**stock-option** (pl *stock-options*) nf Action boursière à prix réduit qu'une société propose à ses cadres (recommandation officielle : *option sur titres*).

**stoïcien, enne** adj Relatif au stoïcisme. ◆ n Adepte du stoïcisme.

**stoïcisme** nm **1.** Doctrine philosophique qui fait de la vertu le seul bonheur et prône l'indifférence à l'égard de la passion, du plaisir et de la douleur. **2.** Impassibilité, fermeté : *supporter ses malheurs avec stoïcisme.*

**stoïque** adj Qui supporte la douleur, le malheur avec courage.

**stoïquement** adv De façon stoïque.

**stolon** nm BOT Tige rampante qui, de place en place, produit des racines adventives, point de départ de nouveaux pieds, comme chez le fraisier.

**stomacal, e, aux** adj De l'estomac.

**stomachique** adj et nm Propre à rétablir les fonctions de l'estomac.

**stomate** nm BOT Pore de l'épiderme des végétaux servant aux échanges gazeux.

**stomatite** nf Inflammation de la muqueuse buccale.

**stomatologie** nf Branche de la médecine consacrée à l'étude et aux soins des affections de la bouche.

**stomatologiste** ou **stomatologue** n Spécialiste de stomatologie.

**stop** nm **1.** Panneau de signalisation intimant l'ordre de s'arrêter. **2.** Signal lumineux placé à l'arrière d'un véhicule et qui s'allume quand on freine. **3.** FAM Auto-stop : *faire du stop.* ◆ interj Ordre de s'arrêter.

**stoppage** nm Réfection de la trame et de la chaîne d'un tissu pour réparer une déchirure.

**1. stopper** vt Faire un stoppage à : *donner sa veste à stopper.*

**2. stopper** vt et vi **1.** Arrêter la marche d'un véhicule, d'une machine, etc. **2.** FIG Empêcher d'avancer, de progresser : *stopper une offensive.*

**stoppeur, euse** n **1.** FAM Auto-stoppeur. **2.** Personne qui fait le stoppage. **3.** Au football, joueur placé au centre de la défense.

**store** nm Rideau qui se lève et se baisse.

**stoupa** nm → **stupa**.

**strabisme** nm Anomalie de la vision qui consiste dans l'impossibilité de fixer un même point avec les deux yeux.

**stradivarius** nm Violon, violoncelle ou alto fabriqué par Antonio Stradivari.

**strangulation** nf Action d'étrangler.

**strapontin** nm Siège repliable, dans une salle de spectacle, dans le métro, etc.

**stras** [stras] ou **strass** nm Verre coloré imitant le diamant, les pierres précieuses.

**stratagème** nm Ruse, feinte.

**strate** nf **1.** Couche géologique d'un terrain stratifié. **2.** FIG Couche : *les strates de la société.*

**stratège** nm **1.** Personne qui dirige avec compétence un certain nombre d'opérations : *un fin stratège politique.* **2.** ANTIQ Chef d'armée.

**stratégie** nf **1.** Art de coordonner l'action des forces militaires d'un pays. **2.** Art de coordonner des actions et de manœuvrer pour atteindre un but : *stratégie politique.*

**stratégique** adj Intéressant, du point de vue d'une stratégie ; crucial.

**stratification** nf Disposition de roches par couches superposées.

**stratifié, e** adj Disposé par couches superposées : *roches stratifiées.*

**stratigraphie** nf Partie de la géologie qui étudie les couches de l'écorce terrestre en vue d'établir l'ordre de superposition et l'âge relatif.

**strato-cumulus** [stratokymylys] nm inv Nuage sombre situé à une altitude moyenne de 2 000 m.

**stratosphère** nf Région de l'atmosphère située entre douze et quarante kilomètres d'altitude.

**stratus** [stratys] nm inv Nuage bas qui se présente en couche uniforme grise.

**streaming** [strimiŋ] nm (mot anglo-amér.) INFORM Diffusion en continu.

**streptocoque** nm Microbe responsable d'affections graves (septicémie, méningite, scarlatine, etc.).

**streptomycine** nf Antibiotique actif contre certaines bactéries, dont le bacille de la tuberculose.

**stress** [strɛs] nm inv **1.** Tension nerveuse causée par les contraintes du travail, des transports, etc. **2.** Perturbation biologique et physique d'un organisme due à une agression quelconque ; cette agression.

**stressant, e** adj Qui stresse.

**stresser** vt Provoquer un stress.

**strict, e** adj **1.** Rigoureux, qui ne laisse aucune latitude : *obligation stricte.* **2.** Sévère, qui ne tolère aucune négligence : *strict en affaires.* **3.** Sobre, sans ornement : *tenue stricte.* ■ **le strict nécessaire :** le minimum.

**strictement** adv De façon stricte.

**striction** nf MÉD Constriction, ligature.

**stricto sensu** [striktosɛ̃sy] loc adv Au sens étroit, strict.

**strident, e** adj Qui rend un son aigu, perçant.

**stridulation** nf Crissement aigu que produisent certains insectes, en particulier la cigale.

**strie** nf Chacun des petits sillons, chacune des fines lignes parallèles que présente une surface.

**strié, e** adj Dont la surface présente des stries.

**strier** vt Marquer de stries, de raies.

**string** [striŋ] nm Maillot de bain qui laisse les fesses nues.

**strip-tease** [striptiz] (pl *strip-teases*) nm Spectacle de cabaret au cours duquel une ou plusieurs femmes se déshabillent de façon lente et suggestive.

**strip-teaseur, euse** (pl *strip-teaseurs, euses*) n Personne exécutant un numéro de strip-tease.

**striure** nf Strie.

**stroboscope** nm Instrument permettant, grâce à des éclairs réguliers, d'analyser au ralenti un mouvement périodique rapide.

**strontium** [strɔ̃sjɔm] nm Métal jaune, utilisé en pyrotechnie ; symb : Sr.

**strophe** nf Division régulière d'un poème, d'une œuvre lyrique.

**structural, e, aux** adj Relatif à la structure ou au structuralisme.

**structuralisme** nm Méthode des sciences humaines qui définit et étudie son objet par les rapports que ses éléments entretiennent entre eux.

**structuraliste** adj et n Qui appartient au structuralisme ; qui en est partisan.

**structurant, e** adj Qui détermine ou opère une structuration.

**structuration** nf Action de structurer.

**structure** nf **1.** Manière dont les parties d'un ensemble sont arrangées entre elles ; disposition : *structure d'un discours.* **2.** Organisation des parties d'un système, qui lui donne sa cohérence : *structure d'une entreprise.* **3.** Ensemble organisé considéré dans ses éléments fondamentaux : *les structures administratives.*

**structuré, e** adj Se dit de ce qui a telle ou telle structure.

**structurel, elle** adj Qui relève d'une structure ; qui est déterminé par elle.

**structurer** vt Donner une structure à.

**strychnine** [striknin] nf Poison violent extrait de la noix vomique.

**stuc** nm Enduit imitant le marbre.

**stud-book** [stœdbuk] (pl *stud-books*) nm Registre où sont inscrites la généalogie et les performances des chevaux de race.

**studette** nf Petit studio.

**studieusement** adv Avec application.

**studieux, euse** adj **1.** Qui aime l'étude, appliqué : *écolier studieux.* **2.** Consacré à l'étude : *vacances studieuses.*

**studio** nm **1.** Petit appartement d'une seule pièce principale. **2.** Atelier de photographe. **3.** Local où l'on tourne les scènes cinématographiques, les émissions télévisées, etc. **4.** Salle de répétition de danse.

**stupa** [stupa] ou **stoupa** nm Monument commémoratif d'origine indienne et caractéristique du bouddhisme.

**stupéfaction** nf Étonnement profond.

**stupéfait, e** adj Interdit, immobilisé par la surprise.

**1. stupéfiant** nm Drogue provoquant l'accoutumance, et dont l'usage répété conduit à la toxicomanie.

**2. stupéfiant, e** adj Qui stupéfie.

**stupéfier** vt Causer une grande surprise, un grand étonnement.

**stupeur** nf Étonnement profond.

**stupide** adj **1.** Dépourvu d'intelligence, de finesse. **2.** Dénué de sens, absurde.

**stupidement** adv D'une manière stupide.

**stupidité** nf **1.** Caractère stupide. **2.** Parole, action stupide : *dire des stupidités.*

**stupre** nm LITT Luxure.

**stups** nm pl (abréviation de *stupéfiants*) FAM ■ **la brigade des stups ou les stups :** corps de police chargé de la répression du trafic de drogue.

**style** nm **1.** Manière particulière d'écrire, d'exprimer sa pensée : *travailler son style.* **2.** Forme de langage propre à une activité, à un milieu : *style administratif.* **3.** Manière d'exécuter propre à un artiste, à une époque : *style roman.* **4.** Façon personnelle de se comporter, d'exécuter un mouvement : *style de vie ; style d'une nageuse.* **5.** Qualité de qqch ou de qqn qui présente des caractéristiques esthétiques originales : *manquer de style.* ■ **de style** : qui appartient à un style bien caractérisé : *meuble de style.*

**stylé, e** adj Qui exécute son service dans les règles : *maître d'hôtel stylé.*

**stylet** nm Poignard à lame effilée.

**stylisation** nf Action de styliser.

**styliser** vt Simplifier dans un but décoratif.

**styliste** n **1.** Personne dont le métier est de concevoir des formes nouvelles dans le domaine de l'habillement, de l'ameublement, etc. **2.** Écrivain qui accorde toute son attention au style.

**stylistique** adj Relatif au style. ◆ nf Étude du style d'une langue, de l'œuvre d'un écrivain, etc.

**stylo** nm Instrument pour écrire muni d'un réservoir d'encre : *stylo (à) bille, (à) plume.*

**stylo-feutre** (pl *stylos-feutres*) nm Stylo dont la mine en feutre est imprégnée d'encre.

**Stylomine** nm (nom déposé) Portemine.

**styrax** nm Arbuste exotique qui fournit le benjoin.

**styrène** ou **styrolène** nm Hydrocarbure benzénique servant de matière première pour de nombreuses matières plastiques.

**su** nm ■ **au vu et au su de tous, de tout le monde** : sans se cacher ; ouvertement.

**suaire** nm LITT Linceul.

**suave** adj SOUT Doux, agréable : *parfum, musique suaves.*

**suavement** adv De façon suave.

**suavité** nf Caractère suave.

**subaigu, ë** adj MÉD Se dit d'un état pathologique moins accusé que l'état aigu.

**subalpin, e** adj Situé en bordure des Alpes : *région subalpine.*

**subalterne** adj et n Subordonné. ◆ adj D'un rang, d'une importance secondaire : *emploi subalterne.*

**subconscient** nm État psychique à la limite de la conscience, mais qui influe sur le comportement du sujet.

**subdésertique** adj Proche du désert : *région subdésertique.*

**subdiviser** vt Diviser un tout déjà divisé.

**subdivision** nf Division d'une chose déjà divisée.

**subéreux, euse** adj BOT Qui a la nature du liège.

**subir** vt **1.** Supporter, être soumis à : *subir des tortures.* **2.** Supporter à contrecœur, se résigner à : *subir sa destinée.* **3.** Être soumis à, être l'objet de : *subir une hausse.*

GRAMMAIRE Ne pas confondre le part. pass. de *subir (subi, subie)* avec l'adj. *subit.*

**subit, e** adj Soudain, brusque.

**subitement** adv De façon subite.

**subito** adv FAM Subitement.

**subjectif, ive** adj **1.** Qui varie avec la personnalité de chacun ; individuel : *les goûts sont subjectifs.* **2.** PHILOS Relatif au sujet défini comme un être pensant (par opposition à *objectif*).

**subjectivement** adv De façon subjective.

**subjectivité** nf Caractère ou domaine de ce qui est subjectif.

**subjonctif** nm Mode du verbe employé soit dans des propositions subordonnées, soit pour exprimer le doute, l'incertitude, la volonté, etc.

**subjuguer** vt Séduire, exercer un puissant ascendant sur.

**sublimation** nf **1.** CHIM Passage d'un corps de l'état solide à l'état gazeux. **2.** PSYCHAN Action de déplacer l'énergie d'une pulsion sexuelle ou agressive vers des buts socialement valorisés.

**sublime** adj **1.** Le plus élevé, le plus haut, en parlant des choses morales, intellectuelles ou esthétiques : *sublime abnégation.* **2.** Grand, élevé : *une personne sublime dans son dévouement.* ◆ nm Ce qui est sublime.

**sublimé** nm CHIM Produit d'une sublimation.

**sublimer** vt **1.** CHIM Faire passer un corps solide à l'état gazeux. **2.** LITT Transposer en quelque chose de pur, d'idéal.

**subliminal, e, aux** adj Se dit d'une perception à la limite de la conscience.

**sublimité** nf LITT Caractère de ce qui est sublime.

**sublingual, e, aux** adj Placé sous la langue : *glandes sublinguales.*

**sublunaire** adj Qui est entre la Terre et la Lune.

**submerger** vt (conj 2) **1.** Inonder, recouvrir entièrement d'eau. **2.** Déborder, envahir complètement : *être submergé de travail.*

**1. submersible** adj Qui peut être submergé ; inondable.

**2. submersible** nm **1.** Sous-marin. **2.** Véhicule autonome et habité, destiné à l'observation des fonds marins.

**submersion** nf Action de submerger ; état de ce qui est submergé.

**subodorer** vt FAM Pressentir, se douter de ; flairer, soupçonner.

**suborbital, e, aux** adj Se dit d'un engin spatial qui n'a pas atteint la vitesse de satellisation. ■ **Vol suborbital** : trajectoire de vol d'un engin spatial évoluant à plus de 100 km d'altitude et à une vitesse inférieure à celle de sa mise en orbite (ou satellisation).

**subprime** [sœbprajm] nm Prêt hypothécaire à haut risque, consenti à des personnes aux ressources financières très faibles.

**subordination** nf **1.** Dépendance d'une personne ou d'une chose par rapport à une autre. **2.** GRAMM Mode de rattachement d'une proposition à une autre.

**subordonnant** nm GRAMM Mot ou locution qui institue un rapport de subordination.

**subordonné, e** adj et n Qui est sous la dépendance de.

**subordonnée** nf et adj f GRAMM Proposition qui, dans une phrase, dépend d'une autre proposition qu'elle complète ou détermine.

**subordonner** vt **1.** Établir un ordre de dépendance entre des personnes ou des choses. **2.** Faire dépendre de : *subordonner une commande à l'obtention de crédits.*

**subornation** nf Action de suborner.

**suborner** vt **1.** Inciter un témoin à faire un faux témoignage. **2.** LITT Séduire : *suborner une femme.*

**subreptice** adj LITT Furtif ; déloyal.

**subrepticement** adv D'une manière subreptice, furtive ; à la dérobée : *dérober subrepticement.*

**subrogation** nf DR Substitution d'une personne ou d'une chose à une autre.

**subrogatoire** adj DR Qui subroge.

**subrogé, e** n DR Personne substituée à une autre pour succéder à ses droits ou pour agir à sa place.

**subroger** vt (conj 2) DR Substituer par subrogation.

**subsaharien, enne** adj Relatif à l'Afrique située au sud du Sahara.

**subséquent, e** adj VX, LITT Qui suit.

**subside** nm Somme d'argent versée à titre de secours.

**subsidiaire** adj Donné accessoirement pour venir à l'appui de qqch de principal : *raison subsidiaire.* ■ **question subsidiaire** : question supplémentaire destinée à départager des concurrents ex aequo.

**subsistance** nf Nourriture et entretien : *assurer la subsistance de sa famille.*

**subsister** vi **1.** Exister encore, continuer d'être : *rien ne subsiste plus de cette maison.* **2.** Pourvoir à ses besoins, à son entretien : *travailler pour subsister.*

**subsonique** adj Dont la vitesse est inférieure à celle du son. CONTR : supersonique.

**substance** nf **1.** Matière dont une chose est formée : *substance dure, molle.* **2.** Ce qu'il y a d'essentiel : *la substance d'un entretien.* ■ **en substance** : en ne retenant que l'essentiel.

**substantiel, elle** adj **1.** Nourrissant : *aliment substantiel.* **2.** Appréciable, considérable : *augmentation substantielle.* **3.** Essentiel, capital.

**substantif** nm GRAMM Nom.

**substantivement** adv Comme substantif : *adjectif employé substantivement.*

**substituer** vt Mettre à la place de ; remplacer par. ◆ **se substituer** vpr [à] Prendre la place d'un autre ou d'autre chose.

**substitut** nm Ce qui peut remplacer qqch en jouant le même rôle ; succédané. ◆ n DR Magistrat chargé de suppléer le procureur général ou le procureur de la République.

**substitutif, ive** adj Se dit d'une chose qui a été substituée à une autre : *médication substitutive.*

**substitution** nf Action de substituer : *substitution de noms.*

**substrat** [sypstra] nm Ce qui sert de base, d'infrastructure à quelque chose.

**subterfuge** nm Moyen détourné, ruse : *user de subterfuges.*

**subtil, e** adj **1.** Qui est capable de percevoir des nuances délicates ; ingénieux, perspicace : *esprit subtil.* **2.** Qui exige beaucoup de finesse, de sagacité : *question subtile.*

**subtilement** adv De façon subtile.

**subtilisation** nf Action de subtiliser.

**subtiliser** vt Dérober adroitement.

**subtilité** nf **1.** Caractère de ce qui est subtil. **2.** Finesse, raffinement excessif de la pensée, de l'expression, etc.

**subtropical, e, aux** adj Situé près des tropiques. ■ **climat subtropical** : climat chaud à longue saison sèche.

**suburbain, e** adj À la périphérie immédiate d'une ville.

**subvenir** vt ind [à] (conj 22 ; auxil : *avoir*) Venir en aide à ; pourvoir à : *subvenir aux besoins de quelqu'un.*

**subvention** nf Secours financier, subside fourni par l'État, etc., pour favoriser une activité d'intérêt général.

**subventionner** vt Donner une subvention à : *subventionner un théâtre.*

**subversif, ive** adj Propre à bouleverser, à renverser l'ordre établi : *doctrine subversive.*

**subversion** nf Action visant à saper les lois, les principes, l'ordre établi.

**suc** nm **1.** Liquide organique imprégnant un tissu animal ou végétal. **2.** BIOL Sécrétion d'un organe de l'appareil digestif : *suc gastrique*. **3.** LITT Le meilleur, la substance de quelque chose.

**succédané** nm Produit qu'on peut substituer à un autre : *les succédanés du sucre*.

**succéder** vt ind [à] (conj 10) **1.** Venir après. **2.** Remplacer dans un emploi, une fonction, etc. ◆ **se succéder** vpr Venir l'un après l'autre : *les visiteurs se sont succédé toute l'après-midi*.

GRAMMAIRE Le participe passé de *se succéder* est toujours invariable. On écrit : *elles se sont succédé à la tête de l'organisation*.

**succès** nm **1.** Issue heureuse, réussite : *le succès d'une entreprise*. **2.** Approbation du public : *le succès d'un film*.

**successeur** nm Personne qui succède à une autre : *nommer son successeur*.

**successif, ive** adj Qui succède à d'autres : *les générations successives*.

**succession** nf **1.** Suite non interrompue de personnes ou de choses : *succession de rois, d'idées*. **2.** Transmission de biens qui s'opère, par des voies légales, entre une personne décédée et une ou plusieurs personnes survivantes ; ensemble des biens transmis.

**successivement** adv L'un après l'autre ; tour à tour.

**successoral, e, aux** adj DR Relatif aux successions : *loi successorale*.

**succinct, e** [syksɛ̃, ɛ̃t] adj **1.** Dit en peu de mots ; bref, concis, laconique : *discours succinct*. **2.** FIG Peu abondant : *repas succinct*.

ORTHOGRAPHE *Succinct* s'écrit toujours avec trois *c*. Il ne faut pas oublier le dernier *c*, qui ne se prononce ni au masculin ni au féminin.

**succinctement** adv De façon succincte ; brièvement.

**succion** [sysjɔ̃] ou [syksjɔ̃] nf Action de sucer.

**succomber** vi **1.** Mourir : *le malade a succombé*. **2.** Être vaincu : *succomber sous le nombre*. **3.** LITT Être accablé, anéanti par quelque chose : *succomber sous un fardeau*. ◆ vt ind [à] Ne pas résister à : *succomber à la fatigue*.

**succube** nm Démon femelle.

**succulence** nf LITT Qualité de ce qui est succulent : *la succulence d'un mets*.

**succulent, e** adj Savoureux, qui flatte le goût : *viande succulente*.

**succursale** nf Établissement commercial ou financier qui dépend d'un autre : *succursale d'une banque*.

**succursalisme** nm Forme de commerce concentré disposant d'un réseau composé d'un grand nombre de petits magasins.

**sucement** nm Action de sucer ; succion.

**sucer** vt (conj 1) **1.** Faire fondre dans sa bouche : *sucer un bonbon*. **2.** Porter, garder un objet à la bouche et y exercer un mouvement d'aspiration : *sucer son crayon, son pouce*. **3.** Aspirer avec la bouche : *sucer la moelle d'un os*. **4.** En parlant de certains animaux, aspirer avec un organe spécial : *les sangsues sucent le sang*.

**sucette** nf **1.** Bonbon en sucre cuit aromatisé, fixé à l'extrémité d'un bâtonnet. **2.** Morceau de caoutchouc à sucer, en forme de tétine.

**suceur, euse** adj ZOOL Se dit des organes propres à exercer une succion ; se dit des animaux possédant de tels organes.

**suçoir** nm **1.** ZOOL Organe de certains insectes qui sert à sucer. **2.** BOT Organe fixant une plante parasite à son hôte et y prélevant la sève.

**suçon** nm FAM Marque faite à la peau en la suçant.

**suçoter** vt Sucer du bout des lèvres.

**sucrage** nm Action de sucrer.

**sucrant, e** adj Qui sucre.

**sucre** nm **1.** Aliment de saveur douce extraite de divers végétaux : *sucre de canne, de betterave*. **2.** Morceau de sucre. ■ FAM **casser du sucre sur le dos de quelqu'un :** dire du mal de lui. ❑ **en pain de sucre :** de forme conique. ❑ FAM **pur sucre :** qui ne s'écarte pas de la doctrine, de la ligne ; authentique, orthodoxe. ❑ **sucre glace :** sucre en poudre extrêmement fin obtenu par un broyage très poussé.

**sucré, e** adj **1.** Qui contient du sucre et en a la saveur : *poire sucrée*. **2.** Additionné de sucre : *café bien sucré*. ◆ nm Saveur sucrée. ◆ adj et n Se dit d'une personne qui affecte des manières doucereuses : *ton sucré ; faire sa sucrée*.

**sucrer** vt **1.** Ajouter du sucre à. **2.** FAM Supprimer. ◆ **se sucrer** vpr FAM S'octroyer la plus grande part.

**sucrerie** nf **1.** Usine où l'on fabrique le sucre. **2.** (souvent au pluriel) Confiserie à base de sucre : *aimer les sucreries*.

**Sucrette** nf (nom déposé) Petit comprimé de sucre de synthèse.

**sucrier, ère** adj Relatif au sucre : *industrie sucrière*. ◆ nm **1.** Récipient où l'on garde le sucre. **2.** Fabricant de sucre ; ouvrier qui travaille à sa fabrication.

**sud** nm **1.** Un des quatre points cardinaux, opposé au nord. **2.** Contrées situées au sud : *le Nord et le Sud.* ◆ adj inv Situé au sud : *le pôle Sud.*

ORTHOGRAPHE On écrit : *dans le Sud* (région), mais *au sud, vers le sud* (orientation).

**sud-africain, e** (pl *sud-africains, es*) adj et n De la république d'Afrique du Sud : *les Sud-Africains.*

**sud-américain, e** (pl *sud-américains, es*) adj et n De l'Amérique du Sud : *les Sud-Américains.*

**sudation** nf Production de sueur ; transpiration.

**sud-est** nm **1.** Point de l'horizon situé entre le sud et l'est. **2.** Contrées situées dans cette direction : *le sud-est de la France.* ◆ adj inv Qui est au sud-est.

**sudiste** n et adj Partisan des États du Sud, dans la guerre de Sécession des États-Unis (1861-1865).

**sudorifique** adj MÉD Qui provoque la sudation : *tisane sudorifique.*

**sudoripare** adj Qui sécrète la sueur : *glandes sudoripares.*

**sud-ouest** nm **1.** Point de l'horizon situé entre le sud et l'ouest. **2.** Contrées situées au sud-ouest. ◆ adj inv Qui est au sud-ouest.

**suède** nm Peau d'agneau, au côté chair à l'extérieur, utilisée en ganterie.

**suédois, e** adj et n De Suède : *les Suédois.* ◆ nm Langue scandinave parlée en Suède.

**suée** nf FAM Transpiration abondante, en particulier après un effort.

**suer** vi **1.** Sécréter la sueur par les pores de la peau. **2.** Suinter : *un mur qui sue par temps humide.* **3.** FAM Se donner beaucoup de peine, de fatigue. ■ FAM **faire suer quelqu'un** : l'exaspérer. ❑ FAM **se faire suer** : s'ennuyer. ◆ vt LITT Exhaler : *suer l'ennui.* ■ FAM **suer sang et eau** : se donner une peine extrême.

**sueur** nf Sécrétion incolore exhalée par les pores de la peau ; transpiration : *être en sueur.* ■ **à la sueur de son front** : en se donnant beaucoup de mal. ❑ **avoir des sueurs froides** : avoir très peur.

**suffire** vt ind [à] (conj 72) **1.** Pouvoir satisfaire à : *suffire à ses obligations.* **2.** Être en assez grande quantité pour : *cette somme lui suffira pour payer ses dettes.* ■ **cela suffit** : c'est assez. ❑ **il suffit de, que** : il n'est besoin que de : *il suffit de prévenir, qu'il soit prévenu.* ◆ **se suffire** vpr [à] N'avoir pas besoin du secours des autres : *il se suffit à lui-même.*

**suffisamment** adv De façon suffisante : *avoir suffisamment de courage.*

**suffisance** nf Très grande satisfaction de soi ; prétention, vanité. ■ LITT **en suffisance** : suffisamment.

**suffisant, e** adj En quantité assez grande. ◆ adj et n PÉJOR Prétentieux, vaniteux.

**suffixation** nf LING Dérivation par des suffixes.

**suffixe** nm LING Élément qui s'ajoute à la racine d'un mot pour former un mot nouveau.

**suffocant, e** adj **1.** Qui provoque une suffocation ; étouffant : *chaleur suffocante.* **2.** FIG Étonnant, stupéfiant, renversant.

**suffocation** nf Oppression, gêne dans la respiration ; étouffement.

**suffoquer** vt **1.** Étouffer, faire perdre la respiration. **2.** FIG Causer une émotion violente : *la joie le suffoquait.* ◆ vi Perdre le souffle : *suffoquer de colère.*

**suffrage** nm **1.** Vote, voix dans une élection : *refuser son suffrage.* **2.** LITT Approbation : *obtenir les suffrages du public.* ■ **suffrage direct** : système dans lequel l'électeur vote lui-même pour le candidat à élire. ❑ **suffrage indirect** : système dans lequel le candidat à élire est élu par des délégués choisis par les électeurs. ❑ **suffrage universel** : système dans lequel le corps électoral est constitué par tous les citoyens qui ont la capacité électorale.

**suffragette** nf HIST Militante qui réclamait le droit de vote pour les femmes, en Grande-Bretagne, à partir de 1865.

**suggérer** [sygʒere] vt (conj 10) **1.** Inspirer, conseiller : *suggérer une solution.* **2.** SOUT Faire naître une idée, une image ; évoquer : *que vous suggère ce tableau ?*

**suggestif, ive** adj **1.** Qui suggère des idées, des images ; évocateur : *une musique suggestive.* **2.** Qui inspire des idées érotiques : *un regard suggestif.*

**suggestion** nf **1.** Action de suggérer. **2.** Chose, pensée suggérée sans être imposée : *ce n'est qu'une simple suggestion.*

**suggestionner** vt Faire penser ou faire agir quelqu'un dans le sens que l'on a choisi et sans qu'il en soit conscient.

**suicidaire** adj et n Qui tend vers le suicide : *comportement suicidaire ;* prédisposé au suicide.

**suicidant, e** adj et n Qui a fait une tentative de suicide et qui est susceptible de récidiver.

**suicide** nm **1.** Action de se donner la mort. **2.** FIG Action d'exposer gravement sa vie, son autorité, de se nuire soi-même, etc.

**suicidé, e** n Personne qui s'est donné la mort.

**suicider (se)** vpr Se donner volontairement la mort.

**suie** nf Matière noire et épaisse produite par la combustion et déposée par la fumée.

**suif** nm Graisse des ruminants.

**sui generis** [sɥiʒeneris] loc adj Propre à la personne ou à la chose dont il est question : *odeur sui generis.*

**suint** nm Graisse qui imprègne la toison des moutons.

**suintement** nm Fait de suinter.

**suinter** vi **1.** S'écouler insensiblement : *eau qui suinte des rochers.* **2.** Laisser s'écouler un liquide : *mur qui suinte.* **3.** FIG, LITT Transparaître, se manifester : *l'ennui suintait de ce bureau.*

**suisse** adj et n (le fém. du n. est parfois *Suissesse*) De Suisse : *les Suisses.* ■ **boire, manger en suisse :** tout seul, sans inviter personne. ◆ nm ANC Employé d'église en uniforme.

**suite** nf **1.** Série : *une suite de mots, d'événements.* **2.** Ordre, liaison logique : *paroles sans suite.* **3.** Ce qui vient après : *attendons la suite.* **4.** Conséquence : *cela aura de graves suites.* **5.** Continuation d'une œuvre littéraire, artistique : *la suite d'un feuilleton.* **6.** Ensemble de ceux qui accompagnent un haut personnage : *le souverain et sa suite.* **7.** Appartement dans un hôtel de luxe. ■ **à la suite :** en suivant : *voir deux films à la suite.* ❑ **à la suite de :** (a) après : *à la suite du voyage* (b) derrière : *marcher à la suite les uns des autres.* ❑ **avoir de la suite dans les idées :** être persévérant. ❑ **de suite :** (a) sans interruption (b) tout de suite. ❑ **donner suite à :** continuer. ❑ **et ainsi de suite :** et de même en continuant. ❑ **par la suite :** plus tard. ❑ **par suite (de) :** par une conséquence naturelle ou logique (de). ❑ **suite parentale :** partie d'un logement constituée d'une chambre à coucher d'adultes, d'une salle de bains attenante et, souvent, d'un dressing. ❑ **tout de suite :** immédiatement, sans délai.

EMPLOI *Suite à* est à réserver à la correspondance commerciale *(suite à votre commande)* ou administrative.

**1. suivant** prép **1.** Dans la direction de : *suivant un axe.* **2.** À proportion de ; en fonction de : *suivant le mérite.* **3.** Selon l'opinion de : *suivant Bossuet.* ◆ **suivant que** loc conj Selon que.

**2. suivant, e** adj Qui est après : *au chapitre suivant.* ◆ adj et n Qui vient immédiatement après un autre : *à la personne suivante ; au suivant !*

**suiveur, euse** n **1.** Personne qui escorte une course cycliste. **2.** FIG Personne qui suit sans esprit critique. ◆ adj ■ **voiture suiveuse :** qui accompagne une course cycliste sur route.

**suivi, e** adj **1.** Qui a lieu de façon continue : *relations suivies.* **2.** Fréquenté : *cours suivi.* **3.** Où il y a de la logique : *raisonnement suivi.* ◆ nm Contrôle permanent sur une période prolongée : *le suivi d'une affaire.*

**suivisme** nm Tendance à suivre les idées ou les actions des autres sans jamais les remettre en question.

**suivre** vt (conj 62) **1.** Aller, venir après. **2.** Accompagner : *suivre quelqu'un en voyage.* **3.** Marcher derrière pour surveiller : *suivre un malfaiteur.* **4.** Longer : *suivre le cours du fleuve.* **5.** Marcher sur : *suivre un chemin.* **6.** Se conformer à ; imiter : *suivre une méthode ; suivre la mode.* **7.** FIG Être attentif, s'intéresser à : *suivre l'actualité, un match, un élève.* **8.** Comprendre : *suivre un raisonnement.* **9.** Penser, agir comme quelqu'un : *tous vous suivront.* ■ **à suivre :** formule indiquant que le récit n'est pas terminé. ◆ **se suivre** vpr **1.** Se succéder : *les jours se suivent.* **2.** S'enchaîner : *raisonnements qui se suivent.*

**1. sujet** nm **1.** Matière dont on parle, sur laquelle on écrit, on compose : *sujet d'examen ; hors sujet.* **2.** Cause, raison, motif : *sujet de mécontentement.* **3.** GRAMM Fonction grammaticale exercée par un groupe nominal, un pronom, etc., qui confère au verbe ses catégories de genre et de nombre. **4.** Être humain que l'on soumet à des observations. ■ **au sujet de :** à propos de. ❑ **avoir sujet de :** avoir un motif légitime de. ❑ **bon, mauvais sujet :** personne dont on approuve, désapprouve la conduite. ❑ **sans sujet :** sans raison.

**2. sujet, ette** adj **1.** Exposé, soumis à : *sujet à la migraine ; sujet à l'impôt.* **2.** Enclin à : *sujet à la colère.* ■ **sujet à caution :** à qui ou à quoi on ne peut se fier. ◆ n Personne soumise à l'autorité d'un souverain.

**sujétion** nf **1.** Dépendance : *vivre dans la sujétion.* **2.** Assujettissement, contrainte : *certaines habitudes deviennent des sujétions.*

**sulfamide** nm Composé organique azoté et soufré, base de plusieurs groupes de médicaments anti-infectieux, antidiabétiques et diurétiques.

**sulfatage** nm Action de sulfater.

**sulfate** nm Sel de l'acide sulfurique.

**sulfater** vt AGRIC Asperger des végétaux de sulfate de cuivre pour les traiter contre les maladies parasitaires.

**sulfateuse** nf Machine servant à sulfater.

**sulfhydrique** adj m ■ **acide sulfhydrique :** composé de soufre et d'hydrogène.

**sulfite** nm CHIM Sel de l'acide sulfureux.

**sulfurage** nm Action de sulfurer.

**sulfure** nm Combinaison du soufre et d'un élément.

**sulfuré, e** adj CHIM À l'état de sulfure. ■ **hydrogène sulfuré :** acide sulfhydrique.

**sulfurer** vt AGRIC Introduire dans le sol du sulfure de carbone pour détruire les insectes.

**sulfureux, euse** adj **1.** De la nature du soufre. **2.** FIG Qui sent le soufre, l'hérésie : *discours sulfureux*.

**sulfurique** adj m ■ **acide sulfurique :** acide oxygéné dérivé du soufre.

**sulfurisé, e** adj ■ **papier sulfurisé :** traité par l'acide sulfurique pour le rendre imperméable.

**sulky** [sylki] (pl *sulkys*) nm Voiture très légère, sans caisse, à deux roues, utilisée pour les courses de trot attelé.

**sultan** nm HIST Titre de l'empereur des Turcs et de certains princes musulmans.

**sultanat** nm Dignité, règne d'un sultan ; État placé sous l'autorité d'un sultan.

**sultane** nf Femme du sultan.

**sumac** nm Arbre des régions chaudes, fournissant des vernis, des laques, des tanins.

**sumérien, enne** adj Relatif à Sumer. ◆ nm Langue des Sumériens (le sumérien est la plus ancienne langue écrite au monde).

**summum** [sɔmmɔm] nm Le plus haut degré : *le summum de la gloire*.

**sumo** nm Lutte traditionnelle pratiquée au Japon.

**sunlight** [sœnlajt] nm Projecteur de forte puissance pour les prises de vues cinématographiques.

**sunna** nf Ensemble des préceptes de l'orthodoxie musulmane.

**sunnite** n et adj Musulman qui appartient à l'une des deux grandes branches de l'islam.

**1. super** nm (abréviation) FAM Supercarburant.

**2. super** adj inv FAM Formidable. ◆ adv FAM Très : *il est super bien ce film*.

**superaliment** nm Produit alimentaire très riche en nutriments, en antioxydants et en vitamines (baies de goji, grenade, etc.).

**1. superbe** adj Très beau ; somptueux : *palais superbe ; temps superbe*.

**2. superbe** nf LITT Orgueil.

**superbement** adv De façon superbe.

**supercalculateur** nm Ordinateur de grande puissance adapté aux calculs scientifiques.

**supercarburant** nm Essence de qualité supérieure.

**supercherie** nf Fraude, tromperie ; mystification.

**supérette** nf Magasin d'alimentation en libre-service d'une surface de 120 à 400 $m^2$.

**superfétatoire** adj LITT Inutile, superflu.

**superficie** nf Étendue, surface : *mesurer la superficie d'un champ*.

**superficiel, elle** adj **1.** Qui est limité à la surface : *brûlure superficielle*. **2.** Léger, futile : *esprit superficiel* ; sommaire : *connaissances superficielles*.

**superficiellement** adv De façon superficielle.

**superflu, e** adj Qui est de trop ; inutile : *dépenses, regrets superflus*. ◆ nm Ce qui n'est pas nécessaire.

**superforme** nf FAM Excellente condition physique et morale.

**supergrand** nm FAM Superpuissance.

**super-huit** nm inv et adj inv Format de film amateur, supérieur au modèle courant de 8 millimètres.

**supérieur, e** adj **1.** Situé au-dessus : *étage supérieur*. **2.** D'un degré plus élevé : *température supérieure à la normale*. **3.** FIG Qui surpasse les autres : *talent supérieur*. **4.** Qui témoigne d'un sentiment de supériorité : *air supérieur*. ◆ n **1.** Personne qui commande à d'autres en vertu d'une hiérarchie. **2.** Personne à la tête d'une communauté religieuse.

**supérieurement** adv D'une manière supérieure : *supérieurement intelligent*.

**supériorité** nf **1.** Caractère de ce qui est supérieur en qualité, en valeur : *supériorité d'une marque de lessive*. **2.** Situation dominante, suprématie : *supériorité militaire*. **3.** Arrogance : *air de supériorité*.

**superlatif, ive** adj Qui exprime une qualité au plus haut degré. ◆ nm GRAMM Degré de comparaison de l'adjectif ou de l'adverbe, qui exprime une qualité portée soit à un très haut degré : *superlatif absolu* (EX : *très grand*), soit au plus haut degré : *superlatif relatif de supériorité* (EX : *le plus grand*), ou encore au plus faible degré : *superlatif relatif d'infériorité* (EX : *le moins grand*).

**super-léger** (pl *super-légers*) ou **superléger** nm SPORTS Catégorie de poids inférieure aux légers ; sportif appartenant à cette catégorie.

**supermarché** nm Magasin de grande surface offrant des produits très variés vendus en libre-service.

**supernova** nf Étoile massive qui, lors de son explosion, devient momentanément très lumineuse.

**superphosphate** nm Phosphate acide de chaux.

**superposable** adj Qui peut être superposé : *figures superposables*.

**superposer** vt Poser, placer l'un sur l'autre : *superposer des briques ; des lits superposés.* ◆ **se superposer** vpr [à] S'ajouter à : *dans son souvenir, les images récentes se superposent aux anciennes.*

**superposition** nf Action de superposer ; fait de se superposer : *la superposition des images.*

**superproduction** nf Film à grand spectacle produit et lancé à grands frais.

**superpuissance** nf Grande puissance mondiale (États-Unis, URSS jusqu'en 1991).

**supersonique** adj Dont la vitesse est supérieure à celle du son. CONTR : subsonique.

**superstar** nf Vedette très célèbre.

**superstitieusement** adv D'une manière superstitieuse.

**superstitieux, euse** adj et n Qui croit à des influences occultes et en redoute les effets. ◆ adj Entaché de superstition : *craintes superstitieuses.*

**superstition** nf Croyance au pouvoir surnaturel de forces occultes, à divers présages tirés d'événements fortuits.

**superstructure** nf **1.** Partie d'une construction située au-dessus du sol. **2.** Partie d'un navire au-dessus du pont. **3.** FIG Dans l'analyse marxiste, ensemble des institutions, de la culture d'une société (par opposition à *infrastructure*).

**superviser** vt Contrôler et réviser un travail fait, sans entrer dans le détail.

**superviseur** nm Personne qui supervise.

**supervision** nf Action de superviser.

**supin** nm GRAMM Forme nominale du verbe latin.

**supination** nf PHYSIOL Mouvement de rotation de l'avant-bras, et position de la main, la paume en dessus, qui en résulte.

**supion** nm CUIS Petite seiche.

**supplanter** vt Évincer, prendre la place de : *supplanter un rival ; l'automobile n'a pas supplanté le train.*

**suppléance** nf Fonction de suppléant ; durée de cette fonction.

**suppléant, e** adj et n Qui supplée, remplace quelqu'un dans ses fonctions sans être titulaire.

**suppléer** vt Remplacer dans ses fonctions : *suppléer un professeur.* ◆ vt ind [à] Remédier à : *suppléer à une insuffisance.*

**supplément** nm **1.** Ce qu'on ajoute pour compléter, améliorer : *ordonner un supplément d'enquête.* **2.** Somme payée en plus pour obtenir qqch qui n'était pas compris dans le prix initial : *payer un supplément.* **3.** Publication qui complète un journal, un ouvrage : *supplément littéraire.* ■ **en supplément** : en plus.

**supplémentaire** adj **1.** Qui constitue un supplément : *délai supplémentaire ;* fait en supplément : *heures supplémentaires.* **2.** Qui vient en plus et en trop : *fatigue supplémentaire.*

**supplétif, ive** adj et nm Se dit de militaires engagés temporairement en complément de troupes régulières.

**suppliant, e** adj et n Qui supplie.

**supplication** nf LITT Prière faite avec insistance et soumission.

**supplice** nm **1.** HIST Punition corporelle autrefois ordonnée par la justice. **2.** Ensemble de sévices corporels, torture. **3.** Violente douleur physique. **4.** Souffrance morale : *passer un examen est pour lui un supplice.* ■ **être au supplice** : souffrir terriblement. ❑ **supplice de Tantale** : tourment de celui qui ne peut atteindre une chose qui reste cependant à sa portée.

**supplicié, e** n Personne qui subit ou qui a subi un supplice.

**supplicier** vt LITT **1.** Faire subir la torture ou la peine de mort à. **2.** FIG Mettre moralement au supplice : *les remords le suppliciaient.*

**supplier** vt Demander instamment : *je vous supplie de me croire.*

**supplique** nf LITT Requête écrite pour demander une faveur.

**support** nm Appui, soutien. ■ **support publicitaire** : média quelconque considéré dans son utilisation pour la publicité.

**supportable** adj Qu'on peut supporter : *chaleur supportable.*

**1. supporter** vt **1.** Porter, soutenir : *pilier qui supporte une voûte.* **2.** Endurer avec courage, patience : *supporter une épreuve.* **3.** Tolérer la présence, l'attitude de qqn : *j'ai du mal à le supporter.* **4.** Avoir, prendre en charge : *supporter des frais.* **5.** Résister à : *supporter le froid.*

**2. supporter** [sypɔrtɛr] ou **supporteur, trice** n Partisan d'un concurrent ou d'une équipe qu'il encourage exclusivement : *supporter d'un candidat aux élections.*

**supposé, e** adj **1.** Admis, posé comme hypothèse : *vitesse supposée constante ;* présumé tel : *le nombre supposé de victimes.* **2.** Donné comme vrai, bien que faux : *sous un nom supposé.*

**supposer** vt **1.** Poser par hypothèse une chose comme établie : *supposons qu'il ait raison.* **2.** Faire présumer comme nécessaire : *les droits supposent les devoirs.* **3.** Juger probable, croire : *vous lui supposez des défauts qu'il n'a pas.*

**supposition** nf Proposition admise par hypothèse.

**suppositoire** nm Médicament solide, de forme conique, qu'on introduit dans le rectum.

**suppôt** nm LITT Complice des mauvais desseins de quelqu'un. ■ **suppôt de Satan :** être malfaisant, démon.

**suppression** nf Action de supprimer.

**supprimer** vt **1.** Faire disparaître : *supprimer la douleur.* **2.** Mettre un terme à : *supprimer des emplois.* **3.** Se débarrasser de qqn en le tuant : *supprimer un témoin gênant.* ◆ **se supprimer** vpr Se donner la mort.

**suppurant, e** adj Qui suppure.

**suppuration** nf Production de pus.

**suppurer** vi Laisser écouler du pus.

**supputation** nf SOUT Évaluation, supposition.

**supputer** vt SOUT Essayer, d'après certaines données, de prévoir l'évolution d'une situation, la probabilité d'un événement : *supputer les chances d'aboutir.*

**supra** adv S'emploie dans un texte pour renvoyer plus haut ; ci-dessus. CONTR : **infra.**

**supranational, e, aux** adj Qui appartient à un organisme, à un pouvoir placé au-dessus des gouvernements de chaque nation.

**suprématie** nf Situation qui permet de dominer dans un domaine ; prédominance : *avoir la suprématie militaire.*

**1. suprême** adj **1.** Au-dessus de tout : *dignité suprême.* **2.** Qui vient en dernier : *suprême effort.* ■ **au suprême degré :** au plus haut point. ❑ **cour suprême :** tribunal qui tranche en dernier ressort. ❑ LITT **l'instant suprême :** l'instant de la mort.

**2. suprême** nm CUIS **1.** Filets de poisson ou de volaille servis avec un velouté à la crème. **2.** Découpe de volaille comprenant le filet et la partie charnue de l'aile *(le manchon).* **3.** (souvent au pl) Quartier d'agrume débarrassé de sa membrane et de ses pépins et dont il ne reste que la chair ; salade de fruits réalisée avec ces quartiers d'agrume.

**suprêmement** adv De façon suprême, extrêmement.

**1. sur** prép **1.** Marque la position par rapport à ce qui est plus bas : *le ciel est sur nos têtes.* **2.** À la surface de : *flotter sur l'eau.* **3.** Indique le point de destination, l'espace couvert, la chose atteinte : *ouragan sur la ville ; vue sur la rue.* **4.** Indique la direction : *sur la gauche ; rentrer sur Paris.* **5.** Indique l'approximation, la proximité temporelle : *sur le soir ; être sur le départ ; gaffe sur gaffe.* **6.** Introduit une mesure de distance, de surface, de durée : *virages sur 3 km.* **7.** Introduit le paramètre d'évaluation : *noter sur 20.* **8.** Introduit le point considéré, ce à quoi s'applique qqch : *taxes sur l'essence ; travailler sur tel sujet ; avoir autorité sur.* **9.** Introduit la cause, le critère : *juger sur les apparences ; agir sur l'ordre de.* **10.** Indique le moyen : *acheter sur plan.* **11.** Indique la manière, l'état : *être sur ses gardes, sur les dents.* ■ **sur ce :** cela dit ou fait.

**2. sur, e** adj Acide et aigre : *pomme sure.*

**sûr, e** adj **1.** Assuré : *chose sûre.* **2.** Qui doit arriver, infaillible : *bénéfice sûr.* **3.** En qui l'on peut se fier : *ami sûr.* **4.** Sans danger : *route sûre.* **5.** Qui ne se trompe pas : *goût sûr.* ■ **à coup sûr** ou FAM **pour sûr :** infailliblement. ❑ **bien sûr :** c'est évident. ❑ **être sûr de qqn :** avoir confiance en lui.

**surabondamment** adv Plus que suffisamment : *démontrer surabondamment.*

**surabondance** nf Grande abondance.

**surabondant, e** adj Abondant jusqu'à l'excès : *récolte surabondante.*

**surabonder** vi Être très ou trop abondant : *les détails surabondent.*

**suractivé, e** adj Qui a une action accrue.

**suractivité** nf Activité intense.

**suraigu, ë** adj Très aigu : *son suraigu.*

**surajouter** vt Ajouter par surcroît.

**suralimentation** nf Alimentation supérieure à la ration d'entretien.

**suralimenté, e** adj Qui se nourrit trop ; qui est trop nourri.

**suralimenter** vt Soumettre à une suralimentation.

**suranné, e** adj Qui n'est plus en usage ; démodé : *robe surannée.*

**surarmement** nm Fait, pour un État, d'acquérir un armement excédant les besoins de sa défense.

**surate** ou **sourate** nf Chapitre du Coran.

**surbaissé, e** adj Qui est notablement abaissé : *carrosserie d'automobile surbaissée.*

**surbaisser** vt Réduire au minimum la hauteur de quelque chose : *surbaisser un plafond.*

**surcharge** nf **1.** Charge, poids supplémentaire ou excessif. **2.** Surcroît de peine, de travail. **3.** Inscription faite par-dessus une autre qui reste visible. ■ MÉD **surcharge pondérale :** excès de poids.

**surcharger** vt (conj 2) **1.** Imposer une charge nouvelle ou excessive : *barque surchargée ; surcharger de travail.* **2.** Faire une surcharge sur un texte : *manuscrit surchargé.*

**surchauffe** nf **1.** État d'un appareil, d'un moteur qui chauffe excessivement. **2.** ÉCON État d'une économie en expansion menacée d'inflation.

**surchauffer** vt Chauffer avec excès.

**surchoix** nm Première qualité d'une marchandise.

**surclasser** vt Présenter des qualités supérieures à qqn ou à qqch : *surclasser tous les concurrents*.

**surcomposé, e** adj GRAMM Se dit d'un temps passé conjugué avec deux auxiliaires (EX : *j'ai eu fini*).

**surconsommation** nf Consommation supérieure aux besoins.

**surcontrer** vt Aux cartes, confirmer une annonce contrée par un adversaire.

**surcote** nf Majoration de la pension de retraite lorsqu'on a acquis le nombre de trimestres de cotisation requis et qu'on poursuit son activité au-delà de l'âge légal.

**surcoupe** nf Action de surcouper.

**surcouper** vt Aux cartes, couper avec un atout supérieur à celui qu'on vient de jeter.

**surcoût** nm Coût supplémentaire.

**surcroît** nm Augmentation, accroissement : *surcroît de travail*. ■ **de surcroît** ou **par surcroît** : en plus.

**surdimensionné, e** adj Qui a des dimensions supérieures à celles qui sont nécessaires : *vêtements surdimensionnés*.

**surdimutité** ou **surdi-mutité** (pl *surdimutités*) nf État d'une personne qui n'a pas acquis l'usage de la parole en raison d'une surdité congénitale ou précoce.

**surdité** nf Perte ou diminution du sens de l'ouïe.

**surdos** nm Bande de cuir sur le dos du cheval, pour soutenir les traits.

**surdosage** nm Dosage excessif.

**surdose** nf Overdose.

**surdoué, e** adj et n Se dit d'un enfant dont l'intelligence est supérieure à celle des enfants du même âge.

**sureau** nm Arbuste à fleurs blanches et à fruits acides rouges ou noirs : *confiture de sureau*.

**sureffectif** nm Effectif en surnombre.

**surélévation** nf Action de surélever ; augmentation de la hauteur de qqch.

**surélever** vt (conj 9) Donner un surcroît de hauteur.

**sûrement** adv Certainement, à coup sûr.

**surenchère** nf **1.** Enchère faite au-dessus d'une autre. **2.** FIG Action de rivaliser de promesses : *surenchère électorale*.

**surenchérir** vi **1.** Faire une surenchère. **2.** Promettre, faire plus qu'un rival : *surenchérir de cynisme*.

**surendetté, e** adj Qui a contracté des dettes excessives.

**surendettement** nm Dettes en excès : *surendettement des ménages*.

**surentraîné, e** adj Qui a subi un surentraînement.

**surentraînement** nm SPORTS Entraînement excessif qui fait perdre la forme.

**suréquipé, e** adj Dont l'équipement est supérieur aux besoins réels.

**surestimation** nf Estimation exagérée.

**surestimer** vt Estimer au-delà de son prix, de sa valeur ; surévaluer.

**suret, ette** adj Un peu sur, acide.

**sûreté** nf **1.** Qualité de ce qui est sûr : *sûreté d'un renseignement ; sûreté du goût*. **2.** État de qqn, de qqch à l'abri du danger ; sécurité : *être en sûreté*. ■ **de sûreté** : muni d'un dispositif tel qu'il assure une protection : *épingle de sûreté*. ❑ HIST **Sûreté (nationale)** : direction générale du ministère de l'Intérieur, chargée de la police.

**surévaluation** nf Surestimation.

**surévaluer** vt Surestimer.

**surexcitation** nf Très vive excitation.

**surexciter** vt Exciter à l'excès.

**surexploiter** vt Exploiter de façon excessive.

**surexposer** vt PHOT Soumettre à une trop longue exposition à la lumière.

**surexposition** nf **1.** PHOT Exposition trop prolongée d'une surface sensible à la lumière. **2.** Exposition excessive à qqch : *la surexposition des enfants aux écrans*. ■ **surexposition à un rayonnement** : fait de recevoir une dose excessive de rayonnements (ionisants, ultraviolets), susceptible d'occasionner des effets indésirables immédiats ou retardés.

**surf** [sœrf] nm **1.** Sport consistant à se maintenir en équilibre sur une planche portée par une vague déferlante. **2.** Planche permettant de pratique le surf ou le surf des neiges. ■ **surf des neiges** : descente d'une pente enneigée sur une planche spéciale.

**surface** nf **1.** Partie extérieure d'un corps : *la surface de la Terre*. **2.** Aire : *la surface d'un carré*. **3.** FIG Aspect extérieur, apparence : *une gaieté de surface*. ■ **faire surface** : (a) émerger (b) remonter à l'air libre pour respirer. ❑ **grande surface** : magasin de plus de 400 $m^2$ exploité en libre-service.

**surfacturation** nf Action de surfacturer.

**surfacturer** vt Gonfler frauduleusement la facturation de biens ou de prestations : *surfacturer des équipements téléphoniques*.

**surfait, e** adj Estimé au-dessus de sa valeur, de son mérite : *réputation surfaite*.

**surfaix** nm Large bande qui retient la couverture, les quartiers de la selle d'un cheval.

**surfer** [sœrfe] vi Pratiquer le surf. ◆ vt ind [sur] FIG Adapter, avec opportunisme, sa stratégie aux circonstances : *surfer sur une victoire électorale, sur le sentiment d'insécurité*.

**surfeur, euse** [sœrfœr, øz] n Personne qui pratique le surf.

**surfil** nm Surjet très lâche, exécuté sur les bords d'une couture pour éviter qu'elle ne s'effiloche.

**surfiler** vt Faire un point de surfil.

**surfin, e** adj Très fin : *des chocolats surfins.*

**surgélation** nf Congélation rapide à très basse température d'un produit alimentaire.

**surgelé, e** adj et nm Se dit d'un produit alimentaire conservé à très basse température (– 18 °C).

**surgeler** vt (conj 5) Congeler rapidement à très basse température.

**surgénérateur** nm Réacteur nucléaire qui produit plus de combustible qu'il n'en consomme en brûlant l'uranium.

**surgeon** nm Rejeton qui pousse au pied d'un arbre.

**surgir** vi **1.** Apparaître brusquement : *une voiture surgit sur la droite.* **2.** Se révéler brusquement : *des difficultés surgissent sans cesse.*

**surhausser** vt Augmenter la hauteur de ; surélever : *surhausser un mur.*

**surhomme** nm Homme doté de grandes qualités physiques ou intellectuelles.

**surhumain, e** adj Au-dessus des forces humaines : *effort surhumain.*

**surimi** nm Chair de poisson broyée et aromatisée au crabe : *des bâtonnets de surimi.*

**surimposer** vt Frapper d'un surcroît d'impôt.

**surimposition** nf Surcroît d'imposition.

**surimpression** nf PHOT Impression de deux ou de plusieurs images sur la même surface sensible.

**1. surin** nm Jeune pommier non encore greffé.

**2. surin** nm ARG Couteau.

**suriner** vt ARG Donner un coup de couteau.

**surinfection** nf Infection survenant chez un sujet déjà atteint d'une maladie.

**surinformation** nf Action de surinformer ; fait d'être surinformé.

**surinformer** vt Donner au public plus d'informations que ne le mérite un sujet.

**surintendance** nf Charge, fonction de surintendant.

**surintendant** nm HIST Officier chargé de la surveillance des intendants d'une administration. ■ **surintendant des finances :** administrateur général des finances (XVIe-XVIIe s.).

**surir** vi Devenir sur, aigre.

**surjet** nm Couture faite à deux morceaux d'étoffe appliqués bord à bord.

**surjeter** vt (conj 8) Coudre en surjet.

**sur-le-champ** loc adv Aussitôt, immédiatement, sans délai.

ORTHOGRAPHE Dans cette locution, ne pas omettre les traits d'union.

**surlendemain** nm Jour qui suit le lendemain.

**surligner** vt Marquer un texte à l'aide d'un surligneur.

**surligneur** nm Feutre à pointe large et à encre lumineuse.

**surmédicalisation** nf Action de surmédicaliser.

**surmédicaliser** vt Faire un usage excessif des techniques médicales.

**surmenage** nm Ensemble de troubles résultant d'une fatigue excessive.

**surmener** vt (conj 9) Imposer à quelqu'un un effort physique ou intellectuel excessif.

**surmontable** adj Que l'on peut surmonter.

**surmonter** vt **1.** Être placé au-dessus de. **2.** FIG Avoir le dessus, vaincre : *surmonter sa timidité.*

**surmortalité** nf Excès d'un taux de mortalité par rapport à un autre pris comme terme de comparaison.

**surmulet** nm Poisson marin côtier (appelé aussi : *rouget barbet*).

**surmulot** nm Gros rat (appelé aussi : *rat d'égout*).

**surnager** vi (conj 2) **1.** Flotter à la surface d'un fluide. **2.** FIG, SOUT Subsister, durer au milieu de ce qui tombe dans l'oubli : *une image surnageait de son passé.*

**surnatalité** nf Natalité trop importante par rapport à la production et aux biens de consommation.

**surnaturel, elle** adj **1.** Qui dépasse les forces ou les lois de la nature : *pouvoir surnaturel.* **2.** Qui est du domaine de la foi religieuse : *vérités surnaturelles.* **3.** LITT Qui est trop merveilleux pour être naturel : *beauté surnaturelle.* ◆ nm Ce qui est surnaturel.

**surnom** nm Nom ajouté ou substitué au nom ou au prénom de quelqu'un et souvent tiré d'un trait caractéristique de sa personnalité ou de sa vie.

**surnombre** nm Excédent : *être en surnombre.*

**surnommer** vt Donner un surnom à.

**surnuméraire** adj et n Qui dépasse le nombre fixé, qui est en surnombre : *employé surnuméraire.*

**suroît** nm **1.** MAR Vent du sud-ouest. **2.** Chapeau de marin en toile imperméable.

**surpassement** nm SOUT Action de surpasser, de se surpasser.

**surpasser** vt Être au-dessus de, supérieur à : *cet élève surpasse ses camarades.*

◆ **se surpasser** vpr Faire encore mieux qu'à l'ordinaire.

**surpayer** vt (conj 4) Payer trop cher : *des cadres surpayés*.

**surpeuplé, e** adj Peuplé à l'excès.

**surpeuplement** nm Peuplement excessif par rapport au développement, à l'équipement d'un pays.

**surpiqûre** nf Piqûre apparente sur un tissu.

**surplace** nm ■ **faire du surplace :** (a) ne pas avancer, rester immobile, en particulier à vélo ou en voiture (b) FIG, FAM ne pas évoluer.

**surplis** nm RELIG Courte tunique blanche portée par le prêtre sur la soutane.

**surplomb** nm Partie qui est en saillie par rapport à la base. ■ **en surplomb :** en avant de l'aplomb.

**surplomber** vt et vi **1.** Être en surplomb. **2.** Dépasser l'aplomb de : *les rochers surplombent le ravin*.

**surplus** nm **1.** Ce qui est en plus ; excédent. **2.** Magasin qui vend des vêtements, des articles d'importation américaine. ■ **au surplus :** (a) au reste (b) en outre.

**surpopulation** nf Population excessive dans un pays, une ville, etc., par rapport aux moyens de subsistance et à l'espace disponible.

**surprenant, e** adj Qui surprend.

**surprendre** vt (conj 54) **1.** Prendre sur le fait : *surprendre un voleur*. **2.** Prendre à l'improviste : *la pluie m'a surpris*. **3.** FIG Étonner, déconcerter : *cette nouvelle l'a surpris*. **4.** SOUT Découvrir : *surprendre un secret*.

**surpression** nf Pression plus forte que la normale.

**surprise** nf **1.** Étonnement : *montrer de la surprise*. **2.** Événement inattendu : *se dérouler sans surprise*. **3.** Cadeau ou plaisir inattendu que l'on fait à quelqu'un : *faire une surprise agréable*. ■ **par surprise :** à l'improviste, en prenant au dépourvu.

**surprise-partie** (pl *surprises-parties*) nf VIEILLI Réunion privée où l'on danse.

**surproduction** nf Production excessive par rapport aux besoins : *surproduction industrielle*.

**surprotéger** vt Protéger quelqu'un à l'excès sur le plan psychologique.

**surréalisme** nm Mouvement littéraire et artistique né après la Première Guerre mondiale, caractérisé en particulier par l'utilisation de l'écriture automatique et des images oniriques.

**surréaliste** adj et n Qui appartient au surréalisme ; qui s'en réclame. ◆ adj Qui, par son étrangeté, évoque les œuvres surréalistes : *une bureaucratie surréaliste*.

**surrénal, e, aux** adj Situé au-dessus des reins : *glandes surrénales*.

**surréservation** nf Fait d'accepter plusieurs réservations pour une même place.

**sursaturer** vt Rassasier jusqu'au dégoût : *être sursaturé de films de violence*.

**sursaut** nm **1.** Mouvement brusque. **2.** Action de se ressaisir : *sursaut d'énergie*. ■ **en sursaut :** brusquement : *être réveillé en sursaut*.

**sursauter** vi Avoir un sursaut.

**surseoir** vt ind [à] (conj 45) DR Suspendre, remettre, différer : *surseoir à l'exécution d'un arrêt*.

**sursis** nm **1.** Remise de quelque chose à une date ultérieure ; ajournement : *bénéficier d'un sursis pour payer ses dettes*. **2.** DR Suspension de l'exécution d'une peine. ■ **en sursis :** se dit d'une personne bénéficiant d'un répit avant un événement inéluctable.

**sursitaire** n Personne qui bénéficie d'un sursis, en particulier pour faire son service militaire.

**surtaxe** nf Taxe supplémentaire.

**surtaxer** vt Frapper d'une surtaxe : *surtaxer une marchandise*.

**surtension** nf ÉLECTR Tension électrique supérieure à la normale ; survoltage.

**surtitre** nm Titre complémentaire placé au-dessus du titre principal d'un article de journal.

**surtitrer** vt Afficher la traduction simultanée des paroles, à l'opéra, au théâtre.

**surtout** adv Par-dessus tout, principalement. ■ FAM **surtout que :** d'autant plus que.

**surveillance** nf Action de surveiller. ■ **sous la surveillance de :** surveillé par : *jouer sous la surveillance d'un maître nageur*.

**surveillant, e** n Personne chargée de surveiller.

**surveiller** vt **1.** Veiller particulièrement sur : *surveiller des élèves*. **2.** Prendre soin de : *surveiller sa santé, sa ligne*. **3.** Observer attentivement pour contrôler : *surveiller un suspect*.

**survenir** vi (conj 22 ; auxil : *être*) Arriver inopinément.

**survêtement** nm Vêtement chaud que l'on met par-dessus une tenue de sport.

**survie** nf **1.** Fait de survivre, de se maintenir en vie : *chances de survie*. **2.** Prolongement de l'existence au-delà d'un certain terme.

**survivance** nf Ce qui subsiste après une disparition, une perte : *survivance d'une époque révolue.*

**survivant, e** n et adj Personne qui survit à quelqu'un, à un événement : *les survivants d'un accident.*

**survivre** vi (conj 63) **1.** Demeurer en vie après un autre : *elle a survécu à son fils ;* réchapper à une catastrophe : *il a survécu à l'accident.* **2.** FIG Continuer à exister : *mode qui survit.*

**survol** nm Action de survoler.

**survoler** vt **1.** Voler au-dessus de : *survoler Paris.* **2.** FIG Examiner rapidement : *survoler une question.*

**survoltage** nm **1.** Surtension. **2.** Fait d'être survolté, très excité.

**survolter** vt **1.** Augmenter la tension électrique au-delà de la valeur assignée. **2.** Mettre au paroxysme de l'excitation : *public survolté.*

**sus** [sys] ou [sy] adv ■ LITT **courir sus à qqn :** le poursuivre avec des intentions hostiles. ❑ **en sus (de) :** en outre, en plus (de).

**susceptibilité** nf Disposition à se vexer, à s'offenser aisément.

**susceptible** adj **1.** Qui se froisse, s'offense facilement. **2.** Capable de se modifier, d'accomplir un acte, de produire un effet : *élève susceptible de faire des progrès.*

**susciter** vt Faire naître, provoquer l'apparition de : *susciter une querelle, l'intérêt.*

**susdit, e** adj et n (terme administratif) Nommé ci-dessus.

**sushi** [suʃi] nm Spécialité japonaise faite d'une boulette de riz couronnée d'une petite tranche de poisson cru.

**susmentionné, e** adj (terme administratif) Mentionné précédemment.

**susnommé, e** adj et n (terme administratif) Nommé plus haut.

**suspect, e** [syspɛ, ɛkt] adj **1.** Qui prête au soupçon ; à qui, à quoi l'on ne peut se fier : *témoignage suspect.* **2.** D'une qualité douteuse : *vin suspect.* ■ **suspect de :** soupçonné de. ◆ nm Personne soupçonnée de qqch.

**suspecter** vt Tenir pour suspect : *suspecter un employé.*

**suspendre** vt (conj 50) **1.** Fixer en haut et laisser pendre : *suspendre un lustre.* **2.** Différer, interrompre momentanément : *suspendre un projet.* **3.** Interdire pour un temps : *suspendre un journal.* **4.** Priver pour un temps de ses fonctions : *suspendre un fonctionnaire.* **5.** Faire dépendre directement de : *mon avenir est suspendu à cette décision.*

**suspendu, e** adj **1.** Maintenu par le haut : *lampe suspendue au plafond.* **2.** En suspens : *la séance est suspendue.* **3.** Qui semble accroché sur une pente : *chalet suspendu au-dessus de la vallée.* ■ **être suspendu aux lèvres de quelqu'un :** boire ses paroles. ❑ **pont suspendu :** dont le tablier est soutenu par des câbles ou par des chaînes. ❑ **voiture bien, mal suspendue :** dont la suspension est bonne, mauvaise.

**suspens (en)** [syspɑ̃] loc adv Non résolu, non terminé : *laisser un problème en suspens.*

**suspense** [syspɛns] nm **1.** Passage d'une œuvre littéraire, d'un film, etc., qui tient en haleine. **2.** Toute situation dont on attend l'issue avec inquiétude.

**suspensif, ive** adj DR Qui suspend l'exécution d'un jugement, d'un contrat.

**suspension** nf **1.** Action de suspendre ; état d'une chose suspendue. **2.** Ensemble des organes d'un véhicule qui amortissent les chocs. **3.** Système d'éclairage suspendu au plafond. **4.** CHIM État d'un corps très divisé, mêlé à la masse d'un fluide sans être dissous par lui. **5.** Fait d'interrompre ou d'interdire temporairement : *suspension de séance ; suspension de paiement.*

**suspente** nf **1.** Chacune des cordes rattachant la nacelle au filet d'un ballon. **2.** Chacune des tresses assurant la liaison entre le parachute et le harnais.

**suspicieux, euse** adj SOUT Qui manifeste de la suspicion : *regard suspicieux.*

**suspicion** nf SOUT Opinion défavorable, défiance, soupçon : *jeter la suspicion.*

**sustentation** nf AÉRON État d'équilibre d'un aéronef.

**sustenter (se)** vpr FAM Se nourrir, prendre des aliments.

**susurrement** nm Murmure, bruissement.

**susurrer** vt et vi Murmurer doucement.

**suture** nf Couture chirurgicale des lèvres d'une plaie.

**suturer** vt Faire une suture.

**SUV** [ɛsuve] nm (sigle de *sport utility vehicle*) Véhicule automobile volumineux, à carrosserie surélevée et motorisation puissante.

**suzerain, e** n HIST Seigneur qui possédait un fief dont dépendaient d'autres fiefs. ◆ adj Qui appartenait au suzerain ; qui le concernait.

**suzeraineté** nf **1.** HIST Qualité de suzerain. **2.** Droit d'un État sur un autre.

**svastika** nm Symbole religieux hindou en forme de croix à branches coudées.

**svelte** adj De forme mince, élancée.

**sveltesse** nf Caractère svelte.

**SVP** (abréviation) S'il vous plaît.

**SVT** nf pl (sigle) Sciences de la vie et de la Terre.

**swahili, e** adj et nm → **souahéli.**

**sweat-shirt** [switʃœrt] (pl *sweat-shirts*) nm Pull-over ou polo en jersey de coton ou en tissu-éponge molletonné.

**sweepstake** [swipstɛk] nm Loterie consistant à tirer au sort les chevaux engagés dans une course dont le résultat fixe les gagnants.

**swing** [swiŋ] nm **1.** En boxe, coup porté latéralement. **2.** Balancement rythmique, vivant et souple, de la musique de jazz.

**swinguer** [swiŋge] vi Chanter ou jouer avec swing ; avoir le swing.

**sybarite** n et adj LITT Personne qui mène une vie facile et voluptueuse.

**sycomore** nm Érable d'une variété appelée aussi *faux platane.*

**syllabaire** nm **1.** Livre pour l'apprentissage de la lecture. **2.** LING Système d'écriture dans lequel chaque signe représente une syllabe.

**syllabe** nf Groupe formé de consonnes et de voyelles qui se prononcent d'une seule émission de voix : *« Paris » a deux syllabes.*

**syllabique** adj Relatif aux syllabes.

**syllogisme** nm Figure logique de raisonnement à trois propositions (EX : *tous les hommes sont mortels, Socrate est un homme, Socrate est mortel*).

**sylphe** nm MYTH Génie de l'air pour les Celtes et les Germains.

**sylphide** nf **1.** Sylphe femelle. **2.** LITT Femme gracieuse et légère.

**sylvaner** nm Cépage blanc de l'est de la France, d'Allemagne, de Suisse et d'Autriche ; vin produit par ce cépage.

**sylvestre** adj Relatif aux forêts.

**sylvicole** adj Relatif à la sylviculture.

**sylviculteur, trice** n Personne qui fait de la sylviculture.

**sylviculture** nf Entretien et exploitation des forêts.

**symbiose** nf BIOL Association de deux ou plusieurs organismes. ■ **en symbiose :** en étroite communauté d'idées et d'intérêts.

**symbole** nm **1.** Ce qui représente une réalité abstraite : *la colombe est le symbole de la paix.* **2.** Tout signe conventionnel abréviatif : *symbole chimique.*

> ORTHOGRAPHE Les symboles conventionnels ne sont pas suivis du point abréviatif (*h, min, km*), à la différence des abréviations courantes (*env., av.*).

**symbolique** adj **1.** Qui a le caractère d'un symbole. **2.** Qui n'a pas de valeur, d'efficacité en soi, mais qui est significatif d'une intention : *geste symbolique.* ◆ nm Ce qui est symbolique. ◆ nf Ensemble des symboles relatifs à un domaine, à une époque.

**symboliquement** adv D'une manière symbolique.

**symboliser** vt Exprimer au moyen d'un symbole ; être le symbole de : *l'olivier symbolise la paix.*

**symbolisme** nm **1.** Système de symboles destiné à interpréter des faits ou à exprimer des croyances. **2.** Mouvement littéraire et artistique de la fin du XIXe s. qui, attaché à l'essence spirituelle des êtres et des choses, cherche à donner des « équivalents plastiques » de la nature et de la pensée.

**symboliste** adj et n Qui appartient au symbolisme ; qui s'en réclame.

**symétrie** nf Correspondance de mesure, de position, etc., entre les parties d'un ensemble ; harmonie en résultant : *symétrie des fenêtres sur une façade ; un visage qui manque de symétrie.*

**symétrique** adj **1.** Qui a de la symétrie : *positions symétriques.* **2.** Se dit de deux choses semblables et opposées ; se dit de l'une de ces choses par rapport à l'autre : *les deux parties du visage ne sont pas symétriques.* ◆ n Tout élément symétrique d'un autre.

**symétriquement** adv De façon symétrique.

**sympa** adj (abréviation) FAM Sympathique.

**sympathie** nf **1.** Inclination, penchant instinctif qui attire deux personnes l'une vers l'autre. **2.** SOUT Participation à la joie ou à la douleur d'autrui : *témoignages de sympathie.* **3.** Disposition favorable envers quelque chose : *avoir de la sympathie pour un projet.*

**1. sympathique** adj **1.** Qui inspire, qui marque la sympathie. **2.** Agréable, plaisant.

**2. sympathique** nm et adj Partie du système nerveux régulateur de la vie végétative dont le rôle est de préparer l'organisme à l'activité.

**sympathisant, e** n et adj Personne qui manifeste de la sympathie envers une doctrine, un parti, etc.

**sympathiser** vi [avec] Avoir de la sympathie pour quelqu'un, s'entendre avec.

**symphonie** nf **1.** Grande composition musicale pour orchestre. **2.** LITT Ensemble harmonieux : *symphonie de couleurs.*

**symphonique** adj De la symphonie. ■ **œuvre, orchestre symphoniques :** dans lesquels il y a des instruments très variés et de nombreux exécutants.

**symphoniste** n Personne qui compose ou exécute des symphonies.

**symphyse** nf ANAT Articulation peu mobile, formée de tissu conjonctif élastique et de cartilage fibreux.

**symposium** [sɛ̃pozjɔm] nm Réunion de spécialistes sur un sujet déterminé.

**symptomatique** adj **1.** MÉD Qui est le symptôme d'une maladie. **2.** Qui révèle un certain état de choses, un état d'esprit particulier.

**symptôme** nm **1.** MÉD Phénomène qui révèle un trouble fonctionnel ou une lésion. **2.** FIG Indice, présage : *symptômes de crise.*

ORTHOGRAPHE *Symptôme* s'écrit avec un *ô*, à l'inverse de son dérivé, *symptomatique*.

**synagogue** nf Édifice cultuel de la religion juive.

**synapse** nf ANAT Région de contact entre deux neurones.

**synchrone** [sɛ̃kron] adj Se dit des mouvements qui se font dans le même temps : *oscillations synchrones*.

**synchronie** nf **1.** LING État de la langue à un moment déterminé (par opposition à *diachronie*). **2.** Simultanéité d'événements, de faits.

**synchronique** adj Qui se passe dans le même temps.

**synchroniquement** adv De façon synchronique.

**synchronisation** nf **1.** Action de synchroniser. **2.** CIN Mise en concordance des images et des sons dans un film.

**synchroniser** vt **1.** Rendre synchrone ; faire se produire des choses en même temps, les coordonner. **2.** Faire la synchronisation d'un film.

**synchronisme** nm **1.** État de ce qui est synchrone. **2.** Coïncidence de date : *le synchronisme de découvertes scientifiques*.

**synclinal** (pl *synclinaux*) nm GÉOL Pli dont la convexité est tournée vers le bas (par opposition à *anticlinal*).

**syncope** nf **1.** MÉD Perte momentanée de la sensibilité et du mouvement. **2.** MUS Note émise sur un temps faible et continuée sur un temps fort.

**syncopé, e** adj MUS Se dit d'un rythme qui comporte des syncopes.

**syncrétisme** nm Système philosophique ou religieux qui tend à fondre plusieurs doctrines différentes.

**syndic** nm Personne élue ou désignée par le syndicat des copropriétaires d'un immeuble pour prendre soin de leurs intérêts : *syndic d'un immeuble*.

**syndical, e, aux** adj Relatif à un syndicat, au syndicalisme.

**syndicalisme** nm Activité exercée dans un syndicat.

**syndicaliste** n Personne qui milite dans un syndicat. ◆ adj Relatif au syndicalisme.

**syndicat** nm Groupement pour la défense d'intérêts économiques et professionnels communs à ses adhérents : *syndicat ouvrier, patronal*. ■ **syndicat d'initiative** : organisme dont l'objet est de favoriser le tourisme dans une localité ou dans une région.

**syndicataire** n Personne qui fait partie d'un syndicat de propriétaires ou d'un syndicat financier.

**syndiqué, e** adj et n Qui fait partie d'un syndicat.

**syndiquer** vt Organiser des personnes en syndicat. ◆ **se syndiquer** vpr Adhérer à un syndicat.

**syndrome** nm **1.** Ensemble de symptômes caractérisant une maladie. **2.** FIG Ensemble de comportements observés dans un groupe humain ayant été soumis à une même expérience plus ou moins traumatisante : *le syndrome de la pollution urbaine*.

ORTHOGRAPHE *Syndrome* s'écrit avec un *o* sans accent, à la différence de *symptôme*.

**synecdoque** nf Procédé de style par lequel on prend la partie pour le tout ou le tout pour la partie, le genre pour l'espèce, etc. (EX : *à tant par tête* « par personne » ; *coiffé d'un feutre* « d'un chapeau de feutre »).

**synergie** nf **1.** PHYSIOL Association d'organes concourant à une action. **2.** FIG, SOUT Mise en commun de moyens pour aboutir à un effet unique.

**syngnathe** [sɛ̃gnat] nm Poisson marin à corps filiforme et museau très allongé.

**synodal, e, aux** adj Du synode.

**synode** nm **1.** Assemblée ecclésiastique de l'Église catholique. **2.** Réunion de pasteurs et de délégués paroissiaux, chez les protestants réformés.

**synonyme** adj et nm Se dit des mots qui ont à peu près le même sens (EX : *briser* et *casser*). CONTR : antonyme.

**synonymie** nf Qualité des mots synonymes.

**synonymique** adj Qui concerne la synonymie.

**synopsis** [sinɔpsis] nm Bref exposé d'un sujet de film, constituant l'ébauche d'un scénario.

**synoptique** adj Qui permet de voir d'un coup d'œil tout un ensemble : *tableaux synoptiques*.

**synovial, e, aux** adj De la synovie.

**synovie** nf ANAT Liquide organique qui lubrifie les articulations : *épanchement de synovie.*

**synovite** nf MÉD Inflammation d'une membrane synoviale.

**syntagme** nm LING Groupe d'éléments formant une unité.

**syntaxe** nf Partie de la grammaire qui traite de la fonction et de la disposition des mots et des propositions dans la phrase.

**syntaxique** adj De la syntaxe, qui se rapporte aux relations entre les mots.

**synthé** nm (abréviation) FAM Synthétiseur.

**synthèse** nf **1.** Opération intellectuelle par laquelle on réunit en un tout cohérent, structuré et homogène, divers éléments concernant un domaine particulier : *la synthèse est le contraire de l'analyse.* **2.** Exposé d'ensemble : *synthèse historique.* **3.** CHIM Formation artificielle d'un corps composé : *la synthèse de l'urée.* ■ **images de synthèse :** images artificielles produites par des moyens électroniques, informatiques, etc.

**synthétique** adj Qui résulte d'une synthèse ; qui présente une synthèse : *raisonnement synthétique.* ◆ adj et nm CHIM Fabriqué par synthèse pour remplacer un produit naturel : *caoutchouc, tissu synthétique.*

**synthétiser** vt **1.** Réunir par synthèse : *synthétiser des idées.* **2.** Obtenir par synthèse chimique.

**synthétiseur** nm Instrument électronique capable de reproduire un son à partir de ses constituants.

**syphilis** [sifilis] nf Maladie vénérienne chronique, infectieuse et contagieuse.

**syphilitique** adj et n Atteint de syphilis.

**syriaque** nm et adj Langue sémitique parlée autrefois en Syrie.

**syrien, enne** adj et n De Syrie : *les Syriens.*

**systématique** adj **1.** Combiné d'après un système ; fait avec méthode : *vérification systématique.* **2.** Qui agit de façon rigide, sans tenir compte des circonstances ; qui manifeste ce comportement ; dogmatique : *opposition systématique.*

**systématiquement** adv De façon systématique.

**systématisation** nf Action de systématiser ; fait d'être systématisé.

**systématiser** vt Organiser, ordonner en système : *systématiser des recherches.*

**système** nm **1.** Ensemble ordonné de principes formant un corps de doctrine : *le système de Descartes.* **2.** Combinaison de parties qui se coordonnent pour former un ensemble : *système solaire ; système mécanique.* **3.** Mode de gouvernement : *système républicain.* **4.** Classification : *système de poids et mesures.* **5.** Mode d'organisation, structure : *système alphabétique.* **6.** Ensemble de méthodes, de procédés destinés à assurer une fonction, à produire un résultat : *système d'éducation ; système de défense.* **7.** Moyen ingénieux : *système pour faire fortune.* ■ **système D :** habileté à se tirer d'affaire. ❑ INFORM **système d'exploitation :** logiciel gérant un ordinateur, indépendant des programmes d'application mais indispensable à leur mise en œuvre. ❑ INFORM **système expert :** programme élaboré pour résoudre des problèmes spécifiques en exploitant les connaissances accumulées dans un domaine spécialisé et en canalisant la recherche des solutions. ❑ INFORM **système informatique :** ensemble de moyens matériels et logiciels mis en œuvre pour des applications données : *le système informatique d'une entreprise.*

**systémique** adj Relatif à un système pris dans son ensemble.

**systole** nf Contraction du cœur et des artères.

# T

**1. t** nm Vingtième lettre de l'alphabet et la seizième des consonnes.

**2. t** (symbole) Tonne.

**ta** adj poss fém → **ton**.

**tabac** nm **1.** Plante originaire d'Amérique, dont les feuilles se fument, se prisent ou se mâchent ; feuilles de cette plante séchées et préparées : *tabac blond, brun.* **2.** Débit de tabac. ■ FAM **faire un tabac** : avoir un grand succès. ❑ FAM **passer à tabac** : rouer de coups.

**tabagie** nf **1.** Endroit plein de fumée et d'odeur de tabac. **2.** CANADA Bureau de tabac.

**tabagisme** nm Intoxication due à l'abus du tabac.

**tabasser** vt FAM Rouer de coups, passer à tabac.

**tabatière** nf Petite boîte pour le tabac à priser. ■ **fenêtre à tabatière** ou **tabatière** : petite fenêtre à charnière sur un toit.

**tabellion** nm VX Notaire.

**tabernacle** nm **1.** Chez les Hébreux, sanctuaire itinérant contenant l'arche d'alliance où étaient déposées les Tables de la Loi avant la construction du Temple. **2.** RELIG CATH Petite armoire, sur l'autel, dans laquelle on renferme le ciboire.

**tabès** [tabɛs] nm Forme de syphilis qui détruit la coordination des mouvements.

**tablature** nf Notation musicale à l'aide de chiffres et de lettres indiquant l'emplacement des doigts sur l'instrument.

**table** nf **1.** Meuble composé d'un plateau posé sur un ou plusieurs pieds ; meuble de ce genre sur lequel on sert les repas. **2.** Mets servis sur la table : *table abondante.* **3.** Plateau, plaque d'une matière quelconque : *table de marbre.* **4.** Tableau présentant méthodiquement divers renseignements : *table de multiplication.* ■ **table de chevet, de nuit** : petit meuble à compartiments placé à côté du lit. ❑ **table des matières** : liste des chapitres, des questions traitées dans un ouvrage. ❑ **table d'hôte** : dans un restaurant, une auberge, etc., table où l'on sert à heure et prix fixes des repas pris en commun. ❑ **table d'opération** : table articulée sur laquelle on place le patient pour les interventions chirurgicales. ❑ **table ronde** : réunion pour discuter de questions d'intérêt commun.

**tableau** nm **1.** Œuvre picturale sur bois, toile, etc. : *collectionner les tableaux.* **2.** Spectacle qui frappe la vue : *charmant tableau.* **3.** Description : *un tableau intéressant de la situation.* **4.** Panneau mural sur lequel on écrit à la craie : *aller au tableau.* **5.** Panneau, plan destiné à recevoir des annonces, des renseignements : *tableau d'affichage.* **6.** Liste des membres d'un ordre professionnel : *tableau des avocats.* **7.** Série d'informations, de données présentées en colonnes : *tableau des conjugaisons.* **8.** Division d'une pièce de théâtre marquée par un changement de décor : *pièce en sept tableaux.* ■ **jouer sur tous les tableaux** : se ménager des avantages auprès des deux parties adverses, quel que soit le vainqueur. ❑ **tableau de bord** : ensemble des appareils de contrôle placés devant le conducteur d'un véhicule.

**tableautin** nm Petit tableau, en peinture.

**tablée** nf Ensemble de personnes réunies à la même table.

**tabler** vt ind [sur] Compter sur.

**tablette** nf **1.** Planche horizontale pour recevoir divers objets. **2.** Plaque de marbre, de pierre, de bois, etc., sur le chambranle d'une cheminée, l'appui d'une balustrade, etc. **3.** Préparation alimentaire de forme aplatie : *tablette de chocolat.* ■ **mettre sur ses tablettes** : prendre bonne note de. ❑ **rayer de ses tablettes** : ne plus compter sur. ❑ **tablette électronique** ou **tactile** : appareil constitué d'un écran tactile ultraplat sans clavier qui permet d'accéder à des contenus multimédias (Internet, vidéos, applications, etc.).

**tabletterie** nf Ensemble de petits objets en ivoire, en nacre, en ébène, etc.

**tableur** nm INFORM Programme de création et de manipulation interactives de tableaux.

**tablier** nm **1.** Pièce d'étoffe ou de cuir qu'on attache devant soi pour se protéger. **2.** Rideau de tôle devant une cheminée pour en régler le tirage. **3.** Plateforme horizontale d'un pont. ■ FIG, FAM **rendre son tablier** : se démettre de ses fonctions.

**tabloïd** ou **tabloïde** nm et adj Publication dont le format est la moitié du format habituel des journaux.

**1. tabou** nm **1.** Interdit de caractère religieux. **2.** Sujet dont on évite de parler.

**2. tabou, e** adj Qui est l'objet d'un tabou, d'un interdit.

**taboulé** nm Préparation culinaire libanaise faite d'un hachis de persil et de menthe, d'oignons, de tomates et de blé concassé.

**tabouret** nm Petit siège à quatre pieds, sans bras ni dossier.

**tabulaire** adj En forme de table ; plat : *relief tabulaire*.

**tabulateur** nm Dispositif d'une machine à écrire permettant d'avoir automatiquement les mêmes zones d'arrêt à chaque ligne.

**tabulation** nf INFORM Positionnement d'un curseur dans des colonnes définies au préalable.

**tabulatrice** nf Machine servant à exploiter les cartes perforées.

**tac** nm ■ **répondre du tac au tac** : rendre vivement la pareille.

**tache** nf **1.** Marque salissante : *tache de graisse*. **2.** Marque naturelle sur la peau de l'homme ou le poil des animaux. **3.** Marque de couleur, de lumière, d'ombre. **4.** FIG Souillure morale : *une tache sur la réputation de qqn*. ■ FIG **faire tache d'huile** : se propager : *mécontentement qui fait tache d'huile*.

**tâche** nf **1.** SOUT Travail qui doit être fait dans un temps fixé : *achever sa tâche*. **2.** Ce que l'on a à faire ; mission. ■ **à la tâche** : en étant payé selon le travail exécuté.

**tachéomètre** [takeɔmɛtr] nm Théodolite destiné aux levés de plans et aux mesures d'altitude.

**tacher** vt **1.** Faire une tache. **2.** LITT Souiller, ternir : *tacher sa réputation*.

**tâcher** vt ind [de] Faire des efforts pour venir à bout de : *tâchez de terminer ce devoir*. ■ **tâcher que** : faire en sorte que.

**tâcheron** nm PÉJOR Personne qui exécute une tâche ingrate et sans éclat.

**tacheter** vt (conj 8) Marquer de petites taches.

**tachisme** nm BX-ARTS Tendance de la peinture abstraite des années 1950, caractérisée par la projection de taches et de coulures.

**tachycardie** [takikardi] nf Accélération du rythme cardiaque.

**tacite** adj Sous-entendu, implicite : *accord tacite*.

**tacitement** adv De manière tacite.

**taciturne** adj Qui parle peu ; silencieux.

**tacle** nm Au football, fait de bloquer avec le pied l'action de l'adversaire pour le déposséder du ballon ; le geste lui-même.

**tacler** vi et vt **1.** Faire un tacle. **2.** FIG, FAM Attaquer qqn verbalement, de manière parfois déloyale : *tacler un adversaire politique*.

**taco** nm Spécialité mexicaine faite d'une crêpe de farine de maïs garnie de viande, de fromage et de sauce piquante.

**tacot** nm FAM Vieux véhicule ; guimbarde.

**tact** nm Perception délicate des nuances, des convenances : *agir avec tact*.

**tacticien, enne** n SOUT Personne habile dans la tactique ; stratège. ◆ nm Spécialiste de la tactique militaire.

**tactile** adj Relatif au toucher. ■ **écran tactile** : réagissant au simple contact du doigt.

**tactique** nf **1.** Art de diriger une bataille. **2.** Moyens qu'on emploie pour réussir ; méthode, stratégie. ◆ adj Relatif à la tactique.

**tadorne** nm Canard à bec rouge et à plumage multicolore.

**tænia** nm → **ténia**.

**taffetas** nm Étoffe de soie.

**tafia** nm Eau-de-vie de canne à sucre.

**tag** nm Graffiti constituant un signe de reconnaissance.

**tagine** nm → **tajine**.

**tagliatelle** nf Pâte alimentaire en forme de mince lanière.

**taguer** vt et vi Tracer des tags : *taguer un mur*.

**tagueur, euse** n Personne qui trace des tags.

**taïaut** ou **tayaut** interj Dans la chasse à courre, cri du veneur pour signaler un animal.

**taï-chi-chuan** [tajʃiʃwan] ou **taï-chi** nm Gymnastique chinoise.

**taie** nf **1.** Enveloppe de tissu pour un oreiller ou un traversin. **2.** Tache blanchâtre sur la cornée.

**taïga** nf Forêt de conifères du nord de l'Europe, de l'Asie et de l'Amérique.

**taïkonaute** n Occupant d'un vaisseau spatial chinois.

**taillable** adj HIST Sujet à l'impôt de la taille. ■ FIG, SOUT **être taillable et corvéable à merci** : être celui qui doit toujours être de corvée, payer partout, etc.

**taillade** nf **1.** Coupure dans les chairs. **2.** Incision : *taillade dans le bois*.

**taillader** vt Faire une taillade, une incision.

**taillanderie** nf Métier, ouvrage de taillandier.

**taillandier** nm Fabricant d'outils propres à tailler, à couper, d'outils de terrassement.

**taillant** nm Tranchant d'une lame.

**taille** nf **1.** Hauteur du corps humain. **2.** Grandeur et grosseur d'un animal. **3.** Dimension standard d'un vêtement, de chaussures. **4.** Partie du corps humain située à la jonction du thorax et de l'abdomen. **5.** Partie du vêtement qui marque la taille. **6.** Action de tailler, de couper : *taille de la vigne.* **7.** Incision au burin de la planche qui servira à tirer une estampe. **8.** Tranchant d'une épée, d'une arme blanche. **9.** HIST Impôt direct levé sur les roturiers, en France, sous l'Ancien Régime. ■ **de taille :** d'importance : *erreur de taille.* ❑ **être de taille à :** capable de. ❑ **pierre de taille :** taillée pour être employée en construction.

**taillé, e** adj Qui a telle taille, telle carrure : *taillé en hercule.* ■ **taillé pour :** fait pour, apte à.

**taille-crayon** (pl *taille-crayons* ou inv) nm Petit outil pour tailler les crayons.

**taille-douce** (pl *tailles-douces*) nf Procédé de gravure qui fait usage du burin sans eau-forte ; estampe obtenue avec une planche ainsi gravée : *graver en taille-douce.*

**taille-haie** (pl *taille-haies*) nm Appareil électrique de jardinage pour tailler les arbres et les arbustes.

**tailler** vt **1.** Couper, retrancher quelque chose pour lui donner une certaine forme : *tailler une pierre, une haie.* **2.** Couper dans une étoffe les pièces nécessaires à un vêtement : *tailler un pantalon.* ◆ **se tailler** vpr **1.** S'attribuer quelque chose : *se tailler un empire ; se tailler un succès.* **2.** FAM Partir.

**taillerie** nf **1.** Art de tailler les cristaux et les pierres fines. **2.** Atelier où se fait ce travail.

**tailleur** nm **1.** Artisan qui fait des vêtements sur mesure. **2.** Ouvrier spécialisé dans la taille de certains matériaux : *tailleur de pierre(s).* **3.** Costume féminin composé d'une veste et d'une jupe assorties. ■ **s'asseoir en tailleur :** les jambes repliées et les genoux écartés.

**tailleur-pantalon** (pl *tailleurs-pantalons*) nm Costume féminin composé d'une veste et d'un pantalon assortis.

**taillis** nm Bois que l'on coupe à intervalles rapprochés.

**tailloir** nm Plateau pour découper la viande.

**tain** nm Amalgame d'étain qu'on applique derrière une glace pour la rendre réfléchissante.

**taire** vt (conj 78) SOUT Ne pas dire, passer sous silence : *taire le nom d'une personne.* ◆ **se taire** vpr **1.** Garder le silence ; cesser de s'exprimer. **2.** Cesser de se faire entendre : *le canon s'est tu.* **3.** Ne pas divulguer un secret. ■ **faire taire :** imposer silence, faire cesser.

**tajine** ou **tagine** nm Plat de mouton, de volaille, de légumes cuits à l'étouffée, d'origine marocaine.

**talc** nm Poudre blanche pour les soins de la peau.

**talé, e** adj Meurtri, en parlant des fruits : *poires talées.*

**talent** nm **1.** Aptitude, capacité naturelle ou acquise. **2.** Personne qui excelle en son genre.

**talentueux, euse** adj Qui a du talent.

**taleth** ou **talith** nm Châle rituel dont se couvrent les juifs pour la prière.

**talion** nm En droit ancien, punition identique à l'offense. ■ **loi du talion :** qui exige qu'une offense soit réparée par une peine du même ordre.

**talisman** nm Objet marqué de signes cabalistiques, qui est censé porter bonheur ou communiquer un pouvoir magique.

**talkie-walkie** [tɔkiwɔki] (pl *talkies-walkies*) nm Petit appareil de radio portatif, émetteur et récepteur, de faible portée.

**talmudique** adj Du Talmud.

**talmudiste** n Spécialiste juif de l'étude du Talmud.

**taloche** nf **1.** Planchette pour étendre le plâtre, le ciment. **2.** FAM Coup donné sur la tête ou la figure avec le plat de la main.

**talon** nm **1.** Partie postérieure du pied de l'homme. **2.** Partie postérieure d'une chaussure, d'un bas, etc. : *chaussures à talons plats.* **3.** Dernier morceau, reste de quelque chose d'entamé : *talon de jambon.* **4.** Ce qui reste des cartes, après distribution aux joueurs. **5.** Partie non détachable d'un carnet à souches. ■ **être, marcher sur les talons de quelqu'un :** (a) le suivre de très près (b) l'imiter. ❑ **montrer, tourner les talons :** s'enfuir. ❑ **talon aiguille :** haut et très fin. ❑ **talon d'Achille :** point vulnérable, côté faible de quelqu'un.

**talonnade** nf SPORTS Coup de pied donné dans le ballon avec le talon, au football.

**talonnage** nm Au rugby, action de diriger le ballon vers son camp, dans une mêlée.

**talonner** vt **1.** Presser du talon ou de l'éperon : *talonner sa monture.* **2.** Poursuivre de près : *talonner l'ennemi.* **3.** FIG Presser vivement, tourmenter : *l'inquiétude le talonnait.* **4.** Au rugby, pratiquer le talonnage.

**talonnette** nf Plaque de liège placée sous le talon, à l'intérieur de la chaussure.

**talonneur, euse** n Au rugby, joueur qui talonne le ballon.

**talquer** vt Enduire de talc.

**talus** nm **1.** Pente d'un terrassement, du revêtement d'un mur, d'un fossé. **2.** Terrain en pente.

**talweg** [talvɛg] ou **thalweg** [talvɛg] nm GÉOGR Ligne joignant les points les plus bas du fond d'une vallée.

**tamanoir** nm Mammifère édenté d'Amérique du Sud (appelé aussi : *grand fourmilier*).

**tamarin** nm Singe d'Amérique du Sud, voisin du ouistiti.

**tamarinier** nm Arbre cultivé dans les régions tropicales pour la pulpe comestible de son fruit.

**tamaris** [tamaris] nm Arbrisseau à très petites feuilles et à grappes de fleurs blanches ou roses.

**tambouille** nf ■ FAM **faire la tambouille :** faire la cuisine.

**tambour** nm **1.** Instrument de musique formé d'une caisse cylindrique que l'on frappe avec des baguettes ; personne qui en joue. **2.** Cylindre rotatif d'un treuil, d'une machine : *le tambour de la machine à laver.* ■ **mener tambour battant :** avec vivacité, avec résolution. ❑ FAM **partir sans tambour ni trompette :** sans bruit, en secret. ❑ **tambour de frein :** pièce circulaire sur laquelle s'exerce le frottement du segment de frein.

**tambourin** nm **1.** Petit cercle de bois muni ou non de sonnailles et sur lequel est tendue une peau. **2.** Tambour long et étroit, qu'on bat avec une seule baguette.

**tambourinage** nm Action de tambouriner.

**tambourinaire** n Joueur de tambourin, en Provence

**tambouriner** vi Frapper à coups répétés : *tambouriner à la porte.* ◆ vt **1.** Annoncer au son du tambour. **2.** FIG Répandre partout : *tambouriner une nouvelle.*

**tambourineur, euse** n Joueur de tambour ou de tambourin.

**tambour-major** (pl *tambours-majors*) nm Sous-officier, chef des tambours et clairons d'un régiment.

**tamil** nm → **tamoul.**

**tamis** nm **1.** Instrument qui sert à passer des matières pulvérulentes ou des liquides épais. **2.** Surface de cordage d'une raquette de tennis.

**tamisage** nm Action de tamiser.

**tamiser** vt **1.** Passer au tamis : *tamiser de la farine.* **2.** Laisser passer en adoucissant : *tamiser la lumière.*

**1. tamoul** ou **tamil** nm Langue parlée principalement dans le sud de l'Inde et au Sri Lanka.

**2. tamoul, e** adj Des Tamouls.

**tampico** nm Fibre d'une variété d'agave employée en matelasserie et en brosserie.

**tampon** nm **1.** Plaque de métal ou de caoutchouc gravée, et qui, imprégnée d'encre, permet d'imprimer le timbre d'une administration, d'une société, etc. ; timbre ainsi imprimé. **2.** Morceau de coton, de gaze, etc., pour étancher le sang, nettoyer une plaie. **3.** Gros bouchon de matière quelconque servant à obturer. **4.** Cheville de bois, de métal, etc., enfoncée dans un mur afin d'y placer une vis ou un clou. **5.** CH DE F Plateau métallique placé à l'extrémité des cadres d'une voiture pour amortir les chocs. ■ **État tampon :** qui, par sa situation géographique, se trouve entre deux États puissants et hostiles. ❑ **servir de tampon :** chercher à limiter les heurts entre deux personnes.

**tamponnement** nm Collision de deux véhicules, de deux convois circulant dans le même sens.

**tamponner** vt **1.** Étancher avec un tampon : *tamponner ses yeux avec un mouchoir.* **2.** Apposer un cachet : *tamponner un visa.* **3.** Heurter, rencontrer avec violence : *train qui en tamponne un autre.* **4.** Percer un mur pour y introduire un tampon.

**tamponneuse** adj f ■ **auto tamponneuse :** petit véhicule de fête foraine conçu pour se heurter à d'autres, sur une piste fermée.

**tam-tam** (pl *tam-tams*) nm **1.** Tambour de bois africain. **2.** Gong chinois. **3.** FAM Publicité tapageuse ; vacarme.

**tan** nm Écorce du chêne, du châtaignier, etc., réduite en poudre, utilisée en tannerie.

**tanagra** nm Figurine en terre cuite, simple et gracieuse.

**tancer** vt (conj 1) LITT Réprimander.

**tanche** nf Poisson comestible des étangs, au corps trapu, à peau épaisse et visqueuse.

**tandem** nm **1.** Bicyclette à deux places. **2.** FIG Association de deux personnes, de deux groupes qui travaillent ensemble.

**tandis que** loc conj **1.** Pendant que : *partir tandis qu'il dort.* **2.** Marque le contraste, l'opposition ; alors que : *elle aime l'opéra, tandis que lui préfère le jazz.*

**tandoori** [tɑ̃duri] nm Spécialité indienne faite de morceaux de viande marinés, épicés et cuits dans un four en terre.

**tangage** nm Mouvement d'oscillation d'un bateau d'avant en arrière.

**tangent, e** adj **1.** Qui touche une surface, une ligne en un point : *droite tangente à un cercle.* **2.** FAM Qui est à la limite du niveau nécessaire.

**tangente** nf ■ GÉOM **tangente à un cercle :** ligne droite qui n'a qu'un point commun avec ce cercle. ❑ FAM **prendre la tangente :** s'esquiver, se tirer d'affaire habilement.

**tangible** adj **1.** Perceptible par le toucher. **2.** Manifeste : *preuve tangible.*

**tango** nm Danse populaire originaire d'Argentine. ◆ adj inv D'une couleur rouge-orangé.

**tanguer** vi Être soumis au tangage, en parlant d'un bateau.

**tanière** nf Abri d'un animal sauvage.

**tanin** ou **tannin** nm Substance de certains végétaux tels que le chêne, le châtaignier, utilisée en tannerie, et qui rend les peaux imputrescibles.

**tank** [tɑ̃k] nm **1.** Char de combat. **2.** Réservoir, citerne : *les tanks d'un pétrolier.*

**tanker** [tɑ̃kœr] nm Navire destiné au transport de produits pétroliers.

**tannage** nm Action de tanner les cuirs.

**tannant, e** adj **1.** Propre au tannage : *écorces tannantes.* **2.** FAM Importun, fatigant.

**tanné, e** adj **1.** Préparé par tannage. **2.** D'une couleur brun-roux ; hâlé.

**tannée** nf FAM Correction, volée de coups ; VIEILLI défaite.

**tanner** vt **1.** Préparer les cuirs avec du tanin. **2.** FAM Importuner, harceler.

**tannerie** nf Lieu où l'on tanne les cuirs.

**tanneur, euse** n et adj Personne qui tanne ou vend les cuirs.

**tannin** nm → **tanin.**

**tannique** adj Qui contient du tanin.

**tant** adv **1.** En si grande quantité, en si grand nombre : *avoir tant d'amis que.* **2.** À tel point : *le jour tant attendu.* **3.** Marque l'égalité, l'équivalence d'intensité ; autant : *plaire tant aux uns qu'aux autres.* **4.** Indique une quantité indéterminée, à titre d'exemple : *gagner tant par mois.* ■ **en tant que :** en qualité de. ❑ **si tant est que :** à supposer que. ❑ **tant bien que mal :** (a) avec difficulté (b) de façon médiocre. ❑ **tant et plus :** énormément. ❑ **tant mieux :** c'est une bonne nouvelle. ❑ **tant pis :** c'est dommage : *tant pis pour lui !* ❑ **tant qu'à :** s'il faut : *tant qu'à partir, partons maintenant.* ❑ **tant qu'à faire :** puisqu'on en est là. ❑ **tant que :** (a) autant que : *lis-en tant que tu veux !* (b) aussi longtemps que : *tant que je pourrai* (c) pendant que : *sortir tant qu'il fait beau.* ❑ **tant s'en faut :** loin de là. ❑ **tant soit peu** ou **un tant soit peu :** si peu que ce soit.

**tantale** nm **1.** CHIM Métal lourd et peu fusible, de couleur noirâtre. **2.** Oiseau d'Afrique, d'Amérique et d'Asie, voisin de la cigogne.

**tante** nf Sœur du père, de la mère, ou femme de l'oncle.

**tantine** nf Tante, dans le langage enfantin.

**tantinet (un)** loc adv FAM Un peu : *un tantinet pénible.*

**tantôt** adv FAM Cet après-midi. ■ **tantôt..., tantôt... :** une fois..., une autre fois... : *des yeux tantôt bleus, tantôt verts ; tantôt elle pleure, tantôt elle rit.*

**TAO** [teao] nf (sigle) Traduction assistée par ordinateur.

**taoïsme** nm Religion populaire de la Chine.

**taoïste** adj et n Relatif au taoïsme ; adepte du taoïsme.

**taon** [tɑ̃] nm Grosse mouche dont la femelle pique l'homme et le bétail.

**tapage** nm **1.** Bruit tumultueux et confus : *tapage nocturne.* **2.** Grand bruit fait à propos de quelqu'un ou de quelque chose.

**tapageur, euse** adj **1.** Qui fait du tapage. **2.** FIG Qui aime l'éclat, cherche à attirer l'attention : *publicité, toilette tapageuse.*

**tapant, e** adj FAM Juste à l'heure indiquée : *il est arrivé à deux heures tapant(es).*

**tapas** [tapas] nf pl Assortiment de petites entrées espagnoles servies à l'apéritif.

**tape** nf Coup donné avec la main.

**tapé, e** adj Blet, taché par endroits : *pommes tapées.* ■ FAM **bien tapé :** exprimé vigoureusement et avec justesse.

**tape-à-l'œil** adj inv FAM Frappant, voyant : *bijou tape-à-l'œil.* ◆ nm inv FAM Apparence brillante mais trompeuse.

**tapecul** [tapky] nm **1.** FAM Voiture mal suspendue. **2.** Balançoire constituée d'une longue pièce de bois basculant de part et d'autre de son axe.

**tapée** nf FAM Grande quantité.

**tapement** nm Action de taper.

**tapenade** nf Condiment provençal fait d'olives noires, de câpres et d'anchois écrasés avec de l'huile d'olive et des aromates.

**taper** vt **1.** Donner une, des tapes à. **2.** Écrire à la machine à écrire ou avec un ordinateur : *taper son texte ; taper son code secret.* **3.** FAM Emprunter de l'argent. ◆ vi Frapper : *taper du pied ; taper dans le ballon.* ■ **le soleil tape :** il fait très chaud. ❑ FAM **taper dans l'œil :** plaire.

**tapette** nf **1.** Petite tape. **2.** Piège à souris.

**tapeur, euse** n FAM Personne qui emprunte souvent de l'argent.

**tapinois (en)** loc adv SOUT En cachette.

**tapioca** nm Fécule de manioc servant à faire des potages, des bouillies.

**tapir** nm Mammifère d'Amérique et d'Asie au museau allongé en trompe.

**tapir (se)** vpr Se cacher en se blottissant.

**tapis** nm **1.** Ouvrage textile, en général à face veloutée, dont on recouvre le sol. **2.** Pièce de tissu ou d'un autre matériau, posée sur le sol et amovible : *tapis de bain.* **3.** Pièce de tissu ou d'un autre matériau dont on recouvre un meuble, une table : *tapis de jeu.* **4.** Ce qui recouvre entièrement une surface : *tapis de verdure.* ■ FAM **dérouler le tapis rouge** : traiter quelqu'un avec les honneurs dus à un grand personnage. ❑ **envoyer au tapis** : dans un combat de boxe, envoyer son adversaire au sol. ❑ **mettre quelque chose sur le tapis** : le proposer pour l'examiner. ❑ **revenir sur le tapis** : être de nouveau le sujet de la discussion. ❑ **tapis de sol** : toile qui isole l'intérieur d'une tente de l'humidité du sol. ❑ INFORM **tapis de souris** : support antidérapant dont la surface plane facilite les déplacements de la souris d'un ordinateur. ❑ **tapis roulant** : dispositif à mouvement continu qui transporte des personnes, des marchandises.

**tapis-brosse** (pl *tapis-brosses*) nm Paillasson.

**tapisser** vt **1.** Revêtir des murs de tissu ou de papier peint. **2.** Couvrir une surface : *tapisser une chambre de photos.*

**tapisserie** nf **1.** Tissu ou papier dont on tapisse les murs. **2.** Ouvrage textile exécuté à l'aiguille sur un canevas en suivant un dessin. **3.** Ouvrage textile décoratif tissé manuellement sur un métier avec de la laine, de la soie, etc. **4.** Métier du tapissier. ■ **faire tapisserie** : dans un bal, ne pas être invitée à danser, en parlant d'une femme.

**tapissier, ère** n Personne qui fabrique, vend ou pose les tapis et les tentures servant à décorer les appartements.

**tapotement** nm Action de tapoter.

**tapoter** vt Donner de petites tapes.

**tapuscrit** nm IMPR Texte dactylographié.

**taquet** nm **1.** Petit morceau de bois taillé, qui sert à tenir en place un objet, un meuble, une armoire. **2.** Petite pièce mobile servant de butée, de verrou. **3.** MAR Pièce de bois ou de fer servant à amarrer des cordages.

**taquin, e** adj et n Qui aime à taquiner.

**taquiner** vt S'amuser, sans méchanceté, à contrarier, à agacer.

**taquinerie** nf Tendance à taquiner ; action, parole d'une personne taquine.

**tarabiscoté, e** adj **1.** Embrouillé, compliqué, alambiqué : *style tarabiscoté.* **2.** Chargé d'ornements excessifs, compliqués.

**tarabuster** vt FAM **1.** Importuner, gronder. **2.** Troubler, préoccuper vivement : *cette idée m'a tarabustée toute la journée.*

**tarama** nm Plat grec à base d'œufs de cabillaud pilés avec de l'huile d'olive et du citron.

**tarare** nm AGRIC Instrument pour vanner les grains.

**taratata** interj FAM Marque l'incrédulité, le doute : *taratata ! tu ne m'auras pas !*

**taraud** nm Outil pour tarauder.

**tarauder** vt **1.** Creuser en hélice la pièce qui doit recevoir la vis, faire le filetage de. **2.** FIG, LITT Tourmenter, obséder : *un souci qui taraude.*

**tarbouch** ou **tarbouche** nm Bonnet oriental rouge, orné d'un gland de soie.

**tard** adv **1.** Après un temps long ou relativement long. **2.** Vers la fin de la journée ; dans la nuit : *se coucher tard.* ■ **au plus tard** : en prévoyant le délai le plus long. ◆ nm ■ **sur le tard** : (a) à la fin de la journée (b) vers la fin de la vie.

**tarder** vi Être lent à faire quelque chose : *perdre une affaire parce qu'on a trop tardé.* ■ **sans tarder** : immédiatement. ◆ vt ind [à] Être lent à : *réponse qui tarde à venir.* ■ **ne pas tarder à** : être sur le point de. ◆ v impers ■ **il me tarde de** : c'est avec impatience que j'attends de.

**tardif, ive** adj **1.** Qui vient tard : *regrets tardifs.* **2.** Qui a lieu tard dans la journée : *heure tardive.*

**tardivement** adv D'une manière tardive.

**tare** nf **1.** Poids placé sur le plateau d'une balance pour équilibrer ce qu'on pèse. **2.** Poids de l'emballage vide d'une marchandise qu'on déduit du poids brut pour avoir le poids net. **3.** Défaut physique ou psychique généralement héréditaire chez l'homme ou l'animal. **4.** LITT Vice inhérent à : *tares d'un système.*

**taré, e** adj et n **1.** Atteint d'une tare. **2.** FAM Imbécile.

**tarentelle** nf Danse et air vifs d'Italie du Sud.

**tarentule** nf Grosse araignée de l'Europe méridionale.

**tarer** vt COMM Peser l'emballage d'une marchandise avant de le remplir, pour pouvoir en déduire le poids.

**targette** nf Petit verrou plat.

**targuer (se)** vpr [de] SOUT Se vanter de.

**targui, e** adj et n → **touareg.**

**tarière** nf **1.** Grande vrille pour faire des trous dans le bois. **2.** Organe qui sert aux insectes à percer les substances dures.

**tarif** nm **1.** Tableau de prix. **2.** Montant du prix d'un service, d'un travail. ■ **plein tarif :** tarif sans réduction.

**tarifaire** adj Relatif au tarif.

**tarifer** vt Établir le tarif de.

**tarification** nf Action de tarifer ; fait d'être tarifé. ■ **tarification à l'activité (T2A) :** mode unique de financement des établissements de santé français, pour lequel les ressources sont allouées en fonction de la nature et du volume des actes médicaux et des séjours.

**tarin** nm **1.** Petit oiseau passereau jaune verdâtre rayé de noir. **2.** FAM Nez.

**tarir** vt Mettre à sec, épuiser : *la sécheresse tarit les cours d'eau.* ◆ vi **1.** Être à sec : *la source a tari.* **2.** Cesser de couler. ◆ vt ind ■ **ne pas tarir d'éloges sur quelqu'un :** ne pas cesser d'en prononcer. ❑ **ne pas tarir sur :** parler sans cesse de : *il ne tarit pas sur ce sujet.*

**tarissable** adj Qui peut se tarir.

**tarissement** nm Fait de tarir ; dessèchement : *le tarissement d'un puits.*

**tarlatane** nf Mousseline de coton légère et apprêtée, servant à faire des patrons.

**tarot** nm ou **tarots** nm pl **1.** Ensemble de soixante-dix-huit cartes, plus longues et comportant plus de figures que les cartes ordinaires, servant au jeu et à la divination. **2.** Jeu qu'on joue avec ces cartes.

**tarpon** nm Grand poisson des régions chaudes de l'Atlantique (Floride), objet d'une pêche sportive.

**tarse** nm **1.** Région postérieure du squelette du pied. **2.** Dernière partie de la patte des insectes.

**tarsien, enne** adj Du tarse.

**tarsier** nm Mammifère nocturne de Malaisie.

**tartan** nm Étoffe de laine, à larges carreaux de diverses couleurs, d'origine écossaise ; vêtement de cette étoffe.

**tartane** nf Bateau à voile en usage en Méditerranée.

**tartare** adj ■ **sauce tartare :** mayonnaise fortement épicée. ❑ **steak tartare** ou **tartare** nm : viande hachée crue assaisonnée et servie avec un jaune d'œuf et des câpres.

**tarte** nf **1.** Pâtisserie plate garnie de crème, de confiture, de fruits, de légumes : *tarte aux pommes, aux poireaux.* **2.** FAM Gifle. ■ FAM **c'est pas de la tarte :** c'est difficile. ❑ FAM **tarte à la crème :** idée très banale.

**tartelette** nf Petite tarte.

**tartine** nf **1.** Tranche de pain recouverte de beurre, de confiture, etc. **2.** FAM Long développement oral ou écrit.

**tartiner** vt Étaler du beurre, de la confiture, etc., sur du pain, une biscotte.

**tartre** nm **1.** Dépôt calcaire à l'intérieur des chaudières, des canalisations d'eau, etc. **2.** Sédiment jaunâtre autour des dents. **3.** Dépôt que laisse le vin dans un tonneau.

**tartrique** adj ■ CHIM **acide tartrique :** acide extrait du tartre.

**tartufe** ou **tartuffe** nm Fourbe, hypocrite.

**tartuferie** ou **tartufferie** nf Hypocrisie.

**tas** nm Monceau d'objets mis ensemble et les uns sur les autres : *un tas d'ordures.* ■ **dans le tas :** parmi : *elle en a pris un dans le tas.* ❑ FAM **sur le tas :** sur le lieu même du travail : *apprendre sur le tas.* ❑ FAM **un tas de :** beaucoup de.

**tasse** nf Petit récipient à anse, servant à boire ; son contenu : *tasse à café, à thé.* ■ FAM **boire la tasse :** (a) avaler involontairement de l'eau en se baignant (b) subir de grosses pertes d'argent. ❑ FAM **ce n'est pas ma tasse de thé :** je n'aime pas cela.

**tassé, e** adj ■ FAM **bien tassé :** (a) Servi avec peu d'eau : *pastis bien tassé* (b) servi avec abondance (c) se dit d'un âge largement dépassé : *la trentaine bien tassée.*

**tasseau** nm Petite pièce de bois qui soutient, fixe, cale une autre pièce.

**tassement** nm **1.** Action de tasser, de se tasser : *tassement de vertèbres ; tassement du sol.* **2.** Baisse lente : *tassement des cours de la Bourse.*

**tasser** vt **1.** Réduire de volume par pression : *tasser du foin.* **2.** Resserrer dans un petit espace : *tasser les bagages dans le coffre.* ◆ **se tasser** vpr **1.** S'affaisser sur soi-même : *le mur se tasse.* **2.** Se voûter : *se tasser avec l'âge.* **3.** Se serrer : *tassez-vous, il y a encore de la place.* **4.** Perdre son caractère de gravité, se calmer : *avec le temps, les choses vont se tasser.*

**tassili** nm Plateau de grès, au Sahara.

**taste-vin** nm inv → **tâte-vin**.

**tata** nf Tante, surtout dans le langage enfantin.

**tatami** nm Tapis épais de paille de riz servant à la pratique des arts martiaux.

**tatane** nf FAM Soulier.

**tâter** vt **1.** Explorer, éprouver à l'aide du toucher : *tâter un fruit ; tâter l'eau.* **2.** FIG Essayer de connaître, de sonder les intentions de quelqu'un : *tâter l'opinion.* ■ **tâter le terrain :** s'assurer de l'état des choses, des esprits. ◆ vi ■ **tâter de, à :** goûter à, faire l'expérience de. ◆ **se tâter** vpr FAM Hésiter.

**tâte-vin** ou **taste-vin** nm inv Petite tasse plate dans laquelle on examine le vin qu'on va goûter.

**tatillon, onne** adj et n FAM Trop minutieux, scrupuleux.

> ORTHOGRAPHE *Tatillon* est le seul dérivé de *tâter* à s'écrire sans accent circonflexe.

**tâtonnement** nm **1.** Action de tâtonner. **2.** FIG Mode de recherche empirique par essais renouvelés ; ces essais.

**tâtonner** vi **1.** Avancer, chercher en tâtant : *tâtonner dans le noir.* **2.** FIG Procéder par tâtonnements : *tâtonner dans ses recherches.*

**tâtons (à)** loc adv **1.** En tâtonnant : *avancer à tâtons dans l'obscurité.* **2.** FIG Sans véritable méthode, à l'aveuglette.

ORTHOGRAPHE *À tâtons* s'écrit avec un *s* final comme *à reculons,* mais à la différence de *à califourchon.*

**tatou** nm Mammifère d'Amérique tropicale, au corps couvert de plaques cornées et pouvant s'enrouler en boule.

**tatouage** nm Action de tatouer ; son résultat.

**tatouer** vt Imprimer sur la peau des dessins indélébiles.

**tatoueur, euse** n Personne qui tatoue.

**tau** nm inv **1.** Dix-neuvième lettre de l'alphabet grec correspondant au *t.* **2.** Figure héraldique en forme de T.

**taudis** nm Logement misérable ou mal tenu.

**taule** nf → **tôle.**

**taupe** nf **1.** Petit mammifère insectivore presque aveugle, vivant sous terre ; fourrure de cet animal. **2.** Engin servant à creuser des tunnels. **3.** FAM Espion infiltré dans un organisme, une institution. **4.** ARG SCOL Classe de mathématiques spéciales. ■ **myope comme une taupe :** très myope.

**taupinière** nf Amas de terre qu'une taupe élève en creusant une galerie.

**taureau** nm Mâle de la vache, apte à la reproduction. ■ **prendre le taureau par les cornes :** affronter résolument une difficulté. ◆ **Taureau** nm Constellation zodiacale figurant un taureau ; signe astrologique des personnes nées entre le 21 avril et le 20 mai. ◆ n et adj Personne née sous le signe du Taureau : *elle est Taureau.*

**taurillon** nm Jeune taureau.

**taurin, e** adj Relatif aux taureaux ou aux courses de taureaux.

**tauromachie** nf Art de combattre les taureaux dans une arène.

**tauromachique** adj Relatif à la tauromachie.

**tautologie** nf Répétition d'une même idée sous une autre forme.

**tautologique** adj Relatif à la tautologie.

**taux** nm **1.** Prix réglé par une convention ou par l'usage : *taux de change.* **2.** Grandeur exprimée en pourcentage : *taux de natalité ; taux de cholestérol.* ■ **taux d'intérêt :** pourcentage du capital d'une somme prêtée, qui en détermine le revenu annuel.

**tauzin** nm Chêne à feuilles cotonneuses, de l'ouest et du sud-ouest de la France.

**taveler** vt (conj 6) Marquer quelque chose de taches, de crevasses : *fruit tavelé.*

**tavelure** nf **1.** Bigarrure d'une peau tavelée. **2.** Maladie des arbres fruitiers dont les fruits se crevassent.

**taverne** nf **1.** AUTREF Cabaret. **2.** Café, restaurant au décor rustique.

**taxation** nf Action de taxer.

**taxe** nf Prélèvement fiscal, impôt : *taxe sur le chiffre d'affaires.* ■ **prix hors taxes :** sans les taxes. ❑ **taxe foncière :** impôt annuel qui frappe les propriétés bâties ou non. ❑ **taxe professionnelle :** impôt local dû par les commerçants, les industriels et les personnes exerçant certaines professions libérales. ❑ **taxe sur la valeur ajoutée (TVA) :** impôt général de consommation, payé par chaque intermédiaire.

**taxer** vt **1.** Soumettre à une taxe, un impôt. **2.** Accuser : *taxer qqn d'incompétence.* **3.** FAM Extorquer qqch à qqn : *il m'a taxé (de) 10 euros ;* voler qqn : *on m'a taxé mon portable.*

**taxi** nm **1.** Voiture munie d'un taximètre et conduite par un chauffeur professionnel, qu'on utilise pour de courts trajets. **2.** FAM Chauffeur de taxi.

**taxidermie** nf Art d'empailler les animaux vertébrés.

**taxidermiste** n Personne dont le métier est la taxidermie ; empailleur, naturaliste.

**taximètre** nm Compteur qui établit le montant d'une course en voiture en fonction du temps et de la distance parcourue.

**taxinomie** ou **taxonomie** nf Science des lois de la classification ; cette classification : *taxinomie zoologique.*

**Taxiphone** nm (nom déposé) Cabine téléphonique automatique.

**taxiway** [taksiwe] nm Voie d'accès à la piste pour les avions.

**tayaut** interj → **taïaut.**

**taylorisation** nf Application du taylorisme.

**taylorisme** nm Système d'organisation rationnelle du travail dans les usines.

**TCC** nf (sigle) Thérapie cognitivo-comportementale.

**tchador** nm Voile couvrant la tête et le corps, porté par certaines femmes musulmanes, surtout en Iran.

**tchat** nm → **2. chat.**

**tchatche** nf FAM Grande volubilité.

**tchatter** vi → **2. chatter.**

**tchèque** adj et n **1.** De Bohême, de Moravie. **2.** De la République tchèque : *les Tchèques.* ◆ nm Langue slave parlée dans l'ouest de la République tchèque.

**tchernozem** [tʃɛrnɔzɛm] ou **tchernoziom** [tʃɛrnɔzjɔm] nm En Ukraine et en Russie, terre noire très fertile.

**tchin-tchin** [tʃintʃin] ou **tchin** interj FAM Ponctue un toast : *tchin-tchin ! à votre santé !*

**tchouler** vi BELGIQUE Pleurer ; sangloter.

**TD** nm (sigle de *travaux dirigés*) Ensemble des exercices écrits ou des exposés faits par les étudiants en application d'un cours magistral.

**TDAH** [tedeaʃ] nm (sigle de *trouble déficitaire de l'attention avec hyperactivité*) Trouble du comportement survenant dès l'enfance et caractérisé par l'incapacité à se concentrer, l'impulsivité et une hyperactivité motrice.

**te** pron pers Désigne la 2e personne du singulier représentant celui, celle à qui l'on parle, en fonction de complément d'objet ou de complément d'attribution : *je te regarde ; ce film te plaira ; il te le donne.*

**té** nm Règle ou équerre en forme de T.

**technicien, enne** n Personne qui connaît et pratique une technique particulière.

**technicité** nf Caractère de ce qui est technique.

**technico-commercial, e, aux** n et adj Vendeur qui possède des connaissances techniques sur ce qu'il vend.

**Technicolor** nm (nom déposé) Procédé de films en couleurs.

**technique** [tɛknik] adj **1.** Qui appartient en propre à un art, à une science, à un métier : *termes techniques.* **2.** Relatif au fonctionnement d'une machine : *panne technique.* ◆ nf **1.** Ensemble des procédés d'un art, d'une science, d'un métier : *la technique du bois.* **2.** Méthode : *avoir la bonne technique.*

**techniquement** adv Sur le plan technique.

**techno** nf et adj Style de musique utilisant les nouvelles technologies pour créer des morceaux au tempo rapide et au rythme répétitif.

**technocrate** n (souvent péjor) Partisan de la technocratie.

**technocratie** nf (souvent péjor) Système politique dans lequel la prise de décisions appartient aux techniciens et aux hauts fonctionnaires.

**technocratique** adj Relatif à la technocratie.

**technologie** nf Étude des outils, des procédés et des méthodes employés dans les diverses branches de l'industrie.

**technologique** adj Relatif à la technologie.

**technopole** nf Grand centre urbain disposant d'un fort potentiel d'enseignement et de recherche.

**technopôle** nm Site aménagé pour accueillir les entreprises de haute technologie ou pour en favoriser l'implantation.

**technoscience** nf Ensemble de recherches et d'applications qui mettent en jeu certaines sciences et certaines techniques.

**teck** ou **tek** nm Arbre de l'Asie tropicale, fournissant un bois dur, imputrescible.

**teckel** nm Chien terrier allongé, bas sur pattes, à poil ras, dur, ou à poil long.

**tectonique** nf Partie de la géologie qui étudie les déformations des terrains, sous l'effet des forces internes : *tectonique des plaques.*

**tectrice** nf et adj f Plume recouvrant les rémiges, dans l'aile des oiseaux.

**Te Deum** [tedeɔm] nm inv Cantique latin d'action de grâces de l'Église catholique.

**tee** [ti] nm Au golf, cheville fixée en terre servant à surélever la balle.

**teen-ager** [tinɛdʒœr] (pl *teen-agers*) n FAM Adolescent.

**tee-shirt** [tiʃœrt] (pl *tee-shirts*) ou **t-shirt** [tiʃœrt] (pl *t-shirts*) nm Maillot en coton à manches courtes et en forme de T.

**Téflon** nm (nom déposé) Matière plastique fluorée, résistant à la chaleur et à la corrosion.

**tégénaire** nf Araignée des maisons.

**tégument** nm **1.** BIOL Ensemble des tissus qui couvrent le corps des animaux. **2.** BOT Enveloppe de la graine.

**tégumentaire** adj Du tégument.

**teigne** nf **1.** Petit papillon dont les larves rongent les étoffes et certaines plantes. **2.** Maladie du cuir chevelu. **3.** FAM Personne méchante.

**teigneux, euse** adj et n **1.** Atteint de la teigne. **2.** FAM Hargneux.

**teille** ou **tille** nf Écorce du chanvre.

**teindre** vt (conj 55) Imbiber d'une substance colorante : *cheveux teints ;* colorer : *teindre en vert.* ◆ **se teindre** vpr Donner à ses cheveux une couleur artificielle.

**teint, e** adj Qui a reçu une teinture. ◆ nm **1.** Coloris du visage : *teint bronzé.* **2.** Couleur donnée à une étoffe par la teinture et qui ne disparaît pas au lavage. ■ **bon teint, grand teint :** teinte résistant au lavage et à la lumière. ❑ **bon teint :** se dit d'une personne tout à fait orthodoxe dans ses opinions : *un socialiste bon teint.*

**teinte** nf **1.** Couleur nuancée. **2.** FIG Apparence légère, petite dose : *une teinte d'humour.*

**teinter** vt **1.** Couvrir d'une teinte. **2.** Donner une légère couleur à. **3.** FIG Ajouter une nuance à : *indifférence teintée d'ironie.*

**teinture** nf **1.** Action de teindre. **2.** Liquide propre à teindre. **3.** Couleur que prend la chose teinte. **4.** Alcool chargé des principes actifs d'une substance, utilisé en pharmacie : *teinture d'iode.* **5.** FIG, VIEILLI Connaissance superficielle ; vernis.

**teinturerie** nf Commerce du teinturier.

**teinturier, ère** n Personne qui se charge de la teinture ou du nettoyage des vêtements.

**tek** nm → **teck**.

**tel, telle** adj **1.** Pareil, semblable : *de tels hommes.* **2.** Comme cela : *tel est mon avis.* ■ **tel que :** (a) indique une comparaison : *voir la réalité telle qu'elle est.* (b) exprime l'intensité : *son pouvoir est tel qu'on le craint.* (c) introduit une énumération : *des fleurs telles que la rose, le lis.* ❑ **tel quel :** comme il est, sans changement : *prenez-le tel quel.* ❑ **tel..., tel... :** comme..., ainsi : *tel père, tel fils.*

**tél.** (abréviation) Téléphone.

**télé** nf (abréviation) FAM Télévision.

**téléachat** nm Achat par téléphone ou par Internet d'articles présentés lors d'émissions de télévision.

**télécabine** nf Téléphérique monocâble aménagé pour le transport de personnes par de petites cabines.

**téléchargement** nm Action de télécharger.

**télécharger** vt (conj 2) INFORM Utiliser un réseau de télécommunications pour transférer, à distance, des données ou des programmes dans la mémoire vive d'un ordinateur local. CONTR : téléverser.

**télécommande** nf Système permettant de commander à distancer une manœuvre.

**télécommander** vt **1.** Commander à distance : *télécommander l'ouverture d'une porte de garage.* **2.** FIG Influencer, diriger de loin : *une action télécommandée de Paris.*

**télécommunication** nf Ensemble des moyens de communication à distance.

**téléconseiller, ère** n Personne qui fournit une assistance téléphonique à la clientèle d'une entreprise.

**téléconsultation** nf Consultation médicale réalisée à distance par visioconférence au moyen d'outils numériques (webcam et application ou site sécurisés, notamm.).

**télécopie** nf Transmission à distance de documents graphiques, de dessins, etc., en fac-similé. SYN : fax.

**télécopieur** nm Appareil transmettant à distance un document graphique. SYN : fax.

**télé-crochet** (pl *télé-crochets*) ou **télécrochet** nm Émission télévisée conçue comme un concours artistique (de chant, notamm.) soumis au vote d'un jury et du public.

**télédétection** nf Technique d'étude de la surface terrestre par analyse et traitement d'images aériennes.

**télédiffuser** vt Diffuser par télévision.

**télédiffusion** nf Action de télédiffuser.

**télédistribution** nf Diffusion de programmes de télévision à des abonnés dont l'appareil est relié par câble à la tête de réseau.

**télé-enseignement** (pl *télé-enseignements*) nm Enseignement utilisant la radio, la télévision ou Internet.

**téléfilm** nm Film réalisé pour la télévision.

**télégénique** adj Dont le physique produit un effet agréable à la télévision.

**télégramme** nm Message télégraphique.

**télégraphe** nm Système de télécommunication qui permet de communiquer par écrit, rapidement, à grande distance.

**télégraphier** vt Faire parvenir au moyen du télégraphe.

**télégraphique** adj Relatif au télégraphe ; expédié par télégraphe. ■ **style télégraphique :** réduit à l'essentiel.

**télégraphiste** n et adj Employé au service du télégraphe.

**téléguidage** nm Action de téléguider.

**téléguider** vt **1.** Diriger à distance l'évolution d'un mobile (char, avion, jouet, etc.). **2.** FIG Influencer de façon secrète ou lointaine : *téléguider une action.*

**téléimprimeur** nm Appareil télégraphique permettant l'envoi direct d'un texte ou sa réception, au moyen d'un clavier alphanumérique.

**télématique** nf Technique qui associe les télécommunications et l'informatique. ◆ adj Relatif à la télématique.

**télémédecine** nf Informations et conseils médicaux prodigués par l'intermédiaire d'un réseau télématique.

**télémètre** nm Instrument pour mesurer la distance qui sépare un observateur d'un point éloigné.

**téléobjectif** nm Objectif pour la photographie des objets éloignés ou pour le portrait.

**téléopérateur, trice** n Personne assurant des actions commerciales ou de marketing par téléphone pour le compte d'une entreprise.

**télépaiement** nm Paiement électronique.

**télépathe** n Qui pratique la télépathie.

**télépathie** nf Phénomène de transmission de pensée entre deux personnes éloignées dans l'espace.

**télépathique** adj Relatif à la télépathie.

**téléphérique** nm Moyen de transport par cabine suspendue à des câbles aériens.

**téléphone** nm Installation de téléphonie ; appareil qui permet la transmission de la parole. ■ FAM **téléphone arabe** : information qui se propage de bouche à oreille. ❑ **téléphone intelligent** : téléphone mobile, souvent muni d'un écran tactile, intégrant les fonctions d'un petit ordinateur, notamm. Internet, les messageries, le GPS, etc. SYN : smartphone.

**téléphoner** vi Se servir du téléphone. ◆ vt Transmettre par téléphone.

**téléphonie** nf Système de télécommunication établi en vue de la transmission de la parole. ■ **téléphonie sans fil** : transmission par ondes électromagnétiques.

**téléphonique** adj Qui appartient, se rapporte au téléphone : *cabine téléphonique ;* qui se fait par téléphone : *appel téléphonique.*

**téléphoniste** n Personne chargée du service d'un téléphone ; standardiste.

**téléport** nm Ensemble de moyens de télécommunication mis à la disposition des entreprises qui s'installent sur un site donné.

**télé-réalité** (pl *télé-réalités*) nf Émission télévisée où est filmée la vie quotidienne de gens sélectionnés pour y participer.

**téléroman** nm CANADA Feuilleton télévisé.

**télescopage** nm Action de télescoper ; fait de se télescoper : *télescopage de trains.*

**télescope** nm Instrument pour observer les astres, dont l'objectif est un miroir concave.

**télescoper** vt Heurter violemment, entrer en collision avec. ◆ **se télescoper** vpr **1.** Entrer en collision : *voitures qui se télescopent.* **2.** FIG S'interpénétrer : *événements qui se télescopent.*

**télescopique** adj **1.** Fait à l'aide du télescope ; qu'on ne voit qu'à l'aide du télescope. **2.** Dont les éléments s'emboîtent les uns dans les autres : *antenne télescopique.*

**téléscripteur** nm Téléimprimeur.

**télésiège** nm Téléphérique le long duquel sont répartis des sièges accrochés par des suspentes.

**téléski** nm Remonte-pente.

**téléspectateur, trice** n Personne qui regarde la télévision.

**télésurveillance** nf Surveillance à distance par un procédé de télécommunication.

**télétravail** nm Forme de travail à distance dans laquelle une personne utilise des outils informatiques et de télécommunication.

**télétravailler** vi Pratiquer le télétravail.

**Télétype** nm (nom déposé) Téléimprimeur de la marque de ce nom.

**télévente** nf Vente utilisant les techniques du marketing téléphonique.

**téléverser** vt INFORM Transférer des données d'un ordinateur local vers un ordinateur distant, via un réseau de télécommunications. CONTR : télécharger.

**téléviser** vt Transmettre par télévision.

**téléviseur** nm Récepteur de télévision.

**télévision** nf **1.** Transmission à distance par ondes radioélectriques de l'image d'un objet. **2.** Ensemble des services assurant la transmission d'émissions télévisées. **3.** Téléviseur. ■ **télévision par câble** : télédistribution.

**télévisuel, elle** adj Relatif à la télévision.

**télex** nm VIEILLI Service télégraphique, permettant d'échanger des messages écrits au moyen de téléimprimeurs ; message ainsi transmis.

**tell** nm Au Proche-Orient, colline artificielle formée par les ruines d'une ville ancienne.

**tellement** adv **1.** Marque l'intensité, la grande quantité : *elle est tellement gentille ! ; personne ne l'invite plus, tellement il est ennuyeux.* **2.** (suivi de *que*) Marque la conséquence : *il a tellement mangé qu'il est tombé malade.* ■ **pas tellement** : modérément.

**tellure** nm Corps chimique blanc bleuâtre de la famille du soufre, lamellaire et fragile.

**tellurique** ou **tellurien, enne** adj Qui vient de la Terre, du sol : *secousse tellurique.*

**téméraire** adj et n D'une hardiesse inconsidérée. ■ **jugement téméraire** : porté sans preuves suffisantes.

**témérairement** adv Avec témérité.

**témérité** nf Hardiesse imprudente et présomptueuse.

**témoignage** nm **1.** Action de témoigner : *témoignage décisif.* **2.** Marque, preuve : *témoignage d'affection.* ■ **faux témoignage** : témoignage mensonger.

**témoigner** vt **1.** Montrer, faire paraître par ses paroles, ses actions : *témoigner sa joie.* **2.** Être signe de : *geste qui témoigne la surprise.* ◆ vi Révéler ce que l'on sait ; faire une déposition en justice. ◆ vt ind [de] Servir de preuve à : *témoigner de sa sincérité.*

**témoin** nm **1.** Personne qui a vu ou entendu qqch et peut le certifier : *être le témoin d'un accident.* **2.** Personne qui dépose en justice : *témoin à charge, à décharge.* **3.** Personne qui atteste l'exactitude d'un acte, d'une déclaration : *les témoins d'un mariage.* **4.** Personne chargée de régler les conditions d'un duel. **5.** Œuvre ou artiste qui atteste de son époque : *les gravures rupestres, témoins de l'art préhistorique.* **6.** SPORTS Bâton que les coureurs se passent dans une course de relais. ■ **prendre qqn à témoin** : lui demander l'appui de son témoignage. ◆ adj Qui sert de modèle, de repère : *appartement témoin ; lampe témoin.*

GRAMMAIRE On écrit : *il les a prises à témoin* (expression invariable), mais *il les a prises comme (pour) témoins* (attribut, s'accorde en nombre).

**tempe** nf Partie latérale du crâne.

**tempera** [tɑ̃pera] nf BX-ARTS Détrempe dont le liant est généralement un jaune d'œuf : *peindre à la tempera ou a tempera.*

**tempérament** nm Ensemble des dispositions physiques d'un individu qui détermineraient son caractère : *tempérament robuste, violent.* ■ **avoir du tempérament** : avoir une forte personnalité. ❑ **vente à tempérament** : payable par versements échelonnés.

**tempérance** nf Modération, sobriété dans l'usage des aliments et des boissons.

**tempérant, e** adj VIEILLI Qui fait preuve de tempérance ; sobre.

**température** nf **1.** Degré de chaleur ou de froid dans un lieu ou dans l'atmosphère. **2.** Degré de chaleur d'un lieu, d'une substance, d'un corps : *la température d'un four.* **3.** FAM Fièvre. ■ **température ressentie** : température que le corps humain ressent en extérieur et non protégé du vent.

**tempéré, e** adj De température moyenne : *climat tempéré.*

**tempérer** vt (conj 10) Modérer, atténuer l'excès de quelque chose : *tempérer son enthousiasme.*

**tempête** nf **1.** Perturbation atmosphérique violente ; ouragan. **2.** FIG Explosion violente : *tempête d'applaudissements.*

**tempêter** vi Manifester bruyamment sa colère, son mécontentement ; fulminer.

**tempétueux, euse** adj LITT Qui cause ou qui est le signe d'une tempête : *vent tempétueux.*

**temple** nm **1.** Édifice antique consacré au culte d'une divinité. **2.** Édifice du culte protestant.

**templier** nm Chevalier de l'ordre du Temple.

**tempo** [tɛ̃po] ou [tɛmpo] nm **1.** MUS Vitesse d'exécution d'une œuvre. **2.** LITT Rythme de déroulement d'une action quelconque.

**temporaire** adj Qui ne dure qu'un temps ; provisoire : *emploi temporaire.*

**temporairement** adv De façon temporaire.

**temporal, e, aux** adj De la tempe. ◆ nm Os du crâne situé dans la région de la tempe.

**temporalité** nf Caractère de ce qui existe dans le temps.

**temporel, elle** adj **1.** Qui a lieu dans le temps (par opposition à *éternel*) : *déroulement temporel.* **2.** Qui concerne les choses matérielles (par opposition à *spirituel*) : *biens temporels.* **3.** GRAMM Qui indique le temps : *subordonnée temporelle.* ■ **pouvoir temporel** : pouvoir des papes en tant que souverains de leur territoire.

**temporisateur, trice** adj Qui temporise.

**temporisation** nf Fait de temporiser ; retard.

**temporiser** vi Retarder, différer dans l'attente d'un moment plus propice.

**temps** nm **1.** Durée dans laquelle se succèdent les événements, les jours, les nuits, etc. : *le temps passe vite.* **2.** Durée mesurable : *combien de temps reste-t-il ?* **3.** Moment, période considérés par rapport à quelque chose de particulier : *en temps de paix, de guerre.* **4.** Durée dont une personne dispose : *être avare de son temps.* **5.** Chacune des phases d'une action : *programme en trois temps.* **6.** Époque : *du temps de César.* **7.** Moment propice, occasion : *chaque chose en son temps.* **8.** Période propre à telle ou telle chose : *le temps des vacances.* **9.** État de l'atmosphère : *quel temps fait-il ?* **10.** MUS Division de la mesure : *mesure à deux temps.* **11.** GRAMM Forme verbale exprimant la localisation dans le temps. ■ **à temps** : juste assez tôt, au moment voulu. ❑ **avec le temps** : peu à peu. ❑ **dans le temps** : autrefois. ❑ **de temps en temps** ou **de temps à autre** : quelquefois. ❑ **de tout temps** : toujours. ❑ **en même temps** : simultanément. ❑ **en temps réel** : se dit du mode de fonctionnement d'un ordinateur qui permet le traitement des données au fur et à mesure de leur introduction dans le système. ❑ **il est temps de** (+ inf) : il devient urgent de. ❑ **il est temps que** (+ subj) : il devient urgent que. ❑ **temps partiel** : temps de travail inférieur à la durée légale hebdomadaire. ❑ **tout le temps** : toujours, continuellement.

**tenable** adj (surtout en tournure négative) **1.** Où l'on peut tenir, résister : *la situation n'est plus tenable.* **2.** À qui on peut imposer une discipline : *les enfants ne sont pas tenables.*

**tenace** adj **1.** Très attaché à ses idées, à ses projets ; opiniâtre. **2.** FIG Difficile à détruire, à extirper : *préjugé tenace.* **3.** Qui adhère fortement : *colle tenace.*

**ténacité** nf Caractère tenace.

**tenaille** nf ou **tenailles** nf pl Pince pour tenir ou arracher quelque chose.

**tenailler** vt Faire souffrir : *faim qui tenaille ;* LITT causer une vive douleur morale : *être tenaillé par le remords.*

**tenancier, ère** n (souvent péjoratif) Personne qui dirige un hôtel, un bar, etc.

**1. tenant** nm Celui qui soutient une opinion, une institution ; partisan : *tenants du syndicalisme traditionnel.* ■ **connaître les tenants et les aboutissants d'une affaire :** en connaître toutes les circonstances, tous les détails. ❑ **d'un seul tenant :** d'un seul morceau : *propriété d'un seul tenant.* ❑ **tenant du titre :** sportif, joueur ou équipe qui détient un titre.

**2. tenant, e** adj ■ **séance tenante :** sur-le-champ, immédiatement.

**tendance** nf **1.** Force qui pousse quelqu'un à, vers : *avoir tendance à exagérer.* **2.** Évolution, orientation de quelque chose : *tendances de l'art moderne.* **3.** Fraction organisée d'un mouvement syndical ou politique : *la tendance dure du parti.* ■ **procès de tendance :** fait contre quelqu'un en raison des idées qu'on lui prête.

**tendanciel, elle** adj Qui indique une tendance : *baisse tendancielle.*

**tendancieusement** adv De façon tendancieuse.

**tendancieux, euse** adj Qui manifeste une tendance, un parti pris qui n'est pas objectif : *propos tendancieux.*

**tendeur** nm Courroie élastique servant à maintenir quelque chose en place.

**tendineux, euse** adj ANAT Qui se rapporte au tendon. ■ BOUCH **viande tendineuse :** qui contient des fibres coriaces.

**tendinite** nf MÉD Inflammation d'un tendon.

**tendon** nm Faisceau fibreux à l'extrémité d'un muscle qui le relie aux os. ■ **tendon d'Achille :** tendon du talon.

**1. tendre** adj **1.** Qui n'est pas dur : *viande tendre.* **2.** Qui manifeste de l'affection, de l'attachement : *paroles tendres.* **3.** Clair, délicat : *couleur tendre.* ■ **âge tendre :** petite enfance. ◆ adj et n Affectueux, facile à émouvoir : *mère tendre ; un grand tendre.* ■ **ne pas être tendre pour quelqu'un :** être sévère.

**2. tendre** vt (conj 50) **1.** Tirer et tenir quelque chose en état d'allongement : *tendre un arc, une corde.* **2.** Avancer, porter en avant : *tendre la main.* **3.** Disposer en étendant : *tendre une tapisserie.* ■ **tendre un piège :** (a) le disposer pour prendre du gibier (b) FIG chercher à tromper. ◆ vt ind [à, vers] Se diriger vers, avoir pour but : *tendre à la perfection.* ◆ **se tendre** vpr Se détériorer, en parlant de relations entre personnes.

**tendrement** adv Avec tendresse.

**tendresse** nf Sentiment tendre d'amitié, d'amour.

**tendreté** nf Qualité d'une viande tendre.

**tendron** nm **1.** BOUCH Partie cartilagineuse de la viande de bœuf ou de veau. **2.** FAM Très jeune fille.

**tendu, e** adj **1.** Très appliqué : *esprit tendu.* **2.** Difficile : *rapports tendus.*

**ténèbres** nf pl LITT **1.** Obscurité profonde : *la ville était plongée dans les ténèbres.* **2.** FIG Domaine de ce qui est obscur, difficile à comprendre : *les ténèbres de l'ignorance.* ■ **le prince des ténèbres :** Satan.

**ténébreux, euse** adj **1.** LITT Plongé dans les ténèbres, sombre, noir : *gouffre ténébreux.* **2.** FIG Difficile à comprendre : *affaire ténébreuse.* ◆ adj et n LITT Mélancolique. ■ **beau ténébreux :** bel homme à l'expression sombre et romantique.

**teneur** nf **1.** Contenu essentiel d'un propos, d'un texte, d'un acte juridique : *quelle est la teneur de cet article ?* **2.** Ce qu'un mélange contient d'un corps déterminé : *teneur en eau.*

**ténia** ou **tænia** nm Ver parasite de l'intestin des mammifères.

**tenir** vt (conj 22) **1.** Avoir avec soi, garder à la main, près de soi : *tenir un enfant dans ses bras ; tenir son chapeau à la main.* **2.** Faire rester près de soi, retenir : *tenir des coupables.* **3.** Garder, maintenir dans un certain état : *tenir une porte ouverte.* **4.** Avoir la charge d'une fonction, d'une profession : *tenir un rôle ; tenir un hôtel.* **5.** Diriger, maîtriser : *tenir une classe.* **6.** Observer fidèlement, respecter : *tenir sa parole, une promesse.* **7.** Considérer comme : *tenir pour vrai.* **8.** Avoir reçu ou obtenu de quelqu'un : *de qui tenez-vous cette information ?* ■ **tenir compte de :** prendre en considération. ❑ **tenir conseil :** délibérer. ❑ **tenir des propos :** parler. ❑ **tenir en haleine :** ne pas dire tout de suite, faire durer une attente. ❑ **tenir sa langue :** se taire. ❑ **tenir son rang :** l'occuper avec dignité. ❑ **tenir tête :** affronter, résister. ◆ vi **1.** Être fixé, attaché à : *branche qui tient à l'arbre.* **2.** Être contenu dans un certain espace : *on tient à huit à cette table.* **3.** Demeurer, subsister, durer : *couple qui n'a pas tenu.* ■ **tenir bon :** résister. ❑ **tiens !, tenez ! :** (a) sert à marquer la surprise : *tiens, vous êtes déjà là !* (b) sert à attirer l'attention de celui à qui l'on parle : *tenez, prenez.* ◆ vt ind **1.** [à] Être attaché à quelqu'un ou à quelque chose : *tenir à ses enfants.* **2.** [à] Désirer, vouloir : *il tient à venir.* **3.** [à] Avoir pour cause : *cela tient à plusieurs raisons.* **4.** [de] Ressembler à : *enfant qui tient de son père.* ◆ **se tenir** vpr **1.** Demeurer dans un certain état, dans une certaine attitude : *se tenir prêt.* **2.** Être unis l'un à l'autre : *se tenir par la main.* **3.** S'appuyer sur : *se tenir à une branche.* **4.** Avoir lieu : *marché qui se tient le jeudi.* ■ **s'en tenir à quelque chose** : ne rien faire de plus : *s'en tenir à l'essentiel.*

**tennis** [tenis] nm **1.** Sport qui consiste, pour deux ou quatre joueurs, munis de raquettes, à envoyer une balle par-dessus un filet dans les limites du court ; le terrain où l'on joue : *tennis couvert.* **2.** Chaussure de toile à semelle de caoutchouc. ■ **tennis de table** : ping-pong.

**tennisman** [tenisman] (pl *tennismans ou tennismen*) nm Joueur de tennis.

**tennistique** adj Relatif au tennis.

**tenon** nm Extrémité d'une pièce de bois ou de métal qui entre dans la cavité (ou *mortaise*) d'une autre pièce avec laquelle elle doit être assemblée.

**ténor** nm **1.** Voix d'homme la plus élevée ; chanteur qui la possède. **2.** FAM Personne qui tient un rôle de premier plan : *les ténors de la politique.*

**tenseur** nm et adj m Muscle propre à produire une tension.

**tensiomètre** nm Appareil à mesurer la tension mécanique.

**tension** nf **1.** Action de tendre ; état de ce qui est tendu : *tension d'un muscle.* **2.** État d'une personne tendue, contractée, nerveuse. **3.** Situation tendue entre deux personnes, deux groupes. **4.** Différence de potentiel électrique entre deux points d'un circuit. ■ FAM **avoir, faire de la tension** : de l'hypertension. ❑ **tension artérielle** ou **tension** : pression du sang sur les parois des artères. ❑ **tension d'esprit** : effort intense et soutenu de l'esprit.

**tentaculaire** adj SOUT Qui s'étend dans toutes les directions à la manière des tentacules : *ville tentaculaire.*

**tentacule** nm Appendice mobile dont les mollusques, les actinies, etc., sont pourvus, et qui leur sert d'organe du toucher ou de la préhension, parfois à la respiration.

> GRAMMAIRE *Tentacule* est du genre masculin : *les grands tentacules de la pieuvre.*

**tentant, e** adj Propre à exciter le désir, l'envie.

**tentateur, trice** adj et n Qui tente, sollicite.

**tentation** nf **1.** Attrait vers une chose défendue par une loi morale ou religieuse. **2.** Tout ce qui tente, attire, porte à faire quelque chose : *résister à la tentation de fumer.*

**tentative** nf **1.** Action par laquelle on essaie de réussir quelque chose ; essai : *faire une dernière tentative.* **2.** DR Commencement d'exécution d'un crime ou d'un délit : *tentative de meurtre.*

**tente** nf Abri portatif démontable, le plus souvent en toile serrée, que l'on dresse en plein air. ■ **tente à oxygène** : parois plastiques transparentes derrière lesquelles on place le malade pour le soumettre à l'action de l'oxygène pur.

**tenter** vt **1.** Entreprendre, chercher à faire réussir : *tenter une démarche.* **2.** Se proposer de faire quelque chose de difficile : *tenter un sauvetage.* **3.** Séduire, attirer : *ce fruit me tente ; laissez-vous tenter !* **4.** Inciter quelqu'un à faire le mal en éveillant son envie, son désir. ◆ vt ind [de] Essayer, s'efforcer de : *tenter de battre un record.*

**tenture** nf Tapisserie, papier peint, etc., qui tapissent les murs d'une habitation.

**tenu, e** adj Maintenu dans un certain état de propreté : *maison bien, mal tenue.*

**ténu, e** adj Mince, de très faible épaisseur ; à peine perceptible.

**tenue** nf **1.** Action ou manière de tenir, de diriger : *tenue d'une maison.* **2.** Fait de se réunir, de siéger : *tenue d'un congrès.* **3.** Attitude du corps, maintien : *bonne, mauvaise tenue.* **4.** Manière de se vêtir : *en tenue de soirée ;* habillement propre à une profession, à une activité, à une circonstance : *tenue de sport.* **5.** Manière de se conduire : *manquer de tenue.* ■ **en petite tenue** : peu vêtu.

**ténuité** nf LITT État d'une chose ténue ; petitesse.

**tequila** [tekila] nf Alcool d'agave, fabriqué au Mexique.

**ter** [tɛr] adv **1.** Désigne le troisième élément d'une suite portant le même numéro : *habiter au 2 ter.* **2.** Indique qu'on doit dire, jouer, chanter un passage trois fois.

**tératogène** adj MÉD Qui produit des malformations congénitales.

**tératologie** nf Science des malformations congénitales.

**tercet** nm LITTÉR Groupe de trois vers unis par le sens et les rimes.

**térébenthine** nf Résine semi-liquide, tirée du térébinthe, du mélèze, du sapin, du pin maritime. ■ **essence de térébenthine** : utilisée pour dissoudre des corps gras, fabriquer des vernis, de la peinture à l'huile.

**térébinthe** nm Pistachier méditerranéen dont l'écorce fournit une térébenthine.

**Tergal** nm (nom déposé) Fil ou fibre synthétique de polyester.

**tergiversation** nf Action de tergiverser ; hésitation, détour.

**tergiverser** vi LITT User de détours, de faux-fuyants pour retarder une décision.

**1. terme** nm **1.** Lieu où se termine un déplacement : *au terme de ce voyage.* **2.** Limite fixée dans le temps : *délai qui parvient à son terme.* **3.** Date, époque où l'on paie la location d'un lieu d'habitation ; prix de cette location : *payer son terme.* ■ **à court terme, à long terme :** sur une période brève, longue. ❑ **à terme :** dans un délai plus ou moins long, mais à coup sûr. ❑ **enfant né à terme :** à la date prévue.

**2. terme** nm **1.** Mot, expression : *terme précis ; terme technique.* **2.** MATH Quantité qui compose un rapport, une proportion. **3.** GRAMM Élément d'une proposition. ◆ **termes** pl Manière de dire quelque chose : *s'exprimer en termes clairs.* ■ **aux termes de :** selon ce qui est stipulé. ❑ **en bons, en mauvais termes :** en entretenant de bonnes, de mauvaises relations. ❑ **en d'autres termes :** autrement dit.

**terminaison** nf Élément final d'un mot.

**terminal, e, aux** adj **1.** Qui marque la fin de quelque chose : *phase terminale.* **2.** BOT Qui occupe l'extrémité : *bourgeon terminal.* ◆ nm **1.** Gare, aérogare urbaine servant de point de départ et d'arrivée des passagers. **2.** INFORM Appareil permettant l'accès à distance à un système informatique.

**terminale** nf Classe terminant l'enseignement secondaire, où l'on prépare le baccalauréat.

**terminer** vt **1.** Achever, finir quelque chose qui a été commencé : *terminer son travail.* **2.** Constituer la fin de quelque chose : *glace qui termine un repas.* **3.** Passer la fin de : *terminer la soirée chez des amis.* ◆ **se terminer** vpr Arriver à sa fin ; finir de telle ou telle façon.

**terminologie** nf Ensemble des termes propres à une technique, à une science, etc.

**terminus** [tɛrminys] nm Dernière station d'une ligne de transports en commun.

**termite** nm Insecte vivant en société, surtout dans les régions chaudes, et qui ronge le bois.

**termitière** nf Nid de termites.

**ternaire** adj Composé de trois éléments : *nombre ternaire ; rythme ternaire.*

**terne** adj **1.** Qui manque d'éclat : *couleurs ternes.* **2.** FIG Dépourvu d'intérêt, monotone : *style terne.*

**ternir** vt **1.** Rendre terne, ôter ou diminuer l'éclat, la couleur : *le soleil a terni les rideaux.* **2.** FIG Rendre moins pur, salir : *ternir sa réputation.*

**ternissure** nf État de ce qui est terni ; endroit terni.

**terrain** nm **1.** Modelé, relief de la surface terrestre : *terrain plat.* **2.** Sol considéré du point de vue de sa nature : *terrain calcaire.* **3.** Surface du sol du point de vue de son utilisation : *terrain à bâtir ; terrain militaire ; terrain de sport.* **4.** Lieu où se déroulent un événement, des opérations : *le terrain des opérations.* **5.** FIG Situation réelle, état des choses et des esprits : *tâter le terrain ; terrain d'entente.* ■ **céder du terrain :** (a) reculer (b) FIG faire des concessions. ❑ **gagner du terrain :** avancer, prendre l'avantage. ❑ **homme de terrain :** personne en contact direct avec les gens, les circonstances.

**terrasse** nf **1.** Levée de terre horizontale maintenue par un mur : *cultures en terrasses.* **2.** Plateforme aménagée à un étage ou sur le toit d'une maison. **3.** Prolongement d'un café, d'un restaurant, etc., sur une partie du trottoir. **4.** Espace plat aménagé au pied d'un immeuble, d'une construction.

**terrassement** nm Action de creuser et de transporter des terres ; masse de terre ainsi transportée.

**terrasser** vt **1.** SOUT Jeter à terre : *terrasser un adversaire.* **2.** FIG Vaincre. **3.** FIG Abattre physiquement ou moralement : *terrassé par la fièvre.*

**terrassier** nm Ouvrier qui travaille aux terrassements.

**terre** nf **1.** (avec une majuscule) Planète habitée par l'homme : *parcourir la Terre.* **2.** Partie solide de la surface terrestre (par opposition à *mer*). **3.** Ensemble des hommes, de l'humanité : *être connu de la terre entière.* **4.** Séjour des vivants (par opposition à *l'au-delà*) : *être sur terre.* **5.** Couche superficielle du globe, qui produit les végétaux : *les fruits de la terre.* **6.** Terrain cultivé ; domaine rural : *acheter une terre.* **7.** LITT Pays, région, contrée : *terres arctiques ; terre natale.* **8.** Matière pulvérulente que l'on trouve dans le sol et qui sert à fabriquer des objets : *pot en terre.* ■ **avoir les pieds sur terre :** agir toujours en tenant compte de la réalité. ❑ **la terre ferme :** le sol. ❑ **mettre, porter en terre :** enterrer. ❑ **par terre :** sur le sol : *tomber par terre.* ❑ **remuer ciel et terre :** se donner beaucoup de mal. ❑ **sciences de la Terre :** qui étudient l'origine, la nature et l'évolution du globe terrestre. ❑ **terre à terre :** prosaïque : *esprit terre à terre.*

**terreau** nm **1.** Terre végétale mêlée de produits de décomposition. **2.** FIG Situation qui favorise le développement de quelque chose : *le chômage, terreau de la délinquance*.

**terre-neuvas** [tɛrnœva] nm inv ou **terre-neuvier** (pl *terre-neuviers*) nm Bateau équipé pour la pêche sur les bancs de Terre-Neuve ; pêcheur sur ce bateau.

**terre-neuve** nm inv Gros chien de sauvetage originaire de Terre-Neuve.

**terre-plein** (pl *terre-pleins*) nm Amas de terres rapportées formant une surface unie. ■ **terre-plein central :** bande de terrain séparant deux chaussées de sens opposé.

**terrer (se)** vpr **1.** Se cacher sous terre, en parlant d'un animal. **2.** Se cacher en s'isolant.

**terrestre** adj **1.** Qui appartient à notre planète : *globe terrestre*. **2.** Relatif à la partie solide du globe ; qui y vit : *animaux terrestres*. **3.** FIG Qui concerne la vie matérielle : *plaisirs terrestres*.

**terreur** nf **1.** Épouvante, frayeur. **2.** Personne ou chose que l'on redoute.

**terreux, euse** adj **1.** De la nature de la terre : *matière terreuse*. **2.** Sali de terre : *mains terreuses*. **3.** Pâle, grisâtre : *visage terreux*.

**terrible** adj **1.** Qui inspire la terreur : *un terrible accident*. **2.** D'une grande violence, d'une grande intensité : *coup terrible*. **3.** FAM Porté au plus haut point ; extraordinaire : *un terrible bavard*. **4.** FAM Remarquable, formidable : *un type terrible*. ■ FAM **pas terrible :** médiocre.

**terriblement** adv Très, beaucoup, extrêmement : *terriblement ennuyeux*.

**terrien, enne** adj et n Qui habite la Terre. ◆ adj Relatif à la vie rurale. ■ **propriétaire terrien :** qui possède des terres.

**terrier** nm **1.** Trou dans la terre, où s'abritent certains animaux. **2.** Chien propre à chasser les animaux qui habitent des terriers.

**terrifiant, e** adj Qui terrifie.

**terrifier** vt Frapper de terreur.

**terril** [tɛril] ou **terri** nm Entassement des déblais extraits d'une mine.

**terrine** nf Récipient ovale ou rectangulaire de terre ou de porcelaine pour la cuisson et la conservation des pâtés ; préparation froide de viande, de poisson, de légumes, moulés dans ce récipient.

**territoire** nm **1.** Étendue de terre appartenant à un État ou sur laquelle s'exerce une autorité. **2.** ZOOL Zone occupée par un animal et défendue contre l'accès de congénères. ■ **territoire d'outre-mer (TOM) :** collectivité territoriale de la République française, créée en 1946 et supprimée en 2003.

**territorial, e, aux** adj Qui concerne le territoire. ■ DR **eaux territoriales :** zone maritime fixée par chaque État riverain (12 milles pour la France) et sur laquelle il exerce sa souveraineté (on dit aussi : *mer territoriale*).

**territorialité** nf Caractère de ce qui fait partie du territoire d'un État.

**terroir** nm **1.** Terre considérée par rapport aux produits agricoles : *terroir fertile*. **2.** Province, campagne considérée du point de vue de ses traditions (par opposition à la *ville*) : *mots, produits du terroir*.

**terroriser** vt **1.** Frapper de terreur : *film qui terrorise les enfants*. **2.** Maintenir dans la peur : *professeur qui terrorise ses élèves*.

**terrorisme** nm Emploi de la violence à des fins politiques.

**terroriste** adj et n Qui relève du terrorisme ; qui le met en pratique.

**tertiaire** adj ■ GÉOL **ère tertiaire :** période géologique d'une durée de 65 millions d'années, marquée par le plissement alpin et la diversification des mammifères. ❑ **secteur tertiaire :** partie de la population active employée dans les services tels que la banque, le commerce, l'administration.

**tertio** [tɛrsjo] adv Troisièmement.

**tertre** nm Petite éminence de terrain.

**tes** adj poss pl → **ton**.

**tessiture** nf Registre, ensemble des sons qu'une voix ou un instrument de musique produisent sans difficulté.

**tesson** nm Débris d'un objet en verre ou en poterie : *tessons de bouteille*.

**test** [tɛst] nm **1.** Épreuve permettant soit de mesurer les aptitudes d'un sujet, soit d'explorer sa personnalité. **2.** Épreuve d'examen sous forme de questionnaire. **3.** MÉD Épreuve biologique ou chimique pratiquée à des fins diagnostiques : *test de grossesse*. **4.** Épreuve en général qui permet de juger qqch ou qqn. ■ **test de discrimination :** recomm. off. pour *testing*.

**testament** nm **1.** DR Acte par lequel on déclare ses dernières volontés. **2.** Dernière œuvre, message ultime d'un écrivain, d'un artiste, d'une personnalité quelconque : *testament littéraire*.

**testamentaire** adj Qui concerne le testament : *dispositions testamentaires*. ■ DR **exécuteur testamentaire :** chargé de l'exécution d'un testament.

**testateur, trice** n DR Personne qui a fait un testament.

**1. tester** vi DR Faire son testament.

**2. tester** vt Soumettre à un test.

**testeur** nm Appareil servant à tester les composants électroniques, les microprocesseurs.

**testicule** nm Glande génitale mâle.

**testimonial, e, aux** adj ■ DR **preuve testimoniale** : qui repose sur un témoignage.

**testing** [tεstiŋ] nm Pratique légale consistant à faire constater, afin qu'elle soit sanctionnée, toute forme de discrimination liée au sexe, à l'origine ou au handicap d'une personne (recomm. off. : *test de discrimination*).

**têt** [tε] nm CHIM Récipient en terre réfractaire, utilisé dans les laboratoires.

**tétanie** nf État pathologique caractérisé par des crises de contractions musculaires spasmodiques.

**tétanique** adj et n Relatif au tétanos ou à la tétanie ; qui en est atteint.

**tétaniser** vt **1.** MÉD Provoquer des contractions musculaires. **2.** FIG Paralyser d'étonnement.

**tétanos** [tetanos] nm Maladie infectieuse grave, caractérisée par la rigidité des muscles.

**têtard** nm Larve des amphibiens comme la grenouille.

**tête** nf **1.** Extrémité supérieure du corps de l'homme ; partie antérieure du corps de l'animal. **2.** Boîte crânienne : *avoir mal à la tête.* **3.** Visage : *une tête connue.* **4.** Hauteur, longueur de la tête : *cheval qui gagne d'une tête.* **5.** Esprit, ensemble des facultés mentales : *perdre la tête.* **6.** Unité, par personne ou par animal : *payer tant par tête.* **7.** Personne ou ensemble de personnes qui dirigent, commandent. **8.** Action de frapper une balle aérienne avec le front, au football. **9.** Partie supérieure de qqch : *tête d'un arbre.* **10.** Partie terminale la plus grosse de qqch : *tête d'épingle.* **11.** Partie qui se présente la première ; commencement : *tête de train, de chapitre.* ■ **à la tête de** : se dit de qqn qui possède ou dirige qqch : *à la tête d'une immense fortune ; à la tête d'une entreprise.* ❑ **avoir la tête de l'emploi** : avoir l'allure qui correspond à ce que l'on fait. ❑ **coup de tête** : action soudaine et spontanée. ❑ **de tête** : mentalement : *calculer de tête.* ❑ **en avoir par-dessus la tête** : être excédé. ❑ **en tête de** : (a) au début de : *mot en tête de phrase* (b) à la première place de : *coureur en tête de course.* ❑ **faire la tête** : bouder. ❑ **monter à la tête** ou **tourner la tête** : troubler l'esprit. ❑ **sans queue ni tête** : incohérent : *récit sans queue ni tête.* ❑ **se mettre en tête de** : décider, projeter de. ❑ **tenir tête à qqn** : lui résister. ❑ **tête baissée** : sans réfléchir. ❑ **tête de pont** : (a) MIL zone occupée par l'avant-garde d'une armée en territoire ennemi pour y préparer l'arrivée du gros des troupes (b) FIG implantation d'une entreprise à l'étranger pour y frayer la voie à un développement ultérieur. ❑ **voix de tête** : voix de fausset.

**tête-à-queue** nm inv Pivotement brusque d'un véhicule sur lui-même.

**tête-à-tête** nm inv Entretien particulier de deux personnes. ◆ loc adv ■ **en tête(-)à(-)tête** : seul à seul.

**tête-bêche** loc adv Dans la position de deux personnes ou deux choses placées à côté l'une de l'autre mais en sens inverse.

**tétée** nf **1.** Action de téter. **2.** Quantité de lait qu'un nouveau-né tète en une fois.

**téter** vt (conj 10) Sucer le lait au sein, au biberon ou à la mamelle.

**têtière** nf Partie de la bride d'un cheval qui passe derrière les oreilles.

**tétine** nf **1.** Mamelle d'un mammifère. **2.** Embouchure en caoutchouc percée de trous que l'on adapte au biberon ; sucette en caoutchouc pour nourrissons.

**téton** nm FAM Sein.

**tétrachlorure** [tetraklɔryr] nm ■ **tétrachlorure de carbone** : liquide incolore employé comme solvant ininflammable.

**tétraèdre** nm Solide à quatre faces triangulaires.

**tétrahydrocannabinol** nm THC.

**tétralogie** nf Ensemble de quatre œuvres littéraires ou musicales.

**tétraplégie** nf Paralysie des quatre membres.

**tétraplégique** adj et n Atteint de tétraplégie.

**tétrapode** nm et adj Vertébré ayant deux paires de membres.

**tétras** [tetra] nm Oiseau gallinacé de grande taille (appelé aussi : *coq de bruyère*).

**tétrasyllabe** adj et nm Se dit d'un vers qui a quatre syllabes.

**tétrasyllabique** adj Relatif à un tétrasyllabe.

**têtu, e** adj et n Qui a un attachement excessif à ses décisions, à ses opinions ; obstiné.

**teufeur, euse** n FAM Personne qui fait la fête ; fêtard.

**teuf-teuf** (pl *teufs-teufs*) nm ou nf FAM Vieille voiture.

**teuton, onne** adj et n De l'ancienne Germanie.

**teutonique** adj Des Teutons.

**texan, e** adj et n Du Texas : *les Texans.*

**texte** nm **1.** Ensemble des termes d'un écrit, d'une œuvre. **2.** Œuvre ou document authentique qui constitue la source d'une culture, d'une discipline. **3.** Œuvre ou fragment d'œuvre : *textes du xxᵉ s.* **4.** Partie de la page écrite, dactylographiée ou imprimée. ■ **dans le texte :** dans la langue d'origine.

**textile** adj **1.** Susceptible d'être tissé : *fibre, matière textile.* **2.** Qui se rapporte à la fabrication des tissus : *industrie textile.* ◆ nm **1.** Matière textile. **2.** Industrie textile.

**1. texto** adv FAM Textuellement.

**2. texto** nm (abrév) TÉLÉCOMM Bref message alphanumérique transmis dans un réseau de radiocommunication avec les mobiles. SYN : minimessage, SMS.

**textuel, elle** adj **1.** Relatif au texte écrit : *analyse textuelle.* **2.** Conforme au texte : *traduction textuelle.* **3.** Qui reproduit exactement ce qui a été dit : *réponse textuelle.*

**textuellement** adv Sans changer un mot de ce qui a été écrit ou dit.

**texture** nf **1.** Mode d'entrecroisement des fils de tissage. **2.** Consistance d'une substance. **3.** FIG Disposition des parties d'un corps, d'une œuvre.

**TGV** nm (sigle) Train à grande vitesse.

**thaï, thaïe** [taj] adj Relatif aux Thaïs. ◆ nm Principale langue parlée en Thaïlande.

**thaïlandais, e** adj et n De Thaïlande : *les Thaïlandais.*

**thalamus** [talamys] nm ANAT Partie de l'encéphale située à la base du cerveau.

**thalasso** nf (abrév) FAM Thalassothérapie.

**thalassothérapie** nf Traitement médical par l'eau de mer.

**thalle** nm BOT Appareil végétatif des cryptogames.

**thallophyte** nf Végétal dont l'appareil végétatif est réduit à un thalle, tel que les algues, les champignons, les lichens.

**thalweg** nm → **talweg**.

**thanatologie** nf Étude des signes, des conditions et des causes de la mort.

**thaumaturge** n Personne qui fait ou prétend faire des miracles.

**thaumaturgie** nf Pouvoir, action du thaumaturge.

**THC** nm (sigle de *tétrahydrocannabinol*) Principale substance active du cannabis.

**thé** nm **1.** Feuilles torréfiées du théier ; infusion que l'on en fait. **2.** Collation que l'on prend l'après-midi, en buvant du thé.

**théâtral, e, aux** adj **1.** Relatif au théâtre. **2.** Qui vise à l'effet ; emphatique : *attitude théâtrale.*

**théâtralement** adv D'une façon théâtrale.

**théâtraliser** vt Rendre théâtral.

**théâtre** nm **1.** Lieu destiné à la représentation d'un spectacle : *bâtir un nouveau théâtre.* **2.** Représentation théâtrale : *aimer le théâtre.* **3.** Art dramatique ; profession du comédien ou du metteur en scène : *se destiner au théâtre.* **4.** Ensemble des pièces d'un pays, d'un auteur, d'une époque : *le théâtre de Racine.* **5.** FIG Lieu où se déroulent un ou plusieurs événements : *le théâtre de la guerre.* ■ **coup de théâtre :** événement inattendu.

**théier** nm Arbuste originaire de la Chine méridionale et cultivé dans toute l'Asie du Sud-Est pour ses feuilles, qui donnent le thé.

**théière** nf Récipient pour faire infuser du thé.

**théine** nf Principal alcaloïde de la feuille de thé.

**théisme** nm Doctrine qui admet l'existence d'un Dieu.

**théiste** n Partisan du théisme.

**1. thématique** adj Par thème, par sujet : *cartographie thématique.*

**2. thématique** nf Ensemble des thèmes développés par un écrivain, une œuvre, etc.

**thème** nm **1.** Sujet, matière d'un discours, d'une œuvre, etc. **2.** Exercice de traduction de la langue maternelle dans la langue étrangère (par oppos. à *version*). ■ **thème astral :** en astrologie, représentation symbolique de l'état du ciel à la naissance de qqn.

**théocratie** nf Société où l'autorité est exercée par les ministres de la religion.

**théocratique** adj Relatif à la théocratie : *gouvernement théocratique.*

**théodolite** nm Instrument de topographie servant à mesurer des angles.

**théogonie** nf **1.** Généalogie des dieux. **2.** Ensemble des divinités d'une mythologie donnée.

**théologal, e, aux** adj Relatif à la théologie. ■ **vertus théologales :** la foi, l'espérance et la charité.

**théologie** nf **1.** Science de la religion, des choses divines. **2.** Doctrine religieuse.

**théologien, enne** n Spécialiste de théologie.

**théologique** adj Qui concerne la théologie : *discussion théologique.*

**théorème** nm Proposition qui peut être démontrée logiquement.

**théoricien, enne** n **1.** Personne qui étudie la théorie d'un art, d'une science, etc. **2.** Personne qui formule ou professe une théorie.

**théorie** nf **1.** Connaissance purement spéculative, abstraite (par opposition à la *pratique*). **2.** Ensemble de lois, de règles propres à un domaine : *théorie quantique.* **3.** Ensemble d'opinions touchant un domaine particulier : *bâtir une théorie.* ■ **en théorie** : en spéculant de façon abstraite.

**théorique** adj **1.** Qui concerne une théorie. **2.** Du domaine de la spéculation.

**théoriquement** adv **1.** En raisonnant sans tenir compte de la réalité : *théoriquement, cet agrégé doit pouvoir enseigner.* **2.** Selon toute prévision ; normalement : *théoriquement, il devrait rentrer bientôt.*

**théoriser** vt Émettre sur un sujet des jugements énoncés sous une forme théorique.

**thérapeute** n **1.** Médecin. **2.** Psychothérapeute.

**thérapeutique** adj Relatif au traitement des maladies. ◆ nf Art de traiter telle ou telle maladie.

**thérapie** nf Traitement d'une maladie, en particulier d'une maladie mentale.

**thermal, e, aux** adj Se dit des eaux de source utilisées pour traiter une maladie ; se dit de la station, de l'établissement où elles sont exploitées.

**thermalisme** nm Exploitation et utilisation des eaux thermales.

**thermes** nm pl **1.** ANTIQ Bains publics. **2.** Établissement thermal.

**thermidor** nm Onzième mois du calendrier républicain (19 juillet-17 août).

**thermidorien, enne** adj Relatif aux événements du 9 thermidor an II. ◆ adj et n Se dit des responsables de la chute de Robespierre, le 9 thermidor.

**thermie** nf Unité de quantité de chaleur.

**thermique** adj Relatif à la chaleur : *variations thermiques.* ■ **centrale thermique** : usine de production d'énergie électrique, à partir de l'énergie thermique.

**thermodynamique** nf et adj Partie de la physique qui traite des relations entre la mécanique et la chaleur.

**thermoélectricité** nf Électricité fournie par la chaleur.

**thermoélectrique** adj De la nature de la thermoélectricité.

**thermomètre** nm **1.** Instrument pour mesurer la température. **2.** FIG Ce qui permet d'évaluer l'importance d'une chose.

**thermonucléaire** adj Se dit des réactions nucléaires entre noyaux d'atomes légers, portés à très haute température.

**thermorégulation** nf **1.** Fonction assurant la constance de la température du corps. **2.** Réglage automatique de la température d'un lieu.

**thermorésistant, e** adj Qui résiste à la chaleur.

**Thermos** [tɛrmos] nf (nom déposé) Bouteille isolante permettant de conserver un liquide à sa température.

**thermosphère** nf Couche atmosphérique s'étendant au-dessus de la mésosphère, et où la température croît régulièrement avec l'altitude.

**thermostat** nm Appareil servant à maintenir la température constante.

**thésard, e** n FAM Personne qui prépare une thèse.

**thésaurisation** nf Action de thésauriser.

**thésauriser** vi Amasser de l'argent, le mettre de côté.

**thésauriseur, euse** n et adj Personne qui thésaurise.

**thésaurus** ou **thesaurus** [tezorys] nm Répertoire alphabétique de termes normalisés utilisés pour le classement documentaire.

**thèse** nf **1.** Opinion, proposition que l'on avance et que l'on soutient. **2.** Ensemble de travaux présentés dans une université en vue du doctorat. ■ **pièce, roman à thèse** : destinés à démontrer la vérité d'une théorie.

**thêta** nm inv Huitième lettre de l'alphabet grec (θ), qui correspond à *th*.

**thomisme** nm Ensemble des doctrines de saint Thomas d'Aquin.

**thomiste** adj et n Relatif au thomisme ; qui en est partisan.

**thon** nm Très grand poisson marin, comestible, migrant en bancs en Méditerranée et dans l'Atlantique. ■ **thon blanc** : germon.

**thonier** nm Bateau pour la pêche au thon.

**thoracique** adj Du thorax.

**thorax** nm Cavité des vertébrés contenant les organes de la respiration.

**thorium** [tɔrjɔm] nm Métal blanc rare servant dans la fabrication des manchons à incandescence ; symb : Th.

**thriller** [srilœr] ou [trilœr] nm Film ou roman policier à suspense.

**thrombose** nf MÉD Formation de caillots dans un vaisseau sanguin.

**thune** ou **tune** nf FAM argent. ■ **n'avoir pas une thune** : être sans le sou.

**thuriféraire** nm LITT Flatteur.

**thuya** [tyja] nm Conifère au feuillage ornemental.

**thym** [tɛ̃] nm Plante vivace à très petites feuilles odoriférantes, utilisée comme aromate.

**thymique** adj Du thymus.

**thymol** nm Phénol de l'essence de thym.

**thymus** [timys] nm Glande de la partie inférieure du cou.

**thyroïde** nf et adj Glande endocrine située en avant du larynx.

**thyroïdien, enne** adj Relatif à la thyroïde.

**tiare** nf Mitre papale à trois couronnes.

**tibétain, e** adj et n Du Tibet : *les Tibétains.* ◆ nm Langue parlée au Tibet.

**tibia** nm **1.** Os long situé en avant du péroné. **2.** Partie antérieure de la jambe.

**tic** nm **1.** Contraction convulsive de certains muscles. **2.** FIG Habitude fâcheuse ou ridicule par sa fréquence.

**TIC** [tik] nf pl (sigle de *technologies de l'information et de la communication*) Ensemble des techniques et des équipements informatiques permettant de communiquer à distance par voie électronique.

**ticket** nm Billet donnant droit à l'admission dans un transport en commun, une salle de spectacle, attestant un paiement, etc. : *ticket de métro ; ticket de caisse.*

**tic-tac** nm inv Bruit occasionné par un mouvement régulier : *le tic-tac d'une pendule.*

**tie-break** [tajbrɛk] (pl *tie-breaks*) nm Jeu décisif servant à départager deux joueurs à égalité, au tennis.

**tiédasse** adj D'une tiédeur désagréable.

**tiède** adj **1.** Entre le chaud et le froid : *un bain tiède.* **2.** FIG Qui manque d'ardeur, de ferveur : *des relations tièdes.* ◆ adv ■ **boire tiède** : prendre des boissons tièdes.

**tièdement** adv Avec tiédeur.

**tiédeur** nf **1.** État de ce qui est tiède. **2.** FIG Manque d'ardeur, de ferveur : *la tiédeur des sentiments.*

**tiédir** vi Devenir tiède. ◆ vt Rendre tiède.

**tiédissement** nm Fait de tiédir.

**tien, enne** pron poss ■ **le tien, la tienne, les tiens, les tiennes** : désigne ce qui appartient ou se rapporte à un possesseur de la 2e personne du singulier : *j'ai mes soucis et tu as les tiens.* ❑ FAM **à la tienne !** : à ta santé ! ◆ adj poss SOUT Qui est à toi : *cette qualité qui est tienne.* ◆ **tiens** nm pl ■ **les tiens** : tes parents, tes proches, tes partisans.

**tierce** nf **1.** MUS Intervalle de trois degrés. **2.** JEUX Série de trois cartes de même couleur.

**tiercé** nm Pari consistant à prévoir les trois premiers chevaux dans une course.

**tiercelet** nm Mâle d'oiseaux de proie, un tiers plus petit que la femelle.

**tiers, tierce** adj Qui vient en troisième lieu : *tierce personne.* ■ **tiers état** : partie de la nation française qui, sous l'Ancien Régime, n'appartenait ni à la noblesse ni au clergé. ◆ nm **1.** Chaque partie d'un tout divisé en trois parties égales : *le tiers d'une pomme.* **2.** Personne étrangère à un groupe : *ne pas se disputer devant des tiers.* ■ **tiers provisionnel** : acompte, en principe égal au tiers de l'imposition de l'année précédente, versé en février et en mai par le contribuable.

**tiers-monde** (pl *tiers-mondes*) nm Ensemble des pays économiquement peu développés ou en développement.

**tiers-mondisme** (pl *tiers-mondismes*) nm Tendance, opinion, doctrine des tiers-mondistes.

**tiers-mondiste** (pl *tiers-mondistes*) adj et n Relatif au tiers-monde ; qui est solidaire du tiers-monde.

**tif** nm FAM Cheveu.

**TIG** [teiʒe] nm (sigle) Travail d'intérêt général.

**tige** nf **1.** Axe du végétal qui porte des feuilles. **2.** Partie de la botte qui enveloppe la jambe. **3.** Partie mince et allongée de qqch : *la tige d'une plume.*

**tigiste** n Personne condamnée à effectuer un travail d'intérêt général (TIG).

**tiglon** ou **tigron** nm Hybride des espèces tigre et lion.

**tignasse** nf FAM Chevelure abondante et mal peignée.

**tigre, tigresse** n Grand quadrupède carnassier du genre chat, au pelage rayé, vivant en Asie du Sud-Est. ■ **jaloux comme un tigre** : extrêmement jaloux.

**tigré, e** adj Moucheté, rayé comme la peau du tigre : *cheval, chat tigré.*

**tigron** nm → **tiglon**.

**tilbury** [tilbyri] nm Cabriolet hippomobile léger, à deux places.

**tilde** [tild] nm **1.** Accent en forme de *s* couché, qui se trouve sur la lettre *n* de l'alphabet espagnol, notant un son équivalant à *n* mouillé [ɲ] en français (EX : *les cañons du Colorado*). **2.** Signe phonétique en forme de *s* couché indiquant la nasalisation.

**tillandsia** [tij-] nm Plante tropicale cultivée en serre pour ses fleurs ornementales.

**tille** nf → **teille**.

**tilleul** nm Arbre fournissant un bois blanc, et dont les fleurs odorantes donnent une infusion calmante ; infusion de fleurs de cet arbre.

**tilt** nm ■ FAM **faire tilt** : avoir une idée, la compréhension soudaine de qqch.

**timbale** nf **1.** Gobelet cylindrique en métal. **2.** Moule de cuisine haut et rond ; préparation culinaire cuite dans ce moule. **3.** MUS Tambour à bassin hémisphérique en cuivre. ■ FAM **décrocher la timbale** : remporter un prix, réussir.

**timbalier** nm Musicien qui joue des timbales.

**timbrage** nm Action de timbrer.

**1. timbre** nm **1.** Cloche ou clochette métallique que frappe un marteau ; son que rend une cloche de ce genre. **2.** Qualité du son de la voix ou d'un instrument.

**2. timbre** nm **1.** Cachet officiel sur le papier destiné aux actes publics, judiciaires, etc. **2.** Marque d'une administration, d'une maison de commerce ; instrument servant à apposer ces marques : *un timbre en caoutchouc.* **3.** Timbre-poste. ■ **timbre fiscal :** marque imprimée ou vignette apposée sur certains actes et qui représente le paiement de la taxe perçue au profit du Trésor.

**1. timbré, e** adj **1.** MUS Se dit de la voix qui résonne bien. **2.** FAM Un peu fou.

**2. timbré, e** adj ■ **papier timbré :** marqué d'un timbre officiel et obligatoire pour la rédaction de certains actes.

**timbre-poste** (pl *timbres-poste*) nm Vignette qu'on colle sur les lettres pour les affranchir.

**timbre-quittance** (pl *timbres-quittances*) nm Timbre qu'on colle sur les quittances.

**timbrer** vt Affranchir avec un timbre.

**timide** adj et n Qui manque d'assurance, de hardiesse : *enfant, réponse timides.*

**timidement** adv Avec timidité.

**timidité** nf Caractère timide.

**timing** [tajmiŋ] nm Chronologie d'un processus.

**timon** nm Pièce du train de devant d'une voiture, aux deux côtés de laquelle on attelle les chevaux.

**timonerie** nf Partie du navire où sont les appareils de navigation ; service des timoniers.

**timonier** nm Matelot ou gradé chargé de la barre, de la veille et des signaux.

**timoré, e** adj et n Qui n'ose rien entreprendre ; craintif, pusillanime.

**tin** nm MAR Pièce de bois pour soutenir la quille d'un bâtiment.

**tinctorial, e, aux** adj **1.** Qui sert à teindre. **2.** Relatif à la teinture.

**tinette** nf Fosse d'aisances mobile.

**tintamarre** nm Grand bruit discordant ; vacarme.

**tintement** nm Son ou succession de sons d'un objet qui tinte. ■ **tintement d'oreilles :** bourdonnement d'oreilles.

**tinter** vt Faire sonner lentement une cloche par coups espacés. ◆ vi **1.** Résonner lentement. **2.** Produire des sons aigus.

**tintin** interj FAM ■ **faire tintin :** être privé de quelque chose. ❑ **tintin ! :** n'y comptez pas !

**tintinnabuler** vi Produire le son d'un grelot.

**tintouin** nm FAM **1.** Embarras, souci. **2.** Vacarme.

**TIP** [tip] nm (sigle de *titre interbancaire de paiement*) Ordre de prélèvement sur un compte bancaire ou postal, signé par le débiteur, pour effectuer un paiement précis.

**tipi** nm Haute tente conique des Indiens d'Amérique du Nord.

**tique** nf Acarien parasite du chien, des ruminants, parfois de l'homme.

**tiquer** vi FAM Avoir l'attention arrêtée par quelque chose qui surprend, déplaît.

**tiqueté, e** adj Marqué de points colorés : *oiseau tiqueté.*

**tir** nm **1.** Action ou manière de lancer, au moyen d'un instrument, d'une arme, un projectile vers un but. **2.** Ensemble des projectiles envoyés dans une même direction. **3.** Endroit où l'on s'exerce à tirer. **4.** SPORTS Action de lancer un ballon, une flèche, une boule vers un but. ■ **tirs au but :** au football, série de tirs effectuée pour essayer de départager deux équipes à égalité à la fin de la partie.

**tirade** nf **1.** Morceau écrit ou parlé développant une même idée. **2.** Au théâtre, long monologue ininterrompu.

**tirage** nm **1.** Ensemble des exemplaires d'un ouvrage, d'un journal, imprimés en une fois. **2.** Exemplaire positif d'un cliché photographique. **3.** Reproduction définitive d'une gravure. **4.** Action de prélever au hasard un élément dans un ensemble : *tirage d'une loterie ; tirage au sort.* **5.** Action d'émettre une traite, un chèque. **6.** Différence de pression à l'entrée et à la sortie d'une cheminée. ■ FAM **il y a du tirage :** des difficultés : *il y a du tirage entre eux.*

**tiraillement** nm **1.** Contraction douloureuse, spasmodique. **2.** FIG Déchirement moral.

**tirailler** vt **1.** Tirer à diverses reprises. **2.** Entraîner dans des sens différents : *être tiraillé entre le devoir et l'intérêt.* ◆ vi Tirer avec une arme à feu, souvent et sans ordre.

**tiraillerie** nf (surtout au pluriel) Conflit continuel ou répété.

**tirailleur** nm Soldat détaché qui tire à volonté. ■ **marcher en tirailleurs :** progresser en ordre dispersé.

**tiramisu** [tiramisu] nm Entremets italien fait de couches alternées de fromage et de génoise imbibée de café et saupoudrée de cacao.

**tirant** nm **1.** Lanière fixée à la tige d'une botte et servant à l'enfiler. **2.** Cordon servant à fermer une bourse, un sac. ■ MAR **tirant d'eau :** distance verticale dont un bateau s'enfonce dans l'eau.

**1. tire** nf ■ **vol à la tire** : qui consiste à tirer des poches les objets qu'on dérobe.

**2. tire** nf ARG Automobile.

**tiré, e** adj Fatigué, amaigri : *traits tirés.* ■ **tiré à quatre épingles** : mis avec recherche. ❑ **tiré par les cheveux** : qui manque de logique. ◆ nm Taillis bas permettant la chasse au fusil. ■ **tiré à part** : reproduction séparée d'un article de revue.

**tire-au-flanc** n inv FAM Personne qui s'arrange pour échapper aux corvées.

**tire-botte** (pl *tire-bottes*) nm **1.** Crochet qu'on passe dans le tirant de la botte et qui permet de la tirer avec plus de force pour la chausser. **2.** Planche dotée d'une entaille pour coincer le talon de la botte à ôter.

**tire-bouchon** (pl *tire-bouchons*) nm Vis métallique servant à tirer les bouchons des bouteilles. ■ **en tire-bouchon** : en spirale.

**tire-bouchonner** vt Enrouler, tordre en spirale.

**tire-clou** (pl *tire-clous*) nm Outil pour arracher les clous.

**tire-d'aile (à)** loc adv À coups d'ailes rapides : *s'envoler à tire-d'aile.*

**tire-fesses** nm inv FAM Remonte-pente.

**tire-fond** nm inv **1.** CH DE F Grosse vis pour fixer le rail sur ses traverses. **2.** Anneau fixé au plafond pour suspendre un lustre.

**tire-lait** nm inv Appareil pour aspirer le lait du sein de la mère.

**tire-larigot (à)** loc adv FAM En grande quantité : *dépenser à tire-larigot.*

**tire-ligne** (pl *tire-lignes*) nm Instrument pour tracer des lignes.

**tirelire** nf Récipient muni d'une fente par laquelle on introduit l'argent qu'on veut économiser.

**tirer** vt **1.** Amener vers soi, entraîner derrière soi : *tirer une valise ; tirer qqn par la manche.* **2.** Faire sortir : *tirer son mouchoir de sa poche ; tirer la langue.* **3.** Obtenir un avantage : *tirer un bénéfice.* **4.** Déduire logiquement : *tirer une conclusion.* **5.** Prendre au hasard dans un ensemble : *tirer un numéro au sort.* **6.** Imprimer : *tirer un tract.* **7.** Réaliser une épreuve photographique : *tirer un négatif.* **8.** Tracer : *tirer un trait.* **9.** Lancer un projectile : *tirer une flèche.* ■ **tirer au clair** : éclaircir : *tirer une affaire au clair.* ❑ **tirer parti de** : utiliser. ❑ **tirer son origine de** : être issu de. ❑ **tirer un chèque** : donner ordre de la somme indiquée. ◆ vi **1.** Exercer une traction : *tirer sur une corde.* **2.** Faire usage d'une arme. **3.** Avoir du tirage, en parlant d'un conduit : *cheminée qui tire mal.* **4.** SPORTS Effectuer un tir au football, au basket-ball, etc. ; aux boules, lancer directement sa boule sur une autre pour la déplacer. **5.** Avoir une ressemblance avec : *rouge qui tire sur le brun.* **6.** Être imprimé à tant d'exemplaires. ■ **tirer à conséquence** : avoir des conséquences, des suites. ❑ **tirer à sa fin** : en approcher. ❑ **tirer en longueur** : se prolonger. ◆ **se tirer** vpr FAM S'en aller, s'enfuir. ■ **se tirer de** ou **s'en tirer** : se sortir d'une maladie, d'une difficulté.

**tiret** nm Petit trait horizontal dans un texte.

**tirette** nf **1.** Tablette mobile prolongeant latéralement un meuble. **2.** Dispositif de commande d'un appareil, d'un mécanisme. **3.** BELGIQUE Fermeture à glissière.

**tireur, euse** n **1.** Personne qui tire avec une arme à feu. **2.** Personne qui tire un chèque. **3.** SPORTS Aux boules, celui qui tire ; en escrime, celui qui dispute un combat ; au football, joueur qui expédie le ballon vers le but adverse. ■ **tireur, tireuse de cartes** : personne qui prétend annoncer l'avenir d'après les cartes à jouer.

**tiroir** nm Petite caisse emboîtée dans un meuble et qui coulisse à volonté. ■ **pièce, roman à tiroirs** : formés d'épisodes sans lien entre eux.

**tiroir-caisse** (pl *tiroirs-caisses*) nm Tiroir contenant la caisse d'un commerçant.

**tisane** nf Infusion ou décoction de plantes dans de l'eau.

**tisanière** nf Récipient pour faire infuser une tisane.

**tison** nm Reste d'un morceau de bois brûlé.

**tisonner** vt Remuer les tisons d'un feu pour l'attiser.

**tisonnier** nm Tige de fer pour tisonner, attiser le feu.

**tissage** nm **1.** Action de tisser. **2.** Usine où l'on tisse.

**tisser** vt **1.** Entrelacer des fils pour faire une étoffe : *tisser le lin.* **2.** Construire, confectionner en réseau : *araignée qui tisse sa toile.*

**tisserand, e** n Artisan qui tisse à la main ou sur machine.

**tisserin** nm Oiseau passereau qui construit un nid suspendu, doté d'un accès vertical.

**tisseur, euse** n Personne qui fait du tissage.

**tissu** nm **1.** Matériau obtenu par l'assemblage de fils entrelacés : *un tissu imperméable.* **2.** Manière dont sont assemblés les fils d'une étoffe : *un tissu serré.* **3.** ANAT Ensemble de cellules concourant à la même fonction : *tissu osseux.* **4.** FIG Ensemble enchevêtré de choses : *tissu de contradictions.* **5.** Ensemble d'éléments constituant un tout homogène : *le tissu social.* ■ **tissu urbain** : (a) disposition de l'habitat et des activités dans une ville (b) répartition des villes sur un territoire donné.

**tissu-éponge** (pl *tissus-éponges*) nm Étoffe spongieuse dont la surface est formée de bouclettes.

**tissulaire** adj ANAT Relatif à un tissu.

**tissure** nf Entrecroisement de fils tissés.

**titan** nm LITT Personne d'une puissance colossale : *travail de titan*.

**titane** nm Métal blanc qui se rapproche du silicium et de l'étain ; symb : Ti.

**titanesque** adj Qui surpasse la mesure de l'homme ; gigantesque : *œuvre titanesque*.

**titi** nm FAM Gamin effronté et gouailleur.

**titillation** nf Chatouillement léger.

**titiller** vt **1.** Chatouiller légèrement. **2.** FIG Exciter agréablement ; préoccuper, énerver.

**titisme** nm HIST Forme de socialisme pratiquée par Tito en Yougoslavie.

**titiste** adj et n Relatif au titisme ; partisan de Tito.

**titrage** nm **1.** Action de titrer un film, un article, etc. **2.** Mesure des matières contenues dans un composé chimique : *titrage d'un alcool*.

**titre** nm **1.** Inscription en tête d'un livre, d'un chapitre, pour en indiquer le contenu. **2.** Dans un journal, texte en gros caractères annonçant le contenu d'un article. **3.** Subdivision d'une loi. **4.** Qualification honorifique : *le titre de champion*. **5.** Qualification exprimant une relation sociale, une fonction : *le titre de père*. **6.** Acte authentique établissant un droit : *titre de rente*. **7.** Richesse d'un alliage, d'un minerai, d'un sel, en un métal ou en un corps déterminé. ■ **à juste titre** : avec raison. ❑ **à titre de** : en qualité de, comme : *être reçu à titre d'expert ; à titre d'exemple*. ❑ **en titre** : comme titulaire : *professeur en titre*. ❑ **titre de transport** : pièce donnant droit d'utiliser un moyen régulier de transport. ❑ **titre d'une solution** : rapport de la masse du corps dissous à la masse de la solution.

**titré, e** adj **1.** Qui possède un titre nobiliaire ou honorifique : *personnage titré*. **2.** CHIM Se dit d'une solution dont le titre est connu.

**titrer** vt **1.** Donner un titre à. **2.** CHIM Déterminer le titre d'une solution. ◆ vi CHIM Avoir tant de degrés, en parlant d'une solution, d'un alcool.

**titubant, e** adj Qui avance en vacillant.

**tituber** vi Marcher d'un pas hésitant ; vaciller, chanceler.

**titulaire** adj et n **1.** Qui occupe un poste en vertu d'un titre : *professeur titulaire*. **2.** Qui possède juridiquement : *le titulaire du bail*.

**titularisation** nf Action de titulariser ; fait d'être titularisé.

**titulariser** vt Rendre titulaire d'un emploi.

**TMS** nm (sigle) MÉD Trouble musculo-squelettique.

**1. TNT** nm (abrév. de *trinitrotoluène*) Explosif puissant.

**2. TNT** nf (sigle) Télévision numérique terrestre.

**toast** [tost] nm **1.** Invitation à boire à la santé de quelqu'un, au succès d'une entreprise : *porter un toast*. **2.** Tranche de pain grillée : *un toast beurré*.

**toasteur** [tostœr] ou **toaster** [tostœr] nm Appareil pour faire griller le pain.

**toboggan** nm **1.** Piste glissante, utilisée comme jeu. **2.** Dispositif pour acheminer les marchandises d'un étage à un autre.

**Toboggan** nm (nom déposé) Viaduc routier.

**toc** nm FAM Imitation d'un métal précieux, d'un objet de valeur : *bijou en toc*.

**TOC** nm inv (sigle) Trouble obsessionnel compulsif.

**1. tocard, e** adj FAM Laid, sans goût, sans valeur.

**2. tocard** ou **toquard** nm FAM **1.** Cheval de course médiocre. **2.** Sportif de peu de valeur. **3.** Personne incapable.

**toccata** nf Composition musicale pour instruments à clavier.

**tocsin** nm Bruit d'une cloche qui tinte à coups pressés et redoublés, pour donner l'alarme.

**tofu** [tɔfu] nm Pâte de suc de soja pochée ou grillée.

**toge** nf **1.** Manteau ample et long des anciens Romains. **2.** Robe de magistrat, d'avocat, de professeur.

**togolais, e** adj et n Du Togo : *les Togolais*.

**tohu-bohu** nm inv Confusion, désordre.

**toi** pron pers Désigne la 2e personne du singulier représentant celui, celle à qui l'on parle en fonction de sujet pour renforcer *tu*, comme complément après une préposition ou un impératif, ou comme attribut : *toi, tu rêves ; sans toi ; lève-toi ! ; c'est toi qui l'as fait*.

> EMPLOI Il est plus correct d'écrire *toi et moi, toi et ton père*, en plaçant toujours *toi* en tête, que l'inverse.

**toilage** nm Fond sur lequel se détache le dessin d'une dentelle.

**toile** nf **1.** Tissu de lin, de chanvre ou de coton : *draps de toile*. **2.** Tissu de fils résistants d'une matière quelconque : *toile métallique*. **3.** Tissu tendu sur lequel on peint ; tableau exécuté sur ce tissu. ■ **la**

**Toile** : le réseau Internet. ❑ **toile d'araignée** : ensemble de fils constitués par la soie que sécrètent les araignées. ❑ **toile de fond** : (a) rideau sur lequel sont représentés les derniers plans d'un décor de théâtre (b) FIG contexte sur lequel se détachent des événements.

**toilerie** nf Fabrique, commerce de toile.

**toilettage** nm Action de toiletter.

**toilette** nf **1.** Ensemble des soins de propreté du corps : *faire sa toilette.* **2.** Ensemble des vêtements et des accessoires utilisés par une femme : *changer de toilette.* **3.** Action de nettoyer quelque chose. ◆ **toilettes** pl Cabinets d'aisances, lavabos.

**toiletter** vt Entretenir le pelage d'un animal domestique.

**toise** nf Instrument pour mesurer la taille humaine.

**toiser** vt **1.** Mesurer à la toise. **2.** Regarder avec dédain, avec bravade.

**toison** nf **1.** Poil, laine d'un animal : *toison d'un mouton.* **2.** FAM Chevelure très abondante.

**toit** nm **1.** Couverture d'un bâtiment : *toit de tuiles.* **2.** FIG Lieu où l'on habite : *le toit paternel.* **3.** Paroi supérieure d'un véhicule. ■ **toit ouvrant** : partie mobile de la paroi supérieure d'une voiture, réalisant une ouverture partielle.

**toiture** nf Ensemble des pièces qui constituent le toit d'un bâtiment.

**tôlard, e** ou **taulard, e** n FAM Détenu.

**1. tôle** nf Fer ou acier laminé, en feuilles : *tôle ondulée.*

**2. tôle** ou **taule** nf FAM Prison.

**tolérable** adj Qu'on peut tolérer, supporter.

**tolérance** nf **1.** Respect de la liberté d'autrui, de ses opinions. **2.** Écart admis par rapport à une norme. **3.** Capacité de l'organisme à supporter une substance donnée. ■ VX **maison de tolérance** : de prostitution.

**tolérant, e** adj Qui fait preuve de tolérance ; indulgent.

**tolérer** vt (conj 10) **1.** Supporter avec indulgence : *tolérer les caprices d'une star.* **2.** Permettre tacitement : *tolérer les abus.* **3.** MÉD Supporter sans réaction pathologique.

**tôlerie** nf **1.** Fabrication de la tôle ; atelier où on la travaille. **2.** Partie d'un véhicule constituée par de la tôle.

**1. tôlier** nm Ouvrier qui travaille la tôle.

**2. tôlier, ère** ou **taulier, ère** n FAM **1.** Patron, patronne d'un hôtel médiocre. **2.** Patron, patronne d'une entreprise.

**tollé** nm Clameur générale d'indignation, de protestation.

**toluène** nm Hydrocarbure liquide, analogue au benzène, utilisé notamment comme solvant.

**TOM** nm (sigle) Territoire d'outre-mer.

**tomahawk** [tɔmaok] nm Hache de guerre des Indiens d'Amérique du Nord.

**tomaison** nf IMPR Indication du numéro du tome sur les volumes d'un ouvrage.

**tomate** nf Plante herbacée potagère dont on consomme le fruit, rouge et charnu ; fruit de cette plante.

**tombac** nm Laiton d'une variété couramment utilisée en bijouterie.

**tombal, e, als** ou **aux** adj Relatif à la tombe : *pierre tombale.*

**tombant, e** adj Qui pend. ■ **à la nuit tombante** : au crépuscule.

**tombe** nf Fosse, recouverte ou non d'une dalle, où l'on enterre un mort. ■ FIG **avoir un pied dans la tombe** : être près de mourir. ❑ **être muet comme une tombe** : rester totalement silencieux. ❑ **se retourner dans sa tombe** : se dit d'un mort qu'on imagine bouleversé par ce qui vient d'être dit ou fait.

**tombeau** nm Monument élevé sur une tombe. ■ **à tombeau ouvert** : à toute allure, à une vitesse propre à provoquer un accident mortel.

**tombée** nf ■ **à la tombée de la nuit** ou **à la tombée du jour** : au moment où la nuit arrive ; au crépuscule.

**tomber** vi (auxil : *être*) **1.** Perdre l'équilibre, être entraîné au sol par son poids : *tomber à la renverse ; tomber de cheval ; livre qui tombe.* **2.** Descendre vers le sol : *la pluie tombe.* **3.** Être, rester pendant : *cheveux qui tombent sur les yeux.* **4.** Se détacher de l'organe qui porte, en parlant de cheveux, de feuilles, etc. : *dents qui tombent.* **5.** Perdre de son intensité, cesser : *enthousiasme qui tombe.* **6.** Perdre le pouvoir, être renversé : *faire tomber le gouvernement.* **7.** Périr, être tué : *tomber au champ d'honneur.* **8.** Devenir : *tomber malade ; tomber amoureux.* **9.** Arriver, survenir : *fête qui tombe un jeudi.* **10.** Être précipité vers, dans : *tomber dans un piège, dans le ridicule.* ■ FIG, FAM **laisser tomber quelqu'un, quelque chose** : ne plus s'en occuper, ne plus s'y intéresser. ❑ FIG, FAM **tomber à l'eau** : échouer : *le projet est tombé à l'eau.* ❑ **tomber bien, mal** : arriver au bon, au mauvais moment. ❑ **tomber d'accord** : s'accorder sur. ❑ **tomber dans l'erreur** : se tromper. ❑ **tomber du ciel** : (a) arriver à l'improviste et au bon moment (b) être stupéfait. ❑ **tomber en ruine** : s'écrouler. ❑ FIG, FAM **tomber sur** : (a) rencontrer (b) se précipiter sur. ◆ vt (auxil : *avoir*) ■ FAM

**tomber la veste :** la retirer. ❑ FAM **tomber une femme :** la séduire.

**tombereau** nm Camion ou charrette à caisse basculante ; son contenu.

**tombeur, euse** n **1.** Sportif, sportive ayant éliminé tel adversaire. **2.** FIG, FAM Séducteur, séductrice.

**tombola** nf Loterie où chaque gagnant reçoit un lot en nature.

**tome** nm Division d'un livre correspondant généralement à la division en volumes : *un ouvrage en trois tomes*.

**tomme** nf Fromage de Savoie.

**tommette** nf Petit carreau de terre cuite pour le dallage des sols.

**1. ton** nm **1.** Degré de hauteur de la voix ou du son d'un instrument : *ton grave*. **2.** Inflexion de la voix : *ton humble*. **3.** Caractère du style : *ton noble, soutenu*. **4.** Façon de s'exprimer, de se présenter. **5.** MUS Gamme dans laquelle un air est composé. **6.** BX-ARTS Degré d'éclat des teintes. ■ **de bon ton :** en accord avec les bonnes manières, avec le bon goût. ❑ **donner le ton :** régler la mode, les usages. ❑ **être, ne pas être dans le ton :** s'accorder, ne pas s'accorder avec le milieu, le groupe où l'on est.

**2. ton, ta, tes** adj poss Désigne un possesseur de la 2ᵉ personne du singulier pour indiquer un rapport d'appartenance, une relation d'ordre affectif ou social : *ton histoire ; tes livres ; ta mère ; ton chef*.

**tonal, e, als** adj MUS Relatif au ton, à la tonalité.

**tonalité** nf **1.** Qualité d'un morceau musical écrit dans un ton déterminé. **2.** Qualité d'un récepteur radioélectrique qui restitue avec autant de fidélité les tons graves que les tons aigus. **3.** Son que produit un téléphone qu'on décroche. **4.** PEINT Ensemble des teintes, des nuances d'un tableau.

**tondaison** nf Époque de la tonte.

**tondeur, euse** n Personne qui tond les animaux, les étoffes.

**tondeuse** nf Instrument servant à tondre les cheveux, le poil, les étoffes, à faucher le gazon.

**tondre** vt (conj 51) **1.** Couper à ras les cheveux, le poil, le gazon, etc. **2.** FIG, FAM Dépouiller de son argent, exploiter.

**tondu, e** adj Dont on a coupé les cheveux, le poil, l'herbe.

**tong** [tɔ̃g] nf Sandale de plage en plastique, formée d'une semelle et d'une bride en V qui s'insère entre les deux premiers orteils.

**tonicardiaque** adj et nm Se dit d'un médicament qui stimule le cœur.

**tonicité** nf Propriété tonique, fortifiante.

**tonifiant, e** adj Qui tonifie.

**tonifier** vt Donner de la vigueur à, avoir un effet tonique.

**1. tonique** adj **1.** Qui fortifie ou stimule l'activité de l'organisme. **2.** FIG Qui stimule l'énergie, le moral : *lecture tonique*. **3.** Qui reçoit l'accent : *syllabe tonique*. ■ **accent tonique :** accent d'intensité. ❑ **lotion tonique :** qui raffermit la peau. ◆ nm **1.** Médicament tonique. **2.** Lotion tonique.

**2. tonique** nf Première note de la gamme du ton dans lequel est composé un morceau de musique.

**tonitruant, e** adj Bruyant comme le tonnerre : *voix tonitruante*.

**tonkinois, e** adj et n Du Tonkin.

**tonnage** nm Capacité de transport d'un navire, d'un camion.

**tonnant, e** adj Qui tonne : *voix tonnante*.

**tonne** nf **1.** Unité de mesure de masse équivalant à 1 000 kg. **2.** Grand tonneau ; son contenu. ■ FAM **des tonnes de :** beaucoup de : *des tonnes de paperasses*.

> <u>ORTHOGRAPHE</u> *Tonne* s'abrège par son symbole *t* (sans point) mais uniquement après un nombre écrit en chiffres : *cent tonnes, 100 t*.

**tonneau** nm **1.** Récipient de bois formé de douves assemblées, serrées par des cercles, et fermé par deux fonds plats ; son contenu. **2.** ANC Unité de capacité de transport d'un navire, valant 2,83 $m^3$. **3.** Culbute accidentelle, tour complet d'une voiture autour de son axe longitudinal. **4.** Figure de voltige aérienne. ■ FAM **du même tonneau :** de la même valeur, du même acabit.

**tonnelet** nm Petit tonneau.

**tonnelier** nm Celui qui fait ou répare des tonneaux.

**tonnelle** nf Treillage sur lequel on fait grimper de la vigne, des plantes, et qui sert d'abri.

**tonnellerie** nf Métier du tonnelier ; atelier de tonnelier.

**tonner** v impers Faire du bruit, en parlant du tonnerre. ◆ vi **1.** Produire un bruit semblable à celui du tonnerre : *le canon tonne*. **2.** FIG Parler avec véhémence contre : *tonner contre les abus*.

**tonnerre** nm **1.** Bruit accompagnant une décharge électrique, dont l'éclair est la manifestation lumineuse. **2.** Bruit assourdissant de quelque chose : *un tonnerre d'applaudissements*. ■ FAM **c'est du tonnerre :** c'est merveilleux, formidable. ❑ **coup de tonnerre :** (a) bruit de la foudre (b) FIG événement imprévu et brutal.

**tonsure** nf Surface circulaire rasée au sommet de la tête des ecclésiastiques.

**tonsuré** adj m et nm Qui porte la tonsure.

**tonte** nf **1.** Action de tondre la laine des moutons, le gazon. **2.** Laine que l'on tond. **3.** Tondaison.

**tontine** nf Association dans laquelle chaque associé verse une somme pour constituer un capital qui sera réparti à une époque déterminée entre les survivants.

**tonton** nm Oncle, dans le langage enfantin.

**tonus** [tɔnys] nm Énergie, dynamisme.

**1. top** [tɔp] nm Signal sonore bref.

**2. top** [tɔp] nm FAM Ce qui existe de mieux.

**topaze** nf Pierre fine jaune, transparente.

**top-case** [tɔpkɛz] (pl *top-cases*) nm Mallette fixée sur le porte-bagages d'un deux-roues motorisé.

**toper** vi Se taper mutuellement dans la main en signe d'accord : *tope là !*

**topinambour** nm Plante cultivée pour ses tubercules comestibles.

**topique** adj et nm Se dit d'un médicament qui agit à l'endroit où il est introduit ou appliqué.

**top model** [tɔpmɔdɛl] (pl *top models*) ou **top modèle** (pl *top modèles*) nm Mannequin de haute couture de renommée internationale.

**top niveau** (pl *top niveaux*) nm FAM Niveau le plus élevé.

**topo** nm FAM Exposé sur un sujet donné.

**topographe** n Spécialiste de topographie.

**topographie** nf **1.** Description et représentation graphique d'un terrain avec son relief. **2.** Disposition, relief d'un lieu.

**topographique** adj Relatif à la topographie.

**toponymie** nf Étude des noms de lieux.

**top secret** adj inv Strictement secret.

**toquade** ou **tocade** nf FAM Caprice, goût vif et passager pour quelqu'un ou pour quelque chose.

**toquante** ou **tocante** nf FAM Montre.

**toque** nf Coiffure cylindrique, sans bords : *toque de cuisinier.*

**toqué, e** adj et n FAM Un peu fou.

**toquer (se)** vpr [de] FAM S'éprendre de, avoir un engouement pour.

**torche** nf Flambeau grossier enduit de résine ou de cire. ■ **torche électrique** : lampe de poche cylindrique, de forte puissance.

**torcher** vt FAM **1.** Essuyer pour nettoyer. **2.** Exécuter à la hâte et mal.

**torchère** nf Candélabre porté par une tige ou une applique.

**torchis** nm Mortier de terre et de paille.

**torchon** nm **1.** Rectangle de toile pour essuyer. **2.** FAM Texte, devoir mal présenté. **3.** FAM Journal méprisable. ■ FIG **coup de torchon** : épuration radicale, coup de balai.

**tordant, e** adj FAM Drôle, amusant.

**tord-boyaux** nm inv FAM Eau-de-vie très forte et de qualité médiocre.

**tordre** vt (conj 52) **1.** Tourner en sens contraire un corps par ses deux extrémités : *tordre du linge.* **2.** Tourner violemment : *tordre le bras.* ■ **tordre le cou** : étrangler. ◆ **se tordre** vpr **1.** Se plier dans des contorsions sous l'effet d'une sensation, d'une émotion : *se tordre de douleur.* **2.** Se faire une entorse à : *se tordre la cheville.* ■ FAM **se tordre de rire** : rire convulsivement.

**tordu, e** adj **1.** De travers. **2.** FAM Extravagant, bizarre, compliqué : *avoir l'esprit tordu.*

**tore** nm **1.** ARCHIT Grosse moulure ronde à la base d'une colonne. **2.** GÉOM Surface engendrée par un cercle tournant autour d'une droite ne passant pas par son centre ; solide en forme d'anneau limité par cette surface.

**toréador** nm VX Torero.

**toréer** vi Exercer le métier de torero.

**torero** [tɔrero] nm Celui qui combat les taureaux dans l'arène.

> ORTHOGRAPHE Le nom a gardé sa forme espagnole, avec un *e* sans accent (*torero*), alors que le verbe a adopté la forme française, avec un *é* (*toréer*).

**torgnole** nf FAM Coup violent ; gifle.

**toril** [tɔril] nm Lieu où l'on tient les taureaux enfermés avant le combat.

**tornade** nf Coup de vent tourbillonnant très violent.

**toron** nm Assemblage de plusieurs gros fils tordus ensemble.

**torpédo** nf VX Automobile découverte à profil allongé.

**torpeur** nf **1.** Engourdissement profond : *tirer un homme de sa torpeur.* **2.** Ralentissement général des activités.

**torpide** adj LITT Qui provoque la torpeur ; qui en a les caractères.

**torpillage** nm Action de torpiller ; son résultat.

**torpille** nf **1.** Poisson plat possédant un organe électrique qui lui permet d'engourdir ses victimes. **2.** Engin de guerre pouvant provoquer une explosion sous-marine. **3.** Bombe d'avion à ailettes.

**torpiller** vt **1.** Attaquer, atteindre au moyen de torpilles. **2.** FIG Faire échouer quelque chose.

**torpilleur** nm **1.** Bateau destiné à porter, à lancer des torpilles. **2.** Marin chargé de la manipulation des torpilles.

**torque** nm Collier celtique, métallique et rigide.

**torréfacteur** nm **1.** Appareil de torréfaction. **2.** Commerçant qui torréfie du café et le vend.

**torréfaction** nf Action de torréfier : *torréfaction du café*.

**torréfier** vt Griller des grains de : *torréfier du café*.

**torrent** nm Violent cours d'eau de montagne. ■ **il pleut à torrents** : la pluie tombe très fort. ❑ FIG **un torrent de** : un grand écoulement de : *un torrent de larmes*.

**torrentiel, elle** adj **1.** Du torrent. **2.** Qui tombe à torrents : *pluie torrentielle*.

**torrentueux, euse** adj LITT Qui a l'impétuosité d'un torrent.

**torride** adj **1.** Excessivement chaud : *climat torride*. **2.** FAM D'un érotisme intense.

**tors, e** adj **1.** Contourné, difforme : *des jambes torses*. **2.** Tordu en spirale : *une colonne torse*.

**torsade** nf **1.** Frange tordue en spirale, employée en passementerie. **2.** Motif décoratif imitant un câble, un cordon tordu.

**torsader** vt Disposer en torsade.

**torse** nm **1.** Partie du corps comprenant les épaules et la poitrine jusqu'à la taille : *être torse nu*. **2.** Sculpture représentant un tronc humain sans tête ni membres.

**torsion** nf Action ou manière de tordre ; déformation produite en tordant.

**tort** nm **1.** Ce qui est contraire au droit, à la justice, à la raison. **2.** Préjudice, dommage. ■ **à tort** : injustement. ❑ **à tort et à travers** : sans discernement. ❑ **à tort ou à raison** : avec ou sans raison. ❑ **avoir tort** : ne pas avoir raison, se tromper. ❑ **donner tort à quelqu'un** : déclarer qu'il se trompe ou qu'il a commis une faute. ❑ **être en tort, dans son tort** : dans la situation de quelqu'un qui a commis une infraction ou une faute. ❑ **faire du tort à quelqu'un** : lui nuire.

**torticolis** nm Douleur du cou qui empêche tout mouvement de la tête.

**tortilla** [tɔrtilja] nf Spécialité mexicaine consistant en une crêpe de farine de maïs salée.

**tortillage** nm Action de tortiller.

**tortillard** nm Chemin de fer secondaire qui fait de nombreux détours.

**tortillement** nm Action de tortiller, de se tortiller ; aspect d'une chose tortillée.

**tortiller** vt Tordre en tous sens. ◆ vi ■ FAM **il n'y a pas à tortiller** : il est inutile de chercher des détours, des subterfuges. ❑ **tortiller des hanches** : balancer les hanches en marchant. ◆ **se tortiller** vpr Se tourner sur soi-même de différentes façons.

**tortillon** nm **1.** Bourrelet pour porter un fardeau sur la tête. **2.** Chose tortillée.

**tortionnaire** n Personne qui torture quelqu'un pour lui arracher des aveux ou par sadisme.

**tortue** nf Reptile au corps entouré d'une carapace osseuse. ■ FIG **à pas de tortue** : lentement.

**tortueusement** adv D'une manière tortueuse.

**tortueux, euse** adj **1.** Qui fait de nombreux détours. **2.** FIG Qui manque de franchise : *manœuvres tortueuses*.

**torturant, e** adj Qui torture.

**torture** nf **1.** Supplice physique que l'on fait subir à quelqu'un. **2.** Souffrance physique ou morale extrême. ■ **se mettre l'esprit à la torture** : faire de grands efforts pour trouver ou se rappeler quelque chose.

**torturer** vt **1.** Faire subir la torture à. **2.** Faire souffrir physiquement. **3.** FIG Tourmenter vivement. ◆ **se torturer** vpr ■ **se torturer l'esprit** : réfléchir longuement et intensément.

**torve** adj Se dit d'un regard oblique et menaçant.

**tory** (pl *torys* ou *tories*) nm et adj Membre du parti conservateur anglais.

**toscan, e** adj et n De Toscane : *les Toscans*. ◆ nm Dialecte italien de Toscane.

**tôt** adv Avant un moment qui sert de point de repère : *se lever tôt*. ■ **au plus tôt** : en prévoyant le délai le plus court. ❑ **tôt ou tard** : un jour ou l'autre.

**total, e, aux** adj Complet, entier. ◆ nm **1.** Assemblage de plusieurs parties formant un tout. **2.** Somme obtenue par addition. ■ **au total** : tout considéré.

**totale** nf FAM Ablation de l'utérus et des ovaires. ■ FAM **(c'est) la totale !** : tous les désagréments se produisent en même temps : *la grève des trains et la pluie, (c'est) la totale !*

**totalement** adv Entièrement, tout à fait.

**totalisateur** ou **totaliseur** nm Appareil qui donne le total d'une série d'opérations.

**totalisation** nf Action de faire un total ; son résultat.

**totaliser** vt **1.** Faire le total de. **2.** Arriver à un total de.

**totalitaire** adj ■ **régime, État totalitaire** : où tous les pouvoirs sont aux mains d'un parti unique et où l'opposition est interdite.

**totalitarisme** nm **1.** Système politique des régimes totalitaires. **2.** Autoritarisme.

**totalité** nf Tout, total. ■ **en totalité** : complètement.

GRAMMAIRE Avec *totalité,* le verbe s'accorde généralement au singulier : *la totalité des copies a été corrigée.*

**totem** [tɔtɛm] nm **1.** Animal ou végétal considéré comme l'ancêtre et le protecteur d'un clan à l'intérieur d'une tribu. **2.** Représentation de cet animal, de ce végétal.

**totémique** adj Relatif au totem.

**totémisme** nm Croyance aux totems.

**touareg, ègue** ou **targui, e** adj et n Qui appartient à un peuple nomade du Sahara.

**toubib** nm FAM Médecin.

**toucan** nm Oiseau frugivore grimpeur à bec énorme et vivement coloré.

**1. touchant** prép LITT Relativement à ; concernant.

**2. touchant, e** adj Qui touche, qui émeut.

**touche** nf **1.** Pièce d'une machine, d'un instrument, sur laquelle on appuie pour commander un mécanisme. **2.** FIG Manière de peindre, d'écrire : *une touche délicate.* **3.** Élément personnel, note particulière : *touche de fantaisie.* **4.** FAM Allure de quelqu'un : *avoir une drôle de touche.* **5.** Action du poisson qui mord à l'hameçon : *avoir une touche.* **6.** Limite latérale d'un terrain de football, de rugby. ■ FIG, FAM **botter, dégager en touche :** éluder une question gênante afin de gagner du temps ou de se soustraire à ses responsabilités. ❑ FAM **être sur la touche :** être tenu à l'écart d'une activité, d'une entreprise.

**touche-à-tout** n inv FAM Personne qui touche à tout, qui se mêle de tout ou qui se disperse en toutes sortes d'activités.

**1. toucher** vt **1.** Entrer en contact avec : *toucher des fruits.* **2.** Recevoir, percevoir : *toucher de l'argent.* **3.** Atteindre : *toucher un but, un adversaire.* **4.** Concerner : *cela ne me touche en rien.* **5.** Émouvoir : *ses larmes m'ont touché.* ◆ vt ind [à] **1.** Porter la main sur : *défense de toucher au tableau.* **2.** Modifier : *toucher à une loi.* **3.** Être proche de, contigu : *maison qui touche à l'église.* **4.** Être sur le point d'atteindre : *toucher au port.* **5.** Aborder un sujet : *toucher à un point crucial.* **6.** Prendre une partie de ; entamer : *toucher à ses économies ; ne pas toucher à son repas.* ■ **toucher à sa fin :** être sur le point de se terminer. ◆ **se toucher** vpr Être en contact : *deux maisons qui se touchent.*

**2. toucher** nm **1.** Sens grâce auquel on connaît la forme et l'état extérieur des corps par contact. **2.** Manière de toucher.

**touffe** nf Bouquet, assemblage de fils, de brins, de poils : *touffe d'herbe, de cheveux.*

**touffeur** nf LITT Chaleur étouffante.

**touffu, e** adj **1.** Épais, serré : *bois touffu.* **2.** FIG Abondant en détails : *roman trop touffu.*

**touiller** vt FAM Remuer, agiter, mélanger.

**toujours** adv **1.** Sans cesse, sans fin : *nourrisson qui pleure toujours.* **2.** En tout temps : *l'hypocrisie a toujours existé.* **3.** Encore à présent : *je l'aime toujours malgré ses défauts.* **4.** De toute façon : *c'est toujours mieux que rien.* ■ **pour toujours :** pour tout le temps à venir ; définitivement. ❑ **toujours est-il que... :** néanmoins, cependant.

**toundra** [tundra] nf Dans les régions de climat froid, formation végétale discontinue.

**toupet** nm **1.** Petite touffe de poils, de crins ou de cheveux. **2.** Audace, effronterie.

**toupie** nf **1.** Jouet d'enfant, formé d'une masse ronde munie d'une pointe, sur laquelle elle pivote. **2.** Machine pour le travail du bois.

**toupiller** vt TECHN Travailler le bois à l'aide d'une toupie.

**touque** nf Récipient métallique pour le transport de certains produits.

**1. tour** nf **1.** Bâtiment nettement plus haut que large, de forme ronde ou carrée. **2.** Construction en hauteur : *la tour Eiffel.* **3.** Pièce du jeu d'échecs en forme de tour crénelée. ■ **tour de contrôle :** bâtiment qui domine un aérodrome et d'où se fait le contrôle des envols et des atterrissages. ❑ **tour d'ivoire :** isolement.

**2. tour** nm **1.** Mouvement d'un corps qui tourne sur lui-même : *tour de manivelle.* **2.** Mouvement plus ou moins circulaire autour de quelqu'un ou de quelque chose : *faire le tour de la ville.* **3.** Contour, limite, circonférence : *tour de poitrine.* **4.** Rang dans une succession : *parler à son tour.* **5.** Exercice exigeant de l'adresse, de l'habileté : *tour de passe-passe.* **6.** Manière de présenter une idée : *tour original.* **7.** MÉCAN Machine-outil servant à façonner une pièce montée sur un arbre animé d'un mouvement de rotation. **8.** Dispositif actionné au pied, comportant un plateau rotatif horizontal sur lequel le potier dispose la motte d'argile à tourner (on dit aussi : *tour de potier*). ■ **à tour de bras :** de toute la force du bras. ❑ **à tour de rôle :** en respectant un ordre de succession : *prendre la parole à tour de rôle.* ❑ **en un tour de main :** en un instant. ❑ **faire un tour :** une promenade. ❑ **tour à tour :** l'un après l'autre ; alternativement. ❑ **tour de chant :** programme de chansons présentées par un chanteur sur scène. ❑ **tour de reins :** lumbago.

**tourangeau, elle** adj et n De la Touraine ou de Tours : *les Tourangeaux.*

**tourbe** nf Combustible de qualité médiocre issu de la décomposition des végétaux.

**tourbeux, euse** adj Qui contient de la tourbe.

**tourbière** nf **1.** Marécage où se forme la tourbe. **2.** Gisement de tourbe.

**tourbillon** nm **1.** Vent impétueux qui souffle en tournoyant. **2.** Masse d'eau qui tournoie rapidement. **3.** Masse quelconque qui tournoie : *tourbillon de poussière.* **4.** FIG Mouvement rapide de personnes ou de choses.

**tourbillonnant, e** adj Qui tourbillonne.

**tourbillonnement** nm Mouvement en tourbillon.

**tourbillonner** vi **1.** Former des tourbillons. **2.** Tournoyer rapidement.

**tourelle** nf **1.** Petite tour attenante à un bâtiment. **2.** Abri orientable destiné à protéger un tireur sur un engin blindé, dans un avion.

**tourillon** nm **1.** Partie cylindrique autour de laquelle une pièce reçoit un mouvement de rotation. **2.** Cheville cylindrique servant à assembler des pièces de bois, des panneaux.

**tourisme** nm **1.** Action de voyager pour son agrément. **2.** Ensemble des activités, des techniques mises en œuvre pour les voyages et les séjours d'agrément. ■ **de tourisme** : à usage privé et non collectif : *avion de tourisme.* ❑ **tourisme spatial** : activité touristique consistant à envoyer des personnes dans l'espace à bord d'engins spatiaux, conçus pour des vols suborbitaux en apesanteur.

**touriste** n Personne qui voyage pour son agrément. ■ **classe touriste** : classe à tarif réduit, en avion.

**touristique** adj **1.** Relatif au tourisme : *guide touristique.* **2.** Qui attire les touristes : *ville touristique.*

**tourmaline** nf Pierre fine de couleur variée.

**tourment** nm SOUT Violente douleur physique ou morale.

**tourmente** nf **1.** SOUT Tempête violente. **2.** FIG Troubles violents : *tourmente politique.*

**tourmenté, e** adj **1.** En proie aux tourments, à l'angoisse : *visage tourmenté.* **2.** Qui a des irrégularités brusques et nombreuses : *un sol tourmenté.*

**tourmenter** vt SOUT **1.** Causer une souffrance physique ou morale à : *son procès le tourmente.* **2.** Importuner par une insistance excessive. ◆ **se tourmenter** vpr Se faire beaucoup de souci.

**tournage** nm **1.** Action d'usiner au tour. **2.** CIN Action de filmer : *tournage d'un film.*

**tournailler** vi FAM Aller et venir sans but.

**tournant, e** adj **1.** Qui tourne, qui pivote : *fauteuil, pont tournant.* **2.** Qui contourne, prend à revers : *manœuvre tournante.* ■ **grève tournante** : qui paralyse successivement les différents secteurs d'une activité économique, les divers services d'une entreprise. ◆ nm **1.** Coude d'un chemin, d'une rivière, d'une voie. **2.** FIG Moment où les événements prennent une tournure différente : *un tournant de cette histoire.* ■ FAM **avoir, attendre quelqu'un au tournant** : se venger dès que l'occasion se présente.

**tourné, e** adj **1.** Fait d'une certaine façon : *phrase bien tournée.* **2.** Aigri, altéré : *vin, lait tourné.* ■ **avoir l'esprit mal tourné** : interpréter les choses de mauvaise manière, en particulier d'une façon licencieuse.

**tournebouler** vt FAM Troubler, perturber l'esprit de quelqu'un.

**tournebroche** nm Mécanisme faisant tourner une broche à rôtir.

**tourne-disque** (pl *tourne-disques*) nm Appareil qui sert à écouter des disques. SYN : électrophone.

**tournedos** nm Tranche de filet de bœuf ronde et épaisse.

**tournée** nf **1.** Voyage à itinéraire déterminé et à caractère professionnel : *tournée théâtrale ; tournée du facteur, tournée électorale.* **2.** FAM Ensemble des boissons offertes par un consommateur à d'autres, dans un café. **3.** VIEILLI, FAM Volée de coups.

**tournemain** nm ■ **en un tournemain** : en un instant.

**tourner** vt **1.** Imprimer un mouvement de rotation à : *tourner le volant.* **2.** Changer de position, de direction : *tourner la tête.* **3.** Faire changer de position, mettre dans un autre sens : *tourner une lampe.* **4.** Remuer en rond un aliment, un liquide, pour les mélanger : *tourner la salade, une sauce.* **5.** Orienter, diriger : *tourner les yeux vers qqn.* **6.** Éluder, se soustraire à : *tourner une difficulté.* **7.** Interpréter : *tourner tout en mal.* **8.** Présenter, exprimer d'une certaine façon : *bien tourner ses phrases.* **9.** TECHN Façonner au tour. **10.** CIN Réaliser le tournage d'un film. ■ **tourner bride** : revenir sur ses pas, en parlant d'un cavalier. ❑ **tourner casaque** : changer de parti, d'avis. ❑ **tourner en ridicule** : ridiculiser. ❑ **tourner la page** : (a) ne plus se préoccuper du passé (b) changer de sujet, d'activité. ❑ **tourner la tête à qqn** : lui faire perdre la raison. ❑ **tourner le dos à** : (a) s'éloigner de (b) FIG traiter avec mépris. ❑ **tourner les talons** : s'en aller ◆ vi **1.** Se mouvoir, se déplacer circulairement : *manège qui tourne.* **2.** S'altérer, devenir aigre :

*lait qui tourne.* **3.** Être en fonctionnement, en parlant d'une machine : *laisser le moteur tourner.* **4.** Changer de direction : *tourner à droite.* **5.** Suivre une ligne courbe : *route qui tourne.* **6.** Participer au tournage d'un film. **7.** Avoir pour centre d'intérêt : *problème qui tourne autour de deux questions.* **8.** Évoluer de telle ou telle façon : *tourner au ridicule.* **9.** Finir, s'achever : *affaire qui tourne mal.* **10.** Se succéder pour assurer un service, en parlant de plusieurs personnes. ■ **avoir la tête qui tourne** : le vertige. ❑ **tourner court** : finir brusquement. ❑ FAM **tourner de l'œil** : s'évanouir. ◆ **se tourner** vpr [vers] **1.** Changer de position pour se trouver face à : *acteur qui se tourne vers le public.* **2.** S'orienter vers, en parlant des yeux, du regard. **3.** S'engager dans : *se tourner vers l'enseignement.* **4.** Avoir recours à : *se tourner vers ses amis.*

**tournesol** [turnəsɔl] nm Plante dont la fleur jaune se tourne vers le soleil et dont les graines fournissent une huile comestible.

**tourneur, euse** n Ouvrier, ouvrière qui travaille sur un tour.

**tournevis** [turnəvis] nm Outil pour visser ou dévisser des vis.

**tournicoter** vi FAM Tourner dans tous les sens.

**tourniquet** nm **1.** Appareil pivotant à l'entrée d'une voie ou d'un bâtiment qui ne laisse passer qu'une personne à la fois. **2.** Dispositif d'arrosage pivotant en son centre. **3.** Présentoir rotatif.

**tournis** nm ■ **avoir, donner le tournis** : le vertige.

**tournoi** nm **1.** Compétition sportive : *tournoi de tennis.* **2.** Compétition amicale, sans attribution d'un titre : *tournoi de bridge.* **3.** HIST Au Moyen Âge, fête où les chevaliers combattaient à cheval.

**tournoiement** nm Action de tournoyer ; mouvement de ce qui tournoie.

**tournoyer** vi (conj 3) Tourner sur soi, décrire des cercles ; tourbillonner.

**tournure** nf **1.** Aspect, allure que présente quelqu'un, quelque chose, une situation : *prendre une bonne, une mauvaise tournure.* **2.** Agencement des mots dans une phrase : *tournure incorrecte.* ■ **tournure d'esprit** : manière de voir les choses, de les présenter.

**tour-opérateur** (pl *tour-opérateurs*) nm Personne qui commercialise des voyages à forfait. SYN : voyagiste.

**tourte** nf Préparation constituée d'une tarte en pâte feuilletée ou brisée, garnie de viande, de poisson, de fruits ou de légumes, et recouverte d'une couche de la même pâte.

**1. tourteau** nm Résidu de graines, de fruits oléagineux, utilisé comme aliment pour les bestiaux.

**2. tourteau** nm Gros crabe à large carapace (on dit aussi : *crabe dormeur, dormeur*).

**tourtereau** nm Jeune tourterelle. ◆ **tourtereaux** pl Jeunes amoureux.

**tourterelle** nf Oiseau voisin du pigeon, mais plus petit.

**tourtière** nf Ustensile pour faire cuire des tourtes ou des tartes.

**Toussaint** nf Fête de tous les saints, le 1er novembre.

**tousser** vi **1.** Avoir un accès de toux ; se râcler la gorge. **2.** FAM Évoquer le bruit d'une toux : *moteur qui tousse.*

**toussotement** nm Action de toussoter ; bruit ainsi produit.

**toussoter** vi Tousser souvent, mais faiblement.

**tout** [tu] devant une consonne, [tut] devant une voyelle ou un *h* muet, **toute, tous** [tu] devant une consonne, [tuz] devant une voyelle ou un *h* muet, **toutes** adj **1.** Chaque, n'importe quel : *tout homme est sujet à l'erreur ; toute peine mérite salaire ; tous les jours.* **2.** Indique la totalité d'une durée, d'un ensemble, l'intégralité d'une chose : *toute la nuit ; tous les deux.* **3.** Exprime l'intensité ; complet, sans réserve : *en toute simplicité ; à toute vitesse.* **4.** Indique une restriction sur la valeur, sur l'intensité ; seul, unique : *toute la difficulté ; pour toute réponse.* ◆ (au pluriel, se prononce [tus]) pron indéf **1.** Toute chose, chaque chose : *il sait tout faire.* **2.** Tout le monde : *ils sont tous venus.* ■ **après tout** : en fin de compte. ❑ **à tout prendre** : en somme. ❑ **en tout et pour tout** : uniquement. ◆ nm **1.** La totalité, l'ensemble : *livres qui forment un tout.* **2.** L'essentiel, le principal : *le tout est de partir.* ■ **changer du tout au tout** : complètement. ❑ **jouer le tout pour le tout** : risquer totalement. ❑ **pas du tout** ou **du tout** : nullement. ❑ **plus du tout** : absolument plus. ❑ **rien du tout** : absolument rien. ◆ adv Marque l'intensité, le degré absolu ; entièrement, très : *il est tout content ; tout là-bas ; c'est tout le contraire.* ■ **tout à fait** : entièrement. ❑ **tout de même** : (a) néanmoins : *il est malade ; il y va tout de même* (b) marque l'impatience, la réprobation : *tout de même, te voilà !*

GRAMMAIRE On distinguera bien *tout* adjectif indéfini et *tout* adverbe : *toute autre demande sera rejetée* (*tout* équivaut à « n'importe quelle », il s'accorde) mais *c'est une tout autre demande* (*tout* équivaut à « totalement », il est invariable).

**tout-à-l'égout** nm inv Système de vidange envoyant directement à l'égout les eaux usées.

**tout-en-un** nm **1.** Livre qui réunit en un volume des informations de toutes sortes. **2.** Appareil multifonction.

**toutefois** adv Néanmoins.

**toute-puissance** (pl *toutes-puissances*) nf Puissance absolue.

**toutou** nm FAM Chien, dans le langage enfantin.

**tout-petit** (pl *tout-petits*) nm Très jeune enfant.

**tout-puissant, toute-puissante** (pl *tout-puissants, toutes-puissantes*) adj Qui a un pouvoir sans bornes. ◆ nm ■ **le Tout-Puissant** : Dieu.

**tout-terrain** ou **tout terrain** nm inv et adj inv Véhicule conçu pour rouler sur n'importe quel terrain.

**tout-venant** nm inv **1.** Ensemble de choses ou de personnes ordinaires. **2.** Matériau extrait d'une mine ou d'une carrière, non trié.

**toux** nf Expiration brusque et sonore de l'air contenu dans les poumons.

**toxicité** nf Caractère toxique.

**toxicologie** nf Étude des substances toxiques.

**toxicologue** n Spécialiste de toxicologie.

**toxicomane** n et adj Personne atteinte de toxicomanie.

**toxicomaniaque** adj Relatif à la toxicomanie.

**toxicomanie** nf Habitude d'absorber des substances susceptibles d'engendrer un état de dépendance psychique ou physique.

**toxine** nf **1.** Substance toxique élaborée par un organisme vivant. **2.** Déchet de l'organisme.

**toxique** adj et nm Se dit d'une substance nocive pour les organes vivants.

**toxoplasmose** nf Maladie provoquée par un protozoaire, dangereuse pour le fœtus chez une femme enceinte.

**TP** nm pl (sigle) Travaux pratiques.

**trac** nm FAM Peur que l'on éprouve au moment de paraître en public, d'entreprendre une action.

**traçabilité** nf **1.** Possibilité de remonter la filière de fabrication d'un produit et de suivre les voies de sa distribution. **2.** Possibilité de suivre un objet aux différentes étapes de son acheminement.

**1. traçage** nm Action de tracer.

**2. traçage** nm Technique de suivi des contacts entre les personnes par le biais d'une application sur téléphone intelligent, utilisée notamm. dans un cadre sanitaire.

**traçant, e** adj Se dit d'un projectile conçu pour laisser derrière lui un sillage lumineux.

**tracas** nm Souci, inquiétude momentanés.

**tracasser** vt Causer du souci, inquiéter. ◆ **se tracasser** vpr S'inquiéter vivement.

**tracasserie** nf Ennui causé à qqn pour des choses peu importantes.

**tracassier, ère** adj Qui suscite des tracas, des difficultés pour des riens.

**trace** nf **1.** Empreinte du passage de qqn, d'un animal, d'un véhicule. **2.** Cicatrice, marque qui reste d'une chose. **3.** FIG Impression dans l'esprit, la mémoire. ■ **à la trace** : en suivant les traces. ❑ FIG **suivre les traces de qqn** : suivre son exemple.

**tracé** nm **1.** Dans un dessin, un plan, représentation des contours. **2.** Ligne suivie, parcours : *tracé d'un chemin de fer.*

**tracement** nm Action de tracer.

**tracer** vt (conj 1) **1.** Représenter par des lignes et des points. **2.** Indiquer par l'écriture. **3.** Dépeindre, décrire : *tracer un tableau sinistre.* **4.** Indiquer la voie à suivre. **5.** Suivre, par des technologies diverses, les déplacements d'une personne ou d'un objet : *tracer un téléphone portable.*

**traceur** nm Petit dispositif de géolocalisation par satellite, dont on équipe qqn ou qqch pour suivre ses déplacements.

**trachéal, e, aux** [trakeal, o] adj De la trachée.

**trachée** [traʃe] ou **trachée-artère** [traʃearter] (pl *trachées-artères*) nf Canal qui fait communiquer le larynx avec les bronches.

**trachéite** [trakeit] nf Inflammation de la trachée.

**trachéotomie** [trakeɔtɔmi] nf Opération chirurgicale qui consiste à ouvrir la trachée au niveau du cou pour permettre la respiration en cas d'asphyxie.

**trachome** [trakom] nm MÉD Conjonctivite contagieuse.

**traclet** nm SUISSE FAM Petit train, spécialement petit train de montagne.

**tract** [trakt] nm Feuille ou brochure imprimée distribuée à des fins de propagande.

**tractation** nf (surtout au pluriel) Négociation secrète difficile.

**tracter** vt Tirer au moyen d'un véhicule ou d'un dispositif mécanique.

**tracteur** nm Véhicule motorisé servant à remorquer des véhicules sans moteur ou à tirer des instruments agricoles.

**traction** nf **1.** Action de tirer, de mouvoir quand la force est placée en avant de la résistance. **2.** Action d'une force agissant sur un corps suivant son axe et tendant à l'allonger. ■ **traction (avant)** : automobile dont les roues avant sont motrices.

**trade-union** [trɛdjunjɔn] ou [trɛdynjɔn] (pl *trade-unions*) nf Syndicat ouvrier en pays anglo-saxon.

**tradition** nf **1.** Transmission de doctrines religieuses ou morales, de légendes, de coutumes, par la parole ou par l'exemple ; ce qui est transmis. **2.** Manière d'agir ou de penser transmise de génération en génération. ■ **de tradition** : habituel.

**traditionalisme** nm Attachement aux idées, aux coutumes transmises par la tradition.

**traditionaliste** adj et n Relatif au traditionalisme ; qui en est partisan.

**traditionnel, elle** adj **1.** Fondé sur la tradition. **2.** Passé dans les habitudes.

**traditionnellement** adv De façon traditionnelle.

**traducteur, trice** n Auteur d'une traduction.

**traduction** nf **1.** Action de transposer dans une autre langue ; ouvrage traduit. **2.** Manière d'exprimer d'une autre façon ; manifestation. **3.** Fait de traduire qqn en justice.

**traduire** vt (conj 70) **1.** Faire passer un texte, un discours, d'une langue dans une autre : *traduire du latin en français.* **2.** Exprimer, manifester, révéler : *visage qui traduit un sentiment d'anxiété.* ■ **traduire en justice** : citer, appeler devant un tribunal. ◆ **se traduire** vpr Être exprimé, se manifester : *sa douleur se traduisait par des cris.*

**traduisible** adj Qui peut être traduit : *mot difficilement traduisible.*

**1. trafic** nm **1.** Commerce clandestin, illégal : *faire le trafic des stupéfiants.* **2.** FAM Ensemble d'activités plus ou moins mystérieuses et compliquées. ■ DR **trafic d'influence** : infraction commise par une personne de pouvoir qui se fait rémunérer pour jouer de son influence auprès de l'autorité publique.

**2. trafic** nm **1.** Mouvement, fréquence de la circulation des trains, des voitures, des avions : *trafic aérien, routier.* **2.** Circulation des marchandises.

**traficoter** vi FAM Se livrer à de petits trafics. ◆ vt FAM Manigancer.

**trafiquant, e** n Personne qui se livre à un commerce malhonnête.

**trafiquer** vi Se livrer à des opérations commerciales clandestines et illégales. ◆ vt FAM **1.** Falsifier, frelater quelque chose : *trafiquer du vin.* **2.** Manigancer : *que trafiques-tu ?*

**tragédie** nf **1.** Pièce de théâtre représentant une ou des actions de caractère passionnel et à l'issue généralement dramatique : *les tragédies shakespeariennes.* **2.** Événement funeste, catastrophe.

**tragédien, enne** n Acteur, actrice qui interprète surtout des tragédies.

**tragi-comédie** (pl *tragi-comédies*) nf **1.** Tragédie mêlée d'incidents comiques. **2.** FIG Mélange de choses sérieuses et comiques.

**tragi-comique** (pl *tragi-comiques*) adj Qui tient du tragique et du comique.

**tragique** adj **1.** Qui appartient à la tragédie. **2.** Terrible, funeste, sanglant : *fin tragique.* ◆ nm **1.** Le genre tragique. **2.** Auteur de tragédies. **3.** Caractère de ce qui est terrible : *le tragique d'une situation.*

**tragiquement** adv De façon tragique.

**trahir** vt **1.** Livrer, abandonner qqn ou qqch à qui ou à quoi l'on doit fidélité : *trahir son pays.* **2.** FIG Manquer à : *trahir son serment.* **3.** Révéler : *trahir un secret.* **4.** Ne pas répondre à : *trahir la confiance.* **5.** Ne pas exprimer exactement : *trahir la pensée de qqn.* ◆ **se trahir** vpr Laisser involontairement deviner ses pensées, ses sentiments : *se trahir par un geste.*

**trahison** nf Action de trahir.

**train** nm **1.** Convoi de wagons ou de voitures traînés par une locomotive : *voyager en train ; train express.* **2.** File de véhicules, d'objets traînés ou avançant ensemble : *train de péniches.* **3.** Ensemble d'organes mécaniques, d'objets qui fonctionnent ensemble : *train d'atterrissage.* **4.** Enchaînement de choses diverses ; série : *train de mesures fiscales.* **5.** Partie antérieure ou postérieure d'un quadrupède. **6.** Allure, vitesse d'une personne, d'un animal, d'un véhicule : *aller bon train.* ■ **être en train** : en forme. ❑ **être en train de** : occupé à : *être en train de lire.* ❑ **mettre qqch en train** : commencer à le faire. ❑ **train de vie** : manière de vivre de qqn par rapport à ses revenus.

**traînage** nm Action de traîner.

**traînailler** vi → **traînasser**.

**traînant, e** adj **1.** Qui traîne. **2.** FIG Monotone, lent : *voix traînante.*

**traînard, e** n FAM **1.** Personne qui reste en arrière, dans une marche. **2.** Personne qui agit avec lenteur.

**traînasser** ou **traînailler** vi FAM **1.** Agir avec beaucoup de lenteur. **2.** Se promener sans but précis.

**traîne** nf Partie d'un vêtement qui traîne à terre. ■ **à la traîne** : (a) à l'abandon, en désordre : *dossiers à la traîne* (b) en retard : *élève à la traîne.*

**traîneau** nm Véhicule muni de patins, que l'on fait glisser sur la glace et la neige.

**traînée** nf Longue trace laissée dans l'espace ou sur une surface par une chose en mouvement : *une traînée de sang.* ■ **se répandre comme une traînée de poudre :** très rapidement.

**traîner** vt **1.** Tirer derrière soi : *traîner un filet.* **2.** Déplacer péniblement : *traîner les pieds.* **3.** Emporter, amener partout avec soi : *traîner son vieux sac.* **4.** Emmener de force : *traîner quelqu'un au cinéma.* **5.** Supporter une chose pénible qui dure : *traîner une grippe.* ■ **traîner dans la boue :** diffamer. ❑ **traîner en longueur :** (a) différer la conclusion de (b) tarder à finir. ◆ vi **1.** Pendre jusqu'à terre : *manteau qui traîne.* **2.** Perdre du temps, s'attarder : *traîner en chemin.* **3.** Durer trop longtemps : *procès qui traîne.* **4.** Ne pas être en ordre : *tout traîne dans cette maison.* **5.** Errer par désœuvrement : *traîner dans les rues.* **6.** Se trouver partout : *légende qui traîne dans tous les livres.* ◆ **se traîner** vpr **1.** Ramper. **2.** Marcher avec difficulté ou lenteur. **3.** Se prolonger inutilement.

**traîne-savates** ninv FAM Personne oisive, qui n'agit qu'en traînant.

**training** [treniŋ] nm **1.** Tennis à semelle de caoutchouc. **2.** VIEILLI Survêtement.

**train-train** nm inv FAM Répétition monotone des actes de la vie quotidienne.

**traire** vt (conj 79) Tirer le lait des mamelles : *traire une vache.*

**trait** nm **1.** Ligne tracée sur une surface quelconque : *trait de plume.* **2.** Manière d'exprimer, de décrire : *peindre une scène en traits précis.* **3.** LITT Propos blessant, raillerie : *trait satirique.* **4.** Élément caractéristique de qqn, de qqch : *traits communs de deux personnes.* **5.** Action révélatrice : *trait de génie.* ■ **à grands traits :** sans se préoccuper des détails : *dépeindre une scène à grands traits.* ❑ **animal, bête de trait :** propre à tirer une charge. ❑ **avoir trait à :** se rapporter à. ❑ **d'un trait** ou **d'un seul trait :** en une fois : *boire son verre d'un trait.* ❑ **tirer un trait sur :** renoncer à. ❑ **trait d'union :** (a) petit tiret placé entre les éléments d'un mot composé ou entre le verbe et un pronom personnel postposé (b) FIG intermédiaire. ❑ **trait pour trait :** avec une parfaite ressemblance. ◆ **traits** pl lignes caractéristiques du visage : *avoir les traits fins.* ■ **sous les traits de :** sous l'aspect de.

**traitant, e** adj Qui traite, soigne : *shampooing traitant.* ■ **médecin traitant :** médecin, généraliste ou spécialiste, libéral ou hospitalier, choisi par un assuré social pour être son médecin habituel, celui qui le suivra tout au long de son parcours de soins coordonné.

**traite** nf **1.** Action de traire. **2.** Lettre de change : *payer, accepter une traite.* **3.** Trafic, commerce de personnes : *traite des Noirs.* ■ **d'une seule traite :** sans s'arrêter.

**traité** nm **1.** Ouvrage relatif à une matière particulière : *traité de chimie.* **2.** Convention écrite entre deux ou plusieurs États.

**traitement** nm **1.** Manière d'agir, de se comporter envers quelqu'un. **2.** Ensemble des moyens employés pour prévenir ou guérir une maladie : *suivre un traitement.* **3.** Ensemble des opérations que l'on fait subir à des matières brutes. **4.** Action, manière de traiter une question. **5.** Rémunération d'un fonctionnaire. ■ INFORM **traitement de texte(s) :** ensemble des techniques informatiques qui permettent la saisie, la mémorisation, la correction, l'actualisation, la mise en pages et l'impression de textes.

**traiter** vt **1.** Agir bien ou mal envers qqn : *traiter durement qqn.* **2.** Recevoir, accueillir à sa table : *il nous a traités splendidement.* **3.** Appliquer à qqn un qualificatif dépréciatif : *traiter qqn d'imbécile.* **4.** Exposer : *traiter une question.* **5.** Conclure, négocier : *traiter un marché.* **6.** Soigner : *traiter un malade.* **7.** Faire subir un traitement : *traiter un minerai.* ◆ vt ind **1.** [de] Écrire, discourir sur : *traiter de la paix.* **2.** [avec] Négocier, conduire un accord.

**traiteur** nm Commerçant qui prépare des plats cuisinés sur commande ou les porte à domicile.

**traître, esse** adj et n Qui trahit : *homme traître à sa patrie.* ■ **prendre quelqu'un en traître :** d'une façon perfide. ◆ adj Qui trompe ; dangereux, sournois : *ce vin est traître.* ■ **ne pas dire un traître mot :** ne rien dire du tout.

> GRAMMAIRE On écrit : *ils se sont conduits en traîtres* (« comme des traîtres » ; attribut qui s'accorde) mais *ils nous ont pris en traître* (« traîtreusement » ; adverbe invariable).

**traîtreusement** adv En traître.

**traîtrise** nf **1.** Caractère traître de quelqu'un. **2.** Acte déloyal, perfide.

**trajectoire** nf Ligne que décrit un projectile lancé par une arme.

**trajet** nm **1.** Distance à parcourir. **2.** Fait de parcourir cette distance ; temps mis à la parcourir.

**tralala** nm FAM Affectation, manières recherchées. SYN : chichi.

**tram** [tram] nm (abréviation) Tramway.

**tramage** nm Action de tramer ; état de ce qui est tramé.

**trame** nf **1.** Ensemble des fils passés dans le sens de la largeur entre les fils de la chaîne pour constituer le tissu. **2.** Support transparent intercalé entre l'original et la couche sensible, en photogravure. **3.** Ensemble des lignes horizontales qui constituent l'image de télévision. **4.** FIG Fond sur lequel se détachent des événements.

**tramer** vt **1.** Entrelacer les fils de la trame avec ceux de la chaîne. **2.** Produire une image avec une trame. **3.** FIG Comploter : *tramer une conspiration.* ◆ **se tramer** vpr Être ourdie, en parlant d'une conspiration.

**tramontane** nf Vent du nord-ouest, dans le Languedoc et le Roussillon.

**trampoline** nm Grande toile tendue sur des ressorts et sur laquelle on saute ; sport ainsi pratiqué.

**tramway** [tramwɛ] (pl *tramways*) nm Chemin de fer urbain à traction électrique.

**trance** nf Style de musique électronique issu de la techno et de la house, qui se caractérise par des mélodies répétitives et planantes.

**tranchant, e** adj **1.** Qui coupe : *couteau tranchant.* **2.** Qui décide de façon péremptoire, impérieuse : *ton tranchant.* ◆ nm Côté affilé d'un instrument coupant. ■ **à double tranchant** : qui peut avoir deux effets opposés : *argument à double tranchant.*

**tranche** nf **1.** Morceau coupé fin : *tranche de jambon.* **2.** Surface unie que présente l'épaisseur des feuillets d'un livre broché ou relié : *doré sur tranches.* **3.** BOUCH Partie moyenne de la cuisse du bœuf. **4.** Ensemble de chiffres consécutifs dans un nombre. **5.** Chacun des tirages successifs d'une émission financière, des lots d'une loterie. **6.** Ensemble des revenus soumis à un même taux pour le calcul de l'impôt progressif. **7.** Un des éléments constituant une série quelconque : *la première tranche des travaux.* **8.** Subdivision d'un programme de radio ou de télévision.

**tranché, e** adj FIG Bien marqué, distinct : *couleurs bien tranchées.*

**tranchée** nf **1.** Excavation longitudinale à ciel ouvert, pour poser les fondations d'un mur, planter des arbres, etc. **2.** MIL Fossé permettant la circulation et le tir à couvert.

**trancher** vt **1.** Séparer en coupant : *trancher la tête.* **2.** FIG Décider, résoudre : *trancher une difficulté.* ◆ vi **1.** Décider de façon catégorique : *trancher sur tout.* **2.** FIG Ressortir, former un contraste : *couleurs qui tranchent vivement.*

**tranchoir** nm **1.** Couteau pour trancher. **2.** Planche à découper.

**tranquille** adj **1.** Sans agitation : *mer tranquille.* **2.** Sans inquiétude : *avoir l'esprit tranquille.* ■ **laisser tranquille** : (a) cesser d'importuner : *laisser un malade tranquille* (b) cesser de manipuler : *laisse ce vase tranquille !*

**tranquillement** adv Avec tranquillité ; paisiblement.

**tranquillisant, e** adj Qui tranquillise : *nouvelle tranquillisante.* ◆ nm Médicament propre à combattre l'angoisse, l'anxiété.

**tranquilliser** vt Rendre tranquille, rassurer.

**tranquillité** nf **1.** État de ce qui est sans mouvement, sans agitation. **2.** État de quelqu'un sans inquiétude. ■ **en toute tranquillité** : sans la moindre inquiétude.

**transaction** nf **1.** Accord conclu sur la base de concessions réciproques. **2.** Opération commerciale ou boursière.

**transactionnel, elle** adj Qui a le caractère d'une transaction : *règlement transactionnel.*

**transalpin, e** adj Qui est au-delà des Alpes.

**1. transat** [trɑ̃zat] nm Chaise longue pliante recouverte de toile.

**2. transat** [trɑ̃zat] nf Course transatlantique.

**transatlantique** adj Qui est au-delà de l'océan Atlantique. ■ **course transatlantique** ou **transatlantique** nf : course en solitaire à bord de voiliers effectuant la traversée de l'océan Atlantique. ◆ nm Paquebot qui traverse l'Atlantique.

**transbahuter** vt FAM Transporter d'un lieu à un autre.

**transbordement** nm Action de transborder.

**transborder** vt Transporter la cargaison d'un bateau ou les voyageurs d'un véhicule dans un autre bateau ou un autre véhicule.

**transbordeur** nm et adj m Appareil, pont servant à transborder. ■ **navire transbordeur** ou **transbordeur** : ferry-boat.

**transcendance** nf Caractère de ce qui est transcendant.

**transcendant, e** adj **1.** Qui excelle en son genre, supérieur. **2.** PHILOS Hors de portée de l'action ou de la connaissance.

**transcender** vt Dépasser un certain niveau de connaissance.

**transcoder** vt Traduire dans un autre code.

**transcontinental, e, aux** adj Qui traverse un continent.

**transcription** nf **1.** Action de transcrire un écrit, une œuvre musicale ; état de ce qui est transcrit. **2.** Copie officielle de certains actes ou de certains jugements relatifs à l'état des personnes.

**transcrire** vt (conj 71) **1.** Reproduire exactement ou avec des caractères d'écriture différents. **2.** Adapter une œuvre musicale pour un autre instrument que celui d'origine.

**transcutané, e** ou **transdermique** adj Se dit d'un médicament qui agit en traversant la peau.

**transe** nf **1.** (souvent au pluriel) Très vive angoisse : *les transes de l'amour.* **2.** État du médium en communication avec les esprits. ■ FAM **être, entrer en transe** : être très excité.

**transept** [trɑ̃sɛpt] nm Galerie transversale qui, dans une église, sépare le chœur de la nef et forme les bras de la croix.

**transférer** vt (conj 10) **1.** Faire passer d'un lieu dans un autre. **2.** Transmettre légalement des biens.

**transfert** nm **1.** Action de transférer. **2.** SPORTS Changement de club d'un joueur professionnel. ■ **transfert d'appel** : manœuvre qui permet de renvoyer les appels téléphoniques arrivant à un poste sur un autre.

**transfiguration** nf Changement complet de l'expression du visage, de l'apparence.

**transfigurer** vt **1.** Changer l'aspect, la nature de. **2.** Donner au visage un éclat inaccoutumé.

**transfo** nm (abrév) FAM Transformateur.

**transformable** adj Qui peut être transformé : *siège transformable.*

**transformateur, trice** adj Qui transforme. ◆ nm ÉLECTR Appareil qui transforme un courant alternatif en un autre courant alternatif, de même fréquence mais de tension différente.

**transformation** nf Action de transformer.

**transformer** vt **1.** Donner à une personne ou à une chose une autre forme que celle qu'elle avait précédemment. **2.** Améliorer le caractère, la santé de qqn. ◆ **se transformer** vpr **1.** Se métamorphoser. **2.** Changer de forme, d'aspect, de caractère.

**transformisme** nm Théorie biologique suivant laquelle les espèces animales et végétales se transforment et donnent naissance à de nouvelles espèces.

**transformiste** adj et n Qui appartient au transformisme ; qui en est partisan.

**transfrontalier, ère** adj Qui concerne les relations entre des pays limitrophes.

**transfuge** nm Militaire qui déserte et passe à l'ennemi. ◆ n Personne qui change de parti.

**transfuser** vt Opérer une transfusion sur.

**transfusion** nf Injection, dans la veine d'un malade, de son propre sang ou de sang prélevé sur un donneur.

**transgénérationnel, elle** adj Qui concerne toutes les générations, tous les âges : *succès transgénérationnel.*

**transgénique** adj BIOL Se dit d'un être vivant dont on a modifié les caractères génétiques par introduction d'un fragment d'ADN : *maïs transgénique.*

**transgénose** nf Modification du génome d'un animal, d'une plante.

**transgenre** adj et n Se dit d'une personne dont l'identité de genre n'est pas en adéquation avec le sexe assigné à sa naissance.

**transgresser** vt Enfreindre, violer : *transgresser la loi.*

**transgression** nf Action de transgresser.

**transhumance** [trɑ̃zymɑ̃s] nf Migration estivale des troupeaux vers les pâturages de montagne.

**transhumant, e** adj Qui effectue une transhumance.

**transhumer** vi Effectuer la transhumance.

**transi, e** [trɑ̃zi] adj Engourdi par le froid.

**transiger** [trɑ̃ziʒe] vi (conj 2) Faire des concessions réciproques. ◆ vt ind [sur, avec] Abandonner une partie de sa rigueur au sujet de : *ne pas transiger sur la politesse.* ■ **transiger avec sa conscience** : manquer à ce qu'exigerait strictement la conscience.

**transir** vt LITT Pénétrer et engourdir de froid.

**transistor** nm **1.** Récepteur de radio portatif équipé de transistors. **2.** Dispositif à semi-conducteur, remplaçant un tube électronique.

**transit** [trɑ̃zit] nm Action de passer par un lieu sans y séjourner : *voyageurs en transit.* ■ **transit intestinal** : déplacement du contenu du tube digestif depuis le pylore jusqu'au rectum.

**transitaire** nm Commissionnaire en marchandises qui s'occupe de leur importation et de leur exportation.

**transiter** vt Passer en transit. ◆ vi Être en transit : *transiter par la Suisse.*

**transitif, ive** adj GRAMM Se dit d'un verbe qui admet un complément d'objet direct (*transitif direct*) ou indirect (*transitif indirect*).

**transition** nf **1.** Stade intermédiaire : *passer sans transition du rire aux larmes.* **2.** Manière de passer d'un raisonnement à un autre. **3.** Passage d'un état à un autre. ■ **de transition** : qui constitue un état intermédiaire. ❏ **sans transition** : brusquement. ❏ **transition énergétique** : abandon progressif du modèle énergétique actuel, basé sur des ressources non renouvelables, au profit de l'utilisation de diverses sources d'énergie renouvelables.

**transitivement** adv GRAMM D'une manière transitive.

**transitoire** adj Qui ne dure pas.

**translatif, ive** adj DR Qui opère le transfert d'une chose, d'un droit.

**translation** nf MATH Déplacement d'un corps dont toutes les parties gardent une direction constante.

**translucide** adj Qui laisse passer la lumière, sans permettre toutefois de distinguer nettement l'objet vu à travers.

**transmettre** vt (conj 57) **1.** Faire parvenir, communiquer ce qu'on a reçu : *transmettre un message.* **2.** Permettre le passage, agir comme intermédiaire : *l'arbre moteur transmet le mouvement aux roues.* **3.** DR Faire passer par mutation. **4.** Faire passer dans un autre organisme : *transmettre une maladie, un virus, un microbe.* ◆ **se transmettre** vpr Se propager.

**transmigration** nf Passage d'un corps dans un autre, en parlant de l'âme ; métempsycose.

**transmigrer** vi Passer d'un corps dans un autre, en parlant de l'âme.

**transmissible** adj Qui peut être transmis : *maladie transmissible.*

**transmission** nf **1.** Action de transmettre : *transmission d'un droit.* **2.** MÉCAN Communication du mouvement d'un organe à un autre. ■ **transmission de pensée** : télépathie. ❑ **transmission des pouvoirs** : opération par laquelle un chef d'État, un ministre, etc., transfère ses pouvoirs à son successeur. ◆ **transmissions** pl Arme ou service chargés de la mise en œuvre des moyens de liaison à l'intérieur des forces armées.

**transmuable** ou **transmutable** adj Qui peut être transmué.

**transmuer** ou **transmuter** vt Effectuer une transmutation.

**transmutation** nf **1.** En alchimie, changement des métaux vulgaires en métaux nobles, en particulier en or. **2.** LITT Transformation totale.

**transocéanique** adj **1.** Qui est situé au-delà de l'océan. **2.** Qui traverse l'océan.

**transparaître** vi (conj 64) **1.** SOUT Se montrer, apparaître à travers quelque chose. **2.** FIG Se manifester : *intention qui transparaît.*

**transparence** nf Propriété de ce qui est transparent.

**transparent, e** adj **1.** Se dit d'un corps à travers lequel les objets sont nettement distingués : *le verre est transparent.* **2.** FIG Se dit de choses qui se laissent aisément comprendre ou deviner : *allusion transparente.* **3.** FIG Qui ne cherche pas à dissimuler ses revenus, son fonctionnement : *une gestion transparente.* ◆ nm Document sur support transparent, destiné à la projection.

**transpercer** vt (conj 1) **1.** Percer de part en part. **2.** Passer au travers : *être transpercé par la pluie.*

**transphobie** nf Aversion pour les personnes transsexuelles ou transgenres.

**transpiration** nf Élimination de la sueur par les pores de la peau.

**transpirer** vi **1.** Exhaler de la sueur ; suer. **2.** FIG, LITT commencer à être divulgué, connu : *secret qui transpire.*

**transplant** nm MÉD Organe à transplanter ou qui a été transplanté.

**transplantation** nf **1.** Action de transplanter. **2.** BIOL Greffe d'un organe.

**transplanté, e** adj et n Qui a subi une transplantation d'organe.

**transplanter** vt **1.** Planter en un autre endroit. **2.** Installer ailleurs : *transplanter des réfugiés.* **3.** BIOL Transférer sur un individu un organe entier prélevé sur un autre individu. SYN : greffer.

**transport** nm **1.** Action de porter d'un lieu dans un autre : *transport des bagages en avion.* **2.** LITT (souvent au pluriel) Forte émotion : *des transports de joie.* ◆ **transports** pl Ensemble des moyens d'acheminement des marchandises ou des personnes : *transports en commun.*

**transportable** adj Qui peut être transporté : *malade transportable.*

**transporter** vt **1.** Porter d'un lieu dans un autre. **2.** Faire passer d'un milieu, d'un contexte, dans un autre : *transporter un fait divers dans un roman.* **3.** FIG, LITT Mettre hors de soi : *être transporté de colère.* ◆ **se transporter** vpr **1.** Se rendre en un lieu. **2.** LITT Se porter par la pensée, par l'imagination.

**transporteur, euse** adj Qui transporte : *benne transporteuse.* ◆ nm Personne qui effectue des transports par profession : *transporteur routier.*

**transposable** adj Qui peut être transposé.

**transposer** vt **1.** Mettre une chose à une place autre que celle qu'elle occupe ou qu'elle doit occuper. **2.** Placer dans un autre décor, une autre époque, etc., un thème littéraire ou artistique. **3.** MUS Écrire ou exécuter un morceau dans un ton différent de celui dans lequel il a été composé.

**transposition** nf Action de transposer ; son résultat.

**transsaharien, enne** adj Qui traverse le Sahara.

**transsexuel, elle** adj et n **1.** VIEILLI Transgenre. **2.** Se dit d'une personne qui a changé de sexe.

**transsibérien, enne** adj Se dit d'une voie, d'un train qui traverse la Sibérie.

**transsubstantiation** nf THÉOL CATH Changement de la substance du pain et du vin en celle du corps et du sang de Jésus-Christ, dans l'eucharistie.

**transvasement** nm Action de transvaser.

**transvaser** vt Verser un liquide d'un récipient dans un autre.

**transversal, e, aux** adj **1.** Qui est disposé en travers, qui coupe qqch en travers : *vallée transversale.* **2.** Perpendiculaire à l'axe : *coupe transversale.* **3.** FIG Qui met en rapport plusieurs disciplines, plusieurs secteurs.

**transversale** nf **1.** Ligne, barre horizontale. **2.** Itinéraire routier ou voie ferrée reliant directement deux villes, deux régions, sans passer par le centre du réseau.

**transversalement** adv En travers.

**transverse** adj ANAT Placé dans une direction transversale par rapport à l'axe du corps.

**trapèze** nm **1.** GÉOM Quadrilatère dont deux côtés, appelés *bases*, sont parallèles mais de longueur inégale. **2.** Appareil de gymnastique formé de deux cordes verticales réunies en bas par une barre.

**trapéziste** n Équilibriste, acrobate qui fait du trapèze.

**trapézoïdal, e, aux** adj En forme de trapèze.

**trappe** nf **1.** Panneau qui ferme une ouverture horizontale au niveau du plancher. **2.** Piège de chasse disposé au-dessus d'une fosse.

**trappeur** nm Chasseur de bêtes à fourrure, en Amérique du Nord.

**trappiste, trappistine** n Religieux, religieuse cisterciens d'un couvent de la Trappe.

**trapu, e** adj **1.** Court et large, qui donne une impression de force : *un homme trapu.* **2.** FAM Très fort dans une matière : *être trapu en grec.* **3.** FAM Ardu, difficile : *problème trapu.*

**traque** nf Action de traquer.

**traquenard** nm **1.** Piège pour prendre les animaux nuisibles. **2.** Piège tendu à quelqu'un.

**traquer** vt **1.** Rabattre le gibier vers la ligne de tir : *traquer un cerf.* **2.** Poursuivre qqn, le serrer de près, le harceler : *traquer des voleurs, une vedette.*

**traumatique** adj Relatif à un traumatisme.

**traumatisant, e** adj Qui provoque un choc moral : *une expérience traumatisante.*

**traumatiser** vt Provoquer un trouble, un choc psychique.

**traumatisme** nm **1.** Trouble occasionné par une blessure. **2.** Choc psychique.

**traumatologie** nf Partie de la chirurgie qui traite des blessures, des plaies.

**1. travail** (pl *travaux*) nm **1.** Activité d'un homme ou d'un groupe d'hommes accomplie en vue d'un résultat utile : *travail manuel, intellectuel.* **2.** Ouvrage réalisé ou à réaliser ; tâche : *finir un travail.* **3.** Manière dont un ouvrage est exécuté : *le fin travail d'une dentelle.* **4.** Technique permettant de travailler une matière : *apprendre le travail du bois.* **5.** Activité professionnelle ; lieu où elle s'exerce : *chercher du travail ; être au travail.* **6.** Population active : *le monde du travail.* **7.** Action progressive et continue de qqch ; effet de cette action : *travail de l'érosion.* **8.** Étude, publication sur un sujet donné : *travail sur la démographie.* **9.** Ensemble des phénomènes qui préparent et produisent l'accouchement. ■ DR **travail d'intérêt général (TIG) :** travail non rémunéré effectué par un délinquant, ainsi condamné à une peine de substitution ou complémentaire, ou à une obligation assortissant un sursis. ◆ **travaux** pl **1.** Ensemble des opérations propres à un domaine déterminé : *travaux agricoles.* **2.** Ensemble des opérations destinées à la construction, l'aménagement ou la remise en état d'édifices, de voies, etc. : *faire des travaux dans un local.* **3.** Discussions, débats au sein d'un groupe : *travaux d'une commission.* ■ **travaux pratiques (TP) :** ensemble des expérimentations, des exercices faits par les étudiants en application d'un cours. ❑ **travaux publics :** construction, réparation, entretien de bâtiments, de routes, etc., effectués pour le compte de l'Administration.

**2. travail** (pl *travails*) nm Appareil pour immobiliser les grands animaux domestiques pendant qu'on les ferre ou qu'on les soigne.

**travaillé, e** adj Où l'on remarque l'effort, le soin : *style travaillé.*

**travailler** vi **1.** Fournir un travail ; exercer une activité professionnelle : *travailler dans l'imprimerie.* **2.** Agir de manière à produire un effet, un résultat : *le temps travaille pour nous.* **3.** Fonctionner activement : *muscles qui travaillent.* **4.** Produire un revenu : *argent qui travaille.* **5.** Subir un effet qui entraîne certaines modifications : *bois vert qui travaille.* ◆ vt **1.** Soumettre à une action, façonner : *travailler le bois.* **2.** Étudier, s'exercer à : *travailler le piano.* **3.** Causer du souci, tourmenter : *ce problème le travaille.* **4.** Faire souffrir : *ses dents travaillent le bébé.*

**travailleur, euse** adj et n Qui aime le travail, qui travaille de telle ou telle manière : *travailleur acharné.* ◆ n Personne salariée, spécial. dans l'industrie. ■ **travailleur détaché :** travailleur envoyé temporairement par son employeur dans un État membre de l'Union européenne autre que celui dans lequel il travaille habituellement.

**travaillisme** nm Doctrine des travaillistes.

**travailliste** adj et n Du Parti travailliste. ■ **Parti travailliste :** parti socialiste britannique.

**travée** nf **1.** Rangée de bancs ou de tables. **2.** ARCHIT Partie comprise entre deux points d'appui principaux : *une travée de pont.*

**traveller's cheque** [travlœrsʃɛk] (pl *traveller's cheques*) nm Chèque de voyage payable en espèces dans le pays où l'on se rend.

**travelling** [travliŋ] nm CIN Déplacement de la caméra sur des rails ; dispositif permettant ce mouvement.

**travelo** nm FAM, PÉJOR Homosexuel travesti en femme ; travesti.

**travers** nm Petit défaut un peu ridicule. ■ **travers de porc :** extrémité des côtes de porc. ◆ loc prép et loc adv ■ **aller de travers :** mal se passer : *affaires qui vont de travers.* ❑ **à travers :** en traversant quelque chose de part en part. ❑ **à travers champs :** en traversant les champs. ❑ **au travers de :** (a) en passant d'un bout à l'autre de (peut souvent remplacer *à travers*) : *passer au travers de graves dangers* (b) par l'intermédiaire de : *faire comprendre quelque chose au travers d'une allégorie.* ❑ **avaler de travers :** en laissant pénétrer des aliments ou de la boisson dans la trachée. ❑ **de travers :** (a) de manière oblique, irrégulièrement : *planter un clou de travers* (b) de manière fausse, inexacte : *interpréter des paroles de travers.* ❑ **en travers (de) :** transversalement : *scier une planche en travers ; être couché en travers de la porte.* ❑ **regarder quelqu'un de travers :** le regarder avec antipathie.

**traversable** adj Que l'on peut traverser.

**traverse** nf Sur une voie de chemin de fer, pièce d'appui posée sur le ballast, perpendiculairement aux rails qu'elle supporte. ■ **chemin de traverse :** plus court que la voie normale.

**traversée** nf **1.** Action de traverser de bout en bout un espace : *la traversée de la ville.* **2.** Action de traverser la mer, une étendue d'eau : *il a été malade pendant la traversée.*

**traverser** vt **1.** Passer à travers, d'un côté à l'autre : *traverser une forêt.* **2.** Pénétrer de part en part : *la pluie a traversé mes vêtements.* **3.** Être en travers de quelque chose : *des allées traversent le jardin.* **4.** Passer par : *traverser des temps difficiles.* **5.** Se présenter à l'esprit d'une façon inopinée et fugitive : *idée qui traverse l'esprit.*

**traversière** adj f ■ **flûte traversière :** qu'on tient sur le côté.

**traversin** nm Oreiller long, qui occupe toute la largeur du lit. SYN : polochon.

**travertin** nm Roche calcaire présentant des cavités garnies de cristaux, employée en construction.

**travesti** nm **1.** Personne revêtue d'un déguisement. **2.** Homosexuel qui adopte des vêtements, des attitudes de femme.

**travestir** vt **1.** Déguiser avec les vêtements d'un autre sexe, d'une autre condition. **2.** Transformer, rendre méconnaissable : *travestir sa pensée.* ■ VIEILLI **bal travesti :** où les danseurs sont déguisés. ◆ **se travestir** vpr Revêtir un déguisement.

**travestissement** nm Déguisement.

**traviole (de)** loc adv FAM De travers.

**trayeuse** nf Machine à traire.

**trayon** nm Extrémité du pis d'une vache, d'une chèvre, etc.

**trébuchant, e** adj Qui trébuche, hésite : *démarche trébuchante.*

**trébucher** vi **1.** Faire un faux pas, perdre l'équilibre. **2.** FIG Être arrêté par une difficulté : *trébucher sur un mot.*

**tréfilage** nm Action de tréfiler.

**tréfiler** vt Réduire le diamètre d'un fil métallique en le faisant passer par le trou d'une filière.

**trèfle** nm **1.** Plante herbacée, dont la feuille est divisée en trois folioles, et dont plusieurs espèces constituent des fourrages. **2.** Une des quatre couleurs du jeu de cartes.

**tréfonds** nm LITT Ce qui est au plus profond de quelqu'un ou de quelque chose : *les tréfonds de son être.*

**treillage** nm Assemblage de lattes posées parallèlement ou croisées.

**treille** nf Ceps de vigne élevés contre un mur ou contre un treillage. ■ **le jus de la treille :** le vin.

**treillis** nm **1.** Ouvrage de métal ou de bois qui imite les mailles d'un filet : *clôture en treillis.* **2.** Vêtement de travail ou d'exercice très résistant ; tenue de combat des militaires.

**treize** adj num card **1.** Douze plus un. **2.** Treizième : *chapitre treize.* ■ **treize à la douzaine :** en grande quantité, tant qu'on veut. ◆ nm inv Chiffre, numéro qui représente ce nombre.

**treizième** adj num ord et n Qui occupe un rang marqué par le numéro treize :

*interroger la treizième candidate.* ◆ adj et nm Qui se trouve treize fois dans le tout : *se réserver la treizième partie.*

**treizièmement** adv En treizième lieu.

**trekking** [trɛkiŋ] nm Randonnée pédestre en haute montagne.

**tréma** nm Double point qu'on met en français sur les voyelles *e*, *i*, *u*, pour indiquer qu'on doit prononcer séparément la voyelle qui les précède (EX : *naïf* [naif], *Noël* [nɔɛl]).

**tremblant, e** adj Qui tremble.

**tremble** nm Peuplier dont les feuilles sont extrêmement mobiles.

**tremblé, e** adj **1.** Qui est ou semble exécuté par une main qui tremble : *écriture tremblée.* **2.** Dont l'intensité varie rapidement et faiblement : *sons tremblés.*

**tremblement** nm **1.** Agitation continue du corps d'un être vivant : *tremblements de froid.* **2.** Oscillations, mouvements rapides d'un objet : *le tremblement des feuilles sous la brise.* ■ **tremblement de terre :** secousse qui ébranle le sol sur une plus ou moins grande étendue. SYN : séisme.

**trembler** vi **1.** Être agité de petits mouvements saccadés : *trembler de fièvre.* **2.** Présenter de brusques variations de ton, d'intensité : *voix qui tremble.* **3.** FIG Avoir peur : *je tremble qu'on ne m'accuse.* **4.** Être ébranlé : *terre qui tremble.*

**tremblotant, e** adj Qui tremblote : *lumière tremblotante.*

**tremblote** nf ■ FAM **avoir la tremblote :** trembler de froid ou de peur.

**tremblotement** nm Fait de trembloter.

**trembloter** vi Trembler légèrement : *trembloter de froid.*

**trémie** nf Grand entonnoir en forme de pyramide renversée où l'on déverse des substances qui doivent subir un traitement : *trémie à blé.*

**trémolo** nm **1.** MUS Répétition rapide de notes qui donne l'impression d'un tremblement. **2.** Tremblement de la voix dénotant une émotion souvent feinte : *avoir des trémolos dans la voix.*

**trémoussement** nm Action de se trémousser.

**trémousser (se)** vpr Bouger son corps, en particulier les hanches et les épaules, en tous sens ; gigoter.

**trempage** nm Immersion dans un liquide.

**trempe** nf **1.** Opération industrielle par laquelle on trempe un métal, préalablement chauffé à haute température, dans un bain froid afin de le durcir. **2.** FIG Caractère, force d'âme ; envergure : *ils sont de la même trempe.* **3.** FAM Volée de coups, correction : *recevoir une trempe.*

**trempé, e** adj **1.** Se dit d'un métal qui a subi l'opération de la trempe. **2.** Mouillé, imbibé par l'eau, par la pluie. **3.** FIG Qui a de la trempe, de l'énergie : *caractère bien trempé.* ■ FAM **trempé comme une soupe :** très mouillé.

**tremper** vt **1.** Mouiller en plongeant dans un liquide. **2.** Soumettre un produit métallurgique à la trempe : *tremper l'acier.* ■ FIG **tremper ses mains dans le sang :** commettre un meurtre. ◆ vi **1.** Rester plongé dans un liquide : *le linge trempe.* **2.** FIG Être complice : *tremper dans un crime.*

**trempette** nf ■ FAM **faire trempette :** prendre un bain de courte durée ou dans une eau peu profonde.

**tremplin** nm **1.** Planche inclinée et élastique sur laquelle un sauteur ou un plongeur prend son élan. **2.** FIG Ce dont on se sert pour arriver à un résultat : *tremplin politique.*

**trench-coat** [trɛnʃkot] (pl *trench-coats*) ou **trench** [trɛnʃ] (pl *trenchs*) nm Manteau imperméable croisé à revers et rabats.

**trentaine** nf **1.** Nombre de trente ou d'environ trente. **2.** Âge d'à peu près trente ans : *avoir la trentaine.*

**trente** adj num card **1.** Trois fois dix. **2.** Trentième : *les années trente.* ◆ nm inv Chiffre, numéro qui représente ce nombre.

**trentenaire** n et adj Personne qui a entre trente et trente-neuf ans.

**trente-six** adj num card et nm inv FAM Indique une grande quantité, un grand nombre : *elle fait trente-six choses à la fois.* ■ FAM **tous les trente-six du mois :** très rarement, presque jamais.

**trentième** adj num ord et n Qui occupe un rang marqué par le numéro trente : *interroger le trentième candidat.* ◆ adj et nm Qui se trouve trente fois dans le tout : *se réserver la trentième part.*

**trépan** nm **1.** Outil de forage utilisé pour percer les roches dures. **2.** Instrument de chirurgie avec lequel on perce les os, spécialement ceux du crâne.

**trépanation** nf CHIR Ouverture de la boîte crânienne avec un trépan ; fait d'être trépané.

**trépaner** vt Faire une trépanation.

**trépas** nm LITT Décès, mort. ■ FAM **passer de vie à trépas :** mourir.

**trépassé, e** n LITT Personne décédée.

**trépasser** vi LITT Mourir.

**trépidant, e** adj Agité de secousses brusques, de trépidations : *danse trépi-*

*dante.* ■ **vie trépidante :** pleine d'agitation, d'occupations.

**trépidation** nf Tremblement saccadé et continu : *trépidations du métro.*

**trépider** vi Être agité de petites secousses rapides.

**trépied** nm Meuble ou support à trois pieds.

**trépignement** nm Action de trépigner.

**trépigner** vi Frapper vivement des pieds contre terre : *enfant qui trépigne.*

**tréponème** nm Bactérie en forme de spirale, dont une espèce est responsable de la syphilis.

**très** adv Indique un degré élevé : *il est très riche ; elle se lève très tôt.*

**trésor** nm **1.** Amas d'or, d'argent, de choses précieuses mises en réserve : *découvrir un trésor.* **2.** SOUT Chose jugée très précieuse. **3.** FAM Personne gentille, agréable ; terme d'affection. ■ **le Trésor public** ou **le Trésor :** service du ministère des Finances qui a pour rôle d'assurer à l'État les disponibilités financières dont il a besoin. ❑ **un, des trésors de :** une abondance précieuse de : *déployer des trésors d'ingéniosité.*

**trésorerie** nf **1.** Administration du Trésor public. **2.** Ensemble des capitaux liquides d'une entreprise : *demander une avance de trésorerie.*

**trésorier, ère** n Personne chargée de détenir, de comptabiliser les finances d'une collectivité. ■ **trésorier-payeur général :** ancien titre donné au fonctionnaire supérieur chargé d'assurer, dans un département, le service public du Trésor.

**tressage** nm Action de tresser ; manière dont un objet est tressé.

**tressaillement** nm Brusque secousse du corps.

**tressaillir** vi (conj 23) Sursauter, sous le coup d'une émotion, d'une surprise : *tressaillir de joie.*

CONJUGAISON La forme usuelle du futur est *tu tressailliras* (avec *i* dans la désinence).

**tressautement** nm LITT Action de tressauter ; sursaut.

**tressauter** vi LITT Sursauter vivement.

**tresse** nf **1.** Cheveux entrelacés ; natte. **2.** Entrelacement de brins, de fils, servant de lien ou d'élément décoratif.

**tresser** vt Arranger en tresse : *cheveux tressés.*

**tréteau** nm Pièce de bois longue et étroite, portée par quatre pieds, et servant à soutenir une table, une estrade, etc. ■ VIEILLI **monter sur les tréteaux :** devenir comédien.

**treuil** nm Cylindre horizontal mobile sur lequel s'enroule une corde servant à élever des fardeaux.

**treuillage** nm Action de treuiller.

**treuiller** vt Soulever avec un treuil.

**trêve** nf **1.** Suspension temporaire d'hostilités : *conclure une trêve.* **2.** FIG Relâche, répit : *travailler sans trêve.* ■ **trêve de :** assez de : *trêve de plaisanteries.* ❑ **trêve hivernale :** période (de novembre à mars, génér.) durant laquelle l'expulsion des locataires et des occupants sans titre est interdite par la loi.

**tri** nm Action de trier des lettres, des documents, etc. ■ **bureau de tri :** où s'effectue le tri postal.

**triade** nf **1.** Groupe de trois choses ou de trois personnes. **2.** Mafia chinoise qui opère en Chine et dans la diaspora chinoise.

**triage** nm Action de trier, de répartir en choisissant.

**trial** (pl *trials*) nm Sport motocycliste sur tous terrains.

**triangle** nm **1.** Polygone à trois côtés. **2.** Instrument de musique à percussion composé d'une tige d'acier en forme de triangle.

**triangulaire** adj **1.** En forme de triangle. **2.** Dont la base est un triangle : *pyramide triangulaire.* **3.** Qui intéresse trois personnes, trois groupes ; qui met en jeu trois éléments : *élection triangulaire.*

**triangulation** nf Opération trigonométrique au moyen de laquelle on lève le plan d'un terrain en le divisant en triangles.

**trias** [trijas] nm Première période de l'ère secondaire, d'une durée approximative de 35 millions d'années.

**triathlète** n Athlète spécialiste du triathlon.

**triathlon** nm Compétition regroupant trois épreuves sportives (natation, course à pied, course cycliste sur route).

**tribal, e, aux** adj Qui appartient à la tribu.

**tribalisme** nm Organisation sociale fondée sur la tribu.

**tribord** nm Côté droit d'un navire, quand on regarde vers l'avant (par opposition à *bâbord*).

**tribu** nf **1.** Groupement de familles sous l'autorité d'un même chef. **2.** FAM Famille nombreuse.

**tribulations** nf pl Mésaventures.

**tribun** nm **1.** Orateur populaire et éloquent. **2.** ANTIQ ROM Magistrat exerçant des fonctions politiques ou militaires.

**tribunal** (pl *tribunaux*) nm **1.** Juridiction composée d'un ou de plusieurs magistrats qui rendent des jugements. **2.** Ensemble des magistrats qui composent cette juridiction. **3.** Lieu où siègent les magistrats. **4.** LITT Ce que l'on considère comme un juge : *le tribunal de l'histoire*.

**tribune** nf **1.** Emplacement, généralement élevé, réservé à quelqu'un qui parle en public. **2.** Galerie réservée au public dans une église, une grande salle d'assemblée, etc. **3.** Espace muni de gradins : *les tribunes d'un champ de courses, d'un stade*.

**tribut** nm Contribution imposée à un peuple, un État ; impôt forcé. ■ LITT **payer un lourd tribut à :** subir de graves pertes, de grands désagréments.

**tributaire** adj **1.** Dépendant : *être tributaire de l'étranger pour le charbon*. **2.** Se dit d'un cours d'eau qui se jette dans un autre ou dans la mer.

**tricentenaire** nm Troisième centenaire.

**tricéphale** adj Qui a trois têtes : *monstre tricéphale*.

**triceps** [triseps] nm et adj Muscle ayant trois faisceaux à une de ses extrémités.

**triche** nf FAM Action de tricher.

**tricher** vi **1.** Ne pas respecter les règles d'un jeu : *tricher aux cartes*. **2.** Ne pas respecter certaines règles, certaines conventions : *tricher aux examens*. ◆ vt ind [sur] **1.** Tromper, mentir sur la valeur, la quantité de quelque chose : *tricher sur le poids*. **2.** Dissimuler un défaut : *tricher un peu sur les raccords*.

**tricherie** nf Fait de tricher.

**tricheur, euse** adj et n Qui triche.

**trichine** [trikin] nf Ver parasite, vivant à l'état adulte dans l'intestin de l'homme et du porc, et à l'état larvaire dans leurs muscles.

**trichinose** [trikinoz] nf Maladie provoquée par les trichines.

**trichloréthylène** [triklɔretilɛn] nm Liquide inflammable employé comme solvant, notamment dans le nettoyage à sec.

**trichomonas** [trikɔmɔnas] nm Protozoaire flagellé, parasite vaginal et intestinal.

**trichrome** [trikrom] adj Se dit d'une image obtenue par trichromie.

**trichromie** [trikrɔmi] nf Procédé d'impression ou de photographie en couleurs, par superposition des trois couleurs fondamentales (bleu, jaune, rouge), dont les mélanges produisent un grand nombre de teintes.

**tricolore** adj De trois couleurs. ■ **le drapeau tricolore :** le drapeau français. ◆ adj et n Qui porte les couleurs de la France : *équipe tricolore*.

**tricorne** nm Chapeau à bords repliés en trois pointes.

**tricot** nm **1.** Action de tricoter. **2.** Tissu à mailles tricotées ; vêtement fait de ce tissu. **3.** Vêtement, généralement en laine, couvrant le haut du corps ; chandail.

**tricotage** nm Action de tricoter.

**tricoter** vt Exécuter un tissu en mailles entrelacées, avec des aiguilles spéciales ou une machine : *tricoter un chandail*.

**tricoteur, euse** n Personne qui tricote. ◆ nf Machine à tricoter.

**trictrac** nm Jeu qui se joue avec des dames et des dés, sur un tableau divisé en deux compartiments, ancêtre du jacquet.

**tricycle** nm Vélo d'enfant à trois roues, dont deux à l'arrière.

**tridactyle** adj ZOOL À trois doigts.

**trident** nm Fourche à trois pointes ou dents pour harponner les poissons.

**tridimensionnel, elle** adj Qui comporte trois dimensions.

**trièdre** adj À trois faces.

**triennal, e, aux** adj **1.** Qui dure trois ans. **2.** Qui revient tous les trois ans.

**trier** vt **1.** Choisir parmi des personnes, des choses, en éliminant celles qui ne conviennent pas ; sélectionner. **2.** Répartir des objets suivant certains critères : *trier des lettres*. ■ **trier sur le volet :** choisir après un examen attentif.

**trière** ou **trirème** nf ANTIQ GR Vaisseau de guerre, à trois rangs de rameurs superposés.

**trieur, euse** n Personne qui trie.

**trieuse** nf Machine de bureau permettant de classer à grande vitesse des cartes perforées.

**trifolié, e** adj À feuilles groupées par trois.

**trifouiller** vi FAM Fouiller en tous sens, mettre en désordre.

**triglycéride** nm Lipide présent dans le sang.

**trigone** adj À trois angles.

**trigonométrie** nf MATH Étude des propriétés des fonctions circulaires des angles et des arcs.

**trigonométrique** adj Relatif à la trigonométrie.

**trijumeau** nm Nerf crânien qui se divise en trois branches.

**trilatéral, e, aux** adj À trois côtés.

**trilingue** adj et n Qui parle trois langues. ◆ adj Écrit en trois langues.

**trille** nm MUS Ornement qui consiste dans le battement très rapide et plus ou moins prolongé d'une note avec la note qui lui est immédiatement supérieure.

**trilobé, e** adj À trois lobes ou en forme de trèfle.

**trilogie** nf Ensemble de trois œuvres sur un même thème : *« l'Orestie » d'Eschyle est une trilogie.*

**trim.** (abréviation) Trimestre.

**trimaran** nm Voilier comportant trois coques parallèles.

**trimbaler** ou **trimballer** vt FAM Traîner, porter partout avec soi. ◆ **se trimbaler** ou **se trimballer** vpr FAM Se déplacer, aller et venir.

**trimer** vi FAM Travailler dur, peiner.

**trimestre** nm **1.** Période de trois mois. **2.** Somme payée ou reçue à la fin de cette période.

**trimestriel, elle** adj Qui se produit, revient tous les trois mois.

**trimestriellement** adv Tous les trois mois ; par trimestre.

**trimoteur** nm et adj m Avion à trois moteurs.

**tringle** nf Tige métallique ronde ou plate, destinée à soutenir une draperie, un rideau, etc.

**Trinité** nf Dans la religion chrétienne, union de trois personnes distinctes (Père, Fils et Saint-Esprit) ne formant qu'un seul Dieu ; fête chrétienne en l'honneur de ce mystère (on dit aussi : *la Sainte-Trinité*). ■ FAM **à Pâques ou à la Trinité** : jamais.

**trinôme** nm MATH Polynôme composé de trois termes.

**trinquer** vi **1.** Choquer son verre contre celui d'une autre personne, avant de boire à sa santé. **2.** FAM Subir un désagrément, un préjudice.

**trinquet** nm MAR Mât de misaine des bâtiments à voiles latines.

**trio** nm **1.** Groupe de trois personnes. **2.** Groupe de trois musiciens. **3.** Morceau de musique pour trois voix.

**triode** nf Tube électronique à trois électrodes.

**triolet** nm MUS Groupe de trois notes d'égale valeur, surmonté du chiffre 3, à exécuter dans le même temps que deux notes de même figure.

**triomphal, e, aux** adj **1.** Qui se fait avec éclat : *accueil triomphal.* **2.** Qui excite l'admiration, l'enthousiasme : *succès triomphal.*

**triomphalement** adv De façon triomphale.

**triomphalisme** nm Attitude de quelqu'un qui est sûr de son succès, qui est persuadé d'avoir raison.

**triomphaliste** adj et n Qui fait preuve de triomphalisme.

**triomphant, e** adj **1.** Qui triomphe : *sortir triomphant de l'épreuve.* **2.** Qui marque la joie, la fierté : *air triomphant.*

**triomphateur, trice** adj et n Qui a obtenu la victoire, un succès complet.

**triomphe** nm **1.** Victoire éclatante, succès qui déchaîne l'admiration du public : *remporter un triomphe sur son adversaire.* **2.** Joie qui résulte d'une victoire, d'un succès : *air de triomphe ; cri de triomphe.* ■ **porter quelqu'un en triomphe** : le porter à bras d'hommes, pour lui faire honneur.

**triompher** vi **1.** Remporter un triomphe. **2.** Manifester sa joie, sa fierté d'avoir obtenu un succès. **3.** S'imposer définitivement : *faire triompher la justice.* ◆ vt ind [de] **1.** Remporter un avantage, un succès définitif sur : *triompher d'un adversaire.* **2.** FIG, SOUT Surmonter, maîtriser : *triompher de ses passions.*

**triparti, e** ou **tripartite** adj **1.** Constitué de trois éléments : *feuille tripartie.* **2.** Qui intervient entre trois parties : *accord tripartite.* ■ **gouvernement tripartite** : où sont représentés trois partis politiques associés.

**tripatouillage** nm FAM Action de tripatouiller.

**tripatouiller** vt FAM **1.** Manier, manipuler n'importe comment, sans soin. **2.** Modifier, fausser de façon malhonnête, frauduleuse.

**tripe** nf Boyau d'un animal de boucherie. ◆ **tripes** pl **1.** Mets constitué par l'estomac et les entrailles des ruminants, diversement accommodé. **2.** FAM Ce qu'il y a de plus intime, de plus profond dans quelqu'un : *chanter avec ses tripes.*

**triperie** nf **1.** Lieu où l'on vend des tripes, des abats. **2.** Commerce du tripier ; abats, tripes qu'il vend.

**tripette** nf ■ FAM **ça ne vaut pas tripette** : cela ne vaut rien.

**triphasé, e** adj ÉLECTR Se dit d'un système de courant à trois phases.

**tripier, ère** n Personne qui vend des tripes, des abats.

**triple** adj **1.** Constitué de trois éléments : *triple croche.* **2.** Trois fois plus grand qu'un autre : *triple portion.* **3.** FAM Sert à marquer un degré élevé : *au triple galop ; triple idiot.* ◆ nm Quantité trois fois plus grande qu'une autre : *neuf est le triple de trois.* ■ **en triple** : en trois exemplaires.

**triplé** nm Triple succès, notamment dans le domaine sportif.

**1. triplement** adv Trois fois autant.

**2. triplement** nm Action de tripler.

**tripler** vt Multiplier par trois. ■ **tripler une classe** : la suivre pour la troisième fois. ◆ vi Devenir triple.

**triplés, ées** n pl Groupe de trois enfants nés d'un même accouchement.

**triplex** nm Appartement sur trois niveaux.

**triporteur** nm Cycle à trois roues, dont deux à l'avant, muni d'une caisse pour porter des marchandises.

**tripot** nm PÉJOR Maison de jeu.

**tripotage** nm FAM **1.** Action de tripoter, de toucher sans cesse. **2.** Opération plus ou moins honnête : *des tripotages politiques.*

**tripotée** nf FAM **1.** Correction, volée de coups. **2.** Grande quantité.

**tripoter** vt FAM Toucher sans cesse : *tripoter ses cheveux.* ◆ vi FAM Faire des opérations malhonnêtes.

**triptyque** nm **1.** Tableau sur trois panneaux, dont les deux extérieurs se rabattent sur celui du milieu. **2.** PAR EXT Œuvre littéraire, artistique, musicale, composée de trois parties, de trois scènes.

ORTHOGRAPHE *Triptyque* s'écrit avec un *i* (au préfixe) et un *y* (au radical) comme *diptyque,* mais à la différence de *polyptyque.*

**trique** nf FAM Gros bâton.

**trirème** nf → **trière.**

**trisaïeul, e** n Le père, la mère du bisaïeul ou de la bisaïeule.

**trisannuel, elle** adj Qui a lieu tous les trois ans ; qui dure trois ans.

**trisection** nf MATH Division en trois parties égales.

**trisomie** nf Anomalie congénitale caractérisée par la présence d'un chromosome en surnombre dans une paire. ■ **trisomie 21 :** due à la présence de trois chromosomes n° 21 et caractérisée généralement par certaines malformations et des troubles du développement intellectuel.

**trisomique** adj et n Atteint de trisomie.

**triste** adj **1.** Qui éprouve du chagrin : *il est triste de partir.* **2.** Mélancolique, morose. **3.** Qui évoque le chagrin, la douleur : *air triste.* **4.** Qui afflige ; pénible : *triste nouvelle.* **5.** Obscur, sombre, sans éclat : *couleurs tristes.* **6.** (avant le nom) Méprisable : *un triste individu.* ■ **avoir triste mine :** avoir mauvaise mine. ❑ **faire triste mine, triste figure :** avoir l'air chagrin. ❑ **faire triste mine à quelqu'un :** lui faire mauvais accueil.

**tristement** adv **1.** Avec tristesse. **2.** Pour des raisons regrettables : *tristement célèbre.*

**tristesse** nf **1.** État accidentel ou naturel d'une personne qui éprouve du chagrin, de la mélancolie. **2.** Caractère d'une chose triste : *la tristesse d'un tableau.*

**tristounet, ette** adj FAM Un peu triste.

**trisyllabe** adj et nm Se dit d'un vers qui a trois syllabes.

**trisyllabique** adj Relatif à un trisyllabe.

**trithérapie** nf Emploi simultané de trois techniques thérapeutiques, notamment dans le cas du sida.

**triton** nm **1.** Petit amphibien très commun dans les étangs. **2.** Grand mollusque gastropode marin, dont la coquille, ou *conque,* peut atteindre 30 cm de long. **3.** MYTH GR Divinité marine à tête d'homme et queue de poisson. **4.** MUS Intervalle de trois tons.

**trituration** nf Action de triturer.

**triturer** vt **1.** Broyer, réduire en éléments très menus : *les dents triturent les aliments.* **2.** Manier en tordant dans tous les sens : *triturer son mouchoir.* ■ FAM **se triturer la cervelle :** faire des efforts intellectuels intenses.

**triumvir** [trijɔmvir] nm ANTIQ ROM Membre d'un collège de trois magistrats.

**triumvirat** nm **1.** ANTIQ ROM Fonction de triumvir. **2.** Association de trois personnes qui exercent un pouvoir, une influence.

**trivial, e, aux** adj **1.** Vulgaire, grossier : *expression triviale.* **2.** LITT D'une évidence banale et sans intérêt : *réalité triviale.*

**trivialement** adv De façon triviale.

**trivialité** nf **1.** Caractère de ce qui est trivial. **2.** Pensée ou expression triviale : *dire des trivialités.*

**troc** nm **1.** Échange direct d'un objet contre un autre. **2.** Système économique n'employant pas la monnaie.

**trochée** [trɔʃe] nm Pied de la métrique grecque et latine qui se compose d'une longue et d'une brève.

**troène** nm Arbuste à fleurs blanches, odorantes, souvent cultivé en haies.

**troglodyte** nm **1.** Habitant d'une grotte, d'une caverne creusée dans la roche. **2.** Passereau insectivore qui niche dans les trous des arbres et des murs, dans les buissons.

**troglodytique** adj Relatif aux troglodytes.

**trogne** nf FAM Visage rougeaud, épanoui, d'une personne qui a bien mangé ou bien bu.

**trognon** nm Cœur d'un fruit ou d'un légume dépouillé de sa partie comestible : *trognon de chou.* ◆ adj (inv en genre) FAM Mignon, attendrissant.

**troïka** nf En Russie, véhicule traîné par trois chevaux attelés de front.

**trois** adj num card **1.** Deux plus un : *trois hommes.* **2.** Troisième : *chapitre trois.* ■ **règle de trois :** règle arithmétique permettant de calculer une valeur proportionnelle. ❑ FAM **trois francs six sous :** très peu d'argent : *ça nous a coûté trois francs six sous.* ◆ nm inv Chiffre, numéro qui représente ce nombre.

**trois-étoiles** adj et nm inv ■ **hôtel, restaurant trois-étoiles :** hôtel, restaurant luxueux, de grande réputation.

**trois-huit** nm inv ■ **faire les trois-huit :** travailler, par rotation, dans l'une des trois équipes qui se relaient toutes les huit heures au cours d'une journée.

**1. troisième** adj num ord et n Qui occupe un rang marqué par le numéro trois. ◆ adj et nm Qui est contenu trois fois dans le tout : *la troisième partie de 21 est 7.*

**2. troisième** nf **1.** Classe qui termine le premier cycle de l'enseignement secondaire. **2.** Troisième vitesse d'un véhicule.

**troisièmement** adv En troisième lieu.

**trois-mâts** nm inv Navire à trois mâts.

**trois-quarts** nm inv **1.** Manteau court arrivant à mi-cuisse. **2.** Au rugby, joueur de la ligne d'attaque.

**trois-roues** nm inv Scooter muni de trois roues (dont deux à l'avant).

**troll** nm Créature difforme et malveillante du folklore scandinave.

**trolleybus** ou **trolley** nm Véhicule électrique de transport en commun, monté sur pneus, utilisé dans certaines villes.

**trombe** nf Masse nuageuse ou liquide, mue en tourbillon par un vent violent. ■ **en trombe :** de façon brusque et soudaine. ❑ **trombe d'eau :** averse très brutale.

**trombine** nf FAM Visage.

**trombinoscope** nm FAM Ensemble de photos individuelles de chaque membre d'une assemblée, d'un groupe, etc.

**trombone** nm Petite agrafe servant à réunir des papiers. ■ **trombone à coulisse :** instrument à vent à embouchure, de la catégorie des cuivres, dont on allonge le corps grâce à une coulisse pour modifier la hauteur des sons. ❑ **trombone à pistons :** trombone dans lequel des pistons remplacent le jeu de la coulisse.

**tromboniste** ou **trombone** n Personne qui joue du trombone.

**trompe** nf **1.** Partie buccale ou nasale allongée de l'éléphant et de certains insectes. **2.** Instrument à vent, ordinairement en cuivre et recourbé. ■ **trompe d'Eustache :** canal de communication, pour l'air extérieur, entre la bouche et le tympan de l'oreille.

**trompe-l'œil** nm inv **1.** Peinture qui, à distance, donne l'illusion de la réalité. **2.** FIG Apparence trompeuse ; façade.

<u>ORTHOGRAPHE</u> À la différence de *en bas relief,* on écrit *en trompe-l'œil,* avec un trait d'union, la locution ne pouvant se dissocier.

**tromper** vt **1.** Induire en erreur : *tromper un acheteur.* **2.** Être infidèle en amour : *tromper son mari, sa femme.* **3.** Échapper à : *tromper une surveillance.* **4.** Distraire, faire oublier : *tromper la faim.* **5.** Décevoir, ne pas répondre à un espoir : *tromper les attentes.* ◆ **se tromper** vpr Commettre une erreur. ■ **se tromper de :** prendre une personne ou une chose pour une autre : *se tromper de rue.*

**tromperie** nf Action faite pour tromper.

**trompeter** [trɔ̃pete] vi (conj 8) Crier, en parlant de l'aigle, du cygne.

**trompette** nf Instrument à vent, de la famille des cuivres. ■ FAM **nez en trompette :** nez relevé, retroussé.

**trompette-de-la-mort** (pl *trompettes-de-la-mort*) ou **trompette-des-morts** (pl *trompettes-des-morts*) nf Nom usuel de la *craterelle*, champignon comestible noir.

**trompettiste** ou **trompette** n Personne qui joue de la trompette.

**trompeur, euse** adj et n Qui trompe : *apparences trompeuses.*

**trompeusement** adv De façon trompeuse.

**tronc** nm **1.** Partie d'un arbre depuis la naissance des racines jusqu'à celle des branches. **2.** Corps humain ou animal considéré sans la tête ni les membres. **3.** Boîte pour les aumônes, dans une église. **4.** Souche d'une famille. ■ GÉOM **tronc de pyramide, de cône :** partie d'une pyramide, d'un cône, entre la base et un plan parallèle à la base.

**tronche** nf FAM Tête.

**tronçon** nm **1.** Partie d'un objet qui a été coupée : *tronçon d'épée.* **2.** Portion d'une ligne, d'une voie : *tronçon d'autoroute.*

**tronconique** adj En forme de tronc de cône.

**tronçonnage** ou **tronçonnement** nm Action de tronçonner ; son résultat.

**tronçonner** vt Couper par tronçons : *tronçonner un arbre.*

**tronçonneuse** nf Scie à lame circulaire pour tronçonner le bois.

**trône** nm **1.** Siège de cérémonie des rois, des empereurs. **2.** LITT Puissance souveraine. ■ **monter sur le trône :** devenir roi.

**trôner** vi **1.** Être à une place d'honneur. **2.** Être mis en valeur, attirer les regards : *photo qui trône sur le buffet.*

**tronqué, e** adj ■ **citation tronquée :** séparée de son contexte et prise dans un sens différent. ❑ **colonne tronquée :** fût de colonne dont on a retiré le chapiteau.

**tronquer** vt Retrancher une partie importante de : *tronquer un récit.*

**trop** adv Plus qu'il ne faudrait : *trop de travail ; trop soucieux.* ■ **de trop :** en excès, en surplus : *donner 1 euro de trop.* ❑ FAM **en trop :** en excès. ❑ **par trop :** réellement trop. ❑ **se sentir de trop :** en surnombre, gênant, pas à sa place. ❑ **trop peu :** pas assez.

**trophée** nm **1.** Objet, marque qui témoigne d'un succès, d'une victoire, en particulier dans le domaine sportif. **2.** Partie d'un animal tué à la chasse.

ORTHOGRAPHE *Trophée,* nom masculin, s'écrit avec un *e* muet final, comme *lycée, musée.*

**tropical, e, aux** adj Des tropiques : *région tropicale.* ■ **chaleur tropicale :** très élevée, analogue à celle des tropiques.

**tropique** nm Chacun des deux parallèles de la sphère terrestre, de latitude + 23° 26′ et − 23° 26′, limitant les régions du globe dans lesquelles le Soleil passe deux fois par an au zénith. ■ **tropique du Cancer :** de l'hémisphère Nord. ❑ **tropique du Capricorne :** de l'hémisphère Sud. ◆ **tropiques** pl Régions situées entre les tropiques, caractérisées par un climat chaud et humide.

**tropisme** nm **1.** BIOL Réaction d'un organisme vivant qui s'oriente vers une source d'excitation extérieure : *le tropisme du tournesol vers le soleil.* **2.** FIG Force obscure qui pousse à agir d'une certaine façon.

**troposphère** nf Couche de l'atmosphère la plus voisine de la Terre, dont l'épaisseur augmente du pôle à l'équateur.

**trop-perçu** (pl *trop-perçus*) nm Somme perçue en trop : *restituer le trop-perçu.*

**trop-plein** (pl *trop-pleins*) nm **1.** Ce qui excède la capacité d'un récipient : *le trop-plein d'un réservoir.* **2.** Dispositif d'évacuation de l'excédent : *l'eau s'écoule par le trop-plein.* **3.** FIG Excès, surabondance.

**troque** nm Mollusque gastropode à coquille conique.

**troquer** vt Échanger.

**troquet** nm FAM Café, bistrot.

**trot** nm Allure du cheval et de certains quadrupèdes, intermédiaire entre le pas et le galop. ■ FAM **au trot :** vivement, rapidement.

**trotskisme** nm Doctrine des partisans de Trotski.

**trotskiste** adj et n Relatif aux idées de Trotski ; qui en est partisan.

**trotte** nf FAM Distance assez longue à parcourir.

**trotter** vi **1.** FAM Marcher rapidement, à petits pas. **2.** Aller au trot : *cheval qui trotte bien.* ■ FAM **idée, air, etc., qui trotte dans la tête :** qu'on a sans cesse à l'esprit.

**trotteur, euse** n et adj Cheval dressé pour le trot.

**trotteuse** nf Aiguille des secondes dans une pendule, une montre.

**trottiner** vi FAM Marcher vite et à petits pas.

**trottinette** nf Jouet d'enfant ou moyen de transport urbain individuel consistant en une planchette montée sur deux roues et munie d'une tige de direction articulée. SYN : patinette.

**trottoir** nm Partie latérale d'une rue, surélevée par rapport à la chaussée, réservée aux piétons. ■ FAM **faire le trottoir :** se livrer à la prostitution sur la voie publique.

**trou** nm **1.** Ouverture, cavité naturelle ou artificielle dans un corps, dans un objet. **2.** Vide, lacune, ce qui manque : *un trou dans son emploi du temps.* **3.** Déficit financier, perte d'argent. **4.** FAM, PÉJOR Petite localité à l'écart des villes. ■ FAM **avoir un, des trous de mémoire :** des absences, des oublis. ❑ **faire son trou :** se faire une situation sociale quelque part. ❑ **trou d'air :** courant d'air descendant qui fait perdre de l'altitude à un avion.

**troubadour** nm Poète lyrique des XIIe et XIIIe s., qui composait ses œuvres dans une des langues d'oc.

**troublant, e** adj **1.** Qui trouble, rend perplexe : *détail troublant.* **2.** Qui suscite le désir.

**1. trouble** nm **1.** État d'une personne troublée, émue ; désarroi. **2.** Mauvais fonctionnement d'un organe, d'une fonction physiologique : *trouble nerveux.* **3.** Agitation confuse, tumultueuse : *semer le trouble.* ■ **trouble du comportement alimentaire (TCA) :** affection d'origine psychique conduisant à s'alimenter de façon anormale (anorexie mentale ou boulimie, notamm.). ❑ **trouble obsessionnel compulsif (TOC) :** trouble névrotique caractérisé par des idées et des fantasmes récurrents, des impulsions et des actes répétitifs. ◆ **troubles** pl Soulèvement populaire : *troubles politiques.*

**2. trouble** adj **1.** Qui n'est pas clair, limpide : *eau trouble.* **2.** Qui n'est pas net : *vue trouble.* **3.** Qui comporte des éléments équivoques, suspects : *affaire trouble.* ◆ adv ■ **voir trouble :** voir d'une manière indistincte.

**trouble-fête** n inv Personne importune, dont la présence empêche de se réjouir.

**troubler** vt **1.** Altérer la limpidité, la transparence de qqch : *vase qui trouble l'eau.* **2.** Altérer la qualité, l'acuité de : *troubler la vue, l'audition.* **3.** Inquiéter, tourmenter, mettre du désordre dans. **4.** Interrompre, modifier le cours de : *troubler un entretien.* **5.** Faire perdre sa lucidité, son sang-froid ; intimider : *troubler un candidat.* ◆ **se troubler** vpr **1.** Devenir trouble. **2.** Perdre contenance.

**trouée** nf **1.** Ouverture naturelle ou artificielle : *faire une trouée dans un bois.* **2.** MIL Percée.

**trouer** vt Percer un trou dans.

**troufion** nm FAM Simple soldat.

**trouillard, e** adj et n FAM Qui a peur ; poltron.

**trouille** nf FAM Peur : *avoir la trouille.*

**trouillomètre** nm ■ FAM **avoir le trouillomètre à zéro** : avoir très peur.

**troupe** nf **1.** Rassemblement de personnes, d'animaux non domestiques. **2.** Groupe de comédiens, d'artistes qui se produisent ensemble. **3.** Groupement de militaires. ■ **en troupe** : se dit de personnes ou d'animaux en groupe, qui se déplacent ensemble. ❑ **homme de troupe** : simple soldat.

**troupeau** nm **1.** Réunion d'animaux domestiques qu'on élève ensemble : *troupeau de moutons.* **2.** PÉJOR Grand nombre de personnes rassemblées sans ordre.

**troupier** nm FAM Militaire. ◆ adj m ■ **comique troupier** : genre comique lourd et grossier, semé de sous-entendus grivois, qui se rattache à la vie de caserne.

**trousse** nf Pochette à compartiments, dans laquelle on réunit les instruments, les outils dont on se sert : *trousse de toilette ; trousse d'écolier.* ◆ **trousses** pl ■ FAM **aux trousses de** : à la poursuite de : *avoir la police à ses trousses.*

**trousseau** nm **1.** Linge, lingerie, vêtements qu'on donne à une jeune fille qui se marie. **2.** Ensemble des affaires qu'emporte un enfant en pension ou en colonie. ■ **trousseau de clés** : clés attachées ensemble par un anneau.

**trousser** vt VX Retrousser, relever : *trousser sa robe pour entrer dans l'eau.* ■ LITT **trousser un article, un compliment** : les composer rapidement, avec aisance. ❑ **trousser une volaille** : la préparer pour la mettre à la broche.

**trouvaille** nf Découverte heureuse : *faire une trouvaille.*

**trouvé, e** adj ■ **bien trouvé** : bien imaginé, bien dit. ❑ **tout trouvé** : évident, qui se présente de soi-même.

**trouver** vt **1.** Rencontrer par hasard ou après recherche : *trouver un portefeuille ; trouver ses lunettes.* **2.** Découvrir, inventer : *trouver la solution d'un problème.* **3.** FIG Éprouver, sentir : *trouver du plaisir, des difficultés.* **4.** Estimer, juger : *trouver un plat trop salé.* ■ **trouver à** : découvrir, inventer des raisons de : *trouver à redire.* ◆ **se trouver** vpr **1.** Être, se situer dans tel ou tel lieu ; exister : *l'Etna se trouve en Sicile.* **2.** Se présenter, être dans tel ou tel état : *se trouver très embarrassé par une question.* ◆ v impers ■ **il se trouve que** : le hasard fait que.

**trouvère** nm Poète lyrique des XIIe et XIIIe s., qui composait ses œuvres dans la langue du nord de la France, dite « langue d'oïl ».

**truand** nm FAM Bandit, malfaiteur.

**truander** vt FAM Voler, tromper.

**trublion** nm Individu qui sème le trouble, le désordre.

**truc** nm FAM **1.** Moyen habile d'agir, procédé, combinaison qui réussit : *connaître les trucs du métier.* **2.** S'emploie pour désigner un objet dont on ignore le nom ou qu'on ne veut pas nommer, etc. : *comment ça s'appelle, ce truc-là ?*

**trucage** ou **truquage** nm **1.** Moyen par lequel on falsifie quelque chose. **2.** CIN Procédé employé au cinéma pour créer l'impression de la réalité.

**truchement** nm ■ **par le truchement de quelqu'un** : par son intermédiaire.

**trucider** vt FAM Tuer.

**truculence** nf Caractère de ce qui est truculent.

**truculent, e** adj **1.** Haut en couleur, pittoresque : *personnage truculent.* **2.** Qui exprime les choses avec crudité et réalisme : *langage truculent.*

**truelle** nf Outil de maçon pour étaler du mortier, de l'enduit.

**truffe** nf **1.** Champignon souterrain comestible très estimé. **2.** Nez d'un chien. ■ **truffe en chocolat** : friandise à base de beurre et de chocolat.

**truffer** vt Garnir de truffes : *truffer une volaille.* ■ FAM **truffer un texte, un discours de** : les remplir, les bourrer de.

**truffier, ère** adj **1.** Relatif aux truffes : *région truffière.* **2.** Dressé à la recherche des truffes : *chien truffier.*

**truffière** nf Terrain où poussent des truffes.

**truie** nf Femelle du porc.

**truisme** nm Vérité banale, évidente.

**truite** nf Poisson voisin du saumon, carnassier, à chair fine et estimée.

**trumeau** nm **1.** Panneau de glace, de lambris ou de peinture occupant le dessus d'une cheminée ou l'espace entre deux fenêtres. **2.** Pilier central divisant en deux le portail d'une église.

**truquage** nm → **trucage**.

**truquer** vt Falsifier, modifier par fraude : *truquer des dés, des élections.*

**truqueur, euse** n Au cinéma, spécialiste des trucages.

**trust** [trœst] nm ÉCON Entreprise ou ensemble d'entreprises qui exerce un monopole dans un secteur donné ou sur un produit particulier.

**truster** [trœste] vt **1.** ÉCON Accaparer au moyen d'un trust : *truster un marché.* **2.** FAM Monopoliser : *truster les postes politiques.*

**tsar** ou **tzar** [tsar] nm Titre des anciens empereurs de Russie et de Bulgarie.

**tsarévitch** nm Fils du tsar.

**tsarine** nf Femme du tsar.

**tsarisme** nm Régime politique de la Russie, au temps des tsars.

**tsariste** adj Relatif au tsar : *régime tsariste.*

**tsé-tsé** nf inv Mouche d'Afrique qui propage la maladie du sommeil.

**t-shirt** nm → **tee-shirt**.

**tsigane** [tsigan] ou **tzigane** [dzigan] n et adj Membre d'un des peuples nomades d'Europe (rom, gitan, manouche), parfois sédentarisés.

**tsunami** nm Raz de marée d'origine tellurique, résultant d'un séisme, d'une éruption volcanique ou d'un glissement de terrain.

**TSVP** (abréviation) Tournez s'il vous plaît.

**TTC** (sigle) Toutes taxes comprises.

**tu** pron pers Désigne la 2e personne du singulier en fonction de sujet. ■ FAM **être à tu et à toi avec quelqu'un :** être intime avec lui.

**TU** [tey] nm (sigle de *temps universel*) Temps civil du méridien de Greenwich.

**tuant, e** adj FAM Pénible, fatigant.

**tuba** nm **1.** Instrument de musique à vent en cuivre. **2.** Tube pour respirer sous l'eau.

**tubage** nm MÉD Introduction d'un tube dans l'estomac, dans la trachée, etc., pour opérer une exploration, faire des analyses ou faciliter la respiration.

**tube** nm **1.** Tuyau cylindrique. **2.** Cylindre creux en verre, rempli de gaz sous basse pression, pour l'éclairage. **3.** Récipient allongé de forme cylindrique ou fait de matière malléable : *tube d'aspirine ; tube de dentifrice.* **4.** Canal ou conduit naturel : *tube digestif.* **5.** FAM Chanson très en vogue. ■ FAM **à pleins tubes :** à pleine puissance.

**tubercule** nm **1.** BOT Excroissance se développant sur une tige souterraine (pomme de terre, igname, patate douce, etc.). **2.** MÉD Lésion élémentaire de la tuberculose.

**tuberculeux, euse** adj Relatif à la tuberculose. ◆ adj et n Atteint de la tuberculose.

**tuberculose** nf Maladie infectieuse et contagieuse des hommes et des animaux, qui se localise le plus souvent dans les poumons.

**tubéreuse** nf Plante cultivée pour ses belles fleurs blanches.

**tubulaire** adj **1.** En forme de tube. **2.** Formé de tubes : *échafaudage tubulaire.*

**tubulure** nf **1.** Ouverture aménagée pour recevoir un tube. **2.** Ensemble des tubes d'une installation ; chacun de ces tubes.

**tué, e** n Personne qui a trouvé la mort dans un accident, un attentat, etc.

**tue-mouches** adj inv ■ **amanite tue-mouches :** autre nom de la fausse oronge. ❑ **papier tue-mouches :** enduit d'un produit vénéneux et de colle, et dont on se sert pour attraper les mouches.

**tuer** vt **1.** Causer la mort de : *tuer un lapin.* **2.** Être la cause de la mort de quelqu'un : *fumer tue.* **3.** Épuiser, accabler physiquement ou moralement : *son métier le tue.* **4.** Détruire : *la gelée tue les plantes.* **5.** FIG Faire cesser, faire disparaître : *l'égoïsme tue l'amour.* ■ FIG **tuer le temps :** faire des choses en attendant que le temps passe, pour ne pas s'ennuyer. ◆ **se tuer** vpr **1.** Se donner la mort. **2.** Compromettre sa santé : *se tuer au travail.* ■ FAM **se tuer à :** répéter sans cesse, ne pas cesser de.

**tuerie** nf Massacre, carnage.

**tue-tête (à)** loc adv ■ **crier à tue-tête :** de toute la force de sa voix.

**tueur, euse** n Personne qui tue : *tueur à gages.* ◆ nm Celui qui tue les animaux dans un abattoir.

**tuf** [tyf] nm Roche poreuse : *tuf volcanique.*

**tuile** nf **1.** Carreau de terre cuite pour couvrir les toits. **2.** FAM Événement imprévu et fâcheux. **3.** Petit four sec, mince et recourbé comme certaines tuiles : *tuile aux amandes.*

**tuilerie** nf Fabrique de tuiles.

**tuilier, ère** adj Relatif à la fabrication des tuiles. ◆ n Personne qui fabrique ou qui vend des tuiles.

**tulipe** nf Plante bulbeuse à belle fleur solitaire.

**tulipier** nm Arbre originaire d'Amérique, cultivé dans les jardins.

**tulle** nm Tissu léger, de coton ou de soie, formé d'un réseau de mailles fines.

**tuméfaction** nf Fait d'être tuméfié, de se tuméfier.

**tuméfié, e** adj Enflé, gonflé, en parlant d'une partie du corps.

**tumescence** nf Gonflement d'un organe.

**tumescent, e** adj En état de tumescence.

**tumeur** nf Augmentation pathologique du volume d'un tissu ou d'un organe, due à une prolifération cellulaire formant un nouveau tissu.

**tumoral, e, aux** adj Relatif à une tumeur.

**tumulte** nm **1.** Grand désordre accompagné de bruit, de confusion. **2.** Grande agitation : *le tumulte des affaires*.

**tumultueusement** adv De façon tumultueuse.

**tumultueux, euse** adj Plein de tumulte : *séance tumultueuse*.

**tumulus** [tymylys] nm inv Éminence formée par l'accumulation de terre ou de pierres au-dessus d'une sépulture, à l'âge du bronze.

**tune** nf → **thune**.

**tuner** [tynɛr] ou [tjunœr] nm Récepteur radio pour les émissions en modulation de fréquence.

**tungstène** [tœ̃kstɛn] nm Métal assez lourd, de couleur noirâtre, utilisé pour les filaments des lampes ; symb : W.

**tunique** nf **1.** Vêtement droit, plus ou moins long, porté sur une jupe ou un pantalon. **2.** Longue vareuse d'uniforme. **3.** ANTIQ Vêtement de dessous, court ou mi-long, resserré à la taille.

**tunisien, enne** adj et n De Tunisie : *les Tunisiens*. ◆ nm Dialecte arabe parlé en Tunisie.

**tunnel** nm **1.** Galerie souterraine pratiquée pour donner passage à une voie de communication : *le tunnel du Mont-Blanc*. **2.** FIG Longue période marquée d'épreuves et de difficultés : *sortir du tunnel*.

**tupi** nm Langue indienne parlée au Brésil et au Paraguay.

**tupi-guarani** [typigwarani] nm Famille de langues indiennes d'Amérique du Sud.

**turban** nm Coiffure orientale formée d'une longue pièce d'étoffe enroulée autour de la tête.

**turbin** nm FAM Travail rémunéré.

**turbine** nf Roue motrice munie d'aubes, d'ailettes, etc., sur lesquelles agit l'eau, la vapeur ou le gaz.

**turbiner** vi FAM Travailler dur.

**turbo** adj inv Se dit d'un moteur suralimenté par un turbocompresseur et d'un véhicule équipé d'un tel moteur. ◆ nf Voiture munie d'un moteur turbo.

**turboalternateur** nm Groupe générateur d'électricité, composé d'une turbine et d'un alternateur montés sur le même axe.

**turbocompresseur** nm Compresseur entraîné par une turbine.

**turbomoteur** nm Moteur actionné par une turbine à gaz.

**turbopropulseur** nm AÉRON Propulseur dont la turbine à gaz entraîne des hélices.

**turboréacteur** nm Turbine à gaz utilisée dans l'aéronautique et fonctionnant par réaction directe dans l'atmosphère.

**turbot** nm Grand poisson marin plat à chair très estimée.

**turbotrain** nm CH DE F Rame automotrice dont l'énergie est fournie par une ou plusieurs turbines à gaz.

**turbulence** nf **1.** Caractère d'une personne turbulente ; LITT agitation bruyante. **2.** (surtout au pluriel) Difficultés qui perturbent un secteur d'activité : *turbulences financières*. **3.** Mouvement de l'air qui s'écoule en formant des tourbillons.

**turbulent, e** adj Qui s'agite bruyamment ; remuant : *enfant turbulent*.

**turc, turque** adj et n De Turquie : *les Turcs*. ■ **à la turque** : se dit de W.-C. sans siège. ❑ **fort comme un Turc** : très vigoureux. ❑ **tête de Turc** : cible habituelle de critiques, de railleries. ◆ nm Langue parlée en Turquie et dans certains pays d'Asie centrale.

> ORTHOGRAPHE Le féminin de *turc* est *turque* alors que *grec* donne *grecque*.

**turf** [tœrf] ou [tyrf] nm Le sport hippique et les activités qui s'y rattachent.

**turfiste** n Amateur de courses de chevaux ; parieur.

**turgescence** nf Gonflement d'un organe ; tumescence.

**turgescent, e** adj En état de turgescence.

**turkmène** adj et n Du Turkménistan : *les Turkmènes*.

**turlupiner** vt FAM Tracasser, tourmenter : *idée qui turlupine*.

**turlututu** interj S'emploie ironiquement pour refuser ou se moquer.

**turne** nf FAM Chambre.

**turpitude** nf LITT **1.** Conduite ignominieuse. **2.** Action honteuse.

**turquoise** nf Pierre fine opaque de couleur bleu ciel à bleu-vert. ◆ adj inv et nm D'une couleur bleu-vert.

**tussilage** nm Plante composée à grandes feuilles polygonales.

**tutélaire** adj **1.** LITT Qui protège ; favorable : *puissance tutélaire*. **2.** DR Relatif à la tutelle : *gestion tutélaire*.

**tutelle** nf **1.** Surveillance, dépendance gênante : *se débarrasser de la tutelle de quelqu'un*. **2.** Mandat donné à quelqu'un pour veiller sur la personne et les biens d'un mineur, d'un incapable majeur. **3.** LITT Protection, sauvegarde : *la tutelle des lois*.

**tuteur, trice** n Personne à qui est confiée la tutelle d'enfants mineurs ou d'incapables majeurs. ◆ nm Perche, armature qui soutient une jeune plante.

**tuto** nm Guide visuel (photos, vidéos) consultable sur support papier ou sur Internet, permettant d'apprendre par étapes à réaliser une tâche donnée.

**tutoiement** nm Action de tutoyer.
**tutoyer** vt (conj 3) User de la deuxième personne du singulier en parlant à quelqu'un.
**tutti quanti** [tutikwɑ̃ti] loc adv ■ (à la fin d'une énumération) **et tutti quanti** : et tous les gens, toutes les choses du même genre.
**tutu** nm Jupe faite de plusieurs épaisseurs de gaze ou de tulle qui forme le costume de scène des danseuses classiques.
**tuyau** [tɥijo] nm **1.** Canal, conduit généralement cylindrique, servant au passage de l'eau, du gaz, etc. : *tuyau d'arrosage.* **2.** FAM Renseignement confidentiel : *tuyau pour le tiercé.* ■ **dire dans le tuyau de l'oreille** : à voix basse et en secret.
**tuyauter** vt FAM Donner des conseils utiles, des renseignements confidentiels.
**tuyauterie** nf Ensemble de tuyaux, de canalisations.
**tuyère** [tɥijɛr] ou [tyjɛr] nf Conduit terminal d'une turbine à gaz.
**TV** nf (abréviation) Télévision.
**TVA** nf (sigle) Taxe sur la valeur ajoutée.
**TVHD** nf (sigle) Télévision à haute définition.
**tweed** [twid] nm Étoffe de laine d'origine écossaise.
**Tweet** [twit] nm (nom déposé) Court message posté sur le site web Twitter pour délivrer des informations en temps réel.
**twist** [twist] nm Danse fortement déhanchée, apparue dans les années 1960.
**twitter** ou **tweeter** [twite] vi et vt Poster un Tweet sur le site de microblogage Twitter.
**tympan** nm **1.** Membrane du conduit auditif, qui transmet les vibrations sonores. **2.** ARCHIT Espace entre les trois corniches d'un fronton ou entre plusieurs arcs.
**type** nm **1.** Modèle abstrait présentant les traits caractéristiques communs à plusieurs individus ou à plusieurs choses de même nature : *avoir le type méditerranéen ; aimer un certain type de voiture.* **2.** (en apposition) Caractéristique, exemplaire : *une phrase type.* **3.** FAM Individu quelconque de sexe masculin : *un drôle de type.* ■ **du troisième type** : qui ne ressemble à rien de connu, qui constitue une innovation : *le télétravail annonce les entreprises du troisième type.*
**typé, e** adj Qui présente à un haut degré les caractères du type dans lequel on le range : *personnage fortement typé.*
**typer** vt Représenter de façon caractéristique.
**typhoïde** adj ■ **fièvre typhoïde** ou **typhoïde** nf : maladie infectieuse, contagieuse, à localisation intestinale.
**typhon** nm Violent ouragan des mers de Chine et du Japon.
**typhus** [tifys] nm Maladie contagieuse épidémique.
**typique** adj Caractéristique, qui distingue une personne ou une chose.
**typiquement** adv De façon typique.
**typographe** n Ouvrier d'imprimerie qui compose des textes à l'aide de caractères mobiles.
**typographie** nf **1.** Procédé d'impression à partir de caractères en relief : *typographie en couleurs.* **2.** Manière dont un texte est imprimé : *une belle typographie.*
**typographique** adj Relatif à la typographie.
**typologie** nf Étude des traits caractéristiques dans un ensemble de données en vue d'y déterminer des types, des systèmes.
**typologique** adj Relatif à une typologie.
**tyran** nm **1.** Souverain despotique, injuste et cruel. **2.** FIG Personne qui abuse de son pouvoir, de son autorité.

> EMPLOI *Tyran,* nom masculin, s'emploie aussi pour une femme : *cette femme est un vrai tyran.*

**tyrannie** nf **1.** Gouvernement autoritaire qui ne respecte pas les libertés individuelles. **2.** LITT Fait d'abuser de son autorité ; contrainte, pouvoir irrésistible : *tyrannie des passions.*
**tyrannique** adj Qui a le caractère d'une tyrannie, qui agit en tyran : *lois tyranniques ; père tyrannique.*
**tyranniser** vt Exercer une autorité tyrannique : *tyranniser un enfant.*
**tyrolien, enne** adj et n Du Tyrol.
**tyrolienne** nf Air qui s'exécute à l'aide de certaines notes de poitrine et de tête qui se succèdent rapidement.
**tzar** nm → **tsar**.
**tzatziki** nm Salade de concombre au yaourt et à l'ail (cuisine grecque).
**tzigane** n et adj → **tsigane.**

# U

**u** nm Vingt et unième lettre de l'alphabet et la cinquième des voyelles.
**U** (symbole) Uranium.
**ubac** nm Côté exposé à l'ombre, dans les montagnes (par opposition à *adret*).
**ubérisation** nf (de *Uber*, nom déposé) Remise en cause d'un secteur d'activité par une nouvelle proposition de services, moins chers, effectués par des indépendants, via des plateformes de réservation sur Internet.
**ubériser** vt (de *Uber*, nom déposé) Rendre obsolète un modèle économique, via notamm. l'utilisation de plateformes numériques.
**ubiquité** [ybikɥite] nf LITT Faculté d'être présent en plusieurs lieux à la fois.
**ubuesque** adj Digne du *père Ubu*, personnage poltron et cruel créé par Alfred Jarry.
**uchronie** nf Reconstruction fictive de l'histoire, relatant les faits tels qu'ils auraient pu se passer.
**UE** nf (sigle) Unité d'enseignement.
**UFR** nf (sigle de *unité de formation et de recherche*) Structure de base de l'enseignement universitaire en France.
**UHT** nf (sigle de *ultra-haute température*) ■ **lait UHT** : lait stérilisé à très haute température qui peut être conservé plusieurs mois.
**ukase** [ykaz] ou **oukase** [ukaz] nm **1.** Décision autoritaire et impérative. **2.** HIST Édit des anciens tsars de Russie.
**ukrainien, enne** adj et n D'Ukraine : *les Ukrainiens.* ◆ nm Langue slave parlée en Ukraine.
**ulcération** nf Formation d'ulcère ; l'ulcère lui-même.
**ulcère** nm Plaie persistante d'un revêtement cutané ou muqueux : *ulcère de l'estomac.*
**ulcérer** vt (conj 10) **1.** MÉD Produire un ulcère. **2.** SOUT Causer un ressentiment profond.
**ulcéreux, euse** adj De la nature de l'ulcère. ◆ adj et n Atteint d'un ulcère.
**uléma** [ylema] ou **ouléma** [ulema] nm Docteur de la loi musulmane.
**ULM** nm (sigle de *ultra-léger motorisé*) Petit avion sans coque, monoplace ou biplace.
**ultérieur, e** adj Qui vient après, succède à.
**ultérieurement** adv Plus tard.
**ultimatum** [yltimatɔm] nm **1.** Dernière proposition qu'une puissance fait à une autre avant de déclarer la guerre. **2.** Proposition précise qui n'admet aucune contestation.
**ultime** adj Dernier, final. ■ **déchets ultimes** : déchets qui ne peuvent plus subir de traitement et qui doivent donc être stockés.
**ultra** nm **1.** HIST Ultraroyaliste, partisan de l'Ancien Régime. **2.** Personne qui professe des opinions extrêmes.
**ultramarin, e** adj et n De la France d'outre-mer : *les Ultramarins.* ◆ adj inv et nm D'un bleu intense ; outremer.
**ultramoderne** adj Très moderne.
**ultraplat, e** adj Dont l'épaisseur est très faible : *ordinateur ultraplat.*
**ultrasensible** adj Extrêmement sensible.
**ultrason** nm Vibration d'une fréquence très élevée, inaudible pour l'oreille humaine.
**ultraviolet, ette** adj et nm Se dit des radiations invisibles placées dans le spectre au-delà du violet.
**ululation** nf ou **ululement** nm ou **hululement** nm Cri des rapaces nocturnes.
**ululer** ou **hululer** vi Crier, en parlant des rapaces nocturnes.
**UMTS** nm (sigle de *universal mobile telecommunications system*) Norme européenne de transmission à haut débit destinée à la troisième génération de téléphones mobiles.
**1. un, une** adj num card **1.** Le premier des nombres, pris comme base de la numération, désignant une quantité égale à l'unité : *un euro.* **2.** Premier : *page un.* **3.** Seul, unique : *en un jour.* ■ **ne faire ni une ni deux** : ne pas hésiter. ❑ **ne faire qu'un avec** : être tout à fait semblable ou parfaitement uni. ❑ **pas un** : aucun, nul. ❑ **un à un** ou **un par un** : l'un succédant à l'autre. ◆ adj Qui n'admet pas de division : *la vérité est une.* ■ **c'est tout un** ou **ce n'est qu'un** : c'est la même chose. ◆ nm inv Chiffre, numéro qui exprime l'unité.

> GRAMMAIRE On ne fait pas l'élision devant l'adj num *un* : *une pièce de un euro.*

**2. un, une, des** art indéf Désigne une personne ou une chose de manière indéterminée : *donne-moi un livre.* ◆ pron indéf ■ **l'un** : un des deux nommés (par opposition à *l'autre*). ❑ **l'un et l'autre** : tous les deux. ❑ **l'un l'autre** : réciproquement. ❑ **ni l'un ni l'autre** : aucun des deux.

**unanime** adj **1.** Qui marque un accord complet : *avis unanime.* **2.** (au pluriel) Qui sont du même avis : *être unanimes.*

**unanimement** adv De façon unanime.

**unanimité** nf Accord complet des opinions, des suffrages : *voter à l'unanimité.*

**underground** [œndœrgrawnd] adj inv Se dit de spectacles d'avant-garde, réalisés en dehors des circuits commerciaux habituels.

**une** nf ■ **la une** : la première page d'un journal : *être à la une.*

**uni, e** adj **1.** Sans inégalités, sans aspérités : *sol uni.* **2.** D'une seule couleur : *robe unie.* **3.** Qui vit dans la bonne entente : *famille unie ; couple uni.* ◆ nm Tissu d'une seule couleur : *porter de l'uni.*

**unicellulaire** adj BIOL Formé d'une seule cellule.

**unicité** nf SOUT Caractère de ce qui est unique.

**unième** adj num ord Ne s'emploie qu'à la suite des dizaines, des centaines, etc. : *le vingt et unième siècle.*

**unièmement** adv (seulement dans les nombres composés) En vingt, trente, etc., et unième position : *vingt et unièmement.*

**unifamilial, e, aux** adj ■ BELGIQUE, CANADA **maison unifamiliale,** ou **unifamiliale,** nf : maison individuelle.

**unificateur, trice** adj et n Qui unifie.

**unification** nf Action d'unifier.

**unifier** vt **1.** Amener ou ramener à l'unité. **2.** Rendre uniforme, standardiser.

**uniforme** adj **1.** Qui a la même forme, le même aspect : *rues uniformes.* **2.** Semblable dans ses parties ou dans son déroulement : *vie uniforme ; mouvement uniforme.* ◆ nm **1.** Vêtement qui est le même pour toute une catégorie d'individus. **2.** Habit militaire.

**uniformément** adv De façon uniforme.

**uniformisation** nf Action d'uniformiser.

**uniformiser** vt Rendre de même forme, de même nature ; standardiser.

**uniformité** nf Caractère uniforme.

**unijambiste** adj et n Qui a été amputé d'une jambe.

**unilatéral, e, aux** adj **1.** Situé d'un seul côté : *stationnement unilatéral.* **2.** Qui n'engage qu'une des parties en présence.

**unilatéralement** adv De façon unilatérale.

**unilatéralisme** nm Politique d'un État, d'une organisation qui ne prend en considération que ses seuls intérêts.

**unilingue** adj **1.** Qui parle une seule langue ; monolingue. **2.** Qui est écrit, rédigé en une seule langue : *dictionnaire unilingue.*

**uniment** adv ■ LITT **tout uniment** : tout simplement ; franchement.

**uninominal, e, aux** adj Qui ne contient qu'un nom ; où l'on n'indique qu'un seul nom : *scrutin uninominal.*

**union** nf **1.** Association de plusieurs choses, de plusieurs personnes ou de plusieurs groupes de manière qu'ils ne forment qu'un tout. **2.** Conformité d'efforts ou de pensées : *l'union fait la force.* **3.** Association. **4.** Mariage. ■ **union libre** : concubinage.

**unique** adj **1.** Seul en son genre : *fille unique.* **2.** Qui est le même pour plusieurs choses : *commandement unique.* **3.** Exceptionnel, incomparable : *un talent unique.*

**uniquement** adv Exclusivement.

**unir** vt **1.** Joindre, de manière à ne former qu'un tout : *unir deux communes.* **2.** Établir une communication entre. **3.** Lier par l'intérêt, l'amitié : *unis par l'affection.* **4.** Marier. ◆ **s'unir** vpr **1.** S'associer. **2.** Se lier par les liens de l'amour, du mariage.

**unisexe** adj Qui convient aussi bien aux hommes qu'aux femmes : *vêtements unisexes.*

**unisson** nm MUS Accord de plusieurs voix ou de plusieurs instruments qui font entendre des sons de même hauteur ou à l'octave. ■ FIG **à l'unisson** : en accord parfait, en totale conformité.

**unitaire** adj **1.** De l'unité : *prix unitaire.* **2.** Qui recherche ou manifeste l'unité sur le plan politique ou syndical : *manifestation unitaire.*

**unité** nf **1.** Caractère de ce qui est un, unique, de ce qui forme un tout : *unité d'un pays.* **2.** Grandeur prise comme terme de comparaison avec des grandeurs de même espèce : *ramener à l'unité.* **3.** Quantité correspondant au nombre un : *vendre des assiettes à l'unité.* **4.** Harmonie d'ensemble d'une œuvre : *roman sans unité.* **5.** Accord, entente entre des personnes : *unité de vues.* **6.** Formation militaire permanente : *unité blindée.* **7.** Structure organisée au sein d'un ensemble plus vaste : *unité de production.* **8.** INFORM Partie d'un ordinateur effectuant une tâche donnée. ■ **unité centrale** : destinée à exécuter le programme d'un ordinateur. ❑ **unité d'enseignement (UE)** : dans une université française, enseignement annuel ou semestriel correspondant à une discipline et sanctionné par un contrôle des connaissances (elle a remplacé l'unité de valeur, ou UV).

**univalent** adj Monovalent.

**univers** nm **1.** (avec une majuscule) Ensemble des divers systèmes de planètes et d'étoiles. **2.** Le monde habité ; l'ensemble des hommes. **3.** Milieu dans lequel on vit ; champ d'activité, domaine de quelqu'un.

**universalisation** nf Action d'universaliser.

**universaliser** vt Rendre universel : *universaliser un principe ;* répandre partout.

**universalisme** nm Conception selon laquelle les idées et les valeurs sont indépendantes du temps et du lieu.
**universalité** nf SOUT Caractère de ce qui est universel.
**universel, elle** adj **1.** Qui concerne l'Univers, le cosmos : *gravitation universelle.* **2.** Général, qui s'étend à tout ou à tous : *loi universelle.* **3.** Qui a des connaissances, des aptitudes en tout : *esprit universel.* **4.** Se dit d'un accessoire compatible avec tous les appareils électriques ou électroniques d'un même type : *chargeur universel ; sac d'aspirateur universel.*
**universellement** adv De façon universelle.
**universitaire** adj De l'université : *études universitaires.* ◆ n Professeur d'université.
**université** nf Ensemble d'établissements scolaires qui dispensent l'enseignement supérieur ; les bâtiments eux-mêmes.
**univoque** adj SOUT Qui a un seul sens : *mot univoque.*
**untel, unetelle** n Sert à désigner une personne que l'on ne sait pas ou ne veut pas nommer.
**upcycling** [œpsajkliŋ] Recyclage qui consiste à revaloriser des déchets (EX : cageots) en les transformant en des produits à valeur ajoutée, esthétiques et utiles (EX : meubles).
**uppercut** [ypɛrkyt] nm En boxe, coup de poing porté de bas en haut, sous le menton.
**upsilon** [ypsilɔn] nm inv Vingtième lettre de l'alphabet grec, correspondant au *u.*
**uranium** nm Métal très lourd et radioactif ; symb : U.
**urbain, e** adj et n De la ville (par oppos. à *rural*). ■ **agriculture urbaine :** mode de production agricole pratiqué en ville sur des parcelles construites (toitures de bâtiments, notamm.) ou non. ❑ **art urbain :** ensemble des pratiques artistiques géner. éphémères (affichage, inscriptions, etc.) ayant pour cadre l'espace public (on dit aussi *street art*).
**urbanisation** nf **1.** Action d'urbaniser. **2.** Concentration croissante de la population dans les villes.
**urbaniser** vt Donner le caractère urbain, citadin à : *urbaniser une région.*
**urbanisme** nm Science se rapportant à la construction et à l'aménagement harmonieux des agglomérations, villes et villages.
**urbaniste** n Spécialiste de l'urbanisme. ◆ adj Relatif à l'aménagement des zones d'habitation.
**urbanité** nf LITT Politesse raffinée.
**urbi et orbi** [urbiɛtɔrbi] loc adv En s'adressant au monde entier : *bénédiction papale urbi et orbi.*
**urée** nf Substance azotée présente dans le sang et l'urine.
**urémie** nf Augmentation anormale du taux d'urée dans le sang.
**uretère** nm Chacun des deux canaux qui portent l'urine des reins dans la vessie.
**urètre** nm Canal qui conduit l'urine hors de la vessie.
**urgence** nf **1.** Caractère de ce qui est urgent. **2.** Nécessité d'agir vite : *il y a urgence.* **3.** MÉD Cas urgent nécessitant une intervention médicale ou chirurgicale rapide. ■ **d'urgence :** sur-le-champ : *appelé d'urgence.* ❑ **état d'urgence :** régime exceptionnel qui, en cas de troubles graves notamm., renforce les pouvoirs de police des autorités civiles. ❑ **état d'urgence sanitaire :** situation de catastrophe sanitaire (épidémie, notamm.) justifiant la mise en place par le gouvernement de mesures exceptionnelles et temporaires. ❑ **service des urgences** ou **urgences** nf pl : service d'un hôpital où sont dirigés les blessés et les malades à soigner sans délai.
**urgent, e** adj Qui ne peut être différé.
**urgentiste** n et adj Médecin membre du personnel des urgences hospitalières ; médecin qui se déplace sur le lieu d'une urgence médicale.
**urger** v impers (conj 2) FAM Être urgent ; presser : *vite, ça urge !*
**uricémie** nf Taux de l'acide urique dans le sang.
**urinaire** adj Relatif à l'urine : *voies urinaires.*
**urinal** (pl *urinaux*) nm Récipient qui permet de faire uriner un homme alité.
**urine** nf Liquide sécrété par les reins et émis par la vessie.
**uriner** vi Évacuer l'urine. ◆ vt Évacuer dans l'urine : *uriner du sang.*
**urinoir** nm Lieu ou édicule aménagé pour permettre aux hommes d'uriner.
**urique** adj ■ **acide urique :** acide qui se trouve dans le sang et qui est éliminé par l'urine.
**urne** nf Boîte qui sert à recueillir les bulletins de vote. ■ **urne funéraire :** vase pour conserver les cendres des morts.
**urographie** nf Radiographie des voies urinaires.
**urologie** nf Partie de la médecine qui a trait à l'étude des maladies des voies urinaires.
**urologue** n Spécialiste en urologie.
**urticaire** nf Éruption cutanée entraînant de vives démangeaisons.
**urticant, e** adj Dont le contact provoque une réaction inflammatoire de la peau : *filaments urticants d'une méduse.*
**urubu** nm Vautour d'Amérique tropicale au plumage noir.
**uruguayen, enne** [yrygwɛjɛ̃, ɛn] adj et n D'Uruguay : *les Uruguayens.*
**us** [ys] nm pl ■ SOUT **us et coutumes :** usages, traditions d'un pays, d'une région.

**usage** nm **1.** Action de se servir de qqch : *perdre l'usage de la parole.* **2.** Fonction, emploi : *appareil dont on ignore l'usage.* **3.** Coutume commune à un groupe : *aller contre l'usage établi.* ■ **à l'usage de :** à l'intention de : *informations à l'usage des abonnés.* ❑ **à usage :** destiné à être utilisé de telle ou telle façon : *à usage externe.* ❑ **en usage :** actuellement employé : *méthode encore en usage.* ❑ **faire usage de :** utiliser, employer. ❑ **hors d'usage :** dont on ne peut plus se servir.

**usagé, e** adj Qui a déjà servi ; défraîchi, usé.

**usager, ère** n Personne qui utilise un service public : *les usagers du rail, de la route.*

**usant, e** adj Qui fatigue à l'extrême : *travail usant.*

**usé, e** adj **1.** Qui a subi une certaine détérioration due à l'usure : *vêtement usé.* **2.** FIG Affaibli : *homme usé.* **3.** Banal, pour avoir été trop répété ou employé : *sujet usé.*

**user** vt ind [de] SOUT Se servir de, avoir recours à : *user de son influence, de ses charmes.* ◆ vt **1.** Détériorer par l'usage : *user un vêtement.* **2.** Consommer, utiliser une certaine quantité de : *voiture qui use peu d'essence.* **3.** FIG Détruire progressivement : *user sa santé.* ◆ **s'user** vpr Se détériorer à l'usage : *vêtements qui s'usent vite.*

**usinage** nm Action d'usiner.

**usine** nf **1.** Établissement industriel où on transforme des matières premières, où on produit de l'énergie, etc. **2.** FAM Lieu qui est le siège d'une intense activité. ■ FAM **usine à gaz :** (a) construction hétéroclite (b) projet complexe, incohérent et irréalisable.

**usiner** vt Soumettre une pièce brute à l'action d'une machine-outil.

**usité, e** adj LING Qui est en usage dans la langue : *mot très usité.*

**ustensile** nm Objet de petites dimensions et de conception simple, servant à divers travaux domestiques : *ustensiles de cuisine.*

**usuel, elle** adj Dont on se sert ordinairement : *objets, mots usuels.*

**usuellement** adv De façon usuelle.

**usufruit** nm DR Jouissance d'un bien dont la nue-propriété appartient à un autre.

**usufruitier, ère** n Personne qui a l'usufruit.

**usuraire** adj DR Entaché d'usure : *prêt usuraire.*

**1. usure** nf **1.** Détérioration produite par l'usage, par le temps. **2.** FIG, SOUT Affaiblissement. ■ FAM **avoir qqn à l'usure :** arriver à ses fins en le fatiguant.

**2. usure** nf DR Intérêt perçu au-dessus du taux légal.

**usurier, ère** n Personne qui prête de l'argent en prenant un bénéfice illégitime.

**usurpateur, trice** n Personne qui usurpe.

**usurpation** nf **1.** DR Action d'usurper : *usurpation d'état civil.* **2.** Objet usurpé.

**usurpatoire** adj DR Qui a le caractère d'une usurpation ; illégitime, abusif.

**usurper** vt **1.** S'emparer par violence ou par ruse, s'approprier sans droit. **2.** FIG Obtenir de façon injustifiée : *usurper sa réputation.*

**ut** [yt] nm inv MUS Première note de la gamme de *do* ; signe qui la représente.

**utérin, e** adj et n Né, née de la même mère, mais non du même père. ◆ adj Relatif à l'utérus : *muqueuse utérine.*

**utérus** [yterys] nm Organe de la gestation chez la femme et chez les femelles des mammifères.

**utile** adj Qui sert, rend service : *travaux utiles.* ■ **en temps utile :** en temps opportun.

**utilement** adv De façon utile.

**utilisable** adj Que l'on peut utiliser.

**utilisateur, trice** n Personne qui fait usage de qqch.

**utilisation** nf Action d'utiliser.

**utiliser** vt **1.** Recourir à qqch pour un usage précis : *utiliser les toilettes.* **2.** Tirer parti de qqn ou de qqch : *savoir utiliser ses relations.*

**utilitaire** adj Qui vise essentiellement à l'utilité : *démarche utilitaire.* ■ **véhicule utilitaire :** véhicule destiné au transport des marchandises ou au transport collectif des personnes.

**utilité** nf Fait d'être utile ou utilisable ; caractère de ce qui est utile. ◆ **utilités** pl Au théâtre, au cinéma, emploi subalterne ; acteur qui le remplit : *ne jouer que les utilités.*

**utopie** nf **1.** PHILOS Construction imaginaire et rigoureuse d'une société idéale : *l'utopie de Fourier.* **2.** Projet chimérique dont la réalisation est impossible.

**utopique** adj Qui relève de l'utopie.

**utopiste** adj et n **1.** Qui est l'auteur d'une utopie. **2.** Qui forme des projets utopiques.

**1. UV** [yve] nf (sigle) ANC Unité de valeur (elle a été remplacée par l'unité d'enseignement, ou UE).

**2. UV** [yve] nm pl (sigle de *ultraviolets*) Rayons ultraviolets.

**uval, e, aux** adj Relatif au raisin : *cuve uvale.*

# V

**v** nm Vingt-deuxième lettre de l'alphabet et la dix-septième des consonnes.

**V** (symbole) Volt.

**va** interj S'emploie pour confirmer, encourager, menacer, etc. : *courage, va ! ; allez, va, c'est d'accord.* ■ FAM **va pour** : c'est d'accord pour.

**vacance** nf État d'une place, d'une charge vacante. ◆ **vacances** pl **1.** Période de fermeture des établissements scolaires. **2.** Période de congé des travailleurs. ■ **les grandes vacances** : congé scolaire d'été.

**vacancier, ère** n Personne qui est en vacances dans un lieu de villégiature.

**vacant, e** adj Libre, non occupé par un titulaire. ■ DR **succession vacante** : non réclamée.

**vacarme** nm Bruit assourdissant ; tapage.

**vacataire** n et adj Personne employée pour un temps déterminé à une fonction précise.

**vacation** nf **1.** Temps consacré à l'examen d'une affaire ou à l'accomplissement d'une fonction déterminée par la personne qui en a été chargée. **2.** Rémunération de ce temps.

**vaccin** [vaksɛ̃] nm Substance d'origine microbienne ou de synthèse qui, inoculée à une personne ou à un animal, leur confère l'immunité contre une maladie.

**vaccinal, e, aux** adj Relatif au vaccin. ■ **couverture vaccinale** : proportion de gens concernés par un vaccin qui sont effectivement vaccinés contre une maladie.

**vaccinateur, trice** n Personne qui pratique la vaccination, qui est habilitée à vacciner.

**vaccination** nf Action de vacciner.

**vaccine** nf Maladie de la vache, qui, transmise à l'homme, le préserve de la variole.

**vacciner** vt **1.** Administrer un vaccin. **2.** FAM Guérir d'une habitude ; préserver d'un mal quelconque : *cette mésaventure l'a vacciné.*

**vaccinodrome** nm Centre provisoire de vaccination de masse permettant, lors d'une épidémie sévère, de vacciner très rapidement un grand nombre de personnes.

**vache** nf Femelle de l'espèce bovine ; peau de cet animal. ■ FAM **maladie de la vache folle** : encéphalopathie spongiforme bovine. ❑ FAM **manger de la vache enragée** : endurer des privations. ❑ FAM **vache à lait** : personne ou chose dont on tire un profit continuel. ◆ adj FAM **1.** Dur, sévère : *un prof vache.* **2.** Fâcheux, imprévu : *c'est vache ce qui lui arrive.*

**vachement** adv FAM Très, beaucoup : *un film vachement bien.*

**vacher, ère** n Personne qui s'occupe des vaches.

**vacherie** nf FAM Parole ou acte méchant.

**vacherin** nm **1.** Pâte meringuée garnie de glace et de crème Chantilly. **2.** Fromage au lait de vache à pâte molle et onctueuse fabriqué en Suisse et dans le Jura français.

**vachette** nf **1.** Jeune vache. **2.** Cuir de jeune vache.

**vacillant, e** adj Qui vacille.

**vacillation** nf ou **vacillement** nm Mouvement de ce qui vacille.

**vaciller** vi **1.** Chanceler, être instable : *vaciller sur ses jambes.* **2.** Trembloter : *lumière qui vacille.* **3.** FIG, LITT Hésiter, manquer d'assurance : *mémoire, raison qui vacille.*

**vacuité** nf **1.** État de ce qui est vide. **2.** LITT Absence de valeur, de signification.

**vacuole** nf BIOL Cavité du cytoplasme des cellules, renfermant diverses substances en solution dans l'eau.

**vade-mecum** [vademekɔm] nm inv LITT Livre, manuel, etc., que l'on porte ordinairement avec soi pour pouvoir le consulter.

**vadrouille** nf FAM Promenade sans but défini : *être, partir en vadrouille.*

**vadrouiller** vi FAM Se promener sans but précis.

**va-et-vient** nm inv **1.** Mouvement de ce qui va et vient alternativement : *le va-et-vient d'un balancier.* **2.** Circulation de personnes ou de choses entre deux points opposés. **3.** Dispositif de communication entre deux points et dans les deux sens. **4.** Dispositif permettant d'éteindre ou d'allumer une lampe électrique de plusieurs endroits.

**vagabond, e** adj **1.** Qui est instable, change sans cesse : *vie vagabonde.* **2.** FIG Qui erre, qui ne se fixe sur rien de précis : *idées vagabondes.* ◆ n Personne sans domicile fixe ni profession.

**vagabondage** nm **1.** Fait de vagabonder. **2.** LITT Divagation de l'esprit, rêverie.

**vagabonder** vi **1.** Aller sans but, errer ici et là. **2.** LITT Passer sans cesse d'un sujet à un autre : *pensée qui vagabonde.*

**vagin** nm Organe génital interne de la femme, qui va de l'utérus à la vulve.

**vaginal, e, aux** adj Relatif au vagin.

**vaginite** nf Inflammation de la muqueuse du vagin.

**vagir** vi **1.** Pousser des vagissements, en parlant du nouveau-né. **2.** Crier, en parlant de certains animaux (lièvre, crocodile).

**vagissant, e** adj Qui vagit.

**vagissement** nm Cri du nouveau-né et de certains animaux.

**1. vague** adj **1.** Qui est sans précision, mal déterminé : *vague silhouette.* **2.** Qui laisse place au doute, obscur : *une vague promesse.* **3.** Ample, en parlant d'un vêtement. ■ **terrain vague** : terrain à proximité d'une agglomération, et qui n'est ni cultivé ni construit. ◆ nm Ce qui est imprécis, mal défini. ■ **rester dans le vague** : ne pas donner d'informations précises. ❑ **vague à l'âme** : mélancolie, tristesse sans raison.

**2. vague** nf **1.** Mouvement ondulatoire de l'eau, généralement dû à l'action du vent. **2.** Masse importante : *vague de migrants.* **3.** FIG Phénomène subit qui apparaît en masse et se propage : *vague de contestation.*

**vaguelette** nf Petite vague.

**vaguement** adv De façon vague.

**vaguemestre** nm Sous-officier chargé du service postal.

**vaguer** vi LITT Errer çà et là au hasard : *laisser vaguer son imagination.*

**vahiné** nf Femme de Tahiti.

**vaillamment** adv Avec vaillance.

**vaillance** nf Caractère d'une personne brave, courageuse.

**vaillant, e** adj **1.** LITT Qui a de la bravoure, du courage : *vaillant soldat.* **2.** En bonne santé, vigoureux : *se sentir vaillant.*

**vain, e** adj **1.** Sans résultat : *vains efforts.* **2.** Illusoire : *vain espoir.* ■ **en vain** : inutilement.

**vaincre** vt (conj 84) **1.** Avoir l'avantage, l'emporter sur : *vaincre un rival.* **2.** Venir à bout de, surmonter, triompher de : *vaincre sa peur.*

> ORTHOGRAPHE Dans *je vaincs, il vainc,* le *c* n'est pas prononcé.

**vaincu, e** adj et n Qui a subi une défaite.

**vainement** adv Inutilement, en vain.

**vainqueur** adj m et nm **1.** Qui remporte une victoire, qui a l'avantage sur. **2.** Qui exprime la victoire : *air vainqueur.*

**1. vairon** adj m ■ **yeux vairons** : de couleur différente.

**2. vairon** nm Petit poisson de ruisseau dont la chair est peu estimée.

**1. vaisseau** nm LITT Navire d'une certaine importance : *vaisseau de guerre.* ■ LITT **brûler ses vaisseaux** : se couper la retraite. ❑ **vaisseau spatial** : engin interplanétaire.

**2. vaisseau** nm Canal de circulation du sang ou de la lymphe chez les animaux, de la sève chez les végétaux.

**vaisselier** nm Meuble pour ranger la vaisselle.

**vaisselle** nf **1.** Ensemble des récipients qui servent à préparer les aliments et à les présenter sur la table. **2.** Action de laver les plats et les ustensiles qui ont servi au repas : *faire la vaisselle.*

**val** (pl *vals* ou *vaux*) nm Vallée large. ■ **par monts et par vaux** : de tous côtés.

**valable** adj **1.** Qui a, qui garde sa valeur : *ticket valable trois mois ; monnaie encore valable.* **2.** Fondé, acceptable, admissible : *excuse valable.* **3.** Qui a une certaine valeur : *œuvre valable.* **4.** Qui a les qualités requises pour accomplir quelque chose : *interlocuteur valable.*

**valablement** adv De façon valable.

**valdinguer** vi FAM Tomber brutalement. ■ FAM **envoyer valdinguer qqn** : (a) le faire tomber (b) FIG l'éconduire brutalement.

**valence** nf CHIM Nombre d'atomes d'hydrogène susceptibles de se combiner avec un atome d'un corps (*mono-, bi-, trivalent,* etc.).

**valériane** nf Plante médicinale à fleurs roses, blanches ou jaunâtres, appelée aussi *herbe-aux-chats* ; racine de cette plante.

**valet** nm **1.** Domestique masculin : *valet de chambre.* **2.** FIG, PÉJOR Homme d'une complaisance servile. **3.** Figure du jeu de cartes représentant un écuyer. ■ **valet de nuit** : grand cintre monté sur pieds, pour suspendre les costumes.

**valetaille** nf PÉJOR Ensemble des domestiques.

**valétudinaire** adj et n LITT Maladif, de santé chancelante.

**valeur** nf **1.** Ce que vaut une personne ou une chose : *terrain qui double sa valeur ; écrivain de valeur.* **2.** Équivalent d'une quantité : *boire la valeur d'une cuillerée à soupe.* **3.** Mesure conventionnelle d'un signe dans une série : *valeur d'une carte à jouer.* **4.** Validité : *s'il n'est pas signé, un chèque n'a aucune valeur.* **5.** Importance accordée à qqch : *valeur d'un argument.* **6.** Ce qui est posé comme vrai, beau, bien. **7.** Titre de vente, action, effet de commerce, etc. : *valeurs mobilières.* **8.** Mesure d'une grandeur, d'un nombre : *valeur arithmétique.* **9.** MUS Durée d'une note. **10.** Qualité particulière d'une couleur, d'un mot, etc. ■ **mettre en valeur** : faire paraître à son avantage. ❑ ÉCON **valeur ajoutée** : différence entre la valeur des produits à traiter et leur valeur après transformation.

**valeureusement** adv Avec courage.

**valeureux, euse** adj LITT Vaillant, brave, courageux.

**validation** nf Action de valider.

**valide** adj **1.** En bonne santé : *se sentir valide.* **2.** Qui satisfait aux conditions légales requises ; valable : *billet valide.*

**valider** vt Rendre ou déclarer valide, valable : *valider un titre de transport ; valider une élection.*

**valideur** nm Appareil servant à valider un titre de transport à bande magnétique (billet, ticket) ou à support dit *sans contact* (EX : carte à puce).

**validité** nf **1.** Caractère de ce qui est valide, valable. **2.** Durée pendant laquelle un document peut être utilisé valablement : *validité d'un passeport.*

**valise** nf Bagage à main de forme rectangulaire. ■ **faire sa valise, ses valises :** (a) y mettre ce qu'on veut emporter (b) se préparer à partir.

**vallée** nf Dépression allongée, plus ou moins évasée, creusée par un cours d'eau ou un glacier.

**vallon** nm Petite vallée.

**vallonné, e** adj Qui présente des vallons : *région vallonnée.*

**vallonnement** nm Relief d'un terrain vallonné.

**valoche** nf FAM Valise.

**valoir** vi (conj 40) **1.** Avoir un certain prix : *article qui vaut dix euros.* **2.** Avoir une certaine utilité, une certaine qualité, un certain intérêt : *livre qui ne vaut rien.* **3.** Être valable : *cette règle vaut pour tous.* ■ **à valoir :** se dit d'une somme d'argent dont on tiendra compte ultérieurement. ❑ **faire valoir :** mettre en avant, mettre en valeur. ❑ **vaille que vaille :** tant bien que mal. ◆ vt **1.** Équivaloir à qqch, égaler : *carte qui vaut trois points.* **2.** Procurer, rapporter : *son fils lui vaut bien des soucis.* **3.** Justifier, légitimer : *plage qui vaut le détour.* ■ **valoir la peine :** être assez intéressant pour justifier la peine qu'on se donne. ◆ v impers ■ **il vaut mieux :** il est préférable de. ◆ **se valoir** vpr Avoir la même valeur.

GRAMMAIRE Au sens propre (vi), on écrit *le prix qu'ont valu ces bijoux ;* au sens fig. (vt), *les efforts qu'a valus ce travail.*

**valorisant, e** adj Qui valorise.

**valorisation** nf Action de valoriser.

**valoriser** vt **1.** Donner une plus grande valeur à : *valoriser un terrain.* **2.** Augmenter la valeur, le mérite : *savoir valoriser ses diplômes.*

**valse** nf Danse tournante à trois temps ; musique qui accompagne cette danse.

**valse-hésitation** (pl *valses-hésitations*) nf Comportement d'une personne qui hésite à prendre une décision.

**valser** vi Danser la valse. ■ FAM **faire valser** ou **envoyer valser :** envoyer loin de soi, se débarrasser de.

**valseur, euse** n Personne qui valse.

**valve** nf **1.** Moitié de certaines coquilles, de certaines enveloppes de fruits. **2.** Système de régulation d'un courant de liquide ou de gaz dans une conduite ; clapet de fermeture : *la valve d'une chambre à air.*

**valvule** nf ANAT Repli élastique sur la paroi du cœur ou d'un vaisseau.

**vamp** nf FAM Femme fatale, en particulier au cinéma.

**vampire** nm **1.** Mort qui, suivant certaines superstitions, sort du tombeau pour sucer le sang des vivants. **2.** FIG, LITT Personne qui s'enrichit aux dépens d'autrui. **3.** Grande chauve-souris d'Amérique.

**vampiriser** vt FAM Mettre sous sa totale dépendance.

**vampirisme** nm **1.** Croyance aux vampires. **2.** Avidité de ceux qui s'enrichissent du travail d'autrui.

**1. van** [vɑ̃] nm Plateau d'osier, pour agiter et nettoyer le grain.

**2. van** [vɑ̃] nm Voiture fermée pour le transport des chevaux de course.

**vanadium** [vanadjɔm] nm Métal blanc, léger ; symb : V.

**vandale** n Personne qui mutile, détruit les monuments, les œuvres d'art ou les objets de valeur.

**vandalisme** nm Caractère, acte d'un vandale.

**vanille** nf Fruit du vanillier ; gousse ou extrait de ce fruit utilisés pour parfumer les pâtisseries et les confiseries.

**vanillé, e** adj Parfumé à la vanille.

**vanillier** [vanije] nm Plante grimpante des régions tropicales, dont le fruit (vanille) est très parfumé.

**vanilline** [vanilin] nf Principe odorant de la vanille utilisé en pâtisserie et en parfumerie.

**vanité** nf **1.** Défaut d'une personne très satisfaite d'elle-même et qui étale cette satisfaction. **2.** LITT Caractère de ce qui est vain, vide de sens. ■ **tirer vanité de :** s'enorgueillir de.

**vaniteusement** adv Avec vanité.

**vaniteux, euse** adj et n Qui a de la vanité.

**vanity-case** [vanitikez] (pl *vanity-cases*) nm Mallette rigide conçue pour le rangement et le transport des objets de toilette.

**vannage** nm Action de vanner.

**1. vanne** nf Dispositif servant à régler l'écoulement de l'eau d'une écluse, d'un barrage, etc.

**2. vanne** nf FAM Remarque désobligeante : *envoyer des vannes à quelqu'un.*

**vanné, e** adj FAM Très fatigué.

**vanneau** nm Oiseau échassier des marais, dont la chair est estimée.

**vanner** vt **1.** Trier, nettoyer le grain au moyen d'un van. **2.** FAM Fatiguer excessivement.

**vannerie** nf **1.** Fabrication des objets en osier, en rotin, etc. **2.** Objet fabriqué ou tressé dans ces matières.

**vanneur, euse** n et adj Personne qui vanne le grain.

**vannier** nm Personne qui fabrique des objets en rotin, en osier, etc.

**vantail** (pl *vantaux*) nm Châssis ouvrant d'une porte ; battant.

**vantard, e** adj et n Qui aime à se vanter, à se faire valoir.

**vantardise** nf **1.** Caractère de vantard. **2.** Acte, parole par lesquels on se vante.

**vanter** vt Faire l'éloge de : *vanter les mérites de qqn.* ◆ **se vanter** vpr S'attribuer des qualités, des mérites qu'on n'a pas. ■ **se vanter de :** (a) tirer vanité de (b) se déclarer capable de.

**va-nu-pieds** n inv PÉJOR Misérable, gueux.

**vapes** nf pl FAM ■ **être dans les vapes :** (a) être hébété, abruti (b) avoir perdu conscience. ❏ **tomber dans les vapes :** s'évanouir.

**1. vapeur** nf **1.** Gaz provenant du changement d'état physique d'un liquide ou d'un solide : *vapeur d'eau.* **2.** Énergie obtenue par l'eau amenée à l'état gazeux : *machine à vapeur.* **3.** Masse gazeuse qui se dégage de l'eau portée à ébullition : *légumes cuits à la vapeur.* **4.** Gaz qui se dégage d'une substance liquide ou solide et s'exhale dans l'atmosphère : *vapeurs d'essence.* ■ FAM **à toute vapeur :** à toute vitesse. ❏ FAM **avoir des vapeurs :** des bouffées de chaleur, un malaise.

**2. vapeur** nm Bateau mû par la vapeur.

**vaporeux, euse** adj **1.** Léger, flou, qui a l'apparence de la vapeur : *tissu vaporeux.* **2.** Dont l'éclat est voilé : *lumière vaporeuse.*

**vaporisateur** nm Appareil pour vaporiser en fines gouttelettes.

**vaporisation** nf Action de vaporiser.

**vaporiser** vt **1.** Faire passer de l'état liquide à l'état gazeux. **2.** Disperser et projeter un liquide en fines gouttelettes.

**vapoter** vi FAM Fumer une cigarette électronique.

**vapoteur, euse** n FAM Personne qui fume une cigarette électronique.

**vapoteuse** nf FAM Cigarette électronique.

**vaquer** vi (terme administratif) Cesser pour un temps ses fonctions. ◆ vt ind [à] S'occuper, s'appliquer à : *vaquer à ses occupations.*

**varan** nm Grand lézard des régions chaudes.

**varangue** nf MAR Pièce à deux branches, formant la partie inférieure d'un couple.

**varappe** nf Escalade de parois rocheuses.

**varappeur, euse** n Personne qui fait de la varappe.

**varech** [varɛk] nm Algues brunes qu'on recueille sur les côtes ; goémon.

**vareuse** nf **1.** Veste assez ample. **2.** Veste d'uniforme, dans la Marine nationale.

**variabilité** nf Caractère de ce qui est variable.

**variable** adj **1.** Qui peut varier : *temps variable.* **2.** Divers, différent : *résultats variables.* **3.** GRAMM Se dit d'un mot dont la terminaison varie selon le genre, le nombre, la fonction. ◆ nf MATH Élément qui peut prendre des valeurs différentes à l'intérieur d'un ensemble, d'un système, d'une relation.

**variant** nm Gène, protéine ou virus présentant une ou plusieurs mutations par rapport à leur structure d'origine.

**variante** nf **1.** Chose qui diffère légèrement d'une autre de la même espèce. **2.** Version d'un texte qui diffère de celle qui est communément éditée.

**variateur** nm Dispositif servant à faire varier une intensité lumineuse et utilisé notamment dans les lampes à halogène.

**variation** nf **1.** Changement de degré ou d'aspect de qqch. **2.** Suite de morceaux musicaux composés sur le même thème.

**varice** nf Dilatation permanente d'une veine, en particulier aux jambes.

**varicelle** nf Maladie éruptive contagieuse, sans gravité.

**varié, e** adj **1.** Qui présente de la diversité : *répertoire varié.* **2.** (au pl) Se dit de choses très différentes entre elles : *hors-d'œuvre variés.*

**varier** vt Rendre divers ; diversifier : *varier son travail.* ◆ vi **1.** Présenter des différences, des aspects divers : *prix qui varient.* **2.** Changer d'opinion, d'attitude : *avis qui varient.*

**variété** nf **1.** Diversité, différence : *variété d'avis.* **2.** Subdivision d'une espèce animale ou végétale. ◆ **variétés** pl **1.** Spectacle présentant divers numéros (chansons, danses, etc.). **2.** Musique légère : *disque de variétés.*

**variole** nf Maladie infectieuse grave et contagieuse. SYN : petite vérole.

**variolique** adj Relatif à la variole.

**variqueux, euse** adj Relatif, dû aux varices : *ulcère variqueux.*

**varlope** nf Grand rabot à poignée pour aplanir le bois.

**vasculaire** adj Relatif aux vaisseaux (sanguins, en partic.) : *troubles vasculaires.*

**vascularisé, e** adj Se dit d'un organe, d'un tissu irrigué par des vaisseaux sanguins.

**1. vase** nf Boue qui se dépose au fond des eaux.

**2. vase** nm Récipient de matière, de forme, d'usage variables. ■ **en vase clos :** sans contact avec l'extérieur. ❏ **vases commu-**

**nicants** : vases réunis par un tube et dans lesquels l'eau s'élève au même niveau, quelle que soit la forme de chacun d'eux.

**vasectomie** nf CHIR Résection des canaux d'excrétion du sperme.

**vaseline** nf Graisse minérale tirée du pétrole, utilisée en pharmacie et en parfumerie.

**vaseux, euse** adj **1.** Où il y a de la vase : *fond vaseux.* **2.** FAM Obscur, difficile à comprendre : *raisonnement vaseux.* **3.** FAM Fatigué, mal en point : *se sentir vaseux.*

**vasistas** [vazistas] nm Ouverture, munie d'un petit vantail mobile, d'une porte ou d'une fenêtre.

**vasoconstricteur, trice** adj MÉD Qui diminue le calibre des vaisseaux sanguins.

**vasoconstriction** nf MÉD Diminution du calibre des vaisseaux sanguins.

**vasodilatateur, trice** adj MÉD Qui augmente le calibre des vaisseaux sanguins.

**vasodilatation** nf MÉD Augmentation du calibre des vaisseaux sanguins.

**vasomoteur, trice** adj MÉD Se dit des nerfs qui déterminent la contraction ou le relâchement des vaisseaux.

**vasouiller** vi FAM S'empêtrer dans ses propos : *répondre en vasouillant.*

**vasque** nf **1.** Bassin d'une fontaine. **2.** Coupe décorative large et peu profonde.

**vassal, e, aux** adj et n Qui est en état de dépendance par rapport à un autre : *État vassal.* ◆ n HIST Personne liée à un suzerain par l'obligation de foi et hommage.

**vassalisation** nf Action de vassaliser.

**vassaliser** vt Réduire à la condition de vassal.

**vassalité** nf **1.** HIST Système féodal reposant sur les liens entre suzerains et vassaux. **2.** LITT État de sujétion, de dépendance.

**vaste** adj **1.** Qui a une grande étendue : *vaste plaine.* **2.** Spacieux, de grandes dimensions : *vaste placard.* **3.** FIG De grande ampleur, de grande envergure : *vastes projets.*

**va-t-en-guerre** adj inv et n inv FAM, PÉJOR Belliciste.

**vaticination** nf LITT, PÉJOR Prophétie pompeuse et oiseuse.

**vaticiner** vi LITT, PÉJOR Prophétiser ; tenir des discours pompeux et confus, comme dans un délire prophétique.

**va-tout** nm inv Aux cartes, ou aux dés, coup où l'on joue tout l'argent qu'on a devant soi. ■ **jouer son va-tout** : tout hasarder, jouer le tout pour le tout.

**vaudeville** nm Comédie légère fondée sur l'intrigue et le quiproquo.

**vaudevillesque** adj Qui relève du vaudeville : *intrigue vaudevillesque.*

**vaudevilliste** n Auteur de vaudevilles.

**vaudou** nm Aux Antilles et en particulier à Haïti, culte animiste qui emprunte certains éléments au rituel catholique.

**vau-l'eau (à)** loc adv Au gré du courant, de l'eau. ■ FIG **aller à vau-l'eau** : péricliter.

**Vaurien** nm (nom déposé) Voilier monotype dériveur.

**vaurien, enne** n et adj **1.** VIEILLI Mauvais sujet. **2.** Enfant qui fait des sottises ; chenapan.

**vautour** nm **1.** Grand oiseau rapace des montagnes dont la tête et le cou sont dénudés. **2.** FIG, FAM Personne dure et rapace. ■ **vautour barbu** : gypaète.

**vautrer (se)** vpr S'étendre, se rouler dans ou sur quelque chose : *se vautrer dans un fauteuil.*

**va-vite (à la)** loc adv FAM Rapidement, avec une grande hâte.

**veau** nm **1.** Petit de la vache ; chair, peau de cet animal. **2.** FAM, PÉJOR Personne lente et molle. **3.** FAM Véhicule sans reprise.

**vecteur** nm **1.** MATH Segment de droite orienté sur lequel on distingue une origine et une extrémité. **2.** MIL Véhicule capable de transporter une charge nucléaire. **3.** Animal, plante, etc., qui sert de support à la transmission de maladies épidémiques.

**vectoriel, elle** adj Relatif aux vecteurs.

**vécu, e** adj Qui s'est passé ou semble s'être passé réellement : *histoire vécue.* ◆ nm L'expérience telle qu'on l'a vécue.

**vedettariat** nm Fait d'être une vedette, de le devenir.

**vedette** nf **1.** Petite embarcation à moteur. **2.** Artiste en vue. **3.** Personne de premier plan. ■ **avoir, garder, perdre la vedette** : le premier rôle, un rang important. ❑ **en vedette** : au premier plan.

**végan, e** adj et n ou **vegan** [vegan] adj inv et n inv Relatif au véganisme ; qui le pratique.

**véganisme** nm Mode de vie alliant une alimentation exclusive par les végétaux et le refus d'acheter tout produit (EX : vêtements) issu des animaux ou de leur exploitation.

**1. végétal** nm Être vivant, génér. chlorophyllien et fixé au sol, capable de se nourrir de sels minéraux et de gaz carbonique.

**2. végétal, e, aux** adj **1.** Qui appartient aux végétaux : *règne végétal.* **2.** Fabriqué à partir de végétaux : *graisse végétale.* ■ **boisson végétale** : boisson à l'aspect lacté, à base d'eau et d'ingrédients issus de plantes cultivées (EX : céréales, fruits secs).

**végétalien, enne** ou **végétaliste** adj et n Qui se nourrit exclusivement de végétaux.

**végétarien, enne** adj et n Relatif au végétarisme ; qui le pratique.

**végétarisme** nm Pratique diététique qui exclut de l'alimentation la chair des animaux.

**végétatif, ive** adj **1.** Relatif à la vie des plantes, des végétaux. **2.** MÉD Qui concerne le fonctionnement des viscères. **3.** Qui est réduit à la satisfaction des besoins essentiels sans intervention des facultés intellectuelles : *vie végétative.* ■ **appareil végétatif :** racines, tige et feuilles des plantes supérieures, thalle des végétaux inférieurs, qui assurent la nutrition.

**végétation** nf Ensemble des végétaux d'un lieu ou d'une région : *végétation tropicale.* ◆ **végétations** pl MÉD Excroissances qui apparaissent sur les muqueuses, et spécialement qui obstruent les fosses nasales.

**végéter** vi (conj 10) **1.** Croître, pousser avec difficulté : *arbre qui végète.* **2.** Stagner, ne pas évoluer : *entreprise qui végète.*

**véhémence** nf SOUT Mouvement violent et passionné : *parler avec véhémence.*

**véhément, e** adj SOUT Ardent, impétueux : *discours véhément.*

**véhémentement** adv LITT Avec véhémence.

**véhiculaire** adj ■ **langue véhiculaire :** langue de communication entre des populations qui ne parlent pas la même langue (par opposition à *langue vernaculaire*).

**véhicule** nm **1.** Moyen de transport par terre ou par air. **2.** FIG, SOUT Ce qui sert à propager, à transmettre : *réseau social qui devient le véhicule d'idées nouvelles.* ■ **véhicule de tourisme avec chauffeur (VTC) :** mode de transport de personnes moyennant rétribution, sans taximètre, et s'effectuant uniquement sur réservation préalable.

**véhiculer** vt **1.** Transporter dans un véhicule. **2.** FIG Transmettre, propager.

**veille** nf **1.** Fait de ne pas dormir aux heures réservées au sommeil. **2.** État de celui qui est éveillé. **3.** État d'un matériel électrique ou électronique dont tout ou partie des fonctions est suspendu afin de réduire sa consommation (on dit aussi *mode veille*). **4.** Jour qui précède : *la veille du départ.* **5.** Action de monter la garde de nuit : *tour de veille.* ■ FIG **à la veille de :** (a) juste avant de (b) sur le point de. ❑ **veille technologique :** dans une entreprise, un organisme, etc., activité de dépouillement des publications pour se tenir informé des innovations dans un secteur donné.

**veillée** nf **1.** Temps qui s'écoule entre le repas du soir et le coucher ; réunion de personnes qui passent ce temps ensemble. **2.** Action de veiller un malade ou un mort : *se relayer pour la veillée ; veillée funèbre.*

**veiller** vi **1.** Rester éveillé. **2.** Exercer une surveillance. ◆ vt ind [à, sur] Surveiller ; prendre garde à : *veiller sur ses enfants ; veiller à ne pas laisser le feu s'éteindre.* ◆ vt Passer la nuit auprès de : *veiller un mort, un malade.*

GRAMMAIRE *Veiller à* suivi d'un verbe conjugué se construit avec *ce que* et le subj. : *tu veilleras à ce qu'il mange bien.*

**veilleur** nm ■ **veilleur de nuit :** personne chargée de la surveillance d'un bâtiment pendant la nuit.

**veilleuse** nf **1.** Petite lampe de faible intensité qu'on laisse allumée pendant la nuit. **2.** Petite flamme d'un appareil à gaz qui brûle en permanence et permet un allumage instantané. ■ FIG **en veilleuse :** au ralenti. ◆ **veilleuses** pl Feux de position d'une automobile.

**veinard, e** adj et n FAM Qui a de la veine, de la chance.

**veine** nf **1.** Vaisseau sanguin qui ramène le sang au cœur. **2.** Ligne, forme sinueuse visible sur un bloc de bois ou de pierre. **3.** Nervure saillante d'une feuille. **4.** Filon d'un minerai. **5.** Inspiration d'un écrivain, d'un artiste. **6.** FAM Chance. ■ **être en veine :** être inspiré. ❑ **être en veine de :** être disposé à.

**veiné, e** adj **1.** Dont les veines sont apparentes : *papier veiné.* **2.** Qui porte des dessins imitant les veines du bois, des pierres.

**veiner** vt Peindre en imitant les veines du marbre ou du bois.

**veineux, euse** adj **1.** Relatif aux veines : *flux veineux.* **2.** Où il y a beaucoup de veines : *bois veineux.* ■ **sang veineux :** qui circule dans les veines (par oppos. à *sang artériel*).

**veinule** nf Petite veine.

**veinure** nf Aspect veiné du bois, du marbre, etc.

**vêlage** ou **vêlement** nm Action de vêler.

**Velcro** nm (nom déposé) Système de fermeture constitué par deux bandelettes dont les fibres textiles s'accrochent les unes aux autres.

**vêler** vi Mettre bas, en parlant de la vache.

**vélin** nm Peau de veau préparée pour servir de parchemin. ■ **papier vélin** ou **vélin :** papier imitant ce parchemin.

**véliplanchiste** n Personne qui fait de la planche à voile.

**velléitaire** adj et n Qui n'a que des intentions sans jamais passer à l'acte.

**velléité** nf (surtout au pluriel) Volonté hésitante ; intention fugitive : *avoir des velléités d'écrire.*

**vélo** nm **1.** Bicyclette. **2.** Pratique de la bicyclette.

**vélo-cargo** (pl *vélos-cargos*) nm Vélo à deux ou trois roues, muni d'une caisse pour transporter des marchandises ou des personnes.

**véloce** adj LITT Qui se déplace rapidement.

**vélocipède** nm Appareil qui est à l'origine de la bicyclette.

**vélocité** nf LITT Grande rapidité dans le mouvement ; agilité, célérité.

**vélocross** nm Vélo tout-terrain sans suspension ni garde-boue.

**vélodrome** nm Piste pour les courses cyclistes.

**vélomoteur** nm Motocyclette légère dont la cylindrée n'excède pas 125 $cm^3$.

**velours** nm **1.** Étoffe rase d'un côté, et couverte de l'autre de poils serrés. **2.** FIG, LITT Objet qui a la douceur, le moelleux du velours : *le velours d'un fruit.* ■ **faire patte de velours :** (a) présenter sa patte en rentrant ses griffes, pour un chat (b) FIG se faire tout doux pour cacher ses mauvaises intentions. ❑ FAM **jouer sur du velours :** agir sans prendre aucun risque.

**velouté, e** adj **1.** Qui a l'aspect du velours : *papier velouté.* **2.** Doux comme du velours : *voix veloutée.* ◆ nm **1.** Qualité de ce qui est velouté : *velouté d'un tissu.* **2.** Potage très onctueux : *velouté de tomate.*

**velu, e** adj Couvert de poils.

**vélum** [velɔm] nm Grand voile simulant un plafond ou servant de toiture.

**Velux** [velyks] nm (nom déposé) Fenêtre de toit.

**venaison** nf Chair comestible de gros gibier (cerf, sanglier, etc.).

**vénal, e, aux** adj **1.** Qui s'acquiert à prix d'argent : *charge vénale.* **2.** Qui est prêt à se vendre par intérêt ; corruptible : *homme vénal.* ■ **valeur vénale :** valeur marchande.

**vénalité** nf Caractère, état vénal d'une personne ou d'une chose.

**venant** nm ■ **à tout venant :** (a) au premier venu (b) à tout propos.

**vendable** adj Qui peut être vendu.

**vendange** nf **1.** Récolte du raisin ; raisin récolté. **2.** (surtout au pluriel) Temps de la récolte du raisin.

**vendanger** vt (conj 2) Récolter le raisin.

**vendangeur, euse** n Personne qui fait la vendange.

**vendéen, enne** adj et n De Vendée : *les Vendéens.*

**vendémiaire** nm Premier mois du calendrier républicain (22 septembre-21 octobre).

**vendetta** nf En Corse, état d'hostilité entre deux familles, né d'une offense ou d'un meurtre.

**vendeur, euse** n **1.** Personne dont la profession est de vendre. **2.** DR Personne qui fait un acte de vente (en ce sens, le féminin est *venderesse*). ◆ adj Qui fait vendre : *un argument vendeur.*

**vendre** vt (conj 50) **1.** Céder moyennant un prix convenu : *vendre ses livres ; maison à vendre.* **2.** Faire le commerce de : *vendre des habits.* **3.** Faire accepter une idée, un projet : *vendre une réforme à l'opinion.* **4.** FIG Céder contre de l'argent qqch sans valeur vénale : *vendre son silence.* **5.** FIG Trahir pour de l'argent. ■ **vendre la peau de l'ours :** (a) disposer d'une chose avant de la posséder (b) se flatter trop tôt d'un succès.

**vendredi** nm Cinquième jour de la semaine. ■ **Vendredi saint :** jour anniversaire de la mort du Christ.

**vendu, e** adj et n Qui s'est laissé acheter, corrompre à prix d'argent.

**venelle** nf Petite rue étroite.

**vénéneux, euse** adj Qui renferme du poison : *champignon vénéneux.*

EMPLOI *Vénéneux* se dit des plantes, *venimeux* des animaux à venin (EX : serpents).

**vénérable** adj Digne de vénération, respectable.

**vénération** nf **1.** Respect profond, admiration qu'on porte à qqn, qqch ; adoration. **2.** Respect pour les choses saintes.

**vénérer** vt (conj 10) **1.** Rendre le culte dû à Dieu, à un saint. **2.** Avoir de la vénération, un respect quasi religieux pour.

**vénerie** nf Art de chasser avec des chiens courants.

**vénérien, enne** adj Relatif aux rapports sexuels. ■ **maladie vénérienne :** qui se contracte au cours de rapports sexuels.

**veneur** nm Celui qui, à la chasse, dirige les chiens courants.

**vénézuélien, enne** adj et n Du Venezuela : *les Vénézuéliens.*

**vengeance** nf Action de se venger : *tirer vengeance ;* acte par lequel on se venge.

**venger** vt (conj 2) **1.** Tirer satisfaction, réparation d'une offense : *venger une injure.* **2.** Procurer réparation d'une offense à quelqu'un en punissant son auteur : *venger son père.* ◆ **se venger** vpr [de] **1.** Se faire justice en punissant : *se venger d'un ennemi.* **2.** Se dédommager d'un affront, d'un préjudice : *se venger d'une humiliation.*

**vengeur, eresse** adj et n Qui venge : *critique vengeresse.*

**véniel, elle** adj LITT Sans gravité : *faute vénielle.* ■ RELIG CATH **péché véniel :** péché léger.

**venimeux, euse** adj **1.** Qui a du venin : *serpent venimeux.* **2.** FIG, LITT Méchant, malveillant : *regard venimeux.*

**venin** nm **1.** Substance toxique sécrétée par un animal : *le venin de la vipère.* **2.** FIG, LITT

Méchanceté en actes ou en paroles : *le venin de la calomnie*.

**venir** vi (conj 22 ; auxil : *être*) **1.** Se rendre à, dans, auprès de : *venir voir quelqu'un ; faire venir le médecin.* **2.** Arriver, survenir : *la mort vient sans qu'on s'en doute.* **3.** Être originaire de, dériver de : *mot qui vient du latin ; thé qui vient de Chine.* **4.** Se présenter à l'esprit : *nos idées nous viennent involontairement.* ■ **à venir :** futur : *dans les jours à venir.* ❑ **en venir à :** (a) en arriver à : *en venir à détester quelqu'un* (b) être réduit à : *en venir à mendier.* ❑ **en venir aux mains :** se battre. ❑ **laisser venir** ou **voir venir :** attendre sans se presser. ❑ **venir à bout de :** terminer. ❑ **venir de** (+ inf) : avoir accompli une action quelques instants avant : *il vient de sortir.* ❑ FAM **y venir :** s'y résoudre : *ces solutions que tu méprises, tu verras, tu y viendras.*

**vénitien, enne** adj et n De Venise. ■ **blond vénitien :** tirant sur le roux. ❑ **store vénitien :** à lamelles mobiles.

**vent** nm **1.** Mouvement de l'air dû à des différences de pression : *vent du nord.* **2.** Air agité par un moyen quelconque : *faire du vent avec un éventail.* **3.** Tendance, mouvement : *vent de révolte.* **4.** Gaz intestinal. ■ **avoir vent de :** être informé de. ❑ **bon vent ! :** (a) bonne chance ! (b) bon débarras ! ❑ **dans le vent :** à la mode. ❑ **en coup de vent :** très rapidement. ❑ **instrument à vent :** dont le son est produit par le souffle. ◆ **vents** pl ■ **vents** ou **instruments à vent :** instruments de musique dont le son est formé par le souffle.

**vente** nf **1.** Cession moyennant un prix convenu : *vente à crédit, au détail.* **2.** Écoulement des marchandises, débit : *pousser à la vente.* **3.** Commerce, métier de celui qui vend : *directeur des ventes.* ■ **en vente :** (a) destiné à être vendu (b) disponible dans le commerce : *livre en vente dans les meilleures librairies.* ❑ **point de vente :** magasin, lieu où est vendu tel ou tel article. ❑ **vente par correspondance (VPC) :** dans laquelle le client reçoit contre paiement des articles qu'il a choisis sur catalogue.

**venté, e** adj Battu par le vent.

**venter** v impers Faire du vent : *il vente fort.*

**venteux, euse** adj Où il y a du vent : *pays venteux.*

**ventilateur** nm **1.** Appareil destiné à brasser ou à renouveler l'air dans un lieu. **2.** Mécanisme servant à refroidir le moteur d'une automobile.

**ventilation** nf Action de ventiler.

**1. ventiler** vt Aérer, renouveler l'air : *ventiler un tunnel.*

**2. ventiler** vt **1.** Répartir certaines dépenses ou certains frais entre différents comptes. **2.** Répartir des objets ou des personnes selon différentes affectations.

**ventôse** nm Sixième mois du calendrier républicain (19 février-20 mars).

**ventouse** nf **1.** Ampoule de verre dans laquelle on fait le vide et qu'on applique sur la peau pour y appeler le sang. **2.** Petite calotte de caoutchouc qui peut s'appliquer par la pression de l'air sur une surface plane : *fixation à ventouse.* **3.** Organe de fixation de la sangsue, de la pieuvre, de certaines plantes.

**ventral, e, aux** adj Du ventre, de l'abdomen.

**ventre** nm **1.** Partie antérieure et intérieure du tronc renfermant les intestins. **2.** Siège de la gestation dans le corps de la femme. **3.** PAR EXT Partie renflée d'un objet : *ventre d'une théière.* **4.** FIG, FAM Ce que quelqu'un a de plus profond, de plus secret : *voir ce que quelqu'un a dans le ventre.* ■ **à plat ventre :** étendu sur le ventre. ❑ **avoir, prendre du ventre :** avoir, se mettre à avoir un ventre proéminent. ❑ **ventre à terre :** très vite. ❑ FAM **ventre mou :** maillon faible d'un système idéologique, politique, religieux : *le ventre mou de la démocratie.*

**ventrée** nf FAM Nourriture dont on s'emplit l'estomac.

**ventriculaire** adj Relatif aux ventricules.

**ventricule** nm Nom de diverses cavités du corps (cœur, encéphale).

**ventrière** nf Sangle qu'on passe sous le ventre du cheval pour le soulever.

**ventriloque** n et adj Personne qui parle sans remuer les lèvres et de telle façon que la voix semble sortir de son ventre.

**ventripotent, e** adj FAM Ventru, bedonnant.

**ventru, e** adj **1.** Qui a un gros ventre. **2.** Renflé, bombé : *vase ventru.*

**venu, e** adj ■ **bien, mal venu :** bien, mal à propos : *paroles mal venues.* ❑ **être mal venu de :** peu qualifié pour. ◆ n ■ **le dernier venu, la dernière venue :** la personne arrivée la dernière. ❑ **le premier venu, la première venue :** n'importe qui. ❑ **nouveau venu, nouvelle venue :** personne récemment arrivée.

**venue** nf Action de venir ; arrivée.

**vénus** [venys] nf Mollusque bivalve, dont une espèce s'appelle la praire.

**vépéciste** n Personne, entreprise qui fait de la vente par correspondance.

**vêpres** nf pl Partie de l'office catholique célébrée au coucher du soleil.

**ver** nm **1.** Nom donné à des animaux mous, contractiles, dépourvus de pattes (lombrics, ténias, etc.). **2.** INFORM Type de virus apte à se reproduire via un réseau sans se greffer sur un programme. ■ **ver à soie :** chenille du bombyx du mûrier. ❑ **ver blanc :** larve du hanneton. ❑ **ver de terre :** lombric. ❑ **ver luisant :** lampyre, insecte coléoptère lumineux. ❑ **ver solitaire :** ténia.

**véracité** nf SOUT Caractère de ce qui est conforme à la vérité, véridique.

**véranda** nf Galerie ou pièce vitrée attenante à une maison.

**verbal, e, aux** adj **1.** Qui se fait de vive voix et non par écrit : *promesse verbale.* **2.** Qui a rapport à la parole : *délire verbal.* **3.** GRAMM Propre au verbe : *forme verbale.*

**verbalement** adv De vive voix.

**verbalisation** nf Action de verbaliser.

**verbaliser** vi Dresser un procès-verbal. ◆ vt Formuler en mots ce qui était intériorisé : *verbaliser une plainte.*

**verbalisme** nm Tendance à noyer sous un flot de paroles l'absence d'idées.

**verbe** nm **1.** GRAMM Mot qui, dans une proposition, exprime, sous une forme variable, l'action ou l'état du sujet. **2.** LITT Parole, expression de la pensée par les mots : *la magie du verbe.* ■ **avoir le verbe haut :** parler d'une voix forte, avec le sentiment de son importance.

**verbeux, euse** adj Qui déverse un flot de paroles creuses ; bavard, prolixe.

**verbiage** nm Abondance de paroles inutiles.

**verbosité** nf Caractère d'une personne ou d'une chose verbeuse.

**verdâtre** adj Qui tire sur le vert.

**verdelet, ette** adj ■ LITT, VX **vin verdelet :** un peu acide.

**verdeur** nf **1.** Défaut de maturité des fruits, du vin. **2.** Jeunesse, vigueur de qqn qui n'est plus jeune. **3.** Crudité, âpreté des propos.

**verdict** [vεrdikt] nm **1.** DR Réponse faite par le jury aux questions posées par la cour : *verdict d'acquittement.* **2.** PAR EXT Jugement quelconque.

**verdir** vt Rendre vert. ◆ vi Devenir vert.

**verdissage** nm LITT Action de donner une teinte verte.

**verdissement** nm LITT Fait de devenir vert. ■ **verdissement de façade :** écoblanchiment.

**verdoiement** nm LITT Fait de verdoyer.

**verdoyant, e** adj LITT Qui verdoie.

**verdoyer** vi (conj 3) LITT Devenir vert, se couvrir de verdure.

**verdure** nf **1.** LITT Couleur verte des arbres, des plantes. **2.** SOUT Herbe, feuillage verts : *un tapis de verdure.* **3.** FAM Plante potagère dont on mange les feuilles.

**véreux, euse** adj **1.** Qui contient des vers : *fruits véreux.* **2.** Malhonnête, suspect, louche : *banquier véreux.*

**verge** nf **1.** Baguette de bois ou de métal. **2.** Organe érectile de la copulation, chez l'homme et les mammifères supérieurs mâles. SYN : pénis.

**vergé, e** adj ■ **étoffe vergée :** qui a des fils plus gros ou plus teintés que le reste. ❑ **papier vergé :** dont le filigrane garde des raies dues aux procédés de fabrication à la main.

**vergence** nf OPT Inverse de la distance focale d'un système optique centré.

**vergeoise** nf Sucre roux.

**verger** nm Lieu planté d'arbres fruitiers.

**vergeté, e** adj Parsemé de raies, en parlant de la peau.

**vergeture** nf (surtout au pluriel) Raie provenant de la distension de la peau.

**verglacé, e** adj Couvert de verglas.

**verglacer** v impers (conj 1) Faire du verglas.

> ORTHOGRAPHE *Verglacer* s'écrit avec *c*, alors que ce verbe est dérivé de *verglas*.

**verglas** nm Couche de glace mince qui couvre parfois le sol.

**vergogne** nf ■ **sans vergogne :** sans honte, sans scrupule : *mentir sans vergogne.*

**vergue** nf Longue pièce de bois placée horizontalement sur un mât et servant à soutenir la voile.

**véridique** adj **1.** LITT Qui dit la vérité. **2.** Conforme à la vérité : *récit véridique.*

**véridiquement** adv LITT De façon véridique.

**vérifiable** adj Qui peut être vérifié.

**vérificateur, trice** adj et n Qui vérifie, contrôle l'exactitude de quelque chose. ◆ nm ■ **vérificateur orthographique :** correcteur orthographique.

**vérificatif, ive** adj LITT Qui sert de vérification : *contrôle vérificatif.*

**vérification** nf Action de vérifier.

**vérifier** vt **1.** Examiner si une chose est telle qu'elle doit être ou qu'on l'a déclarée : *vérifier une addition.* **2.** Justifier, confirmer : *fait qui vérifie une hypothèse.*

**vérin** nm Machine servant à soulever de lourds fardeaux.

**véritable** adj **1.** Conforme à la vérité : *paraître sous son véritable jour.* **2.** Qui est réellement ce qu'on dit qu'il est : *cuir véritable.* **3.** Qui mérite pleinement le nom qu'on lui donne : *un véritable artiste.*

**véritablement** adv Vraiment, réellement.

**vérité** nf **1.** Caractère de ce qui est vrai. **2.** Conformité de ce qu'on dit avec ce qui est : *dire la vérité.* **3.** Idée, principe considérés comme vrais : *vérité mathématique.* **4.** Sincérité, bonne foi : *accent de vérité.* ■ **à la vérité :** il est vrai. ❑ **dire à quelqu'un ses quatre vérités :** lui reprocher ses fautes, ses défauts. ❑ **dire des vérités premières :** des banalités. ❑ **en vérité :** (a) sert à renforcer une affirmation : *en vérité, je le déteste* (b) sert à introduire une rectification, une restriction : *il a l'air intelligent, mais, en vérité, il est limité.*

**verjus** nm Jus acide de raisin vert.
**verlan** nm Argot dans lequel on inverse les syllabes des mots.
**vermeil, eille** adj Rouge foncé. ◆ nm Argent recouvert d'or.
**vermicelle** nm Pâte à potage en fils fins.
**vermicide** adj et nm Qui détruit les vers.
**vermiculaire** adj BIOL Qui ressemble à un ver.
**vermifuge** nm et adj Médicament qui détruit les vers intestinaux.
**vermillon** adj inv et nm D'un rouge vif tirant sur l'orangé, semblable à la couleur du cinabre.
**vermine** nf **1.** Ensemble des insectes parasites de l'homme et des animaux (puces, poux, etc.). **2.** FIG, PÉJOR Ensemble d'individus jugés inutiles ou malfaisants.
**vermisseau** nm **1.** Petit ver de terre. **2.** LITT Être servile.
**vermoulu, e** adj **1.** Se dit du bois mangé par les larves d'insectes : *meuble vermoulu.* **2.** FAM Qui souffre de courbatures.
**vermoulure** nf Trace ou trou dans le bois laissés par les insectes qui le rongent.
**vermouth** [vɛrmut] nm Apéritif à base de vin blanc, aromatisé avec des plantes amères et toniques.
**vernaculaire** adj ■ **langue vernaculaire :** langue parlée seulement à l'intérieur d'une communauté, parfois restreinte (par opposition à *langue véhiculaire*).
**verni, e** adj Enduit de vernis : *chaussures vernies.* ◆ adj et n FAM Qui a de la chance.
**vernir** vt Enduire de vernis.
**vernis** nm **1.** Enduit dont on couvre un objet pour le préserver de l'air, de l'humidité, etc., ou dans un but esthétique : *vernis à bateaux ; vernis à ongles.* **2.** FIG Éclat superficiel, apparence brillante : *vernis d'élégance.*
**vernissage** nm **1.** Action de vernir ; résultat de cette action. **2.** Réception qui précède l'ouverture d'une exposition.
**vernissé, e** adj Recouvert de vernis : *poterie vernissée.*
**vernisser** vt Vernir une poterie, une faïence.
**vérole** nf Syphilis. ■ **petite vérole :** variole.
**1. véronique** nf Plante herbacée à fleurs bleues commune dans les bois et les prés.
**2. véronique** nf En tauromachie, passe au cours de laquelle le torero fait passer le taureau le long de son corps.
**verrat** nm Mâle reproducteur de l'espèce porcine.
**verre** nm **1.** Corps solide, transparent et fragile, produit de la fusion d'un sable mêlé de potasse ou de soude. **2.** Morceau, plaque de verre ; objet en verre : *verre de montre.* **3.** Récipient en verre pour boire ; son contenu : *verre de vin.* **4.** Lentille taillée spécialement pour corriger la vue : *porter des verres teintés.* ■ **verres de contact :** appliqués directement sur le globe oculaire.
**verrerie** nf **1.** Art de fabriquer le verre ; usine où on le fabrique. **2.** Magasin où on vend des objets en verre. **3.** Objet en verre.
**verrier** nm Celui qui fabrique le verre, des objets en verre ou des vitraux.
**verrière** nf **1.** Toit vitré d'une pièce ou d'un bâtiment. **2.** Grande ouverture garnie de vitraux : *verrière d'une église.*
**verrine** nf Petit récipient en verre dans lequel est servi un amuse-bouche ou un dessert ; son contenu.
**verroterie** nf Petits objets de verre coloré.
**verrou** nm **1.** Appareil de fermeture d'une porte ou d'une fenêtre, composé d'un pêne que l'on fait coulisser pour l'engager dans une gâche : *verrou de sûreté.* **2.** Dispositif de fermeture d'une culasse d'arme à feu. ■ **sous les verrous :** en prison.
**verrouillage** nm Action de verrouiller.
**verrouiller** vt **1.** Fermer au verrou : *verrouiller sa porte.* **2.** Bloquer, interdire le passage : *verrouiller un quartier.* **3.** Contrôler ou bloquer l'action de quelqu'un, d'un groupe, l'évolution de quelque chose : *verrouiller son capital.*
**verrue** nf Petite excroissance de la peau.
**1. vers** nm Unité formée par un ou plusieurs mots, obéissant à des règles de rythme, de longueur, de rime, à l'intérieur d'un ensemble : *écrire des vers.* ■ **vers blancs :** non rimés.
**2. vers** prép **1.** Dans la direction de : *regarder vers le ciel.* **2.** Introduit le terme d'une tendance, d'une évolution : *un pas vers la paix.* **3.** Aux environs de : *vers midi ; vers Dijon.*
**versant** nm Chacune des pentes d'une montagne.
**versatile** adj SOUT Qui change facilement d'opinion, de parti.
**versatilité** nf Caractère versatile.
**verse (à)** adv Abondamment, en parlant de la pluie : *il pleut à verse.*
**versé, e** adj SOUT Exercé à, instruit dans une matière, une science : *versé dans les sciences.*
**Verseau** nm Constellation zodiacale figurant un homme agenouillé, versant l'eau d'une amphore ; signe astrologique des personnes nées entre le 20 janvier et le 18 février. ◆ n et adj Personne née sous le signe du Verseau : *elle est Verseau.*
**versement** nm **1.** Action de remettre de l'argent, des valeurs. **2.** La somme remise.
**verser** vt **1.** Répandre un liquide, le faire couler : *verser de l'eau sur ses mains.* **2.** Servir une boisson : *verser du café dans une tasse.* **3.** Faire tomber quelque chose de haut en

bas, hors du récipient qui le contient : *verser du lait dans une casserole.* **4.** VIEILLI Renverser, faire basculer quelqu'un, un véhicule : *voiture qui verse son chargement.* **5.** Remettre de l'argent : *verser un salaire.* **6.** Affecter quelqu'un à un emploi, à un poste : *verser à l'administration centrale un fonctionnaire détaché.* **7.** Déposer, joindre un document : *verser une pièce au dossier.* ■ **verser des larmes :** pleurer. ❑ LITT **verser son sang :** mourir. ◆ vi Tomber sur le côté, se renverser : *remorque qui verse.* ◆ vt ind [dans] Évoluer vers tel ou tel état : *verser dans la vulgarité.*

**verset** nm Chacun des paragraphes numérotés de la Bible, du Coran.

**verseur** adj m ■ **bouchon, bec verseur :** qui permet de faire couler correctement un liquide.

**verseuse** nf Cafetière à poignée droite.

**versificateur, trice** n PÉJOR Personne qui écrit des vers sans inspiration.

**versification** nf Art de composer des vers.

**versifier** vi Écrire en vers. ◆ vt Mettre en vers : *versifier une fable.*

**version** nf **1.** Traduction d'une langue étrangère (par opposition à *thème*). **2.** Chacun des états successifs d'un texte. **3.** Manière de raconter un fait : *il y a sur cet accident plusieurs versions.* ■ **film en version française (VF) :** film étranger doublé en français. ❑ **film en version originale (VO) :** film présenté dans sa langue d'origine.

**verso** nm Revers d'un feuillet (par opposition à *recto*).

**vert, e** adj **1.** D'une couleur produite par la combinaison du jaune et du bleu. **2.** Qui a encore de la sève, qui n'est pas encore sec : *bois vert ; fourrage vert.* **3.** Se dit d'un fruit insuffisamment mûr : *raisin vert.* **4.** FIG Resté vigoureux, malgré les années : *vieillard encore vert.* **5.** Qui concerne l'agriculture, le monde rural : *l'Europe verte.* **6.** Qui a trait au mouvement écologiste, en fait partie : *candidat vert.* **7.** FAM Énergique, dur, en parlant de propos : *une verte réprimande.* ■ **déchet vert :** déchet produit par l'entretien des jardins, des espaces verts et des milieux naturels. ❑ **emploi vert :** métier du domaine de l'environnement. ❑ **en voir, en raconter des vertes et des pas mûres :** voir, raconter des choses peu ordinaires, étonnantes. ❑ **numéro vert :** numéro de téléphone permettant d'appeler gratuitement un organisme, une entreprise. ❑ **voie verte :** route réservée aux moyens de transport non motorisés et aux piétons. ◆ nm **1.** Couleur verte. **2.** Militant écologiste. ■ FAM **se mettre au vert :** aller se reposer à la campagne.

**vert-de-gris** nm inv Hydrocarbonate de cuivre, dont le métal se recouvre au contact de l'air. ◆ adj inv Verdâtre.

**vert-de-grisé, e** (pl *vert-de-grisés, es*) adj Couvert de vert-de-gris.

**vertébral, e, aux** adj Relatif aux vertèbres : *la colonne vertébrale.*

**vertèbre** nf Chacun des os formant l'épine dorsale.

**vertébré, e** adj Se dit des animaux qui ont des vertèbres. ◆ **vertébrés** nm pl Embranchement du règne animal (poissons, reptiles, amphibiens, oiseaux et mammifères).

**vertement** adv D'une manière rude, vive : *répondre vertement.*

**vertical, e, aux** adj **1.** Perpendiculaire au plan de l'horizon. **2.** FIG Qui est organisé hiérarchiquement. ◆ nf Direction donnée par le fil à plomb.

**verticalement** adv Perpendiculairement à l'horizon, selon une ligne verticale.

**verticalité** nf État de ce qui est vertical.

**vertige** nm Sensation d'un manque d'équilibre ; étourdissement momentané. ■ FIG **donner le vertige :** faire perdre la tête, impressionner vivement.

**vertigineusement** adv De façon vertigineuse.

**vertigineux, euse** adj SOUT Qui donne le vertige : *hauteur vertigineuse ; hausse des prix vertigineuse.*

**vertu** nf **1.** Disposition constante de l'âme qui porte à faire le bien : *la loyauté est une vertu.* **2.** Qualité particulière ; efficacité : *vertu des plantes.* **3.** VX Chasteté, fidélité conjugale. ■ **en vertu de :** en conséquence de : *en vertu d'un jugement.*

**vertueusement** adv De façon vertueuse.

**vertueux, euse** adj **1.** Qui manifeste de la vertu : *un vertueux mensonge.* **2.** Se dit d'une personne chaste, pudique ou fidèle.

**verve** nf Qualité de quelqu'un qui parle avec enthousiasme et brio : *orateur plein de verve.*

**verveine** nf Plante à fleurs bleues, dont une variété est utilisée en tisane.

**vésiculaire** adj Relatif à une vésicule ; qui a la forme d'une vésicule.

**vésicule** nf **1.** ANAT Organe creux en forme de petite poche : *vésicule biliaire.* **2.** Soulèvement de l'épiderme, plein de sérosité.

**vespasienne** nf Urinoir public à l'usage des hommes.

**vespéral, e, aux** adj LITT Relatif au soir.

**vesse-de-loup** (pl *vesses-de-loup*) nf Champignon de forme sphérique.

**vessie** nf Poche abdominale qui reçoit et contient l'urine. ■ **vessie natatoire :** organe d'équilibre chez les poissons.

**vestale** nf **1.** ANTIQ ROM Prêtresse de Vesta. **2.** LITT Fille très chaste.

**veste** nf **1.** Vêtement à manches, ouvert devant, qui couvre le buste jusqu'aux hanches.

**2.** FIG, FAM Insuccès, échec : *prendre une veste à un examen.* ■ FAM **retourner sa veste :** changer d'opinion, de parti.

**vestiaire** nm **1.** Lieu où l'on peut déposer les vêtements et autres objets, dans certains lieux publics. **2.** (surtout au pluriel) Local dépendant d'un stade, d'un gymnase, d'une piscine, etc., où l'on peut se mettre en tenue. **3.** Vêtements et objets déposés au vestiaire.

**vestibule** nm Pièce d'entrée d'un édifice, d'une maison, etc.

**vestige** nm Marque, reste de ce qui a été détruit, de ce qui a disparu : *les vestiges d'une civilisation.*

**vestimentaire** adj Relatif aux vêtements : *dépenses vestimentaires.*

**veston** nm Veste faisant partie du costume masculin.

**vêtement** nm **1.** Tout ce qui sert à couvrir le corps ; habit. **2.** Pièce de l'habillement.

**vétéran** nm LITT Homme qui a une longue expérience dans une profession, une pratique quelconque.

**vétérinaire** adj Relatif à la médecine des animaux. ◆ n Spécialiste de la médecine des animaux.

**vététiste** n Personne qui se déplace en VTT ; sportif qui pratique le VTT.

**vétille** nf Bagatelle, chose insignifiante : *s'amuser à des vétilles.*

**vétilleux, euse** adj LITT Qui s'attache à des vétilles, à des choses sans importance ; pointilleux, tatillon.

**vêtir** vt (conj 27) **1.** Habiller : *vêtir un enfant.* **2.** LITT Fournir de vêtements : *vêtir les pauvres.* ◆ **se vêtir** vpr S'habiller.

**vétiver** [vetivɛr] nm Plante de l'Inde dont on emploie la racine en parfumerie.

**veto** [veto] nm inv **1.** Institution par laquelle une autorité peut s'opposer à l'entrée en vigueur d'une loi, d'une décision, d'une résolution : *avoir le droit de veto.* **2.** Opposition, refus : *mettre son veto à une décision.*

**vétuste** adj Détérioré, dégradé par le temps.

**vétusté** nf État vétuste de quelque chose.

**veuf, veuve** adj et n Qui a perdu sa femme, son mari.

**veule** [vøl] adj LITT Faible, sans énergie.

**veulerie** nf Manque d'énergie, de courage.

**veuvage** nm État d'un veuf, d'une veuve.

**veuve** nf Oiseau passereau d'Afrique à long plumage noir.

**vexant, e** adj Qui vexe, contrarie.

**vexation** nf Action, parole, situation qui inflige une blessure d'amour-propre.

**vexatoire** adj Qui a le caractère d'une vexation : *mesures vexatoires à l'égard des étrangers.*

**vexer** vt Causer de la contrariété à quelqu'un, le blesser dans son amour-propre. ◆ **se vexer** vpr Se fâcher, se froisser.

**VF** nf (sigle) Version française.

**VHS** nm (nom déposé ; sigle de *video home system*) Norme de matériel vidéo grand public.

**via** prép En passant par : *aller de Paris à Hongkong via Bangkok.*

**viabiliser** vt Exécuter des travaux de viabilité de façon à rendre un terrain constructible.

**1. viabilité** nf Aptitude d'un être vivant à vivre : *la viabilité d'un nourrisson prématuré.*

**2. viabilité** nf **1.** Bon état d'une route, permettant d'y circuler. **2.** Ensemble des travaux d'aménagement à exécuter sur un terrain avant construction.

**viable** adj **1.** Qui peut vivre : *enfant né viable.* **2.** Organisé pour durer, pour aboutir : *projet viable.*

VOCABULAIRE On fera une distinction entre *viable,* « qui peut vivre », et *vivable,* « où on peut vivre ».

**viaduc** nm Pont à plusieurs arches pour le passage d'une route, d'une voie ferrée au-dessus d'une vallée.

**viager, ère** adj DR Se dit d'un droit qui s'éteint à la mort de son titulaire : *rente viagère.* ◆ nm Rente à vie. ■ **en viager :** en échange d'une rente viagère : *vendre sa maison en viager.*

**viande** nf Chair des mammifères et des oiseaux considérée comme nourriture ; partie de cette chair préparée pour la cuisson. ■ **viande blanche :** viande de veau, de porc, de lapin, de volaille. ❑ **viande rouge :** viande de bœuf, de mouton, de cheval.

**viatique** nm LITT Ce qui apporte une aide, un soutien dans l'existence : *avoir ses diplômes comme seul viatique.*

**vibrant, e** adj **1.** Qui vibre : *lame vibrante.* **2.** Qui fait vibrer ; touchant, émouvant : *discours vibrant.*

**vibraphone** nm Instrument de musique formé de lames d'acier que l'on frappe avec de petits marteaux.

**vibratile** adj Doué d'un mouvement de vibration.

**vibration** nf **1.** Mouvement d'oscillation rapide : *vibrations du métro.* **2.** PHYS Mouvement périodique d'un système quelconque autour de sa position d'équilibre : *vibrations sonores, lumineuses.* **3.** Tremblement de la voix traduisant une émotion.

**vibrato** nm MUS Légère ondulation du son produite sur les instruments à cordes ou à vent, ou avec la voix.

**vibratoire** adj Composé de vibrations : *mouvement vibratoire.*

**vibrer** vi **1.** Être agité de vibrations : *fenêtres qui vibrent.* **2.** Être touché, ému : *vibrer à certaines musiques.* **3.** Traduire une certaine intensité d'émotion : *voix qui vibre de colère.*

**vibreur** nm Appareil animé d'un mouvement vibratoire.

**vibrion** nm Bacille de forme incurvée.

**vibromasseur** nm Appareil électrique qui produit des massages vibratoires.

**vicaire** nm Prêtre adjoint à un curé, dans la religion catholique.

**vicariat** nm Fonction de vicaire.

**vice** nm **1.** Disposition habituelle au mal : *le vice et la vertu.* **2.** Mauvais penchant, défaut dont on ne peut se défaire : *cacher ses vices.* **3.** Défaut, imperfection grave : *vice de construction.*

**vice-amiral, vice-amirale** (pl *vice-amiraux, vice-amirales*) n Officier de marine, inférieur à l'amiral.

**vice-consul, e** (pl *vice-consuls, es*) n Personne qui aide un consul ou qui en tient lieu.

**vicelard, e** adj FAM Vicieux.

**vice-présidence** (pl *vice-présidences*) nf Fonction, dignité de vice-président.

**vice-président, e** (pl *vice-présidents, es*) n Personne qui exerce la fonction de président pendant son absence.

**vice-roi** (pl *vice-rois*) nm Gouverneur d'un royaume ou d'une grande province dépendant d'un État monarchique.

**vice versa** [viseversa] ou [visversa] loc adv Réciproquement, inversement.

**vichy** nm Étoffe de coton à carreaux blancs et de couleur.

**vichyste** adj et n Relatif au gouvernement de Vichy ; qui en était partisan.

**vicié, e** adj **1.** Pollué, impur : *air vicié.* **2.** FIG Qui présente une erreur, qui est entaché d'imperfection : *raisonnement vicié.*

**vicier** vt **1.** LITT Gâter, corrompre la pureté de : *vicier l'air.* **2.** DR Rendre nul, défectueux.

**vicieusement** adv De façon vicieuse.

**vicieux, euse** adj **1.** Qui est inspiré par le vice : *regard vicieux.* **2.** Propre à tromper l'adversaire : *balle vicieuse.* **3.** Qui a un défaut, une imperfection : *contrat vicieux.* **4.** Se dit d'un animal indocile, rétif. ◆ adj et n **1.** Qui a des goûts dépravés, pervers. **2.** FAM Qui a des goûts, des habitudes bizarres.

**vicinal, e, aux** adj ■ **chemin vicinal :** qui relie des villages, des hameaux, etc.

**vicissitude** nf (surtout au pluriel) Événements heureux ou malheureux qui affectent l'existence humaine : *les vicissitudes de la fortune.*

**vicomte** nm Noble dont le titre est inférieur à celui de comte.

**vicomtesse** nf Femme d'un vicomte ; femme possédant le titre de vicomte.

**victime** nf **1.** Personne tuée ou blessée : *les victimes de la route.* **2.** FAM Souffre-douleur en butte à l'hostilité des autres.

**victimisation** nf Action de victimiser.

**victimiser** vt Considérer, désigner comme une victime.

**victoire** nf **1.** Issue favorable d'une bataille, d'une guerre. **2.** Succès remporté sur autrui : *la victoire d'un joueur de tennis.* ■ **chanter, crier victoire :** se glorifier d'un succès.

**victorien, enne** adj Relatif à la reine Victoria, à son règne.

**victorieusement** adv De façon victorieuse.

**victorieux, euse** adj **1.** Qui a remporté une victoire. **2.** Qui exprime ou évoque un succès : *air victorieux.*

**victuailles** nf pl Provisions alimentaires.

**vidage** nm Action de vider.

**vidange** nf Opération qui consiste à vider un réservoir, une fosse, etc., pour les rendre de nouveau utilisables. ◆ **vidanges** pl Matières tirées des fosses d'aisances.

**vidanger** vt (conj 2) Effectuer la vidange de.

**vidangeur** nm Personne qui vide les fosses d'aisances.

**vide** adj **1.** Qui ne contient rien : *boîte vide.* **2.** Où il n'y a rien ou personne : *local vide.* **3.** Où l'on ressent l'absence de qqn : *maison vide.* **4.** Qui manque d'intérêt, d'occupations : *journée vide ; esprit vide.* ■ **vide de :** dépourvu, privé de : *mot vide de sens.* ◆ nm **1.** Espace assez vaste qui ne contient rien ; espace où il manque qqch : *sauter dans le vide.* **2.** FIG Sentiment pénible d'absence, de privation : *sa mort laisse un grand vide.* **3.** Vanité, néant : *sentir le vide de toutes choses.* ■ **à vide :** sans rien contenir : *bus roulant à vide.* ❑ **faire le vide autour de soi, de qqn :** faire partir les amis, les relations. ❑ **parler dans le vide :** sans provoquer aucune réaction.

**vidéaste** n Réalisateur de films en vidéo.

**vide-greniers** nm inv Vente de vieux objets organisée par des particuliers, génér. sous le patronage d'une municipalité.

**vidéo** adj inv Se dit d'un procédé qui permet d'enregistrer sur bande magnétique des images filmées par une caméra, ainsi que le son, et de les projeter immédiatement ou en différé sur un écran de télévision : *signaux vidéo.* ◆ nf **1.** Ensemble des techniques vidéo. **2.** Film, émission tournés en vidéo.

**vidéocassette** nf Cassette constituée par une bande vidéo, qui, placée dans un appareil de lecture, permet de voir ou de revoir un programme de télévision, un film.

**vidéo-clip** (pl *vidéo-clips*) nm Court-métrage vidéo illustrant une chanson.

**vidéoclub** nm Boutique où l'on peut acheter ou louer des vidéocassettes.

**vidéoconférence** nf → **visioconférence.**

**vidéodisque** nm Disque restituant des images et des sons préalablement enregistrés sur un écran de télévision.

**vidéoludique** adj Relatif aux jeux vidéo : *industrie vidéoludique ; techniques vidéoludiques.*

**vidéoprotection** nf Système d'enregistrement d'images prises sur la voie publique, pour la sécurité des personnes et des biens.

**vide-ordures** nm inv Dans un immeuble, conduit permettant d'évacuer les ordures ménagères.

**vidéosphère** nf Sphère de la communication qui privilégie l'immédiateté de l'image (elle inclut les vidéos amateurs sur Internet).

**vidéosurveillance** nf Dispositif de surveillance à distance grâce à un système de télévision en circuit fermé.

**vidéothèque** nf Collection de vidéocassettes ; lieu où on les entrepose et où on peut les consulter.

**vidéotransmission** nf Service de diffusion de programmes de télévision spécifiques.

**vide-poche** (pl *vide-poches*) ou **vide-poches** (pl inv) nm **1.** Petite coupe, corbeille, etc., où l'on dépose les menus objets qu'on a dans ses poches. **2.** Dans une automobile, compartiment pour recevoir divers objets.

**vide-pomme** (pl *vide-pommes* ou inv) nm Petit couteau servant à ôter le cœur des pommes.

**vider** vt **1.** Rendre vide, retirer le contenu de, enlever qqch d'un endroit : *vider ses poches.* **2.** Boire le contenu d'un récipient : *vider son bol.* **3.** Faire s'écouler complètement le contenu de qqch : *vider la baignoire.* **4.** Retirer les entrailles d'un poisson, d'une volaille. **5.** Faire évacuer un lieu. **6.** FAM Expulser qqn par la force ; chasser, licencier : *il s'est fait vider du lycée.* **7.** Épuiser qqn, physiquement ou intellectuellement : *le match m'a vidé.* ■ **vider une querelle, un différend :** les régler une fois pour toutes. ◆ **se vider** vpr **1.** Devenir vide : *la salle se vida.* **2.** Se déverser : *eaux usées qui se vident dans l'égout.*

**videur, euse** n Personne chargée, dans un lieu public (boîte de nuit, bal, etc.), de mettre les perturbateurs à la porte.

**vie** nf **1.** Ensemble des phénomènes biologiques communs aux êtres organisés, qui évoluent de la naissance à la mort : *vie végétale, animale.* **2.** Existence humaine (par opposition à la *mort*) : *rester entre la vie et la mort ; être, rester en vie.* **3.** Existence humaine considérée dans sa durée : *travailler toute sa vie.* **4.** Existence, d'un point de vue particulier ou considérée de la façon dont elle est vécue : *vie sentimentale ; avoir une vie heureuse.* **5.** Moyens de subsistance : *niveau de vie ; vie chère.* **6.** Biographie, histoire de quelqu'un. **7.** Entrain, mouvement : *enfant plein de vie.* **8.** Existence des choses dans le temps : *durée de vie des étoiles.* ■ **à vie :** pour toute la durée de la vie. ❑ **gagner sa vie :** pourvoir à ses besoins matériels. ❑ **jamais de la vie :** en aucun cas.

**vieil** adj m → **vieux.**

**vieillard** nm Homme très âgé. ◆ **vieillards** pl Ensemble des gens âgés.

**vieille** nf Autre nom du *labre.*

**vieillerie** nf **1.** (surtout au pluriel) Objet ancien, usé ou démodé. **2.** FIG Idée, conception, œuvre passée de mode, qui date.

**vieillesse** nf **1.** Le dernier âge de la vie. **2.** Les vieilles gens : *respecter la vieillesse.*

**vieilli, e** adj **1.** Devenu vieux. **2.** Ancien, passé de mode, suranné : *préjugé vieilli.* **3.** LING Qui tend à sortir de l'usage : *mot vieilli.*

**vieillir** vi **1.** Devenir vieux. **2.** FIG Se démoder, n'être plus à l'ordre du jour. **3.** Acquérir des qualités particulières par la conservation, en parlant d'un fromage, d'un vin. ◆ vt **1.** Rendre vieux. **2.** Faire paraître vieux, plus vieux.

**vieillissant, e** adj Qui vieillit.

**vieillissement** nm **1.** Fait de vieillir, de prendre de l'âge. **2.** État de ce qui vieillit : *le vieillissement d'une population.*

**vieillot, otte** adj Démodé, suranné.

**vièle** nf Nom générique des instruments de musique dont les cordes sont frottées par un archet ou par une roue.

**vielle** nf ■ **vielle à roue :** vièle à clavier dont les cordes sont frottées par une roue.

**vielleur, euse** ou **vielleux, euse** n Joueur de vielle.

**viennois, e** adj et n De Vienne.

**viennoiserie** nf Produits de boulangerie tels que les croissants, les brioches, les pains aux raisins, etc.

**1. vierge** adj **1.** Qui n'a jamais eu de rapports sexuels : *rester vierge.* **2.** Qui est intact, qui n'a jamais servi : *cahier vierge.* **3.** Non pénétré, non exploité : *forêt vierge.* ■ **cassette vierge :** dont la bande magnétique ne contient rien d'enregistré.

**2. vierge** nf Jeune fille ou femme vierge. ■ **la Vierge :** la mère de Jésus. ◆ **Vierge** nf Constellation zodiacale figurant une jeune femme ailée tenant une faucille et des épis de blé ; signe astrologique des personnes nées entre le 23 août et le 22 septembre. ◆ n et adj Personne née sous le signe de la Vierge.

**vietnamien, enne** adj et n Du Viêt Nam : *les Vietnamiens.* ◆ nm Langue parlée au Viêt Nam, s'écrivant en alphabet latin.

**vieux** ou **vieil** (devant une voyelle ou un *h* muet), **vieille** adj **1.** Avancé en âge : *vieil* *homme.* **2.** Ancien : *vieux château.* **3.** Usé : *vieux vêtement.* **4.** Qui n'est plus en usage : *vieille formule.* **5.** Qui est depuis longtemps dans tel état, telle situation : *de vieux amis ; de vieux habitués.* ■ **vieux jeu :** démodé, suranné. ◆ nm Ce qui est ancien. ■ FAM **prendre un coup de vieux :** vieillir brusquement. ◆ n Personne âgée : *les jeunes et les vieux.*

**vif, vive** adj **1.** Qui a de la vigueur ; prompt, agile : *enfant vif.* **2.** Vivant : *être brûlé vif.* **3.** Qui s'emporte facilement. **4.** Qui comprend facilement : *esprit vif.* **5.** Prononcé, intense, éclatant : *vive surprise ; couleur vive.* **6.** Rapide : *vive attaque.* **7.** Mordant, violent : *froid vif ; propos vifs.* ■ **de vive voix :** oralement. ◆ nm DR Personne vivante. ■ **à vif :** avec la chair à nu : *plaie à vif.* ❑ **couper, trancher dans le vif :** (a) sacrifier résolument certaines choses pour sauver le reste (b) prendre d'énergiques résolutions. ❑ **entrer dans le vif du sujet :** dans ce qu'il y a d'essentiel, de plus important. ❑ **piquer au vif :** offenser. ❑ **prendre, saisir sur le vif :** imiter d'après nature, avec beaucoup de vie.

**vif-argent** (pl *vifs-argents*) nm Ancien nom du mercure.

**vigie** nf Matelot de veille sur un navire ; surveillance ainsi exercée.

**vigilance** nf Surveillance soutenue, vive attention.

**vigilant, e** adj Qui veille, surveille attentivement, avec soin.

**1. vigile** nf Jour qui précède une fête religieuse.

**2. vigile** nm Personne chargée de la surveillance de locaux industriels, administratifs, etc.

**vigne** nf **1.** Arbrisseau qui produit le raisin. **2.** Terre plantée en ceps de vigne. ■ **être dans les vignes du Seigneur :** être ivre. ❑ **vigne vierge :** plante grimpante qui orne les façades, les tonnelles, etc.

**vigneron, onne** n Personne qui cultive la vigne.

**vignette** nf **1.** Ornement de la couverture d'un livre, d'un papier à lettres, etc. **2.** Petite étiquette, portant l'estampille de l'État et servant à certifier le paiement de certains droits : *vignette automobile.* **3.** Timbre attaché à une boîte de médicaments et permettant le remboursement par la Sécurité sociale.

**vignoble** nm **1.** Terrain planté de vignes ; ces vignes. **2.** Ensemble des vignes d'une région, d'un pays.

**vigogne** nf Lama des Andes ; tissu fin fait avec son poil.

**vigoureusement** adv Avec vigueur.

**vigoureux, euse** adj **1.** Qui a de la vigueur : *bras vigoureux ; personne vigoureuse.* **2.** Fait avec vigueur : *attaque vigoureuse.* **3.** Fortement exprimé : *style vigoureux.*

**vigueur** nf **1.** Force physique, vitalité, énergie. **2.** Énergie physique ou morale : *agir, s'exprimer avec vigueur.* ■ **en vigueur :** en usage, en parlant des lois, des règlements : *entrer en vigueur.*

**VIH** nm (sigle de *virus d'immunodéficience humaine*) Dénomination française du virus responsable du sida.

**vil, e** adj LITT De peu de valeur, méprisable. ■ **à vil prix :** très bon marché.

**vilain, e** adj **1.** Se dit d'un enfant désobéissant, insupportable. **2.** Peu plaisant, désagréable à voir ou à subir : *avoir de vilaines dents ; un vilain pays.* **3.** Malhonnête, répréhensible : *faire une vilaine farce.* **4.** Qui peut laisser présager un danger : *vilaine toux.* ◆ adv ■ FAM **il fait vilain :** mauvais temps.

**vilainement** adv LITT De façon vilaine, contraire aux règles de la beauté, de la morale.

**vilebrequin** [vilbrəkɛ̃] nm **1.** Outil pour percer des trous. **2.** MÉCAN Arbre qui transforme le mouvement rectiligne de l'ensemble piston-bielle d'un moteur en mouvement circulaire.

> ORTHOGRAPHE *Vilebrequin* s'écrit toujours avec deux *e*, sans accent, même si le premier n'est pas prononcé.

**vilement** adv LITT De manière vile.

**vilenie** [vileni] ou [vilni] nf LITT Action vile, méprisable.

**vilipender** vt LITT Dire du mal de quelqu'un ; traiter avec mépris ; dénigrer.

**villa** nf **1.** Maison d'habitation ou de villégiature généralement vaste et avec un jardin. **2.** Voie privée bordée de maisons individuelles.

**village** nm **1.** Agglomération dont les habitants vivent principalement du travail de la terre ; ensemble de ses habitants. **2.** Ensemble organisé de structures d'accueil, surtout pour les séjours de vacances.

**villageois, e** n Habitant d'un village. ◆ adj De la campagne : *danse villageoise.*

**ville** nf **1.** Agglomération d'une certaine importance où la majorité des habitants est occupée par le commerce, l'industrie ou l'administration. **2.** Population d'une ville. **3.** Vie que l'on mène à la ville : *préférer la ville à la campagne.* ■ **en ville :** (a) dans la ville (b) hors de chez soi.

**villégiature** nf Séjour en dehors de chez soi, à la campagne, à la mer, etc. ; lieu de ce séjour.

**vin** nm **1.** Boisson alcoolisée obtenue par la fermentation du raisin : *vin blanc ; vin rouge.* **2.** Liqueur alcoolisée obtenue par fermentation d'un produit végétal : *vin de palme.*

**3.** Préparation à base de vin : *vin d'orange.* ■ **avoir le vin gai, triste :** être gai, triste, quand on a bu. ❑ **entre deux vins :** légèrement ivre. ❑ **mettre de l'eau dans son vin :** se calmer, se modérer, dans ses actes ou dans ses propos. ❑ **vin d'honneur :** petite cérémonie au cours de laquelle on boit du vin en l'honneur de quelqu'un ou de quelque chose.

**vinaigre** nm Produit utilisé comme condiment, résultant d'une fermentation du vin ou d'un autre liquide alcoolisé : *vinaigre de cidre.* ■ FAM **faire vinaigre :** se dépêcher. ❑ **tourner au vinaigre :** prendre une tournure fâcheuse.

**vinaigrer** vt Assaisonner avec du vinaigre.

**vinaigrette** nf Sauce à base de vinaigre, d'huile, de sel, etc., dont on accompagne les crudités.

**vinaigrier** nm **1.** Personne qui fabrique du vinaigre. **2.** Récipient pour la fabrication domestique du vinaigre. **3.** Burette à vinaigre.

**vinasse** nf FAM Vin de qualité médiocre.

**vindicatif, ive** adj et n Qui se plaît à se venger ; rancunier. ◆ adj Animé par l'esprit de vengeance : *ton vindicatif.*

**vindicte** nf ■ LITT **désigner quelqu'un à la vindicte publique :** le dénoncer comme coupable devant un groupe, devant la société.

**vineux, euse** adj **1.** Se dit d'un vin riche en alcool. **2.** Qui a le goût, l'odeur, la couleur du vin : *teint vineux.*

**vingt** adj num card et nm **1.** Deux fois dix. **2.** Vingtième. ◆ nm inv Chiffre, numéro qui représente ce nombre.

GRAMMAIRE *Vingt* prend un *s* quand il est précédé d'un adjectif de nombre qui le multiplie : *quatre-vingts hommes.* Il reste invariable quand il est suivi d'un autre adjectif de nombre et quand il est employé pour vingtième : *quatre-vingt-deux euros ; page quatre-vingt.*

**vingtaine** nf Vingt ou environ.

**vingtenaire** n et adj Personne qui a entre vingt et vingt-neuf ans.

**vingtième** adj num ord et n Qui occupe un rang marqué par le numéro vingt : *être le vingtième.* ◆ adj et nm Qui est contenu vingt fois dans le tout.

**vingtièmement** adv En vingtième lieu.

**vinicole** adj Relatif à la production du vin.

**vinification** nf Ensemble des procédés mis en œuvre pour transformer le raisin en vin.

**vinifier** vt Opérer la vinification de.

**vinyle** nm Matière plastique.

**vinylique** adj Se dit d'une classe de résines synthétiques obtenues à partir de l'acétylène.

**viol** nm **1.** Rapport sexuel imposé par la contrainte, et qui constitue pénalement un crime. **2.** Action de transgresser une loi, de pénétrer dans un lieu interdit. **3.** Action de porter atteinte à ce qui est considéré comme une valeur : *viol des consciences.*

**violacé, e** adj D'une couleur tirant sur le violet.

**violation** nf Action de violer un domicile, une loi, etc.

**viole** nf Instrument à cordes frottées et à archet. ■ **viole d'amour :** viole à deux rangées de cordes superposées. ❑ **viole de gambe :** qui se joue serrée entre les jambes.

**violemment** [violamɑ̃] adv Avec violence.

**violence** nf **1.** Caractère violent de quelqu'un ou de quelque chose : *la violence d'un accident, d'une tempête.* **2.** (surtout au pluriel) Acte violent : *commettre des violences.* ■ **faire violence à :** (a) contraindre par la force (b) FIG interpréter de manière forcée : *faire violence à la grammaire.*

**violent, e** adj et n Qui agit par la force, qui se livre à des brutalités. ◆ adj **1.** Empreint d'une force impétueuse, brutale : *tenir des propos violents.* **2.** D'une grande intensité : *un violent orage.* **3.** Qui exige de la force, de l'énergie : *sports violents.* ■ **mort violente :** causée par un accident, un meurtre, un suicide (par opposition à *mort naturelle*).

**violenter** vt **1.** Commettre un viol ou une tentative de viol sur quelqu'un. **2.** LITT Contraindre, forcer.

**violer** vt **1.** Contraindre par la force à avoir un rapport sexuel. **2.** Pénétrer dans un lieu malgré une interdiction : *violer un domicile.* **3.** Enfreindre, transgresser : *violer une loi.*

**violet, ette** adj D'une couleur intermédiaire entre le bleu et le rouge. ◆ nm Couleur violette.

**violette** nf Plante à fleurs violettes très odorantes (famille des violacées).

**violeur, euse** n Personne qui commet, a commis un viol sur quelqu'un.

**violine** adj D'une couleur violet pourpre.

**violiste** n Joueur de viole.

**violon** nm **1.** Instrument de musique à quatre cordes et à archet. **2.** Musicien qui en joue. **3.** FAM Prison d'un poste de police. ■ FAM **accorder ses violons :** se mettre d'accord. ❑ **violon d'Ingres :** activité que l'on pratique de façon non professionnelle, à titre de loisir.

**violoncelle** nm **1.** Instrument à cordes plus grand que le violon. **2.** VX Violoncelliste.

**violoncelliste** n Musicien qui joue du violoncelle.

**violoneux** nm **1.** Violoniste de village qui joue pour les noces. **2.** FAM Personne qui joue médiocrement du violon.

**violoniste** n Personne qui joue du violon.

**viorne** nf Arbrisseau grimpant de la famille des chèvrefeuilles.

**VIP** [veipe] ou [viajpi] nm (sigle de *very important person*) FAM Personnalité de marque.

**vipère** nf **1.** Serpent venimeux à la tête triangulaire. **2.** FIG Personne très méchante. ■ **langue de vipère** : personne médisante.

**vipereau** ou **vipéreau** nm Petite vipère.

**vipérin, e** adj Relatif à la vipère.

**vipérine** nf Couleuvre qui ressemble à la vipère.

**virage** nm **1.** Mouvement d'un véhicule qui tourne, change de direction : *manquer un virage.* **2.** Partie courbe d'une route, d'une piste : *virage dangereux.* **3.** FIG Changement brusque d'orientation, notamment politique.

**virago** nf PÉJOR Femme autoritaire et criarde ; harpie, dragon.

**viral, e, aux** adj Provoqué par un virus : *affection virale.*

**virée** nf FAM Promenade : *faire une virée.*

**virelai** nm LITTÉR Poème médiéval sur deux rimes.

**virement** nm Opération consistant à transférer des fonds d'un compte à un autre : *virement bancaire, postal.*

**virer** vi **1.** Changer ou faire changer de direction. **2.** Tourner sur soi. **3.** Changer de nuance, en parlant d'une étoffe teinte. **4.** FIG Changer d'opinion, de caractère. ■ **virer de bord** : (a) changer de direction (b) changer d'opinion, de parti. ◆ vt **1.** Faire passer une somme d'argent d'un compte à un autre. **2.** FAM Ôter sans ménagement de sa place : *virer un vieux meuble.* **3.** FAM Congédier : *se faire virer.* ◆ vt ind [à] Changer de couleur, d'aspect, d'état : *vin qui vire à l'aigre.*

**virevolte** nf Tour rapide que fait une personne sur elle-même.

**virevolter** vi Tourner rapidement sur soi.

**virginal, e, aux** adj **1.** LITT Relatif à une personne vierge. **2.** FIG Pur, immaculé.

**virginité** nf **1.** État d'une personne vierge. **2.** FIG Pureté, candeur.

**virgule** nf Signe de ponctuation servant à séparer les divers membres d'une phrase ou la partie entière et la partie décimale d'un nombre.

**viril, e** adj **1.** Qui concerne l'homme, le sexe masculin. **2.** FIG Résolu, ferme, énergique : *discours viril.*

**virilement** adv Avec virilité.

**viriliser** vt Donner un caractère viril, masculin à.

**virilité** nf **1.** Ensemble des caractères propres à l'homme adulte. **2.** Vigueur sexuelle. **3.** LITT Caractère viril d'un comportement, d'une attitude.

**virole** nf Petit anneau de métal qu'on met au bout des manches de couteau, d'outil, etc., pour les empêcher de se fendre, de s'user.

**virologie** nf Partie de la biologie qui étudie les virus.

**virophage** nm et adj Virus infectant un autre virus.

**virtualité** nf Caractère de ce qui est virtuel.

**virtuel, elle** adj Qui n'est pas réalisé, qui reste sans effet actuel ; potentiel. ■ **réalité virtuelle** : simulation d'un environnement réel par des images de synthèse tridimensionnelles.

**virtuellement** adv De façon virtuelle.

**virtuose** n Personne très habile, de beaucoup de talent dans un domaine quelconque, en particulier en musique.

**virtuosité** nf Talent de virtuose.

**virulence** nf Caractère virulent.

**virulent, e** adj **1.** Se dit d'une personne ou d'un comportement manifestant une âpreté violente : *satire virulente.* **2.** Dont le pouvoir de multiplication est maximal : *microbe virulent.* **3.** Nocif et violent : *poison virulent.*

**virus** [virys] nm **1.** Micro-organisme responsable des maladies contagieuses : *le virus de la grippe.* **2.** FIG Source de contagion morale : *le virus de l'anarchie.* **3.** INFORM Instruction ou suite d'instructions parasites, introduites dans un programme et susceptibles d'entraîner diverses perturbations dans le fonctionnement de l'ordinateur.

**vis** [vis] nf Tige cylindrique de bois, de métal, etc., cannelée en spirale, à tête plate, destinée à s'enfoncer en tournant. ■ **escalier à vis** : en spirale. ❑ **pas de vis** : spire d'une vis. ❑ **serrer la vis à quelqu'un** : se montrer plus sévère à son égard.

**visa** nm **1.** Sceau, paraphe, signature qui rend un acte valide. **2.** Cachet apposé sur un passeport et permettant l'entrée dans un pays.

**visage** nm **1.** Face de l'homme, partie antérieure de la tête. **2.** Personne, personnage : *aimer voir de nouveaux visages.* **3.** SOUT Aspect de quelque chose : *le nouveau visage de la France.* ■ **à visage découvert** : ouvertement, franchement. ❑ **changer de visage** : changer d'expression, se troubler.

**visagiste** n Personne spécialisée dans l'art de mettre en valeur la beauté et la personnalité du visage de quelqu'un.

**vis-à-vis** [vizavi] loc adv En face. ◆ nm **1.** Personne ou chose en face d'une autre : *avoir son frère pour vis-à-vis.* **2.** Petit canapé en S offrant deux places d'orientation inverse. ◆ **vis-à-vis de** loc prép En face de : *s'asseoir vis-à-vis de quelqu'un* ; à l'égard de : *être indulgent vis-à-vis de ses enfants.*

**viscéral, e, aux** adj **1.** Des viscères. **2.** FIG Profond, instinctif : *réaction viscérale*.

**viscéralement** adv De manière viscérale.

**viscère** nm Chacun des organes de l'intérieur du corps tels que le foie, les poumons, le cœur, etc. ; organe quelconque.

**viscose** nf Cellulose transformée qui constitue la rayonne, la Fibranne, etc.

**viscosité** nf Caractère visqueux.

**visée** nf **1.** Action de diriger le regard, une arme, un instrument vers qqn ou qqch. **2.** FIG (surtout au pluriel) Dessein, objectif : *avoir des visées ambitieuses*.

**1. viser** vt **1.** Diriger une arme, un objet vers : *viser une cible*. **2.** Chercher à atteindre : *viser la gloire*. **3.** Intéresser, concerner : *mesure qui vise tous les automobilistes*. ◆ vt ind [à] Diriger son effort vers : *viser au succès*.

**2. viser** vt Mettre un visa sur un document, contrôler administrativement.

**viseur** nm **1.** Dispositif optique servant à viser : *viseur d'une carabine*. **2.** Dispositif monté sur un appareil photographique et cinématographique permettant de cadrer l'image à enregistrer.

**visibilité** nf **1.** Qualité de ce qui est visible. **2.** Possibilité de voir à une certaine distance.

**visible** adj **1.** Qui peut être vu : *visible à l'œil nu*. **2.** Prêt à recevoir des visites : *le directeur n'est pas visible*. **3.** Manifeste : *plaisir visible*.

**visiblement** adv De façon évidente.

**visière** nf Rebord d'une casquette, d'un képi, qui abrite les yeux.

**visio** nf (abréviation) FAM Visioconférence.

**visioconférence** nf Conférence entre des personnes se trouvant dans des lieux éloignés et qui peuvent s'entendre et se voir grâce à un système de télécommunication.

**vision** nf **1.** Perception visuelle ; vue : *trouble de la vision*. **2.** Action de voir. **3.** Manière de voir, de concevoir qqch : *une vision du monde très noire*. **4.** Perception imaginaire d'objets irréels ; hallucination : *avoir des visions*.

**visionnaire** adj et n **1.** Qui a des visions, qui prétend voir des phénomènes surnaturels. **2.** LITT Capable d'anticipation, qui a l'intuition de l'avenir.

**visionner** vt **1.** Voir à la visionneuse. **2.** Examiner professionnellement un film afin d'en faire le montage ou avant sa diffusion.

**visionneuse** nf **1.** Appareil permettant d'agrandir et d'examiner des clichés photographiques de petit format. **2.** Appareil servant à regarder les films pour en faire le montage.

**visiophone** nm Appareil qui associe le téléphone et la télévision, permettant aux correspondants de se voir pendant leur conversation.

**Visitation** nf RELIG Visite de la Sainte Vierge à sainte Élisabeth ; fête en mémoire de cette visite.

**visite** nf **1.** Fait d'aller voir, de rencontrer qqn à son domicile : *rendre visite*. **2.** FAM Personne qui fait une visite : *avoir une visite*. **3.** Action de visiter un lieu, un édifice : *visite de la ville*. **4.** Examen détaillé, approfondi de qqch : *visite des bagages à la douane*. **5.** Fait, pour un médecin, d'aller chez un malade ; examen d'un patient par un médecin. ■ **visite médicale** : examen médical assuré dans le cadre d'une institution (école, prison, etc.).

**visiter** vt **1.** Parcourir un lieu inconnu pour le découvrir. **2.** Examiner, inspecter en détail : *visiter des appartements à vendre*. **3.** Aller voir par civilité, devoir, etc. : *visiter un malade*.

**visiteur, euse** n Personne qui fait une visite, qui visite un lieu, un pays, etc.

**vison** nm Mammifère carnivore élevé pour sa fourrure très recherchée ; fourrure de cet animal.

**visqueux, euse** adj **1.** D'une consistance pâteuse, gluante : *pâte visqueuse*. **2.** Couvert d'un enduit gluant : *peau visqueuse du crapaud*.

**vissage** nm Action de visser.

**visser** vt **1.** Fixer avec des vis. **2.** Tourner une vis pour l'enfoncer. **3.** FIG, FAM Exercer une contrainte, surveiller étroitement.

**visualisation** nf Action de visualiser.

**visualiser** vt **1.** Rendre visible, mettre en évidence de façon matérielle, concrète. **2.** Se représenter mentalement qqch.

**visuel, elle** adj Relatif à la vue : *acuité visuelle*. ■ **mémoire visuelle** : mémoire qui garde le souvenir de ce qui est vu. ◆ nm Photographie, illustration ou vidéo : *elle a sélectionné des visuels pour son site Internet*.

**visuellement** adv Par la vue : *expliquer visuellement*.

**vital, e, aux** adj **1.** Qui appartient à la vie ; essentiel à la vie : *fonctions vitales*. **2.** Indispensable à qqn, à son existence : *lire est vital pour elle*. **3.** Nécessaire pour maintenir l'existence, le niveau de développement : *le tourisme est vital pour ce pays*. ■ **minimum vital** : revenu minimal nécessaire à la subsistance et à l'entretien de qqn, d'une famille.

**vitalité** nf Intensité de la vie, du dynamisme de qqn ou de qqch.

**vitamine** nf Substance organique indispensable en infime quantité à la croissance et au bon fonctionnement de l'organisme.

**vitaminé, e** adj Qui contient une ou plusieurs vitamines.

**vite** adv **1.** Rapidement, avec vitesse : *courir vite.* **2.** En peu de temps, sous peu : *être vite arrivé.*

**vitesse** nf **1.** Célérité, rapidité dans la marche ou dans l'action. **2.** Rapport du chemin parcouru au temps employé à le parcourir : *la vitesse du son est de 340 m par seconde, celle de la lumière de 300 000 km par seconde.* **3.** Chacune des combinaisons d'engrenages d'une boîte de vitesses. ■ **à deux vitesses :** se dit d'un système dans lequel coexistent deux types de fonctionnement dont la rapidité et l'efficacité sont inégales : *courrier à deux vitesses.* ❑ **à toute vitesse :** très vite. ❑ **en perte de vitesse :** dont l'intérêt ou l'effet décroît. ❑ FAM **en quatrième vitesse :** en hâte, à toute allure.

**viticole** adj Relatif à la culture de la vigne : *industrie viticole.*

**viticulteur, trice** n Personne qui cultive la vigne.

**viticulture** nf Culture de la vigne.

**vitrage** nm Porte, châssis vitrés.

**vitrail** (pl *vitraux*) nm Composition décorative translucide faite d'un châssis de métal garni de verres peints maintenus par un réseau de plomb.

**vitre** nf **1.** Panneau de verre qui s'adapte à une fenêtre. **2.** Glace d'une voiture.

**vitré, e** adj Constitué d'une vitre : *porte vitrée.*

**vitrer** vt Garnir de vitres ou de vitrages.

**vitrerie** nf Fabrication, commerce et pose des vitres.

**vitreux, euse** adj Se dit de l'œil, du regard dont l'éclat est terni.

**vitrier** nm Personne qui fabrique, vend ou pose les vitres.

**vitrification** nf Action de vitrifier : *la vitrification d'un parquet.*

**vitrifier** vt **1.** Changer en verre par fusion : *vitrifier du sable.* **2.** Recouvrir une surface d'une matière plastique et transparente, destinée à la protéger.

**vitrine** nf **1.** Vitrage d'une boutique, devanture : *convoiter un modèle en vitrine.* **2.** Armoire, table fermée par un châssis vitré. **3.** FIG Organisation, réalisation, lieu que l'on présente comme le symbole d'une réussite, comme un modèle : *ce pays est la vitrine du continent.*

**vitriol** nm **1.** VX Acide sulfurique concentré. **2.** LITT Parole, écrit très caustiques.

**vitrioler** vt Lancer du vitriol sur quelqu'un pour le défigurer.

**vitrocéramique** nf Matière céramique obtenue par les techniques de fabrication du verre.

**vitupération** nf LITT Blâme, récrimination contre quelqu'un.

**vitupérer** vt et vt ind [contre] (conj 10) LITT S'emporter contre, s'indigner : *vitupérer le gouvernement ; vitupérer contre la hausse des prix.*

**vivable** adj **1.** FAM Où l'on peut vivre. **2.** (s'emploie surtout négativement) Avec qui l'on peut vivre : *voisin qui n'est pas vivable.*

**vivace** adj **1.** Qui a de la vitalité. **2.** Qui dure, subsiste, persiste : *préjugé vivace.* ■ **plante vivace :** qui vit plusieurs années.

**vivacité** nf **1.** Caractère vivace, plein de vie de quelqu'un ou de quelque chose : *vivacité d'un enfant, d'un sentiment.* **2.** Promptitude à réagir, à comprendre : *vivacité d'esprit.* **3.** Caractère de ce qui est intense : *vivacité d'une couleur.*

**vivandier, ère** n HIST Personne qui vendait aux soldats des vivres, des boissons.

**vivant, e** adj **1.** Qui est en vie, qui est doué de vie : *être vivant.* **2.** Qui a du mouvement, de l'animation : *quartier très vivant.* **3.** Qui paraît exister réellement ; présent à la mémoire : *souvenir toujours vivant.* ■ **langue vivante :** actuellement parlée (par opposition à *langue morte*). ◆ nm (surtout au pluriel) Personne en vie : *les vivants et les morts.* ■ **du vivant de quelqu'un :** pendant sa vie.

**vivarium** [vivarjɔm] nm Établissement aménagé en vue de la conservation dans leur milieu naturel de petits animaux vivants.

**vivat** [viva] nm (surtout au pluriel) Acclamation, cris poussés en l'honneur de quelqu'un.

**1. vive** nf Poisson marin, redouté pour ses épines venimeuses.

**2. vive** interj Pour acclamer quelqu'un ou marquer son enthousiasme pour quelque chose : *vive les vacances !*

GRAMMAIRE Avant un nom pluriel, on peut écrire *vive les vacances !* ou *vivent les vacances !*

**vivement** adv **1.** Avec vivacité, ardeur : *marcher vivement.* **2.** Profondément : *vivement touché.* ◆ interj Marque un vif désir de voir un événement se produire : *vivement les vacances !*

**viveur, euse** n Personne qui mène une vie dissipée et ne songe qu'au plaisir.

**vivier** nm Bassin pour garder des poissons ou des crustacés vivants.

**vivifiant, e** adj Qui vivifie, tonique : *air vivifiant.*

**vivifier** vt Donner de la vigueur, de la force à ; tonifier.

**vivipare** n et adj Animal dont les petits viennent au monde déjà vivants (par opposition à *ovipare*).

**viviparité** nf Mode de reproduction des animaux vivipares.

**vivisection** nf Opération pratiquée à titre d'expérience sur un animal vivant.

**vivoter** vi FAM, PÉJOR Vivre dans des conditions matérielles difficiles, végéter ; marcher au ralenti : *entreprise qui vivote.*

**1. vivre** vi (conj 63) **1.** Être en vie : *vivre longtemps.* **2.** Habiter : *vivre à la campagne.* **3.** Durer : *sa gloire vivra toujours.* **4.** Avoir tel mode de vie, telle conduite, tel train de vie : *vivre seul ; vivre dangereusement ; vivre largement.* **5.** Se nourrir : *vivre de légumes.* ■ **savoir vivre** : connaître les bienséances. ◆ vt Éprouver, faire intensément : *vivre une belle aventure.* ■ **vivre sa vie** : jouir de l'existence à sa guise.

**2. vivre** nm ■ **le vivre et le couvert** : la nourriture et le logement. ◆ **vivres** pl LITT Tout ce dont l'homme se nourrit. ■ **couper les vivres à quelqu'un** : lui supprimer toute aide financière.

**vivrier, ère** adj ■ **cultures vivrières** : qui produisent des substances alimentaires destinées principalement à la population locale.

**vizir** nm HIST Ministre d'un souverain musulman. ■ **grand vizir** : premier ministre dans l'Empire ottoman.

**vlan** interj Exprime un bruit, un coup soudain.

**VO** [veo] nf (sigle) Version originale.

**vocable** nm Mot, terme en tant qu'il a une signification particulière : *vocable technique.*

**vocabulaire** nm **1.** Ensemble des mots d'une langue, d'une science, etc. : *vocabulaire technique.* **2.** Dictionnaire abrégé ; lexique.

**vocal, e, aux** adj **1.** Relatif à la voix : *cordes vocales.* **2.** Destiné à être chanté : *musique vocale.* ■ **messagerie vocale** : service de télécommunication permettant l'enregistrement et le stockage de messages sonores qui peuvent ensuite être écoutés et éventuellement expédiés vers leur(s) destinataire(s). ❑ **serveur vocal** : serveur connecté à un ordinateur qu'un usager d'un poste téléphonique peut interroger de manière interactive pour obtenir des informations sous forme de messages sonores.

**vocalique** adj Relatif aux voyelles.

**vocalisation** nf Action de vocaliser.

**vocalise** nf Formule mélodique chantée sur des voyelles, surtout le *a*, dans l'enseignement du chant.

**vocaliser** vi Chanter des vocalises.

**vocalisme** nm Système des voyelles d'une langue.

**vocatif** nm GRAMM Dans les langues à déclinaison, cas de l'interpellation.

**vocation** nf **1.** Aptitude, penchant particulier pour une profession, un genre de vie, etc. : *avoir la vocation du théâtre.* **2.** Rôle auquel un groupe, un pays, etc., paraît être appelé : *région à vocation industrielle.* **3.** THÉOL Appel au sacerdoce ou à la vie religieuse.

**vocifération** nf (surtout au pluriel) Parole dite en criant et avec colère : *les vociférations de la foule.*

**vociférer** vi (conj 10) S'emporter, crier avec colère. ◆ vt Proférer en criant : *vociférer des injures.*

**vodka** nf Eau-de-vie de grain des pays slaves.

**vœu** [vø] nm **1.** Promesse faite à une divinité : *faire vœu de pauvreté.* **2.** Promesse faite à soi-même : *faire vœu de ne plus boire.* **3.** Souhait de voir se réaliser qqch : *qu'il guérisse est mon vœu le plus cher.* **4.** Résolution, intention (par oppos. à *décision*) : *assemblée qui émet un vœu.* ■ **vœu pieux** : dont on pense qu'il n'a aucune chance de se réaliser. ◆ **vœux** pl **1.** Souhaits adressés pour la réussite de qqn ou de qqch : *vœux de bonne année.* **2.** Souhaits de mutation formulés officiellement par un fonctionnaire. **3.** Souhaits d'admission à une formation formulés par un élève, un étudiant. **4.** Engagement religieux : *prononcer ses vœux.*

**vogue** nf Réputation, popularité : *être en vogue.*

**voguer** vi LITT Naviguer, se déplacer sur l'eau.

**voici** prép et adv **1.** Désigne une personne, un objet proches : *voici ma sœur.* **2.** Annonce ce qu'on va dire : *voici mes intentions.*

**voie** nf **1.** Route, chemin pour aller d'un lieu à un autre : *voie privée, publique.* **2.** Subdivision longitudinale de la chaussée correspondant à une file de voitures : *route à trois voies.* **3.** Double ligne de rails pour la circulation des trains : *il y a des travaux sur la voie.* **4.** Moyen de transport : *voie maritime, aérienne.* **5.** Mode d'administration d'un médicament : *voie orale.* **6.** FIG Moyen employé : *agir par la voie légale.* **7.** ANAT Canal : *voies urinaires, digestives, respiratoires.* ■ **en bonne, en mauvaise voie** : sur le point de réussir, d'échouer. ❑ **en voie de** : sur le point de. ❑ **mettre sur la voie** : aider à trouver. ❑ **voie d'eau** : trou dans la coque d'un navire. ❑ DR **voie de fait** : acte de violence commis envers qqn.

**voilà** prép et adv **1.** Désigne une personne, un objet éloignés : *voilà ma maison.* **2.** Reprend ce que l'on vient de dire : *voilà ce que j'avais à dire.* **3.** Il y a : *voilà trois jours.* **4.** (dans la langue courante) Voici : *voilà mon frère.*

**voilage** nm Grand rideau d'étoffe légère et transparente.

**1. voile** nm **1.** Étoffe destinée à couvrir ou à protéger. **2.** Coiffure de tissu fin servant à couvrir la tête, le visage : *voile de mariée ; voile de religieuse.* **3.** Tissu léger et fin : *voile de soie.* **4.** LITT Ce qui cache, dissimule : *voile de brume.* **5.** Déformation accidentelle de la roue d'un véhicule, d'un objet. **6.** PHOT Obscurcissement accidentel d'un cliché par excès de lumière. ■ SOUT **prendre le voile :** se faire religieuse. ❑ **sans voile :** sans détour. ❑ MÉD **voile au poumon :** diminution homogène de la transparence d'une partie du poumon. ❑ ANAT **voile du palais :** séparation entre les fosses nasales et la bouche.

**2. voile** nf **1.** Toile forte qui, attachée au(x) mât(s) d'un bateau, reçoit l'effort du vent. **2.** Bateau à voile : *on distingue une voile à l'horizon.* **3.** Pratique sportive du bateau à voile : *faire de la voile.* ■ **faire voile :** naviguer : *faire voile vers la Grèce.* ❑ **mettre à la voile :** appareiller. ❑ FAM **mettre les voiles :** s'en aller.

**voilé, e** adj **1.** Qui porte un voile : *femme voilée.* **2.** Courbé, faussé : *roue voilée.* **3.** Assourdi, éteint : *voix voilée ; regard voilé.*

**voiler** vt **1.** Couvrir d'un voile. **2.** LITT Cacher, dissimuler. **3.** Déformer accidentellement la roue d'un véhicule. **4.** PHOT Provoquer un voile sur une surface sensible. ◆ **se voiler** vpr **1.** Se couvrir d'un voile. **2.** Se couvrir de légers nuages : *le soleil, le ciel se voile.*

**voilette** nf Petit voile transparent posé en garniture d'un chapeau de femme et qui se rabat sur le visage.

**voilier** nm Bateau de plaisance, navire à voiles.

**voilure** nf **1.** Ensemble des voiles d'un bateau. **2.** Ensemble de la surface portante d'un avion, d'un parachute. **3.** Courbure d'une surface gauchie, déjetée.

**voir** vt (conj 41) **1.** Percevoir par la vue. **2.** Être le témoin de : *nous ne verrons pas ces événements.* **3.** Assister à un spectacle, un film, etc. : *aller voir un film.* **4.** Rendre visite à : *aller voir un ami.* **5.** Fréquenter : *voir beaucoup de monde.* **6.** Consulter : *voir un médecin, un avocat.* **7.** Regarder avec attention : *voyez ce tableau.* **8.** Examiner : *voyons si c'est exact.* **9.** Constater, remarquer : *je vois que vous avez changé d'avis.* **10.** Juger, comprendre, percevoir : *tout homme a sa manière de voir la vie.* **11.** Imaginer : *je vous vois bien enseigner.* ■ **avoir à voir avec :** avoir un rapport avec. ❑ **voir le jour :** naître. ❑ **voyons ! :** marque un encouragement à l'action ou un léger reproche. ◆ **se voir** vpr **1.** Être apparent, visible : *panneau qui peut se voir la nuit.* **2.** Arriver, se produire : *cela se voit tous les jours.* **3.** S'imaginer : *enfant qui se voit footballeur.* **4.** Se fréquenter : *se voir souvent.*

**voire** adv LITT Et même, et aussi : *quelques jours, voire quelques semaines.*

**voirie** nf **1.** Ensemble des voies de communication. **2.** Administration qui s'occupe des voies publiques. **3.** Lieu où l'on jette les immondices.

> ORTHOGRAPHE Bien que dérivé de *voie, voirie* s'écrit sans *e* muet intérieur.

**voisin, e** adj **1.** Situé à faible distance : *village voisin.* **2.** Qui a de l'analogie, de la ressemblance : *couleurs voisines.* ■ **droits voisins (du droit d'auteur) :** droits relevant de la propriété intellectuelle et concernant les activités auxiliaires de la création, qui s'exercent sans porter atteinte au droit d'auteur. ◆ adj et n Qui demeure près de : *voisin de palier ;* qui est dans le voisinage de.

**voisinage** nm **1.** Proximité d'habitation. **2.** Ensemble des voisins. **3.** Rapports entre voisins : *relations de bon voisinage.*

**voisiner** vi Être voisin, être placé à côté.

**voiture** nf **1.** Véhicule de transport : *voiture à cheval.* **2.** Véhicule automobile. **3.** Partie d'un train ou d'un métro. ■ **voiture autonome :** équipée d'un système de pilotage automatique qui lui permet de rouler sans intervention humaine.

**voiture-balai** (pl *voitures-balais*) nf Voiture qui, dans une course cycliste, recueille les coureurs qui abandonnent.

**voiture-bar** (pl *voitures-bars*) nf Voiture de chemin de fer aménagée en bar.

**voiturier** nm Employé chargé de garer les voitures des clients d'un restaurant, d'un hôtel.

**voix** nf **1.** Ensemble des sons émis par l'être humain ; manière d'émettre des sons ; organe de la parole, du chant : *voix douce ; voix de ténor.* **2.** Partie vocale ou instrumentale d'une œuvre musicale. **3.** Personne qui parle ou chante professionnellement : *une grande voix du jazz.* **4.** Conseil, avertissement : *écouter la voix d'un ami ; la voix de la sagesse.* **5.** Possibilité d'exprimer son opinion. **6.** Suffrage, vote : *perdre des voix.* **7.** GRAMM Forme verbale indiquant la façon dont le sujet du verbe participe à l'action : *voix active, passive, pronominale.* ■ **avoir voix au chapitre :** pouvoir donner son avis. ❑ **de vive voix :** en s'adressant directement à la personne concernée. ❑ **rester sans voix :** sans paroles, muet d'étonnement.

**1. vol** nm **1.** Mode de déplacement dans l'air des oiseaux, des insectes, de certains animaux. **2.** Distance que parcourt un oiseau sans se reposer. **3.** Groupe d'oiseaux qui volent ensemble ; volée. **4.** Progression d'un avion dans l'air, d'un engin spatial dans le cosmos. **5.** Mouvement rapide d'un objet d'un lieu dans un autre. ■ **à vol d'oiseau :** en ligne droite. ❑ **au vol :** (a) en l'air : *rattraper un ballon au vol* (b) FIG en allant vite : *saisir une occasion au vol.* ❑ **de haut vol :** de grande envergure. ❑ **vol à voile :** mode de déplacement d'un planeur utilisant les courants aériens.

**2. vol** nm **1.** Action de voler, de dérober. **2.** Chose volée. ■ DR **vol qualifié :** avec circonstances aggravantes.

**vol.** (abréviation) Volume.

**volage** adj Dont les sentiments changent vite ; peu fidèle en amour.

**volaille** nf **1.** Ensemble des oiseaux de basse-cour. **2.** Oiseau de basse-cour ; sa chair.

**volailler, ère** ou **volailleur, euse** n Personne qui vend ou élève des volailles.

**1. volant** nm **1.** Jeu qui consiste à lancer avec une raquette un morceau de liège ou de caoutchouc garni de plumes. **2.** Garniture de dentelle ou d'étoffe à un vêtement, à un rideau, etc. **3.** Dispositif en forme de cercle servant à orienter les roues directrices d'une automobile. **4.** Roue pesante qui régularise le mouvement d'une machine.

**2. volant, e** adj **1.** Qui vole. **2.** Qui n'est pas fixe : *feuille volante ; pont volant.* ■ **personnel volant :** dans l'aviation, membre du personnel navigant.

**volatil, e** adj Qui se transforme aisément en vapeur.

**volatile** nm Oiseau, en particulier oiseau de basse-cour.

**volatilisation** nf Action de volatiliser ; fait de se volatiliser.

**volatiliser** vt **1.** Rendre volatil ; transformer en vapeur. **2.** Faire disparaître ; dérober, escamoter. ◆ **se volatiliser** vpr **1.** Devenir volatil. **2.** Disparaître sans qu'on s'en aperçoive.

**volatilité** nf Caractère volatil.

**vol-au-vent** nm inv Croûte de pâte feuilletée garnie d'un mets chaud.

**volcan** nm Relief édifié par les laves et les projections issues d'une fissure de l'intérieur du globe. ■ FIG **être sur un volcan :** dans une situation périlleuse, face à un danger imminent.

**volcanique** adj **1.** Issu d'un volcan. **2.** FIG Ardent, impétueux.

**volcanisme** nm Ensemble des phénomènes volcaniques.

**volcanologie** ou **vulcanologie** nf Étude des volcans et des phénomènes volcaniques.

> ORTHOGRAPHE Les deux formes sont correctes, mais v*o*lcanologie est la forme désormais usuelle.

**volcanologue** ou **vulcanologue** n Spécialiste de volcanologie.

**volée** nf **1.** LITT Action de voler ; envol, essor. **2.** Bande d'oiseaux qui volent ensemble : *une volée de moineaux.* **3.** Série de coups : *recevoir une volée.* **4.** Tir simultané de plusieurs projectiles : *volée de flèches.* **5.** Son d'une cloche : *à toute volée.* **6.** Partie d'escalier entre deux paliers : *volée de marches.* ■ **à la volée :** en l'air : *saisir une balle à la volée.* ❑ **de haute volée :** de grande envergure.

**1. voler** vi **1.** Se maintenir en l'air au moyen des ailes. **2.** Se déplacer dans l'air à l'aide d'un avion ou d'un engin spatial. **3.** FIG Aller très vite. **4.** Être projeté en l'air : *vitre qui vole en éclats.*

**2. voler** vt **1.** Prendre furtivement ou par force le bien d'autrui ; dérober. **2.** Dépouiller quelqu'un par le vol.

**volet** nm **1.** Panneau plein qui ferme une fenêtre. **2.** Partie plane d'un objet pouvant se rabattre sur celle à laquelle elle tient : *volet d'un permis de conduire.* **3.** FIG Partie d'un ensemble : *projet en trois volets.*

**voleter** vi (conj 8) Voler çà et là en se posant souvent.

**voleur, euse** n et adj Auteur d'un vol.

**volière** nf Grande cage à oiseaux.

**volley-ball** [vɔlɛbol] (pl *volley-balls*) ou **volley** nm Sport d'équipe où le ballon doit passer par-dessus un filet sans toucher le sol.

**volleyer** vt et vi (conj 4) Au tennis, jouer à la volée.

**volleyeur, euse** [vɔlɛjœr, øz] n Joueur, joueuse de volley-ball.

**volontaire** adj **1.** Fait par un acte de la volonté. **2.** Déterminé : *enfant volontaire.* ◆ n Personne qui se propose pour remplir une mission sans y être obligée.

**volontairement** adv **1.** De sa propre volonté. **2.** Avec intention, exprès.

**volontariat** nm Service accompli par un, une volontaire.

**volontarisme** nm Tendance à considérer que la volonté est déterminante dans le cours des événements.

**volontariste** adj Qui relève du volontarisme : *politique volontariste.*

**volonté** nf **1.** Faculté de se déterminer librement à certains actes et de les accomplir. **2.** Énergie, fermeté morale : *faire preuve de volonté.* **3.** Ce que veut qqn ; intention : *aller contre la volonté de qqn.* ■ **à volonté :** à discrétion : *buffet à volonté.* ❑ **bonne, mauvaise volonté :** disposition à vouloir faire ou à refuser de faire qqch. ◆ **volontés** pl Fantaisies, caprices. ■ **dernières volontés :** derniers souhaits avant de mourir.

**volontiers** adv De bon gré, avec plaisir.

**volt** nm Unité de mesure de force électromotrice et de différence de potentiel ; symb : V.

**voltage** nm Tension électrique.

**voltaïque** adj Se dit de l'électricité développée par les piles.

**voltaire** nm Fauteuil rembourré à dossier haut et un peu incliné.

**voltamètre** nm ÉLECTR Tout appareil où se produit une électrolyse.

**volte** nf Mouvement en rond que l'on fait faire à un cheval.

**volte-face** nf inv **1.** Action de se retourner complètement : *faire volte-face.* **2.** FIG Changement subit d'opinion.

**voltige** nf **1.** Ensemble d'exercices d'acrobatie au trapèze volant. **2.** Acrobatie de cirque qui consiste à sauter sur un cheval en marche ou arrêté. **3.** Ensemble des figures d'acrobatie aérienne. **4.** FIG Entreprise risquée ou malhonnête (on dit aussi : *haute voltige*).

**voltiger** vi (conj 2) **1.** Voler çà et là. **2.** Flotter au gré du vent.

**voltigeur, euse** n Acrobate qui exécute des voltiges. ◆ nm Fantassin chargé de mener des missions de combat traditionnelles.

**voltmètre** nm Appareil mesurant une différence de potentiel en volts.

**volubile** adj Qui parle avec abondance et rapidité.

**volubilis** [vɔlybilis] nm Liseron.

**volubilité** nf Facilité et rapidité de parole.

**volume** nm **1.** Figure géométrique à trois dimensions. **2.** Étendue, espace occupés par un corps ou un objet ; mesure de cette étendue ou de cet espace. **3.** Quantité globale de quelque chose : *volume des importations.* **4.** Masse d'eau que débite un fleuve. **5.** Force, intensité d'un son. **6.** Livre broché ou relié : *roman en trois volumes.*

**volumétrique** adj Relatif à l'évaluation des volumes.

**volumineux, euse** adj **1.** De grand volume : *paquet volumineux.* **2.** Très important, abondant : *courrier volumineux.*

**volumique** adj ■ PHYS **masse volumique :** quotient de la masse d'un corps par son volume.

**volupté** nf **1.** Plaisir des sens, particulièrement jouissance sexuelle. **2.** Plaisir, satisfaction intense d'ordre moral ou intellectuel.

**voluptueusement** adv Avec volupté.

**voluptueux, euse** adj et n Qui cherche la volupté. ◆ adj Qui inspire ou exprime la volupté : *pose voluptueuse.*

**volute** nf **1.** Ce qui a la forme d'une spirale : *volutes de fumée.* **2.** Ornement en spirale.

**volvaire** nf Champignon comestible, à lames et à volve.

**volve** nf Membrane épaisse entourant certains champignons.

**vomi** nm Matière vomie.

**vomique** adj ■ **noix vomique :** graine toxique d'un arbre d'Asie.

**vomir** vt **1.** Rejeter ce qui était dans l'estomac. **2.** FIG, LITT projeter au-dehors avec force : *les canons vomissent la mitraille.* **3.** FIG, LITT proférer violemment : *vomir des injures.*

**vomissement** nm Action de vomir.

**vomissure** nf Matières vomies.

**vomitif, ive** adj et nm Se dit d'un médicament qui fait vomir.

**vorace** adj Qui a besoin de grandes quantités de nourriture : *enfant, appétit vorace.*

**voracement** adv Avec voracité.

**voracité** nf **1.** Avidité à manger. **2.** Avidité extrême à satisfaire un besoin, à gagner de l'argent.

**vortex** nm Tourbillon creux qui se forme dans un fluide en écoulement.

**vos** adj poss → **votre.**

**votant, e** n Personne qui a le droit de voter ou qui vote effectivement.

**vote** nm Vœu, suffrage exprimé, dans une élection, une délibération.

**voter** vi Donner sa voix dans une élection. ◆ vt Décider ou demander par un vote : *voter une loi.*

**votif, ive** adj Fait ou offert en vertu d'un vœu. ■ **fête votive :** fête religieuse en l'honneur d'un saint.

**votre, vos** adj poss **1.** Désigne le possesseur de la 2e personne du pluriel pour exprimer un rapport d'appartenance : *votre ami ; vos parents.* **2.** Désigne le possesseur de la 2e personne du singulier auquel on s'adresse au pluriel de politesse : *donnez-moi votre main.*

**vôtre** pron poss Ce qui est à vous : *ce livre est le vôtre.* ■ **à la vôtre ! :** à votre santé. ◆ adj poss Tout dévoué à vous : *je suis tout vôtre.* ◆ nm ■ **le vôtre :** votre bien. ◆ **vôtres** nm pl ■ **les vôtres :** vos proches, vos partisans.

**vouer** vt **1.** SOUT Porter un sentiment durable à quelqu'un : *vouer une amitié éternelle.* **2.** SOUT Consacrer, destiner à quelqu'un ou à quelque chose : *vouer sa vie à un parti.* **3.** RELIG Consacrer à Dieu ou à un saint par un vœu. ◆ **se vouer** vpr [à] Se consacrer à.

**1. vouloir** vt (conj 37) **1.** Avoir l'intention, la volonté de : *il veut savoir la vérité.* **2.** Commander, exiger : *vouloir des explications.* **3.** Attendre qqch de qqn : *vouloir le silence de ses associés.* **4.** Se prêter à, être en état de : *bois qui ne veut pas brûler.* **5.** Demander, réclamer qqch : *enfant qui veut un jouet.* ■ **en vouloir :** être ambitieux. ❑ **en vouloir à qqn :** lui garder de la rancune. ❑ **sans le vouloir :** involontairement, par mégarde. ❑ **vouloir bien :** accepter, consentir. ❑ **vouloir dire :** (a) avoir l'intention de dire (b) avoir un certain sens. ◆ vt ind [de] Accepter, agréer : *je ne veux pas de vos excuses.* ■ **en vouloir à qqn :** lui garder de la rancune, lui reprocher qqch.

**2. vouloir** nm ■ LITT **bon, mauvais vouloir :** bonnes, mauvaises dispositions.

**voulu, e** adj **1.** Fait de façon délibérée, volontaire : *produire l'effet voulu.* **2.** Imposé, exigé par les circonstances : *au moment voulu.*

**vous** pron pers **1.** Désigne un groupe de personnes à qui l'on s'adresse : *vous êtes tous très gentils ; on vous les a distribués.* **2.** Désigne la personne à qui l'on s'adresse au pluriel de politesse : *Marie, reprendrez-vous du thé ?* ■ **dire vous à qqn :** le vouvoyer.

GRAMMAIRE Lorsque *vous* est un pluriel de politesse, l'adjectif (ou le participe passé) est au singulier et prend le genre de la personne à qui on parle : *Madame, vous êtes partie trop tôt.*

**voussure** nf ARCHIT Courbure d'une voûte.

**voûte** nf **1.** Ouvrage de maçonnerie cintré, formé d'un assemblage de pierres. **2.** Ce qui a la forme d'une voûte : *voûte du palais ; voûte plantaire.*

**voûté, e** adj **1.** En forme de voûte. **2.** Courbé : *dos voûté.*

**voûter** vt Couvrir d'une voûte. ◆ **se voûter** vpr **1.** Se courber anormalement. **2.** Se courber sous l'effet de l'âge ou de la maladie.

**vouvoiement** nm Action de vouvoyer.

**vouvoyer** [vuvwaje] vt (conj 3) Employer le pronom vous pour s'adresser à qqn.

**voxographie** nf Liste de films mentionnant les personnages auxquels un acteur a prêté sa voix dans le cadre d'un doublage.

**vox populi** [vɔkspɔpyli] nf LITT Opinion du plus grand nombre.

**voyage** nm **1.** Fait de se déplacer hors de sa région, de sa ville ou de son pays : *partir en voyage ; voyage d'affaires.* **2.** Trajet, allée et venue d'un lieu dans un autre : *faire de nombreux voyages pour déménager une pièce.* ■ **les gens du voyage :** les artistes de cirque. ❑ **voyage de noces :** que l'on fait traditionnellement après le mariage. ❑ **voyage organisé :** voyage en groupe organisé par une agence.

ORTHOGRAPHE On écrit *agent, agence de voyages* (au pluriel).

**voyager** vi (conj 2) **1.** Aller dans un lieu plus ou moins éloigné ; faire un voyage : *voyager à l'étranger.* **2.** Faire un trajet : *voyager en train.*

**voyageur, euse** n Personne qui voyage, qui a l'habitude de voyager. ■ **voyageur de commerce :** qui voyage pour le compte d'une maison de commerce. ◆ adj Qui voyage : *pigeon voyageur.*

**voyagiste** n Personne ou entreprise qui organise et commercialise des voyages à forfait ; tour-opérateur.

**voyance** nf Don de ceux qui disent voir le passé et l'avenir.

**voyant, e** adj Qui attire l'œil : *couleurs voyantes.* ◆ adj et n Qui jouit du sens de la vue (par opposition à *aveugle, non-voyant*). ◆ n Personne qui a ou qui dit avoir le don de voyance : *consulter une voyante.* ◆ nm Disque, ampoule, signal lumineux ou sonore d'avertissement, sur un appareil de contrôle, un tableau, etc. : *voyant d'essence.*

**voyelle** nf **1.** Son du langage dont l'articulation est caractérisée par le libre écoulement de l'air expiré à travers le conduit vocal. **2.** Lettre représentant une voyelle (l'alphabet français a six voyelles : *a, e, i, o, u, y*).

**voyeur** nm Personne qui se plaît à assister, à la dérobée, à des scènes érotiques.

**voyeurisme** nm Attitude du voyeur.

**voyou** [vwaju] nm **1.** Individu malhonnête et sans scrupule. **2.** Petit délinquant. ◆ adj (inv en genre) Canaille, fripon : *air voyou.* ■ **État(-) voyou :** qui enfreint les règles internationales (en matière de prolifération nucléaire, de terrorisme, notamm.), et qui est considéré comme une menace pour la paix.

**VPC** nf (sigle) Vente par correspondance.

**vrac (en)** loc adv **1.** Sans emballage : *thé en vrac.* **2.** En désordre : *poser ses affaires en vrac.*

**vrai, e** adj **1.** Conforme à la vérité : *histoire vraie.* **2.** Sincère : *un ami vrai.* **3.** Qui a les qualités essentielles à sa nature : *un vrai diamant.* **4.** Convenable, juste : *voilà sa vraie place.* ◆ nm La vérité : *distinguer le vrai du faux.* ■ **à vrai dire :** pour parler avec vérité. ❑ FAM **pour de vrai :** pour de bon.

**vrai-faux, vraie-fausse** (pl *vrais-faux, vraies-fausses*) adj Se dit d'un faux document délivré par les autorités publiques : *un vrai-faux passeport.*

**vraiment** adv **1.** De façon effective : *cela est vraiment arrivé.* **2.** Sert pour renforcer une affirmation : *vraiment, tu exagères.*

**vraisemblable** adj **1.** Qui semble vrai, probable ; plausible. **2.** Qui pourrait être vrai : *le scénario n'est pas vraisemblable.*

**vraisemblablement** adv Avec vraisemblance.

**vraisemblance** nf Caractère de ce qui a l'apparence de la vérité.

**vraquier** nm Navire transportant des marchandises en vrac.

**vrille** nf **1.** Outil terminé par une sorte de vis pour percer des trous dans le bois. **2.** Hélice, spirale : *escalier en vrille.* **3.** Organe de fixation de certaines plantes grimpantes : *les vrilles de la vigne.* **4.** Figure de voltige aérienne. ■ FAM **partir en vrille :** échapper à tout contrôle ; déraper : *adolescent qui part en vrille.*

**vriller** vt Percer avec une vrille. ◆ vi S'élever ou descendre en décrivant une hélice.

**vrombir** vi Produire un son vibré, dû à un mouvement périodique rapide : *moteur qui vrombit.*

**vrombissement** nm Bruit de ce qui vrombit : *le vrombissement d'un avion*.

**VRP** nm (sigle de *voyageur représentant placier*) Représentant de commerce.

**1. VTC** nm (sigle de *vélo tout chemin*) Vélo proche du VTT, adapté à la randonnée sur chemins ou sur route ; sport pratiqué avec ce vélo.

**2. VTC** nm (sigle) Véhicule de tourisme avec chauffeur.

**VTT** nm (sigle de *vélo tout terrain*) Vélo à roues épaisses, sans suspension ni garde-boue, utilisé sur des parcours accidentés ; sport pratiqué avec ce vélo.

**vu, e** adj ■ **bien, mal vu** : bien, mal considéré, accueilli. ◆ prép Eu égard à : *vu la difficulté*. ■ **vu que** : attendu que, puisque. ◆ nm ■ **au vu et au su de tous, de tout le monde** : sans se cacher ; ouvertement.

**vue** nf **1.** Sens par lequel on perçoit la forme, la couleur des choses matérielles ; faculté de voir : *perdre, recouvrer la vue*. **2.** Action de regarder, de voir : *détourner la vue*. **3.** Étendue de ce que l'on peut voir là où on est : *maison qui a une belle vue*. **4.** Représentation d'un lieu, d'un paysage : *vues prises d'avion*. **5.** Idée, conception, manière de voir : *vue ingénieuse ; échange de vues*. ■ **à perte de vue** : très loin. ❑ **à première vue** : au premier regard, sans observer longuement. ❑ **à vue d'œil** : (a) sans examiner avec attention (b) très rapidement. ❑ **connaître de vue** : seulement pour avoir vu. ❑ **en vue de** : dans le but de.

**vulcanisation** nf Opération consistant à rendre le caoutchouc insensible à la chaleur et au froid en le traitant par le soufre.

**vulcaniser** vt Pratiquer la vulcanisation.

**vulcanologie** nf → **volcanologie**.

**vulcanologue** n → **volcanologue**.

**vulgaire** adj **1.** Commun, ordinaire, quelconque. **2.** Qui manque de délicatesse ; grossier. **3.** (avant le nom) Qui n'est rigoureusement que ce qu'il est : *robe en vulgaire coton*. ■ **nom vulgaire d'une plante, d'un animal** : nom courant (par opposition à *nom scientifique*).

**vulgairement** adv **1.** Communément. **2.** Avec vulgarité, grossièrement.

**vulgarisateur, trice** adj et n Qui vulgarise une connaissance scientifique.

**vulgarisation** nf Action de vulgariser.

**vulgariser** vt Rendre accessible au grand public, propager : *vulgariser une science*.

**vulgarité** nf Caractère d'une personne ou d'une chose vulgaire. ◆ **vulgarités** pl Paroles grossières, vulgaires.

**vulgum pecus** [vulgɔmpekys] nm inv FAM La multitude des gens ignorants.

**vulnérabilité** nf Caractère vulnérable.

**vulnérable** adj **1.** Susceptible d'être blessé physiquement ; fragile : *position vulnérable*. **2.** Qui donne prise aux attaques morales. **3.** FIG Faible, qui donne prise à la critique : *point vulnérable d'un argument*.

**vulnéraire** nf Plante herbacée à fleurs jaunes.

**vulve** nf Ensemble des parties génitales externes, chez la femme et chez les femelles des animaux supérieurs.

# WX

**w** nm Vingt-troisième lettre de l'alphabet et la dix-huitième des consonnes.
**wagon** [vagɔ̃] nm Voiture de chemin de fer pour le transport des marchandises et des animaux (pour les voyageurs, on dit *voiture*).
**wagon-citerne** (pl *wagons-citernes*) nm Wagon destiné au transport des liquides.
**wagon-lit** (pl *wagons-lits*) nm Voiture de chemin de fer aménagée pour permettre aux voyageurs de dormir dans une couchette.
**wagonnet** nm Petit wagon basculant, utilisé sur les chantiers, dans les mines.
**wagon-restaurant** (pl *wagons-restaurants*) nm Voiture de chemin de fer aménagée pour servir des repas aux voyageurs.
**Walkman** [wokman] nm (nom déposé) Baladeur.
**walkyrie** [valkiri] ou **valkyrie** nf Déesse des mythologies nordiques.
**wallaby** [walabi] (pl *wallabys* ou *wallabies*) nm Marsupial herbivore australien.
**wallon, onne** [walɔ̃, ɔn] adj Qui se rapporte aux Wallons. ◆ nm Dialecte de langue d'oïl, parlé surtout en Wallonie. ◆ n Habitant de la Belgique parlant le français : *les Wallons*.
**wap** [wap] nm (sigle de *wireless application protocol*) TÉLÉCOMM Protocole adapté à la connexion des téléphones mobiles à Internet.
**wapiti** [wapiti] nm Grand cerf de l'Amérique du Nord et de l'Asie.
**warrant** [warɑ̃] ou [varɑ̃] nm DR Récépissé de marchandises entreposées dans des docks, négociable comme une traite.
**water-closet** [watɛrklɔzɛt] (pl *water-closets*) nm ou **waters** nm pl Petite pièce destinée aux besoins naturels ; toilettes.
**water-polo** [watɛrpɔlo] (pl *water-polos*) nm Jeu de ballon dans l'eau entre deux équipes de sept joueurs.
**watt** [wat] nm Unité de mesure de puissance du flux énergétique et thermique ; symb : W.
**W-C** nm pl (sigle de *water-closet*) Toilettes.
**web** [wɛb] nm Système hypermédia permettant de naviguer sur Internet.
**webcam** [wɛbkam] nf Caméra numérique destinée à enregistrer et à diffuser des images animées sur un site Internet.
**webinaire** ou **webinar** nm Réunion interactive (séminaire, conférence) sur Internet, proposée par une entreprise, un organisme, etc. (recomm. off. : *séminaire en ligne*).
**weblog** [wɛblɔg] nm Blog.
**webradio** nf Chaîne de radiodiffusion sonore dont les programmes sont diffusés sur Internet.
**webtélé** nf Chaîne de télévision dont les programmes sont diffusés sur Internet.
**week-end** [wikɛnd] (pl *week-ends*) nm Congé de fin de semaine incluant le samedi et le dimanche : *partir en week-end*.
**western** [wɛstɛrn] nm Film d'aventures qui raconte les aventures des pionniers, des cow-boys dans l'Ouest américain.
**wharf** [warf] nm MAR Appontement perpendiculaire à la rive permettant aux navires d'accoster des deux côtés.
**whisky** [wiski] (pl *whiskys* ou *whiskies*) nm Eau-de-vie de grain fabriquée surtout dans les pays anglo-saxons.
**whist** [wist] nm Jeu de cartes ancêtre du bridge.
**white-spirit** [wajtspirit] (pl inv ou *white-spirits*) nm Solvant minéral servant à diluer la peinture.
**Wi-Fi** nm inv (abréviation de *Wireless Fidelity*) Réseau local hertzien à haut débit destiné aux liaisons d'équipements informatiques.
**wiki** nm Site Web collaboratif dont le contenu peut être modifié par les internautes autorisés.
**williams** [wiljams] nf Variété de poire d'été, très juteuse.
**Wimax** ou **Wi-Max** [wimaks] nm (sigle de *worldwide interoperability for microwave access*) INFORM, TÉLÉCOMM Norme de diffusion à très haut débit par voie hertzienne.
**winch** [winʃ] (pl *winchs* ou *winches*) nm MAR Sur un yacht, treuil à main.
**Winchester** [winʃɛstɛr] nf Fusil américain à répétition.
**wishbone** [wiʃbon] nm MAR Vergue en forme d'arceau entourant une voile.
**wok** [wɔk] nm Sorte de grosse poêle profonde très utilisée dans la cuisine asiatique.
**woke** adj inv Se dit d'un courant de pensée dénonçant toutes les formes d'injustices et de discriminations subies par les minorités ethniques, sexuelles ou religieuses.
**wokisme** nm Idéologie d'inspiration woke, centrée sur les questions de justice et de

défense des minorités, parfois vue comme attentatoire à l'universalisme républicain.

**wolfram** [vɔlfram] nm Oxyde naturel de fer, de manganèse ou de tungstène.

**world music** [wœrldmjuzik] (pl *world musics*) nf Courant musical de la fin des années 1980, issu du jazz, de la musique pop et de musiques non occidentales.

**wrap** [vrap] nm Galette de blé ou de maïs enroulée autour d'aliments chauds ou froids.

# X

**x** nm **1.** Vingt-quatrième lettre de l'alphabet et la dix-neuvième des consonnes. **2.** Objet en forme d'X. **3.** Tabouret à pieds croisés. **4.** MATH Symbole représentant l'inconnue ou l'une des inconnues d'une équation. **5.** Sert à désigner une personne ou une chose qu'on ne veut ou ne peut désigner plus clairement : *monsieur X ; en un temps «x».* ■ **X** : chiffre romain valant 10. ❑ **film classé X** : à caractère pornographique. ❑ **rayons X** : radiation électromagnétique de faible longueur d'onde traversant plus ou moins facilement les corps matériels. ❑ **accouchement sous X** : préservation de l'anonymat d'une femme qui abandonne son enfant à la naissance.

**xénon** nm Gaz rare de l'atmosphère ; symb : Xe.

**xénophobe** adj et n Qui manifeste de l'hostilité envers les étrangers.

**xénophobie** nf Hostilité systématique à l'égard des étrangers, de tout ce qui est étranger.

**xérès** [kserɛs] ou **jerez** [xerɛs] nm Vin blanc sec originaire de Jerez, en Espagne.

**xi** nm → **ksi**.

**xylographie** nf Gravure sur bois.

**xylophage** adj Qui se nourrit de bois : *insectes xylophages.*

**xylophone** nm Instrument de musique composé de lamelles de bois sur lesquelles on frappe avec deux baguettes.

# YZ

## Y

**1. y** nm Vingt-cinquième lettre de l'alphabet et la sixième des voyelles.

**2. y** adv Dans cet endroit-là : *allez-y.* ■ **il y a :** (a) présente comme existant : *il y a un café au coin* (b) introduit la durée écoulée depuis un événement donné, depuis la fin d'un état, ou la durée d'une action depuis son origine : *il y a trois ans* (c) introduit la distance : *il y a deux kilomètres jusqu'au village.* ◆ pron pers À cela, à cette personne-là : *ne vous y fiez pas ; nous y sommes.*

**yacht** [jot] nm Bateau de plaisance, à voiles ou à moteur.

**yacht-club** [jotklœb] (pl *yacht-clubs*) nm Club de yachting.

**yachting** [jotiŋ] nm Navigation de plaisance.

**yachtman** [jotman] (pl *yachtmans* ou *yachtmen*) ou **yachtsman** [jotman] (pl *yachtsmans* ou *yachtsmen*) nm Celui qui pratique le yachting.

**yack** ou **yak** nm Ruminant du Tibet, à long pelage, servant comme bête de somme.

**yankee** [jɑ̃ki] adj et n Des États-Unis.

**yaourt** [jaurt] ou **yogourt** [jogurt] ou **yoghourt** [jogurt] nm Lait caillé à l'aide de ferments lactiques.

**yaourtière** nf Appareil pour préparer les yaourts.

**yard** [jard] nm Unité de mesure de longueur anglo-saxonne, valant 0,914 m.

**yatagan** nm Sabre très tranchant incurvé en deux sens opposés, qui était en usage chez les Turcs et les Arabes.

**yearling** [jœrliŋ] nm Cheval pur sang d'un an.

**yéménite** adj et n Du Yémen : *les Yéménites.*

**yen** [jɛn] nm inv Unité monétaire principale du Japon.

**yéti** nm Humanoïde légendaire de l'Himalaya (appelé aussi : *abominable homme des neiges*).

**yeuse** nf Nom usuel du chêne vert dans le midi de la France : *l'yeuse.*

**yeux** nm pl → **œil.**

**yé-yé** nm inv et adj inv FAM Style de musique en vogue dans les années 1960.

**yiddish** [jidiʃ] nm inv Langue germanique des communautés juives ashkénazes d'Europe centrale et orientale.

**ylang-ylang** (pl *ylangs-ylangs*) nm → **ilang-ilang.**

**yod** nm LING Semi-voyelle [j], transcrite *i* ou *y* dans les diphtongues (EX : *mien* [mjɛ̃]).

**yoga** nm Discipline spirituelle et corporelle, originaire de l'Inde, visant à libérer l'esprit des contraintes du corps.

**yogi** n Ascète qui pratique le yoga.

**yogourt** ou **yoghourt** nm → **yaourt.**

**yole** nf Embarcation étroite, légère et rapide, propulsée à l'aviron.

**yougoslave** adj et n De Yougoslavie.

**youpi** ou **youppie** interj Marque la joie et l'enthousiasme.

**yourte** ou **iourte** nf Tente mongole en feutre.

**youtubeur, euse** n (de *YouTube,* nom déposé) Personne qui poste sur le site Web YouTube ses propres vidéos (tutos, par ex.).

**1. youyou** nm Petit canot manœuvrant à la voile ou à l'aviron.

**2. youyou** nm Cri poussé par les femmes arabes dans certaines cérémonies.

**Yo-Yo** nm inv (nom déposé) Jouet formé d'une roulette à gorge qui monte et descend le long d'un fil.

**ypérite** nf Gaz de combat.

**yuan** [jyan] nm Unité monétaire principale de la Chine.

**yucca** [juka] nm Liliacée à belles fleurs blanches, ressemblant à l'aloès.

## Z

**z** nm Vingt-sixième lettre de l'alphabet et la vingtième des consonnes.

**ZAC** [zak] nf (sigle de *zone d'aménagement concerté*) Zone aménagée et équipée par une collectivité publique pour être ensuite cédée à des utilisateurs privés ou publics.

**ZAD** [zad] nf (sigle de *zone d'aménagement différé*) Zone dont l'aménagement est prévu pour une époque ultérieure.

**zaïrois, e** adj et n Du Zaïre (auj. République démocratique du Congo) : *les Zaïrois.*

**zakouski** nm pl Hors-d'œuvre russes.

**zambien, enne** adj et n De Zambie : *les Zambiens*.

**zapper** vi Pratiquer le zapping.

**zappeur, euse** n Personne qui zappe.

**zapping** [zapiŋ] nm Pratique du téléspectateur qui change souvent de chaîne à l'aide de sa télécommande.

**zazou** n et adj Jeune dandy excentrique, dans les années 40, passionné de jazz.

**zèbre** nm **1.** Mammifère africain voisin du cheval, à robe rayée. **2.** FAM Individu : *un drôle de zèbre*. **3.** PSYCHOL Personne (enfant, spécial.) surdouée.

**zébré, e** adj Marqué de zébrures, de raies.

**zébrer** vt (conj 10) Marquer de raies, de rayures.

**zébrure** nf Rayure du pelage d'un animal ; raie sur la peau ou sur une surface.

**zébu** nm Bœuf à longues cornes qui a une bosse graisseuse sur les épaules.

**zélateur, trice** n LITT Qui agit avec un zèle ardent.

**zèle** nm Vive ardeur pour le service de qqn ou de qqch. ■ FAM **faire du zèle :** montrer un empressement intempestif ou exagéré.

**zélé, e** adj Plein de zèle.

**zen** [zɛn] nm École bouddhiste originaire de Chine et répandue au Japon depuis la fin du XIIe s. ◆ adj inv **1.** Relatif au zen. **2.** FIG, FAM Qui reste calme et décontracté en toutes circonstances.

**zénith** nm **1.** Point du ciel situé au-dessus de la tête de l'observateur. **2.** FIG, SOUT Point culminant, degré le plus élevé : *au zénith de sa gloire*.

**zénithal, e, aux** adj Relatif au zénith.

**zéphyr** nm LITT Vent doux et agréable.

**zeppelin** [zɛplɛ̃] nm Ballon dirigeable allemand, à carcasse métallique, construit de 1900 à 1930.

**zéro** nm **1.** Signe numérique qui note la valeur nulle d'une grandeur, mais qui, placé à la droite d'un chiffre, augmente dix fois sa valeur. **2.** Absence de valeur, de quantité : *fortune réduite à zéro*. **3.** Dans la notation scolaire, note la plus basse : *avoir (un) zéro en maths*. **4.** FIG, FAM Personne dont les capacités sont nulles. **5.** Degré de température correspondant à la glace fondante. ■ **patient zéro :** première personne connue pour avoir été contaminée par un agent infectieux, dans un contexte épidémique. ❑ **repartir à zéro :** reprendre une opération depuis le début. ❑ **zéro absolu :** température de – 273 °C. ◆ adj **1.** Aucun : *zéro faute*. **2.** Nul en valeur : *degré zéro*.

**zeste** nm **1.** Écorce extérieure de l'orange, du citron. **2.** FIG Petite quantité.

**zêta** ou **dzêta** nm inv Sixième lettre de l'alphabet grec, équivalant à *dz*.

**zézaiement** nm Défaut de prononciation d'une personne qui zézaie ; zozotement.

**zézayer** vi (conj 4) Parler en donnant le son du *z* aux lettres *j* et *g*, et prononcer *s* le *ch* ; zozoter.

**ZI** nf (sigle de *zone industrielle*) Zone spécialement localisée et équipée en vue d'accueillir des établissements industriels.

**zibeline** nf Martre de Sibérie et du Japon, à poil très fin ; sa fourrure.

**zidovudine** nf Médicament utilisé dans le traitement du sida (appelé aussi : *AZT*).

**zieuter** vt FAM Regarder.

**ZIF** [zif] nf (sigle de *zone d'intervention foncière*) Zone destinée à permettre la création de réserves foncières au profit des pouvoirs publics.

**zig** ou **zigue** nm FAM Individu, type : *un drôle de zigue*.

**zigoto** nm ■ FAM **faire le zigoto :** chercher à épater son entourage.

**zigouiller** vt FAM Tuer.

**zigzag** nm Ligne brisée à angles alternativement rentrants et sortants : *voiture qui fait des zigzags*. ■ **en zigzag :** en formant des angles alternativement rentrants et saillants : *marcher en zigzag*.

**zigzaguer** vi Faire des zigzags.

**Zika** ■ **virus Zika** nm Virus transmis par un moustique, qui provoque une maladie associant de la fièvre, des douleurs articulaires, des céphalées et une éruption cutanée.

**zinc** [zɛ̃g] nm **1.** Corps simple, métallique, d'un blanc bleuâtre. **2.** FAM Comptoir d'un bar, d'un café. **3.** FAM, VIEILLI Avion, surtout militaire.

**zingueur** nm Ouvrier couvreur chargé de la pose des revêtements de zinc.

**zinnia** nm Plante à fleurs ornementales originaire du Mexique.

**zinzin** adj FAM Bizarre, un peu fou.

**zip** nm Format de compression de données informatiques.

**zipper** vt Effectuer la compression de fichiers informatiques au format zip.

**zircon** nm Gemme naturelle, transparente ou colorée.

**zizanie** nf ■ **mettre, semer la zizanie :** provoquer la désunion, le désaccord.

**zizi** nm FAM Pénis, dans le langage enfantin.

**zloty** [zlɔti] nm Unité monétaire principale de la Pologne.

**zodiacal, e, aux** adj Du zodiaque.

**zodiaque** nm Zone circulaire dont l'écliptique occupe le milieu et qui contient les douze constellations que le Soleil parcourt dans son mouvement apparent. ■ **signe du zodiaque** : chacune des douze parties en lesquelles le zodiaque est divisé (ce sont le Bélier, le Taureau, les Gémeaux, le Cancer, le Lion, la Vierge, la Balance, le Scorpion, le Sagittaire, le Capricorne, le Verseau et les Poissons).

**zombie** nm **1.** Dans le vaudou, mort sorti du tombeau et qu'un sorcier met à son service. **2.** FAM Personne qui erre l'air tout à fait absent, comme si elle venait d'ailleurs.

**zona** nm Maladie infectieuse virale caractérisée par des éruptions vésiculeuses et douloureuses.

**zonage** nm **1.** Division d'une ville en zones réservées à certaines activités ; répartition rationnelle de celles-ci. **2.** INFORM Répartition d'un ensemble d'informations en zones de structure homogène, en suivant tels ou tels critères.

**zonard, e** n et adj FAM Jeune marginal des quartiers défavorisés.

**zone** nf **1.** Espace limité d'un pays, d'une région, d'une ville : *zone frontière*. **2.** Espace limité d'une surface, d'une étendue plus vaste : *zone industrielle*. **3.** FAM Espace, à la limite d'une ville, caractérisé par la misère de son habitat. **4.** FIG Tout ce qui est comparable à un espace quelconque : *zone d'influence*. **5.** GÉOGR Chacune des divisions de la Terre déterminées par les pôles, les cercles polaires et les tropiques, et à laquelle correspond approximativement un grand type de climat (*zones tropicale, tempérée, polaire*). **6.** Espace qui s'allonge sensiblement dans le sens des parallèles. **7.** MATH Portion de la surface d'une sphère limitée par deux plans parallèles qui la coupent. **8.** INFORM Champ. ■ **zone euro** : ensemble des 20 pays de l'Union européenne (Allemagne, Autriche, Belgique, Chypre, Croatie, Espagne, Estonie, Finlande, France, Grèce, Irlande, Italie, Lettonie, Lituanie, Luxembourg, Malte, Pays-Bas, Portugal, Slovaquie et Slovénie) où l'euro a cours.

**1. zoner** vt INFORM Effectuer le zonage de.

**2. zoner** vi FAM Mener une vie marginale en vivant d'expédients.

**zoo** [zo] ou [zoo] nm Jardin zoologique.

**zoologie** [zoolɔʒie] nf Branche des sciences naturelles qui étudie les animaux.

**zoologique** [zoolɔʒik] adj Relatif à la zoologie. ■ **jardin zoologique** : parc où se trouvent rassemblés des animaux sauvages en captivité ou en semi-liberté.

**zoologiste** ou **zoologue** n Spécialiste de zoologie.

**zoom** [zum] nm Objectif de prise de vues dont on peut faire varier de façon continue la distance focale.

**zoomer** [zume] vi Filmer en utilisant un zoom. ◆ vt ind [sur] Faire un gros plan sur.

**zoonose** nf Maladie atteignant les animaux, et qui peut être transmise à l'homme (rage, par ex.).

**zootechnie** [zɔɔtɛkni] nf Science qui étudie les méthodes d'élevage et de reproduction des animaux domestiques.

**zouave** nm **1.** FAM Individu au comportement original ou bizarre ; clown. **2.** HIST Soldat d'un corps d'infanterie française, créé en Algérie en 1830.

**zozo** nm FAM Garçon niais et naïf.

**zozotement** nm FAM Action de zozoter.

**zozoter** vi FAM Zézayer.

**Zumba** [zumba] nf (nom déposé) Mélange d'aérobic et de fitness sur des rythmes et des chorégraphies issus de danses latines.

**ZUP** [zyp] nf (sigle de *zone à urbaniser en priorité*) Zone devant être aménagée pour pallier la pénurie de terrains viabilisés et équipés.

**zut** interj FAM Exclamation de mépris, de dépit, de lassitude.

**zygomatique** adj Relatif à la pommette : *les trois muscles zygomatiques entrent en jeu dans le sourire*.

**zygote** nm Cellule résultant immédiatement de la fécondation. SYN : œuf fécondé.

# ANNEXES

# CONJUGAISONS

## Verbes auxiliaires

### 1. avoir

#### indicatif

| présent | | passé composé | | |
|---|---|---|---|---|
| j' | ai | j' | ai | eu |
| tu | as | tu | as | eu |
| il | a | il | a | eu |
| nous | avons | nous | avons | eu |
| vous | avez | vous | avez | eu |
| ils | ont | ils | ont | eu |
| **imparfait** | | **plus-que-parfait** | | |
| j' | avais | j' | avais | eu |
| tu | avais | tu | avais | eu |
| il | avait | il | avait | eu |
| nous | avions | nous | avions | eu |
| vous | aviez | vous | aviez | eu |
| ils | avaient | ils | avaient | eu |
| **passé simple** | | **passé antérieur** | | |
| j' | eus | j' | eus | eu |
| tu | eus | tu | eus | eu |
| il | eut | il | eut | eu |
| nous | eûmes | nous | eûmes | eu |
| vous | eûtes | vous | eûtes | eu |
| ils | eurent | ils | eurent | eu |
| **futur** | | **futur antérieur** | | |
| j' | aurai | j' | aurai | eu |
| tu | auras | tu | auras | eu |
| il | aura | il | aura | eu |
| nous | aurons | nous | aurons | eu |
| vous | aurez | vous | aurez | eu |
| ils | auront | ils | auront | eu |

#### subjonctif

| présent | | | |
|---|---|---|---|
| que | j' | aie | |
| que | tu | aies | |
| qu' | il | ait | |
| que | nous | ayons | |
| que | vous | ayez | |
| qu' | ils | aient | |
| **imparfait** | | | |
| que | j' | eusse | |
| que | tu | eusses | |
| qu' | il | eût | |
| que | nous | eussions | |
| que | vous | eussiez | |
| qu' | ils | eussent | |
| **passé** | | | |
| que | j' | aie | eu |
| que | tu | aies | eu |
| qu' | il | ait | eu |
| que | nous | ayons | eu |
| que | vous | ayez | eu |
| qu' | ils | aient | eu |
| **plus-que-parfait** | | | |
| que | j' | eusse | eu |
| que | tu | eusses | eu |
| qu' | il | eût | eu |
| que | nous | eussions | eu |
| que | vous | eussiez | eu |
| qu' | ils | eussent | eu |

#### conditionnel

| présent | | |
|---|---|---|
| j' | aurais | |
| tu | aurais | |
| il | aurait | |
| nous | aurions | |
| vous | auriez | |
| ils | auraient | |
| **passé** | | |
| j' | aurais | eu |
| tu | aurais | eu |
| il | aurait | eu |
| nous | aurions | eu |
| vous | auriez | eu |
| ils | auraient | eu |

#### participes

**présent**
ayant

**passé**

| | |
|---|---|
| eu | eue |
| eus | eues |

#### impératif

aie
ayons ayez

### 2. être

#### indicatif

| présent | | passé composé | | |
|---|---|---|---|---|
| je | suis | j' | ai | été |
| tu | es | tu | as | été |
| il | est | il | a | été |
| nous | sommes | nous | avons | été |
| vous | êtes | vous | avez | été |
| ils | sont | ils | ont | été |
| **imparfait** | | **plus-que-parfait** | | |
| j' | étais | j' | avais | été |
| tu | étais | tu | avais | été |
| il | était | il | avait | été |
| nous | étions | nous | avions | été |
| vous | étiez | vous | aviez | été |
| ils | étaient | ils | avaient | été |
| **passé simple** | | **passé antérieur** | | |
| je | fus | j' | eus | été |
| tu | fus | tu | eus | été |
| il | fut | il | eut | été |
| nous | fûmes | nous | eûmes | été |
| vous | fûtes | vous | eûtes | été |
| ils | furent | ils | eurent | été |
| **futur** | | **futur antérieur** | | |
| je | serai | j' | aurai | été |
| tu | seras | tu | auras | été |
| il | sera | il | aura | été |
| nous | serons | nous | aurons | été |
| vous | serez | vous | aurez | été |
| ils | seront | ils | auront | été |

#### subjonctif

| présent | | | |
|---|---|---|---|
| que | je | sois | |
| que | tu | sois | |
| qu' | il | soit | |
| que | nous | soyons | |
| que | vous | soyez | |
| qu' | ils | soient | |
| **imparfait** | | | |
| que | je | fusse | |
| que | tu | fusses | |
| qu' | il | fût | |
| que | nous | fussions | |
| que | vous | fussiez | |
| qu' | ils | fussent | |
| **passé** | | | |
| que | j' | aie | été |
| que | tu | aies | été |
| qu' | il | ait | été |
| que | nous | ayons | été |
| que | vous | ayez | été |
| qu' | ils | aient | été |
| **plus-que-parfait** | | | |
| que | j' | eusse | été |
| que | tu | eusses | été |
| qu' | il | eût | été |
| que | nous | eussions | été |
| que | vous | eussiez | été |
| qu' | ils | eussent | été |

#### conditionnel

| présent | | |
|---|---|---|
| je | serais | |
| tu | serais | |
| il | serait | |
| nous | serions | |
| vous | seriez | |
| ils | seraient | |
| **passé** | | |
| j' | aurais | été |
| tu | aurais | été |
| il | aurait | été |
| nous | aurions | été |
| vous | auriez | été |
| ils | auraient | été |

#### participes

**présent**
étant

**passé**
été

**passé composé**
ayant été

#### impératif

sois
soyons soyez

## Verbes réguliers

### 3. chanter — 1er groupe

#### indicatif

| présent | | passé composé | | |
|---|---|---|---|---|
| je | chante | j' | ai | chanté |
| tu | chantes | tu | as | chanté |
| il | chante | il | a | chanté |
| nous | chantons | nous | avons | chanté |
| vous | chantez | vous | avez | chanté |
| ils | chantent | ils | ont | chanté |

| imparfait | | plus-que-parfait | | |
|---|---|---|---|---|
| je | chantais | j' | avais | chanté |
| tu | chantais | tu | avais | chanté |
| il | chantait | il | avait | chanté |
| nous | chantions | nous | avions | chanté |
| vous | chantiez | vous | aviez | chanté |
| ils | chantaient | ils | avaient | chanté |

| passé simple | | passé antérieur | | |
|---|---|---|---|---|
| je | chantai | j' | eus | chanté |
| tu | chantas | tu | eus | chanté |
| il | chanta | il | eut | chanté |
| nous | chantâmes | nous | eûmes | chanté |
| vous | chantâtes | vous | eûtes | chanté |
| ils | chantèrent | ils | eurent | chanté |

| futur | | futur antérieur | | |
|---|---|---|---|---|
| je | chanterai | j' | aurai | chanté |
| tu | chanteras | tu | auras | chanté |
| il | chantera | il | aura | chanté |
| nous | chanterons | nous | aurons | chanté |
| vous | chanterez | vous | aurez | chanté |
| ils | chanteront | ils | auront | chanté |

#### subjonctif

| présent | | |
|---|---|---|
| que | je | chante |
| que | tu | chantes |
| qu' | il | chante |
| que | nous | chantions |
| que | vous | chantiez |
| qu' | ils | chantent |

| imparfait | | |
|---|---|---|
| que | je | chantasse |
| que | tu | chantasses |
| qu' | il | chantât |
| que | nous | chantassions |
| que | vous | chantassiez |
| qu' | ils | chantassent |

| passé | | | |
|---|---|---|---|
| que | j' | aie | chanté |
| que | tu | aies | chanté |
| qu' | il | ait | chanté |
| que | nous | ayons | chanté |
| que | vous | ayez | chanté |
| qu' | ils | aient | chanté |

| plus-que-parfait | | | |
|---|---|---|---|
| que | j' | eusse | chanté |
| que | tu | eusses | chanté |
| qu' | il | eût | chanté |
| que | nous | eussions | chanté |
| que | vous | eussiez | chanté |
| qu' | ils | eussent | chanté |

#### conditionnel

| présent | |
|---|---|
| je | chanterais |
| tu | chanterais |
| il | chanterait |
| nous | chanterions |
| vous | chanteriez |
| ils | chanteraient |

| passé | | |
|---|---|---|
| j' | aurais | chanté |
| tu | aurais | chanté |
| il | aurait | chanté |
| nous | aurions | chanté |
| vous | auriez | chanté |
| ils | auraient | chanté |

#### participes

**présent**
chantant

**passé**
chanté chantée
chantés chantées

#### impératif

chante
chantons chantez

### 4. finir — 2e groupe

#### indicatif

| présent | | passé composé | | |
|---|---|---|---|---|
| je | finis | j' | ai | fini |
| tu | finis | tu | as | fini |
| il | finit | il | a | fini |
| nous | finissons | nous | avons | fini |
| vous | finissez | vous | avez | fini |
| ils | finissent | ils | ont | fini |

| imparfait | | plus-que-parfait | | |
|---|---|---|---|---|
| je | finissais | j' | avais | fini |
| tu | finissais | tu | avais | fini |
| il | finissait | il | avait | fini |
| nous | finissions | nous | avions | fini |
| vous | finissiez | vous | aviez | fini |
| ils | finissaient | ils | avaient | fini |

| passé simple | | passé antérieur | | |
|---|---|---|---|---|
| je | finis | j' | eus | fini |
| tu | finis | tu | eus | fini |
| il | finit | il | eut | fini |
| nous | finîmes | nous | eûmes | fini |
| vous | finîtes | vous | eûtes | fini |
| ils | finirent | ils | eurent | fini |

| futur | | futur antérieur | | |
|---|---|---|---|---|
| je | finirai | j' | aurai | fini |
| tu | finiras | tu | auras | fini |
| il | finira | il | aura | fini |
| nous | finirons | nous | aurons | fini |
| vous | finirez | vous | aurez | fini |
| ils | finiront | ils | auront | fini |

#### subjonctif

| présent | | |
|---|---|---|
| que | je | finisse |
| que | tu | finisses |
| qu' | il | finisse |
| que | nous | finissions |
| que | vous | finissiez |
| qu' | ils | finissent |

| imparfait | | |
|---|---|---|
| que | je | finisse |
| que | tu | finisses |
| qu' | il | finît |
| que | nous | finissions |
| que | vous | finissiez |
| qu' | ils | finissent |

| passé | | | |
|---|---|---|---|
| que | j' | aie | fini |
| que | tu | aies | fini |
| qu' | il | ait | fini |
| que | nous | ayons | fini |
| que | vous | ayez | fini |
| qu' | ils | aient | fini |

| plus-que-parfait | | | |
|---|---|---|---|
| que | j' | eusse | fini |
| que | tu | eusses | fini |
| qu' | il | eût | fini |
| que | nous | eussions | fini |
| que | vous | eussiez | fini |
| qu' | ils | eussent | fini |

#### conditionnel

| présent | |
|---|---|
| je | finirais |
| tu | finirais |
| il | finirait |
| nous | finirions |
| vous | finiriez |
| ils | finiraient |

| passé | | |
|---|---|---|
| j' | aurais | fini |
| tu | aurais | fini |
| il | aurait | fini |
| nous | aurions | fini |
| vous | auriez | fini |
| ils | auraient | fini |

#### participes

**présent**
finissant

**passé**
fini finie
finis finies

#### impératif

finis
finissons finissez

## Verbes du 1er groupe [en -er]

| | **1 placer** | **2 manger** | **3 nettoyer*** |
|---|---|---|---|
| Ind. présent | je place<br>tu places<br>il place<br>nous plaçons<br>vous placez<br>ils placent | je mange<br>tu manges<br>il mange<br>nous mangeons<br>vous mangez<br>ils mangent | je nettoie<br>tu nettoies<br>il nettoie<br>nous nettoyons<br>vous nettoyez<br>ils nettoient |
| Ind. imparf. | je plaçais<br>il plaçait<br>nous placions<br>ils plaçaient | je mangeais<br>il mangeait<br>nous mangions<br>ils mangeaient | je nettoyais<br>il nettoyait<br>nous nettoyions<br>ils nettoyaient |
| Ind. passé simple | je plaçai<br>il plaça<br>nous plaçâmes<br>ils placèrent | je mangeai<br>il mangea<br>nous mangeâmes<br>ils mangèrent | je nettoyai<br>il nettoya<br>nous nettoyâmes<br>ils nettoyèrent |
| Ind. futur | je placerai<br>il placera | je mangerai<br>il mangera | je nettoierai<br>il nettoiera |
| Cond. présent | je placerais<br>il placerait<br>nous placerions | je mangerais<br>il mangerait<br>nous mangerions | je nettoierais<br>il nettoierait<br>nous nettoierions |
| Subj. présent | que je place<br>que nous placions | que je mange<br>que nous mangions | que je nettoie<br>que nous nettoyions |
| Subj. imparf. | que je plaçasse<br>qu' il plaçât<br>que nous plaçassions | que je mangeasse<br>qu' il mangeât<br>que nous mangeassions | que je nettoyasse<br>qu' il nettoyât<br>que nous nettoyassions |
| Impératif | place, plaçons<br>placez | mange, mangeons<br>mangez | nettoie, nettoyons<br>nettoyez |
| Participes | plaçant, placé | mangeant, mangé | nettoyant, nettoyé |

* De même les verbes en *-uyer.*

| | **4 payer** | **5 peler** | **6 appeler** |
|---|---|---|---|
| Ind. présent | je paie/paye<br>tu paies/payes<br>il paie/paye<br>nous payons<br>vous payez<br>ils paient/payent | je pèle<br>tu pèles<br>il pèle<br>nous pelons<br>vous pelez<br>ils pèlent | j' appelle<br>tu appelles<br>il appelle<br>nous appelons<br>vous appelez<br>ils appellent |
| Ind. imparf. | je payais<br>il payait<br>nous payions<br>ils payaient | je pelais<br>il pelait<br>nous pelions<br>ils pelaient | j' appelais<br>il appelait<br>nous appelions<br>ils appelaient |
| Ind. passé simple | je payai<br>il paya<br>nous payâmes<br>ils payèrent | je pelai<br>il pela<br>nous pelâmes<br>ils pelèrent | j' appelai<br>il appela<br>nous appelâmes<br>ils appelèrent |
| Ind. futur | je paierai/payerai<br>il paiera/payera | je pèlerai<br>il pèlera | j' appellerai<br>il appellera |
| Cond. présent | je paierais/payerais<br>il paierait/payerait<br>nous paierions/payerions | je pèlerais<br>il pèlerait<br>nous pèlerions | j' appellerais<br>il appellerait<br>nous appellerions |
| Subj. présent | que je paie/paye<br>que nous payions | que je pèle<br>que nous pelions | que j' appelle<br>que nous appelions |
| Subj. imparf. | que je payasse<br>qu' il payât<br>que nous payassions | que je pelasse<br>qu' il pelât<br>que nous pelassions | que j' appelasse<br>qu' il appelât<br>que nous appelassions |
| Impératif | paie/paye, payons<br>payez | pèle, pelons<br>pelez | appelle, appelons<br>appelez |
| Participes | payant, payé | pelant, pelé | appelant, appelé |

## Verbes du 1er groupe [en -er]

| | 7 acheter | 8 jeter | 9 semer |
|---|---|---|---|
| Ind. présent | j' achète<br>tu achètes<br>il achète<br>nous achetons<br>vous achetez<br>ils achètent | je jette<br>tu jettes<br>il jette<br>nous jetons<br>vous jetez<br>ils jettent | je sème<br>tu sèmes<br>il sème<br>nous semons<br>vous semez<br>ils sèment |
| Ind. imparf. | j' achetais<br>il achetait<br>nous achetions<br>ils achetaient | je jetais<br>il jetait<br>nous jetions<br>ils jetaient | je semais<br>il semait<br>nous semions<br>ils semaient |
| Ind. passé simple | j' achetai<br>il acheta<br>nous achetâmes<br>ils achetèrent | je jetai<br>il jeta<br>nous jetâmes<br>ils jetèrent | je semai<br>il sema<br>nous semâmes<br>ils semèrent |
| Ind. futur | j' achèterai<br>il achètera | je jetterai<br>il jettera | je sèmerai<br>il sèmera |
| Cond. présent | j' achèterais<br>il achèterait<br>nous achèterions | je jetterais<br>il jetterait<br>nous jetterions | je sèmerais<br>il sèmerait<br>nous sèmerions |
| Subj. présent | que j' achète<br>que nous achetions | que je jette<br>que nous jetions | que je sème<br>que nous semions |
| Subj. imparf. | que j' achetasse<br>qu' il achetât<br>que nous achetassions | que je jetasse<br>qu' il jetât<br>que nous jetassions | que je semasse<br>qu' il semât<br>que nous semassions |
| Impératif | achète, achetons<br>achetez | jette, jetons<br>jetez | sème, semons<br>semez |
| Participes | achetant, acheté | jetant, jeté | semant, semé |

| | 10 révéler | 11 envoyer | 12 aller * |
|---|---|---|---|
| Ind. présent | je révèle<br>tu révèles<br>il révèle<br>nous révélons<br>vous révélez<br>ils révèlent | j' envoie<br>tu envoies<br>il envoie<br>nous envoyons<br>vous envoyez<br>ils envoient | je vais<br>tu vas<br>il va<br>nous allons<br>vous allez<br>ils vont |
| Ind. imparf. | je révélais<br>il révélait<br>nous révélions<br>ils révélaient | j' envoyais<br>il envoyait<br>nous envoyions<br>ils envoyaient | j' allais<br>il allait<br>nous allions<br>ils allaient |
| Ind. passé simple | je révélai<br>il révéla<br>nous révélâmes<br>ils révélèrent | j' envoyai<br>il envoya<br>nous envoyâmes<br>ils envoyèrent | j' allai<br>il alla<br>nous allâmes<br>ils allèrent |
| Ind. futur | je révélerai<br>il révélera | j' enverrai<br>il enverra | j' irai<br>il ira |
| Cond. présent | je révélerais<br>il révélerait<br>nous révélerions | j' enverrais<br>il enverrait<br>nous enverrions | j' irais<br>il irait<br>nous irions |
| Subj. présent | que je révèle<br>que nous révélions | que j' envoie<br>que nous envoyions | que j' aille<br>que nous allions |
| Subj. imparf. | que je révélasse<br>qu' il révélât<br>que nous révélassions | que j' envoyasse<br>qu' il envoyât<br>que nous envoyassions | que j' allasse<br>qu' il allât<br>que nous allassions |
| Impératif | révèle, révélons<br>révélez | envoie, envoyons<br>envoyez | va, allons<br>allez |
| Participes | révélant, révélé | envoyant, envoyé | allant, allé |

* Attention ! *Aller* est un verbe en *-er* mais il appartient au 3e groupe. Aux temps composés, on dit *je suis allé* ou *j'ai été*.

## Verbes du 2e groupe [en -ir]

| | 13 **haïr** | 14 **fleurir** | 15 **bénir*** |
|---|---|---|---|
| Ind. présent | je hais<br>tu hais<br>il hait<br>nous haïssons<br>vous haïssez<br>ils haïssent | Le verbe *fleurir* est régulier sur *finir.* | je bénis<br>tu bénis<br>il bénit<br>nous bénissons<br>vous bénissez<br>ils bénissent |
| Ind. imparf. | je haïssais<br>il haïssait<br>nous haïssions<br>ils haïssaient | La forme (flor-) n'existe au sens figuré que pour *florissant, il florissait.* | je bénissais<br>il bénissait<br>nous bénissions<br>ils bénissaient |
| Ind. passé simple | je haïs<br>il haït<br>nous haïmes<br>ils haïrent | | je bénis<br>il bénit<br>nous bénîmes<br>ils bénirent |
| Ind. futur | je haïrai<br>il haïra | | je bénirai<br>il bénira |
| Cond. présent | je haïrais<br>il haïrait<br>nous haïrions | | je bénirais<br>il bénirait<br>nous bénirions |
| Subj. présent | que je haïsse<br>qu' il haïsse<br>que nous haïssions | | que je bénisse<br>qu' il bénisse<br>que nous bénissions |
| Subj. imparf. | que je haïsse<br>qu' il haït | | que je bénisse<br>qu' il bénît |
| Impératif | haïs, haïssons, haïssez | | bénis, bénissons bénissez |
| Participes | haïssant, haï | | bénissant, béni |

* Le participe passé est *bénit, bénite* dans « pain bénit » et « eau bénite ».

## Verbes du 3e groupe

| | 16 **ouvrir** | 17 **fuir** | 18 **dormir** |
|---|---|---|---|
| Ind. présent | j' ouvre<br>tu ouvres<br>il ouvre<br>nous ouvrons<br>vous ouvrez<br>ils ouvrent | je fuis<br>tu fuis<br>il fuit<br>nous fuyons<br>vous fuyez<br>ils fuient | je dors<br>tu dors<br>il dort<br>nous dormons<br>vous dormez<br>ils dorment |
| Ind. imparf. | j' ouvrais<br>il ouvrait<br>nous ouvrions<br>ils ouvraient | je fuyais<br>il fuyait<br>nous fuyions<br>ils fuyaient | je dormais<br>il dormait<br>nous dormions<br>ils dormaient |
| Ind. passé simple | j' ouvris<br>il ouvrit<br>nous ouvrîmes<br>ils ouvrirent | je fuis<br>il fuit<br>nous fuîmes<br>ils fuirent | je dormis<br>il dormit<br>nous dormîmes<br>ils dormirent |
| Ind. futur | j' ouvrirai<br>il ouvrira | je fuirai<br>il fuira | je dormirai<br>il dormira |
| Cond. présent | j' ouvrirais<br>il ouvrirait<br>nous ouvririons | je fuirais<br>il fuirait<br>nous fuirions | je dormirais<br>il dormirait<br>nous dormirions |
| Subj. présent | que j' ouvre<br>que nous ouvrions | que je fuie<br>que nous fuyions | que je dorme<br>que nous dormions |
| Subj. imparf. | que j' ouvrisse<br>qu' il ouvrît<br>que nous ouvrissions | que je fuisse<br>qu' il fuît<br>que nous fuissions | que je dormisse<br>qu' il dormît<br>que nous dormissions |
| Impératif | ouvre, ouvrons, ouvrez | fuis, fuyons, fuyez | dors, dormons, dormez |
| Participes | ouvrant, ouvert | fuyant, fui | dormant, dormi |

## Verbes du 3^e^ groupe

| | 19 mentir | 20 servir | 21 acquérir |
|---|---|---|---|
| Ind. présent | je mens<br>tu mens<br>il ment<br>nous mentons<br>vous mentez<br>ils mentent | je sers<br>tu sers<br>il sert<br>nous servons<br>vous servez<br>ils servent | j' acquiers<br>tu acquiers<br>il acquiert<br>nous acquérons<br>vous acquérez<br>ils acquièrent |
| Ind. imparf. | je mentais<br>il mentait<br>nous mentions<br>ils mentaient | je servais<br>il servait<br>nous servions<br>ils servaient | j' acquérais<br>il acquérait<br>nous acquérions<br>ils acquéraient |
| Ind. passé simple | je mentis<br>il mentit<br>nous mentîmes<br>ils mentirent | je servis<br>il servit<br>nous servîmes<br>ils servirent | j' acquis<br>il acquit<br>nous acquîmes<br>ils acquirent |
| Ind. futur | je mentirai<br>il mentira | je servirai<br>il servira | j' acquerrai<br>il acquerra |
| Cond. présent | je mentirais<br>il mentirait<br>nous mentirions | je servirais<br>il servirait<br>nous servirions | j' acquerrais<br>il acquerrait<br>nous acquerrions |
| Subj. présent | que je mente<br>que nous mentions | que je serve<br>que nous servions | que j' acquière<br>que nous acquérions |
| Subj. imparf. | que je mentisse<br>qu' il mentît<br>que nous mentissions | que je servisse<br>qu' il servît<br>que nous servissions | que j' acquisse<br>qu' il acquît<br>que nous acquissions |
| Impératif | mens, mentons<br>mentez | sers, servons<br>servez | acquiers, acquérons<br>acquérez |
| Participes | mentant, menti | servant, servi | acquérant, acquis |

| | 22 tenir | 23 assaillir * | 24 cueillir |
|---|---|---|---|
| Ind. présent | je tiens<br>tu tiens<br>il tient<br>nous tenons<br>vous tenez<br>ils tiennent | j' assaille<br>tu assailles<br>il assaille<br>nous assaillons<br>vous assaillez<br>ils assaillent | je cueille<br>tu cueilles<br>il cueille<br>nous cueillons<br>vous cueillez<br>ils cueillent |
| Ind. imparf. | je tenais<br>il tenait<br>nous tenions<br>ils tenaient | j' assaillais<br>il assaillait<br>nous assaillions<br>ils assaillaient | je cueillais<br>il cueillait<br>nous cueillions<br>ils cueillaient |
| Ind. passé simple | je tins<br>il tint<br>nous tînmes<br>ils tinrent | j' assaillis<br>il assaillit<br>nous assaillîmes<br>ils assaillirent | je cueillis<br>il cueillit<br>nous cueillîmes<br>ils cueillirent |
| Ind. futur | je tiendrai<br>il tiendra | j' assaillirai<br>il assaillira | je cueillerai<br>il cueillera |
| Cond. présent | je tiendrais<br>il tiendrait<br>nous tiendrions | j' assaillirais<br>il assaillirait<br>nous assaillirions | je cueillerais<br>il cueillerait<br>nous cueillerions |
| Subj. présent | que je tienne<br>que nous tenions | que j' assaille<br>que nous assaillions | que je cueille<br>que nous cueillions |
| Subj. imparf. | que je tinsse<br>qu' il tînt<br>que nous tinssions | que j' assaillisse<br>qu' il assaillît<br>que nous assaillissions | que je cueillisse<br>qu' il cueillît<br>que nous cueillissions |
| Impératif | tiens, tenons,<br>tenez | assaille, assaillons,<br>assaillez | cueille, cueillons,<br>cueillez |
| Participes | tenant, tenu | assaillant, assailli | cueillant, cueilli |

* On trouve aussi *assaillerai* pour le futur et *assaillerais* pour le conditionnel.

## Verbes du 3e groupe

| | 25 mourir | 26 partir * | 27 vêtir |
|---|---|---|---|
| Ind. présent | je meurs<br>tu meurs<br>il meurt<br>nous mourons<br>vous mourez<br>ils meurent | je pars<br>tu pars<br>il part<br>nous partons<br>vous partez<br>ils partent | je vêts<br>tu vêts<br>il vêt<br>nous vêtons<br>vous vêtez<br>ils vêtent |
| Ind. imparf. | je mourais<br>il mourait<br>nous mourions<br>ils mouraient | je partais<br>il partait<br>nous partions<br>ils partaient | je vêtais<br>il vêtait<br>nous vêtions<br>ils vêtaient |
| Ind. passé simple | je mourus<br>il mourut<br>nous mourûmes<br>ils moururent | je partis<br>il partit<br>nous partîmes<br>ils partirent | je vêtis<br>il vêtit<br>nous vêtîmes<br>ils vêtirent |
| Ind. futur | je mourrai<br>il mourra | je partirai<br>il partira | je vêtirai<br>il vêtira |
| Cond. présent | je mourrais<br>il mourrait<br>nous mourrions | je partirais<br>il partirait<br>nous partirions | je vêtirais<br>il vêtirait<br>nous vêtirions |
| Subj. présent | que je meure<br>que nous mourions | que je parte<br>que nous partions | que je vête<br>que nous vêtions |
| Subj. imparf. | que je mourusse<br>qu' il mourût<br>que nous mourussions | que je partisse<br>qu' il partît<br>que nous partissions | que je vêtisse<br>qu' il vêtît<br>que nous vêtissions |
| Impératif | meurs, mourons<br>mourez | pars, partons<br>partez | vêts, vêtons,<br>vêtez |
| Participes | mourant, mort | partant, parti | vêtant, vêtu |

* Et ses composés, sauf *répartir* (sur *finir*).

| | 28 sortir * | 29 courir | 30 faillir |
|---|---|---|---|
| Ind. présent | je sors<br>tu sors<br>il sort<br>nous sortons<br>vous sortez<br>ils sortent | je cours<br>tu cours<br>il court<br>nous courons<br>vous courez<br>ils courent | *inusité*<br>–<br>–<br>–<br>–<br>– |
| Ind. imparf. | je sortais<br>il sortait<br>nous sortions<br>ils sortaient | je courais<br>il courait<br>nous courions<br>ils couraient | –<br>–<br>–<br>– |
| Ind. passé simple | je sortis<br>il sortit<br>nous sortîmes<br>ils sortirent | je courus<br>il courut<br>nous courûmes<br>ils coururent | je faillis<br>il faillit<br>nous faillîmes<br>ils faillirent |
| Ind. futur | je sortirai<br>il sortira | je courrai<br>il courra | je faillirai<br>il faillira |
| Cond. présent | je sortirais<br>il sortirait<br>nous sortirions | je courrais<br>il courrait<br>nous courrions | je faillirais<br>il faillirait<br>nous faillirions |
| Subj. présent | que je sorte<br>que nous sortions | que je coure<br>que nous courions | *inusité*<br>– |
| Subj. imparf. | que je sortisse<br>qu' il sortît<br>que nous sortissions | que je courusse<br>qu' il courût<br>que nous courussions | *inusité*<br>–<br>– |
| Impératif | sors, sortons<br>sortez | cours, courons<br>courez | *inusité* |
| Participes | sortant, sorti | courant, couru | *inusité*, failli |

* Et ses composés, sauf *assortir* (sur *finir*).

## Verbes du 3e groupe

| | 31 bouillir | 32 gésir | 33 saillir * |
|---|---|---|---|
| Ind. présent | je bous<br>tu bous<br>il bout<br>nous bouillons<br>vous bouillez<br>ils bouillent | je gis<br>tu gis<br>il gît<br>nous gisons<br>vous gisez<br>ils gisent | *inusité*<br>–<br>il saille<br>*inusité*<br>–<br>ils saillent |
| Ind. imparf. | je bouillais<br>il bouillait<br>nous bouillions<br>ils bouillaient | je gisais<br>il gisait<br>nous gisions<br>ils gisaient | *inusité*<br>il saillait<br>*inusité*<br>ils saillaient |
| Ind. passé simple | je bouillis<br>il bouillit<br>nous bouillîmes<br>ils bouillirent | *inusité*<br>–<br>–<br>– | *inusité*<br>il saillit<br>*inusité*<br>ils saillirent |
| Ind. futur | je bouillirai<br>il bouillira | *inusité*<br>– | *inusité*<br>il saillera |
| Cond. présent | je bouillirais<br>il bouillirait<br>nous bouillirions | *inusité*<br>–<br>– | *inusité*<br>il saillerait<br>*inusité* |
| Subj. présent | que je bouille<br>que nous bouillons | *inusité*<br>– | *inusité*<br>– |
| Subj. imparf. | que je bouillisse<br>qu' il bouillît<br>que nous bouillissions | *inusité*<br>–<br>– | *inusité*<br>qu' il saillît<br>*inusité* |
| Impératif | bous, bouillons<br>bouillez | *inusité*<br>– | –<br>– |
| Participes | bouillant, bouilli | gisant, *inusité* | saillant, sailli |

* Au sens de « être en saillie ».

| | 34 recevoir | 35 devoir | 36 mouvoir * |
|---|---|---|---|
| Ind. présent | je reçois<br>tu reçois<br>il reçoit<br>nous recevons<br>vous recevez<br>ils reçoivent | je dois<br>tu dois<br>il doit<br>nous devons<br>vous devez<br>ils doivent | je meus<br>tu meus<br>il meut<br>nous mouvons<br>vous mouvez<br>ils meuvent |
| Ind. imparf. | je recevais<br>il recevait<br>nous recevions<br>ils recevaient | je devais<br>il devait<br>nous devions<br>ils devaient | je mouvais<br>il mouvait<br>nous mouvions<br>ils mouvaient |
| Ind. passé simple | je reçus<br>il reçut<br>nous reçûmes<br>ils reçurent | je dus<br>il dut<br>nous dûmes<br>ils durent | je mus<br>il mut<br>nous mûmes<br>ils murent |
| Ind. futur | je recevrai<br>il recevra | je devrai<br>il devra | je mouvrai<br>il mouvra |
| Cond. présent | je recevrais<br>il recevrait<br>nous recevrions | je devrais<br>il devrait<br>nous devrions | je mouvrais<br>il mouvrait<br>nous mouvrions |
| Subj. présent | que je reçoive<br>que nous recevions | que je doive<br>que nous devions | que je meuve<br>que nous mouvions |
| Subj. imparf. | que je reçusse<br>qu' il reçût<br>que nous reçussions | que je dusse<br>qu' il dût<br>que nous dussions | que je musse<br>qu' il mût<br>que nous mussions |
| Impératif | reçois, recevons,<br>recevez | *inusité*<br>– | meus, mouvons,<br>mouvez |
| Participes | recevant ;<br>reçu | devant ;<br>dû, due, dus, dues | mouvant ;<br>mû, mue, mus, mues |

* Et ses composés, mais *ému* et *promu* n'ont pas d'accent circonflexe.

## Verbes du 3e groupe

| | 37 **vouloir** | 38 **pouvoir** | 39 **savoir** |
|---|---|---|---|
| Ind. présent | je veux<br>tu veux<br>il veut<br>nous voulons<br>vous voulez<br>ils veulent | je peux/puis<br>tu peux<br>il peut<br>nous pouvons<br>vous pouvez<br>ils peuvent | je sais<br>tu sais<br>il sait<br>nous savons<br>vous savez<br>ils savent |
| Ind. imparf. | je voulais<br>il voulait<br>nous voulions<br>ils voulaient | je pouvais<br>il pouvait<br>nous pouvions<br>ils pouvaient | je savais<br>il savait<br>nous savions<br>ils savaient |
| Ind. passé simple | je voulus<br>il voulut<br>nous voulûmes<br>ils voulurent | je pus<br>il put<br>nous pûmes<br>ils purent | je sus<br>il sut<br>nous sûmes<br>ils surent |
| Ind. futur | je voudrai<br>il voudra | je pourrai<br>il pourra | je saurai<br>il saura |
| Cond. présent | je voudrais<br>il voudrait<br>nous voudrions | je pourrais<br>il pourrait<br>nous pourrions | je saurais<br>il saurait<br>nous saurions |
| Subj. présent | que je veuille<br>que nous voulions | que je puisse<br>que nous puissions | que je sache<br>que nous sachions |
| Subj. imparf. | que je voulusse<br>qu' il voulût<br>que nous voulussions | que je pusse<br>qu' il pût<br>que nous pussions | que je susse<br>qu' il sût<br>que nous sussions |
| Impératif | veuille/veux,<br>veuillons/voulons,<br>veuillez/voulez | *inusité*<br>–<br>– | sache<br>sachons<br>sachez |
| Participes | voulant, voulu | pouvant, pu | sachant, su |

| | 40 **valoir** * | 41 **voir** | 42 **prévoir** |
|---|---|---|---|
| Ind. présent | je vaux<br>tu vaux<br>il vaut<br>nous valons<br>vous valez<br>ils valent | je vois<br>tu vois<br>il voit<br>nous voyons<br>vous voyez<br>ils voient | je prévois<br>tu prévois<br>il prévoit<br>nous prévoyons<br>vous prévoyez<br>ils prévoient |
| Ind. imparf. | je valais<br>il valait<br>nous valions<br>ils valaient | je voyais<br>il voyait<br>nous voyions<br>ils voyaient | je prévoyais<br>il prévoyait<br>nous prévoyions<br>ils prévoyaient |
| Ind. passé simple | je valus<br>il valut<br>nous valûmes<br>ils valurent | je vis<br>il vit<br>nous vîmes<br>ils virent | je prévis<br>il prévit<br>nous prévîmes<br>ils prévirent |
| Ind. futur | je vaudrai<br>il vaudra | je verrai<br>il verra | je prévoirai<br>il prévoira |
| Cond. présent | je vaudrais<br>il vaudrait<br>nous vaudrions | je verrais<br>il verrait<br>nous verrions | je prévoirais<br>il prévoirait<br>nous prévoirions |
| Subj. présent | que je vaille<br>que nous valions | que je voie<br>que nous voyions | que je prévoie<br>que nous prévoyions |
| Subj. imparf. | que je valusse<br>qu' il valût<br>que nous valussions | que je visse<br>qu' il vît<br>que nous vissions | que je prévisse<br>qu' il prévît<br>que nous prévissions |
| Impératif | *inusité*<br>– | vois, voyons<br>voyez | prévois, prévoyons<br>prévoyez |
| Participes | valant, valu | voyant, vu | prévoyant, prévu |

* *Prévaloir* fait au subj. présent *prévale.*

## Verbes du 3ᵉ groupe

| | **43 pourvoir** | **44 asseoir** | **45 surseoir** |
|---|---|---|---|
| Ind. présent | je pourvois<br>tu pourvois<br>il pourvoit<br>nous pourvoyons<br>vous pourvoyez<br>ils pourvoient | j’ assieds/assois<br>tu assieds/assois<br>il assied/assoit<br>nous asseyons/assoyons<br>vous asseyez/assoyez<br>ils asseyent/assoient | je sursois<br>tu sursois<br>il sursoit<br>nous sursoyons<br>vous sursoyez<br>ils sursoient |
| Ind. imparf. | je pourvoyais<br>il pourvoyait<br>nous pourvoyions<br>ils pourvoyaient | j’ asseyais/assoyais<br>il asseyait/assoyait<br>nous asseyions/assoyions<br>ils asseyaient/assoyaient | je sursoyais<br>il sursoyait<br>nous sursoyions<br>ils sursoyaient |
| Ind. passé simple | je pourvus<br>il pourvut<br>nous pourvûmes<br>ils pourvurent | j’ assis/assis<br>il assit/assit<br>nous assîmes/assîmes<br>ils assirent/assirent | je sursis<br>il sursit<br>nous sursîmes<br>ils sursirent |
| Ind. futur | je pourvoirai<br>il pourvoira | j’ assierai/assoirai<br>il assiera/assoira | je surseoirai<br>il surseoira |
| Cond. présent | je pourvoirais<br>il pourvoirait<br>nous pourvoirions | j’ assiérais/assoirais<br>il assiérait/assoirait<br>nous assiérions/assoirions | je surseoirais<br>il surseoirait<br>nous surseoirions |
| Subj. présent | que je pourvoie<br>que nous pourvoyions | que j’ asseye/assoie<br>que nous asseyions/assoyions | que je sursoie<br>que nous sursoyions |
| Subj. imparf. | que je pourvusse<br>qu’ il pourvût<br>que nous pourvussions | que j’ assisse/assisse<br>qu’ il assît/assît<br>que nous assissions/assissions | que je sursisse<br>qu’ il sursît<br>que nous sursissions |
| Impératif | pourvois<br>pourvoyons<br>pourvoyez | assieds/assois<br>asseyons/assoyons<br>asseyez/assoyez | sursois<br>sursoyons<br>sursoyez |
| Participes | pourvoyant,<br>pourvu | asseyant/assoyant,<br>assis/assis | sursoyant,<br>sursis |

| | **46 seoir** | **47 pleuvoir** | **48 falloir** |
|---|---|---|---|
| Ind. présent | je *inusité*<br>tu –<br>il sied<br>nous *inusité*<br>vous –<br>ils siéent | *inusité*<br>–<br>il pleut<br>*inusité*<br>–<br>ils pleuvent | *inusité*<br>–<br>il faut<br>*inusité*<br>–<br>– |
| Ind. imparf. | je *inusité*<br>il seyait<br>nous *inusité*<br>ils seyaient | *inusité*<br>il pleuvait<br>*inusité*<br>ils pleuvaient | *inusité*<br>il fallait<br>*inusité*<br>– |
| Ind. passé simple | je *inusité*<br>il –<br>nous –<br>ils – | *inusité*<br>il plut<br>*inusité*<br>ils plurent | *inusité*<br>il fallut<br>*inusité*<br>– |
| Ind. futur | je *inusité*<br>il siéra | *inusité*<br>il pleuvra | *inusité*<br>il faudra |
| Cond. présent | je *inusité*<br>il siérait<br>nous *inusité* | *inusité*<br>il pleuvrait<br>*inusité* | *inusité*<br>il faudrait<br>*inusité* |
| Subj. présent | que je *inusité*<br>qu’ il siée | *inusité*<br>qu’ il pleuve | *inusité*<br>qu’ il faille |
| Subj. imparf. | *inusité*<br>–<br>– | *inusité*<br>qu’ il plût<br>*inusité* | *inusité*<br>qu’ il fallût<br>*inusité* |
| Impératif | *inusité* | *inusité* | *inusité* |
| Participes | seyant<br>sis | pleuvant<br>plu | *inusité*<br>fallu |

## Verbes du 3e groupe

| | **49 déchoir *** | **50 tendre** | **51 fondre** |
|---|---|---|---|
| Ind. présent | je déchois<br>tu déchois<br>il déchoit<br>nous déchoyons<br>vous déchoyez<br>ils déchoient | je tends<br>tu tends<br>il tend<br>nous tendons<br>vous tendez<br>ils tendent | je fonds<br>tu fonds<br>il fond<br>nous fondons<br>vous fondez<br>ils fondent |
| Ind. imparf. | *inusité*<br>–<br>–<br>– | je tendais<br>il tendait<br>nous tendions<br>ils tendaient | je fondais<br>il fondait<br>nous fondions<br>ils fondaient |
| Ind. passé simple | je déchus<br>il déchut<br>nous déchûmes<br>ils déchurent | je tendis<br>il tendit<br>nous tendîmes<br>ils tendirent | je fondis<br>il fondit<br>nous fondîmes<br>ils fondirent |
| Ind. futur | je déchoirai<br>il déchoira | je tendrai<br>il tendra | je fondrai<br>il fondra |
| Cond. présent | je déchoirais<br>il déchoirait<br>nous déchoirions | je tendrais<br>il tendrait<br>nous tendrions | je fondrais<br>il fondrait<br>nous fondrions |
| Subj. présent | que je déchoie<br>que nous déchoyions | que je tende<br>que nous tendions | que je fonde<br>que nous fondions |
| Subj. imparf. | que je déchusse<br>qu' il déchût<br>que nous déchussions | que je tendisse<br>qu' il tendît<br>que nous tendissions | que je fondisse<br>qu' il fondît<br>que nous fondissions |
| Impératif | *inusité*<br>– | tends, tendons<br>tendez | fonds, fondons<br>fondez |
| Participes | *inusité*, déchu | tendant, tendu | fondant, fondu |

* *Échoir* : futur *il écherra* ; participe *échéant*. *Choir* : futur *il choira* ou *il cherra*.

| | **52 mordre *** | **53 rompre** | **54 prendre** |
|---|---|---|---|
| Ind. présent | je mords<br>tu mords<br>il mord<br>nous mordons<br>vous mordez<br>ils mordent | je romps<br>tu romps<br>il rompt<br>nous rompons<br>vous rompez<br>ils rompent | je prends<br>tu prends<br>il prend<br>nous prenons<br>vous prenez<br>ils prennent |
| Ind. imparf. | je mordais<br>il mordait<br>nous mordions<br>ils mordaient | je rompais<br>il rompait<br>nous rompions<br>ils rompaient | je prenais<br>il prenait<br>nous prenions<br>ils prenaient |
| Ind. passé simple | je mordis<br>il mordit<br>nous mordîmes<br>ils mordirent | je rompis<br>il rompit<br>nous rompîmes<br>ils rompirent | je pris<br>il prit<br>nous prîmes<br>ils prirent |
| Ind. futur | je mordrai<br>il mordra | je romprai<br>il rompra | je prendrai<br>il prendra |
| Cond. présent | je mordrais<br>il mordrait<br>nous mordrions | je romprais<br>il romprait<br>nous romprions | je prendrais<br>il prendrait<br>nous prendrions |
| Subj. présent | que je morde<br>que nous mordions | que je rompe<br>que nous rompions | que je prenne<br>que nous prenions |
| Subj. imparf. | que je mordisse<br>qu' il mordît<br>que nous mordissions | que je rompisse<br>qu' il rompît<br>que nous rompissions | que je prisse<br>qu' il prît<br>que nous prissions |
| Impératif | mords, mordons<br>mordez | romps, rompons<br>rompez | prends, prenons<br>prenez |
| Participes | mordant, mordu | rompant, rompu | prenant, pris |

* De même *perdre*.

## Verbes du 3e groupe

| | 55 craindre * | 56 battre | 57 mettre |
|---|---|---|---|
| Ind. présent | je crains<br>tu crains<br>il craint<br>nous craignons<br>vous craignez<br>ils craignent | je bats<br>tu bats<br>il bat<br>nous battons<br>vous battez<br>ils battent | je mets<br>tu mets<br>il met<br>nous mettons<br>vous mettez<br>ils mettent |
| Ind. imparf. | je craignais<br>il craignait<br>nous craignions<br>ils craignaient | je battais<br>il battait<br>nous battions<br>ils battaient | je mettais<br>il mettait<br>nous mettions<br>ils mettaient |
| Ind. passé simple | je craignis<br>il craignit<br>nous craignîmes<br>ils craignirent | je battis<br>il battit<br>nous battîmes<br>ils battirent | je mis<br>il mit<br>nous mîmes<br>ils mirent |
| Ind. futur | je craindrai<br>il craindra | je battrai<br>il battra | je mettrai<br>il mettra |
| Cond. présent | je craindrais<br>il craindrait<br>nous craindrions | je battrais<br>il battrait<br>nous battrions | je mettrais<br>il mettrait<br>nous mettrions |
| Subj. présent | que je craigne<br>que nous craignions | que je batte<br>que nous battons | que je mette<br>que nous mettions |
| Subj. imparf. | que je craignisse<br>qu' il craignît<br>que nous craignissions | que je battisse<br>qu' il battît<br>que nous battissions | que je misse<br>qu' il mît<br>que nous missions |
| Impératif | crains, craignons<br>craignez | bats, battons<br>battez | mets, mettons<br>mettez |
| Participes | craignant, craint | battant, battu | mettant, mis |

* De même les verbes en *-eindre*.

| | 58 moudre | 59 coudre | 60 absoudre |
|---|---|---|---|
| Ind. présent | je mouds<br>tu mouds<br>il moud<br>nous moulons<br>vous moulez<br>ils moulent | je couds<br>tu couds<br>il coud<br>nous cousons<br>vous cousez<br>ils cousent | j' absous<br>tu absous<br>il absout<br>nous absolvons<br>vous absolvez<br>ils absolvent |
| Ind. imparf. | je moulais<br>il moulait<br>nous moulions<br>ils moulaient | je cousais<br>il cousait<br>nous cousions<br>ils cousaient | j' absolvais<br>il absolvait<br>nous absolvions<br>ils absolvaient |
| Ind. passé simple | je moulus<br>il moulut<br>nous moulûmes<br>ils moulurent | je cousis<br>il cousit<br>nous cousîmes<br>ils cousirent | *inusité*<br>–<br>–<br>– |
| Ind. futur | je moudrai<br>il moudra | je coudrai<br>il coudra | j' absoudrai<br>il absoudra |
| Cond. présent | je moudrais<br>il moudrait<br>nous moudrions | je coudrais<br>il coudrait<br>nous coudrions | j' absoudrais<br>il absoudrait<br>nous absoudrions |
| Subj. présent | que je moule<br>que nous moulions | que je couse<br>que nous cousions | que j' absolve<br>que nous absolvions |
| Subj. imparf. | que je moulusse<br>qu' il moulût<br>que nous moulussions | que je cousisse<br>qu' il cousît<br>que nous cousissions | *inusité*<br>–<br>– |
| Impératif | mouds, moulons<br>moulez | couds, cousons<br>cousez | absous, absolvons<br>absolvez |
| Participes | moulant, moulu | cousant, cousu | absolvant ;<br>absous, oute |

## Verbes du 3e groupe

| | 61 **résoudre** | 62 **suivre** | 63 **vivre** |
|---|---|---|---|
| Ind. présent | je résous<br>tu résous<br>il résout<br>nous résolvons<br>vous résolvez<br>ils résolvent | je suis<br>tu suis<br>il suit<br>nous suivons<br>vous suivez<br>ils suivent | je vis<br>tu vis<br>il vit<br>nous vivons<br>vous vivez<br>ils vivent |
| Ind. imparf. | je résolvais<br>il résolvait<br>nous résolvions<br>ils résolvaient | je suivais<br>il suivait<br>nous suivions<br>ils suivaient | je vivais<br>il vivait<br>nous vivions<br>ils vivaient |
| Ind. passé simple | je résolus<br>il résolut<br>nous résolûmes<br>ils résolurent | je suivis<br>il suivit<br>nous suivîmes<br>ils suivirent | je vécus<br>il vécut<br>nous vécûmes<br>ils vécurent |
| Ind. futur | je résoudrai<br>il résoudra | je suivrai<br>il suivra | je vivrai<br>il vivra |
| Cond. présent | je résoudrais<br>il résoudrait<br>nous résoudrions | je suivrais<br>il suivrait<br>nous suivrions | je vivrais<br>il vivrait<br>nous vivrions |
| Subj. présent | que je résolve<br>que nous résolvions | que je suive<br>que nous suivions | que je vive<br>que nous vivions |
| Subj. imparf. | que je résolusse<br>qu' il résolût<br>que nous résolussions | que je suivisse<br>qu' il suivît<br>que nous suivissions | que je vécusse<br>qu' il vécût<br>que nous vécussions |
| Impératif | résous, résolvons<br>résolvez | suis, suivons<br>suivez | vis, vivons<br>vivez |
| Participes | résolvant, résolu | suivant, suivi | vivant, vécu |

| | 64 **paraître** | 65 **naître** | 66 **croître** |
|---|---|---|---|
| Ind. présent | je parais<br>tu parais<br>il paraît<br>nous paraissons<br>vous paraissez<br>ils paraissent | je nais<br>tu nais<br>il naît<br>nous naissons<br>vous naissez<br>ils naissent | je croîs<br>tu croîs<br>il croît<br>nous croissons<br>vous croissez<br>ils croissent |
| Ind. imparf. | je paraissais<br>il paraissait<br>nous paraissions<br>ils paraissaient | je naissais<br>il naissait<br>nous naissions<br>ils naissaient | je croissais<br>il croissait<br>nous croissions<br>ils croissaient |
| Ind. passé simple | je parus<br>il parut<br>nous parûmes<br>ils parurent | je naquis<br>il naquit<br>nous naquîmes<br>ils naquirent | je crûs<br>il crût<br>nous crûmes<br>ils crûrent |
| Ind. futur | je paraîtrai<br>il paraîtra | je naîtrai<br>il naîtra | je croîtrai<br>il croîtra |
| Cond. présent | je paraîtrais<br>il paraîtrait<br>nous paraîtrions | je naîtrais<br>il naîtrait<br>nous naîtrions | je croîtrais<br>il croîtrait<br>nous croîtrions |
| Subj. présent | que je paraisse<br>que nous paraissions | que je naisse<br>que nous naissions | que je croisse<br>que nous croissions |
| Subj. imparf. | que je parusse<br>qu' il parût<br>que nous parussions | que je naquisse<br>qu' il naquît<br>que nous naquissions | que je crûsse<br>qu' il crût<br>que nous crûssions |
| Impératif | parais, paraissons<br>paraissez | nais, naissons<br>naissez | crois, croissons<br>croissez |
| Participes | paraissant,<br>paru | naissant,<br>né | croissant,<br>crû |

## Verbes du 3e groupe

| | **67 rire** | **68 conclure *** | **69 nuire** |
|---|---|---|---|
| Ind. présent | je ris<br>tu ris<br>il rit<br>nous rions<br>vous riez<br>ils rient | je conclus<br>tu conclus<br>il conclut<br>nous concluons<br>vous concluez<br>ils concluent | je nuis<br>tu nuis<br>il nuit<br>nous nuisons<br>vous nuisez<br>ils nuisent |
| Ind. imparf. | je riais<br>il riait<br>nous riions<br>ils riaient | je concluais<br>il concluait<br>nous concluions<br>ils concluaient | je nuisais<br>il nuisait<br>nous nuisions<br>ils nuisaient |
| Ind. passé simple | je ris<br>il rit<br>nous rîmes<br>ils rirent | je conclus<br>il conclut<br>nous conclûmes<br>ils conclurent | je nuisis<br>il nuisit<br>nous nuisîmes<br>ils nuisirent |
| Ind. futur | je rirai<br>il rira | je conclurai<br>il conclura | je nuirai<br>il nuira |
| Cond. présent | je rirais<br>il rirait<br>nous ririons | je conclurais<br>il conclurait<br>nous conclurions | je nuirais<br>il nuirait<br>nous nuirions |
| Subj. présent | que je rie<br>que nous riions | que je conclue<br>que nous concluions | que je nuise<br>que nous nuisions |
| Subj. imparf. | que je risse<br>qu' il rît<br>que nous rissions | que je conclusse<br>qu' il conclût<br>que nous conclussions | que je nuisisse<br>qu' il nuisît<br>que nous nuisissions |
| Impératif | ris, rions<br>riez | conclus, concluons<br>concluez | nuis, nuisons<br>nuisez |
| Participes | riant, ri | concluant, conclu | nuisant, nui |

* *Inclure* fait *inclus*, *incluse* au participe passé.

| | **70 conduire** | **71 écrire** | **72 suffire *** |
|---|---|---|---|
| Ind. présent | je conduis<br>tu conduis<br>il conduit<br>nous conduisons<br>vous conduisez<br>ils conduisent | j' écris<br>tu écris<br>il écrit<br>nous écrivons<br>vous écrivez<br>ils écrivent | je suffis<br>tu suffis<br>il suffit<br>nous suffisons<br>vous suffisez<br>ils suffisent |
| Ind. imparf. | je conduisais<br>il conduisait<br>nous conduisions<br>ils conduisaient | j' écrivais<br>il écrivait<br>nous écrivions<br>ils écrivaient | je suffisais<br>il suffisait<br>nous suffisions<br>ils suffisaient |
| Ind. passé simple | je conduisis<br>il conduisit<br>nous conduisîmes<br>ils conduisirent | j' écrivis<br>il écrivit<br>nous écrivîmes<br>ils écrivirent | je suffis<br>il suffit<br>nous suffîmes<br>ils suffirent |
| Ind. futur | je conduirai<br>il conduira | j' écrirai<br>il écrira | je suffirai<br>il suffira |
| Cond. présent | je conduirais<br>il conduirait<br>nous conduirions | j' écrirais<br>il écrirait<br>nous écririons | je suffirais<br>il suffirait<br>nous suffirions |
| Subj. présent | que je conduise<br>que nous conduisions | que j' écrive<br>que nous écrivions | que je suffise<br>que nous suffisions |
| Subj. imparf. | que je conduisisse<br>qu' il conduisît<br>que nous conduisissions | que j' écrivisse<br>qu' il écrivît<br>que nous écrivissions | que je suffisse<br>qu' il suffît<br>que nous suffissions |
| Impératif | conduis, conduisons<br>conduisez | écris, écrivons<br>écrivez | suffis, suffisons<br>suffisez |
| Participes | conduisant, conduit | écrivant, écrit | suffisant, suffi |

* Mais *dire*, *redire* (qui font *dites*, *redites* à la 2e pers. du pluriel de l'ind. présent et de l'impératif), *contredire*, *prédire*, *médire*, *confire* ont pour part. passés *dit*, *redit*, *contredit*, *prédit*, *médit*, *confit*.

## Verbes du 3e groupe

| | 73 lire | 74 croire | 75 boire |
|---|---|---|---|
| Ind. présent | je lis<br>tu lis<br>il lit<br>nous lisons<br>vous lisez<br>ils lisent | je crois<br>tu crois<br>il croit<br>nous croyons<br>vous croyez<br>ils croient | je bois<br>tu bois<br>il boit<br>nous buvons<br>vous buvez<br>ils boivent |
| Ind. imparf. | je lisais<br>il lisait<br>nous lisions<br>ils lisaient | je croyais<br>il croyait<br>nous croyions<br>ils croyaient | je buvais<br>il buvait<br>nous buvions<br>ils buvaient |
| Ind. passé simple | je lus<br>il lut<br>nous lûmes<br>ils lurent | je crus<br>il crut<br>nous crûmes<br>ils crurent | je bus<br>il but<br>nous bûmes<br>ils burent |
| Ind. futur | je lirai<br>il lira | je croirai<br>il croira | je boirai<br>il boira |
| Cond. présent | je lirais<br>il lirait<br>nous lirions | je croirais<br>il croirait<br>nous croirions | je boirais<br>il boirait<br>nous boirions |
| Subj. présent | que je lise<br>que nous lisions | que je croie<br>que nous croyions | que je boive<br>que nous buvions |
| Subj. imparf. | que je lusse<br>qu'il lût<br>que nous lussions | que je crusse<br>qu'il crût<br>que nous crussions | que je busse<br>qu'il bût<br>que nous bussions |
| Impératif | lis, lisons<br>lisez | crois, croyons<br>croyez | bois, buvons<br>buvez |
| Participes | lisant, lu | croyant, cru | buvant, bu |

| | 76 faire | 77 plaire | 78 taire |
|---|---|---|---|
| Ind. présent | je fais<br>tu fais<br>il fait<br>nous faisons<br>vous faites<br>ils font | je plais<br>tu plais<br>il plaît<br>nous plaisons<br>vous plaisez<br>ils plaisent | je tais<br>tu tais<br>il tait<br>nous taisons<br>vous taisez<br>ils taisent |
| Ind. imparf. | je faisais<br>il faisait<br>nous faisions<br>ils faisaient | je plaisais<br>il plaisait<br>nous plaisions<br>ils plaisaient | je taisais<br>il taisait<br>nous taisions<br>ils taisaient |
| Ind. passé simple | je fis<br>il fit<br>nous fîmes<br>ils firent | je plus<br>il plut<br>nous plûmes<br>ils plurent | je tus<br>il tut<br>nous tûmes<br>ils turent |
| Ind. futur | je ferai<br>il fera | je plairai<br>il plaira | je tairai<br>il taira |
| Cond. présent | je ferais<br>il ferait<br>nous ferions | je plairais<br>il plairait<br>nous plairions | je tairais<br>il tairait<br>nous tairions |
| Subj. présent | que je fasse<br>que nous fassions | que je plaise<br>que nous plaisions | que je taise<br>que nous taisions |
| Subj. imparf. | que je fisse<br>qu'il fît<br>que nous fissions | que je plusse<br>qu'il plût<br>que nous plussions | que je tusse<br>qu'il tût<br>que nous tussions |
| Impératif | fais, faisons<br>faites | plais, plaisons<br>plaisez | tais, taisons<br>taisez |
| Participes | faisant, fait | plaisant, plu | taisant, tu |

## Verbes du 3e groupe

| | **79 extraire** | **80 repaître *** | **81 clore **** |
|---|---|---|---|
| **Ind. présent** | j' extrais<br>tu extrais<br>il extrait<br>nous extrayons<br>vous extrayez<br>ils extraient | je repais<br>tu repais<br>il repaît<br>nous repaissons<br>vous repaissez<br>ils repaissent | je clos<br>tu clos<br>il clôt<br>nous closons<br>vous closez<br>ils closent |
| **Ind. imparf.** | j' extrayais<br>il extrayait<br>nous extrayions<br>ils extrayaient | je repaissais<br>il repaissait<br>nous repaissions<br>ils repaissaient | *inusité*<br>–<br>–<br>– |
| **Ind. passé simple** | *inusité* | je repus<br>il reput<br>nous repûmes<br>ils repurent | *inusité*<br>–<br>–<br>– |
| **Ind. futur** | j' extrairai<br>il extraira | je repaîtrai<br>il repaîtra | je clorai<br>il clora |
| **Cond. présent** | j' extrairais<br>il extrairait<br>nous extrairions | je repaîtrais<br>il repaîtrait<br>nous repaîtrions | je clorais<br>il clorait<br>nous clorions |
| **Subj. présent** | que j' extraie<br>que nous extrayions | que je repaisse<br>que nous repaissions | que je close<br>que nous closions |
| **Subj. imparf.** | *inusité* | que je repusse<br>qu' il repût<br>que nous repussions | *inusité*<br>–<br>– |
| **Impératif** | extrais, extrayons<br>extrayez | repais, repaissons<br>repaissez | clos, *inusité*<br>– |
| **Participes** | extrayant, extrait | repaissant, repu | *inusité*, clos |

* *Paître* est inusité au passé simple et au part. passé.
** L'Académie préconise il *déclot*, *éclot*, *enclot*, sans accent circonflexe.

| | **82 oindre *** | **83 frire** | **84 vaincre** |
|---|---|---|---|
| **Ind. présent** | j' oins<br>tu oins<br>il oint<br>nous oignons<br>vous oignez<br>ils oignent | je fris<br>tu fris<br>il frit<br>*inusité*<br>–<br>– | je vaincs<br>tu vaincs<br>il vainc<br>nous vainquons<br>vous vainquez<br>ils vainquent |
| **Ind. imparf.** | j' oignais<br>il oignait<br>nous oignions<br>ils oignaient | *inusité*<br>–<br>–<br>– | je vainquais<br>il vainquait<br>nous vainquions<br>ils vainquaient |
| **Ind. passé simple** | j' oignis<br>il oignit<br>nous oignîmes<br>ils oignirent | *inusité*<br>–<br>–<br>– | je vainquis<br>il vainquit<br>nous vainquîmes<br>ils vainquirent |
| **Ind. futur** | j' oindrai<br>il oindra | je frirai<br>il frira | je vaincrai<br>il vaincra |
| **Cond. présent** | j' oindrais<br>il oindrait<br>nous oindrions | je frirais<br>il frirait<br>nous taririons | je vaincrais<br>il vaincrait<br>nous vaincrions |
| **Subj. présent** | que j' oigne<br>que nous oignions | *inusité* | que je vainque<br>que nous vainquions |
| **Subj. imparf.** | que j' oignisse<br>qu' il oignît<br>que nous oignissions | *inusité*<br>–<br>– | que je vainquisse<br>qu' il vainquît<br>que nous vainquissions |
| **Impératif** | oins, oignons<br>oignez | fris, *inusité*<br>– | vaincs, vainquons<br>vainquez |
| **Participes** | oignant, oint | *inusité*, frit | vainquant, vaincu |

* De même *poindre* (impers.).

# L'emploi de l'**adjectif**

## 1 La place de l'adjectif épithète

L' adjectif épithète est placé soit immédiatement avant ou après le nom, soit séparé par une virgule. Quand il est à proximité iimmédiate du nom, il vient le plus souvent après lui :

*un pari impossible ; un climat doux et humide,*

mais c'est l'usage plus que des règles qui fixe la place de l'épithète.

– Certains adjectifs se placent indifféremment avant ou après le nom :

*un vaste terrain* ou *un terrain vaste.*

– Avec certains noms, certains adjectifs se placent obligatoirement avant le nom :

*j'ai fait un bon repas* (et non *un repas bon*).

– Ces adjectifs se placent après le nom s'ils ont un complément :

*ce n'est pas un mauvais garçon ;* mais *ce n'est pas un garçon plus mauvais qu'un autre.*

– Avec d'autres noms, les adjectifs se placent obligatoirement après le nom :

*c'est un homme bon* (et non *un bon homme*).

– On peut presque toujours mettre après le nom un adjectif épithète normalement placé avant et réciproquement. C'est un procédé fréquemment utilisé en littérature pour mettre un mot en relief et faire un effet de style :

*une douloureuse expérience ; un tragique événement ; un homme vieux.*

## 2 Changement du sens de l'adjectif selon sa place

– Selon qu'il est placé avant ou après le nom, le sens de certains adjectifs peut être légèrement différent :

- *un nouveau film* (un film qui vient de sortir) ;
- *un film nouveau* (ce peut être un film qui apporte quelque chose de neuf à l'art cinématographique).

– Voici des exemples avec les principaux adjectifs qui ont des sens différents selon qu'ils sont placés avant ou après le nom :

- *un* ***ancien*** *pétrin* (qui a perdu sa fonction primitive) ; *un pétrin* ***ancien*** (une antiquité) ;
- *un homme* ***brave*** (courageux) ; *un* ***brave*** *homme* (bon) ;
- *un âge* ***certain*** (avancé) ; *un* ***certain*** âge (moyen) ;
- *ma* ***chère*** *amie* (à qui je tiens) ; *une voiture* ***chère*** (onéreuse) ;
- *un homme* ***grand*** (de taille élevée) ; *un* ***grand*** *homme* (célèbre, qui a réalisé de grandes choses) ;
- *la* ***même*** *semaine ; la semaine* ***même*** *;*
- *un* ***pauvre*** *type* (pitoyable) ; *un type* ***pauvre*** (sans argent) ;
- *un* ***sale*** *type* (un voyou) ; *un type* ***sale*** (malpropre) ;
- *un* ***seul*** *enfant* (unique) ; *un enfant* ***seul*** (abandonné) ;
- *un mécanisme* ***simple*** (non complexe) ; *un* ***simple*** *mécanisme* (rien d'autre qu'un mécanisme) ;
- *une forêt* ***sombre*** (obscure) ; *un* ***sombre*** *pressentiment* (funeste) ;
- *un* ***triste*** *personnage* (sans valeur) ; *un personnage* ***triste*** (qui n'est pas gai).

## 3 La place des adjectifs numéraux ordinaux

▸ Ils se placent généralement devant le nom :

*il habite au* ***troisième*** *étage ; c'est leur* ***deuxième*** *fille.*

▸ *Dernier* est généralement assimilé à un numéral ordinal et on le place également avant le nom :

*c'est leur* ***dernière*** *fille.*

▸ *Premier* suit le nom lorsqu'il accompagne le nom d'un roi ou quand il signifie « originel, primitif » :
*François* ***premier*** *(François Ier) ; des matières* ***premières****.*

– *Premier* et *dernier* suivent le nom quand ils s'emploient avec *semaine, jour, année...* pour situer un événement par rapport au moment où l'on parle :
*il est venu la semaine* ***dernière*** ; mais *il est venu la* ***dernière*** *semaine de novembre.*

## 4 Emploi de l'adjectif numéral ordinal ou du déterminant numéral cardinal

▸ Avec les noms de jours, d'années, de rois, on emploie souvent un numéral cardinal *(un, deux, trois...)* au lieu d'employer un numéral ordinal *(premier, deuxième, troisième...) :*
- *le 25 avril,* pour *le vingt-cinquième (jour) d'avril ;*
- *Louis XIV,* pour *Louis le quatorzième.*

▸ Avec les noms désignant des parties d'ouvrages littéraires *(chapitre, tome, acte...),* on peut employer indifféremment le numéral cardinal ou le numéral ordinal, celui-ci pouvant être placé avant ou après le nom :
*j'en suis au chapitre trois ; j'en suis au chapitre troisième ; j'en suis au troisième chapitre.*

▸ Quand les cardinaux qui normalement varient *(un, vingt, cent)* ont valeur d'ordinal, ils restent invariables :
*ouvrez votre livre page quatre-vingt puis page deux cent ; pour aller à la Bastille, prenez le métro, ligne un.*

## 5 Les adjectifs sans comparatif

▸ Les adjectifs qui sont en eux-mêmes des comparatifs ne peuvent être accompagnés des adverbes de comparaison *plus, moins, aussi.* C'est le cas de :
*antérieur, extérieur, inférieur, intérieur, majeur, meilleur, mineur, moindre, pire, postérieur, supérieur, ultérieur.*

▸ On peut cependant exprimer l'idée du comparatif à l'aide d'autres adverbes :
*c'est* ***bien meilleur*** *ainsi* (et non **c'est plus meilleur) ; c'est* ***encore pire****.*

▸ De même, on n'emploie pas *plus, moins, aussi* avec des adjectifs qui indiquent une relation (un conseil municipal ne peut pas être *plus municipal* ou *moins municipal* qu'un autre) ou avec des adjectifs dont le sens exclut toute idée de comparaison (un groupe est *entier* ou ne l'est pas ; il ne peut pas l'être *plus* ou *moins*).

▸ Mais, quand ils sont pris dans un sens figuré ou dans un sens atténué, certains de ces adjectifs peuvent être modifiés par un adverbe comparatif :
*Paul était beaucoup* ***plus entier*** *il y a quelques années ; il est* ***plus pondéré*** *maintenant.*

## 6 Le complément du comparatif

▸ Il peut y avoir ellipse du verbe dans la proposition complément introduite par *que.* S'il n'y a pas ellipse, généralement, on reprend la proposition principale par le pronom neutre *le* et on emploie le *ne* explétif dans la proposition complément :
*c'est plus difficile que prévu* (ou *c'est plus difficile qu'il ne l'avait prévu).*

## 7 Les adjectifs sans superlatif

Certains adjectifs ne peuvent pas être accompagnés de *le plus, le moins.* Ce sont les mêmes que les adjectifs sans comparatif.

## 8 Le complément du superlatif

▸ Le complément du superlatif est un nom introduit par *de* (parfois aussi *entre* ou *parmi*) ou une proposition généralement au subjonctif introduite par *que :*
- *Natacha est la plus âgée* ***de ses filles*** *;*
- *c'est le meilleur ami* ***que je lui connaisse*** (ou *que je lui connais).*

# L'accord de l'**adjectif**

## 9 L'accord en genre

▸ L'adjectif s'accorde en genre avec le ou les noms auxquels il se rapporte :
*il porte une veste vert**e** ; il porte une veste et une chemise vert**es**.*

– Mais, si un même adjectif qualifie plusieurs noms de genres différents, il se met au masculin pluriel :
*il porte une veste et un pantalon vert**s**.*

▸ L'adjectif peut être employé avec plusieurs noms, mais ne se rapporter qu'à un seul.

– Dans ce cas, l'accord se fait avec ce nom :
*il porte une veste et un pantalon **vert*** (seul le pantalon est vert, la couleur de la veste n'est pas précisée).

## 10 L'accord en nombre

▸ L'adjectif s'accorde en nombre avec le nom auquel il se rapporte :
*les joueurs les plus sagace**s** ont été récompensés.*

▸ Lorsque l'adjectif est employé avec plusieurs noms coordonnés (qu'ils soient au singulier ou au pluriel), il se met au pluriel :
*il a encore sa grand-mère et son grand-père maternel**s**.*

– Mais, si l'adjectif ne qualifie qu'un seul nom parmi ces noms coordonnés, il s'accorde alors avec ce seul nom :
*les joueurs et l'arbitre **grisonnant** couraient sur le stade.*

▸ Un nom pluriel peut être qualifié par deux (ou plus) adjectifs singuliers :
*le phénomène est apparu aux **dix-neuvième** et **vingtième** siècles.*

▸ Si l'ensemble des noms est constitué de plusieurs noms au singulier désignant la même chose, l'adjectif s'accorde avec le dernier nom :
*ils découvrirent un manoir, un château, une bâtisse **importante.***

▸ Si le nom a un complément introduit par *de*, l'accord de l'adjectif se fait avec le nom ou avec son complément selon que l'adjectif se rapporte à l'un ou à l'autre :
- *les joueurs de l'équipe **néerlandaise*** (c'est l'équipe qui est néerlandaise) ;
- *les joueurs de l'équipe **épuisés*** (ce sont les joueurs qui sont épuisés).

## 11 L'adjectif employé comme adverbe

▸ On peut employer certains adjectifs comme adverbes. En principe, ils sont alors invariables :
- *des cheveux coupés **court** ;*
- *ces voitures sont vendues beaucoup plus **cher** que l'année dernière.*

– Les principaux adjectifs s'employant fréquemment comme adverbes sont les suivants :

| | | | |
|---|---|---|---|
| bon | creux | fort | plein |
| chaud | droit | froid | raide |
| cher | dru | haut | ras |
| chic | dur | juste | triste |
| clair | faux | mauvais | |
| court | fin | menu | |

▸ Certains, comme *bon, frais, grand, large,* sont cependant traditionnellement accordés dans des locutions figées :
- *il avait laissé la fenêtre **grande** ouverte ;*
- *ses invités lui offrirent un bouquet de fleurs **fraîches** écloses.*

## 12 Les adjectifs de couleur simples

▸ Comme tous les adjectifs, ils s'accordent en nombre et en genre avec le nom auquel ils se rapportent :

*une lumière* ***blanche*** *; des pommes* ***vertes*** *; les joues* ***rouges****.*

– Outre les adjectifs de couleur très courants tels que *vert, jaune, rouge,* on compte parmi les adjectifs : *beige, vermeil, incarnat, fauve, écru, bai,* etc. :

*des roses* ***incarnates*** *; une bouche* ***vermeille****.*

◗ Les adjectifs d'origine étrangère restent invariables. C'est notamment le cas de *kaki* et de *auburn :*

*des cheveux* ***auburn*** *; des tenues de combat* ***kaki.***

◗ *Châtain* est un adjectif qui prend un *s* au pluriel, mais dont le féminin est le plus souvent sous la forme *châtain* (rarement, *châtaine*) :

*une jeune fille* ***châtain.***

## 13 Les noms de couleur employés comme adjectifs

◗ Certains noms communs, désignant le plus souvent une plante, un minéral, etc., sont employés adjectivement pour évoquer une couleur. Dans ce cas, ils ne s'accordent pas :

*des yeux* ***noisette*** *; des tissus* ***paille*** *; une paire de gants* ***crème.***

◗ C'est notamment le cas pour *marron* et *orange* employés très couramment avec une valeur d'adjectif de couleur et qui ne doivent jamais s'accorder :

*une veste* ***marron*** *; des vestes* ***marron*** *; des complets* ***marron*** *; des dossards* ***orange.***

◗ Les principaux noms qui restent invariables quand ils sont employés comme adjectifs de couleur sont les suivants :

| | | | |
|---|---|---|---|
| abricot | chocolat | marengo | prune |
| absinthe | ciel | marine | puce |
| acajou | citron | marron | réséda |
| amarante | cobalt | mastic | rouille |
| améthyste | coquelicot | miel | sable |
| anthracite | corail | mirabelle | safran |
| ardoise | crème | moutarde | sang-de-bœuf |
| argent | crevette | nacarat | saphir |
| aubergine | cuisse-de-nymphe | nacre | saumon |
| aurore | cuivre | noisette | sépia |
| azur | cyclamen | ocre | serin |
| banane | ébène | olive | soufre |
| bistre | émeraude | or | tabac |
| bitume | feuille-morte | orange | tango |
| brique | framboise | outremer | terre-de-Sienne |
| bronze | garance | paille | tête-de-Maure |
| cachou | gorge-de-pigeon | pastel | tête-de-nègre |
| café | grenat | pastèque | thé |
| café-au-lait | groseille | pêche | tilleul |
| cannelle | havane | perle | tomate |
| capucine | indigo | pervenche | topaze |
| caramel | isabelle | pétrole | turquoise |
| carmélite | ivoire | pie | vanille |
| carmin | jade | pistache | ventre-de-biche |
| céladon | jonquille | pivoine | vermillon |
| cerise | kaki | platine | vert-de-gris… |
| chair | lavande | poivre et sel | |
| chamois | lie-de-vin | pomme | |
| champagne | magenta | ponceau | |

### 14 Le cas de la couleur exprimée par plusieurs mots

◗ Si l'expression de la couleur se fait à l'aide de plusieurs mots, tous restent invariables :

*des rideaux* ***bleu foncé*** *; des affiches* ***bleu-vert*** *; des coussins* ***jaune citron*** *; des bas* ***caca d'oie*** *; de la peinture* ***vieux rose.***

◗ Quand des adjectifs de couleur sont coordonnés par *et*, on fait ou non l'accord selon que l'ensemble est constitué de plusieurs couleurs (on fait l'accord) ou que l'ensemble constitue une seule teinte (on laisse invariable) :

- *des drapeaux* ***bleus, blancs et rouges*** (des drapeaux bleus, des blancs et des rouges) ;
- *des drapeaux* ***bleu, blanc et rouge*** (des drapeaux tricolores).

# L'accord des formes en **-ant**

### 15 L'adjectif verbal et le participe présent

◗ Pour savoir si l'on doit ou non accorder une forme en *-ant*, il faut distinguer l'adjectif verbal du participe présent. En effet, seuls les adjectifs verbaux s'accordent ; les participes présents sont invariables.

◗ L'adjectif verbal exprime un état, une qualité. Il peut être modifié par des adverbes qui le précèdent :

- *cochez d'une croix la case* ***correspondante ;***
- *elle est très* ***aimante.***

◗ Le participe présent est un verbe : il exprime une action et peut avoir les mêmes compléments qu'un verbe conjugué, notamment un complément d'objet direct pour les verbes transitifs. Il peut être modifié par des adverbes qui le suivent :

- *cochez d'une croix la case* ***correspondant*** *à votre choix ;*
- *les personnes* ***venant*** *souvent recevront une carte de fidélité ;*
- *vous vous reporterez au chapitre* ***précédant*** *la conclusion.*

# L'accord du **participe passé**

### 16 Le participe passé employé sans auxiliaire

◗ Le participe passé employé sans auxiliaire est considéré comme un adjectif et s'accorde en genre et en nombre avec le nom ou le pronom auquel il se rapporte :

- *confortablement* ***installée*** *dans un fauteuil, elle lisait le journal ;*
- *nous savourions ces beaux jours* ***ensoleillés.***

◗ Quelques participes employés sans auxiliaire présentent des particularités quant à leur accord. C'est le cas :

– de *approuvé, lu* et *vu* qui sont invariables quand ils figurent au bas d'un document (contrat, lettre, etc.) :

***lu et approuvé*** *le 15 mars à Paris ;*

– des participes et locutions suivants, qui prennent la valeur d'une préposition lorsqu'ils précèdent immédiatement le nom. Ils sont alors invariables :

| | | | |
|---|---|---|---|
| approuvé | ci-joint | excepté | passé |
| attendu | communiqué | lu | reçu |
| certifié | compris | non compris | supposé |
| ci-annexé | entendu | ôté | vu |
| ci-inclus | étant donné | ouï | y compris |

- ***approuvé*** *les ajouts en marge ;*
- *elles sont toutes mariées,* ***excepté*** *la cadette ;*
- ***passé*** *les derniers jours de vacances, il n'y a plus un seul touriste ;*
- ***étant donné*** *les circonstances, il a dû s'abstenir ;*

◗ Lorsque ces participes suivent le nom, ils s'accordent normalement :

- *les ajouts en marge* ***approuvés*** *;*
- *elles sont toutes mariées, la cadette* ***exceptée*** *;*
- *les derniers jours de septembre* ***passés****... ;*
- *vous trouverez votre nouvelle police d'assurance* ***ci-jointe*** *;*
- *les explications* ***étant données,*** *il s'est abstenu.*

## 17 Le participe passé des verbes conjugués avec *être*

◗ Les participes passés conjugués avec *être* s'accordent en genre et en nombre avec le sujet :

- *Alice, à quelle heure es-tu* ***sortie*** *?*
- *elle était confortablement* ***installée*** *dans son fauteuil et lisait ;*
- *ses parents avaient été* ***ravis*** *de la revoir.*

**REMARQUE** Cette règle ne s'applique pas aux verbes pronominaux qui, bien que conjugués avec *être,* suivent des règles d'accord particulières (voir aussi : *Le participe passé des verbes pronominaux,* 19).

◗ Si le sujet est un *nous* de modestie ou un *vous* de politesse (*nous* et *vous* désignent une seule personne), le participe passé reste au singulier :

- *dans cette étude, nous sommes* ***parti*** *d'une simple observation ;*
- *vous serez naturellement tout* ***excusé*** (il s'agit d'un homme).

◗ Le participe passé se met au pluriel s'il a deux sujets, et au masculin si l'un au moins des sujets est au masculin :

- *Pierre et Marie sont* ***partis*** *ce matin ;*
- *la jupe et le jupon sont* ***cousus*** *ensemble.*

## 18 Le participe passé des verbes conjugués avec *avoir*

◗ Si le verbe n'a pas de complément d'objet direct (COD) ou si le COD est placé après le verbe, le participe reste invariable :

- *tous les enfants ont* ***sauté*** *de joie en apprenant la nouvelle ;*
- *les nouveaux locataires ont* ***emménagé*** *aujourd'hui ;*
- *ils avaient* ***apporté*** *tous les documents nécessaires au dossier.*

◗ Si le verbe est précédé de son COD, le participe passé s'accorde en genre et en nombre avec ce COD :

- *quels problèmes as-tu* ***rencontrés*** *?*
- *ces œuvres, je les ai toutes* ***lues*** *;*
- *je ferai un résumé des œuvres que j'aurai* ***lues*** *;*
- *quelle énergie il aura* ***dépensée*** *pour ce projet !*

◗ Le participe passé des verbes intransitifs, transitifs indirects et impersonnels reste toujours invariable puisque ces verbes n'ont jamais de COD :

*quelles tempêtes il y a* ***eu*** *dans cette région !*

▸ Les verbes tels que *courir, valoir, coûter, peser*... restent invariables s'ils sont accompagnés d'un complément circonstanciel indiquant une mesure, un poids, une durée... (à ne pas confondre avec un COD) et s'accordent si le complément est un véritable COD :

- *les mille euros qu'a* ***valu*** *cette bague ;*
- *les récompenses que m'ont* ***values*** *ces efforts.*

▸ Le fait que le COD soit accompagné d'un attribut n'empêche pas le participe de s'accorder avec le COD qui le précède :

*ces motifs, ils les avaient* ***trouvés*** *peu convaincants.*

▸ Lorsque le participe est suivi d'un infinitif, il y a lieu de distinguer deux cas.

– Si le COD qui précède le participe est COD de l'infinitif, il n'y a pas accord :

- *les fruits que j'avais* ***espéré*** *manger* (fruits = COD de manger) ;
- *la pièce que j'ai* ***vu*** *interpréter* (pièce = COD de interpréter) ;
- *les airs qu'elle a* ***choisi*** *de chanter* (airs = COD de chanter).

– Si le COD qui précède le participe est à la fois COD du verbe conjugué et sujet de l'infinitif (dans ce cas, ce COD représente celui qui fait l'action désignée par l'infinitif), il y a accord avec le COD :

- *l'actrice que j'ai* ***vue*** *jouer* (c'est l'actrice qui fait l'action de jouer) ;
- *nous les avions* ***empêchés*** *de commettre une erreur.*

▸ Les participes *dit, supposé, affirmé*... et *cru, jugé, pensé*... sont invariables, car c'est la proposition infinitive qui est leur COD et non le pronom :

- *ces candidats qu'on a* ***supposé*** *être les meilleurs ;*
- *on les avait* ***dit*** *être infaillibles.*

▸ Si l'infinitif est sous-entendu, le participe est invariable :

*je lui ai accordé toutes les réductions que j'ai* ***pu*** (sous-entendu *lui accorder*).

▸ Le participe passé de *faire* suivi d'un infinitif est toujours invariable.

## 19 Le participe passé des verbes pronominaux

L'accord du participe passé des verbes pronominaux dépend de la valeur du pronom réfléchi.

▸ Le pronom des verbes essentiellement pronominaux (c'est-à-dire ceux qui n'auraient aucun sens sans le pronom) et celui des pronominaux de sens passif n'ayant pas de véritable fonction, le participe passé s'accorde en genre et en nombre avec le sujet :

- *elles se sont longtemps* ***souvenues*** *de cette aventure ;*
- *les produits électroménagers se sont mieux* ***vendus*** *cette année.*

– Le participe de *s'arroger* reste invariable si le COD ne le précède pas :

*elles se sont* ***arrogé*** *certains droits ;* mais *les droits qu'elles se sont* ***arrogés****.*

– Le participe de *se rendre compte* est toujours invariable :

*ils ne s'étaient* ***rendu compte*** *de rien.*

▸ Pour les pronominaux de sens réciproque (action mutuelle) et pour ceux de sens réfléchi (action sur soi-même), il y a lieu de se demander quelle est la fonction du pronom réfléchi (en transformant éventuellement la phrase à l'aide d'une construction avec *avoir*).

– Si le pronom est complément d'objet direct (COD), le participe s'accorde avec ce pronom (donc avec le sujet, puisque le pronom représente la même personne que le sujet) :

- *les enfants se sont* ***lavés*** *après le dîner* (ils ont lavé « eux ») ;
- *ils ne se sont pas* ***vus*** *depuis très longtemps* (ils ont vu « eux »).

– Si le pronom n'est pas COD, le participe ne s'accorde que si un autre COD le précède.

- *elle s'est **offert** de belles vacances* (elle a offert à elle de belles vacances : *se* n'est pas COD et *de belles vacances*, COD, est placé après le verbe) ;
- *les vacances qu'elle s'est **offertes*** (elle a offert à elle des vacances : *se* n'est pas COD et *les vacances*, COD, est placé avant le verbe).

▸ Les verbes pronominaux suivis d'un infinitif suivent la même règle que celle énoncée pour les verbes conjugués avec *avoir* dont le participe passé est suivi d'un infinitif :
- *Magali s'est **laissée** tomber* (c'est Magali qui fait l'action de tomber) ;
- *Aude s'est **laissé** prendre au piège* (Aude est COD de l'infinitif).

# Place du mot dans la phrase

## 20 Reprise ou omission du pronom personnel sujet

Lorsque plusieurs verbes se succèdent dans une phrase, la reprise ou l'omission du pronom personnel sujet dépend du lien qui existe entre les différentes propositions.

▸ Si les propositions sont juxtaposées, on répète le pronom personnel :
*__ils__ ont entendu un bruit, __ils__ sont sortis, __ils__ n'ont rien vu.*

– Cependant, si on recherche un effet de style, on peut ne pas reprendre le pronom personnel :
*__elle__ s'assit, réfléchit un instant, prit une feuille et se mit à écrire.*

▸ Si les propositions sont coordonnées, la reprise du pronom personnel n'est pas obligatoire, sauf avec les conjonctions *car* et *or* :
*__ils__ ont entendu un grand vacarme et ont senti la maison trembler ; or __ils__ ne se regardaient pas et ne disaient rien car __ils__ avaient peur.*

▸ Si le sujet est un pronom personnel inversé, il est systématiquement répété :
*avaient-__ils__ peur ou étaient-__ils__ simplement curieux ?*

– On répète également le sujet s'il s'agit du *il* impersonnel ou de *on* :
*__il__ pleuvait et __il__ ventait ; __on__ entendit la pluie et __on__ vit des éclairs.*

## 21 Reprise ou omission du pronom personnel complément

▸ Si deux verbes juxtaposés ou coordonnés ont un même pronom complément, la répétition est obligatoire aux temps simples des verbes :
*ce magazine, ils __le__ lisent et __le__ jettent.*
– Aux temps composés, la répétition du pronom n'est obligatoire que si l'auxiliaire lui-même est répété :
*ils __l'__ont lu et jeté ;* mais *ils __l'__ont lu et __l'__ont jeté.*

▸ Si les deux mêmes pronoms ont des fonctions différentes dans la phrase, il faut les répéter. Dans l'exemple ci-dessous, le premier *m'* est complément d'objet direct, le second correspond à un complément indirect :
*il __m'__a appelé puis __m'__a rendu visite* (et non **il m'a appelé puis rendu visite*).

## 22 Omission du pronom personnel réfléchi avec les verbes pronominaux

▸ Si plusieurs verbes pronominaux sont coordonnés, le pronom est obligatoirement repris :
*les enfants __se__ taquinent, __se__ chamaillent et __se__ poursuivent en s'appelant.*

▸ Le pronom personnel réfléchi d'un verbe à l'infinitif peut être omis après les verbes *faire, envoyer, laisser, mener* et *emmener :*

- *j'ai rallumé le feu qu'il a laissé éteindre* (ou *qu'il a laissé* ***s'****éteindre) ;*
- *on l'envoyait coucher de bonne heure* (ou *on l'envoyait* ***se*** *coucher...).*

## 23 Place du pronom personnel complément d'un infinitif

▸ Le pronom personnel complément d'un infinitif se place généralement entre le verbe conjugué et l'infinitif, alors qu'un groupe nominal se place après l'infinitif :

*je passerai* ***vous*** *chercher à la gare puis j'irai apporter* ***le paquet*** *à la poste.*

▸ Lorsque l'infinitif est construit avec un verbe tel que *faire, envoyer, laisser, entendre, voir, regarder,* le pronom se place avant le verbe conjugué :

- *ce paquet, je* ***le*** *ferai porter à la poste ;*
- *il aime beaucoup ce requiem ; il l'a entendu interpréter par différents chœurs ;*
- *il* ***vous*** *a envoyé chercher, mais vous étiez absent.*

– Cependant, si ce verbe est lui-même construit avec un complément d'objet direct (COD), le pronom est obligatoirement placé après le verbe si le COD est un groupe nominal :

*vous réaliserez l'expérience, puis vous laisserez les enfants* ***la*** *décrire.*

– Si le COD est un pronom personnel, l'autre pronom complément peut être placé avant le verbe ; il prend alors la forme *lui, leur :*

*vous* ***la leur*** *laisserez décrire* (au lieu de *vous* ***les*** *laisserez* ***la*** *décrire*).

## 24 Place du pronom personnel complément d'un impératif

▸ Lorsque l'impératif est à la forme affirmative, les pronoms personnels se placent après le verbe, auquel ils sont joints par un trait d'union. Le pronom complément d'objet direct précède toujours le complément d'objet indirect :

*donne-****le-moi*** (et non **donne-moi-le) ; apporte-****le-lui****.*

▸ Les pronoms *en* et *y* se placent en dernier :

*apporte-****nous-en*** *(et non *apportes-en-nous) ; fiez-****vous-y****.*

▸ Devant *en* et *y*, les pronoms des première et deuxième personnes du singulier s'élident :

*donne-****m'en*** *; fie-****t'y****.*

▸ Lorsque l'impératif est à la forme négative, les pronoms se placent toujours avant le verbe :

- *ne* ***me le*** *donne pas maintenant ;*
- *ne* ***m'en*** *donne pas maintenant ;*
- *ne* ***le lui*** *apporte pas, je m'en chargerai ;*
- *ne* ***vous y*** *fiez pas.*

## 25 Omission et répétition des prépositions

▸ Lorsque plusieurs compléments introduits par la même préposition sont coordonnés, la préposition est répétée s'il s'agit des prépositions *à, de* ou *en* :

*il se consacrait* ***au*** *modélisme,* ***au*** *jardinage et* ***à*** *la pêche.*

▸ S'il s'agit d'une autre préposition, on l'omet généralement dans la coordination :

- *il s'engagea* ***dans*** *des enfilades de pièces sombres, des couloirs interminables et des successions d'escaliers sans lumière ;*
- *elle est très appréciée* ***par*** *ses collègues et ses supérieurs hiérarchiques.*

– La répétition peut se faire en vue d'obtenir un effet de style, soit pour insister sur chacun des compléments, soit pour marquer une opposition ou une alternative :

- *elle insista* ***pour*** *y aller,* ***pour*** *s'occuper de tout,* ***pour*** *en finir vite ;*
- *allait-il mourir* ***par*** *le fer ou* ***par*** *le feu ?*

## 26 Inversion du groupe nominal sujet dans les phrases affirmatives

Dans les phrases affirmatives, le sujet, qui, le plus souvent, précède le verbe, peut être rejeté après celui-ci dans la langue écrite soutenue quand la phrase commence par l'attribut, le verbe, un adverbe ou un complément, ou encore un adjectif épithète détaché :

- *tel fut* ***son étonnement*** *qu'il resta coi ;*
- *« Vienne* ***la nuit****, sonne* ***l'heure*** *»* (Apollinaire) ;
- *en février partiront* ***les oies bernaches ;***
- *seuls seront pris en compte* ***les progrès effectués.***

## 27 Inversion du groupe nominal sujet dans les phrases interrogatives

▸ Dans les phrases interrogatives totales non introduites par *est-ce que*, le sujet n'est pas inversé, mais il est repris par un pronom personnel placé après le verbe :

***le train*** *partira-t-****il*** *à l'heure ?*

– Quand ces phrases sont introduites par *est-ce que*, le sujet n'est ni inversé ni repris par un pronom personnel :

*est-ce que* ***le train*** *partira à l'heure ?*

▸ Dans les phrases interrogatives partielles, si la phrase commence par une interrogation portant sur le sujet, le sujet n'est jamais repris :

- ***quel salarié*** *accepterait ces conditions ?* (et non *quel salarié accepterait-il ces conditions ?*)
- ***combien de personnes*** *seront présentes ?* (et non *combien de personnes seront-elles présentes ?*)

– Si la phrase commence par *que* ou *quel* attributs, il y a inversion du sujet :

- *que deviendront tous* ***ces jeunes*** *?*
- *quel est* ***leur avenir*** *?*

– Avec *pourquoi*, le sujet est placé avant le verbe, mais il est repris par un pronom personnel :

*pourquoi* ***les spectateurs*** *rient-****ils*** *?*

– Avec tous les autres mots introduisant une interrogation partielle, on peut indifféremment faire l'inversion du sujet, ou laisser celui-ci avant le verbe et le reprendre ensuite par un pronom :

*où va* ***le train*** *?* (ou *où* ***le train*** *va-t-****il*** *?*)

## 28 Inversion des pronoms personnels et de *ce* ou *on* sujets

▸ Dans les phrases affirmatives, à l'écrit, on fait généralement l'inversion du pronom quand la phrase commence par *à peine, encore moins, et encore, peut-être, sans doute, tout au plus :*

*peut-être aura-t-****elle*** *oublié notre rendez-vous.*

– L'inversion peut également se faire après *ainsi, aussi, aussi bien, au moins, du moins, pour le moins, à plus forte raison, a fortiori, en vain :*

*il n'aime pas les légumes ; encore moins les supporte-t-****il*** *bouillis.*

▸ L'inversion est obligatoire dans *toujours est-il :*

*toujours est-****il*** *que le temps a passé.*

– Elle est également obligatoire après *encore* quand *encore* a une valeur de restriction :

*elle a le choix ; encore faut-****il*** *qu'elle se décide rapidement.*

▸ Dans les phrases interrogatives, le pronom est normalement inversé, sauf si la phrase est introduite par *est-ce que :*

*veux-****tu*** *y aller ? quand peut-****on*** *partir ? à quelle période est-****ce*** *le mieux ?* mais *est-ce que* ***tu*** *peux y aller ? quand est-ce qu'****on*** *peut partir ? À quelle période est-ce que* ***c****'est le mieux ?*

# L'emploi du **verbe**

## 29 Verbes transitifs qui n'ont pas de passif

Quelques verbes transitifs font exception à la règle et ne se conjuguent pas à la forme passive :

*accroire, comporter, dénier, férir, poindre, pouvoir, ravoir, revaloir, valoir.*

## 30 Infinitif sans préposition

Les verbes suivants peuvent se construire avec un infinitif sans préposition :

accourir
adorer
affirmer
aimer
aller
apercevoir
assurer
avoir beau
avouer
compter
confesser
courir
croire
daigner
déclarer
descendre
désirer
détester
devoir
dire
écouter
entendre
envoyer
espérer
estimer
être *(au sens de aller)*
faillir
faire
falloir
se figurer
s'imaginer
laisser
mener
monter
oser
partir
penser
pouvoir
préférer
présumer
prétendre
se rappeler
reconnaître
regarder
rentrer
retourner
revenir
savoir
sentir
supposer
venir
voir
vouloir
...

## 31 Emploi des temps surcomposés

Les temps surcomposés sont utilisés dans la langue parlée, avec une connotation régionale ou populaire assez sensible, ou, à l'inverse, dans la langue littéraire.

– Les temps surcomposés indiquent que l'action s'est passée avant une autre exprimée elle-même à un temps composé :

*dès que j'**ai eu fini** les travaux, j'ai emménagé.*

## 32 Emploi du subjonctif dans les propositions principales

▸ Le verbe principal se met au subjonctif :

– à la place de l'impératif, pour exprimer un ordre aux troisièmes personnes du singulier et du pluriel :

*qu'ils viennent !*

– pour exprimer un souhait, un vœu :

*que le temps vous soit clément !*

▸ On emploie également le subjonctif pour marquer une condition ou une concession :

*qu'il se **mette** à pleuvoir et je fais un malheur.*

## 33 Emploi du subjonctif dans les propositions subordonnées conjonctives

▸ L'emploi le plus fréquent du subjonctif se fait dans les subordonnées. Cet emploi est commandé soit par le verbe (ou la locution verbale) de la principale, soit par la conjonction ou la locution conjonctive qui introduit la proposition :

*- il faut que tu y **ailles** ;*
*- j'ai tout prévu afin qu'il n'y **ait** pas d'histoires.*

▶ Lorsque le verbe de la proposition principale est à la forme négative ou interrogative, le subjonctif de la subordonnée exprime une nuance d'incertitude ou de doute :
- *je ne crois pas qu'il **vienne** demain ;*
- *penses-tu que ce **soit** à toi de le lui dire ?*

▶ Certains verbes et locutions sont obligatoirement construits avec le subjonctif (quand ils ne le sont pas avec l'infinitif) :
*ils s'étonnent que ce **soit** si facile ; nous craignons qu'il ne **pleuve**.*
– Il s'agit des verbes suivants :

| | |
|---|---|
| aimer | faire attention |
| approuver | falloir |
| attendre | importer |
| avoir envie | ordonner |
| craindre | interdire |
| demander | permettre |
| déplorer | préférer |
| désirer | prendre garde |
| douter | refuser |
| s'étonner | regretter |
| être d'accord pour | souhaiter |
| | tenir à |
| exiger | vouloir |

▶ Certaines conjonctions et locutions conjonctives entraînent obligatoirement l'emploi du subjonctif :
*il est parti sans que tu **aies été prévenu**.*
– Il s'agit de :

| | |
|---|---|
| à condition que | encore que |
| à moins que | jusqu'à ce que |
| à supposer que | non pas que |
| afin que | pour éviter que |
| avant que | pour peu que |
| bien que | pour que |
| de crainte que | pourvu que |
| de façon que | quoique |
| de peur que | sans que |
| en admettant que | si tant est que |
| en attendant que | soit que... soit que... |

**REMARQUE** *Après que,* au contraire de *avant que,* demande l'indicatif et non le subjonctif, puisque l'état ou l'action sont réalisés :
*il a répondu après qu'elle lui **a expliqué** l'ensemble du problème.*

## 34 Emploi du subjonctif dans les propositions relatives

▶ Le mode utilisé dans la proposition relative dépend du sens de la phrase. Si la relative exprime le souhait, la conséquence, le but, ou toute autre idée non réalisée, la relative est au subjonctif :
*elle cherche quelqu'un qui ne **puisse** pas se tromper.*
– Sinon, elle est à l'indicatif :
*elle connaît quelqu'un qui ne **peut** pas se tromper.*

▶ Dans les propositions relatives compléments de superlatifs ou de mots comparables, comme *le (la) seul(e), l'unique,* le verbe est en général au subjonctif :
- *voici le lac le plus profond que l'on **connaisse** ;*
- *il est le seul qui ne puisse pas se tromper.*

## 35 Emploi du subjonctif dans les propositions sujets

▶ Lorsque le sujet d'un verbe est constitué par une proposition introduite par *que,* le verbe de celle-ci est obligatoirement au subjonctif :
*qu'il ne **sache** pas cela est inconcevable.*

## 36 Emploi de l'imparfait du subjonctif

L'imparfait du subjonctif s'emploie de moins en moins, tant dans la langue écrite (sauf dans le registre très soutenu) que dans la langue parlée. Si son emploi reste légitime, il est rarement spontané ; on le remarque toujours, alors que son absence passe inaperçue. Il en est de même pour le plus-que-parfait du subjonctif.

**REMARQUE** Il indique que l'action de la subordonnée se passe en même temps que ou après celle de la principale. Si on veut l'éviter, il faut le remplacer par le présent du subjonctif :
*j'aurais aimé qu'il **vînt** (ou, plus courant, j'aurais aimé qu'il **vienne**).*

# La **concordance** des temps

## 37 Entre le verbe principal et une subordonnée au subjonctif

▸ Quand le verbe principal est au présent (indicatif ou conditionnel) ou au futur, le verbe de la subordonnée se met au présent :
- *nous souhaitons que le responsable **soit** présent à la réunion ;*
- *nous souhaiterions que le responsable **soit** présent à la réunion.*

– Pour exprimer un fait antérieur, on emploie le passé du subjonctif :
*le professeur doute que les élèves **aient appris** leurs leçons.*

**REMARQUE** Dans le cas du verbe principal au conditionnel présent, on emploie aussi l'imparfait ou le plus-que-parfait du subjonctif :
*Nous souhaiterions qu'il **fût** présent à la réunion.*

▸ Quand le verbe principal est à un temps du passé (indicatif ou conditionnel), le verbe de la subordonnée se met en principe à l'imparfait du subjonctif :
- *nous avions souhaité que le responsable **fût** présent à la réunion ;*
- *nous aurions souhaité que le responsable **fût** présent à la réunion.*

– Pour exprimer un fait antérieur à celui exprimé par le verbe de la proposition principale, on emploie le plus-que-parfait du subjonctif :
*le professeur doutait que les élèves **eussent appris** leurs leçons.*

**REMARQUE** Dans les deux cas ci-dessus, il est admis d'employer un présent du subjonctif, notamment pour des formes peu courantes :
*il voulait que vous **assistiez** à la réunion* (plus courant que : *que vous assistassiez).*

## 38 Entre le verbe principal et une subordonnée de condition introduite par *si*

▸ Quand le verbe de la proposition principale est au présent ou au futur, la subordonnée introduite par *si* est au présent de l'indicatif :
*nous résorberons le déficit si les ventes **augmentent**.*

▸ Quand il est au conditionnel présent, la subordonnée est à l'imparfait de l'indicatif :
*nous résorberions le déficit si les ventes **augmentaient**.*

▸ Quand il est au conditionnel passé (formé avec l'auxiliaire au présent du conditionnel et le participe passé), la subordonnée est au plus-que-parfait de l'indicatif :
*nous aurions résorbé le déficit si les ventes **avaient augmenté**.*

**REMARQUES**

1. La subordonnée de condition introduite par *si* n'est jamais au futur ni au conditionnel : *si j'***avais su** (et non **si j'aurais su*).

2. Les règles ci-dessus peuvent être formulées du point de vue de la proposition subordonnée : quand le verbe de la subordonnée est au présent de l'indicatif, le verbe de la principale est au présent ou au futur, etc.

# L'accord du **verbe**

## 39 Accord du verbe en personne

Lorsqu'un sujet représente deux personnes différentes, le verbe se met toujours au pluriel, en accord avec la personne (1re personne, 2e personne, 3e personne) du rang le plus petit :

- *toi et moi partirons* (2e et 1re personnes → 1re personne) ;
- *lui et moi partirons* (3e et 1re personnes → 1re personne) ;
- *toi et lui partirez* (2e et 3e personnes → 2e personne) ;
- *vous et moi partirons* (2e et 1re personnes → 1re personne) ;
- *eux et moi partirons* (3e et 1re personnes → 1re personne) ;
- *vous et eux partirez* (2e et 3e personnes → 2e personne).

## 40 Accord du verbe en nombre s'il y a plusieurs sujets

▸ Si le verbe a plusieurs sujets, on le met au pluriel, même si chacun des sujets est au singulier :

*ma voisine et son mari* ***sont*** *venus nous voir.*

▸ Si le sujet est constitué de plusieurs groupes au singulier désignant la même chose, le verbe reste au singulier :

*un air, un chant lointain et inconnu, une mélodie infiniment douce* ***s'éleva.***

▸ Après plusieurs sujets introduits chacun par *aucun, chaque, nul* ou *tout* répétés, le verbe s'accorde avec le dernier sujet :

*nulle route, nulle bâtisse, nul aménagement ne* ***troublait*** *le paysage.*

## 41 Accord du verbe après un nom collectif

Un nom collectif est un nom singulier qui désigne un ensemble de personnes ou de choses. Il est le plus souvent suivi d'un complément au pluriel.

▸ Quand le sujet est constitué d'un nom collectif précédé de *un, une* (*armada, armée, bataillon, essaim, flopée, flot, foule, foultitude, infinité, kyrielle, légion, masse, multitude, myriade, nuée, paquet, pléiade, quantité, ribambelle, tas, tripotée*), on hésite souvent entre faire l'accord avec le nom (selon la syntaxe, donc au singulier), et le faire avec le complément (selon le sens, donc au pluriel). Les deux accords sont le plus souvent possibles :

- *une douzaine de sacs* ***manquaient*** (ou *une douzaine de sacs* ***manquait***) ;
- *une foule de touristes* ***se pressaient*** (ou *se* ***pressait***) *sur la place.*

▸ Quand le nom collectif est précédé de *le, la* ou de *ce, cette,* l'accord se fait généralement au singulier :

*la foule des curieux* ***se pressait*** *sur la place ; cette foule de curieux* ***fut dispersée*** *par la pluie.*

▸ On fait toujours l'accord avec le complément quand le sujet est construit avec un mot ou une locution exprimant la quantité :

- *nombre de retraités* ***s'ennuient****, mais la plupart* ***ne se sont pas préparés*** *à la retraite ;*
- *force ouvriers* ***furent employés****, trop y* ***laissèrent*** *leur santé.*

– Voici des mots commandant l'accord avec le complément :

| | | |
|---|---|---|
| assez (de) | force | quantité (de) |
| beaucoup (de) | la plupart (des) | tant (de) |
| bien des | nombre (de) | trop (de) |
| combien (de) | peu (de) | |

# L'expression du **but**

## 42 Avec une préposition, une conjonction, une locution, un pronom relatif

◗ à, pour, contre :

- *j'ai une lettre* ***à*** *poster. Achète une poudre* ***à*** *récurer ;*
- *elle s'entraîne* ***pour*** *le match* (syn. en vue de). *Prends une savonnette* ***pour*** *ta toilette ;*
- *il a voté* ***contre*** *le projet.*

◗ pour, pour que, afin de, afin que, que :

- *il a pris un raccourci* ***pour*** *arriver /* ***afin d'****arriver le premier ;*
- *donne-moi l'heure d'arrivée de ton train* ***pour que*** */* ***afin que*** *j'aille te chercher ;*
- *viens ici* ***que*** *je te prenne en photo !*

– *Pour* et *afin de* s'emploient avec un verbe à l'infinitif qui a le même sujet que le verbe de la proposition principale.

– Les locutions *pour que, afin que* et *que* sont suivies d'un verbe au subjonctif et les deux verbes ont des sujets différents.

◗ pour ne pas, afin de ne pas, pour que... ne... pas, afin que... ne... pas, de peur de, de crainte de, de peur que, de crainte que :

- *nous sommes partis très tôt* ***pour ne pas*** *rouler la nuit ;*
- *elle a fermé la porte de sa chambre* ***pour qu'****on* ***ne*** *voie* ***pas*** *le désordre ;*
- *il ne sort jamais la nuit* ***de peur d'****être agressé /* ***de peur qu'****on ne l'agresse ;*
- *je ne suis pas venue hier* ***de peur de*** *vous déranger ;*
- *elle ne s'est pas présentée* ***de crainte d'****avoir à s'expliquer /* ***de crainte qu'****on lui demande de s'expliquer.*

– Ces locutions introduisent un but à éviter.

– *Pour ne pas, afin de ne pas, de peur de* et *de crainte de* sont suivis de l'infinitif et les deux verbes ont le même sujet.

– *Pour que... ne... pas, afin que... ne... pas, de peur que, de crainte que* s'emploient avec le subjonctif et les deux verbes ont des sujets différents.

◗ dans le but de, dans l'intention de, en vue de, à dessein de, à seule fin de, histoire de :

- *ils sont partis à la campagne* ***dans le but d'****être au calme* (syn. pour, afin de) ;
- *il a accompagné sa fille* ***dans l'intention de*** *la surveiller* (syn. pour, en vue de) ;
- *nous travaillons* ***en vue de*** *réussir notre examen ;*
- *je vous contacterai* ***à dessein de*** *vous entretenir d'un sujet important ;*
- *ces déclarations sont faites* ***à seule fin de*** *servir de témoignage ;*
- *elle est sortie dans la rue,* ***histoire de*** *prendre l'air.*

– *À dessein de* appartient à la langue littéraire. *Histoire de* est d'un emploi familier.

– *À seule fin de* est à réserver à la langue administrative et peut être remplacé par *seulement afin de.*

◗ de manière à, de manière que, de façon à, de façon que, en sorte que :

- *il travaille le samedi* ***de manière à*** *être libre le lundi ;*
- *écris-moi* ***de manière (à ce) que*** *je reçoive ta lettre avant mardi ;*
- *travaillez* ***de façon à*** *réussir ;*
- *faites* ***en sorte qu****'on ne vous entende pas.*

– *De manière à ce que, de façon à ce que* sont des locutions critiquées mais courantes et employées par de nombreux écrivains.

– *De manière que, de façon que, en sorte que* se construisent avec le subjonctif.

◗ qui :

*je cherche un mécanicien* ***qui*** *sache réparer ce modèle.*

## 43 Avec un nom

but, dessein, fin, finalité, idéal, intention, objectif, objet, perspective, point de mire, projet, propos, résolution, résultat, terme, visée, vue... :

*elle s'est fixé un* ***but****. Il a agi ainsi dans le* ***dessein*** *de l'humilier. Qui veut la* ***fin*** *veut les moyens* (proverbe). *L'entreprise a défini les* ***objectifs*** *de sa politique commerciale. Elle a un nouveau poste en* ***vue****...*

– *Fin* et *visée* s'emploient le plus souvent au pluriel :

*parvenir à ses* ***fins*** *; avoir des* ***visées*** *politiques.*

– *Propos* s'emploie au singulier et appartient à la langue soutenue :

*il n'est pas dans mon* ***propos*** *de le critiquer.*

## 44 Avec un verbe

aboutir à, aspirer à, atteindre, parvenir à, poursuivre, prétendre, se proposer de, tâcher de, tendre à, viser à... :

***aboutir à*** *un résultat.* ***Atteindre, poursuivre*** *un objectif.* ***Parvenir à*** *un accord.* ***Tendre à*** *la perfection. Ces mesures* ***visent à*** *satisfaire le public.*

– L'expression *poursuivre un but*, bien que courante, est critiquable (on ne « poursuit », en principe, que ce qui bouge). On dira plutôt *poursuivre un objectif, tendre vers un but* ou *se fixer un but.*

# L'expression de la **cause**

## 45 Avec une conjonction, une préposition, un adverbe

◗ parce que :

- *je veux vivre avec toi* ***parce que*** *je t'aime ou* ***c'est parce que*** *je t'aime que je veux vivre avec toi ;*
- *j'ai préféré vous voir* ***parce qu****'il m'était difficile de m'expliquer par téléphone.*

– *Parce que* est le plus fréquemment employé.

– Pour mettre la cause en relief, on recourt à *c'est parce que...*

◗ car :

*je veux vivre avec toi* ***car*** *je t'aime.*

*Car* n'est jamais employé en début de phrase.

◗ comme :

- ***comme*** *je t'aime, je veux vivre avec toi ;*
- ***comme*** *il m'était difficile de m'expliquer par téléphone, j'ai préféré vous voir.*

– *Comme* peut remplacer *parce que*. La phrase exprimant la cause précède alors celle qui traduit la conséquence :

*comme il l'aime,* ***il est heureux avec elle = il est heureux avec elle,*** *parce qu'il l'aime.*

▸ en effet :

*j'ai préféré vous voir ;* ***en effet,*** *il m'était difficile de m'expliquer par téléphone* ou *j'ai préféré vous voir ; il m'était* ***en effet*** *difficile de...*

**REMARQUE Attention à la ponctuation entre les deux membres de la phrase.**

▸ non que (nie une cause) :

*je vous accompagnerai au concert de rock.* ***Non que*** *je sois passionné par ce genre de musique...*

– *Non que* s'emploie avec le subjonctif et évite la lourdeur de *ce n'est pas que je sois...*

▸ puisque :

*je pars,* ***puisque*** *tu ne veux pas comprendre* ou ***puisque*** *tu ne veux pas comprendre, je pars.*

**REMARQUE L'ordre des propositions est indifférent.**

▸ dès lors que :

***dès lors que*** *toute communication devenait impossible, il préféra partir.*

– *Dès lors que que* comporte une nuance de temps.

▸ étant donné (que) :

- ***étant donné que*** *les événements nous donnent tort, nous modifierons notre plan ;*
- ***étant donné*** *les circonstances, nous reportons la réunion* (syn. en raison de).

**REMARQUE L'ordre des propositions est indifférent.**

▸ vu (que) :

- *il faut renoncer à cette dépense,* ***vu que*** *les crédits sont épuisés* (syn. puisque) ;
- *vu l'heure tardive, il a fallu ajourner la discussion* (syn. en raison de).

**REMARQUE *Étant donné* et *vu* sont invariables devant un nom. Ces prépositions font cependant l'objet de tolérances orthographiques.**

▸ attendu (que) :

- ***attendu que*** *le prévenu est reconnu coupable des faits, il est condamné à verser 5 000 € de dommages et intérêts à la partie civile* (syn. étant donné que, vu que) ;
- ***attendu*** *la situation, les élus se sont réunis d'urgence* (syn. étant donné, vu).

– *Attendu* est à réserver au style administratif ou juridique. C'est une préposition et elle reste invariable devant un nom.

▸ sous prétexte que, de :

- ***sous prétexte qu****'il avait un rendez-vous important, il a annulé la réunion ;*
- ***sous prétexte de*** *nous indiquer le chemin, elle s'est fait inviter.*

– *Sous prétexte* introduit une raison invoquée pour cacher la cause réelle. L'ordre des propositions est indifférent.

▸ par, pour, de, à cause de, pour cause de :

- ***par*** *amour, elle sacrifia sa carrière ;*
- *il a été condamné* ***pour*** *infraction au Code pénal* (ou ***pour*** *avoir enfreint la loi) ;*
- *elle pleurait* ***de*** *bonheur ;*
- *il est fou* ***de*** *joie ;*
- *la réunion est reportée* ***à cause de*** *la grève* (syn. en raison de) ;
- *magasin fermé* ***pour cause de*** *décès.*

– *Pour cause de* s'emploie dans le style administratif ou les annonces.
– *À cause de* introduit toujours une cause défavorable.

▸ faute de :
***faute d'****argent, il a renoncé à ce voyage* (= à cause du manque d'argent).

– *Faute de* énonce une cause qui est un manque.

▸ grâce à, en raison de, par suite de :
- ***grâce à*** *votre intervention, j'ai obtenu satisfaction ;*
- ***en raison des*** *circonstances, la cérémonie est annulée* (syn. étant donné, vu) ;
- ***par suite des*** *pluies, la rivière a débordé.*

– *Grâce à* introduit toujours une cause favorable. Ne pas confondre *par suite de* et *à la suite de* qui signifie « après ».

▸ alors :
*il était indécis ;* ***alors*** *je lui ai donné d'autres arguments.*

REMARQUE Attention à la ponctuation entre les deux membres de la phrase.

▸ tellement, tant :
- *on aurait dit qu'elle allait pleurer,* ***tellement*** *elle était émue ;*
- *il a oublié de te prévenir,* ***tant*** *il était occupé.*

– *Tant* est plutôt réservé à la langue littéraire.

## 46 Avec un nom

▸ pour désigner un fait : *agent, cause, facteur, mobile, motif, origine, point de départ, pourquoi, prétexte, raison...*
*les enzymes sont les* ***agents*** *des fermentations. Cet événement est la* ***cause*** *de leur brouille. Son intervention a été un* ***facteur*** *de discorde. Le* ***pourquoi*** *de toutes choses.*

▸ pour désigner un être : *artisan, auteur, créateur (trice), initiateur (trice), inspirateur (trice), instigateur (trice), promoteur, responsable* (n. et adj.)... :

*il a été l'****artisan*** *de la victoire. On recherche l'****auteur*** *de l'attentat. Les* ***instigatrices*** *du complot ont été arrêtées. Pierre est le* ***promoteur*** *de cette réforme* (syn. initiateur, inspirateur). *On a retrouvé le* ***responsable*** *de l'accident.*

REMARQUE *Promoteur* est souvent employé dans un sens favorable et *responsable* dans un sens défavorable.

## 47 Avec un verbe

amener, attirer, causer, créer, déclencher, déterminer, donner lieu à, engendrer, entraîner, faire naître, motiver, occasionner, procurer, produire, provoquer, susciter... :
*la crise risque d'****amener*** *des problèmes sociaux* (syn. engendrer, entraîner, provoquer). *Cette affaire lui* ***a attiré*** *de graves ennuis. Ses dépenses inconsidérées* ***ont occasionné*** *la ruine de la famille. Cette situation lui* ***procure*** *de nombreux avantages.*

REMARQUE *Occasionner* est souvent employé dans un sens défavorable et *procurer* dans un sens favorable.

# L'expression de la **comparaison**

## 48 Avec une conjonction, une locution, une préposition, un adverbe

▸ comme, tel (telle) que :

*il est rouge* ***comme*** *une tomate. Ce livre se lit comme un* ***roman****. Tu as agi comme Pierre /* ***comme*** *lui /* ***comme*** *il l'a fait /* ***comme*** *il l'aurait fait. Il ment comme il respire. Un homme tel que lui ne se laisse pas abattre* (syn. comme).

– *Comme* peut introduire un nom, un pronom, un verbe à l'indicatif ou au conditionnel.

– *Tel que* peut aussi exprimer l'idée de conséquence :

*le risque n'est pas* ***tel qu'****il faille abandonner le projet.*

▸ ainsi que :

*la famille allait se promener au bois,* ***ainsi qu'****elle le faisait chaque dimanche* (syn. comme). *Le français* ***ainsi que*** *l'italien dérivent du latin.*

– Le verbe est au singulier quand la comparaison introduite par *ainsi que* est placée entre virgules :

*le français,* ***ainsi que*** *l'italien, dérive du latin.*

▸ de même que, aussi bien que :

***de même qu'****un siècle influe sur un homme, un homme influe sur un siècle. Cette information concerne les habitants des villes* ***aussi bien que*** *ceux des campagnes* (syn. tout autant que).

▸ aussi... que, si... que :

*elle est* ***aussi*** *bavarde* ***que*** *son frère. Elle est* ***aussi*** *gaie* ***que*** *son frère est taciturne. On n'est jamais* ***si*** *malheureux* ***qu'****on l'imagine.*

– Les adverbes *aussi* et *si* en corrélation avec *que* et suivis d'un adjectif sont des comparatifs d'égalité.

▸ autant que, tant que :

*elle lit* ***autant que*** *toi. Le cinéma ne m'intéresse pas* ***tant que*** *le théâtre.*

– Les adverbes *autant* et *tant* en corrélation avec *que* et suivis d'un adjectif sont des comparatifs d'égalité. *Tant que* peut aussi exprimer l'idée de temps :

*dépêchons-nous donc d'en profiter* ***tant qu'****il fait beau* (syn. pendant que).

▸ plus... que, moins... que :

*ils sont* ***plus*** *heureux* ***que*** *leurs parents. Il a* ***plus*** *d'argent* ***que*** *moi. Elle travaille* ***moins*** *intensément* ***que*** *ses camarades.*

– Les adverbes *plus* et *moins* en corrélation avec *que* et suivis d'un adjectif sont des comparatifs (de supériorité et d'infériorité).

▸ comme si :

*elle alla travailler* ***comme s'****il ne s'était rien passé. Il crie* ***comme si*** *on l'écorchait. Il n'a rien compris mais il fait* ***comme si****.*

– *Comme si* est suivi d'un verbe à l'imparfait de l'indicatif.

▸ plutôt que, plutôt... que :

*allons à la campagne* ***plutôt que*** *de rester à Paris.* ***Plutôt*** *mourir* ***que*** *vivre à genoux.*

**REMARQUE** Ne pas confondre *plutôt* et *plus tôt* qui exprime l'idée de temps :
*il est rentré* ***plus tôt*** *que d'habitude.*

▸ aussi :

*elle est mince, toi* ***aussi****.*

▸ plus, moins, mieux, autant, davantage :

*je ne peux pas travailler* ***plus****. Il mange* ***moins****. Elle va* ***mieux****. Elle l'aime tou-*

*jours* ***autant****. Je ne t'en dirai pas* ***davantage****.*

**REMARQUE** Attention à l'orthographe de *davantage*. Cet adverbe s'écrit en un seul mot.

◗ à côté de, à l'instar de, auprès de, en regard de, en comparaison (de, avec) :

*ton malheur n'est rien* ***à côté du*** *sien.* ***À l'instar de*** *sa mère, il sera médecin. Le préjudice matériel est peu de chose* ***auprès du*** *préjudice moral.* ***En regard des*** *investissements, les résultats sont médiocres. Cette somme est un apport insignifiant* ***en comparaison des*** *besoins de la famille* (syn. par rapport à). ***En comparaison avec*** *l'ancien directeur, celui-ci est d'un agréable caractère.*

– La locution prépositive *à l'instar de* signifie « à la manière de », « à l'exemple de » et appartient à la langue littéraire.

## 49 Avec un nom

analogie, association, comparaison, confrontation, correspondance, différence, dissemblance, distinction, imitation, lien, parallèle, rapport, rapprochement, relativité, (mise en) relation, ressemblance, similitude... :

*on a relevé de nombreuses* ***analogies*** *entre ces deux romans* (syn. ressemblance, similitude). *Il s'exprime par* ***associations*** *d'idées.* ***Comparaison*** *n'est pas raison* (proverbe). *Elle a établi un* ***parallèle*** *entre les deux sujets. Il ne faut pas faire de* ***rapprochement*** *entre ces deux événements...*

## 50 Avec un adjectif

◗ analogue, autre, comparable, différent, distinct, égal, équivalent, identique, inférieur, meilleur, même, moindre, pareil, pire, proportionnel, relatif, semblable, similaire, supérieur, tel, voisin... :

*il a un avis* ***analogue*** *au mien. Leurs résultats sont* ***comparables****. Leurs aspirations sont* ***différentes*** (syn. distinct). *Les parts de chacun sont* ***égales*** (syn. équivalent, identique). *La recette est* ***inférieure*** *à celle de la semaine dernière. C'est son* ***meilleur*** *match. C'est* ***le meilleur*** *match de l'année. Nous avons les* ***mêmes*** *goûts. Il n'y a pas* ***le moindre*** *doute. Ces deux sacs sont* ***pareils****. Le remède est* ***pire*** *que le mal. C'est encore* ***pire*** (ou *bien* ***pire***) *que je ne croyais. C'est* ***la pire*** *chose qui puisse m'arriver. Douze est* ***supérieur*** *à huit. Je suis surprise qu'il tienne de* ***tels*** *propos* (syn. pareil)...

◗ Dans la grammaire traditionnelle, un adjectif précédé des adverbes *plus, moins, aussi* (ou *si*) est un comparatif. On distingue :

– les comparatifs d'égalité :

*il est* ***aussi grand que*** *son frère ;*

– les comparatifs d'infériorité :

*il est* ***moins grand que*** *son frère ;*

– les comparatifs de supériorité :

*il est* ***plus grand que*** *son frère.*

◗ Un adjectif précédé de *le plus* est un superlatif relatif :

*c'est lui* ***le plus grand****.*

◗ Un adjectif modifié par *très* (*fort, extrêmement*, etc.) est un superlatif absolu :

*il est* ***très grand****.*

## 51 Avec un verbe

associer, comparer, confronter, différencier, distinguer, égaler, égaliser, (mettre en) parallèle, rapprocher, se ressembler... :

*il adore* ***associer*** *les mots et les idées. Il* ***compare*** *sa sœur à un volcan. Ils* ***ont confronté*** *les déclarations des témoins. Qu'est-ce qui* ***différencie*** *l'homme de l'animal ?* (syn. distinguer). *Rien n'****égale*** *la beauté de ce lieu. Ils veulent* ***égaliser*** *les salaires. Ce sens est à* ***rapprocher*** *du précédent.*

# L'expression de la **condition**

## 52 Avec une proposition introduite par une conjonction, une locution, une préposition

▸ si :

- *je le ferai encore,* ***si*** *j'ai à le faire. Je le ferais encore,* ***si*** *j'avais à le faire ;*
- ***s'****il neige, je n'ai rien à craindre : j'ai l'équipement nécessaire ;*
- ***si*** *demain la température n'a pas baissé, vous me rappellerez ;*
- ***si*** *j'étais à sa place, je partirais à l'étranger ;*
- ***si*** *j'avais eu la parole, j'aurais pu me défendre.*

– La subordonnée peut être à tous les temps de l'indicatif, sauf au futur : une règle interdit en effet d'employer le futur ou le conditionnel après *si*. La subordonnée précède souvent la principale.

▸ à supposer que, si tant est que :

- ***à supposer que*** *l'expérience réussisse, que prouvera-t-elle ?* (syn. en supposant que, en admettant que) ;
- *nous déjeunerons sur l'herbe* ***si tant est qu'****il fasse beau.*

– Ces locutions sont suivies d'un verbe au subjonctif.

> **REMARQUE** L'ordre des propositions ne peut être inversé.

▸ alors même que, quand bien même, même si :

- ***alors même que*** *vous le jureriez, je ne vous croirais pas ;*
- ***quand bien même*** *il m'aurait suppliée, je n'aurais pas cédé ;*
- ***même s'****il m'avait suppliée, je n'aurais pas cédé.*

– *Alors même que* et *quand bien même* introduisent le conditionnel dans les deux propositions.
– La locution *même si* est suivie d'un temps de l'indicatif et du conditionnel dans la principale.

▸ au cas où, dans l'hypothèse où :

- ***au cas où*** *il pleuvrait, prends ton parapluie ;*
- ***dans l'hypothèse où*** *tu gagnerais à la loterie, que ferais-tu de cet argent ?*

– Ces locutions sont suivies d'un verbe au conditionnel.

▸ à (la) condition que, sous la condition que :

- *je lui pardonnerai* ***à condition qu'****il fasse des excuses ;*
- *j'accepte de faire ce travail* ***sous la condition qu'****il me paie /* ***qu'****il me paiera le service rendu.*

– Les locutions *à la condition que, sous la condition que* sont suivies du subjonctif ou du futur de l'indicatif

▸ à moins que, sauf si :

- ***à moins que*** *vous (ne) soyez pris, nous vous invitons dimanche. Je viendrai vous voir demain,* ***à moins que*** *vous (ne) sortiez ;*
- *elle n'acceptera pas de faire ce travail,* ***sauf si*** *tu lui donnes une récompense.*

– *Sauf si* introduit un verbe à l'indicatif, *à moins que* un verbe au subjonctif. L'adverbe *ne* n'exprime pas la négation, il est dit « explétif ».

▸ pourvu que :

- ***pourvu que*** *vous ne fassiez pas trop de bruit, vous pourrez jouer dans le couloir ;*
- *je vous réserverai une place* ***pourvu que*** *vous ne soyez pas trop en retard.*

– La conjonction *pourvu que* est suivie du subjonctif et l'ordre des propositions ne peut être inversé.

▸ selon que... ou :

*«* ***Selon que*** *vous serez puissant* ***ou*** *misérable, Les jugements de cour vous rendront blanc ou noir »* (La Fontaine).

◗ que :
*qu'il fasse des excuses, et je lui pardonnerai.*

– *Que* est suivi du subjonctif. L'ordre des propositions ne peut être inversé.

◗ avec, sans, sauf, à moins de, en cas de, à condition de :
- ***avec*** *de la chance, tu aurais tiré le bon numéro ;*
- ***sans*** *votre aide, je n'aurais pas pu finir à temps ;*
- ***sauf*** *contrordre, nous nous réunirons lundi prochain ;*
- *il n'acceptera pas,* ***à moins d****'avoir un dédommagement /* ***d****'un dédommagement ;*
- *téléphone-moi* ***en cas de*** *besoin ;*
- *on y arrivera,* ***à condition d****'être patients.*

– Les prépositions *avec* et *sans* commandent un verbe au conditionnel. La locution prépositive *à moins de* peut être suivie d'un infinitif ou d'un nom.
– *À condition de* introduit un infinitif.

### 53 Avec une proposition participiale, infinitive ou relative

- ***mieux réglée****, ta moto consommerait moins (= si ta moto était mieux réglée...) ;*
- ***le temps le permettant****, nous serions allés à la plage (= si le temps l'avait permis...) ;*
- ***en procédant ainsi****, tu réussiras (= si tu procèdes ainsi...) ;*
- ***en acceptant****, vous me rendriez service (= si vous acceptiez...) ;*
- *il aura des ennuis,* ***à arriver*** *toujours en retard (= s'il arrive tous les jours en retard...) ;*
- *« **À vaincre** sans péril, on triomphe sans gloire »* (Corneille) ;
- *celui* ***qui t'entendrait parler d'elle ainsi*** *douterait de tes sentiments ;*
- ***qui veut la fin*** *veut les moyens* (proverbe) *[= si l'on veut la fin...].*

### 54 Par la juxtaposition ou la coordination de deux propositions

- *« **Fais** un pas, je t'**assomme** ! »* (V. Hugo) *[= si tu fais un pas...] ;*
- *je le* ***voudrais****, je ne le* ***pourrais*** *pas (= même si je le voulais...) ;*
- *il* ***faisait*** *un pas de plus, et il* ***tombait*** *dans le vide (= s'il faisait un pas de plus...) ;*
- *vous* ***seriez arrivée*** *plus tôt, vous l'**auriez vu** (= si vous étiez arrivée plus tôt...) ;*
- *la chaussée* ***eût****-elle* ***été*** *plus sèche /* ***aurait****-elle* ***été*** *plus sèche, l'accident n'**aurait** pas* ***eu*** *lieu (= si la chaussée avait été plus sèche...).*

# L'expression de la **conséquence**

### 55 Avec une conjonction, une locution, une préposition, un adverbe

◗ par conséquent, en conséquence, par voie de conséquence, conséquemment :
- *j'ai appris qu'il était malade :* ***par conséquent****, il ne viendra pas à la réunion* (syn. donc, en conséquence) ;
- *il ne fait pas beau ;* ***en conséquence****, nous ne sortirons pas ;*
- *« Pouvant tout posséder, et* ***conséquemment*** *blasés, ils se livrent à des efforts énormes pour sortir de leur indifférence »* (Balzac) [syn. par conséquent, par voie de conséquence].

– *Conséquemment* est plutôt réservé au style littéraire. Il s'emploie généralement en tête de phrase ou après une conjonction de coordination.

◗ à la suite de, par suite de :
- *il est resté boiteux* ***à la suite d****'une chute de cheval ;*
- ***par suite*** *d'un refroidissement, il a attrapé une angine.*

**REMARQUE** Ne pas confondre *à la suite de, par suite de* avec *par la suite*, qui signifie « dans la période qui suit ».

◗ ainsi :
*l'affaire est réglée ;* ***ainsi****, vous n'avez plus à vous occuper de rien.*
– *Ainsi* peut être renforcé par *donc.*
– L'inversion du sujet est fréquente dans la langue soutenue :
*...* ***ainsi*** *n'avez-vous plus à vous occuper de rien.*

◗ donc, et :
- *tu ne manges pas,* ***donc*** *tu maigris* (syn. par conséquent) ;
- *la route était barrée* ***et*** *nous avons fait demi-tour* (syn. alors).

◗ alors :
*si vous êtes d'accord,* ***alors*** *vous pouvez signer cette pétition.*

◗ dès lors :
*il a un alibi :* ***dès lors****, on peut reconnaître son innocence* (syn. par conséquent, par voie de conséquence).

◗ aussi :
*j'étais au courant,* ***aussi*** *la nouvelle ne m'a pas surpris* (syn. par conséquent).

– *Aussi* est suivi de l'inversion du sujet dans la langue soutenue :
*...* ***aussi*** *la nouvelle ne m'a-t-elle pas surpris.*

◗ partant :
- *« Plus d'amour,* ***partant*** *plus de joie »* (La Fontaine) ;
- *la crise s'est aggravée,* ***partant****, leurs conditions de vie sont devenues plus difficiles* (syn. aussi, donc, en conséquence).

– *Partant* est plutôt réservé au style littéraire ou à la langue soutenue.

◗ du coup :
*elle est partie tôt,* ***du coup****, tous les invités sont partis aussi* (syn. en conséquence).

– *Du coup* s'emploie plutôt dans le langage familier.

◗ d'où, de là :
- *je n'avais pas prévu ces encombrements,* ***d'où*** *mon retard ;*
- *il n'a pas assez travaillé ;* ***de là*** *son échec.*

◗ de (telle) sorte que, de (telle) manière que :
- *il a agi* ***de telle sorte que*** *tout le monde l'a félicité ;*
- *il s'est réveillé trop tard,* ***de sorte qu****'il a raté son train ;*
- *elle se conduit* ***de telle manière qu****'elle agace tout le monde.*

– Ces locutions se construisent avec l'indicatif pour exprimer une conséquence de fait, mais avec le subjonctif pour indiquer une conséquence voulue, un but.

◗ au point de, au point que, à tel point que :
- *il est déprimé* ***au point de*** *tout laisser tomber /* ***au point qu****'il laisse tout tomber ;*
- *il était fatigué* ***à tel point qu****'il a dormi douze heures.*

◗ si... que, tant... que, tellement... que :
- *la cave est* ***si*** *humide* ***qu****'on ne peut pas y entreposer de livres ;*
- *il a* ***tant*** */* ***tellement*** *de livres* ***qu****'il ne sait plus où les mettre ;*
- *il a* ***tellement*** *mangé de gâteaux* ***qu****'il a été malade.*

– Ne pas confondre *tant... que* et *tant que* qui signifie « aussi longtemps que » :
***tant qu****'il y a de la vie, il y a de l'espoir.*

◗ tel (telle, tels, telles)... que :
- *elle avait une* ***telle*** *migraine* ***qu****'elle a dû se coucher ;*

- *le risque n'est pas* ***tel qu****'il faille renoncer à l'affaire.*

– La subordonnée de conséquence est à l'indicatif si la proposition principale est affirmative. Si la principale est à la forme négative ou interrogative, la subordonnée est au subjonctif.

◗ si bien que, tant et si bien que :
- *la route était glissante,* ***si bien que*** *la voiture a dérapé ;*
- *il fit* ***tant et si bien que*** *personne ne vint plus le voir.*

◗ à (+ inf.) :
*cette histoire est* ***à*** *mourir de rire.*

– *À* suivi d'un verbe à l'infinitif sert à exprimer une conséquence imaginable (= on rit tant qu'on pourrait en mourir).

◗ sans que :
- *approche-toi* ***sans qu****'on te voie* (syn. de telle sorte que + ne... pas) ;
- *j'ai attendu longtemps* ***sans que*** *rien* ***ne*** *se produise.*

– *Sans que* s'emploie avec le subjonctif (parfois accompagné de *ne*) pour exprimer l'absence de conséquence.

◗ assez (suffisamment, insuffisamment, trop)... pour (que) :
- *mon petit frère est* ***assez*** *grand* ***pour*** *s'habiller tout seul ;*
- *la valise est* ***trop*** *lourde* ***pour que*** *tu la portes.*

– *Assez, suffisamment, insuffisamment, trop... pour que* entraînent le subjonctif dans la proposition subordonnée.

◗ suffisant pour (que) :
- *ces mesures seront-elles* ***suffisantes pour*** *enrayer le chômage ?*
- *trouvez une raison* ***suffisante pour qu****'il vienne.*

– *Suffisant pour que* entraîne le subjonctif dans la proposition subordonnée.

◗ consécutif à :
*sa fatigue est* ***consécutive à*** *des efforts violents.*

### 56 Par la juxtaposition de deux propositions

- *cette affaire le soucie, il n'en dort plus la nuit.*
- *j'ai tout vu : je peux témoigner.*

### 57 Avec un nom

conséquence, contrecoup, corollaire, déduction, effet, fruit, implication, incidence, inconvénient, onde de choc, portée, rançon, réaction, rejaillissement, répercussion, résultante, résultat, retentissement, retombée, ricochet, sanction, séquelle, suite... :

*prévoir les* ***conséquences*** *de ses actes. Sa maladie est le* ***contrecoup*** *du choc qu'il a subi à la mort de sa fille. Le droit n'est qu'un* ***corollaire*** *du devoir. Les* ***fruits*** *de la croissance. Les* ***implications*** *sociales de la crise économique. Les* ***retombées*** *politiques d'un scandale. Les* ***séquelles*** *de la guerre du Kosovo.*

– *Contrecoup, rejaillissement, ricochet* impliquent une conséquence indirecte, *corollaire,* une conséquence nécessaire. *Fruit* s'emploie au pluriel et introduit généralement une conséquence positive, *séquelle,* une conséquence négative. *Implication, retombée* et *séquelle* s'emploient le plus souvent au pluriel.

### 58 Avec un verbe

découler de, déduire de, engendrer, s'ensuivre, entraîner, générer, impliquer, induire, inférer, procéder de, provenir, ressortir, résulter de...

*de nombreuses applications* ***découlent de*** *cette découverte* (syn. résulter). *On peut* ***déduire de*** *ces résultats que les bénéfices seront nuls cette année. Ce détail n'est pas exact, mais* ***il*** *ne* ***s'ensuit*** *pas* ***que*** *tout le reste soit faux. L'implantation de cette usine* ***a généré*** *la création de centaines d'emplois* (syn. induire). *Cette déci-*

*sion **implique** des investissements / **implique qu**'on fasse des investissements. **Il ressort** de votre exposé **que** nous devons prendre une décision maintenant* (syn. résulter).

– *Impliquer que* entraîne le subjonctif. *Induire, inférer* sont plutôt réservés à la langue soutenue :

*que peut-on **induire** / **inférer** de ces constatations ?*

# L'expression du **lieu**

## 59 Avec une préposition, un adverbe, une locution

- à, au, aux :

*elle est née **à** Montréal. Il habite **au** Canada. Ils vont **aux** Canaries. Il est descendu **à** l'hôtel. Cette entreprise a ouvert plusieurs succursales **à** Paris* (syn. dans).

– *Au(x)* s'emploie devant les noms de pays, de provinces, d'îles précédés de *le* ou de *les* :

*aller **au** Pérou, **aux** Seychelles.*

- pour :

*demain, je pars **pour** Marseille. Le train part **pour** Lyon.*

– *Pour* s'emploie après le verbe *partir* pour indiquer le lieu où l'on va :

*partir **pour** Marseille et aller **à** Marseille.*

- dans, en :

*- il se promène **dans** la rue. La gomme est **dans** le tiroir. Cette entreprise a plusieurs filiales **dans** New York* (syn. à). *La Seine se jette **dans** la Manche ;*

*- ils vont **en** classe. Elle met des rosiers **en** terre. Ils vivent **en** Italie. Elle va **en** Bretagne, **en** Corse et **en** Saône-et-Loire. J'apprécie **en** Jacques sa parfaite loyauté* (syn. chez). *Il y a **en** lui de grandes qualités.*

– *En* s'emploie devant des noms de pays, de provinces, d'îles précédés de *la* ou de *l'* *(aller **en** Corse)*.

- sur, sous :

*- il est monté **sur** le toit. Le liège flotte **sur** l'eau. Montre-moi le village **sur** la carte. Cette ville est **sur** ma route. On a institué un impôt **sur** la fortune. Il a obliqué **sur** sa droite. Deux fenêtres donnent **sur** la cour ;*

*- mets un oreiller **sous** ta tête. Ils travaillent **sous** la pluie.*

> **REMARQUE** Attention à l'emploi abusif de la préposition ***sur*** : on ne dit pas j'ai lu ***sur*** le journal ; je vais ***sur*** Paris ; je me dirige ***sur*** Lille, mais j'ai lu ***dans*** le journal ; je vais **à** Paris ; je me dirige ***vers*** Lille.

- ici, là, là-bas, là-haut :

*- installons-nous **ici**, nous serons mieux. Votre frère sort d'**ici** ;*

*- il n'est pas **là** en ce moment. **De là** tu verras mieux le panorama ;*

*- nous discuterons une fois arrivés **là-bas** ;*

*- la confiture est **là-haut**, sur l'étagère.*

- çà et là, de-ci de-là, par-ci par-là :

*- ils ont erré **çà et là** par les rues ;*

*- j'ai tâtonné **de-ci de-là** ;*

*- j'ai relevé **par-ci par-là** quelques erreurs.*

– *Çà et là* signifie « de côté et d'autre, en divers endroits », avec une idée de dispersion, souvent de rareté.

- en deçà, au-delà, par-delà ;

*- ils n'ont pas pu franchir le fleuve et ont dû s'arrêter **en deçà** ;*

*- nous roulerons toute la journée et nous continuerons **au-delà** de Toulouse ;*

*- le concert est retransmis **par-delà** les mers.*

▸ vers, du côté de :
- *toutes ces voitures roulent* ***vers*** *le Midi.* ***Vers*** *2 000 mètres d'altitude, la végétation se raréfie ;*
- *elle est allée* ***du côté de*** *la poste.*

▸ près (de), auprès de, à côté (de), loin :
- *il habite* ***près de*** *chez moi. Elle met des lunettes pour voir de* ***près*** *;*
- *il est resté* ***auprès de*** *sa mère malade ;*
- *elle s'est assise* ***à côté de*** *moi ;*
- *ils partent* ***loin*** *en vacances. On aperçoit un voilier* ***au loin****. J'ai vu la scène* ***de loin****. La voiture est deux kilomètres* ***plus loin****.*

– Dans la langue de l'administration et du droit, *près* signifie « en délégation auprès de » :
*un expert* ***près*** *le tribunal d'instance.*

▸ dessus, dessous, au-dessus, au-dessous, en dessous, par-dessus, par-dessous :
- *prends une chaise et assieds-toi* ***dessus*** *;*
- *ouvre ton parapluie et abrite-toi* ***dessous*** *;*
- *il a neigé au-dessus de 1 000 mètres. Marie habite à l'étage* ***au-dessus*** *;*
- *il a des poches au-dessous des yeux ;*
- *pour réparer la voiture, le mécanicien s'est glissé* ***en dessous*** *;*
- *il porte un pantalon* ***par-dessus*** *son short ;*
- *il y a une barrière, passez* ***par-dessous****.*

– L'emploi de *dessous* comme préposition est vieilli ; on ne dit plus :
*glisser une lettre* ***dessous*** *la porte ; enlever la poussière de* ***dessous*** *l'armoire, mais glisser une lettre* ***sous*** *la porte ; enlever la poussière* ***sous*** *l'armoire.*

▸ devant, derrière :
- *elles sont passées* ***devant*** *la maison. Tu vois la gare ? Ma maison est juste* ***devant.*** *Chloé a perdu deux dents de* ***devant*** *;*
- ***derrière*** *la photo, il y a une dédicace. Il a surgi de* ***derrière****.*

▸ (en) avant, (en) arrière, devant, derrière :
- *vous vous arrêterez* ***avant*** *le pont. Les pneus* ***avant*** *sont neufs. Elle a fait un bond* ***en avant*** *;*
- *ne restez pas* ***en arrière****.*

– Dans la phrase *les pneus avant (arrière) sont usés*, *avant* et *arrière* sont des adjectifs invariables.

▸ autour (de) :
*la Terre tourne* ***autour du*** *Soleil. Elle a préparé un plat de viande avec des pommes de terre* ***autour****.*

▸ contre :
*l'échelle est dressée* ***contre*** *le mur. La mairie est sur la place et l'école est tout* ***contre****.*

– *Contre* exprime aussi l'idée d'opposition.

▸ autre part, quelque part, nulle part, ailleurs :
- *ce restaurant est fermé, allons* ***autre part*** *;*
- *ce dossier est* ***quelque part****, cherche bien ;*
- *on ne l'a vu* ***nulle part*** *;*
- *il n'y a pas de place ici, allez voir* ***ailleurs*** *;*
- *il n'est pas d'ici, il vient d'****ailleurs****.*

– *Quelque part* s'emploie familièrement et par euphémisme pour désigner les toilettes ou les fesses :
- *aller* ***quelque part*** *;*
- *recevoir un coup de pied* ***quelque part****.*

▸ partout :
*tes vêtements traînent* ***partout****. On vous voit* ***partout****.*

▸ en haut (de), en bas (de) :
- *tes enfants jouent* ***en haut****. Grimper* ***en haut d'****un arbre ;*
- *les parents couchent* ***en bas****. La boucherie est juste* ***en bas de*** *chez moi.*

▸ par, à travers :
- *prenons* ***par*** *le plus court chemin. Elle regarde* ***par*** *la fenêtre. Passez* ***par*** *ici,* ***par*** *là. Ils voyagent* ***par*** *monts et* ***par*** *vaux ;*

- *nous marchons **à travers** champs. Je sens le froid **à travers** mes vêtements.*

– Dans la langue soutenue, on emploie *de par* comme synonyme intensif de *par* :

*nous avons des amis **de par** le monde.*

▶ chez :

*demain, j'irai **chez** le coiffeur. **Chez** nous, les agriculteurs sont de petits propriétaires. C'est **chez** lui une habitude. Il y a **chez** lui un réel désir de nuire* (syn. en). *J'ai lu la même pensée **chez** un autre écrivain.*

– *Chez* introduit un complément animé :

*aller **chez** le dentiste, **chez** le boucher.* (On ne dit pas *aller **au** dentiste, **au** boucher.*)

▶ où :

*dites-moi **où** vous allez, **d'où** vous venez. **Où que** vous alliez, nous vous suivrons.*

– *Où que* signifie « en quelque lieu que » et introduit le subjonctif.

▶ en, y :

- *je vais chez le médecin mardi à dix heures, j'**en** reviendrai vers onze heures ;*
- *je dois **y** retourner mardi prochain. J'**y** suis, j'**y** reste.*

– *Y* signifie « dans cet endroit-là », et *en* « de cet endroit-là ».

## 60 Avec un préfixe

arrière-, avant-, en-, entre-, extra-, intra-, sous-, sur- :

*l'**avant**-scène d'un théâtre ; l'**en**neigement des cimes ; l'**entre**croisement des allées ; une grossesse **extra**-utérine ; une injection **intra**veineuse ; la chasse **sous**-marine ; **sur**titrer un article.*

## 61 Avec un nom

abri, berceau, cachette, cadre, domicile, emplacement, endroit, environnement, espace, étape, extérieur, intérieur, lieu, localité, milieu, parages, pays, place, planque, position, région, secteur, site, théâtre, zone... :

*ils se sont réfugiés dans un **abri** souterrain. La Grèce, **berceau** de la civilisation occidentale. Nous vivons dans un **cadre** agréable. Il se promène souvent dans les **parages**. L'entreprise a réparti ses activités sur plusieurs **sites**.*

– *Berceau* est employé dans son sens figuré ; *planque* est réservé au registre familier ; *théâtre*, dans un registre soutenu, désigne un lieu où se déroulent des événements importants, souvent dramatiques :

*cette région a été le **théâtre** de nombreux combats.*

## 62 Avec un verbe

aboutir à, s'acheminer vers, aller, amener, approcher de, s'approcher, s'arrêter à, arriver, atteindre, descendre, devancer, se diriger, distancer, s'élever, entrer, monter, parcourir, passer par, pénétrer dans, piquer sur, se porter vers, prendre par, progresser, se propulser, se rendre à, suivre, toucher à, traverser, venir de, voler vers... :

- *cette rue **aboutit à** la Seine ;*
- *les promeneurs **s'acheminent vers** le village ;*
- *nous **allons au** marché à pied, à bicyclette, en voiture ;*
- *je **vais en** promenade, à la pêche, à la recherche d'un trésor ;*
- *il **amène** son fils **à** l'école ;*
- *nous **approchons de** la frontière ;*
- *ils **sont passés par** Nice ;*
- ***suivez** l'avenue jusqu'au carrefour ;*
- *ils **viennent de** Genève.*

– *S'acheminer* est d'un registre soutenu : dans le langage courant, on dirait « se diriger, se rendre ».

– Le verbe *habiter* s'emploie transitivement ou intransitivement. On peut dire *ils habitent Bruxelles* ou *ils habitent à Bruxelles* ; *nous habitons la campagne, l'Alsace* ou *nous habitons à la campagne, en Alsace*. Le verbe *résider* est surtout employé dans la langue de l'administration et du droit.

# L'expression de la **manière** ou du **moyen**

## 63 Avec une préposition, une conjonction, un adverbe, une locution

▸ à, au :
*il marche **à** grands pas. Elle reconnaît les tissus **au** toucher. Elle trace ses lignes **à** la règle. Ils se chauffent **au** gaz.*

– *À* exprime aussi l'idée de lieu et de temps.

▸ de :
*il pousse la voiture **de** toutes ses forces. Elle le poussa **du** coude. Il regarde le spectacle **d**'un air las.*

– *De* exprime aussi l'idée de cause et de lieu.

▸ en :
*il est **en** colère, **en** deuil. Il est sorti **en** chaussons. Il regarde la scène **en** silence.*

– *En* exprime aussi l'idée de lieu et de temps.

▸ avec, sans :
*elle répond **avec** humour. Nous avançons **avec** peine, **sans** peine. Elle marche **avec** grâce* (syn. gracieusement), ***avec** lenteur* (syn. lentement). *Il creuse le sol **avec** une pioche* (syn. au moyen de).

– L'emploi de *avec* et de *sans* comme adverbes est familier : *il faudra faire **avec** ; on s'est débrouillés **sans**.*

▸ par :
*ils m'ont informé **par** un coup de téléphone. Le kangourou avance **par** bonds. Il a réussi **par** la ruse.*

– *Par* exprime aussi l'idée de lieu.

▸ sur :
*il peut jouer ce morceau **sur** un piano ou **sur** un clavecin* (syn. au). *Elle compte **sur** ses doigts. Il m'a répondu **sur** un drôle de ton.*

– *Sur* exprime aussi l'idée de lieu.

▸ comme :
*faites **comme** vous voulez. Il faut voir **comme** il la traite ! Il parle **comme** un charretier* (syn. à la manière de).

– Dans un registre populaire, *comme* remplace *comment* pour indiquer l'intensité :
*il est sapé faut voir **comme**.*

▸ comment :
*j'ignore **comment** cela s'est passé. **Comment** résoudre ce problème ? **Comment** pourras-tu payer cette somme ?*

▸ de façon, d'une façon :
- *s'habiller **de façon** élégante* (syn. élégamment) ;
- *il a agi **d'une façon** discrète* (syn. discrètement).

– *De façon, d'une façon* suivis d'un adjectif équivalent à un adverbe de manière.

▸ à la manière (de) :
*elle portait une jupe ample **à la manière des** gitanes. Il se tira de ce mauvais pas **à la manière** française, par un calembour.*

– *De manière à, de manière que* expriment l'idée de but.

▸ au moyen de, à l'aide de, grâce à :
*il applique la peinture **au moyen d**'un rouleau* (syn. avec). *Elle marche **à l'aide d**'un déambulateur. Ils se sont rencontrés **grâce à** vous.*

– *Grâce à* exprime aussi l'idée de cause.

▸ moyennant :
***moyennant** de grands efforts, il est arrivé à ce qu'il voulait.*

- ainsi :
*nous allons procéder* ***ainsi****... Si tout s'est passé* ***ainsi****, le doute n'est plus permis* (syn. de cette manière).

- ainsi que :
***ainsi que*** *je l'ai expliqué...* (syn. comme).

## 64 Sans mot de liaison

*elle marche la tête haute. Il est sorti bras nus.*

## 65 Avec un gérondif

*il m'a accueilli* ***en riant****. Il s'excusa* ***en balbutiant****. Vous pouvez participer au concours* ***en téléphonant*** *à ce numéro.*

## 66 Avec un adverbe en *-ment* ou un autre adverbe de manière

- *il lui parle* ***gentiment****. Elle mange* ***proprement****. Ils marchent* ***silencieusement****.*
- *elle joue* ***bien****. Ils chantent* ***faux****.*

## 67 Avec un nom

arme, artifice, astuce, atout, biais, combine, détour, disposition, échappatoire, expédient, façon, instrument, manière, manœuvre, mesure, méthode, modalité, mode (n.m.), moyen, outil, palliatif, plan, procédé, recette, recours, remède, ressort, ressource, système, tactique, voie :

- *son humour est sa seule* ***arme*** *;*
- *elle a fait preuve d'****artifice*** *pour se tirer d'affaire ;*
- *il a trouvé un* ***biais*** *pour annoncer la mauvaise nouvelle ;*
- *elle a une* ***combine*** *pour payer ses places moins cher ;*
- *il a changé de* ***tactique*** *pour qu'elle s'intéresse à lui ;*
- *elle a suivi la* ***voie*** *de la sagesse.*

Un *artifice*, une *astuce*, une *combine*, une *échappatoire*, un *système* sont des manières d'agir habiles, parfois peu scrupuleuses. *Artifice* est littéraire et *combine* est familier. Un *biais*, un *détour* sont des moyens d'expression détournés.

# L'expression de l'**opposition** et de la **concession**

## 68 Avec une conjonction, une préposition, un adverbe

- quoique :
***quoique*** *nous soyons à la fin juillet, il y a encore beaucoup de monde à Paris* (syn. bien que).

– *Quoique* exprime la concession et est suivi du subjonctif. Ne pas confondre avec *quoi que*.

- quoi que :
***quoi qu'****on fasse,* ***quoi qu'****on dise, le résultat sera le même.* ***Quoi qu'****en pensent les autres, il agira comme bon lui semble.*

– *Quoi que* est suivi du subjonctif. Cette locution concessive peut être remplacée par « quelle que soit la chose que ». Ne pas confondre avec *quoique*.

- encore que :
*admettons ce principe,* ***encore qu'****il ne soit pas bien établi* (syn. quoique, bien que).

– *Encore que* est suivi du subjonctif. Cette locution conjonctive introduit une restriction.

▸ bien que :
***bien qu****'il soit très inquiet, il n'en laisse rien paraître. La salle,* ***bien que*** *vaste, ne suffisait pas pour une telle assistance.*

– *Bien que* est suivi d'un verbe au subjonctif ou d'un adjectif.

▸ malgré, malgré que :
- *elle est sortie* ***malgré*** *des ordres contraires* (syn. en dépit de) ;
- *je m'entends bien avec lui* ***malgré que*** *nos caractères soient différents* (syn. bien que, quoique).

– *Malgré que* est suivi du subjonctif. Cette locution conjonctive est critiquée sauf dans l'expression *malgré que j'en aie,* qui est littéraire et signifie « bien que cela me contrarie ».

▸ au lieu de, au lieu que, plutôt que (de) :
- *tu ferais mieux de m'aider* ***au lieu de*** *rêvasser ;*
- *«* ***Au lieu que*** *son histoire l'ait calmé, on dirait plutôt qu'il s'aigrit »* (J. Romains) ;
- ***plutôt*** *mourir* ***que de*** *m'avouer vaincu ;*
- *« J'aime mieux tous les malheurs* ***plutôt que*** *vous souffriez par ma faute »* (R. Rolland).

– *Au lieu de* est toujours suivi de l'infinitif.

– *Au lieu que, plutôt que* sont littéraires et introduisent un verbe au subjonctif.

▸ tandis que :
*Adrien aime jouer au football* ***tandis que*** *Vincent préfère les échecs.*

– *Tandis que* exprime aussi l'idée de temps.

▸ alors que :
*ici on grelotte,* ***alors que*** *là-bas on étouffe. Vous reculez,* ***alors qu****'il faudrait avancer.*

– *Alors que* s'emploie avec l'indicatif ou le conditionnel.

▸ alors même que :
***alors même que*** *vous me le jureriez, je ne le croirais pas.*

– *Alors même que* est suivi du conditionnel et est réservé à la langue soutenue ou littéraire. Dans la langue courante, on emploie *même si* (avec l'indicatif).

▸ même si :
***même si*** *le fond de l'histoire est vrai, il y a des invraisemblances.* ***Même si*** *tu me le jurais, je ne te croirais pas.*

– *Même si* est suivi de l'indicatif.

▸ quand bien même, quand :
- ***quand bien même*** *on travaillerait sans interruption, on ne pourrait pas respecter ce délai ;*
- ***quand*** *on me le proposerait gratuitement, je n'en voudrais pas* (syn. même si).

– *Quand bien même* et *quand* sont suivis du conditionnel.

– *Quand* s'emploie dans la langue soutenue ou littéraire.

▸ tout... que :
***tout*** *sportif* ***qu****'il est (ou* ***qu****'il soit), il n'a pas pu traverser la rivière à la nage.* ***Tout*** *académiciens* ***qu****'ils sont (ou* ***qu****'ils soient), il leur arrive de parler argot.*

– *Tout* est invariable lorsqu'il est suivi d'un nom ou d'un adjectif masculins pluriels. Il varie avec un nom féminin ou un adjectif féminin commençant par une consonne ou un *h* aspiré :
***toute*** *femme* ***qu****'elle est... ;* ***toutes*** *raisonnables* ***qu****'elles soient...*

▸ si... que, aussi... que :
- ***si*** *petit* ***qu****'il soit, il réussit à ouvrir la porte ;*
- ***aussi*** *surprenant* ***que*** *cela puisse paraître, son nom m'était totalement inconnu.*

– *Si que* et *aussi que* sont suivis du subjonctif. (Il vaut mieux employer la construction *si... que*.)

▸ si peu... que :
***si peu*** *de tête* ***qu****'il ait, il aurait pu penser à mon anniversaire.*

– *Si peu...que* est suivi du subjonctif et indique une concession portant sur une quantité.

◗ quelque... que :
***quelques*** *précautions* ***que*** *vous preniez, on remarquera votre présence.* ***Quelque*** *regrettables* ***que*** *soient ces incidents, ils n'ébranlent pas ma résolution.*

– *Quelque... que* suivi d'un nom est littéraire. Dans l'exemple ci-dessus, on dirait couramment *quelles que soient les précautions...* ou bien *que vous preniez toutes les précautions*. Le verbe qui suit *quelque... que* est au subjonctif. *Quelque...* que est un adverbe, et par conséquent est invariable, lorsqu'il précède un adjectif non suivi d'un nom. Il a alors le sens de *si*. Il est suivi du verbe être au subjonctif.

◗ quel (quelle, quels, quelles) que :
***quels que*** *soient les inconvénients, je prends le risque* (syn. de quelque nature que).

◗ cependant, en dépit de :
- *la solution était très simple, et* ***cependant*** *personne n'y avait songé* (syn. pourtant). *C'est la règle générale, il y a* ***cependant*** *quelques exceptions* (syn. néanmoins) ;
- ***en dépit des*** *erreurs commises, on peut redresser la situation* (syn. malgré).

◗ pourtant, toutefois, néanmoins :
- *il n'est pas encore là, il avait* ***pourtant*** *dit qu'il rentrerait de bonne heure. Il a fait un voyage coûteux mais* ***pourtant*** *utile ;*
- *son opinion semble arrêtée, il a* ***toutefois*** *promis de réfléchir encore ;*
- *cette histoire est ridicule,* ***néanmoins*** *elle est vraie.*

◗ non seulement... mais :
*c'est* ***non seulement*** *inutile,* ***mais*** *encore dangereux. Les lois nous protègent* ***non seulement*** *contre les autres,* ***mais*** *aussi contre nous-mêmes.*

◗ en revanche, par contre :
- *il est très assidu au cours,* ***en revanche*** *il est assez distrait. « Je suis cruelle avec ce qui me déplaît. Mais,* ***en revanche****, quand quelqu'un me plaît, je suis capable de tout »* (Jean Anouilh) ;
- *les fruits ont baissé ;* ***par contre,*** *la viande a augmenté. « Si le jardin se trouvait à l'ombre, la maison,* ***par contre****, était en plein soleil »* (Guy de Maupassant).

– La locution adverbiale *par contre* est critiquée par les puristes. Elle est cependant utilisée par de nombreux écrivains. Elle n'est pas considérée comme fautive, mais il est d'usage d'employer l'un de ses synonymes : *en revanche, au contraire, d'un autre côté, inversement,* etc.

◗ mais, mais bien :
- *il est intelligent,* ***mais*** *paresseux ;*
- *ce n'était pas une simple échauffourée,* ***mais bien*** *une véritable émeute.*

◗ plutôt... que (de) :
***plutôt*** *mourir* ***que de*** *m'avouer vaincu. Allons à la campagne* ***plutôt que de*** *rester à Paris.*

◗ contre :
*déposer une plainte* ***contre*** *X. Nager* ***contre*** *le courant. Parler* ***contre*** *son intérêt. Partir sur les routes en même temps que tout le monde ? Je suis* ***contre****.*

◗ sauf que, excepté que :
- *les vacances se sont bien passées,* ***sauf que*** *Pierre a dû rentrer précipitamment à Paris ;*
- *le mariage était très réussi,* ***excepté qu****'il a un peu plu en fin d'après-midi.*

◗ autant... autant :
***autant*** *j'approuve ses principes,* ***autant*** *je condamne ses méthodes.*

◗ pour autant :
*je ne m'inquiète pas* ***pour autant****.*

## 69 Avec un préfixe

anti-, contre- :
- *un revêtement* ***anti****adhésif. Un mur* ***anti****bruit. Un casque* ***anti****choc.*

- *nager à **contre**-courant. Une idéologie **contre**-révolutionnaire. On a reçu un **contr**ordre.*

**REMARQUE** Il existe un autre préfixe *anti-*, qui signifie « avant » : ***anti**dater un témoignage.*

## 70 Avec un nom

▸ Pour désigner un fait :
adversité, affrontement, antagonisme, antinomie, antipathie, contradiction, contraire, contraste, contre-pied, désaccord, désapprobation, discordance, discorde, dissension, dissentiment, divergence, obstruction, opposition, protestation, réaction, rébellion, refus, réfutation, rejet, réplique, résistance, révolte, riposte, rivalité, veto... :

*il m'a soutenu dans l'**adversité**. La jalousie est une réaction d'**affrontement** à autrui. On constate l'**antagonisme** de leurs caractères. Il y a une **antinomie** entre ces deux théories* (syn. contradiction). *Ils font de l'**opposition** systématique à notre projet. Trois pays ont mis leur **veto** à cette résolution.*

– *Adversité* et *dissentiment* sont littéraires.

▸ Pour désigner un être :
adversaire, antagoniste, combattant, concurrent, contestataire, contradicteur, dissident, ennemi, opposant, rebelle, résistant, révolté, rival... :

*il a riposté aux attaques de son **adversaire**. Elle s'est trouvée face à face avec son **antagoniste*** (syn. contradicteur). *Il a fallu séparer les **combattants**. C'est un **opposant** au régime présidentiel. Ils étaient amis, ils sont devenus **rivaux**.*

## 71 Avec un verbe

affronter, aller contre, braver, confronter, contrarier, contraster, contre-attaquer, contrecarrer, contredire, défendre, défier, désobéir, diverger, diviser, empêcher, entraver, exclure, faire front, heurter, infirmer, interdire, mettre son veto, objecter, opposer, protester, réagir, refuser, réfuter, regimber, rejeter, repousser, résister, se dresser contre, se heurter, s'opposer, se rebiffer, se révolter, se soulever... :

*Ils **ont affronté** de nombreux dangers* (syn. braver). *Peut-on raisonnablement **aller contre** le progrès ? Il se sentait **attaqué** de toutes parts. Il a toujours cherché à **braver** les autorités* (syn. défier). *Elle ne supporte pas qu'on **contrecarre** ses projets. Avez-vous un argument à **objecter** ? Toute petite déjà, elle **se rebiffait** contre ses parents* (syn. regimber, se révolter).

– *Se rebiffer* s'emploie dans la langue familière.

# L'expression du **temps**

## 72 Avec une conjonction, une locution, une préposition, un adverbe

▸ quand, lorsque :
- ***quand** il se met en colère, il devient écarlate* (syn. chaque fois que). *J'étais encore tout enfant **quand** mon père est mort. **De quand** date votre dernière vaccination ?*
- ***lorsque** je serai installé dans ma nouvelle maison, je vous inviterai.*

– *Lorsque* prend une apostrophe seulement devant *il(s), elle(s), on, en, un, une :*

***lorsqu**'il se fâche, il devient écarlate ; **lorsque** Anne est triste, elle écrit.*

◗ pendant que, tandis que, alors que, comme :

- *- **pendant que** je regardais par la fenêtre, il est sorti ;*
- *- nous sommes partis **tandis que** les enfants dormaient ;*
- *- je l'ai connu **alors qu**'il était encore étudiant ;*
- *- **comme** nous approchions de la plage, il s'est mis à pleuvoir.*

– *Alors que* et *tandis que* expriment aussi l'idée d'opposition.

◗ dès que, aussitôt que, sitôt que :

*- je viendrai **dès que** j'aurai fini. **Dès que** le rideau se lève, le public applaudit ;*
*- **aussitôt que** je l'ai appelé, il est accouru. Nous partirons **aussitôt que** tu seras prêt ;*
*- **sitôt qu**'on l'eut averti de l'accident, il s'est rendu à l'hôpital.*

– La locution conjonctive *dès que* peut être remplacée par la préposition *dès* suivie d'un nom :

*je viendrai **dès que** l'année scolaire sera finie / **dès** la fin de l'année scolaire.*

◗ tant que :

***tant que** vous ne m'aurez pas fourni de preuves, je ne vous croirai pas* (syn. aussi longtemps que). *Dépêchons-nous d'en profiter **tant qu**'il fait beau* (syn. pendant que).

– *Tant que* peut aussi exprimer l'idée de comparaison :

*cette robe rouge ne me plaît pas **tant que** la bleue* (syn. autant que).

◗ avant que, après que :

*- dépêchez-vous d'intervenir **avant qu**'il ne soit trop tard. **Avant qu**'il fasse nuit, nous ferons encore cinq kilomètres ;*
*- je m'occuperai de cela **après que** tu seras parti. **Après qu**'ils eurent tout examiné, ils se retirèrent.*

– La locution conjonctive *avant que* est suivie du subjonctif (et parfois du *ne* explétif) parce que l'action n'a pas encore eu lieu par rapport à l'action de la principale. La locution *après que* est suivie de l'indicatif puisque l'action est terminée.

◗ depuis que :

***depuis qu**'il a été accidenté, il s'est mis à boiter* (syn. à partir du moment où). ***Depuis que** je le connais, il écrit des poèmes. Nous l'avons vu à l'anniversaire de Pierre et nous n'avons pas de nouvelles **depuis**.*

– La locution conjonctive *depuis que* peut être remplacée par la préposition *depuis* suivie d'un nom :

***depuis** son accident, il boite.*

◗ à, au :

*il est parti **à** trois heures. Nous sommes **au** printemps. Faire du cent **à** l'heure.*

◗ en :

***en** 1789. **En** janvier. **En** été. **En** automne. **En** hiver. **En** ce moment, il est absent. **En** combien de temps pouvez-vous faire ce travail ? Il a plu une seule fois **en** deux mois.*

– *En* introduit une date, une période, un nom de mois, de saison (sauf *printemps* qui est précédé de *au*).

◗ dans, au cours de, pendant, durant :

*- je ferai cela **dans** la journée. **Dans** sa jeunesse, il était timide. Nous partons en vacances **dans** huit jours* (syn. d'ici) ;
*- il a évolué **au cours de** sa carrière ;*
*- il est resté à son chevet **pendant** toute la nuit ;*
*- **durant** son enfance, il a eu plusieurs maladies graves. Il a plu **durant** trois jours.*

– *Durant* s'emploie le plus souvent avant un nom, sauf dans quelques expressions où il vient après le nom :

*la vie **durant** ; une heure **durant**.*

◗ près (de), loin (de) :

*- nous étions **près de** Noël. Noël est encore tout **près**. Nous étions **près de***

*partir (ou* ***près du*** *départ) quand cela s'est produit. Il était* ***près*** *de midi ;*

*- le printemps est encore* ***loin****. Ce moment est déjà* ***loin de*** *nous.*

– *Près de* et *loin de* expriment aussi l'idée de lieu. Ne pas confondre près de, qui signifie « sur le point de » *(il n'est pas* ***près de*** *retravailler avec eux)* et prêt à, qui veut dire « en état de » *(elle est* ***prête à*** *nous aider).*

◗ maintenant, tout de suite :

*- il est* ***maintenant*** *dix heures, c'est l'heure de la pause. À partir de* ***maintenant****, c'est moi qui décide. Internet est* ***maintenant*** *très répandu* (syn. aujourd'hui, actuellement). *Il savait* ***maintenant*** *à quoi s'en tenir* (syn. désormais) ;

*- viens ici* ***tout de suite*** *!* (syn. immédiatement).

– *Tout de suite* signifie « sans plus attendre » et ne doit pas être confondu avec *de suite* qui signifie « en se suivant », « sans interruption ». On dit :

*je reviens* ***tout de suite*** et *j'ai couru deux heures* ***de suite****.*

◗ désormais, dorénavant :

*- les derniers opposants ont démissionné : vous avez* ***désormais*** *le champ libre ;*

*- le TGV relie ces deux villes ; on pourra* ***dorénavant*** *faire le voyage en une heure* (syn. à partir de maintenant, à l'avenir).

◗ autrefois, dans le temps, jadis, naguère :

*-* ***autrefois****, on croyait que le Soleil tournait autour de la Terre. Il paraît qu'il a été danseur* ***autrefois*** *;*

*-* ***dans le temps****, peu de gens partaient en vacances ;*

*-* ***jadis****, nous passions nos vacances chez nos grands-parents. Il y avait ici un château* ***jadis*** *;*

*- on trouvait encore des triporteurs* ***naguère****.*

– *Naguère*, dans son emploi littéraire, signifie « récemment ». Dans la langue courante, on ne perçoit plus de différence entre *jadis* et *naguère* et on emploie les deux adverbes dans le sens de autrefois.

◗ bientôt :

*l'affaire sera* ***bientôt*** *terminée. Vous serez* ***bientôt*** *payé.*

◗ tôt, tard :

*- je me lève* ***tôt****. Il a su lire très* ***tôt****. Le plus* ***tôt*** *sera le mieux. Je ne pourrai vous livrer que lundi au plus* ***tôt*** *;*

*- il se couche toujours* ***tard****. C'est arrivé* ***tard*** *dans la nuit. Mieux vaut* ***tard*** *que jamais ;*

***- tôt ou tard****, nous saurons le fin mot de l'histoire.*

◗ avant, auparavant, d'abord :

*- nous sommes arrivés* ***avant*** *le début du film. J'ai longuement réfléchi* ***avant*** *de me décider ;*

*- on va s'occuper de vous, mais,* ***auparavant****, veuillez remplir ce questionnaire* (syn. d'abord).

– La préposition *avant* est quelquefois suivie d'un nom sans article :

*naître* ***avant*** *terme ; faire des soldes* ***avant*** *travaux.*

◗ après, puis, ensuite :

*- je passerai vous voir* ***après*** *les vacances. Commencez par le dossier prioritaire, vous vous occuperez du reste* ***après*** (syn. plus tard) ;

*- on entendit un grand bruit,* ***puis*** *un cri ;*

*- examinons d'abord cette question,* ***ensuite*** *nous passerons à la suivante.*

– La préposition *après* est quelquefois suivie d'un nom sans article :

***après*** *mûre réflexion ;* ***après*** *examen ; on se verra* ***après*** *déjeuner.*

◗ déjà :

*les premiers bourgeons commencent* ***déjà*** *à éclore. Quand je suis arrivé, il était* ***déjà*** *parti. Tu as* ***déjà*** *fini ?*

◗ quelquefois, parfois, de temps en temps :

- *c'est un homme énergique,* ***quelquefois*** *violent.* ***Quelquefois*** *il souriait, mais assez rarement ;*
- *ils viennent parfois nous voir ;*
- *il va voir sa grand-mère* ***de temps en temps.***

– Dans un registre familier, on dit aussi *des fois.*

◗ toujours, tout le temps :
- *ces abus ont* ***toujours*** *existé. Je l'aimerai* ***toujours****. Je ne suis* ***toujours*** *pas satisfait. Quand je suis revenu, il était* ***toujours*** *à la même place* (syn. encore) ;
- *il est* ***tout le temps*** *de mauvaise humeur* (syn. sans arrêt).

– *Pour toujours* et *à jamais* sont synonymes ; on peut dire :
*il a disparu* ***pour toujours*** ou *il a disparu* ***à jamais****.*

◗ jamais :
*depuis son accident cardiaque, il n'a* ***jamais*** *plus fumé. On ne sait* ***jamais*** *ce qui peut arriver. « L'avez-vous déjà rencontré ? — Jamais. » C'est* ***à jamais*** *fini entre nous (syn. pour toujours).*

– *Jamais* peut s'employer sans négation, en particulier dans une comparaison :
*je suis* ***plus*** *convaincu* ***que jamais****.*

◗ longtemps :
*je ne resterai pas* ***longtemps*** *ici. Ne soyez pas absent trop* ***longtemps****.* ***Longtemps*** *après, j'ai pensé à sa réflexion.*

– souvent, le plus souvent, la plupart du temps :
- *je l'ai* ***souvent*** *rencontré chez cet ami. Ils sortent* ***souvent*** *ensemble ;*
- *au mois de juin, je suis* ***le plus souvent*** *à la campagne ;*
- *elle vient* ***la plupart du temps*** *avec ses enfants.*

## 73 Avec un adverbe en *-ment*

*il est* ***actuellement*** *en voyage. Son accident s'est produit* ***antérieurement*** *à son déménagement. Donner* ***brièvement*** *son point de vue. Être* ***constamment*** *dérangé. Parler, réfléchir* ***longuement****. Être* ***momentanément*** *absent. Toute décision prise* ***postérieurement*** *à la date de la signature sera déclarée nulle. Il a obtenu une augmentation* ***récemment****. Rappelez* ***ultérieurement****.*

## 74 Avec un gérondif

***en sortant****, j'ai vu qu'il neigeait. Il parle* ***en dormant****. C'est* ***en dansant*** *qu'il s'est foulé la cheville.*

## 75 Avec un préfixe

anté-, anti-, après-, avant-, post-, pré-, sur-, synchro- :
*des géants* ***anté****diluviens.* ***Anti****dater une lettre.* ***Après****-demain. Une lotion* ***après****-rasage.* ***Avant****-hier. Une* ***avant****-première. Un traitement* ***post****opératoire.* ***Post****dater un témoignage. La* ***pré****histoire.* ***Pré****chauffer un four. Le* ***sur****lendemain.* ***Synchro****niser des opérations.*

# Discours **direct** et discours **indirect**

## 76 L'oral et l'écrit

Le passage de l'oral à l'écrit impose souvent le passage du discours direct (qui consiste à rapporter textuellement les paroles de quelqu'un) au discours indirect (qui rapporte ces paroles au moyen d'un verbe d'énonciation suivi de *que, ce que* ou *ce qui*).

## 77 Principales règles

Le passage au discours indirect implique un changement de construction de la phrase, du temps, voire du mode des verbes, et le remplacement de certains mots (en italique) :

| Discours direct | Discours indirect |
|---|---|
| Il dit : « Je viendrai demain. » | Il dit ***qu****'il viendra* demain. |
| Il a dit : « Je viendrai demain. » | Il a dit ***qu****'il viendrait* demain (ou *le lendemain* selon le contexte). |
| Il a dit : « Je suis venu hier. » | Il a dit ***qu****'il était venu* hier (ou *la veille* selon le contexte). |
| Il dit : « Je veux mon carnet de timbres. » | Il dit ***qu****'il veut son* carnet de timbres. |
| Il a dit : « Je veux mon carnet de timbres. » | Il a dit ***qu****'il voulait son* carnet de timbres. |
| Il me demande : « Qu'est-ce que tu veux dire ? » | Il me demande **ce que** *je veux* dire. |
| Il m'a demandé : « Qu'est-ce que tu veux dire ? » | Il m'a demandé **ce que** *je voulais dire*. |
| Elle se demande : « Qu'est-ce qui me fait rire ? » | Elle se demande ***ce qui*** *la fait* rire. |
| Elle s'est demandé : « Qu'est-ce qui me fait rire ? » | Elle s'est demandé ***ce qui*** *la faisait* rire. |

– Discours direct et indirect sont parfois appelés « styles direct et indirect ».

**A beau mentir qui vient de loin**
celui qui vient d'un pays lointain peut, sans craindre d'être démenti, raconter des choses fausses.

**À bon chat, bon rat**
se dit quand celui qui attaque trouve un antagoniste capable de lui résister.

**Abondance de biens ne nuit pas**
on accepte encore, par mesure de prévoyance, une chose dont on a déjà une quantité suffisante.

**À bon vin point d'enseigne**
ce qui est bon se recommande de soi-même.

**À chaque jour suffit sa peine**
supportons les maux d'aujourd'hui sans penser par avance à ceux que peut nous réserver l'avenir.

**À cœur vaillant rien d'impossible**
avec du courage, on vient à bout de tout.

**L'air ne fait pas la chanson**
l'apparence n'est pas la réalité.

**À la Chandeleur, l'hiver se passe ou prend vigueur**
si le froid n'est pas fini à la Chandeleur, il devient plus rigoureux qu'auparavant.

**À la Sainte-Luce, les jours croissent du saut d'une puce**
les jours commencent à croître un peu à la Sainte-Luce (13 décembre).

**À l'impossible nul n'est tenu**
on ne peut exiger de quiconque ce qu'il lui est impossible de faire.

**À l'œuvre on connaît l'ouvrier** (ou **l'artisan**)
c'est par la valeur de l'ouvrage qu'on juge celui qui l'a fait.

**À méchant ouvrier, point de bon outil**
le mauvais ouvrier fait toujours du mauvais travail, et met ses maladresses sur le compte de ses outils.

**À père avare, enfant prodigue ; à femme avare, galant escroc**
un défaut, un vice fait naître autour de soi, par réaction, le défaut, le vice contraire.

**L'appétit vient en mangeant**
plus on a, plus on veut avoir.

**Après la pluie, le beau temps**
la joie succède souvent à la tristesse, le bonheur au malheur.

**À quelque chose malheur est bon**
les événements fâcheux peuvent procurer quelque avantage, ne fût-ce qu'en donnant de l'expérience.

**L'argent est un bon serviteur et un mauvais maître**
l'argent contribue au bonheur de celui qui sait l'employer et fait le malheur de celui qui se laisse dominer par l'avarice ou la cupidité.

**L'argent n'a pas d'odeur**
certains ne se soucient guère de la manière dont ils gagnent de l'argent, pourvu qu'ils en gagnent.

**À tout seigneur, tout honneur**
il faut rendre honneur à chacun suivant son rang.

**Au royaume des aveugles, les borgnes sont rois**
avec un mérite, un savoir médiocre, on brille au milieu des sots et des ignorants.

**Autant en emporte le vent**
se dit en parlant de promesses auxquelles on n'ajoute pas foi, ou qui ne se sont pas réalisées.

**Autres temps, autres mœurs**
les mœurs changent d'une époque à l'autre.

**Aux grands maux les grands remèdes**
il faut prendre des décisions énergiques contre les maux graves et dangereux.

**Avec un** (ou **des**) « **si** », **on mettrait Paris en bouteille**
avec des hypothèses, tout devient possible.

**À vieille mule, frein doré**
on pare une vieille bête pour la mieux vendre ; se dit aussi de vieilles femmes qui abusent des artifices de la toilette.

**Beaucoup de bruit pour rien**
titre d'une comédie de Shakespeare, passé en proverbe pour exprimer que telle affaire a pris des proportions qui se réduisent à peu de chose.

**Les beaux esprits se rencontrent**
se dit plaisamment lorsqu'une même idée, une même pensée, une même vérité est énoncée simultanément par deux personnes.

**Bien faire et laisser dire** (ou **laisser braire**)
il faut faire son devoir sans se préoccuper des critiques.

**Bien mal acquis ne profite jamais**
on ne peut jouir en paix du bien obtenu par des voies illégitimes.

**Bon chien chasse de race**
on hérite généralement des qualités de sa famille.

**Bonne renommée vaut mieux que ceinture dorée**
mieux vaut jouir de l'estime publique que d'être riche.

**Bon sang ne peut** (ou **ne saurait**) **mentir**
qui est d'une noble race n'en saurait être indigne.

**Les bons comptes font les bons amis**
pour rester amis, il faut s'acquitter exactement de ce que l'on se doit l'un à l'autre.

**La caque sent toujours le hareng**
on se ressent toujours de son origine, de son passé.

**Ce que femme veut, Dieu le veut**
les femmes en viennent toujours à leurs fins.

**C'est en forgeant qu'on devient forgeron**
à force de s'exercer à une chose, on y devient habile.

**C'est le ton qui fait la musique** (ou **qui fait la chanson**)
c'est la manière dont on dit les choses qui marque l'intention véritable.

**C'est l'hôpital qui se moque de la Charité**
se dit de celui qui raille la misère d'autrui, bien qu'il soit lui-même aussi misérable.

**Chacun pour soi et Dieu pour tous**
laissons à Dieu le soin de s'occuper des autres.

**Charbonnier est maître chez soi**
le maître de maison est libre d'agir comme il l'entend dans sa propre demeure.

**Charité bien ordonnée commence par soi-même**
avant de songer aux autres, il faut songer à soi.

**Chat échaudé craint l'eau froide**
on redoute même l'apparence de ce qui vous a déjà nui.

**Le chat parti, les souris dansent**
quand maîtres ou chefs sont absents, écoliers ou subordonnés mettent à profit leur liberté.

**Les chiens aboient, la caravane passe** (prov. arabe)
qui est sûr de sa voie ne s'en laisse pas détourner par la désapprobation la plus bruyante.

**Chose promise, chose due**
on est obligé de faire ce qu'on a promis.

**Cœur qui soupire n'a pas ce qu'il désire**
les soupirs que l'on pousse prouvent qu'on n'est pas satisfait.

**Comme on connaît les saints, on les honore**
on traite chacun selon son caractère.

**Comme on fait son lit, on se couche**
il faut s'attendre en bien ou en mal à ce qu'on s'est préparé à soi-même par sa conduite.

**Comparaison n'est pas raison**
une comparaison ne prouve rien.

**Les conseilleurs ne sont pas les payeurs**
défions-nous parfois des conseilleurs ; ni leur personne ni leur bourse ne courent le risque qu'ils conseillent.

**Contentement passe richesse**
le bonheur est préférable à la fortune.

**Les cordonniers sont les plus mal chaussés**
on néglige souvent les avantages qu'on a, de par sa condition, à sa portée.

**Dans le doute, abstiens-toi**
maxime qui s'applique au doute pratique comme au doute purement spéculatif.

**De deux maux il faut choisir le moindre**
adage que l'on prête à Socrate, qui aurait ainsi expliqué pourquoi il avait pris une femme de très petite taille.

**Défiance** (ou **méfiance**) **est mère de sûreté**
il ne faut pas être trop confiant, si l'on ne veut pas être trompé.

**De la discussion jaillit la lumière**
des opinions discutées contradictoirement se dégage la vérité.

**Déshabiller saint Pierre pour habiller saint Paul**
faire une dette pour en acquitter une autre ; se tirer d'une difficulté en s'en créant une nouvelle.

**Deux avis valent mieux qu'un**
on fait bien, avant d'agir, de consulter plusieurs personnes.

**Dis-moi qui tu hantes, je te dirai qui tu es**
on juge une personne d'après la société qu'elle fréquente.

**Donner un œuf pour avoir un bœuf**
faire un petit présent dans l'espoir d'en recevoir un plus considérable.

**L'eau va à la rivière**
l'argent va aux riches.

**En avril, n'ôte pas un fil ; en mai, fais ce qu'il te plaît**
on ne doit pas mettre des vêtements légers en avril ; on le peut en mai.

**L'enfer est pavé de bonnes intentions**
les bonnes intentions ne suffisent pas si elles ne sont pas réalisées ou n'aboutissent qu'à des résultats fâcheux.

**Entre l'arbre et l'écorce il ne faut pas mettre le doigt**
il ne faut point intervenir dans une dispute entre proches.

**Erreur n'est pas compte**
tant que subsiste une erreur, un compte n'est pas définitif.

**L'exception confirme la règle**
cela même qui est reconnu comme exception constate une règle, puisque, sans la règle, point d'exception.

**La faim chasse le loup hors du bois**
la nécessité contraint les hommes à faire des choses qui ne sont pas de leur goût.

**Fais ce que dois, advienne que pourra**
fais ton devoir, sans t'inquiéter de ce qui en pourra résulter.

**Faute de grives, on mange des merles**
à défaut de mieux, il faut se contenter de ce que l'on a.

**La fête passée, adieu le saint**
une fois une satisfaction obtenue, on oublie qui l'a procurée.

**La fin justifie les moyens**
principe d'après lequel le but excuserait les actions coupables commises pour l'atteindre.

**La fortune vient en dormant**
le plus sûr moyen de s'enrichir est d'attendre passivement un heureux coup du sort.

**Des goûts et des couleurs il ne faut pas discuter**
chacun est libre d'avoir ses préférences.

**Les grandes douleurs sont muettes**
l'extrême souffrance morale ne fait entendre aucune plainte.

**Les grands diseurs ne sont pas les grands faiseurs**
ceux qui se vantent le plus ou promettent le plus sont ordinairement ceux qui font le moins.

**L'habit ne fait pas le moine**
ce n'est pas sur l'extérieur qu'il faut juger les gens.

**L'habitude est une seconde nature**
l'habitude nous fait agir aussi spontanément qu'un instinct naturel.

**Heureux au jeu, malheureux en amour**
celui qui gagne souvent au jeu est rarement heureux en ménage.

**Il faut battre le fer pendant qu'il est chaud**
il faut pousser activement une affaire qui est en bonne voie.

**Il faut que jeunesse se passe**
on doit excuser les fautes que la légèreté et l'inexpérience font commettre à la jeunesse.

**Il faut qu'une porte soit ouverte ou fermée**
il faut prendre un parti dans un sens ou dans un autre.

**Il faut rendre à César ce qui appartient à César, et à Dieu ce qui est à Dieu**
il faut rendre à chacun ce qui lui est dû.

**Il faut tourner sa langue sept fois dans sa bouche avant de parler**
avant de parler, de se prononcer, il faut mûrement réfléchir.

**Il ne faut jamais jeter le manche après la cognée**
il ne faut jamais se rebuter.

**Il ne faut jurer de rien**
il ne faut jamais répondre de ce qu'on fera, ni de ce qui peut arriver.

**Il ne faut pas dire : Fontaine, je ne boirai pas de ton eau**
nul ne peut assurer qu'il ne recourra jamais à une personne ou à une chose.

**Il n'est pire aveugle que celui qui ne veut pas voir** ou **il n'est pire sourd que celui qui ne veut pas entendre**
le parti pris ferme l'esprit à tout éclaircissement.

**Il n'est pire eau que l'eau qui dort**
ce sont souvent des personnes d'apparence inoffensive dont il faut le plus se méfier.

**Il n'est point de sot métier**
toutes les professions sont bonnes.

**Il n'y a pas de fumée sans feu**
derrière les apparences, les on-dit, il y a toujours quelque réalité.

**Il n'y a que la vérité qui blesse**
les reproches vraiment pénibles sont ceux que l'on a mérités.

**Il n'y a que le premier pas qui coûte**
le plus difficile en toute chose est de commencer.

**Il vaut mieux aller au boulanger** (ou **au moulin**) **qu'au médecin**
la maladie coûte plus cher encore que la dépense pour la nourriture.

**Il vaut mieux avoir affaire à Dieu qu'à ses saints**
il vaut mieux s'adresser directement au maître qu'aux subalternes.

**Il vaut mieux tenir que courir**
la possession vaut mieux que l'espérance.

**Il y a loin de la coupe aux lèvres**
il peut arriver bien des événements entre un désir et sa réalisation.

**L'intention vaut le fait**
l'intention compte comme si elle avait été mise à exécution.

**Le jeu ne vaut pas la chandelle**
la chose ne vaut pas la peine qu'on se donne pour l'obtenir.

**Les jours se suivent et ne se ressemblent pas**
les circonstances varient avec le temps.

**Loin des yeux, loin du cœur**
l'absence détruit ou affaiblit les affections.

**Les loups ne se mangent pas entre eux**
les méchants ne cherchent pas à se nuire.

**Mains froides, cœur chaud**
la froideur des mains indique un tempérament amoureux.

**Mauvaise herbe croît toujours**
se dit pour expliquer la croissance rapide d'un enfant de mauvais caractère.

**Mettre la charrue devant** (ou **avant**) **les bœufs**
commencer par où l'on devrait finir.

**Le mieux est l'ennemi du bien**
on court le risque de gâter ce qui est bien en voulant obtenir mieux.

**Mieux vaut tard que jamais**
il vaut mieux, en certains cas, agir tard que ne pas agir du tout.

**Morte la bête, mort le venin**
un ennemi, un méchant ne peut plus nuire quand il est mort.

**Les murs ont des oreilles**
dans un entretien confidentiel, il faut se défier de ce qui vous entoure.

**Nécessité fait loi**
dans un besoin ou un péril extrême, on peut se soustraire à toutes les obligations conventionnelles.

**Ne fais pas à autrui ce que tu ne voudrais pas qu'on te fît**
règle de conduite qui est le fondement d'une morale élémentaire.

**N'éveillez pas le chat qui dort**
il ne faut pas réveiller une fâcheuse affaire, une menace assoupie.

**Noël au balcon, Pâques au tison**
si le temps est beau à Noël, il fera froid à Pâques.

**La nuit porte conseil**
la nuit est propre à nous inspirer de sages réflexions.

**La nuit, tous les chats sont gris**
on ne peut pas bien, de nuit, distinguer les choses.

**Nul n'est prophète en son pays**
personne n'est apprécié à sa vraie valeur là où il vit habituellement.

**L'occasion fait le larron**
l'occasion fait faire des choses répréhensibles auxquelles on n'aurait pas songé.

**Œil pour œil, dent pour dent**
loi du talion.

**L'oisiveté est mère** (ou **la mère**) **de tous les vices**
n'avoir rien à faire, c'est s'exposer à toutes les tentations.

**On ne fait pas d'omelette sans casser des œufs**
on n'arrive pas à un résultat sans peine ni sacrifices.

**On ne prête qu'aux riches**
on ne rend des services qu'à ceux qui sont en état de les récompenser ; on attribue volontiers certains actes à ceux qui sont habitués à les faire.

**On reconnaît l'arbre à ses fruits**
c'est à ses actes qu'on connaît la valeur d'un homme.

**Paris ne s'est pas fait en un jour**
rien ne peut se faire sans le temps voulu.

**Pauvreté n'est pas vice**
il n'y a pas de honte à être pauvre.

**Péché avoué est à demi pardonné**
celui qui avoue son péché obtient plus aisément l'indulgence.

**Petit à petit, l'oiseau fait son nid**
à force de persévérance, on vient à bout d'une entreprise.

**Petite pluie abat grand vent**
souvent, peu de chose suffit pour calmer une grande colère.

**Les petits ruisseaux font les grandes rivières**
les petits profits accumulés finissent par faire de gros bénéfices.

**Pierre qui roule n'amasse pas mousse**
on ne s'enrichit pas en changeant souvent d'état, de pays.

**Plaie d'argent n'est pas mortelle**
les pertes d'argent peuvent toujours se réparer.

**La pluie du matin réjouit le pèlerin**
la pluie du matin est souvent la promesse d'une belle journée.

**La plus belle fille du monde ne peut donner que ce qu'elle a**
nul ne peut donner ce qu'il n'a pas.

**Plus on est de fous, plus on rit**
la gaieté devient plus vive avec le nombre des joyeux compagnons.

**Point de nouvelles, bonnes nouvelles**
sans nouvelles de quelqu'un, on peut conjecturer qu'il ne lui est rien arrivé de fâcheux.

**Prudence est mère de sûreté**
c'est en étant prudent qu'on évite tout danger.

**Quand on veut noyer son chien, on dit qu'il a la rage** (ou **la gale**)
quand on en veut à quelqu'un, on l'accuse faussement.

**Qui a bu boira**
on ne se corrige jamais d'un défaut devenu une habitude.

**Qui aime bien châtie bien**
un amour véritable est celui qui ne craint pas d'user d'une sage sévérité.

**Quiconque se sert de l'épée périra par l'épée**
celui qui use de violence sera victime de la violence.

**Qui donne aux pauvres prête à Dieu**
celui qui fait la charité en sera récompensé dans la vie future.

**Qui dort dîne**
le sommeil tient lieu de dîner.

**Qui ne dit mot consent**
ne pas élever d'objection, c'est donner son adhésion.

**Qui ne risque rien n'a rien**
un succès ne peut s'obtenir sans quelque risque.

**Qui paie ses dettes s'enrichit**
en payant ses dettes, on crée ou on augmente son crédit.

**Qui peut le plus peut le moins**
celui qui est capable de faire une chose difficile, coûteuse, etc., peut à plus forte raison faire une chose plus facile, moins coûteuse, etc.

**Qui sème le vent récolte la tempête**
celui qui produit des causes de désordre ne peut s'étonner de ce qui en découle.

**Qui se ressemble s'assemble**
ceux qui ont les mêmes penchants se recherchent mutuellement.

**Qui se sent morveux se mouche**
que celui qui se sent en faute s'applique ce que l'on vient de dire.

**Qui s'y frotte s'y pique**
celui qui s'y risque s'en repent.

**Qui trop embrasse mal étreint**
celui qui entreprend trop de choses à la fois n'en réussit aucune.

**Qui va à la chasse perd sa place**
celui qui quitte sa place doit s'attendre à la trouver occupée à son retour.

**Qui veut aller loin ménage sa monture**
il faut ménager ses forces, ses ressources, etc., si l'on veut tenir, durer longtemps.

**Qui veut la fin veut les moyens**
celui qui veut une chose ne doit pas reculer devant les moyens qu'elle réclame.

**Qui vole un œuf vole un bœuf**
celui qui commet un vol minime se montre par là capable d'en commettre un plus considérable.

**Rira bien qui rira le dernier**
celui qui se moque d'autrui risque d'être raillé à son tour si les circonstances changent.

**Rome ne s'est pas faite en un jour**
se dit à ceux que l'on veut engager à prendre patience.

**Santé passe richesse**
la santé est plus précieuse que la richesse.

**Si jeunesse savait, si vieillesse pouvait**
les jeunes manquent d'expérience, les vieillards de force.

**Le soleil luit pour tout le monde**
chacun a droit aux choses que la nature a départies à tous.

**Tant va la cruche à l'eau qu'à la fin elle se casse** (ou **qu'enfin elle se brise**)
tout finit par s'user ; à force de braver un danger, on finit par y succomber ; à force de faire la même faute, on finit par en pâtir.

**Tel est pris qui croyait prendre**
on subit souvent le mal qu'on a voulu faire à autrui.

**Tel père, tel fils**
le plus souvent, le fils tient de son père.

**Le temps, c'est de l'argent**
traduction de l'adage anglais *Time is money* ; le temps bien employé est un profit.

**Tous les goûts sont dans la nature**
se dit à propos d'une personne qui a des goûts singuliers.

**Tout chemin mène à Rome**
il y a bien des moyens d'arriver au même but.

**Toute peine mérite salaire**
chacun doit être récompensé de sa peine, quelque petite qu'elle ait été.

**Tout est bien qui finit bien**
se dit d'une entreprise qui réussit après qu'on a craint le contraire.

**Toute vérité n'est pas bonne à dire**
il n'est pas toujours bon de dire ce que l'on sait, quelque vrai que cela puisse être.

**Tout nouveau tout beau**
la nouveauté a toujours un charme particulier.

**Tout vient à point à qui sait attendre**
avec du temps et de la patience, on réussit, on obtient ce que l'on désire.

**Trop de précaution nuit**
l'excès de précaution tourne souvent à notre propre désavantage.

**Un clou chasse l'autre**
se dit en parlant de personnes ou de choses qui succèdent à d'autres et les font oublier.

**Un de perdu, dix de retrouvés**
la personne, la chose perdue est très facile à remplacer.

**Une fois n'est pas coutume**
un acte isolé n'entraîne à rien ; on peut fermer les yeux sur un acte isolé.

**Une hirondelle ne fait pas le printemps**
on ne peut rien conclure d'un seul cas, d'un seul fait.

**Un homme averti en vaut deux**
quand on a été prévenu de ce que l'on doit craindre, on se tient doublement sur ses gardes.

**Un mauvais arrangement vaut mieux qu'un bon** (ou **que le meilleur**) **procès**
s'entendre, à quelque condition que ce soit, vaut mieux que plaider.

**Un tiens vaut mieux que deux tu l'auras**
posséder peu, mais sûrement, vaut mieux qu'espérer beaucoup, sans certitude.

**Ventre affamé n'a point d'oreilles**
l'homme pressé par la faim est sourd à toute parole.

**Le vin est tiré, il faut le boire**
l'affaire étant engagée, il faut en accepter les suites, même fâcheuses.

**Vouloir, c'est pouvoir**
on réussit lorsqu'on a la ferme volonté de réussir.

# NOMS PROPRES

## Liste des abréviations utilisées dans la partie « noms propres »

| | |
|---|---|
| affl. | affluent |
| all. | allemand |
| alt. | altitude |
| anc. | ancien, anciennement |
| apr. | après |
| ar. | arabe |
| arr. | arrondissement |
| auj. | aujourd'hui |
| autref. | autrefois |
| av. | avant |
| cant. | canton |
| cap. | capitale |
| ch.-l. | chef-lieu |
| comm. | commune |
| dép. | département |
| E. | Est |
| esp. | espagnol |
| fl. | fleuve |
| fr. | français |
| germ. | germanique |
| h. | habitant |
| hab. | noms d'habitants |
| ital. | italien |
| m. | mort, morte |
| myth. gr. | mythologie grecque |
| N. | Nord |
| O. | Ouest |
| prov. | province |
| riv. | rivière |
| s. | siècle |
| S. | Sud |
| superf. | superficie |
| v. | ville, vers, voir |
| v. pr. | ville principale |

# A

**Aalto** (*Alvar*), architecte finlandais (1898-1976).

**Aaron,** frère de Moïse et premier grand prêtre d'Israël.

**Abbado** (*Claudio*), chef d'orchestre italien (1933-2014).

**Abbassides,** dynastie de califes arabes qui régna à Bagdad de 750 à 1258.

**ABC** (*American Broadcasting Company*), réseau de télévision américain créé en 1943.

**Abd Allah II** ou **Abdallah II** (né en 1962), roi de Jordanie depuis 1999.

**Abd el-Kader,** émir arabe (1808-1883). Il dirigea de 1832 à 1847 la résistance à la conquête de l'Algérie par la France.

**Abd el-Krim,** chef marocain (1882-1963). Il dirigea la révolte du Rif contre les Espagnols et les Français.

**Abel,** fils d'Adam et d'Ève, tué par son frère aîné Caïn (*Bible*).

**Abel** (*Niels*), mathématicien norvégien (1802-1829). Il créa la théorie des intégrales elliptiques.

**Abélard** (*Pierre*), théologien français, célèbre par sa passion malheureuse pour Héloïse (1079-1142).

**Abidjan,** v. principale de la Côte d'Ivoire, anc. cap. ; 4 395 243 d'h.

**Aboukir,** bourg d'Égypte. Victoire de Bonaparte sur les Turcs (1799).

**Abraham,** patriarche biblique (XIX^e^ s. av. J.-C.). Ancêtre des peuples juif et arabe.

**Abruzzes** (les), région d'Italie centrale.

**Abu Bakr** (v. 573-634), beau-père et successeur de Mahomet.

**Abu Dhabi,** nom du plus important des Émirats arabes unis (1 292 119 h.) et de la ville principale de cet émirat.

**Abuja,** cap. du Nigeria ; 2 301 000 h. (aggl.).

**Abyssinie,** anc. nom de l'Éthiopie.

**Académie française,** société fondée par Richelieu (1635) ; 40 membres.

**Acadie,** anc. colonie française du Canada, auj. en Nouvelle-Écosse.

**Acapulco,** station balnéaire du Mexique sur le Pacifique ; 789 978 h.

**Accra,** cap. du Ghana ; 2 242 000 h. (aggl.).

**Achéens,** peuple grec, fondateur d'une brillante civilisation au II^e^ millénaire av. J.-C.

**Achéménides,** dynastie perse fondée par Cyrus (550-330 av. J.-C.).

**Achéron,** fleuve des Enfers (*Myth. gr.*).

**Achgabat,** anc. **Achkhabad**, cap. du Turkménistan ; 683 260 h.

**Achille,** héros de *l'Iliade*. Il tua Hector au siège de Troie.

**Aconcagua,** point culminant des Andes (Argentine) ; 6 959 m.

**Açores** (les), archipel portugais (Atlantique).

**ACP** (*pays*), ensemble des pays d'Afrique, des Caraïbes et du Pacifique liés à l'Union européenne par des accords préférentiels.

**Acropole,** anc. forteresse d'Athènes. Monuments du V^e^ s. av. J.-C. (Parthénon).

**Actes des Apôtres,** cinquième livre du Nouveau Testament.

**Actium,** victoire navale d'Octavien, futur Auguste, sur Antoine, en 31 av. J.-C.

**Actors Studio,** école d'art dramatique de New York fondée en 1947.

**Adam,** le premier homme (*Bible*).

**Adam de la Halle,** trouvère français (v. 1240-v. 1287) : *Jeu de Robin et Marion*.

**Adamov** (*Arthur*), auteur dramatique français d'origine russe (1908-1970).

**Adams** (*Ansel*), photographe américain (1902-1984).

**Addis-Abeba,** capitale de l'Éthiopie, 2 979 100 h.

**Adélaïde,** port d'Australie ; 1 181 206 h.

**Adélie** (*terre*), terre antarctique française.

**Aden,** port du Yémen ; 400 783 h. dans l'aggl.

**Adenauer** (*Konrad*), homme politique allemand (1876-1967), chancelier de la RFA de 1949 à 1963.

**Ader** (*Clément*), précurseur français de l'aviation (1841-1925).

**Adieu aux armes** (*l'*), roman de E. Hemingway.

**Adige,** fl. d'Italie (Adriatique) ; 410 km.

**Adjani** (*Isabelle*), actrice française (née en 1955) : *l'Été meurtrier*.

**Adonis,** dieu de la Végétation (*Myth. gr.*).

**Adorno** (*Theodor*), philosophe et musicologue allemand (1903-1969).

**Adour,** fl. du sud-ouest de la France ; 335 km.

**Adriatique** (*mer*), golfe de la Méditerranée entre l'Italie et la péninsule balkanique.

**Adygués,** nom sous lequel se reconnaissent trois peuples caucasiens (env. 1 million).

**AELE** (*Association européenne de libre-échange*), organisation économique créée en 1960. Elle regroupe aujourd'hui l'Islande, le Liechtenstein, la Norvège et la Suisse.

**Aetius,** général romain, vainqueur d'Attila.

**AÉUMC** (*Accord États-Unis - Mexique - Canada*), accord économique multilatéral signé en 2018, qui a remplacé l'ALÉNA (*Accord de libre-échange nord-américain*) en 2020.

**Afghanistan,** État d'Asie, entre l'Iran et le Pakistan ; 650 000 km² ; 38 928 341 h. (*Afghans*). Cap. *Kaboul.*

**AFP** (*Agence France-Presse*), agence de presse française, créée en 1944.

**Afrique,** une des cinq parties du monde ; 30 310 000 km² ; 1 250 000 000 h. (*Africains*).

**Afrique du Sud** (*république d'*), État d'Afrique australe, membre du Commonwealth ; 1 221 000 km² ; 59 308 690 h. (*Sud-Africains*). Cap. *Pretoria* et *Le Cap* ; v. pr. *Johannesburg.*

**Agadir,** port du sud du Maroc ; 421 844 h.

**Agamemnon,** père d'Iphigénie, qu'il sacrifia aux dieux (*Iliade*).

**Agen,** ch.-l. du Lot-et-Garonne ; 33 464 h. (*Agenais*).

**Agésilas,** roi de Sparte (399-360 av. J.-C.).

**Agneau mystique** (*retable de l'*), polyptyque de Hubert et Jan Van Eyck.

**Agra,** v. de l'Inde ; 1 746 467 h. (aggl.). Tadj Mahall.

**Agrigente,** v. de Sicile. Temples grecs.

**Agrippine,** princesse romaine (v. 15-59 apr. J.-C.), mère de Néron, épouse de l'empereur Claude.

**Ahmadabad,** v. de l'Inde du Nord-Ouest ; 5 570 585 h.

**Ahriman,** principe du Mal, dans le mazdéisme.

**Ahura-Mazdâ,** principe du Bien, dans le mazdéisme.

**Aïcha** (v. 614-678), fille d'Abu Bakr et troisième femme de Mahomet.

**Aïda,** opéra de Verdi.

**AIEA** (*Agence internationale de l'énergie atomique*), organisation créée en 1957. Elle a pour but de promouvoir les applications pacifiques de l'énergie atomique.

**Aigues-Mortes,** v. du Gard, jadis port de mer important ; enceinte médiévale.

**Ain,** affl. du Rhône. ◇ Dép. français (01), ch.-l. *Bourg-en-Bresse,* ch.-l. d'arr. *Belley, Gex, Nantua* ; 668 565 h.

**Ainsi parlait Zarathoustra,** poème philosophique de F. Nietzsche.

**Aïr,** massif du sud du Sahara (Niger).

**Airbus,** société européenne de construction aéronautique.

**Aisne,** affl. de l'Oise. ◇ Dép. français (02) ; ch.-l. *Laon,* ch.-l. d'arr. *Château-Thierry, Saint-Quentin, Soissons, Vervins* ; 543 368 h.

**Ai Weiwei,** artiste chinois (né en 1957) : *Sunflower Seeds, S.A.C.R.E.D.*

**Aix-en-Provence,** v. des Bouches-du-Rhône ; 148 336 h. (*Aixois*).

**Aix-la-Chapelle** ou **Aachen,** v. d'Allemagne ; 236 420 h. Chapelle du palais de Charlemagne.

**Ajaccio,** ch.-l. de la collectivité de Corse et de la Corse-du-Sud ; 72 228 h. (*Ajacciens*).

**Ajax,** héros grec (*l'Iliade*).

**Akbar** (1542-1605), empereur moghol de l'Inde (1556-1605).

**Akhenaton → Aménophis IV.**

**Akihito** (né en 1933), empereur du Japon de 1989 à 2019.

**Alabama,** État du sud des États-Unis. Cap. *Montgomery.*

**Alain** (*Émile* CHARTIER, dit), philosophe français (1868-1951) : *Propos.*

**Alain-Fournier** (*Henri Alban* FOURNIER, dit), écrivain français (1886-1914) : *le Grand Meaulnes.*

**Alains,** barbares qui envahirent la Gaule en 406, puis passèrent en Espagne.

**Alamans,** tribus germaniques vaincues par Clovis en 506.

**Alamein** (**El-**), victoire de Montgomery sur Rommel en 1942 (Égypte).

**Alaphilippe** (*Julian*), coureur cycliste français (né en 1992).

**À la recherche du temps perdu,** œuvre romanesque de M. Proust.

**Alaric II,** roi wisigoth (484-507), vaincu par Clovis à Vouillé (507).

**Alaska,** région du nord-ouest de l'Amérique, formant un État des États-Unis. Cap. *Juneau.*

**Albanie,** État d'Europe ; 29 000 km² ; 2 837 849 h. (*Albanais*). Cap. *Tirana.*

**Albe** (duc D'), général de Charles Quint et de Philippe II (1508-1582).

**Albee** (*Edward*), auteur dramatique américain (1928-2016) : *Qui a peur de Virginia Woolf ?*

**Albe la Longue,** anc. v. du Latium.

**Albéniz** (*Isaac*), compositeur espagnol (1860-1909) : *Iberia.*

**Albert le Grand** (*saint*), théologien allemand (v. 1200-1280).

**Albert Iᵉʳ** (1848-1922), prince de Monaco.

**Albert Ier** (1875-1934), roi des Belges à partir de 1909, dit le *Roi-Chevalier.*

**Albert II** (né en 1934), roi des Belges de 1993 à 2013.

**Albert II** (né en 1958), prince de Monaco depuis 2005.

**Alberta,** prov. du Canada occidental. Cap. *Edmonton.*

**Albi,** ch.-l. du Tarn ; 50 625 h. (*Albigeois*).

**albigeois** (*croisade des*) [1209-1244], guerre contre des hérétiques du midi de la France.

**Albinoni** (*Tomaso*), compositeur italien (1671-1750). Le célèbre *Adagio d'Albinoni* est un pastiche composé au XXe s. (R. Giazotto).

**Albion** (*plateau d'*), plateau du sud-est de la France, base de missiles nucléaires (1971-1996).

**Albuquerque** (*Afonso* DE), conquistador portugais (1453-1515), vice-roi des Indes.

**Alcibiade,** général athénien (v. 450-404 av. J.-C.)

**Alcools,** recueil poétique de G. Apollinaire.

**Alcuin,** savant anglais, conseiller de Charlemagne (v. 735-804).

**Aldrich** (*Robert*), cinéaste américain (1918-1983) : *le Grand Couteau.*

**Alechinsky** (*Pierre*), peintre et graveur belge (né en 1927), membre du mouvement Cobra.

**Aleksievitch** (*Svetlana Aleksandrovna*), écrivaine biélorusse d'expression russe (née en 1948) : *la Fin de l'homme rouge.*

**Alembert** (*Jean* LE ROND D'), mathématicien et philosophe français, un des fondateurs de l'*Encyclopédie* (1717-1783).

**ALÉNA → AÉUMC.**

**Alençon,** ch.-l. de l'Orne ; 26 622 h. (*Alençonnais*).

**Aléoutiennes** (*îles*), archipel du nord-ouest de l'Amérique du Nord.

**Alep,** v. du nord de la Syrie ; 1 740 622 h. (aggl.).

**Alès,** v. du Gard ; 42 452 h. (*Alésiens*).

**Alésia,** place forte gauloise (Côte-d'Or) où César vainquit Vercingétorix (52 av. J.-C.).

**Alexandre le Grand** (356-323 av. J.-C.), roi de Macédoine, fondateur d'un empire.

**Alexandre Ier** (1777-1825), empereur de Russie (1801-1825), adversaire de Napoléon Ier. ◇ ALEXANDRE II (1818-1881), empereur de Russie (1855-1881) ; il abolit le servage. ◇ ALEXANDRE III (1845-1894), empereur de Russie de 1881 à 1894.

**Alexandre Ier** (1888-1934), roi de Yougoslavie de 1921 à 1934, assassiné à Marseille.

**Alexandre VI** (BORGIA) [1431-1503], pape de 1492 à sa mort, il vécut en prince de la Renaissance.

**Alexandre Nevski** (v. 1220-1263), prince de Novgorod, vainqueur des Suédois et des chevaliers Teutoniques.

**Alexandrie,** port d'Égypte, sur la Méditerranée ; 4 387 000 h.

**Alfieri** (*Vittorio*), écrivain italien (1749-1803), auteur de tragédies.

**Alfred le Grand** (v. 849-899), roi anglo-saxon. Il conquit l'Angleterre.

**Alger,** cap. de l'Algérie ; 2 559 000 h. (aggl.) [*Algérois*].

**Algérie,** État de l'Afrique du Nord ; 2 380 000 km² ; 43 851 043 h. (*Algériens*). Cap. *Alger.*

**Algonquins** ou **Algonkins,** Indiens de l'Amérique du Nord.

**Alhambra,** palais des rois maures à Grenade.

**Ali,** époux de Fatima, gendre de Mahomet, quatrième calife (656-661).

**Ali** (*Cassius* CLAY, puis **Muhammad**), boxeur américain (1942-2016), plusieurs fois champion du monde des poids lourds.

**Alicante,** port d'Espagne ; 329 988 h.

**Alice au pays des merveilles,** conte pour enfants de Lewis Carroll.

**Aliénor d'Aquitaine** (1122-1204), reine de France puis d'Angleterre par ses mariages avec Louis VII, puis Henri II Plantagenêt.

**Allah,** dieu unique de l'islam.

**Allahabad,** v. de l'Inde du Nord ; 1 216 719 h. (aggl.). Pèlerinage.

**Allemagne** (République fédérale d'), État de l'Europe centrale ; 357 000 km² ; 83 160 871 h. (*Allemands*). Cap. *Berlin.* ◇ De 1949 à 1990, l'Allemagne a été divisée entre la RFA (République fédérale d'Allemagne) et la RDA (République démocratique allemande).

**Allen** (*Woody*), cinéaste et acteur américain (né en 1935) : *Manhattan.*

**Allende** (*Salvador*), homme politique chilien (1908-1973), président de la République de 1970 à 1973.

**Alliance** (*Sainte-*), pacte signé entre la Russie, l'Autriche et la Prusse, en 1815.

**Allier,** affl. de la Loire. ◇ Dép. français (03), ch.-l. *Moulins,* ch.-l. d'arr. *Montluçon, Vichy* ; 344 922 h.

**Allobroges,** peuple de la Gaule.

**Alma,** fl. de Crimée. Victoire franco-anglaise sur les Russes (1854).

**Almaty,** anc. **Alma-Ata,** v. du Kazakhstan ; 1 383 000 h. Cap. de ce pays jusqu'en 1997.

**Almodóvar** (*Pedro*), cinéaste espagnol (né en 1949) : *Talons aiguilles.*

**Almohades,** dynastie berbère qui régna sur le Maghreb et l'Andalousie (1147-1269).

**Almoravides,** dynastie berbère qui régna sur le Maghreb et l'Andalousie (1061-1147).

**Alpes,** chaîne de montagnes d'Europe ; point culminant : mont Blanc, 4 808 m.

**Alpes (Hautes-)** [05], dép. français ; ch.-l. *Gap,* ch.-l. d'arr. *Briançon* ; 145 791 h.

**Alpes-de-Haute-Provence** (04), dép. français ; ch.-l. *Digne-les-Bains,* ch.-l. d'arr. *Barcelonnette, Castellane, Forcalquier* ; 168 867 h.

**Alpes-Maritimes** (06), dép. français ; ch.-l. *Nice,* ch.-l. d'arr. *Grasse* ; 1 108 475 h.

**Alphonse,** nom de plusieurs rois d'Aragon et de Castille, notamment ALPHONSE VIII de Castille (1155-1214), vainqueur des Maures, et ALPHONSE X de Castille (1221-1284).

**Alphonse XIII** (1886-1941), roi d'Espagne de 1896 à 1931.

**Alsace,** anc. prov. de l'est de la France ; cap. *Strasbourg.* ◇ Collectivité unique.

**Alsace-Lorraine,** territoires français annexés par l'Allemagne entre 1871 et 1919.

**Altaï,** massif d'Asie centrale ; 4 506 m.

**Altamira,** grotte préhistorique d'Espagne ornée de peintures (v. 13 000 av. J.-C.).

**Altdorfer** (*Albrecht*), peintre et graveur allemand (v. 1480-1538).

**Althusser** (*Louis*), philosophe français (1918-1990) : *Lénine et la philosophie.*

**Alzheimer** (*Aloïs*), psychiatre et neurologue allemand (1864-1915), le premier à avoir décrit les symptômes de la maladie neurologique dégénérative qui porte son nom.

**Amado** (*Jorge*), écrivain brésilien (1912-2001) : *Bahia de tous les saints.*

**Amant de lady Chatterley** (*l'*), roman de D. H. Lawrence.

**Amarna** (*Tell* **al-**), site archéologique d'Égypte, anc. cap. d'Aménophis IV.

**Amazon,** société américaine de commerce électronique, fondée en 1994 par Jeff Bezos.

**Amazone,** fl. de l'Amérique du Sud (7 000 km), premier fl. du monde par son débit, l'Amazone se jette dans l'Atlantique.

**Amazones** (les), peuple fabuleux de femmes guerrières (*Myth. gr.*).

**Amboise,** v. de France (Indre-et-Loire). Château gothique et Renaissance.

**Ambroise** (*saint*) [340-397], Père de l'Église latine, évêque de Milan.

**Aménophis IV** ou **Akhenaton,** roi d'Égypte (1372-1354 av. J.-C.). Avec son épouse Néfertiti, il tenta d'imposer le culte du dieu unique Aton (le Soleil).

**America** (*Coupe de l'*), régate internationale, dont l'origine remonte à 1851.

**Américain à Paris** (*Un*), comédie musicale de V. Minnelli (1951), sur une musique de G. Gershwin.

**Amérique,** une des cinq parties du monde, découverte par Colomb au XV^e^ s. ; 42 millions de km² ; 972 005 000 d'h. (*Américains*).

**Amiel** (*Henri Frédéric*), écrivain suisse de langue française (1821-1881) : *Journal intime.*

**Amiens,** ch.-l. de la Somme ; 137 380 h. (*Amiénois*). Cathédrale gothique.

**Amman,** cap. de la Jordanie ; 1 812 059 h.

**Amnesty International,** organisation humanitaire fondée en 1961.

**Amon,** dieu égyptien du Soleil.

**Amou-Daria,** fl. d'Asie ; 2 540 km.

**Amour,** fl. d'Asie, séparant la Sibérie de la Chine du Nord-Est ; 4 440 km.

**Amours,** recueil poétique de P. de Ronsard.

**Ampère** (*André*), physicien français (1775-1836). Théorie de l'électromagnétisme.

**Amsterdam,** cap. des Pays-Bas ; 1 084 000 h. (aggl.).

**Amundsen** (*Roald*), explorateur norvégien (1872-1928). Il atteignit le premier le pôle Sud (1911).

**Amyot** (*Jacques*), humaniste français, traducteur de Plutarque (1513-1593).

**Anacréon,** poète grec (VI^e^ s. av. J.-C.).

**Anatolie,** nom actuel de l'Asie Mineure (Turquie d'Asie).

**Ancien Régime,** organisation de la France depuis la disparition du régime féodal (XV^e^ s.) jusqu'à la révolution de 1789.

**Anciens et des Modernes** (*querelle des*), polémique littéraire de la fin du XVII^e^ s. qui opposa les partisans de l'Antiquité et ceux du siècle de Louis XIV.

**Ancien Testament → Bible.**

**Ancône,** port d'Italie, sur l'Adriatique.

**Andalousie,** région du sud de l'Espagne.

**Andersen** (*Hans Christian*), écrivain danois (1805-1875), auteur de *Contes.*

**Anderson** (*Carl David*), physicien américain (1905-1991), il a découvert le positron.

**Anderson** (*Philip Warren*), physicien américain (1923-2020).

**Andes,** chaîne de montagnes de l'Amérique du Sud ; 6 959 m à l'Aconcagua.

**Andhra Pradesh,** État du sud-est de l'Inde.

**Andorre,** principauté des Pyrénées ; 465 km² ; 77 265 h. (*Andorrans*). Cap. *Andorre-la-Vieille.*

**André** (*saint*), apôtre et martyr (I^er^ s.).

**Andromaque,** femme d'Hector, modèle d'amour conjugal (*Iliade*). ◇ Tragédies d'Euripide et de Racine.

**Aneto** (*pic d'*), point culminant des Pyrénées, en Espagne ; 3 404 m.

**Ange bleu** (*l'*), film de J. von Sternberg (1930).

**Angelico** (*Fra*), peintre florentin (v. 1400-1455). Béatifié en 1982.

**Angélus** (*l'*), tableau de J.-F. Millet.

**Angers,** ch.-l. du Maine-et-Loire ; 158 930 h. (*Angevins*). Château médiéval.

**Angkor,** site du Cambodge. Anc. cap. des rois khmers. Monuments (VIIe-XIIIe s.).

**Angles,** peuple germanique qui envahit l'Angleterre au Ve s.

**Angleterre,** partie sud de la Grande-Bretagne ; cap. *Londres*.

**Anglo-Normandes** (*îles*), groupe d'îles britanniques de la Manche : *Jersey, Guernesey, Aurigny, Sercq ;* 160 535 h.

**Anglo-Saxons,** peuples germaniques qui envahirent l'Angleterre aux Ve-VIe s.

**Angola,** État du sud-ouest de l'Afrique ; 1 246 700 km$^2$ ; 32 866 268 h. (*Angolais*). Cap. *Luanda*.

**Angoulême,** ch.-l. de la Charente ; 43 290 h. (*Angoumoisins*). Festival de la bande dessinée.

**Angström** (*Anders Jonas*), physicien suédois (1814-1874). Il a déterminé les limites du spectre visible.

**Anjou,** anc. prov. de France ; cap. Angers.

**Ankara,** cap. de la Turquie ; 4 644 000 h. (aggl.).

**Annaba,** anc. **Bône**, port d'Algérie orientale ; 257 359 h.

**Anna Karenine,** roman psychologique de L. Tolstoï.

**Annam,** région centrale du Viêt Nam.

**Annan** (*Kofi*), haut fonctionnaire international ghanéen (1938-2018), secrétaire général de l'ONU de 1997 à 2006.

**Annapurna,** sommet de l'Himalaya ; 8 078 m.

**Anne** (*sainte*), mère de la Vierge.

**Anne Boleyn** (v. 1507-1536), deuxième femme d'Henri VIII, roi d'Angleterre ; accusée d'adultère, elle fut décapitée.

**Anne d'Autriche** (1601-1666), reine de France, femme de Louis XIII, mère de Louis XIV, régente de 1643 à 1661.

**Anne de Bretagne** (1477-1514), reine de France, femme de Charles VIII puis de Louis XII. Elle apporta la Bretagne en dot.

**Anne de France** ou **de Beaujeu** (1461-1522), fille de Louis XI, régente pendant la minorité de Charles VIII (1483-1491).

**Anne Stuart** (1665-1714), reine d'Angleterre et d'Irlande (1702-1714), auteur de l'union avec l'Écosse (*Grande-Bretagne,* 1707).

**Annecy,** ch.-l. de la Haute-Savoie ; 134 101 h. (*Anneciens*).

**Anouilh** (*Jean*), auteur dramatique français (1910-1987) : *Antigone*.

**Anquetil** (*Jacques*), coureur cycliste français (1934-1987), vainqueur notamment de cinq Tours de France.

**Anschluss,** rattachement de l'Autriche à l'Allemagne, qui fut imposé par Hitler en 1938 et cessa en 1945.

**Ansermet** (*Ernest*), chef d'orchestre suisse (1883-1969).

**Antananarivo,** anc. **Tananarive**, cap. de Madagascar ; 2 487 000 h. (aggl.).

**Antarctique,** continent compris presque entièrement à l'intérieur du cercle polaire austral ; 13 millions de km$^2$. Parfois le terme désigne globalement le continent et la masse océanique qui l'entoure.

**Antarctique** (*océan*), partie des océans Atlantique, Pacifique et Indien, près du pôle Sud.

**Antibes,** v. des Alpes-Maritimes ; 74 523 h.

**Antigone,** fille d'Œdipe, condamnée à mort pour avoir enterré son frère Polynice. ◇ Tragédie de Sophocle et drame d'Anouilh.

**Antigua-et-Barbuda,** État des Antilles ; 442 km$^2$ ; 97 928 h. (*Antiguais-et-Barbudiens*). Cap. *Saint John's*.

**Antilles,** archipel américain de l'Atlantique, limitant la *mer des Antilles* (ou des Caraïbes) ; il comprend les *Grandes Antilles* (Cuba, Haïti, Jamaïque, Porto Rico) et les *Petites Antilles,* dont font partie la Guadeloupe, la Martinique, Saint-Barthélemy et Saint-Martin (*Antilles françaises*).

**Antioche,** auj. **Antakya**, v. de Turquie, importante métropole de l'Antiquité.

**Antiochos,** nom de treize rois séleucides.

**Antoine** (*Marc*) [83-30 av. J.-C.], général romain. Lieutenant de César, il fut séduit par Cléopâtre et il se brouilla avec Octave ; battu à Actium (31), il se donna la mort.

**Antoine de Padoue** (*saint*), franciscain portugais (v. 1195-1231).

**Antoine le Grand** (*saint*), fondateur de la vie cénobitique en Égypte (251-356).

**Antonello da Messina,** peintre italien (v. 1430-v. 1479).

**Antonin le Pieux** (86-161), empereur romain (138-161).

**Antonins** (les), nom donné aux empereurs romains Nerva, Trajan, Hadrien, Antonin, Marc Aurèle, Verus, Commode (96-192).

**Antonioni** (*Michelangelo*), cinéaste italien (1912-2007) : *Blow up*.

**Anubis,** dieu funéraire de l'Égypte ancienne, à tête de chacal.

**Anvers,** port de Belgique, sur l'Escaut ; 507 911 h. (955 786 avec les banlieues) [*Anversois*].

**Aoste,** v. d'Italie, cap. du *Val d'Aoste*.

**Apaches,** Indiens des États-Unis.

**APEC** (*Asia Pacific Economic Cooperation*), organisation économique créée en 1989 et regroupant aujourd'hui 21 pays.

**Apelle,** peintre grec (IVe s. av. J.-C.), portraitiste d'Alexandre le Grand.

**Apennin** (l') ou **Apennins** (les), massif d'Italie centrale.

**Aphrodite,** déesse grecque de l'Amour, assimilée par les Romains à *Vénus*.

**Apis,** dieu égyptien adoré sous la forme d'un taureau.

**Apocalypse,** dernier livre du Nouveau Testament, attribué à saint Jean.

**Apocalypse Now,** film de F. F. Coppola (1979).

**Apollinaire** (*Guillaume*), poète français (1880-1918) : *Alcools*.

**Apollo,** programme spatial américain qui permit les premiers pas de l'homme sur la Lune en 1969.

**Apollon,** dieu grec de la Beauté et des Arts. Son autre nom est *Phébus*.

**Appalaches** (les), massif montagneux de l'est des États-Unis.

**Appert** (*Nicolas*), industriel français (1749-1841), inventeur de la boîte de conserve.

**Appienne** (*voie*), voie romaine qui allait de Rome vers le sud de l'Italie.

**Apple,** société américaine d'informatique et d'électronique (iMac, iPod, iPhone, iPad), fondée en 1976 par Steve Jobs (1955-2011) et Steve Wozniak (né en 1950).

**Apulée,** écrivain latin (125-v. 180) : *les Métamorphoses* ou *l'Âne d'or*.

**Aquino** (*Corazón*, dite **Cory**), femme politique philippine (1933-2009), présidente de la République de 1986 à 1992. ◇ Son fils BENIGNO, dit **Noynoy** (1960-2021), fut président de la République de 2010 à 2016.

**Aquitaine,** anc. prov. du sud-ouest de la France ; cap. *Bordeaux*.

**Arabie,** péninsule d'Asie entre la mer Rouge et le golfe Persique.

**Arabie saoudite,** État occupant presque toute la péninsule d'Arabie ; 2 150 000 km² ; 34 813 867 h. (*Saoudiens*). Cap. *Riyad*.

**Arafat** (*Yasser*), homme politique palestinien (1929-2004), président de l'OLP (1969-2004) et de l'Autorité nationale palestinienne (1994-2004).

**Arago** (*François*), physicien et astronome français (1786-1853). Il découvrit la polarisation de la lumière et l'aimantation du fer par le courant électrique.

**Aragon,** anc. royaume du nord-est de l'Espagne ; cap. *Saragosse*.

**Aragon** (*Louis*), poète et romancier français (1897-1982) : *les Beaux Quartiers*.

**Aral** (*mer d'*), lac salé d'Asie.

**Araméens,** peuples sémitiques du Proche-Orient ancien.

**Ararat,** mont de la Turquie orientale, où, suivant la Bible, s'arrêta l'arche de Noé ; 5 165 m.

**Arcadie,** région de la Grèce ancienne.

**Archimède,** savant de l'Antiquité (v. 287-212 av. J.-C.), auteur de travaux de géométrie et fondateur de l'hydrostatique.

**Archipel du Goulag** (*l'*), essai de A. I. Soljenitsyne.

**Arcimboldo** ou **Arcimboldi** (*Giuseppe*), peintre italien (1526 ou 1527-1593) : *l'Amiral*.

**Arcole,** bourg d'Italie près de Vérone. Victoire de Bonaparte sur les Autrichiens en 1796.

**Arcom** (*Autorité de régulation de la communication audiovisuelle et numérique*), autorité administrative chargée du contrôle des communications audiovisuelles et numériques en France.

**Arctique,** région formée par l'océan Arctique et les îles des régions polaires boréales.

**Ardèche,** affl. du Rhône. ◇ Dép. français (07) ; ch.-l. *Privas*, ch.-l. d'arr. *Largentière*, *Tournon-sur-Rhône* ; 337 227 h. (*Ardéchois*).

**Ardenne** (l') ou **Ardennes** (les), plateaux boisés de France et de Belgique.

**Ardennes,** dép. français (08) ; ch.-l. *Charleville-Mézières*, ch.-l. d'arr. *Rethel*, *Sedan*, *Vouziers* ; 276 930 h. (*Ardennais*).

**Arecibo,** v. de la côte nord de Porto Rico. Anc. radiotélescope.

**Arendt** (*Hannah*), philosophe américaine d'origine allemande (1906-1975) : *les Origines du totalitarisme*.

**Argentine,** État fédéral de l'Amérique du Sud ; 2 780 000 km² ; 45 376 763 h. (*Argentins*). Cap. *Buenos Aires*.

**Argerich** (*Martha*), pianiste argentine (née en 1941).

**Argonautes,** héros grecs qui, sur le navire *Argo*, allèrent chercher la Toison d'or.

**Argonne,** région boisée entre la Champagne et la Lorraine. Combats en 1914-1918.

**Ariane,** fille de Minos. Elle aida Thésée à sortir du Labyrinthe (*Myth. gr.*).

**Ariane,** lanceur spatial européen.

**Ariège,** affl. de la Garonne. ◇ Dép. français (09), ch.-l. *Foix*, ch.-l. d'arr. *Pamiers, Saint-Girons* ; 157 339 h. (*Ariégeois*).

**Arioste** (*l'*), poète italien (1474-1533), auteur du *Roland furieux*.

**Aristide,** général et homme d'État athénien (v. 540-v. 468 av. J.-C.).

**Aristide** (*Jean-Bertrand*), homme politique haïtien (né en 1953), président de la République à plusieurs reprises (1990-1991 ; 1994-1996 ; 2001-2004).

**Aristophane,** poète comique athénien (v. 445-v. 386 av. J.-C.).

**Aristote,** philosophe grec (384-322 av. J.-C.), fondateur de la logique et de la métaphysique.

**Arizona,** État de l'ouest des États-Unis. Cap. *Phoenix*.

**Arkansas,** État du sud des États-Unis. Cap. *Little Rock*.

**Arkhangelsk,** port de Russie, sur la mer Blanche ; 348 716 h.

**Arlequin,** personnage de la comédie italienne.

**Arles,** v. des Bouches-du-Rhône ; 51 243 h. Vestiges romains.

**Armada** (l'*Invincible*), flotte envoyée par Philippe II contre l'Angleterre d'Élisabeth Ire, détruite par la tempête (1588).

**Armagnac,** région du Gers ; v. pr. *Auch*. Vignobles.

**Armagnacs** (*faction des*), parti opposé aux Bourguignons alliés des Anglais, pendant la guerre de Cent Ans.

**Armani** (*Giorgio*), couturier italien (né en 1934).

**Arménie,** région historique d'Asie. ◇ État du Caucase ; 29 800 km$^2$ ; 2 963 234 h. (*Arméniens*). Cap. *Erevan*.

**Arminius** (v. 18 av. J.-C.-19 apr. J.-C.), chef germain, vainqueur des légions de Varus, battu par Germanicus.

**armoricain** (*Massif*), massif ancien de l'ouest de la France.

**Armorique,** partie de la Gaule formant auj. la Bretagne.

**Armstrong** (*Lance*), coureur cycliste américain (né en 1971). Vainqueur de sept Tours de France consécutifs (1999 à 2005), il a été déchu de ses titres en 2012 pour dopage.

**Armstrong** (*Louis*), trompettiste américain (1901-1971), initiateur du jazz classique.

**Armstrong** (*Neil*), astronaute américain (1930-2012), premier homme ayant marché sur la Lune (1969).

**Arnauld,** famille française liée à l'histoire du jansénisme et de Port-Royal.

**Arno,** fl. d'Italie, qui arrose Florence et Pise ; 241 km.

**Aron** (*Raymond*), philosophe et sociologue français (1905-1983).

**Arp** (*Hans*), peintre et sculpteur français (1886-1966).

**Arrabal** (*Fernando*), écrivain et cinéaste espagnol (né en 1932) : *le Cimetière des voitures*.

**Arras,** ch.-l. du Pas-de-Calais ; 42 482 h. (*Arrageois*).

**Arrau** (*Claudio*), pianiste américain d'origine chilienne (1903-1991).

**Arrhenius** (*Svante*), physicien suédois (1859-1927), auteur de la théorie des ions.

**Arrien,** historien et philosophe grec (v. 95-v. 175) : *Entretiens*.

**Ars** (curé D') → **Jean-Marie Vianney.**

**Arsacides,** dynastie parthe qui régna en Iran de 250 av. J.-C. à 244 apr. J.-C.

**Artagnan** (comte D'), gentilhomme gascon (1611-1673), rendu célèbre par le roman de A. Dumas, *les Trois Mousquetaires*.

**Artaud** (*Antonin*), écrivain français (1896-1948).

**Artaxerxès Ier,** roi perse achéménide (465-424 av. J.-C.).

**Arte** (*Association relative à la télévision européenne*), chaîne de télévision culturelle européenne opérationnelle depuis 1992.

**Artémis,** déesse grecque de la Végétation et de la Chasse, la *Diane* des Romains.

**Arthaud** (*Florence*), navigatrice française (1957-2015).

**Arthur,** chef légendaire gallois (Ve-VIe s.).

**Artois,** anc. prov. de France ; v. pr. *Arras*.

**Art poétique** (*l'*), poème didactique de Boileau (1674).

**Arvernes,** peuple gaulois de l'anc. Auvergne. Vercingétorix en fut roi.

**Aryens,** tribus d'origine indo-européenne, qui se répandirent en Iran et en Inde du Nord à partir du XVIIIe s. av. J.-C.

**Asad** (*Hafiz* **al-**) ou **Assad** (*Hafez* **el-**), général et homme politique syrien (1930-2000), président de la République de 1971 à sa mort. ◇ Son fils BACHAR (né en 1965) lui a succédé en 2000.

**Asam** (les frères *Cosmas Damian* et *Egid Quirin*), artistes baroques allemands (1686-1739 et 1692-1750).

**ASEAN** (*Association of Southeast Asian Nations*), organisation fondée en 1967 qui regroupe auj. 10 pays de l'Asie du Sud-Est.

**Ases,** dieux guerriers (*Myth. scandinave*).

**Ashoka,** souverain de l'Inde du IIIe s. av. J.-C., propagateur du bouddhisme.

**Asie,** une des cinq parties du monde ; 44 millions de km$^2$ ; 4 494 000 000 h. (*Asiatiques*).

**Asie Mineure,** péninsule d'Asie, formant la Turquie.

**Asimov** (*Isaac*), écrivain américain d'origine russe (1920-1992) : *Fondation*.

**Asmara,** cap. de l'Érythrée ; 711 605 h.

**Assam,** État du nord-est de l'Inde.

**Assas** (*Louis*, chevalier D'), officier français (1733-1760), mort héroïquement.

**Assemblée nationale,** une des deux assemblées constituant le Parlement français.

**Assemblée nationale constituante,** nom pris par les États généraux le 9 juillet 1789. Elle fut remplacée le 1er octobre 1791 par l'*Assemblée législative*.

**Assise,** v. d'Italie centrale. Patrie de saint François.

**Associated Press,** agence de presse américaine fondée en 1848.

**Assomption → Asunción.**

**Assouan,** v. de l'Égypte méridionale ; 266 013 h. Barrage sur le Nil.

**Assour,** principal dieu assyrien.

**Assourbanipal,** roi d'Assyrie (669-v. 627 av. J.-C.).

**Assyrie,** Empire mésopotamien, qui domina l'Orient ancien du XXe au VIIe s. av. J.-C.

**Astaire** (*Frederick E.* AUSTERLITZ, dit **Fred**), danseur, chanteur et acteur américain (1899-1987). Il joua dans de nombreuses comédies musicales.

**Astana**, anc. **Noursoultan,** cap. du Kazakhstan ; 664 086 h.

**Asti,** v. d'Italie (Piémont). Vins.

**Astrakhan,** port de Russie ; 520 662 h.

**Asturias** (*Miguel Ángel*), écrivain guatémaltèque (1899-1974) : *Légendes du Guatemala*.

**Asturies,** région du nord de l'Espagne.

**Asunción** ou **Asuncion** ou **Assomption,** cap. du Paraguay ; 2 307 000 h. (aggl.).

**Atalante** (*l'*), film de J. Vigo (1934).

**Atatürk** (*Mustafa Kemal*), homme politique turc (1881-1938), fondateur de la Turquie moderne.

**Atget** (*Eugène*), photographe français (1856-1927).

**Athalie,** reine de Juda (841-835 av. J.-C.). <> Tragédie de Racine.

**Athéna,** fille de Zeus, déesse grecque de la Pensée et des Arts.

**Athènes,** cap. de la Grèce ; 3 060 000 h. dans l'aggl. (*Athéniens*). Acropole.

**Athos** (*mont*), péninsule du nord de la Grèce. Monastères.

**Atlanta,** v. des États-Unis, cap. de la Géorgie ; 456 002 h. (4 874 502 avec les banlieues).

**Atlantide,** continent fabuleux qui aurait été englouti dans l'Atlantique.

**Atlantique,** océan entre l'Europe, l'Afrique et l'Amérique.

**Atlantique** (*mur de l'*), ligne de fortifications construite par les Allemands de 1942 à 1944 sur les côtes françaises.

**Atlantique Nord** (*traité de l'*) **→ OTAN.**

**Atlas,** Titan révolté, condamné par Zeus à porter le ciel sur ses épaules (*Myth. gr.*).

**Atlas,** montagnes de l'Afrique du Nord.

**Aton,** dieu égyptien du Soleil, érigé en dieu unique par Aménophis IV.

**Atrides,** famille maudite de la mythologie grecque.

**Attila,** roi des Huns (Ve s.). Il ravagea la Gaule et pilla l'Italie.

**Attique,** région de la Grèce dont la capitale est Athènes.

**Aube,** affl. de la Seine. <> Dép. français (10), ch.-l. *Troyes*, ch.-l. d'arr. *Bar-sur-Aube, Nogent-sur-Seine* ; 317 366 h. (*Aubois*).

**Aubigné** (*Agrippa* D'), poète français (1552-1630) : *les Tragiques*.

**Aubusson,** v. de la Creuse. Tapisserie.

**Auch,** ch.-l. du Gers ; 23 276 h. (*Auscitains*).

**Auckland,** v. principale de Nouvelle-Zélande ; 1 415 550 h. (aggl.).

**Aude,** fl. de France. <> Dép. français (11), ch.-l. *Carcassonne*, ch.-l. d'arr. *Limoux, Narbonne* ; 382 881 h. (*Audois*).

**Audiberti** (*Jacques*), écrivain français (1899-1965) : *Le mal court*.

**Auger** (*Pierre Victor*), physicien français (1899-1993).

**Augias,** roi d'Élide. Hercule nettoya ses écuries en détournant un fleuve.

**Augsbourg,** v. d'Allemagne (Bavière) ; 237 095 h. <> La *ligue d'Augsbourg* (1686) fut constituée entre l'Autriche, l'Espagne et la Suède contre Louis XIV. <> La *confession d'Augsbourg* est la profession de foi des luthériens, rédigée par Melanchthon en 1530.

**Auguste** (63 av. J.-C.-14 apr. J.-C.), empereur romain, appelé d'abord *Octave*, puis *Octavien* ; petit-neveu de César, et son héritier.

**Augustin** (*saint*), docteur de l'Église latine (354-430), évêque d'Hippone en Afrique du Nord, auteur des *Confessions*.

**Aumale** (duc D'), fils de Louis-Philippe, général français (1822-1897). Il participa à la conquête de l'Algérie.

**Aung San Suu Kyi,** femme politique birmane (née en 1945). Leader des démocrates birmans, elle a dirigé le pays, de facto, de 2016 à 2021.

**Aunis,** anc. prov. française ; cap. *La Rochelle*.

**Aurangzeb,** empereur moghol de l'Inde (1618-1707).

**Aurélien** (v. 214-275), empereur romain de 270 à 275.

**Aurès,** massif d'Algérie orientale.

**Aurige de Delphes,** statue grecque en bronze du Ve s. av. J.-C.

**Aurillac,** ch.-l. du Cantal ; 26 876 h. (*Aurillacois*).

**Auriol** (*Vincent*), homme politique français (1884-1966), le premier président de la IVe République (1947-1954).

**Auschwitz,** v. de Pologne, le plus grand camp d'extermination allemand (1,5 million de victimes entre 1940 et 1945).

**Austen** (*Jane*), romancière britannique (1775-1817) : *Raison et sentiments*.

**Austerlitz,** v. de Moravie. Victoire de Napoléon (2 déc. 1805).

**Australie,** grande île d'Océanie. État fédéral (6 États), membre du Commonwealth. 7 700 000 km$^2$ ; 25 693 267 h. (*Australiens*). Cap. *Canberra,* v. pr. *Sydney, Melbourne*.

**Austrasie,** royaume oriental de la Gaule mérovingienne (561-751).

**Autant en emporte le vent,** film de V. Fleming (1939).

**Autant-Lara** (*Claude*), cinéaste français (1901-2000) : *la Traversée de Paris*.

**Autriche,** État de l'Europe centrale ; 84 000 km$^2$ ; 8 916 864 h. (*Autrichiens*). Cap. *Vienne*.

**Autriche-Hongrie,** État dominé par les Habsbourg (1867-1918).

**Autun,** v. de Saône-et-Loire. Cathédrale romane.

**Auvergne,** anc. prov. du centre de la France ; cap. *Clermont-Ferrand*.

**Auvergne-Rhône-Alpes,** Région du centre-est de la France ; ch.-l. *Lyon*.

**Auxerre,** ch.-l. de l'Yonne ; 35 554 h. (*Auxerrois*).

**Avare** (*l'*), comédie de Molière.

**Avars,** peuple venu d'Asie centrale, qui occupa la plaine hongroise au VIIe s.

**Avedon** (*Richard*), photographe américain (1923-2004).

**Avempace,** philosophe rationaliste arabe (mort en 1138).

**Aventin** (l'), colline de Rome.

**Averroès,** médecin et philosophe arabe (1126-1198), commentateur d'Aristote.

**Avery** (*Tex*), dessinateur et cinéaste d'animation américain (1908-1980), créateur (en collab.) du lapin Bugs Bunny.

**Aveyron,** rivière du sud de la France. ◇ Dép. français (12), ch.-l. *Rodez,* ch.-l. d'arr. *Millau, Villefranche-de-Rouergue* ; 289 948 h. (*Aveyronnais*).

**Avicébron,** philosophe juif espagnol (1021-1058), auteur d'un système panthéiste.

**Avicenne,** médecin et philosophe iranien (980-1037).

**Avignon,** ch.-l. du Vaucluse et anc. cap. du Comtat Venaissin, résidence des papes au XIVe s. (palais) ; 92 821 h. (*Avignonnais*). Festival de théâtre.

**Ávila,** v. d'Espagne (Castille).

**Avogadro** (*Amedeo* DI QUAREGNA, comte), chimiste et physicien italien (1776-1856), auteur de la théorie moléculaire des gaz.

**Avventura** (*l'*), film de M. Antonioni (1960).

**Aymaras,** Indiens d'Amérique du Sud.

**Aymé** (*Marcel*), écrivain français (1902-1967) : *Contes du chat perché*.

**Azay-le-Rideau,** v. d'Indre-et-Loire. Château Renaissance.

**Azerbaïdjan,** État du Caucase ; 87 000 km$^2$ ; 10 093 121 h. (*Azerbaïdjanais,* en quasi-totalité des *Azéris*). Cap. *Bakou*.

**Azincourt** (*bataille d'*), désastreuse défaite française, dans le Pas-de-Calais, pendant la guerre de Cent Ans (1415).

**Aznar López** (*José María*), homme politique espagnol (né en 1953), président du gouvernement de 1996 à 2004.

**Aznavour** (*Charles*), chanteur et acteur français et arménien (1924-2018) : *la Bohême*.

**Azov** (*mer d'*), golfe de la mer Noire.

**Aztèques,** anc. peuple du Mexique qui a dominé le pays (1325-1521).

# B

**Bâ** (*Amadou Hampâté*), écrivain malien de langue française (1901-1991).

**Baalbek** ou **Balbek,** v. du Liban. Ruines antiques.

**Baath** ou **Bath,** parti socialiste arabe, au pouvoir en Syrie depuis 1963.

**Babbage** (*Charles*), mathématicien britannique (1792-1871), inventeur d'une machine à calculer qui peut être considérée comme l'ancêtre de l'ordinateur.

**Babel** (*tour de*), d'après la Bible, tour élevée par les hommes après le Déluge.

**Babeuf** (*François,* dit GRACCHUS), révolutionnaire français (1760-1797).

**Babylone,** cap. d'un empire chaldéen. Imposants vestiges (XX$^e$-VI$^e$ s. av. J.-C.).

**Bacall** (*Betty Joan* PERSKE, dite **Lauren**), actrice américaine (1924-2014) : *le Port de l'angoisse*.

**Bacchus,** dieu romain du Vin, le *Dionysos* grec.

**Bach** (*Jean-Sébastien*), compositeur allemand (1685-1750), auteur de cantates, d'oratorios, de musique de chambre : *Concertos brandebourgeois*.

**Bachelard** (*Gaston*), philosophe français (1884-1962).

**Bachkirs,** peuple turc de Russie (dans la rép. du Bachkortostan), d'Ukraine et d'Asie centrale (env. 1 350 000).

**Bacon** (*Francis*), chancelier d'Angleterre et philosophe (1561-1626), précurseur de la méthode expérimentale.

**Bacon** (*Francis*), peintre britannique (1909-1992), figuratif et expressionniste.

**Bacon** (*Roger*), philosophe et savant anglais (v. 1220-1292).

**Bactriane,** pays de l'Asie ancienne, dans l'actuel Turkestan.

**Baden-Powell** (*Robert*), général britannique (1857-1941), fondateur du scoutisme.

**Bade-Wurtemberg,** Land d'Allemagne ; 10 951 893 h. Cap. *Stuttgart*.

**Bagdad,** cap. de l'Iraq ; 6 483 000 h. (aggl.).

**Bahamas,** État insulaire de l'Atlantique, au sud-est de la Floride ; 13 900 km$^2$ ; 393 248 h. (*Bahamiens*). Cap. *Nassau*. Tourisme.

**Bahia,** État du Brésil. Cap. *Salvador*.

**Bahreïn,** État du golfe Persique ; 660 km$^2$ ; 1 701 583 h. (*Bahreïniens*). Cap. *Manama*. Pétrole.

**Baïkal,** grand lac de Sibérie ; 31 500 km$^2$.

**Baïkonour,** base spatiale située dans le Kazakhstan.

**Bajazet → Bayezid.**

**Baker** (*Chesney Henry,* dit **Chet**), musicien et chanteur de jazz américain (1929-1988).

**Baker** (*Joséphine*), artiste de music-hall et résistante française d'origine américaine (1906-1975). La nation l'a honorée par le dépôt d'une plaque au Panthéon en 2021.

**Bakou** ou **Baki,** cap. de l'Azerbaïdjan, sur la Caspienne ; 2 317 000 h. (aggl.). Pétrole.

**Bakounine** (*Mikhaïl*), révolutionnaire russe (1814-1876), théoricien de l'anarchisme.

**Balanchine** (*Gueorgui Melitonovitch* BALANCHIVADZE, dit **George**), chorégraphe russe naturalisé américain (1904-1983).

**Balboa** (*Vasco* NÚÑEZ DE), conquistador espagnol (1475-1517). Il découvrit le Pacifique.

**Bâle,** v. de Suisse ; 167 386 h. (*Bâlois*).

**Baléares,** îles espagnoles de la Méditerranée, dont les principales sont *Majorque, Minorque* et *Ibiza*. Tourisme.

**Balfour** (*Arthur James,* comte), homme politique britannique (1848-1930). Il préconisa en 1917 la création d'un « foyer national juif » en Palestine.

**Bali,** île d'Indonésie ; 3 891 428 d'h. (*Balinais*). Tourisme.

**Balkans,** péninsule montagneuse du sud-est de l'Europe (Albanie, Serbie, Kosovo, Monténégro, Croatie, Bosnie-Herzégovine, Macédoine du Nord, Bulgarie, Turquie d'Europe et Grèce).

**Ballets russes,** compagnie de ballets, créée par Diaghilev en 1909.

**Baloutchistan,** région partagée entre l'Iran et le Pakistan.

**Baltard** (*Victor*), architecte français (1805-1874). Anciennes halles de Paris.

**Baltes** (*pays*), l'Estonie, la Lettonie, la Lituanie.

**Balthus** (*Balthasar* KLOSSOWSKI DE ROLA, dit), peintre français (1908-2001).

**Baltimore,** port des États-Unis (Maryland) ; 622 793 h. (2 414 711 avec les banlieues).

**Baltique,** mer du nord de l'Europe.

**Balzac** (*Honoré* DE), romancier français (1799-1850), auteur de *la Comédie humaine*.

**Balzac** (*Jean-Louis* GUEZ DE), écrivain français (1597-1654).

**Bamako,** cap. du Mali ; 2 036 520 h.

**Bambaras,** peuple du Mali et du Sénégal.

**Bandung,** v. d'Indonésie ; 2 417 584 h. (aggl.). Conférence afro-asiatique (1955).

**Bangalore,** v. de l'Inde ; 8 499 399 h.

**Bangkok,** cap. de la Thaïlande ; 9 098 000 h. (aggl.).

**Bangladesh,** anc. **Pakistan oriental,** État de l'Asie méridionale ; 142 800 km$^2$ ; 164 689 383 h. (*Bangladais* ou *Bangladeshis*). Cap. *Dacca*.

**Bangui,** cap. de la République centrafricaine ; 794 000 h. (aggl.).

**Ban Ki-moon,** diplomate et homme politique sud-coréen (né en 1944), secrétaire général de l'ONU de 2007 à 2016.

**Banque centrale européenne** (BCE), institution européenne mise en place en 1998, chargée de la politique monétaire.

**Banque de France,** organisme bancaire français créé en 1800.

**Banque des règlements internationaux** (BRI), organisation créée en 1930 pour faciliter les opérations financières internationales.

**Banque mondiale,** organisation intergouvernementale créée en 1945 dont le but est d'apporter une aide technique et financière aux pays en développement.

**Banquet** (*le*), œuvre de Platon.

**Bantous,** groupe de peuples de l'Afrique australe parlant des langues apparentées.

**Baoulé** ou **Baule,** peuple de Côte d'Ivoire.

**Bara** (*Joseph*), enfant-soldat mort héroïquement pour la République (1779-1793).

**Barabbas** ou **Barrabas,** agitateur dont les Juifs réclamèrent la libération à la place de Jésus.

**Barabudur** ou **Borobudur,** immense temple bouddhique de Java (v. 850).

**Barbade** (la), île et État des Petites Antilles ; 431 km$^2$ ; 287 371 h. (*Barbadiens*). Cap. *Bridgetown*.

**Barbara** (*Monique* SERF, dite), chanteuse française (1930-1997) : *l'Aigle noir*.

**Barbares,** nom donné aux peuples qui envahirent l'Empire romain du IIIe au VIe s.

**Barberousse,** surnom de Frédéric Ier, empereur germanique. ◇ Corsaire turc (m. en 1546), qui fut le maître d'Alger.

**Barbès** (*Armand*), homme politique français (1809-1870), partisan de la République.

**Barbey d'Aurevilly** (*Jules*), écrivain français (1808-1889) : *les Diaboliques*.

**Barbier de Séville** (*le*), comédie de Beaumarchais. ◇ Opéra de Rossini.

**Barbusse** (*Henri*), écrivain français (1873-1935) : *le Feu*.

**Barcelone,** port d'Espagne, cap. de la Catalogne ; 1 620 809 h. (5 083 000 avec les banlieues).

**Bardot** (*Brigitte*), actrice française (née en 1934) : *Et Dieu créa la femme*.

**Barenboïm** (*Daniel*), pianiste et chef d'orchestre israélien (né en 1942).

**Bari,** port du sud de l'Italie (Adriatique) ; 316 692 h.

**Barjavel** (*René*), écrivain français (1911-1985) : *Ravage, la Nuit des temps*.

**Bar-le-Duc,** ch.-l. de la Meuse ; 15 221 h. (*Barisiens*).

**Barras** (*Paul*, vicomte DE), révolutionnaire français (1755-1829). Il contribua à la chute de Robespierre et fut membre du Directoire.

**Barrault** (*Jean-Louis*), acteur et metteur en scène de théâtre français (1910-1994).

**Barrès** (*Maurice*), écrivain français (1862-1923) : *la Colline inspirée*.

**Barry** (*Jeanne* BÉCU, comtesse DU), favorite de Louis XV (1743-1793), morte guillotinée.

**Bart** (*Jean*), corsaire français (1650-1702).

**Barth** (*Karl*), théologien calviniste suisse (1886-1968).

**Barthélemy** (*saint*), un des apôtres.

**Barthes** (*Roland*), écrivain et critique français (1915-1980) : *le Degré zéro de l'écriture*.

**Bartholdi** (*Auguste*), statuaire français (1834-1904), auteur de la *Liberté éclairant le monde* (New York).

**Bartók** (*Béla*), compositeur hongrois (1881-1945).

**Baselitz** (*Hans-Georg* KERN, dit **Georg**), artiste allemand (né en 1938), faisant partie des « nouveaux expressionnistes ».

**Bas-Empire,** dernière période de l'Empire romain, de 284 à 476.

**Basie** (*William*, dit **Count**), musicien américain de jazz (1904-1984).

**basque** (*Pays*), région d'Espagne et de France, habitée surtout par les *Basques*.

**Basquiat** (*Jean-Michel*), peintre américain (1960-1988).

**Basse-Terre,** ch.-l. de la Guadeloupe ; 10 105 h.

**Bassora,** port de l'Iraq ; 923 237 h.

**Bastia,** ch.-l. de la Haute-Corse ; 49 198 h. (*Bastiais*).

**Bastille** (la), prison d'État à Paris, prise par les émeutiers le 14 juillet 1789.

**Bataille** (*Georges*), écrivain français (1897-1962) : *l'Expérience intérieure*.

**Bataves,** peuple germanique qui habitait dans le sud de la Hollande actuelle.

**Batavia → Jakarta.**

**Bateau-Lavoir** (le), nom d'un ancien immeuble de la butte Montmartre à Paris, qui abrita des peintres et des poètes initiateurs du cubisme.

**Baudelaire** (*Charles*), poète français (1821-1867) : *les Fleurs du mal*.

**Baudouin Ier** (1171-1205), un des chefs de la 4e croisade, empereur latin d'Orient en 1204.

**Baudouin Ier** (1930-1993), roi des Belges de 1951 à sa mort.

**Baudricourt** (*Robert* DE), capitaine de Vaucouleurs (XVe s.), ami de Jeanne d'Arc.

**Bauhaus,** école d'architecture et d'arts appliqués allemande. Fondée en 1919 par W. Gropius, elle eut une grande influence sur l'art.

**Bausch** (*Philippine,* dite **Pina**), danseuse et chorégraphe allemande (1940-2009), figure marquante de la danse expressionniste contemporaine : *Café Müller*.

**Baux-de-Provence** (*Les*), comm. des Bouches-du-Rhône ; cité médiévale.

**Bavière,** Land d'Allemagne ; 12 930 751 h. (*Bavarois*). Cap. *Munich*.

**Bayard** (*Pierre* DE), homme de guerre français, surnommé le *Chevalier sans peur et sans reproche* (1476-1524).

**Bayeux,** v. du Calvados. « Tapisserie de la reine Mathilde » (fin XIe s.) racontant la conquête de l'Angleterre.

**Bayezid Ier,** en fr. **Bajazet** (v. 1360-1403), sultan ottoman (1389-1402).

**Bayle** (*Pierre*), écrivain français (1647-1706) : *Dictionnaire historique et critique*.

**Bayonne,** port des Pyrénées-Atlantiques ; 53 063 h. (*Bayonnais*).

**Bayreuth,** v. d'Allemagne (Bavière). Théâtre de Wagner.

**Bazaine** (*Achille*), maréchal de France (1811-1888). Il capitula à Metz en 1870.

**Bazin** (*Jean-Pierre* HERVÉ-BAZIN, dit **Hervé**), écrivain français (1911-1996) : *Vipère au poing*.

**BBC** (*British Broadcasting Corporation*), organisme britannique de radio et de télévision créé en 1922.

**Beamon** (*Robert,* dit **Bob**), athlète américain (né en 1946), recordman du saut en longueur de 1968 à 1991.

**Beardsley** (*Aubrey*), dessinateur britannique proche de l'Art nouveau (1872-1898).

**Béarn,** anc. prov. du sud-ouest de la France ; cap. *Pau*.

**Beat generation,** mouvement littéraire et culturel américain des années 1950-1960.

**Beatles** (*The*), groupe britannique de musique pop des années 1960 : *Let it be*.

**Beauce,** région agricole au S.-O. de Paris ; cap. *Chartres*.

**Beaufort** (sir *Francis*), officier de marine britannique (1774-1857), inventeur en 1805 de l'échelle de Beaufort qui sert à mesurer la force du vent.

**Beaujolais,** région de France (Rhône). Vins.

**Beaumarchais** (*Pierre Augustin* CARON DE), écrivain français (1732-1799) : *le Barbier de Séville, le Mariage de Figaro*.

**Beaune,** v. de la Côte-d'Or ; vins.

**Beauvais,** ch.-l. de l'Oise ; 58 520 h. (*Beauvaisiens*). Cathédrale gothique.

**Beauvoir** (*Simone* DE), femme de lettres française (1908-1986) : *le Deuxième Sexe*.

**Bécassine,** personnage de bande dessinée créé en 1905.

**Bechet** (*Sidney*), musicien américain de jazz (1897-1959), l'un des représentants du style « Nouvelle-Orléans ».

**Beckenbauer** (*Franz*), footballeur allemand (né en 1945).

**Becker** (*Jacques*), cinéaste français (1906-1960) : *Casque d'or*.

**Beckett** (*Samuel*), écrivain irlandais (1906-1989) : *En attendant Godot*.

**Becquerel** (*Henri*), physicien français (1852-1908). Il découvrit la radioactivité.

**Bédarida** (*François*), historien français (1926-2001).

**Bédouins,** Arabes nomades d'Afrique et d'Arabie.

**Beecher-Stowe** (*Harriet*), romancière américaine (1811-1896) : *la Case de l'oncle Tom*.

**Beethoven** (*Ludwig* VAN), compositeur allemand (1770-1827), auteur de 9 symphonies, de concertos, de quatuors, etc.

**Begin** (*Menahem*), homme politique israélien (1913-1992), Premier ministre de 1977 à 1983.

**Béhanzin** (1844-1906), dernier roi du Dahomey (1889-1893).

**Béjart** (*Maurice* BERGER, dit **Maurice**), danseur et chorégraphe français et suisse (1927-2007).

**Belau → Palaos.**

**Belém,** port du Brésil, sur l'Amazone ; 1 351 618 h.

**Belfast,** cap. de l'Irlande du Nord ; 280 962 h.

**Belfort,** ch.-l. du territoire du même nom (dép. français de 144 447 h.) [90] ; 47 242 h. (*Belfortains*).

**Belgique,** État d'Europe, au nord de la France ; 30 500 km² ; 11 544 241 h. (*Belges*). Cap. *Bruxelles*.

**Belgrade,** cap. de la Serbie, sur le Danube ; 1 181 000 h. (aggl.).

**Bélisaire,** général byzantin (v. 500-565).

**Belize,** anc. **Honduras britannique**, État de l'Amérique centrale ; 23 000 km² ; 397 621 h. (*Beliziens*). Cap. *Belmopan*.

**Bell** (*Alexander Graham*), ingénieur américain (1847-1922). Il fit breveter le téléphone, inventé par Meucci.

**Bellay** (*Joachim* Du), poète français de la Pléiade (1522-1560) : *les Regrets*.

**Belle-Île,** île du Morbihan.

**Bellini** (*Giovanni*), peintre vénitien (v. 1429-1516).

**Bellini** (*Vincenzo*), compositeur italien (1801-1835) : *Norma*.

**Bellmer** (*Hans*), artiste surréaliste allemand (1902-1975).

**Bellow** (*Saul*), écrivain américain (1915-2005) : *Herzog*.

**Belmondo** (*Jean-Paul*), acteur français (1933-2021) : *Pierrot le fou*.

**Belo Horizonte,** v. du Brésil ; 2 258 096 h. (5 406 833 avec les banlieues).

**Belzébuth,** dieu cananéen, devenu le démon dans la Bible.

**Ben** (*Benjamin* VAUTIER, dit), artiste français d'origine suisse (né en 1935).

**Ben Ali** (*Zine el-Abidine*), homme politique tunisien (1936-2019), président de la République de 1987 à 2011.

**Bénarès** ou **Varanasi,** v. sainte de l'Inde, sur le Gange ; 1 435 113 h. (aggl.).

**Ben Bella** (*Ahmed*), homme politique algérien (1916-2012). Premier président de la République algérienne, renversé en 1965.

**Benda** (*Julien*), essayiste français (1867-1956) : *la Trahison des clercs*.

**Benelux,** union économique rassemblant la Belgique, les Pays-Bas et le Luxembourg.

**Beneš** (*Edvard*), homme politique tchécoslovaque (1884-1948).

**Bengale,** région partagée entre l'Inde (*Bengale-Occidental*, cap. *Calcutta*) et le Bangladesh, sur le *golfe du Bengale*.

**Benghazi,** v. de Libye ; 1 180 000 h. (aggl.).

**Ben Gourion** (*David*), homme politique israélien (1886-1973), un des fondateurs de l'État d'Israël.

**Bénin,** ancien royaume de la côte du golfe de Guinée (XIIᵉ-XIXᵉ s.).

**Bénin,** anc. **Dahomey**, État de l'Afrique occidentale ; 113 000 km² ; 12 123 198 h. (*Béninois*). Cap. *Porto-Novo* ; v. pr. *Cotonou*.

**Benjamin,** dernier des douze fils de Jacob, son préféré (*Bible*).

**Benjamin** (*Walter*), écrivain et philosophe allemand (1892-1940) : *l'Œuvre d'art à l'époque de sa reproductibilité technique*.

**Ben Jelloun** (*Tahar*), écrivain marocain d'expression française (né en 1944) : *la Nuit sacrée*.

**Benoît** (*saint*), initiateur du monachisme, fondateur de l'ordre bénédictin (v. 480-v. 547). ◇ Nom de seize papes dont BENOÎT XVI (1927-2022), pape de 2005 à 2013.

**Bentham** (*Jeremy*), jurisconsulte et philosophe britannique (1748-1832).

**Béotie,** région de la Grèce ancienne ; cap. *Thèbes*. Hab. *Béotiens*.

**Béranger** (*Pierre* DE), chansonnier français (1780-1857).

**Berbères,** peuple de l'Afrique du Nord.

**Bercy,** quartier de l'est de Paris.

**BERD** (*Banque européenne pour la reconstruction et le développement*), organisation bancaire créée en 1991.

**Bérénice,** princesse juive. ◇ Tragédie de Racine.

**Berezina** (la), riv. de Biélorussie. Retraite de l'armée française (1812).

**Berg** (*Alban*), compositeur autrichien (1885-1935) : *Wozzeck, Lulu*.

**Bergame,** ville d'Italie (Lombardie) ; 115 499 h. (*Bergamasques*).

**Berganza** (*Teresa*), mezzo-soprano espagnole (née en 1935).

**Bergen,** port de Norvège ; 263 218 h.

**Berger** (*Michel* HAMBURGER, dit **Michel**), chanteur et compositeur français (1947-1992) : *Starmania*.

**Bergman** (*Ingmar*), cinéaste suédois (1918-2007) : *le Septième Sceau*.

**Bergman** (*Ingrid*), actrice suédoise (1915-1982) : *Casablanca*.

**Bergson** (*Henri*), philosophe français (1859-1941) : *la Pensée et le mouvant*.

**Béring** (*détroit de*), passage entre l'Asie et l'Amérique.

**Berio** (*Luciano*), compositeur italien (1925-2003) : *Circles*.

**Berlin,** cap. (et Land) de l'Allemagne ; 3 574 830 h. (*Berlinois*).

**Berlioz** (*Hector*), compositeur français (1803-1869) : *la Symphonie fantastique*.

**Berlusconi** (*Silvio*), homme d'affaires et homme politique italien (né en 1936). Président du Conseil à plusieurs reprises (1994-1995, 2001-2006 et 2008-2011).

**Bermudes,** îles britanniques de l'Atlantique au nord-est des Antilles. Tourisme.

**Bernadette Soubirous** (*sainte*), bergère de Lourdes (1844-1879). Ses visions ont donné naissance à un pèlerinage.

**Bernadotte** (*Jean*), maréchal de France (1763-1844). Roi de Suède sous le nom de Charles XIV en 1818.

**Bernanos** (*Georges*), écrivain français (1888-1948), d'inspiration catholique.

**Bernard** (*saint*), fondateur de l'abbaye cistercienne de Clairvaux (1090-1153).

**Bernard** (*Claude*), physiologiste français (1813-1878).

**Bernard** (*Émile*), peintre et écrivain français (1868-1941). Il influença les peintres de l'école de Pont-Aven.

**Bernardin de Saint-Pierre** (*Henri*), écrivain français (1737-1814) : *Paul et Virginie*.

**Berne,** cap. (et cant.) de la Suisse ; 360 127 h. (aggl.) [*Bernois*].

**Bernhard** (*Thomas*), écrivain autrichien (1931-1989) : *Place des héros*.

**Bernhardt** (*Sarah*), tragédienne française (1844-1923).

**Bernin** (*Gian Lorenzo* BERNINI, dit **le Cavalier**), sculpteur et architecte italien (1598-1680).

**Bernoulli,** famille de mathématiciens et physiciens suisses des XVII^e et XVIII^e s.

**Bernstein** (*Leonard*), compositeur et chef d'orchestre américain (1918-1990). Il composa notamment la musique de la comédie musicale *West Side Story*.

**Béroul,** trouvère anglo-normand du XII^e s.

**Berre** (*étang de*), étang des Bouches-du-Rhône, site d'un complexe de pétrochimie.

**Berry,** anc. prov. de France ; cap. *Bourges*. Hab. *Berrichons*.

**Berry** (*Charles*, duc DE), fils de Charles X, héritier du trône, assassiné (1778-1820).

**Berry** (*Chuck*), chanteur américain de rock (1926-2017).

**Berstein** (*Serge*), historien français (né en 1934), auteur de synthèses historiques avec Pierre Milza (1932-2018).

**Berthe,** dite **au grand pied** (m. en 783), épouse de Pépin le Bref, mère de Charlemagne.

**Berthelot** (*Marcelin* ou *Marcellin*), chimiste français (1827-1907).

**Berthier** (*Louis Alexandre*), maréchal de France (1753-1815).

**Berthollet** (*Claude*, comte), chimiste français (1748-1822).

**Bertolucci** (*Bernardo*), cinéaste italien (1941-2018) : *le Dernier Tango à Paris*.

**Bérulle** (*Pierre* DE), cardinal français (1575-1629).

**Berzelius** (*Jöns Jacob*), chimiste suédois (1779-1848), créateur de la chimie moderne.

**Besançon,** ch.-l. du Doubs ; 121 144 h. (*Bisontins*).

**Bessarabie,** région partagée entre l'Ukraine et la Moldavie.

**Bessemer** (sir *Henry*), industriel britannique (1813-1898), inventeur d'un procédé de fabrication de l'acier.

**Bethe** (*Hans Albrecht*), physicien américain d'origine allemande (1906-2005).

**Bethléem,** v. de Palestine, où serait né Jésus.

**Bethsabée,** mère de Salomon (*Bible*).

**Bettelheim** (*Bruno*), psychanalyste américain d'origine autrichienne (1903-1990) : *la Forteresse vide*.

**Beuve-Méry** (*Hubert*), journaliste français (1902-1989), fondateur du journal *le Monde*.

**Beuys** (*Joseph*), artiste allemand d'avant-garde (1921-1986).

**Beyrouth,** cap. du Liban ; 2 179 000 h. (aggl.).

**Bèze** (*Théodore* DE), écrivain et théologien protestant (1519-1605).

**Béziers,** v. de l'Hérault ; 79 550 h. (*Biterrois*).

**Bhagavad-Gita → Mahabharata.**

**Bhoutan,** État d'Asie, dans l'Himalaya ; 47 000 km² ; 771 612 h. (*Bhoutanais*). Cap. *Thimphou*.

**Bhutto** (*Zulfikar Ali*), homme politique pakistanais (1928-1979). Président de la République (1971-1973), puis Premier ministre jusqu'en 1977, exécuté. ◇ Sa fille BENAZIR (1953-2007), Première ministre de 1988 à 1990, puis de 1993 à 1996, a été tuée dans un attentat.

**Bianciotti** (*Hector*), écrivain argentin naturalisé français (1930-2012) : *Ce que la nuit raconte au jour*.

**Biarritz,** station balnéaire des Pyrénées-Atlantiques ; 26 508 h. (*Biarrots*).

**Bible,** recueil des livres saints juifs et chrétiens, constitué par l'Ancien Testament et le Nouveau Testament.

**Bibliothèque nationale de France** (BnF), bibliothèque publique parisienne.

**Bichat** (*Xavier*), anatomiste et physiologiste français (1771-1802).

**Bichkek,** anc. **Frounze**, cap. du Kirghizistan ; 838 606 h.

**Bidassoa** (la), riv. du Pays basque qui sépare la France et l'Espagne.

**Biden** (*Joseph*, dit **Joe**), homme politique américain (né en 1942). Démocrate, président des États-Unis depuis 2021.

**Biélorussie** ou **Bélarus,** État de l'Europe orientale ; 208 000 km² ; 9 379 952 h. (*Biélorusses*). Cap. *Minsk*.

**Bigorre** (la), région de France ; cap. *Tarbes*. Hab. *Bigourdans*.

**Bihar,** État du nord-est de l'Inde.

**Bikini,** atoll des îles Marshall où eurent lieu des expériences nucléaires américaines.

**Bilal** (*Enki*), dessinateur et scénariste de bandes dessinées français d'origine yougoslave (né en 1951) : *la Trilogie Nikopol*.

**Bilbao,** port d'Espagne (Pays basque), près de l'Atlantique ; 345 110 h. (plus de 800 000 avec les banlieues). Musée Guggenheim.

**Binet** (*Alfred*), psychologue français (1857-1911), créateur de tests de niveau.

**Biot** (*Jean-Baptiste*), astronome et physicien français (1774-1862).

**BIRD** (*Banque internationale pour la reconstruction et le développement*), organisation créée en 1946. Elle fait partie de la Banque mondiale.

**Bir Hakeim,** localité de Libye. Défense des Français en 1942 contre les Allemands et les Italiens.

**Birmanie** ou **Myanmar,** État de l'Asie méridionale ; 678 000 km² ; 54 409 794 h. (*Birmans*). Cap. *Nay Pyi Taw* ; v. pr. *Rangoun*.

**Birmingham,** v. du centre de l'Angleterre ; 2 273 095 h. (aggl.).

**Biscaye,** prov. basque d'Espagne.

**Bismarck** (*Otto* VON), homme d'État prussien (1815-1898). Il réalisa l'unité allemande.

**Bizerte,** port de Tunisie ; 113 637 h.

**Bizet** (*Georges*), compositeur français (1838-1875) : *Carmen*.

**Black Panthers,** mouvement afro-américain (1966) revendiquant le « pouvoir noir ».

**Blair** (sir *Anthony*, dit **Tony**), homme politique britannique (né en 1953). Premier ministre travailliste de 1997 à 2007.

**Blake** (*William*), poète et peintre romantique britannique (1757-1827).

**Blanc** (*mont*), point culminant des Alpes : 4 808 m. Tunnel routier.

**Blanc** (*Louis*), historien et homme politique français, d'idées socialistes (1811-1882).

**Blanche** (*mer*), mer de l'océan Arctique, au nord-ouest de la Russie.

**Blanche de Castille** (1188-1252), reine de France, mère de Saint Louis.

**Blanche-Neige,** personnage d'un conte des frères Grimm qui a inspiré un dessin animé à W. Disney : *Blanche-Neige et les sept nains*.

**Blanchot** (*Maurice*), écrivain français (1907-2003) : *le Livre à venir*.

**Blanqui** (*Louis Auguste*), révolutionnaire français d'inspiration socialiste (1805-1881).

**Blaue Reiter** (Der), en fr. **le Cavalier bleu,** mouvement artistique (1911-1914) formé à Munich par Kandinsky et d'autres peintres.

**Blériot** (*Louis*), aviateur français (1872-1936), le premier à traverser la Manche (1909).

**Bleuler** (*Eugen*), psychiatre suisse (1857-1939).

**Blier** (*Bernard*), acteur français (1916-1989) : *Le jour se lève*.

**Blin** (*Roger*), metteur en scène de théâtre et acteur français (1907-1984).

**Blocus continental,** ensemble des mesures prises entre 1806 et 1808 par Napoléon Ier contre le commerce anglais.

**Blois,** ch.-l. du Loir-et-Cher ; 47 418 h. (*Blésois*). Château.

**Bloy** (*Léon*), écrivain français d'inspiration chrétienne (1846-1917).

**Blücher** (*Gebhard Leberecht*), maréchal prussien (1742-1819).

**Blum** (*Léon*), homme politique français (1872-1950), chef du Front populaire.

**Boas** (*Franz*), anthropologue américain d'origine allemande (1858-1942).

**Bobet** (*Louis*, dit **Louison**), coureur cycliste français (1925-1983), champion du monde en 1954.

**Bobigny,** ch.-l. de la Seine-Saint-Denis ; 54 528 h. (*Balbyniens*).

**Boccace,** écrivain italien (1313-1375) : *le Décaméron*.

**Bochimans,** peuple de Namibie.

**Bodh-Gaya,** site bouddhique de l'Inde.

**Boeing Company,** société américaine de construction aéronautique.

**Boers,** colons hollandais de l'Afrique australe, qui luttèrent contre l'Angleterre de 1899 à 1902 (*guerre des Boers*).

**Bogart** (*Humphrey*), acteur américain (1899-1957) : *le Faucon maltais*.

**Bogota,** cap. de la Colombie ; 9 558 000 h. (aggl.).

**Bohême,** partie occidentale de la République tchèque ; cap. *Prague*.

**Böhm** (*Karl*), chef d'orchestre autrichien (1894-1981).

**Bohr** (*Niels*), physicien danois (1885-1962), l'un des fondateurs de la physique quantique. ◇ Son fils AAGE (1922-2009), physicien.

**Boileau** (*Nicolas*), poète français (1636-1711) : *Satires, l'Art poétique*.

**Bolívar** (*Simón*), général sud-américain (1783-1830), qui affranchit l'Amérique latine de la domination espagnole.

**Bolivie,** État de l'Amérique du Sud ; 1 100 000 km² ; 11 673 029 h. (*Boliviens*). Cap. *La Paz* et *Sucre*.

**Böll** (*Heinrich*), écrivain allemand (1917-1985) : *l'Honneur perdu de Katharina Blum*.

**Bologne,** v. d'Italie du Nord, cap. de l'Émilie ; 375 935 h.

**Bolt** (*Usain*), athlète jamaïquain (né en 1986), détenteur de huit titres olympiques et de onze titres de champion du monde (sur 100 m, 200 m et relais 4 × 100 m).

**Boltanski** (*Christian*), artiste français (1944-2021).

**Boltzmann** (*Ludwig*), physicien autrichien (1844-1906), principal créateur de la théorie cinétique des gaz.

**Bombard** (*Alain*), médecin et biologiste français (1924-2005), il a expérimenté les conditions de survie en mer.

**Bombay** ou **Mumbai,** port de l'ouest de l'Inde ; 12 478 447 h.

**Bonaparte,** famille corse, d'origine italienne, dont firent partie : JOSEPH (1768-1844), roi de Naples (1806), roi d'Espagne de 1808 à 1813 ; ◇ NAPOLÉON Ier (v. ce nom) ; ◇ LUCIEN (1775-1840), président du conseil des Cinq-Cents ; ◇ LOUIS (1778-1846), roi de Hollande (1806-1810) et père de Napoléon III ; ◇ PAULINE (1780-1825), épouse du prince Borghèse ; ◇ JÉRÔME (1784-1860), roi de Westphalie (1807-1813).

**Bonaventure** (*saint*), théologien italien (1221-1274), franciscain.

**Bond** (*Edward*), auteur dramatique britannique (né en 1934) : *Bingo*.

**Bône → Annaba.**

**Bongo** (*Omar*), homme politique gabonais (1935-2009), président de la République de 1967 à sa mort. ◇ Son fils ALI (né en 1959) lui a succédé en 2009.

**Boniface,** nom de plusieurs papes. ◇ BONIFACE VIII (v. 1235-1303), pape de 1294 à 1303, se heurta à Philippe le Bel.

**Bonn,** v. d'Allemagne, sur le Rhin ; 305 765 h.

**Bonnard** (*Pierre*), peintre français (1867-1947), grand coloriste.

**Bonne-Espérance** (*cap de*), cap du sud de l'Afrique.

**Bonnefoy** (*Yves*), poète français (1923-2016) : *Du mouvement et de l'immobilité de Douve*.

**Book of Common Prayer** (*The*), recueil officiel des prières et de la liturgie de l'Église anglicane.

**Boole** (*George*), mathématicien britannique (1815-1864), créateur de la logique mathématique moderne.

**Boorman** (*John*), cinéaste britannique (né en 1933) : *Excalibur*.

**Bordage** (*Pierre*), écrivain français (né en 1955) : *les Guerriers du silence*.

**Bordeaux,** ch.-l. de la Région Nouvelle-Aquitaine et du dép. de la Gironde, port sur la Garonne ; 264 257 h. (*Bordelais*). Vins.

**Bordelais,** région viticole de l'Aquitaine.

**Borg** (*Björn*), joueur de tennis suédois (né en 1956).

**Borges** (*Jorge Luis*), écrivain argentin (1899-1986) : *Fictions*.

**Borghèse** (*villa*), grand parc public de Rome ; musées.

**Borgia,** famille italienne d'où sont issus ALEXANDRE VI, pape, son fils CÉSAR et sa fille, LUCRÈCE, célèbres par leurs crimes (XVe s.).

**Borinage,** anc. bassin houiller de Belgique.

**Boris Godounov** (v. 1552-1605), tsar de Russie après 1598. ◇ Opéra de Moussorgski.

**Born** (*Max*), physicien britannique d'origine allemande (1882-1970). Il est à l'origine de l'interprétation probabiliste de la mécanique quantique.

**Bornéo,** île d'Asie partagée entre la Malaisie, Brunei et l'Indonésie ; 750 000 km$^2$.

**Borodine** (*Aleksandr*), compositeur russe (1834-1887) : *le Prince Igor*.

**Borromini** (*Francesco*), architecte italien (1599-1667), maître du baroque romain.

**Bosch** (*Jérôme*), peintre hollandais (m. en 1516) : *le Jardin des délices*.

**Bose** (*Satyendranath*), physicien indien (1894-1974). Il a élaboré une théorie statistique applicable aux photons.

**Bosnie-Herzégovine,** État d'Europe ; 51 100 km$^2$ ; 3 280 815 h. (*Bosniens* : Croates, Musulmans [Bosniaques], Serbes). Cap. *Sarajevo*.

**Bosphore,** détroit entre l'Europe et l'Asie, reliant la mer Noire et la mer de Marmara.

**Bossuet** (*Jacques Bénigne*), prélat et écrivain français (1627-1704) : *Oraisons funèbres*.

**Boston,** port des États-Unis ; 655 884 h. (4 772 358 avec les banlieues) [*Bostoniens*].

**Botero** (*Fernando*), peintre et sculpteur colombien (né en 1932).

**Botha** (*Pieter Willem*), homme politique sud-africain (1916-2006), président de la République de 1984 à 1989.

**Botnie** (*golfe de*), extrémité nord de la Baltique.

**Botswana,** anc. **Bechuanaland**, État de l'Afrique australe ; 570 000 km$^2$ ; 2 351 625 h. (*Botswanais*). Cap. *Gaborone*.

**Botta** (*Mario*), architecte suisse (né en 1943) : musée d'Art moderne de San Francisco.

**Botticelli** (*Sandro*), peintre italien (1444-1510) : *le Printemps*.

**Boucher** (*François*), peintre français (1703-1770).

**Bouches-du-Rhône,** dép. français (13) ; ch.-l. *Marseille,* ch.-l. d'arr. *Aix-en-Provence, Arles, Istres* ; 2 067 654 h.

**Boucourechliev** (*André*), compositeur français d'origine bulgare (1925-1997).

**Bouddha** (l'« Illuminé »), fondateur du bouddhisme (v. 525 av. J.-C.).

**Boudon** (*Raymond*), sociologue français (1934-2013).

**Bougainville** (*Louis Antoine* DE), navigateur français (1729-1811).

**Boukhara,** v. d'Ouzbékistan ; 237 361 h. Monuments islamiques.

**Boukharine** (*Nikolaï*), économiste et homme politique soviétique (1888-1938), exécuté sous Staline.

**Boulanger** (*Georges*), général et homme politique français (1837-1891), qui menaça la République d'un coup d'État (1889).

**Boulez** (*Pierre*), compositeur français (1925-2016).

**Boulgakov** (*Mikhaïl Afanassievitch*), écrivain russe (1891-1940) : *le Maître et Marguerite*.

**Boulle** (*André Charles*), ébéniste français (1642-1732).

**Boulogne-Billancourt,** v. des Hauts-de-Seine ; 122 825 h. (*Boulonnais*).

**Boulogne-sur-Mer,** port du Pas-de-Calais ; 40 687 h. (*Boulonnais*). Pêche.

**Boumediene** (*Houari*), militaire et homme politique algérien (1932-1978). Président de la République (1965-1978).

**Bourbaki** (*Nicolas*), pseudonyme d'un groupe de mathématiciens créé dans les années 1930.

**Bourbon** (*maison de*), famille à laquelle appartinrent les rois de France, de Henri IV à Charles X, et qui s'est éteinte en 1883 avec le comte de Chambord. La branche cadette (*Bourbon-Orléans*) a donné à la France le roi Louis-Philippe. Philippe V, petit-fils de Louis XIV, a été la souche des *Bourbons d'Espagne*.

**Bourbon** (*Palais-*), édifice occupé par l'Assemblée nationale, à Paris.

**Bourbonnais,** anc. prov. du centre de la France.

**Bourdelle** (*Antoine*), sculpteur français (1861-1929).

**Bourdieu** (*Pierre*), sociologue français (1930-2002) : *la Distinction*.

**Bourg-en-Bresse,** ch.-l. de l'Ain ; 42 853 h. (*Burgiens*).

**Bourgeois** (*Louise*), sculptrice américaine d'origine française (1911-2010).

**Bourges,** ch.-l. du Cher ; 66 606 h. (*Berruyers*).

**Bourget** (*lac du*), lac de Savoie.

**Bourgogne,** anc. prov. de France, rattachée à la mort de Charles le Téméraire (1477) ; cap. *Dijon*. Vins réputés.

**Bourgogne-Franche-Comté,** Région du centre-est de la France ; ch.-l. *Dijon*.

**Bourguiba** (*Habib*), homme politique tunisien (1903-2000). Président de la République de 1957 à 1987.

**Bourguignons,** faction du duc de Bourgogne, opposée aux Armagnacs pendant la guerre de Cent Ans.

**Bouriates,** peuple mongol de Russie (surtout en Bouriatie) et de Mongolie (env. 490 000).

**Bourvil** (*André* RAIMBOURG, dit), acteur et chanteur français (1917-1970) : *la Grande Vadrouille*.

**Bouteflika** (*Abdelaziz*), homme politique algérien (1937-2021), président de la République de 1999 à 2019.

**Boutros-Ghali** (*Boutros*), homme politique égyptien (1922-2016). Secrétaire général de l'ONU de 1992 à 1996.

**Bouvines** (*bataille de*), victoire remportée, près de Lille, par Philippe Auguste sur l'empereur Otton IV (1214).

**Bowie** (*David Robert* JONES, dit **David**), chanteur britannique de rock (1947-2016) : *Ziggy Stardust*.

**Boxers,** société secrète chinoise qui lança en 1900 une émeute xénophobe.

**Brabançonne** (*la*), hymne national belge.

**Brabant,** anc. prov. du centre de la Belgique ; auj. Brabant flamand, Brabant wallon et Région de Bruxelles-Capitale. ◇ Prov. du sud des Pays-Bas (*Brabant-Septentrional*).

**Bradbury** (*Ray Douglas*), écrivain américain de science-fiction (1920-2012) : *Fahrenheit 451*.

**Bragance** (*maison de*), famille qui régna sur le Portugal (1640-1910) et sur le Brésil (1822-1889).

**Brahe** (*Tycho*), astronome danois (1546-1601).

**Brahma,** dieu du panthéon hindou.

**Brahmapoutre** (le), fl. d'Asie qui se jette, avec le Gange, dans le golfe du Bengale ; 2 900 km.

**Brahms** (*Johannes*), compositeur allemand (1833-1897).

**Braille** (*Louis*), inventeur français de l'alphabet pour les aveugles (1809-1852).

**Bramante** (*Donato*), architecte italien (1444-1514), maître de la Renaissance à Milan, puis à Rome.

**Branagh** (sir *Kenneth*), acteur et cinéaste britannique (né en 1960) : *Beaucoup de bruit pour rien*.

**Brancusi** (*Constantin*), sculpteur roumain (1876-1957), pionnier de l'art moderne.

**Brandebourg,** région et Land d'Allemagne ; 2 494 648 h. Cap. *Potsdam*.

**Brando** (*Marlon*), acteur américain (1924-2004) : *Un tramway nommé Désir*.

**Branly** (*Édouard*), physicien français (1844-1940), inventeur d'un dispositif pour la réception des ondes radio.

**Brantôme** (*Pierre* DE BOURDEILLE, seigneur DE), écrivain français (1535-1614).

**Braque** (*Georges*), peintre français (1882-1963), l'un des créateurs du cubisme.

**Brasilia,** cap. du Brésil ; 4 074 000 h. (aggl.).

**Brassaï** (*Gyula* HALÁSZ, dit), photographe français d'origine hongroise (1899-1984).

**Brassempouy,** comm. des Landes. Gisements du paléolithique (grotte du Pape).

**Brassens** (*Georges*), chanteur, parolier et compositeur français (1921-1981) : *Chanson pour l'Auvergnat*.

**Brasseur** (*Pierre* ESPINASSE, dit **Pierre**), acteur français (1905-1972) : *les Enfants du paradis*.

**Bratislava,** anc. **Presbourg**, cap. de la Slovaquie, sur le Danube ; 433 540 h.

**Braudel** (*Fernand*), historien français (1902-1985), il ouvrit l'histoire à l'étude des grands espaces et des phénomènes de longue durée.

**Braun** (*Wernher* VON), ingénieur allemand naturalisé américain (1912-1977), spécialiste des lanceurs spatiaux.

**Brauner** (*Victor*), peintre français d'origine roumaine (1903-1966), apparenté au surréalisme.

**Brazza** (*Pierre* SAVORGNAN DE), explorateur français (1852-1905). Colonisateur du Congo.

**Brazzaville,** cap. du Congo ; 1 610 760 h.

**Brecht** (*Bertolt*), auteur dramatique allemand (1898-1956) : *l'Opéra de quat'sous, Mère Courage*.

**Breda,** v. des Pays-Bas ; 178 140 h.

**Breguet** (*Louis*), ingénieur français, pionnier de l'aéronautique (1880-1955).

**Brejnev** (*Leonid Ilitch*), homme politique soviétique (1906-1982) au pouvoir de 1964 à sa mort.

**Brel** (*Jacques*), chanteur, parolier et compositeur belge (1929-1978) : *Ne me quitte pas*.

**Brême,** port (542 707 h.) et Land (650 863 h.) d'Allemagne, près de la mer du Nord.

**Brendel** (*Alfred*), pianiste autrichien (né en 1931).

**Brescia,** v. d'Italie, en Lombardie ; 191 465 h.

**Brésil,** État d'Amérique du Sud ; 8 512 000 km$^2$ ; 212 559 409 h. (*Brésiliens*). Cap. *Brasilia* ; v. pr. *Sao Paulo* et *Rio de Janeiro*.

**Breslau → Wrocław.**

**Bresse,** région de l'est de la France, entre la Saône et le Jura.

**Bresson** (*Robert*), cinéaste français (1901-1999) : *Mouchette*.

**Brest,** port du Finistère ; 142 555 h. (*Brestois*).

**Brest,** anc. **Brest-Litovsk**, v. de Biélorussie ; 309 764 h. Traité de paix germano-russe en 1918.

**Bretagne,** Région et anc. prov. de l'ouest de la France ; ch.-l. *Rennes*. Hab. : *Bretons*.

**Brétigny,** hameau de Beauce où Jean le Bon conclut un traité humiliant avec les Anglais (1360).

**Breton** (*André*), écrivain français (1896-1966), fondateur du surréalisme.

**Bretton Woods** (*accords de*), accords conclus en 1944 entre 44 pays et instaurant un système monétaire international.

**Breughel → Bruegel.**

**Briand** (*Aristide*), homme politique français (1862-1932).

**Brie,** région du Bassin parisien ; v. pr. *Melun* et *Meaux*.

**Brigades internationales,** groupes militaires de volontaires étrangers qui combattirent avec les républicains durant la guerre civile espagnole (1936-1939).

**Brighton,** port anglais sur la Manche ; 289 200 h.

**Brillat-Savarin** (*Anthelme*), gastronome et écrivain français (1755-1826).

**Brisbane,** port d'Australie ; 2 065 996 h.

**Brissot de Warville** (*Jacques*), homme politique français (1754-1793). Un des chefs des Girondins, il fut guillotiné.

**Bristol,** port d'Angleterre ; 454 200 h.

**Britannicus,** fils de Claude et de Messaline. ◇ Tragédie de Racine.

**Britanniques** (*îles*), ensemble formé par la Grande-Bretagne et l'Irlande.

**British Museum,** musée de Londres (1753).

**Britten** (*Benjamin*), compositeur britannique (1913-1976) : *The Turn of the Screw*.

**Brno,** v. de la République tchèque ; 378 965 h.

**Broca** (*Paul*), chirurgien français (1824-1880). Il étudia la localisation cérébrale du langage.

**Broglie** (*Louis*, duc DE), physicien français (1892-1987), créateur de la mécanique ondulatoire.

**Brontë** (*Charlotte*), femme de lettres britannique (1816-1855) : *Jane Eyre*. ◇ Sa sœur EMILY (1818-1848) a écrit *les Hauts de Hurlevent*.

**Brook** (*Peter*), metteur en scène de théâtre et cinéaste britannique (1925-2022) : *le Mahabharata*.

**Brooks** (*Louise*), actrice américaine (1906-1985) : *Loulou*.

**Brouckère** (*Charles* DE), homme politique belge (1796-1860).

**Brown** (*Gordon*), homme politique britannique (né en 1951). Premier ministre travailliste de 2007 à 2010.

**Brown** (*James*), chanteur américain de rhythm and blues (1933 ?-2006).

**Browning** (*Robert*), poète britannique (1812-1889), romantique.

**Brücke** (Die), groupe artistique à l'origine de l'expressionnisme allemand.

**Bruegel** ou **Breughel,** famille de peintres flamands, dont PIETER LE VIEUX (v. 1525-1569) : *les Chasseurs dans la neige*.

**Bruges,** v. de Belgique ; 117 577 h. Monuments médiévaux.

**Brumaire an VIII** (*coup d'État du* **18-**), coup d'État par lequel Bonaparte renversa le Directoire (9 novembre 1799).

**Brune** (*Guillaume*), maréchal de France (1763-1815).

**Brunehaut** (v. 534-613), reine d'Austrasie, femme de Sigebert. Elle lutta contre Frédégonde.

**Brunei,** État du nord de Bornéo ; 5 765 km$^2$ ; 437 483 h. Cap. *Bandar Seri Begawan*.

**Brunelleschi** (*Filippo*), architecte florentin (1377-1446), initiateur de la Renaissance.

**Bruno** (*saint*), fondateur de l'ordre des Chartreux (v. 1030-1101).

**Bruno** (*Giordano*), philosophe italien (1548-1600). Il fut brûlé pour hérésie.

**Brunswick** (*Charles Guillaume,* duc DE), général prussien, vaincu à Valmy (1735-1806).

**Brutus,** consul romain légendaire qui aurait institué la république (509 av. J.-C.).

**Brutus,** homme politique romain, l'un des assassins de César (v. 85-42 av. J.-C.).

**Bruxelles,** cap. de la Belgique ; 168 576 h. (1 million dans l'aggl.) [*Bruxellois*].

**Buber** (*Martin*), philosophe israélien d'origine autrichienne (1878-1965).

**Bubka** (*Sergueï*), athlète ukrainien (né en 1963), six fois champion du monde de saut à la perche.

**Bucarest,** cap. de la Roumanie ; 1 883 425 h.

**Buchenwald,** camp de concentration allemand.

**Büchner** (*Georg*), auteur dramatique allemand (1813-1837) : *Woyzeck*.

**Buckingham Palace,** palais de Londres, résidence des souverains de Grande-Bretagne.

**Budapest,** cap. de la Hongrie, sur le Danube ; 1 729 040 h.

**Budé** (*Guillaume*), humaniste et helléniste français (1467-1540).

**Buenos Aires,** cap. de l'Argentine ; 15 024 000 h. (aggl.).

**Buffalo Bill** (*William* CODY, dit), pionnier américain (1846-1917).

**Buffon** (*Georges Louis* LECLERC, comte DE), naturaliste français (1707-1788).

**Bugeaud** (*Thomas Robert*), maréchal de France (1784-1849), gouverneur de l'Algérie.

**Bujumbura,** v. du Burundi ; 604 732 h.

**Bulgarie,** État du sud-est de l'Europe ; 111 000 km$^2$ ; 6 934 015 h. (*Bulgares*). Cap. *Sofia*.

**Bundestag,** assemblée législative de la République fédérale d'Allemagne.

**Bundeswehr,** armée de l'Allemagne fédérale créée en 1956.

**Bunsen** (*Robert Wilhelm*), chimiste et physicien allemand (1811-1899).

**Buñuel** (*Luis*), cinéaste espagnol (1900-1983) : *l'Âge d'or*.

**Buren** (*Daniel*), artiste français (né en 1938).

**Burgondes,** peuple germanique établi au V$^e$ s. dans la Bourgogne actuelle.

**Burgos,** v. d'Espagne ; 175 623 h. Édifices gothiques.

**Burkina,** anc. **Haute-Volta**, État d'Afrique occidentale ; 275 000 km$^2$ ; 20 903 278 h. (*Burkinabés*). Cap. *Ouagadougou*.

**Burne-Jones** (sir *Edward*), peintre préraphaélite britannique (1833-1898).

**Burroughs** (*William*), écrivain américain de la Beat generation (1914-1997) : *le Festin nu*.

**Bursa,** en fr. **Brousse**, v. de Turquie ; 2 842 000 h. (aggl.). Cap. de l'Empire ottoman (de 1326 à 1402). Monuments islamiques.

**Burundi,** anc. **Urundi**, État de l'Afrique centrale ; 28 000 km$^2$ ; 11 890 781 h. (*Burundais*). Cap. *Gitega*.

**Bush** (*George*), homme politique américain (1924-2018). Républicain, président des États-Unis de 1988 à 1993. ◇ Son fils GEORGE WALKER (né en 1946), républicain, président des États-Unis de 2001 à 2009.

**Butor** (*Michel*), écrivain français (1926-2016), membre du « nouveau roman » : *la Modification*.

**Buzzati** (*Dino*), écrivain italien (1906-1972) : *le Désert des Tartares, le K*.

**Byron** (*George Gordon,* lord), poète britannique (1788-1824), romantique.

**Byzance,** anc. nom de Constantinople.

**byzantin** (*Empire*), empire chrétien qui succéda en Orient à l'Empire romain (330-1453). Cap. *Constantinople*.

# C

**Caballé** (*Montserrat*), soprano espagnole (1933-2018).

**Cabot,** famille de navigateurs italiens, dont les membres les plus connus sont JEAN (v. 1450-v. 1500) et SÉBASTIEN (v. 1480-1557).

**Cabu** (*Jean* CABUT, dit), dessinateur et scénariste français de bandes dessinées (1938-2015) : *Mon beauf.*

**Cachemire,** région partagée entre l'Inde et le Pakistan.

**Cadix,** port d'Espagne (Andalousie) ; 118 048 h.

**Cadoudal** (*Georges*), chef chouan (1771-1804), guillotiné.

**Caen,** ch.-l. du Calvados ; 108 404 h. (*Caennais*).

**Cage** (*John*), compositeur américain (1912-1992).

**Cagliari,** cap. de la Sardaigne ; 149 671 h.

**Cahors,** ch.-l. du Lot ; 20 877 h. (*Cadurciens*).

**Caillaux** (*Joseph*), homme politique français (1863-1944).

**Caillié** (*René*), explorateur français (1799-1838), il visita Tombouctou.

**Caillois** (*Roger*), écrivain et anthropologue français (1913-1978) : *l'Homme et le Sacré.*

**Caïn,** fils d'Adam et d'Ève, assassin de son cadet Abel (*Bible*).

**Caire (Le),** cap. de l'Égypte, sur le Nil ; 18 419 000 h. (aggl.).

**Calabre,** région de l'Italie du Sud.

**Calais,** port du nord de la France ; 73 134 h. (*Calaisiens*).

**Calais** (*pas de*), détroit entre la France et l'Angleterre, franchi par un tunnel.

**Calcutta** ou **Kolkata,** v. de l'est de l'Inde ; 4 486 679 h. (14 112 536 avec les banlieues).

**Calder** (*Alexander*), sculpteur américain (1898-1976).

**Calderón** (*Pedro*), auteur dramatique espagnol (1600-1681).

**Calgary,** v. du Canada (Alberta) ; 1 239 220 h.

**Cali,** v. de Colombie ; 2 344 734 h.

**Californie,** État le plus peuplé des États-Unis ; 39 536 653 h. (*Californiens*). Cap. *Sacramento.* V. pr. *Los Angeles, San Francisco.*

**Caligula** (12-41), empereur romain en 37, cruel et excentrique.

**Callao,** port du Pérou ; 438 326 h.

**Callas** (*Maria* KALOGHEROPOÚLOS, dite **la**), soprano américaine et grecque (1923-1977).

**Callot** (*Jacques*), graveur et peintre français (1592-1635) : *Misères et malheurs de la guerre.*

**Calmette** (*Albert*), médecin français (1863-1933), l'un des inventeurs du BCG.

**Calvados,** dép. français (14) ; ch.-l. *Caen,* ch.-l. d'arr. *Bayeux, Lisieux, Vire-Normandie* ; 709 064 h.

**Calvin** (*Jean*), réformateur français (1509-1564) : *Institution de la religion chrétienne.*

**Calvino** (*Italo*), écrivain italien (1923-1985) : *le Baron perché.*

**Camargue,** région formée par le delta du Rhône. Parc naturel.

**Cambacérès** (*Jean-Jacques* DE), jurisconsulte français (1753-1824).

**Cambodge,** État de la péninsule indochinoise ; 181 000 km$^2$ ; 16 718 971 h. (*Cambodgiens*). Cap. *Phnom Penh.*

**Cambrai,** v. du Nord, sur l'Escaut ; 32 794 h. (*Cambrésiens*). Toiles, dentelles.

**Cambridge,** v. universitaire d'Angleterre ; 131 800 h.

**Cambronne** (*Pierre*), général français (1770-1842).

**Cameron** (*David*), homme politique britannique (né en 1966). Premier ministre conservateur de 2010 à 2016.

**Cameron** (*James*), cinéaste canadien (né en 1954) : *Titanic, Avatar.*

**Cameroun,** État de l'Afrique équatoriale ; 475 000 km$^2$ ; 26 545 864 h. (*Camerounais*). Cap. *Yaoundé* ; v. pr. *Douala.*

**Camillus** (Marcus Furius), général romain (fin du Ve s.-365 ? av. J.-C.). Il libéra Rome des Gaulois (390).

**Camões** ou **Camoens** (*Luís* DE), poète portugais (1524-1580) : *les Lusiades.*

**Campanella** (*Tommaso*), philosophe et dominicain italien (1568-1639) : *la Cité du soleil.*

**Campanie,** région d'Italie ; cap. *Naples.*

**Camp David** (*accords de*), accords-cadres conclus en 1978 à Washington entre les États-Unis, l'Égypte et Israël. Ils prévoyaient la signature d'un traité de paix israélo-égyptien (signé en 1979).

**Campine,** région du nord de la Belgique.

**Campion** (*Jane*), cinéaste néo-zélandaise (née en 1954) : *la Leçon de piano.*

**Campoformio,** village de Vénétie. Traité entre la France et l'Autriche (1797).

**Camus** (*Albert*), écrivain français (1913-1960) : *l'Étranger.*

**Cana,** ville de Galilée. Jésus y aurait transformé l'eau en vin.

**Canaan** (*terre de*), nom biblique de la Terre promise par Dieu aux Hébreux.

**Canada,** État du nord de l'Amérique, membre du Commonwealth ; 9 975 000 km² ; 38 037 204 h. (*Canadiens*). Cap. *Ottawa* ; v. pr. *Toronto, Montréal.*

**Canal +** (*Canal Plus*), chaîne française de télévision à péage née en 1984.

**Canaletto** (*Giovanni Antonio* CANAL, dit **il**), peintre et graveur italien (1697-1768).

**Cananéens,** peuples sémitiques installés au Proche-Orient au IIIᵉ millénaire av. J.-C.

**Canaries** (*îles*), archipel espagnol, à l'ouest de l'Afrique ; 2 127 685 h.

**Canaveral** (*cap*), principale base de lancement d'engins spatiaux des États-Unis.

**Canberra,** cap. de l'Australie ; 415 000 h. (aggl.).

**Candide ou l'Optimisme,** conte philosophique de Voltaire.

**Candie → Crète ; Iráklion.**

**Cannes,** v. des Alpes-Maritimes ; 75 347 h. (*Cannois*). Festival de cinéma.

**Cannes** (*bataille de*), victoire d'Hannibal sur les Romains (216 av. J.-C.).

**Canossa,** château d'Italie où l'empereur Henri IV s'humilia devant le pape Grégoire VII (1077).

**Canova** (*Antonio*), sculpteur italien (1757-1822), maître du néoclassicisme.

**Cantabriques** (*monts*), prolongement occidental des Pyrénées en Espagne.

**Cantal,** massif d'Auvergne. ◇ Dép. français (15), ch.-l. *Aurillac*, ch.-l. d'arr. *Mauriac, Saint-Flour* ; 149 664 h. (*Cantaliens* ou *Cantalous*).

**Cantatrice chauve** (*la*), pièce de théâtre de E. Ionesco.

**Canterbury,** v. d'Angleterre. Cathédrale gothique (XIIᵉ-XVᵉ s.).

**Cantique des cantiques** (*le*), livre biblique, recueil de chants d'amour.

**Canton,** port de Chine méridionale ; 10 848 502 h.

**Cantor** (*Georg*), mathématicien allemand (1845-1918), créateur de la théorie des ensembles.

**Cap** (**Le**), cap. et port de l'Afrique du Sud ; 3 624 000 h. (aggl.).

**Capa** (*Robert*), photographe américain d'origine hongroise (1913-1954).

**Čapek** (*Karel*), écrivain tchèque (1890-1938).

**Capet,** surnom de Hugues, roi de France.

**Capétiens,** dynastie qui régna sur la France de 987 (Hugues Capet) à 1328.

**Capital** (*le*), ouvrage de K. Marx (1867).

**Capitole,** colline de Rome.

**Capote** (*Truman*), écrivain américain (1924-1984) : *Petit Déjeuner chez Tiffany.*

**Capoue,** v. de Campanie, prise par Hannibal en 215 av. J.-C.

**Cappadoce,** région d'Anatolie, centre de l'Empire hittite (IIIᵉ-IIᵉ millénaire av. J.-C.).

**Capra** (*Frank*), cinéaste américain (1897-1991) : *Arsenic et vieilles dentelles.*

**Capri,** île du golfe de Naples.

**Cap-Vert** (*îles du*), archipel à l'ouest du Sénégal, autref. portugais ; 4 000 km² ; 555 988 h. (*Cap-Verdiens*). Cap. *Praia*. État indépendant depuis 1975.

**Caracalla** (188-217), empereur romain après 211.

**Caracas,** cap. du Venezuela ; 2 912 000 h. (aggl.).

**Caractères** (*les*), ouvrage de La Bruyère.

**Caraïbes,** anc. peuple des Petites Antilles.

**Caraïbes** (*mer des*), autre nom de la mer des Antilles.

**Caravage** (*il Caravaggio*, en fr. **le**), peintre italien (1573-1610).

**Carcassonne,** ch.-l. de l'Aude ; 48 116 h. (*Carcassonnais*). Remparts médiévaux.

**Carco** (*Francis*), écrivain français (1886-1958) : *Jésus la Caille.*

**Cardan** (*Jérôme*), médecin, mathématicien et philosophe italien (1501-1576).

**Cardiff,** port de Grande-Bretagne (*pays de Galles*) ; 346 100 h. (aggl.).

**Cardinale** (*Claudia*), actrice italienne (née en 1938) : *le Guépard.*

**Cardoso** (*Fernando Henrique*), sociologue et homme politique brésilien (né en 1931), président de la République de 1995 à 2003.

**Carélie,** région du nord de l'Europe, partagée entre la Russie et la Finlande.

**Carélie,** république de la Russie.

**Carême** (*Marie-Antoine*), cuisinier français (1784-1833), auteur d'ouvrages d'art culinaire.

**Carême** (*Maurice*), poète et écrivain belge (1899-1978) : *la Lanterne magique.*

**Carinthie,** prov. d'Autriche.

**Carlos** (don), infant d'Espagne (1788-1855), responsable des « guerres carlistes » contre Isabelle II.

**Carlsen** (*Magnus*), joueur d'échecs norvégien (né en 1990). En 2014, il atteint le classement le plus haut de l'histoire des échecs. Il est champion du monde depuis 2013.

**Carlson** (*Carolyn*), danseuse et chorégraphe américaine (née en 1943). Elle a joué un rôle essentiel dans le développement de la danse moderne.

**Carmagnole** (*la*), chant révolutionnaire postérieur à la chute du roi.

**Carmel** (le), montagne d'Israël. ◇ Ordres religieux des Carmes et des Carmélites.

**Carmen,** nouvelle de Mérimée, transposée à l'opéra-comique par Bizet.

**Carnac,** comm. du Morbihan. Alignements mégalithiques (v. 3000 av. J.-C.).

**Carné** (*Marcel*), cinéaste français (1906-1996) : *les Enfants du paradis*.

**Carnot** (*Lazare*), conventionnel et mathématicien français (1753-1823), organisateur des victoires de la République. ◇ Son fils SADI, physicien (1796-1832), créa la thermodynamique. ◇ Son petit-fils SADI (1837-1894), président de la République en 1887, fut assassiné.

**Caroline du Nord** (cap. *Raleigh*) et **Caroline du Sud** (cap. *Columbia*) États du sud des États-Unis.

**Carolines** (*îles*), archipel d'Océanie, anc. mandat japonais (1919-1945).

**Carolingiens,** famille franque qui succéda aux Mérovingiens (751) et ressuscita l'Empire d'Occident (Charlemagne, 800). Elle régna en France jusqu'en 987.

**Carpaccio** (*Vittore*), peintre vénitien (v. 1460-v. 1525).

**Carpates,** chaîne de montagnes de l'Europe centrale.

**Carpeaux** (*Jean-Baptiste*), sculpteur français (1827-1875) : *la Danse*.

**Carpentier** (*Alejo*), écrivain cubain (1904-1980) : *le Siècle des lumières*.

**Carpentier** (*Georges*), boxeur français (1894-1975).

**Carrache,** nom de trois peintres italiens de Bologne, fin du XVIe s. : *Louis, Augustin* et *Annibal* (1560-1609) qui a peint les *Amours des dieux* au palais Farnèse à Rome.

**Carrare,** v. d'Italie, en Toscane. Marbres.

**Carroll** (*Charles* DODGSON, dit **Lewis**), mathématicien et écrivain britannique (1832-1898) : *Alice au pays des merveilles*.

**Carter** (*James*, dit **Jimmy**), homme politique américain (né en 1924). Démocrate, président des États-Unis de 1977 à 1981.

**Carthage,** v. d'Afrique, fondée selon la tradition v. 814 av. J.-C. par les Phéniciens, et longtemps rivale de Rome, qui la détruisit en 146 av. J.-C.

**Cartier** (*Jacques*), explorateur français (1491-1557). Il prit possession du Canada.

**Cartier-Bresson** (*Henri*), photographe français (1908-2004).

**Cartouche** (*Louis*), voleur célèbre (1693-1721).

**Casablanca,** port du Maroc, sur l'Atlantique ; 3 359 818 h. (aggl.). Mosquée Hassan II.

**Casals** (*Pablo*), violoncelliste, compositeur et chef d'orchestre espagnol (1876-1973).

**Casanova** (*Giovanni Giacomo*), aventurier et écrivain italien (1725-1798), célèbre par ses aventures galantes.

**Caspienne** (*mer*), grand lac, entre l'Europe et l'Asie.

**Cassandre,** fille de Priam, qui avait reçu le don de prévoir l'avenir, mais n'était jamais crue (*Myth. gr.*).

**Cassavetes** (*John*), cinéaste et acteur américain (1929-1989) : *Une femme sous influence*.

**Cassin** (*mont*), montagne de l'Italie du Sud, berceau de l'ordre bénédictin.

**Cassin** (*René*), juriste français (1887-1976). Il fit adopter la Déclaration universelle des droits de l'homme par l'ONU en 1948.

**Cassini,** famille d'astronomes et de géodésiens français (XVIIe-XIXe s.).

**Cassirer** (*Ernst*), philosophe allemand (1874-1945) : *la Philosophie des formes symboliques*.

**Castel Gandolfo,** comm. d'Italie ; résidence d'été des papes.

**Castille,** région du centre de l'Espagne ; v. pr. *Madrid*. Hab. *Castillans*.

**Castor et Pollux,** dits **les Dioscures,** jumeaux, fils de Zeus et de Léda (*Myth. gr.*). Identifiés à la constellation des Gémeaux.

**Castres,** v. du Tarn ; 43 549 h.

**Castro** (*Fidel*), homme politique cubain (1926-2016), au pouvoir de 1959 à 2008. ◇ Son frère RAÚL (né en 1931) lui a succédé jusqu'en 2018.

**Catalauniques** (*bataille des champs*), victoire des Romains sur Attila (451).

**Catalogne,** région d'Espagne ; cap. *Barcelone*. Hab. *Catalans*.

**Catane,** port d'Italie, en Sicile ; 293 541 h.

**Cateau-Cambrésis** (*traités du*), traités de paix mettant fin aux guerres d'Italie (1559).

**Catherine de Sienne** (*sainte*), religieuse italienne (1347-1380).

**Catherine Labouré** (*sainte*), religieuse française (1806-1876).

**Catherine d'Aragon** (1485-1536), femme d'Henri VIII, répudiée par lui.

**Catherine Ire** (v. 1684-1727), impératrice de Russie de 1725 à 1727, veuve et successeur de Pierre le Grand.

**Catherine II la Grande** (1729-1796), impératrice de Russie de 1762 à 1796.

**Catherine de Médicis** (1519-1589), reine de France, femme d'Henri II, régente pendant la minorité de Charles IX (1560).

**Catilina,** patricien et conspirateur romain (v. 108-62 av. J.-C.), dénoncé par Cicéron.

**Caton l'Ancien,** homme d'État romain, censeur des mœurs (234-149 av. J.-C.).

**Caton d'Utique,** adversaire de Pompée puis de César (95-46 av. J.-C.), stoïcien.

**Catulle,** poète latin (v. 87-v. 54 av. J.-C.).

**Caucase,** chaîne de montagnes qui s'étend entre la mer Noire et la Caspienne ; 5 642 m à l'Elbrous.

**Cauchon** (*Pierre*), prélat français, évêque de Beauvais, il présida au procès de Jeanne d'Arc (1371-1442).

**Cauchy** (baron *Augustin*), mathématicien français (1789-1857). Rénovateur de l'analyse mathématique.

**Causses** (les), plateaux calcaires du sud du Massif central.

**Cauvin** (*Raoul*), scénariste belge de bandes dessinées (1938-2021) : *les Tuniques bleues*.

**Caux** (*pays de*), région de Normandie. Hab. *Cauchois*.

**Cavaillès** (*Jean*), mathématicien et philosophe français (1903-1944).

**Cavendish** (*Henry*), physicien et chimiste britannique (1731-1810).

**Cavour** (*Camille*, comte DE), homme politique italien (1810-1861), artisan de l'unité de l'Italie.

**Cayenne,** ch.-l. de la Guyane ; 65 878 h.

**CBS** (*Columbia Broadcasting Systems*), réseau américain de télévision créé en 1927.

**CEA** (*Commissariat à l'énergie atomique et aux énergies alternatives*), établissement public français de recherche énergétique (en partic. nucléaire) créé en 1945.

**Ceaușescu** (*Nicolae*), homme politique roumain (1918-1989), au pouvoir de 1965 à 1989.

**CECA** (*Communauté européenne du charbon et de l'acier*), organisation créée en 1951 pour instaurer un marché commun du charbon et de l'acier, qui disparut en 2002.

**CEI** (*Communauté des États indépendants*), organisation, créée en 1991, regroupant la majorité des Républiques de l'ancienne URSS.

**Célèbes** ou **Sulawesi,** île de l'Indonésie ; 17 359 398 h.

**Céline** (*Louis-Ferdinand*), écrivain français (1894-1961) : *Voyage au bout de la nuit*.

**Cellini** (*Benvenuto*), orfèvre et sculpteur florentin (1500-1571) : *Persée*.

**Celsius** (*Anders*), physicien suédois (1701-1744), créateur de l'échelle thermométrique centésimale.

**Celtes,** groupe de peuples parlant une langue indo-européenne, originaires du S.-O. de l'Allemagne, individualisés vers le IIe millénaire.

**Cendrars** (*Blaise*), écrivain français (1887-1961) : *Moravagine*.

**Cendrillon,** personnage de contes de fées qui inspira C. Perrault et les frères Grimm.

**Cène** (*la*), tableau de Léonard de Vinci.

**Cenis** (*mont*), massif des Alpes ; 3 610 m.

**Cent Ans** (*guerre de*), série de conflits qui ont opposé la France et l'Angleterre, entre 1337 et 1453.

**Cent ans de solitude,** roman de G. García Márquez.

**Centaures,** monstres fabuleux, mi-hommes, mi-chevaux (*Myth. gr.*).

**Cent-Jours** (les), période du 20 mars au 22 juin 1815, entre le retour de Napoléon et sa seconde abdication, après Waterloo.

**centrafricaine** (*République*), État de l'Afrique équatoriale ; 620 000 km$^2$ ; 4 829 764 h. (*Centrafricains*). Cap. *Bangui*.

**Central Park,** grand parc de New York (Manhattan).

**Centre national d'art et de culture Georges-Pompidou,** établissement public parisien créé en 1977 ; bibliothèque, musée. Il a une antenne à Metz.

**Centre-Val de Loire,** Région de France ; ch.-l. *Orléans*.

**Cerbère,** chien monstrueux à trois têtes, gardien des Enfers (*Myth. gr.*).

**Cerdagne,** région des Pyrénées.

**Cerdan** (*Marcel*), boxeur français (1916-1949).

**Cérès,** déesse romaine des Moissons, la *Déméter* grecque.

**Cergy-Pontoise,** agglomération du Val-d'Oise.

**Cerisaie** (*la*), pièce de théâtre de A. Tchekhov.

**Cern,** organisme européen pour la recherche nucléaire créé en 1952.

**Cervantès** (*Miguel* DE), écrivain espagnol (1547-1616) : *Don Quichotte de la Manche*.

**Cerveteri,** nécropole étrusque (Latium).

**Cervin** (*mont*), sommet des Alpes suisses ; 4 478 m.

**Césaire** (*Aimé*), écrivain et homme politique français (1913-2008), martiniquais, défenseur de la négritude.

**César** (*César* BALDACCINI, dit), sculpteur français (1921-1998), apparenté au « nouveau réalisme ».

**César** (*Jules*) [100 ou 101-44 av. J.-C.], homme d'État romain. Conquérant des Gaules, en lutte contre Pompée et le Sénat, il fut assassiné.

**Cévennes,** montagnes du sud-est du Massif central. Parc national.

**Ceylan → Sri Lanka.**

**Cézanne** (*Paul*), peintre français (1839-1906), impressionniste et précurseur du cubisme : *les Joueurs de cartes*.

**CFDT** (*Confédération française démocratique du travail*), organisation syndicale française issue, en 1964, de la majorité de la CFTC.

**CFE-CGC** (*Confédération française de l'encadrement-Confédération générale des cadres*), organisation syndicale française des cadres créée en 1944.

**CFTC** (*Confédération française des travailleurs chrétiens*), organisation syndicale française créée en 1919.

**CGT** (*Confédération générale du travail*), organisation syndicale française créée en 1895.

**Chabrier** (*Emmanuel*), compositeur français (1841-1894) : *l'Étoile*.

**Chabrol** (*Claude*), cinéaste français (1930-2010) : *le Beau Serge, Que la bête meure*.

**Chaco,** steppe de l'Amérique du Sud.

**Chadli** (*Chadli* BEN DJEDID, dit), militaire et homme politique algérien (1929-2012). Président de la République de 1979 à 1992.

**Chadwick** (sir *James*), physicien britannique (1891-1974).

**Chagall** (*Marc*), peintre français d'origine russe (1887-1985). Musée « Message biblique » à Nice.

**Chaldée,** autre nom de la Babylonie, partie inférieure de la Mésopotamie.

**Chaliapine** (*Fiodor*), chanteur d'opéra (baryton-basse) russe (1873-1938).

**Châlons-en-Champagne,** ch.-l. de la Marne ; 45 625 h. (*Châlonnais*).

**Chalon-sur-Saône,** v. de Saône-et-Loire ; 46 577 h. (*Chalonnais*).

**Chamberlain** (*Joseph*), homme politique britannique (1836-1914).

**Chambéry,** ch.-l. de la Savoie ; 60 478 h. (*Chambériens*).

**Chambord,** château de la vallée de la Loire construit pour François Ier.

**Chamfort** (*Sébastien Roch* NICOLAS, dit), écrivain français (1740-1794).

**Chamonix-Mont-Blanc,** v. de Haute-Savoie, au pied du mont Blanc. Tourisme.

**Champagne,** anc. prov. de France ; cap. *Troyes*. Vins.

**Champaigne** (*Philippe* DE), peintre français d'origine flamande (1602-1674).

**Champlain** (*Samuel* DE), colonisateur français du Canada (v. 1574-1635).

**Champollion** (*Jean-François*), égyptologue français (1790-1832). Il a déchiffré les hiéroglyphes.

**Champs Élysées,** séjour des âmes vertueuses dans l'au-delà (*Myth. gr.*).

**Champs-Élysées,** avenue de Paris, aboutissant à l'Arc de triomphe de l'Étoile.

**Chandernagor,** v. de l'Inde, anc. comptoir français.

**Chandigarh,** v. du nord de l'Inde (Pendjab), construite par Le Corbusier ; 1 025 682 h. (aggl.).

**Chandler** (*Raymond Thornton*), écrivain américain (1888-1959), auteur de romans noirs : *Adieu ma jolie*.

**Chanel** (*Gabrielle* CHASNEL, dite **Coco**), couturière française (1883-1971), elle a donné à la mode un tour nouveau.

**Chang-hai → Shanghai.**

**Changsha,** v. de Chine ; 3 212 091 h. (aggl.). Nécropole du Ve-IIIe s. av. J.-C.

**Chans,** peuple de la Birmanie.

**Chanson de Roland** (*la*), la plus ancienne chanson de geste française (fin XIe s.)

**Chantilly,** v. de l'Oise. Château.

**Chantons sous la pluie,** comédie musicale de S. Donen et G. Kelly (1952).

**Chaplin** (*Charles*), acteur et cinéaste britannique, créateur du personnage de *Charlot* (1889-1977).

**Chappe** (*Claude*), ingénieur français (1763-1805), créateur du télégraphe aérien.

**Chaptal** (*Jean*), chimiste français (1756-1832), inventeur de la *chaptalisation* des vins.

**Char** (*René*), poète français (1907-1988).

**Charcot** (*Jean-Martin*), neurologue français (1825-1893). ◇ Son fils JEAN-BAPTISTE (1867-1936) explora les régions polaires.

**Chardin** (*Jean Siméon*), peintre français (1699-1779).

**Charente,** fl. de France. ◇ Dép. français (16), ch.-l. *Angoulême*, ch.-l. d'arr. *Cognac, Confolens* ; 361 250 h. (*Charentais*).

**Charente-Maritime,** dép. français (17) ; ch.-l. *La Rochelle*, ch.-l. d'arr. *Jonzac, Rochefort, Saintes, Saint-Jean-d'Angély* ; 667 287 h.

**Charette** (*François* DE), chef vendéen (1763-1796).

**Charlemagne** ou **Charles Ier le Grand** (742 ou 747-814), roi des Francs (768-814), couronné empereur d'Occident à la Noël 800.

**Charleroi,** v. de Belgique, sur la Sambre ; 203 753 h. Défaite française (1914).

**Charles II le Chauve** (823-877), roi de France après 843 et empereur d'Occident après 875. ◇ CHARLES III LE SIMPLE (879-929), roi après 898. ◇ CHARLES IV LE BEL (v. 1295-1328), roi après 1322. ◇ CHARLES V LE SAGE (1338-1380), roi après 1364. ◇ CHARLES VI LE BIEN-AIMÉ (1368-1422), roi après 1380. ◇ CHARLES VII (1403-1461), roi après 1422. ◇ CHARLES VIII (1470-1498), roi après 1483. ◇ CHARLES IX (1550-1574), roi après 1560. ◇ CHARLES X (1757-1836), roi en 1824, renversé par la révolution de 1830.

**Charles le Téméraire** (1433-1477), dernier duc de Bourgogne, adversaire de Louis XI.

**Charles III le Gros** (839-888), empereur d'Occident (881-887), roi de France (884-887). Il fut déposé.

**Charles V,** dit **Charles Quint** (1500-1558), roi d'Espagne (Charles Ier) [1516-1556], empereur germanique (1519-1556). Il lutta contre François Ier.

**Charles Ier** (1600-1649), roi d'Angleterre (en 1626). Vaincu par Cromwell, il fut décapité.

**Charles III** (né en 1948), roi du Royaume-Uni de Grande-Bretagne et d'Irlande du Nord et chef du Commonwealth depuis 2022.

**Charles XII** (1682-1718), roi de Suède en 1697. Il lutta victorieusement contre le Danemark, mais échoua devant la Russie.

**Charles XIV → Bernadotte.**

**Charles** (*Ray Charles* ROBINSON, dit **Ray**), chanteur et pianiste américain de jazz (1930-2004).

**Charles de Foucauld** (*saint*), explorateur et missionnaire français (1858-1916).

**Charles Martel** (v. 688-741), maire du palais d'Austrasie et de Neustrie, vainqueur des Arabes à Poitiers en 732.

**Charleville-Mézières,** ch.-l. des Ardennes ; 47 526 h. (*Carolomacériens*).

**Charlot,** personnage de vagabond créé par Ch. Chaplin.

**Charolais** ou **Charollais,** région au nord-est du Massif central. Bovins.

**Charon,** nocher des Enfers (*Myth. gr.*).

**Charpak** (*Georges*), physicien français (1924-2010). Il a conçu de nombreux détecteurs de particules.

**Charpentier** (*Emmanuelle*), microbiologiste, généticienne et biochimiste française (née en 1968).

**Charpentier** (*Marc Antoine*), compositeur français (1643-1704) : *Médée*.

**Chartres,** ch.-l. du dép. d'Eure-et-Loir ; 39 698 h. (*Chartrains*). Cathédrale gothique.

**Chartreuse de Parme** (*la*), roman de Stendhal.

**Charybde,** tourbillon du détroit de Messine, voisin de l'écueil de *Scylla*.

**Chasles** (*Michel*), mathématicien français (1793-1880), auteur de travaux de géométrie.

**Chateaubriand** (*François René* DE), écrivain français (1768-1848) : *Génie du christianisme, Mémoires d'outre-tombe*.

**Châteauroux,** ch.-l. de l'Indre ; 44 662 h. (*Castelroussins*).

**Chatt al-Arab,** fl. d'Iraq, formé par la réunion du Tigre et de l'Euphrate.

**Chaucer** (*Geoffrey*), poète anglais (v. 1340-1400) : *Contes de Cantorbéry*.

**Chaumont,** ch.-l. de la Haute-Marne ; 23 042 h. (*Chaumontais*).

**Chauvet-Pont-d'Arc,** grotte préhistorique de l'Ardèche (comm. de Vallon-Pont-d'Arc) ornée de peintures (– 36 000).

**Chávez** (*Hugo*), homme politique vénézuélien (1954-2013), président de la République de 1999 à sa mort.

**Chedid** (*Andrée*), écrivaine française et égyptienne, d'origine libanaise (1920-2011).

**Chemin des Dames,** crête de l'Aisne, théâtre de violents combats en 1917 et 1918.

**Chengdu,** v. de Chine, cap. du Sichuan ; 6 397 335 h. (aggl.).

**Chénier** (*André* DE), poète français (1762-1794) : *la Jeune Captive*.

**Chenonceaux,** comm. d'Indre-et-Loire. Château Renaissance (*Chenonceau*).

**Chéops → Kheops.**

**Chéphren → Khephren.**

**Cher,** affl. de la Loire. ◇ Dép. français (18) ; ch.-l. *Bourges,* ch.-l. d'arr. *Saint-Amand-Montrond, Vierzon* ; 309 523 h.

**Cherbourg-en-Cotentin,** port de la Manche ; 80 912 h. (*Cherbourgeois*).

**Chéreau** (*Patrice*), metteur en scène de théâtre, d'opéra et cinéaste français (1944-2013) : *la Reine Margot*.

**Chesterton** (*Gilbert Keith*), écrivain britannique (1874-1936).

**Chevalier** (*Maurice*), chanteur et acteur de cinéma français (1888-1972).

**Chevauchée fantastique** (*la*), film de J. Ford (1939).

**Cheverny,** château de la première moitié du XVIIe s., près de Blois.

**Chevreul** (*Eugène*), chimiste français (1786-1889), spécialiste des corps gras.

**Chevreuse** (*Marie,* duchesse DE) [1600-1679], elle complota contre Mazarin pendant la Fronde.

**Cheyennes,** Indiens des plaines (États-Unis).

**Chiapas,** État du Mexique ; 5 217 908 h. Cap. *Tuxtla Gutiérrez*.

**Chicago,** v. des États-Unis, sur le lac Michigan ; 2 722 389 h. (8 272 768 dans l'aggl.).

**Chichén Itzá,** anc. cité maya du Mexique.

**Childéric Ier** (v. 436-481), roi franc, père de Clovis. <> CHILDÉRIC III (m. en 754), dernier roi mérovingien (743-751), déposé.

**chien andalou** (*Un*), film de L. Buñuel (1928).

**Chili,** État de l'Amérique du Sud en bordure du Pacifique ; 757 000 km$^2$ ; 19 116 209 h. (*Chiliens*). Cap. *Santiago*.

**Chilpéric Ier** (539-584), roi de Neustrie en 561, époux de Frédégonde, assassiné.

**Chine,** État d'Asie ; 9 600 000 km$^2$ ; 1 411 100 000 h. (*Chinois*). Cap. *Pékin*. Pays le plus peuplé du monde.

**Chio,** île grecque de la mer Égée.

**Chippendale** (*Thomas*), ébéniste britannique (1718-1779), auteur d'un recueil de modèles.

**Chirac** (*Jacques*), homme politique français (1932-2019). Gaulliste, il fut président de la République de 1995 à 2007.

**Chiraz,** v. de l'Iran ; 1 460 665 h. (aggl.).

**Chirico** (*Giorgio* DE) → **De Chirico.**

**Chişinău,** anc. **Kichinev**, cap. de la Moldavie ; 721 000 h. (aggl.).

**Chittagong,** port du Bangladesh ; 2 592 439 h.

**Chlef,** anc. **Orléansville**, v. d'Algérie ; 178 616 h.

**Chleuhs,** tribus berbères du Maroc.

**Choderlos de Laclos → Laclos.**

**Choiseul** (*Étienne-François,* duc DE), ministre de Louis XV (1719-1785).

**Cholet,** v. de Maine-et-Loire ; 55 979 h.

**Chomsky** (*Noam*), linguiste américain (né en 1928), fondateur de la grammaire générative.

**Chongqing,** v. de Chine (Sichuan) sur le Yangzi Jiang ; 9 977 035 h. (aggl.).

**Chopin** (*Frédéric*), pianiste et compositeur polonais (1810-1849) : valses, polonaises.

**Chostakovitch** (*Dmitri*), compositeur russe (1906-1975).

**Chou En-lai → Zhou Enlai.**

**Chrétien de Troyes,** poète français (v. 1135-v. 1183), auteur de romans de chevalerie.

**Christian,** nom de dix rois du Danemark.

**Christie** (dame *Agatha*), écrivaine britannique (1890-1976), auteure de romans policiers : *Ils étaient dix* (anc. *Dix Petits Nègres)*.

**Christie** (*William*), claveciniste et chef d'orchestre américain et français (né en 1944).

**Christie's,** maison de ventes aux enchères fondée à Londres en 1766.

**Christine** (1626-1689), reine de Suède (1632-1654), protectrice des lettres.

**Christo et Jeanne-Claude,** artistes américains, *Christo* JAVACHEFF (1935-2020), d'origine bulgare, et *Jeanne-Claude* DENAT DE GUILLEBON (1935-2009), d'origine française, célèbres pour leurs « empaquetages » de monuments.

**Chroniques** (*livres des*), livre de la Bible.

**Chung Myung-whun,** pianiste et chef d'orchestre sud-coréen (né en 1953).

**Churchill** (sir *Winston*), homme politique britannique (1874-1965). Conservateur, deux fois Premier ministre, il fut l'animateur de l'effort de guerre britannique.

**Churriguera,** famille de sculpteurs et d'architectes espagnols, actifs au XVIIIe s. à Madrid et à Salamanque.

**Chypre,** État insulaire de la Méditerranée orientale ; 9 251 km$^2$ ; 1 207 361 h. (*Chypriotes* ou *Cypriotes*). Cap. *Nicosie*.

**CIA** (*Central Intelligence Agency*), service d'espionnage et de contre-espionnage des États-Unis.

**Cicéron,** orateur, homme politique et écrivain latin (103-43 av. J.-C.).

**Cid** (le), chevalier espagnol du XIe s. <> Tragédie de Corneille.

**Cimabue,** peintre italien de la fin du XIIIe s.

**Cincinnati,** v. des États-Unis (Ohio) ; 298 165 h. (1 756 287 avec les banlieues).

**Cincinnatus,** homme d'État romain du Ve s. av. J.-C., réputé pour sa vertu.

**Cinecittà,** studios de cinéma italiens (Rome).

**Cinémathèque française,** association de sauvegarde et de promotion du cinéma créée à Paris en 1936.

**Cinna,** conspirateur romain, adversaire d'Auguste. <> Tragédie de Corneille.

**Cinq-Mars** (marquis DE), favori de Louis XIII (1620-1642), il conspira contre Richelieu et fut exécuté.

**Cioran** (*Émile*), écrivain français d'origine roumaine (1911-1995) : *De l'inconvénient d'être né*.

**Circé,** magicienne de *l'Odyssée*.

**Cisalpine** (*Gaule*), l'Italie du Nord, pour les Romains.

**Cisjordanie,** région à l'ouest du Jourdain.

**Cité** (la), île de la Seine, berceau de Paris.

**Cîteaux,** abbaye bénédictine de la Côte-d'Or, fondée autour de 1100, berceau de la réforme cistercienne.

**Cité de Dieu** (*la*), ouvrage de saint Augustin.

**Cité des sciences et de l'industrie,** établissement public parisien ; espaces d'exposition, salle de cinéma hémisphérique (la *Géode*), médiathèque, planétarium.

**Cité interdite,** palais impérial de Pékin, édifié en 1406.

**Citroën** (*André*), constructeur d'automobiles français (1878-1935).

**Cixi → Tseu-hi.**

**Cizeron** (*Guillaume*), patineur français (né en 1994), champion de danse mixte avec sa partenaire, G. Papadakis.

**Claire** (*sainte*), fondatrice de l'ordre féminin de saint François (1193-1253).

**Clairvaux,** anc. abbaye cistercienne (Aube) ; auj. prison.

**Claude Ier** (10 av. J.-C.-54 apr. J.-C.), empereur romain après 41, empoisonné par Agrippine, sa seconde femme.

**Claudel** (*Paul*), écrivain français (1868-1955) : *le Soulier de satin*. ◇ Sa sœur CAMILLE (1864-1943), sculptrice.

**Clausewitz** (*Carl* VON), général et théoricien prussien (1780-1831) : *De la guerre*.

**Clavel** (*Bernard*), écrivain français (1923-2010) : *Malataverne*.

**Clemenceau** (*Georges*), homme politique français (1841-1929), animateur de l'effort de guerre français.

**Clément,** nom de quatorze papes. ◇ CLÉMENT V (m. en 1314), pape en 1305, s'établit à Avignon. ◇ CLÉMENT VII (1478-1534), pape en 1523, se heurta à Charles Quint et à Henri VIII.

**Clément** (*René*), cinéaste français (1913-1996) : *Jeux interdits*.

**Cléopâtre VII** (69-30 av. J.-C.), dernière reine d'Égypte (après 51). Elle séduisit César, puis Antoine, et se tua après Actium.

**Clermont-Ferrand,** ch.-l. du Puy-de-Dôme ; 150 596 h. (*Clermontois*).

**Cleveland,** v. des États-Unis (Ohio) ; 385 809 h. (2 022 462 avec les banlieues).

**Cleveland** (*Stephen*), homme politique américain (1837-1908). Démocrate, président des États-Unis (1885-1889 et 1893-1897).

**Clinton** (*William*, dit **Bill**), homme politique américain (né en 1946). Démocrate, président des États-Unis de 1993 à 2001.

**Clisthène,** homme d'État athénien de la fin du VIe s. av. J.-C.

**Clooney** (*George*), acteur et cinéaste américain (né en 1961) : *Good Night, and Good Luck*.

**Clotaire Ier** (v. 497-561), fils de Clovis Ier, roi franc (v. 511-561).

**Clotilde** (*sainte*), femme de Clovis Ier (v. 475-545).

**Clouet,** famille de peintres français de la Renaissance.

**Clouzot** (*Henri-Georges*), cinéaste français (1907-1977) : *Quai des Orfèvres*.

**Clovis Ier** (465-511), roi des Francs après 481, baptisé à Reims par saint Remi.

**Cluny,** v. de Saône-et-Loire. Vestiges d'une prestigieuse abbaye bénédictine.

**Cluzet** (*François*), acteur français (né en 1955) : *l'Enfer*, *Intouchables*.

**Clytemnestre,** épouse d'Agamemnon, qu'elle tua à son retour de Troie (*Myth. gr.*).

**CNES** (*Centre national d'études spatiales*), agence spatiale française créée en 1961.

**CNN** (*Cable News Network*), chaîne américaine de télévision, créée en 1980.

**Cnossos,** principale cité de la Crète antique dès le XXIe s. av. J.-C.

**CNRS** (*Centre national de la recherche scientifique*), organisme public français.

**CNUCED** (*Conférence des Nations unies pour le commerce et le développement*), organe de l'ONU créé en 1964.

**Coblence,** v. d'Allemagne (*Koblenz*) ; 107 825 h. Lieu de ralliement des émigrés français en 1792.

**Cobra** (de *COpenhague, BRuxelles, Amsterdam*), mouvement artistique européen (1948-1951).

**Cochereau** (*Pierre*), organiste français (1924-1984).

**Cochinchine,** région du Viêt Nam méridional.

**Cocteau** (*Jean*), écrivain et cinéaste français (1889-1963) : *les Enfants terribles*.

**Coe** (*Jonathan*), écrivain britannique (né en 1961) : *Testament à l'anglaise*.

**Cœur** (*Jacques*), négociant de Bourges, argentier de Charles VII (v. 1395-1456).

**Cognac,** v. de la Charente. Eaux-de-vie.

**Cohen-Tannoudji** (*Claude*), physicien français (né en 1933), spécialiste de physique atomique.

**Coimbra,** v. du Portugal ; 143 396 h. Vieille université.

**Colbert** (*Jean-Baptiste*), ministre de Louis XIV (1619-1683). Il favorisa l'industrie et le commerce.

**Coleridge** (*Samuel*), poète britannique (1772-1834), précurseur du romantisme.

**Colette** (*Sidonie Gabrielle*), romancière française (1873-1954) : *Claudine*.

**Coligny** (*Gaspard* DE), chef protestant, tué à la Saint-Barthélemy (1519-1572).

**Colisée,** amphithéâtre antique de Rome (fin du Ier s.), le plus vaste du monde romain.

**Collège de France,** établissement d'enseignement créé à Paris en 1530 par François Ier.

**Colmar,** ch.-l. du Haut-Rhin ; 69 756 h. (*Colmariens*).

**Cologne,** v. d'Allemagne, sur le Rhin ; 1 005 775 h. Cathédrale.

**Colomb** (*Christophe*), marin génois au service de l'Espagne (v. 1451-1506). Il découvrit l'Amérique en 1492.

**Colombie,** État de l'Amérique du Sud ; 1 140 000 km² ; 50 882 884 h. (*Colombiens*). Cap. *Bogota*.

**Colombie-Britannique,** prov. du Canada ; cap. *Victoria* ; v. pr. *Vancouver*.

**Colombo,** cap. commerciale du Sri Lanka ; 648 000 h.

**Colorado,** fleuve des États-Unis ; 2 250 km. ◇ État du centre des États-Unis. Cap. *Denver*.

**Columbia,** district fédéral des États-Unis, où se trouve la capitale, *Washington*.

**Columbia** (*université*), université de New York.

**Comanches,** Indiens des États-Unis.

**Comaneci** (*Nadia*), gymnaste roumaine et américaine (née en 1961), championne olympique en 1976 et en 1980.

**Combes** (*Émile*), homme politique français (1835-1921). Il mena une politique anticléricale.

**Côme,** v. d'Italie, en Lombardie, sur le *lac de Côme* ; 82 037 h.

**Comecon,** organisme de coopération économique ayant regroupé de 1949 à 1991, autour de l'URSS, des pays d'économie dirigée.

**Comédie-Française,** théâtre fondé à Paris en 1680.

**Comédie humaine** (*la*), ensemble des romans de Balzac.

**Comité de salut public,** organisme de surveillance et d'action créé par la Convention (1793-1795).

**Commission européenne,** institution de l'Union européenne chargée de l'exécution des politiques communautaires.

**Commode** (161-192), empereur romain après 180. Fou et cruel, il fut assassiné.

**Commonwealth,** ensemble formé par la Grande-Bretagne et divers États qui acceptent, en toute indépendance, un lien avec la Couronne britannique.

**Communauté économique européenne** (CEE), association conclue en 1957 par six pays européens. Devenue en 1993 la Communauté européenne (CE), elle sert de cadre institutionnel à l'Union européenne jusqu'à ce que cette dernière la supplante (2009).

**Commune** (la), gouvernement insurrectionnel, constitué à Paris (mars-mai 1871).

**communes** (*Chambre des*) ou **Communes,** chambre basse du Parlement britannique.

**communiste français** (*Parti*) ou **PCF,** parti politique français né en 1920.

**Commynes** (*Philippe* DE), historien français (1447-1511).

**Comnène,** famille byzantine dont sont issus plusieurs empereurs d'Orient.

**Comores,** État insulaire de l'océan Indien, près de Madagascar ; 1 900 km² ; 869 595 h. (*Comoriens*). Cap. *Moroni*. Anc. possession française.

**Compiègne,** v. de l'Oise ; 41 643 h. (*Compiégnois*).

**Comtat Venaissin,** domaine papal, avec Avignon (1274-1791).

**Comte** (*Auguste*), philosophe français (1798-1857), à l'origine du positivisme.

**Conakry,** cap. de la Guinée ; 1 886 000 h. (aggl.).

**Conciergerie,** anc. prison dans le Palais de Justice de Paris.

**Concini** (*Concino*), favori de Marie de Médicis et ministre de Louis XIII (v. 1575-1617).

**Condé** (*Louis II*, prince DE), dit **le Grand Condé**, général français (1621-1686), vainqueur de l'Espagne à Rocroi.

**Condé** (*Maryse*), écrivaine française (née en 1937) : *Ségou, Célanire cou-coupé*.

**Condillac** (*Étienne* BONNOT DE), philosophe français (1714-1780) : *Traité des sensations*.

**Condorcet** (*Nicolas* DE), philosophe et homme politique français (1743-1794).

**Confédération européenne des syndicats** (CES), organisation syndicale européenne créée en 1973.

**Confédération germanique,** union politique des États allemands (1815-1866).

**Confessions,** ouvrage de saint Augustin.

**Confessions** (*les*), ouvrage de J.-J. Rousseau.

**Confucius,** philosophe et moraliste chinois (v. 551-479 av. J.-C.).

**Congo,** fl. d'Afrique, tributaire de l'Atlantique ; 4 700 km.

**Congo,** État de l'Afrique équatoriale ; 342 000 km² ; 5 518 092 h. (*Congolais*). Cap. *Brazzaville*.

**Congo** (*République démocratique du*) [de 1971 à 1997 **Zaïre**], anc. **Congo belge**, État de l'Afrique centrale ; 2 345 000 km² ; 89 561 404 h. (*Congolais*). Cap. *Kinshasa*.

**Connecticut,** État du nord-est des États-Unis. Cap. *Hartford*.

**Connelly** (*Michael*), écrivain américain (né en 1956) : *le Poète, Créance de sang*.

**Connery** (sir *Thomas*, dit **Sean**), acteur britannique (1930-2020) : *James Bond 007 contre Docteur No*.

**Conrad,** nom de cinq rois et empereurs germaniques.

**Conrad** (*Joseph*), romancier britannique (1857-1924) : *Lord Jim*.

**Conseil constitutionnel,** organe juridictionnel français créé en 1958 pour veiller au respect de la Constitution.

**Conseil de l'Europe,** organisation européenne créée en 1949. Elle réunit 46 États.

**Conseil d'État,** instance consultative et juridictionnelle suprême de l'administration française créée en 1799.

**Conseil économique, social et environnemental,** assemblée consultative française, créée en 1958.

**Conseil européen,** institution de l'Union européenne créée en 1974, chargée des orientations politiques générales.

**Constable** (*John*), peintre paysagiste britannique (1776-1837).

**Constance** (*lac de*), lac formé par le Rhin supérieur.

**Constance,** nom de plusieurs empereurs romains du Bas-Empire.

**Constant** (*Benjamin*), homme politique et écrivain français (1767-1830) : *Adolphe*.

**Constanța,** port de Roumanie ; 254 693 h.

**Constantin Ier le Grand** (entre 270 et 288-337), empereur romain après 306. Il favorisa le christianisme et fonda Constantinople.

**Constantine** ou **Qacentina,** v. d'Algérie ; 448 374 h.

**Constantinople → Istanbul.**

**Consulat,** gouvernement de la France (1799-1804) qui précéda l'Empire.

**Conte** (*Giuseppe*), homme politique italien (né en 1964), président du Conseil de 2018 à 2021.

**Contemplations** (*les*), œuvre poétique de V. Hugo.

**Contes,** recueil de contes d'Andersen : *le Vilain Petit Canard, la Petite Sirène*.

**Contes,** recueil de contes de C. Perrault : *la Belle au bois dormant, Cendrillon*.

**contrat social** (*Du*), traité de J.-J. Rousseau.

**Contre-Réforme** ou **Réforme catholique,** mouvement de réforme au XVIe s. au sein de l'Église catholique.

**Contrexéville,** station thermale des Vosges.

**Convention nationale,** assemblée qui gouverna la France de 1792 à 1795, et créa la Ire République.

**Cook** (*James*), marin britannique (1728-1779). Il explora l'Océanie.

**Cooper** (*Fenimore*), romancier américain (1789-1851) : *le Dernier des Mohicans*.

**Cooper** (*Gary*), acteur américain (1901-1961) : *Le train sifflera trois fois*.

**Copeau** (*Jacques*), acteur, metteur en scène de théâtre et écrivain français (1879-1949).

**Copenhague,** cap. et port du Danemark ; 1 255 000 h. (aggl.).

**Copernic** (*Nicolas*), astronome polonais (1473-1543). Il fit l'hypothèse du mouvement des planètes autour du Soleil.

**Copi** (*Raúl* DAMONTE, dit), auteur dramatique et humoriste argentin (1939-1987) : *la Femme assise*.

**Coppens** (*Yves*), paléontologue français (1934-2022).

**Coppola** (*Francis Ford*), cinéaste américain (né en 1939) : *Apocalypse Now*.

**Corail** (*bataille de la mer de*), bataille aéronavale de la Seconde Guerre mondiale (4-8 mai 1942), marquée par la victoire américaine sur les Japonais.

**Coran,** livre sacré des musulmans, écrit en arabe, parole révélée d'Allah.

**Corbières,** bordure nord des Pyrénées orientales ; vignobles.

**Corday** (*Charlotte* DE), révolutionnaire française (1768-1793), elle poignarda Marat.

**Cordeliers,** club révolutionnaire fondé en 1790. Il disparut en 1794.

**Córdoba,** v. d'Argentine ; 1 329 604 h.

**Cordoue,** v. d'Espagne (Andalousie) ; 326 609 h. (*Cordouans*). Grande Mosquée.

**Corée,** péninsule d'Asie séparée en deux États : la *Corée du Nord* (120 500 km² ; 25 778 815 h. [*Nord-Coréens*] ; cap. *Pyongyang*) et la *Corée du Sud* (99 000 km² ; 51 836 239 h. [*Sud-Coréens*] ; cap. *Séoul*). Hab. : *Coréens*.

**Corelli** (*Arcangelo*), violoniste et compositeur italien (1653-1713).

**Corfou,** une des îles Ioniennes.

**Corinthe,** v. de Grèce, sur un isthme.

**Coriolan,** général romain semi-légendaire du Ve s. av. J.-C.

**Coriolis** (*Gaspard*), physicien français (1792-1843). Il a mis en évidence la *force de Coriolis*.

**Corneille** (*Pierre*), poète dramatique français (1606-1684), auteur de tragédies : *le Cid, Horace, Cinna, Polyeucte, Nicomède*.

**Cornouailles** ou **Cornwall,** région du sud-ouest de l'Angleterre.

**Corot** (*Camille*), peintre français (1796-1875), paysagiste et portraitiste.

**Corrège** (*il Correggio*, en fr. **le**), peintre italien (v. 1489-1534).

**Corrèze,** dép. français (19) ; ch.-l. *Tulle*, ch.-l. d'arr. *Brive-la-Gaillarde, Ussel* ; 247 841 h. (*Corréziens*).

**Corse,** île de la Méditerranée, formant une collectivité unique (ch.-l. *Ajaccio*), divisée en deux dép. : la *Corse-du-Sud* (2A ; ch.-l. *Ajaccio*, ch.-l. d'arr. *Sartène* ; 160 958 h.) et la *Haute-Corse* (2B ; ch.-l. *Bastia*, ch.-l. d'arr. *Calvi, Corte* ; 184 680 h.).

**Cortés** (*Hernán*), conquistador espagnol (1485-1547), conquérant du Mexique.

**Corto Maltese,** série de bandes dessinées de H. Pratt.

**Cortot** (*Alfred*), pianiste français (1877-1962).

**Corvin → Mathias Ier.**

**Cosaques,** population de paysans-soldats du sud de la Russie.

**Cosquer,** grotte sous-marine, près de Marseille. Peintures du paléolithique (28 000 av. J.-C.).

**Costa Brava,** littoral de la Catalogne.

**Costa-Gavras** (*Konstandínos* GAVRAS, dit), cinéaste français d'origine grecque (né en 1933) : *l'Aveu*.

**Costa Rica,** État de l'Amérique centrale ; 51 000 km$^2$ ; 5 094 114 h. (*Costaricains* ou *Costariciens*). Cap. *San José*.

**Côte d'Azur,** littoral français de la Méditerranée de Cassis à Menton.

**Côte d'Ivoire,** État de l'Afrique occidentale ; 322 000 km$^2$ ; 26 378 275 h. (*Ivoiriens*). Cap. *Yamoussoukro* ; v. pr. *Abidjan*.

**Côte-d'Or,** dép. français (21) ; ch.-l. *Dijon*, ch.-l. d'arr. *Beaune, Montbard* ; 546 189 h.

**Cotentin** (le), presqu'île normande.

**Côtes-d'Armor,** dép. français (22) ; ch.-l. *Saint-Brieuc*, ch.-l. d'arr. *Dinan, Guingamp, Lannion* ; 618 869 h.

**Cotonou,** port du Bénin ; 923 923 h.

**Coty** (*René*), homme politique français (1882-1962). Président de la République (1954-1959).

**Coubertin** (*Pierre* DE), rénovateur des jeux Olympiques (1863-1937).

**Coulomb** (*Charles* DE), physicien français (1736-1806). Il établit les lois du magnétisme et de l'électrostatique.

**Couperin** (*François*), compositeur français (1668-1733).

**Coupole du Rocher** (la), mosquée de Jérusalem érigée en 691, à l'architecture byzantine.

**Courbet** (*Gustave*), peintre français (1819-1877), maître du réalisme.

**Cour de cassation,** juridiction suprême de l'ordre judiciaire français.

**Cour de justice de l'Union européenne,** juridiction communautaire.

**Cour européenne des droits de l'homme,** organe judiciaire du Conseil de l'Europe créé en 1959.

**Courier** (*Paul-Louis*), écrivain français (1772-1825), auteur de pamphlets.

**Cour internationale de justice,** organe juridictionnel des Nations unies créé en 1945.

**Couronnement de la Vierge** (*le*), grand retable de E. Quarton.

**Cour pénale internationale** (CPI), juridiction internationale.

**Cour suprême des États-Unis,** juridiction fédérale américaine la plus élevée.

**Courteline** (*Georges*), écrivain français (1858-1929), auteur de comédies : *Messieurs les ronds-de-cuir*.

**Cousteau** (*Jacques-Yves*), océanographe et cinéaste français (1910-1997).

**Coustou,** nom de trois sculpteurs français (fin XVIIe-XVIIIe s.).

**Coyzevox** (*Antoine*), sculpteur français (1640-1720). Il participa à la décoration de Versailles.

**Cracovie,** v. de Pologne méridionale ; 757 611 h. Centre monumental.

**Cragg** (*Anthony*, dit **Tony**), sculpteur britannique (né en 1949).

**Cranach** (*Lucas*), peintre et graveur allemand (1472-1553).

**Crassus,** homme politique romain (115-53 av. J.-C.).

**Crau** (la), plaine des Bouches-du-Rhône.

**Création** (*la*), oratorio de Haydn.

**Crébillon** (*Prosper*), poète tragique français (1674-1762).

**Crépuscule des dieux** (*le*), drame musical de Wagner.

**Crésus,** roi de Lydie (v. 560-546 av. J.-C.), immensément riche, vaincu par Cyrus.

**Crète,** anc. **Candie**, île grecque de la Méditerranée ; 621 340 h. (*Crétois*).

**Créteil,** ch.-l. du Val-de-Marne ; 93 722 h. (*Cristoliens*).

**Creuse,** riv. de France. ◇ Dép. français (23) ; ch.-l. *Guéret*, ch.-l. d'arr. *Aubusson* ; 120 146 h. (*Creusois*).

**Crick** (*Francis Harry Compton*), biologiste britannique (1916-2004), l'un des découvreurs de la structure en double hélice de l'ADN.

**Crimée,** off. presqu'île d'Ukraine, rattachée de facto à la Russie, en 2014, en tant que république (non reconnue par la communauté internationale).

**Crime et châtiment,** roman de Dostoïevski.

**Cris et Chuchotements,** film de I. Bergman (1972).

**Critique de la raison pure,** œuvre de Kant.

**Croatie,** État d'Europe ; 56 500 km² ; 4 047 680 h. (*Croates*). Cap. *Zagreb.*

**croisades,** expéditions militaires entreprises pour arracher les Lieux saints aux musulmans. Il y eut huit croisades (XIe-XIIIe s.).

**Croissant-Rouge,** organisation humanitaire des pays musulmans.

**Croix-Rouge,** organisation internationale à vocation humanitaire, fondée en 1863 par H. Dunant.

**Cro-Magnon** (*homme de*), nom souvent donné à l'homme moderne *(Homo sapiens)* préhistorique d'Europe (env. – 45 000 ans).

**Cromwell** (*Olivier*), homme d'État anglais (1599-1658), lord-protecteur d'Angleterre, d'Écosse et d'Irlande, il fit exécuter Charles Ier.

**Crookes** (*William*), chimiste et physicien britannique (1832-1919). Il découvrit la nature des rayons cathodiques.

**Cruise** (*Thomas,* dit **Tom**), acteur américain (né en 1962) : *Mission impossible, Eyes Wide Shut.*

**Cuba,** État insulaire des Antilles ; 111 000 km² ; 11 326 616 h. (*Cubains*). Cap. *La Havane.*

**Cukor** (*George*), cinéaste américain (1899-1983) : *My Fair Lady.*

**Cunningham** (*Merce*), danseur et chorégraphe américain (1919-2009).

**Cupidon,** dieu romain de l'Amour, l'*Éros* grec.

**Curaçao,** île des Antilles néerlandaises.

**Curiaces** (les) → **Horaces.**

**Curie** (*Pierre*) [1859-1906], et sa femme *Marie* (1867-1934), physiciens français, étudièrent la radioactivité.

**Curien** (*Hubert*), physicien français (1924-2005). Ses travaux concernent la minéralogie et la cristallographie.

**Curnonsky** (*Maurice Edmond* SAILLAND, dit), journaliste et écrivain français (1872-1956).

**Cuvier** (*Georges*), naturaliste français (1769-1832), fondateur de l'anatomie comparée et de la paléontologie.

**Cuzco,** v. du Pérou à 3 500 m d'alt. ; 348 935 h. Anc. cap. des Incas.

**Cybèle,** déesse phrygienne de la Fertilité.

**Cyclades,** îles grecques de la mer Égée.

**Cyclopes,** géants forgerons et bâtisseurs n'ayant qu'un œil au milieu du front (*Myth. gr.*).

**Cyrano de Bergerac** (*Savinien* DE), écrivain français (1619-1655). ◇ Pièce de E. Rostand.

**Cyrénaïque,** partie nord-est de la Libye.

**Cyrille** (*saint*), nom de plusieurs saints. ◇ CYRILLE et MÉTHODE (*saints*) évangélisèrent les Slaves au IXe s.

**Cyrus** (m. v. 530 av. J.-C.), fondateur de l'Empire perse, maître de l'Asie occidentale.

**Cythère,** île grecque de la mer Égée.

**Częstochowa,** v. de Pologne ; 236 796 h. Pèlerinage.

# D

**Dacca,** cap. du Bangladesh ; 16 982 000 h. (aggl.).

**Dachau,** camp de concentration allemand (1938-1945).

**Dacie,** anc. pays de l'Europe correspondant à la Roumanie actuelle.

**Daech → État islamique.**

**Dagobert Ier,** roi des Francs (629-638).

**Daguerre** (*Jacques*), inventeur français (1787-1851), pionnier de la photographie.

**Dahl** (*Roald*), écrivain britannique (1916-1990) : *Charlie et la chocolaterie, Matilda.*

**Dahomey → Bénin.**

**Daimler,** groupe allemand de construction automobile (marques Mercedes-Benz, Smart).

**Dakar,** cap. du Sénégal ; 3 520 000 h. (aggl.).

**Dakota du Nord** (cap. *Bismarck*) et **Dakota du Sud** (cap. *Pierre*), États du centre des États-Unis.

**Daladier** (*Édouard*), homme politique français (1884-1970).

**Dalí** (*Salvador*), peintre surréaliste espagnol (1904-1989).

**Dalida** (*Yolanda* GIGLIOTTI, dite), chanteuse française d'origine italienne (1933-1987) : *Bambino.*

**Dalila,** femme qui livra Samson aux Philistins (*Bible*).

**Dallas,** v. des États-Unis (Texas) ; 1 317 929 h. (6 371 773 avec les banlieues).

**Dalmatie,** région de Croatie bordant l'Adriatique.

**Dalton** (*John*), physicien et chimiste britannique (1766-1844), créateur de la théorie atomique.

**Damas,** cap. de la Syrie ; 2 574 000 h. (aggl.). Grande Mosquée fondée en 705.

**Damiens** (*Robert*), domestique français (1715-1757), écartelé pour avoir tenté d'assassiner Louis XV.

**Damoclès,** courtisan de Denys l'Ancien (IVe s. av. J.-C.). Celui-ci fit suspendre un jour sur sa tête une épée pendue à un fil.

**Damon** (*Matthew* PAIGE, dit **Matt**), acteur américain (né en 1970) : *Il faut sauver le soldat Ryan.*

**Danaïdes,** sœurs qui tuèrent leurs époux et furent condamnées à remplir un tonneau sans fond (*Myth. gr.*).

**Da Nang,** port du Viêt Nam central ; 382 674 h.

**Danemark,** État de l'Europe septentrionale ; 43 000 km$^2$ ; 5 831 404 h. (*Danois*). Cap. *Copenhague.*

**Daniel,** héros de la Bible, qui fut jeté dans la fosse aux lions et en sortit indemne.

**D'Annunzio** (*Gabriele*), écrivain italien (1863-1938).

**Dante Alighieri,** poète italien (1265-1321) : *la Divine Comédie.*

**Danton** (*Georges Jacques*), conventionnel français (1759-1794).

**Dantzig → Gdańsk.**

**Danube,** fl. d'Europe, né en Allemagne, tributaire de la mer Noire ; 2 850 km.

**Da Ponte** (*Emanuele* CONEGLIANO, dit **Lorenzo**), librettiste italien (1749-1838), auteur de livrets pour Mozart.

**Dard** (*Frédéric*), écrivain français (1921-2000), auteur de romans policiers animés par le célèbre commissaire San-Antonio.

**Dardanelles** (les), détroit entre la mer Égée et la mer de Marmara.

**Dar es Salam** ou **Dar es-Salaam,** capitale de la Tanzanie ; 3 349 000 h.

**Darios** ou **Darius,** nom de trois rois de Perse (du VIe AU Ve s. av. J.-C.). ◇ DARIOS IER (m. en 486), fondateur de Persépolis, fut vaincu par les Grecs à Marathon.

**Darrieussecq** (*Marie*), écrivaine française (née en 1969) : *Truismes.*

**Darwin** (*Charles Robert*), naturaliste britannique (1809-1882). Fondateur de la doctrine évolutionniste.

**Daudet** (*Alphonse*), romancier français (1840-1897) : *Tartarin de Tarascon, Lettres de mon moulin.*

**Daumier** (*Honoré*), peintre, lithographe satirique et sculpteur français (1808-1879).

**Dauphiné,** anc. prov. de France ; cap. *Grenoble.*

**Dausset** (*Jean*), médecin français (1916-2009), il a découvert le système HLA (groupes tissulaires et leucocytaires).

**David,** roi hébreu (m. v. 970 av. J.-C.). Tout jeune, il vainquit avec sa fronde le géant Goliath. Fondateur de Jérusalem.

**David,** statue colossale sculptée par Michel-Ange.

**David** (*Jacques Louis*), peintre français (1748-1825), maître du néoclassicisme.

**Davis** (*coupe*), épreuve internationale annuelle de tennis.

**Davis** (sir *Colin*), chef d'orchestre britannique (1927-2013).

**Dayaks,** peuple de Bornéo.

**Dayan** (*Moshe*), général et homme politique israélien (1915-1981).

**Dean** (*James*), acteur américain (1931-1955) : *la Fureur de vivre*.

**Debussy** (*Claude*), compositeur français (1862-1918) : *Pelléas et Mélisande*.

**Decazes** (*Élie*, duc), homme politique français (1780-1860), ministre de Louis XVIII, au pouvoir de 1815 à 1819.

**Deccan** ou **Dekkan,** partie méridionale de l'Inde.

**De Chirico** (*Giorgio*), peintre italien (1888-1978), précurseur du surréalisme.

**De Croo** (*Alexander*), homme politique belge (né en 1975), Premier ministre depuis 2020.

**Dédale,** architecte du Labyrinthe de Crète, dont il s'échappa en se fabriquant des ailes de plumes et de cire (*Myth. gr.*).

**Défense** (la), quartier d'affaires de la banlieue ouest de Paris. La *Grande Arche* (1989) termine la perspective Louvre-Tuileries-Champs-Élysées.

**Defoe** (*Daniel*), écrivain anglais (v. 1660-1731) : *Robinson Crusoé*.

**Deforges** (*Régine*), éditrice et écrivaine française (1935-2014) : *la Bicyclette bleue*.

**Degas** (*Edgar*), peintre français (1834-1917), proche de l'impressionnisme.

**Déjeuner sur l'herbe** (*le*), grande toile de Manet.

**De Klerk** (*Frederik Willem*), homme politique sud-africain (1936-2021). Président de la République de 1989 à 1994, il contribua à l'abolition de l'apartheid.

**Delacroix** (*Eugène*), peintre romantique français (1798-1863) : *Massacres de Scio*.

**Delalande** (*Michel Richard*), compositeur français (1657-1726).

**Delaunay** (*Robert*) [1885-1941] et sa femme *Sonia* (1885-1979), peintres français.

**Delaware,** État de l'est des États-Unis. Cap. *Dover*.

**Delerm** (*Philippe*), écrivain français (né en 1950) : *la Première Gorgée de bière et autres plaisirs minuscules*.

**Deleuze** (*Gilles*), philosophe français (1925-1995) : *l'Anti-Œdipe*.

**Delft,** v. des Pays-Bas ; 99 097 h. Faïences.

**Delhi,** v. de l'Inde qui englobe la capitale fédérale, *New Delhi* ; 24 953 000 h. (aggl.).

**Delibes** (*Léo*), compositeur français (1836-1891) : *Lakmé*.

**Della Francesca** (*Piero*), peintre italien (v. 1416-1492) : *la Légende de la Croix*.

**Della Robbia** (*Luca*), sculpteur et céramiste italien (1400-1482).

**Delon** (*Alain*), acteur français (né en 1935) : *le Samouraï*.

**Délos,** îlot des Cyclades, centre politique, économique et religieux (Apollon) dans l'Antiquité. Ensemble archéologique.

**Delphes,** centre religieux de la Grèce antique, célèbre pour l'oracle d'Apollon. Ensemble archéologique.

**Delvaux** (*Paul*), peintre belge (1897-1994) : *Pygmalion*.

**Déméter,** déesse grecque de la Fertilité. (C'est la *Cérès* romaine.)

**De Mille** (*Cecil Blount*), cinéaste américain (1881-1959) : *les Dix Commandements*.

**Démocrite,** philosophe matérialiste grec (Vᵉ s. av. J.-C.).

**Demoiselles d'Avignon** (*les*), grande toile de Picasso qui a annoncé le cubisme.

**Démosthène,** homme politique et orateur athénien (IVᵉ s. av. J.-C.).

**Dempsey** (*William* HARRISON DEMPSEY, dit **Jack**), boxeur américain (1895-1983).

**Demy** (*Jacques*), cinéaste français (1931-1990) : *les Parapluies de Cherbourg*.

**Denain,** v. du Nord. Victoire de Villars sur le prince Eugène (1712).

**Deneuve** (*Catherine* DORLÉAC, dite **Catherine**), actrice française (née en 1943) : *le Dernier Métro*.

**Denfert-Rochereau** (*Pierre Philippe*), officier français (1823-1878). Il défendit Belfort en 1870-1871.

**Deng Xiaoping,** homme politique chinois (1904-1997), responsable des nouvelles orientations de la Chine à partir de 1977.

**De Niro** (*Robert*), acteur américain (né en 1943) : *Taxi Driver*.

**Denis** (*saint*), premier évêque de Paris (IIIᵉ s.). Il serait mort décapité.

**Denis** (*Maurice*), peintre français (1870-1943), théoricien du mouvement nabi.

**Denver,** v. des États-Unis (Colorado) ; 663 862 h. (2 543 482 avec les banlieues).

**Denys l'Ancien** (v. 430-367 av. J.-C.), tyran de Syracuse après 405.

**Depardieu** (*Gérard*), acteur français et [depuis 2013] russe (né en 1948) : *les Valseuses*.

**Depardon** (*Raymond*), photographe et cinéaste français (né en 1942).

**De Quincey** (*Thomas*), écrivain britannique (1785-1859) : *Confessions d'un mangeur d'opium anglais*.

**Derain** (*André*), peintre français (1880-1954).

**Derib** (*Claude* DE RIBAUPIERRE, dit), dessinateur et scénariste suisse de bandes dessinées (né en 1944) : *Yakari*.

**Derrida** (*Jacques*), philosophe français (1930-2004) : *l'Écriture et la différence*.

**Desaix** (*Louis*), général français (1768-1800), tué à Marengo.

**Descartes** (*René*), philosophe français (1596-1650). Il créa la méthode scientifique : *Discours de la méthode*, 1637.

**Deschamps** (*Didier*), footballeur français (né en 1968), deux fois champion du monde, en 1998 et en 2018 (comme entraîneur de l'équipe de France).

**Deschanel** (*Paul*), homme politique français (1855-1922), président de la République en 1920.

**De Sica** (*Vittorio*), acteur et cinéaste italien (1901-1974), chef de file du néoréalisme : *le Voleur de bicyclette*.

**Desmoulins** (*Camille*), conventionnel français (1760-1794).

**Dessay** (*Natalie*), soprano française (née en 1965).

**Détroit,** v. des États-Unis (Michigan) ; 680 250 h. (4 296 250 avec les banlieues). Industrie automobile.

**Deutéronome,** cinquième livre du Pentateuque.

**Deux-Roses** (*guerre des*), guerre civile anglaise, entre les maisons d'York et de Lancastre (1455-1485).

**Deux-Siciles,** anc. royaume d'Italie (Naples et Sicile).

**De Valera** (*Eamon*), homme politique irlandais (1882-1975), acteur de l'indépendance irlandaise et président de la République de 1959 à 1973.

**Dévolution** (*guerre de*), guerre entreprise par Louis XIV, qui réclamait les Pays-Bas au nom de Marie-Thérèse (1667-68).

**Devos** (*Raymond*), artiste comique et acteur français (1922-2006).

**Diaghilev** (*Serge* DE), chorégraphe russe (1872-1929), créateur des Ballets russes.

**Diane,** déesse romaine de la Chasse, l'*Artémis* des Grecs.

**Diane de Poitiers,** favorite du roi Henri II (1499-1566).

**Dias** (*Bartolomeu*), navigateur portugais (v. 1450-1500). Il contourna l'Afrique.

**Diaspora,** ensemble des communautés juives établies hors de Palestine, surtout après l'Exil (VIᵉ s.) ou qui demeurent hors d'Israël depuis la création de cet État.

**DiCaprio** (*Leonardo*), acteur américain (né en 1974) : *Titanic, Shutter Island*.

**Dickens** (*Charles*), romancier britannique (1812-1870) : *les Aventures de M. Pickwick, David Copperfield*.

**Dictateur** (*le*), film de C. Chaplin (1940).

**Diderot** (*Denis*), écrivain français, directeur de l'*Encyclopédie* (1713-1784).

**Didon,** princesse tyrienne aimée d'Énée. Abandonnée par lui, elle se suicida.

**Diên Biên Phu,** village du Viêt Nam. Défaite française (1954).

**Dieppe,** port de la Seine-Maritime ; 28 709 h. (*Dieppois*).

**Diesel** (*Rudolf*), ingénieur allemand (1858-1913), inventeur d'un moteur.

**Dietrich** (*Marie Magdalene*, dite **Marlene**), actrice américaine d'origine allemande (1901-1992), incarnation de la femme fatale : *l'Ange bleu*.

**Digne-les-Bains,** ch.-l. des Alpes-de-Haute-Provence ; 17 404 h. (*Dignois*).

**Dijon,** ch.-l. de la Région Bourgogne-Franche-Comté et du dép. de la Côte-d'Or ; 161 380 h. (*Dijonnais*). Palais des ducs de Bourgogne.

**Dioclétien** (245-313), empereur romain de 284 à 305. Il abdiqua.

**Diogène le Cynique,** philosophe grec (Vᵉ s. av. J.-C.).

**Dion** (*Céline*), chanteuse canadienne (née en 1968) : *Pour que tu m'aimes encore*.

**Dionysos,** dieu grec de la Végétation, de la Vigne et du Vin, le *Bacchus* des Romains.

**Dior** (*Christian*), couturier français (1905-1957), créateur du style « new look », en 1947.

**Dirac** (*Paul*), physicien britannique (1902-1984), l'un des créateurs de la mécanique quantique.

**Directoire,** régime qui gouverna la France de 1795 à 1799.

**Discours de la méthode,** ouvrage de R. Descartes.

**Disney** (*Walt*), cinéaste américain (1901-1966), réalisateur de dessins animés : *Mickey*.

**Disneyland,** parc de loisirs (Californie) créé en 1955 par la société Walt Disney.

**Disraeli** (*Benjamin*), homme politique britannique (1804-1881), conservateur.

**Di Stefano** (*Alfredo*), footballeur espagnol d'origine argentine (1926-2014).

**Divine Comédie** (*la*), poème de Dante.

**Dix Commandements** (*les*), films de C. B. De Mille (1923 et 1956).

**Djakarta → Jakarta.**

**Djedda,** port d'Arabie saoudite sur la mer Rouge ; 2 801 481 h.

**Djerba,** île du sud de la Tunisie.

**Djibouti** (*république de*), anc. **Côte française des Somalis**, État de l'Afrique du Nord-Est ; 23 000 km$^2$ ; 988 002 h. (*Djiboutiens*). Cap. *Djibouti* (522 000 h. dans l'aggl.).

**Djoković** (*Novak*), joueur de tennis serbe (né en 1987), titré vingt-deux fois en tournois du Grand Chelem.

**Dniepr,** fl. de Russie, de Biélorussie et d'Ukraine ; 2 200 km.

**Dniestr,** fl. d'Ukraine et de Moldavie (mer Noire) ; 1 411 km.

**Dnipro,** v. d'Ukraine, sur le Dniepr ; 983 836 h.

**Döblin** (*Alfred*), écrivain allemand naturalisé français (1878-1957) : *Berlin Alexanderplatz*.

**Dobroudja,** région de Roumanie entre la mer Noire et le Danube.

**Docteur Jekyll et M. Hyde,** roman fantastique de R. L. Stevenson.

**Docteur Jivago** (*le*), roman de B. Pasternak qui a inspiré un film à D. Lean (1965).

**Dodécanèse,** nom de douze îles grecques de la mer Égée (dont Rhodes).

**Dodoma,** capitale désignée de la Tanzanie.

**Dogons,** peuple du Mali.

**Doisneau** (*Robert*), photographe français (1912-1994).

**Dolan** (*Xavier*), cinéaste canadien (né en 1989) : *Mommy*.

**Dolet** (*Étienne*), imprimeur et humaniste français (1509-1546), brûlé pour hérésie.

**Dollfuss** (*Engelbert*), homme politique autrichien (1892-1934), assassiné par les nazis.

**Dolomites,** massif calcaire des Alpes italiennes orientales.

**Dolto** (*Françoise*), psychiatre et psychanalyste française (1908-1988) : *Psychanalyse et Pédiatrie*.

**Dombasle** (*Christophe Joseph* MATHIEU DE), agronome français (1777-1843).

**Domingo** (*Placido*), ténor espagnol (né en 1941).

**dominicaine** (*République*), État de l'est de l'île d'Haïti ; 48 400 km² ; 10 847 904 h. (*Dominicains*). Cap. *Saint-Domingue*.

**Dominique,** État des Antilles ; 751 km² ; 71 991 h. (*Dominiquais*). Cap. *Roseau*.

**Dominique** (*saint*), fondateur de l'ordre dominicain (1170-1221).

**Domitien** (51-96), empereur romain de 81 à 96.

**Domrémy-la-Pucelle,** village des Vosges, patrie de Jeanne d'Arc.

**Don** (le), fl. de Russie ; 1 870 km.

**Donatello,** sculpteur italien (1386-1466), maître de la Renaissance florentine.

**Donckele** (*Arnaud*), cuisinier français (né en 1977).

**Donizetti** (*Gaetano*), compositeur italien (1797-1848), auteur d'opéras.

**Don Juan,** personnage légendaire espagnol, type du libertin débauché. Héros d'une comédie de Molière, d'un opéra de Mozart, etc.

**Don Quichotte de la Manche,** roman de Cervantès.

**Doors** (*The*), groupe américain de rock (1965-1973).

**Doppler** (*Christian*), physicien autrichien (1803-1853).

**Dordogne,** riv. du S.-O. de la France. ◇ Dép. français (24), ch.-l. *Périgueux*, ch.-l. d'arr. *Bergerac, Nontron, Sarlat-la-Canéda* ; 423 678 h.

**Doré** (*Gustave*), dessinateur et peintre français (1832-1883).

**Doriens,** peuple indo-européen, qui envahit la Grèce v. 1000 av. J.-C.

**Doriot** (*Jacques*), homme politique français (1898-1945). Il collabora avec l'Allemagne.

**Dortmund,** v. d'Allemagne ; 571 143 h.

**Dos Passos** (*John*), romancier américain (1896-1970) : *Manhattan Transfer*.

**Dostoïevski** (*Fedor*), romancier russe (1821-1881) : *Crime et châtiment, l'Idiot, les Frères Karamazov*.

**Douai,** v. du Nord ; 40 471 h. (*Douaisiens*).

**Douala,** port du Cameroun ; 2 348 046 h. (aggl.).

**Douaumont,** anc. village de la Meuse. Violents combats en 1916.

**Doubs,** affl. de la Saône. ◇ Dép. français (25), ch.-l. *Besançon*, ch.-l. d'arr. *Montbéliard, Pontarlier* ; 557 714 h.

**Douchanbé,** capitale du Tadjikistan ; 801 000 h. (aggl.).

**Douillet** (*David*), judoka français (né en 1969), il a été, en 1995, le premier non-Japonais à remporter le titre de champion du monde à la fois en lourds et en toutes catégories.

**Doumer** (*Paul*), homme politique français (1857-1932). Président de la République en 1931, il fut assassiné.

**Doumergue** (*Gaston*), homme politique français (1863-1937), radical-socialiste. Président de la République de 1924 à 1931.

**Douro** (le), en esp. **Duero**, fl. d'Espagne et du Portugal ; 850 km. Il passe à Porto.

**Douvres,** port d'Angleterre sur le pas de Calais.

**Doyle** (sir *Arthur* CONAN), romancier britannique (1859-1930), créateur de Sherlock Holmes.

**Dracula,** personnage romanesque qui a notamment inspiré un film à F. F. Coppola (1992).

**Draghi** (*Mario*), économiste et homme politique italien (né en 1947). À la tête de la Banque centrale européenne de 2011 à 2019, il a été président du Conseil de 2021 à 2022.

**Drake** (*Francis*), marin et corsaire anglais (v. 1540-1596).

**Dresde,** v. de l'Allemagne, cap. de la Saxe ; 512 354 h.
**Dreyer** (*Carl Theodor*), cinéaste danois (1889-1968) : *la Passion de Jeanne d'Arc.*
**Dreyfus** (*Affaire*), scandale qui divisa la France de 1894 à 1906, à la suite de la condamnation injuste du capitaine Alfred Dreyfus (1859-1935), de confession israélite.
**droits de l'homme** (*Déclaration universelle des*), texte adopté par l'ONU en 1948.
**droits de l'homme et du citoyen** (*Déclaration des*), déclaration votée par l'Assemblée constituante le 26 août 1789.
**Drôme,** affl. du Rhône. ◇ Dép. français (26), ch.-l. *Valence,* ch.-l. d'arr. *Die, Nyons* ; 530 083 h.
**Druzes,** peuple du Proche-Orient, adeptes d'une secte issue du chiisme.
**Dubček** (*Alexander*), homme politique tchécoslovaque (1921-1992). Il prit la tête du « printemps de Prague » (1968).
**Du Bellay → Bellay.**
**Dubillard** (*Roland*), homme de théâtre français (1923-2011).
**Dublin,** cap. de la république d'Irlande ; 1 155 000 h. (aggl.).
**Dubrovnik,** anc. **Raguse**, port de Croatie.
**Dubuffet** (*Jean*), peintre et sculpteur français (1901-1985), théoricien de l'art brut.
**Duby** (*Georges*), historien français (1919-1996) : *le Temps des cathédrales 980-1420.*
**Duccio,** peintre italien (v. 1260-1318 ou 1319), maître de l'école de Sienne.
**Duchamp** (*Marcel*), peintre français (1887-1968), proche du dadaïsme avec ses objets « ready-made ».
**Duflo** (*Esther*), économiste franco-américaine (née en 1972), spécialiste de l'économie du développement.
**Dufy** (*Raoul*), peintre français (1877-1953).
**Duguay-Trouin** (*René*), corsaire français (1673-1736).
**Duhamel** (*Georges*), romancier français (1884-1966).
**Duisburg,** v. d'Allemagne, sur la Ruhr ; 488 468 h. Centre industriel.
**Dukas** (*Paul*), compositeur français (1865-1935) : *Ariane et Barbe-Bleue.*
**Dulcinée,** personnage du *Don Quichotte* de Cervantès.
**Dulles** (*John Foster*), homme politique américain (1888-1959), l'artisan de la politique étrangère pendant la guerre froide.
**Dullin** (*Charles*), acteur et metteur en scène de théâtre français (1885-1949).
**Dumas** (*Alexandre*), romancier français (1802-1870) : *les Trois Mousquetaires, le Comte de Monte-Cristo.* ◇ Son fils, ALEXANDRE, dit DUMAS FILS, auteur dramatique (1824-1895) : *la Dame aux camélias.*
**Dumas** (*Jean-Baptiste*), chimiste français (1800-1884).
**Dumézil** (*Georges*), historien français (1898-1986) : *l'Idéologie tripartie des Indo-Européens.*
**Dumont** (*René*), agronome français (1904-2001).
**Dumont d'Urville** (*Jules*), marin français (1790-1842).
**Dumouriez** (*Charles François*), général français (1739-1823), passé aux Autrichiens.
**Dunant** (*Henry* ou *Henri*), philanthrope suisse (1828-1910), fondateur de la Croix-Rouge.
**Duncan** (*Isadora*), danseuse et chorégraphe américaine (1878-1927), elle a ouvert la voie à la modern dance américaine.
**Dundee,** v. de Grande-Bretagne (Écosse) ; 148 300 h.
**Dunkerque,** port français, sur la mer du Nord ; 87 547 h. (*Dunkerquois*).
**Dunlop** (*John*), ingénieur écossais (1840-1921), créateur du pneumatique.
**Duns Scot** (*John*), théologien écossais (v. 1266-1308).
**Dupleix** (*Joseph François*), gouverneur français de l'Inde (1696-1763).
**Dupuytren** (*Guillaume*), chirurgien français (1777-1835).
**Duquesne** (*Abraham*), marin français (1610-1688).
**Durance** (la), affl. du Rhône ; 305 km.
**Duras** (*Marguerite*), écrivaine et cinéaste française (1914-1996) : *l'Amant.*
**Durban,** port de l'Afrique du Sud (Kwazulu-Natal) ; 2 879 000 h. (aggl.).
**Durendal** ou **Durandal,** l'épée de Roland.
**Dürer** (*Albrecht*), peintre et graveur allemand (1471-1528), maître de la Renaissance.
**Durkheim** (*Émile*), sociologue français (1858-1917).
**Durrell** (*Lawrence*), écrivain britannique (1912-1990) : *le Quatuor d'Alexandrie.*
**Dürrenmatt** (*Friedrich*), écrivain suisse de langue allemande (1921-1990).
**Düsseldorf,** v. d'Allemagne, sur le Rhin ; 586 291 h.
**Duvalier** (*François*), dit **Papa Doc**, homme politique haïtien (1907-1971). Au pouvoir de 1957 à sa mort, il instaura un régime dictatorial. ◇ Son fils JEAN-CLAUDE, dit **Baby Doc** ou **Bébé Doc** (1951-2014), lui succéda de 1971 à 1986.
**Duvivier** (*Julien*), cinéaste français (1896-1967) : *Pépé le Moko.*
**Dvořák** (*Antonín*), compositeur tchèque (1841-1904) : *Symphonie du Nouveau Monde.*
**Dylan** (*Robert* ZIMMERMAN, dit **Bob**), compositeur et chanteur américain de folk et de rock (né en 1941).

# E

**Eastman** (*George*), industriel américain (1854-1932), inventeur du film photographique.

**Eastwood** (*Clint*), acteur et cinéaste américain (né en 1930) : *Sur la route de Madison*.

**Ebert** (*Friedrich*), homme politique allemand (1871-1925), socialiste, président de la République allemande en 1921.

**Èbre** (l'), fl. d'Espagne ; 928 km.

**Ecclésiaste** (*livre de l'*), livre de la Bible.

**Eckart** (*Johann,* dit **Maître**), dominicain allemand (v. 1260-1327), mystique.

**Eco** (*Umberto*), écrivain italien (1932-2016) : *le Nom de la rose*.

**École des femmes** (*l'*), comédie de Molière.

**Écosse,** partie nord de la Grande-Bretagne ; 78 800 km² ; 5 295 403 h. (*Écossais*) ; cap. *Édimbourg*.

**Eden** (*Anthony,* comte D'AVON), homme politique britannique (1897-1977), Premier ministre conservateur de 1955 à 1957.

**Édesse,** ancienne ville de Mésopotamie.

**Edfou,** v. d'Égypte, sur le Nil ; grand temple d'Horus.

**Édimbourg,** cap. de l'Écosse ; 507 200 h.

**Edison** (*Thomas*), ingénieur américain (1847-1931) inventeur du phonographe et de la lampe à incandescence.

**Edmonton,** v. du Canada, cap. de l'Alberta ; 932 546 h.

**Édouard,** nom de plusieurs rois d'Angleterre. ◇ ÉDOUARD III (1312-1377), roi après 1327, entreprit la guerre de Cent Ans. ◇ ÉDOUARD VII (1841-1910), roi après 1901. ◇ ÉDOUARD VIII (1894-1972), roi en 1936, abdiqua la même année (*duc de Windsor*).

**Édouard le Confesseur** (*saint*) [v. 1003-1066], roi d'Angleterre après 1042.

**Édouard le Prince Noir** (1330-1376), prince de Galles et duc d'Aquitaine. Il fit prisonnier Jean le Bon.

**Éducation sentimentale** (*l'*), roman de G. Flaubert.

**Éduens,** peuple de la Gaule celtique.

**Edwards** (*William Blake* MCEDWARDS, dit **Blake**), cinéaste américain (1922-2010) : *la Panthère rose*.

**Edwards** (*Robert Geoffrey*), biologiste britannique (1925-2013), pionnier de la fécondation in vitro.

**E-ELT → VLT.**

**Égée** (*mer*), partie de la Méditerranée entre la Grèce et la Turquie.

**Égine,** île de Grèce. Ruines.

**Égypte,** État du nord-est de l'Afrique ; 1 million de km² ; 102 334 403 h. (*Égyptiens*). Cap. *Le Caire*.

**Eiffel** (*Gustave*), ingénieur français (1832-1923), constructeur de la *tour Eiffel* à Paris (1889).

**Einstein** (*Albert*), physicien allemand naturalisé américain (1879-1955), auteur de la théorie de la relativité.

**Einthoven** (*Willem*), physiologiste néerlandais (1860-1927), inventeur de l'électrocardiographie.

**Éire,** nom gaélique de l'Irlande.

**Eisenhower** (*Dwight*), général et homme politique américain (1890-1969). Il fut chef des armées alliées en Europe (1944-45) et président des États-Unis (1953-1961).

**Eisenstein** (*Sergueï*), cinéaste soviétique (1898-1948) : *le Cuirassé « Potemkine »*.

**Élam,** ancien État du S.-O. de l'Iran actuel (la Susiane des Grecs). Apogée aux XIIIᵉ-XIIᵉ s. av. J.-C.

**Elbe,** fl. de l'Europe centrale ; 1 100 km.

**Elbe,** île à l'est de la Corse, où Napoléon fut relégué en 1814.

**Elbrous** ou **Elbrouz,** sommet du Caucase ; 5 642 m.

**Eldorado,** pays fabuleux d'Amérique, dont rêvaient les conquistadores.

**Électre,** fille d'Agamemnon et de Clytemnestre qui fit tuer sa mère pour venger son père. Cette histoire a inspiré Eschyle, Sophocle, Euripide et Giraudoux.

**Éleusis,** v. d'Attique. On y célébrait des mystères liés au culte de Déméter.

**Élie,** prophète juif (IXᵉ s. av. J.-C.).

**Eliot** (*George*), romancière britannique (1819-1880) : *le Moulin sur la Floss*.

**Eliot** (*Thomas Stearns*), poète britannique d'origine américaine (1888-1965).

**Élisabeth** (*sainte*), mère de saint Jean-Baptiste, femme du prêtre Zacharie.

**Élisabeth de Hongrie** (*sainte*), princesse hongroise (1207-1231).

**Élisabeth** (1709-1762), impératrice de Russie après 1742, fille de Pierre le Grand et de Catherine Ire.

**Élisabeth Ire** (1533-1603), reine d'Angleterre après 1558, fille d'Henri VIII.

**Élisabeth II** (1926-2022), reine du Royaume-Uni de Grande-Bretagne et d'Irlande du Nord et chef du Commonwealth de 1952 à 2022.

**Ellington** (*Duke*), compositeur et chef d'orchestre américain de jazz (1899-1974).

**Ellora,** site archéologique de l'Inde. Temples rupestres (VIe-IXe s.).

**Éloge de la folie** (*l'*), ouvrage d'Érasme.

**Éloi** (*saint*), ministre de Dagobert (v. 588-660).

**El País,** quotidien espagnol créé en 1976.

**Elseneur,** v. danoise où se passe *Hamlet*.

**Eltsine** ou **Ieltsine** (*Boris Nikolaïevitch*), homme politique russe (1931-2007), président de la Russie de 1991 à 1999.

**Eluard** (*Paul*), poète français (1895-1952).

**Élysée** (*palais de l'*), à Paris, résidence du président de la République française.

**Elzévir,** famille d'imprimeurs hollandais des XVIe et XVIIe s.

**Emerson** (*Ralph*), philosophe américain (1803-1882), idéaliste et panthéiste.

**Émile ou De l'éducation,** roman pédagogique de J.-J. Rousseau.

**Émilie,** région d'Italie du Nord ; cap. *Bologne*.

**Eminescu** (*Mihai*), écrivain et poète roumain (1850-1889).

**Émirats arabes unis,** fédération d'États, sur le golfe Persique ; 80 000 km$^2$ ; 9 890 400 h. (*Émiriens*). Cap. *Abu Dhabi*. Pétrole.

**Emmaüs,** bourg de Judée. Jésus y apparut à deux disciples après sa résurrection.

**Empédocle,** philosophe grec d'Agrigente (Ve s. av. J.-C.).

**Empire (premier),** régime établi par Napoléon Ier (1804-1814, et mars-juin 1815).

**Empire (second),** régime établi par Napoléon III (1852-1870).

**Ems,** station thermale d'Allemagne où fut rédigée en 1870 la dépêche qui fit éclater la guerre franco-allemande.

**En attendant Godot,** pièce de théâtre de S. Beckett.

**Encyclopédie,** publication collective sur les sciences, les arts et les techniques, dirigée par d'Alembert et Diderot (1751-1772).

**Énée,** prince légendaire troyen, héros de *l'Énéide* de Virgile.

**Énéide** (*l'*), poème épique de Virgile.

**Enfants du paradis** (*les*), film de M. Carné (1945).

**Enfers,** séjour des morts, dans la mythologie.

**Engels** (*Friedrich*), philosophe allemand, ami de Marx (1820-1895).

**Enghien** (duc D'), dernier des CONDÉ, fusillé par ordre de Bonaparte (1772-1804).

**Enseigne de Gersaint** (*l'*), grande toile de Watteau.

**Ensor** (*James*), peintre et graveur belge (1860-1949), au talent visionnaire.

**Entente cordiale,** nom donné au rapprochement politique entre la France et la Grande-Bretagne sous Louis-Philippe et en 1904.

**enterrement à Ornans** (*Un*), grande toile de Courbet.

**Enterrement du comte d'Orgaz** (*l'*), grande toile du Greco.

**Éole,** dieu des Vents, en Grèce et à Rome.

**Éoliennes** ou **Lipari** (*îles*), archipel italien de la mer Tyrrhénienne.

**Épaminondas,** général et homme d'État thébain (v. 418-362 av. J.-C.).

**Épée** (*Charles-Michel,* abbé DE L'), éducateur français des sourds-muets (1712-1789).

**Épernay,** v. de la Marne ; 22 901 h. (*Sparnaciens*). Vins de Champagne.

**Éphèse,** v. anc. d'Ionie. Temple d'Artémis.

**Épictète,** philosophe latin stoïcien (Ier s.).

**Épicure,** philosophe grec (341-270 av. J.-C.).

**Épidaure,** v. de la Grèce antique, célèbre pour le culte d'Asclépios. Théâtre.

**Épinal,** ch.-l. des Vosges ; 33 706 h. (*Spinaliens*).

**Épire,** région aux confins de la Grèce et de l'Albanie. Apogée au IIIe s. av. J.-C.

**Épîtres du Nouveau Testament** ou **Épîtres des Apôtres,** lettres des Apôtres (Nouveau Testament).

**Epsom,** v. d'Angleterre. Courses de chevaux.

**Équateur,** État de l'Amérique du Sud, sur le Pacifique ; 270 670 km$^2$ ; 17 643 060 h. (*Équatoriens*). Cap. *Quito* ; v. pr. *Guayaquil*.

**Érasme,** humaniste hollandais (v. 1469-1536) : *Éloge de la folie*.

**Ératosthène,** mathématicien, astronome et philosophe grec d'Alexandrie (IIIe s. av. J.-C.).

**Erckmann** (*Émile*) et **Chatrian** (*Alexandre*), romanciers français (1822-1899 et 1826-1890) : *l'Ami Fritz*.

**Erdoğan** (*Recep Tayyip*), homme politique turc (né en 1954), Premier ministre de 2003 à 2014, puis président de la République à partir de 2014.

**Erebus,** volcan de l'Antarctique ; 3 794 m.

**Érechthéion,** temple sur l'Acropole d'Athènes (421-406 av. J.-C.)

**Erevan,** cap. de l'Arménie ; 1 060 138 h.

**Erfurt,** v. de l'Allemagne, cap. de la Thuringe ; 200 868 h.

**Érié,** lac de l'Amérique du Nord.

**Erik le Rouge,** explorateur norvégien (v. 940-v. 1010), découvreur du Groenland.

**Erik,** nom de plusieurs rois de Suède et du Danemark.

**Érinyes** (les), déesses grecques de la Vengeance, les *Furies* romaines.

**Ermitage** (l'), palais de Saint-Pétersbourg. Riche musée.

**Ernaux** (*Annie*), écrivaine française (née en 1940) : *la Place, l'Événement, les Années*.

**Ernst** (*Max*), peintre français d'origine allemande (1891-1976), surréaliste.

**Éros,** dieu grec de l'Amour.

**Érythrée,** État d'Afrique orientale ; 120 000 km² ; 6 333 000 h. (*Érythréens*). Cap. *Asmara*.

**ESA** (*European Space Agency*), agence spatiale européenne, créée en 1975.

**Esaü,** frère aîné de Jacob. Il lui vendit son droit d'aînesse pour un plat de lentilles.

**Escaut,** fl. de France, de Belgique et des Pays-Bas ; 430 km.

**Eschine,** orateur grec, rival de Démosthène (v. 390-314 av. J.-C.).

**Eschyle,** créateur de la tragédie grecque (v. 525-456 av. J.-C.) : *les Perses, l'Orestie*.

**Esculape,** dieu romain de la Médecine.

**Escurial** (l'), palais et monastère d'Espagne, au N.-O. de Madrid, construit par Philippe II.

**ESO** (*European Southern Observatory*), organisation européenne de recherches astronomiques dans l'hémisphère Sud, créée en 1962.

**Ésope,** fabuliste grec (VIIe-VIe s. av. J.-C.).

**Espagne,** État du sud-ouest de l'Europe ; 505 000 km² ; 47 363 419 h. (*Espagnols*). Cap. *Madrid*.

**Espagne** (*guerre d'*), guerre civile qui opposa les républicains aux nationalistes dirigés par Franco, de 1936 à 1939.

**Espoir** (*l'*), roman de A. Malraux.

**esprit des lois** (*De l'*), œuvre de Montesquieu.

**Esquilin** (*mont*), colline de Rome.

**Esquimaux,** peuple des terres arctiques de l'Amérique et du Groenland.

**Essais** (*les*), œuvre de Montaigne.

**Essen,** v. d'Allemagne, sur la Ruhr ; 566 201 h. Industrie métallurgique.

**Essex,** comté d'Angleterre.

**Essonne,** riv. de France. ◇ Dép. français (91) ; ch.-l. *Évry-Courcouronnes*, ch.-l. d'arr. *Étampes, Palaiseau* ; 1 316 011 h.

**Este** (*maison d'*), famille princière d'Italie, qui gouverna en particulier Ferrare.

**Esterel,** massif montagneux de Provence.

**Esther,** Juive qui épousa le roi perse Assuérus, et obtint la grâce des Juifs persécutés. ◇ Tragédie de Racine.

**Estienne** (*Robert* et *Henri*), imprimeurs et humanistes français (1503-1559 et v. 1531-1598).

**Estonie,** État de l'Europe septentrionale ; 45 000 km² ; 1 329 479 h. (*Estoniens*). Cap. *Tallinn*.

**Estrées** (*Gabrielle* D'), favorite d'Henri IV (1571-1599).

**Estrémadure,** nom d'une région d'Espagne et d'une région du Portugal.

**Eswatini,** anc. **Swaziland**, État d'Afrique australe ; 17 363 km² ; 1 160 164 h. (*Eswatiniens* ou *Swatiniens*). Cap. *Mbabane*.

**ETA** (*Euskadi ta Askatasuna*), mouvement basque créé en 1959, qui réclame l'indépendance du Pays basque.

**Étaix** (*Pierre*), cinéaste et acteur français (1928-2016).

**État français,** régime établi par le maréchal Pétain le 10 juillet 1940. Il prit fin à la Libération, en août 1944.

**État islamique** (*organisation*) ou **Daech,** organisation terroriste islamiste, apparue vers 2006 en Iraq.

**États de l'Église** ou **États pontificaux,** partie de l'Italie qui fut soumise aux papes (756-1870).

**États-Unis,** en angl. **United States of America (USA)**, État fédéral de l'Amérique du Nord ; 9 364 000 km² ; 331 501 080 h. (*Américains*). Cap. *Washington*.

**Éthiopie,** État d'Afrique orientale ; 1 100 000 km² ; 114 963 583 h. (*Éthiopiens*). Cap. *Addis-Abeba*.

**Éthique** (*l'*), ouvrage de Spinoza.

**Éthique à Nicomaque,** traité d'Aristote.

**Étienne** (*saint*), diacre et premier martyr chrétien (m. v. 37), mort lapidé.

**Étienne Ier** (*saint*) [v. 970-1038], roi de Hongrie en 1000. Il propagea le christianisme.

**Etna,** volcan de Sicile ; 3 345 m.

**Étolie,** région de l'ancienne Grèce.

**Eton,** v. universitaire d'Angleterre.

**Étranger** (*l'*), roman de A. Camus.

**Étrurie,** ancienne région italienne, correspondant à la Toscane.

**Étrusques,** peuple d'Étrurie, soumis par Rome du Ve au IIIe s. av. J.-C.

**Euclide,** mathématicien grec (IIIe s. av. J.-C.), créateur de la géométrie.

**Eugène de Savoie,** dit **le Prince Eugène,** général des armées impériales (1663-1736). Il se battit contre Louis XIV.

**Eugénie de Montijo** (1826-1920), femme de Napoléon III (1853).

**Euler** (*Leonhard*), mathématicien suisse (1707-1783). En analyse, il introduisit le concept de fonction.

**Euphrate,** fl. de Mésopotamie ; 2 780 km.

**Eurasie,** ensemble de l'Europe et de l'Asie.

**Euratom,** autre nom de la Communauté européenne de l'énergie atomique.

**Eure,** affl. de la Seine. ◇ Dép. français (27), ch.-l. *Évreux,* ch.-l. d'arr. *Les Andelys, Bernay* ; 612 792 h.

**Eure-et-Loir,** dép. français (28), ch.-l. *Chartres,* ch.-l. d'arr. *Châteaudun, Dreux, Nogent-le-Rotrou* ; 441 931 h.

**Euripide,** poète tragique grec (480-406 av. J.-C.) : *Iphigénie en Tauride.*

**Euronews,** chaîne européenne de télévision d'informations en continu, diffusée depuis 1993.

**Europe,** une des cinq parties du monde ; 10 millions de km² ; 745 000 000 h. (*Européens*).

**Europe,** jeune fille aimée de Zeus, mère de Minos (*Myth. gr.*).

**Europoort,** avant-port de Rotterdam.

**Eurovision,** organisme qui coordonne les échanges de programmes télévisés entre les pays de l'Europe occidentale et du bassin méditerranéen.

**Eurydice,** femme d'Orphée (*Myth. gr.*).

**Évangiles,** récits de la vie du Christ par Matthieu, Marc, Luc et Jean.

**Evans** (*Walker*), photographe américain (1903-1975).

**Ève,** la première femme (*Bible*).

**Everest** (*mont*), point culminant du globe, dans l'Himalaya ; 8 848 m.

**Évian-les-Bains,** station thermale de Haute-Savoie, sur le lac Léman. ◇ Les *accords d'Évian* mirent fin à la guerre d'Algérie (1962).

**Évreux,** ch.-l. de l'Eure ; 47 574 h. (*Ébroïciens*).

**Évry-Courcouronnes,** ch.-l. de l'Essonne ; 67 317 h. (*Évryens*).

**Exode** (*l'*), livre de la Bible qui raconte la sortie des Hébreux d'Égypte.

**Extrême-Orient,** la Chine, les deux Corées, le Japon, le Viêt Nam, le Laos et le Cambodge.

**Eylau** (*bataille d'*), bataille indécise entre Napoléon Ier et les Russes.

**Eyzies (Les)**, comm. de Dordogne ; musée de la Préhistoire.

**Ézéchiel,** prophète biblique.

# F

**Fabre** (*Jean Henri*), entomologiste français (1823-1915).

**Fabre d'Églantine** (*Philippe*), poète et homme politique français (1750-1794). Il nomma les mois du calendrier républicain.

**Facebook,** réseau social sur Internet (2004).

**Fachoda** (*affaire de*), incident qui obligea la France à reconnaître l'autorité anglaise sur le Soudan et le bassin du Nil (1898).

**Fagnes** (*Hautes*), plateau de l'Ardenne belge.

**Fahrenheit** (*Daniel Gabriel*), physicien allemand (1686-1736), inventeur d'une graduation thermométrique.

**Faidherbe** (*Louis*), général français (1818-1889), gouverneur du Sénégal.

**Falachas,** peuple juif d'Éthiopie, auj. installé en Israël.

**Falkland,** anc. **Malouines,** îles britanniques au sud-est de l'Argentine.

**Falla** (*Manuel* DE), compositeur espagnol (1876-1946) : *l'Amour sorcier.*

**Fallières** (*Armand*), homme politique français (1841-1931). Président de la République de 1906 à 1913.

**Falloux** (*Frédéric*, comte DE), homme politique français (1811-1886), auteur d'une loi sur la liberté de l'enseignement.

**Falstaff,** personnage de Shakespeare.

**Fangio** (*Juan Manuel*), coureur automobile argentin (1911-1995), cinq fois champion du monde des conducteurs.

**FAO** (*Food and Agriculture Organization*), organisation de l'ONU pour l'alimentation et l'agriculture, créée en 1945.

**Farabi** (*Abu* **al-**), philosophe musulman (v. 870-950).

**Faraday** (*Michael*), physicien britannique (1791-1867). Il découvrit l'induction électromagnétique.

**Fargue** (*Léon-Paul*), poète français (1876-1947) : *le Piéton de Paris.*

**Farnèse** (*Alexandre*), général de Philippe II d'Espagne (1545-1592).

**Farnèse** (*palais*), palais du XVIe s., à Rome.

**Far West,** au XIXe s., territoires de l'ouest des États-Unis.

**Fatah,** mouvement palestinien lié à l'OLP.

**Fátima,** v. du Portugal. La Vierge y serait apparue en 1917. Pèlerinage.

**Fatima,** fille de Mahomet, épouse d'Ali.

**Fatimides,** dynastie musulmane qui domina le Maghreb et l'Égypte (Xe-XIIe s.).

**Faulkner** (*William*), romancier américain (1897-1962) : *le Bruit et la Fureur.*

**Faure** (*Félix*), homme politique français (1841-1899). Président de la République de 1895 à 1899.

**Fauré** (*Gabriel*), compositeur français (1845-1924) : *Requiem.*

**Faust,** magicien qui vendit son âme au Diable ; héros d'un drame de Goethe et d'opéras de Berlioz et de Gounod.

**Fayoum,** région d'Égypte, au sud-ouest du Caire.

**Faysal Ier** (1906-1975), roi d'Arabie saoudite après 1964. Mort assassiné.

**FBI** (*Federal Bureau of Investigation*), police fédérale des États-Unis.

**Febvre** (*Lucien*), historien français (1878-1956).

**Federer** (*Roger*), joueur de tennis suisse (né en 1981), titré vingt fois en tournois du Grand Chelem.

**Félix le Chat,** personnage de dessin animé américain créé en 1919.

**Fellini** (*Federico*), cinéaste italien (1920-1993) : *la Dolce Vita.*

**Femina** (*prix*), prix littéraire fondé en 1904.

**Fénelon** (*François* DE SALIGNAC DE LA MOTHE), prélat et écrivain français (1651-1715) : *les Aventures de Télémaque.*

**Ferdinand,** nom de plusieurs rois de Castille, d'Aragon et d'Espagne. ◇ FERDINAND II (Aragon), ou V (Castille) *le Catholique* (1452-1516), roi d'Aragon, époux d'Isabelle de Castille. ◇ FERDINAND VII (1784-1833), détrôné par Napoléon en 1808, fut rétabli en 1814.

**Ferdowsi** ou **Firdusi,** poète persan (v. 932-1020) : *le Livre des rois.*

**Fermat** (*Pierre* DE), mathématicien français (1601-1665).

**Fermi** (*Enrico*), physicien italien (1901-1954), auteur de la première pile à uranium.

**Fernandel** (*Fernand* CONTANDIN, dit), acteur français (1903-1971) : *le Petit Monde de Don Camillo.*

**Féroé** (*îles*), archipel danois, au nord de l'Écosse.

**Ferrante** (*Elena*), écrivaine italienne (née en 1943 ?) : *l'Amie prodigieuse.*

**Ferrare,** v. d'Italie (Émilie) ; 133 005 h.

**Ferré** (*Léo*), chanteur français (1916-1993) : *Avec le temps.*

**Ferro** (*Marc*), historien et résistant français (1924-2021) : *la Révolution de 1917.*

**Ferry** (*Jules*), homme politique français (1832-1893). Il réforma l'enseignement primaire et soutint l'expansion coloniale.

**Fès,** v. du Maroc ; 1 150 131 h. (aggl.).

**Feuillants,** club révolutionnaire partisan d'une monarchie constitutionnelle (1791-1792).

**Feydeau** (*Georges*), écrivain français (1862-1921), auteur de vaudevilles.

**Feyder** (*Jacques* FRÉDÉRIX, dit **Jacques**), cinéaste français d'origine belge (1885-1948) : *le Grand Jeu.*

**Feynman** (*Richard P.*), physicien américain (1918-1988).

**Fezzan,** région du sud de la Libye.

**FFI** (*Forces Françaises de l'Intérieur*), formations militaires de la Résistance (1944).

**Fiat,** société italienne de construction automobile fondée en 1899.

**Fichte** (*Johann Gottlieb*), philosophe allemand (1762-1814).

**Fidji** (*îles*), archipel et État de Mélanésie ; 18 300 km² ; 896 444 h. (*Fidjiens*). Cap. *Suva.*

**Fielding** (*Henry*), romancier britannique (1707-1754) : *Tom Jones.*

**Fields** (*médaille*), la plus haute distinction en mathématiques, décernée tous les 4 ans.

**Figaro,** personnage du *Barbier de Séville* et du *Mariage de Figaro* de Beaumarchais.

**Figaro** (*le*), quotidien français d'informations créé en 1854.

**Finistère,** dép. français (29), ch.-l. *Quimper,* ch.-l. d'arr. *Brest, Châteaulin, Morlaix* ; 940 279 h. (*Finistériens*).

**Finisterre** (*cap*), extrémité nord-ouest de l'Espagne.

**Finlande,** État de l'Europe du Nord ; 338 000 km² ; 5 529 543 h. (*Finlandais*). Cap. *Helsinki.*

**Firdusi → Ferdowsi.**

**Fischer** (*Emil*), chimiste allemand (1852-1919). Il a réalisé la synthèse de nombreux sucres.

**Fischer-Dieskau** (*Dietrich*), baryton allemand (1925-2012).

**Fischer von Erlach** (*Johann Bernhard*), architecte autrichien (1656-1723) : église St-Charles-Borromée, à Vienne.

**Fitzgerald** (*Ella*), chanteuse de jazz américaine (1917-1996).

**Fitzgerald** (*Francis Scott*), écrivain américain (1896-1940) : *Gatsby le Magnifique.*

**Fiume,** anc. nom de Rijeka.

**Flaherty** (*Robert*), cinéaste américain de documentaires (1884-1951) : *Nanouk l'Esquimau.*

**Flammarion** (*Camille*), astronome français (1842-1925).

**Flanagan** (*Barry*), sculpteur britannique (1941-2009).

**Flandre** (la) ou **Flandres** (les), anc. prov. et région de France et de Belgique ; v. pr. *Lille, Gand* (ch.-l. de la Flandre-Orientale) et *Bruges* (ch.-l. de la Flandre-Occidentale). Hab. : *Flamands.*

**Flaubert** (*Gustave*), écrivain français (1821-1880) : *Madame Bovary.*

**Flaviens,** dynastie romaine : Vespasien, Titus et Domitien (69-96).

**Flavius Josèphe,** historien juif (v. 37-100) : *la Guerre des Juifs.*

**Flémalle** (*Maître de*), nom donné à un peintre des Pays-Bas du Sud (1er tiers du XVe s.), auteur de panneaux religieux.

**Fleming** (*Alexander*), médecin britannique (1881-1955). Il découvrit la pénicilline.

**Fleming** (*Victor*), cinéaste américain (1883-1949) : *Autant en emporte le vent.*

**Flessel** (*Laura*), escrimeuse française (née en 1971).

**Fleurs du mal** (*les*), recueil poétique de Baudelaire.

**Fleurus,** v. de Belgique. Victoires françaises en 1690 et 1794.

**Fleury** (*André Hercule,* cardinal DE), ministre de Louis XV (1653-1743).

**FLN** (*Front de libération nationale*), mouvement nationaliste fondé en 1954, puis parti politique algérien.

**Flore,** déesse des Fleurs et des Jardins.

**Florence,** v. d'Italie (Toscane) ; 355 342 h. (*Florentins*). Brillant foyer de la Renaissance, sous les Médicis.

**Florian** (*Jean-Pierre* CLARIS DE), écrivain français (1755-1794), auteur de fables.

**Floride,** État du sud-est des États-Unis. Cap. *Tallahassee.* V. pr. *Miami.*

**Flûte enchantée** (*la*), opéra de Mozart.

**Fluxus,** mouvement artistique américain et européen né dans les années 1960.

**FMI** (*Fonds Monétaire International*), organisme international créé en 1945 pour favoriser la stabilité monétaire.

**FO** (*Force ouvrière*), nom courant de la Confédération générale du travail-Force ouvrière, issue d'une scission de la CGT en 1948.

**Foch** (*Ferdinand*), maréchal de France (1851-1929), commandant en chef des troupes alliées en 1918.

**Foix** (*comté de*), anc. prov. de France. ◇ Ch.-l. du dép. de l'Ariège ; 9 818 h. (*Fuxéens*).

**Fokine** (*Michel*), danseur et chorégraphe russe (1880-1942).

**Fonds mondial pour la nature → WWF.**

**Fontaine** (*Pierre*), architecte français (1762-1853). Un des créateurs, avec Charles Percier (1764-1838), du style Empire.

**Fontaine** (*Just*), footballeur français (1933-2023).

**Fontainebleau,** v. de Seine-et-Marne ; 16 159 h. (*Bellifontains*). Château, forêt.

**Fontenelle** (*Bernard* LE BOVIER DE), écrivain français (1657-1757).

**Fontenoy** (*bataille de*), victoire du maréchal de Saxe sur les Anglo-Hollandais, en Belgique, le 11 mai 1745.

**Ford** (*Harrison*), acteur américain (né en 1942) : *Indiana Jones*.

**Ford** (*Henry*), industriel américain (1863-1947), pionnier de l'automobile. Il fonda en 1903 la Ford Motor Company.

**Ford** (*John*), auteur dramatique anglais (1586-v. 1639) : *Dommage qu'elle soit une putain*.

**Ford** (*John*), cinéaste américain (1895-1973) : *la Chevauchée fantastique*.

**Forêt-Noire,** massif boisé d'Allemagne, en face des Vosges.

**Forez,** région du Massif central.

**Forman** (*Miloš*), cinéaste américain d'origine tchèque (1932-2018) : *Amadeus*.

**Formose → Taïwan.**

**Forrester** (*Maureen*), contralto canadienne (1930-2010).

**Forsythe** (*William*), chorégraphe américain (né en 1949).

**Fortaleza,** port du Brésil ; 2 315 116 h.

**Fort-de-France,** ch.-l. de la Martinique ; 77 410 h.

**Fosse** (*Robert Louis,* dit **Bob**), danseur, chorégraphe et cinéaste américain (1927-1987) : *Cabaret*.

**Foster** (lord *Norman*), architecte britannique (né en 1935).

**Foucault** (*Léon*), physicien français (1819-1868), inventeur du gyroscope.

**Foucault** (*Michel*), philosophe français (1926-1984).

**Fouché** (*Joseph,* duc D'OTRANTE), conventionnel français (1759-1820), ministre de la Police sous Napoléon Ier.

**Foulbés → Peuls.**

**Fouquet** (*Jean*), peintre et miniaturiste français (v. 1415/1420-v. 1480).

**Fouquet** ou **Foucquet** (*Nicolas*), ministre de Louis XIV (1615-1680) qui le fit emprisonner.

**Fouquier-Tinville** (*Antoine Quentin*), accusateur public sous la Terreur (1746-1795), mort exécuté.

**Fourches Caudines,** défilé d'Italie centrale où une armée romaine, vaincue, dut défiler sous le joug (321 av. J.-C.).

**Fourier** (*Charles*), philosophe socialiste français (1772-1837).

**Fourier** (*Joseph,* baron), mathématicien français (1768-1830), découvreur des séries trigonométriques.

**Fournier** (*Pierre*), violoncelliste français (1906-1986).

**Fouta-Djalon,** massif de Guinée.

**Fra Angelico → Angelico.**

**Fragonard** (*Jean Honoré*), peintre français (1732-1806), exubérant et savoureux.

**France,** État de l'Europe occidentale ; 549 000 km² (France métropolitaine) ; 68 000 000 h. (65 800 000 en métropole) [*Français*]. Cap. *Paris* ; v. pr. *Marseille, Lyon, Toulouse, Nice, Bordeaux, Nantes, Strasbourg, Lille*.

**France** (*Anatole*), écrivain français (1844-1924).

**France Télévisions,** société de télévision du service public français qui regroupe les chaînes France 2, France 3, France 4 (Culturebox, en soirée), France 5 et France Info.

**Francfort,** v. d'Allemagne, sur le Main. 667 925 h. Aéroport. Centre financier. Foire du livre. ◇ Traité franco-allemand en 1871.

**Francfort** (*école de*), école philosophique allemande.

**Franche-Comté,** anc. prov. de l'est de la France ; cap. *Besançon*.

**Franck** (*César*), compositeur français d'origine belge (1822-1890).

**Franco** (*Francisco*), général et homme politique espagnol (1892-1975). Chef de l'État (Caudillo) de 1939 à sa mort.

**François d'Assise** (*saint*), fondateur de l'ordre des Franciscains (v. 1182-1226).

**François de Paule** (*saint*), fondateur de l'ordre des Minimes (v. 1416-1507).

**François de Sales** (*saint*), évêque de Genève (1567-1622), auteur de l'*Introduction à la vie dévote*.

**François Xavier** (*saint*), jésuite, apôtre des Indes et du Japon (1506-1552).

**François** (né en 1936), pape depuis 2013.

**François Ier** (1494-1547), roi de France après 1515, adversaire de Charles Quint. ◇ FRANÇOIS II (1544-1560), fils d'Henri II, roi en 1559-1560.

**François II** (1768-1835), empereur germanique (1792-1806), empereur d'Autriche (François Ier) [1804-1835].

**François** (*Claude*), chanteur français (1939-1978) : *Comme d'habitude*.

**François** (*Samson*), pianiste français (1924-1970).

**François-Ferdinand de Habsbourg,** archiduc héritier d'Autriche (1863-1914). Son assassinat, à Sarajevo, prélude à la Première Guerre mondiale.

**François-Joseph Ier** (1830-1916), empereur d'Autriche (1848-1916), roi de Hongrie (1867-1916).

**Franconie,** région d'Allemagne (Bavière).

**Francs,** peuple germanique qui conquit la Gaule romaine aux Ve-VIe s.

**Franju** (*Georges*), cinéaste français (1912-1987) : *la Tête contre les murs*.

**Frank** (*Anne*), jeune Allemande juive (1929-1945), auteur d'un célèbre *Journal*.

**Frank** (*Robert*), photographe et cinéaste américain d'origine suisse (1924-2019).

**Frankenstein,** personnage du roman fantastique de Mary Shelley *Frankenstein ou le Prométhée moderne* qui a inspiré de nombreux films.

**Franklin** (*Aretha*), chanteuse américaine de rhythm and blues (1942-2018).

**Franklin** (*Benjamin*), savant et homme politique américain (1706-1790), un des fondateurs de l'Indépendance et inventeur du paratonnerre.

**Franquin** (*André*), dessinateur et scénariste belge de bandes dessinées (1924-1997), créateur de Gaston Lagaffe.

**Fraser** (*Dawn*), nageuse australienne (née en 1937).

**Frazer** (sir *James George*), anthropologue écossais (1854-1941).

**Frédégonde** (545-597), femme de Chilpéric Ier, roi de Neustrie. Elle lutta contre Brunehaut.

**Frédéric,** nom de neuf rois de Danemark.

**Frédéric Ier Barberousse** (1122-1190), empereur germanique (1155-1190). Il lutta contre le pape et les Lombards, mourut en croisade.

**Frédéric II de Hohenstaufen** (1194-1250), roi de Sicile après 1197, empereur germanique (1220). Il obtint des musulmans la cession de Jérusalem, mais se heurta toute sa vie à la papauté.

**Frédéric II le Grand** (1712-1786), roi de Prusse après 1740, despote éclairé.

**Frédéric-Guillaume Ier,** dit **le Roi-Sergent** (1688-1740), roi de Prusse après 1713, mena une politique centralisatrice.

**Freeman** (*Morgan*), acteur américain (né en 1937) : *Impitoyable*.

**Freetown,** cap. de la Sierra Leone ; 940 683 h.

**Fréhel** (*cap*), cap de la Bretagne.

**Fréhel** (*Marguerite* BOULCH, dite), chanteuse et actrice française (1891-1951).

**Freinet** (*Célestin*), pédagogue français (1896-1966).

**Fréjus,** v. du Var ; 55 301 h. (*Fréjusiens*).

**Frères Karamazov** (*les*), roman de Dostoïevski.

**Frescobaldi** (*Girolamo*), compositeur et organiste italien (1583-1643).

**Fresnel** (*Augustin*), physicien français (1788-1827). Il développa la théorie ondulatoire de la lumière.

**Fresnes,** v. du Val-de-Marne. Prison.

**Freud** (*Sigmund*), médecin autrichien (1856-1939). Fondateur de la psychanalyse.

**Freund** (*Gisèle*), photographe française d'origine allemande (1912-2000).

**Fribourg,** v. et cant. de Suisse ; 34 897 h.

**Fribourg-en-Brisgau,** ville d'Allemagne ; 209 628 h.

**Friedland** (*bataille de*), victoire de Napoléon sur les Russes (1807).

**Friedrich** (*Caspar David*), peintre romantique allemand (1774-1840).

**Frioul,** région partagée entre l'Italie et la Slovénie.

**Frisch** (*Karl* VON), zoologiste et éthologiste autrichien (1886-1982).

**Frise,** région partagée entre les Pays-Bas et l'Allemagne.

**Froissart** (*Jean*), chroniqueur français (1333-apr. 1404).

**Fromentin** (*Eugène*), peintre et romancier français (1820-1876) : *Dominique*.

**Fronde** (la), soulèvement contre Mazarin sous la minorité de Louis XIV (1648-1652).

**Front populaire** (mai 1936-avril 1938), coalition de partis français de gauche que les élections de mai 1936 portèrent au pouvoir. Il mena une politique sociale.

**Frounze → Bichkek.**

**Fuégiens,** peuple de la Terre de Feu.

**Fugger,** banquiers d'Augsbourg (XVe-XVIe s.).

**Fuji** (mont) ou **Fuji-Yama,** volcan et point culminant du Japon ; 3 776 m.

**Fujian** prov. du sud-est de la Chine.

**Fukuoka,** port du Japon ; 1 463 826 h.

**Fukushima** (*centrale de*), centrale nucléaire du nord-est du Japon, sur le Pacifique. Le séisme et le tsunami du 11 mars 2011 y provoquèrent un accident nucléaire majeur.

**Fulton** (*Robert*), ingénieur américain (1765-1815), pionnier de la navigation à vapeur.

**Funès** (*Louis* DE), acteur français (1914-1983) : *la Grande Vadrouille.*

**Furet** (*François*), historien français (1927-1997) : *Penser la Révolution française.*

**Furetière** (*Antoine*), écrivain français (1619-1688) : *Dictionnaire universel.*

**Fureur de vivre** (*la*), film américain de N. Ray (1955).

**Furies → Érinyes.**

**Furtado** (*Celso*), économiste brésilien (1920-2004), spécialiste du développement.

**Furtwängler** (*Wilhelm*), chef d'orchestre allemand (1886-1954).

**Füssli** (*Johann Heinrich*), peintre suisse (1741-1825) : *le Cauchemar.*

**Fustel de Coulanges** (*Numa Denis*), historien français (1830-1889).

**Futuna → Wallis-et-Futuna.**

**Futuroscope,** parc d'attractions ouvert en 1987 près de Poitiers.

# G

**G7** (*Groupe des 7*), groupe des sept pays les plus industrialisés du monde. De 1997 à 2014, il a souvent été élargi en G8 (Groupe des 8) avec la participation fréquente de la Russie aux sommets annuels du groupe, consacrés surtout à l'économie.

**G20** (*Groupe des 20*), forum économique rassemblant les pays du G8, dix pays émergents, l'Australie et l'Union européenne.

**Gabart** (*François*), navigateur français (né en 1983).

**Gabès,** port de Tunisie ; 145 787 h.

**Gabin** (*Jean Alexis* MONCORGÉ, dit **Jean**), acteur français (1904-1976) : *le Quai des brumes*.

**Gable** (*Clark*), acteur américain (1901-1960) : *Autant en emporte le vent*.

**Gabon,** État d'Afrique équatoriale ; 268 000 km² ; 2 225 728 h. (*Gabonais*). Cap. *Libreville*.

**Gaborone,** cap. du Botswana ; 227 333 h.

**Gabriel,** archange de l'Annonciation (*Nouveau Testament*).

**Gabriel,** famille d'architectes français, dont les plus connus sont JACQUES (1667-1742) et son fils JACQUES ANGE (1698-1782), auteur d'édifices classiques à Paris, Versailles, etc.

**Gabrieli,** famille de compositeurs et d'organistes italiens (XVIᵉ-XVIIᵉ s.), précurseurs du style concertant.

**Gadamer** (*Hans Georg*), philosophe allemand (1900-2002), promoteur de l'herméneutique moderne.

**GAFA[M]** (*Google, Apple, Facebook, Amazon, [Microsoft]*), acronyme désignant les quatre [cinq] sociétés américaines dominant le Web et l'économie numérique.

**Gafsa,** v. de Tunisie méridionale ; 95 242 h. Phosphates.

**Gagarine** (*Iouri*), cosmonaute soviétique (1934-1968), premier homme à effectuer un vol spatial.

**Gaia → Gê.**

**Gainsborough** (*Thomas*), peintre, portraitiste et paysagiste britannique (1727-1788).

**Gainsbourg** (*Lucien* GINSBURG, dit **Serge**), chanteur, acteur et cinéaste français (1928-1991) : *la Javanaise*.

**Galápagos** (*îles*), archipel du Pacifique, dépendance de l'Équateur.

**Galbraith** (*John Kenneth*), économiste américain (1908-2006), collaborateur de F. Roosevelt : *le Nouvel État industriel*.

**Galice,** région du nord-ouest de l'Espagne.

**Galicie,** région de Pologne et d'Ukraine.

**Galien** (*Claude*), médecin grec du IIᵉ s.

**Galilée,** région de la Palestine.

**Galilée,** physicien et astronome italien (1564-1642), l'un des fondateurs de la mécanique moderne.

**Gallé** (*Émile*), verrier, céramiste et ébéniste français (1846-1904), maître de l'Art nouveau.

**Galles** (*pays de*), région de l'ouest de la Grande-Bretagne. ◇ Le *prince de Galles* est le fils aîné du souverain britannique.

**Gallien** (v. 218-268), empereur romain en 253.

**Gallieni** (*Joseph*), maréchal de France et administrateur colonial (1849-1916).

**Gallup** (*George*), statisticien américain (1901-1984), pionnier des sondages d'opinion.

**Galois** (*Évariste*), mathématicien français (1811-1832). Il joua un rôle important dans l'étude des équations algébriques.

**Galsworthy** (*John*), écrivain britannique (1867-1933) : *la Saga des Forsyte*.

**Galvani** (*Luigi*), physicien et médecin italien (1737-1798).

**Gama** (*Vasco* DE), navigateur portugais (v. 1469-1524). Le premier, il doubla le cap de Bonne-Espérance (1497).

**Gambetta** (*Léon*), homme politique français (1838-1882).

**Gambie,** fl. d'Afrique. ◇ État de l'Afrique occidentale ; 11 300 km² ; 2 416 664 h. (*Gambiens*). Cap. *Banjul*.

**Gamow** (*George*), physicien américain d'origine russe (1904-1968).

**Gance** (*Abel*), cinéaste français (1889-1981) : *Napoléon*.

**Gand,** port de Belgique, sur l'Escaut ; 248 813 h. (*Gantois*).

**Gandhi** (*Indira*), femme politique indienne (1917-1984), fille de Nehru. Première ministre de 1967 à 1977 et de 1980 à 1984, assassinée. ◇ Son fils RAJIV (1944-1991) lui a succédé à la tête du gouvernement de 1984 à 1989, et a aussi été assassiné.

**Gandhi** (*le Mahatma*), apôtre national et religieux de l'Inde (1869-1948), assassiné.

**Gange** (le), fl. sacré de l'Inde ; 3 090 km.

**Gao Xingjian,** écrivain et peintre français d'origine chinoise (né en 1940) : *la Montagne de l'âme.*

**Gap,** ch.-l. des Hautes-Alpes ; 42 176 h. (*Gapençais*).

**Garbo** (*Greta Lovisa* GUSTAFSSON, dite **Greta**), actrice suédoise naturalisée américaine (1905-1990), archétype de la star : *Ninotchka.*

**García Lorca** (*Federico*), poète et dramaturge espagnol (1898-1936).

**García Márquez** (*Gabriel*), écrivain colombien (1928-2014) : *Cent Ans de solitude.*

**Gard,** affl. du Rhône. ◇ Dép. français (30) ; ch.-l. *Nîmes*, ch.-l. d'arr. *Alès, Le Vigan* ; 762 059 h. (*Gardois*).

**Gard** (*pont du*), aqueduc romain du Ier s. apr. J.-C.

**Gardel** (*Charles* GARDÉS, dit **Carlos**), chanteur de tango argentin, d'origine française (1890-1935).

**Gardner** (*Ava*), actrice américaine (1922-1990) : *la Comtesse aux pieds nus.*

**Gargantua** (*Vie inestimable du grand*), roman de Rabelais.

**Garibaldi** (*Joseph*), patriote italien (1807-1882). Il lutta pour l'unification de l'Italie.

**Garland** (*Frances* GUMM, dite **Judy**), actrice américaine (1922-1969) : *le Magicien d'Oz.*

**Garnier** (*Charles*), architecte français (1825-1898) : Opéra de Paris.

**Garonne,** fl. de France qui naît dans les Pyrénées et rejoint l'Atlantique ; 650 km.

**Garonne (Haute-),** dép. français (31) ; ch.-l. *Toulouse*, ch.-l. d'arr. *Muret, Saint-Gaudens* ; 1 423 290 h.

**Gary** (*Roman* KACEW, dit **Romain**), écrivain français (1914-1980) : *les Racines du ciel.* Il écrivit également sous le nom d'ÉMILE AJAR : *la Vie devant soi.*

**Gascogne,** anc. prov. du sud-ouest de la France ; cap. *Auch.*

**Gassendi** (*Pierre*), philosophe matérialiste français (1592-1655).

**Gassman** (*Vittorio*), acteur italien (1922-2000) : *Parfum de femme.*

**Gaston III de Foix,** dit **Phébus** (1331-1391), comte de Foix et vicomte de Béarn, il s'entoura d'une cour fastueuse.

**Gâtinais,** région de France ; v. pr. *Montargis.*

**Gatsby le Magnifique,** roman de F. S. Fitzgerald.

**Gatti** (*Dante*, dit **Armand**), homme de théâtre français (1924-2017).

**Gaudí** (*Antoni* ou *Antonio*), architecte espagnol (1852-1926) : basilique de la *Sagrada Familia* à Barcelone.

**Gauguin** (*Paul*), peintre français (1848-1903). Exécutées en Bretagne, puis en Polynésie, ses œuvres annoncent l'art du XXe s.

**Gaule,** nom donné dans l'Antiquité à la région correspondant à la France, la Belgique et l'Italie du Nord.

**Gaulle** (*Charles* DE), homme politique français (1890-1970). Organisateur de la résistance française contre l'Allemagne (1940), président de la République de 1959 à 1969.

**Gaumont** (*Léon*), inventeur et industriel français (1863-1946), pionnier du cinéma.

**Gauss** (*Carl Friedrich*), astronome, mathématicien et physicien allemand (1777-1855), auteur de travaux en mécanique céleste, sur l'électromagnétisme et l'optique.

**Gautier** (*Théophile*), poète et romancier français (1811-1872).

**Gavarnie** (*cirque de*), site touristique des Hautes-Pyrénées.

**Gavrinis,** île de Bretagne. Dolmen du IVe millénaire.

**Gavroche,** personnage des *Misérables* de V. Hugo, type du gamin de Paris.

**Gay-Lussac** (*Louis Joseph*), chimiste et physicien français (1778-1850).

**Gaza,** v. et territoire de Palestine (dit **bande de Gaza**) ; 1 389 789 h.

**Gbagbo** (*Laurent*), homme politique ivoirien (né en 1945), président de la République de 2000 à 2011. Jugé pour crimes contre l'humanité par la Cour pénale internationale, il a été acquitté.

**Gdańsk,** en all. **Danzig**, en fr. **Dantzig**, port de Pologne ; 460 276 h.

**Gê** ou **Gaia,** divinité de la Terre, mère des Titans (*Myth. gr.*).

**Gehry** (*Frank*), architecte et designer américano-canadien (né en 1929) : musée Guggenheim à Bilbao.

**Gell-Mann** (*Murray*), physicien américain (1929-2019), auteur de travaux en physique nucléaire.

**Gemara,** texte (IVe-VIe s.) qui, avec la Mishna, constitue le Talmud.

**General Motors,** société américaine de construction automobile fondée en 1908.

**Gênes,** port d'Italie ; 591 790 h. (*Génois*).

**Genèse,** premier livre de la Bible.

**Genet** (*Jean*), écrivain français (1910-1986) : *les Bonnes.*

**Genève,** v. et cant. de Suisse, sur le lac Léman ; 187 470 h. (*Genevois*).

**Genève** (*accords de*), accords (juill. 1954) qui mirent fin à la guerre d'Indochine.

**Geneviève** (*sainte*), patronne de Paris, qu'elle défendit contre Attila (v. 422-v. 502).

**Gengis Khan,** conquérant tartare (v. 1167-1227). Il fonda l'Empire mongol.

**Genji monogatari,** roman de Murasaki Shikibu (début XIe s.).

**Gennes** (*Pierre-Gilles* DE), physicien français (1932-2007) : physique de la matière condensée.

**Genséric,** roi vandale d'Afrique (Ve s.).

**Geoffroy Saint-Hilaire** (*Étienne*), naturaliste français (1772-1844).

**George,** nom de plusieurs rois d'Angleterre. ◇ GEORGE V (1865-1936), roi après 1910. ◇ GEORGE VI (1895-1952), roi après 1936.

**Georges** (*saint*), martyr (IVe s.). Il aurait terrassé un dragon.

**Georges Ier** (1845-1913), roi de Grèce après 1863, mort assassiné. ◇ GEORGES II (1890-1947), roi de Grèce de 1922 à 1924 et de 1935 à 1947.

**Georgetown,** cap. du Guyana ; 118 363 h.

**Géorgie,** État du Caucase, sur la mer Noire ; 70 000 km² ; 3 722 716 h. (*Géorgiens*). Cap. *Tbilissi*.

**Géorgie,** État du sud des États-Unis. Cap. *Atlanta*.

**Géorgiques** (*les*), poème de Virgile.

**Gergovie,** oppidum gaulois (Puy-de-Dôme), que Vercingétorix défendit avec succès.

**Géricault** (*Théodore*), peintre français (1791-1824) : *le Radeau de la « Méduse »*.

**Germain** (*Sophie*), mathématicienne française (1776-1831), auteur de travaux sur la théorie de l'élasticité.

**Germains,** peuple indo-européen venu de Scandinavie, qui envahit l'Europe centrale au Ier millénaire av. J.-C.

**Germanicus** (15 av. J.-C.-19 apr. J.-C.), général romain, vainqueur des Germains.

**Germanie,** région entre Rhin et Vistule, peuplée par les Germains, dans l'Antiquité.

**germano-soviétique** (*pacte*), traité de non-agression signé entre l'Allemagne et l'URSS le 23 août 1939.

**Germinal,** roman de É. Zola.

**Geronimo,** chef apache (1829-1908).

**Gers,** affl. de la Garonne. ◇ Dép. français (32) ; ch.-l. *Auch*, ch.-l. d'arr. *Condom, Mirande* ; 198 101 h. (*Gersois*).

**Gershwin** (*George*), compositeur américain (1898-1937) : *Porgy and Bess*.

**Gerson** (*Jean* DE), théologien français (1363-1429), mystique.

**Gestapo,** police de sûreté du IIIe Reich. Elle fut de 1936 à 1945 l'instrument du régime nazi.

**Gethsémani,** jardin au pied du mont des Oliviers, où Jésus pria la nuit de son arrestation.

**Gettysburg,** v. des États-Unis. Victoire des nordistes pendant la guerre de Sécession (1863).

**Ghana,** État de l'Afrique occidentale ; 240 000 km² ; 31 072 945 h. (*Ghanéens*). Cap. *Accra*.

**Gheorghiu** (*Angela*), née **Burlacu**, soprano roumaine (née en 1965).

**Ghiberti** (*Lorenzo*), sculpteur florentin (1378-1455), maître de la Renaissance : portes de bronze du baptistère de Florence.

**Ghirlandaio** (*Domenico* BIGORDI, dit **Domenico**), peintre italien (1449-1494).

**Giacometti** (*Alberto*), sculpteur et peintre suisse (1901-1966).

**Giambologna** (*Jean* BOULOGNE, dit), sculpteur flamand (1529-1608) installé à Florence.

**Giap → Vo Nguyên Giap.**

**Gibbs** (*Willard*), physicien américain (1839-1903). Il fonda la chimie physique.

**Gibraltar,** port britannique du sud de l'Espagne, sur le détroit du même nom.

**Gide** (*André*), écrivain français (1869-1951) : *les Faux-Monnayeurs*.

**Gilbert** (*Kenneth*), claveciniste et organiste canadien (1931-2020).

**Gilberto** (*João*), guitariste, chanteur et compositeur brésilien (1931-2019), créateur, avec António Carlos (Tom) Jobim (1927-1994), de la bossa-nova.

**Gilgamesh,** roi légendaire d'Ourouk, héros d'une épopée mésopotamienne (v. XVIIIe s. av. J.-C.).

**Gillespie** (*John* BIRKS, dit **Dizzy**), musicien américain de jazz (1917-1993), l'un des créateurs du style be-bop.

**Giono** (*Jean*), romancier français (1895-1970). Chantre de la Provence.

**Giorgione** (*Giorgio* DA CASTELFRANCO, dit), peintre vénitien (v. 1477-1510) : *la Tempête*, ou *l'Orage*.

**Giotto di Bondone,** peintre florentin (1266-1337), un des initiateurs de l'art d'Occident : fresques de la *Vie de la Vierge et du Christ* à Padoue.

**Girardin** (*Émile* DE), journaliste français (1806-1881), il lança la presse à bon marché.

**Girardon** (*François*), sculpteur français (1628-1715), représentant du classicisme fastueux de Versailles.

**Girardot** (*Annie*), actrice française (1931-2011) : *Rocco et ses frères, Mourir d'aimer*.

**Giraud** (*Jean*), auteur français de bandes dessinées (1938-2012). Il dessinait sous les pseudonymes de GIR et MOEBIUS.

**Giraudoux** (*Jean*), romancier et auteur dramatique français (1882-1944).

**Gironde,** estuaire de la Garonne. ◇ Dép. français (33) ; ch.-l. *Bordeaux*, ch.-l. d'arr. *Blaye, Langon, Lesparre-Médoc, Libourne* ; 1 648 307 h. (*Girondins*).

**Girondins,** groupe politique modéré de la Révolution française, né en 1791 autour du député Brissot, éliminé en 1793.

**Giscard d'Estaing** (*Valéry*), homme politique français (1926-2020), président de la République de 1974 à 1981.

**Gitans,** tsiganes vivant principalement dans le sud de l'Europe.

**Gitega,** cap. du Burundi ; 131 964 h.

**Giulini** (*Carlo Maria*), chef d'orchestre italien (1914-2005).

**Givenchy** (comte *Hubert* TAFFIN DE), couturier français (1927-2018).

**Gizeh** ou **Guizèh,** v. d'Égypte près du Caire. Grandes pyramides. Sphinx et vaste nécropole.

**Gladstone** (*William*), homme politique britannique (1809-1898). Libéral, il fut trois fois Premier ministre entre 1868 et 1894.

**Glanum,** ville gallo-romaine, près de Saint-Rémy-de-Provence.

**Glaris,** cant. de Suisse.

**Glasgow,** port d'Écosse ; 615 100 h.

**Glass** (*Philip*), compositeur américain (né en 1937), il illustre le courant de la musique répétitive.

**Glorieuses** (*les Trois*), les trois jours de la révolution de 1830.

**Gluck** (*Christoph Willibald*), compositeur allemand (1714-1787) : *Orphée*.

**Goa,** État de la côte ouest de l'Inde, anc. possession portugaise.

**Gobelins** (*les*), manufacture royale, puis nationale de tapisseries, sise à Paris.

**Gobi,** désert de l'Asie centrale.

**Gobineau** (*Joseph*, comte DE), écrivain français (1816-1882).

**Godard** (*Jean-Luc*), cinéaste français et suisse (1930-2022), pionnier de la nouvelle vague : *À bout de souffle*.

**Godefroi de Bouillon** (v. 1061-1100), chef de la 1re croisade, fondateur du royaume de Jérusalem (1099).

**Gödel** (*Kurt*), logicien et mathématicien américain d'origine autrichienne (1906-1978).

**Godounov → Boris Godounov.**

**Godoy** (*Manuel*), ministre de Charles IV d'Espagne (1767-1851).

**God save the King (the Queen),** hymne national britannique.

**Goebbels** (*Joseph*), homme politique allemand (1897-1945), ministre de la Propagande nazie. Il se suicida.

**Goethe** (*Johann Wolfgang* VON), écrivain allemand (1749-1832) : *Faust, Werther*.

**Gogol** (*Nikolaï*), écrivain russe (1809-1852) : *les Âmes mortes*.

**Golconde,** v. de l'Inde dont la richesse fut proverbiale ; ruinée par Aurangzeb (1687).

**Goldman** (*Jean-Jacques*), chanteur et compositeur français (né en 1951) : *Quand la musique est bonne*.

**Goldoni** (*Carlo*), écrivain italien (1707-1793), auteur de comédies.

**Goldsmith** (*Oliver*), écrivain britannique (1728-1774) : *le Vicaire de Wakefield*.

**Golfe** (*guerre du*), conflit opposant en 1991 l'Iraq (qui a envahi le Koweït en 1990) à une coalition de pays conduite par les États-Unis.

**Golgi** (*Camillo*), médecin et histologiste italien (1843-1926).

**Golgotha** ou **Calvaire,** colline où Jésus-Christ fut supplicié.

**Goliath,** guerrier géant tué par David.

**Gombrowicz** (*Witold*), écrivain polonais (1904-1969) : *Ferdydurke*.

**Gomorrhe → Sodome.**

**Gomułka** (*Władysław*), homme politique polonais (1905-1982), au pouvoir de 1956 à 1970.

**Goncourt** (*Edmond* DE), écrivain français (1822-1896), auteur avec son frère *Jules* (1830-1870) de romans naturalistes ; créateur de l'Académie Goncourt, qui décerne un prix littéraire.

**Gondwana,** continent de l'ère primaire qui réunissait l'Inde, l'Amérique du Sud, l'Afrique, l'Australie et l'Antarctique.

**Góngora** (*Luis* DE), poète espagnol (1561-1627), au style précieux.

**Google,** moteur de recherche sur Internet, créé en 1998.

**Gorbatchev** (*Mikhaïl Sergueïevitch*), homme politique russe (1931-2022), à la tête de l'URSS de 1985 à 1991.

**Gorgones,** monstres ailés au corps de femme et à la chevelure de serpent : Méduse, Euryale et Sthéna (*Myth. gr.*).

**Göring** (*Hermann*), maréchal et homme politique allemand (1893-1946), créateur de la Luftwaffe.

**Gorki** (*Maxime*), écrivain russe (1868-1936) : *la Mère*.

**Gorki → Nijni Novgorod.**

**Goscinny** (*René*), dessinateur et scénariste français de bandes dessinées (1926-1977) : *Astérix*.

**Göteborg,** port de Suède ; 493 502 h.

**Goths,** anc. peuple germain, établi sur la Vistule au Ier s. av. J.-C.

**Gotlib** (*Marcel* GOTLIEB, dit), dessinateur et scénariste français de bandes dessinées (1934-2016).

**Göttingen,** v. d'Allemagne ; 115 843 h.

**Goujon** (*Jean*), sculpteur et architecte français (v. 1510-v. 1565).

**Gould** (*Glenn*), pianiste canadien (1932-1982).

**Gounod** (*Charles*), compositeur français (1818-1893), auteur d'opéras : *Faust*.

**Goya** (*Francisco* DE), peintre espagnol (1746-1828) : *les Désastres de la guerre*.

**Graal,** coupe qui aurait servi à Jésus le soir de la Cène.

**Gracchus** (*Tiberius* et *Caïus*), nom de deux frères romains (les Gracques), tués pour avoir lutté contre l'aristocratie (IIe s. av. J.-C.).

**Grâces** (les), divinités gréco-romaines de la Beauté : Aglaé, Thalie, Euphrosyne.

**Gracq** (*Louis* POIRIER, dit **Julien**), écrivain français (1910-2007) : *le Rivage des Syrtes*.

**Graf** (*Steffi*), joueuse de tennis allemande (née en 1969).

**Graham** (*Martha*), danseuse et chorégraphe américaine (1894-1991), l'une des principales figures de la modern dance.

**Gramme** (*Zénobe*), électricien belge (1826-1901). Il inventa la dynamo.

**Gramsci** (*Antonio*), philosophe et homme politique communiste italien (1891-1937).

**Grand Canyon,** gorges du Colorado, aux États-Unis.

**Grande-Bretagne,** île formant avec l'Irlande du Nord le Royaume-Uni. Elle regroupe l'Angleterre, le pays de Galles et l'Écosse ; 243 500 km² ; 67 081 000 h. (*Britanniques*). Cap. *Londres*.

**Grande-Grèce,** ou **Grèce d'Occident :** l'Italie du Sud et la Sicile, dans l'Antiquité.

**Grand-Est,** Région du nord-est de la France ; ch.-l. *Strasbourg*.

**Grand Meaulnes** (*le*), roman d'Alain-Fournier.

**Grands Lacs,** nom des cinq grands lacs américains : Supérieur, Michigan, Huron, Érié, Ontario.

**Grand Sommeil** (*le*), film de H. Hawks (1946).

**Grant** (*Archibald Alexander* LEACH, dit **Cary**), acteur américain d'origine britannique (1904-1986) : *la Mort aux trousses*.

**Grant** (*Ulysses*), général américain (1822-1885). Vainqueur des sudistes, président des États-Unis de 1868 à 1876.

**Grappelli** (*Stéphane*), violoniste de jazz français (1908-1997).

**Grass** (*Günter*), écrivain allemand (1927-2015) : *le Tambour*.

**Graz,** v. d'Autriche ; 261 726 h.

**Grèce,** État du sud-est de l'Europe ; 132 000 km² ; 10 700 556 h. (*Grecs*). Cap. *Athènes*.

**Greco** (*Domenikos* THEOTOKOPULOS, dit **le**), peintre espagnol d'origine grecque (1541-1614), chantre de la spiritualité religieuse de sa ville d'adoption, Tolède.

**Gréco** (*Juliette*), chanteuse et actrice française (1927-2020).

**Green** (*Julien*), écrivain américain d'expression française, (1900-1998) : *Adrienne Mesurat*.

**Greene** (*Graham*), écrivain britannique (1904-1991) : *la Puissance et la Gloire*.

**Greenpeace,** mouvement écologiste et pacifiste créé en 1971.

**Greenwich,** faubourg de Londres. Méridien d'origine des longitudes.

**Grégoire,** nom de divers saints : GRÉGOIRE DE NAZIANZE, théologien (IVe s.). ◇ GRÉGOIRE DE NYSSE, théologien (IVe s.). ◇ GRÉGOIRE DE TOURS, prélat et historien français (v. 538-v. 594).

**Grégoire,** nom de seize papes dont GRÉGOIRE Ier, *le Grand* (*saint*) [v. 540-604], pape de 590 à 604, auquel on doit la liturgie de la messe et le rite *grégorien* ; ◇ GRÉGOIRE VII (*saint*), [v. 1020-1085], pape de 1073 à 1085, adversaire de l'empereur Henri IV dans la querelle des Investitures ; ◇ GRÉGOIRE XIII (1502-1585), pape de 1572 à 1585, qui réforma le calendrier.

**Grégoire** (*Henri*, dit **l'abbé**), prêtre français (1750-1831), chef de l'Église constitutionnelle.

**Grémillon** (*Jean*), cinéaste français (1901-1959) : *Remorques*.

**Grenade,** v. d'Espagne ; 232 770 h. Palais mauresque de l'Alhambra.

**Grenade,** île et État des Antilles ; 344 km² ; 112 519 h. (*Grenadiens*). Cap. *Saint George's*.

**Grenelle** (*accords de*), accords sur le travail négociés en mai 1968 entre le gouvernement, le patronat et les syndicats. ◇ Par extension, nom donné à de grandes négociations sur des sujets majeurs (Grenelle de l'environnement, 2007).

**Grenoble,** ch.-l. de l'Isère ; 160 441 h. (*Grenoblois*).

**Greuze** (*Jean-Baptiste*), peintre français (1725-1805).

**Grève** (*place de*), anc. nom de l'actuelle place de l'Hôtel-de-Ville, à Paris.

**Grevisse** (*Maurice*), grammairien belge (1895-1980) : *le Bon Usage*.

**Grévy** (*Jules*), homme politique français (1807-1891). Président de la République de 1879 à 1887.

**Griaule** (*Marcel*), ethnologue français (1898-1956).

**Grieg** (*Edvard*), compositeur norvégien (1843-1907) : *Peer Gynt*.

**Griffith** (*David*), cinéaste américain (1875-1948) : *Naissance d'une nation*.

**Grimaldi** (*maison de*), famille d'origine génoise régnant sur Monaco depuis le XVe s.

**Grimault** (*Paul*), cinéaste français d'animation (1905-1994) : *le Roi et l'Oiseau*.

**Grimm** (*Wilhelm*), écrivain allemand (1786-1859) auteur de *Contes*, avec son frère *Jacob* (1785-1863), fondateur de la philologie allemande.

**Grimod de La Reynière**, gastronome français (1758-1838), initiateur de la presse gastronomique.

**Gris** (*Juan*), peintre cubiste espagnol (1887-1927).

**Grisons**, canton de Suisse.

**Grock** (*Adrien* WETTACH, dit), artiste de cirque suisse (1880-1959).

**Groenland**, vaste île danoise (avec une large autonomie) au nord-est de l'Amérique, recouverte de glaciers ; 2 186 000 km².

**Groix**, île du Morbihan.

**Gromyko** (*Andreï*), homme politique soviétique (1909-1989).

**Gropius** (*Walter*), architecte allemand (1883-1969), établi aux États-Unis en 1937.

**Grouchy** (*Emmanuel* DE), maréchal de France (1766-1847).

**Grünewald** (*Matthias*), peintre allemand (m. en 1528) : retable d'Issenheim.

**Gruss**, famille française d'artistes de cirque.

**Guadalajara**, v. du Mexique ; 1 494 134 h.

**Guadalcanal**, île du Pacifique. Combats entre les Japonais et les Américains (1942-1943).

**Guadalquivir**, fl. de l'Espagne méridionale (Atlantique) ; 630 km.

**Guadeloupe**, dép. et Région d'outre-mer (971), aux Antilles ; ch.-l. *Basse-Terre* ; ch.-l. d'arr. *Pointe-à-Pitre* ; 389 995 h. (*Guadeloupéens*).

**Guantánamo**, v. de l'est de Cuba ; 219 095 h. Sur la baie, base navale américaine (lieu de détention, depuis 2001, de personnes soupçonnées de terrorisme par les États-Unis).

**Guardi** (*Francesco*), peintre italien (1712-1793).

**Guatemala**, État de l'Amérique centrale ; 109 000 km² ; 16 858 333 h. (*Guatémaltèques*). Cap. *Guatemala*.

**Guayaquil**, v. principale et port de l'Équateur ; 2 291 158 h. (aggl.).

**Guebwiller** (*ballon de*), point culminant des Vosges ; 1 424 m.

**Guéret**, ch.-l. de la Creuse ; 13 371 h. (*Guérétois*).

**Guernesey**, une des îles Anglo-Normandes.

**Guernica**, v. du Pays basque espagnol. Son bombardement par l'aviation allemande en 1937 a inspiré à Picasso une grande toile.

**guerre de 1870-1871**, guerre entre la France et la Prusse. La France, défaite, y perdit l'Alsace-Lorraine. L'Empire allemand fut proclamé à Versailles.

**Guerre des étoiles** (*la*), film de science-fiction de G. Lucas (1977).

**Guerre et Paix**, roman de L. Tolstoï.

**guerre froide**, tension qui opposa les États-Unis et l'URSS de 1948 à 1963.

**Guerre mondiale** (*Première*) ou **Grande Guerre**, guerre qui, de 1914 à 1918, opposa les pays de l'Europe centrale (Allemagne, Autriche-Hongrie, Bulgarie, Turquie) aux pays de la Triple-Entente (France, Grande-Bretagne, Russie) et à leurs alliés (Belgique, Italie, États-Unis, Portugal, Serbie, Roumanie). Elle se termina par la victoire des seconds.

**Guerre mondiale** (*Seconde*), guerre qui, de 1939 à 1945, opposa l'Allemagne, l'Italie, le Japon et leurs alliés (l'« Axe ») à la France, la Grande-Bretagne, l'URSS, les États-Unis, la Chine et leurs alliés. Ces derniers furent victorieux.

**Guesclin** (*Bertrand* DU), connétable de France (v. 1320-1380). Il mena la guerre contre les Anglais.

**Guesde** (*Jules*), homme politique français (1845-1922), marxiste.

**Guevara** (*Ernesto*, dit **Che**), homme politique cubain (1928-1967). Il développa la guérilla en Amérique latine.

**Guggenheim** (*Solomon R.*), industriel et collectionneur d'art américain (1861-1949). ◇ Musées Guggenheim à New York, Bilbao et Venise (Peggy-Guggenheim).

**Guignol**, personnage principal des marionnettes lyonnaises.

**Guillaume Ier le Conquérant** (v. 1028-1087), duc de Normandie, roi d'Angleterre à partir de 1066. ◇ GUILLAUME III (1650-1702), à la tête des Provinces-Unies après 1672, roi d'Angleterre en 1689.

**Guillaume Ier** (1797-1888), roi de Prusse en 1861, empereur allemand après 1871. ◇ GUILLAUME II (1859-1941), empereur en 1888. Il abdiqua en 1918.

**Guillaume de Lorris,** poète français (v. 1200/1210-apr. 1240), auteur de la première partie du *Roman de la Rose*.

**Guillaume** (*Paul*), psychologue français (1878-1962).

**Guillaume de Machaut** ou **de Machault,** poète et musicien français (v. 1300-1377) : *Messe de Notre-Dame*.

**Guillaume d'Occam,** philosophe anglais (1285-1349).

**Guillaume Tell,** héros légendaire de l'indépendance helvétique (XIVe s.).

**Guimard** (*Hector*), architecte français (1867-1942), maître de l'Art nouveau.

**Guinée,** État de l'Afrique occidentale ; 250 000 km$^2$ ; 13 132 792 h. (*Guinéens*). Cap. *Conakry*.

**Guinée-Bissau,** anc. **Guinée portugaise**, État de l'Afrique au sud du Sénégal ; 36 125 km$^2$ ; 1 967 998 h. (*Bissau-Guinéens*). Cap. *Bissau*.

**Guinée équatoriale,** anc. **Guinée espagnole**, État de l'Afrique équatoriale ; 28 100 km$^2$ ; 1 402 985 h. (*Équato-Guinéens*). Cap. *Malabo*.

**Guinness** (sir *Alec*), acteur britannique (1914-2000) : *le Pont de la rivière Kwaï*.

**Guise** (*maison de*), famille française dont les membres les plus importants sont FRANÇOIS, *duc* DE GUISE, chef catholique, au début des guerres de Religion (1519-1563) ; ◇ HENRI, *duc* DE GUISE, rival d'Henri III, assassiné à Blois (1550-1588).

**Guitry** (*Sacha*), acteur, auteur dramatique et cinéaste français (1885-1957) : *le Roman d'un tricheur*.

**Guizèh → Gizeh.**

**Guizot** (*François*), homme politique et historien français (1787-1874), ministre de Louis-Philippe de 1840 à 1848.

**Gujerat,** État du nord-ouest de l'Inde.

**Gulf Stream,** courant chaud de l'Atlantique septentrional.

**Gulliver** (*les Voyages de*), roman de Swift.

**Guomindang,** parti nationaliste chinois fondé en 1912 par Sun Yat-sen.

**Gustave II Adolphe** (1594-1632), roi de Suède en 1611. ◇ GUSTAVE V (1858-1950), roi de Suède en 1907.

**Gutenberg** (*Johannes*), inventeur allemand de l'imprimerie (v. 1399-1468).

**Guterres** (*António Manuel* DE OLIVEIRA), homme politique portugais (né en 1949). Premier ministre socialiste de 1995 à 2002 et secrétaire général de l'ONU depuis 2017.

**Guyana,** anc. **Guyane britannique**, État de l'Amérique du Sud ; 215 000 km$^2$ ; 786 559 h. (*Guyaniens*). Cap. *Georgetown*.

**Guyane,** dép. et Région d'outre-mer (973) ; ch.-l. *Cayenne,* ch.-l. d'arr. *Saint-Laurent-du-Maroni* ; 284 085 h. (*Guyanais*).

**Guyenne,** anc. prov. de France et autre nom de l'Aquitaine ; cap. *Bordeaux*.

**Guynemer** (*Georges*), aviateur français (1894-1917).

**Gwalior,** v. de l'Inde du Nord ; 1 101 981 h. (aggl.). Temples, palais fortifié.

# H

**Haakon,** nom de sept rois de Norvège.

**Haarlem,** v. des Pays-Bas ; 153 093 h.

**Haber** (*Fritz*), physicien et chimiste allemand (1868-1934).

**Habermas** (*Jürgen*), philosophe allemand (né en 1929), membre de l'école de Francfort.

**Habré** (*Hissène*), homme politique tchadien (1942-2021), président de la République de 1982 à 1990. Jugé pour crimes contre l'humanité par une juridiction internationale, il fut condamné à la prison à perpétuité.

**Habsbourg,** dynastie qui régna sur le Saint Empire romain germanique, sur l'Autriche (1278-1918), sur l'Espagne (1516-1700) et sur la Bohême et la Hongrie (1526-1918).

**Hachette** (*Jeanne*), héroïne française (née en 1456). Elle défendit Beauvais en 1472 contre Charles le Téméraire.

**Hachette** (*Louis*), éditeur français (1800-1864), créateur d'une société d'édition faisant auj. partie du groupe Lagardère.

**Hadès,** dieu grec des Enfers, le *Pluton* romain.

**Hadrien** (76-138), empereur romain après 117.

**Haeckel** (*Ernst*), zoologiste allemand (1834-1919), inventeur du terme « écologie ».

**Hafez** ou **Hafiz,** poète persan (v. 1325-1390).

**Hague** (la), cap du nord-ouest du Cotentin. Usine de retraitement de combustibles irradiés.

**Hahn** (*Otto*), chimiste et physicien allemand (1879-1968), il découvrit la fission de l'uranium.

**Hahnemann** (*Samuel*), médecin allemand (1755-1843), fondateur de l'homéopathie.

**Haïfa,** port d'Israël ; 1 036 000 h. (aggl.).

**Haigneré** (*Claudie* ANDRÉ-DESHAYS, puis) [née en 1957] et son mari *Jean-Pierre* (né en 1948), spationautes français.

**Hailé Sélassié Ier** (1892-1975), empereur d'Éthiopie (1930-1974).

**Haïm** (*Emmanuelle*), claveciniste et chef d'orchestre française (née en 1962).

**Hainaut,** prov. de Belgique ; ch.-l. *Mons*.

**Haiphong,** port du Viêt Nam ; 888 963 h. (aggl.).

**Haïti,** une des Antilles, partagée entre la *rép. d'Haïti* (27 750 km² ; 11 402 533 h. [*Haïtiens*] ; cap. *Port-au-Prince*) et la Rép. dominicaine.

**Haitink** (*Bernard*), chef d'orchestre néerlandais (1929-2021).

**Halladj** (*Abu* **al-**), théologien, mystique et martyr musulman (858-922), un des initiateurs du soufisme.

**Halley** (*Edmund*), astronome britannique (1656-1742). Il étudia les comètes.

**Hallstatt** ou **Hallstadt,** village d'Autriche, site du premier âge du fer (900-450 av. J.-C.).

**Hallyday** (*Jean-Philippe* SMET, dit **Johnny**), chanteur français de rock (1943-2017) : *l'Idole des jeunes*.

**Hals** (*Frans*), peintre néerlandais (v. 1580-1666), portraitiste.

**Hambourg,** port et Land d'Allemagne, sur l'Elbe ; 1 810 438 h.

**Hamilcar,** chef carthaginois (v. 290-229 av. J.-C.), père d'Hannibal.

**Hamilton,** v. du Canada ; 536 917 h.

**Hamilton** (sir *Lewis*), coureur automobile britannique (né en 1985), sept fois champion du monde des conducteurs.

**Hamlet,** drame de Shakespeare.

**Hammourabi** (1793-1750 av. J.-C.), fondateur du premier Empire babylonien et auteur du premier Code de lois écrit.

**Hamsun** (*Knut*), écrivain norvégien (1859-1952) : *la Faim*.

**Han,** dynastie impériale chinoise (206 av. J.-C.-220 apr. J.-C.).

**Hancock** (*Herbie*), pianiste et compositeur américain de jazz (né en 1940) : *Watermelon Man*.

**Händel** ou **Haendel** (*Georg Friedrich*), compositeur allemand (1685-1759) : *le Messie*.

**Handke** (*Peter*), écrivain autrichien (né en 1942) : *le Malheur indifférent*.

**Hangzhou** ou **Hang-Tcheou,** v. de Chine ; 5 189 275 h. (aggl.). Anc. cap. (XIIe-XIIIe s.).

**Hannibal,** homme d'État carthaginois (247-183 av. J.-C.). Il déclencha la deuxième guerre punique.

**Hanoï,** cap. du Viêt Nam ; 3 470 000 h. (aggl.).

**Hanovre,** région et v. d'Allemagne ; 506 416 h.

**Hanovre** (*dynastie de*), dynastie qui a régné sur le Hanovre à partir de 1692 et sur la Grande-Bretagne de 1714 à 1837. Actuelle maison de Windsor.

**Hanse,** ligue commerciale des villes allemandes (XII$^{e}$-XVI$^{e}$ s.).

**Hansen** (*James*), climatologue américain (né en 1941). Dès 1988, il a alerté sur le changement climatique dû à l'activité humaine.

**Hantaï** (*Simon*), peintre français d'origine hongroise (1922-2008).

**Haoussas,** peuple du Nigeria et du Niger.

**Harare,** anc. **Salisbury**, cap. du Zimbabwe ; 1 541 570 h.

**Harbin,** v. de Chine du Nord-Est ; 5 496 375 h. (aggl.).

**Hardy** (*Thomas*), écrivain britannique (1840-1928) : *Tess d'Urberville*.

**Harnoncourt** (*Nikolaus*), chef d'orchestre et violoncelliste autrichien (1929-2016).

**Haroche** (*Serge*), physicien français (né en 1944), spécialiste de la physique atomique et de l'optique quantique.

**Harold II** (v. 1022-1066), roi des Anglo-Saxons (1066), vaincu et tué à Hastings par Guillaume le Conquérant.

**Harpagon,** personnage de *l'Avare* de Molière.

**Harpies,** divinités grecques, mi-femmes, mi-oiseaux, pourvoyeuses des Enfers.

**Hartung** (*Hans*), peintre abstrait français d'origine allemande (1904-1989).

**Harun al-Rachid** (766-809), calife de Bagdad, héros des *Mille et Une Nuits*.

**Harvard,** université américaine (Massachusetts).

**Harvey** (*William*), médecin anglais (1578-1657). Il découvrit la circulation du sang.

**Hasdrubal,** nom de plusieurs généraux carthaginois.

**Hašek** (*Jaroslav*), écrivain tchèque (1883-1923) : *le Brave Soldat Chvéïk*.

**Haskil** (*Clara*), pianiste roumaine (1895-1960).

**Hassan** ou **Hasan II** (1929-1999), roi du Maroc de 1961 à sa mort.

**Hastings,** port d'Angleterre. Victoire de Guillaume le Conquérant en 1066.

**Haussmann** (*baron*) [1809-1891], préfet de la Seine, responsable des grands travaux de Paris.

**Haute-Volta → Burkina.**

**Hauts-de-France,** Région du nord de la France ; ch.-l. *Lille*.

**Hauts de Hurlevent** (*les*), roman de E. Brontë.

**Hauts-de-Seine,** dép. français (92) ; ch.-l. *Nanterre*, ch.-l. d'arr. *Antony, Boulogne-Billancourt* ; 1 640 721 h.

**Haüy** (*Valentin*), pédagogue français (1745-1822), fondateur de l'Institut national des jeunes aveugles.

**Havane** (**La**), cap. de Cuba ; 2 146 000 h. (aggl.).

**Havas** (*Charles Louis*), publicitaire français (1783-1858), créateur de l'Agence Havas (1835).

**Havel** (*Václav*), auteur dramatique et homme politique tchèque (1936-2011), président de la Tchécoslovaquie de 1989 à 1992 et de la République tchèque de 1993 à 2003.

**Havre** (**Le**), port de la Seine-Maritime ; 170 120 h. (*Havrais*).

**Hawaii** (*îles*), archipel de l'Océanie formant un État des États-Unis. Cap. *Honolulu*.

**Hawkins** (*Coleman*), saxophoniste américain de jazz (1904-1969).

**Hawks** (*Howard*), cinéaste américain (1896-1977) : *le Grand Sommeil*.

**Hawthorne** (*Nathaniel*), écrivain américain (1804-1864) : *la Lettre écarlate*.

**Haydn** (*Joseph*), compositeur autrichien (1732-1809) : *la Création*.

**Haye** (**La**), v. des Pays-Bas. Résidence des pouvoirs publics ; 646 000 h. (aggl.).

**Hayworth** (*Margarita Carmen* CANSINO, dite **Rita**), actrice américaine (1918-1987) : *la Dame de Shanghai*.

**HCR** (*Haut-Commissariat des Nations unies pour les réfugiés*), organisation internationale à caractère humanitaire créée en 1951.

**Hearst** (*William Randolph*), homme d'affaires américain (1863-1951), propriétaire de journaux.

**Hébert** (*Jacques*), révolutionnaire français (1757-1794). Il mena la lutte contre les modérés et fut éliminé par Robespierre.

**Hébreux,** le peuple juif, dont l'histoire ancienne est racontée dans la Bible.

**Hébrides** (*îles*), archipel d'Écosse.

**Hector,** chef troyen, tué par Achille (*Iliade*).

**Hedjaz,** région de l'Arabie saoudite ; v. pr. *La Mecque*.

**Hegel** (*Friedrich*), philosophe allemand (1770-1831), auteur d'une philosophie fondée sur la dialectique : *Phénoménologie de l'Esprit*.

**Heidegger** (*Martin*), philosophe allemand (1889-1976) : *Être et temps*.

**Heidelberg,** v. d'Allemagne ; 146 751 h. Université.

**Heifetz** (*Jascha*), violoniste américain d'origine lituanienne (1899-1987).

**Heine** (*Heinrich*), poète allemand (1797-1856).

**Heisenberg** (*Werner*), physicien allemand (1901-1976), l'un des fondateurs de la mécanique quantique.

**Hélène,** femme de Ménélas. Son enlèvement par Pâris provoqua la guerre de Troie (*Iliade*).

**Helgoland,** île allemande de la mer du Nord.

**Héliopolis,** v. de l'Égypte ancienne. Temple du dieu Rê.

**Helmholtz** (*Hermann* VON), physicien allemand (1821-1894), a énoncé le principe de conservation de l'énergie.

**Helsinki,** cap. de la Finlande ; 1 170 000 h. (aggl.).

**Hemingway** (*Ernest*), écrivain américain (1899-1961) : *le Vieil Homme et la mer.*

**Hendricks** (*Barbara*), soprano américaine naturalisée suédoise (née en 1948).

**Hendrix** (*James* MARSHALL, dit **Jimi**), guitariste américain de rock (1942-1970).

**Henri,** nom de huit rois d'Angleterre dont HENRI Ier BEAUCLERC (1069-1135), roi après 1100 et duc de Normandie ; ◇ HENRI II PLANTAGENÊT (1133-1189), roi en 1154, duc de Normandie et duc d'Aquitaine ; ◇ HENRI III (1207-1272), roi après 1216 ; ◇ HENRI V (1387-1422), roi après 1413, vainqueur des Français à Azincourt ; ◇ HENRI VI (1421-1471), roi de 1422 à 1461 ; ◇ HENRI VII (1457-1509), roi après 1485 ; ◇ HENRI VIII (1491-1547), roi à partir de 1509, marié six fois, fondateur de l'anglicanisme.

**Henri,** nom de sept rois et empereurs germaniques dont HENRI Ier L'OISELEUR (v. 875-936), roi de Germanie de 919 à 936 ; ◇ HENRI II (*saint*) [973-1024], empereur d'Occident de 1002 à 1024 ; ◇ HENRI III (1017-1056), empereur germanique de 1039 à 1056 ; ◇ HENRI IV (v. 1050-1106), empereur de 1056 à 1106, qui lutta contre Grégoire VII ; ◇ HENRI V (1081-1125), empereur de 1106 à 1125 ; ◇ HENRI VI LE CRUEL (1165-1197), empereur de 1191 à 1197.

**Henri Ier** (v. 1008-1060), roi de France après 1031. ◇ HENRI II (1519-1559), roi de France après 1547. ◇ HENRI III (1551-1589), roi de France après 1574, mourut assassiné. ◇ HENRI IV (1553-1610), roi de France après 1589, fut assassiné par Ravaillac.

**Henri le Navigateur,** prince portugais (1394-1460). Il favorisa les voyages de découverte le long des côtes de l'Afrique.

**Henriette d'Angleterre** (1644-1670), fille du roi d'Angleterre Charles Ier, épouse de Philippe d'Orléans, frère de Louis XIV.

**Henriette Marie de France** (1609-1669), reine d'Angleterre, fille du roi de France Henri IV et épouse du roi Charles Ier.

**Henry** (*Pierre*), compositeur français (1927-2017), représentant de la musique concrète, puis électroacoustique.

**Hepburn** (*Audrey*), actrice britannique (1929-1993) : *My Fair Lady.*

**Hepburn** (*Katharine*), actrice américaine (1907-2003) : *l'Impossible Monsieur Bébé.*

**Héra,** déesse grecque du Mariage, la *Junon* des Romains.

**Héraclès,** héros de la mythologie grecque identifié à l'*Hercule* latin. Il exécuta douze exploits : *les douze travaux d'Hercule.*

**Héraclite,** philosophe présocratique grec (v. 550-v. 480 av. J.-C.).

**Hérault,** fl. de France, tributaire de la Méditerranée. ◇ Dép. français (34) ; ch.-l. *Montpellier*, ch.-l. d'arr. *Béziers, Lodève* ; 1 193 790 h. (*Héraultais*).

**Herculanum,** v. de l'Italie anc., près de Naples, ensevelie par le Vésuve en 79.

**Hercule → Héraclès.**

**Heredia** (*José Maria* DE), poète français (1842-1905) : *les Trophées.*

**Hergé** (*Georges* REMI, dit), dessinateur et scénariste belge de bandes dessinées (1907-1983), auteur des aventures de *Tintin et Milou.*

**Hermé** (*Pierre*), pâtissier français (né en 1961).

**Hermès,** dieu grec du Commerce, messager de l'Olympe, identifié au *Mercure* latin.

**Hernani,** drame de Victor Hugo.

**Hérode** (73-4 av. J.-C.), roi de Judée en 40 av. J.-C. Les Évangiles lui attribuent le massacre des Innocents. ◇ HÉRODE ANTIPAS (v. 20 av. J.-C.-apr. 39 apr. J.-C.), fit décapiter Jean-Baptiste et jugea Jésus-Christ.

**Hérodiade,** princesse juive (7 av. J.-C.-39 apr. J.-C.), femme d'Hérode Antipas.

**Hérodote,** historien grec (Ve s. av. J.-C.).

**Herriot** (*Édouard*), homme politique français (1872-1957).

**Herschel** (*sir William*), astronome britannique (1738-1822). Il découvrit la planète Uranus.

**Hertz** (*Heinrich*), physicien allemand (1857-1894). Il réussit, le premier, à émettre des ondes radio (1887).

**Hertzsprung** (*Ejnar*), astrophysicien danois (1873-1967).

**Herzl** (*Theodor*), écrivain hongrois (1860-1904), promoteur du sionisme.

**Hésiode,** poète grec (VIIIe s. av. J.-C.) : *les Travaux et les jours.*

**Hespérides,** nymphes gardiennes d'un verger où poussaient des pommes d'or (*Myth. gr.*).

**Hesse,** Land d'Allemagne ; 6 213 088 h. Cap. *Wiesbaden.* V. pr. *Francfort.*

**Hesse** (*Hermann*), écrivain suisse d'origine allemande (1877-1962) : *le Loup des steppes.*

**Higgs** (*Peter*), physicien britannique (né en 1929). Il a postulé notamm. l'existence d'une particule, dite *boson de Higgs,* confirmée avec une quasi-certitude en 2012.

**Highlands,** région du nord de l'Écosse.

**Hilbert** (*David*), mathématicien allemand (1862-1943), l'un des créateurs de la méthode axiomatique.

**Hildebrandt** (*Lukas* VON), architecte baroque autrichien (1668-1745).

**Hillary** (*Edmund*), alpiniste néo-zélandais (1919-2008), vainqueur de l'Everest avec le sherpa Tenzing Norgay.

**Himalaya,** chaîne de montagnes de l'Asie, où se trouvent les plus hauts sommets du monde (Everest : 8 848 m).

**Himes** (*Chester*), écrivain américain (1909-1984), auteur de romans policiers : *la Reine des pommes*.

**Himmler** (*Heinrich*), homme politique allemand (1900-1945), chef de la Gestapo, organisateur des camps de concentration.

**Hinault** (*Bernard*), coureur cycliste français (né en 1954), cinq fois vainqueur du Tour de France.

**Hindenburg** (*Paul* VON), maréchal allemand (1847-1934), général en chef pendant la Première Guerre mondiale, président du Reich après 1925.

**Hindu Kuch,** chaîne de montagnes de l'Asie centrale.

**Hipparque,** astronome grec du IIe s. av. J.-C.

**Hippocrate,** médecin grec (v. 460-v. 377 av. J.-C.).

**Hirohito** (1901-1989), empereur du Japon de 1926 à sa mort.

**Hiroshima,** port du Japon ; 1 174 209 h. Première bombe atomique le 6 août 1945.

**Hiroshima mon amour,** film de A. Resnais (1959).

**Hirst** (*Damien*), plasticien britannique (né en 1965).

**Histoires extraordinaires,** recueil de nouvelles de E. A. Poe.

**Hitchcock** (sir *Alfred*), cinéaste britannique naturalisé américain (1899-1980), maître du suspense : *Psychose*.

**Hitler** (*Adolf*), dictateur allemand, chef du parti nazi (1889-1945). Au pouvoir en 1933, il déclencha la Seconde Guerre mondiale par sa politique expansionniste.

**Hittites,** peuple anc. d'Anatolie. Apogée aux XIVe-XIIIe s. av. J.-C.

**Hobbes** (*Thomas*), philosophe matérialiste anglais (1588-1679) : *le Léviathan*.

**Hoche** (*Lazare*), général français de la Révolution (1758-1797). Il pacifia la Vendée.

**Hô Chi Minh,** homme politique vietnamien (1890-1969), communiste, artisan de l'indépendance.

**Hô Chi Minh-Ville,** anc. **Saigon**, v. principale du Viêt Nam ; 6 189 423 h. (aggl.).

**Hockney** (*David*), peintre britannique (né en 1937), l'un des créateurs du pop'art.

**Hoffman** (*Dustin*), acteur américain (né en 1937) : *Little Big Man*.

**Hoffmann** (*Ernst Theodor Amadeus*), écrivain allemand (1776-1822) : *Contes des frères Sérapion*.

**Hoffmann** (*Jules*), biologiste français d'origine luxembourgeoise (né en 1941), spécialiste de l'immunité innée.

**Hogarth** (*William*), graveur et peintre de mœurs britannique (1697-1754).

**Hoggar,** massif volcanique du Sahara.

**Hohenzollern,** dynastie qui régna en Prusse de 1701 à 1918, ainsi que sur l'Empire allemand et la Roumanie.

**Hokkaido,** île septentrionale du Japon.

**Hokusai,** dessinateur et graveur japonais (1760-1849), maître de l'estampe.

**Holbein le Jeune** (*Hans*), peintre allemand (1497 ou 1498-1543), portraitiste de la cour d'Angleterre : *Érasme*.

**Hölderlin** (*Friedrich*), poète allemand (1770-1843) : *Hyperion*.

**Holiday** (*Billie*), chanteuse américaine de jazz (1915-1959).

**Hollande,** région la plus peuplée des Pays-Bas.

**Hollande** (*François*), homme politique français (né en 1954). Socialiste, il a été président de la République de 2012 à 2017.

**Hollywood,** quartier de Los Angeles. Studios de cinéma.

**Holocauste** (*l'*) → **Shoah.**

**Homère,** poète épique grec du IXe s. av. J.-C., auteur supposé de *l'Iliade* et de *l'Odyssée*.

**Home Rule,** régime autonome réclamé par l'Irlande après 1870, appliqué en 1914.

**Honduras,** État de l'Amérique centrale ; 112 000 km$^2$ ; 9 904 608 h. (*Honduriens*). Cap. *Tegucigalpa*.

**Honduras britannique → Belize.**

**Honecker** (*Erich*), homme politique allemand (1912-1994), président du Conseil d'État de la RDA de 1976 à 1989.

**Honegger** (*Arthur*), compositeur suisse (1892-1955) : *Jeanne d'Arc au bûcher*.

**Hongkong,** anc. territoire britannique et port du sud-est de la Chine ; 7 260 000 h.

**Hongrie,** État de l'Europe centrale ; 93 000 km$^2$ ; 9 750 149 h. (*Hongrois*). Cap. *Budapest*.

**Honolulu,** cap. des îles Hawaii ; 337 256 h.

**Honshu,** anc. **Hondo**, la plus grande île du Japon.

**Hopis,** Indiens d'Amérique du Nord.

**Hopkins** (sir *Anthony*), acteur britannique et américain (né en 1937) : *Elephant Man*.

**Hopkins** (sir *Frederick Gowland*), biochimiste britannique (1861-1947). Il comprit le premier l'importance des vitamines.
**Hopper** (*Edward*), peintre et graveur américain (1882-1967), d'un réalisme épuré.
**Horace,** poète latin (65-8 av. J.-C.).
**Horaces,** nom de trois frères romains légendaires qui vainquirent les Curiaces, champions de la ville d'Albe.
**Horde d'Or,** État mongol (XIIIe s.-1502).
**Horkheimer** (*Max*), philosophe et sociologue allemand (1895-1973), membre de l'école de Francfort.
**Horn** (*cap*), extrémité de la Terre de Feu.
**Horowitz** (*Vladimir*), pianiste russe naturalisé américain (1904-1989).
**Horta** (*Victor*), architecte belge (1861-1947), maître de l'Art nouveau.
**Hortense de Beauharnais,** reine de Hollande (1783-1837), épouse de Louis Bonaparte, mère de Napoléon III.
**Horus,** dieu solaire de l'ancienne Égypte.
**Hottentots,** peuple de Namibie.
**Houdon** (*Jean Antoine*), sculpteur français (1741-1828).
**Houellebecq** (*Michel*), écrivain français (né en 1956 ou 1958) : *les Particules élémentaires*.
**Houphouët-Boigny** (*Félix*), homme politique ivoirien (1905-1993). Président de Côte d'Ivoire de 1960 jusqu'à sa mort.
**Houston,** port des États-Unis (Texas) ; 2 339 558 h. (5 946 800 avec les banlieues).
**Hoxha** ou **Hodja** (*Enver*), homme politique albanais (1908-1985). Fondateur et dirigeant du parti communiste albanais, il fut président du Conseil de 1945 à 1954.
**Huang He** ou **Houang-ho** ou **fleuve Jaune,** fl. de la Chine du Nord ; 4 845 km.
**Hubble** (*Edwin Powell*), astrophysicien américain (1889-1953), pionnier de l'étude des galaxies.
**Hubert** (*saint*), évêque de Liège, patron des chasseurs (m. en 727).
**Hudson,** fl. des États-Unis, qui se jette dans l'Atlantique à New York ; 500 km.
**Hudson** (*baie d'*), golfe du Canada.
**Huê,** v. du Viêt Nam central ; 302 983 h.
**Hugo** (*Victor*), écrivain français (1802-1885), chef de l'école romantique, auteur de poèmes (*la Légende des siècles*), de romans (*Notre-Dame de Paris, les Misérables*) et de drames (*Ruy Blas, Hernani*).
**Hugues Ier Capet** (v. 941-996), roi de France après 987. Il fonda la dynastie des Capétiens.
**Huis clos,** drame de J.-P. Sartre.
**Huit et demi,** film de F. Fellini (1963).
**Hu Jintao,** homme politique chinois (né en 1942), président de la République de 2003 à 2013.
**Humboldt** (*Wilhelm* VON), linguiste allemand (1767-1835). ◇ Son frère ALEXANDRE fut un naturaliste et un explorateur (1769-1859).
**Hume** (*David*), philosophe britannique (1711-1776).
**Humphrey** (*Doris*), danseuse et chorégraphe américaine (1895-1958), pionnière de la modern dance.
**Hundertwasser** (*Friedrich* STOWASSER, dit **Friedensreich**), peintre autrichien (1928-2000).
**Huns,** peuple nomade d'Asie qui envahit l'Europe, conduit par Attila (Ve s.).
**Huppert** (*Isabelle*), actrice française (née en 1953) : *Violette Nozière*.
**Huron,** lac entre le Canada et les États-Unis.
**Hurons,** peuple indien de l'Amérique du Nord.
**Hus** (*Jan*), réformateur tchèque (1371-1415), brûlé comme hérétique.
**Husayn** ou **Hussein,** troisième imam des chiites, fils d'Ali (626-680), tué par les Omeyyades.
**Husayn** ou **Hussein** (1935-1999), roi de Jordanie de 1952 à sa mort.
**Husayn** ou **Hussein** (1765-1838), dernier dey d'Alger.
**Husayn** ou **Hussein** (*Saddam*), homme politique irakien (1937-2006), au pouvoir de 1979 à 2003.
**Husserl** (*Edmund*), philosophe allemand (1859-1938).
**Huston** (*John*), cinéaste américain (1906-1987) : *le Faucon maltais*.
**Huston** (*Nancy*), écrivaine française d'origine canadienne (née en 1953) : *les Variations Goldberg*.
**Hutton** (*James*), géologue britannique (1726-1797), l'un des fondateurs de la géologie moderne.
**Huxley** (*Aldous*), écrivain britannique (1894-1963) : *le Meilleur des mondes*.
**Huygens** (*Christiaan*), physicien et astronome hollandais (1629-1695). Il établit la théorie du pendule et une théorie ondulatoire de la lumière.
**Huyghe** (*René*), historien de l'art et esthéticien français (1906-1997).
**Huysmans** (*Joris-Karl*), écrivain français (1848-1907) : *À rebours*.
**Hyderabad,** v. de l'Inde ; 6 809 970 h.
**Hyères** (*îles d'*), archipel près de Toulon : Porquerolles, Port-Cros, île du Levant.
**Hyksos,** peuples sémites qui envahirent l'Égypte de 1730 à 1580 av. J.-C.
**Hymette** (*mont*), montagne au sud d'Athènes, renommée pour son miel et son marbre.

# I

**Iakoutes,** peuple de Sibérie (Iakoutie).

**Iaroslavl,** v. de Russie ; 591 486 h.

**Ibadan,** v. du Nigeria ; 2 854 984 h. (aggl.).

**Ibères,** peuple installé dans la péninsule Ibérique à la fin du néolithique.

**Ibérique** (*péninsule*), ensemble constitué par l'Espagne et le Portugal.

**Ibn al-Arabi,** philosophe et mystique arabe (1165-1240).

**Ibn Battuta,** voyageur et géographe arabe (1304-v. 1370).

**Ibn Khaldun,** philosophe et historien arabe (1332-1406).

**Ibn Saud** (v. 1887-1953), roi d'Arabie saoudite après 1932.

**Ibos,** peuple du Nigeria.

**Ibsen** (*Henrik*), auteur dramatique norvégien (1828-1906) : *Maison de poupée*.

**Icare,** fils de Dédale. Il s'envola du Labyrinthe avec des ailes fixées avec de la cire, qui fondit au soleil (*Myth. gr.*).

**Idaho,** État du nord-ouest des États-Unis. Cap. *Boise*.

**Iekaterinbourg,** anc. *Sverdlovsk*, v. de Russie, dans l'Oural ; 1 350 136 h.

**Ieltsine → Eltsine.**

**Iéna** (*bataille d'*), victoire de Napoléon sur les Prussiens, en Allemagne (1806).

**Ienisseï,** fl. de Sibérie ; 3 354 km.

**IFOP** (*Institut français d'opinion publique*), institut français de sondages, créé en 1938.

**Ignace de Loyola** (*saint*), fondateur de l'ordre des Jésuites (1491-1556).

**Île au trésor** (*l'*), roman d'aventures de R. L. Stevenson.

**Île-de-France,** Région et anc. prov. de France ; ch.-l. *Paris*.

**Iliade** (*l'*), poème attribué à Homère : récit de la guerre de Troie (ou *Ilion*).

**Ille-et-Vilaine,** dép. français (35) ; ch.-l. *Rennes*, ch.-l. d'arr. *Fougères, Redon, Saint-Malo* ; 1 104 397 h.

**Illinois,** État du centre des États-Unis. Cap. *Springfield*. V. pr. *Chicago*.

**Illuminations,** recueil poétique de A. Rimbaud.

**Illyrie,** ancien nom de la région balkanique.

**Impression, soleil levant,** tableau de C. Monet, à l'origine du terme « impressionnisme ».

**Incas,** ancien peuple du Pérou. Empire, dont l'apogée se situe au XVᵉ s. et qui fut détruit par les Espagnols en 1532.

**Inchon,** port de Corée du Sud ; 2 638 000 h.

**Inconnus** (**les**), groupe d'humoristes français formé en 1984, qui a dynamisé le genre comique grâce à son sens aigu de la parodie.

**Inde** (*république de l'*), État fédéral de l'Asie méridionale ; 3 268 000 km² ; 1 380 004 385 h. (*Indiens*). Cap. *New Delhi*.

**Indépendance américaine** (*guerre de l'*), guerre qui opposa les colons américains à l'Angleterre, et s'acheva par la création des États-Unis (1775-1782).

**Indes occidentales,** nom donné à l'Amérique par Colomb.

**Indiana,** État du centre des États-Unis. Cap. *Indianapolis*.

**Indien** (*océan*), océan entre l'Afrique, l'Asie et l'Australie.

**Indiens,** nom donné aux habitants de l'Inde et aux premiers habitants de l'Amérique.

**Indochine,** péninsule d'Asie comprenant la Birmanie, la Thaïlande, la Malaisie, le Viêt Nam, le Cambodge et le Laos.

**Indonésie,** État groupant les anc. possessions hollandaises de l'Asie du Sud-Est, dont Java ; 1 885 126 km² ; 273 523 621 h. (*Indonésiens*). Cap. *Jakarta*.

**Indore,** v. de l'Inde centrale ; 2 167 447 h. (aggl.).

**Indra,** divinité hindouiste.

**Indre,** affl. de la Loire. ◇ Dép. français (36) ; ch.-l. *Châteauroux*, ch.-l. d'arr. *Le Blanc, La Châtre, Issoudun* ; 225 013 h.

**Indre-et-Loire,** dép. français (37) ; ch.-l. *Tours*, ch.-l. d'arr. *Chinon, Loches* ; 622 318 h.

**Indus,** grand fleuve de l'Asie du Sud (Pakistan) ; 3 040 km. Sur ses rives, civilisation florissante entre le IIIᵉ et le IIᵉ millénaire.

**Indy** (*Vincent d'*), compositeur français (1851-1931).

**Ingouches,** peuple caucasien de Russie (Tchétchénie, Ingouchie et Ossétie du Nord-Alanie principalement) [env. 240 000].

**Ingres** (*Jean-Auguste*), peintre français (1780-1867), néoclassique.

**Innocent,** nom de treize papes. ◇ INNOCENT III (1160-1216), pape de 1198 à sa mort, se heurta à Philippe Auguste et Jean sans Terre, prêcha la 4e croisade et la croisade des albigeois et réunit le concile de Latran. ◇ INNOCENT X (1574-1655), pape de 1644 à sa mort, condamna le jansénisme.

**Innsbruck,** v. d'Autriche (Tyrol) ; 119 617 h.

**Inönü** (*Ismet*), général et homme politique turc (1884-1973), au pouvoir de 1923 à 1950.

**Inquisition,** tribunal ecclésiastique qui jugeait les hérétiques (XIIIe-XVIIIe s).

**INRAE** (*Institut national de recherche pour l'agriculture, l'alimentation et l'environnement*), établissement public français créé en 2020.

**INSEE** (*Institut national de la statistique et des études économiques*), organisme public français créé en 1946.

**INSERM** (*Institut national de la santé et de la recherche médicale*), organisme français créé en 1964.

**Institut de France,** ensemble des cinq Académies (française, des inscriptions et belles-lettres, des sciences, des beaux-arts, des sciences morales et politiques) sises au palais de l'Institut, à Paris.

**Insulinde,** partie insulaire de l'Asie méridionale (Indonésie et Philippines).

**Intelsat,** société internationale de télécommunications par satellites créée en 1964.

**Internationale** (*l'*), association internationale rassemblant les travailleurs. Il y a eu quatre Internationales. ◇ Chant révolutionnaire de E. Pottier et P. Degeyter (1871).

**Interpol,** organisation internationale de police criminelle, créée en 1923.

**Interprétation des rêves** (*l'*), ouvrage de S. Freud.

**Intifada,** soulèvement populaire palestinien, déclenché en 1987 dans les territoires occupés par Israël.

**Inuits,** nom que se donnent les Esquimaux.

**Invalides** (*hôtel des*), monument de Paris construit à la fin du XVIIe s. par J. H.-Mansart.

**Io,** mortelle changée par Zeus en génisse.

**Ionesco** (*Eugène*), auteur dramatique français d'origine roumaine (1912-1994). Il a dénoncé l'absurdité de l'existence : *les Chaises*.

**Ionie,** partie centrale de la côte d'Asie Mineure antique ; v. pr. *Éphèse, Milet*.

**Ionienne** (*mer*), partie de la Méditerranée entre l'Italie du Sud et la Grèce où se trouvent les *îles Ioniennes* (Corfou, Zante, Céphalonie, Leucade, Ithaque, Cythère).

**Iowa,** État du centre des États-Unis. Cap. *Des Moines*.

**Iphigénie,** fille d'Agamemnon, qui la sacrifia aux dieux pour permettre le départ de la flotte (*Myth. gr.*).

**Ipsos,** société française d'études et de conseil fondée en 1975, spécialisée dans les sondages d'opinion.

**IRA** (*Irish Republican Army*), force paramilitaire irlandaise qui fut le fer de lance de la lutte contre le pouvoir britannique pour obtenir la réunification de l'île.

**Iráklion** ou **Héraklion,** anc. **Candie,** v. de Crète ; 173 993 h.

**Iran,** anc. *Perse,* État de l'Asie occidentale ; 1 650 000 km² ; 83 992 953 h. (*Iraniens*). Cap. *Téhéran*.

**Iraq** ou **Irak,** État de l'Asie occidentale, 434 000 km² ; 40 222 503 h. (*Iraquiens* ou *Irakiens*). Cap. *Bagdad*.

**Irène** (752-803), impératrice d'Orient (797-802).

**Irkoutsk,** v. de Russie (Sibérie) ; 587 225 h.

**Irlande,** une des îles Britanniques. Elle forme, au sud, un État indépendant (Éire) : 70 000 km² ; 4 985 674 h. (*Irlandais*) ; cap. *Dublin*. Le nord de l'île fait partie du Royaume-Uni ; cap. *Belfast*.

**Iroquois,** anc. peuple indien de l'Amérique du Nord.

**Irving** (*Washington*), écrivain américain (1783-1859).

**Isaac,** fils d'Abraham qui manqua de le sacrifier à Dieu, et père de Jacob (*Bible*).

**Isabeau de Bavière,** reine de France (1371-1435), régente pendant la folie de Charles VI, son époux.

**Isabelle Ire la Catholique** (1451-1504), reine de Castille après 1474. Elle épousa Ferdinand d'Aragon.

**Isaïe,** prophète hébreu (740-687 av. J.-C.).

**Isère,** affl. du Rhône. ◇ Dép. français (38) ; ch.-l. *Grenoble,* ch.-l. d'arr. *La Tour-du-Pin, Vienne* ; 1 296 116 h.

**Ishtar** ou **Ashtart** ou **Astarté,** déesse principale de la Mésopotamie.

**Isis,** déesse égyptienne, sœur et femme d'Osiris.

**Islamabad,** cap. du Pakistan ; 1 297 000 h. (aggl.).

**Islande,** État insulaire de l'Atlantique nord ; 103 000 km² ; 366 463 h. (*Islandais*). Cap. *Reykjavík*.

**Ismaël,** fils d'Abraham et de sa servante Agar. Il serait l'ancêtre des Arabes.

**Ispahan,** v. d'Iran, 4 168 219 h. (aggl.). Mosquée.

**Israël,** État de l'Asie occidentale ; 21 000 km² ; 9 215 100 h. (*Israéliens*). Cap. *Jérusalem* (selon le Parlement israélien [*Knesset*]). ◇ Le ROYAUME D'ISRAËL (931-721 av. J.-C.) se forma au nord de la Palestine à la mort de Salomon.

**israélo-arabes** (*guerres*), conflits ouverts ayant opposé les pays arabes à l'État d'Israël : 1948-49 ; 1956 (*Suez*) ; 1967 (*guerre des Six Jours*) ; 1973 (*guerre du Kippour*).

**Istanbul,** anc. **Constantinople**, v. principale et port de Turquie sur le Bosphore ; 11 253 297 h. (aggl.). Sainte-Sophie, mosquée Süleymaniye.

**Istrie,** presqu'île de l'Adriatique.

**Italie,** État de l'Europe méridionale ; 301 000 km² ; 59 449 527 h. (*Italiens*). Cap. *Rome* ; v. pr. *Milan, Naples, Venise, Florence.*

**Italie** (*guerres d'*), expéditions menées par les rois de France en Italie, de 1494 à 1559.

**Ithaque,** île Ionienne, patrie d'Ulysse.

**Ivan IV le Terrible** (1530-1584), premier tsar de Russie (1547).

**Ives** (*Charles*), compositeur américain (1874-1954).

**Izmir,** anc. *Smyrne,* port de Turquie sur la mer Égée ; 2 841 907 h. (aggl.).

# J

**Jackson** (*Andrew*), homme politique américain (1767-1845). Démocrate, président des États-Unis de 1829 à 1837.

**Jackson** (*Mahalia*), chanteuse américaine de gospel (1911-1972).

**Jackson** (*Michael*), chanteur de pop américain (1958-2009) : *Thriller, Bad.*

**Jacob,** le dernier patriarche hébreu. Ses douze fils fondèrent les douze tribus (*Bible*).

**Jacob,** nom de deux menuisiers et ébénistes français : *Georges* (1739-1814) et son fils *François Honoré* (1770-1841).

**Jacob** (*François*), médecin et généticien français (1920-2013).

**Jacob** (*Max*), écrivain français (1876-1944), précurseur du surréalisme.

**Jacobins,** club révolutionnaire fondé en 1789, animé par Robespierre après 1792.

**Jacquard** (*Joseph-Marie*), inventeur d'un métier à tisser (1752-1834).

**Jacques,** nom de deux apôtres. ◇ JACQUES LE MAJEUR évangélisa l'Espagne. ◇ JACQUES LE MINEUR mourut lapidé.

**Jacques,** nom de plusieurs rois d'Écosse et d'Angleterre dont JACQUES Ier (1566-1625), fils de Marie Stuart, roi d'Écosse après 1567, roi d'Angleterre après 1603 ; ◇ JACQUES II (1633-1701), roi d'Angleterre (1685-1688), détrôné.

**Jaffa → Tel-Aviv-Jaffa.**

**Jagellons,** dynastie qui régna sur la Pologne de 1384 à 1572, ainsi qu'en Lituanie, en Hongrie et en Bohême.

**Jaipur,** v. de l'Inde du Nord-Ouest ; cap. du Rajasthan ; 3 073 350 h.

**Jakarta** ou **Djakarta,** anc. **Batavia,** cap. de l'Indonésie ; 9 756 944 h.

**Jakobson** (*Roman*), linguiste américain d'origine russe (1896-1982) : *Essais de linguistique générale.*

**Jamaïque** (la), État insulaire des Antilles ; 11 425 km$^2$ ; 2 961 161 h. (*Jamaïquains* ou *Jamaïcains*). Cap. *Kingston.*

**James** (*Henry*), romancier britannique d'origine américaine (1843-1916). ◇ Son frère WILLIAM (1842-1910), philosophe américain, fondateur du pragmatisme.

**Janequin** (*Clément*), compositeur français (v. 1485-1558), maître de la chanson polyphonique parisienne.

**Janicule,** colline de Rome.

**Jansénius** (*Corneille* JANSEN, dit), théologien hollandais (1585-1638) dont les thèses sont à l'origine du jansénisme.

**Janus,** très ancien dieu de Rome, gardien des portes, à deux visages (*Myth.*).

**Japon,** État d'Extrême-Orient, formé d'îles ; 373 000 km$^2$ ; 126 261 000 h. (*Japonais*). Cap. *Tokyo.*

**Jardin des délices** (*le*), grand retable de J. Bosch.

**Jaroussky** (*Philippe*), contre-ténor français (né en 1978).

**Jarry** (*Alfred*), écrivain français (1873-1907) : *Ubu roi.*

**Jason,** conquérant de la Toison d'or avec les Argonautes (*Myth. gr.*).

**Jaune** (*fleuve*) **→ Huang He.**

**Jaune** (*mer*), mer entre la Chine et la Corée.

**Jaurès** (*Jean*), homme politique socialiste français (1859-1914). Pacifiste, il fut assassiné.

**Java,** île de l'Indonésie ; 136 563 142 d'h.

**Jean-Baptiste** (*saint*), cousin de Jésus. Il se retira au désert, baptisa Jésus dans le Jourdain, fut décapité (m. v. 28).

**Jean Bosco** (*saint*), prêtre italien (1815-1888), fondateur de l'ordre salésien.

**Jean Chrysostome** (*saint*), ou **« Bouche d'or »**, docteur de l'Église, évêque de Constantinople (v. 344-407).

**Jean de la Croix** (*saint*), mystique espagnol (1542-1591).

**Jean l'Évangéliste** (*saint*), apôtre (m. v. 100). Auteur présumé du quatrième Évangile et de l'Apocalypse.

**Jean,** nom de vingt-trois papes dont JEAN XXIII (saint) [1881-1963], pape de 1958 à sa mort. Il convoqua le deuxième concile du Vatican (1962). Béatifié en 2000 et canonisé en 2014.

**Jean Ier,** roi de France qui ne vécut que quelques jours (1316). ◇ JEAN II LE BON (1319-1364), roi de France après 1350. Prisonnier des Anglais, il mourut en captivité.

**Jean Ier le Grand** (1357-1433), roi de Portugal après 1385.

**Jean II** (1397-1479), roi de Navarre après 1425, et roi d'Aragon après 1458.

**Jean III Sobieski** (1624-1696), roi de Pologne après 1674. Il lutta contre les Turcs.

**Jean sans Peur** (1371-1419), duc de Bourgogne après 1404. Il fut assassiné.

**Jean sans Terre** (1167-1216), roi d'Angleterre en 1199, déchu de ses fiefs français par Philippe Auguste.

**Jean de Meung** ou **Jean de Meun,** écrivain français (v. 1240-v. 1305), auteur de la seconde partie du *Roman de la Rose*.

**Jean-Marie Vianney** (*saint*), prêtre français (1786-1859), curé d'Ars.

**Jeanne III d'Albret** (1528-1572), reine de Navarre, mère d'Henri IV, calviniste.

**Jeanne d'Arc** (*sainte*), héroïne française, née à Domrémy (1412-1431). Elle obligea les Anglais à lever le siège d'Orléans (1429), et fit sacrer Charles VII à Reims. Elle fut brûlée à Rouen par les Anglais.

**Jeanne la Folle** (1479-1555), reine de Castille après 1504, mère de Charles Quint.

**Jean Paul → Richter (Johann Paul Friedrich).**

**Jean-Paul II** (saint) [1920-2005], pape de 1978 à sa mort. Béatifié en 2011 et canonisé en 2014.

**Jef Aérosol** (*Jean-François* PERROY, dit), artiste français (né en 1957), un des pionniers de l'art urbain en France.

**Jefferson** (*Thomas*), homme politique américain (1743-1826). Président des États-Unis de 1801 à 1809.

**Jéhovah,** autre nom de Yahvé.

**Jemmapes** ou **Jemappes,** victoire de Dumouriez sur les Autrichiens en 1792 (Belgique).

**Jenner** (*Edward*), médecin britannique (1749-1823). Il découvrit la vaccine.

**Jérémie,** prophète biblique.

**Jerez de la Frontera → Xeres.**

**Jéricho,** v. de Palestine.

**Jérôme** (*saint*), Père de l'Église latine (v. 347-419 ou 420), auteur de la Vulgate.

**Jersey,** une des îles Anglo-Normandes.

**Jérusalem,** v. de Palestine, proclamée cap. d'Israël par le Parlement israélien en 1980 ; 882 700 h. Ville sainte pour les juifs, les chrétiens et les musulmans. Le Mur des lamentations, la Coupole du Rocher.

**Jésus** ou **Jésus-Christ,** fondateur du christianisme. Le Messie et le Fils de Dieu selon les chrétiens, né à Bethléem, mort crucifié v. 30 de notre ère.

**Jeu d'Adam,** drame en vers d'inspiration biblique (XII^e^ s.).

**Jeu de l'amour et du hasard** (*le*), comédie de Marivaux.

**Jeu de Robin et Marion,** pastorale dramatique d'Adam de la Halle.

**Jeunes-Turcs,** groupe d'officiers qui dominèrent la vie politique de l'Empire ottoman au début du XX^e^ s.

**Jiang Jieshi → Tchang Kaï-chek.**

**Jiang Qing,** femme politique chinoise (1914-1991). Épouse de Mao Zedong, elle participa à la Révolution culturelle.

**Jinan,** v. de Chine du Nord ; 3 581 356 h. (aggl.).

**Jinnah** (*Muhammad Ali*), homme politique pakistanais (1876-1948), créateur du Pakistan.

**Jivaros,** Indiens d'Amazonie.

**Joachim** (*saint*), père de la Vierge Marie.

**Job,** personnage de la Bible. Il accepta tous les maux que Dieu voulut lui faire subir.

**Jobim → Gilberto.**

**Joconde** (*la*), portrait de la Florentine Monna Lisa, par Léonard de Vinci, v. 1503-1506.

**Joffre** (*Joseph*), maréchal de France (1852-1931), colonisateur, héros de la guerre de 1914-1918 (victoire de la Marne).

**Johannesburg,** v. de l'Afrique du Sud ; 4 434 827 h. (aggl.).

**John** (sir *Elton*), compositeur et chanteur britannique de pop (né en 1947) : *Candle in the Wind*.

**John Henry Newman** (*saint*), cardinal et théologien britannique (1801-1890).

**Johns** (*Jasper*), peintre américain (1930).

**Johnson** (*Boris*), homme politique britannique (né en 1964), Premier ministre conservateur de 2019 à 2022.

**Johnson** (*Earvin*, dit **Magic**), joueur de basket-ball américain (né en 1959).

**Johnson** (*Lyndon*), homme politique américain (1908-1973). Démocrate, président des États-Unis de 1963 à 1969.

**Johnson** (*Michael*), athlète américain (né en 1967), huit fois champion du monde.

**Joinville** (*Jean*, sire DE), chroniqueur français (v. 1224-1317), historien de Saint Louis.

**Joliot-Curie** (*Irène*) [1897-1956], fille de Pierre et de Marie Curie, et son mari, *Jean Frédéric Joliot-Curie* (1900-1958), physiciens français, découvrirent la radioactivité artificielle.

**Jonas,** personnage biblique qui aurait passé trois jours dans le ventre d'une baleine.

**Jones** (*Inigo*), architecte anglais (1573-1652), intendant des bâtiments royaux.

**Jonson** (*Ben*), auteur dramatique anglais (1572 ?-1637), ami et rival de Shakespeare : *Volpone ou le Renard*.

**Jooss** (*Kurt*), danseur et chorégraphe allemand naturalisé britannique (1901-1979).

**Joplin** (*Janis*), chanteuse américaine de rock et de blues (1943-1970) : *Try*.

**Joplin** (*Scott*), compositeur et pianiste américain de ragtime (1868-1917).

**Jordaens** (*Jacob*), peintre flamand (1593-1678).

**Jordan** (*Michael*), joueur de basket-ball américain (né en 1963).

**Jordanie,** État de l'Asie occidentale ; 92 000 km² ; 10 203 140 h. (*Jordaniens*). Cap. *Amman*.

**Joseph,** patriarche biblique, fils de Jacob, vendu par ses frères.

**Joseph** (*saint*), époux de la Vierge Marie.

**Joseph II** (1741-1790), empereur germanique après 1765, fils de Marie-Thérèse. Despote éclairé.

**Joséphine de Beauharnais** (1763-1814), première femme de Napoléon Ier. Répudiée en 1809.

**Josquin des Prés,** compositeur français (v. 1440-v. 1521).

**Josué,** successeur de Moïse (*Bible*).

**Joueurs de cartes,** tableau de P. Cézanne.

**Jouffroy d'Abbans** (*Claude François,* marquis DE), ingénieur français (1751-1832). Il est le premier à avoir fait fonctionner un bateau à vapeur (1783).

**Jouhaux** (*Léon*), syndicaliste français (1879-1954).

**Joukov** (*Gueorgui*), maréchal soviétique (1896-1974). Vainqueur à Moscou (1941) et à Leningrad (1943).

**Joule** (*James Prescott*), physicien britannique (1818-1889), l'un des fondateurs de la thermodynamique.

**Jourdain** (le), fl. de Palestine ; 360 km.

**Jourdan** (*Jean-Baptiste,* comte), maréchal de France (1762-1833), vainqueur à Fleurus.

**Journal officiel de la République française** (JO), publication officielle des lois, des décrets et des arrêtés.

**Jouvet** (*Louis*), acteur et directeur de théâtre français (1887-1951).

**Joyce** (*James*), écrivain irlandais (1882-1941) : *Ulysse*.

**József** (*Attila*), poète hongrois (1905-1937). Lyrique, d'inspiration populaire.

**Juan Carlos Ier** (né en 1938), roi d'Espagne de 1975 à 2014.

**Juda,** fils de Jacob (*Bible*).

**Juda** (*royaume de*), royaume qui se forma au sud de la Palestine à la mort de Salomon (931-587 av. J.-C.).

**Judas Iscariote,** apôtre qui trahit Jésus.

**Judée,** anc. nom du sud de la Palestine.

**Judith,** héroïne juive qui tua Holopherne, général assyrien.

**Juges** (*livre des*), livre biblique qui relate l'histoire des Juges, chefs des Hébreux.

**Juglar** (*Clément*), économiste français (1819-1905), il a découvert le cycle économique qui porte son nom.

**Jugurtha** (v. 160-104 av. J.-C.), roi de Numidie en 118, vaincu par Rome.

**Juifs,** peuple de religion et de tradition judaïques vivant en Israël et de manière dispersée dans le monde (env. 12 millions).

**Juillet (14),** fête nationale française commémorant la prise de la Bastille (1789).

**Juillet** (*monarchie de*), régime de la France sous le roi Louis-Philippe (1830-1848).

**Juin** (*Alphonse*), maréchal de France (1888-1967).

**juin 1940** (*appel du 18*), discours du général de Gaulle à la radio de Londres (BBC), appelant les Français à poursuivre le combat contre les Allemands.

**Jules II** (1443-1513), pape après 1503.

**Juliana** (1909-2004), reine des Pays-Bas de 1948 à 1980. Elle abdiqua.

**Julien l'Apostat** (331-363), empereur romain après 361. Il revint au paganisme.

**Julio-Claudiens,** première dynastie impériale romaine, de César à Néron.

**Jung** (*Carl*), psychanalyste suisse (1875-1961), à l'origine du concept d'inconscient collectif.

**Jünger** (*Ernst*), écrivain allemand (1895-1998) : *Orages d'acier*.

**Junon,** épouse de Jupiter, l'*Héra* grecque (*Myth. rom.*).

**Junot** (*Andoche*), général français (1771-1813).

**Jupiter,** père des dieux (*Myth. rom.*), le *Zeus* grec. ◇ Planète du Système solaire.

**Jura,** montagne de France et de Suisse. ◇ Dép. français (39), ch.-l. *Lons-le-Saunier,* ch.-l. d'arr. *Dole, Saint-Claude* ; 268 328 h. (*Jurassiens*). ◇ Canton de Suisse.

**Jussieu** (*Antoine Laurent* DE), botaniste français (1748-1836).

**Justinien Ier** (482-565), empereur byzantin après 527. Grand législateur.

**Juvarra** ou **Juvara** (*Filippo*), architecte et décorateur baroque italien (1678-1736).

**Juvénal,** poète latin (v. 60-v. 130).

**Jylland** ou **Jütland,** presqu'île danoise.

# K

**K2,** deuxième sommet du monde, dans l'Himalaya ; 8 611 m.

**Kaaba,** édifice sacré au centre de la Grande Mosquée de La Mecque.

**Kabardes,** peuple caucasien de Russie, vivant surtout en Kabardino-Balkarie (env. 400 000).

**Kaboul,** cap. de l'Afghanistan ; 3 096 910 h.

**Kabylie,** région montagneuse d'Algérie.

**Kádár** (*János*), homme politique hongrois (1912-1989), au pouvoir de 1956 à 1988.

**Kadhafi** (*Muammar* **al-**), homme politique libyen (1942–2011), au pouvoir à partir de 1969.

**Kafka** (*Franz*), écrivain tchèque de langue allemande (1883-1924) : *la Métamorphose*.

**Kahlo** (*Frida*), peintre mexicaine d'inspiration surréaliste (1907-1954).

**Kahnweiler** (*Daniel Henry*), marchand de tableaux et écrivain d'art d'origine allemande (1884-1979).

**Kairouan,** v. de Tunisie centrale ; 139 070 h. Grande Mosquée.

**Kalahari,** désert d'Afrique australe.

**Kalmouks,** peuple mongol vivant principalement en Russie (rép. de Kalmoukie).

**Kama-sutra,** traité indien de l'art d'aimer (v. l'an 500).

**Kampala,** cap. de l'Ouganda ; 1 516 210 h. (aggl.).

**Kamtchatka,** presqu'île de Sibérie.

**Kanaks,** peuple mélanésien de la Nouvelle-Calédonie.

**Kandinsky** (*Vassily* ou *Wassily*), peintre français d'origine russe (1866-1944), pionnier de l'art abstrait.

**Kanpur,** v. de l'Inde centrale ; 2 920 067 h. (aggl.).

**Kansas,** État des États-Unis. Cap. *Topeka*.

**Kansas City,** v. des États-Unis ; 470 800 h.

**Kant** (*Emmanuel*), philosophe allemand (1724-1804) : *Critique de la raison pure*.

**Kantor** (*Tadeusz*), artiste et homme de théâtre polonais (1915-1990).

**Kapoor** (sir *Anish*), plasticien britannique d'origine indienne (né en 1954).

**Karabatic** (*Nikola*), handballeur français (né en 1984).

**Karachi,** port du Pakistan ; 13 876 254 h. (aggl.).

**Karadjordjević,** dynastie serbe qui régna de 1842 à 1858 et de 1903 à 1945, rivale des Obrenović.

**Karajan** (*Herbert* VON), chef d'orchestre autrichien (1908-1989), chef de l'Orchestre philharmonique de Berlin (1954-1989).

**Karakorum,** chaîne de montagnes du Cachemire.

**Karen,** peuple vivant principalement en Birmanie et en Thaïlande (env. 3 millions).

**Karlsruhe,** v. d'Allemagne ; 289 173 h.

**Karnak,** site d'Égypte sur les ruines de l'anc. Thèbes. Temple d'Amon.

**Karnataka,** État du sud de l'Inde.

**Karpov** (*Anatoli Ievguenievitch*), joueur d'échecs russe (né en 1951).

**Kasparov** (*Garri* WEINSTEIN, dit *Garry*), joueur d'échecs russe (né en 1963).

**Kastler** (*Alfred*), physicien français (1902-1984), spécialiste de l'optique physique.

**Katanga,** anc. **Shaba**, région du sud de la Rép. dém. du Congo (anc. Zaïre). Mines.

**Kateb** (*Yacine*), écrivain algérien d'expression française et arabe (1929-1989) : *Nedjma*.

**Katmandou,** cap. du Népal ; 1 014 570 h.

**Katowice,** v. de Pologne ; 311 179 h.

**Katyn,** village de Russie où furent retrouvés les cadavres de 4 500 officiers polonais abattus en 1940-41 par les Soviétiques.

**Kaunas,** v. de Lituanie ; 321 201 h.

**Kawabata** (*Yasunari*), écrivain japonais (1899-1972) : *Pays de neige*.

**Kawasaki,** port du Japon ; 1 425 678 h.

**Kazakhstan,** État de l'Asie centrale ; 2 717 000 km² ; 18 755 666 h. (*Kazakhs*). Cap. *Astana*.

**Kazan,** ville de Russie, sur la Volga ; 1 143 546 h.

**Kazan** (*Elia* KAZANJOGLOUS, dit **Elia**), cinéaste américain (1909-2003) : *America, America*.

**Keaton** (*Buster*), acteur et cinéaste américain (1896-1966) : *le Cameraman*.

**Keats** (*John*), poète romantique britannique (1795-1821).

**Kellermann** (*François*), maréchal de France (1735-1820). Vainqueur à Valmy.

**Kelly** (*Eugene Curran*, dit **Gene**), chorégraphe, acteur et cinéaste américain (1912-1996) : *Chantons sous la pluie*.

**Kelvin → Thomson.**

**Kemal → Atatürk.**

**Kennedy** (*John*), homme politique américain (1917-1963). Démocrate, président des États-Unis à partir de 1961, il fut assassiné à Dallas.

**Kennedy** (*centre spatial J. F.*), base de lancement d'engins spatiaux américaine, située au cap Canaveral.

**Kent,** comté du sud-est de l'Angleterre.

**Kentucky,** État des États-Unis. Cap. *Frankfort.*

**Kenya,** État de l'Afrique équatoriale ; 583 000 km$^2$ ; 53 771 300 h. (*Kenyans*). Cap. *Nairobi.*

**Kenyatta** (*Jomo*), homme politique kenyan (v. 1893-1978), à la tête du pays de l'indépendance (1963) à sa mort.

**Kepler** (*Johannes*), astronome allemand (1571-1630). Il établit les lois du mouvement des planètes.

**Kerala,** État du sud-ouest de l'Inde.

**Kerenski** (*Aleksandr*), homme politique russe (1881-1970), renversé par les bolcheviks (1917).

**Kerguelen** (*îles*), archipel français du sud de l'océan Indien.

**Kerouac** (*Jack*), écrivain américain de la Beat generation (1922-1969) : *Sur la route.*

**Kertész** (*André*), photographe américain d'origine hongroise (1894-1985).

**Kertész** (*Imre*), écrivain hongrois (1929-2016) : *Être sans destin.*

**Kessel** (*Joseph*), écrivain français (1898-1979) : *le Lion.*

**Keynes** (*John Maynard*), économiste britannique (1883-1946).

**KGB,** services secrets de l'URSS de 1954 à 1991.

**Khadra** (*Mohammed* MOULESSEHOUL, dit **Yasmina**), écrivain algérien d'expression française (né en 1955) : *les Hirondelles de Kaboul.*

**Khakasses,** peuple de Russie qui vit en Khakassie (env. 80 000).

**Kharkiv,** v. d'Ukraine ; 1 451 132 h.

**Khartoum,** cap. du Soudan ; 5 000 000 h. (aggl.).

**Khayyam** (*Omar* ou *Umar*), poète et mathématicien persan (v. 1047-v. 1122).

**Kheops** ou **Chéops,** roi d'Égypte (v. 2600 av. J.-C). Il fit construire la plus grande pyramide de Gizeh.

**Khephren** ou **Chéphren,** roi d'Égypte (v. 2500 av. J.-C.). Il fit construire la deuxième pyramide de Gizeh.

**Khmers,** peuple du Cambodge.

**Khomeyni** (*Ruhollah*), chef religieux et homme politique iranien (1912-1989), porté au pouvoir par la révolution islamique de 1979.

**Khrouchtchev** (*Nikita*), homme politique soviétique (1894-1971), au pouvoir de 1958 à 1964.

**Kiberlain** (*Sandrine*), actrice française (née en 1968) : *Neuf Mois ferme.*

**Kichinev → Chişinău.**

**Kidman** (*Nicole*), actrice australo-américaine (née en 1967) : *Eyes Wide Shut, The Hours.*

**Kiel,** port d'Allemagne ; 235 782 h.

**Kierkegaard** (*Sören*), philosophe et théologien danois (1813-1855).

**Kieślowski** (*Krzysztof*), cinéaste polonais (1941-1996) : *le Décalogue.*

**Kiev,** cap. de l'Ukraine ; 2 829 300 h. Cathédrale Sainte-Sophie.

**Kikuyus,** peuple bantou du Kenya.

**Kilimandjaro,** auj. **pic Uhuru**, point culminant de l'Afrique ; 5 895 m.

**Killy** (*Jean-Claude*), skieur français (né en 1943), triple champion olympique en 1968.

**Kim Dae-jung,** homme politique sud-coréen (1924 ou 1925-2009), président de la République de 1998 à 2003.

**Kim Il-sung,** maréchal et homme politique nord-coréen (1912-1994), chef de l'État de 1972 à sa mort. ◇ Son fils KIM JONG-IL (1941 ou 1942-2011) puis son petit-fils KIM JONG-UN (né entre 1982 et 1984) lui succèdent.

**Kimura** (*Motoo*), généticien japonais (1924-1994), auteur d'une théorie évolutionniste.

**King** (*Martin Luther*), pasteur américain (1929-1968) qui lutta pour l'intégration des Afro-Américains. Mort assassiné.

**King** (*Riley Ben* KING, dit **B. B.**), chanteur et guitariste américain de blues (1925-2015).

**King** (*Stephen*), romancier américain (né en 1947) : *Carrie, Shining, la Ligne verte.*

**Kingston,** cap. de la Jamaïque ; 587 000 h. (aggl.).

**Kinshasa,** anc. **Léopoldville**, cap. de la Rép. dém. du Congo ; 11 116 000 h. (aggl.).

**Kipling** (*Rudyard*), romancier britannique (1865-1936) : *le Livre de la jungle.*

**Kirchhoff** (*Gustav*), physicien allemand (1824-1887). Il inventa le spectroscope.

**Kirghizistan,** État de l'Asie centrale ; 199 000 km$^2$ ; 6 579 900 h. (*Kirghiz*). Cap. *Bichkek.*

**Kiribati,** État de l'Océanie ; 900 km$^2$ ; 119 446 h. (*Kiribatiens*). Cap. *Tarawa.*

**Kisangani,** v. de la Rép. dém. du Congo (anc. Zaïre) ; 782 783 h.

**Kissinger** (*Henry*), homme politique américain (né en 1923). Secrétaire d'État de 1973 à 1977, il négocia la paix avec le Viêt Nam.

**Kita-Kyushu,** port du Japon, dans le nord de Kyushu ; 977 288 h.

**Kitchener** (lord *Herbert*), maréchal britannique (1850-1916).

**Kléber** (*Jean-Baptiste*), général français (1753-1800), assassiné en Égypte.

**Klee** (*Paul*), peintre allemand (1879-1940).

**Klein** (*Melanie*), psychanalyste britannique d'origine autrichienne (1882-1960).

**Klein** (*Yves*), peintre français (1928-1962) : « monochromes » bleus.

**Kleist** (*Heinrich* VON), poète et auteur dramatique allemand (1777-1811).

**Klemperer** (*Otto*), chef d'orchestre d'origine allemande naturalisé israélien (1885-1973).

**Klimt** (*Gustav*), peintre autrichien (1862-1918), figure importante de l'Art nouveau.

**Klopstock** (*Friedrich*), poète allemand (1724-1803).

**Knox** (*John*), réformateur écossais (1505-1572), fondateur du presbytérianisme.

**Knut le Grand** (995-1035), roi d'Angleterre (1016), de Danemark (1018), de Norvège (1028).

**Kobe** ou **Kobé,** port du Japon ; 1 544 873 h.

**Koch** (*Robert*), médecin allemand (1843-1910), découvreur du bacille de la tuberculose.

**Kœnig** (*Marie Pierre*), maréchal de France (1898-1970), vainqueur à Bir Hakeim en 1942.

**Kohl** (*Helmut*), homme politique allemand (1930-2017), chancelier de la République fédérale de 1982 à 1998.

**Kokoschka** (*Oskar*), peintre et écrivain autrichien (1886-1980).

**Koltès** (*Bernard-Marie*), auteur dramatique français (1948-1989) : *Dans la solitude des champs de coton*.

**Komintern** (*le*), nom russe de la IIIe Internationale (1919-1943).

**Komis,** peuple de Russie vivant principalement dans la rép. des Komis (env. 340 000).

**Kondratiev** (*Nikolaï Dmitrievitch*), économiste russe (1892-1938). Il a mis en valeur l'existence des cycles économiques de longue durée qui portent son nom.

**Koons** (*Jeff*), artiste américain (né en 1955).

**Kopa** (*Raymond*), footballeur français (1931-2017).

**Korda** (*Sándor,* devenu sir *Alexander*), cinéaste britannique d'origine hongroise (1893-1956) : *la Vie privée de Henry VIII*.

**Kościuszko** (*Tadeusz*), patriote polonais (1746-1817).

**Kosovo,** État d'Europe, dans les Balkans ; 10 908 km$^2$ ; 1 790 133 h. (*Kosovars*). Cap. *Pristina*.

**Kossuth** (*Lajos*), patriote hongrois (1802-1894), chef de la révolution de 1848.

**Kouïbychev → Samara.**

**Kouo-min-tang → Guomindang.**

**Kouriles** (*îles*), archipel d'Asie (Russie).

**Kourou,** comm. de la Guyane. Base de lancement de fusées européennes et russes.

**Koutouzov** (*Mikhaïl*), général russe (1745-1813), adversaire de Napoléon.

**Koweït,** État d'Arabie ; 17 800 km$^2$ ; 4 270 563 h. (*Koweïtiens*). Cap. *Koweït*.

**Krakatoa** ou **Krakatau,** île d'Indonésie. Explosion de son volcan en 1883.

**Krebs** (*Hans Adolf*), biochimiste britannique (1900-1981).

**Kreisky** (*Bruno*), homme politique autrichien (1911-1990), chancelier de 1970 à 1983.

**Kremer** (*Gidon*), violoniste russe (né en 1947).

**Kremlin,** anc. forteresse de Moscou.

**Krishna** ou **Krichna,** dieu hindou.

**Kruger** (*Paul*), homme politique sud-africain (1825-1904). Président du Transvaal, il dirigea la guerre des Boers.

**Krupp** (*Alfred*), industriel allemand (1812-1887).

**Kuala Lumpur,** cap. de la Malaisie ; 1 555 910 h.

**Kubilay Khan** (1214-1294), empereur mongol après 1260.

**Kubrick** (*Stanley*), cinéaste américain (1928-1999) : *Orange mécanique*.

**Ku Klux Klan,** société secrète nord-américaine fondée en 1867, dirigée contre l'intégration des Afro-Américains.

**Kundera** (*Milan*), écrivain tchèque naturalisé français (né en 1929) : *l'Insoutenable Légèreté de l'être*.

**Kupka** (*František,* dit **Frank**), peintre et dessinateur tchèque (1871-1957), initiateur d'un art abstrait symbolique et géométrique.

**Kurdistan,** région d'Asie habitée par les *Kurdes,* partagée entre la Turquie, l'Iran, l'Iraq et la Syrie.

**Kurosawa** (*Akira*), cinéaste japonais (1910-1998) : *les Sept Samouraïs*.

**Kuznets** (*Simon*), économiste américain (1901-1985). Ses travaux statistiques ont permis d'approfondir la théorie des cycles longs.

**Kyoto,** v. du Japon ; 1 474 473 h. Ville-musée.

**Kyoto** (*protocole de*), protocole de la conférence internationale de décembre 1997 qui prévoit la réduction des émissions de gaz à effet de serre.

**Kyushu,** île méridionale du Japon.

# L

**Laban** (*Rudolf* VON), chorégraphe autrichien d'origine hongroise (1879-1958), l'un des initiateurs de la danse expressionniste.

**Labé** (*Louise*), poétesse française (1524-1566).

**Labiche** (*Eugène*), écrivain français (1815-1888), auteur de comédies de mœurs.

**Laborit** (*Henri*), biologiste et pharmacologue français (1914-1995), connu pour ses travaux sur le stress.

**La Bourdonnais** (*Bertrand François* MAHÉ DE), administrateur français (1699-1753). Il contribua à l'implantation de la France en Inde.

**Labrador,** presqu'île du Canada.

**La Bruyère** (*Jean* DE), moraliste français (1645-1696) : *les Caractères*.

**Labyrinthe,** palais édifié en Crète par Dédale pour le Minotaure.

**Lacan** (*Jacques*), psychanalyste français (1901-1981).

**Lac des cygnes** (*le*), ballet de Tchaïkovski.

**Lacédémone → Sparte.**

**Lacépède** ou **Lacepède** (*Étienne* DE), naturaliste français (1756-1825).

**Laclos** (*Pierre* CHODERLOS DE), romancier français (1741-1803) : *les Liaisons dangereuses*.

**Laconie,** anc. région du Péloponnèse dont Sparte était le centre.

**Lacordaire** (*Henri*), prédicateur dominicain français (1802-1861).

**Lacoste** (*René*), joueur de tennis français (1904-1996).

**Laennec** (*René*), médecin français (1781-1826). Il inventa le stéthoscope et vulgarisa la méthode d'auscultation.

**La Fayette** ou **Lafayette** (MADAME DE), romancière française (1634-1693) : *la Princesse de Clèves*.

**La Fayette** (*Marie Joseph,* marquis DE), général français (1757-1834). Il prit part à la guerre de l'Indépendance américaine et aux révolutions de 1789 et de 1830.

**La Fontaine** (*Jean* DE), poète français (1621-1695) : *Fables*.

**Laforgue** (*Jules*), poète symboliste français (1860-1887).

**Lagerlöf** (*Selma*), romancière suédoise (1858-1940) : *la Saga de Gösta Berling*.

**Lagides,** dynastie qui a régné sur l'Égypte antique de 305 à 30 av. J.-C.

**Lagos,** port et ville principale du Nigeria ; 11 223 041 h. (aggl.).

**Lagrange** (*Louis,* comte DE), mathématicien français (1736-1813).

**Lahore,** ville du Pakistan (Pendjab) ; 7 351 911 h. (aggl.).

**Lakanal** (*Joseph*), homme politique français (1762-1845). Conventionnel, il s'occupa surtout de l'instruction publique.

**Lally** (*Thomas* DE, baron DE TOLLENDAL), gouverneur de l'Inde française (1702-1766).

**Lalo** (*Édouard*), compositeur français d'inspiration romantique (1823-1892).

**Lamarck** (*Jean-Baptiste* DE), naturaliste français (1744-1829).

**Lamartine** (*Alphonse* DE), poète et homme politique français (1790-1869) : *les Méditations poétiques, Jocelyn*.

**La Mennais** ou **Lamennais** (*Félicité* DE), philosophe français (1782-1854).

**Lamoricière** (*Louis* DE), général français (1806-1865). Il reçut l'abdication d'Abd el-Kader.

**Lancashire,** anc. comté d'Angleterre.

**Lancaster** (*Burton Stephen,* dit **Burt**), acteur américain (1913-1994) : *le Guépard*.

**Lancastre,** famille royale anglaise rivale de la maison d'York.

**Lancelot du Lac,** un des chevaliers de la Table ronde.

**Landau** (*Lev Davidovitch*), physicien soviétique (1908-1968), auteur d'une théorie de la superfluidité.

**Landes,** région forestière du sud-ouest de la France. Forêts. ◇ Dép. français (40) ; ch.-l. *Mont-de-Marsan,* ch.-l. d'arr. *Dax* ; 425 968 h. (*Landais*).

**Landru** (*Henri Désiré*), criminel français accusé du meurtre de dix femmes (1869-1922), exécuté.

**Lang** (*Fritz*), cinéaste américain d'origine autrichienne (1890-1976) : *Metropolis*.

**Langevin** (*Paul*), physicien français (1872-1946), auteur de travaux sur le magnétisme, la relativité et les ultrasons.

**Langlois** (*Henri*), cofondateur de la Cinémathèque française (1914-1977).

**Languedoc,** anc. prov. de France ; cap. *Toulouse*. Hab. : *Languedociens*.

**Languedoc-Roussillon-Midi-Pyrénées,** Région du sud de la France ; ch.-l. *Toulouse*.

**Lanzhou,** v. de Chine, sur le Huang He ; 2 487 187 h. (aggl.).

**Lanzmann** (*Claude*), cinéaste, journaliste et écrivain français (1925-2018) : film documentaire *Shoah*.

**Laon,** ch.-l. de l'Aisne ; 24 970 h. (*Laonnois*).

**Laos,** État d'Indochine ; 236 000 km$^2$ ; 7 275 556 h. (*Laotiens*). Cap. *Vientiane*.

**Laozi** ou **Lao-tseu,** philosophe chinois (V$^e$ s. av. J.-C.), initiateur du taoïsme.

**Lapérouse** (*Jean François* DE), navigateur français (1741-1788), mort en mer.

**Laplace** (*Pierre Simon* DE), mathématicien, astronome et physicien français (1749-1827).

**Laponie,** région du nord de la Scandinavie. Hab. : *Lapons*.

**La Quintinie** (*Jean* DE), agronome français (1626-1688).

**La Rochefoucauld** (*François* DE), moraliste français (1613-1680) : *Maximes*.

**La Rochejaquelein** (*Henri*, comte DE), chef vendéen (1772-1794), tué au combat.

**Larousse** (*Pierre*), lexicographe et éditeur français (1817-1875) : *Grand Dictionnaire universel du XIX$^e$ siècle*.

**Lartigue** (*Jacques-Henri*), photographe français (1894-1986).

**Larzac** (*causse du*), plateau calcaire du sud du Massif central.

**La Salle** (*Robert* CAVELIER DE), explorateur français du Mississippi (1643-1687).

**Las Casas** (*Bartolomé* DE), religieux espagnol (1474-1566). Il défendit les Indiens.

**Lascaux,** grotte à peintures préhistoriques de la Dordogne (v. 15 000 av. J.-C.).

**Laskine** (*Lily*), harpiste française (1893-1988).

**Lassus** (*Roland* DE), musicien de l'école franco-allemande (v. 1532-1594).

**Latins,** habitants du Latium.

**Latium,** région de l'Italie centrale ancienne.

**La Tour** (*Georges* DE), peintre français (1593-1652).

**La Tour** (*Maurice* QUENTIN DE), pastelliste français (1704-1788), auteur de portraits.

**La Tour d'Auvergne** (*Théophile* CORRET DE), officier français (1743-1800), héros des guerres de la Révolution.

**Latran,** palais de Rome, longtemps résidence des papes.

**Latran** (*accords du*), accords passés entre le Saint-Siège et Mussolini (fév. 1929). Ils reconnaissent la souveraineté du pape sur le Vatican.

**La Trémoille** (*Georges* DE), chambellan de Charles VII (1382-1446).

**Lattre de Tassigny** (*Jean* DE), maréchal de France (1889-1952).

**Laughton** (*Charles*), acteur britannique naturalisé américain (1899-1962), réalisateur de *la Nuit du chasseur*.

**Laurel et Hardy,** acteurs de cinéma américains qui formèrent un tandem comique des années 1920 aux années 1950.

**Laurent** (*saint*), martyr du III$^e$ s., mort sur un gril.

**Lausanne,** v. de Suisse, sur le lac Léman ; 127 821 h.

**Lautréamont,** écrivain français (1846-1870) : *les Chants de Maldoror*.

**Laval,** ch.-l. de la Mayenne ; 52 370 h. (*Lavallois*).

**Laval** (*Pierre*), homme politique français (1883-1945). Premier ministre du maréchal Pétain en 1942. Fusillé.

**La Vallière** (*Louise*, duchesse DE), favorite de Louis XIV (1644-1710).

**Laver** (*Rodney*, dit **Rod**), joueur de tennis australien (né en 1938).

**Lavigerie** (*Charles*), cardinal français (1825-1892). Fondateur des Pères blancs.

**Lavillenie** (*Renaud*), athlète français (né en 1986). Il a battu le record du monde de saut à la perche en 2014.

**Lavisse** (*Ernest*), historien français (1842-1922) : *Histoire de France*.

**Lavoisier** (*Antoine Laurent* DE), chimiste français (1743-1794), l'un des créateurs de la chimie moderne.

**Law** (*John*), financier écossais (1671-1729). Il provoqua une banqueroute effroyable.

**Lawrence** (*David Herbert*), écrivain britannique (1885-1930) : *l'Amant de lady Chatterley*.

**Lawrence** (*Ernest Orlando*), physicien américain (1901-1958), inventeur d'un accélérateur de particules, le « cyclotron ».

**Lawrence** (*Thomas Edward*), dit **Lawrence d'Arabie**, officier et écrivain britannique (1888-1935).

**Lazare** (*saint*), frère de Marthe et de Marie, ressuscité par Jésus.

**Lazareff** (*Pierre*), journaliste français (1907-1972), directeur de *France-Soir* de 1945 à sa mort.

**Lean** (sir *David*), cinéaste britannique (1908-1991), auteur de productions prestigieuses : *le Docteur Jivago*.

**Léautaud** (*Paul*), écrivain français (1872-1956) : *Journal littéraire*.

**Leblanc** (*Maurice*), écrivain français (1864-1941), créateur d'Arsène Lupin.

**Lebrun** (*Albert*), homme politique français (1871-1950). Président de la République de 1932 à 1940.

**Le Brun** ou **Lebrun** (*Charles*), peintre français (1619-1690), grand ordonnateur des décors de Versailles.

**Leclerc** (*Philippe* DE HAUTECLOCQUE, dit), maréchal de France (1902-1947). Il entra le premier dans Paris libéré.

**Le Clézio** (*Jean-Marie Gustave*, dit **J.M.G.**), écrivain français (né en 1940) : *Désert*.

**Leconte de Lisle** (*Charles*), poète français (1818-1894) : *Poèmes antiques*.

**Le Corbusier** (*Charles Édouard* JEANNERET, dit), architecte et urbaniste français d'origine suisse (1887-1965).

**Léda,** mère de Castor et Pollux, qu'elle conçut de Zeus métamorphosé en cygne (*Myth. gr.*).

**Ledoux** (*Claude Nicolas*), architecte français (1736-1806).

**Ledru-Rollin** (*Alexandre Auguste*), homme politique français (1807-1874), républicain.

**Lee** (*Robert Edward*), général américain (1807-1870). Chef des armées sudistes.

**Lee** (*Stanley* LIEBER, dit **Stan**), scénariste et éditeur américain de bandes dessinées (1922-2018), cocréateur de super-héros (Spider-Man).

**Leeds,** v. d'Angleterre ; 781 700 h.

**Lefebvre** (*François Joseph*), maréchal de France (1755-1820).

**Lefèvre d'Étaples** (*Jacques*), humaniste et théologien français (v. 1450-1536). Il traduisit la Bible en français.

**Le Forestier** (*Bruno*, dit **Maxime**), chanteur et auteur-compositeur français (né en 1949) : *Mon frère*.

**Légende des siècles** (*la*), recueil de poèmes épiques de V. Hugo.

**Léger** (*Fernand*), peintre français (1881-1955).

**Légion d'honneur,** ordre national français institué en 1802 par Bonaparte.

**Le Goff** (*Jacques*), historien français (1924-2014), spécialiste de l'histoire du Moyen Âge : *la Civilisation de l'Occident médiéval*.

**Leibniz** (*Gottfried Wilhelm*), philosophe et mathématicien allemand (1646-1716).

**Leipzig,** v. d'Allemagne ; 502 979 h.

**Leiris** (*Michel*), écrivain et ethnologue français (1901-1990) : *l'Âge d'homme*.

**Lemaître** (*Frédérick*), acteur français (1800-1876).

**Lemaître** (Mgr *Georges*), astrophysicien et mathématicien belge (1894-1966), auteur d'un modèle relativiste de l'Univers en expansion.

**Lemaitre** (*Pierre*), écrivain français (né en 1951) : *Au revoir là-haut*.

**Léman,** lac de Suisse et de France.

**Lemmon** (*Jack*), acteur américain (1925-2001) : *Certains l'aiment chaud*.

**Lena** (la), fl. de Sibérie (océan Arctique) ; 4 270 km.

**Le Nain** (*Antoine, Louis* et *Mathieu*), peintres français du XVIIe s.

**Lénine** (*Vladimir Ilitch* OULIANOV, dit), homme politique russe (1870-1924). Fondateur de l'État soviétique.

**Leningrad → Saint-Pétersbourg.**

**Le Nôtre** (*André*), dessinateur français de jardins (1613-1700) : *Versailles*.

**Lenôtre** (*Gaston*), pâtissier français (1920-2009).

**Lens,** v. du Pas-de-Calais ; 31 648 h. Musée du Louvre-Lens. Victoire de Condé en 1648.

**León,** prov. du nord-ouest de l'Espagne.

**Léon,** nom de treize papes dont LÉON Ier LE GRAND (*saint*), pape de 440 à 461, qui contraignit Attila à la retraite ; ◇ LÉON II (*saint*) [750-816], pape de 795 à 816, qui couronna Charlemagne empereur ; ◇ LÉON IX (*saint*) [1002-1054], pape de 1048 à 1054, à l'époque de la rupture définitive avec l'Église grecque ; ◇ LÉON X (1475-1521), pape de 1513-1521, à l'époque de Luther ; ◇ LÉON XIII (1810-1903), pape de 1878 à 1903.

**Léon,** nom de six empereurs byzantins.

**Léonard de Vinci,** peintre, sculpteur, architecte et savant italien (1452-1519), type du génie universel de la Renaissance.

**Leone** (*Sergio*), cinéaste italien (1929-1989), maître du « western-spaghetti » : *Il était une fois dans l'Ouest*.

**Léonidas,** roi de Sparte (Ve s. av. J.-C.), héros des Thermopyles.

**Leontief** (*Wassily*), économiste américain d'origine russe (1906-1999).

**Leopardi** (*Giacomo*), poète romantique italien (1798-1837).

**Léopold Ier** (1640-1705), empereur germanique en 1658. ◇ LÉOPOLD II (1747-1792), empereur germanique en 1790.

**Léopold Ier** (1790-1865), roi des Belges de 1831 à 1865. ◇ LÉOPOLD II (1835-1909), roi des Belges de 1865 à 1909, créateur du Congo belge. ◇ LÉOPOLD III (1901-1983), roi des Belges de 1934 à 1951.

**Lépante,** port de Grèce. Victoire navale de don Juan d'Autriche sur les Turcs (1571).

**Lépine** (*Pierre*), médecin français (1901-1989). Il découvrit le vaccin contre la poliomyélite.

**Lérins,** groupe d'îles de la Méditerranée.

**Lermontov** (*Mikhaïl*), poète russe (1814-1841).

**Leroi-Gourhan** (*André*), préhistorien français (1911-1985).

**Leroux** (*Gaston*), écrivain français (1868-1927) : *le Mystère de la chambre jaune*.

**Le Roy Ladurie** (*Emmanuel*), historien français (né en 1929) : *Histoire du climat depuis l'an mil*.

**Lesage** (*Alain René*), romancier français (1668-1747) : *Gil Blas, le Diable boiteux*.

**Lesbos → Mytilène.**

**Lescot** (*Pierre*), architecte français (v. 1515-1578), maître de la Renaissance.

**Lesotho,** anc. **Basutoland**, État de l'Afrique australe ; 30 355 km² ; 2 142 252 h. (*Lesothans*). Cap. *Maseru*.

**Lesseps** (*Ferdinand* DE), diplomate français (1805-1894). Il fit percer le canal de Suez et commença celui de Panama.

**Lessing** (*Doris*), écrivaine britannique (1919-2013) : *le Carnet d'or*.

**Lessing** (*Gotthold Ephraim*), écrivain allemand (1729-1781) : *Nathan le Sage*.

**Le Tellier** (*Hervé*), écrivain français (né en 1957) : *l'Anomalie*.

**Le Tellier** (*Michel*), homme d'État français (1603-1685). Secrétaire d'État à la guerre sous Louis XIV. Père de Louvois.

**Léthé,** fl. des Enfers (*Myth. gr.*).

**Lettonie,** État de l'Europe septentrionale, sur la Baltique ; 64 000 km² ; 1 900 449 h. (*Lettons*). Cap. *Riga*.

**Lettres persanes,** roman philosophique de Montesquieu.

**Levant,** côte orientale de la Méditerranée.

**Le Vau** (*Louis*), architecte français (1612-1670), actif à Paris (Institut), Vaux-le-Vicomte, Versailles (château).

**Le Verrier** (*Urbain*), astronome français (1811-1877).

**Levi** (*Primo*), écrivain italien (1919-1987) : *Si c'est un homme*.

**Lévi,** fils de Jacob (*Bible*).

**Léviathan,** monstre de la Bible, symbole du paganisme.

**Léviathan** (*le*), ouvrage de Hobbes (1651).

**Lévi-Strauss** (*Claude*), anthropologue français (1908-2009). Il a appliqué le concept de structure aux phénomènes humains.

**Lévitique** (*le*), livre de la Bible.

**Lévy** (*Bernard-Henri*), philosophe français (né en 1948) : *la Barbarie à visage humain*.

**Lévy-Bruhl** (*Lucien*), philosophe français (1857-1939) : *la Mentalité primitive*.

**Lewis** (*Joseph* LEVITCH, dit **Jerry**), acteur comique et cinéaste américain (1926-2017) : *Dr. Jerry et Mr. Love*.

**Lewis** (*Sinclair*), écrivain américain (1885-1951) : *Babbitt*.

**Leyde,** v. des Pays-Bas ; 118 474 h.

**Lhassa,** cap. du Tibet (Chine) ; 223 001 h. Potala, anc. résidence du dalaï-lama.

**L'Herbier** (*Marcel*), cinéaste français (1888-1979) : *l'Argent*.

**L'Hospital** (*Michel* DE), homme d'État français (v. 1505-1573). Il s'efforça de calmer les haines religieuses.

**Liaisons dangereuses** (*les*), roman épistolaire de Choderlos de Laclos.

**Liban,** État de l'Asie occidentale ; 10 400 km² ; 6 825 442 h. (*Libanais*). Cap. *Beyrouth*.

**Libération,** quotidien français créé en 1973.

**Libération** (*campagnes de la*), actions des forces alliées (1943-1945) pour libérer les territoires occupés par les Allemands.

**Liberia,** État d'Afrique occidentale ; 110 000 km² ; 5 057 677 h. (*Libériens*). Cap. *Monrovia*.

**Liberté éclairant le monde** (*la*), statue gigantesque dans la rade de New York, réalisée par Bartholdi.

**Liberté guidant le peuple** (*la*), grande toile de Delacroix.

**Libreville,** cap. du Gabon ; 686 356 h.

**Libye,** État du nord de l'Afrique ; 1 760 000 km² ; 6 871 287 h. (*Libyens*). Cap. *Tripoli*.

**LICRA** (*Ligue internationale contre le racisme et l'antisémitisme*), association fondée en 1927.

**Liechtenstein,** principauté d'Europe centrale ; 160 km² ; 38 137 h. (*Liechtensteinois*). Cap. *Vaduz*.

**Liège,** v. (195 931 h.) et prov. (1 087 729 h.) [*Liégeois*] de Belgique.

**Lifar** (*Serge*), danseur et chorégraphe français d'origine russe (1905-1986).

**Ligeti** (*György*), compositeur hongrois naturalisé autrichien (1923-2006).

**Ligue** (*sainte*) ou **Ligue,** mouvement religieux et politique catholique (1576-1594) fondé par le duc de Guise.

**Ligue arabe,** organisation créée en 1945 et qui regroupe auj. 21 États arabes et l'OLP.

**Ligures,** anc. peuple du sud-est de la Gaule et du nord de l'Italie.

**Ligurie,** région d'Italie, en bordure du golfe de Gênes.

**Lilienthal** (*Otto*), ingénieur allemand (1848-1896), précurseur du vol à voile.

**Lille,** ch.-l. de la Région Hauts-de-France et du dép. du Nord ; 236 400 h. (*Lillois*).

**Lilongwe,** cap. du Malawi ; 771 503 h.

**Lima,** cap. du Pérou ; 9 722 000 h. (aggl.).

**Limagne,** plaine d'Auvergne.

**Limbourg,** provinces de Belgique et des Pays-Bas.

**Limbourg** (les frères *Pol, Herman* et *Jean* DE), enlumineurs néerlandais du début du XVᵉ s. : *Très Riches Heures*.

**Limoges,** ch.-l. de la Haute-Vienne ; 133 136 h. (*Limougeauds*).

**Limousin,** anc. prov. de France ; cap. *Limoges*.

**Limpopo,** fl. d'Afrique australe (océan Indien) ; 1 600 km.

**Lincoln** (*Abraham*), homme politique américain (1809-1865). Président républicain des États-Unis en 1860. Il abolit l'esclavage (1863) et fut assassiné.

**Lindbergh** (*Charles*), aviateur américain (1902-1974). Il réussit le premier la traversée de l'Atlantique nord sans escale en 1927.

**Linné** (*Carl* VON), naturaliste suédois (1707-1778).

**Lion** (*golfe du*), golfe de la Méditerranée, au sud de la France.

**Lipari** (*îles*) → **Éoliennes.**

**Lipatti** (*Constantin,* dit **Dinu**), compositeur et pianiste roumain (1917-1950).

**Lipchitz** (*Jacob,* dit **Jacques**), sculpteur d'origine lituanienne (1891-1973).

**Lippi** (*Fra Filippo*), peintre italien (1406-1469). ◇ Son fils *Filippino* (1457-1504) fut aussi peintre.

**Lisbonne,** cap. du Portugal à l'embouchure du Tage ; 2 869 000 h. (aggl.).

**Lisieux,** v. du Calvados. Pèlerinage.

**Lissitzky** (*Lazar,* dit **El**), peintre, designer et théoricien russe (1890-1941).

**Liszt** (*Franz*), compositeur et pianiste hongrois (1811-1886).

**Littré** (*Émile*), lexicographe français (1801-1881).

**Lituanie,** État de l'Europe septentrionale ; 65 000 km$^2$ ; 2 794 885 h. (*Lituaniens*). Cap. *Vilnius*.

**Liverpool,** port d'Angleterre ; 484 600 h.

**Livingstone** (*David*), explorateur écossais de l'Afrique centrale (1813-1873).

**Livourne,** port d'Italie (Toscane) ; 158 127 h.

**Livre de la jungle** (*le*), récit de R. Kipling.

**Livre des merveilles du monde** (*le*), récit de voyage de Marco Polo.

**Livre des morts,** ensemble de recueils d'incantations de l'Égypte antique.

**Ljubljana,** cap. de la Slovénie ; 279 000 h. (aggl.).

**Lloyd** (*Harold*), acteur américain (1893-1971).

**Lloyd George** (*David*), homme politique britannique (1863-1945).

**Loach** (*Kenneth,* dit **Ken**), cinéaste britannique (né en 1936), auteur de films à sujets sociaux : *Riff Raff*.

**Lobatchevski** (*Nikolaï Ivanovitch*), mathématicien russe (1792-1856). Il élabora une géométrie non euclidienne.

**Locke** (*John*), philosophe anglais (1632-1704).

**Lodi,** v. d'Italie. Victoire de Bonaparte en 1796.

**Lódz,** v. de Pologne ; 728 892 h.

**Loeb** (*Sébastien*), coureur automobile français (né en 1974) : 9 titres consécutifs de champion du monde des rallyes (2004 à 2012).

**Loewy** (*Raymond*), désigneur industriel américain d'origine française (1893-1986).

**Lofoten** (*îles*), archipel de Norvège.

**Loir** (le), affl. de la Sarthe.

**Loire** (la), fl. français ; 1 020 km. ◇ Dép. français (42) ; ch.-l. *Saint-Étienne,* ch.-l. d'arr. *Montbrison, Roanne* ; 780 016 h.

**Loire (Haute-),** dép. français (43) ; ch.-l. *Le Puy-en-Velay,* ch.-l. d'arr. *Brioude, Yssingeaux* ; 234 401 h.

**Loire** (*Pays de la*), Région de France ; ch.-l. *Nantes*.

**Loire-Atlantique,** dép. français (44) ; ch.-l. *Nantes,* ch.-l. d'arr. *Châteaubriant, Saint-Nazaire* ; 1 458 259 h.

**Loiret,** dép. français (45) ; ch.-l. *Orléans,* ch.-l. d'arr. *Montargis, Pithiviers* ; 695 084 h.

**Loir-et-Cher,** dép. français (41) ; ch.-l. *Blois,* ch.-l. d'arr. *Romorantin-Lanthenay, Vendôme* ; 337 975 h.

**Lombardie,** région de l'Italie du Nord ; cap. *Milan*.

**Lombards,** peuple germanique qui envahit l'Italie au VIᵉ s. Ils furent battus par Charlemagne (774).

**Lomé,** cap. du Togo ; 930 000 h. (aggl.).

**Loménie de Brienne** (*Étienne* DE), prélat et homme d'État français (1727-1794). Ministre des Finances sous Louis XVI.

**London** (*Jack*), romancier américain (1876-1916) : *Croc-Blanc*.

**Londres,** cap. de la Grande-Bretagne, sur la Tamise ; 10 189 000 h. dans l'aggl. (*Londoniens*).

**Londres** (*Albert*), journaliste et grand reporter français (1884-1932).

**Longfellow** (*Henry Wadsworth*), poète romantique américain (1807-1882).

**Longo** (*Jeannie*), cycliste française (née en 1958) : 59 titres de championne de France et 13 titres de championne du monde.

**Longue Marche** (*la*), retraite stratégique des communistes chinois (1934-1935) devant les nationalistes.

**Lons-le-Saunier,** ch.-l. du Jura ; 17 999 h. (*Lédoniens*).

**Lope de Vega** (*Félix*), écrivain espagnol (1562-1635).

**lords** (*Chambre des*), chambre haute du Parlement britannique.

**Lorentz** (*Hendrik Antoon*), physicien néerlandais (1853-1928), principal créateur de la théorie électronique de la matière.

**Lorenz** (*Konrad*), zoologiste autrichien (1903-1989).

**Lorenzetti** (les frères *Pietro* et *Ambrogio*), peintres italiens de la 1re moitié du XIVe s., actifs à Sienne et Assise.

**Lorette,** v. d'Italie. Pèlerinage.

**Lorient,** port du Morbihan ; 58 732 h. (*Lorientais*).

**Lorrain** (*Claude* GELLÉE, dit **le**), peintre français (1600-1682), installé à Rome, maître du paysage classique.

**Lorraine,** anc. prov. de l'est de la France ; cap. *Nancy*.

**Los Angeles,** v. des États-Unis (Californie) ; 3 928 864 h. (13 395 023 dans l'agglomération).

**Lot,** affl. de la Garonne. ◇ Dép. français (46) ; ch.-l. *Cahors,* ch.-l. d'arr. *Figeac, Gourdon* ; 179 729 h. (*Lotois*).

**Lot-et-Garonne,** dép. français (47) ; ch.-l. *Agen,* ch.-l. d'arr. *Marmande, Nérac, Villeneuve-sur-Lot* ; 339 620 h.

**Loth** ou **Lot,** personnage biblique. Homme juste, il échappa à la destruction de Sodome. Sa femme fut changée en un bloc de sel.

**Lothaire** (941-986), roi de France en 954.

**Lothaire Ier** (795-855), empereur d'Occident en 840.

**Loti** (*Pierre*), romancier français (1850-1923) : *Pêcheur d'Islande*.

**Lott** (dame *Felicity*), soprano britannique (née en 1947).

**Lotto** (*Lorenzo*), peintre italien (1480-1556).

**Loubet** (*Émile*), homme politique français (1839-1929). Président de la République de 1899 à 1906.

**Louis Ier le Pieux** ou **le Débonnaire** (778-840), fils de Charlemagne, empereur d'Occident et roi des Francs (814-840). ◇ LOUIS II LE BÈGUE (846-879), roi des Francs de 877 à 879. ◇ LOUIS III (v. 863-882), roi des Francs de 879 à 882. ◇ LOUIS IV D'OUTREMER (v. 921-954), roi de France de 936 à 954. ◇ LOUIS V (v. 967-987), dernier Carolingien, roi de France de 986 à 987. ◇ LOUIS VI LE GROS (v. 1081-1137), roi de France de 1108 à 1137, il s'opposa à Henri Ier d'Angleterre. ◇ LOUIS VII LE JEUNE (v. 1120-1180), roi de France de 1137 à 1180. Son divorce d'avec Aliénor d'Aquitaine fut l'origine de la guerre de Cent Ans. ◇ LOUIS VIII LE LION (1187-1226), roi de France de 1223 à 1226. ◇ LOUIS IX OU SAINT LOUIS (1214-1270), roi de France de 1226 à 1270. Il organisa les deux dernières croisades. ◇ LOUIS X LE HUTIN (1289-1316), roi de France de 1314 à 1316. ◇ LOUIS XI (1423-1483), roi de France de 1461 à 1483. Il agrandit son royaume et se montra bon administrateur. ◇ LOUIS XII (1462-1515), roi de France de 1498 à 1515. ◇ LOUIS XIII LE JUSTE (1601-1643), roi de France de 1610 à 1643. Il lutta avec Richelieu contre la noblesse et les protestants. ◇ LOUIS XIV LE GRAND (1638-1715), roi de France de 1643 à 1715. Il mena une active politique extérieure pour imposer la prédominance française. Son règne se signala par une admirable floraison des lettres et des arts. ◇ LOUIS XV LE BIEN-AIMÉ (1710-1774), roi de France de 1715 à 1774. Son règne se caractérisa par les abus et le désordre financier à l'intérieur. ◇ LOUIS XVI (1754-1793), roi de France de 1774 à 1792. Jugé par la Convention, il fut décapité en 1793. ◇ LOUIS XVII (1785-1795), fils de LOUIS XVI. Il est mort à la prison du Temple, à Paris. ◇ LOUIS XVIII (1755-1824), frère de LOUIS XVI, roi de France de 1814 à 1824.

**Louis,** nom de cinq rois de Germanie (IXe-Xe s.), de cinq empereurs d'Occident et de deux rois de Bavière.

**Louise de Marillac** (*sainte*), fondatrice des Filles de la Charité (1591-1660).

**Louise de Savoie** (1476-1531), épouse de Charles d'Orléans et mère de François Ier.

**Louisiane,** État du sud des États-Unis. Cap. *Baton Rouge*. V. pr. *La Nouvelle-Orléans*.

**Louis-Philippe Ier** (1773-1850), roi des Français de la révolution de 1830 à celle de 1848.

**Louksor** ou **Louqsor,** v. d'Égypte, sur les ruines de Thèbes. Temple d'Amon.

**Loulou,** film de G. W. Pabst (1929).

**Lourdes,** v. des Hautes-Pyrénées. Pèlerinage.

**Louvain,** v. de Belgique. Université.

**Louverture → Toussaint Louverture.**

**Louvois** (*Michel* LE TELLIER, marquis DE), homme d'État français, ministre de la Guerre de Louis XIV (1639-1691).

**Louvre,** à Paris, anc. palais royal, devenu musée national. Il a une antenne à Lens.

**Lowry** (*Malcolm*), écrivain britannique (1909-1957) : *Au-dessous du volcan*.

**Lozère** (*mont*), montagne des Cévennes. ◇ Dép. français (48), ch.-l. *Mende*, ch.-l. d'arr. *Florac-Trois-Rivières* ; 80 304 h. (*Lozériens*).

**Luanda,** cap. de l'Angola ; 6 542 944 h. (aggl.).

**Lübeck,** port d'Allemagne ; 210 305 h.

**Lubitsch** (*Ernst*), cinéaste américain d'origine allemande (1892-1947) : *la Folle Ingénue*.

**Lublin,** v. de Pologne ; 349 103 h.

**Lubumbashi,** v. de la Rép. dém. du Congo (anc. Zaïre) ; 1 485 650 h. Cuivre.

**Luc** (*saint*), un des quatre évangélistes.

**Lucain,** poète latin (39-65) : *la Pharsale*.

**Lucas** (*George*), cinéaste et producteur américain (né en 1944) : *Star Wars*.

**Lucerne,** v. et cant. de Suisse ; 77 491 h.

**Lucien de Samosate,** écrivain grec (v. 125-v. 192) : *Dialogues des morts*.

**Lucifer,** Satan, le prince des démons.

**Lucknow,** v. de l'Inde du Nord ; 2 902 920 h. (aggl.).

**Luçon,** principale île des Philippines.

**Lucques,** v. d'Italie centrale ; 86 833 h.

**Lucrèce,** femme romaine. Elle se tua après avoir été outragée par un fils de Tarquin (VI^e^ s. av. J.-C.).

**Lucrèce,** poète latin (v. 98-55 av. J.-C.) : *De natura rerum*.

**Lucullus,** général romain célèbre par son raffinement gastronomique (Ier s. av. J.-C.).

**Lucy,** nom donné à un squelette d'australopithèque de 3,3 millions d'années trouvé en 1974 dans la Rift Valley (Éthiopie).

**Ludendorff** (*Erich*), général allemand (1895-1937). Il a été l'adjoint de Hindenburg en 1917-1918.

**Luftwaffe,** l'aviation militaire allemande.

**Lugné-Poe** (*Aurélien Marie* LUGNÉ, dit), acteur et metteur en scène français (1869-1940).

**Lula da Silva** (*Luiz Inácio*), homme politique brésilien (né en 1945), président de la République de 2003 à 2010 et depuis 2022.

**Lulle** (bienheureux *Raymond*), théologien et poète catalan (v. 1235-1315), il a élevé le catalan au rang de langue littéraire.

**Lully** ou **Lulli** (*Jean-Baptiste*), violoniste et compositeur français d'origine florentine (1632-1687), créateur de l'opéra français.

**Lumière** (*Auguste* et *Louis*), industriels français (1862-1954 et 1864-1948), inventeurs du cinématographe (1895).

**Lumières** (*les*), mouvement intellectuel et philosophique qui se développa en Europe au XVIIIe s.

**Luminet** (*Jean-Pierre*), astrophysicien français (né en 1951).

**Lumumba** (*Patrice*), homme politique congolais (1925-1961). Assassiné.

**Lupin** (*Arsène*), héros des romans policiers de M. Leblanc.

**Lurçat** (*Jean*), artiste français (1892-1966), connu pour ses cartons de tapisserie.

**Lusaka,** cap. de la Zambie ; 2 078 000 h. (aggl.).

**Lusitanie,** province de l'Espagne romaine, l'actuel Portugal.

**Lutèce,** ville de Gaule correspondant au cœur de Paris.

**Luther** (*Martin*), théologien allemand (1483-1546). Promoteur de la Réforme.

**Luxembourg,** province du sud de la Belgique ; ch.-l. *Arlon*.

**Luxembourg** (*grand-duché de*), État de l'Europe occidentale ; 2 586 km$^2$ ; 630 419 h. (*Luxembourgeois*). Cap. *Luxembourg* (95 058 h.).

**Luxembourg,** à Paris, palais du XVIIe s., devenu palais du Sénat ; jardin public ; musée.

**Luxembourg** (duc DE), maréchal de France (1628-1695), vainqueur à Fleurus, Steinkerque et Neerwinden.

**Lviv,** v. d'Ukraine ; 732 818 h.

**Lyautey** (*Hubert*), maréchal de France (1854-1934), créateur du protectorat du Maroc.

**Lycie,** anc. région de l'Asie Mineure.

**Lycurgue,** législateur légendaire de Sparte.

**Lydie,** anc. royaume de l'Asie Mineure. Crésus fut l'un de ses rois les plus célèbres.

**Lynch** (*David*), cinéaste américain (né en 1946) : *Elephant Man*.

**Lyon,** ch.-l. de la Région Auvergne-Rhône-Alpes et du dép. du Rhône, au confluent du Rhône et de la Saône ; 514 707 h. (*Lyonnais*).

**Lyonnais,** anc. prov. de France ; cap. *Lyon*.

**Lys dans la vallée** (*le*), roman de Balzac.

**Lysippe,** sculpteur grec (v. 390 av. J.-C.). Son *Apoxyomène* est à l'origine de la conception hellénistique du corps viril.

# M

**M6** (*Métropole 6*), chaîne de télévision française créée en 1987.

**Maastricht,** v. des Pays-Bas ; 121 819 h. Traité (fév. 1992, entré en vigueur en nov. 1993) qui institua l'Union européenne.

**Maazel** (*Lorin*), chef d'orchestre américain (1930-2014).

**Macao,** territoire de la côte sud de la Chine ; 575 000 h. Ancienne possession portugaise.

**MacArthur** (*Douglas*), général américain (1880-1964), vainqueur du Japon.

**Macbeth,** roi d'Écosse (XI^e s.), célèbre par ses crimes. ◇ Drame de Shakespeare.

**Maccabées,** famille de patriotes juifs (167 av. J.-C.).

**McCarey** (*Leo*), cinéaste et producteur américain (1898-1969) : *l'Extravagant M. Ruggles*.

**McCarthy** (*Joseph*), homme politique américain (1908-1957). Il mena une virulente campagne anticommuniste.

**Macédoine,** région historique, auj. partagée entre la rép. de Macédoine du Nord, la Grèce et la Bulgarie.

**Macédoine du Nord** (*rép. de*), anc. **Macédoine**, État d'Europe ; 25 700 km$^2$ ; 2 072 531 h. (*Macédoniens*). Cap. *Skopje*.

**Mach** (*Ernst*), physicien autrichien (1838-1916).

**Machiavel** (*Nicolas*), homme politique et philosophe florentin (1469-1527).

**Machu-Picchu,** anc. cité inca du Pérou.

**Mackenzie** (le), fl. du Canada ; 4 600 km.

**Mackenzie** (*William Lyon*), homme politique canadien (1795-1861).

**McKinley** (*mont*) ou **Denali,** point culminant de l'Amérique du Nord (Alaska) ; 6 194 m.

**McLuhan** (*Herbert Marshall*), sociologue canadien (1911-1980) : *la Galaxie Gutenberg*.

**Mac-Mahon** (*Patrice* DE), maréchal de France (1808-1893). Président de la République de 1873 à 1879.

**Mâcon,** ch.-l. de Saône-et-Loire ; 34 663 h. (*Mâconnais*).

**Mac Orlan** (*Pierre* DUMARCHEY, dit **Pierre**), écrivain français (1882-1970) : *le Quai des brumes*.

**Macron** (*Emmanuel*), homme politique français (né en 1977), président de la République depuis 2017.

**Madagascar,** île et État de l'océan Indien, à l'est de l'Afrique ; 587 000 km$^2$ ; 27 691 019 h. (*Malgaches*). Cap. *Antananarivo*.

**Madame Bovary,** roman de G. Flaubert.

**Madeleine** (*sainte*) → **Marie-Madeleine.**

**Madeleine à la veilleuse** (*la*), tableau de G. de La Tour.

**Madère,** île portugaise de l'Atlantique ; ch.-l. *Funchal*. Vins.

**Madhya Pradesh,** État du centre de l'Inde.

**Madras,** v. de l'Inde du Sud ; 4 681 087 h.

**Madrid,** cap. de l'Espagne ; 6 133 000 h. dans l'aggl. (*Madrilènes*).

**Madurai,** v. de l'Inde, 1 462 420 h. (aggl.). Pèlerinage et grand temple brahmanique.

**Maeterlinck** (*Maurice*), écrivain belge (1862-1949), d'inspiration symboliste.

**Magellan** (*Fernand* DE), navigateur portugais (1480-1521). Il entreprit le premier tour du monde.

**Magenta,** v. du Milanais. Victoire française sur les Autrichiens en 1859.

**Maghreb,** l'Afrique du Nord (Tunisie, Algérie, Maroc).

**Maginot** (*ligne*), système fortifié construit sur la frontière de l'est de la France et contourné par les Allemands en 1940.

**Magnani** (*Anna*), actrice italienne (1908-1973) : *Rome, ville ouverte*.

**Magritte** (*René*), peintre surréaliste belge (1898-1967).

**Magyars,** peuple de Hongrie.

**Mahabharata,** épopée sanskrite en vers contenant la *Bhagavad-Gita,* principal ouvrage religieux indien.

**Maharashtra,** État de l'ouest de l'Inde.

**Mahfuz** (*Nadjib*), romancier égyptien (1911-2006) : *le Palais du désir*.

**Mahler** (*Gustav*), compositeur autrichien (1860-1911).

**Mahomet,** en arabe **Muhammad**, fondateur (prophète) de la religion musulmane (v. 570-632).

**Maïakovski** (*Vladimir*), poète et auteur dramatique russe (1893-1930).

**Maillol** (*Aristide*), sculpteur français (1861-1944), d'inspiration classique.

**Maimonide** (*Moïse*), philosophe, théologien et médecin juif (1138-1204) : *Guide des égarés*.

**Main** (le), affl. allemand du Rhin.

**Maine** (la), affl. de la Loire, formé par la Sarthe, le Loir et la Mayenne.

**Maine** (le), anc. prov. française ; cap. *Le Mans*.

**Maine,** État du nord-est des États-Unis. Cap. *Augusta*.

**Maine-et-Loire,** dép. français (49) ; ch.-l. *Angers*, ch.-l d'arr. *Cholet, Saumur, Segré-en-Anjou-Bleu* ; 838 257 h.

**Maintenon** (*Françoise* D'AUBIGNÉ, marquise DE) [1635-1719], unie par un mariage secret à Louis XIV.

**Maison-Blanche** (*la*), résidence du président des États-Unis à Washington.

**Maistre** (*Joseph*, comte DE), écrivain savoyard (1753-1821), théoricien de la contre-révolution, ultramontain.

**Maja nue** (*la*), tableau de Goya.

**Majorelle** (*Louis*), décorateur et ébéniste français (1859-1926), maître de l'Art nouveau.

**Majorque,** la plus grande des Baléares.

**Makarios III,** prélat et homme politique chypriote (1913-1977), président de la République de Chypre (1959-1977).

**Malade imaginaire** (*le*), comédie de Molière.

**Maladeta** (la), massif des Pyrénées, 3 404 m au *pic d'Aneto*.

**Málaga,** port d'Espagne ; 569 002 h.

**Malaisie,** État fédéral de l'Asie méridionale ; 330 000 km² ; 32 365 998 h. (*Malaisiens*). Cap. *Kuala Lumpur* et *Putrajaya*.

**Malaparte** (*Curzio*), écrivain italien (1898-1957) : *Kaputt*.

**Malawi,** anc. **Nyassaland**, État de l'Afrique orientale ; 118 000 km² ; 19 129 955 h. (*Malawites*). Cap. *Lilongwe*.

**Maldives,** État insulaire de l'océan Indien ; 300 km² ; 540 542 h. (*Maldiviens*). Cap. *Malé*.

**Malebranche** (*Nicolas* DE), philosophe français (1638-1715).

**Malesherbes** (*Chrétien Guillaume* DE LAMOIGNON DE), magistrat français (1721-1794). Il défendit Louis XVI devant la Convention.

**Malevitch** (*Kazimir*), peintre abstrait russe (1878-1935).

**Malherbe** (*François* DE), poète lyrique français (1555-1628). Il réforma la langue.

**Mali,** anc. **Soudan français**, État de l'Afrique occidentale ; 1 240 000 km² ; 20 250 834 h. (*Maliens*). Cap. *Bamako*.

**Malines,** v. de Belgique ; 82 602 h.

**Malinowski** (*Bronisław*), anthropologue britannique d'origine polonaise (1884-1942).

**Mallarmé** (*Stéphane*), poète symboliste français (1842-1898).

**Malle** (*Louis*), cinéaste français (1932-1995) : *les Amants*.

**Mallet-Stevens** (*Robert*), architecte français (1886-1945).

**Malmö,** port de la Suède méridionale ; 318 107 h.

**Malot** (*Hector*), écrivain français (1830-1907) : *Sans famille*.

**Malraux** (*André*), écrivain et homme politique français (1901-1976) : *la Condition humaine*.

**Malte,** île et État de la Méditerranée ; 316 km² ; 515 332 h. (*Maltais*). Cap. *La Valette*.

**Malte** (*ordre souverain de*), ordre religieux et militaire créé à la fin du XIe s. ; auj., organisme à vocation humanitaire.

**Malthus** (*Thomas Robert*), économiste britannique (1766-1834).

**Mamelouks,** dynastie qui régna sur l'Égypte et la Syrie (1290-1517).

**Managua,** cap. du Nicaragua ; 951 000 h. (aggl.).

**Manaudou** (*Laure*), nageuse française (née en 1986), championne olympique et trois fois championne du monde. ◇ Son frère FLORENT (né en 1990) est aussi champion olympique et quatre fois champion du monde de natation.

**Manche,** bras de mer entre la France et l'Angleterre. Tunnel ferroviaire. ◇ Dép. français (50) ; ch.-l. *Saint-Lô*, ch.-l. d'arr. *Avranches, Cherbourg-en-Cotentin, Coutances* ; 510 956 h.

**Manche,** région aride de l'Espagne (Castille).

**Manchester,** v. d'Angleterre ; 2 682 528 h. (aggl.).

**Mandchourie,** anc. nom de la Chine du Nord-Est. Hab. : *Mandchous*.

**Mandela** (*Nelson*), homme politique sud-africain (1918-2013), président de la République de 1994 à 1999.

**Mandelbrot** (*Benoît*), mathématicien français et américain d'origine polonaise (1924-2010).

**Mandés** ou **Mandingues,** groupe de peuples d'Afrique occidentale.

**Mandrin** (*Louis*), aventurier français (1724-1755).

**Manet** (*Édouard*), peintre français (1832-1883), précurseur de l'impressionnisme.

**Manhattan,** île constituant la partie centrale de New York.

**Manhattan,** film de W. Allen (1979).

**Manifeste du parti communiste,** texte de Karl Marx et Friedrich Engels exposant les thèses du marxisme.

**Manille,** capitale et port des Philippines ; 12 764 000 h. (aggl.).

**Manitoba,** prov. du Canada.

**Mankiewicz** (*Joseph Leo*), cinéaste américain (1909-1993) : *la Comtesse aux pieds nus*.

**Mann** (*Thomas*), écrivain allemand (1875-1955) : *la Montagne magique*.

**Mannerheim** (*Gustav Carl*, baron), maréchal et homme politique finlandais (1869-1951).

**Manon Lescaut,** roman de l'abbé Prévost.

**Man Ray,** peintre et photographe américain (1890-1976), apparenté au surréalisme.

**Mans** (**Le**), ch.-l. de la Sarthe ; 146 703 h. (*Manceaux*). Cathédrale gothique.

**Mansart** (*François*), architecte français (1598-1666) : château de Maisons. ◇ Son petit-neveu *Jules Hardouin*, dit **Hardouin-Mansart** (1646-1708), a construit le dôme des Invalides et agrandi le château de Versailles.

**Mantegna** (*Andrea*), peintre italien (1431-1506), initiateur de la Renaissance.

**Mantoue,** v. d'Italie (Lombardie) ; 46 764 h.

**Manuce,** famille d'imprimeurs italiens des XVe et XVIe s.

**Manzoni** (*Alessandro*), écrivain italien (1785-1873) : *les Fiancés*.

**Maoris,** peuple de la Nouvelle-Zélande.

**Mao Zedong** ou **Mao Tsé-toung,** homme politique chinois (1893-1976), il dirigea la Chine de 1949 à 1976 et lança la Révolution culturelle à partir de 1966.

**Maputo,** cap. du Mozambique ; 1 174 000 h. (aggl.).

**Maracaibo,** v. du Venezuela ; 2 192 000 h. (aggl.).

**Maradona** (*Diego Armando*), footballeur argentin (1960-2020).

**Marañón,** cours supérieur de l'Amazone.

**Marat** (*Jean-Paul*), révolutionnaire français (1743-1793). Il fut tué par Ch. Corday.

**Marathes,** peuple de l'Inde.

**Marathon,** village d'Attique. Victoire de Miltiade sur les Perses (Ve s. av. J.-C.).

**Marc** (*saint*), un des quatre évangélistes.

**Marc Aurèle** (121-180), empereur romain de 161 à 180.

**Marceau** (*François Séverin*), général français (1769-1796). Il s'illustra à Fleurus.

**Marceau** (*Marcel* MANGEL, puis **Marcel**), mime français (1923-2007).

**Marcel** (*Étienne*), prévôt des marchands de Paris (v. 1316-1358).

**Marchand** (*Jean-Baptiste*), général et explorateur français (1863-1934). Il dut évacuer Fachoda (1898).

**Marche** (la), anc. prov. de France. Cap. *Guéret*.

**Marches** (les), région d'Italie centrale.

**Marciano** (*Rocco Francis* MARCHEGIANO, dit **Rocky**), boxeur américain (1923-1969).

**Marconi** (*Guglielmo*), physicien italien (1874-1937). Il réalisa les premières liaisons par ondes hertziennes.

**Marcuse** (*Herbert*), philosophe américain d'origine allemande (1898-1979), membre de l'école de Francfort.

**Mardouk,** dieu babylonien.

**Mare au diable** (*la*), roman de G. Sand.

**Marengo** (*bataille de*), victoire de Bonaparte sur les Autrichiens (1800).

**Marey** (*Étienne Jules*), physiologiste et inventeur français (1830-1904). Son procédé photographique d'analyse du mouvement est à l'origine du cinéma.

**Marguerite d'Angoulême** (1492-1549), reine de Navarre, sœur de François Ier, auteur de nouvelles et de poésies.

**Marguerite d'Autriche** (1480-1530), fille de Maximilien Ier et de Marie de Bourgogne, régente des Pays-Bas.

**Marguerite de Valois,** première femme d'Henri IV (1553-1615).

**Marguerite Valdemarsdotter** (1353-1412), reine de Danemark, de Norvège et de Suède.

**Mari,** anc. cité de Mésopotamie, sur le moyen Euphrate, prospère entre le IVe millénaire et le XVIIIe s. av. J.-C.

**Mariage de Figaro** (*le*), comédie de Beaumarchais.

**Mariannes** (*fosse des*), fosse très profonde (11 034 m) du Pacifique.

**Mariannes** (*îles*), archipel du Pacifique.

**Marie** (*sainte*), **la Vierge**, mère de Jésus.

**Marie-Antoinette** (1755-1793), reine de France, femme de Louis XVI. Morte sur l'échafaud.

**Marie-Christine de Habsbourg-Lorraine** (1858-1929), régente d'Espagne de 1885 à 1902.

**Marie d'Angleterre** (1496-1533), fille d'Henri VII Tudor, femme de Louis XII.

**Marie de Bourgogne** (1457-1482), fille de Charles le Téméraire, femme de Maximilien d'Autriche.

**Marie de Médicis** (1573-1642), seconde femme d'Henri IV, régente pendant la minorité de Louis XIII (1610-1614).

**Marie Leszczyńska** (1703-1768), reine de France, femme de Louis XV.

**Marie-Louise** (1791-1847), fille de François II d'Autriche, seconde femme de Napoléon Ier.

**Marie-Madeleine** (*sainte*), pécheresse convertie par Jésus-Christ.

**Marie Stuart** (1542-1587), reine d'Écosse, puis de France, femme de François II, décapitée par ordre d'Élisabeth d'Angleterre.

**Marie-Thérèse** (1717-1780), impératrice d'Autriche (1740), reine de Hongrie (1741) et de Bohême (1743).

**Marie Tudor** (1516-1558), reine d'Angleterre de 1553 à 1558. Elle persécuta les protestants.

**Mariette** (*Auguste*), égyptologue français (1821-1881).

**Marignan,** v. du Milanais. Victoire de François Ier sur les Suisses (1515).

**Marinetti** (*Filippo Tommaso*), écrivain italien (1876-1944), initiateur du futurisme.

**Marino** ou **Marini** (*Giambattista*), dit **le Cavalier Marin**, poète italien (1569-1625), un des maîtres de la préciosité.

**Mariotte** (*Edme*), physicien français (v. 1620-1684). Il énonça la loi de compressibilité des gaz.

**Maris,** peuple finno-ougrien de Russie vivant dans les rép. des Maris, du Bachkortostan et du Tatarstan (env. 670 000).

**Marius** (*Caius*), général romain (157-86 av. J.-C.), adversaire de Sulla.

**Marivaux** (*Pierre* DE), auteur dramatique français (1688-1763), auteur de comédies : *le Jeu de l'amour et du hasard*.

**Marlborough** (duc DE), général anglais (1650-1722).

**Marley** (*Robert* NESTA, dit **Bob**), chanteur jamaïquain de reggae (1945-1981), adepte du mouvement rasta.

**Marlowe** (*Christopher*), dramaturge anglais (1564-1593) : *la Tragique Histoire du Dr Faust*.

**Marmara,** mer entre la mer Noire et la mer Égée.

**Marne,** affl. de la Seine. ◇ Victoires des Français en 1914 et en 1918. ◇ Dép. français (51) ; ch.-l. *Châlons-en-Champagne*, ch.-l. d'arr. *Épernay, Reims, Vitry-le-François* ; 578 349 h. (*Marnais*).

**Marne (Haute-),** dép. français (52) ; ch.-l. *Chaumont*, ch.-l. d'arr. *Langres, Saint-Dizier* ; 177 457 h.

**Marne-la-Vallée,** v. nouvelle à l'est de Paris (Seine-et-Marne). Parc d'attractions.

**Maroc,** État d'Afrique du Nord ; 710 000 km$^2$ ; 36 910 558 h. (*Marocains*). Cap. *Rabat* ; v. pr. *Casablanca, Fès, Marrakech*.

**Marot** (*Clément*), poète français (1496-1554).

**Marquises** (*îles*), archipel français de Polynésie.

**Marrakech,** v. du Maroc ; 1 330 468 h. (aggl.).

**Mars,** dieu romain de la Guerre, l'*Arès* des Grecs. ◇ Planète du Système solaire.

**Marseillaise** (*la*), hymne national français, créé par Rouget de Lisle (1792).

**Marseille,** port et ch.-l. de la Région Provence-Alpes-Côte d'Azur et des Bouches-du-Rhône ; 870 018 h. (*Marseillais*).

**Marshall** (*îles*), État insulaire de la Micronésie ; 181 km$^2$ ; 59 194 h. (*Marshallais*). Cap. *Delap-Uliga-Darrit (atoll de Majuro)*.

**Marshall** (*George*), général et homme politique américain (1880-1959).

**Martel** (*Édouard*), spéléologue français (1859-1938), créateur de la spéléologie.

**Marthe** (*sainte*), sœur de Lazare.

**Martí** (*José*), écrivain et patriote cubain (1853-1895).

**Martial,** poète latin (v. 40-v. 104).

**Martin** (*saint*), évêque de Tours (v. 316-397). Il aurait partagé son manteau avec un pauvre.

**Martin,** nom de plusieurs papes dont MARTIN V (1368-1431), pape de 1417 à 1431. Son élection mit fin au grand schisme.

**Martin du Gard** (*Roger*), écrivain français (1881-1958) : *les Thibault*.

**Martinique,** dép. et Région d'outre-mer (972), aux Antilles ; ch.-l. *Fort-de-France*, ch.-l. d'arr. *Le Marin, La Trinité, Saint-Pierre* ; 369 406 h. (*Martiniquais*).

**Marx** (*Karl*), philosophe allemand et théoricien du socialisme (1818-1883) : *le Capital*. Fondateur de la Ire Internationale.

**Marx** (*Thierry*), cuisinier français (né en 1959).

**Marx Brothers,** groupe d'acteurs comiques américains : *Une nuit à l'Opéra*.

**Maryland,** État de l'est des États-Unis. Cap. *Annapolis*. V. pr. *Baltimore*.

**Masaccio,** peintre florentin (1401-1428), un des protagonistes de la Renaissance.

**Masaryk** (*Tomáš Garrigue*), homme politique tchécoslovaque (1850-1937). Président de la République de 1918 à 1935.

**Mascate,** cap. de l'Oman ; 812 000 h. (aggl.).

**Mas-d'Azil** (*Le*), station préhistorique de l'Ariège.

**Masinissa** (v. 238-148), roi de Numidie, allié des Romains.

**Massachusetts,** État du nord-est des États-Unis. Cap. *Boston*.

**Massachusetts Institute of Technology** (MIT), établissement américain d'enseignement supérieur et de recherche créé en 1861.

**Massada,** forteresse de Palestine, lieu de résistance juive face aux Romains (66-73 apr. J.-C.).

**Masaïs** ou **Massaïs,** peuple du Kenya et de Tanzanie.

**Masséna** (*André*), maréchal de France (1758-1817).

**Massenet** (*Jules*), compositeur français (1842-1912) : *Manon.*

**Massif central,** région montagneuse du centre de la France.

**Mastroianni** (*Marcello*), acteur italien (1924-1996) : *La Dolce Vita.*

**Mata Hari** (*Margaretha Geertruida* ZELLE, dite), danseuse et aventurière néerlandaise (1876-1917). Convaincue d'espionnage en faveur de l'Allemagne, elle fut fusillée.

**Mathias Ier Corvin** (1440 ou 1443-1490), roi de Hongrie de 1458 à 1490.

**Mathilde** ou **Mahaut de Flandre** (m. en 1083), femme de Guillaume Ier le Conquérant.

**Mathusalem,** patriarche biblique. Il aurait vécu 969 ans (*Bible*).

**Matignon** (*accords*), accords conclus en 1936 entre le patronat et les syndicats : droit syndical, semaine de 40 heures, congés payés.

**Matisse** (*Henri*), peintre, graveur et sculpteur français (1869-1954).

**Mato Grosso,** plateau de l'ouest du Brésil.

**Matta** (*Roberto*), peintre surréaliste chilien (1911-2002).

**Matthieu** (*saint*), apôtre et évangéliste.

**Maubeuge,** v. du Nord ; 29 872 h. (*Maubeugeois*).

**Mauna Kea,** volcan éteint, point culminant de l'île d'Hawaii ; 4 205 m. Observatoire astronomique.

**Maupassant** (*Guy* DE), écrivain français (1850-1893), auteur de contes, de nouvelles et de romans : *Bel Ami.*

**Maupeou** (*René Nicolas* DE), chancelier de France (1714-1792).

**Maures** (les), massif montagneux du Var.

**Mauriac** (*François*), écrivain français (1885-1970) : *le Nœud de vipères.*

**Maurice** (*saint*), légionnaire romain, martyr (fin du IIIe s.).

**Maurice** (*île*), État insulaire de l'océan Indien ; 2 040 km² ; 1 265 740 h. (*Mauriciens*). Cap. *Port-Louis.*

**Mauritanie,** dans l'Antiquité, l'ouest de l'Afrique du Nord. ◇ État de l'Afrique occidentale ; 1 080 000 km² ; 4 649 660 h. (*Mauritaniens*). Cap. *Nouakchott.*

**Maurois** (*André*), écrivain français (1885-1967) : *Climats.*

**Maurras** (*Charles*), écrivain et homme politique français (1868-1952), monarchiste.

**Mauss** (*Marcel*), sociologue et anthropologue français (1872-1950).

**Maximilien Ier** (1459-1519), empereur germanique (1493-1519).

**Maximilien** (*Ferdinand Joseph*) [1832-1867], archiduc d'Autriche. Empereur du Mexique en 1864, il fut fusillé.

**Maxwell** (*James Clerk*), physicien britannique (1831-1879). Il a établi les lois générales de l'électromagnétisme (1873).

**May** (*Theresa*), femme politique britannique (née en 1956), Première ministre conservatrice de 2016 à 2019.

**Mayas,** Indiens de l'Amérique centrale, créateurs d'une brillante civilisation (IIIe-Xe s.).

**Mayence,** ville d'Allemagne, sur le Rhin ; 200 344 h.

**Mayenne** (la), riv. formant la Maine avec la Sarthe. ◇ Dép. français (53) ; ch.-l. *Laval,* ch.-l. d'arr. *Château-Gontier-sur-Mayenne, Mayenne* ; 316 615 h. (*Mayennais*).

**Mayenne** (*Charles* DE LORRAINE, duc DE), frère d'Henri de Guise (1554-1611).

**Mayer** (*Kevin*), athlète français (né en 1992), champion du monde du décathlon en 2017.

**Mayflower,** nom du vaisseau des premiers colons anglais de l'Amérique du Nord.

**Mayotte,** dép. et Région d'outre-mer (976) de l'océan Indien, dans l'archipel des Comores ; ch.-l. *Mamoudzou* ; 212 645 h. (*Mahorais*).

**Mazarin** (*Jules*), homme d'État français (1602-1661). Il termina la guerre de Trente Ans, triompha de la Fronde et imposa à l'Espagne le traité des Pyrénées (1659).

**Mazeppa** ou **Mazepa,** chef des cosaques de l'Ukraine (1639 ou 1644-1709).

**Mazzini** (*Giuseppe*), patriote italien (1805-1872).

**Mbappé Lottin** (*Kylian*), footballeur français (né en 1998), il a remporté la Coupe du monde en 2018.

**Mead** (*Margaret*), anthropologue américaine (1901-1978).

**Méandre** (le), fl. de l'Asie Mineure antique au cours très sinueux. N. actuel : *Menderes.*

**Mécène,** chevalier romain, protecteur des arts et des lettres (v. 69-8 av. J.-C.).

**Mechhed,** v. d'Iran oriental ; 2 766 258 h. (aggl.). Pèlerinage chiite.

**Mecklembourg-Poméranie-Occidentale,** Land d'Allemagne ; 1 610 674 h. Cap. *Schwerin.*

**Mecque** (**La**), ville d'Arabie saoudite ; 1 294 106 h. Patrie de Mahomet. Pèlerinage.

**Médée,** magicienne qui égorgea ses enfants (*Myth. gr.*).

**Medellín,** v. de Colombie ; 2 441 123 h.

**Médicis,** famille florentine, dont les principaux membres furent : LAURENT LE MAGNIFIQUE (1449-1492), protecteur des lettres et des arts ; ◇ ALEXANDRE (mort en 1537), premier duc de Florence, assassiné par Lorenzaccio ; ◇ COSME I[ER] LE GRAND (1519-1574), premier grand-duc de Toscane.

**Médicis** (*villa*), demeure du milieu du XVIe s., à Rome, occupée par l'Académie de France.

**Médie,** région de l'Asie ancienne.

**Médine,** v. d'Arabie saoudite ; 944 000 h. (aggl.).

**médiques** (*guerres*), guerres entre la Grèce et la Perse au Ve s. av. J.-C.

**Méditerranée,** mer intérieure entre l'Europe, l'Afrique et l'Asie.

**Médoc,** région viticole du Bordelais.

**Méduse,** une des trois Gorgones.

**Medvedev** (*Dmitri Anatolievitch*), homme politique russe (né en 1965), président (2008-2012) puis Premier ministre (2012-2020) de la Russie.

**Méhémet Ali** (1769-1849), vice-roi d'Égypte (1805-1848).

**Mehmed,** nom de six sultans de Turquie. ◇ MEHMED II (1429-1481), prit Constantinople en 1453.

**Meiji tenno,** nom posthume de *Mutsuhito* (1852-1912), empereur du Japon de 1867 à 1912, créateur du Japon moderne.

**Meilleur des mondes** (*le*), roman de science-fiction de A. Huxley.

**Meitner** (*Lise*), physicienne autrichienne (1878-1968), auteur de la théorie de la fission de l'uranium.

**Meknès,** v. du Maroc ; 520 428 h.

**Mékong** (le), fl. de la Chine et de la péninsule indochinoise ; 4 200 km.

**Melanchthon** (*Philipp*), réformateur allemand (1497-1560), ami de Luther.

**Mélanésie,** partie de l'Océanie comprenant la Nouvelle-Guinée, la Nouvelle-Calédonie, les îles Fidji, etc. (Hab. *Mélanésiens.*)

**Melbourne,** port d'Australie ; 3 999 982 h.

**Méliès** (*Georges*), cinéaste français (1861-1938), pionnier du cinéma.

**Meloni** (*Giorgia*), femme politique italienne (née en 1977), présidente du Conseil depuis 2022.

**Melun,** ch.-l. de Seine-et-Marne, sur la Seine ; 41 139 h. (*Melunais*).

**Melville** (*Herman*), écrivain américain (1819-1891) : *Moby Dick*.

**Memling** (*Hans*), peintre flamand (v. 1433-1494), actif à Bruges.

**Mémoires d'outre-tombe,** œuvre de Chateaubriand, publiée après sa mort.

**Memphis,** v. de l'anc. Égypte. ◇ Ville des États-Unis, sur le Mississippi ; 656 861 h.

**Mencius** ou **Mengzi,** philosophe chinois (v. 371-289 av. J.-C.), disciple de Confucius.

**Mende,** ch.-l. de la Lozère ; 13 147 h. (*Mendois*).

**Mendel** (*Gregor*), botaniste autrichien (1822-1884), fondateur de la génétique.

**Mendeleïev** (*Dmitri Ivanovitch*), chimiste russe (1834-1907), auteur de la classification périodique des éléments.

**Mendelssohn** (*Félix*), compositeur allemand (1809-1847).

**Mendelssohn** (*Moses*), philosophe allemand (1729-1786).

**Mendès France** (*Pierre*), homme politique français (1907-1982).

**Ménélas,** héros de la guerre de Troie, frère d'Agamemnon, époux d'Hélène.

**Ménélik II** (1844-1913), négus d'Éthiopie de 1889 à 1907. Vainqueur des Italiens à Adoua.

**Ménines** (*les*), grande toile de Velázquez.

**Menton,** v. des Alpes-Maritimes, sur la Méditerranée ; 30 981 h. (*Mentonnais*).

**Mentor,** ami d'Ulysse et précepteur de son fils Télémaque (*Myth. gr.*).

**Menuhin** (lord *Yehudi*), violoniste et chef d'orchestre américain et britannique d'origine russe (1916-1999).

**Meos → Miaos.**

**Méphistophélès,** autre nom du diable.

**Mercalli** (*Giuseppe*), sismologue italien (1850-1914), inventeur de l'échelle sismologique qui porte son nom.

**Mercator** (*Gerard*), géographe flamand (1512-1594), inventeur d'un système de projection cartographique.

**Merckx** (*Eddy*), coureur cycliste belge (né en 1945), cinq fois vainqueur du Tour de France.

**Mercosur,** marché commun de l'Amérique du Sud.

**Mercure,** dieu romain du Commerce, des Voyageurs et des Voleurs, l'*Hermès* des Grecs. ◇ Planète du Système solaire.

**Mérimée** (*Prosper*), écrivain français (1803-1870) : *Carmen, Colomba*.

**Merkel** (*Angela*), femme politique allemande (née en 1954), chancelière de 2005 à 2021.

**Merle** (*Robert*), écrivain français (1908-2004) : *Week-end à Zuydcoote, Malevil*.

**Merleau-Ponty** (*Maurice*), philosophe français (1908-1961) : *Phénoménologie de la perception*.

**Merlin,** dit **l'Enchanteur**, personnage légendaire du *cycle de la Table ronde*.

**Mermoz** (*Jean*), aviateur français (1901-1936).

**Mérovingiens,** première dynastie de rois francs, qui régna jusqu'en 751.

**Mertens** (*Pierre*), écrivain belge d'expression française (né en 1939) : *Terre d'asile*.

**Mésopotamie,** région de l'Asie ancienne, entre le Tigre et l'Euphrate, auj. en Iraq.

**Messaline,** première femme de l'empereur Claude, mère de Britannicus (v. 25-48).

**Messi** (*Lionel*, dit *Leo*), footballeur argentin et espagnol (né en 1987), il a remporté la Coupe du monde en 2022.

**Messiaen** (*Olivier*), compositeur français (1908-1992).

**Messie** (*le*), oratorio de Händel.

**Messine,** v. de Sicile ; 240 116 h.

**Messner** (*Reinhold*), alpiniste italien (né en 1944), fut le premier à gravir les quatorze sommets de plus de 8 000 m, entre 1970 et 1986.

**Métamorphoses** (*les*), poème mythologique d'Ovide.

**Metchnikov** (*Élie*), zoologiste et microbiologiste russe (1845-1916).

**Méthode → Cyrille.**

**Metro-Goldwyn-Mayer,** société américaine de production cinématographique fondée en 1924.

**Metropolis,** film de F. Lang (1927).

**Metropolitan Museum of Art,** à New York, musée consacré aux beaux-arts.

**Metsys,** famille de peintres flamands des XVe-XVIe s., actifs à Anvers.

**Metternich** (*Klemens*, prince DE), homme d'État autrichien (1773-1859).

**Metz,** ch.-l. de la Moselle ; 120 335 h. (*Messins*). Centre Pompidou-Metz.

**Meucci** (*Antonio*), ingénieur américain (1808-1889), véritable inventeur du téléphone.

**Meurthe,** riv. de France, affl. de la Moselle.

**Meurthe-et-Moselle,** dép. français (54) ; ch.-l. *Nancy*, ch.-l. d'arr. *Briey, Lunéville, Toul* ; 745 453 h.

**Meuse,** fl. de France, de Belgique et des Pays-Bas (mer du Nord). ◇ Dép. français (55) ; ch.-l. *Bar-le-Duc*, ch.-l. d'arr. *Commercy, Verdun* ; 189 535 h. (*Meusiens*).

**Mexico,** cap. du Mexique ; 20 843 000 h. (aggl.).

**Mexique,** État fédéral de l'Amérique du Nord ; 1 970 000 km$^2$ ; 128 932 753 h. (*Mexicains*). Cap. *Mexico*.

**Meyerbeer** (*Giacomo*), compositeur allemand (1791-1864), auteur d'opéras.

**Meyrink** (*Gustav*), écrivain autrichien (1868-1932) : *le Golem*.

**Mezzogiorno,** ensemble des régions de l'Italie du Sud, de la Sicile et de la Sardaigne, relativement sous-développées.

**Miami,** v. du sud des États-Unis (Floride) ; 430 332 h. (5 970 527 avec les banlieues).

**Miaos** ou **Méos,** peuple de Chine, de Thaïlande, du Laos et du Viêt Nam.

**Michaux** (*Henri*), poète et peintre français d'origine belge (1899-1984).

**Michel** (*saint*), le plus grand des anges.

**Michel,** nom de neuf empereurs byzantins.

**Michel** (*Charles*), homme politique belge (né en 1975), Premier ministre de 2014 à 2019.

**Michel-Ange** (*Michelangelo* BUONARROTI, en fr.), sculpteur, peintre, architecte et poète italien (1475-1564). Son œuvre, grandiose, incarne la Renaissance.

**Michelet** (*Jules*), historien français (1798-1874) : *Histoire de France*.

**Michelson** (*Albert*), physicien américain (1852-1931), auteur avec E. W. Morley (1858-1923) d'expériences sur la vitesse de la lumière.

**Michigan,** grand lac et État des États-Unis. Cap. *Lansing*. V. pr. *Détroit*.

**Mickey Mouse,** personnage de dessin animé créé par Walt Disney en 1928.

**Mickiewicz** (*Adam*), poète polonais (1798-1855).

**Micronésie,** partie de l'Océanie. ◇ État insulaire du Pacifique ; 707 km$^2$ ; 115 021 h. (*Micronésiens*). Cap. *Palikir*.

**Microsoft,** société américaine d'informatique, fondée en 1975 par Bill Gates (né en 1955) et Paul Allen (1953-2018).

**Midas,** roi de Phrygie du VIIIe s. av. J.-C., qui changeait en or tout ce qu'il touchait.

**Middle West,** plaine du centre des États-Unis, entre les Appalaches et les Rocheuses.

**Midlands,** région du centre de l'Angleterre.

**Midway** (*bataille de*), bataille navale (juin 1942) qui opposa les États-Unis au Japon dans le Pacifique.

**Mies van der Rohe** (*Ludwig*), architecte américain d'origine allemande (1886-1969).

**Mignard** (*Pierre*), peintre français (1612-1695).

**Milan,** v. d'Italie ; 1 245 660 h. (*Milanais*).

**Milet,** v. de l'Asie Mineure antique.

**Milhaud** (*Darius*), compositeur français (1892-1974).

**Mill** (*John* STUART), philosophe et économiste britannique (1806-1873).

**Mille et Une Nuits** (*les*), recueil de contes arabes.

**Miller** (*Arthur*), auteur dramatique américain (1915-2005) : *Mort d'un commis voyageur*.

**Miller** (*Henry*), écrivain américain (1891-1980) : *Tropique du Cancer.*

**Millerand** (*Alexandre*), homme politique français (1859-1943). Président de la République de 1920 à 1924.

**Millet** (*Jean-François*), peintre français (1814-1875) : *l'Angélus, les Glaneuses.*

**Milne-Edwards** (*Henri*), naturaliste et physiologiste français (1800-1885).

**Milo,** île grecque de la mer Égée où fut découverte la *Vénus de Milo.*

**Milo** (*Vénus de*), statue grecque en marbre (fin du IIe s. av. J.-C.).

**Milon de Crotone,** athlète grec (VIe s. av. J.-C.), célèbre pour ses victoires aux jeux Olympiques.

**Miltiade,** général athénien (Ve s. av. J.-C.). Vainqueur des Perses à Marathon.

**Milton** (*John*), poète anglais (1608-1674) : *le Paradis perdu.*

**Mindanao,** île des Philippines.

**Minerve,** déesse protectrice de Rome et des artisans, l'*Athéna* grecque.

**Ming,** dynastie impériale chinoise (1368-1644).

**Mingus** (*Charles*, dit **Charlie**), compositeur et contrebassiste américain de jazz (1922-1979).

**Minneapolis,** v. des États-Unis, sur le Mississippi ; 407 207 h. Elle forme avec *Saint Paul,* sur l'autre rive du fleuve, une agglomération de 2 801 553 h.

**Minnelli** (*Vincente*), cinéaste américain (1910-1986), spécialiste de la comédie musicale filmée : *Un Américain à Paris.*

**Minnesota,** État du centre des États-Unis. Cap. *Saint Paul.*

**Minorque,** une des îles Baléares.

**Minos,** roi légendaire de Crète, devenu juge des Enfers (*Myth. gr.*).

**Minotaure,** monstre mi-homme, mi-taureau, qui habitait le Labyrinthe, tué par Thésée (*Myth. gr.*).

**Minsk,** cap. de la Biélorussie ; 1 861 320 h. (aggl.).

**Miquelon,** île de l'archipel français de Saint-Pierre-et-Miquelon.

**Mirabeau** (*Honoré Gabriel,* comte DE), homme politique français (1749-1791).

**Mirbeau** (*Octave*), écrivain français (1848-1917) : *Journal d'une femme de chambre.*

**Miró** (*Joan*), peintre et sculpteur surréaliste espagnol (1893-1983).

**Misanthrope** (*le*), comédie de Molière.

**Misérables** (*les*), roman de V. Hugo.

**Mishima** (*Yukio*), écrivain japonais (1925-1970) : *le Pavillon d'or.*

**Mishna** ou **Michna,** ensemble des commentaires de la Torah qui constituent la base du Talmud.

**Mississippi** (le), fl. de l'Amérique du Nord ; 3 780 km. ◇ État des États-Unis. Cap. *Jackson.*

**Missouri** (le), affl. du Mississippi. ◇ État des États-Unis. Cap. *Jefferson City.*

**Mistinguett** (*Jeanne* BOURGEOIS, dite), artiste française de music-hall (1875-1956).

**Mistral** (*Frédéric*), poète provençal (1830-1914) : *Mireille.*

**Mithra,** dieu iranien dont le culte se répandit dans l'Empire romain au Ier s. av. J.-C.

**Mithridate,** nom de sept rois du Pont dont : Mithridate VI Eupator (v. 132-63 av. J.-C.), adversaire des Romains. ◇ Tragédie de Racine.

**Mitidja,** plaine de l'Algérie centrale.

**Mitterrand** (*François*), homme politique français (1916-1996). Socialiste, il a été président de la République de 1981 à 1995.

**Mixtèques,** Indiens du Mexique.

**Miyazaki** (*Hayao*), cinéaste japonais (né en 1941), réalisateur de dessins animés : *le Voyage de Chihiro.*

**Mizoguchi** (*Kenji*), cinéaste japonais (1898-1956) : *Contes de la lune vague après la pluie.*

**M le Maudit,** film de F. Lang (1931).

**Mnouchkine** (*Ariane*), metteur en scène de théâtre français (née en 1939), elle a renouvelé le rapport entre comédien et texte.

**Möbius** (*August Ferdinand*), mathématicien allemand (1790-1868), pionnier de la topologie.

**Mobutu** (*Sese Seko*), homme politique zaïrois (1930-1997). Président de 1965 à 1997.

**Moby Dick,** roman de H. Melville.

**Moctezuma** ou **Montezuma** (1466-1520), dernier empereur aztèque (1502-1520).

**Modène,** v. d'Italie (Émilie) ; 180 006 h.

**Modiano** (*Patrick*), écrivain français (né en 1945) : *Rue des boutiques obscures.*

**Modigliani** (*Amedeo*), peintre italien (1884-1920) : portraits de *Jeanne Hébuterne.*

**Mogadiscio,** en somali **Muqdisho,** cap. de la Somalie ; 2 014 000 h. (aggl.).

**Moghols** (*Grands*), dynastie qui régna sur l'Inde de 1526 à 1857.

**Mohammed VI → Muhammad VI.**

**Mohicans,** Indiens d'Amérique.

**Moholy-Nagy** (*László*), plasticien hongrois (1895-1946), maître du Bauhaus.

**Moire,** divinité grecque du Destin.

**Moïse,** libérateur et législateur des Hébreux. Il fit sortir ceux-ci d'Égypte et Dieu lui dicta les tables de la Loi (XIIIe s. av. J.-C.).

**Moïse,** statue de Michel-Ange.

**Moldavie,** région de Roumanie. ◇ État de l'Europe orientale ; 34 000 km² ; 2 620 495 h. (*Moldaves*). Cap. *Chişinău*.

**Molière** (*Jean-Baptiste* POQUELIN, dit), acteur et auteur dramatique français (1622-1673) : *Dom Juan, le Misanthrope, l'Avare, Tartuffe, le Bourgeois gentilhomme, les Fourberies de Scapin, les Femmes savantes, le Malade imaginaire*.

**Mollet** (*Guy*), homme politique socialiste français (1905-1975).

**Moloch,** divinité cananéenne et phénicienne à qui étaient offerts des sacrifices humains.

**Molotov,** homme politique soviétique (1890-1986).

**Moltke** (*Helmuth,* comte VON), maréchal prussien (1800-1891), général en chef pendant la guerre franco-allemande de 1870.

**Moluques** (*îles*), archipel d'Indonésie.

**Monaco,** principauté enclavée dans les Alpes-Maritimes ; 2 km² ; 39 244 h. (*Monégasques*). Cap. *Monaco*.

**Monde** (*le*), quotidien français du soir fondé en 1944.

**Mondrian** (*Piet*), peintre néerlandais (1872-1944), promoteur de l'abstraction géométrique.

**Monet** (*Claude*), peintre français (1840-1926), maître de l'impressionnisme.

**Monge** (*Gaspard*), mathématicien français (1746-1818), créateur de la géométrie descriptive.

**Mongolie,** État d'Asie ; 1 565 000 km² ; 3 278 292 h. (*Mongols*). Cap. *Oulan-Bator*.

**Mongolie-Intérieure,** prov. de Chine.

**Monk** (*Thelonious Sphere*), compositeur et pianiste américain de jazz (1917-1982).

**Monnet** (*Jean*), économiste français (1888-1979), pionnier de l'union européenne.

**Monod** (*Jacques*), biochimiste et généticien français (1910-1976).

**Monory** (*Jacques*), peintre français (1924-2018) de la « nouvelle figuration ».

**Monroe** (*James*), homme politique américain (1758-1831). Président des États-Unis de 1817 à 1825.

**Monroe** (*Norma Jean* BAKER, dite **Marilyn**), actrice américaine (1926-1962), star hollywoodienne : *Les hommes préfèrent les blondes*.

**Monrovia,** cap. du Liberia ; 1 224 000 h. (aggl.).

**Mons,** v. de Belgique (Hainaut) ; 93 941 h.

**Montagnards,** groupe de conventionnels français qui connut son apogée en 1793, et qui s'opposait aux Girondins.

**Montagnier** (*Luc*), médecin français (1932-2022), découvreur avec son équipe de l'Institut Pasteur du VIH, virus responsable du sida.

**Montaigne** (*Michel* DE), écrivain français (1533-1592) : *Essais*.

**Montalembert** (*Charles* DE), écrivain et homme politique français (1810-1870), défenseur du catholicisme libéral.

**Montana,** État du nord des États-Unis. Cap. *Helena*.

**Montand** (*Ivo* LIVI, dit **Yves**), chanteur et acteur français d'origine italienne (1921-1991) : *le Salaire de la peur*.

**Montauban,** ch.-l. du dép. de Tarn-et-Garonne ; 62 832 h. (*Montalbanais*).

**Montcalm** (*Louis,* marquis DE), général français (1712-1759). Il défendit le Canada contre les Anglais.

**Mont-de-Marsan,** ch.-l. des Landes ; 31 220 h. (*Montois*).

**Montebello,** village de Lombardie. Victoires françaises sur les Autrichiens (1800 et 1859).

**Monte-Carlo,** quartier de Monaco.

**Monténégro,** État d'Europe, dans les Balkans ; 13 812 km² ; 621 306 h. (*Monténégrins*). Cap. *Podgorica*.

**Monterrey,** v. du Mexique ; 1 130 960 h.

**Montespan** (*Françoise,* marquise DE), favorite de Louis XIV (1640-1707).

**Montesquieu** (*Charles* DE SECONDAT, baron DE), écrivain français (1689-1755) : *Lettres persanes, De l'esprit des lois*.

**Monteux** (*Pierre*), violoniste et chef d'orchestre français naturalisé américain (1875-1964).

**Monteverdi** (*Claudio*), compositeur italien (1567-1643), un des créateurs de l'opéra.

**Montevideo** ou **Montévidéo,** cap. de l'Uruguay ; 1 698 000 h. (aggl.).

**Montezuma → Moctezuma.**

**Montfort** (*Simon* DE), seigneur français (v. 1150-1218), chef de la croisade contre les albigeois. ◇ Son fils SIMON (v. 1208-1265) fut le chef de la révolte des barons contre Henri III d'Angleterre (1258).

**Montgolfier** (les frères *Joseph* et *Étienne* DE), industriels français (1740-1810 et 1745-1799), inventeurs du ballon à air chaud ou *montgolfière* (1783).

**Montgomery of Alamein** (vicomte), maréchal britannique (1887-1976). Vainqueur de Rommel.

**Montherlant** (*Henry* DE), écrivain français (1895-1972) : *la Reine morte*.

**Montluçon,** v. de l'Allier ; 35 431 h. (*Montluçonnais*).

**Montmartre,** quartier de Paris. Basilique du Sacré-Cœur (fin du XIXe s.).

**Montmorency,** illustre famille française (XIIe-XVIIe s.), à laquelle appartiennent : ANNE (1493-1567), conseiller de François Ier et Henri II. ◇ HENRI II (1595-1632), révolté avec Gaston d'Orléans contre Richelieu, il fut décapité.

**Montparnasse,** quartier de Paris.

**Montpellier,** ch.-l. de l'Hérault ; 298 933 h. (*Montpelliérains*).

**Montpensier** (duchesse DE, dite **la Grande Mademoiselle**), héroïne de la Fronde (1627-1693).

**Montréal,** v. du Canada (Québec), sur le Saint-Laurent ; 1 704 694 h. (4 098 927 avec les banlieues) [*Montréalais*].

**Mont-Saint-Michel** (*Le*), îlot de la Manche. Abbaye construite aux XIe-XVIe s.

**Moore** (*Alan*), scénariste britannique de bandes dessinées (né en 1953) : *V pour Vendetta*.

**Moore** (*Henry*), sculpteur britannique (1898-1986).

**Moore** (*Thomas*), poète irlandais (1779-1852) : *Mélodies irlandaises*.

**Morat,** v. de Suisse. Victoire des Suisses sur Charles le Téméraire (1476).

**Moravia** (*Alberto*), écrivain italien (1907-1990) : *l'Ennui*.

**Moravie,** région de la République tchèque.

**Morbihan,** dép. français (56) ; ch.-l. *Vannes*, ch.-l. d'arr. *Lorient, Pontivy* ; 781 100 h. (*Morbihannais*).

**Mordves,** peuple finno-ougrien de Russie (Mordovie, Bachkortostan, Tatarstan), d'Ukraine et d'Asie centrale (env. 1,3 million).

**More → Thomas More (saint).**

**Moreau** (*Gustave*), peintre symboliste français (1826-1898).

**Moreau** (*Jeanne*), actrice française (1928-2017) : *le Journal d'une femme de chambre*.

**Moreau** (*Jean Victor*), général français (1763-1813), rival de Bonaparte.

**Morel** (*François*), acteur et écrivain français (né en 1959) : *les Deschiens*.

**Moreno** (*Jacob*), psychologue américain (1892-1974).

**Morgan,** famille de financiers américains des XIXe et XXe s.

**Morgan** (*Simone* ROUSSEL, dite **Michèle**), actrice française (1920-2016) : *le Quai des brumes*.

**Morgan** (*Thomas Hunt*), biologiste américain (1866-1945), créateur de la théorie chromosomique de l'hérédité.

**Morgenstern** (*Oskar*), économiste américain d'origine autrichienne (1902-1977), spécialiste de l'étude mathématique des comportements économiques.

**Morisot** (*Berthe*), peintre impressionniste française (1841-1895) : *le Berceau*.

**Morny** (duc DE), frère naturel de Napoléon III (1811-1865), un des organisateurs du coup d'État de 1851.

**Morphée,** dieu grec des Songes.

**Morpurgo** (*Michael*), écrivain britannique (né en 1943) : *Cheval de guerre, le Royaume de Kensuké*.

**Morrison** (*Toni*), romancière américaine (1931-2019) : *Beloved*.

**Morse** (*Samuel*), inventeur américain (1791-1872) d'un système de télégraphie électrique.

**Mort aux trousses** (*la*), film de A. Hitchcock (1959).

**Mort à Venise,** film de L. Visconti (1971) inspiré d'un roman de T. Mann.

**Morte** (*mer*), lac très salé de Palestine.

**Morte** (*manuscrits de la mer*), manuscrits bibliques (IIe s. av. J.-C.-Ier s. apr. J.-C.) découverts entre 1947 et 1956 dans des grottes, près du site de Qumran.

**Morton** (*Ferdinand Joseph* LEMOTT, dit **Jelly Roll**), musicien américain de jazz (1885 ou 1890-1941).

**Morvan,** massif du centre de la France.

**Moscou,** cap. de la Russie, sur la Moskova ; 12 330 126 h. dans l'aggl. (*Moscovites*).

**Moselle,** affl. du Rhin. ◇ Dép. français (57) ; ch.-l. *Metz*, ch.-l. d'arr. *Boulay-Moselle, Château-Salins, Forbach, Sarrebourg, Sarreguemines, Thionville* ; 1 065 327 h. (*Mosellans*).

**Moskova,** riv. qui passe à Moscou. Victoire française en 1812.

**Mossad,** service de renseignements israélien, fondé en 1951.

**Mossis,** peuple du Burkina.

**Mossoul,** v. de l'Iraq ; 1 446 940 h. (aggl.).

**Motherwell** (*Robert*), peintre américain (1915-1991), l'un des principaux expressionnistes abstraits.

**Moubarak** (*Hosni*), homme politique égyptien (1928-2020), président de la République de 1981 à 2011.

**Moulin** (*Jean*), patriote français (1899-1943). Premier président du Conseil national de la Résistance (1943), arrêté par la Gestapo.

**Moulins,** ch.-l. de l'Allier ; 19 788 h. (*Moulinois*).

**Mounier** (*Emmanuel*), philosophe français (1905-1950).

**Moussorgski** (*Modest*), compositeur russe (1839-1881) : *Boris Godounov.*

**Moyen-Orient,** ensemble formé par l'Égypte et par les États d'Asie occidentale.

**Mozambique,** État de l'Afrique orientale ; 785 000 km$^2$ ; 31 255 435 h. (*Mozambicains*). Cap. *Maputo.*

**Mozart** (*Wolfgang Amadeus*), compositeur allemand (1756-1791), auteur des *Noces de Figaro,* de *Don Giovanni,* de *la Flûte enchantée,* d'un *Requiem,* de symphonies, etc.

**Mozi,** philosophe chinois du Ve s. av. J.-C.

**Mucha** (*Alfons*), peintre et dessinateur tchèque (1860-1939), figure importante de l'Art nouveau.

**Muhammad VI** ou **Mohammed VI** (né en 1963), roi du Maroc depuis 1999.

**Mulhouse,** v. du Haut-Rhin ; 109 531 h. (*Mulhousiens*).

**Muller** (*Herman Joseph*), biologiste américain (1890-1967).

**Müller** (*Karl Alexander*), physicien suisse (né en 1927).

**Mulliken** (*Robert Sanderson*), chimiste américain (1896-1986).

**Munch** (*Charles*), violoniste et chef d'orchestre français (1891-1968).

**Munch** (*Edvard*), peintre et graveur norvégien (1863-1944), précurseur de l'expressionnisme : *le Cri.*

**Munich,** v. d'Allemagne, cap. de la Bavière ; 1 348 335 h. (*Munichois*). Bières.

**Münster,** v. d'Allemagne ; 289 576 h.

**Müntzer** ou **Münzer** (*Thomas*), réformateur allemand (1489-1525), un des fondateurs de l'anabaptisme.

**Muqdisho → Mogadiscio.**

**Muraille** (**la Grande**), muraille de 6 250 km, entre la Chine et la Mongolie.

**Murasaki** (*Shikibu*), femme de lettres japonaise (v. 978-v. 1014) : *Genji monogatari.*

**Murat** (*Joachim*), maréchal de France (1767-1815). Beau-frère de Napoléon Ier, il fut roi de Naples (1808-1815).

**Murcie,** v. d'Espagne du Sud ; 443 243 h.

**Mur des lamentations,** vestiges du Temple bâti par Hérode à Jérusalem, lieu de prières pour les juifs.

**Murillo** (*Bartolomé*), peintre espagnol (1618-1682).

**Murnau** (*Friedrich Wilhelm*), cinéaste expressionniste allemand (1888-1931) : *Nosferatu le vampire.*

**Muses** (les), les neuf filles de Zeus, déesses des Sciences, des Arts et des Lettres : Clio, Euterpe, Thalie, Melpomène, Terpsichore, Érato, Polymnie, Uranie, Calliope.

**Muséum national d'histoire naturelle,** établissement public français à caractère scientifique, culturel et professionnel, fondé à Paris en 1793.

**Museum of Modern Art** ou **MoMA,** musée d'art moderne et contemporain, à New York.

**Musil** (*Robert*), écrivain autrichien (1880-1942) : *l'Homme sans qualités.*

**Musset** (*Alfred* DE), écrivain romantique français (1810-1857) : *Lorenzaccio, les Caprices de Marianne.*

**Mussolini** (*Benito*), dictateur italien (1883-1945). Fondateur du fascisme. Au pouvoir (*duce*) après 1925, il s'allia à Hitler pendant la Seconde Guerre mondiale.

**Muti** (*Riccardo*), chef d'orchestre italien (né en 1941).

**Mutsuhito → Meiji tenno.**

**Myanmar → Birmanie.**

**Mycènes,** anc. cap. de l'Argolide, foyer de la civilisation mycénienne.

**My Fair Lady,** film de G. Cukor (1964).

**Myrmidons,** anc. peuple de Thessalie.

**Mytilène** ou **Lesbos,** île grecque de la mer Égée.

# N

**Nabokov** (*Vladimir*), écrivain américain d'origine russe (1899-1977) : *Lolita*.

**Nabuchodonosor,** roi de Babylone (605-562 av. J.-C.). Il détruisit le royaume de Juda.

**Nadal** (*Rafael*), joueur de tennis espagnol (né en 1986), titré vingt-deux fois en tournois du Grand Chelem.

**Nadar** (*Félix* TOURNACHON, dit), photographe français (1820-1910).

**Nadja,** récit de A. Breton.

**Nagano,** v. du Japon ; 381 533 h.

**Nagasaki,** port du Japon ; 443 469 h. Deuxième bombe atomique le 9 août 1945.

**Nagoya,** port du Japon ; 2 263 907 h.

**Nagpur,** v. de l'Inde ; 2 497 777 h. (aggl.).

**Nairobi,** cap. du Kenya ; 3 363 130 h.

**Naissance d'une nation,** film de D. W. Griffith (1915).

**Namibie,** État du sud-ouest de l'Afrique ; 825 000 km² ; 2 540 916 h. (*Namibiens*). Cap. *Windhoek*.

**Namur,** v. (110 500 h.) et prov. (482 451 h.) [*Namurois*] de Belgique.

**Nancy,** cap. de l'anc. Lorraine et ch.-l. de Meurthe-et-Moselle ; 106 504 h. (*Nancéiens*).

**Nankin,** v. de Chine, port sur le Yangzi Jiang ; 5 664 951 h. (aggl.).

**Nansen** (*Fridtjof*), explorateur norvégien de l'Arctique (1861-1930).

**Nanterre,** ch.-l. des Hauts-de-Seine ; 96 917 h. (*Nanterrois*).

**Nantes,** ch.-l. des Pays de la Loire et du dép. de la Loire-Atlantique ; 323 975 h. (*Nantais*).

**Nantes** (*édit de*), édit de tolérance, promulgué par Henri IV (1598), et révoqué par Louis XIV (1685).

**Napier** ou **Neper** (*John*), mathématicien écossais (1550-1617), inventeur des logarithmes (1614).

**Naples,** v. d'Italie du Sud, sur le *golfe de Naples* ; 947 764 h. (*Napolitains*).

**Napoléon Ier** (BONAPARTE) [1769-1821], empereur des Français de 1804 à 1815. Il s'illustra, à Toulon, en Italie et en Égypte avant d'accomplir le coup d'État du 18-Brumaire (1799). Empereur en 1804, il rétablit la paix intérieure. Après les campagnes de Russie, d'Allemagne et de France, il dut abdiquer (1814). De retour en France (les Cent-Jours), il fut vaincu à Waterloo et dut s'exiler à Sainte-Hélène (1815).

**Napoléon,** film d'A. Gance (1927).

**Napoléon II** (1811-1832), fils de Napoléon Ier et de Marie-Louise, roi de Rome. Il vécut en Autriche sous le nom de *duc de Reichstadt*.

**Napoléon III** (*Charles Louis Napoléon* BONAPARTE) [1808-1873], neveu de Napoléon Ier. Président de la République de 1848 à 1852, puis empereur des Français de 1852 à 1870. Il déclara la guerre à la Prusse en 1870.

**Nara,** v. du Japon ; 366 528 h. Anc. cap. du pays (710-784). Temples bouddhiques.

**Narbonne,** v. de l'Aude ; 56 700 h. (*Narbonnais*).

**Narcisse,** jeune homme amoureux de sa propre image, reflétée dans l'eau (*Myth. gr.*).

**Naruhito** (né en 1960), empereur du Japon depuis 2019.

**NASA** (*National Aeronautics and Space Administration*), organisme américain chargé de la recherche aéronautique et spatiale.

**Nasser** (*Gamal Abdel*), homme politique égyptien (1918-1970), président de la République de 1958 à sa mort, champion de l'unité arabe.

**Nat** (*Yves*), compositeur et pianiste français (1890-1956).

**Natal,** anc. prov. de l'Afrique du Sud (auj. *Kwazulu-Natal*).

**National Gallery,** riche musée de peintures des écoles européennes, à Londres.

**National Gallery of Art,** musée de peintures des écoles européennes et d'art contemporain, à Washington.

**NATU** (*Netflix, Airbnb, Tesla, Uber*), acronyme désignant les quatre sociétés américaines à l'origine de nouveaux modèles économiques.

**Nauman** (*Bruce*), artiste américain (né en 1941).

**Nauru,** atoll et État d'Océanie ; 21 km² ; 10 834 h. (*Nauruans*). Cap. *Yaren*.

**Navajos,** Indiens des États-Unis.

**Navarin,** port de Grèce. Défaite navale des Turcs en 1827.

**Navarre,** anc. royaume, à cheval sur les Pyrénées. La *Navarre française* fut rattachée à la France par Henri IV.

**Navas de Tolosa** (*Las*), victoire des rois d'Aragon, de Castille, de León et de Navarre sur les musulmans (1212).

**Navratilova** (*Martina*), joueuse de tennis tchèque et américaine (née en 1956), elle a notamment remporté neuf fois le tournoi de Wimbledon.

**Naxos,** la plus grande des Cyclades.

**Nazareth,** v. de Galilée, où vécut Jésus enfant avec Joseph et Marie.

**Nazca,** site archéologique précolombien (200 av. J.-C.-600 apr. J.-C.) de la côte sud du Pérou. Nécropoles et énigmatiques dessins tracés sur le sol.

**NBC** (*National Broadcasting Company*), réseau de télévision américain créé en 1926.

**Ndjamena,** anc. **Fort-Lamy**, cap. du Tchad ; 1 078 640 h.

**Neandertal** (*homme de*), squelette humain préhistorique découvert en 1856.

**Nebraska,** État du centre des États-Unis. Cap. *Lincoln.*

**Necker** (*Jacques*), banquier et ministre français (1732-1804). Il fut directeur général des finances à la veille de la Révolution.

**Néel** (*Louis*), physicien français (1904-2000).

**Néfertiti,** reine d'Égypte (XIV$^e$ s. av. J.-C.).

**Nehru** (*Jawaharlal*), homme politique indien (1889-1964), Premier ministre de 1947 à 1964.

**Nelson** (*Horace*), amiral britannique (1758-1805). Victorieux à Trafalgar sur les Français.

**Némésis,** déesse grecque de la Vengeance.

**Nemrod,** roi mésopotamien, grand chasseur (*Bible*).

**Nenni** (*Pietro*), homme politique italien (1891-1980), socialiste.

**Népal,** État d'Asie au nord de l'Inde ; 140 000 km$^2$ ; 29 136 808 h. (*Népalais*). Cap. *Katmandou.*

**Neper → Napier.**

**Neptune,** dieu romain de la Mer, le *Poséidon* des Grecs. ◇ Planète du Système solaire.

**Nernst** (*Walther*), physicien et chimiste allemand (1864-1941), il a découvert de nouveaux types de magnétisme.

**Néron** (37-68), empereur romain (54-68), célèbre par ses cruautés.

**Neruda** (*Pablo*), poète chilien (1904-1973).

**Nerval** (*Gérard* DE), poète français (1808-1855) : *les Chimères.*

**Nessus,** centaure tué par Héraclès (*Myth.*).

**Nestlé,** groupe industriel suisse créé en 1867, spécialisé dans la production alimentaire.

**Nestor,** le plus sage des princes qui assiégèrent Troie (*Iliade*).

**Nestorius,** hérétique du V$^e$ s.

**Netanyahou** (*Benyamin*), homme politique israélien (né en 1949), Premier ministre de 1996 à 1999, de 2009 à 2021 et depuis 2022.

**Neuchâtel,** v. de Suisse, ch.-l. du *canton de Neuchâtel,* sur le *lac de Neuchâtel.*

**Neumann** (*Johann* VON), mathématicien américain d'origine hongroise (1903-1957), auteur d'une théorie des jeux.

**Neumann** (*Johann Balthasar*), architecte baroque allemand (1687-1753).

**Neustrie,** royaume mérovingien de l'ouest de la France.

**Neva** (la), fl. de Russie, qui passe à Saint-Pétersbourg.

**Nevada** (*sierra*), massif du sud de l'Espagne. ◇ Montagnes de Californie.

**Nevada,** État de l'ouest des États-Unis. Cap. *Carson City.*

**Nevers,** ch.-l. de la Nièvre ; 34 069 h. (*Nivernais*).

**New Deal,** réformes économiques et sociales mises en œuvre aux États-Unis par Roosevelt à partir de 1933.

**New Delhi,** cap. fédérale de l'Inde, englobée dans la ville de Delhi.

**New Hampshire,** État du nord-est des États-Unis. Cap. *Concord.*

**New Jersey,** État du nord-est des États-Unis. Cap. *Trenton.*

**Newton** (*Isaac*), physicien, mathématicien et astronome anglais (1642-1727). Il découvrit la loi de l'attraction universelle et inventa le télescope.

**New York,** port des États-Unis, sur l'Atlantique ; 8 491 079 h. (18 604 000 avec les banlieues) [*New-Yorkais*]. ◇ État du nord-est des États-Unis.

**New York-Miami,** film de F. Capra (1934).

**New York Times,** quotidien américain, fondé en 1851.

**Ney** (*Michel*), maréchal de France (1769-1815). Il fut fusillé sous la Restauration.

**Niagara,** section du Saint-Laurent entre les États-Unis et le Canada. Chutes de 50 m de hauteur.

**Niamey,** cap. du Niger ; 1 026 848 h.

**Nibelungen** (*Chanson des*), épopée allemande du début du XIII$^e$ s.

**Nicaragua,** État de l'Amérique centrale ; 148 000 km$^2$ ; 6 624 554 h. (*Nicaraguayens*). Cap. *Managua.*

**Nice,** ch.-l. des Alpes-Maritimes ; 345 528 h. (*Niçois*).

**Nicée,** anc. v. de l'Asie Mineure où se réunirent deux conciles (325 et 787).

**Nicholson** (*Jack*), acteur américain (né en 1937) : *Vol au-dessus d'un nid de coucou.*

**Nicolas,** nom de cinq papes.

**Nicolas Ier** (1796-1855), empereur de Russie (1825-1855), vaincu lors de la guerre de Crimée. ◇ NICOLAS II (1868-1918), empereur de Russie (1894-1917), exécuté par les révolutionnaires.

**Nicosie,** cap. de Chypre ; 251 000 h. (aggl.).

**Nicot** (*Jean*), diplomate français (v. 1530-1600). Il introduisit le tabac en France.

**Niémen,** fl. de Biélorussie et de Lituanie ; 937 km.

**Niemeyer** (*Oscar*), architecte brésilien (1907-2012).

**Niépce** (*Nicéphore*), physicien français (1765-1833), inventeur de la photographie.

**Nietzsche** (*Friedrich*), philosophe allemand (1844-1900). Il prône la volonté de puissance : *Ainsi parlait Zarathoustra*.

**Nièvre,** affl. de la Loire. ◇ Dép. français (58) ; ch.-l. *Nevers*, ch.-l. d'arr. *Château-Chinon, Clamecy, Cosne-Cours-sur-Loire* ; 209 860 h. (*Nivernais*).

**Niger,** fl. d'Afrique ; 4 200 km. ◇ État de l'Afrique occidentale ; 1 267 000 km² ; 24 206 636 h. (*Nigériens*). Cap. *Niamey*.

**Nigeria,** État de l'Afrique occidentale ; 924 000 km² ; 206 139 587 h. (*Nigérians*). Cap. *Abuja* ; v. pr. *Lagos, Ibadan*.

**Nijinski** (*Vaslav*), danseur russe d'origine polonaise (1890-1950).

**Nijni Novgorod,** anc. **Gorki**, v. de Russie, sur la Volga ; 1 253 324 h.

**Nikolais** (*Alwin*), chorégraphe et compositeur américain (1912-1993), figure importante de la modern dance.

**Nil,** fl. d'Afrique (Méditerranée) ; 6 700 km.

**Nimègue,** v. des Pays-Bas ; 159 155 h. Traités (1678 et 1679) entre la France, la Hollande, l'Espagne, le Saint Empire.

**Nîmes,** ch.-l. du Gard ; 150 786 h. (*Nîmois*). Monuments romains.

**Ninive,** anc. cap. de l'Assyrie.

**Niño** (*El*), phénomène climatique dû à un réchauffement anormal de l'océan, dans l'est du Pacifique.

**Ninotchka,** film de E. Lubitsch (1939).

**Niort,** ch.-l. des Deux-Sèvres ; 61 027 h. (*Niortais*).

**Nivernais,** anc. prov. française ; cap. *Nevers*.

**Nixon** (*Richard*), homme politique américain (1913-1994). Républicain, président des États-Unis de 1969 à 1974, il dut démissionner.

**Nkrumah** (*Kwame*), homme politique ghanéen (1909-1972).

**Noailles** (*Anna*, comtesse DE), femme de lettres française (1876-1933).

**Nobel** (*Alfred*), industriel suédois (1833-1896). Il inventa la dynamite et fonda les prix qui portent son nom.

**Noces de Cana** (*les*), grande toile de Véronèse.

**Nocturnes,** compositions pour piano de Chopin.

**Nodier** (*Charles*), écrivain romantique français (1780-1844).

**Noé,** patriarche hébreu, sauvé par Dieu du Déluge, et le premier vigneron.

**Noire** (*mer*), anc. **Pont-Euxin**, mer intérieure entre l'Europe et l'Asie.

**Noiret** (*Philippe*), acteur français (1930-2006) : *l'Horloger de Saint-Paul*.

**Noirmoutier,** île française (Vendée).

**Nono** (*Luigi*), compositeur italien (1924-1990).

**Nord** (*mer du*), mer du nord-ouest de l'Europe, formée par l'Atlantique.

**Nord,** dép. français (59) ; ch.-l. *Lille*, ch.-l. d'arr. *Avesnes-sur-Helpe, Cambrai, Douai, Dunkerque, Valenciennes* ; 2 638 696 h.

**Nord** (*cap*), le point le plus septentrional de l'Europe (Norvège).

**Norman** (*Jessye*), soprano américaine (1945-2019).

**Normandie,** Région et anc. prov. de France ; ch.-l. *Rouen*.

**Normands,** navigateurs scandinaves, qui firent au Moyen Âge de nombreuses invasions en Europe. Ils s'installèrent en Angleterre (IXe s.), puis en Normandie (Xe s.).

**Norodom Sihanouk,** homme politique cambodgien (1922-2012). Roi (1941-1955 et 1993-2004) et chef de l'État (1960-1970).

**Norvège,** État de l'Europe du Nord (Scandinavie) ; 325 000 km² ; 5 379 475 h. (*Norvégiens*). Cap. *Oslo*.

**Nosferatu le vampire,** film de F. W. Murnau (1922).

**Nostradamus** (*Michel*), astrologue français (1503-1566) dont les prophéties sont restées célèbres.

**Notre-Dame de Paris,** église gothique, dans l'île de la Cité. Elle a donné son nom à un roman historique de V. Hugo.

**Nouakchott,** capitale de la Mauritanie ; 958 399 h.

**Nougaro** (*Claude*), chanteur français (1929-2004) : *Toulouse*.

**Nouméa,** ch.-l. de la Nouvelle-Calédonie ; 98 806 h.

**Noureïev** (*Rudolf*), danseur d'origine russe, naturalisé autrichien (1938-1993).

**Nourritures terrestres** (*les*), roman de A. Gide.

**Noursoultan → Astana.**

**Nouveau-Brunswick,** prov. de l'est du Canada. Cap. *Fredericton.*

**Nouveau-Mexique,** État du sud des États-Unis. Cap. *Santa Fe.*

**nouveau roman,** tendance littéraire française, apparue dans les années 1950, en réaction contre le roman traditionnel.

**Nouveau Testament → Bible.**

**Nouvel** (*Jean*), architecte français (né en 1945) : Institut du monde arabe, à Paris.

**Nouvelle-Angleterre,** région du nord-est des États-Unis correspondant aux anciennes colonies anglaises.

**Nouvelle-Aquitaine,** Région du sud-ouest de la France ; ch.-l. *Bordeaux.*

**Nouvelle-Calédonie,** île française de la Mélanésie ; 245 580 h. (*Néo-Calédoniens*). Cap. *Nouméa.*

**Nouvelle-Écosse,** prov. de l'est du Canada ; cap. *Halifax.*

**Nouvelle-Galles du Sud,** État d'Australie. Cap. *Sydney.*

**Nouvelle-Guinée,** grande île de l'Océanie (800 000 km$^2$), partagée entre l'Indonésie et l'État de Papouasie-Nouvelle-Guinée.

**Nouvelle-Orléans (La),** principale ville de Louisiane (États-Unis) ; 384 320 h. (1 167 764 avec les banlieues).

**Nouvelles-Hébrides → Vanuatu.**

**nouvelle vague,** courant cinématographique français des années 1950.

**Nouvelle-Zélande,** État de l'Océanie, membre du Commonwealth ; 270 000 km$^2$ ; 5 090 200 h. (*Néo-Zélandais*). Cap. *Wellington* ; v. pr. *Auckland.*

**Nouvelle-Zemble,** archipel russe de l'océan Arctique.

**Novalis** (*Friedrich*), poète romantique allemand (1772-1801).

**Novgorod → Veliki Novgorod.**

**Novossibirsk,** v. de Russie, en Sibérie ; 1 473 737 h.

**Nubie,** région du sud de l'Égypte.

**Nuit du chasseur** (*la*), film de C. Laughton (1955).

**Numance,** anc. ville d'Espagne, détruite par les Romains (133 av. J.-C.).

**Numa Pompilius,** deuxième roi légendaire de Rome.

**Numidie,** contrée de l'anc. Afrique du Nord.

**Nunavut,** territoire du nord du Canada créé en 1999 ; 35 944 h., dont 27 120 Inuits. Cap. *Iqaluit.*

**Nuremberg,** v. d'Allemagne (Bavière) ; 486 314 h. Siège du procès des grands criminels de guerre nazis (1945-1946).

# O

**OAS** (*Organisation armée secrète*), organisation clandestine française opposée à l'indépendance de l'Algérie (1961-1962).

**Ob,** fl. de Sibérie ; 4 345 km.

**Obama** (*Barack Hussein*), homme politique américain (né en 1961). Président démocrate des États-Unis de 2009 à 2017, il est le premier Afro-Américain à accéder à cette fonction.

**Oberkampf** (*Christophe Philippe*), industriel français (1738-1815).

**Obrenović,** dynastie serbe qui a régné de 1815 à 1842 et de 1858 à 1903, rivale des Karadjordjević.

**O'Casey** (*Sean*), auteur dramatique irlandais (1880-1964).

**Occam → Guillaume d'Occam.**

**Occident** (*Empire d'*), partie de l'Empire romain, de 395 à 476, issue du partage de l'Empire à la mort de Théodose ; cap. *Rome*.

**Occitanie,** Région du sud de la France (ch.-l. *Toulouse*) et ensemble des régions historiques de langue d'oc.

**OCDE** (*Organisation de coopération et de développement économiques*), organisation internationale créée en 1961 et qui regroupe auj. 38 États.

**Océanie,** une des cinq parties du monde (Australie et îles du Pacifique) ; env. 9 millions de km$^2$ ; 42 000 000 h. (*Océaniens*).

**Ockeghem** ou **Okeghem** (*Johannes*), compositeur flamand (v. 1410-1497).

**Octave → Auguste.**

**Octavie,** femme de Néron, qui l'accula au suicide (62).

**Octavien → Auguste.**

**Oder** ou **Odra,** fl. formant la frontière entre la Pologne et l'Allemagne ; 848 km.

**Odessa,** port d'Ukraine ; 1 000 000 h.

**Odin → Wotan.**

**Odisha,** État de l'est de l'Inde.

**Odoacre,** roi barbare (v. 434-493) qui mit fin à l'Empire romain d'Occident (476).

**Odyssée** (*l'*), poème attribué à Homère, qui retrace les voyages d'Ulysse.

**Oe** (*Kenzaburo*), écrivain japonais (né en 1935) : *le Jeu du siècle*.

**OEA** (*Organisation des États américains*), organisation intergouvernementale fondée en 1948.

**Œdipe,** fils de Laïos, roi de Thèbes, et de Jocaste. Il tua son père, épousa sa mère et se creva les yeux par punition (*Myth. gr.*).

**Œrsted** (*Hans Christian*), physicien danois (1777-1851). Il découvrit l'électromagnétisme.

**Offenbach** (*Jacques*), compositeur français d'origine allemande (1819-1880), auteur d'opérettes : *la Vie parisienne*.

**Offices,** riche musée de peinture à Florence.

**Ogaden,** plateau steppique d'Éthiopie, à la frontière de la Somalie.

**Ohio,** riv. des États-Unis. ◇ État du nord des États-Unis. Cap. *Columbus*.

**Ohm** (*Georg Simon*), physicien allemand (1789-1854). Il découvrit les lois fondamentales des courants électriques (1827).

**Oise,** affl. de la Seine. ◇ Dép. français (60) ; ch.-l. *Beauvais*, ch.-l. d'arr. *Clermont*, *Compiègne*, *Senlis* ; 847 158 h.

**Oïstrakh** (*David Fiodorovitch*), violoniste soviétique (1908-1974).

**Okinawa,** principale île des Ryukyu (Japon).

**Oklahoma,** État du sud des États-Unis. Cap. *Oklahoma City*.

**Oléron,** île de la Charente-Maritime.

**Olier** (*Jean-Jacques*), ecclésiastique français (1608-1657), fondateur de l'ordre des Sulpiciens.

**Olivares** (duc D'), homme d'État espagnol (1587-1645). Il s'opposa à Richelieu.

**Oliver** (*Joe*, dit **King**), musicien américain de jazz (1885-1938), il popularisa le style « Nouvelle-Orléans ».

**Olivier** (sir *Laurence*), acteur, metteur en scène de théâtre et cinéaste britannique (1907-1989) : *Richard III*.

**Oliviers** (*mont des*), colline à l'est de Jérusalem, où Jésus pria la veille de sa mort.

**Olmèques,** peuple ancien du Mexique.

**OLP** (*Organisation de libération de la Palestine*), organisation de la résistance palestinienne.

**Olympe,** montagne de Grèce (2 917 m), séjour des dieux (*Myth. gr.*).

**Olympia,** grande toile de Manet.

**Olympie,** v. de Grèce où se célébraient les jeux Olympiques.

**olympique** (*Comité international*) ou **CIO**, organisme chargé de l'organisation des jeux Olympiques, fondé en 1894.

**Oman** (*sultanat d'*), État de l'Arabie sur la *mer d'Oman* ; 212 000 km² ; 5 106 622 h. (*Omanais*). Cap. *Mascate*. Pétrole.

**Ombrie,** région de l'Italie centrale.

**OMC** (*Organisation mondiale du commerce*), organisation créée en 1995 pour veiller à l'application des accords commerciaux internationaux.

**Omeyyades,** dynastie de califes arabes qui régna à Damas de 661 à 750 et à Cordoue de 756 à 1031.

**OMS** (*Organisation mondiale de la santé*), organisation internationale créée en 1946.

**Omsk,** ville de Russie (Sibérie occidentale) ; 1 153 971 h.

**O'Neill** (*Eugene*), auteur dramatique américain (1888-1953) : *l'Empereur Jones*.

**On ne badine pas avec l'amour,** pièce de théâtre de A. de Musset.

**Ontario,** lac de l'Amérique du Nord. ◇ Prov. du Canada. Cap. *Toronto*.

**ONU** (*Organisation des Nations unies*), organisation internationale constituée en 1945, en vue du maintien de la paix.

**Oparine** (*Aleksandr Ivanovitch*), chimiste et biologiste soviétique (1894-1980).

**OPEP** (*Organisation des pays exportateurs de pétrole*), organisation créée en 1960 et qui regroupe auj. 13 États.

**Opéra** (*théâtre de l'*), théâtre lyrique national construit à Paris au XIXe s. Une autre salle, l'*Opéra Bastille*, a été ouverte en 1989.

**Opéra de quat'sous** (*l'*), pièce de B. Brecht.

**Ophuls** (*Max* OPPENHEIMER, dit **Max**), cinéaste et metteur en scène de théâtre français d'origine allemande (1902-1957) : *la Ronde*.

**Oppenheimer** (*Robert*), physicien américain (1904-1967), spécialiste de la physique nucléaire.

**Opus Dei,** institution catholique fondée en Espagne en 1928.

**Oradour-sur-Glane,** village de la Haute-Vienne, dont les habitants furent massacrés par les Allemands en 1944.

**Oran,** port d'Algérie ; 775 666 h. (*Oranais*).

**Orange,** fl. d'Afrique centrale. ◇ Anc. prov. de la république d'Afrique du Sud.

**Orange,** v. de Vaucluse ; 29 437 h. (*Orangeois*). Théâtre romain.

**Oregon,** État de l'ouest des États-Unis. Cap. *Salem*. V. pr. *Portland*.

**Orénoque,** fl. de l'Amérique du Sud ; 2 160 km.

**Oreste,** frère d'Électre. Il tua sa mère pour venger son père Agamemnon (*Myth. gr.*).

**Organisation de l'aviation civile internationale** (OACI), organisation créée en 1944 pour développer et réglementer les transports aériens internationaux. Institution de l'ONU depuis 1947.

**Organisation internationale du travail** (OIT), organisation créée en 1919 pour promouvoir la justice sociale et l'amélioration des conditions de travail dans le monde. Institution de l'ONU depuis 1946.

**Oribase,** médecin grec (325-403).

**Orient** (*Églises chrétiennes d'*), ensemble des grandes communautés chrétiennes orientales.

**Orient** (*Empire d'*), autre nom de l'Empire byzantin, issu du partage de l'Empire romain à la mort de Théodose (395).

**Orléanais,** anc. prov. de France ; cap. *Orléans*.

**Orléans,** ch.-l. de la Région Centre-Val de Loire et du dép. du Loiret ; 118 632 h. (*Orléanais*).

**Orléans,** nom de quatre familles princières de France : 1° La première est représentée par PHILIPPE Ier, cinquième fils de Philippe VI de Valois ; 2° La deuxième eut pour chef LOUIS Ier (1372-1407), frère de Charles VI, assassiné par les partisans de Jean sans Peur, et pour représentants : CHARLES Ier (1394-1465), poète, chef des Armagnacs, sous Charles VI ; LOUIS II, roi de France sous le nom de LOUIS XII ; 3° La troisième commence et finit avec GASTON (1608-1660), frère de Louis XIII ; 4° La quatrième a pour représentants PHILIPPE II (1640-1701), frère de Louis XIV ; PHILIPPE III, *le Régent* (1674-1723), qui gouverna pendant la minorité de Louis XV ; LOUIS-PHILIPPE JOSEPH (1747-1793), connu sous le nom de *Philippe Égalité* ; LOUIS-PHILIPPE, son fils, qui devint roi des Français sous le nom de *Louis-Philippe*.

**Orly,** aéroport au sud de Paris.

**Ormesson** (*Jean* LEFÈVRE, comte D'), écrivain français (1925-2017) : *Au plaisir de Dieu*.

**Orne,** fl. de France. ◇ Dép. français (61) ; ch.-l. *Alençon*, ch.-l. d'arr. *Argentan*, *Mortagne-au-Perche* ; 288 008 h. (*Ornais*).

**Orphée,** fils d'Apollon, musicien. Il descendit aux Enfers pour tenter d'en ramener son amante Eurydice (*Myth. gr.*).

**Orsay** (*musée d'*), musée national installé dans l'anc. gare d'Orsay, à Paris.

**Orwell** (*George*), romancier britannique (1903-1950), auteur de *1984*.

**Osaka,** port du Japon ; 2 666 371 h.

**Osborne** (*John*), auteur dramatique britannique (1929-1994) : *la Paix du dimanche*.

**OSCE** (*Organisation pour la sécurité et la coopération en Europe*), organisation créée en 1995 qui regroupe auj. 57 États.

**Oshima** (*Nagisa*), cinéaste japonais (1932-2013) : *l'Empire des sens*.

**Osiris,** dieu de l'anc. Égypte.

**Oslo,** cap. de la Norvège ; 970 000 h. (aggl.).

**Oslo** (*accord d'*) → **Washington (accord de).**

**Ossètes,** peuple de Russie (Ossétie du Nord-Alanie) et de Géorgie (Ossétie du Sud).

**Ossian,** barde écossais légendaire (IIIe s.).

**Ostende,** port de Belgique ; 69 969 h.

**Ostie,** port de la Rome antique.

**Ostrava,** v. de la Rép. tchèque ; 299 622 h.

**Ostrogoths,** peuple germanique qui fonda un royaume en Italie (Ve s.-VIe s.).

**OTAN** (*Organisation du traité de l'Atlantique Nord*), traité d'alliance signé en 1949 entre les États-Unis et de nombreux pays d'Europe occidentale, puis étendu à des pays d'Europe de l'Est et de l'ex-URSS (auj. 30 États).

**OTASE** (*Organisation du traité de l'Asie du Sud-Est*), alliance défensive conclue en 1954 et dissoute en 1977.

**Ottawa,** cap. du Canada ; 1 323 783 h. dans l'aggl. (*Ottaviens*).

**Ottawa** (*convention d'*), convention internationale (déc. 1997) contre la production et l'utilisation de mines antipersonnel.

**ottoman** (*Empire*), ensemble des territoires sur lesquels le sultan exerçait son autorité (XIIIe s.-1922).

**Otton,** nom de quatre empereurs d'Occident, dont OTTON Ier LE GRAND (912-973), roi de Germanie en 936 et premier empereur germanique en 962.

**Ouagadougou,** cap. du Burkina ; 2 052 530 h.

**Ouattara** (*Alassane*), homme politique ivoirien (né en 1942), président de la République depuis 2011 (élu dès 2010 mais victoire contestée par Laurent Gbagbo).

**Oudinot** (*Nicolas*), maréchal de France (1767-1847).

**Oudmourtes,** peuple finno-ougrien de Russie, vivant principalement en Oudmourtie.

**Oudry** (*Jean-Baptiste*), peintre et décorateur français (1686-1755).

**Ouessant,** île de Bretagne.

**Ouganda,** État de l'Afrique orientale ; 237 000 km$^2$ ; 45 741 000 h. (*Ougandais*). Cap. *Kampala*.

**Ougarit** ou **Ugarit,** cité commerciale antique (IIe millénaire) de la côte syrienne.

**Oulan-Bator,** capitale de la Mongolie ; 1 183 910 h.

**Oulipo** (*OUvroir de LIttérature POtentielle*), groupe d'écrivains créé par le mathématicien François Le Lionnais et R. Queneau en 1960.

**Oum Kalsoum** (*Fatima* IBRAHIM, dite), chanteuse égyptienne (1898 ?-1975).

**Ouolofs,** peuple du Sénégal et de la Gambie.

**Our,** cité de Mésopotamie, florissante au IIIe millénaire av. J.-C.

**Oural,** fl. de Russie et du Kazakhstan. ◇ Massif de Russie, limite entre l'Europe et l'Asie.

**Ouranos,** dieu grec personnifiant le Ciel, époux de Gê.

**Ourartou,** royaume de l'Orient ancien (IXe-VIIe s. av. J.-C.).

**Ourouk,** cité antique de Mésopotamie (fin du IVe millénaire).

**Ouzbékistan,** État de l'Asie centrale ; 447 000 km$^2$ ; 34 232 050 h. (*Ouzbeks*). Cap. *Tachkent*.

**Ovide,** poète latin (43 av. J.-C.-v. 17 apr. J.-C.) : *les Métamorphoses*.

**Owen** (*Robert*), théoricien socialiste britannique (1771-1858).

**Oxford,** v. universitaire d'Angleterre ; 161 300 h.

**Ozawa** (*Seiji*), chef d'orchestre japonais (né en 1935).

**Ozu** (*Yasujiro*), cinéaste japonais (1903-1963) : *Voyage à Tokyo*.

# P

**Pabst** (*Georg Wilhelm*), cinéaste autrichien (1885-1967) : *Loulou*.

**PAC** (*politique agricole commune*), politique agricole de l'Union européenne.

**Pachtouns,** peuple de l'Afghanistan.

**Pacifique,** grand océan entre l'Amérique, l'Asie et l'Australie.

**Paderewski** (*Ignacy*), homme politique et musicien polonais (1860-1941).

**Padoue,** v. d'Italie (Vénétie) ; 205 573 h.

**Paestum,** v. anc. de l'Italie du Sud. Temples.

**Paganini** (*Niccolo*), violoniste italien (1782-1840).

**Pagnol** (*Marcel*), écrivain et cinéaste français (1895-1974) : *Topaze, la Gloire de mon père*.

**Pahlavi,** dynastie fondée par *Reza Chah,* qui régna sur l'Iran de 1925 à 1979.

**Paik** (*Nam June*), artiste coréen (1932-2006), pionnier de l'utilisation de l'électronique et de la vidéo.

**Painlevé** (*Paul*), mathématicien et homme politique français (1863-1933).

**Pakistan,** État de l'Asie méridionale ; 803 900 km² ; 220 892 331 h. (*Pakistanais*). Cap. *Islamabad,* v. pr. *Karachi*.

**Palais idéal** (*le*), édifice situé à Hauterives (Drôme), réalisé par le facteur Joseph Ferdinand Cheval entre 1879 et 1912.

**Palais-Royal,** ensemble de bâtiments (XVIIe s.) et de jardins, à Paris.

**Palatin** (*mont*), colline de Rome.

**Palatinat,** région d'Allemagne, sur la rive gauche du Rhin.

**Palaos, Palau** ou **Belau,** État d'Océanie ; 487 km² ; 18 092 h. (*Palaois, Palaosiens, Palauans* ou *Paluans*). Cap. *Melekeok*.

**Palenque,** cité maya du Mexique.

**Paléologue,** famille byzantine qui régna sur l'Empire byzantin de 1261 à 1453.

**Palerme,** v. d'Italie, en Sicile ; 653 222 h.

**Palestine,** région historique du Proche-Orient, englobant l'actuel État d'Israël, la Cisjordanie et Gaza.

**Palestrina,** compositeur italien (1525-1594), auteur de messes et de motets.

**Palissy** (*Bernard*), potier et savant français (v. 1510-v. 1589) célèbre pour ses terres cuites émaillées.

**Palladio** (*Andrea*), architecte italien (1508-1580). Ses chefs-d'œuvre se trouvent à Vicence et à Venise.

**Palma,** cap. des îles Baléares ; 406 492 h.

**Palmerston** (*Henry* TEMPLE, vicomte), homme politique britannique (1784-1865).

**Palmyre,** anc. v. de Syrie. Ruines romaines.

**Palomar** (*mont*), observatoire astronomique situé en Californie.

**Pamir,** massif de l'Asie centrale.

**Pampa** (la), plaine d'Argentine.

**Pampelune,** ville d'Espagne (Navarre) ; 197 138 h.

**Pan,** dieu grec des bergers et des troupeaux.

**Panama,** isthme de l'Amérique centrale, traversé par un canal. ◇ État de l'Amérique centrale ; 77 000 km² ; 4 314 768 h. (*Panaméens*). Cap. *Panama* (1 638 000 h. dans l'aggl.).

**Pandore,** la première femme, qui ouvrit un vase contenant tous les maux de l'humanité (*Myth. gr.*).

**Pangée,** continent unique de la fin du paléozoïque.

**Pankhurst** (*Emmeline* GOULDEN, Mrs), suffragette britannique (1858-1928), qui milita pour le vote des femmes.

**Pantagruel** (*les Horribles et Épouvantables Faits et Prouesses du très renommé*), roman de Rabelais.

**Panthéon,** temple de Rome, fondé en 27 av. J.-C. et reconstruit sous Hadrien. ◇ Monument de Paris construit par Soufflot, dédié aux grands hommes.

**Panurge,** un des personnages de *Pantagruel,* de Rabelais.

**Paoli** (*Pascal*), patriote corse (1725-1807).

**Papadakis** (*Gabriella*), patineuse française (née en 1995), championne de danse mixte avec son partenaire, G. Cizeron.

**Papandhréou** (*Andhréas*), homme politique grec (1919-1996), Premier ministre de 1981 à 1989, puis de 1993 à 1996. ◇ Son fils GHEÓRGHIOS (né en 1952) a été Premier ministre de 2009 à 2011.

**Papeete,** v. de Tahiti, ch.-l. de la Polynésie française ; 26 244 h.

**Papin** (*Denis*), physicien français (1647-1714). Il étudia la force de la vapeur.

**Papouasie-Nouvelle-Guinée,** État d'Océanie ; 463 000 km² ; 8 947 027 h. (*Papouans-Néo-Guinéens*). Cap. *Port Moresby*.

**Papous,** groupe de peuples d'Océanie.

**Pâques** (*île de*), île du Pacifique, à l'ouest du Chili. Statues géantes monolithes.

**Paracelse,** médecin suisse (v. 1493-1541).

**Paraguay,** État de l'Amérique du Sud ; 407 000 km² ; 7 132 530 h. (*Paraguayens*). Cap. *Asunción*. ◇ Rivière de l'Amérique du Sud, affluent du Paraná ; 2 500 km.

**Paraná,** fl. de l'Amérique du Sud qui, avec l'Uruguay, forme le Río de la Plata ; 3 300 km.

**Paravents** (*les*), pièce de théâtre de J. Genet.

**Paré** (*Ambroise*), chirurgien français (v. 1509-1590), père de la chirurgie moderne.

**Pareto** (*Vilfredo*), sociologue et économiste italien (1848-1923).

**Paris,** cap. de la France, sur la Seine, ch.-l. de la Région Île-de-France et collectivité unique à statut particulier (Ville de Paris) ; 2 228 409 h. (*Parisiens*) [10 764 000 dans l'aggl.].

**Pâris,** prince troyen, fils de Priam et ravisseur d'Hélène (*Myth. gr.*).

**Paris** (*accord de*), accord de la conférence internationale de décembre 2015, qui prévoit des engagements nationaux pour la limitation du réchauffement climatique (à partir de 2020).

**parisien** (*Bassin*), région sédimentaire de France.

**Parker** (*Charles Christopher, dit* **Charlie**), saxophoniste et compositeur américain de jazz, surnommé Bird (1920-1955).

**Parker** (*William Anthony, dit* **Tony**), joueur de basket-ball français (né en 1982).

**Parkinson** (*James*), médecin britannique (1755-1824), le premier à avoir décrit les symptômes de la maladie neurologique dégénérative qui porte son nom.

**Parlement européen,** institution communautaire composée de députés élus dans chacun des États de l'Union européenne.

**Parme,** v. d'Italie ; 176 504 h. (*Parmesans*).

**Parménide,** philosophe présocratique grec (v. 515-v. 440 av. J.-C.).

**Parmentier** (*Antoine Augustin*), agronome français (1737-1813). Il propagea la culture de la pomme de terre.

**Parnasse,** mont de la Grèce, consacré aux Muses et à Apollon (*Myth. gr.*).

**Paros,** une des Cyclades. Marbre.

**Parques,** divinités latines qui président à la destinée, de la naissance à la mort.

**Parrain** (*le*), film de F. F. Coppola (1972).

**Partage de midi,** drame de P. Claudel.

**Parthénon,** temple d'Athéna, sur l'Acropole d'Athènes (Ve s. av. J.-C.).

**Parthes,** anc. peuple apparenté aux Scythes (v. 250 av. J.-C.-224 apr. J.-C.).

**Pascal** (*Blaise*), savant, philosophe et écrivain français (1623-1662) : *Pensées*.

**Pas-de-Calais,** dép. français (62) ; ch.-l. *Arras*, ch.-l. d'arr. *Béthune, Boulogne-sur-Mer, Calais, Lens, Montreuil, Saint-Omer* ; 1 487 300 h.

**Pasiphaé,** épouse de Minos (*Myth. gr.*).

**Pasolini** (*Pier Paolo*), écrivain et cinéaste italien (1922-1975) : *Théorème*.

**Pasternak** (*Boris*), écrivain soviétique (1890-1960) : *le Docteur Jivago*.

**Pasteur** (*Institut*), fondation scientifique créée en 1887-1888 pour poursuivre l'œuvre de Pasteur en médecine et en biologie (recherche, enseignement, actions de santé publique).

**Pasteur** (*Louis*), chimiste et biologiste français (1822-1895). Il a étudié les fermentations et les microbes et découvert le vaccin contre la rage.

**Patagonie,** sud de l'Amérique du Sud.

**Patay,** village du Loiret. Victoire de Jeanne d'Arc sur les Anglais (1429).

**Pathelin** (*la Farce de Maître*), farce du XVe s.

**Patinir** ou **Patenier** (*Joachim*), peintre des anciens Pays-Bas du Sud (v. 1480-1524) : *Paysage avec la fuite en Égypte*.

**Patna,** v. de l'Inde (Bihar) ; 2 046 652 h. (aggl.).

**Patras,** port de Grèce (Péloponnèse) ; 213 984 h.

**Patrick** ou **Patrice** (*saint*), apôtre de l'Irlande (v. 385-v. 461).

**Patrocle,** héros troyen, ami d'Achille, tué par Hector (*Myth. gr.*).

**Patton** (*George*), général américain (1885-1945), spécialiste des chars. Il participa à la Libération (1944-1945).

**Pau,** ch.-l. des Pyrénées-Atlantiques, anc. cap. du Béarn ; 77 070 h. (*Palois*).

**Paul** (*saint*), dit l'*Apôtre des Gentils* (m. en 62 ou 67), évangélisateur de la Grèce et de l'Asie Mineure, auteur d'épîtres.

**Paul,** nom de plusieurs papes, dont Paul VI (saint) [1897-1978], pape après 1963, béatifié en 2014 et canonisé en 2018.

**Paul Ier,** empereur de Russie (1796-1801), assassiné.

**Paul Émile,** consul romain, tué à la bataille de Cannes (216 av. J.-C.). ◇ Son fils, Paul Émile, le Macédonique (v. 228-160 av. J.-C.), vainquit Persée, roi de Macédoine.

**Paulhan** (*Jean*), écrivain et critique français (1884-1968).

**Pauli** (*Wolfgang*), physicien américain et suisse d'origine autrichienne (1900-1958), l'un des créateurs de la théorie quantique des champs.

**Pavarotti** (*Luciano*), ténor italien (1935-2007).

**Pavese** (*Cesare*), écrivain italien (1908-1950) : *le Bel Été*.

**Pavie,** v. de Lombardie. François Ier y fut battu par Charles Quint (1525).

**Pavlov** (*Ivan*), physiologiste russe (1849-1936). Il découvrit les réflexes conditionnés.

**Paxton** (sir *Joseph*), jardinier et architecte britannique (1801-1865), pionnier de l'architecture du fer et de la préfabrication.

**Pays-Bas,** État d'Europe, au nord de la Belgique ; 34 000 km$^2$ ; 17 441 500 h. (*Néerlandais*). Cap. *Amsterdam* et *La Haye*.

**Paz** (La), cap. de la Bolivie ; 1 800 000 h. (aggl.).

**Paz** (*Octavio*), écrivain mexicain (1914-1998) : *l'Arc et la Lyre*.

**Peano** (*Giuseppe*), logicien et mathématicien italien (1858-1932).

**Pearl Harbor,** port des îles Hawaii. Attaque japonaise en 1941.

**Peary** (*Robert*), explorateur américain (1856-1920). Il conquit le pôle Nord.

**Pech-Merle,** site préhistorique du Lot. Grotte ornée du paléolithique.

**Peck** (*Eldred Gregory*, dit **Gregory**), acteur américain (1916-2003) : *la Maison du Dr Edwardes*.

**Peel** (sir *Robert*), homme politique britannique, conservateur et libre-échangiste (1788-1850).

**Pégase,** cheval ailé, symbole de l'inspiration poétique (*Myth. gr.*).

**Péguy** (*Charles*), écrivain français (1873-1914).

**Pei Ieoh Ming,** architecte et urbaniste américain d'origine chinoise (1917-2019) : pyramide de verre du Louvre.

**Pékin,** cap. de la Chine ; 21 240 000 h. (aggl.).

**Pelé** (*Edson Arantes* DO NASCIMENTO, dit), footballeur brésilien (1940-2022), il remporta trois fois la Coupe du monde.

**Pelée** (*montagne*), volcan de la Martinique ; éruption en 1902.

**Pèlerinage à l'île de Cythère** ou **l'Embarquement pour Cythère,** grande toile de Watteau.

**Pèlerin de Maricourt** (*Pierre*), philosophe français du XIIIe s.

**Pellico** (*Silvio*), écrivain italien (1789-1854) : *Mes prisons*.

**Péloponnèse,** presqu'île du sud de la Grèce.

**Pendjab,** région de l'Inde et du Pakistan.

**Pénélope,** femme d'Ulysse, modèle de fidélité conjugale (*Myth. gr.*).

**Penn** (*Arthur*), cinéaste américain (1922-2010) : *Bonnie and Clyde*.

**Pennac** (*Daniel*), écrivain français (né en 1944) : *Au bonheur des ogres*.

**Pennsylvanie,** État de l'est des États-Unis. Cap. *Harrisburg* ; v. pr. *Philadelphie*.

**Pensées,** ouvrage de Pascal.

**Pentagone** (*le*), édifice qui abrite à Washington le secrétariat à la Défense et l'état-major des forces armées des États-Unis.

**Pentateuque,** les cinq premiers livres de la Bible.

**Penzias** (*Arno*), astronome américain d'origine allemande (né en 1933).

**Pépin le Bref** (v. 715-768), fils de Charles Martel. Roi des Francs en 751. Il inaugura la dynastie carolingienne.

**Perceval,** un des chevaliers de la Table ronde, à qui ont été consacrés notamm. un roman inachevé de Chrétien de Troyes et un opéra de Wagner (*Parsifal*).

**Perche,** rég. de l'ouest du Bassin parisien.

**Percier** (*Charles*) → **Fontaine.**

**Perec** (*Georges*), écrivain français (1936-1982), membre de l'Oulipo : *les Choses*.

**Pérec** (*Marie-José*), athlète française (née en 1968).

**Peres** (*Shimon*), homme politique israélien (1923-2016), Premier ministre (1984-1986 et 1995-1996), puis président d'Israël (2007-2014).

**Pérez de Cuéllar** (*Javier*), diplomate et homme politique péruvien (1920-2020), secrétaire général de l'ONU de 1982 à 1991.

**Pergame,** v. de l'Asie Mineure, capitale du royaume hellénistique de Pergame (v. 282-133 av. J.-C.).

**Pergolèse** (*Jean-Baptiste*), compositeur italien (1710-1736).

**Périclès,** homme d'État athénien (v. 495-429 av. J.-C.). Il démocratisa la vie politique.

**Perier** (*Casimir*), banquier et homme politique français (1777-1832).

**Pérignon** (dom *Pierre*), bénédictin français (1638 ou 1639-1715). Il améliora les techniques de fabrication du champagne.

**Périgord,** région du sud-ouest de la France ; v. pr. *Périgueux*.

**Périgueux,** ch.-l. de la Dordogne ; 31 476 h. (*Périgourdins*).

**Perm,** v. de Russie ; 991 530 h.

**Permeke** (*Constant*), peintre belge (1886-1952), maître de l'expressionnisme.

**Perón** (*Juan Domingo*), homme politique argentin (1895-1974). Président de la République de 1946 à 1955 et de 1973 à 1974.

**Péronne,** v. de la Somme. Entrevue entre Charles le Téméraire et Louis XI (1468).

**Pérou,** État de l'Amérique du Sud ; 1 285 000 km² ; 32 971 846 h. (*Péruviens*). Cap. *Lima*.

**Perpignan,** ch.-l. des Pyrénées-Orientales ; 120 771 h. (*Perpignanais*).

**Perrault** (*Charles*), écrivain français (1628-1703), auteur de contes. ◇ Son frère CLAUDE (1613-1688) serait l'auteur de la « colonnade » du Louvre à Paris.

**Perret** (*Pierre*), chanteur et compositeur français (né en 1934) : *Ouvrez la cage aux oiseaux*.

**Perrin** (*Jean*), physicien français (1870-1942). Il détermina le *nombre d'Avogadro*.

**Perse,** anc. n. de l'Iran. Les Perses constituèrent la base de deux empires, les Achéménides et les Sassanides.

**Persée,** héros qui coupa la tête de Méduse (*Myth. gr.*).

**Persépolis,** une des cap. des Achéménides. Ruines d'un vaste complexe palatial.

**Pershing** (*John Joseph*), général américain (1860-1948).

**Persique** (*golfe*), golfe entre l'Iran et l'Arabie (dit aussi *golfe Arabo-Persique* ou, simplement, *Golfe*). Pétrole.

**Perth,** v. de l'ouest de l'Australie ; 1 728 867 h.

**Pérugin** (*Pietro* VANNUCI, dit **le**), peintre italien (v. 1448-1523), maître de Raphaël.

**Pesquet** (*Thomas*), spationaute français (né en 1978).

**Pessoa** (*Fernando*), poète portugais (1888-1935) : *Poésies d'Álvaro de Campos*.

**Peste noire** ou **Grande Peste,** épidémie qui ravagea l'Europe entre 1346 et 1351-1352 et tua environ 25 millions de personnes, soit le tiers de la population.

**Pétain** (*Philippe*), maréchal de France (1856-1951). Vainqueur à Verdun en 1916. Chef de l'État français à Vichy pendant l'Occupation (1940-44). Condamné à mort en 1945.

**Peter Pan,** personnage créé par James M. Barrie (1860-1937). L'histoire de ce jeune garçon qui refuse de grandir a fait l'objet de nombreuses adaptations.

**Petipa** (*Marius*), danseur et chorégraphe français (1818-1910) : *la Bayadère*.

**Petit Prince** (*le*), conte de Saint-Exupéry.

**Petöfi** (*Sándor*), poète hongrois (1823-1849), héros de la lutte révolutionnaire de 1848-49.

**Pétra,** anc. capitale d'un royaume d'Arabie (auj. en Jordanie). Architecture rupestre.

**Pétrarque,** poète italien (1304-1374).

**Petrograd → Saint-Pétersbourg.**

**Pétrone,** écrivain latin (m. en 66 apr. J.-C.) : *le Satiricon*.

**Peugeot,** société française de construction automobile créée au début du XIXᵉ s.

**Peuls** ou **Foulbés,** peuples d'Afrique de l'Ouest.

**Pevsner** (*Antoine*), peintre et sculpteur français d'origine russe (1886-1962).

**Phaéton,** fils du Soleil, dont il essaya de conduire le char (*Myth gr.*).

**Phaistos,** site archéologique de Crète.

**Pharos,** île de l'anc. Égypte, près d'Alexandrie, où fut érigé le premier phare.

**Pharsale,** anc. v. de Thessalie. Victoire de César sur Pompée (48 av. J.-C.).

**Phébus,** autre nom d'Apollon.

**Phèdre,** épouse de Thésée. (*Myth. gr.*). ◇ Tragédie de Racine.

**Phèdre,** fabuliste latin (v. 10 av. J.-C.-v. 54 apr. J.-C.).

**Phelps** (*Michael*), nageur américain (né en 1985). Il a remporté en tout vingt-trois titres olympiques (sportif le plus titré de toute l'histoire des JO).

**Phénicie,** anc. région du littoral syro-palestinien.

**Phénix,** oiseau mythique, renaissant de ses cendres, symbole d'immortalité.

**Phidias,** sculpteur grec (v. 490-431 av. J.-C.), maître du classicisme attique.

**Philadelphie,** port du nord-est des États-Unis ; 1 560 297 h. (5 965 343 dans l'aggl.).

**Philémon** et **Baucis,** couple légendaire, modèle de l'amour conjugal (*Myth. gr.*).

**Philipe** (*Gérard* PHILIP, dit **Gérard**), acteur français (1922-1959) : *Fanfan la Tulipe*.

**Philippe,** nom de deux saints du Iᵉʳ s., l'un apôtre, l'autre diacre.

**Philippe Neri** (*saint*), prêtre italien (1515-1595), fondateur des oratoriens.

**Philippe II** (v. 382-336 av. J.-C.), roi de Macédoine en 356, père d'Alexandre le Grand.

**Philippe,** nom de six rois de France dont PHILIPPE Iᵉʳ (1053-1108), roi en 1060 ; ◇ PHILIPPE II AUGUSTE (1165-1223), roi en 1180, agrandit considérablement le domaine royal et entreprit la troisième croisade ; ◇ PHILIPPE III LE HARDI (1245-1285), roi en 1270 ; ◇ PHILIPPE IV LE BEL (1268-1314), roi en 1285, lutta contre les Flamands, entra en conflit avec le pape Boniface VIII ; ◇ PHILIPPE V LE LONG (1293-1322), roi en 1316 ; ◇ PHILIPPE VI DE VALOIS (1293-1350), roi en 1328, commença la guerre de Cent Ans.

**Philippe,** nom de trois ducs de Bourgogne dont PHILIPPE III LE BON (1396-1467).

**Philippe,** nom de plusieurs rois d'Espagne dont PHILIPPE II (1527-1598), roi en 1556, champion du catholicisme en Europe ; ◇ PHILIPPE V (1683-1746), petit-fils de Louis XIV, roi d'Espagne en 1700. ◇ PHILIPPE VI (né en 1968), roi d'Espagne depuis 2014.

**Philippe** (né en 1960), roi des Belges depuis 2013.

**Philippe Égalité → Orléans** (*Louis-Philippe Joseph,* duc D').

**Philippines,** archipel et État de l'Asie du Sud-Est ; 300 000 km² ; 109 581 085 h. (*Philippins*). Cap. *Manille.*

**Philistins,** anc. peuple palestinien.

**Philon d'Alexandrie,** philosophe juif (v. 20 av. J.-C.-v. 50 apr. J.-C.).

**Phnom Penh,** cap. du Cambodge ; 1 684 000 h. (aggl.).

**Phocée,** anc. v. d'Ionie, cité mère de Marseille.

**Phoenix,** v. des États-Unis (Arizona) ; 1 537 058 h. (3 830 188 avec les banlieues).

**Phrygie,** anc. pays de l'Asie Mineure.

**Piaf** (*Édith Giovanna* GASSION, dite **Édith**), chanteuse française (1915-1963) : *l'Hymne à l'amour.*

**Piaget** (*Jean*), psychologue suisse (1896-1980), spécialiste de l'enfant.

**Pialat** (*Maurice*), cinéaste français (1925-2003) : *À nos amours.*

**Piano** (*Renzo*), architecte italien (né en 1937) : Centre national d'art et de culture Georges-Pompidou (avec le Britannique Richard Rogers [1933-2021]).

**Picabia** (*Francis*), peintre français (1879-1953), l'un des animateurs du mouvement dada.

**Picardie,** anc. prov. de France ; cap. *Amiens.*

**Picasso** (*Pablo*), peintre espagnol (1881-1973), promoteur du cubisme : *les Demoiselles d'Avignon, Guernica.*

**Piccard** (*Auguste*), physicien suisse (1884-1962), explorateur de la stratosphère et des profondeurs sous-marines.

**Piccoli** (*Michel*), acteur français (1925-2020) : *le Mépris.*

**Pic de La Mirandole** (*Jean*), humaniste italien (1463-1494), d'une immense érudition.

**Pichegru** (*Charles*), général français (1761-1804).

**Picq** (*Pascal*), spécialiste français de paléontologie humaine (né en 1954).

**Pictes,** peuple de l'Écosse ancienne.

**Pie,** nom de douze papes dont PIE VII (1742-1823), pape après 1800, qui s'opposa à Napoléon ; ◇ PIE IX (1792-1878), pape après 1846, qui promulgua le dogme de l'infaillibilité pontificale ; ◇ PIE XII (1876-1958), pape après 1939.

**Piémont,** région du nord de l'Italie ; cap. *Turin.* Hab. *Piémontais.*

**Pierre** (*saint*), apôtre et premier pape, martyrisé à Rome (m. entre 64 et 67).

**Pierre,** nom de cinq rois de Portugal dont PIERRE Iᵉʳ, *le Justicier* (1320-1367), roi en 1357, époux d'Inès de Castro.

**Pierre Iᵉʳ** (1798-1834), empereur du Brésil de 1821 à 1831 et roi de Portugal sous le nom de Pierre IV.

**Pierre Iᵉʳ le Cruel** (1334-1369), roi de Castille de 1350 à 1369.

**Pierre Iᵉʳ le Grand** (1672-1725), empereur de Russie de 1682 à 1725. Il modernisa son État et fonda Saint-Pétersbourg. ◇ PIERRE III (1728-1762), empereur de Russie en 1762, assassiné à l'instigation de sa femme, Catherine II.

**Pierre Iᵉʳ Karadjordjević** (1844-1921), roi de Serbie à partir de 1903 et de Yougoslavie de 1919 à 1921. ◇ PIERRE II (1923-1970), roi de Yougoslavie de 1934 à 1945.

**Pierre l'Ermite** (v. 1050-1115), prédicateur français de la première croisade.

**Pierre le Vénérable,** abbé et réformateur de Cluny (v. 1092-1156).

**Pietermaritzburg,** v. du Kwazulu-Natal (Afrique du Sud) ; 597 252 h.

**Pigalle** (*Jean-Baptiste*), sculpteur français (1714-1785).

**Pilate** (*Ponce*), procurateur de Judée, qui prononça la sentence de mort de Jésus.

**Pilâtre de Rozier** (*François*), aéronaute français (1756-1785), auteur du premier vol humain en montgolfière (1783).

**Pilon** (*Germain*), sculpteur français (v. 1528-1590).

**Piłsudski** (*Jozef*), homme politique polonais (1867-1935), au pouvoir de 1918 à 1935.

**Pinatubo,** volcan des Philippines.

**Pincevent,** site préhistorique de la vallée de la Seine (v. 15 000 av. J.-C.).

**Pindare,** poète grec (518-438 av. J.-C.).

**Pinde** (le), massif de la Grèce ; 2 636 m.

**Pinel** (*Philippe*), médecin français (1745-1826), fondateur de la psychiatrie.

**Pink Floyd,** groupe britannique de pop, fondé en 1966 : *The Wall.*

**Pinocchio,** personnage d'un roman pour la jeunesse écrit par l'écrivain italien Carlo Collodi (1826-1890).

**Pinochet Ugarte** (*Augusto*), général et homme politique chilien (1915-2006), président de la République de 1974 à 1990.

**Pinter** (*Harold*), acteur et auteur dramatique britannique (1930-2008) : *le Retour*.

**Pinturault** (*Alexis*), skieur alpin français (né en 1991).

**Piquet** (*Nelson*), coureur automobile brésilien (né en 1952), trois fois champion du monde des conducteurs.

**Pirandello** (*Luigi*), romancier et dramaturge italien (1867-1936) : *Chacun sa vérité*.

**Piranèse** (*Giovanni Battista*), graveur italien (1720-1778) : *Prisons*.

**Pirée** (*Le*), port d'Athènes ; 163 688 h.

**Pisanello,** peintre et médailleur italien (av. 1395-v. 1455).

**Pisano,** nom de plusieurs sculpteurs italiens du Moyen Âge, actifs à Pise, Sienne ou Florence : Nicola et son fils Giovanni (XIIIe s.), Andrea et son fils Nino (XIVe s.).

**Pise,** v. de Toscane (Italie) ; 87 215 h. Monuments romans et gothiques (Tour penchée).

**Pisistrate,** tyran d'Athènes (v. 600-527 av. J.-C.), continuateur de l'œuvre de Solon.

**Pissarro** (*Camille*), peintre impressionniste français (1830-1903).

**Pitoëff** (*Georges*), acteur et metteur en scène de théâtre français d'origine russe (1884-1939).

**Pitt** (*William*), homme politique britannique (1708-1778). ◇ Son fils WILLIAM (1759-1806) lutta contre la Révolution et Napoléon.

**Pittsburgh,** v. des États-Unis ; 305 412 h. (2 358 695 avec les banlieues). Acier.

**Pixar,** studio américain de production de films, spécialisé dans les longs-métrages d'animation en images de synthèse : *Toy Story*.

**Pizarro** (*Francisco*), conquistador espagnol (v. 1475-1541). Il conquit le Pérou.

**Planchon** (*Roger*), metteur en scène et auteur dramatique français (1931-2009).

**Planck** (*Max*), physicien allemand (1858-1947), créateur de la théorie quantique (1900).

**Planck** (satellite), observatoire spatial européen, lancé en 2009. Il a reconstitué la plus ancienne image de l'Univers (380 000 ans après le big bang).

**Plantagenêt,** famille des comtes d'Anjou, qui régna sur l'Angleterre de Henri II à Richard III (1154-1485).

**Plata** (*Río de la*), estuaire commun de l'Uruguay et du Paraná.

**Platées,** anc. v. de Grèce. Défaite des Perses face aux Grecs unis (479 av. J.-C.).

**Platel** (*Alain*), chorégraphe et metteur en scène belge (né en 1956).

**Platini** (*Michel*), footballeur français (né en 1955).

**Platon,** philosophe grec (428-v. 348 av. J.-C.), disciple de Socrate et auteur d'un système idéaliste : *le Banquet, la République*.

**Plaute,** poète comique latin (254-184 av. J.-C.) : *Amphytrion*.

**Pléiade** (la), groupe de poètes dirigé par Ronsard (XVIe s.).

**Pline l'Ancien,** naturaliste et écrivain latin (23-79) : *Histoire naturelle*. Il est mort lors de l'éruption du Vésuve.

**Pline le Jeune,** écrivain latin (62-v. 114), neveu du précédent.

**Plotin,** philosophe alexandrin (v. 205-v. 270).

**Plutarque,** écrivain et moraliste grec (v. 50-v. 125) : *Vies parallèles*.

**Pluton,** autre nom d'Hadès. ◇ Planète naine du Système solaire.

**Plymouth,** port militaire anglais ; 264 200 h.

**Plzeň,** v. de la République tchèque (Bohême) ; 167 302 h. Brasseries.

**PNUD** (*Programme des Nations unies pour le développement*), organisme de l'ONU créé en 1966.

**Pô** (le), fl. de l'Italie du Nord ; 652 km.

**Podgorica,** anc. **Titograd,** cap. du Monténégro ; 150 977 h.

**Poe** (*Edgar Allan*), écrivain américain (1809-1849) : *Histoires extraordinaires*.

**Poincaré** (*Henri*), mathématicien français (1854-1912), fondateur de la topologie algébrique. ◇ Son cousin, RAYMOND (1860-1934), fut président de la République de 1913 à 1920.

**Pointe-à-Pitre,** port et v. pr. de la Guadeloupe ; 15 289 h. (*Pointois*).

**Pointe-Noire,** port du Congo ; 807 257 h.

**Poiret** (*Paul*), couturier et décorateur français (1879-1944).

**Poirot** (*Hercule*), personnage de certains romans policiers de A. Christie.

**Poisson** (*Siméon Denis*), mathématicien français (1781-1840).

**Poitier** (sir *Sidney*), acteur et cinéaste américano-bahaméen (1927-2022) : *Devine qui vient dîner*.

**Poitiers,** ch.-l. de la Vienne, sur le Clain ; 91 487 h. (*Poitevins*). Victoire de Charles Martel sur les Arabes (732).

**Poitou,** anc. prov. de France ; cap. *Poitiers*.

**Polaire** (*étoile*) ou **la Polaire,** étoile proche du pôle céleste Nord.

**Polanski** (*Roman*), cinéaste polonais naturalisé français (né en 1933) : *le Pianiste*.

**Poliakoff** (*Serge*), peintre français d'origine russe (1900-1969).

**Polichinelle,** personnage comique des théâtres de marionnettes.

**Polignac** (*Jules-Armand*, prince DE), homme politique français (1780-1847).

**Pollack** (*Sydney*), cinéaste américain (1934-2008) : *Out of Africa*.

**Pollini** (*Maurizio*), pianiste italien (né en 1942).

**Pollock** (*Jackson*), peintre abstrait américain (1912-1956).

**Pollux → Castor.**

**Polo** (*Marco*), voyageur vénitien (1254-1324). Il séjourna en Chine.

**Pologne,** État de l'Europe orientale ; 313000 km²; 37 899 070 h. (*Polonais*). Cap. *Varsovie*.

**Poltava,** v. d'Ukraine ; 317 998 h. Défaite de Charles XII en 1709 devant Pierre le Grand.

**Polybe,** historien grec du IIe s. av. J.-C.

**Polyclète,** sculpteur grec du Ve s. av. J.-C.

**Polyeucte** (*saint*), officier romain, martyrisé v. 250. ◇ Tragédie de Corneille.

**Polynésie,** ensemble d'archipels de l'Océanie à l'est de l'Australie. Hab. *Polynésiens*.

**Polynésie française,** collectivité d'outre-mer du Pacifique ; 268 270 h. Ch.-l. *Papeete*.

**Pombal** (*Sebastião*, marquis DE), homme politique portugais (1699-1782).

**Poméranie,** région d'Allemagne et de Pologne, sur la Baltique.

**Pompadour** (*Antoinette* POISSON, marquise DE), favorite de Louis XV (1721-1764).

**Pompée,** général romain (106-48 av. J.-C.), triumvir avec César et Crassus. Il fut vaincu par César à Pharsale (48).

**Pompéi,** v. anc. de Campanie. Détruite par le Vésuve en 79.

**Pompidou** (*Georges*), homme politique français (1911-1974). Président de la République de 1969 à sa mort.

**Pondichéry,** v. de l'Inde ; 654 392 h. (aggl.). Ancien comptoir français.

**Ponge** (*Francis*), poète français (1899-1988) : *le Parti pris des choses*.

**Poniatowski** (*Józef* ou *Joseph*), général polonais et maréchal de France (1763-1813).

**Ponson du Terrail** (*Pierre Alexis*), romancier français (1829-1871) : *Rocambole*.

**Pont,** anc. royaume de l'Asie Mineure, en bordure du Pont-Euxin.

**Pont-Aven** (*école de*), mouvement pictural français (v. 1886-1891) créé autour de P. Gauguin.

**Pont-Euxin,** anc. nom de la mer Noire.

**Pontins** (*marais*), région d'Italie (Latium), auj. asséchée.

**Pontoise,** ch.-l. du Val-d'Oise ; 32 891 h.

**Poona → Pune.**

**Pope** (*Alexander*), écrivain britannique (1688-1744), théoricien du classicisme.

**Popeye,** personnage de bande dessinée créé en 1929 aux États-Unis.

**Popocatepetl,** volcan du Mexique ; 5 452 m.

**Popov** (*Aleksandr Stepanovitch*), ingénieur russe (1859-1906), inventeur de l'antenne radioélectrique.

**Popper** (sir *Karl Raimund*), philosophe et épistémologiste britannique d'origine autrichienne (1902-1994) : *la Logique de la découverte scientifique*.

**Portal** (*Michel*), clarinettiste et compositeur français (né en 1935).

**Port-Arthur,** auj. **Lüshun**, v. de Chine (Mandchourie), cédée aux Russes en 1896.

**Port-au-Prince,** cap. de la république d'Haïti ; 2 376 000 h. (aggl.). Séismes meurtriers en 1751, 1770 et 2010.

**Porter** (*Cole*), compositeur américain de jazz et de musique de film (1891 ?-1964).

**Portes de fer,** défilé du Danube dans les Carpates.

**Port-Louis,** cap. de l'île Maurice ; 150 697 h.

**Port Moresby,** cap. de la Papouasie-Nouvelle-Guinée ; 342 904 h.

**Porto,** port du Portugal ; 237 591 h. Vins.

**Porto Alegre,** v. du Brésil ; 1 365 039 h.

**Port of Spain,** cap. de Trinité-et-Tobago ; 65 839 h. (aggl.).

**Porto-Novo,** cap. du Bénin ; 314 496 h.

**Porto Rico,** une des Antilles, État libre associé aux États-Unis ; 8 897 km² ; 3 281 538 h. (*Portoricains*). Cap. *San Juan*.

**Portrait de Dorian Gray** (*le*), roman de O. Wilde.

**Port-Royal,** abbaye, près de Chevreuse, démolie en 1710, foyer du jansénisme.

**Port-Saïd,** port d'Égypte, sur la Méditerranée, à l'entrée du canal de Suez ; 570 603 h.

**Portsmouth,** port du sud de l'Angleterre ; 214 800 h.

**Portugal,** État de l'Europe du Sud, à l'ouest de l'Espagne ; 92 000 km² ; 10 297 081 h. (*Portugais*). Cap. *Lisbonne*.

**Portzamparc** (*Christian* URVOY DE), architecte français (né en 1944) : Cité de la musique, à Paris.

**Poséidon,** dieu grec de la Mer, le *Neptune* des Romains.

**Potala → Lhassa.**

**Potemkine,** cuirassé de la flotte russe dont l'équipage se mutina en 1905.

**Potocki** (*Jan*), écrivain polonais (1761-1815) : *le Manuscrit trouvé à Saragosse.*

**Potsdam,** v. d'Allemagne, cap. du Brandebourg ; 156 021 h. Châteaux des rois de Prusse.

**Pouchkine** (*Aleksandr*), écrivain russe (1799-1837), fondateur de la littérature russe moderne : *Boris Godounov.*

**Pougatchev** (*Iemelian*), chef d'une révolte populaire russe contre Catherine II (v. 1742-1775).

**Pouilles** (les), région de l'Italie du Sud.

**Poulenc** (*Francis*), compositeur français (1899-1963).

**Pound** (*Ezra Loomis*), poète américain (1885-1972) : *Cantos.*

**Poussin** (*Nicolas*), peintre français (1594-1665). Installé à Rome, il fut un grand maître du classicisme.

**Poutine** (*Vladimir Vladimirovitch*), homme politique russe (né en 1952), président (1999-2008 et depuis 2012) et Premier ministre (2008-2012) de la Russie.

**Powell** (*Earl,* dit **Bud**), pianiste et compositeur américain de jazz (1924-1966), chef de file du piano bop (années 1940).

**Poznań,** v. de Pologne ; 554 696 h.

**Pradier** (*Jean-Jacques,* dit **James**), sculpteur genevois de l'école française (1790-1852).

**Prado,** riche musée de peinture, à Madrid.

**Prague,** cap. de la République tchèque (Bohême) ; 1 241 664 h.

**Pratt** (*Hugo*), dessinateur et scénariste italien de bandes dessinées (1927-1995) : *Corto Maltese.*

**Praxitèle,** sculpteur grec (IVe s. av. J.-C.).

**Préalpes,** montagnes calcaires qui bordent les Alpes à l'ouest et au nord.

**Preljocaj** (*Angelin*), danseur et chorégraphe français d'origine albanaise (né en 1957).

**Preminger** (*Otto*), cinéaste américain d'origine autrichienne (1906-1986) : *Laura.*

**Presley** (*Elvis*), chanteur de rock et acteur américain (1935-1977).

**Pretoria,** cap. de l'Afrique du Sud ; 1 991 000 h. (aggl.).

**Prévert** (*Jacques*), poète français (1900-1977) : *Paroles.* Scénariste de M. Carné.

**Prévost** (*abbé*), écrivain français (1697-1763) : *Manon Lescaut.*

**Priam,** dernier roi de Troie (*Iliade*).

**Priape,** dieu grec et romain de la Fécondité.

**Priestley** (*Joseph*), chimiste britannique (1733-1804). Il isola l'oxygène.

**Prigogine** (*Ilya*), chimiste et philosophe belge d'origine russe (1917-2003), auteur de travaux en thermodynamique.

**Primatice** (*Francesco* PRIMATICCIO, en fr. **le**), peintre et architecte italien (1504-1570).

**Prince** (*Prince Rogers* NELSON, dit), chanteur, parolier et compositeur américain (1958-2016).

**Prince** (*le*), Œuvre de Machiavel.

**Prince-Édouard** (*Île-du-*), province de l'est du Canada. Ch.-l. *Charlottetown.*

**Prince Noir** (le) **→ Édouard.**

**Printemps** (*le*), grand panneau peint par Botticelli.

**Privas,** ch.-l. de l'Ardèche ; 8 747 h. (*Privadois*).

**Prjevalski** (*Nikolaï Mikhaïlovitch*), officier et voyageur russe (1839-1888), découvreur de la dernière espèce de cheval sauvage (*cheval de Prjevalski*).

**Procès** (*le*), récit de F. Kafka.

**Proche-Orient,** ensemble des pays bordant la Méditerranée orientale.

**Prokofiev** (*Sergueï*), compositeur et pianiste russe (1891-1953).

**Prométhée,** Titan puni par Zeus pour avoir donné le feu aux hommes (*Myth. gr.*).

**Properce,** poète latin du Ier s. av. J.-C.

**Prost** (*Alain*), coureur automobile français (né en 1955), quatre fois champion du monde des conducteurs.

**Proudhon** (*Joseph*), théoricien socialiste français (1809-1865).

**Proust** (*Joseph Louis*), chimiste français (1754-1826). Il énonça la loi des proportions définies.

**Proust** (*Marcel*), romancier français (1871-1922) : *À la recherche du temps perdu.*

**Provence,** anc. prov. de France ; cap. *Aix-en-Provence.*

**Provence-Alpes-Côte d'Azur,** Région du sud-est de la France ; ch.-l. *Marseille.*

**Provinces-Unies,** partie septentrionale des Pays-Bas espagnols, noyau de l'actuel royaume des Pays-Bas.

**Prusse,** anc. État de l'Allemagne du Nord.

**Psaumes** (*livre des*), livre biblique rassemblant 150 psaumes de la religion d'Israël.

**Psyché,** jeune fille aimée d'Éros, qui devint immortelle (*Myth. gr.*).

**Psychose,** film de A. Hitchcock (1960).

**Ptolémée,** nom de seize rois d'Égypte (V$^{e}$ s. av. J.-C.-I$^{er}$ s. apr. J.-C.).

**Ptolémée** (*Claude*), astronome, géographe et mathématicien grec (v. 100-v. 170).

**Puccini** (*Giacomo*), compositeur italien (1858-1924) : *la Bohême*.

**Puebla,** v. du Mexique ; 1 539 859 h.

**Pueblos,** Indiens du sud-ouest des États-Unis.

**Puget** (*Pierre*), sculpteur français (1620-1694) : *Milon de Crotone*.

**Pulitzer** (*prix*), prix américains qui récompensent chaque année des journalistes, des écrivains et des compositeurs.

**Pune** ou **Poona,** v. de l'Inde ; 5 049 968 h. (aggl.).

**puniques** (*guerres*), guerres qui opposèrent Rome et Carthage (264-146 av. J.-C.).

**Purcell** (*Henry*), compositeur anglais (1659-1695) : *Didon et Énée*.

**Pusan,** port de Corée du Sud ; 3 403 000 h.

**Puskas** (*Ferenc*), footballeur espagnol d'origine hongroise (1927-2006).

**Puy-de-Dôme,** dép. français (63) ; ch.-l. *Clermont-Ferrand,* ch.-l. d'arr. *Ambert, Issoire, Riom, Thiers* ; 676 745 h.

**Puy-en-Velay** (**Le**), ch.-l. de la Haute-Loire ; 20 096 h. (*Ponots*).

**Pygmalion,** roi légendaire de Chypre. Il sculpta une statue de femme qui devint vivante (*Myth. gr.*).

**Pygmées,** populations de petite taille vivant dans la forêt équatoriale africaine.

**Pyongyang,** cap. de la Corée du Nord ; 2 842 570 h.

**Pyrénées,** montagnes entre la France et l'Espagne.

**Pyrénées** (*traité des*), traité conclu entre la France et l'Espagne en 1659.

**Pyrénées (Hautes-),** dép. français (65) ; ch.-l. *Tarbes,* ch.-l. d'arr. *Argelès-Gazost, Bagnères-de-Bigorre* ; 235 709 h.

**Pyrénées-Atlantiques,** dép. français (64) ; ch.-l. *Pau,* ch.-l. d'arr. *Bayonne, Oloron-Sainte-Marie* ; 701 418 h.

**Pyrénées-Orientales,** dép. français (66) ; ch.-l. *Perpignan,* ch.-l. d'arr. *Céret, Prades* ; 487 853 h.

**Pyrrhon,** philosophe grec (v. 365-275 av. J.-C.).

**Pyrrhos II** ou **Pyrrhus** (v. 318-272 av. J.-C.), roi d'Épire, vaincu par les Romains.

**Pythagore,** philosophe et mathématicien grec (v. 570-v. 480 av. J.-C.).

**Python,** serpent monstrueux, tué par Apollon (*Myth. gr.*).

# Q

**Qacentina** → **Constantine.**

**Qaida** (al-), organisation terroriste islamiste créée en 1988 en Afghanistan par Oussama Ben Laden (1957-2011).

**Qatar,** État de l'Arabie, sur le golfe Persique ; 11 400 km² ; 2 881 060 h. (*Qatariens* ou *Qataris*). Cap. *Doha* (*al-Dawha*). Pétrole.

**Qin Shi Huangdi** (259-210 av. J.-C.), empereur chinois et unificateur du pays.

**Qom** ou **Qum,** v. d'Iran ; 1 095 871 h. (aggl.). Pèlerinage chiite.

**Quai des brumes** (*le*), film de M. Carné (1938).

**Quarton** ou **Charonton** (*Enguerrand*), peintre français (en Provence de 1444 à 1466) : *Couronnement de la Vierge* de Villeneuve-lès-Avignon.

**Quatre Cents Coups** (*les*), film de F. Truffaut (1959).

**Quatre Saisons** (*les*), concerto de Vivaldi.

**Québec,** province de l'est du Canada habitée par les Canadiens français ; 1 540 680 km² ; 8 164 361 h. (*Québécois*). Cap. *Québec,* v. pr. *Montréal.*

**Quechuas,** Indiens d'Amérique du Sud.

**Queensland,** État du nord-est de l'Australie. Cap. *Brisbane.*

**Queneau** (*Raymond*), écrivain français (1903-1976) : *Zazie dans le métro.*

**Quercy** (le), région de France (Tarn-et-Garonne et Lot).

**Quetzalcóatl,** dieu précolombien (Mexique) de la Végétation.

**Quezon City,** anc. cap. des Philippines ; 2 679 450 h.

**Quichés,** peuple maya du Guatemala.

**Quignard** (*Pascal*), écrivain français (né en 1948) : *Tous les matins du monde.*

**Quimper,** ch.-l. du Finistère ; 65 761 h. (*Quimpérois*).

**Quinault** (*Philippe*), poète français (1635-1688), auteur des livrets d'opéra de Lully.

**Quinet** (*Edgar*), historien et homme politique français (1803-1875).

**Quintilien,** orateur latin du Iᵉʳ s.

**Quirinal** (*mont*), une des collines de Rome.

**Quito,** cap. de l'Équateur ; 1 622 390 h.

**Qumran,** site archéologique de Cisjordanie où ont été découverts les *manuscrits de la mer Morte.*

# R

**Râ → Rê.**

**Rabat,** cap. du Maroc, en bordure de l'Atlantique ; 1 932 000 h. (aggl.).

**Rabelais** (*François*), écrivain français (1494-1553) : *Gargantua* et *Pantagruel*.

**Rabin** (*Yitzhak*), général et homme politique israélien (1922-1995). Premier ministre de 1974 à 1977, puis à partir de 1992, il relança les négociations israélo-arabes qui aboutirent à l'accord de Washington. Il fut assassiné.

**Rachel,** épouse de Jacob (*Bible*).

**Rachi** ou **Rashi** (SALOMON BEN ISAAC, dit), rabbin et commentateur de la Bible et du Talmud (1040-1105).

**Rachmaninov** (*Sergueï*), pianiste et compositeur russe (1873-1943).

**Racine** (*Jean*), poète dramatique français (1639-1699), maître du classicisme : *Andromaque, Britannicus, Bérénice, Bajazet, Mithridate, Phèdre, Esther, Athalie*.

**Radcliffe-Brown** (*Alfred Reginald*), anthropologue britannique (1881-1955).

**Radiguet** (*Raymond*), écrivain français (1903-1923) : *le Diable au corps*.

**Radio France,** société nationale de programmes de radiodiffusion, créée en 1974.

**Raguse → Dubrovnik.**

**Raimondi** (*Ruggero*), chanteur (basse) italien (né en 1941).

**Raimu** (*Jules* MURAIRE, dit), acteur français (1883-1946) : *Marius*.

**Rainier III** (1923-2005), prince de Monaco (1949-2005).

**Rais** ou **Retz** (*Gilles* DE), maréchal de France (v. 1400-1440), ancien compagnon de Jeanne d'Arc. Meurtrier d'enfants, il fut exécuté.

**Raisins de la colère** (*les*), roman de J. Steinbeck.

**Rajasthan,** État du nord-ouest de l'Inde.

**Ramayana,** épopée indienne (premiers siècles av. J.-C. ?).

**Rambouillet,** v. des Yvelines ; 27 636 h. (*Rambolitains*). Château. Forêt.

**Rameau** (*Jean-Philippe*), compositeur français (1683-1764) : *les Indes galantes*.

**Ramón y Cajal** (*Santiago*), médecin et biologiste espagnol (1852-1934). Il découvrit la structure neuronale du système nerveux.

**Rampal** (*Jean-Pierre*), flûtiste français (1922-2000).

**Ramsès,** nom de onze pharaons, dont Ramsès II (1301-1235 av. J.-C.), qui lutta contre les Hittites.

**Ramuz** (*Charles-Ferdinand*), écrivain suisse (1878-1947).

**Ranavalona III** (1862-1917), dernière reine de Madagascar.

**Rangoun** ou **Rangoon,** v. principale et port de la Birmanie, anc. cap. ; 4 350 000 h.

**Raphaël,** archange.

**Raphaël** (*Raffaello* SANZIO, en fr.), peintre italien (1483-1520), maître du classicisme : fresques des *Chambres* du Vatican.

**Rapinoe** (*Megan*), footballeuse américaine (née en 1985), championne olympique (2012) et championne du monde (2015 et 2019).

**Raspail** (*François*), chimiste et homme politique français (1794-1878).

**Raspoutine** (*Grigori Iefimovitch*), aventurier russe (1864 ou 1865-1916). Assassiné.

**Rastatt** ou **Rastadt,** v. d'Allemagne. Congrès en 1713-1714 (guerre de la Succession d'Espagne) et en 1797-1799.

**Ratisbonne,** v. d'Allemagne (Bavière) ; 135 403 h.

**Rauschenberg** (*Robert*), peintre américain (1925-2008), représentant du pop art.

**Ravaillac** (*François*) [1578-1610], assassin d'Henri IV en 1610.

**Ravel** (*Maurice*), compositeur français (1875-1937) : *Boléro*.

**Ravenne,** v. d'Italie (Émilie) ; 155 373 h. Monuments byzantins, mosaïques.

**Rawalpindi,** v. du nord du Pakistan ; 2 098 000 h. (aggl.).

**Ray** (*Nicholas*), cinéaste américain (1911-1979) : *la Fureur de vivre*.

**Ray** (*Satyajit*), cinéaste indien (1921-1992) : *le Salon de musique*.

**Raz** (*pointe du*), cap du Finistère.

**RDA → Allemagne.**

**Ré,** île en face de La Rochelle.

**Rê** ou **Râ,** dieu solaire de l'ancienne Égypte.

**Reagan** (*Ronald*), homme politique américain (1911-2004). Républicain, président des États-Unis de 1981 à 1988.

**Réaumur** (*René Antoine* DE), physicien et naturaliste français (1683-1757). Il fonda la métallographie (1722).

**Rébecca,** femme d'Isaac (*Bible*).

**Récamier** (Mme), femme célèbre par sa beauté et son esprit (1777-1849).

**Recife** ou **Récife,** port du nord-est du Brésil ; 1 472 202 h. (3 684 317 avec les banlieues).

**Reclus** (*Élisée*), géographe français (1830-1905) : *Géographie universelle.*

**Reconquista,** reconquête de la péninsule Ibérique par les chrétiens sur les musulmans (milieu du VIIIe s.-1492).

**Redding** (*Otis*), chanteur américain de soul music (1941-1967).

**Redford** (*Robert*), acteur et cinéaste américain (né en 1937) : *les Hommes du président.*

**Redon** (*Odilon*), peintre et dessinateur symboliste français (1840-1916).

**Reed** (sir *Carol*), cinéaste britannique (1906-1976) : *le Troisième Homme.*

**Reeves** (*Hubert*), astrophysicien canadien (né en 1932), vulgarisateur de l'astronomie.

**Réforme** (la), mouvement religieux qui donna naissance au protestantisme (XVIe s.).

**Réforme catholique → Contre-Réforme.**

**Régence** (la), en France, gouvernement de Philippe d'Orléans pendant la minorité de Louis XV (1715-1723).

**Reggiani** (*Serge*), acteur et chanteur français (1922-2004).

**Règle du jeu** (*la*), film de J. Renoir (1939).

**Regnard** (*Jean-François*), poète comique français (1655-1709) : *le Légataire universel.*

**Régnier** (*Mathurin*), poète satirique français (1573-1613).

**Regrets** (*les*), recueil poétique de J. du Bellay.

**Reich,** empire allemand. ◇ On distingue le Ier Reich, ou Saint Empire romain germanique (962-1806), le IIe Reich (1871-1918), réalisé par Bismarck, et le IIIe Reich (1933-1945), régime national-socialiste dirigé par Hitler.

**Reich** (*Steve*), compositeur américain (né en 1936), l'un des initiateurs de la musique répétitive.

**Reich** (*Wilhelm*), médecin et psychanalyste autrichien (1897-1957).

**Reims,** v. de la Marne ; 184 114 h. (*Rémois*). Cathédrale gothique. Vins de Champagne.

**Reinhardt** (*Jean-Baptiste,* dit **Django**), musicien français de jazz (1910-1953).

**Religion** (*guerres de*), luttes entre catholiques et protestants français (1562-1598).

**Rembrandt,** peintre et graveur hollandais (1606-1669), maître du clair-obscur : *la Ronde de nuit, le Reniement de saint Pierre.*

**Remi** (*saint*), évêque de Reims (v. 437-v. 533). Il baptisa Clovis.

**Remus,** frère jumeau de Romulus.

**Renaissance,** période de floraison littéraire, artistique et scientifique (XVe s. en Italie, XVIe dans le reste de l'Europe).

**Renan** (*Ernest*), écrivain français (1823-1892) : *Histoire des origines du christianisme.*

**Renard** (*Jules*), écrivain français (1864-1910) : *Poil de carotte.*

**Renaud** (*Jacqueline* ENTE, dite **Line**), chanteuse et actrice française (née en 1928).

**Renaud** (*Madeleine*), actrice française de théâtre et de cinéma (1900-1994) : *le Plaisir.*

**Renaudot** (*Théophraste*), médecin français (1586-1653), fondateur de *la Gazette de France* (1631). Son nom a été donné à un prix littéraire.

**Renault,** société française de construction automobile dont l'origine remonte à la fin du XIXe s.

**René d'Anjou,** dit **le bon roi René** (1409-1480). Duc d'Anjou et comte de Provence.

**Reni** (*Guido,* dit en fr. **le Guide**), peintre italien (1575-1642) : *le Massacre des Innocents.*

**Rennes,** ch.-l. de la Région Bretagne et du dép. d'Ille-et-Vilaine ; 224 655 h. (*Rennais*).

**Renoir** (*Auguste*), peintre impressionniste français (1841-1919). Son fils JEAN (1894-1979) fut un cinéaste : *la Grande Illusion, la Règle du jeu.*

**Reporters sans frontières,** organisation humanitaire, fondée en 1985, qui se consacre à la défense de la liberté de la presse.

**République** (*la*), dialogue de Platon.

**République française,** régime politique de la France pendant cinq périodes : Ire RÉPUBLIQUE, de 1792 à 1804 ; IIe RÉPUBLIQUE, de 1848 à 1851 ; IIIe RÉPUBLIQUE, de 1870 à 1940 ; IVe RÉPUBLIQUE, de 1946 à 1958 ; Ve RÉPUBLIQUE, depuis 1958.

**Résistance,** action clandestine menée par des organisations civiles et militaires au cours de la Seconde Guerre mondiale pour s'opposer à l'occupation allemande.

**Resnais** (*Alain*), cinéaste français (1922–2014) : *Hiroshima mon amour.*

**Restauration,** régime politique de la France de 1814 (Louis XVIII) à 1830 (abdication de Charles X).

**Restif** ou **Rétif de la Bretonne** (*Nicolas*), écrivain français (1734-1806).

**Rethondes,** comm. de l'Oise où furent signés les armistices de 1918 et 1940.

**Retz** (*Paul* DE GONDI, cardinal DE), homme politique et écrivain français (1613-1679), auteur de *Mémoires.*

**Retz → Rais.**

**Réunion** (**La**), dép. et Région d'outre-mer (974) de l'océan Indien ; ch.-l. *Saint-Denis* ; 870 870 h. (*Réunionnais*).

**Reuters,** agence de presse britannique, créée en 1851.

**Reverdy** (*Pierre*), poète français (1889-1960) : *Plupart du temps*.

**Révolution française** (1789-1799), période de l'histoire de France qui mit fin à la royauté (1792) et à l'Ancien Régime.

**révolution française de 1830** (27, 28, 29 juillet 1830), mouvement révolutionnaire qui mit fin à la Restauration et instaura la monarchie de Juillet.

**révolution française de 1848** (22, 23, 24 févr. 1848), mouvement révolutionnaire qui aboutit à l'abdication de Louis-Philippe et à l'instauration de la IIe République.

**révolution russe de 1917,** ensemble des mouvements révolutionnaires qui amenèrent l'abdication de Nicolas II et la prise du pouvoir par les bolcheviks.

**révolutions d'Angleterre,** mouvements antimonarchistes du XVIIe s. La *première révolution d'Angleterre* (1642-1649) aboutit à la victoire de Cromwell et à l'exécution du roi Charles Ier. La *seconde révolution d'Angleterre* (1688-1689) aboutit au départ de Jacques II au profit d'une monarchie constitutionnelle.

**révolutions de 1848,** ensemble des mouvements libéraux et nationaux qui agitèrent l'Europe en 1848 et en 1849.

**Reykjavík** ou **Reykjavik,** cap. de l'Islande ; 184 000 h. (aggl.).

**Reynolds** (*Joshua*), peintre portraitiste britannique (1723-1792).

**Reza** (*Yasmina*), écrivaine française (née en 1955) : *Art*.

**RFA → Allemagne.**

**Rhadamanthe,** juge des Enfers (*Myth.*).

**Rhénanie,** région de l'Allemagne, le long du Rhin.

**Rhénanie-du-Nord-Westphalie,** Land d'Allemagne ; 17 890 100 h. Cap. *Düsseldorf*.

**Rhénanie-Palatinat,** Land d'Allemagne ; 4 066 053 h. Cap. *Mayence*.

**Rhin,** fl. d'Europe, né dans les Alpes. Il se jette dans la mer du Nord ; 1 320 km.

**Rhin (Bas-),** dép. français (67) ; ch.-l. *Strasbourg*, ch.-l. d'arr. *Haguenau, Molsheim, Saverne, Sélestat, Wissembourg* ; 1 156 224 h.

**Rhin (Haut-),** dép. français (68) ; ch.-l. *Colmar*, ch.-l. d'arr. *Altkirch, Guebwiller, Mulhouse, Ribeauvillé, Thann* ; 781 389 h.

**Rhode Island,** État du nord-est des États-Unis. Cap. *Providence*.

**Rhodes,** île grecque de la mer Égée.

**Rhodes** (*Cecil*), homme politique britannique (1853-1902), colonisateur de l'Afrique.

**Rhodes** (*Colosse de*), statue détruite par un séisme en 227 av. J.-C., l'une des Sept Merveilles du monde.

**Rhodésie du Nord → Zambie.**

**Rhodésie du Sud → Zimbabwe.**

**Rhône,** fl. de Suisse et de France, né dans les Alpes (Méditerranée) ; 812 km. ◇ Dép. français (69) ; ch.-l. *Lyon* (provisoire), ch.-l. d'arr. *Villefranche-sur-Saône* ; 1 902 247 h. En 2015, la métropole de Lyon a été créée sur une partie du département.

**Ribera** (*José de*), peintre espagnol installé à Naples (1591-1652).

**Ribot** (*Théodule*), psychologue français (1839-1916).

**Ricardo** (*David*), économiste britannique (1772-1823).

**Ricciotti** (*Rudy*), architecte français (né en 1952) : le MuCEM à Marseille.

**Rich** (*Claude*), acteur français (1929-2017).

**Richard Ier Cœur de Lion** (1157-1199), roi d'Angleterre de 1189 à 1199. Il prit part à la 3e croisade et lutta contre Philippe Auguste. ◇ RICHARD II (1367-1400), roi d'Angleterre de 1377 à 1399. ◇ RICHARD III (1452-1485), roi d'Angleterre de 1483 à 1485, il fut vaincu et tué par Henri VII Tudor.

**Richard III,** film de L. Olivier (1955).

**Richard** (*Pierre*), acteur français (né en 1934) : *le Grand Blond avec une chaussure noire*.

**Richardson** (*Cecil Antonio*, dit **Tony**), cinéaste britannique (1928-1991) : *la Solitude du coureur de fond*.

**Richardson** (*Samuel*), romancier anglais (1689-1761) : *Clarisse Harlowe*.

**Richelieu** (*Armand Jean* DU PLESSIS, cardinal DE), prélat et homme d'État français (1585-1642). Premier ministre de Louis XIII, il lutta contre les protestants et la maison d'Autriche, et s'efforça de soumettre la noblesse. Il a fondé l'Académie française.

**Richter** (*Charles Francis*), géophysicien américain (1900-1985), créateur de l'échelle sismologique qui porte son nom.

**Richter** (*Johann Paul Friedrich*), dit **Jean Paul**, écrivain romantique allemand (1763-1825).

**Richter** (*Sviatoslav*), pianiste russe (1915-1997).

**Ricœur** (*Paul*), philosophe français (1913-2005), représentant majeur de l'herméneutique.

**Riemann** (*Bernhard*), mathématicien allemand (1826-1866). Il développa une géométrie non euclidienne.

**Rif,** montagne du Maroc.

**Rift Valley,** grande fracture de l'écorce terrestre, de l'Asie occidentale à l'Afrique méridionale.

**Riga,** cap. de la Lettonie, port sur la Baltique ; 701 135 h.

**Rijeka,** anc. *Fiume,* port croate sur l'Adriatique ; 127 498 h.

**Rilke** (*Rainer Maria*), poète et romancier autrichien (1875-1926).

**Rimbaud** (*Arthur*), poète français (1854-1891) : *le Bateau ivre, Illuminations, Une saison en enfer.*

**Rimski-Korsakov** (*Nikolaï*), compositeur russe (1844-1908) : *Shéhérazade.*

**Riner** (*Teddy*), judoka français (né en 1989). Champion olympique à deux reprises, il est le premier dans sa discipline à remporter cinq titres mondiaux (auj. dix).

**Rio Bravo,** film de H. Hawks (1959).

**Rio de Janeiro,** anc. cap. du Brésil, port ; 5 940 224 h. (11 959 725 avec les banlieues) [*Cariocas*].

**Rio Grande** ou **Rio Bravo,** fl. d'Amérique du Nord, frontière entre les États-Unis et le Mexique ; 3 060 km.

**Riopelle** (*Jean-Paul*), peintre canadien (1923-2002).

**Risorgimento,** mouvement d'unification de l'Italie (milieu du XVIIIe s.-1860).

**Rivarol** (*Antoine* DE), écrivain et journaliste français (1753-1801).

**Rivera** (*Diego*), peintre mexicain (1886-1957).

**Riviera** (la), littoral de la Méditerranée entre Nice et La Spezia.

**Rivoli,** village d'Italie. Victoire de Bonaparte sur les Autrichiens en 1797.

**Riyad,** cap. de l'Arabie saoudite ; 5 450 820 h.

**Robbe-Grillet** (*Alain*), écrivain français (1922-2008), membre du « nouveau roman » : *les Gommes.*

**Robert II le Pieux** (v. 970-1031), roi de France (996-1031), fils d'Hugues Capet.

**Roberval** (*Gilles* DE), physicien et mathématicien français (1602-1675), inventeur d'une balance.

**Robespierre** (*Maximilien* DE), homme politique français (1758-1794). Jacobin, il dirigea le Comité de salut public à partir de 1793. Renversé le 9-Thermidor, il fut guillotiné.

**Robin des Bois,** héros légendaire saxon, type du bandit au grand cœur.

**Robinson** (*Walker* SMITH, dit **Ray Sugar**), boxeur américain (1920-1989), plusieurs fois champion du monde.

**Robinson Crusoé,** roman de Daniel Defoe.

**Rochambeau** (*Jean-Baptiste* DE), maréchal français (1725-1807). Il commanda les troupes françaises pendant la guerre d'Amérique.

**Rochelle** (**La**), port et ch.-l. de la Charente-Maritime ; 79 333 h. (*Rochelais*).

**Roche-sur-Yon** (**La**), ch.-l. de la Vendée ; 58 103 h. (*Yonnais*).

**Rocheuses** (*montagnes*), chaîne de montagnes de l'Amérique du Nord.

**Rockefeller** (*John*), industriel américain (1839-1937).

**Rocroi,** v. des Ardennes. Victoire de Condé sur les Espagnols en 1643.

**Rodez,** ch.-l. de l'Aveyron ; 26 410 h. (*Ruthénois*).

**Rodin** (*Auguste*), sculpteur français (1840-1917), maître d'un lyrisme puissant : *le Baiser, les Bourgeois de Calais, Balzac, le Penseur.*

**Rodolphe Ier de Habsbourg** (1218-1291), roi des Romains (1273-1291), il fonda la puissance des Habsbourg.

**Rohan** (*Édouard,* prince DE), cardinal français (1734-1803), compromis dans l'affaire du Collier de la reine (1785-86).

**Rohmer** (*Jean-Marie* SCHÉRER, dit **Éric**), cinéaste français (1920-2010), pionnier de la nouvelle vague : *Ma nuit chez Maud.*

**Rois** (*livre des*), livres bibliques (VIIe-fin du VIe s. av. J.-C.).

**Rois** (*vallée des*), vallon d'Égypte en face de Louksor, abritant les sépultures des pharaons du Nouvel Empire.

**Roissy-en-France,** aéroport au nord de Paris (Charles-de-Gaulle).

**Roland,** héros du cycle légendaire de Charlemagne, tué à Roncevaux.

**Rolland** (*Romain*), écrivain français (1866-1944) : *Jean-Christophe.*

**Rolling Stones** (*The*), groupe britannique de rock, fondé en 1962.

**Rollon,** chef normand (m. v. 930/932), premier duc de Normandie.

**Romains** (*Jules*), écrivain français (1885-1972) : *les Hommes de bonne volonté.*

**Romanches,** population des Grisons (Suisse) parlant le *romanche.*

**Roman de la rose,** poème allégorique et didactique du XIIIe s.

**Roman de Renart,** série de récits en vers (XIIe et XIIIe s.).

**Romanov,** dynastie russe fondée en 1613, qui régna jusqu'en 1917.

**Rome,** cap. de l'Italie, sur le Tibre ; 3 697 000 h. dans l'aggl. (*Romains*). Fondée vers le VIIIe s. av. J.-C., Rome fut la capitale de l'Empire romain, puis la résidence des papes. Nombreux monuments antiques (Forum, Colisée, Panthéon), médiévaux, de la Renaissance (basilique St-Pierre) et baroques.

**Rome** (*traité de*), traité (mars 1957) qui a créé la Communauté économique européenne (CEE), auj. Union européenne (UE).

**Roméo et Juliette,** drame de Shakespeare. ◇ Opéra de Gounod.

**Rommel** (*Erwin*), maréchal allemand (1891-1944). Il se suicida sur l'ordre de Hitler.

**Romulus,** fondateur et premier roi de Rome, qu'il aurait fondée en 753 av. J.-C.

**Ronaldo** (*Cristiano*), footballeur portugais (né en 1985).

**Roncevaux,** col des Pyrénées où l'arrière-garde de l'armée de Charlemagne, commandée par Roland, fut écrasée par les Vascons alliés aux Sarrasins (778).

**Ronchamp,** comm. de Haute-Saône. Chapelle par Le Corbusier (1950-1955).

**Ronde de nuit** (*la*), surnom d'une grande toile de Rembrandt.

**Ronsard** (*Pierre* DE), poète français, chef de la Pléiade (1524-1585) : *Odes, Amours.*

**Röntgen** (*Wilhelm*), physicien allemand (1845-1923). Il découvrit les rayons X.

**Roosevelt** (*Franklin Delano*), homme politique américain (1882-1945). Démocrate, président des États-Unis de 1933 à sa mort.

**Roosevelt** (*Theodore*), homme politique américain (1858-1919). Républicain, président des États-Unis de 1901 à 1909.

**Rosario,** v. de l'Argentine ; 1 193 605 h.

**Rose** (*mont*), massif des Alpes centrales ; 4 634 m.

**Rosetta,** sonde spatiale européenne (2004-2016). Elle a déposé un engin sur une comète en 2014.

**Rosette** (*pierre de*), stèle gravée qui permit à Champollion de déchiffrer les hiéroglyphes.

**Rosi** (*Francesco*), cinéaste italien (1922-2015) : *Main basse sur la ville.*

**Rosny** (*J.-H.*), pseudonyme utilisé par deux frères, Joseph BOEX (1856-1940), auteur de *la Guerre du feu,* et Séraphin BOEX (1859-1948), écrivains français.

**Rossellini** (*Roberto*), cinéaste italien (1906-1977) : *Rome, ville ouverte.*

**Rossetti** (*Dante Gabriel*), peintre et poète britannique (1828-1882), initiateur du mouvement préraphaélite.

**Rossini** (*Gioacchino*), compositeur italien (1792-1868) : *le Barbier de Séville.*

**Rosso** (*Giovanni Battista* DE ROSSI, dit **le**), peintre italien (1494-1540), décorateur du château de Fontainebleau.

**Rostand** (*Edmond*), auteur dramatique français (1868-1918) : *Cyrano de Bergerac.*

**Rostand** (*Jean*), biologiste et écrivain français (1894-1977), fils d'Edmond Rostand.

**Rostov-sur-le-Don,** ville de Russie ; 1 089 851 h.

**Rostropovitch** (*Mstislav Leopoldovitch*), violoncelliste et chef d'orchestre russe (1927-2007).

**Roth** (*Philip*), romancier américain (1933-2018) : *Portnoy et son complexe.*

**Rothko** (*Mark*), peintre américain d'origine russe (1903-1970).

**Rothschild** (*Meyer Amschel*), banquier allemand de confession israélite (1743-1812), fondateur d'une dynastie financière de rayonnement international.

**Rotterdam,** grand port des Pays-Bas ; 616 294 h. (1 010 025 avec les banlieues).

**Rouault** (*Georges*), peintre expressionniste français (1871-1958).

**Roubaix,** v. du dép. du Nord au nord-est de Lille ; 99 294 h. (*Roubaisiens*).

**Rouen,** ch.-l. de la Région Normandie et du dép. de la Seine-Maritime ; 113 934 h. (*Rouennais*).

**Rouergue,** pays de l'Aveyron.

**Rouge** (*mer*), long golfe de l'océan Indien entre l'Afrique et l'Arabie.

**Rouge et le Noir** (*le*), roman de Stendhal.

**Rouget de Lisle** (*Claude*), officier français (1760-1836), auteur de *la Marseillaise.*

**Rougon-Macquart** (*les*), cycle romanesque d'Émile Zola.

**Roumanie,** État de l'Europe orientale ; 237 500 km² ; 19 257 520 h. (*Roumains*). Cap. *Bucarest.*

**Rousseau** (*Jean-Jacques*), écrivain genevois de langue française (1712-1778) : *Du contrat social, Émile, la Nouvelle Héloïse, Confessions.*

**Rousseau** (*Henri,* dit **le Douanier**), peintre naïf français (1844-1910).

**Roussel** (*Albert*), compositeur français (1869-1937).

**Roussel** (*Raymond*), écrivain français (1877-1933) : *Impressions d'Afrique.*

**Roussillon,** anc. prov. du sud de la France ; cap. *Perpignan.*

**Rousteing** (*Olivier*), couturier français (né en 1985).

**Roux** (*Émile*), médecin français (1853-1933).

**Royaume-Uni de Grande-Bretagne et d'Irlande du Nord → Grande-Bretagne.**

**Rubbia** (*Carlo*), physicien italien (né en 1934).

**Rubens** (*Petrus Paulus*), peintre flamand (1577-1640), maître de l'art baroque.

**Rubicon** (le), rivière d'Italie que César franchit malgré la défense du sénat.

**Rubinstein** (*Artur*), pianiste polonais (1887-1982).

**Rude** (*François*), sculpteur français (1784-1855) : *la Marseillaise.*

**Ruée vers l'or** (*la*), film de C. Chaplin (1925).

**Ruhlmann** (*Émile*), ébéniste et décorateur français (1879-1933), maître de l'Art déco.

**Ruhr,** riv. d'Allemagne (affl. du Rhin). Anc. bassin houiller, industries.

**Ruisdael** ou **Ruysdael** (*Jacob* VAN), peintre paysagiste néerlandais (1628 ou 1629-1682).

**Ruscha** (*Edward*), artiste américain (né en 1937).

**Rushmore** (*mont*), site des États-Unis (Dakota du Sud) où sont sculptés dans le granit les visages des présidents Washington, Jefferson, Lincoln et T. Roosevelt.

**Ruska** (*Ernst*), physicien allemand (1906-1988), constructeur du premier microscope électronique.

**Ruskin** (*John*), critique d'art et sociologue britannique (1819-1900).

**Russell** (*Bertrand*), philosophe et logicien britannique (1872-1970).

**Russell** (*Henry Norris*), astrophysicien américain (1877-1957). Il établit une classification des étoiles, le *diagramme de Hertzsprung-Russell.*

**Russie,** autref. l'empire des tsars, auj. État d'Europe et d'Asie ; 17 075 000 km$^2$ ; 144 073 139 h. (*Russes*). Cap. *Moscou.*

**Russie Blanche → Biélorussie.**

**Rutebeuf,** poète français du XIII$^e$ s.

**Rutherford of Nelson** (*Ernest,* lord), physicien britannique (1871-1937), pionnier de l'étude du noyau des atomes.

**Ruy Blas,** drame de Victor Hugo.

**Ruyter** (*Michel* DE), amiral néerlandais, rival de Duquesne (1607-1676).

**Rwanda,** État de l'Afrique centrale ; 26 338 km$^2$; 12 952 209 h. (*Rwandais*). Cap. *Kigali.*

**Ryswick,** village de Hollande. Traité de 1697 qui mit fin à la guerre de la ligue d'Augsbourg.

**Ryukyu,** archipel japonais.

# S

**Saarinen** (*Eero*), architecte et designer américain d'origine finlandaise (1910-1961).

**Saba** (*reine de*), reine légendaire d'Arabie, qui rendit visite au roi Salomon.

**Sabah,** anc. **Bornéo-Septentrional**, territoire de la Malaisie.

**Sabatier** (*Paul*), chimiste français (1854-1941), il a réalisé la synthèse de nombreux hydrocarbures.

**Sabato** (*Ernesto*), écrivain argentin (1911-2011) : *le Tunnel*.

**Sabins,** anc. peuple d'Italie centrale.

**Sacre du printemps** (*le*), composition musicale d'I. Stravinsky.

**Sadate** (*Anouar* **el-**), homme politique égyptien (1918-1981). Il signa un traité de paix avec Israël (1979). Il fut assassiné.

**Sade** (*Donatien,* marquis DE), écrivain français (1740-1814).

**Sadi** ou **Saadi,** poète persan (v. 1213-1292).

**Sadowa,** bourg de Bohême. Victoire des Prussiens sur les Autrichiens (1866).

**Sagan** (*Françoise* QUOIREZ, dite **Françoise**), écrivaine française (1935-2004) : *Bonjour tristesse*.

**Sagesse** (*livre de la*), livre de l'Ancien Testament.

**Sahara,** désert de l'Afrique ; 8 millions de km².

**Sahara occidental,** anc. **Sahara espagnol**, auj. administré par le Maroc.

**Sahel** (le), région sèche qui borde le Sahara au sud.

**Saigon → Hô Chi Minh-Ville.**

**Sailer** (*Toni*), skieur autrichien (1935-2009), triple champion olympique en 1956.

**Saint-Amant** (*Marc Antoine* GIRARD, sieur DE), poète français (1594-1661).

**Saint-Barthélemy** (la), massacre des protestants sous Charles IX (1572).

**Saint-Bernard (Grand-),** col des Alpes Pennines, entre la Suisse et l'Italie ; 2 469 m. Bonaparte le franchit en 1800. ◇ Le PETIT-SAINT-BERNARD, entre la France et l'Italie, est à 2 188 m d'alt.

**Saint-Brieuc,** ch.-l. des Côtes-d'Armor ; 45 099 h. (*Briochins*).

**Saint-Cyr-Coëtquidan,** ensemble des écoles militaires installées, depuis 1945, au camp de Coëtquidan (Morbihan).

**Saint-Denis,** v. de la Seine-Saint-Denis ; 113 766 h. (*Dionysiens*). Cathédrale gothique (tombeaux royaux).

**Saint-Denis,** ch.-l. de La Réunion ; 155 302 h. (*Dionysiens*).

**Saint Denis** (*Ruth* DENNIS, dite **Ruth**), danseuse américaine (v. 1877-1968).

**Saint-Domingue,** cap. de la République dominicaine ; 2 190 990 h. (aggl.).

**Sainte-Beuve** (*Charles Augustin*), écrivain et critique français (1804-1869).

**Sainte-Hélène,** île anglaise de l'Atlantique. Napoléon y fut interné (1815-1821).

**Sainte-Lucie,** État des Antilles ; 616 km² ; 183 629 h. (*Saint-Luciens*). Cap. *Castries*.

**Saint Empire romain germanique,** empire fondé en 962 par Otton Ier le Grand, et dissous en 1806.

**Saintes-Maries-de-la-Mer,** v. de Camargue. Pèlerinages.

**Sainte-Sophie,** église de Constantinople (532-537), auj. mosquée et musée.

**Saint-Étienne,** ch.-l. de la Loire ; 175 792 h. (*Stéphanois*).

**Saint-Évremond** (*Charles* DE), écrivain français (v. 1614-1703).

**Saint-Exupéry** ou **Saint Exupéry** (*Antoine* DE), écrivain français (1900-1944) : *Vol de nuit, le Petit Prince*.

**Saint-Gall,** v. (et cant.) de Suisse. Cathédrale, anc. abbatiale reconstruite au XVIIIe s.

**Saint-Germain-en-Laye,** v. des Yvelines ; 46 649 h. Musée d'Archéologie nationale.

**Saint-Gothard,** massif des Alpes suisses. Tunnel.

**Saint-Jacques-de-Compostelle,** v. d'Espagne, cap. de la Galice. Pèlerinage.

**Saint-John Perse** (*Alexis* LEGER, dit), poète français (1887-1975).

**Saint-Just** (*Louis* DE), homme politique français (1767-1794). Membre de la Convention, puis du Comité de salut public (1793), il fut l'ami de Robespierre. Exécuté.

**Saint-Kitts-et-Nevis,** État des Antilles ; 261 km² ; 53 192 h. (*Kittitiens et Néviciens*). Cap. *Basseterre*.

**Saint-Laurent,** fl. du Canada qui passe à Montréal et Québec ; 1 140 km.

**Saint Laurent** (*Yves*), couturier français (1936-2008).

**Saint-Lô,** ch.-l. de la Manche ; 19 963 h. (*Saint-Lois*).

**Saint-Louis,** v. des États-Unis, au confluent du Mississippi et du Missouri ; 317 419 h. (2 350 919 avec les banlieues).

**Saint-Louis,** port du Sénégal ; 177 662 h.

**Saint-Malo,** port d'Ille-et-Vilaine ; 48 141 h. (*Malouins*). Remparts.

**Saint-Marc** (*place*), la grand-place de Venise : basilique, campanile, palais des Doges.

**Saint-Marin,** petite république enclavée en Italie, à l'est de Florence ; 61 km² ; 33 938 h. (*Saint-Marinais*). Cap. *Saint-Marin*.

**Saint-Nazaire,** port de la Loire-Atlantique ; 73 139 h. (*Nazairiens*). Chantiers navals.

**Saintonge,** anc. province de l'ouest de la France ; cap. *Saintes*.

**Saint Paul → Minneapolis.**

**Saint-Pétersbourg,** anc. **Petrograd** (de 1914 à 1924), et *Leningrad* (de 1924 à 1991), anc. cap. de la Russie fondée par Pierre le Grand ; 4 848 742 h.

**Saint-Pierre,** basilique de Rome (Vatican), longtemps la plus vaste de la chrétienté (XVe-XVIe s.).

**Saint-Pierre-et-Miquelon,** archipel français, voisin de Terre-Neuve ; 6 299 h.

**Saint-Quentin,** v. de l'Aisne ; 54 851 h. (*Saint-Quentinois*).

**Saint-Quentin-en-Yvelines,** agglomération (anc. v. nouvelle) au S.-O. de Paris.

**Saint-Saëns** (*Camille*), compositeur français (1835-1921) : *Samson et Dalila*.

**Saint-Sébastien,** port d'Espagne (Pays basque), sur le golfe de Gascogne ; 186 370 h.

**Saint-Sépulcre,** sanctuaire chrétien de Jérusalem, sur le lieu où Jésus aurait été enseveli.

**Saint-Simon** (*Louis*, duc DE), écrivain français (1675-1755) : *Mémoires*.

**Saint-Simon** (*Claude Henri*, comte DE), théoricien socialiste français (1760-1825).

**Saint-Tropez,** station balnéaire du Var.

**Saint-Vincent-et-les-Grenadines,** État des Antilles ; 388 km² ; 110 947 h. (*Saint-Vincentais-et-Grenadins*). Cap. *Kingstown*.

**Sakhaline,** île russe à l'est de l'Asie.

**Sakharov** (*Andreï*), physicien soviétique (1921-1989), défenseur des droits de l'homme.

**Sakkarah → Saqqarah.**

**Saladin,** sultan d'Égypte et de Syrie (1138-1193). Il lutta contre les croisés.

**Salam** (*Abdus*), physicien pakistanais (1926-1996).

**Salamanque,** v. d'Espagne ; 144 436 h. Monuments des XIe-XVIIIe s.

**Salamine,** île de la Grèce. Victoire de Thémistocle sur la flotte perse (480 av. J.-C.).

**Salazar** (*Antonio*), homme politique portugais (1889-1970), au pouvoir de 1932 à 1968.

**Salieri** (*Antonio*), compositeur italien (1750-1825), auteur d'opéras (*Falstaff*) et de musique religieuse.

**Salinger** (*Jerome David*), écrivain américain (1919-2010) : *l'Attrape-cœurs*.

**Salisbury → Harare.**

**Salluste,** historien latin (86-v. 35 av. J.-C.).

**Salomé,** princesse juive, responsable de l'exécution de saint Jean-Baptiste.

**Salomon** (*îles*), État de la Mélanésie ; 30 000 km² ; 686 878 h. (*Salomonais*). Cap. *Honiara*.

**Salomon,** fils de David, troisième roi des Hébreux (970-931 av. J.-C.) [*Bible*].

**Salonique → Thessalonique.**

**SALT** (*Strategic Arms Limitation Talks*), négociations américano-soviétiques (1969-1979) sur la limitation des armements stratégiques.

**salut** (*Armée du*), association religieuse d'origine méthodiste.

**Salvador,** État de l'Amérique centrale ; 21 000 km² ; 6 486 201 h. (*Salvadoriens*). Cap. *San Salvador*.

**Salvador,** anc. **Bahia**, port du Brésil ; 2 480 790 h.

**Salzbourg,** v. d'Autriche ; 145 270 h. Patrie de Mozart. Festival de musique.

**Samara,** anc. **Kouïbychev**, v. de Russie, sur la Volga ; 1 164 896 h.

**Samarie,** région de l'anc. Palestine. Hab. *Samaritains*.

**Samarkand,** v. d'Ouzbékistan ; 361 339 h. Anc. cap. de Tamerlan.

**Sambre,** affl. de la Meuse.

**Samnites,** anc. peuple de l'Italie centrale.

**Samoa,** archipel et État de Polynésie ; 2 842 km² ; 198 410 h. (*Samoans*). Cap. *Apia*.

**Samos,** île grecque de la mer Égée.

**Samothrace,** île grecque de la mer Égée où fut découverte une statue de Victoire.

**Samoyèdes,** peuple de Sibérie.

**Sampras** (*Pete*), joueur de tennis américain (né en 1971).

**Samson,** chef des Hébreux, célèbre par sa force, que Dalila lui ravit en lui coupant les cheveux (*Bible*).

**Samuelson** (*Paul Anthony*), économiste américain (1915-2009). Il a développé la théorie économique statique et dynamique.

**Sanaa,** cap. du Yémen ; 2 833 000 h. (aggl.).

**San Andreas** (*faille de*), fracture de l'écorce terrestre allant du golfe de Californie au nord de San Francisco.

**San Antonio,** v. des États-Unis (Texas) ; 1 436 697 h.

**Sánchez** (*Pedro*), homme politique espagnol (né en 1972), président du gouvernement depuis 2018.

**Sancho Pança,** écuyer de Don Quichotte.

**Sancy** (*puy de*), point culminant du Massif central ; 1 885 m.

**Sand** (*Aurore* DUPIN, dite **George**), romancière française (1804-1876) : *la Mare au diable*.

**Sander** (*August*), photographe allemand (1876-1964).

**San Diego,** port des États-Unis (Californie) ; 1 381 069 h. (3 119 757 avec les banlieues).

**San Francisco,** port des États-Unis (Californie) sur le Pacifique ; 852 469 h. (3 681 072 avec les banlieues).

**Sangallo,** famille d'architectes florentins, maîtres de la Renaissance (fin du XV^e^-XVI^e^ s.).

**San José,** cap. du Costa Rica ; 1 160 000 h. (aggl.).

**San Juan,** cap. de Porto Rico ; 381 931 h.

**San Martín** (*José* DE), général et homme politique argentin (1778-1850). Libérateur du Chili et du Pérou.

**San Salvador,** cap. du Salvador ; 1 097 000 h. (aggl.).

**Sanson** (*Véronique*), chanteuse, parolière et compositrice française (née en 1949) : *Amoureuse*.

**Santiago,** cap. du Chili ; 6 472 000 h. (aggl.).

**Santorin,** une des Cyclades ; volcan actif.

**Santos-Dumont** (*Alberto*), aviateur brésilien (1873-1932). Il effectua le premier vol propulsé (1906).

**Saône,** affl. du Rhône ; 480 km.

**Saône (Haute-),** dép. français (70) ; ch.-l. *Vesoul*, ch.-l. d'arr. *Lure* ; 241 538 h.

**Saône-et-Loire,** dép. français (71) ; ch.-l. *Mâcon*, ch.-l. d'arr. *Autun, Chalon-sur-Saône, Charolles, Louhans* ; 567 306 h.

**Sao Paulo,** v. du Brésil ; cap. de *l'État de Sao Paulo* ; 10 659 386 h. (19 924 458 avec les banlieues) [*Paulistes*].

**Sao Tomé-et-Principe,** État insulaire du golfe de Guinée ; 964 km$^2$ ; 219 161 h. (*Santoméens*). Cap. *Sao Tomé*.

**Sapho** ou **Sappho,** poétesse grecque du VI^e^ s. av. J.-C.

**Sapporo,** v. du Japon, ch.-l. de Hokkaido ; 1 914 434 h.

**Saqqarah** ou **Sakkarah,** village d'Égypte près de l'anc. Memphis. Pyramide à degrés (XXVIII^e^ s. av. J.-C.).

**Sara** ou **Sarah,** femme d'Abraham (*Bible*).

**Saragosse,** ville d'Espagne (Aragon) ; 664 938 h.

**Sarajevo,** cap. de la Bosnie-Herzégovine ; 389 042 h. Le meurtre, dans cette ville, de l'archiduc d'Autriche préluda à la Première Guerre mondiale (1914).

**Saratoga,** v. des États-Unis (New York). Sa capitulation, en 1777, assura l'indépendance des États-Unis.

**Saratov,** v. de Russie, sur la Volga ; 837 831 h.

**Sarawak,** partie de la Malaisie.

**Sardaigne,** île italienne, au sud de la Corse ; 1 648 176 h. (*Sardes*). Cap. *Cagliari*.

**Sardanapale,** roi légendaire d'Assyrie.

**Sargasses** (*mer des*), région de l'Atlantique nord, couverte d'algues.

**Sargon II,** roi d'Assyrie (722-705 av. J.-C.), il détruisit le royaume d'Israël (721).

**Sarkozy** (*Nicolas*), homme politique français (né en 1955), président de la République de 2007 à 2012.

**Sarraute** (*Nathalie*), écrivaine française (1900-1999), membre du « nouveau roman » : *Tropismes*.

**Sarre,** affl. de la Moselle. Bassin houiller. ◇ Land d'Allemagne ; 996 651 h. (*Sarrois*). Cap. *Sarrebruck* (175 853 h.).

**Sarthe,** riv. de France, affl. de la Maine. ◇ Dép. français (72) ; ch.-l. *Le Mans*, ch.-l. d'arr. *La Flèche, Mamers* ; 579 606 h.

**Sartre** (*Jean-Paul*), philosophe et écrivain français (1905-1980) : *l'Être et le Néant, la Nausée, Huis clos*.

**Saskatchewan,** prov. du centre du Canada. Cap. *Regina*.

**Sassanides,** dynastie perse qui régna de 224 à la conquête arabe (651).

**Sassari,** v. d'Italie, en Sardaigne.

**Satan,** le prince des démons (*Bible*).

**Satie** (*Erik*), compositeur français (1866-1925) : *Gymnopédies*.

**Saturne,** dieu latin, fils d'Uranus, père de Jupiter, Neptune, Pluton et Junon (*Myth.*). ◇ Planète du Système solaire entourée d'un vaste système d'anneaux.

**Saül,** premier roi d'Israël (*Bible*).

**Saumur,** v. de Maine-et-Loire. Château des XIV^e^-XVI^e^ s. École militaire. Vins.

**Saura** (*Carlos*), cinéaste espagnol (1932-2023) : *Cría cuervos*.

**Saussure** (*Ferdinand* DE), linguiste suisse (1857-1913). Précurseur du structuralisme.

**Saussure** (*Horace Bénédict* DE), physicien et naturaliste suisse (1740-1799). Il réalisa la deuxième ascension du mont Blanc (1787).

**Sautet** (*Claude*), cinéaste français (1924-2000) : *les Choses de la vie*.

**Sauvage** (*Jean-Pierre*), chimiste français (né en 1944).

**Sauveur** (*Joseph*), mathématicien et physicien français (1653-1716).

**Sauvy** (*Alfred*), démographe et économiste français (1898-1990).

**Savary** (*Jérôme*), metteur en scène de théâtre argentin et français (1942-2013).

**Savoie,** anc. prov. italienne, rattachée à la France (1860). ◇ Dép. français (73) ; ch.-l. *Chambéry,* ch.-l. d'arr. *Albertville, Saint-Jean-de-Maurienne* ; 449 127 h.

**Savoie (Haute-),** dép. français (74) ; ch.-l. *Annecy,* ch.-l. d'arr. *Bonneville, Saint-Julien-en-Genevois, Thonon-les-Bains* ; 847 627 h.

**Savonarole** (*Jérôme*), dominicain florentin (1452-1498), excommunié et brûlé vif.

**Savorgnan de Brazza** (*Pierre*), explorateur français d'origine italienne (1852-1905).

**Saxe,** région et Land d'Allemagne ; 4 081 783 h. Cap. *Dresde.*

**Saxe (Basse-),** Land d'Allemagne ; 7 945 685 h. Cap. *Hanovre.*

**Saxe** (*Maurice,* maréchal DE), général français (1696-1750). Vainqueur à Fontenoy.

**Saxe-Anhalt,** Land d'Allemagne ; 2 236 252 h. Cap. *Magdebourg.*

**Saxons,** peuple germanique soumis par Charlemagne.

**Say** (*Jean-Baptiste*), économiste français (1767-1832). Théoricien du libre-échange.

**Scandinavie,** ensemble formé par la Suède, la Norvège, le Danemark et la Finlande.

**Scarlatti** (*Alessandro*), compositeur italien (1660-1725).

**Scarron** (*Paul*), écrivain français (1610-1660) : *le Roman comique.*

**Scève** (*Maurice*), poète français de l'école lyonnaise (1501-v. 1560).

**Schaffhouse,** v. et cant. de Suisse.

**Schelling** (*Friedrich*), philosophe idéaliste allemand (1775-1854).

**Schengen** (*accords de*), accords signés en 1985 et 1990, ouvrant sur l'instauration d'un espace communautaire européen de libre circulation des personnes (*espace Schengen*).

**Schiele** (*Egon*), peintre et dessinateur expressionniste autrichien (1890-1918).

**Schiller** (*Friedrich* VON), poète tragique allemand (1759-1805).

**schisme d'Occident** (*grand*), scission dans l'Église catholique (1378-1417).

**schisme d'Orient,** rupture entre les Églises orientales et l'Église romaine (1054).

**Schleswig-Holstein,** Land du nord de l'Allemagne ; 2 881 926 h. Cap. *Kiel.*

**Schliemann** (*Heinrich*), archéologue allemand (1822-1890).

**Schnabel** (*Artur*), pianiste autrichien naturalisé américain (1882-1951).

**Schneider** (*Rosemarie* ALBACH-RETTY, dite **Romy**), actrice autrichienne (1938-1982) : *les Choses de la vie.*

**Schnitzler** (*Arthur*), écrivain autrichien (1862-1931) : *la Ronde.*

**Schœlcher** (*Victor*), homme politique français (1804-1893). Il prépara le décret d'abolition de l'esclavage (1848).

**Schoenberg** ou **Schönberg** (*Arnold*), compositeur autrichien naturalisé américain (1874-1951) : *Pierrot lunaire.*

**Scholz** (*Olaf*), homme politique allemand (né en 1958), chancelier depuis 2021.

**Schongauer** (*Martin*), graveur et peintre alsacien (v. 1450-1491).

**Schopenhauer** (*Arthur*), philosophe allemand (1788-1860).

**Schröder** (*Gerhard*), homme politique allemand (né en 1944), chancelier de 1998 à 2005.

**Schrödinger** (*Erwin*), physicien autrichien (1887-1961).

**Schubert** (*Franz*), compositeur autrichien (1797-1828), auteur de lieder, de symphonies.

**Schumacher** (*Michael*), coureur automobile allemand (né en 1969), sept fois champion du monde des conducteurs.

**Schuman** (*Robert*), homme politique français (1886-1963), initiateur de la réconciliation franco-allemande.

**Schumann** (*Robert*), compositeur allemand (1810-1856), un des maîtres de la mélodie et de la musique de piano.

**Schumpeter** (*Joseph*), économiste autrichien (1883-1950).

**Schwartz** (*Laurent*), mathématicien français (1915-2002), créateur de la théorie des distributions.

**Schwarzkopf** (*Elisabeth*), soprano allemande naturalisée britannique (1915-2006).

**Schweitzer** (*Albert*), pasteur et médecin français (1875-1965).

**Schwitters** (*Kurt*), peintre dada, sculpteur et écrivain allemand (1887-1948).

**Schwyz,** canton de Suisse.

**Sciascia** (*Leonardo*), écrivain italien (1921-1989) : *les Oncles de Sicile.*

**Scipion l'Africain,** général romain (235-183 av. J.-C.). Vainqueur d'Hannibal à Zama (202). ◇ Son petit-fils, SCIPION ÉMILIEN (184 ou 185-129 av. J.-C.), détruisit Carthage.

**Scola** (*Ettore*), cinéaste italien (1931-2016) : *Nous nous sommes tant aimés.*

**Scorsese** (*Martin*), cinéaste américain (né en 1942) : *Taxi Driver.*

**Scot Érigène** (*Jean*), théologien et philosophe irlandais (v. 810-v. 877).

**Scotland Yard,** siège de la police londonienne.

**Scott** (*sir Ridley*), cinéaste britannique (né en 1937) : *Alien, le huitième passager, Gladiator.*

**Scott** (*Robert Falcon*), explorateur britannique de l'Antarctique (1868-1912).

**Scott** (*Walter*), romancier britannique (1771-1832) : *Ivanhoé.*

**Scudéry** (*Madeleine* DE), romancière française (1607-1701) : *Clélie.*

**Scythes,** anc. peuple de langue iranienne (XIIe-IIe s. av. J.-C.).

**SDN** ou **Société des Nations,** organisme créé en 1920 par les signataires du traité de Versailles, remplacé en 1946 par l'ONU.

**Seattle,** port du nord-ouest des États-Unis ; 668 342 h. (3 297 766 avec les banlieues).

**Sébastopol,** off. port d'Ukraine (Crimée), rattaché de facto à la Russie, en 2014, en tant que ville fédérale ; 342 451 h. Siège en 1855 par les Français et les Britanniques.

**Sécession** (*guerre de*), guerre civile qui opposa, aux États-Unis, le Nord et le Sud, à propos de l'esclavage (1861-1865).

**Sedan,** v. des Ardennes, sur la Meuse ; 16 429 h. Napoléon III y capitula en 1870.

**Sefer ha-Zohar** ou **Zohar,** ouvrage fondamental de la kabbale (XIIIe s.).

**Séfévides** ou **Safavides,** dynastie qui régna sur l'Iran de 1501 à 1736.

**Segalen** (*Victor*), écrivain français (1878-1919), auteur de poèmes (*Stèles*) et de romans.

**Ségou,** v. du Mali ; 105 305 h. Cap. d'un ancien royaume bambara.

**Ségur** (*Sophie* ROSTOPCHINE, comtesse DE), romancière française (1799-1874) : *les Malheurs de Sophie.*

**Sei** (*Shonagon*), femme de lettres japonaise (v. 965-v. 1020) : *Notes de chevet.*

**Sein,** île de la côte du Finistère.

**Seine,** fl. de France qui passe à Paris et se jette dans la Manche ; 776 km.

**Seine-et-Marne,** dép. français (77) ; ch.-l. *Melun,* ch.-l. d'arr. *Fontainebleau, Meaux, Provins, Torcy* ; 1 437 729 h.

**Seine-Maritime,** dép. français (76) ; ch.-l. *Rouen,* ch.-l. d'arr. *Dieppe, Le Havre* ; 1 276 532 h.

**Seine-Saint-Denis,** dép. français (93) ; ch.-l. *Bobigny,* ch.-l. d'arr. *Le Raincy, Saint-Denis* ; 1 651 739 h.

**Seldjoukides,** dynastie turque qui domina l'Orient musulman du XIe au XIIIe s.

**Séleucides,** dynastie hellénistique qui régna en Asie de 312 à 64 av. J.-C.

**Selim Ier le Terrible** (1467-1520), sultan ottoman (1512-1520).

**Sellars** (*Peter*), metteur en scène américain de théâtre et d'opéra (né en 1957).

**Sem,** fils aîné de Noé, ancêtre des Sémites.

**Sémiramis,** reine légendaire d'Assyrie.

**Sénat,** l'une des deux assemblées constituant le Parlement français.

**Sénégal,** fl. d'Afrique ; 1 700 km. ◇ État de l'Afrique occidentale ; 197 000 km² ; 16 743 930 h. (*Sénégalais*). Cap. *Dakar.*

**Sénèque,** philosophe latin (v. 4 av. J.-C.-65 apr. J.-C.), précepteur de Néron.

**Senghor** (*Léopold Sédar*), homme politique et écrivain sénégalais (1906-2001), président du Sénégal de 1960 à 1980.

**Senna** (*Ayrton*), coureur automobile brésilien (1960-1994), trois fois champion du monde des conducteurs.

**Sénoufo** ou **Senufo,** peuple de Côte d'Ivoire, du Mali et du Burkina.

**Sens,** v. de l'Yonne ; 27 203 h. (*Sénonais*).

**Séoul,** cap. de la Corée du Sud ; 9 735 857 h.

**Sept Ans** (*guerre de*), guerre qui opposa Louis XV et Marie-Thérèse d'Autriche à Frédéric II de Prusse et à l'Angleterre (1756-1763).

**Septante** (*version des*), version grecque de la Bible hébraïque (250-130 av. J.-C.).

**Septime Sévère** (146-211), empereur romain de 193 à 211.

**Sérapis,** dieu guérisseur de l'Égypte hellénistique.

**Serbie,** État d'Europe, dans les Balkans ; 77 474 km² ; 6 899 126 h. (*Serbes*). Cap. *Belgrade.*

**Serbie-et-Monténégro,** nom porté de 2003 à sa disparition, en 2006, par la république fédérale de Yougoslavie.

**Serengeti** (*parc national du*), grand parc national de Tanzanie.

**Serres** (*Olivier* DE), agronome français (1539-1619).

**Sérusier** (*Paul*), peintre nabi français (1864-1927).

**Servet** (*Michel*), médecin et théologien espagnol (1511-1553). Il fut brûlé vif à Genève.

**Sète,** port de l'Hérault ; 44 459 h. (*Sétois*).

**Seth,** frère cadet de Caïn et Abel (*Bible*).

**Sétif,** v. d'Algérie ; 288 461 h.

**Seurat** (*Georges*), peintre français (1859-1891), maître du divisionnisme : *le Cirque.*

**Sévigné** (*Marie* DE RABUTIN-CHANTAL, marquise DE), écrivain français (1626-1696).

**Séville,** ville d'Espagne (Andalousie) ; 689 434 h. (*Sévillans*). Cathédrale.

**Sèvres,** v. des Hauts-de-Seine ; 23 852 h. Manufacture de porcelaine.

**Sèvres (Deux-),** dép. français (79) ; ch.-l. *Niort,* ch.-l. d'arr. *Bressuire, Parthenay* ; 385 150 h.

**Seychelles** (les), État insulaire de l'océan Indien au nord de Madagascar ; 410 km² ; 98 462 h. (*Seychellois*). Cap. *Victoria*.

**Sfax,** port de Tunisie ; 295 496 h.

**Sforza,** illustre famille de Milan, dont fut membre Ludovic *le More* (1452-1508).

**Shaba → Katanga.**

**Shakespeare** (*William*), poète dramatique anglais (1564-1616), auteur de drames (*Roméo et Juliette, Hamlet, Othello, Macbeth, le Roi Lear*), de comédies (*la Mégère apprivoisée*) et de féeries (*le Songe d'une nuit d'été*).

**Shakyamuni,** autre nom de Bouddha.

**Shanghai** ou **Chang-hai,** port de Chine, au débouché du Yangzi Jiang ; 20 207 612 h. (aggl.).

**SHAPE** (*Supreme Headquarters Allied Powers Europe*), quartier général des forces alliées de l'OTAN en Europe, installé à Mons.

**Sharon** (*Ariel*), homme politique israélien (1928-2014), Premier ministre de 2001 à 2006.

**Shaw** (*George Bernard*), écrivain irlandais (1856-1950) : *Pygmalion*.

**Sheffield,** v. d'Angleterre ; 575 400 h.

**Shelley** (*Percy Bysshe*), poète romantique britannique (1792-1822).

**Shenyang,** v. de Chine ; 5 468 771 h. (aggl.).

**Sheridan** (*Richard*), auteur dramatique britannique (1751-1816).

**Shetland,** archipel du nord de l'Écosse.

**Shikoku,** une des îles du Japon.

**Shiva,** dieu hindou.

**Shoah** (*la*), génocide des Juifs par les nazis.

**Sibelius** (*Jean*), compositeur finlandais (1865-1957). Auteur de symphonies.

**Sibérie,** région de l'Asie septentrionale.

**Si c'est un homme,** récit autobiographique de P. Levi.

**Sichuan,** prov. de Chine ; 82 040 000 h.

**Sicile,** île italienne de la Méditerranée ; 5 026 989 h. (*Siciliens*) ; cap. *Palerme*.

**Sidon,** anc. port de Phénicie.

**Siegfried,** héros des *Nibelungen*.

**Siemens,** famille d'ingénieurs et d'industriels allemands du XIXᵉ s.

**Sienkiewicz** (*Henryk*), romancier polonais (1846-1916) : *Quo vadis ?*

**Sienne,** v. d'Italie (Toscane) ; 52 988 h. Monuments médiévaux.

**Sierra Leone,** État de l'Afrique occidentale ; 72 000 km² ; 7 976 985 h. (*Sierra-Léonais*). Cap. *Freetown*.

**Sieyès** (*Emmanuel Joseph,* abbé), homme politique français (1748-1836).

**Sigebert,** nom de trois rois d'Austrasie.

**Sigismond,** nom de trois rois de Pologne.

**Signac** (*Paul*), peintre néo-impressionniste français (1863-1935).

**Sikkim,** État du nord de l'Inde.

**Silésie,** région industrielle de la Pologne, autref. allemande.

**Silicon Valley,** région industrielle des États-Unis (Californie).

**Sima Qian,** écrivain chinois (v. 145- v. 86 av. J.-C.) : *Shiji* (Mémoires historiques).

**Simenon** (*Georges*), écrivain belge (1903-1989), auteur de romans policiers.

**Simon** (*Claude*), écrivain français (1913-2005), membre du « nouveau roman » : *la Route des Flandres*.

**Simon** (*Michel*), acteur français d'origine suisse (1895-1975) : *l'Atalante*.

**Simon** (*saint*), apôtre de Jésus.

**Simplon,** col des Alpes suisses, entre le Valais et le Piémont.

**Sinaï,** massif d'Égypte, à l'E. de Suez. Dieu y aurait donné sa loi à Moïse.

**Sinatra** (*Frank*), chanteur de charme et acteur américain (1915-1998).

**Singapour,** État insulaire de la péninsule malaise ; 618 km² ; 5 685 807 h. (*Singapouriens*). Cap. *Singapour*.

**Singer** (*Isaac Bashevis*), écrivain américain d'expression yiddish (1904-1991).

**Sin-kiang → Xinjiang.**

**Sinn Féin,** mouvement nationaliste et républicain irlandais créé en 1902. Il milite pour la création d'une république d'Irlande unie.

**Sion,** colline de Jérusalem.

**Sioux,** Indiens de l'Amérique du Nord.

**Sisley** (*Alfred*), peintre britannique établi en France (1839-1899), impressionniste.

**Sisyphe,** roi légendaire de Corinthe, condamné à remonter sans arrêt un rocher sur une montagne.

**Sixte,** nom de cinq papes dont SIXTE IV (*saint*) [1414-1484], pape en 1471, fit bâtir la chapelle Sixtine ; ◇ SIXTE V OU SIXTE QUINT (1520-1590), pape après 1585, fut un pape de la Contre-Réforme.

**Sixtine** (*chapelle*), grande chapelle du Vatican construite sur l'ordre de Sixte IV. Fresques, notamment de Michel-Ange.

**Sjöström** (*Victor*), cinéaste et acteur suédois (1879-1960).

**Skopje,** cap. de la Macédoine du Nord ; 501 000 h. (aggl.).

**Slaves,** branche de la famille indo-européenne (Russes, Ukrainiens, Biélorusses, Polonais, Tchèques, Slovaques, Sorabes, Bulgares, Serbes, Croates, Slovènes, Macédoniens).

**Slovaquie,** État d'Europe ; 49 000 km² ; 5 458 827 h. (*Slovaques*). Cap. *Bratislava*.

**Slovénie,** État d'Europe ; 20 226 km$^2$ ; 2 102 419 h. (*Slovènes*). Cap. *Ljubljana*.

**Sluter** (*Claus*), sculpteur néerlandais de la fin du XIV$^e$ s., fixé en Bourgogne.

**Smetana** (*Bedřich*), compositeur romantique tchèque (1824-1884) : *la Moldau*.

**Smith** (*Adam*), économiste britannique (1723-1790), partisan du libre-échange.

**Smith** (*Joseph*), fondateur du mouvement religieux des mormons (1805-1844).

**Smith** (*William Eugene*), photographe américain (1918-1978).

**Smyrne → Izmir.**

**Snijders** ou **Snyders** (*Frans*), peintre flamand (1579-1657).

**Snorri Sturluson,** écrivain islandais (v. 1179-1241) : *Edda prosaïque*.

**Socrate,** philosophe grec (v. 470-399 av. J.-C.), maître de Platon, il fut condamné à boire la ciguë.

**Sodome,** anc. v. cananéenne, détruite avec Gomorrhe par le feu du ciel (*Bible*).

**Sofia,** cap. de la Bulgarie ; 1 222 000 h. (aggl.).

**Sofres,** société française de sondages et d'études de marché créée en 1963.

**Sogdiane,** anc. contrée d'Asie centrale.

**soie** (*route de la*), voie de commerce qui reliait la Chine à l'Europe (II$^e$ s. av. J.-C.-XIII$^e$ s.).

**Soissons,** v. de l'Aisne ; 29 363 h.

**Soleure,** canton de Suisse.

**Solferino,** village d'Italie. Victoire des Français sur les Autrichiens (1859).

**Solidarność,** syndicat polonais créé en 1980, opposé au régime communiste et présidé par Lech Wałęsa de 1981 à 1990.

**Soliman le Magnifique** (1494-1566), sultan ottoman en 1520, allié de François I$^{er}$ contre Charles Quint.

**Soljenitsyne** (*Aleksandr*), écrivain russe (1918-2008) : *l'Archipel du Goulag*.

**Sologne,** région au sud de la Loire.

**Solon,** homme d'État athénien (v. 640-v. 558 av. J.-C.), fondateur de la démocratie.

**Solow** (*Robert Merton*), économiste américain (né en 1924), il a étudié les relations entre croissance et progrès technique.

**Solti** (sir *Georg*), chef d'orchestre hongrois naturalisé britannique (1912-1997).

**Somalie,** État de l'Afrique orientale ; 638 000 km$^2$ ; 15 893 219 h. (*Somaliens*). Cap. *Mogadiscio*.

**Somme,** fl. côtier du nord de la France. ◇ Dép. français (80) ; ch.-l. *Amiens*, ch.-l. d'arr. *Abbeville, Montdidier, Péronne* ; 580 535 h.

**Sommerfeld** (*Arnold*), physicien allemand (1868-1951), il proposa un modèle d'atome avec des orbites elliptiques.

**Sonde,** archipel de l'Indonésie.

**Song,** dynastie chinoise (960-1279).

**Songhaïs** ou **Sonrhaïs,** peuple du Mali et du Niger (env. 700 000).

**Sony Corporation,** société japonaise d'électronique fondée en 1946.

**Sophocle,** poète tragique grec (v. 495-406 av. J.-C.) : *Antigone, Œdipe roi, Électre*.

**Sorbonne** (la), site d'universités à Paris.

**Sorel** (*Georges*), théoricien politique français (1847-1922). Ses thèses ont influencé le fascisme italien.

**Sotheby and Co.** ou **Sotheby's,** entreprise mondiale de vente aux enchères fondée à Londres en 1744.

**Souabe,** région d'Allemagne.

**Soubise** (*Charles* DE ROHAN, prince DE), maréchal de France (1715-1787).

**Soudan,** État d'Afrique orientale, au sud de l'Égypte ; 1 844 797 km$^2$ ; 43 849 269 h. (*Soudanais*). Cap. *Khartoum*.

**Soudan du Sud,** État de l'Afrique orientale, détaché du Soudan en 2011 ; 644 329 km$^2$ ; 11 193 729 h. (*Soudanais du Sud* ou *Sud-Soudanais*). Cap. *Djouba* (ou *Juba*).

**Soufflot** (*Germain*), architecte français (1713-1780), constructeur du Panthéon.

**Soulages** (*Pierre*), peintre abstrait français (1919-2022).

**Soult** (*Jean de Dieu Nicolas*), maréchal de France (1769-1851), ministre de la Guerre sous Louis-Philippe.

**Soupault** (*Philippe*), écrivain surréaliste français (1897-1990).

**Southampton,** port d'Angleterre, sur la Manche ; 254 300 h.

**Soutine** (*Chaïm*), peintre expressionniste français d'origine lituanienne (1893-1943).

**Souvorov** (*Aleksandr*), général russe (1729-1800), adversaire des Français en Italie.

**Soyinka** (*Wole*), écrivain nigérian d'expression anglaise (né en 1934) : *Aké, les années d'enfance*.

**Spaak** (*Paul Henri*), homme politique belge (1899-1972).

**Spallanzani** (*Lazzaro*), biologiste italien (1729-1799).

**Spartacus,** chef d'esclaves révoltés contre Rome (m. en 71 av. J.-C.).

**Sparte** ou **Lacédémone,** v. de la Grèce ancienne, rivale d'Athènes.

**Spencer** (*Herbert*), philosophe évolutionniste britannique (1820-1903).

**Spiegelman** (*Art*), dessinateur et scénariste américain de bandes dessinées (né en 1948) : *Maus*.

**Spielberg** (*Steven*), cinéaste américain (né en 1946) : *E.T., l'extraterrestre*.

**Spinoza** (*Baruch*), philosophe rationaliste hollandais (1632-1677) : *Éthique*.

**Spirou,** personnage de bande dessinée créé en 1938.

**Spitz** (*Mark*), nageur américain (né en 1950), il conquit sept titres olympiques en 1972.

**Spitzberg,** archipel norvégien de l'Arctique.

**Splendid** (troupe du **Splendid**, dite aussi **le**), troupe de théâtre fondée en 1974 : *Le père Noël est une ordure*.

**Spoerri** (*Daniel*), artiste néoréaliste suisse d'origine roumaine (né en 1930).

**Spot** (*Satellite Pour l'Observation de la Terre*), nom d'une famille de satellites français lancés entre 1986 et 2014.

**Spoutnik,** nom des premiers satellites artificiels soviétiques.

**Sri Jayewardenepura-Kotte,** cap. administrative et législative du Sri Lanka.

**Sri Lanka,** anc. **Ceylan**, État insulaire de l'Asie ; 66 000 km² ; 21 919 000 h. (*Sri-Lankais*). Cap. *Colombo* et *Sri Jayewardenepura-Kotte*.

**Srinagar,** v. du nord de l'Inde ; 1 273 312 h. (aggl.).

**SS,** police militarisée du parti nazi créée en 1925.

**Stabat Mater,** œuvre musicale religieuse de Pergolèse.

**Staël** (*Germaine* NECKER, baronne DE), écrivain français (1766-1817).

**Staël** (*Nicolas* DE), peintre français d'origine russe (1914-1955).

**Staline** (*Joseph*), homme politique soviétique (1878 [officiellement 1879]-1953). Il succéda à Lénine en 1924.

**Stalingrad,** auj. *Volgograd,* v. de Russie. Défaite des Allemands (1943).

**Stamitz** (*Johann Wenzel*), compositeur et violoniste tchèque (1717-1757).

**Stanislas Ier Leszczynski** (1677-1766), roi de Pologne en 1704. Souverain des duchés de Bar et de Lorraine en 1738. Beau-père de Louis XV.

**Stanislavski** (*Konstantine Sergueïevitch* ALEKSEÏEV, dit), acteur et metteur en scène de théâtre russe (1863-1938).

**Stanley** (sir *Henry* MORTON), explorateur britannique de l'Afrique (1841-1904).

**Stanley** (*Wendell Meredith*), biochimiste américain (1904-1971).

**Starck** (*Philippe*), designer français (né en 1949).

**START** (*STrategic Arms Reduction Talks*), négociations menées à partir de 1982 entre les États-Unis et l'URSS (puis la Russie) sur la réduction des armes stratégiques.

**Stein** (*Gertrude*), écrivaine américaine (1874-1946).

**Stein** (*Peter*), metteur en scène de théâtre et d'opéra allemand (né en 1937).

**Steinbeck** (*John*), écrivain américain (1902-1968) : *les Raisins de la colère*.

**Steinberg** (*Saul*), dessinateur américain d'origine roumaine (1914-1999).

**Stella** (*Frank*), peintre et sculpteur américain (né en 1936).

**Stendhal** (*Henri* BEYLE, dit), romancier français (1783-1842) : *le Rouge et le Noir*.

**Stephenson** (*George*), ingénieur britannique (1781-1848), créateur de la locomotive.

**Stern** (*Isaac*), violoniste américain d'origine ukrainienne (1920-2001).

**Sternberg** (*Josef* VON), cinéaste américain d'origine autrichienne (1894-1969) : *l'Ange bleu*.

**Sterne** (*Laurence*), écrivain britannique (1713-1768) : *la Vie et les opinions de Tristram Shandy*.

**Stevenson** (*Robert Louis*), romancier britannique (1850-1894) : *l'Île au trésor*.

**Stewart** (sir *Jackie*), coureur automobile britannique (né en 1939), trois fois champion du monde des conducteurs.

**Stewart** (*James*), acteur américain (1908-1997) : *Sueurs froides*.

**Stieglitz** (*Alfred*), photographe américain (1864-1946).

**Stockhausen** (*Karlheinz*), compositeur allemand (1928-2007).

**Stockholm,** cap. de la Suède et port sur la Baltique ; 1 464 000 h. (aggl.).

**Stokowski** (*Leopold*), chef d'orchestre britannique naturalisé américain (1882-1977).

**Stonehenge,** localité de Grande-Bretagne ; monument mégalithique.

**Stradivarius** (*Antonio*), luthier italien de Crémone (1643-1737).

**Strand** (*Paul*), photographe et cinéaste américain (1890-1976).

**Strasbourg,** ch.-l. de la Région Grand-Est et du dép. du Bas-Rhin ; 290 106 h. (*Strasbourgeois*). Cathédrale gothique.

**Strauss** (*Johann*), compositeur autrichien (1825-1899), auteur de valses.

**Strauss** (*Richard*), compositeur allemand (1864-1949), auteur de poèmes symphoniques (*Don Juan*) et d'opéras.

**Stravinsky** (*Igor*), compositeur russe naturalisé américain (1882-1971) : *l'Oiseau de feu*.

**Stresemann** (*Gustav*), homme politique allemand (1879-1929).

**Strindberg** (*August*), écrivain suédois (1849-1912) : *Mademoiselle Julie*.

**Stromae** (*Paul* VAN HAVER, dit), chanteur et auteur-compositeur belge (né en 1985) : *Alors on danse*.

**Stromboli,** volcan des îles Éoliennes.

**Strozzi,** famille florentine, adversaire des Médicis (XVe-XVIe s.).

**Stuart,** famille qui a régné sur l'Écosse de 1371 à 1714, et sur l'Angleterre de 1603 à 1714.

**Sturm und Drang,** mouvement littéraire créé en Allemagne vers 1770, en réaction contre le rationalisme et le classicisme.

**Stuttgart,** v. d'Allemagne, cap. du Bade-Wurtemberg ; 585 890 h.

**Styrie,** prov. d'Autriche ; cap. *Graz.*

**Styx** (le), un des fleuves des Enfers (*Myth.*).

**Succession d'Autriche** (*guerre de la*), guerre qui opposa, de 1740 à 1748, la Prusse, la France, la Bavière, la Saxe et l'Espagne à l'Autriche, doublée d'un conflit colonial opposant la France, alliée de la Russie, à l'Angleterre, alliée de l'Autriche.

**Succession d'Espagne** (*guerre de la*), guerre causée par l'avènement de Philippe V, petit-fils de Louis XIV, au trône d'Espagne (1701-1713). Elle opposa la France et l'Espagne à une coalition européenne (Autriche, Angleterre, Provinces-Unies).

**Sucre** (*Antonio José* DE), patriote vénézuélien (1795-1830), lieutenant de Bolívar.

**Sucre,** cap. de la Bolivie ; 259 388 h.

**Sudètes** (*monts*), bordure nord-est de la Bohême (République tchèque) habitée par des Allemands avant la Seconde Guerre mondiale.

**Sue** (*Eugène*), romancier français (1804-1857) : *les Mystères de Paris.*

**Suède,** État de l'Europe du Nord (Scandinavie) ; 450 000 km² ; 10 353 442 h. (*Suédois*). Cap. *Stockholm.*

**Suétone,** historien latin (fin du Ier s.-IIe s.).

**Suez** (*isthme de*), isthme entre la Méditerranée et la mer Rouge, traversé par un canal de Port-Saïd à Suez.

**Suffren** (*Pierre André* DE, dit **le bailli de**), marin français (1729-1788). Il combattit aux Indes contre les Anglais.

**Suger,** moine français (v. 1081-1151), abbé de Saint-Denis, ministre de Louis VI et de Louis VII.

**Suisse,** État de l'Europe centrale ; 41 300 km² ; 8 636 561 h. (*Suisses*). Cap. *Berne.*

**Sukarno** ou **Soekarno,** homme politique indonésien (1901-1970). Il proclama l'indépendance de l'Indonésie (1945).

**Sulawesi → Célèbes.**

**Sulla** ou **Sylla** (*Lucius Cornelius*), général et homme d'État romain (138-78 av. J.-C.). Rival de Marius, vainqueur de Mithridate (86), il proscrivit ses ennemis et abdiqua en 79.

**Sullivan** (*Louis*), architecte et théoricien américain (1856-1924).

**Sully** (*Maximilien,* duc DE), ministre d'Henri IV (1560-1641). Il développa l'économie française.

**Sully Prudhomme** (*Armand*), poète français (1839-1907).

**Sumatra,** île de l'Indonésie.

**Sumériens,** peuple établi au IVe millénaire en basse Mésopotamie. Ils fondèrent les premières cités-États (Ourouk, Our).

**Sunak** (*Rishi*), homme politique britannique (né en 1980), Premier ministre conservateur depuis 2022.

**Sun Yat-sen,** homme politique chinois (1866-1925). Un des chefs de la révolution de 1911, président de la République en 1921.

**Supérieur** (*lac*), grand lac de l'Amérique du Nord.

**Superman,** personnage de bande dessinée créé en 1938 aux États-Unis.

**Supervielle** (*Jules*), écrivain français (1884-1960) : *Oublieuse Mémoire.*

**Supports/Surfaces,** nom adopté par un groupe d'artistes français actifs entre 1969 et 1971.

**Surabaya,** port d'Indonésie (Java) ; 2 509 000 h.

**Surcouf** (*Robert*), corsaire français (1773-1827).

**Suriname,** État de l'Amérique du Sud ; 163 265 km² ; 586 634 h. (*Surinamiens*). Cap. *Paramaribo.* C'est l'anc. *Guyane hollandaise.*

**Suse,** capitale de l'Élam. Darios Ier en fit la capitale de l'Empire perse (VIe s. av. J.-C.).

**Susiane → Élam.**

**Sussex,** région d'Angleterre au sud de Londres.

**Sverdlovsk → Iekaterinbourg.**

**Svevo** (*Ettore* SCHMITZ, dit **Italo**), écrivain italien (1861-1928) : *la Conscience de Zeno.*

**Swaziland → Eswatini.**

**Swift** (*Jonathan*), écrivain irlandais (1667-1745) : *les Voyages de Gulliver.*

**Sydney,** port d'Australie ; 4 391 674 h.

**Sylla → Sulla.**

**Symphonie des Mille,** œuvre musicale de G. Mahler.

**Symphonie fantastique,** œuvre musicale de Berlioz.

**Symphonie n° 9,** composition musicale de Beethoven.

**Syracuse,** port de Sicile ; 115 675 h. Vestiges grecs et romains.

**Syr-Daria,** fl. de l'Asie centrale (mer d'Aral) ; 3 019 km.

**Syrie,** État de l'Asie occidentale ; 185 000 km² ; 17 500 657 h. (*Syriens*). Cap. *Damas.*

# T

**Tabarly** (*Éric*), officier de marine et navigateur français (1931-1998), deux fois vainqueur de la course transatlantique en solitaire.

**Table ronde** (*romans de la*), cycle de romans courtois en l'honneur du roi Arthur.

**Tabriz,** v. de l'Iran ; 1 494 998 h. (aggl.).

**Tachkent,** capitale de l'Ouzbékistan ; 2 226 580 h.

**Tacite,** historien latin (v. 55-v. 120) : *Annales* et *Histoires*.

**Tadjikistan,** État de l'Asie centrale ; 143 000 km² ; 9 537 642 h. (*Tadjiks*). Cap. *Douchanbé*.

**Tadj Mahall,** mausolée en marbre blanc, du XVIIᵉ s., édifié à Agra.

**Tage,** fl. d'Espagne et du Portugal ; 1 120 km.

**Taglioni** (*les*), famille de danseurs italiens des XVIIIᵉ et XIXᵉ s.

**Tagore** (*Rabindranath*), poète indien (1861-1941).

**Tahiti,** île de Polynésie française (archipel de la Société) ; 183 645 h. (*Tahitiens*).

**Taine** (*Hippolyte*), historien et philosophe français (1828-1893).

**Taipei,** cap. de Taïwan ; 2 654 039 h. (6 130 000 avec les banlieues).

**Taïwan,** anc. **Formose**, île d'Asie orientale ; 36 000 km² ; 23 200 000 h. (*Taïwanais*). Cap. *Taipei*. Considérée par la Chine comme sa 23ᵉ province, elle est administrée de fait par son propre gouvernement.

**Talleyrand-Périgord** (*Charles Maurice* DE), homme politique français (1754-1838). Il dirigea la diplomatie du Consulat et de l'Empire jusqu'en 1809 et joua un rôle essentiel au congrès de Vienne (1815).

**Tallinn,** cap. de l'Estonie ; 440 950 h.

**Talmud,** compilation de commentaires sur la loi judaïque.

**Tamanrasset,** oasis du Sahara algérien.

**Tamerlan** ou **Timur Lang,** conquérant turc (1336-1405).

**Tamil Nadu,** État du sud-est de l'Inde.

**Tamise** (la), fl. d'Angleterre, qui traverse Londres ; 338 km.

**Tamouls,** peuple de l'Inde méridionale et du Sri Lanka.

**Tananarive → Antananarivo.**

**Tang,** dynastie qui a régné sur la Chine de 618 à 907.

**Tanganyika,** grand lac d'Afrique.

**Tanger,** port du Maroc ; 1 065 601 h. (aggl.).

**Tannhäuser,** opéra de Wagner.

**Tantale,** roi condamné par Zeus au supplice de la faim et de la soif (*Myth. gr.*).

**Tanzanie,** État de l'Afrique orientale ; 940 000 km² ; 59 734 213 h. (*Tanzaniens*). Cap. *Dar es Salam* et *Dodoma*.

**Tarass Boulba,** récit de Gogol.

**Tarbes,** ch.-l. des Hautes-Pyrénées ; 43 821 h. (*Tarbais*).

**Tardieu** (*Jean*), poète et auteur dramatique français (1903-1995).

**Tarente,** port d'Italie (Pouilles) ; 195 882 h.

**Tarn,** affl. de la Garonne. ◇ Dép. français (81) ; ch.-l. *Albi*, ch.-l. d'arr. *Castres* ; 400 343 h.

**Tarn-et-Garonne,** dép. français (82) ; ch.-l. *Montauban*, ch.-l. d'arr. *Castelsarrasin* ; 266 481 h.

**Tarpéienne** (*roche*), à Rome, rocher d'où l'on jetait les criminels.

**Tarquin l'Ancien,** cinquième roi de Rome (619-579 av. J.-C.).

**Tarquin le Superbe,** septième et dernier roi de Rome (534-509 av. J.-C.).

**Tarquinia,** v. d'Italie. Anc. cité étrusque.

**Tartare,** le fond des Enfers (*Myth. gr.*).

**Tartarin de Tarascon,** roman d'A. Daudet.

**Tartuffe** (*le*), comédie de Molière.

**Tarzan,** personnage d'une série de romans américains créé en 1912 qui inspira le cinéma et la bande dessinée.

**Tasmanie,** île au sud de l'Australie.

**Tasse** (*Torquato* TASSO, dit **le**), poète italien (1544-1595) : *la Jérusalem délivrée*.

**Tatars,** peuple d'Asie, d'origine turco-mongole, qui vit principalement en Russie (rép. du Tatarstan et du Bachkortostan) [plus de 6 millions].

**Tate** (*The*), ensemble de musées de peinture, à Londres.

**Tati** (*Jacques* TATISCHEFF, dit *Jacques*), cinéaste français (1907-1982) : *les Vacances de M. Hulot*.

**Tatum** (*Arthur*, dit **Art**), pianiste américain de jazz (1910-1956).

**Tauride,** anc. nom de la Crimée.

**Taurus,** montagnes de Turquie.

**Tavernier** (*Bertrand*), cinéaste français (1941-2021) : *le Juge et l'Assassin*.

**Taviani** (les frères), cinéastes italiens, *Paolo* (né en 1931) et *Vittorio* (1929-2018) : *Padre padrone*.

**Taylor** (dame *Elizabeth*, dite **Liz**), actrice américaine d'origine britannique (1932-2011) : *Qui a peur de Virginia Woolf ?*

**Taylor** (*Frederick Winslow*), ingénieur et économiste américain (1856-1915), à l'origine du taylorisme.

**Tazieff** (*Haroun*), géologue français d'origine russe (1914-1998), spécialiste des volcans.

**Tbilissi,** anc. **Tiflis**, cap. de la Géorgie ; 1 078 297 h.

**Tchad,** lac de l'Afrique centrale. ◇ État de l'Afrique centrale ; 1 284 000 km² ; 16 425 859 h. (*Tchadiens*). Cap. *Ndjamena*.

**Tchaïkovski** (*Petr*), compositeur russe (1840-1893). Symphonies, ballets, opéras.

**Tchang Kaï-chek** ou **Jiang Jieshi,** maréchal et homme politique chinois (1887-1975). Il combattit les communistes puis présida le gouvernement de Taïwan.

**Tchécoslovaquie,** ancien État fédéral de l'Europe centrale partagé, en 1993, en deux États : la République tchèque et la Slovaquie.

**Tchekhov** (*Anton*), écrivain russe (1860-1904), auteur de nouvelles et de pièces de théâtre (*la Mouette*).

**tchèque** (*République*), État d'Europe centrale ; 79 000 km² ; 10 697 858 h. (*Tchèques*). Cap. *Prague*.

**Tchernobyl,** v. d'Ukraine. Accident dans la centrale nucléaire en avril 1986 qui provoqua une pollution radioactive importante.

**Tchétchènes,** peuple caucasien de Russie (env. 900 000).

**Tchétchénie,** république de Russie ; 1 269 095 h. Cap. *Groznyï*. Lutte contre le pouvoir central russe pour l'indépendance (guerre 1994-1996 et 1999-2009).

**Tchouvaches,** peuple vivant en Russie (surtout en Tchouvachie), en Ukraine et au Kazakhstan (env. 1,9 million).

**Tegucigalpa** ou **Tégucigalpa,** cap. du Honduras ; 1 088 470 h.

**Téhéran,** cap. de l'Iran ; 7 304 150 h.

**Teilhard de Chardin** (*Pierre*), paléontologiste et théologien français (1881-1955).

**Te Kanawa** (dame *Kiri*), soprano néo-zélandaise (née en 1944).

**Telangana,** État du sud-est de l'Inde.

**Tel-Aviv-Jaffa,** v. d'Israël ; 3 319 487 h. (aggl.).

**Telemann** (*Georg Philipp*), compositeur allemand (1681-1767).

**Télémaque,** fils d'Ulysse (*Myth. gr.*).

**Tell → Guillaume Tell.**

**Temple de Jérusalem,** temple édifié à Jérusalem par Salomon (v. 969-v. 962 av. J.-C.).

**Templiers,** ordre militaire et religieux du Moyen Âge (1119-1312).

**Tenerife,** la plus grande des îles Canaries.

**Tennessee,** État des États-Unis. Cap. *Nashville-Davidson*.

**Tennyson** (*Alfred*), poète britannique (1809-1892) : *Enoch Arden*.

**Tenochtitlán,** anc. cap. des Aztèques, à l'emplacement de Mexico.

**Tentation de saint Antoine** (*la*), triptyque de J. Bosch.

**Teotihuacán,** site du Mexique précolombien, grandes pyramides.

**Terechkova** (*Valentina Vladimirovna*), cosmonaute russe (née en 1937), première femme astronaute.

**Térence,** auteur comique latin (v. 190-159 av. J.-C.).

**Teresa de Calcutta** (*sainte*) [*Agnes Gonxha* BAJAXHIU, dite **Mère Teresa**], religieuse indienne d'origine albanaise (1910-1997). Elle a été béatifiée en 2003 et canonisée en 2016.

**Terre de Feu,** groupe d'îles au sud de l'Amérique du Sud (Chili et Argentine).

**Terre-Neuve-et-Labrador,** île et prov. du Canada, à l'embouchure du Saint-Laurent.

**Terreur** (la), période révolutionnaire en France, de la chute des Girondins au 9-Thermidor (1793-1794).

**Tertullien,** écrivain chrétien latin (v. 155-v. 222).

**Tessin,** canton de Suisse.

**Téthys,** déesse de la Mer (*Myth. gr.*).

**Tétralogie** (la), cycle d'opéras de Wagner.

**Teutatès,** dieu national gaulois.

**teutonique** (*ordre*), ordre hospitalier puis militaire du Moyen Âge (1198-1525).

**Teutons,** anc. peuple germain.

**Texas,** État du sud des États-Unis ; 690 000 km² ; 28 304 596 h. (*Texans*). Cap. *Austin*, v. pr. *Dallas, Houston*.

**TF 1** (*Télévision française 1*), chaîne de télévision française.

**Thackeray** (*William*), écrivain satirique britannique (1811-1863).

**Thaïlande,** anc. **Siam**, État d'Asie du Sud-Est ; 514 000 km² ; 69 799 978 h. (*Thaïlandais*). Cap. *Bangkok*.

**Thaïs,** peuples de l'Asie du Sud-Est.

**Thalès,** mathématicien et philosophe présocratique grec (v. 625-v. 547 av. J.-C.).

**Thatcher** (*Margaret*), femme politique britannique (1925-2013), Première ministre conservatrice de 1979 à 1990.

**Théâtre national populaire** (TNP), théâtre fondé par l'État en 1920.

**Thébaïde,** région d'Égypte refuge des premiers ermites chrétiens.

**Thèbes,** v. de l'Égypte ancienne, dont il reste les sanctuaires de Louksor et de Karnak. En face : colosses de Memnon, temple de Deir el-Bahari, Vallée des Rois, des Reines. ◇ Anc. cap. de la Béotie (Grèce).

**Thémistocle,** général athénien (v. 528-v. 462 av. J.-C.), vainqueur à Salamine.

**Théocrite,** poète bucolique grec (v. 310-v. 250 av. J.-C.).

**Théodora** (début du IVe s.-548), impératrice byzantine (527-548), femme de Justinien Ier.

**Théodoric le Grand** (v. 454-526), roi des Ostrogoths (493-526), il domina l'Italie.

**Théodose Ier** (v. 347-395), empereur d'Occident de 379 à 395, et de tout l'Empire romain de 394 à 395.

**Thérèse d'Avila** (*sainte*), religieuse espagnole (1515-1582). Auteur d'écrits mystiques, elle réforma l'ordre des Carmélites.

**Thérèse de l'Enfant-Jésus** (*sainte*), carmélite de Lisieux (1873-1897).

**Thermidor (9-),** journée du 27 juillet 1794, où Robespierre fut renversé.

**Thermopyles** (les), défilé de Thessalie où Léonidas et 300 Spartiates essayèrent d'arrêter les Perses (480 av. J.-C.).

**Thésée,** roi légendaire d'Athènes, vainqueur du Minotaure (*Myth. gr.*).

**Thessalie,** région de Grèce.

**Thessalonique,** anc. **Salonique**, port du nord de la Grèce ; 315 196 h.

**Thierry,** nom de plusieurs rois mérovingiens.

**Thiers** (*Adolphe*), homme politique et historien français (1807-1877), président de la République de 1871 à 1873.

**Thom** (*René*), mathématicien français (1923-2002), auteur de la théorie des catastrophes.

**Thomas** (*saint*), un des Apôtres, modèle de l'incrédulité.

**Thomas d'Aquin** (*saint*), théologien italien (1225-1274) : *Somme théologique*.

**Thomas Becket** (*saint*), prélat anglais (1118-1170). Archevêque de Canterbury, assassiné par ordre du roi.

**Thomas More** ou **Morus** (*saint*), chancelier d'Angleterre et philosophe (1478-1535), auteur de l'*Utopie*.

**Thomson** (sir *Joseph John*), physicien britannique (1856-1940).

**Thomson** (sir *William*), lord **Kelvin**, physicien britannique (1824-1907).

**Thor,** dieu guerrier scandinave.

**Thoreau** (*Henry David*), écrivain américain (1817-1862) : *Walden ou la Vie dans les bois*.

**Thot,** dieu égyptien du Savoir et de l'Écriture, représenté avec une tête d'ibis.

**Thrace,** région du nord de la Grèce.

**Thucydide,** historien grec (v. 465-v. 395 av. J.-C.) : *Histoire de la guerre du Péloponnèse*.

**Thulé,** île légendaire du nord de l'Europe.

**Thulé** (*culture de*), culture préhistorique des Inuits.

**Thunberg** (*Greta*), militante écologiste suédoise (née en 2003).

**Thurgovie,** canton de Suisse.

**Thuringe,** région et Land d'Allemagne ; 2 158 128 h. Cap. *Erfurt*.

**Tian'anmen,** grande place publique de Pékin. Manifestations d'étudiants violemment réprimées par l'armée en 1989.

**Tianjin** ou **T'ien-tsin,** port de Chine du Nord ; 8 535 265 h. (aggl.).

**Tibère** (v. 42 av. J.-C.-37 apr. J.-C.), empereur romain en 14 apr. J.-C.

**Tibériade** (*lac de*), lac de Palestine.

**Tibesti,** massif du Sahara (Tchad) ; 3 415 m.

**Tibet,** région de Chine, au nord de l'Himalaya ; 1 221 000 km$^2$ ; 3 240 000 h. (*Tibétains*). Cap. *Lhassa*.

**Tibre** (le), fl. d'Italie, qui passe à Rome.

**Tiepolo** (*Giambattista*), peintre et graveur vénitien (1696-1770).

**Tiflis → Tbilissi.**

**Tigre** (le), fl. d'Asie occidentale, qui forme, avec l'Euphrate, le Chatt al-Arab.

**Tikal,** anc. cité maya du Guatemala.

**Tilden** (*William Tatem*), joueur de tennis américain (1893-1953), il a remporté sept fois la Coupe Davis.

**Tilsit,** v. de Lituanie. Traité entre Napoléon Ier et Alexandre Ier (1807).

**Times** (*The*), quotidien britannique fondé en 1785.

**Timgad,** site d'Algérie ; vestiges romains.

**Timor oriental** ou **Timor-Leste,** État insulaire d'Asie du Sud-Est ; 14 874 km$^2$ ; 1 318 442 h. (*Est-Timorais*). Cap. *Dili*.

**Timur Lang → Tamerlan.**

**Tinbergen** (*Nikolaas*), éthologiste britannique d'origine néerlandaise (1907-1988), l'un des fondateurs de l'éthologie moderne.

**Tinguely** (*Jean*), sculpteur suisse (1925-1991), l'un des « nouveaux réalistes ».

**Tintin,** personnage de bande dessinée créé en 1929 par Hergé.

**Tintoret** (*Iacopo* ROBUSTI, dit **le**), peintre vénitien (1518-1594).

**Tirana,** cap. de l'Albanie ; 421 286 h.
**Tirole** (*Jean*), économiste français (né en 1953).
**Tirpitz** (*Alfred* VON), amiral allemand (1849-1930).
**Tirso de Molina,** auteur dramatique espagnol (v. 1583-1648).
**Titanic,** paquebot transatlantique britannique qui fit naufrage (1912).
**Titans,** fils du Ciel et de la Terre, vaincus par Zeus (*Myth. gr.*).
**Tite-Live,** historien latin (59 av. J.-C.-17 apr. J.-C.) : *Histoire de Rome*.
**Titicaca,** grand lac des Andes.
**Titien** (*Tiziano* VECELLIO, dit en fr.), peintre vénitien (1488/89-1576).
**Tito** (*Josip* BROZ, dit), maréchal et homme politique yougoslave (1892-1980). Président de la République de 1953 à sa mort.
**Titograd → Podgorica.**
**Titus** (39-81), empereur romain (79-81).
**Tivoli,** v. d'Italie, près de Rome. Jardins.
**Tocqueville** (*Charles Alexis* CLÉREL DE), écrivain et homme politique français (1805-1859) : *De la démocratie en Amérique*.
**Togo,** État de l'Afrique occidentale ; 56 600 km² ; 8 278 737 h. (*Togolais*). Cap. *Lomé*.
**Toison d'or,** toison d'un bélier fabuleux, enlevée par Jason et les Argonautes (*Myth.*).
**Tokyo,** cap. du Japon ; 37 833 000 h. (aggl.).
**Tolbiac,** v. de Gaule, près de Cologne. Victoire de Clovis sur les Alamans (496).
**Tolède,** v. d'Espagne, sur le Tage ; 83 741 h.
**Tolkien** (*John Ronald Reuel*), écrivain britannique (1892-1973) : *le Seigneur des anneaux*.
**Tolstoï** (*Léon*, comte), romancier russe (1828-1910) : *Guerre et Paix*.
**Toltèques,** anc. peuple indien du Mexique.
**Tombouctou,** v. du Mali.
**Tonga,** État insulaire d'Océanie ; 700 km² ; 105 697 h. (*Tonguiens*). Cap. *Nuku'alofa*.
**Tonkin,** région du nord du Viêt Nam.
**Topkapı,** palais construit du XVe au XIXe s. à Istanbul, auj. musée d'art islamique.
**Torah** (la), les cinq premiers livres de la Bible, ou Pentateuque. Désigne aussi la Loi juive.
**Toro** (*Guillermo* DEL), cinéaste mexicain (né en 1964) : *l'Échine du diable, la Forme de l'eau*.
**Toronto,** v. du Canada, cap. de l'Ontario ; 2 531 571 h. (5 928 040 avec les banlieues).
**Torquemada** (*Tomás* DE), dominicain espagnol (1420-1498). Grand inquisiteur.
**Torreton** (*Philippe*), acteur français (né en 1965) : *Capitaine Conan*.
**Torricelli** (*Evangelista*), physicien italien (1608-1647), inventeur du baromètre.
**Tortelier** (*Paul*), violoncelliste et chef d'orchestre français (1914-1990).
**Toscane,** région de l'Italie centrale ; v. pr. *Florence*. Hab. *Toscans*.
**Toscanini** (*Arturo*), chef d'orchestre italien (1867-1957).
**Touareg,** peuple nomade du Sahara.
**Toucouleurs,** peuple du Sénégal.
**Toul,** v. de Meurthe-et-Moselle, l'un des Trois-Évêchés.
**Toulon,** ch.-l. du Var, port militaire ; 180 641 h. (*Toulonnais*).
**Toulouse,** ch.-l. de la Région Occitanie et du dép. de la Haute-Garonne ; 498 596 h. (*Toulousains*).
**Toulouse-Lautrec** (*Henri* DE), peintre français (1864-1901).
**Touraine,** anc. prov. de France, traversée par la Loire ; cap. *Tours*.
**Tourcoing,** v. du dép. du Nord ; 99 345 h. (*Tourquennois*).
**Tour de France,** course cycliste annuelle par étapes créée en 1903.
**Touré** (*Sékou*), homme politique guinéen (1922-1984). Président de 1958 à sa mort, il exerça un pouvoir dictatorial.
**Tourgueniev** (*Ivan*), romancier et auteur dramatique russe (1818-1883).
**Tournai,** v. de Belgique ; 69 667 h.
**Tournesols,** tableau de Van Gogh.
**Tourneur** (*Cyril*), auteur dramatique anglais (v. 1575-1626), représentant du théâtre élisabéthain : *la Tragédie du vengeur*.
**Tournier** (*Michel*), écrivain français (1924-2016) : *le Roi des Aulnes*.
**Tours,** ch.-l. d'Indre-et-Loire ; 139 843 h. (*Tourangeaux*).
**Tourville** (*Anne* DE COTENTIN, comte DE), marin français (1642-1701).
**Toussaint Louverture,** homme politique haïtien (1743-1803).
**Toutankhamon,** pharaon égyptien du XIVe s. av. J.-C.
**Touvas** ou **Tivas,** peuple de Russie, vivant principalement dans la rép. de Touva.
**Toyota,** v. du Japon ; 421 552 h. Industrie automobile.
**Trafalgar** (*bataille de*), victoire navale de Nelson sur la flotte française (1805).
**Trafalgar Square,** place de Londres.
**Traité du désespoir,** œuvre de Kierkegaard.
**Trajan** (53-117), empereur romain en 98, vainqueur des Daces et des Parthes.
**Trajane** (*colonne*), colonne érigée en 113 à Rome, pour commémorer les victoires de l'empereur Trajan sur les Daces.
**Transoxiane,** région d'Asie centrale dont la ville principale fut Samarkand.
**Transsibérien,** voie ferrée de Russie, reliant Moscou à Vladivostok.
**Transvaal,** anc. prov. de la république d'Afrique du Sud.

**Transylvanie,** région de Roumanie.
**Trappe** (la), abbaye cistercienne fondée en 1140 dans l'Orne.
**Trasimène,** lac d'Italie (Ombrie). ◇ Victoire d'Hannibal sur les Romains.
**Travaux et les Jours** (*les*), poème didactique d'Hésiode.
**Trébizonde,** port de Turquie, sur la mer Noire ; 214 949 h.
**Treblinka,** camp d'extermination allemand (1942-1945), au nord-est de Varsovie.
**Trenet** (*Charles*), chanteur français (1913-2001) : *Douce France*.
**Trente,** v. d'Italie (Vénétie). Le concile de Trente y siégea de 1545 à 1563.
**Trente Ans** (*guerre de*), guerre entre luthériens et catholiques qui ravagea l'Europe entre 1618 et 1648.
**Trèves,** v. d'Allemagne ; 105 671 h. Vestiges romains.
**Trianon** (*le Grand* et *le Petit*), châteaux bâtis dans le parc de Versailles.
**Trier** (*Lars* VON), cinéaste danois (né en 1956) : *Dancer in the Dark*.
**Trieste,** port d'Italie, sur l'Adriatique ; 202 533 h.
**Trinité-et-Tobago,** État des Antilles ; 5 128 km² ; 1 399 491 h. (*Trinidadiens*). Cap. *Port of Spain*.
**Trintignant** (*Jean-Louis*), acteur français (1930-2022) : *Vivement dimanche !*
**Tripoli,** cap. de la Libye ; 1 126 950 h. ◇ Port du Liban ; 1 108 000 h.
**Tripolitaine,** région de Libye.
**Tristan et Iseut,** légende du Moyen Âge. ◇ Opéra de Wagner.
**Trnka** (*Jiří*), cinéaste tchécoslovaque d'animation (1912-1969).
**Troie,** anc. **Ilion**, cité antique d'Asie Mineure assiégée par les Grecs pendant dix ans (*Iliade*).
**Trois-Évêchés** (les), les villes de Verdun, Metz et Toul, qui constituaient un gouvernement particulier sous l'Ancien Régime.
**Trois Mousquetaires** (*les*), roman de A. Dumas.
**Trotski** (*Lev Davidovitch* BRONSTEIN, dit **Léon**), révolutionnaire russe (1879-1940). Il fut l'adversaire de Staline.
**Troyes,** anc. cap. de la Champagne, ch.-l. de l'Aube ; 63 087 h. (*Troyens*).
**Truffaut** (*François*), cinéaste français (1932-1984), le plus populaire de la nouvelle vague : *les Quatre Cents Coups*.
**Truman** (*Harry*), homme politique américain (1884-1972). Démocrate, président des États-Unis de 1945 à 1953.
**Trump** (*Donald*), homme d'affaires et homme politique américain (né en 1946). Républicain, président des États-Unis de 2017 à 2021.
**Tsaritsyne → Volgograd.**
**Tseu-hi** ou **Cixi,** impératrice de Chine (1834-1908).
**Tsiganes,** peuple nomade d'Europe.
**Tudor,** dynastie galloise qui régna sur l'Angleterre de 1485 à 1603.
**Tuileries,** anc. résidence des souverains français, à Paris, détruite en 1871.
**Tulle,** ch.-l. de la Corrèze ; 15 475 h. (*Tullistes*).
**Tunis,** cap. de la Tunisie ; 1 056 247 h. dans l'aggl. (*Tunisois*).
**Tunisie,** État de l'Afrique du Nord ; 164 000 km² ; 11 818 618 h. (*Tunisiens*). Cap. *Tunis*.
**Tupis,** groupe de peuples de l'Amazonie.
**Turenne** (*Henri* DE LA TOUR D'AUVERGNE, vicomte DE), maréchal de France (1611-1675).
**Turgot** (*Anne Robert Jacques*), économiste français (1727-1781). Contrôleur général des Finances (1774-1776).
**Turin,** v. d'Italie (Piémont), sur le Pô ; 872 832 h. (*Turinois*).
**Turing** (*Alan Mathison*), mathématicien britannique (1912-1954). Il conçut une machine à calculer « universelle » (*machine de Turing*).
**Turkestan,** région de l'Asie centrale.
**Turkménistan,** État de l'Asie centrale ; 488 000 km² ; 6 031 187 h. (*Turkmènes*). Cap. *Achgabat*.
**Turner** (*Tina*), chanteuse américaine de musique soul (née en 1938 ou 1939).
**Turner** (*William*), peintre paysagiste britannique (1775-1851).
**Turquie,** État de l'Asie occidentale ; 780 000 km² ; 84 339 067 h. (*Turcs*). Cap. *Ankara*, v. pr. *Istanbul*.
**Tutu** (*Desmond*), évêque sud-africain (1931-2021). Il lutta contre l'apartheid.
**Tuvalu,** État insulaire d'Océanie ; 24 km² ; 11 792 h. (*Tuvaluans*). Cap. *Vaiaku (atoll de Funafuti)*.
**Twain** (*Mark*), écrivain américain (1835-1910) : *les Aventures de Tom Sawyer*.
**Twitter,** service de microblogage, créé en 2006.
**Tyr,** anc. port de Phénicie.
**Tyrol,** région alpestre, partagée entre l'Autriche et l'Italie.
**Tyrrhénienne** (*mer*), partie de la Méditerranée comprise entre l'Italie, la Corse, la Sardaigne et la Sicile.
**Tzara** (*Tristan*), écrivain français d'origine roumaine (1896-1963), l'un des fondateurs du mouvement dada : *l'Homme approximatif*.
**Tziganes → Tsiganes.**

# U

**Ubu roi,** comédie burlesque de A. Jarry.

**Uccello** (*Paolo*), peintre florentin (1397-1475), maître de la Renaissance.

**UE,** sigle de l'Union européenne.

**Ueda** (*Akinari*), écrivain japonais (1734-1809) : *Contes de pluie et de lune*.

**UICN-Union mondiale pour la nature,** organisation internationale fondée en 1948 sous l'égide de l'ONU.

**Ukraine,** État de l'Europe orientale ; 604 000 km² ; 44 132 049 h. (*Ukrainiens*). Cap. *Kiev*.

**Ulbricht** (*Walter*), homme politique allemand (1893-1973), président du Conseil d'État de la RDA de 1960 à sa mort.

**Ullmann** (*Liv*), actrice norvégienne (née en 1938) : *Scènes de la vie conjugale*.

**Ulm,** v. d'Allemagne ; 116 761 h.

**Ulster,** prov. d'Irlande, en partie rattachée à la Grande-Bretagne ; cap. *Belfast*.

**Ulysse,** héros grec de la guerre de Troie, roi d'Ithaque, époux de Pénélope et père de Télémaque (*l'Iliade* et *l'Odyssée*).

**Unamuno** (*Miguel* DE), écrivain espagnol (1864-1936) : essais, romans et poésie.

**Unesco,** organisation de l'ONU pour l'éducation, la science et la culture.

**Ungaro** (*Emanuel*), couturier français (1933-2019).

**Unicef** (*United Nations International Children's Emergency Fund*), organisme humanitaire de l'ONU pour l'enfance institué en 1946.

**Union européenne** (UE), union économique et politique, instituée en 1992-1993 dans le prolongement du processus de construction européenne engagé peu après la Seconde Guerre mondiale. Elle regroupe auj. 27 États : Allemagne, Autriche, Belgique, Bulgarie, Chypre, Croatie, Danemark, Espagne, Estonie, Finlande, France, Grèce, Hongrie, Irlande, Italie, Lettonie, Lituanie, Luxembourg, Malte, Pays-Bas, Pologne, Portugal, République tchèque, Roumanie, Slovaquie, Slovénie, Suède.

**Union sud-africaine,** anc. nom de la république d'Afrique du Sud.

**Unterwald,** anc. canton de Suisse.

**Upanishad,** textes sacrés hindous (entre 700 et 300 av. J.-C.).

**Uppsala,** v. de Suède ; 207 362 h. Université.

**Ur → Our.**

**Uranus,** planète du Système solaire.

**Urbain,** nom de huit papes.

**Urfé** (*Honoré* D'), écrivain français (1567-1625) : *l'Astrée*.

**Uri,** canton de Suisse.

**URSS** ou **Union des républiques socialistes soviétiques,** ancien État fédéral (1922-1991) : 15 républiques (à partir de 1945). Il couvrait 22 400 000 km² et comptait 292 millions d'h. (*Soviétiques*). Cap. *Moscou*.

**Uruguay,** État de l'Amérique du Sud ; 177 500 km² ; 3 473 727 h. (*Uruguayens*). Cap. *Montevideo*.

**USA** (*United States of America*), nom anglais des États-Unis d'Amérique.

**Utah,** État de l'ouest des États-Unis. Cap. *Salt Lake City*.

**Utamaro** (*Kitagawa*), graveur japonais (1753-1806).

**Utique,** anc. v. d'Afrique (Tunisie).

**Utrecht,** v. des Pays-Bas ; 321 916 h. Traités mettant fin à la guerre de la Succession d'Espagne (1713).

**Utrillo** (*Maurice*), peintre français (1883-1955) : vues de Montmartre.

**Uttar Pradesh,** État du nord de l'Inde.

# V

**Vacances de M. Hulot** (*les*), film de J. Tati (1953).

**Vaison-la-Romaine,** comm. du Vaucluse. Ruines romaines.

**Valachie,** région de Roumanie.

**Valais,** canton de Suisse ; ch.-l. *Sion*.

**Val-de-Marne,** dép. français (94) ; ch.-l. *Créteil,* ch.-l. d'arr. *L'Haÿ-les-Roses, Nogent-sur-Marne* ; 1 415 845 h.

**Val-d'Isère,** station de sports d'hiver de Savoie.

**Val-d'Oise,** dép. français (95) ; ch.-l. *Pontoise,* ch.-l. d'arr. *Argenteuil, Sarcelles* ; 1 259 985 h.

**Valence,** port espagnol de la Méditerranée ; 787 808 h.

**Valence,** ch.-l. de la Drôme ; 66 149 h. (*Valentinois*).

**Valenciennes,** v. du dép. du Nord ; 43 677 h. (*Valenciennois*).

**Valérien,** empereur romain de 253 à 260, fait prisonnier et exécuté par les Perses.

**Valéry** (*Paul*), écrivain et poète français (1871-1945) : *le Cimetière marin.*

**Valladolid,** v. d'Espagne ; 299 715 h.

**Vallès** (*Jules*), écrivain et journaliste français (1832-1885), membre de la Commune.

**Valloton** (*Félix*), peintre et graveur français d'origine suisse (1865-1925), lié aux nabis.

**Valmy** (*bataille de*), victoire de Dumouriez et Kellermann sur les Prussiens (1792).

**Valois,** branche des Capétiens qui régna sur la France de 1328 à 1389.

**Valparaíso,** port du Chili ; 873 752 h. (aggl.).

**Van Allen** (*James Alfred*), physicien américain (1914-2006).

**Vancouver,** port du Canada, sur le Pacifique ; 631 486 h. (2 463 431 avec les banlieues).

**Vandales,** peuple germanique, qui envahit la Gaule, l'Espagne, l'Afrique du Nord (V$^e$-VI$^e$ s.).

**Van de Graaff** (*Robert Jemison*), physicien américain (1901-1967). Il a réalisé les premières grandes machines électrostatiques, destinées à l'accélération des particules.

**Van der Weyden** (*Rogier*), peintre flamand (v. 1400-1464) : retable du *Jugement dernier.*

**Van Dyck** (*Antoine*), peintre flamand (1599-1641), actif à Anvers, Gênes, Londres.

**Van Eyck** (*Jan*), peintre flamand (v. 1390-1441) : retable de *l'Agneau mystique*.

**Van Gogh** (*Vincent*), peintre néerlandais (1853-1890), dont les toiles peintes en Provence et en Île-de-France, à partir de 1886, ont révolutionné l'art occidental.

**Vannes,** ch.-l. du Morbihan ; 55 692 h.

**Vanuatu,** anc. **Nouvelles-Hébrides**, État d'Océanie ; 14 760 km$^2$ ; 307 150 h. (*Vanuatuans*). Cap. *Port-Vila*.

**Var,** fl. côtier de la Méditerranée. ◇ Dép. français (83) ; ch.-l. *Toulon,* ch.-l. d'arr. *Brignoles, Draguignan* ; 1 093 822 h. (*Varois*).

**Varda** (*Agnès*), cinéaste française (1928-2019) : *Sans toit ni loi*.

**Varennes-en-Argonne,** bourg de la Meuse, où Louis XVI fut arrêté (1791).

**Varèse** (*Edgard*), compositeur français naturalisé américain (1883-1965), auteur de musique électroacoustique.

**Vargas Llosa** (*Mario*), écrivain péruvien (né en 1936) : *la Ville et les Chiens*.

**Varsovie,** cap. de la Pologne, sur la Vistule ; 1 726 581 h.

**Vasaloppet,** course annuelle de ski nordique disputée en Suède.

**Vatican,** palais des papes à Rome. ◇ CITÉ DU VATICAN, territoire dont la souveraineté a été reconnue au pape par le traité du Latran (1929). Basilique St-Pierre. Chapelle Sixtine. Musées. Deux conciles y siégèrent, l'un en 1869-1870, le second en 1962-1965.

**Vauban** (*Sébastien* LE PRESTRE DE), ingénieur militaire français et maréchal de France (1633-1707), il en fortifia les frontières.

**Vaucanson** (*Jacques* DE), ingénieur français (1709-1782), créateur d'automates.

**Vaucluse,** dép. français (84) ; ch.-l. *Avignon,* ch.-l. d'arr. *Apt, Carpentras* ; 572 613 h.

**Vaud,** canton de Suisse ; ch.-l. *Lausanne*.

**Vaugelas** (*Claude* FAVRE DE), grammairien français (1585-1650).

**Vauvenargues** (*Luc,* marquis DE), moraliste français (1715-1747).

**Vaux-le-Vicomte,** château près de Melun, construit par Le Vau pour Fouquet.

**Veda,** livres sacrés des hindous.

**Vega → Lope de Vega.**

**Velay,** rég. du Massif central ; v. pr. *Le Puy-en-Velay.*

**Velázquez** (*Diego*), peintre espagnol (1599-1660) : *les Ménines.*

**Veliki Novgorod,** anc. **Novgorod,** v. de Russie ; 218 724 h. Églises médiévales.

**Venceslas** (*saint*), duc de Bohême et saint patron de la Bohême (v. 907-985).

**Vendée,** dép. français (85) ; ch.-l. *La Roche-sur-Yon,* ch.-l. d'arr. *Fontenay-le-Comte, Les Sables-d'Olonne* ; 704 403 h.

**Vénètes,** peuple indo-européen, qui s'installa au I$^{er}$ millénaire av. J.-C. en Italie du Nord et en Bretagne.

**Vénétie,** région de l'Italie du Nord ; cap. *Venise.*

**Venezuela,** État de l'Amérique du Sud ; 912 050 km$^2$ ; 28 435 943 h. (*Vénézuéliens*). Cap. *Caracas.*

**Venise,** v. d'Italie, port de l'Adriatique bâti sur des lagunes ; 263 996 h. (*Vénitiens*). Basilique St-Marc, palais des Doges.

**Venizélos** (*Eleftherios*), homme politique grec (1864-1936).

**Ventoux** (*mont*), sommet des Préalpes du Sud ; 1 909 m.

**Ventura** (*Angiolino,* dit **Lino**), acteur italien, installé en France dès 1927 (1919-1987) : *Classe tous risques.*

**Vénus,** déesse romaine de l'Amour, l'*Aphrodite* des Grecs. ◇ Planète du Système solaire.

**Vêpres siciliennes,** massacre des Français en Sicile (1282).

**Veracruz,** port du Mexique ; 552 114 h.

**Vercingétorix,** chef gaulois (72-46 av. J.-C.). Il souleva la Gaule contre César.

**Vercors** (le), massif calcaire des Préalpes.

**Vercors** (*Jean* BRULLER, dit), écrivain français (1902-1991) : *le Silence de la mer.*

**Verdi** (*Giuseppe*), compositeur italien (1813-1901), auteur d'opéras : *la Traviata, le Trouvère.*

**Verdun,** v. de la Meuse. ◇ Traité de partage de l'Empire carolingien (843). ◇ Violents combats en 1916.

**Vergennes** (*Charles* GRAVIER, comte DE), diplomate français (1717-1787).

**Verhaeren** (*Émile*), poète symboliste belge (1855-1916).

**Verlaine** (*Paul*), poète français (1844-1896) : *Poèmes saturniens, Jadis et naguère.*

**Vermeer de Delft** (*Johannes*), peintre hollandais (1632-1675), grand maître de l'intimisme bourgeois.

**Vermont,** État du nord-est des États-Unis. Cap. *Montpelier.*

**Vernant** (*Jean-Pierre*), philosophe et historien français (1914-2007), spécialiste de la Grèce antique.

**Verne** (*Jules*), écrivain français (1828-1905), auteur de romans d'aventures.

**Vérone,** v. d'Italie (Vénétie) ; 254 607 h.

**Véronèse** (*Paolo* CALIARI, dit), peintre vénitien (1528-1588).

**Verrocchio** (*Andrea* DEL), sculpteur, peintre et orfèvre florentin (1435-1488).

**Versailles,** ch.-l. des Yvelines ; 86 846 h. (*Versaillais*). Domaine royal (château, jardins, dépendances) d'une ampleur et d'un luxe voulus par Louis XIV. ◇ Traité qui mit fin en 1919 à la Première Guerre mondiale.

**Vésale** (*André*), anatomiste flamand (v. 1515-1564).

**Vesoul,** ch.-l. de la Haute-Saône ; 15 663 h. (*Vésuliens*).

**Vespasien** (9-79), empereur romain de 69 à 79.

**Vespucci** (*Amerigo*), navigateur florentin (1454-1512). Son prénom fut utilisé pour désigner l'Amérique.

**Vesta,** déesse romaine du Foyer.

**Vésuve** (le), volcan d'Italie, près de Naples. Il ensevelit Pompéi en 79.

**Veyrat** (*Marc*), cuisinier français (né en 1950).

**Vézelay,** v. de l'Yonne. Saint Bernard y prêcha la croisade. Anc. abbatiale romane.

**Viala** (*Joseph Agricol*), jeune héros de la Révolution (1780-1793).

**Vian** (*Boris*), écrivain français (1920-1959) : *l'Écume des jours.*

**Viard** (*Karin*), actrice française (née en 1966) : *Haut les cœurs !, la Famille Bélier.*

**Viau** (*Théophile* DE), poète français (1590-1626).

**Vichy,** ch.-l. d'arr. de l'Allier ; 25 302 h. (*Vichyssois*). Station thermale. Siège du gouvernement du maréchal Pétain (1940-1944).

**Victoire de Samothrace,** sculpture grecque en marbre du début du II$^{e}$ s. av. J.-C.

**Victor-Emmanuel II** (1820-1878), roi d'Italie en 1861, créateur, avec Cavour, de l'unité italienne. ◇ VICTOR-EMMANUEL III (1869-1947), dernier roi d'Italie de 1900 à 1946.

**Victor** (*Paul-Émile*), explorateur français des régions polaires (1907-1995).

**Victoria** (1819-1901), reine de Grande-Bretagne et d'Irlande (1837-1901) et impératrice des Indes (1876-1901).

**Victoria,** lac de l'Afrique équatoriale, d'où sort le Nil. ◇ État du sud-est de l'Australie ◇ Cap. de la Colombie-Britannique (Canada).

**Victoria and Albert Museum,** musée des arts décoratifs et des beaux-arts de Londres, fondé en 1852.

**Vidor** (*King*), cinéaste américain (1894-1982) : *Duel au soleil*.

**vie est un songe** (*La*), pièce de théâtre de P. Calderón.

**Vie, mode d'emploi** (*la*), récit de G. Perec.

**Vienne,** cap. de l'Autriche, sur le Danube ; 1 714 227 h. (*Viennois*). ◇ *Le congrès de Vienne*, en 1814-1815, réorganisa l'Europe après la chute de Napoléon.

**Vienne,** affl. de la Loire. ◇ Dép. français (86), ch.-l. *Poitiers*, ch.-l. d'arr. *Châtellerault, Montmorillon* ; 448 749 h.

**Vienne,** ch.-l. d'arr. de l'Isère ; 30 334 h. (*Viennois*).

**Vienne** (*cercle de*), groupe d'intellectuels d'entre les deux guerres.

**Vienne (Haute-),** dép. français (87) ; ch.-l. *Limoges*, ch.-l. d'arr. *Bellac, Rochechouart* ; 379 249 h.

**Vientiane,** cap. du Laos ; 946 000 h. (aggl.).

**Vierge** (*la Sainte*) → **Marie (sainte).**

**Viêt Nam** ou **Vietnam,** État de l'Indochine orientale ; 335 000 km² ; 97 338 583 h. (*Vietnamiens*). Cap. *Hanoï*.

**Viêt Nam** (*guerre du*), conflit qui opposa, de 1954 à 1975, le Viêt Nam du Nord au Viêt Nam du Sud soutenu par les États-Unis.

**Vigée-Lebrun** (*Élisabeth* Vigée, Mme), peintre portraitiste française (1755-1842).

**Vigny** (*Alfred* de), écrivain romantique français (1797-1863).

**Vigo** (*Jean*), cinéaste français (1905-1934) : *Zéro de conduite*.

**Vikings,** navigateurs scandinaves qui entreprirent des expéditions de la Russie à l'Atlantique (VIIIe-XIe s.).

**Vilaine** (la), fl. côtier qui passe à Rennes.

**Vilar** (*Jean*), acteur et metteur en scène de théâtre français (1912-1971), directeur du Théâtre national populaire (1951-1963).

**Villa** (*Pancho*), révolutionnaire mexicain (1878-1923).

**Villars** (*Claude*, duc de), maréchal de France (1653-1734). Vainqueur des Autrichiens à Denain (1712).

**Villehardouin** (*Geoffroi* de), chroniqueur français (v. 1150-v. 1213).

**Villèle** (*Jean-Baptiste*, comte de), homme politique français (1773-1854).

**Villeneuve** (*Denis*), cinéaste canadien (né en 1967) : *Incendies, Premier Contact*.

**Villiers de L'Isle-Adam** (*Auguste*, comte de), écrivain français (1838-1889).

**Villon** (*François* de Montcorbier, ou des Loges, dit **François**), poète français (1431-apr. 1463) : *Petit* et *Grand Testament ; Épitaphe Villon* (dite *Ballade des pendus*).

**Vilnius,** cap. de la Lituanie ; 538 968 h.

**Vincennes,** v. du Val-de-Marne ; 50 230 h. (*Vincennois*). Anc. château fort.

**Vincent de Paul** (*saint*), prêtre français (1581-1660), aumônier des galères. Il fonda les Filles de la Charité et les Lazaristes.

**Vinci → Léonard de Vinci.**

**Vingt Mille Lieues sous les mers,** roman de J. Verne.

**Viollet-le-Duc** (*Eugène Emmanuel*), architecte français (1814-1879), restaurateur d'édifices médiévaux.

**Virgile,** poète latin (v. 70-19 av. J.-C.) : *les Bucoliques, l'Énéide, les Géorgiques*.

**Virginie** (cap. *Richmond*) et **Virginie-Occidentale** (cap. *Charleston*), États de l'est des États-Unis.

**Visconti,** famille italienne qui régna à Milan de 1277 à 1447.

**Visconti** (*Luchino*), cinéaste italien (1906-1976) : *le Guépard*.

**Vishnu,** divinité hindouiste.

**Vistule** (la), fl. de Pologne qui arrose Varsovie (Baltique) ; 1 068 km.

**Vitez** (*Antoine*), metteur en scène de théâtre français (1930-1990).

**Vitruve,** architecte romain (Ier s. av. J.-C.).

**Vivaldi** (*Antonio*), compositeur italien (1678-1741) : *les Quatre Saisons*.

**Vladivostok,** port de Russie en Extrême-Orient ; 592 069 h.

**Vlaminck** (*Maurice* de), peintre français (1876-1958), un des maîtres du fauvisme.

**VLT** (*Very Large Telescope*), ensemble de 4 télescopes européens de grand diamètre (et 4 télescopes auxiliaires mobiles), sur le Cerro Paranal (Chili). Un télescope de diamètre supérieur (E-ELT, *European Extremely Large Telescope*) est en construction dans les environs.

**Voiture** (*Vincent*), écrivain français (1597-1648).

**Vojvodine,** prov. de la Serbie.

**Volga,** fl. de Russie (Caspienne) ; 3 690 km.

**Volgograd,** anc. **Tsaritsyne**, puis de 1925 à 1961, **Stalingrad**, v. de Russie sur la Volga ; 1 021 244 h.

**Volkswagen,** société allemande de construction automobile, fondée en 1937.

**Vollard** (*Ambroise*), marchand de tableaux français (1868-1939). Il fit connaître Cézanne, Picasso, Gauguin.

**Volta** (*Alessandro*), physicien italien (1745-1827). Il inventa la pile électrique.

**Voltaire** (*François Marie* AROUET, dit), écrivain français (1694-1778), auteur de tragédies (*Zaïre*), d'ouvrages historiques (*le Siècle de Louis XIV*), de contes philosophiques (*Candide*).

**Vo Nguyên Giáp,** général vietnamien (1911-2013). Il mena la guerre contre les Français, puis contre les Américains.

**Voronej,** v. de Russie ; 889 989 h.

**Vosges,** montagnes à l'est de la France. ◇ Dép. français (88) ; ch.-l. *Épinal*, ch.-l. d'arr. *Neufchâteau*, *Saint-Dié-des-Vosges* ; 375 855 h.

**Voyage dans la Lune** (*le*), film de G. Méliès (1902).

**Vue de Delft,** toile de Vermeer.

**Vuillard** (*Édouard*), peintre français (1868-1940), membre du groupe des nabis.

**Vulcain,** dieu romain du Feu et du Travail des métaux, l'*Héphaïstos* grec.

**Vulgate,** traduction latine de la Bible, œuvre de saint Jérôme.

# W

**Wagner** (*Richard*), compositeur allemand (1813-1883), auteur d'opéras : *le Vaisseau fantôme, Tannhäuser, la Tétralogie.*

**Wagram,** village d'Autriche. Victoire de Napoléon (1809).

**Wajda** (*Andrzej*), cinéaste polonais (1926-2016) : *l'Homme de marbre.*

**Wałęsa** (*Lech*), homme politique polonais (né en 1943), fondateur du syndicat Solidarność, président de la République de 1990 à 1995.

**Walhalla,** paradis des guerriers (*Myth. germ.*).

**Walkyrie,** divinité funèbre (*Myth. germ.*). ◇ Drame musical de Wagner.

**Wallenstein** ou **Waldstein,** général d'origine tchèque (1583-1634), au service de l'Empire pendant la guerre de Trente Ans.

**Wallis-et-Futuna,** archipel (îles *Wallis, Futuna* et *Alofi*) au nord-est des Fidji, formant une collectivité française d'outre-mer ; 12 197 h. Ch.-l. *Mata-Utu.*

**Wallon** (*Henri*), psychologue français (1879-1962).

**Wallonie,** Région du sud de la Belgique, francophone ; ch.-l. *Namur.* Hab. *Wallons.*

**Wall Street,** rue de New York où est située la Bourse.

**Walpole** (*Robert*), homme politique britannique (1676-1745), chef du parti whig.

**Walpurgis** (*sainte*), religieuse anglaise (v. 710-779), moniale en Allemagne.

**Walter** (*Bruno*), chef d'orchestre allemand naturalisé américain (1876-1962).

**Warhol** (*Andy*), peintre américain (1928-1987), l'un des représentants du pop art.

**Washington,** capitale fédérale des États-Unis ; 4 896 000 h. (aggl.). ◇ État des États-Unis, sur la côte du Pacifique. Cap. *Olympia.*

**Washington** (*accord de*), accord israélo-palestinien signé à Washington en sept. 1993.

**Washington** (*George*), général et homme politique américain (1732-1799), héros de l'indépendance des États-Unis dont il devint le premier président (1789).

**Washington Post** (*The*), quotidien américain créé en 1877.

**Wassy,** bourg de la Haute-Marne. Massacre des protestants en 1562.

**Watergate** (*scandale du*), affaire américaine d'espionnage politique (1972-1974) qui contraignit le président Nixon à démissionner.

**Waterloo,** village de Belgique. Défaite de Napoléon Ier face aux Anglais et aux Prussiens (1815).

**Watson** (*James*), biologiste américain (né en 1928). Il découvrit la structure de l'ADN.

**Watson** (*John Broadus*), psychologue américain (1878-1958), fondateur du béhaviorisme.

**Watson-Watt** (sir *Robert Alexander*), physicien britannique (1892-1973).

**Watt** (*James*), ingénieur écossais (1736-1819). Il perfectionna la machine à vapeur.

**Watteau** (*Antoine*), peintre français (1684-1721), créateur du genre des « fêtes galantes » : *Pèlerinage à Cythère.*

**Wattignies-la-Victoire,** village du Nord. Victoire de Jourdan sur les Autrichiens (1793).

**Wayne** (*Marion* MORRISON, dit **John**), acteur américain (1907-1979) : *la Chevauchée fantastique.*

**Weber** (*Carl Maria* VON), compositeur et chef d'orchestre allemand (1786-1826), auteur d'opéras.

**Weber** (*Max*), sociologue et économiste allemand (1864-1920).

**Webern** (*Anton* VON), compositeur autrichien (1883-1945), pionnier du dodécaphonisme.

**Wedekind** (*Frank*), auteur dramatique allemand (1864-1918), précurseur de l'expressionnisme : *Lulu.*

**Wegener** (*Alfred*), géophysicien allemand (1880-1930), théoricien de la dérive des continents.

**Weill** (*Kurt*), compositeur allemand naturalisé américain (1900-1950) : *l'Opéra de quat' sous.*

**Weimar,** v. d'Allemagne ; 62 764 h. ◇ La république de Weimar (1919-1933) fut renversée par Hitler.

**Weinberg** (*Steven*), physicien américain (1933-2021).

**Weismann** (*August*), biologiste allemand (1834-1914).

**Weiss** (*Pierre*), physicien français (1865-1940), théoricien du ferromagnétisme.

**Weiss** (*Rainer*), physicien américain (né en 1932). Ses travaux ont contribué à la détection, en 2015, des ondes gravitationnelles.

**Weissmuller** (*Johnny*), nageur américain (1904-1984). Cinq fois champion olympique, il interpréta Tarzan à l'écran.

**Welles** (*Orson*), cinéaste et acteur américain (1915-1985) : *Citizen Kane.*

**Wellington,** cap. de la Nouvelle-Zélande ; 380 000 h. (aggl.).

**Wellington** (*Arthur* WELLESLEY, duc DE), général britannique (1769-1852). Vainqueur de Napoléon à Waterloo en 1815.

**Wells** (*Herbert George*), écrivain britannique de science-fiction (1866-1946) : *l'Homme invisible.*

**Wenders** (*Wim*), cinéaste allemand (né en 1945) : *les Ailes du désir.*

**Werner** (*Abraham Gottlob*), naturaliste allemand (1749-1817), l'un des créateurs de la minéralogie.

**Werner** (*Alfred*), chimiste suisse (1866-1919).

**Werther** (*les Souffrances du jeune*), roman épistolaire de Goethe.

**Wesley,** nom de deux frères, *John* (1703-1791) et *Charles* (1707-1788), fondateurs du méthodisme.

**Wessex,** royaume saxon (Ve-Xe s.).

**Westminster,** église abbatiale de Londres (XIIIe-XVe s.). Sépulture royale.

**Westminster** (*palais de*), siège du Parlement britannique, à Londres.

**Westphalie,** anc. région de l'ouest de l'Allemagne ; cap. *Münster.* ◇ Les *traités de Westphalie* mirent fin à la guerre de Trente Ans (1648).

**West Side Story,** comédie musicale de Jerome Robbins (1957).

**Weygand** (*Maxime*), général français (1867-1965).

**Whistler** (*James*), peintre américain (1834-1903).

**Whitman** (*Walt*), poète américain (1819-1892) : *Feuilles d'herbe.*

**Wieland** (*Christoph Martin*), écrivain allemand (1733-1813).

**Wiener** (*Norbert*), savant américain (1894-1964), fondateur de la cybernétique.

**Wiesel** (*Elie*), écrivain américain d'expression française (1928-2016) : *la Nuit.*

**Wikipedia,** encyclopédie contributive sur Internet, gratuite et multilingue, créée en 2001.

**Wilde** (*Oscar*), écrivain irlandais (1854-1900) : *le Portrait de Dorian Gray.*

**Wilder** (*Samuel,* dit **Billy**), cinéaste américain d'origine autrichienne (1906-2002) : *Certains l'aiment chaud.*

**Wilhelmine** (1880-1962), reine des Pays-Bas de 1890 à 1948.

**Williams** (*Tennessee*), auteur dramatique américain (1911-1983) : *Un tramway nommé Désir.*

**Wilson** (*Edward Osborne*), biologiste américain (1929-2021), père des études sur la biodiversité.

**Wilson** (*Georges*), acteur et metteur en scène de théâtre français (1921-2010).

**Wilson** (*John Tuzo*), physicien canadien (1908-1993), spécialiste de la théorie de la tectonique des plaques.

**Wilson** (*Robert,* dit **Bob**), metteur en scène de théâtre et d'opéra américain (né en 1941) : *le Regard du sourd.*

**Wilson** (*Robert Woodrow*), physicien américain (né en 1936).

**Wilson** (*Thomas Woodrow*), homme politique américain (1856-1924). Démocrate, président des États-Unis de 1913 à 1921.

**Wimbledon,** quartier de la banlieue de Londres. Championnat international de tennis créé en 1877.

**Windsor,** v. d'Angleterre, sur la Tamise ; 30 568 h. Château royal.

**Winnicott** (*Donald Woods*), pédiatre et psychanalyste britannique (1896-1971).

**Winnipeg,** v. du Canada, cap. du Manitoba ; 705 244 h.

**Wisconsin,** État du nord des États-Unis. Cap. *Madison.*

**Wisigoths,** Goths qui se fixèrent en Aquitaine et en Espagne au Ve s.

**Witkiewicz** (*Stanisław*), écrivain et peintre polonais (1885-1939) : *l'Inassouvissement.*

**Witt** (*Jean* DE), homme d'État hollandais (1625-1672).

**Wittenberg,** v. d'Allemagne. Luther y afficha ses 95 thèses en 1517, déclenchant la Réforme.

**Wittgenstein** (*Ludwig*), logicien autrichien (1889-1951).

**Witz** (*Konrad*), peintre allemand (v. 1400-v. 1445) : *Pêche miraculeuse.*

**Wöhler** (*Friedrich*), chimiste allemand (1800-1882), il réalisa la première synthèse de chimie organique, celle de l'urée.

**Wölfflin** (*Heinrich*), historien d'art suisse (1864-1945), il a renouvelé l'étude stylistique de l'œuvre.

**Wonder** (*Stevie*), musicien et chanteur de pop américain (né en 1950) : *Happy Birthday.*

**Woods** (*Eldrick,* dit **Tiger**), joueur de golf américain (né en 1975), champion précoce, il est le premier à réaliser le grand chelem.

**Woodstock** (*Festival de*), festival de rock qui rassembla plus de 400 000 personnes près de Woodstock (États-Unis) en 1969.

**Woodward** (*Robert Burns*), chimiste américain (1917-1979), il a réalisé la synthèse de diverses substances naturelles, la chlorophylle, notamment.

**Woolf** (*Virginia*), romancière britannique (1882-1941) : *Mrs. Dalloway.*

**Wordsworth** (*William*), poète romantique britannique (1770-1850).

**Worth** (*Charles Frédéric*), couturier français (1825-1895), il fut le premier à délivrer la femme de la crinoline.

**Wotan** ou **Odin,** dieu germanique de la Guerre et du Savoir.

**Wren** (*Christopher*), architecte britannique (1632-1723). Il a reconstruit la cathédrale St Paul de Londres.

**Wright** (*Frank Lloyd*), architecte américain (1867-1959) : musée Guggenheim à New York, de structure hélicoïdale.

**Wright** (*Richard*), écrivain américain (1908-1960) : *Black Boy.*

**Wright,** nom de deux frères, *Wilbur* (1867-1912) et *Orville* (1871-1948), pionniers américains de l'aviation.

**Wrocław,** en all. **Breslau**, v. de Pologne (Silésie) ; 630 131 h.

**Wuhan,** v. de Chine centrale ; 9 157 680 h. (aggl.).

**Wurtemberg,** anc. État d'Allemagne. **→ Bade-Wurtemberg.**

**Wurtz** (*Adolphe*), chimiste français (1817-1884), il fut le promoteur de la théorie atomique en France.

**WWF** (*World Wide Fund for Nature*), organisation internationale de protection de la nature, fondée en 1961.

**Wycliffe** (*John*), théologien anglais, précurseur de la Réforme (v. 1330-1384).

**Wyler** (*William*), cinéaste américain d'origine suisse (1902-1981) : *Ben Hur.*

**Wyoming,** État des États-Unis. Cap. *Cheyenne.*

# XYZ

## X

**Xenakis** (*Yannis*), compositeur français d'origine grecque (1921 ou 1922-2001).

**Xénophon,** général et historien athénien (v. 430-v. 355) : *l'Anabase*.

**Xeres,** en esp. *Jerez de la Frontera,* v. d'Espagne (Andalousie). Vins.

**Xerxès Ier,** roi de Perse (486-465 av. J.-C.), vaincu par les Grecs à Salamine.

**Xi'an** ou **Sian,** v. de Chine ; 4 845 821 h. (aggl.). Anc. capitale ; nécropole de Qin Shi Huangdi.

**Xi Jinping,** homme politique chinois (né en 1953), président de la République depuis 2013.

**Xinjiang** ou **Sin-kiang,** région du nord-ouest de la Chine.

## Y

**Yahvé,** nom du Dieu d'Israël (*Bible*).

**Yale,** université américaine (Connecticut), fondée en 1701.

**Yalta,** off. v. d'Ukraine, en Crimée, rattachée de facto à la Russie en 2014. Accords entre Staline, Roosevelt et Churchill (1945).

**Yamoussoukro,** cap. de la Côte d'Ivoire depuis 1983 ; 207 412 h.

**Yangzi Jiang** ou **Yang-tseu-kiang,** fl. de Chine ; 5 980 km.

**Yaoundé,** cap. du Cameroun ; 2 930 000 h. (aggl.).

**Yeats** (*William Butler*), écrivain irlandais (1865-1939) : *Deirdre*.

**Yellowstone,** riv. des États-Unis. Elle traverse le *parc national de Yellowstone*.

**Yémen,** État d'Arabie ; 485 000 km² ; 29 825 968 h. (*Yéménites*). Cap. *Sanaa*.

**Yepes** (*Narciso*), guitariste et compositeur espagnol (1927-1997) : *Jeux interdits*.

**Yokohama,** port principal du Japon, sur la baie de Tokyo ; 3 689 603 h.

**Yonne,** affl. de la Seine. ◇ Dép. français (89) ; ch.-l. *Auxerre,* ch.-l. d'arr. *Avallon, Sens* ; 344 022 h. (*Icaunais*).

**York,** comté d'Angleterre. ◇ Branche des Plantagenêts qui s'opposa aux Lancastres.

**Yorubas,** peuple du Nigeria, du Togo et du Bénin.

**Yosemite National Park,** parc national des États-Unis (Californie).

**Yougoslavie,** nom porté par l'État fédéral de l'Europe méridionale formé, de 1945-1946 à 1991, de six républiques (Bosnie-Herzégovine, Croatie, Macédoine, Monténégro, Serbie et Slovénie), puis, de 1992 à 2003, par les seules républiques de Serbie et du Monténégro (fédération dénommée Serbie-et-Monténégro de 2003 à son éclatement, en 2006).

**Young** (*Edward*), poète romantique anglais (1683-1765) : *les Nuits*.

**Young** (*Thomas*), médecin, physicien et philologue britannique (1773-1829), il fut l'un des premiers à déchiffrer les hiéroglyphes.

**Yourcenar** (*Marguerite*), écrivaine française (1903-1987) : *Mémoires d'Hadrien*.

**Ypres,** v. de Belgique ; 34 978 h.

**Ys,** cité bretonne légendaire qu'aurait engloutie la mer au IVe s.

**Yser,** fl. côtier de Belgique.

**Yuan,** dynastie mongole qui régna en Chine de 1279 à 1368.

**Yucatán,** péninsule du Mexique.

**Yukawa** (*Hideki*), physicien japonais (1907-1981).

**Yukon,** fl. du Canada et de l'Alaska ; 3 185 km.

**Yunnan,** prov. du sud de la Chine.

**Yvelines,** dép. français (78) ; ch.-l. *Versailles,* ch.-l. d'arr. *Mantes-la-Jolie, Rambouillet, Saint-Germain-en-Laye* ; 1 473 221 h.

## Z

**Zagreb,** cap. de la Croatie ; 686 439 h.

**Zaïre,** nom porté par la République démocratique du Congo de 1971 à 1997.

**Zama,** victoire de Scipion l'Africain sur Hannibal (202 av. J.-C.).

**Zambèze,** fl. de l'Afrique australe ; 2 660 km.

**Zambie,** anc. **Rhodésie du Nord**, État de l'Afrique australe ; 746 000 km² ; 18 383 956 h. (*Zambiens*). Cap. *Lusaka*.

**Zamenhof** (*Lejzer*), linguiste polonais (1859-1917), créateur de l'espéranto.

**Zanzibar,** île de l'océan Indien (Tanzanie).

**Zapata** (*Emiliano*), révolutionnaire mexicain (v. 1879-1919), il fut assassiné.

**Zapatero → Rodríguez Zapatero.**

**Zapotèques,** anc. peuple du Mexique.

**Zarathushtra, Zarathoustra** ou **Zoroastre,** réformateur du mazdéisme et fondateur du zoroastrisme (628-551 av. J.-C.).

**Zátopek** (*Emil*), athlète tchèque (1922-2000).

**Zazie dans le métro,** roman de R. Queneau qui a inspiré un film à L. Malle (1960).

**Zeeman** (*Pieter*), physicien néerlandais (1865-1943), il découvrit l'action des champs magnétiques sur l'émission de la lumière (*effet Zeeman*).

**Zénon d'Élée,** philosophe présocratique grec (v. 490-v. 430 av. J.-C.).

**Zep** (*Philippe* CHAPPUIS, dit), dessinateur et scénariste suisse de bandes dessinées (né en 1967) : *Titeuf.*

**Zeppelin** (*Ferdinand* VON), industriel allemand (1838-1917). Il construisit de grands dirigeables.

**Zermelo** (*Ernst*), mathématicien et logicien allemand (1871-1953), il développa la théorie des ensembles.

**Zeus,** dieu principal de la mythologie grecque, le *Jupiter* des Romains.

**Zhang Yimou,** cinéaste chinois (né en 1950) : *Épouses et concubines.*

**Zhou Enlai** ou **Chou En-lai,** homme politique chinois (1898-1976).

**Zidane** (*Zinédine*), footballeur français (né en 1972), champion du monde en 1998.

**Zimbabwe,** anc. **Rhodésie du Sud**, État de l'Afrique australe ; 390 000 km$^2$ ; 14 862 927 h. (*Zimbabwéens*). Cap. *Harare.*

**Zimmer** (*Hans*), compositeur de musiques de film allemand, naturalisé américain (né en 1957) : *Thelma et Louise.*

**Žižka** (*Jan*), héros national de la Bohême (v. 1370-1424), chef militaire des hussites.

**Zohar → Sefer ha-Zohar.**

**Zola** (*Émile*), romancier naturaliste français (1840-1902) : *les Rougon-Macquart.*

**Zoroastre → Zarathushtra.**

**Zoug,** v. et canton de Suisse.

**Zoulous,** peuple bantou de l'Afrique australe.

**Zsigmondy** (*Richard*), chimiste autrichien (1865-1929).

**Zuiderzee,** anc. golfe des Pays-Bas. Lac intérieur (IJsselmeer). Polders.

**Zurbarán** (*Francisco* DE), peintre espagnol (1598-1664), grand fournisseur des couvents.

**Zurich,** v. et canton de Suisse ; 384 786 h. (1 217 751 avec les banlieues) [*Zurichois*].

**Zweig** (*Stefan*), écrivain autrichien (1881-1942) : *la Confusion des sentiments.*

**Zwicky** (*Fritz*), astrophysicien suisse (1898-1974), il a notamment dressé un catalogue photographique des galaxies.

**Zwingli** (*Ulrich*), chef de la Réforme en Suisse (1484-1531).

# NOMS ET ADJECTIFS DÉRIVÉS DES PRINCIPAUX NOMS DE LIEUX (VILLES, RÉGIONS, PAYS)

# Noms et adjectifs dérivés des principaux noms de lieux (villes, régions, pays)

## A

**Abbeville** *(Somme)* Abbevillois
**Abymes (Les)** *(Guadeloupe)* Abymiens
**Accra** Accréens
**Achères** *(Yvelines)* Achérois
**Afghanistan** Afghans
**Afrique du Sud** Sud-Africains
**Agde** *(Hérault)* Agathois
**Agen** *(Lot-et-Garonne)* Agenais
**Aire-sur-la-Lys** *(Pas-de-Calais)* Airois
**Aix-en-Provence** *(Bouches-du-Rhône)* Aixois
**Aix-les-Bains** *(Savoie)* Aixois
**Ajaccio** *(Corse-du-Sud)* Ajacciens
**Albanie** Albanais
**Albert** *(Somme)* Albertins
**Albertville** *(Savoie)* Albertvillois
**Albi** *(Tarn)* Albigeois
**Alençon** *(Orne)* Alençonnais
**Alès** *(Gard)* Alésiens
**Alfortville** *(Val-de-Marne)* Alfortvillais
**Alger** Algérois
**Algérie** Algériens
**Allauch** *(Bouches-du-Rhône)* Allaudiens
**Allemagne** Allemands
**Allonnes** *(Sarthe)* Allonnais
**Ambarès-et-Lagrave** *(Gironde)* Ambarésiens
**Ambérieu-en-Bugey** *(Ain)* Ambarrois
**Amboise** *(Indre-et-Loire)* Amboisiens
**Amiens** *(Somme)* Amiénois
**Amilly** *(Loiret)* Amillois
**Amnéville** *(Moselle)* Amnévillois
**Amsterdam** Amstellodamiens
**Andernos-les-Bains** *(Gironde)* Andernosiens
**Andorre** Andorrans
**Andrésy** *(Yvelines)* Andrésiens
**Andrézieux-Bouthéon** *(Loire)* Andréziens-Bouthéonais
**Angers** *(Maine-et-Loire)* Angevins
**Anglet** *(Pyrénées-Atlantiques)* Angloys
**Angola** Angolais
**Angoulême** *(Charente)* Angoumoisins
**Aniche** *(Nord)* Anichois
**Ankara** Ankariens
**Annecy** *(Haute-Savoie)* Anneciens
**Annemasse** *(Haute-Savoie)* Annemassiens
**Annœullin** *(Nord)* Annœullinois
**Annonay** *(Ardèche)* Annonéens
**Antananarivo** Tananariviens
**Antigua-et-Barbuda** Antiguayens
**Antony** *(Hauts-de-Seine)* Antoniens
**Anzin** *(Nord)* Anzinois
**Apt** *(Vaucluse)* Aptésiens
**Arabie saoudite** Saoudiens
**Arcachon (bassin ou baie d')** *(Gironde)* Arcachonnais
**Arcueil** *(Val-de-Marne)* Arcueillais
**Argelès-sur-Mer** *(Pyrénées-Orientales)* Argelésiens
**Argentan** *(Orne)* Argentanais
**Argenteuil** *(Val-d'Oise)* Argenteuillais
**Argentine** Argentins
**Arles** *(Bouches-du-Rhône)* Arlésiens
**Arménie** Arméniens
**Armentières** *(Nord)* Armentiérois
**Arnouville** *(Val-d'Oise)* Arnouvillois
**Arpajon** *(Essonne)* Arpajonnais
**Arques** *(Pas-de-Calais)* Arquois
**Arras** *(Pas-de-Calais)* Arrageois
**Asnières-sur-Seine** *(Hauts-de-Seine)* Asniérois
**Athènes** Athéniens
**Athis-Mons** *(Essonne)* Athégiens
**Aubagne** *(Bouches-du-Rhône)* Aubagnais
**Aubenas** *(Ardèche)* Albenassiens
**Aubervilliers** *(Seine-Saint-Denis)* Albertivilliariens
**Aubière** *(Puy-de-Dôme)* Aubiérois
**Auch** *(Gers)* Auscitains
**Auchel** *(Pas-de-Calais)* Auchellois
**Audincourt** *(Doubs)* Audincourtois
**Aulnay-sous-Bois** *(Seine-Saint-Denis)* Aulnaisiens
**Auray** *(Morbihan)* Alréens
**Aurillac** *(Cantal)* Aurillacois
**Auriol** *(Bouches-du-Rhône)* Auriolais
**Australie** Australiens
**Autriche** Autrichiens
**Autun** *(Saône-et-Loire)* Autunois
**Auxerre** *(Yonne)* Auxerrois

**Avignon** *(Vaucluse)* Avignonnais
**Avion** *(Pas-de-Calais)* Avionnais
**Avirons (Les)** *(La Réunion)* Avironnais
**Avon** *(Seine-et-Marne)* Avonnais
**Avrillé** *(Maine-et-Loire)* Avrillais
**Azerbaïdjan** Azerbaïdjanais

# B

**Bagdad** Bagdadiens
**Bagneux** *(Hauts-de-Seine)* Balnéolais
**Bagnolet** *(Seine-Saint-Denis)* Bagnoletais
**Bagnols-sur-Cèze** *(Gard)* Bagnolais
**Bahamas** Bahaméens
**Bahreïn** Bahreïniens
**Baie-Mahault** *(Guadeloupe)* Baie-Mahaultiens
**Bailleul** *(Nord)* Bailleulois
**Balma** *(Haute-Garonne)* Balmanais
**Bamako** Bamakois
**Bangkok** Bangkokiens
**Bangladesh** Bangladais
**Bangui** Banguissois
**Banjul** Banjulais
**Barbade** Barbadiens
**Barentin** *(Seine-Maritime)* Barentinois
**Bar-le-Duc** *(Meuse)* Barisiens
**Basse-Terre** *(Guadeloupe)* Basse-Terriens
**Bastia** *(Haute-Corse)* Bastiais
**Baugé-en-Anjou** *(Maine-et-Loire)* Baugeois
**Baule-Escoublac (La)** *(Loire-Atlantique)* Baulois
**Bayeux** *(Calvados)* Bayeusains
**Bayonne** *(Pyrénées-Atlantiques)* Bayonnais
**Beaucaire** *(Gard)* Beaucairois
**Beaumont** *(Puy-de-Dôme)* Beaumontois
**Beaune** *(Côte-d'Or)* Beaunois
**Beausoleil** *(Alpes-Maritimes)* Beausoleillois
**Beauvais** *(Oise)* Beauvaisiens
**Bègles** *(Gironde)* Béglais
**Belfort** *(Territoire de Belfort)* Belfortains
**Belgique** Belges
**Belgrade** Belgradois
**Belize** Béliziens
**Bellegarde-sur-Valserine** *(Ain)* Bellegardiens
**Bénin** Béninois
**Berck** *(Pas-de-Calais)* Berckois
**Bergerac** *(Dordogne)* Bergeracois
**Berlin** Berlinois
**Bernay** *(Eure)* Bernayens
**Berne** Bernois
**Berre-l'Étang** *(Bouches-du-Rhône)* Berrois
**Besançon** *(Doubs)* Bisontins
**Béthune** *(Pas-de-Calais)* Béthunois
**Betton** *(Ille-et-Vilaine)* Bettonnais
**Beyrouth** Beyrouthins
**Béziers** *(Hérault)* Biterrois
**Bhoutan** Bhoutanais
**Biarritz** *(Pyrénées-Atlantiques)* Biarrots
**Biélorussie** Biélorusses
**Billère** *(Pyrénées-Atlantiques)* Billérois
**Biot** *(Alpes-Maritimes)* Biotois
**Birmanie** Birmans
**Biscarrosse** *(Landes)* Biscarrossais
**Bischheim** *(Bas-Rhin)* Bischheimois
**Bischwiller** *(Bas-Rhin)* Bischwillerois
**Bissau** Bissaliens
**Blagnac** *(Haute-Garonne)* Blagnacais
**Blanc-Mesnil (Le)** *(Seine-Saint-Denis)* Blanc-Mesnilois
**Blanquefort** *(Gironde)* Blanquefortais
**Blois** *(Loir-et-Cher)* Blésois
**Bobigny** *(Seine-Saint-Denis)* Balbyniens
**Bois-Colombes** *(Hauts-de-Seine)* Bois-Colombiens
**Bois-d'Arcy** *(Yvelines)* Arcisiens
**Boissy-Saint-Léger** *(Val-de-Marne)* Boisséens
**Bolbec** *(Seine-Maritime)* Bolbécais
**Bolivie** Boliviens
**Bollène** *(Vaucluse)* Bollénois
**Bondues** *(Nord)* Bonduois
**Bondy** *(Seine-Saint-Denis)* Bondynois
**Bonneuil-sur-Marne** *(Val-de-Marne)* Bonneuillois
**Bonneville** *(Haute-Savoie)* Bonnevillois
**Bordeaux** *(Gironde)* Bordelais
**Bosnie-Herzégovine** Bosniens
**Botswana** Botswanais
**Bouc-Bel-Air** *(Bouches-du-Rhône)* Boucains
**Bouguenais** *(Loire-Atlantique)* Bouguenaisiens
**Boulogne-Billancourt** *(Hauts-de-Seine)* Boulonnais
**Boulogne-sur-Mer** *(Pas-de-Calais)* Boulonnais
**Bourg-de-Péage** *(Drôme)* Péageois
**Bourg-en-Bresse** *(Ain)* Burgiens
**Bourges** *(Cher)* Berruyers
**Bourget (Le)** *(Seine-Saint-Denis)* Bourgetins
**Bourg-la-Reine** *(Hauts-de-Seine)* Réginaburgiens
**Bourg-lès-Valence** *(Drôme)* Bourcains
**Bourgoin-Jallieu** *(Isère)* Berjalliens
**Bouscat (Le)** *(Gironde)* Bouscatais

**Brasilia** Brasiliens
**Bras-Panon** *(La Réunion)* Panonnais
**Brazzaville** Brazzavillois
**Brésil** Brésiliens
**Bressuire** *(Deux-Sèvres)* Bressuirais
**Brest** *(Finistère)* Brestois
**Brétigny-sur-Orge** *(Essonne)* Brétignolais
**Briançon** *(Hautes-Alpes)* Briançonnais
**Brie-Comte-Robert** *(Seine-et-Marne)* Briards
**Brignoles** *(Var)* Brignolais
**Brive-la-Gaillarde** *(Corrèze)* Brivistes
**Bron** *(Rhône)* Brondillants
**Bruay-la-Buissière** *(Pas-de-Calais)* Bruaysiens
**Bruay-sur-l'Escaut** *(Nord)* Bruaisiens
**Bruges** *(Gironde)* Brugeais
**Brumath** *(Bas-Rhin)* Brumathois
**Brunei** Brunéiens
**Brunoy** *(Essonne)* Brunoyens
**Bruxelles** Bruxellois
**Bruz** *(Ille-et-Vilaine)* Bruzois
**Bry-sur-Marne** *(Val-de-Marne)* Bryards
**Bucarest** Bucarestois
**Budapest** Budapestois
**Buenos Aires** Buenos-Airiens
**Bulgarie** Bulgares
**Bully-les-Mines** *(Pas-de-Calais)* Bullygeois
**Burkina** Burkinabés
**Burundi** Burundais
**Bussy-Saint-Georges** *(Seine-et-Marne)* Buxangeorgiens
**Buxerolles** *(Vienne)* Buxerollois

# C

**Cachan** *(Val-de-Marne)* Cachanais
**Caen** *(Calvados)* Caennais
**Cagnes-sur-Mer** *(Alpes-Maritimes)* Cagnois
**Cahors** *(Lot)* Cadurciens
**Caire (Le)** Cairotes
**Calais** *(Pas-de-Calais)* Calaisiens
**Caluire-et-Cuire** *(Rhône)* Caluirards
**Cambodge** Cambodgiens
**Cambrai** *(Nord)* Cambrésiens
**Cameroun** Camerounais
**Canada** Canadiens
**Canet-en-Roussillon** *(Pyrénées-Orientales)* Canétois
**Cannet (Le)** *(Alpes-Maritimes)* Cannettans
**Capesterre-Belle-Eau** *(Guadeloupe)* Capesterriens
**Cap-Vert** Cap-Verdiens
**Caracas** Caracassiens
**Carcassonne** *(Aude)* Carcassonnais
**Carpentras** *(Vaucluse)* Carpentrassiens
**Carquefou** *(Loire-Atlantique)* Carquefolliens
**Carqueiranne** *(Var)* Carqueirannais
**Carrières-sous-Poissy** *(Yvelines)* Carriérois
**Carrières-sur-Seine** *(Yvelines)* Carrillons
**Carros** *(Alpes-Maritimes)* Carrossois
**Carvin** *(Pas-de-Calais)* Carvinois
**Castanet-Tolosan** *(Haute-Garonne)* Castanéens
**Castelnaudary** *(Aude)* Chauriens
**Castelsarrasin** *(Tarn-et-Garonne)* Castelsarrasinois
**Castres** *(Tarn)* Castrais
**Caudebec-lès-Elbeuf** *(Seine-Maritime)* Caudebecquais
**Caudry** *(Nord)* Caudrésiens
**Cavaillon** *(Vaucluse)* Cavaillonnais
**Cayenne** *(Guyane)* Cayennais
**Celle-Saint-Cloud (La)** *(Yvelines)* Cellois
**Cenon** *(Gironde)* Cenonnais
**centrafricaine (République)** Centrafricains
**Cernay** *(Haut-Rhin)* Cernéens
**Cesson-Sévigné** *(Ille-et-Vilaine)* Cessonnais
**Cestas** *(Gironde)* Cestadais
**Challans** *(Vendée)* Challandais
**Châlons-en-Champagne** *(Marne)* Châlonnais
**Chalon-sur-Saône** *(Saône-et-Loire)* Chalonnais
**Chamalières** *(Puy-de-Dôme)* Chamaliérois
**Chambéry** *(Savoie)* Chambériens
**Chambon-Feugerolles (Le)** *(Loire)* Chambonnaires
**Chambray-lès-Tours** *(Indre-et-Loire)* Chambraisiens
**Champigny-sur-Marne** *(Val-de-Marne)* Campinois
**Champs-sur-Marne** *(Seine-et-Marne)* Campésiens
**Chantepie** *(Ille-et-Vilaine)* Cantepiens
**Chantilly** *(Oise)* Cantiliens
**Chapelle-Saint-Luc (La)** *(Aube)* Chapelains
**Chapelle-sur-Erdre (La)** *(Loire-Atlantique)* Chapelains
**Charenton-le-Pont** *(Val-de-Marne)* Charentonnais
**Charleville-Mézières** *(Ardennes)* Carolomacériens

**Chartres** *(Eure-et-Loir)* Chartrains
**Châteaubriant** *(Loire-Atlantique)* Castelbriantais
**Châteaudun** *(Eure-et-Loir)* Dunois
**Château-Gontier-sur-Mayenne** Castrogontériens
**Châteauneuf-les-Martigues** *(Bouches-du-Rhône)* Châteauneuvais
**Châteaurenard** *(Bouches-du-Rhône)* Châteaurenardais
**Châteauroux** *(Indre)* Castelroussins
**Château-Thierry** *(Aisne)* Castelthéodoriciens
**Châtellerault** *(Vienne)* Châtelleraudais
**Châtenay-Malabry** *(Hauts-de-Seine)* Châtenaisiens
**Châtillon** *(Hauts-de-Seine)* Châtillonnais
**Chatou** *(Yvelines)* Catoviens
**Chaumont** *(Haute-Marne)* Chaumontais
**Chauny** *(Aisne)* Chaunois
**Chaville** *(Hauts-de-Seine)* Chavillois
**Chennevières-sur-Marne** *(Val-de-Marne)* Canavérois
**Chenôve** *(Côte-d'Or)* Cheneveliers
**Cherbourg-en-Cotentin** *(Manche)* Cherbourgeois
**Chesnay-Rocquencourt (Le)** *(Yvelines)* Chesnaysiens
**Chevigny-Saint-Sauveur** *(Côte-d'Or)* Chevignois
**Chevilly-Larue** *(Val-de-Marne)* Chevillais
**Chili** Chiliens
**Chilly-Mazarin** *(Essonne)* Chiroquois
**Chine** Chinois
**Choisy-le-Roi** *(Val-de-Marne)* Choisyens
**Cholet** *(Maine-et-Loire)* Choletais
**Chypre** Chypriotes
**Ciotat (La)** *(Bouches-du-Rhône)* Ciotadens
**Clamart** *(Hauts-de-Seine)* Clamartois
**Claye-Souilly** *(Seine-et-Marne)* Clayois
**Clayes-sous-Bois (Les)** *(Yvelines)* Clétiens
**Clermont** *(Oise)* Clermontois
**Clermont-Ferrand** *(Puy-de-Dôme)* Clermontois
**Clichy** *(Hauts-de-Seine)* Clichois
**Clichy-sous-Bois** *(Seine-Saint-Denis)* Clichois
**Cluses** *(Haute-Savoie)* Clusiens
**Cognac** *(Charente)* Cognaçais
**Cogolin** *(Var)* Cogolinois
**Colmar** *(Haut-Rhin)* Colmariens
**Colombes** *(Hauts-de-Seine)* Colombiens
**Colombie** Colombiens
**Colomiers** *(Haute-Garonne)* Columérins
**Comines** *(Nord)* Cominois
**Comores** Comoriens
**Compiègne** *(Oise)* Compiégnois
**Concarneau** *(Finistère)* Concarnois
**Conflans-Sainte-Honorine** *(Yvelines)* Conflanais
**Congo** Congolais
**Congo (République démocratique du)** Congolais
**Copenhague** Copenhaguois
**Corbas** *(Rhône)* Corbasiens
**Corbeil-Essonnes** *(Essonne)* Corbeillessonnois
**Corée (république de)** Sud-Coréens
**Corée (République populaire démocratique de)** Nord-Coréens
**Cormeilles-en-Parisis** *(Val-d'Oise)* Cormeillais
**Cosne-Cours-sur-Loire** *(Nièvre)* Cosnois
**Costa Rica** Costaricains
**Côte d'Ivoire** Ivoiriens
**Coudekerque-Branche** *(Nord)* Coudekerquois
**Couëron** *(Loire-Atlantique)* (Couëronnais)
**Coulommiers** *(Seine-et-Marne)* Columériens
**Courbevoie** *(Hauts-de-Seine)* Courbevoisiens
**Courneuve (La)** *(Seine-Saint-Denis)* Courneuviens
**Cournon-d'Auvergne** *(Puy-de-Dôme)* Cournonnais
**Coutances** *(Manche)* Coutançais
**Craponne** *(Rhône)* Craponnois
**Crau (La)** *(Var)* Craurois
**Creil** *(Oise)* Creillois
**Crépy-en-Valois** *(Oise)* Crépynois
**Créteil** *(Val-de-Marne)* Cristoliens
**Creusot (Le)** *(Saône-et-Loire)* Creusotins
**Creutzwald** *(Moselle)* Creutzwaldois
**Croatie** Croates
**Croissy-sur-Seine** *(Yvelines)* Croissillons
**Croix** *(Nord)* Croisiens
**Cuba** Cubains
**Cuers** *(Var)* Cuersois
**Cugnaux** *(Haute-Garonne)* Cugnalais
**Cusset** *(Allier)* Cussétois

# D

**Dakar** Dakarois
**Damas** Damascènes
**Dammarie-les-Lys** *(Seine-et-Marne)* Dammariens
**Danemark** Danois
**Dax** *(Landes)* Dacquois
**Denain** *(Nord)* Denaisiens
**Deuil-la-Barre** *(Val-d'Oise)* Deuillois
**Déville-lès-Rouen** *(Seine-Maritime)* Dévillois
**Dieppe** *(Seine-Maritime)* Dieppois
**Digne-les-Bains** *(Alpes-de-Haute-Provence)* Dignois
**Dijon** *(Côte-d'Or)* Dijonnais
**Dinan** *(Côtes-d'Armor)* Dinannais
**Dinard** *(Ille-et-Vilaine)* Dinardais
**Djibouti** Djiboutiens
**Djibouti (république de)** Djiboutiens
**Dole** *(Jura)* Dolois
**Dombasle-sur-Meurthe** *(Meurthe-et-Moselle)* Dombaslois
**dominicaine (République)** Dominicains
**Dominique** Dominiquais
**Domont** *(Val-d'Oise)* Domontois
**Douai** *(Nord)* Douaisiens
**Douarnenez** *(Finistère)* Douarnenistes
**Douchy-les-Mines** *(Nord)* Douchynois
**Doué-en-Anjou** *(Maine-et-Loire)* Douessins
**Dourdan** *(Essonne)* Dourdanais
**Draguignan** *(Var)* Dracénois
**Drancy** *(Seine-Saint-Denis)* Drancéens
**Draveil** *(Essonne)* Draveillois
**Dreux** *(Eure-et-Loir)* Drouais
**Dublin** Dublinois
**Ducos** *(Martinique)* Ducosais
**Dugny** *(Seine-Saint-Denis)* Dugnysiens
**Dunkerque** *(Nord)* Dunkerquois

# E

**Eaubonne** *(Val-d'Oise)* Eaubonnais
**Échirolles** *(Isère)* Échirollois
**Écully** *(Rhône)* Écullois
**Égypte** Égyptiens
**Élancourt** *(Yvelines)* Élancourtois
**Elbeuf** *(Seine-Maritime)* Elbeuviens
**Émirats arabes unis** Émiriens
**Enghien-les-Bains** *(Val-d'Oise)* Enghiennois
**Épernay** *(Marne)* Sparnaciens
**Épinal** *(Vosges)* Spinaliens
**Épinay-sous-Sénart** *(Essonne)* Spinoliens
**Épinay-sur-Seine** *(Seine-Saint-Denis)* Spinassiens
**Équateur** Équatoriens
**Éragny** *(Val-d'Oise)* Éragniens
**Erevan** Érévanais
**Ermont** *(Val-d'Oise)* Ermontois
**Erstein** *(Bas-Rhin)* Ersteinois
**Érythrée** Érythréens
**Espagne** Espagnols
**Estonie** Estoniens
**Eswatini** Eswatiniens ou Swatiniens
**Étampes** *(Essonne)* Étampois
**Étaples** *(Pas-de-Calais)* Étaplois
**États-Unis** Américains
**Éthiopie** Éthiopiens
**Évreux** *(Eure)* Ébroïciens
**Évry-Courcouronnes** *(Essonne)* Évryens
**Eybens** *(Isère)* Eybinois
**Eysines** *(Gironde)* Eysinais

# F

**Faches-Thumesnil** *(Nord)* Faches-Thumesnilois
**Fameck** *(Moselle)* Fameckois
**Fécamp** *(Seine-Maritime)* Fécampois
**Fidji** Fidjiens
**Figeac** *(Lot)* Figeacois
**Finlande** Finlandais
**Firminy** *(Loire)* Appelous
**Flèche (La)** *(Sarthe)* Fléchois
**Flers** *(Orne)* Flériens
**Fleury-les-Aubrais** *(Loiret)* Fleuryssois
**Floirac** *(Gironde)* Floiracais
**Florange** *(Moselle)* Florangeois
**Foix** *(Ariège)* Fuxéens
**Fondettes** *(Indre-et-Loire)* Fondettois
**Fontaine** *(Isère)* Fontainois
**Fontainebleau** *(Seine-et-Marne)* Bellifontains
**Fontenay-aux-Roses** *(Hauts-de-Seine)* Fontenaisiens
**Fontenay-le-Comte** *(Vendée)* Fontenaisiens
**Fontenay-le-Fleury** *(Yvelines)* Fontenaysiens
**Fontenay-sous-Bois** *(Val-de-Marne)* Fontenaysiens
**Forbach** *(Moselle)* Forbachois
**Fort-de-France** *(Martinique)* Foyalais
**Fougères** *(Ille-et-Vilaine)* Fougerais

**Fourmies** *(Nord)* Fourmisiens
**France** Français
**Francheville** *(Rhône)* Franchevillois
**François (Le)** *(Martinique)* Franciscains
**Franconville** *(Val-d'Oise)* Franconvillois
**Fréjus** *(Var)* Fréjusiens
**Fresnes** *(Val-de-Marne)* Fresnois
**Freyming-Merlebach** *(Moselle)* Freyming-Merlebachois
**Frontignan** *(Hérault)* Frontignanais

# G

**Gabon** Gabonais
**Gaborone** Gaboronais
**Gagny** *(Seine-Saint-Denis)* Gabiniens
**Gaillac** *(Tarn)* Gaillacois
**Gaillard** *(Haute-Savoie)* Gaillardins
**Gambie** Gambiens
**Gap** *(Hautes-Alpes)* Gapençais
**Garches** *(Hauts-de-Seine)* Garchois
**Gardanne** *(Bouches-du-Rhône)* Gardannais
**Garde (La)** *(Var)* Gardéens
**Garenne-Colombes (La)** *(Hauts-de-Seine)* Garennois
**Garges-lès-Gonesse** *(Val-d'Oise)* Gargeois
**Genas** *(Rhône)* Genassiens
**Gennevilliers** *(Hauts-de-Seine)* Gennevillois
**Géorgie** Géorgiens
**Gerzat** *(Puy-de-Dôme)* Gerzatois
**Gex** *(Ain)* Gexois
**Ghana** Ghanéens
**Gien** *(Loiret)* Giennois
**Gif-sur-Yvette** *(Essonne)* Giffois
**Gisors** *(Eure)* Gisorsiens
**Gitega** Gitegais
**Givors** *(Rhône)* Givordins
**Gonesse** *(Val-d'Oise)* Gonessiens
**Gonfreville-l'Orcher** *(Seine-Maritime)* Gonfrevillais
**Gosier (Le)** *(Guadeloupe)* Gosiériens
**Goussainville** *(Val-d'Oise)* Goussainvillois
**Gradignan** *(Gironde)* Gradignanais
**Grand-Couronne** *(Seine-Maritime)* Couronnais
**Grande-Bretagne et d'Irlande du Nord (Royaume-Uni de)** Britanniques
**Grande-Synthe** *(Nord)* Grand-Synthois
**Grand-Quevilly (Le)** *(Seine-Maritime)* Grand-Quevillais
**Granville** *(Manche)* Granvillais
**Grasse** *(Alpes-Maritimes)* Grassois
**Graulhet** *(Tarn)* Graulhetois
**Gravelines** *(Nord)* Gravelinois
**Grèce** Grecs
**Grenade** Grenadiens
**Grenoble** *(Isère)* Grenoblois
**Grigny** *(Essonne)* Grignois
**Guatemala** Guatémaltèques
**Guatemala** Guatémaliens
**Guebwiller** *(Haut-Rhin)* Guebwillerois
**Guérande** *(Loire-Atlantique)* Guérandais
**Guéret** *(Creuse)* Guérétois
**Guidel** *(Morbihan)* Guidélois
**Guilherand-Granges** *(Ardèche)* Guilherandais-Grangeois
**Guinée** Guinéens
**Guinée équatoriale** Équato-Guinéens
**Guinée-Bissau** Bissau-Guinéens
**Guipavas** *(Finistère)* Guipavasiens
**Gujan-Mestras** *(Gironde)* Gujanais
**Guyana** Guyaniens
**Guyancourt** *(Yvelines)* Guyancourtois

# H

**Haguenau** *(Bas-Rhin)* Haguenoviens
**Haillan (Le)** *(Gironde)* Haillanais
**Haïti** Haïtiens
**Halluin** *(Nord)* Halluinois
**Harare** Hararais
**Harnes** *(Pas-de-Calais)* Harnésiens
**Haubourdin** *(Nord)* Haubourdinois
**Hautmont** *(Nord)* Hautmontois
**Havane (La)** Havanais
**Havre (Le)** *(Seine-Maritime)* Havrais
**Hayange** *(Moselle)* Hayangeois
**Hazebrouck** *(Nord)* Hazebrouckois
**Helsinki** Helsinkiens
**Hem** *(Nord)* Hémois
**Hendaye** *(Pyrénées-Atlantiques)* Hendayais
**Hénin-Beaumont** *(Pas-de-Calais)* Héninois
**Hennebont** *(Morbihan)* Hennebontais
**Herbiers (Les)** *(Vendée)* Herbretais
**Herblay-sur-Seine** *(Val-d'Oise)* Herblaysiens
**Héricourt** *(Haute-Saône)* Héricourtois
**Hérouville-Saint-Clair** *(Calvados)* Hérouvillais
**Hœnheim** *(Bas-Rhin)* Hœnheimois
**Honduras** Honduriens
**Hongrie** Hongrois
**Houilles** *(Yvelines)* Ovillois
**Hyères** *(Var)* Hyérois

# I

**Ifs** *(Calvados)* Ifois
**Igny** *(Essonne)* Ignissois
**Illkirch-Graffenstaden** *(Bas-Rhin)* Illkirchois
**Illzach** *(Haut-Rhin)* Illzachois
**Inde** Indiens
**Indonésie** Indonésiens
**Iran** Iraniens
**Iraq** Irakiens
**Irlande** Irlandais
**Islande** Islandais
**Isle-Adam (L')** *(Val-d'Oise)* Adamois
**Isle-d'Abeau (L')** *(Isère)* Lilots
**Isle-sur-la-Sorgue (L')** *(Vaucluse)* L'Islois
**Israël** Israéliens
**Issoire** *(Puy-de-Dôme)* Issoiriens
**Issoudun** *(Indre)* Issoldunois
**Issy-les-Moulineaux** *(Hauts-de-Seine)* Isséens
**Istres** *(Bouches-du-Rhône)* Istréens
**Italie** Italiens
**Ivry-sur-Seine** *(Val-de-Marne)* Ivryens

# J

**Jakarta** Jakartanais
**Jamaïque** Jamaïquains
**Japon** Japonais
**Jeumont** *(Nord)* Jeumontois
**Joigny** *(Yonne)* Joviniens
**Joinville-le-Pont** *(Val-de-Marne)* Joinvillais
**Jordanie** Jordaniens
**Joué-lès-Tours** *(Indre-et-Loire)* Jocondiens
**Jouy-le-Moutier** *(Val-d'Oise)* Jocassiens
**Juvisy-sur-Orge** *(Essonne)* Juvisiens

# K

**Kaboul** Kabouliens
**Kazakhstan** Kazakhs
**Kenya** Kényans
**Kiev** Kiéviens
**Kingersheim** *(Haut-Rhin)* Kingersheimois
**Kinshasa** Kinois
**Kirghizistan** Kirghiz
**Kiribati** Kiribatiens
**Kosovo** Kosovars
**Koweït** Koweïtiens
**Kremlin-Bicêtre (Le)** *(Val-de-Marne)* Kremlinois

# L

**Lagny-sur-Marne** *(Seine-et-Marne)* Latignaciens
**Lamballe-Armor** *(Côtes-d'Armor)* Lamballais
**Lambersart** *(Nord)* Lambersartois
**Lamentin** *(Guadeloupe)* Lamentinois
**Lamentin (Le)** *(Martinique)* Lamentinois
**Landerneau** *(Finistère)* Landernéens
**Lanester** *(Morbihan)* Lanestériens
**Lannion** *(Côtes-d'Armor)* Lannionnais
**Laon** *(Aisne)* Laonnois
**Laos** Laotiens
**Lattes** *(Hérault)* Lattois
**Laval** *(Mayenne)* Lavallois
**Lavaur** *(Tarn)* Vauréens
**Laxou** *(Meurthe-et-Moselle)* Laxoviens
**Lens** *(Pas-de-Calais)* Lensois
**Léognan** *(Gironde)* Léognanais
**Lesotho** Lesothiens
**Lettonie** Lettons
**Levallois-Perret** *(Hauts-de-Seine)* Levalloisiens
**Lézignan-Corbières** *(Aude)* Lézignanais
**Liban** Libanais
**Liberia** Libériens
**Libourne** *(Gironde)* Libournais
**Libreville** Librevillois
**Libye** Libyens
**Liechtenstein** Liechtensteinois
**Lieusaint** *(Seine-et-Marne)* Lieusaintais
**Liévin** *(Pas-de-Calais)* Liévinois
**Lilas (Les)** *(Seine-Saint-Denis)* Lilasiens
**Lille** *(Nord)* Lillois
**Lima** Liméniens
**Limay** *(Yvelines)* Limayens
**Limoges** *(Haute-Vienne)* Limougeauds
**Limoux** *(Aude)* Limouxins
**Lingolsheim** *(Bas-Rhin)* Lingolsheimois
**Lisbonne** Lisbonnins
**Lisieux** *(Calvados)* Lexoviens
**Lituanie** Lituaniens
**Lognes** *(Seine-et-Marne)* Lognots
**Lomé** Loméens
**Londres** Londoniens
**Longjumeau** *(Essonne)* Longjumellois
**Longuenesse** *(Pas-de-Calais)* Longuenessois
**Longwy** *(Meurthe-et-Moselle)* Longoviciens
**Lons** *(Pyrénées-Atlantiques)* Lonsois
**Lons-le-Saunier** *(Jura)* Lédoniens
**Loos** *(Nord)* Loossois
**Lorient** *(Morbihan)* Lorientais

**Lormont** *(Gironde)* Lormontais
**Loudéac** *(Côtes-d'Armor)* Loudéaciens
**Lourdes** *(Hautes-Pyrénées)* Lourdais
**Louviers** *(Eure)* Lovériens
**Louvres** *(Val-d'Oise)* Lupariens
**Luanda** Luandais
**Lucé** *(Eure-et-Loir)* Lucéens
**Lunel** *(Hérault)* Lunellois
**Lunéville** *(Meurthe-et-Moselle)* Lunévillois
**Lusaka** Lusakois
**Luxembourg** Luxembourgeois
**Luxembourg** Luxembourgeois
**Lyon** *(Rhône)* Lyonnais
**Lys-lez-Lannoy** *(Nord)* Lyssois

# M

**Macédoine du Nord** Macédoniens
**Mâcon** *(Saône-et-Loire)* Mâconnais
**Macouria** *(Guyane)* Macouriens
**Madagascar** Malgaches
**Madeleine (La)** *(Nord)* Madeleinois
**Madrid** Madrilènes
**Maisons-Alfort** *(Val-de-Marne)* Maisonnais
**Maisons-Laffitte** *(Yvelines)* Mansonniens
**Maizières-lès-Metz** *(Moselle)* Maiziérois
**Malabo** Malabéens
**Malaisie** Malaisiens
**Malakoff** *(Hauts-de-Seine)* Malakoffiots
**Malawi** Malawites
**Maldives** Maldiviens
**Mali** Maliens
**Malte** Maltais
**Managua** Managuayens
**Manama** Manaméens
**Mandelieu-la-Napoule** *(Alpes-Maritimes)* Mandolociens
**Manille** Manillais
**Manosque** *(Alpes-de-Haute-Provence)* Manosquins
**Mans (Le)** *(Sarthe)* Manceaux
**Mantes-la-Jolie** *(Yvelines)* Mantais
**Mantes-la-Ville** *(Yvelines)* Mantevillois
**Maputo** Maputais
**Marck** *(Pas-de-Calais)* Marckois
**Marignane** *(Bouches-du-Rhône)* Marignanais
**Maripasoula** *(Guyane)* Maripasouliens
**Marly** *(Moselle)* Marliens
**Marly-le-Roi** *(Yvelines)* Marlychois
**Marmande** *(Lot-et-Garonne)* Marmandais
**Maroc** Marocains
**Marquette-lez-Lille** *(Nord)* Marquettois
**Marseille** *(Bouches-du-Rhône)* Marseillais
**Marshall (îles)** Marshallais
**Martigues** *(Bouches-du-Rhône)* Martégaux
**Mascate** Mascatais
**Maseru** Masérois
**Massy** *(Essonne)* Massicois
**Matoury** *(Guyane)* Matouriens
**Maubeuge** *(Nord)* Maubeugeois
**Mauguio** *(Hérault)* Melgoriens
**Maurepas** *(Yvelines)* Maurepasiens
**Maurice** Mauriciens
**Mauritanie** Mauritaniens
**Maxéville** *(Meurthe-et-Moselle)* Maxévillois
**Mayenne** *(Mayenne)* Mayennais
**Mazamet** *(Tarn)* Mazamétains
**Mbabane** Mbabanais
**Meaux** *(Seine-et-Marne)* Meldois
**Mée-sur-Seine (Le)** *(Seine-et-Marne)* Méens
**Melun** *(Seine-et-Marne)* Melunais
**Mende** *(Lozère)* Mendois
**Mennecy** *(Essonne)* Menneçois
**Menton** *(Alpes-Maritimes)* Mentonnais
**Méricourt** *(Pas-de-Calais)* Méricourtois
**Mérignac** *(Gironde)* Mérignacais
**Méru** *(Oise)* Méruviens
**Metz** *(Moselle)* Messins
**Meudon** *(Hauts-de-Seine)* Meudonnais
**Mexique** Mexicains
**Meylan** *(Isère)* Meylanais
**Meyzieu** *(Rhône)* Majolans
**Mèze** *(Hérault)* Mézois
**Micronésie (États fédérés de)** Micronésiens
**Millau** *(Aveyron)* Millavois
**Mions** *(Rhône)* Miolands
**Miramas** *(Bouches-du-Rhône)* Miramasséens
**Mitry-Mory** *(Seine-et-Marne)* Mitryens
**Moissac** *(Tarn-et-Garonne)* Moissagais
**Moissy-Cramayel** *(Seine-et-Marne)* Moisséens
**Moldavie** Moldaves
**Monaco** Monégasques
**Mongolie** Mongols
**Monrovia** Monroviens
**Mons-en-Barœul** *(Nord)* Monsois
**Montargis** *(Loiret)* Montargois
**Montataire** *(Oise)* Montatairiens
**Montauban** *(Tarn-et-Garonne)* Montalbanais
**Montbéliard** *(Doubs)* Montbéliardais
**Montbrison** *(Loire)* Montbrisonnais
**Montceau-les-Mines** *(Saône-et-Loire)* Montcelliens
**Mont-de-Marsan** *(Landes)* Montois
**Montélimar** *(Drôme)* Montiliens

**Monténégro** Monténégrins
**Montereau-Fault-Yonne** *(Seine-et-Marne)* Monterelais
**Montesson** *(Yvelines)* Montessonnais
**Montevideo** Montévidéens
**Montfermeil** *(Seine-Saint-Denis)* Montfermeillois
**Montgeron** *(Essonne)* Montgeronnais
**Montigny-en-Gohelle** *(Pas-de-Calais)* Montignois
**Montigny-le-Bretonneux** *(Yvelines)* Ignymontains
**Montigny-lès-Cormeilles** *(Val-d'Oise)* Ignymontains
**Montigny-lès-Metz** *(Moselle)* Montigniens
**Montivilliers** *(Seine-Maritime)* Montivillons
**Montlouis-sur-Loire** *(Indre-et-Loire)* Montlouisiens
**Montluçon** *(Allier)* Montluçonnais
**Montmagny** *(Val-d'Oise)* Magnymontois
**Montmorency** *(Val-d'Oise)* Montmorencéens
**Montpellier** *(Hérault)* Montpelliérains
**Montreuil** *(Seine-Saint-Denis)* Montreuillois
**Montrouge** *(Hauts-de-Seine)* Montrougiens
**Mont-Saint-Aignan** *(Seine-Maritime)* Montsaintaignanais
**Morangis** *(Essonne)* Morangissois
**Moret-Loing-et-Orvanne** *(Seine-et-Marne)* Morétains
**Morlaix** *(Finistère)* Morlaisiens
**Morne-à-l'Eau** *(Guadeloupe)* Mornaliens
**Moroni** Moronais
**Morsang-sur-Orge** *(Essonne)* Morsaintois
**Moscou** Moscovites
**Motte-Servolex (La)** *(Savoie)* Motterains
**Mougins** *(Alpes-Maritimes)* Mouginois
**Moulins** *(Allier)* Moulinois
**Mouvaux** *(Nord)* Mouvallois
**Mozambique** Mozambicains
**Mulhouse** *(Haut-Rhin)* Mulhousiens
**Mureaux (Les)** *(Yvelines)* Muriautins
**Muret** *(Haute-Garonne)* Murétains

# N

**Nairobi** Nairobiens
**Namibie** Namibiens
**Nancy** *(Meurthe-et-Moselle)* Nancéiens
**Nanterre** *(Hauts-de-Seine)* Nanterriens
**Nantes** *(Loire-Atlantique)* Nantais
**Narbonne** *(Aude)* Narbonnais
**Nauru** Nauruans
**Nemours** *(Seine-et-Marne)* Nemouriens
**Népal** Népalais
**Neuilly-Plaisance** *(Seine-Saint-Denis)* Nocéens
**Neuilly-sur-Marne** *(Seine-Saint-Denis)* Nocéens
**Neuilly-sur-Seine** *(Hauts-de-Seine)* Neuilléens
**Neuville-en-Ferrain** *(Nord)* Neuvillois
**Nevers** *(Nièvre)* Nivernais
**Niamey** Niaméyens
**Nicaragua** Nicaraguayens
**Nice** *(Alpes-Maritimes)* Niçois
**Nicosie** Nicosiens
**Niger** Nigériens
**Nigeria** Nigérians
**Nîmes** *(Gard)* Nîmois
**Niort** *(Deux-Sèvres)* Niortais
**Nœux-les-Mines** *(Pas-de-Calais)* Nœuxois
**Nogent-le-Rotrou** *(Eure-et-Loir)* Nogentais
**Nogent-sur-Marne** *(Val-de-Marne)* Nogentais
**Nogent-sur-Oise** *(Oise)* Nogentais
**Noisy-le-Grand** *(Seine-Saint-Denis)* Noiséens
**Noisy-le-Sec** *(Seine-Saint-Denis)* Noiséens
**Norvège** Norvégiens
**Nouakchott** Nouakchottois
**Nouvelle-Zélande** Néo-Zélandais
**Noyon** *(Oise)* Noyonnais

# O

**Obernai** *(Bas-Rhin)* Obernois
**Oissel** *(Seine-Maritime)* Osseliens
**Olivet** *(Loiret)* Olivetains
**Ollioules** *(Var)* Ollioulais
**Oloron-Sainte-Marie** *(Pyrénées-Atlantiques)* Oloronais
**Oman** Omanais
**Onet-le-Château** *(Aveyron)* Castonétois
**Orange** *(Vaucluse)* Orangeois
**Orléans** *(Loiret)* Orléanais
**Orly** *(Val-de-Marne)* Orlysiens
**Ormesson-sur-Marne** *(Val-de-Marne)* Ormessonnais
**Orsay** *(Essonne)* Orcéens
**Orthez** *(Pyrénées-Atlantiques)* Orthéziens
**Osny** *(Val-d'Oise)* Osnyssois
**Ostwald** *(Bas-Rhin)* Ostwaldois
**Ottawa** Ottaviens

**Ouagadougou** Ouagalais
**Ouganda** Ougandais
**Oullins** *(Rhône)* Oullinois
**Outreau** *(Pas-de-Calais)* Outrelois
**Ouzbékistan** Ouzbeks
**Oyonnax** *(Ain)* Oyonnaxiens
**Ozoir-la-Ferrière** *(Seine-et-Marne)* Ozoiriens

# P

**Pakistan** Pakistanais
**Palaiseau** *(Essonne)* Palaisiens
**Palaos** Palaois
**Pamiers** *(Ariège)* Appaméens
**Panama** Panaméens
**Panazol** *(Haute-Vienne)* Panazolais
**Pantin** *(Seine-Saint-Denis)* Pantinois
**Papouasie-Nouvelle-Guinée** Papouasiens
**Paraguay** Paraguayens
**Paris** Parisiens
**Paris** Parisiens
**Parthenay** *(Deux-Sèvres)* Parthenaisiens
**Passy** *(Haute-Savoie)* Passerands
**Pau** *(Pyrénées-Atlantiques)* Palois
**Pays-Bas** Néerlandais
**Paz (La)** Pacéniens
**Pecq (Le)** *(Yvelines)* Alpicois
**Pékin** Pékinois
**Pélissanne** *(Bouches-du-Rhône)* Pélissannais
**Pennes-Mirabeau (Les)** *(Bouches-du-Rhône)* Pennois
**Périgueux** *(Dordogne)* Périgourdins
**Pernes-les-Fontaines** *(Vaucluse)* Pernois
**Pérou** Péruviens
**Perpignan** *(Pyrénées-Orientales)* Perpignanais
**Perreux-sur-Marne (Le)** *(Val-de-Marne)* Perreuxiens
**Persan** *(Val-d'Oise)* Persanais
**Pessac** *(Gironde)* Pessacais
**Petit-Quevilly (Le)** *(Seine-Maritime)* Quevillais
**Philippines** Philippins
**Phnom Penh** Phnompenhois
**Pierre-Bénite** *(Rhône)* Pierre-Bénitains
**Pierrefitte-sur-Seine** *(Seine-Saint-Denis)* Pierrefittois
**Pierrelatte** *(Drôme)* Pierrelattins
**Plaisir** *(Yvelines)* Plaisirois
**Plan-de-Cuques** *(Bouches-du-Rhône)* Plan-de-Cuquois
**Plérin** *(Côtes-d'Armor)* Plérinais
**Plessis-Robinson (Le)** *(Hauts-de-Seine)* Robinsonnais
**Plessis-Trévise (Le)** *(Val-de-Marne)* Plesséens
**Ploemeur** *(Morbihan)* Ploemeurois
**Ploërmel** *(Morbihan)* Ploërmelais
**Ploufragan** *(Côtes-d'Armor)* Ploufraganais
**Plougastel-Daoulas** *(Finistère)* Plougastels
**Plouzané** *(Finistère)* Plouzanéens
**Pointe-à-Pitre** *(Guadeloupe)* Pointois
**Poissy** *(Yvelines)* Pisciacais
**Poitiers** *(Vienne)* Poitevins
**Pologne** Polonais
**Pont-à-Mousson** *(Meurthe-et-Moselle)* Mussipontains
**Pontarlier** *(Doubs)* Pontissaliens
**Pontault-Combault** *(Seine-et-Marne)* Pontellois-Combalusiens
**Pont-de-Claix (Le)** *(Isère)* Pontois
**Pontivy** *(Morbihan)* Pontivyens
**Pontoise** *(Val-d'Oise)* Pontoisiens
**Pont-Sainte-Maxence** *(Oise)* Pontois
**Pont-Saint-Esprit** *(Gard)* Spiripontains
**Pornic** *(Loire-Atlantique)* Pornicais
**Pornichet** *(Loire-Atlantique)* Pornichétins
**Port (Le)** *(La Réunion)* Portois
**Port-au-Prince** Port-aux-Princiens
**Port-de-Bouc** *(Bouches-du-Rhône)* Port-de-Boucains
**Portes-lès-Valence** *(Drôme)* Portois
**Port-Louis** Port-Louisiens
**Porto-Novo** Porto-Noviens
**Portugal** Portugais
**Port-Vila** Port-Vilais
**Possession (La)** *(La Réunion)* Possessionnais
**Prague** Pragois
**Praia** Praïens
**Pré-Saint-Gervais (Le)** *(Seine-Saint-Denis)* Gervaisiens
**Provins** *(Seine-et-Marne)* Provinois
**Puteaux** *(Hauts-de-Seine)* Putéoliens
**Puy-en-Velay (Le)** *(Haute-Loire)* Aniciens

# Q

**Qatar** Qatariens
**Quetigny** *(Côte-d'Or)* Quetignois
**Queue-en-Brie (La)** *(Val-de-Marne)* Caudaciens
**Quimper** *(Finistère)* Quimpérois
**Quimperlé** *(Finistère)* Quimperlois
**Quito** Quiténiens

# R

**Raincy (Le)** *(Seine-Saint-Denis)* Raincéens
**Raismes** *(Nord)* Raismois
**Rambouillet** *(Yvelines)* Rambolitains
**Ramonville-Saint-Agne** *(Haute-Garonne)* Ramonvillois
**Reims** *(Marne)* Rémois
**Relecq-Kerhuon (Le)** *(Finistère)* Relecquois
**Rémire-Montjoly** *(Guyane)* Rémirois-Montjoliens
**Rennes** *(Ille-et-Vilaine)* Rennais
**Rezé** *(Loire-Atlantique)* Rezéens
**Riche (La)** *(Indre-et-Loire)* Larichois
**Riedisheim** *(Haut-Rhin)* Riedisheimois
**Rillieux-la-Pape** *(Rhône)* Rilliards
**Riom** *(Puy-de-Dôme)* Riomois
**Riorges** *(Loire)* Riorgeois
**Rive-de-Gier** *(Loire)* Ripagériens
**Rivière-Pilote** *(Martinique)* Pilotins du Sud
**Rivière-Salée** *(Martinique)* Saléens
**Rixheim** *(Haut-Rhin)* Rixheimois
**Riyad** Riyadiens
**Roanne** *(Loire)* Roannais
**Robert (Le)** *(Martinique)* Robertins
**Rochefort** *(Charente-Maritime)* Rochefortais
**Roche-la-Molière** *(Loire)* Rouchons
**Rochelle (La)** *(Charente-Maritime)* Rochelais
**Roche-sur-Yon (La)** *(Vendée)* Yonnais
**Rodez** *(Aveyron)* Ruthénois
**Rognac** *(Bouches-du-Rhône)* Rognacais
**Roissy-en-Brie** *(Seine-et-Marne)* Roisséens
**Romans-sur-Isère** *(Drôme)* Romanais
**Rombas** *(Moselle)* Rombasiens
**Rome** Romains
**Romilly-sur-Seine** *(Aube)* Romillons
**Romorantin-Lanthenay** *(Loir-et-Cher)* Romorantinais
**Ronchin** *(Nord)* Ronchinois
**Roquebrune-Cap-Martin** *(Alpes-Maritimes)* Roquebrunois
**Rosny-sous-Bois** *(Seine-Saint-Denis)* Rosnéens
**Roubaix** *(Nord)* Roubaisiens
**Rouen** *(Seine-Maritime)* Rouennais
**Roumanie** Roumains
**Royan** *(Charente-Maritime)* Royannais
**Rueil-Malmaison** *(Hauts-de-Seine)* Rueillois
**Russie** Russes
**Rwanda** Rwandais

# S

**Sables-d'Olonne (Les)** *(Vendée)* Sablais
**Sablé-sur-Sarthe** *(Sarthe)* Saboliens
**Saint-Amand-les-Eaux** *(Nord)* Amandinois
**Saint-Amand-Montrond** *(Cher)* Saint-Amandois
**Saint-André** *(La Réunion)* Saint-Andréens
**Saint-André-les-Vergers** *(Aube)* Dryats
**Saint-Avertin** *(Indre-et-Loire)* Saint-Avertinois
**Saint-Avold** *(Moselle)* Saint-Avoldiens
**Saint-Brevin-les-Pins** *(Loire-Atlantique)* Brévinois
**Saint-Brice-sous-Forêt** *(Val-d'Oise)* Saint-Briciens
**Saint-Brieuc** *(Côtes-d'Armor)* Briochins
**Saint-Chamond** *(Loire)* Saint-Chamonais
**Saint-Claude** *(Jura)* Sanclaudiens
**Saint-Cloud** *(Hauts-de-Seine)* Clodoaldiens
**Saint-Cyr-l'École** *(Yvelines)* Saint-Cyriens
**Saint-Cyr-sur-Loire** *(Indre-et-Loire)* Saint-Cyriens
**Saint-Cyr-sur-Mer** *(Var)* Saint-Cyriens
**Saint-Denis** *(Seine-Saint-Denis)* Dionysiens
**Saint-Dié-des-Vosges** *(Vosges)* Déodatiens
**Saint-Dizier** *(Haute-Marne)* Bragards
**Saint-Domingue** Dominguois
**Sainte-Anne** *(Guadeloupe)* Sainte-Annais
**Sainte-Foy-lès-Lyon** *(Rhône)* Fidésiens
**Sainte-Geneviève-des-Bois** *(Essonne)* Génovéfains
**Sainte-Luce** *(Martinique)* Lucéens
**Sainte-Luce-sur-Loire** *(Loire-Atlantique)* Lucéens
**Sainte-Lucie** Saint-Luciens
**Sainte-Marie** *(Martinique)* Samaritains
**Sainte-Marie** *(La Réunion)* Saint-Mariens
**Sainte-Rose** *(Guadeloupe)* Sainte-Rosiens
**Saintes** *(Charente-Maritime)* Saintais
**Sainte-Savine** *(Aube)* Saviniens
**Saint-Estève** *(Pyrénées-Orientales)* Stéphanois
**Sainte-Suzanne** *(La Réunion)* Sainte-Suzannois
**Saint-Étienne** *(Loire)* Stéphanois
**Saint-Étienne-du-Rouvray** *(Seine-Maritime)* Stéphanais
**Saint-Fons** *(Rhône)* Sainfoniards
**Saint-Gaudens** *(Haute-Garonne)* Saint-Gaudinois
**Saint-Genis-Laval** *(Rhône)* Saint-Genois

**Saint-Genis-Pouilly** *(Ain)* Saint-Genésiens
**Saint-Germain-en-Laye** *(Yvelines)* Saint-Germanois
**Saint-Gilles** *(Gard)* Saint-Gillois
**Saint-Gratien** *(Val-d'Oise)* Gratiennois
**Saint-Herblain** *(Loire-Atlantique)* Herblinois
**Saint-Hilaire-de-Riez** *(Vendée)* Hilairois
**Saint-Jacques-de-la-Lande** *(Ille-et-Vilaine)* Jacquolandins
**Saint-Jean** *(Haute-Garonne)* Saint-Jeannais
**Saint-Jean-de-Braye** *(Loiret)* Abraysiens
**Saint-Jean-de-Luz** *(Pyrénées-Atlantiques)* Luziens
**Saint-Joseph** *(La Réunion)* Saint-Joséphois
**Saint-Joseph** *(Martinique)* Joséphins
**Saint-Julien-en-Genevois** *(Haute-Savoie)* Saint-Juliennois
**Saint-Junien** *(Haute-Vienne)* Saint-Juniauds
**Saint-Just-Saint-Rambert** *(Loire)* Pontrambertois
**Saint-Kitts-et-Nevis** Kittitiens
**Saint-Laurent-du-Maroni** *(Guyane)* Saint-Laurentins
**Saint-Laurent-du-Var** *(Alpes-Maritimes)* Laurentins
**Saint-Leu** *(La Réunion)* Saint-Leusiens
**Saint-Leu-la-Forêt** *(Val-d'Oise)* Saint-Loupiens
**Saint-Lô** *(Manche)* Saint-Lois
**Saint-Louis** *(Haut-Rhin)* Ludoviciens
**Saint-Louis** *(La Réunion)* Saint-Louisiens
**Saint-Malo** *(Ille-et-Vilaine)* Malouins
**Saint-Mandé** *(Val-de-Marne)* Saint-Mandéens
**Saint-Marin** Saint-Marinais
**Saint-Martin-Boulogne** *(Pas-de-Calais)* Saint-Martinois
**Saint-Martin-de-Crau** *(Bouches-du-Rhône)* Saint-Martinois
**Saint-Maur-des-Fossés** *(Val-de-Marne)* Saint-Mauriens
**Saint-Maurice** *(Val-de-Marne)* Mauriciens
**Saint-Médard-en-Jalles** *(Gironde)* Saint-Médardais
**Saint-Michel-sur-Orge** *(Essonne)* Saint-Michellois
**Saint-Nazaire** *(Loire-Atlantique)* Nazairiens
**Saint-Omer** *(Pas-de-Calais)* Audomarois
**Saint-Orens-de-Gameville** *(Haute-Garonne)* Saint-Orennais
**Saint-Ouen-sur-Seine** *(Seine-Saint-Denis)* Audoniens
**Saint-Paul** *(La Réunion)* Saint-Paulois
**Saint-Paul-lès-Dax** *(Landes)* Saint-Paulois
**Saint-Pierre** *(La Réunion)* Saint-Pierrois
**Saint-Pierre-des-Corps** *(Indre-et-Loire)* Corpopétrussiens
**Saint-Priest** *(Rhône)* San-Priots
**Saint-Quentin** *(Aisne)* Saint-Quentinois
**Saint-Raphaël** *(Var)* Raphaëlois
**Saint-Saulve** *(Nord)* Saint-Saulviens
**Saint-Sébastien-sur-Loire** *(Loire-Atlantique)* Sébastiennais
**Saint-Vincent-et-les-Grenadines** Saint-Vincentais-et-Grenadins
**Sallanches** *(Haute-Savoie)* Sallanchards
**Salomon (îles)** Salomonais
**Salon-de-Provence** *(Bouches-du-Rhône)* Salonais
**Salvador** Salvadoriens
**Samoa** Samoans
**Sanary-sur-Mer** *(Var)* Sanaryens
**Sao Tomé-et-Principe** Santoméens
**Sarajevo** Sarajéviens
**Saran** *(Loiret)* Saranais
**Sarcelles** *(Val-d'Oise)* Sarcellois
**Sarrebourg** *(Moselle)* Sarrebourgeois
**Sarreguemines** *(Moselle)* Sarregueminois
**Sartrouville** *(Yvelines)* Sartrouvillois
**Sassenage** *(Isère)* Sassenageois
**Saumur** *(Maine-et-Loire)* Saumurois
**Saverne** *(Bas-Rhin)* Savernois
**Savigny-le-Temple** *(Seine-et-Marne)* Savigniens
**Savigny-sur-Orge** *(Essonne)* Saviniens
**Sceaux** *(Hauts-de-Seine)* Scéens
**Schiltigheim** *(Bas-Rhin)* Schilikois
**Schœlcher** *(Martinique)* Schœlchérois
**Seclin** *(Nord)* Seclinois
**Sedan** *(Ardennes)* Sedanais
**Segré-en-Anjou-Bleu** *(Maine-et-Loire)* Segréens
**Sélestat** *(Bas-Rhin)* Sélestadiens
**Sénégal** Sénégalais
**Senlis** *(Oise)* Senlisiens
**Sens** *(Yonne)* Sénonais
**Séoul** Séouliens
**Septèmes-les-Vallons** *(Bouches-du-Rhône)* Septémois
**Serbie** Serbes
**Sète** *(Hérault)* Sétois
**Sevran** *(Seine-Saint-Denis)* Sevranais
**Sèvres** *(Hauts-de-Seine)* Sévriens
**Seychelles** Seychellois
**Seyne-sur-Mer (La)** *(Var)* Seynois
**Seyssinet-Pariset** *(Isère)* Seyssinettois

**Sierra Leone** Sierra-Léonais
**Singapour** Singapouriens
**Sin-le-Noble** *(Nord)* Sinois
**Six-Fours-les-Plages** *(Var)* Six-Fournais
**Skopje** Skopiotes
**Slovaquie** Slovaques
**Slovénie** Slovènes
**Sofia** Sofiotes
**Soissons** *(Aisne)* Soissonnais
**Soisy-sous-Montmorency** *(Val-d'Oise)* Soiséens
**Solliès-Pont** *(Var)* Solliéspontois
**Somalie** Somaliens
**Sorgues** *(Vaucluse)* Sorguais
**Sotteville-lès-Rouen** *(Seine-Maritime)* Sottevillais
**Soudan** Soudanais
**Soudan du Sud** Soudanais du Sud
**Sri Lanka** Sri Lankais
**Stains** *(Seine-Saint-Denis)* Stanois
**Stiring-Wendel** *(Moselle)* Stiringeois
**Stockholm** Stockholmois
**Strasbourg** *(Bas-Rhin)* Strasbourgeois
**Sucy-en-Brie** *(Val-de-Marne)* Sucyciens
**Suède** Suédois
**Suisse** Suisses
**Suresnes** *(Hauts-de-Seine)* Suresnois
**Suriname** Surinamiens
**Syrie** Syriens

# T

**Tadjikistan** Tadjiks
**Taïwan** Taïwanais
**Talence** *(Gironde)* Talençais
**Tampon (Le)** *(La Réunion)* Tamponnais
**Tanzanie** Tanzaniens
**Tarare** *(Rhône)* Tarariens
**Tarascon** *(Bouches-du-Rhône)* Tarasconnais
**Tarbes** *(Hautes-Pyrénées)* Tarbais
**Tarnos** *(Landes)* Tarnosiens
**Tassin-la-Demi-Lune** *(Rhône)* Tassilunois
**Taverny** *(Val-d'Oise)* Tabernaciens
**Tchad** Tchadiens
**tchèque (République)** Tchèques
**Téhéran** Téhéranais
**Tergnier** *(Aisne)* Ternois
**Teste-de-Buch (La)** *(Gironde)* Testerins
**Thaïlande** Thaïlandais
**Thiais** *(Val-de-Marne)* Thiaisiens
**Thiers** *(Puy-de-Dôme)* Thiernois
**Thionville** *(Moselle)* Thionvillois
**Thonon-les-Bains** *(Haute-Savoie)* Thononais
**Thouars** *(Deux-Sèvres)* Thouarsais
**Timor oriental** Est-Timorais
**Tinqueux** *(Marne)* Aquatintiens
**Tirana** Tiranais
**Togo** Togolais
**Tokyo** Tokyotes
**Tonga** Tongiens
**Torcy** *(Seine-et-Marne)* Torcéens
**Toul** *(Meurthe-et-Moselle)* Toulois
**Toulon** *(Var)* Toulonnais
**Toulouse** *(Haute-Garonne)* Toulousains
**Tourcoing** *(Nord)* Tourquennois
**Tournefeuille** *(Haute-Garonne)* Tournefeuillais
**Tournon-sur-Rhône** *(Ardèche)* Tournonais
**Tours** *(Indre-et-Loire)* Tourangeaux
**Trappes** *(Yvelines)* Trappistes
**Trélazé** *(Maine-et-Loire)* Trélazéens
**Tremblay-en-France** *(Seine-Saint-Denis)* Tremblaysiens
**Trets** *(Bouches-du-Rhône)* Tretsois
**Triel-sur-Seine** *(Yvelines)* Triellois
**Trinité (La)** *(Martinique)* Trinitéens
**Trinité (La)** *(Alpes-Maritimes)* Trinitaires
**Trinité-et-Tobago** Trinidadiens
**Tripoli** Tripolitains
**Troyes** *(Aube)* Troyens
**Tulle** *(Corrèze)* Tullistes
**Tunis** Tunisois
**Tunisie** Tunisiens
**Turkménistan** Turkmènes
**Turquie** Turcs
**Tuvalu** Tuvalais

# U

**Ukraine** Ukrainiens
**Ulis (Les)** *(Essonne)* Ulissiens
**Union (L')** *(Haute-Garonne)* Unionais
**Uruguay** Uruguayens
**Ussel** *(Corrèze)* Ussellois

# V

**Vaires-sur-Marne** *(Seine-et-Marne)* Vairois
**Valbonne** *(Alpes-Maritimes)* Valbonnais
**Val-de-Reuil** *(Eure)* Rolivalois
**Valence** *(Drôme)* Valentinois
**Valenciennes** *(Nord)* Valenciennois
**Valentigney** *(Doubs)* Boroillots
**Valenton** *(Val-de-Marne)* Valentonais
**Valette-du-Var (La)** *(Var)* Valettois

**Vallauris** *(Alpes-Maritimes)* Vallauriens
**Vandœuvre-lès-Nancy** *(Meurthe-et-Moselle)* Vandopériens
**Vannes** *(Morbihan)* Vannetais
**Vanuatu** Vanuatais
**Vanves** *(Hauts-de-Seine)* Vanvéens
**Varsovie** Varsoviens
**Vaulx-en-Velin** *(Rhône)* Vaudais
**Vauréal** *(Val-d'Oise)* Vauréaliens
**Vauvert** *(Gard)* Vauverdois
**Vaux-le-Pénil** *(Seine-et-Marne)* Pénivauxois
**Vedène** *(Vaucluse)* Vedènais
**Vélizy-Villacoublay** *(Yvelines)* Véliziens
**Vence** *(Alpes-Maritimes)* Vençois
**Vendôme** *(Loir-et-Cher)* Vendômois
**Venezuela** Vénézuéliens
**Vénissieux** *(Rhône)* Vénissians
**Verdun** *(Meuse)* Verdunois
**Vernon** *(Eure)* Vernonnais
**Vernouillet** *(Eure-et-Loir)* Vernolitains
**Vernouillet** *(Yvelines)* Vernolitains
**Versailles** *(Yvelines)* Versaillais
**Vertou** *(Loire-Atlantique)* Vertaviens
**Vésinet (Le)** *(Yvelines)* Vésigondins
**Vesoul** *(Haute-Saône)* Vésuliens
**Vichy** *(Allier)* Vichyssois
**Vidauban** *(Var)* Vidaubannais
**Vienne** Viennois
**Vienne** *(Isère)* Viennois
**Vientiane** Vientianais
**Vierzon** *(Cher)* Vierzonnais
**Viêt Nam** Vietnamiens
**Vieux-Condé** *(Nord)* Vieux-Condéens
**Vigneux-sur-Seine** *(Essonne)* Vigneusiens
**Villebon-sur-Yvette** *(Essonne)* Villebonnais
**Ville-d'Avray** *(Hauts-de-Seine)* Dagovéraniens
**Villefontaine** *(Isère)* Villards
**Villefranche-de-Rouergue** *(Aveyron)* Villefranchois
**Villefranche-sur-Saône** *(Rhône)* Caladois
**Villejuif** *(Val-de-Marne)* Villejuifois
**Villemomble** *(Seine-Saint-Denis)* Villemomblois
**Villenave-d'Ornon** *(Gironde)* Villenavais
**Villeneuve-d'Ascq** *(Nord)* Villeneuvois
**Villeneuve-la-Garenne** *(Hauts-de-Seine)* Villénogarennois
**Villeneuve-le-Roi** *(Val-de-Marne)* Villeneuvois
**Villeneuve-lès-Avignon** *(Gard)* Villeneuvois
**Villeneuve-Loubet** *(Alpes-Maritimes)* Villeneuvois
**Villeneuve-Saint-Georges** *(Val-de-Marne)* Villeneuvois
**Villeneuve-sur-Lot** *(Lot-et-Garonne)* Villeneuvois
**Villeparisis** *(Seine-et-Marne)* Villeparisiens
**Villepinte** *(Seine-Saint-Denis)* Villepintois
**Villepreux** *(Yvelines)* Villepreusiens
**Villers-Cotterêts** *(Aisne)* Cotteréziens
**Villers-lès-Nancy** *(Meurthe-et-Moselle)* Villarois
**Villeurbanne** *(Rhône)* Villeurbannais
**Villiers-le-Bel** *(Val-d'Oise)* Beauvillésois
**Vincennes** *(Val-de-Marne)* Vincennois
**Vire-Normandie** *(Calvados)* Virois
**Viroflay** *(Yvelines)* Viroflaysiens
**Viry-Châtillon** *(Essonne)* Castelvirois
**Vitré** *(Ille-et-Vilaine)* Vitréens
**Vitrolles** *(Bouches-du-Rhône)* Vitrollais
**Vitry-le-François** *(Marne)* Vitryats
**Vitry-sur-Seine** *(Val-de-Marne)* Vitriots
**Voiron** *(Isère)* Voironnais
**Voisins-le-Bretonneux** *(Yvelines)* Vicinois

# W

**Washington** Washingtoniens
**Wasquehal** *(Nord)* Wasquehaliens
**Wattignies** *(Nord)* Wattignisiens
**Wattrelos** *(Nord)* Wattrelosiens
**Wittelsheim** *(Haut-Rhin)* Wittelsheimois
**Wittenheim** *(Haut-Rhin)* Wittenheimois
**Woippy** *(Moselle)* Woippyciens

# Y

**Yamoussoukro** Yamoussoukrois
**Yaoundé** Yaoundéens
**Yémen** Yéménites
**Yerres** *(Essonne)* Yerrois
**Yutz** *(Moselle)* Yussois
**Yvetot** *(Seine-Maritime)* Yvetotais
**Yzeure** *(Allier)* Yzeuriens

# Z

**Zagreb** Zagrébois
**Zambie** Zambiens
**Zimbabwe** Zimbabwéens

PAPIER CERTIFIÉ

LAROUSSE s'engage pour l'environnement en réduisant l'empreinte carbone de ses livres. Celle de cet exemplaire est de :
800 g éq. $CO_2$
Rendez-vous sur www.larousse-durable.fr

Imprimé en Italie par La Tipografica Varese
Dépôt légal : mai 2023 – 332802/01
N° de projet : 11051888 – avril 2023